2025년 대비
변리사시험

POINT

객관식
민 법

류호권 편저

POINT

고시계사

Preface

2025년 시험 대비 『포인트 민법 객관식』을 출간하면서…

객관식(선택형)문제에 대비하기 위해서는 실제 기출문제를 통한 연습이 매우 중요하다고 할 것입니다. 즉 항상 기본서를 읽은 후에는 해당 진도부분에 대한 객관식(선택형)문제 연습을 통해서 자신이 모르고 있거나 잘못 이해하고 있는 부분이 있는지를 확인하고 바로잡아야 하는 것입니다. 또한 기출문제는 어느 논점이 중요한 논점인지를 알려주어 시험 준비의 강약을 조절할 수 있도록 해 줍니다. 이외에도 객관식(선택형)문제 연습을 통해서 얻을 수 있는 것들은 무수히 많습니다. 이러한 효과를 얻으려면 정확하고 풍부하게 해설이 되어있는 객관식 문제집이 필수라고 할 것입니다.

본서는 그동안 저자가 다년간 변리사 시험 등을 강의하면서 얻은 경험을 바탕으로 사법시험, 변리사시험, 변호사시험 뿐만 아니라 공인노무사, 감정평가사 시험과 같은 산업인력공단시험, 법무사, 법원행시와 같은 법원주관시험 등 다양한 기출문제들을 정확한 해설과 함께 제공함으로써 수험생 여러분들의 객관식(선택형)문제 연습을 통한 민법의 실력 향상에 도움을 드리기 위해 만들어진 것입니다. 다행히 저자의 이러한 노력을 수험생 여러분들이 알아주셔서 그 동안 여러분들의 과분한 사랑을 받아 왔습니다. 이에 보답하기 위해 이번에도 최선을 다하여 개정작업을 진행하였습니다. 이번 개정의 특징은 다음과 같습니다.

2025 대비 포인트민법 객관식의 특징

본 교재는 기본강의나 중급강의에서 설명드린 내용의
대부분이 문제화 되어있기 때문에
분량은 좀 방대하지만 민법상 출제가능한 쟁점들을
거의 빠짐 없이 연습해 볼 수 있는 기회를 제공하여 드릴 것입니다.

이전까지는 Step1(OX지문)과 Step2(5지선다문제)를 구분하여 Step1 → Step2의 순서로 구성하여 왔습니다. 그런데 Step1이 앞에 위치하다보니 Step1에서 부담을 느끼는 수험생들이 많았습니다. 그래서 이번부터는 기존의 Step2와 Step1의 순서를 바꾸고 이전의 Step2를 〈본문〉, Step1을 〈보충지문〉으로 구성하였습니다. 이제 기본적으로 풀어야 할 문제들이 앞에 위치하고 추가로 풀어보면 좋은 문제들이 뒤에 위치하게 되었습니다. 수험생들의 심적 부담이 조금이나마 줄었으면하는 바램입니다.

〈본문〉은 변리사 기출문제와 변호사 기출문제를 중심으로 정확하고 풍부하게 해설하였습니다. 〈보충지문〉은 중복지문은 걸러내면서 최대한 다양한 지문을 접하고 연습할 수 있도록 기본적으로 OX지문의 형태로 구성하였습니다. 주로 난이도가 조금 낮은 공인노무사, 감정평가사 문제나 난이도가 조금 높은 사법시험, 법무사, 법원행시 문제의 지문을 〈보충지문〉으로 배치하였습니다. 변리사 기출지문과 변호사 기출지문도 〈보충지문〉에 배치된 경우가 있는데, 중복지문이 많은 문제에서 중복지문을 삭제하고 남은 지문을 여기에 배치하였습니다. 따라서 〈보충지문〉이라도 변리사 기출지문이나 변호사 기출지문은 빠짐없이 풀어보시기를 권합니다.

최신 기출문제들을 정확하고 상세한 해설과 함께 추가하였습니다. 2024년 변리사 기출문제와 2024년 제13회 변호사시험 선택형 민사법 기출문제를 상세한 해설과 함께 반영하였습니다.

매년 새로운 기출문제가 쏟아져 나오는데 추가되는 기출문제의 분량이 매우 방대하여 이를 그대로 추가하면 수험생들의 부담이 늘어날 것이 명약관화하여 중복지문은 대부분 찾아서 삭제하였습니다. 그래서 기존의 지문의 유출은 최소화하고 새로운 문제들을 빠짐없이 실을 수 있었습니다. 만만치 않은 작업이었지만 결과적으로 최신 기출문제를 추가하면서 분량을 100페이지 가량 줄일 수 있었습니다.

Preface

해설에 조문번호, 판례번호만 있는 경우

- 조문 : 민법 시험을 준비함에 있어서 눈에 익숙한 조문집은 필수입니다. 해설에 조문번호만 적혀 있는 경우 귀찮게 생각하지 마시고 반드시 조문집의 조문을 찾아서 확인하시기를 당부드립니다.
- 판례 : 지문이 판례를 그대로 복사하여 붙여놓은 수준이어서 해설에 판례원문을 실으면 동어반복에 불과한 경우 판례번호만을 제시하였습니다. 이런 경우에는 지문을 판례원문처럼 읽고 정리하시면 되겠습니다.

남들보다 노력과 시간의 투자는 덜 하고 점수는 잘 맞으려는 꼼수는 통하지 않습니다. 정말 남들보다 처절하게 조문과 판례를 이해하고 익히고 암기하며 객관식(선택형)문제를 통해 반복하여 연습해야만 합격의 영광을 누릴 수 있을 것입니다.

본 교재가 세상에 나올 수 있도록 물심양면으로 애써주신 고시계 정상훈 사장님, 정말 꼼꼼하게 교정을 봐주신 전병주 국장님, 멋진 편집으로 책을 꾸며주신 신아름 디자인 실장님께 깊은 감사를 드립니다.

이번에도 역시 『포인트 민법 객관식』이 수험생 여러분의 민법 실력 향상에 도움이 되어 이 책으로 공부하신 여러분들이 합격의 영광을 누릴 수 있기를 진심으로 기원합니다.

2024년 6월

편저자 **류 호 권**

변리사 민법시험 출제경향의 분석

2024년(제61회) ~ 2014년(제51회)

민법총칙(12문항), 물권법(12문항), 채권법(16문항 = 채권총칙 8문항 + 채권각칙 8문항)

Ⅰ. 민법총칙

목 차		2014 51회	2015 52회	2016 53회	2017 54회	2018 55회	2019 56회	2020 57회	2021 58회	2022 59회	2023 60회	2024 61회
제1장 민법일반					★	★						
제2장 권리·의무 (신의성실의 원칙)		★		★		★	★	★	★	★		★
제3장 권리의 주체	권리능력											
	의사능력, 행위능력	★★	★★	★		★★	★	★		★★	★	★
	주소											
	부재와 실종	★	★		★						★	
	법인		★	★		★	★	★	★	★★	★	
	비법인사단	★			★	★			★			★
제4장 권리의 객체		★	★	★	★	★	★		★	★	★	★
제5장 권리의 변동	법률행위 일반							★				
	적법성											
	사회적 타당성				★	★		★		★		★
	폭리행위	★		★	★				★		★	
	의사표시	★★	★	★★	★		★★	★	★	★★	★★	★★
제6장 대리	대리일반		★	★	★	★★		★	★			★
	표현대리	★		★			★	★				
	무권대리		★		★		★	★	★		★	★
제7장 무효와 취소			★	★		★	★		★★	★	★	★★
제8장 조건·기한		★	★	★	★		★	★	★	★	★	
제9장 기간											★	
제10장 소멸시효	소멸시효 일반		★	★			★			★		
	요건							★				
	중단				★		★	★	★		★	★
	정지		★		★							
	효력	★				★						

변리사 민법시험 출제경향의 분석

Ⅱ. 물권법

목 차		2014 51회	2015 52회	2016 53회	2017 54회	2018 55회	2019 56회	2020 57회	2021 58회	2022 59회	2023 60회	2024 61회
제1장 물권법 일반 (특히 물권적 청구권)		★★		★		★★			★	★		
제2장 물권의 변동											★	
제3장 부동산물권의 변동		★	★★	★	★★	★★★	★	★★	★	★	★	★
제4장 동산물권의 변동		★				★			★	★		★
제5장 물권의 소멸							★	★				
제6장 점유권		★	★	★	★	★	★	★	★		★	★
제7장 소유권	소유권일반							★				
	취득시효		★		★	★	★		★		★	★
	첨부									★		
	공동소유	★	★	★	★	★				★	★	★
	명의신탁			★				★		★		
제8장 지상권	지상권						★			★	★	★
	관습상 법정지상권	★	★	★					★★			
제9장 지역권					★	★						
제10장 전세권		★	★	★	★		★		★	★★	★	★
제11장 담보물권일반												
제12장 유치권		★	★	★	★	★	★	★	★	★★	★	★
제13장 질권		★	★	★	★		★★	★	★	★	★	★
제14장 저당권	일반저당권		★★		★	★	★★	★	★		★	★
	근저당, 공동저당	★		★★	★			★★		★	★	★
제15장 비전형 담보물권		★	★	★	★		★	★	★		★	★

Ⅲ. 채권총칙

목 차		2014 51회	2015 52회	2016 53회	2017 54회	2018 55회	2019 56회	2020 57회	2021 58회	2022 59회	2023 60회	2024 61회
제1장 채권법 일반												
제2장 채권의 목적			★	★		★		★	★	★	★	★
제3장 채권의 효력	Ⅰ.~Ⅶ. 채무불이행	★	★	★★	★		★	★★★	★★	★★	★	★
	Ⅷ.~Ⅹ. 손해배상	★	★	★	★		★					★
	Ⅺ. 채권자 지체	★				★						
	Ⅻ.~XIII. 채권자 대위권	★	★	★	★		★	★			★	
	XIV. 채권 자취소권	★			★	★	★	★	★	★	★	★
	XV. 제3자 채권침해											
제4장 수인의 채권자 및 채무자	Ⅰ.분할채권 ~ Ⅳ.연대, 부진정연대 채무			★		★		★	★	★		★
	Ⅴ.~Ⅷ. 보증채무		★		★	★	★					
제5장 채권양도와 채무 인수	Ⅰ. 채권 양도	★	★	★	★	★	★		★	★	★	★
	Ⅱ.~Ⅲ. 채무인수	★	★	★	★	★	★	★	★	★	★	★
제6장 채권의 소멸	Ⅰ.채권의 소멸일반 ~ Ⅵ. 대물변제	★		★			★		★	★	★	
	Ⅶ.공탁 ~ Ⅺ.혼동	★	★		★	★					★	★

변리사 민법시험 출제경향의 분석

2024년(제61회) ~ 2014년(제51회)

Ⅳ. 채권각칙

목 차			2014 51회	2015 52회	2016 53회	2017 54회	2018 55회	2019 56회	2020 57회	2021 58회	2022 59회	2023 60회	2024 61회
제1장 계약 총칙	제1절 계약의 성립					★		★	★	★			★
	제2절 계약의 효력	동시이행의 항변권			★		★	★	★	★	★	★	
		위험부담											★
		제3자를 위한 계약				★				★		★	
	제3절 계약의 소멸 (해제·해지)		★		★	★	★★	★	★	★	★	★	
제2장 계약 각칙	제1절 증여								★				★
	제2절 매매			★★★	★		★★	★	★	★	★★	★	★
	제3절 교환												
	제4절 소비대차										★		
	제5절 사용대차												
	제6절 임대차		★	★		★★	★	★				★	
	제7절 고용												
	제8절 도급		★	★	★				★	★	★		★
	제9절 여행계약												
	제10절 현상광고												
	제11절 위임			★					★				★
	제12절 임치												
	제13절 조합		★		★	★		★		★	★	★	
	제14절 종신정기금												
	제15절 화해												
	제16절 리스(신종) 계약												
제3장 사무관리					★	★		★					★
제4장 부당이득			★	★	★		★					★	
제5장 불법 행위	일반불법행위												
	특수불법행위		★	★			★	★	★	★			★
	불법행위의 효과		★			★						★	

Contents

제1편 민법총칙

Contents

제3편 채권총칙

Contents

제1편

민법총칙

제1장 | 민법일반
제2장 | 권리 · 의무(법률관계)
제3장 | 권리의 주체
제4장 | 권리의 객체
제5장 | 권리의 변동
제6장 | 대 리
제7장 | 법률행위의 무효·취소
제8장 | 법률행위의 부관(조건과 기한)
제9장 | 기 간
제10장 | 소멸시효

민법일반

Ⅰ. 민법의 의의(意義)

Ⅱ. 민법의 법원

1 **관습법과 사실인 관습에 관한 설명으로 옳지 않은 것은? (다툼이 있으면 판례에 따름)**

〈2017년 변리사〉

① 관습법은 법원(法源)으로서 법령에 저촉되지 않는 한, 법칙으로서의 효력이 있다.

② 미등기 무허가건물의 매수인은 그 소유권이전등기를 경료하지 않으면 건물의 소유권을 취득할 수 없지만, 소유권에 준하는 관습상의 물권이 인정될 수는 있다.

③ 종중의 명칭사용이 그에 관한 관습에 어긋난다고 하여도, 그러한 사실만으로 그 종중의 실체를 부인할 수는 없다.

④ 사실인 관습은 사적 자치가 인정되는 분야의 제정법이 임의규정인 경우에는 법률행위의 해석기준이 되므로, 이를 재판의 자료로 할 수 있다.

⑤ 제정법규와 배치되는 사실인 관습의 효력을 인정하려면, 그러한 관습을 인정할 수 있는 당사자의 주장과 입증이 있어야 할 뿐만 아니라 그 관습이 임의규정에 관한 것인지 여부를 심리·판단해야 한다.

해 설

① (○) : 관습법은 법원(法源)으로서 법령에 저촉되지 아니하는 한 법칙으로서의 효력이 있는 것이다(대판 2005. 7. 21, 2002다13850 전원합의체).

② (×) : 미등기 무허가건물의 양수인이라 할지라도 그 소유권이전등기를 경료받지 않는 한 건물에 대한 소유권을 취득할 수 없고, 그러한 건물의 취득자에게 소유권에 준하는 관습상의 물권이 있다고 볼 수 없다(대판 1996. 6. 14, 94다53006).

③ (○) : 원래 소종중이나 지파종중의 명칭은 중시조의 관직이나 시호 다음에 지파종중 등 시조의 관직이나 시호등을 붙여 부르는 것이 일반적인 관행 내지 관습이라고 할 것이나, 그 실체는 명칭여하에 불구하고 공동선조의 제사, 종중의 재산관리 및 종원의 친목 등을 위하여 자연발생적으로 형성된 종족집단체라고 할 것이므로 어느 종중의 명칭사용이 위에서 본 관습에 어긋난다는 점만 가지고 바로 그 실체를 부인할 수는 없다(대판 1989. 12. 26, 89다카14844).

④ (○) : 사실인 관습은 사적 자치가 인정되는 분야 즉 그 분야의 제정법이 주로 임의규정일 경우에는 법률행위의 해석기준으로서 또는 의사를 보충하는 기능으로서 이를 재판의 자료로 할 수 있다(대판 1983. 6. 14, 80다3231).

⑤ (○) : 가족의례준칙 제13조의 규정과 배치되는 사실인 관습의 효력을 인정하려면 그와 같은 관습을 인정할 수 있는 당사자의 주장과 입증이 있어야 할 뿐만 아니라 이 관습이 사적 자치가 인정되는 임의규정에 관한 것인지 여부를 심리판단하여야 한다(대판 1983. 6. 14, 80다3231).

정답 1. ②

2 **관습법과 관습에 관한 설명으로 옳은 것은? (다툼이 있으면 판례에 따름)** 〈2018년 변리사〉

① 온천에 관한 권리는 관습법상의 물권이나 준물권이라고 볼 수 없다.
② 관습법은 사회의 거듭된 관행과 법적 확신이 없어도 성립된다.
③ 관습은 당사자의 주장·입증을 기다림이 없이 법원이 직권으로 이를 확정하여야한다.
④ 공동선조와 성과 본을 같이하는 후손이면 미성년자라도 성별의 구별 없이 당연히 종중의 구성원이 된다.
⑤ 관습법이 사회생활규범으로 승인되었다면 사회를 지배하는 기본적 이념이나 사회질서의 변화로 인하여 그 관습법을 적용하여야 할 시점에 있어서의 전체 법질서에 부합하지 않게 되었더라도 그 법규범으로서의 효력이 인정된다.

해설

① (○) : 온천에 관한 권리는 관습상의 물권이나 준물권이라 할 수 없고 온천수는 공용수 또는 생활상 필요한 용수에 해당되지 않는다(대판 1972. 8. 29, 72다1243).
② (×) : 관습법이란 사회의 거듭된 관행으로 생성한 사회생활규범이 사회의 법적 확신과 인식에 의하여 법적 규범으로 승인·강행되기에 이르른 것을 말한다(대판 1983. 6. 14, 80다3231).
③ (×) : 사실인 관습의 존재는 당사자가 이를 주장 및 증명하여야 한다(대판 2013. 10. 24, 2011다110685).
④ (×) : 종중이란 공동선조의 분묘수호와 제사 및 종원 상호간의 친목 등을 목적으로 하여 구성되는 자연발생적인 종족집단이므로, 종중의 이러한 목적과 본질에 비추어 볼 때 공동선조와 성과 본을 같이 하는 후손은 성별의 구별없이 성년이 되면 당연히 그 구성원이 된다고 보는 것이 조리에 합당하다(대판 2005. 7. 21, 2002다1178 전원합의체).
⑤ (×) : 사회의 거듭된 관행으로 생성된 사회생활규범이 관습법으로 승인되었다고 하더라도 사회 구성원들이 그러한 관행의 법적 구속력에 대하여 확신을 갖지 않게 되었다거나, 사회를 지배하는 기본적 이념이나 사회질서의 변화로 인하여 그러한 관습법을 적용하여야 할 시점에 있어서의 전체 법질서에 부합하지 않게 되었다면 그러한 관습법은 법적 규범으로서의 효력이 부정될 수밖에 없다(대판 2005. 7. 21, 2002다1178 전원합의체).

보충지문

3 **민법 제1조(法源)에서의 '법률'은 국회가 제정한 법률만을 의미한다.** 〈2015년 공인노무사〉

해설 민법 제1조(法源)에서의 '법률'은 국회가 제정한 법률만을 의미하는 것이 아니라 모든 법률, 즉 성문법으로써 실질적 의미의 법률을 말한다. 따라서 제185조의 물권법정주의에서 말하는 법률(형식적 의미)과 구별하여야 한다.

4 **헌법상 대통령의 긴급재정경제명령은 법원이 될 수 없다.** 〈2009년 감정평가사〉

해설 헌법상 대통령의 긴급재정경제명령은 법률의 효력을 가진 명령으로서 당연히 재판의 기준이 되는 법원이 될 수 있다(헌법 제76조).

정답 2. ① 3. (×) 4. (×)

5　지방자치단체의 조례와 규칙도 법원이 될 수 있다. 〈2009년 감정평가사〉

해설　민법 제1조의 '법률'은 실질적 의미의 법률을 의미하므로 지방자치단체의 조례와 규칙도 법원이 될 수 있다.

6　사회의 관행으로 생성된 사회생활규범이 관습법으로 되기 위하여는 그것이 사회의 법적 확신과 인식에 의하여 법적 규범으로 승인·강행되기에 이르러야 한다. 〈2009년 사법시험〉

해설　관습법이란 사회의 거듭된 관행으로 생성한 사회생활규범이 사회의 법적 확신과 인식에 의하여 법적 규범으로 승인·강행되기에 이른 것을 말하고, 그러한 관습법은 법원(法源)으로서 법령에 저촉되지 아니하는 한 법칙으로서의 효력이 있는 것이고, 또 사회의 거듭된 관행으로 생성한 어떤 사회생활규범이 법적 규범으로 승인되기에 이르렀다고 하기 위하여는 헌법을 최상위 규범으로 하는 전체 법질서에 반하지 아니하는 것으로서 정당성과 합리성이 있다고 인정될 수 있는 것이어야 하고, 그렇지 아니한 사회생활규범은 비록 그것이 사회의 거듭된 관행으로 생성된 것이라고 할지라도 이를 법적 규범으로 삼아 관습법으로서의 효력을 인정할 수 없다(대판 2005. 7. 21, 2002다1178 전원합의체).

7-1　기존의 관습법이 사회를 지배하는 기본적 이념이나 사회질서의 변화로 인하여 그 관습법을 적용하여야 할 시점에 있어서의 전체 법질서에 부합하지 않게 되었다면, 그 관습법은 법적규범으로서의 효력이 부정된다. 〈2009년 사법시험〉

7-2　일단 성립한 관습법이라도 사회구성원들이 그 관행의 법적 구속력에 대해 확신을 갖지 않게 되면 그 효력이 부정된다. 〈2015년 공인노무사, 2020년 감정평가사〉

7-3　관습법이 헌법에 위반될 때에는 법원(法院)이 그 효력을 부인할 수 있다. 〈2015년 공인노무사〉

7-4　여성은 종중의 구성원이 될 자격이 없다는 종래의 관습에 법적 효력은 인정되지 않는다. 〈2015년 감정평가사〉

해설　[1] 사회의 거듭된 관행으로 생성된 사회생활규범이 관습법으로 승인되었다고 하더라도 사회 구성원들이 그러한 관행의 법적 구속력에 대하여 확신을 갖지 않게 되었다거나, 사회를 지배하는 기본적 이념이나 사회질서의 변화로 인하여 그러한 관습법을 적용하여야 할 시점에 있어서의 전체 법질서에 부합하지 않게 되었다면 그러한 관습법은 법적 규범으로서의 효력이 부정될 수밖에 없다. [2] [다수의견] 종중은 공동선조의 분묘수호와 봉제사 및 종원 상호간의 친목을 목적으로 형성되는 종족단체로서 공동선조의 사망과 동시에 그 후손에 의하여 자연발생적으로 성립하는 것임에도, 공동선조의 후손 중 성년 남자만을 종중의 구성원으로 하고 여성은 종중의 구성원이 될 수 없다는 종래의 관습은, 공동선조의 분묘수호와 봉제사 등 종중의 활동에 참여할 기회를 출생에서 비롯되는 성별만에 의하여 생래적으로 부여하거나 원천적으로 박탈하는 것으로서, 위와 같이 변화된 우리의 전체 법질서에 부합하지 아니하여 정당성과 합리성이 있다고 할 수 없으므로, 종중 구성원의 자격을 성년 남자만으로 제한하는 종래의 관습법은 이제 더 이상 법적 효력을 가질 수 없게 되었다. [3] [다수의견] 종중이란 공동선조의 분묘수호와 제사 및 종원 상호간의 친목 등을 목적으로 하여 구성되는 자연발생적인 종족집단이므로, 종중의 이러한 목적과 본질에 비추어 볼 때 공동선조와 성과 본을 같이 하는 후손은 성별의 구별 없이 성년이 되면 당연히 그 구성원이 된다고 보는 것이 조리에 합당하다(대판 2005. 7. 21, 2002다1178 전원합의체).

정답　5. (○)　6. (○)　7-1. (○)　7-2. (○)　7-3. (○)　7-4. (○)

8 **법원의 판결에 의하여 관습법의 존재 및 그 구체적 내용이 인정되면 그 관행은 법원의 판결이 있는 때로부터 관습법으로서의 지위를 가지게 된다.** 〈2009년 사법시험〉

해설 관습법은 법원의 판결에 의하여 그 존재가 확인되지만, 성립시기는 관행이 법적 확신을 취득한 때로 소급한다(통설).

9 **판례는 관습법의 보충적 효력을 인정하고 있다.** 〈2009년 감정평가사〉

해설 가족의례준칙 제13조의 규정과 배치되는 관습법의 효력을 인정하는 것은 관습법의 제정법에 대한 열후적, 보충적 성격에 비추어 민법 제1조의 취지에 어긋나는 것이다(대판 1983. 6. 14, 80다3231).

10-1 **법원은 관습법의 존부를 알 수 없는 경우를 제외하고 당사자의 주장·증명이 없어도 관습법을 직권으로 확정하여야 한다.** 〈2017년 감정평가사〉

10-2 **사실인 관습은 관습법처럼 법령으로서의 효력이 없는 단순한 관행이므로, 당사자의 주장이나 증명이 없으면 법원이 직권에 의하여 판단하여야 한다.** 〈2008년 감정평가사〉

해설 법령과 같은 효력을 갖는 관습법은 당사자의 주장 입증을 기다림이 없이 법원이 직권으로 이를 확정하여야 하고 사실인 관습은 그 존재를 당사자가 주장 입증하여야 하나, 관습은 그 존부자체도 명확하지 않을 뿐만 아니라 그 관습이 사회의 법적 확신이나 법적 인식에 의하여 법적 규범으로까지 승인되었는지의 여부를 가리기는 더욱 어려운 일이므로, 법원이 이를 알 수 없는 경우 결국은 당사자가 이를 주장·입증할 필요가 있다(대판 1983. 6. 14, 80다3231).

11-1 **사실인 관습은 사적 자치가 인정되는 분야에서는 법률행위의 해석기준으로서 또는 의사를 보충하는 기능으로서 이를 재판의 자료로 할 수 있다.** 〈2008년 감정평가사〉

11-2 **강행규정 자체에 결함이 있거나 강행규정 자체가 관습에 따르도록 위임한 경우에는 사실인 관습에 법적 효력을 부여할 수 있다.** 〈2017년 감정평가사〉

해설 사실인 관습은 사적 자치가 인정되는 분야 즉 그 분야의 제정법이 주로 임의규정일 경우에는 법률행위의 해석기준으로서 또는 의사를 보충하는 기능으로서 이를 재판의 자료로 할 수 있을 것이나 이 이외의 즉 그 분야의 제정법이 주로 강행규정일 경우에는 그 강행규정 자체에 결함이 있거나 강행규정 스스로가 관습에 따르도록 위임한 경우 등 이외에는 법적 효력을 부여할 수 없다(대판 1983. 6. 14, 80다3231).

정답 8. (×) 9. (○) 10-1. (○) 10-2. (×) 11-1. (○) 11-2. (○)

제2장 권리 · 의무(법률관계)

Ⅰ. 법률관계

1 **다음 중 형성권인 것은?** 〈2017년 감정평가사〉

① 부동산공사 수급인의 저당권설정청구권
② 저당권설정자의 저당물보충청구권
③ 미성년자의 법률행위의 취소권
④ 점유자의 유익비상환청구권
⑤ 점유취득시효 완성자의 등기청구권

해설

③번(민법 제5조 제2항)만 형성권이고 나머지는 통상의 청구권이다. ① 민법 제666조, ② 민법 제362조(다만 보기에서는 '저당권설정자'의 저당물보충청구권이라고 하였으나, '저당권자'의 저당물보충청구권이라고 해야 할 것이다), ④ 민법 제203조 제2항, ⑤ 민법 제245조 제1항

2 **사권(私權)과 그 성격이 올바르게 연결되지 않은 것은? (다툼이 있으면 판례에 따름)** 〈2019년 공인노무사〉

① 물권 – 지배권
② 제한능력자의 취소권 – 형성권
③ 매매예약의 완결권 – 형성권
④ 동시이행의 항변권 – 연기적 항변권
⑤ 임차인의 부속물매수청구권 – 청구권

해설

⑤ 민법 제646조. 임차인의 부속물매수청구권은 형성권이다(통설).

보충지문

3-1 **형성권의 효력 발생에는 상대방의 동의나 승낙을 요하지 않는다.** 〈2015년 감정평가사〉

3-2 **형성권의 행사는 상대방에 대한 일방적 의사표시로 한다.** 〈2020년 감정평가사〉

해설 형성권은 일방적 의사표시에 의하여 효력이 발생되므로, 형성권의 효력 발생에는 상대방의 동의나 승낙을 요하지 않는다.

정답 1. ③ 2. ⑤ 3-1. (○) 3-2. (○)

4　공유물분할청구권은 형성권이다. 〈2015년 감정평가사〉

해 설　공유자간 공유관계의 해소는 상대방의 동의를 요하지 않는다. 즉 공유물분할청구권은 형성권이다.

5-1　다른 사정이 없으면, 형성권의 행사에 조건 또는 기한을 붙이지 못한다. 〈2020년 감정평가사〉

5-2　형성권의 행사는 단독행위이므로 조건은 붙일 수 없음이 원칙이나, 계약의 정지조건부 해제는 인정된다. 〈2015년 감정평가사〉

해 설　형성권의 행사와 같은 단독행위는 원칙적으로 조건이나 기한에 친하지 않으므로 조건이나 기한은 붙일 수 없음이 원칙이나, 계약의 정지조건부 해제는 조건의 성취여부가 상대방에 달려있어 상대방의 지위를 불안하게 하지 않으므로 판례가 인정한다(대판 1970. 9. 29, 70다1508).

6　다른 사정이 없으면, 형성권은 그 일부를 행사할 수 있다. 〈2020년 감정평가사〉

해 설　형성권의 행사는 단독행위로서 상대방의 지위를 불안하게 하므로 일부를 행사할 수 없음이 원칙이다. 예컨대 무권대리행위의 추인은 무권대리인에 의하여 행하여진 불확정한 행위에 관하여 그 행위의 효과를 자기에게 직접 발생케 하는 것을 목적으로 하는 의사표시이며, 무권대리인 또는 상대방의 동의나 승락을 요하지 않는 단독행위로서 추인은 의사표시의 전부에 대하여 행하여져야 하고, 그 일부에 대하여 추인을 하거나 그 내용을 변경하여 추인을 하였을 경우에는 상대방의 동의를 얻지 못하는 한 무효이다(대판 1982. 1. 26, 81다카549).

7-1　다른 사정이 없으면, 형성권은 제척기간의 적용을 받는다. 〈2020년 감정평가사〉

7-2　취소할 수 있는 법률행위의 취소권의 존속기간은 제척기간이다. 〈2015년 감정평가사〉

7-3　형성권은 반드시 재판상 행사해야 한다. 〈2015년 감정평가사〉

해 설　미성년자 또는 친족회가 민법 제950조 제2항에 따라 제1항의 규정에 위반한 법률행위를 취소할 수 있는 권리는 형성권으로서 민법 제146조에 규정된 취소권의 존속기간은 제척기간이라고 보아야 할 것이지만, 그 제척기간 내에 소를 제기하는 방법으로 권리를 재판상 행사하여야만 되는 것은 아니고, 재판 외에서 의사표시를 하는 방법으로도 권리를 행사할 수 있다(대판 1993. 7. 27, 92다52795). ☞ 형성권을 재판상 행사해야 하는 것은 오히려 예외적이다(예컨대 제406조 채권자취소권).

Ⅱ. 신의성실의 원칙

8　민법의 기본원리에 관한 다음 설명 중 옳지 않은 것은? (다툼이 있는 경우에는 판례에 의함)

〈2007년 변리사〉

① 인지청구권을 장기간 행사하지 않아서 더 이상 그 권리를 행사하지 않을 것이라고 신뢰할 만한 정당한 기대를 상대방이 가지게 되었다면 인지청구권은 실효된다.

② 어떤 관행이 법적 확신을 취득하였더라도 그것이 헌법을 최상위규범으로 하는 전체 법질서에 반한다면 관습법으로서의 효력을 인정받을 수 없다.

정답　4.(○) 5-1.(○) 5-2.(○) 6.(×) 7-1.(○) 7-2.(○) 7-3.(×) 8. ①

③ 임의규정과 배치되는 사실인 관습이 존재하더라도 당사자의 주장과 증명이 없으면 법원은 그 효력을 인정할 수 없다.
④ 민법상 영구적 항변권도 인정된다.
⑤ 판례는 권리남용을 인정하기 위하여 권리의 행사가 상대방에게 고통이나 손해를 주기 위한 것이라는 주관적 요건을 요구하지만, 그것은 객관적 사정에 의하여 추인될 수 있다고 본다.

해 설

① (×) : 인지청구권은 본인의 일신전속적인 신분관계상의 권리로서 포기할 수도 없으며 포기하였더라도 그 효력이 발생할 수 없는 것이고, 이와 같이 인지청구권의 포기가 허용되지 않는 이상 거기에 실효의 법리가 적용될 여지도 없다(대판 2001. 11. 27, 2001므1353).
② (○) : 사회의 거듭된 관행으로 생성한 어떤 사회생활규범이 법적 규범으로 승인되기에 이르렀다고 하기 위하여는 헌법을 최상위 규범으로 하는 전체 법질서에 반하지 아니하는 것으로서 정당성과 합리성이 있다고 인정될 수 있는 것이어야 하고, 그렇지 아니한 사회생활규범은 비록 그것이 사회의 거듭된 관행으로 생성된 것이라고 할지라도 이를 법적 규범으로 삼아 관습법으로서의 효력을 인정할 수 없다(대판 2005. 7. 21, 2002다1178 전원합의체).
③ (○) : 법령과 같은 효력을 갖는 관습법은 당사자의 주장 입증을 기다림이 없이 법원이 직권으로 이를 확정하여야 하고 사실인 관습은 그 존재를 당사자가 주장 입증하여야 함을 원칙으로 한다(대판 1983. 6. 14, 80다3231).
④ (○) : 통설은 항변권으로는 청구권의 작용을 일시적으로 저지할 수 있을 뿐인 '연기적 항변권'(예 : 동시이행의 항변권(제536조), 최고·검색의 항변권(제437조))과 그것을 영구히 저지할 수 있는 '영구적 항변권'(예 : 상속인의 한정승인(제1019조, 제1028조))의 두 종류를 인정한다.
⑤ (○) : 권리의 행사가 주관적으로 오직 상대방에게 고통을 주고 손해를 입히려는 데 있을 뿐 이를 행사하는 사람에게는 아무런 이익이 없고, 객관적으로 사회질서에 위반된다고 볼 수 있으면, 그 권리의 행사는 권리남용으로서 허용되지 아니하고, 그 권리의 행사가 상대방에게 고통이나 손해를 주기 위한 것이라는 주관적 요건은 권리자의 정당한 이익을 결여한 권리행사로 보여지는 객관적인 사정에 의하여 추인할 수 있다(대판 2010. 12. 9, 2010다59783).

9 권리 및 그 행사에 관한 설명 중 옳지 않은 것은? (다툼이 있는 경우에는 판례에 의함)

〈2008년 변리사〉

① 미성년자가 사기를 당하여 자신에게 불리한 법률행위를 한 경우에는 제한능력으로 인한 취소권과 사기로 인한 취소권이 발생하여 경합하게 된다.
② 근보증계약에 있어서 그 계약 체결 당시의 근보증인의 지위의 변화가 있으면 사정변경의 원칙에 따른 해지가 인정되지만, 채무액이 확정되었다면 사정변경의 원칙에 따른 해지가 인정되지 않는다.
③ 강행법규에 위반하여 무효인 수익보장약정이 위탁회사가 먼저 제의하여 체결된 것이라고 하더라도, 강행법규를 위반한 자가 스스로 그 약정의 무효를 주장하는 것은 신의칙(모순행위금지의 원칙)에 반하므로 인정되지 않는다.
④ 인지청구권은 포기할 수 없는 이상 이 권리에는 실효의 원칙이 적용되지 않는다.
⑤ 상계할 목적으로 상대방 발행의 약속어음을 액면가의 40%에도 미치지 못하는 가격으로 할인취득하고 어음금채권을 자동채권으로 하여 상계하였다면 권리남용에 해당하고, 이때에는 일반적인 권리남용의 경우에 요구되는 주관적 요건을 필요로 하지 않는다.

정답 9. ③

해 설

① (○) : 권리의 경합을 인정함이 통설과 판례이다.

② (○) : 회사의 이사의 지위에서 부득이 회사와 제3자 사이의 계속적 거래로 인한 회사의 채무에 대하여 보증인이 된 자가 그 후 퇴사하여 이사의 지위를 떠난 때에는 보증계약 성립 당시의 사정에 현저한 변경이 생긴 경우에 해당하므로 이를 이유로 보증계약을 해지할 수 있는 것이고, 한편 계속적 보증계약의 보증인이 장차 그 보증계약에 기한 보증채무를 이행할 경우 피보증인이 계속적 보증계약의 보증인에게 부담하게 될 불확정한 구상금채무를 보증한 자에게도 사정변경이라는 해지권의 인정 근거에 비추어 마찬가지로 해지권을 인정하여야 할 것이나, 이와 같은 경우에도 보증계약이 해지되기 전에 계속적 거래가 종료되거나 그 밖의 사유로 주채무 내지 구상금채무가 확정된 경우라면 보증인으로서는 더 이상 사정변경을 이유로 보증계약을 해지할 수 없다(대판 2002. 5. 31, 2002다1673).

[보충지문] 이사의 지위에서 부득이 회사의 계속적 거래관계로 인한 불확정한 채무에 대하여 보증인이 된 자가 퇴사한 경우, 회사의 구상금채무가 확정된 후에도 사정변경을 이유로 해지권을 행사할 수 있다(×). 〈2009년 공인노무사〉

③ (×) : 강행법규에 위반하여 무효인 수익보장약정이 투자신탁회사가 먼저 고객에게 제의를 함으로써 체결된 것이라고 하더라도, 이러한 경우에 강행법규를 위반한 투자신탁회사 스스로가 그 약정의 무효를 주장함이 신의칙에 위반되는 권리의 행사라는 이유로 그 주장을 배척한다면, 이는 오히려 강행법규에 의하여 배제하려는 결과를 실현시키는 셈이 되어 입법취지를 완전히 몰각하게 되므로, 달리 특별한 사정이 없는 한 위와 같은 주장이 신의성실의 원칙에 반하는 것이라고 할 수 없다(대판 1999. 3. 23, 99다4405).

④ (○) : 인지청구권은 본인의 일신전속적인 신분관계상의 권리로서 포기할 수도 없으며 포기하였더라도 그 효력이 발생할 수 없는 것이고, 이와 같이 인지청구권의 포기가 허용되지 않는 이상 거기에 실효의 법리가 적용될 여지도 없다(대판 2001. 11. 27, 2001므1353).

⑤ (○) : 상계권자의 상계권 행사가 그 목적이나 기능을 일탈하고, 법적으로 보호받을 만한 가치가 없는 경우에는, 그 상계권의 행사는 신의칙에 반하거나 상계에 관한 권리를 남용하는 것으로서 허용되지 않는다고 함이 상당하고, 상계권 행사를 제한하는 위와 같은 근거에 비추어 볼 때 일반적인 권리 남용의 경우에 요구되는 주관적 요건을 필요로 하는 것은 아니다(대판 2003. 4. 11, 2002다59481).

10 **신의성실의 원칙에 관한 설명으로 옳지 않은 것은? (다툼이 있는 경우에는 판례에 의함)**

〈2014년 변리사〉

① 소멸시효 완성 전에 채무자가 시효중단을 현저히 곤란하게 하여 채권자가 아무런 조치를 할 수 없었던 경우, 채무자가 시효완성을 주장하는 것은 권리남용으로 허용되지 않는다.

② 「국토의 계획 및 이용에 관한 법률」이 정하는 거래허가를 받지 않고 토지매매계약을 체결한 당사자가 스스로 그 계약의 무효를 주장하는 것은, 특별한 사정이 없으면, 신의성실의 원칙에 위반하는 권리행사로 허용되지 않는다.

③ 권리행사로 권리행사자가 얻을 이익보다 상대방이 잃을 손해가 현저히 크다는 사정만으로는 이를 권리남용이라 할 수 없다.

④ 소멸시효 완성 후 채무자가 이를 원용하지 않을 것 같은 태도를 보여 이를 신뢰한 권리자가 그로부터 시효정지에 준하는 단기간 내에 그의 권리를 행사한 경우 채무자는 시효완성을 주장하지 못한다.

⑤ 상표권의 행사가 권리행사의 외형을 갖추었다 하더라도 상표제도의 목적을 일탈하여 공정한 경쟁질서와 상거래 질서를 어지럽히고 수요자 사이에 혼동을 초래하여 법적으로 보호받을 만한 가치가 없다고 인정되는 경우, 이는 등록상표에 관한 권리의 남용으로서 허용되지 않는다.

정답 10. ②

해설

① (○) : 소멸시효 완성 전에 채무자가 시효중단을 현저히 곤란하게 하여 채권자가 아무런 조치를 할 수 없었던 경우(국가의 은폐나 변호사 조력을 받을 권리를 못받게 하는 경우 등), 채무자가 시효완성을 주장하는 것은 권리남용으로 허용되지 않는다(대판 2011. 10. 27, 2011다54709).

② (×) :「국토의 계획 및 이용에 관한 법률」이 정하는 거래허가를 받지 않고 토지매매계약을 체결한 당사자가 스스로 그 계약의 무효를 주장하는 것은, 특별한 사정이 없으면, 신의성실의 원칙에 위반하는 권리행사로 보지 않는다(신의칙의 한계 ; 대판 1993. 12. 24, 93다44319이다).

③ (○) : 권리행사가 권리의 남용에 해당한다고 할 수 있으려면, 주관적으로 그 권리행사의 목적이 오직 상대방에게 고통을 주고 손해를 입히려는 데 있을 뿐 행사하는 사람에게 아무런 이익이 없는 경우이어야 하고, 객관적으로는 그 권리행사가 사회질서에 위반된다고 볼 수 있어야 한다. 이와 같은 경우에 해당하지 않는 한 비록 그 권리의 행사에 의하여 권리행사자가 얻는 이익보다 상대방이 잃을 손해가 현저히 크다고 하여도 그러한 사정만으로는 이를 권리남용이라 할 수 없다(대판 2010. 2. 25, 2009다58173).

④ (○) : [1] 소멸시효를 이유로 한 항변권의 행사도 민법의 대원칙인 신의성실의 원칙과 권리남용금지의 원칙의 지배를 받는 것이어서 채무자가 소멸시효 완성 후 시효를 원용하지 아니할 것 같은 태도를 보여 권리자로 하여금 이를 신뢰하게 하였고, 채무자가 그로부터 권리행사를 기대할 수 있는 상당한 기간 내에 자신의 권리를 행사하였다면, 채무자가 소멸시효 완성을 주장하는 것은 신의성실 원칙에 반하는 권리남용으로 허용될 수 없다.
[2] 채무자가 소멸시효의 이익을 원용하지 않을 것 같은 신뢰를 부여한 경우에도 채권자는 그러한 사정이 있은 때로부터 상당한 기간 내에 권리를 행사하여야만 채무자의 소멸시효의 항변을 저지할 수 있는데, 여기에서 '상당한 기간' 내에 권리행사가 있었는지는 채권자와 채무자 사이의 관계, 신뢰를 부여하게 된 채무자의 행위 등의 내용과 동기 및 경위, 채무자가 그 행위 등에 의하여 달성하려고 한 목적과 진정한 의도, 채권자의 권리행사가 지연될 수밖에 없었던 특별한 사정이 있었는지 여부 등을 종합적으로 고려하여 판단할 것이다. 다만 신의성실의 원칙을 들어 시효 완성의 효력을 부정하는 것은 법적 안정성의 달성, 입증곤란의 구제, 권리행사의 태만에 대한 제재를 이념으로 삼고 있는 소멸시효 제도에 대한 대단히 예외적인 제한에 그쳐야 할 것이므로, 위 권리행사의 '상당한 기간'은 특별한 사정이 없는 한 민법상 시효정지의 경우에 준하여 단기간으로 제한되어야 한다. 그러므로 개별 사건에서 매우 특수한 사정이 있어 그 기간을 연장하여 인정하는 것이 부득이한 경우에도 불법행위로 인한 손해배상청구의 경우 그 기간은 아무리 길어도 민법 제766조 제1항이 규정한 단기소멸시효기간인 3년을 넘을 수는 없다고 보아야 한다(대판 2013. 5. 16, 2012다202819).

[보충지문1] 채무자가 소멸시효 완성 후 시효를 원용하지 아니할 것 같은 태도를 보여 권리자로 하여금 이를 신뢰하게 하였다면, 권리자가 그로부터 권리행사를 기대할 수 있는 상당한 기간 내에 자신의 권리를 행사한 경우뿐만 아니라 권리행사를 기대할 수 있는 상당한 기간 내에 권리행사가 없었던 경우에도 채무자의 소멸시효 완성 주장은 허용될 수 없다(×). 〈2016년 사법시험〉

[보충지문2] 채권자에게 권리의 행사를 기대할 수 없는 객관적인 장애사유가 있었던 경우 그러한 장애가 해소된 때에는 그로부터 상당한 기간 내에 권리를 행사하여야만 채무자의 소멸시효의 항변을 저지할 수 있다(○). 〈2022년 법원행시〉

⑤ (○) : 상표권의 행사가 권리행사의 외형을 갖추었다 하더라도 상표제도의 목적을 일탈하여 공정한 경쟁질서와 상거래 질서를 어지럽히고 수요자 사이에 혼동을 초래하여 법적으로 보호받을 만한 가치가 없다고 인정되는 경우, 이는 등록상표에 관한 권리의 남용으로서 허용되지 않는다(대판 2012. 10. 18, 2010다103000 전원합의체).

11 **신의성실의 원칙에 관한 설명으로 옳은 것을 모두 고른 것은? (다툼이 있으면 판례에 따름)**

〈2016년 변리사〉

ㄱ. 계약 성립의 기초가 되지 않은 사정이 그 후 변경되어 일방 당사자가 계약 당시 의도한 계약 목적을 달성할 수 없게 됨으로써 손해를 입은 경우, 특별한 사정이 없는 한 사정변경을 이유로 한 계약 해제가 인정되지 않는다.
ㄴ. 회사의 이사가 채무액과 변제기가 특정되어 있는 회사 채무에 대하여 보증계약을 체결한 경우, 이사직 사임이라는 사정변경을 이유로 일방적으로 보증계약을 해지할 수 있다.
ㄷ. 신의성실의 원칙에 반하는 것 또는 권리남용은 강행규정에 위배되는 것이므로 당사자의 주장이 없더라도 법원은 직권으로 판단할 수 있다.
ㄹ. 강행법규에 위반한 자가 스스로 그 약정의 무효를 주장하는 것은 특별한 사정이 없는 한 신의성실의 원칙에 반하는 것으로서 허용되지 않는다.

① ㄱ, ㄴ ② ㄱ, ㄷ ③ ㄱ, ㄹ ④ ㄴ, ㄷ ⑤ ㄷ, ㄹ

해 설

㉠ (○) : 사정변경의 원칙에서 변경된 사정이라 함은 계약의 기초가 되었던 객관적인 사정으로서, 일방 당사자의 주관적 또는 개인적인 사정을 의미하는 것은 아니다. 따라서 계약의 성립에 기초가 되지 아니한 사정이 그 후 변경되어 일방 당사자가 계약 당시 의도한 계약 목적을 달성할 수 없게 됨으로써 손해를 입게 되었다 하더라도 특별한 사정이 없는 한 그 계약 내용의 효력을 그대로 유지하는 것이 신의칙에 반한다고 볼 수 없다. 이러한 법리는 계속적 계약관계에서 사정변경을 이유로 계약의 해지를 주장하는 경우에도 마찬가지로 적용된다(대판 2013. 9. 26, 2012다13637 전원합의체).

㉡ (×) : 회사의 이사가 채무액과 변제기가 특정되어 있는 회사 채무에 대하여 보증계약을 체결한 경우에는 계속적 보증이나 포괄근보증의 경우와는 달리 이사직 사임이라는 사정변경을 이유로 보증인인 이사가 일방적으로 보증계약을 해지할 수 없다(대판 2006. 7. 4, 2004다30675).

㉢ (○) : 신의성실의 원칙에 반하는 것 또는 권리남용은 강행규정에 위배되는 것이므로 당사자의 주장이 없더라도 법원은 직권으로 판단할 수 있다(대판 1989. 9. 29, 88다카17181).

㉣ (×) : 강행법규에 위반한 자가 스스로 그 약정의 무효를 주장하는 것이 신의칙에 위반되는 권리의 행사라는 이유로 그 주장을 배척한다면, 이는 오히려 강행법규에 의하여 배제하려는 결과를 실현시키는 셈이 되어 입법 취지를 완전히 몰각하게 되므로 달리 특별한 사정이 없는 한 위와 같은 주장은 신의칙에 반하는 것이라고 할 수 없다(대판 2004. 10. 28, 2004다5556).

12 **신의성실의 원칙에 관한 설명으로 옳은 것을 모두 고른 것은? (다툼이 있으면 판례에 따름)**

〈2018년 변리사〉

ㄱ. 회사의 이사가 채무액과 변제기가 특정되어 있는 회사 채무를 보증한 경우에는 이사직 사임이라는 사정변경을 이유로 일방적으로 보증계약을 해지할 수 없다.
ㄴ. 공무원의 불법행위에 따른 국가배상청구권의 소멸시효 기간이 지났으나 국가가 소멸시효완성을 주장하는 것이 신의성실의 원칙에 반하는 권리남용으로 허용될 수 없어 배상책임을 이행한

정답 11. ② 12. ③

경우, 국가가 사건의 은폐·조작 등 권리남용에 해당하게 된 원인행위를 적극적으로 주도한 공무원에게 구상권을 행사하는 것은 신의칙상 허용되지 않는다.

ㄷ. 주식회사 대표이사의 대표권 남용행위의 상대방이 그와 같은 사정을 알았던 경우에 회사는 상대방의 악의를 증명하여 행위의 효과를 부인할 수 있다.

ㄹ. 재산권의 거래계약에 있어서 일방 당사자에게 상대방에 대한 고지의무가 인정되는 경우에는 상대방이 고지의무의 대상이 되는 사실을 이미 알고 있는 때에도 여전히 고지의무를 부담한다.

ㅁ. 부동산 거래에 있어 거래 상대방이 일정한 사정에 관한 고지를 받았더라면 그 거래를 하지 않았을 것임이 경험칙상 명백한 경우에는 신의성실의 원칙상 사전에 상대방에게 그와 같은 사정을 고지할 의무가 있다.

① ㄱ, ㄴ, ㄹ ② ㄱ, ㄴ, ㅁ ③ ㄱ, ㄷ, ㅁ ④ ㄴ, ㄷ, ㄹ ⑤ ㄷ, ㄹ, ㅁ

해설

ㄱ. (○) : 회사의 이사가 채무액과 변제기가 특정되어 있는 회사 채무에 대하여 보증계약을 체결한 경우에는 계속적보증이나 포괄근보증의 경우와는 달리 이사직 사임이라는 사정변경을 이유로 보증인인 이사가 일방적으로 보증계약을 해지할 수 없다(대판 2006. 7. 4, 2004다30675).

ㄴ. (×) : 공무원의 불법행위로 손해를 입은 피해자의 국가배상청구권의 소멸시효 기간이 지났으나 국가가 소멸시효완성을 주장하는 것이 신의성실의 원칙에 반하는 권리남용으로 허용될 수 없어 배상책임을 이행한 경우에는, 소멸시효 완성 주장이 권리남용에 해당하게 된 원인행위와 관련하여 공무원이 원인이 되는 행위를 적극적으로 주도하였다는 등의 특별한 사정이 없는 한, 국가가 공무원에게 구상권을 행사하는 것은 신의칙상 허용되지 않는다(대판 2016. 6. 10, 2015다217843). ☞ 지문은 특별한 사정이 있는 예외적인 경우이므로 구상권의 행사가 허용된다.

ㄷ. (○) : 주식회사의 대표이사가 그 대표권의 범위내에서 한 행위는 설사 대표이사가 회사의 영리목적과 관계없이 자기 또는 제3자의 이익을 도모할 목적으로 그 권한을 남용한 것이라 할지라도 일응 회사의 행위로서 유효하고 다만 그 행위의 상대방이 그와 같은 정을 알았던 경우에는 그로 인하여 취득한 권리를 회사에 대하여 주장하는 것이 신의칙에 반하므로 회사는 상대방의 악의를 입증하여 그 행위의 효과를 부인할 수 있을 뿐이다(대판 1987. 10. 13, 86다카1522). ☞ 대표권 남용에 관하여 신의칙설에 따른 판례이다. 제107조 제1항 단서 유추적용설에 따른 판례도 있으나, 판례가 어떤 입장을 취하고 있는지는 문제를 푸는 데 아무런 지장이 없도록 출제되었다.

ㄹ. (×), ㅁ. (○) : 재산적 거래관계에 있어서 계약의 일방 당사자가 상대방에게 계약의 효력에 영향을 미치거나 상대방의 권리 확보에 위험을 가져올 수 있는 구체적 사정을 고지하였다면 상대방이 계약을 체결하지 아니하거나 적어도 그와 같은 내용 또는 조건으로 계약을 체결하지 아니하였을 것임이 경험칙상 명백한 경우 계약 당사자는 신의성실의 원칙상 상대방에게 미리 그와 같은 사정을 고지할 의무가 있다. 그러나 이때에도 상대방이 고지의무의 대상이 되는 사실을 이미 알고 있거나 스스로 이를 확인할 의무가 있는 경우 또는 거래 관행상 상대방이 당연히 알고 있을 것으로 예상되는 경우 등에는 상대방에게 위와 같은 사정을 알리지 아니하였다고 하여 고지의무를 위반하였다고 볼 수 없다(대판 2014. 7. 24, 2013다97076).

13 **신의성실의 원칙에 관한 설명으로 옳은 것을 모두 고른 것은? (다툼이 있으면 판례에 따름)**

〈2019년 변리사〉

ㄱ. 사정변경을 이유로 계약의 해제가 인정되는 경우는 계약준수 원칙의 예외에 해당한다.
ㄴ. 사용자는 근로계약에 수반되는 신의칙상의 부수의무로서 피용자가 노무를 제공하는 과정에서 건강을 해치는 일이 없도록 필요한 조치를 강구하여야할 의무를 부담한다.
ㄷ. 채권자가 채권을 확보하기 위하여 제3자의 부동산을 채무자에게 명의신탁 하도록 한 다음 그 부동산에 대하여 강제집행을 하는 행위는 신의칙상 허용되지 않는다.
ㄹ. 아파트 분양자는 아파트 단지 인근에 쓰레기 매립장이 건설예정인 사실을 분양계약자에게 고지할 신의칙상 의무를 부담한다.

① ㄱ ② ㄴ, ㄷ ③ ㄷ, ㄹ ④ ㄱ, ㄴ, ㄹ ⑤ ㄱ, ㄴ, ㄷ, ㄹ

해 설

ㄱ. (○) : 사정변경을 이유로 한 계약 해제는 계약 성립 당시 당사자가 예견할 수 없었던 현저한 사정의 변경이 발생하였고 그러한 사정의 변경이 해제권을 취득하는 당사자에게 책임 없는 사유로 생긴 것으로서, 계약 내용대로의 구속력을 인정한다면 신의칙에 현저히 반하는 결과가 생기는 경우에 계약준수 원칙의 예외로서 인정된다(대판 2013. 9. 26, 2012다13637 전원합의체).
ㄴ. (○) : 사용자는 근로계약에 수반되는 신의칙상의 부수적 의무로서 피용자가 노무를 제공하는 과정에서 생명, 신체, 건강을 해치는 일이 없도록 인적·물적 환경을 정비하는 등 필요한 조치를 강구하여야 할 보호의무를 부담하고, 이러한 보호의무를 위반함으로써 피용자가 손해를 입은 경우 이를 배상할 책임이 있다(대판 2000. 5. 16, 99다47129).
ㄷ. (○) : 채권자가 채권을 확보하기 위하여 제3자의 부동산을 채무자에게 명의신탁하도록 한 다음 동 부동산에 대하여 강제집행을 하는 따위의 행위는 신의칙에 비추어 허용할 수 없다(대판 1981. 7. 7, 80다2064).
ㄹ. (○) : 아파트 분양자는 아파트 단지 인근에 쓰레기 매립장이 건설예정인 사실을 분양계약자에게 고지할 신의칙상 의무를 부담한다(대판 2006. 10. 12, 2004다48515).

14 **신의성실의 원칙 등에 관한 설명으로 옳지 않은 것은? (다툼이 있으면 판례에 따름)**

〈2020년 변리사〉

① 실효의 법리는 법의 일반원리인 신의성실의 원칙에 바탕을 둔 파생원칙이다.
② 취득시효완성 후에 그 사실을 모르고 당해 토지에 관하여 어떠한 권리도 주장하지 않기로 하였다가 이후에 취득시효 주장을 하는 것은 특별한 사정이 없는 한 신의성실의 원칙상 허용되지 않는다.
③ 법정대리인의 동의없이 신용구매계약을 체결한 미성년자가 나중에 법정대리인의 동의없음을 사유로 들어 이를 취소하는 것은 신의성실의 원칙에 반한다.
④ 매도인의 해제권이 장기간 행사되지 아니하고 매매대금도 거의 전부가 지급되어 있는 등 해제권이 더 이상 행사되지 아니할 것으로 매수인이 신뢰하는 데에 정당한 사유가 있는 경우, 매도인이 해제권을 행사하는 것은 신의성실의 원칙에 반한다.
⑤ 권리남용금지의 원칙은 당사자의 주장이 없더라도 법원은 직권으로 판단할 수 있다.

정답 13. ⑤ 14. ③

해 설

① (○) : 실권 또는 실효의 법리는 신의성실의 원칙에 바탕을 둔 파생적인 원리로서 이는 본래 권리행사의 기회가 있음에도 불구하고 권리자가 장기간에 걸쳐 그 권리를 행사하지 아니하였기 때문에 의무자인 상대방은 이미 그의 권리를 행사하지 아니할 것으로 믿을 만한 정당한 사유가 있게 되거나 행사하지 아니할 것으로 추인케 할 경우에 새삼스럽게 그 권리를 행사하는 것이 신의성실의 원칙에 반하는 결과가 될 때 그 권리행사를 허용하지 않는 것을 의미한다(대판 1994. 6. 28, 93다26212).

② (○) : 취득시효완성 후에 그 사실을 모르고 당해 토지에 관하여 어떠한 권리도 주장하지 않기로 하였다면 후에 이에 반하여 시효주장을 하는 것은 특별한 사정이 없는 한 신의칙상 허용되지 않는다(대판 1998. 5. 22, 96다24101).

③ (×) : 미성년자의 법률행위에 법정대리인의 동의를 요하도록 하는 것은 강행규정인데, 위 규정에 반하여 이루어진 신용구매계약을 미성년자 스스로 취소하는 것을 신의칙 위반을 이유로 배척한다면, 이는 오히려 위 규정에 의해 배제하려는 결과를 실현시키는 셈이 되어 미성년자 제도의 입법 취지를 몰각시킬 우려가 있으므로, 법정대리인의 동의 없이 신용구매계약을 체결한 미성년자가 사후에 법정대리인의 동의 없음을 사유로 들어 이를 취소하는 것이 신의칙에 위배된 것이라고 할 수 없다(대판 2007. 11. 16, 2005다71659, 71666, 71673).

④ (○) : 해제의 의사표시가 있은 무렵을 기준으로 볼 때 무려 1년 4개월 가량 전에 발생한 해제권을 장기간 행사하지 아니하고 오히려 매매계약이 여전히 유효함을 전제로 잔존채무의 이행을 최고함에 따라 상대방으로서는 그 해제권이 더이상 행사되지 아니할 것으로 신뢰하였고 또 매매계약상의 매매대금 자체는 거의 전부가 지급된 점 등에 비추어 보면 그와 같이 신뢰한 데에는 정당한 사유도 있었다고 봄이 상당하다면, 그 후 새삼스럽게 그 해제권을 행사한다는 것은 신의성실의 원칙에 반하여 허용되지 아니한다(대판 1994. 11. 25, 94다12234).

⑤ (○) : 신의성실의 원칙에 반하는 것 또는 권리남용은 강행규정에 위배되는 것이므로 당사자의 주장이 없더라도 법원은 직권으로 판단할 수 있다(대판 1989. 9. 29, 88다카17181).

15 **권리남용금지의 원칙에 관한 설명으로 옳은 것을 모두 고른 것은? (다툼이 있으면 판례에 따름)** 〈2021년 변리사〉

ㄱ. 채무자가 소멸시효완성 전에 채권자의 권리행사를 현저하게 곤란하게 하여 시효가 완성된 경우, 채무자가 시효의 완성을 주장하는 것은 권리남용이 된다.
ㄴ. 권리남용은 당사자의 주장이 없더라도 법원은 직권으로 판단할 수 있다.
ㄷ. 거래당사자가 유치권을 자신의 이익을 위하여 고의적으로 작출하여 유치권의 최우선순위담보권으로서의 지위를 부당하게 이용함으로써 신의성실의 원칙에 반한다고 평가되는 경우에는 유치권의 남용이 된다.
ㄹ. 권리남용으로 인정되는 경우, 남용의 구체적 효과는 권리의 종류와 남용의 결과에 관계없이 권리의 박탈이라는 점에서는 동일하다.

① ㄱ, ㄴ ② ㄴ, ㄷ ③ ㄷ, ㄹ ④ ㄱ, ㄴ, ㄷ ⑤ ㄴ, ㄷ, ㄹ

해 설

ㄱ. (○) : 채무자의 소멸시효에 기한 항변권의 행사도 우리 민법의 대원칙인 신의성실의 원칙과 권리남용금지의 원칙의 지배를 받는 것이어서, 채무자가 시효완성 전에 채권자의 권리행사나 시효중단을 불가능 또는 현저히 곤란하게 하였거나, 그러한 조치가 불필요하다고 믿게 하는 행동을 하였거나, 객관적으로 채권자가 권리를 행사할 수 없는 장애사유가 있었거나, 또는 일단 시효완성 후에 채무자가 시효를 원용하지 아니할 것 같은 태도

정답 15. ④

를 보여 권리자로 하여금 그와 같이 신뢰하게 하였거나, 채권자보호의 필요성이 크고, 같은 조건의 다른 채권자가 채무의 변제를 수령하는 등의 사정이 있어 채무이행의 거절을 인정함이 현저히 부당하거나 불공평하게 되는 등의 특별한 사정이 있는 경우에는 채무자가 소멸시효의 완성을 주장하는 것이 신의성실의 원칙에 반하여 권리남용으로서 허용될 수 없다(대판 2005. 5. 13, 2004다71881).

ㄴ. (○) : 신의성실의 원칙에 반하는 것 또는 권리남용은 강행규정에 위배되는 것이므로 당사자의 주장이 없더라도 법원은 직권으로 판단할 수 있다(대판 1989. 9. 29, 88다카17181).

ㄷ. (○) : 유치권제도와 관련하여서는 거래당사자가 유치권을 자신의 이익을 위하여 고의적으로 작출함으로써 유치권의 최우선순위담보권으로서의 지위를 부당하게 이용하고 전체 담보권질서에 관한 법의 구상을 왜곡할 위험이 내재한다. 따라서 개별 사안의 구체적인 사정을 종합적으로 고려할 때 신의성실의 원칙에 반한다고 평가되는 유치권제도 남용의 유치권 행사는 허용될 수 없다(대판 2014. 12. 11, 2014다53462).

ㄹ. (×) : 권리의 행사가 남용으로 판단되면 일반적으로 권리자가 의도한 효과는 생기지 않게 된다. 그러나 법에서 특별히 권리를 소멸(박탈)시키는 것이 아닌 한 원칙적으로 권리자가 권리를 의도하는 대로 행사할 수 없게 될 뿐, 권리 자체가 박탈되는 것이 아니다. 극히 예외적으로 권리가 박탈되는 경우로는 친권남용의 경우 친권상실선고를 들 수 있다(제924조 참조).

16 **신의성실의 원칙에 관한 설명으로 옳지 않은 것은? (다툼이 있으면 판례에 따름)** 〈2022년 변리사〉

① 채권자가 유효하게 성립한 계약에 따른 급부의 이행을 청구하는 때에 법원이 급부의 일부를 감축하는 것은 원칙적으로 허용되지 않는다.

② 아파트 분양자는 아파트단지 인근에 공동묘지가 조성되어 있는 사실을 분양계약자에게 고지할 신의칙상의 의무를 부담한다.

③ 경제상황 등의 변동으로 당사자에게 손해가 생기더라도 합리적인 사람의 입장에서 사정변경을 예견할 수 있었다면 사정변경을 이유로 계약을 해제할 수 없다.

④ 법령에 위반되어 무효임을 알면서도 법률행위를 한 자가 강행법규 위반을 이유로 그 무효를 주장하는 것은 신의칙에 반한다.

⑤ 취득시효완성 사실을 모르고 해당 토지에 관하여 어떠한 권리도 주장하지 않기로 약속한 후, 이에 반하여 취득시효주장을 하는 것은 특별한 사정이 없는 한 신의칙상 허용되지 않는다.

해 설

① (○) : 유효하게 성립한 계약상의 책임을 공평의 이념 또는 신의칙과 같은 일반원칙에 의하여 제한하는 것은 사적 자치의 원칙이나 법적 안정성에 대한 중대한 위협이 될 수 있으므로, 채권자가 유효하게 성립한 계약에 따른 급부의 이행을 청구하는 때에 법원이 급부의 일부를 감축하는 것은 원칙적으로 허용되지 않는다(대판 2016. 12. 1, 2016다240543).

[보충지문] 변호사의 소송위임 사무처리 보수에 관하여 변호사와 의뢰인 사이에 약정이 있는 경우 위임사무를 완료한 변호사는 약정 보수액 전부를 청구할 수 있다. 신의칙과 관련하여서는 민법 제2조 제1항에서 "권리의 행사와 의무의 이행은 신의에 좇아 성실히 하여야 한다."라고 규정하고, 제2항에서 "권리는 남용하지 못한다."라고 규정할 뿐 이를 법률행위의 무효사유로 규정하고 있지는 않다. 그러므로 민법 제2조의 신의칙 또는 민법에 규정되어 있지도 않은 형평의 관념은 당사자 사이에 체결된 계약을 무효로 선언할 수 있는 근거가 될 수 없다. 따라서 신의칙과 형평의 관념 등 일반 원칙에 의해 개별 약정의 효력을 제약하려고 시도해서는 안되며 신의칙이나 형평의 관념에 근거하여 당사자가 계약으로 정한 변호사보수액이 부당하게 과다하다며 이를 감액할 수는 없다. 〈2022년 법원행시〉

정답 16. ④

(×) : 변호사의 소송위임 사무처리 보수에 관하여 변호사와 의뢰인 사이에 약정이 있는 경우 위임사무를 완료한 변호사는 원칙적으로 약정 보수액 전부를 청구할 수 있다. 다만 의뢰인과의 평소 관계, 사건 수임 경위, 사건처리 경과와 난이도, 노력의 정도, 소송물 가액, 의뢰인이 승소로 인하여 얻게 된 구체적 이익, 그 밖에 변론에 나타난 여러 사정을 고려하여, 약정 보수액이 부당하게 과다하여 신의성실의 원칙이나 형평의 관념에 반한다고 볼 만한 특별한 사정이 있는 경우에는 예외적으로 적당하다고 인정되는 범위 내의 보수액만을 청구할 수 있다. 그런데 이러한 보수 청구의 제한은 어디까지나 계약자유의 원칙에 대한 예외를 인정하는 것이므로, 법원은 그에 관한 합리적인 근거를 명확히 밝혀야 한다. 이러한 법리는 대법원이 오랜 시간에 걸쳐 발전시켜 온 것으로서, 현재에도 여전히 그 타당성을 인정할 수 있다(대판 2018. 5. 17, 2016다35833).

② (○) : 부동산 거래에 있어 거래 상대방이 일정한 사정에 관한 고지를 받았더라면 그 거래를 하지 않았을 것임이 경험칙상 명백한 경우에는 신의성실의 원칙상 사전에 상대방에게 그와 같은 사정을 고지할 의무가 있으며, 그와 같은 고지의무의 대상이 되는 것은 직접적인 법령의 규정뿐 아니라 널리 계약상, 관습상 또는 조리상의 일반원칙에 의하여도 인정될 수 있다. ☞ 아파트 분양자는 아파트단지 인근에 공동묘지가 조성되어 있는 사실을 수분양자에게 고지할 신의칙상의 의무를 부담한다고 한 사례(대판 2007. 6. 1, 2005다5812,5829,5836).

③ (○) : 계약 성립의 기초가 된 사정이 현저히 변경되고 당사자가 계약의 성립 당시 이를 예견할 수 없었으며, 그로 인하여 계약을 그대로 유지하는 것이 당사자의 이해에 중대한 불균형을 초래하거나 계약을 체결한 목적을 달성할 수 없는 경우에는 계약준수 원칙의 예외로서 사정변경을 이유로 계약을 해제하거나 해지할 수 있다. 여기에서 말하는 사정이란 당사자들에게 계약 성립의 기초가 된 사정을 가리키고, 당사자들이 계약의 기초로 삼지 않은 사정이나 어느 일방당사자가 변경에 따른 불이익이나 위험을 떠안기로 한 사정은 포함되지 않는다. 경제상황 등의 변동으로 당사자에게 손해가 생기더라도 합리적인 사람의 입장에서 사정변경을 예견할 수 있었다면 사정변경을 이유로 계약을 해제할 수 없다. 특히 계속적 계약에서는 계약의 체결 시와 이행 시 사이에 간극이 크기 때문에 당사자들이 예상할 수 없었던 사정변경이 발생할 가능성이 높지만, 이러한 경우에도 위 계약을 해지하려면 경제적 상황의 변화로 당사자에게 불이익이 발생했다는 것만으로는 부족하고 위에서 본 요건을 충족하여야 한다(대판 2017. 6. 8, 2016다249557).

④ (×) : 법령에 위반되어 무효임을 알고서도 그 법률행위를 한 자가 강행법규 위반을 이유로 무효를 주장한다 하여 신의칙 또는 금반언의 원칙에 반하거나 권리남용에 해당한다고 볼 수는 없다(대판 2003. 4. 22, 2003다2390, 2406).

⑤ (○) : 취득시효완성 후에 그 사실을 모르고 당해 토지에 관하여 어떠한 권리도 주장하지 않기로 하였다 하더라도 이에 반하여 시효주장을 하는 것은 특별한 사정이 없는 한 신의칙상 허용되지 않는다(대판 1998. 5. 22, 96다24101).

17 **신의성실의 원칙에 관한 설명으로 옳지 않은 것은? (다툼이 있으면 판례에 따름)** 〈2024년 변리사〉

① 채권자는 물상보증인이 되려는 자에게 주채무자의 신용상태를 조사해서 고지할 신의칙상 의무를 부담한다.

② 병원은 입원환자의 휴대품 등의 도난을 방지함에 필요한 적절한 조치를 강구하여 줄 신의칙상 보호의무를 부담한다.

③ 숙박업자는 투숙고객에게 객실을 사용·수익하게 할 의무를 넘어서 고객의 안전을 배려하여야 할 신의칙상 보호의무를 부담한다.

④ 사적 자치의 영역을 넘어 공공질서를 위하여 공익적 요구를 선행시켜야 할 경우, 신의칙은 합법성의 원칙을 희생하여서라도 구체적 신뢰보호의 필요성이 인정되는 경우에 한하여 예외적으로 적용된다.

정답 17. ①

⑤ 어떤 법률관계가 신의칙에 위반되는지의 여부는 법원의 직권조사사항이다.

해설

① (×) : 물상보증인은 채권자가 아니라 채무자를 위해 자기 소유의 부동산을 담보로 제공하는 사람이다. 물상보증인은 담보권의 실행으로 담보물의 소유권을 잃게 되면 채무자에 대한 구상권을 행사할 수 있다. 보증제도는 본질적으로 주채무자의 무자력에 따른 채권자의 위험을 인수하는 것이다. 이러한 사정을 고려하면 물상보증인이 주채무자의 자력에 대하여 조사한 다음 계약을 체결할 것인지 여부를 스스로 결정해야 하고, **채권자가 물상보증인에게 주채무자의 신용 상태를 고지할 신의칙상 의무는 존재하지 않는다**(대판 2020. 10. 15, 2017다254051).

② (○) : 병원은 병실에의 출입자를 통제·감독하든가 그것이 불가능하다면 최소한 입원환자에게 휴대품을 안전하게 보관할 수 있는 시정장치가 있는 사물함을 제공하는 등으로 입원환자의 휴대품 등의 도난을 방지함에 필요한 적절한 조치를 강구하여 줄 신의칙상의 보호의무가 있다고 할 것이고, 이를 소홀히 하여 입원환자와는 아무런 관련이 없는 자가 입원환자의 병실에 무단출입하여 입원환자의 휴대품 등을 절취하였다면 병원은 그로 인한 손해배상책임을 면하지 못한다(대판 2003. 4. 11, 2002다63275).

③ (○) : 숙박업자는 통상의 임대차와 같이 단순히 여관의 객실 및 관련시설을 제공하여 고객으로 하여금 이를 사용수익하게 할 의무를 부담하는 것에서 한 걸음 더 나아가 고객에게 위험이 없는 안전하고 편안한 객실 및 관련시설을 제공함으로써 고객의 안전을 배려하여야 할 보호의무를 부담하며 이러한 의무는 숙박계약의 특수성을 고려하여 신의칙상 인정되는 부수적인 의무로서 숙박업자가 이를 위반하여 고객의 생명, 신체를 침해하여 손해를 입힌 경우 불완전이행으로 인한 채무불이행책임을 부담한다(대판 1994. 1. 28, 93다43590).

④ (○) : 민법상 신의성실의 원칙은, 법률관계의 당사자가 상대방의 이익을 배려하여 형평에 어긋나거나 신뢰를 저버리는 내용 또는 방법으로 권리를 행사하거나 의무를 이행하여서는 안된다는 추상적 규범을 말하는 것인바, 사적자치의 영역을 넘어 공공질서를 위하여 공익적 요구를 선행시켜야 할 사안에서는 원칙적으로 합법성의 원칙은 신의성실의 원칙보다 우월한 것이므로 신의성실의 원칙은 합법성의 원칙을 희생하여서라도 구체적 신뢰보호의 필요성이 인정되는 경우에 비로소 적용된다고 봄이 상당하다(대판 2021. 6. 10, 2021다207489, 207496).

⑤ (○) : 신의성실의 원칙에 반하는 것 또는 권리남용은 강행규정에 위배되는 것이므로 당사자의 주장이 없더라도 법원은 직권으로 판단할 수 있다(대판 1989. 9. 29, 88다카17181).

18 **A 회사는 토지 소유자인 乙의 동의 없이 그 토지의 상공에 고압송전선이 통과하도록 시설을 설치하여 사용하고 있으며, 甲은 이러한 사실을 알면서 乙로부터 그 토지를 매수하여 소유권 이전등기를 경료하고 이를 농지로 이용하고 있다. 甲이 토지를 취득한 때부터 13년이 경과한 시점에 A 회사를 상대로 송전선의 철거를 구하고자 한다. 이와 관련한 법률관계에 대한 설명으로 옳지 않은 것은? (다툼이 있는 경우 판례에 의함)** 〈2013년 변호사시험〉

① 甲이 송전선의 철거를 구하는 것은 소유권에 기한 물권적 청구권을 행사는 것이므로 소멸시효에 걸리지 않는다.

② 甲이 송전선이 토지 위를 통과하고 있다는 점을 알고서 토지를 취득하였다고 하여 그 토지에 대한 소유권의 행사가 제한된 상태를 용인하였다고 할 수 없으므로, 甲이 송전선 철거를 구하는 것은 신의성실의 원칙에 반하지 않는다.

③ 甲의 권리행사에 실효의 법리를 적용하기 위해서는 종전 토지 소유인인 乙이 자신의 권리를 행사하지 아니하였다는 사정을 고려하여 판단하여야 한다.

정답 18. ③

④ 甲의 권리행사가 권리남용에 해당하기 위해서는 그러한 권리행사가 주관적으로 그 목적이 오로지 상대방에게 고통을 주고 손해를 입히려는 데 있을 뿐만 아니라 객관적으로는 사회질서에 위반된 것으로 인정되어야 한다.

⑤ 甲이 송전선의 철거를 구하는 소송을 제기한 경우, 법원은 A회사의 주장이 없더라도 甲의 청구가 권리남용에 해당하는지 여부를 직권으로 판단 할 수 있다.

해설

① (○) : 다수설과 판례는 소유권에 기한 물권적 청구권은 소멸시효에 걸리지 않는다는 입장이다(대판 1979. 2. 13, 79다2412 등). 甲이 송전선의 철거를 구하는 것은 소유권에 기한 물권적청구권을 행사는 것이므로 소멸시효에 걸리지 않는다.

② (○) : 송전선이 토지 위를 통과하고 있다는 점을 알고서 토지를 취득하였다고 하여 그 취득자가 그 소유 토지에 대한 소유권의 행사가 제한된 상태를 용인하였다고 할 수 없으므로, 그 취득자의 송전선 철거 청구 등 권리행사가 신의성실의 원칙에 반하지 않는다(대판 1995. 8. 25, 94다27069).

③ (×) : 실효의 원칙이라 함은 권리자가 장기간에 걸쳐 그 권리를 행사하지 아니함에 따라 그 의무자인 상대방이 더 이상 권리자가 그 권리를 행사하지 아니할 것으로 신뢰할 만한 정당한 기대를 가지게 되는 경우에 새삼스럽게 권리자가 그 권리를 행사하는 것은 법질서 전체를 지배하는 신의성실의 원칙에 위반되어 허용되지 않는다는 것을 의미하는 것이므로, 종전 토지 소유자가 자신의 권리를 행사하지 않았다는 사정은 그 토지의 소유권을 적법하게 취득한 새로운 권리자에게 실효의 원칙을 적용함에 있어서 고려하여야 할 것은 아니다(대판 1995. 8. 25, 94다27069).

④ (○) : 甲의 권리행사가 권리남용에 해당하기 위해서는 그러한 권리행사가 주관적으로 그 목적이 오로지 상대방에게 고통을 주고 손해를 입히려는 데 있을 뿐만 아니라 객관적으로는 사회질서에 위반된 것으로 인정되어야 한다(대판 1999. 9. 7, 99다27613 등). ☞ 판례는 기본적으로 권리남용의 요건으로 주관적 요건과 객관적 요건을 모두 요구한다.

⑤ (○) : 신의성실의 원칙은 강행법규적 성질을 가지므로 당사자의 주장이 없더라도 법원이 직권으로 그 위반 여부를 판단할 수 있다(대판 1995. 12. 22, 94다42129).

보충지문

19 **신의성실의 원칙은 채권관계뿐만 아니라 물권관계나 가족관계에서도 적용된다.**

〈2009년 감정평가사〉

해설 신의성실의 원칙은 통칙이기 때문에 채권관계뿐만 아니라 물권관계나 가족관계에서도 적용된다.

20 **신의성실의 원칙은 구체적 내용이 정하여져 있지 않은 일반조항으로서 그 내용은 재판에 의하여 형성된다.** 〈2009년 감정평가사〉

해설 신의성실의 원칙은 일반조항이다.

정답 19. (○) 20. (○)

21 **신의성실의 원칙에 위배됨을 이유로 권리행사를 부정하기 위해서는 법률관계의 당사자가 상대방의 신의에 반하여 권리를 행사하는 것이 정의관념에 비추어 용인될 수 없는 정도의 상태에 이르러야 한다.** 〈2009년 감정평가사〉

해 설 민법상의 신의성실의 원칙은, 법률관계의 당사자는 상대방의 이익을 배려하여 형평에 어긋나거나 신뢰를 저버리는 내용 또는 방법으로 권리를 행사하거나 의무를 이행하여서는 안된다는 추상적 규범을 말하는 것으로서 신의성실의 원칙에 위배된다는 이유로 그 권리행사를 부정하기 위하여는 상대방에게 신의를 공여하였다거나, 객관적으로 보아 상대방이 신의를 가짐이 정당한 상태에 이르러야 하고 이와 같은 상대방의 신의에 반하여 권리를 행사하는것이 정의관념에 비추어 용인될 수 없는 정도의 상태에 이르러야 한다(대판 1991. 12. 10, 91다3802).

22-1 **대항력 있는 주택임차권을 가진 甲이 임대인 乙의 부탁으로 그 주택에 관하여 저당권을 취득하려는 丙에게 임차권이 없다는 각서를 써 주었다. 그 후 丙이 경매절차에서 그 주택을 매수하여 甲에게 그 인도를 청구한 경우, 甲은 丙에게 임차권의 대항력을 주장할 수 있다.** 〈2010년 사법시험, 2013년 사법시험〉

22-2 **대항력 있는 주택임차권을 가진 甲이 임대인 乙의 부탁으로 그 주택에 관하여 저당권을 취득하려는 丙에게 임차권이 없다는 각서를 써주었다. 그 후 경매절차에서 甲이 확정일자부 임차권의 존재를 주장하여 배당요구를 하였다고 하여 신의칙에 반한다고까지는 볼 수 없다.** 〈2015년 법원행시〉

해 설 근저당권자가 담보로 제공된 건물에 대한 담보가치를 조사할 당시 대항력을 갖춘 임차인이 그 임대차 사실을 부인하고 임차보증금에 대한 권리주장을 않겠다는 내용의 확인서를 작성해 준 경우, 그 후 그 건물에 대한 경매절차에서 이를 번복하여 대항력 있는 임대차의 존재를 주장함과 아울러 근저당권자보다 우선적 지위를 가지는 확정일자부 임차인임을 주장하여 그 임차보증금반환채권에 대한 배당요구를 하는 것은 특별한 사정이 없는 한 금반언 및 신의칙에 위반되어 허용될 수 없다(대판 1997. 6. 27, 97다12211).

23 **주택 경매절차에서 1순위 근저당권자보다 우선하는 주택임차인이 권리신고 및 배당요구를 하였으나 1순위 근저당권자에게 작성해 준 무상거주확인서로 인하여 배당을 받지 못하게 된 경우, 주택임차인은 임차보증금반환채무를 인수하지 않을 것을 신뢰하면서 주택을 낙찰받은 매수인에게 주택임대차보호법상 대항력을 주장할 수 없다.** 〈2017년 법원행시〉

해 설 주택 경매절차의 매수인이 권리신고 및 배당요구를 한 주택임차인의 배당순위가 1순위 근저당권자보다 우선한다고 신뢰하여 임차보증금 전액이 매각대금에서 배당되어 임차보증금반환채무를 인수하지 않는다는 전제 아래 매수가격을 정하여 낙찰을 받아 주택에 관한 소유권을 취득하였다면, 설령 주택임차인이 1순위 근저당권자에게 무상거주확인서를 작성해 준 사실이 있어 임차보증금을 배당받지 못하게 되었다고 하더라도, 그러한 사정을 들어 **주택의 인도를 구하는 매수인에게** 주택임대차보호법상 대항력을 주장하는 것은 신의칙에 위반되어 허용될 수 없다(대판 2017. 4. 7, 2016다248431).

24 **회사가 해고한 근로자에게 지급할 퇴직금 등을 청산하여 변제공탁하고 근로자가 그 공탁을 조건 없이 수락하고 출급청구를 하여 수령한 이후 8개월 가까이 지나 제기한 해고무효확인청구는 금반언의 원칙에 위배되지 않으므로 허용된다.** 〈2016년 사법시험〉

정답 21. (○) 22-1. (×) 22-2. (×) 23. (○) 24. (×)

해설 회사가 해고한 근로자에게 지급할 퇴직금과 갑근세반환금 등을 청산하여 변제공탁하고 근로자가 그 공탁을 조건없이 수락하고 출급청구를 하여 수령하였다면 그 근로자는 그때에 회사의 해고처분을 유효한 것으로 인정하였다고 볼 수 밖에 없으므로 그후 8개월 가까이 지나 제기한 해고무효확인청구는 금반언의 원칙에 위배되어 위법하다(대판 1989. 9. 29, 88다카19804).

25-1 법령에 위반되어 무효임을 알고서도 그 법률행위를 한 자가 강행법규 위반을 이유로 무효를 주장하는 것은 일반적으로 신의칙 또는 금반언의 원칙에 반하거나 권리남용에 해당되어 허용될 수 없다. 〈2007년 법원행시, 2009년 감정평가사, 2009년 공인노무사, 2012년 법무사, 2015년 감정평가사〉

25-2 사립학교 경영자가 「사립학교법」 규정에 위반한 매도나 담보제공이 무효라는 사실을 알고서 매도나 담보제공을 한 후 스스로 그 무효를 주장하는 것은 원칙적으로 신의성실의 원칙에 위반된다. 〈2013년 사법시험〉

해설 강행법규에 위반하여 무효인 수익보장약정이 투자신탁회사가 먼저 고객에게 제의를 함으로써 체결된 것이라고 하더라도, 이러한 경우에 강행법규를 위반한 투자신탁회사 스스로가 그 약정의 무효를 주장함이 신의칙에 위반되는 권리의 행사라는 이유로 그 주장을 배척한다면, 이는 오히려 강행법규에 의하여 배제하려는 결과를 실현시키는 셈이 되어 입법취지를 완전히 몰각하게 되므로, 달리 특별한 사정이 없는 한 위와 같은 주장이 신의성실의 원칙에 반하는 것이라고 할 수 없다(대판 1999. 3. 23, 99다4405).

26 강행규정을 위반한 자가 그 위반을 이유로 하여 법률행위의 무효를 주장하는 것은 신의칙 위반으로 될 수 있다. 〈2022년 공인노무사〉

해설 강행규정을 위반한 법률행위를 한 사람이 스스로 그 무효를 주장하는 것이 신의칙에 위배되는 권리의 행사라는 이유로 이를 배척한다면 강행규정의 입법 취지를 몰각시키는 결과가 되므로 그러한 주장은 신의칙에 위배된다고 볼 수 없음이 원칙이다. **다만 신의칙을 적용하기 위한 일반적인 요건을 갖추고 강행규정성에도 불구하고 신의칙을 우선하여 적용할 만한 특별한 사정이 있는 예외적인 경우에는 강행규정을 위반한 법률행위의 무효를 주장하는 것이 신의칙에 위배될 수 있다.** 의료법 제48조 제3항은 의료법인이 재산을 처분하려면 시·도지사의 허가를 받아야 한다고 정하고 있다. 이는 의료법인이 재산을 부당하게 감소시키는 것을 방지함으로써 경영에 필요한 재산을 항상 갖추고 있도록 하여 의료법인의 건전한 발달을 도모하여 의료의 적정을 기하고 국민건강을 보호증진하게 하려는 데 그 목적이 있는 조항으로서 강행규정에 해당한다. 이 규정을 위반한 법률행위를 한 사람이 그 무효를 주장하는 것이 신의칙에 위배되는지는 위 법리에 따라 판단해야 한다(대판 2021. 11. 25, 2019다277157). ☞ 갑 의료법인의 기본재산인 토지에 을 지방자치단체가 건물을 신축하였고 갑 법인은 을 지방자치단체에 지상권설정등기를 해 주었는데, 갑 법인이 을 지방자치단체와 위탁경영 계약을 체결한 다음 위 건물에서 약 35년간 계속하여 병원을 운영하다가, 위 지상권설정등기가 의료법 제48조 제3항에서 정한 시·도지사의 허가 없는 상태에서 이루어진 것으로서 무효라고 주장하며 그 말소를 구한 사안에서, 위 지상권설정등기 말소청구는 신의성실의 원칙에 위배되어 허용될 수 없다고 한 사례.

27 소멸시효의 대상이 아닌 권리도 실효의 원칙이 적용될 수 있다. 〈2012년 공인노무사〉

해설 소멸시효의 대상이 아닌 권리(예 : 소유권, 형성권 등)에도 실효의 원칙이 적용될 수 있다(대판 1994. 11. 25, 94다12234).

정답 25-1. (×) 25-2. (×) 26. (○) 27. (○)

28 **실효의 원칙은 항소권과 같은 소송법상의 권리에는 적용될 수 없다.** 〈2012년 공인노무사〉

해설 실효의 원칙이라 함은 권리자가 장기간에 걸쳐 그 권리를 행사하지 아니함에 따라 그 의무자인 상대방이 더 이상 권리자가 권리를 행사하지 아니할 것으로 신뢰할 만한 정당한 기대를 가지게 된 경우에 새삼스럽게 권리자가 그 권리를 행사하는 것은 법질서 전체를 지배하는 신의성실의 원칙에 위반되어 허용되지 아니한다는 것을 의미하고, 항소권과 같은 소송법상의 권리에 대하여도 이러한 원칙은 적용될 수 있다(대판 1996. 7. 30, 94다51840).

29 **실효의 원칙의 적용 여부는 당사자의 주장이 없더라도 법원이 직권으로 판단할 수 있다.** 〈2012년 공인노무사〉

해설 신의칙의 파생원칙으로서 실효의 원칙은 강행규정으로 그 적용 여부는 당사자의 주장이 없더라도 법원이 직권으로 판단할 수 있다(대판 1989. 9. 29, 88다카17181).

30-1 **권리자가 장기간 권리를 행사하지 않았다는 사실만으로는 권리가 실효되는 것은 아니다.** 〈2012년 공인노무사〉

30-2 **토지소유자가 그 점유자에 대하여 부당이득반환청구권을 장기간 적극적으로 행사하지 아니하였다는 사정만으로는 부당이득 반환청구권이 이른바 실효의 원칙에 따라 소멸하였다고 볼 수 없다.** 〈2005년 법무사〉

30-3 **실효의 원칙을 적용하기 위해서는 의무자인 상대방이 더 이상 권리자가 그 권리를 행사하지 아니할 것으로 믿을 만한 정당한 사유가 있어야 한다.** 〈2012년 감정평가사〉

해설 권리자가 장기간에 걸쳐 그 권리를 행사하지 아니하여 새삼스럽게 그 권리를 행사하는 것이 신의성실의 원칙에 위반되어 허용되지 아니한다고 하려면, 의무자인 상대방이 더 이상 권리자가 그 권리를 행사하지 아니할 것으로 믿을 만한 정당한 사유가 있어야 한다(대판 2002. 1. 8, 2001다60019). ☞ 토지소유자가 그 점유자에 대하여 부당이득반환청구권을 장기간 적극적으로 행사하지 아니하였다는 사정만으로는 부당이득반환청구권이 이른바 실효의 원칙에 따라 소멸하였다고 볼 수 없다고 한 사례.

31 **징계면직처분에 불복하던 근로자가 이의 없이 퇴직금을 수령하고 다른 생업에 종사하다가 징계면직일로부터 2년 10개월 후에 제기한 해고무효확인청구는 허용될 수 없다.** 〈2012년 공인노무사〉

해설 회사의 자신에 대한 징계면직처분에 대하여 재심청구를 하였으나 기각되자 회사가 자신의 급여구좌에 입금한 해고예고수당을 반환하기 위하여 이를 공탁까지 하였다가 그 후 아무런 이의 없이 회사로부터 퇴직금을 수령하고 그 후로는 부당노동행위구제신청을 하는 등으로 징계면직처분을 다툼이 없이 다른 생업에 종사하여 오다가 징계면직일로부터 2년 10개월 가량이 경과한 후 제기한 해고무효확인의 소는 노동분쟁의 신속한 해결이라는 요청과 신의성실의 원칙 및 실효의 원칙에 비추어 허용될 수 없다(대판 1996. 11. 26, 95다49004).

32 **매매계약체결 후 9년이 지났고 시가가 올랐다는 사정만으로 매수인의 소유권이전등기절차 이행청구가 신의칙에 위배된다고 할 수 없다.** 〈2015년 감정평가사〉

해설 매매계약체결 후 9년이 지났고 시가가 올랐다는 사정만으로 계약을 해제할 만한 사정변경이 있다고 볼 수 없고, 매수인의 소유권이전등기절차 이행청구가 신의칙에 위배된다고도 할 수 없다(대판 1991. 2. 26, 90다19664).

정답 28. (×) 29. (○) 30-1. (○) 30-2. (○) 30-3. (○) 31. (○) 32. (○)

33 **임대차계약 당사자가 차임을 증액하지 않기로 약정한 경우, 사정변경의 원칙에 따라 차임을 증액할 수 없다.** 〈2018년 공인노무사〉

해설 임대차계약에 있어서 차임불증액의 특약이 있더라도 그 약정 후 그 특약을 그대로 유지시키는 것이 신의칙에 반한다고 인정될 정도의 사정변경이 있다고 보여지는 경우에는 형평의 원칙상 임대인에게 차임증액 청구를 인정하여야 한다(대판 1996. 11. 12, 96다34061).

34 **계약 성립 당시 당사자가 예견할 수 없었던 현저한 사정의 변경이 발생하였고, 그러한 사정의 변경이 해제권을 취득하는 당사자에게 책임 없는 사유로 생긴 것으로서 계약내용대로의 구속력을 인정한다면 신의칙에 현저히 반하는 결과가 생기는 경우, 사정변경으로 인한 계약해제가 인정될 수 있다.** 〈2010년 사법시험〉

해설 이른바 사정변경으로 인한 계약해제는, 계약 성립 당시 당사자가 예견할 수 없었던 현저한 사정의 변경이 발생하였고 그러한 사정의 변경이 해제권을 취득하는 당사자에게 책임 없는 사유로 생긴 것으로서, 계약내용대로의 구속력을 인정한다면 신의칙에 현저히 반하는 결과가 생기는 경우에 계약준수 원칙의 예외로서 인정되는 것이다(대판 2007. 3. 29, 2004다31302).

35-1 **경제상황 등의 변동으로 당사자에게 손해가 생기더라도 합리적인 사람의 입장에서 사정변경을 예견할 수 있었다면 사정변경을 이유로 계약을 해제할 수 없다.** 〈2019년 법원행시〉

35-2 **계속적 계약에서 계약의 체결 시와 이행 시 사이에 간극이 크고, 경제적 상황의 변화로 당사자에게 불이익이 발생했다는 사실만 인정되면 사정변경을 이유로 계약을 해지할 수 있다.** 〈2020년 법무사〉

해설 계약 성립의 기초가 된 사정이 현저히 변경되고 당사자가 계약의 성립 당시 이를 예견할 수 없었으며, 그로 인하여 계약을 그대로 유지하는 것이 당사자의 이해에 중대한 불균형을 초래하거나 계약을 체결한 목적을 달성할 수 없는 경우에는 계약준수 원칙의 예외로서 사정변경을 이유로 계약을 해제하거나 해지할 수 있다. 여기에서 말하는 사정이란 당사자들에게 계약 성립의 기초가 된 사정을 가리키고, 당사자들이 계약의 기초로 삼지 않은 사정이나 어느 일방당사자가 변경에 따른 불이익이나 위험을 떠안기로 한 사정은 포함되지 않는다. 경제상황 등의 변동으로 당사자에게 손해가 생기더라도 합리적인 사람의 입장에서 사정변경을 예견할 수 있었다면 사정변경을 이유로 계약을 해제할 수 없다. 특히 계속적 계약에서는 계약의 체결 시와 이행 시 사이에 간극이 크기 때문에 당사자들이 예상할 수 없었던 사정변경이 발생할 가능성이 높지만, 이러한 경우에도 위 계약을 해지하려면 경제적 상황의 변화로 당사자에게 불이익이 발생했다는 것만으로는 부족하고 위에서 본 요건을 충족하여야 한다(대판 2017. 6. 8, 2016다249557).

36 **회사의 임원이나 직원의 지위에 있었기 때문에 부득이 회사와 제3자 사이의 계속적 거래에서 발생하는 회사의 채무를 연대보증한 사람이 그 후 회사에서 퇴직하여 임직원의 지위에서 떠난 때에는 연대보증인은 특별한 사정이 없는 한 연대보증계약을 일방적으로 해지할 수 있다.** 〈2020년 법무사〉

해설 회사의 임원이나 직원의 지위에 있기 때문에 회사의 요구로 부득이 회사와 제3자 사이의 계속적 거래로 인한 회사의 채무에 대하여 보증인이 된 자가 그 후 회사로부터 퇴사하여 임원이나 직원의 지위를 떠난 때에는 보증계약성립 당시의 사정에 현저한 변경이 생긴 경우에 해당하므로 사정변경을 이유로 보증계약을 해지할

정답 33. (×) 34. (○) 35-1. (○) 35-2. (×) 36. (○)

수 있다고 보아야 하며, 위 계속적 보증계약에서 보증기간을 정하였다고 하더라도 그것이 특히 퇴사 후에도 보증채무를 부담키로 특약한 취지라고 인정되지 않는 한 위와 같은 해지권의 발생에 영향이 없다(대판 1990. 2. 27, 89다카1381).

37 **계속적 보증에서 신의칙에 반하는 사정이 있는 경우에는 보증인의 책임을 합리적인 범위 내로 제한할 수 있다.** 〈2010년 변리사〉

해설 일반적으로 계속적 보증계약에 있어서 보증인의 부담으로 돌아갈 주채무의 액수가 보증인이 보증 당시에 예상하였거나 예상할 수 있었던 범위를 훨씬 상회하고, 그 같은 주채무 과다발생의 원인이 채권자가 주채무자의 자산상태가 현저히 악화된 사실을 익히 알거나 중대한 과실로 알지 못한 탓으로 이를 알지 못하는 보증인에게 아무런 통보나 의사타진도 없이 고의로 거래규모를 확대함에 비롯되는 등 신의칙에 반하는 사정이 인정되는 경우에 한하여 보증인의 책임을 합리적인 범위 내로 제한할 수 있다(대판 2005. 10. 27, 2005다35554·35561 등).

38-1 **부동산 거래에 있어 거래 상대방이 일정한 사정에 관한 고지를 받았더라면 그 거래를 하지 않았을 것임이 경험칙상 명백한 경우에는 신의성실의 원칙상 사전에 상대방에게 그와 같은 사정을 고지할 의무가 있으며, 그와 같은 고지의무의 대상이 되는 것은 관습상 또는 조리상의 일반원칙에 의하여도 인정될 수 있다.** 〈2012년 법무사〉

38-2 **부동산 거래에 있어 신의칙상 상대방에게 고지의무의 대상이 되는 것은 법령의 규정뿐이고, 널리 계약상, 관습상 또는 조리상의 일반원칙에 의해서는 인정될 수 없다.** 〈2015년 감정평가사〉

해설 부동산 거래에 있어 거래 상대방이 일정한 사정에 관한 고지를 받았더라면 그 거래를 하지 않았을 것임이 경험칙상 명백한 경우에는 신의성실의 원칙상 사전에 상대방에게 그와 같은 사정을 고지할 의무가 있으며, 그와 같은 고지의무의 대상이 되는 것은 직접적인 법령의 규정뿐 아니라 널리 계약상, 관습상 또는 조리상의 일반원칙에 의하여도 인정될 수 있고, 일단 고지의무의 대상이 되는 사실이라고 판단되는 경우 이미 알고 있는 자에 대하여는 고지할 의무가 별도로 인정될 여지가 없지만, 상대방에게 스스로 확인할 의무가 인정되거나 거래관행상 상대방이 당연히 알고 있을 것으로 예상되는 예외적인 경우가 아닌 한, 실제 그 대상이 되는 사실을 알지 못하였던 상대방에 대하여는 비록 알 수 있었음에도 알지 못한 과실이 있다 하더라도 그 점을 들어 추후 책임을 일부 제한할 여지가 있음은 별론으로 하고 고지할 의무 자체를 면하게 된다고 할 수는 없다. ☞ 아파트 분양자는 아파트단지 인근에 공동묘지가 조성되어 있는 사실을 수분양자에게 고지할 신의칙상의 의무를 부담한다고 한 사례(대판 2007. 6. 1, 2005다5812, 5829, 5836), 아파트 분양자는 아파트 단지 인근에 쓰레기 매립장이 건설예정인 사실을 분양계약자에게 고지할 신의칙상 의무를 부담한다고 한 사례(대판 2006. 10. 12, 2004다48515).

39 **외국에 이민을 가 있어 주택에 입주하지 않으면 안 될 급박한 사정이 없는 딸이 고령과 지병으로 고통을 겪고 있는 상태에서 달리 마땅한 거처도 없는 아버지와 그를 부양하면서 동거하고 있는 남동생을 상대로 자기 소유 주택의 명도 및 퇴거를 청구하는 행위는 권리남용에 해당한다.** 〈2005년 법무사〉

해설 대판 1998. 6. 12, 96다52670 참조

정답 37. (○) 38-1. (○) 38-2. (×) 39. (○)

40 **어떤 토지가 개설경위를 불문하고 일반 공중의 통행에 공용되는 도로, 즉 공로가 되면 그 부지의 소유권 행사는 제약을 받게 되며, 이는 소유자가 수인하여야만 하는 재산권의 사회적 제약에 해당한다. 따라서 공로 부지의 소유자가 이를 점유·관리하는 지방자치단체를 상대로 공로로 제공된 도로의 철거, 점유 이전 또는 통행금지를 청구하는 것은 법질서상 원칙적으로 허용될 수 없는 '권리남용'이라고 보아야 한다.** 〈2022년 법원행시〉

해설 어떤 토지가 개설경위를 불문하고 일반 공중의 통행에 공용되는 도로, 즉 공로가 되면 그 부지의 소유권 행사는 제약을 받게 되며, 이는 소유자가 수인하여야만 하는 재산권의 사회적 제약에 해당한다. 따라서 공로 부지의 소유자가 이를 점유·관리하는 지방자치단체를 상대로 공로로 제공된 도로의 철거, 점유 이전 또는 통행금지를 청구하는 것은 법질서상 원칙적으로 허용될 수 없는 '권리남용'이라고 보아야 한다(대판 2021. 10. 14, 2021다242154).

41 **공매절차에서 점유자의 유치권 신고 사실을 알고 부동산을 매수한 자가 그 점유를 침탈하여 유치권을 소멸시키고 나아가 고의적인 점유이전으로 유치권자의 확정판결에 기한 점유회복조차 곤란하게 하였음에도 유치권자가 현재까지 점유회복을 하지 못한 사실을 내세워 유치권자를 상대로 적극적으로 유치권부존재확인을 구하는 것은 명백히 정의 관념에 반하여 사회생활상 도저히 용인될 수 없는 것으로 권리남용에 해당하여 허용되지 않는다.** 〈2020년 법무사〉

해설 공매절차에서 점유자의 유치권 신고 사실을 알고 부동산을 매수한 자가 그 점유를 침탈하여 유치권을 소멸시키고 나아가 고의적인 점유이전으로 유치권자의 확정판결에 기한 점유회복조차 곤란하게 하였음에도 유치권자가 현재까지 점유회복을 하지 못한 사실을 내세워 유치권자를 상대로 적극적으로 유치권부존재확인을 구하는 것은, 자신의 불법행위로 초래된 상황을 자기의 이익으로 원용하면서 피해자에 대하여는 불법행위로 인한 권리침해의 결과를 수용할 것을 요구하고, 나아가 법원으로부터는 위와 같은 불법적 권리침해의 결과를 승인받으려는 것으로서, 이는 명백히 정의 관념에 반하여 사회생활상 도저히 용인될 수 없는 것으로 권리남용에 해당하여 허용되지 않는다(대판 2010. 4. 15, 2009다96953).

42 **甲이 자신의 토지에 불법으로 건물을 소유하고 있는 乙을 상대로 건물철거를 청구하는 것이 권리남용에 해당하더라도, 甲은 특별한 사정이 없는 한 乙에 대하여 임료 상당의 부당이득반환을 청구할 수 있다.** 〈2010년 사법시험〉

해설 권원 없이 타인의 토지를 불법점유하고 있는 지상물소유자를 상대로 한 토지소유자의 지상물철거청구 및 대지인도청구가 권리의 남용으로 인정되어 청구기각판결을 받았다고 하여 그 토지소유권이 상실되는 것은 아닐 뿐만 아니라 지상물소유자에게 그 토지를 무상으로 사용·수익할 수 있는 권원이 생기는 것도 아니므로, 토지소유자는 지상물소유자에 대하여 임료 상당의 부당이득반환청구나 불법점유로 인한 손해배상청구를 할 수 있다(대판 1997. 1. 24, 95다30314).

43-1 **확정판결의 내용이 실체적 권리관계에 배치되는 경우 그 판결에 의하여 집행할 수 있는 것으로 확정된 권리의 성질과 그 내용, 판결의 성립 경위 및 판결 성립 후 집행에 이르기까지의 사정, 그 집행이 당사자에게 미치는 영향 등 제반 사정을 종합하여 볼 때, 그 확정판결에 기한 집행이 현저히 부당하고 상대방으로 하여금 그 집행을 수인하도록 하는 것이 정의에 반함이 명**

정답 40. (○) 41. (○) 42. (○) 43-1. (○)

백하여 사회생활상 용인할 수 없다고 인정되는 경우에는 그 집행은 권리남용으로서 허용되지 않는다. 〈2016년 사법시험, 2018년 법원행시〉

43-2 확정판결에 기한 집행이 권리남용이 되는 경우에는 집행채무자는 청구이의의 소를 제기하여 그 집행의 배제를 구할 수 있다. 〈2012년 법무사〉

43-3 확정판결에 기한 집행이 권리남용에 해당하여 청구이의의 소에 의하여 집행의 배제를 구할 수 있는 정도의 경우라 하더라도 그러한 판결금 채권을 피보전채권으로 하여 채권자취소권을 행사하는 것은 허용된다. 〈2016년 사법시험〉

해 설 판결이 확정되면 기판력에 의하여 대상이 된 청구권의 존재가 확정되고 그 내용에 따라 집행력이 발생한다. 다만 확정판결에 의한 권리라 하더라도 신의에 좇아 성실히 행사되어야 하고 판결에 기한 집행이 권리남용이 되는 경우에는 허용되지 않으므로 집행채무자는 청구이의의 소에 의하여 집행의 배제를 구할 수 있다. 이처럼 확정판결의 내용이 실체적 권리관계에 배치되어 판결에 의한 집행이 권리남용에 해당된다고 하기 위해서는 판결에 의하여 집행할 수 있는 것으로 확정된 권리의 성질과 내용, 판결의 성립 경위 및 판결 성립 후 집행에 이르기까지의 사정, 집행이 당사자에게 미치는 영향 등 제반 사정을 종합하여 볼 때, 확정판결에 기한 집행이 현저히 부당하고 상대방으로 하여금 집행을 수인하도록 하는 것이 정의에 반함이 명백하여 사회생활상 용인할 수 없다고 인정되는 경우이어야 한다. 그리고 위와 같이 확정판결에 기한 집행이 권리남용에 해당하여 청구이의의 소에 의하여 집행의 배제를 구할 수 있는 정도의 경우라면 그러한 판결금 채권에 기초한 다른 권리의 행사, 예를 들어 판결금 채권을 피보전채권으로 하여 채권자취소권을 행사하는 것 등도 허용될 수 없다고 보아야 한다(대판 2014. 2. 21, 2013다75717).

정답 43-2. (○) 43-3. (×)

권리의 주체

Ⅰ. 권리능력

1 **권리능력에 관한 설명 중 옳은 것은? (다툼이 있는 경우에는 판례에 의함)** 〈2011년 변리사〉

① 불법행위로 인하여 태아가 사산된 경우, 태아의 父는 자신의 손해배상청구권과 태아의 손해배상청구권을 함께 취득한다.

② 사망의 증거가 있다면, 재난으로 인한 사망사실을 조사한 관공서의 통보가 없더라도 법원이 직권으로 사망의 사실을 인정할 수 있다.

③ 甲이 태아인 상태에서 父가 乙의 불법행위에 의해서 장애를 얻었다면, 살아서 출생한 甲은 乙에 대하여 父의 장애로 인한 자신의 정신적 손해에 대한 배상을 청구할 수 없다.

④ 태아의 母가 태아를 대리하여 증여자와 증여계약을 체결한 경우에 태아가 살아서 출생하면 증여계약상의 권리를 주장할 수 있다.

⑤ 법인의 권리능력은 설립근거가 된 법률과 정관에서 정한 목적범위 내로 제한되며, 그 목적을 수행함에 있어서 간접적으로 필요한 행위에 대해서는 권리능력이 인정되지 않는다.

해 설

① (×) : 〈모체와 같이 사망한 태아에게 손해배상청구권을 인정할 수 있는지 여부〉 태아가 특정한 권리에 있어서 이미 태어난 것으로 본다는 것은 살아서 출생한 때에 출생시기가 문제의 사건의 시기까지 소급하여 그 때에 태아가 출생한 것과 같이 법률상 보아 준다고 해석하여야 상당하므로 그가 모체와 같이 사망하여 출생의 기회를 못 가진 이상 배상청구권을 논할 여지가 없다(대판 1976. 9. 14, 76다1365).

② (○) : 〈사실상 사망을 법원이 인정할 수 있는지 여부(적극)〉 수난·작전·화재 기타 사변에 편승하여 타인의 불법행위로 사망한 경우에 있어서는 확정적인 증거의 포착이 손쉽지 않음을 예상하여 법은 인정사망·위난실종선고 등의 제도와 그밖에도 보통실종선고제도도 마련해 놓고 있으나, 그렇다고 하여 위와 같은 자료나 제도에 의함이 없는 사망사실의 인정을 수소법원이 절대로 할 수 없다는 법리는 없다(대판 1989. 1. 31, 87다카2954).

③ (×) : 제762조에서는 "태아는 손해배상의 청구권에 관하여는 이미 출생한 것으로 본다."고 되어 있다. 본조는 태아 자신이 불법행위에 의한 피해자가 되는 경우에 관한 것으로 태아 자신도 불법행위의 객체가 된다는 것이다. 따라서 父가 교통사고로 상해를 입을 당시 태아가 출생하지 아니하였다고 하더라도 그 뒤에 출생한 이상 父의 부상으로 인하여 입게 될 정신적 고통에 대한 위자료를 청구할 수 있다(대판 1993. 4. 27, 93다4663).

④ (×) : 의용 민법이나 구관습하에 태아에게는 일반적으로 권리능력이 인정되지 아니하고 손해배상청구권 또는 상속 등 특별한 경우에 한하여 제한된 권리능력을 인정하였을 따름이므로 **증여에 관하여는 태아의 수증능력이 인정되지 아니하였고, 또 태아인 동안에는 법정대리인이 있을 수 없으므로 법정대리인에 의한 수증행위도 할 수 없다**(대판 1982. 2. 9, 81다534). ☞ 판례는 정지조건설

정답 1. ②

[보충지문] 민법은 불법행위로 인한 손해배상(민법 제762조), 재산상속(민법 제1000조 제3항), 유증(민법 제1064조) 등의 경우 태아의 권리능력을 인정하는 개별규정을 두고 있고, 사인증여나 생전증여의 경우에도 위 규정들을 유추하여 태아의 권리능력을 인정할 수 있다(×). 〈2011년 법무사〉

⑤ (×) : 정관으로 정한 목적의 범위내의 의미에 대하여 목적범위 내의 행위라 함은 정관이나 법률에 명시된 목적자체에 국한되는 것이 아니라 그 목적을 수행하는데 있어 직접·간접으로 필요한 행위는 모두 포함된다(대판 2009. 12. 10, 2009다63236 ; 대판 1987. 9. 8, 86다카1349).

2 권리능력에 관한 설명으로 옳지 않은 것은? (다툼이 있는 경우에는 판례에 의함) 〈2012년 변리사〉

① 태아는 증여를 받을 능력이 있다.
② 태아가 사산한 경우에는 정지조건설에 의하든 해제조건설에 의하든 태아의 권리능력은 부인된다.
③ 동시사망 추정의 경우에 사망의 선후가 관계인들의 법적 지위에 중대한 영향을 미치는 점을 감안할 때 충분하고도 명백한 반증이 없으면, 위 추정은 깨어지지 않는다.
④ 인정사망은 사망의 확증은 없으나 관공서의 보고에 의하여 가족관계등록부에 사망의 기재를 하여 사망한 것으로 추정하는 제도이다.
⑤ 실종선고 취소 전에는 실종자의 생존사실을 들어 선고의 효과를 다툴 수 없다.

해 설

① (×) : 증여에 관하여는 태아에게 수증능력이 인정되지 않는다(대판 1982. 2. 9, 81다543).
② (○) : 태아의 법률상 지위에 관한 학설은 태아가 출생한 경우에만 의미를 가진다. 즉 태아가 사산한 경우에는 학설대립에 무관하게 태아의 권리능력은 부인된다.
③ (○) : 동시사망의 추정은 법률상 추정으로서 이를 번복하기 위하여는 사망의 선후에 의하여 관계인들의 법적 지위에 중대한 영향을 미치는 점을 감안할 때 충분하고도 명백한 입증이 없는 한 위 추정은 깨어지지 아니한다고 보아야 한다(대판 1998. 8. 21, 98다8974).
④ (○) : 가족관계의 등록에 관한 법률(종래 호적법)의 내용으로 타당하다.
⑤ (○) : 민법 제28조는 "실종선고를 받은 자는 민법 제27조 제1항 소정의 생사불명기간이 만료된 때에 사망한 것으로 본다."고 규정하고 있으므로 실종선고가 취소되지 않는 한 반증을 들어 실종선고의 효과를 다툴 수는 없다(대판 1995. 2. 17, 94다52751).

보충지문

3 자연인은 성별·종교·기형 여부 등을 묻지 않고 평등하게 권리능력을 취득한다. 〈2010년 공인노무사〉

해 설 민법 제3조. 천부적 인권으로서 세계적 평등주의 원칙에 입각한 것이다.

4 민법 제3조에서 "사람은 생존한 동안 권리와 의무의 주체가 된다."고 규정한 것은 자연인의 권리능력의 시기와 종기에 대하여 규정한 것이다. 〈2010년 공인노무사〉

정답 2. ① 3. (○) 4. (○)

해설 사람은 생존한 동안 권리와 의무의 주체가 된다(민법 제3조). 따라서 자연인은 출생과 동시에 권리능력을 취득하고(권리능력의 시기), 사망으로 권리능력을 상실한다(권리능력의 종기).

5 **태아는 상속순위에 관하여 이미 출생한 것으로 보고, 유증에 관하여도 마찬가지이다.**

〈2022년 법원행시〉

해설 민법 제1000조 제3항, 제1064조 참조

6 **태아의 부(父)가 타인의 불법행위로 사망한 경우, 부(父)의 생명침해로 인한 재산적 손해에 대해서는 태아에게 직접 손해배상청구권이 발생한다.** 〈2009년 감정평가사〉

해설 부(父)의 생명침해로 인한 재산상·정신상 손해배상청구권은 태아의 상속능력의 문제로 처리된다(제1000조 제3항).

7 **민법규정에 따르면 태아는 부(父)에 대해 인지를 청구할 수 있다.** 〈2009년 감정평가사〉

해설 태아로 있는 상태에서는 태아가 부(父)에 대해 인지를 청구할 수 없고, 다만 부가 태아를 인지할 수 있을 뿐이다(제858조 참조).

8 **계약자유의 원칙상 태아를 피보험자로 하는 상해보험계약은 유효하고, 그 보험계약이 정한 바에 따라 보험기간이 개시된 이상 출생 전이라도 태아가 보험계약에서 정한 우연한 사고로 상해를 입었다면 이는 보험기간 중에 발생한 보험사고에 해당한다.** 〈2022년 법원행시〉

해설 헌법상 생명권의 주체가 되는 태아의 형성 중인 신체도 그 자체로 보호해야 할 법익이 존재하고 보호의 필요성도 본질적으로 사람과 다르지 않다는 점에서 보험보호의 대상이 될 수 있다. 이처럼 약관이나 개별 약정으로 출생 전 상태인 태아의 신체에 대한 상해를 보험의 담보범위에 포함하는 것이 보험제도의 목적과 취지에 부합하고 보험계약자나 피보험자에게 불리하지 않으므로 상법 제663조에 반하지 아니하고 민법 제103조의 공서양속에도 반하지 않는다. 따라서 계약자유의 원칙상 태아를 피보험자로 하는 상해보험계약은 유효하고, 그 보험계약이 정한 바에 따라 보험기간이 개시된 이상 출생 전이라도 태아가 보험계약에서 정한 우연한 사고로 상해를 입었다면 이는 보험기간 중에 발생한 보험사고에 해당한다(대판 2019. 3. 28, 2016다211224).

9 **현재는 장기등이식에관한법률에 의하여 뇌사가 법적 사망개념으로 인정되고 있다.**

〈2000년 사법시험〉

해설 개정법은 "뇌사자의 사망시각을 뇌사판정위원회가 뇌사판정을 한 시각으로 한다."고 규정하였는바, 이는 의학계에서 주장하는 뇌사설의 입장을 받아들였다고 이해된다. 그러나 그 이외의 경우에는 여전히 통설은 맥박종지설의 입장이다.

10 **판례에 의하면 사람은 특별한 사정이 없는 한 현재 생존하고 있는 것으로 추정된다 할 것이고, 오히려 그가 사망하였다는 사실은 상대방이 이를 적극적으로 입증하여야 한다.** 〈2000년 사법시험〉

해설 채권자대위소송에 있어 피대위자가 1938년에 함경북도로 전적한 후 호적, 주민등록 등 생존을 입증할 증거가 없다 하더라도 그가 허무인이 아닌 실존인물임이 명백하고, 또한 오늘날에 있어서 사람이 95세까지 생

정답 5. (○) 6. (×) 7. (×) 8. (○) 9. (○) 10. (○)

존한다는 것이 매우 희귀한 예에 속한다고도 할 수 없는 것이어서, 특별한 사정이 없는 한 현재 생존하고 있는 것으로 추정된다 할 것이고, 오히려 그가 사망하였다는 점은 상대방이 이를 적극적으로 입증하여야 한다(대판 1995. 7. 28, 94다42679).

11 2012. 3. 2. 횡단보도를 건너던 甲과 그의 아들 乙은 신호위반을 한 A의 차에 치어 현장에서 사망하였다. 사망 당시 甲에게는 배우자 丙, 태아 丁이 있었으며, 丁은 2012. 5. 20. 태어났다. 다음 설명으로 옳은 것은? (다툼이 있는 경우에는 판례에 의함) 〈2012년 공인노무사〉

① 甲과 乙은 동시에 사망한 것으로 간주한다.
② 재산상속에 있어 丁은 2012. 3. 2. 태어난 것으로 추정한다.
③ 丙은 2012. 3. 2.부터 태아 丁의 법정대리인이 된다.
④ 丁은 2012. 3. 2.부터 모든 법률관계에서 권리능력을 취득한다.
⑤ 丁은 A에 대하여 甲의 사망으로 인한 위자료청구권을 가진다.

해 설

①(×) : 甲과 乙은 동시에 사망한 것으로 간주가 아닌 '추정'한다(제30조 동시사망 추정).
②(×) : 재산상속에 있어 丁은 2012. 3. 2. 태어난 것으로 본다(제1000조 제3항). ☞ 추정이 아니라 간주
③(×) : 의용 민법이나 구관습하에 태아에게는 일반적으로 권리능력이 인정되지 아니하고 손해배상청구권 또는 상속 등 특별한 경우에 한하여 제한된 권리능력을 인정하였을 따름이므로 증여에 관하여는 태아의 수증능력이 인정되지 아니하였고, 또 태아인 동안에는 법정대리인이 있을 수 없으므로 법정대리인에 의한 수증행위도 할 수 없다(대판 1982. 2. 9, 81다534). ☞ 태아인 동안에는 법정대리인이 있을 수 없으므로 丙은 丁이 출생한 2012. 5. 20.부터 법정대리인이 된다.
④(×) : 민법은 태아의 권리능력에 관하여 일반적 보호주의가 아닌 개별적 보호주의를 취하여 불법행위로 인한 손해배상(민법 제762조), 재산상속(민법 제1000조 제3항), 유증(민법 제1064조), 인지(민법 제858조) 등 특별한 경우에 한하여 제한적으로 권리능력을 인정한다.
⑤(○) : 태아는 불법행위와 관련하여 민법 제762조에서 이미 출생한 것으로 본다고 하고 있기 때문에 제750조, 제752조에 의하여 丁은 A에 대하여 甲의 사망으로 인한 위자료청구권을 가진다.

Ⅱ. 의사능력

12 의사능력에 관한 설명으로 옳지 않은 것은? (다툼이 있으면 판례에 따름) 〈2018년 변리사〉

① 의사능력이란 자신의 행위의 의미나 결과를 정상적인 인식력과 예기력을 바탕으로 합리적으로 판단할 수 있는 정신적 능력 내지 지능을 말한다.
② 의사능력의 유무는 구체적인 법률행위와 관련하여 개별적으로 판단되어야 한다.
③ 미성년자가 의사무능력 상태에서 법정대리인의 동의 없이 법률행위를 한 경우, 법정대리인은 미성년을 이유로 법률행위를 취소할 수 있다.
④ 어떤 법률행위에 그 일상적인 의미만을 이해하여서는 알기 어려운 특별한 법률적인 의미나 효과가 부여되어 있는 경우에도 의사능력이 인정되기 위하여 그 행위의 일상적인 의미에 대한 이해만으로 족하고 법률적인 의미나 효과에 대한 이해는 요구되지 않는다.

정답 11. ⑤ 12. ④

⑤ 의사무능력자의 법률행위에 있어서는 그 행위의 무효를 주장하는 자가 의사능력이 없었음을 증명하여야 한다.

해설

① (○), ② (○), ④ (×) : 의사능력이란 자신의 행위의 의미나 결과를 정상적인 인식력과 예기력을 바탕으로 합리적으로 판단할 수 있는 정신적 능력 내지는 지능을 말하는 것으로서, 의사능력의 유무는 구체적인 법률행위와 관련하여 개별적으로 판단되어야 하므로, 특히 어떤 법률행위가 그 일상적인 의미만을 이해하여서는 알기 어려운 특별한 법률적인 의미나 효과가 부여되어 있는 경우 의사능력이 인정되기 위하여는 그 행위의 일상적인 의미뿐만 아니라 법률적인 의미나 효과에 대하여도 이해할 수 있을 것을 요한다(대판 2009. 1. 15, 2008다58367).

[보충지문] 의사능력 없이 한 법률행위는 무효인데, 의사능력의 유무는 구체적인 법률행위와 관련하여 개별적으로 판단되어야 한다(○). 〈2022년 변호사시험〉

③ (○) : 무효인 법률행위도 취소할 수도 있다. 이를 '이중효'라고 한다. 즉 의사무능력자의 법률행위는 무효이나, 제한능력을 이유로 취소도 가능하다.

⑤ (○) : 의사능력이란 자기 행위의 의미나 결과를 정상적인 인식력과 예기력을 바탕으로 합리적으로 판단할 수 있는 정신적 능력이나 지능을 말하고, 의사무능력을 이유로 법률행위의 무효를 주장하는 측은 그에 대하여 증명책임을 부담한다(대판 2022. 12. 1, 2022다261237).

13 **의사무능력자 甲은 자기 소유 X건물에 乙은행 앞으로 저당권을 설정해 주고 금원을 대출받아 곧바로 이를 丙에게 대여하였다. 이에 관한 설명으로 옳은 것을 모두 고른 것은? (다툼이 있으면 판례에 따름)** 〈2024년 변리사〉

ㄱ. 甲이 자신의 의사무능력을 이유로 乙과 체결한 저당권설정계약의 무효를 주장하는 것은 특별한 사정이 없는 한 신의칙에 반한다.
ㄴ. 甲은 선의·악의를 불문하고 받은 이익이 현존하는 한도에서 乙에게 그 이익을 반환할 의무를 부담한다.
ㄷ. 甲이 丙에 대한 부당이득반환채권을 乙에게 양도할 의무와 乙의 저당권등기말소의무는 동시이행관계에 있다.

① ㄱ ② ㄴ ③ ㄱ, ㄷ ④ ㄴ, ㄷ ⑤ ㄱ, ㄴ, ㄷ

해설

ㄱ. (×) : 의사무능력자가 사실상의 후견인이었던 아버지의 보조를 받아 자신의 명의로 대출계약을 체결하고 자신 소유의 부동산에 관하여 근저당권을 설정한 후, 의사무능력자의 여동생이 특별대리인으로 선임되어 위 대출계약 및 근저당권설정계약의 효력을 부인하는 경우에, 이러한 무효 주장이 거래관계에 있는 당사자의 신뢰를 배신하고 정의의 관념에 반하는 예외적인 경우에 해당하지 않는 한, 의사무능력자에 의하여 행하여진 법률행위의 무효를 주장하는 것이 신의칙에 반하여 허용되지 않는다고 할 수 없다(대판 2006. 9. 22, 2004다51627).

ㄴ. (○), ㄷ. (○) : **무능력자의 책임을 제한하는 민법 제141조 단서는** 부당이득에 있어 수익자의 반환범위를 정한 민법 제748조의 특칙으로서 무능력자의 보호를 위해 **그 선의·악의를 묻지 아니하고 반환범위를 현존 이익에 한정시키**려는 데 그 취지가 있으므로, **의사능력의 흠결을 이유로 법률행위가 무효가 되는 경우에도 유추적**

정답 13. ④

용되어야 할 것이나, 법률상 원인 없이 타인의 재산 또는 노무로 인하여 이익을 얻고 그로 인하여 타인에게 손해를 가한 경우에 그 취득한 것이 금전상의 이득인 때에는 그 금전은 이를 취득한 자가 소비하였는가의 여부를 불문하고 현존하는 것으로 추정되므로, 위 이익이 현존하지 아니함은 이를 주장하는 자, 즉 의사무능력자 측에 입증책임이 있다(대판 2009. 1. 15, 2008다58367). ☞ 의사무능력자가 자신이 소유하는 부동산에 근저당권을 설정해 주고 금융기관으로부터 금원을 대출받아 이를 제3자에게 대여한 사안에서, 대출로써 받은 이익이 위 제3자에 대한 대여금채권 또는 부당이득반환채권의 형태로 현존하므로, 금융기관은 대출거래약정 등의 **무효에 따른 원상회복으로서** 위 대출금 자체의 반환을 구할 수는 없더라도 **현존 이익인 위 채권의 양도를 구할 수 있다**고 본 사례. 나아가 이 판결은【이유】부분에서 **공평의 관념과 신의칙에 비추어 볼 때 원고의 위 채권양도 의무와 피고 조합의 이 사건 근저당권설정등기말소 의무는 동시이행관계에 있다고 보아야 할 것**이라고 하였다.

[참고판례] 동시이행의 항변권을 규정한 민법 536조의 취지는 공평관념과 신의칙에 합당하기 때문이며 동조가 동법 549조에 의하여 계약해제의 경우 각 당사자의 원상회복의무이행에 준용되고 있는 점을 생각할 때 쌍무계약이 무효로 되어 각 당사자가 서로 취득한 것을 반환하여야 할 경우에도 동시이행관계가 있다고 보아 민법 536조를 준용함이 옳다(대판 1976. 4. 27, 75다1241).

[보충지문] 제한능력자의 책임을 제한하는 민법 제141조 단서는 부당이득에 있어 수익자의 반환범위를 정한 민법 제748조의 특칙으로서 제한능력자의 보호를 위해 그 선의·악의를 묻지 아니하고 반환범위를 현존 이익에 한정시키려는 데 그 취지가 있으므로, 의사능력의 흠결을 이유로 법률행위가 무효가 되는 경우에도 유추적용되어야 한다(○). 〈2011년 법원행시〉

Ⅲ. 행위능력

14 **18세인 甲은 그의 아버지 乙과 단 둘이 살고 있다. 오토바이를 과속으로 운전하던 甲은 횡단보도를 건너던 丙을 치었다. 甲은 丙의 치료비를 마련하기 위하여 자기의 명의로 등록된 오토바이를 100만원에 丁에게 매각하였으나, 그 대금을 丙에게 지급하지 않고 유흥비로 소비하였다. 그런데 丁은 그 오토바이를 다시 戊에게 팔았다. 위 법률관계에 관한 설명으로 옳은 것은? (다툼이 있는 경우에는 판례에 의함)** 〈2006년 변리사〉

① 甲이 성년이 되기 전에는, 甲은 자신과 丁 사이의 매매계약을 단독으로 취소할 수 없다.
② 甲이 미성년자라는 사실을 丁이 몰랐다면, 乙은 甲과 丁 사이의 매매계약을 취소할 수 없다.
③ 甲이 자신과 丁 사이의 오토바이 매매계약을 취소한 경우 이익이 현존하지 않은 것으로 추정되므로 특별한 사정이 없는 한 매매대금 100만원의 반환의무가 없다.
④ 乙이 甲과 丁 사이의 오토바이 매매계약을 취소한 경우, 戊가 선의로 오토바이를 매수한 때에도 그는 甲 또는 乙에게 오토바이를 반환하여야 한다.
⑤ 丙이 甲의 불법행위를 이유로 乙에 대하여 치료비를 청구하는 경우, 乙은 甲에 대한 감독의무를 위반하지 않았다는 사실에 대한 입증책임을 진다.

해 설

①(×) : 무능력자(제한능력자) 자신도 취소권을 행사할 수 있다(제140조).
②(×) : 무능력(제한능력)을 이유로 한 취소는 상대방이 선의든 악의든 상관없이 취소할 수 있다.

정 답 14. ④

③ (×) : 판례는 금전상의 이득은 이를 취득한 자가 소비하였는가의 여부를 불문하고 현존하는 것으로 추정된다고 한다(대판 1996. 12. 10, 96다32881). 따라서 금전을 취득한 자는 일단 그 받은 금전은 현존이익이 있는 것으로 추정되고, 소비한 것을 입증하여야 그 책임을 면할 수 있는 것이다.

④ (○) : 제한능력을 이유로 한 취소는 절대적 취소로서 선의의 제3자도 보호되지 않는다. 그리고 오토바이는 등록된 동산으로 부동산처럼 취급된다. 따라서 戊는 오토바이를 선의취득할 수 없어 甲 또는 乙에게 반환하여야 한다.

⑤ (×) : 위 사안은 미성년자가 만 18세에 해당하기 때문에 책임능력이 있다. 이런 경우 중간책임이 아닌 일반불법행위책임으로 다루어야 한다. 따라서 판례는 미성년자가 책임능력이 있어 그 스스로 불법행위책임을 지는 경우에도 그 손해가 당해 미성년자의 감독의무자의 의무위반과 상당인과관계가 있으면 감독의무자는 일반불법행위자로서 손해배상책임이 있고, 이 경우에 그러한 감독의무위반사실 및 손해발생과의 상당인과관계의 존재는 이를 주장하는 자가 입증하여야 한다고 판시하였다(대판 1994. 2. 8, 93다13605).

15 **제한능력에 관한 설명으로 옳지 않은 것은? (다툼이 있는 경우에는 판례에 의함)** 〈2010년 변리사〉

① 법정대리인의 동의 없이 신용카드로 신용구매계약을 체결한 미성년자가 사후에 법정대리인의 동의 없음을 이유로 구매계약을 취소하더라도 이것이 신의칙에 위배된 것이라고 할 수는 없다.
② 표의자가 법률행위 당시 심신미약상태에 있었으나 피한정후견선고를 받은 사실이 없는데 그후 피한정후견인선고가 있어 법정대리인이 선임되었다면, 그 법정대리인은 피한정후견인의 제한능력을 이유로 선고 이전의 법률행위를 취소할 수 있다.
③ 미성년자가 제한능력을 이유로 법률행위를 취소함으로써 자기가 이행받은 것을 반환해야 하는 경우, 그가 악의라도 현존이익의 한도에서만 반환의무를 부담한다.
④ 미성년자의 법률행위에 법정대리인의 묵시적 동의가 인정되는 경우라면, 미성년자는 더 이상 제한능력을 이유로 그 법률행위를 취소할 수 없다.
⑤ 미성년자의 법정대리인이 미성년자 본인의 행위를 목적으로 하는 채무를 부담할 경우에는 본인의 동의를 얻어야 한다.

해 설

① (○) : 미성년자의 법률행위에 법정대리인의 동의를 요하도록 하는 것은 강행규정인데, 위 규정에 반하여 이루어진 신용구매계약을 미성년자 스스로 취소하는 것을 신의칙 위반을 이유로 배척한다면, 이는 오히려 위 규정에 의해 배제하려는 결과를 실현시키는 셈이 되어 미성년자제도의 입법취지를 몰각시킬 우려가 있으므로, 법정대리인의 동의 없이 신용구매계약을 체결한 미성년자가 사후에 법정대리인의 동의 없음을 사유로 들어 이를 취소하는 것이 신의칙에 위배된 것이라고 할 수 없다(대판 2007. 11. 16, 2005다71659, 71666, 71673).

[보충지문] 특별한 사정이 없는 한 강행법규를 위반한 자가 약정의 무효를 주장하는 것만으로는 신의칙에 반하는 것이 아니다. 이는 무효 주장이 거래관계에 있는 당사자의 신뢰를 배신하고 정의의 관념에 반할 것 같은 예외적인 경우에 해당하지 않는 한, 의사무능력자 법률행위 무효의 경우에도 마찬가지이다. 〈2022년 법원행시〉

(○) : 의사무능력자가 사실상의 후견인이었던 아버지의 보조를 받아 자신의 명의로 대출계약을 체결하고 자신 소유의 부동산에 관하여 근저당권을 설정한 후, 의사무능력자의 여동생이 특별대리인으로 선임되어 위 대출계약 및 근저당권설정계약의 효력을 부인하는 경우에, 이러한 무효 주장이 거래관계에 있는 당사자의 신뢰를 배신하고 정의의 관념에 반하는 예외적인 경우에 해당하지 않는 한, 의사무능력자에 의하여 행

정답 15. ②

하여진 법률행위의 무효를 주장하는 것이 신의칙에 반하여 허용되지 않는다고 할 수 없다(대판 2006. 9. 22, 2004다51627).

② (×) : 표의자의 법률행위 당시 심신상실이나 심신미약상태에 있어 피성년후견 또는 피한정후견선고를 받을 만한 상태에 있었다고 하여도 그 당시 법정으로부터 피성년후견 또는 피한정후견선고를 받은 사실이 없는 이상, 그 후 피성년후견 또는 피한정후견선고가 있어 그의 법정대리인이 된 자는 제한능력을 들어 그 선고 이전의 법률행위를 취소할 수 없다(대판 1992. 10. 13, 92다6433).
③ (○) : 제한능력자는 선의·악의를 불문하고 그 행위로 인하여 받은 이익이 현존하는 한도에서 상환할 책임이 있다(제141조 단서).
④ (○) : 미성년자가 법률행위를 함에 있어서 요구되는 법정대리인의 동의는 언제나 명시적이어야 하는 것은 아니고 묵시적으로도 가능한 것이며, 미성년자의 행위가 위와 같이 법정대리인의 묵시적 동의가 인정되거나 처분허락이 있는 재산의 처분 등에 해당하는 경우라면, 미성년자로서는 더 이상 제한능력을 이유로 그 법률행위를 취소할 수 없다(대판 2007. 11. 16, 2005다71659, 71666, 71673).
⑤ (○) : 법정대리인인 친권자나 후견인이 미성년인 자(子)의 행위를 목적으로 하는 채무를 부담할 경우에는 본인의 동의를 얻어야 한다(제920조 단서).

16 **미성년자가 체결한 계약의 효력에 관한 설명 중 옳은 것은? (다툼이 있는 경우에는 판례에 의함)** 〈2011년 변리사〉

① 의사능력 있는 미성년자가 타인으로부터 대리권을 수여받아 부모의 동의 없이 매매계약을 체결한 경우에는 제한능력을 이유로 그 대리행위를 취소할 수 있다.
② 미성년자가 법정대리인의 동의를 얻지 않고 체결한 계약은 미성년인 본인이 취소할 수도 있고 추인할 수도 있다.
③ 미성년자가 매매계약을 체결한 후에 미성년인 상태에서 매매대금의 이행을 청구하고 대금을 모두 지급받았다면 법정대리인은 매매계약을 취소할 수 없다.
④ 미성년자 甲이 법정대리인의 동의없이 자신이 소유한 토지를 매도한 후 사망함으로써 乙이 甲을 단독으로 상속하였다면 乙은 매매계약을 취소할 수 있다.
⑤ 법정대리인이 미성년자에게 일정한 범위 내에서 재산을 임의로 처분할 수 있도록 하는 허락은 명시적으로 행해져야 한다.

해 설

① (×) : 대리인은 행위능력자임을 요하지 아니한다(제117조). 따라서 대리인의 제한능력을 이유로 본인이나 대리인자신, 또는 법정대리인은 그 대리행위를 취소할 수 없다.
② (×) : 제한능력자인 미성년자도 자기가 행한 취소할 수 있는 법률행위를 단독으로 취소할 수 있다(제140조). 그러나 취소할 수 있는 법률행위의 추인은 취소원인이 종료한 후에 하여야 하며(제144조 제1항), 따라서 취소원인이 종료되기 전에 추인을 하여도 추인으로서의 효력이 없다(대판 1982. 6. 8, 81다107).
③ (×) : 취소에서 추인사유가 생기면 취소권행사가 불가능하다. 그런데 임의추인이나 법정추인이 되려면 추인할 수 있은 후에, 즉 취소의 원인이 종료한 후에 법정추인사유가 발생하여야 한다(제144조, 제145조 본문). 따라서 미성년인 상태에서 매매대금의 이행을 청구하고 대금을 모두 지급받았다 하더라도 법정추인으로 인정되지 않는다(제145조 제1호, 제2호).

정답 16. ④

④ (○) : 승계인도 취소권자이다. 승계인에는 포괄승계인(상속인·회사의 합병에 의한 포괄승계인)과 특정승계인이 있다(제140조).

⑤ (×) : 판례에서는 "만 19세(종래 만 20세가 성년일 때 만19세는 미성년자임)가 넘은 미성년자가 월 소득범위 내에서 신용구매계약을 체결한 사안에서, 스스로 얻고 있던 소득에 대하여는 법정대리인의 묵시적 처분허락이 있었다고 보아 위 신용구매계약은 처분허락을 받은 재산범위 내의 처분행위에 해당한다."고 하여 취소권을 배제하였다(대판 2007. 11. 16, 2005다71659).

17 **제한능력자와 거래한 상대방을 보호하기 위한 제도에 관한 설명으로 옳은 것만을 모두 고른 것은?** 〈2012년 변리사〉

ㄱ. 미성년자와 부동산 매매계약을 체결한 자가 미성년자의 친권자에게 추인여부의 확답을 최고하였으나 상당한 기간 내에 확답을 발하지 않은 때에는 거절한 것으로 본다.
ㄴ. 제한능력자의 단독행위는 추인이 있을 때까지 상대방이 거절할 수 있다.
ㄷ. 제한능력자와 계약을 체결한 자는 그 상대방이 계약 당시 제한능력자임을 알았을 경우에는 자신의 의사표시를 철회할 수 없다.
ㄹ. 철회나 거절의 의사표시는 제한능력자에 대하여 할 수 없다.
ㅁ. 피성년후견인이 후견인의 동의가 있다는 확인서를 제시하고 자전거에 대한 매매계약을 체결한 경우에는 그 계약을 취소할 수 없다.

① ㄱ, ㄴ ② ㄱ, ㄴ, ㄷ ③ ㄴ, ㄷ ④ ㄷ, ㅁ ⑤ ㄷ, ㄹ, ㅁ

해설

ㄱ. (×) : 제한능력자가 아직 능력자가 되지 못한 때에는 그 법정대리인에 대하여 전항의 최고(확답을 촉구할 권리)를 할 수 있고 법정대리인이 그 기간내에 확답을 발하지 아니한 때에는 그 행위를 추인한 것으로 본다(제15조). 그리고 '상당한 기간'이 아닌 '1개월 이상기간'이라고 하여야 한다.

ㄴ. (○) : 제한능력자의 단독행위는 추인이 있을 때까지 상대방이 거절할 수 있다(제16조).

ㄷ. (○) : 제한능력자와 계약을 체결한 자는 그 상대방이 계약 당시 제한능력자임을 알았을 경우에는 자신의 의사표시를 철회할 수 없다(제16조).

ㄹ. (×) : 철회나 거절의 의사표시는 제한능력자에 대하여 할 수 있는 점이 최고와 구별된다(제16조 제3항).

ㅁ. (×) : 피성년후견인의 법률행위는 후견인의 동의여부와 관계없이 취소할 수 있음이 원칙이다(제10조). 따라서 피성년후견인이 속임수로 법정대리인의 동의가 있는 것으로 믿게 한 경우에도 취소권이 배제되지 않는다(제17조 제2항). ☞ 제17조 제1항은 '제한능력자'라 하여 피성년후견인이 포함되어 있지만, 제17조 제2항에는 '미성년자나 피한정후견인'이라 하여 피성년후견인이 제외되어 있음에 유의할 것이다.

18 **미성년자의 법률행위에 관한 설명으로 옳은 것을 모두 고른 것은? (다툼이 있는 경우에는 판례에 의함)** 〈2014년 변리사〉

ㄱ. 법정대리인의 동의 없이 계약을 체결한 미성년자는 단독으로 그 계약을 취소할 수 있다.
ㄴ. 미성년자의 법정대리인은 그를 대리하여 근로계약을 체결할 수 있다.

정답 17. ③ 18. ④

ㄷ. 법정대리인의 동의 없이 미성년자가 자신을 수증자로 하는 부담부 증여계약을 체결한 경우, 이는 확정적으로 유효한 법률행위이다.
ㄹ. 법정대리인이 미성년자에게 영업을 허락함에는 반드시 영업의 종류를 특정하여야 한다.
ㅁ. 혼인한 미성년자는 법정대리인의 동의 없이 확정적으로 이혼할 수 있다.

① ㄹ ② ㄱ, ㅁ ③ ㄴ, ㄷ ④ ㄱ, ㄹ, ㅁ ⑤ ㄴ, ㄷ, ㄹ

해설

㉠ (○) : 법정대리인의 동의 없이 계약을 체결한 미성년자는 단독으로 그 계약을 취소할 수 있다(제140조).
㉡ (×) : 친권자나 후견인은 미성년자의 근로계약을 대리할 수 없다(근로기준법 제67조 제1항). 따라서 근로계약은 미성년자 자신이 스스로 체결하여야 한다. 이때 법정대리인의 동의를 얻어야 하는지에 대해서는 견해대립이 있으나 법정대리인의 동의를 얻어야 한다는 견해가 다수설이다.
㉢ (×) : 법정대리인의 동의 없이 미성년자가 자신을 수증자로 하는 부담부 증여계약을 체결한 경우, 권리만을 얻은 경우가 아니기 때문에 이는 확정적으로 유효한 법률행위가 아닌 취소할 수 있는 유동적 법률행위가 된다(제5조 참조).
㉣ (○) : 법정대리인이 미성년자에게 영업을 허락함에는 반드시 영업의 종류를 특정하여야 한다(제8조).
㉤ (○) : 혼인한 미성년자는 성년이 되었기 때문에 법정대리인의 동의 없이 확정적으로 이혼할 수 있다(제826조의 2. 성년의제).

19 **제한능력자에 관한 설명으로 옳지 않은 것은?** 〈2014년 변리사〉

① 성년후견인은 일용품의 구입 등 일상생활에 필요하고 그 대가가 과도하지 않은 피성년후견인의 법률행위를 취소할 수 없다.
② 가정법원은 피성년후견인의 청구에 의하여 취소할 수 없는 법률행위의 범위를 변경할 수 있다.
③ 가정법원은 질병, 장애, 노령, 그 밖의 사유로 인한 정신적 제약으로 사무를 처리할 능력이 지속적으로 결여된 사람에 대하여 한정후견개시의 심판을 한다.
④ 가정법원은 한정후견개시의 심판을 할 때 본인의 의사를 고려하여야 한다.
⑤ 특정후견의 심판을 하는 경우에는 그 기간 또는 사무의 범위를 정하여야 한다.

해설

① (○) : 성년후견인은 일용품의 구입 등 일상생활에 필요하고 그 대가가 과도하지 않은 피성년후견인의 법률행위를 취소할 수 없다(제10조 제4항).
② (○) : 가정법원은 피성년후견인의 청구에 의하여 취소할 수 없는 법률행위의 범위를 변경할 수 있다(제10조 제3항).
③ (×) : 성년후견개시심판을 하여야 한다(제9조).
④ (○) : 가정법원은 한정후견개시의 심판을 할 때 본인의 의사를 고려하여야 한다(제12조 제2항).

[보충지문] 가정법원은 본인의 의사에 반하여 한정후견개시의 심판을 할 수 없다(×). 〈2021년 공인노무사〉

⑤ (○) : 특정후견의 심판을 하는 경우에는 그 기간 또는 사무의 범위를 정하여야 한다(제14조의2 제3항).

정답 19. ③

20 **미성년자의 법률행위에 관한 설명으로 옳지 않은 것은? (다툼이 있으면 판례에 따름)**

〈2015년 변리사〉

① 법정대리인의 동의 없이 신용구매계약을 체결한 미성년자가 그 동의 없음을 이유로 계약을 취소하는 것은 신의칙에 반한다.

② 미성년자가 법정대리인으로부터 허락을 얻은 특정한 영업에 관하여는 성년자와 동일한 행위능력을 갖는다.

③ 미성년자가 법정대리인으로부터 재산처분의 허락을 받았지만 그 재산을 처분하기 전이라면, 법정대리인은 그 허락을 취소할 수 있다.

④ 법정대리인의 동의가 있었다는 점에 대한 증명책임은 그 법률행위의 유효를 주장하는 자에게 있다.

⑤ 법정대리인은 미성년자에게 한 특정의 영업의 허락을 제한할 수 있으나, 이러한 제한을 가지고 미성년자와 거래한 선의의 상대방에게 대항할 수 없다.

해설

① (×) : 미성년자의 법률행위에 법정대리인의 동의를 요하도록 하는 것은 강행규정인데, 위 규정에 반하여 이루어진 신용구매계약을 미성년자 스스로 취소하는 것을 신의칙 위반을 이유로 배척한다면, 이는 오히려 위 규정에 의해 배제하려는 결과를 실현시키는 셈이 되어 미성년자 제도의 입법 취지를 몰각시킬 우려가 있으므로, 법정대리인의 동의 없이 신용구매계약을 체결한 미성년자가 사후에 법정대리인의 동의 없음을 사유로 들어 이를 취소하는 것이 신의칙에 위배된 것이라고 할 수 없다(대판 2007. 11. 16, 2005다71659, 71666, 71673).

② (○) : 미성년자가 법정대리인으로부터 허락을 얻은 특정한 영업에 관하여는 성년자와 동일한 행위능력을 갖는다(제8조).

③ (○) : 법정대리인은 미성년자가 아직 법률행위를 하기 전에는 전2조의 동의와 허락을 취소할 수 있다(민법 제7조).

④ (○) : 법정대리인의 동의가 있었다는 점에 대한 증명책임은 그 법률행위의 유효를 주장하는 자(상대방)에게 있다(대판 1970. 2. 24, 69다1568).

⑤ (○) : 법정대리인은 미성년자에게 한 특정의 영업의 허락을 제한할 수 있으나, 이러한 제한을 가지고 미성년자와 거래한 선의의 상대방에게 대항할 수 없다(제8조).

21 **피성년후견인에 관한 설명으로 옳은 것은?** 〈2015년 변리사〉

① 질병, 장애, 노령, 그 밖의 사유로 인한 정신적 제약으로 사무를 처리할 능력이 지속적으로 결여된 자를 피성년후견인이라 한다.

② 가정법원은 취소할 수 없는 피성년후견인의 법률행위의 범위를 정한 경우에도 본인의 청구에 의해 그 범위를 변경할 수 있다.

③ 피성년후견인이 성년후견인의 동의를 얻어 재산상의 법률행위를 한 경우, 성년후견인은 이를 취소할 수 없다.

④ 가정법원이 한정후견개시의 심판을 할 때에는 성년후견개시의 심판을 할 때와 달리 본인의 의사를 고려하지 않는다.

⑤ 가정법원이 피한정후견인에 대하여 성년후견개시의 심판을 할 때에는 종전의 한정후견의 종료심판을 할 필요가 없다.

정답 20. ① 21. ②

해설

① (×) : 제한능력자 중 미성년자는 법원의 선고가 필요 없으나, 피성년후견과 피한정후견은 법원의 선고(심판)이 필요하다. 따라서 질병, 장애, 노령, 그 밖의 사유로 인한 정신적 제약으로 사무를 처리할 능력이 지속적으로 결여된 자가 피성년후견인이 아니라, 이러한 사람이 법원의 심판을 받아야 피성년후견인이 되는 것이다(제9조).

② (○) : 가정법원은 취소할 수 없는 피성년후견인의 법률행위의 범위를 정한 경우에도 본인의 청구에 의해 그 범위를 변경할 수 있다(제10조 제2항).

③ (×) : 피성년후견인은 성년후견인의 동의를 얻어 재산상의 법률행위를 한 경우에도, 피한정후견인과는 달리 성년후견인은 이를 취소할 수 있다(제10조 제1항).

④ (×) : 가정법원은 한정후견이나 성년후견 모두 심판을 할 때, 본인의 의사를 고려하여야 한다(제9조 제2항, 제12조 제2항).

⑤ (×) : 가정법원이 피한정후견인에 대하여 성년후견개시의 심판을 할 때에는 종전의 한정후견의 종료 심판을 할 필요가 있다. 왜냐하면 능력의 범위가 차이가 있기 때문이다(제14조의3 제1항).

22 **제한능력자의 행위능력에 관한 설명으로 옳지 않은 것은? (다툼이 있으면 판례에 따름)**

〈2016년 변리사〉

① 법정대리인의 동의 없이 신용구매계약을 체결한 미성년자는 특별한 사정이 없는 한 그 동의 없음을 이유로 위 계약을 취소할 수 있다.

② 미성년자가 법률행위를 함에 있어서 요구되는 법정대리인의 동의는 언제나 명시적이어야 하는 것은 아니고 묵시적으로도 가능하다.

③ 피성년후견인이 성년후견인의 동의 없이 일용품의 구입 등 일상생활에 필요하고 그 대가가 과도하지 아니한 법률행위를 한 경우, 성년후견인이 이를 취소할 수 없다.

④ 성년후견개시의 심판을 받은 자가 취소할 수 없는 범위에 속하는 법률행위를 성년후견인의 동의 없이 한 경우에는 유효한 법률행위가 성립한다.

⑤ 한정후견인의 동의가 있어야 하는 법률행위에 있어서 동의가 없으면 피한정후견인의 이익이 침해될 염려가 있음에도 동의하지 않는 경우, 피한정후견인이 동의 없이 법률행위를 하였다면 한정후견인은 이를 취소할 수 없다.

해설

① (○) : 법정대리인의 동의 없이 신용구매계약을 체결한 미성년자는, 특별한 사정이 없는 한 그 동의 없음을 이유로 당사자나 법정대리인이 그 계약을 취소할 수 있다(제5조).

② (○) : 미성년자가 법률행위를 함에 있어서 요구되는 법정대리인의 동의는 언제나 명시적이어야 하는 것은 아니고 묵시적으로도 가능하다(대판 2007. 11. 16, 2005다71659).

③ (○) : 미성년후견인이 성년후견인의 동의 없이 일용품의 구입 등 일상생활에 필요하고 그 대가가 과도하지 아니한 법률행위를 한 경우, 성년후견인이 이를 취소할 수 없다(제10조 제4항).

④ (○) : 성년후견개시의 심판을 받은 자가 취소할 수 없는 범위에 속하는 법률행위를 성년후견인의 동의 없이 한 경우에는 유효한 법률행위가 성립한다(제10조 제1항, 제2항).

⑤ (×) : 한정후견인의 동의를 필요로 하는 행위에 대하여 한정후견인이 피한정후견인의 이익이 침해될 염려가 있음에도 그 동의를 하지 아니하는 때에는 가정법원은 피한정후견인의 청구에 의하여 한정후견인의 동의를 갈음하는 허가를 할 수 있다(제13조 제3항). ☞ 한정후견인의 동의를 갈음하는 가정법원의 허가를 얻지 않은 이상 여전히 취소할 수 있다.

정답 22. ⑤

23 미성년자에 관한 설명으로 옳은 것은? (다툼이 있으면 판례에 따름) 〈2018년 변리사〉

① 미성년자는 임의대리인이 될 수 없다.
② 법정대리인이 미성년자에게 영업을 허락한 후 그 허락을 취소한 경우에 미성년자는 그 영업허락의 취소 전에 그 영업을 위하여 한 상품주문행위를 미성년임을 이유로 취소할 수 없다.
③ 미성년자가 법정대리인의 동의 없이 법률행위를 한 경우에 법정대리인의 취소권이 기간경과로 소멸되지 않는 한, 미성년자는 성년이 되기 전까지만 취소할 수 있고 성년이 된 후에는 취소할 수 없다.
④ 甲이 乙과 계약을 체결할 당시 乙이 미성년자임을 알고 계약했더라도 甲은 철회권을 행사할 수 있다.
⑤ 미성년자가 법정대리인의 동의 없이 법률행위를 하면서 특약에 의하여 미성년을 이유로 한 취소를 하지 않기로 한 경우에는 미성년을 이유로 그 법률행위를 취소할 수 없다.

해설

①(×) : 민법 제117조(대리인의 행위능력) 대리인은 행위능력자임을 요하지 아니한다.
②(○) : 민법 제8조 제2항의 영업 허락의 '취소'는 실질적으로는 소급효가 없고 장래효만 있는 '철회'이다. 따라서 미성년자가 영업허락의 취소(=본질은 철회) 전에 한 법률행위는 영업의 허락이 있는 상태에서 한 행위로서 유효한 행위이고 취소할 수 없다.
③(×) : 민법 제146조(취소권의 소멸) 취소권은 추인할 수 있는 날로부터 3년 내에 법률행위를 한 날로부터 10년 내에 행사하여야 한다. ☞ 법률행위를 한 날로부터 10년 내임을 전제로 성년이 된 후에도 성년이 된 날로부터 3년 내에는 취소할 수 있다.
④(×) : 민법 제16조(제한능력자의 상대방의 철회권과 거절권) ① 제한능력자가 맺은 계약은 추인이 있을 때까지 상대방이 그 의사표시를 철회할 수 있다. 다만, 상대방이 계약 당시에 제한능력자임을 알았을 경우에는 그러하지 아니하다.
⑤(×) : 미성년자의 법률행위에 법정대리인의 동의를 요하도록 하는 것은 강행규정이다(대판 2007. 11. 16, 2005다71659, 71666, 71673). ☞ 지문과 같은 특약은 강행법규 위반으로 무효이다.

[보충지문] 계약자유의 원칙상 제한능력자를 보호하는 규정에 반하는 매매계약도 유효하다(×).
〈2017년 감정평가사〉

24 17세인 甲은 乙소유의 자전거를 법정대리인의 동의를 얻지 않고 100만원에 구입하기로 乙과 매매계약을 체결하고, 다음 달 대금지급과 동시에 자전거를 건네받기로 하였다. 이에 관한 설명으로 옳지 않은 것은? (다툼이 있으면 판례에 따름) 〈2019년 변리사〉

① 甲의 법정대리인은 특별한 사정이 없는 한 매매계약을 취소할 수 있다.
② 甲은 법정대리인의 동의가 없었다는 이유로 자신이 체결한 매매계약을 원칙적으로 취소할 수 없다.
③ 乙은 매매계약을 체결할 당시 甲이 17세라는 것을 알았던 경우에도 甲의 법정대리인에게 매매계약을 추인할 것인지 여부의 확답을 촉구할 수 있다.
④ 甲이 매매계약에 대하여 법정대리인의 동의서를 위조하였고, 乙이 이를 믿고 계약을 체결한 경우, 甲의 법정대리인도 매매계약을 취소할 수 없다.
⑤ 매매계약을 체결할 당시 甲이 17세라는 것을 乙이 알았던 경우, 乙은 매매계약과 관련한 자신의 의사표시를 철회할 수 없다.

정답 23. ② 24. ②

해 설

① (○) : 민법 제5조 제2항, 민법 제140조 ☞ 민법 제140조에 따르면 '대리인'도 취소권자로 규정이 되어 있는데, 여기서 임의대리인이 취소권을 행사하기 위해서는 본인의 (특별)수권이 필요하지만, 제한능력자의 법정대리인은 제한능력자의 취소권을 대리행사하는 것이 아니라 고유의 취소권을 가지는 것이므로 (특별)수권은 필요 없다.
② (×) : 제한능력자인 미성년자도 단독으로 취소할 수 있다. 민법 제140조가 제한능력자도 취소권자로 규정하고 있기 때문이다. 그리고 미성년자 자신이 한 법률행위를 스스로 취소하는 것이 신의칙에 반하는 것도 아니다.

> **[판례]** 미성년자의 법률행위에 법정대리인의 동의를 요하도록 하는 것은 강행규정인데, 위 규정에 반하여 이루어진 신용구매계약을 미성년자 스스로 취소하는 것을 신의칙 위반을 이유로 배척한다면, 이는 오히려 위 규정에 의해 배제하려는 결과를 실현시키는 셈이 되어 미성년자 제도의 입법 취지를 몰각시킬 우려가 있으므로, 법정대리인의 동의 없이 신용구매계약을 체결한 미성년자가 사후에 법정대리인의 동의 없음을 사유로 들어 이를 취소하는 것이 신의칙에 위배된 것이라고 할 수 없다(대판 2007. 11. 16, 2005다71659, 71666, 71673).

③ (○) : 민법 제15조 제1항. 최고권의 행사는 상대방의 선악을 불문하고 가능하다.
④ (○) : 민법 제17조 제2항 ☞ 여기서 제한능력자뿐만 아니라 법정대리인의 취소권도 박탈된다는 것이 통설이다.
⑤ (○) : 민법 제16조 제1항. 철회권의 행사는 상대방이 선의인 경우에만 가능하다.

25 **후견에 관한 설명으로 옳은 것을 모두 고른 것은? (다툼이 있으면 판례에 따름)** 〈2020년 변리사〉

> ㄱ. 가정법원은 일정한 자의 청구에 의하여 질병, 장애, 노령, 그 밖의 사유로 인한 정신적 제약으로 사무를 처리할 능력이 부족한 사람에 대하여 성년후견개시의 심판을 한다.
> ㄴ. 가정법원은 피한정후견인이 한정후견인의 동의를 받아야 하는 행위의 범위를 정할 수 있다.
> ㄷ. 피특정후견인의 법률행위는 가정법원에 의해 취소할 수 있는 법률행위 로 정해진 경우에만 취소할 수 있다.
> ㄹ. 특정후견은 본인의 의사에 반하여 할 수 없다 .

① ㄱ, ㄴ ② ㄱ, ㄹ ③ ㄴ, ㄷ ④ ㄴ, ㄹ ⑤ ㄷ, ㄹ

해 설

ㄱ. (×) : 한정후견개시의 심판을 한다(제12조 제1항).
ㄴ. (○) : 민법 제13조 제1항 참조
ㄷ. (×) : 피특정후견인은 제한능력자가 아니다(제14조의 2 참조).

> **[보충지문] 특정후견의 심판이 있은 후에 피특정후견인이 특정후견인의 동의 없이 재산상의 법률행위를 하더라도 이는 취소의 대상이 되지 않는다(○).** 〈2023년 감정평가사〉

ㄹ. (○) : 민법 제14조의 2 제3항 참조

26 **성년인 甲은 질병으로 인한 정신적 제약으로 사무를 처리할 능력이 부족한 상태이다. 이에 관한 설명으로 옳지 않은 것은? (다툼이 있으면 판례에 따름)** 〈2022년 변리사〉

① 甲은 스스로 한정후견개시의 심판을 청구할 수 있다.
② 가정법원은 甲에 대한 한정후견개시의 심판을 할 때 甲의 의사를 고려해야 한다.

정답 25. ④ 26. ④

③ 甲의 배우자가 甲에 대한 성년후견개시의 심판을 청구한 경우에도 가정법원은 필요하다면 한정후견개시의 심판을 할 수 있다.

④ 가정법원은 甲에 대한 한정후견개시의 심판을 할 때 취소할 수 없는 甲의 법률행위의 범위를 정할 수 있다.

⑤ 甲에 대한 한정후견개시의 심판이 있은 후 한정후견개시의 원인이 소멸된 경우, 甲은 한정후견종료의 심판을 청구할 수 있다.

해 설

① (○) : 민법 제12조 제1항. 청구권자에 '본인'도 포함된다.

② (○) : 민법 제12조 제2항에 의하여 준용되는 제9조 제2항 참조

③ (○) : 성년후견이나 한정후견 개시의 청구가 있는 경우 가정법원은 청구 취지와 원인, 본인의 의사, 성년후견 제도와 한정후견 제도의 목적 등을 고려하여 어느 쪽의 보호를 주는 것이 적절한지를 결정하고, 그에 따라 필요하다고 판단하는 절차를 결정해야 한다. 따라서 한정후견의 개시를 청구한 사건에서 의사의 감정 결과 등에 비추어 성년후견 개시의 요건을 충족하고 본인도 성년후견의 개시를 희망한다면 법원이 성년후견을 개시할 수 있고, 성년후견 개시를 청구하고 있더라도 필요하다면 한정후견을 개시할 수 있다고 보아야 한다(대결 2021. 6. 10, 자 2020스596).

④ (×) : 민법 제13조 제1항. '한정후견인의 동의를 받아야 하는' 법률행위의 범위를 정할 수 있다. '취소할 수 없는' 법률행위의 범위를 정할 수 있는 것은 피성년후견인의 경우이다(제10조 제2항).

⑤ (○) : 민법 제14조 참조

27 법정대리인을 모두 고른 것은? 〈2022년 변리사〉

ㄱ. 성년후견인	ㄴ. 법원이 선임한 부재자재산관리인
ㄷ. 친권자	ㄹ. 배우자

① ㄱ, ㄹ ② ㄴ, ㄷ ③ ㄱ, ㄴ, ㄷ

④ ㄴ, ㄷ, ㄹ ⑤ ㄱ, ㄴ, ㄷ, ㄹ

해 설

ㄱ. (○) : 성년후견인은 피후견인의 법정대리인이 된다(민법 제938조 제1항).

ㄴ. (○) : 법원의 선임한 부재자 재산관리인은 부재자 본인의 의사에 의하는 것이 아니라 법률에 규정된 자의 청구로 법원에 의하여 선임되는 일종의 법정대리인으로서 법정위임 관계가 있다(대결 1976. 12. 21, 자 75마551).

ㄷ. (○) : 친권을 행사하는 부 또는 모는 미성년자인 자의 법정대리인이 된다(민법 제911조).

ㄹ. (△) : 가답안은 배우자도 법정대리인이라는 취지에서 ⑤번이 정답이었다. 출제자의 의도는 "부부는 일상의 가사에 관하여 서로 대리권이 있다."는 민법 제827조 제1항을 근거로 출제한 것으로 보인다. 그런데 (ⅰ) 이 일상가사대리권을 배제하고 생각하면 배우자라고 무조건 상대 배우자의 법정대리인이 되는 것은 아니라는 점에서 출제자의 의도가 일반적인 법정대리인을 물어보는 것인지 일상가사대리권까지 포함해서 물어보는 것인지 분명하지 않았고, (ⅱ) 일상가사대리권까지 포함해서 생각하는 경우에도 일상가사대리권의 법적 성질에 대하여 법정대리권이라는 견해가 다수설이나 임의대리권이라는 소수의 견해도 존재한다는 점에서 ③번도 정답으로 인정되어 복수정답으로 처리되었다.

정답 27. ③, ⑤

28 **2022. 1. 12. 당시 18세 1개월이었던 甲은 법정대리인 丁의 동의 없이, 자신이 소유하는 상가건물을 乙에게 매도하는 매매계약을 체결하였다. 그 후 甲은 2022. 3. 12. 丙과 혼인하였으나, 6개월 후인 2022. 9. 12. 이혼을 하였다. 이에 관한 설명 으로 옳지 않은 것은? (다툼이 있으면 판례에 따름)**

〈2023년 변리사〉

① 2023. 2. 18. 현재 甲은 이미 성년이 되었으므로, 매매계약을 취소할 수 없다.

② 만일 甲이 2022. 2. 17. 丁의 동의 없이 매매계약을 추인하였더라도, 甲은 위 매매계약을 취소할 수 있다.

③ 만일 甲이 2022. 5. 15. 丁의 동의 없이 매매계약을 추인한 경우, 그 추인은 유효하다.

④ 만일 甲이 2022. 10. 5. 아무런 이의를 제기하지 않고 乙로부터 매매대금을 수령한 경우, 매매계약을 취소할 수 없다.

⑤ 2023. 2. 18. 현재 甲은 위 매매계약을 丁의 동의 없이 유효하게 추인할 수 있다.

해 설

①(×) : 미성년자가 법정대리인의 동의 없이 한 법률행위는 취소할 수 있다(민법 제5조 제2항). 그리고 취소할 수 있는지 여부는 행위당시를 기준으로 하므로, 행위당시에 미성년이었다면 성년이 된 이후에도 취소할 수 있다. 다만 민법 제146조에 따라 추인할 수 있는 날로부터 3년내, 법률행위를 한 날로부터 10년내에 행사하여야 하는데, 사안에서 甲은 성년의제된 2022. 3. 12.부터 추인할 수 있으므로 그로부터 3년이 지나지 않은 2023. 2. 18.에는 매매계약을 취소할 수 있다.

②(○), ③(○) : 추인은 취소의 원인이 소멸된 후에 하여야만 효력이 있다(민법 제144조 제1항). 2022. 2. 17. 甲은 아직 미성년이고 성년의제도 되기 전이기 때문에 추인할 수 없다(②번 지문). 반면에 미성년자가 혼인을 한 때에는 성년자로 보므로(민법 제826조의 2), 甲이 혼인을 한 2022. 3. 12.부터 甲은 성년으로 의제되고 따라서 2022. 5. 15.에는 유효하게 추인할 수 있다(③번 지문).

④(○) : 취소할 수 있는 법률행위에 관하여 전조의 규정에 의하여 추인할 수 있는 후에 다음 각호의 사유가 있으면 추인한 것으로 본다. 그러나 이의를 보류한 때에는 그러하지 아니하다(민법 제145조). 지문에서 甲은 성년으로 의제된 이후인 2022. 10. 5. 아무런 이의를 제기하지 않고 乙로부터 매매대금을 수령하였는데, 1호 사유인 "전부나 일부의 이행"에는 취소권자가 이행하거나 상대방의 이행을 취소권자가 수령하는 것도 포함하므로 甲의 수령행위는 제145조 제1호에 해당하여 법정추인이 되고 따라서 더 이상 취소할 수 없다.

[참고사항] 지문에서 甲이 매매대금을 수령한 날짜는 2022. 10. 5.이다. 사안에서 甲이 성년이 되기 전인 2022. 9. 12. 이혼을 하였다고 나와있는데, 성년이 되기 전에 혼인이 해소된 경우 제한능력자로 돌아가는지 아니면 성년의제의 효과가 유지되는지가 문제된다. 여기서 이혼에도 불구하고 성년의제의 효과는 소멸하지 않고 유지된다는 것이 통설이고, 이러한 통설에 따르면 이혼 후인 2022. 10. 5.에도 성년의제의 효과가 유지되므로 법정추인도 가능하다. 정확하게 풀려면 이 점까지 고려했어야 하는데, 이 쟁점은 가족법상 쟁점으로 변리사 시험에서는 범위 외의 출제라고 생각된다.

⑤(○) : 2023. 2. 18. 현재 甲은 19세 2개월이 넘어 성년이 되었으므로 성년의제 여부를 떠나서도 단독으로 유효하게 추인할 수 있다(민법 제144조).

정답 28. ①

29 미성년자에 관련된 설명 중 옳지 않은 것을 모두 고른 것은? 〈2014년 변호사시험〉

ㄱ. 법정대리인이 재산의 범위를 정하여 미성년자에게 처분을 허락하였다면, 법정대리인은 그 재산의 처분에 관하여 스스로 유효한 대리행위를 할 수 없다.
ㄴ. 법정대리인이 미성년자에게 영업의 종류를 특정하여 영업을 허락하였다면, 법정대리인은 허락한 영업과 관련된 행위를 스스로 대리할 수 없다.
ㄷ. 피후견인의 신상과 재산에 관한 모든 사정을 고려하여, 성년후견인과 마찬가지로 미성년후견인도 여러 명 둘 수 있다.
ㄹ. 후견인과 피후견인 미성년자 사이에 이해상반되는 행위를 하는 경우, 후견감독인이 선임된 때에도 후견인은 특별대리인의 선임을 청구하여야 한다.
ㅁ. 제한능력자가 속임수로써 법정대리인의 동의가 있는 것으로 믿게 하여 법률행위를 한 경우, 그 행위를 취소 할 수 없다.

① ㄱ, ㄴ, ㄷ ② ㄱ, ㄷ, ㅁ ③ ㄱ, ㄹ, ㅁ
④ ㄱ, ㄷ, ㄹ, ㅁ ⑤ ㄴ, ㄷ, ㄹ, ㅁ

해 설

ㄱ. (×), ㄴ. (○) : 민법 제6조와 제8조의 차이점이다. 제6조는 "법정대리인이 범위를 정하여 처분을 허락한 재산은 미성년자가 임의로 처분할 수 있다."고 하고 있을 뿐이므로 법정대리인의 대리권이 소멸하는 것은 아니다. 반면에 제8조는 "미성년자가 법정대리인으로부터 허락을 얻은 특정한 영업에 관하여는 성년자와 동일한 행위능력이 있다."고 되어 있기 때문에 법정대리인의 대리권은 소멸한다.
ㄷ. (×) : 성년후견인과 달리 미성년후견인은 1명으로 하는 점이 차이점이다(제930조 제1항).
ㄹ. (×) : 후견인과 피후견인 미성년자 사이에 이해상반되는 행위를 하는 경우, 후견감독인이 선임되었다면 특별대리인의 선임을 청구하여야 하는 것은 아니다. 즉 신설된 제940조의6(후견감독인의 직무)에서는 '후견감독인은 후견인의 사무를 감독하며'(제1항), "후견인과 피후견인 사이에 이해가 상반되는 행위에 관하여는 후견감독인이 피후견인을 대리한다."(제3항)고 하고 있기 때문이다.
ㅁ. (×) : 제한능력자 중에 피성년후견인의 경우는 속임수로써 법정대리인의 동의가 있는 것으로 믿게 하여 법률행위를 한 경우에도, 그 행위를 취소 할 수 있다(제17조 제2항 참조).

30 미성년자에 관한 설명 중 옳지 않은 것은? (각 지문은 독립적이며, 다툼이 있는 경우 판례에 의함) 〈2018년 변호사시험〉

① 미성년자 甲이 법정대리인 乙의 동의 없이 신용카드회사 丙과 신용카드 이용계약을 체결하고 그 카드를 이용하여 丁으로부터 구입한 물품의 대금을 丙이 지급한 이후에 甲이 丙과의 신용카드 이용계약을 취소하더라도 이는 신의칙에 위배되지 않으며, 이 경우 甲이 丁과의 매매계약을 취소하지 않고 위 물품을 모두 소비하였다면 더 이상 현존이익이 존재하지 않으므로 甲은 丙에게 부당이득반환의무를 부담하지 않는다.
② 미성년자 甲 소유의 부동산에 관해 증여를 원인으로 하여 甲의 친권자 乙 명의의 소유권이전등기가 경료된 경우에는, 이를 위해 필요한 특별대리인 선임이 있었던 것으로 추정된다.

정답 29. ④ 30. ①

③ 공동상속인인 친권자가 다른 공동상속인인 수인의 미성년자의 법정대리인인 경우, 그 친권자의 대리행위에 의하여 성립된 상속재산분할협의는 공동상속인인 수인의 미성년자 전원에 의한 적법한 추인이 없는 한 무효이다.

④ 미성년자 甲 소유의 부동산에 대해 법정대리인 乙이 자신의 유흥비를 마련하기 위해 시세보다 훨씬 저렴한 가격으로 甲을 대리하여 丙과 매매계약을 체결한 경우, 丙이 그러한 사정을 알았거나 알 수 있었다면 그 매매계약의 효력은 甲에게 미치지 않는다.

⑤ 미성년자 甲이 불법행위의 피해자인 경우에는 다른 특별한 사정이 없는 한 甲의 법정대리인 乙이 甲의 손해 및 그에 대한 가해자를 알아야 甲의 손해배상청구권의 소멸시효가 진행한다.

해 설

① (×) : 미성년자가 신용카드발행인과 사이에 신용카드 이용계약을 체결하여 신용카드거래를 하다가 신용카드 이용계약을 취소하는 경우 미성년자는 그 행위로 인하여 받은 이익이 현존하는 한도에서 상환할 책임이 있는바, 신용카드 이용계약이 취소됨에도 불구하고 신용카드회원과 해당 가맹점 사이에 체결된 개별적인 매매계약은 특별한 사정이 없는 한 신용카드 이용계약취소와 무관하게 유효하게 존속한다 할 것이고, 신용카드발행인이 가맹점들에 대하여 그 신용카드사용대금을 지급한 것은 신용카드 이용계약과는 별개로 신용카드발행인과 가맹점 사이에 체결된 가맹점 계약에 따른 것으로서 유효하므로, 신용카드발행인의 가맹점에 대한 신용카드이용대금의 지급으로써 신용카드회원은 자신의 가맹점에 대한 매매대금 지급채무를 법률상 원인 없이 면제받는 이익을 얻었으며, 이러한 이익은 금전상의 이득으로서 특별한 사정이 없는 한 현존하는 것으로 추정된다(대판 2005. 4. 15, 2003다60297, 60303, 60310, 60327).

② (○) : 전 등기명의인이 미성년자이고 당해 부동산을 친권자에게 증여하는 행위가 이해상반행위라 하더라도 일단 친권자에게 이전등기가 경료된 이상, 특별한 사정이 없는 한, 그 이전등기에 관하여 필요한 절차를 적법하게 거친 것으로 추정된다(대판 2002. 2. 5, 2001다72029). ☞ 여기서 "필요한 절차"는 특별대리인의 선임을 말한다.

> **[참고조문]** 법정대리인인 친권자와 그 자 사이에 이해상반되는 행위를 함에는 친권자는 법원에 그 자의 특별대리인의 선임을 청구하여야 한다(민법 제921조 제1항).

③ (○) : 공동상속재산분할협의는 행위의 객관적 성질상 상속인 상호간에 이해의 대립이 생길 우려가 있는 행위라고 할 것이므로 공동상속인인 친권자와 미성년인 수인의 자 사이에 상속재산분할협의를 하게 되는 경우에는 미성년자 각자마다 특별대리인을 선임하여 각 특별대리인이 각 미성년자인 자를 대리하여 상속재산분할의 협의를 하여야 한다. 친권자가 수인의 미성년자의 법정대리인으로서 상속재산분할협의를 한 것이라면 이는 민법 제921조에 위반된 것으로서 이러한 대리행위에 의하여 성립된 상속재산분할협의는 피대리자 전원에 의한 추인이 없는 한 무효이다(대판 1993. 4. 13, 92다54524).

④ (○) : 진의 아닌 의사표시가 대리인에 의하여 이루어지고 대리인의 진의가 본인의 이익이나 의사에 반하여 자기 또는 제3자의 이익을 위한 배임적인 것임을 상대방이 알았거나 알 수 있었을 경우에는 민법 제107조 제1항 단서의 유추해석상 대리인의 행위에 대하여 본인은 아무런 책임을 지지 않는다고 보아야 하고, 상대방이 대리인의 표시의사가 진의 아님을 알았거나 알 수 있었는지는 표의자인 대리인과 상대방 사이에 있었던 의사표시 형성 과정과 내용 및 그로 인하여 나타나는 효과 등을 객관적인 사정에 따라 합리적으로 판단하여야 한다(대판 2011. 12. 22, 2011다64669).

⑤ (○) : 불법행위의 피해자가 미성년자로 행위능력이 제한된 자인 경우에는 다른 특별한 사정이 없는 한 그 법정대리인이 손해 및 가해자를 알아야 민법 제766조 제1항의 소멸시효가 진행한다고 할 것이다(대판 2010. 2. 11, 2009다79897).

31 **다음 사례에 관한 설명 중 옳은 것을 모두 고른 것은? (다툼이 있는 경우에는 판례에 의함)**

〈2010년 사법시험〉

1991. 2. 1. 생인 甲은 2009. 11. 11. 법정대리인의 동의 없이 乙 신용카드회사와 카드가입계약을 체결하였다. 甲은 2009. 11. 25. 현금서비스로 5만 원을 받았고, 그 다음 날 그 신용카드로 丙이 운영하는 가게에서 컴퓨터 부품을 10만 원에 구입하였으며, 이에 乙 회사는 丙에게 그 대금을 지급하였다.

ㄱ. 甲이 신용카드가입계약을 취소하더라도 乙 회사는 이미 지급한 대금의 반환을 丙에게 청구할 수 없다.

ㄴ. 甲이 신용카드가입계약을 취소한 경우 甲은 乙 회사에 위 컴퓨터 부품을 부당이득으로 반환하여야 한다.

ㄷ. 甲이 현금서비스를 받은 5만 원은 현존하는 것으로 추정되므로 신용카드가입계약이 취소된 경우, 甲은 乙 회사에 5만 원에 이자를 붙여 반환하고 손해가 있으면 이를 배상하여야 한다.

ㄹ. 신용카드가입계약 당시 나이를 묻는 乙 회사 직원의 물음에 甲이 나이를 성년으로 위조한 주민등록증을 미리 준비하여 제시한 경우, 甲은 신용카드가입계약을 취소하지 못한다.

① ㄱ, ㄷ ② ㄱ, ㄹ ③ ㄴ, ㄷ ④ ㄴ, ㄹ ⑤ ㄷ, ㄹ

해 설

② [ㄱ, ㄹ]이 타당하다.

ㄱ. (○), ㄴ. (×) : 미성년자가 신용카드발행인과 사이에 신용카드 이용계약을 체결하여 신용카드거래를 하다가 신용카드 이용계약을 취소하는 경우 미성년자는 그 행위로 인하여 받은 이익이 현존하는 한도에서 상환할 책임이 있는바, 신용카드 이용계약이 취소됨에도 불구하고 신용카드회원과 해당 가맹점 사이에 체결된 개별적인 매매계약은 특별한 사정이 없는 한 신용카드 이용계약취소와 무관하게 유효하게 존속한다 할 것이고, 신용카드발행인이 가맹점들에 대하여 그 신용카드사용대금을 지급한 것은 신용카드 이용계약과는 별개로 신용카드발행인과 가맹점 사이에 체결된 가맹점 계약에 따른 것으로서 유효하므로, 신용카드발행인의 가맹점에 대한 신용카드이용대금의 지급으로써 신용카드회원은 자신의 가맹점에 대한 매매대금 지급채무를 법률상 원인 없이 면제받는 이익을 얻었으며, 이러한 이익은 금전상의 이득으로서 특별한 사정이 없는 한 현존하는 것으로 추정된다(대판 2005. 4. 15, 2003다60297, 60303, 60310, 60327).

ㄷ. (×) : 제한능력자는 선의·악의를 불문하고 그 행위로 인하여 받은 이익이 현존하는 한도에서 상환할 책임이 있을 뿐이므로 5만원만 반환하면 되고, 이에 이자를 붙일 필요가 없고 또 손해를 배상할 필요도 없다(제141조 단서).

ㄹ. (○) : 제17조의 사술을 쓴 것이라 함은 적극적으로 사기수단을 쓴 것을 말하는 것이고 단순히 자기가 능력자라 사언함은 사술을 쓴 것이라 할 수 없다(대판 1971. 12. 14, 71다2045). 그런데 나이를 성년으로 위조한 주민등록증을 미리 준비하여 제시한 것은 적극적 사기수단이므로 사술이라 할 수 있다(대판 1971. 6. 22, 71다940 참조).

정답 31. ②

32 **다음 사례에 관한 설명 중 옳지 않은 것은? (다툼이 있는 경우에는 판례에 의함)** 〈2012년 사법시험〉

〈사 례〉

미성년자 甲은 만 18세가 된 2011. 5. 4. 법정대리인 A의 동의 없이 신용카드회사 乙과 카드발행계약을 체결하여 카드를 발급받았다. 甲은 B가 운영하는 휴대전화 대리점에서 휴대전화 1대를 구입하면서 그 대금 20만 원을 위 카드로 결제하였다. 이러한 사실을 알게 된 A는 2011. 8. 4. 위 카드발행계약을 취소하였으나, 乙은 휴대전화 대리점 주인 B에게 甲의 카드이용대금을 지급하였다.

① A의 위 취소가 유효한 경우에도, 乙은 이미 지급한 甲의 카드이용대금의 반환을 B에게 청구할 수 없다.
② A의 위 취소가 유효한 경우에도, 특별한 사정이 없는 한, 甲은 乙에게 20만 원을 지급하여야 한다.
③ 만일 A 또는 甲이 위 카드발행계약을 취소하지 않은 상태에서 甲이 성년이 되었다면, 그 이후로는 A는 물론 甲도 위 카드발행계약을 취소할 수 없다.
④ 甲이 카드발행계약을 체결할 때 乙에게 단순히 '자신이 성년자'라고 말한 사실이 있더라도, 乙은 甲의 사술(詐術)을 이유로 A의 취소에 대항할 수 없다.
⑤ 위 ④에서, 甲의 사술이 있었는지의 여부에 대한 증명책임은 乙에게 있다.

해 설

① (○), ② (○) : 미성년자가 신용카드발행인과 사이에 신용카드 이용계약을 체결하여 신용카드거래를 하다가 신용카드 이용계약을 취소하는 경우 미성년자는 그 행위로 인하여 받은 이익이 현존하는 한도에서 상환할 책임이 있는바, 신용카드 이용계약이 취소됨에도 불구하고 신용카드회원과 해당 가맹점 사이에 체결된 개별적인 매매계약은 특별한 사정이 없는 한 신용카드 이용계약취소와 무관하게 유효하게 존속한다 할 것이고, 신용카드발행인이 가맹점들에 대하여 그 신용카드사용대금을 지급한 것은 신용카드 이용계약과는 별개로 신용카드발행인과 가맹점 사이에 체결된 가맹점 계약에 따른 것으로서 유효하므로, 신용카드발행인의 가맹점에 대한 신용카드이용대금의 지급으로써 신용카드회원은 자신의 가맹점에 대한 매매대금 지급채무를 법률상 원인 없이 면제받는 이익을 얻었으며, 이러한 이익은 금전상의 이득으로서 특별한 사정이 없는 한 현존하는 것으로 추정된다(대판 2005. 4. 15, 2003다60297, 60303, 60310, 60327). ☞ 따라서 B는 유효한 매매계약에 따라 매매대금을 받은 것이므로 乙은 B에게 반환을 청구할 수 없고 甲에게 반환을 청구해야 한다(①). 이 때 甲이 얻은 이익은 취득한 물품이나 제공받은 용역이 아니라 매매대금 지급채무를 법률상 원인 없이 면제받는 이익이고 이러한 금전상의 이득은 현존하는 것으로 추정되므로 甲이 乙에게 반환해야 하는 것은 휴대전화가 아니라 면제받은 매매대금 20만원이다(②).

③ (×) : 법정대리인 A는 미성년자가 성인이 되면 법정대리권이 소멸하여 취소권을 행사할 수 없으나 미성년자 甲은 제146조에 의하여 성인이 되고 난 후 3년간 취소권을 행사할 수 있다.

④ (○) : 민법 제17조에 이른바 '무능력자(제한능력자)가 사술(속임수)로써 능력자로 믿게 한 때'에 있어서의 사술을 쓴 것이라 함은 적극적으로 사기수단을 쓴 것을 말하는 것이고, 단순히 자기가 능력자라 칭한 것만으로는 사술을 쓴 것이라 할 수 없다(대판 1954. 3. 31, 4287민상77).

⑤ (○) : 미성년자와 계약을 체결한 상대방이 미성년자의 취소권을 배제하기 위하여 민법 제17조 소정의 미성년자가 사술을 썼다고 주장하는 때에는 그 주장자인 상대방 측에 그에 대한 입증책임이 있다(대판 1971. 12. 14, 71다2045).

정답 32. ③

보충지문

33 제한능력자인지 여부가 연령에 의하여 획일적으로 또는 법원의 심판에 의하여 정해지기 때문에, 행위능력제도의 근본적인 입법취지는 제한능력자의 보호보다 거래의 안전을 확보함에 있다고 보아야 한다. 〈2022년 변호사시험〉

해설 민법은 행위능력제도를 두어 **획일적 기준**(연령 또는 법원의 심판)을 통하여 표의자의 의사능력의 유무를 묻지 않고 표의자는 일정한 범위 내의 법률행위에 관해서 무조건적으로 취소할 수 있게 하여 표의자(제한능력자)를 보호하고 그 획일적 기준을 외부에서 인식할 수 있는 표지를 갖추어 객관화 함으로써 상대방 및 제3자로 하여금 미리 알게 하거나 예방할 수 있도록 하였다. 이러한 행위능력제도의 성격으로서 **주(主)는 제한능력자보호**이며, **부차적으로는 거래의 안전을 보호**하는 것이다(통설).

34 미성년자임을 이유로 한 취소의 경우 미성년자와의 거래상대방이 그 목적물을 제3자에게 처분하여 제3자가 선의취득의 요건을 구비하더라도, 미성년자는 제3자에 대해 취소의 사실을 이유로 목적물의 반환을 청구할 수 있다. 〈2006년 감정평가사〉

해설 제한능력을 이유로 한 취소는 이른바 절대적 취소로서 선의의 제3자도 보호받지 못하는 것이 원칙인데, 다만 목적물이 동산이고 제3자가 선의취득의 요건을 구비하면 제3자는 선의취득에 의하여 유효하게 소유권을 취득한다.

35 미성년자가 조부로부터 부담 없이 부동산을 증여받는 계약도 법정대리인의 동의 없이 단독으로는 할 수 없다. 〈2013년 법무사〉

해설 부담 없는 증여를 받는 계약은 권리만을 얻는 행위이므로 법정대리인의 동의 없이 단독으로 할 수 있다(제5조 제1항 단서).

36 미성년자가 타인에게 부동산을 증여하는 내용의 증여계약을 구두로 체결한 후, 증여의 의사가 서면으로 표시되지 아니하였음을 이유로 위 증여계약을 해제함에 있어서, 법정대리인의 동의를 요하지 않는다. 〈2006년 사법시험〉

해설 미성년자가 채무만을 면하는 행위는 단독으로 할 수 있기 때문에 타당하다(제5조, 제555조 참조).

37 미성년자는 법정대리인의 동의가 없는 한 단독으로 유효하게 채무변제를 수령할 수 없다. 즉 채무변제로 인한 채권이 소멸되기에 권리만을 얻는 것이 아니기 때문이다. 〈2006년 감정평가사〉

해설 미성년자는 법정대리인의 동의가 없는 한 단독으로 유효하게 채무변제를 수령할 수 없다는 것이 통설이다.

38 법정대리인이 사용목적을 정하여 처분을 허락한 재산에 대하여 미성년자는 그 목적과 다른 용도로 유효하게 처분할 수 있다. 〈2006년 감정평가사〉

해설 제6조에서 '범위'는 ① 사용목적(예컨대 학용품구입비·등록금 등)을 정하는 경우와 ② 사용목적을 정

정답 33. (×) 34. (×) 35. (×) 36. (○) 37. (○) 38. (○)

하지 않고 다만 처분할 재산의 범위(예컨대 100만원 이내)만을 정하는 두 가지가 있을 수 있는데, 통설은 사용목적은 극히 주관적인 것이어서 미성년자와 거래하는 상대방이 이를 알기가 어렵기 때문에 거래안전을 보호한다는 차원에서 재산의 범위(예컨대 100만원 이내)를 정한 것으로 보는 것이 타당하다고 한다. 따라서 그 범위 내라면 미성년자는 그 목적과 다른 용도라도 유효하게 처분할 수 있다.

39 **만 18세가 넘은 미성년자가 월 소득범위 내에서 신용구매계약을 체결한 경우, 스스로 얻고 있던 소득에 대하여는 법정대리인의 묵시적 처분허락이 있었다고 보아야 하므로 행위무능력(제한능력)을 이유로 취소할 수 없다.** 〈2011년 법무사, 2017년 감정평가사〉

해 설 미성년자가 법률행위를 함에 있어서 요구되는 법정대리인의 동의는 언제나 명시적이어야 하는 것은 아니고 묵시적으로도 가능한 것이며, 미성년자의 행위가 위와 같이 법정대리인의 묵시적 동의가 인정되거나 처분허락이 있는 재산의 처분 등에 해당하는 경우라면, 미성년자로서는 더 이상 행위무능력을 이유로 그 법률행위를 취소할 수 없다(대판 2007. 11. 16, 2005다71659). ☞ 만 18세가 넘은 미성년자가 월 소득범위 내에서 신용구매계약을 체결한 사안에서, 스스로 얻고 있던 소득에 대하여는 법정대리인의 묵시적 처분허락이 있었다고 보아 위 신용구매계약은 처분허락을 받은 재산범위 내의 처분행위에 해당한다고 본 사례.

40 **미성년자 甲이 법정대리인의 허락을 얻어 컴퓨터판매업을 하던 중 법정대리인이 위 영업의 허락을 취소하였음에도, 甲이 위 영업을 계속하면서 그 정을 모르는 乙에게 컴퓨터를 매도하는 내용의 매매계약을 체결하였다면 甲은 위 매매계약을 취소할 수 없다.** 〈2006년 사법시험〉

해 설 법정대리인이 미성년자의 영업을 허락한 경우, 그 후 허락을 취소한 경우라도 선의의 제3자에게는 대항할 수 없다(제8조 제2항 단서).

41 **한정후견인의 동의가 필요한 법률행위를 피한정후견인이 한정후견인의 동의 없이 하였을 때에는 그것이 일상생활에 필요하고 그 대가가 과도하지 아니한 법률행위가 아닌 경우 그 법률행위를 취소할 수 있다.** 〈2017년 감정평가사〉

해 설 민법 제13조 제4항 참조

42 **미성년후견인은 특정후견의 심판을 청구할 수 있다.** 〈2023년 변호사시험〉

해 설 가정법원은 질병, 장애, 노령, 그 밖의 사유로 인한 정신적 제약으로 일시적 후원 또는 특정한 사무에 관한 후원이 필요한 사람에 대하여 본인, 배우자, 4촌 이내의 친족, 미성년후견인, 미성년후견감독인, 검사 또는 지방자치단체의 장의 청구에 의하여 특정후견의 심판을 한다(민법 제14조의 2 제1항).

43 **가정법원은, 한정후견 개시 심판을 할 때는 본인의 의사를 고려하여야 하고, 특정후견의 심판을 할 때는 본인의 의사에 반하지 않아야 한다.** 〈2023년 변호사시험〉

해 설 한정후견개시의 경우에 "가정법원은 성년후견개시의 심판을 할 때 본인의 의사를 고려하여야 한다."는 제9조 제2항을 준용한다(민법 제12조 제2항). 특정후견은 본인의 의사에 반하여 할 수 없다(민법 제14조의 2 제2항).

정 답 39. (○) 40. (○) 41. (○) 42. (○) 43. (○)

44 **제한능력자가 아직 능력자가 되지 못한 경우에도 그 상대방은 그에게 1개월 이상의 기간을 정하여 추인 여부의 확답을 촉구할 수 있다.** 〈2017년 감정평가사〉

해설 제한능력자의 상대방은 제한능력자가 능력자가 된 후에야 그에게 추인 여부의 확답을 최고할 수 있다(민법 제15조).

45-1 **미성년자의 취소할 수 있는 단독행위는 추인이 있을 때까지 상대방이 거절할 수 있다.** 〈2015년 감정평가사〉

45-2 **제한능력자와 계약을 맺은 선의의 상대방은 추인이 있기 전까지 의사표시를 거절할 수 있다.** 〈2017년 감정평가사〉

해설 제16조 ① 제한능력자가 맺은 계약은 추인이 있을 때까지 상대방이 그 의사표시를 철회할 수 있다. 다만, 상대방이 계약 당시에 제한능력자임을 알았을 경우에는 그러하지 아니하다. ② 제한능력자의 단독행위는 추인이 있을 때까지 상대방이 거절할 수 있다.(제16조 제2항). ☞ '계약'의 경우에는 '거절'할 수 있는 것이 아니라 '철회'할 수 있는 것이다.

46 **미성년자가 속임수로써 법정대리인의 동의가 있는 것으로 믿게 하고 자신의 부동산을 매도한 경우, 그 매매계약은 취소할 수 없다.** 〈2019년 공인노무사〉

해설 민법 제17조 제2항 참조

47 **만15세의 미성년자 甲은 친권자 丙의 동의를 얻어 자신의 소유인 X 토지를 乙에게 매도하는 경우, 다음 설명 중 옳은 것을 모두 고른 것은? (다툼이 있으면 판례에 의함)** 〈2012년 감정평가사〉

ㄱ. 丙의 동의는 명시적으로 뿐만 아니라 묵시적으로도 가능하다.
ㄴ. 丙이 동의를 할 때에는 후견인과 마찬가지로 특별절차를 필요로 한다.
ㄷ. 丙의 동의는 甲의 법률행위 이전에 하여야 하고 이후에 하는 동의는 효력이 없다.
ㄹ. 甲이 丙의 동의가 있는 것처럼 보이기 위하여 소극적인 사술을 쓴 것만으로도 취소권이 배제된다.
ㅁ. X 토지가 甲명의의 매매계약서에 근거하여 乙에게 소유권이전등기가 경료되었다면, 丙의 동의 여부와 관계없이 적법한 등기로 추정된다.

① ㄱ, ㄹ ② ㄱ, ㅁ ③ ㄴ, ㄷ ④ ㄴ, ㄹ ⑤ ㄷ, ㅁ

해설

ㄱ. (○) : 친권자의 동의는 명시적으로 뿐만 아니라 묵시적으로도 가능하다((대판 2007. 11. 16, 2005다71659).
ㄴ. (×) : 친권자는 후견인과는 달리 후견감독인의 동의를 필요로 하지 않는다(제950조 참조).

[참고조문] 민법 제950조(후견감독인의 동의를 필요로 하는 행위)
① 후견인이 피후견인을 대리하여 다음 각 호의 어느 하나에 해당하는 행위를 하거나 미성년자의 다음 각 호의 어느 하나에 해당하는 행위에 동의를 할 때는 후견감독인이 있으면 그의 동의를 받아야 한다.

정답 44. (×) 45-1. (○) 45-2. (×) 46. (○) 47. ②

1. 영업에 관한 행위 2. 금전을 빌리는 행위 3. 의무만을 부담하는 행위 4. 부동산 또는 중요한 재산에 관한 권리의 득실변경을 목적으로 하는 행위 5. 소송행위 6. 상속의 승인, 한정승인 또는 포기 및 상속재산의 분할에 관한 협의

ㄷ. (×) : 丙의 동의는 법률행위 이전이든 이후든 상관없다.

ㄹ. (×) : 甲이 丙의 동의가 있는 것처럼 보이기 위하여 소극적인 사술을 쓴 것만는 취소권이 배제되지 않는다(대판 1955. 3. 31, 1954민상77).

ㅁ. (○) : 등기의 추정력으로 타당하다(대판 2002. 2. 5, 2001다72029).

Ⅳ. 민법상 주소

보충지문

48 주소란 사람의 생활의 근거가 되는 곳으로, 동시에 두 곳 이상 있을 수 있다. 〈2005년 감정평가사〉

해설 주소란 사람의 생활의 근거가 되는 곳으로, 동시에 두 곳 이상 있을 수 있다(제18조).

49 국내에 주소가 없는 자에 대하여는 국내에 있는 거소를 주소로 본다. 〈2005년 감정평가사〉

해설 국내에 주소가 없는 자에 대하여는 국내에 있는 거소를 주소로 본다(제20조).

50 어느 거래와 관련하여 가주소를 정했을 때에는 그 거래관계에 관하여는 이를 주소로 본다. 〈2005년 감정평가사〉

해설 어느 거래와 관련하여 가주소를 정했을 때에는 그 거래관계에 관하여는 이를 주소로 본다(제21조).

51 현재지는 장소적 관계가 거소보다 희박한 곳을 말한다. 〈2005년 감정평가사〉

해설 현재지는 장소적 관계가 거소보다 희박한 곳을 말한다(통설).

52 법인의 주소는 주된 사무소의 소재지에 있는 것으로 한다. 〈2003년 법무사〉

해설 민법 제36조 참조

정답 48. (○) 49. (○) 50. (○) 51. (○) 52. (○)

V. 부재자제도

53 X 아파트의 소유자인 甲은 해외사업 관계로 종래의 주소를 떠나 당분간 돌아올 가망이 없는 자이다. 다음 설명 중 옳지 않은 것은? (다툼이 있는 경우에는 판례에 의함) 〈2009년 변리사〉

① 甲이 재산관리인 乙을 두면서 계약으로 乙의 권한을 정하지 않은 경우에는 乙은 재산관리인으로서 X 아파트에 대한 관리권한을 행사할 수 있다.

② 재산관리인 乙을 둔 甲의 생사가 불분명해진 경우, 乙은 가정법원에 대하여 재산관리인의 개임을 청구할 수 있다.

③ 甲이 재산관리인을 정하지 아니한 때에는, 법원은 이해관계인이나 검사의 청구에 의하여 재산관리에 관하여 필요한 처분을 명하여야 한다.

④ 가정법원에 의해 선임된 甲의 재산관리인 丙이 법원의 허가 없이 X 아파트를 처분하더라도, 그 행위는 법원의 추인이 있으면 유효한 것으로 된다.

⑤ 가정법원에 의해 선임된 甲의 재산관리인 丙이 가정법원으로부터 X 아파트에 대한 처분허가를 받은 후 그가 임의적으로 정한 처분방법에 따라 이를 처분한 경우, 나중에 그 처분허가가 취소되면 처분행위는 무효이다.

해 설

① (○) : 재산관리인 乙은 부재자의 수임인이며, 임의대리인이다. 권한을 정하지 않은 대리인은 관리행위를 할 수 있다(제118조).

② (○) : 부재자의 생사가 분명하지 아니한 때에는 가정법원은 재산관리인, 이해관계인 또는 검사의 청구에 의하여 재산관리인을 개임할 수 있다(제23조).

③ (○) : 가정법원은 이해관계인이나 검사의 청구에 의하여 필요한 처분을 명한다(제22조 제1항). 재산관리에 필요한 처분에는 재산관리인의 선임·잔여재산의 봉인·경매 등이 있다.

④ (○) : 이 허가는 장래의 처분행위뿐만 아니라 이미 한 처분행위를 추인하는 의미로도 할 수 있다(대판 1982. 12. 14, 80다1872, 1873).

⑤ (×) : 부재자재산관리인이 권한초과처분허가를 얻어 부동산을 매매한 후 그 허가결정이 취소되었다 할지라도 위 매매행위 당시는 그 권한초과처분허가처분이 유효한 것이고 그 후에 한 동 취소결정이 소급하여 효력을 발생하는 것이 아니다(대판 1960. 2. 4, 4291민상636).

54 X건물을 소유하고 있던 甲은 오지탐험을 떠난 후 장기간 연락이 두절되었다. 그 후 배우자 乙의 청구로 가정법원은 丙을 甲의 재산관리인으로 선임하였다. 다음 중 옳지않은 것은? (다툼이 있는 경우에는 판례에 의함) 〈2013년 변리사〉

① 甲이 살아 돌아오더라도 그 이전에 丙이 법원의 허가를 받아 한 재판상 화해는 유효하다.

② 丙이 법원의 허가 없이 X건물을 처분하였어도 그 후 법원의 추인이 있으면 그 처분행위는 유효하게 된다.

③ 丙이 법원의 허가를 받아 적법하게 X건물을 처분하였다면, 그 후 甲에게 실종선고가 내려져 그 처분행위가 있기 이전에 甲이 사망한 것으로 간주된 때에도 그 처분행위는 유효하다.

④ 甲의 형제로서 현재 제2순위 상속인에 불과한 자는 甲의 실종선고를 청구할 수 없다.

정답 53. ⑤ 54. ⑤

⑤ 丙이 법원으로부터 X건물의 매매를 허락받았다면, 특별한 사정이 없는 한, 甲과 아무 관계가 없는 타인의 채무담보를 위해 그 건물에 저당권을 설정할 수 있다.

해설

① (○) : 법원에 의하여 재산관리인 선임결정이 취소되지 않는 한 그는 계속하여 권한을 행사할 수 있다(대판 1991. 11. 26, 91다11810).

② (○) : 법원의 부재자 재산관리인의 초과행위결정의 효력은 그 허가받은 재산에 대한 장래의 처분행위뿐만 아니라 기왕의 처분행위를 추인하는 행위로도 할 수 있다(대판 1982. 12. 14, 80다1872 ; 대판 2000. 12. 26, 99다19278).

③ (○) : 부재자 재산관리인으로서 권한초과행위의 허가를 받고 그 선임결정이 취소되기 전에 위 권한에 의하여 이루어진 행위는 부재자에 대한 실종선고기간이 만료된 뒤에 이루어졌다고 하더라도 유효하다(대판 1981. 7. 28, 80다2668).

④ (○) : 부재자에 대하여 실종선고를 청구할 수 있는 이해관계인은 그 실종선고로 인하여 일정한 권리를 얻고 의무를 면하는 등의 신분상 또는 재산상의 직접적 이해관계를 갖는 자에 한한다고 할 것이기 때문에 선순위자가 있는 경우는 후순위자는 포함되지 않는다(대결 1992. 4. 14, 자 92스4).

⑤ (×) : 부재자 재산관리인이 법원의 매각처분허가를 얻었다 하더라도 부재자와 아무런 관계가 없는 남의 채무의 담보만을 위하여 부재자 재산에 근저당권을 설정하는 행위는 통상의 경우 객관적으로 부재자를 위한 처분행위로서 당연하다고는 경험칙상 볼 수 없다(대결 1976. 12. 21, 자 75마551).

55 **외국에 장기체류하고 있는 甲은 당분간 국내에 돌아올 가능성이 없다. 이에 관한 설명으로 옳지 않은 것은? (다툼이 있는 경우에는 판례에 의함)** 〈2014년 변리사〉

① 甲의 법정대리인 乙이 甲의 재산을 관리하는 경우, 부재자의 재산관리에 관한 규정이 적용되지 않는다.

② 甲이 丙에게 자신의 재산을 관리할 것을 부탁한 때에는, 특별한 사정이 없으면 법원은 이해관계인의 청구로 새로운 재산관리인을 정할 수 없다.

③ 법원이 丁을 甲의 재산관리인으로 선임결정하기 전에 이미 甲이 사망하였음이 확인된 때에도 그 결정이 취소되지 않으면 甲의 재산에 대한 丁의 처분행위는 유효하다.

④ 법원이 선임한 재산관리인 丁이 법원의 명령으로 甲의 재산을 보전하기 위하여 필요한 처분을 한 경우, 법원은 甲의 재산으로 그 비용을 지급한다.

⑤ 법원이 선임한 甲의 재산관리인 丁이 甲의 재산에 대한 법원의 매각처분허가를 얻은 때에도 甲의 채무를 담보하기 위하여 甲의 부동산에 저당권을 설정하려면 다시 법원의 허가를 얻어야 한다.

해설

① (○) : 甲의 법정대리인 乙이 甲의 재산을 관리하는 경우, 부재자의 재산관리에 관한 규정이 적용되지 않는데, 이는 법정대리인은 당연히 재산관리권한이 있기 때문이다(제916조 참조).

② (○) : 甲이 丙에게 자신의 재산을 관리할 것을 부탁한 경우에는 특별한 사정이 없으면 법원은 이해관계인의 청구로 새로운 재산관리인을 정할 필요가 없다(제22조 참조).

③ (○) : 법원에 의하여 일단 부재자의 재산관리인 선임결정이 있었던 이상, 가령 부재자가 그 이전에 사망하였음이 위 결정 후에 확실하여졌다 하더라도 법에 정하여진 절차에 의하여 결정이 취소되지 않는 한, 부재자재산관리인의 권한이 당연히 소멸되지 않는다. 따라서 법원이 丁을 甲의 재산관리인으로 선임결정하기 전에 이미

정답 55. ⑤

甲이 사망하였음이 확인된 때에도 그 결정이 취소되지 않으면 甲의 재산에 대한 丁의 처분행위는 유효하다(대판 1970. 1. 27, 69다719).

④ (○) : 부재자와 법원이 선임한 재산관리인 사이는 위임에 관한 규정이 준용되기 때문에 법원이 선임한 재산관리인 丁이 법원의 명령으로 甲의 재산을 보전하기 위하여 필요한 처분을 한 경우, 법원은 甲의 재산으로 그 비용을 지급한다(제687조 참조).

⑤ (×) : 재산의 매각에 관해 허가를 얻은 경우, 그 재산을 담보로 제공할 때에 다시 허가를 얻어야 하는 것은 아니다(대판 1957. 3. 23, 4289민상677)(김준호 제22판 p.111 참조). ☞ 이른바 "대는 소를 포함한다"는 법리이다.

보충지문

56 **부재자는 성질상 자연인에 한한다.** 〈2017년 감정평가사〉

해설 대판 1965. 2. 9, 64민상9 참조

57 **외국에 장기 체류하는 자가 국내에 있는 재산을 관리하고 있으면 그는 부재자에 해당하지 않는다.** 〈2017년 감정평가사〉

해설 대판 1960. 4. 21, 4292민상252 참조

58 **부재자로부터 재산처분권을 위임받은 재산관리인은 그 재산을 처분함에 있어서 법원의 허가를 받을 필요가 없다.** 〈2018년 감정평가사〉

해설 부재자로부터 재산처분권까지 위임받은 재산관리인은 그 재산을 처분함에 있어 법원의 허가를 요하는 것은 아니다(대판 1973. 7. 24, 72다2136).

59 **법원이 선임한 재산관리인은 관리할 재산목록을 작성하여야 한다.** 〈2018년 공인노무사〉

해설 민법 제24조 제1항 참조

60 **부재자의 생사가 분명하지 않은 경우, 법원은 부재자가 정한 재산관리인에게 재산의 관리 및 반환에 관하여 상당한 담보를 제공하게 할 수 있다.** 〈2018년 공인노무사〉

해설 민법 제26조 제1항 참조

61 **법원은 선임한 재산관리인에 대하여 부재자의 재산으로 상당한 보수를 지급할 수 있다.** 〈2017년 감정평가사〉

해설 민법 제26조 제2항 참조

62 **법원이 선임한 재산관리인은 법정대리인이지만, 부재자 자신이 선임한 재산관리인은 임의대리인이다.** 〈2008년 감정평가사〉

정답 56 . (○) 57. (○) 58. (○) 59. (○) 60. (○) 61. (○) 62. (○)

해 설 법원이 선임한 재산관리인은 법정대리인에 준하고, 부재자 자신이 선임한 재산관리인은 임의대리인에 준한다.

63 **가정법원에 의하여 선임된 재산관리인은 일종의 법정대리인이며, 법원은 언제든지 개임할 수 있다.** 〈2005년 사법시험〉

해 설 법원이 선임한 재산관리인은 법정대리인에 준하고, 부재자와 법정위임관계가 인정되기 때문에 위임에 관한 규정이 적용되므로 법원은 언제든지 개임할 수 있다(제689조 참조).

64 **법원이 선임한 부재자재산관리인은 선량한 관리자의 주의의무를 다하여 직무를 수행하여야 한다.** 〈2011년 공인노무사〉

해 설 법원이 선임한 재산관리인은 법정대리인에 준하고, 부재자와 법정위임관계가 인정되기 때문에 선량한 관리자의 주의의무를 다하여 직무를 수행하여야 한다(제681조 참조).

65 **재산관리인은 보수청구권을 가지며, 재산관리로 인하여 과실 없이 입은 손해에 대해 배상을 청구할 수 있다.** 〈2015년 감정평가사〉

해 설 재산관리인은 보수청구권을 가지며(제26조 제2항), 재산관리로 인하여 과실 없이 입은 손해에 대해 배상을 청구할 수 있다(위임에 관한 제688조 제3항).

66-1 **법원이 선임한 재산관리인이 부재자의 재산에 대해 보존행위를 함에는 법원의 허가를 얻어야 한다.** 〈2015년 감정평가사〉

66-2 **법원이 선임한 부재자 재산관리인은 불법하게 경료된 소유권이전등기의 말소를 법원의 허가 없이 청구 할 수 있다.** 〈2011년 공인노무사〉

해 설 법원이 선임한 재산관리인이 부재자의 재산에 대해 보존행위를 함에는 처분행위와는 달리 법원의 허가를 얻을 필요가 없다(제25조, 제118조).

67 **법원이 선임한 부재자 재산관리인의 법원의 허가범위를 넘은 처분행위는 무권대리행위이다.** 〈2011년 공인노무사〉

해 설 법원이 선임한 재산관리인은 법정대리인에 준하므로, 법원의 허가범위를 넘은 처분행위는 무권대리행위가 된다.

68-1 **재산관리인의 처분행위에 대한 법원의 허가는 장래의 처분행위뿐만 아니라 과거의 처분행위에 대한 추인을 위해서도 할 수 있다.** 〈2015년 감정평가사〉

68-2 **재산관리인의 권한초과행위에 대한 법원의 허가결정은 기왕의 처분행위를 추인하는 방법으로도 할 수 있다.** 〈2020년 감정평가사〉

해 설 부재자 재산관리인에 의한 부재자 소유의 부동산 매매행위에 대한 법원의 허가결정은 그 허가를 받은

정 답 63. (○) 64. (○) 65. (○) 66-1. (×) 66-2. (○) 67. (○) 68-1. (○) 68-2. (○)

재산에 대한 장래의 처분행위뿐만 아니라 기왕의 매매를 추인하는 방법으로도 할 수 있다(대판 2000. 12. 26, 99다19278).

69-1 **부재자가 재산의 관리 및 처분의 권한을 母에게 위임하였다면, 母가 이후 부재자의 실종 후 법원에 신청하여 위 부재자의 재산관리인으로 선임된 경우라 할지라도, 母가 부재자 재산에 대하여 보존행위 혹은 관리행위 이외의 처분행위를 할 때에 별도로 법원의 허가를 받을 필요가 없다.** 〈2011년 사법시험〉

69-2 **부재자 본인에 의해 재산관리인이 된 자가 부재자의 생사불명에 따라 법원에 의해 재산관리인으로 선임된 경우 그 재산관리인은 법원의 허가 없이는 부재자의 재산을 처분하는 행위를 할 수 없다.** 〈2015년 사법시험〉

해 설 부재자가 재산의 관리 및 처분의 권한을 母에게 위임하였다 하더라도 母가 이후 부재자의 실종 후 법원에 신청하여 위 부재자의 재산관리인으로 선임된 경우, 부재자의 생사가 분명하지 아니하여 민법 제23조의 규정에 의한 개임이라고 보아야 하기 때문에 母가 부재자 재산에 대하여 처분행위를 할 때에 법원의 허가를 얻어야 한다(제25조 참조 ; 대판 1977. 3. 22, 76다1437).

70 **부재자의 母가 대리권 없이 부재자 소유의 부동산을 매도한 경우(표현대리는 불성립한다고 가정함), 그 후에 선임된 부재자 재산관리인이 법원의 허가 없이 母의 매도행위를 추인하더라도 추인의 효력이 발생하지 않는다.** 〈2011년 사법시험〉

해 설 부재자의 母가 대리권 없이 부재자 소유의 부동산을 매도한 경우, 그 후에 선임된 부재자 재산관리인이 '법원의 허가 없이' 母의 매도행위를 추인하더라도 추인의 효력이 발생하지 않는다. 즉 법원의 허가가 필요하다(대판 1982. 12. 14, 80다1872).

71-1 **법원이 선임한 재산관리인이 부재자의 사망을 확인했더라도 법원에 의해 선임결정이 취소되지 않는 한 재산관리인은 계속하여 권한을 행사할 수 있다.** 〈2015년 감정평가사〉

71-2 **생사불명의 부재자를 위하여 법원이 선임한 재산관리인은 그가 부재자의 사망을 확인한 때에도 선임결정이 취소되지 않으면 계속 권한을 행사할 수 있다.** 〈2020년 감정평가사〉

해 설 법원이 선임한 부재자의 재산관리인은 그 부재자의 사망이 확인된 후라 할지라도 위 선임결정이 취소되지 않는 한 그 관리인으로서의 권한이 소멸되는 것은 아니다(대판 1971. 3. 23, 71다189).

72-1 **부재자 재산관리인이 법원의 허가를 받고 선임결정이 취소되기 전에 한 처분행위는 그것이 부재자에 대한 실종기간 만료 후에 이루어졌더라도 유효하며, 그 효과는 부재자의 상속인에게 미친다.** 〈2011년 사법시험〉

72-2 **법원에 의해 선임된 재산관리인이 법원의 허가를 받아 적법하게 부재자의 재산을 처분한 경우, 그 후 부재자에 대해 실종선고가 내려져 위 재산처분행위가 있기 이전에 사망한 것으로 간주되었더라도 위 재산처분행위가 무효로 되는 것은 아니다.** 〈2005년 사법시험〉

정답 69-1. (×) 69-2 (○) 70. (○) 71-1. (○) 71-2. (○) 72-1. (○) 72-2. (○)

해 설 부재자재산관리인이 권한초과행위의 허가를 받고 그 선임결정이 취소되기 전에 위 권한에 의하여 이뤄진 행위는 부재자에 대한 실종선고기간의 만료된 후에 이뤄졌다고 하더라도 유효한 것이고 그 재산관리인의 적법한 권한행사의 효과는 이미 사망한 부재자의 재산상속인에게 미친다(대판 1975. 6. 10, 73다2023).

73-1 부재자에 대한 실종선고 이전에 법원이 선임한 부재자의 재산관리인이 선임결정 취소 전에 한 처분행위에 기하여 경료된 등기는 적법한 것으로 추정된다. 〈2017년 감정평가사〉

73-2 생사불명의 부재자에 대하여 실종이 선고되더라도 법원이 선임한 재산관리인의 처분행위에 근거한 등기는 그 선임결정이 취소되지 않으면 적법하게 마친 것으로 추정된다.

〈2020년 감정평가사〉

해 설 사망한 것으로 간주된 자가 그 이전에 생사불명의 부재자로서 그 재산관리에 관하여 법원으로부터 재산관리인이 선임되어 있었다면 재산관리인은 그 부재자의 사망을 확인했다고 하더라도 선임결정이 취소되지 아니하는 한 계속하여 권한을 행사할 수 있다 할 것이므로 재산관리인에 대한 선임결정이 취소되기 전에 재산관리인의 처분행위에 기하여 경료된 등기는 법원의 처분허가 등 모든 절차를 거쳐 적법하게 경료된 것으로 추정된다(대판 1991. 11. 26, 91다11810).

74 부재자의 재산관리인이 부재자의 대리인으로서 소를 제기하여 그 소송 계속 중에 부재자에 대한 실종선고가 확정되어 그 소 제기 이전에 부재자가 사망한 것으로 간주되는 경우에는 위 소 제기 자체가 소급하여 당사자능력이 없는 사망한 자가 제기한 것으로 된다. 〈2019년 법무사〉

해 설 부재자의 재산관리인이 부재자의 대리인으로서 소를 제기하여 그 소송계속 중에 부재자에 대한 실종선고가 확정되어 그 소 제기 이전에 부재자가 사망한 것으로 간주되는 경우에도, 실종선고의 효력이 발생하기 전에는 실종기간이 만료된 실종자라 하여도 소송상 당사자능력을 상실하는 것은 아니므로, 실종선고가 확정된 때에 소송절차가 중단되어 부재자의 상속인 등이 이를 수계할 수 있을 뿐이고, 위 소 제기 자체가 소급하여 당사자능력이 없는 사망한 자가 제기한 것으로 되는 것은 아니다(대판 2008. 6. 26, 2007다11057).

75 법원은 부재자 甲의 재산관리인으로 乙을 선임하였다. 그 후 乙은 법원의 허가를 얻어 甲의 토지를 丙에게 매도·등기하였다. 다음 중 옳지 않은 것은? (다툼이 있으면 판례에 의함)

〈2009년 감정평가사〉

① 乙은 원칙적으로 甲의 재산의 관리행위를 할 권한을 가진다.
② 乙이 보존행위와 처분행위를 하는 경우에 법원의 허가가 필요하다.
③ 甲이 생환하여 재산관리인 乙의 선임결정의 취소를 청구한 경우 법원은 이를 취소하여야 한다.
④ ③의 경우 선임결정의 취소는 소급효가 없으므로 乙과 丙의 토지매매계약은 유효하다.
⑤ 만일 甲의 사망이 확인되었더라도 乙의 권한이 당연히 소멸하는 것은 아니다.

해 설

①(○), ②(×) : 민법 제25조, 제118조. 보존행위 및 물건이나 권리의 성질을 변하지 아니하는 범위에서 그 이용 또는 개량하는 행위(관리행위)는 법원의 허가가 필요 없다.
③(○) : 민법 제22조 제2항 참조
④(○), ⑤(○) : 법원에 의하여 일단 부재자의 재산관리인 선임결정이 있었던 이상, 가령 부재자가 그 이전에

정 답 73-1. (○) 73-2. (○) 74. (×) 75. ②

사망하였음이 위 결정후에 확실하여졌다 하더라도 법에 정하여진 절차에 의하여 결정이 취소되지 않는 한 선임된 부재자재산관리인의 권한이 당연히는 소멸되지 아니한다 함이 당원의 판례로 하는 견해이며 위 결정 이후에 이르러 취소된 경우에도 그 취소의 효력은 장래에 향하여서만 생기는 것이며 그간의 그 부재자재산관리인의 적법한 권한행사의 효과는 이미 사망한 그 부재자의 재산상속인에게 미친다 할 것이다(대판 1970. 1. 27, 69다719).

Ⅵ. 실종선고

76 실종선고에 관한 다음 기술 중 옳지 않은 것은? 〈2004년 변리사〉

① 종래의 주소를 떠난 뒤 소식이 끊긴지 오래되어 실종기간을 초과한 경우라고 하여도 실종선고 가 있지 않는 한 그는 생존하는 것으로 추정된다는 통설에 따르면, 그러한 경우에 그의 재산에 대한 상속이나 그의 배우자의 재혼이 허용되지 않는 것이 원칙이다.

② 우리 민법은 실종선고가 취소될 수 있는 경우로서 실종자가 생존한 사실 또는 실종기간의 만료시점과 다른 때에 사망한 사실의 증명, 그리고 실종기간의 기산점 이후에 생존한 사실이 있는 경우를 규정하고 있다.

③ 실종선고가 취소된 경우에 실종자의 유증에 있어서의 수증자는 반환의 범위를 달리할 뿐 선의악의를 불문하고 일정범위의 반환의무를 실종자에게 부담하나, 시효 등의 다른 취득원인에 대한 법리의 적용을 인정하는 것이 통설이다.

④ 실종선고가 취소된 경우에 실종자의 생존사실을 알고 있었던 실종자의 상속인과의 매매계약을 통하여 실종자의 부동산소유권을 취득한 제3자는, 다른 취득원인이 없는 한, 실종선고 취소의 효과에 관한 쌍방선의설(다수설)에 의하면 자신의 선악 여하에 관계없이 실종선고 취소의 효력이 발생함과 동시에 그 소유권을 상실한다.

⑤ 실종선고된 실종자의 배우자가 재혼한 이후에 실종자가 살아 돌아와서 실종선고가 취소된 경우에, 재혼의 양당사자가 모두 실종자의 생존사실에 대하여 선의라면, 전혼(前婚)은 부활하지 않는다는 것이 쌍방선의설(다수설)의 태도이다.

해 설

①(○) : 통설과 판례는 아무리 장기간 소식이 끊긴 채로 실종기간이 만료되었다고 하더라도 생존으로 추정된다고 하고 있기 때문에 타당하다(대판 1995. 7. 28, 94다42679).

②(×) : 민법은 실종선고의 취소에 관한 실질적 요건으로, 실종자가 생존한 사실과 실종기간의 만료시점과 다른 때에 사망한 사실은 규정하고 있으나, 실종기간의 기산점 이후에 생존한 사실에 관하여는 규정하고 있지 아니하다. 다만 통설이 이를 인정할 뿐이다.

③(○) : 유증을 받은 사람은 제29조 제2항의 적용을 받기 때문에 선악 불문하고 현물이 되었든 가액이 되었든 반환하여야 한다. 다만 선악에 따라 반환범위가 달라질 뿐이다.

④(○) : 쌍방선의설에 의하면 관계당사자가 모두 선의이어야 하는데, 지문에서 실종자의 상속인이 악의라고 주어져 있으므로 실종자의 부동산소유권을 취득한 제3자는 자신의 선악 여하에 관계없이 소유권을 상실한다.

⑤(○) : 재혼의 양당사자가 모두 선의라고 주어져 있으므로 타당하다.

정답 76. ②

77 **실종선고에 관한 설명으로 옳지 않은 것은? (다툼이 있는 경우에는 판례에 의함)** 〈2010년 변리사〉

① 실종선고를 청구할 수 있는 이해관계인으로는 배우자·재산관리인 등이 있고, 1순위 상속인이 있는 경우 후순위 상속인은 실종선고를 청구할 수 있는 이해관계인으로 볼 수 없다.
② 실종선고로 인하여 실종기간만료시를 기준으로 하여 상속이 개시된 이상, 이후 실종선고가 취소되어야 할 사유가 생겼더라도 이러한 사정만으로는 이미 개시된 상속을 부정하고 이와 다른 상속관계를 인정할 수 없다.
③ 실종선고를 받은 자가 생존하여 돌아오더라도 실종선고 자체가 취소되지 않는 한 사망한 것으로 간주하는 효과는 그대로 존속한다.
④ 동일인에 대하여 2차례의 실종선고가 내려진 경우, 후에 확정된 실종신고를 기초로 상속관계를 판단한 것은 잘못이다.
⑤ 실종선고는 종래의 주소를 중심으로 한 사법적 법률관계에만 그 효력이 미치며, 선고절차에 참가한 자 이외의 제3자에 대해서는 그 효과가 미치지 않는다.

해 설

① (○) : 실종선고를 청구할 수 있는 이해관계인은 배우자·상속인·유증받은 자·법정대리인·재산관리인·보험금수령인·종신정기금채무자 등과 같이 그 실종선고로 인하여 일정한 권리를 얻고 의무를 면하는 등의 신분상 또는 재산상의 이해관계를 갖는 자에 한한다. 따라서 부재자의 제1순위 재산상속인이 있는 경우에 제2순위 이하의 재산상속인은 위 부재자에 대한 실종선고를 청구할 이해관계인이 될 수 없다(대결 1992. 4. 14, 자 92스4, 92스5, 92스6).

② (○) : 실종선고를 받은 자는 실종기간이 만료한 때에 사망한 것으로 간주되는 것이므로, 실종선고로 인하여 실종기간만료시를 기준으로 하여 상속이 개시된 이상, 설사 이후 실종선고가 취소되어야 할 사유가 생겼다고 하더라도 실제로 실종선고가 취소되지 아니하는 한 임의로 실종기간이 만료하여 사망한 때로 간주되는 시점과는 달리 사망시점을 정하여 이미 개시된 상속을 부정하고 이와 다른 상속관계를 인정할 수는 없다(대판 1994. 9. 27, 94다21542).

③ (○) : 민법 제28조는 "실종선고를 받은 자는 민법 제27조 제1항 소정의 생사불명기간이 만료된 때에 사망한 것으로 본다."고 규정하고 있으므로 실종선고가 취소되지 않는 한 반증을 들어 실종선고의 효과를 다툴 수는 없다고 할 것인바, 망인에 대한 실종선고가 확정되었고 그 후 취소되지 않았다면, 망인은 생사불명기간이 만료된 시점에 사망한 것으로 간주되는 것이고, 위 망인이 그 후에 생존하였다는 자료가 있다고 하더라도 이와 달리 볼 수 있는 것은 아니다(대판 1995. 2. 17, 94다52751).

④ (○) : 실종자에 대하여 1950. 7. 30. 이후 5년간 생사불명을 원인으로 이미 1988. 11. 26. 실종선고가 되어 확정되었는데도, 그 이후 타인의 청구에 의하여 1992. 12. 28. 새로이 확정된 실종선고를 기초로 상속관계를 판단한 것은 잘못이다(대판 1995. 12. 22, 95다12736).

⑤ (×) : 선고절차에 참가한 자에 대하여서 뿐만 아니라 제3자에 대하여서도 절대적으로 효과가 생긴다(대세적 효력).

78 **실종선고에 대한 설명으로 옳지 않은 것은? (다툼이 있으면 판례에 따름)** 〈2015년 변리사〉

① 실종선고를 받은 자가 생존하여 새로운 주소에서 체결한 부동산 매매계약은 실종선고가 취소되지 않았더라도 유효하다.
② 가정법원은 실종선고를 취소하기 위해서는 6개월 이상 공고를 하여야 한다.

정답 77. ⑤ 78. ②

③ 2013년 4월 16일 제주도행 여객선이 침몰하여 행방불명된 甲에 대하여 2015년 2월 11일 실종선고가 내려진 경우, 甲은 2014년 4월 16일 24시에 사망한 것으로 간주된다.

④ 해녀인 甲이 해산물을 채취하다가 행방불명되었다면, 이는 특별실종선고를 위한 「사망의 원인이 될 위난」이라고 할 수 없다.

⑤ 실종선고가 취소된 경우, 실종선고를 직접원인으로 하여 재산을 취득한 자가 선의의 경우에는 그 받은 이익이 현존하는 한도에서 반환할 의무가 있다.

해설

① (○) : 실종선고는 종래의 주소지에서 사망한 것으로 간주하고, 권리능력을 일반적으로 박탈하는 것은 아니기 때문에 실종선고를 받은 자가 생존하여 새로운 주소에서 체결한 부동산 매매계약은 실종선고가 취소되지 않았더라도 유효하다.

② (×) : 가정법원은 실종선고시에는 6개월 이상의 공시최고를 요하나, 실종선고 취소의 경우에는 6개월 이상 공고를 요하지 않는다. 왜냐하면 실종선고의 취소의 경우에는 조속히 사망간주효를 제거해 주어야 하기 때문이다.

③ (○) : 특별실종은 최후소식 후 1년이다(제27조 제2항). 따라서 2013년 4월 16일 제주도행 여객선이 침몰(최후소식)하여 행방불명된 甲에 대하여 2015년 2월 11일 실종선고가 내려진 경우, 甲은 2014년 4월 16일 24시에 사망한 것으로 간주된다.

④ (○) : [1] 민법 제27조의 문언이나 규정의 체계 및 취지 등에 비추어, 그 제2항에서 정하는 '사망의 원인이 될 위난'이라고 함은 화재·홍수·지진·화산 폭발 등과 같이 일반적·객관적으로 사람의 생명에 명백한 위험을 야기하여 사망의 결과를 발생시킬 가능성이 현저히 높은 외부적 사태 또는 상황을 가리킨다. [2] 甲이 잠수장비를 착용한 채 바다에 입수하였다가 부상하지 아니한 채 행방불명되었다 하더라도, 이는 '사망의 원인이 될 위난'이라고 할 수 없다(대결 2011. 1. 31, 자 2010스165).

⑤ (○) : 실종선고가 취소된 경우, 실종선고를 직접원인으로 하여 재산을 취득한 자가 선의의 경우에는 그 받은 이익이 현존하는 한도에서 반환할 의무가 있다(제29조 제2항).

79 **甲은 2014. 5. 20. 항공기 추락으로 실종된 후, 2015. 12. 20. 실종선고가 청구되어 2016. 7. 20. 실종선고가 되었다. 甲에게는 가족으로 배우자 乙외에 어머니 丙, 아들 丁이 있었고, 유산으로 X건물을 남겼다. 이에 관한 설명으로 옳지 않은 것을 모두 고른 것은? (다툼이 있으면 판례에 따름)** 〈2017년 변리사〉

ㄱ. 특별한 사정이 없는 한 乙, 丙, 丁은 모두 甲의 실종선고에 대하여 이해관계가 있는 자로서 실종선고를 청구할 수 있다.
ㄴ. 乙의 甲에 대한 이혼판결이 2016. 5. 10. 확정되었더라도, 그 후 甲에 대한 실종선고로 사망간주시점이 소급되면, 이혼판결은 사망자를 상대로 한 것이므로 무효가 된다.
ㄷ. 甲에 대한 실종선고로 X건물은 이미 상속되었는데, 2015. 6. 10. 甲의 생존사실이 밝혀진 경우, 실종선고가 취소되기 전에는 위 상속은 효력이 있다.

① ㄱ ② ㄴ ③ ㄱ, ㄴ ④ ㄴ, ㄷ ⑤ ㄱ, ㄴ, ㄷ

정답 79. ③

해 설

ㄱ. (×) : 부재자가 사망할 경우 제1순위의 상속인이 따로 있어 제2순위의 상속인에 불과한 청구인은 특별한 사정이 없는 한 위 부재자에 대하여 실종선고를 청구할 수 있는 신분상 또는 경제상의 이해관계를 가진 자라고 할 수 없다(대결 1992. 4. 14, 자 92스4). 사안에서 배우자 乙과 아들 丁이 제1순위의 상속인이고 어머니 丙은 제2순위의 상속인에 불과하다(민법 제1000조, 제1003조 참조).

ㄴ. (×) : 실종선고의 효력이 발생하기 전에는 실종기간이 만료된 실종자라 하여도 소송상 당사자능력을 상실하는 것은 아니므로 실종선고 확정 전에는 실종기간이 만료된 실종자를 상대로 하여 제기된 소도 적법하고 실종자를 당사자로 하여 선고된 판결도 유효하며 그 판결이 확정되면 기판력도 발생한다고 할것이고, 이처럼 판결이 유효하게 확정되어 기판력이 발생한 경우에는 그 판결이 해제조건부로 선고되었다는 등의 특별한 사정이 없는 한 그 효력이 유지되어 당사자로서는 그 판결이 재심이나 추완항소 등에 의하여 취소되지 않는 한 그 기판력에 반하는 주장을 할 수 없는 것이 원칙이라 할 것이며, 비록 실종자를 당사자로 한 판결이 확정된 후에 실종선고가 확정되어 그 사망간주의 시점이 소 제기 전으로 소급하는 경우에도 위 판결 자체가 소급하여 당사자능력이 없는 사망한 사람을 상대로 한 판결로서 무효가 된다고는 볼 수 없다(대판 1992. 7. 14, 92다2455).

ㄷ. (○) : 실종선고로 인하여 실종기간 만료시를 기준으로 하여 상속이 개시된 이상 설사 이후 실종선고가 취소되어야 할 사유가 생겼다고 하더라도 실제로 실종선고가 취소되지 아니하는 한, 임의로 실종기간이 만료하여 사망한 때로 간주되는 시점과는 달리 사망시점을 정하여 이미 개시된 상속을 부정하고 이와 다른 상속관계를 인정할 수는 없다(대판 1994. 9. 27, 94다21542).

80 **가상화폐 투자에 실패한 甲은 부인 乙을 볼 면목이 없어 2015. 9. 15. 지리산으로 들어가 누구와도 연락을 하지 않았다. 甲의 생사를 알지 못한 乙은 2021. 9. 7. 법원에 실종선고를 청구하여 2022. 3. 10. 실종선고가 되었다. 甲의 실종선고로 甲에 대한 사망보험금 5억 원을 수령한 乙은 주식에 투자하여 큰 손실을 보았다. 지리산에서 삶의 새로운 목표를 찾은 甲은 2023. 2. 5. 집으로 돌아왔다. 이에 관한 설명으로 옳은 것은? (다툼이 있으면 판례에 따름)** 〈2023년 변리사〉

① 실종선고로 甲의 사망이 의제된 시점은 2022. 3. 10.이다.
② 甲의 실종선고가 취소되지 않더라도 甲이 살아 있는 것이 증명되었으므로, 보험회사는 乙을 상대로 한 사망보험금 반환소송에서 승소할 수 있다.
③ 甲에 대한 실종선고가 취소되면, 선의인 乙은 현존이익 한도에서 보험금을 반환하면 된다.
④ 실종선고를 취소하지 않는 한, 甲은 공직선거권이 없다.
⑤ 법원에 의해 甲의 실종선고가 취소되면, 그 때부터 장래를 향하여 甲에 대한 실종선고의 효력이 부정된다.

해 설

① (×) : 실종선고를 받은 자는 전조의 기간이 만료한 때에 사망한 것으로 본다(민법 제28조). 따라서 2020. 9. 15. 24시에 사망한 것으로 의제된다.

② (×) : 민법 제28조는 "실종선고를 받은 자는 민법 제27조 제1항 소정의 생사불명기간이 만료된 때에 사망한 것으로 본다"고 규정하고 있으므로 실종선고가 취소되지 않는 한 반증을 들어 실종선고의 효과를 다툴 수는 없다(대판 1995. 2. 17, 94다52751).

③ (○) : 실종선고의 취소가 있을 때에 실종의 선고를 직접원인으로 하여 재산을 취득한 자가 선의인 경우에는 그 받은 이익이 현존하는 한도에서 반환할 의무가 있고 악의인 경우에는 그 받은 이익에 이자를 붙여서 반환하고 손해가 있으면 이를 배상하여야 한다(민법 제29조 제2항).

정답 80. ③

④ (×) : 실종선고는 실종자의 사법상 법률관계에서만 사망한 것으로 다룬다. 선거권 등 공법상 법률관계에는 영향을 미치지 않는다.

⑤ (×) : 실종선고가 취소되면 실종선고에 기한 법률관계는 소급적으로 무효가 된다. 즉 실종선고는 처음부터 없었던 것으로 되어 실종자의 재산관계와 가족관계는 이전의 상태로 회복되는 것이 원칙이다.

81 **甲이 이라크로 NGO 활동을 떠나 연락이 두절된 후, 이해관계인 乙의 청구로 법원은 재산관리인 丙을 선임하였다. 甲에게는 유일한 재산으로 10억 상당의 토지가 있다. 다음 설명 중 옳은 것은? (다툼이 있는 경우에는 판례에 의함)** 〈2007년 사법시험〉

① 만일 丙이 법원의 허가를 얻어 위 토지를 상당한 가격에 戊에게 매도하였는데 매도 당시 甲이 귀국한 상태였다면, 丙과 戊의 매매계약은 무효이다.

② 丙이 법원의 허가를 얻어 처분행위를 한 후 그 허가결정이 취소되었다면 그 처분행위는 무효이다.

③ 丙이 甲에게 부과된 세금을 납부하기 위하여 돈을 A로부터 차용하면서 그 돈을 임대보증금으로 하여 A에게 위 토지를 임대하는 것은 법원의 허가 없이 할 수 있다.

④ 丙이 甲 소유 부동산에 대해 법원으로부터 매각처분허가를 얻은 후, 甲과는 아무런 관련이 없는 丁의 B 은행에 대한 채무의 담보로 위 부동산에 대해 B 은행 앞으로 저당권을 설정해 준 경우, B 은행은 위 부동산에 대해 저당권을 유효하게 취득한다.

⑤ 甲에 대해 법원으로부터 실종선고가 내려진 경우, 법원으로부터 이미 매각처분허가를 받은 丙으로부터 실종기간이 만료된 후 위 토지를 취득한 자에 대해 甲의 상속인은 그 반환을 청구할 수 있다.

해 설

① (×) : 법원에 의하여 재산관리인 선임결정이 취소되지 않는 한 그는 계속하여 권한을 행사할 수 있다(대판 1991. 11. 26, 91다11810).

② (×) : 소급효가 없으므로 유효하다(대판 1960. 2. 4, 4291민상636).

③ (○) : 부재자재산관리인이 부재자를 위한 소송비용 때문에 피고로부터 돈을 차용하고, 그 돈을 임대보증금으로 하여 본건 임야를 골프장을 하는 피고에게 임대하였다면 이는 본법 제118조 소정의 물건의 성질을 변하지 아니한 이용 또는 개량행위로서 법원의 허가를 요하지 아니한다(대판 1980. 11. 11, 79다2164).

④ (×) : 부재자재산관리인이 처분의 허가를 얻고 저당권을 설정하였다고 하더라도 부재자를 위한 것이 아닌 경우에는 무효이다(대판 1960. 2. 4, 4291민상636).

⑤ (×) : 재산관리인의 적법한 권한행사의 효과는 이미 사망한 부재자의 재산상속인에 미친다(대판 1975. 6. 10, 73다2023).

82 **甲은 2000. 3. 14. 18:00 잠수장비를 착용하고 해양생물 연구를 위해 바다에 잠수하였다가 행방불명되었고, 2012. 3. 15. 甲에 대하여 실종선고가 내려졌다. 甲에게는 처 乙이 있다. 이에 관한 설명 중 옳지 않은 것을 모두 고른 것은? (다툼이 있는 경우에는 판례에 의함)** 〈2014년 사법시험〉

ㄱ. 실종선고에 의해 甲이 사망한 것으로 간주되는 시점은 2001. 3. 14. 24:00이다.

ㄴ. 甲이 실종된 후 법원의 결정으로 甲을 위한 부재자 재산관리인이 선임된 경우 그 재산관리인이 甲의 부동산을 매도하려면 법원의 허가를 받아야 한다.

정답 81. ③ 82. ④

ㄷ. 실종선고에 의해 甲은 권리능력을 상실하므로 재산법적 법률관계와 가족법적 법률관계는 모두 종료된다.
ㄹ. ㄴ.의 경우 그 재산관리인의 지위는 실종선고가 확정된 때 종료된다.
ㅁ. 乙이 甲의 부동산을 상속한 후 丙에게 부동산을 양도하고 소유권이전등기를 마쳐주었는데 그 후 甲에 대한 실종선고가 취소된 경우, 실종선고를 직접원인으로 부동산의 소유권을 취득한 丙은 乙과 자신이 모두 선의인 경우를 제외하고 소유권이전등기를 말소할 의무가 있다.

① ㄱ, ㄴ, ㅁ　② ㄱ, ㄷ, ㄹ　③ ㄴ, ㄷ, ㄹ
④ ㄱ, ㄷ, ㅁ　⑤ ㄷ, ㄹ, ㅁ

해설

ㄱ. (×) : [1] 민법 제27조의 문언이나 규정의 체계 및 취지 등에 비추어, 그 제2항에서 정하는 '사망의 원인이 될 위난'이라고 함은 화재·홍수·지진·화산 폭발 등과 같이 일반적·객관적으로 사람의 생명에 명백한 위험을 야기하여 사망의 결과를 발생시킬 가능성이 현저히 높은 외부적 사태 또는 상황을 가리킨다. [2] 甲이 잠수장비를 착용한 채 바다에 입수하였다가 부상하지 아니한 채 행방불명되었다 하더라도, 이는 '사망의 원인이 될 위난'이라고 할 수 없다(대결 2011. 1. 31, 자 2010스165). ☞ 따라서 보통실종으로 2005. 3. 15. 0(영)시에 사망 간주된다.
ㄴ. (○) : 법원이 선임한 재산관리인이 제118조(보존행위 및 물건이나 권리의 성질이 변하지 아니하는 범위에서 그 이용 또는 개량행위)에 규정한 권한을 넘는 행위를 함에는 법원의 허가를 얻어야 한다(제25조 전문). 따라서 이를 초과하는 행위(매각이나 저당권설정 등)에 있어서는 법원의 허가를 얻어야 한다.
ㄷ. (×) : 자연인의 권리능력상실은 오로지 사망에 한한다. 실종선고는 실종자의 종래의 주소 또는 거소를 중심으로 하는 사법적 법률 관계만을 종료케 하는 것이며, 자연인의 권리능력을 상실시키는 제도는 아니다.
ㄹ. (○) : 부재자의 재산관리인에 의하여 소송절차가 진행되던 중 부재자 본인에 대한 '실종선고가 확정'되면 그 재산관리인으로서의 '지위는 종료'되는 것이므로 상속인등에 의한 적법한 소송수계가 있을 때까지는 소송절차가 중단된다(대판 1987. 3. 24, 85다카1151). ☞ 앞에서 본 바와 같이 '법원이 선임한 부재자의 재산관리인은 그 부재자의 사망이 확인된 후라 할지라도 위 선임결정이 취소되지 않는 한 그 관리인으로서의 권한이 소멸되는 것은 아니'라는 판례(대판 1971. 3. 23, 71다189)와 이 판례는 내용이 실질적으로 충돌되고 송덕수 교수님의 설명에 따라 "소송 중에 실종선고가 내려진 경우(또는 사망한 경우)에는 재산관리인은 그의 지위를 잃으며, 그 외의 경우에는 선임결정의 취소가 없는 한 지위를 보유한다(송덕수 민법총칙 제5판 p.574.에서 인용)."고 이해하면 되는데, 이 문제에서는 어느 경우에 해당하는지 여부를 알려주지 않아서 정확한 출제는 아니었습니다. 다만 판례는 "소송 중에 실종선고가 내려진 경우(또는 사망한 경우)"는 재산관리인의 '지위'는 종료한다고 표현하고, '그 외의 경우'는 재산관리인의 '권한'은 소멸하지 않는다고 표현하여 용어를 구별하여 사용하고 있으므로 '지위'와 '권한'을 키워드로 잡아서 문제를 풀어주시면 되겠습니다.
ㅁ. (×) : 쌍방선의설은 다수설적 입장이나, 지문에서 부당한 부분은 '실종선고를 직접원인으로 부동산의 소유권을 취득한 丙' 부분이다. 제29조 제2항의 '실종선고를 직접원인으로 하는 자'에는 상속인·수유자·생명보험수익자 등이 있는데, 사안에서 '실종선고를 직접원인으로 하는 자'는 丙이 아닌 '乙'이다.

보충지문

83 **부재자의 생사가 5년간 분명하지 아니한 때에는 법원은 이해관계인이나 검사의 청구에 의하여 실종선고를 하여야 한다.** 〈2009년 법무사, 2019년 법무사〉

해 설 민법 제27조 제1항 참조

84 **호적상 이미 사망한 것으로 기재되어 있는 자에 대하여도 일반적으로 실종선고를 할 수 있다.** 〈2009년 법무사〉

해 설 호적상 이미 사망한 것으로 기재되어 있는 자는 그 호적상 사망기재의 추정력을 뒤집을 수 있는 자료가 없는 한 그 생사가 불분명한 자라고 볼 수 없어 실종선고를 할 수 없다(대결 1997. 11. 27, 자 97스4).

85 **피상속인의 사망 후에 그의 아들에 대한 실종선고가 있었으나 피상속인의 사망이전에 실종기간이 만료된 경우, 그 아들은 상속인이 될 수 있다.** 〈2017년 감정평가사〉

해 설 소외 乙이 1951. 7. 2. 사망하였으며, 그의 장남인 소외 甲은 1970. 1. 30. 서울가정법원의 실종선고에 의하여 소외 乙 사망 전인 1950. 8. 1. 생사불명기간 만료로 사망 간주된 사실이 인정되는 사안에 있어서 소외 甲은 소외 乙의 사망 이전에 사망한 것으로 간주되었으므로 소외 乙의 재산상속인이 될 수 없다고 한 원심의 판단은 실종선고로 인하여 사망으로 간주되는 시기에 관하여 실종기간만료시기설을 취하는 우리 민법 하에서는 정당하다(대판 1982. 9. 14, 82다144).

86 **실종선고가 취소되지 않는 한 반증을 들어 실종선고의 효과를 다툴 수 없다.** 〈2009년 법무사〉

해 설 민법은 실종자의 사망을 추정하지 않고, 사망한 것으로 의제한다(제28조). 따라서 선고가 취소되지 않는 한 생존 등의 반증을 하여도 실종선고의 효력이 부인되지 않는다(대판 1995. 2. 17, 94다52751).

87 **甲에게 내려진 실종선고에 기인하여 乙이 甲 소유의 아파트를 상속한 후 이 아파트를 丙에게 매도하였는데, 그 후 실종선고가 취소되었다면, 乙과 丙이 선의인 경우에도 乙은 그 이익이 현존하는 한 반환의무가 있다.** 〈2016년 사법시험〉

해 설 제29조 제2항. 여기서 '실종선고를 직접원인으로 하는 자'에는 상속인·수유자·생명보험수익자 등이 있다. ☞ 乙은 상속인으로서 이익이 현존하는 한 반환의무가 있다.

88 **실종선고 후 그 취소 전에 선의로 한 행위의 효력은 실종선고의 취소에 의해 영향을 받지 아니한다.** 〈2009년 법무사〉

해 설 실종자의 생존한 사실 또는 전조의 규정과 상이한 때에 사망한 사실의 증명이 있으면 법원은 본인, 이해관계인 또는 검사의 청구에 의하여 실종선고를 취소하여야 한다. 그러나 실종선고후 그 취소전에 선의로 한 행위의 효력에 영향을 미치지 아니한다(민법 제29조 제1항).

정답 83. (○) 84. (×) 85. (×) 86. (○) 87. (○) 88. (○)

89 **2002년 4월 15일 선박침몰로 甲이 실종되었다. 甲의 배우자 乙은 2010년 1월경 甲에 대한 실종선고를 청구하여 2010년 7월 5일 실종선고가 내려졌다. 실종선고로 甲소유의 X아파트는 乙에게 단독으로 상속되었고, 乙은 실종선고 후 그 취소 전에 X아파트를 丙에게 매도하고 소유권이전등기를 해 주었다. 다음 설명으로 옳지 않은 것은?** 〈2012년 공인노무사〉

① 甲에 대하여 실종선고를 하기 위해서는 1년의 실종기간이 경과하여야 한다.
② 실종선고가 취소되더라도 乙과 丙이 선의라면 매매계약과 소유권이전등기는 유효하다.
③ 실종선고로 인해 甲은 2010년 7월 5일 사망한 것으로 간주된다.
④ 실종선고가 취소된 경우, 乙이 선의인 때에는 그 받은 이익이 현존하는 한도에서 甲에게 반환하면 된다.
⑤ 甲이 생환하여 실종선고가 취소되기 전에 종래의 주소지에서 체결한 계약은 유효하다.

해설

① (○), ③ (×) : 선박실종(특별실종)이기 때문에 甲에 대하여 실종선고를 하기 위해서는 1년의 실종기간이 경과하여야 한다. 따라서 실종선고로 인해 甲은 2003년 4월 16일 '0'시에 사망한 것으로 간주된다(제27조 제2항).
② (○) : 실종선고가 취소되더라도 乙과 丙이 선의라면 매매계약과 소유권이전등기는 유효하다(제29조 제1항).
④ (○) : 실종선고가 취소된 경우, 乙이 선의인 때에는 그 받은 이익이 현존하는 한도에서 甲에게 반환하면 된다(제29조 제2항).
⑤ (○) : 실종선고는 권리능력을 박탈하는 것이 아니므로 생환한 후의 법률관계나 종래의 주소 이외의 곳에서의 법률관계에는 사망 간주의 효과가 미치지 않는다.

Ⅶ. 법 인

90 **다음 중 틀린 설명으로만 묶인 것은?** 〈2000년 변리사〉

가. 총사원 1/5이상의 청구에 의한 임시총회는 법원의 허가를 받아야 비로소 소집될 수 있다.
나. 사단법인의 사원의 지위는 양도 또는 상속할 수 없다고 규정한 민법 제56조의 규정은 강행규정이라는 것이 판례의 입장이다.
다. 재단법인의 경우 이미 기본재산으로 되어 있는 재산을 처분하는 행위는 물론 새로이 기본재산으로 편입하는 행위도 주무장관의 허가가 있어야 유효하다는 것이 판례의 입장이다.
라. 판례는 민법 제764조상의 명예는 자연인을 전제로 한 것이어서 법인의 명예가 침해된 경우에 그 명예회복을 위한 적당한 처분을 구할 수는 없다고 한다.
마. 원칙상 사원총회에서 결의되는 사항은 총회소집시에 미리 통지한 사항에 한한다.

① 나, 다 ② 가, 나, 라 ③ 가, 다, 라
④ 나, 다, 마 ⑤ 가, 나, 다, 라, 마

정답 89. ③ 90. ②

해 설

가. (×) : 총사원의 1/5 이상으로부터 회의의 목적사항을 제시하여 청구한 때에는 이사는 임시총회를 소집하여야 한다. 이때 이사가 총회소집절차를 밟지 아니한 때에는 청구한 사원은 법원의 허가를 얻어 이를 소집할 수 있다(제70조 제2항). ☞ 법원의 허가는 이사가 총회소집절차를 밟지 아니한 때에만 필요하다.
나. (×) : 판례는 임의규정으로 해석한다(대판 1992. 4. 14, 91다26850).
다. (○) : 재단법인의 기본재산에 관한 사항은 정관의 기재사항으로서 기본재산의 변경은 정관의 변경을 초래하기 때문에 주무부장관의 허가를 받아야 하고 따라서 기존의 기본재산을 처분하는 행위는 물론 새로이 기본재산으로 편입하는 행위도 주무부장관의 허가가 있어야만 유효하다 할 것이므로 재단법인 명의로 소유권이전등기가 경료된 부동산이 재단법인의 기본재산에 편입되었다고 인정하기 위해서는 그 편입에 관한 주무부장관의 허가가 있었음이 먼저 입증되어야 한다(대판 1982. 9. 28, 82다카499).
라. (×) : 법인의 명예가 훼손된 경우에 그 법인은 상대방에 대하여 불법행위로 인한 손해배상과 함께 명예 회복에 적당한 처분을 청구할 수 있고, 종중과 같이 소송상 당사자능력이 있는 비법인사단 역시 마찬가지이다(대판 1997. 10. 24, 96다17851).
마. (○) : 민법 제72조 참조

91 다음 사례에 대한 설명 중 판례의 입장과 거리가 먼 것은? 〈2007년 변리사〉

> B재단의 이사장인 乙은 자신의 직무범위 내에서 재단의 이익과는 상관없이 순전히 자신의 이익을 도모할 목적으로 그 대표권한을 남용하여 A은행으로부터 대출을 받았다. A은행의 지점장 甲은 乙의 대표권 남용 사실을 알 수 있었음에도 불구하고 A은행의 여·수신 실적에 큰 도움이 된다는 이유 등으로 그 대출을 승인해 주었다. 후에 A은행이 B재단에 대출금의 반환을 청구하자 B재단은 이를 거절하고 있다.

① A은행의 대출행위는 B재단에 대하여 효력이 없다.
② 乙은 B재단의 대표자로서 대표권을 남용하여 대출을 받음으로써 A은행에 대출금 상당의 손해를 가하였다.
③ A은행은 乙의 대표권 남용행위로 인하여 입은 손해의 배상을 B재단에 청구할 수 있다.
④ B재단이 배상할 손해배상액을 정함에 있어서 甲의 과실비율을 참작하여야 한다.
⑤ B재단으로서는 이사장의 선임·감독에 충분한 주의를 다하였다는 이유를 들어 면책을 주장할 수 있다.

해 설

① (○) : 대표권남용으로서 상대방이 알았거나 알 수 있는 경우 무효이다(제107조 단서 유추적용설 ; 대판 2004. 3. 26, 2003다34045). ☞ 지점장 甲의 과실은 곧 A은행의 과실
② (○) : 대표권남용에 관한 판례의 태도에 의하면 대출행위는 B재단에 대하여 무효이므로 B재단의 대표자로서 乙은 A은행에 대출금 상당의 손해를 끼쳤다.
③ (○) : 판례는 법인의 대표기관이 권한을 남용하여 부정한 대표행위를 한 경우에 법인의 불법행위 책임을 인정하고 있다(대판 1990. 3. 23, 89다카555). ☞ 사안에서 A은행의 지점장 甲은 乙의 대표권 남용 사실을 알 수 있었는데, 이는 경과실에 불과하므로 B재단의 불법행위책임이 부정되지 아니한다.
④ (○) : 위 ③은 불법행위에 기한 손해배상이므로 과실상계가 적용된다(민법 제396조, 제763조).

정답 91. ⑤

⑤ (×) : 법인의 불법행위가 성립하는 한 법인은 자신이 선임·감독에 충분한 주의를 다하였음을 증명하여도 면책될 수 없다(제756조 사용자책임과 구별).

92 **민법상 법인에 관한 설명 중 옳지 않은 것은?** 〈2008년 변리사〉

① 이사의 임면에 관한 규정은 정관의 필요적 기재사항이고, 이사의 성명과 주소는 등기사항이다.
② 사단법인의 정관은 사원총회 뿐만 아니라 대의원회나 평의회에서도 변경할 수 있다는 정관의 규정은 유효하다.
③ 법인의 존립시기나 해산사유를 정한 때에는 사단법인에서는 정관에 기재하여야 하나 재단법인에서는 기재하지 않아도 무방하다.
④ 정관에 다른 규정이 없는 한 사단법인의 사원은 서면이나 대리인을 통하여 결의권을 행사할 수 있다.
⑤ 법인의 설립등기는 법인성립의 요건이지만 그 밖의 등기는 제3자에게 대항하기 위한 요건에 지나지 않는다.

해 설

① (○) : 민법 제40조, 민법 제49조 참조
② (×) : 통설은 사단법인의 정관변경(제42조)과 임의해산(제77조 제2항)은 사원총회의 전권사항이므로, 정관에 의해서도 이 권한을 배제할 수 없다고 한다.

[보충지문] 사단법인의 정관 변경에 관한 사원총회의 권한은 정관에 의해 박탈할 수 있다(×). 〈2023년 감정평가사〉

③ (○) : 재단법인은 타율적 법인으로서 임의해산이 원칙적으로 부정되므로, 민법은 사단법인의 정관의 필요적 기재사항 준용규정에서 이를 제외하고 있다(제43조).
④ (○) : 사단법인의 사원은 서면이나 대리인으로 결의권을 행사할 수 있다(제73조 제2항).
⑤ (○) : 민법 제33조, 민법 제54조 제1항 참조

93 **다음 설명 중 옳지 않은 것은? (다툼이 있는 경우에는 판례에 의함)** 〈2008년 변리사〉

① 임시이사와 특별대리인 및 직무대행자도 법인의 대표기관이다.
② 민법은 사단법인은 사원이 없게 된 때에 해산한다고 규정하므로 사원이 1人인 사단법인도 있을 수 있다.
③ 법인은 평상시에는 주무관청의 감독을 받지만 해산·청산의 경우에는 법원의 감독을 받는다.
④ 아파트 단지의 입주자대표회의의 단체적 성질은 법인 아닌 사단이 아니라 조합이다.
⑤ 법인 아닌 사단은 대표자가 있으면 민사소송에서 당사자가 될 수 있고 부동산등기에서 등기권리자 또는 등기의무자가 될 수 있다.

해 설

① (○) : 민법 제60조의 2, 민법 제63조, 민법 제64조 참조
② (○) : 민법 제77조 제2항 참조

[보충지문] 사원이 2인 이상이어야 한다는 것은 사단법인의 성립요건일 뿐 존속요건은 아니다(○). 〈2005년 감정평가사〉

정 답 92. ② 93. ④

③ (○) : 민법 제37조, 민법 제95조 참조
④ (×) : 공동주택의 입주자대표회의는 동별세대수에 비례하여 선출되는 동별대표자를 구성원으로 하는 법인 아닌 사단이다(대판 2007. 6. 15, 2007다6307).
⑤ (○) : 민사소송법 제52조, 부동산등기법 제26조 참조

94 **법인 등에 관한 설명 중 옳은 것은? (다툼이 있는 경우에는 판례에 의함)** 〈2009년 변리사〉

① 법인에 대한 청산종결등기가 경료된 경우에는 청산사무가 종결되지 않았더라도 청산법인의 법인격은 소멸한다.
② 법원의 가처분결정에 의하여 선임된 이사의 직무대행자는 그 가처분결정에 다른 정함이 있는 경우 외에는 법인의 통상업무에 속하는 사무만을 행할 수 있다.
③ 사원총회의 소집정족수를 총사원 4분의 1 이상으로 정한 정관의 규정은 무효이다.
④ 소집권한 없는 자에 의해 소집된 종중총회에 소집권자가 참석하여 종중대표자 선임에 관하여 이의를 제기하지 않았다면, 총회소집절차상의 하자가 치유되어 대표자 선임이 유효하게 된다.
⑤ 사단법인의 사원권의 지위를 양도·상속할 수 없다고 한 민법의 규정은 강행규정이므로, 정관으로 이에 반하는 규정을 둘 수 없다.

해 설

① (×) : 청산종결등기가 경료되었더라도 청산사무가 종료되지 아니한 경우에는 청산법인으로 존속한다(대판 1980. 4. 8, 79다2036 ; 대판 1997. 4. 22, 97다3408).
② (○) : 직무대행자는 가처분명령에 다른 정함이 있는 경우 외에는 법인의 통상사무에 속하지 아니한 행위를 하지 못한다. 다만, 법원의 허가를 얻은 경우에는 그러하지 아니하다. 직무대행자가 이에 위반한 행위를 한 경우에도 법인은 선의의 제3자에 대하여 책임을 진다(제60조의2 제1항).
③ (×) : 총사원의 5분의 1 이상으로부터 회의의 목적사항을 제시하여 청구한 때에는 이사는 임시총회를 소집하여야 하는데, 이 정수는 정관으로 증감할 수 있다(제70조 제2항).
④ (×) : 소집권한 없는 자에 의한 종중총회소집이라고 하더라도 소집권자가 소집에 동의하여 그로 하여금 소집하게 한 것이라면 그와 같은 총회소집을 권한 없는 자의 소집이라고 볼 수 없으나, 단지 소집권한 없는 자에 의한 총회에 소집권자가 참석하여 총회소집이나 대표자선임에 관하여 이의를 하지 아니하였다고 하여, 이것만 가지고 총회가 소집권자의 동의에 의하여 소집된 것이라거나 그 총회의 소집절차상의 하자가 치유되어 적법하게 된다고는 할 수 없다(대판 1994. 1. 11, 92다40402 ; 대판 2003. 9. 5, 2002다17036).
⑤ (×) : 사단법인의 사원의 지위는 양도 또는 상속할 수 없다고 규정한 민법 제56조의 규정은 강행규정이라고 할 수 없으므로, 비법인사단에서도 사원의 지위는 규약이나 관행에 의하여 양도 또는 상속될 수 있다(대판 1997. 9. 26, 95다6205).

95 **甲은 재단법인 乙을 설립하기 위하여 그 명의로 등기된 자신의 X 부동산을 乙을 위하여 출연할 의사를 표시하였다. 다음 설명 중 옳은 것을 모두 고른 것은? (다툼이 있는 경우에는 판례에 의함)** 〈2009년 변리사〉

ㄱ. 甲이 생전처분으로 재단법인을 설립하는 경우에는, X 부동산은 원칙적으로 법인의 설립등기시에 乙 법인에 귀속한다.

정 답 94. ② 95. ③

ㄴ. 甲이 유언으로 재단법인을 설립하는 경우에도, X 부동산은 특별한 사정이 없는 한 법인의 설립 등기시에 乙법인에게 귀속한다.
ㄷ. 甲이 서면에 의한 증여로 출연행위를 한 경우에는, 甲은 착오에 기한 의사표시를 이유로 출연의 의사표시를 취소할 수 없다.
ㄹ. X 부동산이 제3자에 대한 관계에서도 乙법인에 귀속되기 위해서는 법인설립등기 외에도 이전 등기를 필요로 한다.

① ㄱ, ㄴ ② ㄱ, ㄷ ③ ㄱ, ㄹ ④ ㄴ, ㄹ ⑤ ㄱ, ㄷ, ㄹ

해 설

ㄱ. (○), ㄴ. (×) : 제48조(출연재산의 귀속시기) ① 생전처분으로 재단법인을 설립하는 때에는 출연재산은 법인이 성립된 때로부터 법인의 재산이 된다. ② 유언으로 재단법인을 설립하는 때에는 출연재산은 유언의 효력이 발생한 때로부터 법인에 귀속한 것으로 본다. ☞ 제1항의 '법인이 성립된 때'는 '법인의 설립등기시'이고, 제2항의 '유언의 효력이 발생한 때'는 '출연자 사망시'이다.

ㄷ. (×) : 민법 제47조 제1항에 의하여 생전처분으로 재단법인을 설립하는 때에 준용되는 민법 제555조는 "증여의 의사가 서면으로 표시되지 아니한 경우에는 각 당사자는 이를 해제할 수 있다."고 함으로써 서면에 의한 증여(출연)의 해제를 제한하고 있으나, 그 해제는 민법 총칙상의 취소와는 요건과 효과가 다르므로 서면에 의한 출연이더라도 민법 총칙규정에 따라 출연자가 착오에 기한 의사표시라는 이유로 출연의 의사표시를 취소할 수 있고, 상대방 없는 단독행위인 재단법인에 대한 출연행위라고 하여 달리 볼 것은 아니다(대판 1999. 7. 9, 98다9045).

ㄹ. (○) : 민법 제48조는 재단법인의 성립에 있어서 재산출연자와 법인과의 관계에 있어서의 출연재산의 귀속에 관한 규정이고 이 규정은 그 기능에 있어서 출연재산의 귀속에 관하여 출연자와 법인과의 관계를 상대적으로 결정함에 있어서의 기준이 되는 것에 불과하여 출연재산은 출연자와 법인과의 관계에 있어서 그 출연행위에 터 잡아 법인이 성립되면 그로써 출연재산은 민법의 위 조항에 의하여 법인성립 시에 법인에게 귀속되어 법인의 재산이 되는 것이고, 출연재산이 부동산인 경우에 있어서도 위 양 당사자간의 관계에 있어서는 법인의 성립외에 등기를 필요로 하는 것이 아니나, 제3자에 대한 관계에 있어서는 출연행위가 법률행위이므로 출연재산의 법인에의 귀속에는 부동산의 권리에 관해서는 법인성립 외에 등기를 필요로 한다(대판 1979. 12. 11, 78다481 전원합의체).

96 법인의 기관에 관한 설명으로 옳지 않은 것을 모두 고른 것은? (다툼이 있는 경우에는 판례에 의함) 〈2010년 변리사〉

ㄱ. 임시이사의 선임을 신청할 수 있는 '이해관계인'이라 함은 임시이사가 선임되는 것에 관하여 법률상의 이해관계가 있는 자로서 그 법인의 다른 이사, 사원 및 채권자 등을 포함한다.
ㄴ. 후임 이사가 유효하게 선임되었는데도 그 선임의 효력을 둘러싼 다툼이 있다면, 그 다툼이 해결되기 전까지 후임 이사는 직무수행권한이 없고, 임기가 만료된 구 이사만이 직무수행권한을 가진다.
ㄷ. 법인의 대표기관의 직무에 관한 행위로 인하여 타인에게 손해를 발생시킨 경우, 행위의 외형상 법인의 대표자의 직무행위라고 인정할 수 있더라도 그 직무가 대표자 개인의 사리를 도모하기

정답 96. ④

위한 것이었다면 직무에 관한 행위에 해당한다고 볼 수 없다.

ㄹ. 이사회의 결의사항에 이해관계 있는 이사는 의결권을 행사할 수 없으므로, 이해관계 있는 이사는 의사정족수 산정의 기초가 되는 이사의 수에 포함되지 않고, 결의성립에 필요한 출석이사에도 산입되지 않는다.

ㅁ. 법인의 불법행위가 성립하는 '이사 기타 대표자'란 법인의 대표기관을 의미하는 것이고 대표권이 없는 이사는 법인의 기관이기는 하지만 대표기관은 아니기 때문에, 그들의 행위로 인하여 법인의 불법행위가 성립하지 않는다.

① ㄱ, ㄴ, ㅁ ② ㄱ, ㄷ, ㄹ ③ ㄱ, ㄹ, ㅁ ④ ㄴ, ㄷ, ㄹ ⑤ ㄴ, ㄷ, ㅁ

해설

ㄱ. (○) : 대결 2009. 11. 19, 자 2008마699 전원합의체 참조

ㄴ. (×) : 후임 이사가 유효히 선임되었는데도 그 선임의 효력을 둘러싼 다툼이 있다고 하여 그 다툼이 해결되기 전까지는 후임 이사에게는 직무수행권한이 없고 임기가 만료된 구 이사만이 직무수행권한을 가진다고 할 수는 없다(대판 2006. 4. 27, 2005도8875).

ㄷ. (×) : 법인이 그 대표자의 불법행위로 인하여 손해배상의무를 지는 것은 그 대표자의 직무에 관한 행위로 인하여 손해가 발생한 것임을 요한다 할 것이나, 그 직무에 관한 것이라는 의미는 행위의 외형상 법인의 대표자의 직무행위라고 인정할 수 있는 것이라면 설사 그것이 대표자 개인의 사리를 도모하기 위한 것이었거나 혹은 법령의 규정에 위배된 것이었다 하더라도 위의 직무에 관한 행위에 해당한다고 보아야 한다(대판 2004. 2. 27, 2003다15280 등).

ㄹ. (×) : 민법 제74조는 사단법인과 어느 사원과의 관계사항을 의결하는 경우 그 사원은 의결권이 없다고 규정하고 있으므로, 민법 제74조의 유추해석상 민법상 법인의 이사회에서 법인과 어느 이사와의 관계사항을 의결하는 경우에는 그 이사는 의결권이 없다. 이 때 의결권이 없다는 의미는 상법 제368조 제4항·제371조 제2항의 유추해석상 이해관계 있는 이사는 이사회에서 의결권을 행사할 수는 없으나 의사정족수 산정의 기초가 되는 이사의 수에는 포함되고, 다만 결의성립에 필요한 출석이사에는 산입되지 아니한다고 풀이함이 상당하다(대판 2009. 4. 9, 2008다1521).

ㅁ. (○) : 대판 2005. 12. 23, 2003다30159 참조

97 민법상 법인의 기관에 관한 설명으로 옳은 것은? 〈2015년 변리사〉

① 감사는 재단법인에서는 필요기관이지만, 사단법인에서는 임의기관이다.
② 정관으로 정한 이사의 수가 여럿인 경우, 특별한 사정이 없는 한 공동으로 법인을 대표한다.
③ 이사의 성명과 주소는 등기사항이지만, 그 변경등기가 경료되기 전이라도 신임이사가 한 직무행위는 법인에 대하여 유효하다.
④ 법인과 이사의 이익이 상반되는 경우, 법원은 이해관계인이나 검사의 청구에 의하여 임시이사를 선임하여야 한다.
⑤ 정관에 달리 정함이 없으면 총사원 10분의 1이 회의의 목적사항을 제시하여 청구한 경우, 이사는 임시총회를 소집하여야 한다.

정답 97. ③

해 설

① (×) : 이사가 필수기관이고 감사는 임의기관이다(제57조, 제66조 참조).
② (×) : 민법상 대표는 대리에 관한 규정을 준용한다(제59조 제2항). 그러므로 특별한 사정이 없는 한 이사는 각자 법인을 대표한다.
③ (○) : 이사의 성명, 주소는 등기사항이고(제49조 제2항 8호), 제49조 제2항의 사항 중에 변경이 있는 때에는 3주간 내에 변경등기를 하여야 한다(제52조). 하지만 제54조 제1항은 "설립등기 이외의 본절의 등기사항은 그 등기 후가 아니면 제삼자에게 대항하지 못한다."라고 규정하여 설립등기 이외의 등기는 모두 대항요건에 불과하다. 따라서 이사의 변경등기도 제삼자에 대한 대항요건에 불과하므로 변경등기가 경료되기 전이라도 신임이사가 한 직무행위는 법인에 대하여 유효하다.
④ (×) : 법인과 이사의 이익이 상반되는 경우, 법원은 이해관계인이나 검사의 청구에 의하여 임시이사가 아닌 특별대리인를 선임하여야 한다(제64조).
⑤ (×) : 소수사원권을 말한다. 즉 정관에 달리 정함이 없으면 총사원 5분의 1이 회의의 목적사항을 제시하여 청구한 경우, 이사는 임시총회를 소집하여야 한다(제70조 제2항).

98 **법인의 불법행위(민법 제35조)에 관한 설명으로 옳은 것은? (다툼이 있으면 판례에 따름)**

〈2016년 변리사〉

① 법인의 불법행위는 대표권이 없는 이사가 제3자에 대하여 행한 불법행위에 의해서도 성립한다.
② 법인의 불법행위는 법인을 실질적으로 운영하면서 법인을 사실상 대표하여 법인의 사무를 집행하는 자가 법인사무에 관하여 제3자에 대하여 행한 불법행위에 대해서는 성립하지 않는다.
③ 법인의 불법행위는 감사의 행위에 의해서도 성립한다.
④ 법인의 불법행위는 대표기관이 법인의 목적범위 외의 행위로 인하여 타인에게 손해를 가한 때에도 인정된다.
⑤ 법인의 불법행위책임의 성립요건으로 요구되는 대표기관의 직무관련성은 행위의 외형을 기준으로 객관적으로 판단하여야 한다.

해 설

①(×), ②(×), ③(×) : 법인의 불법행위는 이사 기타 대표자의 행위이어야 한다. 따라서 대표권이 없는 이사가 제3자에 대하여 행한 불법행위에 의해서는 성립하지 아니한다(대판 2005. 12. 23, 2003다30159). 다만 법인을 실질적으로 운영하면서 법인을 사실상 대표하여 법인의 사무를 집행하는 자가 법인사무에 관하여 제3자에 대하여 행한 불법행위에 대해서는 예외를 허용하여 성립한다고 판시한다(대판 2011. 4. 28, 2008다15438). 감사는 이사 기타 대표자가 아니기 때문에 의해서도 법인의 불법행위가 성립하지 않는다.
④ (×) : 법인의 불법행위는 대표기관이 법인의 목적범위 외의 행위(직무관련성이 없는 행위)로 인하여 타인에게 손해를 가한 때에는 인정되지 않는다(제35조 제2항).
⑤ (○) : (비)법인사단의 대표자의 행위가 대표자 개인의 사리를 도모하기 위한 것이었거나 혹은 법령의 규정에 위배된 것이었다 하더라도 외관상, 객관적으로 직무에 관한 행위라고 인정할 수 있는 것이라면 민법 제35조 제1항의 직무에 관한 행위에 해당한다(대판 2003. 7. 25, 2002다27088).

정답 98. ⑤

99 **법인의 이사에 관한 설명으로 옳은 것은? (다툼이 있으면 판례에 따름)** 〈2018년 변리사〉

① 법인의 정관에 법인 대표권의 제한에 관한 규정이 있다면, 그러한 취지가 등기되어 있지 않은 경우에도 법인은 그 제한으로써 악의의 제3자에게 대항할 수 있다.
② 법인의 정관에 이사의 해임사유에 관한 규정이 있는 경우에는 이사의 중대한 의무위반이 있더라도 법인은 정관에서 정하지 아니한 사유로 이사를 해임할 수 없다.
③ 법인과 이사의 법률관계는 신뢰를 기초로 한 위임 유사의 관계이고, 위임계약은 원래 해지의 자유가 인정되어 쌍방 누구나 정당한 이유 없이도 언제든지 해지할 수 있으며, 다만 불리한 시기에 부득이한 사유 없이 해지한 경우에 한하여 상대방에게 그로 인한 손해배상책임을 부담할 뿐이다.
④ 이사의 임기가 만료되었더라도 아직 임기가 만료되지 아니한 다른 이사들로 법인이 정상적인 활동을 할 수 있는 경우에는 임기만료된 이사로 하여금 이사로서 직무를 행사하게 할 필요가 없고, 법인의 정상적인 활동이 가능한지 여부는 이사의 임기만료시뿐만 아니라 이후의 사정까지도 종합적으로 고려하여 판단하여야 한다.
⑤ 대표권 없는 이사도 법인의 기관이므로 그의 행위로 인하여 민법 제35조 소정의 법인의 불법행위가 성립할 수 있다.

해설

① (×) : 법인의 정관에 법인 대표권의 제한에 관한 규정이 있으나 그와 같은 취지가 등기되어 있지 않다면 법인은 그와 같은 정관의 규정에 대하여 선의냐 악의냐에 관계없이 제3자에 대하여 대항할 수 없다(대판 1992. 2. 14, 91다24564).

② (×) : 법인과 이사의 법률관계는 신뢰를 기초로 한 위임 유사의 관계로 볼 수 있는데, 민법 제689조 제1항에서는 위임계약은 각 당사자가 언제든지 해지할 수 있다고 규정하고 있으므로, 법인은 원칙적으로 이사의 임기 만료 전에도 이사를 해임할 수 있지만, 이러한 민법의 규정은 임의규정에 불과하므로 법인이 자치법규인 정관으로 이사의 해임사유 및 절차 등에 관하여 별도의 규정을 두는 것도 가능하다. 그리고 이와 같이 법인이 정관에 이사의 해임사유 및 절차 등을 따로 정한 경우 그 규정은 법인과 이사와의 관계를 명확히 함은 물론 이사의 신분을 보장하는 의미도 아울러 가지고 있어 이를 단순히 주의적 규정으로 볼 수는 없다. 따라서 법인의 정관에 이사의 해임사유에 관한 규정이 있는 경우 법인으로서는 **이사의 중대한 의무위반 또는 정상적인 사무집행 불능 등의 특별한 사정이 없는 이상**, 정관에서 정하지 아니한 사유로 이사를 해임할 수 없다(대판 2013. 11. 28, 2011다41741).

③ (○) : 법인과 이사의 법률관계는 신뢰를 기초로 한 위임 유사의 관계이고, 위임계약은 원래 해지의 자유가 인정되어 쌍방 누구나 정당한 이유 없이도 언제든지 해지할 수 있으며, 다만 불리한 시기에 부득이한 사유 없이 해지한 경우에 한하여 상대방에게 그로 인한 손해배상책임을 질 뿐이다(대결 2014. 1. 17, 자 2013마1801).

④ (×) : 임기만료된 이사의 업무수행권은 이사에 결원이 있음으로써 법인이 정상적인 활동을 할 수 없는 사태를 방지하자는 데 취지가 있으므로, 이사 중 일부의 임기가 만료되었더라도 아직 임기가 만료되지 아니한 다른 이사들로 정상적인 활동을 할 수 있는 경우에는 임기만료된 이사로 하여금 이사로서 직무를 행사하게 할 필요가 없고, 이러한 경우에는 임기만료로서 당연히 퇴임하며, 법인의 정상적인 활동이 가능한지는 이사의 임기만료 시를 기준으로 판단하여야 하지 그 이후의 사정까지 고려할 수는 없다(대결 2014. 1. 17, 자 2013마1801).

⑤ (×) : 민법 제35조에서 말하는 '이사 기타 대표자'는 법인의 대표기관을 의미하는 것이고 대표권이 없는 이사는 법인의 기관이기는 하지만 대표기관은 아니기 때문에 그들의 행위로 인하여 법인의 불법행위가 성립하지 않는다(대판 2005. 12. 23, 2003다30159).

정답 99. ③

100 **민법상 법인에 관한 설명으로 옳지 않은 것은? (다툼이 있으면 판례에 따름)** 〈2019년 변리사〉

① 민법상 재단법인은 비영리법인이다.
② 사원자격의 득실에 관한 규정은 재단법인 정관의 필요적 기재사항에 해당한다.
③ 해산한 법인은 청산의 목적범위 내에서만 권리가 있고 의무를 부담한다.
④ 이사의 대표권에 대한 제한은 이를 등기하지 않으면, 제3자가 악의이더라도 대항하지 못한다.
⑤ 청산종결의 등기가 마쳐졌더라도 청산사무가 종료되지 않은 경우에는 그 범위 내에서 청산법인으로서 존속한다.

해설

① (○) : 학술, 종교, 자선, 기예, 사교 기타 영리아닌 사업을 목적으로 하는 사단 또는 재단은 주무관청의 허가를 얻어 이를 법인으로 할 수 있다(민법 제32조). 영리를 목적으로 하는 사단은 상사회사설립의 조건에 좇아 이를 법인으로 할 수 있다(민법 제39조 제1항). ☞ 이익을 분배받을 사원이 없는 재단법인은 성질상 영리법인이 될 수 없다는 것이 통설이므로 재단법인은 항상 비영리법인이다. 사단법인은 영리법인이 될 수도 있고 비영리법인이 될 수도 있는데, 영리를 목적으로 하지 않는 사단법인은 비영리법인이고 민법의 규율을 받는다.
② (×) : 민법 제43조. 동조는 민법 제40조의 제1호 내지 제5호의 사항만을 재단법인 정관의 필요적 기재사항으로 하고 있다. 특히 민법 제40조의 제6호인 '사원자격의 득실에 관한 규정'은 사원이 없는 재단법인의 성질상 재단법인 정관의 필요적 기재사항이 될 수 없음은 당연한 것이다.
③ (○) : 민법 제81조 참조
④ (○) : 민법 제60조. 법인의 정관에 법인 대표권의 제한에 관한 규정이 있으나 그와 같은 취지가 등기되어 있지 않다면 법인은 그와 같은 정관의 규정에 대하여 선의냐 악의냐에 관계없이 제3자에 대하여 대항할 수 없다(대판 1992. 2. 14, 91다24564).
⑤ (○) : 법인에 대한 청산종결등기가 경료되었다고 하더라도 청산사무가 종결되지 않는 한 그 범위 내에서는 청산법인으로서 존속한다(대판 2003. 2. 11, 99다66427, 73371).

101 **甲법인의 대표이사 乙은 그 직무에 관하여 丙에게 불법행위를 하였다. 법인의 불법행위책임(민법 제35조)에 관한 설명으로 옳은 것은? (다툼이 있으면 판례에 따름)** 〈2020년 변리사〉

① 乙의 행위가 乙 자신의 사익을 도모하기 위한 것이라도 甲법인은 불법행위책임을 진다.
② 甲법인은 乙의 선임 및 그 사무감독에 상당한 주의를 다하였음을 증명하면 불법행위책임을 면한다.
③ 丙에 대한 甲법인의 불법행위책임이 인정되는 경우 이중배상을 금지하기 위하여 乙의 丙에 대한 불법행위책임은 성립하지 않는다.
④ 乙이 甲법인을 실질적으로 운영하고 사실상 대표하여 사무를 집행하지만 대표이사로 등기되어 있지 않은 경우, 乙의 불법행위에 대해 甲법인은 손해배상책임이 없다.
⑤ 甲이 비법인사단이라면 乙이 직무수행에 관해 불법행위를 하였어도 丙에 대하여 甲의 불법행위책임은 성립하지 않는다.

해설

① (○) : 행위의 외형상 법인의 대표자의 직무행위라고 인정할 수 있는 것이라면 설사 그것이 대표자 개인의 사리를 도모하기 위한 것이었거나 혹은 법령의 규정에 위반된 것이었다 하더라도 직무에 관한 행위에 해당된다(대판 2004. 2. 27, 2003다15280).

정답 100. ② 101. ①

②(×) : 민법 제35조의 법인의 불법행위책임은 민법 제756조의 사용자책임과 달리 면책조항이 없다.

③(×) : 제35조 제1항. 법인은 이사 기타 대표자가 그 직무에 관하여 타인에게 가한 손해를 배상할 책임이 있다. 이사 기타 대표자는 이로 인하여 자기의 손해배상책임을 면하지 못한다.

④(×) : 민법 제35조 제1항에서 '법인의 대표자'에는 그 명칭이나 직위 여하, 또는 대표자로 등기되었는지 여부를 불문하고 당해 법인을 실질적으로 운영하면서 법인을 사실상 대표하여 법인의 사무를 집행하는 사람을 포함한다고 해석함이 상당하다(대판 2011. 4. 28, 2008다15438).

⑤(×) : 주택조합과 같은 비법인사단의 대표자가 직무에 관하여 타인에게 손해를 가한 경우 그 사단은 민법 제35조 제1항의 유추적용에 의하여 그 손해를 배상할 책임이 있다(대판 2003. 7. 25, 2002다27088).

102 법인의 기관에 관한 설명으로 옳은 것을 모두 고른 것은? (다툼이 있으면 판례에 따름)

〈2021년 변리사〉

> ㄱ. 법인의 정관에 이사의 해임사유에 관한 규정이 있는 경우, 법인으로서는 이사의 중대한 의무위반 등의 특별한 사정이 없는 이상 정관에서 정하지 아니한 사유로 이사를 해임할 수 없다.
> ㄴ. 이사와 감사의 성명·주소는 등기사항이다.
> ㄷ. 법인과 이사의 이익이 상반되는 경우, 법원이 선임한 특별대리인은 그 사항에 대하여 법인을 대표한다.
> ㄹ. 이사의 대표권 제한이 정관에 기재된 경우, 이를 등기하지 않아도 악의의 제3자에게 대항할 수 있다.

① ㄱ, ㄷ ② ㄴ, ㄹ ③ ㄱ, ㄴ, ㄹ ④ ㄱ, ㄷ, ㄹ ⑤ ㄴ, ㄷ, ㄹ

해 설

ㄱ.(○) : 법인과 이사의 법률관계는 신뢰를 기초로 한 위임 유사의 관계로 볼 수 있는데, 민법 제689조 제1항에서는 위임계약은 각 당사자가 언제든지 해지할 수 있다고 규정하고 있으므로, 법인은 원칙적으로 이사의 임기 만료 전에도 이사를 해임할 수 있지만, 이러한 민법의 규정은 임의규정에 불과하므로 법인이 자치법규인 정관으로 이사의 해임사유 및 절차 등에 관하여 별도의 규정을 두는 것도 가능하다. 그리고 이와 같이 법인이 정관에 이사의 해임사유 및 절차 등을 따로 정한 경우 그 규정은 법인과 이사와의 관계를 명확히 함은 물론 이사의 신분을 보장하는 의미도 아울러 가지고 있어 이를 단순히 주의적 규정으로 볼 수는 없다. 따라서 법인의 정관에 이사의 해임사유에 관한 규정이 있는 경우 법인으로서는 이사의 중대한 의무위반 또는 정상적인 사무집행 불능 등의 특별한 사정이 없는 이상, 정관에서 정하지 아니한 사유로 이사를 해임할 수 없다(대판 2013. 11. 28, 2011다41741).

ㄴ.(×) : 민법 제49조 제2항(법인의 등기사항) 전항의 등기사항은 다음과 같다. 8. 이사의 성명, 주소 ☞ 감사의 성명, 주소는 등기사항이 아니다.

ㄷ.(○) : 민법 제64조(특별대리인의 선임) 법인과 이사의 이익이 상반하는 사항에 관하여는 이사는 대표권이 없다. 이 경우에는 전조의 규정에 의하여 특별대리인을 선임하여야 한다.

ㄹ.(×) : 법인의 정관에 법인 대표권의 제한에 관한 규정이 있으나 그와 같은 취지가 등기되어 있지 않다면 법인은 그와 같은 정관의 규정에 대하여 선의냐 악의냐에 관계없이 제3자에 대하여 대항할 수 없다(대판 1992. 2. 14, 91다24564).

정답 102. ①

103 **민법 제35조(법인의 불법행위능력)에 관한 설명으로 옳지 않은 것은? (다툼이 있으면 판례에 따름)** 〈2022년 변리사〉

① 대표권이 없는 이사의 행위로 인하여는 법인의 불법행위가 성립하지 않는다

② 법인의 불법행위능력은 사단법인뿐만 아니라 재단법인에 대하여도 적용된다.

③ 민법 제35조 제1항의 규정은 법인 아닌 사단에 유추적용된다.

④ 대표자의 행위가 법령의 규정에 위배된 것이라도 외관상, 객관적으로 직무에 관한 행위라고 인정될 수 있는 것이라면 민법 제35조 제1항의 직무에 관한 행위에 해당한다.

⑤ 대표자의 행위가 직무에 관한 행위에 해당하지 아니함을 피해자가 알았던 경우에도 법인의 불법행위책임이 인정된다.

해설

① (○) : 민법 제35조에서 말하는 '이사 기타 대표자'는 법인의 대표기관을 의미하는 것이고 대표권이 없는 이사는 법인의 기관이기는 하지만 대표기관은 아니기 때문에 그들의 행위로 인하여 법인의 불법행위가 성립하지 않는다(대판 2005. 12. 23, 2003다30159).

② (○) : 법인은 이사 기타 대표자가 그 직무에 관하여 타인에게 가한 손해를 배상할 책임이 있다(민법 제35조 제1항). 사단법인이나 재단법인이나 마찬가지이다.

③ (○) : 주택조합과 같은 비법인사단의 대표자가 직무에 관하여 타인에게 손해를 가한 경우 그 사단은 민법 제35조 제1항의 유추적용에 의하여 그 손해를 배상할 책임이 있다(대판 2003. 7. 25, 2002다27088).

④ (○) : 법인이 그 대표자의 불법행위로 인하여 손해배상의무를 지는 것은 그 대표자의 직무에 관한 행위로 인하여 손해가 발생한 것임을 요한다 할 것이나, 그 직무에 관한 것이라는 의미는 행위의 외형상 법인의 대표자의 직무행위라고 인정할 수 있는 것이라면 설사 그것이 대표자 개인의 사리를 도모하기 위한 것이었거나 혹은 법령의 규정에 위배된 것이었다 하더라도 위의 직무에 관한 행위에 해당한다고 보아야 한다(대판 2004. 2. 27, 2003다15280).

⑤ (×) : 법인의 대표자의 행위가 직무에 관한 행위에 해당하지 아니함을 피해자 자신이 알았거나 또는 중대한 과실로 인하여 알지 못한 경우에는 법인에게 손해배상책임을 물을 수 없다(대판 2004. 3. 26, 2003다34045).

> **[보충지문] 법인 대표자의 직무에 관한 불법행위에 있어서 그 직무행위가 대표자 개인의 이익을 도모하기 위한 것이라는 점을 피해자가 알지 못하였다면 그에 대한 과실 여부와 상관없이 법인의 불법행위책임을 주장할 수 있다(×).** 〈2011년 변리사〉

104 **법인의 기관에 관한 설명으로 옳은 것은? (다툼이 있으면 판례에 따름)** 〈2022년 변리사〉

① 재단법인은 이사를 둘 필요가 없다.

② 대표권 있는 이사가 다른 이사의 정당한 이사회 소집을 거절하는 경우, 법원이 이사회 소집을 허가할 수 있다.

③ 이사가 수인인 경우 정관에 다른 규정이 없으면 법인의 사무에 관하여 이사의 과반수로써 법인을 대표한다.

④ 법인과 이사의 법률관계는 신뢰를 기초로 한 고용 유사의 관계이다.

⑤ 재단법인은 정관의 규정에 따라 감사를 둘 수 있다.

정답 103. ⑤ 104. ⑤

해 설

① (×) : 법인은 이사를 두어야 한다(민법 제57조). 사단법인이든 재단법인이든 이사는 필수기관이다.

② (×) : [1] 민법 제58조 제1항은 민법상 법인의 사무집행은 이사가 하도록 규정하고 있고, 같은 조 제2항은 이사가 수인인 경우에는 이사의 과반수로써 결정하되 정관에 다른 규정이 있으면 이에 따르도록 규정하고 있다. 그러므로 이사가 수인인 민법상 법인의 정관에 대표권 있는 이사만 이사회를 소집할 수 있다고 규정하고 있다고 하더라도 이는 과반수의 이사가 본래 할 수 있는 이사회 소집에 관한 행위를 대표권 있는 이사로 하여금 하게 한 것에 불과하다. 따라서 정관에 다른 이사가 요건을 갖추어 이사회 소집을 요구하면 대표권 있는 이사가 이에 응하도록 규정하고 있는데도 **대표권 있는 이사가 다른 이사의 정당한 이사회 소집을 거절하였다면**, 대표권 있는 이사만 이사회를 소집할 수 있는 규정은 적용될 수 없다. 이 경우 **이사는 정관의 이사회 소집권한에 관한 규정 또는 민법에 기초하여 법인의 사무를 집행할 권한에 의하여 이사회를 소집할 수 있다**. [2] 민법상 법인의 필수기관이 아닌 이사회는 이사가 사무집행권한에 의해 소집하는 것이므로, 과반수에 미치지 못하는 이사는 특별한 사정이 없는 한 민법 제58조 제2항에 반하여 이사회를 소집할 수 없다. 반면 과반수에 미치지 못하는 이사가 정관의 특별한 규정에 근거하여 이사회를 소집하거나 과반수의 이사가 민법 제58조 제2항에 근거하여 이사회를 소집하는 경우에는 **법원의 허가를 받을 필요 없이** 본래적 사무집행권에 기초하여 이사회를 소집할 수 있다. 법원은 민법상 법인의 이사회 소집을 허가할 법률상 근거가 없고, 다만 이사회 결의의 효력에 관하여 다툼이 발생하면 소집절차의 적법 여부를 판단할 수 있을 뿐이다. [3] 사단법인의 소수사원이 이사에게 요건을 갖추어 임시총회의 소집을 요구하였으나 2주간 내에 이사가 총회소집의 절차를 밟지 아니한 경우 법원의 허가를 얻어 임시총회를 소집할 수 있도록 규정한 민법 제70조 제3항은, 사단법인의 최고의결기관인 사원총회의 구성원들이 사원권에 기초하여 일정한 요건을 갖추어 최고의결기관의 의사를 결정하기 위한 회의의 개최를 요구하였는데도 집행기관인 이사가 절차를 밟지 아니하는 경우에 법원이 후견적 지위에서 소수사원의 임시총회 소집권을 인정한 법률의 취지를 실효성 있게 보장하기 위한 규정이다. 따라서 위 규정을 구성과 운영의 원리가 다르고 법원이 후견적 지위에서 관여하여야 할 필요성을 달리하는 민법상 법인의 집행기관인 이사회 소집에 유추적용할 수 없다(대결 2017. 12. 1, 자 2017그661).

③ (×) : 이사는 법인의 사무에 관하여 각자 법인을 대표한다(민법 제59조 제1항). ☞ "이사가 수인인 경우에는 정관에 다른 규정이 없으면 법인의 사무집행은 이사의 과반수로써 결정한다"는 민법 제58조 제2항과의 혼동을 유도한 출제이다.

④ (×) : 법인과 이사의 법률관계는 신뢰를 기초로 한 **위임 유사의 관계**로 볼 수 있다(대판 2013. 11. 28, 2011다41741).

⑤ (○) : 법인은 정관 또는 총회의 결의로 감사를 둘 수 있다(민법 제66조). 사단법인이나 재단법인이나 마찬가지이다.

105 민법상 법인에 관한 설명으로 옳지 않은 것은? 〈2023년 변리사〉

① 생전처분으로 재단법인을 설립하는 때에는 증여에 관한 규정을 준용한다.
② 유언으로 재단법인을 설립하는 때에는 출연재산(지명채권)은 유언의 효력이 발생한 때로부터 법인에 귀속한 것으로 본다.
③ 이사의 대표권에 대한 제한은 이를 등기하지 아니하면 그 효력이 없다.
④ 재단법인의 목적을 달성할 수 없는 때에는 설립자나 이사는 주무관청의 허가를 얻어 설립의 취지를 참작하여 그 목적 기타 정관의 규정을 변경할 수 있다.
⑤ 재단법인의 설립자가 그 명칭, 사무소소재지 또는 이사임면의 방법을 정하지 아니하고 사망한 때에는 이해관계인 또는 검사의 청구에 의하여 법원이 이를 정한다.

정답 105. ③

해 설

① (○) : 생전처분으로 재단법인을 설립하는 때에는 증여에 관한 규정을 준용한다(민법 제47조 제1항).

② (○) : 유언으로 재단법인을 설립하는 때에는 출연재산은 유언의 효력이 발생한 때로부터 법인에 귀속한 것으로 본다(민법 제48조 제2항). ☞ 출연재산이 성립요건주의가 적용되어 등기가 필요한 부동산이었다면 제186조와의 충돌이 문제되지만, 지문은 출연재산이 대항요건주의에 불과한 지명채권이라고 하였으므로 이러한 충돌문제는 생기지 않고 제48조에서 정한 시기에 귀속된다.

③ (×) : 이사의 대표권에 대한 제한은 등기하지 아니하면 제삼자에게 대항하지 못한다(민법 제60조). ☞ 등기는 대항요건에 불과하다(민법 제60조). 정관 기재가 효력요건이다(민법 제41조).

④ (○) : 재단법인의 목적을 달성할 수 없는 때에는 설립자나 이사는 주무관청의 허가를 얻어 설립의 취지를 참작하여 그 목적 기타 정관의 규정을 변경할 수 있다(민법 제46조).

⑤ (○) : 재단법인의 설립자가 그 명칭, 사무소소재지 또는 이사임면의 방법을 정하지 아니하고 사망한 때에는 이해관계인 또는 검사의 청구에 의하여 법원이 이를 정한다(민법 제44조).

106 甲은 A 재단법인의 설립을 위하여 자신의 전 재산을 출연하기로 하였다. 그런데 A 재단법인이 설립되었음에도 출연재산이 현실적으로 이전되지 않고 있는 상황에서 甲이 사망하였다. 출연재산의 귀속시기에 관한 아래의 학설과 관련한 설명 중 옳은 것(○)과 옳지 않은 것(×)을 바르게 고른 것은? 〈2014년 변호사시험〉

제1설 : 민법 제48조는 민법 제187조의 '기타 법률의 규정'에 해당하므로 현실적인 권리이전절차를 거치지 않더라도 민법 제48조에서 규정하는 시기에 출연재산이 법인에게 귀속된다.
제2설 : 법인의 성립시에는 단지 법인에게 그 출연재산의 이전청구권만이 생기고, 현실적으로 권리이전절차를 거쳐야 출연재산이 법인에 귀속된다.
제3설 : 출연자와 법인 사이에는 권리이전절차를 요하지 않고, 민법 제48조에서 규정한 시기에 출연재산이 법인에 귀속되나, 법인과 제3자 사이에는 권리이전절차를 거치지 않고는 그 권리취득을 제3자에게 대항하지 못한다.

ㄱ. 출연재산이 지명채권인 경우에는 어느 학설에 의하더라도 민법 제48조에서 규정한 시기에 권리가 귀속된다.
ㄴ. 제1설에 따르면, 민법 제187조에 규정된 '기타 법률의 규정'이란 당사자의 의사에 기하지 않은 경우를 총칭하는 것이다.
ㄷ. 제3설에 따르면, 출연재산이 부동산이라고 하더라도 다른 이해관계인이 없다면 그 부동산의 소유권은 법인의 성립시에 법인에 귀속된다.
ㄹ. 제1설에 따르면, 甲의 상속인 乙이 출연재산인 X 부동산에 대해 상속등기를 한 후 丙에게 다시 매도하였으나, 丙이 X 부동산이 출연재산이라는 사실을 알지 못하였다면 乙을 상대로 계약해제 이외에 손해배상을 청구할 수 있다.
ㅁ. 제2설에 따르면, 甲의 상속인 乙이 출연재산인 X 부동산에 대해 상속등기를 한 후 원인없이 丙 앞으로 소유권이전등기를 마쳐준 경우, A법인은 丙에 대하여 직접 진정명의회복을 원인으로 한 소유권이전등기청구를 할 수 있다.

정답 106. ①

① ㄱ(○), ㄴ(○), ㄷ(○), ㄹ(○), ㅁ(×)
② ㄱ(×), ㄴ(○), ㄷ(×), ㄹ(○), ㅁ(×)
③ ㄱ(×), ㄴ(×), ㄷ(○), ㄹ(○), ㅁ(○)
④ ㄱ(○), ㄴ(○), ㄷ(○), ㄹ(×), ㅁ(○)
⑤ ㄱ(○), ㄴ(×), ㄷ(×), ㄹ(×), ㅁ(×)

해설

ㄱ. (○) : 문제에서 제시된 학설의 대립은 성립요건주의와 관련된 부동산물권변동이나 동산물권변동에서 문제되고, 대항요건주의를 취하는 지명채권과 같이 의사표시만으로 권리가 변동되는 경우에는 문제가 되지 않는다. 따라서 출연재산이 지명채권인 경우에는 어느 학설에 의하더라도 민법 제48조에서 규정한 시기에 권리가 귀속된다.

[보충지문] 생전처분으로 지명채권을 출연하여 재단법인을 설립하는 경우, 그 지명채권은 대외적으로는 양도통지나 채무자의 승낙이 행해진 때 법인의 재산이 된다(×). 〈2022년 공인노무사〉

ㄴ. (○) : 제1설의 근거이다.

ㄷ. (○) : 대내관계와 대외관계를 구별하는 판례의 태도이다. 즉 '다른 이해관계인이 없다면' 출연자와 법인과의 관계에 있어서는 그 출연행위에 터잡아 법인이 성립되면 그로써 출연재산은 제48조에 의하여 법인성립시에 법인에게 귀속되어 법인의 재산이 되는 것이고, 법인의 성립 외에 등기를 필요로 하는 것이 아니다(대판 1993. 9. 14, 93다8054).

ㄹ. (○) : 제1설에 따르면 A 재단법인은 X 부동산의 이전등기를 하지 않아도 민법 제48조에서 규정한 시기에 X 부동산의 소유권을 취득하므로, 乙의 丙에 대한 매매는 전부타인권리매매가 되고, 따라서 丙은 乙에 대하여 민법 제570조에 의한 담보책임을 물을 수 있다.

ㅁ. (×) : 진정명의회복을 위한 소유권이전등기의 청구는 '이미 자기 앞으로 소유권을 표상하는 등기가 되어 있었거나 법률에 의하여 소유권을 취득한 자'가 하는 것이기 때문에(대판 1998. 10. 23, 98다35266), 제2설에 따르면 X 부동산의 이전등기를 하지 않은 A 재단법인은 위 두 가지 중 어디에도 해당하지 않으므로 진정명의회복을 위한 소유권이전등기를 청구할 수 없다.

107 **사단법인 甲의 이사 乙은 甲을 대표하여 매수인 丙과 매매계약을 체결하였다. 이에 관한 설명 중 옳지 않은 것은? (각 지문은 독립적이며, 다툼이 있는 경우 판례에 의함)** 〈2023년 변호사시험〉

① 매매계약이 乙의 적법한 대표권 범위 내에서 체결된 것이라면 매매계약의 불이행에 따른 채무불이행책임은 甲이 직접 부담한다.
② 매매계약이 乙의 적법한 대표권 범위 내에서 체결되었다고 하더라도 매매계약이 乙 자신만을 위한 것이고, 丙이 이러한 사실을 알았거나 알 수 있었던 경우가 아니라면 甲과 丙 사이의 매매계약은 유효하다.
③ 甲이 丙에 대하여 매매계약에 따른 채무불이행책임을 지는 경우, 甲의 고의·과실은 乙의 고의·과실 여부를 기준으로 결정한다.
④ 甲이 丙에 대하여 매매계약에 따른 채무불이행책임을 지는 경우, 乙에게 불법행위책임 등이 별도로 성립하지 않더라도 乙은 대표기관 개인으로서 丙에 대해 손해배상책임을 부담하여야 한다.
⑤ 丙이 매수하는 것에 관하여 乙의 이익과 甲의 이익이 상반되는 경우, 乙은 위 매매계약 체결에 대해 甲을 대표할 권한이 없다.

해설

① (○), ③ (○), ④ (×) : 법인이 대표기관을 통하여 법률행위를 한 때에는 대리에 관한 규정이 준용된다(민법

정답 107. ④

제59조 제2항). 따라서 적법한 대표권을 가진 자와 맺은 법률행위의 효과는 대표자 개인이 아니라 본인인 법인에 귀속하고, 마찬가지로 그러한 법률행위상의 의무를 위반하여 발생한 채무불이행으로 인한 손해배상책임도 대표기관 개인이 아닌 법인만이 책임의 귀속주체가 되는 것이 원칙이다. 또한, 민법 제391조는 법정대리인 또는 이행보조자의 고의·과실을 채무자 자신의 고의·과실로 간주함으로써 채무불이행책임을 채무자 본인에게 귀속시키고 있는데, **법인의 경우도 법률행위에 관하여 대표기관의 고의·과실에 따른 채무불이행책임의 주체는 법인으로 한정된다**. 따라서 법인의 적법한 대표권을 가진 자가 하는 법률행위는 성립상 효과뿐만 아니라 위반의 효과인 채무불이행책임까지 법인에 귀속될 뿐이고, 다른 법령에서 정하는 등의 특별한 사정이 없는 한 **법인이 당사자인 법률행위에 관하여 대표기관 개인이 손해배상책임을 지려면 민법 제750조에 따른 불법행위책임 등이 별도로 성립하여야 한다**. 이때 법인의 대표기관이 법인과 계약을 체결한 거래상대방인 제3자에 대하여 자연인으로서 민법 제750조에 기한 불법행위책임을 진다고 보기 위해서는, 대표기관의 행위로 인해 법인에 귀속되는 효과가 대외적으로 제3자에 대한 채무불이행의 결과를 야기한다는 점만으로는 부족하고, 법인의 내부행위를 벗어나 제3자에 대한 관계에서 사회상규에 반하는 위법한 행위라고 인정될 수 있는 정도에 이르러야 한다. 그와 같은 행위에 해당하는지는 대표기관이 의사결정 및 그에 따른 행위에 이르게 된 경위, 의사결정의 내용과 절차과정, 침해되는 권리의 내용, 침해행위의 태양, 대표기관의 고의 내지 해의의 유무 등을 종합적으로 평가하여 개별적·구체적으로 판단하여야 한다(대판 2019. 5. 30, 2017다53265).

> **[보충지문1] 법인의 대표권을 가진 자가 하는 법률행위는 성립상 효과만 법인에게 귀속할 뿐 그 위반의 효과인 채무불이행책임까지 법인에 귀속하는 것은 아니다(×).** 〈2020년 공인노무사〉
>
> **[보충지문2] 법인의 대표기관이 법인을 위하여 계약을 체결한 경우, 다른 사정이 없으면 그 성립의 효과는 직접 법인에 미치고 계약을 위반한 때에는 법인이 손해를 배상할 책임이 있다(○).** 〈2020년 감정평가사〉

② (○) : 주식회사의 대표이사가 그 대표권의 범위 내에서 한 행위는 설사 대표이사가 회사의 영리목적과 관계없이 자기 또는 제3자의 이익을 도모할 목적으로 그 권한을 남용한 것이라 할지라도 일단 회사의 행위로서 유효하고, 다만 그 행위의 상대방이 대표이사의 진의를 알았거나 알 수 있었을 때에는 회사에 대하여 무효가 되는 것이다(대판 1997. 8. 29, 97다18059).

⑤ (○) : 법인과 이사의 이익이 상반하는 사항에 관하여는 이사는 대표권이 없다. 이 경우에는 전조의 규정에 의하여 특별대리인을 선임하여야 한다(민법 제64조).

108 **법인에 관한 설명 중 옳은 것을 모두 고른 것은?** 〈2023년 변호사 변형〉

> ㄱ. 「민법」상 사단법인과 재단법인의 정관의 변경은 주무관청의 허가를 얻지 못하면 그 효력이 없다.
> ㄴ. 「민법」상 법인은 이사를 두지 않아도 된다.
> ㄷ. 「민법」상 사단법인은 총 사원 4분의 3 이상의 동의가 없으면 해산을 결의하지 못하고, 정관에 다른 규정이 있더라도 마찬가지이다.
> ㄹ. 「민법」상 법인이 채무를 완제하지 못하게 된 때에는 이사는 지체없이 파산신청을 하여야 한다.
> ㅁ. 「민법」상 법인의 이사가 없거나 결원이 있는 경우에 이로 인하여 손해가 생길 염려 있는 때에는 법원은 이해관계인이나 검사의 청구에 의하여 임시이사를 선임하여야 한다.

① ㄱ, ㄴ, ㄷ ② ㄱ, ㄹ ③ ㄷ, ㄹ, ㅁ ④ ㄱ, ㄹ, ㅁ ⑤ ㄱ, ㄷ, ㄹ, ㅁ

정답 108. ④

해 설

ㄱ. (○) : 정관의 변경은 주무관청의 허가를 얻지 아니하면 그 효력이 없다(민법 제45조 제2항, 제45조 제3항).
ㄴ. (×) : 법인은 이사를 두어야 한다(민법 제57조).
ㄷ. (×) : 사단법인은 총사원 4분의 3 이상의 동의가 없으면 해산을 결의하지 못한다. 그러나 정관에 다른 규정이 있는 때에는 그 규정에 의한다(민법 제78조).
ㄹ. (○) : 법인이 채무를 완제하지 못하게 된 때에는 이사는 지체없이 파산신청을 하여야 한다(민법 제79조).
ㅁ. (○) : 이사가 없거나 결원이 있는 경우에 이로 인하여 손해가 생길 염려 있는 때에는 법원은 이해관계인이나 검사의 청구에 의하여 임시이사를 선임하여야 한다(민법 제63조).

109 **다음의 사례에 관한 설명 중 옳은 것을 모두 고른 것은? (다툼이 있는 경우에는 판례에 의함)**

〈2010년 사법시험〉

A고교 동창생들은 모교를 후원하는 활동을 계속하여 오다가, 甲과 乙을 이사로 하는 丙 사단법인을 설립하고 그 설립등기를 마쳤다. 위 법인의 정관에 의하면, 법인의 목적은 A고교의 정보화 교육을 지원하는 것이고, 대표권은 이사가 공동으로 행사하도록 되어 있다. 법인의 이러한 목적은 등기되어 있으나, 대표권의 행사와 관련한 사항은 등기되어 있지 않다. 그 후 甲은 법인을 운영하는 과정에서 단독으로 丙 법인을 대표하여 법인기금 중 1억 원을 이자 연 25%, 변제기 1년 후로 정하여 丁에게 대여하는 계약을 체결하였다.

ㄱ. 甲이 丙 법인의 기금을 증식하기 위하여 丁과 위 소비대차계약을 체결하였더라도 그 계약은 정관에 명시된 목적에 반하는 행위로서 무효이다.
ㄴ. 乙이 위 소비대차계약에 대하여 이의를 제기한 경우, 위 계약은 효력을 잃는다.
ㄷ. 丁이 위 계약 체결 당시 丙 법인의 목적과 대표행위의 방법에 관한 정관 규정을 알았다고 하더라도 丁은 丙 법인에 대하여 소비대차계약에 기한 이행청구를 할 수 있다.
ㄹ. 만약 甲이 丙 법인을 위해 자기 명의로 소비대차계약을 체결하였다면, 원칙적으로 丙 법인이 계약당사자의 지위를 가진다.

① ㄱ ② ㄷ ③ ㄱ, ㄴ ④ ㄷ, ㄹ ⑤ ㄱ, ㄴ, ㄹ

해 설

ㄱ. (×) : 법인의 권리능력은 법인의 설립근거가 된 법률과 정관상의 목적에 의하여 제한되나 그 '목적 범위 내'의 행위라 함은 법률이나 정관에 명시된 목적 자체에 국한되는 것이 아니라 그 목적을 수행하는 데 있어 직접·간접으로 필요한 행위는 모두 포함되는 것이다(대판 2009. 12. 10, 2009다63236 등). 따라서 법인의 목적인 모교의 정보화교육의 지원을 위한 기금을 증식하기 위한 이자부 소비대차계약은 적어도 그 목적을 수행함에 간접으로라도 필요한 행위라고 할 수 있다.
ㄴ. (×), ㄷ. (○) : 법인의 정관에 법인 대표권의 제한에 관한 규정이 있으나 그와 같은 취지가 등기되어 있지 않다면, 법인은 그와 같은 정관의 규정에 대하여 선의냐 악의냐에 관계없이 제3자에 대하여 대항할 수 없다(대판 1992. 2. 14, 91다24564)(ㄷ지문). 甲과 乙의 공동대표에 관하여 정관에는 기재되어 있으나 등기되어 있지 않았으므로 甲이 단독으로 체결한 소비대차계약이라 하더라도 제3자인 丁과의 관계에서는 유효하고, 설령 다른 공동대표자 乙이 이에 대하여 이의를 제기한다고 하여 그 계약이 효력을 잃는 것은 아니다(ㄴ지문).
ㄹ. (×) : 법인의 대표에 관하여는 대리에 관한 규정을 준용하므로(제59조 제2항), 이사가 법인을 대표함에 있

정답 109. ②

어서는 법인을 위한 것임을 표시하여야 하고(제114조 제1항), 만약 이를 표시하지 아니한 때에는 그 의사표시는 자기를 위한 것으로 본다(제115조 본문). 따라서 甲이 자기 명의로 소비대차계약을 체결하였다면 甲이 계약당사자로 된다.

보충지문

110　법인은 법률의 규정에 의함이 아니면 성립하지 못한다. 〈2017년 감정평가사〉

해설　민법 제31조 참조

111-1　사적자치의 원칙에는 '단체결성의 자유'도 포함되므로, 민법상 비영리법인의 경우 설립이나 설립 후의 활동이 관련 법령에 저촉되지 아니하면 족하고, 설립 자체에 주무관청의 허가 등이 필요한 것은 아니다. 〈2016년 법원행시〉

111-2　학술, 종교, 자선, 기예, 사교 기타 영리 아닌 사업을 목적으로 하는 사단 또는 재단은 주무관청의 인가를 얻어 이를 법인으로 할 수 있다. 〈2007년 법원행시〉

해설　주무관청의 허가를 얻어야 한다(제32조). ☞ 설립허가는 본래의 의미의 "허가"를 말하는 것이고 "인가"를 의미하는 것이 아니다.

112　법인은 설립등기를 함으로써 성립한다. 〈2020년 감정평가사〉

해설　민법 제33조 참조

113　어느 사단법인과 다른 사단법인의 동일 여부는, 다른 사정이 없으면 사원의 동일여부를 기준으로 결정된다. 〈2020년 감정평가사〉

해설　사단법인은 일정한 목적을 위해 결합한 사람의 단체에 법인격이 인정된 것을 말하고, 사단법인에 있어 사원 자격의 득실변경에 관한 사항은 정관의 기재사항이므로(민법 제40조 제6호), 어느 사단법인과 다른 사단법인이 동일한 것인지 여부는 그 구성원인 사원이 동일한지 여부에 따라 결정됨이 원칙이다. 다만, 사원 자격의 득실변경에 관한 정관의 기재사항이 적법한 절차를 거쳐서 변경된 경우에는 구성원이 다르더라도 그 변경 전후의 사단법인은 동일성을 유지하면서 존속하는 것이고, 이러한 법리는 법인 아닌 사단에 있어서도 마찬가지이다(대판 2008. 9. 25, 2006다37021).

114　법인은 타인으로부터 상속을 받을 수는 없지만, 특정유증뿐만 아니라 포괄유증도 받을 수 있다. 〈2006년 사법시험〉

해설　상속은 자연인을 전제로 하는 것이다. 하지만 법인도 – 특정유증, 포괄유증을 불문하고 – 유증을 받을 수는 있다.

정답 110. (○) 111-1. (×) 111-2. (×) 112. (○) 113. (○) 114. (○)

115-1 법인에 있어서 그 대표자가 직무에 관하여 불법행위를 한 경우에는 민법 제35조 제1항에 의하여, 법인의 피용자가 사무집행에 관하여 불법행위를 한 경우에는 민법 제756조 제1항에 의하여 각기 손해배상책임을 부담한다. 〈2016년 법원행시〉

115-2 법인의 대표자가 직무에 관해서 불법행위를 한 경우, 피해자는 민법 제35조(법인의 불법행위능력)에 따른 손해배상청구나 민법 제756조(사용자의 배상책임)에 따른 손해배상청구를 할 수 있다. 〈2011년 변리사〉

해설 법인에 있어서 그 대표자가 직무에 관하여 불법행위를 한 경우에는 민법 제35조 제1항에 의하여, 법인의 피용자가 사무집행에 관하여 불법행위를 한 경우에는 민법 제756조 제1항에 의하여 각기 손해배상책임을 부담한다(대판 2009. 11. 26, 2009다57033).

116-1 대표자의 가해행위가 위법하지 않다면 손해가 발생하더라도 법인의 불법행위가 성립하지 않는다. 〈2009년 공인노무사〉

116-2 법인의 불법행위책임을 인정하기 위해서는 외형상 대표기관의 직무행위라고 판단되는 행위가 있으면 족하고 일반불법행위의 요건까지 갖추어야 하는 것은 아니다. 〈2012년 변리사〉

해설 법인의 불법행위책임이 성립하려면 대표자는 민법 제750조 일반불법행위의 요건을 갖추어야 한다.

117 노동조합의 대표자들이 불법쟁의행위를 주도한 경우, 노동조합은 법인의 불법행위책임을 질 수 있다. 〈2012년 공인노무사〉

해설 노동조합의 간부들이 불법쟁의행위를 기획, 지시, 지도하는 등으로 주도한 경우에 이와 같은 간부들의 행위는 조합의 집행기관으로서의 행위라 할 것이므로 이러한 경우 민법 제35조 제1항의 유추적용에 의하여 노동조합은 그 불법쟁의행위로 인하여 사용자가 입은 손해를 배상할 책임이 있다(대판 1994. 3. 25, 93다32828).

118 법인의 대표자가 법인의 목적범위 외의 행위로 인하여 타인에게 손해를 가한 때에는 그 사항의 의결에 찬성하거나 그 의결을 집행한 사원, 이사 및 기타 대표자는 연대하여 배상하여야 한다. 〈2009년 공인노무사〉

해설 민법 제35조 제2항 참조

119 법인의 책임이 성립하는 경우 특별한 사정이 없는 한, 사원이 그 사항의 총회의결에 찬성했다는 사실만으로 법인과 연대책임을 부담하지는 않는다. 〈2018년 감정평가사〉

해설 민법 제35조 제2항은 법인의 책임이 성립하지 않는 경우에 관한 규정이다. 따라서 법인의 책임이 성립하는 경우에는 특별한 사정이 없는 한, 사원이 그 사항의 총회의결에 찬성했다는 사실만으로 법인과 연대책임을 부담하지는 않는다.

정답 115-1. (○) 115-2. (×) 116-1. (○) 116-2. (×) 117. (○) 118. (○) 119. (○)

120 **사단법인의 설립행위는 정관의 작성행위로서 서면에 의한 요식행위이다.** 〈2005년 감정평가사〉

해설 민법 제40조 참조

121 **사단법인의 정관에는 목적, 명칭, 사무소의 소재지, 자산에 관한 규정, 이사의 임면에 관한 규정, 사원자격의 득실에 관한 규정, 존립시기나 해산사유를 정하는 때에는 그 시기 또는 사유를 기재하여야 하며, 그 중 하나를 결하여도 정관은 무효이고 설립이 허가되지 않는다.**

〈2007년 법원행시〉

해설 정관의 필수적 기재사항이 기재되어야 하고 하나라도 빠지면 그 정관은 무효이다(제40조 참조).

122-1 **사단법인 정관의 법적 성질은 자치법규이다.** 〈2020년 공인노무사〉

122-2 **사단법인의 정관도 결국 사원들 사이의 약속으로서 계약의 성질을 가지므로, 어느 시점의 사단법인의 사원들이 정관의 규범적인 의미 내용과 다른 해석을 사원총회의 결의라는 방법으로 표명하였다면 그 결의에 의한 해석은 그 사단법인의 구성원인 사원들을 구속한다.**

〈2016년 법원행시〉

해설 사단법인의 정관은 이를 작성한 사원뿐만 아니라 그 후에 가입한 사원이나 사단법인의 기관 등도 구속하는 점에 비추어 보면 그 법적 성질은 계약이 아니라 자치법규로 보는 것이 타당하므로, 이는 어디까지나 객관적인 기준에 따라 그 규범적인 의미 내용을 확정하는 법규해석의 방법으로 해석되어야 하는 것이지, 작성자의 주관이나 해석 당시의 사원의 다수결에 의한 방법으로 자의적으로 해석될 수는 없다 할 것이어서, 어느 시점의 사단법인의 사원들이 정관의 규범적인 의미 내용과 다른 해석을 사원총회의 결의라는 방법으로 표명하였다 하더라도 그 결의에 의한 해석은 그 사단법인의 구성원인 사원들이나 법원을 구속하는 효력이 없다(대판 2000. 11. 24, 99다12437).

123-1 **사단법인의 정관에 다른 규정이 없는 한, 그 정관은 총사원 3분의 2 이상의 동의가 있는 때에 한하여 이를 변경할 수 있다.** 〈2017년 감정평가사〉

123-2 **사단법인의 정관은 총사원 4분의 3 이상의 동의가 있는 때에 한하여 이를 변경할 수 있다.**

〈2003년 법무사〉

해설 사단법인의 정관은 총사원 3분의 2 이상의 동의가 있는 때에 한하여 이를 변경할 수 있다(제42조).

124 **사단법인의 정관에 그 정관을 변경할 수 없다는 규정이 있더라도 총사원의 동의로 정관을 변경할 수 있다.** 〈2013년 변호사시험〉

해설 사단법인은 재단법인과는 달리 자율적 단체이기 때문에 사단법인의 정관에 그 정관을 변경할 수 없다는 규정이 있더라도 총사원의 동의가 있으면 정관을 변경할 수 있다.

125 **사단법인의 정관변경은 법원의 허가를 얻지 않으면 그 효력이 없다.** 〈2018년 감정평가사〉

해설 제42조 제2항. 법원이 아니라 주무관청의 허가이다.

정답 120. (○) 121. (○) 122-1. (○) 122-2. (×) 123-1. (○) 123-2. (×) 124. (○) 125. (×)

126 **재단법인의 설립자가 그 목적을 정하지 않고 사망한 경우, 이해관계인 또는 검사의 청구에 의하여 법원이 이를 정한다.** 〈2012년 사법시험〉

해 설 민법 제44조에 반한다. 민법은 재단법인의 설립자가 그 명칭·사무소의 소재지·이사임면의 방법과 같은 사항을 정하지 않고서 사망한 때에는 정관의 보충제도를 두고 있지만, '목적'에 대해서는 보충을 인정하지 않는다.

127 **재단법인 설립자가 이사의 임면방법을 정하지 아니하고 사망한 경우, 이해관계인의 청구에 의하여 주무관청이 이를 정한다.** 〈2018년 감정평가사〉

해 설 제44조. 주무관청이 아니라 법원이 정한다.

128 **재단법인의 정관은 그 변경방법을 정관에 정하지 않았더라도 설립자가 주무관청의 허가를 얻어 변경할 수 있다.** 〈2003년 법무사〉

해 설 재단법인의 정관은 그 변경방법을 정관에 정한 때에 한하여 변경할 수 있다(제45조 제1항).

129 **재단법인의 재산보전을 위하여 적당한 때에는 정관에 변경방법이 없더라도 명칭 또는 사무소의 소재지를 변경할 수 있다.** 〈2018년 감정평가사〉

해 설 민법 제45조 제2항 참조

130 **재단법인의 정관에서 정관의 변경방법을 정하지 않은 경우에도, 일정한 요건 하에 목적 기타 정관의 규정을 변경할 수 있다.** 〈2008년 감정평가사〉

해 설 재단법인의 목적을 달성할 수 없는 때에는 설립자나 이사는 주무관청의 허가를 얻어 설립의 취지를 참작하여 그 목적 기타 정관규정을 변경할 수 있다(제46조).

131 **정관변경에 대한 주무관청의 허가는 법률행위의 효력을 보충해 주는 것이지 일반적 금지를 해제하는 것이 아니므로 그 법적 성격은 인가이다.** 〈2005년 감정평가사〉

해 설 민법 제45조와 제46조에서 말하는 재단법인의 정관변경 "허가"는 법률상의 표현이 허가로 되어 있기는 하나, 그 성질에 있어 법률행위의 효력을 보충해 주는 것이지 일반적 금지를 해제하는 것이 아니므로, 그 법적 성격은 인가라고 보아야 한다[대판(전합) 1996. 5. 16, 95누4810].

132-1 **재단법인이 정관에 정하여진 변경방법에 따라 정관을 변경하더라도 주무관청의 허가를 얻지 아니하면 그 효력이 없다.** 〈2016년 사법시험〉

132-2 **재단법인의 기본재산 처분은 정관변경을 요하는 것이므로 주무관청의 허가를 받아야 하며, 허가가 없으면 그 처분행위는 물권계약으로 무효일 뿐 아니라 채권계약으로서도 무효이다.** 〈2017년 법원행시〉

해 설 재단법인의 기본재산의 처분은 정관변경을 요하는 것이므로 주무관청의 허가가 없으면 그 처분행위는 물권계약으로 무효일 뿐 아니라 채권계약으로서도 무효이다(대판 1974. 6. 11, 73다1975).

정 답 126. (×) 127. (×) 128. (×) 129. (○) 130. (○) 131. (○) 132-1. (○) 132-2. (○)

133 민법상 재단법인의 기본재산에 관한 저당권 설정행위는 기본재산의 처분행위에 속하므로, 이에 관하여는 주무관청의 허가를 얻어야 한다. 〈2020년 법무사〉

해설 [1] 민법 제32조, 제40조 제4호, 제42조 제2항, 제43조, 제45조 제3항, 제1항에 의하면, 재단법인은 정관에 재단법인의 자산에 관한 규정을 두어야 하고, 재단법인의 설립과 정관의 변경에는 주무관청의 허가를 얻어야 한다. 따라서 주무관청의 허가를 얻은 정관에 기재된 기본재산의 처분행위로 인하여 재단법인의 정관 기재사항을 변경하여야 하는 경우에는, 그에 관하여 **주무관청의 허가를 얻어야 한다.** 이는 **재단법인의 기본재산에 대하여 강제집행을 실시하는 경우에도 동일**하나, 주무관청의 허가는 반드시 사전에 얻어야 하는 것은 아니므로, 재단법인의 정관변경에 대한 주무관청의 허가는, 경매개시요건은 아니고, 경락인의 소유권취득에 관한 요건이다. 그러므로 집행법원으로서는 그 허가를 얻어 제출할 것을 특별매각조건으로 경매절차를 진행하고, 매각허가결정 시까지 이를 제출하지 못하면 매각불허가결정을 하면 된다. [2] 민법상 재단법인의 기본재산에 관한 **저당권 설정행위**는 특별한 사정이 없는 한 정관의 기재사항을 변경하여야 하는 경우에 해당하지 않으므로, 그에 관하여는 **주무관청의 허가를 얻을 필요가 없다**(대결 2018. 7. 20, 자 2017마1565).

[예외판례] 민법상 **재단법인의 정관에** 기본재산은 담보설정 등을 할 수 없으나 주무관청의 허가·승인을 받은 경우에는 이를 할 수 있다는 취지로 정해져 있고, **정관 규정에 따라 주무관청의 허가·승인을 받아** 민법상 재단법인의 기본재산에 관하여 **근저당권을 설정한 경우**, 그와 같이 설정된 **근저당권을 실행하여 기본재산을 매각할 때**에는 주무관청의 허가를 다시 받을 필요는 없다(대결 2019. 2. 28, 자 2018마800).

134 사단법인의 존립시기나 해산사유를 정한 때에는 그 시기 또는 사유도 법인의 등기사항이다. 〈2003년 법무사〉

해설 사단법인의 경우에는 존립 시기나 해산사유를 정할 수 있고, 그 정한 바가 있으면 정관의 필요적 기재사항이다(제40조). 나아가 설립등기사항이기도 하다(제49조 제5호).

135 사단법인의 사원의 지위는 양도할 수도 없고 상속할 수도 없다. 〈2007년 법무사〉

해설 민법 제56조 참조

136 이사가 수인(數人)인 경우에 법인의 사무집행은 정관에 다른 규정이 없는 한 이사의 과반수로써 결정한다. 〈2017년 감정평가사〉

해설 민법 제58조 제2항 참조

137 이사는 법인의 사무에 관하여 각자 법인을 대표하지만, 정관의 규정한 취지에 위반할 수 없고 특히 사단법인은 총회의 의결에 의하여야 한다. 〈2003년 법원행시〉

해설 민법 제59조 제1항 참조

138 이사의 대표권에 대한 제한은 이를 정관에 기재하지 않더라도 악의의 제3자에 대해서는 효력이 있다. 〈2003년 법무사〉

해설 제41조에 반한다. 이사의 대표권에 대한 제한은 이를 정관에 기재하지 아니하면 그 효력이 없다(효력요건).

정답 133. (×) 134. (○) 135. (○) 136. (○) 137. (○) 138. (×)

139 **법인의 이사의 대표권에 대한 제한은 정관에 규정이 있더라도 등기하지 않으면 효력이 없다.** 〈2007년 법원행시〉

해설 대표권의 제한은 정관에 기재하지 아니하면 효력이 없고(효력요건, 제41조), 이를 등기하지 않으면 제3자에게 대항할 수 없다(대항요건, 제60조). ☞ 등기는 대항요건에 불과하므로 등기하지 않더라도 법인과 이사 사이에 대표권 제한의 효력은 있다.

140 **법원의 가처분명령에 의해 선임된 이사직무대행자는 그 명령에 다른 정함이 있는 경우 외에는 법원의 허가없이 법인의 통상사무에 속하지 아니한 행위를 하지 못하고, 만약 위 직무대행자가 그에 위반한 행위를 한 경우 법인은 선의의 제3자에 대하여 책임을 진다.** 〈2019년 변호사시험〉

해설 민법 제60조의2(직무대행자의 권한) ①제52조의2의 직무대행자는 가처분명령에 다른 정함이 있는 경우 외에는 법인의 통상사무에 속하지 아니한 행위를 하지 못한다. 다만, 법원의 허가를 얻은 경우에는 그러하지 아니하다. ②직무대행자가 제1항의 규정에 위반한 행위를 한 경우에도 법인은 선의의 제3자에 대하여 책임을 진다.

141 **이사는 선량한 관리자의 주의로 그 직무를 행하여야 한다.** 〈2015년 공인노무사〉

해설 이사는 선량한 관리자의 주의로 그 직무를 행하여야 한다(제61조).

142 **이사는 정관 또는 총회의 결의로 금지하지 아니한 사항에 한하여 타인으로 하여금 특정한 행위를 대리하게 할 수 있다.** 〈2008년 감정평가사, 2015년 공인노무사〉

해설 이사는 정관 또는 총회의 결의로 금지하지 아니한 사항에 한하여 타인으로 하여금 특정한 행위를 대리하게 할 수 있다(제62조).

143 **이사가 없거나 결원이 있는 경우에 이로 인하여 손해가 생길 염려 있는 때에는 법원은 이해관계인이나 검사의 청구에 의하여 특별대리인을 선임하여야 한다.** 〈2015년 공인노무사〉

해설 이사가 없거나 결원이 있는 경우에 이로 인하여 손해가 생길 염려 있는 때에는 법원은 이해관계인이나 검사의 청구에 의하여 '특별대리인'이 아닌 '임시이사'를 선임하여야 한다(제63조).

144-1 **이사가 없거나 결원이 있는 경우에 이로 인하여 손해가 생길 염려가 있는 때에는 법원은 일정한 자의 청구에 의하여 임시이사를 선임하여야 하는데, 검사도 청구권자에 포함된다.** 〈2007년 감정평가사〉

144-2 **주무관청은 이해관계인의 청구에 의하여 임시이사를 선임할 수 있다.** 〈2018년 공인노무사〉

해설 이사가 없거나 결원이 있는 경우에 이로 인하여 손해가 생길 염려 있는 때에는 법원은 이해관계인이나 검사의 청구에 의하여 임시이사를 선임하여야 한다(제63조). ☞ 주무관청이 아니라 법원이다.

145 **이사가 그 임무를 해태한 때에는 그 이사는 법인에 대하여 연대하여 손해배상의 책임이 있다.** 〈2003년 법원행시〉

정답 139. (×) 140. (○) 141. (○) 142. (○) 143. (×) 144-1. (○) 144-2. (×) 145. (○)

해 설 이사가 수인인 경우 의무를 위반한 각 이사는 연대하여 배상책임을 진다(제65조).

146-1 민법에서 법인과 그 기관인 이사의 관계는 위임인과 수임인의 법률관계와 같다. 〈2020년 감정평가사〉

146-2 민법상 법인과 그 기관인 이사와의 관계는 위임자와 수임자의 법률관계와 같아서 이사가 사임하면 일단 위임관계는 종료됨이 원칙이나 후임 이사의 선임시까지 이사가 존재하지 않는다면 법인으로서는 정상적인 활동을 중단하여야 할 상황에 놓이게 되므로, 사임한 이사라도 임무를 수행함이 부적당하다고 인정할 만한 특별한 사정이 없는 한 후임 이사가 선임될 때까지 이사의 직무를 계속 수행할 수 있다. 〈2019년 법무사〉

해 설 민법상 법인과 그 기관인 이사와의 관계는 위임자와 수임자의 법률관계와 같아서 이사가 사임하면 일단 위임관계는 종료됨이 원칙이나 후임 이사의 선임시까지 이사가 존재하지 않는다면 기관에 의하여 행위를 할 수밖에 없는 법인으로서는 당장 정상적인 활동을 중단하여야 할 상황에 놓이게 되고 이는 민법 제691조에 규정된 위임종료의 경우에 급박한 사정이 있는 때와 같으므로 사임한 이사라도 임무를 수행함이 부적당하다고 인정할 만한 특별한 사정이 없는 한 후임 이사가 선임될 때까지 이사의 직무를 계속 수행할 수 있다(대판 2003. 3. 14, 2001다7599).

147 법인의 이사회와 감사는 필요기관이 아니다. 〈2008년 감정평가사〉

해 설 임의기관이다(제66조 참조). 특히, 이사회는 상법상 기관에 불과하다(상법 제390조 이하 참조).

148 사단법인의 사무는 정관으로 이사 또는 기타 임원에게 위임한 사항 이외에는 총회의 결의에 의하여야 한다. 〈2007년 법무사〉

해 설 민법 제68조 참조

149 종중총회의 소집통지가 총회일 5일 전에 이루어져 "총회의 소집은 1주간 전에 통지를 발하고 기타 정관에 정한 방법에 의하여야 한다."고 규정한 민법 제71조의 규정에 위반된 경우, 위 종중총회에서의 결의는 특별한 사정이 없는 한 무효이다. 〈2011년 법원행시〉

해 설 종중원인 甲을 비롯한 10명의 종원이 1991. 9. 3. 연락 가능한 종원들에게 임시총회 소집통지를 한 다음 1991. 9. 8. 13 : 00경 종중총회를 개최하여 甲을 종중의 대표자로 선출하였다면, 그 종중총회의 소집절차는 "총회의 소집은 1주간 전에 통지를 발하고 기타 정관에 정한 방법에 의하여야 한다."고 규정한 민법 제71조의 규정에 위반되어, 특별한 사정이 없는 한 그 종중총회의 결의는 그 효력이 없다(대판 1995. 11. 7, 94다7669).

150 법인 아닌 사단의 총회 소집권자가 총회 소집을 철회하는 경우 반드시 총회 소집과 동일한 방식으로 통지해야 할 필요는 없고, 총회 구성원들에게 소집 철회의 결정이 있었음이 알려질 수 있는 적절한 조치를 취하는 것으로 충분하다. 〈2017년 변호사시험〉

해 설 법인이나 법인 아닌 사단의 총회에 있어서 총회의 소집권자가 총회의 소집을 철회·취소하는 경우에는 반드시 총회의 소집과 동일한 방식으로 그 철회·취소를 총회 구성원들에게 통지하여야 할 필요는 없고, 총

정답 146-1. (○) 146-2. (○) 147. (○) 148. (○) 149. (○) 150. (○)

회 구성원들에게 소집의 철회·취소결정이 있었음이 알려질 수 있는 적절한 조치가 취하여지는 것으로써 충분히 그 소집 철회·취소의 효력이 발생한다(대판 2007. 4. 12, 2006다77593).

151 총회에서의 각 사원의 결의권은 평등하며 정관에 이와 다른 규정을 둘 수 없다. 〈2007년 법무사〉

해설 각 사원의 결의권은 평등으로 하지만(제73조 제1항), 정관에 다른 규정이 있는 때에는 적용하지 아니한다(제73조 제3항).

152 사단법인의 의사결정기관은 사원총회이고, 총회의 결의는 민법 또는 정관에 다른 규정이 없으면 사원 과반수의 출석과 출석사원의 결의권의 과반수로써 하는데, 이 때 각 사원의 결의권 행사에 관한 의사의 진정성을 담보하기 위하여 결의권을 서면으로 행사하는 것은 금지된다. 〈2016년 법원행시〉

해설 제75조 제1항, 제73조 제2항. ☞ 사원은 서면이나 대리인으로 결의권을 행사할 수 있다.

153 정관규정에 법인해산시 잔여재산의 귀속권리자를 직접 지정하지 아니하고 이사회의 결의에 따라 이를 정하도록 하는 등 간접적으로 그 귀속권리자의 지정방법을 정하는 것도 유효하므로, 청산인이 이러한 정관규정에 반하여 이사회의 결의 없이 잔여재산을 처분하는 행위는 특별한 사정이 없는 한 무효이다. 〈2005년 사법시험〉

해설 [1] 민법 제80조 제1항과 제2항의 각 규정 내용을 대비하여 보면, 법인 해산시 잔여재산의 귀속권리자를 직접 지정하지 아니하고 사원총회나 이사회의 결의에 따라 이를 정하도록 하는 등 간접적으로 그 귀속권리자의 지정방법을 정해 놓은 정관 규정도 유효하다. [2] 민법상의 청산절차에 관한 규정은 모두 제3자의 이해관계에 중대한 영향을 미치기 때문에 이른바 강행규정이라고 해석되므로 이에 반하는 잔여재산의 처분행위는 특단의 사정이 없는 한 무효라고 보아야 한다(대판 1995. 2. 10, 94다13473).

154 잔여재산의 귀속권리자를 정관에 지정한 바 없고, 이사 또는 청산인이 주무관청의 허가를 얻어 총회의 결의로 지정하지 않은 경우에는 잔여재산은 국고에 귀속한다. 〈2011년 법원행시〉

해설 민법 제80조 참조

155 청산법인이나 청산인이 청산법인의 목적 범위 외의 행위를 한 때는 무효이다. 〈2011년 법원행시〉

해설 해산한 법인은 청산의 목적 범위내에서 권리와 의무의 주체가 된다(제81조). 그리고 법인의 청산에 관한 규정은 강행규정이다. 따라서 목적 범위 외의 행위는 무효이다(강행규정위반).

156 회사가 부채과다로 사실상 파산지경에 있어 업무도 수행하지 아니하고 대표이사나 그의 이사도 없는 상태에 있다고 하여도 적법한 해산절차를 거쳐 청산을 종결하기까지는 법인의 권리능력이 소멸한 것으로 볼 수 없다. 〈2006년 사법시험〉

해설 대판 1985. 6. 25, 84다카1954 참조

정답 151. (×) 152. (×) 153. (○) 154. (○) 155. (○) 156. (○)

157 **법인이 청산하는 경우 청산종결등기는 창설적 효력이 있는 것이 아니라 대항요건에 불과하다.**

〈2016년 사법시험〉

해 설 법인의 설립등기외의 다른 등기는 대항요건이다(제54조 참조).

Ⅷ. 권리능력 없는 사단(=비법인사단)

158 **정관이 있는 비법인사단에 유추적용할 수 없는 규정은? (다툼이 있으면 판례에 따름)**

〈2018년 감정평가사〉

① 이사의 대표권에 대한 제한은 등기하지 아니하면 제3자에게 대항하지 못한다는 민법 제60조
② 법인은 법률의 규정에 좇아 정관으로 정한 목적의 범위 내에서 권리와 의무의 주체가 된다는 민법 제34조
③ 법인은 이사 기타 대표자가 그 직무에 관하여 타인에게 가한 손해를 배상할 책임이 있다는 민법 제35조 제1항
④ 사단법인의 사무는 정관으로 이사 또는 기타 임원에게 위임한 사항 외에는 총회의 결의에 의하여야 한다는 민법 제68조
⑤ 이사는 정관 또는 총회의 결의로 금지하지 아니한 사항에 한하여 타인으로 하여금 특정한 행위를 대리하게 할 수 있다는 민법 제62조

해 설

① (유추적용×) : 비법인사단의 경우에는 대표자의 대표권 제한에 관하여 등기할 방법이 없어 민법 제60조의 규정을 준용할 수 없고, 비법인사단의 대표자가 정관에서 사원총회의 결의를 거쳐야 하도록 규정한 대외적 거래행위에 관하여 이를 거치지 아니한 경우라도, 이와 같은 사원총회 결의사항은 비법인사단의 내부적 의사결정에 불과하다 할 것이므로, 그 거래 상대방이 그와 같은 대표권 제한 사실을 알았거나 알 수 있었을 경우가 아니라면 그 거래행위는 유효하다고 봄이 상당하고, 이 경우 거래의 상대방이 대표권 제한 사실을 알았거나 알 수 있었음은 이를 주장하는 비법인사단측이 주장·입증하여야 한다(대판 2003. 7. 22, 2002다64780).
② (유추적용○) : 지방 향교의 관할 구역은 독립된 비법인 사단인 지방 향교의 설립 목적과 사원 자격에 직결되어 있으므로, 비법인 사단에 유추적용되는 민법 제34조에 따라 기본적으로 지방 향교의 정관이나 규약 등에 의하여 결정되는 것으로 봄이 상당하다(대판 2010. 5. 27, 2006다72109).
③ (유추적용○) : 주택조합과 같은 비법인사단의 대표자가 직무에 관하여 타인에게 손해를 가한 경우 그 사단은 민법 제35조 제1항의 유추적용에 의하여 그 손해를 배상할 책임이 있으며, 비법인사단의 대표자의 행위가 대표자 개인의 사리를 도모하기 위한 것이었거나 혹은 법령의 규정에 위배된 것이었다 하더라도 외관상, 객관적으로 직무에 관한 행위라고 인정할 수 있는 것이라면 민법 제35조 제1항의 직무에 관한 행위에 해당한다(대판 2003. 7. 25, 2002다27088).
④ (유추적용○) : 비법인사단에 대하여는 사단법인에 관한 민법 규정 가운데서 법인격을 전제로 하는 것을 제외하고는 이를 유추적용할 것인바, 민법 제40조, 제58조, 제68조에 의하면 법인의 경우 정관의 규정에 따라 이사의 임면이나 수인의 이사의 사무집행이 이루어지는 것이며 총회의 권한을 정관에 의하여 이사 또는 기타 임원에게 위임할 수 있으므로, 그 실질이 비법인사단인 주택조합에서 최초 임원은 총회에서 선출하되 결원 임원은 임원회의 추천을 받아 조합장이 임명하고, 임원으로 구성된 운영위원회에서의 결의는 총회 결의와 동일한 효력을 가지도록 하는 내용을 규약으로 정한 경우, 그 규약에 정한 바에 따른 조합장에 의한 결원임원의 임명 및 총

정 답 157. (○) 158. ①

회권한의 운영위원회에의 위임이 사단성의 본질에 반하는 것으로 볼 수 없다(대판 1997. 1. 24, 96다39721, 39738).
⑤ (유추적용○) : 비법인사단에 대하여는 사단법인에 관한 민법 규정 가운데서 법인격을 전제로 하는 것을 제외하고는 이를 유추적용하여야 할 것인바, 민법 제62조의 규정에 비추어 보면 비법인사단의 대표자는 정관 또는 총회의 결의로 금지하지 아니한 사항에 한하여 타인으로 하여금 특정한 행위를 대리하게 할 수 있을 뿐 비법인사단의 제반 업무처리를 포괄적으로 위임할 수는 없다 할 것이므로, 비법인사단 대표자가 행한 타인에 대한 업무의 포괄적 위임과 그에 따른 포괄적 수임인의 대행행위는 민법 제62조의 규정에 위반된 것이어서 비법인사단에 대하여는 그 효력이 미치지 아니한다(대판 1996. 9. 6, 94다18522).

159 **권리의 주체에 관한 설명으로 옳지 않은 것은? (다툼이 있는 경우 판례에 의함)** 〈2006년 변리사〉

① 실종선고를 직접원인으로 하여 선의로 재산을 취득한 자로부터 그 재산을 양수한 선의자는 확정적으로 그 재산에 관한 권리를 취득한다.
② 미성년자가 신용카드발행인과 신용카드 이용계약을 체결하여 신용카드거래를 하다가 그 이용계약을 취소하면, 특별한 사정이 없는 한 미성년자와 가맹점 사이에 체결된 개별적인 매매계약도 무효가 된다.
③ 법인 아닌 사단의 재산에 관한 소송에 있어서 그 사단의 구성원은 설령 그가 사단의 대표자라거나 사원총회의 결의를 거쳤다 하더라도 그 소송의 당사자가 될 수 없고, 이는 보존행위로서 소를 제기하는 경우에도 마찬가지이다.
④ 유언으로 부동산을 출연하여 재단법인을 설립하는 경우, 재단법인이 그 부동산에 관하여 등기를 마치지 아니하면 유언자의 상속인 중 1인으로부터 그 부동산의 지분을 취득하여 이전등기를 마친 선의의 제3자에게 대항할 수 없다.
⑤ 법인 아닌 사단의 대표자가 정관에서 사원총회의 결의를 거쳐야 하도록 규정한 거래행위를 사원총회의 결의 없이 행한 경우, 그 행위는 상대방이 이러한 대표권 제한사실을 알았거나 알 수 있었을 경우가 아니라면 유효하다.

해설

① (○) : 실종자를 보호하는 쌍방선의설이든 기타 절대적 효력설, 상대적 효력설이든 모두 수익자·전득자가 선의이기 때문에 확정적으로 소유권 취득을 인정한다.
② (×) : 미성년자가 신용카드발행인과 사이에 신용카드 이용계약을 체결하여 신용카드거래를 하다가 신용카드 이용계약을 취소하는 경우 미성년자는 그 행위로 인하여 받은 이익이 현존하는 한도에서 상환할 책임이 있는바, 신용카드 이용계약이 취소됨에도 불구하고 신용카드회원과 해당 가맹점 사이에 체결된 개별적인 매매계약은 특별한 사정이 없는 한 신용카드 이용계약취소와 무관하게 유효하게 존속한다(대판 2005. 4. 15, 2003다60297, 60303, 60310, 60327).
③ (○) : 총유재산에 관한 소송은 법인 아닌 사단이 그 명의로 사원총회의 결의를 거쳐 하거나 또는 그 구성원 전원이 당사자가 되어 필수적 공동소송의 형태로 할 수 있을 뿐 그 사단의 구성원은 설령 그가 사단의 대표자라거나 사원총회의 결의를 거쳤다 하더라도 그 소송의 당사자가 될 수 없고, 이러한 법리는 총유재산의 보존행위로서 소를 제기하는 경우에도 마찬가지라 할 것이다(대판 2005. 9. 15, 2004다44971 전원합의체).

[보충지문] 총유재산은 공유나 합유의 경우와는 달리 보존행위라도 구성원 각자가 할 수 없음이 원칙이나, 법인 아닌 사단의 대표자는 사원총회의 결의를 거쳤다면 총유재산에 관한 소송의 당사자가 될 수 있다(×). 〈2016년 사법시험〉

정답 159. ②

④ (○) : 유언으로 재단법인을 설립하는 경우에도 제3자에 대한 관계에서는 출연재산이 부동산인 경우는 그 법인에의 귀속에는 법인의 설립 외에 등기를 필요로 하는 것이므로, 재단법인이 그와 같은 등기를 마치지 아니하였다면 유언자의 상속인의 한 사람으로부터 부동산의 지분을 취득하여 이전등기를 마친 선의의 제3자에 대하여 대항 할 수 없다(대판 1993. 9. 14, 93다8054).

⑤ (○) : 비법인사단의 경우에는 대표자의 대표권 제한에 관하여 등기할 방법이 없어 민법 제60조의 규정을 준용할 수 없고, 비법인사단의 대표자가 정관에서 사원총회의 결의를 거쳐야 하도록 규정한 대외적 거래행위에 관하여 이를 거치지 아니한 경우라도, 이와 같은 사원총회 결의사항은 비법인사단의 내부적 의사결정에 불과하다 할 것이므로, 그 거래 상대방이 그와 같은 대표권 제한 사실을 알았거나 알 수 있었을 경우가 아니라면 그 거래행위는 유효하다고 봄이 상당하다(대판 2003. 7. 22, 2002다64780).

160 **민법상의 단체에 관한 설명으로 옳지 않은 것은? (다툼이 있는 경우에는 판례에 의함)**

〈2006년 변리사〉

① 민법상의 조합과 법인 아닌 사단을 구별함에 있어서는 일반적으로 그 단체성의 강약을 기준으로 판단하며, 조합의 명칭을 갖고 있는 단체라도 법인 아닌 사단으로서의 실체를 가질 수 있다.

② 주택건설촉진법에 의하여 설립된 재건축조합은 민법상의 법인 아닌 사단에 해당하고, 재건축조합이 주체가 되어 신축·완공한 상가건물은 조합원 전원의 총유에 속한다.

③ 대표기관의 행위에 대하여 법인이 불법행위책임을 지는 경우에도 그 행위를 한 대표기관은 개인적 책임을 면할 수 없고, 법인과 대표기관의 책임은 부진정연대채무관계에 있다.

④ 법인의 이사는 자연인만이 될 수 있고, 정관에 별도의 정함이 없으면 법인은 언제든지 이사를 해임할 수 있으며 이사도 언제든지 퇴임할 수 있다.

⑤ 법인의 정관에 대표권의 제한에 관한 규정이 있으면, 그 취지가 등기되지 않은 경우에도 법인은 악의의 제3자에게 대항할 수 있다.

해 설

① (○) : 민법상의 조합과 법인격은 없으나 사단성이 인정되는 비법인사단을 구별함에 있어서는 일반적으로 그 단체성의 강약을 기준으로 판단하여야 하는바, 어떤 단체가 고유의 목적을 가지고 사단적 성격을 가지는 규약을 만들어 이에 근거하여 의사결정기관 및 집행기관인 대표자를 두는 등의 조직을 갖추고 있고, 기관의 의결이나 업무집행방법이 다수결의 원칙에 의하여 행하여지며, 구성원의 가입, 탈퇴 등으로 인한 변경에 관계없이 단체 그 자체가 존속되고, 그 조직에 의하여 대표의 방법, 총회나 이사회 등의 운영, 자본의 구성, 재산의 관리 기타 단체로서의 주요사항이 확정되어 있는 경우에는 비법인사단으로서의 실체를 가진다고 할 것이다(대판 2001. 9. 28, 99다27705).

② (○) : 따라서 총유물의 관리 및 처분에 관하여 재건축조합의 정관이나 규약에 정한 바가 있으면 이에 따라야 하고, 그에 관한 정관이나 규약이 없으면 조합원 총회의 결의에 의하여야 하고, 재건축조합의 대표자가 조합원 총회의 결의 없이 한 조합재산의 처분행위가 무효이다(대판 2001. 5. 29, 2000다10246).

③ (○) : 법인은 이사 기타 대표자가 그 직무에 관하여 타인에게 가한 손해를 배상할 책임이 있다. 이사 기타 대표자는 이로 인하여 자기의 손해배상책임을 면하지 못한다(제35조 제1항). 이 때 법인과 대표기관의 책임은 부진정연대채무관계에 있다는 것이 통설이다.

④ (○) : 이사는 자연인만이 될 수 있으며(통설), 별도의 정함이 없으면 법인은 언제든지 이사를 해임할 수 있으며 이사도 언제든지 퇴임할 수 있다(대판 1992. 7. 24, 92다749).

⑤ (×) : 판례는 법인의 정관에 법인 대표권의 제한에 관한 규정이 있으나 그와 같은 취지가 등기되어 있지 않

정답 160. ⑤

다면 법인은 그와 같은 정관의 규정에 대하여 선의냐 악의냐에 관계없이 제3자에 대하여 대항할 수 없다고 판시하였다(대판 1992. 2. 14, 91다24564).

161 권리능력 없는 사단에 관한 설명으로 옳지 않은 것은? (다툼이 있는 경우에는 판례에 의함)

〈2013년 변리사〉

① 권리능력 없는 사단에게도 소송상 당사자능력 및 등기능력이 인정될 수 있다.

② 권리능력 없는 사단의 대표자가 정관을 위반하여 사원총회의 결의를 거치지 않고 거래행위를 한 경우, 그 거래 상대방이 대표권제한 사실을 알았거나 알 수 있었던 경우가 아니라면 그 거래행위는 유효하다.

③ 권리능력 없는 사단인 종중 소유의 재산에 대한 보존행위로서 소송을 하는 경우, 특별한 사정이 없는 한 총회의 결의를 거쳐야 하는 것은 아니다.

④ 권리능력 없는 사단의 구성원들이 2개의 사단으로 나뉘어 각각 독립한 사단으로 존속하면서 종전 사단에게 귀속되었던 재산을 소유하는 방식의 분열은 인정되지 않는다.

⑤ 권리능력 없는 사단의 구성원 중 일부가 탈퇴하여 새로운 권리능력 없는 사단을 설립한 경우, 종전의 사단 구성원들이 총유의 형태로 소유하고 있는 재산을 새로이 설립된 사단의 구성원들에게 양도하는 것은 허용된다.

해설

① (○) : 종중·문중 기타 대표자나 관리인이 있는 법인 아닌 사단이나 재단에 속하는 부동산의 등기에 관하여서는 그 사단 또는 재단을 등기권리자 또는 등기의무자로 한다(부동산등기법). 그리고 법인이 아닌 사단이나 재단은 대표자 또는 관리인이 있는 경우에는 그 사단이나 재단의 이름으로 당사자가 될 수 있다(민사소송법 제52조).

② (○) : 비법인사단의 경우에는 대표자의 대표권제한에 관하여 등기할 방법이 없어 민법 제60조의 규정을 준용할 수 없고, 비법인사단의 대표자가 정관에서 사원총회의 결의를 거쳐야 하도록 규정한 대외적 거래행위에 관하여 이를 거치지 아니한 경우라도, 이와 같은 사원총회 결의사항은 비법인사단의 내부적 의사결정에 불과하다 할 것이므로, 그 거래상대방이 그와 같은 대표권제한사실을 알았거나 알 수 있었을 경우가 아니라면 그 거래행위는 유효하다(대판 2003. 7. 22, 2002다64780).

③ (×) : 판례는 총유재산의 소송행위를 하는 것은 공유나 합유의 보존행위규정이 적용되지 않고, 총회의 결의를 거쳐 법인격 없는 사단이 하거나, 전원이 할 수 있다고 한다(대판 2005. 9. 15, 2004다44971 전원합의체 등).

④ (○) : 우리 민법이 사단법인에 있어서 구성원의 탈퇴나 해산은 인정하지만 사단법인의 구성원들이 2개의 법인으로 나뉘어 각각 독립한 법인으로 존속하면서 종전 사단법인에게 귀속되었던 재산을 소유하는 방식의 사단법인의 분열은 인정하지 아니한다. 그 법리는 법인 아닌 사단에 대하여도 동일하게 적용된다(대판 2006. 4. 20, 2004다37775 전원합의체).

⑤ (○) : 대판 2008. 1. 31, 2005다60871 참조

162 권리능력 없는 사단에 관한 설명으로 옳은 것은? (다툼이 있으면 판례에 따름) 〈2018년 변리사〉

① 권리능력 없는 사단의 구성원은 그가 사단의 대표자이거나 사원총회의 결의를 거쳤다 하더라도 그 사단의 재산에 관한 제3자와의 소송에서 당사자가 될 수 없다.

② 권리능력 없는 사단의 사원이 집합체로서 물건을 소유한 경우에는 합유로 한다.

정답 161. ③ 162. ①

③ 권리능력 없는 사단에 구성원이 없게 되었다면 그 사단은 바로 소멸하여 소송상의 당사자능력을 상실한다.
④ 권리능력 없는 사단의 대표자는 필요한 경우에 자신의 업무를 타인에게 포괄적으로 위임할 수 있다.
⑤ 권리능력 없는 사단의 사원의 지위는 규약에 의해서라도 양도나 상속될 수 없다.

해설

①(○) : 민법 제276조 제1항은 "총유물의 관리 및 처분은 사원총회의 결의에 의한다.", 같은 조 제2항은 "각 사원은 정관 기타의 규약에 좇아 총유물을 사용·수익할 수 있다."라고 규정하고 있을 뿐 공유나 합유의 경우처럼 보존행위는 그 구성원 각자가 할 수 있다는 민법 제265조 단서 또는 제272조 단서와 같은 규정을 두고 있지 아니한바, 이는 법인 아닌 사단의 소유형태인 총유가 공유나 합유에 비하여 단체성이 강하고 구성원 개인들의 총유재산에 대한 지분권이 인정되지 아니하는 데에서 나온 당연한 귀결이라고 할 것이므로 총유재산에 관한 소송은 법인 아닌 사단이 그 명의로 사원총회의 결의를 거쳐 하거나 또는 그 구성원 전원이 당사자가 되어 필수적 공동소송의 형태로 할 수 있을 뿐 **그 사단의 구성원은 설령 그가 사단의 대표자라거나 사원총회의 결의를 거쳤다 하더라도 그 소송의 당사자가 될 수 없고**, 이러한 법리는 총유재산의 보존행위로서 소를 제기하는 경우에도 마찬가지라 할 것이다(대판 2005. 9. 15, 2004다44971 전원합의체).
②(×) : 민법 제275조 제1항(물건의 총유) 법인이 아닌 사단의 사원이 집합체로서 물건을 소유할 때에는 총유로 한다.
③(×) : 법인 아닌 사단에 대하여는 사단법인에 관한 민법규정 가운데서 법인격을 전제로 하는 것을 제외하고는 이를 유추적용하여야 할 것인바, 사단법인에 있어서는 사원이 없게 된다고 하더라도 이는 해산사유가 될 뿐 막바로 권리능력이 소멸하는 것이 아니므로 법인 아닌 사단에 있어서도 구성원이 없게 되었다 하여 막바로 그 사단이 소멸하여 소송상의 당사자능력을 상실하였다고 할 수는 없고 청산사무가 완료되어야 비로소 그 당사자능력이 소멸하는 것이다(대판 1992. 10. 9, 92다23087).
④(×) : 비법인사단에 대하여는 사단법인에 관한 민법 규정 가운데서 법인격을 전제로 하는 것을 제외하고는 이를 유추적용하여야 할 것인바, 민법 제62조의 규정에 비추어 보면 비법인사단의 대표자는 정관 또는 총회의 결의로 금지하지 아니한 사항에 한하여 타인으로 하여금 특정한 행위를 대리하게 할 수 있을 뿐 비법인사단의 제반 업무처리를 포괄적으로 위임할 수는 없다 할 것이므로, 비법인사단 대표자가 행한 타인에 대한 업무의 포괄적 위임과 그에 따른 포괄적 수임인의 대행행위는 민법 제62조의 규정에 위반된 것이어서 비법인사단에 대하여는 그 효력이 미치지 아니한다(대판 1996. 9. 6, 94다18522).
⑤(×) : 사단법인의 사원의 지위는 양도 또는 상속할 수 없다고 규정한 민법 제56조의 규정은 강행규정이라고 할 수 없으므로, 비법인사단에서도 사원의 지위는 규약이나 관행에 의하여 양도 또는 상속될 수 있다(대판 1997. 9. 26, 95다6205).

163 비법인사단에 관한 설명으로 옳은 것은? (다툼이 있으면 판례에 따름) 〈2021년 변리사〉

① 비법인사단은 부동산소유권에 관하여 등기의무자가 될 수 없다.
② 비법인사단의 해산에 따른 청산절차에는 사단법인의 청산인에 관한 민법 규정을 유추적용할 수 있다.
③ 비법인사단의 대표자가 행한 타인에 대한 업무의 포괄적 위임과 그에 따른 포괄적 수임인의 대행행위는 비법인사단에 대하여 그 효력이 있다.
④ 비법인사단의 채무는 구성원의 지분비율에 따라 귀속한다.
⑤ 이사의 결원으로 인하여 손해가 생길 염려가 있더라도 이해관계인은 법원에 임시이사의 선임을 청구할 수 없다.

정답 163. ②

해설

① (×) : 종중(宗中), 문중(門中), 그 밖에 대표자나 관리인이 있는 법인 아닌 사단(社團)이나 재단(財團)에 속하는 부동산의 등기에 관하여는 그 사단이나 재단을 등기권리자 또는 등기의무자로 한다(부동산등기법 제26조 제1항).

② (○) : 비법인사단에 대하여는 사단법인에 관한 민법규정 중 법인격을 전제로 하는 것을 제외한 규정들을 유추적용하여야 할 것이므로 비법인사단인 교회의 교인이 존재하지 않게 된 경우 그 교회는 해산하여 청산절차에 들어가서 청산의 목적범위 내에서 권리·의무의 주체가 되며, 이 경우 해산 당시 그 비법인사단의 총회에서 향후 업무를 수행할 자를 선정하였다면 민법 제82조 제1항을 유추하여 그 선임된 자가 청산인으로서 청산 중의 비법인사단을 대표하여 청산업무를 수행하게 된다(대판 2003. 11. 14, 2001다32687).

③ (×) : 비법인사단에 대하여는 사단법인에 관한 민법 규정 가운데 법인격을 전제로 하는 것을 제외하고는 이를 유추적용하여야 하는데, 민법 제62조에 비추어 보면 비법인사단의 대표자는 정관 또는 총회의 결의로 금지하지 아니한 사항에 한하여 타인으로 하여금 특정한 행위를 대리하게 할 수 있을 뿐 비법인사단의 제반 업무처리를 포괄적으로 위임할 수는 없으므로 비법인사단 대표자가 행한 타인에 대한 업무의 포괄적 위임과 그에 따른 포괄적 수임인의 대행행위는 민법 제62조를 위반한 것이어서 비법인사단에 대하여 그 효력이 미치지 않는다(대판 2011. 4. 28, 2008다15438).

④ (×) : 비법인사단의 채무는 사단 자체의 재산으로 책임을 지는 것이고 구성원은 따로 책임을 부담하지 않는다(유한책임의 원칙).

⑤ (×) : 이사가 없거나 결원이 있는 경우에 이로 인하여 손해가 생길 염려 있는 때에는 법원은 이해관계인이나 검사의 청구에 의하여 임시이사를 선임하여야 한다(민법 제63조).

164 비법인사단 A의 유일한 이사인 대표이사 甲이 대표자로서의 모든 권한을 乙에게 포괄적으로 위임하여 乙이 실질적으로 A의 대표자로서 행위한 경우에 관한 설명으로 옳은 것을 모두 고른 것은? (다툼이 있으면 판례에 따름) 〈2024년 변리사〉

> ㄱ. 乙이 포괄적 수임인으로서 행한 대행행위의 효력은 원칙적으로 A에게 미친다.
> ㄴ. 乙이 A의 사무집행과 관련한 불법행위로 丙에게 손해를 입힌 경우, 丙은 A에게 법인의 불법행위책임에 따른 손해배상을 청구할 수 있다.
> ㄷ. 乙이 자신의 사익을 도모하기 위해 A의 사무를 처리하다가 丁에게 손해를 입힌 경우에는 법인의 불법행위책임에 있어서 직무관련성이 부정된다.
> ㄹ. 甲이 乙에게 대표자로서의 권한을 포괄적으로 위임하고 대표이사로서의 직무를 전혀 집행하지 않은 것은 그 자체로 이사의 선관주의의무에 위반하는 행위이다.

① ㄱ, ㄴ ② ㄱ, ㄷ ③ ㄴ, ㄹ ④ ㄷ, ㄹ ⑤ ㄱ, ㄴ, ㄷ, ㄹ

해설

ㄱ. (×), ㄴ. (○) : [1] 비법인사단에 대하여는 사단법인에 관한 민법 규정 가운데 법인격을 전제로 하는 것을 제외하고는 이를 유추적용하여야 하는데, 민법 제62조에 비추어 보면 비법인사단의 대표자는 정관 또는 총회의 결의로 금지하지 아니한 사항에 한하여 타인으로 하여금 특정한 행위를 대리하게 할 수 있을 뿐 비법인사단의 제반 업무처리를 포괄적으로 위임할 수는 없으므로 비법인사단 대표자가 행한 타인에 대한 업무의 포괄적 위임과 그에 따른 포괄적 수임인의 대행행위는 민법 제62조를 위반한 것이어서 비법인사단에 대하여 그 효력이 미치지 않는다. [2] 민법 제35조 제1항은 "법인은 이사 기타 대표자가 그 직무에 관하여 타인에게 가한 손해를 배상할 책임이 있다"라고 정한다. 여기서 '법인의 대표자'에는 그 명칭이나 직위 여하, 또는 대표자로 등기되었는

정답 164. ③

지 여부를 불문하고 당해 법인을 실질적으로 운영하면서 법인을 사실상 대표하여 법인의 사무를 집행하는 사람을 포함한다고 해석함이 상당하다. 그리고 이러한 법리는 주택조합과 같은 비법인사단에도 마찬가지로 적용된다 ☞ 갑 주택조합의 대표자가 을에게 대표자의 모든 권한을 포괄적으로 위임하여 을이 그 조합의 사무를 집행하던 중 불법행위로 타인에게 손해를 발생시킨 데 대하여 불법행위 피해자가 갑 주택조합을 상대로 민법 제35조에서 정한 법인의 불법행위책임에 따른 손해배상청구를 한 사안에서...중략...을은 갑 주택조합을 실질적으로 운영하면서 법인을 사실상 대표하여 법인의 사무를 집행하는 사람으로서 민법 제35조에서 정한 '대표자'에 해당한다고 보아야 함에도, 을이 갑 주택조합의 적법한 대표자 또는 대표기관이라고 볼 수 없다는 이유로 갑 주택조합에 대한 법인의 불법행위에 따른 손해배상청구를 배척한 원심판결에는 법리오해의 위법이 있다고 한 사례(대판 2011. 4. 28, 2008다15438).

ㄷ. (×) : 법인이 그 대표자의 불법행위로 인하여 손해배상의무를 지는 것은 그 대표자의 직무에 관한 행위로 인하여 손해가 발생한 것임을 요한다 할 것이나, 그 직무에 관한 것이라는 의미는 행위의 외형상 법인의 대표자의 직무행위라고 인정할 수 있는 것이라면 설사 그것이 **대표자 개인의 사리를 도모하기 위한 것**이었거나 혹은 **법령의 규정에 위배된 것**이었다 하더라도 위의 **직무에 관한 행위에 해당한다**고 보아야 한다(대판 2004. 2. 27, 2003다15280).

ㄹ. (○) : 대표이사가 대표이사로서의 업무 일체를 다른 이사 등에게 위임하고, 대표이사로서의 직무를 전혀 집행하지 않는 것은 그 자체가 이사의 직무상 충실 및 선관의무를 위반하는 행위에 해당한다(대판 2003. 4. 11, 2002다70044).

165 다음 중 권리능력 없는 사단에 관한 판례의 입장과 다른 것은? 〈2012년 변호사시험〉

① 부도난 회사의 채권자들이 채권단을 조직하여 대표자를 선임하고 채권회수에 관한 권한을 위임하였더라도, 정관을 제정하거나 사단으로서 실체를 가지기 위한 조직행위가 없었다면 그 채권단을 권리능력 없는 사단으로 볼 수 없다.

② 권리능력 없는 사단은 특별한 규정이 있는 경우를 제외하고는 일반적으로 법인격이 인정되지 아니하므로, 법원은 임시이사의 선임에 관한 민법 제63조를 준용하여 임시이사를 선임할 수 없다.

③ 권리능력 없는 사단이 당사자인 소송에서 대표자에게 적법한 대표권이 있는지 여부는 소송요건에 관한 것으로서 법원의 직권조사사항이므로, 법원에게 판단의 기초자료인 사실과 증거를 직권으로 탐지할 의무까지는 없다 하더라도, 이미 제출된 자료에 의하여 대표권의 적법성에 의심이 갈 만한 사정이 엿보인다면 법원은 그에 관하여 심리·조사할 의무가 있다.

④ 권리능력 없는 사단인 교회의 소속 교인의 일부가 종전의 교회에서 탈퇴하여 별도의 교회를 설립하고 새로운 교단에 들어가는 경우, 사단법인 정관변경에 준하여 의결권을 가진 교인 3분의 2 이상의 찬성에 의한 결의의 요건을 갖추었다면, 종전 교회의 재산은 탈퇴한 교인들의 총유로 귀속된다.

⑤ 권리능력 없는 사단의 대표자가 직무에 관하여 타인에게 손해를 가한 경우, 그 사단은 그로 인하여 타인이 입은 손해를 배상할 책임이 있다.

해 설

① (○) : 부도난 회사의 채권자들이 조직한 채권단이 비법인사단으로서의 실체를 갖추지 못했다면 그 당사자능력을 부인하여야 한다고 하였다(대판 1999. 4. 23, 99다4504).

② (×) : 민법 제63조는 법인의 조직과 활동에 관한 것으로서 법인격을 전제로 하는 조항이 아니고, 법인 아닌 사단이나 재단의 경우에도 이사가 없거나 결원이 생길 수 있으며, 통상의 절차에 따른 새로운 이사의 선임이 극히 곤란하고 종전 이사의 긴급처리권도 인정되지 아니하는 경우에는 사단이나 재단 또는 타인에게 손해가 생

정답 165. ②

길 염려가 있을 수 있으므로, 민법 제63조는 법인 아닌 사단이나 재단에도 유추 적용할 수 있다(대결 2009. 11. 19, 자 2008마699 전원합의체).

③ (○) : 대판 2010. 12. 9, 2009다26596 등에 합치한다.

④ (○) : 폐기된 종전 대법원의 다수의견은 분열당시 교인들의 총유에 속한다고 하였으나, 현재는 위와 같이 "사단법인 정관변경에 준하여 의결권을 가진 교인 3분의 2 이상의 찬성에 의한 결의의 요건을 갖추었다면, 종전 교회의 재산은 탈퇴한 교인들의 총유로 귀속된다."과 하여 교회의 분열을 인정하지 않는다.

⑤ (○) : 통설과 판례는 법인에 관한 규정은 허가와 법인등기이외의 사항 등을 제외하고는 특별한 사정이 없는 한 유추적용하는 입장이다(대판 1996. 9. 6, 94다18522 등).

166 법인 아닌 사단에 관한 설명 중 옳지 않은 것은? (다툼이 있는 경우 판례에 의함)

〈2015년 변호사시험 변형〉

① 법인 아닌 사단의 적법한 대표자 자격이 없는 甲이 한 소송행위는 후에 甲이 적법한 대표자 자격을 취득하여 추인을 하더라도 그 행위 시에 소급하여 효력을 가지는 것은 아니다.

② 법인 아닌 사단이 당사자인 사건에 있어서 대표자에게 적법한 대표권이 있는지 여부는 법원의 직권조사사항이다.

③ 법인 아닌 사단이 당사자능력이 있는지 여부는 사실심 변론종결시를 기준으로 판단한다.

④ 소집절차에 하자가 있어 그 효력을 인정할 수 없는 종중총회의 결의라도 후에 적법하게 소집된 종중총회에서 이를 추인하면 처음부터 유효로 된다.

⑤ 법인 아닌 사단이 타인 간의 금전채무를 보증하는 행위는 총유물의 관리·처분행위라고 볼 수 없다.

해설

① (×) : 종중이 적법한 대표자 아닌 자가 제기하여 수행한 소송을 추인하였다면 그 소송은 소급하여 유효한 것이다(대판 1992. 9. 8, 92다18184).

② (○) : 비법인사단이 당사자인 사건에서 대표자에게 적법한 대표권이 있는지는 소송요건에 관한 것으로서 법원의 직권조사사항이므로 비법인사단 대표자의 대표권 유무가 의심스러운 경우에 법원은 이를 직권으로 조사하여야 한다(대판 2013. 4. 25, 2012다118594).

③ (○) : 종중이 비법인사단으로서 당사자능력이 있느냐의 문제는 소송요건에 관한 것으로서 사실심의 변론종결시를 기준으로 판단하여야 한다(대판 2010. 3. 25, 2009다95387).

> **[보충지문] 어떤 단체가 소 제기 당시에는 법인 아닌 사단으로서의 실체를 갖추지 못하였으나 사실심 변론종결시 법인 아닌 사단으로서의 실체를 갖추었다면 그 소는 적법하다(○).** 〈2018년 변호사시험〉

④ (○) : 소집절차에 하자가 있어 그 효력을 인정할 수 없는 종중총회의 결의라도 후에 적법하게 소집된 종중총회에서 이를 추인하면 처음부터 유효로 된다(대판 1995. 6. 16, 94다53563).

⑤ (○) : 민법 제275조, 제276조 제1항에서 말하는 총유물의 관리 및 처분이라 함은 총유물 그 자체에 관한 이용·개량행위나 법률적·사실적 처분행위를 의미하는 것이므로, 비법인사단이 타인 간의 금전채무를 보증하는 행위는 총유물 그 자체의 관리·처분이 따르지 아니하는 단순한 채무부담행위에 불과하여 이를 총유물의 관리·처분행위라고 볼 수는 없다(대판 2007. 4. 19, 2004다60072 전원합의체).

정답 166. ①

167 **법인 및 법인 아닌 사단에 관한 설명 중 옳은 것을 모두 고른 것은? (각 지문은 독립적이며, 다툼이 있는 경우 판례에 의함)** 〈2018년 변호사시험〉

> ㄱ. 재단법인의 대표자가 법인이 채무를 부담하게 되는 계약을 체결하기 위해서는 이사회의 결의를 거치도록 하는 정관의 규정이 등기되어 있지 않은 경우에도 그 법인은 이러한 제한을 알면서 법인의 대표자와 위 제한에 해당하는 계약을 체결한 상대방에 대해서는 계약의 무효를 주장할 수 있다.
> ㄴ. 법인 아닌 사단의 대표자가 당해 법인 아닌 사단이 채무를 부담하게 되는 보증계약을 체결하는 경우에도 이로 인해 총유물에 대한 관리·처분이 따르지 않는 이상 사원총회의 결의를 거치지 않았다는 이유로 그 계약이 무효가 되지는 않는다.
> ㄷ. 법인 아닌 사단의 대표자가 대표권을 행사함에 있어서는 사원총회의 결의를 거쳐야 한다는 정관의 규정이 있는 경우, 이에 대해 과실로 알지 못하고 대표자와 계약을 체결한 상대방에 대해서는 그 법인 아닌 사단은 당해 계약의 체결에 있어 사원총회의 결의가 없었음을 이유로 계약이 무효임을 주장할 수 있다.
> ㄹ. 甲 법인이 丙의 피용자인 丁에 의한 불법행위의 피해자인 경우, 甲 법인의 업무에 관하여 일체의 재판상 또는 재판 외의 행위를 할 수 있는 법률상 대리인 乙이 甲 법인에 대한 관계에서 이른바 배임적 대리행위를 하는 과정에서 丁의 가해행위가 丙의 사무집행행위에 해당하지 않음을 알았다 하더라도 피해자인 甲 법인이 이를 알았다고 볼 수는 없으므로, 이 경우 丙은 甲 법인에 대해 사용자책임을 부담한다.

① ㄱ ② ㄴ ③ ㄱ, ㄹ ④ ㄴ, ㄷ ⑤ ㄴ, ㄷ, ㄹ

해 설

ㄱ. (×) : 법인의 정관에 법인 대표권의 제한에 관한 규정이 있으나 그와 같은 취지가 등기되어 있지 않다면 법인은 그와 같은 정관의 규정에 대하여 선의냐 악의냐에 관계없이 제3자에 대하여 대항할 수 없다(대판 1992. 2. 14, 91다24564).

ㄴ. (○), ㄷ. (○) : 민법 제275조, 제276조 제1항에서 말하는 총유물의 관리 및 처분이라 함은 총유물 그 자체에 관한 이용·개량행위나 법률적·사실적 처분행위를 의미하는 것이므로, 비법인사단이 타인 간의 금전채무를 보증하는 행위는 총유물 그 자체의 관리·처분이 따르지 아니하는 단순한 채무부담행위에 불과하여 이를 총유물의 관리·처분행위라고 볼 수는 없다. 따라서 비법인사단인 재건축조합의 조합장이 채무보증계약을 체결하면서 조합 규약에서 정한 조합 임원회의 결의를 거치지 아니하였다거나 조합원총회 결의를 거치지 않았다고 하더라도 그것만으로 바로 그 보증계약이 무효라고 할 수는 없다. 다만, 이와 같은 경우에 조합 임원회의의 결의 등을 거치도록 한 조합규약은 조합장의 대표권을 제한하는 규정에 해당하는 것이므로, 거래 상대방이 그와 같은 대표권 제한 및 그 위반사실을 알았거나 과실로 인하여 이를 알지 못한 때에는 그 거래행위가 무효로 된다고 봄이 상당하며, 이 경우 그 거래 상대방이 대표권 제한 및 그 위반 사실을 알았거나 알지 못한 데에 과실이 있다는 사정은 그 거래의 무효를 주장하는 측이 이를 주장·입증하여야 한다(대판 2007. 4. 19, 2004다60072, 60089 전원합의체).

ㄹ. (×) : 법인이 피해자인 경우 법인의 업무에 관하여 포괄적 대리권을 가진 대리인이 가해자인 피용자의 행위가 사용자의 사무집행행위에 해당하지 않음을 안 때에는 피해자인 법인이 이를 알았다고 보아야 하고, 이러한 법리는 그 법률상 대리인이 본인인 법인에 대한 관계에서 이른바 배임적 대리행위를 하는 경우에도 마찬가지이다(대판 2007. 9. 20, 2004다43886).

정답 167. ④

168 **甲 종중(이하 '甲'이라 함)은 비법인사단이고 그 대표자는 丙 이다. 甲의 대표자 丙은 乙과 종중 회관 신축에 관한 도급계약을 체결하였다. 이에 관한 설명 중 옳지 않은 것은? (다툼이 있는 경우 판례에 의함)** 〈2020년 변호사시험〉

① 甲은 자기 명의로 신축건물의 소유권보존등기를 마칠 수 있다.

② 丙이 甲의 대표자로서 乙의 제3자에 대한 채무를 보증하는 행위는 甲의 재산 그 자체의 관리·처분이 따르지 아니하는 단순한 채무부담행위에 불과하므로 종중총회의 결의가 필요한 총유물의 관리·처분행위라고 할 수 없다.

③ 甲으로부터 도급계약상의 보수(報酬)를 받지 못한 乙은 甲에 대한 집행권원을 얻어 甲의 재산에 대해 강제집행을 할 수 있다.

④ 丙이 甲의 직무를 행하면서 타인에게 손해를 가하였더라도 甲은 권리의무의 주체가 아니므로 불법행위로 인한 손해배상책임을 부담하지 않는다.

⑤ 甲의 정관에서 대표자가 건물신축에 관한 도급계약을 체결할 때에는 임원회의 결의를 거치도록 하였으나, 丙이 임원회의 결의를 거치지 않았다 하더라도 乙이 그 사실을 알았거나 알 수 있었을 경우가 아니라면 위 계약은 유효하다.

해설

① (○) : 부동산등기법 제26조는 비법인사단 또는 재단의 등기능력을 인정한다. ☞ 종중(宗中), 문중(門中), 그 밖에 대표자나 관리인이 있는 법인 아닌 사단(社團)이나 재단(財團)에 속하는 부동산의 등기에 관하여는 그 사단이나 재단을 등기권리자 또는 등기의무자로 한다(부동산등기법 제26조).

② (○) : 민법 제275조, 제276조 제1항에서 말하는 총유물의 관리 및 처분이라 함은 총유물 그 자체에 관한 이용·개량행위나 법률적·사실적 처분행위를 의미하는 것이므로, 비법인사단이 타인 간의 금전채무를 보증하는 행위는 총유물 그 자체의 관리·처분이 따르지 아니하는 단순한 채무부담행위에 불과하여 이를 총유물의 관리·처분행위라고 볼 수는 없다. 따라서 비법인사단인 재건축조합의 조합장이 채무보증계약을 체결하면서 조합규약에서 정한 조합 임원회의 결의를 거치지 아니하였다거나 조합원총회 결의를 거치지 않았다고 하더라도 그것만으로 바로 그 보증계약이 무효라고 할 수는 없다. 다만, 이와 같은 경우에 조합 임원회의의 결의 등을 거치도록 한 조합규약은 조합장의 대표권을 제한하는 규정에 해당하는 것이므로, 거래 상대방이 그와 같은 대표권 제한 및 그 위반 사실을 알았거나 과실로 인하여 이를 알지 못한 때에는 그 거래행위가 무효로 된다고 봄이 상당하며, 이 경우 그 거래 상대방이 대표권 제한 및 그 위반 사실을 알았거나 알지 못한 데에 과실이 있다는 사정은 그 거래의 무효를 주장하는 측이 이를 주장·입증하여야 한다(대판 2007. 4. 19, 2004다60072, 60089 전원합의체).

③ (○) : 권리능력 없는 사단이 부담한 채무에 대해서는 사단 자체의 재산이 집행의 대상이 된다. 구성원인 사원은 개인적으로 따로 책임을 부담하지 않는 것이 원칙이다(유한책임의 원칙).

④ (×) : 비법인사단의 대표자가 직무에 관하여 타인에게 손해를 가한 경우 그 사단은 민법 제35조 제1항의 유추적용에 의하여 그 손해를 배상할 책임이 있다(대판 2008. 1. 18, 2005다34711).

⑤ (○) : 비법인사단의 경우에는 대표자의 대표권 제한에 관하여 등기할 방법이 없어 민법 제60조의 규정을 준용할 수 없고, 비법인사단의 대표자가 정관에서 사원총회의 결의를 거쳐야 하도록 규정한 대외적 거래행위에 관하여 이를 거치지 아니한 경우라도, 이와 같은 사원총회 결의사항은 비법인사단의 내부적 의사결정에 불과하다 할 것이므로, 그 거래 상대방이 그와 같은 대표권 제한 사실을 알았거나 알 수 있었을 경우가 아니라면 그 거래행위는 유효하다고 봄이 상당하고, 이 경우 거래의 상대방이 대표권 제한 사실을 알았거나 알 수 있었음은 이를 주장하는 비법인사단측이 주장·입증하여야 한다(대판 2003. 7. 22, 2002다64780).

정답 168. ④

169 종중에 관한 설명 중 옳지 않은 것은? (다툼이 있는 경우 판례에 의함) 〈2021년 변호사시험〉

① 고유 의미의 종중이란 공동선조의 분묘 수호와 제사, 종원 상호 간 친목 등을 목적으로 하는 자연발생적인 관습상 종족집단체로서 특별한 조직행위를 필요로 하는 것이 아니다.

② 종중 소유의 재산은 그 관리 및 처분에 관하여 먼저 종중 규약에 정하는 바가 있으면 이에 따라야 하고, 그 점에 관한 규약이 없으면 종중총회의 결의에 의하여야 하므로 종중 대표자에 의한 종중 재산의 처분이라고 하더라도 그러한 절차를 거치지 아니한 채 한 행위는 무효이다.

③ 종중 토지 매각대금의 분배는 정관 기타 규약에 달리 정함이 없는 한 종중총회의 결의에 의하여만 할 수 있고, 이러한 분배결의가 없으면 종원이 종중에 대하여 직접 분배청구를 할 수 없다.

④ 공동 선조의 자손인 성년 여자를 종중원으로 인정한 대법원 전원합의체 판결 이후에는 종중총회 개최를 위하여 남자 종중원들에게만 소집통지를 하고, 여자 종중원들에게 소집통지를 하지 않는 경우 그 종중총회에서의 결의는 효력이 없다.

⑤ 종중의 임원은 종중 재산의 관리·처분에 관한 사무를 처리함에 있어 종중 규약 또는 종중총회의 결의에 따라야 할 의무는 있으나 선량한 관리자로서의 주의를 다하여야 할 의무는 없다.

해 설

① (○) : 고유의 의미의 종중이란 공동선조의 분묘수호와 제사 및 종중원 상호간의 친목등을 목적으로 하는 자연발생적인 관습상의 종족집단체로서 특별한 조직행위를 필요로 하는 것이 아니고, 공동선조의 후손 중 성년 이상의 남자는 당연히 그 구성원(종원)이 되는 것이며 그 중 일부를 임의로 그 구성원에서 배제할 수 없으므로, 특정지역 내에 거주하는 일부 종중원이나 특정 항렬의 종중원만을 그 구성원으로 하는 단체는 종중 유사의 단체에 불과하고 고유의 의미의 종중은 될 수 없다(대판 2002. 5. 10, 2002다4863).

② (○) : 종중 소유의 재산은 종중원의 총유에 속하는 것이므로 그 관리 및 처분에 관하여 먼저 종중 규약에 정하는 바가 있으면 이에 따라야 하고, 그 점에 관한 종중 규약이 없으면 종중 총회의 결의에 의하여야 하므로 비록 종중 대표자에 의한 종중 재산의 처분이라고 하더라도 그러한 절차를 거치지 아니한 채 한 행위는 무효이다(대판 2000. 10. 27, 2000다22881).

③ (○) : 총유물인 종중 토지 매각대금의 분배는 정관 기타 규약에 달리 정함이 없는 한 종중총회의 결의에 의하여만 처분할 수 있고 이러한 분배결의가 없으면 종원이 종중에 대하여 직접 분배청구를 할 수 없다(대판 2010. 9. 9, 2007다42310,42327).

④ (○) : 종중 총회를 개최함에 있어서는, 특별한 사정이 없는 한 족보 등에 의하여 소집통지 대상이 되는 종중원의 범위를 확정한 후 국내에 거주하고 소재가 분명하여 통지가 가능한 모든 종중원에게 개별적으로 소집통지를 함으로써 각자가 회의와 토의 및 의결에 참가할 수 있는 기회를 주어야 하므로, 일부 종중원에 대한 소집통지 없이 개최된 종중 총회에서의 결의는 그 효력이 없다. 대법원 2005. 7. 21. 선고 2002다1178 전원합의체 판결 이후에는 공동 선조의 자손인 성년 여자도 종중원이므로, 종중 총회 당시 남자 종중원들에게만 소집통지를 하고 여자 종중원들에게 소집통지를 하지 않은 경우 그 종중 총회에서의 결의는 효력이 없다(대판 2010. 2. 11, 2009다83650).

⑤ (×) : 종중과 위임에 유사한 계약관계에 있는 종중의 임원은 종중재산의 관리·처분에 관한 사무를 처리함에 있어 종중규약 또는 종중총회의 결의에 따라야 함은 물론 선량한 관리자로서의 주의를 다하여야 할 의무가 있다(대판 2017. 10. 26, 2017다231249).

정답 169. ⑤

170 **비법인사단 A의 대표자 甲의 대표행위에 관한 설명 중 옳은 것은? (다툼이 있는 경우 판례에 의함)** 〈2022년 변호사시험〉

① 甲이 자기의 업무를 乙에게 포괄적으로 위임하고 그에 따라 乙이 포괄적 수임인으로서 행한 대행행위는 A에 대하여 그 효력이 있다.

② A가 총유재산에 관한 권리를 행사하지 아니하고 있어 A의 채권자 乙이 채권자대위권에 기하여 A의 총유재산에 관한 권리를 대위행사하는 경우, 사원총회의 결의 등 A의 내부적인 의사결정절차를 거칠 필요가 없다.

③ 甲이 A 소유 부동산에 관하여 乙과 매매계약을 체결하는 행위가 외관상·객관적으로 직무에 관한 행위로 인정될 수 있더라도 甲 자신의 개인적 이익을 도모하기 위한 것이거나 혹은 법령에 위반된 것이라면, A의 불법행위책임 요건인 직무에 관한 행위에 해당하지 않는다.

④ A 소유 부동산에 관한 乙과의 매매계약으로 A가 乙에게 소유권이전의무를 부담하는 경우, 甲이 그러한 채무의 존재를 인식하고 있다는 뜻을 표시하는 소멸시효 중단사유로서의 승인은 총유물의 관리행위나 처분행위에 해당한다.

⑤ 甲이 乙의 丙에 대한 채무를 담보하기 위하여 丙과 보증계약을 체결하면서 사원총회의 결의를 거치지 아니하였다면, 그 보증계약은 A에게 효력이 없다.

해 설

① (×) : 비법인사단에 대하여는 사단법인에 관한 민법 규정 가운데 법인격을 전제로 하는 것을 제외하고는 이를 유추적용하여야 하는데, 민법 제62조에 비추어 보면 비법인사단의 대표자는 정관 또는 총회의 결의로 금지하지 아니한 사항에 한하여 타인으로 하여금 특정한 행위를 대리하게 할 수 있을 뿐 비법인사단의 제반 업무처리를 포괄적으로 위임할 수는 없으므로 비법인사단 대표자가 행한 타인에 대한 업무의 **포괄적 위임과 그에 따른 포괄적 수임인의 대행행위**는 민법 제62조를 위반한 것이어서 비법인사단에 대하여 그 효력이 미치지 않는다(대판 2011. 4. 28, 2008다15438).

② (○) : 비법인사단이 총유재산에 관한 소를 제기할 때에는 정관에 다른 정함이 있는 등의 특별한 사정이 없는 한 사원총회의 결의를 거쳐야 하지만, 이는 비법인사단의 대표자가 비법인사단 명의로 총유재산에 관한 소를 제기하는 경우에 비법인사단의 의사결정과 특별수권을 위하여 필요한 내부적인 절차이다. 채권자대위권은 채무자가 스스로 자기의 권리를 행사하지 아니하는 때에 채권자가 채무자에 대한 채권을 보전하기 위하여 채무자의 의사와는 상관없이 채무자의 권리를 대위하여 행사할 수 있는 권리로서 **그 권리행사에 채무자의 동의를 필요로 하는 것은 아니므로,** 비법인사단이 총유재산에 관한 권리를 행사하지 아니하고 있어 비법인사단의 채권자가 채권자대위권에 기하여 비법인사단의 총유재산에 관한 권리를 대위행사하는 경우에는 **사원총회의 결의 등 비법인사단의 내부적인 의사결정절차를 거칠 필요가 없다**(대판 2014. 9. 25, 2014다211336).

③ (×) : 법인이 그 대표자의 불법행위로 인하여 손해배상의무를 지는 것은 그 대표자의 직무에 관한 행위로 인하여 손해가 발생한 것임을 요한다 할 것이나, 그 직무에 관한 것이라는 의미는 행위의 외형상 법인의 대표자의 직무행위라고 인정할 수 있는 것이라면 설사 그것이 **대표자 개인의 사리를 도모하기 위한 것이었거나 혹은 법령의 규정에 위배된 것이었다 하더라도 위의 직무에 관한 행위에 해당한다**고 보아야 한다(대판 2004. 2. 27, 2003다15280).

④ (×) : 비법인 사단이 총유물에 관한 매매계약에 의하여 부담하고 있는 채무의 존재를 인식하고 있다는 뜻을 표시하는 소멸시효의 중단사유로써 승인은 총유물의 관리·처분행위에 해당하지 않는다(대판 2009. 11. 26, 2009다64383).

⑤ (×) : 민법 제275조, 제276조 제1항에서 말하는 총유물의 관리 및 처분이라 함은 총유물 그 자체에 관한 이

정답 170. ②

용·개량행위나 법률적·사실적 처분행위를 의미하는 것이므로, 비법인사단이 타인 간의 금전채무를 보증하는 행위는 총유물 그 자체의 관리·처분이 따르지 아니하는 단순한 채무부담행위에 불과하여 이를 총유물의 관리·처분행위라고 볼 수는 없다. 따라서 비법인사단인 재건축조합의 조합장이 채무보증계약을 체결하면서 조합규약에서 정한 조합 임원회의 결의를 거치지 아니하였다거나 조합원총회 결의를 거치지 않았다고 하더라도 그것만으로 바로 그 보증계약이 무효라고 할 수는 없다. 다만, 이와 같은 경우에 조합 임원회의의 결의 등을 거치도록 한 조합규약은 조합장의 대표권을 제한하는 규정에 해당하는 것이므로, 거래 상대방이 그와 같은 대표권 제한 및 그 위반 사실을 알았거나 과실로 인하여 이를 알지 못한 때에는 그 거래행위가 무효로 된다고 봄이 상당하며, 이 경우 그 거래 상대방이 대표권 제한 및 그 위반 사실을 알았거나 알지 못한 데에 과실이 있다는 사정은 그 거래의 무효를 주장하는 측이 이를 주장·입증하여야 한다(대판 2007. 4. 19, 2004다60072,60089 전원합의체).

171 **종중재산에 관한 판례의 태도 중 옳지 않은 것은?** 〈2011년 법무사〉

① 종중재산의 매각대금의 분배는 총유물의 처분에 해당하므로 정관 기타 규약에 달리 정함이 없는 한 종중총회의 결의에 의하여 그 매각대금을 분배할 수 있고, 그 분배 비율, 방법, 내용 역시 결의에 의하여 자율적으로 결정할 수 있다.

② 종중재산의 분배에 관한 종중총회의 결의 내용이 현저하게 불공정하거나 선량한 풍속 기타 사회질서에 반하는 경우 그 결의는 무효이다.

③ 종중토지매각대금의 분배에 관한 종중총회의 결의가 무효인 경우, 종원은 그 결의의 무효확인등을 소구하여 승소판결을 받은 후 새로운 종중총회에서 공정한 내용으로 다시 결의하도록 함으로써 그 권리를 구제받을 수 있다.

④ 위 경우, 곧바로 종중을 상대로 하여 스스로 공정하다고 주장하는 분배금의 지급을 구할 수도 있다.

⑤ 종중재산을 분배함에 있어 단순히 남녀 성별의 구분에 따라 그 분배 비율, 방법, 내용에 차이를 두는 것은 정당성과 합리성이 없어서 무효이다.

해 설

① (○), ② (○), ③ (○), ④ (×) : [1] 비법인사단인 종중의 토지 매각대금은 종원의 총유에 속하고, 그 매각대금의 분배는 총유물의 처분에 해당하므로, 정관 기타 규약에 달리 정함이 없는 한 종중총회의 결의에 의하여 그 매각대금을 분배할 수 있고, 그 분배 비율, 방법, 내용 역시 결의에 의하여 자율적으로 결정할 수 있다. 그러나 종중은 공동선조의 분묘수호와 제사 및 종원 상호간의 친목 등을 목적으로 하여 구성되는 자연발생적인 종족집단으로 그 공동선조와 성과 본을 같이하는 후손은 그 의사와 관계없이 성년이 되면 당연히 그 구성원(종원)이 되는 종중의 성격에 비추어, 종중재산의 분배에 관한 종중총회의 결의 내용이 현저하게 불공정하거나 선량한 풍속 기타 사회질서에 반하는 경우 또는 종원의 고유하고 기본적인 권리의 본질적인 내용을 침해하는 경우 그 결의는 무효이다. 여기서 종중재산의 분배에 관한 종중총회의 결의 내용이 현저하게 불공정한 것인지 여부는 종중재산의 조성 경위, 종중재산의 유지·관리에 대한 기여도, 종중행사 참여도를 포함한 종중에 대한 기여도, 종중재산의 분배 경위, 전체 종원의 수와 구성, 분배 비율과 그 차등의 정도, 과거의 재산분배 선례 등 제반 사정을 고려하여 판단하여야 한다. [2] 총유물인 종중 토지 매각대금의 분배는 정관 기타 규약에 달리 정함이 없는 한 종중총회의 결의에 의하여만 처분할 수 있고 이러한 분배결의가 없으면 종원이 종중에 대하여 직접 분배청구를 할 수 없다. 따라서 종중 토지 매각대금의 분배에 관한 종중총회의 결의가 무효인 경우, 종원은 그 결의의 무효확인 등을 소구하여 승소판결을 받은 후 새로운 종중총회에서 공정한 내용으로 다시 결의하도록 함으로써 그 권리를 구제받을 수 있을 뿐이고 새로운 종중총회의 결의도 거치지 아니한 채 종전 총회결의가 무효라는 사정만으로 곧바로 종중을 상대로 하여 스스로 공정하다고 주장하는 분배금의 지급을 구할 수는 없다(대판 2010.

정답 171. ④

9. 9, 2007다42310, 42327).

⑤ (○) : 종중재산을 분배함에 있어 단순히 남녀 성별의 구분에 따라 그 분배 비율, 방법, 내용에 차이를 두는 것은 개인의 존엄과 양성의 평등을 기초로 한 가족생활을 보장하고, 가족 내의 실질적인 권리와 의무에 있어서 남녀의 차별을 두지 아니하며, 정치·경제·사회·문화 등 모든 영역에서 여성에 대한 차별을 철폐하고 남녀평등을 실현할 것을 요구하는 우리의 전체 법질서에 부합하지 아니한 것으로 정당성과 합리성이 없어 무효라고 할 것이다(대판 2010. 9. 30, 2007다74775).

172 **다음 사례에 관한 설명 중 옳은 것을 모두 고른 것은? (다툼이 있는 경우에는 판례에 의함)**

〈2014년 사법시험〉

〈사 례〉

사단으로서의 실질을 가지고 있으나 법인등기를 하지 않은 A 동창회는 丙에게 동창회관 신축공사를 도급 주었고, 丙은 위 공사 중 토목공사를 丁에게 하도급 주었다. A 동창회의 회장 甲은 A 동창회 회장의 자격으로 丙이 丁에 대하여 부담할 하도급공사대금 채무를 보증하였다. 또한 甲은 분양금액을 횡령할 목적으로 A 동창회 회장의 자격으로 乙과 동창회관 내 상가의 분양계약을 체결하고 동창회 회장의 직인이 찍힌 분양계약서와 분양대금완납증명서를 작성해 주었다. 乙은 甲의 상가 분양이 그의 직무권한 내에서 행하여진 것이라고 믿었고, 그와 같이 믿은 데 과실도 없다. 동창회관은 완공되었으나 乙에게 분양해 줄 상가는 남아 있지 않다. A 동창회 정관에는 '예산으로 정한 사항 외에 본회 및 회원의 부담이 될 계약 등에 관한 사항은 임원회와 총회의 결의를 거쳐야 한다'고 규정하고 있으나, 甲은 동창회의 임원회와 총회를 거치지 않고 위 보증계약과 분양계약을 체결하였다.

〈설 명〉

ㄱ. 甲이 丁과 체결한 보증계약은 A 동창회의 재산으로 채무 이행을 담보하는 것이므로 총유물의 처분행위로서 무효이다.

ㄴ. 甲이 丁과 체결한 보증계약은 A 동창회의 정관에 반하는 것으로서 무효이나, 이를 등기하지 아니하면 丁이 악의인 경우에도 A 동창회는 丁에 대하여 무효를 주장할 수 없다.

ㄷ. 乙은 甲에게 대표권의 일환으로 상가를 분양할 권한이 있다고 믿을 만한 정당한 이유가 있음을 들어 A 동창회에게 상가의 소유권이전등기를 청구할 수 있다.

ㄹ. 乙은 계약한 상가를 분양받지 못하여 입은 손해에 관하여 A 동창회와 甲에게 불법행위를 원인으로 하는 손해배상청구를 할 수 있다.

① ㄱ, ㄷ ② ㄴ, ㄹ ③ ㄷ, ㄹ ④ ㄷ ⑤ ㄹ

해설

ㄱ. (×), ㄴ. (×) : 민법 제275조, 제276조 제1항에서 말하는 총유물의 관리 및 처분이라 함은 총유물 그 자체에 관한 이용·개량행위나 법률적·사실적 처분행위를 의미하는 것이므로, 비법인사단이 타인 간의 금전채무를 보증하는 행위는 총유물 그 자체의 관리·처분이 따르지 아니하는 단순한 채무부담행위에 불과하여 이를 총유물

정답 172. ⑤

의 관리·처분행위라고 볼 수는 없다. 따라서 비법인사단인 재건축조합의 조합장이 채무보증계약을 체결하면서 조합규약에서 정한 조합 임원회의 결의를 거치지 아니하였다거나 조합원총회 결의를 거치지 않았다고 하더라도 그것만으로 바로 그 보증계약이 무효라고 할 수는 없다. 다만, 이와 같은 경우에 조합 임원회의의 결의 등을 거치도록 한 조합규약은 조합장의 대표권을 제한하는 규정에 해당하는 것이므로, 거래 상대방이 그와 같은 대표권 제한 및 그 위반 사실을 알았거나 과실로 인하여 이를 알지 못한 때에는 그 거래행위가 무효로 된다(대판 2007. 4. 19, 2004다60072, 60089 전원합의체).

ㄷ. (×) : 종중재산이나 교회재산 등 비법인사단의 총유재산에는 제126조의 표현대리 법리를 적용하지 않음이 판례이다. 즉 비법인사단의 대표자가 총회의 결의를 거쳐야 하는 총유에 속하는 재산의 처분에 관하여는 총회의 결의를 거치지 아니하고는 이를 대리하여 결정할 권한이 없다 할 것이어서 비법인사단의 대표자가 행한 총유물인 이 사건 건물의 처분행위에 관하여는 민법 제126조의 표현대리에 관한 규정이 준용될 여지가 없다(대판 2009. 2. 12, 2006다23612).

ㄹ. (○) : 비법인사단의 대표자가 직무에 관하여 타인에게 손해를 가한 경우 그 사단은 민법 제35조 제1항의 유추적용에 의하여 그 손해를 배상할 책임이 있고, 비법인사단의 대표자의 행위가 대표자 개인의 사리를 도모하기 위한 것이었거나 혹은 법령의 규정에 위배된 것이었다 하더라도 외관상, 객관적으로 직무에 관한 행위라고 인정할 수 있다면 민법 제35조 제1항의 직무에 관한 행위에 해당한다 할 것이나, 한편 그 대표자의 행위가 직무에 관한 행위에 해당하지 아니함을 피해자 자신이 알았거나 또는 중대한 과실로 인하여 알지 못한 경우에는 비법인사단에게 손해배상책임을 물을 수 없다(대판 2008. 1. 18, 2005다34711). 따라서 A 동창회에게는 민법 제35조 제1항의 법인의 불법행위책임을, 甲에게는 제750조 불법행위 책임을 청구할 수 있으며, 양 채무는 부진정 연대채무관계이다.

보충지문

173 권리능력 없는 사단은 단체성이 강하고 그 구성원은 법률상 주체성 내지 개성을 상실하고 단체가 표면에 나타나는 반면, 민법상 조합은 단체성이 약하여 단체의 구성원이 표면에 나타난다. 〈2011년 법무사〉

해설 민법상의 조합과 비법인사단의 구별은 단체성 강약에 따른다(대판 2009. 1. 30, 2006다60908).

174 사단법인의 하부조직이라도 스스로 단체로서의 실체를 갖추고 독자적인 활동을 하고 있다면 그 사단법인과는 별개의 독립된 비법인사단으로 볼 수 있다. 〈2017년 감정평가사, 2020년 감정평가사〉

해설 사단법인의 하부조직의 하나라 하더라도 스스로 단체로서의 실체를 갖추고 독자적인 활동을 하고 있다면 사단법인과는 별개의 독립된 비법인사단으로 볼 수 있다(대판 2009. 1. 30, 2006다60908).

175 법률에 근거하여 구성되는 공동주택의 입주자대표회의는 동별대표자를 사원으로 하는 비법인사단이다. 〈2014년 변리사〉

해설 공동주택의 입주자대표회의는 동별세대수에 비례하여 선출되는 동별대표자를 구성원으로 하는 법인 아닌 사단이다(대판 2007. 6. 15, 2007다6307).

정답 173. (○) 174. (○) 175. (○)

176 학교나 노인요양원, 노인요양센터는 일반적으로 대표자 있는 비법인사단에 해당하므로, 원칙적으로 민사소송에서 당사자능력이 인정된다. 〈2019년 법원행시〉

해설 [판례1] 학교는 교육시설의 명칭으로서 일반적으로 법인도 아니고 대표자 있는 법인격 없는 사단 또는 재단도 아니기 때문에, 원칙적으로 민사소송에서 당사자능력이 인정되지 않는다(대결 2019. 3. 25, 자 2016마5908). [판례2] 민사소송법 제51조는 '당사자능력은 이 법에 특별한 규정이 없으면 민법, 그 밖의 법률에 따른다.'고 정하고, 제52조는 "법인이 아닌 사단이나 재단은 대표자 또는 관리인이 있는 경우에는 그 사단이나 재단의 이름으로 당사자가 될 수 있다."고 정하고 있다. 따라서 권리능력이 있는 자연인과 법인은 원칙적으로 민사소송의 주체가 될 수 있는 당사자능력이 있으나, 법인이 아닌 사단과 재단은 대표자 또는 관리인이 있는 경우에 한하여 당사자능력이 인정된다. ☞ 노인요양원이나 노인요양센터는 일반적으로 노인성질환 등으로 도움을 필요로 하는 노인을 위하여 급식·요양과 그 밖에 일상생활에 필요한 편의를 제공함을 목적으로 하는 시설, 즉 노인의료복지시설을 가리킨다. 이는 법인이 아님이 분명하고 대표자 있는 비법인사단 또는 재단도 아니므로, 원칙적으로 민사소송에서 당사자능력이 인정되지 않는다(대판 2018. 8. 1, 2018다227865).

177 비법인재단의 경우에도 대표자가 있는 때에는 재단명의로 그 재단에 속하는 부동산의 등기를 할 수 있다. 〈2015년 감정평가사〉

해설 법인 및 비법인재단(또는 사단)의 경우에도 대표자가 있는 때에는 재단명의로 그 재단에 속하는 부동산의 등기를 할 수 있다. ☞ 부동산등기법에서 등기능력을 인정한다.

178-1 법인 아닌 사단의 총유물의 관리 및 처분행위에 대해 정관에 달리 정한 바가 없으면 사원총회의 결의를 요하며, 비록 대표자에 의한 총유물의 처분이라도 위와 같은 절차를 거치지 않은 처분행위는 무효이다. 〈2016년 사법시험〉

178-2 정관 기타 규약에 다른 정함이 없는 한, 사원총회의 결의를 거치지 않은 총유물의 관리행위는 무효이다. 〈2017년 감정평가사〉

해설 민법 제275조 제2항 및 제276조 제1항 / 종중 소유의 재산은 종중원의 총유에 속하는 것이므로 그 관리 및 처분에 관하여 먼저 종중 규약에 정하는 바가 있으면 이에 따라야 하고, 그 점에 관한 종중 규약이 없으면 종중 총회의 결의에 의하여야 하므로 비록 종중 대표자에 의한 종중 재산의 처분이라고 하더라도 그러한 절차를 거치지 아니한 채 한 행위는 무효이다(대판 2000. 10. 27, 2000다22881).

179 정관이나 규약에 정함이 없는 이상 사원총회의 결의를 거치지 않은 총유물의 관리 및 처분행위는 무효라고 할 것이나, 총유물의 관리 및 처분행위라 함은 총유물 그 자체에 관한 법률적·사실적 처분행위와 이용, 개량행위를 말하는 것으로서 재건축조합이 재건축사업의 시행을 위하여 설계용역계약을 체결하는 것은 단순한 채무부담행위에 불과하여 총유물 그 자체에 대한 관리 및 처분행위라고 볼 수 없다. 〈2017년 법원행시〉

해설 총유물의 관리 및 처분행위라 함은 총유물 그 자체에 관한 법률적·사실적 처분행위와 이용, 개량행위를 말하는 것으로서 재건축조합이 재건축사업의 시행을 위하여 설계용역계약을 체결하는 것은 단순한 채무부담행위에 불과하여 총유물 그 자체에 대한 관리 및 처분행위라고 볼 수 없다(대판 2003. 7. 22, 2002다64780).

정답 176. (×) 177. (○) 178-1. (○) 178-2. (○) 179. (○)

180 **비법인사단에 대하여는 법인격을 전제로 하는 것을 제외하고는 사단법인에 관한 민법규정을 유추적용한다.** 〈2015년 감정평가사〉

해설 비법인사단에 대하여는 법인격을 전제로 하는 것을 제외하고는 사단법인에 관한 민법규정을 유추적용한다(대판 1996. 9. 6, 94다18522).

181 **성년의 남자만이 종중의 구성원이 될 수 있다.** 〈2019년 공인노무사〉

해설 종중이란 공동선조의 분묘수호와 제사 및 종원 상호간의 친목 등을 목적으로 하여 구성되는 자연발생적인 종족집단이므로, 종중의 이러한 목적과 본질에 비추어 볼 때 공동선조와 성과 본을 같이 하는 후손은 성별의 구별 없이 성년이 되면 당연히 그 구성원이 된다고 보는 것이 조리에 합당하다(대판 2007. 9. 6, 2007다34982).

182 **여성은 종중구성원이 되지만, 종중총회의 소집권을 가지는 연고항존자가 될 수는 없다.** 〈2021년 감정평가사〉

해설 대표자를 선임하기 위하여 개최되는 종중총회의 소집권을 가지는 연고항존자를 확정함에 있어서 여성을 제외할 아무런 이유가 없으므로, 여성을 포함한 전체 종원 중 항렬이 가장 높고 나이가 가장 많은 사람이 연고항존자가 된다(대판 2010. 12. 9, 2009다26596).

183 **고유한 의미의 종중은 종중원의 신분이나 지위를 박탈할 수 없고, 종중원도 종중을 탈퇴할 수 없다.** 〈2023년 감정평가사〉

해설 고유의 의미의 종중의 경우에는 종중이 종중원의 자격을 박탈한다든지 종중원이 종중을 탈퇴할 수 없는 것이어서 공동선조의 후손들은 종중을 양분하는 것과 같은 종중분열을 할 수 없는 것이고, 따라서 한 개의 종중이 내분으로 인하여 사실상 2개로 분파된 상태에서 별도의 종중총회가 개최되어 종중대표자로 선임된 자는 그 분파의 대표자일 뿐 종중의 대표자로 볼 수는 없다(대판 1998. 2. 27, 97도1993).

184 **특정지역내에 거주하는 일부 종중원에 한하여 의결권을 주고 그 밖의 지역에 거주하는 종중원에 대하여는 의결권을 주지 아니하는 방법으로 일부 종중원의 의결권을 박탈할 개연성이 있더라도 그 종중계약은 유효이다.** 〈2005년 사법시험〉

해설 고유의미의 종중에 관한 규약을 만들면서 일부 구성원의 자격을 임의로 배제할 수 없는 것이며, 특정지역 내에 거주하는 일부 종중원에 한하여 의결권을 주고 그 밖의 지역에 거주하는 종중원의 의결권을 박탈할 개연성이 많은 종중규약은 종중의 본질에 반하여 무효이다(대판 1992. 9. 22, 92다15048).

185 **종중재산의 분배에 관한 종중총회의 결의 내용이 자율적으로 결정되었다고 하더라도 종원의 고유하고 기본적인 권리의 본질적인 내용을 침해하는 경우, 그 결의는 무효이다.** 〈2019년 공인노무사〉

해설 비법인사단인 종중의 토지 매각대금은 종원의 총유에 속하고, 그 매각대금의 분배는 총유물의 처분에 해당하므로, 정관 기타 규약에 달리 정함이 없는 한 종중총회의 결의에 의하여 그 매각대금을 분배할 수 있고, 그 분배 비율, 방법, 내용 역시 결의에 의하여 자율적으로 결정할 수 있다. 그러나 종중재산의 분배에 관한 종중총회의 결의 내용이 현저하게 불공정하거나 선량한 풍속 기타 사회질서에 반하는 경우 또는 종원의 고유하고 기본적인 권리의 본질적인 내용을 침해하는 경우 그 결의는 무효이다(대판 2010. 9. 9, 2007다42310, 42327).

정답 180. (○) 181. (×) 182. (×) 183. (○) 184. (×) 185. (○)

186 **공동선조의 후손 중 특정지역 거주자나 특정범위 내의 자들만으로 구성된 종중이란 있을 수 없으므로, 만일 공동선조의 후손 중 특정지역 거주자나 지파 소속 종중원만으로 조직체를 구성하여 활동하고 있다면 이는 본래의 의미의 종중으로는 볼 수 없고, 종중 유사의 권리능력 없는 사단이 될 수 있을 뿐이다.** 〈2003년 법원행시〉

해설 고유의 의미의 종중이란 공동선조의 분묘수호와 제사 및 종중원 상호간의 친목 등을 목적으로 하는 자연발생적인 관습상의 종족집단체로서 특별한 조직행위를 필요로 하는 것이 아니고, 공동선조의 후손 중 성년 이상의 남자는 당연히 그 구성원(종원)이 되는 것이며 그 중 일부를 임의로 그 구성원에서 배제할 수 없으므로, 특정지역 내에 거주하는 일부 종중원이나 특정 항렬의 종중원만을 그 구성원으로 하는 단체는 종중 유사의 단체에 불과하고 고유의 의미의 종중은 될 수 없다(대판 2002. 5. 10, 2002다4863).

187 **종중 유사단체는 사적 임의단체라는 점에서 자연발생적 종족집단인 고유한 의미의 종중과 그 성질을 달리하므로, 사적자치의 원칙 내지 결사의 자유에 따라 그 구성원의 자격이나 가입조건을 자유롭게 정할 수 있음이 원칙이나, 공동선조의 후손 중 남성만으로 그 구성원을 한정하는 것은 양성평등 원칙을 정한 헌법 제11조에 위반되므로 허용되지 아니한다.** 〈2015년 사법시험〉

해설 종중 유사단체는 비록 그 목적이나 기능이 고유한 의미의 종중과 별다른 차이가 없다 하더라도 공동선조의 후손 중 일부에 의하여 인위적인 조직행위를 거쳐 성립된 경우에는 사적 임의단체라는 점에서 자연발생적인 종족집단인 고유한 의미의 종중과 그 성질을 달리하므로, 그러한 경우에는 사적 자치의 원칙 내지 결사의 자유에 따라 그 구성원의 자격이나 가입조건을 자유롭게 정할 수 있음이 원칙이다. 따라서 그러한 종중 유사단체의 회칙이나 규약에서 공동선조의 후손 중 남성만으로 그 구성원을 한정하고 있다 하더라도 특별한 사정이 없는 한 이는 사적 자치의 원칙 내지 결사의 자유의 보장범위에 포함되고, 위 사정만으로 그 회칙이나 규약이 양성평등 원칙을 정한 헌법 제11조 및 민법 제103조를 위반하여 무효라고 볼 수는 없다(대판 2011. 2. 24, 2009다17783).

188 **종중 유사의 권리능력 없는 사단은 반드시 총회를 열어 성문화된 규약을 만들고 정식의 조직체계를 갖추어야만 비로소 단체로서 성립한다.** 〈2020년 법무사〉

해설 종중 유사의 권리능력 없는 사단은 반드시 총회를 열어 성문화된 규약을 만들고 정식의 조직체계를 갖추어야만 비로소 단체로서 성립하는 것이 아니라, 실질적으로 공동의 목적을 달성하기 위하여 공동의 재산을 형성하고 일을 주도하는 사람을 중심으로 계속적으로 사회적인 활동을 하여 온 경우에는 이미 그 무렵부터 **단체로서의 실체**가 존재한다고 하여야 한다. 계속적으로 공동의 일을 수행하여 오던 일단의 사람들이 어느 시점에 이르러 비로소 창립총회를 열어 **조직체로서의 실체**를 갖추었다면, 그 실체로서의 조직을 갖추기 이전부터 행한 행위나 또는 그때까지 형성한 재산은, 다른 특별한 사정이 없는 한, 모두 이 사회적 실체로서의 조직에게 귀속되는 것으로 봄이 타당하다(대판 2019. 2. 14, 2018다264628).

189 **종중의 규약이나 관례에 의하여 종중원이 일정한 일시에 일정한 장소에서 정기적으로 회합하여 종중의 대소사를 처리하기로 미리 정해져 있는 경우에는 따로 소집통지나 의결사항을 통지하지 아니하였다고 하여 그 종중총회의 결의를 무효라고 할 수 없다는 법리는 종중 유사단체에도 적용된다.** 〈2015년 사법시험〉

정답 186. (○) 187. (×) 188. (×) 189. (○)

해설 종중의 규약이나 관례에 의하여 종중원이 매년 1회씩 일정한 일시에 일정한 장소에서 정기적으로 회합하여 종중의 대소사를 처리하기로 미리 정해져 있는 경우에는 따로 소집통지나 의결사항을 통지하지 아니하여도 무방하고, 이러한 법리는 종중 유사의 단체에도 그대로 적용된다(대판 2014. 2. 13, 2012다98843).

190-1 총유물인 종중 토지 매각대금의 분배는 정관 기타 규약에 달리 정함이 없는 한 종중총회의 분배결의가 없으면 종원이 종중에 대하여 직접 분배청구를 할 수 없다. 〈2020년 법무사〉

190-2 종중 정관이나 규약에 종중 재산의 처분에 관한 규정이 없다면, 종중이 총유 토지에 관하여 지급된 수용보상금을 종중원들에게 분배하기로 하는 결의를 하였다 하더라도 그 결의는 비영리 사단으로서의 종중의 성격에 위배되어 무효이다. 〈2015년 사법시험〉

해설 비법인사단인 종중의 토지에 대한 수용보상금은 종원의 총유에 속하고, 위 **수용보상금의 분배는 총유물의 처분에 해당하므로** 정관 기타 규약에 달리 정함이 없는 한 종중총회의 분배결의가 없으면 종원이 종중에 대하여 직접 분배청구를 할 수 없으나, 종중 토지에 대한 수용보상금을 종원에게 분배하기로 결의하였다면, 그 분배대상자라고 주장하는 종원은 종중에 대하여 직접 분배금의 청구를 할 수 있다(대판 1994. 4. 26, 93다32446).

191 종중총회를 개최함에 있어 종중원들에 대한 소집통지의 방법은 반드시 직접 서면으로 하여야만 하는 것은 아니고 구두 또는 전화로 하여도 되고 다른 종중원이나 세대주를 통하여 하여도 무방하다. 〈2020년 법무사〉

해설 종중총회는 특별한 사정이 없는 한 족보에 의하여 소집통지 대상이 되는 종중원의 범위를 확정한 후 국내에 거주하고 소재가 분명하여 통지가 가능한 모든 종중원에게 개별적으로 소집통지를 함으로써 각자가 회의와 토의 및 의결에 참가할 수 있는 기회를 주어야 하고, 일부 종중원에게 소집통지를 결여한 채 개최된 종중총회의 결의는 효력이 없으나, 그 소집통지의 방법은 반드시 직접 서면으로 하여야만 하는 것은 아니고 구두 또는 전화로 하여도 되고 다른 종중원이나 세대주를 통하여 하여도 무방하다(대판 2007. 9. 6, 2007다34982).

192 종중총회의 소집통지는 이에 관한 종중의 규약이나 관례가 없는 경우, 소집권자가 총회에 참석할 자격이 있는 종원 중 국내에 거주하고, 소재가 분명하여 연락통지가 가능한 종원에게 적당한 방법으로 통지하여야 하는데, 소집권자가 지파 또는 거주지별 대표자에게 총회소집을 알리는 것만으로도 적법하게 통지할 수 있다. 〈2022년 법무사〉

해설 종중총회의 소집통지는 이에 관한 종중의 규약이나 관례가 없는 경우, 소집권자가 총회에 참석할 자격이 있는 종원 중 국내에 거주하고, 소재가 분명하여 연락통지가 가능한 종원에게 적당한 방법으로 통지하여야 하고, 소집권자가 지파 또는 거주지별 대표자에게 총회소집을 알리는 것만으로는 총회소집이 적법하게 통지되었다고 볼 수 없다(대판 1994. 6. 14, 93다45244).

정답 190-1. (○) 190-2. (×) 191. (○) 192. (×)

제4장 권리의 객체

1 **민법상의 물건에 관한 다음 설명 중 옳지 않은 것은? (다툼이 있는 경우에는 판례에 의함)**

〈2007년 변리사〉

① 일물일권주의의 요청 때문에 집합물 위에 하나의 물권이 성립될 수 없음이 원칙이지만, 일단의 증감변동하는 동산이 특정성을 갖추었다면 그 전부를 목적으로 하는 양도담보권이 유효하게 성립할 수 있다.
② 대체물과 부대체물의 구별은 거래관념에 따른 객관적인 것인 반면, 특정물과 불특정물의 구별은 당사자의 의사에 기한 주관적인 것이다.
③ 바다에 인접한 토지가 태풍으로 인하여 침수되어 과다한 비용을 들이지 않고는 원상복구될 수 없었으나, 그 후 방파제가 건설되어 다시 성토된 경우 그 토지의 소유권은 회복되지 않는다.
④ 농지를 처분하는 경우에 그 농지에 부속된 양수시설은 독립동산으로서 농지와는 별도로 농지매수인에게 소유권 이전을 하여야 한다.
⑤ 하나의 원물에 관하여 소유권자와 용익권자가 경합하는 경우에 용익권자의 과실수취권이 우선한다.

해설

① (○) : 일반적으로 일단의 증감 변동하는 동산을 하나의 물건으로 보아 이를 채권담보의 목적으로 삼으려는 이른바 집합물에 대한 양도담보설정계약체결도 가능하며 이 경우 그 목적 동산이 담보설정자의 다른 물건과 구별될 수 있도록 그 종류, 장소 또는 수량지정 등의 방법에 의하여 특정되어 있으면 그 전부를 하나의 재산권으로 보아 이에 유효한 담보권의 설정이 된 것으로 볼 수 있다(대판 1990. 12. 26, 88다카20224).
② (○) : 통설이다.
③ (○) : 한번 포락되어 해면 아래에 잠김으로써 복구가 심히 곤란하여 토지로서의 효용을 상실하면 종전의 소유권이 영구히 소멸되고, 그 후 포락된 토지가 다시 성토되어도 종전의 소유자가 다시 소유권을 취득할 수는 없다(대판 1992. 9. 25, 92다24677).
④ (×) : 판례는 농지에 부속된 양수장 시설을 종물로 인정하였는 바(대판 1967. 3. 7, 66누176), 별도의 의사표시가 없는 한 원칙적으로 종물은 주물의 처분에 따른다(제100조 제2항).
⑤ (○) : 천연과실의 수취권자(제102조 참조)인 전세권자, 임차인 등은 분리당시 이용권자로서 과실을 원물의 소유자에 우선하여 수취할 수 있다(통설).

2 **물건에 관한 설명으로 옳지 않은 것은? (다툼이 있는 경우에는 판례에 의함)** 〈2010년 변리사〉

① 주물소유자의 사용을 돕고 있기는 하지만 주물 자체의 효용과 직접 관계가 없는 물건은 종물이 아니다.
② 주물의 소유자가 아닌 자의 물건도 종물이 될 수 있다.
③ 무기명채권은 물건이 아니므로 동산에 해당하지 않는다.
④ 주물 위에 설정된 저당권은 저당권설정 이후에 부속된 종물에 대하여도 그 효력이 미친다.

정답 1. ④ 2. ②

⑤ 국립공원의 입장료는 토지의 사용대가라는 민법상의 과실로 볼 수 없다.

해 설

① (○) : 저당권의 효력이 미치는 저당부동산의 종물이라 함은 민법 제100조가 규정하는 종물과 같은 의미로서, 어느 건물이 주된 건물의 종물이기 위하여는 주물의 상용에 이바지하는 관계에 있어야 하고, '주물의 상용에 이바지한다' 함은 주물 그 자체의 경제적 효용을 다하게 하는 것을 말하는 것으로서, 주물의 소유자나 이용자의 사용에 공여되고 있더라도 주물 그 자체의 효용과 직접 관계가 없는 물건은 종물이 아니다(대판 2007. 12. 13, 2007도7247 등).

[보충지문] 호텔의 각 방실에 시설된 텔레비전, 전화기 등의 집기는 호텔 건물의 종물이 아니다.
〈2008년 변리사〉

(○) : 위 물건들이 호텔의 경영자나 이용자의 상용에 공여됨은 별론으로 하고 주물 자체의 경제적 효용에 직접 이바지 하지 아니함은 경험칙상 명백하므로 위 부동산에 대한 종물이라고는 할 수 없다(대판 1985. 3. 26, 84다카269).

② (×) : 주물과 다른 사람의 소유에 속하는 물건은 종물이 될 수 없다(대판 2008. 5. 8, 2007다36933, 36940).
③ (○) : 상품권·승차권 등의 무기명채권은 동산이 아니다(제523조 이하).
④ (○) : 민법 제358조의 규정에 의하여 저당권의 효력은 법률 또는 설정행위로 인한 특별사정이 없는 한 저당부동산의 종물에 당연히 미친다고 할 것이고, 그 종물은 저당권설정 전부터 존재하였던 것뿐만 아니라 그 설정등기후에 새로이 생긴 것도 포함한다고 할 것이다(대결 1971. 12, 10, 자 71마757).
⑤ (○) : 국립공원의 입장료는 토지의 사용대가라는 민법상 과실이 아니라 수익자부담의 원칙에 따라 국립공원의 유지·관리비용의 일부를 국립공원 입장객에게 부담시키고자 하는 것이어서 토지의 소유권이나 그에 기한 과실수취권과는 아무런 관련이 없다(대판 2001. 12. 28, 2000다27749).

3 **물건에 관한 설명으로 옳지 않은 것은? (다툼이 있는 경우에는 판례에 의함)** 〈2012년 변리사〉

① 천연과실은 수취할 권리의 존속기간 일수의 비율로 수취한다.
② 수목의 집단이 관계 법규에 따라 등기된 경우, 그 토지소유권 처분의 효력은 입목에 영향을 미치지 않는다.
③ 주물의 소유자가 아닌 자의 물건은 종물이 될 수 없다.
④ 물건의 임대료는 법정과실이다.
⑤ 대체물인지 여부는 당사자의 의사가 아니라 일반 거래관념에 따른다.

해 설

① (×) : 천연과실이 아니라 법정과실(제102조 제2항).
② (○) : 수목은 토지에 부합하나, 입목법에 따른 입목등기가 있으면 독립한 부동산으로 다루어 진다(입목에 관한 법률 제2조, 제3조 참조).
③ (○) : 주물처분에 종물이 따라가야 하므로 주물과 다른 사람의 소유에 속하는 물건은 종물이 될 수 없다(대판 2008. 5. 8, 2007다36933, 36940).
④ (○) : 법정과실이란 물건의 사용대가로 받는 금전 기타 물건을 말하므로 타당하다.
⑤ (○) : 특정물과 불특정물의 구별이 주관적 인데 반하여, 대체물인지 부대체물인지 여부는 물건의 개성에 따라 일반적 객관적 기준에 의하여 구별한다(통설).

정답 3. ①

4 **물건에 관한 설명으로 옳지 않은 것은? (다툼이 있는 경우에는 판례에 의함)** 〈2014년 변리사〉

① 임시로 심어놓은 수목은 동산이다.
② 토지에서 분리된 수목은 동산이다.
③ 농작물이 토지와 별개의 독립한 물건이 되려면 명인방법을 갖추어야 한다.
④ 특별한 사정이 없으면, 권원 없이 타인 소유의 토지에 심어놓은 수목은 그 타인에게 속한다.
⑤ 명인방법을 갖춘 미분리의 과실은 토지나 수목과는 별개의 독립한 물건이다.

해설

①(○), ②(○) : 민법상 부동산은 토지 및 정착물을 말한다(제99조 제1항). 따라서 수목은 토지의 부합물로서 부동산이다. 하지만 임시로 심어놓은 수목과 토지에서 분리된 수목은 정착물로 볼 수 없기 때문에 동산이다.

③(×) : 타인소유의 토지에 사용수익의 권한 없이 농작물을 경작한 경우에 그 농작물의 소유권은 경작한 사람에게 귀속된다(대판 1970. 3. 10, 70도82). ☞ 명인방법을 갖출 필요도 없다.

④(○) : 타인의 토지상에 권원없이 식재한 수목의 소유권은 토지소유자에게 귀속되고 권원에 의하여 식재한 경우에는 그 소유권이 식재한 자에게 있다(대판 1980. 9. 30, 80도1874).

⑤(○) : 미분리의 과실은 독립한 물건이 아니지만, 명인방법을 갖춘 경우에는 독립하여 거래의 객체가 된다(대결 1998. 10. 28, 자 98마1817).

5 **물건에 관한 설명으로 옳지 않은 것은? (다툼이 있으면 판례에 의함)** 〈2015년 변리사〉

① 사람의 유체·유골은 매장·관리·제사·공양의 대상이 될 수 있는 유체물에 해당한다.
② 관공서의 건물과 같이 국가나 공공단체의 소유자로서 공적목적에 사용되는 공용물은 불융통물의 일종이다.
③ 1필의 토지 일부는 분필을 하지 않는 한 그 일부의 토지 위에 용익물권을 설정할 수 없다.
④ 「입목에 관한 법률」에 의하여 소유권보존등기를 한 수목의 집단위에 저당권을 설정할 수 있다.
⑤ 어느 건물이 주된 건물의 종물이기 위해서는 주된 건물의 경제적 효용을 보조하기 위하여 계속적으로 이바지하는 관계가 있어야 한다.

해설

①(○) : 분묘에 안치되어 있는 피상속인의 유체·유골은 매장·관리·제사·공양의 대상이 될 수 있는 유체물로서 그 제사주재자에게 승계된다(대판 2008. 11. 20, 2007다27670 전원합의체).

[보충지문] 분묘에 안치되어 있는 피상속인의 유체·유골은 매장·관리·제사·공양의 대상이 될 수 있는 유체물로서 그 제사주재자에게 승계된다(○). 〈2015년 변호사시험〉

②(○) : 관공서의 건물과 같이 국가나 공공단체의 소유자로서 공적목적에 사용되는 공용물은 국유재산 중 행정재산이므로 불융통물의 일종이다.

③(×) : 토지의 일부 소유권양도는 분필을 하지 않는 한 불가하나, 용익물권의 설정은 토지의 일부에 설정할 수 있다.

④(○) : 「입목에 관한 법률」에 의하여 소유권보존등기를 한 수목의 집단위에는 명인방법과는 달리 저당권을 설정할 수 있다.

⑤(○) : 어느 건물이 주된 건물의 종물이기 위해서는 그 요건으로서 주된 건물의 경제적 효용을 보조하기 위하여 계속적으로 이바지하는 관계가 있어야 한다(제100조 제1항; 대판 1993. 8. 13, 92다43142).

정답 4. ③ 5. ③

6 **주물과 종물에 관한 설명으로 옳지 않는 것은? (다툼이 있으면 판례에 따름)** 〈2016년 변리사〉

① 주택에 부속하여 지어진 연탄창고는 그 주택에서 떨어져 지어진 것일지라도 그 주택의 종물이다.
② 주물과 종물의 관계에 관한 법리는 특별한 사정이 없는 한 권리 상호 간의 관계에도 적용된다.
③ 물건이 주물의 소유자의 상용에 공여되고 있다면, 주물 그 자체의 효용과 직접 관계가 없는 것도 종물이다.
④ 주물을 처분할 때에 특약으로 종물을 제외할 수 있고, 종물만을 별도로 처분할 수도 있다.
⑤ 저당권의 효력은 특별한 사정이 없는 한 당해 저당부동산의 종물에도 미친다.

해 설

① (○) : 낡은 가재도구 등의 보관장소로 사용되고 있는 방과 연탄창고 및 공동변소가 본채에서 떨어져 축조되어 있기는 하나 본채의 종물이라고 본 사례이다(대판 1991. 5. 14, 91다2779).
② (○) : 민법 제100조 제2항의 종물과 주물의 관계에 관한 법리는 물건 상호간의 관계뿐 아니라 권리 상호간에도 적용된다(대판 2006. 10. 26, 2006다29020).
③ (×) : 종물이기 위하여는 주물의 상용에 이바지 되어야 하는 관계가 있어야 하는바 여기에서 주물의 상용에 이바지 한다 함은 주물 그 자체의 경제적 효용을 다하게 하는 작용을 하는 것을 말하는 것으로서 주물의 소유자나 이용자의 상용에 공여되고 있더라도 주물 그 자체의 효용과는 직접 관계없는 물건은 종물이 아니다(대판 1985. 3. 26, 84다카269).
④ (○), ⑤ (○) : 주물·종물이론은 임의규정으로 주물을 처분할 때에 특약으로 종물을 제외할 수 있고, 종물만을 별도로 처분할 수도 있다. 그리고 저당권의 효력은 특별한 사정이 없는 한 당해 저당부동산의 종물에도 미친다(제358조 참조).

7 **물건에 관한 설명으로 옳은 것은? (다툼이 있으면 판례에 따름)** 〈2017년 변리사〉

① 어떤 토지가 지적공부상 1필의 토지로 등록되면 특별한 사정이 없는 한, 그 경계는 지적도상의 경계에 의하여 특정된다.
② 입목등기를 하지 않은 수목은 명인방법을 갖추더라도 독립된 물건이 될 수 없다.
③ 주물 소유자의 사용에 공여되고 있는 물건은 주물 자체의 효용과 관계없는 물건이라도 종물이 된다.
④ 성숙한 농작물은 명인방법을 갖추어야 경작자의 소유가 된다.
⑤ 토지등기부에 분필등기가 되면 「공간정보의 구축 및 관리 등에 관한 법률」이 정하는 바에 따른 분할절차를 밟지 않아도 분필의 효과가 발생한다.

해 설

① (○) : 지적법에 의하여 어떤 토지가 지적공부에 1필지의 토지로 등록되면 그 토지는 특별한 사정이 없는 한 등록으로써 특정되므로, 지적도를 작성함에 있어서 기술적 착오로 말미암아 지적도상의 경계선이 진실한 경계선과 다르게 작성되었다는 등의 특별한 사정이 없는 한 토지 소유권의 범위는 현실의 경계에 관계없이 지적공부상의 경계에 의하여 확정되어야 한다(대판 2012. 1. 12, 2011다72066).
② (×) : 입목에관한법률에 따라 등기된 입목이나 명인방법을 갖춘 수목의 경우에는 독립하여 거래의 객체가 되므로 토지 평가에 포함되지 아니한다(대결 1998. 10. 28, 자 98마1817).
③ (×) : 주물의 소유자나 이용자의 사용에 공여되고 있더라도 주물 그 자체의 효용과 직접 관계가 없는 물건은 종물이 아니다(대결 2000. 11. 2, 자 2000마3530).
④ (×) : 적법한 경작권 없이 타인의 토지를 경작하였더라도 그 경작한 입도가 성숙하여 독립한 물건으로서의

정답 6. ③ 7. ①

존재를 갖추었으면 입도의 소유권은 경작자에게 귀속한다(대판 1979. 8. 28, 79다784). 성숙한 농작물의 경우에는 명인방법을 갖추었는지 여부를 불문하고 경작자가 소유권을 취득한다는 것이 판례의 태도이다.
⑤ (×) : 1필지의 토지를 수필의 토지로 분할하여 등기하려면 지적법(현 공간정보의 구축 및 관리 등에 관한 법률)이 정하는 바에 따라 먼저 지적공부 소관청에 의하여 지적측량을 하고 그에 따라 필지마다 지번, 지목, 경계 또는 좌표와 면적이 정하여진 후 지적공부에 등록되는 등 분할의 절차를 밟아야 되고, 가사 등기부에만 분필의 등기가 이루어졌다고 하여도 이로써 분필의 효과가 발생할 수는 없다(대판 1995. 6. 16, 94다4615).

8 **물건에 관한 설명으로 옳지 않은 것은? (다툼이 있으면 판례에 따름)** 〈2018년 변리사〉

① 특정물과 불특정물의 구별은 당사자의 의사에 따른 주관적인 구별이다.
② 종물은 주물의 일부이거나 구성부분이어야 한다.
③ 관리할 수 있는 전기는 동산이다.
④ 건물을 사용함으로써 얻는 이득은 그 건물의 과실에 준하는 것이다.
⑤ 수확되지 아니한 성숙한 쪽파와 같은 농작물 매매에 있어서 매수인이 그 소유권을 취득하기 위해서는 명인방법을 갖추어야 한다.

해설

① (○) : 통설이다. 따라서 대체물이라도 당사자의 의사에 의해 특정물로 할 수 있다.
② (×) : 이 사건 정화조가 위 3층건물의 대지가 아닌 인접한 다른 필지의 지하에 설치되어 있기는 하지만 위 3층건물 화장실의 오수처리를 위하여 위 건물 옆 지하에 바로 부속하여 설치되어 있음을 알 수 있어 독립된 물건으로서 종물이라기 보다는 위 3층건물의 구성부분으로 보아야 할 것이다(대판 1993. 12. 10, 93다42399).
☞ 종물은 주물로부터 독립된 별개의 물건이어야 한다.
③ (○) : 민법 제99조 제2항. 부동산 이외의 물건은 동산이다.
④ (○) : 민법 제201조 제1항에 의하면 선의의 점유자는 점유물의 과실을 취득한다고 규정하고 있는바, 건물을 사용함으로써 얻는 이득은 그 건물의 과실에 준하는 것이므로, 선의의 점유자는 비록 법률상 원인 없이 타인의 건물을 점유·사용하고 이로 말미암아 그에게 손해를 입혔다고 하더라도 그 점유·사용으로 인한 이득을 반환할 의무는 없다(대판 1996. 1. 26, 95다44290).
⑤ (○) : [1] 물권변동에 있어서 형식주의를 채택하고 있는 현행 민법하에서는 소유권을 이전한다는 의사 외에 부동산에 있어서는 등기를, 동산에 있어서는 인도를 필요로 함과 마찬가지로 이 사건 쪽파와 같은 수확되지 아니한 농작물에 있어서는 명인방법을 실시함으로써 그 소유권을 취득한다. [2] 쪽파의 매수인이 명인방법을 갖추지 않은 경우, 쪽파에 대한 소유권을 취득하였다고 볼 수 없어 그 소유권은 여전히 매도인에게 있다(대판 1996. 2. 23, 95도2754).

9 **원물과 과실에 관한 설명으로 옳지 않은 것은?** 〈2019년 변리사〉

① 소유권이전의 대가, 노동의 대가는 법정과실이다.
② 물건의 용법에 의하여 수취하는 산출물은 천연과실이다.
③ 천연과실은 그 원물로부터 분리하는 때에 이를 수취할 권리자에게 속한다.
④ 미분리의 과실은 독립한 물건이 아니지만, 명인방법을 갖춘 경우에는 타인 소유권의 객체가 될 수 있다.
⑤ 법정과실은 수취할 권리의 존속기간일수의 비율로 취득할 수 있는 것이지만, 당사자가 그와 다르게 약정할 수도 있다.

정답 8. ② 9. ①

해설

① (×) : 민법 제101조 제2항. '물건의 사용대가로 받는 금전 기타의 물건'이 법정과실이므로 소유권이전의 대가, 노동의 대가는 법정과실이 아니다.

② (○) : 민법 제101조 제1항 참조

③ (○) : 민법 제102조 제1항 참조

> **[보충지문] 천연과실은 그 원물로부터 분리하는 때에 이를 수취한 자에게 속한다(×).**
> 〈2008년 법원행시〉

④ (○) : 입목에관한법률에 따라 등기된 입목이나 명인방법을 갖춘 수목의 경우에는 독립하여 거래의 객체가 되므로 토지 평가에 포함되지 아니한다(대결 1998. 10. 28, 자 98마1817). ☞ 명인방법을 갖춘 미분리의 과실도 마찬가지라는 것이 통설이다.

⑤ (○) : 민법 제102조 제2항. 그리고 이 규정은 임의규정이라는 것이 통설이다.

10 물건에 관한 설명으로 옳은 것은? (다툼이 있으면 판례에 따름) 〈2021년 변리사〉

① 부동산에 부속된 동산을 분리하면 그 동산의 경제적 가치가 없는 경우에는 타인이 권원에 의하여 동산을 부속시킨 경우라도 그 동산은 부동산소유자에게 귀속된다.

② 집합물에 대한 양도담보권자가 점유개정의 방법으로 양도담보권설정계약 당시 존재하는 집합물의 점유를 취득한 후 양도담보권설정자가 자기 소유의 집합물을 이루는 물건을 반입한 경우, 나중에 반입된 물건에는 양도담보권의 효력이 미치지 않는다.

③ 적법한 경작권 없이 타인의 토지를 경작하였다면 그 경작한 입도(立稻)가 성숙한 경우에도 경작자는 그 입도의 소유권을 갖지 못한다.

④ 종물은 주물의 처분에 따르므로, 당사자의 특약으로 종물만을 별도로 처분할 수 없다.

⑤ 입목에 관한 법률에 의하여 소유권보존등기가 마쳐진 입목은 토지와 분리하여 양도될 수 있으나, 저당권의 객체는 될 수 없다.

해설

① (○) : 부합물에 관한 소유권귀속의 예외를 규정한 민법 제256조 단서의 규정은 타인이 그 권원에 의하여 부속시킨 물건이라 할지라도 그 부속된 물건이 분리하여 경제적 가치가 있는 경우에 한하여 부속시킨 타인의 권리에 영향이 없다는 취지이지 분리하여도 경제적 가치가 없는 경우에는 원래의 부동산소유자의 소유에 귀속되는 것이고 경제적 가치의 판단은 부속시킨 물건에 대한 일반 사회통념상의 경제적 효용의 독립성 유무를 그 기준으로 하여야 한다(대판 1975. 4. 8, 74다1743).

② (×) : 양도담보권자가 점유개정의 방법으로 양도담보권설정계약 당시 존재하는 집합물의 점유를 취득하면 그 후 양도담보권설정자가 집합물을 이루는 개개의 물건을 반입하였더라도 별도의 양도담보권설정계약을 맺거나 점유개정의 표시를 하지 않더라도 양도담보권의 효력이 나중에 반입된 물건에도 미친다. 다만 양도담보권설정자가 양도담보권설정계약에서 정한 종류·수량에 포함되는 물건을 계약에서 정한 장소에 반입하였더라도 그 물건이 제3자의 소유라면 담보목적인 집합물의 구성부분이 될 수 없고 따라서 그 물건에는 양도담보권의 효력이 미치지 않는다(대판 2016. 4. 28, 2012다19659).

③ (×) : 적법한 경작권 없이 타인의 토지를 경작하였더라도 그 경작한 입도가 성숙하여 독립한 물건으로서의 존재를 갖추었으면 입도의 소유권은 경작자에게 귀속한다(대판 1979. 8. 28, 79다784).

④ (×) : 종물은 주물의 처분에 수반된다는 민법 제100조 제2항은 임의규정이므로, 당사자는 주물을 처분할 때

정답 10. ①

에 특약으로 종물을 제외할 수 있고 종물만을 별도로 처분할 수도 있다(대판 2012. 1. 26, 2009다76546).
⑤ (×) : 이 법에서 '입목'이란 토지에 부착된 수목의 집단으로서 그 소유자가 이 법에 따라 소유권보존의 등기를 받은 것을 말한다(입목에관한법률 제2조 제1항 제1호), 이러한 입목의 소유자는 토지와 분리하여 입목을 양도하거나 저당권의 목적으로 할 수 있다(동법 제3조 제2항).

11 물건에 관한 설명으로 옳지 않은 것은? (다툼이 있으면 판례에 따름) 〈2022년 변리사〉

① 토지의 정착물은 부동산이다.
② 일정한 토지가 지적공부에 1필의 토지로 등록된 경우, 그 토지의 지적 및 경계는 일응 그 등록으로써 특정된다.
③ 건물의 경계는 사회통념상 독립한 건물로 인정되는 건물 사이의 현실의 경계에 의하여 특정된다.
④ 주물 그 자체의 효용과 직접 관계가 없는 물건이라도 주물 소유자의 사용에 공여되고 있으면 종물에 해당한다.
⑤ 특별한 사정이 없는 한 법정과실은 수취할 권리의 존속기간일수의 비율로 취득한다.

해설

① (○) : 토지 및 그 정착물은 부동산이다(민법 제99조 제1항).
② (○), ③ (○) : [1] 토지는 인위적으로 구획된 일정범위의 지면에 사회관념상 정당한 이익이 있는 범위 내에서의 상하를 포함하는 것으로서, 토지의 개수는 지적법에 의한 지적공부상의 필수, 분계선에 의하여 결정되는 것이고, 어떤 토지가 지적공부상 1필의 토지로 등록되면 그 지적공부상의 경계가 현실의 경계와 다르다 하더라도 다른 특별한 사정이 없는 한 그 경계는 **지적공부상의 등록, 즉 지적도상의 경계에 의하여 특정**되는 것이므로 이러한 의미에서 토지의 경계는 공적으로 설정 인증된 것이고, 단순히 사적관계에 있어서의 소유권의 한계선과는 그 본질을 달리하는 것으로서, 경계확정소송의 대상이 되는 '경계'란 공적으로 설정 인증된 지번과 지번과의 경계선을 가리키는 것이고, 사적인 소유권의 경계선을 가리키는 것은 아니다. [2] 건물은 일정한 면적, 공간의 이용을 위하여 지상, 지하에 건설된 구조물을 말하는 것으로서, 건물의 개수는 토지와 달리 공부상의 등록에 의하여 결정되는 것이 아니라 사회통념 또는 거래관념에 따라 물리적 구조, 거래 또는 이용의 목적물로서 관찰한 건물의 상태 등 객관적 사정과 건축한 자 또는 소유자의 의사 등 주관적 사정을 참작하여 결정되는 것이고, 그 경계 또한 사회통념상 독립한 건물로 인정되는 건물 사이의 **현실의 경계에 의하여 특정**되는 것이므로, 이러한 의미에서 건물의 경계는 공적으로 설정 인증된 것이 아니고 단순히 사적관계에 있어서의 소유권의 한계선에 불과함을 알 수 있고, 따라서 사적자치의 영역에 속하는 건물 소유권의 범위를 확정하기 위하여는 소유권확인소송에 의하여야 할 것이고, 공법상 경계를 확정하는 경계확정소송에 의할 수는 없다(대판 1997. 7. 8, 96다36517).
④ (×) : 종물은 주물의 상용에 이바지하는 관계에 있어야 하고, 주물의 상용에 이바지한다 함은 주물 그 자체의 경제적 효용을 다하게 하는 것을 말하는 것으로서 주물의 소유자나 이용자의 상용에 공여되고 있더라도 주물 그 자체의 효용과 직접 관계가 없는 물건은 종물이 아니다(대판 1997. 10. 10, 97다3750).
⑤ (○) : 법정과실은 수취할 권리의 존속기간일수의 비율로 취득한다(민법 제102조 제2항).

정답 11. ④

12 **동일소유자에게 속하는 다음 물건 중 주물과 종물의 관계로 보기 어려운 것은?(다툼이 있으면 판례에 따름)** 〈2023년 변리사〉

① 배와 노
② 자물쇠와 열쇠
③ 주유소건물과 주유기
④ 횟집과 수족관
⑤ 주유소부지와 그 지하에 매설된 유류저장탱크

해 설

①(○), ②(○) : 교과서 상에서 주물과 종물의 예로 자주 들어지는 것들이다.
③(○) : 주유기는 계속해서 주유소 건물 자체의 경제적 효용을 다하게 하는 작용을 하고 있으므로 주유소건물의 상용에 공하기 위하여 부속시킨 종물이라고 본 사례(대판 1995. 6. 29, 94다6345).
④(○) : 횟집으로 사용할 점포 건물에 거의 붙여서 횟감용 생선을 보관하기 위하여 즉 위 점포 건물의 상용에 공하기 위하여 신축한 수족관 건물은 위 점포 건물의 종물이라고 해석할 것이다(대판 1993. 2. 12, 92도3234).
⑤(×) : 주유소의 지하에 매설된 유류저장탱크를 토지로부터 분리하는 데 과다한 비용이 들고 이를 분리하여 발굴할 경우 그 경제적 가치가 현저히 감소할 것이 분명하다. **유류저장탱크**는 토지에 부합되었다(대판 1995. 6. 29, 94다6345).

[보충지문] 주유소 지하에 콘크리트를 타설하여 매설한 유류저장탱크는 토지의 종물이다(×).
〈2019년 공인노무사〉

[비교판례] 이 사건 유류저장조는 위 건물과는 별개의 독립된 물건이나, 위 건물의 소유자가 위 건물 자체의 경제적 효용을 다하게 하기 위하여 그에 인접한 지하에 설치한 것으로서 경제적으로 위 건물과 일체로서 이용되고 있다고 볼 수 있으므로, 이 사건 **유류저장조**는 위 건물의 상용에 공하기 위하여 부속시킨 종물에 해당한다(대판 2012. 1. 26, 2009다76546).

13 **주물과 종물에 관한 설명으로 옳은 것은? (다툼이 있으면 판례에 따름)** 〈2024년 변리사〉

① 독립한 물건이라도 부동산은 종물이 될 수 없다.
② 주물의 점유로 인한 시효취득의 효력은 점유하지 않은 종물에도 미친다.
③ 주물에 대한 압류의 효력은 원칙적으로 종물에 미치지 않는다.
④ 주물 그 자체의 효용과 직접 관계가 없더라도 주물의 소유자의 상용에 공여되고 있는 물건은 종물이다.
⑤ 원본채권이 양도되는 경우, 특별한 의사표시가 없으면 이미 변제기에 도달한 이자채권은 함께 양도되지 않는다.

해 설

①(×) : 횟집으로 사용할 점포 건물에 거의 붙여서 횟감용 생선을 보관하기 위하여 즉 위 점포 건물의 상용에 공하기 위하여 신축한 수족관 건물은 위 점포 건물의 종물이라고 해석할 것이다(대판 1993. 2. 12, 92도3234). ☞ 종물은 부동산, 동산을 가리지 않는다.
②(×) : 점유에 기한 권리변동에 대해서는 제100조 제2항이 적용되지 않는다. 예컨대 점유로 인한 주물 시효취

정답 ▶ 12. ⑤ 13. ⑤

득의 효력은 점유하지 않은 종물에는 미치지 않는다. 마찬가지로 유치권, 질권의 경우에도 주물만을 점유한 경우 종물에는 권리가 인정되지 않는다. 예컨대 동산질권의 성립에는 질물의 인도가 필요하므로(제330조), 종물 또한 별도의 인도가 필요하다는 것이다.

[보충지문] 동산질권의 성립에는 주물의 인도가 있으면 종물의 인도가 필요없다(×). 〈2004년 변리사〉

③ (×) : 민법 제100조 제2항의 종물과 주물의 관계에 관한 법리는 물건 상호간의 관계뿐 아니라 권리 상호간에도 적용되고, **위 규정에서의 처분은 처분행위에 의한 권리변동뿐 아니라 주물의 권리관계가 압류와 같은 공법상의 처분 등에 의하여 생긴 경우에도 적용되어야 하는 점**, 저당권의 효력이 종물에 대하여도 미친다는 민법 제358조 본문 규정은 같은 법 제100조 제2항과 이론적 기초를 같이하는 점, 집합건물의 소유 및 관리에 관한 법률 제20조 제1항, 제2항에 의하면 구분건물의 대지사용권은 전유부분과 종속적 일체불가분성이 인정되는 점 등에 비추어 볼 때, 구분건물의 전유부분에 대한 소유권보존등기만 경료되고 대지지분에 대한 등기가 경료되기 전에 전유부분만에 대해 내려진 가압류결정의 효력은, 대지사용권의 분리처분이 가능하도록 규약으로 정하였다는 등의 특별한 사정이 없는 한, 종물 내지 종된 권리인 그 대지권에까지 미친다(대판 2006. 10. 26, 2006다29020).

④ (×) : 종물은 주물의 상용에 이바지하는 관계에 있어야 하고, 주물의 상용에 이바지한다 함은 주물 그 자체의 경제적 효용을 다하게 하는 것을 말하는 것으로서 주물의 소유자나 이용자의 상용에 공여되고 있더라도 주물 그 자체의 효용과 직접 관계가 없는 물건은 종물이 아니다(대판 1997. 10. 10, 97다3750).

⑤ (○) : 이자채권은 원본채권에 대하여 종속성을 갖고 있으나 이미 변제기에 도달한 이자채권은 원본채권과 분리하여 양도할 수 있고 원본채권과 별도로 변제할 수 있으며 시효로 인하여 소멸되기도 하는 등 어느 정도 독립성을 갖게 되는 것이므로, 원본채권이 양도된 경우 **이미 변제기에 도달한 이자채권**은 원본채권의 양도당시 그 이자채권도 양도한다는 의사표시가 없는 한 당연히 양도되지는 않는다(대판 1989. 3. 28, 88다카12803).

보충지문

14 전기 기타 관리할 수 있는 자연력도 물건이다. 〈2011년 법무사〉

해 설 민법 제98조 참조

15-1 부동산 이외의 물건은 모두 동산이다. 〈2011년 법무사〉

15-2 관리할 수 있는 자연력은 동산이다. 〈2020년 공인노무사〉

해 설 토지 및 그 정착물은 부동산이고, 부동산 이외의 물건은 동산이다(제99조).

16-1 토지의 개수는 지적공부의 등록단위가 되는 필(筆)을 표준으로 한다. 〈2020년 감정평가사〉

16-2 건물의 개수(個數)는 거래관념에 따라 정해지는 것이 아니라, 최소한의 기둥과 지붕 그리고 주벽의 설치여부와 같은 물리적 구조에 의하여 결정된다. 〈2008년 감정평가사〉

해 설 [1] 토지는 인위적으로 구획된 일정범위의 지면에 사회관념상 정당한 이익이 있는 범위 내에서의 상하를 포함하는 것으로서, 토지의 개수는 지적법에 의한 지적공부상의 필수, 분계선에 의하여 결정되는 것이고, 어떤 토지가 지적공부상 1필의 토지로 등록되면 그 지적공부상의 경계가 현실의 경계와 다르다 하더라도 다른 특별한 사정이 없는 한 그 경계는 지적공부상의 등록, 즉 지적도상의 경계에 의하여 특정되는 것이다. [2] 건물

정답 14. (○) 15-1. (○) 15-2. (○) 16-1. (○) 16-2. (×)

은 일정한 면적, 공간의 이용을 위하여 지상, 지하에 건설된 구조물을 말하는 것으로서, 건물의 개수는 토지와 달리 공부상의 등록에 의하여 결정되는 것이 아니라 사회통념 또는 거래관념에 따라 물리적 구조, 거래 또는 이용의 목적물로서 관찰한 건물의 상태 등 객관적 사정과 건축한 자 또는 소유자의 의사 등 주관적 사정을 참작하여 결정되는 것이다(대판 1997. 7. 8, 96다36517 참조).

17-1 **입목에 관한 법률에 의하여 입목등기를 한 수목의 집단은 토지와 별개의 부동산이다.** 〈2018년 공인노무사〉

17-2 **수목의 집단이 관계법규에 따라 등기된 경우에도 특별한 사정이 없는 한 토지소유권을 취득한 자는 입목의 소유권도 취득한다.** 〈2019년 공인노무사〉

17-3 **명인방법을 갖춘 수목의 경우 토지와 독립된 물건으로서 거래의 객체가 된다.** 〈2020년 공인노무사〉

해설 입목에관한법률에 따라 등기된 입목이나 명인방법을 갖춘 수목의 경우에는 독립하여 거래의 객체가 되므로 토지 평가에 포함되지 아니한다(대결 1998. 10. 28, 자 98마1817).

18 **온천수는 토지의 구성부분이다.** 〈2008년 감정평가사〉

해설 온천에 관한 권리는 관습상의 물권이나 준물권이라 할 수 없고 온천수는 공용수 또는 생활상 필요한 용수에 해당되지 않는다(대판 1972. 8. 29, 72다1243).

19-1 **토지 1필지의 공간적 범위를 특정하는 것은 지적도나 임야도의 경계이지 등기부의 표제부나 임야대장·토지대장에 등재된 면적이 아니다.** 〈2018년 감정평가사〉

19-2 **토지등기부의 표제부에 토지의 면적이 실제와 다르게 등재되어 있으면, 이러한 등기는 해당 토지를 표상하는 등기로서 효력이 없다.** 〈2018년 감정평가사〉

해설 물권의 객체인 토지 1필지의 공간적 범위를 특정하는 것은 지적도나 임야도의 경계이지 등기부의 표제부나 임야대장·토지대장에 등재된 면적이 아니므로, 토지등기부의 표제부에 토지의 면적이 실제와 다르게 등재되어 있다 하여도, 이러한 등기는 해당 토지를 표상하는 등기로서 유효하다(대판 2005. 12. 23, 2004다1691).

20 **토지의 지번과 지적을 등기부의 표제부에 등재된 대로 표시하여 경매하였으나 실제 면적이 그보다 넓은 경우, 등기부상의 지적을 넘는 면적 부분은 원칙적으로 경매 목적물인 토지의 일부가 될 수 없다.** 〈2016년 법원행시〉

해설 어느 토지의 지번과 지적을 등기부의 표제부에 등재된 대로 표시하여 경매하였으나 그 토지의 임야도나 지적도의 경계에 따라 측량한 실제 면적이 등기부의 표제부에 등재된 것보다 넓더라도, 집행법원이 직권으로 또는 이해관계인의 집행절차상 불복을 받아들여 별도의 재판을 하지 않은 이상, 등기부상의 지적을 넘는 면적은 경매의 목적물인 토지의 일부로서, 매각허가결정 및 그에 따른 매각대금의 납입에 따라 등기부상의 면적과 함께 매수인에게 귀속되는 것이고, 매각 목적물인 토지와 등기된 토지 사이에 동일성이 없어 경매가 무효라거나, 매각 목적물의 등기부상 표시 면적이 그 토지의 실제 면적에서 차지하는 비율만큼의 지분만 경매되었다고 볼 수는 없다(대판 2005. 12. 23, 2004다1691).

정답 17-1. (○) 17-2. (×) 17-3. (○) 18. (○) 19-1. (○) 19-2. (×) 20. (×)

21 **독립된 부동산으로서의 건물이라고 하기 위하여는 최소한의 기둥과 지붕 그리고 주벽이 갖추어져야 한다.** 〈2015년 감정평가사〉

해설 독립된 부동산으로서의 건물이라고 하기 위하여는 최소한의 기둥과 지붕 그리고 주벽이 갖추어져야 한다(대판 1997. 7. 8, 96다36517).

22 **건축주가 사회통념상 독립한 건물이라고 볼 수 있는 형태와 구조를 갖추고 있는 미완성 건물을 타인에게 매도한 후 건축주 명의변경절차를 마쳤더라도 원래의 건축주가 건물을 원시취득한다.** 〈2008년 감정평가사〉

해설 대판 1997. 5. 9, 96다54867 참조

23 **낡은 가재도구 등의 보관장소로 사용하고 있는 방과 연탄창고 및 공동변소가 본채에서 떨어져 축조되어 있더라도 본채의 종물이다.** 〈2016년 사법시험〉

해설 대판 1991. 5. 14, 91다2779 참조

24 **건물을 축조하면서 건물의 사용에 필요한 부대시설인 정화조를 그 건물의 대지에 인접하여 있는 다른 필지의 지하에 설치한 경우, 위 정화조는 위 건물의 상용에 공하기 위하여 건물에 부속시킨 시설물로서 위 건물에 대한 종물로 보아야 한다.** 〈2009년 사법시험〉

해설 이 사건 정화조가 위 3층건물의 대지가 아닌 인접한 다른 필지의 지하에 설치되어 있기는 하지만 위 3층건물 화장실의 오수처리를 위하여 위 건물 옆 지하에 바로 부속하여 설치되어 있음을 알 수 있어 독립된 물건으로서 종물이라기 보다는 위 3층건물의 구성부분으로 보아야 할 것이다(대판 1993. 12. 10, 93다42399).

25 **종물은 주물의 처분에 따른다는 민법규정은 임의규정이다.** 〈2015년 감정평가사〉

해설 종물은 주물의 처분에 따른다는 민법규정은 임의규정이다(제100조 제2항, 제358조).

26 **저당권의 효력이 종물에 미친다는 규정은 종물은 주물의 처분에 따른다는 것과 이론적 기초를 같이 한다.** 〈2020년 감정평가사〉

해설 제100조 제2항 및 제358조는 경제적 관계에 있어서의 물건의 주종적 결합체를 – 개인의 권리를 부당하게 침해하지 않는 범위 내에서 – 동일한 법률적 운명에 좇도록 하려는 취지의 규정이라는 점에서 공통점이 있다.

27 **건물에 대한 저당권의 효력은 그 건물의 소유를 목적으로 하는 지상권에도 미친다고 보아야 할 것이다.** 〈2004년 변리사〉

해설 민법 제358조 본문은 "저당권의 효력은 저당부동산에 부합된 물건과 종물에 미친다."고 규정하고 있는바, 이 규정은 저당부동산에 종된 권리에도 유추적용되어 건물에 대한 저당권의 효력은 그 건물의 소유를 목적으로 하는 지상권에도 미친다고 보아야 할 것이다(대판 1992. 7. 14, 92다527).

정답 21. (○) 22. (○) 23. (○) 24. (×) 25. (○) 26. (○) 27. (○)

28 **천연과실은 다른 특약이 있더라도 그 원물로부터 분리하는 때에 이를 수취할 권리자에게 속한다.** 〈2017년 감정평가사〉

해 설 민법 제102조 제1항. 본조는 임의규정이라는 것이 통설의 태도이다. 따라서 다른 특약이 있으면 그 특약에 의한다.

29 **원물 사용의 대가를 받을 수 있는 권리도 과실이다.** 〈2008년 감정평가사〉

해 설 물건(원물)의 사용의 대가로 받는 금전 기타의 물건이 법정과실이다. 따라서 '권리'는 과실이 아니다(제101조 제1항).

30 **과실을 수취할 수 있는 자를 모두 고른 것은?** 〈2018년 감정평가사〉

ㄱ. 질물의 과실에 대한 질권자
ㄴ. 유치물의 과실에 대한 유치권자
ㄷ. 점유물의 과실에 대한 선의의 점유자
ㄹ. 토지전세권에서 토지의 과실에 대한 전세권설정자

① ㄱ, ㄴ ② ㄷ, ㄹ ③ ㄱ, ㄴ, ㄷ ④ ㄱ, ㄷ, ㄹ ⑤ ㄴ, ㄷ, ㄹ

해 설

ㄱ. (○) : 민법 제343조에 의해 준용되는 민법 제323조 참조
ㄴ. (○) : 민법 제323조 참조
ㄷ. (○) : 민법 제201조 제1항 참조
ㄹ. (×) : 소유자와 용익권자가 과실수취권에 대하여 경합하는 경우 용익권자가 우선한다. 따라서 전세권설정자가 아니라 전세권자가 과실을 수취할 수 있다.

정 답 28. (×) 29. (×) 30. ③

권리의 변동

Ⅰ. 법률행위

1 **법률행위의 해석에 관한 설명 중 옳은 것은? (다툼이 있는 경우에는 판례에 의함)** 〈2009년 변리사〉

① 규범적 해석의 목적은 원칙적으로 표의자의 내심적 효과의사를 확정하는 것이다.
② 약관의 내용을 해석하는 경우에 개개 계약체결자의 의사나 구체적인 사정을 고려할 필요가 있다.
③ 계약사항에 대하여 이의가 생긴 경우에는 일방당사자의 해석에 따른다는 계약서상의 조항은 법원의 법률행위 해석권을 구속할 수 없다.
④ 처분문서의 기재내용과 다른 특별한 명시적·묵시적 약정이 있는 사실이 인정되는 경우, 법원은 처분문서의 기재내용의 일부를 달리 인정할 수 없다.
⑤ 부동문자로 인쇄된 매매계약서의 계약조항이 매수인에게만 모든 책임을 지우도록 되어 있는 경우, 그 계약조항의 내용은 일률적으로 예문이라고 단정되어 구속력이 부정된다.

해 설

① (×) : 규범적 해석이란 상대방의 시각에서 내심적 효과의사와 표시행위가 일치하지 않는 경우에 표시행위에 따라 법률행위의 성립을 인정하는 해석을 말한다(대판 2002. 4. 23, 2001다84794 등 참조).

② (×) : 보통거래약관의 내용은 개개 계약체결자의 의사나 구체적인 사정을 고려함이 없이 평균적 고객의 이해 가능성을 기준으로 하여 객관적·획일적으로 해석하여야 한다(대판 2007. 12. 13, 2005다30702).

③ (○) : 매매계약서의 계약사항에 대한 이의가 생겼을 때에는 매도인의 해석에 따른다는 조항은 법원의 법률행위 해석권을 구속하는 조항이라 볼 수 없다(대판 1974. 9. 24, 74다1057).

④ (×) : 처분문서라 하더라도 그 기재내용과 다른 특별한 명시적·묵시적 약정이 있는 사실이 인정될 경우에는 그 기재내용의 일부를 달리 인정할 수 있고, 또 작성자의 법률행위해석에 있어서도 경험칙과 논리법칙에 어긋나지 않는 범위 내에서 자유로운 심증으로 판단할 수 있다(대판 2006. 4. 13, 2005다34643 등).

⑤ (×) : 부동문자로 인쇄된 매매계약서의 계약조항이 매도인은 어떠한 경우에도 책임을 지지 않고 매수인에게만 모든 책임을 지우도록 되어 있다고 하여 그 계약조항의 내용을 일률적으로 예문이라고 단정할 수는 없고 구체적인 사안에 따라 계약당사자의 의사를 고려하여 그 계약 내용의 의미를 파악하고 이것이 예문에 지나지 않는 것인지 여부를 판단하여야 한다(대판 1989. 8. 8, 89다카5628).

2 **법률행위의 해석에 관한 설명으로 옳지 않은 것은? (다툼이 있으면 판례에 따름)** 〈2020년 변리사〉

① 문서의 기재내용과 다른 명시적, 묵시적 약정이 있는 사실이 인정될 경우에는 그 기재내용과 다른 사실을 인정할 수 있다.
② 사적 자치가 인정되는 분야의 제정법이 임의규정인 경우, 사실인 관습은 법률행위의 해석기준이 될 수 있다.
③ 매매계약사항에 이의가 생겼을 때에는 매도인의 해석에 따른다는 약정을 한 경우, 법원은 매도인의

정답 1. ③ 2. ③

해석과 다르게 법률행위를 해석할 권한이 없다.

④ 계약서를 작성하면서 계약상 지위에 관하여 당사자들의 합치된 의사와 달리 착오로 잘못 기재하였는데 오류를 인지하지 못한 채 계약상 지위가 잘못 기재된 계약서에 그대로 기명날인이나 서명을 한 경우, 당사자들의 합치된 의사에 따라 계약이 성립한 것으로 보아야 한다.

⑤ 甲과 乙이 X토지를 매매하기로 합의하였으나 Y토지로 매매계약서를 잘못 작성한 경우 X토지에 관하여 매매계약이 성립된 것으로 보아야 한다.

해 설

① (○) : 처분문서라 할지라도 그 기재 내용과 다른 명시적, 묵시적 약정이 있는 사실이 인정될 경우에는 그 기재 내용과 다른 사실을 인정할 수는 있다(대판 2011. 1. 27, 2010다81957).

② (○) : 사실인 관습은 사적 자치가 인정되는 분야 즉 그 분야의 제정법이 주로 임의규정일 경우에는 법률행위의 해석기준으로서 또는 의사를 보충하는 기능으로서 이를 재판의 자료로 할 수 있다(대판 1983. 6. 14, 80다3231).

③ (×) : 매매계약서의 계약사항에 대한 이의가 생겼을 때에는 매도인의 해석에 따른다는 조항은 법원의 법률행위 해석권을 구속하는 조항이라 볼 수 없다(대판 1974. 9. 24, 74다1057).

④ (○), ⑤ (○) : [1] 일반적으로 계약을 해석할 때에는 형식적인 문구에만 얽매여서는 안 되고 쌍방당사자의 진정한 의사가 무엇인가를 탐구하여야 한다. 계약 내용이 명확하지 않은 경우 계약서의 문언이 계약 해석의 출발점이지만, 당사자들 사이에 계약서의 문언과 다른 내용으로 의사가 합치된 경우에는 의사에 따라 계약이 성립한 것으로 해석하여야 한다. 계약당사자 쌍방이 모두 동일한 물건을 계약 목적물로 삼았으나 계약서에는 착오로 다른 물건을 목적물로 기재한 경우 계약서에 기재된 물건이 아니라 쌍방 당사자의 의사합치가 있는 물건에 관하여 계약이 성립한 것으로 보아야 한다(⑤). 이러한 법리는 계약서를 작성하면서 계약상 지위에 관하여 당사자들의 합치된 의사와 달리 착오로 잘못 기재하였는데 계약 당사자들이 오류를 인지하지 못한 채 계약상 지위가 잘못 기재된 계약서에 그대로 기명날인이나 서명을 한 경우에도 동일하게 적용될 수 있다(④). [2] 甲이 乙 주식회사로부터 신주인수권부사채를 인수하기로 하고, 그에 따라 乙 회사가 甲에게 부담하는 채무를 담보하기 위하여 丙 등은 연대보증을 하고 丁 등은 근질권을 설정해 주었는데, 乙회사가 甲에게 사채원금 지급기한의 유예를 요청하자, 甲과 乙 회사가 기존의 변제기한을 유예하고 이율을 변경하는 내용의 합의서를 작성하면서 丙 등은 근질권설정자로 丁 등은 연대보증인으로 기명날인한 사안에서, 丙과 丁 등을 비롯한 합의서에 기명날인한 당사자들은 모두 인수계약 당시와 마찬가지로 원래의 연대보증인 또는 근질권설정자의 지위를 유지하는 의사로 기명날인한 것이고, 위 합의서에 따른 합의는 작성 당사자 모두 인수계약에서 정한 지위를 그대로 유지하면서 기존의 변제기한과 이율에 관한 사항만 변경하는 내용으로 유효하게 성립하였다고 판단한 사례(대판 2018. 7. 26, 2016다242334).

3 법률행위의 해석에 관한 설명 중 옳지 않은 것은? (다툼이 있는 경우 판례에 의함)

〈2017년 변호사시험〉

① 법률행위의 해석은 당사자가 그 표시행위에 부여한 객관적인 의미를 명백하게 확정하는 것으로서, 당사자의 내심의 의사가 어떤지에 관계없이 그 문언의 내용에 의하여 당사자가 그 표시행위에 부여한 객관적 의미를 합리적으로 해석하여야 하는 것이다.

② 계약당사자 사이에 계약내용이 처분문서로 작성된 경우 문언의 객관적인 의미가 명확하다면 특별한 사정이 없는 한 문언대로 의사표시의 존재와 내용을 인정하여야 한다.

③ 계약당사자 쌍방이 계약의 전제나 기초가 되는 사항에 관하여 같은 내용으로 착오를 하고 이로 인

정답 3. ③

하여 그에 관한 구체적 약정을 하지 않은 경우, 당사자가 그러한 착오가 없을 때에 약정하였을 것으로 보이는 실제 의사 내지 주관적 의사의 내용으로 당사자의 의사를 보충하여 계약을 해석해야 한다.

④ 계약을 체결하는 행위자가 타인의 이름으로 법률행위를 한 경우에 행위자 또는 명의인 가운데 누구를 계약의 당사자로 볼 것인가에 관하여, 행위자와 상대방의 의사가 일치하지 않으면 그 계약 체결 전후의 구체적인 제반 사정을 토대로 상대방이 합리적인 사람이라면 누구를 계약당사자로 이해할 것인가에 의하여 당사자를 결정하여야 한다.

⑤ 부동산의 매매계약에 있어 쌍방당사자가 모두 토지 X를 계약의 목적물로 삼았으나 그 목적물의 지번에 관하여 착오를 일으켜 계약서상 그 목적물을 X와는 별개인 토지 Y로 표시하였다 하여도 X를 매매의 목적물로 한다는 쌍방당사자의 의사합치가 있은 이상 위 매매계약은 X에 관하여 성립한 것으로 보아야 한다.

해설

① (○) : 법률행위의 해석은 당사자가 그 표시행위에 부여한 객관적인 의미를 명백하게 확정하는 것으로서, 사용된 문언에만 구애받는 것은 아니지만, 어디까지나 당사자의 내심의 의사가 어떤지에 관계없이 그 문언의 내용에 의하여 당사자가 그 표시행위에 부여한 객관적 의미를 합리적으로 해석하여야 한다(대판 2009. 5. 14, 2008다90095).

② (○) : 계약당사자 사이에 계약 내용을 처분문서인 서면으로 작성한 경우에 문언의 객관적인 의미가 명확하다면, 특별한 사정이 없는 한 문언대로 의사표시의 존재와 내용을 인정하여야 한다. 그러나 문언의 객관적인 의미가 명확하게 드러나지 않는 경우에는 문언의 내용, 계약이 이루어지게 된 동기와 경위, 당사자가 계약으로 달성하려고 하는 목적과 진정한 의사, 거래의 관행 등을 종합적으로 고찰하여 논리와 경험의 법칙, 그리고 사회일반의 상식과 거래의 통념에 따라 계약 내용을 합리적으로 해석하여야 한다. 특히 당사자 일방이 주장하는 계약의 내용이 상대방에게 중대한 책임을 부과하게 되는 경우에는 문언의 내용을 더욱 엄격하게 해석하여야 한다(대판 2016. 12. 15, 2016다238540).

③ (×) : 계약당사자 쌍방이 계약의 전제나 기초가 되는 사항에 관하여 같은 내용으로 착오가 있고 이로 인하여 그에 관한 구체적 약정을 하지 아니하였다면, 당사자가 그러한 착오가 없을 때에 약정하였을 것으로 보이는 내용으로 당사자의 의사를 보충하여 계약을 해석할 수 있는바, 여기서 보충되는 당사자의 의사는 당사자의 실제 의사 또는 주관적 의사가 아니라 계약의 목적, 거래관행, 적용법규, 신의칙 등에 비추어 객관적으로 추인되는 정당한 이익조정 의사를 말한다(대판 2006. 11. 23, 2005다13288).

④ (○) : 계약을 체결하는 행위자가 타인의 이름으로 법률행위를 한 경우에 행위자 또는 명의인 가운데 누구를 계약의 당사자로 볼 것인가에 관하여는, 우선 행위자와 상대방의 의사가 일치한 경우에는 그 일치한 의사대로 행위자 또는 명의인을 계약의 당사자로 확정해야 하고, 행위자와 상대방의 의사가 일치하지 않는 경우에는 그 계약의 성질·내용·목적·체결 경위 등 그 계약 체결 전후의 구체적인 제반 사정을 토대로 상대방이 합리적인 사람이라면 행위자와 명의자 중 누구를 계약 당사자로 이해할 것인가에 의하여 당사자를 결정하여야 한다(대판 2009. 7. 23, 2008다76426).

⑤ (○) : 부동산의 매매계약에 있어 쌍방당사자가 모두 특정의 甲 토지를 계약의 목적물로 삼았으나 그 목적물의 지번 등에 관하여 착오를 일으켜 계약을 체결함에 있어서는 계약서상 그 목적물을 甲 토지와는 별개인 乙 토지로 표시하였다 하여도 甲 토지에 관하여 이를 매매의 목적물로 한다는 쌍방당사자의 의사합치가 있은 이상 위 매매계약은 甲 토지에 관하여 성립한 것으로 보아야 할 것이다(대판 1993. 10. 26, 93다2629).

보충지문

4 **신의성실의 원칙은 법률행위의 해석기준이 될 수 있다.** 〈2009년 공인노무사〉

해 설 법률행위의 해석기준으로 통설은 법률행위의 목적, 사실인 관습, 임의규정, 신의성실의 원칙 등을 제시한다.

5 **임의규정과 다른 관습이 있는 경우에 당사자의 의사가 명확하지 아니한 때에는 그 관습에 의한다.** 〈2015년 공인노무사〉

해 설 민법 제106조 참조

6 **동일한 사항에 관하여 내용을 달리하는 문서가 중복하여 작성된 경우에는 마지막에 작성된 문서에 작성자의 최종적인 의사가 담겨 있다고 해석하는 것이 일반적이라고 할 수 있지만, 마지막에 작성된 문서에 의한 법률행위가 최종적으로 완성되지 아니하는 등의 사유로 종전에 작성된 문서에 의한 법률행위가 철회되었다고 보기 어려운 사정이 있는 경우에는 그와 같이 해석할 수 없다.** 〈2019년 법원행시〉

해 설 대판 2013. 1. 16, 2011다102776. ☞ 동일한 사항에 관하여 내용을 달리하는 문서가 중복하여 작성된 경우의 의사 해석 방법에 관한 판례이다.

[최신 참고판례] 하나의 법률관계를 둘러싸고 각기 다른 내용을 정한 여러 개의 계약서가 순차로 작성되어 있는 경우 당사자가 그러한 계약서에 따른 법률관계나 우열관계를 명확하게 정하고 있다면 그와 같은 내용대로 효력이 발생한다. 그러나 여러 개의 계약서에 따른 법률관계 등이 명확히 정해져 있지 않다면 각각의 계약서에 정해져 있는 내용 중 서로 양립할 수 없는 부분에 관해서는 원칙적으로 나중에 작성된 계약서에서 정한 대로 계약 내용이 변경되었다고 해석하는 것이 합리적이다(대판 2020. 12. 30, 2017다17603).

7 **불법행위로 인한 손해배상에 관하여 가해자와 피해자 사이에 피해자가 일정한 금액을 지급받고 그 나머지의 청구를 포기하기로 약정한 때에는 모든 후발손해에 대해서도 배상청구권을 포기한 것으로 해석하여야 한다.** 〈2017년 공인노무사〉

해 설 불법행위로 인한 손해배상에 관하여 가해자와 피해자 사이에 피해자가 일정한 금액을 지급받고 그 나머지 청구를 포기하기로 합의가 이루어진 때에는 그 후 그 이상의 손해가 발생하였다 하여 다시 그 배상을 청구할 수 없는 것이지만, 그 합의가 손해의 범위를 정확히 확인하기 어려운 상황에서 이루어진 것이고, 후발손해가 합의 당시의 사정으로 보아 예상이 불가능한 것으로서, 당사자가 후발손해를 예상하였더라면 사회통념상 그 합의금액으로는 화해하지 않았을 것이라고 보는 것이 상당할 만큼 그 손해가 중대한 것일 때에는 당사자의 의사가 이러한 손해에 대해서까지 그 배상청구권을 포기한 것이라고 볼 수 없으므로 다시 그 배상을 청구할 수 있다(대판 2001. 9. 14, 99다42797).

8 **계약의 당사자가 누구인지는 그 계약에 관여한 당사자의 의사해석의 문제이다.** 〈2012년 감정평가사〉

정답 4. (○) 5. (○) 6. (○) 7. (×) 8. (○)

해설 일반적으로 계약의 당사자가 누구인지는 계약에 관여한 당사자의 의사해석의 문제에 해당한다(대판 2010. 5. 13, 2009다92487).

9-1 타인 명의로 계약을 체결하는 경우 계약을 체결한 자와 상대방의 의사가 일치한다면 그 일치된 의사대로 당사자를 확정하면 된다. 〈2012년 감정평가사〉

9-2 甲이 乙의 행세를 하여 乙명의로 丙과 부동산을 매수하는 계약을 체결한 후 丙으로부터 인도받아 거주하고 있고, 丙이 甲을 매수인으로 알고 있는 경우 부동산 매매계약의 당사자는 乙과 丙이다. 〈2017년 공인노무사〉

해설 계약을 체결하는 행위자가 타인의 이름으로 법률행위를 한 경우에 행위자 또는 명의인 가운데 누구를 계약의 당사자로 볼 것인가에 관하여는, 우선 행위자와 상대방의 의사가 일치한 경우에는 그 일치한 의사대로 행위자 또는 명의인을 계약의 당사자로 확정해야 하고, 행위자와 상대방의 의사가 일치하지 않는 경우에는 그 계약의 성질·내용·목적·체결 경위 등 그 계약 체결 전후의 구체적인 제반 사정을 토대로 상대방이 합리적인 사람이라면 행위자와 명의자 중 누구를 계약 당사자로 이해할 것인가에 의하여 당사자를 결정하여야 한다(대판 1998. 3. 13, 97다22089 등). ☞ 사안에서 甲이 인도받아 스스로 거주하고 있고, 丙은 甲을 매수인으로 알고 있으므로 매매계약의 당사자는 乙이 아니라 甲이다.

10-1 본인이 대리인을 통하여 계약을 체결하는 것에 대하여 상대방이 그러한 사정을 알고 대리인과 계약을 체결하였는데 대리권이 존재하지 않은 경우, 계약의 당사자는 대리인과 상대방이 된다. 〈2017년 공인노무사〉

10-2 일방 당사자 甲이 대리인 丙을 통하여 계약을 체결하는 경우, 계약 상대방 乙이 丙을 통하여 甲과 계약을 체결하려는데 의사가 일치하였다면 丙의 대리권 존부와 무관하게 甲과 乙이 계약의 당사자이다. 〈2015년 사법시험〉

해설 일방 당사자가 대리인을 통하여 계약을 체결하는 경우에 있어서 계약의 상대방이 대리인을 통하여 본인과 사이에 계약을 체결하려는 데 의사가 일치하였다면 대리인의 대리권 존부 문제와는 무관하게 상대방과 본인이 그 계약의 당사자이다(대판 2003. 12. 12, 2003다44059).

11-1 타인으로부터 명의사용에 대한 허락을 받은 출연자가 자신의 금원으로 금융기관과 타인의 명의로 예금계약을 체결한 경우, 특별한 사정이 없는 한 그 예금계약은 금융기관과 예금명의자 사이에 체결된 것으로 보아야 한다. 〈2015년 사법시험〉

11-2 예금명의자의 위임에 의하여 자금출연자가 대리인으로 예금계약을 체결한 경우, 예금계약의 반환청구권자는 자금출연자이다. 〈2017년 공인노무사〉

해설 금융실명거래 및 비밀보장에 관한 법률에 따라 실명확인 절차를 거쳐 예금계약을 체결하고 그 실명확인 사실이 예금계약서 등에 명확히 기재되어 있는 경우에는, 금융기관과 출연자 등의 사이에서 예금명의자와의 예금계약을 부정하여 예금명의자의 예금반환청구권을 배제하고 출연자 등과 예금계약을 체결하여 출연자 등에게 예금반환청구권을 귀속시키겠다는 명확한 의사의 합치가 있는 극히 예외적인 경우가 아닌 한 예금명의자를 예금계약의 당사자, 즉 예금반환청구권자로 보아야 한다(대판 2010. 11. 11, 2010다41263, 41270).

정답 9-1. (○) 9-2. (×) 10-1. (×) 10-2. (○) 11-1. (○) 11-2. (×)

12 **상대방이 착오자의 진의에 동의한 것으로 인정될 때에는 계약의 취소가 허용되지 않는다.**

〈2018년 공인노무사〉

해 설 이른바 '오표시 무해의 원칙'을 말한다. 당사자 사이에 진정한 의사의 합치가 있는 경우이므로 착오를 이유로 취소할 수 없다. 자연적 해석의 경우에는 착오의 문제가 발생할 여지가 없다는 점과 일맥상통한다.

13 **계약서에 X토지를 목적물로 기재한 때에도 Y토지에 대하여 의사의 합치가 있었다면 Y토지를 목적으로 하는 계약이 성립한다.** 〈2020년 감정평가사〉

해 설 부동산의 매매계약에 있어 쌍방당사자가 모두 특정의 甲 토지를 계약의 목적물로 삼았으나 그 목적물의 지번 등에 관하여 착오를 일으켜 계약을 체결함에 있어서는 계약서상 그 목적물을 甲 토지와는 별개인 乙 토지로 표시하였다 하여도 甲 토지에 관하여 이를 매매의 목적물로 한다는 쌍방당사자의 의사합치가 있은 이상 위 매매계약은 甲 토지에 관하여 성립한 것으로 보아야 할 것이다(대판 1993. 10. 26, 93다2629).

14 **甲과 乙은 甲소유의 X토지와 그 토지에 인접한 Y토지 중 X토지에 대한 매매계약을 체결하였지만, 그 지번에 착오를 일으켜 매매계약서상 그 목적물을 Y토지로 표시하였고, 甲은 乙에게 Y토지를 인도하고 그 소유권이전등기를 해 주었다. 다음 중 옳지 않은 것은?** 〈2011년 공인노무사〉

① 甲과 乙사이의 매매계약은 유효하다.
② 乙은 甲에 대하여 담보책임을 주장할 수 없다.
③ 乙은 甲에게 X토지의 소유권이전등기를 청구할 수 있다.
④ 甲은 Y토지에 대한 매매계약을 착오를 이유로 취소할 수 있다.
⑤ 乙은 Y토지에 대한 소유권을 취득하지 못한다.

해 설

①(○), ②(○), ③(○) : 甲과 乙 사이의 매매계약은 유효하고, 甲이 X토지의 소유자이므로 권리의 하자도 없어 乙은 甲에 대하여 담보책임을 주장할 수 없다. 그리고 乙은 甲에게 X토지 매매의 유효를 주장하면서 소유권이전등기를 청구할 수 있다.
④(×), ⑤(○) : 부동산의 매매계약에 있어 쌍방당사자가 모두 특정의 甲 토지를 계약의 목적물로 삼았으나 그 목적물의 지번 등에 관하여 착오를 일으켜 계약을 체결함에 있어서는 계약서상 그 목적물을 甲 토지와는 별개인 乙 토지로 표시하였다 하여도 甲 토지에 관하여 이를 매매의 목적물로 한다는 쌍방당사자의 의사합치가 있은 이상 위 매매계약은 甲 토지에 관하여 성립한 것으로 보아야 할 것이고 乙 토지에 관하여 매매계약이 체결된 것으로 보아서는 안 될 것이며, 만일 乙 토지에 관하여 위 매매계약을 원인으로 하여 매수인 명의로 소유권이전등기가 경료되었다면 이는 원인이 없이 경료된 것으로서 무효이다(대판 1993. 10. 26, 93다2629). ☞ : Y토지에 관하여는 매매가 성립되지 않았기 때문에 甲은 Y토지에 대한 매매계약을 착오를 이유로 취소할 수도 없다.

정답 12. (○) 13. (○) 14. ④

Ⅱ. 법률행위의 내용의 적법성(강행법규 문제)

15 강행규정에 위반되어 무효인 경우는? (다툼이 있는 경우에는 판례에 의함) 〈2013년 변리사〉

① 지상권자에게 불리한 지상권양도금지특약
② 지명채권의 양도를 금지하는 특약
③ 사단법인의 사원의 지위를 다른 사람에게 양도하기로 하는 특약
④ 甲과 乙이 조합계약을 체결하면서 민법규정의 청산 절차를 거치지 않고 해산시 조합재산을 乙의 단독소유로 한다는 甲과 乙사이의 특약
⑤ 임대차 종료시 필요비를 상환하지 않기로 하는 임대인과 임차인 사이의 특약

해설

① (무효) : 민법 제282조는 강행규정이다. 예컨대 지상권양도금지특약을 맺었다 하더라도 그것은 강행규정에 반하여 무효이다(제282조, 제289조).

② (유효) : 당사자의 양도금지의 의사표시로써 지명채권은 양도성을 상실한다. 따라서 지명채권양도금지 특약은 유효하다. 다만 양도금지의 특약에 위반해서 채권을 제3자에게 양도한 경우에 악의 또는 중과실의 채권양수인에 대하여는 채권 이전의 효과가 생기지 아니한다(대판 2009. 10. 29, 2009다47685).

③ (유효) : 사단법인의 사원의 지위는 양도 또는 상속할 수 없다고 규정한 민법 제56조의 규정은 강행규정이라고 할 수 없으므로, 비법인사단에서도 사원의 지위는 규약이나 관행에 의하여 양도 또는 상속될 수 있다(대판 1997. 9. 26, 95다6205).

④ (유효) : 민법의 조합의 해산사유와 청산에 관한 규정은 그와 내용을 달리하는 당사자의 특약까지 배제하는 강행규정이 아니므로 당사자가 민법의 조합의 해산사유와 청산에 관한 규정과 다른 내용의 특약을 한 경우, 그 특약은 유효하다(대판 1985. 2. 26, 84다카1921).

⑤ (유효) : 제652조에 제626조 비용상환청구권에 관한 규정은 포함되어있지 않다. 따라서 임차인의 비용상환청구권에 관한 민법 제626조는 임의규정이다.

16 다음 약정 중 강행규정에 위반되어 그 효력이 인정되지 않는 것을 모두 고른 것은? (다툼이 있는 경우에는 판례에 의함) 〈2007년 사법시험〉

ㄱ. 건물의 임차인이 비용을 지출하여 개조한 부분에 대한 원상회복의무를 면하는 대신 그 개조비용의 상환청구권을 포기하기로 하는 임대인과 임차인 사이의 약정
ㄴ. 채권자의 과실로 채무자가 제공한 담보물의 가치가 감소되더라도 보증인의 면책 주장을 배제하는 채권자와 보증인 사이의 약정
ㄷ. 식목을 목적으로 하는 토지임대차의 임차인이 차임의 감액을 청구할 수 없다는 약정
ㄹ. 사단법인의 사원의 지위를 양도하거나 상속할 수 있다는 약정
ㅁ. 증권회사 직원이 정당한 사유 없이 고객에게 증권거래와 관련하여 발생하는 손실을 보전하여 주기로 하는 고객과의 약정

① ㄱ, ㄴ, ㄷ, ㄹ, ㅁ ② ㄱ, ㄷ, ㅁ ③ ㄴ, ㄷ
④ ㄷ, ㅁ ⑤ ㄴ, ㄹ

정답 15. ① 16. ④

해 설

ㄱ. (임의규정) : 민법 제626조는 임의규정이다(제652조).

ㄴ. (임의규정) : 민법 제485조의 면책규정은 법정대위권자로 하여금 구상의 실을 거둘 수 있도록 하기 위하여 채권자에게 담보의 보존을 간접적으로 강제하는 취지의 규정으로서 그 규정목적이 오로지 법정대위권자의 이익보호에 있으므로 그 성질상 임의규정으로 보아야 할 것이고 따라서 법정대위권자로서는 채권자와의 특약으로서 위 규정에 의한 면책이익을 포기하거나 면책의 사유와 범위를 제한 내지 축소할 수 있다(대판 1987. 4. 14, 86다카520).

ㄷ. (강행규정) : 임대차계약에서 임차인에게 불리한 약정은 효력이 없는 이른바 '편면적 강행규정'(제652조)으로써 차임을 감액할 수 없다는 특약은 무효이다(대판 1974. 8. 30, 74다1124).

ㄹ. (임의규정) : 사단법인의 사원의 지위는 양도 또는 상속할 수 없다고 규정한 민법 제56조의 규정은 강행규정이라고 할 수 없으므로, 비법인사단에서도 사원의 지위는 규약이나 관행에 의하여 양도 또는 상속될 수 있다(대판 1997. 9. 26, 95다6205).

ㅁ. (강행규정) : 증권회사 직원이 과거 자신의 잘못으로 고객의 계좌에 발생한 손해를 보전하여 주기 위한 방법으로 고객에게 향후 증권거래 계좌 운용에서 일정한 최소한의 수익을 보장할 것을 약정한 것은 공정한 증권거래질서의 확보를 위하여 구 증권거래법에서 금지하고 있는 것에 해당하여 무효라고 할 것이고, 손실보전약정이 유효함을 전제로 일정기간동안 법적 조치 등을 취하지 않기로 하는 약정도 당연히 무효로 된다(대판 2003. 1. 24, 2001다2129).

보충지문

17 관련 법령에서 정한 한도를 초과하는 부동산 중개수수료 약정은 그 한도를 초과하는 범위 내에서 무효이다. 〈2020년 법무사〉

해 설 부동산 중개수수료에 관한 위와 같은 규정들은 중개수수료 약정 중 소정의 한도를 초과하는 부분에 대한 사법상의 효력을 제한하는 이른바 강행법규에 해당하고, 따라서 구 부동산중개업법 등 관련 법령에서 정한 한도를 초과하는 부동산 중개수수료 약정은 그 한도를 초과하는 범위 내에서 무효이다(대판 2007. 12. 20, 2005다32159 전원합의체).

18 중개사무소 개설등록에 관한 구 부동산중개업법 관련 규정들은 공인중개사 자격이 없는 자가 중개사무소 개설등록을 하지 아니한 채 부동산중개업을 하면서 체결한 중개수수료 지급약정의 효력을 제한하는 강행법규이다. 〈2018년 법원행시〉

해 설 중개사무소 개설등록에 관한 구 부동산중개업법 관련 규정들은 공인중개사 자격이 없는 자가 중개사무소 개설등록을 하지 아니한 채 부동산중개업을 하면서 체결한 중개수수료 지급약정의 효력을 제한하는 이른바 강행법규에 해당한다(대판 2010. 12. 23, 2008다75119).

정답 17. (○) 18. (○)

19 **공인중개사 자격이 없는 자가 우연한 기회에 단 1회 타인 간의 거래행위를 중개한 경우 등과 같이 '중개를 업으로 한' 것이 아니라면 그에 따른 중개수수료 지급약정은 유효하다.**

〈2018년 법원행시〉

해설 공인중개사 자격이 없는 자가 우연한 기회에 단 1회 타인 간의 거래행위를 중개한 경우 등과 같이 '중개를 업으로 한' 것이 아니라면 그에 따른 중개수수료 지급약정이 강행법규에 위배되어 무효라고 할 것은 아니고, 다만 중개수수료 약정이 부당하게 과다하여 민법상 신의성실 원칙이나 형평 원칙에 반한다고 볼만한 사정이 있는 경우에는 상당하다고 인정되는 범위 내로 감액된 보수액만을 청구할 수 있다(대판 2012. 6. 14, 2010다86525).

20 **개업공인중개사 등이 중개의뢰인과 직접 거래를 하는 행위를 금지하는 공인중개사법 제33조 제6호는 단속규정이 아니라 강행법규이다.** 〈2018년 법원행시〉

해설 개업공인중개사 등이 중개의뢰인과 직접 거래를 하는 행위를 금지하는 공인중개사법 제33조 제6호의 규정 취지는 개업공인중개사 등이 거래상 알게 된 정보를 자신의 이익을 꾀하는데 이용하여 중개의뢰인의 이익을 해하는 경우가 있으므로 이를 방지하여 중개의뢰인을 보호하고자 함에 있는바, 위 규정에 위반하여 한 거래행위가 사법상의 효력까지도 부인하지 않으면 안 될 정도로 현저히 반사회성, 반도덕성을 지닌 것이라고 할 수 없을 뿐만 아니라 행위의 사법상의 효력을 부인하여야만 비로소 입법 목적을 달성할 수 있다고 볼 수 없고, 위 규정을 효력규정으로 보아 이에 위반한 거래행위를 일률적으로 무효라고 할 경우 중개의뢰인이 직접 거래임을 알면서도 자신의 이익을 위해 한 거래도 단지 직접 거래라는 이유로 효력이 부인되어 거래의 안전을 해칠 우려가 있으므로, 위 규정은 강행규정이 아니라 단속규정이다(대판 2017. 2. 3, 2016다259677).

21 **최종 퇴직 시 발생하는 퇴직금청구권을 미리 포기하는 것은 강행법규인 근로기준법, 근로자퇴직급여 보장법에 위반되어 무효이고, 근로자가 퇴직하여 더 이상 근로계약관계에 있지 않은 상황에서 퇴직 시 발생한 퇴직금청구권을 나중에 포기하는 것도 강행법규에 위반된다.**

〈2020년 법원행시〉

해설 퇴직금은 사용자가 일정 기간을 계속근로하고 퇴직하는 근로자에게 계속근로에 대한 대가로서 지급하는 후불적 임금의 성질을 띤 금원으로서 구체적인 퇴직금청구권은 근로관계가 끝나는 퇴직이라는 사실을 요건으로 발생한다. 최종 퇴직 시 발생하는 퇴직금청구권을 미리 포기하는 것은 강행법규인 근로기준법, 근로자퇴직급여 보장법에 위반되어 무효이다. 그러나 근로자가 퇴직하여 더 이상 근로계약관계에 있지 않은 상황에서 퇴직 시 발생한 퇴직금청구권을 나중에 포기하는 것은 허용되고, 이러한 약정이 강행법규에 위반된다고 볼 수 없다(대판 2018. 7. 12, 2018다21821, 25502).

22 **강행규정위반의 무효는 원칙적으로 선의의 제3자에게도 주장할 수 있다.** 〈2015년 공인노무사〉

해설 강행규정위반의 무효는 선의의 제3자에게도 주장할 수 있다(절대적 무효).

정답 19. (○) 20. (×) 21. (×) 22. (○)

Ⅲ. 법률행위 내용의 사회적 타당성(공서양속)

23 **다음 민법 제103조의 선량한 풍속 기타 사회질서에 반하는 법률행위에 해당되지 않는 것으로만 조합된 것은? (다툼이 있는 경우에는 판례에 의함)** 〈2004년 변리사〉

ㄱ. 전통사찰의 주지직을 거액의 금품을 대가로 양도·양수하기로 하는 약정이 있음을 알고도 이를 묵인 혹은 방조한 상태에서 한 종교법인의 주지임명행위
ㄴ. 법률행위의 목적이 불법한 경우로서 당사자의 일방이 그의 독점적 지위 내지 우월한 지위를 악용하여 자기는 부당한 이득을 얻고 상대방에게는 과도한 반대급부 또는 기타의 부당한 부담을 과하는 법률행위
ㄷ. 부정행위를 용서받는 대가로 손해를 배상함과 아울러 가정에 충실하겠다는 서약의 취지에서 처에게 부동산을 양도하되, 부부관계가 유지되는 동안에는 처가 임의로 처분할 수 없다는 제한을 붙인 약정
ㄹ. 행정기관에 진정서를 제출하여 상대방을 궁지에 빠뜨린 다음 이를 취하하는 조건으로 거액의 급부를 제공받기로 한 약정
ㅁ. 수사기관에서 참고인으로 자신이 잘 알지 못하는 내용에 대하여 허위의 진술을 하는 경우에, 허위 진술의 대가로 작성된 각서에 기한 급부의 약정
ㅂ. 피보험자를 살해하여 보험금을 편취할 목적으로 체결한 생명보험계약
ㅅ. 당사자의 일방이 상대방에게 공무원의 직무에 관한 사항에 관하여 특별한 청탁을 하게하고 그에 대한 보수로 돈을 지급할 것을 내용으로 한 약정
ㅇ. 백화점 수수료 위탁판매 매장계약에서 임차인이 매출신고를 누락하는 경우 판매수수료의 100배에 해당하고 매출신고 누락분의 10배에 해당하는 벌칙금을 임대인에게 배상하기로 한 위약벌의 약정

① ㄱ, ㄷ, ㅂ ② ㄱ, ㄷ, ㅇ ③ ㄱ, ㄴ, ㅇ ④ ㄷ, ㅁ, ㅅ ⑤ ㄷ, ㅂ, ㅅ

해 설

ㄱ. 유효하다(대판 2001. 12. 27, 2000다47361). 단 전통사찰의 주지직을 거액의 금품을 대가로 양도·양수하기로 하는 약정은 무효라는 점에 유의하여야 한다.
ㄴ. 무효이다(대판 1996. 4. 26, 94다34432).
ㄷ. 유효하다(대판 1992. 10. 27, 92므204).
ㄹ. 무효이다(대판 2000. 2. 11, 99다56833).
ㅁ. 무효이다(대판 2001. 4. 24, 2000다71999). 허위진술의 대가약정은 과다여부를 불문하고 무효이다. 단 사실대로 증언하는 경우는 증언의 대가로서 과도하지 않은 금전지급약정은 유효하다.
ㅂ. 무효이다(대판 2000. 2. 11, 99다49064).
ㅅ. 무효이다(대판 1971. 10. 11, 71다1645).
ㅇ. 유효하다(대판 1993. 3. 23, 92다46905). 구체적으로 살펴본다면, ① 위약벌의 약정은 채무의 이행을 확보하기 위하여 정해지는 것으로서 손해배상의 예정과는 그 내용이 다르므로 손해배상의 예정에 관한 민법 제398조 제2항을 유추 적용하여 그 액을 감액할 수는 없고 다만 그 의무의 강제에 의하여 얻어지는 채권자의 이익에 비

정 답 23. ②

하여 약정된 벌이 과도하게 무거울 때에는 그 일부 또는 전부가 공서양속에 반하여 무효로 된다. ② 백화점 수수료위탁판매매장계약에서 임차인이 매출신고를 누락하는 경우 판매수수료의 100배에 해당하고 매출신고누락분의 10배에 해당하는 벌칙금을 임대인에게 배상하기로 한 위약벌의 약정이 공서양속에 반하지 않는다고 한 사례이다(대판 1993. 3. 23, 92다46905).

24 **민법 제103조의 반사회적 법률행위에 해당하지 않는 것을 모두 고른 것은? (다툼이 있으면 판례에 따름)** 〈2017년 변리사〉

ㄱ. 강제집행을 면할 목적으로 부동산에 허위의 근저당권을 설정하는 행위 ㄴ. 의무의 강제에 의하여 얻어지는 채권자의 이익에 비하여 과도하게 중한 위약벌의 약정 ㄷ. 뇌물로 받은 금전을 소극적으로 은닉하기 위하여 이를 임치하는 약정 ㄹ. 해외연수 후 그 비용과 관련하여 일정기간 동안 소속회사에서 근무해야 한다는 사규나 약정 ㅁ. 공무원의 직무에 관한 사항에 대하여 특별한 청탁을 하게 하고, 그에 대한 보수로 금전을 지급하기로 하는 약정

① ㄱ, ㄴ, ㄷ ② ㄱ, ㄷ, ㄹ ③ ㄴ, ㄹ, ㅁ ④ ㄷ, ㄹ, ㅁ ⑤ ㄱ, ㄴ, ㄷ, ㅁ

해 설

ㄱ. (반하지 않는다) : 강제집행을 면할 목적으로 부동산에 허위의 근저당권설정등기를 경료하는 행위는 민법 제103조의 선량한 풍속 기타 사회질서에 위반한 사항을 내용으로 하는 법률행위로 볼 수 없다(대판 2004. 5. 28, 2003다70041).

ㄴ. (반한다) : 위약벌의 약정은 채무의 이행을 확보하기 위하여 정하는 것으로서 손해배상의 예정과 다르므로 손해배상의 예정에 관한 민법 제398조 제2항을 유추 적용하여 그 액을 감액할 수 없고, 다만 의무의 강제로 얻는 채권자의 이익에 비하여 약정된 벌이 과도하게 무거울 때에는 일부 또는 전부가 공서양속에 반하여 무효로 된다(대판 2016. 1. 28, 2015다239324).

ㄷ. (반하지 않는다) : 이미 반사회적 행위에 의하여 조성된 재산을 소극적으로 은닉하기 위하여 이 사건 임치에 이른 것만으로는 그것이 곧바로 사회질서에 반하는 법률행위라고 볼 수는 없다(대판 2001. 4. 10, 2000다49343).

ㄹ. (반하지 않는다) : 해외파견된 근로자가 귀국일로부터 일정기간 소속회사에 근무하여야 한다는 사규나 약정은 민법 제103조 또는 제104조에 위반된다고 할 수 없다(대판 1982. 6. 22, 82다카90).

ㅁ. (반한다) : 당사자의 일방이 상대방에게 공무원의 직무에 관한 사항에 관하여 특별한 청탁을 하게 하고 그에 대한 보수로 돈을 지급할 것을 내용으로 한 약정은 사회질서에 반하는 무효의 계약이다(대판 1995. 7. 14, 94다51994).

25 **반사회질서행위의 효과에 관한 설명으로 옳지 않은 것은? (다툼이 있으면 판례에 따름)** 〈2018년 변리사〉

① 도박자금에 제공할 목적으로 금전을 대차한 때에 그 대차계약으로 인한 금전의 반환을 청구할 수 없다.
② 반사회질서행위의 무효는 이를 주장할 이익이 있는 자라면 누구든지 그 무효를 주장할 수 있다.
③ 법률행위의 성립과정에 강박이라는 불법적 방법이 사용된 데에 불과한 때에는 반사회질서행위로서 무효라고 할 수는 없다.

정답 24. ② 25. ⑤

④ 본처가 남편의 과거 부첩(夫妾)관계를 용서한 때에는 그것이 손해배상청구권의 포기라고 해석되는 한 그대로의 법적 효력이 인정될 수 있다.

⑤ 법률행위가 반사회질서행위로 무효인지 여부는 그 효력이 발생한 때를 기준으로 판단하여야 한다.

해 설

① (○) : 민법 제746조(불법원인급여) 불법의 원인으로 인하여 재산을 급여하거나 노무를 제공한 때에는 그 이익의 반환을 청구하지 못한다. 그러나 그 불법원인이 수익자에게만 있는 때에는 그러하지 아니하다. ☞ 도박자금의 대차계약은 민법 제746조가 적용되는 대표적인 예이다.

> **[비교판례]** 급여자가 수익자에 대한 도박 채무의 변제를 위하여 급여자의 주택을 수익자에게 양도하기로 한 것이지만 내기바둑에의 계획적인 유인, 내기바둑에서의 사기적 행태, 도박자금 대여 및 회수 과정에서의 폭리성과 갈취성 등에서 드러나는 수익자의 불법성의 정도가 내기바둑에의 수동적인 가담, 도박 채무의 누증으로 인한 도박의 지속, 도박 채무 변제를 위한 유일한 재산인 주택의 양도 등으로 인한 급여자의 불법성보다 훨씬 크다고 보아 급여자로서는 그 주택의 반환을 구할 수 있다(대판 1997. 10. 24, 95다49530, 49547).

② (○) : 거래 상대방이 배임행위를 유인·교사하거나 배임행위의 전 과정에 관여하는 등 배임행위에 적극 가담하는 경우에는 실행행위자와 체결한 계약이 반사회적 법률행위에 해당하여 무효로 될 수 있고, 선량한 풍속 기타 사회질서에 위반한 사항을 내용으로 하는 법률행위의 무효는 이를 주장할 이익이 있는 자는 누구든지 무효를 주장할 수 있다. 따라서 반사회질서 법률행위를 원인으로 하여 부동산에 관한 소유권이전등기를 마쳤더라도 그 등기는 원인무효로서 말소될 운명에 있으므로 등기명의자가 소유권에 기한 물권적 청구권을 행사하는 경우에, 권리 행사의 상대방은 법률행위의 무효를 항변으로서 주장할 수 있다(대판 2016. 3. 24, 2015다11281).

③ (○) : 단지 법률행위의 성립과정에 강박이라는 불법적 방법이 사용된 데에 불과한 때에는 강박에 의한 의사표시의 하자나 의사의 흠결을 이유로 효력을 논의할 수는 있을지언정 반사회질서의 법률행위로서 무효라고 할 수는 없다(대판 2002. 12. 27, 2000다47361).

④ (○) : 소위 첩계약은 본처의 동의 유무를 불문하고 선량한 풍속에 반하는 사항을 내용으로 하는 법률행위로서 무효일 뿐만 아니라 위법한 행위이므로, 부첩관계에 있는 부 및 첩은 특별한 사정이 없는 한 그로 인하여 본처가 입은 정신상의 고통에 대하여 배상할 의무가 있고, 이러한 손해배상책임이 성립하기 위하여 반드시 부첩관계로 인하여 혼인관계가 파탄에 이를 필요까지는 없고, 한편 본처가 장래의 부첩관계에 대하여 동의하는 것은 그 자체가 선량한 풍속에 반하는 것으로서 무효라고 할 것이나, 기왕의 부첩관계에 대하여 용서한 때에는 그것이 손해배상청구권의 포기라고 해석되는 한 그대로의 법적 효력이 인정될 수 있다(대판 1998. 4. 10, 96므1434).

⑤ (×) : 선량한 풍속 기타 사회질서는 부단히 변천하는 가치관념으로서 어느 법률행위가 이에 위반되어 민법 제103조에 의하여 무효인지는 법률행위가 이루어진 때를 기준으로 판단하여야 하고, 또한 그 법률행위가 유효로 인정될 경우의 부작용, 거래자유의 보장 및 규제의 필요성, 사회적 비난의 정도, 당사자 사이의 이익균형 등 제반 사정을 종합적으로 고려하여 사회통념에 따라 합리적으로 판단하여야 한다(대판 2015. 7. 23, 2015다200111 전원합의체).

26 선량한 풍속 기타 사회질서에 반하는 행위를 모두 고른 것은? (다툼이 있으면 판례에 따름)

〈2020년 변리사〉

> ㄱ. 수사기관에서 참고인으로서 허위진술을 해주는 대가로 금원을 지급하기로 한 약정
> ㄴ. 강제집행을 면할 목적으로 부동산에 허위의 근저당권설정등기를 경료하는 행위

정답 26. ①

ㄷ. 전통사찰의 주지직을 거액의 금품을 대가로 양도·양수하기로 하는 약정이 있음을 알고도 이를 묵인 혹은 방조한 상태에서 한 종교법인의 주지임명행위
ㄹ. 부동산을 매도인이 이미 제3자에게 매각한 사실을 매수인이 단순히 알고 있었던 경우에 매도인의 요청으로 그 부동산을 매수하기로 한 계약

① ㄱ ② ㄱ, ㄴ ③ ㄴ, ㄷ ④ ㄱ, ㄷ, ㄹ ⑤ ㄴ, ㄷ, ㄹ

해설

ㄱ. (반한다) : 수사기관에서 참고인으로 진술하면서 자신이 잘 알지 못하는 내용에 대하여 허위의 진술을 하는 경우에 그 급부의 상당성 여부를 판단할 필요 없이 허위 진술의 대가로 작성된 각서에 기한 급부의 약정은 민법 제103조 소정의 반사회적질서행위로 무효이다(대판 2001. 4. 24, 2000다71999)
ㄴ. (반하지 않는다) : 강제집행을 면할 목적으로 부동산에 허위의 근저당권설정등기를 경료하는 행위는 민법 제103조의 선량한 풍속 기타 사회질서에 위반한 사항을 내용으로 하는 법률행위로 볼 수 없다(대판 2004. 5. 28, 2003다70041).
ㄷ. (반하지 않는다) : 전통사찰의 주지직을 거액의 금품을 대가로 양도·양수하기로 하는 약정이 있음을 알고도 이를 묵인 혹은 방조한 상태에서 한 종교법인의 주지임명행위는 민법 제103조 소정의 반사회질서의 법률행위에 해당하지 않는다(대판 2001. 2. 9, 99다38613)
ㄹ. (반하지 않는다) : 이중매매를 사회질서에 반하는 법률행위로서 무효라고 하기 위하여서는 양수인이 이중양도 사실을 알았다는 사실만으로서는 부족하고 양도인의 배임행위에 적극가담하여 그 양도가 이루어져야 한다(대판 1995. 2. 10, 94다2534).

27 **반사회적 법률행위에 해당하지 않는 것을 모두 고른 것은? (다툼이 있으면 판례에 따름)**

〈2022년 변리사〉

ㄱ. 강제집행을 면할 목적으로 부동산에 허위의 근저당권설정등기를 경료하는 행위
ㄴ. 오로지 보험사고를 가장하여 보험금을 취득할 목적으로 생명보험계약을 체결하는 행위
ㄷ. 매도인의 배임행위에 제2매수인이 적극 가담하여 행해진 부동산이중매매
ㄹ. 도박자금에 제공할 목적으로 금전을 대차하는 행위

① ㄱ ② ㄹ ③ ㄱ, ㄴ ④ ㄴ, ㄷ ⑤ ㄷ, ㄹ

해설

ㄱ. (×) : 강제집행을 면할 목적으로 부동산에 허위의 근저당권설정등기를 경료하는 행위는 민법 제103조의 선량한 풍속 기타 사회질서에 위반한 사항을 내용으로 하는 법률행위로 볼 수 없다(대판 2004. 5. 28, 2003다70041).
ㄴ (○) : 당초부터 오로지 보험사고를 가장하여 보험금을 취득할 목적으로 생명보험계약을 체결한 경우에는 사람의 생명을 수단으로 이득을 취하고자 하는 불법적인 행위를 유발할 위험성이 크고, 이러한 목적으로 체결된 생명보험계약에 의하여 보험금을 지급하게 하는 것은 보험계약을 악용하여 부정한 이득을 얻고자 하는 사행심을 조장함으로써 사회적 상당성을 일탈하게 되므로, 이와 같은 생명보험계약은 사회질서에 위배되는 법률행위로서 무효이다(대판 2000. 2. 11, 99다49064).
ㄷ (○) : 매수인이 매도인에게 2중매도할 것을 적극 권유하는 등 그의 배임행위에 적극 가담하여 이루어진 매

정답 27. ①

매계약은 사회정의 관념에 위반된 민법 제103조 소정 반사회적 법률행위에 해당하여 무효이다(대판 1977. 1. 11, 76다2083).
ㄹ (○) : 도박자금에 제공할 목적으로 금전의 대차를 한 때에는 그 대차계약은 민법 제103조의 반사회질서의 법률행위로 무효이다(대판 1973. 5. 22, 72다2249).

28 **甲이 자신의 X건물을 乙에게 매도하는 계약을 체결하고 계약금 및 중도금을 수령하였으나 아직 소유권이전등기를 마쳐주지 않았다. 이러한 사실을 알고 있는 丙이 甲의 배임행위에 적극적으로 가담하여 甲으로부터 X건물을 매수하고 소유권이전등기를 경료받았다. 이에 관한 설명으로 옳은 것을 모두 고른 것은? (다툼이 있으면 판례에 따름)** 〈2024년 변리사〉

ㄱ. 甲과 丙이 체결한 매매계약은 반사회적 법률행위로서 무효이다.
ㄴ. 乙은 甲을 대위함이 없이 직접 丙에 대하여 그 소유권이전등기의 말소를 청구할 수 있다.
ㄷ. 乙은 甲에 대한 소유권이전등기청구권을 보전하기 위하여 甲과 丙 사이의 매매계약에 대하여 채권자취소권을 행사할 수 있다.
ㄹ. 丁이 丙을 소유권자로 믿고 丙으로부터 X건물을 매수하여 소유권이전등기를 마친 경우, 丁은 甲과 丙 사이의 매매계약의 유효를 주장할 수 있다.

① ㄱ　② ㄱ, ㄷ　③ ㄴ, ㄹ　④ ㄱ, ㄴ, ㄹ　⑤ ㄱ, ㄴ, ㄷ, ㄹ

해 설
ㄱ. (○) : 2중 매매를 사회질서에 반하는 법률행위로서 무효라고 하기 위하여서는 양수인이 2중 양도 사실을 알았다는 사실만으로서는 부족하고 양도인의 배임행위에 적극 가담하여 그 양도가 이루어져야 한다(대판 1995. 2. 10, 94다2534).
ㄴ. (×) : 乙은 등기를 갖추지 못하여 아직 소유자가 아니므로 丙에 대하여 직접 그 명의의 소유권이전등기의 말소를 구할 수 없다. 乙은 甲을 대위하여 丙 앞으로 경료된 등기의 말소를 구할 수 있을 뿐이다(대판 1980. 5. 27, 80다565 참조).
ㄷ. (×) : 채권자취소권은 채무자가 채권자를 해함을 알면서 자기의 일반재산을 감소시키는 행위를 한 경우에 그 행위를 취소하여 채무자의 재산을 원상회복시킴으로써 모든 채권자를 위하여 채무자의 책임재산을 보전하는 권리로서, 특정물 채권을 보전하기 위하여 행사하는 것은 허용되지 않는다(대판 1995. 2. 10, 94다2534).
ㄹ. (×) : 부동산의 매수인이 매도인의 배임행위에 적극 가담하여 그 매매계약이 반사회적 법률행위에 해당하는 경우에는 매매계약은 **절대적으로 무효**이므로, 당해 부동산을 매수인으로부터 다시 취득한 제3자는 설사 매수인이 당해 부동산의 소유권을 유효하게 취득한 것으로 믿었다고 하더라도 매매계약이 유효하다고 주장할 수 없는 것이다(대판 2008. 3. 27, 2007다82875).

29 **甲은 자기 소유의 부동산을 乙에게 대금 1억원에 팔기로 하는 매매계약을 체결하였다. 그 후 甲은 위 부동산을 丙에게 대금 1억 2,000만원에 팔기로 하는 매매계약을 체결한 후 丙 앞으로 소유권이전등기를 경료하여 주었다. 이에 관한 설명 중 옳지 않은 것을 모두 고른 것은? (다툼이 있는 경우에는 판례에 의함)** 〈2005년 사법시험〉

정답 28. ① 29. ③

ㄱ. 丙 앞으로 소유권이전등기가 경료됨에 따라 甲의 乙에 대한 소유권이전의무는 이행불능으로 되고, 그 경우 乙은 甲에 대하여 丙 앞으로 소유권이전등기가 경료된 때가 아니라 현재의 위 부동산 시가에 따라 손해배상을 청구할 수 있다.
ㄴ. 甲과 丙 사이의 매매계약이 사회질서에 반하여 무효로 되는 경우, 乙은 직접 丙을 상대로 진정명의회복을 원인으로 하여 자신 명의의 소유권이전등기를 청구할 수 있다.
ㄷ. 甲과 丙 사이의 매매계약이 사회질서에 반하여 무효로 되는 경우, 乙은 직접 丙에게 손해배상을 청구할 수 있다.
ㄹ. 甲과 丙 사이의 매매계약이 사회질서에 반하여 무효로 되는 경우, 乙이 甲을 대위하여 丙에게 소유권이전등기의 말소를 청구할 수는 없다.
ㅁ. 甲과 丙 사이의 매매계약이 사회질서에 반하여 무효로 되는 경우, 丙으로부터 당해 부동산을 다시 취득한 丁이 소유권을 유효하게 취득한 것으로 믿었다면, 丁은 甲과 丙 사이의 매매계약이 유효하다고 주장할 수 있다.

① ㄴ, ㄹ　② ㄱ, ㄴ, ㅁ　③ ㄱ, ㄴ, ㄹ, ㅁ　④ ㄱ, ㄷ, ㄹ, ㅁ　⑤ ㄱ, ㄴ, ㄷ, ㄹ, ㅁ

해설

ㄱ. (×) : 이행불능의 경우 불능이 된 당시의 시가에 의하여 손해가 배상되어야 하고, 그 후의 시가앙등으로 인한 손해는 특수한 사정에 해당되므로 채무자가 이를 예견 또는 예견할 수 있는 경우에 한하여 그 앙등된 가격을 손해배상액산정의 기준으로 한다(대판 1990. 12. 7, 90다5672).

ㄴ. (×) : 진정한 등기명의의 회복을 위한 소유권이전등기청구는 자기 명의로 소유권의 등기가 되어 있었거나 법률에 의하여 소유권을 취득한 진정한 소유자가 현재의 등기명의인을 상대로 그 등기의 말소를 구하는 것에 갈음하여 소유권에 기하여 진정한 등기명의의 회복을 구하는 것이므로, 자기 앞으로 소유권의 등기가 되어 있지 않았고 법률에 의하여 소유권을 취득하지도 않은 사람이 소유권자를 대위하여 현재의 등기명의인을 상대로 그 등기의 말소를 청구할 수 있을 뿐인 경우에는 진정한 등기명의의 회복을 위한 소유권이전등기청구를 할 수 없다(대판 2003. 5. 13, 2002다64148).

ㄷ. (○) : 제3자 채권침해로서 제750조 요건을 충족한다.

ㄹ. (×) : 말소를 구할 수 있다.

ㅁ. (×) : 제103조나 제104조 위반의 경우 제3자 보호조항이 없다(절대적 무효).

[보충지문] 당사자의 궁박, 경솔, 무경험으로 인하여 현저하게 공정을 잃은 법률행위의 무효는 선의의 제3자에게 대항할 수 없다(×). 〈2020년 변호사시험〉

보충지문

30 어떠한 일이 있어도 이혼하지 않겠다는 약속은 무효이다. 〈2015년 감정평가사〉

해설 헌법상 혼인의 자유가 있듯이 이혼의 자유가 있다. 따라서 어떠한 일이 있어도 이혼하지 않겠다는 약속은 공서양속에 위배하여 무효이다(대판 1969. 8. 19, 69므18).

31 불륜관계를 단절하기로 하면서 그 동안에 바친 노력과 비용 등의 희생을 배상 내지 위자하고 또 장래 생활대책을 마련해 준다는 뜻에서 금원을 지급하기로 하는 약정은 반사회적 법률행위로서 무효이다. 〈2008년 변리사〉

해설 피고가 원고와의 부첩관계를 해소하기로 하는 마당에 그동안 원고가 피고를 위하여 바친 노력과 비용 등의 희생을 배상 내지 위자하고 또 원고의 장래 생활대책을 마련해 준다는 뜻에서 금원을 지급하기로 약정한 것이라면 부첩관계를 해소하는 마당에 위와 같은 의미의 금전지급약정은 공서양속에 반하지 않는다(대판 1980. 6. 24, 80다458).

32-1 법정에 나와 증언할 것을 조건으로 대가를 지급하기로 약정한 경우, 그 대가의 내용이 통상적으로 용인될 수 있는 수준을 초과하면 그 약정은 무효가 된다. 〈2015년 감정평가사〉

32-2 소송사건에 증인으로서 증언에 대한 대가를 약정하였다면 그 자체로 반사회질서행위로서 무효이다. 〈2017년 공인노무사〉

32-3 소송에서 사실대로 증언하여 줄 것을 조건으로 어떠한 급부를 할 것을 약정한 경우에는 그러한 급부의 내용이 통상적으로 용인될 수 있는 수준을 초과하는지 여부에 관계없이 반사회적 법률행위로서 무효이다. 〈2008년 변리사〉

해설 타인의 소송에서 사실을 증언하는 증인이 그 증언을 조건으로 그 소송의 일방 당사자 등으로부터 통상적으로 용인될 수 있는 수준(예컨대 증인에게 일당 및 여비가 지급되기는 하지만 증인이 증언을 위하여 법원에 출석함으로써 입게 되는 손해에는 미치지 못하는 경우 그러한 손해를 전보하여 주는 정도)을 넘어서는 대가를 제공받기로 하는 약정은 국민의 사법참여행위가 대가와 결부됨으로써 사법작용의 불가매수성 내지 대가무관성이 본질적으로 침해되는 경우로서 반사회적 법률행위에 해당하여 무효라고 할 것이다(대판 2010. 7. 29, 2009다56283).

33 타인의 소송에서 사실을 증언하는 증인이 그 증언을 조건으로 그 소송의 일방 당사자 등으로부터 통상적으로 용인될 수 있는 일당 및 여비 정도를 넘어서는 대가를 제공받기로 하는 약정은 반사회적 법률행위에 해당하여 무효라고 할 것이지만, 증언거부권이 있는 증인이 그 증언거부권을 포기하고 증언을 하는 경우에는 달리 볼 수 있다. 〈2023년 법원행시〉

해설 타인의 소송에서 사실을 증언하는 증인이 그 증언을 조건으로 그 소송의 일방 당사자 등으로부터 통상적으로 용인될 수 있는 수준(예컨대 증인에게 일당 및 여비가 지급되기는 하지만 증인이 증언을 위하여 법원에 출석함으로써 입게 되는 손해에는 미치지 못하는 경우 그러한 손해를 전보하여 주는 정도)을 넘어서는 대가를 제공받기로 하는 약정은 국민의 사법참여행위가 대가와 결부됨으로써 사법작용의 불가매수성 내지 대가무

정답 30. (○) 31. (×) 32-1. (○) 32-2. (×) 32-3. (×) 33. (×)

관성이 본질적으로 침해되는 경우로서 반사회적 법률행위에 해당하여 무효라고 할 것이다. 이는 증언거부권이 있는 증인이 그 증언거부권을 포기하고 증언을 하는 경우라고 하여 달리 볼 것이 아니다(대판 2010. 7. 29, 2009다56283).

34 **지방자치단체가 골프장사업계획승인과 관련하여 사업자로부터 기부금을 받기로 하는 증여계약은 공무수행과 결부된 금전적 대가이지만, 그 조건이나 동기가 사회질서에 반한다고 할 수 없으므로 무효라고 할 수 없다.** 〈2013년 사법시험〉

해설 지방자치단체가 골프장사업계획승인과 관련하여 사업자로부터 기부금을 지급받기로 한 증여계약은 공무수행과 결부된 금전적 대가로서 그 조건이나 동기가 사회질서에 반하므로 민법 제103조에 의해 무효라고 할 것이다(대판 2009. 12. 10, 2007다63966).

35 **영리를 목적으로 윤락행위를 하도록 권유·유인·알선 또는 강요하거나 이에 협력하는 것은 선량한 풍속 기타 사회질서에 위반되므로 그러한 행위를 하는 자가 영업상 관계있는 윤락행위를 하는 자에 대하여 가지는 채권은 계약의 형식에 관계없이 무효이다.** 〈2019년 법무사〉

해설 영리를 목적으로 윤락행위를 하도록 권유·유인·알선 또는 강요하거나 이에 협력하는 것은 선량한 풍속 기타 사회질서에 위반되므로 그러한 행위를 하는 자가 영업상 관계 있는 윤락행위를 하는 자에 대하여 가지는 채권은 계약의 형식에 관계없이 무효라고 보아야 한다(대판 2004. 9. 3, 2004다27488, 27495).

36 **보험계약자가 다수의 보험계약을 통하여 보험금을 부정취득할 목적으로 보험계약을 체결한 경우, 이러한 보험계약은 선량한 풍속 기타 사회질서에 위반하여 무효이다.** 〈2013년 사법시험〉

해설 보험계약자가 다수의 보험계약을 통하여 보험금을 부정취득할 목적으로 보험계약을 체결한 경우, 이러한 목적으로 체결된 보험계약에 의하여 보험금을 지급하게 하는 것은 보험계약을 악용하여 부정한 이득을 얻고자 하는 사행심을 조장함으로써 사회적 상당성을 일탈하게 될 뿐만 아니라, 또한 합리적인 위험의 분산이라는 보험제도의 목적을 해치고 위험발생의 우발성을 파괴하며 다수의 선량한 보험가입자들의 희생을 초래하여 보험제도의 근간을 해치게 되므로, 이와 같은 보험계약은 민법 제103조 소정의 선량한 풍속 기타 사회질서에 반하여 무효라고 할 것이다(대판 2009. 5. 28, 2009다12115).

37 **甲이 乙과 매매계약체결 당시에 정당한 대가를 지급하고 목적물을 매수하는 계약을 체결하였더라도, 그 후 목적물이 범죄행위로 취득된 것을 알게 되었다면, 특별한 사정이 없더라도 乙에 대하여 당초의 매매계약에 기하여 목적물에 대한 소유권이전등기를 구하는 것은 민법 제103조의 공서양속에 반하는 행위라고 보는 것이 신의칙상 타당하다.** 〈2023년 법원행시〉

해설 매매계약체결 당시에 정당한 대가를 지급하고 목적물을 매수하는 계약을 체결하였다면, 비록 그 후 목적물이 범죄행위로 취득된 것을 알게 되었다고 하더라도, 계약의 이행을 구하는 것 자체가 선량한 풍속 기타 사회질서에 위반하는 것으로 볼 만한 특별한 사정이 없는 한, 그러한 사유만으로 당초의 매매계약에 기하여 목적물에 대한 소유권이전등기를 구하는 것이 민법 제103조의 공서양속에 반하는 행위라고 단정할 수 없다(대판 2001. 11. 9, 2001다44987).

정답 34. (×) 35. (○) 36. (○) 37. (×)

38-1 민사사건에 관한 변호사의 성공보수약정은 선량한 풍속 기타 사회질서에 위배되어 무효이다.

〈2017년 공인노무사〉

38-2 선량한 풍속 기타 사회질서는 부단히 변천하는 가치관념으로서 어느 법률행위가 이에 위반되어 민법 제103조에 의하여 무효인지 여부는 그 법률행위가 이루어진 때를 기준으로 판단하여야 하고, 또한 그 법률행위가 유효로 인정될 경우의 부작용, 거래자유의 보장 및 규제의 필요성, 사회적 비난의 정도, 당사자 사이의 이익균형 등 제반 사정을 종합적으로 고려하여 사회통념에 따라 합리적으로 판단하여야 한다. 〈2016년 법무사〉

해 설 형사사건에 관하여 체결된 성공보수약정이 가져오는 여러 가지 사회적 폐단과 부작용 등을 고려하면, 구속영장청구 기각, 보석 석방, 집행유예나 무죄 판결 등과 같이 의뢰인에게 유리한 결과를 얻어내기 위한 변호사의 변론활동이나 직무수행 그 자체는 정당하다 하더라도, 형사사건에서의 성공보수약정은 수사·재판의 결과를 금전적인 대가와 결부시킴으로써, 기본적 인권의 옹호와 사회정의의 실현을 사명으로 하는 변호사 직무의 공공성을 저해하고, 의뢰인과 일반 국민의 사법제도에 대한 신뢰를 현저히 떨어뜨릴 위험이 있으므로, 선량한 풍속 기타 사회질서에 위배되는 것으로 평가할 수 있다. 다만 선량한 풍속 기타 사회질서는 부단히 변천하는 가치관념으로서 어느 법률행위가 이에 위반되어 민법 제103조에 의하여 무효인지는 법률행위가 이루어진 때를 기준으로 판단하여야 하고, 또한 그 법률행위가 유효로 인정될 경우의 부작용, 거래자유의 보장 및 규제의 필요성, 사회적 비난의 정도, 당사자 사이의 이익균형 등 제반 사정을 종합적으로 고려하여 사회통념에 따라 합리적으로 판단하여야 한다(대판 2015. 7. 23, 2015다200111 전원합의체). ☞ 그러나 형사사건에서의 성공보수약정을 민사사건의 경우와 같이 볼 수 없다.

39 금전 소비대차계약 당사자 사이의 경제력 차이로 인하여 그 이율이 당시의 경제적·사회적 여건에 비추어 사회통념상 허용되는 한도를 초과하여 현저하게 고율로 정하여진 경우 그와 같이 허용할 수 있는 한도를 초과하는 부분의 이자 약정은 선량한 풍속 기타 사회질서에 위반한 사항을 내용으로 하는 법률행위로서 무효이다. 〈2008년 법원행시 변형〉

해 설 금전 소비대차계약과 함께 이자의 약정을 하는 경우, 양쪽 당사자 사이의 경제력의 차이로 인하여 그 이율이 당시의 경제적·사회적 여건에 비추어 사회통념상 허용되는 한도를 초과하여 현저하게 고율로 정하여졌다면, 그와 같이 허용할 수 있는 한도를 초과하는 부분의 이자 약정은 대주가 그의 우월한 지위를 이용하여 부당한 이득을 얻고 차주에게는 과도한 반대급부 또는 기타의 부당한 부담을 지우는 것이므로 선량한 풍속 기타 사회질서에 위반한 사항을 내용으로 하는 법률행위로서 무효이다(대판 2007. 2. 15, 2004다50426).

40 선량한 풍속 기타 사회질서에 위반하여 무효인 부분의 이자 약정을 원인으로 차주가 대주에게 임의로 이자를 지급한 경우, 차주는 그 이자의 반환을 청구할 수 있다. 〈2017년 법원행시〉

해 설 선량한 풍속 기타 사회질서에 위반하여 무효인 부분의 이자 약정을 원인으로 차주가 대주에게 임의로 이자를 지급하는 것은 통상 불법의 원인으로 인한 재산 급여라고 볼 수 있을 것이나, 그 불법의 원인이 수익자인 대주에게만 있거나 또는 적어도 대주의 불법성이 차주의 불법성에 비하여 현저히 크다고 할 것이어서 차주는 그 이자의 반환을 청구할 수 있다(대판 2007. 2. 15, 2004다50426 전원합의체).

41 양도소득세의 일부를 회피할 목적으로 매매계약서에 실제로 거래한 가액보다 낮은 금액을 매매대금으로 기재한 경우에 그 매매계약은 무효이다. 〈2015년 감정평가사〉

정 답 38-1. (×) 38-2. (○) 39. (○) 40. (○) 41. (×)

해설 양도소득세의 일부를 회피할 목적으로 매매계약서에 실제로 거래한 가액을 매매대금으로 기재하지 아니하고 그보다 낮은 금액을 매매대금으로 기재하였다(이른바 다운계약서) 하여, 그것만으로 그 매매계약이 사회질서에 반하는 법률행위로서 무효로 된다고 할 수는 없다(대판 2007. 6. 14, 2007다3285).

42 **매매계약을 체결하면서 양도소득세를 면탈할 의도로 소유권이전등기를 일정기간 유보하는 약정은 반사회질서행위로 볼 수 없다.** 〈2020년 감정평가사〉

해설 양도소득세를 회피하기 위한 방법으로 매매계약을 체결하였더라도 그 때문에 매매계약이 민법 제103조의 반사회적 법률행위로서 무효라고 할 수 없다(대판 1992. 12. 22, 91다35540, 35557).

43 **「부동산 실권리자명의 등기에 관한 법률」이 비록 부동산등기제도를 악용한 투기, 탈세, 탈법행위 등 반사회적 행위를 방지하는 것 등을 목적으로 제정되었다고 하더라도, 무효인 명의신탁약정에 기하여 타인 명의로 등기를 마친 것만으로 그것이 선량한 풍속 기타 사회질서에 위반된다고 볼 수 없다.** 〈2013년 사법시험〉

해설 대판 2008. 2. 14, 2007다69148 참조

44 **매도인에게 부과될 공과금을 매수인이 책임진다는 취지의 특약은 사회질서에 반하므로 무효이다.** 〈2020년 공인노무사〉

해설 매매계약에서 매도인에게 부과될 공과금을 매수인이 책임진다는 취지의 특약을 하였다 하더라도 이는 공과금이 부과되는 경우 그 부담을 누가 할 것인가에 관한 약정으로서 그 자체가 불법조건이라고 할 수 없고 이것만 가지고 사회질서에 반한다고 단정하기도 어렵다(대판 1993. 5. 25, 93다296).

45 **투기의 목적으로 주택개량사업구역 내의 주택에 거주하는 세입자가 주택개량재개발조합으로부터 장차 신축될 아파트의 방 1칸을 분양받을 수 있는 피분양권(이른바 세입자입주권)을 세입자들로부터 15매나 매수한 경우에도, 그것만으로는 그 피분양권 매매계약이 반사회질서의 법률행위로서 무효로 된다고 할 수 없다.** 〈2012년 사법시험〉

해설 대판 1991. 5. 28, 90다19770 참조

46 **민법 제103조에 의하여 무효로 되는 반사회질서 행위는 법률행위의 목적인 권리의무의 내용이 선량한 풍속 기타 사회질서에 위반되는 경우 뿐만 아니라, 그 내용 자체는 반사회질서적인 것이 아니라고 하여도 법률적으로 이를 강제하거나 법률행위에 반사회질서적인 조건 또는 금전적인 대가가 결부됨으로써 반사회질서적 성질을 띠게 되는 경우 및 표시되거나 상대방에게 알려진 법률행위의 동기가 반사회질서적인 경우를 포함한다.**

〈2015년 법무사, 2017년 감정평가사, 2019년 법무사〉

해설 민법 제103조에 의하여 무효로 되는 반사회질서행위는 법률행위의 목적인 권리의무내용이 선량한 풍속 기타 사회질서에 위반되는 경우 뿐만 아니라 그 내용자체는 반사회질서적인 것이 아니라고 하여도 법률적으로 이를 강제하거나 그 법률행위에 반사회질서적인 조건 또는 금전적 대가가 결부됨 으로써 반사회질서적

정답 42. (○) 43. (○) 44. (×) 45. (○) 46. (○)

성질을 띄게 되는 경우 및 표시되거나 상대방에게 알려진 법률행위의 동기가 반사회질서적인 경우(이른바 동기의 불법)를 포함한다(대판 1984. 12. 11, 84다카1402).

47 **부동산의 이중매매가 반사회적행위로서 무효가 된다는 법리는 이중으로 임대차계약을 체결한 경우에도 적용될 수 있다.** 〈2016년 법무사〉

해 설 이중매매를 사회질서에 반하는 법률행위로서 무효라고 하기 위하여는, 제2매수인이 이중매매 사실을 아는 것만으로는 부족하고, 나아가 매도인의 배임행위(또는 배신행위)를 유인, 교사하거나 이에 협력하는 등 적극적으로 가담하는 것이 필요하며, 그와 같은 사유가 있는지를 판단할 때에는 이중매매계약에 이른 경위, 약정된 대가 등 계약 내용의 상당성 또는 특수성 및 양도인과 제2매수인의 관계 등을 종합적으로 살펴보아야 한다. 그리고 이러한 법리는 이중으로 임대차계약을 체결한 경우에도 그대로 적용될 수 있다(대판 2013. 6. 27, 2011다5813).

48 **반사회질서 법률행위에 해당되는 매매계약을 원인으로 한 소유권이전등기명의자의 물권적 청구권 행사에 대하여 상대방은 법률행위의 무효를 주장할 수 없다.** 〈2017년 공인노무사〉

해 설 선량한 풍속 기타 사회질서에 위반한 사항을 내용으로 하는 법률행위의 무효는 이를 주장할 이익이 있는 자는 누구든지 무효를 주장할 수 있다. 따라서 반사회질서 법률행위를 원인으로 하여 부동산에 관한 소유권이전등기를 마쳤더라도 그 등기는 원인무효로서 말소될 운명에 있으므로 등기명의자가 소유권에 기한 물권적 청구권을 행사하는 경우에, 권리 행사의 상대방은 법률행위의 무효를 항변으로서 주장할 수 있다(대판 2016. 3. 24, 2015다11281).

49 **다음 사례에 관한 설명으로 틀린 것은? (다툼이 있는 경우에는 판례에 의함)** 〈2008년 감정평가사〉

〈사 례〉

A. 甲은 乙과 도박을 하던 중 돈을 모두 잃었다. 그러자 甲은 乙에게 100만원을 도박자금으로 빌려달라고 하였고, 이에 따라 乙은 甲에게 100만원을 빌려주었다.
B. 丙은 丁에 대한 도박채무를 변제하기 위하여 丁에게 자신의 부동산을 처분하여 그 대금을 변제에 충당하라고 하였다. 이에 丁은 丙을 대리하여 그 부동산을 선의의 제3자에게 매도하고 그 대금으로 변제에 충당하였다.

① A의 경우, 甲과 乙 사이의 금전소비대차계약은 무효이다.
② A의 경우, 乙은 甲에 대하여 대여금의 반환을 청구할 수 없다.
③ B의 경우, 丙의 丁에 대한 도박채무의 부담행위 및 그 변제약정은 선량한 풍속 기타 사회질서에 위반된다.
④ B의 경우, 제3자는 부동산에 대한 소유권을 취득할 수 있다.
⑤ B의 경우, 도박채무를 이행하기 위해 丁에게 대리권을 수여한 행위는 무효이다.

해 설

[A사안] ① (○), ② (○) : 전형적인 도박채무로서 당사자간의 약정은 반사회질서에 반하여 무효가 된다. 따라서 甲과 乙 사이의 금전소비대차계약은 무효이며, 乙은 甲에 대하여 대여금의 반환을 청구할 수 없다.

정답 47. (○) 48. (×) 49. ⑤

[B사안] ③ (○), ④ (○), ⑤ (×) : 도박채무의 변제를 위하여 채무자로부터 부동산의 처분을 위임받은 채권자가 그 부동산을 제3자에게 매도한 경우, 도박채무 부담행위 및 그 변제약정이 민법 제103조의 선량한 풍속 기타 사회질서에 위반되어 무효라 하더라도, 그 무효는 변제약정의 이행행위에 해당하는 위 부동산을 제3자에게 처분한 대금으로 도박채무의 변제에 충당한 부분에 한정되고, 위 변제약정의 이행행위에 직접 해당하지 아니하는 부동산 처분에 관한 대리권을 도박 채권자에게 수여한 행위 부분까지 무효라고 볼 수는 없으므로, 위와 같은 사정을 알지 못하는 거래 상대방인 제3자가 도박 채무자부터 그 대리인인 도박 채권자를 통하여 위 부동산을 매수한 행위까지 무효가 된다고 할 수는 없다(대판 1995. 7. 14, 94다40154).

[유사지문] 도박채무의 변제를 위하여 채무자로부터 부동산의 처분을 위임받은 도박 채권자가 그 부동산을 제3자에게 매도한 경우, 그 제3자가 도박 채권자를 통하여 그 부동산을 매수한 행위는 그 제3자가 계약 당시 위와 같은 사정을 알지 못하였더라도 반사회질서의 법률행위로서 무효이다(×).

〈2012년 사법시험〉

Ⅳ. 불공정한 법률행위(폭리행위)

50 불공정한 법률행위에 관한 설명으로 옳은 것은? (다툼이 있는 경우에는 판례에 의함)

〈2014년 변리사〉

① 불공정한 법률행위로 인한 무효는 절대적 무효이므로 그 법률행위에는 무효행위의 전환에 관한 민법 제138조가 적용될 수 없다.

② 계약체결시를 기준으로 불공정한 행위가 아니라면 그 후 외부환경의 급격한 변화로 계약당사자 일방에게 큰 손실이 발생하고 상대방에게 그에 상응하는 큰 이익이 발생한다 하더라도 불공정한 법률행위가 되지 않는다.

③ 대리인에 의한 법률행위에서 무경험과 궁박은 대리인을 기준으로 판단하여야 한다.

④ 급부와 반대급부 사이의 현저한 불균형은 구체적, 개별적 사안에서 거래행위 당사자의 의사를 기준으로 결정하여야 한다.

⑤ 급부와 반대급부 사이에 현저한 불균형이 있으면 당사자의 궁박, 경솔 또는 무경험으로 인한 법률행위가 추정된다.

해 설

① (×) : 매매계약이 약정된 매매대금의 과다로 말미암아 민법 제104조에서 정하는 '불공정한 법률행위'에 해당하여 무효인 경우에도 무효행위의 전환에 관한 민법 제138조가 적용될 수 있다(대판 2010. 7. 15, 2009다50308).

② (○) : 계약체결시를 기준으로 불공정한 행위가 아니라면 그 후 외부환경의 급격한 변화로 계약당사자 일방에게 큰 손실이 발생하고 상대방에게 그에 상응하는 큰 이익이 발생한다 하더라도 불공정한 법률행위가 되지 않는다(대판 2013. 9. 26, 2012다13637 전원합의체).

③ (×) : 대리인에 의한 법률행위에서 무경험과 경솔은 대리인기준, 궁박은 본인을 기준으로 판단함이 판례이다(대판 2002. 10. 22, 2002다38927).

④ (×) : 급부와 반대급부 사이의 현저한 불균형은 객관적 요건으로 거래행위 당사자의 의사를 기준으로 결정하여야 하는 것이 아니다(대판 2010. 7. 15, 2009다50308).

정답 50. ②

⑤ (×) : 급부와 반대급부 사이에 현저한 불균형이 있다고 하여 당사자의 궁박, 경솔 또는 무경험으로 인한 법률행위가 추정되는 것은 아니다(대판 1969. 7. 8, 69다594).

51 **민법상의 불공정한 법률행위에 관한 설명으로 옳지 않은 것은? (다툼이 있으면 판례에 따름)**

〈2017년 변리사〉

① 궁박, 경솔, 무경험은 모두 구비되어야 하는 요건이 아니라 그 중 일부만 갖추어져도 충분하다.
② 궁박은 경제적인 것에 한정하지 않으며 정신적, 신체적인 원인에 기인하는 것을 포함한다.
③ 무경험은 생활체험의 부족을 의미하는 것으로, 거래일반에 대한 경험부족이 아니라 특정영역에 있어서의 경험부족을 의미한다.
④ 당사자 중 일방이 상대방의 궁박, 경솔 또는 무경험을 알면서 이를 이용하려는 의사가 있어야 한다.
⑤ 불공정한 법률행위로서 무효인 경우, 추인에 의하여 무효인 법률행위가 유효로 될 수는 없지만, 무효행위의 전환에 관한 민법 제138조는 적용될 수 있다.

해 설

① (○) : 당사자 일방의 궁박, 경솔, 무경험은 모두 구비하여야 하는 요건이 아니고 그 중 어느 하나만 갖추어져도 충분하다(대판 1993. 10. 12, 93다19924).
② (○) : '궁박'이라 함은 '급박한 곤궁'을 의미하는 것으로서 경제적 원인에 기인할 수도 있고 정신적 또는 심리적 원인에 기인할 수도 있다(대판 2002. 10. 22, 2002다38927).
③ (×) : '무경험'이라 함은 일반적인 생활체험의 부족을 의미하는 것으로서 어느 특정영역에 있어서의 경험부족이 아니라 거래일반에 대한 경험부족을 뜻한다(대판 2002. 10. 22, 2002다38927).
④ (○) : 피해 당사자가 궁박, 경솔 또는 무경험의 상태에 있었다고 하더라도 그 상대방 당사자에게 그와 같은 피해 당사자측의 사정을 알면서 이를 이용하려는 의사, 즉 폭리행위의 악의가 없었다거나 또는 객관적으로 급부와 반대급부 사이에 현저한 불균형이 존재하지 아니한다면 불공정 법률행위는 성립하지 않는다(대판 2002. 10. 22, 2002다38927).
⑤ (○) : 불공정한 법률행위로서 무효인 경우에는 추인에 의하여 무효인 법률행위가 유효로 될 수 없다(대판 1994. 6. 24, 94다10900). 매매계약이 약정된 매매대금의 과다로 말미암아 민법 제104조에서 정하는 '불공정한 법률행위'에 해당하여 무효인 경우에도 무효행위의 전환에 관한 민법 제138조가 적용될 수 있다(대판 2010. 7. 15, 2009다50308).

52 **불공정한 법률행위에 관한 설명으로 옳은 것은? (다툼이 있으면 판례에 따름)** 〈2021년 변리사〉

① 불공정한 법률행위에도 무효행위 전환의 법리가 적용될 수 있다.
② 불공정한 법률행위로서 무효인 경우에도 추인하면 유효로 된다.
③ 불공정한 법률행위에 관한 규정은 부담 없는 증여의 경우에도 적용된다.
④ 경매에서 경매부동산의 매각대금이 시가에 비하여 현저히 저렴한 경우, 불공정한 법률행위에 해당하여 무효이다.
⑤ 법률행위가 현저하게 공정을 잃은 경우, 특별한 사정이 없는 한 그 법률행위는 궁박·경솔·무경험으로 인해 이루어진 것으로 추정된다.

정답 51. ③ 52. ①

해 설

① (○) : 매매계약이 약정된 매매대금의 과다로 말미암아 민법 제104조에서 정하는 '불공정한 법률행위'에 해당하여 무효인 경우에도 무효행위의 전환에 관한 민법 제138조가 적용될 수 있다. 따라서 당사자 쌍방이 위와 같은 무효를 알았더라면 대금을 다른 액으로 정하여 매매계약에 합의하였을 것이라고 예외적으로 인정되는 경우에는, 그 대금액을 내용으로 하는 매매계약이 유효하게 성립한다(대판 2010. 7. 15, 2009다50308).

② (×) : 불공정한 법률행위로서 무효인 경우에는 추인에 의하여 무효인 법률행위가 유효로 될 수 없다(대판 1994. 6. 24, 94다10900).

③ (×) : 불공정한 법률행위에 해당하기 위하여는 급부와 반대급부와의 사이에 현저히 균형을 잃을 것이 요구되므로 증여와 같이 상대방에 의한 대가적 의미의 재산관계의 출연이 없이 당사자 일방의 급부만 있는 경우에는 급부와 반대급부 사이의 불균형의 문제는 발생하지 않는다(대판 1993. 7. 16, 92다41528).

④ (×) : 경매에 있어서는 불공정한 법률행위 또는 채무자에게 불리한 약정에 관한 것으로서 효력이 없다는 민법 제104조, 제608조는 적용될 여지가 없다(대결 1980. 3. 21, 자 80마77).

⑤ (×) : 본조의 불공정한 법률행위를 주장하는 자는 스스로 궁박, 경솔, 무경험으로 인하였음을 증명하여야 하고, 그 법률행위가 현저하게 공정을 잃었다 하여 곧 그것이 경솔하게 이루어졌다고 추정하거나 궁박한 사정이 인정되는 것이 아니다(대판 1969. 7. 8, 69다594).

53 **민법 제104조의 불공정한 법률행위에 관한 설명으로 옳은 것은? (다툼이 있으면 판례에 따름)**

〈2023년 변리사〉

① 행정기관에 진정서를 제출하여 상대방을 궁지에 빠뜨린 다음 이를 취하하는 조건으로 거액의 급부를 제공받기로 약정한 것은 불공정한 법률행위에 해당한다.

② 법률행위의 성립시에는 존재하지 않았던 급부간의 현저한 불균형이 그 이후 외부적 사정의 급격한 변화로 인하여 발생하였다면 다른 요건이 충족되는 한 그때부터 불공정한 법률행위가 인정된다.

③ 불공정한 법률행위의 성립요건으로 요구되는 무경험이란 일반적인 생활체험의 부족이 아니라 해당 법률행위가 행해진 바로 그 영역에서의 경험 부족을 의미한다.

④ 법률행위가 현저히 공정을 잃었고, 어느 한 당사자에게 궁박의 사정이 존재한다고 하여도 그 상대방에게 이러한 사정을 이용하려는 폭리행위의 악의가 없었다면 불공정한 법률행위는 인정되지 않는다.

⑤ 불공정한 법률행위를 할 때 당사자간에 그 법률행위의 불공정성을 이유로 하여 법률행위의 효력을 다툴 수 없다는 합의가 함께 행해졌다면 그러한 합의는 유효하다.

해 설

① (×) : [1] 민법 제104조가 규정하는 현저히 공정을 잃은 법률행위라 함은 자기의 급부에 비하여 현저하게 균형을 잃은 반대급부를 하게 하여 부당한 재산적 이익을 얻는 행위를 의미하는 것이므로, 증여계약과 같이 아무런 대가관계 없이 당사자 일방이 상대방에게 일방적인 급부를 하는 법률행위는 그 공정성 여부를 논의할 수 있는 성질의 법률행위가 아니다. [2] 행정기관에 진정서를 제출하여 상대방을 궁지에 빠뜨린 다음 이를 취하하는 조건으로 거액의 급부를 제공받기로 약정한 경우, 민법 제103조 소정의 반사회질서의 법률행위에 해당한다고 본 사례(대판 2000. 2. 11, 99다56833).

② (×) : 어떠한 법률행위가 불공정한 법률행위에 해당하는지는 법률행위 시를 기준으로 판단하여야 한다. 따라서 계약 체결 당시를 기준으로 전체적인 계약 내용을 종합적으로 고려한 결과 불공정한 것이 아니라면 사후에 외부적 환경의 급격한 변화로 인하여 계약당사자 일방에게 큰 손실이 발생하고 상대방에게는 그에 상응하

정답 53. ④

는 큰 이익이 발생할 수 있는 구조라고 하여 그 계약이 당연히 불공정한 계약에 해당한다고 말할 수 없다(대판 2013. 9. 26, 2013다26746).

③ (×), ④ (○) : 불공정한 법률행위가 성립하기 위한 요건인 궁박, 경솔, 무경험은 모두 구비되어야 하는 요건이 아니라 그 중 일부만 갖추어져도 충분한데, 여기에서 '궁박'이라 함은 '급박한 곤궁'을 의미하는 것으로서 경제적 원인에 기인할 수도 있고 정신적 또는 심리적 원인에 기인할 수도 있으며, '무경험'이라 함은 일반적인 생활체험의 부족을 의미하는 것으로서 어느 특정영역에 있어서의 경험부족이 아니라 거래일반에 대한 경험부족을 뜻하고, 당사자가 궁박 또는 무경험의 상태에 있었는지 여부는 그의 나이와 직업, 교육 및 사회경험의 정도, 재산 상태 및 그가 처한 상황의 절박성의 정도 등 제반 사정을 종합하여 구체적으로 판단하여야 하며, 한편 피해 당사자가 궁박, 경솔 또는 무경험의 상태에 있었다고 하더라도 그 상대방 당사자에게 그와 같은 피해 당사자측의 사정을 알면서 이를 이용하려는 의사, 즉 폭리행위의 악의가 없었다거나 또는 객관적으로 급부와 반대급부 사이에 현저한 불균형이 존재하지 아니한다면 불공정 법률행위는 성립하지 않는다(대판 2002. 10. 22, 2002다38927).

⑤ (×) : 매매계약과 같은 쌍무계약이 급부와 반대급부와의 불균형으로 말미암아 민법 제104조에서 정하는 '불공정한 법률행위'에 해당하여 무효라고 한다면, 그 계약으로 인하여 불이익을 입는 당사자로 하여금 위와 같은 불공정성을 소송 등 사법적 구제수단을 통하여 주장하지 못하도록 하는 부제소합의 역시 다른 특별한 사정이 없는 한 무효이다(대판 2010. 7. 15, 2009다50308).

보충지문

54-1 불공정한 법률행위의 요건을 갖추지 못한 법률행위는 반사회질서행위가 될 수 없다.

〈2020년 감정평가사〉

54-2 민법 제104조의 불공정한 법률행위의 요건을 완전히 갖추지 못한 법률행위라도 민법 제103조의 반사회질서의 법률행위규정에 의하여 무효로 될 수 있다. 〈2005년 감정평가사〉

해설 민법 제104조의 불공정한 법률행위는 반사회질서의 하나의 예시로 본다. 따라서 불공정한 법률행위의 요건을 갖추지 못한 법률행위도 반사회질서행위가 될 수 있다.

55 증여계약과 같이 아무런 대가관계 없이 당사자 일방이 상대방에게 일방적인 급부를 하는 법률행위는 민법 제104조 소정의 공정성 여부를 논의할 수 있는 성질의 법률행위가 아니지만, 반사회질서적인 조건이 결부됨으로써 반사회질서적 성질을 띠게 될 여지는 있다. 〈2020년 법무사〉

해설 [1] 민법 제104조가 규정하는 현저히 공정을 잃은 법률행위라 함은 자기의 급부에 비하여 현저하게 균형을 잃은 반대급부를 하게 하여 부당한 재산적 이익을 얻는 행위를 의미하는 것이므로, 증여계약과 같이 아무런 대가관계 없이 당사자 일방이 상대방에게 일방적인 급부를 하는 법률행위는 그 공정성 여부를 논의할 수 있는 성질의 법률행위가 아니다. [2] 민법 제103조에 의하여 무효로 되는 반사회질서 행위는 법률행위의 목적인 권리의무의 내용이 선량한 풍속 기타 사회질서에 위반되는 경우뿐만 아니라, 그 내용 자체는 반사회질서적인 것이 아니라고 하여도 법률적으로 이를 강제하거나 법률행위에 반사회질서적인 조건 또는 금전적인 대가가 결부됨으로써 반사회질서적 성질을 띠게 되는 경우 및 표시되거나 상대방에게 알려진 법률행위의 동기가 반사회질서적인 경우를 포함한다. [3] 행정기관에 진정서를 제출하여 상대방을 궁지에 빠뜨린 다음 이를 취하하는 조건으로 거액의 급부를 제공받기로 약정한 경우, 민법 제103조 소정의 반사회질서의 법률행위에 해당한다고 본 사례(대판 2000. 2. 11, 99다56833).

정답 54-1. (×) 54-2. (○) 55. (○)

56 **불공정한 법률행위에 해당하는지 여부는 그 행위를 한 때를 기준으로 판단한다.**

〈2020년 감정평가사〉

해 설 계약 체결 당시를 기준으로 전체적인 계약 내용을 종합적으로 고려한 결과 불공정한 것이 아니라면 사후에 외부적 환경의 급격한 변화로 인하여 계약당사자 일방에게 큰 손실이 발생하고 상대방에게 그에 상응하는 큰 이익이 발생하는 구조라고 하여 그것만으로 그 계약이 불공정한 계약에 해당한다고 말할 수 없다(대판 2013. 9. 26, 2012다13637 전원합의체).

57-1 **매도인이 불공정한 법률행위를 이유로 계약의 무효를 주장하는 경우, 매도인은 매매가격의 현저한 불균형을 증명하면 족하고, 매도인의 경솔 등의 여부는 매수인이 증명하여야 한다.**

〈2012년 감정평가사〉

57-2 **불공정한 법률행위에 있어서 급부와 반대급부 사이의 현저한 불균형이 있으면 이는 당사자의 궁박·경솔 또는 무경험에 의한 것으로 추정된다.** 〈2012년 감정평가사〉

해 설 불공정한 법률행위에 있어서 급부와 반대급부 사이의 현저한 불균형이 있다고 하더라도 당사자의 궁박·경솔 또는 무경험에 의한 것으로 추정되지 않는다. 따라서 매도인이 불공정한 법률행위를 이유로 계약의 무효를 주장하는 경우, 매도인은 매매가격의 현저한 불균형의 증명인 객관적 요건과 매도인의 경솔 등의 주관적 요건을 모두 입증하여야 한다(대판 2008. 2. 1, 2005다74863 등).

58 **재건축사업부지에 포함된 토지에 대하여 재건축사업조합과 토지의 소유자가 체결한 매매계약이 매매대금의 과다로 말미암아 불공정한 법률행위에 해당한다면, 해당매매계약은 전부무효가 되는 것이고, 적정한 매매대금으로 감액된 내용으로 유효하다고 볼 수는 없다.**

〈2016년 법원행시, 2019년 법무사〉

해 설 매매계약이 약정된 매매대금의 과다로 말미암아 민법 제104조에서 정하는 '불공정한 법률행위'에 해당하여 무효인 경우에도 무효행위의 전환에 관한 민법 제138조가 적용될 수 있다. 따라서 당사자 쌍방이 위와 같은 무효를 알았더라면 대금을 다른 액으로 정하여 매매계약에 합의하였을 것이라고 예외적으로 인정되는 경우에는, 그 대금액을 내용으로 하는 매매계약이 유효하게 성립한다(대판 2010. 7. 15, 2009다50308). ☞ 재건축사업부지에 포함된 토지에 대하여 재건축사업조합과 토지의 소유자가 체결한 매매계약이 매매대금의 과다로 말미암아 불공정한 법률행위에 해당하지만, 그 매매대금을 적정한 금액으로 감액하여 매매계약의 유효성을 인정한 사례이다.

Ⅴ. 비진의표시

59 **비진의표시에 대한 다음 설명 중 옳지 않은 것은? (다툼이 있는 경우에는 판례에 의함)**

〈2007년 변리사〉

① 전체공무원이 일괄사표를 제출함에 따라 공무원 甲도 함께 사직서를 제출한 경우, 甲의 내심의 의사는 사직할 뜻이 아니었으므로 사직서의 제출은 무효이다.

② 甲은 乙의 환심을 사기 위해 증여의사 없이 금반지를 乙에게 주었고, 乙은 그것을 丙에게 매도한 경우, 乙이 선의·무과실이면 丙이 악의이더라도 丙은 소유권을 취득한다.

정답 56. (○) 57-1. (×) 57-2. (×) 58. (×) 59. ①

③ 甲이 강박에 의하여 증여의 의사표시를 한 경우, 비록 재산을 강제로 뺏긴다는 것이 甲의 본심으로 잠재되어 있었더라도 비진의표시라고 할 수 없다.

④ 甲이 법률상 또는 사실상의 장애로 자기명의로 대출받을 수 없는 乙을 위하여 대출금채무자로서의 명의를 빌려준 경우, 甲의 의사표시는 비진의표시라고 할 수 없다.

⑤ 어떠한 의사표시가 비진의표시로서 무효라고 주장하는 경우에 그 증명책임은 주장자에게 있다.

해 설

① (×) : 공무원이 사직의 의사표시를 하여 의원면직처분을 하는 경우 그 사직의 의사표시는 그 법률관계의 특수성에 비추어 외부적·객관적으로 표시된 바를 존중하여야 할 것이므로, 비록 사직원제출자의 내심의 의사가 사직할 뜻이 아니었다고 하더라도 진의 아닌 의사표시에 관한 민법 제107조는 그 성질상 사직의 의사표시와 같은 사인의 공법행위에는 준용되지 아니하므로 그 의사가 외부에 표시된 이상 그 의사는 표시된 대로 효력을 발한다(대판 1997. 12. 12, 97누13962).

② (○) : 표의자의 상대방 乙이 선의·무과실이라면 확정적으로 소유권을 취득하고, 권리자로부터 양수한 丙이 비록 악의일지라도 승계취득의 법리(엄폐물의 법칙)에 따라 소유권을 취득하게 된다(통설).

③ (○) : 비진의의사표시에 있어서의 진의란 특정한 내용의 의사표시를 하고자 하는 표의자의 생각을 말하는 것이지 표의자가 진정으로 마음속에서 바라는 사항을 뜻하는 것은 아니라고 할 것이므로, 비록 재산을 강제로 뺏긴다는 것이 표의자의 본심으로 잠재되어 있었다 하여도 표의자가 강박에 의하여서나마 증여를 하기로 하고 그에 따른 증여의 의사표시를 한 이상 증여의 내심의 효과의사가 결여된 것이라고 할 수는 없다(대판 2002. 12. 27, 2000다47361).

④ (○) : 제3자가 채무자로 하여금 제3자를 대리하여 금융기관으로부터 대출을 받도록 하여 그 대출금을 채무자가 부동산의 매수자금으로 사용하는 것을 승낙하였을 뿐이라고 볼 수 있는 경우, 제3자의 의사는 특별한 사정이 없는 한 대출에 따른 경제적인 효과는 채무자에게 귀속시킬지라도 법률상의 효과는 자신에게 귀속시킴으로써 대출금채무에 대한 주채무자로서의 책임을 지겠다는 것으로 보아야 할 것이므로, 비진의표시로 보기 어렵다(대판 1997. 7. 25, 97다8403).

⑤ (○) : 어떠한 의사표시가 비진의 의사표시로서 무효라고 주장하는 경우에 그 입증책임은 그 주장자에게 있다(대판 1992. 5. 22, 92다2295).

보충지문

60 진의 아닌 의사표시에서 상대방이 표의자의 진의 아님을 알았다면 표의자는 그 의사표시를 취소할 수 있다. 〈2010년 공인노무사〉

해 설 진의 아닌 의사표시에서 상대방이 표의자의 진의 아님을 알았다면 그 의사표시는 처음부터 무효이지 취소할 수 있는 것은 아니다(제107조 제1항 참조).

61-1 표의자가 비진의표시임을 이유로 의사표시의 무효를 주장하는 경우, 비진의표시에 해당한다는 사실은 표의자가 증명해야 한다. 〈2018년 감정평가사〉

정답 60. (×) 61-1. (○)

61-2 **표의자가 비진의표시임을 이유로 의사표시의 무효를 주장하는 경우, 상대방이 자신의 선의·무과실을 증명해야 한다.** 〈2018년 감정평가사〉

해설 어떠한 의사표시가 비진의 의사표시로서 무효라고 주장하는 경우에 그 입증책임은 그 주장자에게 있다(대판 1992. 5. 22, 92다2295). ☞ 무효를 주장하는 표의자가 상대방의 악의 또는 과실까지 입증해야 한다.

62 **학교법인이 그 학교의 교직원의 명의로 금융기관으로부터 금전을 차용한 경우, 명의대여자의 의사표시는 비진의의사표시가 아니므로 주채무자로서 책임이 있다.** 〈2017년 공인노무사〉

해설 학교법인이 사립학교법상의 제한규정 때문에 그 학교의 교직원들인 소외인들의 명의를 빌려서 피고로부터 금원을 차용한 경우에 피고 역시 그러한 사정을 알고 있었다고 하더라도 위 소외인들의 의사는 위 금전의 대차에 관하여 그들이 주채무자로서 채무를 부담하겠다는 뜻이라고 해석함이 상당하므로 이를 진의 아닌 의사표시라고 볼 수 없다(대판 1980. 7. 8, 80다639).

63-1 **근로자가 회사의 경영방침에 따라 사직원을 제출하고 퇴사 후 즉시 재입사하여 근로자가 그 퇴직 전후에 걸쳐 실질적인 근로관계의 단절이 없이 계속 근무하였다면 그 사직원 제출은 비진의의사표시에 해당한다.** 〈2017년 공인노무사〉

63-2 **근로자가 회사의 경영방침에 따라 사직원을 제출하고 회사가 이를 받아들여 퇴직처리를 하였다가 즉시 재입사하는 형식으로 실질적 근로관계의 단절없이 계속 근무하였다면 그 사직의 의사표시는 무효이다.** 〈2020년 공인노무사〉

해설 근로자가 회사의 경영방침에 따라 사직원을 제출하고 회사가 이를 받아들여 퇴직처리를 하였다가 즉시 재입사하는 형식을 취함으로써 근로자가 그 퇴직 전후에 걸쳐 실질적인 근로관계의 단절이 없이 계속 근무하였다면 그 사직원제출은 근로자가 퇴직을 할 의사 없이 퇴직의사를 표시한 것으로서 비진의의사표시에 해당하고 재입사를 전제로 사직원을 제출케 한 회사 또한 그와 같은 진의 아님을 알고 있었다고 봄이 상당하다 할 것이므로 위 사직원제출과 퇴직처리에 따른 퇴직의 효과는 생기지 아니한다(대판 2005. 4. 29, 2004두14090).

64 **근로자들이 사용자의 지시에 따라 사직의 의사 없이 사직서를 제출하였고 사용자가 선별적으로 수리하여 의원면직 처리하였다면 그 사직서의 제출은 비진의의사표시에 해당한다.** 〈2017년 공인노무사〉

해설 근로자들이 의원면직의 형식을 빌렸을 뿐 실제로는 사용자의 지시에 따라 진의 아닌 사직의 의사표시를 하였고 사용자가 이러한 사정을 알면서 위 사직의 의사표시를 수리하였다면 위 사직의 의사표시는 민법 제107조에 해당하여 무효라 할 것이고 사용자가 사직의 의사 없는 근로자로 하여금 어쩔 수 없이 사직서를 작성 제출케 하여 그중 일부만을 선별수리하여 이들을 의원면직처리한 것은 정당한 이유나 정당한 절차를 거치지 아니한 해고조치로서 근로기준법 제27조 등의 강행법규에 위배되어 당연무효이다(대판 1992. 5. 26, 92다3670).

65 **근로자가 사용자의 지시에 좇아 일괄하여 사직서를 작성·제출할 당시에 그 사직서에 기하여 의원면직처리될지도 모른다는 점을 인식하였다고 하더라도, 이것만으로 그의 내심에 사직의 의사가 있는 것이라고 할 수 없다.** 〈2012년 사법시험〉

정답 61-2. (×) 62. (○) 63-1. (○) 63-2. (○) 64. (○) 65. (○)

해 설 진의 아닌 의사표시인지의 여부는 효과의사에 대응하는 내심의 의사가 있는지 여부에 따라 결정되는 것인바, 근로자가 사용자의 지시에 좇아 일괄하여 사직서를 작성 제출할 당시 그 사직서에 기하여 의원면직처리될지 모른다는 점을 인식하였다고 하더라도 이것만으로 그의 내심에 사직의 의사가 있는 것이라고 할 수 없다(대판 1991. 7. 12, 90다11554). ☞ 비진의표시에 해당한다.

66-1 근로자가 희망퇴직의 권고를 받고 제반 사항 등을 종합적으로 고려하여 심사숙고한 결과 사직서를 제출한 경우라면 그 사직서 제출은 비진의의사표시에 해당한다. 〈2017년 공인노무사〉

66-2 비록 표의자가 의사표시의 내용을 진정으로 마음 속에서 바라지는 아니하였더라도, 당시의 상황에서는 그것이 최선이라고 판단하여 그 의사표시를 하였을 경우에는 이를 내심의 효과이사가 결여된 진의 아닌 의사표시라고 할 수 없다. 〈2004년 사법시험〉

해 설 진의 아닌 의사표시에 있어서의 '진의'란 특정한 내용의 의사표시를 하고자 하는 표의자의 생각을 말하는 것이지 표의자가 진정으로 마음 속에서 바라는 사항을 뜻하는 것은 아니므로 표의자가 의사표시의 내용을 진정으로 마음 속에서 바라지는 아니하였다고 하더라도 당시의 상황에서는 그것이 최선이라고 판단하여 그 의사표시를 하였을 경우에는 이를 내심의 효과의사가 결여된 진의 아닌 의사표시라고 할 수 없다(대판 2001. 1. 19, 2000다51919, 51926). ☞ 원고들은 당시 희망퇴직의 권고를 선뜻 받아들일 수는 없었다고 할지라도 그 당시의 경제상황, 피고 회사의 구조조정계획, 피고 회사가 제시하는 희망퇴직의 조건, 정리해고를 시행할 경우 정리기준에 따라 정리해고 대상자에 포함될 가능성, 퇴직할 경우와 계속 근무할 경우의 이해득실 등 제반 사항을 종합적으로 고려하여 심사숙고한 결과 사직서를 제출하였다고 봄이 상당하고, 따라서, 원고들과 피고 회사 사이의 근로계약은 원고들이 피고 회사에 대하여 사직서를 제출하고 피고 회사가 이를 수리하여 원고들을 면직함으로써 합의해지에 의하여 종료되었다(대판 2003. 4. 11, 2002다60528).

67-1 장관의 지시에 따라 공무원이 일괄사표를 제출하여 일부 공무원에 대해 의원면직 처분이 이루어진 경우 그 사직원 제출행위는 비진의의사표시로 당연 무효가 된다고 볼 수 없다. 〈2017년 공인노무사〉

67-2 비리공무원이 감사기관의 사직권고를 받고 사직의 의사표시를 하여 의원면직처분이 된 경우, 그 사표제출자의 내심에 사직할 의사가 없었더라도 그 사직의 의사표시는 효력이 발생한다. 〈2020년 공인노무사〉

해 설 공무원이 사직의 의사표시를 하여 의원면직처분을 하는 경우 그 사직의 의사표시는 그 법률관계의 특수성에 비추어 외부적·객관적으로 표시된 바를 존중하여야 할 것이므로, 비록 사직원제출자의 내심의 의사가 사직할 뜻이 아니었다고 하더라도 진의 아닌 의사표시에 관한 민법 제107조는 그 성질상 사직의 의사표시와 같은 사인의 공법행위에는 준용되지 아니하므로 그 의사가 외부에 표시된 이상 그 의사는 표시된 대로 효력을 발한다(대판 1997. 12. 12, 97누13962).

68 가족법상의 신분행위인 혼인과 입양에 대하여는 비진의의사표시인 민법 제107조가 적용되지 않는다. 〈2007년 법원행시〉

해 설 통설은 의사표시에 관련한 법리는 신분상 행위에는 그 적용이 없다고 한다.

정 답 66-1. (×) 66-2. (○) 67-1. (○) 67-2. (○) 68. (○)

69-1 **계약이 대리인에 의하여 체결된 경우 그 대리인의 진의가 본인의 이익이나 의사에 반하여 자기 또는 제3자의 이익을 위한 것이고 상대방이 그 사정을 알았거나 알 수 있었다면, 본인은 아무런 계약상의 책임을 지지 않는다.** 〈2004년 사법시험〉

69-2 **금융기관의 직원이 사적인 용도로 사용할 목적으로 예금 명목으로 돈을 교부받은 경우, 예금주가 그러한 사정을 알았다고 하더라도 민법 제107조 제1항 단서를 적용할 수는 없으므로 금융기관은 그러한 예금에 대하여 예금계약에 기한 반환책임을 진다.** 〈2017년 법원행시〉

해설 진의 아닌 의사표시가 대리인에 의하여 이루어지고 그 대리인의 진의가 본인의 이익이나 의사에 반하여 자기 또는 제3자의 이익을 위한 배임적인 것임을 그 상대방이 알았거나 알 수 있었을 경우에는 민법 제107조 제1항 단서의 유추해석상 그 대리인의 행위에 대하여 본인은 책임을 지지 아니하므로, 금융기관의 임·직원이 예금 명목으로 돈을 교부받을 때의 진의가 예금주와 예금계약을 맺으려는 것이 아니라 그 돈을 사적인 용도로 사용하거나 비정상적인 방법으로 운용하는 데 있었던 경우에 예금주가 그 임·직원의 예금에 관한 비진의 내지 배임적 의사를 알았거나 알 수 있었다면 금융기관은 그러한 예금에 대하여 예금계약에 기한 반환책임을 지지 아니한다(대판 2007. 4. 12, 2004다51542).

Ⅵ. 통정허위표시

70 **통정한 허위의 의사표시에 대한 설명 중 옳은 것만으로 묶어진 조합은? (다툼이 있는 경우에는 판례에 의함)** 〈2004년 변리사〉

ㄱ. 통정허위표시의 요건으로 제3자를 속이려는 동기나 목적이 존재할 것이 필요하다.
ㄴ. 우리 판례에 의하면 제3자의 선의는 추정되며, 무효를 주장하는 자가 제3자의 악의를 주장·입증하여야 한다.
ㄷ. 허위표시의 무효는 선의의 제3자에게 대항하지 못하는데, 이 경우 '채권의 가장양도에 있어서 채무자'는 그 제3자에 포함되지 않는다.
ㄹ. 가장소비대차의 대주가 파산선고를 받은 경우, 그 파산관재인은 통정허위표시의 제3자에 해당한다.
ㅁ. 동일인 대출한도를 제한한 법령을 회피하기 위하여 실질적인 주채무자가 실제 대출을 받고자 하는 채무액에 대하여, 금융기관의 양해 하에 형식상 제3자 명의를 빌려 체결된 대출약정, 즉 금융기관과 형식상 제3자간의 계약은 통정허위표시에 해당하지 않는 유효한 법률행위이다.
ㅂ. 임차보증금의 반환청구권을 담보할 목적으로 임차인과 임대인, 제3자 사이의 합의에 따라 임대목적물에 관하여 제3자 명의로 전세권설정등기를 경료한 후 그 전세권에 대하여 근저당권이 설정된 경우, 임대인은 선의·악의를 불문하고 근저당권자에게 위 전세권 설정계약이 통정허위표시에 해당하여 무효임을 주장할 수 있다.
ㅅ. 특별한 사정없이 동거하는 부부간에 토지를 매도하고 소유권이전등기까지 경료함은 이례(異例)에 속하는 일로서 가장매매라고 추정하는 것이 경험칙에 비추어 타당하다.

정답 69-1. (○) 69-2. (×) 70. ④

① ㄱ, ㄴ, ㄷ, ㄹ ② ㄴ, ㅁ, ㅂ, ㅅ ③ ㄹ, ㅁ, ㅂ, ㅅ
④ ㄴ, ㄷ, ㄹ, ㅅ ⑤ ㄴ, ㄷ, ㅁ, ㅅ

해설

ㄱ. (×) : 통설은 의사와 표시의 불일치로써 족하고, 허위표시의 이유나 동기는 묻지 않는다고 한다.
ㄴ. (○) : 대판 1978. 12. 28, 77다907 참조
ㄷ. (○) : 통정허위표시인 채권양도계약이 체결된 경우 채무자는 민법 제108조 제2항 소정의 제3자에 해당되지 않는다(대판 1983. 1. 18, 82다594). ☞ 채권의 가장양도에 있어서 채무자는 제3자에 해당되지 않는다.
ㄹ. (○) : 대판 2003. 6. 24, 2002다48214 참조
ㅁ. (×) : 형식상의 명의차용으로서 금융기관의 양해하에 체결된 경우, 허위표시에 해당한다(대판 2001. 3. 23, 2000다65864).
ㅂ. (×) : 근저당권자는 선의인 경우에 보호된다(대판 1998. 9. 4, 98다20981). 즉 실제로는 전세권설정계약이 없음에도 불구하고 임대차계약에 기한 임차보증금반환채권을 담보할 목적으로 임차인과 임대인, 제3자 사이의 합의에 따라 제3자 명의로 전세권설정등기를 경료한 후 그 전세권에 대하여 근저당권이 설정된 경우, 가사 위 전세권설정계약만 놓고 보아 그것이 통정허위표시에 해당하여 무효라고 한다 하더라도, 이로써 위 전세권설정계약에 의하여 형성된 법률관계를 토대로 별개의 법률원인에 의하여 새로운 법률상 이해관계를 갖게 된 근저당권자에 대해서는 그와 같은 사정을 알고 있었던 경우에만 그 무효를 주장할 수 있다.
ㅅ. (○) : 대판 1978. 4. 25, 78다226 참조

71 甲은 채권자로부터 강제집행을 면탈할 목적으로 乙과 미리 합의하여 가장으로 자신의 토지의 소유권에 대한 가등기를 乙 명의로 해 주었다. 그리고 계속해서 甲은 그 토지를 구입하고자 하는 A에게 그 토지를 매각하고 소유권이전등기를 경료해 주었다. 그 후 乙은 자신의 가등기에 기해 본등기를 한 후 그 토지를 선의의 B에게 매각하고 그 소유권이전등기를 B명의로 경료하여 주었다. 다음의 설명 중 타당한 것은? (다툼이 있는 경우에는 판례에 의함) 〈2005년 변리사〉

① 甲과 乙이 통정하여 허위표시로 가등기가 경료되었으므로 그 가등기와 이에 기한 본등기는 무효이고, 따라서 우리 민법이 등기의 공신력을 인정하지 않는 이상 B는 선의라도 그 토지의 소유권을 유효하게 취득할 수 없다.
② B는 가등기에 기하여 새로운 이해관계를 맺은 선의의 제3자에 해당하므로, 유효하게 그 토지의 소유권을 취득하였고, A의 甲으로부터의 소유권이전등기는 직권으로 말소되어야 한다.
③ 甲의 채권자의 채권자대위권과 관련하여, 甲과 乙의 통정의 허위표시는 채권자의 강제집행을 면탈할 목적으로 행하여진 것이므로 불법원인급여에 해당되어 甲으로서는 乙에 대하여 부당이득반환청구권을 행사할 수 없고 이에 따라 甲의 채권자는 이를 대위행사할 수 없다.
④ 甲의 채권자는 B가 선의의 제3자로서 유효하게 토지의 소유권을 취득한 이상, 甲이 무자력인 경우라도 악의의 甲과 乙 사이의 가등기에 기한 소유권이전행위를 취소할 수 없다.
⑤ 가장행위를 한 乙이 파산한 경우에 이에 따라 선임된 파산관재인은 통정의 허위표시에 의한 새로운 이해관계를 가지지는 않으므로 민법 제108조 제2항의 제3자에는 해당되지 않는다.

해설

① (×), ② (○) : [1] 상대방과 통정한 허위의 의사표시는 무효이고 누구든지 그 무효를 주장할 수 있는 것이 원

정답 71. ②

칙이나, 허위표시의 당사자 및 포괄승계인 이외의 자로서 허위표시에 의하여 외형상 형성된 법률관계를 토대로 실질적으로 새로운 법률상 이해관계를 맺은 선의의 제3자에 대하여는 허위표시의 당사자뿐만 아니라 그 누구도 허위표시의 무효를 대항하지 못하고, 따라서 선의의 제3자에 대한 관계에 있어서는 허위표시도 그 표시된 대로 효력이 있다. [2] 통정 허위표시를 원인으로 한 부동산에 관한 가등기 및 그 가등기에 기한 본등기로 인하여 A의 소유권이전등기가 말소된 후 다시 그 본등기에 터잡아 B가 부동산을 양수하여 소유권이전등기를 마친 경우, B가 통정 허위표시자로부터 실질적으로 부동산을 양수하고 또 이를 양수함에 있어 통정 허위표시자 명의의 각 가등기 및 이에 기한 본등기의 원인이 된 각 의사표시가 허위표시임을 알지 못하였다면, A는 선의의 제3자인 B에 대하여는 그 각 가등기 및 본등기의 원인이 된 각 허위표시가 무효임을 주장할 수 없고, 따라서 B에 대한 관계에서는 그 각 허위표시가 유효한 것이 되므로 그 각 허위표시를 원인으로 한 각 가등기 및 본등기와 이를 바탕으로 그 후에 이루어진 B 명의의 소유권이전등기도 유효하다(대판 1996. 4. 26, 94다12074).

③ (×) : 불법원인급여를 규정한 민법 제746조 소정의 '불법의 원인'이라 함은 재산을 급여한 원인이 선량한 풍속 기타 사회질서에 위반하는 경우를 가리키는 것으로서, 강제집행을 면할 목적으로 부동산의 소유자명의를 신탁하는 것이 위와 같은 불법원인급여에 해당한다고 볼 수는 없다(대판 1994. 4. 15, 93다61307). ☞ 따라서 甲은 乙에 대하여 부당이득반환청구권을 행사할 수 있고 나아가 甲의 채권자는 이를 대위행사할 수 있다.

④ (×) : 전득자 B가 선의라도 수익자 乙이 악의이므로 수익자 乙을 상대로 채권자취소권을 행사할 수 있다(민법 제406조). 또한 전득자 B가 유효하게 소유권을 취득하여 원물반환이 불가능하더라도 乙에게 가액반환청구는 할 수 있다. 그리고 채무자의 법률행위가 통정허위표시인 경우에도 채권자취소권의 대상이 된다(대판 1998. 2. 27, 97다50985).

⑤ (×) : 파산선고에 따라 파산자와는 독립한 지위에서 파산채권자 전체의 공동의 이익을 위하여 직무를 행하게 된 파산관재인은 그 허위표시에 따라 외형상 형성된 법률관계를 토대로 실질적으로 새로운 법률상 이해관계를 가지게 된 민법 제108조 제2항의 제3자에 해당한다(대판 2003. 6. 24, 2002다48214).

72 甲은 자신의 토지를 은닉하기 위해 乙과 짜고 매매를 원인으로 乙 앞으로 소유권이전청구권 보전을 위한 가등기를 해 준 뒤, 다시 丙에게 그 토지를 매도하고 소유권이전등기를 해 주었다. 그 후 가등기에 기하여 乙명의의 본등기가 경료되었고, 乙은 그 토지를 丁에게 매도하고 소유권이전등기를 해 주었다. 丙은 乙명의의 가등기와 본등기가 허위임을 알게 되었다. 다음 설명으로 옳지 않은 것은? (다툼이 있는 경우에는 판례에 의함) 〈2011년 감정평가사〉

① 甲과 乙 사이의 매매계약 및 가등기는 무효이다.
② 乙과 丁 사이의 매매계약은 유효하다.
③ 乙 명의의 본등기를 할 때 등기관은 丙 명의의 소유권이전등기를 직권으로 말소한다.
④ 丁이 甲과 乙 사이의 가장행위에 대하여 알았다면, 丙은 丁에 대하여 말소등기를 구할 수 있다.
⑤ 만약 甲과 乙이 짜고 허위로 매매계약을 한 것이 아니라면, 乙은 가등기한 때로부터 그 토지의 소유자이다.

해설

① (○) : 통정허위표시로서 무효이다(민법 제108조 제1항).

② (○) : 乙과 丁사이의 매매는 결과적으로 타인권리매매가 되는데, 타인권리매매도 유효하다(민법 제569조 참조).

③ (○) : 등기관은 가등기에 의한 본등기를 하였을 때에는 대법원규칙으로 정하는 바에 따라 가등기 이후에 된 등기로서 가등기에 의하여 보전되는 권리를 침해하는 등기를 직권으로 말소하여야 한다(부동산등기법 제92조

정답 72. ⑤

제1항).

④ (○) : 선의의 제3자만 보호된다(민법 제108조 제2항).

⑤ (×) : 가등기는 본등기 순위보전의 효력만이 있고, 후일 본등기가 마쳐진 때에는 본등기의 순위가 가등기한 때로 소급함으로써 가등기 후 본등기 전에 이루어진 중간처분이 본등기보다 후순위로 되어 실효될 뿐이고, 본등기에 의한 물권변동의 효력이 가등기한 때로 소급하여 발생하는 것은 아니다(대판 1981. 5. 26, 80다3117).

73 **통정허위표시에 관한 설명으로 옳은 것을 모두 고른 것은? (다툼이 있는 경우에는 판례에 의함)** 〈2014년 변리사〉

ㄱ. 동일인 여신한도의 제한을 회피하기 위하여 실질적 주채무자 아닌 제3자가 은행에 알리지 않고 주채무자로 서명·날인하여 은행과 소비대차계약을 체결한 경우, 이 계약은 통정허위표시로서 무효이다.
ㄴ. 통정허위표시로 무효가 된 법률행위도 채권자취소권의 대상이 될 수 있다.
ㄷ. 차주와 통정하여 금전소비대차를 체결한 금융기관으로부터 계약을 인수한 자는 법률상 새로운 이해관계를 가지게 된 제3자에 해당한다.
ㄹ. 통정허위표시는 반사회적 행위가 아니므로, 통정허위표시로 인한 채무를 이행한 때에도 불법원인급여가 되지 않는다.

① ㄱ, ㄴ ② ㄱ, ㄷ ③ ㄴ, ㄷ ④ ㄴ, ㄹ ⑤ ㄷ, ㄹ

해설

㉠ (×) : 실질적인 주채무자가 실제 대출받고자 하는 채무액에 대하여 제3자를 형식상의 주채무자로 내세우고, 상호신용금고(은행)도 이를 양해하여 제3자에 대하여는 채무자로서의 책임을 지우지 않을 의도하에 제3자명의로 대출관계서류를 작성한 경우가 되어야 무효가 된다(대판 2008. 6. 12, 2008다7772).

㉡ (○) : 통정허위표시로 무효가 된 법률행위도 채권자취소권의 대상이 될 수 있다(대판 1998. 2. 27, 97다50985).

㉢ (×) : 차주와 통정하여 금전소비대차를 체결한 금융기관으로부터 계약을 인수한 자는 법률상 새로운 이해관계를 가지게 된 제3자에 해당하지 않는다.

㉣ (○) : 통정허위표시는 반사회적 행위가 아니므로, 통정허위표시로 인한 채무를 이행한 때에도 불법원인급여가 되지 않는다(대판 1994. 4. 15, 93다61307).

74 **허위표시의 무효로 대항할 수 없는 선의의 제3자에 관한 설명으로 옳은 것은? (다툼이 있으면 판례에 따름)** 〈2022년 변리사〉

① 파산관재인은 파산채권자 모두가 악의가 아닌 한 선의의 제3자이다.
② 가장근저당권설정계약이 유효하다고 믿고 그 피담보채권을 가압류한 자는 선의의 제3자로 보호될 수 없다.
③ 가장소비대차의 계약상 지위를 선의로 이전받은 자는 선의의 제3자로 보호될 수 있다.
④ 악의의 제3자로부터 선의로 전득한 자는 선의의 제3자로 보호받지 못한다.
⑤ 선의의 제3자로 보호받기 위해서는 선의뿐만 아니라 무과실도 인정되어야 한다.

정답 73. ④ 74. ①

해 설

① (○) : [1] 파산자가 상대방과 통정한 허위의 의사표시에 의해 성립된 가장채권을 보유하고 있다가 파산이 선고된 경우, 파산관재인은 그 허위표시에 따라 외형상 형성된 법률관계를 토대로 실질적으로 새로운 법률상 이해관계를 가지게 된 민법 제108조 제2항의 '제3자'에 해당한다. [2] 파산관재인이 민법 제108조 제2항의 경우 등에 있어 제3자에 해당하는 것은 파산관재인은 파산채권자 전체의 공동의 이익을 위하여 선량한 관리자의 주의로써 그 직무를 행하여야 하는 지위에 있기 때문이므로, 그 선의·악의도 파산관재인 개인의 선의·악의를 기준으로 할 수는 없고 총파산채권자를 기준으로 하여 파산채권자 모두가 악의로 되지 않는 한 파산관재인은 선의의 제3자라고 할 수밖에 없다(대판 2006. 11. 10, 2004다10299).

> **[보충지문] 파산관재인이 통정허위표시와 관련하여 보호받는 제3자로 등장하는 경우 파산관재인의 선의 여부는 총파산채권자를 기준으로 하므로, 모든 파산채권자가 선의인 경우에 한하여 그의 선의가 인정된다(×).** 〈2022년 공인노무사 변형〉

② (×) : 통정한 허위표시에 의하여 외형상 형성된 법률관계로 생긴 채권을 가압류한 경우, 그 가압류권자는 허위표시에 기초하여 새로운 법률상 이해관계를 가지게 되므로 민법 제108조 제2항의 제3자에 해당한다고 봄이 상당하다(대판 2004. 5. 28, 2003다70041). ☞ 가장근저당권설정계약이 유효하다고 믿고 그 피담보채권에 대하여 가압류하였음을 전제로 민법 제108조 제2항의 선의의 제3자에 해당한다고 한 사안.

③ (×) : 구 상호신용금고법(2000. 1. 28. 법률 제6203호로 개정되기 전의 것) 소정의 계약이전은 금융거래에서 발생한 계약상의 지위가 이전되는 사법상의 법률효과를 가져오는 것이므로, 계약이전을 받은 금융기관은 계약이전을 요구받은 금융기관과 대출채무자 사이의 통정허위표시에 따라 형성된 법률관계를 기초로 하여 새로운 법률상 이해관계를 가지게 된 민법 제108조 제2항의 제3자에 해당하지 않는다(대판 2004. 1. 15, 2002다31537).

④ (×) : [1] 선의의 제3자가 보호될 수 있는 법률상 이해관계는 위 전세권설정계약의 당사자를 상대로 하여 직접 법률상 이해관계를 가지는 경우 외에도 그 법률상 이해관계를 바탕으로 하여 다시 위 전세권설정계약에 의하여 형성된 법률관계와 새로이 법률상 이해관계를 가지게 되는 경우도 포함된다. [2] 甲이 乙의 임차보증금반환채권을 담보하기 위하여 통정허위표시로 乙에게 전세권설정등기를 마친 후 丙이 이러한 사정을 알면서도 乙에 대한 채권을 담보하기 위하여 위 전세권에 대하여 전세권근저당권설정등기를 마쳤는데, 그 후 丁이 丙의 전세권근저당권부 채권을 가압류하였다가 이를 본압류로 이전하는 압류명령을 받은 사안에서, 丙의 전세권근저당권부 채권은 통정허위표시에 의하여 외형상 형성된 전세권을 목적물로 하는 전세권근저당권의 피담보채권이고, 丁은 이러한 丙의 전세권근저당권부 채권을 가압류하고 압류명령을 얻음으로써 그 채권에 관한 담보권인 전세권근저당권의 목적물에 해당하는 전세권에 대하여 새로이 법률상 이해관계를 가지게 되었으므로, 丁이 **통정허위표시에 관하여 선의라면 비록 丙이 악의라 하더라도** 허위표시자는 그에 대하여 전세권이 통정허위표시에 의한 것이라는 이유로 대항할 수 없음에도, 이와 달리 본 원심판결에 법리오해의 위법이 있다고 한 사례(대판 2013. 2. 15, 2012다49292).

> **[보충지문] 甲이 통정허위표시로 乙에게 甲 소유의 부동산에 관한 전세권설정등기를 해 준 이후 丙이 이 전세권을 목적으로 한 근저당권설정등기를 마친 다음 丁이 丙의 전세권근저당권부 채권을 가압류한 경우, 설사 丁이 선의라 하더라도 丙이 악의인 이상 甲은 丁에게 위 전세권이 무효임을 주장할 수 있다(×).** 〈2018년 변호사시험〉

⑤ (×) : 민법 제108조 제2항의 제3자는 선의이면 족하고 무과실은 요건이 아니다(대판 2004. 5. 28, 2003다70041).

75 **통정허위표시에 관한 설명으로 옳지 않은 것은? (다툼이 있으면 판례에 따름)** 〈2023년 변리사〉

① 통정허위표시에 의한 법률행위도 채권자취소권의 대상인 사해행위가 될 수 있다.
② 임대차보증금반환채권을 담보할 목적으로 임대인과 임차인이 체결한 전세권설정계약은 특별한 사정이 없는 한 임대차계약의 내용과 양립할 수 없는 범위에서만 통정허위표시로 인정된다.
③ 차명(借名)으로 대출받으면서 명의대여자에게는 법률효과를 귀속시키지 않기로 하는 합의가 대출기관과 실제 차주 사이에 있었다면 명의대여자의 명의로 작성된 대출계약은 통정허위표시이다.
④ 통정허위표시에 따른 선급금 반환채무 부담행위에 기하여 선의로 그 채무를 보증한 자는 보증채무의 이행 여부와 상관없이 허위표시의 무효로부터 보호받는 제3자에 해당한다.
⑤ 파산관재인은 그가 비록 통정허위표시에 대해 악의였다고 하더라도 파산채권자 모두가 악의로 되지 않는 한 선의의 제3자로 인정된다.

해 설

① (○) : 채무자의 법률행위가 통정허위표시인 경우에도 채권자취소권의 대상이 되고, 한편 채권자취소권의 대상으로 된 채무자의 법률행위라도 통정허위표시의 요건을 갖춘 경우에는 무효라고 할 것이다(대판 1998. 2. 27, 97다50985).

② (○) : 임대인과 임차인이 위와 같이 임대차보증금반환채권을 담보할 목적으로 전세권을 설정하기 위해 전세권설정계약을 체결하였다면, 임대차보증금에서 연체차임 등을 공제하고 남은 돈을 전세금으로 하는 것이 임대인과 임차인의 합치된 의사라고 볼 수 있다. 그러나 전세권설정계약은 외관상으로는 그 내용에 차임지급 약정이 존재하지 않고 이에 따라 전세금에서 연체차임이 공제되지 않는 등 임대인과 임차인의 진의와 일치하지 않는 부분이 존재한다. 따라서 **전세권설정계약은** 위와 같이 임대차계약과 양립할 수 없는 범위에서 **통정허위표시에 해당하여 무효**라고 봄이 타당하다. 다만 전세권설정계약에 따라 형성된 법률관계에 기초하여 새로이 법률상 이해관계를 가지게 된 제3자에 대해서는 그 제3자가 그와 같은 사정을 알고 있었던 경우에만 무효를 주장할 수 있다. 따라서 임대차계약에 따른 임차보증금반환채권을 담보할 목적으로 전세권설정등기를 마친 경우 **임대차계약에 따른 연체차임 공제는 전세권설정계약과 양립할 수 없으므로, 전세권설정자는 선의의 제3자에 대해서는 연체차임 공제 주장으로 대항할 수 없다**. 여기에서 선의의 제3자가 보호될 수 있는 법률상 이해관계는 전세권설정계약의 당사자를 상대로 하여 직접 법률상 이해관계를 가지는 경우 외에도 법률상 이해관계를 바탕으로 하여 다시 위 전세권설정계약에 의하여 형성된 법률관계와 새로이 법률상 이해관계를 가지게 되는 경우도 포함된다(대판 2021. 12. 30, 2020다257999).

③ (○) : 동일인에 대한 대출액 한도를 제한한 구 상호신용금고법 제12조의 적용을 회피하기 위하여 실질적인 주채무자가 실제 대출받고자 하는 채무액에 대하여 제3자를 형식상의 주채무자로 내세우고, 상호신용금고도 이를 양해하여 제3자에 대하여는 채무자로서의 책임을 지우지 않을 의도하에 제3자 명의로 대출관계서류를 작성받은 경우, 제3자는 형식상의 명의만을 빌려 준 자에 불과하고 그 대출계약의 실질적인 당사자는 상호신용금고와 실질적 주채무자이므로, 제3자 명의로 되어 있는 대출약정은 상호신용금고의 양해하에 그에 따른 채무부담의 의사 없이 형식적으로 이루어진 것에 불과하여 통정허위표시에 해당하는 무효의 법률행위이다(대판 1999. 3. 12, 98다48989).

④ (×) : 보증인이 주채무자의 기망행위에 의하여 주채무가 있는 것으로 믿고 주채무자와 보증계약을 체결한 다음 그에 따라 보증채무자로서 그 채무까지 이행한 경우, 그 보증인은 주채무자에 대한 구상권 취득에 관하여 법률상의 이해관계를 가지게 되었고 그 구상권 취득에는 보증의 부종성으로 인하여 주채무가 유효하게 존재할 것을 필요로 한다는 이유로 결국 그 보증인은 주채무자의 채권자에 대한 채무 부담행위라는 허위표시에 기초하여 구상권 취득에 관한 법률상 이해관계를 가지게 되었다고 보아 민법 제108조 제2항 소정의 '제3자'에 해당한다고 한 사례(대판 2000. 7. 6, 99다51258).

정답 75. ④

⑤ (○) : 파산관재인이 민법 제108조 제2항의 경우 등에 있어 제3자에 해당하는 것은 파산관재인은 파산채권자 전체의 공동의 이익을 위하여 선량한 관리자의 주의로써 그 직무를 행하여야 하는 지위에 있기 때문이므로, 그 선의·악의도 파산관재인 개인의 선의·악의를 기준으로 할 수는 없고 총파산채권자를 기준으로 하여 파산채권자 모두가 악의로 되지 않는 한 파산관재인은 선의의 제3자라고 할 수밖에 없다(대판 2006. 11. 10, 2004다10299).

76 **채무초과 상태인 甲은 유일한 재산인 X 토지에 관하여 채권자 乙이 강제집행할 것을 우려하여 丙과 허위로 매매계약을 체결하고, 丙 명의로 소유권이전등기를 마쳤다. 그 후 丙은 이러한 사정을 모르는 丁에게 X를 매도하고 그에 관한 소유권이전등기를 마쳤다. 한편 丙의 채권자인 戊는 丙이 丁에게 X에 관한 소유권이전등기를 마치기 전에 X에 관하여 근저당권설정등기를 마쳤다. 다음 설명 중 옳지 않은 것은? (다툼이 있는 경우에는 판례에 의함)** 〈2012년 변호사시험〉

① 甲과 丙 사이의 매매계약은 甲이 계약체결 당시 채무초과 상태가 아니었더라도 무효이다.
② 甲과 丙 사이의 매매계약이 강제집행을 면탈할 목적으로 체결된 것이라도 선량한 풍속 기타 사회질서에 위반한 법률행위로 볼 수 없으므로, 甲은 丙에게 부당이득의 반환을 청구할 수 있다.
③ 甲과 丙 사이의 매매계약이 무효인 경우, 甲은 丁이 선의라면 그 무효로 丁에게 대항할 수 없고, 丁의 선의는 추정되므로 甲은 丁의 악의를 증명하여야 한다.
④ 甲과 丙 사이의 매매계약이 무효인 경우, 甲은 戊가 선의인지 여부와 관계없이 그 무효로 戊에게 대항할 수 있다.
⑤ 甲과 丙 사이의 매매계약이 무효인 경우에도 채권자 乙은 위 매매계약이 사해행위임을 이유로 채권자취소권을 행사할 수 있다.

해설

① (○) : 甲과 丙은 통정하여 허위로 매매계약을 체결하고 이를 원인으로 소유권이전등기를 하였으므로 채무초과여부와 무관하게 매매계약은 무효이고 소유권이전등기도 무효이다.
② (○) : 다수설과 판례는 통정자체를 반사회적 법률행위로 보지 않으며, 따라서 불법원인급여로 보지 않는다(대판 1994. 4. 15, 93다61307).
③ (○) : 타당하다(대판 1978. 12. 26, 77다907 등).
④ (×) : 戊는 丙으로부터 저당권을 취득한 제3자에 해당하며, 새로운 법률상의 이해관계를 맺은 자로서 선의인 경우에만 보호된다(대판 2003. 3. 28, 2002다72125 등).
⑤ (○) : 다수설과 판례는 무효인 통정허위표시도 채권자취소권의 대상이 될 수 있다고 한다(대판 1998. 2. 27, 97다50985).

77 **다음 설명 중 옳은 것을 모두 고른 것은? (각 지문은 독립적이고, 다툼이 있는 경우에는 판례에 의함)** 〈2012년 변호사시험〉

ㄱ. 甲이 乙과의 사이에 X 토지를 매매하는 계약을 체결한 후 乙에 대한 매매잔대금채권을 丙에게 양도한 경우, 위 매매계약이 해제되면 丙은 선의라도 乙에 대하여 위 양수금을 청구할 수 없다.
ㄴ. 甲이 乙에게 매매를 원인으로 주택의 소유권이전등기를 마쳐주었으나, 매매계약이 적법하게 해제되고 乙 명의의 소유권이전등기가 말소된 경우에도 위 매매계약이 해제되기 전에 乙로부터 위 주택을 임차하여 인도와 주민등록을 마친 丙의 권리를 해하지 못한다.

정답 76. ④ 77. ①

ㄷ. 丙이 甲과 乙 사이의 매매계약에 기한 甲의 소유권이전등기청구권을 가압류하였다면, 그 후 乙이 甲의 대금지급의무 불이행을 이유로 매매계약을 해제하더라도 丙의 가압류권자로서의 지위는 보호된다.
ㄹ. 파산자가 통정허위표시를 통하여 가장채권을 보유하고 있다가 파산이 선고된 경우, 파산관재인은 그 허위표시에 따라 외형상 형성된 법률관계를 토대로 실질적으로 새로운 법률상 이해관계를 가지게 된 제3자에 해당하는데, 이때 선의 여부는 파산관재인을 기준으로 판단한다.
ㅁ. X 토지에 관하여 甲과 乙 사이의 통정허위표시에 기하여 乙 명의의 가등기가 마쳐지고 甲으로부터 丙에게로의 소유권이전등기가 마쳐진 후 위 가등기에 기한 본등기가 마쳐짐에 따라 丙 명의의 등기가 말소된 경우, 乙로부터 X에 관한 소유권이전등기를 마친 丁이 위 허위표시에 관하여 알지 못했더라도 丙은 丁을 상대로 소유권이전등기의 말소를 청구할 수 있다.

① ㄱ, ㄴ ② ㄴ, ㄹ ③ ㄷ, ㅁ ④ ㄱ, ㄴ, ㅁ ⑤ ㄱ, ㄷ, ㄹ

해 설

㉠ (○) : 민법 제548조 제1항 단서에서 말하는 제3자란 일반적으로 그 해제된 계약으로부터 생긴 법률효과를 기초로 하여 해제 전에 새로운 이해관계를 가졌을 뿐 아니라 등기, 인도 등으로 완전한 권리를 취득한 자를 말하므로 계약상의 채권을 양수한 자나 그 채권 자체를 압류 또는 전부한 채권자는 여기서 말하는 제3자에 해당하지 아니하기 때문에 단순한 채권자 丙은 선의라도 보호받지 못한다(대판 2000. 9. 5, 2000다16169 등).
㉡ (○) : 제3자 보호와 관련하여 대항력은 주임법상 대항력을 포함하기 때문에 당해 목적물에 인도와 주민등록을 마친 임차인도 포함된다(대판 1996. 8. 20, 96다17653).
㉢ (×) : 위 ㉠에서처럼, 그 채권 자체를 압류 또는 전부한 채권자는 여기서 말하는 제3자에 해당하지 아니한다(대판 2000. 9. 5, 2000다16169 등).
㉣ (×) : 파산자가 상대방과 통정한 허위의 의사표시를 통하여 가장채권을 보유하고 있다가 파산이 선고된 경우 그 가장채권도 일단 파산재단에 속하게 되고, 파산선고에 따라 파산자와는 독립한 지위에서 파산채권자 전체의 공동의 이익을 위하여 직무를 행하게 된 파산관재인은 그 허위표시에 따라 외형상 형성된 법률관계를 토대로 실질적으로 새로운 법률상 이해관계를 가지게 된 민법 제108조 제2항의 제3자에 해당하고, 그 선의·악의도 파산관재인 개인의 선의·악의를 기준으로 할 수는 없고, 총파산채권자를 기준으로 하여 파산채권자 모두가 악의로 되지 않는 한 파산관재인은 선의의 제3자라고 할 수밖에 없다(대판 2010. 4. 29, 2009다96083).
㉤ (×) : 가장양수인으로부터의 양수인이 가장매매로 인한 가등기 및 이에 대한 본등기의 원인이 된 각 의사표시가 허위임을 알지 못하였다면, 가장양도인으로부터의 양수인은 이러한 선의의 제3자에게 허위표시의 무효를 주장할 수 없다(대판 1996. 4. 26, 94다12074).

78 통정허위표시에 관한 민법 제108조 제2항의 '제3자'에 해당하지 않는 자를 모두 고른 것은? (다툼이 있는 경우에는 판례에 의함) 〈2014년 변호사시험〉

ㄱ. 甲과 乙사이의 허위의 의사표시에 기한 채무를 보증하고 그에 따라 보증채무자로서 그 채무를 이행한 경우, 보증인 丙
ㄴ. 근로자 甲이 乙회사에 대한 퇴직금채권을 丙에게 가장양도 하였으나, 乙 회사가 아직 퇴직금을 가장양수인 丙에게 지급하지 않고 있던 중, 위 퇴직금채권이 법원의 전부명령에 의하여 丁에게

정답 78. ④

이전된 경우, 퇴직금채무자 乙 회사
ㄷ. 甲 금융기관과 乙 사이의 통정한 허위표시에 따라 甲이 乙에 대하여 취득한 외형상의 채권을 한국자산관리공사 丙이 인수한 경우, 채권양수인 丙
ㄹ. 甲이 상대방 乙과 통정한 허위의 의사표시를 통하여 가장채권을 보유하고 있다가 파산선고를 받은 경우, 파산관재인 丙
ㅁ. 甲이 자신의 소유인 X토지에 관하여 채권자 乙에게 담보가등기를 경료하기로 약정한 상태에서 그 토지를 丙에게 가장양도하고 소유권이전등기를 마친 다음 丙에게 지시하여 乙에게 가등기를 경료케 하여 준 경우, 채권자 乙

① ㄱ, ㄴ ② ㄱ, ㅁ ③ ㄴ, ㄷ ④ ㄴ, ㅁ ⑤ ㄷ, ㄹ

해 설

ㄱ. (○) : 보증인은 제3자로 봄이 판례이다. 따라서 甲과 乙사이의 허위의 의사표시에 기한 채무를 보증하고 그에 따라 보증채무자로서 그 채무를 이행한 경우, 보증인 丙은 제3자에 포함된다(대판 2000. 7. 6, 99다51258).

ㄴ. (×) : 통정허위표시인 채권양도계약이 체결된 경우 채무자는 민법 제108조 제2항 소정의 제3자에 해당되지 않는다(대판 1983. 1. 18, 82다594). 즉 채권의 가장양도에 있어서 채무자(乙)는 제3자에 해당되지 않는다. ☞ 이 사건 퇴직금 채무자인 피고(乙)는 원채권자인 소외(甲)이 소외(丙)에게 퇴직금채권을 양도했다고 하더라도 그 퇴직금을 양수인(丙)에게 지급하지 않고 있는 동안에 위 양도계약이 허위표시란 것이 밝혀진 이상 위 허위표시의 선의의 제3자임을 내세워 진정한 퇴직금전부채권자인 원고(丁)에게 그 지급을 거절할 수 없다.

ㄷ. (○) : 채권양수인은 제3자이다. 대법원은 통정허위표시에 의하여 금융기관과의 사이에 대출명의인이 된 자는 제108조 제2항에 의해 그 금융기관으로부터 그 채권을 양수한 한국자산관리공사에 대하여 대출계약의 무효를 주장할 수 없다고 한다. 따라서 甲 금융기관가 乙 사이의 통정한 허위표시에 따라 甲이 乙에 대하여 취득한 외형상의 채권을 한국자산관리공사 丙이 인수한 경우, 채권양수인 丙은 제3자에 포함된다(대판 2004. 1. 15, 2002다31537).

ㄹ. (○) : 파산관재인은 전형적으로 제3자에 포함시킴이 판례이다. 따라서 甲이 상대방 乙과 통정한 허위의 의사표시를 통하여 가장채권을 보유하고 있다가 파산선고를 받은 경우, 파산관재인 丙은 제3자이다(대판 2006. 11. 20, 2004다10299).

ㅁ. (×) : 즉 형식상 가장양수인으로부터 가등기를 경료받은 것으로 되어 있으나 실질적인 새로운 법률원인에 의한 것이 아니므로 통정허위표시에서의 제3자로 볼 수 없다(대판 1982. 5. 25, 80다1403).

보충지문

79 甲이 乙로 하여금 금융기관에 대해 乙을 주채무자로 하는 금전소비대차계약을 체결하도록 하고 甲이 그 원리금을 상환하기로 한 경우, 특별한 사정이 없는 한 위 소비대차계약은 통정허위표시이다. 〈2017년 공인노무사〉

해 설 통정허위표시가 성립하기 위하여는 의사표시의 진의와 표시가 일치하지 아니하고, 그 불일치에 관하여 상대방과 사이에 합의가 있어야 하는바, 제3자가 은행을 직접 방문하여 금전소비대차약정서에 주채무자로

정답 79. (×)

서 서명·날인하였다면 제3자는 자신이 당해 소비대차계약의 주채무자임을 은행에 대하여 표시한 셈이고, 제3자가 은행이 정한 동일인에 대한 여신한도 제한을 회피하여 타인으로 하여금 제3자 명의로 대출을 받아 이를 사용하도록 할 의도가 있었다거나 그 원리금을 타인의 부담으로 상환하기로 하였더라도, 특별한 사정이 없는 한 이는 소비대차계약에 따른 경제적 효과를 타인에게 귀속시키려는 의사에 불과할 뿐, 그 법률상의 효과까지도 타인에게 귀속시키려는 의사로 볼 수는 없으므로 제3자의 진의와 표시에 불일치가 있다고 보기는 어렵다(대판 1998. 9. 4, 98다17909).

80 **甲과 乙이 내부적으로는 증여의 의사를 가지고 계약을 체결하였으나 매매계약의 형식을 빌린 경우, 증여계약의 효력이 발생할 수 있다.** 〈2005년 사법시험〉

해 설 증여는 은닉행위로서 증여의 유효요건을 모두 갖춘 경우라면 유효하다.

81-1 **통정한 허위의 의사표시는 허위표시의 당사자와 포괄승계인 이외의 자로서 그 허위표시에 의하여 외형상 형성된 법률관계를 토대로 실질적으로 새로운 법률상 이해관계를 맺은 제3자를 제외한 누구에 대하여서나 무효이고, 또한 누구든지 그 무효를 주장할 수 있다.** 〈2009년 법원행시〉

81-2 **甲이 그 소유 건물에 관하여 乙에게 통정허위표시에 의하여 소유권이전청구권 보전을 위한 가등기를 마쳐 준 후 丙이 위 건물을 임차하고 임차권등기까지 마쳤는데, 그 뒤 乙이 위 가등기에 기하여 소유권이전의 본등기를 마친 결과 丙의 임차권등기가 말소되었고, 丙의 임차기간이 종료하였으나 그 임차보증금을 반환받지 못하고 있는 경우, 임차 후 통정허위표시를 알게 된 丙은 그 임차권에 의하여 乙에게 乙 명의 소유권이전등기의 말소를 청구할 수 있다.** 〈2013년 사법시험〉

해 설 통정한 허위의 의사표시는 허위표시의 당사자와 포괄승계인 이외의 자로서 그 허위표시에 의하여 외형상 형성된 법률관계를 토대로 실질적으로 새로운 법률상 이해관계를 맺은 선의의 제3자를 제외한 누구에 대하여서나 무효이고, 또한 누구든지 그 무효를 주장할 수 있다(대판 2003. 3. 28, 2002다72125). ☞ ① 위의 지문에는 '선의의'라는 표현이 빠져 있는데, 다른 지문과의 관계상 맞는 지문으로 출제되었다. ② 아래 지문에서 임차인 丙은 통정허위표시의 당사자는 아니지만 무효를 주장할 수 있다.

82-1 **통정허위표시는 제3자 유무와 상관없이 당사자 사이에서는 무효이다.** 〈2017년 감정평가사〉

82-2 **甲은 강제집행을 면할 목적으로 자기 소유의 X토지에 관하여 乙과 짜고 허위의 매매계약을 체결한 후 乙명의로 소유권이전등기를 마쳐 주었다. 그 후 乙은 丙에게 금전을 차용하면서 X토지 위에 저당권을 설정하였다. 丙이 선의인 경우, 甲은 乙에게 X토지의 진정명의회복을 위한 소유권이전등기를 청구할 수 없다.** 〈2019년 공인노무사〉

해 설 통정한 허위의 의사표시는 당사자 사이에서는 물론 제3자에 대하여도 무효이고 다만, 선의의 제3자에 대하여만 이를 대항하지 못한다(대판 2001. 5. 8, 2000다9611). ☞ 통정허위표시는 선의의 제3자가 있는 경우에도 당사자 사이에서는 무효이다. 따라서 甲은 乙에게 X토지의 진정명의회복을 위한 소유권이전등기를 청구할 수 있다. 다만 선의의 제3자인 丙에게는 대항할 수 없으므로 丙의 저당권은 말소할 수 없고 저당권의 부담을 안은 채 이전등기를 할 수 있다.

정 답 80. (○) 81-1. (○) 81-2. (○) 82-1. (○) 82-2. (×)

83 **가장매매의 매도인은 매수인의 상속인이 그 허위표시에 대하여 선의라 하더라도, 그에게 허위표시의 무효를 가지고 대항할 수 있다.** 〈2005년 사법시험〉

해설 상속인과 같은 포괄승계인은 제3자에 포함되지 않는다(대판 1996. 4. 26, 94다12074).

84-1 **甲은 乙과 통정하여 甲의 丙에 대한 임차보증금반환채권을 乙에게 허위로 양도하였는데, 乙의 채권자 丁이 위 임차보증금반환채권에 대하여 채권압류 및 추심명령을 받은 경우, 丁은 가장양수인 乙의 일반채권자에 불과하여 「민법」 제108조 제2항의 제3자에 해당하지 않는다.** 〈2016년 사법시험〉

84-2 **임대차보증금반환채권이 양도된 후에 양수인의 채권자가 임대차보증금반환채권에 대하여 채권압류 및 추심명령을 받은 경우 위 채권양도계약이 통정허위표시로서 무효인 때에는, 양수인의 채권자는 이로 인해 외형상 형성된 법률관계를 기초로 실질적으로 새로운 이해관계를 맺은 「민법」 제108조 제2항 소정의 제3자에 해당한다.** 〈2020년 변호사시험〉

해설 임대차보증금 반환채권이 양도된 후 그 양수인의 채권자가 보증금반환채권에 대해 채권압류 및 추심명령을 받았는데 그 임대차보증금반환채권 양도계약이 허위표시로서 무효인 경우, 그 채권자는 외형상 형성된 법률관계를 기초로 실질적으로 새로운 법률상 이해관계를 맺은 제3자에 해당한다(대판 2014. 4. 10, 2013다59753). ☞ 채권의 가장양도에 있어서 양수인의 채권에 대해 채권압류 및 추심명령을 받은 자는 제3자에 해당한다.

85 **통정허위표시의 무효로 대항할 수 없는 선의의 제3자로 될 수 없는 자는? (다툼이 있는 경우에는 판례에 의함)** 〈2012년 공인노무사〉

① 가장매매의 매수인으로부터 목적부동산을 다시 매수한 자
② 제한물권이 가장포기된 경우에 기존의 후순위 제한물권자
③ 가장매수한 부동산에 대하여 저당권을 취득한 자
④ 가장저당권이 설정된 후 그 저당권의 실행에 의하여 부동산을 매각받은 자
⑤ 가장매매의 매수인으로부터 매매계약에 의한 소유권이전청구권 보전을 위한 가등기를 취득한 자

해설

②만이 선의의 제3자가 될 수 없다. 제한물권이 가장포기된 경우에 '기존의' 후순위 제한물권자는 허위표시 전에 이미 거래한 자로써 제3자에 해당하지 않는다(통설). 나머지는 제3자에 해당한다.

정답 83. (○) 84-1. (×) 84-2. (○) 85. ②

Ⅶ. 착오에 의한 의사표시

86 **착오에 대한 설명 중 옳은 것을 모두 고르면? (다툼이 있는 경우에는 판례에 의함)**

〈2004년 변리사〉

ㄱ. 공(空)리스에 있어서 리스물건의 존재 여부에 관한 보증인의 착오는 법률행위의 중요부분의 착오이다.

ㄴ. 동기의 착오가 법률행위의 내용의 중요부분의 착오에 해당함을 이유로 표의자가 법률행위를 취소하려면 그 동기를 당해 의사표시의 내용으로 삼을 것을 상대방에게 표시하고 의사표시의 해석상 법률행위의 내용으로 되어 있다고 인정되며 당사자들 사이에 별도로 그 동기를 의사표시의 내용으로 삼기로 하는 합의가 이루어질 것이 필요하고 그 법률행위의 내용의 착오는 보통 일반인이 표의자의 입장에 섰더라면 그와 같은 의사표시를 하지 아니하였으리라고 여겨질 정도로 그 착오가 중요한 부분에 관한 것이어야 한다.

ㄷ. 착오로 인하여 표의자가 경제적 불이익을 입지 아니한 경우, 법률행위 내용의 중요 부분의 착오라고 볼 수 없다.

ㄹ. 상대방의 경계선 침범 주장에 따라 착오로 보상금을 지급한 경우, 진정한 경계선의 착오는 동기의 착오이나 그 착오가 상대방으로부터 연유한 것으로서 법률행위의 중요 부분의 착오임을 인정하여 보상금 지급 약정을 취소할 수 있다.

ㅁ. 고려청자로 알고 매수한 도자기가 진품이 아닌 것으로 밝혀진 경우, 매수인이 도자기를 매수하면서 자신의 골동품 식별 능력과 매매를 소개한 자를 과신한 나머지 고려청자가 진품이라고 믿고 소장자를 만나 그 출처를 물어 보지 아니하고 전문적 감정인의 감정을 거치지 아니한 채 그 도자기를 고가로 매수하고 만일 고려청자가 아닐 경우를 대비하여 필요한 조치를 강구하지 아니한 잘못이 있는 경우, 매수인이 매매계약 체결시 요구되는 통상의 주의의무를 현저하게 결여하였다고 보아 착오를 이유로 매매계약을 취소할 수 없다.

ㅂ. 공장을 경영하는 자가 공장이 협소하여 새로운 공장을 설립할 목적으로 토지를 매수함에 있어 토지상 공장건축 가능성 여부를 알아보지 아니한 경우 착오를 이유로 매매계약을 취소할 수 없다.

① ㄱ, ㄷ, ㄹ　② ㄴ, ㅁ, ㅂ　③ ㄴ, ㄷ, ㅁ　④ ㄱ, ㄷ, ㄹ, ㅂ　⑤ ㄷ, ㄹ, ㅂ

해 설

ㄱ. (×) : 금융리스(finance lease)는 실질에 있어 리스이용자에게 리스물건을 취득하는 데 소요되는 자금에 관한 금융의 편의를 제공하는 것을 내용으로 하는 물적 금융이고, 공리스도 리스물건 대금 상당액의 융자를 받아 이에 이자 상당액을 추가한 금액을 리스료라는 이름으로 반환하는 점에 있어 정상적인 리스와 차이가 없으며 다만 담보역할을 할 것으로 기대되는 리스물건의 존재 여부에 차이가 있을 뿐이므로, 리스물건의 인도가 없는 점에 보증인의 착오가 있는 경우에도, 리스이용자가 리스회사로부터 금융의 이익을 얻어 이를 리스료로 할부 변제하는 것을 보증하는 의사가 보증인에게 있었던 이상, 보증인의 위와 같은 착오는 원칙적으로 법률행위의 중요부분의 착오가 아니고 동기의 착오에 불과하다(대판 2001. 2. 23, 2000다48135).

ㄴ. (×) : 판례는 동기의 착오가 착오로써 취소되려면, 그 동기를 당해 의사표시의 내용으로 삼을 것을 상대방에게 표시하고 의사표시의 해석상 법률행위의 내용으로 되어 있다고 인정되면 충분하고 당사자들 사이에 별도

정답 86. ⑤

의 합의까지 이를 필요는 없다는 태도이다(대판 1998. 2. 10, 97다44737).
ㄷ. (○) : 판례는 증여와 같이 무상으로 이루어진 법률행위에 대하여, 그 착오로 인한 표의자가 무슨 경제적인 불이익을 입은 것이 아니라고 한다면 이를 법률행위 내용의 중요부분의 착오라고 할 수 없다고 한다(대판 1999. 2. 23, 98다47924).
ㄹ. (○): 판례는 이른바 '유발된 동기의 착오'는 법률행위의 중요부분에 관한 착오로써 취소할 수 있다고 한다(대판 1991. 3. 27, 90다카27440).
ㅁ. (×) : 판례는 그와 같은 사정만으로는 매수인이 매매계약 체결시 요구되는 통상의 주의의무를 현저하게 결여하였다고 보기는 어렵다는 이유로 착오를 이유로 매매계약을 취소할 수 있다고 판시하였다(대판 1997. 8. 22, 96다26657).
ㅂ. (○) : 판례는 중대한 과실에 해당하는 것으로 판시하였다(대판 1993. 6. 29, 92다38881).

87 **착오로 인한 의사표시에 관한 설명으로 옳지 않은 것은? (다툼이 있는 경우에는 판례에 의함)**

〈2006년 변리사〉

① 법률행위 내용의 중요부분에 착오가 있더라도 표의자에게 중대한 과실이 있는 경우에는, 법률행위를 취소할 수 없다.
② 채권자와 제3자간의 근저당권설정계약에 있어서 채무자의 동일성에 관한 착오는 일반적으로 법률행위 내용의 중요부분에 관한 착오에 해당한다.
③ 착오로 인한 취소는 표의자의 주관적 이익을 보호하는 제도이므로 표의자의 경제적인 불이익은 법률행위 내용의 중요부분의 판단에 고려되지 않는다.
④ 착오로 인한 의사표시의 취소는 선의의 제3자에게 대항하지 못한다.
⑤ 착오가 상대방의 적극적 행위에 의하여 유발된 경우에는 그 착오가 표시되지 아니한 동기의 착오라도 이를 이유로 법률행위를 취소할 수 있다.

해 설

① (○) : 즉 착오에 관한 소극적 요건으로서 민법은 표의자의 중과실이 없을 것을 규정하고 있다(제109조 제1항 단서).
② (○) : 판례는 甲이 채무자란이 백지로 된 근저당권설정계약서를 제시받고 그 채무자가 乙인 것으로 알고 근저당권설정자로 서명날인을 하였는데 그 후 채무자가 丙으로 되어 근저당권설정등기가 경료된 경우, 甲은 그 소유의 부동산에 관하여 근저당권설정계약상의 채무자를 丙이 아닌 乙로 오인한 나머지 근저당설정의 의사표시를 한 것이고, 이와 같은 채무자의 동일성에 관한 착오는 법률행위 내용의 중요부분에 관한 착오에 해당한다고 판시하였다(대판 1995. 12. 22, 95다37087).
③ (×) : 판례는 착오가 법률행위 내용의 중요 부분에 있다고 하기 위하여는 표의자에 의하여 추구된 목적을 고려하여 합리적으로 판단하여 볼 때 표시와 의사의 불일치가 객관적으로 현저하여야 하고, 만일 그 착오로 인하여 표의자가 무슨 경제적인 불이익을 입은 것이 아니라고 한다면 이를 법률행위 내용의 중요 부분의 착오라고 할 수 없다고 한다(대판 1999. 2. 23, 98다47924).
④ (○) : 선의의 제3자 보호규정(제109조 제2항).
⑤ (○) : 판례는 이른바 '유발된 동기의 착오'에 관하여는 일반 동기착오와 달리 그 동기가 표시되지 아니하더라도 제109조 소정의 중요부분에 해당하면 착오취소 할 수 있다고 하고 있다(대판 1990. 7. 10, 90다카7460).

정답 87. ③

88　착오에 의한 의사표시에 관한 설명으로 옳은 것은? (다툼이 있는 경우에는 판례에 의함)

〈2014년 변리사〉

① 상대방이 동기를 제공한 경우에도 그 동기가 표시되지 않으면 착오를 이유로 취소할 수 없다.
② 착오에 있어서 목적물의 객관적인 가격이나 예상된 수량 및 범위와 현저하게 큰 차이는 법률행위 내용의 중요부분에 해당한다.
③ 법률행위의 중요부분의 착오를 판단하는 기준은 표의자의 내심의 의사이다.
④ 착오자의 상대방도 착오로 인한 의사표시를 취소할 수 있는 취소권자이다.
⑤ 소의 취하 등과 같은 공법행위도 착오를 이유로 하는 취소가 허용된다.

해 설

①(×) : 동기의 착오는 표시되어야 하나, 상대방이 유발한 동기의 착오는 표시되지 않아도 된다(대판 1989. 1. 17, 87다카1271).
②(○) : 단순한 시가의 차이는 중요부분이 아니다. 그러나 양도소득세액이 예상액보다 크게 나오는 경우(대판 1994. 6. 10, 93다24810), 등처럼 목적물의 객관적인 가격이나 예상된 수량 및 범위와 현저하게 큰 차이는 법률행위 내용의 중요부분에 해당한다.
③(×) : 중요부분의 착오란 주관적+객관적+경제적 불이익 등을 요소로 한다. 표의자의 내심의 의사인 주관적인 것만을 기준으로 하는 것은 아니다(대판 1999. 2. 23, 98다47924).
④(×) : 착오에 의한 의사표시를 한 자가 취소권자다. 그 상대방은 취소권자가 아니다(제140조).
⑤(×) : 공법행위에는 적용되지 않는다(대판 2004. 7. 9, 2003다46758).

89　착오에 의한 의사표시에 관한 설명으로 옳지 않은 것은? (다툼이 있으면 판례에 따름)

〈2015년 변리사〉

① 대리인의 표시 내용과 본인의 의사가 다른 경우, 본인은 착오를 이유로 의사표시를 취소할 수 없다.
② 착오를 이유로 의사표시를 취소하면 그 법률행위는 소급하여 무효로 된다.
③ 착오의 존재여부는 의사표시 당시를 기준으로 판단하므로, 장래의 불확실한 사실은 착오의 대상이 되지 않는다.
④ 시(市)의 개발사업을 위한 토지매수협의를 진행하면서 토지 전부가 대상에 편입된다는 시 공무원의 말을 믿고 매매계약을 체결한 경우, 동기의 착오를 이유로 의사표시를 취소할 수 있다.
⑤ 부동산매매에서 목적물의 시가에 관한 착오는 법률행위의 중요부분에 관한 착오에 해당하지 않는다.

해 설

①(○) : 대리인의 의사표시의 착오는 대리인을 기준으로 하기 때문에 대리인의 표시 내용과 본인의 의사가 다른 경우라도, 본인은 착오를 이유로 의사표시를 취소할 수 없다(제116조 참조).
②(○) : 착오를 이유로 의사표시를 취소하면 그 법률행위는 소급하여 무효로 된다(제141조).
③(×) : 착오의 존재여부는 의사표시 당시(=법률행위 당시)를 기준으로 판단하며(대판 2007. 8. 23, 2006다15755), 장래의 불확실한 사실도 착오의 대상이 된다(대판 1994. 6. 10, 93다24810). 즉 매도인의 대리인이, 매도인이 납부하여야 할 양도소득세 등의 세액이 매수인이 부담하기로 한 금액뿐이므로 매도인의 부담은 없을 것이라는 착오를 일으키지 않았더라면 매수인과 매매계약을 체결하지 않았거나 아니면 적어도 동일한 내용으로 계약을 체결하지는 않았을 것임이 명백하고, 나아가 매도인이 그와 같이 착오를 일으키게 된 계기를 제공한 원인이 매수인측에 있을 뿐만 아니라 매수인도 매도인이 납부하여야 할 세액에 관하여 매도인과 동일한 착오에 빠

정답 88. ② 89. ③

져 있었다면, 매도인의 위와 같은 착오는 매매계약의 내용의 중요부분에 관한 것에 해당한다(대판 1994. 6. 10, 93다24810).

④ (○) : 시(市)의 개발사업을 위한 토지매수협의를 진행하면서 토지 전부가 대상에 편입된다는 시 공무원의 말(유발된 동기)을 믿고 매매계약을 체결한 경우, 동기의 착오를 이유로 의사표시를 취소할 수 있다(대판 1991. 3. 27, 90다카27440).

⑤ (○) : 부동산 매매에 있어서 시가에 관한 착오는 부동산을 매매하려는 의사를 결정함에 있어 동기의 착오에 불과할 뿐 법률행위의 중요부분에 관한 착오라고 할 수 없다(대판 1992. 10. 23, 92다29337).

90 매수인 甲과 매도인 乙은 진품임을 전제로 하여 乙 소유의 그림 1점의 매매계약 을 체결하였는데, 그림이 위작이라는 사실을 나중에 알게 된 甲은 중도금 지급일 에 중도금을 지급하지 않았다. 이에 관한 설명으로 옳지 않은 것은? (다툼이 있으 면 판례에 따름) 〈2020년 변리사〉

① 위조된 그림을 진품으로 알고 매수한 것은 법률행위 내용의 중요부분의 착오에 해당한다.

② 甲은 매매계약에 따른 하자담보책임을 乙에게 물을 수 있으므로 착오를 이유로 의사표시를 취소할 수 없다.

③ 乙이 甲의 중도금지급채무불이행을 이유로 매매계약을 해제한 후라도 甲은 착오를 이유로 의사표시를 취소할 수 있다.

④ 乙의 기망행위로 인해 매매계약을 체결하였다면 甲은 착오를 이유로 의사표시를 취소할 수 있을 뿐만 아니라 사기를 이유로도 의사표시를 취소할 수 있다.

⑤ 甲이 그림을 진품으로 믿은 것에 중대한 과실이 있는 경우에는 착오를 이유로 의사표시를 취소할 수 없다.

해 설

① (○) : 만약 위조된 그림인 줄 알았더라면 매매계약을 체결하지 않았을 것이므로 중요부분의 착오에 해당한다.

② (×) : 민법 제109조 제1항에 의하면 법률행위 내용의 중요 부분에 착오가 있는 경우 착오에 중대한 과실이 없는 표의자는 법률행위를 취소할 수 있고, 민법 제580조 제1항, 제575조 제1항에 의하면 매매의 목적물에 하자가 있는 경우 하자가 있는 사실을 과실 없이 알지 못한 매수인은 매도인에 대하여 하자담보책임을 물어 계약을 해제하거나 손해배상을 청구할 수 있다. 착오로 인한 취소 제도와 매도인의 하자담보책임 제도는 취지가 서로 다르고, 요건과 효과도 구별된다. 따라서 매매계약 내용의 중요 부분에 착오가 있는 경우 매수인은 매도인의 하자담보책임이 성립하는지와 상관없이 착오를 이유로 매매계약을 취소할 수 있다(대판 2018. 9. 13, 2015다78703).

③ (○) : 매도인이 매수인의 중도금 지급채무 불이행을 이유로 매매계약을 적법하게 해제한 후라도 매수인으로서는 상대방이 한 계약해제의 효과로서 발생하는 손해배상책임을 지거나 매매계약에 따른 계약금의 반환을 받을 수 없는 불이익을 면하기 위하여 착오를 이유로 한 취소권을 행사하여 매매계약 전체를 무효로 돌리게 할 수 있다(대판 1996. 12. 6, 95다24982, 24999).

④ (○) : 기망에 의해 법률행위 내용의 중요부분에 착오가 발생한 경우에는 표의자는 착오에 의한 의사표시의 취소권과 사기를 이유로 한 의사표시의 취소권을 선택적으로 행사할 수 있다(경합인정설 : 통설; 대판 1985. 4. 9, 85도167 참조).

⑤ (○) : 민법 제109조 참조

정답 90. ②

91 **착오로 인한 법률행위에 관한 설명으로 옳은 것은? (다툼이 있으면 판례에 따름)** 〈2021년 변리사〉

① 법률에 관한 착오는 그것이 법률행위 내용의 중요부분에 관한 것이라 하더라도 착오를 이유로 취소할 수 없다.

② 착오로 인한 의사표시의 취소에 관한 민법 제109조 제1항은 당사자의 합의로 그 적용을 배제할 수 없다.

③ 착오한 표의자의 중대한 과실 유무에 관한 증명책임은 의사표시의 효력을 부인하는 착오자에게 있다.

④ 상대방이 표의자의 착오를 알고 이용한 경우, 그 착오가 표의자의 중대한 과실로 인한 것이라고 하더라도 표의자는 착오에 의한 의사표시를 취소할 수 있다.

⑤ 표의자가 착오를 이유로 의사표시를 취소한 경우, 취소로 인하여 손해를 입은 상대방은 표의자에게 불법행위로 인한 손해배상을 청구할 수 있다.

해 설

① (×) : 법률에 관한 착오(양도소득세가 부과될 것인데도 부과되지 아니하는 것으로 오인)라도 그것이 법률행위의 내용의 중요부분에 관한 것인 때에는 표의자는 그 의사표시를 취소할 수 있다(대판 1981. 11. 10, 80다2475).

② (×) : 민법 제109조의 법리는 적용을 배제하는 취지의 별도 규정이 있거나 당사자의 합의로 적용을 배제하는 등의 특별한 사정이 없는 한 원칙적으로 모든 사법상 의사표시에 적용된다(대판 2014. 11. 27, 2013다49794).

③ (×) : 착오의 존재 및 그 착오가 법률행위 내용의 중요부분에 관한 것이라는 점은 표의자가 입증책임을 진다. 반면에 표의자에게 중과실이 있다는 점에 대해서는 표의자의 상대방이 입증책임을 진다(대판 2008. 1. 17, 2007다74188).

④ (○) : 민법 제109조 제1항 단서는 의사표시의 착오가 표의자의 중대한 과실로 인한 때에는 그 의사표시를 취소하지 못한다고 규정하고 있는데, 위 단서 규정은 표의자의 상대방의 이익을 보호하기 위한 것이므로, 상대방이 표의자의 착오를 알고 이를 이용한 경우에는 착오가 표의자의 중대한 과실로 인한 것이라고 하더라도 표의자는 의사표시를 취소할 수 있다.(대판 2014. 11. 27, 2013다49794). ☞ 전문가인 미래에셋증권이 착오로 0.8원을 80원으로 청약하자 상대방인 유안타증권이 이를 알면서도 승낙한 사안에서 표의자에게 중과실이 있지만 상대방이 표의자의 착오를 알고 이용하였다는 이유로 표의자는 그 의사표시를 취소할 수 있다고 한 사례.

⑤ (×) : 민법 제109조에서 중과실이 없는 착오자의 착오를 이유로 한 의사표시의 취소를 허용하고 있는 이상, 전문건설공제조합이 과실로 인하여 착오에 빠져 계약보증서를 발급한 것이나 그 착오를 이유로 보증계약을 취소한 것이 위법하다고 할 수는 없다. 따라서 취소한 자에게 불법행위를 이유로 손해배상을 청구할 수 없다(대판 1997. 8. 22, 97다13023).

92 **착오로 인한 의사표시에 관한 설명으로 옳지 않은 것은? (다툼이 있으면 판례에 따름)**

〈2023년 변리사〉

① 법률행위의 자연적 해석이 행해지는 경우, 표시상의 착오는 문제될 여지가 없다.

② 의사의 수술 후 환자에게 새로이 발생한 증세에 대하여 그 책임소재와 손해배상 여부를 둘러싸고 분쟁이 있다가 화해계약이 체결되었다면, 이후에 그 증세가 수술로 인한 것이 아니라는 것이 밝혀졌더라도 의사는 착오를 이유로 위 화해계약을 취소할 수 없다.

③ 해제되어 이미 실효된 계약도 착오취소의 대상이 될 수 있다.

④ 착오가 법률행위 내용의 일부에만 관계된 경우라면 일부무효의 법리가 유추적용되어 일부취소가 인정될 수도 있다.

정답 91. ④ 92. ⑤

⑤ 예술품의 위작(僞作)을 진품으로 착각한 매도인의 말을 믿고서 과실 없이 진품에 상응하는 가격으로 그 위작을 구입한 매수인이 매도인에게 하자담보책임을 물을 수 있다면 그는 착오취소를 주장할 수 없다.

해설

① (○) : 자연적 해석은 표시된 문자 또는 언어의 의미에 구속되지 아니하고 표의자의 내심적 효과의사를 밝히는 것이므로 표시상의 착오는 문제될 여지가 없다.

② (○) : 계약 당사자 사이에 수술 후 발생한 새로운 증세에 관하여 그 책임 소재와 손해의 전보를 둘러싸고 분쟁이 있어 오다가 이를 종결짓기 위하여 합의에 이른 것이라면, 가해자의 수술행위와 피해자의 수술 후의 증세 사이의 인과관계의 유무 및 그에 대한 가해자의 귀책사유의 유무는 분쟁의 대상인 법률관계 자체에 관한 것으로서, 가해자는 피해자의 수술 후의 증세가 가해자의 수술행위로 인한 것이 아니라거나 그에 대하여 가해자에게 귀책사유가 없다는 등의 이유를 들어 그 합의를 취소할 수 없다(대판 1995. 10. 12, 94다42846).

> **[비교판례]** 의사의 치료행위 직후 환자가 사망하여 의사가 환자의 유족에게 거액의 손해배상금을 지급하기로 합의하였으나 그 후 환자의 사망이 의사의 치료행위와는 전혀 무관한 것으로 밝혀진 사안에서, 의사에게 치료행위상의 과실이 있다는 점은 위 합의의 전제이었지 분쟁의 대상은 아니었다고 보아 착오를 이유로 화해계약의 취소를 인정한 사례(대판 2001. 10. 12, 2001다49326).

③ (○) : 매도인이 매수인의 중도금 지급채무 불이행을 이유로 매매계약을 적법하게 해제한 후라도 매수인으로서는 상대방이 한 계약해제의 효과로서 발생하는 손해배상책임을 지거나 매매계약에 따른 계약금의 반환을 받을 수 없는 불이익을 면하기 위하여 착오를 이유로 한 취소권을 행사하여 매매계약 전체를 무효로 돌리게 할 수 있다(대판 1996. 12. 6, 95다24982, 24999).

④ (○) : 하나의 법률행위의 일부분에만 취소사유가 있다고 하더라도 그 법률행위가 가분적이거나 그 목적물의 일부가 특정될 수 있다면, 그 나머지 부분이라도 이를 유지하려는 당사자의 가정적 의사가 인정되는 경우 그 일부만의 취소도 가능하다 할 것이고, 그 일부의 취소는 법률행위의 일부에 관하여 효력이 생긴다(대판 1998. 2. 10, 97다44737).

⑤ (×) : 민법 제109조 제1항에 의하면 법률행위 내용의 중요 부분에 착오가 있는 경우 착오에 중대한 과실이 없는 표의자는 법률행위를 취소할 수 있고, 민법 제580조 제1항, 제575조 제1항에 의하면 매매의 목적물에 하자가 있는 경우 하자가 있는 사실을 과실 없이 알지 못한 매수인은 매도인에 대하여 하자담보책임을 물어 계약을 해제하거나 손해배상을 청구할 수 있다. 착오로 인한 취소 제도와 매도인의 하자담보책임 제도는 취지가 서로 다르고, 요건과 효과도 구별된다. 따라서 매매계약 내용의 중요 부분에 착오가 있는 경우 매수인은 매도인의 하자담보책임이 성립하는지와 상관없이 착오를 이유로 매매계약을 취소할 수 있다(대판 2018. 9. 13, 2015다78703).

93 甲은 乙의 기망에 의해 신원보증 서류에 서명날인한다는 착각에 빠져 乙의 丙에 대한 채무를 보증하는 서면에 서명날인하였다. 이에 관한 설명 중 옳은 것(○)과 옳지 않은 것(×)을 올바르게 조합한 것은? (각 지문은 독립적이며, 다툼이 있는 경우 판례에 의함) 〈2018년 변호사시험〉

> ㄱ. 丙이 乙의 기망사실을 알았거나 알 수 있었다면 甲은 사기에 의한 의사표시를 이유로 丙과의 보증계약을 취소할 수 있다.
> ㄴ. 乙과 丙이 공모하여 甲을 기망하였다면 甲은 상대방에 의해 유발된 동기의 착오를 이유로 丙과의 보증계약을 취소할 수 있다.

정답 93. ⑤

ㄷ. 甲이 착각에 빠진 점에 관하여 설사 중과실이 있다 하더라도 丙이 이를 알고 이용한 경우에는 甲은 착오를 이유로 丙과의 보증계약을 취소할 수 있다.
ㄹ. 甲이 착각에 빠진 점에 관하여 경과실이 있는 경우, 甲의 착오를 이유로 한 취소가 허용되어 이로 인해 丙이 손해를 입었다면, 丙은 甲을 상대로 불법행위에 의한 손해배상을 청구할 수 있다.

① ㄱ(○), ㄴ(×), ㄷ(×), ㄹ(○)
② ㄱ(○), ㄴ(○), ㄷ(×), ㄹ(×)
③ ㄱ(×), ㄴ(○), ㄷ(×), ㄹ(○)
④ ㄱ(×), ㄴ(○), ㄷ(○), ㄹ(×)
⑤ ㄱ(×), ㄴ(×), ㄷ(○), ㄹ(×)

해 설

ㄱ. (×), ㄴ. (×) : 사기에 의한 의사표시란 타인의 기망행위로 말미암아 착오에 빠지게 된 결과 어떠한 의사표시를 하게 되는 경우이므로 거기에는 의사와 표시의 불일치가 있을 수 없고, 단지 의사의 형성과정 즉 의사표시의 동기에 착오가 있는 것에 불과하며, 이 점에서 고유한 의미의 착오에 의한 의사표시와 구분되는데, 신원보증서류에 서명날인한다는 착각에 빠진 상태로 연대보증의 서면에 서명날인한 경우, 결국 위와 같은 행위는 강학상 기명날인의 착오(또는 서명의 착오), 즉 어떤 사람이 자신의 의사와 다른 법률효과를 발생시키는 내용의 서면에, 그것을 읽지 않거나 올바르게 이해하지 못한 채 기명날인을 하는 이른바 표시상의 착오에 해당하므로, 비록 위와 같은 착오가 제3자의 기망행위에 의하여 일어난 것이라 하더라도 그에 관하여는 사기에 의한 의사표시에 관한 법리, 특히 상대방이 그러한 제3자의 기망행위 사실을 알았거나 알 수 있었을 경우가 아닌 한 의사표시자가 취소권을 행사할 수 없다는 민법 제110조 제2항의 규정을 적용할 것이 아니라, 착오에 의한 의사표시에 관한 법리만을 적용하여 취소권 행사의 가부를 가려야 한다(대판 2005. 5. 27, 2004다43824).
ㄷ. (○) : 민법 제109조 제1항 단서는 의사표시의 착오가 표의자의 중대한 과실로 인한 때에는 그 의사표시를 취소하지 못한다고 규정하고 있는데, 위 단서 규정은 표의자의 상대방의 이익을 보호하기 위한 것이므로, 상대방이 표의자의 착오를 알고 이를 이용한 경우에는 착오가 표의자의 중대한 과실로 인한 것이라고 하더라도 표의자는 의사표시를 취소할 수 있다(대판 2014. 11. 27, 2013다49794).
ㄹ. (×) : 불법행위로 인한 손해배상책임이 성립하기 위하여는 가해자의 고의 또는 과실 이외에 행위의 위법성이 요구되므로, 전문건설공제조합이 계약보증서를 발급하면서 조합원이 수급할 공사의 실제 도급금액을 확인하지 아니한 과실이 있다고 하더라도 민법 제109조에서 중과실이 없는 착오자의 착오를 이유로 한 의사표시의 취소를 허용하고 있는 이상, 전문건설공제조합이 과실로 인하여 착오에 빠져 계약보증서를 발급한 것이나 그 착오를 이유로 보증계약을 취소한 것이 위법하다고 할 수는 없다(대판 1997. 8. 22, 97다13023).

94 **자신이 소유한 조선시대 유명화가의 고서화(古書畵)를 진품으로 알고 있던 甲은 乙에게 위 고서화를 1억 원에 매도하는 내용의 매매계약을 체결하면서, 당해 고서화가 위작인 경우 乙이 매매계약을 해제하고 매매대금을 반환받기로 하는 특약도 함께 체결하였다. 乙도 고서화를 진품으로 알고 甲에게 1억 원을 지급하고 고서화를 인도받았다. 이후 감정결과 고서화는 진품이 아닌 시가 50만 원 상당의 위작으로 판명되었다. 이에 관한 설명 중 옳은 것을 모두 고른 것은? (다툼이 있는 경우 판례에 의함)** 〈2021년 변호사시험〉

정답 94. ③

ㄱ. 착오로 인한 취소의 요건이 갖추어져 乙이 이를 이유로 매매계약을 취소한 후 부당이득반환청구를 하는 경우, 甲은 고서화의 반환을 동시이행할 것을 항변할 수 있다.
ㄴ. 착오로 인한 취소의 요건이 갖추어진 경우, 甲의 乙에 대한 하자담보책임이 성립하는지 여부와 관계없이 乙은 착오를 이유로 한 매매계약 취소를 할 수 있다.
ㄷ. 乙의 착오는 동기의 착오에 해당하여 착오를 이유로 한 매매계약 취소를 할 수 없다.
ㄹ. 乙은 자신의 중대한 과실로 착오에 빠진 경우 착오를 이유로 한 매매계약 취소를 할 수 없다.

① ㄱ, ㄹ ② ㄴ, ㄷ ③ ㄱ, ㄴ, ㄹ ④ ㄱ, ㄷ, ㄹ ⑤ ㄱ, ㄴ, ㄷ, ㄹ

해설

ㄱ. (○) : 매매계약이 취소된 경우에 당사자 쌍방의 원상회복의무는 동시이행의 관계에 있다(대판 2001. 7. 10, 2001다3764).

ㄴ. (○) : 민법 제109조 제1항에 의하면 법률행위 내용의 중요 부분에 착오가 있는 경우 착오에 중대한 과실이 없는 표의자는 법률행위를 취소할 수 있고, 민법 제580조 제1항, 제575조 제1항에 의하면 매매의 목적물에 하자가 있는 경우 하자가 있는 사실을 과실 없이 알지 못한 매수인은 매도인에 대하여 하자담보책임을 물어 계약을 해제하거나 손해배상을 청구할 수 있다. 착오로 인한 취소 제도와 매도인의 하자담보책임 제도는 취지가 서로 다르고, 요건과 효과도 구별된다. 따라서 매매계약 내용의 중요 부분에 착오가 있는 경우 매수인은 **매도인의 하자담보책임이 성립하는지와 상관없이** 착오를 이유로 매매계약을 취소할 수 있다(대판 2018. 9. 13, 2015다78703).

ㄷ. (×) : 원고가 이 사건 매매계약 체결 당시에 서화가 진품이라고 믿은 것은 이 사건 매매계약과 관련하여 동기의 착오라고 할 것이지만, 원고와 피고 사이에 매매계약의 내용으로 표시되었고, 나아가 일반인이라도 원고의 입장에서라면 서화가 진품이 아니라는 것을 알았다면 위 각 서화를 고가에 매수하지 아니하였을 것이므로, 결국 원고는 위 각 서화에 관한 매매계약을 체결함에 있어 그 내용의 중요부분에 관한 착오가 있었다고 봄이 타당하다. 따라서 원고의 착오를 이유로 한 취소의 의사표시가 피고에게 송달되었으므로, 이 사건 매매계약은 적법하게 취소되었다(서울고등법원 2015. 12. 3. 선고 2015나4841 판결).

ㄹ. (○) : 의사표시는 법률행위의 내용의 중요부분에 착오가 있는 때에는 취소할 수 있다. 그러나 그 착오가 표의자의 중대한 과실로 인한 때에는 취소하지 못한다(제109조 제1항).

95 甲이 착오에 빠진 乙과 甲 소유 X 토지에 관하여 매매계약을 체결하였다. 이에 관한 설명 중 옳은 것(○)과 옳지 않은 것(×)을 올바르게 조합한 것은? (다툼이 있는 경우 판례에 의함)

〈2022년 변호사시험〉

ㄱ. 甲이 乙의 채무불이행을 이유로 매매계약을 해제하였다면 그 후 乙은 착오를 이유로 매매계약을 취소할 수 없다.
ㄴ. X 토지에 하자가 있는 경우, 乙은 甲의 하자담보책임의 성립 여부와 관계없이 착오를 이유로 매매계약을 취소할 수 있다.
ㄷ. X 토지의 현황과 경계에 관한 乙의 착오가 중요부분의 착오로 인정되기 위해서는, 乙이 계약체결 전에 이를 알았다면 계약의 목적을 달성할 수 없음이 명백하여 계약을 체결하지 않았을 것으로 평가될 수 있어야 한다.

정답 95. ④

ㄹ. 甲과 乙은 甲 소유 Y 토지를 매매목적물로 하는 의사를 가졌으나 甲과 乙 모두 지번에 착오를 일으켜 계약서에 매매목적물을 X 토지로 표시한 경우, X 토지에 관한 매매계약이 성립한 것으로 본다.

① ㄱ(○), ㄴ(○), ㄷ(○), ㄹ(○)
② ㄱ(○), ㄴ(○), ㄷ(×), ㄹ(○)
③ ㄱ(×), ㄴ(×), ㄷ(×), ㄹ(○)
④ ㄱ(×), ㄴ(○), ㄷ(○), ㄹ(×)
⑤ ㄱ(×), ㄴ(○), ㄷ(×), ㄹ(×)

해 설

ㄱ. (×) : 매도인이 매수인의 중도금 지급채무 불이행을 이유로 **매매계약을 적법하게 해제한 후라도** 매수인으로서는 상대방이 한 계약해제의 효과로서 발생하는 손해배상책임을 지거나 매매계약에 따른 계약금의 반환을 받을 수 없는 불이익을 면하기 위하여 착오를 이유로 한 취소권을 행사하여 매매계약 전체를 무효로 돌리게 할 수 있다(대판 1996. 12. 6, 95다24982, 24999).

ㄴ. (○) : 민법 제109조 제1항에 의하면 법률행위 내용의 중요 부분에 착오가 있는 경우 착오에 중대한 과실이 없는 표의자는 법률행위를 취소할 수 있고, 민법 제580조 제1항, 제575조 제1항에 의하면 매매의 목적물에 하자가 있는 경우 하자가 있는 사실을 과실 없이 알지 못한 매수인은 매도인에 대하여 하자담보책임을 물어 계약을 해제하거나 손해배상을 청구할 수 있다. 착오로 인한 취소 제도와 매도인의 하자담보책임 제도는 취지가 서로 다르고, 요건과 효과도 구별된다. 따라서 매매계약 내용의 중요 부분에 착오가 있는 경우 매수인은 **매도인의 하자담보책임이 성립하는지와 상관없이** 착오를 이유로 매매계약을 취소할 수 있다(대판 2018. 9. 13, 2015다78703).

ㄷ. (○) : 토지의 현황과 경계에 착오가 있어 계약을 체결하기 전에 이를 알았다면 계약의 목적을 달성할 수 없음이 명백하여 계약을 체결하지 않았을 것으로 평가할 수 있을 경우에 계약의 중요부분에 관한 착오가 인정된다(대판 2020. 3. 26, 2019다288232).

> **[보충지문] 토지매매계약에 있어 토지의 현황·경계에 관한 착오는 법률행위의 중요부분에 관한 착오로 볼 수 없다.** 〈2015년 공인노무사〉
>
> (×) : 토지의 현황 경계에 관한 착오는 매매계약의 중요한 부분에 대한 착오이다(대판 1974. 4. 23, 74다54).

ㄹ. (×) : 부동산의 매매계약에 있어 쌍방당사자가 모두 특정의 X토지를 계약의 목적물로 삼았으나 그 목적물의 지번 등에 관하여 착오를 일으켜 계약을 체결함에 있어서는 계약서상 그 목적물을 X토지와는 별개인 Y토지로 표시하였다 하여도 X토지에 관하여 이를 매매의 목적물로 한다는 쌍방당사자의 의사합치가 있는 이상 위 매매계약은 **X토지에 관하여** 성립한 것으로 보아야 할 것이고, Y토지에 관하여 매매계약이 체결된 것으로 보아서는 안될 것이며, **만일 Y토지에 관하여 위 매매계약을 원인으로 하여 매수인 명의로 소유권이전등기가 경료되었다면** 이는 원인없이 경료된 것으로서 **무효**이다(대판 1993. 10. 26, 93다2629,2636). ☞ 지문에서는 판례의 사안과 X 토지와 Y 토지가 바뀌어있음에 주의할 것이다.

96 흠 있는 의사표시에 관한 설명 중 옳은 것은? (각 지문은 독립적이며, 다툼이 있는 경우 판례에 의함) 〈2024년 변호사시험〉

① 비진의 의사표시에 있어서 진의란 표의자가 진정으로 마음속에서 바라는 사항을 뜻하는 것이므로, 표의자가 강박에 의하여 증여의 의사표시를 할 당시 재산을 강제로 뺏긴다는 것이 표의자의 본심으

정답 96. ②

로 잠재되어 있었다면 위 증여의 의사표시는 증여라는 내심의 효과의사가 결여된 것으로서 비진의 의사표시에 해당한다.

② 재단법인의 설립을 위하여 서면에 의한 출연행위를 한 경우, 법인이 성립되고 출연된 재산이 기본재산인 경우에도 착오에 기한 의사표시라는 이유로 위 출연행위를 취소할 수 있다.

③ 부동산 매매계약에 있어 당사자인 甲과 乙이 모두 A 토지를 계약의 목적물로 삼았으나 그 목적물의 지번 등에 관하여 착오를 일으켜 계약서상 그 목적물을 B 토지로 표시하였다면, 규범적 해석에 따라 일단 B 토지에 관하여 매매계약이 성립된 것으로 보아야 하고, 다만 매도인 甲은 착오를 이유로 위 매매계약을 취소할 수 있다.

④ 甲이 乙에 대한 임대차보증금반환채권을 丙에게 양도한 후 丙의 채권자 丁이 위 임대차보증금반환채권에 대하여 채권압류 및 추심명령을 받았는데 그 임대차보증금반환채권 양도계약이 통정허위표시에 해당하여 무효인 경우, 丁은 위 임대차보증금반환채권에 관한 추심권을 취득한 자에 불과하므로 통정허위표시에 대한 丁의 선의 여부를 불문하고 乙은 丁에게 위 양도계약이 통정허위표시에 해당하여 무효라고 주장할 수 있다.

⑤ 반환소송을 당하게 된다면 아무런 보상도 받지 못한 채 부동산을 반환하여야 할 것으로 착각하고 이를 매도하는 매매계약을 체결한 경우 이는 동기의 착오에 불과하므로, 그 동기를 의사표시의 내용으로 삼기로 하는 합의가 있어야만 매도인은 착오를 이유로 위 매매계약을 취소할 수 있다.

해 설

① (×) : 비진의의사표시에 있어서의 진의란 특정한 내용의 의사표시를 하고자 하는 표의자의 생각을 말하는 것이지 표의자가 진정으로 마음속에서 바라는 사항을 뜻하는 것은 아니라고 할 것이므로, 비록 재산을 강제로 뺏긴다는 것이 표의자의 본심으로 잠재되어 있었다 하여도 표의자가 강박에 의하여서나마 증여를 하기로 하고 그에 따른 증여의 의사표시를 한 이상 증여의 내심의 효과의사가 결여된 것이라고 할 수는 없다(대판 1993. 7. 16, 92다41528, 92다41535).

② (○) : 민법 제47조 제1항에 의하여 생전처분으로 재단법인을 설립하는 때에 준용되는 민법 제555조는 "증여의 의사가 서면으로 표시되지 아니한 경우에는 각 당사자는 이를 해제할 수 있다."고 함으로써 서면에 의한 증여(출연)의 해제를 제한하고 있으나, 그 해제는 민법 총칙상의 취소와는 요건과 효과가 다르므로 서면에 의한 출연이더라도 민법 총칙규정에 따라 출연자가 착오에 기한 의사표시라는 이유로 출연의 의사표시를 취소할 수 있고, 상대방 없는 단독행위인 재단법인에 대한 출연행위라고 하여 달리 볼 것은 아니다(대판 1999. 7. 9, 98다9045).

③ (×) : 부동산의 매매계약에 있어 쌍방당사자가 모두 특정의 A토지를 계약의 목적물로 삼았으나 그 목적물의 지번 등에 관하여 착오를 일으켜 계약을 체결함에 있어서는 계약서상 그 목적물을 A토지와는 별개인 B토지로 표시하였다 하여도 A토지에 관하여 이를 매매의 목적물로 한다는 쌍방당사자의 의사합치가 있는 이상 위 매매계약은 A토지에 관하여 성립한 것으로 보아야 할 것이고, B토지에 관하여 매매계약이 체결된 것으로 보아서는 안될 것이며, 만일 B토지에 관하여 위 매매계약을 원인으로 하여 매수인 명의로 소유권이전등기가 경료되었다면 이는 원인없이 경료된 것으로서 무효이다(대판 1993. 10. 26, 93다2629,2636). 그리고 B토지에 관하여는 매매계약이 성립되지 않았기 때문에 착오를 이유로 취소할 수도 없다.

④ (×) : 임대차보증금 반환채권이 양도된 후 그 양수인의 채권자가 보증금반환채권에 대해 채권압류 및 추심명령을 받았는데 그 임대차보증금반환채권 양도계약이 허위표시로서 무효인 경우, 그 채권자는 외형상 형성된 법률관계를 기초로 실질적으로 새로운 법률상 이해관계를 맺은 제3자에 해당한다(대판 2014. 4. 10, 2013다59753). ☞ 丁은 임대차보증금반환채권의 가장양수인의 일반채권자로서 가장양수인으로부터 자신의 수임료 채

권 추심을 위하여 이 사건 임대차보증금반환채권에 대한 채권압류 및 추심명령을 받아 추심권을 취득한 자에 불과하므로, 민법 제108조 제2항의 제3자에 해당하지 않는다고 판단한 원심을 파기한 사례.

⑤ (×) : 동기의 착오가 법률행위의 내용 중 중요부분의 착오에 해당함을 이유로 표의자가 법률행위를 취소하려면 그 동기를 당해 의사표시의 내용으로 삼을 것을 상대방에게 표시하고 의사표시의 해석상 법률행위의 내용으로 되어 있다고 인정되면 충분하고 당사자들 사이에 별도로 그 동기를 의사표시의 내용으로 삼기로 하는 합의까지 이루어질 필요는 없지만, 그 법률행위의 내용의 착오는 보통 일반인이 표의자의 처지에 있었더라면 그와 같은 의사표시를 하지 아니하였으리라고 여겨질 정도로 중요한 부분에 관한 것이어야 한다(대판 1998. 2. 10, 97다44737).

97 다음 중 법률행위의 내용의 중요부분에 착오가 있다고 볼 수 없는 것은? (다툼이 있는 경우에는 판례에 의함) 〈2008년 법원행시〉

① 주채무자의 차용금반환채무를 보증할 의사로 공정증서에 연대보증인으로 서명·날인하였으나 그 공정증서가 주채무자의 기존의 구상금채무 등에 관한 준소비대차계약의 공정증서이었던 경우

② 기업의 실질적 경영주가 금융부실거래자로 규제되어 있어서 자기의 이름으로는 금융기관의 대출이나 신용보증기금의 신용보증을 받을 수 없음을 알고 타인의 명의로 사업자등록을 한 후 그의 명의로 신용보증을 신청하고, 신용보증기금은 신청명의인을 보증대상기업의 경영주로 오인하고 그에 대한 신용조사를 하여 그에게 신용불량사유가 없음을 확인한 다음 신용보증을 한 경우

③ 재건축조합이 건축사 자격이 없이 건축연구소를 개설한 건축학 교수에게 건축사 자격이 있다고 믿고 그와 재건축을 위한 설계용역계약을 체결한 경우

④ 전문건설공제조합이 도급금액이 허위로 기재된 계약보증신청서를 믿고서 조합원이 수급할 공사의 도급금액이 조합원의 도급한도액 내인 것으로 잘못 알고 계약보증서를 발급한 경우

⑤ 甲이 채무자란이 백지로 된 근저당권설정계약서를 제시받고 그 채무자가 乙인 것으로 알고 근저당권설정자로 서명날인을 하였는데 그 후 채무자가 丙으로 되어 근저당권설정등기가 경료된 경우

해 설

① (×) : 주채무자의 차용금반환채무를 보증할 의사로 공정증서에 연대보증인으로 서명·날인하였으나 그 공정증서가 주채무자의 기존의 구상금채무 등에 관한 준소비대차계약의 공정증서이었던 경우, 소비대차계약과 준소비대차계약의 법률효과는 동일하므로 공정증서가 연대보증인의 의사와 다른 법률효과를 발생시키는 내용의 서면이라고 할 수 없어 표시와 의사의 불일치가 객관적으로 현저한 경우에 해당하지 않을 뿐만 아니라, 연대보증인은 주채무자가 채권자에게 부담하는 차용금반환채무를 연대보증할 의사가 있었던 이상 착오로 인하여 경제적인 불이익을 입었거나 장차 불이익을 당할 염려도 없으므로 위와 같은 착오는 연대보증계약의 중요부분의 착오가 아니다(대판 2006. 12. 7, 2006다41457).

② (○) : 금융불실거래자로 규제되어 자기의 이름으로는 대출이나 신용보증을 받을 수 없게 된 甲이 동생인 乙 명의로 기업을 경영하면서 乙의 주민등록증에 자기 사진을 붙이고 乙 명의의 인감도장과 인감증명서 및 사업자등록증을 소지하여 乙로 행세하고, 나아가 신용보증을 신청할 때에도 乙 명의로 신청하였으므로, 기술신용보증기금이 乙을 보증대상기업의 경영주로 오인하고 그에 대한 신용조사를 한 다음 신용보증을 하였다면 기술신용보증기금은 위 신용보증의 신청인이 甲이라는 사실을 알았더라면 신용보증을 체결하지 아니하였을 것이 명백하고, 甲이 금융불실거래자가 아니라 신용 있는 자로 착각하여 위 신용보증을 하게 된 것으로서, 이는 법률행위의 중요부분에 착오가 있는 경우에 해당한다(대판 2007. 8. 23, 2006다52815).

③ (○) : 재건축아파트 설계용역에서 건축사 자격이 가지는 중요성에 비추어 볼 때, 재건축조합이 건축사 자격

정답 97. ①

이 없이 건축연구소를 개설한 건축학 교수에게 건축사 자격이 없다는 것을 알았더라면 재건축조합만이 아니라 객관적으로 볼 때 일반인으로서도 이와 같은 설계용역계약을 체결하지 않았을 것으로 보이므로, 재건축조합측의 착오는 중요 부분의 착오에 해당한다(대판 2003. 4. 11, 2002다70884).

④ (○) : 전문건설공제조합이 도급금액이 허위로 기재된 계약보증신청서를 믿고서 조합원이 수급할 공사의 도급금액이 조합원의 도급한도액 내인 것으로 잘못 알고 계약보증서를 발급한 것이 법률행위의 중요 부분의 착오에 해당한다(대판 1997. 8. 22, 97다13023).

⑤ (○) : 甲이 채무자란이 백지로 된 근저당권설정계약서를 제시받고 그 채무자가 乙인 것으로 알고 근저당권설정자로 서명날인을 하였는데 그 후 채무자가 丙으로 되어 근저당권설정등기가 경료된 경우, 甲은 그 소유의 부동산에 관하여 근저당권설정계약상의 채무자를 丙이 아닌 乙로 오인한 나머지 근저당설정의 의사표시를 한 것이고, 이와 같은 채무자의 동일성에 관한 착오는 법률행위 내용의 중요부분에 관한 착오에 해당한다(대판 1995. 12. 22, 95다37087).

보충지문

98-1 소송대리인의 사무원의 착오로 소를 취하한 경우, 착오를 이유로 취소하지 못한다.
〈2018년 공인노무사〉

98-2 소송행위에도 특별한 사정이 없는 한 착오를 이유로 하는 취소가 허용된다. 〈2019년 공인노무사〉

해설 소의 취하는 원고가 제기한 소를 철회하여 소송계속을 소멸시키는 원고의 법원에 대한 소송행위이고 소송행위는 일반 사법상의 행위와는 달리 내심의 의사보다 그 표시를 기준으로 하여 그 효력 유무를 판정할 수밖에 없는 것인바, 원고들 소송대리인으로부터 원고 중 1인에 대한 소 취하를 지시받은 사무원은 원고들 소송대리인의 표시기관에 해당되어 그의 착오는 원고들 소송대리인의 착오로 보아야 하므로, 그 사무원의 착오로 원고들 소송대리인의 의사에 반하여 원고들 전원의 소를 취하하였다 하더라도 이를 무효라 볼 수는 없고, 적법한 소 취하의 서면이 제출된 이상 그 서면이 상대방에게 송달되기 전·후를 묻지 않고 원고는 이를 임의로 철회할 수 없다(대판 1997. 6. 27, 97다6124). ☞ 판례는 "무효라 볼 수는 없다."고 하였는데, 소송행위(공법행위)이므로 착오를 이유로 취소할 수 없음은 마찬가지이다.

99 소취하합의의 의사표시는 법률행위의 내용의 중요 부분에 착오가 있더라도 민법 제109조에 따라 취소할 수는 없다. 〈2022년 법무사〉

해설 소취하합의의 의사표시 역시 민법 제109조에 따라 법률행위의 내용의 중요 부분에 착오가 있는 때에는 취소할 수 있을 것이다(대판 2020. 10. 15, 2020다227523, 227530). ☞ 소취하합의의 법적 성질은 소송계약이 아니라 사법계약이라는 것이 판례의 태도이다.

100 표의자가 행위를 할 당시 장래에 있을 어떤 사항의 발생이 미필적임을 알아 그 발생을 예기한데 지나지 않는 경우에는 표의자의 심리상태에 인식과 그 대조사실의 불일치가 있다고 할 수 없어 이를 착오로 다룰 수 없다. 〈2016년 사법시험〉

해설 대판 2010. 5. 27, 2009다94841. ☞ 공장을 설립할 목적으로 매수한 임야가 도시관리계획상 보전관리지역으로 지정됨에 따라 공장설립이 불가능하게 된 사안에서, 매매계약 당시 매수인이 위 임야가 장차 계획관리

정답 98-1. (○) 98-2. (×) 99. (×) 100. (○)

지역으로 지정되어 공장설립이 가능할 것으로 생각하였다고 하더라도 이는 장래에 대한 단순한 기대에 지나지 않는 것이므로, 그 기대가 이루어지지 아니하였다고 하여 이를 법률행위의 내용의 중요부분에 착오가 있는 것으로는 볼 수 없다고 한 사례

101 **매매계약 당시 장차 도시계획이 변경되어 공동주택, 호텔 등의 신축에 대한 인·허가를 받을 수 있을 것으로 생각하였으나 그 후 생각대로 되지 않은 경우, 이는 법률행위 당시를 기준으로 장래의 미필적 사실의 발생에 대한 기대나 예상이 빗나간 것에 불과할 뿐 착오라고 할 수 없다.**

〈2019년 법무사〉

해 설 대판 2007. 8. 23, 2006다15755 참조

102 **장래에 발생할 막연한 사정을 예측하거나 기대하고 법률행위를 한 경우 그러한 예측이나 기대와 다른 사정이 발생하였다고 하더라도 그로 인한 위험은 원칙적으로 법률행위를 한 사람이 스스로 감수하여야 하고 상대방에게 전가해서는 안 되므로 착오를 이유로 취소를 구할 수 없다.** 〈2022년 법무사〉

해 설 민법 제109조에 따라 의사표시에 착오가 있다고 하려면 법률행위를 할 당시에 실제로 없는 사실을 있는 사실로 잘못 깨닫거나 아니면 실제로 있는 사실을 없는 것으로 잘못 생각하듯이 의사표시자의 인식과 그러한 사실이 어긋나는 경우라야 한다. 의사표시자가 행위를 할 당시 장래에 있을 어떤 사항의 발생을 예측한 데 지나지 않는 경우는 의사표시자의 심리상태에 인식과 대조사실의 불일치가 있다고 할 수 없어 이를 착오로 다룰 수 없다. 장래에 발생할 막연한 사정을 예측하거나 기대하고 법률행위를 한 경우 그러한 예측이나 기대와 다른 사정이 발생하였다고 하더라도 그로 인한 위험은 원칙적으로 법률행위를 한 사람이 스스로 감수하여야 하고 상대방에게 전가해서는 안 되므로 착오를 이유로 취소를 구할 수 없다(대판 2020. 5. 14, 2016다12175).

103 **보험회사가 설명의무를 위반하여 고객이 보험계약의 중요사항에 관하여 제대로 이해하지 못한 채 착오에 빠져 보험계약을 체결한 경우, 그 착오가 동기의 착오에 불과하더라도 착오가 없었다면 보험계약을 체결하지 않았거나 적어도 동일한 내용으로 보험계약을 체결하지 않았을 것임이 명백하다면 이를 이유로 보험계약을 취소할 수 있다.** 〈2020년 변호사〉

해 설 보험회사 또는 보험모집종사자가 설명의무를 위반하여 고객이 보험계약의 중요사항에 관하여 제대로 이해하지 못한 채 착오에 빠져 보험계약을 체결한 경우, 그러한 착오가 동기의 착오에 불과하다고 하더라도 그러한 착오를 일으키지 않았더라면 보험계약을 체결하지 않았거나 아니면 적어도 동일한 내용으로 보험계약을 체결하지 않았을 것이 명백하다면, 위와 같은 착오는 보험계약의 내용의 중요부분에 관한 것에 해당하므로 이를 이유로 보험계약을 취소할 수 있다(대판 2018. 4. 12, 2017다229536).

104 **법률행위 내용의 중요부분에 관한 착오란 표의자에게 그러한 착오가 없었더라면 그 의사표시를 하지 않으리라고 생각될 정도로 중요한 것이어야 하고, 보통 일반인도 표의자의 처지에 섰더라면 그러한 의사표시를 하지 않았으리라고 생각될 정도로 중요한 것이어야 한다.**

〈2008년 감정평가사〉

해 설 대판 1999. 4. 23, 98다45546 참조

정답 101. (○) 102. (○) 103. (○) 104. (○)

105-1 **착오를 이유로 의사표시를 취소하는 자는 법률행위의 내용에 착오가 있었다는 사실과 함께 그 착오가 중요부분에 관한 착오라는 것을 증명하여야 한다.** 〈2010년 공인노무사〉

105-2 **착오를 이유로 의사표시를 취소하는 자는 법률행위의 내용에 착오가 있었다는 사실과 함께 착오가 의사표시에 결정적인 영향을 미쳤다는 점, 즉 만일 그 착오가 없었더라면 의사표시를 하지 않았을 것이라는 점을 증명하여야 한다.** 〈2019년 법무사〉

해설 착오를 이유로 의사표시를 취소하는 자는 법률행위의 내용에 착오가 있었다는 사실과 함께 그 착오가 의사표시에 결정적인 영향을 미쳤다는 점, 즉 만약 그 착오가 없었더라면 의사표시를 하지 않았을 것이라는 점을 증명하여야 한다(대판 2008. 1. 17, 2007다74188).

106 **착오에 의한 의사표시에서 표의자의 중대한 과실이라 함은 표의자의 직업, 행위의 종류, 목적 등에 비추어 보통 요구되는 주의를 현저히 결여하는 것을 의미한다.** 〈2010년 공인노무사〉

해설 착오에 의한 의사표시에서 표의자의 중대한 과실이라 함은 표의자의 직업, 행위의 종류, 목적 등에 비추어 보통 요구되는 주의를 현저히 결여하는 것을 의미한다(대판 1989. 12. 26, 88다카31507).

107 **금융기관 甲은 신용보증기금 乙의 신용보증서를 담보로 금융채권자금을 대출해 주었는데, 甲은 대출자금이 모두 상환되지 않았음에도 착오로 乙에게 신용보증담보설정의 해지를 통지한 경우, 그 해지의 의사표시는 민법 제109조 제1항 단서 소정의 중대한 과실에 해당하지 아니한다.** 〈2016년 법무사〉

해설 신용보증기금의 신용보증서를 담보로 금융채권자금을 대출해 준 금융기관이 위 대출자금이 모두 상환되지 않았음에도 착오로 신용보증기금에게 신용보증서 담보설정 해지를 통지한 경우, 그 해지의 의사표시는 민법 제109조 제1항 단서 소정의 중대한 과실에 기한 것이다(대판 2000. 5. 12, 99다64995).

108 **토지매매에 있어서 특별한 사정이 없는 한, 매수인이 측량을 통하여 매매목적물이 지적도상의 그것과 정확히 일치하는지 확인하지 않은 경우 중대한 과실이 인정된다.** 〈2021년 감정평가사〉

해설 토지매매에서 특별한 사정이 없는 한 매수인에게 측량을 하거나 지적도와 대조하는 등의 방법으로 매매목적물이 지적도상의 그것과 정확히 일치하는지 여부를 미리 확인하여야 할 주의의무가 있다고 볼 수 없다(대판 2020. 3. 26, 2019다288232).

109 **의사표시를 한 자가 착오를 이유로 그 의사표시를 취소할 수 없는 경우를 모두 고른 것은? (단, 표의자의 중대한 과실은 없으며 다툼이 있으면 판례에 따름)** 〈2020년 공인노무사〉

ㄱ. 매매에서 매도인이 목적물의 시가를 몰라서 대금과 시가에 근소한 차이가 있는 경우
ㄴ. 주채무자의 차용금반환채무를 보증할 의사로 공정증서에 서명·날인하였으나 그 공정증서가 주채무자의 기존의 구상금채무에 관한 준소비대차계약의 공정증서이었던 경우
ㄷ. 건물 및 부지를 현상태대로 매수하였으나 그 부지의 지분이 근소하게 부족한 경우

정답 105-1. (○) 105-2. (○) 106. (○) 107. (×) 108. (×) 109. ⑤

① ㄱ ② ㄷ ③ ㄱ, ㄴ ④ ㄴ, ㄷ ⑤ ㄱ, ㄴ, ㄷ

해 설

ㄱ. (○) : 부동산 매매에 있어서 시가에 관한 착오는 부동산을 매매하려는 의사를 결정함에 있어 동기의 착오에 불과할 뿐 법률행위의 중요부분에 관한 착오라고 할 수 없다(대판 1992. 10. 23, 92다29337).

ㄴ. (○) : 주채무자의 차용금반환채무를 보증할 의사로 공정증서에 연대보증인으로 서명·날인하였으나 그 공정증서가 주채무자의 기존의 구상금채무 등에 관한 준소비대차계약의 공정증서이었던 경우, 위와 같은 착오는 연대보증계약의 중요 부분의 착오가 아니다(대판 2006. 12. 7, 2006다41457).

ㄷ. (○) : 계약의 내용이 피고의 지분등기와 본건 건물 및 그 부지를 현 상태대로 매매한 것인 경우 위 부지(4평)에 관하여 0.211평(계산상 0.201평)에 해당하는 피고의 지분이 부족하다 하더라도 그러한 근소한 차이만으로써는 매매계약의 중요부분에 착오가 있었다거나 기망행위가 있었다고는 보기 어렵다(대판 1984. 4. 10, 83다카1328(본소), 1329(반소)).

Ⅷ. 사기·강박에 의한 의사표시

110 의사표시에 관한 다음 설명 중 옳지 않은 것은? (다툼이 있는 경우에는 판례에 의함)

〈2004년 변리사〉

① 채무자의 법률행위가 통정허위표시인 경우에도 채권자취소권의 대상이 되고, 한편 채권자취소권의 대상으로 된 채무자의 법률행위라도 통정허위표시의 요건을 갖춘 경우에는 무효이다.

② 진의 아닌 의사표시에 있어서의 '진의'란 특정한 내용의 의사표시를 하고자 하는 표의자의 생각을 말하는 것이지 표의자가 진정으로 마음속에서 원하는 사항을 뜻하는 것은 아니다.

③ 비록 매매계약 당시에 취소사유가 있었다 하더라도 매도인이 매매계약을 적법하게 해제한 후에는 매수인으로서는 상대방이 행한 계약해제의 효과로서 발생하는 손해배상책임을 지는 것과 같은 불이익을 면하기 위하여 착오를 이유로 매매계약을 취소할 수 없다.

④ 강박의 정도가 극심하여 의사표시자의 의사결정의 자유가 완전히 박탈된 상태에서 이루어진 법률행위는 처음부터 효력이 없다.

⑤ 대리인은 제3자의 사기·강박에 관한 민법 제110조 제2항의 제3자에 해당되지 않으나, 단순히 상대방의 피용자이거나 상대방이 사용자 책임을 져야 할 관계에 있는 피용자에 지나지 않는 자는 이 규정에서 말하는 제3자에 해당한다.

해 설

① (○) : 판례는 통정허위표시에 해당하여 무효일지라도 사해행위에 해당하는 경우에는 이를 취소할 수 있다고 한다(대판 1998. 2. 27, 97다50985).

② (○) : 판례는 진의 아닌 의사표시에서 '진의'라 함은 특정한 내용의 의사표시를 하고자 하는 표의자의 생각을 말하는 것이지 표의자가 진정으로 마음 속에서 바라는 사항을 뜻하는 것은 아니라고 한다(대판 2003. 4. 11, 2002다60528).

③ (×) : 판례는 매매계약을 적법하게 해제한 후라도 매수인으로서는 상대방이 한 계약해제의 효과로서 발생하는 손해배상책임을 지거나 매매계약에 따른 계약금의 반환을 받을 수 없는 불이익을 면하기 위하여 착오를 이유로 한 취소권을 행사하여 위 매매계약 전체를 무효로 돌리게 할 수 있다고 한다(대판 1991. 8. 27, 91다11308).

정답 110. ③

④ (○) : 판례는 강박의 정도에 따라 그 효과를 달리 판단하고 있는 바, 의사결정의 자유가 완전히 박탈한 상태에서 이루어진 의사표시는 효과의사에 대응하는 내심의 의사가 결여된 것이므로 무효라고 한다(대판 1984. 12. 11, 84다카1402).
⑤ (○) : 판례는 대리인과 같이 상대방과 동일시 할 수 있는 자만이 제3자의 사기에서 제3자에 해당하지 아니하는 것이고, 단순히 상대방의 피용자이거나 상대방이 사용자책임을 져야 할 관계에 있는 피용자에 지나지 않는 자는 상대방과 동일시 할 수 없어 제3자에 해당한다고 판시하였다(대판 1999. 2. 23, 98다60828).

111 **甲은 乙의 위법한 기망행위로 인하여 乙로부터 하자 있는 자전거를 10만원에 매수하였다. 다음은 필요한 요건이 충족되었다고 보았을 때 이 사안에서 甲이 주장할 수 있는 법률효과에 관한 설명이다. 이 중 옳지 않은 것은?** 〈2005년 변리사〉

① 甲은 사기를 이유로 의사표시를 취소하거나 乙에게 하자담보책임에 기한 손해배상청구권을 행사할 수 있다.
② 甲이 사기를 이유로 의사표시를 취소하고 지급한 10만원을 부당이득을 이유로 반환청구할 수 있다.
③ 甲이 취소의 효과로 생기는 부당이득반환청구권을 행사한 후에도, 乙의 기망행위가 불법행위를 구성하는 경우에는 불법행위로 인한 손해배상 청구권을 乙에게 행사할 수 있다.
④ 甲이 乙에게 불법행위로 인한 손해배상을 청구하기 위해서 의사표시를 취소할 필요는 없다.
⑤ 甲이 의사표시를 사기를 이유로 취소하면 하자담보책임에 기한 손해배상청구권을 乙에게 행사할 수 없다.

해설

① (○), ⑤ (○) : 판례는 사기와 담보책임의 경합을 인정한다(대판 1973. 10. 23, 73다268). 그러나 사기에 기한 의사표시를 취소하게 되면 소급하여 무효가 되기 때문에 더 이상 계약관계는 존속하지 아니하므로 담보책임에 기한 손해배상청구권을 행사할 수 없다.
② (○) : 취소의 효과로서 부당이득반환청구가 가능하다(제141조 참조).
③ (×) : 판례는 사기에 의한 취소권을 행사한 경우, 취소의 효과로 생기는 부당이득반환청구권과 불법행위로 인한 손해배상청구권은 경합하여 병존하는 것이므로 채권자는 어느 것이라도 선택하여 행사할 수 있지만 중첩적으로 행사할 수는 없다고 한다(대판 1993. 4. 27, 92다56087). 따라서 甲이 취소의 효과로 생기는 부당이득반환청구권을 행사한 후, 乙의 기망행위가 불법행위를 구성하는 경우라도 불법행위로 인한 손해배상 청구권을 乙에게 행사할 수는 없다.
④ (○) : 불법행위에 기한 손해배상청구권과 사기에 기한 취소권은 경합하는 바, 불법행위에 기한 손해배상청구권을 곧바로 행사하면 충분하고 반드시 취소권을 행사한 후 손해배상청구권을 행사하여야 하는 것은 아니다.

112 **甲은 빌라를 지어 분양하는 乙에게 건축자금을 빌려주었다. 그 후 甲은 乙이 빌라를 지을 능력이 전혀 없음을 알게 되었다. 甲은 乙에 대한 자신의 채권을 변제받기 위하여 이와 같은 사실을 숨기고 마치 빌라분양이 정상적으로 이루어질 것처럼 丙을 기망하였다. 이로 인하여 丙은 乙과 빌라 한 채의 분양계약을 체결하고 분양대금 전액을 乙에게 지급하였으나 빌라분양이 여전히 이루어지지 않고 있다. 이 경우의 법률관계에 관한 설명으로 옳은 것은?** 〈2006년 변리사〉

정답 111. ③ 112. ⑤

① 분양계약 체결 시에 甲의 기망행위로 인하여 丙이 분양계약을 체결하게 되었다는 사실을 乙이 몰랐으나 주의하였으면 알 수 있었던 경우, 丙은 분양계약을 취소할 수 없다.
② 분양계약을 체결한 날로부터 3년이 경과하면 丙은 분양계약을 취소할 수 없다.
③ 甲의 기망행위가 불법행위를 구성하는 경우 丙이 甲에 대하여 불법행위를 이유로 손해배상을 청구하기 위해서는 먼저 乙과의 분양계약을 취소하여야 한다.
④ 丙이 분양계약을 체결함으로 인하여 입은 손해 전부를 甲으로부터 배상받은 경우 丙은 분양계약을 취소할 수 없다.
⑤ 丙이 단순히 분양대금 전액을 지급하였다는 사실은 분양계약에 대한 추인이 되지 아니한다.

해 설

① (×) : 이른바 '제3자의 사기'인 경우, 상대방(乙)이 알았거나 알 수 있었던 경우 표의자 丙은 취소할 수 있다(제110조 제2항).

② (×) : 취소권의 단기소멸은 추인할 수 있는 날로부터 3년, 법률행위를 한 날로부터 10년의 제척기간이 적용된다(제146조).

③ (×) : 피해자가 제3자를 상대로 손해배상청구를 하기 위하여 반드시 그 분양계약을 취소할 필요는 없다고 판시하였다(대판 1998. 3. 10, 97다55829).

④ (×) : 불법행위에 기한 손해배상청구권과 사기에 의한 취소권은 경합이 가능하고, 사기 강박에 의한 의사표시는 보호법익을 재산상 이익, 즉 손해전보를 목적으로 하는 것이 아니고 의사결정의 자유를 목적으로 하고 있기 때문에 사기에 의한 의사표시는 손해배상과 상관 없이 취소할 수 있다(제110조 참조).

⑤ (○) : 취소할 수 있는 법률행위를 추인(=취소권의 포기=임의추인)하려면, 반드시 취소원인이 종료한 후에 추인의 의사표시를 하여야 하며, 나아가 취소권자가 취소할 수 있는 행위임을 알고서 추인하여야 한다(제144조 ; 대판 1997. 5. 30, 97다2986). 따라서 위 사안의 경우 丙의 단순한 분양대금지급은 임의추인이 되지 아니한다.

113 甲으로부터 그 소유의 X주택을 처분하여 달라는 부탁을 받은 乙은 X주택 인근에 혐오시설인 쓰레기처리장이 들어설 것이라는 사실을 알면서도 이를 감추고 이러한 사실을 전혀 알 수 없었던 丙을 기망하여 대금 5억원에 X주택의 매매계약을 체결하였다. 한편 丙은 부족한 매매대금 2억원을 조달하기 위하여 A은행에 대출을 신청하였으나, 대출한도액이 초과되어 대출을 받을 수 없게 되자 친구 丁에게 부탁하여 丁의 명의로 2억원의 대출을 받았다. 위 매매계약에 따른 모든 채무의 이행이 완료된 후 X주택의 인근에는 쓰레기처리장이 예정대로 건립되었다. 다음 설명 중 옳지 않은 것은? (다툼이 있는 경우에는 판례에 의함) 〈2009년 변리사〉

① 甲이 乙의 기망행위가 있었음을 모른 경우라면, 丙은 매매계약을 취소할 수 없다.
② X주택의 인근에 쓰레기처리장이 건립됨으로 인하여 X주택의 시가가 현저하게 하락하였다면 丙은 乙을 상대로 손해배상을 청구할 수도 있다.
③ 丙이 매매계약을 취소한 경우, 丙에 대한 채무를 모두 이행한 甲은 여전히 X주택을 점유하고 있는 丙을 상대로 임료상당의 부당이득반환을 청구할 수 있다.
④ A은행이 丙에게 법률적인 효과까지 귀속시키고 丙의 채무가 이행되지 않아도 丁에게는 책임을 묻지 않는다는 양해를 한 경우, 丁은 A은행에 대하여 통정허위표시를 이유로 계약의 무효를 주장할 수 있다.

정답 113. ①

⑤ 丁의 명의대여행위가 경제상의 효과만을 丙에게 귀속시킬 의사인 경우라면, A은행이 이러한 사실을 알았거나 알 수 있었을 경우에도 丁은 계약의 무효를 주장할 수 없다.

해 설

① (×) : 상대방(甲)의 대리인(乙) 등 상대방과 동일시할 수 있는 자는 제3자가 아니기 때문에 丙은 그 의사표시를 곧바로 취소할 수 있다(제110조 제1항 ; 대판 1999. 2. 23, 98다60828).

② (○) : 이 사건 아파트 단지 인근에 이 사건 쓰레기 매립장이 건설예정인 사실이 신의칙상 분양회사가 분양계약자들에게 고지하여야 할 대상이라고 본 것은 정당하고, 고지의무 위반은 부작위에 의한 기망행위에 해당하므로 원고들로서는 기망을 이유로 분양계약을 취소하고 분양대금의 반환을 구할 수도 있고 분양계약의 취소를 원하지 않을 경우 그로 인한 손해배상만을 청구할 수도 있다(대판 2006. 10. 12, 2004다48515).

③ (○) : 원고가 피고로부터 이 사건 양식장 시설 및 잉어 10톤을 매수하여 이를 인도받은 후 판시와 같은 피고의 기망행위를 이유로 피고에 대하여 위 매매계약을 취소하였으나, 그 후 원고가 위 잉어를 그대로 계속 양식관리하는 도중에 자신의 과실로 인하여 이를 전부 폐사시키기에 이른 사실을 인정하고, 이에 터잡아 피고가 원고에게 위 계약취소에 따른 부당이득반환으로서 이미 수령한 매매대금을 반환할 책임을 지는 것과 함께, 원고도 역시 위 매매계약이 취소된 시점 이후부터 그 받은 이익에 해당되는 위 잉어 등에 대한 악의의 수익자로서 그 시가에 상당하는 가액을 피고에게 반환할 책임이 있다(대판 1993. 2. 26, 92다48635). ☞ 매매계약의 무효·취소를 이유로 예컨대 건물명도청구와 함께 그 사용이익의 반환을 청구하는 경우, 판례는 민법 제201조의 적용을 긍정한다. 다만 취소 이후에도 계속 점유하고 있다면 악의의 수익자로 되므로 취소 이후 수취한 과실이나 과실에 준하는 사용이익에 대해서는 이를 반환할 의무가 있다.

④ (○) : 동일인에 대한 대출액 한도를 제한한 법령이나 금융기관 내부규정의 적용을 회피하기 위하여 실질적인 주채무자가 실제 대출받고자 하는 채무액에 대하여 제3자를 형식상의 주채무자로 내세우고, 금융기관도 이를 양해하여 제3자에 대하여는 채무자로서의 책임을 지우지 않을 의도 하에 제3자 명의로 대출관계서류를 작성받은 경우, 제3자는 형식상의 명의만을 빌려 준 자에 불과하고 대출약정은 그 금융기관의 양해하에 그에 따른 채무부담의 의사 없이 형식적으로 이루어진 것에 불과하여 통정허위표시에 해당하는 무효의 법률행위이다(대판 2001. 5. 29, 2001다11765).

⑤ (○) : 제3자가 채무자로 하여금 제3자를 대리하여 금융기관으로부터 대출을 받도록 하여 그 대출금을 채무자가 부동산의 매수자금으로 사용하는 것을 승낙하였을 뿐이라고 볼 수 있는 경우, 제3자의 의사는 특별한 사정이 없는 한 대출에 따른 경제적인 효과는 채무자에게 귀속시킬지라도 법률상의 효과는 자신에게 귀속시킴으로써 대출금채무에 대한 주채무자로서의 책임을 지겠다는 것으로 보아야 할 것이므로, 제3자가 대출을 받음에 있어서 한 표시행위의 의미가 제3자의 진의와는 다르다고 할 수 없다(대판 1997. 7. 25, 97다8403).
☞ 비진의표시가 아니므로 A은행이 알았거나 알 수 있었는지 여부와 무관하게 대출약정은 유효하다.

114 **사기에 의한 법률행위에 관한 설명 중 옳은 것은? (다툼이 있는 경우에는 판례에 의함)**

〈2011년 변리사〉

① 표의자가 상대방의 기망행위로 인해 법률행위의 동기에 관하여 착오를 일으킨 경우에는 사기를 이유로 그 법률행위를 취소할 수 있다.
② 매도인의 피용자가 기망행위를 하여 계약이 체결된 경우, 매수인은 매도인이 피용자의 기망행위를 과실 없이 알지 못한 경우에도 사기를 이유로 매매계약을 취소할 수 있다.
③ 매도인이 매수인의 기망행위를 이유로 계약을 취소한 경우에 그 기망행위가 불법행위에 해당한다면 매도인은 부당이득반환과 불법행위로 인한 손해배상을 중첩적으로 청구할 수 있다.

정답 114. ①

④ 매도인이 사기를 이유로 토지매매계약을 취소한 후에 제3자가 취소의 사실을 모르고 매수인으로부터 그 토지의 소유권을 취득하였다면, 그러한 제3자는 보호받지 못한다.

⑤ 사기를 이유로 매매계약이 취소된 경우에, 매수인으로부터 부동산을 취득한 제3자가 자신이 선의임을 증명하지 못한다면, 매도인은 제3자에게 취소의 효과를 주장할 수 있다.

해 설

① (○) : 기망행위로 인하여 법률행위의 중요부분에 관하여 착오를 일으킨 경우 뿐만 아니라 법률행위의 내용으로 표시되지 아니한 의사결정의 동기에 관하여 착오를 일으킨 경우에도 표의자는 그 법률행위를 사기에 의한 의사표시로서 취소할 수 있다(대판 1985. 4. 9, 85도167).

② (×) : 제3자의 사기나 강박이 있는 경우에는 그 법률행위를 취소하기 위하여는 상대방이 알았거나 알 수 있어야 한다(제110조 제2항). 이는 제116조의 대리행위의 하자와 구별하는 것이 중요하다. 판례는 대리인과 같이 상대방과 동일시 할 수 있는 자만이 제3자의 사기에서 제3자에 해당하지 아니하는 것이고, 단순히 상대방의 피용자이거나 상대방이 사용자책임을 져야 할 관계에 있는 피용자에 지나지 않는 자는 상대방과 동일시 할 수 없어 제3자에 해당한다고 판시하였다(대판 1999. 2. 23, 98다60828). 따라서 매수인은 매도인이 피용자의 기망행위를 알았거나, 알 수 있었을 경우에 한하여 취소할 수 있다(제110조 제2항).

③ (×) : 법률행위가 사기에 의한 것으로서 취소되는 경우에 그 법률행위가 동시에 불법행위를 구성하는 때에는 취소의 효과로 생기는 부당이득반환청구권과 불법행위로 인한 손해배상청구권은 경합하여 병존하는 것이므로, 채권자는 어느 것이라도 선택하여 행사할 수 있지만 중첩적으로 행사할 수는 없다(대판 1993. 4. 27, 92다56087).

④ (×) : 제3자보호범위와 관련하여 "사기(강박)에 의한 의사표시의 취소는 선의의 제3자에 대항하지 못하는데, 여기의 제3자에는 취소의 의사표시 후 말소등기 전 상대방과 법률행위를 한 제3자가 포함된다."는 것이 통설과 판례의 입장이다(제110조 제3항 확장적용설 ; 대판 1975. 12. 23, 75다533).

⑤ (×) : 제3자는 선의로 추정되기 때문에 "사기의 의사표시로 인한 매수인으로부터 부동산의 권리를 취득한 제3자는 특별한 사정이 없는 한 선의로 추정할 것이므로 사기로 인하여 의사표시를 한 부동산의 양도인이 제3자에 대하여 사기에 의한 의사표시의 취소를 주장하려면 제3자의 악의를 입증할 필요가 있다."고 봄이 판례이다(대판 1970. 11. 24, 70다2155).

115 **甲은 乙의 범죄사실을 고발하겠다고 乙을 협박하였고, 乙은 이를 무마하기 위해서 자신이 소유하는 X토지를 甲에게 증여하기로 하였다. 이에 대한 설명 중 옳은 것은?(다툼이 있는 경우에는 판례에 의함)** 〈2011년 변리사〉

① 乙은 증여의사 흠결에 따른 증여계약의 무효나 강박을 이유로 한 취소를 주장할 수 있을 뿐이며, 증여계약이 반사회질서의 법률행위로서 무효라는 주장을 할 수 없다.

② 乙이 甲의 협박 때문에 X토지를 증여한다는 의사표시를 한 것이라면 乙의 증여의 의사표시는 비진의표시에 해당한다.

③ 乙이 甲의 강박에 의해 증여하기로 한 사실만으로도 甲이 乙에게 X토지의 소유권이전등기청구를 하는 것은 권리남용에 해당한다.

④ 증여계약이 甲의 강박에 의해서 이루어진 것이라면 乙은 그 증여계약이 불공정한 법률행위임을 주장할 수 있다.

⑤ 증여계약이 강박에 의한 것이어서 무효라는 乙의 주장은 증여계약을 취소한다는 의사표시를 당연히 포함한다.

정답 115. ①

해 설

① (○) : [1] 단지 법률행위의 성립 과정에서 강박이라는 불법적 방법이 사용된 데 불과한 때에는 그 강박에 의한 의사표시의 하자나 의사의 흠결을 이유로 그 효력을 논의할 수는 있을지언정 반사회질서의 법률행위로서 무효라고 할 수는 없다. [2] 강박에 의한 법률행위가 하자 있는 의사표시로서 취소되는 것에 그치지 아니하고 더 나아가 무효로 되기 위하여는 강박의 정도가 극심하여 의사표시자의 의사결정의 자유가 완전히 박탈되는 정도에 이른 것임을 요한다(대판 1996. 10. 11, 95다1460).

② (×) : 비진의의사표시에 있어서의 '진의'란 특정한 내용의 의사표시를 하고자 하는 표의자의 생각을 말하는 것이지 표의자가 진정으로 마음속에서 바라는 사항을 뜻하는 것은 아니라고 할 것이므로, 비록 재산을 강제로 뺏긴다는 것이 표의자의 본심으로 잠재되어 있었다 하여도 표의자가 강박에 의하여서나마 증여를 하기로 하고 그에 따른 증여의 의사표시를 한 이상 증여의 내심의 효과의사가 결여된 것이라고 할 수는 없다(대판 2002. 12. 27, 2000다47361 ; 대판 2000. 4. 25, 99다34475).

③ (×) : 乙이 甲의 강박에 의해 증여하기로 한 사실만으로 증여계약이 취소되지 않은 한, 甲이 乙에게 X토지의 소유권이전등기청구를 하는 것은 권리남용에 해당하지 않는다(대판 1998. 11. 10, 98다42141).

④ (×) : 민법 제104조가 규정하는 현저히 공정을 잃은 법률행위라 함은 자기의 급부에 비하여 현저하게 균형을 잃은 반대급부를 하게 하여 부당한 재산적 이익을 얻는 행위를 의미하는 것이므로, 증여계약과 같이 아무런 대가관계 없이 당사자 일방이 상대방에게 일방적인 급부를 하는 법률행위는 그 공정성 여부를 논의할 수 있는 성질의 법률행위가 아니다(대판 2000. 2. 11, 99다56833 등).

⑤ (×) : 의사표시가 강박에 의한 것이어서 당연무효라는 주장 속에 강박에 의한 의사표시이므로 취소한다는 주장이 당연히 포함되어 있다고는 볼 수 없다(대판 1996. 12. 23, 95다40038).

116 **甲은 乙을 속여 그 소유의 시가 2억 원 상당의 X토지를 1억 5천만 원에 매수한 후 이전등기를 마쳤다. 그 후 甲은 丁에게 위 토지를 임대하다가 丙에게 시가보다 높은 2억 4천만 원에 매도하고 소유권이전등기를 경료하였다. 이에 관한 설명으로 옳지 않은 것은? (다툼이 있는 경우에는 판례에 의함)** 〈2013년 변리사〉

① 乙이 사기를 이유로 매매계약을 취소한 경우, 乙은 악의의 丙에 대하여 X토지의 반환을 청구할 수 있다.

② 乙이 사기를 이유로 매매계약을 취소한 후 甲명의의 등기를 말소하지 않던 중에 선의의 丙이 X토지를 매수한 경우, 丙은 그 토지에 대한 소유권을 취득할 수 있다.

③ 乙이 사기를 이유로 매매계약을 취소한 경우, 乙은 선의의 丙을 상대로 부당이득반환청구권을 행사할 수 없다.

④ 甲이 乙의 궁박·경솔·무경험을 이용하려는 악의가 없었다면, 乙은 甲과의 매매계약이 폭리행위임을 이유로 무효를 주장할 수 없다.

⑤ 乙이 사기를 이유로 매매계약을 취소한 경우, 甲을 상대로 하여 임대수익 및 전매차익 전부의 반환을 청구할 수 있다.

해 설

①(○), ③(○) : 선의의 제3자 丙은 보호된다(제110조 제3항). ☞ 부당이득반환청구의 상대방은 甲이다.

② (○) : 사기에 의한 법률행위의 의사표시를 취소하면 취소의 소급효로 인하여 그 행위의 시초부터 무효인 것으로 되는 것이요 취소한 때에 비로소 무효로 되는 것이 아니므로 취소를 주장하는 자와 양립되지 아니하는 법률관계를 가졌던 것이 취소 이전에 있었던가 이후에 있었던가는 가릴 필요 없이 사기에 의한 의사표시 및 그

정답 116. ⑤

취소사실을 몰랐던 모든 제3자에 대하여는 그 의사표시의 취소를 대항하지 못한다(대판 1975. 12. 23, 75다533).
☞ 제110조 제3항에서 보호되는 제3자는 취소의 의사표시가 있기 전에 이해관계를 맺은 제3자를 말함이 원칙이나, 취소 후 등기말소 전에 이해관계를 맺은 자도 보호하는 것이 판례의 태도이다(제3자 범위의 확장).
④ (○) : 제104조의 불공정한 법률행위가 되려면 상대방의 궁박·경솔·무경험을 이용하려는 의사, 이른바 폭리행위의 악의가 있어야 한다(대판 1996. 7. 15, 2009다50308).
⑤ (×) : 일반적으로 수익자가 법률상 원인 없이 이득한 재산을 처분함으로 인하여 원물반환이 불가능한 경우에 있어서 반환하여야 할 가액은 특별한 사정이 없는 한 그 처분 당시의 대가이나, 이 경우에 수익자가 그 법률상 원인 없는 이득을 얻기 위하여 지출한 비용은 수익자가 반환하여야 할 이득의 범위에서 공제되어야 하고, 수익자가 자신의 노력 등으로 부당이득한 재산을 이용하여 남긴 이른바 운용이익도 그것이 사회통념상 수익자의 행위가 개입되지 아니하였더라도 부당이득된 재산으로부터 손실자가 당연히 취득하였으리라고 생각되는 범위 내의 것이 아닌 한 수익자가 반환하여야 할 이득의 범위에서 공제되어야 한다(대판 1995. 5. 12, 94다25551).

117 사기에 의한 의사표시에 관한 설명으로 옳지 않는 것은? (다툼이 있으면 판례에 따름)

〈2016년 변리사〉

① 사기에 의한 의사표시에는 의사와 표시의 불일치가 있을 수 없고, 단지 의사표시의 동기에 착오가 있을 뿐이다.
② 상대방의 대리인 등 상대방과 동일시할 수 있는 자의 사기는 제3자의 사기에 해당하지 않는다.
③ 상품의 선전·광고에 있어서 중요한 사항에 관하여 구체적 사실을 신의성실의 의무에 비추어 비난받을 정도의 방법으로 허위로 고지하는 것은 기망행위에 해당한다.
④ 사기에 의한 법률행위가 동시에 불법행위를 구성하는 때에는, 취소의 효과로 생기는 부당이득반환청구권과 불법행위로 인한 손해배상청구권은 경합하여 병존한다.
⑤ 사기에 의한 의사표시의 취소로써 대항하지 못하는 선의의 제3자란 취소 전부터 취소를 주장하는 자와 양립되지 않는 법률관계를 가졌던 제3자에 한한다.

해설

① (○) : 사기에 의한 의사표시에는 제109조의 본래의 착오와는 달리 의사와 표시의 불일치가 있을 수 없고, 단지 의사표시의 동기에 착오가 있을 뿐이다(대판 2005. 5. 27, 2004다43824).
② (○) : 상대방(보통 대리에서 본인을 지칭)의 대리인 등 상대방과 동일시할 수 있는 자(예 : 은행출장소장)의 사기는 제3자의 사기에 해당하지 않는다(대판 1999. 2. 23, 98다60828).
③ (○) : 상품의 선전·광고에 있어서 중요한 사항에 관하여 구체적 사실을 신의성실의 의무에 비추어 비난받을 정도의 방법으로 허위로 고지하는 것은 기망행위에 해당한다(대판 2015. 7. 23, 2012다15336).
④ (○) : 사기에 의한 법률행위가 동시에 불법행위를 구성하는 때에는, 취소의 효과로 생기는 부당이득반환청구권과 불법행위로 인한 손해배상청구권은 경합하여 병존한다(대판 1993. 4. 27, 92다56087).
⑤ (×) : 사기에 의한 법률행위의 의사표시를 취소하면 취소의 소급효로 인하여 그 행위의 시초부터 무효인 것으로 되는 것이며, 취소를 주장하는 자와 양립되지 아니하는 법률관계를 가졌던 것이 취소 이전에 있었던가 이후에 있었던가는 가릴 필요 없이 사기에 의한 의사표시 및 그 취소사실을 몰랐던 모든 제3자에 대하여는 그 의사표시의 취소를 대항하지 못한다고 보아야 할 것이고 이는 거래안전의 보호를 목적으로 하는 민법 110조 3항의 취지에도 합당한 해석이 된다(대판 1975. 12. 23, 75다533).

정답 ▶ 117. ⑤

118 **사기나 강박에 의한 의사표시에 관한 설명으로 옳지 않은 것은? (다툼이 있으면 판례에 따름)**

〈2017년 변리사〉

① 민법상의 법률행위에 관한 규정은 특별한 사정이 없는 한 소송행위에는 적용이 없으므로, 소송행위가 강박에 의하여 이루어지더라도 이를 이유로 취소할 수는 없다.

② 매도인의 기망에 의하여 타인 소유의 물건을 매도인의 것으로 알고 매수한 자는 만일 그것이 타인의 물건인 줄 알았더라면 매수하지 아니하였을 사정이 있는 경우, 매도인의 사기를 이유로 매매계약을 취소할 수 있다.

③ 상대방의 사기에 속아 신원보증서류에 서명날인한다는 착각에 빠진 상태로 연대보증서면에 서명날인한 경우, 이러한 표시상의 착오에서는 착오 이외에 사기를 이유로도 연대보증계약을 취소할 수 있다.

④ 은행 출장소장은 은행 또는 은행과 동일시할 수 있는 자이므로, 그의 사기에 속아 은행과 대출계약을 체결한 사람은 은행이 그 사기사실을 알았거나 알 수 있었을 경우에 한하여 대출계약을 취소할 수 있는 것은 아니다.

⑤ 강박에 의한 법률행위가 동시에 불법행위를 구성하는 경우, 그 취소의 효과로 생기는 부당이득반환청구권과 불법행위로 인한 손해배상청구권은 경합하지만 중첩적으로 행사할 수는 없다.

해 설

① (○) : 민법상의 법률행위에 관한 규정은 민사소송법상의 소송행위에는 특별한 규정 기타 특별한 사정이 없는 한 적용이 없는 것이므로 소송행위가 강박에 의하여 이루어진 것임을 이유로 취소할 수는 없다(대판 1997. 10. 10, 96다35484).

② (○) : 민법 569조가 타인의 권리의 매매를 유효로 규정한 것은 선의의 매수인의 신뢰 이익을 보호하기 위한 것이므로, 매수인이 매도인의 기망에 의하여 타인의 물건을 매도인의 것으로 알고 매수한다는 의사표시를 한 것은 만일 타인의 물건인줄 알았더라면 매수하지 아니하였을 사정이 있는 경우에는 매수인은 민법 110조에 의하여 매수의 의사표시를 취소할 수 있다(대판 1973. 10. 23, 73다268).

③ (×) : 신원보증서류에 서명날인한다는 착각에 빠진 상태로 연대보증의 서면에 서명날인한 경우, 결국 위와 같은 행위는 강학상 기명날인의 착오(또는 서명의 착오), 즉 어떤 사람이 자신의 의사와 다른 법률효과를 발생시키는 내용의 서면에, 그것을 읽지 않거나 올바르게 이해하지 못한 채 기명날인을 하는 이른바 표시상의 착오에 해당하므로, 비록 위와 같은 착오가 제3자의 기망행위에 의하여 일어난 것이라 하더라도 그에 관하여는 사기에 의한 의사표시에 관한 법리, 특히 상대방이 그러한 제3자의 기망행위 사실을 알았거나 알 수 있었을 경우가 아닌 한 의사표시자가 취소권을 행사할 수 없다는 민법 제110조 제2항의 규정을 적용할 것이 아니라, 착오에 의한 의사표시에 관한 법리만을 적용하여 취소권 행사의 가부를 가려야 한다(대판 2005. 5. 27, 2004다43824).

④ (○) : 출장소장의 행위는 은행 또는 은행과 동일시할 수 있는 자의 사기일 뿐 제3자의 사기로 볼 수 없으므로, 은행이 그 사기사실을 알았거나 알 수 있었을 경우에 한하여 위 약정을 취소할 수 있는 것은 아니다(대판 1999. 2. 23, 98다60828).

⑤ (○) : 법률행위가 사기에 의한 것으로서 취소되는 경우에 그 법률행위가 동시에 불법행위를 구성하는 때에는 취소의 효과로 생기는 부당이득반환청구권과 불법행위로 인한 손해배상청구권은 경합하여 병존하는 것이므로, 채권자는 어느 것이라도 선택하여 행사할 수 있지만 중첩적으로 행사할 수는 없다(대판 1993. 4. 27, 92다56087).

정답 118. ③

119 사기·강박에 의한 의사표시에 관한 설명으로 옳지 않은 것은? (다툼이 있으면 판례에 따름)

〈2022년 변리사〉

① 아파트 분양자가 아파트 인근에 쓰레기매립장이 건설될 예정이라는 사실을 분양계약자에게 고지하지 않는 것은 기망행위에 해당한다.

② 신의칙에 반하여 정상가격을 높이 책정한 후 할인하여 원래 가격으로 판매하는 백화점 변칙세일은 기망행위에 해당한다.

③ 강박행위의 주체가 국가 공권력이고 그 공권력 행사의 내용이 기본권을 침해하는 것이면 그 강박에 의한 의사표시는 당연히 무효가 된다.

④ 부정한 이익을 목적으로 부정행위에 대한 고소, 고발이 행해지는 경우에는 강박행위가 될 수 있다.

⑤ 제3자에 의한 사기행위로 계약을 체결한 경우, 피해자는 그 계약을 취소하지 않아도 제3자에게 불법행위로 인한 손해배상을 청구할 수 있다.

해 설

① (○) : [1] 아파트 분양자는 아파트 단지 인근에 쓰레기 매립장이 건설예정인 사실을 분양계약자에게 고지할 신의칙상 의무를 부담한다. [2] 고지의무 위반은 부작위에 의한 기망행위에 해당하므로 원고들로서는 기망을 이유로 분양계약을 취소하고 분양대금의 반환을 구할 수도 있고 분양계약의 취소를 원하지 않을 경우 그로 인한 손해배상만을 청구할 수도 있다(대판 2006. 10. 12, 2004다48515).

② (○) : 상품의 선전, 광고에 있어 다소의 과장이나 허위가 수반되는 것은 그것이 일반 상거래의 관행과 신의칙에 비추어 시인될 수 있는 한 기망성이 결여된다고 하겠으나, 거래에 있어서 중요한 사항에 관하여 구체적 사실을 신의성실의 의무에 비추어 비난받을 정도의 방법으로 허위로 고지한 경우에는 기망행위에 해당한다(대판 1993. 8. 13, 92다52665). ☞ 대형백화점의 이른바 변칙세일이 기망행위에 해당한다고 한 사례.

③ (×) : [1] 국가기관이 헌법상 보장된 국민의 기본권을 침해하는 위헌적인 공권력을 행사한 결과 국민이 그 공권력의 행사에 외포되어 자유롭지 못한 의사표시를 하였다고 하더라도 그 의사표시의 효력은 의사표시의 하자에 관한 민법의 일반원리에 의하여 판단되어야 할 것이고, 그 강박행위의 주체가 국가 공권력이고 그 공권력 행사의 내용이 기본권을 침해하는 것이라고 하여 그 강박에 의한 의사표시가 항상 반사회성을 띠게 되어 당연히 무효로 된다고는 볼 수 없다. [2] 강박에 의한 법률행위가 하자 있는 의사표시로서 취소되는 것에 그치지 않고 나아가 무효로 되기 위하여는, 강박의 정도가 단순한 불법적 해악의 고지로 상대방으로 하여금 공포를 느끼도록 하는 정도가 아니고, 의사표시자로 하여금 의사결정을 스스로 할 수 있는 여지를 완전히 박탈한 상태에서 의사표시가 이루어져 단지 법률행위의 외형만이 만들어진 것에 불과한 정도이어야 한다(대판 2002. 12. 10, 2002다56031).

④ (○) : 부정행위에 대한 고소·고발은 그것이 부정한 이익을 목적으로 하는 것이 아닌 때에는 정당한 권리행사가 되어 위법하다고 할 수 없다(대판 1996. 11. 12, 96다34061 등).

⑤ (○) : 사기행위 자체가 불법행위를 구성하는 이상, 사기나 강박을 한 자는 그 불법행위로 인하여 피해자가 입은 손해를 배상할 책임을 부담하는 것이므로, 피해자가 사기나 강박한 자를 상대로 부당이득반환청구와는 달리 손해배상청구를 하기 위하여 반드시 법률행위를 취소할 필요는 없다(대판 1998. 3. 10, 97다55829).

120 의사표시에 관한 설명으로 옳지 않은 것은? (다툼이 있으면 판례에 따름) 〈2024년 변리사〉

① 상대방 있는 의사표시에 관하여 제3자가 표의자를 강박한 경우, 표의자는 상대방이 그 사실을 알았거나 알 수 있었을 경우에 한하여 강박에 의한 의사표시를 취소할 수 있다.

② 매매목적물에 하자가 있는 사실을 착오로 알지 못하고 매매계약을 체결한 매수인은 착오로 인한 의

정답 119. ③ 120. ②

사표시의 취소 요건을 갖추더라도 매도인의 하자담보책임이 성립하는 경우에는 착오를 이유로 그 계약을 취소할 수 없다.

③ 통정허위표시로 매매계약이 체결된 경우, 매도인이 그 계약상 채무를 이행하지 않더라도 매수인은 매도인에게 채무불이행으로 인한 손해배상을 청구할 수 없다.

④ 경과실로 인한 착오로 의사표시를 한 자가 착오를 이유로 그 의사표시를 취소한 경우, 상대방은 이로 인해 손해를 입더라도 표의자에게 불법행위로 인한 손해배상을 청구할 수 없다.

⑤ 상대방이 표의자의 착오를 알고 이용한 경우에는 착오가 표의자의 중대한 과실로 인한 것이더라도 표의자는 착오를 이유로 의사표시를 취소할 수 있다.

해설

① (○) : 상대방있는 의사표시에 관하여 제삼자가 사기나 강박을 행한 경우에는 상대방이 그 사실을 알았거나 알 수 있었을 경우에 한하여 그 의사표시를 취소할 수 있다(민법 제110조 제2항).

② (×) : 착오로 인한 취소 제도와 매도인의 하자담보책임 제도는 취지가 서로 다르고, 요건과 효과도 구별된다. 따라서 매매계약 내용의 중요 부분에 착오가 있는 경우 매수인은 **매도인의 하자담보책임이 성립하는지와 상관없이** 착오를 이유로 매매계약을 취소할 수 있다(대판 2018. 9. 13, 2015다78703).

③ (○) : 채무불이행은 계약의 유효를 전제로 한다. 계약이 무효인 경우에는 부당이득반환을 청구할 수 있음은 별론으로 하고 채무불이행으로 인한 손해배상을 청구할 수는 없다.

④ (○) : 불법행위로 인한 손해배상책임이 성립하기 위하여는 가해자의 고의 또는 과실 이외에 행위의 위법성이 요구되므로, 전문건설공제조합이 계약보증서를 발급하면서 조합원이 수급할 공사의 실제 도급금액을 확인하지 아니한 과실이 있다고 하더라도 민법 제109조에서 중과실이 없는 착오자의 착오를 이유로 한 의사표시의 취소를 허용하고 있는 이상, 전문건설공제조합이 과실로 인하여 착오에 빠져 계약보증서를 발급한 것이나 그 착오를 이유로 보증계약을 취소한 것이 위법하다고 할 수는 없다(대판 1997. 8. 22, 97다13023). ☞ 따라서 취소한 표의자에게 불법행위로 인한 손해배상을 청구할 수 없다.

⑤ (○) : 민법 제109조 제1항 단서는 의사표시의 착오가 표의자의 중대한 과실로 인한 때에는 그 의사표시를 취소하지 못한다고 규정하고 있는데, 위 단서 규정은 표의자의 상대방의 이익을 보호하기 위한 것이므로, 상대방이 표의자의 착오를 알고 이를 이용한 경우에는 착오가 표의자의 중대한 과실로 인한 것이라고 하더라도 표의자는 의사표시를 취소할 수 있다(대판 2014. 11. 27, 2013다49794).

보충지문

121 **기망행위로 인하여 법률행위의 중요부분에 관하여 착오를 일으킨 경우 뿐만 아니라 법률행위의 내용으로 표시되지 아니한 의사결정의 동기에 관하여 착오를 일으킨 경우에도 표의자는 그 법률행위를 사기에 의한 의사표시로서 취소할 수 있다.** 〈2012년 법원행시〉

해설 대판 1985. 4. 9, 85도167 참조

122 **교환계약의 일방 당사자가 자신이 소유하는 목적물의 시가를 묵비하여 상대방에게 고지하지 아니하거나 허위로 시가보다 높은 가액을 시가라고 고지한 경우, 특별한 사정이 없는 한, 이는 상대방의 의사결정에 불법적인 간섭을 한 기망행위에 해당한다.** 〈2012년 사법시험, 2019년 법원행시〉

정답 121. (○) 122. (×)

해 설 일반적으로 교환계약을 체결하려는 당사자는 서로 자기가 소유하는 교환목적물은 고가로 평가하고 상대방이 소유하는 목적물은 염가로 평가하여 보다 유리한 조건으로 교환계약을 체결하기를 희망하는 이해상반의 지위에 있고, 각자가 자신의 지식과 경험을 이용하여 최대한으로 자신의 이익을 도모할 것이 예상되기 때문에, 당사자 일방이 알고 있는 정보를 상대방에게 사실대로 고지하여야 할 신의칙상의 주의의무가 인정된다고 볼 만한 특별한 사정이 없는 한, 어느 일방이 교환목적물의 시가나 그 가액결정의 기초가 되는 사항에 관하여 상대방에게 설명 내지 고지를 할 주의의무를 부담한다고 할 수 없고, 일방 당사자가 자기가 소유하는 목적물의 시가를 묵비하여 상대방에게 고지하지 아니하거나 혹은 허위로 시가보다 높은 가액을 시가라고 고지하였다 하더라도 이는 상대방의 의사결정에 불법적인 간섭을 한 것이라고 볼 수 없으므로 불법행위가 성립한다고 볼 수 없다(대판 2001. 7. 13, 99다38583 등).

123 **민법상 착오로 인한 의사표시의 취소와 사기나 강박에 의한 의사표시의 취소는 선의의 제3자에게 대항하지 못한다.** 〈2010년 공인노무사〉

해 설 민법상 착오로 인한 의사표시의 취소와 사기나 강박에 의한 의사표시의 취소는 선의의 제3자에게 대항하지 못한다(제109조 제2항, 제110조 제3항).

124 **법률행위 취소의 원인이 될 강박이 있다고 하기 위하여는, 표의자로 하여금 외포심을 생기게 하고 이로 인하여 법률행위 의사를 결정하게 할 고의로써 불법으로 해악을 통고한 경우라야 한다.** 〈2006년 사법시험〉

해 설 대판 1975. 3. 25, 73다1048 참조

125 **부정행위에 대한 고소, 고발이라 하더라도 부정한 이익의 취득을 목적으로 하는 경우에는 위법한 강박행위가 되는 경우가 있고, 목적이 정당하다 하더라도 행위나 수단 등이 부당한 때에는 위법성이 있는 경우가 있을 수 있다.** 〈2006년 사법시험〉

해 설 대판 1992. 12. 24, 92다25120 참조

Ⅸ. 의사표시의 효력발생

126 **다음 중 의사표시에 관한 설명으로 옳은 것은? (다툼이 있는 경우에는 판례에 의함)**

〈2006년 변리사〉

① 의사표시 해석에 있어서 당사자의 진정한 의사를 알 수 없다면, 의사표시의 요소가 되는 것은 표의자가 가지고 있던 내심적 효과의사이다.

② 甲에게 대출금을 사용하게 하고 그의 부담으로 상환하게 할 의도에서 乙이 직접 은행을 방문하여 금전소비대차약정서에 자신을 채무자로 하여 서명날인한 경우, 특별한 사정이 없는 한 진의와 표시의 불일치가 인정된다.

③ 통정허위표시에 의해 설정된 근저당권에 대하여 배당이 이루어진 경우, 배당채권자는 채권자취소의 소로써 통정허위표시를 취소하여야 배당이의의 소를 제기할 수 있다.

정답 123. (○) 124. (○) 125. (○) 126. ⑤

④ 신원보증서류에 서명날인 한다는 착각에 빠진 상태로 연대보증의 서면에 서명날인한 경우, 그 착오가 제3자의 기망행위에 의하여 야기되었다면 사기에 의한 의사표시에 관한 규정이 착오에 관한 규정에 우선하여 적용된다.

⑤ 청약에 대한 승낙의 의사표시가 보통우편의 방법으로 발송된 경우 그 의사표시는 상당한 기간 내에 도달하였다고 추정되지 않으므로, 송달의 효력을 주장하는 측에서 도달사실을 입증하여야 한다.

해설

①(×) : 의사표시 해석에 있어서 당사자의 진정한 의사를 알 수 없다면, 의사표시의 요소가 되는 것은 표시행위로부터 추단되는 효과의사 즉, 표시상의 효과의사이고 표의자가 가지고 있던 내심적 효과의사가 아니다(대판 2002. 6. 28, 2002다23482).

②(×) : 제3자가 은행을 직접 방문하여 금전소비대차약정서에 주채무자로서 서명·날인하였다면 제3자는 자신이 당해 소비대차계약의 주채무자임을 은행에 대하여 표시한 셈이고, 특별한 사정이 없는 한 이는 소비대차계약에 따른 경제적 효과를 타인에게 귀속시키려는 의사에 불과할 뿐, 그 법률상의 효과까지도 타인에게 귀속시키려는 의사로 볼 수는 없으므로 제3자의 진의와 표시에 불일치가 있다고 보기는 어렵다(대판 1998. 9. 4, 98다17909).

③(×) : 허위의 근저당권에 대하여 배당이 이루어진 경우, 통정한 허위의 의사표시는 당사자 사이에서는 물론 제3자에 대하여도 무효이고 다만, 선의의 제3자에 대하여만 이를 대항하지 못한다고 할 것이므로, 배당채권자는 채권자취소의 소로써 통정허위표시를 취소하지 않았다 하더라도 그 무효를 주장하여 그에 기한 채권의 존부, 범위, 순위에 관한 배당이의의 소를 제기할 수 있다(대판 2001. 5. 8, 2000다9611).

④(×) : 사기에 의한 의사표시에 관한 법리, 특히 상대방이 그러한 제3자의 기망행위 사실을 알았거나 알 수 있었을 경우가 아닌 한 의사표시자가 취소권을 행사할 수 없다는 민법 제110조 제2항의 규정을 적용할 것이 아니라, 착오에 의한 의사표시에 관한 법리만을 적용하여 취소권 행사의 가부를 가려야 한다(대판 2005. 5. 27, 2004다43824).

⑤(○) : 판례는 내용증명우편이나 등기우편과는 달리, 보통우편의 방법으로 발송되었다는 사실만으로는 그 우편물이 상당기간 내에 도달하였다고 추정할 수 없고 송달의 효력을 주장하는 측에서 증거에 의하여 도달사실을 입증하여야 한다고 판시하였다(대판 2002. 7. 26, 2000다25002).

127 의사표시 등에 관한 설명 중 옳은 것은? (다툼이 있는 경우에는 판례에 의함) 〈2008년 변리사〉

① 백화점과 같은 대형유통업체의 변칙세일(할인판매기간이 끝난 후에도 종전의 가격으로 판매를 계속함)은 그 사술의 정도가 사회적으로 용인될 수 있는 상술의 정도를 넘는 것으로서 위법성이 있다.

② 상대방 있는 의사표시에 관하여 제3자가 강박을 한 경우에는 상대방이 그 사실을 안 경우에 한하여 그 의사표시를 취소할 수 있다.

③ 설령 의사표시가 도달되었다 하더라도 상대방이 요지하기 전이라면 철회할 수 있다.

④ 사원총회의 소집은 1주간 전에 그 회의 목적사항을 기재한 통지가 사원에게 도달하여야 하며 기타 정관에 정한 방법에 의하여야 한다.

⑤ 의사표시를 공시송달한 경우에 그 의사표시는 법원게시장에 게시한 날로부터 15일이 경과하면 효력이 생긴다.

해설

①(○) : 상품의 선전, 광고에 있어 다소의 과장이나 허위가 수반되는 것은 그것이 일반 상거래의 관행과 신의칙에 비추어 시인될 수 있는 한 기망성이 결여된다고 하겠으나, 거래에 있어서 중요한 사항에 관하여 구체적 사

정답 127. ①

실을 신의성실의 의무에 비추어 비난받을 정도의 방법으로 허위로 고지한 경우에는 기망행위에 해당한다(대판 1993. 8. 13, 92다52665). ☞ 대형백화점의 이른바 변칙세일이 기망행위에 해당한다고 한 사례.
②(×) : 제3자의 사기와 강박은 표의자의 상대방이 알았을 경우 또는 알 수 있었던 경우에 한하여 취소를 할 수 있다(제110조 제2항).
③(×) : 의사표시가 도달되어 효력이 발생한 이후에는 철회할 수 없다. 통설은 의사표시가 적법하게 철회되려면 그 의사표시가 상대방에 도달하기 전 또는 최소한 도달과 동시에 철회의 통지가 상대방에게 도달해야 한다고 한다.
④(×) : 사원총회소집 통지에는 발신주의가 적용된다(제71조).
⑤(×) : 공시송달의 효력은 법원게시장에 게시한 날로부터 14일(2주일)이 경과하면 효력이 생긴다(민사소송법 제196조).

128 **의사표시의 효력발생시기에 관한 설명으로 옳지 않은 것은? (다툼이 있는 경우에는 판례에 의함)** 〈2010년 변리사〉

① 법인이 정관에 이사 사임의 의사표시의 효력발생시기에 관하여 특별한 규정을 둔 경우, 사임의사를 표시한 이사는 정관에 따른 사임의 효력이 발생하기 전에는 그 사임의사를 자유롭게 철회할 수 있다.
② 법인의 대표이사가 사임서 제출 당시 권한대행자에게 사표의 처리를 일임한 경우에는 권한대행자의 수리행위가 있어야 사임의 효력이 발생하고, 그 이전에는 사임의사를 철회할 수 있다.
③ 운전면허를 취소하는 처분이 있더라도 관련법규 소정의 적법한 통지 또는 공고가 없으면 그 효력이 발생할 수 없는데, 그 통지서가 통상우편의 방법으로 발송되었다는 사실만으로는 상당한 기간 내에 도달하였다고 할 수 없다.
④ 채권양도의 통지서가 들어있는 우편물을 상대방의 가정부가 수령한 직후 한집에 거주하고 있던 통지인인 표의자가 그 우편물을 바로 회수해 버렸다면, 가정부가 우편물의 내용을 알고 있었다는 등의 특별한 사정이 없었던 이상, 그 의사표시가 도달되었다고 볼 수 없다.
⑤ 표의자가 의사표시를 발한 후 사망하거나 행위능력을 상실하여도 의사표시는 유효하며, 의사표시의 상대방이 의사표시를 받은 때에 행위무능력자(제한능력자)인 경우 비록 법정대리인이 그 도달을 알지 못하였더라도 그 의사표시는 효력을 발생한다.

해 설

①(○) : 법인과 이사의 법률관계는 신뢰를 기초로 한 위임 유사의 관계이므로, 이사는 민법 제689조 제1항이 규정한 바에 따라 언제든지 사임할 수 있고, 법인이사지위를 사임하는 행위는 상대방 있는 단독행위이므로 그 의사표시가 상대방에게 도달함과 동시에 그 효력을 발생하고, 그 의사표시가 효력을 발생한 후에는 마음대로 이를 철회할 수 없음이 원칙이다. 그러나 법인이 정관에서 이사의 사임절차나 사임의 의사표시의 효력발생시기 등에 관하여 특별한 규정을 둔 경우에는 그에 따라야 하는바, 위와 같은 경우에는 이사의 사임의 의사표시가 법인의 대표자에게 도달하였다고 하더라도 그와 같은 사정만으로 곧바로 사임의 효력이 발생하는 것은 아니고 정관에서 정한 바에 따라 사임의 효력이 발생하는 것이므로, 이사가 사임의 의사표시를 하였더라도 정관에 따라 사임의 효력이 발생하기 전에는 그 사임의사를 자유롭게 철회할 수 있다(대판 2008. 9. 25, 2007다17109).
②(○) : 법인의 대표이사가 사임하는 경우에는 그 사임의 의사표시가 대표이사의 사임으로 그 권한을 대행하게 될 자에게 도달한 때에 사임의 효력이 발생하고 그 의사표시가 효력을 발생한 후에는 마음대로 이를 철회할 수 없으나, 사임서 제출 당시 그 권한대행자에게 사표의 처리를 일임한 경우에는 권한대행자의 수리행위가 있

정 답 128. ⑤

어야 사임의 효력이 발생하고, 그 이전에 사임의사를 철회할 수 있다(대판 2007. 5. 10, 2007다7256).
③ (○) : 운전면허의 취소는 도로교통법 시행령 제53조 소정의 적법한 통지 또는 공고가 없으면 효력을 발생할 수 없으므로 운전면허취소처분 이후 적법한 통지 또는 공고가 없는 동안의 자동차운전은 자동차종합보험약관상의 무면허운전이라고 할 수 없다 할 것인바, 위 통지서가 통상우편의 방법으로 발송되었다는 사실만으로는 상당기간 내에 도달하였다고 인정하기에 부족하다(대판 1993. 5. 11, 92다2530).
④ (○) : 채권양도의 통지서가 들어 있는 우편물을 채무자의 가정부가 수령한 직후 한집에 거주하고 있는 통지인인 채권자가 그 우편물을 바로 회수해 버렸다면 그 우편물의 내용이 무엇인지를 그 가정부가 알고 있었다는 등의 특별한 사정이 없었던 이상 그 채권양도의 통지는 사회관념상 채무자가 그 통지내용을 알 수 있는 객관적 상태에 놓여 있는 것이라고 볼 수 없으므로 그 통지는 피고에게 도달되었다고 볼 수 없을 것이다(대판 1983. 8. 23, 82다카439).
⑤ (×) : 의사표시의 상대방이 이를 받은 때에 제한능력자인 경우에는 그 의사표시로써 대항하지 못하나, 법정대리인이 그 도달을 안 후에는 그러하지 아니하다(제112조).

129 **의사표시의 효력발생에 관한 설명으로 옳은 것은? (다툼이 있는 경우에는 판례에 의함)**

〈2013년 변리사〉

① 격지자 사이의 해제권 행사의 의사표시는 발신한 때에 그 효력이 발생한다.
② 상대방 있는 단독행위의 경우에는 의사표시가 상대방에게 도달하더라도 표의자는 여전히 그 의사표시를 철회할 수 있다.
③ 표의자가 의사표시를 발신한 후 그 도달 전에 사망한 경우, 그 의사표시는 효력을 상실한다.
④ 행위무능력자(=제한능력자)에 대하여 의사표시를 한 경우, 표의자는 법정대리인이 그 도달 사실을 알았더라도 그 의사표시로써 무능력자(제한능력자)에게 대항할 수 없다.
⑤ 채권양도의 통지가 채무자의 주소·거소·영업소 또는 사무소 등에 해당하지 아니하는 장소에서 이루어진 경우라도 그 효력이 발생할 수 있다.

해 설

① (×) : 민법상 원칙은 도달주의이다. 예외적으로 격지자간의 계약성립시기는 발신주의이다(제531조 참조). 그런데 해제권 행사는 단독행위이므로 도달주의에 따른다.
② (×) : 의사표시가 상대방에게 도달하여 그 효력이 발생하면, 더 이상 그 의사표시를 철회할 수 없다(제111조 제1항 참조).
③ (×) : 의사표시자가 그 통지를 발송한 후 사망하거나 제한능력자가 되어도 의사표시의 효력에 영향을 미치지 아니한다(제111조 제2항).
④ (×) : 의사표시의 상대방이 의사표시를 받은 때에 제한능력자인 경우에는 의사표시자는 그 의사표시로써 대항할 수 없다. 다만, 그 상대방의 법정대리인이 의사표시가 도달한 사실을 안 후에는 그러하지 아니하다(제112조).
⑤ (○) : 채권양도의 통지는 채무자에게 도달됨으로써 효력이 발생하는 것이고, 여기서 도달이라 함은 사회통념상 상대방이 통지의 내용을 알 수 있는 객관적 상태에 놓여졌다고 인정되는 상태를 가리킨다. 이와 같이 도달은 보다 탄력적인 개념으로서 송달장소나 수송달자 등의 면에서 위에서 본 송달에서와 같은 엄격함은 요구되지 아니하며, 이에 송달장소 등에 관한 민사소송법의 규정을 유추적용할 것이 아니다. 따라서 채권양도의 통지는 민사소송법상의 송달에 관한 규정에서 송달장소로 정하는 채무자의 주소·거소·영업소 또는 사무소 등에 해당하지 아니하는 장소에서라도 채무자가 사회통념상 그 통지의 내용을 알 수 있는 객관적 상태에 놓여졌다고 인정됨으로써 족하다(대판 1983. 8. 23, 82다카439 ; 대판 2010. 4. 15, 2010다57).

정 답 129. ⑤

130 의사표시의 효력발생에 관한 설명으로 옳지 않은 것은? (다툼이 있으면 판례에 따름)

〈2016년 변리사〉

① 준법률행위의 도달은 의사표시와 마찬가지로 사회관념상 상대방이 준법률행위의 내용을 알 수 있는 객관적 상태에 놓여 졌을 때를 말한다.

② 의사표시의 상대방이 정당한 사유 없이 통지의 수령을 거절한 경우 상대방이 그 통지의 내용을 알 수 있는 객관적 상태에 놓여 있는 때에 의사표시의 효력이 발생한다.

③ 채권양도의 통지는 채무자의 주소 등에 해당하지 아니하는 장소에서라도 채무자가 사회통념상 그 통지의 내용을 알 수 있는 객관적 상태에 놓여졌을 때에 그 효력이 발생한다.

④ 보통우편의 방법으로 의사표시를 통지한 경우에도 발송되었다는 사실만 증명되면, 상당한 기간 내에 도달한 것으로 추정된다.

⑤ 표의자의 의사표시가 상대방에게 도달하기 전에 그 표의자가 사망한 경우, 상속인은 의사표시의 도달 전에 이를 철회할 수 있다.

해 설

① (○), ② (○) : 상대방 있는 의사표시의 도달주의에서 도달은 요지가능성을 말한다. 이는 준법률행위에도 마찬가지이다. 따라서 준법률행위의 도달은 의사표시와 마찬가지로 사회관념상 상대방이 준법률행위의 내용을 알 수 있는 객관적 상태에 놓여 졌을 때를 말한다(대판 1983. 8. 23, 82다카439).

③ (○) : 채권양도의 통지(준법률행위)는 채무자의 주소 등에 해당하지 아니하는 장소에서라도 채무자가 사회통념상 그 통지의 내용을 알 수 있는 객관적 상태에 놓여졌을 때에 그 효력이 발생한다. 즉 민법상 도달주의가 적용되고, 민소법상 송달장소규정이 적용되는 것이 아니다(대판 2010. 4. 15, 2010다57).

④ (×) : 통상우편의 경우는 등기우편(또는 내용증명)과는 달리 발송되었다는 사실만으로는 상당기간 내에 도달하였다고 인정하기에 부족하다(대판 1993. 5. 11, 92다2530).

⑤ (○) : ① 의사표시자가 그 통지를 발송한 후 사망하거나 제한능력자가 되어도 의사표시의 효력에 영향을 미치지 아니한다. ② 의사표시는 상대방에게 도달하여 효력을 발생한 이후에는 철회할 수 없다.

131 의사표시의 효력발생에 관한 설명으로 옳지 않은 것은? (다툼이 있으면 판례에 따름)

〈2024년 변리사〉

① 상대방 있는 의사표시는 원칙적으로 상대방에게 도달되어야 효력이 발생한다.

② 청약자가 청약의 의사표시를 발송한 후 사망한 경우에도 그 의사표시의 효력에 영향을 미치지 아니한다.

③ 적법하게 성립된 매매에 관하여 해제사유가 발생한 경우, 해제의 의사가 상대방 당사자의 미성년자(子)에게 도달하면 그 즉시 해제의 효력이 발생한다.

④ 상대방이 부당하게 등기취급 우편물의 수취를 거부함으로써 우편물의 내용을 알 수 있는 객관적 상태의 형성을 방해한 것이 신의성실의 원칙에 반한다고 인정되는 경우, 수취 거부 시에 의사표시의 효력이 생긴 것으로 보아야 한다.

⑤ 의사표시가 담긴 우편물이 상대방의 집에 도달하자 가사도우미가 수취한 후 개봉하지 않은 채 식탁 위에 두었는데, 그 즈음 우연히 그 집을 방문한 의사표시자가 그 미개봉된 우편물을 회수하여 가지고 간 경우, 그 의사표시가 도달한 것으로 볼 수 없다.

정 답 130. ④ 131. ③

해설

① (○) : 상대방이 있는 의사표시는 상대방에게 도달한 때에 그 효력이 생긴다(민법 제111조 제1항).

② (○) : 의사표시자가 그 통지를 발송한 후 사망하거나 제한능력자가 되어도 의사표시의 효력에 영향을 미치지 아니한다(민법 제111조 제2항).

③ (×) : 의사표시의 상대방이 의사표시를 받은 때에 제한능력자인 경우에는 의사표시자는 그 의사표시로써 대항할 수 없다(민법 제112조).

④ (○) : 상대방이 부당하게 등기취급 우편물의 수취를 거부함으로써 우편물의 내용을 알 수 있는 객관적 상태의 형성을 방해한 경우 그러한 상태가 형성되지 아니하였다는 사정만으로 발송인의 의사표시의 효력을 부정하는 것은 신의성실의 원칙에 반하므로 허용되지 아니한다. 이러한 경우에는 부당한 수취 거부가 없었더라면 상대방이 우편물의 내용을 알 수 있는 객관적 상태에 놓일 수 있었던 때, 즉 수취 거부 시에 의사표시의 효력이 생긴 것으로 보아야 한다(대판 2020. 8. 20, 2019두34630).

⑤ (○) : 채권양도의 통지서가 들어 있는 우편물을 채무자의 가정부가 수령한 직후 한집에 거주하고 있는 통지인인 채권자가 그 우편물을 바로 회수해 버렸다면 그 우편물의 내용이 무엇인지를 그 가정부가 알고 있었다는 등의 특별한 사정이 없었던 이상 그 채권양도의 통지는 사회관념상 채무자가 그 통지내용을 알 수 있는 객관적 상태에 놓여 있는 것이라고 볼 수 없으므로 그 통지는 피고에게 도달되었다고 볼 수 없을 것이다(대판 1983. 8. 23, 82다카439).

보충지문

132 상대방 있는 의사표시는 상대방에게 도달한 때에 효력이 발생하는 것이 원칙이다.

〈2017년 감정평가사〉

해설 민법 제111조 제1항 참조

133 의사표시의 효력발생시기에 관해 도달주의를 규정하고 있는 민법 제111조는 임의규정이다.

〈2023년 감정평가사〉

해설 임의규정이라는 것이 통설이다.

134 재단법인 설립행위의 효력발생을 위해서는 의사표시의 도달이 요구되지 않는다.

〈2023년 감정평가사〉

해설 상대방 없는 의사표시는 표백주의에 따라 표시행위가 완료된 때에 효력을 발생한다. 재단법인 설립행위는 상대방 없는 단독행위이다.

135 상대방이 현실적으로 통지를 수령하거나 그 내용을 안 때에 도달한 것으로 본다.

〈2020년 감정평가사〉

해설 채권양도의 통지와 같은 준법률행위의 도달은 의사표시와 마찬가지로 사회관념상 채무자가 통지의 내용을 알 수 있는 객관적 상태에 놓여졌을 때를 지칭하고, 그 통지를 채무자가 현실적으로 수령하였거나 그 통지의 내용을 알았을 것까지는 필요하지 않다(대판 1983. 8. 23, 82다카439).

정답 132. (○) 133. (○) 134. (○) 135. (×)

136 **표의자는 의사표시의 부도달 또는 연착으로 인한 불이익을 부담한다.** 〈2008년 공인노무사〉

해설 민법은 도달주의가 원칙이므로(제111조 제1항), 의사표시의 부도달 또는 연착으로 인한 불이익은 표의자가 부담한다.

137-1 **내용증명우편이나 등기로 발송된 우편물은 반송 등의 특별한 사정이 없는 한 그 무렵 수취인에게 배달된 것으로 본다.** 〈2017년 감정평가사〉

137-2 **등기우편으로 발송된 경우, 상당한 기간 내에 도달하였다고 추정된다.** 〈2020년 감정평가사〉

해설 내용증명 우편물이 발송되고 반송되지 아니하면, 특단의 사정이 없는 한, 그 무렵에 송달되었다고 볼 것이다(대판 1980. 1. 15, 79다1498). 우편물이 등기취급의 방법으로 발송된 경우에는 반송되는 등의 특별한 사정이 없는 한 그 무렵 수취인에게 배달되었다고 보아야 한다(대판 2007. 12. 27, 2007다51758).

138-1 **표의자가 의사표시의 통지를 발송한 후 제한능력자가 되어도 그 의사표시의 효력은 영향을 받지 아니한다.** 〈2020년 감정평가사〉

138-2 **甲, 乙간에 甲의 청약에 대해 乙이 승낙의 통지를 발신한 후 도달 전에 甲이 피성년후견심판을 받은 경우 甲은 그 청약을 취소할 수 있다.** 〈2007년 공인노무사〉

해설 표의자가 의사표시를 발한 후 사망하거나 제한능력자가 되어도 의사표시의 효력에 영향을 미치지 아니한다(제111조 제2항).

139 **공시송달을 함에 있어서 표의자는 상대방을 알지 못하거나 그 소재를 알지 못하는 데 과실이 없어야 한다.** 〈2012년 감정평가사〉

해설 민법 제113조 참조

140 **의사표시의 효력발생시기에 관하여 민법이 발신주의를 채택하는 경우가 아닌 것은?** 〈2006년 감정평가사〉

① 제한능력자의 상대방의 최고에 대한 법정대리인의 확답
② 사원총회의 소집통지
③ 무권대리인의 상대방의 최고에 대한 본인의 확답
④ 지상권자의 매수청구권의 행사
⑤ 채무인수의 경우 인수인의 승낙의 최고에 대한 채권자의 확답

해설
④ (도달주의) : 지상권에서 매수청구권은 형성권으로서 상대방 있는 의사표시이며, 단독행위이기 때문에 도달주의 원칙에 따른다(제111조). 나머지는 예외적 발신주의이다(① 제15조, ② 제71조, ③ 제131조, ⑤ 제455조 제2항, 그리고 지문에는 없지만 제531조의 격지자간 계약성립시기).

정답 136. (○) 137-1. (○) 137-2. (○) 138-1. (○) 138-2. (×) 139. (○) 140. ④

제6장 대 리

Ⅰ. 대리 일반

1 **대리권에 관한 설명으로 옳지 않은 것은? (다툼이 있는 경우에는 판례에 의함)** 〈2004년 변리사〉

① 사채알선업자가 전주(錢主)를 위하여 금전소비대차계약과 그 담보를 위한 담보권설정계약을 체결할 대리권을 수여받은 것으로 인정되는 경우라 하더라도 특별한 사정이 없는 한 일단 금전소비대차계약과 그 담보를 위한 담보권설정계약이 체결된 후에 이를 해제할 권한까지 당연히 가지고 있다고 볼 수는 없다.

② 대리인은 본인의 허락이 없으면 본인을 위하여 자기와 법률행위를 하거나 동일한 법률행위에 관하여 당사자 쌍방을 대리하지 못하지만, 채무의 이행은 할 수 있다.

③ 대리행위의 하자 유무는 대리인을 기준으로 판단하지만 수권행위의 하자는 본인을 기준으로 하므로, 대리인은 무능력자(제한능력자)라도 무방하지만 본인이 행위무능력자(제한능력자)이면 무능력(제한능력)을 이유로 수권행위를 취소할 수 있다.

④ 부동산의 소유자로부터 매매계약을 체결할 대리권을 수여받은 대리인은 특별한 사정이 없는 한 그 매매계약에서 약정한 바에 따라 중도금이나 잔금을 수령할 권한은 없다고 보아야 한다.

⑤ 임의대리권은 그것을 수여하는 본인의 행위, 즉 수권행위에 의하여 발생하는 것이므로 어느 행위가 대리권 범위 내의 행위인지 여부는 개별적인 수권행위의 내용이나 그 해석에 의하여 판단하여야 할 것이다.

해설

① (○) : 판례는 소비대차계약의 알선을 수여받은 사채알선업자가 그 계약의 해제권까지 수여받은 것으로 볼 수는 없다고 한다(대판 1997. 9. 30, 97다23372).

② (○) : 민법 제124조 단서 참조

③ (○) : 민법은 대리행위의 하자에 관하여 대리인을 표준하여 하자의 유무를 결정하도록 규정하고 있지만(제116조 제1항), 수권행위는 본인이 대리인에게 대리권을 수여하는 행위로서 법률행위이기 때문에 수권행위의 하자에 대하여 통설은 본인과 대리인 사이의 기초적 내부관계에 기한 행위무능력의 취소는 가능하다고 한다.

④ (×) : 판례는 부동산의 소유자로부터 매매계약을 체결할 대리권을 수여받은 대리인은 특별한 사정이 없는 한 그 매매계약에서 약정한 바에 따라 중도금이나 잔금을 수령할 권한도 가진다고 보아야 할 것이라고 하고 있다(대판 1994. 2. 8, 93다39379).

⑤ (○) : 대판 1994. 2. 8, 93다39379 참조

정답 1. ④

2 대리권의 범위에 관한 설명 중 판례의 입장과 다른 것은? 〈2008년 변리사〉

① 부동산의 소유자로부터 매매계약을 체결할 대리권을 수여받은 대리인은 특별한 사정이 없는 한 그 매매계약에서 약정한 바에 따라 중도금이나 잔금을 수령할 권한도 있다.
② 대여금의 영수권한을 위임받은 대리인은 본인의 특별수권이 없는 한 그 대여금 채무의 일부를 면제할 수 없는 것이 원칙이다.
③ 소송상의 화해나 청구의 포기에 관한 특별수권이 있는 경우에는, 당해 소송물인 권리의 처분이나 포기에 대한 권한도 수여되어 있다고 보아야 한다.
④ 예금계약의 체결을 위임받은 자가 가지는 대리권에는 그 예금을 담보로 하여 대출을 받거나 이를 처분할 수 있는 대리권이 포함되어 있다고 보아야 한다.
⑤ 일반적으로 임의대리권에는 그 권한에 부수하여 필요한 한도에서 상대방의 의사표시를 수령하는 수령대리권을 포함한다.

해 설

① (○) : 대판 1994. 2. 8, 93다39379 참조
② (○) : 일부의 면제는 처분행위로써 본인의 특별수권이 필요하다고 한다(대판 1981. 6. 23, 80다3221).
③ (○) : 대결 2000. 1. 31, 자 99마6205 참조
④ (×) : 판례는 대리권의 범위를 벗어난 것으로 해석하였다. 즉 예금계약의 체결을 위임받은 자가 가지는 대리권에는 그 예금을 담보로 하여 대출을 받거나 이를 처분할 수 있는 대리권이 포함되어 있다고 까지 보아서는 아니된다는 입장이다(대판 2002. 6. 14, 2000다38982).
⑤ (○) : 대판 1994. 2. 8, 93다39379 참조

3 대리에 관한 설명으로 옳지 않은 것은? (다툼이 있는 경우에는 판례에 의함) 〈2010년 변리사〉

① 부동산 입찰절차에서 동일 물건에 관하여 이해관계가 다른 2인 이상의 대리인이 된 경우에 그 대리인이 한 입찰은 무효이다.
② 특정한 법률행위를 위임한 경우에 대리인이 본인의 지시에 좇아 그 행위를 한 때에는, 본인은 자기가 안 사정 또는 과실로 인하여 알지 못한 사정에 관하여 대리인의 부지를 주장하지 못한다.
③ 피성년후견인 또는 파산자가 아닌 자가 대리인으로 된 후에 피성년후견개시심판 또는 파산선고를 받은 때에는 대리권은 소멸한다.
④ 대리인이 계약체결에 관한 권한을 수여받았다고 하여 그 계약의 해제 등 처분권과 상대방의 의사를 수령할 권한까지 당연히 가진다고 볼 수는 없다.
⑤ 대리인이 매도인의 배임행위에 적극 가담하여 이중매매계약을 체결한 경우에 본인이 이를 몰랐다면 반사회질서행위가 인정되지 않는다.

해 설

① (○) : 민법 제124조는 “대리인은 본인의 허락이 없으면 본인을 위하여 자기와 법률행위를 하거나 동일한 법률행위에 관하여 당사자 쌍방을 대리하지 못한다.”고 규정하고 있으므로 부동산 입찰절차에서 동일 물건에 관하여 이해관계가 다른 2인 이상의 대리인이 된 경우에는 그 대리인이 한 입찰은 무효이다(대결 2004. 2. 13, 자 2003마44).
② (○) : 민법 제116조 제2항 참조

정 답 2. ④ 3. ⑤

③ (○) : 민법 제127조. 대리권은 다음 각 호의 어느 하나에 해당하는 사유가 있으면 소멸된다.
1. 본인의 사망
2. 대리인의 사망, 성년후견의 개시 또는 파산
☞ 대리인은 행위능력자임을 요하지 아니한다(제117조). 그런데 제127조에 따르면 대리인이 성년후견이 개시되면 대리권이 소멸하는 것으로 되어 있다. 이에 대해 통설은 피성년후견인도 의사능력이 있는 한 대리인이 될 수는 있으나(제117조), 특히 정상인이 대리인으로 '선임된 후'에 이러한 사정의 발생으로 대리권을 존속케 하는 것이 본인의 이익에 반하는 경우에는 대리권 소멸원인으로 하고 있는 것(제127조)이라고 해석한다.
④ (○) : 계약을 대리하여 체결하였다 하여 곧바로 그 사람이 체결된 계약의 해제 등 일체의 처분권과 상대방의 의사를 수령할 권한까지 가지고 있다고 볼 수는 없다(대판 2008. 1. 31, 2007다74713 등).
⑤ (×) : 대리인이 본인을 대리하여 매매계약을 체결함에 있어서 매매대상 토지에 관한 저간의 사정을 잘 알고 그 배임행위에 가담하였다면, 대리행위의 하자 유무는 대리인을 표준으로 판단하여야 하므로, 설사 본인이 미리 그러한 사정을 몰랐거나 반사회성을 야기한 것이 아니라고 할지라도 그로 인하여 매매계약이 가지는 사회질서에 반한다는 장애사유가 부정되는 것은 아니다(대판 1998. 2. 27, 97다45532).

4 **임의대리권의 범위에 관한 설명으로 옳지 않은 것은? (다툼이 있는 경우에는 판례에 의함)**

〈2013년 변리사〉

① 토지매각의 대리권을 수여받은 대리인은 특별한 사정이 없는 한, 중도금이나 잔금을 수령하고 소유권등기를 이전할 권한을 가진다.
② 매매계약의 체결에 대한 포괄적 대리권을 수여받은 자는 특별한 사정이 없는 한, 상대방에게 약정된 매매대금의 지급기일을 연장하여 줄 권한을 가진다.
③ 대여금의 영수권한만을 위임받은 대리인이 그 대여금채무의 일부를 면제하기 위해서는 본인의 특별수권이 필요하다.
④ 본인을 대리하여 금전소비대차 내지 그를 위한 담보권설정계약을 체결할 권한을 수여받은 대리인은 특별한 사정이 없는 한, 본래의 계약관계를 해제할 대리권을 가진다.
⑤ 예금계약의 체결을 위임받은 자가 가지는 대리권에는 그 예금을 담보로 하여 대출을 받거나 이를 처분할 수 있는 대리권이 당연히 포함되어 있는 것은 아니다.

해설

① (○) : 부동산의 소유자로부터 매매계약을 체결할 대리권을 수여받은 대리인은 특별한 사정이 없는 한 그 매매계약에서 약정한 바에 따라 중도금이나 잔금을 수령할 권한도 있다고 보아야 한다(대판 1994. 2. 8, 93다39379).
② (○) : 부동산의 소유자로부터 매매계약을 체결할 대리권을 수여받은 대리인은 특별한 다른 사정이 없는 한 그 매매계약에서 약정한 바에 따라 중도금이나 잔금을 수령할 수도 있다고 보아야 하고, 매매계약의 체결과 이행에 관하여 포괄적으로 대리권을 수여받은 대리인은 특별한 다른 사정이 없는 한 상대방에 대하여 약정된 매매대금지급기일을 연기하여 줄 권한도 가진다고 보아야 할 것이다(대판 1992. 4. 14, 91다43107).
③ (○) : 대여금의 영수권한만을 위임받은 대리인이 그 대여금 채무의 일부를 면제하기 위하여는 본인의 특별수권이 필요하다(대판 1981. 6. 23, 80다3221).
④ (×) : 전형적인 임의대리권의 수권행위의 해석 문제이다. 법률행위를 체결할 대리권을 갖는 자는 본래의 계약관계를 해제할 권한과 해제를 수령할 권한을 갖지 못한다(대판 2008. 1. 31, 2007다74173 등).
⑤ (○) : 예금계약의 체결을 위임받은 자가 가지는 대리권에 당연히 그 예금을 담보로 하여 대출을 받거나 이를 처분할 수 있는 대리권이 포함되어 있는 것은 아니다(대판 1995. 8. 22, 94다59042).

정답 4. ④

5 **법률행위의 대리에 관한 설명으로 옳지 않은 것은?** 〈2015년 변리사〉

① 甲의 대리인 乙이 대리행위를 하면서 甲을 위한 것임을 표시하지 않은 경우, 乙은 착오를 이유로 의사표시를 취소할 수 있다.
② 甲이 乙에게 재산관리에 관한 대리권을 수여하였지만 그 대리권의 범위가 명확하지 않을 경우, 乙은 甲의 주택을 수선하기 위한 공사계약을 체결할 수는 있지만, 甲의 예금을 주식으로 전환할 수는 없다.
③ 乙이 甲으로부터 예금인출의 대리권을 부여받았는데, 乙의 甲에 대한 금전채권의 기한이 도래한 경우, 乙은 甲의 예금을 인출하여 자신의 채권변제에 충당할 수 있다.
④ 甲이 乙을 대리인으로 선임한 경우, 乙은 甲의 승낙이 없더라도 부득이한 사유가 있는 때에는 복대리인을 선임할 수 있다.
⑤ 甲이 乙을 대리인으로 선임하였는데 乙이 파산선고를 받을 경우, 乙의 대리권은 소멸한다.

해 설

①(×) : 甲의 대리인 乙이 대리행위를 하면서 甲을 위한 것임을 표시하지 않은 경우, '자기를 위한 것으로 간주하기 때문에'(제115조), 乙은 착오를 이유로 의사표시를 취소할 수 없다.
②(○) : 임의대리에서 대리권 범위가 명확하지 않은 경우, 보존행위는 무제한으로 할 수 있으나, 이용행위나 개량행위는 성질이 변하지 않아야 한다(제118조 참조). 따라서 甲이 乙에게 재산관리에 관한 대리권을 수여하였지만 그 대리권의 범위가 명확하지 않을 경우, 乙은 甲의 주택을 수선하기 위한 공사계약을 체결할 수는 있지만, 甲의 예금을 주식으로 전환할 수는 없다.
③(○) : 자기계약 쌍방대리금지원칙의 예외로서 본인의 허락이나 채무이행이 있다(제124조). 따라서 乙이 甲으로부터 예금인출의 대리권을 부여받았는데(실제는 재산관리권), 乙의 甲에 대한 금전채권의 기한이 도래한 경우에는 이해대립이 없기 때문에, 乙은 甲의 예금을 인출하여 자신의 채권변제에 충당할 수 있다.
④(○) : 임의대리의 복임권에서 본인의 승낙이 있거나 부득이한 경우에 복대리인을 선임할 수 있기 때문에, 乙은 甲의 승낙이 없더라도 부득이한 사유가 있는 때에는 복대리인을 선임할 수 있다(제120조).
⑤(○) : 대리권 소멸사유로써 대리인의 사망, 성년후견개시, 또는 파산이 있다(제127조 제2호). 따라서 甲이 乙을 대리인으로 선임하였는데 乙이 파산선고를 받을 경우, 乙의 대리권은 소멸한다.

6 **복대리에 관한 설명으로 옳지 않은 것은? (다툼이 있으면 판례에 따름)** 〈2016년 변리사〉

① 복대리인은 대리인의 보조자 내지 대리인의 대리인이다.
② 임의대리인은 원칙적으로 복임권을 갖지 못한다.
③ 법정대리인은 재산상의 법률행위에 대하여 복임권이 있다.
④ 복대리인은 행위능력자임을 요하지 아니한다.
⑤ 甲이 채권자를 특정하지 않은 채 부동산을 담보로 제공하면서 금원을 차용해 줄 것을 乙에게 위임하였다면, 甲의 의사에는 '복대리인 선임에 관한 승낙'이 포함되어 있다.

해 설

①(×) : 복대리인은 대리인이 선임한 본인의 대리인으로 대리인의 대리인이 아니다(제123조 제1항).
②(○), ③(○) : 임의대리인은 법정대리인과는 달리 원칙적으로 복임권을 갖지 못한다(제120조, 제122조).
④(○) : 복대리인도 본인의 대리인이기 때문에 행위능력자임을 요하지 아니한다(제117조).

정답 5. ① 6. ①

⑤ (○) : 甲이 채권자를 특정하지 아니한 채 부동산을 담보로 제공하여 금원을 차용해 줄 것을 乙에게 위임하였고, 乙은 이를 다시 병에게 위임하였으며, 丙은 丁에게 위 부동산을 담보로 제공하고 금원을 차용하여 乙에게 교부하였다면, 乙에게 위 사무를 위임한 甲의 의사에는 '복대리인 선임에 관한 승낙'이 포함되어 있다고 봄이 타당하다(대판 1993. 8. 27, 93다21156).

7 **甲은 乙에게 자기 소유의 아파트에 대하여 매매계약의 체결에 관한 대리권을 수여하였고, 이에 따라 乙은 甲을 위하여 丙과 매매계약을 체결하였다. 이에 관한 설명으로 옳지 않은 것은? (다툼이 있으면 판례에 따름)** 〈2017년 변리사〉

① 특별한 사정이 없는 한, 乙은 丙으로부터 중도금이나 잔금을 수령할 권한이 있다.
② 특별한 사정이 없는 한, 乙은 丙에게 약정된 매매대금 지급기일을 연기해 줄 권한은 없다.
③ 丙이 甲에 대하여 소유권이전등기를 청구하는 경우, 乙의 대리권 존재 사실에 대한 증명책임은 丙이 진다.
④ 만약 乙이 甲을 위한 것임을 표시하지 않고 매매계약을 체결하였는데 乙이 甲의 대리인임을 丙이 알았다면, 그 계약의 효력은 甲에게 미친다.
⑤ 乙이 丙으로부터 받은 매매대금을 유용할 배임적 의도를 갖고 있었고 丙이 이를 알았다면, 그 한도에서 乙은 무권대리가 된다.

해설

① (○), ② (○) : 부동산의 소유자로부터 매매계약을 체결할 대리권을 수여받은 대리인은 특별한 다른 사정이 없는 한 그 매매계약에서 약정한 바에 따라 중도금이나 잔금을 수령할 수도 있다고 보아야 하고, 매매계약의 체결과 이행에 관하여 포괄적으로 대리권을 수여받은 대리인은 특별한 다른 사정이 없는 한 상대방에 대하여 약정된 매매대금지급기일을 연기하여 줄 권한도 가진다(대판 1992. 4. 14, 91다43107). ☞ 문제의 사례에서 '매매계약의 체결에 관한 대리권을 수여하였고'라고만 한 점에 비추어 乙은 매매계약의 체결과 이행에 관하여 포괄적으로 대리권을 수여받은 것이 아니므로 丙에게 약정된 매매대금 지급기일을 연기해 줄 권한은 없다.
③ (○) : 대리인에게 대리권이 있다는 점에 대한 입증책임은 그 효과를 주장하는 당사자에게 있다(대판 2008. 9. 25, 2008다42195 참조). ☞ 대리에 있어서 대리권의 존재는 특별효력요건이므로 효과를 주장하는 당사자가 입증해야 한다.
④ (○) : 민법 제115조 단서 참조
⑤ (×) : 대리권 남용이지 무권대리가 아니다. 대리권 남용은 어디까지나 대리인이 대리권의 범위 내에서 대리행위를 하였지만 그것이 본인의 이익을 위한 것이 아니라 자신이나 제3자의 이익을 위한 경우를 말하는 것이다. 판례는 대리권 남용의 경우 일관되게 민법 제107조 제1항 단서 유추적용설을 취한다. "진의 아닌 의사표시가 대리인에 의하여 이루어지고 그 대리인의 진의가 본인의 이익이나 의사에 반하여 자기 또는 제3자의 이익을 위한 배임적인 것임을 그 상대방이 알거나 알 수 있었을 경우에는 민법 제107조 제1항 단서의 유추해석상 그 대리인의 행위는 본인의 대리행위로 성립할 수 없다 하겠으므로 본인은 대리인의 행위에 대하여 아무런 책임이 없다(대판 1987. 7. 7, 86다카1004)."

8 **甲의 대리인 乙은 계약의 체결과 취소 등 포괄적인 대리권을 수여받아 甲의 대리인으로서 丙과 계약을 체결하였다. 이에 관한 설명으로 옳은 것을 모두 고른 것은? (다툼이 있으면 판례에 따름)** 〈2018년 변리사〉

정답 7. ⑤ 8. ⑤

ㄱ. 乙이 丙을 기망한 경우, 丙은 의사표시를 취소할 수 있다. ㄴ. 丙이 乙을 기망한 경우, 甲은 의사표시를 취소할 수 있다. ㄷ. 丙이 乙을 기망한 경우, 乙은 의사표시를 취소할 수 있다.

① ㄱ ② ㄴ ③ ㄱ, ㄷ ④ ㄴ, ㄷ ⑤ ㄱ, ㄴ, ㄷ

해 설

ㄱ. (○) : 상대방 있는 의사표시에 관하여 제3자가 사기나 강박을 한 경우에는 상대방이 그 사실을 알았거나 알 수 있었을 경우에 한하여 그 의사표시를 취소할 수 있으나, 상대방의 대리인 등 상대방과 동일시할 수 있는 자의 사기나 강박은 제3자의 사기·강박에 해당하지 아니한다(대판 1999. 2. 23, 98다60828, 60835).

ㄴ. (○) : 민법 제116조 제1항(대리행위의 하자) 의사표시의 효력이 의사의 흠결, 사기, 강박 또는 어느 사정을 알았거나 과실로 알지 못한 것으로 인하여 영향을 받을 경우에 그 사실의 유무는 대리인을 표준하여 결정한다.

ㄷ. (○) : 임의대리에 있어서 대리권의 범위는 수권행위(대리권수여행위)에 의하여 정하여지는 것이므로 어느 행위가 대리권의 범위 내의 행위인지의 여부는 개별적인 수권행위의 내용이나 그 해석에 의하여 판단할 것이나, 일반적으로 말하면 수권행위의 통상의 내용으로서의 임의대리권은 그 권한에 부수하여 필요한 한도에서 상대방의 의사표시를 수령하는 이른바 수령대리권을 포함하는 것으로 보아야 한다(대판 1994. 2. 8, 93다39379)

☞ 설문에서 대리인 乙은 '계약의 체결과 취소 등 포괄적인 대리권'을 수여받았으므로 대리인 乙도 의사표시를 취소할 수 있다.

9 甲은 미성년자 乙에게 X건물의 매매에 관한 대리권만을 수여하였다. 乙은 甲을 대리하여 丙과 X건물의 매매계약을 체결하였다. 다음 설명으로 옳은 것은? (다툼이 있는 경우에는 판례에 의함) 〈2012년 공인노무사〉

① 乙은 행위무능력(제한능력)을 이유로 丙과의 매매계약을 취소할 수 있다.
② 丙이 甲을 강박하였다면, 甲은 강박을 이유로 매매계약을 취소할 수 있다.
③ 丙이 乙을 기망하였다면, 甲은 사기를 이유로 매매계약을 취소할 수 있다.
④ 丙이 甲을 강박하였다면, 乙은 강박을 이유로 매매계약을 취소할 수 있다.
⑤ 乙이 丙을 기망하였다면, 甲이 이를 알았거나 알 수 있었을 경우에 한하여 丙은 매매계약을 취소할 수 있다.

해 설

①(×) : 민법 제117조 참조

②(×), ④(×) : 丙이 甲을 강박하였다고 하더라도 乙의 의사결정에 영향이 없다면 甲은 강박을 이유로 매매계약을 취소할 수 없다(제116조). 乙도 강박을 이유로 매매계약을 취소할 수 없음은 물론이다.

③(○) : 대리인 乙이 기망을 당한 경우에는 취소할 수 있다(제116조). 이때 임의대리에서는 취소권을 본인 甲이 갖는다. 따라서 甲만이 사기를 이유로 매매계약을 취소할 수 있고, 乙이 취소하기 위하여는 특별수권이 필요하다.

⑤(×) : 乙이 丙을 기망하였다면, 제3자의 사기가 아니라고 보기 때문에 甲이 이를 알았거나 알 수 있었는지 여부와 관계없이 丙은 매매계약을 취소할 수 있다(제110조 제1항; 대판 1998. 1. 23, 96다41496 등).

정답 9. ③

10 **복대리에 관한 설명으로 옳은 것은? (다툼이 있으면 판례에 따름)** 〈2018년 변리사〉

① 복대리인은 대리인의 대리인이다.
② 임의대리인은 그 책임으로 언제든지 복대리인을 선임할 수 있다.
③ 대리인이 대리권 소멸 후 선임한 복대리인과 상대방 사이의 법률행위에도 상대방이 대리권 소멸 사실을 알지 못하여 복대리인에게 적법한 대리권이 있는 것으로 믿었고 그와 같이 믿은 데 과실이 없다면, 대리권소멸 후의 표현대리(민법 제129조)가 성립할 수 있다.
④ 법정대리인이 부득이한 사유로 복대리인을 선임한 경우에는 그 부적임 또는 불성실함을 알고 본인에 대한 통지나 그 해임을 태만한 때가 아니면 책임이 없다.
⑤ 대리인의 사망으로 대리권이 소멸한 경우에도 복대리권은 소멸하지 않는다.

해 설

① (×) : 민법 제123조 제1항(복대리인의 권한) 복대리인은 그 권한내에서 본인을 대리한다. ☞ 복대리인은 대리인의 대리인이 아니라 본인의 대리인이다.
② (×) : 민법 제120조(임의대리인의 복임권) 대리권이 법률행위에 의하여 부여된 경우에는 대리인은 본인의 승낙이 있거나 부득이한 사유있는 때가 아니면 복대리인을 선임하지 못한다.
③ (○) : 표현대리의 법리는 거래의 안전을 위하여 어떠한 외관적 사실을 야기한 데 원인을 준 자는 그 외관적 사실을 믿음에 정당한 사유가 있다고 인정되는 자에 대하여는 책임이 있다는 일반적인 권리외관 이론에 그 기초를 두고 있는 것인 점에 비추어 볼 때, 대리인이 대리권 소멸 후 직접 상대방과 사이에 대리행위를 하는 경우는 물론 대리인이 대리권 소멸 후 복대리인을 선임하여 복대리인으로 하여금 상대방과 사이에 대리행위를 하도록 한 경우에도, 상대방이 대리권 소멸 사실을 알지 못하여 복대리인에게 적법한 대리권이 있는 것으로 믿었고 그와 같이 믿은 데 과실이 없다면 민법 제129조에 의한 표현대리가 성립할 수 있다(대판 1998. 5. 29, 97다55317).
④ (×) : 민법 제122조(법정대리인의 복임권과 그 책임) 법정대리인은 그 책임으로 복대리인을 선임할 수 있다. 그러나 부득이한 사유로 인한 때에는 전조 제1항에 정한 책임만이 있다. 민법 제121조(임의대리인의 복대리인 선임의 책임) ① 전조의 규정에 의하여 대리인이 복대리인을 선임한 때에는 본인에게 대하여 그 선임감독에 관한 책임이 있다. ② 대리인이 본인의 지명에 의하여 복대리인을 선임한 경우에는 그 부적임 또는 불성실함을 알고 본인에 대한 통지나 그 해임을 태만한 때가 아니면 책임이 없다. ☞ 민법 제121조 제1항과 제2항을 혼동하지 말 것이다.
⑤ (×) : 복대리권은 대리인의 대리권에 기초하는 것이므로 대리권이 소멸하면 복대리권도 소멸한다.

11 **甲이 乙에게는 자신의 부동산을 매도할 권한을, 丙에게는 다른 사람으로부터 부동산을 매수할 권한을 각기 부여하였다. 그에 따라 甲을 대리하여 乙은 丁과 매도계약을, 丙은 戊와 매수계약을 각기 체결한 경우, 이에 관한 설명으로 옳지 않은 것은? (다툼이 있으면 판례에 따름)** 〈2020년 변리사〉

① 乙은 위 매매계약에 따라 丁이 지급하는 중도금이나 잔금을 甲을 대리하여 수령할 권한이 있다.
② 丁이 위 매매계약의 채무를 이행하지 않는 경우, 乙은 그 계약을 해제할 수 있는 권한이 있다.
③ 丙은 위 매매계약을 체결한 후에는 그 매수한 부동산을 다시 처분할 수 있는 권한은 없다.
④ 丙이 위 매매계약을 체결한 경우, 丙에게는 戊로부터 위 매매계약의 해제의 의사표시를 수령할 권한은 없다.

정답 10. ③ 11. ②

⑤ 丁이 채무불이행을 이유로 위 매매계약을 적법하게 해제한 경우, 乙이 丁으로부터 받은 계약금을 도난당하여 甲에게 전달하지 못하였더라도 甲은 계약금을 반환해줄 의무가 있다.

해설

① (○) : 매매계약체결의 대리권을 수여받은 대리인은 중도금과 잔금을 수령할 권한을 가진다(대판 1994. 2. 8, 93다39379).

② (×), ④ (○) : 어떠한 계약의 체결에 관한 대리권을 수여받은 대리인이 수권된 법률행위를 하게 되면 그것으로 대리권의 원인된 법률관계(기초적 내부관계)는 원칙적으로 목적을 달성하여 종료되는 것이고, 법률행위에 의하여 수여된 대리권은 그 원인된 법률관계의 종료에 의하여 소멸하는 것이므로(민법 제128조), 그 계약을 대리하여 체결하였다 하여 곧바로 그 사람이 체결된 계약의 해제 등 일체의 처분권과 상대방의 의사를 수령할 권한까지 가지고 있다고 볼 수는 없다(대판 2008. 1. 31, 2007다74713).

③ (○) : 법률행위에 의하여 수여된 대리권은 그 원인된 법률관계의 종료에 의하여 소멸하는 것이므로 특별한 다른 사정이 없는 한 부동산을 매수할 권한을 수여받은 대리인에게 그 부동산을 처분할 대리권도 있다고 볼 수 없다(대판 1991. 2. 12, 90다7364).

⑤ (○) : 계약이 적법한 대리인에 의하여 체결된 경우에 대리인은 다른 특별한 사정이 없는 한 본인을 위하여 계약상 급부를 변제로서 수령할 권한도 가진다. 그리고 대리인이 그 권한에 기하여 계약상 급부를 수령한 경우에, 그 법률효과는 계약 자체에서와 마찬가지로 직접 본인에게 귀속되고 대리인에게 돌아가지 아니한다. 따라서 계약상 채무의 불이행을 이유로 계약이 상대방 당사자에 의하여 유효하게 해제되었다면, 해제로 인한 원상회복의무는 대리인이 아니라 계약의 당사자인 본인이 부담한다. 이는 본인이 대리인으로부터 그 수령한 급부를 현실적으로 인도받지 못하였다거나 해제의 원인이 된 계약상 채무의 불이행에 관하여 대리인에게 책임 있는 사유가 있다고 하여도 다른 특별한 사정이 없는 한 마찬가지라고 할 것이다(대판 2011. 8. 18, 2011다30871).

12 **甲 소유의 X토지를 매도하는 계약을 체결할 대리권을 甲으로부터 수여받은 乙은 甲의 대리인임을 현명하고 丙과 매매계약을 체결하였다. 이에 관한 설명으로 옳지 않은 것은? (다툼이 있으면 판례에 따름)** 〈2021년 변리사〉

① 乙은 특별한 사정이 없는 한 매매계약을 해제할 권한이 없다.
② 乙이 미성년자인 경우, 甲은 乙의 제한능력을 이유로 X토지에 대한 매매계약을 취소할 수 없다.
③ 丙과의 매매계약이 불공정한 법률행위에 해당하는지 여부가 문제된 경우, 매도인의 무경험은 甲을 기준으로 판단한다.
④ 乙이 丙으로부터 매매대금을 수령한 경우, 甲에게 이를 아직 전달하지 않았더라도 특별한 사정이 없는 한 丙의 매매대금채무는 소멸한다.
⑤ 甲이 乙에게 매매계약의 체결과 이행에 관한 포괄적 대리권을 수여한 경우, 특별한 사정이 없는 한 乙은 약정된 매매대금 지급기일을 연기하여 줄 권한을 가진다.

해설

① (○) : 어떠한 계약의 체결에 관한 대리권을 수여받은 대리인이 수권된 법률행위를 하게 되면 그것으로 대리권의 원인된 법률관계(기초적 내부관계)는 원칙적으로 목적을 달성하여 종료되는 것이고, 법률행위에 의하여 수여된 대리권은 그 원인된 법률관계의 종료에 의하여 소멸하는 것이므로(민법 제128조), 그 계약을 대리하여 체결하였다 하여 곧바로 그 사람이 체결된 계약의 해제 등 일체의 처분권과 상대방의 의사를 수령할 권한까지 가지고 있다고 볼 수는 없다(대판 2008. 1. 31, 2007다74713).

정답 12. ③

② (○) : 대리인은 행위능력자임을 요하지 아니한다(민법 제117조). 따라서 본인 또는 대리인은 대리인의 제한능력을 이유로 대리행위를 취소할 수는 없다.
③ (×) : 대리인에 의하여 법률행위가 이루어진 경우 그 법률행위가 민법 제104조의 불공정한 법률행위에 해당하는지 여부를 판단함에 있어서 경솔과 무경험은 대리인을 기준으로 하여 판단하고, 궁박은 본인의 입장에서 판단하여야 한다(대판 2002. 10. 22, 2002다38927).
④ (○) : 계약이 적법한 대리인에 의하여 체결된 경우에 대리인은 다른 특별한 사정이 없는 한 본인을 위하여 계약상 급부를 변제로서 수령할 권한도 가진다. 그리고 대리인이 그 권한에 기하여 계약상 급부를 수령한 경우에, 그 법률효과는 계약 자체에서와 마찬가지로 직접 본인에게 귀속되고 대리인에게 돌아가지 아니한다(대판 2011. 8. 18, 2011다30871).
⑤ (○) : 부동산의 소유자로부터 매매계약을 체결할 대리권을 수여받은 대리인은 특별한 다른 사정이 없는 한 그 매매계약에서 약정한 바에 따라 중도금이나 잔금을 수령할 수도 있다고 보아야 하고, 매매계약의 체결과 이행에 관하여 포괄적으로 대리권을 수여받은 대리인은 특별한 다른 사정이 없는 한 상대방에 대하여 약정된 매매대금지급기일을 연기하여 줄 권한도 가진다고 보아야 할 것이다(대판 1992. 4. 14, 91다43107).

13 복대리에 관한 설명으로 옳지 않은 것은? (다툼이 있으면 판례에 따름) 〈2024년 변리사〉

① 법정대리인은 원칙적으로 부득이한 사유가 있는 때에 한하여 복임권이 있다.
② 법정대리인이 부득이한 사유로 복대리인을 선임한 경우, 법정대리인은 그 선임감독에 관한 책임이 있다.
③ 임의대리인에게는 원칙적으로 복대리인을 선임할 권한이 없다.
④ 임의대리인이 본인의 승낙을 얻어 복대리인을 선임한 경우, 임의대리인은 그 선임감독에 관한 책임이 있다.
⑤ 임의대리의 목적인 법률행위의 성질상 대리인 자신에 의한 처리가 필요하지 아니한 경우, 본인이 복대리 금지의 의사를 명시하지 아니하는 한 복대리인의 선임에 관하여 묵시적인 승낙이 있는 것으로 보는 것이 타당하다.

해설

① (×), ② (○) : 법정대리인은 그 책임으로 복대리인을 선임할 수 있다. 그러나 부득이한 사유로 인한 때에는 전조 제1항에 정한 책임(선임감독에 관한 책임)만이 있다(민법 제122조).
③ (○) : 대리권이 법률행위에 의하여 부여된 경우에는 대리인은 본인의 승낙이 있거나 부득이한 사유있는 때가 아니면 복대리인을 선임하지 못한다(민법 제120조).
④ (○) : 전조의 규정에 의하여 대리인이 복대리인을 선임한 때에는 본인에게 대하여 그 선임감독에 관한 책임이 있다(민법 제121조 제1항).
⑤ (○) : 대리의 목적인 법률행위의 성질상 대리인 자신에 의한 처리가 필요하지 아니한 경우에는 본인이 복대리 금지의 의사를 명시하지 아니하는 한 복대리인의 선임에 관하여 묵시적인 승낙이 있는 것으로 보는 것이 타당하다(대판 1996. 1. 26, 94다30690).

정답 13. ①

14 **乙은 甲으로부터 甲 소유의 X 토지를 매도하는 대리권한을 받아 丙과 X 토지에 대해 매매계약을 체결하였다. 이에 관한 설명 중 옳지 않은 것은? (각 지문은 독립적이며, 다툼이 있는 경우 판례에 의함)** 〈2024년 변호사시험〉

① 丙이 甲에게 채무의 이행을 청구하였으나 甲은 乙에게 대리권을 수여한 바가 없으므로 자신은 채무를 이행할 의무가 없다고 주장하는 경우, 乙에게 X 토지의 매도를 위한 대리권이 있다는 점은 丙이 증명하여야 한다.

② 乙이 매수인 丙으로부터 잔금을 수령하였다면, 특별한 사정이 없는 한 乙이 잔금을 甲에게 전달하지 않았더라도 丙의 잔금지급채무는 소멸한다.

③ 丙이 제3자 丁으로부터 기망을 당하여 乙과 매매계약을 체결한 경우, 乙이 丁의 기망사실을 안 때에 한하여 丙은 사기에 의한 의사표시를 이유로 매매계약을 취소할 수 있다.

④ 甲이 위 매매계약이 시가보다 현저히 낮은 가액에 체결되어 불공정 법률행위로서 무효라고 주장하는 경우, 이에 대하여 궁박 요건은 甲을 기준으로 판단하고, 경솔·무경험 요건은 乙을 기준으로 판단한다.

⑤ 甲이 乙에게 대리권을 수여한 후 甲에 대하여 성년후견이 개시되더라도 乙의 대리권은 소멸하지 않는다.

해 설

① (○) : 대리권이 있다는 점에 대한 입증책임은 그 효과를 주장하는 당사자에게 있다(대판 2008. 9. 25, 2008다42195). ☞ 대리에 있어서 대리권의 존재는 특별효력요건이므로 효과를 주장하는 당사자가 입증해야 한다.

② (○) : 계약이 적법한 대리인에 의하여 체결된 경우에 대리인은 다른 특별한 사정이 없는 한 본인을 위하여 계약상 급부를 변제로서 수령할 권한도 가진다. 그리고 대리인이 그 권한에 기하여 계약상 급부를 수령한 경우에, 그 법률효과는 계약 자체에서와 마찬가지로 직접 본인에게 귀속되고 대리인에게 돌아가지 아니한다(대판 2011. 8. 18, 2011다30871).

③ (×) : 상대방있는 의사표시에 관하여 제삼자가 사기나 강박을 행한 경우에는 상대방이 그 사실을 알았거나 알 수 있었을 경우에 한하여 그 의사표시를 취소할 수 있다(민법 제110조 제2항). ☞ 의사표시의 효력이 의사의 흠결, 사기, 강박 또는 어느 사정을 알았거나 과실로 알지 못한 것으로 인하여 영향을 받을 경우에 그 사실의 유무는 대리인을 표준하여 결정하므로(제116조 제1항), 乙을 기준으로 하는 것은 맞다.

④ (○) : 대리인에 의하여 법률행위가 이루어진 경우 그 법률행위가 민법 제104조의 불공정한 법률행위에 해당하는지 여부를 판단함에 있어서 경솔과 무경험은 대리인을 기준으로 하여 판단하고, 궁박은 본인의 입장에서 판단하여야 한다(대판 2002. 10. 22, 2002다38927).

⑤ (○) : 대리인에 대한 성년후견개시는 대리권 소멸사유에 해당하지만, 본인에 대한 성년후견개시는 대리권 소멸사유가 아니다(제127조).

보충지문

15 **대리는 사실행위에 대해서 허용되지 않으나, 사자는 사실행위에도 허용된다.** 〈2005년 감정평가사〉

해 설 대리는 법률행위만을 대상으로 하나, 사자는 사실행위에도 허용된다.

정 답 14. ③ 15. (○)

16 **대리인은 의사능력이 있어야 하나, 사자는 의사능력이 없어도 된다.** 〈2005년 감정평가사〉

해설 대리의 경우 효과의사를 대리인이 결정해야 하므로 대리인은 의사능력이 있어야 하나, 사자의 경우 본인이 효과의사를 결정하므로 사자는 의사능력이 없어도 된다.

17 **사자에서 본인은 의사능력 외에도 행위능력이 필요하나, 대리에서 본인은 행위능력은 필요 없으나 의사능력은 필요하다.** 〈2005년 감정평가사〉

해설 사자에서 본인은 의사능력 외에 행위능력까지 필요하나, 대리에서 본인은 행위능력과 의사능력이 모두 필요 없다.

18 **의사표시의 하자 유무 또는 어떤 사정의 선의·악의 등의 판단에 관하여, 대리에서는 대리인을 표준으로 하여 결정하나, 사자의 경우에는 본인을 표준으로 한다.** 〈2005년 감정평가사〉

해설 대리에서는 대리인을 표준으로 하여 결정하나(제116조), 사자의 경우에는 본인을 표준으로 한다.

19 **의사표시의 수령의 경우 대리의 경우는 대리인이 요지 가능한 상태가 되면 도달이 되나, 사자는 본인이 요지 가능한 상태가 되어야 도달로 된다.** 〈2005년 감정평가사〉

해설 일반적으로 말하면 수권행위(대리권 수여행위)의 통상의 내용으로서의 임의대리권은 그 권한에 부수하여 필요한 한도에서 상대방의 의사표시를 수령하는 이른바 수령대리권을 포함하는 것으로 보아야 한다(대판 1994. 2. 8, 93다39379). ☞ 따라서 대리의 경우는 대리인이 요지 가능한 상태가 되면 도달이 된다.

20 **대리인이 그 권한 내에서 본인을 위한 것임을 표시한 의사표시는 직접 본인에게 대하여 효력이 생긴다.** 〈2018년 공인노무사〉

해설 민법 제114조 제1항 참조

21 **법정대리인인 친권자의 대리행위가 객관적으로 볼 때 미성년자 본인에게는 경제적인 손실만을 초래하는 반면, 친권자나 제3자에게는 경제적인 이익을 가져오는 행위이고 행위의 상대방이 이러한 사실을 알았거나 알 수 있었을 때에는 민법 제107조제1항 단서의 규정을 유추적용하여 행위의 효과가 자에게는 미치지 않는다고 해석함이 타당하나, 그에 따라 외형상 형성된 법률관계를 기초로 하여 새로운 법률상 이해관계를 맺은 선의의 제3자에 대하여는 같은 조 제2항의 규정을 유추적용하여 누구도 그와 같은 사정을 들어 대항할 수 없다.** 〈2018년 법원행시〉

해설 법정대리인인 친권자의 대리행위가 객관적으로 볼 때 미성년자 본인에게는 경제적인 손실만을 초래하는 반면, 친권자나 제3자에게는 경제적인 이익을 가져오는 행위이고 행위의 상대방이 이러한 사실을 알았거나 알 수 있었을 때에는 민법 제107조 제1항 단서의 규정을 유추적용하여 행위의 효과가 자에게는 미치지 않는다고 해석함이 타당하나, 그에 따라 외형상 형성된 법률관계를 기초로 하여 새로운 법률상 이해관계를 맺은 선의의 제3자에 대하여는 같은 조 제2항의 규정을 유추적용하여 누구도 그와 같은 사정을 들어 대항할 수 없으며, 제3자가 악의라는 사실에관한 주장·증명책임은 무효를 주장하는 자에게 있다(대판 2018. 4. 26, 2016다3201).

정답 16. (○) 17. (×) 18. (○) 19. (○) 20. (○) 21. (○)

22-1 인감도장 및 인감증명서는 대리권을 인정할 수 있는 하나의 자료에 지나지 아니하고 이에 의하여 당연히 본인을 대리하여 양도담보부 금전소비대차계약을 체결할 대리권이 인정되는 것은 아니며, 대리권이 있다는 점에 대한 입증책임은 그 효과를 주장하는 사람에게 있다. 〈2012년 법원행시〉

22-2 대리행위를 한 자에게 대리권이 있다는 점에 대한 증명책임은 대리행위의 효과를 주장하는 자에게 있다. 〈2020년 공인노무사〉

해설 인감도장 및 인감증명서는 대리권을 인정할 수 있는 하나의 자료에 지나지 아니하고 이에 의하여 당연히 피고에게 원고를 대리하여 양도담보부 금전소비대차계약을 체결하거나 위 계약에 대한 공정증서 작성을 촉탁할 대리권이 인정되는 것은 아니며, 대리권이 있다는 점에 대한 입증책임은 그 효과를 주장하는 피고에게 있다(대판 2008. 9. 25, 2008다42195 참조). ☞ 일반적으로 법률행위의 성립요건은 법률행위의 효과를 주장하는 당사자가 그 입증책임을 부담하고, 효력요건의 부존재는 법률행위의 효과를 부인하는 당사자가 그 입증책임을 진다. 다만 대리에 있어서 대리권의 존재나 조건·기한에서 조건의 성취 또는 기한의 도래와 같은 특별효력요건은 다시 효과를 주장하는 당사자가 입증해야 한다.

23 대리인이 그 권한 내에서 본인을 위한 것임을 표시한 의사표시는 직접 본인에 대하여 효력이 생기나 대리인에게 대한 제3자의 의사표시는 이와 다르다. 〈2015년 법무사〉

해설 대리인이 그 권한 내에서 본인을 위한 것임을 표시한 의사표시는 직접 본인에 대하여 효력이 생기고, 또한 대리인에게 대한 제3자의 의사표시도 마찬가지이다(제114조 제1항 및 제2항).

24 대리에 있어 본인을 위한 것임을 표시하는 이른바 현명은 반드시 명시적으로만 할 필요는 없고 묵시적으로도 할 수 있다. 〈2013년 법원행시〉

해설 대판 2004. 2. 13, 2003다43490 참조

25-1 甲이 부동산을 금융기관에 담보로 제공함에 있어 乙에게 그에 관한 대리권을 주었다면 乙이 금융기관과 근저당권설정계약을 체결하면서 대리관계를 표시함이 없이 마치 자신이 甲 본인인 양 행세하였다 하더라도 위 근저당권설정계약의 효력은 본인인 甲에게 미친다. 〈2012년 법원행시〉

25-2 甲의 부동산을 매도할 대리권을 수여받은 乙이 마치 甲인 것처럼 행세하여 甲의 부동산을 丙에게 매도한 경우, 丙은 甲에게 소유권이전등기를 청구할 수 있다. 〈2013년 사법시험〉

25-3 대리인 乙이 자신을 본인 甲이라고 하면서 계약을 체결한 경우 그것이 대리권의 범위 내일지라도 그 계약의 효력은 甲이 아닌 乙에게 귀속된다. 〈2020년 공인노무사〉

해설 甲이 부동산을 농업협동조합중앙회에 담보로 제공함에 있어 동업자인 乙에게 그에 관한 대리권을 주었다면 乙이 동 중앙회와의 사이에 그 부동산에 관하여 근저당권설정계약을 체결함에 있어 그 피담보채무를 동업관계의 채무로 특정하지 아니하고 또 대리관계를 표시함이 없이 마치 자신이 甲 본인인 양 행세하였다 하더라도 위 근저당권설정계약은 대리인인 위 乙이 그의 권한범위 안에서 한 것인 이상 그 효력은 본인인 甲에게 미친다(대판 1987. 6. 23, 86다카1411). ☞ 이른바 주위사정에 의한 현명으로 대리인이 대리권이 있고 그 범위 내에서 법률행위를 한 경우에는 유권대리가 된다.

정답 22-1. (○) 22-2.(○) 23. (×) 24. (○) 25-1. (○) 25-2. (○) 25-3. (×)

26 **대리인에 의한 의사표시의 경우, 착오의 유무는 대리인을 표준으로 결정한다.** 〈2018년 공인노무사〉

해설 민법 제116조 제1항 참조

27 **대리인에 의하여 법률행위가 이루어진 경우 그 법률행위가 민법 제104조의 불공정한 법률행위에 해당하는지 여부를 판단함에 있어서는 대리인을 기준으로 하여야 한다.** 〈2009년 법원행시〉

해설 대리인에 의하여 법률행위가 이루어진 경우 그 법률행위가 민법 제104조의 불공정한 법률행위에 해당하는지 여부를 판단함에 있어서 경솔과 무경험은 대리인을 기준으로 하여 판단하고, 궁박은 본인의 입장에서 판단하여야 한다(대판 2002. 10. 22, 2002다38927).

28-1 **미성년자가 타인을 대리할 때에는 법정대리인의 동의를 얻어야 한다.** 〈2020년 감정평가사〉

28-2 **피성년후견인은 의사능력이 있더라도 단독으로 유효한 대리행위를 할 수 없다.** 〈2023년 공인노무사〉

해설 대리인은 행위능력자임을 요하지 아니한다(제117조).

29 **행위능력자인 임의대리인이 성년후견개시 심판을 받아 제한능력자가 되면 그의 대리권은 소멸한다.** 〈2023년 감정평가사〉

해설 민법 제127조 제2호 참조

30-1 **대리권의 범위가 명확하지 않은 임의대리인이라 하더라도 소멸시효를 중단시킬 수 있다.** 〈2015년 공인노무사〉

30-2 **권한을 정하지 않은 대리인은 보존행위를 할 수 있다.** 〈2019년 공인노무사〉

30-3 **권한을 정하지 아니한 대리인은 보존행위 및 대리의 목적인 물건이나 권리의 성질을 변하지 아니하는 범위 내에서 그 이용 또는 개량하는 행위만을 할 수 있다.** 〈2015년 법무사〉

해설 제118조. 소멸시효를 중단시키는 것은 보존행위이다.

31 **매수인이 매도인을 대리하여 매매대금을 수령할 권한을 가진 자에게 잔대금의 수령을 최고하고 그 자를 공탁물수령자로 지정하여 한 변제공탁은 매도인에 대한 잔대금 지급의 효력이 있다.** 〈2015년 법무사〉

해설 대판 2012. 3. 15, 2011다77849 참조

32 **채무 담보의 목적으로 채무자를 대리하여 채무자의 부동산을 매도할 권한을 위임받은 채권자는, 그 부동산의 가치를 임의로 평가하여 자신의 채권자에게 대물변제할 권한도 있다.** 〈2011년 변리사〉

해설 채권자가 채무담보의 목적으로 채무자를 대리하여 부동산을 처분하는 권한을 위임받은 경우, 그 부동산의 가치를 임의로 평가하여 자신의 채권자에게 대물변제할 권한까지 부여받은 것으로 볼 수 없다(대판 1997. 9. 9,97다22720).

정답 26. (○) 27. (×) 28-1. (×) 28-2. (×) 29. (○) 30-1. (○) 30-2. (○) 30-3. (○) 31. (○) 32. (×)

33-1 **대리인이 수인(數人)인 경우에 대리인은 원칙적으로 공동으로 대리하고 수권행위 또는 법률로 달리 정하는 경우에만 각자 본인을 대리한다.** 〈2017년 감정평가사〉

33-2 **대리인이 수인인 때에는 법률 또는 수권행위에서 달리 정한 바가 없으면 공동으로 본인을 대리한다.** 〈2019년 공인노무사〉

해설 제119조. 각자 대리가 원칙이다.

34 **임의대리인이 본인의 지명에 의하여 복대리인을 선임한 경우, 본인의 승낙이 있거나 부득이한 사유로 복대리인을 선임한 경우보다 본인에 대한 대리인의 그 선임·감독상 책임이 감경된다.** 〈2009년 공인노무사〉

해설 그 부적임 또는 불성실함을 알고 본인에게 대한 통지나 그 해임을 태만한 때가 아니면 책임이 없다(제121조 제2항).

35 **법정대리인이 부득이한 사유로 복대리인을 선임한 경우, 그 선임감독에 관한 책임만이 있다.** 〈2017년 감정평가사〉

해설 민법 제122조 단서 참조

36-1 **복대리인은 본인에 대해 어떠한 권리·의무도 부담하지 않는다.** 〈2023년 감정평가사〉

36-2 **복대리인은 본인이나 제3자에 대하여 대리인과 동일한 권리의무가 있다.** 〈2018년 공인노무사〉

해설 민법 제123조 제2항 참조

37 **대리인의 대리권의 범위가 명확하지 않은 경우, 복대리인은 보존행위를 할 수 있다.** 〈2009년 공인노무사〉

해설 복대리인은 본인의 임의대리인으로서 제118조가 적용된다.

38 **복대리인을 선임하더라도 대리인의 대리권은 소멸하지 않는다.** 〈2017년 감정평가사〉

해설 복대리권은 대리인의 대리권에 기초하는 것이므로 대리인의 대리권이 소멸하면 복대리권도 소멸한다. 따라서 복대리인을 선임하더라도 대리인의 대리권은 소멸하지 않는다(통설).

39 **복대리인이 선임한 대리인은 모두 법정대리인이다.** 〈2017년 감정평가사〉

해설 모두 임의대리인으로 해석된다. 복대리인에 의하여 "선임된" 대리인은 임의대리인이기 때문이다.

40 **대주와 차주가 사채알선업자에게 쌍방을 대리하여 금전 소비대차계약을 체결하도록 승낙한 경우, 특별한 사정이 없는 한 차주의 변제를 수령할 권한도 사채알선업자에게 인정된다.** 〈2017년 변호사시험〉

해설 사채를 얻은 쪽이나 놓은 쪽 모두 상대방이 누구인지 모른 채, 또한 상대방이 누구인지 상관하지 아니

정답 33-1. (×) 33-2. (×) 34. (○) 35. (○) 36-1. (×) 36-2. (○) 37. (○) 38. (○) 39. (×) 40. (○)

하고 사채알선업자를 신뢰하여 그로 하여금 사채를 얻는 쪽과 놓는 쪽 쌍방을 대리하여 금전 소비대차계약과 담보권설정계약을 체결하도록 하는 방식으로 사채알선업을 하는 경우, 그 사채알선업자는 소비대차계약의 체결에 있어서 대주에 대하여는 차주의 대리인 역할을 하고, 반대로 차주에 대하여는 대주의 대리인 역할을 하게 되는 것이고, 대주로부터 소비대차계약을 체결할 대리권을 수여받은 대리인은 특별한 사정이 없는 한 그 소비대차계약에서 정한 바에 따라 차주로부터 변제를 수령할 권한도 있다고 봄이 상당하므로 차주가 그 사채알선업자에게 하는 변제는 유효하다(대판 1997. 7. 8, 97다12273).

41 **친권자가 자신의 부동산을 미성년 자녀에게 증여하는 행위는 자기계약이지만 유효하다.** 〈2018년 공인노무사〉

해설 통설은 친권자와 그 자 사이에서는 민법 제921조를 제124조에 대한 특칙으로 보고 이해상반행위만 아니라면 자기계약이나 쌍방대리도 허용된다고 한다. 따라서 지문의 경우 자기계약에는 해당되지만 이해상반행위는 아니므로 유효하다고 한다.

42 **해산한 법인이 정관에서 해산시 잔여재산이 귀속될 자를 지정하고 있는데, 그 귀속될 자의 대표자가 해산한 법인의 대표청산인인 경우 쌍방대리금지 원칙에 따라 잔여재산 귀속에 관하여 해산 법인을 대표할 특별대리인이 선임되어야 한다.** 〈2011년 법원행시〉

해설 해산한 법인이 해산시 잔여재산이 지정한 자에게 귀속한다는 정관 규정에 따라 구체적으로 확정된 잔여재산이전의무의 이행으로서 잔여재산인 토지를 그 귀속권리자에게 이전하는 것은 채무의 이행에 불과하므로 그 귀속권리자의 대표자를 겸하고 있던 해산한 법인의 대표청산인에 의하여 잔여재산 토지에 관한 소유권이전등기가 그 귀속권리자에게 경료되었다고 하더라도 이는 쌍방대리금지 원칙에 반하지 않는다(대판 2000. 12. 8, 98두5279).

43-1 **임의대리인에서 본인은 원인된 법률관계가 종료하기 전이라도 언제든지 수권행위를 철회할 수 있다.** 〈2009년 공인노무사〉

43-2 **대리권은 다른 특약이 없으면 법률관계의 종료 전에 수권행위를 철회한 경우에도 소멸한다.** 〈2017년 감정평가사〉

해설 민법 제128조 참조

44 **甲으로부터 5억 원에 토지매수를 부탁받은 임의대리인 乙이 甲의 허락을 얻어 丙을 복대리인으로 선임하였다. 丙은 매수의뢰가격이 5억 원임을 알고 있음에도 丁의 토지를 조속히 매수하기 위하여 丁과 6억 원에 매수하는 계약을 체결하였다. 甲, 乙, 丙, 丁의 법률관계에 관한 설명으로 옳은 것은? (다툼이 있으면 판례에 따름)** 〈2015년 공인노무사〉

① 乙은 甲의 이름으로 丙을 선임한다.
② 乙은 甲에 대하여 丙의 선임감독에 대한 책임을 지지 않는다.
③ 丙은 乙의 동의가 있더라도 특별한 사정이 없는 한, 토지매매계약을 해제할 수 없다.
④ 만약 乙이 사망하더라도 丙의 복대리권은 소멸하지 않는다.
⑤ 토지를 5억 원에 매수해달라는 부탁을 받은 丙이 丁과 6억 원에 매수하는 계약을 체결한 것은 착오에 의한 의사표시이므로 甲은 매매계약을 취소할 수 있다.

정답 41. (○) 42. (×) 43-1. (○) 43-2. (○) 44. ③

해 설

①(×) : 복대리에서 乙은 甲의 이름이 아닌 자신의 이름으로 丙을 선임한다.
②(×) : 임의대리인 乙은 甲에 대하여 丙의 선임감독에 대한 책임을 지는 것이 원칙이다(제121조 제1항).
③(○) : 대리인이 매매계약을 체결한 후 해제를 하거나 해제의사표시를 수령할 권한이 없다(대판 2008. 1. 31, 2007다74713). 따라서 丙은 乙의 동의가 있더라도 특별한 사정이 없는 한, 토지매매계약을 해제할 수 없다.
④(×) : 만약 乙이 사망해서 대리권이 소멸하면 丙의 복대리권도 따라서 소멸한다.
⑤(×) : 토지를 5억 원에 매수해달라는 부탁을 받은 丙이 丁과 6억 원에 매수하는 계약을 체결한 것은 착오에 의한 의사표시가 될 수 없다. 즉 대리인의 의사표시 하자 유무는 대리인 자신을 기준으로 하기 때문이다(제116조).

Ⅱ. 표현대리

45 권한을 넘은 표현대리에 관한 설명 중 옳지 않은 것은? (다툼이 있는 경우에는 판례에 의함)

〈2009년 변리사〉

① 표현대리가 성립하기 위해서는 대리인에게 기본대리권이 있어야 하는데, 기본대리권에는 복대리권도 포함된다.
② 부부의 일상가사대리권도 기본대리권이 될 수 있다.
③ 등기신청의 대리권과 같은 공법상의 대리권을 기본대리권으로 한 표현대리의 성립은 인정되지 않는다.
④ 1,000만원의 범위 내에서 채무부담의 권한을 수여받은 대리인이 5,000만원의 채무부담행위를 한 경우, 표현대리가 성립하지 않는 때에도, 1,000만원의 범위 내에서 채무부담행위는 유효하다.
⑤ 무권대리행위가 비정상적이거나 이례적인 경우임에도 불구하고 상대방이 대리권의 유무나 본인의 의사를 조사·확인하지 않았다면, 대리권이 있다고 믿을 만한 정당한 이유가 있다고 보기 어렵다.

해 설

①(○) : 권한을 넘은 표현대리가 성립하기 위해서는 대리인이 현실로 이루어진 행위에 대한 대리권은 없지만 다른 어떤 행위에 대한 대리권, 즉 기본대리권을 가지고 있어야 한다. 따라서 기본대리권의 존재는 민법 제126조의 표현대리의 필수요건이다(대판 1974. 5. 14, 73다148). 그리고 표현대리에 관한 법리는 대리의 경우와 복대리와의 사이에 차이가 있는 것은 아니므로, 민법 제126조의 대리인에는 복대리인도 포함되고, 복대리인이 권한을 넘은 대리행위를 한 경우에도 표현대리가 인정된다(대판 1962. 10. 18, 62다508 등).
②(○) : 다수설과 판례는 일상가사대리권을 기본대리권으로 한 민법 제126조의 표현대리를 인정한다(대판 1967. 8. 29, 67다1125 등).
③(×) : 기본대리권이 공법상의 행위에 관한 것이고 표현대리행위가 사법상의 행위일지라도 민법 제126조의 표현대리는 성립한다. 따라서 기본대리권이 '등기신청행위'라 할지라도 표현대리인이 그 권한을 유월하여 '대물변제'라는 사법행위를 한 경우에는 표현대리의 법리가 적용된다(대판 1978. 3. 28, 78다282).
④(○) : 1,000만원의 한도 내에서는 당연히 대리권의 범위 내에 속하는 것이므로 위 채무부담행위는 위 금 1,000만원의 범위 내에서는 대리행위에 의하여 본인에게 그 효력을 미치는 유효한 것이다(대판 1987. 9. 8, 86다카754 등).
⑤(○) : 상대방이 대리권의 유무나 본인의 의사를 조사·확인하지 하지 아니한 채 그 대리권이 있는 것으로 믿었다면 그에게 과실이 있다고 할 수 있으므로 표현대리의 성립이 부정된다(대판 1995. 9. 26, 95다23743 등).

정답 45. ③

46 **다음 중 표현대리가 성립할 수 있는 경우는? (단, 丙은 선의·무과실이고, 다툼이 있는 경우에는 판례에 의함)** 〈2011년 변리사〉

① 甲이 乙에게 甲소유의 토지를 처분할 권한을 부여하였는데, 乙은 甲이 수권행위를 철회한 후에 丁을 복대리인으로 선임하였고, 丁은 丙과 그 토지에 관한 매매계약을 체결하였다.
② 甲소유의 자동차에 대한 매도권한을 수여받은 乙은 상대방인 丙과 계약을 체결하면서 현명하지 않았지만, 丙은 乙이 甲의 대리인이라는 것을 알고 있었다.
③ 임대차 계약체결을 위한 대리권을 甲으로부터 수여받은 乙이 甲인 것처럼 행세하여 甲의 이름으로 丙과 임대차계약을 체결하였는데, 丙은 乙을 甲이라고 생각하였다.
④ 甲은 乙에게 저당권설정을 위한 대리권을 수여하였는데, 乙은 자신의 명의로 소유권이전등기를 한 후에 丙에게 저당권을 설정해 주었다.
⑤ 甲이 관련 서류를 위조하고 丁을 남편으로 가장시켜 남편인 乙소유의 부동산을 담보로 丁이 丙은행으로부터 대출받았는데, 丙은 丁을 乙이라고 생각하였다.

해설

①(○) : 표현대리의 법리는 거래의 안전을 위하여 어떠한 외관적 사실을 야기한 데 원인을 준 자는 그 외관적 사실을 믿음에 정당한 사유가 있다고 인정되는 자에 대하여는 책임이 있다는 일반적인 권리외관 이론에 그 기초를 두고 있는 것인 점에 비추어 볼 때, 대리인이 대리권 소멸 후 직접 상대방과 사이에 대리행위를 하는 경우는 물론 대리인이 대리권 소멸 후 복대리인을 선임하여 복대리인으로 하여금 상대방과 사이에 대리행위를 하도록 한 경우에도, 상대방이 대리권 소멸 사실을 알지 못하여 복대리인에게 적법한 대리권이 있는 것으로 믿었고 그와 같이 믿은 데 과실이 없다면 민법 제129조에 의한 표현대리가 성립할 수 있다(대판 1998. 5. 29, 97다55317 참조).

②(×) : 민법 제115조 단서에 의해 표현대리가 아닌 유권대리가 된다. 즉 대리인이 본인을 대리하여 행위를 함에 있어서는 민법 제114조 제1항의 규정에 따라 본인과 대리인을 표시하여야 하는 것이므로, 대리관계의 현명을 하지 아니한 채 행위를 하더라도 본인에게 효력이 없는 것이지만, 대리에 있어 본인을 위한 것임을 표시하는 이른바 현명은 반드시 명시적으로만 할 필요는 없고 묵시적으로도 할 수 있는 것이고, 나아가 현명을 하지 아니한 경우라도 여러 사정에 비추어 대리인으로서 행위한 것임을 상대방이 알았거나 알 수 있었을 때에는 민법 제115조 단서의 규정에 의하여 본인에게 효력이 미치는 것이다(대판 2008. 5. 15, 2007다14759).

③(×) : 대리인은 반드시 대리인임을 표시하여 의사표시를 하여야 하는 것은 아니며, 여러 사정을 종합하여 대리행위로 인정되는 한 대리의 성립을 긍정하여야 한다. 이른바 서명대리(署名代理)도 허용되어(대판 1987. 6. 23, 86다카1411 참조) 본인을 위한 것임을 현명하지 않고 본인 명의로도 할 수 있다(지원림 민법강의 제15판 p.286 참조).

> **[판례]** 甲이 부동산을 농업협동조합중앙회에 담보로 제공함에 있어 동업자인 乙에게 그에 관한 대리권을 주었다면 乙이 동 중앙회와의 사이에 그 부동산에 관하여 근저당권설정계약을 체결함에 있어 그 피담보채무를 동업관계의 채무로 특정하지 아니하고 또 대리관계를 표시함이 없이 마치 자신이 甲 본인인 양 행세하였다 하더라도 위 근저당권설정계약은 대리인인 위 乙이 그의 권한범위 안에서 한 것인 이상 그 효력은 본인인 甲에게 미친다(대판 1987. 6. 23, 86다카1411). ☞ 대리인이 담보 제공에 관한 대리권을 수여받고 담보 제공(근저당권 설정)을 한 사안으로 유권대리가 된다. 지문의 경우도 乙이 임대차계약체결을 위한 대리권을 甲으로부터 수여받고, 임대차계약을 체결하였으므로 유권대리가 된다.

정답 46. ①

[비교판례] '甲'이 임대차계약을 체결함에 있어서 임차인 명의를 원고 명의로 하기는 하였으나 '甲'의 이름이 원고인 것 같이 행세하여 계약을 체결함으로써 피고는 '甲'과 원고가 동일인인 것으로 알고 계약을 맺게 되었다면 설사 '甲'이 원고를 위하여 하는 의사로서 위 계약을 체결하였다 하더라도 위 계약의 효력은 원고에게 미치지 않는다(대판 1974. 6. 11, 74다165). ☞ 본인의 이름을 사용하면서 대리인이 본인처럼 행세하고 상대방도 대리인을 본인으로 안 경우에, 대리인 자신이 당사자가 된다는 취지의 판례이다(지원림 민법강의 제15판 p.286 참조). 이때는 대리의 법리가 적용될 수 없다(김준호 민법강의 제22판 p.333). 부연하자면 이 [비교판례]는 '임차인'명의를 모용한 사안이고, '임대인'명의를 모용한 사안이 아닙니다. '임차인'명의를 모용한 사안의 경우에는 임대차계약을 체결하고 실제 건물에 들어와 살고 있는 사람 즉 행위자(대리인)가 당사자로 확정되므로 아예 대리의 법리가 적용될 수 없다는 것입니다. 만약 ③번 지문도 임차인 명의를 모용한 사안임이 명확하다면 이 판결에 해당된다고 볼 수 있습니다. 그런데 ③번 지문은 단지 '임대차계약 체결'이라고만 하여 임대인 명의를 모용한 사안인지 임차인 명의를 모용한 사안인지 명확하지 않습니다. 오히려 "임대차 계약체결을 위한 대리권을 수여받았다."고 한 점에서 임대권한을 수여받고 임대인 명의를 모용한 사례로 보는 것이 출제자의 의도에 가깝다고 보여집니다. 특히 ⑤번 지문에도 "丙은 丁을 乙이라고 생각하였다."고 되어 있는데, ⑤번 지문에 해당하는 판례에서는 본인(남편)인 乙을 당사자로 보고 표현대리성립여부를 판단했습니다. 이러한 점에 비추어 보면 ③번 지문도 본인인 甲을 당사자로 보는 것이 출제자의 의도라고 보여집니다. 다만 출제자가 지문을 애매하게 주면서 수험생들보고 당사자를 확정하라는 문제는 출제되지 않을 것이니 수험생의 입장에서는 위 두 판례만 잘 비교해서 정리해 두시면 그 이상은 신경 쓰지 않으셔도 될 것 같습니다. 이 문제에서도 어느 판례에 따르더라도 ③번 지문이 표현대리가 성립하는 경우는 아니라는 점에서 문제를 푸는 데는 아무런 지장이 없었습니다.

④ (×) : 제126조의 표현대리는 초월하는 대리행위가 있어야 한다. 즉 표현대리인과 상대방 사이에 대리행위가 없는 때에는 제126조에 따른 표현대리는 적용될 수 없다. 따라서 「대리인이 본인으로부터 위임받은 바와는 달리 이전등기의 관계서류를 위조 내지 변조하여 본인으로부터 직접 자기 앞으로 이전한 후 제3자를 통하여 담보권을 설정하였다고 한다면 특별한 사정이 없는 한 담보권설정계약의 당사자는 대리인과 제3자로서 그 대리인은 본인의 대리인으로서 그러한 계약을 하였다고 볼 수 없다」(대판 1972. 5. 23, 71다2365). 따라서 乙이 甲으로부터 甲을 대리하여 타로부터 금원을 차용하고 부동산에 관한 담보권설정의 대리권을 수여받고 권리증·인감증명서 등을 교부받았음에도 자기 앞으로 소유권을 이전하여 자신의 이름으로 丙에게 담보권을 설정하여 주고 금원을 차용하여 이를 유용한 경우에는 丙이 乙에게 금원을 대여하고 그 부동산에 담보권을 설정한 것은 乙을 진실한 소유자로 믿고 한 것이지 그 乙을 甲의 대리인이라고 믿고 한 것이 아니므로 민법 제126조를 유추하여서 丙 명의의 위 담보권을 유효하다고 할 수 없다.

⑤ (×) : 처가 제3자를 남편으로 가장시켜 관련 서류를 위조하여 남편 소유의 부동산을 담보로 금원을 대출받은 경우, 남편에 대한 민법 제126조 소정의 표현대리책임을 부정한 사례(대판 2002. 6. 28, 2001다49814).
☞ 丁에게 아무런 기본대리권이 없기 때문이다.

47 **표현대리에 관한 설명으로 옳은 것은? (다툼이 있는 경우에는 판례에 의함)** 〈2013년 변리사〉

① 기본대리권 없는 자가 자신이 본인인 것처럼 가장하여 본인 명의로 법률행위를 한 경우에는 특별한 사정이 없는 한, 권한을 넘은 표현대리가 성립하지 않는다.
② 표현대리가 성립하는 경우, 상대방에게 과실이 있으면 과실상계의 법리를 유추적용하여 본인의 책임을 경감할 수 있다.
③ 대리권수여의 표시에 의한 표현대리에 해당하여 대리행위의 효과가 본인에게 귀속하기 위해서는 대리행위의 상대방의 선의 이외에 무과실까지 요하는 것은 아니다.

정답 47. ①

④ 권한을 넘은 표현대리 규정은 법정대리에는 그 적용이 없다.
⑤ 등기신청의 대리권을 수여받은 자가 그 권한을 유월하여 대물변제라는 사법행위를 한 경우에는 권한을 넘은 표현대리가 성립하지 않는다.

해설

① (○) : 사술을 써서 위와 같은 대리행위의 표시를 하지 아니하고 단지 본인의 성명을 모용하여 자기가 마치 본인인 것처럼 기망하여 본인 명의로 직접 법률행위를 한 경우에는 특별한 사정이 없는 한 제126조 소정의 표현대리는 성립될 수 없다(대판 2002. 6. 28, 2001다49814). ☞ 기본대리권이 있는 경우에는 판례가 제126조의 유추적용을 인정한다.
② (×) : 표현대리행위가 성립하는 경우에 그 본인은 표현대리행위에 의하여 전적인 책임을 져야 하고, 상대방에게 과실이 있다고 하더라도 과실상계의 법리를 유추적용하여 본인의 책임을 경감할 수 없다(대판 1996. 7. 12, 95다49554).
③ (×) : 제125조의 대리권수여의 표시에 의한 표현대리는 상대방의 선의, 무과실이어야 한다.
④ (×) : 민법 제126조의 표현대리 규정은 임의대리 법정대리 모두 적용된다(대판 1997. 6. 27, 97다3828).
⑤ (×) : 기본대리권이 등기신청행위라 할지라도 표현대리인이 그 권한을 유월하여 대물변제라는 사법행위를 한 경우에는 표현대리의 법리가 적용된다(대판 1978. 3. 28, 78다282, 283). ☞ 두 가지 의미가 있는 판례이다. 첫째, 공법상의 행위에 대한 대리권도 기본대리권이 된다. 둘째, 정당하게 부여받은 대리권의 내용되는 행위와 표현대리행위는 반드시 같은 종류의 행위에 속할 필요는 없다(대판 1969. 7. 22, 69다548).

48 **대리에 관한 설명으로 옳지 않은 것은? (다툼이 있는 경우에는 판례에 의함)** 〈2014년 변리사〉

① 주식거래에 관한 투자수익보장약정이 강행법규의 위반으로 무효인 경우, 그러한 약정을 체결할 권한이 수여되었는지 여부와 관계없이 표현대리에 관한 법리가 적용될 수 없다.
② 대리권 없는 대리인이 본인을 위한다는 의사를 표시하지 않고 그의 이름을 모용하여 마치 자기가 본인인 것처럼 기망하여 본인 명의로 직접 대리권의 범위를 넘은 법률행위를 한 때에는, 특별한 사정이 없으면, 권한을 넘은 표현대리가 성립할 수 없다.
③ 권한을 넘은 표현대리에 있어서 정당한 이유의 유무는 대리행위 당시를 기준으로 하고 대리행위 성립 이후의 사정을 참작하여 판정하여야 한다.
④ 표현대리가 성립하면 그 본인은 표현대리행위에 대하여 전적인 책임을 져야 하고 상대방에게 과실이 있다고 하더라도 과실상계의 법리를 유추적용하여 그의 책임을 감경할 수 없다.
⑤ 대리권 소멸 후의 표현대리에 관한 민법 제129조는 임의대리권이 소멸한 경우만이 아니라 법정대리인의 대리권 소멸에 관하여도 그 적용이 있다.

해설

① (○) : 주식거래에 관한 투자수익보장약정이 강행법규의 위반으로 무효인 경우, 그러한 약정을 체결할 권한이 수여되었는지 여부와 관계없이 표현대리에 관한 법리가 적용될 수 없다(대판 1996. 8. 23, 94다38199).
② (○) : 민법 제126조의 표현대리는 대리인이 본인을 위한다는 의사를 명시 혹은 묵시적으로 표시하거나 대리의사를 가지고 권한외의 행위를 하는 경우에 성립하고, 사술을 써서 위와 같은 대리행위의 표시를 하지 아니하고 단지 본인의 성명을 모용하여 자기가 마치 본인인 것처럼 기망하여 본인명의로 직접 법률행위를 한 경우에는 특별한 사정이 없는 한 위 제126조 소정의 표현대리는 성립될 수 없다(대판 1988. 2. 9, 87다카273).
③ (×) : 다수설과 판례는 대리행위시를 기준으로 한다(대판 1987. 7. 7, 86다카2475). 소수설이 사실심변론종결

정답 48. ③

시를 기준으로 한다.
④ (○) : 표현대리가 성립하면 그 본인은 표현대리행위에 대하여 전적인 책임을 져야 하고 상대방에게 과실이 있다고 하더라도 과실상계의 법리를 유추적용하여 그의 책임을 감경할 수 없다(대판 1996. 7. 12, 95다49554).
⑤ (○) : 판례는 제125조 대리권수여표시에 의한 표현대만 임의대리문제라고 하고, 나머지의 표현대리는 임의대리, 법정대리 다 적용된다고 한다. 따라서 대리권 소멸 후의 표현대리에 관한 민법 제129조는 임의대리권이 소멸한 경우만이 아니라 법정대리인의 대리권 소멸에 관하여도 그 적용이 있다.

49 **표현대리에 관한 설명으로 옳지 않은 것은? (다툼이 있으면 판례에 따름)** 〈2016년 변리사〉

① 비법인사단인 교회의 대표자가 교인총회의 결의를 거치지 않고 총유물인 교회재산을 처분한 행위에 대하여는 민법 제126조(권한을 넘은 표현대리)를 준용할 수 있다.
② 민법 제129조(대리권소멸후의 표현대리)에 의하여 인정되는 표현대리를 기본대리권으로 하여 그 권한을 넘는 표현대리가 성립할 수 있다.
③ 민법 제125조(대리권수여의 표시에 의한 표현대리)의 표현대리가 인정되려면, 대리행위의 상대방이 대리인으로 행위한 사람에게 실제로는 대리권이 없다는 점에 대하여 선의일 뿐만 아니라 무과실이어야 한다.
④ 민법 제126조의 표현대리가 인정되려면, 대리행위의 상대방이 대리행위가 대리권의 범위 내에 있다고 믿고 그와 같이 믿는 데 정당한 이유가 있을 것을 요한다.
⑤ 민법 제125조의 표현대리는 어떤 자가 본인을 대리하여 제3자와 법률행위를 함에 있어 본인이 그 자에게 대리권을 수여하였다는 표시를 제3자에게 한 경우에 성립한다.

해 설

① (×) : 비법인사단인 교회의 대표자는 총유물인 교회 재산의 처분에 관하여 교인총회의 결의를 거치지 아니하고는 이를 대표하여 행할 권한이 없다. 그리고 교회의 대표자가 권한 없이 행한 교회 재산의 처분행위에 대하여는 민법 제126조의 표현대리에 관한 규정이 준용되지 아니한다(대판 2009. 2. 12, 2006다23312).
② (○) : 즉 과거에 가졌던 대리권이 소멸되어 민법 제129조에 의하여 표현대리로 인정되는 경우에 그 표현대리의 권한을 넘는 대리행위가 있을 때에는 민법 제126조에 의한 표현대리가 성립할 수 있다(대판 2008. 1. 31, 2007다74713).
③ (○) : 민법상 표현대리가 성립하기 위해서는 상대방이 선의이면서 무과실이어야 한다(대판 1997. 3. 25, 96다51271).
④ (○) : 정당한 이유에 대한 판례의 태도이다. 즉 민법 제126조의 표현대리가 인정되려면, 대리행위의 상대방이 대리행위가 대리권의 범위 내에 있다고 믿고 그와 같이 믿는 데 정당한 이유가 있을 것을 요한다(대판 2009. 4. 23, 2008다95861).
⑤ (○) : 민법 제125조가 규정하는 대리권 수여의 표시에 의한 표현대리는 본인과 대리행위를 한 자 사이의 기본적인 법률관계의 성질이나 그 효력의 유무와는 관계없이 어떤 자가 본인을 대리하여 제3자와 법률행위를 함에 있어 본인이 그 자에게 대리권을 수여하였다는 표시를 제3자에게 한 경우에 성립한다(대판 2007. 8. 23, 2007다23425).

정답 49. ①

50 乙은 甲의 대리인으로서 甲을 위하여 丙과 계약을 체결하였다. 이에 관한 설명으로 옳지 않은 것은? (다툼이 있으면 판례에 따름) 〈2019년 변리사〉

① 乙이 임의대리인이라면 乙은 행위능력자임을 요하지 않는다.
② 乙의 대리행위가 무권대리라는 이유로 甲이 무효를 주장하는 경우, 乙의 대리행위가 권한을 넘은 표현대리행위라는 주장 및 증명책임은 丙에게 있다.
③ 매매계약의 체결에 관한 권한을 수여받은 乙이 甲을 대리하여 매매계약을 체결한 경우, 乙은 특별한 사정이 없는 한 甲을 대리하여 매매계약의 해제 등 일체의 처분권을 행사할 수 있다.
④ 甲으로부터 아파트에 관한 일체의 관리권한을 위임받아 甲으로 가장하여 아파트를 丙에게 임대한 乙이 다시 甲으로 가장하여 임차인 丙에게 아파트를 매도하였다면, 권한을 넘은 표현대리의 법리를 유추적용할 수 있다.
⑤ 대리권 수여행위는 묵시적인 의사표시로도 할 수 있으므로, 乙이 甲의 대리인의 외양을 가지고 행위하는 것을 甲이 알면서도 이의를 하지 않고 방임하는 등 사실상의 용태에 의하여 대리권의 수여가 추단되는 경우도 있다.

해설

①(○) : 민법 제117조 참조

②(○) : 계약체결의 대리권을 상대방을 특정하여 부여할 수 있는 것이며 본조에 의한 표현대리 행위로 인정된다는 점의 주장 및 입증책임은 그것을 유효하다고 주장하는 자에게 있는 것이다(대판 1968. 6. 18, 68다694).

③(×) : 어떠한 계약의 체결에 관한 대리권을 수여받은 대리인이 수권된 법률행위를 하게 되면 그것으로 대리권의 원인된 법률관계는 원칙적으로 목적을 달성하여 종료하는 것이고, 법률행위에 의하여 수여된 대리권은 그 원인된 법률관계의 종료에 의하여 소멸하는 것이므로(민법 제128조), 그 계약을 대리하여 체결하였던 대리인이 체결된 계약의 해제 등 일체의 처분권과 상대방의 의사를 수령할 권한까지 가지고 있다고 볼 수는 없다(대판 2008. 6. 12, 2008다11276).

④(○) : 본인으로부터 아파트에 관한 임대 등 일체의 관리권한을 위임받아 본인으로 가장하여 아파트를 임대한 바 있는 대리인이 다시 자신을 본인으로 가장하여 임차인에게 아파트를 매도하는 법률행위를 한 경우에는 권한을 넘은 표현대리의 법리를 유추적용하여 본인에 대하여 그 행위의 효력이 미친다고 볼 수 있다(대판 1993. 2. 23, 92다52436).

⑤(○) : 대리권을 수여하는 수권행위는 불요식의 행위로서 명시적인 의사표시에 의함이 없이 묵시적인 의사표시에 의하여 할 수도 있으며, 어떤 사람이 대리인의 외양을 가지고 행위하는 것을 본인이 알면서도 이의를 하지 아니하고 방임하는 등 사실상의 용태에 의하여 대리권의 수여가 추단되는 경우도 있다(대판 2016. 5. 26, 2016다203315).

51 乙은 甲으로부터 甲의 부동산을 담보로 3천만 원을 차용할 수 있는 대리권을 수여받았다고 하면서 甲을 대리하여 丙과 소비대차계약을 체결하였다. 이에 관한 설명으로 옳지 않은 것은? (다툼이 있으면 판례에 따름) 〈2020년 변리사〉

① 甲이 丙을 상대로, 乙에게 위와 같은 권한을 부여하였다고 말하였지만 실제로는 대리권을 乙에게 수여하지 않은 경우, 甲은 선의이고 무과실인 丙에게 대리권수여의 표시에 의한 표현대리의 책임을 진다.
② 乙이 甲으로부터 위와 같은 권한을 적법하게 부여받고서 丙과 5천만 원을 차용하는 계약을 체결한

정답 50. ③ 51. ④

경우, 丙이 乙에게 그런 권한이 있었다고 믿을 만한 정당한 이유가 있었다면 3천만 원을 초과하는 부분에 대해서는 甲은 권한을 넘은 표현대리의 책임을 진다.

③ 甲으로부터 위와 같은 권한을 적법하게 부여받은 乙이 선임한 복대리인 丁이 丙으로부터 5천만 원을 차용하는 계약을 체결한 경우, 丙이 丁에게 그런 권한이 있었다고 믿을 만한 정당한 이유가 있었다면 3천만 원을 초과하는 부분에 대해서는 甲은 권한을 넘은 표현대리의 책임을 진다.

④ 甲으로부터 위와 같은 권한을 적법하게 부여받은 乙이 소비대차계약 대신 丙에게 甲의 대리인으로서 그 부동산을 매도하였다면, 丙이 乙에게 매도할 권한이 있었다고 믿을 만한 정당한 이유가 있었다고 하더라도 매도행위는 차용행위와는 별개이므로 甲은 권한을 넘은 표현대리의 책임을 지지 않는다.

⑤ 권한을 넘은 표현대리에서 정당한 이유의 존부는 자칭 대리인의 대리행위가 행하여질 때에 존재하는 모든 사정을 객관적으로 관찰하여 판단하여야 한다.

해 설

① (○) : 민법 제125조 참조

② (○) : 민법 제126조 참조

③ (○) : 대리인이 사자 내지 임의로 선임한 복대리인을 통하여 권한 외의 법률행위를 한 경우, 상대방이 그 행위자를 대리권을 가진 대리인으로 믿었고 또한 그렇게 믿는 데에 정당한 이유가 있는 때에는, 복대리인 선임권이 없는 대리인에 의하여 선임된 복대리인의 권한도 기본대리권이 될 수 있을 뿐만 아니라, 그 행위자가 사자라고 하더라도 대리행위의 주체가 되는 대리인이 별도로 있고 그들에게 본인으로부터 기본대리권이 수여된 이상, 민법 제126조를 적용함에 있어서 기본대리권의 흠결 문제는 생기지 않는다(대판 1998. 3. 27, 97다48982).

④ (×) : 정당하게 부여받은 대리권의 내용되는 행위와 표현대리행위는 반드시 같은 종류의 행위에 속할 필요는 없다(대판 1969. 7. 22, 69다548).

⑤ (○) : 여기의 정당한 이유의 존부는 자칭 대리인의 대리행위가 행하여 질 때에 존재하는 제반사정을 객관적으로 관찰하여 판단하여야 하는 것이지 당해 법률행위가 이루어지고 난 훨씬 뒤의 사정을 고려하여 그 존부를 결정해야 하는 것은 아니다(대판 1987. 7. 7, 86다카2475 ; 대판 2009. 11. 12, 2009다46828).

보충지문

52 제125조 소정의 대리권 수여의 표현대리에 있어서, 대리권 수여의 표시는 위임장 등 서면에 의하여야 하고, 한편 백지위임장을 교부하는 것은 일반적으로 그 소지자에게 대리권을 준 뜻을 표시한 것이 된다. 〈2002년 사법시험〉

해 설 제125조의 표현대리에서 대리권수여의 표시는 위임장에 의하는 것이 보통이지만, 서면에 의하지 않는 구두라도 무방하다. 한편 백지위임장을 교부하는 것은 일반적으로 그 소지자에게 대리권을 준 뜻을 표시한 것이 될 수 있다(통설).

53 사회통념상 대리권을 추단할 수 있는 직함이나 명칭 등의 사용을 승낙 또는 묵인한 경우 본인에 의한 대리권 수여의 표시가 있는 것으로 볼 수 있다. 〈2008년 변리사〉

정답 52. (×) 53. (○)

해 설 본인에 의한 대리권 수여의 표시는 반드시 대리권 또는 대리인이라는 말을 사용하여야 하는 것이 아니라 사회통념상 대리권을 추단할 수 있는 직함이나 명칭 등의 사용을 승낙 또는 묵인한 경우에도 대리권 수여의 표시가 있은 것으로 볼 수 있다(대판 1998. 6. 12, 97다53762).

54 **본인이 중개인에게 오피스텔의 분양중개를 부탁한 것은 오피스텔 분양에 관련한 어떤 대리권을 수여한 것이라고 볼 수 있어 제125조의 대리권수여표시에 의한 표현대리의 성립을 긍정할 수 있다.** 〈2012년 법무사〉

해 설 오피스텔을 분양받으려는 상대방으로서는 본인에게 중개인의 대리권 유무를 확인하여 보았더라면 그가 단순한 중개인에 불과하고 오피스텔의 매매대금을 수령할 대리권이 없다는 점을 쉽게 알 수 있었을 것임에도 이를 게을리한 과실이 있고, 나아가 본인이 중개인에게 오피스텔의 분양중개를 부탁한 것을 가지고 오피스텔 분양에 관련한 어떤 대리권을 수여한 것이라고 볼 수도 없다고 보아 민법 제125조의 표현대리에 해당하지 않는다(대판 1997. 3. 25, 96다51271).

55 **권한을 넘은 표현대리에 관한 제126조의 제3자는 당해 표현대리행위의 직접 상대방만을 의미한다.** 〈2023년 공인노무사〉

해 설 권한을 넘은 표현대리에 관한 민법 제126조의 규정에서 제3자라 함은 당해 표현대리행위의 직접 상대방이 된 자만을 지칭하는 것이다(대판 1994. 5. 27, 93다21521).

56 **증권회사의 직원이 아니면서도 증권회사로부터 고객의 유치, 투자상담 및 권유, 위탁매매약정 실적의 제고 등의 업무를 위임받아 사실상 투자상담사의 역할을 하는 자가 유가증권 매매의 위탁 권유 등과 관련하여 증권회사를 대리하여 예탁금을 수령하거나 위탁매매계약을 체결한 경우에는 「권한을 넘은 표현대리」가 성립한다.** 〈2012년 사법시험〉

해 설 증권회사로부터 위임받은 고객의 유치, 투자상담 및 권유, 위탁매매약정실적의 제고 등의 업무는 사실행위에 불과하므로 이를 기본대리권으로 하여서는 권한초과의 표현대리가 성립할 수 없다(대판 1992. 5. 26, 91다32190). ☞ 사자의 경우 표현대리의 성립을 인정한 판례(대판 1962. 2. 8, 61다192)도 있고, 부정한 판례도 있다. 지문은 부정한 판례를 출제한 것이다.

57 **대리인이 사자 내지 임의로 선임한 복대리인을 통하여 권한 외의 법률행위를 한 경우, 상대방이 그 행위자를 대리권을 가진 대리인으로 믿었고 또한 그렇게 믿는 데에 정당한 이유가 있는 때에는, 복대리인 선임권이 없는 대리인에 의하여 선임된 복대리인의 권한도 기본대리권이 될 수 있을 뿐만 아니라, 그 행위자가 사자라고 하더라도 대리행위의 주체가 되는 대리인이 별도로 있고 그들에게 본인으로부터 기본대리권이 수여된 이상, 권한을 넘은 표현대리에 있어서 기본대리권의 흠결 문제는 생기지 않는다.** 〈2017년 법원행시〉

해 설 대판 1998. 3. 27, 97다48982 참조

정 답 54. (×) 55. (○) 56. (×) 57. (○)

58 **사자(使者)가 월권을 하여 대리인으로서 행동한 경우에, 권한을 넘은 표현대리에 관한 법리가 적용될 여지가 없다.** 〈2010년 공인노무사〉

해설 대리인이 아니고 사실행위를 위한 사자라 하더라도 외견상 그에게 어떠한 권한이 있는 것의 표시 내지 행동이 있어 상대방이 그를 믿었고 또 그를 믿음에 있어 정당한 사유가 있다면 표현대리의 법리에 의하여 본인에게 책임이 있다(대판 1962. 2. 8, 61다192). ☞ 사자의 경우 표현대리의 성립을 인정한 판례도 있고, 부정한 판례(대판 1992. 5. 26, 91다32190)도 있는데, "권한을 넘은 표현대리에 관한 법리가 적용될 여지가 없다"고 표현한 점에서 틀린 지문으로 출제하려는 출제자의 의도를 읽을 수 있다.

59 **피한정후견인의 후견인이 후견감독인의 동의를 얻지 않고 피한정후견인 소유의 부동산을 처분한 경우, 상대방이 후견감독인의 동의가 있었다고 믿을만한 정당한 사유가 있었더라도 권한을 넘은 표현대리가 성립되지 아니한다.** 〈2007년 변리사〉

해설 민법 제126조 소정의 권한을 넘는 표현대리 규정은 거래의 안전을 도모하여 거래상대방의 이익을 보호하려는 데에 그 취지가 있으므로 법정대리라고 하여 임의대리와는 달리 그 적용이 없다고 할 수 없고, 따라서 한정치산자(현행 피한정후견인)의 후견인이 친족회(현행 후견감독인)의 동의를 얻지 않고 피후견인의 부동산을 처분하는 행위를 한 경우에도 상대방이 친족회(현행 후견감독인)의 동의가 있다고 믿은 데에 정당한 사유가 있는 때에는 본인인 한정치산자(현행 피한정후견인)에게 그 효력이 미친다(대판 1997. 6. 27, 97다3828).

60 **甲의 아들 乙이 취직하는 데 필요하다고 거짓말을 하여 甲으로부터 甲의 인감증명서를 교부받고, 甲의 인장과 위임장을 위조한 뒤 이 서류들을 丙에게 제시하면서 甲의 대리인인 것처럼 가장하여 甲의 부동산을 丙에게 매도한 경우, 표현대리가 성립한다.** 〈2013년 사법시험〉

해설 인감증명서는 인장사용에 부수해서 그의 확인방법으로 사용되며 인장사용과 분리해서 그것만으로서는 어떤 증명방법으로 사용되는 것이 아니어서 인감증명서 그것만의 교부가 일반적으로는 어떤 기본대리권을 부여한 것으로 보기 어렵다. 따라서 甲과 乙 사이에 표현대리를 인정할 기본적 대리권이 있었다고 할 수 없으므로 제126조의 표현대리가 성립하지 아니한다(대판 1978. 10. 10, 78다75).

61-1 **대리행위의 표시를 하지 아니하고 단지 본인의 성명을 모용하여 자기가 마치 본인인 것처럼 기망하여 본인 명의로 직접 법률행위를 한 경우에는 특별한 사정이 없는 한 민법 제126조의 표현대리는 성립될 수 없다.** 〈2005년 사법시험, 2015년 법무사〉

61-2 **처가 남편 몰래 관련서류를 위조하여 제3자를 남편으로 가장시켜 남편 소유의 부동산을 담보로 제공하고 금융기관으로부터 남편 명의로 대출을 받은 경우, 제3자를 남편이라고 믿은 금융기관은 그 계약에 기하여 남편에게 대출금반환청구를 할 수 있다.** 〈2015년 사법시험〉

해설 [1] 민법 제126조의 표현대리는 대리인이 본인을 위한다는 의사를 명시 혹은 묵시적으로 표시하거나 대리의사를 가지고 권한 외의 행위를 하는 경우에 성립하고, 사술을 써서 위와 같은 대리행위의 표시를 하지 아니하고 단지 본인의 성명을 모용하여 자기가 마치 본인인 것처럼 기망하여 본인 명의로 직접 법률행위를 한 경우에는 특별한 사정이 없는 한 위 법조 소정의 표현대리는 성립될 수 없다. [2] 처가 제3자를 남편으로 가장시켜 관련 서류를 위조하여 남편 소유의 부동산을 담보로 금원을 대출받은 경우, 남편에 대한 민법 제126조 소정의 표현대리책임을 부정한 사례(대판 2002. 6. 28, 2001다49814). ☞ 제126조의 표현대리가 성립하려면 기본대리

정답 58. (×) 59. (×) 60. (×) 61-1. (○) 61-2. (×)

권이 있어야 한다. 법정대리권인 부부간의 일상가사대리권(제827조)도 기본대리권이 될 수 있으나 지문과 같이 제3자가 남편(본인)처럼 행세를 한 경우에는 기본대리권이 없기 때문에 표현대리가 성립하지 않는다.

62 **표현대리에 따른 상대방 보호는 대리행위를 전제로 하므로, 대리 행위의 표시를 하지 아니하고 본인인 것처럼 기망하여 본인 명의로 직접 법률행위를 한 경우에는 표현대리의 법리가 유추적용될 여지는 있다.** 〈2013년 법원행시〉

해설 본인으로부터 아파트에 관한 임대 등 일체의 관리권한을 위임받아 본인으로 가장하여 아파트를 임대한 바 있는 대리인이 다시 자신을 본인으로 가장하여 임차인에게 아파트를 매도하는 법률행위를 한 경우에는 권한을 넘은 표현대리의 법리를 유추적용하여 본인에 대하여 그 행위의 효력이 미친다고 볼 수 있다(대판 1993. 2. 23, 92다52436). ☞ 기본대리권이 있고 그 범위를 넘은 경우에는 판례가 권한을 넘은 표현대리의 법리를 유추적용한다.

63 **담보권설정의 대리권을 수여받은 자가 그 명의로 소유권이전등기를 한 후 자신의 이름으로 제3자에게 담보권을 설정하여 준 경우라면 권한을 넘은 표현대리가 적용 또는 유추적용된다고 볼 수 없다.** 〈2013년 법원행시〉

해설 소외인이 원고로부터 원고를 대리하여 타로부터 금원을 차용하고 본건 부동산에 관한 담보권설정의 대리권을 수여받고 권리증, 인감증명서 등을 교부받았음에도 자기 앞으로 소유권을 이전하여 자신의 이름으로 피고에게 담보권을 설정하여 주고 금원을 차용하여 이를 유용한 경우에는 피고가 소외인에게 금원을 대여하고 그 부동산에 담보권을 설정한 것은 소외 인을 진실한 소유자로 믿고 한 것이지 동 소외인을 원고의 대리인이라고 믿고 한 것이 아니고, 소외인이 그 명의로 소유권이전등기함에 있어 원고가 이를 통정 용인하였거나 이를 알고도 방치(허위의 소유권이전등기라는 외관형성에 관여) 하였다고 할수 없으므로 민법 제126조, 제108조를 유추하여서 피고 명의의 위 담보권을 유효하다고 할 수 없다(대판 1981. 12. 22, 80다1475).

64-1 **민법 제126조에서 말하는 권한을 넘은 표현대리는 현재에 대리권을 가진 자가 그 권한을 넘은 경우에 성립하는 것이지, 현재에 아무런 대리권도 가지지 아니한 자가 본인을 위하여 한 어떤 대리행위가 과거에 이미 가졌던 대리권을 넘은 경우에까지 성립하는 것은 아니다.** 〈2009년 법원행시〉

64-2 **과거에 가졌던 대리권이 소멸되어 민법 제129조에 의하여 표현대리로 인정되는 경우에 그 표현대리의 권한을 넘는 대리행위가 있을 때에는 민법 제126조에 의한 표현대리가 성립할 수 있다.** 〈2009년 법원행시〉

64-3 **민법 제129조의 대리권 소멸 후의 표현대리가 인정되는 경우에, 그 표현대리의 권한을 넘는 대리행위가 있을 때에도 기본대리권은 과거에 가졌던 대리권이므로, 민법 제126조의 권한을 넘은 표현대리는 성립될 수 없다.** 〈2019년 법원행시〉

해설 민법 제126조에서 말하는 권한을 넘은 표현대리는 현재에 대리권을 가진 자가 그 권한을 넘은 경우에 성립하는 것이지, 현재에 아무런 대리권도 가지지 아니한 자가 본인을 위하여 한 어떤 대리행위가 과거에 이미 가졌던 대리권을 넘은 경우에까지 성립하는 것은 아니라고 할 것이고, 한편 과거에 가졌던 대리권이 소멸되어 민법 제129조에 의하여 표현대리로 인정되는 경우에 그 표현대리의 권한을 넘는 대리행위가 있을 때에는 민법 제126조에 의한 표현대리가 성립할 수 있다(대판 2008. 1. 31, 2007다74713).

정답 62. (○) 63. (○) 64-1. (○) 64-2. (○) 64-3. (×)

65-1 **민법 제126조의 표현대리에 있어서 정당한 이유의 유무는 사실심의 변론종결시, 즉 정당한 이유의 유무를 판단할 때까지 존재하는 일체의 사정을 고려하여 판단하여야 한다.**

〈2019년 법원행시〉

65-2 **부동산 매도를 위임받은 대리인이 자신의 채무 지급에 갈음하여 그 부동산에 관하여 대물변제계약을 체결하고, 그 계약 체결 이후에 본인으로부터 소유권이전등기에 필요한 서류와 인감도장을 교부받았다면, 상대방이 대리인에게 위 부동산을 대물변제로 제공할 대리권이 있다고 믿은 데에 민법 제126조의 표현대리에 있어서 정당한 이유가 있다고 볼 수 있다.** 〈2019년 법원행시〉

해설 여기의 정당한 이유의 존부는 자칭 대리인의 대리행위가 행하여 질 때에 존재하는 제반사정을 객관적으로 관찰하여 판단하여야 하는 것이지 당해 법률행위가 이루어지고 난 훨씬 뒤의 사정을 고려하여 그 존부를 결정해야 하는 것은 아니다(대판 1987. 7. 7, 86다카2475 ; 대판 2009. 11. 12, 2009다46828). ☞ 부동산 매도를 위임받은 대리인이 자신의 채무 지급에 갈음하여 그 부동산에 관하여 대물변제계약을 체결한 사안에서, 그 계약 체결 이후에 비로소 본인으로부터 소유권이전등기에 필요한 서류와 인감도장을 교부받았다면 상대방이 대리인에게 위 부동산을 대물변제로 제공할 대리권이 있다고 믿은 데에 정당한 이유가 있다고 할 수 없다고 한 사례. 다수설과 판례는 대리행위시를 기준으로 한다. 소수설이 사실심변론종결시를 기준으로 한다.

66 **기본적인 대리권이 없는 자에 대하여도 대리권한의 유월 또는 소멸 후의 표현대리관계가 성립할 수 있다.** 〈2008년 변리사〉

해설 기본적인 어떠한 대리권도 없는 자에 대하여 대리권한의 유월 또는 소멸 후의 표현대리관계는 성립할 여지가 없는 것이다(대판 1984. 10. 10, 84다카780).

67 **제129조의 표현대리에 있어서, 존재하였던 대리권이 소멸한 것이나 대리인이 권한 내의 대리행위를 하였을 것 등에 대해서는 그 법률효과를 주장하는 자, 즉 상대방이 주장·입증하여야 한다.** 〈2002년 사법시험〉

해설 제129조 본문의 내용에 포섭되는 것이기 때문에 타당하다(법률요건분류설).

Ⅲ. 무권대리

68 **대리에 관하여 타당한 내용을 모두 찾아 묶은 것은? (다툼이 있는 경우에는 판례에 의함)**

〈2005년 변리사〉

ㄱ. 무권대리가 상대방 없는 단독행위인 경우에는 언제나 절대 무효이고, 본인의 추인이 있더라도 아무런 효력이 생기지 아니한다.
ㄴ. 계약체결의 대리권을 부여받은 대리인은 원칙적으로 그 대리권에 기하여 체결된 계약의 해제나 합의해제를 할 수 있는 대리권이 있음은 물론이고 상대방의 해제의 의사표시를 수령할 수 있는 대리권도 있다.

정답 65-1. (×) 65-2. (×) 66. (×) 67. (○) 68. ①

ㄷ. 민법 제118조(대리권의 범위)는 대리권의 범위가 불분명한 경우에 관한 보충적 규정에 불과하고, 대리권의 범위가 분명하거나 표현대리가 성립할 경우에는 적용되지 않는다.
ㄹ. 민법은 채무의 이행(변제)에 있어서는 쌍방대리를 허용하므로(제124조 단서), 변제의 일종인 대물변제에 있어서도 쌍방대리가 원칙적으로 허용된다.
ㅁ. 복대리인은 대리인이 그의 이름으로 선임하므로 대리인의 대리인이며, 임의대리인은 본인의 승낙이 있거나 부득이한 사유가 있는 때에만 복대리인을 선임할 수 있다.

① ㄱ, ㄷ ② ㄷ, ㅁ ③ ㄹ, ㅁ ④ ㄱ, ㄴ, ㄹ ⑤ ㄴ, ㄹ, ㅁ

해 설

ㄱ. (○) : 상대방 없는 단독행위의 무권대리는 능동대리, 수동대리를 불문하고 언제나 확정적·절대적으로 무효이다. 본인의 추인에 의해서도 유효로 될 수 없다. 상대방이 없으므로 무권대리인이 이행책임을 질 여지도 없다(통설).

[보충지문1] 대리권이 없는 자가 재단법인의 설립행위를 대리한 경우 본인이 추인을 하여도 언제나 무효이며 무권대리인도 이행책임을 지지 않는다(○, 재단법인 설립행위는 상대방 없는 단독행위이다.).
〈2017년 공인노무사〉

[보충지문2] 상대방 없는 단독행위의 무권대리는 특별한 사정이 없는 한 확정적 무효이다(○).
〈2023년 감정평가사〉

ㄴ. (×) : 어떠한 계약의 체결에 관한 대리권을 수여받은 대리인이 수권된 법률행위를 하게 되면 그것으로 대리권의 원인된 법률관계는 원칙적으로 목적을 달성하여 종료하는 것이고, 법률행위에 의하여 수여된 대리권은 그 원인된 법률관계의 종료에 의하여 소멸하는 것이므로(민법 제128조), 그 계약을 대리하여 체결하였던 대리인이 체결된 계약의 해제 등 일체의 처분권과 상대방의 의사를 수령할 권한까지 가지고 있다고 볼 수는 없다(대판 2008. 6. 12, 2008다11276).
ㄷ. (○) : 제118조는 대리권은 있으나 그 범위가 분명하지 아니한 경우의 보충적 규정에 불과하고 대리권의 범위가 분명한 경우나 표현대리가 성립하는 경우에는 적용되지 않는다(대판 1964. 12.8, 64다968).
ㄹ. (×) : 대물변제나 경개계약은 새로운 이해관계의 변경을 수반하므로 제124조 단서상의 "채무의 이행"에 해당하지 않는다(통설).
ㅁ. (×) : 복대리인이란 대리인이 자신의 이름으로 선임한 **본인의 대리인**이다. 그리고 대리권이 법률행위에 의하여 부여된 경우(=임의대리인)에는 대리인은 본인의 승낙이 있거나 부득이한 사유있는 때가 아니면 복대리인을 선임하지 못한다(민법 제120조).

69 계약의 무권대리에 관한 설명으로 옳지 않은 것은? (다툼이 있는 경우에는 판례에 의함)
〈2008년 변리사〉

① 무권대리행위의 추인은 본인에게 효력이 없는 대리행위의 효력을 본인에게 소급적으로 귀속시킨다는 점에서 '취소할 수 있는 행위의 추인'과는 다르다.
② 대리권 없는 자가 타인의 대리인으로 계약을 한 경우에 상대방은 상당한 기간을 정하여 추인여부의 확답을 최고할 수 있는바 본인이 그 기간 내에 확답을 발하지 않은 때에는 추인한 것으로 본다.
③ 본인이 추인의 의사표시를 무권대리인에게 하였으나 상대방은 이러한 추인이 있었음을 알지 못하는 경우에 상대방은 그 무권대리인과 체결한 계약을 철회할 수 있다.

정답 69. ②

④ 무권대리행위의 추인은 법률행위 전부에 대하여 행하여야 하고, 일부에 대하여 추인을 하거나 그 내용을 변경하여 추인을 하였을 경우에는 상대방의 동의를 얻지 못하는 한 무효이다.

⑤ 상대방은 그 무권대리행위를 철회한 후에는 무권대리인에 대하여 계약의 이행 또는 손해배상을 청구하지 못한다.

해설

① (○) : 추인은 다른 표시가 없는 때에는 계약시에 소급하여 그 효력이 생긴다(제133조 본문). 반면에 취소할 수 있는 행위의 추인은 유동적 유효가 확정적 유효가 되므로 소급효의 문제는 제기되지 않는다.

② (×) : 대리권 없는 자가 타인의 대리인으로 계약을 한 경우에 상대방은 상당한 기간을 정하여 추인 여부의 확답을 최고할 수 있는바 본인이 그 기간 내에 확답을 발하지 않은 때에는 추인을 거절한 것으로 본다(제131조 후단).

③ (○) : 선의의 상대방에 한하여 철회할 수 있다(제134조 본문).

④ (○) : 대판 1982. 1. 26, 81다549 참조

⑤ (○) : 상대방의 철회권 행사는 그 대리행위를 확정적으로 무효가 되게 한다. 따라서 본인은 더 이상 추인할 수 없고, 상대방도 무권대리인에게 제135조의 책임을 물을 수 없다.

70 **甲의 미성년인 아들 乙은 甲의 대리인이라 사칭하여 이전등기에 필요한 서류들을 훔치거나 위조하여 甲소유의 X부동산을 丙에게 매도하였다. 乙의 행위가 표현대리에 해당한다고 볼 사정은 없다고 가정할 때, 다음 설명 중 옳지 않은 것은? (다툼이 있는 경우 판례에 의함)** 〈2009년 변리사〉

① 甲이 丙에게 매매대금의 지급을 요청하여 수령한 경우에는, 甲이 乙과 丙 사이의 매매계약을 추인한 것으로 볼 수 있다.

② 甲이 乙과 丙 사이의 매매계약을 추인한다고 의사표시를 乙에게 하였으나 丙이 이를 알지 못한 경우, 丙은 매수의 의사표시를 철회할 수 있다.

③ 丙이 매매계약 당시 乙에게 대리권이 없음을 안 경우, 丙은 매수의 의사표시를 철회할 수 없다.

④ 甲이 추인을 거절한 경우에도, 乙은 丙에 대하여 계약의 이행 또는 손해배상책임을 지지 않는다.

⑤ 만일 乙이 서류를 위조하여 甲의 대리인으로서가 아니라 자기 자신의 권리로서 X부동산을 처분한 경우, 乙의 이러한 행위를 甲이 추인하기 위해서는 반드시 상대방에 대하여 추인의 의사표시를 하여야 한다.

해설

① (○) : 무권대리인에 의한 매매계약에서 본인이 무권대리인이나 상대방으로부터 대금을 수령한 경우에는 특단의 사유가 없는 한 무권대리인의 매매계약을 추인하였다고 볼 것이다(대판 1963. 4. 11, 63다64 ; 대판 1992. 2. 28, 91다15584).

② (○) : 무권대리의 추인은 무권대리인이나 무권대리인의 상대방 어느 편에 대하여도 할 수 있다. 그러나 본인이 무권대리인에게 무권대리행위를 추인한 경우에는 상대방이 이를 알지 못하는 동안에는 본인은 상대방에게 추인의 효과를 주장하지 못하므로, 선의의 상대방은 그 때까지 제134조에 의한 철회를 할 수 있다(대판 1981. 4. 14, 80다2314).

③ (○) : 대리권 없는 자가 한 계약은 본인의 추인이 있을 때까지 상대방은 본인이나 그 대리인에 대하여 이를 철회할 수 있다. 그러나 계약 당시에 상대방이 악의인 경우에는 그러하지 아니하다(제134조).

④ (○) : 타인의 대리인으로 계약을 한 자가 그 대리권을 증명하지 못하고 또 본인의 추인을 얻지 못한 때에는

정답 70. ⑤

상대방의 선택에 좇아 계약의 이행 또는 손해배상의 책임이 있다. 그러나 상대방이 대리권 없음을 알았거나 알 수 있었을 때 또는 대리인으로 계약한 자가 행위능력이 없는 때에는 전항의 규정을 적용하지 아니한다(제135조 제2항).

⑤ (×) : 무권리자가 타인의 권리를 자기의 이름으로 또는 자기의 권리로 처분한 경우에, 무효이나 권리자는 후일 이를 추인함으로써 그 처분행위를 인정할 수 있고, 특별한 사정이 없는 한 이로써 권리자 본인에게 위 처분행위의 효력이 발생함은 사적 자치의 원칙에 비추어 당연하고, 이 경우 추인은 명시적으로 뿐만 아니라 묵시적인 방법으로도 가능하며 그 의사표시는 무권대리인이나 그 상대방 어느 쪽에 하여도 무방하다(대판 2001. 11. 9, 2001다44291).

71 **대리에 관한 설명으로 옳은 것은? (다툼이 있는 경우에는 판례에 의함)** 〈2012년 변리사〉

① 자기계약이나 쌍방대리를 금지하는 규정은 거래안전에 중대한 영향을 미치므로 강행규정이다.
② 대리인이 채무이행을 위하여 자기계약으로 대물변제를 하거나 경개를 하는 것은 허용된다.
③ 본인으로부터 아파트에 관한 임대 등 일체의 관리권한을 위임받아 본인으로 가장하여 아파트를 임대한 자가 다시 자신을 본인으로 가장하여 그 임차인에게 아파트를 매도한 경우, 그 매매계약은 본인에게 효력이 있다.
④ 무권대리행위의 추인은 무권대리인에 대하여 할 수 없다.
⑤ 부동산에 관하여 계약체결의 대리권을 수여받은 자는 특별한 사정이 없는 한 계약을 해제할 권한이 있다.

해설

① (×) : 임의규정으로 이해함이 통설이다.

② (×) : 새로운 이해관계를 생기게 하는 대물변제와 경개는 단순한 채무이행이 아니기 때문에 허용되지 않는다.

③ (○) : 본인으로부터 아파트에 관한 임대 등 일체의 관리권한을 위임받은 자가 본인으로 가장하여 아파트를 임대한 바 있고, 다시 자신을 본인으로 가장하여 임차인에게 아파트를 매도하는 법률행위를 한 경우에 권한을 넘은 표현대리의 법리를 유추적용하여, 위 행위자를 본인으로 믿을 만한 정당한 사유가 있는 때에는 본인에 대하여 그 행위의 효력이 미친다고 볼 수 있다(대판 1993. 2. 23, 92다52436).

④ (×) : 무권대리추인은 무권대리인이나 무권대리행위의 상대방에 대하여도 할 수 있다(대판 2009. 11. 12, 2009다46828).

⑤ (×) : 계약을 대리하여 체결하였다 하여 그 대리인이 체결된 계약의 해제 등 일체의 처분권과 상대방의 의사를 수령할 권한까지 가지고 있다고 볼 수 없다는 것이 판례이다(대판 1987. 4. 28, 85다카971).

72 **乙은 甲의 X건물에 대하여 甲의 대리인으로서 丙과 매매계약을 체결하였는데, 乙에게는 대리권이 없었다. 이에 대한 설명으로 옳지 않은 것은? (다툼이 있으면 판례에 따름)** 〈2015년 변리사〉

① 丙이 甲의 요구에 따라 매매대금 전부를 지급한 경우, 특별한 사정이 없는 한 丙은 甲에게 X건물의 소유권이전등기를 청구할 수 있다.
② 甲이 乙의 대리행위에 대하여 乙에게 추인의 의사표시를 한 경우, 甲은 이러한 사실을 알지 못한 丙에게 그 추인의 효력을 주장하지 못한다.
③ 乙과 丙사이에 매매계약이 체결된 후, 甲이 X건물을 丁에게 매도하고 소유권이전등기를 해 준 경우, 甲이 乙의 대리행위를 추인하더라도 丁은 유효하게 소유권을 취득한다.

정답 71. ③ 72. ⑤

④ 丙이 상당한 기간을 정하여 甲에게 추인여부의 확답을 최고하였음에도 甲이 그 기간내에 확답을 발하지 않은 경우, 甲은 추인을 거절한 것으로 본다.

⑤ 丙은 乙과의 매매계약 체결 당시에 乙에게 대리권 없음을 안 경우에도 甲의 추인이 있을 때까지 乙에 대하여 매매계약을 철회할 수 있다.

해설

① (○) : 丙이 甲의 요구에 따라 매매대금 전부를 지급한 경우, 이는 무권대리의 묵시적 추인에 해당한다(제130조). 따라서 특별한 사정이 없는 한 丙은 甲에게 X건물의 소유권이전등기를 청구할 수 있다.

② (○) : 무권대리추인을 알기 전 선의의 상대방은 철회할 수 있다. 따라서 甲이 乙의 대리행위에 대하여 乙에게 추인의 의사표시를 한 경우, 甲은 이러한 사실을 알지 못한 丙에게 그 추인의 효력을 주장하지 못한다(제132조).

③ (○) : 무권대리 추인은 소급효가 있다. 그러나 제3자의 권리를 해하지 못한다(제133조). 따라서 乙과 丙사이에 매매계역이 체결된 후, 甲이 X건물을 丁에게 매도하고 소유권이전등기를 해 준 경우, 甲이 乙의 대리행위를 추인하더라도 丁이 소유권을 취득하는데 영향이 없다.

[보충지문] 무권대리인이 본인의 토지를 매각한 후에, 본인이 그 토지를 다른 제3자에게 매각한 경우에는 본인은 무권대리인의 무권대리행위를 추인할 수 없다. 〈2005년 감정평가사〉

(×) : ☞ 추인할 수는 있다. 다만 제삼자의 권리를 해하지 못할 뿐이다(제133조 단서).

④ (○) : 무권대리 상대방의 최고에 대한 본인의 확답 문제이다. 즉 丙이 상당한 기간을 정하여 甲에게 추인여부의 확답을 최고하였음에도 甲이 그 기간내에 확답을 발하지 않은 경우, 甲은 추인을 거절한 것으로 본다(제131조).

⑤ (×) : 무권대리에서 상대방의 철회권은 선의시에만 가능하다(제134조). 따라서 丙은 乙과의 매매계약체결 당시에 乙에게 대리권 없음을 안 경우에는 甲의 추인이 있을 때까지 乙에 대하여 매매계약을 철회할 수 없다.

73 **무권대리인 乙은 자신을 甲의 대리인이라고 하면서 丙과 매매계약을 체결하였다. 이에 관한 설명으로 옳지 않은 것은? (다툼이 있으면 판례에 따름)** 〈2019년 변리사〉

① 乙이 무권대리인임을 알았던 丙은 甲에게 乙의 대리행위에 대한 추인 여부의 확답을 최고할 수 없다.

② 丙이 매매계약을 적법하게 철회하였다면 乙의 무권대리행위는 확정적으로 무효가 되어 그 후에는 甲이 매매계약을 추인할 수 없다.

③ 甲이 乙에 대하여 매매계약에 관한 추인의 의사표시를 한 경우, 이러한 추인의 의사표시를 丙이 알지 못하였다면 丙은 철회할 수 있다.

④ 丙이 매매계약을 철회하는 경우, 철회의 효과를 다투는 甲은 丙이 乙에게 대리권이 없다는 사실에 관하여 악의임을 증명할 책임이 있다.

⑤ 乙이 甲을 단독상속한 경우, 乙은 甲의 지위에서 무권대리임을 이유로 매매계약의 무효를 주장하는 것은 허용되지 않는다.

해설

① (×) : 민법 제131조. 최고권의 행사는 상대방의 선악을 불문하고 가능하다.

② (○), ④ (○) : 민법 제134조에서 정한 상대방의 철회권은, 무권대리행위가 본인의 추인에 따라 효력이 좌우되어 상대방이 불안정한 지위에 놓이게 됨을 고려하여 대리권이 없었음을 알지 못한 상대방을 보호하기 위하

정답 73. ①

여 상대방에게 부여된 권리로서, 상대방이 유효한 철회를 하면 무권대리행위는 확정적으로 무효가 되어 그 후에는 본인이 무권대리행위를 추인할 수 없다. 한편 상대방이 대리인에게 대리권이 없음을 알았다는 점에 대한 주장·입증책임은 철회의 효과를 다투는 본인에게 있다(대판 2017. 6. 29, 2017다213838).

③ (○) : 민법 제132조 참조

⑤ (○) : 甲이 대리권 없이 乙 소유 부동산을 丙에게 매도하여 부동산소유권이전등기등에관한특별조치법에 의하여 소유권이전등기를 마쳐주었다면 그 매매계약은 무효이고 이에 터잡은 이전등기 역시 무효가 되나, 甲은 乙의 무권대리인으로서 민법 제135조 제1항의 규정에 의하여 매수인인 丙에게 부동산에 대한 소유권이전등기를 이행할 의무가 있으므로 그러한 지위에 있는 甲이 乙로부터 부동산을 상속받아 그 소유자가 되어 소유권이전등기이행의무를 이행하는 것이 가능하게 된 시점에서 자신이 소유자라고 하여 자신으로부터 부동산을 전전매수한 丁에게 원래 자신의 매매행위가 무권대리행위여서 무효였다는 이유로 丁 앞으로 경료된 소유권이전등기가 무효의 등기라고 주장하여 그 등기의 말소를 청구하거나 부동산의 점유로 인한 부당이득금의 반환을 구하는 것은 금반언의 원칙이나 신의성실의 원칙에 반하여 허용될 수 없다(대판 1994. 9. 27, 94다20617).

[비교지문1] 甲이 乙명의의 주식에 관하여 처분권한 없이 A은행과 담보설정계약을 체결한 이후 甲의 사망으로 인하여 乙이 甲을 상속한 경우, 乙이 위 담보설정계약에 따른 의무의 이행을 거절하더라도, 특별한 사정이 없는 한 신의칙에 반한다고 할 수 없다. 〈2019년 법무사〉

(○) : 갑이 을 등 명의의 주식에 관하여 처분권한 없이 은행과 담보설정계약을 체결하였다 하더라도 이는 일종의 타인의 권리의 처분행위로서 유효하다 할 것이므로 갑은 을 등으로부터 그 주식을 취득하여 이를 은행에게 인도하여야 할 의무를 부담한다 할 것인데, 갑의 사망으로 인하여 을 등이 갑을 상속한 경우 을 등은 원래 그 주식의 주주로서 타인의 권리에 대한 담보설정계약을 체결한 은행에 대하여 그 이행에 관한 아무런 의무가 없고 이행을 거절할 수 있는 자유가 있었던 것이므로, 을 등은 신의칙에 반하는 것으로 인정할 특별한 사정이 없는 한 원칙적으로는 위 계약에 따른 의무의 이행을 거절할 수 있다(대판 1994. 8. 26, 93다20191).

[비교지문2] 채권자가 채무자 소유의 부동산에 대하여 강제경매신청을 하여 자녀들 명의로 이를 낙찰받았다면 그 소유자는 자녀들이므로, 채권자가 그 후 채무자와 사이에 채권액의 일부를 지급받고 자녀들 명의의 소유권이전등기를 말소하여 주기로 합의한 후 채권자의 사망으로 인하여 자녀들이 상속지분에 따라 채권자의 의무를 상속하게 되었다고 하더라도, 부동산 소유자인 자녀들은 신의칙에 반하는 것으로 인정할만한 특별한 사정이 없는 한 원칙적으로 위 합의에 따른 의무의 이행을 거절할 수 있다.

〈2019년 법원행시〉

(○) : 채권자(乙)가 채무자(丙) 소유의 부동산에 대하여 강제경매신청을 하여 자녀들(甲) 명의로 이를 경락받았다면 그 소유자는 경락인인 자녀들(甲)이라 할 것이므로, 채권자(乙)가 그 후 채무자(丙)와 사이에 채권액의 일부를 지급받고 자녀들(甲) 명의의 소유권이전등기를 말소하여 주기로 합의하였다 하더라도 이는 일종의 타인의 권리의 처분행위에 해당하여 비록 양자 사이에서 위 합의는 유효하고 채권자(乙)는 자녀들(甲)로부터 위 부동산을 취득하여 채무자(丙)에게 그 소유권이전등기를 마쳐주어야 할 의무를 부담하지만 자녀들(甲)은 원래 부동산의 소유자로서 타인의 권리에 대한 계약을 체결한 채무자(丙)에 대하여 그 이행에 관한 아무런 의무가 없고 이행을 거절할 수 있는 자유가 있었던 것이므로, 채권자(乙)의 사망으로 인하여 자녀들(甲)이 상속지분에 따라 채권자(乙)의 의무를 상속하게 되었다고 하더라도 그들은 신의칙에 반하는 것으로 인정할 만한 특별한 사정이 없는 한 원칙적으로 위 합의에 따른 의무의 이행을 거절할 수 있다(대판 2001. 9. 25, 99다19698).

74 **甲의 무권대리인 乙이 丙에게 甲 소유의 부동산을 매도하여 소유권이전등기를 경료해주었고, 그 후 丙은 이 부동산을 丁에게 매도하고 소유권이전등기를 경료해주었다. 이에 관한 설명으로 옳지 않은 것은? (다툼이 있으면 판례에 따름)** 〈2020년 변리사〉

① 丙은 甲에게 상당한 기간을 정하여 추인 여부의 확답을 최고할 수 있고, 그 기간 내에 甲이 확답을 발하지 않으면 추인을 거절한 것으로 본다.
② 丙이 계약 당시 乙에게 대리권이 없음을 안 경우, 丙은 乙에게 한 매수의 의사표시를 철회할 수 없다.
③ 甲이 丁에게 추인의 의사를 표시하더라도 무권대리행위에 대한 추인의 효과가 발생하지 않는다.
④ 甲이 乙에게 추인의 의사를 표시한 경우, 추인 사실을 알게 된 丙은 乙에게 한 매수의 의사표시를 철회할 수 없다.
⑤ 甲의 추인을 얻지 못한 경우, 丙이 무권대리에 관하여 선의이더라도 과실이 있으면 乙은 계약을 이행할 책임을 부담하지 않는다.

해 설

①(○) : 민법 제131조 참조
②(○) : 민법 제134조 단서. 악의이면 철회할 수 없다.
③(×) : 무권대리행위의 추인에 특별한 방식이 요구되는 것이 아니므로 명시적인 방법만 아니라 묵시적인 방법으로도 할 수 있고, 그 추인은 무권대리인, 무권대리행위의 직접의 상대방 및 그 무권대리행위로 인한 권리 또는 법률관계의 승계인에 대하여도 할 수 있다(대판 1981. 4. 14, 80다2314 ; 대판 1992. 10. 27, 92다19033).
④(○) : 추인 또는 거절의 의사표시는 상대방에 대하여 하지 아니하면 그 상대방에 대항하지 못한다. 그러나 상대방이 그 사실을 안 때에는 그러하지 아니하다(제132조). ☞ 乙에 대한 추인 사실을 丙이 알게 되었다면 그 추인을 가지고 丙에게 대항할 수 있다. 따라서 丙은 더이상 철회할 수 없다.
⑤(○) : 민법 제135조 제2항 참조

75 **甲은 그 소유의 X토지에 저당권을 설정하고 금전을 차용하는 계약을 체결할 대리권을 친구 乙에게 수여하였는데, 乙이 甲을 대리하여 X토지를 丙에게 매도하는 계약을 체결하였다. 이에 관한 설명으로 옳은 것은? (다툼이 있으면 판례에 따름)** 〈2021년 변리사〉

① 丙이 乙의 대리행위가 유권대리라고 주장하는 경우, 그 주장 속에는 표현대리의 주장이 포함된 것으로 보아야 한다.
② 丙이 계약체결 당시에 乙에게 매매계약 체결의 대리권이 없음을 알았더라도 丙의 甲에 대한 최고권이 인정된다.
③ 丙이 계약체결 당시에 乙에게 매매계약 체결의 대리권이 없음을 알았더라도 계약을 철회할 수 있다.
④ 乙의 행위가 권한을 넘은 표현대리로 인정되는 경우, 丙에게 과실(過失)이 있다면 과실상계의 법리에 따라 甲의 책임이 경감될 수 있다.
⑤ 丙이 乙의 대리행위가 권한을 넘은 표현대리라고 주장하는 경우, 乙에게 매매계약체결의 대리권이 있다고 丙이 믿을 만한 정당한 이유가 있었는지의 여부는 계약성립 이후의 모든 사정을 고려하여 판단해야 한다.

정답 74. ③ 75. ②

해설

① (×) : 유권대리에 있어서는 본인이 대리인에게 수여한 대리권의 효력에 의하여 법률효과가 발생하는 반면 표현대리에 있어서는 대리권이 없음에도 불구하고 법률이 특히 거래상대방 보호와 거래안전유지를 위하여 본래 무효인 무권대리행위의 효과를 본인에게 미치게 한 것으로서 표현대리가 성립된다고 하여 무권대리의 성질이 유권대리로 전환되는 것은 아니므로, 양자의 구성요건 해당사실 즉 주요사실은 다르다고 볼 수 밖에 없으니 유권대리에 관한 주장 속에 무권대리에 속하는 표현대리의 주장이 포함되어 있다고 볼 수 없다(대판 1983. 12. 13, 83다카1489 전원합의체).

② (○) : 대리권없는 자가 타인의 대리인으로 계약을 한 경우에 상대방은 상당한 기간을 정하여 본인에게 그 추인여부의 확답을 최고할 수 있다. 본인이 그 기간내에 확답을 발하지 아니한 때에는 추인을 거절한 것으로 본다(민법 제131조). ☞ 최고는 상대방의 선악을 불문하고 인정된다.

③ (×) : 대리권없는 자가 한 계약은 본인의 추인이 있을 때까지 상대방은 본인이나 그 대리인에 대하여 이를 철회할 수 있다. 그러나 계약당시에 상대방이 대리권 없음을 안 때에는 그러하지 아니하다(민법 제134조).

④ (×) : 표현대리행위가 성립하는 경우에 그 본인은 표현대리행위에 의하여 전적인 책임을 져야 하고, 상대방에게 과실이 있다고 하더라도 과실상계의 법리를 유추적용하여 본인의 책임을 경감할 수 없는 것이므로, 피고가 반환할 금액에서 원고의 과실이 참작되어 감액되어야 한다는 지적도 그 이유 없다(대판 1996. 7. 12. 95다49554).

⑤ (×) : 권한을 넘은 표현대리에 있어서 정당한 이유의 유무는 대리행위 당시를 기준으로 하여 판정하여야 하고 매매계약 성립 이후의 사정은 고려할 것이 아니다(대판 1997. 6. 27, 97다3828).

76 민법상 대리에 관한 설명으로 옳은 것은? (다툼이 있으면 판례에 의함) 〈2023년 변리사〉

① 대리권은 대리인의 권리이자 의무의 성격을 갖는다.
② 대리권 남용에 대해 진의 아닌 의사표시에 관한 민법 제107조 제1항 단서가 유추적용되는 경우, 선의의 제3자 보호에 관한 동조 제2항도 함께 유추적용된다.
③ 복대리인은 본인의 대리인이므로 원대리인의 복임행위는 본인을 위한 대리행위이다.
④ 대리권이 이미 소멸한 원대리인에 의해 선임된 복대리인의 대리행위에 대해서는 대리권 소멸 후의 표현대리(제129조)가 성립할 여지가 없다.
⑤ 자신에게 유효한 대리권이 있다고 과실 없이 믿었던, 행위능력 있는 선의의 무권대리인은 본인의 추인이 없더라도 상대방에 대한 무권대리인의 책임에 관한 민법 제135조에 따른 책임을 지지 않는다.

해설

① (×) : "권리"와 "권한"의 구별문제이다. "권리"가 법적인 이익(=법익)을 누릴 수 있도록 주어진 힘이라고 한다면 "권한"은 다른 사람을 위하여 그에게 일정한 법률효과를 발생케 하는 행위를 할 수 있는 지위나 자격에 불과하고, 이러한 "권한"의 대표적인 예가 대리권이나 대표권이다.

> **[참고 판례]** 위임과 대리권수여는 별개의 독립된 행위로서 위임은 위임자와 수임자간의 내부적인 채권채무관계를 말하고 대리권은 대리인의 행위의 효과가 본인에게 미치는 대외적 자격을 말하는 것이므로 위임계약에 대리권수여가 수반되는 일은 있으나 위임계약만으로는 그 효력은 위임자와 수임자 이외에는 미치는 것이 아니므로 구 민법 제655조(현행 제692조)의 취지는 위임종료의 사유는 이를 상대방에 통지하거나 상대방이 이를 안 때가 아니면 위임자와 수임자간에는 위임계약에 의한 권리의무관계가 존속한다는 취지에 불과하고 대리권관계와는 아무런 관계가 없는 것이다(대판 1962. 5. 24, 4294민상251).

② (○) : 법정대리인인 친권자의 대리행위가 객관적으로 볼 때 미성년자 본인에게는 경제적인 손실만을 초래

정답 76. ②

하는 반면, 친권자나 제3자에게는 경제적인 이익을 가져오는 행위이고 행위의 상대방이 이러한 사실을 알았거나 알 수 있었을 때에는 민법 제107조 제1항 단서의 규정을 유추적용하여 행위의 효과가 자에게는 미치지 않는다고 해석함이 타당하나, 그에 따라 외형상 형성된 법률관계를 기초로 하여 새로운 법률상 이해관계를 맺은 선의의 제3자에 대하여는 같은 조 제2항의 규정을 유추적용하여 누구도 그와 같은 사정을 들어 대항할 수 없으며, 제3자가 악의라는 사실에 관한 주장·증명책임은 무효를 주장하는 자에게 있다(대판 2018. 4. 26, 2016다3201).

③ (×) : 복대리인이란 대리인이 자신의 이름으로 선임한 본인의 대리인이다. 따라서 복대리인이 본인의 대리인인 것은 맞지만, 원대리인의 복임행위 자체는 대리인이 자신의 이름으로 하는 것이므로 본인을 위한 대리행위가 아니다.

④ (×) : 표현대리의 법리는 거래의 안전을 위하여 어떠한 외관적 사실을 야기한 데 원인을 준 자는 그 외관적 사실을 믿음에 정당한 사유가 있다고 인정되는 자에 대하여는 책임이 있다는 일반적인 권리외관이론에 그 기초를 두고 있는 것인 점에 비추어 볼 때, 대리인이 대리권소멸 후 직접 상대방과 사이에 대리행위를 하는 경우는 물론, 대리인이 대리권소멸 후 복대리인을 선임하여 복대리인으로 하여금 상대방과 사이에 대리행위를 하도록 한 경우에도 상대방이 대리권소멸사실을 알지 못하여 복대리인에게 적법한 대리권이 있는 것으로 믿었고, 그와 같이 믿은 데 과실이 없다면 민법 제129조에 의한 표현대리가 성립할 수 있다(대판 1998. 5. 29, 97다55317).

⑤ (×) : 무권대리인의 상대방에 대한 책임은 무과실책임으로서 대리권의 흠결에 관하여 대리인에게 과실등의 귀책사유가 있어야만 인정되는 것이 아니고, 무권대리행위가 제3자의 기망이나 문서위조 등 위법행위로 야기되었다고 하더라도 그 책임은 부정되지 아니한다(대판 2014. 2. 27, 2013다213038).

77 **제한능력자가 아닌 甲이 乙의 대리인이라고 하면서 丙에게 乙의 부동산을 3억 원에 매도하는 계약을 체결하고 丙으로부터 계약금 3천만 원을 수령하였다. 그 계약에는 '쌍방이 계약을 불이행하는 경우 계약금을 손해배상금으로 한다'는 위약금약정이 있었다. 그러나 乙은 甲에게 대리권을 수여한 바가 없다. 이에 관한 설명으로 옳지 않은 것은? (다툼이 있으면 판례에 따름)**

〈2024년 변리사〉

① 乙이 위 계약을 적법하게 추인하면, 丙은 甲을 상대로 계약상의 책임이나 무권대리인의 책임을 일절 물을 수 없다.

② 乙이 甲에게 추인의 의사표시를 한 경우, 丙은 乙의 추인 사실을 몰랐다면 계약당시 乙의 무권대리 사실에 관하여 선의인 때에 한하여 위 계약을 철회할 수 있다.

③ 乙이 추인을 거절한 경우, 丙은 무권대리사실에 관하여 선의·무과실이라면 甲에게 과실이 없더라도 甲을 상대로 무권대리인으로서의 책임을 추궁할 수 있다.

④ 甲이 무권대리인으로서 책임을 부담하는 경우, 丙은 위 계약에서의 위약금 조항의 효력을 주장할 수 있다.

⑤ 만일 丙이 丁에게 위 부동산을 매도한 경우, 乙이 丁에게만 추인의 의사를 표시하면 추인의 효력은 발생하지 아니한다.

해 설

① (○) : (i) 본인의 적법한 추인이 있으면 처음부터 유권대리였던 것과 마찬가지로 다루어지므로 법률행위의 효과는 대리인이 아니라 본인에게 귀속된다(민법 제114조). 따라서 상대방은 무권대리인에게 계약상의 책임을 물을 수 없다. (ii) 다른 자의 대리인으로서 계약을 맺은 자가 그 대리권을 증명하지 못하고 또 본인의 추인을 받지 못한 경우에는 그는 상대방의 선택에 따라 계약을 이행할 책임 또는 손해를 배상할 책임이 있다(민법 제135

정답 77. ⑤

조 제1항). 따라서 본인의 추인을 받은 경우에는 상대방은 무권대리인에게 민법 제135조의 책임(무권대리인의 책임)을 물을 수 없다.

② (○) : 민법 제132조는 본인이 무권대리인에게 무권대리행위를 추인한 경우에 상대방이 이를 알지 못하는 동안에는 본인은 상대방에게 추인의 효과를 주장하지 못한다는 취지이므로 상대방은 그때까지 민법 제 134조에 의한 철회를 할 수 있고, 또 무권대리인에의 추인이 있었음을 주장할 수도 있다(대판 1981. 4. 14, 80다2314). 여기서 철회는 상대방이 계약당시 선의인 경우에 한하여 할 수 있다(민법 제134조).

③ (○) : 다른 자의 대리인으로서 계약을 맺은 자가 그 대리권을 증명하지 못하고 또 본인의 추인을 받지 못한 경우에는 그는 상대방의 선택에 따라 계약을 이행할 책임 또는 손해를 배상할 책임이 있다(민법 제135조 제1항). 대리인으로서 계약을 맺은 자에게 대리권이 없다는 사실을 상대방이 알았거나 알 수 있었을 때 또는 대리인으로서 계약을 맺은 사람이 제한능력자일 때에는 제1항을 적용하지 아니한다(민법 제135조 제2항). 그리고 이러한 무권대리인의 책임은 무과실책임이다(2013다213038).

④ (○) : 다른 자의 대리인으로서 계약을 맺은 자가 그 대리권을 증명하지 못하고 또 본인의 추인을 받지 못한 경우에는 그는 상대방의 선택에 따라 계약을 이행할 책임 또는 손해를 배상할 책임이 있다(민법 제135조 제1항). 이때 상대방이 계약의 이행을 선택한 경우 무권대리인은 계약이 본인에게 효력이 발생하였더라면 본인이 상대방에게 부담하였을 것과 같은 내용의 채무를 이행할 책임이 있다. 무권대리인은 마치 자신이 계약의 당사자가 된 것처럼 계약에서 정한 채무를 이행할 책임을 지는 것이다. 무권대리인이 계약에서 정한 채무를 이행하지 않으면 상대방에게 채무불이행에 따른 손해를 배상할 책임을 진다. 위 계약에서 채무불이행에 대비하여 손해배상액의 예정에 관한 조항을 둔 때에는 특별한 사정이 없는 한 무권대리인은 조항에서 정한 바에 따라 산정한 손해액을 지급하여야 한다. 이 경우에도 손해배상액의 예정에 관한 민법 제398조가 적용됨은 물론이다(대판 2018. 6. 28, 2018다210775).

⑤ (×) : 무권대리행위의 추인에 특별한 방식이 요구되는 것이 아니므로 명시적인 방법만 아니라 묵시적인 방법으로도 할 수 있고, 그 추인은 무권대리인, 무권대리행위의 직접의 상대방 및 **그 무권대리행위로 인한 권리 또는 법률 관계의 승계인에 대하여도 할 수 있다**(대판 1981. 4. 14, 80다2314).

78 **무효행위와 무권대리의 추인에 관한 설명 중 옳지 않은 것을 모두 고른 것은? (다툼이 있는 경우에는 판례에 의함)** 〈2014년 변호사시험〉

ㄱ. 무권대리행위의 추인의 의사표시를 무권대리인에게 한 경우, 상대방은 추인이 있었음을 알지 못하였다고 하더라도 철회할 수 없다.
ㄴ. 타인의 생명보험에서 보험계약 체결시 피보험자가 서면으로 동의의 의사표시를 하지 아니하였다면 그 보험계약은 무효이지만, 피보험자가 그 보험계약을 추인한 경우에는 그때부터 유효하게 된다.
ㄷ. 종중을 대표할 권한 없는 자가 종중을 대표하여 한 소송행위는 효력이 없으나 나중에 종중이 총회의결에 따라 위 소송행위를 추인하면 그 행위시로 소급하여 유효하게 되며, 이 경우 무권대리행위에 대한 추인의 경우에 있어 배타적 권리를 취득한 제3자에 대하여 그 추인의 소급효를 제한하고 있는 민법 제133조 단서의 규정은 적용될 여지가 없다.
ㄹ. 무권대리행위의 추인은 무권대리인 또는 무권대리행위의 직접 상대방에게는 할 수 있지만, 그 무권대리행위로 인한 권리 또는 법률관계의 승계인에 대하여는 할 수 없다.
ㅁ. 취득시효 완성 당시 부동산 소유자 甲이 그 완성 사실을 알면서 그 부동산을 제3자 乙에게 처분하였으나 乙 역시 이러한 사정을 알면서 위 처분행위에 적극 가담한 경우 乙 명의로 경료된 등기는 甲이 그 처분행위를 추인하여도 무효이다.

정답 78. ①

① ㄱ, ㄴ, ㄹ ② ㄱ, ㄷ, ㅁ ③ ㄱ, ㄹ, ㅁ ④ ㄴ, ㄷ, ㄹ ⑤ ㄴ, ㄷ, ㅁ

해설

ㄱ. (×) : 대리행위의 상대방이 그 사실을 알고 있는 때에만 상대방에게 대항할 수 있다(제132조). 그러므로 대리행위의 상대방이 무권대리인에 대한 추인 사실을 알지 못한 때에는 철회할 수 있다(제134조).

ㄴ. (×) : 타인의 생명보험에서 보험계약 체결 시 피보험자가 서면으로 동의의 의사표시를 하지 아니하였다면 그 보험계약은 강행규정에 반하여 무효이고, 이러한 강행법규위반의 법률행위는 피보험자가 그 보험계약을 추인한 경우에도 유효가 될 수 없다(대판 2010. 2. 11, 2009다74007).

ㄷ. (○) : 종중을 대표할 권한 없는 자가 종중을 대표하여 한 소송행위는 그 효력이 없으나 나중에 종중이 총회결의에 따라 위 소송행위를 추인하면 그 행위시로 소급하여 유효하게 되며 이 경우 민법 제133조 단서의 규정은 무권대리행위에 대한 추인의 경우에 있어 배타적 권리를 취득한 제3자에 대하여 그 추인의 소급효를 제한하고 있는 것으로서 위와 같은 하자있는 소송행위에 대한 추인의 경우에는 적용될 여지가 없는 것이다(대판 1991. 11. 8, 91다25383). ☞ 소송행위의 효력은 소송당사자 간 상대효가 있을 뿐이기 때문이다.

[보충지문] 무권대리의 추인의 소급효는 제3자의 권리를 해하지 못한다고 하는 민법 제133조 단서의 규정은 상대방이 취득한 권리와 제3자가 취득한 권리가 모두 배타적 효력을 가지는 경우에 한하여 그 의미가 있다(○). 〈2005년 감정평가사〉

ㄹ. (×) : 무권대리행위의 추인에 특별한 방식이 요구되는 것이 아니므로 명시적인 방법만 아니라 묵시적인 방법으로도 할 수 있고, 그 추인은 무권대리인, 무권대리행위의 직접의 상대방 및 그 무권대리행위로 인한 권리 또는 법률관계의 승계인에 대하여도 할 수 있다(대판 1981. 4. 14, 80다2314).

ㅁ. (○) : 부동산 소유자가 취득시효가 완성된 사실을 알고 그 부동산을 제3자에게 처분하여 소유권이전등기를 넘겨줌으로써 취득시효 완성을 원인으로 한 소유권이전등기의무가 이행불능에 빠지게 되어 시효취득을 주장하는 자가 손해를 입었다면 불법행위를 구성한다고 할 것이고, 부동산을 취득한 제3자가 부동산 소유자의 이와 같은 불법행위에 적극 가담하였다면 이는 사회질서에 반하는 행위로서 무효라고 할 것이다. 이러한 반사회적 법률행위는 추인에 의하여 유효로 할 수 없다(대판 2002. 3. 15, 2001다77352). 따라서 취득시효 완성 당시 부동산 소유자 甲이 그 완성 사실을 알면서 그 부동산을 제3자 乙에게 처분하였으나 乙 역시 이러한 사정을 알면서 위 처분행위에 적극 가담한 경우 乙 명의로 경료된 등기는 甲이 그 처분행위를 추인하여도 무효이다.

79 대리에 관한 설명 중 옳지 않은 것은? (각 지문은 독립적이고, 다툼이 있는 경우 판례에 의함)

〈2015년 변호사시험〉

① 甲이 乙의 대리인 丙과 매매계약을 체결한 후 丙의 기망행위를 이유로 매매계약을 취소하고자 할 경우, 甲은 乙이 丙의 기망행위를 알았거나 알 수 있었는지의 여부를 불문하고 매매계약을 취소할 수 있다.

② 甲이 乙의 무권대리인 丙과 매매계약을 체결한 경우, 乙은 丙의 무권대리행위를 추인할 수 있고, 乙의 추인이 있을 경우 위 매매계약은 계약체결 당시로 소급하여 효력이 발생한다.

③ 甲의 대리인 乙은 甲의 지시에 따라 丙과 통모하여 甲 소유의 부동산에 관하여 丙과 가장매매계약을 체결하고 丙 명의로 소유권이전등기를 경료하여 주었는데, 그 후 丙이 위 부동산을 丁에게 매도하고 丁 명의로 소유권이전등기를 경료하여준 경우, 丁이 위 가장매매에 대하여 선의라면 유효하게 위 부동산의 소유권을 취득한다.

④ 甲에 의해 대리인으로 선임된 乙이 甲의 승낙 없이 丙을 복대리인으로 선임하더라도, 丙이 甲의 대리인으로 법률행위를 하면 원칙적으로 그 효과는 甲에게 귀속된다.

정답 79. ④

⑤ 부동산 소유자 甲으로부터 매매계약 체결에 관한 대리권을 수여받은 대리인 乙은 특별한 사정이 없는 한 계약상대방인 丙으로부터 중도금이나 잔금을 수령할 수 있다.

해설

① (○) : 대리인의 사기문제이다(제116조). 대리인의 사기는 마치 본인의 사기처럼 다루기 때문에 甲은 본인 乙이 대리인 丙의 기망행위를 알았거나 알 수 있었는지의 여부를 불문하고 제110조 제1항에 따라 매매계약을 취소할 수 있다.
② (○) : 무권대리추인은 소급효가 있다. 따라서 본인 乙이 무권대리행위를 추인하는 경우 위 매매계약은 계약체결 당시로 소급하여 효력이 발생한다(제133조).
③ (○) : 통정허위표시는 선의의 제3자에게 대항하지 못한다(제108조 제2항). 그리고 통정허위표시인지 여부는 대리인을 기준으로 판단한다(제116조 제1항).
④ (×) : 甲에 의해 대리인으로 선임된 임의대리인 乙이 甲의 승낙 없이 丙을 복대리인으로 선임하면 丙은 甲의 무권대리인이 된다. 따라서 丙이 甲의 대리인으로 법률행위를 하면 원칙적으로 그 효과는 甲에게 귀속되지 않는다. 다만 표현대리가 성립하는 경우는 별개이다(제120조 임의대리인의 복임권 ; 제130조).
⑤ (○) : 임의대리권의 범위와 관련된 수권행위의 해석문제이다. 즉 판례는 매매계약체결의 대리권을 수여받은 대리인은 중도금과 잔금을 수령할 권한을 가진다고 한다(대판 1994. 2. 8, 93다39379).

80 **甲으로부터 대리권을 수여받지 않은 乙이 甲을 대리하여 甲 소유 X 토지를 丙에게 매도하였다. 이에 관한 설명 중 옳은 것을 모두 고른 것은? (乙의 표현대리는 성립하지 않음을 전제로 하고, 다툼이 있는 경우 판례에 의함)** 〈2022년 변호사시험〉

ㄱ. 乙이 甲으로 행세하는 丁의 기망에 속아 甲으로부터 대리권을 수여받은 것으로 과실 없이 오인한 상태에서 위 매매계약을 체결하였다면, 乙은 丙에 대하여 무권대리인으로서의 책임을 지지 않는다.
ㄴ. 위 매매계약에서 甲의 채무불이행에 대비한 손해배상액이 예정된 경우, 甲의 추인 거절로 丙이 乙에게 매매계약의 이행을 구하였으나 乙이 이행하지 아니하여 乙이 丙에게 손해배상책임을 지더라도 매매계약 자체가 무효이므로 乙은 예정된 손해액을 지급할 의무가 없다.
ㄷ. 무권대리행위에 대한 甲의 추인은 명시적 또는 묵시적인 방법으로 할 수 있고, 乙과 丙뿐만 아니라 위 매매계약으로 인한 권리 또는 법률관계의 승계인을 상대로도 할 수 있다.
ㄹ. 丙이 위 매매계약을 철회하려면 乙이 무권대리인임을 계약 당시 알지 못하여야 하는데, 이에 대한 증명책임은 丙에게 있다.

① ㄷ ② ㄱ, ㄷ ③ ㄴ, ㄷ ④ ㄷ, ㄹ ⑤ ㄱ, ㄴ, ㄹ

해설

ㄱ. (×) : 무권대리인의 상대방에 대한 책임은 **무과실책임**으로서 대리권의 흠결에 관하여 대리인에게 과실등의 귀책사유가 있어야만 인정되는 것이 아니고, **무권대리행위가 제3자의 기망이나 문서위조 등 위법행위로 야기되었다고 하더라도 그 책임은 부정되지 아니한다**(대판 2014. 2. 27, 2013다213038).
ㄴ. (×) : 다른 자의 대리인으로서 계약을 맺은 자가 그 대리권을 증명하지 못하고 또 본인의 추인을 받지 못한 경우에는 그는 **상대방의 선택에 따라** 계약을 이행할 책임 또는 손해를 배상할 책임이 있다(민법 제135조 제1

정답 80. ①

항). 이때 **상대방이 계약의 이행을 선택한 경우** 무권대리인은 계약이 본인에게 효력이 발생하였더라면 본인이 상대방에게 부담하였을 것과 같은 내용의 채무를 이행할 책임이 있다. 무권대리인은 마치 자신이 계약의 당사자가 된 것처럼 계약에서 정한 채무를 이행할 책임을 지는 것이다. **무권대리인이 계약에서 정한 채무를 이행하지 않으면** 상대방에게 채무불이행에 따른 손해를 배상할 책임을 진다. 위 **계약에서 채무불이행에 대비하여 손해배상액의 예정에 관한 조항을 둔 때**에는 특별한 사정이 없는 한 무권대리인은 **조항에서 정한 바에 따라 산정한 손해액을 지급하여야 한다**. 이 경우에도 손해배상액의 예정에 관한 민법 제398조가 적용됨은 물론이다(대판 2018. 6. 28, 2018다210775).

ㄷ. (○) : 추인의 의사표시는 명시적·묵시적으로도 가능하며, **상대방 또는 무권대리인 어느 쪽에 대해서도 할 수 있으며, 승계인에게도 할 수 있다**(대판 2009. 11. 12. 2009다46828).

ㄹ. (×) : 민법 제134조에서 정한 상대방의 철회권은, 무권대리행위가 본인의 추인에 따라 효력이 좌우되어 상대방이 불안정한 지위에 놓이게 됨을 고려하여 대리권이 없었음을 알지 못한 상대방을 보호하기 위하여 상대방에게 부여된 권리로서, 상대방이 유효한 철회를 하면 무권대리행위는 확정적으로 무효가 되어 그 후에는 본인이 무권대리행위를 추인할 수 없다. 한편 상대방이 대리인에게 대리권이 없음을 알았다는 점에 대한 주장·입증책임은 **철회의 효과를 다투는 본인**에게 있다(대판 2017. 6. 29, 2017다213838). ※ 상대방이 대리권 없음을 알았다는 점에 대한 주장 입증책임은 상대방인 丙에게 있는 것이 아니라 철회의 효과를 다투는 본인인 甲에게 있다.

81 **甲은 A 아파트를 신축하면서 아파트 분양 전문가인 乙에게 A 아파트의 분양업무를 위임하고, 분양계약 체결의 대리권을 수여하였다. 乙은 분양업무를 위하여 丙을 고용하여 A 아파트의 분양에 관한 업무를 처리하게 하였다. 丙은 丁과 A 아파트 1동 101호에 대한 분양계약을 체결하였다. 그 후 甲은 戊에게 위 아파트를 매도하고 戊 앞으로 소유권이전등기를 마쳐주었다. 이에 관한 설명 중 옳지 않은 것은? (다툼이 있는 경우에는 판례에 의함)** 〈2014년 사법시험〉

① 乙이 甲의 명시적인 승낙을 얻어 丙을 甲의 대리인으로 선임한 경우 선임·감독상의 과실이 없더라도 丙의 행위에 대해 甲에게 책임을 진다.
② 乙은 甲의 묵시적인 승낙이 있더라도 丙을 甲의 대리인으로 선임할 수 없다.
③ 乙이 甲의 명시적 승낙 없이 丙을 甲의 대리인으로 선임한 경우 丁이 丙의 분양계약에 관한 대리권한을 믿은 것에 정당한 이유가 있는 경우에는 甲과 丁 사이의 분양계약은 유효하게 된다.
④ 丙이 甲을 대리할 권한이 없는 경우 甲이 丙과 丁 사이에 체결된 분양계약을 丁에 대하여 추인하면 甲과 丁 사이의 분양계약은 유효하게 된다.
⑤ 乙이 甲의 지정을 받아 丙을 甲의 대리인으로 선임한 경우 丁은 甲에 대하여 A 아파트 1동 101호에 대한 분양계약을 해제하고 손해배상을 청구할 수 있다.

해 설

① (×) : 전조의 규정에 의하여 대리인이 복대리인을 선임한 때에는 본인에게 대하여 그 선임감독에 관한 책임이 있다(제121조 제1항).

② (○) : 임의대리인은 본인의 승낙이 있거나 부득이한 사유가 있지 아니하면 복대리인을 선임할 수 없는 것인바, 아파트 분양업무는 그 성질상 분양 위임을 받은 수임인의 능력에 따라 그 분양사업의 성공 여부가 결정되는 사무로서, 본인의 명시적인 승낙 없이는 복대리인의 선임이 허용되지 아니하는 경우로 보아야 한다(대판 1999. 9. 3, 97다56099).

③ (○) : 복대리에도 표현대리 법리가 적용된다. 따라서 대리인이 임의로 선임한 복대리인을 통하여 권한 외의 법률행위를 한 경우, 상대방이 그 행위자를 대리권을 가진 대리인으로 믿었고 또한 그렇게 믿는 데에 정당한 이

정답 81. ①

유가 있는 때에는, 복대리인 선임권이 없는 대리인에 의하여 선임된 복대리인의 권한도 기본대리권이 되어 민법 제126조를 적용함에 있어서 기본대리권의 흠결 문제는 생기지 않는다(대판 1998. 3. 27, 97다48982).
④ (○) : 무권대리 추인으로서 효력이 있다(제133조).
⑤ (○) : 위 사안은 甲은 戊에게 위 아파트를 매도하고 戊 앞으로 소유권이전등기를 마쳐주었다고 되어 있다. 즉 A아파트는 제1매수인 丁에게는 이행불능이 되어 있는 상태이다. 그리고 乙이 甲의 지정을 받아 丙을 甲의 대리인으로 선임한 경우에는 유권대리가 되기 때문에, 丁은 이행불능을 이유로 본인 甲에 대하여 A 아파트에 대한 분양계약을 해제하고 손해배상을 청구할 수 있다.

82 甲이 본인 乙을 무권대리한 경우에 관한 설명 중 옳지 않은 것은? (각 지문은 독립적이며, 다툼이 있는 경우 판례에 의함) 〈2016년 사법시험〉

① 상대방 있는 단독행위에서 그 행위 당시에 상대방 丙이 대리인이라 칭하는 甲의 대리권 없는 행위에 동의하거나 그 대리권을 다투지 아니한 때에 한하여 계약의 무권대리에 관한 규정을 준용한다.
② 甲이 乙의 자전거에 대한 소유권을 포기한 것은 乙의 추인여부에 상관없이 언제나 무효이다.
③ 甲이 대리권 없이 乙 소유 부동산을, 甲이 乙의 대리인이라고 과실 없이 믿은 丙에게 매도하고 丙은 丁에게 매도하여 그 소유권이전등기가 되었는데, 그 후 乙의 사망으로 甲이 乙을 상속한 경우, 甲은 자신의 매매행위가 무권대리임을 주장하여 丁 명의의 등기말소를 청구할 수 있다.
④ 甲이 매매계약을 해제한 후 그 대리권을 다투지 아니하는 계약상대방으로부터 반환받은 금원으로 매수한 대지의 등기서류를 乙이 교부받아 자기 남편명의로 위 대지에 관한 소유권이전등기를 마친 경우에는, 甲이 한 매매계약의 해제를 乙이 추인한 것으로 본다.
⑤ 상대방 丙이 甲에 대해 본인을 위한 것임을 표시하여 계약을 해제한 때에는 그것이 甲의 동의를 얻어 한 때에만 계약의 무권대리에 관한 규정이 준용된다.

해 설
① (○), ⑤ (○) : 민법 제136조 참조
② (○) : 소유권포기와 같은 상대방 없는 행위에 대한 무권대리는 추인여부를 불문하고 언제나 무효이다.
③ (×) : 무권대리인 자신의 매매행위가 무권대리행위여서 무효였다는 이유로 정 앞으로 경료된 소유권이전등기가 무효의 등기라고 주장하여 그 등기의 말소를 청구하거나 부동산의 점유로 인한 부당이득금의 반환을 구하는 것은 금반언의 원칙이나 신의성실의 원칙에 반하여 허용될 수 없다(대판 1994. 9. 27, 94다20617).
④ (○) : 무권대리행위나 무효행위의 추인은 무권대리행위 등이 있음을 알고 그 행위의 효과를 자기에게 귀속시키도록 하는 단독행위로서 그 의사표시의 방법에 관하여 일정한 방식이 요구되는 것이 아니므로 명시적이든 묵시적이든 묻지 않는다(대판 2009. 9. 24, 2009다37831).

83 甲은 乙의 대리인임을 표시하면서 丙에게 乙소유의 X토지를 대금 1억 원에 매도하는 계약(이하 '이 사건 계약'이라 한다)을 체결하면서 대금지급기일과 소유권이전등기의 이행기일을 2019. 6. 30.로 정하였다. 이에 관한 법률관계 중 옳은 것은 모두 몇 개인가?(각 지문은 독립적임) 〈2020년 법원행시〉

ㄱ. 丙은 이행기일에 乙로부터 이 사건 계약 체결에 관한 대리권을 수여받은 甲에게 대금 1억 원을 지급하였으나 甲이 위 1억 원을 乙에게 전달하지 않았다. 乙은 특별한 사정이 없는 한 대금이 지급되지 않았음을 이유로 丙의 소유권이전등기청구에 대해 그 이행을 거절할 수 있다.

정답 82. ③ 83. ②

ㄴ. 乙로부터 이 사건 계약 체결에 관한 대리권을 수여받은 甲은 丙의 대금지급의무불이행을 이유로 乙의 해제권을 대리하여 행사할 수 없으나, 乙의 소유권이전등기의무 불이행을 이유로 한 丙의 해제의사표시를 수령할 권한은 갖는다.

ㄷ. 乙이 이 사건 계약에 따른 이행기일에 丙에게 소유권이전등기를 마쳐준 다음 丙에 대한 매매대금채권을 丁에게 양도하였다. 乙로부터 채권양도통지권한을 위임받은 丁이 채권양도통지를 하면서 대리관계를 현명하지 않고 丁 명의로 된 채권양도통지서를 발송하면 이는 효력이 없으나, 채권양도통지를 둘러싼 여러 사정에 비추어 丁이 대리인으로서 통지한 것임을 丙이 알았거나 알 수 있었을 때에는 유효하다.

ㄹ. 乙이 甲의 대리권 없음을 이유로 丙을 상대로 위 매매계약을 원인으로 마쳐진 소유권이전등기의 말소를 구하는 소를 제기하는 경우, 丙은 甲의 대리권 존재를 증명하여야 한다.

ㅁ. 甲이 이 사건 계약체결에 관한 대리권을 수여받지 않았고, 丙이 이를 이유로 이 사건 계약에 대한 유효한 철회의 의사표시를 하면 이 사건 계약은 확정적으로 무효가 되어 그 후 乙은 甲의 무권대리행위를 추인할 수 없다.

ㅂ. 무권대리인 甲에 의해 이 사건 계약이 체결되었으나 甲이 乙의 추인을 받지 못하자 丙이 계약이행을 선택하였고, 이 사건 계약에는 乙의 채무불이행에 대비한 손해배상액이 예정되어 있다. 이 경우 甲이 계약에서 정한 채무를 이행하지 않으면 丙에게 채무불이행에 따른 손해를 배상할 책임을 부담하나, 특별한 사정이 없는 한 이 사건 계약에서 정한 손해배상액의 예정에 따라 정해질 것은 아니다.

① 1개 ② 2개 ③ 3개 ④ 4개 ⑤ 5개

해 설

ㄱ. (×) : 부동산의 소유자로부터 매매계약을 체결할 대리권을 수여받은 대리인은 특별한 다른 사정이 없는 한 그 매매계약에서 약정한 바에 따라 중도금이나 잔금을 수령할 수도 있다(대판 1992. 4. 14, 91다43107). 그리고 대리인이 그 권한에 기하여 계약상 급부를 수령한 경우에, 그 법률효과는 계약 자체에서와 마찬가지로 직접 본인에게 귀속되고 대리인에게 돌아가지 아니한다(대판 2011. 8. 18, 2011다30871).

ㄴ. (×) : 어떠한 계약의 체결에 관한 대리권을 수여받은 대리인이 수권된 법률행위를 하게 되면 그것으로 대리권의 원인된 법률관계는 원칙적으로 목적을 달성하여 종료하는 것이고, 법률행위에 의하여 수여된 대리권은 그 원인된 법률관계의 종료에 의하여 소멸하는 것이므로(민법 제128조), 그 계약을 대리하여 체결하였던 대리인이 체결된 계약의 해제 등 일체의 처분권과 상대방의 의사를 수령할 권한까지 가지고 있다고 볼 수는 없다(대판 2008. 6. 12, 2008다11276).

ㄷ. (○) : [1] 민법 제450조에 의한 채권양도통지는 양도인이 직접하지 아니하고 사자를 통하여 하거나 대리인으로 하여금 하게 하여도 무방하고, 채권의 양수인도 양도인으로부터 채권양도통지 권한을 위임받아 대리인으로서 그 통지를 할 수 있다. [2] 채권양도통지 권한을 위임받은 양수인이 양도인을 대리하여 채권양도통지를 함에 있어서는 민법 제114조 제1항의 규정에 따라 양도인 본인과 대리인을 표시하여야 하는 것이므로, 양수인이 서면으로 채권양도통지를 함에 있어 대리관계의 현명을 하지 아니한 채 양수인 명의로 된 채권양도통지서를 채무자에게 발송하여 도달되었다 하더라도 이는 효력이 없다고 할 것이다. [3] 대리에 있어 본인을 위한 것임을 표시하는 이른바 현명은 반드시 명시적으로만 할 필요는 없고 묵시적으로도 할 수 있는 것이고, 채권양도통지를 함에 있어 현명을 하지 아니한 경우라도 채권양도통지를 둘러싼 여러 사정에 비추어 양수인이 대리인으로

서 통지한 것임을 상대방이 알았거나 알 수 있었을 때에는 민법 제115조 단서의 규정에 의하여 유효하다(대판 2008. 2. 14, 2007다77569 ; 대판 2004. 2. 13, 2003다43490).

ㄹ. (×) : 소유권이전등기가 전 등기명의인의 직접적인 처분행위에 의한 것이 아니라 제3자가 그 처분행위에 개입된 경우 현 등기명의인이 그 제3자가 전 등기명의인의 대리인이라고 주장하더라도 현 소유명의인의 등기가 적법히 이루어진 것으로 추정되므로, 그 등기가 원인무효임을 이유로 그 말소를 청구하는 전 소유명의인으로서는 반대사실, 즉 그 제3자에게 전 소유명의인을 대리할 권한이 없었다든가 또는 제3자가 전 소유명의인의 등기서류를 위조하는 등 등기절차가 적법하게 진행되지 아니한 것으로 의심할 만한 사정이 있다는 등의 무효사실에 대한 증명책임을 진다(대판 2009. 9. 24, 2009다37831).

ㅁ. (○) : 민법 제134조에서 정한 상대방의 철회권은, 무권대리행위가 본인의 추인에 따라 효력이 좌우되어 상대방이 불안정한 지위에 놓이게 됨을 고려하여 대리권이 없었음을 알지 못한 상대방을 보호하기 위하여 상대방에게 부여된 권리로서, 상대방이 유효한 철회를 하면 무권대리행위는 확정적으로 무효가 되어 그 후에는 본인이 무권대리행위를 추인할 수 없다. 한편 상대방이 대리인에게 대리권이 없음을 알았다는 점에 대한 주장·입증책임은 철회의 효과를 다투는 본인에게 있다(대판 2017. 6. 29, 2017다213838).

ㅂ. (×) : 다른 자의 대리인으로서 계약을 맺은 자가 그 대리권을 증명하지 못하고 또 본인의 추인을 받지 못한 경우에는 그는 상대방의 선택에 따라 계약을 이행할 책임 또는 손해를 배상할 책임이 있다(민법 제135조 제1항). 이때 상대방이 계약의 이행을 선택한 경우 무권대리인은 계약이 본인에게 효력이 발생하였더라면 본인이 상대방에게 부담하였을 것과 같은 내용의 채무를 이행할 책임이 있다. 무권대리인은 마치 자신이 계약의 당사자가 된 것처럼 계약에서 정한 채무를 이행할 책임을 지는 것이다. 무권대리인이 계약에서 정한 채무를 이행하지 않으면 상대방에게 채무불이행에 따른 손해를 배상할 책임을 진다. 위 계약에서 채무불이행에 대비하여 손해배상액의 예정에 관한 조항을 둔 때에는 특별한 사정이 없는 한 무권대리인은 조항에서 정한 바에 따라 산정한 손해액을 지급하여야 한다. 이 경우에도 손해배상액의 예정에 관한 민법 제398조가 적용됨은 물론이다(대판 2018. 6. 28, 2018다210775).

보충지문

84 무권대리행위는 추인이나 거절 전에는 유동적 무효이다. 〈2015년 감정평가사〉

해설 무권대리행위는 추인이 있으면 확정적 유효가 되고 추인거절이 있으면 확정적 무효가 된다. 추인이나 거절 전에는 유동적 무효이다.

85 본인이 무권대리행위의 추인을 거절한 후에는 다시 추인할 수 없다. 〈2015년 감정평가사〉

해설 무권대리행위는 추인거절이 있은 후에는 확정적으로 무효로 된다. 따라서 추인거절의 의사표시를 한 후에는 본인도 다시 추인할 수 없고, 상대방도 최고권이나 철회권을 행사할 수 없다.

86 본인이 무권대리행위로 처하게 된 법적 지위를 충분히 이해하고 그럼에도 진의에 기하여 그 무권대리행위의 결과가 자기에게 귀속된다는 것을 승인한 것으로 볼 만한 사정이 있는 경우에는, 무권대리행위를 묵시적으로 추인한 것으로 볼 수 있다. 〈2012년 사법시험〉

해설 대판 2011. 2. 10, 2010다83199 등 참조

정답 84. (○) 85. (○) 86. (○)

87 **무권대리인이 금원을 차용하는 계약을 체결한 후, 변제기일에 채권자가 본인에게 그 변제를 독촉하자 본인이 그 지급의 유예를 요청하였더라도, 이로써 본인이 무권대리행위를 추인하였다고는 볼 수 없다.** 〈2005년 감정평가사〉

해 설 무권대리인이 차용금중의 일부로 본인 소유의 부동산에 가등기로 담보하고 있던 소외인에 대한 본인의 채무를 변제하고 그 가등기를 말소하고 무권대리인이 차용한 금원의 변제기일에 채권자가 본인에게 그 변제를 독촉하자 그 유예를 요청하였다면 무권대리인의 행위를 추인하였다고 볼 것이다(대판 1973. 1. 30, 72다2309, 2310).

88 **본인이 이의제기 없이 무권대리행위를 장시간 방치한 것을 추인으로 볼 수는 없다.** 〈2020년 감정평가사〉

해 설 무권대리행위에 대하여 본인이 그 직후에 그것이 자기에게 효력이 없다고 이의를 제기하지 아니하고 이를 장시간에 걸쳐 방치하였다고 하여 무권대리행위를 추인하였다고 볼 수 없다(대판 1990. 3. 27, 88다카181).

89 **무권대리행위가 범죄가 되는 경우에 본인이 그 사실을 알고도 장기간 형사고소를 하지 아니하였다면 무권대리행위를 추인한 것이다.** 〈2017년 공인노무사〉

해 설 무권대리행위가 범죄가 되는 경우에 대하여 그 사실을 알고도 장기간 형사고소를 하지 아니하였다 하더라도 그 사실만으로 묵시적인 추인이 있었다고 할 수는 없다(대판 1998. 2. 10, 97다31113).

90-1 **민법 제132조는 무권대리행위 추인의 상대방으로 무권대리행위의 상대방만을 규정하고 있으므로, 무권대리행위의 추인은 반드시 무권대리행위의 직접의 상대방에게 하여야 하고, 무권대리인에게 한 경우에는 그 상대방에게 대항하지 못한다.** 〈2019년 법무사〉

90-2 **공동대표이사가 단독으로 회사를 대표하여 제3자와 한 법률행위를 추인함에 있어 그 의사표시는 단독으로 행위한 공동대표이사나 그 법률행위의 상대방인 제3자 중 어느 사람에게 대하여서도 할 수 있다.** 〈2013년 법원행시〉

90-3 **상대방은 본인이 무권대리인에게 무권대리행위를 추인한 사실을 알기 전까지는 무권대리인과 체결한 계약을 철회할 수도 있고, 추인이 있었음을 주장할 수도 있다.** 〈2012년 사법시험〉

90-4 **무권대리인에 대한 추인은 상대방에게 효력이 없으므로, 상대방은 추인의 효력을 주장할 수 없다.** 〈2005년 감정평가사〉

해 설 [1] 무권대리행위의 추인에 특별한 방식이 요구되는 것이 아니므로 명시적인 방법만 아니라 묵시적인 방법으로도 할 수 있고, 그 추인은 무권대리인, 무권대리행위의 직접의 상대방 및 그 무권대리행위로 인한 권리 또는 법률 관계의 승계인에 대하여도 할 수 있다. [2] 민법 제132조는 본인이 무권대리인에게 무권대리행위를 추인한 경우에 상대방이 이를 알지 못하는 동안에는 본인은 상대방에게 추인의 효과를 주장하지 못한다는 취지이므로 상대방은 그때까지 민법 제 134조에 의한 철회를 할 수 있고, 또 무권대리인에의 추인이 있었음을 주장할 수도 있다(대판 1981. 4. 14, 80다2314).

정답 87. (×) 88. (○) 89. (×) 90-1. (×) 90-2. (○) 90-3. (○) 90-4. (×)

91 **甲의 성년인 아들 乙은 대리권 없이 위임장, 인감증명서 등을 위조하여 甲의 대리인이라고 칭하면서 甲 소유의 부동산을 丙에게 매도하였다. 甲은 丙에게 추인거절의 의사표시를 할 수 있으나, 乙에게는 할 수 없다.** 〈2013년 공인노무사〉

해설 추인 또는 거절의 의사표시는 상대방에 대하여 하지 아니하면 그 상대방에 대항하지 못한다. 그러나 상대방이 그 사실을 안 때에는 그러하지 아니하다.(민법 제132조). ☞ 甲은 추인거절의 의사표시를 乙뿐만 아니라 丙에게도 할 수 있다.

92 **무권대리행위에 대하여 본인의 추인이 있으면 무권대리행위는 처음부터 유권대리행위이었던 것과 마찬가지로 다루어지지만, 본인과 상대방 사이에 법률행위의 효력발생시기에 관한 다른 약정이 있는 경우에는 그에 의하게 된다.** 〈2004년 사법시험〉

해설 추인은 다른 의사표시가 없는 때에는 계약시에 소급하여 그 효력이 생긴다(제133조).

93 **종중원이 종중 소유 부동산을 무권대리행위에 의하여 처분한 경우 종중이 사후에 그 종중원에 대하여 그 처분행위를 추인하였다면 그 처분행위는 처음부터 소급하여 유효해진다.** 〈2012년 법원행시〉

해설 종중 소유 부동산을 무권대리(대표)행위에 의하여 처분한 경우 종중이 사후에 무권대리인에 대하여 처분행위를 추인하였다면 처분행위는 처음부터 소급하여 유효해진다(대판 1991. 5. 24, 90도2190).

94-1 **무권대리행위가 제3자의 기망이나 문서위조 등 위법행위로 야기된 경우 무권대리인의 상대방에 대한 책임은 부정된다.** 〈2017년 공인노무사〉

94-2 **甲이 대리권 없이 乙소유 X부동산에 관하여 丙과 근저당권설정계약을 체결하였고, 乙로부터 추인을 얻지도 못하였다고 하더라도, 甲이 자신의 대리권 흠결에 대하여 아무런 귀책사유가 없다면 甲은 丙에 대하여 민법 제135조 제1항이 정한 무권대리인의 책임을 지지 않는다.** 〈2019년 법무사〉

94-3 **무권대리인의 상대방에 대한 책임은 과실책임이다.** 〈2015년 감정평가사〉

해설 민법 제135조 제1항에 따른 무권대리인의 상대방에 대한 책임은 무과실책임으로서 대리권의 흠결에 관하여 대리인에게 과실 등의 귀책사유가 있어야만 인정되는 것이 아니고, 무권대리행위가 제3자의 기망이나 문서위조 등 위법행위로 야기되었다고 하더라도 책임은 부정되지 아니한다(대판 2014. 2. 27, 2013다213038).

95 **무권대리인이 부담하는 이행책임 또는 손해배상책임의 선택권은 상대방이 갖는다.** 〈2017년 공인노무사〉

해설 민법 제135조 제1항 참조

정답 91. (×) 92. (○) 93. (○) 94-1. (×) 94-2. (×) 94-3. (×) 95. (○)

96 **무권대리인이 그 대리권이 있음을 증명하지 못하거나 본인의 추인을 얻지 못하였을 때에는 무권대리인의 과실유무를 묻지 않고 상대방의 선택에 따라 계약의 이행 또는 손해를 배상할 책임을 지지만, 상대방이 대리권이 없음을 알았거나 알 수 있었던 경우까지 상대방을 보호할 필요는 없는데, 이 경우 상대방의 악의나 과실에 대한 증명책임은 무권대리인이 부담한다.**

〈2019년 법원행시〉

해설 민법 제135조 제2항은 "대리인으로서 계약을 맺은 자에게 대리권이 없다는 사실을 상대방이 알았거나 알 수 있었을 때에는 제1항을 적용하지 아니한다."고 정하고 있다. 이는 무권대리인의 무과실책임에 관한 원칙 규정인 제1항에 대한 예외 규정이므로 상대방이 대리권이 없음을 알았다는 사실 또는 알 수 있었는데도 알지 못하였다는 사실에 관한 주장·증명책임은 무권대리인에게 있다(대판 2018. 6. 28, 2018다210775).

97 **타인의 대리인으로 계약을 한 자가 그 대리권을 증명하지 못하고 또 본인의 추인을 얻지 못한 때에 상대방이 가지는 무권대리인에 대한 계약이행 또는 손해배상청구권의 소멸시효는, 무권대리인이 대리권을 증명하지 못하거나 본인의 추인을 얻지 못함을 그 상대방이 안 때부터 진행한다.** 〈2012년 사법시험〉

해설 타인의 대리인으로 계약을 한 자가 그 대리권을 증명하지 못하고 또 본인의 추인을 얻지 못한 때에는 상대방의 선택에 좇아 계약의 이행 또는 손해배상의 책임이 있는 것인바 이 상대방이 가지는 계약이행 또는 손해배상청구권의 소멸시효는 그 선택권을 행사할 수 있는 때로부터 진행한다 할 것이고 또 선택권을 행사할 수 있는 때라고 함은 대리권의 증명 또는 본인의 추인을 얻지 못한 때라고 할 것이다(대판 1965. 8. 24, 64다1156).

98-1 **무권리자가 타인의 권리를 자기의 이름으로 또는 자기의 권리로 처분한 경우, 권리자는 후일 이를 추인함으로써 그 처분행위를 인정할 수 있고, 이 경우 추인은 명시적으로 뿐만 아니라 묵시적인 방법으로도 가능하며 그 의사표시는 무권대리인이나 그 상대방 어느 쪽에 하여도 무방하다.** 〈2015년 법무사, 2019년 법원행시〉

98-2 **타인의 권리를 자기의 이름으로 처분하거나 또는 자기의 권리로 처분한 경우에 본인이 후일 그 처분행위를 인정하면 특단의 사유가 없는 한 그 처분행위의 효력이 본인에게 미친다.**

〈2012년 법원행시〉

98-3 **권리자가 무권리자의 처분을 추인한 경우 무권대리에 대해 본인이 추인을 한 경우와 유사하므로, 무권대리 추인의 소급효에 관한 민법 제133조를 유추 적용하여 계약으로 이루어진 무권리자의 처분을 권리자가 추인하면 원칙적으로 그 계약의 효과가 계약을 체결했을 때에 소급하여 권리자에게 귀속된다.** 〈2019년 법원행시〉

98-4 **무권리자가 타인의 권리를 처분한 경우에는 특별한 사정이 없는 한 권리가 이전되지 않고, 무권리자의 처분이 계약으로 이루어진 경우에 권리자가 이를 추인하더라도 그 계약의 효과가 계약을 체결했을 때에 소급하여 권리자에게 귀속되는 것은 아니다.** 〈2018년 법무사〉

해설 [1] 법률행위에 따라 권리가 이전되려면 권리자 또는 처분권한이 있는 자의 처분행위가 있어야 한다. 무권리자가 타인의 권리를 처분한 경우에는 특별한 사정이 없는 한 권리가 이전되지 않는다. 그러나 이러한 경

정답 96. (○) 97. (×) 98-1. (○) 98-2. (○) 98-3. (○) 98-4. (×)

우에 권리자가 무권리자의 처분을 추인하는 것도 자신의 법률관계를 스스로의 의사에 따라 형성할 수 있다는 사적 자치의 원칙에 따라 허용된다. 이러한 추인은 무권리자의 처분이 있음을 알고 해야 하고, 명시적으로 또는 묵시적으로 할 수 있으며, 그 의사표시는 무권리자나 그 상대방 어느 쪽에 해도 무방하다. [2] 권리자가 무권리자의 처분을 추인하면 무권대리에 대해 본인이 추인을 한 경우와 당사자들 사이의 이익상황이 유사하므로, 무권대리의 추인에 관한 민법 제130조, 제133조 등을 무권리자의 추인에 유추 적용할 수 있다. 따라서 무권리자의 처분이 계약으로 이루어진 경우에 권리자가 이를 추인하면 원칙적으로 계약의 효과가 계약을 체결했을 때에 소급하여 권리자에게 귀속된다고 보아야 한다(대판 2017. 6. 8, 2017다3499).

법률행위의 무효·취소

Ⅰ. 법률행위의 무효

1 **법률행위의 일부무효에 관한 설명으로 옳지 않은 것은? (다툼이 있는 경우에는 판례에 의함)**

〈2010년 변리사〉

① A와 B 두 개의 급부 중 어느 하나를 선택할 수 있는 것을 목적으로 하는 계약에서 처음부터 B급부가 불능이라면 그 계약은 전부무효로 된다.

② 법률행위의 일부가 강행법규인 효력규정에 위반되어 무효가 되는 경우에는 원칙적으로 민법 제137조가 적용될 것이나, 당해 효력규정 및 그 효력규정을 둔 법의 입법취지를 고려하여 볼 때 나머지 부분을 무효로 한다면 당해 효력규정 및 그 법의 취지에 명백히 반하는 결과가 초래되는 경우에는 나머지 부분까지 무효로 된다고 할 수 없다.

③ 매매의 대상에 장차 불하받게 되는 특정의 토지 외에 양도인이 경작하던 간척지에 대한 임차권이 포함되어 있는 경우, 거래허가의 대상이 되는 임차권의 양도에 대한 토지거래허가가 없었다고 하여 당연히 양도계약 전부가 무효로 된다고 할 수 없다.

④ 약관의 일부 조항이 약관규제법의 규정에 의하여 무효인 경우 민법 제137조의 일부무효의 법리가 적용되지 않고 계약은 나머지 부분만으로 유효하게 존속하는 것이 원칙이다.

⑤ 법률행위의 내용이 불가분인 경우에는 그 일부분이 무효일 때에도 일부무효의 문제는 생기지 아니하나, 분할이 가능한 경우라면 민법 제137조의 규정에 따라 그 전부가 무효로 될 때도 있고, 그 일부만 무효로 될 때도 있다.

해 설

①(×) : 채권의 목적으로 선택할 수개의 행위 중에 처음부터 불능한 것이 있으면 채권의 목적은 잔존한 것에 존재한다(제385조 제1항).

②(○) : 민법 제137조는 임의규정으로서 의사자치의 원칙이 지배하는 영역에서 적용된다고 할 것이므로, 법률행위의 일부가 강행법규인 효력규정에 위배되어 무효가 되는 경우 그 부분의 무효가 나머지 부분의 유효·무효에 영향을 미치는가의 여부를 판단함에 있어서는 개별 법령이 일부무효의 효력에 관한 규정을 두고 있는 경우에는 그에 따라야 하고, 그러한 규정이 없다면 원칙적으로 민법 제137조가 적용될 것이나, 당해 효력규정 및 그 효력규정을 둔 법의 입법취지를 고려하여 볼 때 나머지 부분을 무효로 한다면 당해 효력규정 및 그 법의 취지에 명백히 반하는 결과가 초래되는 경우에는 나머지 부분까지 무효가 된다고 할 수는 없다(대판 2007. 6. 28, 2006다38161, 38178 등).

③(○), ⑤(○) : 매매의 대상에 장차 불하받게 되는 특정의 토지 외에 양도인이 경작하던 간척지에 대한 임차권이 포함되어 있는 것으로 인정된다고 하여도 임차권의 대상이 되는 토지는 불하되기 전의 간척 중인 토지로서 이 토지에 대한 임차권의 양도만이 거래허가의 대상이 되는 것이므로, 이에 대한 토지거래허가가 없었다고 하여 당연히 양도계약 전부가 무효로 된다고 할 수는 없는바, 법률행위의 내용이 불가분인 경우에는 그 일부분이

정답 1. ①

무효일 때에도 일부무효의 문제는 생기지 아니하나, 분할이 가능한 경우에는 민법 제137조의 규정에 따라 그 전부가 무효로 될 때도 있고, 그 일부만 무효로 될 때도 있기 때문이다(대판 1994. 5. 24, 93다58332).
④ (○) : 약관규제법 제16조 참조. 즉 이 경우 민법상의 일부무효의 법리(제137조)가 적용되지 않고 약관규제법상의 일부무효의 특칙에 따라 처리되어야 한다.

2 **甲은 토지거래허가구역 내에 있는 그 소유의 X토지에 대하여 토지거래허가를 받을 것을 전제로 乙과 매매계약을 체결하였다. 이에 관한 설명으로 옳지 않은 것은?(다툼이 있으면 판례에 따름)** 〈2021년 변리사〉

① 甲이 허가신청절차에 협력하지 않으면 乙은 甲에 대하여 협력의무의 이행을 소구할 수 있다.
② 甲이 허가신청절차에 협력할 의무를 이행하지 않더라도 특별한 사정이 없는 한 乙은 이를 이유로 계약을 해제할 수 없다.
③ 甲과 乙이 허가신청절차 협력의무의 이행거절의사를 명백히 표시한 경우, 매매계약은 확정적으로 무효가 된다.
④ 매매계약이 乙의 사기에 의해 체결된 경우, 甲은 토지거래허가를 신청하기 전에 사기를 이유로 계약을 취소함으로써 허가신청절차의 협력의무를 면할 수 있다.
⑤ X토지가 중간생략등기의 합의에 따라 乙로부터 丙에게 허가 없이 전매된 경우, 丙은 甲에 대하여 직접 허가신청절차의 협력의무 이행청구권을 가진다.

해 설

① (○) : 유동적 무효 상태에 있는, 토지거래허가구역 내 토지에 관한 매매계약에서 계약의 쌍방 당사자는 공동허가신청절차에 협력할 의무가 있고, 이러한 의무에 위배하여 허가신청절차에 협력하지 않는 당사자에 대하여 상대방은 협력의무의 이행을 소구할 수도 있다(대판 2009. 4. 23, 2008다50615).
② (○) : 유동적 무효의 상태에 있는 거래계약의 당사자는 상대방이 그 거래계약의 효력이 완성되도록 협력할 의무를 이행하지 아니하였음을 들어 일방적으로 유동적 무효의 상태에 있는 거래계약 자체를 해제할 수 없다(대판 1999. 6. 17, 98다40459 전원합의체).
③ (○) : 국토이용관리법상 토지거래허가를 받지 않아 거래계약이 유동적 무효의 상태에 있는 경우, 유동적 무효 상태의 계약은 관할 관청의 불허가처분이 있을 때뿐만 아니라 당사자 쌍방이 허가신청협력의무의 이행거절 의사를 명백히 표시한 경우에는 허가 전 거래계약관계, 즉 계약의 유동적 무효 상태가 더 이상 지속된다고 볼 수 없으므로, 계약관계는 확정적으로 무효가 된다(대판 1997. 7. 25, 97다4357).
④ (○) : 국토이용관리법상 거래허가를 받지 아니하고 계약당사자의 표시와 불일치한 의사(비진의표시, 허위표시 또는 착오) 또는 사기, 강박과 같은 하자 있는 의사에 의하여 토지거래 등이 이루어진 경우에 있어서, 이들 사유에 기하여 그 거래의 무효 또는 취소를 주장할 수 있는 당사자는 그러한 거래허가를 신청하기 전 단계에서 이러한 사유를 주장하여 거래허가 신청협력에 거절의사를 일방적으로 명백히 함으로써 그 계약을 확정적으로 무효화시키고 자신의 거래허가절차에 협력할 의무를 면함은 물론 기왕에 지급된 계약금 등의 반환도 구할 수 있다(대판 1996. 11. 8, 96다35309).
⑤ (×) : 토지거래허가구역 내의 토지가 관할 관청의 허가 없이 전전매매되고 그 당사자들 사이에 최초의 매도인으로부터 최종 매수인 앞으로 직접 소유권이전등기를 경료하기로 하는 중간생략등기의 합의가 있는 경우, 이러한 중간생략등기의 합의란 부동산이 전전매도된 경우 각 매매계약이 유효하게 성립함을 전제로 그 이행의 편의상 최초의 매도인으로부터 최종의 매수인 앞으로 소유권이전등기를 경료하기로 한다는 당사자 사이의 합의에 불과할 뿐 그러한 합의가 있다고 하여 최초의 매도인과 최종의 매수인 사이에 매매계약이 체결되었다는

정답 2. ⑤

것을 의미하는 것은 아니고, 따라서 최종 매수인은 최초 매도인에 대하여 직접 그 토지에 관한 토지거래허가 신청절차의 협력의무 이행청구권을 가지고 있다고 할 수 없으며, 설사 최종 매수인이 자신과 최초 매도인을 매매당사자로 하는 토지거래허가를 받아 최종 매수인 앞으로 소유권이전등기를 경료하더라도 그러한 소유권이전등기는 적법한 토지거래허가 없이 경료된 등기로서 무효이다(대판 1996. 6. 28, 96다3982).

3 부동산 거래신고 등에 관한 법률에 따른 토지거래허가구역 내에 존재하는 토지에 대하여 매도인 甲과 매수인 乙 사이에 허가를 전제로 하여 매매계약이 체결되었으며 계약 당시 乙은 甲에게 계약금을 지급하였다. 이에 관한 설명으로 옳지 않은 것은? (다툼이 있으면 판례에 따름)

〈2023년 변리사〉

① 甲과 乙이 관할관청으로부터 허가를 받으면 유동적 무효상태에 있던 위 매매계약은 소급해서 유효로 된다.
② 乙의 매수인 지위를 丙이 이전받는다는 취지의 약정을 甲, 乙, 丙이 한 경우, 그와 같은 합의는 甲과 乙간의 위 매매계약에 관한 관할관청의 허가가 있어야 비로소 효력이 발생한다.
③ 보전의 필요성이 인정되는 한 乙은 甲에 대한 토지거래허가 신청절차의 협력의무 이행청구권을 피보전권리로 하여 甲의 권리를 대위 행사할 수 있다.
④ 甲과 乙이 관할관청에 토지거래허가를 신청하여 그 허가를 받은 후에도 乙은 다른 사유가 없는 한 계약금을 포기하고 위 매매계약을 해제할 수 있다.
⑤ 乙은 특별한 사정이 없는 한 위 매매계약의 허가를 받기 전까지 부당이득반환청구권을 행사하여 甲에게 이미 지급한 계약금의 반환을 청구할 수 있다.

해설

① (○) : 국토이용관리법상의 규제구역 내의 '토지등의 거래계약'허가에 관한 관계규정의 내용과 그 입법취지에 비추어 볼 때 토지의 소유권 등 권리를 이전 또는 설정하는 내용의 거래계약은 관할 관청의 허가를 받아야만 그 효력이 발생하고 허가를 받기 전에는 물권적 효력은 물론 채권적 효력도 발생하지 아니하여 무효라고 보아야 할 것인바, 다만 허가를 받기 전의 거래계약이 처음부터 허가를 배제하거나 잠탈하는 내용의 계약일 경우에는 확정적으로 무효로서 유효화될 여지가 없으나 이와 달리 허가받을 것을 전제로 한 거래계약(허가를 배제하거나 잠탈하는 내용의 계약이 아닌 계약은 여기에 해당하는 것으로 본다)일 경우에는 허가를 받을 때까지는 법률상 미완성의 법률행위로서 소유권 등 권리의 이전 또는 설정에 관한 거래의 효력이 전혀 발생하지 않음은 위의 확정적 무효의 경우와 다를 바 없지만, 일단 허가를 받으면 그 계약은 소급하여 유효한 계약이 되고 이와 달리 불허가가 된 때에는 무효로 확정되므로 허가를 받기까지는 유동적 무효의 상태에 있다고 보는 것이 타당하다(대판 1991. 12. 24, 90다12243 전원합의체).
② (○) : 유동적 무효상태에 있는 매매계약상의 매수인의 지위에 관하여 매도인과 매수인 및 제3자 사이에 제3자가 그와 같은 매수인의 지위를 매수인으로부터 이전받는다는 취지의 합의를 한 경우, 국토이용관리법상 토지거래허가 제도가 토지의 투기적 거래를 방지하여 정상적 거래를 조장하려는 데에 그 입법취지가 있음에 비추어 볼 때, 그와 같은 합의는 매도인과 매수인 사이의 매매계약에 대한 관할 관청의 허가가 있어야 비로소 효력이 발생한다고 보아야 하고, 그 허가가 없는 이상 그 3 당사자 사이의 합의만으로 유동적 무효상태의 매매계약의 매수인 지위가 매수인으로부터 제3자에게 이전하고 제3자가 매도인에 대하여 직접 토지거래허가 신청절차 협력의무의 이행을 구할 수 있다고 할 수는 없다(대판 1996. 7. 26, 96다7762).
③ (○) : 유동적 무효상태에 있는 토지거래계약에 있어서 매매계약의 당사자는 허가신청에 협력하지 아니하는 상대방 당사자에 대하여 협력의무의 이행을 청구할 수 있으므로, 이러한 이행청구권도 채권자대위권의 행사에

정답 3. ⑤

의하여 보전될 수 있는 채권에 해당한다(대판 1996. 10. 25, 96다23825).

④ (○) : 국토의 계획 및 이용에 관한 법률에 정한 토지거래계약에 관한 허가구역으로 지정된 구역 안의 토지에 관하여 매매계약이 체결된 후 계약금만 수수한 상태에서 당사자가 토지거래허가신청을 하고 이에 따라 관할관청으로부터 그 허가를 받았다 하더라도, 그러한 사정만으로는 아직 이행의 착수가 있다고 볼 수 없어 매도인으로서는 민법 제565조에 의하여 계약금의 배액을 상환하여 매매계약을 해제할 수 있다(대판 2009. 4. 23, 2008다62427).

⑤ (×) : 유동적 무효상태의 매매계약을 체결하고 매수인이 이에 기하여 임의로 지급한 계약금은 그 계약이 유동적 무효상태로 있는 한 이를 부당이득으로 반환을 구할 수 없고, 유동적 무효상태가 확정적으로 무효가 되었을 때 비로소 부당이득 반환을 구할 수 있다(대판 1993. 7. 27, 91다33766).

4 부동산 거래신고 등에 관한 법률에 따른 토지거래허가구역 내에 존재하는 토지에 대하여 매도인 甲과 매수인 乙 사이에 허가를 전제로 하여 매매계약이 체결되었으며 계약 당시 乙은 甲에게 계약금을 지급하였다. 이에 관한 설명으로 옳은 것은? (다툼이 있으면 판례에 따름)

〈2024년 변리사〉

① 乙은 甲을 상대로 허가가 나오는 것을 조건으로 하여 잔금과 상환으로 이전등기를 해달라고 청구할 수 있다.

② 허가가 나오기 전이라도 甲은 乙이 잔금기일에 잔금을 지급하지 않았다는 것을 이유로 위 계약을 해제할 수 있다.

③ 위 계약이 확정적으로 무효가 된 경우, 그에 관해 귀책사유가 있는 당사자도 계약의 무효를 주장할 수 있다.

④ 거래허가를 신청하기 전에는 乙의 기망행위로 위 계약을 체결하였더라도 甲은 그 계약을 취소할 수 없다.

⑤ 만일 계약 당시 합의에 따라 계약금을 乙이 丙에게 지급하였는데 그 후 위 계약이 확정적으로 무효가 된 경우, 특별한 사정이 없는 한 乙은 丙을 상대로 지급한 계약금 상당액의 반환을 청구할 수 있다.

해설

① (×) : 허가받을 것을 전제로 한 거래계약은 **허가받기 전의 상태에서는** 거래계약의 채권적 효력도 전혀 발생하지 않으므로 권리의 이전 또는 설정에 관한 **어떠한 내용의 이행청구도 할 수 없으나** 일단 허가를 받으면 그 계약은 소급해서 유효화되므로 허가 후에 새로이 거래계약을 체결할 필요는 없다[대판(전합) 1991. 12. 24, 90다12243]. ☞ 허가가 있을 것을 조건으로 하여 소유권이전등기절차의 이행을 구하는 부분에 있어서는 위의 법리와 같이 허가받기 전의 상태에서는 아무런 효력이 없어 권리의 이전 또는 설정에 관한 어떠한 이행청구도 할 수 없는 것이므로 원심이 이 부분 청구까지도 인용한 것은 같은 법상의 토지거래허가와 거래계약의 효력에 관한 법리를 오해하여 판결에 영향을 미친 위법을 저지른 것이라 하여 이를 파기한 사례.

② (×) : 국토이용관리법상 규제지역 내 토지의 매매계약이 관할관청으로부터 토지거래허가를 아직 받지 못하였다면, 그 계약내용 대로의 효력이 있을 수 없는 것이어서 당사자는 그 계약내용에 따른 의무를 부담하지 아니하므로 매매계약내용에 따른 채무불이행을 이유로 하여 계약을 해제할 수 없다(대판 1995. 1. 24, 93다25875).

③ (○) : 거래계약이 확정적으로 무효가 된 경우에는 거래계약이 확정적으로 무효로 됨에 있어서 귀책사유가 있는 자라고 하더라도 그 계약의 무효를 주장할 수 있다(대판 1997. 7. 25, 97다4357, 4364).

④ (×) : 국토이용관리법상 거래허가를 받지 아니하고 계약당사자의 표시와 불일치한 의사(비진의표시, 허위표시 또는 착오) 또는 사기, 강박과 같은 하자 있는 의사에 의하여 토지거래 등이 이루어진 경우에 있어서, 이들

정답 4. ③

사유에 기하여 그 거래의 무효 또는 취소를 주장할 수 있는 당사자는 그러한 거래허가를 신청하기 전 단계에서 이러한 사유를 주장하여 거래허가 신청협력에 거절의사를 일방적으로 명백히 함으로써 그 계약을 확정적으로 무효화시키고 자신의 거래허가절차에 협력할 의무를 면함은 물론 기왕에 지급된 계약금 등의 반환도 구할 수 있다(대판 1996. 11. 8, 96다35309).

⑤ (×) : 제3자를 위한 계약관계에서 낙약자와 요약자 사이의 법률관계(이른바 기본관계)를 이루는 계약이 무효이거나 해제된 경우 그 계약관계의 청산은 계약의 당사자인 낙약자와 요약자 사이에 이루어져야 하므로, 특별한 사정이 없는 한 낙약자가 이미 제3자에게 급부한 것이 있더라도 낙약자는 계약해제 등에 기한 원상회복 또는 부당이득을 원인으로 제3자를 상대로 그 반환을 구할 수 없다(대판 2010. 8. 19, 2010다31860,31877).

5 **甲과 乙은 2010. 1. 7.「국토의 계획 및 이용에 관한 법률」상 토지거래허가구역 내에 있는 甲의 X토지를 乙에게 매도하는 매매계약을 체결하면서 "甲과 乙은 2010. 2. 7.까지 토지거래허가를 받는다. 乙은 甲에게 계약 당일 계약금을, 2010. 3. 7. 중도금을, 2010. 5. 7. 잔금을 지급한다. 甲은 乙로부터 잔금을 지급받음과 동시에 乙 앞으로 X토지에 관한 소유권이전등기를 마친다."라는 내용의 약정을 하였다. 이 약정에 따라 乙은 계약 당일 甲에게 계약금을 지급하였다. 다음 설명 중 옳지 않은 것은? (각 지문은 독립적이며, 다툼이 있는 경우 판례에 의함)** 〈2016년 변호사시험〉

① 甲과 乙이 토지거래허가를 신청하여 관할관청으로부터 토지거래허가를 받은 후에도 甲은 乙이 중도금지급채무의 이행에 착수하기 전에 乙로부터 지급받은 계약금의 배액을 乙에게 지급하고 매매계약을 해제할 수 있다.

② 甲과 乙이 2010. 2. 7.까지 토지거래허가를 받지 못하였다고 하더라도, 약정된 기간 내에 토지거래허가를 받지 못할 경우 계약해제 등의 절차 없이 곧바로 당해 매매계약을 무효로 하기로 약정하였다는 등의 특별한 사정이 없는 한, 매매계약이 확정적으로 무효가 되는 것은 아니다.

③ 매매계약이 乙의 사기에 의해 체결된 경우라도, 甲은 토지거래허가를 신청하기 전 단계에서는 乙의 사기를 이유로 매매계약의 취소를 주장하여 매매계약을 확정적으로 무효화시킬 수 없다.

④ 甲은 토지거래허가를 받기 전에는 乙이 중도금을 2010. 3. 7.이 도과할 때까지 지급하지 않았다 하더라도 이를 이유로 매매계약을 해제할 수 없다.

⑤ 甲과 乙은 상대방에 대하여 공동으로 관할관청의 허가를 신청할 의무를 부담한다. 만일 甲이 이러한 의무에 위배하여 허가신청절차에 협력하지 않으면 乙은 甲에 대하여 협력의무의 이행을 소송으로써 구할 이익이 있다.

해 설

① (○), ④ (○) : 유동적 무효인 경우에도 약정해제(제565조)는 가능하나, 채무불이행을 이유로 하는 법정해제는 불가능하다. 따라서 甲과 乙이 토지거래허가를 신청하여 관할관청으로부터 토지거래허가를 받은 후에도 甲은 乙이 중도금지급채무의 이행에 착수하기 전에 乙로부터 지급받은 계약금의 배액을 乙에게 지급하고 매매계약을 (약정)해제는 할 수 있다(대판 2009. 4. 23, 2008다62427). 그러나 甲은 토지거래허가를 받기 전에는 乙이 중도금을 2010. 3. 7.이 도과할 때까지 지급하지 않았다 하더라도 이를 이유로 매매계약을 (법정)해제는 할 수 없다(대판 2006. 1. 27, 2005다52047).

② (○) : 유동적 무효 상태에 있는, 토지거래허가구역 내 토지에 관한 매매계약에서 계약의 쌍방 당사자는 공동허가신청절차에 협력할 의무가 있고, 이러한 의무에 위배하여 허가신청절차에 협력하지 않는 당사자에 대하여 상대방은 협력의무의 이행을 소구할 수도 있다. 그러므로 매매계약 체결 당시 일정한 기간 안에 토지거래허가

정답 5. ③

를 받기로 약정하였다고 하더라도, 그 약정된 기간 내에 토지거래허가를 받지 못할 경우 계약해제 등의 절차 없이 곧바로 매매계약을 무효로 하기로 약정한 취지라는 등의 특별한 사정이 없는 한, 이를 쌍무계약에서 이행기를 정한 것과 달리 볼 것이 아니므로 위 약정기간이 경과하였다는 사정만으로 곧바로 매매계약이 확정적으로 무효가 된다고 할 수 없다(대판 2009. 4. 23, 2008다50615).

③ (×) : 유동적 무효의 상태에 있다고 하더라도 착오나 사기 취소 등이 가능하다. 따라서 매매계약이 乙의 사기에 의해 체결된 경우라도, 甲은 토지거래허가를 신청하기 전 단계에서는 乙의 사기를 이유로 매매계약의 취소를 주장하여 매매계약을 확정적으로 무효화시킬 수 있다(대판 1997. 7. 25, 97다4357).

⑤ (○) : 유동적 무효상태에 있어도 당사자간 협력의무는 있다. 따라서 甲과 乙은 상대방에 대하여 공동으로 관할관청의 허가를 신청할 의무를 부담한다. 만일 甲이 이러한 의무에 위배하여 허가신청절차에 협력하지 않으면 乙은 甲에 대하여 협력의무의 이행을 소송으로써 구할 이익이 있다(대판 1998. 12. 22, 98다44376).

6 **무효행위의 추인에 관한 설명 중 옳은 것을 모두 고른 것은? (다툼이 있는 경우 판례에 의함)**

〈2019년 변호사시험〉

ㄱ. 무권대리행위의 추인은 무권대리인 또는 상대방의 동의나 승낙을 요하지 않는 단독행위로서 무권대리행위 전부에 대하여 행해져야 하지만, 상대방의 동의를 얻은 경우에는 무권대리행위 일부에 대하여 추인을 하거나 그 내용을 변경하여 추인하는 것도 유효하다.

ㄴ. 무권리자의 처분행위에 대하여 권리자가 추인하는 경우에는 그 처분행위의 효력이 권리자에게 미치므로, 권리자는 무권리자에 대하여 무권리자가 그 처분행위로 인하여 얻은 이득의 반환을 구할 수 없다.

ㄷ. 매매계약이 「민법」 제104조 소정의 '불공정한 법률행위'로 무효가 되더라도 그 당사자가 그 계약에 관한 부제소합의를 한 경우에는 무효행위의 추인에 해당하여 특별한 사정이 없는 한 위 매매계약 체결 시부터 그 매매계약은 유효하게 된다.

ㄹ. 부동산 소유자가 취득시효가 완성된 사실을 알고서 그 부동산을 제3자에게 처분하여 소유권이전등기를 마쳐주었는데, 그 부동산을 취득한 제3자가 부동산 소유자의 이와 같은 불법행위에 적극 가담하여 위 처분행위 및 제3자 명의의 등기가 무효인 경우, 시효완성 당시의 소유자가 그 무효행위를 추인하여도 그 제3자 명의의 등기는 무효이다.

① ㄱ, ㄴ ② ㄱ, ㄷ ③ ㄱ, ㄹ ④ ㄴ, ㄷ ⑤ ㄱ, ㄴ, ㄷ

해설

ㄱ. (○) : 무권대리행위의 추인은 무권대리인에 의하여 행하여진 불확정한 행위에 관하여 그 행위의 효과를 자기에게 직접 발생케 하는 것을 목적으로 하는 의사표시이며, 무권대리인 또는 상대방의 동의나 승락을 요하지 않는 단독행위로서 추인은 의사표시의 전부에 대하여 행하여져야 하고, 그 일부에 대하여 추인을 하거나 그 내용을 변경하여 추인을 하였을 경우에는 상대방의 동의를 얻지 못하는 한 무효이다(대판 1982. 1. 26, 81다카549).

ㄴ. (×) : 무권리자가 타인의 권리를 자기의 이름으로 또는 자기의 권리로 처분한 경우에, 권리자는 후일 이를 추인함으로써 그 처분행위를 인정할 수 있고, 특별한 사정이 없는 한 이로써 권리자 본인에게 위 처분행위의 효력이 발생함은 사적 자치의 원칙에 비추어 당연하고, 이 경우 추인은 명시적으로뿐만 아니라 묵시적인 방법으로도 가능하며 그 의사표시는 무권대리인이나 그 상대방 어느 쪽에 하여도 무방하다. 이와 같이 무권리자에 의한 처분행위를 권리자가 추인한 경우에 권리자는 무권리자에 대하여 무권리자가 그 처분행위로 인하여 얻은

정답 6. ③

이득의 반환을 구할 수 있다(대판 2001. 11. 9, 2001다44291).

ㄷ. (×) : 불공정한 법률행위로서 무효인 계약은 무효행위 추인의 대상이 되지 않을 뿐만 아니라 이에 수반하여 체결된 부제소합의도 무효이다(대판 1994. 6. 24, 94다10900). 〈참고판례〉 매매계약과 같은 쌍무계약이 급부와 반대급부와의 불균형으로 말미암아 민법 제104조에서 정하는 '불공정한 법률행위'에 해당하여 무효라고 한다면, 그 계약으로 인하여 불이익을 입는 당사자로 하여금 위와 같은 불공정성을 소송 등 사법적 구제수단을 통하여 주장하지 못하도록 하는 부제소합의 역시 다른 특별한 사정이 없는 한 무효이다(대판 2010. 7. 15, 2009다50308).

ㄹ. (○) : 부동산 소유자가 취득시효가 완성된 사실을 알고 그 부동산을 제3자에게 처분하여 소유권이전등기를 넘겨줌으로써 취득시효 완성을 원인으로 한 소유권이전등기의무가 이행불능에 빠지게 되어 시효취득을 주장하는 자가 손해를 입었다면 불법행위를 구성한다고 할 것이고, 부동산을 취득한 제3자가 부동산 소유자의 이와 같은 불법행위에 적극 가담하였다면 이는 사회질서에 반하는 행위로서 무효라고 할 것이다. → 취득시효 완성 후 경료된 무효인 제3자 명의의 등기에 대하여 시효완성 당시의 소유자가 무효행위를 추인하여도 그 제3자 명의의 등기는 그 소유자의 불법행위에 제3자가 적극 가담하여 경료된 것으로서 사회질서에 반하여 무효라고 한 사례(대판 2002. 3. 15, 2001다77352, 77369).

> **[비교판례]** 법인의 대표자가 한 매매계약이 법인에 대한 배임행위에 해당하고 그 매매계약 상대방이 배임행위를 유인·교사하거나 배임행위의 전 과정에 관여하는 등 배임행위에 적극 가담한 경우에는 그 매매계약이 반사회적 법률행위에 해당하여 무효로 될 수 있지만, 이때 매매계약을 무효로 한 이유는 본인인 법인의 이익을 보호하기 위한 데에 있는 것이어서, 무효의 원인이 소멸된 후 본인인 법인의 진정한 의사로 무효임을 알고 추인한 때에는 새로운 법률행위로 그 효력이 생길 수 있다(대판 2013. 11. 28, 2010다91831).

7 **법률행위의 무효에 관한 설명 중 옳은 것을 모두 고른 것은? (다툼이 있는 경우 판례에 의함)**

〈2021년 변호사시험〉

> ㄱ. 「농지법」에 따른 제한을 회피하고자 「부동산 실권리자명의 등기에 관한 법률」을 위반하여 무효인 명의신탁약정에 따라 명의신탁자가 명의수탁자에게 등기를 넘겨주는 행위는, 사회질서에 반하는 행위여서 「민법」 제746조 본문의 불법원인급여에 해당되어, 명의신탁자가 명의수탁자를 상대로 진정명의 회복을 원인으로 한 소유권이전등기를 구할 수 없다.
>
> ㄴ. 매매계약이 약정된 매매대금의 과다로 말미암아 「민법」 제104조에서 정하는 '불공정한 법률행위'에 해당하여 무효인 경우에도 무효행위의 전환에 관한 같은 법 제138조가 적용될 수 있어, 당사자 쌍방이 위와 같은 무효를 알았더라면 대금을 다른 액으로 정하여 매매계약에 합의하였을 것이라고 예외적으로 인정되는 경우에는, 그 대금액을 내용으로 하는 매매계약이 유효하게 성립한다.
>
> ㄷ. 무권리자가 타인의 권리를 처분한 경우에는 특별한 사정이 없는 한 권리가 이전되지 않지만 권리자가 무권리자의 처분을 추인하는 것은 허용되며, 그 경우 「민법」 제130조의 무권대리에 관한 규정 및 같은 법 제133조의 추인의 효력에 관한 규정을 유추 적용할 수 있다.
>
> ㄹ. 다른 자의 대리인으로서 계약을 맺은 자가 그 대리권을 증명하지 못하고 또 본인의 추인을 받지 못한 경우에는 계약이 무효이기 때문에 계약의 상대방은 그 대리인에게 계약을 이행할 책임을 물을 수 없다.

① ㄱ, ㄴ ② ㄱ, ㄷ ③ ㄱ, ㄹ ④ ㄴ, ㄷ ⑤ ㄴ, ㄷ, ㄹ

정답 7. ④

해 설

ㄱ. (×) : 부동산 실권리자명의 등기에 관한 법률(이하 '부동산실명법'이라 한다) 규정의 문언, 내용, 체계와 입법 목적 등을 종합하면, **부동산실명법을 위반하여 무효인 명의신탁약정에 따라 명의수탁자 명의로 등기를 하였다는 이유만으로 그것이 당연히 불법원인급여에 해당한다고 단정할 수는 없다.** 이는 농지법에 따른 제한을 회피하고자 명의신탁을 한 경우에도 마찬가지이다(대판 2019. 6. 20, 2013다218156 전원합의체).

ㄴ. (○) : 매매계약이 약정된 매매대금의 과다로 말미암아 민법 제104조에서 정하는 '불공정한 법률행위'에 해당하여 무효인 경우에도 무효행위의 전환에 관한 민법 제138조가 적용될 수 있다. 따라서 당사자 쌍방이 위와 같은 무효를 알았더라면 대금을 다른 액으로 정하여 매매계약에 합의하였을 것이라고 예외적으로 인정되는 경우에는, 그 대금액을 내용으로 하는 매매계약이 유효하게 성립한다(대판 2010. 7. 15, 2009다50308).

ㄷ. (○) : [1] 법률행위에 따라 권리가 이전되려면 권리자 또는 처분권한이 있는 자의 처분행위가 있어야 한다. 무권리자가 타인의 권리를 처분한 경우에는 특별한 사정이 없는 한 권리가 이전되지 않는다. 그러나 이러한 경우에 권리자가 무권리자의 처분을 추인하는 것도 자신의 법률관계를 스스로의 의사에 따라 형성할 수 있다는 사적 자치의 원칙에 따라 허용된다. 이러한 추인은 무권리자의 처분이 있음을 알고 해야 하고, 명시적으로 또는 묵시적으로 할 수 있으며, 그 의사표시는 무권리자나 그 상대방 어느 쪽에 해도 무방하다. [2] 권리자가 무권리자의 처분을 추인하면 무권대리에 대해 본인이 추인을 한 경우와 당사자들 사이의 이익상황이 유사하므로, 무권대리의 추인에 관한 민법 제130조, 제133조 등을 무권리자의 추인에 유추 적용할 수 있다. 따라서 무권리자의 처분이 계약으로 이루어진 경우에 권리자가 이를 추인하면 원칙적으로 계약의 효과가 계약을 체결했을 때에 소급하여 권리자에게 귀속된다고 보아야 한다(대판 2017. 6. 8, 2017다3499).

ㄹ. (×) : 다른 자의 대리인으로서 계약을 맺은 자가 그 대리권을 증명하지 못하고 또 본인의 추인을 받지 못한 경우에는 그는 상대방의 선택에 따라 계약을 이행할 책임 또는 손해를 배상할 책임이 있다(민법 제135조 제1항).

8 **법률행위의 무효에 관한 설명 중 옳지 않은 것은? (다툼이 있는 경우 판례에 의함)**

〈2023년 변호사시험〉

① 불공정한 법률행위에 해당하여 무효인 법률행위는 추인에 의하여 유효로 될 수 없다.

② 법인 아닌 사단의 총회에서 회의 소집 통지에 목적 사항으로 기재하지 않은 사항에 관하여 결의한 경우, 구성원 전원이 회의에 참석하여 해당 사항에 관하여 의결하였더라도 그 결의는 효력이 없다.

③ 증여계약과 같이 아무런 대가관계 없이 당사자 일방이 상대방에게 일방적인 급부를 하는 법률행위는 불공정한 법률행위의 해당 여부를 논의할 수 있는 성질의 것이 아니다.

④ 양도소득세의 일부를 회피할 목적으로 매매계약서에 실제로 거래한 가액을 매매대금으로 기재하지 아니하고 그보다 낮은 금액을 매매대금으로 기재하였더라도 그 매매계약을 사회질서에 반하는 법률행위로서 무효라고 할 수는 없다.

⑤ 「부동산 거래신고 등에 관한 법률」상 토지거래허가구역 내의 토지에 대하여 토지거래허가 없이 매매계약이 체결되어 유동적 무효 상태에 있던 중, 토지거래허가구역이 지정해제 되었다면 그 매매계약은 확정적으로 유효로 된다.

해 설

① (○) : 불공정한 법률행위로서 무효인 경우에는 추인에 의하여 무효인 법률행위가 유효로 될 수 없다(대판 1994. 6. 24, 94다10900).

② (×) : 법인 아닌 사단의 총회에서 회의 소집 통지에 목적 사항으로 기재하지 않은 사항에 관하여 결의한 때

정답 8. ②

에는 구성원 전원이 회의에 참석하여 그 사항에 의하여 의결한 경우가 아닌 한 그 결의가 원칙적으로 무효라고 할 것이다(대판 2015. 2. 16, 2011다101155).

③ (○) : 민법 제104조가 규정하는 현저히 공정을 잃은 법률행위라 함은 자기의 급부에 비하여 현저하게 균형을 잃은 반대급부를 하게 하여 부당한 재산적 이익을 얻는 행위를 의미하는 것이므로, 증여계약과 같이 아무런 대가관계 없이 당사자 일방이 상대방에게 일방적인 급부를 하는 법률행위는 그 공정성 여부를 논의할 수 있는 성질의 법률행위가 아니다(대판 2000. 2. 11, 99다56833).

④ (○) : 양도소득세의 일부를 회피할 목적으로 매매계약서에 실제로 거래한 가액을 매매대금으로 기재하지 아니하고 그보다 낮은 금액을 매매대금으로 기재하였다 하여, 그것만으로 그 매매계약이 사회질서에 반하는 법률행위로서 무효로 된다고 할 수는 없다(대판 2007. 6. 14, 2007다3285).

⑤ (○) : 토지거래허가구역 지정기간 중에 허가구역 안의 토지에 대하여 토지거래허가를 받지 아니하고 토지거래계약을 체결한 후 허가구역 지정이 해제되거나 허가구역 지정기간이 만료되었음에도 재지정을 하지 아니한 때에는 그 토지거래계약이 허가구역 지정이 해제되기 전에 확정적으로 무효로 된 경우를 제외하고는, 더 이상 관할 행정청으로부터 토지거래허가를 받을 필요가 없이 확정적으로 유효로 되어 거래 당사자는 그 계약에 기하여 바로 토지의 소유권 등 권리의 이전 또는 설정에 관한 이행청구를 할 수 있고, 상대방도 반대급부의 청구를 할 수 있다고 보아야 할 것이지, 여전히 그 계약이 유동적 무효상태에 있다고 볼 것은 아니다(대판 2010. 3. 25, 2009다41465).

[비교지문] 토지거래허가구역 내의 토지를 매매한 당사자가 계약체결시부터 허가를 잠탈할 의도였더라도, 그 후 해당 토지에 대한 허가구역 지정이 해제되었다면 위 매매계약은 유효가 된다.

〈2023년 감정평가사〉

(×) : 구 국토의 계획 및 이용에 관한 법률(2016. 1. 19. 법률 제13797호로 개정되기 전의 것, 이하 '구 국토계획법'이라고 한다)에서 정한 토지거래계약 허가구역 내 토지에 관하여 허가를 배제하거나 잠탈하는 내용으로 매매계약이 체결된 경우에는, 강행법규인 구 국토계획법 제118조 제6항에 따라 계약은 체결된 때부터 확정적으로 무효이다. 계약체결 후 허가구역 지정이 해제되거나 허가구역 지정기간 만료 이후 재지정을 하지 아니한 경우라 하더라도 **이미 확정적으로 무효로 된 계약이 유효로 되는 것이 아니다**(대판 2019. 1. 31, 2017다228618).

보충지문

9 **무효인 법률행위는 취소할 수 없다.** 〈2015년 감정평가사〉

해설 무효인 법률행위도 취소할 수도 있다. 이른바 '무효와 취소의 이중효'라 한다. 예컨대, 9세 정도의 의사무능력자의 법률행위는 무효이나, 제한능력을 이유로 취소할 수도 있다.

10-1 **「민법」상 법률행위의 일부가 무효인 때에는 전부를 무효로 함이 원칙이다.** 〈2015년 감정평가사〉

10-2 **법률행위의 일부분이 무효인 경우 원칙적으로 그 일부분만 무효이다.** 〈2020년 공인노무사〉

해설 제137조. 전부무효가 원칙이다.

정답 9. (×) 10-1. (○) 10-2. (×)

11-1 법률행위의 일부가 강행법규인 효력규정에 위반되어 무효가 되는 경우 그 부분의 무효가 나머지 부분의 유효·무효에 영향을 미치는가의 여부를 판단함에 있어서는 개별 법령이 일부무효의 효력에 관한 규정을 두고 있는 경우에는 그에 따라야 하고, 그러한 규정이 없다면 원칙적으로 민법 제137조가 적용될 것이나 당해 효력규정 및 그 효력규정을 둔 법의 입법 취지를 고려하여 볼 때 나머지 부분을 무효로 한다면 당해 효력규정 및 그 법의 취지에 명백히 반하는 결과가 초래되는 경우에는 나머지 부분까지 무효가 된다고 할 수 없다. 〈2018년 법원행시, 2019년 법원행시〉

11-2 법률행위의 일부가 강행법규의 위반으로 무효인 경우, 그 법규가 일부무효의 효력을 규정하는 경우에는 그에 의하고, 그 규정이 없으면 원칙적으로 일부무효에 관한 민법 제137조의 규정이 적용될 것이나, 당해 효력규정과 그 규정을 둔 법의 입법 취지를 고려하여 나머지 부분의 효력을 결정하여야 한다. 〈2011년 사법시험〉

해설 민법 제137조는 임의규정으로서 의사자치의 원칙이 지배하는 영역에서 적용된다고 할 것이므로, 법률행위의 일부가 강행법규인 효력규정에 위반되어 무효가 되는 경우 그 부분의 무효가 나머지 부분의 유효·무효에 영향을 미치는가의 여부를 판단함에 있어서는 개별 법령이 일부무효의 효력에 관한 규정을 두고 있는 경우에는 그에 따라야 하고, 그러한 규정이 없다면 원칙적으로 민법 제137조가 적용될 것이나 당해 효력규정 및 그 효력규정을 둔 법의 입법 취지를 고려하여 볼 때 나머지 부분을 무효로 한다면 당해 효력규정 및 그 법의 취지에 명백히 반하는 결과가 초래되는 경우에는 나머지 부분까지 무효가 된다고 할 수는 없다(대판 2004. 6. 11, 2003다1601).

12 복수의 당사자가 중간생략등기의 합의를 한 경우, 그 합의는 전체로서 일체성을 가지며, 그 중 한 당사자의 의사표시가 무효일 경우 나머지 당사자 사이의 합의의 유효성은 민법의 일부무효의 법리에 의하여 결정한다. 〈2011년 사법시험〉

해설 복수의 당사자 사이에 중간생략등기의 합의를 한 경우 그 합의는 전체로서 일체성을 가지는 것이므로, 그 중 한 당사자의 의사표시가 무효인 것으로 판명된 경우 나머지 당사자 사이의 합의가 유효한지의 여부는 민법 제137조에 정한 바에 따라 당사자가 그 무효 부분이 없더라도 법률행위를 하였을 것이라고 인정되는지의 여부에 의하여 판정되어야 할 것이고, 그 당사자의 의사는 실재하는 의사가 아니라 법률행위의 일부분이 무효임을 법률행위 당시에 알았다면 당사자 쌍방이 이에 대비하여 의욕하였을 가정적 의사를 말한다(대판 1996. 2. 27, 95다38875).

13 임금지급에 갈음하여 사용자가 제3자에게 가지는 채권을 근로자에게 양도하는 것은 전부무효이나, 무효행위의 전환의 법리에 따라 그 채권양도약정은 '임금의 지급을 위하여 한 것'으로 효력을 가질 수 있다. 〈2016년 법원행시〉

해설 임금은 법령 또는 단체협약에 특별한 규정이 있는 경우를 제외하고는 통화로 직접 근로자에게 전액을 지급하여야 한다(근로기준법 제43조 제1항). 따라서 사용자가 근로자의 임금지급에 갈음하여 사용자가 제3자에 대하여 가지는 채권을 근로자에게 양도하기로 하는 약정은 전부 무효임이 원칙이다. 다만 당사자 쌍방이 위와 같은 무효를 알았더라면 임금의 지급에 갈음하는 것이 아니라 지급을 위하여 채권을 양도하는 것을 의욕하였으리라고 인정될 때에는 무효행위 전환의 법리(민법 제138조)에 따라 그 채권양도 약정은 '임금의 지급을 위하여 한 것'으로서 효력을 가질 수 있다(대판 2012. 3. 29, 2011다101308).

정답 11-1. (O) 11-2. (O) 12. (O) 13. (O)

14-1　위증하기로 하는 계약은 당사자가 무효임을 알고 추인하여도 유효로 될 수 없다.
〈2017년 감정평가사〉

14-2　사회질서에 반하여 무효가 된 법률행위라도 이를 알고 추인하면 새로운 법률행위가 된다.
〈2008년 감정평가사〉

해설　강행법규나 사회질서에 반하여 무효가 되는 법률행위는 원칙적으로 추인에 의하여 유효로 만들 수 없다(대판 1994. 6. 24, 94다10900).

15　강행규정을 위반하여 무효인 법률행위는 추인하면 유효로 될 수 있다. 〈2015년 공인노무사〉

해설　강행규정을 위반하여 무효인 법률행위는 추인하여도 유효로 될 수 없다(대판 2010. 2. 11, 2009다74007).

16　타인의 사망을 보험사고로 하는 보험계약의 경우, 보험계약 성립 당시 피보험자의 서면동의가 없다면 그 보험계약은 확정적으로 무효가 되고, 피보험자가 이미 무효가 된 보험계약을 추인하였다고 하더라도 그 보험계약이 유효로 될 수 없다. 〈2017년 법원행시〉

해설　상법 제731조 제1항에 의하면 타인의 생명보험에서 피보험자가 서면으로 동의의 의사표시를 하여야 하는 시점은 '보험계약 체결시까지'이고, 이는 강행규정으로서 이를 위반한 보험계약은 무효이므로, 타인의 생명보험계약 성립 당시 피보험자의 서면동의가 없다면 그 보험계약은 확정적으로 무효가 되고, 피보험자가 이미 무효가 된 보험계약을 추인하였다고 하더라도 그 보험계약이 유효로 될 수 없다(대판 2010. 2. 11, 2009다74007).

17　무효행위의 추인은 명시적으로뿐만 아니라 묵시적으로도 할 수 있다. 〈2017년 감정평가사〉

해설　무효행위 또는 무권대리 행위의 추인은 무효행위 등이 있음을 알고 행위의 효과를 자기에게 귀속시키도록 하는 단독행위로서 의사표시의 방법에 관하여 일정한 방식이 요구되는 것이 아니므로 묵시적인 방법으로도 할 수 있다(대판 2014. 2. 13, 2012다112299).

18-1　당사자가 이전의 법률행위가 존재함을 알고 그 유효함을 전제로 하여 이에 터 잡은 후속행위를 하였다고 해서 그것만으로 이전의 법률행위를 묵시적으로 추인하였다고 단정할 수 없다.
〈2019년 법무사〉

18-2　무효인 법률행위에 대한 묵시적 추인으로 인정하려면 이전의 법률행위가 무효임을 알았거나 적어도 무효임을 의심하면서 그 행위의 효과를 자기에게 귀속시키려는 의사로 후속행위를 하였다고 볼 만한 사유가 있어야 한다. 〈2015년 법무사〉

해설　무효인 법률행위를 추인에 의하여 새로운 법률행위로 보기 위하여서는 당사자가 이전의 법률행위가 무효임을 알고 그 행위에 대하여 추인하여야 한다. 한편 추인은 묵시적으로도 가능하나, 묵시적 추인을 인정하기 위해서는 본인이 그 행위로 처하게 된 법적 지위를 충분히 이해하고 그럼에도 진의에 기하여 그 행위의 결과가 자기에게 귀속된다는 것을 승인한 것으로 볼만한 사정이 있어야 할 것이므로 이를 판단함에 있어서는 관계되는 여러 사정을 종합적으로 검토하여 신중하게 하여야 한다. 위와 같은 법리를 고려하면, 당사자가 이전의 법률행위가 존재함을 알고 그 유효함을 전제로 하여 이에 터 잡은 후속행위를 하였다고 해서 그것만으로 이전의 법률행위를 묵시적으로 추인하였다고 단정할 수는 없고, 묵시적 추인을 인정하기 위해서는 이전의 법률행위가

정답 ▶ 14-1. (○) 14-2. (×) 15. (×) 16. (○) 17. (○) 18-1. (○) 18-2. (○)

무효임을 알거나 적어도 무효임을 의심하면서도 그 행위의 효과를 자기에게 귀속시키도록 하는 의사로 후속행위를 하였음이 인정되어야 할 것이다(대판 2014. 3. 27, 2012다106607).

19 **무효행위를 추인한 때에는 달리 소급효를 인정하는 법률규정이 없는 한 새로운 법률행위를 한 것으로 보아야 한다.** 〈2019년 법원행시〉

해설 민법 제139조 참조

20 **무효행위의 추인은 무효행위를 뒤에 유효하게 하는 의사표시로, 무효행위를 치유하는 것이 아니라 그 의사표시에 의하여 그 무효행위를 새로운 행위로 하여 그때부터 유효하게 하는 것이므로 원칙적으로 소급효가 없다.** 〈2011년 사법시험〉

해설 무효행위의 추인이라 함은 법률행위로서의 효과가 확정적으로 발생하지 않는 무효행위를 뒤에 유효케 하는 의사표시를 말하는 것으로 무효인 행위를 사후에 유효로 하는 것이 아니라 새로운 의사표시에 의하여 새로운 행위가 있는 것으로 그때부터 유효케 되는 것이므로 원칙적으로 소급효가 인정되지 않는 것이다(대판 1983. 9. 27, 83므22).

21 **국토이용관리법상 토지거래허가를 받지 않고 매매계약을 체결한 경우 허가를 받기 전에는 물권적 효력은 물론 채권적 효력도 발생하지 아니하지만, 일단 허가를 받으면 그 계약은 소급해서 유효화되므로, 허가 후에 새로이 거래계약을 체결할 필요는 없다.** 〈2007년 법무사〉

해설 대판 1991. 12. 24, 90다12243 참조

22 **토지거래허가구역 내의 토지매매계약은 처음부터 그 허가를 배제하는 내용이더라도 유동적 무효이다.** 〈2015년 변리사〉

해설 토지거래허가구역 내의 토지매매계약은 허가를 조건으로 하는 경우에 유동적 무효이고, 처음부터 그 허가를 배제하는 내용인 경우는 강행규정위반으로 확정적 무효이다(대판 1991. 12. 24, 90다12243 전원합의체판결).

23 **토지거래허가를 받지 않은 매매계약에서 계약금만을 받은 매도인은 당사자 일방이 이행에 착수하기 전이라도 계약금의 배액을 상환하고 계약을 해제할 수 없다.** 〈2011년 사법시험〉

해설 토지거래허가를 받지 않은 매매계약에서 계약금만을 받은 매도인은 당사자 일방이 이행에 착수하기 전이라도 계약금의 배액을 상환하고 계약을 해제할 수 있다(대판 1997. 6. 27, 97다9369). ☞ 유동적 무효상태에서도 약정해제(=해약금에 의한 해제)가 가능하다.

24 **토지거래허가를 전제로 하는 매매계약의 경우, 허가가 있기 전에 매도인이 소유권이전을 위한 등기서류의 이행제공을 하였다고 하더라도, 매수인이 이행지체에 빠지는 것은 아니다.** 〈2005년 사법시험〉

해설 국토이용관리법상의 토지거래허가를 전제로 하는 매매계약의 경우 허가가 있기 전에는 매수인에게

정답 19. (O) 20. (O) 21. (O) 22. (×) 23. (×) 24. (O)

그 계약내용에 따른 대금의 지급의무가 없는 것이므로 설사 그 전에 매도인이 소유권이전등기 소요서류의 이행제공을 하였다고 하더라도 매수인이 이행지체에 빠지는 것이 아니고 허가가 난 다음 그 이행제공을 하면서 대금지급을 최고하고 매수인이 이에 응하지 아니한 경우에 비로소 이행지체에 빠져 매도인이 계약을 해제할 수 있다(대판 1994. 8. 26, 94다23319).

25 **토지거래허가 전의 매매계약의 매수인이 매도인에 대한 토지거래허가 신청절차 협력청구권을 피보전권리로 하여 매매목적 토지의 처분을 금하는 가처분을 신청할 수 없다.** 〈2011년 사법시험〉

해 설 토지거래허가 신청절차 협력청구권을 피보전권리로 하여 처분금지가처분신청이 가능하다(대판 1996. 10. 25, 96다23825). ☞ 유동적 무효상태에서 협력청구권이 아닌 토지 소유권이전등기청구권을 피보전권리로 하여서는 청구할 수 없는 것과 비교된다.

26 **토지거래계약 허가구역 내의 토지에 관하여 관할관청의 허가를 받을 것을 전제로 한 매매계약에 기한 소유권이전등기청구권 또는 토지거래계약에 관한 허가를 받을 것을 조건으로 한 소유권이전등기청구권을 피보전권리로 한 부동산처분금지가처분신청은 허용되지 않는다.**

〈2022년 법무사〉

해 설 국토의 계획 및 이용에 관한 법률상의 토지거래계약 허가구역 내의 토지에 관하여 관할관청의 허가를 받을 것을 전제로 한 매매계약은 법률상 미완성의 법률행위로서 허가받기 전의 상태에서는 아무런 효력이 없어, 그 매수인이 매도인을 상대로 하여 권리의 이전 또는 설정에 관한 어떠한 이행청구도 할 수 없고, 이행청구를 허용하지 않는 취지에 비추어 볼 때 그 매매계약에 기한 소유권이전등기청구권 또는 토지거래계약에 관한 허가를 받을 것을 조건으로 한 소유권이전등기청구권을 피보전권리로 한 부동산처분금지가처분신청 또한 허용되지 않는다(대결 2010. 8. 26, 자 2010마818).

27 **유동적 무효상태에 있는 토지거래계약에 있어서 매매계약의 일방당사자가 허가신청에 이르기 전에 매매계약을 일방적으로 철회함으로써 그 매매계약이 확정적으로 무효가 되는 경우를 대비하여, 상대방에게 일정한 손해액을 배상하기로 하는 약정은 유효하게 할 수 있다.**

〈2005년 사법시험〉

해 설 국토이용관리법상 토지거래허가를 받지 않아 유동적 무효의 상태에 있는 계약을 체결한 당사자는 쌍방이 그 계약이 효력이 있는 것으로 완성될 수 있도록 서로 협력할 의무가 있으므로, 이러한 매매계약을 체결할 당시 당사자 사이에 그 일방이 토지거래허가를 받기 위한 협력 자체를 이행하지 아니하거나 허가신청에 이르기 전에 매매계약을 철회하는 경우 상대방에게 일정한 손해액을 배상하기로 하는 약정을 유효하게 할 수 있으며, 토지거래허가 구역 내의 토지에 관한 매매계약을 체결함에 있어서 토지거래허가를 받을 수 없는 경우 이외에 당사자 일방의 계약 위반으로 인한 손해배상액의 약정에 있어서 계약 위반이라 함은 당사자 일방이 그 협력의무를 이행하지 아니하거나 매매계약을 일방적으로 철회하여 그 매매계약이 확정적으로 무효가 되는 경우를 포함하는 것으로 봄이 상당하다(대판 1998. 3. 27, 97다36996).

28 **토지거래허가를 받지 않은 매매계약상의 매수인이 매도인에 대해 토지거래허가 신청절차에 협력할 의무의 이행을 청구하는 경우, 매도인은 매매대금지급 의무이행의 제공이 있을 때까지 그 협력의무의 이행을 거절할 수 있다.** 〈2011년 사법시험〉

정 답 25. (×) 26. (○) 27. (○) 28. (×)

해 설 매도인의 토지거래계약허가 신청절차에 협력할 의무와 토지거래허가를 받으면 매매계약 내용에 따라 매수인이 이행하여야 할 매매대금 지급의무나 이에 부수하여 매수인이 부담하기로 특약한 양도소득세 상당 금원의 지급의무 사이에는 상호 이행상의 견련성이 있다고 할 수 없으므로, 매도인으로서는 그러한 의무이행의 제공이 있을 때까지 그 협력의무의 이행을 거절할 수 있는 것은 아니다(대판 1996. 10. 25, 96다23825).

29 토지거래허가 구역내 토지거래계약이 허위표시에 의하여 이루어진 경우, 거래당사자는 거래허가 신청 전(前)단계에서 허위표시임을 주장하여 거래허가 신청협력에 대한 거절의사를 명백히 함으로써 계약을 확정적으로 무효화시키고, 자신의 거래허가절차에 협력할 의무를 면할 수 있다. 〈2005년 사법시험〉

해 설 대판 1997. 11. 14, 97다36118 참조

Ⅱ. 법률행위의 취소

30 다음 중 법정추인사유에 해당하는 것을 모두 고르면? 〈2005년 변리사〉

ㄱ. 미성년자가 스스로 취소할 수 있는 법률행위로부터 생긴 채무를 이행을 한 경우
ㄴ. 자신의 착오를 안 취소권자가 취소할 수 있는 법률행위를 통하여 양도받은 건물을 타인에게 임대한 경우
ㄷ. 사기의 사실을 안 취소권자가 취소할 수 있는 법률행위를 근거로 해서 상대방(채권자)으로부터 강제집행을 받은 경우
ㄹ. 사기의 사실을 안 취소권자가 채무자로서 상대방(채권자)에게 채권의 담보로 저당권을 설정한 경우
ㅁ. 상대방(채권자)이 사기의 사실을 안 취소권자에게 이행의 청구를 한 경우

① ㄴ, ㅁ ② ㄱ, ㄴ, ㄷ ③ ㄴ, ㄷ, ㄹ ④ ㄷ, ㄹ, ㅁ ⑤ ㄱ, ㄴ, ㄷ, ㄹ

해 설
제145조 소정의 법정추인 사유로서, ㄴ, ㄷ, ㄹ은 이에 해당한다. 특히 ㄴ.의 경우 제4호의 "양도"에는 제한적 권리의 설정도 포함된다. 그러나, ㄱ:제한능력자는 능력자로 된 이후에 이행행위가 있어야 하고, ㅁ:이행청구는 취소권자 측의 청구만을 의미하고 상대방의 이행청구는 이에 해당되지 아니한다.

정답 29. (○) 30. ③

31 법률행위의 무효와 취소에 관한 설명으로 옳지 않은 것은? (다툼이 있는 경우에는 판례에 의함) 〈2006년 변리사〉

① 법률행위가 성립되지 않는 경우에는 무효행위의 추인에 관한 법리는 적용될 수 없으나, 무효인 법률행위에 따른 법률효과를 침해하는 채무불이행 또는 위법행위로 인한 손해배상청구는 가능하다.

② 법률행위의 일부가 개별 법령의 강행적 효력규정에 위반되어 무효가 되는 경우, 나머지 부분의 효력은 당해 효력규정 및 그 입법취지를 고려하여 판단하여야 한다.

③ 취득시효가 완성된 사실을 알고 있는 부동산 소유자가 그 부동산을 제3자에게 처분하였고 제3자가 이 처분행위에 적극 가담한 경우, 제3자 명의로 경료된 등기는 무효로서 추인에 의하여 유효로 되지 않는다.

④ 하나의 법률행위의 일부분에만 취소사유가 있는 경우, 그 법률행위가 가분적이고 그 나머지 부분을 유지하려는 당사자의 가정적 의사가 인정되면 그 일부만의 취소도 가능하다.

⑤ 취소할 수 있는 법률행위가 일단 취소된 이상 그 이후에는 법률행위의 추인에 의하여 다시 확정적으로 유효하게 할 수 없고, 다만 무효인 법률행위의 추인의 요건과 효력으로서 추인할 수는 있다.

해 설

① (×) : ① 법률행위의 불성립과 무효는 구별해야 한다. 법률행위가 성립되지 않는 경우(불성립)에는 무효행위의 추인에 관한 법리는 적용될 수 없다. ② 무효인 법률행위는 그 법률행위가 성립한 당초부터 당연히 효력이 발생하지 않는 것이므로, 무효인 법률행위에 따른 법률효과를 침해하는 것처럼 보이는 위법행위나 채무불이행이 있다고 하여도 법률효과의 침해에 따른 손해는 없는 것이므로 그 손해배상을 청구할 수는 없다(대판 2003. 3. 28, 2002다72125). ☞ 乙이 甲으로부터 X토지를 가장으로 매수한 후 그 소유권이전등기청구를 위하여 법무사인 丙에게 위임하였는데, 그 후 丙의 과실로 등기촉탁이 등기공무원에 의하여 각하되어 乙이 X토지를 취득하지 못하게 되자 乙이 丙에게 손해배상을 청구한 사안.

② (○) : 민법 제137조는 임의규정으로서 의사자치의 원칙이 지배하는 영역에서 적용된다고 할 것이므로, 법률행위의 일부가 강행법규인 효력규정에 위반되어 무효가 되는 경우 그 부분의 무효가 나머지 부분의 유효·무효에 영향을 미치는가의 여부를 판단함에 있어서는 개별 법령이 일부무효의 효력에 관한 규정을 두고 있는 경우에는 그에 따라야 하고, 그러한 규정이 없다면 원칙적으로 민법 제137조가 적용될 것이나 당해 효력규정 및 그 효력규정을 둔 법의 입법 취지를 고려하여 볼 때 나머지 부분을 무효로 한다면 당해 효력규정 및 그 법의 취지에 명백히 반하는 결과가 초래되는 경우에는 나머지 부분까지 무효가 된다고 할 수는 없다(대판 2004. 6. 11, 2003다1601).

③ (○) : 이중매매법리가 취득시효에도 적용될 수 있다. 그리고 제103조의 반사회질서의 법률행위의 무효는 추인의 여지가 없다(대판 2002. 3. 15, 2001다77352, 77369).

④ (○) : 하나의 법률행위의 일부분에만 취소사유가 있는 경우에 그 법률행위가 가분적이거나 그 목적물의 일부가 특정될 수 있다면, 그 나머지 부분이라도 이를 유지하려는 당사자의 가정적 의사가 인정되는 경우 그 일부만의 취소도 가능하다(대판 1999. 3. 26, 98다56607).

⑤ (○) : 취소한 법률행위는 처음부터 무효인 것으로 간주되므로 취소할 수 있는 법률행위가 일단 취소된 이상 그 후에는 취소할 수 있는 법률행위의 추인에 의하여 이미 취소되어 무효인 것으로 간주된 당초의 의사표시를 다시 확정적으로 유효하게 할 수는 없고, 다만 무효인 법률행위의 추인의 요건과 효력으로서 추인할 수는 있다(대판 1997. 12. 12, 95다38240).

정답 31. ①

32 **법률행위의 취소에 관한 설명 중 옳지 않은 것은? (다툼이 있는 경우에는 판례에 의함)**

〈2011년 변리사〉

① 기망행위에 의해 소비대차계약을 체결하고 이를 담보하기 위해 근저당권을 설정한 경우, 기망행위를 이유로 하는 근저당권설정계약의 취소의 효력은 소비대차계약에도 미친다.

② 채무자가 사기를 당했음을 알지 못하고 채권자에게 계약상의 채무 전부를 이행한 경우에는 그 계약을 추인한 것으로 볼 수 없다.

③ 취소의 원인이 종료한 후에 취소된 계약을 다시 추인하게 되면 취소된 법률행위가 계약체결시에 소급하여 유효한 것으로 된다.

④ 취소권을 행사하기 위해서는 취소권의 존속기간 내에 취소의 의사표시를 하면 충분하고, 취소에 따른 소송을 그 기간 내에 제기해야 하는 것은 아니다.

⑤ 추인할 수 있는 날로부터 3년 이후에 취소권이 행사되었다면, 당사자가 이를 주장하지 않더라도 법원은 직권으로 취소권 행사가 무효라는 판단을 해야 한다.

해 설

① (○) : 甲이 지능이 박약한 乙을 꾀어 돈을 빌려주어 유흥비로 쓰게 하고 실제준 돈의 두 배 가량을 채권최고액으로 하여 자기 처인 丙 앞으로 근저당권을 설정한 사안에서, 근저당권설정계약은 독자적으로 존재하는 것이 아니라 금전소비대차계약과 결합하여 그 전체가 경제적, 사실적으로 일체로서 행하여진 것이고 더욱이 근저당권설정계약의 체결원인이 되었던 甲의 기망행위는 금전소비대차계약에도 미쳤으므로 甲의 기망을 이유로 한 乙의 근저당권설정계약취소의 의사표시는 법률행위의 일부무효이론과 궤를 같이 하는 법률행위의 일부취소의 법리에 따라 소비대차계약을 포함한 전체에 대하여 취소의 효력이 있다고 한 사례(대판 1994. 9. 9, 93다31191).

② (○) : 법정추인이 되려면 법정추인사유가 추인할 수 있은 후에, 즉 취소의 원인이 종료한 후에 발생하여야 한다(제145조 본문). 따라서 사기당했음을 알지 못하고 채무를 이행하였다고 하더라도 그 계약을 추인한 것으로 볼 수 없다(제145조 제1호).

③ (×) : 취소한 법률행위는 처음부터 무효인 것으로 간주되므로 취소할 수 있는 법률행위가 일단 취소된 이상 그 후에는 취소할 수 있는 법률행위의 추인에 의하여 이미 취소되어 무효인 것으로 간주된 당초의 의사표시를 다시 확정적으로 유효하게 할 수는 없고, 다만 무효인 법률행위의 추인의 요건과 효력으로서 추인할 수는 있으나, 무효행위의 추인은 그 무효 원인이 소멸한 후에 하여야 그 효력이 있고, 따라서 강박에 의한 의사표시임을 이유로 일단 유효하게 취소되어 당초의 의사표시가 무효로 된 후에 추인한 경우 그 추인이 효력을 가지기 위하여는 그 무효 원인이 소멸한 후일 것을 요한다고 할 것인데, 그 무효 원인이란 바로 위 의사표시의 취소사유라 할 것이므로 결국 무효 원인이 소멸한 후란 것은 당초의 의사표시의 성립 과정에 존재하였던 취소의 원인이 종료된 후, 즉 강박 상태에서 벗어난 후라고 보아야 한다(대판 1992. 11. 27, 92다8521). ☞ 이미 취소된 계약의 추인은 무효행위의 추인에 해당하여 소급효가 없다.

④ (○) : 미성년자 또는 친족회가 민법 제950조 제2항에 따라 제1항의 규정에 위반한 법률행위를 취소할 수 있는 권리는 형성권으로서 민법 제146조에 규정된 취소권의 존속기간은 제척기간이라고 보아야 할 것이지만, 그 제척기간 내에 소를 제기하는 방법으로 권리를 재판상 행사하여야만 되는 것은 아니고, 재판 외에서 의사표시를 하는 방법으로도 권리를 행사할 수 있다고 보아야 한다(대판 1993. 7. 27, 92다52795).

⑤ (○) : 민법 제146조는 "취소권은 추인할 수 있는 날로부터 3년 내에 행사하여야 한다."고 규정하고 있는바, 이때의 3년이라는 기간은 일반소멸시효기간이 아니라 제척기간으로서, 제척기간이 도과하였는지 여부는 당사자의 주장에 관계없이 법원이 당연히 조사하여 고려하여야 할 사항이다(대판 1996. 9. 20, 96다25371 등).

정답 32. ③

33 **법률행위의 무효와 취소에 관한 설명으로 옳지 않은 것은? (다툼이 있는 경우에는 판례에 의함)** 〈2012년 변리사〉

① 甲이 乙의 사기로 토지를 乙에게 헐값에 판 후 乙이 丙에게 전매한 경우, 사기로 인한 법률행위의 취소의 상대방은 乙이다.

② 토지거래허가 구역 내의 토지의 매도인은 거래허가 전에는 매수인의 대금지급의무 불이행을 이유로 계약을 해제할 수 없다.

③ 불공정한 법률행위는 법정추인에 의해 유효로 될 수 없다.

④ 강박으로 인하여 법률행위를 한 자가 강박상태에서 벗어나기 전에 한 추인도 추인으로서의 효력이 있다.

⑤ 허위표시에 기초하여 무효인 가등기를 유효한 등기로 전용하기로 약정한 경우, 가등기가 소급하여 유효한 등기로 전환되지 않는다.

해 설

①(○) : 취소의 상대방은 丙이 아니라 乙이 된다(제142조 참조).

②(○) : 유동적 무효인 상태에서는 채권적 효력이 없기 때문에 매도인은 매수인의 대금지급의무에 대한 불이행을 이유로 계약해제를 할 수 없다(대판 2006. 1. 27, 2005다52047).

③(○) : 반사회질서의 법률행위나 불공정한 법률행위는 절대적 무효이므로 법정추인에 의해서도 유효로 될 수 없다(대판 2010. 2. 11, 2009다74007 등).

④(×) : 무효와 취소의 전반적 내용이다. 그런데 취소에서 추인은 임의추인이든, 법정추인이든 취소원인이 종료한 후에 하여야 하기 때문에 강박상태에서 벗어나기 전 추인은 효력이 없다(제144조 제2항, 제145조).

⑤(○) : 무효인 법률행위는 당사자가 무효임을 알고 추인할 경우 새로운 법률행위를 한 것으로 간주할 뿐이고 소급효가 없는 것이므로 무효인 가등기를 유효한 등기로 전용키로 한 약정은 그때부터 유효하고 이로써 위 가등기가 소급하여 유효한 등기로 전환될 수 없다(대판 1992. 5. 12, 91다26546).

34 **취소할 수 있는 법률행위의 경우, 추인할 수 있는 날로부터 일정한 사유가 있으면(이의를 보류하지 않은 것을 전제) 추인한 것으로 보는 경우로서 옳지 않은 것은?** 〈2012년 변리사〉

① 취소권자가 취소할 수 있는 법률행위의 상대방으로부터 이행청구를 받은 경우

② 취소권자가 채권자로서 강제집행한 경우

③ 취소권자가 채권자로서 물적 담보를 취득한 경우

④ 취소권자가 취소할 수 있는 매매계약으로부터 취득한 토지에 지상권을 설정한 경우

⑤ 취소할 수 있는 법률행위로부터 발생한 채권의 일부에 대하여 취소권자가 상대방의 이행을 수령한 경우

해 설

①의 경우 이행의 청구는 취소권자가 청구하는 경우에 한하므로, 취소권자가 취소할 수 있는 법률행위의 상대방으로부터 이행청구를 받은 경우에는 추인한 것으로 보지 않는다. 그러나 ②, ③, ④, ⑤는 민법 제145조에 의해 추인이 있는 것으로 본다.

정답 33. ④ 34. ①

35 **법률행위의 취소에 관한 설명으로 옳지 않은 것은? (다툼이 있는 경우에는 판례에 의함)**

〈2013년 변리사〉

① 취소할 수 있는 법률행위를 추인하면 이를 다시 취소할 수 없다.

② 법률행위를 취소한 이후에는 무효행위의 추인의 요건에 따라 다시 추인할 수 없다.

③ 매매계약의 체결 시 토지의 일정부분을 매매의 대상에서 제외시키는 특약을 한 경우, 그 특약만을 기망에 의한 법률행위로서 취소할 수는 없다.

④ 수탁보증인이 보증계약을 취소할 때에는 채권자를 상대방으로 하여 의사표시를 하여야 한다.

⑤ 하나의 법률행위가 가분성이 있거나 또는 그 목적물의 일부를 특정할 수 있는 경우, 나머지 부분이라도 유지하려는 당사자의 가정적 의사가 인정된다면 그 일부만을 취소할 수 있다.

해 설

①(○) : 민법 제143조 제1항 참조

②(×) : 취소할 수 있는 법률행위의 추인(제143조, 제144조)이 아닌 무효행위의 추인(제139조)으로 유효화하여야 한다(대판 1992. 11. 27, 92다8521).

③(○) : 매매계약 체결시 토지의 일정 부분을 매매 대상에서 제외시키는 특약을 한 경우, 이는 매매계약의 대상토지를 특정하여 그 일정 부분에 대하여는 매매계약이 체결되지 않았음을 분명히 한 것으로써 그 부분에 대한 어떠한 법률행위가 이루어진 것으로는 볼 수 없으므로, 그 특약만을 기망에 의한 법률행위로서 취소할 수는 없다(대판 1999. 3. 26, 98다56607).

④(○) : 보증계약은 채권자와 보증인 사이의 계약이며, 취소할 수 있는 법률행위의 상대방이 확정된 경우에는 그 취소는 그 상대방에 대한 의사표시로 하여야 한다(제142조). 따라서 타당하다.

⑤(○) : 하나의 법률행위의 일부분에만 취소사유가 있는 경우에 그 법률행위가 가분적이거나 그 목적물의 일부가 특정될 수 있다면, 그 나머지 부분이라도 이를 유지하려는 당사자의 가정적 의사가 인정되는 경우 그 일부만의 취소도 가능하고, 또 그 일부의 취소는 법률행위의 일부에 관하여 효력이 생긴다(대판 1990. 7. 10, 90다카7460).

36 **법률행위의 무효와 취소에 관한 설명으로 옳지 않는 것은? (다툼이 있으면 판례에 따름)**

〈2016년 변리사〉

① 취소의 의사표시란 반드시 명시적이어야 하는 것은 아니고, 취소자가 자신의 법률행위의 효력을 처음부터 배제하려고 한다는 의사가 드러나면 된다.

② 매매계약 체결 당시 일정한 기간 안에 토지거래허가를 받기로 약정하였다고 하더라도, 특별한 사정이 없는 한 그 약정기간이 경과하였다는 사정만으로 곧바로 매매계약이 확정적으로 무효가 된다고 할 수 없다.

③ 법률행위의 취소를 당연한 전제로 한 소송상의 이행청구나 이행거절 가운데는 취소의 의사표시가 포함되어 있다.

④ 무효인 계약의 성립에 기초하여 외견상 있는 것처럼 보이는 의무를 위반한 계약당사자를 상대로 하여 채무불이행을 이유로 하는 손해배상을 청구할 수 있다.

⑤ 징계해임이 정당한 사유나 절차의 흠결로 인하여 무효인 경우 직권해임으로서 정당한 사유 및 절차적 요건을 갖추었다 하더라도 직권해임으로서의 효력을 발휘할 수 없다.

정답 35. ② 36. ④

해 설

① (○), ③ (○) : 본래 의사표시란 특별한 방식을 요하는 것이 아니고, 명시적 묵시적으로 가능하기 때문에 취소의 의사표시도 반드시 명시적이어야 하는 것은 아니고, 취소자가 자신의 법률행위의 효력을 처음부터 배제하려고 한다는 의사가 드러나면 된다. 그러므로 법률행위의 취소를 당연한 전제로 한 소송상의 이행청구나 이행거절 가운데는 취소의 의사표시가 포함되어 있다(대판 1993. 9. 14, 93다13162).

② (○) : 매매계약 체결 당시 일정한 기간 안에 토지거래허가를 받기로 약정하였다고 하더라도, 특별한 사정이 없는 한 그 약정기간이 경과하였다는 사정만으로 곧바로 매매계약이 확정적으로 무효가 된다고 할 수 없다(대판 2009. 4. 23, 2008다50615).

④ (×) : 채무불이행이나 담보책임, 계약의 해제 등은 계약의 유효를 전제로 한다. 계약이 무효이면 당사자는 서로 이행의무가 없다. 따라서 서로 이행한 것이 있는 경우 부당이득반환의 문제가 생길 수 있음은 별론으로 하고, 귀책사유에 의하여 의무를 위반한 경우에 성립하는 채무불이행을 이유로 손해배상을 청구할 수는 없다.

> **[참조판례]** 국토이용관리법상의 규제구역 내의 토지매매계약은 관할관청의 허가를 받아야만 그 효력이 발생하고 허가를 받기 전에는 매매계약의 채권적 효력도 전혀 발생하지 아니하여 무효이므로 권리의 이전 또는 설정에 관한 어떠한 내용의 이행청구도 할 수 없는 것이고, 따라서 채무불이행으로 인한 손해배상청구도 할 수 없다(대판 1994. 1. 11, 93다22043).

> **[보충지문] 매매계약의 당사자가 사기 또는 강박 등을 이유로 매매계약을 취소한 경우, 상대방에 대하여 채무불이행으로 인한 손해배상책임을 부담할 수 있다(×).** 〈2015년 변호사시험〉

⑤ (○) : 직권해임, 직권휴직 및 징계해임은 모두 근로자에게 불리한 신분적 조치를 규정한 것으로서 각 사유 및 절차를 달리하므로 어느 한 처분이 정당한 사유나 절차의 흠결로 인하여 무효인 경우 다른 처분으로서 정당한 사유 및 절차적 요건을 갖추었다 하더라도 다른 처분으로서의 효력을 발휘할 수 없다. 다만 이의의 유보나 조건의 제기 없이 퇴직금 등을 수령하고 해임 및 의원면직된 후 9년이 지나 제기된 해고무효확인소송이 신의칙이나 금반언의 원칙에 위배된다고 한 사례이다(대판 1993. 5. 25, 91다41750).

37 **법률행위의 무효와 취소에 관한 설명으로 옳은 것은? (다툼이 있으면 판례에 따름)** 〈2018년 변리사〉

① 법률행위가 무효임을 알고 당사자가 추인한 때에는 새로운 법률행위로 추정한다.
② 취소할 수 있는 법률행위의 상대방이 확정된 경우에는 그 취소는 그 상대방에 대한 의사표시로 하여야 한다.
③ 취소권은 법률행위를 추인할 수 있는 날로부터 5년 뒤에도 소멸하지 않는다.
④ 폭리행위는 그 무효원인이 해소되지 않았더라도 당사자의 추인이 있으면 유효로 될 수 있다.
⑤ 미성년을 이유로 취소할 수 있다는 사실을 알고 법정대리인의 동의 없이 법률행위를 한 미성년자가 그 법률행위를 적법하게 취소한 경우, 미성년자는 그 행위로 받은 이익에 이자를 붙여서 반환하여야 한다.

해 설

① (×) : 민법 제139조(무효행위의 추인) 무효인 법률행위는 추인하여도 그 효력이 생기지 아니한다. 그러나 당사자가 그 무효임을 알고 추인한 때에는 새로운 법률행위로 본다. ☞ 추정이 아니라 간주임

② (○) : 민법 제142조(취소의 상대방) 취소할 수 있는 법률행위의 상대방이 확정한 경우에는 그 취소는 그 상대방에 대한 의사표시로 하여야 한다.

③ (×) : 민법 제146조(취소권의 소멸) 취소권은 추인할 수 있는 날로부터 3년 내에 법률행위를 한 날로부터 10

정답 37. ②

년 내에 행사하여야 한다.

④ (×) : 불공정한 법률행위로서 무효인 경우에는 추인에 의하여 무효인 법률행위가 유효로 될 수 없다(대판 1994. 6. 24, 94다10900).

⑤ (×) : 민법 제141조(취소의 효과) 취소된 법률행위는 처음부터 무효인 것으로 본다. 다만, 제한능력자는 그 행위로 인하여 받은 이익이 현존하는 한도에서 상환할 책임이 있다. ☞ 제한능력자에 관해서는 민법 제141조 단서가 민법 제748조에 대한 특칙이므로 미성년자는 악의라도 받은 이익에 이자를 붙여서 반환하여야 하는 것이 아니라 현존이익 한도에서만 반환하면 된다.

38 법률행위의 무효와 취소에 관한 설명으로 옳은 것은? (다툼이 있으면 판례에 따름) 〈2019년 변리사〉

① 착오가 의사표시자의 중대한 과실로 인한 경우에는 상대방이 그 착오를 알고 이를 이용하였더라도 의사표시자는 착오를 이유로 의사표시를 취소할 수 없다.

② 통정허위표시의 무효는 선의의 제3자에게 대항하지 못하며, 이때 제3자는 선의이면 족하고 무과실을 요하지 않는다.

③ 무효인 가등기를 유효한 등기로 전용할 것을 약정하였다면, 무효행위의 전환이론에 따라 무효인 가등기는 그 등기시로 소급하여 유효로 전환된다.

④ 취소권을 행사할 수 있는 기간의 경과 여부는 당사자가 주장하여야 하므로, 법원이 이를 당연히 조사하고 고려해야 할 사항은 아니다.

⑤ 유동적 무효인 토지거래계약이 확정적으로 무효가 된 경우, 이에 대해 귀책사유가 있는 자는 계약의 무효를 주장할 수 없다.

해 설

① (×) : 민법 제109조 제1항 단서는 의사표시의 착오가 표의자의 중대한 과실로 인한 때에는 그 의사표시를 취소하지 못한다고 규정하고 있는데, 위 단서 규정은 표의자의 상대방의 이익을 보호하기 위한 것이므로, 상대방이 표의자의 착오를 알고 이를 이용한 경우에는 착오가 표의자의 중대한 과실로 인한 것이라고 하더라도 표의자는 의사표시를 취소할 수 있다(대판 2014. 11. 27, 2013다49794).

② (○) : 민법 제108조 제2항. 민법 제108조 제2항의 제3자는 선의이면 족하고 무과실은 요건이 아니다(대판 2004. 5. 28, 2003다70041).

③ (×) : 무효인 법률행위는 당사자가 무효임을 알고 추인할 경우 새로운 법률행위를 한 것으로 간주할 뿐이고 소급효가 없는 것이므로 무효인 가등기를 유효한 등기로 전용키로 한 약정은 그때부터 유효하고 이로써 위 가등기가 소급하여 유효한 등기로 전환될 수 없다(대판 1992. 5. 12, 91다26546).

④ (×) : 민법 제146조는 취소권은 추인할 수 있는 날로부터 3년 내에 행사하여야 한다고 규정하고 있는바, 이 때의 3년이라는 기간은 일반 소멸시효기간이 아니라 제척기간으로서 제척기간이 도과하였는지 여부는 당사자의 주장에 관계없이 법원이 당연히 조사하여 고려하여야 할 사항이다(대판 1996. 9. 20, 96다25371).

⑤ (×) : 토지거래허가를 받지 아니하여 유동적 무효상태에 있는 계약이라고 하더라도 일단 거래허가신청을 하여 불허되었다면 특별한 사정이 없는 한, 불허된 때로부터는 그 거래계약은 확정적으로 무효가 된다고 보아야 하고, 거래허가신청을 하지 아니하여 유동적 무효인 상태에 있던 거래계약이 확정적으로무효가 된 경우에는 거래계약이 확정적으로 무효로 됨에 있어서 귀책사유가있는 자라고 하더라도 그 계약의 무효를 주장하는 것이 신의칙에 반한다고 할수는 없다(이 경우 상대방은 그로 인한 손해의 배상을 청구할 수는 있다)(대판 1995. 2. 28, 94다51789).

정답 38. ②

39 **법률행위의 취소에 관한 설명으로 옳지 않은 것은? (다툼이 있으면 판례에 따름)** 〈2021년 변리사〉

① 제한능력자의 법률행위에 대한 법정대리인의 추인은 취소의 원인이 소멸된 후에 하여야 그 효력이 있다.

② 취소할 수 있는 법률행위로 취득한 권리를 취소권자의 상대방이 제3자에게 양도한 경우, 법정추인이 되지 않는다.

③ 법률행위의 취소를 전제로 한 소송상의 이행청구나 이를 전제로 한 이행거절에는 취소의 의사표시가 포함되어 있다고 볼 수 있다.

④ 취소할 수 있는 법률행위는 취소권자가 추인할 수 있는 후에 이의를 보류하지 않고 이행청구를 하면 추인한 것으로 본다.

⑤ 취소권자가 취소할 수 있는 법률행위를 적법하게 추인한 경우, 그 법률행위를 다시 취소할 수 없다.

해 설

① (×) : 추인은 취소의 원인이 소멸된 후에 하여야만 효력이 있다. 그러나 법정대리인 또는 후견인이 추인하는 경우에는 그러하지 아니하다(민법 제144조 제1항, 제2항).

② (○), ④ (○) : 취소할 수 있는 법률행위에 관하여 전조의 규정에 의하여 추인할 수 있는 후에 다음 각호의 사유가 있으면 추인한 것으로 본다. 그러나 이의를 보류한 때에는 그러하지 아니하다. 1. 전부나 일부의 이행, 2. 이행의 청구, 3. 경개, 4. 담보의 제공, 5. 취소할 수 있는 행위로 취득한 권리의 전부나 일부의 양도, 6. 강제집행(민법 제145조). ☞ 여기서 민법 제145조 제2호의 '이행의 청구'와, 제5호의 '취소할 수 있는 행위로 취득한 권리의 전부나 일부의 양도'는 취소권자가 하여야 하고, 그 상대방이 한 경우는 포함되지 않는다.

③ (○) : 법률행위의 취소를 당연한 전제로 한 소송상의 이행청구나 이를 전제로 한 이행거절 가운데는 취소의 의사표시가 포함되어 있다고 볼 수 있다(대판 1993. 9. 14, 93다13162).

⑤ (○) : 취소할 수 있는 법률행위는 제140조에 규정한 자가 추인할 수 있고 추인 후에는 취소하지 못한다(민법 제143조 제1항).

40 **법률행위의 무효와 취소에 관한 설명으로 옳지 않은 것은? (다툼이 있으면 판례에 따름)** 〈2022년 변리사〉

① 법률행위가 무효임을 알고 이를 추인한 때에는 원칙적으로 소급하여 유효가 된다.

② 불공정한 법률행위에도 무효행위 전환의 법리가 적용될 수 있다.

③ 법률행위의 일부가 무효인 경우, 그 무효부분이 없더라도 법률행위를 하였을 것으로 인정되는 때에는 나머지 부분은 무효가 되지 않는다.

④ 취소할 수 있는 법률행위의 상대방이 확정한 경우에는 그 취소는 그 상대방에 대한 의사표시로 하여야 한다.

⑤ 강박에 의한 의사표시는 법률행위를 한 날로부터 10년이 경과하면 취소하지 못한다.

해 설

① (×) : 민법 제139조. 당사자가 그 무효임을 알고 추인한 때에는 새로운 법률행위로 본다. 즉 무효행위 추인에는 소급효가 없다.

② (○) : 매매계약이 약정된 매매대금의 과다로 말미암아 민법 제104조에서 정하는 '불공정한 법률행위'에 해당하여 무효인 경우에도 무효행위의 전환에 관한 민법 제138조가 적용될 수 있다. 따라서 당사자 쌍방이 위와

정 답 39. ① 40. ①

같은 무효를 알았더라면 대금을 다른 액으로 정하여 매매계약에 합의하였을 것이라고 예외적으로 인정되는 경우에는, 그 대금액을 내용으로 하는 매매계약이 유효하게 성립한다(대판 2010. 7. 15, 2009다50308).
③ (○) : 법률행위의 일부분이 무효인 때에는 그 전부를 무효로 한다. 그러나 그 무효부분이 없더라도 법률행위를 하였을 것이라고 인정될 때에는 나머지 부분은 무효가 되지 아니한다(민법 제137조).
④ (○) : 취소할 수 있는 법률행위의 상대방이 확정한 경우에는 그 취소는 그 상대방에 대한 의사표시로 하여야 한다(민법 제142조).

> **[보충지문] 甲이 乙의 기망행위로 자신의 X토지를 丙에게 매도한 경우, 甲은 매매계약의 취소를 乙에 대한 의사표시로 하여야 한다(×).** 〈2023년 공인노무사〉

⑤ (○) : 취소권은 추인할 수 있는 날로부터 3년내에 법률행위를 한 날로부터 10년내에 행사하여야 한다(민법 제146조).

41 **취소에 관한 설명으로 옳은 것은? (다툼이 있으면 판례에 따름)** 〈2024년 변리사〉

① 미성년자가 체결한 계약이 법정대리인의 동의없음을 이유로 취소할 수 있는 경우, 계약당사자인 미성년자는 단독으로 그 계약을 취소할 수 없다.
② 계약을 체결할 수 있는 권한만을 가진 임의대리인이 상대방의 사기로 계약을 체결한 경우, 그 임의대리인은 그 계약을 취소할 수 있다.
③ 미성년자인 임의대리인이 계약을 체결한 경우, 본인은 미성년자에 의한 대리행위라는 이유로 취소할 수 있다.
④ 전세권자의 사기에 의해 건물에 전세권이 설정되고 그 건물이 양도된 경우, 건물양수인은 전세권자의 사기를 이유로 전세권 설정 계약을 취소할 수 있다.
⑤ 미성년자가 단독으로 발급받은 신용카드를 이용하여 구입한 물품의 대금을 성년자가 되어 이의없이 결제한 후에도 그 물품구입계약을 미성년자의 행위임을 이유로 취소할 수 있다.

해설
① (×) : 취소할 수 있는 법률행위는 제한능력자, 착오로 인하거나 사기·강박에 의하여 의사표시를 한 자, 그의 대리인 또는 승계인만이 취소할 수 있다(민법 제140조). 그리고 법정대리인의 동의 없이 신용구매계약을 체결한 미성년자가 사후에 법정대리인의 동의 없음을 사유로 들어 이를 취소하는 것이 신의칙에 위배된 것이라고 할 수 없다(대판 2007. 11. 16, 2005다71659,71666,71673).
② (×) : 계약을 체결할 수 있는 권한만을 가진 임의대리인이 법률행위를 취소하려면 본인의 특별수권이 필요하다.
③ (×) : 대리인은 행위능력자임을 요하지 아니한다(민법 제117조). 따라서 본인은 대리인의 제한능력을 이유로 대리행위를 취소할 수 없다.
④ (○) : 취소할 수 있는 법률행위는 제한능력자, 착오로 인하거나 사기·강박에 의하여 의사표시를 한 자, 그의 대리인 또는 승계인만이 취소할 수 있다(민법 제140조). 여기서 승계인에는 포괄승계인 뿐만아니라 특정승계인도 포함된다. ☞ 지문에서 "건물양수인"은 특정승계인으로서 취소권자에 포함된다.
⑤ (×) : 취소할 수 있는 법률행위에 관하여 전조의 규정에 의하여 추인할 수 있는 후에 다음 각호의 사유가 있으면 추인한 것으로 본다. 그러나 이의를 보류한 때에는 그러하지 아니하다. 1. 전부나 일부의 이행(민법 제145조). ☞ 지문에서 미성년자가 성년자가 되어 이의없이 결제한 것은 민법 제145조 제1호의 "이행"에 해당하므로 법정추인이 되어 더 이상 취소할 수 없다.

정답 41. ④

42 **법률행위의 무효와 취소에 관한 설명 중 옳은 것을 모두 고른 것은? (다툼이 있는 경우 판례에 의함)** 〈2020년 변호사시험〉

ㄱ. 임차권양도계약과 권리금계약이 결합하여 전체가 경제적·사실적으로 일체로서 행하여져 그 계약 전부가 불가분의 관계에 있는 경우, 하나의 계약에 대한 기망 취소의 의사표시는 전체 계약에 대한 취소의 효력이 있다.
ㄴ. 무권리자의 처분 행위가 계약으로 이루어진 경우, 그에 대한 권리자의 추인에는 원칙적으로 소급효가 인정되지 않는다.
ㄷ. 무효행위의 추인은 법률행위가 무효임을 알고 그 행위의 효과를 자기에게 귀속시키도록 하는 단독행위로서 묵시적인 방법으로는 할 수 없다.
ㄹ. 토지거래허가구역 내의 토지매매가 아직 관할청의 허가를 받지 못하여 유동적 무효 상태에 있는 경우라면, 매도인은 계약금의 배액을 상환하고 매매계약을 해제할 수 없다.
ㅁ. 취소할 수 있는 법률행위가 취소되면 무효인 것으로 간주되므로 그 후 취소할 수 있는 법률행위의 추인에 의하여는 당초의 의사표시를 다시 확정적으로 유효하게 할 수 없다.

① ㄱ, ㄹ ② ㄱ, ㅁ ③ ㄴ, ㄷ ④ ㄴ, ㄹ ⑤ ㄷ, ㅁ

해 설

ㄱ. (○) : ① 임차권양도계약에 수반되어 체결되는 권리금계약은 임차권양도계약과는 별개의 계약이지만 위 두 계약의 체결 경위와 계약 내용 등에 비추어 볼 때, 권리금계약이 임차권양도계약과 결합하여 전체가 경제적·사실적으로 일체로 행하여진 것으로서, 어느 하나의 존재 없이는 당사자가 다른 하나를 의욕하지 않았을 것으로 보이는 경우에는 그 계약 전부가 하나의 계약인 것과 같은 불가분의 관계에 있다고 보아야 한다(대판 2017. 7. 11, 2016다261175). ② 임차권의 양수인 甲이 양도인 乙의 기망행위를 이유로 乙과 체결한 임차권양도계약 및 권리금계약을 각 취소 또는 해제한다고 주장한 사안에서, 임차권양도계약과 권리금계약의 체결 경위와 계약 내용 등에 비추어 볼 때, 위 권리금계약은 임차권양도계약과 결합하여 전체가 경제적·사실적으로 일체로 행하여진 것으로서, 어느 하나의 존재 없이는 당사자가 다른 하나를 의욕하지 않았을 것으로 보이므로 권리금계약 부분만을 따로 떼어 취소할 수 없는데도, 임차권양도계약과 분리하여 권리금계약만이 취소되었다고 본 원심판결에 임차권양도계약에 관한 판단누락 또는 계약의 취소 범위에 관한 법리오해 등 위법이 있다(대판 2013. 5. 9, 2016다261175).

ㄴ. (×) : [1] 법률행위에 따라 권리가 이전되려면 권리자 또는 처분권한이 있는 자의 처분행위가 있어야 한다. 무권리자가 타인의 권리를 처분한 경우에는 특별한 사정이 없는 한 권리가 이전되지 않는다. 그러나 이러한 경우에 권리자가 무권리자의 처분을 추인하는 것도 자신의 법률관계를 스스로의 의사에 따라 형성할 수 있다는 사적 자치의 원칙에 따라 허용된다. 이러한 추인은 무권리자의 처분이 있음을 알고 해야 하고, 명시적으로 또는 묵시적으로 할 수 있으며, 그 의사표시는 무권리자나 그 상대방 어느 쪽에 해도 무방하다. [2] 권리자가 무권리자의 처분을 추인하면 무권대리에 대해 본인이 추인을 한 경우와 당사자들 사이의 이익상황이 유사하므로, 무권대리의 추인에 관한 민법 제130조, 제133조 등을 무권리자의 추인에 유추 적용할 수 있다. 따라서 무권리자의 처분이 계약으로 이루어진 경우에 권리자가 이를 추인하면 원칙적으로 계약의 효과가 계약을 체결했을 때에 소급하여 권리자에게 귀속된다고 보아야 한다(대판 2017. 6. 8, 2017다3499).

ㄷ. (×) : 무효행위 또는 무권대리 행위의 추인은 무효행위 등이 있음을 알고 행위의 효과를 자기에게 귀속시키도록 하는 단독행위로서 의사표시의 방법에 관하여 일정한 방식이 요구되는 것이 아니므로 묵시적인 방법으로도 할 수 있지만, 묵시적 추인을 인정하기 위해서는 본인이 그 행위로 처하게 된 법적 지위를 충분히 이해하고

정답 42. ②

그럼에도 진의에 기하여 행위의 결과가 자기에게 귀속된다는 것을 승인한 것으로 볼 만한 사정이 있어야 할 것이다(대판 2014. 2. 13, 2012다112299).

ㄹ. (×) : 국토이용관리법상의 토지거래허가를 받지 않아 유동적 무효 상태인 매매계약에 있어서도 당사자 사이의 매매계약은 매도인이 계약금의 배액을 상환하고 계약을 해제함으로써 적법하게 해제된다(대판 1997. 6. 27, 97다9369).

ㅁ. (○) : 취소한 법률행위는 처음부터 무효인 것으로 간주되므로 취소할 수 있는 법률행위가 일단 취소된 이상 그 후에는 취소할 수 있는 법률행위의 추인에 의하여 이미 취소되어 무효인 것으로 간주된 당초의 의사표시를 다시 확정적으로 유효하게 할 수는 없고, 다만 무효인 법률행위의 추인의 요건과 효력으로서 추인할 수는 있으나, 무효행위의 추인은 그 무효 원인이 소멸한 후에 하여야 그 효력이 있고, 따라서 강박에 의한 의사표시임을 이유로 일단 유효하게 취소되어 당초의 의사표시가 무효로 된 후에 추인한 경우 그 추인이 효력을 가지기 위하여는 그 무효 원인이 소멸한 후일 것을 요한다고 할 것인데, 그 무효 원인이란 바로 위 의사표시의 취소사유라 할 것이므로 결국 무효 원인이 소멸한 후란 것은 당초의 의사표시의 성립 과정에 존재하였던 취소의 원인이 종료된 후, 즉 강박 상태에서 벗어난 후라고 보아야 한다(대판 1992. 11. 27, 92다8521).

보충지문

43 甲 · 乙 사이에 결손금배상채무의 액수를 확정하는 합의가 있은 후 甲은 합의가 강박에 의하여 이루어졌다는 이유를 들어, 乙은 착오에 의하여 합의를 하였다는 이유를 들어 각각 합의를 취소하는 의사표시를 한 경우, 비록 합의에 각각 주장하는 바와 같은 취소사유가 있다고 인정되지 않더라도, 甲 · 乙 쌍방이 모두 합의를 취소하는 의사표시를 하였으므로 위 합의는 위 각 취소로써 그 효력이 상실되었다고 보아야 한다. 〈2009년 법원행시〉

해설 甲·乙 사이에 결손금배상채무의 액수를 확정하는 합의가 있은 후 甲은 합의가 강박에 의하여 이루어졌다는 이유를 들어, 乙은 착오에 의하여 합의를 하였다는 이유를 들어 각기 위 합의를 취소하는 의사표시를 하였으나, 위 합의에 각각 주장하는 바와 같은 취소사유가 있다고 인정되지 아니하는 이상, 甲 乙 쌍방이 모두 위 합의를 취소하는 의사표시를 하였다는 사정만으로는, 위 합의가 취소되어 그 효력이 상실되는 것은 아니다(대판 1994. 7. 29, 93다58431).

44-1 취소권의 행사시 반드시 취소원인의 진술이 함께 행해져야 하는 것은 아니다. 〈2023년 감정평가사〉

44-2 취소의 의사표시는 취소자가 그 착오를 이유로 자신의 법률행위의 효력을 처음부터 없애려는 의사가 드러나면 충분하다. 〈2020년 감정평가사〉

해설 취소의 의사표시란 반드시 명시적이어야 하는 것은 아니고, 취소자가 그 착오를 이유로 자신의 법률행위의 효력을 처음부터 배제하려고 한다는 의사가 드러나면 족한 것이며, 취소원인의 진술 없이도 취소의 의사표시는 유효한 것이므로, 신원보증서류에 서명날인하는 것으로 잘못 알고 이행보증보험약정서를 읽어보지 않은 채 서명날인한 것일 뿐 연대보증약정을 한 사실이 없다는 주장은 위 연대보증약정을 착오를 이유로 취소한다는 취지로 볼 수 있다(대판 2005. 5. 27, 2004다43824).

정답 43. (×) 44-1. (○) 44-2. (○)

45 법률행위의 취소는 취소의 원인이 종료한 후에 하지 않으면 효력이 없다. 〈2007년 사법시험〉

해설 예컨대 제한능력자도 취소권자에 포함되므로(제140조), 취소는 취소의 원인이 종료하기 전에도 할 수 있다. 취소원인이 종료한 후에 하여야 하는 것은 법률행위의 '추인'이다(제144조 제1항).

46 토지소유자가 사기를 당하여 지상권을 설정한 후에 그 토지가 포괄승계된 경우, 포괄승계인은 지상권설정계약을 취소할 수 있다. 〈2008년 감정평가사〉

해설 승계인도 취소권자에 포함된다(제140조).

47 법률행위를 취소하면 장래를 향하여 무효가 된다. 〈2007년 법무사〉

해설 소급하여 무효가 된다(제141조).

48 법률행위가 취소되면 그 법률행위는 처음부터 무효인 것과 마찬가지로 소멸하고, 취소된 법률행위를 원인으로 하는 채무가 이행되지 않은 경우에는 이행할 필요가 없으며, 이행된 채무는 원상회복되거나 부당이득으로 반환되어야 한다. 〈2011년 법무사〉

해설 민법 제141조 참조

49 근로자의 기망으로 체결된 근로계약이 사용자에 의해 적법하게 취소된 경우, 이미 제공된 근로자의 노무를 기초로 형성된 취소 이전의 법률관계는 소급적으로 그 효력을 잃는다. 〈2022년 변호사시험〉

해설 근로계약은 근로자가 사용자에게 근로를 제공하고 사용자는 이에 대하여 임금을 지급하는 것을 목적으로 체결된 계약으로서(근로기준법 제2조 제1항 제4호) 기본적으로 그 법적 성질이 사법상 계약이므로 계약 체결에 관한 당사자들의 의사표시에 무효 또는 취소의 사유가 있으면 상대방은 이를 이유로 근로계약의 무효 또는 취소를 주장하여 그에 따른 법률효과의 발생을 부정하거나 소멸시킬 수 있다. 다만 그와 같이 **근로계약의 무효 또는 취소**를 주장할 수 있다 하더라도 근로계약에 따라 그동안 행하여진 근로자의 노무 제공의 효과를 소급하여 부정하는 것은 타당하지 않으므로 이미 제공된 근로자의 노무를 기초로 형성된 취소 이전의 법률관계까지 효력을 잃는다고 보아서는 아니 되고, **취소의 의사표시 이후 장래에 관하여만 근로계약의 효력이 소멸된**다고 보아야 한다(대판 2017. 12. 22, 2013다25194, 25200). ☞ 민법 제141조에 대한 중대한 예외이다.

50 제한능력자가 법률행위를 취소한 경우 원칙적으로 그가 받은 이익전부를 상환하여야 한다. 〈2020년 공인노무사〉

해설 선·악불문하고 현존이익만 반환하면 된다(제141조 단서).

51 제한능력자는 취소된 행위에 의하여 받은 이익이 현존하는 한도 내에서 반환할 책임이 있는데, 취득한 이득이 금전상의 이득인 때에는 그 금전을 소비하였는지 여부를 불문하고 현존하는 것으로 추정된다. 〈2011년 법무사〉

해설 법률상 원인 없이 타인의 재산 또는 노무로 이익을 얻고 그로 인하여 타인에게 손해를 가한 경우, 그

정답 45. (×) 46. (○) 47. (×) 48. (○) 49. (×) 50. (×) 51. (○)

취득한 것이 금전상의 이득인 때에는 그 금전은 이를 취득한 자가 소비하였는가의 여부를 불문하고 현존하는 것으로 추정된다(대판 1996. 12. 10, 96다32881 등).

52 **제한능력자가 취득한 이득이 금전이 아닌 경우에는 그것이 성질상 계속적·반복적으로 거래되는 물품으로서 곧바로 판매되어 환가될 수 있는 대체물이라고 하더라도 현존이익의 존재에 관하여 반환청구권자에게 입증책임이 있다.** 〈2011년 법무사〉

해설 법률상 원인 없이 타인의 재산 또는 노무로 이익을 얻고 그로 인하여 타인에게 손해를 가한 경우, 그 취득한 것이 금전상의 이득인 때에는 그 금전은 이를 취득한 자가 소비하였는가의 여부를 불문하고 현존하는 것으로 추정되고, 그 취득한 것이 성질상 계속적으로 반복하여 거래되는 물품으로서 곧바로 판매되어 환가될 수 있는 금전과 유사한 대체물인 경우에도 마찬가지다(대판 2009. 5. 28, 2007다20440,20457).
☞ 제한능력자 측에서 현존이익이 없음을 입증하여야 한다.

53-1 **민법은 일부무효에 대한 규정을 일부취소의 경우에 준용하고 있다.** 〈2007년 법무사〉

53-2 **민법은 법률행위의 일부무효에 대하여는 규정하고 있으나 일부취소에 대하여는 규정하고 있지 않으므로, 법률행위의 일부취소는 할 수 없다.** 〈2015년 공인노무사〉

해설 하나의 계약에 대한 기망 취소의 의사표시는 법률행위의 일부무효이론과 궤를 같이하는 법률행위 일부취소의 법리에 따라 전체 계약에 대한 취소의 효력이 있다(대판 2013. 5. 9, 2012다115120). ☞ 민법은 법률행위의 일부무효에 대하여는 규정하고 있으나 일부취소에 대하여는 규정하고 있지 않다. 일부무효 규정을 준용하고 있지도 않다. 하지만 판례는 일부무효의 법리를 일부취소에도 적용한다. 아래 판례가 예외적으로 일부취소를 인정한 판례이다.

> **[판례]** ① 하나의 법률행위의 일부분에만 취소사유가 있는 경우에 ② 그 법률행위가 가분적이거나 그 목적물의 일부가 특정될 수 있다면, ③ 그 나머지 부분이라도 이를 유지하려는 당사자의 가정적 의사가 인정되는 경우 그 일부만의 취소도 가능하고, 또 그 일부의 취소는 법률행위의 일부에 관하여 효력이 생긴다(대판 1992. 2. 14, 91다36062; 대판 1998. 2. 10, 97다44737 등).

54 **채권자와 연대보증인 사이의 연대보증계약이 주채무자의 기망에 의하여 체결되어 적법하게 취소되었으나, 그 보증책임이 금전채무로서 채무의 성격상 가분적이고 연대보증인에게 보증한도를 일정 금액으로 하는 보증의사가 있다면, 연대보증인의 연대보증계약의 취소는 그 일정 금액을 초과하는 범위 내에서만 효력이 생긴다.** 〈2017년 법원행시, 2020년 법무사〉

해설 채권자와 연대보증인 사이의 연대보증계약이 주채무자의 기망에 의하여 체결되어 적법하게 취소되었으나, 그 보증책임이 금전채무로서 채무의 성격상 가분적이고 연대보증인에게 보증한도를 일정 금액으로 하는 보증의사가 있었으므로, 연대보증인의 연대보증계약의 취소는 그 일정 금액을 초과하는 범위 내에서만 효력이 생긴다(대판 2002. 9. 10, 2002다21509). ☞ 연대보증계약의 일부취소를 인정한 사례.

55-1 **취소할 수 있는 법률행위는 취소권자가 추인할 수 있고, 추인 후에는 취소할 수 없다.** 〈2015년 감정평가사〉

정답 52. (×) 53-1. (×) 53-2. (×) 54. (○) 55-1. (○)

55-2 **취소할 수 있는 법률행위는 추인권자의 추인이 있은 후에는 취소하지 못한다.** 〈2020년 공인노무사〉

해 설 민법 제143조 제1항 참조

56 **미성년자가 법정대리인의 동의 없이 한 법률행위를 법정대리인이 적법하게 추인한 이후에는 그 미성년자는 자신의 법률행위를 취소할 수 없다.** 〈2017년 변호사시험〉

해 설 법정대리인의 추인으로 법률행위는 확정적으로 유효하게 되어 미성년자의 취소권도 소멸한다.

57 **취소할 수 있는 법률행위의 추인은 취소의 원인이 소멸된 후에 하여야 효력이 있다.** 〈2015년 감정평가사〉

해 설 민법 제144조 참조

58 **법정대리인이 취소원인이 종료하기 전에 한 추인은 추인으로서 효력이 없다.** 〈2008년 법원행시〉

해 설 법정대리인이 취소할 수 있는 행위를 추인하는 경우에는 취소의 원인이 종료된 후에 해야 한다는 민법 제144조 제1항의 제한이 없다.

59-1 **취소권자가 이의의 보류 없이 상대방으로부터 일부의 이행을 수령한 경우에도 법정추인이 되지 않는다.** 〈2019년 공인노무사〉

59-2 **미성년자가 매매계약을 체결한 후 친권자의 동의를 얻어 상대방에 대하여 이행을 청구한 경우 계약을 추인한 것으로 볼 수 있다.** 〈2007년 공인노무사〉

해 설 법정추인(제145조 제1호, 제2호)

60-1 **취소권의 단기제척기간은 취소할 수 있는 날로부터 3년이다.** 〈2023년 감정평가사〉

60-2 **취소권은 법률행위를 추인할 수 있는 날로부터 3년 내에 행사하여야 한다.** 〈2015년 감정평가사〉

60-3 **법률행위의 취소권은 법률행위를 한 날부터 3년 내에, 추인할 수 있는 날부터 10년 내에 행사하여야 한다.** 〈2020년 공인노무사〉

해 설 민법 제146조 참조

61 **乙의 대리인인 A의 사기로 인하여 甲이 자기 소유의 토지를 乙에게 매도한 경우, 甲은 A의 사기사실을 안 날로부터 3년이 지난 후에도 乙과 매매계약을 체결한 날로부터 10년이 지나기 전까지는 취소권을 행사할 수 있다.** 〈2009년 공인노무사 변형〉

해 설 제146조의 취소권의 소멸에 관한 3년과 10년은 제척기간으로서 어느 것이든 먼저 도달하면 취소권은 소멸한다.

정답 55-2. (○) 56. (○) 57. (○) 58. (×) 59-1. (×) 59-2. (○) 60-1. (×) 60-2. (○) 60-3. (×) 61. (×)

62 **강박에 의한 의사표시에 대한 취소권은 형성권의 일종으로서 그 행사기간을 제척기간으로 보아야 하고, 취소권자가 취소의 의사표시를 담은 반소장 부본을 원고에게 송달함으로써 취소권을 재판상 행사하는 경우에는 반소장 부본이 원고에게 도달한 때에 비로소 취소권 행사의 효력이 발생하므로, 취소의 의사표시가 담긴 반소장 부본이 제척기간 내에 송달되어야만 취소권자가 제척기간 내에 적법하게 취소권을 행사하였다고 할 것이다.** 〈2017년 법원행시, 2020년 법무사〉

해설 강박에 의한 의사표시에 대한 취소권은 형성권의 일종으로서 그 행사기간을 제척기간으로 보아야 하고, 위 취소권은 재판상이든 재판외이든 그 기간 내에 행사하면 되는 것으로서, 취소권자가 취소의 의사표시를 담은 반소장 부본을 원고에게 송달함으로써 취소권을 재판상 행사하는 경우에는 반소장 부본이 원고에게 도달한 때에 비로소 취소권 행사의 효력이 발생하여 취소권자와 원고 사이에 취소의 효력이 생기므로, 취소의 의사표시가 담긴 반소장 부본이 제척기간 내에 송달되어야만 취소권자가 제척기간 내에 적법하게 취소권을 행사였다고 할 것이다(대판 2008. 9. 11, 2008다27301,27318).

[동지판례] 예약완결권은 재판상이든 재판외이든 그 기간 내에 행사하면 되는 것으로서, 예약완결권자가 예약완결권 행사의 의사표시를 담은 소장 부본을 상대방에게 송달함으로써 재판상 행사하는 경우에는 그 소장 부본이 상대방에게 도달한 때에 비로소 예약완결권 행사의 효력이 발생하여 예약완결권자와 상대방 사이에 매매의 효력이 생기므로, 예약완결권 행사의 의사표시가 담긴 소장 부본이 제척기간 내에 상대방에게 송달되어야만 예약완결권자가 제척기간 내에 적법하게 예약완결권을 행사하였다고 볼 수 있다(대판 2019. 7. 25, 2019다227817).

63 **취소할 수 있는 법률행위의 법정추인사유에 해당하지 않는 것은?** 〈2010년 공인노무사〉

① 무능력자(제한능력자)로서 부동산을 매도한 자가 능력자가 된 후 소유권이전등기에 필요한 서류를 교부한 경우
② 무능력자(제한능력자)로부터 부동산을 매수한 자가 목적물의 인도청구권을 양도한 경우
③ 취소권자인 채권자가 채무자로부터 담보를 제공받은 경우
④ 매매계약의 취소권자인 매도인이 대금채권을 소멸시키고 그에 갈음하여 금전소비대차계약을 체결한 경우
⑤ 취소권자인 채권자가 채무자에게 강제집행을 한 경우

해설

① (○) : 제한능력자로서 부동산을 매도한 자가 능력자가 된 후 소유권이전등기에 필요한 서류를 교부한 경우는 제145조 제1호의 이행이다.
② (×) : 제145조 법정추인의 제2호(이행의 청구)와 제5호(취소할 수 있는 행위로부터 취득한 권리의 전부나 일부의 양도)는 취소권자측에서 하여야 한다. 따라서 제한능력자로부터 부동산을 매수한 자가 목적물의 인도청구권을 양도한 경우에는 법정추인에 해당하지 않는다.
③ (○) : 취소권자인 채권자가 채무자로부터 담보를 제공받은 경우(제145조 제4호).
④ (○) : 매매계약의 취소권자인 매도인이 대금채권을 소멸시키고 그에 갈음하여 금전소비대차계약을 체결한 경우(제145조 제3호 : 경개).
⑤ (○) : 취소권자인 채권자가 채무자에게 강제집행을 한 경우(제6호).

정답 62. (○) 63. ②

법률행위의 부관(조건과 기한)

1 **조건부 법률행위에 관한 설명 중 옳은 것을 모두 고르면? (다툼이 있는 경우에는 판례에 의함)**

〈2004년 변리사〉

> ㄱ. 부첩관계의 종료를 해제조건으로 하는 증여계약의 경우 그 증여계약은 효력이 있고 조건만 무효이다.
> ㄴ. 불법행위를 하지 않을 것을 정지조건으로 하는 법률행위는 무효이다.
> ㄷ. 정지조건부증여계약에서 그 조건이 불능인 사실을 내용으로 한 경우, 그 증여계약은 무효가 된다.
> ㄹ. 조건부 어음보증은 어음거래의 안정성을 저해하므로 그 효력이 없다.
> ㅁ. 유언에는 조건을 붙일 수 없다.
> ㅂ. 채무면제는 조건을 붙일 수 있다.
> ㅅ. 정지조건부 법률행위는 권리가 성립한 때에 소급하여 효력이 발생한다.
> ㅇ. 조건의 성취로 인하여 이익을 받은 당사자가 신의성실에 반하여 조건을 성취시킨 때에는 상대방은 그 조건이 성취되지 아니한 것으로 주장할 수 있다.
> ㅈ. 약혼예물의 수수는 혼인 불성립을 해제조건으로 하는 증여와 유사한 성질의 것이다.

① ㄱ, ㄴ, ㄷ, ㅇ ② ㄱ, ㄴ, ㄹ, ㅅ ③ ㄴ, ㄷ, ㅂ, ㅈ
④ ㄴ, ㄷ, ㅂ, ㅇ, ㅈ ⑤ ㄷ, ㄹ, ㅂ, ㅅ, ㅈ

해설

ㄱ. (×) : 불법조건으로서 증여계약 전부가 무효이다(대판 1966. 6. 21, 66다530).
ㄴ. (○) : 사회질서에 반하는 조건으로서 무효이다(제103조, 제151조).
ㄷ. (○) : 불능조건으로 타당하다(제151조 제3항).
ㄹ. (×) : 판례는 조건부 어음보증의 유효성을 긍정한다(대판 1994. 11. 8, 93다21514).
ㅁ. (×) : 단독행위에는 원칙적으로 조건을 붙일 수 없지만, 유언에는 조건을 붙일 수 있다. 민법에서 "유언에 정지조건이 있는 경우에 그 조건이 유언자의 사망후에 성취한 때에는 그 조건성취한 때로부터 유언의 효력이 생긴다."고 하고 있기 때문이다(제1073조 제2항).
ㅂ. (○) : 채무면제는 단독행위이지만 상대방에 이익을 주는 행위로서 조건을 붙일 수 있다(통설).
ㅅ. (×) : 조건성취의 효력은 원칙적으로 조건이 성취한 때로부터 그 효력이 생긴다(제147조 제1항).
ㅇ. (○) : 타당하다(제150조 제2항).
ㅈ. (○) : 통설과 판례이다(대판 1996. 5. 14, 96다5506).

정답 1. ④

2 법률행위의 부관에 관한 다음 설명 중 옳은 것은? (다툼이 있는 경우에는 판례에 의함)

〈2007년 변리사〉

① 조건의 성부가 확정되기 전에 조건부 의무자가 급부를 이행하여 권리자가 이를 수령하였다면 부당이득이 성립한다.
② 정지조건부 매매계약에 기한 토지소유권이전청구권을 보전하기 위한 가등기는 허용되지 않는다.
③ 명예훼손행위를 하지 않을 것을 조건으로 한 증여계약은 유효하다.
④ "우리 집 개가 죽으면 개집을 당신에게 주겠다."고 한 것은 정지조건부 증여의 의사표시이다.
⑤ 존속기간을 '임차인에게 매도할 때까지'로 정한 임대차계약은 원칙적으로 불확정기한부 법률행위이다.

해설

①(○) : 조건의 성취가 미정인 동안에는 아직 채권의 효력이 확정되어 발생하는 것이 아니므로 그 전에 이행한 부분은 법률상 원인 없이 이행한 부분으로 부당이득이 될 수 있다(대판 2004. 4. 9, 2003다32681 참조).
②(×) : 부동산상의 조건부 권리를 보존하기 위하여 가등기를 할 수 있다(부동산등기법 제3조 후단).
③(×) : 불법조건으로서 전체법률행위가 무효이다(제151조 제1항).
④(×) : 효력발생을 장래 확실한 사실에 결부된 부관으로 불확정기한이다.
⑤(×) : 임대차계약을 체결함에 있어서 임대기한을 「본 건 토지를 임차인에게 매도할 때까지」로 정하였다면 별다른 사정이 없는 한 그것은 도래할지의 여부가 불확실한 것이므로 기한을 정한 것이라고 볼 수 없으니 위 임대차계약은 기간의 약정이 없는 것이라고 해석함이 상당하다(대판 1974. 5. 14, 73다631).

3 법률행위의 부관에 관한 설명 중 옳은 것은? (다툼이 있는 경우에는 판례에 의함) 〈2009년 변리사〉

① 조건이 법률행위 당시 이미 성취한 것인 경우에는, 그 조건이 정지조건이면 그 법률행위는 무효로 한다.
② 미성년자에게 성년이 되면 오토바이를 사주겠다고 약정한 경우, 이는 불확정기한부 법률행위이다.
③ 뇌물상납을 조건으로 입사시험에 합격시켜 주겠다고 약정한 경우, 뇌물상납의 조건만을 분리하여 무효로 할 수 없다.
④ 종기부(終期附) 법률행위와 달리 시기부(始期附) 법률행위는 당사자의 특약에 의해 소급효가 인정될 수 있다.
⑤ 불확정한 사실이 발생한 때를 이행기한으로 정한 경우에는 그 사실의 발생이 불가능하게 되더라도 이행기한이 도래한 것으로 볼 수 없다.

해설

①(×) : 조건이 법률행위의 당시 이미 성취한 것인 경우에는 그 조건이 정지조건이면 조건 없는 법률행위로 하고 해제조건이면 그 법률행위는 무효로 한다(제151조 제2항).
②(×) : 도래시기가 확정되어 있으므로 확정기한부 법률행위이다. 또는 성년이 되기전에 사망한다면 조건부가 될 수도 있다.
③(○) : 조건부 법률행위에 있어 조건의 내용 자체가 불법적인 것이어서 무효일 경우 그 조건만을 분리하여 무효로 할 수는 없고 그 법률행위 전부가 무효로 된다(대결 2005. 11. 8, 자 2005마541).
④(×) : 기한의 효력에는 소급효가 없다. 조건과 달리 이는 절대적이며, 당사자의 특약에 의하여서도 소급효를

정답 2. ① 3. ③

인정할 수 없다.
⑤ (×) : 당사자가 불확정한 사실이 발생한 때를 이행기한으로 정한 경우 그 사실이 발생한 때는 물론 그 사실의 발생이 불가능하게 된 때에도 이행기한은 도래한 것으로 보아야 한다(대판 2006. 12. 21, 2005다40754).

4 **甲은 자신의 소유인 X건물에 대해서 乙과 매매계약을 체결하면서, "丙이 사망하면 매매계약의 효력이 발생하고 그 때 곧바로 매매대금을 지급함과 동시에 소유권이전등기를 해주기로 한다."는 약정을 하였다. 이에 관한 설명 중 옳은 것은?** 〈2011년 변리사〉

① 甲과 乙이 체결한 매매계약은 정지조건부 계약이다.
② 丙이 사망하면 매매계약은 甲과 乙이 계약을 체결한 시점으로 소급하여 그 효력이 발생한다.
③ 甲은 丙이 사망하기 전에는 매매대금채권을 제3자에게 양도하거나 담보로 제공할 수 없다.
④ 丙이 사망하기 전에 甲이 X건물의 소유권을 제3자에게 이전한 경우에 乙은 甲에게 X건물을 취득하지 못함으로 인한 손해배상을 청구할 수 있다.
⑤ 甲이 丙의 사망사실을 알게 된 시점부터 甲의 매매대금채권의 소멸시효가 진행된다.

해설
① (×) : 丙의 사망은 장래에 확실하나 언제 사망할지 모르므로 도래시기가 확정되어 있지 않은 불확정기한부 계약이다.
② (×) : 기한도래의 효과에는 절대적으로 소급효가 없다. 그리고 당사자의 특약에 의하여서도 소급효를 인정할 수 없다.
③ (×) : 기한의 도래가 미정한 권리의무는 일반규정에 의하여 처분, 상속, 보존 또는 담보로 할 수 있다(제154조, 제149조).
④ (○) : 기한 있는 법률행위의 당사자는 기한의 도래 여부가 미정한 동안에 조건의 성취로 인하여 생길 상대방의 이익을 해하지 못한다(제154조, 제148조). 만약 기한의 도래 여부가 미정한 동안에 기한부 권리를 침해한 때에는 불법행위에 기한 손해배상을 청구할 수 있다.
⑤ (×) : 불확정기한부 채권은 그 기한이 객관적으로 도래한 때가 소멸시효의 기산점이다(제166조 참조).
〈비교〉 이행지체책임은 채무자가 기한도래(즉 사망사실)를 안 때부터 부담한다(제387조 제1항 후문).

5 **조건부 법률행위에 관한 설명으로 옳지 않은 것은? (다툼이 있는 경우에는 판례에 의함)** 〈2012년 변리사〉

① 혼인이나 입양에는 조건을 붙이지 못한다.
② 부첩(夫妾)관계의 종료를 해제조건으로 한 증여는 조건 없는 증여로서의 효력을 가진다.
③ 소유권유보부 매매의 경우, 소유권은 정지조건부로 매수인에게 이전한다.
④ 조건의 성부가 미정한 권리의무는 일반규정에 의하여 처분할 수 있다.
⑤ 조건이 법률행위의 당시에 이미 성취할 수 없는 것인 경우에는 그 조건이 해제조건이면 조건없는 법률행위로 하고, 정지조건이면 그 법률행위는 무효로 한다.

해설
① (○) : 혼인이나 입양의 경우와 같은 신분행위의 경우 그 효과가 확정적으로 발생할 것이 요구되기 때문에 조건을 붙이지 못한다.

정답 4. ④ 5. ②

② (×) : 조건부 법률행위의 일반적 내용을 묻고 있다. 특히 부첩관계의 종료를 정지조건으로 하는지(대판 1980. 6. 24, 80다458), 아니면 해제조건으로 하는지(대판 1966. 6. 21, 66다530)에 따라 효과가 달라지는데, 정지조건부이면 유효하나, 해제조건부이면 무효이다.
③ (○) : 소유권유보부매매의 특약을 한 경우, 목적물의 소유권을 이전한다는 당사자 사이의 물권적 합의는 매매계약을 체결하고 목적물을 인도한 때 이미 성립하지만 대금이 모두 지급되는 것을 정지조건으로 하므로, 목적물이 매수인에게 인도되었다고 하더라도 특별한 사정이 없는 한 매도인은 대금이 모두 지급될 때까지 매수인뿐만 아니라 제3자에 대하여도 유보된 목적물의 소유권을 주장할 수 있다(대판 1999. 9. 7, 99다30534).
④ (○) : 조건의 성취가 미정한 권리의무는 일반규정에 의하여 처분, 상속, 보존 또는 담보로 할 수 있다(제149조).
⑤ (○) : 민법 제151조 제3항 참조

6 **법률행위의 부관에 관한 설명으로 옳지 않은 것은? (다툼이 있는 경우에는 판례에 의함)**

〈2014년 변리사〉

① 조건의 성취로 불이익을 받을 자가 신의성실에 반하여 조건의 성취를 방해한 경우에는 고의에 의한 방해만이 아니라 과실에 의한 경우도 여기에 포함된다.
② 신의성실에 반하여 조건성취를 방해한 경우 조건성취로 의제되는 시기는 그러한 행위가 없었더라면 조건이 성취되었으리라고 추산되는 시점이다.
③ 계약당사자가 정지조건부 기한이익상실의 특약을 한 경우에는, 그 특약에 정한 기한이익의 상실사유가 발생하면 즉시 이행기가 도래한다.
④ 해제조건부증여로 인한 부동산소유권이전등기를 마친 경우, 등기된 조건이 성취되기 전에 수증자가 한 처분행위는 조건성취의 효과를 제한하는 한도 내에서 무효이다.
⑤ 조건을 붙이는 것이 허용되지 않는 법률행위에 조건을 붙인 때에는 조건만을 분리하여 무효로 할 수도 있고 그 법률행위 전부를 무효로 할 수도 있다.

해설

① (○) : 조건의 성취로 불이익을 받을 자가 신의성실에 반하여 조건의 성취를 방해한 경우에는 고의에 의한 방해만이 아니라 과실에 의한 경우도 여기에 포함된다(대판 1998. 12. 22, 98다42356).
② (○) : 신의성실에 반하여 조건성취를 방해한 경우 조건성취로 의제되는 시기는 그러한 행위가 없었더라면 조건이 성취되었으리라고 추산되는 시점이다(대판 1998. 12. 22, 98다42356).
③ (○) : 기한이익상실특약은 정지조건부 기한이익상실특약과 형성권적 기한이익상실특약 두가지 유형이 있는데, 계약당사자가 정지조건부 기한이익상실의 특약을 한 경우에는, 그 특약에 정한 기한이익의 상실사유가 발생하면 즉시 이행기가 도래한다(대판 2002. 9. 4, 2002다28340).
④ (○) : 해제조건부증여로 인한 부동산소유권이전등기를 마친 경우, 등기된 조건이 성취되기 전에 수증자가 한 처분행위는 조건성취의 효과를 제한하는 한도 내에서 무효이다. 다만 그 조건이 등기되어 있지 않는 한 그 처분행위로 인하여 권리를 취득한 제3자에게 위 무효를 대항할 수 없다(대판 1992. 5. 22, 92다5584).
⑤ (×) : 조건만을 분리하여 무효로 할 수는 없고 그 법률행위 전부가 무효로 된다(대결 2005. 11. 8, 자 2005마541).

정답 6. ⑤

7 **법률행위에 부관에 관한 설명으로 옳지 않은 것은? (다툼이 있으면 판례에 따름)** 〈2015년 변리사〉

① 정지조건부 화해계약 당시 이미 그 조건이 성취되었다면, 이는 조건이 없는 화해계약이다.
② 정지조건부 채권양도에서 정지조건이 성취되었다는 사실은 채권양도의 효력을 주장하는 자에게 그 증명책임이 있다.
③ 조건의 성취로 이익을 받게 되는 당사자가 신의성실에 반하여 조건을 성취시킨 경우, 상대방은 그 조건의 불성취를 주장할 수 있다.
④ 기한의 이익은 상대방의 이익을 해하지 않는 한 포기할 수 있으므로, 그 포기의 효과는 소급효를 갖는다.
⑤ 채무자가 담보제공의 의무를 이행하지 않는 경우, 기한의 이익을 주장할 수 없다.

해 설

① (○) : 정지조건부 화해계약 당시 이미 그 조건이 성취되었다면, 이는 조건이 없는 화해계약이다(대판 1959. 12. 24, 4292민상670).
② (○) : 정지조건부 채권양도에서 정지조건이 성취되었다는 사실은 채권양도의 효력을 주장하는 자에게 그 증명책임이 있다(대판 1984. 9. 25, 84다카967).
③ (○) : 조건의 성취로 이익을 받게 되는 당사자가 신의성실에 반하여 조건을 성취시킨 경우, 상대방은 그 조건의 불성취를 주장할 수 있다(제150조 제2항).
④ (×) : 기한의 성질상 소급효가 있을 수 없다. 따라서 그 기한의 이익의 포기도 소급효를 갖는다고 볼 수 없다(제152조, 제153조 참조).
⑤ (○) : 채무자가 담보제공의 의무를 이행하지 않는 경우, 기한의 이익을 주장할 수 없다(제388조).

8 **조건과 기한에 관한 설명으로 옳지 않은 것은?** 〈2019년 변리사〉

① 종기 있는 법률행위는 기한이 도래한 때로부터 그 효력을 잃는다.
② 기한의 이익은 이를 포기할 수 있지만, 상대방의 이익을 해하지 못한다.
③ 조건이 법률행위 당시 이미 성취한 것인 경우에는 그 조건이 해제조건이면 그 법률행위는 조건없는 법률행위로 한다.
④ 조건 있는 법률행위의 당사자는 조건의 성부가 미정인 동안에 조건의 성취로 인하여 생길 상대방의 이익을 해하지 못한다.
⑤ 조건의 성취로 인하여 불이익을 받을 당사자가 신의성실에 반하여 조건의 성취를 방해한 때에는 상대방은 그 조건이 성취한 것으로 주장할 수 있다.

해 설

① (○) : 민법 제152조 제2항 참조
② (○) : 민법 제153조 제2항 참조
③ (×) : 민법 제151조 제2항 참조
④ (○) : 민법 제148조 참조
⑤ (○) : 민법 제150조 제1항 참조

정 답 7. ④ 8. ③

9 **조건에 관한 설명으로 옳은 것은? (다툼이 있으면 판례에 따름)** 〈2020년 변리사〉

① 당사자가 조건성취의 효력을 그 성취 전에 소급하게 할 의사를 표시하였더라도 특별한 사정이 없는 한 소급하지 않는다.
② 조건부 법률행위에서 조건이 선량한 풍속에 위반되면 당사자의 의도를 살리기 위하여 그 조건만이 무효이고 법률행위는 유효한 것이 원칙이다.
③ 조건부 권리는 조건의 성부가 미정인 상태에서는 그 가치에 대한 평가가 곤란하므로 담보제공은 할 수 없다.
④ 해제조건부 법률행위의 조건이 법률행위의 당시에 이미 성취할 수 없는 것인 경우에는 조건없는 법률행위로 한다.
⑤ 상계의 의사표시에는 조건을 붙일 수 있다.

해 설

① (×) : 당사자가 조건성취의 효력을 그 성취전에 소급하게 할 의사를 표시한 때에는 그 의사에 의한다(제147조 제3항).
② (×) : 조건이 선량한 풍속 기타 사회질서에 위반한 것인 때에는 그 법률행위는 무효로 한다(제151조 제1항). ☞ 법률행위 전부가 무효가 된다.
③ (×) : 조건의 성취가 미정한 권리의무는 일반규정에 의하여 처분, 상속, 보존 또는 담보로 할 수 있다(제149조).
④ (○) : 조건이 법률행위의 당시에 이미 성취할 수 없는 것인 경우에는 그 조건이 해제조건이면 조건없는 법률행위로 하고 정지조건이면 그 법률행위는 무효로 한다(제151조 제3항).
⑤ (×) : 상계는 상대방에 대한 의사표시로 한다. 이 의사표시에는 조건 또는 기한을 붙이지 못한다(제493조 제1항).

10 **법률행위의 부관에 관한 설명으로 옳지 않은 것은? (다툼이 있으면 판례에 따름)** 〈2021년 변리사〉

① 상계에는 시기(始期)를 붙이지 못한다.
② 현상광고에 정한 행위의 완료에 조건이나 기한을 붙일 수 있다.
③ 무상임치와 무이자 소비대차의 경우, 채무자만이 기한이익을 갖는다.
④ 조건의 성취로 인하여 이익을 받을 당사자가 신의성실에 반하여 조건을 성취시킨 때에는 상대방은 그 조건이 성취하지 아니한 것으로 주장할 수 있다.
⑤ 부관이 붙은 법률행위에 있어서 부관에 표시된 사실이 발생한 때뿐만 아니라 발생하지 않는 것으로 확정된 때에도 그 채무를 이행하여야 한다고 보는 것이 상당한 경우에는 표시된 사실의 발생 여부가 확정되는 것을 불확정기한으로 정한 것으로 본다.

해 설

① (○) : 상계는 상대방에 대한 의사표시로 한다. 이 의사표시에는 조건 또는 기한을 붙이지 못한다(민법 제493조 제1항). 특히 상계는 소급효를 갖기 때문에 그 도래한 때부터 효력이 생기는 기한은 이를 붙이지 못한다.
② (○) : 민법 제675조에 정하는 현상광고라 함은, 광고자가 어느 행위를 한 자에게 일정한 보수를 지급할 의사를 표시하고 이에 응한 자가 그 광고에 정한 행위를 완료함으로써 그 효력이 생기는 것으로서, 그 광고에 정한 행위의 완료에 조건이나 기한을 붙일 수 있다(대판 2000. 8. 22, 2000다3675).
③ (×) : 임치기간의 약정이 있는 때에는 수치인은 부득이한 사유없이 그 기간만료전에 계약을 해지하지 못한

정 답 9. ④ 10. ③

다. 그러나 임치인은 언제든지 계약을 해지할 수 있다(민법 제698조). ☞ 무상임치에서 기한의 이익은 채권자(임치인)만이 가진다. 반면에 무이자 소비대차의 경우 변제기 이전에는 채무자가 변제할 책임이 없으므로 채무자만이 기한의 이익을 가진다.
④ (○) : 민법 제150조 제2항 참조
⑤ (○) : 부관이 붙은 법률행위에 있어서 부관에 표시된 사실이 발생하지 아니하면 채무를 이행하지 아니하여도 된다고 보는 것이 상당한 경우에는 조건으로 보아야 하고, 표시된 사실이 발생한 때에는 물론이고 반대로 발생하지 아니하는 것이 확정된 때에도 그 채무를 이행하여야 한다고 보는 것이 상당한 경우에는 표시된 사실의 발생 여부가 확정되는 것을 불확정기한으로 정한 것으로 보아야 한다(대판 2003. 8. 19, 2003다24215).

11 **법률행위의 조건에 관한 설명으로 옳은 것은? (다툼이 있으면 판례에 따름)** 〈2022년 변리사〉

① 조건이 선량한 풍속 기타 사회질서에 위반한 것인 때에는 조건 없는 법률행위로 한다.
② 조건의 성취가 미정한 권리의무는 이를 처분할 수 없다.
③ 조건을 붙이는 것이 허용되지 아니하는 법률행위에 조건을 붙인 경우 조건 없는 법률행위로 한다.
④ 정지조건부 채권양도에 있어서 조건이 성취되었다는 사실은 채권양도의 효력을 주장하는 자에게 그 증명책임이 있다.
⑤ 주택건설을 위한 토지매매계약의 당사자가 건축허가 신청이 불허되었을 때에는 이를 무효로 한다는 약정을 한 경우 이는 정지조건부계약이다.

해 설

① (×) : 조건이 선량한 풍속 기타 사회질서에 위반한 것인 때에는 그 법률행위는 무효로 한다(민법 제151조 제1항).
② (×) : 조건의 성취가 미정한 권리의무는 일반규정에 의하여 처분, 상속, 보존 또는 담보로 할 수 있다(민법 제149조).
③ (×) : 조건부 법률행위에 있어 조건의 내용 자체가 불법적인 것이어서 무효일 경우 또는 조건을 붙이는 것이 허용되지 아니하는 법률행위에 조건을 붙인 경우 그 조건만을 분리하여 무효로 할 수는 없고 그 법률행위 전부가 무효로 된다(대결 2005. 11. 8, 자 2005마541).
④ (○) : 정지조건부 법률행위에 있어서 조건이 성취되었다는 사실은 이에 의하여 권리를 취득하고자 하는 측에서 그 입증책임이 있다 할 것이므로, 정지조건부 채권양도에 있어서 정지조건이 성취되었다는 사실은 채권양도의 효력을 주장하는 자에게 그 입증책임이 있다(대판 1983. 4. 12, 81다카692).
⑤ (×) : 주택건설을 위한 원·피고간의 토지매매계약에 앞서 양자간의 협의에 의하여 건축허가를 필할 때 매매계약이 성립하고 건축허가 신청이 불허되었을 때에는 이를 무효로 한다는 약정 아래 이루어진 본건 계약은 해제조건부계약이다(대판 1983. 8. 23, 83다카552).

12 **조건과 기한에 관한 설명으로 옳지 않은 것은? (다툼이 있으면 판례에 따름)** 〈2023년 변리사〉

① 이행지체의 경우 채권자는 채무자를 상대로 상당한 기간을 정하여 이행을 청구하면서 그 기간 내에 이행이 없으면 계약은 당연히 해제된 것으로 한다는 취지의 해제조건부 해제권 행사를 할 수 있다.
② 동산에 대한 소유권유보부 매매의 경우 물권행위인 소유권이전의 합의가 매매대금의 완납을 정지조건으로 하여 성립한다.
③ 부첩(夫妾)관계의 종료를 해제조건으로 하는 증여계약은 무효이다.

정답 11. ④ 12. ①

④ 불확정기한의 경우 기한사실의 발생이 불가능한 것으로 확정되어도 기한은 도래한 것으로 본다.
⑤ 기한이익 상실의 특약은 특별한 사정이 없는 한 형성권적 기한이익 상실의 특약으로 추정된다.

해설

① (×) : 소정의 기일내에 이행을 하지 아니하면 계약은 당연히 해제된 것으로 한다는 이행청구는 그 이행청구와 동시에 기간 또는 기일 내에 이행이 없는 것을 **정지조건으로 하여** 미리 해제의 의사표시를 한 것으로 볼 것이다(대판 1981. 4. 14, 80다2381). ☞ 이른바 **정지조건부 계약해제**로서 유효하다. 단독행위에는 원칙적으로 조건을 붙일 수 없지만, 정지조건부 계약해제는 상대방이 결정할 수 있는 사실(채무의 이행 여부)을 조건으로 하는 것이므로 가능하다.

② (○) : 동산의 매매계약을 체결하면서, 매도인이 대금을 모두 지급받기 전에 목적물을 매수인에게 인도하지만 대금이 모두 지급될 때까지는 목적물의 소유권은 매도인에게 유보되며 대금이 모두 지급된 때에 그 소유권이 매수인에게 이전된다는 내용의 소위 소유권유보의 특약을 한 경우, 목적물의 소유권을 이전한다는 당사자 사이의 물권적 합의는 매매계약을 체결하고 목적물을 인도한 때 이미 성립하지만 **대금이 모두 지급되는 것을 정지조건으로 하므로**, 목적물이 매수인에게 인도되었다고 하더라도 특별한 사정이 없는 한 매도인은 대금이 모두 지급될 때까지 매수인뿐만 아니라 제3자에 대하여도 유보된 목적물의 소유권을 주장할 수 있고, 다만 대금이 모두 지급되었을 때에는 그 정지조건이 완성되어 별도의 의사표시 없이 목적물의 소유권이 매수인에게 이전된다(대판 1996. 6. 28, 96다14807).

③ (○) : 부첩관계 또는 부부관계의 종료를 해제조건으로 하는 증여계약은 그 조건만이 무효인 것이 아니라 증여계약 자체가 무효이다(대판 1966. 6. 21, 66다530).

④ (○) : 당사자가 불확정한 사실이 발생한 때를 이행기한으로 정한 경우에 있어서 그 사실이 발생한 때는 물론 그 사실의 발생이 불가능하게 된 때에도 이행기한은 도래한 것으로 보아야 한다(대판 1989. 6. 27, 88다카10579).

⑤ (○) : 기한이익 상실의 특약은 그 내용에 의하여 일정한 사유가 발생하면 채권자의 청구 등을 요함이 없이 당연히 기한의 이익이 상실되어 이행기가 도래하는 것으로 하는 정지조건부 기한이익 상실의 특약과 일정한 사유가 발생한 후 채권자의 통지나 청구 등 채권자의 의사행위를 기다려 비로소 이행기가 도래하는 것으로 하는 형성권적 기한이익 상실의 특약의 두 가지로 대별할 수 있고, 기한이익 상실의 특약이 위의 양자 중 어느 것에 해당하느냐는 당사자의 의사해석의 문제이지만 일반적으로 기한이익 상실의 특약이 채권자를 위하여 둔 것인 점에 비추어 명백히 정지조건부 기한이익 상실의 특약이라고 볼 만한 특별한 사정이 없는 이상 형성권적 기한이익 상실의 특약으로 추정하는 것이 타당하다(대판 2010. 8. 26, 2008다42416,42423).

13 **기한이익의 상실에 관한 설명 중 옳은 것(○)과 옳지 않은 것(×)을 올바르게 조합한 것은? (다툼이 있는 경우 판례에 의함)** 〈2019년 변호사시험〉

ㄱ. 기한이익의 상실에 관한 「민법」 제388조는 임의규정이므로 당사자 사이에 위 규정과 다른 내용의 약정이 있는 경우에는 그 약정에 따라 기한이익의 상실 여부를 판단하여야 한다.
ㄴ. 일반적으로 기한이익 상실의 특약이 채무자를 위하여 둔 것인 점에 비추어 명백히 형성권적 기한이익 상실의 특약이라고 볼 만한 특별한 사정이 없는 이상 정지조건부 기한이익 상실의 특약으로 추정하는 것이 타당하다.
ㄷ. 형성권적 기한이익 상실의 특약이 있는 할부채무에 있어서는 1회의 불이행이 있더라도 각 할부금에 대해 그 각 변제기의 도래 시마다 그때부터 순차로 소멸시효가 진행하고, 채권자가 특히 잔존 채무 전액의 변제를 구하는 취지의 의사를 표시한 경우에 한하여 전액에 대하여 그때부터 소멸시효가 진행한다.

정답 13. ②

ㄹ. 정지조건부 기한이익 상실의 특약을 하였을 경우에는, 그 특약이 정한 기한이익 상실의 사유가 발생한 이후 특별한 사정이 없는 한 채무자가 채권자로부터 이행청구를 받은 때로부터 이행지체 상태에 놓이게 된다.

① ㄱ(○), ㄴ(○), ㄷ(×), ㄹ(×)
② ㄱ(○), ㄴ(×), ㄷ(○), ㄹ(×)
③ ㄱ(○), ㄴ(×), ㄷ(×), ㄹ(○)
④ ㄱ(×), ㄴ(○), ㄷ(○), ㄹ(×)
⑤ ㄱ(×), ㄴ(×), ㄷ(○), ㄹ(○)

해 설

ㄱ. (○) : 기한의 이익의 상실에 관한 민법 제388조는 임의규정이므로 당사자 사이에 위 규정과 다른 내용의 약정이 있는 경우에는 그 약정에 따라 기한의 이익의 상실 여부를 판단하여야 한다(대판 2001. 10. 12, 99다56192).

ㄴ. (×) : 기한이익 상실의 특약은 그 내용에 의하여 일정한 사유가 발생하면 채권자의 청구 등을 요함이 없이 당연히 기한의 이익이 상실되어 이행기가 도래하는 것으로 하는 정지조건부 기한이익 상실의 특약과 일정한 사유가 발생한 후 채권자의 통지나 청구 등 채권자의 의사행위를 기다려 비로소 이행기가 도래하는 것으로 하는 형성권적 기한이익 상실의 특약의 두 가지로 대별할 수 있고, 기한이익 상실의 특약이 위의 양자 중 어느 것에 해당하느냐는 당사자의 의사해석의 문제이지만 일반적으로 기한이익 상실의 특약이 채권자를 위하여 둔 것인 점에 비추어 명백히 정지조건부 기한이익 상실의 특약이라고 볼 만한 특별한 사정이 없는 이상 형성권적 기한이익 상실의 특약으로 추정하는 것이 타당하다(대판 2002. 9. 4, 2002다28340).

ㄷ. (○) : 형성권적 기한이익 상실의 특약이 있는 경우에는 그 특약은 채권자의 이익을 위한 것으로서 기한이익의 상실 사유가 발생하였다고 하더라도 채권자가 나머지 전액을 일시에 청구할 것인가 또는 종래대로 할부변제를 청구할 것인가를 자유로이 선택할 수 있으므로, 이와 같은 기한이익 상실의 특약이 있는 할부채무에 있어서는 1회의 불이행이 있더라도 각 할부금에 대해 그 각 변제기의 도래시마다 그 때부터 순차로 소멸시효가 진행하고 채권자가 특히 잔존 채무 전액의 변제를 구하는 취지의 의사를 표시한 경우에 한하여 전액에 대하여 그 때부터 소멸시효가 진행한다(대판 2002. 9. 4, 2002다28340).

ㄹ. (×) : 계약당사자 사이에 일정한 사유가 발생하면 채무자는 기한의 이익을 잃고 채권자의 별도의 의사표시가 없더라도 바로 이행기가 도래한 것과 같은 효과를 발생케 하는 이른바 정지조건부 기한이익상실의 특약을 한 경우에는 그 특약에 정한 기한이익의 상실사유가 발생함과 동시에 기한의 이익을 상실케 하는 채권자의 의사표시가 없더라도 이행기도래의 효과가 발생하고, 채무자는 특별한 사정이 없는 한 그때부터 이행지체의 상태에 놓이게 된다(대판 1989. 9. 29, 88다카14663).

14 **「민법」상 조건과 기한에 관한 설명 중 옳지 않은 것은? (다툼이 있는 경우 판례에 의함)**

〈2021년 변호사시험〉

① 당사자가 불확정한 사실이 발생한 때를 이행기한으로 정한 경우에는 그 사실이 발생한 때는 물론 그 사실의 발생이 불가능하게 된 때에도 이행기한이 도래한 것으로 보아야 한다.
② 도급계약의 당사자들이 보수의 지급시기에 관하여 "수급인이 공급한 목적물을 도급인이 검사하여 합격하면, 도급인은 수급인에게 보수를 지급한다."라고 정한 경우 '검사 합격'은 도급인의 일방적 의사에 의존하는 순수수의조건이다.
③ 조건은 법률행위에서 효과의사와 일체적인 내용을 이루는 의사표시 그 자체이고, 조건을 붙이고자 하는 의사는 법률행위의 내용으로 외부에 표시되어야 한다.

정답 14. ②

④ 유치권은 채권자의 이익을 보호하기 위한 법정담보물권으로서 당사자는 미리 유치권의 발생을 막는 특약을 할 수 있고, 그 특약에 조건을 붙일 수 있다.

⑤ 조건은 법률행위 효력의 발생 또는 소멸을 장래의 불확실한 사실의 성부에 의존하게 하는 법률행위의 부관이며, 장래의 사실이더라도 그것이 장래 반드시 실현되는 사실이면 실현되는 시기가 비록 확정되지 않더라도 이는 기한이다.

해설

①(○) : 당사자가 불확정한 사실이 발생한 때를 이행기한으로 정한 경우에 있어서 그 사실이 발생한 때는 물론 그 사실의 발생이 불가능하게 된 때에도 이행기한은 도래한 것으로 보아야 한다(대판 1989. 6. 27, 88다카10579).

②(×) : 제작물공급계약의 당사자들이 보수의 지급시기에 관하여 "수급인이 공급한 목적물을 도급인이 검사하여 합격하면, 도급인은 수급인에게 그 보수를 지급한다."는 내용으로 한 약정은 도급인의 수급인에 대한 보수지급의무와 동시이행관계에 있는 수급인의 목적물 인도의무를 확인한 것에 불과하므로, 법률행위의 효력 발생을 장래의 불확실한 사실의 성부에 의존하게 하는 법률행위의 부관인 조건에 해당하지 아니할 뿐만 아니라, 조건에 해당한다 하더라도 검사에의 합격 여부는 도급인의 일방적인 의사에만 의존하지 않고 그 목적물이 계약 내용대로 제작된 것인지 여부에 따라 객관적으로 결정되므로 순수수의조건에 해당하지 않는다(대판 2006. 10. 13, 2004다21862).

[보충지문] 제작물공급계약의 당사자들이 보수의 지급시기에 관하여 "수급인이 공급한 목적물을 도급인이 검사하여 합격하면, 도급인은 수급인에게 그 보수를 지급한다"는 내용의 약정은 도급인의 수급인에 대한 보수지급의무와 동시이행관계에 있는 수급인의 목적물 인도의무를 확인한 것에 불과하며, 법률행위의 부관인 조건에 해당하지 아니한다(○). 〈2019년 법무사〉

[참고최신판례] [1] 도급계약에서 목적물의 주요구조부분이 약정된 대로 시공되어 사회통념상 일반적으로 요구되는 성능을 갖추었고 당초 예정된 최후의 공정까지 마쳤다면 일이 완성되었다고 보아야 한다. 목적물이 완성되었다면 목적물의 하자는 하자담보책임에 관한 민법 규정에 따라 처리하도록 하는 것이 당사자의 의사와 법률의 취지에 부합하는 해석이다. 개별 사건에서 예정된 최후의 공정을 마쳤는지는 당사자의 주장에 구애받지 않고 계약의 구체적 내용과 신의성실의 원칙에 비추어 객관적으로 판단해야 한다. [2] 민법 제665조 제1항은 도급계약에서 보수는 완성된 목적물의 인도와 동시에 지급해야 한다고 정하고 있다. 이때 목적물의 인도는 단순한 점유의 이전만을 의미하는 것이 아니라 도급인이 목적물을 검사한 후 목적물이 계약 내용대로 완성되었음을 명시적 또는 묵시적으로 시인하는 것까지 포함하는 의미이다. 도급계약의 당사자들이 '수급인이 공급한 목적물을 도급인이 검사하여 합격하면, 도급인은 수급인에게 보수를 지급한다.'고 정한 경우 도급인의 수급인에 대한 보수지급의무와 동시이행관계에 있는 수급인의 목적물 인도의무를 확인한 것에 불과하고 '검사 합격'은 법률행위의 효력 발생을 좌우하는 조건이 아니라 보수지급시기에 관한 **불확정기한**이다. 따라서 수급인이 도급계약에서 정한 일을 완성한 다음 검사에 합격한 때 또는 검사 합격이 불가능한 것으로 확정된 때 보수지급청구권의 기한이 도래한다(대판 2019. 9. 10, 2017다272486, 272493).

③(○) : 조건은 법률행위 효력의 발생 또는 소멸을 장래 불확실한 사실의 발생 여부에 따라 좌우되게 하는 법률행위의 부관이고, 법률행위에서 효과의사와 일체적인 내용을 이루는 의사표시 그 자체이다. 조건을 붙이고자 하는 의사는 법률행위의 내용으로 외부에 표시되어야 하고, 조건을 붙이고자 하는 의사가 있는지는 의사표시에 관한 법리에 따라 판단하여야 한다. 조건을 붙이고자 하는 의사의 표시는 그 방법에 관하여 일정한 방식이 요구되지 않으므로 묵시적 의사표시나 묵시적 약정으로도 할 수 있다(대판 2018. 6. 28, 2016다221368).

④(○) : 제한물권은 이해관계인의 이익을 부당하게 침해하지 않는 한 자유로이 포기할 수 있는 것이 원칙이다. 유치권은 채권자의 이익을 보호하기 위한 법정담보물권으로서, 당사자는 미리 유치권의 발생을 막는 특약을

할 수 있고 이러한 특약은 유효하다. 유치권배제 특약이 있는 경우 다른 법정요건이 모두 충족되더라도 유치권은 발생하지 않는데, 특약에 따른 효력은 특약의 상대방뿐 아니라 그 밖의 사람도 주장할 수 있다. [2] 조건은 법률행위의 효력 발생 또는 소멸을 장래의 불확실한 사실의 발생 여부에 의존케 하는 법률행위의 부관으로서, 법률행위에서 효과의사와 일체적인 내용을 이루는 의사표시 그 자체라고 볼 수 있다. 유치권 배제 특약에도 조건을 붙일 수 있는데, 조건을 붙이고자 하는 의사가 있는지는 의사표시에 관한 법리에 따라 판단하여야 한다(대판 2018. 1. 24, 2016다234043).

⑤ (○) : 조건은 법률행위 효력의 발생 또는 소멸을 장래의 불확실한 사실의 성부에 의존하게 하는 법률행위의 부관이다. 반면 장래의 사실이더라도 그것이 장래 반드시 실현되는 사실이면 실현되는 시기가 비록 확정되지 않더라도 이는 기한으로 보아야 한다(대판 2018. 6. 28, 2018다201702).

15 **법률행위의 부관에 관한 설명 중 옳지 않은 것은? (다툼이 있는 경우 판례에 의함)** 〈2023년 변호사시험〉

① 조건이 법률행위 당시에 이미 성취할 수 없는 것인 경우 그 조건이 해제조건이면 그 법률행위는 조건 없는 법률행위가 된다.

② 약혼예물의 수수는 혼인의 불성립을 해제조건으로 하는 증여와 유사한 성질을 가진다.

③ 부관이 붙은 법률행위에 있어서 부관에 표시된 사실이 발생하지 아니하면 채무를 이행하지 않아도 된다고 보는 것이 상당한 경우에는 해당 부관을 조건이 아니라 불확정기한으로 보아야 한다.

④ 기한이익 상실의 특약은 일반적으로 채권자를 위하여 두는 것인 점에 비추어 원칙적으로 형성권적 기한이익 상실의 특약으로 추정하는 것이 타당하다.

⑤ 매매계약 당시 매수인이 매도인에게 중도금을 그 약정일자에 지급하지 아니할 때에는 매매계약이 해제되는 것으로 합의한 경우, 매수인이 중도금을 그 약정일자에 지급하지 아니하였다면 매매계약은 그 일자에 자동적으로 해제된 것으로 보아야 한다.

해 설

① (○) : 조건이 법률행위의 당시에 이미 성취할 수 없는 것인 경우에는 그 조건이 해제조건이면 조건없는 법률행위로 하고 정지조건이면 그 법률행위는 무효로 한다(민법 제151조 제3항).

② (○) : 약혼예물의 수수는 혼인 불성립을 해제조건으로 하는 증여와 유사한 성질의 것이므로, 시어머니가 며느리에게 교부한 약혼예물은 그 혼인이 성립되어 상당 기간 지속된 이상 며느리의 소유라고 본 조치는 정당하다(대판 1994. 12. 27, 94므895).

③ (×) : 법률행위에 붙은 부관이 조건인지 기한인지가 명확하지 않은 경우 법률행위의 해석을 통해서 이를 결정해야 한다. 부관에 표시된 사실이 발생하지 않으면 채무를 이행하지 않아도 된다고 보는 것이 합리적인 경우에는 **조건**으로 보아야 한다. 그러나 부관에 표시된 사실이 발생한 때에는 물론이고 반대로 발생하지 않는 것이 확정된 때에도 채무를 이행하여야 한다고 보는 것이 합리적인 경우에는 표시된 사실의 발생 여부가 확정되는 것을 **불확정기한**으로 정한 것으로 보아야 한다(대판 2018. 6. 28, 2018다201702).

④ (○) : 기한이익 상실의 특약은 그 내용에 의하여 일정한 사유가 발생하면 채권자의 청구 등을 요함이 없이 당연히 기한의 이익이 상실되어 이행기가 도래하는 것으로 하는 정지조건부 기한이익 상실의 특약과 일정한 사유가 발생한 후 채권자의 통지나 청구 등 채권자의 의사행위를 기다려 비로소 이행기가 도래하는 것으로 하는 형성권적 기한이익 상실의 특약의 두 가지로 대별할 수 있고, 기한이익 상실의 특약이 위의 양자 중 어느 것에 해당하느냐는 당사자의 의사해석의 문제이지만 일반적으로 기한이익 상실의 특약이 채권자를 위하여 둔 것인 점에 비추어 명백히 정지조건부 기한이익 상실의 특약이라고 볼 만한 특별한 사정이 없는 이상 형성권적 기한이익 상실의 특약으로 추정하는 것이 타당하다(대판 2010. 8. 26, 2008다42416,42423).

정답 15. ③

⑤ (○) : 매매계약에 있어서 매수인이 중도금을 약정한 일자에 지급하지 아니하면 그 계약을 무효로 한다고 하는 특약이 있는 경우 매수인이 약정한대로 중도금을 지급하지 아니하면(해제의 의사표시를 요하지 않고) 그 불이행 자체로써 계약은 그 일자에 자동적으로 해제된 것이라고 보아야 한다(대판 1991. 8. 13, 91다13717).
[비교판례] 부동산매매계약에 있어서 매수인이 잔대금지급기일까지 그 대금을 지급하지 못하면 그 계약이 자동적으로 해제된다는 취지의 약정이 있더라도 특별한 사정이 없는 한 매수인의 잔대금지급의무와 매도인의 소유권이전등기의무는 동시이행의 관계에 있으므로 매도인이 잔대금지급기일에 소유권이전등기에 필요한 서류를 준비하여 매수인에게 알리는 등 이행의 제공을 하여 매수인으로 하여금 이행지체에 빠지게 하였을 때에 비로소 자동적으로 매매계약이 해제된다고 보아야 하고 매수인이 그 약정기한을 도과하였더라도 이행지체에 빠진 것이 아니라면 대금미지급으로 계약이 자동해제된 것으로 볼 수 없다(대판 1994. 9. 9, 94다8600).

16 법률행위의 부관에 관한 설명 중 옳지 않은 것은? (다툼이 있는 경우 판례에 의함)

〈2024년 변호사시험〉

① 법률행위의 효력 발생 또는 소멸을 장래 불확실한 사실의 발생 여부에 의존케 하려는 의사가 있더라도, 외부에 표시되지 않으면 법률행위의 부관으로서의 조건이 될 수 없다.
② 어떠한 법률행위가 정지조건부 법률행위에 해당한다는 사실에 대한 증명책임은 그 법률행위로 인한 법률효과가 발생하지 않았다고 주장하는 자에게 있다.
③ '조건의 성취를 방해한 때'란 사회통념상 일방 당사자의 방해행위가 없었더라면 조건이 성취되었을 것으로 보이는 상황에서 방해행위로 인하여 조건이 성취되지 못한 경우로서, 이는 방해행위가 없었더라도 조건의 성취가능성이 현저히 낮은 경우까지 포함한다.
④ 해제조건부 증여로 인한 부동산소유권이전등기를 마친 후 해제조건이 성취되면 그 소유권은 증여자에게 복귀되고, 이 경우 조건성취 전에 수증자가 한 처분행위는 조건성취의 효과를 제한하는 한도 내에서는 무효라고 할 것이나, 그 조건이 등기되지 않았다면 그 처분행위로 인하여 권리를 취득한 제3자에게 위 무효를 주장할 수 없다.
⑤ 당사자가 불확정한 사실이 발생한 때를 이행기한으로 정한 경우에는 그 사실이 발생한 때는 물론 그 사실의 발생이 불가능하게 된 때에도 이행기한이 도래한 것으로 보아야 한다.

해 설

① (○) : 조건은 법률행위의 부관으로서 의사표시의 일반원칙에 따라 조건을 붙이고자 하는 의사, 즉 조건의사와 그 표시가 필요하며 조건의사가 있더라도 그것이 외부에 표시되지 않으면 법률행위의 동기에 불과할 뿐이고 그것만으로는 법률행위의 부관으로서의 조건이 되는 것은 아니다(대판 2003. 5. 13, 2003다10797).
② (○) : 어떠한 법률행위가 조건의 성취시 법률행위의 효력이 발생하는 소위 정지조건부 법률행위에 해당한다는 사실은 그 법률행위로 인한 법률효과의 발생을 저지하는 사유로서 **그 법률효과의 발생을 다투려는 자**에게 주장입증책임이 있다(대판 1993. 9. 28, 93다20832).
③ (×) : 민법 제150조 제1항은 조건의 성취로 인하여 불이익을 받을 당사자가 신의성실에 반하여 조건의 성취를 방해한 때에는 상대방은 그 조건이 성취한 것으로 주장할 수 있다고 정함으로써, 조건이 성취되었더라면 원래 존재했어야 하는 상태를 일방 당사자의 부당한 개입으로부터 보호하기 위한 규정을 두고 있다. 이 조항은 권리의 행사와 의무의 이행은 신의에 좇아 성실히 하여야 한다는 법질서의 기본원리가 발현된 것으로서, 누구도 신의성실에 반하는 행태를 통해 이익을 얻어서는 안 된다는 사상을 포함하고 있다. 다만 일방 당사자의 신의성실에 반하는 방해행위 등이 있었다는 사정만으로 곧바로 민법 제150조 제1항에 의해 그 상대방이 발생할 것으로 희망했던 결과까지 의제된다고 볼 수는 없으므로, 여기서 말하는 '조건의 성취를 방해한 때'란 사회통념상

정답 16. ③

일방 당사자의 방해행위가 없었더라면 조건이 성취되었을 것으로 볼 수 있음에도 방해행위로 인하여 조건이 성취되지 못한 정도에 이르러야 하고, **방해행위가 없었더라도 조건의 성취가능성이 현저히 낮은 경우까지 포함되는 것은 아니다**(대판 2022. 12. 29, 2022다266645).

④ (○) : 해제조건부 증여로 인한 부동산소유권이전등기를 마쳤다하더라도, 그 해제조건이 성취되면 그 소유권은 증여자에게 복귀한다고 할 것이고, 이 경우 당사자간에 별단의 의사표시가 없는 한 그 조건성취의 효과는 소급하지 아니하나, 조건성취 전에 수증자가 한 처분행위는 조건성취의 효과를 제한하는 한도 내에서는 무효라고 할 것이고, 다만 그 조건이 등기되어 있지 않는 한 그 처분행위로 인하여 권리를 취득한 제3자에게 위 무효를 대항할 수 없다(대판 1992. 5. 22, 92다5584).

⑤ (○) : 당사자가 불확정한 사실이 발생한 때를 이행기한으로 정한 경우에 있어서 그 사실이 발생한 때는 물론 그 사실의 발생이 불가능하게 된 때에도 이행기한은 도래한 것으로 보아야 한다(대판 1989. 6. 27, 88다카10579).

보충지문

17-1 조건은 법률행위의 내용을 이룬다. 〈2020년 공인노무사〉

17-2 조건을 붙이고자 하는 의사는 법률행위의 내용으로 외부에 표시되어야 하므로 그 의사표시는 묵시적 방법으로는 할 수 없다. 〈2023년 공인노무사〉

해 설 　조건은 법률행위 효력의 발생 또는 소멸을 장래 불확실한 사실의 발생 여부에 따라 좌우되게 하는 법률행위의 부관이고, 법률행위에서 효과의사와 일체적인 내용을 이루는 의사표시 그 자체이다. 조건을 붙이고자 하는 의사는 법률행위의 내용으로 외부에 표시되어야 하고, 조건을 붙이고자 하는 의사가 있는지는 의사표시에 관한 법리에 따라 판단하여야 한다. 조건을 붙이고자 하는 의사의 표시는 그 방법에 관하여 일정한 방식이 요구되지 않으므로 묵시적 의사표시나 묵시적 약정으로도 할 수 있다(대판 2018. 6. 28, 2016다221368).

18-1 조건은 법률행위 효력의 발생 또는 소멸을 장래 불확실한 사실의 발생 여부에 따라 좌우되게 하는 법률행위의 부관이고, 법률행위에서 효과의사와 일체적인 내용을 이루는 의사표시 그 자체이다. 〈2021년 법무사〉

18-2 조건을 붙이고자 하는 의사는 법률행위의 내용으로 외부에 표시될 필요가 없고, 조건을 붙이고자 하는 의사가 있는지는 의사표시에 관한 법리에 따라 판단하여야 한다. 〈2021년 법무사〉

18-3 조건을 붙이고자 하는 의사가 외부에 표시되었다고 인정하려면, 법률행위가 이루어진 동기와 경위, 법률행위에 의하여 달성하려는 목적, 거래의 관행 등을 종합적으로 고려하여 법률행위 효력의 발생 또는 소멸을 장래의 불확실한 사실의 발생 여부에 따라 좌우되게 하려는 의사가 인정되어야 한다. 〈2021년 법무사〉

해 설 　조건은 법률행위 효력의 발생 또는 소멸을 장래 불확실한 사실의 발생 여부에 따라 좌우되게 하는 법률행위의 부관이고, 법률행위에서 효과의사와 일체적인 내용을 이루는 의사표시 그 자체이다. 조건을 붙이고자 하는 의사는 법률행위의 내용으로 외부에 표시되어야 하고, 조건을 붙이고자 하는 의사가 있는지는 의사표시에 관한 법리에 따라 판단하여야 한다. 조건을 붙이고자 하는 의사가 외부에 표시되었다고 인정하려면, 법률행

정답 17-1. (○) 17-2. (×) 18-1. (○) 18-2. (×) 18-3. (○)

위가 이루어진 동기와 경위, 법률행위에 의하여 달성하려는 목적, 거래의 관행 등을 종합적으로 고려하여 법률행위 효력의 발생 또는 소멸을 장래의 불확실한 사실의 발생 여부에 따라 좌우되게 하려는 의사가 인정되어야 한다(대판 2020. 7. 9, 2020다202821).

19 **당사자 사이에 정지조건부 법률행위가 이루어진 경우, 그 법률행위는 당해 조건이 성취되어야만 유효하고 당해 조건이 성취되지 아니하면 그 법률행위는 무효로 확정된다.** 〈2017년 법원행시〉

해설 민법 제147조 제1항 ; 당사자 사이에 어떠한 조건부 법률행위가 이루어진 경우, 그 법률행위는 당해 조건이 성취되어야만 유효하고 당해 조건이 성취되지 아니하면 그 법률행위 역시 무효로 확정되는 것이다(대판 2006. 12. 7, 2004도3319).

20 **법률이 요구하는 요건인 법정조건은 법률행위의 부관으로서의 조건이 아니다.** 〈2015년 공인노무사〉

해설 부관부법률행위에서 부관, 즉 조건과 기한은 당사자가 임의로 붙인 것이어야 한다. 따라서 법률이 요구하는 요건인 법정조건은 법률행위의 부관으로서의 조건이 아니다.

21 **물권행위에는 조건을 붙일 수 없다.** 〈2023년 감정평가사〉

해설 독일민법처럼 일부 물권행위에 조건이나 기한을 붙일 수 없도록 규정하는 입법례도 있지만, 우리 민법에는 그러한 제한이 없으므로 물권행위에 조건과 기한을 붙일 수 있다.

[참고 판례] 동산의 매매계약을 체결하면서, 매도인이 대금을 모두 지급받기 전에 목적물을 매수인에게 인도하지만 대금이 모두 지급될 때까지는 목적물의 소유권은 매도인에게 유보되며 대금이 모두 지급된 때에 그 소유권이 매수인에게 이전된다는 내용의 소위 소유권유보의 특약을 한 경우, 목적물의 소유권을 이전한다는 당사자 사이의 물권적 합의는 매매계약을 체결하고 목적물을 인도한 때 이미 성립하지만 대금이 모두 지급되는 것을 정지조건으로 하므로, 목적물이 매수인에게 인도되었다고 하더라도 특별한 사정이 없는 한 매도인은 대금이 모두 지급될 때까지 매수인뿐만 아니라 제3자에 대하여도 유보된 목적물의 소유권을 주장할 수 있고, 다만 대금이 모두 지급되었을 때에는 그 정지조건이 완성되어 별도의 의사표시 없이 목적물의 소유권이 매수인에게 이전된다(대판 1996. 6. 28, 96다14807).

22 **일반적으로 가족법상 행위는 조건에 친하지 않은 법률행위라고 할 수 있으나, 유언에는 조건을 붙일 수 있다.** 〈2017년 법원행시〉

해설 민법 제1073조(유언의 효력발생시기) ① 유언은 유언자가 사망한 때로부터 그 효력이 생긴다. ② 유언에 정지조건이 있는 경우에 그 조건이 유언자의 사망 후에 성취한 때에는 그 조건성취한 때로부터 유언의 효력이 생긴다.

23 **임대인이 생존하는 동안 임대하기로 하는 계약은 기한부 법률행위이다.** 〈2015년 감정평가사〉

해설 조건과 기한의 차이점이다. 임대인이 '생존하는 동안' 임대하기로 하는 계약은 장래 발생사실이 확실한 것이기 때문에 기한부 법률행위이다.

정답 19. (○) 20. (○) 21. (×) 22. (○) 23. (○)

24-1 **부관이 붙은 법률행위에서, 부관에 표시된 사실이 발생하지 않으면 채무를 이행하지 않아도 된다고 보는 것이 상당한 경우에는 조건으로 보아야 하고, 표시된 사실이 발생한 때에는 물론 발생하지 않는 것으로 확정된 때에도 그 채무를 이행하여야 한다고 보는 것이 상당한 경우에는 불확정기한으로 보아야 한다.** 〈2013년 사법시험〉

24-2 **불확정기한부 법률행위는 특별한 사정이 없는 한 그 법률행위에 따른 채무가 이미 발생한 것으로 본다.** 〈2016년 변리사〉

해설 대판 2011. 4. 28, 2010다89036 참조

25 **이미 부담하고 있는 채무의 변제에 관하여 일정한 사실이 부관으로 붙여진 경우에는 특별한 사정이 없는 한, 그것은 변제기를 유예한 것으로서 그 사실이 발생한 때 또는 발생하지 아니하는 것으로 확정된 때에 기한이 도래한다.** 〈2015년 공인노무사〉

해설 대판 2009. 11. 12, 2009다42635 참조

26 **재건축사업을 추진하던 자들과 사업 진행에 필요한 운전자금을 출자하고 사업상의 이익에 참여하기로 하는 등의 공동사업계약을 체결하고 그들에게 운전자금을 지급한 자가, 그 후 사업 진행이 순조롭지 않자 공동사업관계에서 탈퇴하면서 '스폰서가 영입되거나 사업권을 넘길 경우나 사업을 진행할 때'에는 위 출자금을 반환받기로하는 청산약정을 체결한 경우 위 부관은 불확정기한으로 보아야 한다.** 〈2016년 법원행시〉

해설 재건축사업을 추진하던 자들과 사업 진행에 필요한 운전자금을 출자하고 사업상의 이익에 참여하기로 하는 등의 공동사업계약을 체결하고 그들에게 운전자금을 지급한 자가, 그 후 사업진행이 순조롭지 않자 공동사업관계에서 탈퇴하면서 '스폰서가 영입되거나 사업권을 넘길 경우나 사업을 진행할 때'에는 위 출자금을 반환받기로 하는 청산약정을 체결한 사안에서, 위 부관의 법적 성질을 거기서 정해진 사유가 발생하지 않는 한 언제까지라도 위 투자금을 반환할 의무가 성립하지 않는 정지조건이라기보다는 불확정기한으로 보아, 출자금 반환의무는 위 약정사유가 발생하는 때는 물론이고 상당한 기간 내에 위 약정사유가 발생하지 않는 때에도 성립한다고 해석하는 것이 타당하다(대판 2009. 5. 14, 2009다16643).

27 **상가건물의 점포를 분양하면서 분양대금을 완납하고 건물 준공 후 공부정리가 완료되는 즉시 소유권을 이전하기로 약정한 경우, 이는 불확정기한을 이행기로 정한 것으로 보아야 한다.** 〈2010년 공인노무사〉

해설 상가건물의 점포를 분양하면서 분양대금을 완납하고 건물 준공 후 공부정리가 완료되는 즉시 소유권을 이전하기로 약정한 경우, 그 점포에 관한 소유권이전등기에 관하여 확정기한이 아니라 불확정기한을 이행기로 정하는 합의가 이루어진 것으로 보아야 할 것이며, 건설공사의 진척상황 및 사회경제적 상황에 비추어 분양대금이 완납되고 분양자가 건물을 준공한 날로부터 사용승인검사 및 소유권보존등기를 하는 데 소요될 것으로 예상할 수 있는 합리적이고 상당한 기간이 경과한 때 그 이행기가 도래한다고 보아야 한다(대판 2008. 12. 24, 2006다25745).

정답 24-1. (○) 24-2. (○) 25. (○) 26. (○) 27. (○)

28 **기한을 정하지 않은 채무에 정지조건이 있는 경우, 정지조건이 객관적으로 성취되고 그 후에 채권자가 이행을 청구하면 바로 지체책임이 발생한다.** 〈2023년 법원행시〉

해설 기한을 정하지 않은 채무에 정지조건이 있는 경우, 정지조건이 객관적으로 성취되고 그 후에 채권자가 이행을 청구하면 바로 지체책임이 발생한다. 조건과 기한은 하나의 법률행위에 독립적으로 작용하는 부관이므로, '조건의 성취'는 '기한이 없는 채무에서 이행기의 도래'와는 별개의 문제이기 때문이다. 그리고 청구금액이 확정되지 아니하였다는 이유만으로 채무자가 지체책임을 면할 수는 없다. 청구권은 이미 발생하였고 가액이 아직 확정되지 아니한 것일 뿐이므로, 지연손해금 발생의 전제가 되는 원본 채권이 부존재한다고 말할 수는 없기 때문이다. 불법행위로 인한 손해배상채무의 경우 불법행위가 발생한 시점에는 손해배상액을 확정할 수 없는 경우가 대부분이지만, 그 발생 시점부터 지체책임이 성립하는 점에 비추어도 그러하다(대판 2018. 7. 20, 2015다207044).

29-1 **어떤 법률행위가 정지조건부 법률행위에 해당한다는 사실은 그 법률행위의 효과 발생을 다투려는 자에게 증명책임이 있다.** 〈2014년 사법시험〉

29-2 **법률행위의 조건은 그 조건의 존재를 주장하는 사람이 증명하여야 한다.** 〈2020년 감정평가사〉

해설 어떠한 법률행위가 조건의 성취시 법률행위의 효력이 발생하는 소위 정지조건부 법률행위에 해당한다는 사실은 그 법률행위로 인한 법률효과의 발생을 저지하는 사유로서 **그 법률효과의 발생을 다투려는 자**에게 주장입증책임이 있다(대판 1993. 9. 28, 93다20832).

> **[동지판례]** 조건은 법률행위의 당사자가 그 의사표시에 의하여 그 법률행위와 동시에 그 법률행위의 내용으로서 부가시켜 그 법률행위의 효력을 제한하는 법률행위의 부관이므로 구체적인 사실관계가 어느 법률행위에 붙은 조건의 성취에 해당하는지 여부는 의사표시의 해석에 속하는 경우도 있다고 할 수 있지만, 어느 법률행위에 어떤 조건이 붙어 있었는지 아닌지는 사실인정의 문제로서 그 조건의 존재를 주장하는 자가 이를 입증하여야 한다고 할 것이다(대판 2006. 11. 24, 2006다35766).

30-1 **정지조건부 법률행위에서 조건이 성취된 사실은 조건의 성취로 권리를 취득하는 사람이 증명하여야 한다.** 〈2020년 감정평가사〉

30-2 **교회의 담임 목사가 자진사임을 조건으로 부동산을 증여 받기로 하였다면, 그 담임목사는 교회를 상대로 부동산의 소유권이전등기청구를 함에 있어 자신의 자진사임의사를 증명할 책임을 부담한다.** 〈2017년 법원행시〉

해설 원고가 피고 교회의 담임 목사직을 자진은퇴 하겠다는 의사를 표명한데 대하여 피고교회에서 은퇴위로금으로 이건 부동산을 증여하기로 한 것이라면 이 증여는 원고의 자진사임을 조건으로 한 증여라고 보아야 할 것이므로 원고가 위 증여계약을 원인으로 피고에게 소유권이전등기를 구하려면 적어도 그 후 자진사임 함으로써 그 조건이 성취되었음을 입증할 책임이 있다(대판 1984. 9. 25, 84다카967).

31 **당사자의 특별한 의사표시가 없는 한 정지조건이든 해제조건이든 그 성취의 효력은 소급하지 않는다.** 〈2023년 감정평가사〉

정답 28. (○) 29-1. (○) 29-2. (○) 30-1. (○) 30-2. (○) 31. (○)

해설 민법 제147조(조건성취의 효과) ① 정지조건있는 법률행위는 조건이 성취한 때로부터 그 효력이 생긴다. ② 해제조건있는 법률행위는 조건이 성취한 때로부터 그 효력을 잃는다.

32-1 당사자의 의사표시로 조건성취의 효력을 소급시킬 수 없다. 〈2020년 공인노무사〉

32-2 조건성취의 효력발생시기에 관한 민법의 규정은 임의규정이다. 〈2017년 변리사〉

해설 당사자가 조건성취의 효력을 그 성취전에 소급하게 할 의사를 표시한 때에는 그 의사에 의한다(민법 제147조 제3항).

33-1 해제조건부 증여로 인한 부동산소유권이전등기를 마쳤다 하더라도 그 해제조건이 성취되면 그 소유권은 증여자에게 복귀한다. 〈2005년 법원행시〉

33-2 해제조건부 증여로 인한 부동산소유권이전등기를 마쳤다 하더라도 그 해제조건이 성취되면 그 소유권은 증여자에게 소급하여 복귀한다. 〈2005년 사법시험〉

33-3 해제조건부 증여에 있어서 조건성취 전에 수증자가 한 처분행위는 조건성취의 효과를 제한하는 한도내에서는 무효이고, 다만 그 조건이 등기되어 있지 않은 한, 그 처분행위로 인하여 권리를 취득한 제3자에게 그 무효를 대항할 수 없다. 〈2005년 사법시험〉

해설 해제조건부증여로 인한 부동산소유권이전등기를 마쳤다 하더라도 그 해제조건이 성취되면 그 소유권은 증여자에게 복귀한다고 할 것이고, 이 경우 당사자간에 별단의 의사표시가 없는 한 그 조건성취의 효과는 소급하지 아니하나, 조건성취 전에 수증자가 한 처분행위는 조건성취의 효과를 제한하는 한도 내에서는 무효라고 할 것이고, 다만 그 조건이 등기되어 있지 않는 한 그 처분행위로 인하여 권리를 취득한 제3자에게 위 무효를 대항할 수 없다(대판 1992. 5. 22, 92다5584).

34-1 불법조건이 붙어 있는 법률행위는 그 조건뿐만 아니라 법률행위 전부가 무효로 된다. 〈2019년 공인노무사〉

34-2 선량한 풍속 기타 사회질서에 위반한 조건이 붙은 법률행위는 무효로 한다. 〈2015년 감정평가사〉

해설 민법 제151조 제1항 참조

35 부첩관계의 종료를 해제조건으로 하는 증여계약은 그 조건뿐만 아니라 그 계약 자체도 무효이다. 〈2017년 감정평가사〉

해설 부첩관계인 부부생활의 종료를 해제조건으로 하는 증여계약은 그 조건만이 무효인 것이 아니라 증여계약 자체가 무효이다(대판 1966. 6. 21, 66다530).

36 조건이 선량한 풍속 기타 사회질서에 위반한 것인 때에는 그 조건이 정지조건이면 조건 없는 법률행위로 한다. 〈2016년 법원행시〉

정답 32-1. (×) 32-2. (○) 33-1. (○) 33-2. (×) 33-3. (○) 34-1. (○) 34-2. (○) 35. (○) 36. (×)

해설 민법 제151조 제1항(불법조건) ☞ 조건이 선량한 풍속 기타 사회질서에 위반한 것인 때에는 정지조건, 해제조건을 가릴 것 없이 법률행위 자체가 무효가 된다. 민법 제151조 제2항(기성조건) 및 제3항(불능조건)과 잘 구별해야 할 것이다.

37 **"공인노무사시험에 합격하면 컴퓨터를 사주겠다."고 약속한 경우에 약속 당시 이미 시험에 합격했다면 조건 없는 법률행위가 된다.** 〈2006년 공인노무사〉

해설 기성조건을 정지조건으로 한 경우로서 조건 없는 법률행위가 된다(제151조 제2항).

38-1 **"공인노무사시험에 합격할 때까지 매월 50만원을 지급하겠다"고 약속한 경우에 약속 당시 이미 시험에 합격했다면 무효인 법률행위가 된다.** 〈2006년 공인노무사〉

38-2 **기성조건을 해제조건으로 한 법률행위는 무효이다.** 〈2019년 공인노무사〉

해설 기성조건을 해제조건으로 한 경우로서 무효이다(제151조 제2항).

39-1 **"내일 해가 서쪽에서 뜨면 매수하겠다."고 약속했다면 조건 없는 법률행위가 된다.** 〈2006년 공인노무사〉

39-2 **불능조건이 정지조건인 경우 그 법률행위는 무효이다.** 〈2020년 감정평가사〉

해설 불능조건을 정지조건으로 한 경우로서 무효이다(제151조 제3항).

40 **甲은 2015. 3. 6. 자신 소유 A건물을 乙에게 매도하면서, '매매계약의 효력은 丙이 사망하면 발생하고, 그때 바로 매매대금을 지급함과 동시에 소유권이전등기를 해주기로 한다.'는 약정을 한 경우, 丙이 2016. 3. 6. 사망하였다면 매매계약은 매매계약체결시점인 2015. 3. 6.에 소급하여 효력이 발생한다.** 〈2016년 법무사〉

해설 민법 제152조 ☞ 사망이라는 사실은 장래 그 발생이 확실한 사실이나 다만 그 시기가 불분명할 뿐이므로 사안의 매매계약은 불확정기한부 법률행위에 해당한다. 기한은 본질상 소급효가 인정될 수 없으므로 매매계약의 효력이 매매계약체결시점인 2015. 3. 6.에 소급하지 않고 丙이 사망한 때인 2016. 3. 6.부터 효력이 발생한다.

41 **기한의 이익은 채권자를 위한 것으로 추정한다.** 〈2010년 공인노무사〉

해설 기한의 이익은 채무자를 위한 것으로 추정한다(제153조).

42 **기한은 채무자의 이익을 위한 것으로 의제되므로 당사자 사이에 기한 이익의 상실에 관한 특약을 하여도 효력이 없다.** 〈2015년 변호사시험〉

해설 기한은 채무자의 이익을 위한 것으로 '의제'되는 것이 아닌 '추정'되는 것이고(제153조), 당사자사이에 기한 이익의 상실(형성권적이나 정지조건부적)에 관한 특약은 가능하다(대판 2010. 8. 26, 2008다42416 등).

정답 37. (○) 38-1. (○) 38-2. (○) 39-1. (×) 39-2. (○) 40. (×) 41. (×) 42. (×)

43-1 **기한의 이익은 상대방의 이익을 해하지 않는 한 포기할 수 있다.** 〈2011년 법무사〉

43-2 **기한의 이익이 채권자 및 채무자 쌍방에게 있는 경우, 채무자는 기한의 이익을 포기할 수 없다.** 〈2017년 감정평가사〉

43-3 **이자부 소비대차에서 기한의 이익이 채권자에게도 있는 경우, 채무자는 채권자의 손해를 배상하고 기한 전에도 변제할 수 있다.** 〈2010년 공인노무사〉

해 설 기한의 이익은 이를 포기할 수 있다. 그러나 상대방의 이익을 해하지 못한다(제153조 제2항). 따라서 기한의 이익은 포기할 수 있되, 상대방의 이익을 해하는 경우에는 그 손해를 배상해야 한다.

44 **채무자인 甲이 저당권자 乙이외의 다른 채권자 丙에게 동일한 부동산 위에 후순위저당권을 설정해 준 경우 원칙적으로 甲은 乙에게 기한의 이익을 주장하지 못한다.** 〈2017년 감정평가사〉

해 설 민법 제388조. 기한의 이익이 상실되기 위해서는 채무자가 담보를 손상, 감소 또는 멸실하게 하는 등의 사유가 있어야하는데, 丙에게 후순위저당권을 설정해 준 것만으로는 乙의 저당권을 침해하였다고 볼 수 없으므로 (乙의 저당권이 丙의 저당권에 우선한다) 기한의 이익의 상실사유가 되지 않는다.

정 답 43-1. (○) 43-2. (×) 43-3. (○) 44. (×)

제9장 기 간

1 **기간의 계산에 관한 설명으로 옳지 않은 것은? (다툼이 있는 경우에는 판례에 의함)**

〈2010년 변리사 변형〉

① 국세심판청구를 기각하는 결정을 광복절인 8월 15일에 송달받았다면 송달의 효력은 다음날인 8월 16일에 발생하므로, 행정소송제기의 불변기간의 계산은 그 다음날인 8월 17일부터 기산하여야 한다.
② 사단법인의 사원총회 소집을 1주일 전에 통지하여야 하는 경우에 총회예정일이 2010년 3월 12일이면, 늦어도 2010년 3월 4일 오후 12시까지는 사원들에게 소집통지를 발송하여야 한다.
③ 어느 법률이 부칙에서 공포일로부터 3개월이 경과한 날부터 시행하도록 되어 있고 그 법률이 2009년 11월 2일 공포되었다면, 그 법률은 2010년 2월 3일 오전 0시부터 시행된다.
④ 1999년 10월 10일 오전 11시 15분에 출생한 자는 2018년 10월 10일 오전0시부터 성년이 된다.
⑤ 다가오는 2034년 9월 9일부터 1주일까지라고 하면 2034년 9월 15일 24시에 만료된다.

해 설

① (×) : 민법 제161조가 정하는 "기간의 말일이 공휴일에 해당한 때에는 기간은 그 익일로 만료한다."는 규정의 취의는 명문이 정하는 바와 같이 기간의 말일이 공휴일인 경우를 정하는 것이고, 이는 기간의 만료일이 공휴일에 해당함으로써 발생할 불이익을 막자고 함에 그 뜻이 있는 것이므로 기간 기산의 초일은 이의 적용이 없다(대판 1982. 2. 23, 81누204). 따라서 양도소득세 부과처분에 관한 국세심판소의 심판청구를 기각하는 결정서를 7. 17.에 송달받고 국세기본법이 정하는 행정소송제기의 불변기간인 60일이 되는 1980. 9. 15.이 도과한 1980. 9. 16. 소를 제기하였다면 결정서를 받은 1980. 7. 17.부터 60일이 되는 날은 7. 18.부터 따져 그 해 9. 15.이 됨이 역산상 명백하고, 위 7. 17.이 공휴일인 제헌절(당시에는 공휴일이었음)이라고 하여 송달의 효력이 다음날인 7. 18.에 발생하고, 따라서 제소기간을 7. 19.부터 기산하여야 하는 것은 아니다(대판 1982. 2. 23, 81누204). ☞ 참고로 행정소송의 제소기간은 행정심판의 재결서의 정본을 송달받은 날부터 1년이다.
② (○) : 민법의 기간에 대한 계산방법은 일정한 기산일로부터 과거에 소급하여 역산되는 기간에도 유추적용되어(대판 1989. 4. 11, 87다카2901), 초일을 산입하지 않는다(제157조 본문). 따라서 3월 12일 오전 0시가 기산점이고, 3월 4일 24시로 만료된다. 즉 늦어도 3월 4일 오후 12시까지는 소집통지를 발송하여야 한다(제71조).

> **[보충지문] 정관상 사원총회의 소집통지를 1주간 전에 발송하여야 하는 사단법인의 사원총회일이 2023년 6월 2일(금) 10시인 경우, 총회소집통지는 늦어도 2023년 5월 25일 중에는 발송하여야 한다 (○).** 〈2023년 공인노무사〉

③ (○) : 초일불산입의 원칙(제157조 본문)에 따라, 기산일은 2009년 11월 3일이고, 만료일은 2010년 2월 2일 오후 12시, 즉 2월 3일 0시이다.
④ (○) : 만 19세로 성년이 되고(제4조), 연령계산에는 출생일을 산입한다(제158조). 따라서 기산일은 1999년10월 10일이고, 만료일은 2018년 10월 19일 오후 12시, 즉 10월 20일 오전 0시부터 민법상 성년으로 된다.
⑤ (○) : '기간이 오전 영시로부터 시작하는 때'에 해당하므로 초일을 산입한다(제157조 단서).

정답 1. ①

2 **민법상 기간에 관한 설명으로 옳지 않은 것은?** 〈2012년 변리사 변형〉

① 사원총회의 소집통지를 1주간 전에 발송하여야 하므로, 총회일이 3월 15일이라면 늦어도 3월 7일 오후 12시 전까지 소집통지를 발송하여야 한다.
② 기간 계산에 관해 당사자의 약정이 있는 때에는 그에 따른다.
③ 과제물을 10월 3일 오후 4시부터 46시간 내에 제출하라고 한 경우, 10월 5일 오후2시까지 제출하여야 한다.
④ 2012년 1월 31일 오후 3시에 친구로부터 500만원을 무상으로 빌리면서 1개월 후에 갚기로 한 경우, 3월 1일은 공휴일이므로 2012년 3월 2일 오후 12시까지 반환하면 된다.
⑤ 1998년 3월 2일 출생한 사람은 2017년 3월 1일 오후 12시가 지나면 성년이 된다.

해 설

①(○) : 기산의 계산방법에 관한 민법의 규정은 순산으로서 일정시점부터 장래에 향한 기간의 계산에 관한 것이지만, 기산일부터 소급하여 계산하는 역산의 경우에도 유추적용된다. 사원총회일이 15일이기 때문에, 초일을 불산입하면 15일 오전 0시가 기산점이 되어 그 날부터 역으로 7일을 계산한 날의 전일인 7일 오후 12시 전까지는 소집통지를 발송하여야 한다(제71조 참조).
②(○) : 기간의 계산에 관하여는 법령이나 법률행위에서 정하고 있으면 그에 의하게 되기 때문에 임의규정이다(제155조).

> **[보충지문] 기간의 기산점에 관한 제157조의 초일 불산입의 원칙은 당사자의 합의로 달리 정할 수 있다(○).** 〈2023년 공인노무사〉

③(○) : 기간을 '시' '분' '초'로 계산할 때 자연적 계산방법이 사용되어 즉시로 기산한다(제156조). 따라서 '오후 4시부터 46시간 내'에 제출하라고 한 경우, 2시간 부족한 2일을 계산하면 10월 5일 오후2시까지 제출하면 된다.
④(×) : 기간을 일, 주, 월 또는 연으로 정한 때에는 기간말일의 종료로 기간이 만료한다(제159조). 사안의 경우 초일불산입에 따라 2012년 2월 1일 오전0시가 기산점이므로 2월 말일의 종료로 기간이 만료한다. 참고로 2012년 2월은 29일까지 있으므로 2월 29일 24시까지 이행하면 된다. 3월 1일이 공휴일인 것은 사안의 해결과 무관한 함정이다.
⑤(○) : 성년은 만19세이고 연령계산은 초일을 산입하므로 지문은 타당하다(민법 제158조 참조).

3 **민법상 기간의 계산으로 옳지 않은 것은? (다툼이 있으면 판례에 따름)** 〈2023년 변리사〉

① 2023년 2월 10일(금요일) 오후 10시 30분부터 12시간이라고 한 경우, 기간의 만료점은 2023년 2월 11일(토요일) 오전 10시 30분이 된다.
② 2004년 1월 17일 오후 2시에 태어난 甲이 성년이 되는 시점은 2023년 1월 17일 24시이다.
③ 2022년 11월 30일 오전 10시부터 3개월이라고 한 경우, 기간의 만료점은 2023년 2월 28일(화요일) 24시이다.
④ 2023년 5월 1일부터 10일간이라고 한 경우, 기간의 만료점은 2023년 5월 10일(수요일) 24시이다.
⑤ 사원총회소집일 1주일 전에 통지를 발송하도록 한 경우, 사원총회소집일이 2023년 3월 10일(금요일) 오후 2시면 소집통지를 늦어도 3월 2일 24시까지 발송하여야 한다.

정답 2. ④ 3. ②

해 설

① (○) : 기간을 시, 분, 초로 정한 때에는 즉시로부터 기산한다(민법 제156조). ☞ 기간을 시, 분, 초로 정한 때에는 "기간의 말일이 토요일 또는 공휴일에 해당한 때에는 기간은 그 익일로 만료한다"는 민법 제161조는 적용되지 않는다고 보아야 한다. 예컨대 토요일 오후 2시부터 2시간이라고 하면 토요일 오후 4시까지가 맞고, 민법 제161조를 적용하여 다음 주 월요일 오후 4시까지로 넘어가는 것이 아니다.

② (×) : 만 19세로 성년이 되는데(민법 제4조), 연령계산에는 출생일을 산입하므로(민법 제158조), 甲이 성년이 되는 시점은 2023년 1월 16일 24시(=2023년 1월 17일 오전 0시)이다.

③ (○) : 기간을 일, 주, 월 또는 연으로 정한 때에는 기간의 초일은 산입하지 아니하므로 2022년 12월 1일 오전0시부터 3개월인데(민법 제157조), 기간을 일, 주, 월 또는 연으로 정한 때에는 기간말일의 종료로 기간이 만료하므로(민법 제159조), 기간의 만료점은 2023년 2월 28일 24시이다.

④ (○) : 기간을 일, 주, 월 또는 연으로 정한 때에는 기간의 초일은 산입하지 아니한다. 그러나 그 기간이 오전 영시로부터 시작하는 때에는 그러하지 아니하다(민법 제157조). 2023년 변리사 1차 시험은 2023년 2월 18일에 치러졌는데, 지문에서 2023년 5월 1일은 시험일인 2023년 2월 18일을 기준으로 장래의 시점이므로 제157조 단서의 "기간이 오전 영시로부터 시작하는 때"에 해당하여 초일을 산입해야 한다. 따라서 2023년 5월 1일 오전 0시부터 10일이므로 기간의 만료점은 2023년 5월 10일 24시이다.

⑤ (○) : 총회의 소집은 1주간전에 그 회의의 목적사항을 기재한 통지를 발하고 기타 정관에 정한 방법에 의하여야 한다(민법 제71조). 여기서 기간의 역산에 관하여는 민법에 규정이 없어 기간의 순산의 규정을 유추적용한다. 따라서 초일불산입의 원칙은 기간의 역산에도 적용된다. 사원총회 소집일이 2023년 3월 10일 오후 2시이면 기산점은 2023년 3월 10일 오전 0시(= 3월 9일 24시)이고, 이로부터 1주간 전까지 발송해야 하므로 2023년 3월 2일 24시까지 발송해야 한다.

보충지문

4　연령계산에는 출생일을 산입한다. 〈2003년 법원행시〉

해 설　초일불산입의 원칙의 예외이다(제158조).

5-1　정년이 53세라 함은 특별한 사정이 없는 한, 만 53세에 달하는 날을 말하는 것이지 만 53세가 만료되는 날을 의미하지 아니한다. 〈2003년 법원행시〉

5-2　정년이 만 60세인 경우, 1952년 7월 8일 오후 3시에 출생한 직원은 2012년 7월 8일 오전 0시에 정년을 맞이한다. 〈2012년 감정평가사〉

해 설　정년은 그 나이가 도달하는 시점이지, 만료되는 시점이 아니다. 따라서 정년이 만 60세인 경우, 1952년 7월 8일 오후 3시에 출생한 직원은, 연령계산이므로 초일을 산입하여, 만60세 도달일인 2012년 7월 8일 오전 0시에 정년을 맞이한다(대판 1973. 6. 12, 71다2669).

6　2007년 8월 1일 선박 중에 있다가 그 선박침몰 사고로 생사불명인 자에 대해 2008년 8월 31일 실종선고가 내려졌다면 그 사람은 2008년 8월 1일 24시에 사망한 것으로 본다. 〈2008년 법원행시〉

정답 4. (○) 5-1. (○) 5-2. (○) 6. (○)

해 설 실종선고로 사망간주되는 시점은 실종기간 만료시인데, 특별실종의 경우 실종기간은 1년이다. 따라서 2007. 8. 2. 오전 0시부터 1년이므로 2008. 8. 1. 24시에 기간이 만료된다.

7 **월 또는 년으로 정한 경우에 최종의 월에 해당일이 없는 때에는 그 월의 말일로 기간이 만료한다.** 〈2003년 법원행시〉

해 설 민법 제160조 제3항 참조

8 **기간의 말일이 2012년 3월 10일 토요일인 경우에는 2012년 3월 12일 월요일로 만료된다.** 〈2012년 감정평가사〉

해 설 민법 제161조 참조

> **[보충지문] 2023년 5월 21일(일) 14시부터 7일간의 만료점은 2023년 5월 28일 24시이다(×).** 〈2023년 공인노무사〉

9 **기간의 초일이 공휴일이라 하더라도 기간은 초일부터 기산한다.** 〈2008년 법원행시〉

해 설 민법 제161조가 정하는 기간의 말일이 공휴일에 해당한 때에는 기간은 그 익일로 만료한다는 규정의 의미는 명문이 정하는 바와 같이 기간의 말일이 공휴일인 경우를 정하는 것이고, 이는 기간의 만료일이 공휴일에 해당함으로써 발생할 불이익을 막자고 함에 그 뜻이 있는 것이므로 기간 기산의 초일은 이의 적용이 없다고 풀이 하여야 할 것이다(대판 1982. 2. 23, 81누204).

정답 7. (O) 8. (O) 9. (O)

소멸시효

Ⅰ. 소멸시효 일반(의의, 구별개념, 대상, 기산점, 기간)

1 소멸시효와 제척기간에 관한 설명으로 옳지 않은 것은? (다툼이 있는 경우에는 판례에 의함)

〈2006년 변리사〉

① 소멸시효는 객관적으로 권리가 발생하여 그 권리를 행사할 수 있는 때로부터 진행하며, 권리의 존재나 권리행사 가능성을 알지 못하였고 알지 못함에 과실이 없다는 사실은 그 진행을 방해하는 사유가 될 수 없다.

② 당사자가 매매예약 완결권의 행사기간을 정하지 않고 행사할 수 있는 시기만을 정한 경우 완결권은 권리를 행사할 수 있는 때로부터 10년이 경과하면 소멸한다.

③ 우수현상광고의 광고자가 계약체결의무를 위반한 경우 채무불이행을 원인으로 당선자가 청구하는 손해배상청구권의 소멸시효기간은 계약이 체결되었을 때 그가 취득하게 될 이행청구권에 따른다.

④ 매수인이 매도인으로부터 그 부동산을 인도받아 사용·수익하다가 제3자에게 그 부동산을 처분하고 점유를 승계하여 준 경우, 매수인이 가지는 이전등기청구권의 소멸시효는 진행되지 않는다.

⑤ 당사자가 매매예약 완결권의 행사기간을 정하지 않은 경우 완결권자에게 이미 예약 목적물인 부동산이 인도된 때에도 그 예약이 성립한 때로부터 10년 내에 완결권을 행사하여야 한다.

해 설

①(○) : 대판 1984. 12. 26, 84누572 전원합의체 참조

②(×), ⑤(○) : 매매의 일방예약에서 예약자의 상대방이 매매예약 완결의 의사표시를 하여 매매의 효력을 생기게 하는 권리 즉, 매매예약 완결권은 일종의 형성권으로서 당사자 사이에 그 행사기간을 약정한 때에는 그 기간 내에, 그러한 약정이 없는 때에는 그 예약이 성립한 때로부터 10년 내에 이를 행사하여야 하고, 그 기간을 지난 때에는 상대방이 예약 목적물인 부동산을 인도받은 경우라도 예약완결권은 제척기간의 경과로 인하여 소멸한다(대판 1997. 7. 25, 96다47494, 47500).

③(○) : 우수현상광고의 광고자로서 당선자에게 일정한 계약을 체결할 의무가 있는 자가 그 의무를 위반함으로써 계약의 종국적인 체결에 이르지 않게 되어 상대방이 그러한 계약체결의무의 채무불이행을 원인으로 하는 손해배상을 청구한 경우 그 손해배상청구권은 계약이 체결되었을 경우에 취득하게 될 계약상의 이행청구권(=도급채권)과 실질적이고 경제적으로 밀접한 관계가 형성되어 있기 때문에, 그 손해배상청구권의 소멸시효기간은 계약이 체결되었을 때 취득하게 될 이행청구권에 적용되는 소멸시효기간에 따른다(대판 2005. 1. 14, 2002다57119).

④(○) : 대판 1999. 3. 18. 98다32175 전원합의체 참조

정답 1. ②

2 **채권 소멸시효의 기산점과 이행지체책임의 발생시기에 관한 설명으로 옳지 않은 것을 모두 고른 것은?** 〈2006년 변리사〉

가. 기한의 정함이 있고 동시이행의 항변권이 있는 채권은 기한이 도래한 때부터 소멸시효가 진행한다. 이에 반하여 이행지체책임은 기한도래 후 상대방이 이행의 제공을 하였으나 채무자가 자기의 채무를 이행하지 않은 때부터 생긴다.
나. 불확정기한이 있는 채권은 채무자가 기한도래를 안 때부터 소멸시효가 진행한다. 이에 반하여 이행지체책임은 기한이 도래한 때부터 생긴다.
다. 계약해제에 의한 원상회복청구권은 계약해제시부터 소멸시효가 진행한다. 또한 이행지체책임도 그 때부터 생긴다.
라. 정지조건부 채권은 조건성취 시부터 소멸시효가 진행한다. 이에 반하여 이행지체책임은 조건성취 후 채권자가 이행청구를 한 때부터 생긴다.
마. 반환시기의 정함이 없는 소비대차에 있어서 반환채권은 최고할 수 있는 때부터 상당기간이 경과한 후부터 소멸시효가 진행한다. 이에 반하여 이행지체책임은 최고 후 상당한 기간이 경과한 때부터 생긴다.

① 가, 나 ② 가, 마 ③ 나, 다 ④ 다, 라 ⑤ 라, 마

해 설

가. (○) : 대판 2001. 7. 10, 2001다3764 참조

나. (×) : 불확정기한 채권의 소멸시효는 그 기한이 객관적으로 도래한 때부터 소멸시효가 진행하지만, 불확정기한부 채권의 이행지체책임은 채무자가 기한이 도래하였음을 안 때부터 진다(제387조 제1항 후문).

다. (×) : 계약의 해제로 인한 원상회복청구권의 소멸시효는 해제시, 즉 원상회복청구권이 발생한 때부터 진행한다(대판 2009. 12. 24, 2009다63267). 그러나 계약해제에 의한 원상회복채무는 기한의 정함이 없는 채무로서 이행청구를 받은 때로부터 이행지체의 책임이 있다(제387조 제2항; 대판 1986. 7. 22, 85다카1904).

라. (○) : (ⅰ) 소멸시효는 권리를 행사할 수 있는 때로부터 진행하며 여기서 권리를 행사할 수 있는 때라 함은 권리행사에 법률상의 장애가 없는 때를 말하므로 정지조건부권리의 경우에는 조건 미성취의 동안은 권리를 행사할 수 없는 것이어서 소멸시효가 진행되지 않는다(대판 1992. 12. 22, 92다28822). (ⅱ) 기한을 정하지 않은 채무에 정지조건이 있는 경우, 정지조건이 객관적으로 성취되고 그 후에 채권자가 이행을 청구하면 바로 지체책임이 발생한다. 조건과 기한은 하나의 법률행위에 독립적으로 작용하는 부관이므로, '조건의 성취'는 '기한이 없는 채무에서 이행기의 도래'와는 별개의 문제이기 때문이다(대판 2018. 7. 20, 2015다207044).

마. (○) : 소비대차에서 반환기한의 정함이 없는 경우 대주는 상당기간을 정하여 그 반환을 최고하여야 하므로, 그 반환채권의 소멸시효는 **최고할 수 있는 때로부터** 상당기간이 지난 후부터 진행된다고 해석된다. 반면, 이행지체책임은 **최고 후** 상당기간이 지난 후 발생한다고 해석된다(민법 제603조 제2항 참조).

[비교지문] 반환시기의 약정이 없는 소비임치계약상 반환청구권은 계약의 성립 이후 상당한 기간이 경과한 때로부터 소멸시효가 진행된다. 〈2005년 변리사〉

(×) : '소비임치'의 경우에는 '소비대차'와는 달리 상당한 기간이 경과할 필요가 없다(민법 제702조). [참고판례] 임치계약 해지에 따른 임치물 반환청구는 임치계약 성립 시부터 당연히 예정된 것이고, 임치계약에서 임치인은 언제든지 계약을 해지하고 임치물의 반환을 구할 수 있는 것이므로, 특별한 사정이 없는 한 임치

정답 2. ③

물 반환청구권의 소멸시효는 **임치계약이 성립하여 임치물이 수치인에게 인도된 때**부터 진행하는 것이지, 임치인이 임치계약을 해지한 때부터 진행한다고 볼 수 없다(대판 2022. 8. 19, 2020다220140).

3 **소멸시효의 기산점에 관한 설명으로 옳지 않은 것은? (다툼이 있는 경우에는 판례에 의함)**

〈2010년 변리사〉

① 건물에 관한 소유권이전등기청구권에 있어서 그 목적물인 건물이 완공되지 아니하여 이를 행사할 수 없었다는 사유는 법률상의 장애사유에 해당한다.

② 집합건물의 하자보수에 갈음한 손해배상청구권의 소멸시효기간은 각 하자가 발생한 시점부터 별도로 진행한다.

③ 동시이행의 항변권이 붙은 채권은 이행기부터 소멸시효가 진행한다.

④ 본래의 소멸시효 기산일과 당사자가 주장하는 기산일이 서로 다른 경우에는 본래의 소멸시효기산일을 기준으로 소멸시효를 계산하는 것이 원칙이다.

⑤ 이행기가 도래한 후에 채권자가 채무자에 대하여 기한을 유예한 경우에는 유예한 이행기일부터 다시 시효가 진행한다.

해설

① (○) : 건물에 관한 소유권이전등기청구권에 있어서 그 목적물인 건물이 완공되지 아니하여 이를 행사할 수 없었다는 사유는 법률상의 장애사유에 해당하므로, 매매계약 당시 매매목적부동산인 주택이 신축 중이었다면 그 부동산에 관한 소유권이전등기청구권의 소멸시효는 빨라도 그 주택이 완공됨으로써 그 권리를 행사할 수 없는 법률상의 장애사유가 소멸된 때로부터 진행하게 된다(대판 2007. 8. 23, 2007다28024, 28031).

② (○) : 대판 2009. 2. 26, 2007다83908 참조

③ (○) : 동시이행의 항변권이 붙은 채권이라 하더라도 자기의 채무를 이행하면서 상대방의 이행을 청구할 수 있음에도 게을리 한 것이므로 이행기로부터 시효는 진행한다고 봄이 통설·판례(대판 1991. 3. 22, 90다9797)이다.

④ (×) : 본래의 소멸시효 기산일과 당사자가 주장하는 기산일이 서로 다른 경우에는 변론주의의 원칙상 법원은 당사자가 주장하는 기산일을 기준으로 소멸시효를 계산하여야 하는데, 이는 당사자가 본래의 기산일보다 뒤의 날짜를 기산일로 하여 주장하는 경우는 물론이고 특별한 사정이 없는 한 그 반대의 경우에 있어서도 마찬가지이다(대판 1995. 8. 25, 94다35886 등).

⑤ (○) : 채권의 소멸시효는 이행기가 도래한 때로부터 진행되지만 이행기일이 도래한 후에 채권자가 채무자에 대하여 기한을 유예한 경우에는 유예시까지 진행된 시효는 포기한 것으로서 유예한 이행기일로부터 다시 시효가 진행된다(대판 1992. 12. 22, 92다40211).

4 **소멸시효에 관한 설명 중 옳지 않은 것은? (다툼이 있는 경우에는 판례에 의함)** 〈2011년 변리사〉

① 부동산의 점유취득시효완성자가 점유를 상실한 경우, 그 때로부터 소유권이전등기청구권의 소멸시효가 진행한다.

② 부동산의 매수인이 그 부동산을 인도받아 사용·수익하다가 다른 사람에게 처분하고 그 점유를 승계하여 주었다면 그때부터 매도인에 대한 이전등기청구권의 소멸시효가 진행한다.

③ 명의신탁의 해지로 인한 명의신탁자의 등기말소청구권은 소멸시효의 대상이 되지 않는다.

정답 3. ④ 4. ②

④ 피담보채무의 소멸을 이유로 하는 양도담보권자에 대한 소유권이전등기청구권은 소멸시효의 대상이 되지 않는다.

⑤ 토지매매계약에 따라 소유권이 이전된 경우, 계약의 합의해제에 따른 매도인의 원상회복청구권은 소멸시효의 대상이 되지 않는다.

해 설

①(○) : 취득시효가 완성된 점유자가 그 부동산에 대한 점유를 상실한 때로부터 10년간 이를 행사하지 아니하면 소멸시효가 완성된다(대판 1996. 3. 8, 95다34866).

②(×) : 부동산의 매수인이 그 부동산을 인도받은 이상 이를 사용·수익하다가 그 부동산에 대한 보다 적극적인 권리행사의 일환으로 다른 사람에게 그 부동산을 처분하고 그 점유를 승계하여 준 경우에도 그 이전등기청구권의 행사 여부에 관하여 그가 그 부동산을 스스로 계속 사용·수익만 하고 있는 경우와 특별히 다를 바 없으므로 위 두 어느 경우에나 이전등기청구권의 소멸시효는 진행되지 않는다고 보아야 한다(대판 1999. 3. 18, 98다32175 전원합의체).

③(○) : 부동산의 소유자 명의를 신탁한 자는 특별한 사정이 없는 한 언제든지 명의신탁을 해지하고 소유권에 기하여 신탁해지를 원인으로 한 소유권이전등기절차의 이행을 청구할 수 있는 것으로서, 이와 같은 등기청구권은 소멸시효의 대상이 되지 않는다(대판 1991. 11. 26, 91다34387).

④(○) : 채권담보의 목적으로 이루어지는 부동산 양도담보의 경우에 있어서 피담보채무가 변제된 이후에 양도담보권설정자가 행사하는 등기청구권은 양도담보권설정자의 실질적 소유권에 기한 물권적청구권이므로 따로이 시효소멸되지 아니한다(대판 1979. 2. 13, 78다2412).

⑤(○) : 매매계약이 합의해제된 경우에도 매수인에게 이전되었던 소유권은 당연히 매도인에게 복귀하는 것이므로 합의해제에 따른 매도인의 원상회복청구권은 소유권에 기한 물권적 청구권이라고 할 것이고 이는 소멸시효의 대상이 되지 아니한다(대판 1982. 7. 27, 80다2968).

5 제척기간에 관한 설명으로 옳은 것은? (다툼이 있으면 판례에 따름) 〈2019년 변리사〉

① 제척기간이 경과하면 그 기산일에 소급하여 권리소멸의 효과가 발생한다.

② 제척기간은 권리자의 청구나 압류 등이 있으면 중단되고 그때까지 경과된 기간은 산입되지 않는다.

③ 점유보호청구권의 행사기간은 제척기간이기 때문에 점유보호청구권은 재판상·재판외에서 행사할 수 있다.

④ 제척기간이 지난 후에는 당사자가 책임질 수 없는 사유로 그 기간을 준수하지 못하였더라도 추후에 보완될 수 없다.

⑤ 채권양도의 통지는 그 양도인이 채권이 양도되었다는 사실을 채무자에게 알리는 행위이므로, 채권양도의 통지만으로 제척기간의 준수에 필요한 권리의 재판외 행사가 이루어졌다고 볼 수 있다.

해 설

①(×) : 제척기간의 경우에는 소급효가 인정되지 않는다는 것이 통설이다.

②(×) : 제척기간에 있어서는 소멸시효와 같이 기간의 중단이 있을 수 없다(대판 2003. 1. 10, 2000다26425).

③(×) : 민법 제204조 제3항과 제205조 제2항에 의하면 점유를 침탈당하거나 방해를 받은 자의 침탈자 또는 방해자에 대한 청구권은 그 점유를 침탈당한 날 또는 점유의 방해행위가 종료된 날로부터 1년 내에 행사하여야 하는 것으로 규정되어 있는데, 여기에서 제척기간의 대상이 되는 권리는 형성권이 아니라 통상의 청구권인 점과 점유의 침탈 또는 방해의 상태가 일정한 기간을 지나게 되면 그대로 사회의 평온한 상태가 되고 이를 복구하

정답 5. ④

는 것이 오히려 평화질서의 교란으로 볼 수 있게 되므로 일정한 기간을 지난 후에는 원상회복을 허용하지 않는 것이 점유제도의 이상에 맞고 여기에 점유의 회수 또는 방해제거 등 청구권에 단기의 제척기간을 두는 이유가 있는 점 등에 비추어 볼 때, 위의 제척기간은 재판외에서 권리행사하는 것으로 족한 기간이 아니라 반드시 그 기간 내에 소를 제기하여야 하는 이른바 출소기간으로 해석함이 상당하다(대판 2002. 4. 26, 2001다8097, 8103).

④ (○) : 제척기간은 불변기간이 아니어서 그 기간을 지난 후에는 당사자가 책임질 수 없는 사유로 그 기간을 준수하지 못하였더라도 추후에 보완될 수 없다(대결 2003. 8. 11, 자 2003스32).

⑤ (×) : 채권양도의 통지는 양도인이 채권이 양도되었다는 사실을 채무자에게 알리는 것에 그치는 행위이므로, 그것만으로 제척기간 준수에 필요한 권리의 재판외 행사에 해당한다고 할 수 없다(대판 2012. 3. 22, 2010다28840 전원합의체).

6 **소멸시효의 기산점에 관한 설명으로 옳지 않은 것은? (다툼이 있으면 판례에 따름)** 〈2020년 변리사〉

① 소멸시효는 원칙적으로 권리를 행사할 수 있는 때부터 진행한다.
② 확정기한부 채권은 기한이 도래한 때부터 진행한다.
③ 불확정기한부 채권은 기한이 객관적으로 도래한 때부터 진행한다.
④ 소유권이전등기의무의 이행불능으로 인한 전보배상청구권의 소멸시효는 이전등기의무가 이행불능이 된 때부터 진행한다.
⑤ 부작위를 목적으로 한 채권의 소멸시효는 계약한 때부터 진행한다.

해설

① (○), ② (○), ③ (○) : 민법 제166조는 "소멸시효는 권리를 행사할 수 있는 때로부터 진행한다."라고 규정하고 있으므로, 기한이 있는 채권의 소멸시효는 이행기가 도래한 때부터 진행하지만, 이행기가 도래한 후 채권자와 채무자가 기한을 유예하기로 합의한 경우에는 유예된 때로 이행기가 변경되어 소멸시효는 변경된 이행기가 도래한 때부터 다시 진행한다(대판 2017. 4. 13, 2016다274904). ☞ 통설은 확정기한부 채권은 '기한이 도래한 때부터', 불확정기한부 채권은 '기한이 객관적으로 도래한 때부터' 진행한다고 한다.

④ (○) : 소유권이전등기의무의 이행불능으로 인한 전보배상청구권의 소멸시효는 이전등기의무가 이행불능 상태에 돌아간 때로부터 진행된다(대판 2002. 12. 27, 2000다47361).

⑤ (×) : 부작위를 목적으로 하는 채권의 소멸시효는 위반행위를 한 때로부터 진행한다(제166조 제2항).

7 **가구상 甲이 乙에게 고가의 가구를 외상으로 판매한 후 乙을 상대로 외상대금의 지급을 청구하는 소를 제기하였다. 다음 설명 중 옳지 않은 것은? (각 지문은 독립적이고, 다툼이 있는 경우에는 판례에 의함)** 〈2012년 변호사시험〉

① 외상대금채권의 소멸시효가 완성되었더라도, 법원은 乙의 원용이 없는 한 직권으로 외상대금채권의 소멸시효가 완성 되었다고 인정할 수 없다.
② 위 소송에서 乙이 외상대금채권의 변제기를 2006. 4. 2.이라고 주장한 경우, 변제기가 2005. 4. 2.인 사실이 인정되더라도, 법원은 2005. 4. 2.을 소멸시효의 기산일로 삼아 소멸시효 완성 여부를 판단할 수 없다.
③ 위 소송에서 乙이 외상대금채권의 변제기를 2006. 4. 2.이라고 주장한 경우, 증거조사결과 변제기가 2007. 4. 2.인 사실이 인정된다면, 법원은 2007. 4. 2.을 소멸시효의 기산일로 삼아 소멸시효 완성 여부를 판단할 수 있다.

정답 6. ⑤ 7. ③

④ 외상대금채권의 변제기가 2005. 4. 2.인데, 甲이 2008. 3. 27. 乙에게 외상대금을 지급하라고 최고하였으나, 2008. 4. 14. 乙로부터 그 이행의무의 존부에 관하여 조사할 것이 있으니 기다려달라는 답변을 받고 다시 2008. 4. 20. 乙로부터 그 이행을 거절한다는 통지를 받은 후 2008. 10. 15. 위 소를 제기하였다면, 위 최고시에 외상대금채권의 소멸시효는 중단된다.

⑤ 위 소송에서 甲과 乙이 외상대금채권의 소멸시효기간을 상법이 정한 5년이라고 주장하였더라도, 법원은 그 소멸시효기간을 민법이 정한 3년으로 판단할 수 있다.

해 설

① (○) : 소멸시효는 제척기간과는 달리 변론주의 적용대상으로 당사자의 주장이 필요하다(대판 1979. 2. 13, 78다2157).

② (○), ③ (×) : 소멸시효의 기산일은 채무의 소멸이라고 하는 법률효과 발생의 요건에 해당하는 소멸시효 기간 계산의 시발점으로서 소멸시효 항변의 법률요건을 구성하는 구체적인 사실에 해당하므로 이는 변론주의의 적용 대상이고, 따라서 본래의 소멸시효 기산일과 당사자가 주장하는 기산일이 서로 다른 경우에는 변론주의의 원칙상 법원은 당사자가 주장하는 기산일을 기준으로 소멸시효를 계산하여야 하는데, 이는 당사자가 본래의 기산일보다 뒤의 날짜를 기산일로 하여 주장하는 경우(②)는 물론이고 특별한 사정이 없는 한 그 반대의 경우(③)에 있어서도 마찬가지이다(대판 1995. 8. 25, 94다35886).

④ (○) : 최고는 도달주의 원칙상 도달하면 효력이 생기기 때문에, 도달 후 6월 내에 재판상의 청구 등을 하지 아니하면 시효중단의 효력이 없으나(제174조), 채무이행을 최고받은 채무자가 그 이행의무의 존부 등에 대하여 조사해 볼 필요가 있다는 이유로 채권자에 대해 그 이행의 유예를 구한 경우에는, 채권자가 그 회답을 받을 때까지는 최고의 효력이 계속된다고 보아야 하고, 따라서 제174조 소정의 6개월의 기간은 채권자가 채무자로부터 회답을 받은 때로부터 기산된다(대판 1995. 5. 12, 94다24336). 따라서 2008. 3. 27.의 최고를 기준으로 하면 6개월이 경과하였으나 2008. 4. 20. 회신을 기준으로 하면 6개월내 2008. 10. 15. 위 소를 제기하였다면, 위 최고시에 외상대금채권의 소멸시효는 중단된다.

⑤ (○) : 소멸시효의 완성과 기산일 등은 변론주의의 적용대상이나, 어떤 권리의 소멸시효기간이 얼마나 되는지에 관한 주장은 단순한 법률상의 주장에 불과하므로 변론주의의 적용대상이 되지 않고 법원이 직권으로 판단할 수 있다는 것이 판례이다(대판 2008. 3. 27, 2006다70929, 70936). 따라서 위 사안의 경우처럼 당사자가 상사채권 5년시효를 주장하더라도 법원은 직권으로 민법 제163조 제6호의 '상인이 판매한 상품의 대가'라고 하여, 3년을 인정할 수 있는 것이다.

8 등기청구권의 소멸시효에 관한 설명 중 옳지 않은 것은? (다툼이 있는 경우 판례에 의함)

〈2021년 변호사시험 변형〉

① 근저당권설정 약정에 의한 근저당권설정등기청구권은 그 피담보채권이 될 채권과 별개로 소멸시효에 걸린다.

② 3자간 등기명의신탁에 의한 등기가 「부동산 실권리자명의 등기에 관한 법률」에서 정한 유예기간의 경과로 무효로 된 경우, 목적 부동산을 인도받아 점유하고 있는 명의신탁자의 매도인에 대한 소유권이전등기청구권의 소멸시효는 진행되지 않는다.

③ 「부동산 실권리자명의 등기에 관한 법률」의 시행에 따라 그 권리를 상실하게 된 같은 법 시행 이전의 명의신탁자가 당해 부동산의 회복을 위해 명의수탁자에 대하여 가지는 소유권이전등기청구권은 법률의 규정에 의한 부당이득반환청구권으로서 소멸시효기간이 10년이다.

정답 8. ⑤

④ 점유취득시효완성으로 인한 소유권이전등기청구권은 시효완성자의 점유가 계속되는 한 시효로 소멸하지 않는다.

⑤ 취득시효가 완성된 점유자가 그 부동산에 대한 점유를 상실한 경우에도, 점유를 잃게 된 원인이 현 점유자에게 매도하였기 때문이고 그가 현 점유자에게 소유권이전등기의무를 지고 있다면, 취득시효 완성을 원인으로 하는 소유권이전등기청구권의 소멸시효는 진행하지 않는다.

해 설

① (○) : 근저당권설정 약정에 의한 근저당권설정등기청구권은 그 피담보채권이 될 채권과 별개로 소멸시효에 걸린다(대판 2004. 2. 13, 2002다7213).

② (○) : 부동산의 매수인이 목적물을 인도받아 계속 점유하는 경우에는 매도인에 대한 소유권이전등기청구권은 소멸시효가 진행되지 않고, 이러한 법리는 **3자간 등기명의신탁**에 의한 등기가 유효기간의 경과로 무효로 된 경우에도 마찬가지로 적용된다. 따라서 그 경우 목적 부동산을 인도받아 점유하고 있는 **명의신탁자의 매도인에 대한** 소유권이전등기청구권 역시 소멸시효가 진행되지 않는다(대판 2013. 12. 12, 2013다26647).

③ (○) : [1] 부동산 실권리자명의 등기에 관한 법률 시행 전에 명의수탁자가 명의신탁 약정에 따라 부동산에 관한 소유명의를 취득한 경우 위 법률의 시행 후 같은 법 제11조의 유예기간이 경과하기 전까지 명의신탁자는 언제라도 명의신탁 약정을 해지하고 당해 부동산에 관한 소유권을 취득할 수 있었던 것으로, 실명화 등의 조치 없이 위 유예기간이 경과함으로써 같은 법 제12조 제1항, 제4조에 의해 명의신탁 약정은 무효로 되는 한편, 명의수탁자가 당해 부동산에 관한 완전한 소유권을 취득하게 된다 할 것인데, 같은 법 제3조 및 제4조가 명의신탁자에게 소유권이 귀속되는 것을 막는 취지의 규정은 아니므로 명의수탁자는 명의신탁자에게 자신이 취득한 당해 부동산을 부당이득으로 반환할 의무가 있다 할 것인바, 이와 같은 경위로 **명의신탁자가** 당해 부동산의 회복을 위해 **명의수탁자에 대해 가지는** 소유권이전등기청구권은 그 성질상 법률의 규정에 의한 **부당이득반환청구권**으로서 민법 제162조 제1항에 따라 **10년**의 기간이 경과함으로써 시효로 소멸한다. [2] 명의신탁계약 및 그에 기한 등기를 무효로 하고 그 위반행위에 대하여 형사처벌까지 규정한 부동산 실권리자명의 등기에 관한 법률의 시행에 따라 그 권리를 상실하게 된 위 법률 시행 이전의 명의신탁자가 그 대신에 부당이득의 법리에 따라 법률상 취득하게 된 명의신탁 부동산에 대한 부당이득반환청구권의 경우, 무효로 된 명의신탁 약정에 기하여 처음부터 명의신탁자가 그 부동산의 점유 및 사용 등 권리를 행사하고 있다 하여 위 부당이득반환청구권 자체의 실질적 행사가 있다고 볼 수 없을 뿐만 아니라, 명의신탁자가 그 부동산을 점유·사용하여 온 경우에는 명의신탁자의 명의수탁자에 대한 부당이득반환청구권에 기한 등기청구권의 소멸시효가 진행되지 않는다고 보아야 한다면, 이는 명의신탁자가 부동산 실권리자명의 등기에 관한 법률의 유예기간 및 시효기간 경과 후 여전히 실명전환을 하지 않아 위 법률을 위반한 경우임에도 그 권리를 보호하여 주는 결과로 되어 부동산 거래의 실정 및 부동산 실권리자명의 등기에 관한 법률 등 관련 법률의 취지에도 맞지 않는다(대판 2009. 7. 9, 2009다23313 ; 대판 2008. 11. 27, 2008다62687 등).

④ (○), ⑤ (×) : 토지에 대한 취득시효 완성으로 인한 소유권이전등기청구권은 그 토지에 대한 점유가 계속되는 한 시효로 소멸하지 아니하고, 그 후 점유를 상실하였다고 하더라도 이를 시효이익의 포기로 볼 수 있는 경우가 아닌 한 이미 취득한 소유권이전등기청구권은 바로 소멸되는 것은 아니나, 취득시효가 완성된 점유자가 점유를 상실한 경우 취득시효 완성으로 인한 소유권이전등기청구권의 소멸시효는 이와 별개의 문제로서, 그 점유자가 점유를 상실한 때로부터 10년간 등기청구권을 행사하지 아니하면 소멸시효가 완성한다(대판 1996. 3. 8, 95다34866, 34873).

9 **부당이득반환청구권의 소멸시효에 관한 설명 중 옳은 것을 모두 고른 것은? (다툼이 있는 경우 판례에 의함)** 〈2022년 변호사시험〉

ㄱ. 가맹업자인 甲주식회사가 가맹계약상 근거 없이 'Administration Fee'라는 항목으로 매장 매출액의 일정 비율에 해당하는 금액을 가맹상인 乙에게 청구하여 지급받은 것은 부당이득에 해당하므로, 이에 관하여 乙이 청구하는 부당이득반환청구권에는 5년의 상사소멸시효기간이 적용된다.
ㄴ. 주식회사인 매수인이 의료법인인 매도인과의 부동산매매계약의 이행으로서 그 매매대금을 매도인에게 지급하였으나, 매도인 법인을 대표하여 위 매매계약을 체결한 대표자의 선임에 관한 이사회 결의가 부존재함이 확정됨에 따라 위 매매계약이 무효가 되고, 이에 따라 발생하는 매수인의 부당이득반환청구권에는 5년의 상사소멸시효기간이 적용된다.
ㄷ. 甲은행으로부터 대출받으면서 근저당권설정비용을 부담한 채무자 乙이 그 비용 부담의 근거가 된 약관 조항의 무효로 인하여 행사할 수 있는 근저당권설정비용에 대한 부당이득반환청구권에는 5년의 상사소멸시효기간이 적용된다.
ㄹ. 주식회사에 있어서 배당가능이익이 없는데도 이익배당이 이루어진 경우, 회사가 주주로부터 위법배당금을 회수하기 위하여 행사하는 부당이득반환청구권에는 10년의 민사소멸시효기간이 적용된다.
ㅁ. 공공건설임대주택의 임대사업자인 甲공사와 분양계약을 체결한 乙이 일률적인 산정방식에 따라 정한 분양전환가격이 강행법규 위반으로 무효가 됨을 이유로 납부한 분양대금과 정당한 분양전환가격의 차액 상당을 청구하는 부당이득반환청구권에는 10년의 민사소멸시효기간이 적용된다.

① ㄱ, ㄴ, ㄹ ② ㄱ, ㄷ, ㄹ ③ ㄱ, ㄷ, ㅁ ④ ㄴ, ㄷ, ㄹ ⑤ ㄷ, ㄹ, ㅁ

해 설

ㄱ. (○) : 가맹점사업자인 甲 등이 가맹본부인 乙 유한회사를 상대로 乙 회사가 가맹계약상 근거를 찾을 수 없는 'SCM Adm'(Administration Fee)이라는 항목으로 甲 등에게 매장 매출액의 일정 비율에 해당하는 금액을 청구하여 지급받은 것은 부당이득에 해당한다며 그 금액 상당의 반환을 구한 사안에서, 甲 등이 청구하는 부당이득반환채권은 甲 등과 乙 회사 모두에게 상행위가 되는 가맹계약에 기초하여 발생한 것일 뿐만 아니라, 그로 인한 거래관계를 신속하게 해결할 필요가 있으므로, 위 부당이득반환채권은 상법 제64조에 따라 5년간 행사하지 않으면 소멸시효가 완성된다(대판 2018. 6. 15, 2017다248803, 248810).

ㄴ. (×) : 주식회사인 부동산 매수인이 의료법인인 매도인과의 부동산매매계약의 이행으로서 그 매매대금을 매도인에게 지급하였으나, 매도인 법인을 대표하여 위 매매계약을 체결한 대표자의 선임에 관한 이사회결의가 부존재하는 것으로 확정됨에 따라 위 매매계약이 무효로 되었음을 이유로 민법의 규정에 따라 매도인에게 이미 지급하였던 매매대금 상당액의 반환을 구하는 부당이득반환청구의 경우, 거기에 상거래 관계와 같은 정도로 신속하게 해결할 필요성이 있다고 볼 만한 합리적인 근거도 없으므로 위 부당이득반환청구권에는 상법 제64조가 적용되지 아니하고, 그 소멸시효기간은 민법 제162조 제1항에 따라 10년이다(대판 2003. 4. 8, 2002다64957, 64964).

ㄷ. (○) : 甲 은행으로부터 대출받으면서 근저당권설정비용 등을 부담한 채무자 乙 등이 그 비용 등 부담의 근거가 된 약관 조항이 구 약관의 규제에 관한 법률 제6조에 따라 무효라고 주장하면서 비용 등 상당액의 부당이

정답 9. ②

득 반환을 구한 사안에서, 위 부당이득 반환채권은 상법 제64조가 적용되어 소멸시효가 5년이라고 한 사례(대판 2014. 7. 24, 2013다214871).

ㄹ. (○) : 이익의 배당이나 중간배당은 회사가 획득한 이익을 내부적으로 주주에게 분배하는 행위로서 회사가 영업으로 또는 영업을 위하여 하는 상행위가 아니므로 배당금지급청구권은 상법 제64조가 적용되는 상행위로 인한 채권이라고 볼 수 없다. 이에 따라 위법배당에 따른 부당이득반환청구권 역시 근본적으로 상행위에 기초하여 발생한 것이라고 볼 수 없다. 특히 배당가능이익이 없는데도 이익의 배당이나 중간배당이 실시된 경우 회사나 채권자가 주주로부터 배당금을 회수하는 것은 회사의 자본충실을 도모하고 회사 채권자를 보호하는 데 필수적이므로, 회수를 위한 부당이득반환청구권 행사를 신속하게 확정할 필요성이 크다고 볼 수 없다. 따라서 **위법배당에 따른 부당이득반환청구권**은 민법 제162조 제1항이 적용되어 **10년의 민사소멸시효에 걸린다**고 보아야 한다(대판 2021. 6. 24, 2020다208621).

ㅁ. (×) : 공공건설임대주택의 임대사업자인 甲 공사가 일률적인 산정방식에 따라 정한 분양전환가격으로 분양계약을 체결한 乙 등이 납부한 분양대금과 정당한 분양전환가격의 차액 상당의 부당이득반환을 구한 사안에서, 위 부당이득반환채권은 5년의 상사소멸시효가 적용된다고 한 사례(대판 2015. 9. 15, 2015다210811).

10 **소멸시효의 기산점에 관한 설명 중 옳지 않은 것은? (다툼이 있는 경우 판례에 의함)** 〈2023년 변호사시험〉

① 甲의 乙에 대한 대여금반환 청구소송에서 乙이 주장하는 소멸시효의 기산일과 본래의 소멸시효 기산일이 다른 경우, 법원은 본래의 소멸시효 기산일을 기준으로 소멸시효를 계산하여야 한다.

② 무권대리인 甲이 대리권을 증명하지 못하고 본인의 추인도 얻지 못한 경우, 그 상대방 乙이 甲에 대해 가지는 계약이행청구권이나 손해배상청구권의 소멸시효는 乙이 위 두 청구권 중 하나를 선택할 수 있을 때부터 진행한다.

③ 부작위를 목적으로 하는 채권의 소멸시효는 위반행위를 한 때로부터 진행한다.

④ 甲이 乙에 대해 상해를 입힌 시점부터 5년이 지난 후에 가해행위 당시 예상할 수 없었던 후유증이 乙에게 발생한 경우, 그 후유증에 대한 손해배상청구권의 소멸시효는 후유증이 판명된 때부터 진행된다.

⑤ 甲이 乙에 대해 부당이득반환채권을 가지는 경우, 甲에게 부당이득반환채권이 발생한 때부터 그 채권의 소멸시효가 진행된다.

해 설

① (×) : 소멸시효의 기산일은 채무의 소멸이라고 하는 법률효과 발생의 요건에 해당하는 소멸시효 기간 계산의 시발점으로서 소멸시효 항변의 법률요건을 구성하는 구체적인 사실에 해당하므로 이는 변론주의의 적용 대상이고, 따라서 본래의 소멸시효 기산일과 당사자가 주장하는 기산일이 서로 다른 경우에는 변론주의의 원칙상 법원은 당사자가 주장하는 기산일을 기준으로 소멸시효를 계산하여야 하는데, 이는 당사자가 본래의 기산일보다 뒤의 날짜를 기산일로 하여 주장하는 경우는 물론이고 특별한 사정이 없는 한 그 반대의 경우에 있어서도 마찬가지이다(대판 1995. 8. 25, 94다35886).

② (○) : 타인의 대리인으로 계약을 한 자가 그 대리권을 증명하지 못하고 또 본인의 추인을 얻지 못한 때에는 상대방의 선택에 좇아 계약의 이행 또는 손해배상의 책임이 있는 것인바 이 상대방이 가지는 계약이행 또는 손해배상청구권의 소멸시효는 그 선택권을 행사할 수 있는 때로부터 진행한다 할 것이고 또 선택권을 행사할 수 있는 때라고 함은 대리권의 증명 또는 본인의 추인을 얻지 못한 때라고 할 것이다(대판 1965. 8. 24, 64다1156).

③ (○) : 부작위를 목적으로 하는 채권의 소멸시효는 위반행위를 한 때로부터 진행한다(민법 제166조 제2항).

④ (○) : 불법행위로 인한 손해배상청구권은 민법 제766조 제1항에 따라 피해자나 그 법정대리인이 그 손해와

정답 10. ①

가해자를 안 날부터 3년간 행사하지 않으면 소멸시효가 완성한다. 여기에서 **손해를 안다는 것**은 현실로 손해가 발생한 것을 안 경우뿐만 아니라 손해발생을 예견할 수 있을 때를 포함한다. 이때 그 손해의 정도나 액수를 구체적으로 알아야 하는 것은 아니므로, 일반적으로 상해의 피해자는 상해를 입었을 때 그 손해를 알았다고 보아야 할 것이지만, 그 후 **후유증 등으로 불법행위 당시에는 전혀 예견할 수 없었던 새로운 손해가 발생하였다거나 예상외로 손해가 확대된 경우**에는 그러한 사유가 판명된 때에 새로이 발생하거나 확대된 손해를 알았다고 보아야 한다. 이와 같이 새로이 발생하거나 확대된 손해 부분에 대해서는 **그러한 사유가 판명된 때부터** 민법 제766조 제1항에서 정한 소멸시효기간이 진행된다(대판 2021. 7. 29, 2016다11257).

⑤ (○) : 부당이득반환청구권은 기한 없는 채권으로 성립과 동시에 소멸시효가 진행한다(통설).

11 **다음 중 3년의 단기소멸시효가 적용되는 채권이 아닌 것은 모두 몇 개인가?** 〈2023년 법원행시〉

ㄱ. 금전소비대차계약에 따라 1년 이내의 정기로 지급하기로 한 이자채권
ㄴ. 세무사의 직무에 관한 용역비채권
ㄷ. 의사의 치료비 채권
ㄹ. 변호사의 직무에 관한 보수채권
ㅁ. 공사를 도급받아 수행한 건설업자의 공사대금채권

① 없음 ② 1개 ③ 2개 ④ 3개 ⑤ 4개

해 설

ㄴ.만 민법 제162조 제1항에 따라 10년이고 나머지는 모두 민법 제163조에 따라 3년이다.

[판례] [1] 민법 제163조 제5호에서 정하고 있는 '변호사, 변리사, 공증인, 공인회계사 및 법무사의 직무에 관한 채권'에만 3년의 단기 소멸시효가 적용되고, 세무사와 같이 그들의 직무와 유사한 직무를 수행하는 다른 자격사의 직무에 관한 채권에 대하여는 민법 제163조 제5호가 유추적용된다고 볼 수 없다. [2] 세무사를 상법 제4조 또는 제5조 제1항이 규정하는 상인이라고 볼 수 없고, 세무사의 직무에 관한 채권이 상사채권에 해당한다고 볼 수 없으므로, 세무사의 직무에 관한 채권에 대하여는 민법 제162조 제1항에 따라 10년의 소멸시효가 적용된다(대판 2022. 8. 25, 2021다311111).

보충지문

12-1 **소멸시효에는 중단이 있지만, 제척기간은 중단이 있을 수 없다.** 〈2011년 공인노무사〉

12-2 **소멸시효에는 소급효가 있으나, 제척기간에는 소급효가 없다.** 〈2011년 공인노무사〉

12-3 **소멸시효의 이익은 미리 포기가 가능하나, 제척기간에는 포기가 인정되지 않는다.** 〈2019년 감정평가사〉

해 설 소멸시효와 제척기간의 차이점이다. ☞ 소멸시효의 이익은 미리 포기할 수는 없고 완성 이후에 포기가 가능하다.

정 답 11. ② 12-1. (○) 12-2. (○) 12-3. (×)

13 **소멸시효는 당사자가 시효완성사실을 원용할 때 고려되지만, 제척기간은 법원의 직권조사 사항이다.** 〈2011년 공인노무사〉

해설 소멸시효기간 만료에 인한 권리소멸에 관한 것은 소멸시효의 이익을 받은 자가 소멸시효완성의 항변을 하지 않으면, 그 의사에 반하여 재판할 수 없다(대판 1980. 1. 29, 79다1863). 민법 제146조는 취소권은 추인할 수 있는 날로부터 3년 내에 행사하여야 한다고 규정하고 있는바, 이 때의 3년이라는 기간은 일반 소멸시효기간이 아니라 제척기간으로서 제척기간이 도과하였는지 여부는 당사자의 주장에 관계없이 법원이 당연히 조사하여 고려하여야 할 사항이다(대판 1996. 9. 20, 96다25371).

14 **형성권은 제척기간의 경과 자체만으로 곧 권리 소멸의 효과가 발생하지 않는다.** 〈2016년 변리사〉

해설 제척기간은 권리자로 하여금 당해 권리를 신속하게 행사하도록 함으로써 법률관계를 조속히 확정시키려는 데 그 제도의 취지가 있는 것으로서, 소멸시효가 일정한 기간의 경과와 권리의 불행사라는 사정에 의하여 권리 소멸의 효과를 가져오는 것과는 달리 그 기간의 경과 자체만으로 곧 권리 소멸의 효과를 가져오게 하는 것이므로 그 기간 진행의 기산점은 특별한 사정이 없는 한 원칙적으로 권리가 발생한 때이다(대판 1995. 11. 10, 94다22682,22699).

15-1 **매매예약의 완결권은 형성권이므로 당사자 사이에 그 행사기간을 약정한 때에는 그 기간 내에 행사하여야 하고, 그러한 약정이 없는 때에는 그 예약이 성립한 때로부터 10년의 제척기간에 걸린다.** 〈2010년 사법시험〉

15-2 **매매예약의 완결권은 형성권으로서 당사자 사이에 그 행사기간을 약정한 때에는 그 기간 내에, 그러한 약정이 없는 때에는 그 예약이 성립한 때로부터 10년 내에 이를 행사하여야 하고, 그 기간 진행의 기산점은 특별한 사정이 없는 한 원칙적으로 권리가 발생한 때이며, 당사자 사이에 매매예약 완결권을 행사할 수 있는 시기를 특별히 약정한 경우에도 그 제척기간은 당초 권리의 발생일로부터 10년의 기간이 경과하면 만료된다.** 〈2019년 법원행시〉

해설 대판 2003. 1. 10, 2000다26425 등 참조

16 **甲은 2015. 1. 1. 乙에게 토지를 매도하는 매매예약을 하면서 예약완결권은 乙이 2016. 1. 1.까지 행사하기로 하고, 예약 당일 예약금을 지급받으면서 乙 명의의 가등기를 마쳐주었다면 乙은 2016. 1. 1.부터 10년 내 예약완결권을 행사하지 않으면 매매예약 완결권이 소멸한다.** 〈2016년 법원행시〉

해설 매매의 일방예약에서 예약자의 상대방이 매매예약 완결의 의사표시를 하여 매매의 효력을 생기게 하는 권리 즉, 매매예약 완결권은 일종의 형성권으로서 당사자 사이에 그 행사기간을 약정한 때에는 그 기간 내에, 그러한 약정이 없는 때에는 그 예약이 성립한 때로부터 10년 내에 이를 행사하여야 하고, 그 기간을 지난 때에는 상대방이 예약 목적물인 부동산을 인도받은 경우라도 예약완결권은 제척기간의 경과로 인하여 소멸한다(대판 1997. 7. 25, 96다47494, 47500). ☞ 당사자 사이에 행사기간을 약정한 경우이므로 약정된 2016. 1. 1.이 도과하면 바로 예약완결권이 소멸하는 것이지 그로부터 10년이 지나야 소멸하는 것이 아니다.

[참고 최신판례] [1] 당사자 사이에 약정하는 예약 완결권의 행사기간에 특별한 제한은 없다. [2] 원고가 2002. 4. 30. 이 사건 부동산에 관하여 피고에게 2002. 4. 26.자 매매의 일방예약을 원인으로 한 이 사건 가등기를 마

정답 13. (○) 14. (×) 15-1. (○) 15-2. (○) 16. (×)

> 쳐 주면서 원고와 피고가 예약 완결권의 행사기간을 2032. 4. 25.까지 행사하기로 약정하였으므로 약정한 2032. 4. 25.이 지나야 그 예약 완결권이 제척기간의 경과로 인하여 소멸한다(대판 2017. 1. 25, 2016다42077).
> ☞ 예약완결권의 행사기간을 30년으로 약정한 사례

17 법인의 대표자가 법인에 대하여 불법행위를 한 경우에 대표자에 대한 법인의 손해배상청구권을 피보전권리로 하여 법인이 채권자취소권을 행사하는 경우 제척기간의 기산점인 '취소원인을 안 날'은 다른 대표자, 임원 또는 사원이나 직원 등이 이를 안 때를 기준으로 하여야 한다.

〈2016년 법원행시〉

해 설 불법행위로 인한 손해배상청구권의 단기소멸시효의 기산점은 '손해 및 가해자를 안 날'부터 진행되며, 법인의 경우에 손해 및 가해자를 안 날은 통상 대표자가 이를 안 날을 뜻한다. 그렇지만 법인의 대표자가 법인에 대하여 불법행위를 한 경우에는, 법인과 대표자의 이익은 상반되므로 법인의 대표자가 그로 인한 손해배상청구권을 행사하리라고 기대하기 어려울 뿐만 아니라 일반적으로 대표권도 부인된다고 할 것이어서 법인의 대표자가 손해 및 가해자를 아는 것만으로는 부족하다. 따라서 이러한 경우에는 적어도 법인의 이익을 정당하게 보전할 권한을 가진 다른 대표자, 임원 또는 사원이나 직원 등이 손해배상청구권을 행사할 수 있을 정도로 이를 안 때에 비로소 단기소멸시효가 진행하고, 만약 다른 대표자나 임원 등이 법인의 대표자와 공동불법행위를 한 경우에는 그 다른 대표자나 임원 등을 배제하고 단기소멸시효 기산점을 판단하여야 한다. 그리고 이는 법인의 대표자의 불법행위로 인한 법인의 대표자에 대한 손해배상청구권을 피보전권리로 하여 법인이 채권자취소권을 행사하는 경우의 제척기간의 기산점인 '취소원인을 안 날'을 판단할 때에도 마찬가지이다(대판 2015. 1. 15, 2013다50435).

18 제척기간을 정한 형성권의 경우, 그 행사로 인하여 발생하는 채권도 형성권의 제척기간 내에 행사하여야 한다. 〈2012년 감정평가사〉

해 설 환매권(형성권)의 행사로 발생한 소유권이전등기청구권은 위 제척기간 제한과는 별도로 환매권을 행사한 때로부터 일반채권과 같이 민법 제162조 소정의 10년의 소멸시효 기간이 진행되는 것이지, 위 제척기간 내에 이를 행사하여야 하는 것은 아니다(대판 1991. 2. 22, 90다13420).

19-1 미성년자의 법률행위 취소권의 행사기간, 수급인의 하자담보책임의 존속기간은 제척기간이면서 출소기간이다. 〈2010년 사법시험〉

19-2 민법 제670조에서 규정하는 수급인의 하자담보책임에 관한 기간은 제척기간으로서 재판 외에서 권리를 행사하는 것으로 족한 기간이 아니라, 반드시 그 기간 내에 소를 제기하여야 하는 출소기간이다. 〈2019년 법원행시〉

19-3 민법 제204조 제3항의 점유침탈자에 대한 청구권은 그 점유를 침탈 당한 날로부터 1년 내에 행사하여야 하는 것으로 규정되어 있는데, 위의 제척기간은 재판 외에서 권리를 행사하는 것으로 족한 기간이 아니라 반드시 그 기간 내에 소를 제기하여야 하는 출소기간이다. 〈2019년 법원행시〉

해 설 미성년자가 법률행위를 취소할 수 있는 권리는 형성권으로서 민법 제146조에 규정된 취소권의 존속기간은 제척기간이라고 보아야 할 것이지만, 그 제척기간 내에 소를 제기하는 방법으로 권리를 재판상 행사하

정답 ▶ 17. (○) 18. (×) 19-1. (×) 19-2. (×) 19-3. (○)

여야만 되는 것은 아니고 재판외에서 의사표시를 하는 방법으로도 권리를 행사할 수 있다(대판 1993. 7. 27, 92다52795 등). 민법상 수급인의 하자담보책임에 관한 도급인의 권리행사기간은 재판상 또는 재판외의 권리행사기간이고 재판상 청구를 위한 출소기간은 아니다(대판 2000. 6. 9, 2000다15371). 그러나 민법 제204조 제3항과 제205조 제2항에 의하면 점유를 침탈당하거나 방해를 받은자의 침탈자 또는 방해자에 대한 청구권은 그 점유를 침탈당한 날 또는 점유의 방해행위가 종료된 날로부터 1년 내에 행사하여야 하는 것으로 규정되어 있는데, 여기에서 제척기간의 대상이 되는 권리는 형성권이 아니라 통상의 청구권인 점과 … 점유의 회수 또는 방해제거 등 청구권에 단기의 제척기간을 두는 이유가 있는 점 등에 비추어 볼 때, 위의 제척기간은 재판외에서 리행사를 하는 것으로 족한 기간이 아니라 반드시 그 기간 내에 소를 제기하여야 하는 이른바 출소기간으로 해석함이 상당하다(대판 2002. 4. 26, 2001다8097). ☞ 미성년자의 법률행위 취소권의 행사기간, 수급인의 하자담보책임의 존속기간 등은 제척기간이지만 출소기간은 아니며, 점유보호청구권의 행사기간이 출소기간이다.

20 **소유권과 소유권에 기초한 물권적 청구권은 소멸시효에 걸리지 않는다.** 〈2011년 법무사〉

해설 소유권은 항구성이 있기 때문에 타당하다(대판 1982. 7. 27, 80다2968 등).

21 **소유권을 비롯한 물권은 소멸시효의 적용을 받지 않는다.** 〈2020년 감정평가사〉

해설 예컨대 지역권(제296조 참조)과 같이 소멸시효의 적용을 받는 제한물권도 존재한다.

22 **소멸시효는 객관적으로 권리가 발생하고 그 권리를 행사할 수 있는 때로부터 진행하고 그 권리를 행사할 수 없는 동안에는 진행하지 아니하는바, 권리를 행사할 수 없는 때라 함은 그 권리행사에 법률상의 장애사유, 예컨대 기간의 미도래나 조건불성취 등이 있는 경우를 말하는 것이고, 사실상 그 권리의 존부나 권리행사의 가능성을 알지 못하였거나, 알지 못함에 과실이 없다 하여도 이러한 사유는 법률상 장애사유에 해당한다고 할 수 없다.** 〈2012년 법원행시〉

해설 대판 2006. 4. 27, 2006다1381 참조

23 **정지조건부 권리의 경우, 조건 미성취의 동안은 권리를 행사할 수 없는 것이어서 소멸시효가 진행되지 않는다.** 〈2005년 사법시험〉

해설 소멸시효는 권리를 행사할 수 있는 때로부터 진행하며 여기서 권리를 행사할 수 있는 때라 함은 권리행사에 법률상의 장애가 없는 때를 말하므로 정지조건부권리의 경우에는 조건 미성취의 동안은 권리를 행사할 수 없는 것이어서 소멸시효가 진행되지 않는다(대판 1992. 12. 22, 92다28822).

24 **임대차 종료 후 임차인 甲이 보증금을 반환받기 위해 목적물을 점유하되 임대인 乙에 대하여 직접적인 이행청구를 하지 않았다면 보증금반환채권에 대한 권리를 행사하는 것으로 볼 수 없으므로, 권리의 불행사라는 상태가 계속되고 있다고 보아야 한다.** 〈2023년 법원행시〉

해설 소멸시효가 완성되기 위해서는 권리의 불행사라는 사실상태가 일정한 기간 동안 계속되어야 한다. 채권을 일정한 기간 행사하지 않으면 소멸시효가 완성하지만(민법 제162조, 제163조, 제164조), 채권을 계속 행사하고 있다고 볼 수 있다면 소멸시효가 진행하지 않는다. 나아가 채권을 행사하는 방법에는 채무자에 대한 직접적인 이행청구 외에도 변제의 수령이나 상계, 소송상 청구 및 항변으로 채권을 주장하는 경우 등 채권이 가지는

정답 20. (○) 21. (×) 22. (○) 23. (○) 24. (×)

다른 여러 가지 권능을 행사하는 것도 포함된다. 따라서 채권을 행사하여 실현하려는 행위를 하거나 이에 준하는 것으로 평가할 수 있는 객관적 행위 모습이 있으면 권리를 행사한다고 보는 것이 소멸시효 제도의 취지에 부합한다. 임대차가 종료함에 따라 발생한 임차인의 목적물반환의무와 임대인의 보증금반환의무는 동시이행관계에 있다. 임차인이 임대차 종료 후 동시이행항변권을 근거로 임차목적물을 계속 점유하는 것은 임대인에 대한 보증금반환채권에 기초한 권능을 행사한 것으로서 보증금을 반환받으려는 계속적인 권리행사의 모습이 분명하게 표시되었다고 볼 수 있다. 따라서 임대차 종료 후 임차인이 보증금을 반환받기 위해 목적물을 점유하는 경우 보증금반환채권에 대한 권리를 행사하는 것으로 보아야 하고, 임차인이 임대인에 대하여 직접적인 이행청구를 하지 않았다고 해서 권리의 불행사라는 상태가 계속되고 있다고 볼 수 없다. 임차인의 보증금반환채권과 동시이행관계에 있는 임대인의 목적물인도청구권은 소유권 등 물권에 기초하는 경우가 많으므로, 임대인이 적극적으로 권리를 행사하는지와 관계없이 권리가 시효로 소멸하는 경우는 거의 발생하지 않는다. 만일 임차인이 임대차 종료 후 보증금을 반환받기 위해 목적물을 점유하여 적극적인 권리행사의 모습이 계속되고 있는데도 보증금반환채권이 시효로 소멸한다고 보면, 임차인은 목적물반환의무를 그대로 부담하면서 임대인에 대한 보증금반환채권만 상실하게 된다. 이는 보증금반환채무를 이행하지 않은 임대인이 목적물에 대한 자신의 권리는 그대로 유지하면서 보증금반환채무만을 면할 수 있게 하는 결과가 되어 부당하다. 나아가 이러한 소멸시효 진행의 예외는 어디까지나 임차인이 임대차 종료 후 목적물을 적법하게 점유하는 기간으로 한정되고, 임차인이 목적물을 점유하지 않거나 동시이행항변권을 상실하여 정당한 점유권원을 갖지 않는 경우에 대해서까지 인정되는 것은 아니다. 따라서 임대차 종료 후 보증금을 반환받기 위해 목적물을 점유하는 임차인의 보증금반환채권에 대하여 소멸시효가 진행하지 않는다고 보더라도 그 채권에 관계되는 당사자 사이의 이익 균형에 반하지 않는다. 위와 같은 소멸시효 제도의 존재 이유와 취지, 임대차기간이 끝난 후 보증금반환채권에 관계되는 당사자 사이의 이익형량, 주택임대차보호법 제4조 제2항의 입법 취지 등을 종합하면, 주택임대차보호법에 따른 임대차에서 그 기간이 끝난 후 임차인이 보증금을 반환받기 위해 목적물을 점유하고 있는 경우 보증금반환채권에 대한 소멸시효는 진행하지 않는다고 보아야 한다(대판 2020. 7. 9, 2016다244224, 244231).

25 **보험사고가 발생한 것인지의 여부가 객관적으로 분명하지 아니하여 보험금청구권자가 과실 없이 보험사고의 발생을 알 수 없었던 특별한 사정이 있는 경우에는 보험사고의 발생을 알았거나 알 수 있었을 때부터 보험금청구권의 소멸시효가 진행한다.** 〈2019년 법원행시〉

해 설 보험사고가 발생한 것인지의 여부가 객관적으로 분명하지 아니하여 보험금청구권자가 과실 없이 보험사고의 발생을 알 수 없었던 사정이 있는 경우에는 보험사고의 발생을 알았거나 알 수 있었을 때부터 보험금청구권의 소멸시효가 진행하지만, 그러한 특별한 사정이 없는 한 보험금청구권의 소멸시효는 원칙적으로 보험사고가 발생한 때부터 진행한다(대판 2001. 12. 28, 2001다61753).

26 **권리자의 개인적 사정이나 법률지식의 부족과 같은 사실상 장애는 소멸시효의 진행에 영향을 미치지 않는다.** 〈2012년 공인노무사〉

해 설 소멸시효의 기산점인 권리를 행사할 수 있는 때라 함은 권리를 행사함에 있어서 법률상의 장애(예컨대 이행기 미도래·정지조건 미성취)가 없는 경우를 말하며, 권리자의 개인적 사정이나 법률지식의 부족, 권리존재의 부지 또는 채무자의 부재 등 사실상 장애로 권리를 행사하지 못하였다하여 시효가 진행하지 아니하는 것이 아니며, 이행기가 정해진 채권은 그 기한이 도래한 때부터 소멸시효가 진행한다(대판 1982. 1. 19, 80다2626).

정 답 25. (○) 26. (○)

27-1 **부동산소유권이전채무의 이행불능으로 인하여 매수인이 매도인에 대하여 갖게 되는 손해배상채권의 소멸시효는 계약 체결 시부터 진행한다.** 〈2006년 공인노무사〉

27-2 **매매로 인한 부동산소유권이전채무의 이행불능으로 매수인이 갖게 되는 손해배상채권의 소멸시효는 계약체결일이 아닌 소유권이전채무가 이행불능이 된 때부터 진행한다.** 〈2012년 사법시험〉

해설 채무불이행으로 인한 손해배상청구권의 소멸시효는 채무불이행시로부터 진행한다(대판 2005. 1. 14, 2002다57119). 따라서 소유권이전등기의무의 이행불능으로 인한 전보배상청구권의 소멸시효는 이전등기의무가 이행불능 상태에 돌아간 때로부터 진행된다(대판 2002. 12. 27, 2000다47361).

28 **채무불이행으로 인한 손해배상청구권의 소멸시효는 손해배상을 청구한 때부터 진행한다.** 〈2020년 감정평가사〉

해설 채무불이행으로 인한 손해배상청구권의 소멸시효는 채무불이행시부터 진행하는 것이 원칙이다. 다만 채무불이행으로 인한 손해배상청구권은 현실적으로 손해가 발생한 때에 성립하는 것이므로 손해가 현실적으로 발생하였다고 볼 수 있어야 그때부터 소멸시효가 진행한다(대판 2018. 11. 9, 2018다240462).

29-1 **계속적 물품공급계약에 기하여 발생한 외상대금채권은 특별한 사정이 없는 한 거래종료일로부터 외상대금채권 총액에 대하여 한꺼번에 소멸시효가 기산한다.** 〈2020년 공인노무사〉

29-2 **계속적 거래관계로 발생한 채권이라 하더라도 변제기에 관한 특약이 없는 한, 그 시효기간은 개별적인 채권이 발생한 때로부터 개별적으로 진행하며 계속적 거래관계가 종료한 때부터 진행하는 것이 아니다.** 〈2013년 사법시험〉

해설 계속적 물품공급계약에 기하여 발생한 외상대금채권은 특별한 사정이 없는 한 개별 거래로 인한 각 외상대금채권이 발생한 때로부터 개별적으로 소멸시효가 진행하는 것이지 거래종료일부터 외상대금채권 총액에 대하여 한꺼번에 소멸시효가 기산한다고 할 수 없다(대판 2007. 1. 25, 2006다68940).

30 **불법행위 당시 예견할 수 없었던 후유손해가 발생한 경우에는 새로 발생 또는 확대된 손해를 안 날로부터 제766조 제1항에 의한 소멸시효가 진행된다.** 〈2007년 공인노무사〉

해설 불법행위로 인한 손해배상청구권은 민법 제766조 제1항에 의하여 피해자나 그 법정대리인이 그 손해 및 가해자를 안 날로부터 3년간 행사하지 아니하면 시효로 인하여 소멸하는 것인바, 여기에서 그 손해를 안다는 것은 손해의 발생사실을 알면 되는 것이고 그 손해의 정도나 액수를 구체적으로 알아야 하는 것은 아니므로, 통상의 경우 상해의 피해자는 상해를 입었을 때 그 손해를 알았다고 보아야 할 것이지만, 그 후 후유증 등으로 인하여 불법행위 당시에는 전혀 예견할 수 없었던 새로운 손해가 발생하였다거나 예상외로 손해가 확대된 경우에 있어서는 그러한 사유가 판명된 때에 새로이 발생 또는 확대된 손해를 알았다고 보아야 할 것이고, 이와 같이 새로이 발생 또는 확대된 손해 부분에 대하여는 그러한 사유가 판명된 때로부터 민법 제766조 제1항에 의한 소멸시효기간이 진행된다(대판 2001. 9. 4, 2001다9496).

31 **공사도급계약에서 소멸시효의 기산점이 되는 보수청구권의 지급시기는 특약이나 관습이 없으면 공사를 마친 때이다.** 〈2017년 법원행시〉

정답 27-1. (×) 27-2. (○) 28. (×) 29-1. (×) 29-2. (○) 30. (○) 31. (○)

해설 공사도급계약에서 소멸시효의 기산점이 되는 보수청구권의 지급시기는, 당사자 사이에 특약이 있으면 그에 따르고, 특약이 없으면 관습에 의하며(민법 제665조 제2항, 제656조 제2항), 특약이나 관습이 없으면 공사를 마친 때로 보아야 한다(대판 2017. 4. 7, 2016다35451).

32 일반채권의 소멸시효기간은 원칙적으로 10년이고, 채권 및 소유권 이외의 재산권은 20년의 소멸시효기간에 걸린다. 〈2011년 법무사〉

해설 민법 제162조 참조

33 1년의 단기소멸시효에 걸리는 채권의 상대방이 그 채권의 발생원인이 된 계약에 기하여 가지는 반대채권은 특별한 사정이 없는 한 10년의 소멸시효에 걸린다. 〈2018년 감정평가사〉

해설 일정한 채권의 소멸시효기간에 관하여 이를 특별히 1년의 단기로 정하는 민법 제164조는 그 각 호에서 개별적으로 정하여진 채권의 채권자가 그 채권의 발생원인이 된 계약에 기하여 상대방에 대하여 부담하는 반대채무에 대하여는 적용되지 아니한다. 따라서 그 채권의 상대방이 그 계약에 기하여 가지는 반대채권은 원칙으로 돌아가, 다른 특별한 사정이 없는 한 민법 제162조 제1항에서 정하는 10년의 일반소멸시효기간의 적용을 받는다(대판 2013. 11. 14, 2013다65178).

34 공동불법행위자 중 1인의 다른 공동불법행위자에 대한 구상금채권은 일반채권과 같이 구상권자가 현실로 피해자에게 손해금을 지급한 때로부터 10년간 이를 행사하지 아니함으로써 시효소멸한다. 〈2003년 법원행시〉

해설 대판 1979. 5. 15, 78다528 참조

35 1개월 단위로 지급되는 집합건물의 관리비채권은 민법 제163조 제1호에서 3년의 단기소멸시효에 걸리는 것으로 규정한 '1년 이내의 기간으로 정한 채권'에 해당한다. 〈2009년 법원행시〉

해설 민법 제163조 제1호에서 3년의 단기소멸시효에 걸리는 것으로 규정한 '1년 이내의 기간으로 정한 채권'이란 1년 이내 의 정기로 지급되는 채권을 말하는 것으로서 1개월 단위로 지급되는 집합건물의 관리비채권은 이에 해당한다(대판 2007. 2. 22, 2005다65821).

36-1 건물신축공사도급계약에서의 수급인의 도급인에 대한 저당권설정청구권의 소멸시효기간은 3년이다. 〈2020년 공인노무사〉

36-2 도급받은 공사의 공사대금채권은 민법 제163조 제3호에 따라 3년의 단기소멸시효가 적용된다. 나아가 민법 제666조에 따라 수급인이 공사대금채권을 담보하기 위하여 도급인에 대해 갖는 저당권설정청구권은 공사에 부수되는 채권으로서 그 소멸시효기간 역시 3년이다. 〈2017년 법무사〉

해설 도급받은 공사의 공사대금채권은 민법 제163조 제3호에 따라 3년의 단기소멸시효가 적용되고, 공사에 부수되는 채권도 마찬가지인데, 민법 제666조에 따른 저당권설정청구권은 공사대금채권을 담보하기 위하여 저당권설정등기절차의 이행을 구하는 채권적 청구권으로서 공사에 부수되는 채권에 해당하므로 소멸시효기간 역시 3년이다(대판 2016. 10. 27, 2014다211978).

정답 32. (O) 33. (O) 34. (O) 35. (O) 36-1. (O) 36-2. (O)

37-1 공유물분할청구권은 그 기초가 되는 법률관계가 존재하더라도 독립하여 소멸시효의 대상이 된다. 〈2007년 공인노무사〉

37-2 공유물분할청구권은 공유관계가 존속하는 한 그 분할청구권만이 독립하여 시효로 소멸될 수 없다. 〈2012년 감정평가사〉

37-3 공유물분할판결이 확정된 후 10년이 경과하면 그 판결로 확정된 공유물분할청구권은 시효완성으로 소멸한다. 〈2018년 변호사시험〉

37-4 민법 제165조의 규정은 단기의 소멸시효에 걸리는 것이라도 확정판결을 받은 권리의 소멸시효를 10년으로 한다는 뜻일 뿐 아니라 10년보다 장기의 소멸시효를 10년으로 단축한다는 의미도 있다. 〈2011년 법원행시〉

해설 공유물분할청구권은 공유관계에서 수반되는 형성권이므로 공유관계가 존속하는 한 그 분할청구권만이 독립하여 시효소멸될 수 없다. 나아가 민법 제165조의 규정은 단기의 소멸시효에 걸리는 것이라도 확정판결을 받은 권리의 소멸시효는 10년으로 한다는 뜻일 뿐 10년보다 장기의 소멸시효를 10년으로 단축한다는 의미도 아니고 본래 소멸시효의 대상이 아닌 권리가 확정판결을 받음으로써 10년의 소멸시효에 걸린다는 뜻도 아니다(대판 1981. 3. 24, 80다1888, 1889).

38-1 주채무가 민사채무이고 보증채무는 상행위로 인한 것일 때에 보증채무는 주채무에 따라 10년의 소멸시효에 걸린다. 〈2013년 사법시험〉

38-2 보증채무는 주채무와는 별개의 독립한 채무이므로 보증채무와 주채무의 소멸시효기간은 채무의 성질에 따라 각각 별개로 정해진다. 그리고 주채무자에 대한 확정판결에 의하여 민법 제163조 각 호의 단기소멸시효에 해당하는 주채무의 소멸시효기간이 10년으로 연장된 상태에서 주채무를 보증한 경우에도, 특별한 사정이 없는 한 보증채무에 대하여는 민법 제163조 각 호의 단기소멸시효가 적용된다. 〈2015년 법무사〉

해설 보증채무는 주채무와는 별개의 독립한 채무이므로 보증채무와 주채무의 소멸시효기간은 채무의 성질에 따라 각각 별개로 정해진다. 그리고 주채무자에 대한 확정판결에 의하여 민법 제163조 각 호의 단기소멸시효에 해당하는 주채무의 소멸시효기간이 10년으로 연장된 상태에서 주채무를 보증한 경우, 특별한 사정이 없는 한 보증채무에 대하여는 민법 제163조 각 호의 단기소멸시효가 적용될 여지가 없고, 성질에 따라 보증인에 대한 채권이 민사채권인 경우에는 10년, 상사채권인 경우에는 5년의 소멸시효기간이 적용된다(대판 2014. 6. 12, 2011다76105).

39 파산절차에 의하여 확정된 채권은 단기의 소멸시효에 해당한 것이라도 그 소멸시효는 10년으로 한다. 〈2008년 법원행시〉

해설 민법 제165조 제2항 참조

40 지급명령에서 확정된 채권은 단기의 소멸시효에 해당하더라도 그 소멸시효기간이 10년으로 연장된다. 〈2012년 공인노무사〉

정답 37-1. (×) 37-2. (○) 37-3. (×) 37-4. (×) 38-1. (×) 38-2. (×) 39. (○) 40. (○)

해설 민사소송법 제474조, 민법 제165조 제2항에 의하면, 지급명령에서 확정된 채권은 단기의 소멸시효에 해당하는 것이라도 그 소멸시효기간이 10년으로 연장된다(대판 2009. 9. 24, 2009다39530).

41 **소송에서 법원이 판결로 소송비용의 부담을 정하는 재판을 하면서 그 액수를 정하지 않았더라도 소송비용부담의 재판이 확정됨으로써 소송비용상환의무의 존재가 확정되고 그 의무의 이행기가 도래한다.** 〈2023년 법원행시〉

해설 소송에서 법원이 판결로 소송비용의 부담을 정하는 재판을 하면서 그 액수를 정하지 않은 경우 소송비용부담의 재판이 확정됨으로써 소송비용상환의무의 존재가 확정되지만, 당사자의 신청에 따라 별도로 민사소송법 제110조에서 정한 소송비용액확정결정으로 구체적인 소송비용 액수가 정해지기 전까지는 그 의무의 이행기가 도래한다고 볼 수 없고 이행기의 정함이 없는 상태로 유지된다. 위와 같이 발생한 소송비용상환청구권은 소송비용부담의 재판에 해당하는 판결 확정 시 발생하여 그때부터 소멸시효가 진행하지만, 민법 제165조 제3항에 따라 민법 제165조 제1항에서 정한 10년의 소멸시효는 적용되지 않는다. 따라서 국가의 소송비용상환청구권은 금전의 급부를 목적으로 하는 국가의 권리로서 국가재정법 제96조 제1항에 따라 5년 동안 행사하지 않으면 소멸시효가 완성된다고 보아야 한다(대결 2021. 7. 29, 자 2019마6152).

42-1 **소멸시효의 기간은 법률행위로 단축할 수 없다.** 〈2011년 공인노무사〉

42-2 **소멸시효는 법률행위에 의하여 연장, 가중할 수 없으나 이를 배제할 수 있다.** 〈2011년 법원행시〉

42-3 **소멸시효는 법률행위에 의하여 이를 배제, 연장 또는 가중할 수 없으나 이를 단축 또는 경감할 수 있다.** 〈2007년 법무사〉

해설 민법 제184조 제2항 참조

Ⅱ. 소멸시효의 중단 및 정지

43 **소멸시효의 중단에 관한 아래 설명으로 옳지 않은 것은?** 〈2004년 변리사〉

① 일반적으로 행정소송은 위법한 행정처분의 취소 또는 변경을 구하는 것으로서 사권을 재판상 행사하는 것이 아니므로 사권에 대한 시효중단사유가 되지 못하지만, 오납한 조세에 대한 부당이득반환청구권을 실현하기 위한 수단이 되는 과세처분의 취소 또는 무효확인을 구하는 소는 비록 행정소송이라고 할지라도 조세환급을 구하는 부당이득반환청구권의 소멸시효 중단사유인 재판상 청구에 해당한다.

② 시효중단은 당사자 및 그 승계인에 있어서만 효력이 있다. 여기서 당사자라 함은 중단행위에 관여한 당사자 및 시효의 대상인 권리 또는 청구권의 당사자를 의미하며, 승계인이라 함은 시효중단에 관여한 당사자로부터 중단의 효과를 받는 권리를 그 중단효과 발생 이후에 승계한 자를 뜻한다.

③ 보증채무에 대한 소멸시효가 중단되었다고 하더라도 이로써 주채무에 대한 소멸시효가 중단되는 것은 아니고, 주채무가 소멸시효 완성으로 소멸된 경우에는 보증채무도 그 채무 자체의 시효중단에 불구하고 부종성에 따라 당연히 소멸된다.

④ 최고는 6월내에 재판상의 청구, 파산절차참가, 화해를 위한 소환, 임의출석, 압류 또는 가압류, 가

정답 41. (×) 42-1. (×) 42-2. (×) 42-3. (○) 43. ②

처분을 하지 아니하면 시효중단의 효력이 없는데, '6월'의 기산점은 최고가 상대방에게 도달한 때부터이다.

⑤ 소멸시효의 중단사유로서의 승인은 시효이익을 받을 당사자인 채무자가 그 권리의 존재를 인식하고 있다는 뜻을 표시함으로써 성립하는 것이므로 이는 소멸시효의 진행이 개시된 이후에만 가능하고 그 이전에 승인을 하더라도 시효가 중단되지는 않는다.

해설

① (○) : 판례는 조세의 과오납에 따른 취소 내지 무효소송에 대하여, 그 소가 비록 행정소송이라 할지라도 조세환급을 구하는 부당이득반환청구권의 소멸시효중단사유인 재판상청구에 해당한다고 한다(대판 1992. 3. 31, 91다32053 전원합의체).

② (×) : 당사자란 시효중단행위에 관여한 당사자만을 말하며, 시효의 대상인 권리관계의 당사자를 말하는 것은 아니다. 그리고 승계인이라 함은 시효중단에 관여한 당사자로부터 중단의 효과를 받는 권리를 승계한 자를 말하며, 그 승계는 중단사유가 발생한 후에 이루어져야 한다(대판 1998. 6. 12, 96다26961).

③ (○) : 주채무에 대한 시효의 중단은 연대보증인에 대하여도 그 효력이 있으나(대판 1968. 4. 23, 67다2100), 주채무자에 대한 시효중단의 사유가 없는 이상 연대보증인 겸 물상보증인에 대한 시효중단의 사유가 있다하여 주채무까지 시효중단 되었다고 할 수는 없다. 따라서 주채무에 대한 소멸시효가 완성되면 연대보증인 겸 물상보증인은 보증채무의 부종성에 따라 주채무가 시효로 소멸되었음을 주장할 수는 있는 것이다(대판 1994. 1. 11, 93다21477).

④ (○) : 다만 판례는 최고의 시효중단의 기산점에 관하여, 최고에 대한 회신이 문제되는 경우에는, 유예를 요청한 경우에는 6월의 기간은 채권자가 채무자로부터 회답을 받은 때로부터 기산되는 것이라 한다(대판 1995. 5. 12, 94다24336).

⑤ (○) : 판례는 현존하지 아니하는 장래의 채권을 미리 승인하는 것은 채무자가 그 권리의 존재를 인식하고서 한 것이라고 볼 수 없어 허용되지 않는다고 판시하였다(대판 2001. 11. 9, 2001다52568).

44 **척추이상으로 하반신마비증세가 있던 甲은 2000년 3월 1일 치료를 받기 위해 乙병원과 입원진료계약을 체결하고, 같은 달 31일 수술을 받았다. 甲은 乙병원과 진료계약을 체결하면서 "입원비 기타 제 요금이 체납될 시는 乙병원의 법적 조치에 대하여 아무런 이의를 하지 않겠다."고 약정하였다. 2002년 2월 1일 수술 후 하반신마비증세가 심해진 甲은 乙병원을 상대로 손해배상청구의 소를 제기하였고, 甲은 2004년 12월 1일까지 乙병원에 입원하여 치료받았으나 하반신이 영구적으로 완전 마비되었다. 이 경우의 법률관계에 관한 설명으로 옳은 것은? (다툼이 있는 경우 판례에 의함)** 〈2006년 변리사〉

① 甲에 대한 乙병원의 치료비 채권의 소멸시효기간은 일반채권과 마찬가지로 10년이다.

② 甲에 대한 乙병원의 치료비 채권은 甲이 乙병원에 대하여 손해배상청구의 소를 제기한 날부터 소멸시효가 중단된다.

③ 甲이 장기간 입원치료를 받는 경우이므로 甲에 대한 乙병원의 치료비 채권은 특약이 없는 한, 퇴원시부터 소멸시효가 진행된다.

④ 甲이 입원 중 乙병원을 상대로 손해배상청구의 소를 제기하였고 이로 인해 乙병원이 甲에 대하여 치료비 채권을 행사할 수 없었던 사정이 인정되므로, 치료비 채권의 소멸시효는 손해배상청구의 소를 제기한 때 정지되는 것으로 보아야 한다.

정답 44. ⑤

⑤ "입원비 기타 제 요금이 체납될 시는 乙병원의 법적 조치에 대하여 아무런 이의를 하지 않겠다."는 약정은 甲이 치료비 채무의 존재를 미리 승인한 것으로 볼 수 없다.

해 설

① (×) : 의사의 치료비에 관한 채권은 단기소멸시효 3년에 해당한다(제163조 제2호).

② (×) : 甲에 대한 乙 병원의 치료비 채권은 채권자인 '乙'이 채무자인 甲에게 청구한 때 소멸시효가 중단되고, 채무자인 '甲'이 채권자인 乙에 대하여 손해배상청구의 소를 제기하였다고 하여 乙의 채권의 소멸시효가 중단되는 것은 아니다.

③ (×) : 민법 제163조 제2호 소정의 '의사의 치료에 관한 채권'에 있어서는, 특약이 없는 한 그 개개의 진료가 종료될 때마다 각각의 당해 진료에 필요한 비용의 이행기가 도래하여 그에 대한 소멸시효가 진행된다고 해석함이 상당하고, 장기간 입원 치료를 받는 경우라 하더라도 다른 특약이 없는 한 입원 치료 중에 환자에 대하여 치료비를 청구함에 아무런 장애가 없으므로 퇴원시부터 소멸시효가 진행된다고 볼 수는 없다(대판 2001. 11. 9, 2001다52568).

④ (×) : 환자가 수술 후 후유증으로 장기간 입원 치료를 받으면서 병원을 상대로 의료과오를 원인으로 한 손해배상청구 소송을 제기하였다 하더라도, 그러한 사정만으로는 환자를 상대로 치료비를 청구하는 데 법률상으로 아무런 장애가 되지 아니하므로 치료비 채권의 소멸시효가 퇴원시부터 진행한다거나 위 손해배상청구 소송이 종결된 날로부터 진행한다고 볼 수는 없다(대판 2001. 11. 9, 2001다52568).

⑤ (○) : [1] 소멸시효의 중단사유로서의 승인은 시효이익을 받을 당사자인 채무자가 그 권리의 존재를 인식하고 있다는 뜻을 표시함으로써 성립하는 것이므로 이는 소멸시효의 진행이 개시된 이후에만 가능하고 그 이전에 승인을 하더라도 시효가 중단되지는 않는다고 할 것이고, 또한 현존하지 아니하는 장래의 채권을 미리 승인하는 것은 채무자가 그 권리의 존재를 인식하고서 한 것이라고 볼 수 없어 허용되지 않는다고 할 것이다. [2] 진료계약을 체결하면서 "입원료 기타 제요금이 체납될 시는 병원의 법적 조치에 대하여 아무런 이의를 하지 않겠다."고 약정하였다 하더라도, 이로써 그 당시 아직 발생하지도 않은 치료비 채무의 존재를 미리 승인하였다고 볼 수는 없다고 한 사례(대판 2001. 11. 9, 2001다52568).

45 **성형외과 의사 甲은 乙에게 성형수술을 해 주는 대가로 1,000만 원을 받기로 하고 성형수술을 성공적으로 완료하였으나, 乙이 약속한 날짜에 의료비를 지급하지 않자 甲은 乙을 상대로 1,000만 원의 지급을 청구하는 소를 제기하였다. 다음 설명 중 옳지 않은 것은? (다툼이 있는 경우에는 판례에 의함)** 〈2009년 변리사〉

① 甲의 고소로 乙이 검찰청에서 작성한 피의자신문조서에 채무의 일부를 승인하는 의사를 표시한 경우에는 소멸시효가 중단된다.

② 乙에 대한 甲의 의료비채권은 甲의 청구가 인용된 재판이 확정된 때로부터 10년의 소멸시효에 걸린다.

③ 甲의 의료비채권은 소를 제기한 때부터 시효중단의 효력이 생긴다.

④ 甲이 乙에게 소제기 5개월 전에 채무 전액의 이행을 최고하였다면 시효중단의 효력은 최고시에 발생한다.

⑤ 甲이 의료비채권을 보전하기 위하여 소제기 1개월 전에 乙 소유의 가옥을 가압류하였다면, 시효중단의 효력은 가압류의 집행보전의 효력이 존속하는 동안 계속된다.

정 답 45. ①

해설

① (×) : 검사작성의 피의자신문조서는 검사가 피의자를 신문하여 그 진술을 기재한 조서로서 그 작성형식은 원칙적으로 검사의 신문에 대하여 피의자가 응답하는 형태를 취하여 피의자의 진술은 어디까지나 검사를 상대로 이루어지는 것이어서 그 진술기재 가운데 채무의 일부를 승인하는 의사가 표시되어 있다고 하더라도, 그 기재부분만으로 곧바로 소멸시효중단사유로서 승인의 의사표시가 있은 것으로는 볼 수 없다(대판 1999. 3. 12, 98다18124).

② (○) : 의사의 치료에 관한 채권은 3년간 행사하지 아니하면 소멸시효가 완성한다(제163조 제2호). 그런데 민법 제165조가 판결에 의하여 확정된 채권, 판결과 동일한 효력이 있는 것에 의하여 확정된 채권은 단기의 소멸시효에 해당한 것이라도 그 소멸시효는 10년으로 한다.

③ (○) : 시효중단의 효력은 소를 제기한 때부터 발생한다(민사소송법 제265조).

④ (○) : 최고를 여러 번 거듭하다가 재판상 청구 등을 한 경우에 있어서의 시효중단의 효력은 항상 최초의 최고시에 발생하는 것이 아니라 재판상 청구 등을 한 시점을 기준으로 하여 이로부터 소급하여 6월 이내에 한 최고시에 발생한다(대판 1987. 12. 22, 87다카2337). 따라서 소제기 5개월 전에 채무 전액의 이행을 최고하였다면 시효중단의 효력은 6월 안의 최고시에 발생한다.

⑤ (○) : 민법 제168조에서 가압류를 시효중단사유로 정하고 있는 것은 가압류에 의하여 채권자가 권리를 행사하였다고 할 수 있기 때문인데, 가압류에 의한 집행보전의 효력이 존속하는 동안은 가압류채권자에 의한 권리행사가 계속되고 있다고 보아야 할 것이므로, 가압류에 의한 시효중단의 효력은 가압류의 집행보전의 효력이 존속하는 동안은 계속된다고 하여야 할 것이다(대판 2006. 7. 27, 2006다32781).

46 **소멸시효 중단사유로서의 '승인'에 관한 설명으로 옳지 않은 것은? (다툼이 있는 경우에는 판례에 의함)** 〈2010년 변리사〉

① 승인은 소멸시효의 진행이 개시된 이후에만 가능하고 그 이전에 승인을 하더라도 시효가 중단되지 않는다.
② 승인으로 인한 시효중단의 효력은 그 승인의 통지가 상대방에게 도달한 때에 발생한다.
③ 승인을 함에는 상대방의 권리에 관한 처분의 능력이나 권한이 있음을 요하지 않는다.
④ 현존하지 않는 장래의 채권을 미리 승인하는 것도 사적 자치의 원칙상 허용된다.
⑤ 채무자의 승인이 있었다는 사실은 이를 주장하는 채권자측에서 입증하여야 한다.

해설

① (○) : 대판 2001. 11. 9, 2001다52568 참조

② (○) : 채권의 시효중단사유로서의 '승인'은 시효이익을 받을 당사자인 채무자가 그 시효의 완성으로 권리를 상실하게 될 자 또는 그 대리인에 대하여 그 권리가 존재함을 인식하고 있다는 뜻을 표시함으로써 성립한다고 할 것이며, 이 때 그 표시의 방법은 아무런 형식을 요구하지 아니하고, 또한 명시적이건 묵시적이건 불문한다 할 것이나, 승인으로 인한 시효중단의 효력은그 승인의 통지가 상대방에게 도달하는 때에 발생한다(대판 1995. 9. 29, 95다30178 등).

③ (○) : 민법 제177조 참조

④ (×) : 소멸시효의 중단사유로서의 승인은 시효이익을 받을 당사자인 채무자가 그 권리의 존재를 인식하고 있다는 뜻을 표시함으로써 성립하는 것이므로 이는 소멸시효의 진행이 개시된 이후에만 가능하고 그 이전에 승인을 하더라도 시효가 중단되지는 않는다고 할 것이고, 또한 현존하지 아니하는 장래의 채권을 미리 승인하는 것은 채무자가 그 권리의 존재를 인식 하고서 한 것이라고 볼 수 없어 허용되지 않는다고 할 것이다(대판 2001. 11. 9, 2001다52568).

정답 46. ④

⑤ (○) : 소멸시효의 중단사유로서 채무자에 의한 채무승인이 있었다는 사실은 이를 주장하는 채권자측에서 입증하여야 하는 것이다(대판 2005. 2. 17, 2004다59959).

47 소멸시효의 중단사유에 관한 설명 중 옳은 것은? (다툼이 있는 경우에는 판례에 의함)

〈2011년 변리사〉

① 물상보증인이 피담보채무의 부존재 또는 소멸을 이유로 제기한 저당권설정등기 말소등기절차이행청구소송에서, 채권자 겸 저당권자가 청구기각의 판결을 구하고 그 피담보채권의 존재를 주장하였다면, 이는 재판상 청구로서 소멸시효 중단사유에 해당한다.

② 원인채권의 지급을 확보하기 위하여 어음이 수수된 당사자 사이에서 채권자가 이미 시효로 소멸된 어음채권을 청구채권으로 하여 채무자의 재산을 압류하면, 이로써 그 원인채권의 소멸시효는 중단된다고 보아야 한다.

③ 채권양도 후 대항요건이 구비되기 전에 양도인이 채무자를 상대로 채무이행을 청구하는 소송을 하던 중, 채무자가 채권양도의 효력을 인정하는 등의 사정으로 인하여 양도인의 청구가 기각되었더라도, 양수인이 그로부터 6월 이내에 채무자를 상대로 재판상의 청구 등을 하였다면 양도인의 최초의 재판상 청구로 인하여 소멸시효가 중단된다.

④ 아파트입주자대표회의가 직접 하자보수에 갈음한 손해배상청구의 소를 제기하였다가 구분소유자들로부터 손해배상채권을 양도받아 양수금 청구를 하는 것으로 청구원인을 변경한 경우, 손해배상청구권에 대한 소멸시효 중단의 효과는 소를 제기한 때에 소급하여 발생한다.

⑤ 권리자인 피고가 응소하여 권리를 주장하였으나 그 소가 각하되거나 취하되는 등의 사유로본안에서 그 권리주장에 관한 판단 없이 소송이 종료된 경우에는 그때부터 6월 이내에 재판상의 청구 등 다른 시효중단조치를 취하여도 시효중단의 효력이 생기지 않는다.

해 설

① (×) : 채무자와 채권자간의 응소와는 달리 '물상보증인'이 그 피담보채무의 부존재 또는 소멸을 이유로 제기한 저당권설정등기 말소등기절차이행청구소송에서 채권자 겸 저당권자가 청구기각의 판결을 구하고 피담보채권의 존재를 주장하였다고 하더라도 이로써 직접 채무자에 대하여 재판상 청구를 한 것으로 볼 수는 없는 것이므로 피담보채권의 소멸시효에 관하여 규정한 민법 제168조 제1호 소정의 '청구'에 해당하지 아니한다(대판 2004. 1. 16, 2003다30890).

② (×) : 어음채권이 소멸시효에 걸리지 않은 경우와는 달리, 이미 어음채권의 소멸시효가 완성된 후에는 시효로 소멸된 어음채권을 청구채권으로 하여 채무자의 재산을 압류한다 하더라도 이를 원인채권을 실현하기 위한 적법한 권리행사로 볼 수 없어, 그 압류에 의하여 그 원인채권의 소멸시효가 중단된다고 볼 수 없다(대판 2010. 5. 13, 2010다6345).

③ (○) : 채권양도의 대항요건을 갖추기 전에 양도인이 채무자를 상대로 제기한 재판상 청구가 소송 중에 채무자가 채권양도의 효력을 인정하는 등의 사정으로 기각되고, 그 후 6월 내에 양수인이 재판상 청구 등을 한 경우, 양도인의 청구가 당초부터 무권리자에 의한 청구로 되는 것은 아니므로, 양수인이 그로부터 6월 내에 채무자를 상대로 재판상의 청구 등을 하였다면, 민법 제169조 및 제170조 제2항에 의하여 양도인의 최초의 재판상 청구로 인하여 시효가 중단된다(대판 2009. 2. 12, 2008두20109).

④ (×) : 공동주택의 입주자대표회의가 하자보수에 갈음한 손해배상청구의 소를 제기하여 수행하던 중 자신에게 위 손해배상청구권이 없음을 알고 일부 구분소유자로부터 그 권리를 양도받아 채권양도에 의한 손해배상청구를 예비적 청구원인으로 추가한 경우, 당초의 소제기는 권리 없는 자의 소제기이므로 시효 중단의 효력이 없

정답 47. ③

고, 특별한 사정이 없는 한 채권양도를 받아 정당한 권리자로서 예비적 청구원인의 준비서면을 제출한 날에 비로소 시효중단의 효력이 발생한다(대판 2008. 12. 24, 2008다48490).

[비교지문] 원고가 채권자대위권에 기해 청구를 하다가 당해 피대위채권 자체를 양수하여 양수금청구로 소를 변경한 경우 당초의 채권자대위소송으로 인한 시효중단의 효력이 소멸하지 않는다.

〈2016년 법원행시〉

(○) : 원고가 채권자대위권에 기해 청구를 하다가 당해 피대위채권 자체를 양수하여 양수금청구로 소를 변경한 사안에서, 이는 청구원인의 교환적 변경으로서 채권자대위권에 기한 구 청구는 취하된 것으로 보아야 하나, 그 채권자대위소송의 소송물은 채무자의 제3채무자에 대한 계약금반환청구권인데 위 양수금청구는 원고가 위 계약금반환청구권 자체를 양수하였다는 것이어서 양 청구는 동일한 소송물에 관한 권리의무의 특정승계가 있을 뿐 그 소송물은 동일한 점, 시효중단의 효력은 특정승계인에게도 미치는 점, 계속 중인 소송에 소송목적인 권리 또는 의무의 전부나 일부를 승계한 특정승계인이 소송참가하거나 소송인수한 경우에는 소송이 법원에 처음 계속된 때에 소급하여 시효중단의 효력이 생기는 점, 원고는 위 계약금반환채권을 채권자대위권에 기해 행사하다 다시 이를 양수받아 직접 행사한 것이어서 위 계약금반환채권과 관련하여 원고를 '권리 위에 잠자는 자'로 볼 수 없는 점 등에 비추어 볼 때, 당초의 채권자대위소송으로 인한 시효중단의 효력이 소멸하지 않는다(대판 2010. 6. 24, 2010다17284).

⑤ (×) : 권리자인 피고가 응소하여 권리를 주장하였으나 그 소가 각하되거나 취하되는 등의 사유로 본안에서 그 권리주장에 관한 판단 없이 소송이 종료된 경우에도 민법 제170조 제2항을 유추적용하여 그때부터 6월 이내에 재판상의 청구 등 다른 시효 중단조치를 취하면 응소시에 소급하여 시효 중단의 효력이 있는 것으로 봄이 상당하다(대판 2010. 8. 26, 2008다42416, 42423).

48 **소멸시효의 중단에 관한 설명으로 옳지 않은 것은? (다툼이 있는 경우에는 판례에 의함)**

〈2012년 변리사〉

① 시효완성을 주장하는 채무자가 채무부존재확인의 소를 제기함에 따라 채권자가 피고로서 응소하여 그 소송에서 적극적으로 권리를 주장하고 그것이 받아들여졌더라도 시효는 중단되지 않는다.
② 채무자의 일부변제는 채무 전부에 관하여 시효중단의 효력이 있다.
③ 채권자가 채무자를 고소하여 형사재판이 개시되어도 이를 소멸시효의 중단사유인 재판상 청구로 볼 수 없다.
④ 재판상의 청구를 한 후 그 소송을 취하한 경우, 그로부터 6월내에 다시 재판상의 청구를 하지 않는 한 시효중단의 효력이 없고 재판외의 최고의 효력만 있다.
⑤ 채권자가 물상보증인이 담보로 제공한 부동산을 압류한 경우, 채무자에게 통지한 후가 아니면 채무자에 대한 시효중단의 효력이 발생하지 않는다.

해 설

① (×) : 민법 제168조 제1호, 제170조 제1항에서 시효중단사유의 하나로 규정하고 있는 재판상의 청구라 함은, 통상적으로는 권리자가 원고로서 시효를 주장하는 자를 피고로 하여 소송물인 권리를 소의 형식으로 주장하는 경우를 가리키지만, 이와 반대로 시효를 주장하는 자가 원고가 되어 소를 제기한 데 대하여 피고로서 응소하여 그 소송에서 적극적으로 권리를 주장하고 그것이 받아들여진 경우도 마찬가지로 이에 포함되는 것으로 해석함이 타당하다(대판 1993. 12. 21, 92다47861 전원합의체).

② (○) : 대판 1996. 1. 23, 95다39854 참조

정답 48. ①

③ (○) : 제168조의 청구 중 재판상 청구는 민사소송을 제기하는 것을 말하기 때문에 타당하다(대판 1999. 3. 12, 98다18124).
④ (○) : 대판 1995. 5. 12, 94다24336 등 참조
⑤ (○) : 민법 제169조, 민법 제176조 참조

49 **소멸시효의 중단사유에 관한 설명으로 옳은 것은? (다툼이 있는 경우에는 판례에 의함)**

〈2013년 변리사〉

① 채권양도 후 대항요건이 구비되기 전에 양도인은 채무자를 상대로 시효중단의 효력이 있는 재판상 청구를 할 수 없다.
② 채권양도 후 대항요건이 구비되기 전에 양수인은 채무자를 상대로 시효중단의 효력이 있는 재판상 청구를 할 수 없다.
③ 채권자가 가분채권의 일부분을 피보전채권으로 하여 가압류를 한 경우에는 피보전채권에 포함되지 않은 나머지 채권에 대하여도 시효중단의 효력이 생긴다.
④ 시효완성 전에 한 면책적 채무인수는 소멸시효의 중단사유가 되지 않는다.
⑤ 시효중단의 효력이 있는 승인에는 상대방의 권리에 관한 처분의 능력이나 권한이 있음을 요하지 않는다.

해 설

① (×) : 채권양도 후 대항요건이 구비되기 전의 양도인은 채무자에 대한 관계에서는 여전히 채권자의 지위에 있으므로 채무자를 상대로 시효중단의 효력이 있는 재판상의 청구를 할 수 있고, 이 경우 양도인이 제기한 소송 중에 채무자가 채권양도의 효력을 인정하는 등의 사정으로 인하여 양도인의 청구가 기각됨으로써 민법 제170조 제1항에 의하여 시효중단의 효과가 소멸된다고 하더라도, 양도인의 청구가 당초부터 무권리자에 의한 청구로 되는 것은 아니므로, '양수인이' 그로부터 6월 내에 채무자를 상대로 재판상의 청구 등을 하였다면, 민법 제169조 및 제170조 제2항에 의하여 양도인의 최초의 재판상 청구로 인하여 시효가 중단된다(대판 2009. 2. 12, 2008두20109).
② (×) : 채권양도는 구 채권자인 양도인과 신 채권자인 양수인 사이에 채권을 그 동일성을 유지하면서 전자로부터 후자에게로 이전시킬 것을 목적으로 하는 계약을 말하고, 대항요건을 갖추지 못하여 채무자에게 대항하지 못한다고 하더라도 채권양도에 의하여 채권을 이전받은 양수인의 경우, 채권의 양수인이 채무자를 상대로 재판상의 청구를 하였다면 이는 소멸시효 중단사유인 재판상의 청구에 해당한다고 보아야 한다(대판 2005. 11. 10, 2005다41818).
③ (×) : 채권자가 가분채권의 일부분을 피보전채권으로 주장하여 채무자 소유의 재산에 대하여 가압류를 한 경우에 있어서는 그 피보전채권 부분만에 한하여 시효중단의 효력이 있다 할 것이고 가압류에 의한 보전채권에 포함되지 아니한 나머지 채권에 대하여는 시효중단의 효력이 발생할 수 없다 할 것이다(대판 1976. 2. 24, 75다1240).
④ (×) : 면책적 채무인수가 있은 경우, 인수채무의 소멸시효기간은 채무인수와 동시에 이루어진 소멸시효 중단사유, 즉 채무승인에 따라 채무인수일로부터 새로이 진행된다(대판 1999. 7. 9, 99다12376).
⑤ (○) : 민법 제177조 참조

정답 49. ⑤

50 **甲은 A호텔에서 2015. 12. 5. 회갑연을 하고, 당일 지급하기로 한 3천만 원의 음식료채무를 그의 친구 乙과 연대하여 부담하기로 약정하였다. A호텔이 2016. 11. 21. 3천만 원을 받기 위하여 甲을 상대로 이행청구의 소를 제기하였다. 다음 설명 중 옳지 않은 것은? (다툼이 있으면 판례에 따름)** 〈2017년 변리사〉

① A호텔의 음식료 채권은 1년의 소멸시효에 걸린다.

② 소멸시효가 완성되기 전에 A호텔이 소를 제기했으므로, 소멸시효의 진행이 중단된다.

③ A호텔이 소송을 취하하면 소멸시효 중단의 효력은 없으나, 6개월 내에 가압류를 하면 최초의 재판상 청구로 인하여 소멸시효가 중단된 것으로 본다.

④ A호텔의 청구에 대하여 기각판결이 확정된 후, A호텔이 재심을 청구하면 소멸시효의 진행이 중단된다.

⑤ A호텔의 재판상 청구로 인한 소멸시효 중단의 효력은 乙에게도 미친다.

해설

① (○) : 민법 제164조 제1호 참조

② (○) : 민법 제168조 제1호. ☞ 소멸시효는 2016. 12. 5. 24시에 완성되는데, A호텔은 그 전인 2016. 11. 21.에 재판상 청구를 하였다.

③ (○) : 민법 제170조 제1항, 제2항 참조

④ (×) : 재판상 청구는 소송의 각하, 기각, 취하의 경우에는 시효중단의 효력이 없고 다만 각하 또는 취하되었다가 6월 내에 다시 재판상 청구를 하면 시효는 중단되나 기각판결이 확정된 경우에는 청구권의 부존재가 확정됨으로써 중단의 효력이 생길 수 없으므로 청구기각판결의 확정 후 재심을 청구하였다 하더라도 시효의 진행이 중단된다고 할 수 없다(대판 1992. 4. 24, 92다6983).

> **[비교지문] 소유권이전등기를 명한 확정판결시 피고가 재심의 소를 제기하여 그 토지에 대한 소유권이 여전히 자신에게 있다고 주장한 것은 취득시효의 중단사유가 되지 않는다.** 〈2004년 감정평가사〉
>
> (×) : 소유권이전등기를 명한 확정판결의 피고가 재심의 소를 제기하여 그 토지에 대한 소유권이 여전히 자신에게 있다고 주장한 것은 취득시효의 중단사유가 되는 재판상의 청구에 준하는 것이므로, 위 확정판결에 의해 소유권이전등기를 경료받은 자의 당해 토지에 대한 취득시효는 재심의 소제기일로부터 그 확정일까지 중단된다(대판 1996. 9. 24, 96다11334).

⑤ (○) : 민법 제416조. 연대채무에서 이행청구는 절대효가 있으므로 이행청구에 의해 소멸시효가 중단되는 효력도 절대효가 있다.

51 **소멸시효에 관한 설명으로 옳은 것은?** 〈2017년 변리사〉

① 재산을 관리하는 후견인에 대한 제한능력자의 권리는 그가 능력자가 된 때로부터 6개월 내에는 소멸시효가 완성되지 아니한다.

② 채권자가 채무자를 상대로 법원에 신청한 화해가 불성립되어 채권자가 그로부터 1월내에 소를 제기한 경우, 채권의 소멸시효는 소제기 시부터 중단된다.

③ 소멸시효의 기간만료 전 1년 내에 제한능력자에게 법정대리인이 없는 경우, 그가 능력자가 되거나 법정대리인이 취임한 때로부터 1년 내에는 소멸시효가 완성되지 아니한다.

정답 50. ④ 51. ①

④ 상속재산에 대한 권리는 상속인의 확정, 관리인의 선임 또는 파산선고가 있는 때로부터 1년 내에는 소멸시효가 완성되지 아니한다.

⑤ 채무자가 시효중단의 효력이 있는 승인을 하려면 채권자의 채권에 관한 처분의 능력이나 권한이 있어야 한다.

해 설

①(○) : 민법 제180조 제1항 참조

②(×) : 민법 제173조. 1월내에 소를 제기하면 화해를 위한 소환이나 임의출석에 의한 시효중단의 효력이 유지되므로, 소멸시효가 중단되는 시점은 소제기 시부터가 아니라 화해를 신청한 때이다.

③(×) : 민법 제179조. 1년이 아니라 6개월이다.

④(×) : 민법 제181조. 1년이 아니라 6월이다.

⑤(×) : 민법 제177조. 처분의 능력이나 권한있음을 요하지 아니한다.

52 **甲은 2017. 10. 1. 친구 乙에게 3,000만원을 대여하면서 이자는 월 1%, 변제기는 2018. 10. 1.로 정하였는데, 2019. 2. 16. 현재까지 乙은 원금과 이자를 전혀 변제하지 않고 있다. 이에 관한 설명으로 옳지 않은 것은? (다툼이 있으면 판례에 따름)** 〈2019년 변리사〉

① 甲의 원금반환채권은 10년간 행사하지 아니하면 소멸시효가 완성한다.

② 甲이 乙을 사기죄로 고소하여 형사소송이 제기되었는데, 이 과정에서 배상명령을 신청하지 않은 경우에는 甲의 대여금채권의 소멸시효는 중단되지 않는다.

③ 甲이 乙을 상대로 대여금반환청구의 소를 제기하였다가 이후 그 소를 취하한 경우에도 甲의 대여금반환청구의 소제기로 인한 시효중단의 효력은 유지된다.

④ 乙의 재산에 대하여 甲의 가압류가 있는 경우에도 시효중단의 효력이 인정되지만, 당연무효의 가압류는 소멸시효의 중단사유에 해당하지 않는다.

⑤ 甲이 乙에게 대여금반환채무의 이행을 최고한 경우, 최고 후 6개월 내에 재판상의 청구를 하였다면 최고시에 시효중단의 효력이 발생한다.

해 설

①(○) : 민법 제162조 제1항 참조

②(○) : 형사소송은 피고인에 대한 국가형벌권의 행사를 그 목적으로 하는 것이므로, 피해자가 형사소송에서 소송촉진등에관한특례법에서 정한 배상명령을 신청한 경우를 제외하고는 단지 피해자가 가해자를 상대로 고소하거나 그 고소에 기하여 형사재판이 개시되어도 이를 가지고 소멸시효의 중단사유인 재판상의 청구로 볼 수는 없다(대판 1999. 3. 12, 98다18124).

③(×) : 민법 제170조 제1항 참조

④(○) : 사망한 사람을 피신청인으로 한 가압류신청은 부적법하고 그 신청에 따른 가압류결정이 내려졌다고 하여도 그 결정은 당연 무효로서 그 효력이 상속인에게 미치지 않으며, 이러한 당연 무효의 가압류는 민법 제168조 제1호에 정한 소멸시효의 중단사유에 해당하지 않는다(대판 2006. 8. 24, 2004다26287, 26294).

⑤(○) : 민법 제174조 참조

정답 52. ③

53 **소멸시효의 중단에 관한 설명으로 옳지 않은 것은? (다툼이 있으면 판례에 따름)** 〈2020년 변리사〉

① 시효의 중단은 당사자 및 그 승계인간에만 효력이 있다.
② 주채무자에 대한 시효의 중단은 보증인에 대하여도 효력이 있다.
③ 연대채무자 중 1인이 소유하는 부동산에 대한 압류에 따른 시효중단의 효력은 다른 연대채무자에게는 미치지 않는다.
④ 채권자가 피고로서 응소하여 적극적으로 권리를 주장하고 그것이 받아들여진 경우 시효중단사유인 재판상의 청구에 해당한다.
⑤ 권리자인 피고가 응소하여 권리를 주장하였으나 그 소가 취하되어 본안에서 그 권리 주장에 관한 판단 없이 소송이 종료된 후 종료된 때부터 6월 내에 가압류를 하면, 권리자가 가압류를 한 때부터 시효중단의 효력이 인정된다.

해 설

①(○) : 민법 제169조 참조
②(○) : 민법 제440조 참조
③(○) : 채권자의 신청에 의한 경매개시결정에 따라 연대채무자 1인의 소유 부동산이 압류된 경우, 이로써 위 채무자에 대한 채권의 소멸시효는 중단되지만, 압류에 의한 시효중단의 효력은 다른 연대채무자에게 미치지 아니하므로, 경매개시결정에 의한 시효중단의 효력을 다른 연대채무자에 대하여 주장할 수 없다(대판 2001. 8. 21, 2001다22840).
④(○), ⑤(×) : 민법 제168조 제1호, 제170조 제1항에서 시효중단사유의 하나로 규정하고 있는 재판상의 청구라 함은, 통상적으로는 권리자가 원고로서 시효를 주장하는 자를 피고로 하여 소송물인 권리를 소의 형식으로 주장하는 경우를 가리키지만, 이와 반대로 시효를 주장하는 자가 원고가 되어 소를 제기한 데 대하여 피고로서 응소하여 그 소송에서 적극적으로 권리를 주장하고 그것이 받아들여진 경우도 이에 포함되고, 위와 같은 응소행위로 인한 시효중단의 효력은 피고가 현실적으로 권리를 행사하여 응소한 때에 발생한다. 한편, 권리자인 피고가 응소하여 권리를 주장하였으나 그 소가 각하되거나 취하되는 등의 사유로 본안에서 그 권리주장에 관한 판단 없이 소송이 종료된 경우에도 민법 제170조 제2항을 유추적용하여 그때부터 6월 이내에 재판상의 청구 등 다른 시효중단조치를 취하면 응소시에 소급하여 시효중단의 효력이 있는 것으로 봄이 상당하다(대판 2010. 8. 26, 2008다42416, 42423).

54 **소멸시효에 관한 설명으로 옳지 않은 것은? (다툼이 있으면 판례에 따름)** 〈2021년 변리사〉

① 소멸시효에 관한 규정은 강행규정이지만, 법률행위에 의하여 경감할 수 있다.
② 공유물분할청구권은 공유관계가 존속하는 한 별도로 소멸시효가 진행되지 않는다.
③ 부당이득반환청구권의 소멸시효는 청구권이 성립한 때로부터 진행하고, 원칙적으로 권리의 존재나 발생을 알지 못하였다고 하더라도 소멸시효의 진행에 장애가 되지 않는다.
④ 부동산매수인이 소유권이전등기 없이 부동산을 인도받아 사용·수익하다가 제3자에게 그 부동산을 처분하고 점유를 승계하여 준 경우, 소유권이전등기청구권의 소멸시효가 진행되지 않는다.
⑤ 원인채권의 지급을 확보하기 위하여 어음이 수수된 당사자 사이에 채권자가 어음채권에 관한 집행권원에 기하여 한 배당요구는 그 원인채권의 소멸시효를 중단시키는 효력이 없다.

정답 53. ⑤ 54. ⑤

해설

① (○) : 소멸시효는 법률행위에 의하여 이를 배제, 연장 또는 가중할 수 없으나 이를 단축 또는 경감할 수 있다(민법 제184조 제2항). ☞ 당사자가 시효에 걸리지 않는 것으로 특약을 하거나 시효완성을 어렵게 하는 것은 허용되지 않는다는 점에서 시효에 관한 규정은 강행규정이라고 해석된다. 다만 부분적으로는 사적 자치가 허용되어 법률행위에 의하여 단축 또는 경감하는 것은 가능하다.

② (○) : 공유물분할청구권은 공유관계에서 수반되는 형성권이므로 공유관계가 존속하는 한 그 분할청구권만이 독립하여 시효소멸될 수 없다(대판 1981. 3. 24, 80다1888, 1889).

③ (○) : 부당이득반환청구권은 기한 없는 채권으로 성립과 동시에 소멸시효가 진행한다(대판 2011. 3. 24, 2010다92612). 그리고 원칙적으로 권리의 존재나 발생을 알지 못하였다고 하더라도 소멸시효의 진행에 장애가 되지 않는다(대판 2003. 2. 11, 99다66427, 73371).

④ (○) : 부동산의 매수인이 그 부동산을 인도받은 이상 이를 사용·수익하다가 그 부동산에 대한 보다 적극적인 권리 행사의 일환으로 다른 사람에게 그 부동산을 처분하고 그 점유를 승계하여 준 경우에도 그 이전등기청구권의 행사 여부에 관하여 그가 그 부동산을 스스로 계속 사용·수익만 하고 있는 경우와 특별히 다를 바 없으므로 위 두 어느 경우에나 이전등기청구권의 소멸시효는 진행되지 않는다고 보아야 한다(대판 1999. 3. 18, 98다32175 전원합의체).

⑤ (×) : 부동산경매절차에서 집행력 있는 채무명의 정본을 가진 채권자가 하는 배당요구는 민법 제168조 제2호의 압류에 준하는 것으로서 배당요구에 관련된 채권에 관하여 소멸시효를 중단하는 효력이 생긴다고 할 것이고, 따라서 원인채권의 지급을 확보하기 위하여 어음이 수수된 당사자 사이에 채권자가 어음채권에 관한 집행력 있는 채무명의 정본에 기하여 한 배당요구는 그 원인채권의 소멸시효를 중단시키는 효력이 있다(대판 2002. 2. 26, 2000다25484).

55 소멸시효에 관한 설명으로 옳지 않은 것은? (다툼이 있으면 판례에 따름) 〈2022년 변리사〉

① 부동산의 매수인이 목적 부동산을 인도받아 계속 점유하는 경우, 그 매매로 인한 매수인의 소유권이전등기청구권의 소멸시효는 진행하지 않는다.
② 신축 중인 건물에 관한 소유권이전등기청구권의 소멸시효는 그 건물이 완공되지 아니한 동안에는 진행하지 않는다.
③ 부작위를 목적으로 하는 채권의 소멸시효는 위반행위를 한 때로부터 진행한다.
④ 단기의 소멸시효에 해당하는 주채무의 소멸시효기간이 확정판결에 의하여 10년으로 연장되면 보증채무의 소멸시효기간도 10년으로 연장된다.
⑤ 소멸시효의 중단을 위한 승인은 묵시적인 방법으로도 할 수 있다.

해설

① (○) : 부동산에 관하여 인도, 등기 등의 어느 한 쪽만에 대하여서라도 권리를 행사하는 자는 전체적으로 보아 그 부동산에 관하여 권리 위에 잠자는 자라고 할 수 없다 할 것이므로, 매수인이 목적 부동산을 인도받아 계속 점유하는 경우에는 그 소유권이전등기청구권의 소멸시효가 진행하지 않는다(대판 1999. 3. 18, 98다32175 전원합의체).

② (○) : 건물에 관한 소유권이전등기청구권에 있어서 그 목적물인 건물이 완공되지 아니하여 이를 행사할 수 없었다는 사유는 법률상의 장애사유에 해당하므로, 매매계약 당시 매매목적부동산인 주택이 신축 중이었다면 그 부동산에 관한 소유권이전등기청구권의 소멸시효는 빨라도 그 주택이 완공됨으로써 그 권리를 행사할 수 없는 법률상의 장애사유가 소멸된 때로부터 진행하게 된다(대판 2007. 8. 23, 2007다28024·28031).

정답 55. ④

③ (○) : 부작위를 목적으로 하는 채권의 소멸시효는 위반행위를 한 때로부터 진행한다(민법 제166조 제2항).
④ (×) : 민법 제165조가 판결에 의하여 확정된 채권, 판결과 동일한 효력이 있는 것에 의하여 확정된 채권은 단기의 소멸시효에 해당한 것이라도 그 소멸시효는 10년으로 한다고 규정하는 것은 당해 판결 등의 당사자 사이에 한하여 발생하는 효력에 관한 것이고 채권자와 주채무자 사이의 판결 등에 의해 채권이 확정되어 그 소멸시효가 10년으로 되었다 할지라도 위 당사자 이외의 채권자와 연대보증인사이에 있어서는 위 확정판결 등은 그 시효기간에 대하여는 아무런 영향도 없고 채권자의 연대보증인의 연대보증채권의 소멸시효기간은 여전히 종전의 소멸시효기간에 따른다(대판 1986. 11. 25, 86다카1569).
⑤ (○) : 채권 시효 중단사유로서의 승인은 시효이익을 받을 당사자인 채무자가 그 시효의 완성으로 권리를 상실하게 될 자 또는 그 대리인에 대하여 그 권리가 존재함을 인식하고 있다는 뜻을 표시함으로써 성립한다고 할 것이며, 이 때 그 표시의 방법은 아무런 형식을 요구하지 아니하고, 또한 명시적이건 묵시적이건 불문한다 할 것이나, 승인으로 인한 시효중단의 효력은 그 승인의 통지가 상대방에게 도달하는 때에 발생한다(대판 1995. 9. 29, 95다30178 ; 대판 2008. 7. 24, 2008다25299).

56 **소멸시효에 관한 설명으로 옳지 않은 것을 모두 고른 것은? (다툼이 있으면 판례에 따름)**

〈2023년 변리사〉

ㄱ. 보험금청구권의 소멸시효는 보험계약자가 보험회사에 보험금을 청구한 때로부터 진행한다.
ㄴ. 동일한 채권자에게 다수의 채무를 부담하는 채무자가 변제 충당을 지정하지 않고 일부 금원을 변제한 경우, 특별한 사정이 없는 한 그 변제는 모든 채무에 대한 승인으로서 소멸시효를 중단하는 효력이 있다.
ㄷ. 중첩적 채무인수에 의하여 인수인이 부담하는 채무에 대해서는 기존채무와 동일한 소멸시효기간이 적용된다.
ㄹ. 보험계약자가 보험금을 부정 취득할 목적으로 다수의 보험계약을 체결한 것이 민법 제103조(반사회질서의 법률행위)에 의해 무효로 된 경우, 보험자가 지급한 보험금에 대한 부당이득반환청구권은 10년의 민사 소멸시효기간이 적용된다.

① ㄱ, ㄷ ② ㄱ, ㄹ ③ ㄴ, ㄷ ④ ㄴ, ㄹ ⑤ ㄱ, ㄷ, ㄹ

해설

ㄱ. (×) : 보험금청구권의 소멸시효는 특별한 다른 사정이 없는 한 원칙적으로 보험사고가 발생한 때부터 진행한다. 그렇지만 보험사고가 발생한 것인지 여부가 객관적으로 분명하지 아니하여 보험금청구권자가 과실 없이 보험사고의 발생을 알 수 없었던 경우에도 보험사고가 발생한 때부터 보험금청구권의 소멸시효가 진행한다고 해석하는 것은, 보험금청구권자에게 너무 가혹하여 사회정의와 형평의 이념에 반하고 소멸시효 제도의 존재이유에도 부합하지 않으므로, 이와 같이 객관적으로 보아 보험사고가 발생한 사실을 확인할 수 없는 사정이 있는 경우에는 보험금청구권자가 보험사고의 발생을 알았거나 알 수 있었던 때부터 보험금청구권의 소멸시효가 진행한다(대판 2021. 2. 4, 2017다281367).
ㄴ. (○) : 동일한 채권자와 채무자 사이에 다수의 채권이 존재하는 경우 채무자가 변제를 충당하여야 할 채무를 지정하지 않고 모든 채무를 변제하기에 부족한 금액을 변제한 때에는 특별한 사정이 없는 한 그 변제는 모든 채무에 대한 승인으로서 소멸시효를 중단하는 효력을 가진다(대판 2021. 9. 30, 2021다239745).
ㄷ. (○) : 중첩적 채무인수라 함은 제3자인 인수인이 종래의 채무자와 함께 동일한 내용의 채무를 부담하는 것을 목적으로 하는 계약으로서, 중첩적 채무인수로 인하여 인수인은 새로이 당사자로서 기존의 채무관계에 들

정답 56. ②

어가 기존채무와 동일한 내용의 채무를 부담하게 된다. 이와 같이 중첩적 채무인수에 의하여 인수되는 채무는 기존채무와 내용이 동일하고 인수행위로 인하여 그 채무의 성질 등이 변하는 것은 아니므로, 인수인이 부담하는 인수채무에 대해서는 기존채무와 동일한 소멸시효기간이 적용된다(대판 2021. 9. 30, 2019다209345).

ㄹ. (×) : 보험계약자가 다수의 계약을 통하여 보험금을 부정 취득할 목적으로 보험계약을 체결하여 그것이 민법 제103조에 따라 선량한 풍속 기타 사회질서에 반하여 무효인 경우 **보험자의 보험금에 대한 부당이득반환청구권**은 상법 제64조를 유추적용하여 **5년의 상사 소멸시효기간이 적용된다**고 봄이 타당하다(대판 2021. 7. 22, 2019다277812 전원합의체).

> **[참고지문] 실제로 발생하지 않은 보험사고의 발생을 가장하여 청구·수령된 보험금 상당 부당이득반환청구권은 상법 제64조가 유추적용되어 같은 조항이 정한 5년의 상사 소멸시효기간에 걸린다.**
> 〈2023년 법원행시〉
>
> (○) : 상행위인 계약의 무효로 인한 부당이득반환청구권은 민법 제741조의 부당이득 규정에 따라 발생한 것으로서 특별한 사정이 없는 한 민법 제162조 제1항이 정하는 10년의 민사 소멸시효기간이 적용되나, 부당이득반환청구권이 상행위인 계약에 기초하여 이루어진 급부 자체의 반환을 구하는 것으로서 채권의 발생 경위나 원인, 당사자의 지위와 관계 등에 비추어 법률관계를 상거래 관계와 같은 정도로 신속하게 해결할 필요성이 있는 경우 등에는 상법 제64조가 유추적용되어 같은 조항이 정한 5년의 상사 소멸시효기간에 걸린다. 이러한 법리는 실제로 발생하지 않은 보험사고의 발생을 가장하여 청구·수령된 보험금 상당 부당이득반환청구권의 경우에도 마찬가지로 적용할 수 있다(대판 2021. 8. 19, 2018다258074).

57 **소멸시효 중단사유에 관한 설명으로 옳지 않은 것은? (다툼이 있으면 판례에 따름)**

〈2024년 변리사〉

① 채권자가 채무자에게 등기우편으로 이행청구를 한 경우, 법에서 정한 후속수단을 취하지 않으면 그 이행청구만으로는 시효가 중단되지 않는다.
② 채권자가 채무자를 상대로 제기한 소송에서, 피고인 채무자에게 소송서류가 송달된 적이 없는 상태에서 판결이 선고되더라도 시효중단의 효력은 있다.
③ 채무자가 채권자를 상대로 채무부존재확인소송을 제기하여 채권자가 이를 적극적으로 다툰 경우, 그 소가 법원에 접수된 때부터 시효중단의 효력이 인정된다.
④ 채권양수인이 채무자를 상대로 소를 제기하였다가 채무자에 대한 양도통지가 없었다는 이유로 청구가 기각되어 확정된 후, 양도통지를 하고 그 확정된 때로부터 6개월 내에 다시 소를 제기한 경우, 시효중단의 효력은 전소(前訴)제기 시로 소급하여 발생한다.
⑤ 채권자가 연대채무자의 1인에 대하여 가압류를 한 경우, 다른 연대채무자의 채무에 대해서는 시효가 중단되지 않는다.

해 설

① (○) : 최고는 6월내에 재판상의 청구, 파산절차참가, 화해를 위한 소환, 임의출석, 압류 또는 가압류, 가처분을 하지 아니하면 시효중단의 효력이 없다(민법 제174조).

② (○) : 민사소송법 제265조에 의하면, 시효중단사유 중 하나인 '재판상의 청구'(민법 제168조 제1호, 제170조)는 소를 제기한 때 시효중단의 효력이 발생한다. **이는 소장 송달 등으로 채무자가 소 제기 사실을 알기 전에 시효중단의 효력을 인정한 것이다.** 가압류에 관해서도 위 민사소송법 규정을 유추적용하여 '재판상의 청구'와 유사하게 가압류를 신청한 때 시효중단의 효력이 생긴다고 보아야 한다(대판 2017. 4. 7, 2016다35451).

정답 57. ③

[참조조문] 시효의 중단 또는 법률상 기간을 지킴에 필요한 재판상 청구는 **소를 제기한 때** 또는 제260조제2항·제262조제2항 또는 제264조제2항의 규정에 따라 서면을 법원에 제출한 때에 그 효력이 생긴다(민사소송법 제265조).

③ (×) : 민법 제168조 제1호, 제170조 제1항에서 시효중단사유의 하나로 규정하고 있는 재판상의 청구란, 통상적으로는 권리자가 원고로서 시효를 주장하는 자를 피고로 하여 소송물인 권리를 소의 형식으로 주장하는 경우를 가리키나, 이와 반대로 시효를 주장하는 자가 원고가 되어 소를 제기한 데 대하여 피고로서 응소하여 소송에서 적극적으로 권리를 주장하고 그것이 받아들여진 경우도 이에 포함되고, 위와 같은 **응소행위로 인한 시효중단의 효력은 피고가 현실적으로 권리를 행사하여 응소한 때에 발생**하지만, 권리자인 피고가 응소하여 권리를 주장하였으나 소가 각하되거나 취하되는 등의 사유로 본안에서 권리주장에 관한 판단 없이 소송이 종료된 경우에는 민법 제170조 제2항을 유추적용하여 그때부터 6월 이내에 재판상의 청구 등 다른 시효중단조치를 취한 경우에 한하여 **응소 시에 소급하여** 시효중단의 효력이 있다고 보아야 한다(대판 2012. 1. 12, 2011다78606).
④ (○) : 비록 대항요건을 갖추지 못하여 채무자에게 대항하지 못한다고 하더라도 채권의 양수인이 채무자를 상대로 재판상의 청구를 하였다면 이는 소멸시효 중단사유인 재판상의 청구에 해당한다(대판 2005. 11. 10, 2005다41818). 그리고 재판상의 청구는 소송의 각하, 기각 또는 취하의 경우에는 시효중단의 효력이 없지만 6월내에 재판상의 청구, 파산절차참가, 압류 또는 가압류, 가처분을 한 때에는 시효는 최초의 재판상 청구로 인하여 중단된 것으로 본다(민법 제170조).
⑤ (○) : 채권자의 신청에 의한 경매개시결정에 따라 연대채무자 1인의 소유 부동산이 압류된 경우, 이로써 위 채무자에 대한 채권의 소멸시효는 중단되지만, 압류에 의한 시효중단의 효력은 다른 연대채무자에게 미치지 아니하므로, 경매개시결정에 의한 시효중단의 효력을 다른 연대채무자에 대하여 주장할 수 없다(대판 2001. 8. 21, 2001다22840). ☞ 연대채무에서 압류, 가압류 등 이행청구 이외의 시효중단사유는 상대적 효력이 있을 뿐이다.

58 甲은 乙로부터 물품을 구입하면서 그 대금의 지급을 담보하기 위하여 약속어음을 발행하여 乙에게 교부하였다. 이에 관한 설명 중 옳지 않은 것을 모두 고른 것은? (다툼이 있는 경우 판례에 의함) 〈2020년 변호사시험 변형〉

ㄱ. 乙이 甲을 상대로 제기한 물품대금청구의 소는 위 어음채권의 소멸시효 중단사유인 재판상 청구에 해당한다.
ㄴ. 乙이 甲을 상대로 제기한 어음금청구의 소는 위 물품대금채권의 소멸시효 중단사유인 재판상 청구에 해당하지 않는다.
ㄷ. 乙이 甲을 상대로 위 어음채권을 청구채권으로 하여 甲의 재산을 압류한 경우 위 물품대금채권의 소멸시효는 중단되지 않는다.

① ㄷ ② ㄱ, ㄴ ③ ㄱ, ㄷ ④ ㄴ, ㄷ ⑤ ㄱ, ㄴ, ㄷ

해설

ㄱ. (×), ㄴ. (×) : [1] 원인채권의 지급을 확보하기 위한 방법으로 어음이 수수된 경우에 원인채권과 어음채권은 별개로서 채권자는 그 선택에 따라 권리를 행사할 수 있고, 원인채권에 기하여 청구를 한 것만으로는 어음채권 그 자체를 행사한 것으로 볼 수 없어 어음채권의 소멸시효를 중단시키지 못한다(지문①). [2] 원인채권의 지급을 확보하기 위한 방법으로 어음이 수수된 경우, 이러한 어음은 경제적으로 동일한 급부를 위하여 원인채권의 지

정답 58. ⑤

급수단으로 수수된 것으로서 그 어음채권의 행사는 원인채권을 실현하기 위한 것일 뿐만 아니라, 원인채권의 소멸시효는 어음금 청구소송에 있어서 채무자의 인적항변 사유에 해당하는 관계로 채권자가 어음채권의 소멸시효를 중단하여 두어도 채무자의 인적항변에 따라 그 권리를 실현할 수 없게 되는 불합리한 결과가 발생하게 되므로, 채권자가 원인채권에 기하여 청구를 한 것이 아니라 어음채권에 기하여 청구를 하는 반대의 경우에는 원인채권의 소멸시효를 중단시키는 효력이 있다(지문②)고 봄이 상당하고, 이러한 법리는 채권자가 어음채권을 피보전권리로 하여 채무자의 재산을 가압류함으로써 그 권리를 행사한 경우에도 마찬가지로 적용된다(대판 1999. 6. 11, 99다16378).

ㄷ. (×) : 원인채권의 지급을 확보하기 위하여 어음이 수수된 당사자 사이에서 채권자가 어음채권을 청구채권으로 하여 채무자의 재산을 압류함으로써 그 권리를 행사한 경우에는 그 원인채권의 소멸시효를 중단시키는 효력이 있다(대판 2010. 5. 13, 2010다6345).

59 **선물용 시계 제조업자인 甲은 시계 도매업자인 乙에게 고급 여성 손목시계 200개를 1억 원에 매도하는 내용의 매매계약을 체결하였다. 甲은 위 매매계약 체결 당일 매매대금의 지급을 확보하기 위하여 乙로부터 액면금 1억 원의 약속어음을 발행받아 수령하였고, 乙은 추가로 丙에게 부탁하여 丙은 같은 날 위 매매대금채무를 연대보증하였다. 甲은 위 매매목적물을 모두 乙에게 인도하였으나 乙과 丙은 변제기가 지나도록 대금을 지급하지 않고 있다. 이에 관한 설명 중 옳은 것을 모두 고른 것은? (다툼이 있는 경우 판례에 의함)** 〈2021년 변호사시험〉

ㄱ. 甲의 乙에 대한 매매대금채권의 소멸시효기간은 3년이다.
ㄴ. 甲이 乙에 대한 매매대금채권을 피보전채권으로 乙 소유의 건물에 대한 가압류를 신청하여 법원의 가압류결정을 받아 위 건물에 가압류등기가 되었다면 가압류에 의한 시효중단의 효력은 가압류신청을 한 때로 소급한다.
ㄷ. 甲이 乙을 상대로 매매대금청구의 소를 제기하면 위 약속어음채권의 소멸시효는 중단된다.
ㄹ. 甲이 乙에 대한 매매대금채권을 피보전채권으로 乙 소유의 토지에 대한 가압류를 신청하여 법원의 가압류결정을 받아 위 토지에 가압류등기가 되었다 하더라도 丙에게 그 사실을 통지하지 않은 경우에는 丙에게 시효중단의 효력이 발생하지 않는다.

① ㄱ, ㄴ ② ㄱ, ㄷ ③ ㄱ, ㄹ ④ ㄴ, ㄹ ⑤ ㄱ, ㄴ, ㄹ

해설

ㄱ. (○) : 생산자 및 상인이 판매한 생산물 및 상품의 대가의 채권은 3년간 행사하지 아니하면 소멸시효가 완성한다(민법 제163조 제6호).

ㄴ. (○) : 민법 제168조 제2호에서 가압류를 시효중단사유로 정하고 있지만, 가압류로 인한 시효중단의 효력이 언제 발생하는지에 관해서는 명시적으로 규정되어 있지 않다. 민사소송법 제265조에 의하면, 시효중단사유 중 하나인 '재판상의 청구'(민법 제168조 제1호, 제170조)는 소를 제기한 때 시효중단의 효력이 발생한다. 이는 소장 송달 등으로 채무자가 소 제기 사실을 알기 전에 시효중단의 효력을 인정한 것이다. 가압류에 관해서도 위 민사소송법 규정을 유추적용하여 '재판상의 청구'와 유사하게 가압류를 신청한 때 시효중단의 효력이 생긴다고 보아야 한다...중략...가압류를 시효중단사유로 규정한 이유는 가압류에 의하여 채권자가 권리를 행사하였다고 할 수 있기 때문이다. 가압류채권자의 권리행사는 가압류를 신청한 때에 시작되므로, 이 점에서도 가압류에 의한 시효중단의 효력은 가압류신청을 한 때에 소급한다(대판 2017. 4. 7, 2016다35451).

정답 59. ①

ㄷ. (×) : [1] 원인채권의 지급을 확보하기 위한 방법으로 어음이 수수된 경우에 원인채권과 어음채권은 별개로서 채권자는 그 선택에 따라 권리를 행사할 수 있고, 원인채권에 기하여 청구를 한 것만으로는 어음채권 그 자체를 행사한 것으로 볼 수 없어 어음채권의 소멸시효를 중단시키지 못한다. [2] 채권자가 원인채권에 기하여 청구를 한 것이 아니라 어음채권에 기하여 청구를 하는 반대의 경우에는 원인채권의 소멸시효를 중단시키는 효력이 있다고 봄이 상당하고, 이러한 법리는 채권자가 어음채권을 피보전권리로 하여 채무자의 재산을 가압류함으로써 그 권리를 행사한 경우에도 마찬가지로 적용된다(대판 1999. 6. 11, 99다16378).

ㄹ. (×) : 민법 제169조는 "시효의 중단은 당사자 및 그 승계인 간에만 효력이 있다."고 규정하고 있고, 한편 민법 제440조는 "주채무자에 대한 시효의 중단은 보증인에 대하여 그 효력이 있다."라고 규정하고 있는바, 민법 제440조는 민법 제169조의 예외 규정으로서 이는 채권자 보호 내지 채권담보의 확보를 위하여 주채무자에 대한 시효중단의 사유가 발생하였을 때는 그 보증인에 대한 별도의 중단조치가 이루어지지 아니하여도 동시에 시효중단의 효력이 생기도록 한 것이고, 그 시효중단사유가 압류, 가압류 및 가처분이라고 하더라도 이를 보증인에게 통지하여야 비로소 시효중단의 효력이 발생하는 것은 아니다(대판 2005. 10. 27, 2005다35554, 35561).

60 시효의 중단에 관한 설명 중 옳은 것을 모두 고른 것은? (다툼이 있는 경우 판례에 의함)

〈2021년 변호사시험〉

ㄱ. 소장에서 청구의 대상으로 삼은 금전채권 중 일부만을 청구하면서 소송의 진행경과에 따라 나머지 부분에 대하여 장차 청구금액을 확장할 뜻을 표시하였으나 당해 소송이 종료될 때까지 실제로 청구금액을 확장하지 않은 경우, 나머지 부분에 대하여는 재판상 청구로 인한 시효중단의 효력이 발생하지는 않지만 특별한 사정이 없는 한 소송이 계속 중인 동안에는 최고에 의한 권리행사가 지속되는 것으로 볼 수 있다.
ㄴ. 점유로 인한 부동산소유권의 시효취득에 있어 취득시효기간의 완성 전에 부동산에 압류 또는 가압류 조치가 이루어졌다고 하더라도 이는 취득시효의 중단사유가 될 수 없다.
ㄷ. 확정판결에 의한 채권의 소멸시효기간인 10년의 경과가 임박한 경우에 그 시효중단을 위한 소는 소의 이익이 있다.
ㄹ. 어느 연대채무자가 채무를 승인함으로써 그에 대한 시효가 중단되면 그로 인하여 다른 연대채무자에게도 시효중단의 효력이 발생한다.

① ㄱ, ㄴ　② ㄴ, ㄷ　③ ㄷ, ㄹ　④ ㄱ, ㄴ, ㄷ　⑤ ㄴ, ㄷ, ㄹ

해 설

ㄱ. (○) : [1] 하나의 채권 중 일부에 관하여만 판결을 구한다는 취지를 명백히 하여 소송을 제기한 경우에는 소제기에 의한 소멸시효중단의 효력이 그 일부에 관하여만 발생하고, 나머지 부분에는 발생하지 아니하나, 소장에서 청구의 대상으로 삼은 채권 중 **일부만을 청구하면서 소송의 진행경과에 따라 장차 청구금액을 확장할 뜻을 표시하고 당해 소송이 종료될 때까지 실제로 청구금액을 확장한 경우**에는 소제기 당시부터 채권 전부에 관하여 판결을 구한 것으로 해석되므로, 이러한 경우에는 소제기 당시부터 채권 전부에 관하여 재판상 청구로 인한 시효중단의 효력이 발생한다. [2] 소장에서 청구의 대상으로 삼은 채권 중 일부만을 청구하면서 소송의 진행경과에 따라 장차 청구금액을 확장할 뜻을 표시하였으나 **당해 소송이 종료될 때까지 실제로 청구금액을 확장하지 않은 경우**에는 소송의 경과에 비추어 볼 때 채권 전부에 관하여 판결을 구한 것으로 볼 수 없으므로, 나머지 부분에 대하여는 재판상 청구로 인한 시효중단의 효력이 발생하지 아니한다. 그러나 이와 같은 경우에도 소를 제기하면서 장차 청구금액을 확장할 뜻을 표시한 채권자로서는 장래에 나머지 부분을 청구할 의사

정답 60. ④

를 가지고 있는 것이 일반적이라고 할 것이므로, 다른 특별한 사정이 없는 한 **당해 소송이 계속 중인 동안에는 나머지 부분에 대하여 권리를 행사하겠다는 의사가 표명되어 최고에 의해 권리를 행사하고 있는 상태가 지속되고 있는 것**으로 보아야 하고, 채권자는 당해 소송이 종료된 때부터 6월 내에 민법 제174조에서 정한 조치를 취함으로써 나머지 부분에 대한 소멸시효를 중단시킬 수 있다(대판 2020. 2. 6, 2019다223723).

ㄴ. (○) : 민법 제247조 제2항은 "소멸시효의 중단에 관한 규정은 점유로 인한 부동산소유권의 시효취득기간에 준용한다."고 규정하고, 민법 제168조 제2호는 소멸시효 중단사유로 '압류 또는 가압류, 가처분'을 규정하고 있다. 점유로 인한 부동산소유권의 시효취득에 있어 취득시효의 중단사유는 **종래의 점유상태의 계속을 파괴하는 것으로 인정될 수 있는 사유이어야** 하는데, **민법 제168조 제2호에서 정하는 '압류 또는 가압류'**는 금전채권의 강제집행을 위한 수단이거나 그 보전수단에 불과하여 취득시효기간의 완성 전에 부동산에 압류 또는 가압류 조치가 이루어졌다고 하더라도 이로써 종래의 점유상태의 계속이 파괴되었다고는 할 수 없으므로 이는 **취득시효의 중단사유가 될 수 없다**(대판 2019. 4. 3, 2018다296878).

ㄷ. (○) : 확정된 승소판결에는 기판력이 있으므로 승소 확정판결을 받은 당사자가 전소의 상대방을 상대로 다시 승소 확정판결의 전소(전소)와 동일한 청구의 소를 제기하는 경우, 특별한 사정이 없는 한 후소(후소)는 권리보호의 이익이 없어 부적법하다. 하지만 예외적으로 **확정판결에 의한 채권의 소멸시효기간인 10년의 경과가 임박한 경우**에는 그 시효중단을 위한 소는 소의 이익이 있다(대판 2019. 1. 17, 2018다24349).

ㄹ. (×) : 민법 제416조는 어느 연대채무자에 대한 이행청구는 다른 연대채무자에게도 효력이 있다고 규정하고 있을 뿐이고 채무승인은 이행청구에는 해당하지 않기 때문에, 어느 연대채무자가 채무를 승인함으로써 그에 대한 시효가 중단되었더라도 그로 인하여 다른 연대채무자에게도 시효중단의 효력이 발생하는 것은 아니다(대판 2018. 10. 25, 2018다234177).

61 소멸시효 중단에 관한 설명 중 옳은 것을 모두 고른 것은? (다툼이 있는 경우 판례에 의함)

〈2022년 변호사시험〉

ㄱ. 채권자가 주채무자의 재산에 대한 압류신청을 하여 압류결정을 받은 경우, 보증인에게 압류결정이 통지되지 않았다면 보증채권에 대한 시효중단의 효력은 생기지 않는다.
ㄴ. 이행인수인이 채권자에 대하여 채무자의 채무를 승인하더라도 다른 특별한 사정이 없는 한 채무자에 대하여 시효중단의 효력은 생기지 않는다.
ㄷ. 소멸시효 중단사유로서의 승인은 소멸시효의 진행이 개시되기 전 또는 그 이후에 가능할 뿐만 아니라, 장래의 채권을 미리 승인하여도 시효중단의 효력이 생긴다.
ㄹ. 「주택임대차보호법」에 기한 임차권등기명령에 따른 임차권등기에는 임대차보증금반환채권에 대한 소멸시효 중단사유인 압류 또는 가압류, 가처분에 준하는 시효중단의 효력이 없다.

① ㄴ ② ㄱ, ㄷ ③ ㄴ, ㄹ ④ ㄱ, ㄷ, ㄹ ⑤ ㄴ, ㄷ, ㄹ

해설

ㄱ. (×) : 민법 제169조는 "시효의 중단은 당사자 및 그 승계인 간에만 효력이 있다."고 규정하고 있고, 한편 민법 제440조는 "주채무자에 대한 시효의 중단은 보증인에 대하여 그 효력이 있다."라고 규정하고 있는바, **민법 제440조**는 민법 제169조의 예외 규정으로서 이는 채권자 보호 내지 채권담보의 확보를 위하여 **주채무자에 대한 시효중단의 사유가 발생하였을 때는 그 보증인에 대한 별도의 중단조치가 이루어지지 아니하여도 동시에 시효중단의 효력이 생기도록 한 것**이고, 그 시효중단사유가 압류, 가압류 및 가처분이라고 하더라도 이를 **보증인에게 통지하여야 비로소 시효중단의 효력이 발생하는 것은 아니다**(대판 2005. 10. 27, 2005다35554, 35561).

정답 61. ③

ㄴ. (○) : 소멸시효 중단사유인 채무의 승인은 시효이익을 받을 당사자나 대리인만 할 수 있으므로 **이행인수인이 채권자에 대하여 채무자의 채무를 승인하더라도** 다른 특별한 사정이 없는 한 **시효중단 사유가 되는 채무승인의 효력은 발생하지 않는다**(대판 2016. 10. 27, 2015다239744).

ㄷ. (×) : 소멸시효의 중단사유로서의 승인은 시효이익을 받을 당사자인 채무자가 그 권리의 존재를 인식하고 있다는 뜻을 표시함으로써 성립하는 것이므로 이는 **소멸시효의 진행이 개시된 이후에만 가능하고 그 이전에 승인을 하더라도 시효가 중단되지는 않는다**고 할 것이고, 또한 **현존하지 아니하는 장래의 채권을 미리 승인하는 것은 채무자가 그 권리의 존재를 인식하고서 한 것이라고 볼 수 없어 허용되지 않는다**고 할 것이다(대판 2001. 11. 9, 2001다52568).

ㄹ. (○) : 주택임대차보호법 제3조의3에서 정한 임차권등기명령에 따른 임차권등기는 특정 목적물에 대한 구체적 집행행위나 보전처분의 실행을 내용으로 하는 압류 또는 가압류, 가처분과 달리 어디까지나 주택임차인이 주택임대차보호법에 따른 대항력이나 우선변제권을 취득하거나 이미 취득한 대항력이나 우선변제권을 유지하도록 해 주는 담보적 기능을 주목적으로 한다. 그렇다면 **임차권등기명령에 따른 임차권등기**에는 민법 제168조 제2호에서 정하는 소멸시효 중단사유인 압류 또는 가압류, 가처분에 준하는 효력이 있다고 볼 수 없다(대판 2019. 5. 16, 2017다226629).

보충지문

62 **소멸시효가 중단된 때에는 중단시까지 경과한 시효기간은 이를 산입하지 아니하고 중단사유가 종료한 때로부터 새로이 시효가 진행한다.** 〈2007년 법무사〉

해설 민법 제178조 제1항 참조

63 **변론주의 원칙상 당사자의 주장이 없으면 법원은 소멸시효의 중단에 관해서 직권으로 판단할 수 없다.** 〈2020년 공인노무사〉

해설 시효중단사유는 중단으로 이익을 받을 당사자(채권자)의 주장·입증이 있는 때에 고려하는 것으로서 이에 관한 주장이 없는 경우에는 이에 대한 판단을 할 필요가 없다(대판 1978. 4. 11, 76다2476).

64 **재판상 청구로 인하여 중단된 시효는 재판이 시작된 때부터 새로 진행된다.** 〈2015년 감정평가사〉

해설 재판상 청구로 인하여 중단된 시효는 판결이 확정된 때부터 새로 진행된다(제178조 제2항).

65-1 **피담보채권이 소멸하기 전 그 채무자인 근저당권설정계약자에게 근저당권설정등기청구의 소를 제기하는 것은 그 피담보채권에 대하여도 소멸시효 중단의 효력을 생기게 한다.** 〈2012년 사법시험〉

65-2 **甲은 乙에게 금원을 빌려주면서 그 대여금의 담보를 위하여 丙 소유의 부동산에 저당권을 설정받기로 丙과 합의한 경우, 甲이 丙에게 저당권 설정의 이행을 청구하는 것은 甲의 乙에 대한 대여금채권의 소멸시효를 중단시킨다.** 〈2015년 사법시험〉

해설 채권자의 채무자에 대한 근저당권설정등기청구의 소 제기는 그 피담보채권이 될 채권에 대한 소멸시

정답 62. (○) 63. (○) 64. (×) 65-1. (○) 65-2. (×)

효 중단사유로 된다(대판 2004. 2. 13, 2002다7213). 하지만 채권자 甲이 물상담보 제공을 약속한 丙에게 저당권 설정의 이행을 청구하는 것이 甲의 채무자 乙에 대한 대여금채권의 소멸시효를 중단시킬 수는 없다(대판 2004. 1. 16, 2003다30890 참조). 즉 채권자가 채무자에게 청구하는 경우와 채권자가 물상보증인(채무 없이 책임만 부담)에게 청구하는 경우를 구별하여야 한다.

66　제소에 대한 적극적인 응소는 민법상 시효중단사유 중 최고에 준하는 것으로서 시효중단 사유이다. 〈2004년 감정평가사〉

해설　응소하여 그 소송에서 적극적으로 권리를 주장하고 그것이 받아들여진 경우 재판상 청구에 준한다(대판1993. 12. 21, 92다47861 전원합의체). ☞ 최고에 준하는 것이 아니라 재판상 청구에 준한다.

67　변론주의 원칙상 채권자인 피고가 응소행위를 하였다고 하여 바로 시효중단의 효과가 발생하는 것은 아니고 시효중단의 주장을 하여야 그 효력이 생기는 것이며, 시효중단의 주장은 반드시 응소시에 할 필요는 없고 사실심 변론종결 전에만 하면 족하나, 시효중단의 주장을 한 시점이 소멸시효기간이 만료된 후라면 이미 소멸시효가 완성된 것이어서 시효중단의 효력이 생길 여지가 없다. 〈2020년 법무사〉

해설　응소행위에 대하여 소멸시효중단의 효력을 인정하는 것은 그것이 권리 위에 잠자는 것이 아님을 표명한 것에 다름 아닐 뿐만 아니라 계속된 사실상태와 상용할 수 없는 다른 사정이 발생한 때로 보아야 한다는 것에 기인한 것이므로, 채무자가 반드시 소멸시효완성을 원인으로 한 소송을 제기한 경우이거나 당해 소송이 아닌 전 소송 또는 다른 소송에서 그와 같은 권리주장을 한 경우이어야 할 필요는 없고, 나아가 변론주의 원칙상 피고가 응소행위를 하였다고 하여 바로 시효중단의 효과가 발생하는 것은 아니고 시효중단의 주장을 하여야 그 효력이 생기는 것이지만, 시효중단의 주장은 반드시 응소시에 할 필요는 없고 소멸시효기간이 만료된 후라도 사실심 변론종결 전에는 언제든지 할 수 있다(대판 2010. 8. 26, 2008다42416,42423).

68　교직원의 학교법인을 상대로 한 의원면직처분 무효확인청구의 소도 교직원의 학교법인에 대한 급여청구의 한 실현수단이 될 수 있어 소멸시효의 중단사유인 재판상 청구에 해당한다. 〈2011년 사법시험〉

해설　교직원의 학교법인을 상대로 한 의원면직처분 무효확인청구의 소도 교직원의 학교법인에 대한 급여청구의 한 실현수단이 될 수 있어 소멸시효의 중단사유인 재판상 청구에 해당한다(대판 1978. 4. 11, 77다2509).

69　채권자가 동일한 목적을 달성하기 위하여 복수의 채권을 가지고 있는 경우, 특별한 사정이 없으면 그 중 하나의 채권을 행사한 것만으로는 다른 채권에 대한 시효 중단의 효력은 없다. 〈2022년 공인노무사〉

해설　채권자가 동일한 목적을 달성하기 위하여 복수의 채권을 갖고 있는 경우, 채권자로서는 그 선택에 따라 권리를 행사할 수 있되, 그중 어느 하나의 청구를 한 것만으로는 다른 채권 그 자체를 행사한 것으로 볼 수는 없으므로, 특별한 사정이 없는 한 다른 채권에 대한 소멸시효 중단의 효력은 없다. 이 사건에서 원고는 불법행위 손해배상청구권과 예금청구권 중 선택에 따라 권리를 행사할 수 있으나, 원고가 피고를 상대로 손해배상청구의 소를 제기하였다고 하여 이로써 예금채권을 행사한 것으로 볼 수는 없으므로, 원고의 피고에 대한 예금채권 청구의 소멸시효가 중단될 수는 없다고 할 것이다(대판 2020. 3. 26. 선고 2018다221867).

정답　66. (×) 67. (×) 68. (○) 69. (○)

70 **채권자가 채무자를 상대로 공동불법행위자에 대한 구상금 청구의 소를 제기하였다면, 이로써 채권자의 사무관리로 인한 비용상환청구권의 소멸시효도 중단된다.** 〈2019년 법원행시〉

해설 채권자가 동일한 목적을 달성하기 위하여 복수의 채권을 갖고 있는 경우, 채권자로서는 그 선택에 따라 권리를 행사할 수 있되, 그 중 어느 하나의 청구를 한 것만으로는 다른 채권 그 자체를 행사한 것으로 볼 수는 없으므로, 특별한 사정이 없는 한 그 다른 채권에 대한 소멸시효 중단의 효력은 없는 것이고, 채권자가 채무자를 상대로 공동불법행위자에 대한 구상금 청구의 소를 제기하였다고 하여 이로써 채권자의 사무관리로 인한 비용상환청구권의 소멸시효가 중단될 수는 없다(대판 2001. 3. 23, 2001다6145).

71 **기존 채권의 존재를 전제로 이를 포함하는 새로운 약정을 하고 그에 따른 권리를 재판상 청구의 방법으로 행사한 경우, 새로운 약정이 무효로 되는 등의 사정으로 그에 근거한 권리행사가 저지됨에 따라 다시 기존 채권을 행사하게 되었다면, 기존 채권의 소멸시효는 새로운 약정에 의한 권리를 행사한 때에 중단되었다.** 〈2017년 법원행시〉

해설 소멸시효의 중단과 관련하여 소멸 대상인 권리 자체의 이행청구나 확인청구를 하는 경우뿐 아니라 권리가 발생한 기본적 법률관계에 관한 청구를 하는 경우 또는 그 권리를 기초로 하거나 그것을 포함하여 형성된 후속 법률관계에 관한 청구를 하는 경우에도 그로써 권리 실행의 의사를 표명한 것으로 볼 수 있을 때에는 시효중단 사유인 재판상의 청구에 포함된다. 따라서 기존 채권의 존재를 전제로 이를 포함하는 새로운 약정을 하고 그에 따른 권리를 재판상 청구의 방법으로 행사한 경우에는 기존 채권을 실현하고자 하는 뜻까지 포함하여 객관적으로 표명한 것이므로, 새로운 약정이 무효로 되는 등의 사정으로 그에 근거한 권리행사가 저지됨에 따라 다시 기존 채권을 행사하게 되었다면, 기존 채권의 소멸시효는 새로운 약정에 의한 권리를 행사한 때에 중단되었다고 보아야 한다(대판 2016. 10. 27, 2016다25140).

72 **甲이 乙을 대위하여 丙을 상대로 부당이득반환을 원인으로 A 토지에 관한 소유권이전등기청구의 소를 제기하였는데, 甲의 乙에 대한 피보전채권이 인정되지 않음을 이유로 한 소각하 판결이 2019. 3. 15. 확정되었고, 乙의 다른 채권자 丁이 2019. 6. 14. 乙을 대위하여 丙을 상대로 위와 같은 내용의 소를 제기한 경우에는 乙의 丙에 대한 위 소유권이전등기청구권의 소멸시효는 甲이 채권자대위소송을 제기한 때에 중단된 것으로 보아야 한다.** 〈2020년 변호사시험〉

해설 채권자대위권 행사의 효과는 채무자에게 귀속되는 것이므로 채권자대위소송의 제기로 인한 소멸시효 중단의 효과 역시 채무자에게 생긴다(대판 2011. 10. 13, 2010다80930). ☞ 채권자 甲이 채무자 乙을 대위하여 丙을 상대로 부동산에 관하여 부당이득반환을 원인으로 한 소유권이전등기절차 이행을 구하는 소를 제기하였다가 피보전권리가 인정되지 않는다는 이유로 소각하판결을 선고받아 확정되었고, 그로부터 3개월 남짓 경과한 후에 다른 채권자 丁이 乙을 대위하여 丙을 상대로 같은 내용의 소를 제기하였다가 丙과 사이에 피보전권리가 존재하지 않는다는 취지의 조정이 성립되었는데, 또 다른 채권자인 戊가 조정 성립일로부터 10여 일이 경과한 후에 乙을 대위하여 丙을 상대로 같은 내용의 소를 다시 제기한 사안에서, 채무자 乙의 丙에 대한 위 부동산에 관한 부당이득반환을 원인으로 한 소유권이전등기청구권의 소멸시효는 甲, 丁, 戊의 순차적인 채권자대위소송에 따라 최초의 재판상 청구인 甲의 채권자대위소송 제기로 중단되었다고 본 원심판단을 정당하다고 한 사례.

정답 70. (×) 71. (○) 72. (○)

73-1 **소멸시효 중단사유에 해당하는 민법 제170조 제1항 소정의 '재판상의 청구'라 함은 종국판결을 받기 위한 '소의 제기'에 한정되기 때문에 지급명령의 신청은 이에 포함되지 아니한다.** 〈2016년 법무사〉

73-2 **甲이 乙을 상대로 불법행위에 따른 손해배상금의 지급을 구하는 지급명령을 신청하였다가 각하되자 그로부터 6개월 내에 손해배상청구의 소를 제기한 경우 시효는 소를 제기한 날에 중단된다.** 〈2015년 사법시험〉

해설 지급명령 신청은 권리자가 권리의 존재를 주장하면서 재판상 그 실현을 요구하는 것이므로 본질적으로 소의 제기와 다르지 않다. 따라서 민법 제170조 제1항에 규정하고 있는 '재판상의 청구'란 종국판결을 받기 위한 '소의 제기'에 한정되지 않고, 권리자가 이행의 소를 대신하여 재판기관의 공권적인 법률판단을 구하는 지급명령 신청도 포함된다고 보는 것이 타당하다. 그리고 민법 제170조의 재판상 청구에 지급명령 신청이 포함되는 것으로 보는 이상 특별한 사정이 없는 한, 지급명령 신청이 각하된 경우라도 6개월 이내 다시 소를 제기한 경우라면 민법 제170조 제2항에 의하여 시효는 당초 지급명령 신청이 있었던 때에 중단되었다고 보아야 한다(대판 2011. 11. 10, 2011다54686).

74 **乙에 대한 대여금채권자 甲이 2019. 7. 9. 乙을 상대로 지급명령을 신청하였고, 법원의 지급명령에 대하여 乙이 2019. 9. 10. 이의신청을 함으로써 사건이 소송으로 이행된 경우에는 위 지급명령에 의한 소멸시효 중단의 효력이 2019. 9. 10. 발생한다.** 〈2020년 변호사시험〉

해설 지급명령 사건이 채무자의 이의신청으로 소송으로 이행되는 경우에 지급명령에 의한 시효중단의 효과는 소송으로 이행된 때가 아니라 지급명령을 신청한 때에 발생한다(대판 2015. 2. 12, 2014다228440).

75 **지급명령은 채권자가 법정기간 내에 가집행신청을 하지 아니함으로 인하여 그 효력을 잃은 때에는 시효중단의 효력이 없다.** 〈2017년 법무사〉

해설 민법 제172조 참조

76 **한 개의 채권 중 일부에 관하여만 판결을 구한다는 취지를 명백히 하여 소송을 제기한 경우에는 소제기에 의한 소멸시효중단의 효력이 그 일부에 관하여만 발생하지만, 그 취지로 보아 채권 전부에 관하여 판결을 구하는 것으로 해석된다면 그 청구액을 소송물인 채권의 전부로 보아야 하고, 이러한 경우에는 그 채권의 동일성의 범위 내에서 그 전부에 관하여 시효중단의 효력이 발생한다.** 〈2011년 사법시험〉

해설 대판 1992. 4. 10, 91다43695 참조

77 **가처분은 소멸시효 정지사유 중의 하나이다.** 〈2019년 공인노무사〉

해설 소멸시효 중단사유 중의 하나이다(제168조 제2호).

정답 73-1. (×) 73-2. (×) 74. (×) 75. (○) 76. (○) 77. (×)

78 **A는 B에 대해 대여금채권을 가지고 있고, B는 C에 대해 퇴직금채권을 가지고 있는데, A는 B에대해 승소판결을 받은 후 B의 C에 대한 퇴직금채권에 대해 압류하였고, 그 결정문이 송달되었다. 이 경우 소멸시효의 중단에 관한 다음 설명 중 가장 적절한 설명은? (다툼이 있는 경우에는 판례에 따름)** 〈2004년 감정평가사〉

① A의 B에 대한 채권은 소송상 청구에 의해 시효가 중단되었고, B의 C에 대한 채권은 압류에 의해 종국적으로 시효중단되었다.
② B의 C에 대한 채권은 압류에 의해 종국적으로 시효가 중단되었으나, A의 B에 대한 채권은 시효중단되지 않았다.
③ A의 B, B의 C에 대한 각 채권은 모두 압류에 의해 종국적으로 시효가 중단되었다.
④ A의 B에 대한 채권은 압류에 의해 시효가 중단되었으나, B의 C에 대한 채권에 대하여는 최고로서의 효력이 있다.
⑤ B의 C에 대한 채권은 압류에 의해 시효가 중단되었으나, A의 B에 대한 채권에 대하여는 확정판결 후 시효가 진행중이다.

해 설
④번이 타당하다. 채권자가 채무자의 제3채무자에 대한 채권을 압류 또는 가압류한 경우에 채무자에 대한 채권자의 채권에 관하여 시효중단의 효력이 생긴다고 할 것이나, 압류 또는 가압류된 채무자의 제3채무자에 대한 채권에 대하여는 민법 제168조 제2호 소정의 소멸시효 중단사유에 준하는 확정적인 시효중단의 효력이 생긴다고 할 수 없고, 다만 채권자가 확정판결에 기한 채권의 실현을 위하여 채무자의 제3채무자에 대한 채권에 관하여 압류 및 추심명령을 받아 그 결정이 제3채무자에게 송달이 되었다면 거기에 소멸시효 중단사유인 최고로서의 효력을 인정하여야 한다(대판 2003. 5. 13, 2003다16238).

79 **직접점유자를 상대로 점유이전금지가처분을 한 사실을 간접점유자에게 통지한 바가 없는 경우 그 가처분은 간접점유자에 대하여 시효중단의 효력을 가지지 않는다.** 〈2015년 사법시험〉

해 설 민법 제176조에 의하면 가처분은 시효의 이익을 받은 자에 대하여 하지 아니한 때에는 이를 그에게 통지한 후가 아니면 시효중단의 효력이 없다고 되어 있어 직접 점유자를 상대로 점유이전금지가처분을 한 뜻을 간접점유자에게 통지한 바가 없다면 가처분은 간접점유자에 대하여 시효중단의 효력을 발생할 수 없다(대판 1992. 10. 27, 91다41064).

80 **민법 제176조는 '압류, 가압류 및 가처분은 시효의 이익을 받은 자에 대하여 하지 아니한 때에는 이를 그에게 통지한 후가 아니면 시효중단의 효력이 없다'고 규정하고 있다. 하지만 채권자의 신청에 따라 연대보증채무자 겸 물상보증인 A 소유 담보부동산에 대한 임의경매개시결정이 내려져 그 결정이 A에게 송달되고 압류의 효력이 생겼다면, 채권자는 그 압류 사실을 주채무자에게 통지하지 않더라도 주채무의 시효 중단을 주장할 수 있다.** 〈2018년 법무사〉

해 설 [1] 채권자가 연대보증인 겸 물상보증인 소유의 담보부동산에 대하여 임의경매의 신청을 하여 경매개시결정에 따른 압류의 효력이 생겼다면 채권자는 그 압류의 사실을 통지하지 아니하더라도 연대보증인 겸 물상보증인에 대하여 시효의 중단을 주장할 수 있다. [2] 시효의 중단은 시효중단행위에 관여한 당사자 및 그 승계인 사이에 효력이 있는 것이므로 위 '가'항과 같은 경우에도 연대보증인 겸 물상보증인은 보증채무의 부종성에

정답 78. ④ 79. (○) 80. (×)

따라 주채무가 시효로 소멸되었음을 주장할 수는 있는 것으로서, 주채무자에 대한 시효중단의 사유가 없는 이상 연대보증인 겸 물상보증인에 대한 시효중단의 사유가 있다 하여 주채무까지 시효중단되었다고 할 수는 없다. [3] 경매절차에서 이해관계인인 주채무자에게 경매개시결정이 송달되었다면 주채무자는 민법 제176조에 의하여 당해 피담보채권의 소멸시효중단의 효과를 받는다고 할 것이나, 민법 제176조의 규정에 따라 압류사실이 통지된 것으로 볼 수 있기 위하여는 압류사실을 주채무자가 알 수 있도록 경매개시결정이나 경매기일통지서가 교부송달의 방법으로 주채무자에게 송달되어야만 하는 것이지, 이것이 우편송달(발송송달)이나 공시송달의 방법에 의하여 채무자에게 송달됨으로써 채무자가 압류사실을 알 수 없었던 경우까지도 압류사실이 채무자에게 통지되었다고 볼 수 있는 것은 아니다(대판 1994. 1. 11, 93다21477).

81 **재판상의 청구로 인하여 중단한 시효는 재판이 확정된 때로부터 새로이 진행하고, 가압류로 인하여 중단된 시효는 가압류 결정이 있은 때로부터 새로이 진행한다.** 〈2016년 법원행시〉

해설 민법 제178조 제2항 : 재판상의 청구로 인하여 중단한 시효는 전항의 규정에 의하여 재판이 확정된 때로부터 새로이 진행한다.

[판례] [1] 민법 제168조에서 가압류를 소멸시효의 중단사유로 정하고 있는 것은 가압류에 의하여 채권자가 권리를 행사하였다고 할 수 있기 때문이고 가압류에 의한 집행보전의 효력이 존속하는 동안은 가압류채권자에 의한 권리행사가 계속되고 있다고 보아야 할 것이므로 가압류에 의한 시효중단의 효력은 가압류의 집행보전의 효력이 존속하는 동안 계속된다고 보아야 한다. [2] 가압류에 의한 시효중단은 경매절차에서 부동산이 매각되어 가압류등기가 말소되기 전에 배당절차가 진행되어 가압류채권자에 대한 배당표가 확정되는 등의 특별한 사정이 없는 한, 채권자가 가압류집행에 의하여 권리행사를 계속하고 있다고 볼 수 있는 가압류등기가 말소된 때 그 중단사유가 종료되어, 그때부터 새로 소멸시효가 진행한다고 봄이 타당하다(대판 2013. 11. 14, 2013다18622, 18639).

82 **시효중단을 위한 후소로서 이행소송 외에 전소 판결로 확정된 채권의 시효를 중단시키기 위한 조치, 즉 '재판상의 청구'가 있다는 점에 대하여만 확인을 구하는 형태의 '새로운 방식의 확인소송'이 허용되고, 채권자는 두 가지 형태의 소송 중 자신의 상황과 필요에 보다 적합한 것을 선택하여 제기할 수 있다.** 〈2020년 법무사〉

해설 종래 대법원은 시효중단사유로서 재판상의 청구에 관하여 반드시 권리 자체의 **이행청구**나 **확인청구**로 제한하지 않을 뿐만 아니라, 권리자가 재판상 그 권리를 주장하여 권리 위에 잠자는 것이 아님을 표명한 것으로 볼 수 있는 때에는 널리 시효중단사유로서 재판상의 청구에 해당하는 것으로 해석하여 왔다. 이와 같은 법리는 **이미 승소 확정판결을 받은 채권자가 그 판결상 채권의 시효중단을 위해 후소를 제기하는 경우**에도 동일하게 적용되므로, 채권자가 **전소로 이행청구**를 하여 승소 확정판결을 받은 후 그 채권의 시효중단을 위한 후소를 제기하는 경우, **후소의 형태로서 항상 전소와 동일한 이행청구만이 시효중단사유인 '재판상의 청구'에 해당한다고 볼 수는 없다**. 시효중단을 위한 이행소송은 다양한 문제를 야기한다. 그와 같은 문제들의 근본적인 원인은 시효중단을 위한 후소의 형태로 전소와 소송물이 동일한 이행소송이 제기되면서 채권자가 실제로 의도하지도 않은 청구권의 존부에 관한 실체 심리를 진행하는 데에 있다. 채무자는 그와 같은 후소에서 전소 판결에 대한 청구이의사유를 조기에 제출하도록 강요되고 법원은 불필요한 심리를 해야 한다. 채무자는 이중집행의 위험에 노출되고, 실질적인 채권의 관리·보전비용을 추가로 부담하게 되며 그 금액도 매우 많은 편이다. 채권자 또한 자신이 제기한 후소의 적법성이 10년의 경과가 임박하였는지 여부라는 불명확한 기준에 의해 좌우되는 불안정한 지위에 놓이게 된다. 위와 같은 종래 실무의 문제점을 해결하기 위해서, 시효중단을 위한 후소로서 이

정답 81. (×) 82. (○)

행소송 외에 전소 판결로 확정된 채권의 시효를 중단시키기 위한 조치, 즉 **'재판상의 청구'가 있다는 점에 대하여만 확인을 구하는 형태의 '새로운 방식의 확인소송'이 허용되고,** 채권자는 두 가지 형태의 소송 중 자신의 상황과 필요에 보다 적합한 것을 **선택하여 제기할 수 있다**고 보아야 한다(대판 2018. 10. 18, 2015다232316 전원합의체).

83 **소유권이전등기를 해 주기 위하여 매도인이 매수인과 함께 법무사 사무실을 방문하였다면 소유권이전등기청구권의 소멸시효 중단사유로서의 승인이 있었다고 볼 수 있다.**

〈2015년 법무사, 2015년 감정평가사〉

해 설 채무승인은 관념의 통지로 채무자가 권리의 법적 성질까지 알아야 하는 것은 아니다. 따라서 소유권이전등기를 해 주기 위하여 매도인이 매수인과 함께 법무사 사무실을 방문하였다면 소유권이전등기청구권의 소멸시효 중단사유로서의 승인이 있었다고 볼 수 있다(대판 2009. 11. 26, 2009다64383).

84 **소멸시효 완성 전에 채무의 일부를 변제한 경우에는, 그 수액에 관하여 다툼이 없는 한 채무승인으로서의 효력이 있어 시효중단의 효과가 발생한다.** 〈2007년 법무사〉

해 설 대판 1996. 1. 23, 95다39854 참조

85 **甲의 乙에 대한 채권을 담보하기 위해 丙이 자신의 부동산에 저당권을 설정해 준 경우, 甲의 乙에 대한 채권의 소멸시효 중단사유가 아닌 것은? (다툼이 있으면 판례에 따름)**

〈2017년 감정평가사〉

① 丙의 저당권말소등기청구의 소에 대한 甲의 응소
② 甲의 乙에 대한 채권에 기한 지급명령 신청
③ 乙의 재산에 대한 甲의 가압류 신청
④ 乙이 변제기 도래 후에 한 채무의 승인
⑤ 乙의 파산절차에 대한 甲의 참가

해 설
① (×) : 물상보증인이 그 피담보채무의 부존재 또는 소멸을 이유로 제기한 저당권설정등기 말소등기절차이행청구소송에서 채권자 겸 저당권자가 청구기각의 판결을 구하고 피담보채권의 존재를 주장하였다고 하더라도 이로써 직접 채무자에 대하여 재판상 청구를 한 것으로 볼 수는 없는 것이므로 피담보채권의 소멸시효에 관하여 규정한 민법 제168조 제1호 소정의 '청구'에 해당하지 아니한다(대판 2004. 1. 16, 2003다30890). 따라서 물상보증인 丙이 제기한 소송에서 甲이 응소하였다고 하더라도 소멸시효가 중단되지 않는다.
② (○), ⑤ (○) : 민법 제168조 제1호(지급명령 신청이나 파산절차 참가는 '청구'의 일종이다).
③ (○) : 민법 제168조 제2호.
④ (○) : 민법 제168조 제3호. ☞ 소멸시효의 중단사유로서의 승인은 시효이익을 받을 당사자인 채무자가 그 권리의 존재를 인식하고 있다는 뜻을 표시함으로써 성립하는 것이므로 이는 소멸시효의 진행이 개시된 이후에만 가능하고 그 이전에 승인을 하더라도 시효가 중단되지는 않는다(대판 2001. 11. 9, 2001다52568). 변제기 도래 후에 한 승인에는 중단효가 있다.

정답 83. (○) 84. (○) 85. ①

Ⅲ. 소멸시효의 효력

86 소멸시효에 관한 다음 설명 중 옳지 않은 것은? (다툼이 있는 경우에는 판례에 의함)

〈2004년 변리사〉

① 채무자가 시효완성 전에 스스로 채권자의 권리행사나 시효중단을 불가능 또는 현저히 곤란하게 한 결과, 채권자가 그러한 조치를 할 수 없었던 경우에 채무자가 소멸시효의 완성을 주장하는 것은 권리남용금지의 원칙에 따라 허용되지 않는다.

② 매수인의 대상청구권은 매매목적물에 대한 매도인의 소유권이전등기의무가 이행불능 되었을 때로부터 소멸시효가 진행하는 것이 원칙이다.

③ 부동산의 매수인이 매매목적인 부동산을 인도받아 계속 점유하는 경우에는 그 소유권이전등기청구권의 소멸시효가 진행하지 않는다.

④ 이자채권은 그것이 기본적 이자채권이든 지분적 이자채권이든 민법 제163조의 규정에 따라 3년의 단기소멸시효에 걸리는 것이 원칙이다.

⑤ 민법에 따르면 취소권은 추인할 수 있는 날로부터 3년 내에 행사할 것을 규정하고 있는데, 이때의 3년이라는 기간이 도과했는가 여부는 당사자의 주장에 관계없이 법원이 당연히 조사하여 고려하여야 할 사항이다.

해 설

①(○) : 판례는 권리남용으로서 허용될 수 없다고 한다(대판 1999. 12. 7, 98다42929).

②(○) : 대판 2002. 2. 8, 99다23901 참조

③(○) : 대판 1976. 11. 6, 78다148 전원합의체 참조

④(×) : 민법 제163조 제1호 소정의 '1년 이내의 기간으로 정한 금전 또는 물건의 지급을 목적으로 하는 채권'이란 1년 이내의 정기에 지급되는 채권을 의미하는 것이지, 변제기가 1년 이내의 채권을 말하는 것이 아니므로 이자채권이라 하더라도 1년 이내의 정기에 지급하기로 한 것이 아닌 이상 위 규정 소정의 3년의 단기소멸시효에 걸리는 것이 아니다(대판 1996. 9. 20, 96다25302).

⑤(○) : 통설과 판례는 제146조의 취소권의 행사기간의 법적성질을 제척기간이라고 하는 바, 제척기간은 법원이 당사자의 주장과 관계없이 당연히 조사하여 고려하여야 할 사항이라고 판시하였다(대판 1996. 9. 20, 96다25371).

87 시효이익의 포기에 관한 설명으로 옳지 않은 것은? (다툼이 있는 경우에는 판례에 의함)

〈2013년 변리사〉

① 소멸시효의 이익은 미리 포기하지 못하지만, 소멸시효가 완성된 후에는 자유롭게 포기할 수 있다.

② 근저당권부 피담보채권에 대한 소멸시효가 완성된 후의 시효이익의 포기의 효력은 저당부동산의 제3취득자에게도 미친다.

③ 소멸시효기간을 단축하는 약정은 특별한 사정이 없는 한 유효하다.

④ 소멸시효 이익 포기의 의사표시를 할 수 있는 자는 시효완성의 이익을 받을 당사자 또는 그 대리인에 한정된다.

⑤ 취득시효이익의 포기는 특별한 사정이 없는 한, 원인무효인 등기의 등기부상 소유자가 아니라 취득시효 완성 당시의 진정한 소유자에 대하여 하여야 한다.

정답 86. ④ 87. ②

해 설

① (○), ③ (○) : 민법 제184조 참조

② (×) : 시효이익의 포기는 상대적 효과가 있음에 지나지 아니하므로 채무자 이외의 이해관계자에 해당하는 담보 부동산의 양수인(제3취득자)으로서는 여전히 독자적으로 소멸시효를 원용할 수 있다(대판 1995. 7. 11, 95다12446).

④ (○) : 시효완성의 이익 포기의 의사표시를 할 수 있는 자는 시효완성의 이익을 받을 당사자 또는 대리인에 한정된다고 할 것이고, 그 밖의 제3자가 시효완성의 이익 포기의 의사표시를 하였다 하더라도 이는 시효완성의 이익을 받을 자에 대한 관계에서 아무 효력이 없다(대판 1998. 2. 27, 97다53366).

⑤ (○) : 시효이익의 포기는 달리 특별한 사정이 없는 한 시효취득자가 취득시효 완성 당시의 진정한 소유자에 대하여 하여야 그 효력이 발생하는 것이지 원인무효인 등기의 등기부상 소유명의자에게 그와 같은 의사를 표시하였다고 하여 그 효력이 발생하는 것은 아니다(대판 2009. 12. 10, 2006다19177).

88 **소멸시효에 관한 설명으로 옳지 않은 것은? (다툼이 있는 경우에는 판례에 의함)** 〈2014년 변리사〉

① 가분채무의 일부에 대한 시효이익의 포기는 허용되지 않는다.

② 원금채무의 소멸시효는 완성되지 않았으나 이자채무의 소멸시효가 완성된 상태에서 채무자가 채무를 일부변제한 때에는, 그 액수에 관하여 다툼이 없으면 그 이자채무에 관하여 시효완성의 사실을 알고 시효이익을 포기한 것으로 추정한다.

③ 소멸시효가 완성된 후에 채권자의 제소기간 연장요청에 대한 채무자의 동의는 시효이익을 포기하는 의사표시를 포함하지 않는다.

④ 특정한 채무의 이행을 청구할 수 있는 기간을 제한하고 그 기간이 경과하면 채무가 소멸하도록 하는 약정은 법률이 정하는 소멸시효기간을 단축하는 것으로서, 특별한 사정이 없으면 유효하다.

⑤ 채권자와 주채무자 사이의 확정판결로 주채무의 소멸시효기간이 10년으로 연장되더라도 보증채무의 소멸시효기간은 여전히 종전의 소멸시효기간에 따른다.

해 설

① (×) : 소멸시효 이익의 포기는 가분채무 일부에 대하여도 가능하다(대판 2012. 5. 10, 2011다109500).

[보충지문] 금전채무에 대한 시효이익의 포기는 채무 전부에 대하여 하여야 한다(×). 〈2020년 감정평가사〉

② (○) : 원금채무의 소멸시효는 완성되지 않았으나 이자채무의 소멸시효가 완성된 상태에서 채무자가 채무를 일부변제한 때에는, 그 액수에 관하여 다툼이 없으면 그 이자채무에 관하여 시효완성의 사실을 알고 시효이익을 포기한 것으로 추정한다(대판 2013. 5. 23, 2013다12464).

③ (○) : 채무자가 소멸시효완성 후에 소멸시효의 이익을 포기할 수는 있다 하겠으나 원심이 적법하게 확정한 바와 같이 피고가 1981. 4. 16 소멸시효가 완성된 이후에 여러차례에 걸쳐 원고의 제소기간 연장요청에 동의한 바 있다 하더라도 그 동의는 그 연장된 기간까지는 언제든지 원고가 제소하더라도 이의가 없다는 취지에 불과한 것이지 완성한 소멸시효이익을 포기하는 의사표시까지 함축하고 있는 것이라고 볼 수는 없다할 것이다(대판 1987. 6. 23, 86다카2107).

④ (○) : 소멸시효기간을 연장하는 것은 무효이나, 특정한 채무의 이행을 청구할 수 있는 기간을 제한하고 그 기간이 경과하면 채무가 소멸하도록 하는 약정은 법률이 정하는 소멸시효기간을 단축하는 것으로서, 특별한 사정이 없으면 유효하다(대판 2007. 1. 12, 2006다32170).

정답 88. ①

⑤ (○) : 민법 제165조가 판결에 의하여 확정된 채권, 판결과 동일한 효력이 있는 것에 의하여 확정된 채권은 단기의 소멸시효에 해당한 것이라도 그 소멸시효는 10년으로 한다고 규정하는 것은 당해 판결 등의 당사자 사이에 한하여 발생하는 효력에 관한 것이고 채권자와 주채무자 사이의 판결 등에 의해 채권이 확정되어 그 소멸시효가 10년으로 되었다 할지라도 위 당사자 이외의 채권자와 연대보증인사이에 있어서는 위 확정판결 등은 그 시효기간에 대하여는 아무런 영향도 없고 채권자의 연대보증인의 연대보증채권의 소멸시효기간은 여전히 종전의 소멸시효기간에 따른다(대판 1986. 11. 25, 86다카1569).

89 **소멸시효에 관한 설명으로 옳지 않은 것은?** 〈2015년 변리사〉

① 주된 권리의 소멸시효가 완성한 때에는 종속된 권리에 그 효력이 미친다.
② 파산절차참가는 채권자가 이를 취소하거나 그 청구가 각하된 때에는 시효중단의 효력이 없다.
③ 변리사에 대하여 직무상 보관한 서류의 반환을 청구하는 채권은 3년간 행사하지 않으면 소멸시효가 완성한다.
④ 부부 중 한쪽이 다른 쪽에 대하여 가지는 권리는 혼인관계가 종료된 때부터 6개월 내에는 소멸시효가 완성하지 않는다.
⑤ 천재 기타 사변으로 인하여 소멸시효를 중단할 수 없을 때에는 그 사유가 종료한 때로부터 6개월 내에는 시효가 완성하지 않는다.

해 설

① (○) : 주된 권리의 소멸시효가 완성한 때에는 종속된 권리에 그 효력이 미친다(제183조).
② (○) : 파산절차참가는 채권자가 이를 취소하거나 그 청구가 각하된 때에는 시효중단의 효력이 없다(제171조).
③ (○) : 변리사에 대하여 직무상 보관한 서류의 반환을 청구하는 채권은 3년간 행사하지 않으면 소멸시효가 완성한다(제163조).
④ (○) : 부부 중 한쪽이 다른 쪽에 대하여 가지는 권리는 혼인관계가 종료된 때부터 6개월 내에는 소멸시효가 완성하지 않는다(제180조 제2항).
⑤ (×) : 천재 기타 사변으로 인하여 소멸시효를 중단할 수 없을 때에는 그 사유가 종료한 때로부터 '6개월' 이 아니라 '1개월' 내에는 시효가 완성하지 않는다(제182조).

90 **소멸시효에 관한 설명으로 옳은 것은? (다툼이 있으면 판례에 따름)** 〈2018년 변리사〉

① 부작위채권은 권리의 불행사가 있을 수 없으므로 소멸시효의 대상이 되지 않는다.
② 주채무자가 시효완성의 이익을 포기한 경우 보증인은 주채무의 시효소멸을 원용할 수 없다.
③ "시효의 중단은 당사자 및 그 승계인 간에만 효력이 있다"는 규정(민법 제169조)에서 '승계인'에는 특정승계인이 포함되지 아니한다.
④ 기한을 정하지 않은 채권의 소멸시효의 기산점은 채권이 발생된 때가 아니라 이행청구를 받은 때이다.
⑤ 단기 소멸시효에 걸리는 채권이라도 판결에 의하여 확정되면 그 소멸시효기간은 10년이다.

해 설

① (×) 민법 제166조 제2항 : 부작위를 목적으로 하는 채권의 소멸시효는 위반행위를 한 때로부터 진행한다. ☞

정답 89. ⑤ 90. ⑤

민법은 부작위채권도 소멸시효의 대상이 됨을 전제로 그 기산점에 대해 규정하고 있다.
② (×) : 주채무가 시효로 소멸한 때에는 보증인도 그 시효소멸을 원용할 수 있으며, 주채무자가 시효의 이익을 포기하더라도 보증인에게는 그 효력이 없다(대판 1991. 1. 29, 89다카1114).
③ (×) : 승계인이라 함은 시효중단에 관여한 당사자로부터 중단의 효과를 받는 권리 또는 의무를 그 중단 효과 발생 이후에 승계한 자를 뜻하고 포괄승계인은 물론 특정승계인도 이에 포함된다(대판 2015. 5. 28, 2014다81474).
④ (×) : 기한의 정함이 없는 채권은 채권자가 그 채권이 발생한 때부터 언제든지 그 이행을 청구할 수 있으므로 '채권이 발생된 때(채권 성립시)'부터 소멸시효가 기산된다.
⑤ (○) : 민법 제165조 제1항(판결 등에 의하여 확정된 채권의 소멸시효) 판결에 의하여 확정된 채권은 단기의 소멸시효에 해당한 것이라도 그 소멸시효는 10년으로 한다.

91 소멸시효에 관한 설명 중 옳지 않은 것은? (다툼이 있는 경우에는 판례에 의함)

〈2013년 변호사시험〉

① 채무불이행으로 인한 손해배상청구권의 소멸시효기간은 채무불이행시부터 진행하는데, 그 시효기간은 본래의 채권에 적용될 기간에 의한다.
② 실제의 소멸시효 기산일과 당사자가 주장하는 기산일이 다른 경우, 법원은 당사자가 주장하는 기산일을 기준으로 삼아야 한다.
③ 시효중단의 효력있는 승인에는 상대방의 권리에 관한 처분의 능력이나 권한있음을 요하지 아니한다.
④ 유치권이 성립한 부동산의 매수인은 피담보채무의 소멸시효가 완성되면 독자적으로 소멸시효를 원용할 수 있으므로, 유치권의 피담보채권의 소멸시효기간이 확정판결에 의하여 연장되었더라도 종전의 단기소멸시효기간을 원용할 수 있다.
⑤ 다른 채권자가 신청한 부동산경매절차에서 채무자 소유 부동산이 매각되고 그 대금이 이미 소멸시효가 완성된 채무를 피담보채무로 하는 근저당권을 가진 채권자에게 배당되어 채무변제에 충당될 때까지 채무자가 아무런 이의를 제기하지 아니하였다면, 경매절차 진행을 채무자가 알지 못하였다는 등 다른 특별한 사정이 없는 한 채무자는 채권에 대한 소멸시효 이익을 포기한 것으로 볼 수 있다.

해설

① (○) : 채무불이행으로 인한 손해배상청구권의 소멸시효기간은 채무불이행시부터 진행하는데, 그 시효기간은 본래의 채권에 적용될 기간에 의한다(대판 2005. 1. 14, 2002다57119).
② (○) : 변론주의를 말한다(대판 2006. 9. 22, 2006다22852 등).
③ (○) : 시효중단의 효력 있는 승인에는 상대방의 권리에 관한 처분의 능력이나 권한있음을 요하지 아니한다. 다만 관리권한은 있어야 한다(제177조).
④ (×) : 유치권의 피담보채권의 소멸시효기간이 확정판결에 의하여 연장되었더라도 종전의 단기소멸시효기간을 원용할 수 없다. 따라서 유치권의 피담보채권의 소멸시효기간이 10년으로 연장된 경우 매수인은 그 채권의 소멸시효기간이 연장된 효과를 부정하고 종전의 단기소멸시효기간을 원용할 수 없다(대판 2009. 9. 24, 2009다39530).
⑤ (○) : 채무자가 소멸시효 완성 후 채무를 일부 변제한 때에는 그 액수에 관하여 다툼이 없는 한 그 채무 전체를 묵시적으로 승인한 것으로 보아야 하고, 이 경우 시효완성의 사실을 알고 그 이익을 포기한 것으로 추정되므로, 소멸시효가 완성된 채무를 피담보채무로 하는 근저당권이 실행되어 채무자 소유의 부동산이 경락되고 그 대금이 배당되어 채무의 일부 변제에 충당될 때까지 채무자가 아무런 이의를 제기하지 아니하였다면, 경매절

정답 91. ④

차의 진행을 채무자가 알지 못하였다는 등 다른 특별한 사정이 없는 한, 채무자는 시효완성의 사실을 알고 그 채무를 묵시적으로 승인하여 시효의 이익을 포기한 것으로 보아야 한다(대판 2001. 6. 12, 2001다3580).

> **[보충지문] 소멸시효가 완성된 채무를 피담보채무로 하는 근저당권이 실행되어 채무자 소유의 부동산이 경락되고 대금이 배당되어 채무의 일부 변제에 충당될 때까지 채무자가 아무런 이의를 제기하지 아니하였다면, 경매절차의 진행을 채무자가 알지 못하였다는 등 다른 특별한 사정이 없는 한, 채무자는 시효완성의 사실을 알고 채무를 묵시적으로 승인하여 시효의 이익을 포기한 것으로 볼 수 있고, 이는 채무자의 다른 채권자가 이의를 제기하고 채무자를 대위하여 소멸시효 완성의 주장을 원용한 경우라도 마찬가지이다.** 〈2022년 법원행시〉
>
> (×) : 소멸시효가 완성된 경우 채무자에 대한 일반채권자는 채권자의 지위에서 독자적으로 소멸시효의 주장을 할 수는 없지만 자기의 채권을 보전하기 위하여 필요한 한도 내에서 채무자를 대위하여 소멸시효 주장을 할 수 있으므로 채무자가 배당절차에서 이의를 제기하지 아니하였다고 하더라도 채무자의 다른 채권자가 이의를 제기하고 채무자를 대위하여 소멸시효 완성의 주장을 원용하였다면, 시효의 이익을 묵시적으로 포기한 것으로 볼 수 없다(대판 2017. 7. 11, 2014다32458).

92 소멸시효에 관한 설명 중 옳은 것은? (다툼이 있는 경우 판례에 의함) 〈2017년 변호사시험〉

① 부동산에 대한 매매대금 채권이 소유권이전등기청구권과 동시이행의 관계에 있는 경우, 매수인이 매매목적물인 부동산을 인도받아 점유하고 있어서 소유권이전등기청구권의 소멸시효가 진행되지 않는 이상 매매대금 채권 역시 그 지급기일이 경과했더라도 소멸시효가 진행되지 않는다.

② 금전채무가 시효소멸한 후 채무자가 미지급이자를 담보하기 위해 자신이 소유한 부동산에 근저당권을 설정해줌으로써 시효이익을 포기한 경우, 그 후 채무자로부터 그 부동산을 매수한 양수인은 채무자가 한 시효이익 포기의 효력을 부정할 수 있다.

③ 소멸시효 완성 후 시효이익을 받는 당사자인 채무자가 채권자에게 자신의 채무가 있음을 알고 있다는 뜻을 표시하여 채무승인을 한 경우, 시효의 완성으로 인한 법적인 이익을 받지 않겠다는 효과의사가 없더라도 소멸시효 이익의 포기로 인정될 수 있다.

④ 채무자가 채권자에게 담보가등기를 경료하고 부동산을 인도하여 준 다음 피담보채권에 대한 이자 또는 지연손해금의 지급에 갈음하여 채권자로 하여금 부동산을 사용·수익하게 한 경우, 채권자가 부동산을 사용·수익하는 동안에도 피담보채권의 소멸시효가 진행된다.

⑤ 소멸시효가 완성된 경우 채무자에 대한 일반 채권자는 채권자의 지위에서 독자적으로 시효소멸의 주장을 할 수 없지만 자기의 채권을 보전하기 위하여 필요한 한도 내에서 채무자를 대위하여 시효소멸의 주장을 할 수 있다.

해 설

①(×) : 부동산에 대한 매매대금 채권이 소유권이전등기청구권과 동시이행의 관계에 있다고 할지라도 매도인은 매매대금의 지급기일 이후 언제라도 그 대금의 지급을 청구할 수 있는 것이며, 다만 매수인은 매도인으로부터 그 이전등기에 관한 이행의 제공을 받기까지 그 지급을 거절할 수 있는 데 지나지 아니하므로 매매대금 청구권은 그 지급기일 이후 시효의 진행에 걸린다(대판 1991. 3. 22, 90다9797).

②(×) : 소멸시효 이익의 포기는 상대적 효과가 있을 뿐이어서 다른 사람에게는 영향을 미치지 아니함이 원칙이나, 소멸시효 이익의 포기 당시에는 권리의 소멸에 의하여 직접 이익을 받을 수 있는 이해관계를 맺은 적이 없다가 나중에 시효이익을 이미 포기한 자와의 법률관계를 통하여 비로소 시효이익을 원용할 이해관계를 형성

정답 92. ⑤

한 자는 이미 이루어진 시효이익 포기의 효력을 부정할 수 없다(대판 2015. 6. 11, 2015다200227).

③ (×) : 소멸시효 중단사유로서의 채무승인은 시효이익을 받는 당사자인 채무자가 소멸시효의 완성으로 채권을 상실하게 될 자에 대하여 상대방의 권리 또는 자신의 채무가 있음을 알고 있다는 뜻을 표시함으로써 성립하는 이른바 관념의 통지로 여기에 어떠한 효과의사가 필요하지 않다. 이에 반하여 시효완성 후 시효이익의 포기가 인정되려면 시효이익을 받는 채무자가 시효의 완성으로 인한 법적인 이익을 받지 않겠다는 효과의사가 필요하기 때문에 시효완성 후 소멸시효 중단사유에 해당하는 채무의 승인이 있었다 하더라도 그것만으로는 곧바로 소멸시효 이익의 포기라는 의사표시가 있었다고 단정할 수 없다(대판 2013. 2. 28, 2011다21556).

④ (×) : 담보가등기를 경료한 부동산을 인도받아 점유하더라도 담보가등기의 피담보채권의 소멸시효가 중단되는 것은 아니지만, 채무의 일부를 변제하는 경우에는 채무 전부에 관하여 시효중단의 효력이 발생하는 것이므로, 채무자가 채권자에게 담보가등기를 경료하고 부동산을 인도하여 준 다음 피담보채권에 대한 이자 또는 지연손해금의 지급에 갈음하여 채권자로 하여금 부동산을 사용수익할 수 있도록 한 경우라면, 채권자가 부동산을 사용수익하는 동안에는 채무자가 계속하여 이자 또는 지연손해금을 채권자에게 변제하고 있는 것으로 볼 수 있으므로 피담보채권의 소멸시효가 중단된다고 보아야 한다(대판 2009. 11. 12, 2009다51028).

⑤ (○) : 소멸시효가 완성된 경우 채무자에 대한 일반 채권자는 채권자의 지위에서 독자적으로 소멸시효의 주장을 할 수는 없지만 자기의 채권을 보전하기 위하여 필요한 한도 내에서 채무자를 대위하여 소멸시효 주장을 할 수 있다(대판 2012. 5. 10, 2011다109500).

93 **소멸시효에 관한 설명 중 옳은 것을 모두 고른 것은? (다툼이 있는 경우 판례에 의함)**

〈2018년 변호사시험〉

> ㄱ. 채무자가 채권자에게 담보가등기를 경료하고 부동산을 인도하여 준 다음 피담보채권의 이자 또는 지연손해금의 지급에 갈음하여 채권자로 하여금 그 부동산을 사용수익할 수 있도록 한 경우, 이로 인해 피담보채권의 소멸시효가 중단되지는 않는다.
> ㄴ. 채권자의 신청에 의한 경매개시결정에 따라 연대채무자 1인 소유의 부동산이 압류된 경우, 이로써 이 연대채무자에 대한 채권의 소멸시효는 중단되지만 다른 연대채무자에 대한 채권의 소멸시효는 중단되지 않는다.
> ㄷ. 채무자가 담보가등기가 설정된 자신 소유의 부동산을 양도하여 당해 부동산에 관한 양수인명의의 소유권이전등기가 경료된 경우, 그 양수인은 채무자를 대위하지 않더라도 그 담보가등기의 피담보채권이 시효로 소멸했다는 주장을 할 수 있다.
> ㄹ. 채권자대위소송에서 피고인 제3채무자는 원고인 채권자가 채무자에 대해 가지는 채권이 시효로 소멸했음을 주장할 수 없으며, 채권자취소소송에서도 피고인 수익자나 전득자는 원고인 채권자가 채무자에 대해 가지는 채권이 시효로 소멸했다는 주장을 할 수 없다.
> ㅁ. 채무자가 자신 소유의 부동산에 저당권을 설정한 상태에서 당해 부동산을 양도하여 그 부동산에 관한 양수인 명의의 소유권이전등기가 경료된 다음, 채무자가 시효기간 도과 후 자신의 채무를 승인했다 하더라도 이로 인한 시효이익 포기의 효력은 양수인에게 미치지 않는다.

① ㄱ, ㄴ, ㄷ ② ㄱ, ㄷ, ㅁ ③ ㄴ, ㄷ, ㄹ ④ ㄴ, ㄷ, ㅁ ⑤ ㄴ, ㄹ, ㅁ

해설

ㄱ. (×) : 담보가등기를 경료한 부동산을 인도받아 점유하더라도 담보가등기의 피담보채권의 소멸시효가 중단

정답 93. ④

되는 것은 아니지만, 채무의 일부를 변제하는 경우에는 채무 전부에 관하여 시효중단의 효력이 발생하는 것이므로, 채무자가 채권자에게 담보가등기를 경료하고 부동산을 인도하여 준 다음 피담보채권에 대한 이자 또는 지연손해금의 지급에 갈음하여 채권자로 하여금 부동산을 사용수익할 수 있도록 한 경우라면, 채권자가 부동산을 사용수익하는 동안에는 채무자가 계속하여 이자 또는 지연손해금을 채권자에게 변제하고 있는 것으로 볼 수 있으므로 피담보채권의 소멸시효가 중단된다고 보아야 한다(대판 2009. 11. 12, 2009다51028).

ㄴ. (○) : 채권자의 신청에 의한 경매개시결정에 따라 연대채무자 1인의 소유 부동산이 압류된 경우, 이로써 위 채무자에 대한 채권의 소멸시효는 중단되지만, 압류에 의한 시효중단의 효력은 다른 연대채무자에게 미치지 아니하므로, 경매개시결정에 의한 시효중단의 효력을 다른 연대채무자에 대하여 주장할 수 없다(대판 2001. 8. 21, 2001다22840).

ㄷ. (○), ㅁ. (○) : 소멸시효를 원용할 수 있는 사람은 권리의 소멸에 의하여 직접 이익을 받는 사람에 한정되는바, 채권담보의 목적으로 매매예약의 형식을 빌어 소유권이전청구권 보전을 위한 가등기가 경료된 부동산을 양수하여 소유권이전등기를 마친 제3자는 당해 가등기담보권의 피담보채권의 소멸에 의하여 직접 이익을 받는 자이므로, 그 가등기담보권에 의하여 담보된 채권의 채무자가 아니더라도 그 피담보채권에 관한 소멸시효를 원용할 수 있고, 이와 같은 직접수익자의 소멸시효 원용권은 채무자의 소멸시효 원용권에 기초한 것이 아닌 독자적인 것으로서 채무자를 대위하여서만 시효이익을 원용할 수 있는 것은 아니며, 가사 채무자가 이미 그 가등기에 기한 본등기를 경료하여 시효이익을 포기한 것으로 볼 수 있다고 하더라도 그 시효이익의 포기는 상대적 효과가 있음에 지나지 아니하므로 채무자 이외의 이해관계자에 해당하는 담보 부동산의 양수인으로서는 여전히 독자적으로 소멸시효를 원용할 수 있다(대판 1995. 7. 11, 95다12446).

ㄹ. (×)

> [판례1] 채권자가 채권자대위권을 행사하여 제3자에 대하여 하는 청구에 있어서, 제3채무자는 채무자가 채권자에 대하여 가지는 항변으로 대항할 수 없고, 채권의 소멸시효가 완성된 경우 이를 원용할 수 있는 자는 원칙적으로는 시효이익을 직접 받는 자뿐이고, 채권자대위소송의 제3채무자는 이를 행사할 수 없다(대판 2004. 2. 12, 2001다10151).
>
> [판례2] 소멸시효를 원용할 수 있는 사람은 권리의 소멸에 의하여 직접 이익을 받는 자에 한정되는바, 사해행위취소소송의 상대방이 된 사해행위의 수익자는, 사해행위가 취소되면 사해행위에 의하여 얻은 이익을 상실하고 사해행위취소권을 행사하는 채권자의 채권이 소멸하면 그와 같은 이익의 상실을 면하는 지위에 있으므로, 그 채권의 소멸에 의하여 직접 이익을 받는 자에 해당하는 것으로 보아야 한다(대판 2007. 11. 29, 2007다54849).

94 소멸시효에 관한 설명 중 옳지 않은 것은? (다툼이 있는 경우 판례에 의함) 〈2019년 변호사시험〉

① 채무자가 소멸시효 완성 후 시효를 원용하지 아니할 것 같은 태도를 보여 권리자로 하여금 이를 신뢰하게 하였고 그 후 채권자가 권리행사를 기대할 수 있는 상당한 기간 내에 권리를 행사한 경우, 채무자가 소멸시효의 완성을 주장하는 것은 허용되지 않는다.

② 체납처분에 의한 채권압류로 인하여 압류채권자의 채무자에 대한 채권의 시효가 중단되었으나 그 후 피압류채권이 기본계약관계의 해지·실효 또는 소멸시효의 완성 등으로 소멸하여 압류 자체가 실효된 경우, 시효중단 사유는 종료되고 그때부터 시효가 새로이 진행한다.

③ 동일 당사자 간에 계속적인 거래로 인하여 같은 종류를 목적으로 하는 수개의 채권관계가 성립되어 있는 경우에 채무자가 특정채무를 지정하지 아니하고 그 일부의 변제를 한 때에도 다른 특별한 사정이 없다면 잔존 채무에 대하여도 승인을 한 것으로 보아 시효중단이나 포기의 효력을 인정할 수 있다.

정답 94. ⑤

④ 원금채무에 관하여는 소멸시효가 완성되지 아니하였으나 이자채무에 관하여는 소멸시효가 완성된 상태에서 채무자가 채무를 일부 변제한 때에는 액수에 관하여 다툼이 없는 한 원금채무에 관하여 묵시적으로 승인하는 한편 이자채무에 관하여 시효완성의 사실을 알고 그 이익을 포기한 것으로 추정된다.

⑤ 법률의 규정에 따른 적법한 가압류가 있었으나 제소기간의 도과로 인하여 가압류가 취소된 경우에는 소멸시효 중단의 효력이 없다.

해 설

① (○) : 소멸시효를 이유로 한 항변권의 행사도 민법의 대원칙인 신의성실의 원칙과 권리남용금지의 원칙의 지배를 받는 것이어서 채무자가 소멸시효 완성 후 시효를 원용하지 아니할 것 같은 태도를 보여 권리자로 하여금 이를 신뢰하게 하였고, 채무자가 그로부터 권리행사를 기대할 수 있는 상당한 기간 내에 자신의 권리를 행사하였다면, 채무자가 소멸시효 완성을 주장하는 것은 신의성실 원칙에 반하는 권리남용으로 허용될 수 없다(대판 2013. 6. 27, 2013다23211).

② (○) : 체납처분에 의한 채권압류로 인하여 채권자의 채무자에 대한 채권의 시효가 중단된 경우에 압류에 의한 체납처분 절차가 채권추심 등으로 종료된 때뿐만 아니라, 피압류채권이 기본계약관계의 해지·실효 또는 소멸시효 완성 등으로 인하여 소멸함으로써 압류의 대상이 존재하지 않게 되어 압류 자체가 실효된 경우에도 체납처분 절차는 더 이상 진행될 수 없으므로 시효중단사유가 종료한 것으로 보아야 하고, 그때부터 시효가 새로이 진행한다(대판 2017. 4. 28, 2016다239840).

③ (○) : 동일당사자간에 계속적인 거래로 인하여 같은 종류를 목적으로 하는 수개의 채권관계가 성립되어 있는 경우에 채무자가 특정채무를 지정하지 아니하고 그 일부의 변제를 한 때에도 다른 특별한 사정이 없다면 잔존채무에 대하여도 승인을 한 것으로 보아 시효중단이나 포기의 효력을 인정할 수 있을 것이나, 그 채무가 별개로 성립되어 독립성을 갖고 있는 경우에는 일률적으로 그렇게만 해석할 수는 없을 것이다(대판 1993. 10. 26, 93다14936).

④ (○) : 원금채무에 관하여는 소멸시효가 완성되지 아니하였으나 이자채무에 관하여는 소멸시효가 완성된 상태에서 채무자가 채무를 일부 변제한 때에는 액수에 관하여 다툼이 없는 한 원금채무에 관하여 묵시적으로 승인하는 한편 이자채무에 관하여 시효완성의 사실을 알고 그 이익을 포기한 것으로 추정되며, 채무자의 변제가 채무 전체를 소멸시키지 못하고 당사자가 변제에 충당할 채무를 지정하지 아니한 때에는 민법 제479조, 제477조에 따른 법정변제충당의 순서에 따라 충당되어야 한다(대판 2013. 5. 23, 2013다12464).

[지문 ③, ④ 관련 정리]

1. 일부청구 (대판 1992. 4. 10, 91다43695) 한 개의 채권 중 일부에 관하여만 판결을 구한다는 취지를 명백히 하여 소송을 제기한 경우에는 소제기에 의한 소멸시효중단의 효력이 그 일부에 관하여만 발생하고, 나머지 부분에는 발생하지 아니하지만 비록 그중 일부만을 청구한 경우에도 그 취지로 보아 채권 전부에 관하여 판결을 구하는 것으로 해석된다면 그 청구액을 소송물인 채권의 전부로 보아야 하고, 이러한 경우에는 그 채권의 동일성의 범위 내에서 그 전부에 관하여 시효중단의 효력이 발생한다고 해석함이 상당하다.
2. 일부가압류 (대판 1976. 2. 24, 75다1240) 채권자가 가분채권의 일부분을 피보전채권으로 주장하여 채무자 소유의 재산에 대하여 가압류를 한 경우에 있어서는 그 피보전채권 부분만에 한하여 시효중단의 효력이 있다 할 것이고 가압류에 의한 보전채권에 포함되지 아니한 나머지 채권에 대하여는 시효중단의 효력이 발생할 수 없다 할 것이다.
3. 일부변제 (대판 2009. 11. 12, 2009다51028) 담보가등기를 경료한 부동산을 인도받아 점유하더라도 담보가등기의 피담보채권의 소멸시효가 중단되는 것은 아니지만, 채무의 일부를 변제하는 경우에는 채무 전부에

관하여 시효중단의 효력이 발생하는 것이므로, 채무자가 채권자에게 담보가등기를 경료하고 부동산을 인도하여 준 다음 피담보채권에 대한 이자 또는 지연손해금의 지급에 갈음하여 채권자로 하여금 부동산을 사용수익할 수 있도록 한 경우라면, 채권자가 부동산을 사용수익하는 동안에는 채무자가 계속하여 이자 또는 지연손해금을 채권자에게 변제하고 있는 것으로 볼 수 있으므로 피담보채권의 소멸시효가 중단된다고 보아야 한다.

⑤ (×) : 민법 제175조는 가압류가 '권리자의 청구에 의하여 또는 법률의 규정에 따르지 아니함으로 인하여 취소된 때에는 소멸시효 중단의 효력이 없다'고 규정하고 있고, 이는 그러한 사유가 가압류 채권자에게 권리행사의 의사가 없음을 객관적으로 표명하는 행위이거나 또는 처음부터 적법한 권리행사가 있었다고 볼 수 없는 사유에 해당한다고 보기 때문이므로, 법률의 규정에 따른 적법한 가압류가 있었으나 **제소기간의 도과로 인하여 가압류가 취소된 경우**에는 위 법조가 정한 소멸시효 중단의 효력이 없는 경우에 해당한다고 볼 수 없다(대판 2011. 1. 13, 2010다88019). ☞ 가압류결정 후 제소기간 도과를 이유로 가압류가 취소된 사안에서, 채권의 소멸시효가 가압류로 인하여 중단되었다가 제소기간의 도과로 가압류가 취소된 때로부터 다시 진행된다고 한 원심의 판단을 수긍한 사례. 즉 〈처음부터 적법한 권리행사가 있었다고 볼 수 없는 사유에 해당하는 경우〉는 민법 제175조의 "법률의 규정에 따르지 아니함으로 인하여 취소된 때"에 해당하여 가압류에 의한 소멸시효 중단의 효과가 소급적으로 소멸되지만, 〈처음에는 적법한 권리행사가 있었다고 볼 수 있는 경우〉에는 가압류에 의한 소멸시효 중단의 효과가 소급적으로 소멸하는 것이 아니다.

[비교판례] 금전채권의 보전을 위하여 채무자의 금전채권에 대하여 가압류가 행하여진 경우에 그 후 채권자의 신청에 의하여 그 집행이 취소되었다면, 다른 특별한 사정이 없는 한 가압류에 의한 소멸시효 중단의 효과는 소급적으로 소멸된다. 민법 제175조는 가압류가 '권리자의 청구에 의하여 취소된 때에는' 소멸시효 중단의 효력이 없다고 정한다. 가압류의 집행 후에 행하여진 채권자의 집행취소 또는 집행해제의 신청은 실질적으로 집행신청의 취하에 해당하고, 이는 다른 특별한 사정이 없는 한 가압류 자체의 신청을 취하하는 것과 마찬가지로 그에게 권리행사의 의사가 없음을 객관적으로 표명하는 행위로서 위 법 규정에 의하여 시효중단의 효력이소멸한다고 봄이 상당하다. 이러한 점은 위와 같은 집행취소의 경우 그 취소의 효력이 단지 장래에 대하여만 발생한다는 것에 의하여 달라지지 아니한다(대판 2010. 10. 14, 2010다53273).

95 **소멸시효에 관한 설명 중 옳지 않은 것은? (다툼이 있는 경우 판례에 의함)** 〈2022년 변호사시험〉

① 채무자가 소멸시효 완성 후 채무를 일부 변제한 때에는 액수에 관하여 다툼이 없는 한 채무 전체를 묵시적으로 승인한 것으로 보아야 하고, 이 경우 시효 완성의 사실을 알고 소멸시효의 이익을 포기한 것으로 추정된다.

② 부진정연대채무에서 채무자 1인에 대한 재판상 청구 또는 채무자 1인이 행한 채무의 승인 등 소멸시효의 중단 사유나 시효이익의 포기는 다른 채무자에게 효력을 미친다.

③ 채권자가 전소로 이행청구를 하여 승소 확정판결을 받은 후 그 채권의 시효 중단을 위한 후소를 제기하는 경우, 후소로 재판상의 청구가 있다는 점에 대하여만 확인을 구하는 형태의 확인의 소도 허용된다.

④ 채권자가 채무자의 제3채무자에 대한 채권을 압류 또는 가압류한 경우, 압류 또는 가압류된 채무자의 제3채무자에 대한 채권에 대하여는 시효 중단의 효력이 생긴다고 할 수 없다.

⑤ 가압류에 의한 시효 중단은 경매절차에서 부동산이 매각되어 가압류등기가 말소되기 전에 배당절차가 진행되어 가압류채권자에 대한 배당표가 확정되는 등의 특별한 사정이 없는 한, 채권자가 가

정답 95. ②

압류 집행에 의하여 권리행사를 계속하고 있다고 볼 수 있는 가압류등기가 말소된 때 중단사유가 종료되어, 그때부터 새로 소멸시효가 진행한다.

해 설

① (○) : 채무자가 소멸시효 완성 후 채무를 **일부 변제**한 때에는 그 액수에 관하여 다툼이 없는 한 그 **채무 전체를 묵시적으로 승인한 것**으로 보아야 하고, 이 경우 **시효완성의 사실을 알고 그 이익을 포기한 것으로 추정**되므로, 소멸시효가 완성된 채무를 피담보채무로 하는 근저당권이 실행되어 채무자 소유의 부동산이 경락되고 그 대금이 배당되어 채무의 일부 변제에 충당될 때까지 채무자가 아무런 이의를 제기하지 아니하였다면, 경매절차의 진행을 채무자가 알지 못하였다는 등 다른 특별한 사정이 없는 한, 채무자는 시효완성의 사실을 알고 그 채무를 묵시적으로 승인하여 시효의 이익을 포기한 것으로 보아야 한다(대판 2001. 6. 12, 2001다3580).

② (×) : 부진정연대채무에서는 **채무자 1인에 대한 이행청구 또는 채무자 1인이 행한 채무의 승인 등 소멸시효의 중단사유나 시효이익의 포기**가 다른 채무자에게 효력을 미치지 아니한다(대판 2011. 4. 14, 2010다91886).

③ (○) : 종래 대법원은 시효중단사유로서 재판상의 청구에 관하여 반드시 권리 자체의 **이행청구나 확인청구**로 제한하지 않을 뿐만 아니라, 권리자가 재판상 그 권리를 주장하여 권리 위에 잠자는 것이 아님을 표명한 것으로 볼 수 있는 때에는 널리 시효중단사유로서 재판상의 청구에 해당하는 것으로 해석하여 왔다. 이와 같은 법리는 **이미 승소 확정판결을 받은 채권자가 그 판결상 채권의 시효중단을 위해 후소를 제기하는 경우**에도 동일하게 적용되므로, 채권자가 **전소로 이행청구**를 하여 승소 확정판결을 받은 후 그 채권의 시효중단을 위한 후소를 제기하는 경우, **후소의 형태로서 항상 전소와 동일한 이행청구만이 시효중단사유인 '재판상의 청구'에 해당한다고 볼 수는 없다.** 시효중단을 위한 이행소송은 다양한 문제를 야기한다. 그와 같은 문제들의 근본적인 원인은 시효중단을 위한 후소의 형태로 전소와 소송물이 동일한 이행소송이 제기되면서 채권자가 실제로 의도하지도 않은 청구권의 존부에 관한 실체 심리를 진행하는 데에 있다. 채무자는 그와 같은 후소에서 전소 판결에 대한 청구이의사유를 조기에 제출하도록 강요되고 법원은 불필요한 심리를 해야 한다. 채무자는 이중집행의 위험에 노출되고, 실질적인 채권의 관리·보전비용을 추가로 부담하게 되며 그 금액도 매우 많은 편이다. 채권자 또한 자신이 제기한 후소의 적법성이 10년의 경과가 임박하였는지 여부라는 불명확한 기준에 의해 좌우되는 불안정한 지위에 놓이게 된다. 위와 같은 종래 실무의 문제점을 해결하기 위해서, 시효중단을 위한 후소로서 이행소송 외에 전소 판결로 확정된 채권의 시효를 중단시키기 위한 조치, 즉 **'재판상의 청구'가 있다는 점에 대하여만 확인을 구하는 형태의 '새로운 방식의 확인소송'이 허용되고,** 채권자는 두 가지 형태의 소송 중 자신의 상황과 필요에 보다 적합한 것을 **선택하여 제기할 수 있다**고 보아야 한다(대판 2018. 10. 18, 2015다232316).

④ (○) : 채권자가 채무자의 제3채무자에 대한 채권을 압류 또는 가압류한 경우에 **채무자에 대한 채권자의 채권**에 관하여 시효중단의 효력이 생긴다고 할 것이나, 압류 또는 가압류된 **채무자의 제3채무자에 대한 채권**에 대하여는 민법 제168조 제2호 소정의 소멸시효 중단사유에 준하는 **확정적인 시효중단의 효력이 생긴다고 할 수 없다. 다만** 채권자가 확정판결에 기한 채권의 실현을 위하여 채무자의 제3채무자에 대한 채권에 관하여 **압류 및 추심명령을 받아 그 결정이 제3채무자에게 송달이 되었다면 거기에 소멸시효 중단사유인 최고로서의 효력을 인정하여야 한다**(대판 2003. 5. 13, 2003다16238).

⑤ (○) : 가압류에 의한 시효중단은 경매절차에서 부동산이 매각되어 가압류등기가 말소되기 전에 배당절차가 진행되어 가압류채권자에 대한 배당표가 확정되는 등의 특별한 사정이 없는 한, 채권자가 가압류집행에 의하여 권리행사를 계속하고 있다고 볼 수 있는 가압류등기가 말소된 때 그 중단사유가 종료되어, 그때부터 새로 소멸시효가 진행한다(대판 2013. 11. 14, 2013다18622,18639).

96 **소멸시효에 관한 설명 중 옳은 것은? (다툼이 있는 경우 판례에 의함)** 〈2024년 변호사시험〉

① 채무불이행으로 인한 손해배상채권은 본래의 채권이 시효로 소멸하더라도 함께 소멸하지 않는다.

② 3년의 단기소멸시효가 적용되는 도급을 받은 자의 공사에 관한 채권은 공사대금채권만을 의미하고 그 공사에 부수되는 채권으로서 수급인의 저당권설정청구권은 도급을 받은 자의 공사에 관한 채권에 해당되지 않는다.

③ 후순위담보권자는 선순위담보권의 피담보채권의 소멸로 직접 이익을 받는 자이므로 선순위담보권의 피담보채권에 관한 소멸시효의 완성을 원용할 수 있다.

④ 물상보증인이 그 피담보채무의 부존재 또는 소멸을 이유로 제기한 저당권설정등기 말소등기절차이행청구소송에서, 채권자 겸 저당권자가 청구기각의 판결을 구하고 피담보채권의 존재를 주장하여 승소하더라도 채권자의 위 응소행위는 피담보채권에 대한 시효중단 사유인 '재판상 청구'에 해당하지 않는다.

⑤ 채권자가 채무자의 제3채무자에 대한 채권을 압류 또는 가압류한 경우, 채무자의 제3채무자에 대한 채권에 확정적 시효중단의 효력이 생긴다.

해 설

① (×) : 채무불이행으로 인한 손해배상채권은 본래의 채권이 확장된 것이거나 본래의 채권의 내용이 변경된 것이므로 본래의 채권과 동일성을 가진다. 따라서 본래의 채권이 시효로 소멸한 때에는 손해배상채권도 함께 소멸한다(대판 2018. 2. 28, 2016다45779).

② (×) : 도급받은 공사의 공사대금채권은 민법 제163조 제3호에 따라 3년의 단기소멸시효가 적용되고, 공사에 부수되는 채권도 마찬가지인데, **민법 제666조에 따른 저당권설정청구권**은 공사대금채권을 담보하기 위하여 저당권설정등기절차의 이행을 구하는 채권적 청구권으로서 공사에 부수되는 채권에 해당하므로 소멸시효기간 역시 3년이다(대판 2016. 10. 27,2014다211978).

③ (×) : 소멸시효가 완성된 경우 이를 주장할 수 있는 사람은 시효로 채무가 소멸되는 결과 직접적인 이익을 받는 사람에 한정된다. 후순위 담보권자는 선순위 담보권의 피담보채권이 소멸하면 담보권의 순위가 상승하고 이에 따라 피담보채권에 대한 배당액이 증가할 수 있지만, 이러한 배당액 증가에 대한 기대는 담보권의 순위 상승에 따른 **반사적 이익**에 지나지 않는다. **후순위 담보권자**는 선순위 담보권의 피담보채권 소멸로 직접 이익을 받는 자에 해당하지 않아 선순위 담보권의 피담보채권에 관한 소멸시효가 완성되었다고 주장할 수 없다(대판 2021. 2. 25, 2016다232597). ☞ 이 판례에 대해서는 선순위저당권의 피담보채권이 소멸시효 등을 이유로 소멸하는 경우에 그 저당권의 당연 소멸로 후순위저당권의 순위가 상승하는 것은 후순위저당권자가 구체적이고 실제적으로 향유하는, 그리하여 어떻게 보더라도 현실인 이익이다."라는 양창수 교수님의 비판적인 평석이 있다(2021. 5. 3.자 법률신문에서 인용). 하지만 수험생의 입장에서는 판례대로 정리해야 할 것이다.

④ (○) : 채권자에 대하여는 아무런 채무도 부담하고 있지 아니한, 물상보증인이 그 피담보채무의 부존재 또는 소멸을 이유로 제기한 저당권설정등기 말소등기절차이행청구소송에서 채권자 겸 저당권자가 청구기각의 판결을 구하고 피담보채권의 존재를 주장하였다고 하더라도 이로써 직접 채무자에 대하여 재판상 청구를 한 것으로 볼 수는 없는 것이므로 피담보채권의 소멸시효에 관하여 규정한 민법 제168조 제1호 소정의 '청구'에 해당하지 아니한다(대판 2004. 1. 16, 2003다30890).

⑤ (×) : 채권자가 채무자의 제3채무자에 대한 채권을 압류 또는 가압류한 경우에 채무자에 대한 채권자의 채권에 관하여 시효중단의 효력이 생긴다고 할 것이나, 압류 또는 가압류된 채무자의 제3채무자에 대한 채권에 대하여는 민법 제168조 제2호 소정의 소멸시효 중단사유에 준하는 확정적인 시효중단의 효력이 생긴다고 할 수 없다. 다만 채권자가 확정판결에 기한 채권의 실현을 위하여 채무자의 제3채무자에 대한 채권에 관하여 압

정답 96. ④

류 및 추심명령을 받아 그 결정이 제3채무자에게 송달이 되었다면 거기에 소멸시효 중단사유인 최고로서의 효력을 인정하여야 한다(대판 2003. 5. 13, 2003다16238).

97 **대부업을 하는 甲은 乙에게 아래 표와 같이 세 차례에 걸쳐 총 3억 원을 대여하였다.**

대여일	원금	이자	원금 변제기
2018. 1. 1.	1억 원	월 1% (매월 말일 지급)	2018. 12. 31.
2019. 1. 1.	1억 원	월 1% (매월 말일 지급)	2019. 12. 31.
2020. 7. 1.	1억 원	월 1% (매월 말일 지급)	2021. 6. 30.

乙이 위 채무의 변제를 전혀 하지 않아 甲은 2024. 1. 12. 위 각 대여금의 원금 및 이에 대한 2023. 12. 31.까지의 이자 또는 지연손해금의 지급을 구하는 소를 제기하려고 한다. 乙이 소멸시효 항변을 할 것으로 예상되는 경우, 甲이 소송에서 최대로 인용받을 수 있는 청구 금액은 얼마인가? (발생 이자나 지연손해금에 대한 지연손해금은 청구하지 않고, 기간의 말일은 토요일 또는 공휴일이 아니라고 가정함. 다툼이 있는 경우 판례에 의함) 〈2024년 변호사시험〉

① 4억 7,400만 원 ② 3억 200만 원 ③ 2억 8,400만 원
④ 2억 7,200만 원 ⑤ 1억 4,200만 원

해 설

(ⅰ) 상행위로 인한 채권은 본법에 다른 규정이 없는 때에는 5년간 행사하지 아니하면 소멸시효가 완성한다(상법 제64조). 甲의 대부행위는 상행위이므로 **원금**채권의 소멸시효기간은 모두 **5년**이다. 확정기한부채무들이므로 각 원금 변제기부터 소멸시효가 진행된다.

(ⅱ) 1차 채무 : 소를 제기하려고 하는 2024. 1. 12.을 기준으로 원금은 소멸시효가 완성하였고, 주된 권리의 소멸시효가 완성한 때에는 종속된 권리에 그 효력이 미치므로(제183조), 결국 1차 채무에서 인용받을 수 있는 청구금액은 0원이다.

(ⅲ) 2차 채무 : 소를 제기하려고하는 2024. 1. 12.을 기준으로 원금은 소멸시효가 완성되지 않았다. **이자**는 제163조 제1호의 "이자, 부양료, 급료, 사용료 기타 1년 이내의 기간으로 정한 금전 또는 물건의 지급을 목적으로 한 채권"에 해당하므로 소멸시효 기간은 **3년**이다. 그리고 **지연손해금**은 "은행이 영업행위로서 한 대출금에 대한 변제기 이후의 지연손해금은 그 원본채권과 마찬가지로 상행위로 인한 채권으로서 5년의 소멸시효를 규정한 상법 제64조가 적용된다(대판 2008. 3. 14, 2006다2940)."는 판례에 따라 **5년**이다. 2차 채무의 경우 변제기인 2019. 12. 31.을 기준으로 그 이전 까지는 이자가, 그 이후에는 지연손해금이 각 부가되는데, 이자는 소를 제기하려고 하는 2024. 1. 12.을 기준으로 모두 3년이 경과하여 소멸시효가 완성되었다. 반면에 2019. 12. 31.부터 발생하는 지연손해금은 모두 5년이 경과하지 않아서 소멸시효가 완성되지 않았고, 2023. 12. 31.까지 발생하는 지연손해금은 모두 4,800만 원(월 100만 원×48개월)이다. 따라서 2차 채무에서 인용받을 수 있는 청구금액은 1억 4,800만 원이다.

(ⅳ) 3차 채무 : 소를 제기하려고하는 2024. 1. 12.을 기준으로 원금은 소멸시효가 완성되지 않았다. 3차 채무의 경우 변제기인 2021. 6. 30.을 기준으로 그 이전 까지는 이자가, 그 이후에는 지연손해금이 각 부가되는데, 이자는 소를 제기하려고하는 2024. 1. 12.을 기준으로 2020. 12. 31. 변제기가 도래하는 이자까지는 소멸시효가 완성되었고, 2021. 1. 31. 변제기가 도래하는 이자부터는 소멸시효가 완성되지 않았다. 변제기인 2021. 6. 30.까지 이자

정답 97. ③

가 부가되므로 이자는 600만 원이다. 지연손해금은 모두 5년이 경과하지 않아서 소멸시효가 완성되지 않는다. 지연손해금은 2021. 7.31. 변제기가 도래하는 것부터 2023. 12. 31.까지 발생하는 것까지이므로 3,000만 원이다. 따라서 3차 채무에서 인용받을 수 있는 청구금액은 1억 3,600만 원이다.
(v) 결국 甲이 소송에서 최대로 인용받을 수 있는 청구 금액은 2억 8,400만 원이다.

98 **소멸시효에 관한 다음 설명 중 가장 옳지 않은 것은?** 〈2020년 법원행시〉

① 소멸시효 중단사유로서의 채무승인은 시효이익을 받는 당사자인 채무자가 소멸시효의 완성으로 채권을 상실하게 될 자에 대하여 상대방의 권리 또는 자신의 채무가 있음을 알고 있다는 뜻을 표시함으로써 성립하는 이른바 관념의 통지로 여기에 어떠한 효과의사가 필요하지 않다.
② 부진정연대채무에서 채무자 1인에 대한 재판상 청구 또는 채무자 1인이 행한 채무의 승인 등 소멸시효의 중단사유나 시효이익의 포기는 다른 채무자에게도 효력이 미친다.
③ 채무자가 소멸시효 완성 후 채무를 일부 변제한 때에는 그 액수에 관하여 다툼이 없는 한 그 채무 전체를 묵시적으로 승인한 것으로 보아야 하고, 이 경우 시효완성의 사실을 알고 그 이익을 포기한 것으로 추정된다.
④ 소멸시효가 완성된 경우 채무자에 대한 일반채권자는 채권자의 지위에서 독자적으로 소멸시효의 주장을 할 수는 없지만 자기의 채권을 보전하기 위하여 필요한 한도 내에서 채무자를 대위하여 소멸시효 주장을 할 수 있다.
⑤ 시효완성 후 시효이익의 포기가 인정되려면 시효이익을 받는 채무자가 시효의 완성으로 인한 법적인 이익을 받지 않겠다는 효과의사가 필요하기 때문에 시효완성 후 소멸시효 중단사유에 해당하는 채무의 승인이 있었다 하더라도 그것만으로는 곧바로 소멸시효 이익의 포기라는 의사표시가 있었다고 단정할 수 없다.

해 설

① (○), ③ (○), ⑤ (○) : [1] 시효이익을 받을 채무자는 소멸시효가 완성된 후 시효이익을 포기할 수 있고, 이것은 시효의 완성으로 인한 법적인 이익을 받지 않겠다고 하는 효과의사를 필요로 하는 의사표시이다. 그리고 그와 같은 시효이익 포기의 의사표시가 존재하는지의 판단은 표시된 행위 내지 의사표시의 내용과 동기 및 경위, 당사자가 의사표시 등에 의하여 달성하려고 하는 목적과 진정한 의도 등을 종합적으로 고찰하여 사회정의와 형평의 이념에 맞도록 논리와 경험의 법칙, 그리고 사회일반의 상식에 따라 객관적이고 합리적으로 이루어져야 한다. [2] 채무자회생 및 파산에 관한 법률 제32조 제3호에서는 개인회생채권자목록을 제출한 경우 시효중단의 효력이 있다고 규정하고 있다. 한편 소멸시효 중단사유로서의 채무승인은 시효이익을 받는 당사자인 채무자가 소멸시효의 완성으로 채권을 상실하게 될 자에 대하여 상대방의 권리 또는 자신의 채무가 있음을 알고 있다는 뜻을 표시함으로써 성립하는 이른바 관념의 통지로 여기에 어떠한 효과의사가 필요하지 않다. 이에 반하여 시효완성 후 시효이익의 포기가 인정되려면 시효이익을 받는 채무자가 시효의 완성으로 인한 법적인 이익을 받지 않겠다는 효과의사가 필요하기 때문에 시효완성 후 소멸시효 중단사유에 해당하는 채무의 승인이 있었다 하더라도 그것만으로는 곧바로 소멸시효 이익의 포기라는 의사표시가 있었다고 단정할 수 없다. [3] 채무자가 소멸시효 완성 후 채무를 일부 변제한 때에는 액수에 관하여 다툼이 없는 한 채무 전체를 묵시적으로 승인한 것으로 보아야 하고, 이 경우 시효완성의 사실을 알고 이익을 포기한 것으로 추정되므로, 소멸시효가 완성된 채무를 피담보채무로 하는 근저당권이 실행되어 채무자 소유의 부동산이 경락되고 대금이 배당되어 채무의 일부 변제에 충당될 때까지 채무자가 아무런 이의를 제기하지 아니하였다면, 경매절차의 진행을 채무자가 알지 못하였다는 등 다른 특별한 사정이 없는 한, 채무자는 시효완성의 사실을 알고 채무를 묵시적으로 승인하여 시

정답 98. ②

효의 이익을 포기한 것으로 볼 수 있기는 하다. 그러나 소멸시효가 완성된 경우 채무자에 대한 일반채권자는 채권자의 지위에서 독자적으로 소멸시효의 주장을 할 수는 없지만 자기의 채권을 보전하기 위하여 필요한 한도 내에서 채무자를 대위하여 소멸시효 주장을 할 수 있으므로 채무자가 배당절차에서 이의를 제기하지 아니하였다고 하더라도 채무자의 다른 채권자가 이의를 제기하고 채무자를 대위하여 소멸시효 완성의 주장을 원용하였다면, 시효의 이익을 묵시적으로 포기한 것으로 볼 수 없다(대판 2017. 7. 11, 2014다32458).

② (×) : 부진정연대채무에서는 채무자 1인에 대한 이행청구 또는 채무자 1인이 행한 채무의 승인 등 소멸시효의 중단사유나 시효이익의 포기가 다른 채무자에게 효력을 미치지 아니한다(대판 2011. 4. 14, 2010다91886).

④ (○) : 소멸시효가 완성된 경우 이를 주장할 수 있는 사람은 시효로 인하여 채무가 소멸되는 결과 직접적인 이익을 받는 사람에 한정되므로 채무자에 대한 일반채권자는 자기의 채권을 보전하기 위하여 필요한 한도 내에서 채무자를 대위하여 소멸시효주장을 할 수 있을 뿐 채권자의 지위에서 독자적으로 소멸시효의 주장을 할 수 없다(대판 2012. 5. 10, 2011다109500).

보충지문

99 채무불이행으로 인한 손해배상청구권에 대한 소멸시효 항변이 불법행위로 인한 손해배상청구권에 대한 소멸시효 항변을 포함한 것으로 볼 수는 없다. 〈2018년 감정평가사〉

해 설 대판 1998. 5. 29, 96다51110 참조

100 채무불이행으로 인한 손해배상채권은 본래의 채권이 확장된 것이거나 본래의 채권의 내용이 변경된 것이므로 본래의 채권이 시효로 소멸한 때에는 손해배상채권도 함께 소멸한다. 〈2019년 법원행시〉

해 설 채무불이행으로 인한 손해배상채권은 본래의 채권이 확장된 것이거나 본래의 채권의 내용이 변경된 것이므로 본래의 채권과 동일성을 가진다. 따라서 본래의 채권이 시효로 소멸한 때에는 손해배상채권도 함께 소멸한다(대판 2018. 2. 28, 2016다45779).

101 유치권이 성립한 부동산의 매수인은 피담보채권의 소멸시효가 완성되면 시효로 인하여 채무가 소멸되는 결과 직접적인 이익을 받는 자에 해당하므로 소멸시효의 완성을 원용할 수 있는 지위에 있다. 〈2019년 법무사〉

해 설 유치권이 성립된 부동산의 매수인은 피담보채권의 소멸시효가 완성되면 시효로 인하여 채무가 소멸되는 결과 직접적인 이익을 받는 자에 해당하므로 소멸시효의 완성을 원용할 수 있는 지위에 있다고 할 것이나, 매수인은 유치권자에게 채무자의 채무와는 별개의 독립된 채무를 부담하는 것이 아니라 단지 채무자의 채무를 변제할 책임을 부담하는 점 등에 비추어 보면, 유치권의 피담보채권의 소멸시효기간이 확정판결 등에 의하여 10년으로 연장된 경우 매수인은 그 채권의 소멸시효기간이 연장된 효과를 부정하고 종전의 단기소멸시효기간을 원용할 수는 없다(대판 2009. 9. 24, 2009다39530).

정답 99. (○) 100. (○) 101. (○)

102 물상보증인은 채무자를 대위할 필요 없이 직접 피담보채권의 시효소멸을 주장할 수 있다. 〈2013년 법원행시〉

해설 물상보증인이나 제3취득자는 채권자에 대하여 물적 유한책임을 지고 있어 그 피담보채권의 소멸에 의하여 직접 이익을 받는 관계에 있으므로 소멸시효의 완성을 주장할 수 있는 지위에 있다(대판 2004. 1. 16, 2003다30890).

103 소멸시효가 완성된 경우 이를 주장할 수 있는 사람은 시효로 채무가 소멸되는 결과 직접적인 이익을 받는 사람에 한정되는데, 후순위 담보권자는 선순위 담보권의 피담보채권이 소멸하면 담보권의 순위가 상승하고 이에 따라 피담보채권에 대한 배당액이 증가할 수 있지만 이러한 배당액 증가에 대한 기대는 담보권의 순위 상승에 따른 반사적 이익에 지나지 않으므로, 후순위 담보권자는 선순위 담보권의 피담보채권 소멸로 직접 이익을 받는 자에 해당하지 않아 선순위 담보권의 피담보채권에 관한 소멸시효가 완성되었다고 주장할 수 없다. 〈2022년 법원행시〉

해설 소멸시효가 완성된 경우 이를 주장할 수 있는 사람은 시효로 채무가 소멸되는 결과 직접적인 이익을 받는 사람에 한정된다. 후순위 담보권자는 선순위 담보권의 피담보채권이 소멸하면 담보권의 순위가 상승하고 이에 따라 피담보채권에 대한 배당액이 증가할 수 있지만, 이러한 배당액 증가에 대한 기대는 담보권의 순위 상승에 따른 반사적 이익에 지나지 않는다. 후순위 담보권자는 선순위 담보권의 피담보채권 소멸로 직접 이익을 받는 자에 해당하지 않아 선순위 담보권의 피담보채권에 관한 소멸시효가 완성되었다고 주장할 수 없다고 보아야 한다(대판 2021. 2. 25, 2016다232597).

104 시효이익을 포기하면 그 때부터 시효가 새로 진행한다. 〈2017년 감정평가사〉

해설 다른 채권자가 신청한 부동산경매절차에서 이미 소멸시효가 완성된 어음채권을 원인으로 하여 집행력 있는 채무명의를 가진 채권자가 배당요구를 신청하고, 그 경매절차에서 부동산의 경락대금이 배당요구채권자에게 배당되어 그 채무의 일부변제에 충당될 때까지 채무자가 아무런 이의를 진술하지 아니하였다면, 경매절차의 진행을 채무자가 알지 못하였다는 등 다른 특별한 사정이 없는 한 채무자는 어음채권에 대한 소멸시효이익을 포기한 것으로 볼 수 있고, 그 때부터 그 원인채권의 소멸시효기간도 다시 진행한다고 봄이 상당하다(대판 2002. 2. 26, 2000다25484).

105 채권의 시효완성 후에 채무자가 그 기한의 유예를 요청한 때에는 시효이익을 포기한 것으로 보아야 한다. 〈2017년 감정평가사〉

해설 채권의 소멸시효가 완성된 후에 채무자가 그 기한의 유예를 요청하였다면 그때에 소멸시효의 이익을 포기한 것으로 보아야 한다(대판 1965. 12. 28, 65다2133).

106 국민을 보호할 의무가 있는 국가가 국민에 대하여 부담하는 손해배상채무의 소멸시효 완성을 주장하는 것은 원칙적으로 신의칙에 반한다. 〈2019년 감정평가사〉

해설 국가에게 국민을 보호할 의무가 있다는 사유만으로 국가가 소멸시효의 완성을 주장하는 것 자체가 신의성실의 원칙에 반하여 권리남용에 해당한다고 할 수는 없다(대판 2011. 10. 27, 2011다54709).

정답 102. (○) 103. (○) 104. (○) 105. (○) 106. (×)

제2편

물권법

물권법 일반(물권법정주의, 물권적 청구권)

1 **다음은 물권의 효력에 관한 설명이다. 옳지 않은 것은?** 〈2004년 변리사〉

① 일물일권주의에도 불구하고 동일부동산 위에 두 개의 저당권이 설정될 수 있는 것은 물권 상호간의 우선적 효력을 기초로 한다.
② 물권적청구권은 물권과 분리하여 양도하지 못한다.
③ 토지의 진정한 소유자는 현재의 등기명의자에게 고의나 과실이 없는 경우에도 진정한 권리관계에 반하는 소유권이전등기의 말소를 요구할 수 있다.
④ 우리 민법은 유치권에도 소유권에 기초한 물권적 청구권에 관한 규정을 준용하고 있다.
⑤ 판례에 의하면 부동산 매수인이 매도인을 상대로 소유권이전등기에 협력할 것을 요구하는 것은 물권적 청구권의 행사가 아니다.

해 설

①(○) : 제한물권상호간의 병존적 양립이 가능하고, 이 경우에 시간적으로 먼저 성립한 제한물권이 우선한다.
②(○) : 물권적 청구권은 물권에 의존하는 권리이므로 언제나 물권과 운명을 같이하는 성질을 갖는다. 따라서 물권의 이전 또는 소멸에 따라 물권적 청구권 또한 이전·소멸하는 것이므로 물권적 청구권만을 독립하여 양도할 수 없다(대판 1969. 5. 27, 68다725 전원합의체).
③(○) : 불법행위로 인한 손해배상청구권과 차이점이다. 즉 소유권에 기한 방해배제청구권으로서 침해자의 고의 또는 과실을 요하지 아니한다는 것이 통설의 태도이다.
④(×) : 민법은 소유권에 기한 물권적 청구권을 다른 제한물권 및 담보물권에도 준용하고 있지만, 유치권에 대하여는 그 자체의 점유적 효력을 이유로 준용하지 않고 있다.
⑤(○) : 법률행위에 기한 부동산물권변동의 등기청구권의 행사로서 채권적 청구권이고 10년의 소멸시효에 걸린다(대판 1976. 11. 6, 78다148 전원합의체).

2 **다음 중 관습법상의 물권에 관한 설명으로 옳은 것은?** 〈2006년 변리사〉

① 통행이 금지되면 막대한 노력과 비용을 들여야만 하는 사정이 있어 우회도로를 개설할 수밖에 없는 경우 관습법상 사도통행권이 인정된다.
② 토지소유자가 건물의 처분권까지 함께 취득한 경우에도 건물의 소유권이전등기가 없으면 대지와 건물이 그 소유명의를 달리하므로 관습법상의 법정지상권이 인정된다.
③ 관습법상의 법정지상권을 취득한 건물소유자가 그 등기를 경료하지 않고 건물을 양도한 경우 양수인은 건물소유권과 함께 법정지상권을 취득한 것으로 본다.
④ 도시공원법상 일반주민의 자유이용이 인정되는 근린공원으로 지정된 사정만으로는 인근 주민들에게 관습법상 공원이용권이 인정되지 않는다.
⑤ 어느 토지 또는 건물의 소유자가 종전부터 향유하고 있던 경관이나 조망이 그에게 하나의 생활이익으로서의 가치를 가진다고 객관적으로 인정되면 관습법상 조망권이 인정된다.

정답 1. ④ 2. ④

해 설

① (×) : 관습상의 통행권은 성문법과 관습법 어디에서도 근거가 없다고 봄이 판례이다(용인수지사건 ; 대판 2002. 2. 26, 2001다64165).

② (×) : 미등기건물을 그 대지와 함께 매도하였다면 비록 매수인에게 그 대지에 관하여만 소유권이전등기가 경료되고 건물에 관하여는 등기가 경료되지 아니하여 형식적으로 대지와 건물이 그 소유 명의자를 달리하게 되었다 하더라도 매도인에게 관습상의 법정지상권을 인정할 이유가 없다(대판 2002. 6. 20, 2002다9660 전원합의체).

③ (×) : 관습법상의 법정지상권을 취득한 건물소유자가 그 등기를 경료하지 않고 건물을 양도한 경우 양수인은 건물소유권을 취득하기 위하여는 소유권이전등기를 (법정)지상권을 취득하기 위하여도 등기를 하여야 한다. 따라서 건물의 소유권을 취득한다고 당연히 지상권을 취득하는 것은 아니다(대판 1985. 4. 9, 84다카1131, 1132 전원합의체).

④ (○) : 판례는 도시공원법상 근린공원으로 지정된 공원은 일반 주민들이 다른 사람의 공동 사용을 방해하지 않는 한 자유로이 이용할 수 있지만 그러한 사정만으로 인근 주민들이 누구에게나 주장할 수 있는 공원이용권이라는 배타적인 권리를 취득하였다고는 할 수 없다는 것이다(대결 1995. 5. 23, 자 94마2218).

⑤ (×) : 조망이익은 원칙적으로 특정의 장소가 그 장소로부터 외부를 조망함에 있어 특별한 가치를 가지고 있는 경우, 사회통념상 독자의 이익으로 승인되어야 할 정도로 중요성을 갖는다고 인정되는 경우에 비로소 법적인 보호의 대상이 되는 것이라고 할 것이고, 그와 같은 정도에 이르지 못하는 조망이익의 경우에는 특별한 사정이 없는 한 법적인 보호의 대상이 될 수 없다(대판 2004. 9. 13, 2003다64602). ☞ 법적인 보호의 대상이 될 수는 있을지언정 '관습법상 조망권'으로 까지 인정되는 것은 아니다.

3 **물권에 관한 설명으로 옳지 않은 것은? (다툼이 있는 경우에는 판례에 의함)** 〈2006년 변리사〉

① 특정 부동산에 제3자의 처분금지가처분의 등기가 기입된 경우 부동산 소유자가 이를 처분하기 위해서는 법원의 허가를 얻어야 한다.

② 관습법에 의해서 물권이 인정되는 경우에 그 공시는 원칙적으로 관습법이 정하는 방법으로 충분하다.

③ 1필지의 토지를 수필지로 분할하여 등기하려면 반드시 지적법상의 분필절차를 거쳐야 하며, 그렇지 않은 분필등기는 무효이다.

④ 채권과 달리 장래의 물건에 대하여는 물권이 성립할 수 없다.

⑤ 물권적 청구권은 물권자에게 손해가 발생할 것을 요건으로 하지 않는다.

해 설

① (×) : 판례는 가처분등기는 단지 그에 저촉되는 범위 내에서 가처분채권자에게 대항할 수 없는 효과가 있는 것 뿐이고, 소유권등기명의자가 그 부동산을 임의로 타에 처분하는 행위 자체를 금지하는 것은 아니라 할 것이다(대판 1999. 7. 9, 98다13754, 13761).

② (○) : 명인방법에 의한 물권변동이 이에 해당한다(대판 1989. 10. 13, 89다카9064).

③ (○) : 토지의 개수는 지적법에 의한 지적공부상의 토지의 필수를 표준으로 하여 결정되는 것으로 1필지의 토지를 수필의 토지로 분할하여 등기하려면 먼저 위와 같이 지적법이 정하는 바에 따라 분할의 절차를 밟아 지적공부에 각 필지마다 등록이 되어야 하고 지적법상의 분할절차를 거치지 아니하는 한 1개의 토지로서 등기의 목적이 될 수 없는 것이며 설사 등기부에만 분필의 등기가 실행되었다 하여도 이로써 분필의 효과가 발생할 수는 없는 것이므로 결국 이러한 분필등기는 1부동산1부등기용지의 원칙에 반하는 등기로서 무효라 할 것이다(대판 1990. 12. 7, 90다카25208).

④ (○) : 물권의 객체는 채권과는 달리 특정되고 독립된 물건이어야 한다(통설).

정답 3. ①

⑤ (○) : 통설은 물권적 청구권은 물권침해의 가능성만으로 성립하고, 침해자의 고의·과실을 요건으로 하지 않는다고 한다(제213조 참조). 반면, 불법행위는 가해자의 고의·과실을 요건으로 하며 손해의 발생이 그 요건이다(제750조 참조).

4 물권적 청구권에 관한 설명 중 옳지 않은 것은? (다툼이 있는 경우에는 판례에 의함)

〈2008년 변리사〉

① 甲이 자기 소유 토지를 乙에게 매도하고 인도하였으나 이전등기는 하지 않은 채로 乙이 그 토지 위에 건물을 신축하고 등기를 마쳤다. 乙이 그 건물의 소유권과 점유를 丙에게 이전한 경우, 甲은 丙에 대하여 토지소유권에 기한 물권적 청구권을 행사할 수 없다.

② 토지소유자 甲은 서류를 위조하여 그 토지에 대한 소유권이전등기를 경료하고 있는 乙을 상대로 하여 그 등기의 말소를 구하는 외에 '진정한 등기명의의 회복'을 원인으로 한 소유권이전등기절차의 이행을 직접 청구할 수 있다.

③ 甲이 자기 소유 토지에 대하여 乙에게 지상권을 설정해준 후 그 토지를 丙이 불법으로 점유하고 있다면 乙뿐만 아니라 甲도 丙에 대하여 방해배제를 청구할 수 있다.

④ 甲이 자기 소유 토지를 乙에게 매도하고 인도하였는바 乙이 소유권이전 등기를 경료받기 전에 丙에게 다시 매도하고 점유까지 이전한 경우 甲은 丙에 대하여 소유권에 기한 물권적 청구권을 행사할 수 없다.

⑤ 건물을 신축하여 그 소유권을 원시취득한 甲으로부터 그 건물을 미등기인 상태로 매수한 乙은 그 건물을 불법점유하고 있는 丙에 대하여 甲을 대위하여 그 건물의 명도를 청구할 수 없다.

해설

① (○) : 토지의 매수인이 아직 소유권이전등기를 경료받지 아니하였다 하여도 매매계약의 이행으로 그 토지를 인도받은 때에는 매매계약의 효력으로서 이를 점유사용할 권리가 생기게 된 것으로 보아야 하고 또 매수인이 그 토지 위에 건축한 건물을 취득한 자는 그 토지에 대한 매수인의 위와 같은 점유사용권까지 아울러 취득한 것으로 봄이 상당하므로 매도인은 매매계약의 이행으로서 인도한 토지 위에 매수인이 건축한 건물을 취득한 자에 대하여 토지소유권에 기한 물권적청구권을 행사할 수 없다(대판 1988. 4. 25, 87다카1682).

② (○) : 자기 앞으로 소유권을 표상하는 등기가 되어 있었거나 법률에 의하여 소유권을 취득한 자가 진정한 등기명의를 회복하기 위한 방법으로는 그 등기의 말소를 구하는 외에 현재의 등기명의인을 상대로 직접 소유권이전등기절차의 이행을 구하는 것도 허용되어야 한다(대판 2000. 2. 25, 99다53704).

③ (○) : [1] 지상권을 설정한 토지소유권자는 불법점유자에 대하여 물권적청구권을 행사할 수 있다. [2] 지상권을 설정한 토지소유권자는 지상권이 존속하는 한 토지를 사용 수익할 수 없으므로 특별한 사정이 없는 한 불법점유자에게 손해배상을 청구할 수 없다(대판 1974. 11. 12, 74다1150).

④ (○) : 토지의 매수인이 아직 소유권이전등기를 경료받지 아니하였다 하여도 매매계약의 이행으로 그 토지를 인도받은 때에는 매매계약의 효력으로서 이를 점유·사용할 권리가 생기게 된 것으로 보아야 하고, 또 매수인으로부터 위 토지를 다시 매수한 자는 위와 같은 토지의 점유사용권을 취득한 것으로 봄이 상당하므로 매도인은 매수인으로부터 다시 위 토지를 매수한 자에 대하여 토지 소유권에 기한 물권적 청구권을 행사하거나 그 점유·사용을 법률상 원인이 없는 이익이라고 하여 부당이득반환청구를 할 수는 없다(대판 2001. 12. 11, 2001다45355).

⑤ (×) : 원고가 미등기 건물을 매수하였으나 소유권이전등기를 하지 못한 경우에는 위 건물의 소유권을 원시취득한 매도인을 대위하여 불법점유자에 대하여 명도청구를 할 수 있고 이때 원고는 불법점유자에 대하여 직접 자기에게 명도할 것을 청구할 수도 있다(대판 1980. 7. 8, 79다1928).

정답 4. ⑤

5 **물권의 효력에 관한 설명으로 옳지 않은 것은? (다툼이 있는 경우에는 판례에 의함)**

〈2010년 변리사〉

① 甲의 부동산을 乙이 불법점유 중인 상태에서 甲이 그 부동산의 소유권을 丙에게 양도한 경우, 소유권을 상실한 甲은 乙에게 물권적 청구권에 기한 방해배제를 청구할 수 없다.
② A소유의 부동산 위에 甲의 1번 저당권, 乙의 전세권, 丙의 2번 저당권이 순차로 설정된 경우, 丙이 위 부동산에 대하여 경매를 신청하여 매각된 경우에는 乙의 전세권은 소멸한다.
③ 甲의 토지 위에 乙이 무단으로 비닐하우스를 설치하고 이를 丙이 乙로부터 매수하여 점유하는 경우, 甲은 丙에 대하여 비닐하우스의 철거를 청구하여야 한다.
④ 甲의 자전거를 수리하여 생긴 수리비채권을 확보하기 위하여 乙이 자전거를 유치하던 중 丙이 그 자전거를 절취한 경우, 乙은 유치권에 기한 반환청구권을 행사할 수 있다.
⑤ 甲이 채권담보의 목적으로 乙에게 자신의 부동산을 이전하였는데, 甲이 변제기에 乙에게 채무를 이행함으로써 가지게 되는 소유권이전등기말소청구권은 소멸시효에 걸리지 않는다.

해 설

① (○) : 소유권에 기한 물상청구권을 소유권과 분리하여 소유권 없는 前 소유자에게 유보하여 행사시킬 수 없는 것이므로, 소유권을 상실한 前 소유자는 제3자인 불법점유자에 대하여 소유권에 기한 물권적 청구권에 의한 방해배제를 구할 수 없다(대판 1969. 5. 27, 68다725 전원합의체).
② (○) : 전세권이 저당권의 실행에 의하여 소멸되느냐 여부는, 경매를 신청한 저당권이 최후순위라 하더라도 그 부동산 위의 최선순위의 저당권과의 사이의 우열로 정하여진다는 점이다(대판 1999. 4. 23, 98다32939 등).
③ (○) : 불법점유를 이유로 하여 그 명도 또는 인도를 청구하려면 현실적으로 그 목적물을 점유하고 있는 자를 상대로 하여야 하고, 불법점유자라 하여도 그 물건을 다른 사람에게 인도하여 현실적으로 점유를 하고 있지 않은 이상, 그 자를 상대로 한 인도 또는 명도청구는 부당하다(대판 1999. 7. 9, 98다9045).
④ (×) : 유치권자는 점유를 요소로 하고, 예외적 담보물권으로서 점유를 상실하면 곧 유치권 자체를 잃게 되므로 유치권에 기한 물권적 청구권이 인정될 수 없고, 점유보호청구권만을 행사할 수 있다(제320조, 제328조 참조).
⑤ (○) : 부동산양도담보의 경우에 있어서 피담보채무가 변제된 이후에 설정자가 행사하는 등기청구권은 물권적 청구권으로서 따로이 시효소멸되는 것은 아니다(대판 1979. 2. 13, 78다2412 ; 대판 1987. 11. 10, 87다카62).

6 **乙은 甲소유의 X토지를 무단으로 점유하면서 그 토지에 Y주택을 신축하여 소유하고 있다. 다음 설명 중 옳지 않은 것은? (다툼이 있는 경우에는 판례에 의함)** 〈2011년 변리사〉

① 甲은 乙에 대해 X토지의 점유로 인한 부당이득반환을 청구할 수 있다.
② 甲은 乙에 대해 불법행위로 인한 손해배상을 청구할 수 있다.
③ 甲은 乙에 대해 Y주택의 철거 및 X토지의 인도를 청구할 수 있다.
④ 丙이 乙로부터 Y주택에 대한 전세권을 설정받은 경우에도 乙은 X토지에 대한 법정지상권을 취득하지 못한다.
⑤ Y주택의 점유자가 주택임대차보호법상 대항력 있는 임차인인 경우에는 甲은 그 임차인의 퇴거를 청구할 수 없다.

해 설

① (○) : 타인 소유의 토지 위에 권한 없이 건물을 소유하고 있는 자는 그 자체로써 특별한 사정이 없는 한 법률

정답 5. ④ 6. ⑤

상원인 없이 타인의 재산으로 인하여 토지의 차임에 상당하는 이익을 얻고 이로 인하여 타인에게 동액 상당의 손해를 주고 있다고 보아야 한다(대판 1998. 5. 8, 98다2389 등). 따라서 건물부지부분에 관한 차임 상당액의 부당이득반환의무가 있다.

② (○) : 불법점유자는 소유자의 권리를 침해하는 불법행위를 구성한다(제750조 ; 대판 2010. 8. 19, 2010다43801 등).

③ (○) : 건물이 그 존립을 위한 토지사용권을 갖추지 못하여 토지의 소유자가 건물의 소유자에 대하여 당해 건물의 철거 및 그 대지의 인도를 청구할 수 있다(제214조 참조).

④ (○) : 대지와 건물이 동일한 소유자에 속하였다가 건물에 전세권을 설정한 때에는 그 대지소유권의 특별승계인은 전세권설정자에 대하여 지상권을 설정한 것으로 보는 것이다(제305조 제1항 본문). 그런데 위 사안은 X토지의 소유권자는 甲이고, Y주택의 소유권자는 신축자 乙이며, 이러한 건물에 전세권을 설정하더라도 乙의 법정지상권은 인정될 수 없다.

⑤ (×) : 건물이 그 존립을 위한 토지사용권을 갖추지 못하여 토지의 소유자가 건물의 소유자에 대하여 당해 건물의 철거 및 그 대지의 인도를 청구할 수 있는 경우에라도 건물소유자가 아닌 사람이 건물을 점유하고 있다면 토지소유자는 그 건물 점유를 제거하지 아니하는 한 위의 건물 철거 등을 실행할 수 없다. 따라서 그때 토지소유권은 위와 같은 점유에 의하여 그 원만한 실현을 방해당하고 있다고 할 것이므로, 토지소유자는 자신의 소유권에 기한 방해배제로서 건물점유자에 대하여 건물로부터의 퇴출을 청구할 수 있다. 그리고 이는 건물점유자가 건물소유자로부터의 임차인으로서 그 건물임차권이 이른바 대항력을 가진다고 해서 달라지지 아니한다. 건물임차권의 대항력은 기본적으로 건물에 관한 것이고 토지를 목적으로 하는 것이 아니므로 이로써 토지소유권을 제약할 수 없고, 토지에 있는 건물에 대하여 대항력 있는 임차권이 존재한다고 하여도 이를 토지소유자에 대하여 대항할 수 있는 토지사용권이라고 할 수는 없다(대판 2010. 8. 19, 2010다43801).

7 물권적 청구권에 관한 설명으로 옳은 것은? (다툼이 있는 경우에는 판례에 의함) 〈2012년 변리사〉

① 타인의 기망행위로 물건을 인도한 사람은 인도받은 사람에 대하여 점유물반환청구권을 행사할 수 있다.
② 소유권이전등기 없이 토지를 인도받은 매수인으로부터 다시 토지를 매수하여 점유·사용하고 있는 자에 대하여 매도인은 토지소유권에 기하여 반환을 청구할 수 있다.
③ 소유물방해제거청구권은 방해가 있는 날로부터 1년 이내에 행사하여야 하며, 이 기간은 출소기간이다.
④ 점유물방해제거청구권을 행사하기 위해서는 방해자의 고의·과실에 의한 점유방해가 있어야 한다.
⑤ 소유자는 소유권을 방해할 염려가 있는 자에 대하여 그 예방이나 손해배상의 담보를 청구할 수 있다.

해 설

① (×) : 민법 제204조. 점유물반환청구권을 행사하기 위해서는 침탈이어야 하기 때문에 기망행위의 경우는 허용되지 않는다.

② (×) : 토지의 매수인이 아직 소유권이전등기를 경료받지 아니하였다 하여도 매매계약의 이행으로 그 토지를 인도받은 때에는 매매계약의 효력으로서 이를 점유·사용할 권리가 생기게 된 것으로 보아야 하고, 또 매수인으로부터 위 토지를 다시 매수한 자는 위와 같은 토지의 점유사용권을 취득한 것으로 봄이 상당하므로 매도인은 매수인으로부터 다시 위 토지를 매수한 자에 대하여 토지 소유권에 기한 물권적 청구권을 행사할 수 없다(대판 1998. 6. 26, 97다42823 전원합의체).

③ (×) : 소유권에 기한 물권적 청구권은 점유보호청구권과 달리 1년이라는 제척기간의 제한이 없다(제213조,

정답 7. ⑤

제214조, 제204조, 제205조 등).
④ (×) : 물권적 청구권은 불법행위에 기한 손해배상청구권과는 달리 방해자의 고의 또는 과실을 요하지 않는다(제750조 참조).
⑤ (○) : 민법 제214조 참조

8 물권법정주의에 관한 설명으로 옳은 것은? (다툼이 있는 경우에는 판례에 의함) 〈2014년 변리사〉

① 소유자는 소유권의 사용·수익의 권능을 대세적으로 유효하게 포기할 수 있으므로 현행 민법은 처분권능만을 내용으로 하는 소유권을 허용한다.
② 소유권이전등기 없이 미등기 무허가건물을 양수한 자는 소유권에 준하는 관습상의 물권을 취득한 것으로 본다.
③ 물권법정주의는 물권의 내용형성의 자유뿐만이 아니라 물권변동에 관한 당사자선택의 자유를 제한하는 법원칙이다.
④ 공로로부터 자연부락에 이르는 유일한 통로로 도로가 개설된 후 장기간에 걸쳐 일반의 통행에 제공되어 왔고 우회도로의 개설에 막대한 비용과 노력이 든다면 주민들은 이 도로에 관하여 물권에 준하는 관습상의 통행권을 가진다.
⑤ 물권법정주의에서 말하는 법률은 형식적 의미의 법률로 보아야 하므로 명령과 규칙은 이에 포함되지 않는다.

해 설

① (×) : 소유자가 소유권의 핵심적 권능에 속하는 사용·수익의 권능을 대세적으로 포기하는 것은 특별한 사정이 없는 한 허용되지 않는다. 이를 허용하면 결국 처분권능만이 남는 새로운 유형의 소유권을 창출하는 것이어서 민법이 정한 물권법정주의에 반하기 때문이다(대판 2017. 6. 19, 2017다211528, 211535).
② (×) : 소유권이전등기 없이 미등기 무허가건물을 양수한 자는 소유권에 준하는 관습상의 물권을 취득한 것으로 볼 수 없다(대판 1996. 6. 14, 94다53006).
③ (×) : 물권법정주의는 물권의 내용형성과 종류를 강제하는 것이지 물권변동에 관한 당사자선택의 자유를 제한하는 법원칙이 아니다.
④ (×) : 관습법상 사도통행권을 인정하지 않는다. 즉 공로로부터 자연부락에 이르는 유일한 통로로 도로가 개설된 후 장기간에 걸쳐 일반의 통행에 제공되어 왔고 우회도로의 개설에 막대한 비용과 노력이 든다고 하더라도 주민들은 이 도로에 관하여 물권에 준하는 관습상의 통행권을 가진다고 볼 수 없다(대판 1995. 5. 23, 94마2218).
⑤ (○) : 민법 제1조(법원)에서 말하는 법률과 민법 제185조에서 말하는 법률은 다르다는 것이다.

9 물권적 청구권에 관한 설명으로 옳지 않은 것은? (다툼이 있는 경우에는 판례에 의함) 〈2014년 변리사〉

① 부동산 소유자가 실체관계에 부합하지 않는 등기명의인을 상대로 가지는 등기말소청구권은 그 소유자가 소유권을 상실하면 그 존재 자체가 인정되지 않는다.
② 물건을 침탈당한 점유자는 침탈당한 날로부터 1년 이내에 침탈자를 상대로 그 물건의 반환을 청구하여야 하고 1년의 기간은 그 기간 내에 소를 제기하여야 하는 출소기간이다.
③ 甲소유의 X토지 위에 乙이 무단으로 Y건물을 신축하고 소유권보존등기를 마친 후 丙에게 Y건물

정답 8. ⑤ 9. ④

을 임대하여 현재 丙이 Y건물을 점유·사용하는 경우, 甲은 乙을 상대로 X토지의 반환을 청구하여야 한다.

④ 甲소유의 X토지에 대한 취득시효를 완성한 乙이 아직 이를 원인으로 하는 소유권이전등기를 마치지 못한 상태에서 X토지 위에 Y건물을 신축한 경우, 甲은 불법점유를 이유로 乙에게 X토지의 인도와 Y건물의 철거를 청구할 수 있다.

⑤ 혼인관계에 있는 甲과 乙이 X부동산에 관하여 유효하게 명의신탁약정을 체결하고 乙명의로 그 소유권이전등기를 마친 경우, 甲은 X부동산을 침해한 丙에 대하여 소유권에 기한 물권적 청구권을 행사하지 못한다.

해 설

① (○) : 부동산 소유자가 실체관계에 부합하지 않는 등기명의인을 상대로 가지는 등기말소청구권은 그 소유자가 소유권을 상실하면 그 존재 자체가 인정되지 않는다(대판 2012. 5. 17, 2010다28604 전원합의체).

② (○) : 물건을 침탈당한 점유자는 침탈당한 날로부터 1년 이내에 침탈자를 상대로 그 물건의 반환을 청구하여야 하고 1년의 기간은 그 기간 내에 소를 제기하여야 하는 출소기간이다(제204조 ; 대판 2002. 4. 26, 2001다8097).

③ (○) : 甲소유의 X토지 위에 乙이 무단으로 Y건물을 신축하고 소유권보존등기를 마친 후 丙에게 Y건물을 임대하여 현재 丙이 Y건물을 점유·사용하는 경우, 甲은 乙을 상대로 X토지의 반환을 청구하여야 하며, 丙을 상대로는 퇴거를 청구한다(대판 2010. 8. 19, 2010다43801).

④ (×) : 乙이 甲소유의 대지 일부를 소유의 의사로 평온, 공연하게 20년간 점유하였다면 乙은 甲에게 소유권이전등기절차의 이행을 청구할 수 있고 甲은 이에 응할 의무가 있으므로 乙이 위 대지에 관하여 소유권이전등기를 경료하지 못한 상태에 있다고 해서 甲이 乙에 대하여 그 대지에 대한 불법점유임을 이유로 그 지상건물의 철거와 대지의 인도를 청구할 수는 없다(대판 1988. 5. 10, 87다카1979).

⑤ (○) : 혼인관계에 있는 甲과 乙이 X부동산에 관하여 유효하게 명의신탁약정을 체결하면 명의신탁은 유효하다. 이 경우 대내적 소유권을 갖는 甲은 X부동산을 침해한 丙에 대하여 소유권에 기한 물권적 청구권을 행사하지 못하고, 乙을 대위하여 행사하여야 한다(대판 1979. 9. 25, 77다1079 전원합의체).

10 甲명의로 등기된 甲소유 토지에 관해 乙이 관계서류를 위조하여 자기 명의로 이전등기를 한 뒤 丙에게 임대하였고, 丙은 그 토지 위에 주택을 완성하여 보존등기를 하고 현재까지 그 주택에 거주하고 있다. 이에 관한 설명으로 옳은 것을 모두 고른 것은?(다툼이 있으면 판례에 따름)

〈2018년 변리사〉

ㄱ. 甲은 丙을 상대로 주택으로부터의 퇴거를 청구할 수 있다.
ㄴ. 甲은 乙을 상대로 토지에 대한 소유권이전등기를 청구할 수 있다.
ㄷ. 甲은 丙을 상대로 주택의 철거를 청구할 수 있다.
ㄹ. 만약 丁이 그 주택을 丙으로부터 임차하여 주민등록을 마치고 그 주택에 거주하고 있다면, 甲은 丁을 상대로 퇴거를 청구할 수 있다.

① ㄱ, ㄴ ② ㄱ, ㄹ ③ ㄴ, ㄷ ④ ㄴ, ㄷ, ㄹ ⑤ ㄱ, ㄴ, ㄷ, ㄹ

정답 10. ④

해 설

ㄱ. (×), ㄷ. (○) : 건물의 소유자가 그 건물의 소유를 통하여 타인 소유의 토지를 점유하고 있다고 하더라도 그 토지소유자로서는 그 건물의 철거와 그 대지 부분의 인도를 청구할 수 있을 뿐, 자기 소유의 건물을 점유하고 있는 자에 대하여 그 건물에서 퇴거할 것을 청구할 수는 없다(대판 1999. 7. 9, 98다57457, 57464).

ㄴ. (○) : 진정한 등기명의의 회복을 위한 소유권이전등기청구는 이미 자기 앞으로 소유권을 표상하는 등기가 되어 있었거나 법률에 의하여 소유권을 취득한 자가 진정한 등기명의를 회복하기 위한 방법으로 현재의 등기명의인을 상대로 그 등기의 말소를 구하는 것에 갈음하여 허용되는 것인데, 말소등기에 갈음하여 허용되는 진정명의회복을 원인으로 한 소유권이전등기청구권과 무효등기의 말소청구권은 어느 것이나 진정한 소유자의 등기명의를 회복하기 위한 것으로서 실질적으로 그 목적이 동일하고, 두 청구권 모두 소유권에 기한 방해배제청구권으로서 그 법적 근거와 성질이 동일하므로, 비록 전자는 이전등기, 후자는 말소등기의 형식을 취하고 있다고 하더라도 그 소송물은 실질상 동일한 것으로 보아야 하고, 따라서 소유권이전등기말소청구소송에서 패소확정판결을 받았다면 그 기판력은 그 후 제기된 진정명의회복을 원인으로 한 소유권이전등기청구소송에도 미친다(대판 2001. 9. 20, 99다37894 전원합의체).

ㄹ. (○) : 건물이 그 존립을 위한 토지사용권을 갖추지 못하여 토지의 소유자가 건물의 소유자에 대하여 당해 건물의 철거 및 그 대지의 인도를 청구할 수 있는 경우에라도 건물소유자가 아닌 사람이 건물을 점유하고 있다면(☞ 이 점에서 위 ㄱ. 지문과 차이가 있다) 토지소유자는 그 건물 점유를 제거하지 아니하는 한 위의 건물 철거 등을 실행할 수 없다. 따라서 그때 토지소유권은 위와 같은 점유에 의하여 그 원만한 실현을 방해당하고 있다고 할 것이므로, 토지소유자는 자신의 소유권에 기한 방해배제로서 건물점유자에 대하여 건물로부터의 퇴출을 청구할 수 있다. 그리고 이는 건물점유자가 건물소유자로부터의 임차인으로서 그 건물임차권이 이른바 대항력을 가진다고 해서 달라지지 아니한다(대판 2010. 8. 19, 2010다43801).

11 乙은 甲의 X토지를 임차하여 점유하고 있는데, 丙이 무단으로 X토지 위에 건축폐자재를 적치(積置)하여 乙의 토지사용을 방해하고 있다. 이에 관한 설명으로 옳지 않은 것은? (다툼이 있으면 판례에 따름) 〈2021년 변리사〉

① 甲은 丙에 대하여 소유권에 기한 방해배제청구권을 행사할 수 있다.
② 乙은 丙에 대하여 소유권에 기한 방해배제청구권을 행사할 수 없지만, 甲의 소유권에 기한 방해배제청구권을 대위 행사할 수 있다.
③ 丙이 X토지를 자신의 것으로 오신하여 건축폐자재를 적치한 경우라 하더라도, 乙은 丙에 대하여 점유권에 기한 방해배제청구권을 행사할 수 있다.
④ 甲은 丙에 대하여 점유권에 기한 방해배제청구권을 행사할 수 없지만, 乙의 점유권에 기한 방해배제청구권을 대위 행사할 수 있다.
⑤ X토지에 대한 임대차 계약이 종료되면 甲은 乙에 대하여 임대차 계약상 반환청구권을 행사할 수 있는데, 이는 채권적 청구권으로 물권적 청구권과 별개로 행사할 수 있다.

해 설

① (○) : 소유자는 소유권을 방해하는 자에 대하여 방해의 제거를 청구할 수 있고 소유권을 방해할 염려있는 행위를 하는 자에 대하여 그 예방이나 손해배상의 담보를 청구할 수 있다(민법 제214조).

② (○) : 토지임차인은 그 토지상의 불법점유자에게 토지임차권을 보전하기 위해 토지소유자를 대위하여 방해배제를 청구할 수 있다.

정답 11. ④

> **[참고 판례]** 지하도상가의 운영을 목적으로 한 도로점용 허가를 받은 자로서 그 상가의 소유자 겸 관리주체인 시에 대하여 그 상가 내 각 점포의 사용을 청구할 수 있는 권리를 가지는 자는, 시에 대한 위 각 점포사용청구권을 보전하기 위하여 그 점포들의 소유자인 시가 불법점유자들에 대하여 가지는 명도청구권을 대위행사할 수 있고, 이러한 경우 불법점유자들에 대하여 직접 자기에게 그 점포들을 명도할 것을 청구할 수도 있다(대판 1995. 5. 12. 93다59502).

③ (○) : 물권적 청구권은 침해자의 고의 또는 과실을 요구하지 아니한다.

④ (×) : 전3조의 청구권은 제194조의 규정에 의한 간접점유자도 이를 행사할 수 있다(민법 제207조 제1항).

☞ 甲은 간접점유자로서 丙에 대하여 점유권에 기한 방해배제청구권을 행사할 수 있다.

⑤ (○) : 권리의 경합. 임대차기간 만료 후에 임차인이 임차물을 반환하지 않을 때에는 임대인은 소유권에 기한 반환청구권과 임대차계약에 기한 반환청구권을 모두 갖게 되는데, 이 양 청구권은 동일한 것을 목적으로 하기 때문에 한쪽의 청구권을 행사함으로써 만족을 얻게 되면 다른 쪽의 청구권은 자동으로 소멸한다.

12 **물권적 청구권에 관한 설명으로 옳지 않은 것은? (다툼이 있으면 판례에 따름)** 〈2022년 변리사〉

① 미등기 무허가건물의 양수인은 미등기인 상태에서 소유권에 기한 방해제거청구를 할 수 없다.

② 소유권에 기한 소유물반환청구를 거부할 수 있는 권리에는 임차권 등과 같이 점유를 수반하는 채권도 포함된다.

③ 특별한 사정이 없는 한 합의해제에 따른 부동산 매도인의 원상회복청구권은 소유권에 기한 물권적 청구권으로서 소멸시효의 대상이 되지 않는다.

④ 소유자가 제3자에게 그 소유 물건에 대한 처분권한을 유효하게 수여하면 제3자의 처분이 없더라도 소유자는 그 제3자 이외의 자에 대해 소유권에 기한 물권적 청구권을 행사할 수 없다.

⑤ 공유자는 자신의 지분권 행사를 방해하는 행위에 대해서 지분권에 기한 방해배제청구권을 행사할 수 있다.

해 설

① (○) : 미등기 무허가건물의 양수인이라도 소유권이전등기를 마치지 않는 한 건물의 소유권을 취득할 수 없고, 소유권에 준하는 관습상의 물권이 있다고도 할 수 없으므로, 미등기 무허가건물의 양수인은 소유권에 기한 방해제거청구를 할 수 없다(대판 2016. 7. 29, 2016다214483).

② (○) : 소유자는 그 소유에 속한 물건을 점유한 자에 대하여 반환을 청구할 수 있다. 그러나 점유자가 그 물건을 점유할 권리가 있는 때에는 반환을 거부할 수 있다(민법 제213조). 여기서 반환을 거부할 수 있는 권리에는 임차권, 임치, 도급 등과 같이 점유를 수반하는 채권도 포함되고, 소유자에 대하여 이러한 채권을 갖는 자가 소유자의 승낙이나 소유자와의 약정 등에 기초하여 제3자에게 점유할 권리를 수여할 수 있는 경우에는 그로부터 점유 내지 보관을 위탁받거나 그 밖에 점유할 권리를 취득한 제3자는 특별한 사정이 없는 한 자신에게도 점유할 권리가 있음을 들어 소유자의 소유물반환청구를 거부할 수 있다(대판 2020. 5. 28, 2020다211085).

③ (○) : 부동산 매매계약이 합의해제되면, 매수인에게 이전되었던 소유권은 당연히 매도인에게 복귀하는 것이므로, 합의해제에 따른 매도인의 원상회복청구권은 소유권에 기한 물권적청구권이라 할 것이고, 따라서 이는 소멸시효의 대상이 아니다(대판 1982. 7. 27, 80다2968).

④ (×) : 소유자가 제3자에 대하여 목적물의 소유권을 이전하기로 하는 매매·증여·교환 기타의 채권계약을 체결하는 것만에 의하여서는 자신의 소유권에 어떠한 물권적 제한을 받지 아니하여서, 그는 다른 특별한 사정이 없는 한 자신의 소유물을 여전히 유효하게 달리 처분할 수 있고, 또한 소유권에 기하여 소유물에 대한 방해 등

정 답 12. ④

을 배제할 수 있는 민법 제213조, 제214조의 물권적 청구권을 가진다. 나아가 소유자는 제3자에게 그 물건을 제3자의 소유물로 처분할 수 있는 권한을 유효하게 수여할 수 있다고 할 것인데, 그와 같은 이른바 '처분수권'의 경우에도 그 수권에 기하여 행하여진 제3자의 처분행위(부동산의 경우에 처분행위가 유효하게 성립하려면 단지 양도 기타의 처분을 한다는 의사표시만으로는 부족하고, 처분의 상대방 앞으로 그 권리 취득에 관한 등기가 있어야 한다. 민법 제186조 참조)가 대세적으로 효력을 가지게 되고 그로 말미암아 소유자가 소유권을 상실하거나 제한받게 될 수는 있다고 하더라도, **그러한 제3자의 처분이 실제로 유효하게 행하여지지 아니하고 있는 동안에는** 소유자는 처분수권이 제3자에게 행하여졌다는 것만으로 그가 원래 가지는 처분권능에 제한을 받지 아니한다. 따라서 그는, 처분권한을 수여받은 제3자와의 관계에서 처분수권의 원인이 된 채권적 계약관계 등에 기하여 채권적인 책임을 져야 하는 것을 별론으로 하고, 자신의 소유물을 여전히 유효하게 처분할 수 있고, 또한 소유권에 기하여 소유물에 대한 방해 등을 배제할 수 있는 민법 제213조, 제214조의 물권적 청구권을 가진다(대판 2014. 3. 13, 2009다105215).

⑤ (○) : 공유자는 자신의 지분권 행사를 방해하는 행위에 대해서 민법 제214조에 따른 방해배제청구권을 행사할 수 있고, 공유물에 대한 지분권은 공유자 개개인에게 귀속되는 것이므로 공유자 각자가 행사할 수 있다(대판 2020. 5. 21, 2018다287522 전원합의체).

13 물권에 관한 설명 중 옳은 것은? (다툼이 있는 경우 판례에 의함) 〈2015년 변호사시험〉

① 물권법정주의를 규정한 「민법」 제185조의 '법률'은 헌법상 의미의 법률뿐만 아니라, 명령, 규칙 등도 포함한다.

② 대체물과 부대체물은 당사자의 의사에 의하여 결정되고, 특정물과 불특정물은 물건의 객관적 성질에 의하여 구별된다.

③ 타인 소유의 토지 위에 불법으로 건물을 신축하여 소유하고 있는 자로부터 건물을 매수하여 점유·사용하고 있으나 소유권이전등기를 경료받지 못한 자는 법률상 소유자가 아니므로, 토지소유자는 그를 상대로 건물의 철거를 구할 수 없다.

④ 저당권자는 경매가 개시되기 전이라도, 저당목적물의 소유자 또는 제3자가 저당목적물을 물리적으로 멸실·훼손하는 경우 저당권에 기한 방해배제청구권을 행사할 수 있다.

⑤ 채권담보의 목적으로 이루어지는 부동산 양도담보의 경우에 있어서 피담보채무가 변제된 이후에 양도담보권설정자가 행사하는 등기청구권은 소멸시효의 대상이 된다.

해설

① (×) : 물권법정주의를 규정한 「민법」 제185조의 '법률'은 헌법상 의미의 법률(국회가 제정한 형식적 의미의 법률)이고, 명령, 규칙은 포함되지 않는다.

② (×) : 대체물과 부대체물은 물건의 객관적 성질에 의하여, 특정물과 불특정물은 당사자의 의사에 의하여 결정되는 점이 구별된다.

③ (×) : 건물철거는 그 소유권의 종국적 처분에 해당되는 사실행위이므로 원칙으로는 그 소유자(민법상 원칙적으로는 등기명의자)에게만 그 철거처분권이 있다 할 것이고, 예외적으로 건물을 전소유자로부터 매수하여 점유하고 있는 등 그 권리의 범위 내에서 그 점유중인 건물에 대하여 법률상 또는 사실상 처분을 할 수 있는 지위에 있는 자에게도 그 철거처분권이 있다(대판 2003. 1. 24, 2002다61521).

④ (○) : 저당권자는 저당권 설정 이후 환가에 이르기까지 저당물의 교환가치에 대한 지배권능을 보유하고 있으므로 저당목적물의 소유자 또는 제3자가 저당목적물을 물리적으로 멸실·훼손하는 경우는 물론 그 밖의 행위로 저당부동산의 교환가치가 하락할 우려가 있는 등 저당권자의 우선변제청구권의 행사가 방해되는 결과가 발

정답 13. ④

생한다면 저당권자는 저당권에 기한 방해배제청구권을 행사하여 방해행위의 제거를 청구할 수 있다(대판 2006. 1. 27, 2003다58454).

⑤ (×) : 채권담보의 목적으로 이루어지는 부동산 양도담보의 경우에 있어서 피담보채무가 변제된 이후에 양도담보권설정자가 행사하는 등기청구권은 양도담보권설정자의 실절적 소유권에 기한 물권적 청구권이므로 따로이 시효소멸되지 아니한다(대판 1979. 2. 13, 78다2412).

14 **다음 설명 중 A가 X에 대하여 D에게 행사한 소유권에 기한 물권적 청구권이 인정되지 않는 경우를 모두 고른 것은? (다툼이 있는 경우 판례에 의함)** 〈2017년 변호사시험〉

ㄱ. B가 A의 주민등록증, 토지 X의 등기관련 서류를 위조한 후 A 소유의 토지 X에 관하여 자신의 명의로 소유권이전등기를 경료하여, 이런 사정을 알 수 없었던 D에게 토지 X를 매각하여 소유권이전등기가 경료된 경우

ㄴ. B가 A를 기망하여 A 소유의 토지 X에 관한 매매계약을 체결하여 소유권이전등기를 경료한 후 이를 C에게 매각하고, C 역시 이런 사정을 알 수 없었던 D에게 매각하여 소유권이전등기가 경료된 후 A가 B와의 매매계약을 취소한 경우

ㄷ. B가 A로부터 소유권유보부 매매에 따라 A 소유의 건축자재 X를 인도받은 후 A에게 대금을 완불하지 못하던 중, 이러한 사정을 알지 못하는 도급인 D 소유의 건물 증축공사에 그 자재 X를 사용하여 X가 건물의 일부로 부합된 경우

ㄹ. A 소유의 토지 X에 관하여 B가 A와의 명의신탁 약정에 따라 2013. 5.경 B의 명의로 소유권이전등기를 경료한 후 이런 사정을 알고 있는 D에게 토지 X를 매도하여 D의 명의로 소유권이전등기가 경료된 경우

ㅁ. B가 소유자 A로부터 주택 X를 임차한 후 D에게 주택 X를 무단전대하고 D가 주택 X를 인도받아 그 주소로 전입신고를 마쳤으나, A가 무단전대를 이유로 B와의 임대차계약을 적법하게 해지한 경우

① ㄱ, ㄴ, ㄹ ② ㄱ, ㄴ, ㅁ ③ ㄴ, ㄷ, ㄹ ④ ㄴ, ㄷ, ㅁ ⑤ ㄷ, ㄹ, ㅁ

해설

ㄱ. (○) : 우리 민법은 등기에 공신력을 인정하지 않는다. 따라서 D명의의 등기는 원인무효이고, A는 D에게 그 말소를 청구할 수 있다(민법 제214조).

ㄴ. (×) : 제3자로부터 목적물 또는 권리를 양수한 전득자도 민법 제110조 제3항의 '제3자'에 해당한다.

ㄷ. (×) : [1] 원심이, 원고의 소유권 유보에도 불구하고 원고 소유이던 이 사건 철강제품이 공장건물들의 증축 및 신축에 사용되어 공장건물들에 부합됨으로써 공장건물들의 소유자인 피고가 이 사건 철강제품의 소유자가 되었다고 인정한 판단은 정당하고, 거기에 상고이유로 주장하는 부합에 관한 법리오해의 위법이 없다. [2] 민법 제261조에서 첨부로 법률규정에 의한 소유권 취득(민법 제256조 내지 제260조)이 인정된 경우에 "손해를 받은 자는 부당이득에 관한 규정에 의하여 보상을 청구할 수 있다."라고 규정하고 있는바, 이러한 보상청구가 인정되기 위해서는 민법 제261조 자체의 요건만이 아니라, 부당이득 법리에 따른 판단에 의하여 부당이득의 요건이 모두 충족되었음이 인정되어야 한다. 매도인에게 소유권이 유보된 자재가 제3자와 매수인 사이에 이루어진 도급계약의 이행으로 제3자 소유 건물의 건축에 사용되어 부합된 경우 보상청구를 거부할 법률상 원인이 있다고 할 수 없지만, 제3자가 도급계약에 의하여 제공된 자재의 소유권이 유보된 사실에 관하여 과실 없이 알지 못한

정답 14. ③

경우라면 선의취득의 경우와 마찬가지로 제3자가 그 자재의 귀속으로 인한 이익을 보유할 수 있는 법률상 원인이 있다고 봄이 상당하므로, 매도인으로서는 그에 관한 보상청구를 할 수 없다(대판 2009. 9. 24, 2009다15602).
ㄹ. (×) 부동산실권리자명의등기에관한법률 제4조 제3항 : 제1항 및 제2항의 무효는 제3자에게 대항하지 못한다.

> **[판례]** 여기서의 '제3자'라 함은, 수탁자가 물권자임을 기초로 그와의 사이에 새로운 이해관계를 맺는 자를 말하고, 여기에는 소유권이나 저당권 등 물권을 취득한 자뿐만 아니라 압류 또는 가압류채권자도 포함되며, 제3자의 선의·악의를 묻지 않는다(대판 2009. 3. 12, 2008다36022).

ㅁ. (○) 민법 제629조 제2항 : 임차인이 전항의 규정에 위반한 때에는 임대인은 계약을 해지할 수 있다. 임대차계약이 해지된 후에는 더이상 D에게 점유할 권원이 인정되지 않으므로 A는 D에게 X주택의 반환을 청구할 수 있다(민법 제213조 본문). "주택임차인이 임차주택을 직접 점유하여 거주하지 않고, 간접 점유하여 자신의 주민등록을 이전하지 아니한 경우라 하더라도 임대인의 승낙을 받아 임차주택을 전대하고 그 전차인이 주택을 인도받아 자신의 주민등록을 마친 때에는 그 때로부터 임차인은 제3자에 대하여 대항력을 취득한다(대판 1994. 6. 24, 94다3155)."는 판례와 혼동하지 말 것이다.

15 **甲이 부동산 X의 소유권에 기하여 乙 명의의 소유권이전등기가 원인무효임을 이유로 乙을 상대로 소유권이전등기 말소청구소송을 제기하였다. 이에 대해 乙이 다음과 같은 이유를 들어 자기 명의의 등기가 유효하다고 주장한다. 乙의 주장 중 타당한 항변으로 볼 수 없는 것은? (다툼이 있는 경우 판례에 의함)** 〈2017년 변호사시험〉

① 乙이 부동산 X를 소유의 의사로 평온·공연하게 20년 이상 점유하여 왔다고 주장하는 경우
② 甲이 丙에게 부동산 X를 매도할 수 있는 권한을 위임하였다가 이를 철회하였는데, 丙이 甲의 대리인임을 자처하면서 부동산 X를 乙에게 매도하였고, 乙이 선의·무과실로 이를 매수하였으므로 「민법」 제129조의 표현대리가 성립하였다고 주장하는 경우
③ 甲이 원인무효가 아닌 자기 명의의 선행 소유권보존등기가 있음에도 乙 명의의 등기가 후행 소유권보존등기에 기초하여 이루어졌다고 주장함에 대하여, 乙이 자기 명의로 소유권이전등기를 경료한 후 부동산 X를 소유의 의사로 평온·공연하게 선의이며 과실없이 10년 이상 점유하여 왔다고 주장하는 경우
④ 甲이 乙 명의 등기의 원인인 매매계약이 무효임에도 乙이 등기서류를 위조하여 등기를 마친 것이라고 주장함에 대하여, 乙이 甲으로부터 증여를 받았다고 주장하는 경우
⑤ 부동산 X는 그 실질적 소유자인 丙 종중이 적법하게 甲에게 명의신탁한 것인데, 乙이 丙 종중으로부터 매수하여 대금을 완납한 후 소유권이전등기를 경료하였다고 주장하는 경우

해 설

① (○) : 점유취득시효가 완성되면 점유자는 소유자에 대해 소유권이전등기를 청구할 수 있고, 소유자는 이에 응할 의무가 있으므로, 소유자는 점유자에 대해서는 소유권을 행사할 지위에 있지 않다. 또한 시효취득자 명의로 이미 등기가 되어 있는 경우 실체관계에 부합하는 유효한 등기이다.
② (○) : 민법 제129조 참조
③ (×) : 민법 제245조 제2항은 부동산의 소유자로 등기한 자가 10년간 소유의 의사로 평온·공연하게 선의이며 과실없이 그 부동산을 점유한 때에는 소유권을 취득한다고 규정하고 있는바, 위 법 조항의 '등기'는 부동산등기법 제15조가 규정한 1부동산 1용지주의에 위배되지 아니한 등기를 말하므로, 어느 부동산에 관하여 등기명의

정답 15. ③

인을 달리하여 소유권보존등기가 2중으로 경료된 경우 먼저 이루어진 소유권보존등기가 원인무효가 아니어서 뒤에 된 소유권보존등기가 무효로 되는 때에는, 뒤에 된 소유권보존등기나 이에 터잡은 소유권이전등기를 근거로 하여서는 등기부취득시효의 완성을 주장할 수 없다(대판 1996. 10. 17, 96다12511 전원합의체).

④ (○) : 부동산 등기는 현실의 권리 관계에 부합하는 한 그 권리취득의 경위나 방법 등이 사실과 다르다고 하더라도 그 등기의 효력에는 아무런 영향이 없는 것이므로 증여에 의하여 부동산을 취득하였지만 등기원인을 매매로 기재하였다고 하더라도 그 등기의 효력에는 아무런 하자가 없다(대판 1980. 7. 22, 80다791). 부동산에 관하여 소유권이전등기가 마쳐져 있는 경우 그 등기명의자는 제3자에 대하여서뿐만 아니라, 그 전 소유자에 대하여서도 적법한 등기원인에 의하여 소유권을 취득한 것으로 추정되고, 한편 부동산 등기는 현재의 진실한 권리상태를 공시하면 그에 이른 과정이나 태양을 그대로 반영하지 아니하였어도 유효한 것으로서, 등기명의자가 전 소유자로부터 부동산을 취득함에 있어 등기부상 기재된 등기원인에 의하지 아니하고 다른 원인으로 적법하게 취득하였다고 하면서 등기원인 행위의 태양이나 과정을 다소 다르게 주장한다고 하여 이러한 주장만 가지고 그 등기의 추정력이 깨어진다고 할 수는 없을 것이므로, 이러한 경우에도 이를 다투는 측에서 등기명의자의 소유권이전등기가 전 등기명의인의 의사에 반하여 이루어진 것으로서 무효라는 주장·입증을 하여야 한다(대판 2000. 3. 10, 99다65462).

⑤ (○) : 명의신탁자는 명의수탁자에 대하여 신탁해지를 하고 신탁관계의 종료 그것만을 이유로 하여 소유명의의 이전등기절차의 이행을 청구할 수 있음은 물론, 신탁해지를 원인으로 하고 소유권에 기해서도 그와 같은 청구를 할 수 있다(대판 1980. 12. 9, 79다634 전원합의체[소유권이전등기]). 따라서 丙 종중은 甲에게 소유권이전등기를 청구할 수 있고, 乙은 丙 종중에게 소유권이전등기를 청구할 수 있으므로 결국 乙 명의의 등기는 실체관계에 부합하는 유효한 등기이다.

16 **X 토지에 관한 설명 중 옳은 것(○)과 옳지 않은 것(×)을 올바르게 조합한 것은? (다툼이 있는 경우 판례에 의함)** 〈2022년 변호사시험〉

> ㄱ. 甲이 그 소유인 X 토지에 관하여 乙 앞으로 근저당권을 설정해 준 후 丙에게 X 토지의 소유권을 양도한 경우, 근저당권의 피담보채무가 소멸하더라도 甲은 乙을 상대로 근저당권의 말소를 청구할 수 없다.
> ㄴ. 甲이 그 소유인 X 토지를 乙에게 매도하고 소유권이전등기를 마쳐 준 후 甲과 乙의 매매계약이 합의해제된 경우, 甲은 乙을 상대로 위 등기의 말소를 청구할 수 있는 물권적 청구권을 가지고, 이 청구권은 소멸시효의 대상이 되지 않는다.
> ㄷ. X 토지와 그 지상의 Y 건물의 소유자인 甲이 X 토지에 관하여 乙 앞으로 저당권을 설정해 준 다음, 丙에게 Y 건물의 소유권을 양도하였고, 그 후 위 저당권의 실행으로 인한 경매절차에서 丁이 X 토지의 소유권을 취득하였다. 이 경우, 丁은 丙을 상대로 Y 건물의 철거를 청구할 수 없다.
> ㄹ. 乙이 甲으로부터 X 토지를 매수하고 대금을 지급한 후 X 토지를 인도받았으나 소유권이전등기는 마치지 않은 상태에서 X 토지 위에 Y 건물을 건축하여 Y 건물의 소유권을 丙에게 이전한 경우, 丙이 X 토지에 대한 점유사용권을 취득한 것은 아니어서 甲은 丙에 대하여 Y 건물의 철거청구를 할 수 있다.

① ㄱ(×), ㄴ(×), ㄷ(×), ㄹ(○)
② ㄱ(×), ㄴ(○), ㄷ(○), ㄹ(×)
③ ㄱ(×), ㄴ(○), ㄷ(○), ㄹ(○)
④ ㄱ(○), ㄴ(×), ㄷ(×), ㄹ(○)
⑤ ㄱ(○), ㄴ(○), ㄷ(○), ㄹ(×)

정답 16. ②

해 설

ㄱ. (×) : 근저당권이 설정된 후에 그 부동산의 소유권이 제3자에게 이전된 경우에는 **현재의 소유자가 자신의 소유권에 기하여** 피담보채무의 소멸을 원인으로 그 근저당권설정등기의 말소를 청구할 수 있음은 물론이지만, **근저당권설정자인 종전의 소유자도** 근저당권설정계약의 당사자로서 근저당권소멸에 따른 원상회복으로 근저당권자에게 근저당권설정등기의 말소를 구할 수 있는 **계약상 권리**가 있다(대판 1994. 1. 25, 93다16338 전원합의체).

ㄴ. (○) : 부동산 매매계약이 합의해제되면, 매수인에게 이전되었던 소유권은 당연히 매도인에게 복귀하는 것이므로, **합의해제에 따른 매도인의 원상회복청구권**은 소유권에 기한 물권적청구권이라 할 것이고, 따라서 이는 소멸시효의 대상이 아니다(대판 1982. 7. 27, 80다2968).

ㄷ. (○) : **토지에 저당권을 설정할 당시** 토지의 지상에 건물이 존재하고 있었고 그 양자가 **동일 소유자에게 속하였다가 그 후 저당권의 실행으로 토지가 낙찰되기 전에 건물이 제3자에게 양도된 경우**, 민법 제366조 소정의 법정지상권을 인정하는 법의 취지가 저당물의 경매로 인하여 토지와 그 지상 건물이 각 다른 사람의 소유에 속하게 된 경우에 건물이 철거되는 것과 같은 사회경제적 손실을 방지하려는 공익상 이유에 근거하는 점, 저당권자로서는 저당권설정 당시에 법정지상권의 부담을 예상하였을 것이고 또 저당권설정자는 저당권설정 당시의 담보가치가 저당권이 실행될 때에도 최소한 그대로 유지되어 있으면 될 것이므로 위와 같은 경우 법정지상권을 인정하더라도 저당권자 또는 저당권설정자에게는 불측의 손해가 생기지 않는 반면, 법정지상권을 인정하지 않는다면 건물을 양수한 제3자는 건물을 철거하여야 하는 손해를 입게 되는 점 등에 비추어 위와 같은 경우 **건물을 양수한 제3자는 민법 제366조 소정의 법정지상권을 취득한다**(대판 1999. 11. 23, 99다52602). 따라서 丁은 丙을 상대로 Y 건물의 철거를 청구할 수 없다. ☞ 참고로 甲이 丙에게 Y 건물의 소유권을 양도한 때 丙은 관습법상의 법정지상권을 취득하지만, 이 관습법상의 법정지상권은 乙의 저당권보다 후순위이므로 이후에 이루어진 경매에 의하여 소멸된다.

ㄹ. (×) : 토지의 매수인이 아직 소유권이전등기를 경료받지 아니하였다 하여도 매매계약의 이행으로 그 토지를 인도받은 때에는 매매계약의 효력으로서 이를 점유사용할 권리가 생기게 된 것으로 보아야 하고 또 **매수인이 그 토지 위에 건축한 건물을 취득한 자**는 그 토지에 대한 매수인의 **위와 같은 점유사용권까지 아울러 취득한** 것으로 봄이 상당하므로 매도인은 매매계약의 이행으로서 인도한 토지 위에 **매수인이 건축한 건물을 취득한 자에 대하여 토지소유권에 기한 물권적청구권을 행사할 수 없다**(대판 1988. 4. 25, 87다카1682).

보충지문

17-1 물권은 법률 또는 관습법에 의하는 외에 당사자의 계약으로도 창설할 수 있다. 〈2007년 법무사〉

17-2 물권은 관습법에 의하여도 창설될 수 있다. 〈2008년 감정평가사〉

해 설 민법 제185조 참조

18 온천수에 관한 권리는 관습법상 물권이 아니라 상린관계상 공용수 또는 생활상 필요한 용수에 관한 권리에 해당한다. 〈2011년 감정평가사〉

해 설 온천수에 관한 권리는 관습법상 물권이 아니며, 일반 상린관계상 공용수 또는 생활상 필요한 용수에 관한 권리로도 보지 않는다(대판 1970. 5. 26, 69다1239).

정답 17-1. (×) 17-2. (○) 18. (×)

19-1 특별한 사정이 없으면, 물건의 일부는 물권의 객체가 될 수 없다. 〈2020년 감정평가사〉

19-2 1필의 토지 일부에는 지상권을 설정할 수 없다. 〈2012년 감정평가사〉

해설 일물일권주의. 다만 1필의 토지 일부에도 용익물권은 설정할 수 있다.

20 물권적 청구권은 점유권과 소유권 이외의 물권에 대하여도 인정된다. 〈2015년 감정평가사〉

해설 우리 민법은 물권적 청구권을 점유권과 소유권에 관하여 규정하고 제한물권에 기한 물권적 청구권은 소유권에 기한 물권적 청구권의 규정을 준용하는 형식을 취하여 인정하고 있다(제290조 제1항, 제301조, 제319조, 제370조 참조).

21-1 소유권에 기한 방해배제청구권에서 '방해'는 현재 지속되고 있는 침해를 의미한다. 〈2020년 감정평가사〉

21-2 소유권에 기한 방해배제청구권에 있어서 '방해'란 현재에도 지속되고 있는 침해를 의미하므로, 소유권에 기한 방해배제청구권은 방해결과의 제거를 내용으로 할 수는 없다. 〈2019년 법무사〉

21-3 甲 소유 토지 아래에 乙이 생활쓰레기와 산업쓰레기 등을 매립하였는데, 그 쓰레기 등이 부패, 소멸되지 않고 현재도 토지 지하에 그대로 남아 있다면, 甲이 그 쓰레기 매립에 동의하지 않은 이상 쓰레기 매립 후 상당한 시간이 경과하였다고 하더라도 甲은 乙을 상대로 소유권에 기한 방해배제청구권을 행사하여 쓰레기의 수거 및 원상복구를 청구할 수 있다. 〈2019년 법원행시〉

해설 소유권에 기한 방해배제청구권에 있어서 '방해'라 함은 현재에도 지속되고 있는 침해를 의미하고, 법익 침해가 과거에 일어나서 이미 종결된 경우에 해당하는 '손해'의 개념과는 다르다 할 것이어서, 소유권에 기한 방해배제청구권은 방해결과의 제거를 내용으로 하는 것이 되어서는 아니 되며(이는 손해배상의 영역에 해당한다 할 것이다) 현재 계속되고 있는 방해의 원인을 제거하는 것을 내용으로 한다(대판 2003. 3. 28, 2003다5917).
☞ 甲 지방자치단체가 30여 년 전 쓰레기매립지에 쓰레기를 매립하는 과정에서 매립지와 경계를 같이하는 인접 토지에 상당한 양의 쓰레기가 매립되었고, 그 후 인접 토지의 소유권을 취득한 乙이 토지를 굴착한 결과 지하 1.5~4m 지점 사이에 비닐, 목재, 폐의류, 오니류, 건축폐기물 등 각종 생활쓰레기가 뒤섞여 혼합된 상태로 매립되어 있었고 주변 토양은 검게 오염되어 있었으며, 이에 乙이 甲 지방자치단체를 상대로 매립물제거 등을 구한 사안에서, 위 토지 지하에 매립된 생활쓰레기는 매립된 후 30년 이상 경과하였고, 그 사이 오니류와 각종 생활쓰레기가 주변 토양과 뒤섞여 토양을 오염시키고 토양과 사실상 분리하기 어려울 정도로 혼재되어 있다고 봄이 타당하며, 이러한 상태는 과거 甲 지방자치단체의 위법한 쓰레기매립행위로 인하여 생긴 결과로서 토지 소유자인 乙이 입은 손해에 불과할 뿐 생활쓰레기가 현재 乙의 소유권에 대하여 별도의 침해를 지속하고 있는 것이라고 볼 수 없으므로, 乙의 방해배제청구는 인용될 수 없다(대판 2019. 7. 10, 2016다205540).

22 민법 제214조에 의하면 소유자는 소유권을 방해하는 자에 대하여 그 방해제거 행위를 청구할 수 있으므로, 소유자는 위 규정에 기하여 침해자에게 방해제거에 드는 비용 또한 청구할 수 있다. 〈2019년 법무사〉

해설 민법 제214조의 규정에 의하면, 소유자는 소유권을 방해하는 자에 대하여 그 방해제거 행위를 청구할 수 있고, 소유권을 방해할 염려가 있는 행위를 하는 자에 대하여 그 방해예방 행위를 청구하거나 소유권을 방해할 염려가 있는 행위로 인하여 발생하리라고 예상되는 손해의 배상에 대한 담보를 지급할 것을 청구할 수 있으

정답 19-1. (○) 19-2. (×) 20. (○) 21-1. (○) 21-2. (○) 21-3. (×) 22. (×)

나, 소유자가 침해자에 대하여 방해제거 행위 또는 방해예방 행위를 하는 데 드는 비용을 청구할 수 있는 권리는 위 규정에 포함되어 있지 않으므로, 소유자가 민법 제214조에 기하여 방해배제 비용 또는 방해예방 비용을 청구할 수는 없다(대판 2014. 11. 27, 2014다52612).

23 소유물방해예방청구권에서 관념적인 방해의 가능성만으로는 방해의 염려가 있다고 할 수 없다. 〈2018년 감정평가사〉

해설 소유물방해예방청구권은 방해의 발생을 기다리지 않고 현재 예방수단을 취할 것을 인정하는 것이므로, 그 방해의 염려가 있다고 하기 위하여는 방해예방의 소에 의하여 미리 보호받을 만한 가치가 있는 것으로서 객관적으로 근거 있는 상당한 개연성을 가져야 할 것이고 관념적인 가능성만으로는 이를 인정할 수 없다(대판 1995. 7. 14, 94다50533).

24-1 甲의 물건을 乙이 불법 점유하는 경우 甲은 丙에게 그 소유권을 양도하면서 乙에 대한 소유물반환청구권을 자신에게 유보할 수 없다. 〈2015년 감정평가사〉

24-2 소유권을 양도하면서 소유권에 의하여 발생되는 물권적청구권을 소유권과 분리하여 소유권이 없는 전(前) 소유자에게 유보하여 제3자에게 대하여 이를 행사케 하는 것은 허용될 수 없다. 〈2019년 법무사〉

해설 소유권에 기한 물상청구권을 소유권과 분리하여 소유권 없는 前 소유자에게 유보하여 행사시킬 수 없는 것이므로, 소유권을 상실한 前 소유자는 제3자인 불법점유자에 대하여 소유권에 기한 물권적 청구권에 의한 방해배제를 구할 수 없다(대판 1969. 5. 27, 68다725 전원합의체).

25 선등기명의자의 소유권이전등기가 원인무효라 하더라도 그 이후의 최종 등기명의자가 등기부시효취득의 항변을 제출하여 법원에서 받아들여졌다면, 그 전의 등기명의자들은 최종 등기명의자의 시효취득 사실을 원용하여 원소유자의 소유권 상실을 주장할 수 있다. 〈2017 법무사〉

해설 선등기명의자의 소유권이전등기가 원인무효라고 하더라도 그 이후의 최종 등기명의자가 등기부시효취득의 항변을 제출하여 법원에서 그것이 받아들여진 경우, 그 전의 등기명의자들이 최종 등기명의자의 시효취득 사실을 원용하여 원소유자의 소유권 상실을 주장하고 있다면 원소유자의 소유권에 기한 등기말소청구는 배척될 수밖에 없다(대판 1995. 3. 3, 94다7348).

26 甲社는 2013. 6. 회사 소유의 X 토지를 乙에게 명의신탁하여 그 명의로 소유권이전등기를 마쳐주었고, 乙은 甲社에 전혀 알리지 않고 X 토지를 丙에게 매도하고 소유권이전등기를 마쳐주었다. 그 후 丙의 채권자 丁이 X 토지에 대하여 신청한 임의경매절차에서 乙이 X 토지를 매각받은 후 소유권이전등기를 마쳤다. 이 경우 甲社는 乙을 상대로 소유권에 기하여 X 토지의 반환 및 진정명의회복을 원인으로 한 소유권이전등기를 청구할 수 없다. 〈2014년 사법시험〉

해설 양자간 등기명의신탁에서 명의수탁자가 신탁부동산을 처분하여 제3취득자가 유효하게 소유권을 취득하고 이로써 명의신탁자가 신탁부동산에 대한 소유권을 상실하였다면, 명의신탁자의 소유권에 기한 물권적 청구권, 즉 말소등기청구권이나 진정명의회복을 원인으로 한 이전등기청구권도 더 이상 그 존재 자체가 인정되지 않는다. 그 후 명의수탁자가 우연히 신탁부동산의 소유권을 다시 취득하였다고 하더라도 명의신탁자가

정답 23. (O) 24-1. (O) 24-2. (O) 25. (O) 26. (O)

신탁부동산의 소유권을 상실한 사실에는 변함이 없으므로, 여전히 물권적 청구권은 그 존재 자체가 인정되지 않는다(대판 2013. 2. 28, 2010다89814).

27-1 **소유자는 현재 점유하고 있지 않은 자를 상대로 소유물의 반환을 청구할 수 없다.**

〈2015년 감정평가사〉

27-2 **불법점유자에 대한 인도청구는 현실로 불법점유를 하고 있는 자만을 상대로 하여야 하는 반면, 인도 약정에 따른 이행청구의 경우에는 간접점유자에 대하여도 인도를 구할 수 있다.**

〈2020년 법무사〉

해설 ① 불법점유를 이유로 하여 그 명도 또는 인도를 청구하려면 현실적으로 그 목적물을 점유하고 있는 자를 상대로 하여야 하고 불법점유자라 하여도 그 물건을 다른 사람에게 인도하여 현실적으로 점유를 하고 있지 않은 이상, 그 자를 상대로 한 인도 또는 명도청구는 부당하다(대판 1999. 7. 9, 98다9045). ② 불법점유를 이유로 한 건물명도청구를 하려면 현실적으로 불법점유하고 있는 사람을 상대로 하여야 할 것이나 그렇지 않는 경우에는 간접점유자를 상대로 명도를 청구할 수 있다(대판 1983. 5. 10, 81다187). ☞ ②는 예컨대 임차인이 간접점유를 하고 있는 사안에서 임대인이 간접점유자인 임차인을 상대로 반환을 청구하는 것처럼 반환청구의 당사자 사이에 계약관계(임대차)가 있어 그 계약관계를 이유로 반환을 청구하는 사안으로, 이러한 경우에는 간접점유자도 상대방이 될 수 있다는 것이 ②번 판례의 취지이다.

28-1 **근저당권이전의 부기등기가 경료된 후 그 피담보채무가 소멸한 경우, 주등기인 근저당권설정등기의 말소등기만 구하면 되고 그 부기등기에 대한 말소를 구하는 것은 소의 이익이 없다.**

〈2019년 변호사시험〉

28-2 **피담보채무가 소멸된 경우에 주등기인 가등기의 말소만 구하면 되고 그 부기등기는 별도로 말소를 구하지 않더라도 주등기의 말소에 따라 직권으로 말소된다.** 〈2012년 법무사〉

28-3 **근저당권이전의 부기등기가 경료된 경우, 피담보채무의 소멸을 원인으로 한 근저당권설정등기 말소청구의 상대방은 양수인이 아니라 양도인이다.** 〈2008년 감정평가사〉

28-4 **피담보채권의 양도를 원인으로 한 근저당권 이전의 부기등기가 있는 경우에 근저당권설정등기의 말소등기청구는 양수인을 상대로 제기하여야 하고, 근저당권 이전의 부기등기가 전부명령 확정에 따라 이루어지는 경우에도 동일하다.** 〈2019년 변호사시험〉

해설 근저당권 이전의 부기등기는 기존의 주등기인 근저당권설정등기에 종속되어 주등기와 일체를 이루는 것이어서, 피담보채무가 소멸된 경우 또는 근저당권설정등기가 당초 원인무효인 경우 주등기인 근저당권설정등기의 말소만 구하면 되고 그 부기등기는 별도로 말소를 구하지 않더라도 주등기의 말소에 따라 직권으로 말소되는 것이며, 근저당권 양도의 부기등기는 기존의 근저당권설정등기에 의한 권리의 승계를 등기부상 명시하는 것 뿐으로, 그 등기에 의하여 새로운 권리가 생기는 것이 아닌 만큼 근저당권설정등기의 말소등기청구는 양수인만을 상대로 하면 족하고 양도인은 그 말소등기청구에 있어서 피고 적격이 없으며, 근저당권의 이전이 전부명령 확정에 따라 이루어졌다고 하여 이와 달리 보아야 하는 것은 아니다(대판 2000. 4. 11, 2000다5640).

정답 27-1. (○) 27-2. (○) 28-1. (○) 28-2. (○) 28-3. (×) 28-4. (○)

29 [공통사안] 甲은 乙로부터 3억 원을 빌리면서 그 차용금 채무를 담보하기 위하여 甲 소유의 A 토지에 관하여 채무자 甲, 근저당권자 乙, 채권최고액 3억 3천만 원인 근저당권설정계약을 乙과 체결하고, 이에 관한 근저당권설정등기를 마쳐 주었다. 〈2022년 변호사시험〉

29-1 丙이 乙에 대한 5억 원의 채권에 관한 집행권원을 얻어 乙의 甲에 대한 대여금채권에 대해 압류 및 전부명령을 받아 丙 명의로 A 토지에 관한 근저당권이전의 부기등기를 마친 경우, 甲이 자신의 乙에 대한 차용금채무가 변제로 모두 소멸하였다고 주장하면서 乙을 상대로 제기한 위 근저당권설정등기 말소등기절차의 이행을 구하는 소는 적법하다.

29-2 丙이 乙로부터 乙의 甲에 대한 대여금채권을 유효하게 양도받아 丙 명의로 A 토지에 관한 근저당권이전의 부기등기를 마친 경우, 甲이 자신의 乙에 대한 차용금채무가 변제로 모두 소멸하였다고 주장하면서 丙 명의 근저당권이전의 부기등기 말소등기절차의 이행을 구하는 소는 부적법하다.

해설 근저당권 이전의 부기등기는 기존의 주등기인 근저당권설정등기에 종속되어 주등기와 일체를 이루는 것이어서, 피담보채무가 소멸된 경우 또는 근저당권설정등기가 당초 원인무효인 경우 주등기인 **근저당권설정등기**의 말소만 구하면 되고 그 **부기등기**는 별도로 말소를 구하지 않더라도 주등기의 말소에 따라 직권으로 말소되는 것이며, 근저당권 양도의 부기등기는 기존의 근저당권설정등기에 의한 권리의 승계를 등기부상 명시하는 것 뿐으로, 그 등기에 의하여 새로운 권리가 생기는 것이 아닌 만큼 근저당권설정등기의 말소등기청구는 **양수인만을 상대로 하면 족하고 양도인은 그 말소등기청구에 있어서 피고 적격이 없으며**, 근저당권의 이전이 전부명령 확정에 따라 이루어졌다고 하여 이와 달리 보아야 하는 것은 아니다(대판 2000. 4. 11, 2000다5640).
☞ 21-1.지문은 '말소의 상대방'에 관한 문제이다. "乙"이 아니라 "丙"을 상대로 해야 한다. 21-2.지문은 "말소의 대상"에 관한 문제로서 '부기등기'가 아니라 주등기인 '근저당권설정등기'의 말소를 청구해야 한다.

30 근저당권 이전의 부기등기가 경료되었으나 근저당권설정등기가 당초부터 원인무효인 경우, 근저당권설정자는 근저당권의 현재 명의인인 양수인을 상대로 주등기인 근저당권설정등기의 말소를 구할 수 있을 뿐만 아니라, 근저당권자로부터 양수인 앞으로의 근저당권 이전이 무효임을 이유로 양수인을 상대로 근저당권설정등기의 말소를 구할 수도 있다. 〈2019년 법무사〉

해설 근저당권설정자 또는 그로부터 소유권을 이전받은 제3취득자는 피담보채무가 소멸된 경우 또는 근저당권설정등기가 당초부터 원인무효인 경우 등에 근저당권의 현재의 명의인인 양수인을 상대로 주등기인 근저당권설정등기의 말소를 구할 수 있으나, 근저당권자로부터 양수인 앞으로의 근저당권 이전이 무효라는 사유를 내세워 양수인을 상대로 근저당권설정등기의 말소를 구할 수는 없다(대판 2003. 4. 11, 2003다5016).

31 甲 소유의 X 토지를 乙과 丙이 불법으로 점유하여 Y 건물을 신축하고 이를 공유하고 있는 경우, 甲이 乙과 丙을 상대로 건물철거 및 토지인도를 구하는 소송은 필수적 공동소송이 아니다. 〈2014년 사법시험〉

해설 건물의 공동상속인 전원을 피고로 하여서만 건물의 철거청구를 할 수 있는 것은 아니고, 즉 필수적 공동소송이 아니며, 공동상속인 중의 한 사람만을 상대로 그 상속분의 한도에서만 건물의 철거를 청구할 수 있다(대판 1968. 7. 31, 68다1102).

정답 29-1. (×) 29-2. (○) 30 (×) 31. (○)

32 **부동산만을 객체로 하는 물권으로 묶인 것은?** 〈2017년 감정평가사〉

① 소유권-점유권-저당권
② 소유권-지상권-저당권
③ 지상권-지역권-전세권
④ 유치권-질권-저당권
⑤ 지상권-유치권-저당권

해 설

	동 산	부동산
소유권	○	○
점유권	○	○
지상권	×	○
지역권	×	○
전세권	×	○
유치권	○	○
질 권	○	×
저당권	×	○

정 답 32. ③

물권의 변동

제1절 부동산물권의 변동

Ⅰ. 등기 일반론

1 **乙은 위조문서를 사용하여 甲 명의의 부동산을 자기 이름으로 소유권이전등기를 마쳤다. 그 후 이 부동산은 丙, 丁에게 순차로 전매되어, 현재 丁 명의로 등기되어 있다. 다음의 설명 중 옳지 않은 것은?** 〈2006년 변리사〉

① 丁 명의로 경료된 이전등기는 丙과 丁이 선의인 경우에도 무효의 등기로서 甲은 乙, 丙, 丁 전부를 상대로 하여 차례로 각 등기의 말소를 청구할 수 있다.

② 甲은 丁을 상대로 '진정한 등기명의의 회복'을 원인으로 직접 甲에게 소유권이전등기절차를 이행할 것을 청구할 수 있다.

③ 甲이 丁을 상대로 제기한 말소등기의 소에서 패소의 확정판결이 있더라도 甲은 소송물이 다른 이전등기의 소를 제기할 수 있다.

④ 진정명의회복을 원인으로 한 소유권이전등기청구권과 무효등기의 말소청구권은 소유권에 기한 방해배제청구권이라는 점에서 법적 성질을 같이 한다.

⑤ 丁이 乙의 점유를 아울러 주장할 경우 乙, 丙, 丁의 점유기간의 합이 10년을 경과하는 경우에도 등기부시효취득은 인정되지 않는다.

해 설

①(○) : 통설과 판례는 민법상 등기의 공신력을 부정하고 있다(대판 1969. 6. 10, 68다199).

②(○) : 대판 2001. 9. 20, 99다37894 참조

③(×), ④(○) : 진정한 등기명의의 회복을 위한 소유권이전등기청구는 이미 자기 앞으로 소유권을 표상하는 등기가 되어 있었거나 법률에 의하여 소유권을 취득한 자가 진정한 등기명의를 회복하기 위한 방법으로 현재의 등기명의인을 상대로 그 등기의 말소를 구하는 것에 갈음하여 허용되는 것인데, 말소등기에 갈음하여 허용되는 진정명의회복을 원인으로 한 소유권이전등기청구권과 무효등기의 말소청구권은 어느 것이나 진정한 소유자의 등기명의를 회복하기 위한 것으로서 실질적으로 그 목적이 동일하고, 두 청구권 모두 소유권에 기한 방해배제청구권으로서 그 법적 근거와 성질이 동일하므로, 비록 전자는 이전등기, 후자는 말소등기의 형식을 취하고 있다고 하더라도 그 소송물은 실질상 동일한 것으로 보아야 하고, 따라서 소유권이전등기말소청구소송에서 패소확정판결을 받았다면 그 기판력은 그 후 제기된 진정명의회복을 원인으로 한 소유권이전등기청구소송에도 미친다(대판 2001. 9. 20, 99다37894 전원합의체).

⑤(○) : 점유의 승계가 있는 경우, 승계인은 자기의 점유만을 주장하거나 자기의 점유와 전점유자의 점유를 아울러 주장할 수 있다(제199조 제1항). 그러나 전점유자의 점유를 아울러 주장하는 경우에는 그 하자도 승계한다

정답 1. ③

(제199조 제2항). 지문에서 丁이 乙의 점유를 아울러 주장하는 경우 그의 악의 내지 과실 있는 점유가 그대로 승계된다. 따라서 丁은 선의·무과실을 요건으로 하는 등기부시효취득을 할 수 없다.

2 등기에 관한 설명으로 옳은 것은? (다툼이 있는 경우에는 판례에 의함) 〈2006년 변리사〉

① 신축건물의 소유자가 멸실건물의 등기를 신축건물의 등기로 전용할 의사로써 멸실건물의 등기부상 표시를 신축건물의 내용으로 표시변경등기를 한 경우 그 등기는 신축건물의 등기로서 유효하다.
② 실질관계의 소멸로 무효로 된 등기의 유용은 그 등기를 유용하기로 하는 합의가 이루어지기 전에 등기상 이해관계가 있는 제3자가 생긴 경우에도 허용된다.
③ 동일부동산에 관하여 등기명의인을 달리하여 중복된 소유권보존등기가 경료된 경우 먼저 이루어진 소유권보존등기가 항상 유효하다.
④ 소유권이전등기가 경료된 경우 그 등기명의자는 제3자에 대해 적법한 등기원인에 의하여 소유권을 취득한 것으로 추정되지만, 권리변동의 직접 당사자인 그 전소유자에 대해서는 그러하지 않다.
⑤ 부동산등기특별조치법은 미등기전매행위를 금지하고 그 위반을 형사처벌하지만, 이는 중간생략등기의 사법상의 효력에 영향이 없다.

해 설

①(×) : 통설과 판례는 '무효등기의 유용'과 관련하여 표제부의 유용은 허용되지 않는다고 한다. 즉 판례는 "멸실된 건물과 신축된 건물이 위치나 기타 여러가지 면에서 서로 같다고 하더라도 그 두 건물이 동일한 건물이라고는 할 수 없으므로 신축건물의 물권변동에 관한 등기를 멸실건물의 등기부에 등재하여도 그 등기는 무효이고 가사신축건물의 소유자가 멸실건물의 등기를 신축건물의 등기로 전용할 의사로써 멸실건물의 등기부상 표시를 신축건물의 내용으로 표시 변경 등기를 하였다고 하더라도 그 등기가 무효임에는 변함이 없다."고 한다(대판 1980. 11. 11, 80다441).

②(×) : 판례는 사항란에 있어 무효등기의 유용에 관하여 '제한적 유효설'을 취하는 바, 실질관계의 소멸로 무효로 된 등기의 유용은 그 등기를 유용하기로 하는 합의가 이루어지기 전에 등기상 이해관계가 있는 제3자가 생기지 않은 경우에는 허용된다고 한다(대판 2002. 12. 6, 2001다2846).

③(×) : '중복등기의 효력'에 관하여 판례는 절충적 절차법설의 태도인 바, 동일부동산에 관하여 등기명의인을 달리하여 중복된 소유권보존등기가 경료된 경우에는 먼저 이루어진 소유권보존등기가 원인무효가 되지 아니하는 한 뒤에 된 소유권보존등기는 비록 그 부동산의 매수인에 의하여 이루어진 경우에도 1부동산 1용지주의를 채택하고 있는 부동산등기법 아래에서는 무효라고 해석함이 상당하다고 한다(대판 1990. 11. 27, 87다카2961, 87다453 전원합의체).

④(×) : 등기의 추정력에 관하여 판례는 부동산에 관하여 소유권이전등기가 마쳐져 있는 경우에는 그 등기명의자는 제3자에 대하여뿐 아니라 그 전소유자에 대하여서도 적법한 등기원인에 의하여 소유권을 취득한 것으로 추정된다고 한다(대판 1994. 9. 13, 94다10160).

⑤(○) : 판례는 부동산특별조치법상의 중간생략등기에 대한 벌칙조항을 이른바 '단속규정'으로 해석하는 바, 부동산등기특별조치법상 조세포탈과 부동산투기 등을 방지하기 위하여위 법률 제2조 제2항 및 제8조 제1호에서 등기하지 아니하고 제3자에게 전매하는 행위를 일정 목적범위 내에서 형사처벌하도록 되어 있으나 이로써 순차매도한 당사자 사이의 중간생략등기합의에 관한 사법상 효력까지 무효로 한다는 취지는 아니다라고 판시하였다(대판 1993. 1. 26, 92다39112).

정답 2. ⑤

3 **乙이 甲소유의 부동산을 매수하여 인도받아 사용·수익하다가 丙에게 매도하고 인도 하였는데, 등기는 아직 甲명의로 남아 있다. 다음 설명 중 옳은 것은? (다툼이 있는 경우에는 판례에 의함)** 〈2007년 변리사〉

① 甲·乙·丙사이에 중간생략등기의 합의가 있는 경우, 丙이 甲에게 직접 등기를 청구할 수 있으므로 乙에 대한 甲의 소유권이전등기의무는 소멸한다.

② 중간생략등기의 합의가 없는 경우에는 丙은 乙을 대위하여 甲에게 등기를 청구할 수 없다.

③ 등기청구권도 채권적 청구권이므로 채권양도의 법리에 따라 乙이 甲에 대한 등기청구권을 丙에게 양도하고 甲에 대하여 이를 통지함으로써 대항요건을 갖춘 경우, 丙은 등기청구권의 양수인으로서 甲에게 직접 등기청구를 할 수 있다.

④ 중간생략등기의 합의 없이 등기가 丙명의로 경료되더라도 실체관계에 부합한 것이라면 甲은 丙에 대하여 등기말소를 청구할 수 없다.

⑤ 甲소유의 토지가 거래허가대상인 경우, 중간생략등기의 합의에 따라 甲으로부터 丙으로 직접 거래허가를 받아 등기를 하였는데, 그 후 甲이 무효를 주장하면서 등기말소를 청구하는 것은 신의칙상 허용될 수 없다.

해 설

① (×) : 중간생략등기의 합의가 있었다 하더라도 이러한 합의는 중간등기를 생략하여도 당사자 사이에 이의가 없겠고 또 그 등기의 효력에 영향을 미치지 않겠다는 의미가 있을 뿐이지 그러한 합의가 있었다 하여 중간매수인의 소유권이전등기청구권이 소멸된다거나 첫 매도인의 그 매수인에 대한 소유권이전등기의무가 소멸되는 것은 아니라 할 것이다(대판 1991. 12. 13, 91다18316).

② (×) : 판례는 전원의 의사합치가 없는 한 최종 매수인이 최초 매도인에게 직접 등기청구를 할 수 없고 중간자의 등기청구권에 기한 대위청구를 하여야 한다고 판시한다(대판 1991. 4. 23, 91다5761).

③ (×) : 부동산이 전전 양도된 경우에 중간생략등기의 합의가 없는 한 그 최종 양수인은 최초 양도인에 대하여 직접 자기 명의로의 소유권이전등기를 청구할 수 없고, 비록 최종 양수인이 중간자로부터 소유권이전등기청구권을 양도받았다고 하더라도 최초 양도인이 그 양도에 대하여 동의하지 않고 있다면 최종 양수인은 최초 양도인에 대하여 채권양도를 원인으로 하여 소유권이전등기 절차 이행을 청구할 수 없다(대판 1995. 8. 22, 95다15575).

④ (○) : 당사자 사이에 적법한 원인행위가 성립되어 중간생략등기가 이루어진 이상, 중간생략등기에 관한 합의가 없었다는 사유만으로는 그 소유권이전등기를 무효라고 할 수 없다(대판 1980. 2. 12, 79다2104).

⑤ (×) : 토지거래허가구역 내의 토지가 토지거래허가 없이 소유자인 최초 매도인으로부터 중간 매수인에게, 다시 중간 매수인으로부터 최종 매수인에게 순차로 매도되었다면 각 매매계약의 당사자는 각각의 매매계약에 관하여 토지거래허가를 받아야 하며, 위 당사자들 사이에 최초의 매도인이 최종 매수인 앞으로 직접 소유권이전등기를 경료하기로 하는 중간생략등기의 합의가 있었다고 하더라도 이러한 중간생략등기의 합의란 부동산이 전전 매도된 경우 각 매매계약이 유효하게 성립함을 전제로 그 이행의 편의상 최초의 매도인으로부터 최종의 매수인 앞으로 소유권이전등기를 경료하기로 한다는 당사자 사이의 합의에 불과할 뿐, 그러한 합의가 있었다고 하여 최초의 매도인과 최종의 매수인 사이에 매매계약이 체결되었다는 것을 의미하는 것은 아니므로 최초의 매도인과 최종 매수인 사이에 매매계약이 체결되었다고 볼 수 없고, 설사 최종 매수인이 자신과 최초 매도인을 매매 당사자로 하는 토지거래허가를 받아 자신 앞으로 소유권이전등기를 경료하였다고 하더라도 이는 적법한 토지거래허가 없이 경료된 등기로서 무효이다. 그리고 강행법규인 구 국토이용관리법을 위반하였을 경우에 있어서 위반한 자 스스로가 무효를 주장함이 신의성실의 원칙에 위배되는 권리의 행사라는 이유로 이를 배

정답 3. ④

척한다면 같은 법의 입법취지를 완전히 몰각시키는 결과가 되므로, 그러한 주장은 신의성실의 원칙에 반하지 않는다(대판 1997. 11. 11, 97다33218).

4 乙은 甲소유 주택을 매수하여 매매대금을 전부 지급한 뒤 주택을 인도받아 현재까지 사용·수익하고 있으나, 아직 소유권이전등기를 넘겨받지 못한 상태이다. 다음 설명 중 옳지 않은 것은? (다툼이 있는 경우에는 판례에 의함) 〈2009년 변리사〉

① 乙의 소유권이전등기청구권은 소멸시효에 걸리지 않는다.
② 甲의 채권자가 주택에 대하여 강제집행을 한 경우, 乙은 제3자이의의 소를 제기하지 못한다.
③ 乙이 주택을 丙에게 전매한 경우, 甲의 소유물반환청구에 대해 丙은 점유할 권리를 주장할 수 없다.
④ 乙이 주택을 丙에게 전매한 경우, 丙은 乙을 대위하여 甲에게 이전등기를 청구할 수 있다.
⑤ 만약 丁이 甲으로부터 대항력 있는 임차권을 취득한 뒤 乙이 甲으로부터 주택을 양수하였으나 주택이 무허가 미등기인 관계로 乙이 사실상 소유자로서의 권리를 행사하는 경우라면, 乙은 丁에 대해 임차보증금을 반환할 의무를 진다.

해설

① (○) : 부동산에 관하여 인도·등기 등의 어느 한 쪽 만에 대하여서라도 권리를 행사하는 자는 전체적으로 보아 그 부동산에 관하여 권리 위에 잠자는 자라고 할 수 없다 할 것이므로, 매수인이 목적부동산을 인도받아 계속 점유하는 경우에는 그 소유권이전등기청구권의 소멸시효가 진행하지 않는다(대판 1999. 3. 18, 98다32175 전원합의체 ; 대판 1976. 11. 6, 76다148 전원합의체).

② (○) :민사소송법 제509조 소정의 강제집행에 대한 제3자 이의의 소는 이미 개시된 집행목적물에 대하여 소유권 기타 목적물의 양도나 인도를 저지하는 권리를 주장함으로써 그에 대한 배제를 구하는 것이므로 그 소의 원인이 되는 권리는 집행채권자에게 대항할 수 있는 것이어야 한다(대판 1980. 1. 29, 79다1223). ☞ 이 사건에서 원심 판결은 소유권이전등기청구권이 있다는 이유만으로 미등기매수인이 제기한 제3자 이의의 소를 인용하였으나 대법원은 이를 파기환송하였다. 따라서 아직 소유권을 취득하지 못하여 미등기매수인에 불과한 乙은 제3자이의의 소를 제기하지 못한다.

③ (×) : 부동산의 매수인이 아직 소유권이전등기를 경료받지 아니하였다 하여도 매매계약의 이행으로 그 부동산을 인도받은 때에는 매매계약의 효력으로서 이를 점유·사용할 권리가 생기게 된 것으로 보아야 하고, 또 매수인으로부터 위 부동산을 다시 매수한 자는 위와 같은 부동산의 점유·사용권을 취득한 것으로 봄이 상당하므로 매도인은 매수인으로부터 다시 위 부동산을 매수한 자에 대하여 부동산소유권에 기한 물권적 청구권을 행사할 수 없다(대판 1998. 6. 26, 97다42823).

④ (○) : 중간생략등기의 합의가 없다면 부동산의 전전 매수인은 매도인을 대위하여 그 前 매도인인 등기명의자에게 매도인 앞으로의 소유권이전등기를 구할 수는 있을지언정, 직접 자기 앞으로의 소유권이전등기를 구할 수는 없다(대판 1969. 10. 28, 69다1351).

⑤ (○) : 미등기 무허가 건물을 양도받아 사실상 소유권을 행사하는 양수인도 주택임대차보호법 제3조 제2항 소정의 임대주택 양수인에 해당한다(대판 1987. 3. 24, 86다카164). ☞ 따라서 양수인인 乙이 임차보증금을 반환할 의무를 진다.

정답 4 ③

5 등기와 관련된 판례의 태도에 대한 설명으로 옳지 않은 것은? 〈2010년 변리사〉

① 실질관계의 소멸로 무효가 된 등기의 유용은, 그 등기를 유용하기로 하는 합의가 이루어지기 전에 등기상 이해관계 있는 제3자가 생기지 않은 경우에 허용된다.

② 제3자의 명의로 마쳐진 소유권보존등기가 말소되어야 할 무효등기라 하더라도 먼저 자신에게 그 말소를 청구할 수 있는 권원이 있음을 적극적으로 입증하지 못한 자의 청구는 인용될 수 없다.

③ 저당권설정등기가 원인 없이 말소된 경우에 그 저당권자는 저당권을 상실하지 않고 말소된 등기의 회복등기를 할 수 있으나, 그 회복등기가 마쳐지기 전에는 말소된 등기의 등기명의인은 적법한 권리자로 추정되지 않는다.

④ 무효인 부동산소유권이전등기에 터잡아 이루어진 근저당권설정등기는 특별한 사정이 없는 한 무효이며, 무효인 근저당권에 기하여 진행된 임의경매절차에서 부동산을 경락받은 자는 그 소유권을 취득할 수 없다.

⑤ 말소등기란 당해 등기 전부를 법률적으로 소멸시킬 목적으로 행하여지는 등기를 말하므로, 이미 말소되어 있는 등기에 대하여는 그 말소를 구할 법률상 이익이 없다.

해 설

① (○) : 실질관계의 소멸로 무효로 된 등기의 유용은 그 등기를 유용하기로 하는 합의가 이루어지기 전에 등기상 이해관계가 있는 제3자가 생기지 않은 경우에 한하여 허용된다(대판 2009. 2. 26, 2006다72802 등).

② (○) : 부동산의 소유권에 기한 물권적 방해배제청구권 행사의 일환으로서 그 부동산에 관하여 마쳐진 타인 명의의 소유권보존등기의 말소를 구하려면 먼저 자신에게 그 말소를 청구할 수 있는 권원이 있음을 적극적으로 주장·입증하여야 하며, 만일 그러한 권원이 있음이 인정되지 않는다면 설사 타인 명의의 소유권보존등기가 말소되어야 할 무효의 등기라고 하더라도 그 청구를 인용할 수 없다(대판 2010. 1. 14, 2009다67429 등).

③ (×) : 등기는 물권의 효력발생요건이고 존속요건은 아니어서 등기가 원인 없이 말소된 경우에는 그 물권의 효력에 아무런 영향이 없고, 그 회복등기가 마쳐지기 전이라도 말소된 등기의 등기명의인은 적법한 권리자로 추정된다(대판 2002. 10. 22, 2000다59678 등).

④ (○) : 부동산등기에는 공신력이 인정되지 아니하므로, 부동산의 소유권이전등기가 부실등기인 경우 그 부실등기를 믿고 부동산을 매수하여 소유권이전등기를 경료하였다 하더라도 그 소유권을 취득한 것으로 될 수 없고, 부동산에 관한 소유권이전등기가 무효라면 이에 터잡아 이루어진 근저당권설정등기는 특별한 사정이 없는 한 무효이며, 무효인 근저당권에 기하여 진행된 임의경매절차에서 부동산을 경락받았다 하더라도 그 소유권을 취득할 수 없다(대판 2009. 2. 26, 2006다72802 등).

> **[보충지문] 甲 소유의 X 부동산에 관하여 乙이 서류를 위조하여 원인무효인 乙 명의의 근저당권설정등기를 마친 후 임의경매를 신청, 이 경매절차에서 이러한 사실을 모르는 丙이 X 부동산을 매수하고 대금을 완납한 경우 X 부동산의 소유자는 甲이다(○).** 〈2020년 법원행시〉

⑤ (○) : 말소등기란 어떤 등기의 등기사항 전부가 원시적 또는 후발적으로 실체관계와 불일치하게 된 경우 당해 등기 전부를 법률적으로 소멸시킬 목적으로 행하여지는 등기를 말하므로, 이미 말소되어 있는 등기에 대하여는 그 말소를 구할 법률상 이익이 없다(대판 2009. 2. 26, 2006다72802 등).

정답 5. ③

6 **부동산등기에 관한 설명으로 옳지 않은 것은? (다툼이 있는 경우에는 판례에 의함)**

〈2014년 변리사〉

① 물권에 관한 등기가 원인 없이 말소된 때에도 그 물권의 효력에는 영향이 없다.

② 소유권이전등기청구권을 보전하기 위한 가등기에 기하여 본등기를 한 경우, 물권변동의 효력은 본등기한 때에 발생하고 그 순위는 가등기한 때로 소급한다.

③ 소유권이전등기가 있으면 등기명의자가 정당한 원인에 의하여 적법하게 소유권을 취득한 것으로 추정되므로, 현 소유자 명의의 소유권이전등기의 말소등기절차의 이행을 구하는 전 소유명의자가 등기원인의 무효를 증명하여야 한다.

④ 소유권에 기한 물권적 청구권을 보존하기 위한 가등기는 허용되지 않는다.

⑤ 위치나 기타 여러 가지 면에서 멸실된 건물과 같은 신축건물의 소유자가 멸실건물의 등기를 신축건물의 등기로 전용할 의사로써 멸실건물의 등기부상 표시를 신축건물의 내용으로 표시변경등기를 한 경우, 그 등기는 유효한 등기이다.

해 설

①(○) : 등기는 물권의 효력발생요건이고, 효력존속요건이 아니다. 따라서 물권에 관한 등기가 원인 없이 말소된 때에도 그 물권의 효력에는 영향이 없다(대판 1982. 9. 14, 81다카923).

②(○) : 가등기의 효력이다. 즉 소유권이전등기청구권을 보전하기 위한 가등기에 기하여 본등기를 한 경우, 물권변동의 효력은 본등기한 때에 발생하고 그 순위는 가등기한 때로 소급한다(대판 1981. 5. 26, 80다3117).

③(○) : 부동산에 관하여 소유권이전등기가 마쳐져 있는 경우에는 그 등기명의자는 제3자에 대하여 뿐 아니라 그 전소유자에 대하여서도 적법한 등기원인에 의하여 소유권을 취득한 것으로 추정되는 것이므로 이를 다투는 측에서 그 무효사유를 주장·입증하여야 한다(대판 1994. 9. 13, 94다10160).

④(○) : 소유권에 기한 물권적 청구권을 보존하기 위한 가등기는 허용되지 않는다(대판 1982. 11. 2, 81다카1110).

⑤(×) : 무효등기유용 중 표제부등기유용은 통설과 판례(대판 1976. 10. 26, 75다2211)가 부정한다. 따라서 위치나 기타 여러 가지 면에서 멸실된 건물과 같은 신축건물의 소유자가 멸실건물의 등기를 신축건물의 등기로 전용할 의사로써 멸실건물의 등기부상 표시를 신축건물의 내용으로 표시변경등기를 한 경우, 그 등기는 무효인 등기이다.

7 **甲은 자신이 소유하는 건물을 乙에게 매도한 뒤 인도하였고, 乙은 이를 다시 丙에게 매도한 뒤 인도하였다. 이에 관한 설명으로 옳은 것은? (다툼이 있으면 판례에 따름)** 〈2018년 변리사〉

① 乙이 무자력이 아닌 경우 丙은 乙의 甲에 대한 이전등기청구권을 대위행사할 수 없다.

② 甲, 乙, 丙전원의 합의가 없더라도, 丙은 甲에게 직접 이전등기를 청구할 수 있다.

③ 甲에서 직접 丙에게 이전등기하는 것에 관해 甲, 乙, 丙전원의 합의가 있었으나, 甲과 乙사이의 매매가 적법하게 합의해제된 경우, 甲은 丙의 이전등기청구를 거절할 수 없다.

④ 甲에서 丙으로 직접 이전등기가 된 경우, 乙과 丙이 대금을 완제했더라도 甲은 중간생략등기의 합의가 없다는 이유로 丙명의의 등기의 말소를 청구할 수 있다.

⑤ 만약 乙이 甲으로부터 丙으로 이전등기하는 것에 동의했더라도, 乙은 甲에 대한 이전등기청구권을 잃지 않는다.

정답 6. ⑤ 7. ⑤

해 설

① (×) : 채권자는 자기의 채무자에 대한 부동산의 소유권이전등기청구권 등 특정채권을 보전하기 위하여 채무자가 방치하고 있는 그 부동산에 관한 특정권리를 대위하여 행사할 수 있고 그 경우에는 채무자의 무자력을 요건으로 하지 아니하는 것이다(대판 1992. 10. 27, 91다483).

② (×), ④ (×) : 최종 양수인이 중간생략등기의 합의를 이유로 최초 양도인에게 직접 중간생략등기를 청구하기 위하여는 관계 당사자 전원의 의사합치가 필요하지만, 당사자 사이에 적법한 원인행위가 성립되어 일단 중간생략등기가 이루어진 이상 중간생략등기에 관한 합의가 없었다는 이유만으로는 중간생략등기가 무효라고 할 수는 없다(대판 2005. 9. 29, 2003다40651).

③ (×) : 계약의 합의해제에 있어서도 계약해제의 경우에 있어서와 같이 이로써 제3자의 권리를 해할 수 없다 할 것이나, 최종매수인은 그 토지를 매매계약에 의하여 전득한 매수인이기는 하나 완전한 권리를 취득한 자라고 할 수 없으므로 매매계약의 합의해제에 의하여 권리를 해하지 못하는 제3자에 해당되지 아니하고, 따라서 최초매도인은 그 합의해제로서 최종매수인에게 대항할 수 있으므로 최종매수인은 최초매도인을 상대로 이전등기청구권을 행사할 수 없다(대판 1980. 5. 13, 79다932 ; 대판 1991. 4. 12, 91다2601). ☞ 각 당사자 간의 매매계약이 주된 계약이라면 중간생략의 합의는 종된 계약이다. 따라서 주된 계약인 매매계약이 무효, 취소 또는 해제된 경우 종된 계약인 중간생략의 합의도 그 효력을 잃고, 결국 최종매수인은 최초매도인에 대하여 직접 이전등기를 청구할 수 없게 된다(지원림·제철웅「민법사례」제3판 234쪽).

⑤ (○) : 중간생략등기의 합의가 있었다 하더라도 이러한 합의는 중간등기를 생략하여도 당사자 사이에 이의가 없겠고 또 그 등기의 효력에 영향을 미치지 않겠다는 의미가 있을 뿐이지 그러한 합의가 있었다 하여 중간매수인의 소유권이전등기청구권이 소멸된다거나 첫 매도인의 그 매수인에 대한 소유권이전등기의무가 소멸되는 것은 아니라 할 것이다(대판 1991. 12. 13, 91다18316).

8 **乙은 2005. 1. 10. 甲소유의 X토지를 매수하고 대금을 지급한 후 X토지를 인도받았으나 소유권이전등기는 마치지 않았다. 乙은 2015. 12. 31. X토지를 다시 丙에게 매도하였고, 2019. 2. 16. 현재까지 丙역시 미등기 상태로 X토지를 점유하고 있다. 이에 관한 설명으로 옳지 않은 것은? (다툼이 있으면 판례에 따름)** 〈2019년 변리사〉

① 甲은 丙에게 소유권에 기하여 X토지의 반환을 청구할 수 없다.
② 乙의 甲에 대한 소유권이전등기청구권의 소멸시효는 진행되지 않는다.
③ 丙은 乙의 甲에 대한 소유권이전등기청구권을 대위하여 행사할 수 있다.
④ 甲은 丙에 대해 불법점유를 이유로 임료 상당의 부당이득반환을 청구할 수 없다.
⑤ X토지를 제3자가 불법점유하고 있다면, 丙은 제3자에 대하여 소유권에 기한 물권적 청구권을 행사할 수 있다.

해 설

① (○), ④ (○) : 토지의 매수인이 아직 소유권이전등기를 경료받지 아니하였다 하여도 매매계약의 이행으로 그 토지를 인도받은 때에는 매매계약의 효력으로서 이를 점유·사용할 권리가 생기게 된 것으로 보아야 하고, 또 매수인으로부터 위 토지를 다시 매수한 자는 위와 같은 토지의 점유사용권을 취득한 것으로 봄이 상당하므로 매도인은 매수인으로부터 다시 위 토지를 매수한 자에 대하여 토지 소유권에 기한 물권적 청구권을 행사하거나 그 점유·사용을 법률상 원인이 없는 이익이라고 하여 부당이득반환청구를 할 수는 없다(대판 2001. 12. 11, 2001다45355).

② (○) : 부동산의 매수인이 그 부동산을 인도받은 이상 이를 사용·수익하다가 그 부동산에 대한 보다 적극적

정답 ▶ 8. ⑤

인 권리 행사의 일환으로 다른 사람에게 그 부동산을 처분하고 그 점유를 승계하여 준 경우에도 그 이전등기청구권의 행사 여부에 관하여 그가 그 부동산을 스스로 계속 사용·수익만 하고 있는 경우와 특별히 다를 바 없으므로 위 두 어느 경우에나 이전등기청구권의 소멸시효는 진행되지 않는다고 보아야 한다(대판 1999. 3. 18, 98다32175 전원합의체).

③ (○) : 乙은 甲에 대해, 丙은 乙에 대해 각각 소유권이전등기청구권을 가지므로 丙은 乙의 甲에 대한 소유권이전등기청구권을 대위하여 행사할 수 있다(민법 제404조). 참고로 부동산의 양도계약이 순차 이루어져 최종 양수인이 중간생략등기의 합의를 이유로 최초 양도인에게 직접 그 소유권이전등기청구권을 행사하기 위하여는 관계당사자 전원의 의사합치, 즉 중간생략등기에 대한 최초 양도인과 중간자의 동의가 있는 외에 최초의 양도인과 최종의 양수인 사이에도 그 중간등기생략의 합의가 있었음이 요구된다(대판 1994. 5. 24, 93다47738).

⑤ (×) : 미등기 무허가건물의 양수인이라 할지라도 그 소유권이전등기를 경료받지 않는 한 그 건물에 대한 소유권을 취득할 수 없고, 그러한 상태의 건물 양수인에게 소유권에 준하는 관습상의 물권이 있다고 볼 수도 없으므로, 건물을 신축하여 그 소유권을 원시취득한 자로부터 그 건물을 매수하였으나 아직 소유권이전등기를 갖추지 못한 자는 그 건물의 불법점거자에 대하여 직접 자신의 소유권 등에 기하여 명도를 청구할 수는 없다(대판 2007. 6. 15, 2007다11347).

9 등기청구권에 관한 설명으로 옳지 않은 것은? (다툼이 있으면 판례에 따름) 〈2020년 변리사〉

① 부동산 매매로 인한 소유권이전등기청구권은 채권적 청구권이다.
② 부동산 매매로 인한 소유권이전등기청구권은 특별한 사정이 없는 한 그 권리의 성질상 양도가 제한되고 그 양도에 채무자의 승낙이나 동의를 요한다.
③ 토지 일부에 대한 점유취득시효가 완성된 후 점유자가 그 토지 부분에 대한 점유를 상실한 경우, 특별한 사정이 없는 한 시효완성을 원인으로 한 소유권이전등기청구권도 즉시 소멸한다.
④ 취득시효완성으로 인한 소유권이전등기청구권의 양도는 특별한 사정이 없는 한 등기의무자에게 통지함으로써 그에게 대항할 수 있다.
⑤ 소유권이전등기를 받지 않은 부동산의 매수인이 그 부동산을 인도받아 이를 사용·수익하다가 다른 사람에게 그 부동산을 처분하고 그 점유를 승계하여 준 경우, 매수인의 매도인을 상대로 한 이전등기청구권의 소멸시효는 진행되지 않는다.

해 설

① (○), ② (○), ④ (○) : 부동산의 매매로 인한 소유권이전등기청구권은 물권의 이전을 목적으로 하는 매매의 효과로서 매도인이 부담하는 재산권이전의무의 한 내용을 이루는 것이고, 매도인이 물권행위의 성립요건을 갖추도록 의무를 부담하는 경우에 발생하는 채권적 청구권으로 그 이행과정에 신뢰관계가 따르므로, 소유권이전등기청구권을 매수인으로부터 양도받은 양수인은 매도인이 그 양도에 대하여 동의하지 않고 있다면 매도인에 대하여 채권양도를 원인으로 하여 소유권이전등기절차의 이행을 청구할 수 없고, 따라서 매매로 인한 소유권이전등기청구권은 특별한 사정이 없는 이상 그 권리의 성질상 양도가 제한되고 그 양도에 채무자의 승낙이나 동의를 요한다고 할 것이므로 통상의 채권양도와 달리 양도인의 채무자에 대한 통지만으로는 채무자에 대한 대항력이 생기지 않으며 반드시 채무자의 동의나 승낙을 받아야 대항력이 생긴다(대판 2001. 10. 9, 2000다51216). 그러나 취득시효완성으로 인한 소유권이전등기청구권은 채권자와 채무자 사이에 아무런 계약관계나 신뢰관계가 없고, 그에 따라 채권자가 채무자에게 반대급부로 부담하여야 하는 의무도 없다. 따라서 취득시효완성으로 인한 소유권이전등기청구권의 양도의 경우에는 매매로 인한 소유권이전등기청구권에 관한 양도제한의 법리가 적용되지 않는다(대판 2018. 7. 12, 2015다36167).

정답 9. ③

③ (×) : 토지에 대한 취득시효 완성으로 인한 소유권이전등기청구권은 그 토지에 대한 점유가 계속되는 한 시효로 소멸하지 아니하고, 그 후 점유를 상실하였다고 하더라도 이를 시효이익의 포기로 볼 수 있는 경우가 아닌 한 이미 취득한 소유권이전등기청구권은 바로 소멸되는 것은 아니나, 취득시효가 완성된 점유자가 점유를 상실한 경우 취득시효 완성으로 인한 소유권이전등기청구권의 소멸시효는 이와 별개의 문제로서, 그 점유자가 점유를 상실한 때로부터 10년간 등기청구권을 행사하지 아니하면 소멸시효가 완성한다(대판 1996. 3. 8, 95다34866, 34873).

⑤ (○) : 부동산의 매수인이 그 부동산을 인도받은 이상 이를 사용·수익하다가 그 부동산에 대한 보다 적극적인 권리 행사의 일환으로 다른 사람에게 그 부동산을 처분하고 그 점유를 승계하여 준 경우에도 그 이전등기청구권의 행사 여부에 관하여 그가 그 부동산을 스스로 계속 사용·수익만 하고 있는 경우와 특별히 다를 바 없으므로 위 두 어느 경우에나 이전등기청구권의 소멸시효는 진행되지 않는다(대판 1999. 3. 18, 98다32175).

10 **甲 소유의 X토지에 관하여 甲과 乙, 乙과 丙 사이에 순차로 매매계약이 체결되었다. 甲, 乙, 丙은 이행의 편의상 X토지에 관하여 乙명의의 소유권이전등기를 생략하고, 바로 甲으로부터 丙명의로 소유권이전등기를 경료하여 주기로 합의하였다. 이에 관한 설명으로 옳은 것을 모두 고른 것은? (각 지문은 독립적이며, 다툼이 있으면 판례에 따름)** 〈2022년 변리사〉

ㄱ. 위 합의에도 불구하고 乙은 甲에 대해 X토지에 관한 소유권이전등기청구권을 행사할 수 있다.
ㄴ. 위 합의 이후 甲과 乙 사이에 매매대금을 인상하는 약정이 체결된 경우, 甲은 乙이 인상된 매매대금을 지급하지 않았음을 이유로 丙명의로의 소유권이전등기의무의 이행을 거절할 수 있다.
ㄷ. 만일 X토지가 토지거래허가구역 내의 토지로서 관할 관청의 허가 없이 전전매매된 것이라면, 丙은 甲에 대하여 직접 X토지에 관한 토지거래허가 신청절차의 협력의무 이행청구권이 있다.

① ㄱ ② ㄷ ③ ㄱ, ㄴ ④ ㄴ, ㄷ ⑤ ㄱ, ㄴ, ㄷ

해설

ㄱ. (○) : 중간생략등기의 합의가 있었다 하더라도 이러한 합의는 중간등기를 생략하여도 당사자 사이에 이의가 없겠고 또 그 등기의 효력에 영향을 미치지 않겠다는 의미가 있을 뿐이지 그러한 합의가 있었다 하여 중간매수인의 소유권이전등기청구권이 소멸된다거나 첫 매도인의 그 매수인에 대한 소유권이전등기의무가 소멸되는 것은 아니라 할 것이다(대판 1991. 12. 13, 91다18316).

ㄴ. (○) : [1] 중간생략등기의 합의란 부동산이 전전 매도된 경우 각 매매계약이 유효하게 성립함을 전제로 그 이행의 편의상 최초의 매도인으로부터 최종의 매수인 앞으로 소유권이전등기를 경료하기로 한다는 당사자 사이의 합의에 불과할 뿐이므로, 이러한 합의가 있다고 하여 최초의 매도인이 자신이 당사자가 된 매매계약상의 매수인인 중간자에 대하여 갖고 있는 매매대금청구권의 행사가 제한되는 것은 아니다. [2] 최초 매도인과 중간 매수인, 중간 매수인과 최종 매수인 사이에 순차로 매매계약이 체결되고 이들 간에 중간생략등기의 합의가 있은 후에 최초 매도인과 중간 매수인 간에 매매대금을 인상하는 약정이 체결된 경우, 최초 매도인은 인상된 매매대금이 지급되지 않았음을 이유로 최종 매수인 명의로의 소유권이전등기의무의 이행을 거절할 수 있다고 한 사례(대판 2005. 4. 29, 2003다66431).

ㄷ. (×) : 토지거래허가구역 내의 토지가 관할 관청의 허가 없이 전전매매되고 그 당사자들 사이에 최초의 매도인으로부터 최종 매수인 앞으로 직접 소유권이전등기를 경료하기로 하는 중간생략등기의 합의가 있는 경우, 이러한 중간생략등기의 합의란 부동산이 전전매도된 경우 각 매매계약이 유효하게 성립함을 전제로 그 이행의 편의상 최초의 매도인으로부터 최종의 매수인 앞으로 소유권이전등기를 경료하기로 한다는 당사자 사이의 합

정답 10. ③

의에 불과할 뿐 그러한 합의가 있다고 하여 최초의 매도인과 최종의 매수인 사이에 매매계약이 체결되었다는 것을 의미하는 것은 아니고, 따라서 최종 매수인은 최초 매도인에 대하여 직접 그 토지에 관한 토지거래허가 신청절차의 협력의무 이행청구권을 가지고 있다고 할 수 없으며, 설사 최종 매수인이 자신과 최초 매도인을 매매 당사자로 하는 토지거래허가를 받아 최종 매수인 앞으로 소유권이전등기를 경료하더라도 그러한 소유권이전등기는 적법한 토지거래허가 없이 경료된 등기로서 무효이다(대판 1996. 6. 28, 96다3982).

11 **원래 甲 소유이던 X 토지에 관하여 1972. 4. 2. 甲 명의로 소유권보존등기가 마쳐진 후 2012. 2. 5. 乙 명의로 상속을 원인으로 한 소유권이전등기가 마쳐졌다. 한편 X 토지에 관하여 1983. 3. 5. 丙 명의로 중복하여 소유권보존등기가 마쳐졌고, 丁은 丙으로부터 X 토지를 매수하여 2013. 10. 5. 丁 명의로 소유권이전등기를 마쳤다. 소유권이전등기청구권의 시효소멸의 문제는 발생하지 않는다고 가정한다. 옳은 것을 모두 고른 것은? (각 지문은 독립적이며, 다툼이 있는 경우 판례에 의함)** 〈2016년 변호사시험〉

ㄱ. 丙이 甲으로부터 X 토지를 매수하고 대금을 모두 지급한 사실이 증명되면, 丙은 乙에게 소유권이전등기를 청구할 수 있다.
ㄴ. 丙이 甲으로부터 X 토지를 매수하고 대금을 모두 지급한 사실이 증명되면, 丁은 乙을 상대로 진정명의회복을 원인으로 한 소유권이전등기를 청구할 수 있다.
ㄷ. 乙이 丁을 상대로 소유권이전등기의 말소를 청구하는 경우 丁이 20년간 소유의 의사로 평온·공연하게 점유를 계속한 사실이 밝혀지더라도 乙의 청구는 인용된다.

① ㄱ ② ㄴ ③ ㄷ ④ ㄱ, ㄴ ⑤ ㄱ, ㄷ

해 설

ㄱ. (○) : 丙이 甲으로부터 X 토지를 매수하고 대금을 모두 지급한 사실이 증명되면, 丙은 자신의 등기부를 폐쇄하고 乙에게 소유권이전등기를 청구할 수 있다(대판 1990. 11. 27, 87다카2961 전원합의체).

ㄴ. (×) : 진정한 등기명의의 회복을 위한 소유권이전등기청구는 자기 명의로 소유권의 등기가 되어 있었거나 법률에 의하여 소유권을 취득한 진정한 소유자가 현재의 등기명의인을 상대로 그 등기의 말소를 구하는 것에 갈음하여 소유권에 기하여 진정한 등기명의의 회복을 구하는 것이므로, 진정한 소유자가 아닌 경우에는 진정한 등기명의의 회복을 위한 소유권이전등기청구를 할 수 없다(대판 2007. 7. 12, 2007다14940). ☞ 乙 명의의 소유권이전등기가 경료된 토지에 관하여 제3자(丙) 명의로 소유권보존등기가 이중으로 경료되고, 이에 터잡아 순차로 소유권이전등기가 경료된 사안에서, 丙 명의의 소유권보존등기는 중복등기로서 무효이고, 이에 터잡아 경료된 丁의 소유권이전등기 역시 무효라고 볼 수밖에 없는 만큼 丁을 진정명의의 회복을 구할 수 있는 진정한 소유자라고 볼 수는 없으므로 丁이 진정한 등기명의의 회복을 위한 소유권이전등기를 청구할 수 없다고 본 사례.

ㄷ. (○) : 동일 부동산에 관하여 등기명의인을 달리하여 중복된 소유권보존등기가 경료된 경우에는 먼저 이루어진 소유권보존등기가 원인무효로 되지 않는 한 뒤에 된 소유권보존등기는 그것이 실체관계에 부합한다고 하더라도 1부동산 1등기용지주의의 법리에 비추어 무효라 할 것이고, 이러한 법리는 뒤에 된 소유권보존등기의 명의인이 당해 부동산의 소유권을 원시취득한 경우에도 그대로 적용된다고 할 것이며, 한편 동일 부동산에 대하여 이미 소유권이전등기가 경료되어 있음에도 그 후 중복하여 소유권보존등기를 경료한 자가 그 부동산을 20년간 소유의 의사로 평온·공연하게 점유하여 점유취득시효가 완성되었더라도, 선등기인 소유권이전등기의 토대가 된 소유권보존등기가 원인무효라고 볼 아무런 주장·입증이 없는 이상, 뒤에 경료된 소유권보존등기는

정답 11. ⑤

실체적 권리관계에 부합하는지의 여부에 관계없이 무효이므로, 뒤에 된 소유권보존등기의 말소를 구하는 것이 신의칙위반이나 권리남용에 해당한다고 할 수 없다(대판 2008. 2. 14, 2007다63690).

12 **A 명의로 1943. 6. 1. 소유권보존등기가 적법·유효하게 마쳐진 X 부동산에 대하여 甲이 등기관계서류를 위조하여 1979. 3. 5. 甲 명의로 소유권이전등기를 마쳤다. 그 후 X부동산에 대하여 乙이 1980. 2. 7. 乙 명의로 소유권보존등기를 마쳤고, 이에 터 잡아 丙이 1981. 5. 4. 丙 명의로 소유권이전등기를 마쳤다. 甲은 소유권에 기하여 乙, 丙을 상대로 위 각 소유권이전등기말소청구의 소를 제기하였다. 이에 관한 설명 중 옳은 것을 모두 고른 것은? (다툼이 있는 경우 판례에 의함)** 〈2018년 변호사시험 변형〉

ㄱ. 甲 명의의 등기는 원인무효의 등기이므로 설령 乙, 丙 명의의 등기가 말소되어야 할 무효의 등기라고 하더라도 특별한 사정이 없는 한 甲은 乙, 丙에게 말소를 청구할 권원이 없다.
ㄴ. 乙 명의의 소유권보존등기는 나중에 이루어진 중복등기로서 1부동산 1등기용지주의를 채택하고 있는 「부동산등기법」상 허용될 수 없는 무효의 등기이고, 이에 터 잡아 마쳐진 丙 명의의 소유권이전등기도 무효의 등기이다.
ㄷ. 등기부취득시효의 완성을 위한 등기는 원인무효의 등기라도 무방하므로, 丙이 취득시효의 완성을 위한 다른 요건을 모두 갖추었다면 丙 명의의 소유권이전등기는 특별한 사정이 없는 한 실체관계에 부합하여 유효하다.

① ㄱ　② ㄱ, ㄴ　③ ㄱ, ㄷ　④ ㄴ, ㄷ　⑤ ㄱ, ㄴ, ㄷ

해 설

ㄱ. (○) : 선행보존등기로부터 경료된 원고 명의의 소유권이전등기가 원인무효의 등기인 이상 특단의 사정이 없는 한 원고로서는 피고 명의의 후행보존등기에 대하여 그 말소를 청구할 권원이 없다고 할 것이므로, 아무리 후행보존등기가 무효라고 하여도 아무런 권원이 없는 원고의 말소등기청구를 받아들여 그 말소를 명할 수는 없다(대판 2007. 5. 10, 2007다3612).

ㄴ. (○) : 동일 부동산에 관하여 등기명의인을 달리하여 중복된 소유권보존등기가 마쳐진 경우에는 먼저 된 소유권보존등기가 원인무효가 되지 아니하는 한 뒤에 된 소유권보존등기는 1부동산 1등기용지주의를 채택하고 있는 현행 부동산등기법 아래에서는 무효라고 해석함이 상당하므로, 동일 부동산에 관하여 중복된 소유권보존등기에 터잡아 등기명의인을 달리한 소유권이전등기가 각각 마쳐진 경우에 각 등기의 효력은 소유권이전등기의 선후에 의하여 판단할 것이 아니고, 그 소유권이전등기의 바탕이 된 각 소유권보존등기의 선후를 기준으로 판단하여야 하며, 이러한 법리는 위와 같은 중복된 등기부가 모두 멸실된 후 멸실 전의 등기를 회복재현하는 회복된 소유권이전등기가 중복된 경우에도 마찬가지로 적용된다(대판 1998. 7. 14, 97다34693).

[보충지문] 동일부동산에 관하여 동일인 명의로 중복보존등기가 경료된 경우에는 먼저 경료된 소유권보존등기가 유효하고, 나중의 소유권보존등기는 그것이 실체관계에 부합하는 여부를 가릴 것 없이 무효이다. 〈2022년 법원행시〉

(○) : 동일부동산에 관하여 **동일인 명의로** 중복보존등기가 경료된 경우 부동산등기법이 1물1용지주의를 채택하고 있는 이상 뒤에 경료된 등기는 무효이고 이 무효인 등기에 터잡아 타인명의로 소유권이전등기가

정답 12. ②

> 경료되었다고 하더라도 실체관계에 부합하는 여부를 가릴 것 없이 이 등기 역시 무효이다(대판 1983. 12. 13, 83다카743).

ㄷ. (×) : [1] 동일 부동산에 관하여 등기명의인을 달리하여 중복된 소유권보존등기가 경료된 경우에는 먼저 이루어진 소유권보존등기가 원인무효가 아닌 한 뒤에 된 소유권보존등기는 실체관계에 부합한다고 하더라도 1부동산 1등기용지주의의 법리에 비추어 무효이고, 이러한 법리는 뒤에 된 소유권보존등기의 명의인이 당해 부동산의 소유권을 원시취득한 경우에도 그대로 적용된다. [2] 동일 부동산에 관하여 이미 소유권이전등기가 경료되어 있음에도 그 후 중복하여 소유권보존등기를 경료한 자가 그 부동산을 20년간 소유의 의사로 평온·공연하게 점유하여 점유취득시효가 완성되었더라도, 선등기인 소유권이전등기의 토대가 된 소유권보존등기가 원인무효라고 볼 아무런 주장·입증이 없는 이상, 뒤에 경료된 소유권보존등기는 실체적 권리관계에 부합하는지의 여부에 관계없이 무효이므로, 뒤에 된 소유권보존등기의 말소를 구하는 것이 신의칙위반이나 권리남용에 해당한다고 할 수 없다(대판 2008. 2. 14, 2007다63690).

13 **甲은 그 소유인 X 토지에 관하여 乙과 사이에 매매예약을 체결하고 가등기를 경료하여 주었다. 甲과 乙은 매매예약을 합의해제하였으나 가등기는 그대로 남아 있었다. 甲은 다시 丙과 매매예약을 체결하고 甲, 乙, 丙 사이에 위 가등기를 유용하기로 합의하였다. 그 뒤 甲의 채권자 丁이 X 토지를 가압류하여 그 가압류기입등기가 마쳐졌고, 이어서 위 유용합의에 따라 丙 앞으로 가등기이전의 부기등기가 마쳐졌다. 이에 관한 설명 중 옳은 것을 모두 고른 것은? (각 지문은 독립적이며, 다툼이 있는 경우 판례에 의함)** 〈2018년 변호사시험〉

> ㄱ. 丙은 가압류채권자 丁에게 대항할 수 없다.
> ㄴ. 丁은 직접 丙의 가등기의 말소를 청구할 수 있다.
> ㄷ. 丁은 甲을 대위하여 丙의 가등기의 말소를 청구할 수 있다.

① ㄱ ② ㄴ ③ ㄷ ④ ㄱ, ㄴ ⑤ ㄱ, ㄷ

해설

ㄱ. (○), ㄷ. (×) : [1] 부동산의 매매예약에 기하여 소유권이전등기청구권의 보전을 위한 가등기가 마쳐진 경우에 그 매매예약완결권이 소멸하였다면 그 가등기 또한 효력을 상실하여 말소되어야 할 것이나, 그 부동산의 소유자가 제3자와 사이에 새로운 매매예약을 체결하고 그에 기한 소유권이전등기청구권의 보전을 위하여 이미 효력이 상실된 가등기를 유용하기로 합의하고 실제로 그 가등기 이전의 부기등기를 마쳤다면, 그 가등기 이전의 부기등기를 마친 제3자로서는 언제든지 부동산의 소유자에 대하여 위 가등기 유용의 합의를 주장하여 가등기의 말소청구에 대항할 수 있고, 다만 그 가등기 이전의 부기등기 전에 등기부상 이해관계를 가지게 된 자에 대하여는 위 가등기 유용의 합의 사실을 들어 그 가등기의 유효를 주장할 수는 없다. [2] 채권자대위권은 채무자의 제3채무자에 대한 권리를 행사하는 것이므로, 제3채무자는 채무자에 대해 가지는 모든 항변사유로 채권자에게 대항할 수 있으나, 채권자는 채무자 자신이 주장할 수 있는 사유의 범위 내에서 주장할 수 있을 뿐 자기와 제3채무자 사이의 독자적인 사정에 기한 사유를 주장할 수는 없다. [3] 채권자가 무효인 소유권이전등기청구권의 보전을 위한 가등기의 유용 합의에 따라 부동산 소유자인 채무자로부터 그 가등기 이전의 부기등기를 마친 제3채무자를 상대로 채무자를 대위하여 가등기의 말소를 구한 사안에서, 채권자가 그 부기등기 전에 부동산을 가압류한 사실을 주장하는 것은 채무자가 아닌 채권자 자신이 제3채무자에 대하여 가지는 사유에 관한 것이어

정답 13. ①

서 허용되지 않는다고 한 사례(대판 2009. 5. 28, 2009다4787).
ㄴ. (×) : 丁은 가압류채권자에 불과하여 직접 丙의 가등기의 말소를 청구할 아무런 권원이 없다.

> **[보충지문1] 유용할 수 있는 등기에는 가등기도 포함된다(○).** 〈2019년 감정평가사〉
>
> **[보충지문2] 채권자가 무효인 소유권이전등기청구권의 보전을 위한 가등기의 유용 합의에 따라 부동산 소유자인 채무자로부터 그 가등기 이전의 부기등기를 마친 제3채무자를 상대로 채무자를 대위하여 가등기의 말소를 구하는 경우, 채권자가 그 부기등기 전에 부동산을 가압류한 사실을 주장하는 것은 채무자가 아닌 채권자 자신이 제3채무자에 대하여 가지는 사유에 관한 것이어서 허용되지 않는다(○).** 〈2019년 법무사〉

14 **A는 자기 소유의 X 부동산에 관하여 채권자 B에게 1번 저당권을 설정하여 주었다. 그 후 채무가 완제되었으나 저당권설정등기가 말소되지 않고 있던 중, A가 다시 C에게 같은 금액의 채무를 부담하게 되자, A, B, C는 위 저당권설정등기를 유용하기로 합의하였다. 이에 관한 설명 중 옳지 않은 것은? (다툼이 있는 경우에는 판례에 의함)** 〈2003년 사법시험〉

① C에게 저당권이전의 부기등기가 경료되면 저당권은 C에게 이전된다.
② C에게 저당권이전의 부기등기가 경료되기 전에 이 부동산의 소유권이 D에게 이전된 경우, C는 D에게 저당권의 유효를 주장할 수 없다.
③ A가 B에게 피담보채무의 소멸을 이유로 저당권설정등기의 말소를 청구하는 경우, C에게 저당권이전의 부기등기가 경료되기 전이라도 B는 유용의 합의를 근거로 이를 배척할 수 있다.
④ E에게 2번 저당권이 설정된 후 B로부터 C에게 저당권이전의 부기등기가 경료된 경우, C의 저당권이 E의 저당권에 우선한다.
⑤ A로부터 X 부동산을 매수하고 아직 소유권이전등기를 하지 않은 F가 A를 대위하여 B에게 저당권설정등기의 말소를 청구하는 경우, C에게 저당권이전의 부기등기가 경료되기 전이라도 B는 유용의 합의를 근거로 이를 배척할 수 있다.

해설

① (○) : 저당권의 이전은 부기등기로 한다. 참고로 무효등기의 유용은 당사자 사이에 유용의 합의만 있으면 되는 것이 원칙이지만, 제3자가 무효인 등기를 유용하려면 유용의 합의 외에 부기등기가 필요하다는 점을 주의할 것이다. 예컨대 문제의 사안을 변형하여 A가 B에게 다시 돈을 빌리고 기존의 저당권설정등기를 유용하는 경우라면 A와 B 사이에는 유용의 합의만으로 족하지만, 문제의 사안처럼 A가 C에게 돈을 빌리고 B명의의 저당권설정등기를 유용하는 경우라면 C에게 저당권이전의 부기등기가 경료되어야 하는 것이다.
② (○), ③ (○), ④ (×), ⑤ (○) : [1] 부동산의 소유자 겸 채무자가 채권자인 저당권자에게 당해 저당권설정등기에 의하여 담보되는 채무를 모두 변제함으로써 저당권이 소멸된 경우 그 저당권설정등기 또한 효력을 상실하여 말소되어야 할 것이나, 그 부동산의 소유자가 새로운 제3의 채권자로부터 금원을 차용함에 있어 그 제3자와 사이에 새로운 차용금 채무를 담보하기 위하여 잔존하는 종전 채권자 명의의 저당권설정등기를 이용하여 이에 터잡아 새로운 제3의 채권자에게 저당권 이전의 부기등기를 경료하기로 하는 내용의 저당권등기 유용의 합의를 하고 실제로 그 부기등기를 경료하였다면, 그 저당권이전등기를 경료받은 새로운 제3의 채권자로서는 언제든지 부동산의 소유자에 대하여 그 등기 유용의 합의를 주장하여 저당권설정등기의 말소청구에 대항할 수 있다고 할 것이고, 다만 그 저당권 이전의 부기등기 이전에 등기부상 이해관계를 가지게 된 자에 대하여는 위 등기 유용의 합의 사실을 들어 위 저당권설정등기 및 그 저당권 이전의 부기등기의 유효를 주장할 수는 없다. [2]

정답 14. ④

채무자인 부동산 소유자와 새로운 제3의 채권자와 사이에 저당권등기의 유용의 합의를 하였으나 아직 종전의 채권자 겸 근저당권자의 협력을 받지 못하여 저당권 이전의 부기등기를 경료하지 못한 경우에는 부동산 소유자와 종전의 채권자 사이에서는 저당권설정등기는 여전히 등기원인이 소멸한 무효의 등기라고 할 것이므로 부동산 소유자는 종전의 채권자에 대하여 그 저당권설정등기의 말소를 구할 수 있다고 할 것이지만, 부동산 소유자와 종전의 채권자 그리고 새로운 제3의 채권자 등 3자가 합의하여 저당권설정등기를 유용하기로 합의한 경우라면 종전의 채권자는 부동산 소유자의 저당권설정등기말소청구에 대하여 그 3자 사이의 등기 유용의 합의 사실을 들어 대항할 수 있고 또한 부동산 소유자로부터 그 부동산을 양도받기로 하였으나 아직 소유권이전등기를 경료받지 아니하여 그 소유자를 대위하여 저당권설정등기의 말소를 구할 수밖에 없는 자에 대하여도 마찬가지로 대항할 수 있다(대판 1998. 3. 24, 97다56242).

15 **X토지에 관하여 甲 명의의 1996. 5. 1.자 소유권보존등기와 乙 명의의 1999. 5. 1.자 소유권보존등기가 각각 마쳐져 있다. 단, 甲 명의의 소유권보존등기의 원인무효 사유는 없다. 이에 관한 설명 중 옳은 것(○)과 옳지 않은 것(×)을 올바르게 조합한 것은? (다툼이 있는 경우 판례에 의함)**

〈2020년 변호사시험〉

ㄱ. 乙이 甲으로부터 X토지를 매수하고 위 소유권보존등기를 마친 것이라면 乙 명의의 위 등기가 유효하므로 乙은 甲 명의 등기의 말소를 청구할 수 있다.
ㄴ. X토지에 관하여 乙의 점유취득시효가 완성된 경우에는 乙 명의의 위 소유권보존등기가 실체관계에 부합하게 되므로 乙은 甲 명의 등기의 말소를 청구할 수 있다.
ㄷ. 乙이 丙에게 위 토지를 매도하고 소유권이전등기를 마쳐준 후 丙의 등기부취득시효가 완성되었더라도 甲은 丙 명의 등기의 말소를 청구할 수 있다.

① ㄱ(×), ㄴ(×), ㄷ(○) ② ㄱ(×), ㄴ(○), ㄷ(×) ③ ㄱ(×), ㄴ(○), ㄷ(○)
④ ㄱ(○), ㄴ(×), ㄷ(×) ⑤ ㄱ(○), ㄴ(○), ㄷ(×)

해 설

ㄱ. (×) : 동일부동산에 관하여 등기명의인을 달리하여 중복된 소유권보존등기가 경료된 경우에는, 먼저 이루어진 소유권보존등기가 원인무효가 되지 아니하는 한, 뒤에 된 소유권보존등기는 실체권리관계에 부합되는지의 여부를 따질 필요도 없이 무효이다(대판 1996. 10. 17, 96다12511 전원합의체).

ㄴ. (×) : [1] 동일부동산에 관하여 등기명의인을 달리하여 중복된 소유권보존등기가 경료된 경우에는 먼저 이루어진 소유권보존등기가 원인무효가 아닌 한 뒤에 된 소유권보존등기는 실체관계에 부합한다고 하더라도 1부동산 1등기용지주의의 법리에 비추어 무효이고, 이러한 법리는 뒤에 된 소유권보존등기의 명의인이 당해 부동산의 소유권을 원시취득한 경우에도 그대로 적용된다. [2] 동일부동산에 관하여 이미 소유권이전등기가 경료되어 있음에도 그 후 중복하여 소유권보존등기를 경료한 자가 그 부동산을 20년간 소유의 의사로 평온·공연하게 점유하여 점유취득시효가 완성되었더라도, 선등기인 소유권이전등기의 토대가 된 소유권보존등기가 원인무효라고 볼 아무런 주장·입증이 없는 이상, 뒤에 경료된 소유권보존등기는 실체적 권리관계에 부합하는지의 여부에 관계없이 무효이므로, 뒤에 된 소유권보존등기의 말소를 구하는 것이 신의칙위반이나 권리남용에 해당한다고 할 수 없다(대판 2008. 2. 14, 2007다63690).

ㄷ. (○) : 민법 제245조 제2항은 부동산의 소유자로 등기한 자가 10년간 소유의 의사로 평온·공연하게 선의이며 과실 없이 그 부동산을 점유한 때에는 소유권을 취득한다고 규정하고 있는바, 위 법조항의 '등기'는 부동산등기법 제15조가 규정한 1부동산 1용지주의에 위배되지 아니하는 등기를 말한다(대판 1998. 7. 14, 97다34693).

정답 15. ①

16 **甲은 자기 소유 X건물을 乙에게 매도하고 乙은 이를 다시 丙에게 매도하기로 하는 매매계약을 각각 체결하였다. 이에 관한 설명 중 옳지 않은 것은? (다툼이 있는 경우 판례에 의함)**

〈2020년 변호사시험〉

① 甲, 乙, 丙이 전원의 의사합치에 따라 甲으로부터 丙에게 직접 소유권이전등기를 넘겨주기로 하는 중간생략등기의 합의를 한 경우, 丙은 甲을 상대로 X건물의 소유권이전등기를 청구할 수 있다.
② 甲, 乙, 丙이 전원의 의사합치에 따라 甲으로부터 丙에게 직접 소유권이전등기를 넘겨주기로 하는 중간생략등기의 합의를 한 경우, 甲은 乙을 상대로 매매대금의 지급을 청구할 수 없다.
③ 甲과 乙, 乙과 丙 사이의 각 매매계약이 적법하게 성립하여 甲으로부터 丙이 X건물에 관하여 소유권이전등기를 마쳤다면, 이들 전원의 중간생략등기에 대한 합의가 없었다는 이유만으로 그 등기를 무효라고 할 수는 없다.
④ 甲이 매수인 乙에게 X건물을 매도함에 있어서, 소유권이전등기 소요 서류 등에 매수인란을 백지로 하여 교부한 경우에는 소유권이전등기에 있어 묵시적 그리고 순차적으로 중간생략등기에 합의한 것으로 볼 수 있다.
⑤ 만일 甲이 X건물을 신축하여 乙에게 매도하면서 매수인 乙과의 합의에 따라 乙 명의로 소유권보존등기가 마쳐졌다면, 그 등기는 실체적 권리관계에 부합하는 적법한 등기로서 효력이 있다.

해 설

① (○) : 부동산이 전전양도된 경우에 중간생략등기의 합의가 없는 한 그 최종 양수인은 최초 양도인에 대하여 직접 자기명의로의 소유권이전등기를 청구할 수는 없다 할 것이고, 부동산의 양도계약이 순차 이루어져 최종 양수인이 중간생략등기의 합의를 이유로 최초 양도인에게 직접 그 소유권이전등기청구권을 행사하기 위하여는 관계당사자 전원의 의사합치, 즉 중간생략등기에 대한 최초 양도인과 중간자의 동의가 있는 외에 최초 양도인과 최종 양수인 사이에도 그 중간등기생략의 합의가 있었음이 요구된다(대판 1991. 4. 23, 91다5761).

② (×) : 중간생략등기의 합의란 부동산이 전전 매도된 경우 각 매매계약이 유효하게 성립함을 전제로 그 이행의 편의상 최초의 매도인으로부터 최종의 매수인 앞으로 소유권이전등기를 경료하기로 한다는 당사자 사이의 합의에 불과할 뿐이므로, 이러한 합의가 있다고 하여 최초의 매도인이 자신이 당사자가 된 매매계약상의 매수인인 중간자에 대하여 갖고 있는 매매대금청구권의 행사가 제한되는 것은 아니다(대판 2005. 4. 29, 2003다66431).

③ (○) : 중간생략등기절차에 있어서 이미 중간생략등기가 이루어져 버린 경우에 있어서는, 그 관계 계약당사자 사이에 적법한 원인행위가 성립되어 이행된 이상, 다만 중간생략등기에 관한 합의가 없었다는 사유만으로서는 그 등기를 무효라고 할 수는 없다(대판 1979. 7. 10, 79다847).

④ (○) : 소유권이전등기 소요 서류 등에 매수인란을 백지로 하여 교부한 경우에는 소유권이전등기에 있어 묵시적 그리고 순차적으로 중간등기 생략의 합의가 있었다고 봄이 상당하다(대판 1982. 7. 13, 81다254).

> **[비교판례]** 최초 양도인이 중간등기생략을 거부하고 있어 매수인란이 공란으로 된 백지의 매도증서와 위임장 및 인감증명서를 교부한 것만으로는 중간등기생략에 관한 합의가 있었다고 할 수 없다(대판 1991. 4. 23, 91다5761).

⑤ (○) : 미등기건물을 승계취득한 자가 원시취득자 명의의 보존등기없이 직접 자기명의로 보존등기를 하는 것이 탈법행위가 된다고 하더라도 양당사자 사이의 합의가 있는 이상 그 등기는 실체적 권리관계에 부합되어 유효하다(대판 1981. 1. 13, 80다1959, 1960).

정답 16. ②

보충지문

17 인도는 법률행위로 인한 부동산 소유권취득을 위한 요건이 아니다. 〈2015년 감정평가사〉

해설 인도는 법률행위로 인한 '부동산' 소유권취득을 위한 요건이 아니고 '동산'에 필요한 요건이다(제188조 이하).

18 甲의 토지 위에 乙이 무단으로 건물을 신축하고 그 건물의 소유권보존등기를 마친 다음, 건물을 丙에게 매도하고 점유를 이전하였으나 그 이전등기를 하지 않은 경우, 甲은 乙과 丙 누구에게나 위 건물의 철거를 청구할 수 있다. 〈2013년 사법시험〉

해설 건물철거는 그 소유권의 종국적 처분에 해당하는 사실행위이므로 원칙으로는 그 소유자(등기명의자)에게만 그 철거처분권이 있다고 할 것이나, 그 건물을 매수하여 점유하고 있는 자는 등기부상 아직 소유자로서의 등기명의가 없다고 하더라도 그 권리의 범위 내에서 점유 중인 건물에 대하여 법률상·사실상 처분을 할 수 있는 지위에 있으므로 그 건물의 건립으로 불법점유를 당하고 있는 토지소유자는 위와 같은 지위에 있는 건물점유자에게 그 철거를 구할 수 있다(대판 1988. 5. 10, 87다카1737).

19 소유자로부터 토지를 적법하게 매수한 매수인의 소유권이전등기가 위조된 서류에 의하여 경료되었더라도 그 등기는 유효하다. 〈2018년 감정평가사〉

해설 소유자의 대리인으로부터 토지를 적법하게 매수한 이상 설사 매수인의 소유권이전등기가 위조된 서류에 의하여 경료되었다 하더라도 그 등기는 유효한 것이다(대판 1982. 12. 14, 80다459). ☞ 실체관계에 부합하기 때문이다.

20 등기명의인 표시변경등기는 권리변동을 가져오는 것은 아니다. 〈2017년 감정평가사〉

해설 등기명의인의 표시변경등기는 등기명의인의 동일성이 유지되는 범위 내에서 등기부상의 표시를 실제와 합치시키기 위하여 행하여지는 것에 불과할 뿐 어떠한 권리변동을 가져오는 것이 아니다(대판 1999. 6. 11, 98다60903).

21 매매에 의한 등기청구권이든, 점유취득시효에 의한 등기청구권이든 채권적으로 이해함이 일반이다. 〈2007년 사법시험〉

해설 통설과 판례는 매매에 의한 등기청구권이든, 점유취득시효에 의한 등기청구권이든 채권적 청구권으로서 원칙적으로 소멸시효에 걸린다고 한다. 다만 목적물을 인도받아서 이를 사용수익하고 있는 경우에는 소멸시효가 진행하지 않는다(대판 1992. 7. 24, 91다40924 ; 대판 1996. 3. 8, 95다34866, 34873).

22 토지에 대한 취득시효완성으로 인한 소유권이전등기청구권은 그 토지에 대한 점유가 계속되는 한 시효로 소멸하지 아니하나, 여기서 말하는 점유에는 간접점유는 포함되지 않는다. 〈2010년 사법시험〉

해설 토지에 대한 취득시효 완성으로 인한 소유권이전등기청구권은 그 토지에 대한 점유가 계속되는 한 시

정답 17. (○) 18. (○) 19. (○) 20. (○) 21. (○) 22. (×)

효로 소멸하지 아니하고, 여기서 말하는 점유에는 직접점유뿐만 아니라 간접점유도 포함한다고 해석하여야 한다(대판 1995. 2. 10, 94다28468).

23 당사자간의 약정에 기초하여 환매권보류에 관한 등기청구권을 행사하는 경우, 그 청구권의 법적 성질은 채권적이다. 〈2008년 감정평가사〉

해설 환매권의 행사로 발생한 소유권이전등기청구권은 위 기간 제한과는 별도로 환매권을 행사한 때로부터 일반채권과 같이 민법 제162조 소정의 10년의 소멸시효 기간이 진행되는 것이지, 위 제척기간 내에 이를 행사하여야 하는 것은 아니다(대판 1991. 2. 22, 90다13420). ☞ 판례는 채권적 청구권으로 보고 소멸시효에 걸린다고 한다.

24 근저당권설정약정에 따른 근저당권설정등기청구권은 그 피담보채권이 되는 대여금채권과는 별개의 청구권으로서 시효기간 또한 독자적으로 진행된다. 〈2008년 감정평가사〉

해설 근저당권설정 약정에 의한 근저당권설정등기청구권은 그 피담보채권이 될 채권과 별개로 소멸시효에 걸린다(대판 2004. 2. 13, 2002다7213).

25-1 소유자만이 진정명의회복을 위한 소유권이전등기를 청구할 수 있다. 〈2020년 감정평가사〉

25-2 진정명의회복을 위한 소유권이전등기청구의 상대방은 현재의 등기명의인이다. 〈2020년 감정평가사〉

해설 진정한 등기명의의 회복을 위한 소유권이전등기청구는 이미 자기 앞으로 소유권을 표상하는 등기가 되어 있었거나 법률에 의하여 소유권을 취득한 자가 진정한 등기명의를 회복하기 위한 방법으로 현재의 등기명의인을 상대로 그 등기의 말소를 구하는 것에 갈음하여 허용되는 것이므로, 자기 앞으로 소유권을 표상하는 등기가 되어 있지 않았고 법률에 의하여 소유권을 취득하지도 않은 자가 소유권자를 대위하여 현재의 등기명의인을 상대로 그 등기의 말소를 청구할 수 있을 뿐인 경우에는 현재의 등기명의인을 상대로 진정한 등기명의의 회복을 위한 소유권이전등기청구를 할 수 없다(대판 2003. 1. 10, 2002다41435).

26 甲은 乙 소유의 A 토지를 매수하여 매매대금을 전부 지급하고, A 토지를 인도받아 현재까지 사용·수익하고 있으나, 아직 그 명의로 소유권이전등기를 마치지 못한 상태이다. 이 때 乙은 甲을 상대로 등기를 인수받아 갈 것을 구하고 그 판결을 받아 甲 명의의 소유권이전등기를 강제로 실현할 수 있다. 〈2019년 법무사〉

해설 부동산등기법은 등기는 등기권리자와 등기의무자가 공동으로 신청하여야 함을 원칙으로 하면서도(제28조), 제29조에서 '판결에 의한 등기는 승소한 등기권리자 또는 등기의무자만으로' 신청할 수 있도록 규정하고 있는바, 위 법조에서 승소한 등기권리자 외에 등기의무자도 단독으로 등기를 신청할 수 있게 한 것은, 통상의 채권채무 관계에서는 채권자가 수령을 지체하는 경우 채무자는 공탁 등에 의한 방법으로 채무부담에서 벗어날 수 있으나 등기에 관한 채권채무 관계에 있어서는 이러한 방법을 사용할 수 없으므로, 등기의무자가 자기 명의로 있어서는 안 될 등기가 자기 명의로 있음으로 인하여 사회생활상 또는 법상 불이익을 입을 우려가 있는 경우에는 소의 방법으로 등기권리자를 상대로 등기를 인수받아 갈 것을 구하고 그 판결을 받아 등기를 강제로 실현할 수 있도록 한 것이다(대판 2001. 2. 9, 2000다60708).

정답 23. (○) 24. (○) 25-1. (○) 25-2. (○) 26. (○)

27 **무효등기의 유용에 관한 합의 내지 추인은 묵시적으로도 이루어질 수 있다.** 〈2019년 감정평가사〉

해설 무효등기의 유용에 관한 합의 내지 추인은 묵시적으로도 이루어질 수 있으나, 위와 같은 묵시적 합의 내지 추인을 인정하려면 무효등기 사실을 알면서 장기간 이의를 제기하지 아니하고 방치한 것만으로는 부족하고 그 등기가 무효임을 알면서도 유효함을 전제로 기대되는 행위를 하거나 용태를 보이는 등 무효등기를 유용할 의사에서 비롯되어 장기간 방치된 것이라고 볼 수 있는 특별한 사정이 있어야 한다(대판 2007. 1. 11, 2006다50055).

28 **중간생략등기의 합의는 순차적 또는 묵시적으로 할 수 있다.** 〈2015년 감정평가사〉

해설 본래 합의라는 것은 명시적이나 묵시적으로 가능하다. 따라서 중간생략등기의 합의는 묵시적으로도 할 수 있는 것이다. 그리고 전원합의는 같이할 수도 있지만 순차적으로 할 수도 있는 것이다(대판 1991. 4. 23, 91다5761).

29 **중간생략등기의 합의가 있더라도 최초 매도인과 최종 매수인 사이에 매매계약이 체결되었다고 볼 수는 없다.** 〈2015년 감정평가사〉

해설 중간생략등기의 합의란 부동산이 전전 매도된 경우 각각의 매매계약이 유효하게 성립함을 전제로 그 이행의 편의상 최초의 매도인으로부터 최종의 매수인 앞으로 소유권이전등기를 경료하기로 한다는 당사자 사이의 합의에 불과할 뿐, 최초의 매도인과 최종의 매수인 사이에 매매계약이 체결되었다는 것을 의미하는 것은 아니므로 최초 매도인과 최종 매수인 사이에 매매계약이 체결되었다고 볼 수 없고, 설사 최종 매수인이 자신과 최초 매도인을 매매당사자로 하는 토지거래허가를 받아 자신 앞으로 소유권이전등기를 경료하였더라도 그러한 최종 매수인 명의의 소유권이전등기는 적법한 토지거래허가 없이 경료된 등기로서 무효이다(대판 1997. 3. 14, 96다22464).

30 **토지거래허가를 받지 않은 매매계약상의 매수인의 지위에 관하여 매도인과 매수인 및 제3자 사이에 제3자가 매수인의 지위를 이전받는다는 취지의 합의를 한 경우, 매도인과 매수인 사이의 매매계약에 대한 관할 관청의 허가가 없는 이상 제3자가 매도인에 대하여 직접 토지거래허가 신청절차 협력의무의 이행을 청구할 수 없다.** 〈2011년 사법시험〉

해설 국토계획법상 토지거래허가제도가 토지의 투기적 거래를 방지하여 정상적 거래를 조장하려는데 그 입법취지가 있음에 비추어 볼 때, 토지거래허가를 받지 않은 매매계약상의 매수인의 지위에 관하여 매도인과 매수인 및 제3자 사이에 제3자가 매수인의 지위를 이전받는다는 취지의 합의를 한 경우, 매도인과 매수인 사이의 매매계약에 대한 관할 관청의 허가가 없는 이상 제3자가 매도인에 대하여 직접 토지거래허가 신청절차 협력의무의 이행을 청구할 수 없다(대판 1996. 7. 26, 96다7762). ☞ 중간생략등기에 대한 중대한 제한이 된다.

31 **1990년 乙이 甲으로부터 토지를 매수하여 등기는 이전받지 아니한 채 인도받고 점유·사용하다가, 2003년 이를 丙이 乙로부터 매수하여 이전등기 없이 인도받고 점유·사용하고 있다. 옳은 설명을 모두 고른 것은? (다툼이 있으면 판례에 따름)** 〈2015년 감정평가사〉

ㄱ. 乙의 甲에 대한, 매매를 원인으로 하는 소유권이전등기청구권은 소멸시효에 걸리지 않는다.

정답 27. (O) 28. (O) 29. (O) 30. (O) 31. ①

ㄴ. 丙이 토지를 점유·사용하는 동안에는 丙의 乙에 대한, 매매를 원인으로 하는 소유권이전등기 청구권은 소멸시효에 걸리지 않는다.
ㄷ. 만약 丁이 乙의 점유를 침탈했더라도, 乙의 甲에 대한, 매매를 원인으로 하는 소유권이전등기 청구권은 소멸시효가 진행하지 않는다.
ㄹ. 만약 2014년 4월 戊가 丙의 점유를 침탈했다면, 2015년 6월 현재 丙은 戊에게 점유물반환청구를 할 수 있다.

① ㄱ, ㄴ ② ㄱ, ㄹ ③ ㄴ, ㄷ ④ ㄷ, ㄹ ⑤ ㄱ, ㄴ, ㄷ

해설

ㄱ. (○), ㄴ. (○) : 매수인의 등기청구권은 채권적이고 소멸시효에 걸리나, 점유사용하는 **乙의 甲에 대한**, 매매를 원인으로 하는 소유권이전등기청구권은 소멸시효에 걸리지 않는다(대판 1976. 11. 6, 76다148 전원합의체). 그러므로 丙이 토지를 점유·사용하는 동안에는 **丙의 乙에 대한**, 매매를 원인으로 하는 소유권이전등기청구권은 소멸시효에 걸리지 않는다.

ㄷ. (×) : 매매+매매의 경우에 등기청구권은 전매수인이 점유를 상실한다고 하여 소멸시효가 진행되는 것은 아니다(대판 1999. 3. 18, 98다32175 전원합의체). 그러나 그 외에는 점유상실의 경우 시효가 진행한다. 따라서 丁이 乙의 점유를 침탈했다면, 乙의 甲에 대한 매매를 원인으로 하는 소유권이전등기청구권은 소멸시효가 진행한다. 이 때에는 보다 적극적인 권리행사의 일환으로 점유를 이전해 준 것이 아니기 때문이다.

ㄹ. (×) : 점유침탈로 인한 점유권에 기한 반환청구권은 1년의 제척기간의 적용을 받는다(제204조 제1항). 그리고 그 기간은 출소기간이기도 하다. 따라서 만약 2014년 4월 戊가 丙의 점유를 침탈했다면, 1년이 지난 2015년 6월 현재 丙은 戊에게 점유물반환청구를 청구할 수 없다(대판 2002. 4. 26, 2001다8097).

Ⅱ. 법률규정에 의한 부동산물권의 변동

32 **다음 중 등기를 하여야 물권변동의 효력이 발생하는 것을 모두 고른 것은?** 〈2000년 변리사〉

㉠ 저당권으로 담보한 채권을 질권의 목적으로 하는 경우
㉡ 부동산 점유취득시효가 완성된 경우
㉢ 부동산소유권이전등기청구소송에서 승소판결이 확정된 경우
㉣ 국가가 「토지수용법」에 의하여 개인의 토지를 수용하는 경우
㉤ 부동산의 경매를 통해 제3자가 경락을 받은 경우

① ㉠, ㉡, ㉢ ② ㉠, ㉡ ③ ㉠, ㉢, ㉣ ④ ㉡, ㉢, ㉤ ⑤ ㉢, ㉣, ㉤

해설

㉠ 제348조, ㉡ 제245조 제1항, ㉢ 제187조의 판결은 형성판결을 말하고 지문과 같은 이행판결은 포함되지 않는다. ㉣ 제187조, ㉤ 민사집행법상 경락대금을 완납한 때 소유권을 취득한다(민사집행법 제135조 참조).

정답 32. ①

33 부동산물권변동에 관한 설명 중 옳지 않은 것은? (다툼이 있는 경우에는 판례에 의함)

〈2009년 변리사〉

① 매매를 원인으로 하는 소유권이전등기소송에서 피고가 인낙(認諾)한 경우, 인낙조서는 확정판결과 동일한 효력이 있으므로, 원고는 이전등기 없이도 소유권을 취득한다.

② 임의경매에 의한 물권변동은 매각대금을 다 낸 때에 일어난다.

③ 건물신축도급계약에서 신축건물의 소유권을 도급인에게 귀속시키기로 합의한 뒤 수급인의 비용과 노력으로 건물이 완성된 경우, 도급인이 건물소유권을 취득한다.

④ 부동산소유자가 증여하였으나 소유권이전등기를 경료하기 전에 사망한 경우, 그 부동산은 상속인의 소유에 속한다.

⑤ 저당권의 피담보채무를 변제하면 그 저당권은 소멸한다.

해설

① (×) : 민법 제187조의 판결은 판결 자체에 의하여 부동산물권취득의 효력이 발생하는 경우를 말하는 것이고, 당사자 사이의 법률행위를 원인으로 하여 부동산소유권이전등기절차의 이행을 명하는 것과 같은 판결은 이에 포함되지 아니하므로, 인낙조서가 확정판결과 동일한 효력이 있다고 하더라도 증여를 원인으로 한 소유권이전등기절차의 이행청구에 대하여 인낙한 것이라면 그 부동산의 취득에는 등기를 요한다(대판 1998. 7. 28, 96다50025 등).

② (○) : 민사집행법의 집행절차에 의한 통상의 강제경매와 담보권실행의 경매에 있어서 매수인은 매각대금을 다낸 때에 매각의 목적인 권리를 취득한다(민사집행법 제135조, 제268조).

③ (○) : 일반적으로 자기의 노력과 재료를 들여 건물을 건축한 사람은 건물의 소유권을 원시취득하는 것이고, 다만 도급계약에 있어서는 수급인이 자기의 노력과 재료를 들여 건물을 완성하더라도 도급인과 수급인 사이에 도급인 명의로 건축허가를 받아 소유권보존등기를 하기로 하는 등 완성된 건물의 소유권을 도급인에게 귀속시키기로 합의한 것으로 보여질 경우에는 그 건물의 소유권은 도급인에게 원시적으로 귀속된다(대판 1992. 3. 27, 91다34790; 대판 1996. 9. 20, 96다24804).

④ (○) : 부동산증여에 있어 그 부동산의 취득일은 증여에 따른 소유권이전등기를 한 때이며, 그 소유권이전등기를 마치지 아니한 이상 아직 그 부동산을 취득한 것으로 볼 수가 없고, 따라서 그러한 상태에서 소유자이던 증여자가 사망한 경우에는 그 부동산은 상속재산에 속한다고 봄이 상당하다(대판 1992. 11. 27, 92누4529).

⑤ (○) : 피담보채권이 소멸하면 저당권은 그 부종성(제369조)에 의하여 말소등기 없이도 소멸하게 된다(대판 2002. 9. 24, 2002다27910).

34 부동산 물권변동에 관한 설명으로 옳지 않은 것은? (다툼이 있으면 판례에 따름) 〈2017년 변리사〉

① 소유권이전등기청구소송에서 승소판결이 확정된 경우에도 등기하여야 소유권을 취득한다.

② 전세권이 법정갱신된 경우, 전세권자는 등기 없이도 전세권설정자나 그 목적물을 취득한 제3자에 대하여 갱신된 권리를 주장할 수 있다.

③ 신축건물의 보존등기를 건물 완성 전에 하였더라도 그 후 건물이 완성된 이상 그 등기는 무효가 아니다.

④ 무허가건물의 신축자는 등기 없이 소유권을 원시취득하지만 이를 양도하는 경우에는 등기 없이 인도에 의하여 소유권을 이전할 수 없다.

⑤ 공유물분할의 소에서 공유부동산의 특정한 일부씩을 각각의 공유자에게 귀속시키는 것으로 현물분할하는 내용의 조정이 성립하였다면, 그 조정이 성립한 때 물권변동의 효력이 발생한다.

정답 33. ① 34. ⑤

해설

① (○) : 매매등 법률행위를 원인으로 한 소유권이전등기절차 이행의 소에서의 원고 승소판결은 부동산물권취득이라는 형성적 효력이 없어 민법 제187조 소정의 판결에 해당하지 않으므로 승소판결에 따른 소유권이전등기 경료시까지는 부동산의 소유권을 취득한다고 볼 수 없다(대판 1982. 10. 12, 82다129).

② (○) : 전세권이 법정갱신된 경우 이는 법률의 규정에 의한 물권의 변동이므로 전세권갱신에 관한 등기를 필요로 하지 아니하고, 전세권자는 등기 없이도 전세권설정자나 그 목적물을 취득한 제3자에 대하여 갱신된 권리를 주장할 수 있다(대판 2010. 3. 25, 2009다35743).

③ (○) : 신축건물의 보존등기를 건물 완성 전에 하였더라도 그 후 건물이 완성된 이상 등기를 무효라고 볼 수 없다(대판 2016. 1. 28, 2013다59876).

④ (○) : 무허가건물의 신축은 법률행위에 의하지 아니한 물권의 취득이므로 신축자가 등기 없이 소유권을 원시취득한다고 할 것이지만, 이를 양도하는 경우에는 등기 없이 물권행위 및 인도에 의하여 소유권을 이전할 수 없다(대판 1997. 11. 28, 95다43594).

⑤ (×) : 공유물분할의 소송절차 또는 조정절차에서 공유자 사이에 공유토지에 관한 현물분할의 협의가 성립하여 그 합의사항을 조서에 기재함으로써 조정이 성립하였다고 하더라도, 그와 같은 사정만으로 재판에 의한 공유물분할의 경우와 마찬가지로 그 즉시 공유관계가 소멸하고 각 공유자에게 그 협의에 따른 새로운 법률관계가 창설되는 것은 아니고, 공유자들이 협의한 바에 따라 토지의 분필절차를 마친 후 각 단독소유로 하기로 한 부분에 관하여 다른 공유자의 공유지분을 이전받아 등기를 마침으로써 비로소 그 부분에 대한 대세적 권리로서의 소유권을 취득하게 된다고 보아야 한다(대판 2013. 11. 21, 2011두1917 전원합의체).

35 법률의 규정에 의한 부동산 물권변동에 관한 설명으로 옳지 않은 것은? (다툼이 있으면 판례에 따름) 〈2018년 변리사〉

① 상속재산인 부동산에 관하여 상속등기를 하지 않았더라도, 상속인은 상속이 개시된 때에 그 부동산의 소유권을 취득한다.
② 공용징수를 위한 수용절차에서 재결에 의하여 토지가 수용되는 경우, 보상금을 공탁한 사업시행자는 수용의 개시일에 그 토지의 소유권을 취득한다.
③ 자기의 노력과 비용으로 건물을 신축한 자는 그 건축허가가 타인의 명의로 된 경우에도 그 건물의 소유권을 원시취득한다.
④ 공유물분할의 조정절차에서 공유자 사이에 공유토지에 대한 현물분할의 조정이 성립한 경우, 각 공유자는 조정에 기하여 지분이전등기를 마침으로써 분할된 부분에 대한 소유권을 취득한다.
⑤ 민사집행법에 따른 경매를 통하여 부동산을 매수한 경우, 매수인은 경매법원의 촉탁에 의한 이전등기가 경료된 때에 소유권을 취득한다.

해설

① (○) : 민법 제187조(등기를 요하지 아니하는 부동산물권취득) 상속, 공용징수, 판결, 경매 기타 법률의 규정에 의한 부동산에 관한 물권의 취득은 등기를 요하지 아니한다. 그러나 등기를 하지 아니하면 이를 처분하지 못한다.

민법 제1005조(상속과 포괄적 권리의무의 승계) 상속인은 상속개시된 때로부터 피상속인의 재산에 관한 포괄적 권리의무를 승계한다. 그러나 피상속인의 일신에 전속한 것은 그러하지 아니하다.

② (○) : 민법 제187조. 공익사업을 위한 토지 등의 취득 및 보상에 관한 법률 제45조(권리의 취득·소멸 및 제한) ① 사업시행자는 수용의 개시일에 토지나 물건의 소유권을 취득하며, 그 토지나 물건에 관한 다른 권리는 이와

정답 35. ⑤

동시에 소멸한다.
③ (○) : 건축허가서는 허가된 건물에 관한 실체적 권리의 득실변경의 공시방법이 아니며 추정력도 없으므로 건축허가서에 건축주로 기재된 자가 건물의 소유권을 취득하는 것은 아니므로, 자기 비용과 노력으로 건물을 신축한자는 그 건축허가가 타인의 명의로 된 여부에 관계없이 그 소유권을 원시취득한다(대판 2002. 4. 26, 2000다16350).

> **[비교판례]** 일반적으로 자기의 노력과 재료를 들여 건물을 건축한 사람은 그 건물의 소유권을 원시취득하는 것이고, 다만 도급계약에 있어서 수급인이 자기의 노력과 재료를 들여 건물을 완성하더라도 도급인과 수급인 사이에 도급인 명의로 건축허가를 받아 소유권보존등기를 하기로 하는 등 완성된 건물의 소유권을 도급인에게 귀속시키기로 합의한 것으로 보여질 경우에는 그 건물의 소유권은 도급인에게 원시적으로 귀속된다(대판 1992. 8. 18, 91다25505).

④ (○) : 공유물분할의 소송절차 또는 조정절차에서 공유자 사이에 공유토지에 관한 현물분할의 협의가 성립하여 그 합의사항을 조서에 기재함으로써 조정이 성립하였다고 하더라도, 그와 같은 사정만으로 재판에 의한 공유물분할의 경우와 마찬가지로 그 즉시 공유관계가 소멸하고 각 공유자에게 그 협의에 따른 새로운 법률관계가 창설되는 것은 아니고, 공유자들이 협의한 바에 따라 토지의 분필절차를 마친 후 각 단독소유로 하기로 한 부분에 관하여 다른 공유자의 공유지분을 이전받아 등기를 마침으로써 비로소 그 부분에 대한 대세적 권리로서의 소유권을 취득하게 된다고 보아야 한다(대판 2013. 11. 21, 2011두1917 전원합의체).
⑤ (×) : 민법 제187조. 민사집행법 제135조(소유권의 취득시기) 매수인은 매각대금을 다 낸 때에 매각의 목적인 권리를 취득한다.

36 **부동산소유권의 변동을 위해 등기를 요하는 것을 모두 고른 것은? (다툼이 있으면 판례에 따름)** 〈2024년 변리사〉

> ㄱ. 甲이 자기 소유의 X토지를 친구 乙에게 사인증여한 후, 甲이 사망하여 乙이 X토지를 취득하는 경우
> ㄴ. 甲·乙·丙 3인으로 구성된 조합에서 甲이 X토지에 관한 합유지분을 포기하여 그의 지분이 乙과 丙에게 균분으로 귀속하는 경우
> ㄷ. 甲이 X토지에 관해 乙에게 소를 제기하여 법원으로부터 '乙은 甲에게 2023. 2. 1.자 매매계약을 원인으로 한 X토지의 소유권이전등기절차를 이행하라'는 확정판결을 받아 이에 기해 甲이 소유권을 취득하는 경우
> ㄹ. 甲 소유의 X토지를 乙이 20년간 소유의 의사로 평온、공연하게 점유하여 점유취득시효의 요건이 완성되어 乙이 소유권을 취득하는 경우

① ㄱ, ㄴ　② ㄱ, ㄷ　③ ㄷ, ㄹ　④ ㄴ, ㄷ, ㄹ　⑤ ㄱ, ㄴ, ㄷ, ㄹ

해설

ㄱ. (등기필요) : 부동산에 관한 법률행위로 인한 물권의 득실변경은 등기하여야 그 효력이 생긴다(민법 제186조). 그리고 사인증여는 증여자가 생전에 무상으로 재산의 수여를 약속하고 증여자의 사망으로 약속의 효력이 발생하는 증여계약의 일종이라는 것이 판례의 태도이다(대판 2023. 9. 27, 2022다302237). ☞ 사인증여도 법률행위이므로 민법 제186조에 따라 등기가 필요하다. 지문에서 출제자가 "甲이 사망하여 乙이 X토지를 취득하는 경우"라고 표현했는데, 이는 민법 제187조의 "상속"과 혼동을 유도하려는 출제자의 함정이다. 사인증여가 사망으

정답 36. ⑤

로 인하여 효력이 생기는 사후행위인 점은 맞지만, 乙이 X토지를 취득하는 원인은 어디까지나 사인증여라는 법률행위이지 상속이 아니다.

ㄴ. (등기필요) : 합유지분 포기가 적법하다면 그 포기된 합유지분은 나머지 잔존 합유지분권자들에게 균분으로 귀속하게 되지만 그와 같은 물권변동은 합유지분권의 포기라고 하는 법률행위에 의한 것이므로 등기하여야 효력이 있고 지분을 포기한 합유지분권자로부터 잔존 합유지분권자들에게 합유지분권 이전등기가 이루어지지 아니하는 한 지분을 포기한 지분권자는 제3자에 대하여 여전히 합유지분권자로서의 지위를 가지고 있다고 보아야 한다(대판 1997. 9. 9, 96다16896).

ㄷ. (등기필요) : 매매등 법률행위를 원인으로 한 소유권이전등기절차 이행의 소에서의 원고 승소판결은 부동산물권취득이라는 형성적 효력이 없어 민법 제187조 소정의 판결에 해당하지 않으므로 승소판결에 따른 소유권이전등기 경료시까지는 부동산의 소유권을 취득한다고 볼 수 없다(대판 1982. 10. 12, 82다129).

ㄹ. (등기필요) : 20년간 소유의 의사로 평온, 공연하게 부동산을 점유하는 자는 등기함으로써 그 소유권을 취득한다(민법 제245조 제1항).

보충지문

37 **부동산소유권을 확인하는 판결에 의해서도 등기 없이 그 부동산의 소유권을 취득한다.**

〈2018년 감정평가사〉

해 설 본조(=민법 제187조)에 소위 판결이라 함은 그 판결자체에 의하여 부동산물권취득의 형식적 효력이 생기는 경우를 말하는 것이고 부동산소유권을 확인하는 판결은 이에 포함되지 아니하는 것이다(대결 1969. 10. 8, 자 69그15).

38 **甲 소유의 A부동산에 관하여 甲과 乙 사이에 '甲이 乙에게 소유권을 이전한다.'는 내용의 재판상 화해가 성립하여 그와 같은 내용의 화해조서가 작성된 경우라도, 乙은 자신 명의로 소유권이전등기를 경료하여야만 그 부동산의 소유권을 취득한다.** 〈2016년 법무사〉

해 설 민법 제187조에서 이른바 판결이라 함은 판결자체에 의하여 부동산물권취득의 형식적 효력이 발생하는 경우를 말하는 것이고 당사자 사이에 이루어진 어떠한 법률행위를 원인으로 하여 부동산소유권이전등기절차의 이행을 명하는 것과 같은 내용의 판결 또는 소유권이전의 약정을 내용으로 하는 화해조서는 이에 포함되지 않는다(대판 1965. 8. 17, 64다1721).

39 **경매에 의한 부동산에 관한 물권의 취득은 등기를 요하지 않는다.** 〈2007년 법무사〉

해 설 민법 제187조 참조

40 **상속에 의한 물권변동은 피상속인의 사망 시에 발생한다.** 〈2018년 감정평가사〉

해 설 민법 제187조, 민법 제997조(상속개시의 원인) 상속은 사망으로 인하여 개시된다.

정 답 37. (×) 38. (○) 39. (○) 40. (○)

41 **포괄적 유증을 받은 자는 민법 제187조에 의하여 법률상 당연히 유증받은 부동산의 소유권을 취득하게 된다.** 〈2017년 법원행시〉

해설 포괄적 유증을 받은 자는 민법 제187조에 의하여 법률상 당연히 유증받은 부동산의 소유권을 취득하게 되나, 특정유증을 받은 자는 유증의무자에게 유증을 이행할 것을 청구할 수 있는 채권을 취득할 뿐이므로, 특정유증을 받은 자는 유증받은 부동산의 소유권자가 아니어서 직접 진정한 등기명의의 회복을 원인으로 한 소유권이전등기를 구할 수 없다(대판 2003. 5. 27, 2000다73445).

42 **법정저당권은 저당권설정등기 없이 성립한다.** 〈2018년 감정평가사〉

해설 민법 제187조, 제649조 참조

43 **완공된 신축 건물이라도 보존등기 전에는 소유권이 인정되지 않는다.** 〈2012년 감정평가사〉

해설 완공된 신축 건물은 신축한 자가 보존등기 없이도 소유권을 취득한다(제187조).

Ⅲ. 등기의 효력

44 **등기에 관한 설명 중 옳지 않은 것은? (다툼이 있는 경우에는 판례에 의함)** 〈2009년 변리사〉

① 등기부상 기재된 등기원인과 다른 원인으로 권리취득을 하였다고 주장하였지만 그것이 사실로 인정되지 않은 경우라도 그 자체로 등기의 추정력이 깨어지는 것은 아니다.
② 토지거래허가구역 내의 토지를 토지거래허가 없이 순차로 매매한 후, 최종매수인이 중간생략등기의 합의하에 자신과 최초매도인을 매매당사자로 하는 토지거래허가를 받아 경료한 소유권이전등기는 무효이다.
③ 소유권이전등기의 원인으로 주장된 계약서가 진정하지 않은 것으로 증명되면 이에 기초한 등기의 적법추정은 깨어지는 것이나, 계속 다른 적법한 등기원인이 있을 것이라는 추정력은 유지된다.
④ 소유권이전등기가 경료된 경우, 그 등기명의인은 前소유자에 대해서도 적법한 등기원인에 의해 소유권을 취득한 것으로 추정된다.
⑤ 환매기간을 제한하는 특약이 등기된 경우, 그 환매특약의 진정한 성립이 추정된다.

해설

①(○) : 부동산등기는 그것이 형식적으로 존재하는 것 자체로부터 적법한 등기원인에 의하여 마쳐진 것으로 추정되고, 등기명의자가 등기부에 기재된 것과 다른 원인으로 등기명의를 취득하였다고 주장하고 있지만, 그 주장사실이 인정되지 않는다 하더라도 그 자체로 등기의 추정력이 깨어진다고 할 수 없으므로, 그와 같은 경우에도 등기가 원인 없이 마쳐진 것이라고 주장하는 쪽에서 그 무효사유를 주장·입증할 책임을 지게 된다(대판 1997. 9. 30, 95다39526).

②(○) : 설사 최종 매수인이 자신과 최초 매도인을 매매당사자로 하는 토지거래허가를 받아 자신 앞으로 소유권이전등기를 경료하였더라도 그러한 최종 매수인 명의의 소유권이전등기는 적법한 토지거래허가 없이 경료된 등기로서 무효이다(대판 1997. 3. 14, 96다22464).

③(×) : 소유권이전등기의 원인으로 주장된 계약서가 진정하지 않은 것으로 증명된 이상 그 등기의 적법추정

정답 41.(○) 42.(○) 43.(×) 44.③

은 복멸되는 것이고 계속 다른 적법한 등기원인이 있을 것으로 추정할 수는 없다(대판 1998. 9. 22, 98다29568).
④ (○) : 부동산에 관하여 소유권이전등기가 마치어져 있는 경우에는 그 등기명의자는 제3자에 대하여 뿐 아니라 그 前소유자에 대하여서도 적법한 등기원인에 의하여 소유권을 취득한 것으로 추정되는 것이므로, 이를 다투는 측에서 그 무효사유를 주장·입증하여야 한다(대판 1994. 9. 13, 94다10160 ; 대판 2004. 9. 24, 2004다27273 등).
⑤ (○) : 환매기간을 제한하는 환매특약이 등기부에 기재되어 있는 때에는 반증이 없는 한 등기부 기재와 같은 환매특약이 진정하게 성립된 것으로 추정함이 상당하다(대판 1991. 10. 11, 91다13700).

45 **등기의 추정력에 관한 설명으로 옳지 않은 것은? (다툼이 있으면 판례에 따름)** 〈2020년 변리사〉

① 미성년자인 전(前) 등기명의인이 친권자에게 이해상반행위인 부동산 증여를 했어도 일단 친권자에게 그 부동산의 소유권이전등기가 경료된 이상, 특별한 사정이 없는 한 그 이전등기의 절차를 적법하게 거친 것으로 추정된다.
② 소유권이전청구권 보전을 위한 가등기가 있으면 소유권이전등기를 청구할 어떤 법률관계가 있다고 추정된다.
③ 신축된 건물은 소유권보존등기의 명의자가 이를 신축한 것이 아니라면 그 보존등기의 권리추정력은 깨어진다.
④ 등기가 원인 없이 말소된 경우 그 회복등기가 마쳐지기 전이라도 말소된 등기의 등기명의인은 적법한 권리자로 추정된다.
⑤ 토지에 대한 소유권보존등기의 추정력은 그 보존등기 명의인 이외의 자가 당해 토지를 사정받은 것으로 밝혀지면 깨어진다.

해 설

① (○) : 전(前) 등기명의인이 미성년자이고 당해 부동산을 친권자에게 증여하는 행위가 이해상반행위라 하더라도 친권자에게 이전등기가 경료된 이상, 그 이전등기에 관하여 필요한 절차를 적법하게 거친 것으로 추정된다(대판 2002. 2. 5, 2001다72029).
② (×) : 소유권이전청구권보전을 위한 가등기가 있다하여 소유권이전등기를 청구할 어떤 법률관계가 있다고 추정되지 아니한다(대판 1979. 5. 22, 79다239).

> **[최신판례]** 의용 민법과 의용 부동산등기법 적용 당시 행하여진 가등기의 구체적인 등기원인이 존재하는 것으로 추정할 수 없다. 가등기의 구체적인 등기원인의 추정력이 부정되는 것은 현행 민법과 부동산등기법에 따라 이루어진 가등기에 관해서도 마찬가지이다(대판 2018. 11. 29, 2018다200730).

③ (○) : 신축된 건물의 소유권은 이를 건축한 사람이 원시취득하는 것이므로, 건물 소유권보존등기의 명의자가 이를 신축한 것이 아니라면 그 등기의 권리 추정력은 깨어지고, 등기 명의자가 스스로 적법하게 그 소유권을 취득한 사실을 입증하여야 한다(대판 1996. 7. 30, 95다30734).
④ (○) : 등기는 물권의 효력 발생 요건이고 존속 요건은 아니어서 등기가 원인 없이 말소된 경우에는 그 물권의 효력에 아무런 영향이 없고, 그 회복등기가 마쳐지기 전이라도 말소된 등기의 등기명의인은 적법한 권리자로 추정된다(대판 2002. 10. 22, 2000다59678).
⑤ (○) : 토지조사부에 소유자로 등재되어 있는 자는 재결에 의하여 사정 내용이 변경되었다는 등 반증이 없는 이상 토지 소유자로 사정받아 그 사정이 확정된 것으로 추정되어 토지를 원시적으로 취득하게 되고, 소유권보존등기 추정력은 보존등기 명의인 이외의 자가 당해 토지를 사정받은 것으로 밝혀지면 깨지는 것이다(대판 2011. 5. 13, 2009다94384).

정답 45. ②

46 **X 토지에 관하여 甲 명의의 소유권보존등기와 乙 명의의 소유권이전등기가 순차로 경료되어 있다는 사실은 아래 각 소송에서 다툼이 없다. 아래 각 소가 모두 적법하다는 전제에서, 이에 관한 설명 중 옳은 것을 모두 고른 것은? (각 지문은 독립적이며, 다툼이 있는 경우 판례에 의함)**

〈2018년 변호사시험〉

ㄱ. 甲은 乙을 상대로 소유권이전등기말소청구의 소를 제기하였다. 이 소송에서 甲은 乙에게 토지를 매도한 적이 없다고 주장하고, 乙은 甲으로부터 X 토지를 매수하였다고 주장하였다. 甲과 乙 양측의 위 주장 사실이 증명되지 않은 경우 원고 甲이 승소한다.

ㄴ. 甲은 乙을 상대로 소유권이전등기말소청구의 소를 제기하였다. 이 소송에서 乙이 X 토지를 甲의 대리인임을 자칭하는 A를 통하여 매수했다는 사실에 대해서는 당사자 사이에 다툼이 없었고, A에게 대리권이 있었는지 여부에 관해서만 다투어졌는데, 이 대리권 존부에 관하여 증명되지 않은 경우 원고 甲이 승소한다.

ㄷ. X 토지의 사정 명의인은 B이고 丙은 B의 유일한 상속인이라는 사실은 아래 소송에서 당사자 사이에 다툼이 없다. 丙이 甲을 상대로 소유권보존등기말소청구의 소를 제기하였다. 이 소송에서 丙은 甲이 관련서류를 위조하여 등기하였다고 주장하고 甲은 B 생전에 B로부터 X 토지를 매수하고 대금을 모두 지급하였다고 주장하였다. 甲과 丙 양측의 위 주장 사실이 증명되지 않은 경우 원고 丙이 승소한다.

① ㄱ ② ㄴ ③ ㄷ ④ ㄱ, ㄴ ⑤ ㄴ, ㄷ

해 설

ㄱ. (×) : 부동산등기는 현재의 진실한 권리상태를 공시하면 그에 이른 과정이나 태양을 그대로 반영하지 아니하였어도 유효한 것으로서, 등기명의자가 전 소유자로부터 부동산을 취득함에 있어 등기부상 기재된 등기원인에 의하지 아니하고 다른 원인으로 적법하게 취득하였다고 하면서 등기원인 행위의 태양이나 과정을 다소 다르게 주장한다고 하여 이러한 주장만 가지고 그 등기의 추정력이 깨어진다고 할 수는 없다(대판 2005. 9. 29, 2003다40651).

ㄴ. (×) : 소유권이전등기가 전 등기명의인의 직접적인 처분행위에 의한 것이 아니라 제3자가 그 처분행위에 개입된 경우 현 등기명의인이 그 제3자가 전 등기명의인의 대리인이라고 주장하더라도 현 소유명의인의 등기가 적법이 이루어진 것으로 추정되므로, 그 등기가 원인무효임을 이유로 그 말소를 청구하는 전 소유명의인으로서는 반대사실, 즉 그 제3자에게 전 소유명의인을 대리할 권한이 없었다든가 또는 제3자가 전 소유명의인의 등기서류를 위조하는 등 등기절차가 적법하게 진행되지 아니한 것으로 의심할 만한 사정이 있다는 등의 무효사실에 대한 증명책임을 진다(대판 2009. 9. 24, 2009다37831).

ㄷ. (○) : 토지조사부에 소유자로 등재되어 있는 자는 재결에 의하여 사정 내용이 변경되었다는 등의 반증이 없는 이상 토지의 소유자로 사정받고 그 사정이 확정된 것으로 추정할 것이고, 소유권보존등기의 추정력은 그 보존등기 명의인 이외의 자가 당해 토지를 사정받은 것으로 밝혀지면 깨어지는 것이다(대판 1997. 5. 23, 95다46654, 46661).

정답 46. ③

47 **등기의 추정력에 관한 설명 중 옳지 않은 것은? (다툼이 있는 경우 판례에 의함)** 〈2023년 변호사시험〉

① 사망자 명의로 신청하여 이루어진 소유권이전등기는 일단 원인무효의 등기라고 볼 것이어서 등기의 추정력을 인정할 여지가 없으므로, 등기의 유효를 주장하는 자가 현재의 실체관계와 부합함을 증명할 책임이 있다.

② 등기명의자가 전 소유자로부터 부동산을 취득함에 있어 등기부상 기재된 등기원인에 의하지 아니하고 다른 원인으로 적법하게 취득하였다고 하면서 등기원인행위의 태양이나 과정을 다소 다르게 주장한다고 하여 그 등기의 추정력이 깨어진다고 할 수는 없다.

③ 부동산에 관하여 소유권이전등기가 경료되어 있는 경우에는 그 등기명의자는 제3자에게 대하여서 뿐만 아니라 그 전 소유자에 대하여서도 적법한 등기원인에 의하여 소유권을 취득한 것으로 추정된다.

④ 등기명의자 또는 제3자가 그에 앞선 등기명의인의 등기 관련 서류를 위조하여 소유권이전등기를 경료하였다는 점이 증명되었으면 특별한 사정이 없는 한 무효원인의 사실이 증명되었다고 보아야 한다.

⑤ 의용 민법과 의용 부동산등기법 적용 당시 행하여진 가등기 뿐만 아니라 현행「민법」과 현행「부동산등기법」에 따라 이루어진 가등기에 관해서도 구체적인 등기원인이 존재하는 것으로 추정된다.

해설

① (○) : 사망자 명의로 신청하여 이루어진 이전등기는 일단 원인무효의 등기라고 볼 것이어서 등기의 추정력을 인정할 여지가 없으므로, 등기의 유효를 주장하는 자가 현재의 실체관계와 부합함을 증명할 책임이 있다(대판 2018. 11. 29, 2018다200730).

② (○) : 부동산등기는 현재의 진실한 권리상태를 공시하면 그에 이른 과정이나 태양을 그대로 반영하지 아니하였어도 유효한 것으로서, 등기명의자가 전 소유자로부터 부동산을 취득함에 있어 등기부상 기재된 등기원인에 의하지 아니하고 다른 원인으로 적법하게 취득하였다고 하면서 등기원인 행위의 태양이나 과정을 다소 다르게 주장한다고 하여 이러한 주장만 가지고 그 등기의 추정력이 깨어진다고 할 수는 없다(대판 2000. 3. 10, 99다65462)

③ (○), ④ (○) : 소유권이전등기가 경료되어 있는 경우 등기명의자는 제3자에 대하여서뿐만 아니라 전소유자에 대하여서도 적법한 등기원인에 의하여 소유권을 취득한 것으로 추정되므로, 원고가 이를 부인하고 등기원인의 무효를 주장하여 소유권이전등기의 말소를 구하려면 무효원인이 되는 사실을 주장하고 증명할 책임이 있다. 그런데 등기명의자 또는 제3자가 그에 앞선 등기명의인의 등기 관련 서류를 위조하여 소유권이전등기를 경료하였다는 점이 증명되었으면 특별한 사정이 없는 한 무효원인의 사실이 증명되었다고 보아야 하고, 등기가 실체적 권리관계에 부합한다는 사실의 증명책임은 이를 주장하는 등기명의인에게 있다(대판 2014. 3. 13, 2009다105215).

⑤ (×) : 의용 민법과 의용 부동산등기법 적용 당시 행하여진 가등기의 구체적인 등기원인이 존재하는 것으로 추정할 수 없다. 가등기의 구체적인 등기원인의 추정력이 부정되는 것은 현행 민법과 부동산등기법에 따라 이루어진 가등기에 관해서도 마찬가지이다(대판 2018. 11. 29, 2018다200730).

[비교지문] 가등기가 그 등기명의인의 의사에 기하지 아니하고 위조된 서류에 의하여 부적법하게 말소된 사실이 인정되는 경우, 그 가등기는 여전히 적법하게 이루어진 것으로 추정된다.

〈2019년 감정평가사〉

정답 47. ⑤

(○) : 등기는 물권의 효력 발생 요건이고 존속 요건은 아니어서 등기가 원인 없이 말소된 경우에는 그 물권의 효력에 아무런 영향이 없고, 그 회복등기가 마쳐지기 전이라도 말소된 등기의 등기명의인은 적법한 권리자로 추정되므로 원인 없이 말소된 등기의 효력을 다투는 쪽에서 그 무효 사유를 주장·입증하여야 한다.
☞ 가등기가 그 등기명의인의 의사에 기하지 아니하고 위조된 서류에 의하여 부적법하게 말소된 사실이 인정되는 이상 위 가등기는 여전히 적법한 등기원인에 의하여 이루어진 것으로 추정된다고 한 사례(대판 1997. 9. 30, 95다39526).

보충지문

48 소유권이전등기는 그 효력을 다투는 측에서 그 무효사유를 주장·증명하지 않는 한, 등기명의자가 등기원인 사실에 관해 충분히 증명하지 못하였다는 이유만으로 그 등기를 무효라고 단정할 수 없다. 〈2012년 변리사〉

해설 부동산에 관한 소유권이전등기는 권리의 추정력이 있으므로, 이를 다투는 측에서 그 무효사유를 주장·입증하지 아니하는 한, 등기원인 사실에 관한 입증이 부족하다는 이유로 그 등기를 무효라고 단정할 수 없다(대판 1979. 6. 26, 79다741).

49 소유권이전등기는 등기원인과 절차가 적법하게 마쳐진 것으로 추정된다. 〈2017년 감정평가사〉

해설 어느 부동산에 관하여 등기가 경료되어 있는 경우 특별한 사정이 없는 한 그 원인과 절차에 있어서 적법하게 경료된 것으로 추정된다(대판 1995. 4. 28, 94다23524).

50 지분이전등기가 경료된 경우 그 등기는 적법하게 된 것으로서 진실한 권리상태를 공시하는 것이라고 추정된다. 〈2018년 감정평가사〉

해설 지분이전등기가 경료된 경우 그 등기는 적법하게 된 것으로서 진실한 권리상태를 공시하는 것이라고 추정되므로, 그 등기가 위법하게 된 것이라고 주장하는 상대방에게 그 추정력을 번복할 만한 반대사실을 입증할 책임이 있다(대판 1992. 10. 27, 92다30047).

51 어느 부동산에 관하여 등기가 경료되어 있는 경우에는 특별한 사정이 없는 한 그 원인과 절차에서 적법하게 경료된 것으로 추정되지만, 등기명의자에게 불이익한 경우에는 추정력이 인정되지 않는다. 〈2007년 사법시험〉

해설 등기의 추정력은 명의자의 이익, 불이익을 불문하고 인정된다(통설, 판례).

52 소유권이전등기가 등기부 멸실 후의 회복등기절차에 의하여 이루어진 경우, 그 회복등기는 별다른 사정이 없는 한 등기공무원에 의하여 적법하게 수리되어 처리된 것으로 추정되므로, 그 등기명의자는 등기원인에 의하여 적법한 소유권을 취득한 것으로 추정된다. 〈2004년 사법시험〉

해설 부동산 등기부에 소유권이전등기가 경료되어 있는 경우에 그 등기명의자는 등기원인에 의하여 적법

정답 48. (○) 49. (○) 50. (○) 51. (×) 52. (○)

한 소유권을 취득한 것으로 추정받고, 회복등기도 별다른 사정이 없는 한 등기공무원에 의하여 적법하게 수리되어 처리된 것으로 추정되며, 그와 같은 등기의 추정력에 관한 법리는 그 소유권이전등기가 등기부 멸실 후의 회복등기절차에 의하여 이루어진 경우에도 마찬가지로 적용된다(대판 1996. 10. 29, 96다19338).

53 종중재산에 대한 유효한 명의신탁의 경우, 등기의 추정력에도 불구하고 신탁자는 수탁자에 대하여 명의신탁에 의한 등기임을 주장할 수 있다. 〈2017년 감정평가사〉

해 설 명의신탁은 등기의 추정력을 전제로 하면서 그 등기가 명의신탁계약에 의해 성립된 사실을 주장하는 것이므로, 그 등기에 추정력이 있다고 하더라도 명의신탁자는 명의수탁자에게 대하여 등기가 명의신탁에 의한 것임을 주장할 수 있다(대판 2007. 2. 22, 2006다68506).

54 소유권이전등기를 마친 경우, 등기절차가 적법하게 이루어지지 않은 것으로 볼만한 의심스러운 사정이 있음이 증명된 때에는 그 추정력은 깨어진다. 〈2012년 변리사〉

해 설 부동산에 관한 등기부상 소유권이전등기가 경료되어 있는 이상 일응 그 절차 및 원인이 정당한 것이라는 추정을 받게 되고 그 절차 및 원인의 부당을 주장하는 당사자에게 이를 입증할 책임이 있는 것이나, 등기절차가 적법하게 진행되지 아니한 것으로 볼만한 의심스러운 사정이 있음이 입증되는 경우에는 그 추정력은 깨어진다(대판 2003. 2. 28, 2002다46256).

55 구 임야소유권이전등기에관한특별조치법에 따라 경료된 소유권보존등기는 그 등기명의자가 임야대장의 명의변경을 함에 있어 첨부한 원인증서인 위 특별조치법 소정의 보증서와 확인서가 허위임이 입증되었다면 그 추정력은 깨어진다. 〈2020년 법무사〉

해 설 부동산소유권이전등기등에관한특별조치법에 의한 소유권이전등기는 동법 소정의 적법한 절차에 따라 마쳐진 등기로 추정되지만 허위의 보증서 및 확인서에 터잡아 경료되었다고 인정되는 경우에는 위와 같은 추정은 번복되고, 여기에서 허위라 함은 그 권리변동의 원인이 되는 기재내용이 진실이 아님을 뜻한다(대판 1991. 6. 28, 91다9954).

56 부동산소유권 이전등기 등에 관한 특별조치법에 의한 소유권이전등기는 실체적 권리관계에 부합하는 등기로 추정되고, 비록 그 전 등기명의인이 무권리자이기 때문에 그로부터의 소유권이전등기가 원인무효로서 말소되어야 할 경우라고 하더라도 등기의 추정력은 깨어지지 아니한다. 〈2018년 법원행시〉

해 설 부동산소유권 이전등기 등에 관한 특별조치법(이하 '특별조치법'이라고 한다)에 의한 소유권이전등기는 실체적 권리관계에 부합하는 등기로 추정되지만 그 소유권이전등기도 전등기명의인으로부터 소유권을 승계취득하였음을 원인으로 하는 것이고 보증서 및 확인서 역시 그 승계취득사실을 보증 내지 확인하는 것이므로 그 전 등기명의인이 무권리자이기 때문에 그로부터의 소유권이전등기가 원인무효로서 말소되어야 할 경우라면, 등기의 추정력은 번복된다. 같은 취지에서 소유권보존등기의 추정력은 그 등기가 특별조치법에 의하여 마쳐진 것이 아닌 한 등기명의인 이외의 자가 해당 토지를 사정받은 것으로 밝혀지면 깨어지는 것이어서, 등기명의인이 구체적으로 실체관계에 부합한다거나 승계취득사실을 주장·증명하지 못하는 한 등기는 원인무효이므로, 이와 같이 원인무효인 소유권보존등기를 기초로 마친 소유권이전등기는 그것이 특별조치법에 의하여 이루어진 등기라고 하더라도 원인무효이다(대판 2018. 1. 25, 2017다260117).

정답 53. (○) 54. (○) 55. (○) 56. (×)

57 **前 소유자가 사망한 이후에 그 명의의 신청에 의하여 이루어진 이전등기는 일단 원인무효의 등기라고 볼 것이어서, 특별한 사정이 없는 한 등기의 추정력이 인정되지 않는다.**

〈2009년 감정평가사〉

해설 前 소유자가 사망한 이후에 그 명의로 신청되어 경료된 소유권이전등기는, 그 등기원인이 이미 존재하고 있으나 아직 등기신청을 하지 않고 있는 동안에 등기의무자에 대하여 상속이 개시된 경우에 피상속인이 살아 있다면 그가 신청하였을 등기를 상속인이 신청한 경우 또는 등기신청을 등기공무원이 접수한 후 등기를 완료하기 전에 본인이나 그 대리인이 사망한 경우와 같은 특별한 사정이 인정되는 경우를 제외하고는, 원인무효의 등기라고 볼 것이어서 그 등기의 추정력을 인정할 여지가 없다(대판 2004. 9. 3, 2003다3157).

58 **허무인으로부터 등기를 이어받은 소유권이전등기는 원인무효이므로 그 등기명의자에 대한 소유권추정은 깨어진다.** 〈2017년 변리사〉

해설 허무인으로부터 등기를 이어받은 소유권이전등기는 원인무효라 할 것이어서 그 등기명의자에 대한 소유권추정은 깨트려진다(대판 1985. 11. 12, 84다카2494).

59 **근저당권설정등기가 경료되어 있으면 근저당권의 존재 자체 뿐만 아니라 이에 상응하는 피담보채권의 존재도 추정된다.** 〈2004년 사법시험〉

해설 담보물권의 등기는 그 담보물권의 존재 자체뿐 아니라 이에 상응하는 피담보채권이 존재하는 것으로 추정된다(대판 1969. 2. 18, 68다2239).

60 **근저당권설정등기가 되어 있다는 사실만으로는 근저당권의 피담보채권을 성립시키는 기본계약이 존재한다고 추정되지 않는다.** 〈2015년 사법시험〉

해설 근저당권은 그 담보할 채무의 최고액만을 정하고, 채무의 확정을 장래에 보류하여 설정하는 저당권으로서, 계속적인 거래관계로부터 발생하는 다수의 불특정채권을 장래의 결산기에서 일정한 한도까지 담보하기 위한 목적으로 설정되는 담보권이므로, 근저당권설정행위와는 별도로 근저당권의 피담보채권을 성립시키는 법률행위가 있어야 하고, 근저당권의 성립 당시 근저당권의 피담보채권을 성립시키는 법률행위가 있었는지 여부에 대한 입증책임은 그 존재를 주장하는 측에 있다(대판 2009. 12. 24, 2009다72070). ☞ 근저당권에서는 등기원인이 근저당권설정계약이라는 뜻과 채권최고액 및 채무자만이 등기가 되고 근저당권의 피담보채권을 성립시키는 기본계약은 등기사항이 아니기 때문이다(부동산등기법 제75조 제2항).

61 **무허가건물대장은 행정관청이 행정상 사무처리의 편의를 위하여 비치한 대장으로서 건물의 물권 변동을 공시하는 법률상의 등록원부가 아니므로 무허가건물대장에 건물주로 등재된다고 하여 소유자로 추정되는 것은 아니다.** 〈2015년 사법시험〉

해설 부동산등기와는 달리 건축물대장상의 기재에는 추정력이 없다(대판 2011. 5. 13, 2009다94384 등).

62 **甲이 X건물에 대한 乙 명의의 소유권보존등기를 말소해 달라는 청구소송에서 승소판결을 받아 그 보존등기를 말소하고 자신의 명의로 소유권보존등기를 마친 경우, 위 판결이 공시송달 절차에 의한 것이더라도 甲 명의의 소유권보존등기는 적법한 것으로 추정된다.** 〈2016년 변리사〉

정답 57. (○) 58. (○) 59. (○) 60. (○) 61. (○) 62. (○)

해 설 부동산등기법상 소유권보존등기 명의인을 상대로 한 소유권보존등기 말소청구 소송을 제기하여 승소판결을 받은 원고가 그 판결에 기하여 기존의 소유권보존등기를 말소한 후 자신의 명의로 마친 소유권보존등기는 일단 적법한 절차에 따라 마쳐진 소유권보존등기라고 추정하여야 하고, 위 판결이 공시송달 절차에 의하여 선고되었다고 하여 달리 볼 것이 아니다(대판 2006. 9. 8, 2006다17485).

Ⅳ. 가등기

63 甲소유 부동산에 乙명의로 소유권이전등기청구권 보전을 위한 가등기가 경료된 후 甲에서 丙명의로 매매를 원인으로 한 소유권이전등기가 경료되었다. 이에 관한 설명으로 옳은 것은? (다툼이 있으면 판례에 따름) 〈2018년 변리사〉

① 甲이 丙에게 한 처분행위는 특별한 사정이 없는 한 무효이다.
② 乙의 甲에 대한 본등기청구권은 乙의 가등기가 존속하는 동안 소멸시효에 걸리지 않는다.
③ 乙이 甲에게 본등기를 청구하여 乙명의로 본등기가 이루어지면, 丙의 등기는 직권말소된다.
④ 乙이 가등기에 기한 본등기를 하면, 乙의 소유권취득의 효력은 가등기를 한 때로 소급한다.
⑤ 丙명의의 소유권이전등기가 원인무효라면 가등기권리자인 乙이 직접 그 말소를 구할 수 있다.

해 설

①(×) : 소유권이전등기의무자가 그 부동산상에 제3자 명의로 가등기를 마쳐 주었다 하여도 가등기는 본등기의 순위보전의 효력을 가지는 것에 불과하고, 또한 그 소유권이전등기의무자의 처분권한이 상실되는 것도 아니므로 그 가등기만으로는 소유권이전등기의무가 이행불능이 된다고 할 수 없다(대판 1993. 9. 14, 93다12268).

②(×) : 가등기가 존속하는 동안이라고 해서 본등기청구권이 소멸시효에 걸리지 않는 것은 아니다. 판례도 "가등기에 기한 소유권이전등기청구권이 시효의 완성으로 소멸되었다면 그 가등기 이후에 그 부동산을 취득한 제3자는 그 소유권에 기한 방해배제청구로서 그 가등기권자에 대하여 본등기청구권의 소멸시효를 주장하여 그 등기의 말소를 구할 수 있다(대판 1991. 3. 12, 90다카27570)."고 하고 있다.

③(○) : 부동산등기법 제92조(가등기에 의하여 보전되는 권리를 침해하는 가등기 이후 등기의 직권말소) ① 등기관은 가등기에 의한 본등기를 하였을 때에는 대법원규칙으로 정하는 바에 따라 가등기 이후에 된 등기로서 가등기에 의하여 보전되는 권리를 침해하는 등기를 직권으로 말소하여야 한다.

④(×) : 가등기는 그 성질상 본등기의 순위보전의 효력만이 있어 후일 본등기가 경료된 때에는 본등기의 순위가 가등기한 때로 소급하는 것뿐이지 본등기에 의한 물권변동의 효력이 가등기한 때로 소급하여 발생하는 것은 아니다(대판 1992. 9. 25, 92다21258).

⑤(×) : 가등기는 부동산등기법 제6조 제2항의 규정에 의하여 그 본등기시에 본등기의 순위를 가등기의 순위에 의하도록 하는 순위보전적 효력만이 있을 뿐이고, 가등기만으로는 아무런 실체법상 효력을 갖지 아니하고 그 본등기를 명하는 판결이 확정된 경우라도 본등기를 경료하기까지는 마찬가지이므로, 중복된 소유권보존등기가 무효이더라도 가등기권리자는 그 말소를 청구할 권리가 없다(대판 2001. 3. 23, 2000다51285).

정답 63. ③

64 **등기에 관한 설명으로 옳은 것은? (다툼이 있으면 판례에 따름)** 〈2021년 변리사〉

① 본등기에 의한 물권변동의 효력은 가등기를 한 때에 소급하여 발생한다.

② 등기가 원인 없이 말소된 경우, 그 회복등기가 마쳐지기 전이라도 말소된 등기의 등기명의인은 적법한 권리자로 추정된다.

③ 합유자가 그 지분을 포기하면 지분권 이전등기를 하지 않더라도, 포기된 합유지분은 나머지 잔존 합유지분권자들에게 물권적으로 귀속하게 된다.

④ 매매로 인한 소유권이전등기에서 등기명의자가 등기원인을 증여로 주장하였다면 등기의 추정력은 깨어진다.

⑤ 사망자 명의로 신청하여 이루어진 이전등기도 특별한 사정이 없는 한 등기의 추정력이 인정되므로, 등기의 무효를 주장하는 자가 현재의 실체관계에 부합하지 않음을 증명하여야 한다.

해 설

① (×) : 가등기는 본등기 순위보전의 효력만이 있고, 후일 본등기가 마쳐진 때에는 본등기의 순위가 가등기한 때로 소급함으로써 가등기 후 본등기 전에 이루어진 중간처분이 본등기보다 후 순위로 되어 실효될 뿐이고, 본등기에 의한 물권변동의 효력이 가등기한 때로 소급하여 발생하는 것은 아니다(대판 1981. 5. 26, 80다3117).

② (○) : 등기는 물권의 효력 발생 요건이고 존속 요건은 아니어서 등기가 원인 없이 말소된 경우에는 그 물권의 효력에 아무런 영향이 없고, 그 회복등기가 마쳐지기 전이라도 말소된 등기의 등기명의인은 적법한 권리자로 추정되므로 원인 없이 말소된 등기의 효력을 다투는 쪽에서 그 무효 사유를 주장·입증하여야 한다(대판 1997. 9. 30, 95다39526).

> **[보충지문] 등기가 원인 없이 말소된 경우에는 그 물권의 효력에 아무런 영향이 없고, 그 회복등기가 마쳐지기 전이라도 말소된 등기의 등기명의인은 적법한 권리자로 추정되므로 원인 없이 말소된 등기의 효력을 다투는 쪽에서 그 무효 사유를 주장·입증하여야 한다(○).** 〈2023년 법원행시〉

③ (×) : 합유지분 포기가 적법하다면 그 포기된 합유지분은 나머지 잔존 합유지분권자들에게 균분으로 귀속하게 되지만 그와 같은 물권변동은 합유지분권의 포기라고 하는 법률행위에 의한 것이므로 등기하여야 효력이 있고 지분을 포기한 합유지분권자로부터 잔존 합유지분권자들에게 합유지분권 이전등기가 이루어지지 아니하는 한 지분을 포기한 지분권자는 제3자에 대하여 여전히 합유지분권자로서의 지위를 가지고 있다고 보아야 한다(대판 1997. 9. 9, 96다16896).

> **[보충지문] 합유지분권자가 합유지분을 포기한 경우 그 포기된 합유지분은 나머지 잔존 합유지분권자들에게 균분하여 귀속되므로, 합유지분권이전등기가 이루어지지 않았다고 하더라도 합유지분권을 포기한 자는 합유물을 점유하는 제3자에게 합유물의 반환을 구할 수 없다(×).** 〈2017년 법원행시〉

④ (×) : 부동산등기는 현재의 진실한 권리상태를 공시하면 그에 이른 과정이나 태양을 그대로 반영하지 아니하였어도 유효한 것이므로 소유권이전등기가 전소유자의 의사에 반하여 이루어진 것이 아니라면 명의자가 등기원인행위의 태양이나 과정을 다소 다르게 주장한다고 하여 이러한 주장만 가지고 그 등기의 추정력이 깨어진다고 할 수 없다(대판 1993. 5. 11, 92다46059).

⑤ (×) : 사망자 명의로 신청하여 이루어진 이전등기는 일단 원인무효의 등기라고 볼 것이어서 등기의 추정력을 인정할 여지가 없으므로, 등기의 유효를 주장하는 자가 현재의 실체관계와 부합함을 증명할 책임이 있다(대판 2018. 11. 29, 2018다200730).

정 답 64. ②

65 부동산에 관한 등기 또는 등기청구권 등에 관한 설명으로 옳지 않은 것은? (다툼이 있으면 판례에 따름) 〈2023년 변리사〉

① 甲 → 乙 → 丙의 순으로 매매계약이 체결된 경우, 3자간 중간생략등기의 합의가 있더라도 乙의 甲에 대한 소유권이전등기청구권이 소멸되는 것은 아니다.

② 가등기에 의하여 순위 보전의 대상이 되어 있는 물권변동청구권이 양도된 경우, 양도인과 양수인의 공동신청으로 그 가등기상 권리의 이전등기를 가등기에 대한 부기등기의 형식으로 경료할 수 있다.

③ 무효인 3자간 등기명의신탁에서 부동산을 매수하여 인도받아 계속 점유하는 명의신탁자의 매도인에 대한 소유권이전등기청구권은 소멸시효에 걸리지 않는다.

④ 매수인의 매도인에 대한 소유권이전청구권 보전을 위한 가등기가 경료된 경우, 소유권이전등기를 청구할 어떤 법률관계가 있다고 추정되지 않는다.

⑤ 「임야소유권 이전등기에 관한 특별조치법」에 의한 소유권보존등기가 경료된 임야에 관하여 그 임야를 사정받은 사람이 따로 있는 것이 사후에 밝혀졌다면, 그 등기는 실체적 권리관계에 부합하는 등기로 추정되지 않는다.

해 설

① (○) : 중간생략등기의 합의가 있었다 하더라도 이러한 합의는 중간등기를 생략하여도 당사자 사이에 이의가 없겠고 또 그 등기의 효력에 영향을 미치지 않겠다는 의미가 있을 뿐이지 그러한 합의가 있었다 하여 중간매수인의 소유권이전등기청구권이 소멸된다거나 첫 매도인의 그 매수인에 대한 소유권이전등기의무가 소멸되는 것은 아니라 할 것이다(대판 1991. 12. 13, 91다18316).

② (○) : 가등기는 원래 순위를 확보하는 데에 그 목적이 있으나, 순위보전의 대상이 되는 물권변동의 청구권은 그 성질상 양도될 수 있는 재산권일 뿐만 아니라 가등기로 인하여 그 권리가 공시되어 결과적으로 공시방법까지 마련된 셈이므로, 이를 양도한 경우에는 양도인과 양수인의 공동신청으로 그 가등기상의 권리의 이전등기를 가등기에 대한 부기등기의 형식으로 경료할 수 있다고 보아야한다(대판 1998. 11. 19, 98다24105 전원합의체).

③ (○) : 부동산의 매수인이 목적물을 인도받아 계속 점유하는 경우에는 매도인에 대한 소유권이전등기청구권은 소멸시효가 진행되지 않고, 이러한 법리는 3자간 등기명의신탁에 의한 등기가 유효기간의 경과로 무효로 된 경우에도 마찬가지로 적용된다. 따라서 그 경우 목적 부동산을 인도받아 점유하고 있는 명의신탁자의 매도인에 대한 소유권이전등기청구권 역시 소멸시효가 진행되지 않는다(대판 2013. 12. 12, 2013다26647).

> **[비교판례]** 명의신탁계약 및 그에 기한 등기를 무효로 하고 그 위반행위에 대하여 형사처벌까지 규정한 부동산 실권리자명의 등기에 관한 법률의 시행에 따라 그 권리를 상실하게 된 위 법률 시행 이전의 명의신탁자가 그 대신에 부당이득의 법리에 따라 법률상 취득하게 된 명의신탁 부동산에 대한 부당이득반환청구권의 경우, 무효로 된 명의신탁 약정에 기하여 처음부터 명의신탁자가 그 부동산의 점유 및 사용 등 권리를 행사하고 있다 하여 위 부당이득반환청구권 자체의 실질적 행사가 있다고 볼 수 없을 뿐만 아니라, 명의신탁자가 그 부동산을 점유·사용하여 온 경우에는 명의신탁자의 명의수탁자에 대한 부당이득반환청구권에 기한 등기청구권의 소멸시효가 진행되지 않는다고 보아야 한다면, 이는 명의신탁자가 부동산 실권리자명의 등기에 관한 법률의 유예기간 및 시효기간 경과 후 여전히 실명전환을 하지 않아 위 법률을 위반한 경우임에도 그 권리를 보호하여 주는 결과로 되어 부동산 거래의 실정 및 부동산 실권리자명의 등기에 관한 법률 등 관련 법률의 취지에도 맞지 않는다(대판 2009. 7. 9, 2009다23313).

④ (○) : 소유권이전청구권보전을 위한 가등기가 있다하여 소유권이전등기를 청구할 어떤 법률관계가 있다고 추정되지 아니한다(대판 1979. 5. 22, 79다239).

정 답 65. ⑤

⑤ (×) : 임야소유권이전등기에관한특별조치법(법률 제2111호)에 의한 소유권보존등기가 경료된 임야에 관하여서는 그 임야를 사정받은 사람이 따로 있는 것으로 밝혀진 경우라도 그 등기는 동법 소정의 적법한 절차에 따라 마쳐진 것으로서 실체적 권리관계에 부합하는 등기로 추정된다 할 것이므로 위 특별조치법에 의하여 경료된 소유권보존등기의 말소를 소구하려는 자는 그 소유권보존등기 명의자가 임야대장의 명의변경을 함에 있어 첨부한 원인증서인 위 특별조치법 제5조 소정의 보증서와 확인서가 허위 내지 위조되었다던가 그 밖에 다른 어떤 사유로 인하여 그 소유권보존등기가 위 특별조치법에 따라 적법하게 이루어진 것이 아니라는 주장과 입증을 하여야 한다(대판 1987. 10. 13, 86다카2928). ☞ 일반적인 보존등기의 경우 등기명의인이 원시취득한 것이 아니라는 점이 밝혀지면 추정력은 깨어지는 것이지만, 특별조치법에 의한 보존등기의 경우에는 그렇지 않다.

> **[비교판례]** 토지조사부에 소유자로 등재되어 있는 자는 재결에 의하여 사정 내용이 변경되었다는 등 반증이 없는 이상 토지 소유자로 사정받아 그 사정이 확정된 것으로 추정되어 토지를 원시적으로 취득하게 되고, 소유권보존등기 추정력은 보존등기 명의인 이외의 자가 당해 토지를 사정받은 것으로 밝혀지면 깨지는 것이다(대판 2011. 5. 13, 2009다94384).

66 **토지 X의 등기부에는 시간 순서대로 甲 명의 소유권이전등기(갑구), 甲과의 매매예약에 기한 乙 명의의 가등기(갑구), 丙 명의의 소유권이전등기(갑구), 丁 명의의 근저당권설정등기(을구)가 기재되어 있다. 이에 관한 설명 중 옳은 것을 모두 고른 것은?(다툼이 있는 경우 판례에 의함)** 〈2017년 변호사시험〉

> ㄱ. 乙이 소로써 가등기에 기한 본등기를 청구하려면 그 청구의 상대방은 현재의 소유자 丙이다.
> ㄴ. 乙 명의 가등기에 기하여 본등기가 경료되는 경우 갑구의 丙 명의 소유권이전등기뿐만 아니라 乙구의 丁 명의 근저당권설정등기도 직권으로 말소된다.
> ㄷ. 乙 명의 가등기에 기하여 본등기가 경료되어 丙 명의 소유권이전등기가 직권으로 말소된 후 乙 명의 가등기 및 본등기가 통정허위표시에 의한 것임이 밝혀진 경우, 丙은 乙을 상대로 乙 명의의 가등기 및 본등기의 말소를 청구하는 것 이외에 甲을 상대로 말소된 丙 명의등기의 회복등기를 청구해야 한다.

① ㄱ ② ㄴ ③ ㄷ ④ ㄱ, ㄴ ⑤ ㄴ, ㄷ

해설

ㄱ. (×) : [1] 가등기후에 제 3자에게 소유권이전의 본등기가 된 경우에 가등기권리자는 본등기를 경료하지 아니하고 는 가등기이후의 본등기의 말소를 청구할 수 없다. [2] 위의 경우에 가등기권자는 가등기의무자인 전소유자를 상대로 본등기청구권을 행사할 것이고 제3자를 상대로 할 것이 아니다(대판 1962. 12. 24, 4294민재항675).

ㄴ. (○) : 부동산등기법 제92조 제1항. 등기관은 가등기에 의한 본등기를 하였을 때에는 대법원규칙으로 정하는 바에 따라 가등기 이후에 된 등기로서 가등기에 의하여 보전되는 권리를 침해하는 등기를 직권으로 말소하여야 한다.

ㄷ. (×) : 가등기에 기한 소유권이전의 본등기가 경료됨으로써 등기공무원이 직권으로 가등기 후에 경료된 제3자의 등기를 말소한 경우 그 후에 그 가등기에 기한 본등기가 원인무효 등의 사유로 말소된 때에는 결국 그 제3자의 등기는 말소하지 아니할 것을 말소한 결과가 되므로 등기공무원은 직권으로 그 말소등기의 회복등기를 하여야 하는 것이고, 따라서 그 회복등기를 소구할 이익이 없다(대판 1995. 5. 26, 95다6878).

정답 66. ②

보충지문

67 가등기가 담보가등기인지 여부는 그 가등기의 등기부상 원인에 의하여 결정되는 것이다.

〈2012년 법무사〉

해 설 가등기가 담보가등기인지 여부는 그 등기부상 표시나 등기시에 주고 받은 서류의 종류에 의하여 형식적으로 결정될 것이 아니고 거래의 실질과 당사자의 의사해석에 따라 결정될 문제라고 할 것이다(대판 1992. 2. 11, 91다36932).

68~69 [공통사안] 甲 소유의 X토지에 乙 명의로 소유권이전청구권 보전을 위한 가등기가 설정되어 있다.

68 丙이 X토지의 소유권을 양도받은 후 乙명의의 가등기가 불법으로 말소된 경우, 乙은 丙을 상대로 가등기의 회복등기청구를 하여야 한다 〈2011년 변리사〉

해 설 가등기가 이루어진 부동산에 관하여 제3취득자 앞으로 소유권이전등기가 마쳐진 후 그 가등기가 말소된 경우 그와 같이 말소된 가등기의 회복등기절차에서 회복등기의무자는 가등기가 말소될 당시의 소유자인 제3취득자이므로, 그 가등기의 회복등기청구는 회복등기의무자인 제3취득자를 상대로 하여야 한다(대판 2009. 10. 15, 2006다43903).

69 乙의 가등기보다 선순위의 담보권이나 가압류 등이 없는 경우에도 X토지가 경매절차에서 제3자에게 매각되면 가등기는 소멸한다. 〈2011년 변리사〉

해 설 부동산의 강제경매절차에서 경매목적부동산이 낙찰된 때에도 소유권이전등기청구권의 순위보전을 위한 가등기는 그보다 선순위의 담보권이나 가압류가 없는 이상 담보목적의 가등기와는 달리 말소되지 아니한 채 낙찰인에게 인수되는 것이다(대결 2003. 10. 6.자 2003마1438).

70 가등기는 그 성질상 본등기의 순위보전의 효력이 있어 후일 본등기가 경료된 때에는 본등기의 순위가 가등기한 때로 소급하지만 본등기에 의한 물권변동의 효력이 가등기한 때로 소급하여 발생하는 것은 아니다. 〈2019년 변호사시험〉

해 설 가등기는 그 성질상 본등기의 순위보전의 효력만이 있어 후일 본등기가 경료된 때에는 본등기의 순위가 가등기한 때로 소급하는 것뿐이지 본등기에 의한 물권변동의 효력이 가등기한 때로 소급하여 발생하는 것은 아니다(대판 1992. 9. 25, 92다21258).

Ⅴ. 명인방법에 의한 물권변동

71 甲은 乙소유 토지 위에 식재된 입목등기가 되어 있지 않은 소나무 50그루에 대하여 매매계약 체결과 동시에 소유권을 이전받기로 약정하였다. 甲은 계약체결 후 잔금을 지급하지 않은 채 乙의 동의 하에 소나무 50그루에 각각 '소유자 甲'이라는 표기를 써서 붙였다. 이후 乙은 이 소나무를 丙에게 이중으로 매도하였다. 이에 관한 설명으로 옳은 것은? (다툼이 있으면 판례에 따름) 〈2017년 감정평가사〉

정 답 67. (×) 68. (○) 69. (×) 70. (○) 71. ②

① 乙은 여전히 소나무에 대하여 소유권을 가진다.
② 甲은 소나무에 대하여 입목등기 없이 소유권을 취득한다.
③ 丙이 乙과의 계약에 의해 명인방법을 갖추면 丙이 소유권을 취득한다.
④ 甲은 명인방법을 통해 소나무에 대하여 저당권을 설정할 수 있다.
⑤ 甲은 소나무에 대하여 입목등기 없이 丙에게 대항할 수 없다.

해설

①(×) : 甲이 명인방법을 취함으로써 소유권을 취득하고 乙은 소유권을 상실한다.
②(○) : 입목에 대한 매매계약을 체결함에 있어서 매도인이 그 입목에 대한 소유권을 매매계약과 동시에 매수인에게 이전하여 준다는 의사표시를 한 것으로 볼 수 있다면 잔대금지급전이라 할지라도 매수인이 명인방법을 실시하면 다른 특별한 사정이 없는 한 매수인은 그 입목의 소유권을 취득하는 것이다(대판 1969. 11. 25, 69다1346).
③(×) : 乙은 더 이상 소유자가 아니므로 乙이 丙에게 소나무를 이중으로 매도하고 丙이 명인방법을 갖추어도 丙은 소유권을 취득할 수 없다.
④(×) : 명인방법에 의하여 공시되는 물권은 소유권에 한한다.
⑤(×) : 甲이 명인방법을 취함으로써 입목등기 없이도 소유권을 취득하므로 甲은 소유자로서 丙에게 대항할 수 있다.

보충지문

72 **법원으로부터 집행문을 부여받아 집행관에게 의뢰하여 그 집행으로 집달관이 임야의 입구부근에 그 지상입목의 A의 소유에 속한다는 공시문을 붙인 팻말을 세운 경우에는 입목에 관한 명인방법으로 충분하지 않다.** 〈2004년 감정평가사〉

해설 명인방법의 실시는 법률행위가 아니며 목적물인 입목이 특정인의 소유라는 사실을 공시하는 팻말의 설치로 다른 사람이 그것을 식별할 수 있으면 명인방법으로서는 충분한 것이니, 甲이 제3자를 상대로 입목소유권확인판결을 받아 확정된 후 법원으로부터 집행문을 부여받아 집달관에게 의뢰하여 그 집행으로 집달관이 임야의 입구부근에 그 지상입목들이 甲의 소유에 속한다는 공시문을 붙인 팻말을 세웠다면, 비록 확인판결이 강제집행의 대상이 될 수 없어서 위 확인판결에 대한 집행문의 부여나 집달관의 집행행위가 적법시될 수 없더라도 집달관의 위 조치만으로써 명인방법이 실시되었다고 할 것이니 그 이후 임야의 소유권을 취득한 자는 甲의 임목소유권을 다툴 수 없다(대판 1989. 10. 13, 89다카9064).

73 **입목에 새끼줄을 치고 또는 철인으로 표를 하고, 요소에 소유자를 게시한 사실만으로는 입목에 관한 명인방법으로 인정할 수 없다.** 〈2004년 감정평가사〉

해설 입목에 새끼줄을 치고 또는 철인으로 표를 하고, 요소에 소유자를 게시한 사실만으로도 입목에 관한 명인방법으로 인정할 수 있다.

정답 72. (×) 73. (×)

74 **특정하지 않고 매수한 입목에 대하여 그 입목을 특정하지 않은 채 한 명인방법에 의하여도 물권변동의 효력이 발생한다.** 〈2004년 감정평가사〉

해설 특정한 임야 중의 입목 일정수량과 같이 특정이 안 된 입목을 매수한 경우에는 비록 명인방법인 게시판을 부착시켰을지라도 매수한 입목의 소유권취득을 위한 공시방법, 즉 적법한 명인방법을 갖추었다고 볼 수 없다(대판 1973. 9. 25, 73다1229).

75 **법원의 검증당시 재판장의 명에 따라 감정인이 표시한 번호표기도 수목의 소유권을 공시하는 명인방법으로 유효하다.** 〈2004년 감정평가사〉

해설 명인방법은 지상물이 독립된 물건이며 현재의 소유자가 누구라는 것이 명시되어야 하므로, 법원의 검증당시 재판장의 수령 10년 이상된 수목을 흰 페인트칠로 표시하라는 명에 따라 측량감정인이 이 사건 포푸라의 표피에 흰 페인트칠을 하고 편의상 그 위에 일련번호를 붙인 경우에는 제3자에 대하여 이 사건 포푸라에 관한 소유권이 원고들에게 있음을 공시한 명인방법으로 볼 수 없다(대판 1990. 2. 13, 89다카23022).

76 **명인방법을 갖춘 수목의 집단은 토지의 구성부분이 아니다.** 〈2018년 감정평가사〉

해설 경매의 대상이 된 토지 위에 생립하고 있는 채무자 소유의 미등기 수목은 토지의 구성 부분으로서 토지의 일부로 간주되어 특별한 사정이 없는 한 토지와 함께 경매되는 것이므로 그 수목의 가액을 포함하여 경매 대상 토지를 평가하여 이를 최저경매가격으로 공고하여야 하고, 다만 입목에관한법률에 따라 등기된 입목이나 명인방법을 갖춘 수목의 경우에는 독립하여 거래의 객체가 되므로 토지 평가에 포함되지 아니한다(대결 1998. 10. 28, 자 98마1817).

77 **수목이 이중으로 양도된 경우 먼저 명인방법을 갖추어 입목소유권을 취득한 자는 후에 입목등기를 갖추어 양수받은 자에 우선하여 소유권을 취득한다.** 〈2004년 감정평가사〉

해설 입목의 이중매매에 있어서는 관습법에 의하여 입목소유권변동에 관한 공시방법으로 인정되어 있는 명인방법을 먼저 한 사람에게 입목의 소유권이 이전된다(대판 1967. 2. 28, 66다2442).

제2절 동산물권의 변동

78 **선의취득의 목적물이 도품·유실물인 경우에 다음 설명 중 타당하지 않은 내용을 모두 찾아 묶은 것은? (다툼이 있는 경우에는 판례에 의함)** 〈2005년 변리사〉

ㄱ. 점유이탈의 의사의 유무는 본인이 간접점유를 하고 있는 경우에 직접 점유자에 관하여 결정하여야 하고, 본인이 점유보조자를 통해서 점유하는 경우에도 직접점유자에 있어서와 마찬가지로 점유보조자에 관하여 결정하여야 한다.
ㄴ. 도품, 유실물의 양수인이 그 물건을 공개시장에서 선의로 매수한 때에는 피해자 또는 유실자에 대하여 대가변상의 청구권을 갖는다.

정답 74. (×) 75. (×) 76. (○) 77. (○) 78. ④

ㄷ. 피해자나 유실자는 선의취득자에 대하여는 반환을 청구할 수 있으나, 선의취득자의 특정승계인에 대하여는 반환을 청구할 수 없다.
ㄹ. 도품, 유실물이란 원권리자로부터 점유를 수탁한 사람이 적극적으로 제3자에게 부정처분 한 경우와 같은 위탁물횡령의 경우는 포함되지 아니한다.
ㅁ. 점유보조자 내지 소지기관의 횡령처럼 형사법상 절도죄가 되는 경우에는 민법 제250조의 도품, 유실물에 해당된다.

① ㄱ, ㄴ ② ㄱ, ㄷ ③ ㄴ, ㄹ ④ ㄷ, ㅁ ⑤ ㄹ, ㅁ

해설

ㄱ. (○) : 직접점유자가 임의로 점유를 타에 양도한 경우에는 점유이전이 간접점유자의 의사에 반한다 하더라도 간접점유자의 점유가 침탈된 경우에 해당하지 않는다(대판 1993. 3. 9, 92다5300). ☞ 점유주와 점유보조자 사이에도 마찬가지이다.
ㄴ. (○) : 민법은 선의취득자가 도품 또는 유실물을 경매나 공개시장에서 또는 상인으로부터 매수한 때에는 피해자 또는 유실자는 선의취득자가 실제로 지급한 대가를 변상하여야 한다고 규정한다(제251조).
ㄷ. (×) : 반환청구권의 상대방은 도품 또는 유실물을 현재 점유하고 있는 자로써, 습득자로부터 특정승계한 자도 포함된다.
ㄹ. (○) : 판례는 위탁물횡령의 경우 도품·유실물에 관한 특례는 적용되지 아니한다고 판시한다(대판 1985. 12. 24, 84다카2428).
ㅁ. (×) : 판례는 점원과 같은 점유보조자가 가게의 물건을 임의로 처분하면 형법상 절도죄에 해당하지만 민법상으로는 본조의 도품에 해당하는 것은 아니라고 한다(대판 1991. 3. 22, 91다70).

79 선의취득에 관한 다음 설명으로 옳은 것은? (다툼이 있는 경우에는 판례에 의함) 〈2006년 변리사〉

① 수목의 집단, 미분리의 과실과 같이 명인방법에 의하여 공시된 지상물도 선의취득의 목적물이 될 수 있다.
② 유가증권에 대해서도 민법이 정하는 선의취득에 관한 규정이 적용된다.
③ 유실물을 경매에 의하여 선의로 취득한 경우 소유권자는 대가를 변상하지 않고 그 물건의 반환을 청구할 수 있다.
④ 지상권, 저당권 등 부동산에 대한 권리는 언제나 선의취득의 목적이 될 수 없다.
⑤ 국유문화재와 같이 처분이 금지되는 물건도 선의취득의 목적물이 될 수 있다.

해설

① (×) : 수목의 집단, 입도, 미분리과실 등은 토지의 일부이거나 구성부분이 될 뿐이고, 명인방법에 의하여 독립된 부동산 취급을 하므로 선의취득의 대상이 될 수 없다(통설).
② (×) : 지시채권, 무기명채권, 기타 유가증권은 가치가 화체된 증권으로서 보통의 동산과 다르고 또한 이에 대해서는 특별규정(제514조, 제524조)이 있으므로 동산의 선의취득규정이 적용되지 아니한다.
③ (×) : 공개시장에서 경매에 의한 선의취득자에 대하여 대가를 변상하여야 그 반환을 청구할 수 있다(제251조).
④ (○) : 판례는 민법 제249조의 선의취득은 동산의 소유권취득에 관한 규정으로서 저당권의 취득에는 적용될

정답 79. ④

수 없다고 한다(대판 1985. 12. 24, 84다카2428).
⑤ (×) : 국유문화재는 선의취득의 대상이 될 수 없다(통설).

80 **동산 선의취득에 관한 설명으로 옳지 않은 것은? (다툼이 있는 경우에는 판례에 의함)**

〈2014년 변리사〉

① 양도인과 양수인 사이에 물권적 합의가 물건의 인도보다 선행한 때에는 물권적 합의시를 기준으로 선의취득의 요건이 되는 양수인의 선의·무과실을 판단한다.
② 저당부동산의 상용(常用)에 공하여진 물건이 부동산 소유자 아닌 자의 소유일 경우, 저당부동산을 경매로 취득한 매수인은 선의취득의 요건을 구비하지 아니하면 그 물건의 소유권을 취득할 수 없다.
③ 도품·유실물에 대한 특례규정인 민법 제251조는 선의취득자의 무과실을 규정하지 않지만 무과실은 당연한 요건이다.
④ 일단 선의취득의 요건이 충족되면 양수인은 소유권취득을 부정하고 종전 소유자에게 동산을 찾아갈 것을 요구할 수 없다.
⑤ 물건이 금전 아닌 동산으로서 도품일 경우, 피해자는 도난당한 날로부터 2년 내에 양수인에게 그 물건의 반환을 청구할 수 있다.

해 설

① (×) : 물권행위가 완성하는 때를 기준으로 한다. 예컨대, 물권적 합의가 물건의 인도보다 선행한 때에는 인도시를, 인도가 먼저 있고 물권적 합의가 나중일 때는 물권적 합의시를 기준으로 한다(대판 1991. 3. 22, 91다70).
② (○) : 저당권의 실행으로 부동산이 경매된 경우에 그 부동산에 부합된 물건은 그것이 부합될 당시에 누구의 소유이었는지를 가릴 것 없이 그 부동산을 낙찰받은 사람이 소유권을 취득하지만, 그 부동산의 상용에 공하여진 물건일지라도 그 물건이 부동산의 소유자가 아닌 다른 사람의 소유인 때에는 이를 종물이라고 할 수 없으므로 부동산에 대한 저당권의 효력에 미칠 수 없어 부동산의 낙찰자가 당연히 그 소유권을 취득하는 것은 아니며, 나아가 부동산의 낙찰자가 그 물건을 선의취득하였다고 할 수 있으려면 그 물건이 경매의 목적물로 되었고 낙찰자가 선의이며 과실 없이 그 물건을 점유하는 등으로 선의취득의 요건을 구비하여야 한다(대판 2008. 5. 8, 2007다36933,36940).

[보충지문] 저당권의 실행으로 부동산이 경매되었다면 그 부동산의 상용에 공하여진 동산의 소유자가 그 부동산의 소유자가 아닌 경우에도 위 경매의 매수인은 당연히 그 동산의 소유권을 선의취득한다.

〈2014년 사법시험〉

(×) : 선의취득은 동산 거래의 안전을 보호하기 위한 것이므로 거래행위가 존재하는 것을 당연한 전제로 하는 것인데, 이 사건 렌탈목적물 중 종물의 성격을 가지는 물건은 원심이 인정한 바와 같이 이 사건 건물과는 소유자가 다르다고 보는 한에 있어서는 종물이 아니므로 이 사건 건물에 관한 소유권이나 저당권의 효력이 거기에 미칠 수 없고, 따라서 이 사건 건물이 경매되었다고 하여 이 사건 렌탈목적물 중 종물의 성격을 가지는 물건까지도 경매된 것으로는 볼 수 없다고 할 것이고, 달리 원고가 그 물건들을 거래행위를 통하여 양수하였다는 주장이나 입증이 없는 이상 원고가 그 물건들을 현재 점유하고 있다는 것만으로는 선의취득의 요건을 구비한 것으로 볼 수는 없다(대판 2008. 5. 8, 2007다36933,36940의 판결이유부분).

③ (○) : 도품·유실물에 대한 특례규정인 민법 제251조는 선의취득자의 무과실을 규정하지 않지만 제249조의 선의취득을 전제하기 때문에 무과실은 당연한 요건이다(대판 1991. 3. 29, 91다115).
④ (○) : 일단 선의취득의 요건이 충족되면 양수인은 원시취득을 하기 때문에 소유권취득을 부정하고 종전 소

정답 80. ①

유자에게 동산을 찾아갈 것을 요구할 수 없다(대판 1998. 6. 12, 98다6800).

⑤ (○) : 물건이 금전 아닌 동산으로서 도품일 경우, 피해자는 도난당한 날로부터 2년 내에 양수인에게 그 물건의 반환을 청구할 수 있다(제250조).

81 **동산 선의취득에 관한 설명으로 옳은 것은? (다툼이 있으면 판례에 따름)** 〈2018년 변리사〉

① 甲소유의 동산을 乙이 丙에게 양도하고 丙이 다시 丁에게 양도한 경우, 만약 丙의 선의취득이 인정된다면 丁의 선의취득 여부는 문제되지 않는다.
② 반환청구권의 양도에 의한 소유권의 양도의 경우에는 대항요건을 갖추었더라도 선의취득이 인정되지 않는다.
③ 甲이 자신의 소유 동산을 乙에게 매도하여 인도하고, 乙이 다시 丙에게 매도하여 인도한 경우, 甲과 乙의 매매가 사회질서에 반하여 무효라면 丙은 선의, 무과실이더라도 선의취득할 수 없다.
④ 점유보조자가 횡령한 물건은 민법 제250조(도품, 유실물에 대한 특례)의 도품에 해당한다.
⑤ 甲소유 동산을 점유하는 乙이 丙에게 매도함과 동시에 丙으로부터 임차하기로 약정한 경우 丙은 현실인도를 받기 전이라도 그 동산을 선의취득할 수 있다.

해설

① (○) : 선의취득은 원시취득이다. 丙의 선의취득이 인정된다면 丙은 그 동산에 대해 완전한 권리를 취득한 것이고, 유권리자인 丙으로부터 다시 양수한 丁은 선의취득 여부와 무관하게 그 소유권을 유효하게 취득한다.

② (×) : 양도인이 소유자로부터 보관을 위탁받은 동산을 제3자에게 보관시킨 경우에 양도인이 그 제3자에 대한 반환청구권을 양수인에게 양도하고 지명채권 양도의 대항요건을 갖추었을 때에는 동산의 선의취득에 필요한 점유의 취득 요건을 충족한다(대판 1999. 1. 26, 97다48906).

③ (×) : 민법 제103조 위반의 경우 이른바 '절대적 무효'로서 제3자는 선의라도 보호되지 않는다. 그러나 목적물이 동산인 경우 제3자가 선의취득의 요건을 갖추어 소유권을 취득하는 것은 별개의 문제이다.

④ (×) : 민법 제250조, 제251조 소정의 도품, 유실물이란 원권리자로부터 점유를 수탁한 사람이 적극적으로 제3자에게 부정 처분한 경우와 같은 위탁물 횡령의 경우는 포함되지 아니하고 또한 점유보조자 내지 소지기관의 횡령처럼 형사법상 절도죄가 되는 경우도 형사법과 민사법의 경우를 동일시 해야 하는 것은 아닐 뿐만 아니라 진정한 권리자와 선의의 거래 상대방간의 이익형량의 필요성에 있어서 위탁물 횡령의 경우와 다를 바 없으므로 이 역시 민법 제250조의 도품·유실물에 해당되지 않는다(대판 1991. 3. 22, 91다70).

⑤ (×) : 동산의 선의취득에 필요한 점유의 취득은 현실적 인도가 있어야 하고 점유개정에 의한 점유취득만으로서는 그 요건을 충족할 수 없다(대판 1978. 1. 17, 77다1872).

82 **선의취득에 관한 설명으로 옳지 않은 것은? (다툼이 있으면 판례에 따름)** 〈2021년 변리사〉

① 대리인이 본인 소유가 아닌 물건을 처분하고 상대방이 본인 소유라고 오신한 경우에도 선의취득이 인정될 수 있다.
② 자동차관리법이 적용되는 자동차이더라도 행정상 특례조치에 의하지 아니하고는 적법하게 등록할 수 없어서 등록하지 아니한 상태에 있고 통상적인 용도가 도로 외의 장소에서만 사용하는 것이라는 등의 특별한 사정이 있다면, 민법 제249조의 선의취득 규정이 적용될 수 있다.
③ 채무자 이외의 사람에 속하는 동산을 경매절차에서 경락받은 경우에도 선의취득이 성립할 수 있다.
④ 매수인이 점유개정으로 동산의 점유를 취득한 경우에는 선의취득이 인정되지 않는다.

정답 81. ① 82. ⑤

⑤ 점유보조자가 보관한 물건을 횡령하여 형사상 절도죄가 성립되는 경우, 그 물건은 민법 제250조(도품·유실물에 대한 특례)의 도품에 해당되므로, 피해자는 점유를 상실한 날로부터 2년 내에 그 물건의 반환을 청구할 수 있다.

해 설

① (○) : 본인 소유의 물건을 대리권 없는 자가 대리행위를 한 때에는 무권대리 또는 표현대리의 규정에 의해 상대방을 보호하는 것으로 족하고 선의취득은 부정되지만, 대리권은 있는데 그 물건이 본인의 소유에 속하지 않는 경우에는 선의취득이 가능하다(통설).

> **[비교지문] 丙 소유의 동산 X에 관해 처분권을 갖고 있지 않는 甲이 乙과 매매계약을 체결하여 점유를 이전해 주었다. 甲이 丙의 대리인으로서 乙과 매매계약을 체결한 경우에도 통설에 따르면 乙은 丙에 대해 표현대리 책임 이외에 선의취득을 이유로 한 소유권취득을 주장할 수 있다(×).** 〈2006년 감정평가사〉

② (○) : 자동차관리법이 적용되는 자동차에 해당하더라도 구조와 장치가 제작 당시부터 자동차관리법령이 정한 자동차안전기준에 적합하지 아니하여 행정상 특례조치에 의하지 아니하고는 적법하게 등록할 수 없어서 등록하지 아니한 상태에 있고 통상적인 용도가 도로 외의 장소에서만 사용하는 것이라는 등의 특별한 사정이 있다면 그러한 자동차에 대하여 자동차관리법이 정한 공시방법인 '등록'에 의하여만 소유권 변동을 공시할 것을 기대하기는 어려우므로, 소유권을 취득함에는 민법상 공시방법인 '인도'에 의할 수도 있다. 그리고 이때는 민법 제249조의 선의취득 규정이 적용될 수 있다(대판 2016. 12. 15, 2016다205373).

③ (○) : 채무자 이외의 자의 소유에 속하는 동산을 경매한 경우에도 경매절차에서 그 동산을 경락받아 경락대금을 납부하고 이를 인도받은 경락인은 특별한 사정이 없는 한 소유권을 선의취득 한다고 할 것이지만, 그 동산의 매득금은 채무자의 것이 아니어서 채권자가 이를 배당 받았다고 하더라도 채권은 소멸하지 않고 계속 존속한다고 할 것이므로, 배당을 받은 채권자는 이로 인하여 법률상 원인 없는 이득을 얻고 소유자는 경매에 의하여 소유권을 상실하는 손해를 입게 되었다고 할 것이니, 그 동산의 소유자는 배당을 받은 채권자에 대하여 부당이득으로서 배당받은 금원의 반환을 청구할 수 있다(대판 1998. 3. 27, 97다32680).

④ (○) : 동산의 선의취득에 필요한 점유의 취득은 현실적 인도가 있어야 하고 점유개정에 의한 점유취득만으로서는 그 요건을 충족할 수 없다(대판 1978. 1. 17, 77다1872).

⑤ (×) : 민법 제250조, 제251조 소정의 도품·유실물이란 원권리자로부터 점유를 수탁한 사람이 적극적으로 제3자에게 부정 처분한 경우와 같은 위탁물 횡령의 경우는 포함되지 아니하고 또한 점유보조자 내지 소지기관의 횡령처럼 형사법상 절도죄가 되는 경우도 형사법과 민사법의 경우를 동일시 해야 하는 것은 아닐 뿐만 아니라 진정한 권리자와 선의의 거래 상대방간의 이익형량의 필요성에 있어서 위탁물 횡령의 경우와 다를 바 없으므로 이 역시 민법 제250조의 도품·유실물에 해당되지 않는다(대판 1991. 3. 22, 91다70).

83 선의취득에 관한 설명으로 옳지 않은 것은? (다툼이 있으면 판례에 따름) 〈2022년 변리사〉

① 선의취득자가 임의로 선의취득 효과를 거부하고 종전 소유자에게 동산을 반환받아 갈 것을 요구할 수 없다.
② 물권적 합의가 동산의 인도보다 먼저 행해지면, 선의취득자의 선의·무과실 여부는 물권적 합의가 이루어진 때를 기준으로 판단한다.
③ 위탁물 횡령의 경우, 그 위탁물은 민법 제250조(도품·유실물에 대한 특례)의 도품, 유실물에 포함되지 않는다
④ 특별한 사정이 없는 한 선의취득이 성립되면 무권리자인 양도인은 양수인과의 거래행위에 의해 취

정답 83. ②

득한 이익을 부당이득으로 종전 소유자에게 반환해야 한다.

⑤ 양도인이 소유자로부터 보관을 위탁받은 동산을 제3자에게 보관시킨 경우에 양도인이 그 제3자에 대한 반환청구권을 양수인에게 양도하고 지명채권 양도의 대항요건을 갖추었을 때에는 양수인은 동산의 선의취득에 필요한 점유의 취득 요건을 충족한다.

해 설

① (○) : 민법 제249조의 동산 선의취득제도는 동산을 점유하는 자의 권리외관을 중시하여 이를 신뢰한 자의 소유권 취득을 인정하고 진정한 소유자의 추급을 방지함으로써 거래의 안전을 확보하기 위하여 법이 마련한 제도이므로, 위 법조 소정의 요건이 구비되어 동산을 선의취득한 자는 권리를 취득하는 반면 종전 소유자는 소유권을 상실하게 되는 법률효과가 법률의 규정에 의하여 발생되므로, 선의취득자가 임의로 이와 같은 선의취득 효과를 거부하고 종전 소유자에게 동산을 반환받아 갈 것을 요구할 수 없다(대판 1998. 6. 12, 98다6800).

② (×) : 민법 제249조가 규정하는 선의·무과실의 기준시점은 물권행위가 완성되는 때인 것이므로, 물권적 합의가 동산의 인도보다 먼저 행하여지면 인도된 때를, 인도가 물권적 합의보다 먼저 행하여지면 물권적 합의가 이루어진 때를 기준으로 해야 한다(대판 1991. 3. 22, 91다70).

③ (○) : 민법 제250조, 제251조 소정의 도품·유실물이란 원권리자로부터 점유를 수탁한 사람이 적극적으로 제3자에게 부정 처분한 경우와 같은 위탁물 횡령의 경우는 포함되지 아니하고 또한 점유보조자 내지 소지기관의 횡령처럼 형사법상 절도죄가 되는 경우도 형사법과 민사법의 경우를 동일시 해야 하는 것은 아닐 뿐만 아니라 진정한 권리자와 선의의 거래 상대방간의 이익형량의 필요성에 있어서 위탁물 횡령의 경우와 다를 바 없으므로 이 역시 민법 제250조의 도품·유실물에 해당되지 않는다(대판 1991. 3. 22, 91다70).

④ (○) : 종전 소유자는 양수인의 선의취득에 의하여 소유권을 상실하는 손해를 입고, 무권리자인 양도인은 양수인과의 거래행위로 인하여 법률상 원인 없는 이익을 취득하므로 특별한 사정이 없는 한 선의취득이 성립되면 무권리자인 양도인은 양수인과의 거래행위에 의해 취득한 이익을 부당이득으로 종전 소유자에게 반환해야 한다. ☞ [참고 판례] 채무자 이외의 자의 소유에 속하는 동산을 경매한 경우에도 경매절차에서 그 동산을 경락받아 경락대금을 납부하고 이를 인도받은 경락인은 특별한 사정이 없는 한 소유권을 선의취득 한다고 할 것이지만, 그 동산의 매득금은 채무자의 것이 아니어서 채권자가 이를 배당 받았다고 하더라도 채권은 소멸하지 않고 계속 존속한다고 할 것이므로, 배당을 받은 채권자는 이로 인하여 법률상 원인 없는 이득을 얻고 소유자는 경매에 의하여 소유권을 상실하는 손해를 입게 되었다고 할 것이니, 그 동산의 소유자는 배당을 받은 채권자에 대하여 부당이득으로서 배당받은 금원의 반환을 청구할 수 있다(대판 1998. 3. 27, 97다32680).

> **[비교지문] 선의취득자는 권리를 잃은 전(前)소유자에게 부당이득을 반환할 의무가 없다.**
>
> 〈2020년 감정평가사〉
>
> (○) : 선의취득(제249조)이라는 법률상 원인이 있기 때문이다.

> **[참고 판례]** 매도인에게 소유권이 유보된 자재가 제3자와 매수인 사이에 이루어진 도급계약의 이행으로 제3자 소유 건물의 건축에 사용되어 부합된 경우 보상청구를 거부할 법률상 원인이 있다고 할 수 없지만, 제3자가 도급계약에 의하여 제공된 자재의 소유권이 유보된 사실에 관하여 과실 없이 알지 못한 경우라면 선의취득의 경우와 마찬가지로 제3자가 그 자재의 귀속으로 인한 이익을 보유할 수 있는 법률상 원인이 있다고 봄이 상당하므로, 매도인으로서는 그에 관한 보상청구를 할 수 없다(대판 2009. 9. 24, 2009다15602).

⑤ (○) : 양도인이 소유자로부터 보관을 위탁받은 동산을 제3자에게 보관시킨 경우에 양도인이 그 제3자에 대한 반환청구권을 양수인에게 양도하고 지명채권 양도의 대항요건을 갖추었을 때에는 동산의 선의취득에 필요한 점유의 취득 요건을 충족한다(대판 1999. 1. 26, 97다48906).

84 **물권변동에 관한 설명으로 옳지 않은 것은? (다툼이 있으면 판례에 따름)** 〈2023년 변리사〉

① 미등기건물에 대한 양도담보계약상의 채권자의 지위를 승계하여 건물을 관리하고 있는 자는 그 건물에 대한 철거처분권을 가진 자에 해당한다.

② 부동산 합유지분의 포기가 적법하더라도 그에 관한 등기가 경료되지 않았다면 그 포기된 합유지분은 나머지 잔존 합유지분권자들에게 귀속되지 않는다.

③ 동산의 선의취득에서 물권적 합의가 동산의 인도보다 먼저 행하여진 경우 양수인의 선의·무과실의 판단시점은 인도된 때를 기준으로 한다.

④ 소유권이전의 약정을 내용으로 하는 화해조서는 민법 제187조(등기를 요하지 아니하는 부동산물권취득)의 판결에 포함되지 않는다.

⑤ 공유물분할의 조정절차에서 공유자 사이에 공유토지에 관한 현물분할의 협의가 성립하여 그 합의사항을 조서에 기재함으로써 조정이 성립하더라도 등기 없이 그 협의에 따른 새로운 법률관계가 창설되는 것은 아니다.

해 설

① (×) : 미등기건물에 대한 양도담보계약상의 채권자의 지위를 승계하여 건물을 관리하고 있는 자는 건물의 소유자가 아님은 물론 건물에 대하여 법률상 또는 사실상 처분권을 가지고 있는 자라고 할 수도 없다 할 것이어서 건물에 대한 철거처분권을 가지고 있는 자라고 할 수 없다(대판 2003. 1. 24, 2002다61521, 대판 2014. 3. 13, 2009다105215).

② (○) : 합유지분 포기가 적법하다면 그 포기된 합유지분은 나머지 잔존 합유지분권자들에게 균분으로 귀속하게 되지만 그와 같은 물권변동은 합유지분권의 포기라고 하는 법률행위에 의한 것이므로 등기하여야 효력이 있고 지분을 포기한 합유지분권자로부터 잔존 합유지분권자들에게 합유지분권 이전등기가 이루어지지 아니하는 한 지분을 포기한 지분권자는 제3자에 대하여 여전히 합유지분권자로서의 지위를 가지고 있다고 보아야 한다(대판 1997. 9. 9, 96다16896).

③ (○) : 민법 제249조가 규정하는 선의·무과실의 기준시점은 물권행위가 완성되는 때인 것이므로, 물권적 합의가 동산의 인도보다 먼저 행하여지면 인도된 때를, 인도가 물권적 합의보다 먼저 행하여지면 물권적 합의가 이루어진 때를 기준으로 해야 한다(대판 1991. 3. 22, 91다70).

④ (○) : 본조(민법 제187조)에서 이른바 판결이라 함은 판결자체에 의하여 부동산물권취득의 형식적 효력이 발생하는 경우를 말하는 것이고 당사자 사이에 이루어진 어떠한 법률행위를 원인으로 하여 부동산소유권이전등기절차의 이행을 명하는 것과 같은 내용의 판결 또는 소유권이전의 약정을 내용으로 하는 화해조서는 이에 포함되지 않는다(대판 1965. 8. 17, 64다1721).

⑤ (○) : 공유물분할의 소송절차 또는 조정절차에서 공유자 사이에 공유토지에 관한 현물분할의 협의가 성립하여 그 합의사항을 조서에 기재함으로써 조정이 성립하였다고 하더라도, 그와 같은 사정만으로 재판에 의한 공유물분할의 경우와 마찬가지로 그 즉시 공유관계가 소멸하고 각 공유자에게 그 협의에 따른 새로운 법률관계가 창설되는 것은 아니고, 공유자들이 협의한 바에 따라 토지의 분필절차를 마친 후 각 단독소유로 하기로 한 부분에 관하여 다른 공유자의 공유지분을 이전받아 등기를 마침으로써 비로소 그 부분에 대한 대세적 권리로서의 소유권을 취득하게 된다고 보아야 한다(대판 2013. 11. 21, 2011두1917 전원합의체).

정답 84. ①

85 선의취득에 관한 설명으로 옳지 않은 것은? (다툼이 있으면 판례에 따름) 〈2024년 변리사〉

① 명인방법에 의하여 공시되는 수목의 집단 중 토지로부터 분리된 수목은 선의취득의 대상이 될 수 있다.
② 무권리자로부터 연립주택의 입주권을 평온·공연하게 선의·무과실로 매수하더라도 매수인은 입주권에 관한 선의취득을 주장할 수 없다.
③ 법정대리인의 동의를 받지 않은 미성년자로부터 타인 소유의 자전거를 선의로 매수한 자는 그 미성년자가 제한능력을 이유로 매매계약을 취소하더라도 선의취득에 기해 그 자전거의 소유권을 취득한다.
④ 甲소유의 발전기를 임차하여 공장에서 사용 중인 乙이 발전기의 소유자를 乙로 오신한 丙에게 그 발전기를 매도함과 동시에 이를 丙으로부터 임차하여 점유의 이전없이 공장에서 계속 사용하고 있는 경우, 丙은 발전기의 소유권을 선의취득 할 수 없다.
⑤ 선의취득의 대상이 된 금반지가 유실물일 때에는 유실자는 유실한 날로부터 2년 내에 그 금반지의 반환을 청구할 수 있다.

해설

① (○) : 평온, 공연하게 동산을 양수한 자가 선의이며 과실없이 그 동산을 점유한 경우에는 양도인이 정당한 소유자가 아닌 때에도 즉시 그 동산의 소유권을 취득한다(민법 제249조). ☞ 명인방법에 의해 공시되는 지상물이라 하더라도 지반으로부터 분리된 이후에는 선의취득의 대상이 될 수 있다.
② (○) : 서울특별시가 무허가 건물을 자진철거하는 시민들을 위하여 건립하는 연립주택의 입주권은 수분양자로서의 지위에 불과한 것이므로 선의취득의 대상이 될 수 없다(대판 1980. 9. 9, 79다2233).
③ (×) : 선의취득이 인정되려면 무권리자와의 거래행위가 유효한 것이어야 한다. 따라서 계약이 취소된 경우에는 선의취득이 인정될 수 없다.
④ (○) : 동산의 선의취득에 필요한 점유의 취득은 현실적 인도가 있어야 하고 점유개정에 의한 점유취득만으로서는 그 요건을 충족할 수 없다(대판 1978. 1. 17, 77다1872).
⑤ (○) : 전조의 경우에 그 동산이 도품이나 유실물인 때에는 피해자 또는 유실자는 도난 또는 유실한 날로부터 2년 내에 그 물건의 반환을 청구할 수 있다(민법 제250조).

86 乙은 甲의 부탁으로 甲 소유인 고장난 기계를 보관하고 있었다. 다음 중 옳은 것을 모두 고른 것은? (다툼이 있는 경우에는 판례에 의함) 〈2013년 변호사시험〉

ㄱ. 乙은 그 기계가 자신의 것이라고 말하며 기계부품상 丙에게 구입할 의향이 있는지를 타진하였다. 丙은 乙의 무지를 이용하여 사실은 간단한 수리만으로 사용할 수 있음에도 불구하고 그 기계는 고장나서 쓸 수 없다고 속여 헐값으로 매입하고 인도받았다. 그 후 甲과 乙이 함께 丙을 찾아와 기망을 이유로 위 매매계약을 취소하고 인도를 요구하였다. 위 매매 당시 丙은 그 기계가 乙의 소유가 아님을 알지 못했고 알 수도 없었다. 이 경우 丙은 기계의 인도를 거절할 수 있다.
ㄴ. 乙은 그 기계를 자신의 소유인 것처럼 丁에게 임대하고 점유를 이전하여 주었다가 丁의 간곡한 요청으로 丁에게 그 기계를 매도하였다. 그 기계는 매매 당시 丁이 점유하고 있었으므로 별도로 인도할 필요가 없었고, 丁은 그 기계가 乙의 소유가 아님을 알지 못했고 알 수도 없었다. 이 경우 丁은 기계의 소유권을 취득한다.

정답 85. ③ 86. ①

ㄷ. 乙의 채권자 戊는 그 기계가 乙의 소유가 아님을 알지 못했고 알 수도 없었기 때문에 그 기계에 대하여 경매신청을 하여 스스로 경락받고 집행비용을 제외한 매각대금 전액을 乙의 채권자로서 배당받았다. 이러한 사정을 알게 된 甲이 戊를 상대로 부당이득반환을 청구하면, 戊는 甲에게 배당금을 부당이득으로 반환할 의무가 있다.
ㄹ. 위 ㄷ에서 甲으로부터 부당이득의 반환을 청구받은 戊는 그 기계의 소유권 취득을 거부하고 甲에게 기계를 반환받아 갈 것을 요구할 수 있다.

① ㄴ, ㄷ ② ㄴ, ㄹ ③ ㄱ, ㄹ ④ ㄱ, ㄷ ⑤ ㄱ, ㄴ

해 설

ㄱ. (×) : 동산의 선의취득은 양도인이 무권리자라고 하는 점을 제외하고는 아무런 흠이 없는 거래행위이어야 성립한다(대판 1995. 6. 29, 94다22071). ☞ 거래행위가 기망을 이유로 취소되었으므로 丙은 선의취득 할 수 없다.
ㄴ. (○) : 간이인도에 의한 선의취득이다.
ㄷ. (○), ㄹ. (×) : [1] 채무자 이외의 자의 소유에 속하는 동산을 경매한 경매절차에서 그 동산을 경락받아 경락대금을 납부하고 이를 인도받은 경락인이 동산의 소유권을 선의취득한 경우 그 동산의 매득금은 채무자의 것이 아니어서 채권자가 이를 배당을 받았다고 하더라도 채권은 소멸하지 않고 계속 존속하므로, 배당을 받은 채권자는 이로 인하여 법률상 원인 없는 이득을 얻고 소유자는 경매에 의하여 소유권을 상실하는 손해를 입게 되었다고 할 것이니 그 동산의 소유자는 배당을 받은 채권자에 대하여 부당이득으로서 배당받은 금원의 반환을 청구할 수 있다. [2] 민법 제249조의 동산 선의취득제도는 동산을 점유하는 자의 권리외관을 중시하여 이를 신뢰한 자의 소유권 취득을 인정하고 진정한 소유자의 추급을 방지함으로써 거래의 안전을 확보하기 위하여 법이 마련한 제도이므로, 위 법조 소정의 요건이 구비되어 동산을 선의취득한 자는 권리를 취득하는 반면 종전 소유자는 소유권을 상실하게 되는 법률효과가 법률의 규정에 의하여 발생되므로, 선의취득자가 임의로 이와 같은 선의취득 효과를 거부하고 종전 소유자에게 동산을 반환받아 갈 것을 요구할 수 없다. [3] 채무자 이외의 자의 소유에 속하는 동산을 경매하여 그 매득금을 배당받은 채권자가 그 동산을 경락받아 선의취득자의 지위를 겸하고 있는 경우, 배당받은 채권자가 법률상 원인 없이 이득을 한 것은 배당액이지 선의취득한 동산이 아니므로, 동산의 전 소유자가 임의로 그 동산을 반환받아 가지 아니하는 이상 동산 자체를 반환받아 갈 것을 요구할 수는 없고 단지 배당금을 부당이득으로 반환할 수밖에 없다(대판 1998. 6. 12, 98다6800).

보충지문

87 동산에 관한 물권의 양도는 그 양도의 의사표시만 있으면 그 동산을 인도하지 않아도 그 효력이 생긴다. 〈2007년 법무사〉

해 설 동산에 관한 물권의 양도는 그 동산을 인도하여야 효력이 생긴다(제188조 제1항). 즉 동산물권의 변동에 있어서도 부동산에서처럼 성립요건주의를 취한다.

정 답 87. (×)

88 **동산의 소유자가 이를 이중으로 양도하고 각 점유개정의 방법으로 매도인이 점유를 계속하는 경우 양수인들 사이에 있어서는 먼저 현실의 인도를 받아 점유이전을 해 온 자가 소유권을 취득한다.** 〈2013년 법무사〉

해설 동산의 소유자가 이를 이중으로 양도하고 각 점유개정의 방법으로 양도인이 점유를 계속하는 경우 양수인들 사이에 있어서는 먼저 현실의 인도를 받아 점유를 해온 자가 소유권을 취득한다고 볼 것이다(대판 1989. 10. 24, 88다카26802).

89 **명인방법에 의해 공시되는 지상물이라 하더라도 지반으로부터 분리된 이후에는 선의취득의 대상이 될 수 있다.** 〈2007년 변리사〉

해설 명인방법에 의하여 공시되는 지상물은 부동산으로서 선의취득의 대상이 되지 않는다. 다만, 그것이 지반으로부터 분리되면 그에 대한 선의취득을 인정한다(통설).

90 **저당권은 선의취득할 수 없다.** 〈2017년 감정평가사〉

해설 민법 제249조의 선의취득은 점유인도를 물권변동의 요건으로 하는 동산의 소유권취득에 관한 규정으로서(동법 제343조에 의하여 동산질권에도 준용) 저당권의 취득에는 적용될 수 없다(대판 1985. 12. 24, 84다카2428).

91-1 **등록된 자동차는 선의취득의 대상이 아니다.** 〈2012년 감정평가사〉

91-2 **자동차관리법이 적용되는 자동차의 소유권 취득에 관해서는 민법 제249조의 선의 취득 규정은 적용되지 않는 것이 원칙이다.** 〈2018년 법무사〉

해설 [1] 자동차관리법 제6조는 "자동차 소유권의 득실변경은 등록을 하여야 그 효력이 생긴다."라고 규정하고 있다. 이는 현대사회에서 자동차의 경제적 효용과 재산적 가치가 크므로 민법상 불완전한 공시방법인 '인도'가 아니라 공적 장부에 의한 체계적인 공시방법인 '등록'에 의하여 소유권 변동을 공시함으로써 자동차 소유권과 이에 관한 거래의 안전을 한층 더 보호하려는데 취지가 있다. 따라서 자동차관리법이 적용되는 자동차의 소유권을 취득함에는 민법상 공시방법인 '인도'에 의할 수 없고 나아가 이를 전제로 하는 민법 제249조의 선의취득 규정은 적용되지 아니함이 원칙이다. [2] 자동차관리법이 적용되는 자동차에 해당하더라도 구조와 장치가 제작 당시부터 자동차관리법령이 정한 자동차안전기준에 적합하지 아니하여 행정상 특례조치에 의하지 아니하고는 적법하게 등록할 수 없어서 등록하지 아니한 상태에 있고 통상적인 용도가 도로 외의 장소에서만 사용하는 것이라는 등의 특별한 사정이 있다면 그러한 자동차에 대하여 자동차관리법이 정한 공시방법인 '등록'에 의하여만 소유권 변동을 공시할 것을 기대하기는 어려우므로, 소유권을 취득함에는 민법상 공시방법인 '인도'에 의할 수도 있다. 그리고 이때는 민법 제249조의 선의취득 규정이 적용될 수 있다(대판 2016. 12. 15, 2016다205373).

92 **점유권과 유치권은 선의취득할 수 없다.** 〈2020년 감정평가사〉

해설 점유권은 사실상 지배만으로 당연히 발생하는 권리라는 점에서, 유치권은 법정담보물권이라는 점에서 선의취득의 대상이 되지 못한다. 우리 민법상 선의취득할 수 있는 권리는 동산소유권(제249조)과 동산질권이다(제343조).

정답 88. (○) 89. (○) 90. (○) 91-1. (○) 91-2. (○) 92. (○)

93 연립주택의 입주권은 선의취득의 대상이 될 수 없다. 〈2017년 감정평가사〉

해설 서울특별시가 무허가 건물을 자진철거하는 시민들을 위하여 건립하는 연립주택의 입주권은 수분양자로서의 지위에 불과한 것이므로 선의취득의 대상이 될 수 없다(대판 1980. 9. 9, 79다2233).

94-1 경매에 의하여 소유권을 취득한 매수인에게도 선의취득이 인정될 수 있다. 〈2017년 감정평가사〉

94-2 채무자 이외의 자의 소유에 속하는 동산의 경매절차에서 그 동산을 경락받아 경락대금을 납부하고 이를 인도받은 경락인은 특별한 사정이 없는 한 소유권을 선의취득할 수 있다.
〈2019년 감정평가사〉

94-3 경매 대상 토지에 채무자 아닌 자의 소유인 동산이 설치되어 있는 경우, 경매의 매수인은 그 동산을 선의취득할 수 있다. 〈2015년 감정평가사〉

해설 채무자 이외의 자의 소유에 속하는 동산을 경매한 경우에도 경매절차에서 그 동산을 경락받아 경락대금을 납부하고 이를 인도받은 경락인은 특별한 사정이 없는 한 소유권을 선의취득 한다(대판 1998. 3. 27, 97다32680).

정답 93. (○) 94-1. (○) 94-2. (○) 94-3. (○)

물권의 소멸

1 **혼동에 관한 다음 설명 중 옳지 않은 것은?** 〈2007년 변리사〉

① 乙소유의 X 토지에 甲이 지상권을 가지고 있고 丙이 甲의 지상권 위에 저당권을 취득하였다. 그 후 甲이 乙로부터 X 토지의 소유권을 취득하더라도 甲의 지상권은 소멸하지 않는다.

② 乙소유의 X 토지에 甲이 임차권을 취득하고 그 대항요건을 갖춘 후에 丙이 X 토지에 대하여 乙로부터 저당권을 취득하였다. 그 후 甲이 乙로부터 X 토지의 소유권을 취득하더라도 甲의 임차권은 소멸하지 않는다.

③ 甲소유의 토지에 乙이 지상권을 취득하고 이 지상권 위에 丙이 저당권을 취득한 경우, 乙이 토지 소유권을 취득해도 乙의 지상권은 소멸하지 않으나 丙이 乙의 지상권을 양도받으면 丙의 저당권은 소멸한다.

④ 甲이 자기 소유의 부동산에 대하여 乙에게 지상권을 설정해 준 후 甲이 乙에게 담보목적의 소유권 이전등기(양도담보)를 해 주었다면 乙의 지상권은 소멸한다.

⑤ 甲소유의 X 토지를 乙이 점유하고 있던 중 乙이 甲을 단독으로 상속한 경우 乙의 점유권은 소멸하지 않는다.

해 설

① (○) : 혼동의 예외로서 혼동으로 소멸하는 제한물권이 제3자의 권리목적이라면, 그 물권은 혼동으로 소멸하지 않는다(제191조 제1항 단서).

② (○) : 부동산에 대한 소유권과 임차권이 동일인에게 귀속하게 되는 경우 임차권은 혼동에 의하여 소멸하는 것이 원칙이지만, 그 임차권이 대항요건을 갖추고 있고 또한 그 대항요건을 갖춘 후에 저당권이 설정된 때에는 혼동으로 인한 물권소멸 원칙의 예외 규정인 민법 제191조 제1항 단서를 준용하여 임차권은 소멸하지 않는다(대판 2001. 5. 15, 2000다12693).

③ (○) : 지상권이 제3자의 권리목적이 된 경우 혼동이 일어나지 않지만(제191조 제1항 단서), 저당권자가 지상권을 양수하게 되면 지상권은 혼동이 된다(제191조 제2항).

④ (×) : 지상권자가 양도담보권자가 된 경우 혼동과 관련하여 판례는 부정하고 있다. 원고가 피고 甲, 乙로부터 금원을 차용함에 있어 그 담보조로 원고 소유부동산에 관하여 지상권설정등기를 경료한 후 다시 위 피고들을 포함한 6인으로부터 금원을 차용하면서 양도담보를 내용으로 하는 제소전 화해조서의 집행에 의하여 같은 부동산에 관하여 피고 甲, 乙을 포함한 6인 공동명의의 소유권이전등기가 경료되었다고 하더라도 원고와 위 피고들 사이에 있어서는 그 소유권은 의연히 원고에게 남아있는 것이므로 동 피고들 명의의 지상권지분이 혼동으로 소멸되는 것은 아니다(대판 1980. 12. 23, 80다2176).

⑤ (○) : 점유권은 권리의 성질상 본권과 병존하므로 혼동에 의하여 소멸하지 않는다(제191조 제3항).

정답 1. ④

2 **물권의 소멸에 관한 설명으로 옳지 않은 것은? (다툼이 있으면 판례에 따름)** 〈2019년 변리사〉

① 점유권은 혼동이나 소멸시효에 의해 소멸하지 않는다.
② 소유권은 소멸시효에 의해 소멸하지 않지만, 타인이 시효취득하면 상대적으로 소멸할 수 있다.
③ 전세권에 저당권이 설정된 경우, 전세목적물에 대한 소유권과 전세권이 동일인에게 귀속되더라도 전세권은 혼동에 의해 소멸하지 않는다.
④ 후순위 저당권이 있는 부동산의 소유권을 선순위 저당권자가 아무런 조건 없이 증여받아 취득한 경우, 혼동에 의해 저당권은 소멸한다.
⑤ 부동산공유자의 공유지분포기의 의사표시가 다른 공유자에게 도달하더라도 그 공유지분이 바로 소멸하는 것은 아니고, 다른 공유자는 자신에게 귀속될 공유지분에 관하여 소유권이전등기를 청구할 수 있을 뿐이다.

해 설

① (○) : 점유권은 혼동에 의해 소멸하지 않는다(민법 제191조 제3항). 그리고 점유권은 물건을 사실상 지배함으로써 성립하고 사실상 지배를 상실함으로써 바로 소멸하므로 성질상 소멸시효에 걸리지 않는다.
② (○) : 항구성을 가지는 소유권은 소멸시효에 걸리지 않는다는 것이 통설이다. 다만 타인이 소유권을 시효취득함으로써 상대적으로 소유권을 잃을 수는 있다.
③ (○) : 민법 제191조 제1항 단서 참조
④ (×) : 한 물건에 대한 소유권과 제한물권이 한 사람에게 돌아갔을 때는 제한물권은 소멸하는 것이 원칙이나 그 물건이 제3자의 권리 목적으로 되어 있고 또한 제3자의 권리가 혼동된 제한물권보다 아래순위에 있을 때에는 혼동된 제한물권이 소멸하지 아니한다(대판 1999. 4. 13, 98도4022).

> **[보충지문] 丙 소유의 토지에 甲의 1순위저당권과 乙의 2순위 저당권이 설정되어 있을 때, 甲이 그 토지를 매수하여 소유권을 취득하였고 甲의 피담보채권이 존속할 경우에는 乙의 저당권이 1순위가 된다(×).** 〈2012년 감정평가사〉

⑤ (○) : 민법 제267조는 "공유자가 그 지분을 포기하거나 상속인 없이 사망한 때에는 그 지분은 다른 공유자에게 각 지분의 비율로 귀속한다."라고 규정하고 있다. 여기서 공유지분의 포기는 법률행위로서 상대방 있는 단독행위에 해당하므로, 부동산 공유자의 공유지분 포기의 의사표시가 다른 공유자에게 도달하더라도 이로써 곧바로 공유지분 포기에 따른 물권변동의 효력이 발생하는 것은 아니고, 다른 공유자는 자신에게 귀속될 공유지분에 관하여 소유권이전등기청구권을 취득하며, 이후 민법 제186조에 의하여 등기를 하여야 공유지분 포기에 따른 물권변동의 효력이 발생한다. 그리고 부동산 공유자의 공유지분 포기에 따른 등기는 해당 지분에 관하여 다른 공유자 앞으로 소유권이전등기를 하는 형태가 되어야 한다(대판 2016. 10. 27, 2015다52978).

3 **물권의 소멸에 관한 설명으로 옳지 않은 것은? (다툼이 있으면 판례에 따름)** 〈2020년 변리사〉

① 부동산 합유지분의 포기로 인한 물권변동은 등기하여야 효력이 있다.
② 어떠한 물건에 대한 소유권과 그에 대한 제한물권이 동일한 사람에게 귀속한 경우에도 본인 또는 제3자의 이익을 위해서 그 제한물권을 존속시킬 필요가 있으면 제한물권은 소멸하지 않는다.
③ 부동산임차권이 대항요건을 갖춘 후에 그 부동산에 제3자의 저당권이 설정된 경우, 소유권과 임차권이 동일인에게 귀속하더라도 임차권이 소멸하지 않는다.
④ 지상권이 저당권의 목적인 경우에는 저당권자의 동의가 없이는 지상권을 포기할 수 없다.

정답 2. ④ 3. ⑤

⑤ 부동산 근저당권자가 그 소유권을 취득하여 근저당권이 혼동으로 소멸한 경우 그 소유권 취득이 무효인 것이 밝혀졌더라도 소멸하였던 근저당권은 부활하지 않는다.

해 설

① (○) : 합유지분 포기가 적법하다면 그 포기된 합유지분은 나머지 잔존 합유지분권자들에게 균분으로 귀속하게 되지만 그와 같은 물권변동은 합유지분권의 포기라고 하는 법률행위에 의한 것이므로 등기하여야 효력이 있고 지분을 포기한 합유지분권자로부터 잔존 합유지분권자들에게 합유지분권 이전등기가 이루어지지 아니하는 한 지분을 포기한 지분권자는 제3자에 대하여 여전히 합유지분권자로서의 지위를 가지고 있다고 보아야 한다(대판 1997. 9. 9, 96다16896).

② (○) : 어떠한 물건에 대한 소유권과 다른 물권이 동일한 사람에게 귀속한 경우 그 제한물권은 혼동에 의하여 소멸하는 것이 원칙이지만, 본인 또는 제3자의 이익을 위하여 그 제한물권을 존속시킬 필요가 있다고 인정되는 경우에는 혼동으로 소멸하지 않는다(대결 2013. 11. 19, 자 2012마745).

③ (○) : 부동산에 대한 소유권과 임차권이 동일인에게 귀속하게 되는 경우 임차권은 혼동에 의하여 소멸하는 것이 원칙이지만, 그 임차권이 대항요건을 갖추고 있고 또한 그 대항요건을 갖춘 후에 저당권이 설정된 때에는 혼동으로 인한 물권소멸 원칙의 예외 규정인 민법 제191조 제1항 단서를 준용하여 임차권은 소멸하지 않는다(대판 2001. 5. 15, 2000다12693).

④ (○) : 지상권 또는 전세권을 목적으로 저당권을 설정한 자는 저당권자의 동의없이 지상권 또는 전세권을 소멸하게 하는 행위를 하지 못한다(제371조 제2항).

⑤ (×) : 근저당권자가 소유권을 취득하면 그 근저당권은 혼동에 의하여 소멸하지만 그 뒤 그 소유권취득이 무효인 것이 밝혀지면 소멸하였던 근저당권은 당연히 부활한다(대판 1971. 8. 31, 71다1386).

보충지문

4-1 **바닷물에 개먹어 무너져 그 원상복구에 과다한 비용을 요하는 등 원상복구가 사회통념상 불가능한 상태에 이르게 된 포락지는 토지소유권의 객체로 되지 못한다.** 〈2009년 사법시험〉

4-2 **포락(浦落)으로 사권이 소멸한 경우, 그 사권의 소멸을 주장하는 자가 포락 사실을 입증하여야 하며, 포락한 토지가 추후 성토된다 하더라도 소멸한 사권이 부활하지는 않는다.** 〈2007년 사법시험〉

4-3 **토지가 포락되어 그 효용을 상실한 경우에는 그 후 포락된 토지가 성토되더라도 종전의 소유자가 토지소유권을 다시 취득할 수 없다.** 〈2008년 감정평가사〉

4-4 **토지가 포락되어 사회통념상 원상복구가 어려워 토지로서의 효용을 상실한 때에는 그 토지의 소유권이 소멸한다.** 〈2020년 감정평가사〉

해 설 토지소유권의 상실 원인이 되는 포락이라 함은 토지가 바닷물이나 적용하천의 물에 개먹어 무너져 바다나 적용하천에 떨어져 그 원상복구가 불가능한 상태에 이르렀을 때를 말하고, 그 원상회복의 불가능 여부는 포락 당시를기준으로 하여 물리적으로 회복이 가능한지 여부를 밝혀야 함은 물론, 원상회복에 소요될 비용, 그 토지의 회복으로 인한 경제적 가치 등을 비교 검토하여 사회통념상 회복이 불가능한지 여부를 기준으로 하여야 하고, 위와 같이 원상복구가 불가능하게 되어 소유권이 소멸하였다는 사실은 사권의 소멸을 주장하는 자가

정답 4-1. (○) 4-2. (○) 4-3. (○) 4-4. (○)

입증하여야 한다(대판 1995. 11. 7, 93다25585). 그리고 토지가 다시 성토화되었다하더라도 소멸되었던 포락한 토지에 대한 종전의 소유권은 영구히 소멸되고 그 성토화된 토지에 대한 소유권을 다시 취득하지 못한다(대판 1983. 12. 27, 83다카1561).

5 **乙 소유의 토지에 지상권을 취득한 甲이 그 지상권을 목적으로 하는 저당권을 丙에게 설정한 후에 甲이 그 저당권을 취득한다면, 그 저당권은 소멸한다.** 〈2012년 감정평가사〉

해 설 민법 제191조 제2항 참조

6 **가등기권자가 본등기절차에 의하지 아니하고 가등기설정자로부터 별도의 소유권이전등기를 경료받은 경우, 혼동의 법리에 의하여 가등기권자의 본등기청구권이 소멸한다.** 〈2010년 변리사〉

해 설 매매계약에 따른 소유권이전등기청구권 보전을 위하여 가등기가 경료된 경우 그 가등기권자가 가등기설정자에게 가지는 가등기에 기한 본등기청구권은 채권으로서 가등기권자가 가등기설정자를 상속하거나 그의 가등기에 기한 본등기절차 이행의 의무를 인수하지 아니하는 이상, 가등기권자가 가등기에 기한 본등기절차에 의하지 아니하고 가등기설정자로부터 별도의 소유권이전등기를 경료받았다고 하여 혼동의 법리에 의하여 가등기권자의 가등기에 기한 본등기청구권이 소멸하지는 않는다 할 것이다(대판 2007. 2. 22, 2004다59546 등).

7 **임차주택의 양수인에게 대항할 수 있는 주택임차인이 당해 임차주택을 경락받아 그 대금을 납부함으로써 임차주택의 소유권을 취득한 때에는 그 주택임차인은 임대인의 지위를 승계하는 결과, 특별한 사정이 없는 한 임대차계약에 기한 채권이 혼동으로 인하여 소멸하게 되므로 그 임대차는 종료된 상태가 된다.** 〈2018년 법무사〉

해 설 대판 1998. 9. 25, 97다28650 참조

8 **혼동으로 물권이 소멸하는 경우는? (다툼이 있으면 판례에 따름)** 〈2015년 감정평가사〉

① 甲의 토지에 乙이 1번 저당권, 丙이 2번 저당권을 취득한 후 乙이 토지 소유권을 취득하는 경우
② 甲의 건물에 乙이 저당권을 취득한 다음 그 건물을 매수하여 소유권이전등기를 마쳤는데, 그 매매계약이 원인무효임이 밝혀진 경우
③ 甲의 건물에 乙이 1번 저당권, 丙이 2번 저당권을 취득한 후 丙이 건물 소유권을 취득하는 경우
④ 甲의 토지에 乙이 지상권을 취득하고, 그 지상권 위에 丙이 저당권을 취득한 후 乙이 토지 소유권을 취득하는 경우
⑤ 甲의 토지에 대한 乙의 지상권 위에 丙이 1번 저당권, 丁이 2번 저당권을 취득한 뒤 丙이 乙의 지상권을 취득하는 경우

해 설

① (소멸×), ⑤ (소멸×) : 한 물건에 대한 소유권과 제한물권이 한 사람에게 돌아갔을 때는 제한물권은 소멸하는 것이 원칙이나 그 물건이 제3자의 권리 목적으로 되어 있고 또한 제3자의 권리가 혼동된 제한물권보다 아래 순위에 있을 때에는 혼동된 제한물권이 (본인을 위해) 소멸하지 아니한다(대판 1999. 4. 13, 98도4022).

정답 5. (○) 6. (×) 7. (○) 8. ③

② (소멸×) : 혼동을 생기게 한 원인이 부존재하거나 원인행위가 무효나 취소 등이 된 경우 소멸한 물권은 부활한다. 따라서 甲의 건물에 乙이 저당권을 취득한 다음 그 건물을 매수하여 소유권이전등기를 마쳤는데, 그 매매계약이 원인무효임이 밝혀진 경우에는 乙의 저당권은 혼동이 되지 않았던 것이 된다(대판 1971. 8. 31, 71다1386).
③ (소멸○) : 제3자의 권리가 혼동의 대상이 되는 제한물권보다 선순위인 경우에는 그 제한물권은 혼동으로 소멸한다.
④ (소멸×) : 동일한 물건에 소유권과 다른 물권이 동일한 사람에 귀속된 때에는 다른 물권은 소멸한다. 그러나 그 물권이 제3자의 권리의 목적이 된 때에는 소멸하지 아니한다(대결 2013. 11. 29, 자 2012마745).

제4장 점유권

1 **자주점유와 타주점유의 구별에 관한 내용으로 옳지 않은 것은?** 〈2006년 변리사〉

① 자주점유는 소유자와 동일한 지배를 행사하려는 의사를 가지고 있는 점유로서 반드시 법률상 지배할 수 있는 권원이 있을 필요는 없다.
② 타주점유는 그 점유물의 소유권이 타인에게 있음을 전제로 하는 점유로서 지상권자, 전세권자, 임차인 등의 점유가 이에 해당한다.
③ 소유의사의 유무는 점유취득의 원인이 된 권원의 객관적 성질에 의하여 정해지므로 선의의 매수인에 의한 점유는 자주점유이다.
④ 타주점유가 자주점유로 바뀌기 위해서는 타주점유자가 매매, 증여, 상속 등 새로운 권원에 기하여 소유의사로써 점유하여야 한다.
⑤ 점유의 원인이 자주점유인지 타주점유인지 분명하지 않을 경우 그 점유자는 소유의사로써 점유하는 것으로 추정한다.

해 설

① (○) : 통설과 판례는 자주점유에서 '소유의 의사'라 함은 소유자로서 사실상 점유하려는 의사를 말하며, 반드시 소유권이 있다고 믿고서 하는 점유를 의미하는 것은 아니라고 한다(대판 1987. 4. 14, 85다카2230).
② (○), ③ (○) : 판례는 자주점유와 타주점유를 판단함에 있어 이른바 '객관설'을 취하는 바, 점유에 있어 소유의 의사 유무는 점유취득의 원인사실에 의하여 외형적, 객관적으로 정하여져야 할 것인 즉, 토지매수인이 매매계약에 기하여 목적 토지의 점유를 취득한 경우에는 그 매매가 설사 타인의 토지의 매매로서 그 소유권을 취득할 수는 없다 하여도 다른 특별한 사정이 없는 이상 매수인의 점유는 소유의 의사로써 하는 것이라고 해석된다고 하였다(대판 1981. 11. 24, 80다3083).
④ (×) : 타주점유가 자주점유로 전환되려면 타주점유자가 새로운 권원에 기하여 소유의 의사를 가지고 점유를 시작하거나, 타주점유자가 타주점유를 하게 한 자에 대하여 소유의 의사가 있음을 표시하여야 하는데, 상속은 새로운 권원에 포함되지 않는다(대판 1996. 9. 20, 96다25319).
⑤ (○) : 취득시효에 있어서 자주점유의 요건인 소유의 의사는 객관적으로 점유취득의 원인이 된 점유권원의 성질에 의하여 그 존부를 결정하여야 할 것이나, 점유권원의 성질이 분명하지 아니한 때에는 민법 제197조 제1항에 의하여 점유자는 소유의 의사로 점유한 것으로 추정되므로 점유자가 스스로 그 점유권원의 성질에 의하여 자주점유임을 입증할 책임이 없고, 점유자의 점유가 소유의 의사없는 타주점유임을 주장하는 상대방에게 타주점유에 대한 입증책임이 있다[대판(전합) 1983. 7. 12, 82다708,709,82다카1792,1793].

2 **점유에 관한 설명 중 옳지 않은 것은? (다툼이 있는 경우에는 판례에 의함)** 〈2008년 변리사〉

① 건물의 소유자가 아닌 자는 실제로 그 건물을 점유하고 있다고 하더라도 특별한 사정이 없는 한 그 건물의 부지를 점유하는 자로는 볼 수 없다.
② 점유자의 권리의 적법 추정규정은 특별한 사정이 없는 한 부동산물권에 대하여는 적용되지 않는다.

정 답 1. ④ 2. ④

③ 점유물반환청구권의 행사기간은 출소기간이다.
④ 상속인이 피상속인의 사망 사실을 알지 못한 경우 점유권을 승계하지 못한다.
⑤ 선의의 점유자라도 본권에 관한 소에 패소한 때에는 그 소가 제기된 때로부터 악의의 점유자로 본다.

해 설

① (○) : 사회통념상 건물은 그 부지를 떠나서는 존재할 수 없는 것이므로 건물의 부지가 된 토지는 그 건물의 소유자가 점유하는 것으로 볼 것이고, 이 경우 건물의 소유자가 현실적으로 건물이나 그 부지를 점거하고 있지 아니하고 있더라도 그 건물의 소유를 위하여 그 부지를 점유한다고 보아야 한다(대판 2003. 11. 13, 2002다57935).
② (○) : 점유자의 권리추정의 규정은 특별한 사정이 없는 한 부동산 물권에 대하여는 적용되지 아니하고 다만 그 등기에 대하여서만 추정력이 부여된다(대판 1982. 4. 13, 81다780).
③ (○) : 1년의 제척기간은 재판외에서 권리행사하는 것으로 족한 기간이 아니라 반드시 그 기간 내에 소를 제기하여야 하는 이른바 출소기간으로 해석함이 상당하다(대판 2002. 4. 26, 2001다8097).
④ (×) : 상속의 경우에는 상속인이 점유를 취득한다(제193조). 이는 상속개시의 사실을 알고 있을 필요도 없다(대판 1989. 4. 11, 88다8217).
⑤ (○) : 민법 제197조 제2항 참조

3 **자주점유에 관련한 판례의 태도에 대한 설명 중 옳은 것을 모두 고른 것은?** 〈2010년 변리사〉

ㄱ. 지방자치단체가 토지에 관하여 공공용 재산으로서의 취득절차를 밟았음을 인정할 증거를 제출하지 못하고 있다는 사유만으로 자주점유의 추정이 번복되는 것은 아니다.
ㄴ. 점유자가 취득시효를 주장하는 경우에는 스스로 소유의 의사를 입증할 책임은 없다.
ㄷ. 점유자가 스스로 매매 또는 증여와 같은 자주점유의 권원을 주장하였으나 이것이 인정되지 않는 경우에는 자주점유의 추정이 번복된다.
ㄹ. 자기 소유의 대지상에 새로 건물을 건축하고자 하는 자가 통상 있을 수 있는 시공상의 착오 정도를 넘어 상당한 정도로 인접 토지를 침범한 경우, 그 인접 토지의 점유는 자주점유라 할 수 있다.
ㅁ. 부동산에 설정된 저당권에 기하여 임의경매가 개시되어 그 부동산이 제3자에게 매각됨으로써 종전 소유자의 소유권이 상실되었다고 하더라도, 종전 소유자가 계속 점유하고 있는 이상 자주점유로 봄이 상당하다.

① ㄱ, ㄴ ② ㄱ, ㄹ ③ ㄴ, ㅁ ④ ㄷ, ㄹ ⑤ ㄷ, ㅁ

해 설

ㄱ. (○) : 대판 2007. 12. 27, 2007다42112 참조
ㄴ. (○) : 대판 1997. 8. 21, 95다28625 전원합의체 등 참조
ㄷ. (×) : 점유자가 스스로 매매 또는 증여와 같은 자주점유의 권원을 주장하였으나 이것이 인정되지 않는 경우에도 원래 이와 같은 자주점유의 권원에 관한 입증책임이 점유자에게 있지 아니한 이상 그 점유권원이 인정되지 않는다는 사유만으로 자주점유의 추정이 번복된다거나 또는 점유권원의 성질상 타주점유라고는 볼 수 없다(대판 1983. 7. 12, 82다708, 709 전원합의체 ; 대판 2002. 2. 26, 99다72743).
ㄹ. (×) : 자신 소유의 대지상에 건물을 건축하면서 인접 토지와의 경계선을 정확하게 확인해 보지 아니한 탓에

정답 3. ①

착오로 건물이 인접 토지의 일부를 침범하게 되었다고 하더라도 그것이 착오에 기인한 것인 이상 그것만으로 그 인접 토지의 점유를 소유의 의사에 기한 것이 아니라고 단정할 수는 없다고 할 것이나, 일반적으로 자신 소유의 대지상에 새로 건물을 건축하고자 하는 사람은 건물이 자리 잡을 부지부분의 위치와 면적을 도면 등에 의하여 미리 확인한 다음 건축에 나아가는 것이 보통이라고 할 것이므로, 그 침범면적이 통상 있을 수 있는 시공상의 착오 정도를 넘어 상당한 정도에까지 이르는 경우에는 당해 건물의 건축주는 자신의 건물이 인접 토지를 침범하여 건축된다는 사실을 건축 당시에 알고 있었다고 보는 것이 상당하다고 할 것이고, 이 경우 그 침범으로 인한 인접 토지의 점유는 권원의 성질상 소유의 의사가 있는 점유라고 할 수 없다고 할 것이다(대판 2009. 5. 14, 2009다1078 등).

ㅁ. (×) : 부동산에 설정된 저당권에 기하여 임의경매가 개시된 이래 부동산의 소유자가 경매의 실행을 저지하지 아니한 채 절차가 진행되어 그 부동산이 제3자에게 경락되고 대금이 납부되어 종전 소유자의 소유권이 상실되었다면, 종전 소유자가 제3자의 소유로 귀속된 부동산을 계속 점유하고 있다고 하더라도 그 점유는 달리 특별한 사정이 없는 한 권원의 성질상 타주점유로 봄이 상당하다(대판 1996. 11. 26, 96다29335·29342 등).

4 **乙은 적법한 권원 없이 甲소유의 물건을 점유하면서 비용을 지출하였고, 그 후 甲은 乙에 대해 그 물건의 반환을 청구하였으며, 乙이 그 물건으로부터 취득한 과실은 없다. 다음 설명 중 옳지 않은 것은? (다툼이 있는 경우에는 판례에 의함)** 〈2011년 변리사〉

① 乙이 악의의 점유자인 경우에는 지출한 필요비의 상환을 청구할 수 없다.
② 乙이 그 물건을 사용하면서 마모된 부품을 교체하는데 비용을 지출하였다면 그 비용은 필요비에 해당한다.
③ 乙이 책임 있는 사유로 그 물건을 훼손한 경우, 乙이 악의의 점유자라면 그 손해의 전부를 배상하여야 한다.
④ 乙이 유익비를 지출한 때에는 그 가액의 증가가 현존한 경우에 한하여 甲의 선택에 따라 그 지출금액이나 증가액의 상환을 청구할 수 있다.
⑤ 만약 乙의 점유가 불법행위에 의해 개시되었다면, 乙이 지출한 유익비의 상환청구권을 기초로 하는 乙의 유치권은 인정되지 않는다.

해 설

① (×) : 점유자의 비용상환청구권은 점유자의 선의·악의를 불문하고 인정된다(제203조).

② (○) : 점유자와 회복자간의 법률관계 중 필요비 문제이다. 필요비는 통상 필요비, 특별필요비가 있는데, 판례는 "기계의 점유자가 그 기계장치를 계속 사용함에 따라 마모되거나 손상된 부품을 교체하거나 수리하는 데에 소요된 비용은 통상의 필요비에 해당하고, 그러한 통상의 필요비는 점유자가 과실을 취득하면 회복자로부터 그 상환을 구할 수 없다."고 한다(대판 1996. 7. 12, 95다41161).

③ (○) : 점유자와 회복자간의 법률관계 중 점유물의 멸실, 훼손시 반환범위 문제이다. 즉 점유물이 점유자의 책임있는 사유로 인하여 멸실 또는 훼손한 때에는 악의의 점유자는 그 손해의 전부를 배상하여야 한다(제202조).

④ (○) : 점유자와 회복자간의 법률관계 중 유익비 문제이다. 점유자가 점유물을 개량하기 위하여 지출한 금액 기타 유익비에 관하여는 그 가액의 증가가 현존한 경우에 한하여 회복자의 선택에 좇아 그 지출금액이나 증가액의 상환을 청구할 수 있다(제203조 제2항).

⑤ (○) : 제320조 제2항에 비추어 타당하다. 한편 이와 관련된 판례는 "어떠한 물건을 점유하는 자는 소유의 의사로 선의·평온 및 공연하게 점유한 것으로 추정될 뿐만 아니라 점유자가 점유물에 대하여 행사하는 권리는 적

정답 4. ①

법하게 보유하는 것으로 추정되므로, 점유물에 대한 유익비상환청구권을 기초로 하는 유치권의 주장을 배척하려면 적어도 그 점유가 불법행위로 인하여 개시되었거나 유익비지출 당시 이를 점유할 권원이 없음을 알았거나 이를 알지 못함이 중대한 과실에 기인하였다고 인정할 만한 사유의 상대방 당사자의 주장·입증이 있어야 한다."고 한다(대판 1966. 6. 7, 66다600, 601).

5 점유에 관한 설명으로 옳은 것은? (다툼이 있는 경우에는 판례에 의함) 〈2014년 변리사〉

① 선의의 점유자도 본권에 관한 소에서 패소한 때에는 그때부터 악의의 점유자로 본다.
② 소유의 의사 없는 선의의 점유자가 점유물을 멸실한 때에는 그 이익이 현존하는 한도에서 손해를 배상하여야 한다.
③ 점유매개관계는 반환청구권을 내용으로 하는 법률관계이다.
④ 소유의 의사 여부는 점유자의 주관적 의사를 기준으로 판단한다.
⑤ 타주점유자가 그 명의로 소유권보존등기를 한 사실만 있으면, 소유의사의 표시에 의한 자주점유의 전환이 인정된다.

해 설

① (×) : 선의의 점유자도 본권에 관한 소에서 패소한 때에는 그때부터가 아닌 소제기시부터 악의의 점유자로 본다(제197조 제2항).
② (×) : 소유의 의사 없는 선의의 점유자가 점유물을 멸실한 때에는 그 이익이 현존하는 한도에서 손해를 배상하여야 하는 것이 아니라 손해전부를 배상하여야 한다(제202조).
③ (○) : 점유의 관념화 현상으로서 간접점유의 특징은 점유매개관계가 특징이다. 그리고 그것은 반드시 반환청구권이 있다.
④ (×) : [1] 취득시효에 있어서 자주점유의 요건인 소유의 의사는 객관적으로 점유권원의 성질에 의하여 그 존부를 결정하는 것이다. [2] 점유자의 점유가 소유의 의사 있는 자주점유인지 아니면 소유의 의사 없는 타주점유인지의 여부는 점유자의 내심의 의사에 의하여 결정되는 것이 아니라 점유취득의 원인이 된 권원의 성질이나 점유와 관계가 있는 모든 사정에 의하여 외형적·객관적으로 결정되어야 하는 것이다(대판 2000. 3. 24, 99다56765).
⑤ (×) : 타주점유자가 그 명의로 소유권보존등기를 경료한 것만으로는 소유자에 대하여 소유의 의사를 표시하여 자주점유로 전환되었다고 볼 수 없다(대판 1989. 4. 11, 88다카95).

6 점유자와 회복자의 관계에 관한 설명으로 옳지 않은 것은? (다툼이 있으면 판례에 따름)
〈2015년 변리사〉

① 선의의 점유자는 과실을 취득한 경우에도 점유물을 보존하기 위하여 지출한 통상의 필요비를 상환할 것을 청구할 수 있다.
② 과실수취권이 인정되는 선의의 점유자란 과실수취권을 포함하는 권원이 있다고 오신한 점유자를 말하고, 그와 같은 오신을 함에는 오신할 만한 정당한 근거가 있어야 한다.
③ 권원없이 타인 소유 토지의 상공에 송전선을 설치하여 그 토지를 사용·수익한 악의의 점유자는 받은 이익에 이자를 붙여 반환하여야 하며, 이자의 이행지체로 인한 지연손해금도 지급하여야 한다.
④ 악의의 점유자는 수취한 과실을 반환하여야 하며 소비하였거나 과실로 인하여 훼손 또는 수취하지 못한 경우에는 그 과실의 대가를 보상하여야 한다.

정답 ▶ 5. ③ 6. ①

⑤ 점유자가 물건에 유익비를 지출할 당시 계약관계 등 적법한 점유의 권원을 가지고 있었다면, 계약관계 등의 상대방이 아닌 점유회복 당시의 소유자에 대하여 점유자와 회복자의 관계에 따른 유익비의 상환을 청구할 수 없다.

해 설

① (×) : 선의의 점유자는 과실을 취득한 경우, 점유물을 보존하기 위하여 지출한 통상의 필요비는 청구할 수 없다. 따라서 청구할 수 있는 비용은 특별필요비, 유익비이다(제203조 제1항).

② (○) : 제201조 과실수취권이 인정되는 선의의 점유자와 관련하여 판례는 특히 과실수취권을 포함하는 권원이 있다고 오신한 점유자를 말하고, 그와 같은 오신을 함에는 오신할 만한 정당한 근거가 있어야 한다고 함이 특징이다(대판 1981. 8. 20, 80다2587).

③ (○) : 악의 점유자는 제201조 제2항이 아닌 채권법상 부당이득 제748조 제2항 규정에 의하여 받은 이익에 이자를 붙여 반환하여야 하며, 이자의 이행지체로 인한 지연손해금도 지급하여야 한다(대판 2003. 11. 14, 2001다61869).

④ (○) : 악의의 점유자는 수취한 과실을 반환하여야 하며 소비하였거나 과실로 인하여 훼손 또는 수취하지 못한 경우에는 그 과실의 대가를 보상하여야 한다(제201조 제2항).

⑤ (○) : 점유자가 물건에 유익비를 지출할 당시 계약관계 등 적법한 점유의 권원을 가지고 있었다면, 계약관계 등의 상대방이 아닌 점유회복 당시의 소유자에 대하여 점유자와 회복자의 관계에 따른 유익비의 상환을 청구할 수 없다(대판 2003. 7. 25, 2001다64752).

7 **甲 소유의 X건물을 임차하여 점유한 乙이 丙과 도급계약을 체결하고 X건물을 수리하게 하여 그 건물의 가치가 증가하였다. 이 사안에 관한 설명으로 옳은 것을 모두 고른 것은? (다툼이 있으면 판례에 따름)** 〈2016년 변리사〉

ㄱ. 丙이 X건물을 수리하던 중 丁이 무단으로 X건물에 침입한 경우, 乙은 丁을 상대로 X건물의 점유권에 근거하여 방해배제를 청구할 수 없다.
ㄴ. 丙은 甲을 상대로 수리비 상당액의 부당이득반환을 청구할 수 없다.
ㄷ. 丙은 민법 제203조에 따라 甲을 상대로 수리비 상당의 비용상환을 청구할 수 있다.
ㄹ. 甲이 X건물의 소유권을 戊에게 이전한 경우, 乙은 민법 제203조에 따라 戊를 상대로 수리비 상당의 비용상환을 청구할 수 있다.

① ㄱ ② ㄴ ③ ㄷ ④ ㄴ, ㄹ ⑤ ㄷ, ㄹ

해 설

ㄱ. (×) : 간접점유권의 효력이다(제207조 참조). 즉 丙이 X건물을 수리하던 중 丁이 무단으로 X건물에 침입(침탈)한 경우, 乙은 丁을 상대로 X건물의 (간접)점유권에 근거하여 방해배제를 청구할 수 있다(대판 1993. 3. 9, 92다5300).

ㄴ. (○), ㄷ. (×) : [1] 계약상의 급부가 계약의 상대방뿐만 아니라 제3자의 이익으로 된 경우에 급부를 한 계약당사자가 계약 상대방에 대하여 계약상의 반대급부를 청구할 수 있는 이외에 그 제3자에 대하여 직접 부당이득반환청구를 할 수 있다고 보면, 자기 책임하에 체결된 계약에 따른 위험부담을 제3자에게 전가시키는 것이 되어 계약법의 기본원리에 반하는 결과를 초래할 뿐만 아니라, 채권자인 계약당사자가 채무자인 계약 상대방의 일

정답 7. ②

반채권자에 비하여 우대받는 결과가 되어 일반채권자의 이익을 해치게 되고, 수익자인 제3자가 계약 상대방에 대하여 가지는 항변권 등을 침해하게 되어 부당하므로, 위와 같은 경우 계약상의 급부를 한 계약당사자는 이익의 귀속 주체인 제3자에 대하여 직접 부당이득반환을 청구할 수는 없다고 보아야 한다. [2] 유효한 도급계약에 기하여 수급인이 도급인으로부터 제3자 소유 물건의 점유를 이전받아 이를 수리한 결과 그 물건의 가치가 증가한 경우, 도급인이 그 물건을 간접점유하면서 궁극적으로 자신의 계산으로 비용지출과정을 관리한 것이므로, 도급인만이 소유자에 대한 관계에 있어서 민법 제203조에 의한 비용상환청구권을 행사할 수 있는 비용지출자라고 할 것이고, 수급인은 그러한 비용지출자에 해당하지 않는다고 보아야 한다(대판 2002. 8. 23, 99다66564).

ㄹ. (×) : 민법 제203조 제2항에 의한 점유자의 회복자에 대한 유익비상환청구권은 〈점유자가 계약관계 등 적법하게 점유할 권리를 가지지 않아 소유자의 소유물반환청구에 응하여야 할 의무가 있는 경우〉에 성립되는 것으로서, 이 경우 점유자는 그 비용을 지출할 당시의 소유자가 누구이었는지 관계없이 점유회복 당시의 소유자 즉 회복자에 대하여 비용상환청구권을 행사할 수 있는 것이나, 〈점유자가 유익비를 지출할 당시 계약관계 등 적법한 점유의 권원을 가진 경우〉에 그 지출비용의 상환에 관하여는 그 계약관계를 규율하는 법조항이나 법리 등이 적용되는 것이어서, 점유자는 그 계약관계 등의 상대방(사안에서 임대인인 甲, 편집자 주)에 대하여 해당 법조항(민법 제626조)이나 법리에 따른 비용상환청구권을 행사할 수 있을 뿐 계약관계 등의 상대방이 아닌 점유회복 당시 의 소유자(사안에서 戊)에 대하여 민법 제203조 제2항에 따른 지출비용의 상환을 구할 수는 없다(대판 2003. 7. 25, 2001다64752).

8 **점유의 추정에 관한 설명으로 옳은 것을 모두 고른 것은? (다툼이 있으면 판례에 따름)**

〈2017년 변리사〉

> ㄱ. 선의의 점유자라도 본권에 관한 소에 패소한 때에는 그 소가 제기된 때로부터 악의의 점유자로 본다.
> ㄴ. 전후 양 시점에 점유한 사실이 있는 때에는 그 점유는 계속한 것으로 추정되지만, 전후 양 시점의 점유자가 다른 경우에는 점유의 승계가 입증되더라도 점유계속은 추정되지 않는다.
> ㄷ. 점유의 승계가 있는 경우, 전 점유자의 점유가 타주점유라 하여도 점유자의 승계인이 자기의 점유만을 주장하는 경우에는 현 점유자의 점유는 자주점유로 추정된다.
> ㄹ. 점유자는 소유의 의사로 선의·무과실, 평온 및 공연하게 점유한 것으로 추정한다.

① ㄱ, ㄴ ② ㄱ, ㄷ ③ ㄷ, ㄹ ④ ㄱ, ㄷ, ㄹ ⑤ ㄴ, ㄷ, ㄹ

해설

ㄱ. (○) : 민법 제197조 제2항 참조

ㄴ. (×) : 민법 제198조 소정의 점유계속추정은 동일인이 전후 양 시점에 점유한 것이 증명된 때에만 적용되는 것이 아니고 전후 양 시점의 점유자가 다른 경우에도 점유의 승계가 입증되는 한 점유계속은 추정된다(대판 1996. 9. 20, 96다24279).

> **[보충지문] 전후 양 시점의 점유자가 다르더라도 점유의 승계가 증명된다면 점유가 계속된 것으로 간주된다(×). ☞ 간주가 아니라 추정이다.**

ㄷ. (○) : 점유의 승계가 있는 경우 전 점유자의 점유가 타주점유라 하여도 점유자의 승계인이 자기의 점유만을 주장하는 경우에는 현 점유자의 점유는 자주점유로 추정된다(대판 2002. 2. 26, 99다72743).

ㄹ. (×) : 민법 제197조 제1항. 무과실의 점유는 추정되지 않는다. 판례도 “부동산의 등기부시효취득에 있어서

정답 8. ②

점유의 시초에 과실이 없었음을 필요로 하며, 이와 같은 무과실에 대하여는 그 주장자에게 입증책임이 있다(대판 1983. 10. 11, 83다카531)."고 한다.

9 甲과 乙의 점유에 관한 설명으로 옳지 않은 것은? (다툼이 있으면 판례에 따름) 〈2018년 변리사〉

① 甲이 그 소유건물을 乙에게 임대함으로써 현실적으로 건물이나 그 부지를 점거하고 있지 않으면, 甲은 그 부지를 점유한다고 볼 수 없다.
② 甲이 신축한 미등기건물을 양수하여 건물에 대한 사실상의 처분권을 보유하게된 乙은 그 건물의 부지도 함께 점유하고 있다고 볼 수 있다.
③ 甲이 신축한 건물의 경비원 乙이 甲의 지시를 받아 건물을 사실상 지배하고 있더라도 특별한 사정이 없는 한 乙은 그 건물의 점유자가 되지 못한다.
④ 甲이 그 소유건물을 乙에게 임대하여 인도한 경우에도 甲에게 점유권이 인정된다.
⑤ 甲명의로 토지에 대한 소유권보존등기를 마쳤다면, 특별한 사정이 없는 한 甲이 그 등기 당시 그 토지의 점유를 이전받았다고 인정할 수 없다.

해 설

① (×) : 사회통념상 건물은 그 부지를 떠나서는 존재할 수 없는 것이므로 건물의 부지가 된 토지는 그 건물의 소유자가 점유하는 것으로 볼 것이고, 이 경우 건물의 소유자가 현실적으로 건물이나 그 부지를 점거하고 있지 아니하고 있더라도 그 건물의 소유를 위하여 그 부지를 점유한다고 보아야 한다(대판 2003. 11. 13, 2002다57935).

> **[참조 판례]** 타인 소유의 토지 위에 권한 없이 건물을 소유하고 있는 자는 그 자체로써 특별한 사정이 없는 한 법률상 원인 없이 타인의 재산으로 인하여 토지의 차임에 상당하는 이익을 얻고 이로 인하여 타인에게 동액 상당의 손해를 주고 있다고 보아야 한다(대판 1998. 5. 8, 98다2389).

② (○) : 미등기건물을 양수하여 건물에 관한 사실상의 처분권을 보유하게 됨으로써 그 양수인이 건물부지 역시 아울러 점유하고 있다고 볼 수 있는 등의 다른 특별한 사정이 없는 한 건물의 소유명의자가 아닌 자로서는 실제로 그 건물을 점유하고 있다고 하더라도 그 건물의 부지를 점유하는 자로는 볼 수 없다(대판 2003. 11. 13, 2002다57935).
③ (○) : 민법 제195조(점유보조자) 가사상, 영업상 기타 유사한 관계에 의하여 타인의 지시를 받아 물건에 대한 사실상의 지배를 하는 때에는 그 타인만을 점유자로 한다. ☞ 경비원 乙은 점유보조자에 불과하고 점유주 甲만이 점유자로 인정된다.
④ (○) : 민법 제194조(간접점유) 지상권, 전세권, 질권, 사용대차, 임대차, 임치 기타의 관계로 타인으로 하여금 물건을 점유하게 한 자는 간접으로 점유권이 있다. ☞ 甲은 간접점유자로서 점유권을 가진다.
⑤ (○) : 대지의 소유자로 등기한 자는 보통의 경우 등기할 때에 대지를 인도받아 점유를 얻은 것으로 보아야 하므로 등기사실을 인정하면서 특별한 사정의 설시 없이 점유사실을 인정할 수 없다고 판단해서는 아니 된다. 그러나 이는 임야나 대지 등이 매매 등을 원인으로 양도되고 이에 따라 소유권이전등기가 마쳐진 경우에 그렇다는 것이지, 소유권보존등기의 경우에도 마찬가지라고 볼 수는 없다. 소유권보존등기는 이전등기와 달리 해당 토지의 양도를 전제로 하는 것이 아니어서, 보존등기를 마쳤다고 하여 일반적으로 등기명의자가 그 무렵 다른 사람으로부터 점유를 이전받는다고 볼 수는 없기 때문이다(대판 2013. 7. 11, 2012다201410).

> **[보충지문] 대지의 소유자로 등기한 자는 보통의 경우 등기할 때에 대지를 인도받아 점유를 얻은 것으로 보아야 하므로 등기사실을 인정하면서 특별한 사정의 설시 없이 점유사실을 인정할 수 없다고 판단**

정 답 9. ①

> 해서는 안 된다. 이는 임야나 대지 등이 매매 등을 원인으로 양도되고 이에 따라 소유권이전등기가 마쳐진 경우뿐만 아니라 소유권보존등기의 경우에도 마찬가지이다(×). 〈2020년 법원행시〉

10 **甲소유의 산악자전거를 乙이 훔쳐 보관하던 중, 선의이지만 과실이 있는 丙에게 팔고 인도하였다. 며칠 후 甲은 丙이 자신의 자전거를 가지고 있는 것을 발견하여 이를 자력으로써 탈환하였다. 이에 관한 설명으로 옳은 것을 모두 고른 것은?(다툼이 있으면 판례에 따름)** 〈2019년 변리사〉

> ㄱ. 丙은 甲에 대해 자전거의 반환을 청구할 수 있다.
> ㄴ. 丙은 자전거에 대한 선의취득을 근거로 소유권을 주장할 수 있다.
> ㄷ. 丙의 甲에 대한 점유의 소에서 甲은 자전거에 대한 소유권을 근거로 항변할 수 있다.
> ㄹ. 甲은 탈환행위 전에 丙에 대해 점유물반환청구권을 행사할 수 있다.

① ㄱ ② ㄱ, ㄴ ③ ㄴ, ㄷ ④ ㄱ, ㄴ, ㄹ ⑤ ㄴ, ㄷ, ㄹ

해설

☞ 우선 설문에서 "자력으로써 탈환하였다."는 표현은 함정임을 주의해야 한다. 민법 제209조 제2항은 "점유물이 침탈되었을 경우에...중략...동산일 때에는 점유자는 현장에서 또는 추적하여 가해자로부터 이를 탈환할 수 있다."고 규정하는 바, 설문의 사안은 '현장에서 또는 추적하여'라는 요건을 갖추지 못하고 '며칠 후' 발견하고 탈환한 것이어서 적법한 자력탈환권의 행사라고 볼 수 없고 오히려 甲이 丙의 점유를 침탈한 것이다.

ㄱ. (○), ㄷ. (×) : 점유를 침탈당한 丙은 점유권자로서 점유권에 기한 물권적 청구권을 행사할 수 있다(민법 제204조). 이 때 甲이 소유권자라는 이유만으로 丙의 점유물반환청구가 거부되는 것은 아니다(민법 제208조).

> **[참고 최신판례]** [1] 점유자가 점유의 침탈을 당한 때에는 그 물건의 반환 등을 청구할 수 있고 이러한 점유회수의 청구에 있어서는 점유를 침탈당하였다고 주장하는 당시에 점유하고 있었는지의 여부만을 살피면 된다(민법 제204조 제1항). 여기서 점유란 물건이 사회통념상 그 사람의 사실적 지배에 속한다고 보여지는 객관적 관계에 있는 것을 말하고 사실상의 지배가 있다고 하기 위하여는 반드시 물건을 물리적, 현실적으로 지배하는 것만을 의미하는 것이 아니고 물건과 사람과의 시간적, 공간적 관계와 본권관계, 타인지배의 배제 가능성 등을 고려하여 사회관념에 따라 합목적적으로 판단하여야 한다. 점유권에 기인한 소와 본권에 기인한 소는 서로 영향을 미치지 아니하고, 점유권에 기인한 소는 본권에 관한 이유로 재판하지 못하므로 점유회수의 청구에 대하여 점유침탈자가 점유물에 대한 본권이 있다는 주장으로 점유회수를 배척할 수 없다(민법 제208조). 그러므로 점유권에 기한 본소에 대하여 본권자가 본소청구 인용에 대비하여 본권에 기한 예비적 반소를 제기하고 양 청구가 모두 이유 있는 경우, 법원은 점유권에 기한 본소와 본권에 기한 예비적 반소를 모두 인용해야 하고 점유권에 기한 본소를 본권에 관한 이유로 배척할 수 없다. [2] 점유회수의 본소에 대하여 본권자가 소유권에 기한 인도를 구하는 반소를 제기하여 본소청구와 예비적 반소청구가 모두 인용되어 확정되면, 점유자가 본소 확정판결에 의하여 집행문을 부여받아 강제집행으로 물건의 점유를 회복할 수 있다. 본권자의 소유권에 기한 반소청구는 본소의 의무 실현을 정지조건으로 하므로, 본권자는 위 본소 집행 후 집행문을 부여받아 비로소 반소 확정판결에 따른 강제집행으로 물건의 점유를 회복할 수 있다. 이러한 과정은 애당초 본권자가 허용되지 않는 자력구제로 점유를 회복한 데 따른 것으로 그 과정에서 본권자가 점유 침탈 중 설치한 장애물 등이 제거될 수 있다. 다만 점유자의 점유회수의 집행이 무의미한 점유상태의 변경을 반복하는 것에 불과할 뿐 아무런 실익이 없거나 본권자로 하여금 점유회수의 집행을 수인하도록 하는 것이 명백히 정의에 반하여 사회생활상 용인할 수 없다고 인정되는 경우, 또는 점유자가 점유권에 기한

정답 10. ①

본소 승소 확정판결을 장기간 강제집행하지 않음으로써 본권자의 예비적 반소 승소 확정판결까지 조건불성취로 강제집행에 나아갈 수 없게 되는 등 특별한 사정이 있다면 본권자는 점유자가 제기하여 승소한 본소 확정판결에 대한 청구이의의 소를 통해서 점유권에 기한 강제집행을 저지할 수 있다(대판 2021. 2. 4, 2019다202795, 202801).

[보충지문1] 점유자가 점유의 침탈을 당한 때에는 그 물건의 반환 등을 청구할 수 있고 이러한 점유회수의 청구에 있어서는 점유를 침탈당하였다고 주장하는 당시에 점유하고 있었는지의 여부만을 살피면 된다(○). 〈2022년 법원행시〉

[보충지문2] 점유권에 기인한 소와 본권에 기인한 소는 서로 영향을 미치지 아니하고, 점유권에 기인한 소는 본권에 관한 이유로 재판하지 못하므로 점유회수의 청구에 대하여 점유침탈자가 점유물에 대한 본권이 있다는 주장으로 점유회수를 배척할 수 없다(민법 제208조). 그러므로 점유권에 기한 본소에 대하여 본권자가 본소청구 인용에 대비하여 본권에 기한 예비적 반소를 제기하고 양 청구가 모두 이유 있는 경우, 법원은 점유권에 기한 본소와 본권에 기한 예비적 반소를 모두 인용해야 하고 점유권에 기한 본소를 본권에 관한 이유로 배척할 수 없다(○). 〈2021년 법무사〉

ㄴ. (×) : 선의취득이 인정되려면 선의일 뿐만 아니라 무과실이어야 한다(민법 제249조). 그런데 丙은 선의이지만 과실이 있으므로 선의취득할 수 없다.

ㄹ. (×) : 甲도 처음에는 점유권자였다가 乙에게 점유를 침탈당한 것이므로 점유물반환청구권을 행사할 수 있지만, 丙은 선의의 특별승계인이므로 丙에 대하여는 행사할 수 없다(민법 제204조 제2항).

11 점유에 관한 설명으로 옳지 않은 것은? (다툼이 있으면 판례에 따름) 〈2020년 변리사〉

① 점유자는 선의로 점유한 것으로 추정되지만, 권원 없는 점유였음이 밝혀지면 곧 그 동안의 점유에 대한 선의의 추정이 깨진다.
② 선의의 점유자라도 본권에 관한 소에 패소한 때에는 그 소가 제기된 때로부터 악의의 점유자로 본다.
③ 선의의 점유자에게 과실취득권이 있다는 이유만으로 불법행위로 인한 손해배상책임이 배제되지는 않는다.
④ 악의의 점유자는 그 받은 이익에 이자를 붙여 반환하여야 하며, 그 이자의 이행지체로 인한 지연손해금도 지급하여야 한다.
⑤ 악의의 점유자는 과실(過失)로 인하여 과실(果實)을 훼손한 경우 그 대가를 보상하여야 한다.

해 설

① (×) : 민법 제197조에 의하여 점유자는 선의로 점유한 것으로 추정되고, 권원 없는 점유였음이 밝혀졌다고 하여 곧 그 동안의 점유에 대한 선의의 추정이 깨어졌다고 볼 것은 아니다(대판 2000. 3. 10, 99다63350).

② (○) : 민법 제197조 제2항 참조

[보충지문] 선의의 점유자도 본권의 소에서 패소한 때에는 점유를 개시한 때부터 악의의 점유자로 본다(×). 〈2012년 변리사〉

③ (○) : 판례는 '선의의 점유자로 그 과실(果實)을 취득할 권리가 있어 경작한 농작물의 소유권을 취득할 수 있다하더라도 …피고에게 과실(過失)이 있는 경우, 그 점유는 진정한 소유자에 대하여 불법행위를 구성하는 것이라 아니할 수 없는 것'이라고 하여, 선의 점유자의 불법행위로 인한 손해배상책임을 긍정하고 있다(대판 1966. 7.

정답 11. ①

19, 66다994).

④ (○) : 타인 소유물을 권원 없이 점유함으로써 얻은 사용이익을 반환하는 경우 민법은 선의 점유자를 보호하기 위하여 제201조 제1항을 두어 선의 점유자에게 과실수취권을 인정함에 대하여, 이러한 보호의 필요성이 없는 악의 점유자에 관하여는 민법 제201조 제2항을 두어 과실수취권이 인정되지 않는다는 취지를 규정하는 것으로 해석되는바, 따라서 악의 수익자가 반환하여야 할 범위는 민법 제748조 제2항에 따라 정하여지는 결과 그는 받은 이익에 이자를 붙여 반환하여야 하며, 위 이자의 이행지체로 인한 지연손해금도 지급하여야 한다(대판 2003. 11. 14, 2001다61869).

⑤ (○) : 악의의 점유자는 수취한 과실을 반환하여야 하며 소비하였거나 과실로 인하여 훼손 또는 수취하지 못한 경우에는 그 과실의 대가를 보상하여야 한다(제201조 제2항).

12 점유자와 회복자의 법률관계에 관한 설명으로 옳은 것은? (다툼이 있으면 판례에 따름)

〈2021년 변리사〉

① 악의의 점유자가 점유물의 사용에 따른 이익을 반환하여야 하는 경우, 자신의 노력으로 점유물을 활용하여 얻은 초과이익도 반환하여야 한다.

② 악의의 수익자는 받은 이익에 이자를 붙여 반환하여야 하며, 그 이자의 이행지체로 인한 지연손해금도 지급하여야 한다.

③ 악의의 점유자가 과실(果實)을 수취하지 못한 경우, 이에 대한 과실(過失)이 없더라도 그 과실(果實)의 대가를 보상하여야 한다.

④ 점유자가 점유물을 개량하기 위하여 유익비를 지출한 경우는 점유자가 점유물을 반환할 때에 그 상환을 청구할 수 있으나, 필요비를 지출한 경우에는 즉시 상환을 청구할 수 있다.

⑤ 점유물이 점유자의 책임 있는 사유로 멸실된 때, 악의의 점유자라 하더라도 자주점유인 경우는 타주점유에 비하여 책임이 경감된다.

해 설

① (×) : 수익자가 자신의 노력 등으로 부당이득한 재산을 이용하여 남긴 이른바 운용이익도 그것이 사회통념상 수익자의 행위가 개입되지 아니하였더라도 부당이득된 재산으로부터 손실자가 당연히 취득하였으리라고 생각되는 범위 내의 것이 아닌 한 수익자가 반환하여야 할 이득의 범위에서 공제되어야 한다(대판 1995. 5. 12, 94다25551).

② (○) : 타인 소유물을 권원 없이 점유함으로써 얻은 사용이익을 반환하는 경우 민법은 선의 점유자를 보호하기 위하여 제201조 제1항을 두어 선의 점유자에게 과실수취권을 인정함에 대하여, 이러한 보호의 필요성이 없는 악의 점유자에 관하여는 민법 제201조 제2항을 두어 과실수취권이 인정되지 않는다는 취지를 규정하는 것으로 해석되는바, 따라서 악의 수익자가 반환하여야 할 범위는 민법 제748조 제2항에 따라 정하여지는 결과 그는 받은 이익에 이자를 붙여 반환하여야 하며, 위 이자의 이행지체로 인한 지연손해금도 지급하여야 한다(대판 2003. 11. 14, 2001다61869).

③ (×) : 악의의 점유자는 수취한 과실을 반환하여야 하며 소비하였거나 과실로 인하여 훼손 또는 수취하지 못한 경우에는 그 과실의 대가를 보상하여야 한다(민법 제201조 제2항).

④ (×) : 점유자가 점유물을 보존하거나 개량하기 위하여 지출한 필요비나 유익비에 관하여 민법 제203조 제1항, 제2항은 '점유자가 점유물을 반환할 때'에 상환을 청구할 수 있도록 규정하고 있으므로, 그 상환청구권은 점유자가 회복자에게서 점유물 반환을 청구받은 때에 비로소 이를 행사할 수 있는 상태가 되고 이행기가 도래한다(대판 2011. 12. 13, 2009다5162). ☞ 민법 제626조와 비교

정답 12. ②

⑤ (×) : 점유물이 점유자의 책임있는 사유로 인하여 멸실 또는 훼손한 때에는 악의의 점유자는 그 손해의 전부를 배상하여야 하며 선의의 점유자는 이익이 현존하는 한도에서 배상하여야 한다. 소유의 의사가 없는 점유자는 선의인 경우에도 손해의 전부를 배상하여야 한다(민법 제202조). ☞ 선의의 자주점유자만 책임이 경감된다.

13 점유자 甲의 권리관계 등에 관한 설명으로 옳은 것은? (다툼이 있으면 판례에 따름) 〈2023년 변리사〉

① 甲이 부동산을 증여받아 점유를 개시한 이후에 그 증여가 무권리자에 의한 것임을 알았더라도 그 점유가 타주점유가 된다고 볼 수 없다.

② 甲의 통상의 필요비 청구가 부정되는 민법 제203조(점유자의 상환청구권) 제1항 단서 규정은 과실수취권이 없는 악의의 점유자에 대해서도 적용된다.

③ 민법 제203조(점유자의 상환청구권) 제2항에서 유익비의 상환범위는 甲이 유익비로 지출한 금액과 현존하는 증가액 중에서 甲이 선택하는 것으로 정해진다.

④ 점유물이 甲의 책임있는 사유로 인하여 멸실한 경우, 민법 제202조(점유자의 회복자에 대한 책임)에 따르면 甲이 악의의 점유자로서 부담하는 손해배상범위와 선의이면서 타주점유자로서 부담하는 손해배상범위는 다르다.

⑤ 점유를 침탈당한 甲이 본권인 유치권 소멸에 따른 손해배상청구권을 행사하는 때에는 점유를 침탈당한 날부터 1년 내에 행사해야만 한다.

해설

① (○) : 부동산을 매수하여 이를 점유하게 된 자는 그 매매가 무효가 된다는 사정이 있음을 알았다는 등의 특단의 사정이 없는 한 그 점유의 시초에 소유의 의사로 점유한 것이며, 나중에 매도자에게 처분권이 없었다는 등의 사유로 그 매매가 무효인 것이 밝혀졌다 하더라도 그와 같은 점유의 성질이 변하는 것은 아니다(대판 1996. 5. 28, 95다40328). ☞ 소유의 의사는 점유개시시에 존재하면 족하다.

② (×) : 민법 제201조 제1항은 "선의의 점유자는 점유물의 과실을 취득한다."라고 정하고, 제2항은 "악의의 점유자는 수취한 과실을 반환하여야 하며 소비하였거나 과실로 인하여 훼손 또는 수취하지 못한 경우에는 그 과실의 대가를 보상하여야 한다."라고 정하고 있다. 민법 제203조 제1항은 "점유자가 점유물을 반환할 때에는 회복자에 대하여 점유물을 보존하기 위하여 지출한 금액 기타 필요비의 상환을 청구할 수 있다. 그러나 점유자가 과실을 취득한 경우에는 통상의 필요비는 청구하지 못한다."라고 정하고 있다. 위 규정을 체계적으로 해석하면 민법 제203조 제1항 단서에서 말하는 '점유자가 과실을 취득한 경우'란 점유자가 선의의 점유자로서 민법 제201조 제1항에 따라 과실수취권을 보유하고 있는 경우를 뜻한다고 보아야 한다. 선의의 점유자는 과실을 수취하므로 물건의 용익과 밀접한 관련을 가지는 비용인 통상의 필요비를 스스로 부담하는 것이 타당하기 때문이다. 따라서 과실수취권이 없는 **악의의 점유자**에 대해서는 **위 단서 규정이 적용되지 않는다**(대판 2021. 4. 29, 2018다261889).

③ (×) : 점유자가 점유물을 개량하기 위하여 지출한 금액 기타 유익비에 관하여는 그 가액의 증가가 현존한 경우에 한하여 회복자의 선택에 좇아 그 지출금액이나 증가액의 상환을 청구할 수 있다(민법 제203조 제2항).

④ (×) : 점유물이 점유자의 책임있는 사유로 인하여 멸실 또는 훼손한 때에는 악의의 점유자는 그 손해의 전부를 배상하여야 하며 선의의 점유자는 이익이 현존하는 한도에서 배상하여야 한다. 소유의 의사가 없는 점유자는 선의인 경우에도 손해의 전부를 배상하여야 한다(민법 제202조).

⑤ (×) : 민법 제204조에 따르면, 점유자가 점유의 침탈을 당한 때에는 그 물건의 반환 및 손해의 배상을 청구할 수 있고(제1항), 위 청구권은 점유를 침탈당한 날부터 1년 내에 행사하여야 하며(제3항), 여기서 말하는 1년의 행사기간은 제척기간으로서 소를 제기하여야 하는 기간을 말한다. 그런데 민법 제204조 제3항은 **본권 침해로 발생한** 손해배상청구권의 행사에는 적용되지 않으므로 점유를 침탈당한 자가 **본권인 유치권 소멸에 따른 손해배**

정답 13. ①

상청구권을 행사하는 때에는 민법 제204조 제3항이 적용되지 아니하고, 점유를 침탈당한 날부터 1년 내에 행사할 것을 요하지 않는다(대판 2021. 8. 19, 2021다213866).

14 점유권에 관한 설명으로 옳은 것은? (다툼이 있으면 판례에 따름) 〈2024년 변리사〉

① 선의의 점유자라도 본권에 관한 소에 패소한 때에는 그 소가 확정된 때로부터 악의의 점유자로 본다.
② 건물의 소유권이 양도된 경우에는 특별한 사정이 없는 한 건물의 양도인인 전(前) 소유자는 그 건물의 부지에 대한 점유를 상실한다.
③ 직접점유자가 그의 점유를 침탈당하거나 방해당하고 있는 경우, 직접점유자만이 점유보호청구권을 가지고 간접점유자는 점유보호청구권을 행사할 수 없다.
④ 甲의 점유가 타주점유인 경우, 甲의 특정승계인 乙이 자기의 점유만을 주장하더라도 그 점유는 타주점유로 추정된다.
⑤ 과실수취권이 있는 점유자는 점유물로부터 과실을 취득하였더라도 회복자에 대하여 점유물을 보존하기 위하여 지출한 통상의 필요비의 상환을 청구할 수 있다.

해 설

① (×) : 선의의 점유자라도 본권에 관한 소에 패소한 때에는 그 소가 제기된 때로부터 악의의 점유자로 본다(민법 제197조 제2항).
② (○) : 사회통념상 건물은 그 부지를 떠나서는 존재할 수 없는 것이므로 건물의 부지가 된 토지는 그 건물의 소유자가 점유하는 것으로 볼 것이고, 건물의 소유권이 양도된 경우에는 건물의 종전의 소유자가 건물의 소유권을 상실하였음에도 불구하고 그 부지를 계속 점유할 별도의 독립된 권원이 있는 등의 특별한 사정이 없는 한 그 부지에 대한 점유도 함께 상실하는 것으로 보아야 하며, 이 경우에 건물의 종전의 소유자가 그 건물에 계속 거주하고 있고 건물의 새로운 소유자는 현실적으로 건물이나 그 부지를 점거하고 있지 아니하고 있더라도 결론은 마찬가지이다(대판 1993. 10. 26, 93다2483).
③ (×) : 전3조의 청구권은 제194조의 규정에 의한 간접점유자도 이를 행사할 수 있다(민법 제207조 제1항).
④ (×) : 점유의 승계가 있는 경우 전 점유자의 점유가 타주점유라 하여도 점유자의 승계인이 자기의 점유만을 주장하는 경우에는 현 점유자의 점유는 자주점유로 추정된다(대판 2002. 2. 26, 99다72743).
⑤ (×) : 점유자가 과실을 취득한 경우에는 통상의 필요비는 청구하지 못한다(민법 제203조 제1항 단서).

15 甲소유의 X 토지를 무단 점유하고 있던 乙은 등기서류를 위조하여 X 토지에 관하여 자기 앞으로 소유권이전등기를 마쳤다. 乙은 2010. 10. 27. 자신이 X 토지의 소유자라고 거짓말하여 이에 속은 丙과 매매계약을 체결하고, 2010. 12. 27. 丙으로부터 매매대금 1억 원을 지급받은 다음 丙에게 X 토지에 관한 소유권이전등기를 마쳐주고 X 토지를 인도하였다. 뒤늦게 이와 같은 사실을 알게 된 甲은 2011. 9. 1. 丙을 상대로 X 토지에 관한 소유권이전등기의 말소를 구하는 소를 제기하여 2012. 3. 4. 승소판결을 받았고, 그 판결은 丙의 항소포기로 확정되었다. 다음 설명 중 옳지 않은 것은? (다툼이 있는 경우에는 판례에 의함) 〈2013년 변호사시험〉

① 丙은 사기에 의한 의사표시임을 이유로 乙과 체결한 매매계약을 취소하고, 乙을 상대로 위 매매대금 상당액을 부당이득으로 반환청구할 수 있다.
② 丙은 乙을 상대로 불법행위를 원인으로 한 손해배상청구를 할 수 있는데, 위 판결확정시에 X토지의

정답 14. ② 15. ⑤

가격이 1억 2,000만 원으로 상승하였더라도 그 가격상승분에 대해서는 손해배상청구를 할 수 없다.

③ 丙은 乙을 상대로 매도인의 담보책임을 물을 수 있고, 이때의 손해배상은 이행이익을 그 내용으로 한다.

④ 위 소에서 甲이 X 토지에 관한 인도청구를 병합한 경우, 丙이 X 토지의 객관적 가치를 높이기 위하여 비용을 지출하였고 그 이익이 현존한다면, 丙은 반소로써 甲을 상대로 유익비의 상환을 청구할 수 있다.

⑤ 甲이 2012. 4. 2. 丙을 상대로 2010. 12. 27.부터 X 토지의 인도 완료일까지 그 사용으로 얻은 부당이득의 반환을 구하는 소를 제기한 경우, 丙은 2012. 4. 2.부터 악의의 점유자로 본다.

해 설

① (○) : 사기취소와 부당이득반환청구로 타당하다(제110조, 제741조 참조).

② (○) : 타인 소유의 토지에 관하여 매도증서, 위임장 등 등기관계서류를 위조하여 원인무효의 소유권이전등기를 경료하고 다시 이를 다른 사람에게 매도하여 순차로 소유권이전등기가 경료된 후에 토지의 진정한 소유자가 최종 매수인을 상대로 말소등기청구소송을 제기하여 그 소유자 승소의 판결이 확정된 경우 위 불법행위로 인하여 최종 매수인이 입은 손해는 무효의 소유권이전등기를 유효한 등기로 믿고 위 토지를 매수하기 위하여 출연한 금액, 즉 매매대금으로서 이는 기존이익의 상실인 적극적 손해에 해당하고, 최종 매수인은 처음부터 위 토지의 소유권을 취득하지 못한 것이어서 위 말소등기를 명하는 판결의 확정으로 비로소 위 토지의 소유권을 상실한 것이 아니므로 위 토지의 소유권상실이 그 손해가 될 수는 없다(대판 1992. 6. 23, 91다33070). ☞ 가격상승분에 대해서까지 배상을 청구하려면 채무불이행이나 담보책임을 근거로 해야 한다(아래 ③해설 참조).

③ (○) : (ⅰ) 타인의 권리를 매매한 자가 권리이전을 할수 없게 된 때에는 매도인은 선의의 매수인에 대하여 불능 당시의 시가를 표준으로 그 계약이 완전히 이행된 것과 동일한 경제적 이익을 배상할 의무가 있다(대판 1967. 5. 18, 66다2618). (ⅱ) 부동산을 매수하고 소유권이전등기까지 넘겨받았지만 진정한 소유자가 제기한 등기말소청구소송에서 매도인과 매수인 앞으로 된 소유권이전등기의 말소를 명한 판결이 확정됨으로써 매도인의 소유권이전의무가 이행불능된 경우, 그 손해배상액 산정의 기준시점은 위 판결이 확정된 때이다(대판 1993. 4. 9, 92다25946).

④ (○) : 제203조의 비용상환청구권은 위와 같은 계약관계가 없는 자 사이에도 가능하다.

⑤ (×) : 선의의 점유자라도 본권에 관한 소에 패소한 때에는 그 소가 제기된 때로부터 악의의 점유자로 본다(제197조). 사안에서 甲은 2011. 9. 1. 丙을 상대로 X 토지에 관한 소유권이전등기의 말소를 구하는 소를 제기하여 2012. 3. 4. 승소판결을 받았고, 이후 2012. 4. 2. 丙을 상대로 부당이득의 반환을 구하는 소를 제기하였다. 이와 같은 경우 제197조의 "본권에 관한 소"는 2012. 4. 2.에 제기된 부당이득의 반환을 구하는 소가 아니라 2011. 9. 1.에 제기된 소유권이전등기의 말소를 구하는 소이므로, 2012. 4. 2.부터 악의의 점유자로 보는 것이 아니라 2011. 9. 1.부터 악의의 점유자로 보아야 한다(대판 1981. 10. 24, 81다96 ; 대판 1987. 9. 22, 86다카2151).

16 **甲은 X 주택과 인근 Y 창고를 소유하고 있다. Y 창고는 X 주택의 부속물·종물이 아니다. 乙은 甲으로부터 X 주택을 임차하여 전입신고를 하지 아니하고 사용하면서 점유할 권리 없이 Y 창고도 점유·사용하고 있다. 乙은 비용을 들여 X 주택과 Y 창고를 개량하여 가치를 증가시켰고, 지출된 비용만큼의 가치증가가 현존하고 있다. 임대차기간 도중에 甲은 X, Y 건물 모두를 丙에게 매도하고 소유권이전등기를 마쳐 주었다. 임대차기간이 만료되었고 丙은 乙에게 X, Y 건물의 인도를 청구하고 있다. 이에 관한 설명 중 옳은 것을 모두 고른 것은? (각 지문은 독립적이며, 다툼이 있는 경우 판례에 의함)** 〈2018년 변호사시험〉

정답 16. ②

ㄱ. 乙은 X 주택에 들인 유익비를 丙에게 청구할 수 있다.
ㄴ. 乙은 Y 창고에 들인 유익비를 丙에게 청구할 수 있다.
ㄷ. (사안을 달리하여) 乙이 공사업자 丁에게 도급하여 X, Y 건물의 개량공사가 이루어졌고 乙이 공사대금을 지급하지 아니한 경우, 丁은 甲에게 X 주택 가치증가분 상당의 부당이득반환을 청구할 수 있지만, Y 창고 가치증가분 상당의 부당이득반환은 청구할 수 없다.

① ㄱ　② ㄴ　③ ㄷ　④ ㄱ, ㄴ　⑤ ㄱ, ㄷ

해 설

ㄱ. (×), ㄴ. (○) : 민법 제203조 제2항에 의한 점유자의 회복자에 대한 유익비상환청구권은 점유자가 계약관계 등 적법하게 점유할 권리를 가지지 않아 소유자의 소유물반환청구에 응하여야 할 의무가 있는 경우에 성립되는 것으로서, 이 경우 점유자는 그 비용을 지출할 당시의 소유자가 누구이었는지 관계없이 점유회복 당시의 소유자 즉 회복자에 대하여 비용상환청구권을 행사할 수 있는 것이나(ㄴ.지문), 점유자가 유익비를 지출할 당시 계약관계 등 적법한 점유의 권원을 가진 경우에 그 지출비용의 상환에 관하여는 그 계약관계를 규율하는 법조항이나 법리 등이 적용되는 것이어서, 점유자는 그 계약관계 등의 상대방에 대하여 해당 법조항이나 법리에 따른 비용상환청구권을 행사할 수 있을 뿐 계약관계 등의 상대방이 아닌 점유회복 당시의 소유자에 대하여 민법 제203조 제2항에 따른 지출비용의 상환을 구할 수는 없다(ㄱ.지문)(대판 2003. 7. 25, 2001다64752).

ㄷ. (×) : 계약상의 급부가 계약의 상대방뿐만 아니라 제3자의 이익으로 된 경우에 급부를 한 계약당사자가 계약 상대방에 대하여 계약상의 반대급부를 청구할 수 있는 이외에 그 제3자에 대하여 직접 부당이득반환청구를 할 수 있다고 보면, 자기 책임하에 체결된 계약에 따른 위험부담을 제3자에게 전가시키는 것이 되어 계약법의 기본원리에 반하는 결과를 초래할 뿐만 아니라, 채권자인 계약당사자가 채무자인 계약 상대방의 일반채권자에 비하여 우대받는 결과가 되어 일반채권자의 이익을 해치게 되고, 수익자인 제3자가 계약 상대방에 대하여 가지는 항변권 등을 침해하게 되어 부당하므로, 위와 같은 경우 계약상의 급부를 한 계약당사자는 이익의 귀속 주체인 제3자에 대하여 직접 부당이득반환을 청구할 수는 없다고 보아야 한다(대판 2002. 8. 23, 99다66564, 66571).

17 **점유에 관한 설명 중 옳은 것(○)과 옳지 않은 것(×)을 올바르게 조합한 것은? (다툼이 있는 경우 판례에 의함)** 〈2022년 변호사시험〉

ㄱ. 직접점유자가 점유의 침탈을 당한 경우, 간접점유자는 그 물건을 직접점유자에게 반환할 것을 청구할 수 있고, 직접점유자가 그 물건의 반환을 받을 수 없는 때에는 자기에게 반환할 것을 청구할 수 있다.
ㄴ. 타인의 소유물을 권원 없이 점유한 악의수익자는 받은 이익에 이자를 붙여 반환해야 하고, 위 이자의 이행지체로 인한 지연손해금도 지급해야 한다.
ㄷ. 甲이 그 소유인 X 토지에 관하여 乙 앞으로 지상권을 설정해 준 후 丙이 X 토지를 불법으로 점유한 경우, 특별한 사정이 없는 한 甲은 丙을 상대로 X 토지의 인도를 청구할 수 있지만 X 토지 임료 상당의 손해배상을 청구할 수는 없다.
ㄹ. 甲의 점유가 타주점유인 경우, 특별한 사정이 없는 한 甲으로부터 상속에 의하여 점유를 승계한 乙의 점유는 타주점유이다.

정답 17. ⑤

① ㄱ(×), ㄴ(○), ㄷ(○), ㄹ(○)
② ㄱ(×), ㄴ(×), ㄷ(×), ㄹ(○)
③ ㄱ(○), ㄴ(×), ㄷ(○), ㄹ(×)
④ ㄱ(○), ㄴ(○), ㄷ(×), ㄹ(○)
⑤ ㄱ(○), ㄴ(○), ㄷ(○), ㄹ(○)

해 설

ㄱ. (○) : 민법 제207조 참조

ㄴ. (○) : 타인 소유물을 권원 없이 점유함으로써 얻은 사용이익을 반환하는 경우 민법은 선의 점유자를 보호하기 위하여 제201조 제1항을 두어 선의 점유자에게 과실수취권을 인정함에 대하여, 이러한 보호의 필요성이 없는 악의 점유자에 관하여는 민법 제201조 제2항을 두어 과실수취권이 인정되지 않는다는 취지를 규정하는 것으로 해석되는바, 따라서 **악의 수익자가 반환하여야 할 범위는 민법 제748조 제2항에 따라 정하여지는 결과 그는 받은 이익에 이자를 붙여 반환하여야 한다.** 즉, 악의 점유자는 과실을 반환하여야 한다고만 규정한 민법 제201조 제2항이, 민법 제748조 제2항에 의한 악의 수익자의 이자지급의무까지 배제하는 취지는 아니기 때문에, 악의 수익자의 부당이득금 반환범위에 있어서 민법 제201조 제2항이 민법 제748조 제2항의 특칙이라거나 우선적으로 적용되는 관계를 이루는 것은 아니다. 그리고 위 조문에서 규정하는 이자는 당해 침해행위가 없었더라면 원고가 위 임료로부터 통상 얻었을 법정이자상당액을 말하는 것이므로 악의 수익자는 위 이자의 이행지체로 인한 지연손해금도 지급하여야 할 것이다(대판 2003. 11. 14, 2001다61869).

ㄷ. (○) : **지상권을 설정한 토지소유권자**는 불법점유자에 대하여 **물권적청구권**을 행사할 수 있다. 지상권을 설정한 토지소유권자는 지상권이 존속하는 한 토지를 사용 수익할 수 없으므로 특별한 사정이 없는 한 불법점유자에게 **손해배상**을 청구할 수 없다(대판 1974. 11. 12, 74다1150).

ㄹ. (○) : **선대의 점유가 타주점유인 경우** 선대로부터 **상속에 의하여 점유를 승계한 자의 점유도** 상속전과 그 성질 내지 태양을 달리하는 것이 아니어서 특단의 사정이 없는 한 그 점유가 **자주점유로는 될 수 없고** 그 점유가 자주점유로 되기 위하여서는 점유자가 점유를 시킨 자에게 소유의 의사가 있는 것을 표시하거나 또는 신 권원에 의하여 다시 소유의 의사로써 점유를 시작하여야 한다(대판 1987. 2. 10, 86다카550).

18 **甲 소유의 X 동산을 乙이 점유하고 있다. 이에 관한 설명 중 옳은 것(○)과 옳지 않은 것(×)을 올바르게 조합한 것은? (다툼이 있는 경우 판례에 의함)** 〈2022년 변호사시험〉

ㄱ. 乙이 X를 훔쳐서 점유하는 경우, 乙은 자신으로부터 X를 빼앗아 간 丙에 대하여 점유를 침탈당한 날부터 1년 내에 점유회수청구권을 행사할 수 있다.
ㄴ. 丙이 X를 빼앗아 갔더라도 乙이 적법하게 X의 점유를 회수하면 乙의 점유는 계속된 것으로 본다.
ㄷ. 乙이 선의의 점유자라도 甲이 제기한 소유권에 기한 인도청구의 소에서 패소하면 "그 소가 제기된 때"부터 악의의 점유자로 의제되는데, 여기서 "그 소가 제기된 때"는 甲의 소장이 법원에 접수된 때를 말한다.
ㄹ. 乙이 X를 丙에게 보관시킨 경우, 乙이 X를 丁에게 매각하여 丙에 대한 반환청구권을 丁에게 양도하고 채권양도의 대항요건을 갖추었다면, 丁은 X의 선의취득에 필요한 점유요건을 충족한다.

① ㄱ(×), ㄴ(×), ㄷ(○), ㄹ(○)
② ㄱ(×), ㄴ(○), ㄷ(×), ㄹ(×)
③ ㄱ(○), ㄴ(○), ㄷ(×), ㄹ(○)
④ ㄱ(○), ㄴ(○), ㄷ(×), ㄹ(×)
⑤ ㄱ(○), ㄴ(○), ㄷ(○), ㄹ(○)

정답 18. ③

해 설

ㄱ. (○) : 점유자가 점유의 침탈을 당한 때에는 그 물건의 반환 및 손해의 배상을 청구할 수 있고(민법 제204조 제1항), 위 청구권은 점유를 침탈당한 날부터 1년 내에 행사하여야 한다(민법 제204조 제3항). 그리고 침탈당한 점유는 악의의 점유나 권원 없는 점유라도 무방하다(대판 1962. 1. 25, 4294민상793 등).

ㄴ. (○) : 민법 제192조 제2항 참조

ㄷ. (×) : 선의의 점유자라도 본권에 관한 소에서 패소한 때에는 그 소가 제기된 때부터 악의의 점유자로 보며(민법 제197조 제2항), '소가 제기된 때'란 소송이 계속된 때, 즉 소장 부본이 피고에게 송달된 때를 말한다(대판 2016. 12. 29, 2016다242273).

ㄹ. (○) : 양도인이 소유자로부터 보관을 위탁받은 동산을 제3자에게 보관시킨 경우에 양도인이 그 제3자에 대한 반환청구권을 양수인에게 양도하고 지명채권 양도의 대항요건을 갖추었을 때에는 동산의 선의취득에 필요한 점유의 취득 요건을 충족한다(대판 1999. 1. 26, 97다48906).

19 **甲 소유의 X 물건을 乙이 권원 없이 점유하고 있다. 이에 관한 설명 중 옳은 것은? (각 지문은 독립적이며, 다툼이 있는 경우 판례에 의함)** 〈2023년 변호사시험〉

① 乙이 선의의 점유자라도 본권에 관한 소에서 패소하면 그 소가 제기된 때, 즉 소장 부본이 乙에게 송달된 때로부터 乙을 악의의 점유자로 본다.

② X 물건이 선의의 점유자인 乙의 책임 있는 사유로 인하여 멸실되었다면 乙은 甲에게 그 손해의 전부를 배상하여야 한다.

③ 乙이 선의의 점유자라면 乙은 X 물건의 과실을 취득하고, 이와 같이 과실을 취득하였더라도 甲에게 X 물건을 반환할 때 통상의 필요비를 청구할 수 있다.

④ 乙이 X 물건을 개량하기 위해 지출한 유익비에 대해 그 가액의 증가가 현존하는 경우, 乙은 甲으로부터 X 물건의 반환을 청구받기 전에도 甲의 선택에 따라 그 지출금액이나 증가액의 상환을 청구할 수 있다.

⑤ 乙이 악의의 점유자라면 X 물건으로부터 수취한 과실을 甲에게 반환하여야 하지만, 이를 소비하였다면 그 과실의 대가를 보상할 필요는 없다.

해 설

① (○) : 선의의 점유자라도 본권에 관한 소에서 패소한 때에는 그 소가 제기된 때부터 악의의 점유자로 보며(민법 제197조 제2항), '소가 제기된 때'란 소송이 계속된 때, 즉 소장 부본이 피고에게 송달된 때를 말한다(대판 2016. 12. 29, 2016다242273).

② (×) : 점유물이 점유자의 책임있는 사유로 인하여 멸실 또는 훼손한 때에는 악의의 점유자는 그 손해의 전부를 배상하여야 하며 선의의 점유자는 이익이 현존하는 한도에서 배상하여야 한다. 소유의 의사가 없는 점유자는 선의인 경우에도 손해의 전부를 배상하여야 한다(민법 제202조).

③ (×) : 점유자가 점유물을 반환할 때에는 회복자에 대하여 점유물을 보존하기 위하여 지출한 금액 기타 필요비의 상환을 청구할 수 있다. 그러나 점유자가 과실을 취득한 경우에는 통상의 필요비는 청구하지 못한다(민법 제203조 제1항).

④ (×) : 민법 제203조 제1항, 제2항에 의한 점유자의 필요비 또는 유익비상환청구권은 점유자가 회복자로부터 점유물의 반환을 청구받거나 회복자에게 점유물을 반환한 때에 비로소 회복자에 대하여 행사할 수 있다(대판 1994. 9. 9, 94다4592).

⑤ (×) : 악의의 점유자는 수취한 과실을 반환하여야 하며 소비하였거나 과실로 인하여 훼손 또는 수취하지 못한 경우에는 그 과실의 대가를 보상하여야 한다(민법 제201조 제2항).

정답 19. ①

보충지문

20-1 건물의 소유자는 그가 현실적으로 건물이나 그 부지를 점거하고 있지 아니하고 있더라도, 그 건물의 소유를 위하여 그 부지를 점유한다고 보아야 한다. 〈2017 법원행시〉

20-2 미등기건물을 양수하여 건물에 관한 사실상의 처분권을 보유하게 됨으로써 그 양수인이 건물부지 역시 아울러 점유하고 있다고 볼 수 있는 등의 사정이 없는 한 건물의 소유명의자가 아닌 자는 실제로 그 건물을 점유하고 있다고 하더라도 그 건물의 부지를 점유하는 자로 볼 수 없다. 〈2019년 법무사〉

해 설 [1] 사회통념상 건물은 그 부지를 떠나서는 존재할 수 없는 것이므로 건물의 부지가 된 토지는 그 건물의 소유자가 점유하는 것으로 볼 것이고, 이 경우 건물의 소유자가 현실적으로 건물이나 그 부지를 점거하고 있지 아니하고 있더라도 그 건물의 소유를 위하여 그 부지를 점유한다고 보아야 한다. [2] 미등기건물을 양수하여 건물에 관한 사실상의 처분권을 보유하게 됨으로써 그 양수인이 건물부지 역시 아울러 점유하고 있다고 볼 수 있는 등의 다른 특별한 사정이 없는 한 건물의 소유명의자가 아닌 자로서는 실제로 그 건물을 점유하고 있다고 하더라도 그 건물의 부지를 점유하는 자로는 볼 수 없다(대판 2003. 11. 13, 2002다57935).

21 건물의 부지가 된 토지는 그 건물의 소유자가 점유하는 것이고, 건물의 소유권이 양도된 경우에는 건물의 종전의 소유자는 그 부지의 점유를 계속할 별도의 독립된 권원이 있는 등의 사정이 없는 한 그 부지에 대한 점유도 함께 상실한다. 〈2019년 법무사〉

해 설 사회통념상 건물은 그 부지를 떠나서는 존재할 수 없는 것이므로 건물의 부지가 된 토지는 그 건물의 소유자가 점유하는 것으로 볼 것이고, 건물의 소유권이 양도된 경우에는 건물의 종전의 소유자가 건물의 소유권을 상실하였음에도 불구하고 그 부지를 계속 점유할 별도의 독립된 권원이 있는 등의 특별한 사정이 없는 한 그 부지에 대한 점유도 함께 상실하는 것으로 보아야 하며, 이 경우에 건물의 종전의 소유자가 그 건물에 계속 거주하고 있고 건물의 새로운 소유자는 현실적으로 건물이나 그 부지를 점거하고 있지 아니하고 있더라도 결론은 마찬가지이다(대판 1993. 10. 26, 93다2483).

22 상속에 의하여 피상속인의 점유권은 상속인에게 이전하고, 거기에 의사표시나 점유의 이전을 요하지 않는다. 〈2017 법원행시〉

해 설 민법 제193조 참조

23 간접점유자는 직접점유자에 대한 목적물반환청구권을 양도하는 방법으로는 간접점유권을 양도할 수 없다. 〈2010년 사법시험〉

해 설 간접점유자는 그 직접점유자에 대하여 언제나 점유물의 반환청구권을 가지는데, 이 반환청구권을 양도함으로써 양수인이 간접점유를 승계하게 된다(제196조 제2항, 제190조).

24 선의점유는 추정되므로 다투는 자가 악의임을 입증하여야 한다. 〈2001년 사법시험〉

정답 20-1. (○) 20-2. (○) 21. (○) 22. (○) 23. (×) 24. (○)

해 설 민법 제197조에 의하여 점유자는 선의로 점유한 것으로 추정되고, 권원 없는 점유였음이 밝혀졌다고 하여 곧 그 동안의 점유에 대한 선의의 추정이 깨어졌다고 볼 것은 아니다(대판 2000. 3. 10, 99다63350).

25 점유자의 무과실은 이를 주장하는 자가 입증하여야 한다. 〈2001년 사법시험〉

해 설 민법 제245조 제2항에서 정한 부동산의 등기부시효취득을 인정하기 위하여는 소유자로 등기된 자가 10년간 소유의 의사로 평온, 공연하게 선의로 부동산을 점유하였다는 요건외에 점유의 개시에 과실이 없었음을 필요로 하며 위와 같은 무과실에 대하여는 그 주장자에게 입증책임이 있다(대판 1986. 2. 25, 85다카771).

26 동산질권을 선의취득하기 위하여는 질권자가 평온 · 공연하게 선의이며 과실 없이 질권의 목적 동산을 취득하여야 하고, 그 취득자의 선의 · 무과실은 동산질권자가 입증하여야 한다. 〈2013년 법무사〉

해 설 동산질권을 선의취득하기 위하여는 질권자가 평온·공연하게 선의이며 과실 없이 질권의 목적동산을 취득하여야 하고, 그 취득자의 '선의'·무과실은 동산질권자가 입증하여야 한다(대판 1981. 12. 22, 80다2910).

27-1 매도인에게 처분권이 없었다는 이유로 매매가 무효가 된 경우 그 사실을 알지 못한 매수인의 점유는 자주점유이다. 〈2012년 감정평가사〉

27-2 부동산을 매수하여 이를 점유하게 된 자는 그 매매가 무효가 된다는 사정이 있음을 알았다는 등의 사정이 없는 한 점유개시시에 소유의 의사로 점유한 것이며, 나중에 매도자에게 처분권이 없었다는 등의 사유로 그 매매가 무효인 것이 밝혀졌다 하더라도 타주점유로 전환되지 않는다. 〈2019년 법무사〉

해 설 부동산을 매수하여 이를 점유하게 된 자는 그 매매가 무효가 된다는 사정이 있음을 알았다는 등의 특단의 사정이 없는 한 그 점유의 시초에 소유의 의사로 점유한 것이며, 나중에 매도자에게 처분권이 없었다는 등의 사유로 그 매매가 무효인 것이 밝혀졌다 하더라도 그와 같은 점유의 성질이 변하는 것은 아니다(대판 1996. 5. 28, 95다40328).

28 타인의 권리를 매매한 매수인이 등기를 수반하지 않은 점유를 하고 있더라도 매수인이 매도인에게 처분권한이 없다는 것을 알고 매수하였다는 등의 특별한 사정이 없는 한 그 점유는 자주점유이다. 〈2011년 법무사〉

해 설 민법 제197조 제1항이 규정하고 있는 점유자에게 추정되는 소유의 의사는 사실상 소유할 의사가 있는 것으로 충분한 것이지 반드시 등기를 수반하여야 하는 것은 아니므로 등기를 수반하지 아니한 점유임이 밝혀졌다고 하여 이 사실만 가지고 바로 점유권원의 성질상 소유의 의사가 결여된 타주점유라고 할 수 없다(대판 2000. 3. 16, 97다37661 전원합의체).

29 점유는 상속에 의하여 상속인에게 이전되고, 이러한 경우에 상속인이 피상속인의 점유의 성질과 하자를 그대로 승계한다. 〈2006년 사법시험〉

정 답 25. (O) 26. (O) 27-1. (O) 27-2. (O) 28. (O) 29. (O)

해 설 점유의 분리와 병합에 대하여 포괄승계인 상속의 경우에는 적용을 부정하는 것이 판례의 태도이다(대판 1972. 6. 27, 72다535, 536 ; 대판 1997. 12. 12, 97다40100). 따라서 상속은 점유변경의 새로운 권원이 될 수 없으므로 피상속인의 점유의 하자를 상속인이 승계한다.

30 등기명의가 신탁되었다면 특별한 사정이 없는 한 명의수탁자의 수탁부동산에 관한 점유는 타주점유이다. 〈2012년 감정평가사〉

해 설 등기명의가 신탁되었다면 특별한 사정이 없는 한 명의수탁자의 부동산에 관한 점유는 그 권원의 성질상 자주점유라고 할 수 없다(대판 1992. 8. 18, 92다20415).

31 양자간 등기명의신탁에 있어서 부동산 명의수탁자의 상속인에 의한 점유는 특별한 사정이 없는 한, 자주점유에 해당하지 않는다. 〈2023년 감정평가사〉

해 설 명의신탁에 의하여 부동산의 소유자로 등기된 자는 그 점유권원의 성질상 자주점유라 할 수 없고 수탁자의 상속인은 피상속인의 법률상의 지위를 그대로 승계하는 것이므로 상속인이 따로이 소유의 의사로서 점유를 개시하였다고 인정할 수 있는 별개의 사유가 존재하지 않는 한 수탁자의 상속인으로서는 시효의 효과로 인하여 신탁물인 부동산의 소유권을 취득할 수 없다(대판 1987. 11. 10, 85다카1644).

32-1 상속에 의하여 점유권을 취득한 경우 상속은 새로운 권원이므로, 상속인은 피상속인의 점유를 떠나 자기만의 점유를 주장할 수 있다. 〈2015년 사법시험〉

32-2 타주점유의 경우 점유자가 새로운 권원에 기하여 소유의 의사를 가지고 점유를 시작하거나 또는 소유의 의사가 있음을 표시함으로써 일단 시작된 타주점유가 중도에 자주점유로 전환되지 않고서는 그 점유기간 동안 계속하여 타주점유의 상태에 있다고 보아야 한다. 〈2015년 법무사〉

해 설 상속에 의하여 점유권을 취득한 경우에는 상속인은 새로운 권원에 의하여 자기 고유의 점유를 개시하지 않는 한 피상속인의 점유를 떠나 자기만의 점유를 주장할 수 없고, 또 선대의 점유가 타주점유인 경우 선대로부터 상속에 의하여 점유를 승계한 자의 점유도 상속 전과 그 성질 내지 태양을 달리 하는 것이 아니어서, 특별한 사정이 없는 한 그 점유가 자주점유로는 될 수 없고, 그 점유가 자주점유가 되기 위하여는 점유자가 소유자에 대하여 소유의 의사가 있는 것을 표시하거나 새로운 권원에 의하여 다시 소유의 의사로써 점유를 시작하여야만 한다(대판 1997. 5. 30, 97다2344).

33 타인 소유의 임야에 분묘를 설치하여 관리하고 그 임야에서 땔감을 채취한 것만으로는 그 임야를 소유의 의사로 배타적으로 점유하였다고 볼 수 없다. 〈2017 법원행시〉

해 설 타인 소유의 임야에 분묘를 설치하여 관리하고 그 임야에서 땔감을 채취한 것만으로는 그 임야를 소유의 의사로 배타적으로 점유하였다고 볼 수 없다(대판 1996. 12. 23, 95다31317).

34 공유자 1인이 공유토지 전부를 점유하는 경우, 특별한 사정이 없는 한 다른 공유자의 지분비율의 범위 내에서는 타주점유이다. 〈2009년 감정평가사〉

해 설 공유 부동산은 공유자 한 사람이 전부를 점유하고 있다고 하여도, 다른 특별한 사정이 없는 한 권원의 성질상 다른 공유자의 지분비율의 범위 내에서는 타주점유라고 볼 수밖에 없다(대판 1996. 7. 26, 95다51861).

정답 30. (○) 31. (○) 32-1. (×) 32-2. (○) 33. (○) 34. (○)

35 **공동상속인 중 1인이 상속 부동산 전부를 점유하고 있는 경우 특별한 사정이 없는 한 자신의 상속지분을 초과하는 부분에 대한 점유는 타주점유이다.** 〈2015년 사법시험〉

해설 일반 공유자와 마찬가지로 공동상속인 중 1인이 상속 부동산 전부를 점유하고 있는 경우, 자신의 상속지분을 초과하는 부분에 대한 점유의 성질은 타주점유이다(대판 1996. 7. 26, 95다51861 등).

36 **구분소유적 공유관계에서 어느 특정된 부분만을 소유·점유하고 있는 공유자가 매매 등과 같이 종전의 공유지분권과는 별도의 자주점유가 가능한 권원에 의하여 다른 공유자가 소유·점유하는 특정된 부분을 취득하여 점유를 개시하였다고 주장하는 경우에는 취득 권원이 인정되지 않는다고 하더라도 그 사유만으로 자주점유의 추정이 번복된다거나 점유권원의 성질상 타주점유라고 할 수 없고, 상대방에게 타주점유에 대하여 증명할 책임이 있다.** 〈2020년 법원행시〉

해설 공유부동산의 경우에 공유자 중의 1인이 공유지분권에 기초하여 부동산 전부를 점유하고 있다고 하여도 다른 특별한 사정이 없는 한 권원의 성질상 다른 공유자의 지분비율의 범위 내에서는 타주점유라고 할 것이다. 그렇지만 이와 달리 구분소유적 공유관계에서 어느 특정된 부분만을 소유·점유하고 있는 공유자가 매매 등과 같이 종전의 공유지분권과는 별도의 자주점유가 가능한 권원에 의하여 다른 공유자가 소유·점유하는 특정된 부분을 취득하여 점유를 개시하였다고 주장하는 경우에는 타인 소유의 부동산을 매수·점유하였다고 주장하는 경우와 달리 볼 필요가 없으므로, 취득 권원이 인정되지 않는다고 하더라도 그 사유만으로 자주점유의 추정이 번복된다거나 점유권원의 성질상 타주점유라고 할 수 없고, 상대방에게 타주점유에 대하여 증명할 책임이 있다(대판 2013. 3. 28, 2012다68750).

37-1 **토지매도인의 매도 후의 점유는 특별한 사정이 없는 한 타주점유로 된다.** 〈2017년 감정평가사〉

37-2 **부동산을 타인에게 매도하여 소유권이전등기를 경료한 후 인도의무를 지고 있는 매도인의 점유는 특별한 사정이 없는 한 타주점유로 변경된다.** 〈2012년 감정평가사〉

해설 대판 1997. 4. 11, 97다5824 참조

38 **매매 대상 토지의 면적이 공부상 면적을 상당히 초과하는 경우, 매도인이 그 초과 부분에 대한 소유권을 취득하여 이전하여 주기로 약정하는 등의 특별한 사정이 없는 한 그 초과부분은 단순한 점용권의 매매로 보아야 할 것이므로 그 점유는 권원의 성질상 타주점유에 해당한다.** 〈2016년 사법시험〉

해설 대판 1998. 11. 10, 98다32878 참조

39 **부동산의 점유권원의 성질이 분명하지 않을 때에는 민법 제197조 제1항에 의하여 점유자는 소유의 의사로 선의, 평온 및 공연하게 점유한 것으로 추정되는 것이며, 이러한 추정은 지적공부 등의 관리주체인 국가나 지방자치단체가 점유하는 경우에도 마찬가지로 적용된다.** 〈2016년 법무사〉

해설 대판 2006. 1. 26, 2005다36045 참조

정답 35. (O) 36. (O) 37-1. (O) 38-2. (O) 38. (O) 39. (O)

40 **타인소유의 토지를 자기소유 토지의 일부로 알고 이를 점유하게 된 자가 나중에 그러한 사정을 알게 되었다면 그 점유는 그 사정만으로 타주점유로 전환된다.** 〈2017년 감정평가사〉

해 설 점유의 시초에 자신의 토지에 인접한 타인 소유의 토지를 자신 소유의 토지의 일부로 알고서 이를 점유하게 된 자는 나중에 그 토지가 자신 소유의 토지가 아니라는 점을 알게 되었다고 하더라도 그러한 사정만으로 그 점유가 타주점유로 전환되는 것은 아니다(대판 2001. 5. 29, 2001다5913).

41 **지방자치단체나 국가가 적법한 공공용 재산의 취득절차를 밟는 등의 토지를 점유할 수 있는 일정한 권원이 없음을 알면서 사유토지를 도로부지에 편입시킨 경우, 특별한 사정이 없는 한 자주점유의 추정은 깨어진다.** 〈2015년 사법시험〉

해 설 악의의 무단점유의 입증시 타주점유가 되는데. 이러한 원리는 "지방자치단체나 국가가 적법한 공공용 재산의 취득절차를 밟는 등의 토지를 점유할 수 있는 일정한 권원이 없음을 알면서 사유토지를 도로부지에 편입시킨 경우에도 적용된다." 따라서 특별한 사정이 없는 한 자주점유의 추정은 깨어진다(대판 2012. 5. 10, 2011다52017).

42 **토지점유자가 등기명의자를 상대로 매매를 원인으로 소유권이전등기를 청구하였다가 패소 확정된 경우, 그 사정만으로 타주점유로 전환되는 것은 아니다.** 〈2017년 감정평가사, 2019년 법무사〉

해 설 토지의 점유자가 이전에 토지 소유자를 상대로 그 토지에 관하여 매매를 원인으로 한 소유권이전등기청구소송을 제기하였다가 패소하고 그 판결이 확정되었다 하더라도 그 사정만을 들어서는 토지 점유자의 자주점유의 추정이 번복되어 타주점유로 전환된다고 할 수 없다(대판 2009. 12. 10, 2006다19177).

43-1 **소유자가 점유자를 상대로 적극적으로 소유권을 주장하여 승소한 경우, 점유자의 토지에 대한 점유는 패소판결 확정 후부터는 타주점유로 전환된다.** 〈2017년 감정평가사〉

43-2 **진정 소유자가 자신의 소유권을 주장하여 점유자를 상대로 소유권이전등기의 말소등기청구소송을 제기하여 점유자의 패소로 확정된 경우, 그 소송의 제기시부터는 점유자의 점유가 타주점유로 전환된다.** 〈2016년 법원행시〉

해 설 [1] 진정 소유자가 자신의 소유권을 주장하며 점유자 명의의 소유권이전등기는 원인무효의 등기라 하여 점유자를 상대로 토지에 관한 점유자 명의의 소유권이전등기의 말소등기청구소송을 제기하여 그 소송사건이 점유자의 패소로 확정되었다면, 점유자는 민법 제197조 제2항의 규정에 의하여 그 소유권이전등기말소등기청구소송의 제기시부터는 토지에 대한 악의의 점유자로 간주된다. [2] 위 [1]항의 경우, 토지 점유자가 소유권이전등기말소등기청구소송의 직접 당사자가 되어 소송을 수행하였고 결국 그 소송을 통해 대지의 정당한 소유자를 알게 되었으며, 나아가 패소판결의 확정으로 점유자로서는 토지에 관한 점유자 명의의 소유권이전등기에 관하여 정당한 소유자에 대하여 말소등기의무를 부담하게 되었음이 확정되었으므로, 단순한 악의점유의 상태와는 달리 객관적으로 그와 같은 의무를 부담하고 있는 점유자로 변한 것이어서 점유자의 토지에 대한 점유는 패소판결 확정 후부터는 타주점유로 전환되었다고 보아야 한다(대판 1996. 10. 11, 96다19857).

44-1 **점유자의 점유가 불법이라고 주장하는 소유자로부터 이의를 받은 사실이 있다 하더라도 그러한 사실만으로 곧 평온·공연한 점유가 부정되지 않는다.** 〈2015년 감정평가사〉

정답 40. (×) 41. (○) 42. (○) 43-1. (○) 43-2. (×) 44-1. (○)

44-2 점유물인 토지의 소유권을 둘러싸고 당사자 사이에 불법점유여부에 관한 다툼이 계속되다가 토지인도소송까지 제기되었다하더라도 그 사실만으로 곧 그 점유의 평온·공연성이 상실된다고 할 수는 없다. 〈2008년 사법시험〉

해 설 점유자는 소유의 의사로 평온 및 공연하게 점유하는 것으로 추정되고, 평온한 점유란 점유자가 그 점유를 취득 또는 보유하는 데 법률상 용인될 수 없는 강폭행위를 쓰지 아니하는 점유이고, 공연한 점유란 은비의 점유가 아닌 점유를 말하는 것이므로, 그 점유가 불법이라고 주장하는 자로부터 이의를 받은 사실이 있거나 점유물의 소유권을 둘러싸고 당사자 사이에 법률상의 분쟁이 있었다고 하더라도 그러한 사실만으로 곧 그 점유의 평온·공연성이 상실된다고 할 수 없다(대판 1994. 12. 9, 94다25025).

45 점유매개자의 점유는 자주점유이다. 〈2020년 감정평가사〉

해 설 간접점유에서 점유매개관계는 일시적인 법률관계이기 때문에 반드시 반환청구권이 있다. 따라서 점유매개자의 점유는 언제나 타주점유이어야 한다(통설).

46 처가 부(夫)와 함께 타인의 주택을 아무런 권원 없이 계속 점유·사용하면서 소유자의 인도 요구를 거부하고 있다면 처는 소유자에 대한 관계에서 점유보조자에 불과하다. 〈2010년 사법시험〉

해 설 처가 아무런 권원 없이 토지와 건물을 주택 및 축사 등으로 계속 점유·사용하여 오고 있으면서 소유자의 명도 요구를 거부하고 있다면, 비록 그 시부모 및 부와 함께 이를 점유하고 있다고 하더라도 처는 소유자에 대한 관계에서 단순한 점유보조자에 불과한 것이 아니라 공동점유자로서 이를 불법점유하고 있다고 봄이 상당하다(대판 1998. 6. 26, 98다16456·16463).

47-1 점유보조자는 점유방해자에 대하여 점유보호청구권을 행사할 수 없다.
〈2009년 감정평가사, 2017년 감정평가사〉

47-2 점유보조자에게는 점유자를 위한 점유보호청구권은 인정되지 않지만, 자력구제권은 인정된다. 〈2006년 사법시험〉

해 설 점유보조자는 점유권자가 아니므로 점유보호청구권을 행사할 수는 없지만(대판 1976. 9. 28, 76다1588), 점유주를 위하여 자력구제권을 행사할 수는 있다(통설).

48 선의의 점유자에게는 과실취득권이 인정되고, 과실수취로 인해 타인에게 손실을 입혔다 하더라도 선의의 점유자는 이를 반환할 의무가 없다. 〈2008년 법원행시〉

해 설 선의의 점유자는 점유물로부터 생기는 과실을 취득할 수 있으므로 비록 선의의 점유자가 과실을 취득함으로 인하여 타인에게 손해를 입혔다 할지라도 그 과실취득으로 인한 이득을 그 타인에게 반환할 의무는 없다(대판 1978. 5. 23, 77다2169).

49 선의의 점유자가 취득하는 과실에는 법정과실도 포함된다. 〈2009년 변리사〉

해 설 선의의 점유자가 취득하는 과실에는 천연과실과 법정과실이 포함된다.

정답 44-2. (○) 45. (×) 46. (×) 47-1. (○) 47-2. (○) 48. (○) 49. (○)

50 **과실의 수취에 관하여 점유자의 선·악의는 과실이 원물에서 분리되는 때를 기준으로 판단한다.** 〈2020년 감정평가사〉

해 설 선의 여부를 정하는 기준시기는 제102조 제1항에 따라 원물로부터 분리할 때라는 것이 통설이다.

51-1 **물건의 사용이익은 과실이 아니므로 사용이익의 귀속에 관해서는 과실수취권에 관한 규정이 유추적용될 수 없다.** 〈2008년 감정평가사〉

51-2 **선의의 점유자가 법률상 원인 없이 회복자의 건물을 점유·사용하고 이로 말미암아 회복자에게 손해를 입혔다면 그 점유·사용으로 인한 이득을 반환할 의무가 있다.** 〈2015년 감정평가사〉

해 설 민법 제201조 제1항에 의하면 선의의 점유자는 점유물의 과실을 취득한다고 규정하고 있는 바, 건물을 사용함으로써 얻는 이득은 그 건물의 과실에 준하는 것이므로, 선의의 점유자는 비록 법률상 원인없이 타인의 건물(또는 토지)을 점유·사용하고 이로 말미암아 그에게 손해를 입혔다고 하더라도 그 점유·사용으로 인한 이득을 반환할 의무는 없다(대판 1996. 1. 26, 95다44290).

52 **부동산 매매계약이 취소된 경우 당해 부동산을 인도받은 선의의 매수인에게 민법 제201조가 적용되어 과실취득권이 인정되는 이상 선의의 매도인에게도 민법 제587조의 유추적용에 의하여 대금의 운용이익 또는 법정이자의 반환을 부정하여야 한다.** 〈2009년 사법시험〉

해 설 매매계약이 취소된 경우, 선의의 매수인에게 민법 제201조가 적용되어 과실취득권이 인정되는 이상, 선의의 매도인에게도 민법 제587조의 유추적용에 의하여 대금의 운용이익 내지 법정이자의 반환을 부정함이 형평에 맞다(대판 1993. 5. 14, 92다45025). 물론 취소 이후에는 악의의 수익자로 인정되어 그 이후 수취한 과실에 대해서는 이를 반환하여야 한다(대판 1993. 2. 26, 92다48635).

53 **악의의 점유자가 수취한 과실을 반환하도록 규정한 민법 제201조 제2항의 규정은 민법 제748조 제2항의 특칙으로서 악의의 수익자는 그 점유로 인한 이익을 반환하면 족하고, 그 이외에 그 이익에 대한 법정이자를 반환하여야 할 의무는 없다.** 〈2009년 사법시험〉

해 설 타인 소유물을 권원 없이 점유함으로써 얻은 사용이익을 반환하는 경우 민법은 선의 점유자를 보호하기 위하여 제201조 제1항을 두어 선의 점유자에게 과실수취권을 인정함에 대하여, 이러한 보호의 필요성이 없는 악의 점유자에 관하여는 민법 제201조 제2항을 두어 과실수취권이 인정되지 않는다는 취지를 규정하는 것으로 해석되는바, 따라서 악의 수익자가 반환하여야 할 범위는 민법 제748조 제2항에 따라 정하여지는 결과 그는 받은 이익에 이자를 붙여 반환하여야 하며, 위 이자의 이행지체로 인한 지연손해금도 지급하여야 한다(대판 2003. 11. 14, 2001다61869).

54 **민법 제203조에 의한 점유자의 비용상환청구권은 점유자가 소유자에게서 점유물 반환을 청구받은 때에 비로소 이를 행사할 수 있고, 점유자가 점유물에 대하여 그 비용을 지출할 당시의 소유자에 대하여 행사하여야 한다.** 〈2019년 법원행시〉

해 설 ① 점유자가 점유물을 보존하거나 개량하기 위하여 지출한 필요비나 유익비에 관하여 민법 제203조 제1항, 제2항은 '점유자가 점유물을 반환할 때'에 상환을 청구할 수 있도록 규정하고 있으므로, 그 상환청구권은 점

정답 50. (○) 51-1. (×) 51-2. (×) 52. (○) 53. (×) 54. (×)

유자가 회복자에게서 점유물 반환을 청구받은 때에 비로소 이를 행사할 수 있는 상태가 되고 이행기가 도래한다(대판 2011. 12. 13, 2009다5162). ② 민법 제203조 제2항에 의한 점유자의 회복자에 대한 유익비상환청구권은 점유자가 계약관계 등 적법하게 점유할 권리를 가지지 않아 소유자의 소유물반환청구에 응하여야 할 의무가 있는 경우에 성립되는 것으로서, 이 경우 점유자는 그 비용을 지출할 당시의 소유자가 누구이었는지 관계없이 점유회복 당시의 소유자 즉 회복자에 대하여 비용상환청구권을 행사할 수 있는 것이다(대판 2003. 7. 25, 2001다64752).

55 **민법 제203조 제2항에서 유익비의 상환범위는 '점유자가 유익비로 지출한 금액'과 '현존하는 증가액' 중에서 회복자가 선택하는 것이며, 그 실제 지출금액 및 현존 증가액에 관한 증명책임은 모두 유익비의 상환을 구하는 점유자에게 있다.** 〈2020년 법원행시〉

해설 유익비의 상환범위는 '점유자가 유익비로 지출한 금액'과 '현존하는 증가액' 중에서 회복자가 선택하는 것으로 정해진다. 위와 같은 실제 지출금액 및 현존 증가액에 관한 증명책임은 모두 유익비의 상환을 구하는 점유자에게 있다. 따라서 점유자의 증명을 통해 실제 지출금액 및 현존 증가액이 모두 산정되지 아니한 상태에서 회복자가 "점유자가 주장하는 지출금액과 감정 결과에 나타난 현존 증가액 중 적은 금액인 현존 증가액을 선택한다."는 취지의 의사표시를 하였다고 하더라도, 특별한 사정이 없는 한 이를 곧바로 "실제 증명된 지출금액이 현존 증가액보다 적은 금액인 경우에도 현존 증가액을 선택한다."는 뜻까지 담긴 것으로 해석하여서는 아니 된다. 일반적으로 회복자의 의사는 실제 지출금액과 현존 증가액중 적은 금액을 선택하겠다는 것으로 보아야 하기 때문이다(대판 2018. 6. 15, 2018다206707).

56 **점유자가 회복자에게 유익비상환을 청구한 것에 대하여 법원이 유익비상환기간을 6개월 유예한 경우, 점유자는 유예기간 동안 점유물에 관하여 유치권을 행사할 수 있다.** 〈2006년 사법시험〉

해설 유익비의 상환청구에 대하여 법원이 상당한 상환기간을 허여한 경우 유치권은 성립되지 않는다(제203조 제3항). 유치권은 다른 담보물권과 달리 변제기 도래가 성립요건이기 때문이다(제320조 제1항).

57 **甲소유의 X부동산에 관하여 乙의 가등기가 마쳐져 있었는데, 丙은 이를 매수하여 인도받고 그 소유권이전등기를 마친 다음 X를 개량하기 위하여 유익비를 지출하였다. 乙의 본등기로 소유권을 상실한 丙은 그 소유자로 등기되었을 당시에 지출한 유익비에 기하여 유치권을 행사할 수 있다.** 〈2012년 변호사시험〉

해설 이 판결의 원심에서는 타인의 소유가 아닌 자기의 소유물에 대하여 지출한 것에 지나지 않는 것이므로 유치권이 발생할 여지가 없다고 하였으나, 대법원은 결과적으로 타인의 물건에 대하여 점유기간내에 비용을 투입한 것이 된다고 하면서 비용상환청구권과 나아가 유치권의 성립가능성을 인정하였다(대판 1976. 10. 26, 76다2079).

58-1 **간접점유자는 직접점유자가 점유의 침탈을 당한 때에는 그 물건의 반환을 청구할 수 없다.** 〈2015년 감정평가사〉

58-2 **간접점유자는 제3자의 점유침해에 대하여 물권적 청구권을 행사할 수 있다.** 〈2017년 감정평가사〉

해설 전3조의 청구권(점유권에 기한 물권적 청구권)은 제194조의 규정에 의한 간접점유자도 이를 행사할 수 있다.(민법 제207조 제1항).

정답 55. (○) 56. (×) 57. (○) 58-1. (×) 58-2. (○)

59 **민법 제204조 제1항에 의한 점유회수의 소의 점유에는 직접점유뿐만 아니라 간접점유도 포함되나, 간접점유를 인정하기 위해서는 간접점유자와 직접점유자 사이에 점유매개관계가 필요하다.** 〈2019년 법원행시〉

해 설 점유회수의 소의 점유에는 직접점유뿐만 아니라 간접점유도 포함되나, 간접점유를 인정하기 위해서는 간접점유자와 직접점유를 하는 자 사이에 일정한 법률관계, 즉 점유매개관계가 필요하다. 이러한 점유매개관계는 직접점유자가 자신의 점유를 간접점유자의 반환청구권을 승인하면서 행사하는 경우에 인정된다(대판 2012. 2. 23, 2011다61424, 61431).

60 **점유자가 점유를 침탈당한 경우, 침탈자의 특별승계인에 대하여 그 물건의 반환을 청구할 수 있을 뿐 손해배상을 청구할 수는 없다.** 〈2014년 변호사시험〉

해 설 (ⅰ) 전항의 청구권은 침탈자의 특별승계인에 대하여는 행사하지 못한다. 그러나 승계인이 악의인 때에는 그러하지 아니하다(민법 제204조 제2항). (ⅱ) 손해배상청구의 상대방은 침탈자이지 침탈자의 특별승계인이 아니다.

61 **공사로 인하여 점유의 방해를 받은 경우에는 공사 착수 후 6월을 경과하거나 그 공사가 완성한 때에는 방해의 제거를 청구하지 못한다.** 〈2015년 법무사〉

해 설 공사로 인하여 점유의 방해를 받은 경우에는 공사 착수 후 6월이 아닌 1년을 경과하거나 공사가 완성된 후에는 방해의 제거를 청구하지 못하고, 손해배상만을 청구 할수 있다(제205조 제3항).

62 **점유권에 기인한 소와 본권에 기인한 소는 서로 영향을 미치지 않는다.** 〈2009년 감정평가사〉

해 설 민법 제208조 제1항 참조

63 **점유물이 침탈되었을 경우 동산일 때에는 점유자는 현장에서 또는 추적하여 가해자로부터 이를 탈환할 수 있다.** 〈2015년 법무사〉

해 설 민법 제209조 제2항 참조

정답 59. (○) 60. (×) 61. (×) 62. (○) 63. (○)

제5장 소유권

Ⅰ. 소유권 일반

1 **상린관계에 대한 설명 중 옳은 것을 모두 고른 것은? (다툼이 있는 경우에는 판례에 의함)**

〈2004년 변리사〉

ㄱ. 상린관계는 법률상 당연히 생기는 것이며, 상린권은 그 기초가 되는 권리관계가 존속하는 한 독립하여 시효로 소멸하지 않는다.
ㄴ. '지하시설을 하는 때에는 경계로부터 2미터 이상의 거리를 두어야 하며' 라고 하는 민법 제244조는 강행규정이므로 이와 다른 내용의 당사자간의 특약은 무효이다.
ㄷ. 주위토지통행권은 이미 기존의 통로가 있더라도 그것이 당해 토지의 이용에 부적합하여 실제로 통로로서의 충분한 기능을 하지 못하고 있는 경우에도 인정된다.
ㄹ. 인지소유자는 자기의 비용으로 담의 재료를 통상보다 양호한 것으로 할 수 있으며 그 높이를 통상보다 높게 할 수 있고 또는 방화벽 기타 특수시설을 할 수 있다.
ㅁ. 토지소유자와 이웃하는 건물전세권자 간에는 상린관계의 적용이 없다.
ㅂ. 甲이 경계로부터 반(半)미터 이내에 건물을 축조하여 완성한 경우 인접지소유자는 건물소유자인 甲에 대하여 법정거리 내에 들어온 건물의 부분에 대하여 변경이나 철거를 청구할 수 있다.

① ㄱ, ㄴ, ㄷ　② ㄱ, ㄹ, ㅁ　③ ㄴ, ㄷ, ㄹ　④ ㄱ, ㄷ, ㄹ　⑤ ㄴ, ㅁ, ㅂ

해 설

ㄱ. (○) : 상린권은 소유권의 한 내용으로서 소멸시효의 대상이 되지 않는다(통설).
ㄴ. (×) : 판례는 제244조의 상린관계의 규정은 임의규정이라고 한다(대판 1982. 10. 26, 80다1634).
ㄷ. (○) : 판례는 기존 통로가 당해 토지의 이용에 부적합한 경우 주위토지통행권을 인정한다(대판 1994. 6. 24, 94다14193).
ㄹ. (○) : 민법 제238조 참조
ㅁ. (×) : 소유권에 기한 상린관계의 규정은 전세권 및 지상권에도 준용한다(제319조, 제290조 각 참조).
ㅂ. (×) : 민법은 건물을 축조함에는 특별한 관습이 없으면 경계로부터 반미터 이상의 거리를 두어야 한다고 규정한다(제242조 제1항). 그러나 건축에 착수한 후 1년을 경과하거나 건물이 완성된 후에는 손해배상만을 청구할 수 있을 뿐이고, 그 건물의 철거를 청구할 수 없다(제242조 제2항 단서).

정답 1. ④

2 **주위토지통행권에 관한 설명 중 옳지 않은 것은? (다툼이 있는 경우에는 판례에 의함)**

〈2008년 변리사〉

① 주위토지통행권은 주위의 토지를 통행 또는 통로로 하지 않으면 공로에 출입할 수 없는 경우뿐 아니라 과다한 비용을 요하는 경우에도 인정된다.

② 주위토지통행권자는 통행권의 범위 내에서 자기의 부담으로 통행지에 돌계단을 조성하거나 포장을 하는 방법으로 통로를 개설할 수 있다.

③ 주위토지통행권자는 통행지의 소유자에 대하여 통행권에 기하여 토지의 인도청구를 할 수 있다.

④ 주위토지통행권자가 통행지를 통행함에 그치지 않고 이를 배타적으로 점유하고 있다면 통행지의 소유자는 주위토지통행권자에 대하여 토지의 인도를 청구할 수 있다.

⑤ 주위토지통행권자가 통행지의 소유자에게 손해를 보상할 의무를 지는 경우에 그 보상의무를 이행하지 않더라도 통행권 자체가 소멸하는 것은 아니다.

해 설

①(○) : 대판 1995. 9. 29, 94다43580 참조

②(○) : 대판 2003. 8. 19, 2002다53469 참조

③(×) : 주위토지통행권이 통행지에 대한 통행지 소유자의 점유를 배제할 권능까지 있는 것은 아니다(대판 1977. 4. 26, 76다2823). 따라서 통행지 소유자는 통행지를 전적으로 점유하고 있는 주위토지통행권자에 대하여 그 통행지의 인도를 구할 수 있겠지만(대판 1993. 8. 24, 93다25479), 통행지 소유자의 점유를 배제할 정도의 배타적인 점유를 하고 있지 않다면 통행지 소유자가 주위토지통행권자에 대하여 주위토지통행권이 미치는 범위 내의통로 부분의 인도를 구하거나 그 통로에 설치된 시설물의 철거를 구할 수는 없을 것이다(대판 2003. 8. 19, 2002다53469).

④(○) : 대판 1993. 8. 24, 93다25479 참조

⑤(○) : 보상의 지급은 법률상 통행권성립의 요건이 아니므로 통행권자가 손해를 보상하지 않더라도 통행권은 소멸되지 않고 채무불이행의 책임만이 발생할 뿐이다(통설).

3 **乙 소유 토지에 대한 甲의 주위토지통행권에 관한 설명으로 옳지 않은 것은? (다툼이 있는 경우에는 판례에 의함)**

〈2010년 변리사〉

① 甲에게 인정되는 주위토지통행권은 그 통행로가 항상 특정한 장소로 고정된 것은 아니다.

② 甲의 주위토지통행권에 기한 통행로의 범위는 현재의 토지의 용법에 따른 이용뿐만 아니라 장차의 이용상황까지 대비하여 정할 수 있다.

③ 乙의 주거는 사적인 생활공간이자 평온한 휴식처이기 때문에 甲이 乙의 토지를 통행하는 경우에도 이러한 주거의 자유와 평온 및 안전을 침해해서는 안 된다.

④ 乙이 기존 통행로로 이용되던 토지의 사용방법을 그 용법에 따라 바꾸었을 때에는 甲은 乙을 위하여 보다 손해가 적은 다른 장소로 옮겨 통행하여야 한다.

⑤ 乙은 甲의 허락을 얻어 사실상 통행하고 있는 자에게는 그 손해의 보상을 청구할 수 없다.

해 설

①(○), ④(○) : 주위토지통행권은 통행을 위한 지역권과는 달리 그 통행로가 항상 특정한 장소로 고정되어 있는 것은 아니고, 주위토지통행권확인청구는 변론종결시에 있어서의 민법 제219조에 정해진 요건에 해당하는

정 답 2. ③ 3. ②

토지가 어느 토지인가를 확정하는 것이므로, 주위토지소유자가 그 용법에 따라 기존 통행로로 이용되던 토지의 사용방법을 바꾸었을 때에는 대지소유자는 그 주위토지소유자를 위하여 보다 손해가 적은 다른 장소로 옮겨 통행할 수밖에 없는 경우도 있다(대판 2009. 6. 11, 2008다75300 등).

② (×) : 주위토지통행권은 현재의 토지의 용법에 따른 이용의 범위에서 인정되는 것이지 더 나아가 장차의 이용상황까지를 미리 대비하여 통행로를 정할 것은 아니다(대판 1992. 12. 22, 92다30528 ; 대판 2006. 10. 26, 2005다30993 등).

③ (○) : 주거는 사람의 사적인 생활공간이자 평온한 휴식처로서 인간생활에서 가장 중요한 장소라고 아니할 수 없어 우리 헌법도 주거의 자유를 보장하고 있는바, 주위토지통행권을 행사함에 있어서도 이러한 주거의 자유와 평온 및 안전을 침해하여서는 아니 된다(대판 2009. 6. 11, 2008다75300 등).

⑤ (○) : 민법 제219조는 어느 토지와 공로 사이에 그 토지의 용도에 필요한 통로가 없는 경우에 그 토지소유자에게 그 주위의 토지통행권을 인정하면서 그 통행권자로 하여금 통행지소유자의 손해를 보상하도록 규정하고 있는 것이므로 통행권자의 허락을 얻어 사실상 통행하고 있는 자에게는 그 손해의 보상을 청구할 수 없다(대판 1991. 9. 10, 91다19623).

4 상린관계에 관한 설명으로 옳지 않은 것은? 〈2020년 변리사〉

① 토지소유자는 일정한 경우 이웃 토지소유자에게 보상하고 여수(餘水)의 급여를 청구할 수 있다.
② 토지소유자는 경계나 그 근방에서 담 또는 건물을 축조하거나 수선하기 위하여 필요한 범위내에서 이웃 토지의 사용을 청구할 수 있다.
③ 분할로 인하여 공로(公路)에 통하지 못하는 토지의 소유자가 공로에 출입하기 위해 다른 분할자의 토지를 통행하는 경우 이로 인한 손해를 보상하여야 한다.
④ 고지소유자가 농업용 여수(餘水)를 소통하기 위하여 저지에 물을 통과하게 한 경우 이로 인한 저지의 손해를 보상하여야 한다.
⑤ 수류지(水流地)의 소유자가 대안(對岸)에 언(堰)을 접촉하게 한 경우 이로 인한 대안 소유자의 손해를 보상하여야 한다.

해 설

① (○) : 여수급여청구권(제228조).

② (○) : 인지사용청구권(제216조).

③ (×) : 분할로 인하여 공로에 통하지 못하는 토지가 있는 때에는 그 토지소유자는 공로에 출입하기 위하여 다른 분할자의 토지를 통행할 수 있다. 이 경우에는 보상의 의무가 없다(제220조 제1항).

④ (○) : 제226조(여수소통권) ① 고지소유자는 침수지를 건조하기 위하여 또는 가용이나 농, 공업용의 여수를 소통하기 위하여 공로, 공류 또는 하수도에 달하기까지 저지에 물을 통과하게 할 수 있다. ② 전항의 경우에는 저지의 손해가 가장 적은 장소와 방법을 선택하여야 하며 손해를 보상하여야 한다.

⑤ (○) : 제230조 제1항(언의 설치, 이용권) 수류지의 소유자가 언을 설치할 필요가 있는 때에는 그 언을 대안에 접촉하게 할 수 있다. 그러나 이로 인한 손해를 보상하여야 한다.

정답 4. ③

5 **주위토지통행권에 관한 설명 중 옳은 것은? (다툼이 있는 경우 판례에 의함)** 〈2023년 변호사시험〉

① 주위토지통행권의 범위는 현재 토지의 용법에 따른 이용과 장차의 이용 상황을 모두 고려하여 정해져야 한다.

② 공로(公路)에 통할 수 있는 자기의 공유토지를 두고 공로에의 통로라 하여 타인의 토지를 통행하는 것은 허용될 수 없고, 이는 위 공유토지가 구분소유적 공유관계에 있고 공로에 접하는 공유 부분을 다른 공유자가 배타적으로 사용·수익하고 있더라도 마찬가지이다.

③ 분할로 인하여 공로에 통하지 못하는 토지가 있는 때에는 그 토지소유자는 공로에 출입하기 위하여 다른 분할자의 토지를 통행할 수 있으나, 다른 분할자의 손해를 보상하여야 한다.

④ 주위토지통행권은 통행을 위한 지역권과 마찬가지로 통행로가 항상 특정한 장소로 고정된다.

⑤ 포위된 토지가 사정변경에 의하여 공로에 접하게 되어 주위토지통행권을 인정할 필요성이 없어지더라도 이미 성립된 주위토지통행권이 소멸하는 것은 아니다.

해 설

① (×) : 주위토지통행권은 현재의 토지의 용법에 따른 이용의 범위에서 인정되는 것이지 더 나아가 장차의 이용상황까지를 미리 대비하여 통행로를 정할 것은 아니다(대판 1992. 12. 22, 92다30528).

② (○) : **공로에 통할 수 있는 자기의 공유토지를 두고** 공로에의 통로라 하여 남의 토지를 통행한다는 것은 민법 제219조, 제220조에 비추어 허용될 수 없다. 설령 **위 공유토지가 구분소유적 공유관계에 있고 공로에 접하는 공유 부분을 다른 공유자가 배타적으로 사용, 수익하고 있다고 하더라도 마찬가지**이다(대판 2021. 9. 30, 2021다245443, 245450). ☞ 원고가 다른 공유자와의 관계에서 공로와 접한 위 대지 부분에 대하여 다른 공유자의 배타적 소유임을 인정할 수밖에 없다고 할지라도 이는 어디까지나 공유자 간의 내부적 사정에 불과하므로 다른 특별한 사정이 없는 한 공유토지를 통하여 공로에 출입할 수 있는 길을 놓아두고 제3자인 피고 소유의 인접지에 관하여 통행권을 주장할 수는 없다.

> **[보충지문] 공로에 통할 수 있는 자기의 공유토지를 두고 공로에의 통로라 하여 남의 토지를 통행한다는 것은 민법 제219조, 제220조에 비추어 허용될 수 없다. 그러나 위 공유토지가 구분소유적 공유관계에 있고 공로에 접하는 공유 부분을 다른 공유자가 배타적으로 사용, 수익하고 있는 경우에는 그러하지 아니하다(×).** 〈2023년 법원행시〉

③ (×) : 분할로 인하여 공로에 통하지 못하는 토지가 있는 때에는 그 토지소유자는 공로에 출입하기 위하여 다른 분할자의 토지를 통행할 수 있다. 이 경우에는 보상의 의무가 없다(민법 제220조 제1항).

④ (×) : 주위토지통행권은 통행을 위한 지역권과는 달리 그 통행로가 항상 특정한 장소로 고정되어 있는 것은 아니고, 주위토지통행권확인청구는 변론종결시에 있어서의 민법 제219조에 정해진 요건에 해당하는 토지가 어느 토지인가를 확정하는 것이므로, 주위토지소유자가 그 용법에 따라 기존 통행로로 이용되던 토지의 사용방법을 바꾸었을 때에는 대지소유자는 그 주위토지소유자를 위하여 보다 손해가 적은 다른 장소로 옮겨 통행할 수밖에 없는 경우도 있다(대판 2009. 6. 11, 2008다75300 등).

⑤ (×) : 주위토지통행권은 법정의 요건을 충족하면 당연히 성립하고 요건이 없어지게 되면 당연히 소멸한다. 따라서 포위된 토지가 사정변경에 의하여 공로에 접하게 되거나 포위된 토지의 소유자가 주위의 토지를 취득함으로써 주위토지통행권을 인정할 필요성이 없어지게 된 경우에는 통행권은 소멸한다(대판 2014. 12. 24, 2013다11669).

정답 5. ②

6 **그림 1의 C와 그림 2의 X와 같이 포위된 토지가 생긴 경우에, 그 포위된 토지소유자의 주위토지통행권에 관한 설명 중 옳은 것은? (다툼이 있는 경우에는 판례에 의함)** 〈2003년 사법시험〉

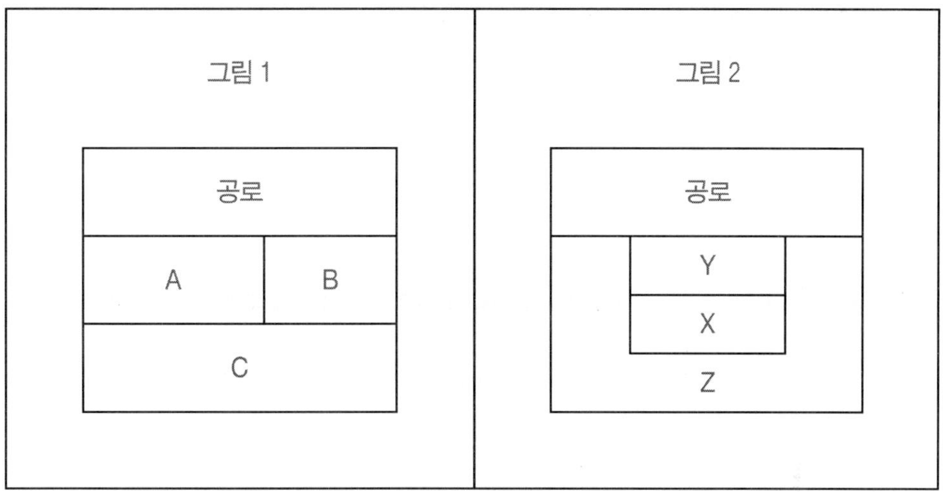

① 그림 1에서 C지의 소유자는 B지에 비하여 넓은 A지에 대해서만 통행권을 행사할 수 있다.
② 그림 1에서 甲이 자신의 소유이던 1필의 토지를 B지와 C지로 분할하여 C지를 乙에게 양도한 경우, 乙은 甲소유의 B지에 대하여만 통행권을 행사할 수 있다.
③ 그림 1에서 C지의 소유자에게 A지에 대한 주위토지통행권이 인정된 경우에는, 그 후 C지에 접하는 공로가 새로 개설되었더라도 위 통행권은 소멸하지 않는다.
④ 그림 2에서 甲이 1필의 토지를 X지와 Y지로 분할한 후에 X지를 乙에게 양도한 경우, Y지에 甲이 거주하고, Z지가 공지(空地)인 때에는 乙은 Y지에 대해서는 통행권을 행사할 수 없으나 Z지에 대해서는 통행권을 행사할 수 있다.
⑤ 그림 2에서 甲이 1필의 토지를 스스로 X지와 Y지로 분할한 후에 Y지를 乙에게 양도한 경우, 甲은 Y지에 대해서 통행권을 행사할 수 없다.

해 설

①(×) : 넓은 지역이냐 좁은 지역이냐가 중요한 것이 아니라 침해가 가장 적은 지역이어야 한다.
②(○), ④(×) : 동일인 소유 토지의 일부가 양도되어 공로에 통하지 못하는 토지가 생긴 경우에 포위된 토지를 위한 주위토지통행권은 일부 양도 전의 양도인 소유의 종전 토지에 대하여만 생기고 다른 사람 소유의 토지에 대하여는 인정되지 아니한다(대판 1995. 2. 10, 94다45869, 45876). ☞ 특히 ④에서 Y지에 甲이 거주하고 있다는 이유만으로 주위토지통행권이 부정되는 것은 아니다.
③(×) : 판례는 통행권은 소멸한다고 한다(대판 1998. 3. 10, 97다47118).
⑤(×) : 스스로 분할한 자도 주위토지통행권을 누릴 수 있다.

정답 6. ②

7 **甲은 A토지를 소유하고 있다. 그런데 乙이 A 토지에 인접해 있는 자기 소유의 B 토지에 건물을 지으면서 B 토지를 굴착하는 작업을 하고 있다. 또한 乙은 공터인 A 토지에 건축자재를 쌓아 놓았다. 위 사례에서 발생하는 법률관계를 설명한 것 중 옳지 않은 것은? (다툼이 있는 경우에는 판례에 의함)** 〈2011년 사법시험〉

① 甲이 A 토지를 丙에게 매도하고 소유권이전등기를 마쳐주었으나 아직 인도하지 않은 경우라도 甲은 乙에게 소유권에 기한 방해배제청구권을 행사할 수 없다.

② 乙이 충분한 예방공사를 하지 아니한 채 B 토지를 굴착함으로써 A 토지가 침하한 경우, B 토지의 굴착공사가 종료하고 더 이상의 침하 가능성이 없는 때에는 토지의 침하를 이유로 甲은 乙에게 방해예방청구권을 행사할 수 없다.

③ 乙이 무단으로 건축자재를 쌓아 놓았다면 甲은 A 토지 위에 쌓아둔 자재를 제거할 것을 청구할 수 있음은 물론 손해배상도 청구할 수 있다.

④ 乙은 인지사용청구권에 기하여 A 토지에 건축자재를 쌓아 놓을 수 있도록 해달라고 甲에게 청구할 수 있으나, 甲은 乙에게 그로 인한 손해보상을 청구할 수 없다.

⑤ 다른 관습이 없으면, 乙이 A 토지와 B 토지의 경계에 담을 설치하고자 하는 경우, 甲과 공동비용으로 통상의 담을 설치할 수 있으나 그 측량비용은 토지의 면적에 비례하여 부담한다.

해 설

① (○) : 소유권에 기한 물상청구권(=물권적 청구권)을 소유권과 분리하여 소유권 없는 前 소유자에게 유보하여 행사시킬 수 없는 것이므로, 소유권을 상실한 前 소유자는 제3자인 불법점유자에 대하여 소유권에 기한 물권적 청구권에 의한 방해배제를 구할 수 없다(대판 1969. 5. 27, 68다725 전원합의체).

② (○) : 물권적 예방청구권이란 침해가능성이 있어야 하는데, 그 가능성이 없는 경우이기 때문에 토지의 침하를 이유로 甲은 乙에게 방해예방청구권을 행사할 수 없다(제214조, 제206조 참조).

③ (○) : 乙이 무단으로 건축자재를 쌓아 놓았다면 甲은 A 토지 위에 쌓아둔 자재를 제거할 것을 청구할 수 있음은 물론 손해배상도 청구할 수 있다(제214조, 제750조, 제205조 참조).

④ (×) : 제216조에 반한다. 즉 乙은 인지사용청구권에 기하여 A 토지에 건축자재를 쌓아 놓을 수 있도록 해달라고 甲에게 청구할 수 있으며, 甲은 乙에게 그로 인한 손해보상을 청구할 수 있다(제2항).

⑤ (○) : 제237조(경계표, 담의 설치권) ①인접하여 토지를 소유한 자는 공동비용으로 통상의 경계표나 담을 설치할 수 있다. ②전항의 비용은 쌍방이 절반하여 부담한다. 그러나 측량비용은 토지의 면적에 비례하여 부담한다. ③전2항의 규정은 다른 관습이 있으면 그 관습에 의한다.

8 **다음 설명 중 옳지 않은 것은 모두 몇 개인가?** 〈2021년 법원행시〉

가. 토지 소유자가 그 소유의 토지를 도로, 수도시설의 매설 부지 등 일반 공중을 위한 용도로 제공한 경우에 소유자가 그 토지에 대한 독점적·배타적인 사용·수익권을 포기한 것으로 볼 수 있다면, 타인이 그 토지를 점유·사용하고 있다 하더라도 특별한 사정이 없는 한 그로 인해 토지 소유자에게 어떤 손해가 생긴다고 볼 수 없으므로, 토지 소유자는 그 타인을 상대로 부당이득반환을 청구할 수 없고, 토지의 인도 등을 구할 수도 없다. 다만 그 타인이 국가, 지방자치단체인 경우 부당이득반환을 청구할 수는 있다.

정답 7. ④ 8. ②

나. 토지 소유자의 독점적·배타적인 사용·수익권 행사의 제한은 해당 토지가 일반 공중의 이용에 제공됨으로 인한 공공의 이익을 전제로 하는 것이므로, 토지 소유자가 공공의 목적을 위해 그 토지를 제공할 당시의 객관적인 토지이용현황이 유지되는 한도 내에서만 존속한다고 보아야 한다. 따라서 토지 소유자가 그 소유 토지를 일반 공중의 이용에 제공함으로써 자신의 의사에 부합하는 토지이용상태가 형성되어 그에 대한 독점적·배타적인 사용·수익권의 행사가 제한된다고 하더라도, 그 후 토지이용상태에 중대한 변화가 생기는 등으로 독점적·배타적인 사용·수익권의 행사를 제한하는 기초가 된 객관적인 사정이 현저히 변경되고, 소유자가 일반 공중의 사용을 위하여 그 토지를 제공할 당시 이러한 변화를 예견할 수 없었으며, 사용·수익권 행사가 계속하여 제한된다고 보는 것이 당사자의 이해에 중대한 불균형을 초래하는 경우에는, 토지 소유자는 그와 같은 사정변경이 있은 때부터는 다시 사용·수익 권능을 포함한 완전한 소유권에 기한 권리를 주장할 수 있다고 보아야 한다.

다. 토지 소유자의 독점적·배타적인 사용·수익권의 행사가 제한되는 것으로 해석되는 경우 특별한 사정이 없는 한 그 지하 부분에 대한 독점적이고 배타적인 사용·수익권의 행사 역시 제한되는 것으로 해석함이 타당하다.

라. 피상속인이 사망 전에 그 소유 토지를 일반 공중의 이용에 제공하여 독점적·배타적인 사용·수익권을 포기한 것으로 볼 수 있고 그 토지가 상속재산에 해당하는 경우에는, 피상속인의 사망 후 그 토지에 대한 상속인의 독점적·배타적인 사용·수익권의 행사 역시 제한된다고 보아야 한다.

마. 원소유자의 독점적·배타적인 사용·수익권의 행사가 제한되는 토지의 소유권을 경매에 의하여 특정승계한 자는, 특별한 사정이 없는 한 그와 같은 사용·수익의 제한이라는 부담이 있다는 사정을 용인하거나 적어도 그러한 사정이 있음을 알고서 그 토지의 소유권을 취득하였다고 볼 수 없으므로, 그러한 특정승계인은 그 토지 부분에 대하여 독점적이고 배타적인 사용·수익권을 행사할 수 있다고 보아야 한다.

① 1개 ② 2개 ③ 3개 ④ 4개 ⑤ 5개

해설

가.(×), 나.(○), 다.(○), 라.(○), 마.(×) : (가) 대법원 판례를 통하여 토지 소유자 스스로 그 소유의 토지를 일반 공중을 위한 용도로 제공한 경우에 그 토지에 대한 소유자의 독점적이고 배타적인 사용·수익권의 행사가 제한되는 법리가 확립되었고, 대법원은 그러한 법률관계에 관하여 판시하기 위하여 '사용·수익권의 포기', '배타적 사용·수익권의 포기', '독점적·배타적인 사용·수익권의 포기', '무상으로 통행할 권한의 부여' 등의 표현을 사용하여 왔다. 이러한 법리는 대법원이 오랜 시간에 걸쳐 발전시켜 온 것으로서, 현재에도 여전히 그 타당성을 인정할 수 있다. 다만 토지 소유자의 독점적이고 배타적인 사용·수익권 행사의 제한 여부를 판단하기 위해서는 토지 소유자의 소유권 보장과 공공의 이익 사이의 비교형량을 하여야 하고, 원소유자의 독점적·배타적인 사용·수익권 행사가 제한되는 경우에도 특별한 사정이 있다면 특정승계인의 독점적·배타적인 사용·수익권 행사가 허용될 수 있다. 또한, 토지 소유자의 독점적·배타적인 사용·수익권 행사가 제한되는 경우에도 일정한 요건을 갖춘 때에는 사정변경의 원칙이 적용되어 소유자가 다시 독점적·배타적인 사용·수익권을 행사할 수 있다고 보아야 한다. (나) 토지 소유자가 그 소유의 토지를 도로, 수도시설의 매설 부지 등 일반 공중을 위한 용도로 제공한 경우에, 소유자가 토지를 소유하게 된 경위와 보유기간, 소유자가 토지를 공공의 사용에 제공한 경위와 그 규모, 토지의 제공에 따른 소유자의 이익 또는 편익의 유무, 해당 토지 부분의 위치나 형태, 인근의 다른 토지들과의 관계, 주위 환경 등 여러 사정을 종합적으로 고찰하고, 토지 소유자의 소유권 보장과 공공의 이익 사이의 비교형량을 한 결과, 소유자가 그 토지에 대한 독점적·배타적인 사용·수익권을 포기한 것으로 볼 수 있다면, 타인[사인(사인)뿐만 아니라 국가, 지방자치단체도 이에 해당할 수 있다, 이하 같다]이 그 토지를 점유·사용하고 있다 하더라도 특별한 사정이 없는 한 그로 인해 토지 소유자에게 어떤 손해가 생긴다고 볼 수 없으므로, 토지 소유자는 그 타인을 상대로 부당이득반환을 청구할 수 없고, 토지의 인도 등을 구할 수도 없다(지문 가.). **다만 소유권의 핵심적 권능에 속하는 사용·수익 권능의 대세적·영구적인 포기는 물권법정주의에 반하여 허용할 수 없으므로**, 토지 소유자의 독점적·배타적인 사용·수익권의 행사가 제한되는 것으로 보는 경우에도, 일반 공중의 무상 이용이라는 토지이용현황과 양립 또는 병존하기 어려운 토지 소유자의 독점적이고 배타적인 사용·수익만이 제한될 뿐이고, **토지 소유자는 일반 공중의 통행 등 이용을 방해하지 않는 범위 내에서는 그 토지를 처분하거나 사용·수익할 권능을 상실하지 않는다**. (다) ① 위와 같은 법리는 토지 소유자가 그 소유의 토지를 도로 이외의 다른 용도로 제공한 경우에도 적용된다. 또한, 토지 소유자의 독점적·배타적인 사용·수익권의 행사가 제한되는 것으로 해석되는 경우 특별한 사정이 없는 한 그 지하 부분에 대한 독점적이고 배타적인 사용·수익권의 행사 역시 제한되는 것으로 해석함이 타당하다(지문 다.). ② 상속인은 피상속인의 일신에 전속한 것이 아닌 한 상속이 개시된 때로부터 피상속인의 재산에 관한 포괄적 권리·의무를 승계하므로(민법 제1005조), 피상속인이 사망 전에 그 소유 토지를 일반 공중의 이용에 제공하여 독점적·배타적인 사용·수익권을 포기한 것으로 볼 수 있고 그 토지가 상속재산에 해당하는 경우에는, 피상속인의 사망 후 그 토지에 대한 **상속인**의 독점적·배타적인 사용·수익권의 행사 역시 제한된다고 보아야 한다(지문 라.). ③ 원소유자의 독점적·배타적인 사용·수익권의 행사가 제한되는 토지의 소유권을 경매, 매매, 대물변제 등에 의하여 **특정승계한 자**는, 특별한 사정이 없는 한 그와 같은 사용·수익의 제한이라는 부담이 있다는 사정을 용인하거나 적어도 그러한 사정이 있음을 알고서 그 토지의 소유권을 취득하였다고 봄이 타당하므로, 그러한 특정승계인은 그 토지 부분에 대하여 **독점적이고 배타적인 사용·수익권을 행사할 수 없다**(지문 마.). 이때 특정승계인의 독점적·배타적인 사용·수익권의 행사를 허용할 특별한 사정이 있는지 여부는 특정승계인이 토지를 취득한 경위, 목적과 함께, 그 토지가 일반 공중의 이용에 제공되어 사용·수익에 제한이 있다는 사정이 이용현황과 지목 등을 통하여 외관에 어느 정도로 표시되어 있었는지, 해당 토지의 취득가액에 사용·수익권 행사의 제한으로 인한 재산적 가치 하락이 반영되어 있었는지, 원소유자가 그 토지를 일반 공중의 이용에 무상 제공한 것이 해당 토지를 이용하는 사람들과의 특별한 인적 관계 또는 그 토지 사용 등을 위한 관련 법령상의 허가·등록 등과 관계가 있었다고 한다면, 그와 같은 관련성이 특정승계인에게 어떠한 영향을 미치는지 등의 여러 사정을 종합적으로 고려하여 판단하여야 한다. (라) 토지 소유자의 독점적·배타적인 사용·수익권 행사의 제한은 해당 토지가 일반 공중의 이용에 제공됨으로 인한 공공의 이익을 전제로 하는 것이므로, 토지 소유자가 공공의 목적을 위해 그 토지를 제공할 당시의 객관적인 토지이용현황이 유지되는 한도 내에서만 존속한다고 보아야 한다. 따라서 토지 소유자가 그 소유 토지를 일반 공중의 이용에 제공함으로써 자신의 의사에 부합하는 토지이용상태가 형성되어 그에 대한 독점적·배타적인 사용·수익권의 행사가 제한된다고 하더라도, 그 후 토지이용상태에 중대한 변화가 생기는 등으로 독점적·배타적인 사용·수익권의 행사를 제한하는 기초가 된 객관적인 사정이 현저히 변경되고, 소유자가 일반 공중의 사용을 위하여 그 토지를 제공할 당시 이러한 변화를 예견할 수 없었으며, 사용·수익권 행사가 계속하여 제한된다고 보는 것이 당사자의 이해에 중대한 불균형을 초래하는 경우에는, **토지 소유자는 그와 같은 사정변경이 있은 때부터는 다시 사용·수익 권능을 포함한 완전한 소유권에 기한 권리를 주장할 수 있다**고 보아야 한다(지문 나.). 이때 그러한 사정변경이 있는지 여부는 해당 토지의 위치와 물리적 형태, 토지 소유자가 그 토지를 일반 공중의 이용에 제공하게 된 동기와 경위, 해당 토지와 인근 다른 토지들과의 관계, 토지이용상태가 바뀐 경위와 종전 이용상태와의 동일성 여부 및 소유자의 권리행사를 허용함으로써 일반 공중의 신뢰가 침해될 가능성 등 전후 여러 사정을 종합적으로 고려하여 판단하여야 한다(대판 2019. 1. 24, 2016다264556 전원합의체).

[보충지문] 토지 소유자가 그 토지에 대한 독점적·배타적인 사용·수익권을 포기한 것으로 볼 수 있는 경우에, 타인[사인(私人)뿐만 아니라 국가, 지방자치단체도 이에 해당할 수 있다]이 그 토지를 점유·사용하고 있다면 특별한 사정이 없는 한 토지 소유자에게 어떠한 손해가 생긴다고 볼 수 없어 손해배상 청구를 할 수는 없으나, 토지 소유자는 그 타인을 상대로 부당이득반환을 청구할 수 있다(×).

〈2021년 법무사 변형〉

보충지문

9 토지의 소유권은 정당한 이익있는 범위 내에서 토지의 상하에 미친다. 〈2018년 감정평가사〉

해 설 민법 제212조 참조

10-1 토지의 경계는 지적공부에 의하여 확정된다. 〈2020년 감정평가사〉

10-2 기술적인 착오 없이 작성된 지적도에서의 경계가 현실의 경계와 다르다면, 토지소유권의 범위는 원칙적으로 현실의 경계를 기준으로 확정하여야 한다. 〈2023년 감정평가사〉

해 설 지적법에 의하여 어떤 토지가 지적공부에 1필지의 토지로 등록되면 그 토지는 특별한 사정이 없는 한 이 등록으로써 특정되므로, 지적도를 작성함에 있어서 기술적 착오로 말미암아 지적도상의 경계선이 진실한 경계선과 다르게 작성되었다는 등의 특별한 사정이 없는 한 그 토지 소유권의 범위는 현실의 경계에 관계없이 지적공부상의 경계에 의하여 확정되어야 한다(대판 1996. 2. 9, 95다2333).

11-1 1동의 건물에 대하여 구분소유가 성립하기 위해서는 객관적·물리적인 측면에서 1동의 건물이 존재하고, 구분된 건물부분이 구조상·이용상 독립성을 갖추어야 할 뿐 아니라, 1동의 건물 중 물리적으로 구획된 건물부분을 각각 구분소유권의 객체로 하려는 구분행위가 있어야 한다. 〈2008년 사법시험〉

11-2 집합건물의 구분소유권은 원칙적으로 건물 전체가 완성되어 당해 건물에 관한 건축물대장에 구분건물로 등록된 시점에 성립한다. 〈2016년 법원행시〉

해 설 1동의 건물에 대하여 구분소유가 성립하기 위해서는 객관적·물리적인 측면에서 1동의 건물이 존재하고, 구분된 건물부분이 구조상·이용상 독립성을 갖추어야 할 뿐 아니라, 1동의 건물 중 물리적으로 구획된 건물부분을 각각 구분소유권의 객체로 하려는 구분행위가 있어야 한다. 여기서 구분행위는 건물의 물리적 형질에 변경을 가함이 없이 법률관념상 건물의 특정 부분을 구분하여 별개의 소유권의 객체로 하려는 일종의 법률행위로서, 그 시기나 방식에 특별한 제한이 있는 것은 아니고 처분권자의 구분의사가 객관적으로 외부에 표시되면 인정된다. 따라서 구분건물이 물리적으로 완성되기 전에도 건축허가신청이나 분양계약 등을 통하여 장래 신축되는 건물을 구분건물로 하겠다는 구분의사가 객관적으로 표시되면 구분행위의 존재를 인정할 수 있고, 이후 1동의 건물 및 그 구분행위에 상응하는 구분건물이 객관적·물리적으로 완성되면 아직 그 건물이 집합건축물대장에 등록되거나 구분건물로서 등기부에 등기되지 않았더라도 그 시점에서 구분소유가 성립한다(대판 2013. 1. 17, 2010다71578 전원합의체).

정답 9. (○) 10-1. (○) 10-2. (×) 11-1. (○) 11-2. (×)

12 구분건물이 완성되기 전에 분양계약 등을 통해 구분의사를 표시함으로써 구분행위를 한 다음 그에 상응하는 구분건물이 객관적.물리적으로 완성되면 그 시점에 구분소유가 성립하고, 이후 소유권자가 분양계약을 전부 해지하고 1동 건물의 전체를 1개의 건물로 소유권보존등기를 마치면 이는 구분폐지행위로서 원칙적으로 구분소유권은 소멸하나, 구분폐지 전에 개개의 구분건물에 대하여 유치권이 성립한 경우에는 구분소유권이 소멸하지 않는다. 〈2017 법원행시〉

해 설 1동 건물의 구분된 각 부분이 구조상·이용상 독립성을 가지는 경우 각 부분을 구분건물로 할지 1동 전체를 1개의 건물로 할지는 소유자의 의사에 의하여 자유롭게 결정할 수 있는 점에 비추어 보면, 구분건물이 물리적으로 완성되기 전에 분양계약 등을 통하여 장래 신축되는 건물을 구분건물로 하겠다는 구분의사를 표시함으로써 구분행위를 한 다음 1동의 건물 및 구분행위에 상응하는 구분건물이 객관적·물리적으로 완성되면 그 시점에서 구분소유가 성립하지만, 이후 소유권자가 분양계약을 전부 해지하고 1동 건물의 전체를 1개의 건물로 소유권보존등기를 마쳤다면 이는 구분폐지행위를 한 것으로서 구분소유권은 소멸한다. 그리고 이러한 법리는 구분폐지가 있기 전에 개개의 구분건물에 대하여 유치권이 성립한 경우라 하여 달리 볼 것은 아니다(대판 2016. 1. 14, 2013다219142).

13 집합건물의 공용부분은 취득시효에 의한 소유권 취득의 대상이 될 수 없다. 〈2017 법원행시〉

해 설 집합건물의 공용부분은 취득시효에 의한 소유권 취득의 대상이 될 수 없다(대판 2013. 12. 12, 2011다78200, 78217).

14 토지의 전세권자가 경계근방에서 건물을 축조하기 위하여 이웃 토지의 사용을 청구하려면 전세권설정자를 대위하여야 한다. 〈2010년 사법시험〉

해 설 민법의 상린관계에 관한 규정은 지상권과 전세권에도 준용된다(제290조, 제319조). 따라서 토지의 전세권자가 경계나 그 근방에서 담 또는 건물을 축조하거나 수선하기 위하여 필요한 범위 내에서는 전세권설정자를 대위하는 것이 아니라 직접 이웃 토지의 사용을 청구할 수가 있다(제216조).

15 토지소유자와 이웃하는 건물 임차인과의 사이에는 통설에 의하면 상린관계의 규정이 적용되지 않는다. 〈2006년 감정평가사〉

해 설 토지소유자와 이웃하는 건물임차인과의 사이에는 통설에 의하면 상린관계의 규정이 적용된다고 해석한다.

16-1 민법 제218조 제1항에서 정한 수도 등 시설권은 법정의 요건을 갖추면 당연히 인정되는 것이고, 그 시설권에 근거하여 수도 등 시설공사를 시행하기 위해 따로 수도 등이 통과하는 토지 소유자의 동의나 승낙을 받아야 하는 것이 아니다. 〈2020년 법원행시〉

16-2 민법 제218조 제1항 본문은 "토지 소유자는 타인의 토지를 통과하지 아니하면 필요한 수도, 소수관, 까스관, 전선 등을 시설할 수 없거나 과다한 비용을 요하는 경우에는 타인의 토지를 통과하여 이를 시설할 수 있다."라고 규정하고 있다. 이와 같은 수도 등 시설권은 법정의 요건을 갖추면 당연히 인정되는 것이므로, 토지 소유자의 동의나 승낙은 민법 제218조에 기초한 수도 등

정답 12. (×) 13. (○) 14. (×) 15. (×) 16-1. (○) 16-2. (○)

시설권의 성립이나 효력 등에 어떠한 영향을 미치는 법률행위나 준법률행위라고 볼 수 없다.
〈2018년 법무사〉

해 설 민법 제218조 제1항 본문은 "토지 소유자는 타인의 토지를 통과하지 아니하면 필요한 수도, 소수(소수)관, 까스관, 전선 등을 시설할 수 없거나 과다한 비용을 요하는 경우에는 타인의 토지를 통과하여 이를 시설할 수 있다."라고 규정하고 있는데, 이와 같은 수도 등 시설권은 법정의 요건을 갖추면 당연히 인정되는 것이고, 시설권에 근거하여 수도 등 시설공사를 시행하기 위해 따로 수도 등이 통과하는 토지 소유자의 동의나 승낙을 받아야 하는 것이 아니다. 따라서 토지 소유자의 동의나 승낙은 민법 제218조에 기초한 수도 등 시설권의 성립이나 효력 등에 어떠한 영향을 미치는 법률행위나 준법률행위라고 볼 수 없다(대판 2016. 12. 15, 2015다247325).

17 **주위토지통행권은 인접한 토지의 상호이용의 조절에 기한 권리로서 토지의 소유자 또는 지상권자, 전세권자 등 토지사용권을 가진 자에게 인정되는 권리이다. 따라서 명의신탁자에게는 주위토지통행권이 인정되지 아니한다.** 〈2009년 법무사〉

해 설 대판 2008. 5. 8, 2007다22767 참조

18 **주위토지통행권은 법정의 요건을 충족하면 당연히 성립하고 요건이 없어지게 되면 당연히 소멸한다. 따라서 포위된 토지가 사정변경에 의하여 공로에 접하게 되거나 포위된 토지의 소유자가 주위의 토지를 취득함으로써 주위토지통행권을 인정할 필요성이 없어지게 된 경우에는 통행권은 소멸한다.** 〈2015년 법무사〉

해 설 주위토지통행권은 법률규정에 의한 물권변동이므로 법정의 요건을 충족하면 당연히 성립하고 요건이 없어지게 되면 당연히 소멸한다(대판 1998. 3. 10, 97다47118).

19 **주위토지통행권확인청구는 변론종결시를 기준으로 정해진 요건에 해당하는 여부를 확정한다.**
〈2012년 법무사〉

해 설 주위토지통행권은 통행을 위한 지역권과는 달리 그 통행로가 항상 특정한 장소로 고정되어 있는 것은 아니고, 주위토지통행권확인청구는 변론종결시에 있어서의 민법 제219조에 정해진 요건에 해당하는 토지가 어느 토지인가를 확정하는 것이므로, 주위토지 소유자가 그 용법에 따라 기존 통행로로 이용되던 토지의 사용방법을 바꾸었을 때에는 대지 소유자는 그 주위토지 소유자를 위하여 보다 손해가 적은 다른 장소로 옮겨 통행할 수밖에 없는 경우도 있다(대판 2009. 6. 11, 2008다75300, 75317, 75324).

20 **주위토지통행권의 경우 이미 그 소유 토지의 용도에 필요한 통로가 있는 경우에는 그 통로를 사용하는 것보다 더 편리하다는 이유만으로 다른 장소로 통행할 권리를 인정할 수 없다.**
〈2012년 법무사〉

해 설 대판 1995. 6. 13, 95다1088, 95다1095 참조

21-1 **주위토지통행권자가 민법 제219조 제1항 본문에 따라 통로를 개설하는 경우 통행지 소유자는 원칙적으로 통행권자의 통행을 수인할 소극적 의무를 부담할 뿐 통로개설 등 적극적인 작위의무를 부담하는 것은 아니다.** 〈2009년 법무사〉

정답 17. (○) 18. (○) 19. (○) 20. (○) 21-1. (○)

21-2 **통행지 소유자가 주위토지통행권에 기한 통행에 방해가 되는 담장 등 축조물을 설치한 경우에는 주위토지통행권의 본래적 기능 발휘를 위하여 통행지 소유자가 그 철거의무를 부담한다.** 〈2009년 법무사〉

21-3 **주위토지통행권자는 주위토지통행권이 인정되는 때에도 그 통로개설이나 유지비용을 부담하여야 하고, 민법 제219조 제1항 후문 및 제2항에 따라 그 통로개설로 인한 손해가 가장 적은 장소와 방법을 선택하여야 하며, 통행지 소유자의 손해를 보상하여야 한다.** 〈2009년 법무사〉

해 설 주위토지통행권자가 민법 제219조 제1항 본문에 따라 통로를 개설하는 경우 통행지 소유자는 원칙적으로 통행권자의 통행을 수인할 소극적 의무를 부담할 뿐 통로개설 등 적극적인 작위의무를 부담하는 것은 아니고, 다만 통행지 소유자가 주위토지통행권에 기한 통행에 방해가 되는 담장 등 축조물을 설치한 경우에는 주위토지통행권의 본래적 기능발휘를 위하여 통행지 소유자가 그 철거의무를 부담한다. 그리고 주위토지통행권자는 주위토지통행권이 인정되는 때에도 그 통로개설이나 유지비용을 부담하여야 하고, 민법 제219조 제1항 후문 및 제2항에 따라 그 통로개설로 인한 손해가 가장 적은 장소와 방법을 선택하여야 하며, 통행지 소유자의 손해를 보상하여야 한다(대판 2006. 10. 26, 2005다30993).

22 **주위토지통행권의 본래적 기능발휘를 위하여는 그 통행에 방해가 되는 담장과 같은 축조물도 통행권 행사에 의하여 철거되어야 하고, 그 담장이 당초에는 적법하게 설치되었던 것이라 하더라도 철거의무에는 영향이 없다.** 〈2017 법원행시〉

해 설 주위토지통행권의 본래적 기능발휘를 위하여는 그 통행에 방해가 되는 담장과 같은 축조물도 위 통행권의 행사에 의하여 철거되어야 하는 것이고, 그 담장이 비록 당초에는 적법하게 설치되었던 것이라 하더라도 그 철거의 의무에는 영향이 없다(대판 1990. 11. 13, 90다5238, 90다카27761(병합)).

23 **주위토지통행권자는 필요한 경우에는 통행지상에 통로를 개설할 수 있으나, 통행지 소유자의 이익을 해하지 않는 경우라 할지라도 통로를 포장하는 것은 주위토지통행권의 성질상 허용되지 않고, 주위토지통행권자가 통로를 개설한 이상 그 통로에 대하여 통행지 소유자의 점유를 배제할 정도의 배타적인 점유를 하고 있지 않더라도 통행지 소유자는 주위토지통행권자에 대하여 주위토지통행권이 미치는 범위 내의 통로 부분의 인도를 구하거나 그 통로에 설치된 시설물의 철거를 구할 수 있다.** 〈2016년 법무사〉

해 설 다른 사람의 소유토지에 대하여 상린관계로 인한 통행권을 가지고 있는 사람은 그 통행권의 범위 내에서 그 토지를 사용할 수 있을 뿐이고 그 통행지에 대한 통행지 소유자의 점유를 배제할 권능까지 있는 것은 아니므로 그 통행지 소유자는 그 통행지를 전적으로 점유하고 있는 주위토지통행권자에 대하여 그 통행지의 인도를 구할 수 있다고 할 것이나, 주위토지통행권자는 필요한 경우에는 통행지상에 통로를 개설할 수 있으므로, 모래를 깔거나, 돌계단을 조성하거나, 장해가 되는 나무를 제거하는 등의 방법으로 통로를 개설할 수 있으며 통행지 소유자의 이익을 해하지 않는다면 통로를 포장하는 것도 허용된다고 할 것이고, 주위토지통행권자가 통로를 개설하였다고 하더라도 그 통로에 대하여 통행지 소유자의 점유를 배제할 정도의 배타적인 점유를 하고 있지 않다면 통행지 소유자가 주위토지통행권자에 대하여 주위토지통행권이 미치는 범위 내의 통로 부분의 인도를 구하거나 그 통로에 설치된 시설물의 철거를 구할 수 없다(대판 2003. 8. 19, 2002다53469).

정 답 21-2. (○) 21-3. (○) 22. (○) 23. (×)

24 **통행권자는 특별한 사정이 없는 한 통행지 소유자의 손해를 보상할 필요는 없다.** 〈2012년 법무사〉

해설 주위토지통행권은 유상이 원칙이다(제219조).

25-1 **주위토지통행권자는 통행지 소유권자에게 손해를 보상하여야 하는데, 통행지 소유권자가 유료주차장으로 사용하는 토지 부분의 일부를 공로에 이르는 통로로 이용하는 경우에는, 통행지 소유권자의 손해액을 산정함에 있어 도로로서의 임료 상당액을 기준으로 한다.** 〈2017 법원행시〉

25-2 **주위토지통행권자가 통행지 소유자에게 보상해야 할 손해액은 특별한 사정이 없는 한 통행지를 '도로'로 평가하여 산정한 임료 상당액으로 정한다.** 〈2015년 법무사〉

해설 주위토지통행권자가 통행지 소유자에게 보상해야 할 손해액은 주위토지통행권이 인정되는 당시의 현실적 이용 상태에 따른 통행지의 임료 상당액을 기준으로 하여, 구체적인 사안에서 사회통념에 따라 쌍방 토지의 토지소유권 취득 시기와 가격, 통행지에 부과되는 재산세, 본래 용도에의 사용 가능성, 통행지를 공동으로 이용하는 사람이 있는지를 비롯하여 통행 횟수·방법 등의 이용태양, 쌍방 토지의 지형적·위치적 형상과 이용관계, 부근의 환경, 상린지 이용자의 이해득실 기타 제반 사정을 고려하여 이를 감경할 수 있고, 단지 주위토지통행권이 인정되어 통행하고 있다는 사정만으로 통행지를 '도로'로 평가하여 산정한 임료 상당액이 통행지 소유자의 손해액이 된다고 볼 수 없다(대판 2014. 12. 24, 2013다11669).

26 **분할로 인하여 공로에 통하지 못하는 토지가 있는 때에는 그 토지소유자는 공로에 출입하기 위하여 다른 분할자의 토지를 통행할 수 있고, 이 경우에는 보상의 의무가 없다.** 〈2015년 법무사〉

해설 공유자간 분할로 인하여 공로에 통하지 못하는 토지가 있는 때에는 그 토지소유자는 공로에 출입하기 위하여 다른 분할자의 토지를 통행할 수 있고, 이 경우에는 보상의 의무가 없다(제220조).

27-1 **토지의 일부 양도로 인해 공로에 통하지 못하는 토지가 생긴 경우 그 양수인에게는 무상의 주위토지통행권이 인정되지만, 판례에 따르면 이로 인한 무상통행의 부담은 해당 토지가 특정승계인에게 양도됨으로써 원칙적으로 소멸한다.** 〈2006년 감정평가사〉

27-2 **무상주위통행권에 관한 민법 제220조의 규정은 토지의 직접 분할자 또는 일부 양도의 당사자 사이에만 적용되고 포위된 토지 또는 피통행지의 특정승계인에게는 적용되지 않는다. 이는 분할자 또는 일부 양도의 당사자가 무상주위통행권에 기하여 이미 통로를 개설해 놓은 다음 특정승계가 이루어진 경우에도 마찬가지이다.** 〈2020년 법원행시〉

해설 무상주위통행권에 관한 민법 제220조의 규정은 토지의 직접 분할자 또는 일부 양도의 당사자 사이에만 적용되고 포위된 토지 또는 피통행지의 특정승계인에게는 적용되지 않는바, 이러한 법리는 분할자 또는 일부 양도의 당사자가 무상주위통행권에 기하여 이미 통로를 개설해 놓은 다음 특정승계가 이루어진 경우라 하더라도 마찬가지라 할 것이다(대판 2002. 5. 31, 2002다9202).

정답 24. (×) 25-1. (×) 25-2. (×) 26. (○) 27-1. (○) 27-2. (○)

28 **주위토지통행권이 있음을 주장하여 확인을 구하는 특정의 통로 부분이 민법 제219조에 정한 요건을 충족하지 못할 경우에는 다른 토지 부분에 주위토지통행권이 인정된다고 할지라도 원칙적으로 청구를 기각할 수밖에 없다. 통행권의 확인을 구하는 특정의 통로 부분 중 일부분이 민법 제219조에 정한 요건을 충족하거나 특정의 통로 부분에 대하여 일정한 시기나 횟수를 제한하여 주위토지통행권을 인정하는 것이 가능한 경우에도 마찬가지이다.** 〈2020년 법원행시〉

해설 주위토지통행권의 확인을 구하기 위해서는 통행의 장소와 방법을 특정하여 청구취지로써 이를 명시하여야 하고, 민법 제219조에 정한 요건을 주장·증명하여야 한다. 그러므로 주위토지통행권이 있음을 주장하여 확인을 구하는 특정의 통로 부분이 민법 제219조에 정한 요건을 충족하지 못할 경우에는 다른 토지 부분에 주위토지통행권이 인정된다고 할지라도 원칙적으로 청구를 기각할 수밖에 없다. 다만 이와 달리 통행권의 확인을 구하는 특정의 통로 부분 중 일부분이 민법 제219조에 정한 요건을 충족하거나 특정의 통로부분에 대하여 일정한 시기나 횟수를 제한하여 주위토지통행권을 인정하는 것이 가능한 경우라면, 그와 같이 한정된 범위에서만 통행권의 확인을 구할 의사는 없음이 명백한 경우가 아닌 한 청구를 전부 기각할 것이 아니라, 그렇게 제한된 범위에서 청구를 인용함이 타당하다(대판 2017. 1. 12, 2016다39422).

29 **확정판결이나 화해조서 등에 의하여 특정의 구체적 구역이 주위토지통행권의 요건에 맞는 통행로로 인정되었더라도 그 이후 그 전제가 되는 포위된 토지나 주위토지 등의 현황이나 구체적 이용상황에 변동이 생긴 경우에는 일방이 상대방에 대하여 기존의 확정판결이나 화해조서 등이 인정한 통행장소와 다른 곳을 통행로로 삼아 주위토지통행권의 확인이나 통행방해의 배제·예방 또는 통행 금지 등을 소로써 구하더라도 그 청구가 위 확정판결이나 화해조서 등의 기판력에 저촉된다고 볼 수 없다.** 〈2020년 법원행시〉

해설 사정변경이 생겨서 일방이 상대방에 대하여 기존의 확정판결 등에서 인정한 통행장소와 다른 곳을 통행로로 삼아 주위토지통행권의 확인 등을 소로써 구하더라도 그 청구가 기존확정판결 등의 기판력에 저촉된다고 볼 수 없다. 즉 또다시 필요성이 있으면 청구할 수 있다(대판 2004. 5. 13, 2004다10268).

30 **인접한 타인의 토지를 통과하지 않고도 시설을 하고 물을 소통할 수 있는 경우에는 스스로 그와 같은 시설을 하는 것이 타인의 토지 등을 이용하는 것보다 비용이 더 든다는 등의 사정이 있다는 이유만으로 상린관계에 관한 민법 규정을 유추적용하여 이웃토지 소유자에게 그 토지의 사용 또는 그가 설치·보유한 시설의 공동사용을 수인하라고 요구할 수 있는 권리는 인정될 수 없다.** 〈2020년 법원행시〉

해설 어느 토지소유자가 타인의 토지를 통과하지 아니하면 필요한 전선 등을 시설할 수 없거나 과다한 비용을 요하는 경우에는 타인은 자기 토지를 통과하여 시설을 하는 데 대하여 수인할 의무가 있고(민법 제218조 참조), 또한 소유지의 물을 소통하기 위하여 이웃토지 소유자가 시설한 공작물을 사용할 수 있지만(민법 제227조), 이는 타인의 토지를 통과하지 않고는 전선 등 불가피한 시설을 할 수가 없거나 타인의 토지를 통하지 않으면 물을 소통할 수 없는 합리적 사정이 있어야만 인정되는 것이다. 인접한 타인의 토지를 통과하지 않고도 시설을 하고 물을 소통할 수 있는 경우에는 스스로 그와 같은 시설을 하는 것이 타인의 토지 등을 이용하는 것보다 비용이 더 든다는 등의 사정이 있다는 이유만으로 이웃토지 소유자에게 그 토지의 사용 또는 그가 설치·보유한 시설의 공동사용을 수인하라고 요구할 수 있는 권리는 인정될 수 없다(대판 2012. 12. 27, 2010다103086).

정답 28. (×) 29. (○) 30. (○)

31 **인접하여 토지를 소유한 자가 통상의 경계표나 담을 설치하는 경우 별다른 관습이나 특약이 없는 한 그 설치비용이나 측량비용은 쌍방이 절반하여 부담하며, 설치된 경계표 등은 상린자의 공유로 추정된다.** 〈2006년 감정평가사〉

해 설 인접하여 토지를 소유한 자가 통상의 경계표나 담을 설치하는 경우 별다른 관습이나 특약이 없는 한 그 설치비용은 절반씩, 측량비용은 토지 면적비율로 부담하며(제237조), 설치된 경계표 등은 상린자의 공유로 추정된다(제239조).

32 **어떠한 건물 신축이 그 건축 당시의 「건축법」 등 관계 법령의 일조방해에 관한 직접적인 단속 법규에 적합하더라도, 현실적인 일조방해의 정도가 현저하게 커 사회통념상 수인한도를 넘은 경우에는 위법행위로 평가될 수 있다.** 〈2013년 사법시험〉

해 설 어떠한 건물 신축이 건축 당시의 공법적 규제에 형식적으로 적합하다고 하더라도 현실적인 일조방해의 정도가 현저하게 커 사회통념상 수인한도를 넘은 경우에는 위법행위로 평가될 수 있다(대판 2007. 6. 14, 2005다72058).

33 **일조권 침해에 있어 객관적인 생활이익으로서 일조이익을 향유하는 '토지의 소유자 등'에, 임차인 등의 거주자는 포함되나 가해건물로 인하여 일조방해를 받고 있는 인근 초등학교의 학생들은 이에 포함되지 않는다.** 〈2013년 사법시험〉

해 설 일조권 침해에 있어 객관적인 생활이익으로서 일조이익을 향유하는 '토지의 소유자 등'은 토지소유자, 건물소유자, 지상권자, 전세권자 또는 임차인 등의 거주자를 말하는 것으로서, 당해 토지·건물을 일시적으로 이용하는 것에 불과한 사람은 이러한 일조이익을 향유하는 주체가 될 수 없다. 따라서 초등학교 학생들은 공공시설인 학교시설을 방학기간이나 휴일을 제외한 개학기간 중, 그것도 학교에 머무르는 시간 동안 일시적으로 이용하는 지위에 있을 뿐이고, 학교를 점유하면서 지속적으로 거주하고 있다고 할 수 없으므로 생활이익으로서의 일조권을 법적으로 보호받을 수 있는 지위에 있지 않다(대판 2008. 12. 24, 2008다41499).

34 **일조방해와 같은 생활이익에 대한 침해가 위법한지를 판단함에 있어 특별한 사정이 없다면, 수인한도를 초과하지 않는 생활이익에 대한 침해를 다른 생활이익 침해로 인한 수인한도 초과 여부의 판단이나 손해배상액 산정의 직접적인 근거 사유로 삼을 수는 없다.** 〈2013년 사법시험〉

해 설 일조방해, 사생활 침해, 조망 침해, 시야 차단으로 인한 압박감, 소음, 분진, 진동 등과 같은 생활이익에 대한 침해가 사회통념상의 수인한도를 초과하여 위법한지를 판단하고 그에 따른 재산상 손해를 산정함에 있어서는, 생활이익을 구성하는 요소들을 종합적으로 참작하여 수인한도를 판단하여야만 형평을 기할 수 있는 특별한 사정이 없다면, 원칙적으로 개별적인 생활이익별로 침해의 정도를 고려하여 수인한도 초과 여부를 판단한 후 수인한도를 초과하는 생활이익들에 기초하여 손해배상액을 산정하여야 하며, 수인한도를 초과하지 아니하는 생활이익에 대한 침해를 다른 생활이익 침해로 인한 수인한도 초과 여부 판단이나 손해배상액 산정에 있어서 직접적인 근거 사유로 삼을 수는 없다(대판 2007. 6. 28, 2004다54282).

정 답 31. (×) 32. (○) 33. (○) 34. (○)

Ⅱ. 취득시효

35 점유취득시효에 관한 다음 설명 중 옳지 않은 것은? (다툼이 있는 경우에는 판례에 의함)

〈2007년 변리사〉

① 점유로 인한 토지소유권의 시효취득은 원시취득이지만, 점유자로서는 종전 소유자가 그 토지위에 축조한 건물에 대하여는 철거를 청구할 수 없다.
② 자주점유의 여부는 점유자의 내심의 의사에 의하여 결정되는 것이 아니라, 점유취득의 원인이 된 권원의 성질이나 점유와 관계 있는 모든 사정에 의하여 외형적·객관적으로 결정된다.
③ 부동산을 다른 사람에게 매도하여 그 인도의무를 지고 있다면 그 매도인의 점유는 타주점유로 변경된다.
④ 부동산소유자가 취득시효가 완성된 사실을 알고 그 부동산을 제3자에게 처분함으로써 소유권이전등기의무가 이행불능이 되어 시효취득자가 손해를 입었다면 이는 시효취득자에 대하여 불법행위를 구성한다.
⑤ 시효취득자가 시효취득 완성 후 원소유자에 의하여 목적 토지에 설정된 근저당권의 피담보채무를 변제하였다면, 후에 원소유자에게 대위변제를 이유로 구상권을 행사할 수 있다.

해 설

① (○) : 종전의 소유자는 특별한 사정이 없는 한 자기 토지에 건물을 짓는 것은 정당한 권리 행사이다. 따라서 점유자로서는 그 지상에 위 건물이 존재한 상태로 대지의 소유권을 취득하였다고 할 것이어서 원소유자에 대하여 위 건물의 철거를 구할 수 없다(대판 1999. 7. 9, 97다53632).

② (○) : 점유자의 점유가 소유의 의사 있는 자주점유인지 아니면 소유의 의사 없는 타주점유인지의 여부는 점유자의 내심의 의사에 의하여 결정되는 것이 아니라 점유 취득의 원인이 된 권원의 성질이나 점유와 관계가 있는 모든 사정에 의하여 외형적·객관적으로 결정되어야 한다(대판 2006. 4. 27, 2004다38150).

③ (○) : 토지의 매도인은 매수인에게 매도한 토지의 인도의무를 지고 있으므로, 매도 후의 점유는 그 성질상 타주점유로 변경되지만 특별한 사정이 있는 경우에는 그러하지 아니하다(대판 1995. 5. 23, 94다51871).

④ (○) : 부동산 소유자가 자신의 부동산에 대하여 취득시효가 완성된 사실을 알고 이를 제3자에게 처분하여 소유권이전등기를 넘겨줌으로써 취득시효 완성을 원인으로 한 소유권이전등기의무를 이행불능에 빠뜨려 시효취득을 주장하는 자에게 손해를 입혔다면 불법행위를 구성한다(대판 1995. 6. 30, 94다52416).

⑤ (×) : 위 사안은 제3원칙의 연장이다. 즉 원소유자가 취득시효의 완성 이후 그 등기가 있기 전에 그 토지를 제3자에게 처분하거나 제한물권의 설정, 토지의 현상 변경 등 소유자로서의 권리를 행사하였다 하여 시효취득자에 대한 관계에서 불법행위가 성립하는 것이 아님은 물론 위 처분행위를 통하여 그 토지의 소유권이나 제한물권 등을 취득한 제3자에 대하여 취득시효의 완성 및 그 권리취득의 소급효를 들어 대항할 수도 없다 할 것이니, 시효취득자가 원소유자에 의하여 그 토지에 설정된 근저당권의 피담보채무를 변제하는 것은 시효취득자가 용인하여야 할 그 토지상의 부담을 제거하여 완전한 소유권을 확보하기 위한 것으로서 그 자신의 이익을 위한 행위라 할 것이니, 위 변제액 상당에 대하여 원소유자에게 대위변제를 이유로 구상권을 행사하거나 부당이득을 이유로 그 반환청구권을 행사할 수는 없다(대판 2006. 5. 12, 2005다75910).

36 甲이 乙 소유의 X 토지를 20년간 소유의 의사로 평온·공연하게 점유하여 취득시효가 완성된 경우에 관한 설명으로서 옳지 않은 내용을 모두 묶은 것은? (각 사안은 독립적이며, 다툼이 있는 경우에는 판례에 의함)

〈2008년 변리사〉

정답 35. ⑤ 36. ②

ㄱ. 甲이 X 토지를 소유의 의사로 평온·공연하게 점유한 사실은 추정된다.
ㄴ. 甲의 취득시효 완성 후 丙이 乙로부터 X 토지를 증여받고 아직 소유권이전등기를 하지 않고 있는 경우, 甲은 취득시효의 완성에 기한 등기를 하지 않고도 丙에 대하여 소유권의 취득을 주장할 수 있다.
ㄷ. 취득시효의 완성에 기한 등기를 하기 전에 乙이 사망하고, 乙의 상속인 丙이 상속에 기하여 등기를 한 경우, 취득시효의 완성에 기한 등기청구권은 시효완성 당시의 소유자에 대하여만 할 수 있으므로, 甲은 丙에 대하여는 등기청구권을 행사할 수 없다.
ㄹ. 甲이 취득시효의 완성에 기한 등기를 하지 않고 있는 사이에 X 토지에 대한 점유를 상실하더라도 이를 시효이익의 포기로 볼 수 있는 경우가 아닌 한, 취득시효의 완성에 의한 등기청구권은 소멸하지 아니한다.
ㅁ. 丙이 취득시효기간이 만료되기 바로 직전에 乙로부터 등기명의를 넘겨받고 그 후 취득시효기간이 완성된 경우, 甲은 丙에 대하여 취득시효의 완성을 주장할 수 있다.

① ㄱ, ㄴ ② ㄴ, ㄷ ③ ㄴ, ㄹ ④ ㄷ, ㄹ ⑤ ㄹ, ㅁ

해설

ㄱ. (○) : 민법 제197조 참조
ㄴ. (×) : 민법 제245조 제1항의 취득시효기간의 완성만으로는 소유권취득의 효력이 바로 생기는 것이 아니라, 다만 이를 원인으로 하여 소유권취득을 위한 등기청구권이 발생할 뿐이다(대판 2006. 9. 28, 2006다22074).
ㄷ. (×) : 제3자가 취득시효 완성 당시의 소유자의 상속인인 경우에는 그 상속분에 한하여는 위 제3자에 대하여 직접 취득시효 완성을 원인으로 한 소유권이전등기를 구할 수 있다(대판 2002. 3. 15, 2001다77352, 77369).
ㄹ. (○) : 일단 취득시효기간의 만료로 점유자가 소유권이전등 기 청구권을 취득한 이상 그 후 점유자의 부동산에 대한 점유가 중단되었다 하더라도 그와 같은 점유의 상실이 시효의 이익의 포기와 동일시할 수 없는 한 이미 취득한 소유권이전등기청구권이 소멸된 것으로 보아서는 아니 된다(대판 1989. 4. 25, 88다카3618).
ㅁ. (○) : 점유취득시효기간이 완성되기 전, 그 진행 중에 등기부상의 소유자가 변경된 경우에 있어서는, 이는 점유자의 종래의 사실상태의 계속을 파괴한 것으로 볼 수 없어 시효중단사유가 될 수 없고 따라서 점유취득시효완성 당시의 등기부상의 소유자가 권리변동의 당사자가 되는 것이므로 점유자는 그 자에 대하여 등기 없이도 취득시효완성의 효과를 주장할 수 있다(대판 1972. 1. 31, 71다2416, 대판 1989. 4. 11, 88다카5843, 5850. 이른바 제2원칙).

37 **甲은 乙의 X 토지에 대하여 점유취득시효의 요건을 갖추었으나 아직 등기는 하지 않고 있던 중, 정부의 신도시 조성계획에 따라 X 토지가 수용되어 상당한 금액의 수용보상금이 나오게 되었다. 이 경우에 관한 다음 설명 중 옳은 것은? (다툼이 있는 경우에는 판례에 의함)**

〈2010년 변리사〉

① 甲은 乙에게 X 토지의 소유권이전등기의무의 이행불능을 이유로 손해배상을 청구할 수 있다.
② 乙의 甲에 대한 소유권이전등기의무는 원시적 불능이므로 甲은 乙에게 신뢰이익의 배상을 청구할 수 있을 뿐이다.
③ 甲이 乙에게 X 토지의 수용보상금청구권의 양도를 구하기 위해서는 그 토지가 수용되기 전에 점유취득시효에 의한 등기청구권을 행사하는 등 권리를 주장하였어야 한다.

정답 37. ③

④ 乙이 받게 되는 수용보상금에 대하여 甲이 대상청구권을 행사할 경우에는 그 대상청구권은 물권적 청구권으로서 소멸시효에 걸리지 않는다.

⑤ X 토지에 대한 수용보상금청구권은 점유취득시효로 인하여 소유권이전등기청구권을 취득한 甲에게 직접 귀속된다.

해설

① (×) : 토지수용으로 인하여 시효 완성 당시의 원소유자의 소유권이전등기의무가 이행불능이 된 경우에는 그 이행불능이 원소유자의 고의 또는 과실에 기하여 발생한 것이라고 볼 수 없으므로 원소유자는 시효 완성자에게 이행불능을 이유로 한 토지의 시가 상당액에 해당하는 손해를 배상할 책임이 있다고 할 수 없다(대판 1994. 12. 9, 94다25025).

② (×) : 소유권이전등기의무의 목적 부동산이 수용되어 그 소유권이전등기의무가 이행불능이 된 경우, 등기청구권자는 등기의무자에게 대상청구권의 행사로써 등기의무자가 지급받은 수용보상금의 반환을 구하거나 또는 등기의무자가 취득한 수용보상금청구권의 양도를 구할 수 있다(대판 1996. 10. 29, 95다56910). ☞ 원시적 불능이 아니라 후발적 불능이다.

③ (○) : 점유로 인한 부동산 소유권 취득기간 만료를 원인으로 한 등기청구권이 이행불능으로 되었다고 하여 대상청구권을 행사하기 위하여는, 그 이행불능 전에 등기명의자에 대하여 점유로 인한 부동산 소유권 취득기간이 만료되었음을 이유로 그 권리를 주장하였거나 그 취득기간 만료를 원인으로 한 등기청구권을 행사하였어야 하고, 그 이행불능 전에 그와 같은 권리의 주장이나 행사에 이르지 않았다면 대상청구권을 행사할 수 없다(대판 1996. 12. 10, 94다43825).

④ (×) : 대상청구권은 특별한 사정이 없는 한 매매목적물의 수용 또는 국유화로 인하여 매도인의 소유권이전등기의무가 이행불능되었을 때 매수인이 그 권리를 행사할 수 있다고 보아야 할 것이고, 따라서 그 때부터 소멸시효가 진행하는 것이 원칙이라 할 것이다(대판 2002. 2. 8, 99다23901).

⑤ (×) : 소유권이전등기의무의 목적부동산이 수용되어 그 소유권이전등기의무가 이행불능이 된 경우, 등기청구권자는 등기의무자에게 대상청구권의 행사로써 등기의무자가 지급받은 수용보상금의 반환을 구하거나 또는 등기의무자가 취득한 수용보상금청구권의 양도를 구할 수 있을 뿐 그 수용보상금청구권 자체가 등기청구권자에게 귀속되는 것은 아니다(대판 1996. 10. 29, 95다56910).

38 **甲은 그가 1977년부터 점유하던 A명의의 X토지를 1995년에 乙에게 매도·인도하였고, 乙은 2000년에 이를 다시 丙에게 전매·인도하였으며, 2012년 현재 丙이 X토지를 점유하고 있다. A가 1994년에 B에게 X토지를 매도하고 소유권이전등기를 마쳤다. 다음 설명으로 옳은 것만을 모두 고른 것은? (다툼이 있는 경우에는 판례에 의함)** 〈2012년 변리사〉

ㄱ. 丙은 1995년을 기산점으로 하여 현재 소유명의자인 B에게 취득시효의 완성을 원인으로 하는 이전등기를 청구할 수 있다.
ㄴ. 丙은 B가 소유권을 취득한 1994년을 기산점으로 하여 취득시효가 완성되었음을 원인으로 B를 상대로 이전등기를 청구할 수 있다.
ㄷ. 1997년 乙은 취득시효의 완성을 원인으로 하여 B에게 이전등기를 청구할 권리를 취득했다.
ㄹ. 2000년 乙로부터 점유를 승계한 丙은 乙이 B에 대하여 가지는 등기청구권을 직접 행사할 수 있다.

정답 38. ④

① ㄱ, ㄴ ② ㄱ, ㄹ ③ ㄴ, ㄷ ④ ㄷ ⑤ ㄹ

해 설

ㄱ. (×), ㄴ. (×), ㄷ. (○) : 현재 2012년이므로 ㄱ.과 ㄴ.의 경우 20년이 되지 않았다. 따라서 丙이 취득시효를 주장하려면 甲의 점유까지 병합해야 한다. 그런데 취득시효 기간 중인 1994년에 소유자 변동이 있었으므로 기산점을 임의선택할 수 없고, 따라서 甲이 점유를 개시한 1977년을 기산점으로 삼아 1997년에 취득시효가 완성되었다. 1997년 당시 점유자는 乙이고 명의자는 B이므로 乙이 B에 대하여 소유권이전등기청구권을 취득했다.

ㄹ. (×) : [다수의견] 가. 원래 취득시효제도는 일정한 기간 점유를 계속한 자를 보호하여 그에게 실체법상의 권리를 부여하는 제도이므로, 부동산을 20년 간 소유의 의사로 평온·공연하게 점유한 자는 민법 제245조 제1항에 의하여 점유부동산에 관하여 소유자에 대한 소유권이전등기청구권을 취득하게 되며, 점유자가 취득시효기간의 만료로 일단 소유권이전등기청구권을 취득한 이상, 그 후 점유를 상실하였다고 하더라도 이를 시효이익의 포기로 볼 수 있는 경우가 아닌 한, 이미취득한 소유권이전등기청구권은 소멸되지 아니한다. 나. 前 점유자의 점유를 승계한 자는 그 점유 자체와 하자만을 승계하는 것이지 그 점유로 인한 법률효과까지 승계하는 것은 아니므로 부동산을 취득시효기간 만료 당시의 점유자로부터 양수하여 점유를 승계한 현 점유자는 자신의 前 점유자에 대한 소유권이전등기청구권을 보전하기 위하여 前 점유자의 소유자에 대한 소유권이전등기청구권을 대위행사할 수 있을 뿐, 前 점유자의 취득시효 완성의 효과를 주장하여 직접 자기에게 소유권이전등기를 청구할 권원은 없다. ☞ 판례에 따르면 일반적으로 대위행사는 가능한데, 이 문제의 사안대로라면 乙이 점유를 상실한지 10년이 넘었으므로 乙의 B에 대한 소유권이전등기청구권의 소멸시효가 완성되어 丙은 대위행사도 할 수 없다.

> **[반대의견]** 가. 점유취득시효기간이 만료된 이후 부동산에 대한 점유를 상실한 사람은 그 상실원인이 무엇이든지 간에 등기부상 소유자를 상대로 시효취득을 주장하여 소유권이전등기를 청구할 수 없다. 나. 취득시효기간 만료 후 부동산에 대한 점유승계가 이루어진 경우에는 점유를 승계한 현 점유자는, 민법 제199조 제1항에 의하여 자기의 점유와 前 점유자의 점유를 아울러 주장할 수 있으므로, 승계한 점유의 시초부터 현재까지 자기가 점유를 계속한 경우와 동일하게 前 점유자를 대위할 필요 없이, 등기부상 소유자에 대하여 직접 취득시효 완성을 원인으로 한 소유권이전등기를 청구할 수 있다고 봄이 상당하다(대판 1995. 3. 28, 93다47745 전원합의체).

39 **乙은 甲으로부터 X토지를 매수하여 인도받아 점유하기 시작하였고, 丙은 乙로부터 이를 매수하여 인도받아 2020. 9. 1. 현재까지 점유하고 있으며, 乙과 丙 모두 평온·공연하게 점유를 하였다. 한편, X토지에 관하여 A 명의의 소유권보존등기 후 B 명의로 매매를 원인으로 한 소유권이전등기가 마쳐졌다. 이에 관한 설명 중 옳은 것(○)과 옳지 않은 것(×)을 올바르게 조합한 것은? (단, 아래의 각 청구 시점은 2020. 9. 1.로 하고, 다툼이 있는 경우 판례에 의함)** 〈2021년 변호사시험〉

> ㄱ. 丙이 1986. 9. 16. 인도받았는데, B 명의 등기가 1998. 5. 18. 이루어진 후 C 명의로 단독상속을 원인으로 하는 이전등기가 2018. 5. 18. 이루어진 경우, 丙은 C에 대하여 취득시효완성을 이유로 이전등기를 청구할 수 있다.
> ㄴ. 丙이 1986. 9. 16. 인도받았는데, B 명의 등기가 2008. 5. 18. 이루어진 경우, B 명의 등기가 원인무효 등기라면 丙은 A를 대위하여 B 앞으로 경료된 등기의 말소를 청구할 수 있다.
> ㄷ. 丙이 1976. 9. 16. 인도받았는데, B 명의 등기가 1998. 5. 18. 이루어진 후 D 명의로 매매를 원인으로 하는 이전등기가 2016. 5. 18. 이루어진 경우, 丙은 D에 대하여 취득시효완성을 이유로 이전등기를 청구할 수 없다.

정답 39. ③

ㄹ. 乙이 1980. 9. 16., 丙이 2002. 9. 16. 각각 인도받았는데, B 명의 등기가 1998. 5. 18. 이루어진 경우, 丙은 자기의 점유와 乙의 점유를 아울러 주장할 수 있으므로, 乙을 대위할 필요 없이 B에 대하여 직접 취득시효완성을 원인으로 이전등기를 청구할 수 있다.

① ㄱ(○), ㄴ(○), ㄷ(○), ㄹ(×)
② ㄱ(○), ㄴ(○), ㄷ(×), ㄹ(○)
③ ㄱ(○), ㄴ(○), ㄷ(×), ㄹ(×)
④ ㄱ(×), ㄴ(○), ㄷ(×), ㄹ(×)
⑤ ㄱ(×), ㄴ(×), ㄷ(○), ㄹ(○)

해설

ㄱ.(○) : ① 점유취득시효기간이 완성되기 전, 그 진행 중에 등기부상의 소유자가 변경된 경우에 있어서는, 이는 점유자의 종래의 사실상태의 계속을 파괴한 것으로 볼 수 없어 시효중단사유가 될 수 없고 따라서 점유취득시효완성 당시의 등기부상의 소유자가 권리변동의 당사자가 되는 것이므로 점유자는 그 자에 대하여 등기 없이도 취득시효완성의 효과를 주장할 수 있다(대판 1972. 1. 31, 71다2416; 대판 1989. 4. 11, 88다카5843, 5850 등 참조). ② 제3자가 취득시효 완성 당시의 소유자의 **상속인**인 경우에는 그 상속분에 한하여는 위 제3자에 대하여 직접 취득시효 완성을 원인으로 한 소유권이전등기를 구할 수 있다(대판 2002. 3. 15, 2001다77352,77369).

ㄴ.(○) : 취득시효가 완성된 후 점유자가 그 등기를 하기 전에 제3자가 소유권이전등기를 경료한 경우에는 점유자는 그 제3자에 대하여는 시효취득을 주장할 수 없는 것이 원칙이기는 하지만 이는 어디까지나 그 제3자 명의의 등기가 적법 유효함을 전제로 하는 것으로서 위 제3자 명의의 등기가 원인무효인 경우(예컨대 제103조의 반사회질서 법률행위 등)에는 점유자는 취득시효 완성당시의 소유자를 대위하여 위 제3자 앞으로 경료된 원인무효인 등기의 말소를 구함과 아울러 위 소유자에게 취득시효 완성을 원인으로 한 소유권이전등기를 구할 수 있다(대판 2002. 3. 15, 2001다77352, 77369).

ㄷ.(×) : [1] 부동산에 대한 점유취득시효가 완성된 후 취득시효 완성을 원인으로 한 소유권이전등기를 하지 않고 있는 사이에 그 부동산에 관하여 제3자 명의의 소유권이전등기가 경료된 경우라 하더라도 당초의 점유자가 계속 점유하고 있고 소유자가 변동된 시점을 기산점으로 삼아도 다시 취득시효의 점유기간이 경과한 경우에는 점유자로서는 제3자 앞으로의 소유권 변동시를 새로운 점유취득시효의 기산점으로 삼아 2차의 취득시효의 완성을 주장할 수 있다. [2] [다수의견] 취득시효기간이 경과하기 전에 등기부상의 소유명의자가 변경된다고 하더라도 그 사유만으로는 점유자의 종래의 사실상태의 계속을 파괴한 것이라고 볼 수 없어 취득시효를 중단할 사유가 되지 못하므로, 새로운 소유명의자는 취득시효 완성 당시 권리의무 변동의 당사자로서 취득시효 완성으로 인한 불이익을 받게 된다 할 것이어서 시효완성자는 그 소유명의자에게 시효취득을 주장할 수 있는바, 이러한 법리는 새로이 2차의 취득시효가 개시되어 그 취득시효기간이 경과하기 전에 등기부상의 소유명의자가 다시 변경된 경우에도 마찬가지로 적용된다고 봄이 상당하다(대판 2009. 7. 16, 2007다15172, 15189 전원합의체).

ㄹ.(×) : [1] 원래 취득시효제도는 일정한 기간 점유를 계속한 자를 보호하여 그에게 실체법상의 권리를 부여하는 제도이므로, 부동산을 20년 간 소유의 의사로 평온·공연하게 점유한 자는 민법 제245조 제1항에 의하여 점유부동산에 관하여 소유자에 대한 소유권이전등기청구권을 취득하게 되며, 점유자가 취득시효기간의 만료로 일단 소유권이전등기청구권을 취득한 이상, 그 후 점유를 상실하였다고 하더라도 이를 시효이익의 포기로 볼 수 있는 경우가 아닌 한, 이미취득한 소유권이전등기청구권은 소멸되지 아니한다. [2] 전 점유자의 점유를 승계한 자는 그 점유 자체와 하자만을 승계하는 것이지 그 점유로 인한 법률효과까지 승계하는 것은 아니므로 부동산을 취득시효기간 만료 당시의 점유자로부터 양수하여 점유를 승계한 현 점유자는 자신의 전 점유자에 대한 소유권이전등기청구권을 보전하기 위하여 전 점유자의 소유자에 대한 소유권이전등기청구권을 대위행사할 수 있을 뿐, 전 점유자의 취득시효 완성의 효과를 주장하여 직접 자기에게 소유권이전등기를 청구할 권원은 없다(대판 1995. 3. 28, 93다47745 전원합의체).

☞ 출제자는 이 지문을 93다47745판결을 기초로 하여 틀린 지문으로 출제하였다. 하지만 이 지문은 논란의 소지가 있다. 왜냐하면 사안에서 B명의 등기(소유권 변동)가 1998. 5. 18. 이루어졌고 丙은 2020. 9. 1. 현재까지 점유하고 있으므로 丙은 2020. 9. 1. 현재부터 역산하여 20년이 경과한 시점을 취득시효의 기산점으로 삼아 자신이 시효취득했음을 주장하여「직접」소유권이전등기를 청구할 수 있다고 보아야 하기 때문이다.

[참고판례] ① 취득시효기간 중 계속해서 등기명의자가 동일한 경우에는 그 기산점을 어디에 두든지 간에 취득시효의 완성을 주장할 수 있는 시점에서 보아 그 기간이 경과한 사실만 확정되면 충분하므로, 전 점유자의 점유를 승계하여 자신의 점유기간을 통산하여 20년이 경과한 경우에 있어서도 전 점유자가 점유를 개시한 이후의 임의의 시점을 그 기산점으로 삼을 수 있다(대판 1998. 5. 12, 97다8496, 8502). ☞ 〈사안〉 X토지에 관하여 甲이 1935. 12.경 점유를 이전받아 점유 사용하여 오던 중 그 소유자가 A로부터 B로 변동이 된 1945. 1. 17. 이후에도 甲이 계속 점유 사용하다가 1949. 2. 18. 乙이 그 점유를 승계하고 이어서 1977. 4. 8. 丙이 그 점유를 승계하여 현재 丙이 점유 사용하고 있는데, 丙은 1969. 5. 17.을 기산점으로 1989. 5. 17.에 취득시효가 완성되었다고 주장한다. 〈원심〉 丙은 乙의 점유를 함께 주장할 수는 있다 할 것이나 그 점유개시시점은 乙이 점유를 개시한 1949. 2. 18.을 주장할 수 있을 뿐이고, 그 이후의 임의의 시점인 1969. 5. 17.을 점유개시시점으로 삼을 수는 없다. 〈대법원〉 이 사건 토지 부분에 관하여는 1945. 1. 17. 위와 같이 소유권 변동이 있었다고 하더라도 그 이후부터 丙이 취득시효가 완성되었다고 주장하는 1989. 5. 17.까지 44년 남짓 동안 그 등기명의자가 동일한 이상 丙이 직전 점유자인 乙이 점유를 개시한 이후로서 丙이 주장하는 1969. 5. 17.을 그 기산점으로 삼을 수 있다고 보아야 할 것이다.

② 위 ①의 법리는 소유권에 변동이 있더라도 그 이후 계속해서 취득시효기간이 경과하도록 등기명의자가 동일하다면 그 소유권 변동 이후 전 점유자의 점유기간과 자신의 점유기간을 통산하여 20년이 경과한 경우에 있어서도 마찬가지이다(대판 1998. 5. 12, 97다34037). ☞ 〈사안〉 A의 소유이던 X토지에 관하여 甲이 6·25 사변이 끝날 무렵(날짜 미상) X토지를 매수한 후 점유하여 오던 중 1963. 6. 7. B 앞으로 매매를 원인으로 한 소유권이전등기가 마쳐지고, 甲은 1984년경 장남인 乙에게 X토지를 증여하였고 乙이 점유를 승계받아 계속 점유하고 있다. 이후 X토지는 1992년경 C에게 상속되었고 1993년경 다시 D에게 상속되었다. 〈원심〉 甲이 취득시효기간 만료로 X토지에 관한 소유권이전등기청구권을 취득한 이후 그 점유를 특정승계한 乙로서는 甲의 등기청구권을 대위행사함은 별론으로 하고 甲의 취득시효 완성의 효과를 주장하여 직접 소유권이전등기를 청구할 권원이 없다. 〈대법원〉 乙은 D에 대하여 직접 소유권이전등기절차의 이행을 구하면서, 甲이 1983. 6. 7. X토지를 시효취득한 후 乙에게 양도하였다고 주장하는 한편, 甲으로부터 X토지를 승계받아 계속 점유하여 왔다고 주장하고도 있는바, 甲이 6·25 사변이 끝날 무렵부터 X토지를 점유하다가 乙이 그 점유를 승계하여 이를 점유하고 있다면, 甲이 X토지를 점유하고 있던 중인 1963. 6. 7. B 앞으로 매매를 원인으로 한 소유권이전등기가 있었다고 하더라도 위와 같이 소유권의 변동이 있은 이후의 甲 점유기간 일부와 乙이 점유를 승계한 이후의 乙 점유기간을 합하면 20년이 경과하였을 것임이 명백하다. 그렇다면 乙이 직접 이 사건 토지를 시효취득하였다는 주장도 하고 있는 취지라면, 원심으로서는 그 당부에 대하여 판단하였어야 하였다. 따라서 원심판결에는 점유취득시효의 기산점 등에 대한 법리를 오해하여 심리를 다하지 아니한 위법이 있고 이는 판결에 영향을 미쳤으므로, 원심판결을 파기한다.

※ 위 〈2012년 변리사〉 문제의 ㄹ.지문에서는 A에서 B로 소유권이 변경된 시점인 1994년부터 丙이 현재 점유하고 있는 시점인 2012년까지 20년이 경과하지 않았다. 반면에 이 지문에서는 A에서 B로 소유권이 변경된 시점인 1998. 5. 18.부터 丙이 현재 점유하고 있는 시점인 2020. 9. 1.까지 20년이 경과하였다는 점에서 차이가 있다. 공식적으로 정답 변경이 이루어지지 않았기 때문에 본서에서도 정답은 출제당시의 정답을 그대로 유지하였다.

40 **등기부취득시효에 관한 설명으로 옳지 않은 것은? (다툼이 있는 경우에는 판례에 의함)**

〈2012년 변리사〉

① 무효인 이중의 소유권보존등기에 기초하여 소유권이전등기를 경료받은 점유자는 등기부취득시효의 완성을 주장할 수 없다.

② 부동산을 점유한 기간과 소유자로 등기된 기간은 각각 10년 이상이어야 하며, 점유와 마찬가지로 등기의 승계가 인정된다.

③ 선의와 무과실은 점유취득에 관한 것이고 등기에 관한 것이 아니다.

④ 시효완성 후 그 부동산의 소유권등기가 적법한 원인 없이 제3자 명의로 소유권이전등기가 된 경우, 그 점유자는 소유권을 상실한다.

⑤ 상속을 원인으로 점유를 승계하여 시효완성을 주장하는 점유자는 상속 후 10년이 경과하더라도 피상속인이 점유를 개시한 때에 무과실이었음을 증명하여야 한다.

해설

① (○) : 대판 1996. 10. 17, 96다12511 전원합의체 참조

② (○) : 등기의 승계에 관해 판례는 현재는 긍정한다(대판 1989. 12. 26, 87다카2176 전원합의체).

③ (○), ⑤ (○) : 대판 1995. 2. 10, 94다22651 참조

④ (×) : 등기는 물권의 효력발생요건이고 효력존속요건이 아니므로 물권에 관한 등기가 원인 없이 말소된 경우에 그 물권의 효력에는 아무런 영향을 미치지 않는 것이므로, 등기부취득시효가 완성된 후에 그 부동산에 관한 점유자 명의의 등기가 말소되거나 적법한 원인 없이 다른 사람 앞으로 소유권이전등기가 경료되었다 하더라도, 그 점유자는 등기부취득시효의 완성에 의하여 취득한 소유권을 상실하는 것은 아니다(대판 2001. 1. 16, 98다20110).

41 **甲의 X토지를 乙이 소유의 의사로 평온·공연하게 점유하고 있다. 이에 관한 설명으로 옳지 않은 것은? (다툼이 있으면 판례에 의함)** 〈2015년 변리사〉

① 乙의 취득시효가 완성된 경우, 甲은 乙에 대하여 X토지에 대한 불법점유임을 이유로 X토지의 인도를 청구할 수 없다.

② 乙이 X토지를 시효취득했더라도, 乙이 시효취득 전에 X토지를 사용하여 얻은 이익은 甲에게 반환하여야 한다.

③ 乙이 취득시효 완성 후 등기하기 전에 甲이 X토지를 丙에게 매도하여 소유권이전등기를 해 준 경우, 乙은 특별한 사정이 없는 한 丙에 대하여 시효취득을 이유로 등기말소를 청구할 수 없다.

④ 乙이 취득시효 완성 후 등기하기 전에 甲이 X토지를 丙에게 매도하여 소유권이전등기를 해 준 경우, 乙은 시효기간의 기산점을 임의로 선택할 수 없다.

⑤ 乙의 취득시효가 진행되는 중에 甲이 X토지를 丙에게 매도하여 소유권이전등기를 해 준 다음 시효가 완성된 경우, 乙은 丙에 대하여 시효취득 완성을 주장할 수 있다.

해설

① (○) : 乙이 甲소유의 대지 일부를 소유의 의사로 평온, 공연하게 20년간 점유하였다면 乙은 甲에게 소유권이전등기절차의 이행을 청구할 수 있고 甲은 이에 응할 의무가 있으므로 乙이 위 대지에 관하여 소유권이전등기를 경료하지 못한 상태에 있다고 해서 甲이 乙에 대하여 그 대지에 대한 불법점유임을 이유로 그 지상건물의 철

정답 40. ④ 41. ②

거와 대지의 인도를 청구할 수는 없다(대판 1988. 5. 10, 87다카1979).
② (×) : 부동산에 대한 취득시효가 완성되면 점유자는 소유명의자에 대하여 취득시효완성을 원인으로 한 소유권이전등기절차의 이행을 청구할 수 있고 소유명의자는 이에 응할 의무가 있으므로 점유자가 그 명의로 소유권이전등기를 경료하지 아니하여 아직 소유권을 취득하지 못하였다고 하더라도 소유명의자는 점유자에 대하여 점유로 인한 부당이득반환청구를 할 수 없다(대판 1993. 5. 25, 92다51280).

[참고 판례] 취득기간의 만료로 인한 소유권이전등기청구권이 확정적으로 있는 점유자에 대하여 그 소유명의자는 그 등기절차를 이행하여 점유를 개시한 때 소급하여 소유권을 취득케 할 의무가 있으므로 그 소유명의자는 그 부동산의 점유로 인한 손해의 배상을 청구할 수 없다(대판 1966. 2. 15, 65다2189).

③ (○) : 제3원칙이다. 즉 乙이 취득시효 완성 후 등기하기 전에 甲이 X토지를 丙에게 매도하여 소유권이전등기를 해 준 경우, 乙은 특별한 사정이 없는 한 丙에 대하여 시효취득을 이유로 등기말소를 청구할 수 없다(대판 1964. 6. 9, 63다1129).
④ (○) : 제4원칙이다. 즉 乙이 취득시효 완성 후 등기하기 전에 甲이 X토지를 丙에게 매도하여 소유권이전등기를 해 준 경우, 乙은 시효기간의 기산점을 임의로 선택할 수 없다(대판 1998. 5. 12, 97다34037).
⑤ (○) : 제2원칙이다. 즉 乙의 취득시효가 진행되는 중에 甲이 X토지를 丙에게 매도하여 소유권이전등기를 해 준 다음 시효가 완성된 경우, 乙은 丙에 대하여 시효취득 완성을 주장할 수 있다(대판 1989. 4. 11, 88다카5843).

42 **甲은 무단으로 자신의 명의로 X토지에 관한 소유권보존등기를 하고 있다가, 매매를 원인으로 하여 乙 명의로 소유권을 이전해주었다. 그런데 X토지의 정당한 소유자 丙이 甲에 대해서는 소유권보존등기말소를, 乙에 대해서는 소유권이전등기말소를 구하는 소를 제기하였다. 이 소송에서 법원은 甲 명의의 소유권보존등기는 원인무효이므로 그 말소등기절차를 이행할 의무가 있지만, 乙 명의의 소유권이전등기에 대해서는 등기부취득시효가 완성되어 실체관계에 부합하는 유효한 등기라고 판시하였고, 이 판결은 곧 확정되었다. 이에 대한 설명으로 옳은 것을 모두 고른 것은? (다툼이 있으면 판례에 따름)** 〈2016년 변리사〉

ㄱ. 丙의 甲에 대한 소유권보존등기말소청구는 소유권에 기한 방해배제청구권의 성격을 갖는다.
ㄴ. 丙의 甲에 대한 소유권보존등기말소청구가 승소판결로 확정되었더라도 그 청구권의 법적성격이 채권적 청구권으로 바뀌지는 않는다.
ㄷ. 丙은 甲에 대하여 불법행위를 이유로 손해배상을 청구할 수 있다.
ㄹ. 丙은 甲에 대하여 이행불능에 근거하여 X토지의 시가 상당액에 대한 전보배상을 청구할 수 있다.

① ㄱ, ㄴ ② ㄷ, ㄹ ③ ㄱ, ㄴ, ㄷ ④ ㄴ, ㄷ, ㄹ ⑤ ㄱ, ㄴ, ㄷ, ㄹ

해설

ㄱ. (○), ㄴ. (○), ㄹ. (×) : 〈물권적 청구권의 이행불능으로 인한 전보배상청구권이 인정되는지 여부(소극)〉 소유자가 자신의 소유권에 기하여 실체관계에 부합하지 아니하는 등기의 명의인을 상대로 그 등기말소나 진정명의회복 등을 청구하는 경우에, 그 권리는 물권적 청구권으로서의 방해배제청구권의 성질을 가진다. 그러므로 소유자가 그 후에 소유권을 상실함으로써 이제 등기말소 등을 청구할 수 없게 되었다면, 이를 위와 같은 청구권의 실현이 객관적으로 불능이 되었다고 파악하여 등기말소 등 의무자에 대하여 그 권리의 이행불능을 이유로 민법 제390조상의 손해배상청구권을 가진다고 말할 수 없다. 위 법규정에서 정하는 채무불이행을 이유로 하는

정답 42. ③

손해배상청구권은 계약 또는 법률에 기하여 이미 성립하여 있는 채권관계에서 본래의 채권이 동일성을 유지하면서 그 내용이 확장되거나 변경된 것으로서 발생한다. 그러나 위와 같은 등기말소청구권 등의 물권적 청구권은 그 권리자인 소유자가 소유권을 상실하면 이제 그 발생의 기반이 아예 없게 되어 더 이상 그 존재 자체가 인정되지 아니하는 것이다. 이러한 법리는 선행소송에서 소유권보존등기의 말소등기청구가 확정되었다고 하더라도 그 청구권의 법적 성질이 채권적 청구권으로 바뀌지 아니하므로 마찬가지이다(대판 2012. 5. 17, 2010다28604 전원합의체).

ㄷ. (○) : 甲 등의 등기부취득시효 완성으로 토지에 관한 소유권을 상실한 乙이 불법행위를 이유로 소유권 상실로 인한 손해배상을 청구할 수 있음은 별론으로 하고, 애초 국가의 등기말소의무 이행불능으로 인한 채무불이행책임을 논할 여지는 없다(대판 2012. 5. 17, 2010다28604 전원합의체).

43 **점유취득시효에 관한 설명으로 옳지 않은 것은? (다툼이 있으면 판례에 따름)** 〈2017년 변리사〉

① 자연인이나 법인뿐만 아니라 권리능력 없는 사단도 시효취득의 주체가 될 수 있다.

② 취득시효 완성으로 인한 소유권취득의 효력은 점유를 개시한 때에 소급한다.

③ 토지에 대한 취득시효가 완성된 후 토지소유자가 그 토지 위에 담장을 설치한 경우, 시효완성자는 소유권에 기한 방해배제청구권의 행사로서 토지소유자를 상대로 담장의 철거를 청구할 수 없다.

④ 취득시효기간의 완성 전에 등기부상의 소유명의가 변경되었다 하더라도 이는 취득시효의 중단사유가 될 수 없다.

⑤ 미등기 부동산의 경우, 점유자가 취득시효기간의 완성만으로 등기 없이 소유권을 취득한다.

해 설

① (○) : 문중 또는 종중과 같이 법인 아닌 사단 또는 재단에 있어서도 취득시효 완성으로 인한 소유권을 취득할 수 있다(대판 1970. 2. 10, 69다2013).

② (○) : 민법 제247조 제1항 참조

③ (○) : 시효완성자는 등기를 경료하기 전에는 소유자가 아니므로 '소유권에 기한' 방해배제청구권의 행사로서 담장의 철거를 청구할 수는 없다. 그러나 판례는 '점유권에 기한' 방해배제청구권의 행사로서 담장 등의 철거를 청구하는 것에 대해서는 그 가능성을 열어놓고 있다(대판 2005. 3. 25, 2004다23899).

④ (○) : 취득시효기간의 만료 전에 등기부상의 소유명의가 변경되었다 하더라도 이로써 종래의 점유상태의 계속이 파괴되었다고 할 수 없으므로 이는 취득시효의 중단사유가 될 수 없다(대판 1997. 4. 25, 97다6186).

⑤ (×) : 민법 제245조 제1항의 취득시효기간의 완성만으로는 소유권취득의 효력이 바로 생기는 것이 아니라, 다만 이를 원인으로 하여 소유권취득을 위한 등기청구권이 발생할 뿐이고, 미등기 부동산의 경우라고 하여 취득시효기간의 완성만으로 등기 없이도 점유자가 소유권을 취득한다고 볼 수 없다(대판 2006. 9. 28, 2006다22074).

44 **점유취득시효에 관한 설명으로 옳은 것은? (다툼이 있으면 판례에 따름)** 〈2018년 변리사〉

① 취득시효 완성 후 등기 경료 전에 그 부동산이 제3자에게 명의신탁된 경우, 점유자는 시효완성을 이유로 그 제3자의 소유권 행사를 저지할 수 없다.

② 취득시효 기간의 계산에 있어 시효기간 동안 소유자에 변경이 없는 경우에는 그 기산점을 어디에 두던지 간에 취득시효 완성을 주장할 수 있는 시점에서 보아 그 기간이 경과된 사실이 확정되면 된다.

③ 甲의 취득시효 완성 당시 미등기로 남아 있던 토지의 소유자가 취득시효 완성 후에 그 명의로 소유

정답 43. ⑤ 44. ②

권보존등기를 마쳤다면, 甲은 토지소유자에 대하여 취득시효의 완성을 주장할 수 없다.

④ 국유재산이 일반재산이던 당시에 취득시효가 완성되었다면 그 후 행정재산으로 되었다고 하더라도 시효취득을 원인으로 하는 소유권이전등기를 청구할 수 있다.

⑤ 점유자가 취득시효기간이 경과한 후 소유자와의 분쟁을 간편하게 해결하기 위하여 상대방에게 매수제의를 하였다면, 점유자의 점유는 타주점유로 전환된다.

해설

① (×) : 부동산에 관한 점유취득시효기간이 경과하였다고 하더라도 그 점유자가 자신의 명의로 등기하지 아니하고 있는 사이에 먼저 제3자 명의로 소유권이전등기가 경료되어 버리면, 특별한 사정이 없는 한, 그 제3자에 대하여는 시효취득을 주장할 수 없으나, 그 제3자가 취득시효기간만료 당시의 등기명의인으로부터 신탁 또는 명의신탁받은 경우라면 종전 등기명의인으로서는 언제든지 이를 해지하고 소유권이전등기를 청구할 수 있고, 점유시효취득자로서는 종전 등기명의인을 대위하여 이러한 권리를 행사할 수 있으므로, 그러한 제3자가 소유자로서의 권리를 행사하는 경우 점유자로서는 취득시효완성을 이유로 이를 저지할 수 있다(대판 1995. 9. 5, 95다24586).

② (○) : 취득시효 기간의 계산에 있어 그 점유 개시의 기산일은 임의로 선택할 수 없으나, 소유자에 변경이 없는 경우에는 취득시효 완성을 주장할 수 있는 시점에서 보아 그 기간이 경과된 사실만 확정되면 된다(대판 1998. 4. 14, 97다44089).

③ (×) : 점유로 인한 소유권취득시효 완성 당시 미등기로 남아 있던 토지에 관하여 소유권을 가지고 있던 자가 취득시효 완성 후에 그 명의로 소유권보존등기를 마쳤다 하더라도 이는 소유권의 변경에 관한 등기가 아니므로 그러한 자를 그 취득시효 완성 후의 새로운 이해관계인으로 볼 수 없고, 또 그 미등기 토지에 대하여 소유자의 상속인 명의로 소유권보존등기를 마친 것도 시효취득에 영향을 미치는 소유자의 변경에 해당하지 않으므로, 이러한 경우에는 그 등기명의인에게 취득시효 완성을 주장할 수 있다(대판 2007. 6. 14, 2006다84423).

④ (×) : 원래 잡종재산(=일반재산)이던 것이 행정재산으로 된 경우 잡종재산(=일반재산)일 당시에 취득시효가 완성되었다고 하더라도 행정재산으로 된 이상 이를 원인으로 하는 소유권이전등기를 청구할 수 없다(대판 1997. 11. 14, 96다10782).

⑤ (×) : 점유자가 취득시효기간이 경과한 후에 상대방에게 토지의 매수를 제의한 일이 있다고 하여도 일반적으로 점유자는 취득시효가 완성된 후에도 소유권자와의 분쟁을 간편히 해결하기 위하여 매수를 시도하는 사례가 허다함에 비추어 이와 같은 매수 제의를 하였다는 사실을 가지고는 위 점유자의 점유를 타주점유라고 볼 수 없다(대판 1997. 4. 11, 96다50520).

45 취득시효 중단에 관한 설명으로 옳지 않은 것은? (다툼이 있으면 판례에 따름) 〈2019년 변리사〉

① 취득시효기간 만료 전에 등기부상 소유명의가 변경된 사실은 취득시효의 중단사유가 될 수 없다.

② 취득시효의 중단사유인 재판상 청구에는 소유권 침해의 경우, 그 소유권을 기초로 하는 방해배제 및 손해배상 또는 부당이득반환청구소송도 포함된다.

③ 취득시효를 주장하는 자가 소를 제기한 데 대하여 권리자가 피고로서 응소하고 그 소송에서 적극적으로 권리를 주장하여 그것이 받아들여진 경우에는 시효중단사유인 재판상 청구에 해당한다.

④ 시효중단의 효력은 당사자 및 그 승계인에 미치므로, 그 중단효과가 발생한 후의 특정승계인 또는 포괄승계인은 중단 당시의 당사자의 점유기간을 승계하여 시효취득을 주장할 수 없다.

⑤ 소유권이전등기의 말소를 구하는 소를 제기하였다가 그 소를 취하한 후, 그로부터 6개월 내에 다시 취하된 소와 동일한 내용의 소를 제기한 경우, 후소가 제기된 때로부터 취득시효의 진행이 중단된다.

정답 45. ⑤

해 설

① (○) : 취득시효기간의 만료 전에 등기부상의 소유명의가 변경되었다 하더라도 이로써 종래의 점유상태의 계속이 파괴되었다고 할 수 없으므로 이는 취득시효의 중단사유가 될 수 없다(대판 1997. 4. 25, 97다6186).
② (○) : 취득시효의 중단사유가 되는 재판상 청구에는 시효취득의 대상인 목적물의 인도 내지는 소유권존부 확인이나 소유권에 관한 등기청구소송은 말할 것도 없고, 소유권침해의 경우에 그 소유권을 기초로 하는 방해배제 및 손해배상 혹은 부당이득반환청구소송도 이에 포함된다(대판 1997. 4. 25, 96다46484).
③ (○) : 취득시효를 주장하는 자가 원고가 되어 소를 제기한 데 대하여 권리자가 피고로서 응소하고 그 소송에서 적극적으로 권리를 주장하여 그것이 받아들여진 경우에는 민법 제247조 제2항에 의하여 취득시효기간에 준용되는 민법 제168조 제1호, 제170조 제1항에서 시효중단사유의 하나로 규정하고 있는 재판상 청구에 포함된다(대판 2003. 6. 13, 2003다17927, 17934).
④ (○) : [1] 민법 제169조 소정의 '승계인'이라 함은 시효중단에 관여한 당사자로부터 중단의 효과를 받는 권리를 그 중단 효과 발생 이후에 승계한 자를 가리킨다. [2] 민법 제169조가 규정한 시효의 중단은 당사자 및 그 승계인에만 효력이 있다고 하는 것은 승계인이 중단 당시의 당사자의 점유기간을 승계하여 시효취득을 주장할 수 없다는 것을 의미할 뿐 승계인 자신의 점유에 터잡은 독자적인 시효취득을 방해하는 것은 아니다(대판 1998. 6. 12, 96다26961).
⑤ (×) : 소유권이전등기의 말소 등을 구하는 소를 제기하였다가 소를 취하한 후, 그로부터 6월 내에 다시 위 취하된 소와 동일한 내용의 소를 제기하였다면 취득시효의 진행은 최초의 재판상 청구일에 중단되었다(대판 1992. 9. 14, 91다46830).

46 **부동산 소유권의 점유취득시효에 관한 설명으로 옳지 않은 것은? (다툼이 있으면 판례에 따름)**

〈2021년 변리사〉

① 시효완성자는 취득시효완성에 따른 등기를 하지 않더라도 시효완성 당시의 등기명의인에 대하여 취득시효를 주장할 수 있다.
② 취득시효가 완성되기 전에 등기명의인이 바뀐 경우에는 시효완성자는 취득시효완성 당시의 등기명의인에게 취득시효를 주장할 수 있다.
③ 취득시효완성 후 등기명의인이 변경되면 설사 등기원인이 취득시효 완성 전에 존재하였더라도, 시효완성자는 변경된 등기명의인에게 취득시효를 주장할 수 없다.
④ 취득시효기간이 진행하는 중에 등기명의인이 변동된 경우, 취득시효기간의 기산점을 임의로 선택하거나 소급하여 20년 이상 점유한 사실만을 내세워 시효완성을 주장할 수 없다.
⑤ 취득시효완성 후 등기명의인이 바뀐 경우, 등기명의가 바뀐 시점으로부터 다시 취득시효기간이 경과하더라도 취득시효완성을 주장할 수 없다.

해 설

① (○) : 부동산에 대한 점유취득시효기간이 완성된 경우에 그 부동산의 원소유자는 권리변동의 당사자이므로 점유자(乙)는 원소유자(甲)에 대하여 등기 없이도 그 부동산의 시효취득을 주장하여 대항할 수 있다(이른바 제1원칙).
② (○) : 점유취득시효기간이 완성되기 전, 그 진행 중에 등기부상의 소유자가 변경된 경우에 있어서는, 이는 점유자의 종래의 사실상태의 계속을 파괴한 것으로 볼 수 없어 시효중단사유가 될 수 없고 따라서 점유취득시효완성 당시의 등기부상의 소유자가 권리변동의 당사자가 되는 것이므로 점유자는 그 자에 대하여 등기 없이도 취득시효완성의 효과를 주장할 수 있다(대판 1972. 1. 31, 71다2416 ; 대판 1989. 4. 11, 88다카5843, 5850 등 : 이른바 제2원칙).

정답 46. ⑤

③ (○) : 부동산에 대한 점유취득시효가 완성되었다고 하더라도 이를 등기하지 아니하고 있는 사이에 그 부동산에 관하여 제3자에게 소유권이전등기가 마쳐지면 점유자는 그 제3자에게 대항할 수 없는 것이고, 이 경우 제3자의 이전등기 원인이 점유자의 취득시효 완성 전의 것이라 하더라도 마찬가지이다(대판 1998. 7. 10, 97다45402 : 이른바 제3원칙).
④ (○) : 취득시효기간의 계산에 있어 점유기간 중에 당해 부동산의 소유권자의 변동이 있는 경우에는 취득시효를 주장하는 자가 임의로 기산점을 선택하거나 소급하여 20년 이상 점유한 사실만 내세워 시효완성을 주장할 수 없고, 이와 같은 경우에는 법원이 당사자의 주장에 구애됨이 없이 소송자료에 의하여 인정되는 바에 따라 진정한 점유의 개시시기를 인정하고, 그에 터잡아 취득시효주장의 당부를 판단하여야 한다(대판 1995. 5. 23, 94다39987 : 이른바 제4원칙).
⑤ (×) : 부동산에 대한 점유취득시효가 완성된 후 취득시효 완성을 원인으로 한 소유권이전등기를 하지 않고 있는 사이에 그 부동산에 관하여 제3자 명의의 소유권이전등기가 경료된 경우라 하더라도 당초의 점유자가 계속 점유하고 있고 소유자가 변동된 시점을 기산점으로 삼아도 다시 취득시효의 점유기간이 경과한 경우에는 점유자로서는 제3자 앞으로의 소유권 변동시를 새로운 점유취득시효의 기산점으로 삼아 2차의 취득시효의 완성을 주장할 수 있다(대판 2009. 7. 16, 2007다15172, 15189 전원합의체 : 이른바 제5원칙).

47 **甲은 X토지에 대하여 등기부취득시효를 주장하고 있다. 이에 관한 설명으로 옳은 것을 모두 고른 것은? (다툼이 있으면 판례에 따름)** 〈2023년 변리사〉

> ㄱ. 甲이 개인이 아니라 지방자치단체인 경우 등기부취득시효를 주장할 수 없다.
> ㄴ. 甲의 무과실은 전 시효기간을 통하여 인정되어야 하는 것은 아니다.
> ㄷ. 甲이 X토지에 대하여 무효의 중복된 소유권보존등기를 마친 경우에는 등기부취득시효를 주장할 수 없다.

① ㄱ ② ㄴ ③ ㄱ, ㄴ ④ ㄴ, ㄷ ⑤ ㄱ, ㄴ, ㄷ

해설

ㄱ. (×) : 권리의 주체가 될 수 있는 자는 모두 시효취득할 수 있다. 따라서 자연인이나 법인뿐만 아니라 권리능력 없는 사단(종중)·재단, 기타 지방자치단체도 취득시효의 주체가 될 수 있다.

> **[참고 판례]** 부동산의 점유권원의 성질이 분명하지 않을 때에는 민법 제197조 제1항에 의하여 점유자는 소유의 의사로 선의, 평온 및 공연하게 점유한 것으로 추정되는 것이며, 이러한 추정은 지적공부 등의 관리주체인 국가나 지방자치단체가 점유하는 경우에도 마찬가지로 적용된다(대판 2009. 11. 26, 2009다50421). 따라서 국가나 지방자치단체가 취득시효의 완성을 주장하는 토지의 취득절차에 관한 서류를 제출하지 못하고 있다는 사정만으로 자주점유의 추정이 번복되는 것은 아니다(대판 2014. 3. 27, 2010다94731).

ㄴ. (○) : 등기부취득시효에 있어서 선의·무과실은 등기에 관한 것이 아니고 점유의 취득에 관한 것이므로, 등기경료 이전부터 점유를 하여 온 경우에는 그 점유개시 당시를 기준으로 그 점유의 개시에 과실이 없었는지 여부에 관하여 심리판단하여야 한다(대판 1994. 11. 11, 93다28089).
ㄷ. (○) : 민법 제245조 제2항은 부동산의 소유자로 등기한 자가 10년간 소유의 의사로 평온·공연하게 선의이며 과실 없이 그 부동산을 점유한 때에는 소유권을 취득한다고 규정하고 있는바, 위 법 조항의 '등기'는 부동산등기법 제15조가 규정한 1부동산 1용지주의에 위배되지 아니한 등기를 말하므로, 어느 부동산에 관하여 등기명의인을 달리하여 소유권보존등기가 2중으로 경료된 경우 먼저 이루어진 소유권보존등기가 원인무효가 아니어서

정답 47. ④

뒤에 된 소유권보존등기가 무효로 되는 때에는, 뒤에 된 소유권보존등기나 이에 터잡은 소유권이전등기를 근거로 하여서는 등기부취득시효의 완성을 주장할 수 없다(대판 1996. 10. 17, 96다12511 전원합의체).

48 **甲이 2000. 2. 1.부터 乙소유의 X토지를 소유의 의사로 평온·공연하게 현재까지 점유하고 있다. 이에 관한 설명으로 옳지 않은 것은? (각 지문은 독립적이며, 다툼이 있으면 판례에 따름)**

〈2024년 변리사〉

① 甲이 丙을 점유매개자로 하여 X토지를 간접적으로 점유하였더라도 甲은 시효취득을 주장할 수 있다.
② 乙이 X토지를 2015. 2. 1. 丙에게 매도하여 현재 丙이 소유권자로 등기되어 있는 경우, 甲은 丙에게 취득시효의 완성을 주장할 수 있다.
③ 乙이 丙에게 무효인 매매계약에 기하여 2022. 2. 1. 소유권이전등기를 마쳐주었다면, 甲은 乙을 대위하여 丙 명의의 등기의 말소를 구할 수 있다.
④ 乙의 채권자 丙이 채권을 보전하기 위하여 2018. 2. 1. X토지를 가압류 한 경우, 취득시효의 진행은 중단된다.
⑤ X토지에 관하여 甲의 취득시효가 완성된 경우, 乙은 甲에 대하여 취득시효 기간 동안 X토지를 점유하여 얻은 이득의 반환을 청구할 수 없다.

해 설

① (○) : 취득시효의 요건인 점유는 직접점유뿐만 아니라 간접점유도 포함하는 것이고, 점유매개 관계는 법률의 규정, 국가행위 등에 의해서도 발생하는 것이다(대판 1998. 2. 24, 96다8888).

② (○) : 취득시효기간 완성후 아직 그것을 원인으로 소유권이전등기를 경료하지 아니한 자는 종전 소유자로부터 그 부동산에 대한 등기부상 소유명의를 넘겨받은 제3자에 대하여 시효취득을 주장할 수 없으나 취득시효기간 만료 전에 등기명의를 넘겨 받은 시효완성당시의 등기명의자에 대하여는 그 소유권취득을 주장할 수 있다(대판 1989. 4. 11, 88다카5843, 88다카5850). ☞ 제2원칙

③ (○) : 취득시효가 완성된 후 점유자가 그 등기를 하기 전에 제3자가 소유권이전등기를 경료한 경우에는 점유자는 그 제3자에 대하여는 시효취득을 주장할 수 없는 것이 원칙이기는 하지만 이는 어디까지나 그 제3자 명의의 등기가 적법 유효함을 전제로 하는 것으로서 위 제3자 명의의 등기가 원인무효인 경우에는 점유자는 취득시효 완성 당시의 소유자를 대위하여 위 제3자 앞으로 경료된 원인무효인 등기의 말소를 구함과 아울러 위 소유자에게 취득시효 완성을 원인으로 한 소유권이전등기를 구할 수 있고, 또 위 제3자가 취득시효 완성 당시의 소유자의 상속인인 경우에는 그 상속분에 한하여는 위 제3자에 대하여 직접 취득시효 완성을 원인으로 한 소유권이전등기를 구할 수 있다(대판 2002. 3. 15, 2001다77352,77369).

④ (×) : 민법 제247조 제2항은 '소멸시효의 중단에 관한 규정은 점유로 인한 부동산소유권의 시효취득기간에 준용한다.'고 규정하고, 민법 제168조 제2호는 소멸시효 중단사유로 '압류 또는 가압류, 가처분'을 규정하고 있다. 점유로 인한 부동산소유권의 시효취득에 있어 취득시효의 중단사유는 종래의 점유상태의 계속을 파괴하는 것으로 인정될 수 있는 사유이어야 하는데, 민법 제168조 제2호에서 정하는 '압류 또는 가압류'는 금전채권의 강제집행을 위한 수단이거나 그 보전수단에 불과하여 취득시효기간의 완성 전에 부동산에 압류 또는 가압류 조치가 이루어졌다고 하더라도 이로써 종래의 점유상태의 계속이 파괴되었다고는 할 수 없으므로 이는 취득시효의 중단사유가 될 수 없다(대판 2019. 4. 3, 2018다296878).

⑤ (○) : 부동산에 대한 취득시효가 완성되면 점유자는 소유명의자에 대하여 취득시효완성을 원인으로 한 소유권이전등기절차의 이행을 청구할 수 있고 소유명의자는 이에 응할 의무가 있으므로 점유자가 그 명의로 소유권이전등기를 경료하지 아니하여 아직 소유권을 취득하지 못하였다고 하더라도 소유명의자는 점유자에 대

정답 48. ④

하여 점유로 인한 부당이득반환청구를 할 수 없다(대판 1993. 5. 25, 92다51280). [참고판례] 취득기간의 만료로 인한 소유권이전등기청구권이 확정적으로 있는 점유자에 대하여 그 소유명의자는 그 등기절차를 이행하여 점유를 개시한 때 소급하여 소유권을 취득케 할 의무가 있으므로 그 소유명의자는 그 부동산의 점유로 인한 손해의 배상을 청구할 수 없다(대판 1966. 2. 15, 65다2189).

49 **甲은 乙 소유의 X 토지를 25년 동안 점유해오고 있다. 甲이 乙을 상대로 취득시효 완성을 원인으로 한 소유권이전등기청구권을 행사하였다. 다음 중 옳은 것을 모두 고른 것은? (다툼이 있는 경우에는 판례에 의함)** 〈2012년 변호사시험〉

ㄱ. 甲이 취득시효 완성 후 乙을 상대로 소유권이전등기청구를 하자 乙이 X의 소유권을 丙에게 양도한 경우, 자기 소유권을 행사한 乙은 甲에 대하여 불법행위책임을 지지 않는다.
ㄴ. 만약 甲의 X에 대한 취득시효가 완성된 후 甲이 점유를 상실하였다면, 특별한 사정이 없는 한 甲의 소유권이전등기청구권은 점유를 상실한 날로부터 10년간 행사하지 않으면 소멸시효가 완성한다.
ㄷ. 취득시효 완성 후 乙이 丙에게 X를 양도하였더라도 이전등기 시점을 기준으로 하여 새로운 취득시효의 완성을 주장할 수 있지만 그 기간 중에는 소유자의 변동이 없어야 한다.
ㄹ. 만약 丙이 甲으로부터 X를 양수하여 점유를 승계한 경우, 丙은 甲의 취득시효 완성의 효과를 주장하여 직접 자기에게 소유권이전등기를 해줄 것을 청구할 수 있다.
ㅁ. 만약 甲의 점유개시 후 10년이 지났을 때 X의 소유자에 변동이 있었다면, 점유개시시점에관하여 법원은 당사자의 주장에 구속되지 않고 소송자료에 의하여 진정한 점유의 시기(始期)를 인정하여야 한다.

① ㄱ, ㄹ ② ㄴ, ㅁ ③ ㄷ, ㅁ ④ ㄱ, ㄴ, ㅁ ⑤ ㄴ, ㄷ, ㄹ

해설

㉠ (×) : 등기명의인이 자신의 부동산에 대하여 취득시효가 완성된 사실을 알고도 제3자에게 처분하여 등기명의를 넘겨줌으로써 시효취득자에게 손해를 입혔다면 채무불이행이 아닌 불법행위를 구성한다는 것이 판례이다(대판 2006. 5. 12, 2005다75910 등).
㉡ (○) : 대판 1996. 3. 8, 95다34866; 대판 1995. 12. 5, 95다24241 참조
㉢ (×) : 취득시효 5원칙과 관련된 최근 전원합의체 내용이다. 즉 2차취득시효완성의 경우, 등기명의자가 동일한 경우뿐만이 아니라, 새로이 2차의 취득시효가 개시되어 그 취득시효기간이 경과하기 전에 등기부상의 소유명의자가 다시 변경된 경우에도 이제는 취득시효가 가능하다(대판 2009. 7. 16, 2007다15172, 15189 전원합의체).
㉣ (×) : 점유취득시효 완성 후 등기 전에 목적부동산을 양수받은 제3자가 소유자에 대하여 직접 자기에게 소유권이전등기를 청구할 수는 없고, 전 점유자의 소유자에 대한 소유권이전등기청구권을 대위행사할 수 있을 뿐이라고 봄이 판례이다(대판 1995. 3. 28, 93다47745 전원합의체).
㉤ (○) : 시효기산점과 관련하여 소멸시효기산점은 변론주의가 적용되나, 취득시효는 원칙적으로 임의선택이 불가능하고, 직권주의원칙이다(대판 1998. 5. 12, 97다34037).

정답 49. ②

50 **X 토지에 관하여 甲, 乙 명의로 순차 소유권이전등기가 되어 있었다. 乙 명의 등기는 서류를 위조하여 경료한 무효의 등기였다. 甲이 등기를 회복하지 않고 있는 사이에 乙이 丙에게 X 토지를 매도하고 소유권이전등기를 마쳤다. 甲이 乙과 丙을 공동피고로 하여 각 피고들 명의 소유권이전등기말소 청구의 소를 제기하였다. 乙과 丙은, 丙이 등기부취득시효 완성을 원인으로 소유권을 취득했다고 주장하고 있다. 이에 관한 설명 중 옳지 않은 것을 모두 고른 것은? (각 지문은 독립적이며, 다툼이 있는 경우 판례에 의함)** 〈2018년 변호사시험〉

> ㄱ. 등기부취득시효의 요건인 선의·무과실은 점유개시 시에 존재하면 충분하다.
> ㄴ. 丙에게 등기부취득시효가 완성되었다는 사실이 증명된 경우에도 법원은 乙에 대한 원고 甲의 청구를 인용해야 한다.
> ㄷ. 丙에게 등기부취득시효가 완성되었다는 사실이 증명된 경우 甲은 乙에 대하여 등기말소청구권의 이행불능을 이유로 「민법」 제390조 상의 손해배상을 청구할 수 있다.

① ㄴ ② ㄱ, ㄴ ③ ㄱ, ㄷ ④ ㄴ, ㄷ ⑤ ㄱ, ㄴ, ㄷ

해 설

ㄱ. (○) : 등기부취득시효에 있어서 선의·무과실은 등기에 관한 것이 아니고 점유의 취득에 관한 것이므로, 등기경료 이전부터 점유를 하여 온 경우에는 그 점유개시 당시를 기준으로 그 점유의 개시에 과실이 없었는지 여부에 관하여 심리판단하여야 한다(대판 1994. 11. 11, 93다28089).

ㄴ. (×) : 선등기명의자의 소유권이전등기가 원인무효라고 하더라도 그 이후의 최종 등기명의자가 등기부시효취득의 항변을 제출하여 법원에서 그것이 받아들여진 경우, 그 전의 등기명의자들이 최종 등기명의자의 시효취득 사실을 원용하여 원소유자의 소유권 상실을 주장하고 있다면 원소유자의 소유권에 기한 등기말소청구는 배척될 수밖에 없다(대판 1995. 3. 3, 94다7348).

> **[동지 최신판례]** 원고가 피고에 대하여 피고 명의로 마쳐진 소유권이전등기의 말소를 구하려면 먼저 원고에게 말소를 청구할 수 있는 권원이 있음을 적극적으로 주장·증명하여야 하고, 만일 원고에게 그러한 권원이 있음이 인정되지 않는다면 설령 피고 명의의 소유권이전등기가 말소되어야 할 무효의 등기라고 하더라도 원고의 청구를 인용할 수는 없다. 피고로부터 매매 등의 방법으로 부동산에 대한 권리가 순차적으로 이전되어 최종적으로 소유권이전등기를 마친 제3자가 시효취득을 원인으로 부동산에 대한 소유권을 취득함에 따라 당초 부동산의 소유자인 원고가 소유권을 상실하게 되면, 비록 피고 명의의 소유권이전등기가 원인무효라고 하더라도 원고에게 피고 명의의 소유권이전등기의 말소를 청구할 수 있는 권원이 없으므로, 원고는 피고에 대하여 소유권에 기한 등기말소청구를 할 수 없다(대판 2019. 7. 10, 2015다249352).

ㄷ. (×) : 소유자가 자신의 소유권에 기하여 실체관계에 부합하지 아니하는 등기의 명의인을 상대로 그 등기말소나 진정명의회복 등을 청구하는 경우에, 그 권리는 물권적 청구권으로서의 방해배제청구권(민법 제214조)의 성질을 가진다. 그러므로 소유자가 그 후에 소유권을 상실함으로써 이제 등기말소 등을 청구할 수 없게 되었다면, 이를 위와 같은 청구권의 실현이 객관적으로 불능이 되었다고 파악하여 등기말소 등 의무자에 대하여 그 권리의 이행불능을 이유로 민법 제390조상의 손해배상청구권을 가진다고 말할 수 없다. 위 법 규정에서 정하는 채무불이행을 이유로 하는 손해배상청구권은 계약 또는 법률에 기하여 이미 성립하여 있는 채권관계에서 본래의 채권이 동일성을 유지하면서 그 내용이 확장되거나 변경된 것으로서 발생한다. 그러나 위와 같은 등기말소청구권 등의 물권적 청구권은 그 권리자인 소유자가 소유권을 상실하면 이제 그 발생의 기반이 아예 없게 되어 더 이상 그 존재 자체가 인정되지 아니하는 것이다. 이러한 법리는 선행소송에서 소유권보존등기의 말소등기

정답 50. ④

청구가 확정되었다고 하더라도 그 청구권의 법적 성질이 채권적 청구권으로 바뀌지 아니하므로 마찬가지이다(대판 2012. 5. 17, 2010다28604 전원합의체).

51 **乙은 1970. 1. A토지에 대한 소유명의자 甲으로부터 이를 매수하여 이전등기를 마치지 않은 상태로 파, 시금치 등을 재배하였고, 이후 그 지상에 B건물도 신축하여 보존등기를 마치지 않은 채 이를 점유·사용하여 왔다. 乙은 1990. 5. 丙에게 A토지와 B건물을 매도하였고, 丙도 이들 부동산 모두에 관해 등기를 마치지 않은 채 인도받아 점유·사용하여 오고 있다. 2000. 8. 甲의 상속인 丁이 A토지를 상속받아 2016. 2. A토지 위에 자신의 채권자 戊를 위해 저당권설정등기를 경료하였다. 이에 관한 설명 중 옳은 것을 모두 고른 것은? (다툼이 있는 경우 판례에 의함)**

〈2019년 변호사시험〉

ㄱ. B건물에 대해서는 乙에게만 처분권이 있으므로 丁이 丙을 상대로 건물 철거청구의 소를 제기하는 것은 허용되지 않는다.
ㄴ. A토지의 매매는 등기를 수반하지 않았으므로, 부동산 물권 변동에 관하여 형식주의를 취하는 현행 민법 아래에서 丙의 A토지에 대한 점유는 타주점유로 보아야 한다.
ㄷ. 丙이 A토지에 관해 점유취득시효의 완성을 이유로 丁을 상대로 소유권이전등기청구의 소를 제기하여 승소하더라도 특별한 사정이 없는 한 戊를 상대로 저당권말소등기를 청구하는 것은 허용되지 않는다.
ㄹ. 丙은 A토지에 대한 소유권이전등기를 마쳐야 비로소 이를 시효취득할 수 있으므로, 丁은 丙이 이전등기를 마치기 전까지 丙에 대하여 점유로 인한 부당이득반환을 청구할 수 있다.
ㅁ. 丙은 A토지에 대하여 소유권이전등기를 받지 않았더라도, A토지에 대한 점유·사용권이 있다.

① ㄱ, ㄷ ② ㄴ, ㄷ ③ ㄴ, ㄹ ④ ㄷ, ㅁ ⑤ ㄹ, ㅁ

해설

ㄱ. (×) : 건물철거는 그 소유권의 종국적 처분에 해당하는 사실행위이므로 원칙으로는 그 소유자(등기명의자)에게만 그 철거처분권이 있다고 할 것이나 그 건물을 매수하여 점유하고 있는 자는 등기부상 아직 소유자로서의 등기명의가 없다 하더라도 그 권리의 범위내에서 그 점유중인 건물에 대하여 법률상 또는 사실상 처분을 할 수 있는 지위에 있고 그 건물이 건립되어 있어 불법으로 점유를 당하고 있는 토지소유자는 위와 같은 지위에 있는 건물점유자에게 그 철거를 구할 수 있다(대판 1986. 12. 23, 86다카1751). ☞ 주의할 점 : 이 지문에서 丁이 미등기매수인인 丙을 상대로 소를 제기했을 때 별다른 사정이 없다면 丁은 패소할 가능성이 높습니다. 하지만 丙을 상대로 소를 제기하는 것 자체가 허용되지 않는 것은 아닙니다. 이 지문은 오로지 미등기매수인인 丙이 철거청구의 상대방이 될 수 있는지 여부만을 물어보는 것입니다. 판례원문은 "철거를 구할 수 있다."고 하였으나 출제자는 丁이 丙을 상대로 건물철거청구의 "소를 제기하는 것은 허용되지 않는다."고 표현한 점에 비추어 출제자의 의도를 읽을 수 있습니다.

ㄴ. (×) : 민법 제197조 제1항이 규정하고 있는 점유자에게 추정되는 소유의 의사는 사실상 소유할 의사가 있는 것으로 충분한 것이지 반드시 등기를 수반하여야 하는 것은 아니므로 등기를 수반하지 아니한 점유임이 밝혀졌다고 하여 이 사실만 가지고 바로 점유권원의 성질상 소유의 의사가 결여된 타주점유라고 할 수 없다(대판 2000. 3. 16, 97다37661 전원합의체).

ㄷ. (○) : 원소유자가 취득시효의 완성 이후 그 등기가 있기 전에 그 토지를 제3자에게 처분하거나 제한물권의

정답 51. ④

설정, 토지의 현상 변경 등 소유자로서의 권리를 행사하였다 하여 시효취득자에 대한 관계에서 불법행위가 성립하는 것이 아님은 물론 위 처분행위를 통하여 그 토지의 소유권이나 제한물권 등을 취득한 제3자에 대하여 취득시효의 완성 및 그 권리취득의 소급효를 들어 대항할 수도 없다 할 것이니, 이 경우 시효취득자로서는 원소유자의 적법한 권리행사로 인한 현상의 변경이나 제한물권의 설정 등이 이루어진 그 토지의 사실상 혹은 법률상 현상 그대로의 상태에서 등기에 의하여 그 소유권을 취득하게 된다. 따라서 시효취득자가 원소유자에 의하여 그 토지에 설정된 근저당권의 피담보채무를 변제하는 것은 시효취득자가 용인하여야 할 그 토지상의 부담을 제거하여 완전한 소유권을 확보하기 위한 것으로서 그 자신의 이익을 위한 행위라 할 것이니, 위 변제액 상당에 대하여 원소유자에게 대위변제를 이유로 구상권을 행사하거나 부당이득을 이유로 그 반환청구권을 행사할 수는 없다(대판 2006. 5. 12, 2005다75910). ☞ 다만 戊의 저당권등기가 원인무효의 것이라면 말소를 청구할 수 있을 것인데, 이 때에도 丙이 직접 말소를 청구하려면 먼저 소유권이전등기를 경료하여야 한다(지원림 민법강의 제15판 p.595. 참조).

ㄹ. (×) : 부동산에 대한 취득시효가 완성되면 점유자는 소유명의자에 대하여 취득시효완성을 원인으로 한 소유권이전등기절차의 이행을 청구할 수 있고 소유명의자는 이에 응할 의무가 있으므로 점유자가 그 명의로 소유권이전등기를 경료하지 아니하여 아직 소유권을 취득하지 못하였다고 하더라도 소유명의자는 점유자에 대하여 점유로 인한 부당이득반환청구를 할 수 없다(대판 1993. 5. 25, 92다51280).

ㅁ. (○) : 토지의 매수인이 아직 소유권이전등기를 경료받지 아니하였다 하여도 매매계약의 이행으로 그 토지를 인도받은 때에는 매매계약의 효력으로서 이를 점유·사용할 권리가 생기게 된 것으로 보아야 하고, 또 매수인으로부터 위 토지를 다시 매수한 자는 위와 같은 토지의 점유·사용권을 취득한 것으로 봄이 상당하므로 매도인은 매수인으로부터 다시 위 토지를 매수한 자에 대하여 토지 소유권에 기한 물권적청구권을 행사할 수 없다(대판 1998. 6. 26, 97다42823).

52 **甲은 乙 소유의 X토지를 20년간 소유의 의사로 평온·공연하게 점유하여 2018. 1. 1. 점유취득시효가 완성되었다. 이에 관한 설명 중 옳은 것을 모두 고른 것은? (다툼이 있는 경우 판례에 의함)** 〈2020년 변호사시험〉

ㄱ. 甲이 점유취득시효 완성 전까지 점유로 인하여 얻은 이익에 대하여 乙은 부당이득반환을 청구할 수 없다.
ㄴ. 2018. 4. 4. 乙은 甲의 X토지에 관한 취득시효 완성 사실을 알지 못하고서 K은행으로부터 3억원을 차용하고 당일 K은행에게 근저당권설정등기를 마쳐준 후 甲이 취득시효 완성을 이유로 X토지에 관하여 소유권이전등기를 마쳤다면, 甲은 X토지에 설정된 근저당권의 피담보채무를 변제하고 乙에게 변제금액의 구상을 청구할 수 있다.
ㄷ. 2010. 4. 1. 甲이 X토지의 진정한 소유자가 아님에도 丙으로부터 금원을 차용하면서 X토지에 관하여 丙 명의로 저당권설정등기를 마쳐준 경우, 2018. 4. 5. 甲이 취득시효완성을 이유로 X토지에 관하여 소유권이전등기를 마쳤다면, 이는 원시취득이므로 丙 명의의 위 저당권은 소멸하게 된다.
ㄹ. 2015. 1. 2. X토지에 관하여 매매예약을 원인으로 한 丁 명의의 소유권이전청구권 보전을 위한 가등기가 마쳐졌고, 2018. 6. 5. 위 가등기에 기한 丁 명의의 본등기가 마쳐졌다면, 甲은 丁에 대하여 X토지에 관한 취득시효 완성을 주장할 수 없다.

① ㄱ, ㄹ　② ㄴ, ㄷ　③ ㄷ, ㄹ　④ ㄱ, ㄴ, ㄹ　⑤ ㄴ, ㄷ, ㄹ

정답 52. ①

해 설

ㄱ. (○) : [민법 제247조 제1항] 전2조의 규정에 의한 소유권취득의 효력은 점유를 개시한 때에 소급한다. ☞ 따라서 乙은 甲에 대하여 X토지의 인도를 구할 수 없음은 물론이고, 시효가 기산된 이후의 기간에 관하여 甲이 얻은 사용이익을 부당이득으로 반환청구할 수 없고, 나아가 甲에 대하여 그 기간 동안의 불법점유를 이유로 하는 손해배상도 청구할 수 없다.

ㄴ. (×) : 원소유자가 취득시효의 완성 이후 그 등기가 있기 전에 그 토지를 제3자에게 처분하거나 제한물권의 설정 등이 가능하기 때문에 시효취득자가 원소유자에 의하여 그 토지에 설정된 근저당권의 피담보채무를 변제하는 것은 시효취득자가 용인하여야 할 그 토지상의 부담을 제거하여 완전한 소유권을 확보하기 위한 것으로서 그 자신의 이익을 위한 행위라 할 것이니, 위 변제액 상당에 대하여 원소유자에게 대위변제를 이유로 구상권을 행사하거나 부당이득을 이유로 그 반환청구권을 행사할 수는 없다(대판 2006. 5. 12, 2005다75910).

ㄷ. (×) : 부동산점유취득시효는 원시취득에 해당하므로 특별한 사정이 없는 한 원소유자의 소유권에 가하여진 각종 제한에 의하여 영향을 받지 아니하는 완전한 내용의 소유권을 취득하는 것이지만, 진정한 권리자가 아니었던 채무자 또는 물상보증인이 채무담보의 목적으로 채권자에게 부동산에 관하여 저당권설정등기를 경료해 준 후 그 부동산을 시효취득하는 경우에는, 채무자 또는 물상보증인은 피담보채권의 변제의무 내지 책임이 있는 사람으로서 이미 저당권의 존재를 용인하고 점유하여 온 것이므로, 저당목적물의 시효취득으로 저당권자의 권리는 소멸하지 않는다(대판 2015. 2. 26, 2014다21649).

ㄹ. (○) : 취득시효완성에 의한 등기를 하기 전에 먼저 소유권이전등기를 경료하여 부동산 소유권을 취득한 제3자에 대하여는 그 제3자 명의의 등기가 무효가 아닌 한 시효취득을 주장할 수 없다고 함이 당원의 판례이고, 한편 가등기는 그 성질상 본등기의 순위보전의 효력만이 있어 후일 본 등기가 경료된 때에는 본등기의 순위가 가등기한 때로 소급하는 것 뿐이지 본등기에 의한 물권변동의 효력이 가등기한 때로 소급하여 발생하는 것은 아니므로, 甲을 위하여 이 사건 토지에 관한 취득시효가 완성된 후 甲이 그 등기를 하기 전에 丁이 취득시효완성 전에 이미 설정되어 있던 가등기에 기하여 소유권 이전의 본등기를 경료하였다면 그 가등기나 본등기를 무효로 볼 수 있는 경우가 아닌 한 甲은 시효완성 후 부동산소유권을 취득한 제3자인 丁에 대하여 시효취득을 주장할 수 없다(대판 1992. 9. 25, 92다21258).

53 부동산 점유취득시효에 관한 설명 중 옳지 않은 것은? (다툼이 있는 경우 판례에 의함)

〈2022년 변호사시험〉

① 시효취득의 대상이 된 부동산이 취득시효 완성 전에 가압류되면 취득시효가 중단된다.

② X 토지에 관하여 취득시효가 완성되어 점유자 앞으로 소유권이전등기가 마쳐지면, 그 토지에 관하여 취득시효 완성 전에 체결되어 소유권이전등기청구권가등기에 의하여 보전된 매매예약상의 매수인의 지위는 소멸된다.

③ X 토지에 관하여 甲 명의의 무효인 소유권이전등기가 마쳐진 후 점유자 乙의 취득시효가 완성된 경우, 원칙적으로 乙은 甲을 상대로 시효취득을 원인으로 한 소유권이전등기청구를 할 수 없다.

④ X 토지의 소유자 甲이 점유자 乙의 취득시효가 완성된 사실을 알면서 그 토지를 丙에게 처분하여 소유권이전등기를 마쳐줌으로써 乙에 대한 소유권이전등기의무가 이행불능이 된 경우, 甲의 乙에 대한 불법행위가 성립한다.

⑤ 시효취득의 대상이 된 부동산에 관하여 취득시효가 완성된 후 점유자가 소유권이전등기를 마치기 전에 제3자가 원인무효의 소유권이전등기를 마친 경우, 점유자는 취득시효 완성 당시의 소유자를 대위하여 위 원인무효 등기의 말소를 구함과 아울러 위 소유자를 상대로 취득시효 완성을 원인으로 한 소유권이전등기를 구할 수 있다.

정답 53. ①

해 설

① (×) : 민법 제247조 제2항은 '소멸시효의 중단에 관한 규정은 점유로 인한 부동산소유권의 시효취득기간에 준용한다.'고 규정하고, 민법 제168조 제2호는 소멸시효 중단사유로 '압류 또는 가압류, 가처분'을 규정하고 있다. 점유로 인한 부동산소유권의 시효취득에 있어 취득시효의 중단사유는 **종래의 점유상태의 계속을 파괴하는 것으로 인정될 수 있는 사유이어야** 하는데, **민법 제168조 제2호에서 정하는 '압류 또는 가압류'**는 금전채권의 강제집행을 위한 수단이거나 그 보전수단에 불과하여 취득시효기간의 완성 전에 부동산에 압류 또는 가압류 조치가 이루어졌다고 하더라도 이로써 종래의 점유상태의 계속이 파괴되었다고는 할 수 없으므로 이는 **취득시효의 중단사유가 될 수 없다**(대판 2019. 4. 3, 2018다296878).

② (○) : 부동산점유취득시효는 20년의 시효기간이 완성한 것만으로 점유자가 곧바로 소유권을 취득하는 것은 아니고 민법 제245조에 따라 점유자 명의로 등기를 함으로써 소유권을 취득하게 되며, 이는 **원시취득**에 해당하므로 특별한 사정이 없는 한 **원소유자의 소유권에 가하여진 각종 제한에 의하여 영향을 받지 아니하는 완전한 내용의 소유권을 취득**하게 되고, 이와 같은 소유권취득의 반사적 효과로서 그 부동산에 관하여 취득시효의 기간이 진행중에 체결되어 소유권이전등기청구권가등기에 의하여 보전된 매매예약상의 매수인의 지위는 소멸된다고 할 것이지만, 시효기간이 완성되었다고 하더라도 점유자 앞으로 등기를 마치지 아니한 이상 전 소유권에 붙어 있는 위와 같은 부담은 소멸되지 아니한다(대판 2004. 9. 24, 2004다31463).

③ (○) : 취득시효가 완성되면 취득시효 완성자는 **시효완성 당시의 소유자**를 상대로 소유권이전등기청구를 하나, **시효완성 당시의 소유권보존등기 또는 이전등기가 무효라면** 원칙적으로 그 등기명의인은 시효취득을 원인으로 한 소유권이전등기청구의 상대방이 될 수 없고, 이 경우 시효취득자는 소유자를 대위하여 위 무효등기의 말소를 구하고 다시 위 소유자를 상대로 취득시효완성을 이유로 한 소유권이전등기를 구하여야 한다(대판 2005. 5. 26. 2002다43417).

④ (○) : 부동산 소유자가 자신의 부동산에 대하여 **취득시효가 완성된 사실을 알고 이를 제3자에게 처분**하여 소유권이전등기를 넘겨줌으로써 취득시효 완성을 원인으로 한 소유권이전등기의무를 이행불능에 빠뜨려 시효취득을 주장하는 자에게 손해를 입혔다면 **불법행위를 구성**하며, 이 경우 부동산을 취득한 제3자가 부동산 소유자의 이와 같은 불법행위에 적극 가담하였다면 이는 사회질서에 반하는 행위로서 무효이다(대판 1995. 6. 30, 94다52416).

⑤ (○) : 취득시효가 완성된 후 점유자가 그 등기를 하기 전에 제3자가 소유권이전등기를 경료한 경우에는 점유자는 그 제3자에 대하여는 시효취득을 주장할 수 없는 것이 원칙이기는 하지만 이는 어디까지나 그 제3자 명의의 등기가 적법 유효함을 전제로 하는 것으로서 **위 제3자 명의의 등기가 원인무효인 경우**에는 점유자는 취득시효 완성 당시의 소유자를 대위하여 위 제3자 앞으로 경료된 원인무효인 등기의 말소를 구함과 아울러 위 소유자에게 취득시효 완성을 원인으로 한 소유권이전등기를 구할 수 있고, 또 위 제3자가 취득시효 완성 당시의 소유자의 상속인인 경우에는 그 상속분에 한하여는 위 제3자에 대하여 직접 취득시효 완성을 원인으로 한 소유권이전등기를 구할 수 있다(대판 2002. 3. 15, 2001다77352,77369).

54 점유취득시효에 관한 설명 중 옳은 것을 모두 고른 것은? (각 지문은 독립적이며, 다툼이 있는 경우 판례에 의함) 〈2024년 변호사시험〉

ㄱ. X 토지가 乙과 丙의 구분소유적 공유관계에 있는 경우, 乙의 특정 구분소유 부분에 대하여 취득시효를 완성한 점유자 甲은 乙뿐만 아니라 乙의 특정 구분소유 부분과 무관한 丙에 대하여도 그 토지 부분에 관한 각각의 공유지분에 대하여 취득시효 완성을 원인으로 한 소유권이전등기 절차의 이행을 청구할 수 있다.

ㄴ. 부동산에 관하여 적법·유효한 등기를 하고 소유권을 취득한 사람이 자기 소유의 부동산을 점유

정답 54. ④

하는 경우, 특별한 사정이 없는 한 그러한 점유는 취득시효의 기초가 되는 점유라고 할 수 없다.
ㄷ. X 토지에 대하여 양도담보를 설정해 준 甲이 X 토지를 20년간 소유의 의사로 평온·공연하게 점유한 경우, 취득시효로 인한 소유권의 취득은 원시취득이므로 甲은 점유취득시효를 원인으로 하여 담보목적으로 경료된 소유권이전등기의 말소를 구할 수 있다.
ㄹ. X 토지의 시효취득자 甲이 취득시효 완성으로 인한 소유권이전등기청구권을 丙에게 양도한 경우, 甲이 등기명의인 乙에게 그 양도사실을 통지하면 乙에 대한 대항력이 생긴다.

① ㄱ, ㄷ ② ㄴ, ㄹ ③ ㄱ, ㄴ, ㄷ ④ ㄱ, ㄴ, ㄹ ⑤ ㄴ, ㄷ, ㄹ

해 설

ㄱ. (○) : 여러 명이 각기 공유지분 비율에 따라 특정 부분을 독점적으로 소유하고 있는 토지 중 공유자 1인이 독점적으로 소유하고 있는 부분에 대하여 취득시효가 완성된 경우, 공유자 사이에 그와 같은 구분소유적 공유관계가 형성되어 있다 하더라도 이로써 제3자인 시효취득자에게 대항할 수는 없는 법리이므로, 그 토지 부분과 무관한 다른 공유자들도 그 토지 부분에 관한 각각의 공유지분에 대하여 취득시효완성을 원인으로 한 소유권이전등기절차를 이행할 의무가 있다(대판 1997. 6. 13, 97다1730).

ㄴ. (○) : 부동산에 관하여 적법·유효한 등기를 마치고 소유권을 취득한 사람이 자기 소유의 부동산을 점유하는 경우에는 특별한 사정이 없는 한 사실상태를 권리관계로 높여 보호할 필요가 없고, 부동산의 소유명의자는 부동산에 대한 소유권을 적법하게 보유하는 것으로 추정되어 소유권에 대한 증명의 곤란을 구제할 필요 역시 없으므로, 그러한 점유는 취득시효의 기초가 되는 점유라고 할 수 없다. 다만 그 상태에서 다른 사람 명의로 소유권이전등기가 되는 등으로 소유권의 변동이 있는 때에 비로소 취득시효의 요건인 점유가 개시된다고 볼 수 있을 뿐이다(대판 2016. 10. 27, 2016다224596).

ㄷ. (×) : 부동산점유취득시효는 원시취득에 해당하므로 특별한 사정이 없는 한 원소유자의 소유권에 가하여진 각종 제한에 의하여 영향을 받지 아니하는 완전한 내용의 소유권을 취득하는 것이지만, 진정한 권리자가 아니었던 채무자 또는 물상보증인이 채무담보의 목적으로 채권자에게 부동산에 관하여 저당권설정등기를 경료해 준 후 그 부동산을 시효취득하는 경우에는, 채무자 또는 물상보증인은 피담보채권의 변제의무 내지 책임이 있는 사람으로서 이미 저당권의 존재를 용인하고 점유하여 온 것이므로, 저당목적물의 시효취득으로 저당권자의 권리는 소멸하지 않는다. 이러한 법리는 부동산 양도담보의 경우에도 마찬가지이므로, 양도담보권설정자가 양도담보부동산을 20년간 소유의 의사로 평온, 공연하게 점유하였다고 하더라도, 양도담보권자를 상대로 피담보채권의 시효소멸을 주장하면서 담보 목적으로 경료된 소유권이전등기의 말소를 구하는 것은 별론으로 하고, 점유취득시효를 원인으로 하여 담보 목적으로 경료된 소유권이전등기의 말소를 구할 수 없고, 이와 같은 효과가 있는 양도담보권설정자 명의로의 소유권이전등기를 구할 수도 없다(대판 2015. 2. 26, 2014다21649).

ㄹ. (○) : 부동산매매계약에서 매도인과 매수인은 서로 동시이행관계에 있는 일정한 의무를 부담하므로 이행과정에 신뢰관계가 따른다. 특히 매도인으로서는 매매대금 지급을 위한 매수인의 자력, 신용 등 매수인이 누구인지에 따라 계약유지 여부를 달리 생각할 여지가 있다. 이러한 이유로 **매매로 인한 소유권이전등기청구권의 양도**는 특별한 사정이 없는 이상 양도가 제한되고 양도에 채무자의 승낙이나 동의를 요한다고 할 것이므로 통상의 채권양도와 달리 양도인의 채무자에 대한 통지만으로는 채무자에 대한 대항력이 생기지 않으며 반드시 채무자의 동의나 승낙을 받아야 대항력이 생긴다. 그러나 취득시효완성으로 인한 소유권이전등기청구권은 채권자와 채무자 사이에 아무런 계약관계나 신뢰관계가 없고, 그에 따라 채권자가 채무자에게 반대급부로 부담하여야 하는 의무도 없다. 따라서 **취득시효완성으로 인한 소유권이전등기청구권의 양도**의 경우에는 매매로 인한 소유권이전등기청구권에 관한 양도제한의 법리가 적용되지 않는다(대판 2018. 7. 12, 2015다36167).

55 **甲은 乙 명의로 등기되어 있는 X토지를 1979. 2. 1.부터 소유의사로 평온·공연하게 점유하여 왔고, 2019. 6. 1. 현재에 이르렀다. 다음의 설명 중 가장 옳지 않은 것은?(각 설문은 상호 독립적임)** 〈2019년 법무사〉

① 乙이 丙에게 X토지를 매도하고 1999. 4. 1. 소유권이전등기를 마쳐준 경우, 甲은 1999. 4. 1.을 기산점으로 하여 丙에게 취득시효완성을 주장할 수 있다.

② 乙이 丙에게 X토지를 매도하고 2005. 4. 1. 소유권이전등기를 마쳐주었는데, 丙이 2010. 4. 1. X토지를 다시 乙에게 매도하여 현재 乙 명의로 등기가 되어 있는 경우, 甲은 乙에게 취득시효완성을 이유로 한 소유권이전등기청구를 할 수 있다.

③ 甲이 2019. 4. 1. 乙에게 X토지에 관하여 취득시효완성을 원인으로 한 소유권이전등기청구소송을 제기하고 그 소장부본이 2019. 4. 15. 乙에게 송달되었는데, 乙이 2019. 5. 1. 丙에게 X토지를 매도하고 소유권이전등기를 마쳐준 경우, 乙은 甲이 입은 손해를 배상하여야 한다.

④ 2019. 6. 1. 현재 乙의 등기부상 소유명의가 원인무효이고 X토지의 진정한 소유자가 丙임이 밝혀진 경우, 乙은 시효취득을 원인으로 한 소유권이전등기청구의 상대방이 될 수 없고, 甲은 丙을 대위하여 乙 명의의 등기말소를 구하고 다시 丙을 상대로 취득시효완성을 이유로 한 소유권이전등기를 구하여야 한다.

⑤ 乙이 2015. 2. 1. 丙으로부터 1천만 원을 빌리면서 그 담보로 X토지에 관하여 丙 앞으로 근저당권설정등기를 마쳐주었는데, 乙이 위 돈을 갚지 못하여 丙이 X토지에 대해 경매신청을 하자 甲이 丙에게 위 돈을 변제한 경우, 甲은 乙에게 1천만 원 상당의 부당이득반환을 구할 수 있다.

해 설

① (○) : 부동산에 대한 점유취득시효가 완성된 후 취득시효 완성을 원인으로 한 소유권이전등기를 하지 않고 있는 사이에 그 부동산에 관하여 제3자 명의의 소유권이전등기가 경료된 경우라 하더라도 당초의 점유자가 계속 점유하고 있고 소유자가 변동된 시점을 기산점으로 삼아도 다시 취득시효의 점유기간이 경과한 경우에는 점유자로서는 제3자 앞으로의 소유권 변동시를 새로운 점유취득시효의 기산점으로 삼아 2차의 취득시효의 완성을 주장할 수 있다(대판 2009. 7. 16, 2007다15172, 15189 전원합의체).

② (○) : 부동산에 대한 점유로 인한 소유권취득시효가 완성되었다 하더라도 이를 등기하지 않고 있는 사이에 그 부동산에 관하여 제3자에게로 소유권이전등기가 마쳐지면 점유자가 그 제3자에게는 그 시효취득으로 대항할 수 없으나, 그로 인하여 점유자가 취득시효완성 당시의 소유자에 대한 시효취득으로 인한 소유권이전등기청구권을 상실하는 것은 아니고 단지 위 소유자의 점유자에 대한 소유권이전등기의무가 이행불능으로 되는 것 뿐이므로, 그 후 어떠한 사유로 취득시효완성 당시의 소유자에게로 소유권이 회복되었다면 점유자는 그 소유자에게 시효취득의 효과를 주장할 수 있다(대판 1994. 2. 8, 93다42016).

③ (○) : 부동산 소유자가 자신의 부동산에 대하여 취득시효가 완성된 사실을 알고 이를 제3자에게 처분하여 소유권이전등기를 넘겨줌으로써 취득시효 완성을 원인으로 한 소유권이전등기의무를 이행불능에 빠뜨려 시효취득을 주장하는 자에게 손해를 입혔다면 불법행위를 구성하며, 이 경우 부동산을 취득한 제3자가 부동산 소유자의 이와 같은 불법행위에 적극 가담하였다면 이는 사회질서에 반하는 행위로서 무효이다(대판 1995. 6. 30, 94다52416).

④ (○) : 취득시효가 완성되면 취득시효 완성자는 시효완성 당시의 소유자를 상대로 소유권이전등기청구를 하나, 시효완성 당시의 소유권보존등기 또는 이전등기가 무효라면 원칙적으로 그 등기명의인은 시효취득을 원인으로 한 소유권이전등기청구의 상대방이 될 수 없고, 이 경우 시효취득자는 소유자를 대위하여 위 무효등기의 말소를 구하고 다시 위 소유자를 상대로 취득시효완성을 이유로 한 소유권이전등기를 구하여야 한다(대판

정답 55. ⑤

2005. 5. 26, 2002다43417).
⑤ (×) : 시효취득자가 원소유자에 의하여 그 토지에 설정된 근저당권의 피담보채무를 변제하는 것은 시효취득자가 용인하여야 할 그 토지상의 부담을 제거하여 완전한 소유권을 확보하기 위한 것으로서 그 자신의 이익을 위한 행위라 할 것이니, 위 변제액 상당에 대하여 원소유자에게 대위변제를 이유로 구상권을 행사하거나 부당이득을 이유로 그 반환청구권을 행사할 수는 없다(대판 2006. 5. 12, 2005다75910).

56 **甲은 乙의 임야를 20년간 소유의 의사로 평온·공연하게 점유하여 취득시효가 완성되었다. 그런데 甲이 乙에게 소유권이전등기를 요구하자 乙은 그 임야를 丙에게 처분하고 丙에게 소유권이전등기를 해주었다. 甲, 乙, 丙 사이의 법률관계에 관한 설명 중 옳지 않은 것은? (다툼이 있는 경우에는 판례에 의함)** 〈2011년 사법시험〉

① 乙의 甲에 대한 소유권이전등기의무는 乙의 귀책사유로 이행불능이 되었으므로, 甲은 乙에게 이행불능에 의한 채무불이행책임을 이유로 손해배상을 청구할 수 있다.
② 甲은 乙에게 대상청구권을 행사하여 乙이 취득한 이득의 반환을 청구할 수 있다.
③ 甲은 乙에게 불법행위로 인한 손해배상을 청구할 수 있다.
④ 丙이 甲의 취득시효완성 사실을 알고도, 甲에게 소유권이전등기를 해주려고 하는 乙을 적극 권유하여 자기에게 처분하게 한 경우, 甲은 乙을 대위하여 丙에게 그 소유권이전등기의 말소를 청구할 수 있다.
⑤ 甲이 취득시효 완성을 원인으로 위 임야에 대한 소유권이전등기를 적법하게 마쳤다고 가정하면, 甲의 소유권 취득은 乙로부터의 승계취득이 아니라 원시취득이다.

해 설
① (×), ③ (○) : 甲은 乙에게 이행불능에 의한 채무불이행책임을 이유로 손해배상을 청구할 수 없고, 대신 불법행위(제750조)로 물을 수 있다고 함이 판례이다(대판 1994. 4. 12, 93다60779).
② (○) : 甲은 乙에게 이행불능 전에 권리를 행사한 적이 있기 때문에 대상청구권을 행사하여 乙이 취득한 이득의 반환을 청구할 수 있다(대판 1996. 12. 10, 94다43825).
④ (○) : [1] 부동산 소유자가 취득시효가 완성된 사실을 알고 그 부동산을 제3자에게 처분하여 소유권이전등기를 넘겨줌으로써 취득시효 완성을 원인으로 한 소유권이전등기의무가 이행불능에 빠지게 되어 시효취득을 주장하는 자가 손해를 입었다면 불법행위를 구성한다고 할 것이고, 부동산을 취득한 제3자가 부동산 소유자의 이와 같은 불법행위에 적극 가담하였다면 이는 사회질서에 반하는 행위로서 무효라고 할 것이다. [2] 취득시효가 완성된 후 점유자가 그 등기를 하기 전에 제3자가 소유권이전등기를 경료한 경우에는 점유자는 그 제3자에 대하여는 시효취득을 주장할 수 없는 것이 원칙이기는 하지만 이는 어디까지나 그 제3자 명의의 등기가 적법 유효함을 전제로 하는 것으로서 위 제3자 명의의 등기가 원인무효인 경우에는 점유자는 취득시효 완성 당시의 소유자를 대위하여 위 제3자 앞으로 경료된 원인무효인 등기의 말소를 구함과 아울러 위 소유자에게 취득시효 완성을 원인으로 한 소유권이전등기를 구할 수 있다(대판 2002. 3. 15, 2001다77352,77369).
⑤ (○) : 부동산점유취득시효는 20년의 시효기간이 완성한 것만으로 점유자가 곧바로 소유권을 취득하는 것은 아니고 민법 제245조에 따라 점유자 명의로 등기를 함으로써 소유권을 취득하게 되며, 이는 원시취득에 해당하므로 특별한 사정이 없는 한 원소유자의 소유권에 가하여진 각종 제한에 의하여 영향을 받지 아니하는 완전한 내용의 소유권을 취득하게 되고, 이와 같은 소유권취득의 반사적 효과로서 그 부동산에 관하여 취득시효의 기간이 진행중에 체결되어 소유권이전등기청구권가등기에 의하여 보전된 매매예약상의 매수인의 지위는 소멸된다고 할 것이지만, 시효기간이 완성되었다고 하더라도 점유자 앞으로 등기를 마치지 아니한 이상 전 소유권

정답 56. ①

에 붙어 있는 위와 같은 부담은 소멸되지 아니한다(대판 2004. 9. 24, 2004다31463). 따라서 甲이 취득시효 완성을 원인으로 위 임야에 대한 소유권이전등기를 적법하게 마쳤다고 가정하면, 甲의 소유권 취득은 乙로부터의 승계취득이 아니라 원시취득이다.

57 **甲이 소유의 의사로 X토지를 20년 이상 평온, 공연하게 점유하여 X토지에 관한 점유취득시효가 완성되었으나, 甲은 아직 취득시효 완성을 원인으로 한 등기는 갖추지 못하였다. 甲의 점유취득시효 완성 당시 X토지의 진정한 소유자는 丙이었으나, 乙명의로 원인무효등기가 마쳐져 있었다. 이에 관한 설명 중 옳지 않은 것을 모두 고른 것은? (각 지문은 독립적이며, 다툼이 있는 경우 판례에 의함)** 〈2016년 사법시험〉

ㄱ. 甲이 취득시효 완성 후 乙에게 자신이 X토지를 무단으로 점유·사용하고 있음을 시인하고 乙과 X토지에 대한 임대차계약을 체결한 후 수년간 임대료 등을 지급해 왔다면, 이로써 시효이익 포기의 효력이 발생한다.
ㄴ. 甲이 취득시효 완성을 원인으로 한 등기를 마치지 않은 상태에서 乙이 丙과 매매계약을 체결하고 적법하게 X토지의 소유권을 취득하였다면, 甲은 乙을 상대로 취득시효 완성을 주장할 수 있다.
ㄷ. 甲은 취득시효 완성을 원인으로 시효완성 당시의 소유자인 丙에 대하여 소유권이전등기청구권을 가질 뿐만 아니라 X토지의 등기명의인인 乙에 대하여도 소유권이전등기청구권을 가진다.
ㄹ. 취득시효 완성 전 丙이 甲을 상대로 X토지 점유로 인한 부당이득반환청구의 소를 제기하였다면, X토지에 대한 취득시효는 위 소 제기시에 중단된다.

① ㄱ, ㄴ ② ㄱ, ㄷ ③ ㄴ, ㄷ ④ ㄱ, ㄴ, ㄷ ⑤ ㄴ, ㄷ, ㄹ

해 설

ㄱ. (×) : 시효이익의 포기와 같은 상대방 있는 단독행위는 그 의사표시로 인하여 권리에 직접적인 영향을 받는 상대방에게 도달하는 때에 효력이 발생한다 할 것인바, 특별한 사정이 없는 한 시효취득자가 취득시효완성 당시의 진정한 소유자에 대하여 하여야 그 효력이 발생하는 것이지 원인무효인 등기의 등기부상 소유명의자에게 그와 같은 의사를 표시하였다고 하여 그 효력이 발생하는 것은 아니라 할 것이다(대판 1994. 12. 23, 94다40734).
ㄴ. (×) : 점유로 인한 취득기간 경과로 대지에 대한 소유권을 취득하였다 하더라도 이를 원인으로 하여 등기하기 전에 그 대지에 대한 소유권이전등기를 취득한 제3자에 대하여는 대항할 수 없다(제3원칙; 대판 1964. 6. 9, 63다1129).
ㄷ. (×) : 제3자 명의의 등기가 원인무효인 경우에는 점유자는 취득시효 완성 당시의 소유자를 대위하여 위 제3자 앞으로 경료된 원인무효인 등기의 말소를 구함과 아울러 위 소유자에게 취득시효 완성을 원인으로 한 소유권이전등기를 구하여야 한다(대판 2002. 3. 15, 2001다77352).
ㄹ. (○) : 소유권의 시효취득에 준용되는 시효중단사유인 민법 제168조, 제170조에 규정된 재판상의 청구라 함은 시효취득의 대상인 목적물의 인도 내지는 소유권존부확인이나 소유권에 관한 등기청구소송은 말할 것도 없고, 소유권침해의 경우에 그 소유권을 기초로 하여 하는 방해배제 및 손해배상 혹은 부당이득반환청구소송도 이에 포함된다(대판 1997. 3. 14, 96다55211).

정답 57. ④

보충지문

58 **건물공유자 중 일부만이 당해 건물을 점유하고 있더라도 이로써 건물공유자들 전원이 건물부지에 대한 공동점유를 하는 것이 되고, 그 건물부지에 대한 점유취득시효가 완성되면, 그 취득시효 완성을 원인으로 한 소유권이전등기청구권은 당해 건물의 공유지분비율과 같은 비율로 건물공유자들에게 귀속된다.** 〈2016년 변호사시험〉

해설 건물공유자 중 일부만이 당해 건물을 점유하고 있더라도 이로써 건물공유자들 전원이 건물부지에 대한 공동점유를 하는 것이 되고, 그 건물부지에 대한 점유취득시효가 완성되면, 그 취득시효 완성을 원인으로 한 소유권이전등기청구권은 당해 건물의 공유지분비율과 같은 비율로 건물공유자들에게 귀속된다(대판 2003. 11. 13, 2002다57935).

59 **민법 제245조 제1항의 점유취득시효의 경우 그 점유가 무과실임을 요하지 아니한다.** 〈2009년 법무사〉

해설 민법 제245조 제1항 참조

60 **점유가 선의이며 과실 없이 개시된 경우에는 5년간 소유의 의사로 평온·공연하게 동산을 점유하면 그 소유권을 취득한다.** 〈2013년 법무사〉

해설 10년간 소유의 의사로 평온·공연하게 동산을 점유한 자는 그 소유권을 취득하고, 그 점유가 선의이며 과실 없이 개시된 경우에는 5년을 경과함으로써 그 소유권을 취득한다(제246조).

61 **점유취득시효에 있어서 점유자가 무효인 임대차계약에 따라 점유를 취득한 사실이 증명된 경우, 그 점유자의 소유의 의사는 추정되지 않는다.** 〈2017년 감정평가사〉

해설 원고가 주장하는 원고의 전점유자인 소외인의 매수사실이나 원고의 매수 점유사실이 인정되지 아니하고 오히려 소외인이 피고에게 임대료를 지급하고 점유함이 인정된 경우 취득시효의 요건으로서의 원고가 주장하는 바와 같은 기간의 점유사실의 입증이 있었다고 할 수 없고 더구나 소외인의 점유는 타주점유가 되어 자주점유의 추정력도 깨어진 것이라고 보아야 한다(대판 1990. 2. 13, 89다카2469).

62 **법원은 취득시효의 기산점에 관한 당사자의 주장에 구속되지 아니하고 소송자료에 의하여 점유의 시기(始期)를 인정할 수 있다.** 〈2016년 변호사시험〉

해설 취득시효의 기산점은 법률효과의 판단에 관하여 직접 필요한 주요사실이 아니고 간접사실에 불과하므로 법원으로서는 이에 관한 당사자의 주장에 구속되지 아니하고 소송자료에 의하여 점유의 시기를 인정할 수 있다(대판 1998. 5. 12, 97다34037).

> **[비교판례]** 소멸시효의 기산일은 채무의 소멸이라고 하는 법률효과 발생의 요건에 해당하는 소멸시효 기간 계산의 시발점으로서 소멸시효 항변의 법률요건을 구성하는 구체적인 사실에 해당하므로 이는 변론주의의 적용 대상이다(대판 1995. 8. 25, 94다35886).

정답 58. (○) 59. (○) 60. (○) 61. (○) 62. (○)

63 소멸시효의 중단에 관한 규정은 취득시효에 의한 소유권취득기간에 준용한다. 〈2012년 감정평가사〉

해설 민법 제247조 제2항 참조

64-1 甲 소유의 X토지를 점유하던 乙이 甲을 상대로 매매를 원인으로 한 소유권이전등기청구 소송을 제기하자, 甲이 이에 응소하여 乙의 청구를 기각하는 판결을 구하면서 乙 주장의 매매 사실을 부인한 결과 乙이 패소하고 그 판결이 확정된 경우, 甲의 응소행위로 인해 乙의 점유취득시효의 진행은 중단된다. 〈2019년 법원행시〉

64-2 점유자 乙이 소유자 甲을 상대로 소유권이전등기 청구소송을 제기하면서 그 청구원인으로 '취득시효'가 아닌 '매매'를 주장함에 대하여 甲이 이에 응소하여 소유권을 주장하지 않은 채 乙 주장의 매매 사실만을 부인하면서 청구기각의 판결을 구하는 경우, 甲의 응소행위는 乙의 점유취득시효를 중단시키는 재판상 청구에 해당하지 않는다. 〈2015년 사법시험〉

해설 권리자가 시효를 주장하는 자로부터 제소당하여 직접 응소행위로서 상대방의 청구를 적극적으로 다투면서 자신의 권리를 주장하여 그것이 받아들여진 경우에는 민법 제247조 제2항에 의하여 취득시효기간에 준용되는 민법 제168조 제1호, 제170조 제1항에서 시효중단사유의 하나로 규정하고 있는 재판상의 청구에 포함되는 것으로 해석함이 상당하다 할 것이나, 점유자가 소유자를 상대로 소유권이전등기 청구소송을 제기하면서 그 청구원인으로 '취득시효 완성'이 아닌 '매매'를 주장함에 대하여, 소유자가 이에 응소하여 원고 청구기각의 판결을 구하면서 원고의 주장 사실을 부인하는 경우에는, 이는 원고 주장의 매매 사실을 부인하여 원고에게 그 매매로 인한 소유권이전등기청구권이 없음을 주장함에 불과한 것이고 소유자가 자신의 소유권을 적극적으로 주장한 것이라 볼 수 없으므로 시효중단사유의 하나인 재판상의 청구에 해당한다고 할 수 없다(대판 1997. 12. 12, 97다30288).

65-1 취득시효의 중단사유는 종래의 점유상태의 계속을 파괴하는 것으로 인정될 수 있는 것이어야 한다. 〈2020년 감정평가사〉

65-2 압류 또는 가압류는 소멸시효와 취득시효의 중단사유이다. 〈2020년 감정평가사〉

65-3 민법 제247조 제2항은 "소멸시효의 중단에 관한 규정은 점유로 인한 부동산소유권의 시효취득기간에 준용한다."고 규정하고, 민법 제168조 제2호는 소멸시효 중단사유로 '압류 또는 가압류, 가처분'을 규정하고 있으므로, 취득시효기간의 완성 전에 부동산에 압류 또는 가압류 조치가 이루어졌다면 이는 취득시효의 중단사유가 될 수 있다. 〈2019년 법원행시〉

해설 민법 제247조 제2항은 "소멸시효의 중단에 관한 규정은 점유로 인한 부동산소유권의 시효취득기간에 준용한다."고 규정하고, 민법 제168조 제2호는 소멸시효 중단사유로 '압류 또는 가압류, 가처분'을 규정하고 있다. 점유로 인한 부동산소유권의 시효취득에 있어 취득시효의 중단사유는 종래의 점유상태의 계속을 파괴하는 것으로 인정될 수 있는 사유이어야 하는데, 민법 제168조 제2호에서 정하는 '압류 또는 가압류'는 금전채권의 강제집행을 위한 수단이거나 그 보전수단에 불과하여 취득시효기간의 완성 전에 부동산에 압류 또는 가압류 조치가 이루어졌다고 하더라도 이로써 종래의 점유상태의 계속이 파괴되었다고는 할 수 없으므로 이는 취득시효의 중단사유가 될 수 없다(대판 2019. 4. 3, 2018다296878).

정답 63. (○) 64-1. (×) 64-2. (○) 65-1. (○) 65-2. (×) 65-3. (×)

66-1 **점유취득시효가 완성된 경우, 점유자는 등기 없이는 그 부동산의 소유권을 주장할 수 없다.** 〈2015년 감정평가사〉

66-2 **취득시효기간이 완성되었다고 하더라도 그것만으로 바로 소유권취득의 효력이 생기는 것이 아니라, 이를 원인으로 하여 소유권취득을 위한 등기청구권이 발생하는 것에 불과하지만, 미등기부동산의 경우에는 등기 없이도 점유자가 소유권을 취득한다.** 〈2015년 법무사〉

해설 민법 제245조 제1항의 취득시효기간의 완성만으로는 소유권취득의 효력이 바로 생기는 것이 아니라, 다만 이를 원인으로 하여 소유권취득을 위한 등기청구권이 발생할 뿐이고, 미등기 부동산의 경우라고 하여 취득시효기간의 완성만으로 등기 없이도 점유자가 소유권을 취득한다고 볼 수 없다(대판 2006. 9. 28, 2006다22074).

67 **점유취득시효 완성을 원인으로 한 소유권이전등기청구는 시효 완성 당시의 소유자를 상대로 하여야 한다.** 〈2015년 법무사〉

해설 점유취득시효 완성을 원인으로 한 소유권이전등기청구권은 채권적이고 이는 시효 완성 당시의 소유자를 상대로 하여야 한다(대판 1989. 4. 11, 88다카5843).

68 **甲과 乙이 구분소유적으로 공유하고 있는 토지 중 甲 소유의 토지 부분에 관한 丙의 점유취득시효가 완성한 경우, 甲은 물론 乙도 丙에게 그에 따른 지분소유권이전등기 의무를 진다.** 〈2013년 사법시험〉

해설 구분소유적 공유의 경우, 대외관계는 일반공유와 같다. 즉 여러 명이 각기 공유지분 비율에 따라 특정 부분을 독점적으로 소유하고 있는 토지 중 공유자 1인이 독점적으로 소유하고 있는 부분에 대하여 취득시효가 완성된 경우, 공유자 사이에 그와 같은 구분소유적 공유관계가 형성되어 있다 하더라도 이로써 제3자인 시효취득자에게 대항할 수는 없는 법리이므로, 그 토지 부분과 무관한 다른 공유자들도 그 토지 부분에 관한 각각의 공유지분에 대하여 취득시효완성을 원인으로 한 소유권이전등기절차를 이행할 의무가 있다(대판 1997. 6. 13, 97다1730).

69 **점유취득시효의 완성 후 등기 전에 토지소유자가 파산선고를 받은 때에는 점유자는 파산관재인을 상대로 취득시효를 이유로 소유권이전등기를 청구할 수 없다.** 〈2017년 감정평가사〉

해설 파산선고 전에 부동산에 대한 점유취득시효가 완성되었으나 파산선고시까지 이를 원인으로 한 소유권이전등기를 마치지 아니한 자는, 그 부동산의 소유자에 대한 파산선고와 동시에 파산채권자 전체의 공동의 이익을 위하여 파산재단에 속하는 그 부동산에 관하여 이해관계를 갖는 제3자의 지위에 있는 파산관재인이 선임된 이상, 파산관재인을 상대로 파산선고 전의 점유취득시효 완성을 원인으로 한 소유권이전등기절차의 이행을 청구할 수 없다(대판 2008. 2. 1, 2006다32187).

70 **甲 소유의 X토지를 丙이 점유하여 그 취득시효가 완성된 후 丙이 그 등기를 하기 전에, 甲이 乙에게 소유권이전등기청구권 보전의 가등기를 마쳐준 경우, 乙이 그 가등기에 기해 본등기를 마치기 전이라도 甲의 丙에 대한 소유권이전등기의무는 이행불능이 된다.** 〈2019년 법원행시〉

해설 소유권이전등기의무자가 그 부동산상에 제3자 명의로 가등기를 마쳐 주었다 하여도 가등기는 본등기

정답 66-1. (○) 66-2. (×) 67. (○) 68. (○) 69. (○) 70. (×)

의 순위보전의 효력을 가지는 것에 불과하고, 또한 그 소유권이전등기의무자의 처분권한이 상실되는 것도 아니므로 그 가등기만으로는 소유권이전등기의무가 이행불능이 된다고 할 수 없다(대판 1993. 9. 14, 93다12268).

71 취득시효 완성을 알고 있는 종전 소유자가 그 부동산에 대하여 제3자 명의로 가등기만 경료한 경우 시효취득자명의의 소유권이전등기 자체는 불가능하지 않으므로, 시효취득자는 특별한 사정이 없는 한 그가 이전받을 부동산에 대하여 손해를 입은 것이라고 볼 수는 없다.

〈2018년 법원행시〉

해설 취득시효가 완성된 부동산에 대하여 제3자 명의로 가등기만 경료한 경우 시효취득자명의의 소유권이전등기 자체는 불가능하지 않다고 하더라도 시효취득자는 특별한 사정이 없는 한 그가 이전받을 부동산에 대하여 가등기를 부담하게 됨으로 인한 손해를 입은 것이라고 보아야 한다(대판 1989. 4. 11, 88다카8217).

72 종중 부동산이 종중 대표자에게 적법하게 명의신탁되었는데 그 부동산에 대해 제3자의 점유에 의한 취득시효가 완성된 후 제3자 명의의 등기 전에 명의신탁이 해지되어 등기명의가 종중에게 이전된 경우, 특별한 사정이 없는 한 점유자는 종중에 대해 시효 완성을 주장할 수 있다.

〈2015년 감정평가사〉

해설 명의신탁된 부동산에 대하여 점유취득시효가 완성된 후 시효취득자가 그 소유권이전등기를 경료하기 전에 명의신탁이 해지되어 그 등기명의가 명의수탁자로부터 명의신탁자에게로 이전된 경우에는 그 명의신탁자는 취득시효 완성 후에 소유권을 취득한 자에 해당하여 그에 대하여 취득시효를 주장할 수 없다(대판 2001. 10. 26, 2000다8861).

73 명의신탁된 부동산에 관하여 그 점유자의 점유취득시효 완성 후 그 소유권이전등기를 경료하기 전에 위 명의신탁이 해지되고 새로운 명의신탁이 이루어져 그 소유 명의가 점유취득시효 완성 당시의 명의수탁자로부터 새로운 명의수탁자에게로 이전된 경우, 위 소유 명의의 이전이 무효가 아닌 이상 새로운 명의수탁자는 위 점유취득시효 완성 후에 소유권을 취득한 자에 해당하므로, 위 점유자는 그에 대하여 시효취득을 주장할 수 없다. 〈2020년 법무사〉

해설 명의신탁된 부동산에 관하여 그 점유자의 점유취득시효 완성 후 그 소유권이전등기를 경료하기 전에 위 명의신탁이 해지되고 새로운 명의신탁이 이루어져 그 소유 명의가 점유취득시효 완성 당시의 명의수탁자로부터 새로운 명의수탁자에게로 이전된 경우, 위 소유 명의의 이전이 무효가 아닌 이상 새로운 명의수탁자는 위 점유취득시효 완성 후에 소유권을 취득한 자에 해당하므로, 위 점유자는 그에 대하여 시효취득을 주장할 수 없다(대판 2000. 8. 22, 2000다21987).

74 점유취득시효 완성 후에 원래의 소유자인 소유명의자의 위탁에 의하여 소유권이전등기를 마친 신탁법상의 수탁자는 시효권리자가 시효취득을 주장할 수 없는 새로운 이해관계인인 제3자에 해당한다. 〈2018년 법원행시〉

해설 부동산에 관한 점유취득시효기간이 경과한 후 원래의 소유자의 위탁에 의하여 소유권이전등기를 마친 신탁법상의 수탁자는 그 점유자가 시효취득을 주장할 수 없는 새로운 이해관계인인 제3자에 해당하고, 그 수탁자가 해당 부동산의 공유자들을 조합원으로 한 비법인사단인 재건축조합이라고 하여 달리 볼 것도 아니다(대판 2003. 8. 19, 2001다47467).

정답 71. (×) 72. (×) 73. (○) 74. (○)

75 취득시효 완성 후 아직 소유권이전등기를 하기 전에 제3자가 소유자로부터 부동산을 양수하여 소유권이전등기를 한 경우에는, 그 제3자가 취득시효 완성사실을 알고 매수한 경우라도 특별한 사정이 없는 한 점유자는 제3자에 대해 취득시효를 주장할 수 없다. 〈2009년 변리사〉

해설 점유취득시효완성을 원인으로 한 소유권이전등기의무를 부담하는 자는 취득시효기간완성 당시의 소유자이고, 취득시효완성 사실을 알면서 소유자로부터 그 부동산을 매수하여 소유권이전등기를 마친 자라고 하더라도, 소유자와의 사이에서 소유자의 소유권이전등기의무를 인수하여 이행하기로 묵시적 또는 명시적으로 약정하였다는 등의 특별한 사정이 인정되지 않는 한, 위의 의무를 승계한다고 볼 수는 없다(대판 1994. 4. 12, 93다50666, 50673).

76 점유자가 전(前)점유자의 점유를 아울러 주장할 때에는 그 점유의 개시시기를 어느 점유자의 점유기간 중 임의의 시점으로 선택할 수 있다. 〈2020년 감정평가사〉

해설 점유가 순차로 여러 사람에게 승계된 경우에 점유의 이익을 수용 주장하는 사람은 자기의 점유만을 주장하거나 또는 자기의 점유와 그 전 점유자의 점유를 아울러 주장할 수 있는 선택권이 있으므로(그 선택여하에 따라 제3자의 권리에 미치는 영향이 다르다고 하더라도), 그 직전 점유자의 점유만을 병합 주장하거나 그 모든 전점유자의 점유를 병합주장하는 것은 그 주장하는 사람의 임의선택에 속하고, 다만 이와 같은 경우에도 그 점유시기를 점유기간 중의 임의의 시점을 선택할 수 없는 것이다(대판 1982. 1. 26, 81다826).

77 취득시효기간 중 계속해서 등기명의자가 동일한 경우에는, 전 점유자의 점유를 승계하여 자신의 점유기간을 통산하여 20년이 경과한 경우에 있어서도 전 점유자가 점유를 개시한 이후의 임의의 시점을 그 기산점으로 삼을 수 있다고 할 것이다. 〈2016년 법무사〉

해설 취득시효기간 중 계속해서 등기명의자가 동일한 경우에는 그 기산점을 어디에 두든지 간에 취득시효의 완성을 주장할 수 있는 시점에서 보아 그 기간이 경과한 사실만 확정되면 충분하므로, 전 점유자의 점유를 승계하여 자신의 점유기간과 통산하면 20년이 경과한 경우에 있어서도 전 점유자가 점유를 개시한 이후의 임의의 시점을 그 기산점으로 삼아 취득시효의 완성을 주장할 수 있고 이는 소유권에 변동이 있더라도 그 이후 계속해서 취득시효기간이 경과하도록 등기명의자가 동일하다면 그 소유권 변동 이후 전 점유자의 점유기간과 자신의 점유기간을 통산하여 20년이 경과한 경우에 있어서도 마찬가지이다(대판 1998. 5. 12, 97다34037).

78 甲이 乙소유의 동산을 10년간 소유의 의사로 평온, 공연하게 점유하였다면 시효기간 만료 시부터 동산 소유권 취득의 효력이 발생한다. 〈2013년 법원행시〉

해설 소유권취득의 효력은 점유를 개시한 때에 소급한다(제247조).

79 점유취득시효가 완성된 경우 점유자가 시효기간 중에 수취한 과실은 소유자에게 반환할 필요가 없다. 〈2015년 감정평가사〉

해설 점유취득시효가 완성된 경우, 그 효과는 소급하기 때문에(제247조), 점유자가 시효기간 중에 수취한 과실은 소유자에게 반환할 필요가 없다.

정답 75. (○) 76. (×) 77. (○) 78. (×) 79. (○)

80-1 취득시효가 완성되었으나 아직 소유권이전등기를 마치지 못한 점유자는 그 점유를 방해하는 소유자를 상대로 위 방해행위의 배제를 구할 수 있다. 〈2016년 사법시험〉

80-2 취득시효가 완성된 점유자는 점유권에 기하여 등기부상의 명의인을 상대로 점유방해의 배제를 청구할 수 있다. 〈2017 법원행시〉

해설 취득시효가 완성된 점유자는 점유권에 기하여 등기부상의 명의인을 상대로 점유방해의 배제를 청구할 수 있다 할 것인데, 시효취득자가 점유취득시효의 완성을 원인으로 하여 소유권이전등기를 청구하면서, 그와 동시에 시효완성 후에 토지소유자가 멋대로 설치한 담장 등의 철거를 구하고 있을 뿐, 소유권에 기한 방해배제청구권에 기하여 위 담장 등의 철거를 구한 바 없고, 오히려 "토지소유자가 기존의 담장을 허물고 새로운 담장을 쌓은 것은 시효취득자의 점유를 침탈한 행위에 해당한다."고 주장하였으며, 원심의 변론종결 직전에는 소유권에 기한 주장은 하지 아니하고 담장 등 철거 청구도 시효취득에 의하여서만 구하는 것이라고 진술하였는바, 그렇다면 시효취득자는 점유권에 기한 방해배제청구권의 행사로서 토지소유자를 상대로 담장 등의 철거를 청구하고 있는 것으로 보아야 한다(대판 2005. 3. 25, 2004다23899, 23905) ☞ 등기를 하지 않은 이상 '소유권에 기하여는' 방해의 배제를 구할 수 없지만, '점유권에 기한' 방해배제청구는 가능하다.

81 취득시효가 완성한 후 점유자가 그 사실을 모르고 소유자에게 그 점유물을 매도해 줄 것을 요청하였으나 대금에 관한 견해 차이로 매매에 실패한 경우, 점유자는 시효이익을 포기하였다고 볼 수 있다. 〈2013년 사법시험〉

해설 점유자가 취득시효기간 경과후 상대방에게 토지의 매수제의를 한 일이 있다고 하더라도 일반적으로 점유자는 취득시효완성후에도 소유권자와의 분쟁을 간편히 해결하기 위하여 매수를 시도하는 사례가 허다함에 비추어 매수제의사실을 가지고 점유자가 시효의 이익을 포기한다는 의사표시로 보거나 악의의 점유로 간주할 수 없다(대판 1989. 4. 11, 88다카5843 전원합의체).

82-1 부동산점유취득시효의 원시취득으로서의 성격에 비추어 볼 때, 진정한 권리자가 아니었던 채무자 또는 물상보증인이 채무담보의 목적으로 채권자에게 부동산에 관하여 저당권설정등기를 경료해 준 후 그 부동산을 시효취득하는 경우에는 저당목적물의 시효취득으로 저당권자의 권리는 소멸한다. 〈2016년 법무사〉

82-2 부동산점유취득시효는 원시취득에 해당하므로 특별한 사정이 없는 한 원소유자의 소유권에 가하여진 각종 제한에 의하여 영향을 받지 아니하는 완전한 내용의 소유권을 취득한다. 따라서 양도담보권설정자가 양도담보부동산을 20년간 소유의 의사로 평온, 공연하게 점유하였다면 양도담보권자를 상대로 점유취득시효를 원인으로 하여 담보 목적으로 경료된 소유권이전등기의 말소를 구하거나 양도담보권설정자 명의로의 소유권이전등기를 구할 수 있다. 〈2017년 법무사〉

해설 부동산점유취득시효는 원시취득에 해당하므로 특별한 사정이 없는 한 원소유자의 소유권에 가하여진 각종 제한에 의하여 영향을 받지 아니하는 완전한 내용의 소유권을 취득하는 것이지만, 진정한 권리자가 아니었던 채무자 또는 물상보증인이 채무담보의 목적으로 채권자에게 부동산에 관하여 저당권설정등기를 경료해 준 후 그 부동산을 시효취득하는 경우에는, 채무자 또는 물상보증인은 피담보채권의 변제의무 내지 책임이 있는 사람으로서 이미 저당권의 존재를 용인하고 점유하여 온 것이므로, 저당목적물의 시효취득으로 저당권자

정답 80-1. (○) 80-2. (○) 81. (×) 82-1. (×) 82-2. (×)

의 권리는 소멸하지 않는다. 이러한 법리는 부동산 양도담보의 경우에도 마찬가지이므로, 양도담보권설정자가 양도담보부동산을 20년간 소유의 의사로 평온, 공연하게 점유하였다고 하더라도, 양도담보권자를 상대로 피담보채권의 시효소멸을 주장하면서 담보 목적으로 경료된 소유권이전등기의 말소를 구하는 것은 별론으로 하고, 점유취득시효를 원인으로 하여 담보 목적으로 경료된 소유권이전등기의 말소를 구할 수 없고, 이와 같은 효과가 있는 양도담보권설정자 명의로의 소유권이전등기를 구할 수도 없다(대판 2015. 2. 26, 2014다21649).

83-1 등기부시효취득을 위해서는 점유자가 소유자로 등기되어 있어야 되는데, 이때의 등기는 적법 · 유효한 등기이어야 한다. 〈2008년 감정평가사〉

83-2 소유권보존등기가 이중으로 경료되어 뒤에 된 소유권보존등기가 무효로 되는 때에도, 뒤에 된 소유권보존등기를 기초로 한 등기부취득시효의 완성을 주장할 수 있다. 〈2008년 감정평가사〉

해설 점유자가 소유자로 등기되어 있어야 되는데, 이때의 등기는 적법·유효한 등기일 필요가 없다. 단 소유권보존등기가 이중으로 경료되어 뒤에 된 소유권보존등기가 무효로 되는 때에는 뒤에 된 소유권보존등기를 기초로 한 등기부취득시효의 완성을 주장할 수는 없다(대판 1996. 10. 17, 96다12511).

84 무권리자 甲으로부터 부동산을 매수하여 1998. 8. 10. 소유권이전등기를 경료받고, 2000. 3. 20. 오전 11시경 점유를 이전받은 乙은 2008. 8. 10.이 만료하면 그 부동산의 등기부 시효취득에 필요한 10년의 기간이 경과한다. 〈2008년 법원행시〉

해설 부동산등기부취득시효의 경우 제245조 제2항에 따라 부동산의 소유자로 등기한 자가 10년간 소유의 의사로 평온, 공연하게 선의이며 과실 없이 그 부동산을 점유한 때에는 소유권을 취득하게 되는 데, 부동산등기부취득시효가 인정되기 위해서는 등기 10년, 점유 10년의 요건을 각각 구비해야 하므로, 2010년 3월 20일이 10년의 기간 경과의 요건을 충족하는 때이다.

85 등기부취득시효에 관한 민법 제245조 제2항의 규정에 의하여 소유권을 취득하는 자는 10년간 반드시 그의 명의로 등기되어 있어야 하는 것은 아니고 앞 사람의 등기까지 아울러 그 기간 동안 부동산의 소유자로 등기되어 있으면 된다. 〈2013년 법무사〉

해설 대판 2001. 1. 16, 98다20110 참조

86 공유자의 1인이 공유부동산 중 특정부분만을 점유하여 왔다면 그 특정부분에 대한 공유지분의 범위 내에서만 등기부취득시효할 수 있다. 〈2008년 감정평가사〉

해설 공유자의 1인이 공유부동산 중 특정부분만을 점유하여 왔다면 그 특정부분에 대한 공유지분의 범위 내에서만 민법 제245조 제2항에서 말하는 '부동산의 소유자로 등기한 자'와 '부동산을 점유한 때'라는 등기부취득시효의 요건을 구비한 경우에 해당될 뿐이고 그 나머지 부분은 이에 해당하지 않는다(대판 1993. 8. 27, 93다4250).

정답 83-1. (×) 83-2. (×) 84. (×) 85. (○) 86. (○)

87 **명의신탁에 의하여 부동산의 소유자로 등기된 자는 그 사실만으로 당연히 부동산을 점유하는 것으로 볼 수 없음은 물론이고 설사 그의 점유가 인정된다고 하더라도 그 점유권원의 성질상 자주점유라 할 수 없는 것이고, 한편 명의신탁자가 스스로 점유를 계속하면서 등기명의를 수탁자에게 이전한 경우에 수탁자의 등기명의를 신탁자의 등기명의와 동일한 것으로 볼 수는 없다.**
〈2017년 법무사〉

해 설 대판 2002. 4. 26, 2001다8097, 8103 참조

88 **부동산 매수인이 매도인의 부동산 처분권한을 조사했더라면 그 처분권한이 없음을 알 수 있었음에도 이를 조사하지 않은 경우, 매수인의 등기부취득시효는 완성되지 않는다.**
〈2015년 감정평가사〉

해 설 부동산등기부취득시효는 선의+무과실의 점유를 요한다. 따라서 부동산 매수인이 매도인의 부동산 처분권한을 조사했더라면 그 처분권한이 없음을 알 수 있었음에도 이를 조사하지 않은 경우에는 과실이 있기 때문에, 매수인의 등기부취득시효는 완성되지 않는다(제245조 제2항).

Ⅲ. 첨 부(부합·혼화·가공)

89 **부합 등의 법률관계에 관한 다음 설명 중 옳지 않은 것은? (다툼이 있는 경우에는 판례에 의함)**
〈2007년 변리사〉

① 甲은 자기 소유의 대지와 그 지상의 2층 건물에 대해 乙에게 근저당권을 설정해 준 후 위 건물에 3층 부분을 증축하고, 2층 부분은 점포로 그리고 3층 부분은 주택으로 이용하고 있다. 만일 乙이 대지와 3층 건물 전체에 대해 경매를 청구하였다면 3층 부분의 매각대금에 대해서는 우선변제권이 없다.
② 甲은 자기소유의 토지를 乙에게 임대하였고, 丙은 乙의 승낙을 받았지만 甲의 승낙을 받지 않고 그 토지에 나무를 심었다면 丙은 甲에게 나무의 소유권을 주장할 수 없다.
③ 甲이 권원 없이 乙소유의 토지에 농작물을 경작한 경우, 그 소유권은 경작자인 甲에게 있지만 乙은 甲에게 부당이득반환 내지 불법행위로 인한 손해배상을 청구할 수 있다.
④ 甲이 임차한 乙소유의 토지에서 경작한 쪽파를 수확하지 않은 채 丙에게 매도한 경우, 丙이 명인방법을 갖추면 그 쪽파의 소유권을 취득한다.
⑤ 甲이 권원 없이 乙소유의 토지에 잣나무를 식재한 후 잣을 수취한 경우 乙은 甲에게 잣에 대한 소유물반환을 청구할 수 없다.

해 설

①(○) : [1] 건물이 증축된 경우에 증축부분이 기존건물에 부합된 것으로 볼 것인가 아닌가 하는 점은 증축부분이 기존건물에 부착된 물리적 구조뿐만 아니라 그 용도와 기능의 면에서 기존건물과 독립한 경제적 효용을 가지고 거래상 별개의 소유권의 객체가 될 수 있는지의 여부 등을 가려서 판단하여야 한다. [2] 1, 2층은 주로 점포, 3층은 주택으로서 기존건물과는 별개로 사용되고 있는 것이라면 위 증축부분은 기존건물과는 독립한 건물로서의 경제적 효용을 가지고 있다. [3] 민법 제365조의 규정에 의하면 토지를 목적으로 저당권을 설정한 후 설정

정 답 87. (○) 88. (○) 89. ⑤

자가 그 토지에 건물을 축조(증축도 포함)한 때에는 저당권자는 토지와 함께 건물에 대하여도 경매를 청구할 수 있도록 되어 있다(대판 1985. 11. 12, 85다카246). 그러나 그 건물의 경매대가에 대하여는 우선변제를 받을 권리가 없다(민법 제365조 단서).

② (○) : 민법 제256조 단서 소정의 '권원'이라 함은 지상권, 전세권, 임차권 등과 같이 타인의 부동산에 자기의 동산을 부속시켜서 그 부동산을 이용할 수 있는 권리를 뜻하므로 그와 같은 권원이 없는 자가 토지소유자의 승낙을 받음이 없이 그 임차인의 승낙만을 받아 그 부동산 위에 나무를 심었다면 특별한 사정이 없는 한 토지소유자에 대하여 그 나무의 소유권을 주장할 수 없다(대판 1989. 7. 11, 88다카9067).

③ (○) : 판례는 농작물에 관하여는 생산자주의를 취한다. 따라서 권원 없이 타인의 토지에 농작물을 심은 경우에도 경작자의 소유로 인정하고 있고, 이에 명인방법을 갖출 필요도 없다고 한다(대판 1979. 8. 28, 79다784). 다만 타인의 토지에 무단으로 농작물을 심었으므로 당연히 토지의 사용이익에 대한 부당이득반환의무나 불법행위로 인한 손해배상의무를 부담할 것이다.

④ (○) : 물권변동에 있어서 형식주의를 채택하고 있는 현행 민법하에서는 소유권을 이전한다는 의사 외에 부동산에 있어서는 등기를, 동산에 있어서는 인도를 필요로 함과 마찬가지로 이 사건 쪽파와 같은 수확되지 아니한 농작물에 있어서는 명인방법을 실시함으로써 그 소유권을 취득한다(대판 1996. 2. 23, 95도2754). ☞ 쪽파의 매수인이 명인방법을 갖추지 않은 경우, 쪽파에 대한 소유권을 취득하였다고 볼 수 없어 그 소유권은 여전히 매도인에게 있다.

⑤ (×) : 제102조에 의하면 잣은 乙에게 귀속한다. 즉 甲이 아무런 권원 없이 식재한 잣나무는 乙의 토지에 부합(제256조 본문)하는 바, 부동산의 소유자 乙이 부합한 잣나무의 소유권을 취득한다. 따라서 잣나무의 천연과실인 잣은 乙에게 귀속되는 것이다.

90 **甲이 소유권을 유보한 채 乙에게 철강제품을 매도하였다. 자신의 토지에 건물을 신축하려는 丙과 도급계약을 체결한 乙은 그 이행과정에서 그 철강제품을 건물의 골조공사에 사용하여 丙 소유의 X건물을 완성하였다. 丙은 그 철강제품의 소유권이 유보된 사실에 대해 과실없이 알지 못하였고, 그 철강제품의 대금은 여전히 지급되지 않은 상태이다. 이에 관한 설명으로 옳은 것을 모두 고른 것은? (다툼이 있으면 판례에 따름)** 〈2022년 변리사〉

> ㄱ. 부동산에의 부합에 관한 법리는 건물의 신축의 경우에 적용될 수 있다.
> ㄴ. 甲의 소유권 유보에도 불구하고 丙은 철강제품에 대한 소유권을 취득한다.
> ㄷ. 부당이득반환청구의 요건이 충족되지 않았더라도, 甲은 민법 제261조(첨부로 인한 구상권)에 근거하여 丙에게 보상청구권을 행사할 수 있다.
> ㄹ. 특별한 사정이 없는 한 丙은 그 철강제품의 귀속으로 인한 이익을 보유할 수 있는 법률상 원인이 있다.

① ㄱ, ㄴ ② ㄷ, ㄹ ③ ㄱ, ㄴ, ㄹ ④ ㄴ, ㄷ, ㄹ ⑤ ㄱ, ㄴ, ㄷ, ㄹ

해설

ㄱ. (○), ㄴ. (○), ㄷ. (×), ㄹ. (○) : [1] 어떠한 동산이 민법 제256조에 의하여 부동산에 부합된 것으로 인정되기 위해서는 그 동산을 훼손하거나 과다한 비용을 지출하지 않고서는 분리할 수 없을 정도로 부착·합체되었는지 여부 및 그 물리적 구조, 용도와 기능면에서 기존 부동산과는 독립한 경제적 효용을 가지고 거래상 별개의 소유권의 객체가 될 수 있는지 여부 등을 종합하여 판단하여야 하고, 이러한 부동산에의 부합에 관한 법리는 건물의

정답 90. ③

증축의 경우는 물론 건물의 신축의 경우에도 그대로 적용될 수 있다. [2] 민법 제261조에서 첨부로 법률규정에 의한 소유권 취득(민법 제256조 내지 제260조)이 인정된 경우에 "손해를 받은 자는 부당이득에 관한 규정에 의하여 보상을 청구할 수 있다"라고 규정하고 있는바, 이러한 보상청구가 인정되기 위해서는 민법 제261조 자체의 요건만이 아니라, 부당이득 법리에 따른 판단에 의하여 **부당이득의 요건이 모두 충족**되었음이 인정되어야 한다. 매도인에게 소유권이 유보된 자재가 제3자와 매수인 사이에 이루어진 도급계약의 이행으로 제3자 소유 건물의 건축에 사용되어 부합된 경우 보상청구를 거부할 법률상 원인이 있다고 할 수 없지만, 제3자가 도급계약에 의하여 제공된 자재의 소유권이 유보된 사실에 관하여 **과실 없이 알지 못한 경우라면 선의취득의 경우와 마찬가지로** 제3자가 그 자재의 귀속으로 인한 이익을 보유할 수 있는 **법률상 원인이 있다**고 봄이 상당하므로, 매도인으로서는 그에 관한 보상청구를 할 수 없다(대판 2009. 9. 24, 2009다15602, 대판 2018. 3. 15, 2017다282391).

91 **부합에 관한 설명 중 옳은 것을 모두 고른 것은? (다툼이 있는 경우 판례에 의함)**

〈2015년 변호사시험〉

ㄱ. 건물의 증축 부분이 기존 건물에 부합하여 기존 건물과 분리해서는 별개의 독립물로서의 효용을 갖지 못하는 경우, 기존 건물에 대한 경매절차에서 경매 목적물로 평가되지 않았더라도 매수인은 부합된 증축 부분의 소유권을 취득한다.
ㄴ. 매도인에게 소유권이 유보된 자재가 매수인(수급인)과 제3자(도급인) 사이에 이루어진 도급계약의 이행으로 제3자 (도급인) 소유 건물의 건축에 사용되어 부합된 경우, 제3자(도급인)는 소유권유보 사실에 대하여 선의·무과실이라도 매도인의 보상청구에 대해 이를 거부할 수 없다.
ㄷ. 동산과 동산이 부합하여 훼손하지 아니하면 분리할 수 없거나 그 분리에 과다한 비용을 요할 경우에는 그 합성물의 소유권은 주된 동산의 소유자에게 속하지만, 부합한 동산의 주종을 구별할 수 없는 때에는 동산의 소유자는 현재 가액의 비율로 합성물을 공유한다.
ㄹ. 타인이 그 권원에 의하여 부동산에 부속시킨 물건이라 할지라도 그 부속된 물건이 분리되면 경제적 가치가 없게 되는 경우에는 원래의 부동산 소유자의 소유에 귀속된다.

① ㄱ, ㄴ　② ㄱ, ㄹ　③ ㄷ, ㄹ　④ ㄱ, ㄴ, ㄹ　⑤ ㄱ, ㄷ, ㄹ

해 설

ㄱ. (○) : 건물의 증축 부분이 기존 건물에 부합하여 기존 건물과 분리해서는 별개의 독립물로서의 효용을 갖지 못하는 경우(옥탑방), 기존 건물에 대한 경매절차에서 경매 목적물로 평가되지 않았더라도 매수인은 부합된 증축 부분의 소유권을 취득한다(대판 2002. 5. 10, 99다24258).

ㄴ. (×) : 매도인에게 소유권이 유보된 자재가 제3자와 매수인 사이에 이루어진 도급계약의 이행으로 제3자 소유건물의 건축에 사용되어 부합된 경우 보상청구를 거부할 법률상 원인이 있다고 할 수 없지만, 제3자가 도급계약에 의하여 제공된 자재의 소유권이 유보된 사실에 관하여 과실 없이 알지 못한 경우라면 선의취득의 경우와 마찬가지로 제3자가 그 자재의 귀속으로 인한 이익을 보유할 수 있는 법률상 원인이 있다고 봄이 상당하므로, 매도인으로서는 그에 관한 보상청구를 할 수 없다(대판 2009. 9. 24, 2009다15602).

ㄷ. (×) : 동산과 동산이 부합하여 훼손하지 아니하면 분리할 수 없거나 그 분리에 과다한 비용을 요할 경우에는 그 합성물의 소유권은 주된 동산의 소유자에게 속한다. 부합한 동산의 주종을 구별할 수 없는 때에는 동산의 소유자는 '현재가액비율'이 아닌 '부합당시의 가액비율'로 합성물을 공유한다(제257조).

ㄹ. (○) : 타인이 그 권원에 의하여 부동산에 부속시킨 물건이라 할지라도 그 부속된 물건이 분리되면 경제적 가치가 없게 되는 경우(목욕탕 타일)에는 원래의 부동산 소유자의 소유에 귀속된다(대판 2008. 5. 8, 2007다36933).

정답 91. ②

보충지문

92 무주의 부동산 및 동산은 국유로 한다. 〈2017 법무사〉

해설 제252조 ☞ 무주의 부동산만을 국유로 한다.

93 무주의 부동산은 선점의 대상이 될 수 없다. 〈2015년 감정평가사〉

해설 무주의 부동산은 국유로 하므로 선점의 대상이 될 수 없다(제252조 제2항).

94 유실물은 법률에 정한 바에 의하여 공고한 후 6개월 내에그 소유자가 권리를 주장하지 아니하면 습득자가 그 소유권을 취득한다. 〈2017 법무사〉

해설 민법 제253조 참조

95 타인의 토지 기타 물건으로부터 발견된, 문화재가 아닌 매장물은 법률이 정한 바에 의하여 공고한 후 6개월 내에 그 소유자가 권리를 주장하지 아니하면 그 토지 기타 물건의 소유자와 발견자가 절반하여 취득한다. 〈2015년 감정평가사〉

해설 타인의 토지 기타 물건으로부터 발견된, 문화재가 아닌 매장물은 법률이 정한 바에 의하여 공고한 후 '1년 내'에 그 소유자가 권리를 주장하지 아니하면 그 토지 기타 물건의 소유자와 발견자가 절반하여 취득한다(제254조).

96 동일인 소유의 여러 동산들이 결합하는 것은 부합이 아니다. 〈2020년 감정평가사〉

해설 부합의 법리에 따라 소유권의 귀속이 결정되기 위한 전제로 수개의 물건이 원래 다른 소유자에게 속하였어야 한다(지원림 민법강의 제15판, p.609).

97 부합의 원인은 인위적이든 자연적이든 불문한다. 〈2020년 감정평가사〉

해설 통설이다(지원림 민법강의 제15판, p.607).

98 부동산에 부합된 물건이 사실상 분리복구가 불가능하여 거래상 독립한 권리의 객체성을 상실하고 그 부동산과 일체를 이루는 부동산의 구성부분이 된 경우에는 타인이 권원에 의하여 이를 부합시켰더라도 그 물건의 소유권은 부동산의 소유자에게 귀속되어 부동산의 소유자는 방해배제청구권에 기하여 부합물의 철거를 청구할 수 없고, 부합물이 위와 같은 요건을 충족하지 못해 그 물건의 소유권이 부동산의 소유자에게 귀속되었다고 볼 수 없는 경우에도 부동산의 소유자는 방해배제청구권에 기하여 부합물의 철거를 청구할 수 없다. 〈2021년 법무사〉

해설 부동산에 부합된 물건이 사실상 분리복구가 불가능하여 거래상 독립한 권리의 객체성을 상실하고 그 부동산과 일체를 이루는 부동산의 구성부분이 된 경우에는 타인이 권원에 의하여 이를 부합시켰더라도 그 물건의 소유권은 부동산의 소유자에게 귀속되어 부동산의 소유자는 방해배제청구권에 기하여 부합물의 철거를

정답 92. (×) 93. (○) 94. (○) 95. (×) 96. (○) 97. (○) 98. (×)

청구할 수 없지만, 부합물이 위와 같은 요건을 충족하지 못해 그 물건의 소유권이 부동산의 소유자에게 귀속되었다고 볼 수 없는 경우에는 부동산의 소유자는 방해배제청구권에 기하여 부합물의 철거를 청구할 수 있다(대판 2020. 4. 9, 2018다264307).

99 **부동산에 부합된 동산의 가격이 부동산의 가격을 초과하여도 부동산의 소유자는 원칙적으로 부합한 물건의 소유권을 취득한다.** 〈2009년 감정평가사〉

해 설 제256조. 부합되는 물건의 가격은 상관이 없다.

100 **완성된 건물은 토지에 부합하지 않는다.** 〈2017년 감정평가사〉

해 설 우리 민법상 건물은 토지와는 독립된 부동산으로 다루어지기 때문에 완성된 건물은 토지에 부합하지 않는다(통설, 판례).

101 **乙이 건물 소유를 목적으로 甲 소유의 토지를 임차한 후 건물을 축조하였는데, 본래 지상 5층 건물로 설계된 건물의 지상 1층 콘크리트 골조 및 기둥, 천장공사가 완료되고 내부의 벽체가 완성된 상태에서 甲의 채권자 丙의 강제경매신청으로 법원이 토지와 건축 중인 건물을 일괄매각한 경우, 위 건축 중인 건물은 토지에 부합되지 않았지만 매수인(경락인)은 그 소유권을 취득한다.** 〈2013년 사법시험〉

해 설 건물의 개수 여부는 사회통념으로 판단하는데 지상 5층 건물로 설계된 건물의 지상 1층 콘크리트 골조 및 기둥, 천장공사가 완료되고 내부의 벽체가 완성된 상태라면 미완성 상태이기는 하지만 독립된 건물로서의 요건을 갖추었다고 볼 수 있다. 따라서 임차인이 건물의 소유권을 취득하고, 토지에 대한 경매절차에서 그 지상 건물을 토지의 부합물 내지 종물로 보아 경매법원에서 저당토지와 함께 경매를 진행하고 경락허가를 하였다고 하여 그 건물의 소유권에 변동이 초래될 수는 없다(대판 2003. 5. 30, 2002다21592, 21608 ; 대판 2009. 9. 24, 2009다15602).

102 **건물 증축에 있어서 부합 여부는 증축 부분의 객관적 상태 외에 소유자의 의사를 고려하여 결정한다.** 〈2012년 감정평가사〉

해 설 건물이 증축된 경우에 증축부분의 기존건물에 부합 여부는 증축부분이 기존건물에 부착된 물리적 구조 뿐만 아니라, 그 용도와 기능의 면에서 기존건물과 독립한 경제적 효용을 가지고 거래상 별개의 소유권의 객체가 될 수 있는지의 여부 및 증축하여 이를 소유하는 자의 의사 등을 종합하여 판단하여야 한다(대판 1994. 6. 10, 94다11606).

103 **권원에 기하여 증축된 부분이 구조상으로나 이용상으로 기존 건물과 구분되는 독립성이 있는 때에는, 구분소유권이 성립하여 증축된 부분은 독립한 소유권의 객체가 될 수 있다.** 〈2009년 감정평가사〉

해 설 임차인이 임차한 건물에 그 권원에 의하여 증축을 한 경우에 증축된 부분이 부합으로 인하여 기존 건물의 구성 부분이 된 때에는 증축된 부분에 별개의 소유권이 성립할 수 없으나, 증축된 부분이 구조상으로나 이용상으로 기존 건물과 구분되는 독립성이 있는 때에는 구분소유권이 성립하여 증축된 부분은 독립한 소유권의 객체가 된다(대판 1999. 7. 27, 99다14518).

정답 99. (○) 100. (○) 101. (×) 102. (○) 103. (○)

104 **증축 당시에는 독립성이 없었지만 그 후 구조의 변경 등으로 독립한 권리의 객체성을 취득하면 증축된 부분은 독립한 소유권의 객체가 될 수 있다.** 〈2009년 감정평가사〉

해설 일반적으로 건물의 증축부분이 축조 당시는 본건물의 구성부분이 됨으로써 독립의 권리의 객체성을 상실하여 본건물에 부합되었다고 할지라도 그 후 구조의 변경 등으로 독립한 권리의 객체성을 취득하게 된 때에는 본건물과 독립하여 거래의 대상이 될 수 있다(대판 1982. 1. 26, 81다519).

105 **민법 제256조는 "부동산의 소유자는 그 부동산에 부합한 물건의 소유권을 취득한다. 그러나 타인의 권원에 의하여 부속된 것은 그러하지 아니하다."라고 규정하고 있다. 지상권을 설정한 토지 소유자로부터 토지를 이용할 수 있는 권리를 취득하였다고 하더라도, 지상권이 존속하는 한 위와 같이 토지 소유자로부터 취득한 권리는 원칙적으로는 민법 제256조 단서가 정한 '권원'에 해당하지 않는다.** 〈2018년 법무사〉

해설 [1] 민법 제256조는 "부동산의 소유자는 그 부동산에 부합한 물건의 소유권을 취득한다. 그러나 타인의 권원에 의하여 부속된 것은 그러하지 아니하다."라고 규정하고 있다. 위 조항 단서에서 말하는 '권원'이라 함은 지상권, 전세권, 임차권 등과 같이 타인의 부동산에 자기의 동산을 부속시켜서 부동산을 이용할 수 있는 권리를 뜻하므로, 그와 같은 권원이 없는 자가 타인의 토지 위에 나무를 심었다면 특별한 사정이 없는 한 토지소유자에 대하여 나무의 소유권을 주장할 수 없다. 지상권자는 타인의 토지에 건물 기타 공작물이나 수목을 소유하기 위하여 그 토지를 사용하는 권리가 있으므로(민법 제279조), 지상권설정등기가 경료되면 토지의 사용·수익권은 지상권자에게 있고, 지상권을 설정한 토지소유자는 지상권이 존속하는 한 토지를 사용·수익할 수 없다. 따라서 지상권을 설정한 토지소유자로부터 토지를 이용할 수 있는 권리를 취득하였다고 하더라도 지상권이 존속하는 한 이와 같은 권리는 원칙적으로 민법 제256조 단서가 정한 '권원'에 해당하지 아니한다. [2] 금융기관이 대출금 채권의 담보를 위하여 토지에 저당권과 함께 지료 없는 지상권을 설정하면서 채무자 등의 사용·수익권을 배제하지 않은 경우, 지상권은 저당권이 실행될 때까지 제3자가 용익권을 취득하거나 목적 토지의 담보가치를 하락시키는 침해행위를 하는 것을 배제함으로써 저당 부동산의 담보가치를 확보하는 데에 목적이 있으므로, 토지소유자는 저당 부동산의 담보가치를 하락시킬 우려가 있는 등의 특별한 사정이 없는 한 토지를 사용·수익할 수 있다고 보아야 한다. 따라서 그러한 토지소유자로부터 토지를 사용·수익할 수 있는 권리를 취득하였다면 이러한 권리는 민법 제256조 단서가 정한 '권원'에 해당한다고 볼 수 있다(대판 2018. 3. 15, 2015다69907).

106-1 **가공물은 원칙적으로 원재료 소유자에게 속한다.** 〈2017년 감정평가사〉

106-2 **타인의 동산에 가공한 때에는 가공물의 소유권은 가공자의 소유로 한다.** 〈2020년 감정평가사〉

106-3 **수공업자가 타인의 동산에 가공을 한 경우 가공으로 인한 가액의 증가가 원재료의 가액보다 현저히 다액인 경우, 가공물은 그 수공업자의 소유로 한다.** 〈2015년 감정평가사〉

해설 타인의 동산에 가공한 때에는 그 물건의 소유권은 원재료의 소유자에게 속한다. 그러나 가공으로 인한 가액의 증가가 원재료의 가액보다 현저히 다액인 때에는 가공자의 소유로 한다(제259조 제1항).

107 **부동산에 부합되어 동산의 소유권이 소멸하는 경우, 그 동산을 목적으로 한 질권은 소멸하지 않는다.** 〈2017년 감정평가사〉

해설 소멸한다(민법 제260조 제1항).

정답 104. (○) 105. (○) 106-1. (○) 106-2. (×) 106-3. (○) 107. (×)

108 **가공으로 인하여 동산의 소유권이 소멸한 때에는 그 동산을 목적으로 한 다른 권리도 소멸하고, 그 동산을 목적으로 한 다른 권리자는 부당이득에 관한 규정에 의하여 동산의 소유권귀속자에게 보상을 청구할 수 있다.** 〈2013년 사법시험〉

해설 민법 제260조, 제261조 참조

109 **첨부에 의해 손해를 받은 자는 부당이득에 관한 규정에 의하여 보상을 청구할 수 있다.** 〈2017년 감정평가사〉

해설 민법 제261조 참조

110 **아직 독립한 건물로서의 요건을 갖추지 못한 단계에서 건축공사가 중지된 후 제3자가 잔여공사를 진행하여 그 소유권을 원시취득한 경우, 신축 중인 건물에 관한 권리를 상실한 자는 원시취득자에게 부당이득반환을 청구할 수 있다.** 〈2013년 사법시험〉

해설 건물 신축의 공사가 진행되다가 독립한 부동산인 건물로서의 요건을 아직 갖추지 못한 단계에서 중지된 것을 제3자가 이어받아 계속 진행함으로써 별개의 부동산인 건물로 성립되어 그 소유권을 원시취득한 경우에 그로써 애초의 신축 중 건물에 대한 소유권을 상실한 사람은 민법 제261조, 제257조, 제259조를 준용하여 건물의 원시취득자에 대하여 부당이득 관련 규정에 기하여 그 소유권의 상실에 관한 보상을 청구할 수 있다(대판 2010. 2. 25, 2009다83933).

111 **민법 제261조는 첨부로 소유권 취득이 인정된 경우에 "손해를 받은 자는 부당이득에 관한 규정에 의하여 보상을 청구할 수 있다."라고 규정하고 있는바, 이러한 보상청구가 인정되기 위해서는 민법 제261조의 요건 외에 부당이득법리에 따른 판단에 의하여 부당이득의 요건이 모두 충족되어야 한다.** 〈2017 법원행시〉

해설 민법 제261조에서 첨부로 법률규정에 의한 소유권 취득(민법 제256조 내지 제260조)이 인정된 경우에 "손해를 받은 자는 부당이득에 관한 규정에 의하여 보상을 청구할 수 있다."라고 규정하고 있는바, 이러한 보상청구가 인정되기 위해서는 민법 제261조 자체의 요건만이 아니라, 부당이득 법리에 따른 판단에 의하여 부당이득의 요건이 모두 충족되었음이 인정되어야 한다. 매도인에게 소유권이 유보된 자재가 제3자와 매수인 사이에 이루어진 도급계약의 이행으로 제3자소유 건물의 건축에 사용되어 부합된 경우 보상청구를 거부할 법률상 원인이 있다고 할 수 없지만, 제3자가 도급계약에 의하여 제공된 자재의 소유권이 유보된 사실에 관하여 과실 없이 알지 못한 경우라면 선의취득의 경우와 마찬가지로 제3자가 그 자재의 귀속으로 인한 이익을 보유할 수 있는 법률상 원인이 있다고 봄이 상당하므로, 매도인으로서는 그에 관한 보상청구를 할 수 없다(대판 2009. 9. 24, 2009다15602).

정답 108. (○) 109. (○) 110. (○) 111. (○)

Ⅳ. 공동소유

112 **특정건물을 甲·乙·丙이 공유하고 있는 경우의 법률관계에 관한 다음 설명 중 옳지 않은 것은? (다툼이 있는 경우에는 판례에 의함)** 〈2007년 변리사 변형〉

① 甲·乙·丙 사이에 지분처분금지의 특약이 있더라도 甲으로부터 지분을 양수한 A는 乙과 丙에 대하여 자기가 공유자임을 주장할 수 있다.

② 甲·乙·丙의 지분이 불명한 경우에 甲이 그 건물을 배타적으로 사용·수익하고 있다면 乙이나 丙은 보존행위로서 그 건물의 인도를 청구할 수 없다.

③ 甲이 과반수의 지분을 가지는 경우에 단독으로 그 건물을 B에게 임대할 수 있고, B는 乙이나 丙의 방해제거청구에 대항할 수 있다.

④ ③의 경우에 甲이 B로부터 받은 차임에 관하여 乙이나 丙은 지분의 범위 내에서 부당이득의 반환을 청구할 수 있다.

⑤ 그 건물이 C 소유의 토지에 무단으로 신축된 것이라면 C는 그 건물의 철거를 구하기 위하여 甲·乙·丙 전원을 상대로 하여야 하고 그들 중 일부에 대한 철거청구는 부적법하여 각하된다.

해 설

① (○) : 각 공유자는 자기의 지분을 자유롭게 처분할 수 있고, 지분을 처분함에는 다른 공유자의 동의를 요하지 않는다. 지분처분금지특약이 있더라도 이는 채권적 효력을 가질 뿐이고, 이 특약을 등기할 수 없다.

② (○) : 세 명의 지분이 불명인 경우에는 균등한 것으로 추정되고(제262조 제2항), 공유물의 소수지분권자인 피고가 다른 공유자와 협의하지 않고 공유물의 전부 또는 일부를 독점적으로 점유하는 경우 소수지분권자인 원고가 피고를 상대로 공유물의 인도를 청구할 수는 없다(대판 2020. 5. 21, 2018다287522 전원합의체).

③ (○) : 과반수 지분의 공유자가 그 공유물의 특정 부분을 배타적으로 사용·수익하기로 정하는 것은 공유물의 관리방법으로서 적법하다고 할 것이므로, 과반수 지분의 공유자로부터 사용·수익을 허락받은 점유자에 대하여 소수 지분의 공유자는 그 점유자가 사용·수익하는 건물의 철거나 퇴거 등 점유배제를 구할 수 없다(대판 2002. 5. 14, 2002다9738).

④ (○) : 과반수 지분의 공유자는 그 공유물의 관리방법으로서 그 공유토지의 특정된 한 부분을 배타적으로 사용·수익할 수 있으나, 그로 말미암아 지분은 있으되 그 특정 부분의 사용·수익을 전혀 하지 못하여 손해를 입고 있는 소수지분권자에 대하여 그 지분에 상응하는 임료 상당의 부당이득을 하고 있다 할 것이므로 이를 반환할 의무가 있다(대판 2002. 5. 14, 2002다9738).

⑤ (×) : 타인 소유의 토지 위에 설치되어 있는 공작물을 철거할 의무가 있는 수인을 상대로 그 공작물의 철거를 청구하는 소송은 필요적공동소송이 아니다(대판 1993. 2. 23, 92다49218). ☞ 단, 현실적으로 그 인도나 철거가 실행되기 위해서는 공유자 모두에 대한 승소판결을 얻어야만 한다.

113 **甲은 A·B·C 3인이 공유(A·B·C의 지분은 각각 4/6, 1/6, 1/6임)하는 건물을 乙에게 임대하기로 하는 계약을 체결하여 현재 乙이 건물을 점유하고 있다. 이에 관한 설명 중 옳은 것은? (다툼이 있는 경우에는 판례에 의함)** 〈2008년 변리사〉

① 甲에게 그 건물을 임대할 권한이 없는 경우에, 甲과 乙 사이의 임대차계약은 무효이다.

② 甲에게 그 건물을 임대할 권한이 없다 하더라도 乙은 甲과의 임대차계약으로써 소유자의 소유물반환청구에 대항할 수 있다.

정답 112. ⑤ 113. ③

③ 그 건물이 반드시 甲의 소유일 것을 특히 계약의 내용으로 삼은 경우라면 乙은 착오를 이유로 임대차계약을 취소할 수 있다.

④ A가 다른 공유자 B·C의 의사에 반하여 단독으로 甲에게 임대권한을 부여하였다면 乙은 B 또는 C의 물권적 청구권 행사에 대항할 수 없다.

⑤ 丙이 乙과의 계약에 따라 건물을 수리한 경우에, 丙은 乙이 수리비를 지급할 자력이 없는 경우에 한하여 건물의 소유자에게 그 수리비용의 상환을 청구할 수 있다.

해 설

①(×) : 임대인이 임대차 목적물에 대한 소유권 기타 이를 임대할 권한이 없다고 하더라도 임대차계약은 유효하게 성립한다(대판 1996. 9. 6, 94다54641).

②(×) : 소유자의 물권적 청구권에 채권에 불과한 임차권으로 대항할 수 없다.

③(○) : 타인소유의 부동산을 임대하는 것도 유효하기 때문에 목적물이 반드시 임대인의 소유일 것을 특히 계약의 내용으로 삼은 경우라야 착오를 이유로 임차인이 임대차계약을 취소할 수 있다(대판 1975. 1. 28, 74다2069).

④(×) : 과반수 지분의 공유자로부터 사용·수익을 허락받은 점유자에 대하여 소수 지분의 공유자는 그 점유자가 사용·수익하는 건물의 철거나 퇴거 등 점유배제를 구할 수 없다(대판 2002. 5. 14, 2002다9738).

⑤(×) : 유효한 도급계약에 기하여 수급인이 도급인으로부터 제3자 소유 물건의 점유를 이전받아 이를 수리한 결과 그 물건의 가치가 증가한 경우, 도급인이 그 물건을 간접점유하면서 궁극적으로 자신의 계산으로 비용지출과정을 관리한 것이므로, 도급인만이 소유자에 대한 관계에 있어서 민법 제203조에 의한 비용상환청구권을 행사할 수 있는 비용지출자라고 할 것이고, 수급인은 그러한 비용지출자에 해당하지 않는다고 보아야 한다(대판 2002. 8. 23, 99다66564, 66571). ☞ 따라서 丙은 비용상환청구권자가 아니다.

114 **甲, 乙, 丙이 각각 3/5, 1/5, 1/5의 지분으로 나대지(裸垈地) X를 공유하고 있다. 다음 설명 중 옳지 않은 것은? (다툼이 있는 경우에는 판례에 의함)** 〈2009년 변리사 변형〉

① 甲은 다른 공유자의 동의 없이 X 토지의 3/5에 해당하는 특정부분 위에 건물을 신축할 수 있다.

② 乙이 다른 공유자와의 협의 없이 X 토지의 1/5에 해당하는 특정부분을 주차장으로서 배타적으로 사용하는 경우, 丙은 단독으로 그 반환을 청구할 수 없다.

③ 戊의 명의로 X 토지 전부에 대해 원인무효의 소유권이전등기가 이루어진 경우 丙은 그 등기 전부의 말소를 청구할 수 있다.

④ 甲이 그 공유지분을 포기하거나 상속인(및 특별연고자) 없이 사망한 경우에는 甲의 지분을 乙과 丙에게 각각 그 지분의 비율대로 귀속된다.

⑤ 丁이 X 토지 전부를 불법점유하고 있는 경우, 乙은 단독으로 X 토지 전부의 반환을 청구할 수 있다.

해 설

①(×) : 나대지에 건물을 신축하는 경우는 공유물의 처분이나 변경에 해당하므로 따라서 공유자는 다른 공유자의 동의 없이는 공유지 위에 건물을 신축할 수가 없다(제264조). 그러므로 다수지분권자라 하여 나대지에 새로이 건물을 건축할 수는 없다(대판 2001. 11. 27, 2000다33638, 33645).

②(○) : 공유물의 소수지분권자인 피고가 다른 공유자와 협의하지 않고 공유물의 전부 또는 일부를 독점적으로 점유하는 경우 소수지분권자인 원고가 피고를 상대로 공유물의 인도를 청구할 수는 없다(대판 2020. 5. 21, 2018다287522 전원합의체).

정답 114. ①

③ (○) : 부동산의 공유자의 1인은 당해 부동산에 관하여 제3자 명의로 원인무효의 소유권이전등기가 경료되어 있는 경우 공유물에 관한 보존행위로서 제3자에 대하여 그 등기 전부의 말소를 구할 수 있다(대판 1993. 5. 11, 92다52870 ; 대판 1996. 2. 9, 94다61649).
④ (○) : 공유자가 그 지분을 포기하거나 상속인 없이 사망한 때에는 그 지분은 다른 공유자에게 각 지분의 비율로 귀속한다(제267조).
⑤ (○) : 토지의 공유자는 단독으로 그 토지의 불법점유자에 대하여 보존행위를 이유로 그 전부의 명도를 구할 수 있다(대판 1969. 3. 4, 69다21 등).

115 甲, 乙, 丙 세 사람은 토지와 그 지상의 건물을 공유하고 있는데, 여러 가지 필요에 의해 그 공유물을 분할하고자 한다. 이에 대한 설명으로 옳지 않은 것은? (다툼이 있는 경우에는 판례에 의함) 〈2010년 변리사〉

① 甲, 乙, 丙은 원칙적으로 언제든지 공유물의 분할을 청구할 수 있으나, 5년 내의 기간으로 분할금지를 약정할 수 있다.
② 토지의 경계에 설치된 경계표에 대해서는 분할을 청구하지 못한다.
③ 재판상 분할의 경우 반드시 甲, 乙, 丙 전원이 당사자로 참여할 필요는 없다.
④ 법원은 현물로 분할할 수 없거나 분할로 인하여 현저히 그 가액이 감손될 염려가 있는 때에는 물건의 경매를 명할 수 있다.
⑤ 甲, 乙, 丙 각자는 다른 공유자가 분할로 인하여 취득한 물건에 대하여 그 지분의 비율로 매도인과 동일한 담보책임이 있다.

해설

① (○) : 민법 제268조 제1항 참조
② (○) : 민법 제268조 제3항 참조
③ (×) : 공유물의 분할은 공유자들 가운데 어떤 사람들 만에 의하여서는 할 수 없고 반드시 공유자 전원이 분할절차에 참여하여야 한다. 따라서 공유물분할청구의 소는 분할을 청구하는 공유자가 원고가 되어 다른 공유자 전부를 공동피고로 하여야 하는 고유필수적 공동소송이다(대판 2003. 12. 12, 2003다44615, 44622).
④ (○) : 민법 제269조 제2항 ; 대판 2009. 9. 10, 2009다40219 참조
⑤ (○) : 민법 제270조 참조

116 합유와 총유에 관한 설명으로 옳은 것은? (다툼이 있는 경우에는 판례에 의함) 〈2010년 변리사〉

① 합유물에 관하여 경료된 원인무효의 소유권이전등기의 말소를 구하는 소송은 합유물에 관한 보존행위로서 합유자 각자가 할 수 있다.
② 甲과 乙이 부동산을 합유하다가 甲이 사망하면, 甲의 상속인과 乙이 부동산을 합유하게 된다.
③ 권리능력 없는 사단의 사원은 각자 총유재산의 보존행위를 할 수 있다.
④ 비법인사단이 타인간의 금전채무를 보증하는 행위는 총유물의 관리·처분행위라고 볼 수 있다.
⑤ 비법인사단인 교회의 대표자가 권한 없이 총유물인 교회재산을 처분한 행위에 대하여도 민법 제126조의 표현대리에 관한 규정을 준용할 수 있다.

정답 115. ③ 116. ①

해 설

① (○) : 대판 1997. 9. 9, 96다16896 참조

② (×) : 부동산의 합유자 중 일부가 사망한 경우 합유자 사이에 특별한 약정이 없는 한 사망한 합유자의 상속인은 합유자로서의 지위를 승계하는 것이 아니므로, 해당 부동산은 잔존 합유자가 2인 이상일 경우에는 잔존 합유자의 합유로 귀속되고 잔존 합유자가 1인인 경우에는 잔존 합유자의 단독소유로 귀속된다(대판 1996. 12. 10, 96다23238).

③ (×) : 민법 제276조 제1항에 의해 각 사원이 사원총회의 결의를 얻어 '단독'으로 보존행위를 할 수 있다고 판시했던 종전 판례들은 폐기되었다(대판 1994. 4. 26, 93다51591 ; 대판 1992. 2. 28, 91다41507 등). 즉 현재 대법원은 "총유에 있어서는 공유나 합유의 경우처럼 보존행위는 그 구성원 각자가 할 수 있다는 민법 제265조 단서 또는 제272조 단서와 같은 규정을 두고 있지 아니한바, 이는 법인 아닌 사단의 소유형태인 총유가 공유나 합유에 비하여 단체성이 강하고 구성원 개인들의 총유재산에 대한 지분권이 인정되지 아니하는 데에서 나온 당연한 귀결이라고 할 것이므로, 총유재산에 관한 소송은 법인 아닌 사단이 그 명의로 사원총회의 결의를 거쳐 하거나 또는 그 구성원 전원이 당사자가 되어 필수적 공동소송의 형태로 할 수 있을 뿐 그 사단의 구성원은 설령 그가 사단의 대표자라거나 사원총회의 결의를 거쳤다 하더라도 그 소송의 당사자가 될 수 없고, 이러한 법리는 총유재산의 보존행위로서 소를 제기하는 경우에도 마찬가지라 할 것이다."라고 한다(대판 2005. 9. 15, 2004다44971 전원합의체).

④ (×) : 민법 제275조·제276조 제1항에서 말하는 총유물의 관리 및 처분이라 함은 총유물 그 자체에 관한 이용·개량행위나 법률적·사실적 처분행위를 의미하는 것이므로, 비법인사단이 타인간의 금전채무를 보증하는 행위는 총유물 그 자체의 관리·처분이 따르지 아니하는 단순한 채무부담행위에 불과하여 이를 총유물의 관리·처분행위라고 볼 수는 없다(대판 2007. 4. 19, 2004다60072, 60089 전원합의체).

⑤ (×) : 비법인사단인 교회의 대표자는 총유물인 교회재산의 처분에 관하여 교인총회의 결의를 거치지 아니하고는 이를 대표하여 행할 권한이 없다. 그리고 교회의 대표자가 권한 없이 행한 교회재산의 처분행위에 대하여는 민법 제126조의 표현대리에 관한 규정이 준용되지 아니한다(대판 2009. 2. 12, 2006다23312).

117 **甲과 乙이 X건물을 공유하고 있는 경우에 관한 설명으로 옳은 것은? (다툼이 있는 경우에는 판례에 의함)** 〈2011년 변리사〉

① 3분의 1 지분권자 乙은 甲의 동의 없이 자신의 지분을 丙에게 처분하지 못한다.
② 3분의 1 지분권자 乙이 甲의 동의 없이 X건물을 丙에게 임대한 경우, 그 임대차계약은 효력이 없다.
③ 丙이 X건물을 불법점유하고 있는 경우, 甲은 乙의 지분에 관하여도 특별한 사정이 없는 한 단독으로 丙에 대하여 손해배상을 청구할 수 있다.
④ X건물의 임대인 甲이 대항력 있는 임차인에게 계약갱신을 거절하려면 공유지분의 과반수로써 결정하여야 한다.
⑤ 3분의 2 지분권자 甲이 乙의 동의 없이 X건물 전부를 丙에게 사용하게 한 경우, 乙은 丙에 대하여 3분의 1 지분만큼의 X건물의 인도를 청구할 수 있다.

해 설

① (×) : 민법 제263조, 민법 제264조에 반한다. 즉 공유자가 다른 공유자의 동의 없이 공유물을 처분할 수는 없으나 그 지분은 단독으로 처분할 수 있다(대판 2002. 7. 9, 2001다43922).

② (×) : 임대차는 관리행위로서 당사자 일방이 상대방에게 목적물을 사용·수익하게 할 것을 약정하고 상대방이 이에 대하여 차임을 지급할 것을 약정함으로써 성립하는 것으로서, 임대인이 그 목적물에 대한 소유권 기타

정답 117. ④

이를 임대할 권한이 없다고 하더라도 임대차계약은 유효하게 성립한다(대판 2009. 9. 24, 2008다38325 등).
③ (×) : 공유물에 끼친 불법행위를 이유로 하는 손해배상청구권은 특별한 사유가 없는 한 각 공유자가 지분에 대응하는 비율의 한도 내에서만 이를 행사할 수 있다(대판 2008. 4. 24, 2007다44774).
④ (○) : 상가건물 임대차보호법이 적용되는 상가건물의 공유자인 임대인이 같은 법 제10조 제4항에 의하여 임차인에게 갱신 거절의 통지를 하는 행위는 실질적으로 임대차계약의 해지와 같이 공유물의 임대차를 종료시키는 것이므로 공유물의 관리행위에 해당하는 것으로 보아 공유자의 지분의 과반수로써 결정하여야 한다(대판 2010. 9. 9, 2010다37905).
⑤ (×) : 공유자 사이에 공유물을 사용·수익할 구체적인 방법을 정하는 것은 공유물의 관리에 관한 사항으로서 공유자의 지분의 과반수로써 결정하여야 할 것이고, 과반수 지분의 공유자는 다른 공유자와 사이에 미리 공유물의 관리방법에 관한 협의가 없었다 하더라도 공유물의 관리에 관한 사항을 단독으로 결정할 수 있다. 그리고 과반수지분의 공유자로부터 사용·수익을 허락받은 점유자에 대하여 소수 지분의 공유자가 점유배제를 구할 수 없고, 한편 과반수 지분의 공유자로부터 공유물의 특정 부분의 사용·수익을 허락받은 점유자는 소수지분권자에 대하여 그 점유로 인하여 법률상 원인 없이 이득을 얻고 있다고 볼 수 없다(대판 2002. 5. 14, 2002다9738).

118 甲과 乙 두 사람은 X토지를 공유하고 있다(등기된 지분은 각 1/2, 실제의 지분은 甲 3/5, 乙 2/5임). 甲은 乙과 상의 없이 X토지 위에 건물을 신축하여 점유·사용하고 있다. 다음 설명 중 옳지 않은 것은? (다툼이 있는 경우에는 판례에 의함) 〈2013년 변리사〉

① 乙은 甲을 상대로 X토지에 대한 자신의 등기부 상의 지분에 따라 공유물분할청구소송을 제기할 수 있다.
② 제3자가 X토지를 불법점유하고 있는 경우, 乙은 X토지의 반환을 청구할 수 있다.
③ 乙은 甲을 상대로 하여 건물의 철거를 청구할 수 있다.
④ 乙은 甲을 상대로 자신의 지분의 비율로 X토지에 관한 임료 상당의 부당이득반환을 청구할 수 있다.
⑤ 甲의 건물신축행위는 토지에 대한 관리행위가 아니므로 甲은 乙의 동의 없이 건물을 신축할 권한이 없다.

해설

① (×) : 공유물분할청구소송에 있어 원래의 공유자들이 각 그 지분의 일부 또는 전부를 제3자에게 양도하고 그 지분이전등기까지 마쳤다면, 새로운 이해관계가 형성된 그 제3자에 대한 관계에서는 달리 특별한 사정이 없는 한 일단 등기부상의 지분을 기준으로 할 수밖에 없을 것이나, 원래의 공유자들 사이에서는 등기부상 지분과 실제의 지분이 다르다는 사실이 인정된다면 여전히 실제의 지분을 기준으로 삼아야 할 것이고 등기부상 지분을 기준으로 하여 그 실제의 지분을 초과하거나 적게 인정할 수는 없다(대판 2001. 3. 9, 98다51169).
② (○) : 부동산의 공유지분권자중의 한 사람은 보존행위로서 공유물을 권원 없이 점유하는 자에 대하여 그 부동산의 인도를 청구할 수 있다(대판 1966. 4. 19, 66다283).
③ (○), ⑤ (○) : 나대지에 건물을 축조하는 것은 공유물의 처분행위에 속한다. 따라서 전원동의를 얻어야 하며, 따라서 동의 없이 건축한 경우 그 건물의 철거를 구할 수 있다(제264조; 대판 2001. 11. 27, 2000다33638).
④ (○) : 위와 같은 무단점유는 불법행위나 부당이득에 해당하기 때문에 그 지분에 상응하는 임료 상당의 부당이득을 하고 있다 할 것이므로 이를 반환할 의무가 있다(대판 2001. 12. 11, 2000다24586).

정답 118. ①

119 **공유에 관한 설명으로 옳은 것은? (다툼이 있는 경우에는 판례에 의함)** 〈2014년 변리사〉

① 공유부동산이 공유자 중 1인의 단독소유로 등기된 경우, 다른 공유자는 그 등기의 전부말소를 청구할 수 있다.

② 공유자 중 1인이 자신의 지분 중 일부를 다른 공유자에게 양도하기로 하는 지분처분에 관한 공유자 간의 약정은 각 공유자의 특정승계인에게 당연히 승계된다.

③ 수인을 수탁자로 하는 부동산의 명의신탁약정이 유효한 경우, 수탁자 상호간의 소유형태는 단순한 공유관계라고 할 것이다.

④ 공유자 중 1인이 그 지분의 범위 내에서 공유물의 일부를 특정하여 타인에게 증여한 경우, 특별한 사정이 없으면, 이는 유효한 처분행위이다.

⑤ 특별한 사정이 없으면, 공유물의 과반수지분권자는 그 물건을 관리하기 위하여 이를 점유하는 다른 공유자에게 그 공유물 전부의 인도를 청구할 수 없다.

해 설

①(×) : 공유부동산이 공유자 중 1인의 단독소유로 등기된 경우, 다른 공유자는 그 등기의 전부말소를 청구할 수는 없고 권리가 있는 지분의 등기는 유효하다. 따라서 공유자의 공유지분을 제외한 나머지 공유지분전부이다(대판 2006. 8. 24, 2006다32200).

②(×) : 공유자간의 공유물에 대한 사용수익관리에 관한 특약은 공유자의 특정승계인에 대하여도 당연히 승계되나(대판 2005. 5. 12, 2005다1827), 공유자 중 1인이 자신의 지분 중 일부를 다른 공유자에게 양도하기로 하는 지분처분에 관한 공유자 간의 약정은 각 공유자의 특정승계인에게 당연히 승계된다고 볼 수 없다(대판 2007. 11. 29, 2007다64167).

③(○) : 신탁법상 수탁자가 수인 있는 경우에 신탁재산은 합유이다. 그러나 명의신탁에서 신탁재산을 수인의 수탁자가 공동소유하는 경우에 그 소유관계는 공유라는 것이 판례이다(대판 1969. 7. 22, 69다743).

④(×) : 공유지분이란 관념적으로 공유물 전체에 미치는 것이다. 따라서 공유물의 처분과 변경은 전원동의를 얻어야 한다. 그러므로 공유자 중 1인이 그 지분의 범위 내라도 공유물의 일부를 특정하여 타인에게 증여한 경우, 특별한 사정이 없으면, 이러한 처분행위는 무효가 된다(제264조).

⑤(×) : 공유물에 대한 과반수 지분권자는 공유물의 관리방법으로 이를 점유하고 있는 다른 공유자 또는 제3자에 대하여 그 공유물 전부의 인도를 청구할 수 있다(대판 1968. 11. 26, 68다1675).

120 **공유에 관한 설명으로 옳지 않은 것은? (다툼이 있으면 판례에 따름)** 〈2015년 변리사 변형〉

① 공유자는 다른 공유자가 분할로 인하여 취득한 물건에 대하여 그 지분의 비율로 매도인과 동일한 담보책임이 있다.

② 공유자가 그 지분을 포기하거나 상속인 없이 사망한 때에는 법률에 다른 규정이 없으면 그 지분은 다른 공유자에게 각 지분의 비율로 귀속한다.

③ 공유물분할협의가 성립한 후에 공유자 일부가 분할에 따른 이전등기에 협력하지 않으면, 재판상 분할을 청구할 수 있다.

④ 토지의 1/2 지분권자가 나머지 1/2 지분권자와 협의 없이 토지를 배타적으로 독점 사용하는 경우, 나머지 지분권자가 민법 제214조에 따른 방해배제청구권을 행사할 수 있다.

⑤ 공유자는 법률에 다른 규정이 없으면 5년 내의 기간으로 공유물분할금지 약정을 할 수 있고, 갱신한 때에는 그 기간은 갱신일로부터 5년을 넘지 못한다.

정 답 119. ③ 120. ③

해설

① (○) : 공유자는 다른 공유자가 분할로 인하여 취득한 물건에 대하여 그 지분의 비율로 매도인과 동일한 담보책임의 있다(제270조).

② (○) : 공유자가 그 지분을 포기하거나 상속인 없이 사망한 때에는 법률에 다른 규정이 없으면 그 지분은 다른 공유자에게 각 지분의 비율로 귀속한다(제267조).

③ (×) : 공유물분할에서 협의분할이 불가능한 경우에 재판상 분할을 청구할 수 있다. 따라서 공유물 분할협의가 성립한 후에 공유자 일부가 분할에 따른 이전등기에 협력하지 않으면, 재판상 분할을 청구(형성판결)하는 것이 아니라 협의의 확인(판결)이나 이행(판결)을 요구할 수 있다.

④ (○) : [1] 공유물의 소수지분권자인 피고가 다른 공유자와 협의하지 않고 공유물의 전부 또는 일부를 독점적으로 점유하는 경우 소수지분권자인 원고가 피고를 상대로 공유물의 인도를 청구할 수는 없다고 보아야 한다. [2] 공유자들 사이에 공유물 관리에 관한 결정이 없는 경우 공유자가 다른 공유자를 배제하고 공유물을 독점적으로 점유·사용하는 것은 위법하여 허용되지 않지만, 다른 공유자의 사용·수익권을 침해하지 않는 방법으로, 즉 비독점적인 형태로 공유물 전부를 다른 공유자와 함께 점유·사용하는 것은 자신의 지분권에 기초한 것으로 적법하다. 일부 공유자가 공유물의 전부나 일부를 독점적으로 점유한다면 이는 다른 공유자의 지분권에 기초한 사용·수익권을 침해하는 것이다. 공유자는 자신의 지분권 행사를 방해하는 행위에 대해서 민법 제214조에 따른 방해배제청구권을 행사할 수 있고, 공유물에 대한 지분권은 공유자 개개인에게 귀속되는 것이므로 공유자 각자가 행사할 수 있다(대판 2020. 5. 21, 2018다287522 전원합의체).

⑤ (○) : 공유자는 법률에 다른 규정이 없으면 5년 내의 기간으로 공유물분할금지 약정을 할 수 있고, 갱신한 때에는 그 기간은 갱신일로부터 5년을 넘지 못한다(제268조 제1항, 제2항).

121 甲, 乙, 丙이 X토지를 각각 4 : 2 : 1의 지분비율로 공유하고 있다. 이에 관한 설명으로 옳지 않은 것을 모두 고른 것은? (다툼이 있으면 판례에 따름) 〈2016년 변리사 변형〉

ㄱ. 乙이 甲, 丙과 협의 없이 X토지 지상에 Y건물을 신축한 경우, 丙은 乙에게 Y건물의 철거 및 X토지의 인도를 청구할 수 있다.
ㄴ. 乙과 丙으로부터 X토지를 임차한 丁은 이에 동의하지 않은 甲에게 임대차의 효력을 주장할 수 있다.
ㄷ. 甲이 X토지의 개량을 위하여 단독으로 丁과 공사계약을 체결하면서 공사비용을 甲 자신이 전액 지급하기로 약정하였더라도, 乙과 丙 역시 丁에게 그들의 지분에 상응하는 공사비를 지급할 의무를 부담한다.
ㄹ. 甲, 乙, 丙이 X토지를 구분소유하는 경우 甲의 공유지분 위에 근저당권이 설정된 후 구분소유적 공유관계가 해소되어 각자의 단독소유로 분할되었다면, 그 근저당권은 甲의 단독소유로 분할된 토지에 집중된다.

① ㄱ, ㄴ, ㄷ, ㄹ ② ㄱ, ㄴ ③ ㄱ, ㄹ
④ ㄱ, ㄷ, ㄹ ⑤ ㄴ, ㄷ, ㄹ

해설

ㄱ. (×) : 공유물의 소수지분권자인 피고가 다른 공유자와 협의하지 않고 공유물의 전부 또는 일부를 독점적으로 점유하는 경우 소수지분권자인 원고가 피고를 상대로 공유물의 인도를 청구할 수는 없다(대판 2020. 5. 21, 2018다287522 전원합의체). ☞ 나아가 판례는 "공유물에 대한 방해배제 청구의 구체적 모습으로, 공유 토지에

정답 121. ①

피고가 무단으로 건축·식재한 건물, 수목 등 지상물이 존재하는 경우 지상물은 그 존재 자체로 다른 공유자의 공유 토지에 대한 점유·사용을 방해하므로 원고는 지상물의 철거나 수거를 청구할 수 있다(이는 대체집행의 방법으로 집행된다). 지상물이 제거되고 나면 공유 토지는 나대지 상태가 되고 피고가 다시 적극적인 방해행위를 하지 않는 한 원고 스스로 공유토지에 출입하여 토지를 이용할 수 있으므로, 일반적으로 공유 토지에 피고의 지상물이 존재하는 사안에서 지상물의 제거만으로도 공유 토지의 독점적 점유 상태를 해소시킬 수 있다."고 하므로 Y건물의 철거청구는 가능할 것이다.

ㄴ. (×) : 공유물의 임대는 관리행위에 해당하기 때문에 과반수이상으로 할 수 있다. 따라서 乙과 丙으로부터 X토지를 임차한 丁은 과반수에 미달하기 때문에 이에 동의하지 않은 甲에게 임대차의 효력을 주장할 수 없다(대판 2010. 9. 9, 2010다37905).

ㄷ. (×) : 공유자가 공유물의 관리에 관하여 제3자와 계약을 체결한 경우에 그 계약에 기하여 제3자가 지출한 관리비용의 상환의무를 누가 어떠한 내용으로 부담하는가는 일차적으로 당해 계약의 해석으로 정하여진다. 공유자들이 공유물의 관리비용을 각 지분의 비율로 부담한다는 내용의 민법 제266조 제1항은 공유자들 사이의 내부적인 부담관계에 관한 규정일 뿐이다(대판 2009. 11. 12, 2009다54034). ☞ 丁에 대해서는 甲만이 공사비를 지급할 의무를 부담한다.

ㄹ. (×) : 甲, 乙, 丙이 X토지를 구분소유하는 경우 甲의 공유지분 위에 근저당권이 설정된 후 구분소유적 공유관계가 해소되어 각자의 단독소유로 분할되었다면, 그 근저당권은 甲의 단독소유로 분할된 토지에 집중되는 것이 아니다(대판 1989. 8. 8, 88다카24868 ; 대판 2014. 6. 26, 2012다25944).

122 **총유에 관한 설명으로 옳은 것을 모두 고른 것은? (다툼이 있으면 판례에 따름)** 〈2017년 변리사〉

> ㄱ. 총유물에 관한 사원의 의무는 사원의 지위를 상실함으로써 상실된다.
> ㄴ. 총유물의 관리는 정관 기타 규약에 달리 정한 바가 없으면 사원총회의 결의에 의한다.
> ㄷ. 종중이 그 총유재산에 대한 보존행위로서 소송을 하는 경우에도 특별한 사정이 없는 한, 종중총회에서 전체 종원 과반수 이상의 결의를 거쳐야 한다.
> ㄹ. 비법인사단이 정관에 다른 정함이 있다는 등의 특별한 사정이 없음에도 불구하고 사원총회결의 없이 총유재산의 처분에 관하여 자기 명의로 제기한 소송은 소송요건의 흠결로서 부적법하다.

① ㄱ, ㄷ ② ㄱ, ㄴ, ㄹ ③ ㄱ, ㄷ, ㄹ ④ ㄴ, ㄷ, ㄹ ⑤ ㄱ, ㄴ, ㄷ, ㄹ

해설

ㄱ. (○) : 민법 제277조 참조

ㄴ. (○) : 민법 제275조 제2항 및 제276조 제1항. 총유물의 관리 및 처분에 관하여 재건축조합의 정관이나 규약에 정한 바가 있으면 이에 따라야 하고, 그에 관한 정관이나 규약이 없으면 조합원 총회의 결의에 의하여야 한다(대판 2001. 5. 29, 2000다10246).

ㄷ. (×) : 총유재산에 관한 소송은 법인 아닌 사단이 그 명의로 사원총회의 결의를 거쳐 하거나 또는 그 구성원 전원이 당사자가 되어 필수적 공동소송의 형태로 할 수 있을 뿐 그 사단의 구성원은 설령 그가 사단의 대표자라거나 사원총회의 결의를 거쳤다 하더라도 그 소송의 당사자가 될 수 없고, 이러한 법리는 총유재산의 보존행위로서 소를 제기하는 경우에도 마찬가지라 할 것이다(대판 2005. 9. 15, 2004다44971 전원합의체). 여기서 사원총회의 결의는 전체 종원 과반수 이상의 결의를 거쳐야 하는 것이 아니라, 사원 과반수의 출석과 출석사원의 결의권의 과반수로써 한다(민법 제75조 제1항).

ㄹ. (○) : 비법인사단이 총유재산에 관한 소송을 제기할 때에는 정관에 다른 정함이 있다는 등의 특별한 사정이

정답 122. ②

없는 한 사원총회 결의를 거쳐야 하는 것이므로, 비법인사단이 이러한 사원총회 결의 없이 그 명의로 제기한 소송은 소송요건이 흠결된 것으로서 부적법하다(대판 2011. 7. 28, 2010다97044).

123 공유에 관한 설명으로 옳지 않은 것은? (다툼이 있으면 판례에 따름) 〈2018년 변리사〉

① 제3자가 공유물의 이용을 방해하고 있는 경우 각 공유자는 그의 지분에 기하여 단독으로 공유물 전부에 대한 방해의 제거를 청구할 수 있다.
② 제3자가 공유물의 이용을 방해하고 있는 경우 각 공유자는 제3자에 대하여 자신의 지분의 비율에 해당하는 부분에 한하여 부당이득의 반환을 청구할 수 있다.
③ 공유물분할의 소는 공유자 전원이 당사자로 되어야 하므로, 원고를 제외한 공유자 모두가 피고로 된다.
④ 부동산 공유자의 공유지분 포기의 의사표시가 다른 공유자에게 도달하더라도 등기를 하여야 공유지분 포기에 따른 물권변동의 효력이 발생한다.
⑤ 공유자 중 1인이 다른 공유자의 동의 없이 공유토지 전부를 매도하여 타인 명의로 소유권이전등기가 마쳐진 경우, 다른 공유자는 그 공유물 전부에 관해 소유권이전등기의 말소를 청구할 수 있다.

해 설

① (○) : 부동산의 공유자의 1인은 당해 부동산에 관하여 제3자 명의로 원인무효의 소유권이전등기가 경료되어 있는 경우 공유물에 관한 보존행위로서 제3자에 대하여 그 등기 전부의 말소를 구할 수 있다(대판 1993. 5. 11, 92다52870). ☞ 이른바 보존행위이론이다. 등기에 관한 판례이긴 하지만 등기말소청구도 방해배제청구의 일종이라는 점에서 지문에도 그대로 타당하다.
② (○) : 토지의 공유자는 각자의 지분 비율에 따라 토지 전체를 사용·수익할 수 있지만, 그 구체적인 사용·수익 방법에 관하여 공유자들 사이에 지분 과반수의 합의가 없는 이상, 1인이 그 전부를 배타적으로 점유·사용할 수 없는 것이므로, 공유자 중의 일부가 그 전부를 배타적으로 점유·사용하고 있다면, 다른 공유자들 중 지분은 있으나 사용·수익은 전혀 하지 않고 있는 자에 대하여는 그 자의 지분에 상응하는 부당이득을 하고 있다(대판 2002. 10. 11, 2000다17803). ☞ 따라서 각 공유자는 제3자에 대하여 자신의 지분의 비율에 해당하는 부분에 한하여 부당이득의 반환을 청구할 수 있다. 그리고 위 판례는 공유자 중의 일부가 그 전부를 배타적으로 점유·사용하고 있는 사안에 관한 것이지만 제3자가 공유물의 이용을 방해하고 있는 경우에도 마찬가지이다.
③ (○) : 공유물분할청구의 소는 분할을 청구하는 공유자가 원고가 되어 다른 공유자 전부를 공동피고로 하여야 하는 고유필수적 공동소송이다(대판 2017. 9. 21, 2017다233931).
④ (○) : 민법 제267조는 "공유자가 그 지분을 포기하거나 상속인 없이 사망한 때에는 그 지분은 다른 공유자에게 각 지분의 비율로 귀속한다."라고 규정하고 있다. 여기서 공유지분의 포기는 법률행위로서 상대방 있는 단독행위에 해당하므로, 부동산 공유자의 공유지분 포기의 의사표시가 다른 공유자에게 도달하더라도 이로써 곧바로 공유지분 포기에 따른 물권변동의 효력이 발생하는 것은 아니고, 다른 공유자는 자신에게 귀속될 공유지분에 관하여 소유권이전등기청구권을 취득하며, 이후 민법 제186조에 의하여 등기를 하여야 공유지분 포기에 따른 물권변동의 효력이 발생한다. 그리고 부동산 공유자의 공유지분 포기에 따른 등기는 해당 지분에 관하여 다른 공유자 앞으로 소유권이전등기를 하는 형태가 되어야 한다(대판 2016. 10. 27, 2015다52978).
⑤ (×) : 공유자 중 1인이 다른 공유자의 동의 없이 그 공유 토지를 매도하여 타인 명의로 소유권이전등기가 마쳐졌다면, 그 매도 토지에 관한 소유권이전등기는 처분공유자의 공유지분 범위 내에서는 실체관계에 부합하는 유효한 등기라고 보아야 한다(대판 2008. 4. 24, 2008다5073). ☞ 따라서 다른 공유자는 그 공유물 전부에 관해 소유권이전등기의 말소를 청구할 수 없다.

정답 123. ⑤

124 공유에 관한 설명으로 옳지 않은 것은? (다툼이 있으면 판례에 따름) 〈2022년 변리사〉

① 공유물분할청구권은 공유관계에서 수반되는 형성권으로서 채권자대위권의 목적이 될 수 있다.

② 공유물의 소수지분권자가 다른 공유자와 협의 없이 공유물의 전부를 독점적으로 점유·사용하고 있는 경우, 다른 소수지분권자는 보존행위로서 공유물의 인도를 청구할 수 없다.

③ 특별한 사정이 없는 한 공유물의 과반수지분권자가 그 공유물의 특정 부분을 배타적으로 사용·수익하기로 정하는 것은 공유물의 관리방법으로서 적법하다.

④ 특별한 사정이 없는 한 공유물의 과반수지분권자로부터 사용·수익을 허락받은 점유자에 대하여 소수지분권자는 그 점유자가 사용·수익하는 공유물에 대한 점유배제를 구할 수 없다.

⑤ 특별한 사정이 없는 한 공유물의 과반수지분권자로부터 공유부동산의 특정 부분에 대한 사용·수익을 허락받은 제3자는 소수지분권자에 대해 그 점유로 인하여 법률상 원인 없이 이득을 얻은 것으로 볼 수 있다.

해 설

① (○) : [1] 공유물분할청구권은 공유관계에서 수반되는 형성권으로서 공유자의 일반재산을 구성하는 재산권의 일종이다. 공유물분할청구권의 행사가 오로지 공유자의 자유로운 의사에 맡겨져 있어 공유자 본인만 행사할 수 있는 권리라고 볼 수는 없다. 따라서 공유물분할청구권도 채권자대위권의 목적이 될 수 있다. [2] 권리의 행사 여부는 그 권리자가 자유로운 의사에 따라 결정하는 것이 원칙이다. 채무자가 스스로 권리를 행사하지 않는데도 채권자가 채무자를 대위하여 채무자의 권리를 행사할 수 있으려면 그러한 채무자의 권리를 행사함으로써 채권자의 권리를 보전해야 할 필요성이 있어야 한다. 채권자대위권의 행사가 채무자의 자유로운 재산관리행위에 대한 부당한 간섭이 되는 등 특별한 사정이 있는 경우에는 보전의 필요성을 인정할 수 없다. [3] 채권자가 자신의 **금전채권을 보전하기 위하여** 채무자를 대위하여 부동산에 관한 공유물분할청구권을 행사하는 것은, 책임재산의 보전과 직접적인 관련이 없어 채권의 현실적 이행을 유효·적절하게 확보하기 위하여 필요하다고 보기 어렵고 채무자의 자유로운 재산관리행위에 대한 부당한 간섭이 되므로 보전의 필요성을 인정할 수 없다. 또한 특정 분할 방법을 전제하고 있지 않은 공유물분할청구권의 성격 등에 비추어 볼 때 그 대위행사를 허용하면 여러 법적 문제들이 발생한다. 따라서 극히 예외적인 경우가 아니라면 **금전채권자는** 부동산에 관한 공유물분할청구권을 대위행사할 수 없다고 보아야 한다. 이는 채무자의 공유지분이 다른 공유자들의 공유지분과 함께 근저당권을 공동으로 담보하고 있고, 근저당권의 피담보채권이 채무자의 공유지분 가치를 초과하여 채무자의 공유지분만을 경매하면 남을 가망이 없어 민사집행법 제102조에 따라 경매절차가 취소될 수밖에 없는 반면, 공유물분할의 방법으로 공유부동산 전부를 경매하면 민법 제368조 제1항에 따라 각 공유지분의 경매대가에 비례해서 공동근저당권의 피담보채권을 분담하게 되어 채무자의 공유지분 경매대가에서 근저당권의 피담보채권 분담액을 변제하고 남을 가망이 있는 경우에도 마찬가지이다(대판 2020. 5. 21, 2018다879 전원합의체).

② (○) : 공유물의 소수지분권자가 다른 공유자와 협의 없이 공유물의 전부 또는 일부를 독점적으로 점유·사용하고 있는 경우 다른 소수지분권자는 공유물의 보존행위로서 그 인도를 청구할 수는 없고, 다만 자신의 지분권에 기초하여 공유물에 대한 방해 상태를 제거하거나 공동 점유를 방해하는 행위의 금지 등을 청구할 수 있다(대판 2020. 5. 21, 2018다287522 전원합의체).

③ (○), ④ (○), ⑤ (×) : [1] 공유자 사이에 공유물을 사용·수익할 구체적인 방법을 정하는 것은 공유물의 관리에 관한 사항으로서 공유자의 지분의 과반수로써 결정하여야 할 것이고, 과반수 지분의 공유자는 다른 공유자와 사이에 미리 공유물의 관리방법에 관한 협의가 없었다 하더라도 공유물의 관리에 관한 사항을 단독으로 결정할 수 있으므로, 과반수 지분의 공유자가 그 공유물의 특정 부분을 배타적으로 사용·수익하기로 정하는 것은

정답 124. ⑤

공유물의 관리방법으로서 적법하다고 할 것이므로, 과반수 지분의 공유자로부터 사용·수익을 허락받은 점유자에 대하여 소수 지분의 공유자는 그 점유자가 사용·수익하는 건물의 철거나 퇴거 등 점유배제를 구할 수 없다. [2] 과반수 지분의 공유자는 그 공유물의 관리방법으로서 그 공유토지의 특정된 한 부분을 배타적으로 사용·수익할 수 있으나, 그로 말미암아 지분은 있으되 그 특정 부분의 사용·수익을 전혀 하지 못하여 손해를 입고 있는 소수지분권자에 대하여 그 지분에 상응하는 임료 상당의 부당이득을 하고 있다 할 것이므로 이를 반환할 의무가 있다 할 것이나, 그 과반수 지분의 공유자로부터 다시 그 특정 부분의 사용·수익을 허락받은 제3자의 점유는 다수지분권자의 공유물관리권에 터잡은 적법한 점유이므로 그 제3자는 소수지분권자에 대하여도 그 점유로 인하여 법률상 원인 없이 이득을 얻고 있다고는 볼 수 없다(대판 2002. 5. 14, 2002다9738).

125 **공동소유관계에 관한 설명으로 옳은 것을 모두 고른 것은? (다툼이 있으면 판례에 따름)**

〈2023년 변리사〉

ㄱ. 공유물분할청구는 부동산의 구분소유적 공유관계에서 인정되지 않는다.
ㄴ. 지분권자로서의 사용권을 사실상 포기하는 공유자 사이의 특약은 그 사실을 알지 못하고 공유지분을 취득한 특정승계인에게 승계되지 않는다.
ㄷ. 비법인사단의 채권자가 채권자대위권에 기하여 비법인사단의 총유재산에 관한 권리를 적법하게 대위행사하는 경우에도 사원총회의 결의 등 비법인사단의 내부적인 의사결정절차를 거쳐야 한다.
ㄹ. 부동산의 합유자 중 일부가 사망한 경우 합유자 사이에 특별한 약정이 없는 한 해당 부동산은 잔존 합유자가 2인 이상일 때에는 잔존 합유자의 합유로 귀속된다.

① ㄱ, ㄹ ② ㄱ, ㄴ, ㄷ ③ ㄱ, ㄴ, ㄹ ④ ㄴ, ㄷ, ㄹ ⑤ ㄱ, ㄴ, ㄷ, ㄹ

해설

ㄱ. (○) : 상호명의신탁관계 내지 구분소유적 공유관계에서 건물의 특정부분을 구분소유하는 자는 그 부분에 대하여 신탁적으로 지분등기를 가지고 있는 자를 상대로 하여 그 특정 부분에 대한 명의신탁 해지를 원인으로 한 지분이전등기절차의 이행을 구할 수 있을 뿐 그 건물 전체에 대한 공유물분할판결을 구할 수는 없다(대판 2010. 5. 27, 2006다84171).

ㄴ. (○) : 공유물의 관리에 관한 사항은 공유자의 지분의 과반수로써 결정하고, 공유자간의 공유물에 대한 사용수익·관리에 관한 특약은 공유자의 특정승계인에 대하여도 당연히 승계된다고 할 것이나, 공유물에 관한 특약이 지분권자로서의 사용수익권을 사실상 포기하는 등으로 공유지분권의 본질적 부분을 침해한다고 볼 수 있는 경우에는 특정승계인이 그러한 사실을 알고도 공유지분권을 취득하였다는 등의 특별한 사정이 없는 한 특정승계인에게 당연히 승계되는 것으로 볼 수는 없다(대판 2009. 12. 10, 2009다54294).

ㄷ. (×) : 비법인사단이 총유재산에 관한 소를 제기할 때에는 정관에 다른 정함이 있는 등의 특별한 사정이 없는 한 사원총회의 결의를 거쳐야 하지만, 이는 비법인사단의 대표자가 비법인사단 명의로 총유재산에 관한 소를 제기하는 경우에 비법인사단의 의사결정과 특별수권을 위하여 필요한 내부적인 절차이다. 채권자대위권은 채무자가 스스로 자기의 권리를 행사하지 아니하는 때에 채권자가 채무자에 대한 채권을 보전하기 위하여 채무자의 의사와는 상관없이 채무자의 권리를 대위하여 행사할 수 있는 권리로서 그 권리행사에 채무자의 동의를 필요로 하는 것은 아니므로, 비법인사단이 총유재산에 관한 권리를 행사하지 아니하고 있어 비법인사단의 채권자가 채권자대위권에 기하여 비법인사단의 총유재산에 관한 권리를 대위행사하는 경우에는 사원총회의 결의 등 비법인사단의 내부적인 의사결정절차를 거칠 필요가 없다(대판 2014. 9. 25, 2014다211336).

정답 125. ③

ㄹ. (○) : 부동산의 합유자 중 일부가 사망한 경우 합유자 사이에 특별한 약정이 없는 한 사망한 합유자의 상속인은 합유자로서의 지위를 승계하지 못하므로, 해당 부동산은 잔존 합유자가 2인 이상일 경우에는 잔존 합유자의 합유로 귀속되고 잔존 합유자가 1인인 경우에는 잔존 합유자의 단독소유로 귀속된다(대판 1996. 12. 10, 96다23238).

126 공동소유에 관한 설명으로 옳은 것은? (다툼이 있으면 판례에 따름) 〈2024년 변리사〉

① 공유자는 다른 공유자의 동의없이 자기의 지분을 담보로 제공할 수 없다.
② 공유물의 변경은 공유자의 지분의 과반수로써 결정한다.
③ 공유물의 관리에 관한 사항은 공유자의 과반수로써 결정한다.
④ 합유자는 달리 정함이 없는 한 전원의 동의없이 합유물에 대한 지분을 처분하지 못한다.
⑤ 총유물에 대한 보존행위는 달리 정함이 없는 한 비법인사단을 구성하는 각 사원이 할 수 있다.

해 설

① (×) : 공유자는 그 지분을 처분할 수 있고 공유물 전부를 지분의 비율로 사용, 수익할 수 있다(민법 제263조).
② (×) : 공유자는 다른 공유자의 동의 없이 공유물을 처분하거나 변경하지 못한다(민법 제264조). ☞ 공유물의 처분, 변경에는 전원의 동의가 필요하다.
③ (×) : 공유물의 관리에 관한 사항은 공유자의 지분의 과반수로써 결정한다. 그러나 보존행위는 각자가 할 수 있다(민법 제265조).

[비교조문] 조합의 업무집행은 조합원의 과반수로써 결정한다(민법 제706조 제2항).

④ (○) : 합유자는 전원의 동의없이 합유물에 대한 지분을 처분하지 못한다(민법 제273조 제1항).
⑤ (×) : 총유물의 보존에 있어서는 공유물의 보존에 관한 민법 제265조의 규정이 적용될 수 없고, 민법 제276조 제1항의 규정에 따른 사원총회의 결의를 거치거나 정관이 정하는 바에 따른 절차를 거쳐야 하므로, 법인 아닌 사단인 교회가 총유재산에 대한 보존행위로서 소송을 하는 경우에도 교인 총회의 결의를 거치거나 정관이 정하는 바에 따른 절차를 거쳐야 한다(대판 2014. 2. 13, 2012다112299,112305). ☞ 또한 판례는 『민법 제276조 제1항은 "총유물의 관리 및 처분은 사원총회의 결의에 의한다.", 같은 조 제2항은 "각 사원은 정관 기타의 규약에 좇아 총유물을 사용·수익할 수 있다."라고 규정하고 있을 뿐 공유나 합유의 경우처럼 보존행위는 그 구성원 각자가 할 수 있다는 민법 제265조 단서 또는 제272조 단서와 같은 규정을 두고 있지 아니한바, 이는 법인 아닌 사단의 소유형태인 총유가 공유나 합유에 비하여 단체성이 강하고 구성원 개인들의 총유재산에 대한 지분권이 인정되지 아니하는 데에서 나온 당연한 귀결(대판 2005. 9. 15, 2004다44971)』이라고 한다.

127 공동소유에 관한 설명 중 옳은 것은? (각 지문은 독립적이고, 다툼이 있는 경우에는 판례에 의함) (정답 2개) 〈2014년 변호사시험〉

① 甲이 乙과 함께 1/2의 지분으로 공유하고 있는 X 토지전체를 단독으로 丙에게 임대한 경우에는 乙은 丙을 상대로 X 토지 전체의 인도를 청구할 수 없다.
② 甲 종중이 종중원 乙의 타인에 대한 대여금반환채무를 보증하는 행위는 장래 乙이 그 채무를 이행하지 아니하면 甲 종중이 보유하고 있는 현금이나 총유물을 처분하여 마련한 자금으로 그 채무를 만족시켜야 한다는 점에서 총유물의 처분행위에 해당한다고 보아야 하므로 甲 종중의 규약에 다른 정함이 없으면 종중총회의 결의가 있어야 유효하다.

정답 126. ④ 127. ①, ⑤

③ 甲, 乙이 전매차익을 얻으려는 공동의 목적으로 X 토지를 함께 매수하여 소유권을 취득하면 X토지는 당연히 甲, 乙의 합유에 속하므로 甲이 탈퇴하면 X 토지는 乙의 단독소유가 된다.

④ 공유물의 보존에 관한 민법 제265조의 규정은 총유물의 보존에 관하여도 적용되므로 甲 종중의 종중원 乙은 그 종중원들의 총유에 속하는 X 토지를 무단으로 점유하고 있는 丙을 상대로 총유물의 보존행위를 이유로 단독으로 X 토지의 인도를 구할 수 있다.

⑤ 甲이 乙, 丙과 함께 토지를 각 1/3 지분으로 공유하고 있는 경우 공유물에 관한 보존행위를 이유로는 乙 명의의 1/3 지분에 관하여 원인 없이 丁 앞으로 마쳐진 소유권이전등기의 말소를 구할 수 없다.

해 설

① (○) : 공유물의 소수지분권자인 피고가 다른 공유자와 협의하지 않고 공유물의 전부 또는 일부를 독점적으로 점유하는 경우 소수지분권자인 원고가 피고를 상대로 공유물의 인도를 청구할 수는 없다(대판 2020. 5. 21, 2018다287522 전원합의체). ☞ 판례 변경으로 인하여 복수정답 처리하였다.

> **[다수의견에 대한 보충의견] 소수지분권자로부터 임차한 제3자에 대해 인도청구가 가능한가?** 사실 소수지분권자로부터 임차한 제3자에 대해 소수지분권자의 인도청구가 가능한가에 대해서는 다수의견에서 명시적인 판단을 하지 않았다. 그런데 다수의견의 보충의견이 "소수지분권자의 임대행위가 공유자들에게 공유물의 관리행위로서 효력을 갖는 것은 아니지만, 그렇다고 해서 다른 공유자들이 소수지분권자로부터 공유물을 임차한 제3자에 대해 공유물 인도를 청구할 수 있다는 결론이 당연히 도출되는 것은 아니"라고 하면서 "소수지분권자는 공유물을 공동으로 점유할 권리가 있고, 임차인은 임대차계약을 통해 그 소수지분권자로부터 점유할 권리를 이전받았으므로, 다른 공유자가 공유자인 임대인에게 공유물 인도를 청구할 수 없다면 그 임차인을 상대로도 인도를 청구할 수 없다고 볼 수 있다."고 하였다.

② (×) : 총유에서 채무보증행위는 종전에 처분행위로 보았으나 지금은 판례가 처분행위로 보지 않는다. 따라서 종중총회의 결의가 없어도 원칙적으로 유효하다(대판 2007. 4. 19, 2004다60072 전원합의체).

③ (×) : 부동산의 공동매수인들이 전매차익을 얻으려는 '공동의 목적 달성'을 위해 상호 협력한 것에 불과하고 이를 넘어 '공동사업을 경영할 목적'이 있었다고 인정되지 않는 경우, 이들 사이의 법률관계는 공유관계에 불과할 뿐 민법상 조합이 아니다(대판 2007. 6. 14, 2005다5140).

> **[비교지문] 甲, 乙, 丙이 토지형질변경 등을 통해 가치를 증대시킨 뒤 그 전체를 전매하여 차익을 취득하기 위한 사업을 공동으로 영위할 목적으로 丁으로부터 X토지를 공동으로 매수한 경우 세 사람의 소유관계는 공유이다.** 〈2016년 법원행시〉
> (×) : 지문에서 '사업을 공동으로 영위할 목적으로'라고 하였으므로 민법상 조합이고 따라서 공유가 아니라 합유이다.

④ (×) : 총유물의 보존에 있어서는 공유물의 보존에 관한 민법 제265조의 규정이 적용될 수 없고, 특별한 사정이 없는 한 민법 제276조 제1항의 규정에 따라 사원총회의 결의를 거쳐야 한다(대판 2007. 12. 27, 2007다17062).

> **[보충지문] 총유물의 보존행위는 특별한 사정이 없는 한 구성원이 단독으로 결정할 수 없다(○).** 〈2021년 감정평가사〉

⑤ (○) : 부동산의 공유자의 1인은 당해 부동산에 관하여 제3자 명의로 원인무효의 소유권이전등기가 경료되어 있는 경우 공유물에 관한 보존행위로서 제3자에 대하여 그 등기 전부의 말소를 구할 수 있으나, 공유자가 다른 공유자의 지분권을 대외적으로 주장하는 것을 공유물의 멸실·훼손을 방지하고 공유물의 현상을 유지하는 사실적·법률적 행위인 공유물의 보존행위에 속한다고 할 수 없으므로, 자신의 소유지분을 침해하는 지분 범위

를 초과하는 부분에 대하여 공유물에 관한 보존행위로서 무효라고 주장하면서 그 부분 등기의 말소를 구할 수는 없다(대판 2010. 1. 14, 2009다67429).

> **[보충지문] 甲이 乙, 丙과 함께 X 토지를 각 1/3지분으로 공유하고 있는 사안에서, 甲은 공유물에 관한 보존행위를 이유로 乙 명의의 1/3 지분에 관하여 원인 없이 丁 앞으로 마쳐진 소유권이전등기의 말소를 구할 수 없으나, 丁이 X 토지 전부에 관하여 원인무효의 소유권이전등기를 마쳤다면 甲은 그 등기 전부의 말소를 청구할 수 있다(O).** 〈2020년 법원행시〉

128 **권리의 귀속형태 및 그 법률관계에 대한 내용이다. 각 괄호 안에 들어갈 용어를 올바르게 나열한 것은? (다툼이 있는 경우 판례에 의함)** 〈2017년 변호사시험〉

- ㅇ 수인이 전매차익을 얻으려는 공동의 목적 달성을 위해 부동산을 공동으로 매수한 경우, 공동사업을 경영할 목적이 있었다고 인정되지 않으면 위 부동산에 대한 매수인들 사이의 소유관계는 (A)이다.
- ㅇ 1동의 건물 중 각 일부분의 위치 및 면적이 특정되지 않거나 구조상·이용상 독립성이 인정되지 아니하지만 공유자들 사이에 이를 구분소유하기로 하는 취지의 약정을 하고 공유등기를 한 경우, (B)가 성립한다.
- ㅇ 구분소유적 공유관계에 있어서, 1필지의 토지 중 특정 부분에 대한 구분소유적 공유관계를 표상하는 공유지분을 목적으로 하는 근저당권이 설정된 후 구분소유자 상호 간에 지분이전등기를 하여 구분소유적 공유관계가 해소된 경우, 그 근저당권은 (C).
- ㅇ 수인의 채권자가 각기 채권을 담보하기 위하여 채무자와 채무자 소유의 부동산에 관하여 수인의 채권자를 공동매수인으로 하는 1개의 매매예약을 체결하고 그에 따라 수인의 채권자공동명의로 그 부동산에 가등기를 마친 경우, 수인의 채권자가 공동으로 매매예약완결권을 가지는 관계인지 아니면 채권자 각자의 지분별로 별개의 독립적인 매매예약완결권을 가지는 관계인지는 (D)에 따라야 한다.

	A	B	C	D
①	공유관계	공유관계	종전의 구분소유적 공유지분의 비율대로 분할된 토지들 전부의 위에 그대로 존속한다	매매예약의 내용
②	합유관계	공유관계	종전의 구분소유적 공유지분의 비율대로 분할된 토지들 전부의 위에 그대로 존속한다	매매예약의 내용
③	공유관계	구분소유적 공유관계	종전의 구분소유적 공유지분의 비율대로 분할된 토지들 전부의 위에 그대로 존속한다	공유관계의 법리
④	공유관계	구분소유적 공유관계	근저당권설정자의 단독소유로 분할된 토지에 집중된다	공유관계의 법리
⑤	합유관계	공유관계	근저당권설정자의 단독소유로 분할된 토지에 집중된다	매매 예약의 내용

정답 128. ①

해설

A. 민법상 조합계약은 2인 이상이 상호 출자하여 공동으로 사업을 경영할 것을 약정하는 계약으로서, 특정한 사업을 공동경영하는 약정에 한하여 이를 조합계약이라 할 수 있고, 공동의 목적 달성이라는 정도만으로는 조합의 성립요건을 갖추었다고 할 수 없다(대판 2007. 6. 14, 2005다5140).

B. 1동 건물 중 각 일부분의 위치 및 면적이 특정되지 않거나 구조상·이용상 독립성이 인정되지 아니한 경우에는 공유자들 사이에 이를 구분소유하기로 하는 취지의 약정이 있다 하더라도 일반적인 공유관계가 성립할 뿐, 공유지분등기의 상호명의신탁관계 내지 건물에 대한 구분소유적 공유관계가 성립한다고 할 수 없다(대판 2014. 2. 27, 2011다42430).

C. 이른바 구분소유적 공유관계에 있어서, 1필지의 토지 중 특정 부분에 대한 구분소유적 공유관계를 표상하는 공유지분을 목적으로 하는 근저당권이 설정된 후 구분소유하고 있는 특정 부분별로 독립한 필지로 분할되고 나아가 구분소유자 상호 간에 지분이전등기를 하는 등으로 구분소유적 공유관계가 해소되더라도 그 근저당권은 종전의 구분소유적 공유지분의 비율대로 분할된 토지들 전부의 위에 그대로 존속하는 것이고, 근저당권설정자의 단독소유로 분할된 토지에 당연히 집중되는 것은 아니다(대판 2014. 6. 26, 2012다25944).

D. 수인의 채권자가 각기 채권을 담보하기 위하여 채무자와 채무자 소유의 부동산에 관하여 수인의 채권자를 공동매수인으로 하는 1개의 매매예약을 체결하고 그에 따라 수인의 채권자 공동명의로 그 부동산에 가등기를 마친 경우, 수인의 채권자가 공동으로 매매예약완결권을 가지는 관계인지 아니면 채권자 각자의 지분별로 별개의 독립적인 매매예약완결권을 가지는 관계인지는 매매예약의 내용에 따라야 한다(대판 2012. 2. 16, 2010다82530 전원합의체).

129 **甲, 乙, 丙은 A토지를 1/3 지분으로 공유하고 있다. 이에 관한 설명 중 옳은 것을 모두 고른 것은? (다툼이 있는 경우 판례에 의함)** 〈2017년 변호사시험〉

ㄱ. 丁 명의로 A토지에 원인무효의 소유권이전등기가 마쳐진 경우, 甲은 丁을 상대로 甲, 乙, 丙에게 각 1/3 지분에 관하여 진정명의회복을 원인으로 한 소유권이전등기청구의 소를 단독으로 제기할 수 있다.

ㄴ. 乙이 甲과 丙의 동의 없이 丁에게 A토지 전부를 매도하여 丁 명의로 소유권이전등기가 마쳐진 경우, 甲은 공유물의 보존행위로서 丁 명의의 등기 전부의 말소를 단독으로 청구할 수 있다.

ㄷ. 甲은 공유자 전원의 지분을 부인하는 丁에 대하여 특별한 사정이 없는 한 공유물의 보존행위로서 A토지 전부에 관한 소유권확인의 소를 단독으로 제기할 수 없다.

ㄹ. 甲은 A토지에 인접한 B토지의 소유자인 丁을 상대로 A토지와 B토지의 경계확정을 구하는 소를 단독으로 제기할 수 있다.

ㅁ. 甲이 A토지에 관하여 공유물분할의 소를 제기하려면, 乙과 丙을 공동피고로 하여야 한다.

① ㄱ, ㅁ ② ㄱ, ㄴ, ㄹ ③ ㄱ, ㄷ, ㅁ ④ ㄷ, ㄹ, ㅁ ⑤ ㄴ, ㄷ, ㄹ, ㅁ

해설

ㄱ. (○) : 부동산의 공유자 중 한 사람은 공유물에 대한 보존행위로서 그 공유물에 관한 원인무효의 등기 전부의 말소를 구할 수 있고, 진정명의회복을 원인으로 한 소유권이전등기청구권과 무효등기의 말소청구권은 어느 것이나 진정한 소유자의 등기명의를 회복하기 위한 것으로서 실질적으로 그 목적이 동일하고 두 청구권 모두 소유권에 기한 방해배제청구권으로서 그 법적 근거와 성질이 동일하므로, 공유자 중 한 사람은 공유물에 경료된 원인무효의 등기에 관하여 각 공유자에게 해당 지분별로 진정명의회복을 원인으로 한 소유권이전등기를 이

정답 129. ③

행할 것을 단독으로 청구할 수 있다(대판 2005. 9. 29, 2003다40651).
ㄴ. (×) : 공유자 중 1인이 다른 공유자의 동의 없이 그 공유 토지의 특정부분을 매도하여 타인 명의로 소유권이 전등기가 마쳐졌다면, 그 매도 부분 토지에 관한 소유권이전등기는 처분공유자의 공유지분 범위 내에서는 실체관계에 부합하는 유효한 등기라고 보아야 한다(대판 1994. 12. 2, 93다1596).
ㄷ. (○) : 공유자의 지분은 다른 공유자의 지분에 의하여 일정한 비율로 제한을 받는 것을 제외하고는 독립한 소유권과 같은 것으로 공유자는 그 지분을 부인하는 제3자에 대하여 각자 그 지분권을 주장하여 지분의 확인을 소구하여야 하는 것이고, 공유자 일부가 제3자를 상대로 다른 공유자의 지분의 확인을 구하는 것은 타인의 권리관계의 확인을 구하는 소에 해당한다고 보아야 할 것이므로 그 타인 간의 권리관계가 자기의 권리관계에 영향을 미치는 경우에 한하여 확인의 이익이 있다고 할 것이며, 공유물 전체에 대한 소유관계 확인도 이를 다투는 제3자를 상대로 공유자 전원이 하여야 하는 것이지 공유자 일부만이 그 관계를 대외적으로 주장할 수 있는 것이 아니므로, 아무런 특별한 사정이 없이 다른 공유자의 지분의 확인을 구하는 것은 확인의 이익이 없다(대판 1994. 11. 11, 94다35008).
ㄹ. (×) : 인접하는 토지의 한편 또는 양편이 여러 사람의 공유에 속하는 경우에, 그 경계의 확정을 구하는 소송은, 관련된 공유자 전원이 공동하여서만 제소하고 상대방도 관련된 공유자 전원이 공동으로서만 제소될 것을 요건으로 하는 고유필요적 공동소송이라고 해석함이 상당하다(대판 2001. 6. 26, 2000다24207).
ㅁ. (○) : 공유물분할청구의 소는 분할을 청구하는 공유자가 원고가 되어 다른 공유자 전부를 공동피고로 하여야 하는 고유필수적 공동소송이다(대판 2014. 1. 29, 2013다78556).

130 **甲과 乙은 매도인으로부터 X 토지 중 절반씩을 위치를 특정하여 매수하면서 각자 구분소유하기로 하고, 등기부상 각 1/2 공유지분으로 등기하였다. 甲은 X 토지 중 자신의 매수 부분 지상에 Y 주택을 건축하고 이를 丙에게 임대하여 丙이 전입신고를 하지 아니한 채 입주를 마쳤다. 甲은 Y 주택에 저당권을 설정했는데 그 저당권이 실행되어 A가 Y 주택 소유권을 취득하였다. 이에 관한 설명 중 옳은 것을 모두 고른 것은? (각 지문은 독립적이며, 다툼이 있는 경우 판례에 의함)** 〈2018년 변호사시험〉

ㄱ. 인근 토지 소유자 丁이 X 토지 중 乙 매수 부분을 침범하여 건축행위를 하는 경우 甲이 방해배제를 청구할 수 있다.
ㄴ. 乙이 Y 주택을 철거하기 위한 사전작업으로 丙을 상대로 Y 주택에서의 퇴거를 청구할 수 있다.
ㄷ. 甲이 등기부상 공유관계를 해소하고자 하는데 乙이 협조하지 않는 경우 공유물분할 청구의 소를 제기할 수 있다.

① ㄱ　　② ㄴ　　③ ㄷ　　④ ㄱ, ㄴ　　⑤ ㄱ, ㄷ

해 설

ㄱ. (○) : 1필지의 토지 중 일부를 특정하여 매수하고 다만 그 소유권이전등기는 그 필지 전체에 관하여 공유지분권 이전등기를 한 경우에는 그 특정부분 이외의 부분에 관한 등기는 상호 명의신탁을 하고 있는 것으로서, 그 지분권자는 내부관계에 있어서는 특정부분에 한하여 소유권을 취득하고 이를 배타적으로 사용, 수익할 수 있고, 다른 구분소유자의 방해행위에 대하여는 소유권에 터잡아 그 배제를 구할 수 있으나, 외부관계에 있어서는 1필지 전체에 관하여 공유관계가 성립되고 공유자로서의 권리만을 주장할 수 있는 것이므로, 제3자의 방해행위가 있는 경우에는 자기의 구분소유 부분뿐 아니라 전체토지에 대하여 공유물의 보존행위로서 그 배제를 구

정답 130. ①

할 수 있다(대판 1994. 2. 8, 93다42986).

ㄴ. (×) : 공유로 등기된 토지의 소유관계가 구분소유적 공유관계에 있는 경우에는 공유자 중 1인이 소유하고 있는 건물과 그 대지는 다른 공유자와의 내부관계에 있어서는 그 공유자의 단독소유로 되었다 할 것이므로 건물을 소유하고 있는 공유자가 그 건물 또는 토지지분에 대하여 저당권을 설정하였다가 그 후 저당권의 실행으로 소유자가 달라지게 되면 건물 소유자는 그 건물의 소유를 위한 법정지상권을 취득하게 되며, 이는 구분소유적 공유관계에 있는 토지의 공유자들이 그 토지 위에 각자 독자적으로 별개의 건물을 소유하면서 그 토지 전체에 대하여 저당권을 설정하였다가 그 저당권의 실행으로 토지와 건물의 소유자가 달라지게 된 경우에도 마찬가지라 할 것이다(대판 2004. 6. 11, 2004다13533). ☞ A는 Y주택에 대하여 법정지상권을 취득하고, 乙은 A에 대하여 Y주택의 철거를 구할 수 없다. 따라서 乙은 Y주택을 철거하기 위한 사전작업으로 丙을 상대로 Y주택에서의 퇴거를 청구할 수도 없다.

ㄷ. (×) : 상호명의신탁관계 내지 구분소유적 공유관계에서 건물의 특정 부분을 구분소유하는 자는 그 부분에 대하여 신탁적으로 지분등기를 가지고 있는 자를 상대로 하여 그 특정 부분에 대한 명의신탁 해지를 원인으로 한 지분이전등기절차의 이행을 구할 수 있을 뿐 그 건물 전체에 대한 공유물분할을 구할 수는 없다(대판 2010. 5. 27, 2006다84171).

131 **공동소유에 관한 설명 중 옳지 않은 것은? (다툼이 있는 경우 판례에 의함)** 〈2019년 변호사시험〉

① 토지공유자 중의 일부가 공유 토지의 특정 부분을 배타적으로 점유·사용하고 있는 경우, 비록 그 특정 부분의 면적이 자신들의 지분 비율에 상당하는 면적 범위 내라고 할지라도, 그 토지를 사용·수익 하지 않는 다른 공유자들에 대하여는 그 지분에 상응하는 부당이득을 반환할 의무가 있으며, 이 의무는 분할채무의 성질을 가진다.

② 제3자가 공유토지 전부에 대해 원인무효의 소유권이전등기를 경료한 경우 공유자 중 1인은 그 등기 전부의 말소를 청구할 수 있다.

③ 동업 목적의 조합체가 부동산을 조합재산으로 취득하면서 조합원들 명의로 공유등기를 하였다면, 그 공유등기는 조합체가 조합원들에게 각 지분에 관하여 명의신탁한 것으로 보아야 한다.

④ 비법인사단이 타인 간의 금전채무를 보증하는 행위는 총유물의 관리·처분행위에 해당하지 않으므로, 사원총회의 결의를 거치지 않았더라도 그것만으로 그 보증계약이 무효가 되는 것은 아니다.

⑤ 종중 소유 재산의 보존행위로서 소를 제기하는 경우, 종중결의를 거쳐 종중 명의로 하거나 그 구성원 전원이 당사자가 되어 필수적 공동소송의 형태를 취하여야 한다.

해 설

① (×) : [1] 토지의 공유자는 각자의 지분 비율에 따라 토지 전체를 사용·수익할 수 있지만, 그 구체적인 사용·수익 방법에 관하여 공유자들 사이에 지분 과반수의 합의가 없는 이상, 1인이 특정 부분을 배타적으로 점유·사용할 수 없는 것이므로, 공유자 중의 일부가 특정 부분을 배타적으로 점유·사용하고 있다면, 그들은 비록 그 특정 부분의 면적이 자신들의 지분 비율에 상당하는 면적 범위 내라고 할지라도, 다른 공유자들 중 지분은 있으나 사용·수익은 전혀 하지 않고 있는 자에 대하여는 그 자의 지분에 상응하는 부당이득을 하고 있다고 보아야 할 것인바, 이는 모든 공유자는 공유물 전부를 지분의 비율로 사용·수익할 권리가 있기 때문이다. [2] 여러 사람이 공동으로 법률상 원인 없이 타인의 재산을 사용한 경우의 부당이득 반환채무는 특별한 사정이 없는 한 불가분적 이득의 반환으로서 불가분채무이고, 불가분채무는 각 채무자가 채무 전부를 이행할 의무가 있으며, 1인의 채무이행으로 다른 채무자도 그 의무를 면하게 된다(대판 2001. 12. 11, 2000다13948).

② (○) : 부동산의 공유자의 1인은 당해 부동산에 관하여 제3자 명의로 원인무효의 소유권이전등기가 경료되

정답 131. ①

어 있는 경우 공유물에 관한 보존행위로서 제3자에 대하여 그 등기 전부의 말소를 구할 수 있다(대판 1993. 5. 11, 92다52870).

③ (○) : 동업을 목적으로 한 조합이 조합체로서 또는 조합재산으로서 부동산의 소유권을 취득하였다면, 민법 제271조 제1항의 규정에 의하여 당연히 그 조합체의 합유물이 되고(이는 민법 제187조에 규정된 '법률의 규정에 의한 물권의 취득'과는 아무 관계가 없다. 따라서 조합체가 부동산을 법률행위에 의하여 취득한 경우에는 물론 소유권이전등기를 요한다.), 다만, 그 조합체가 합유등기를 하지 아니하고 그 대신 조합원들 명의로 각 지분에 관하여 공유등기를 하였다면, 이는 그 조합체가 조합원들에게 각 지분에 관하여 명의신탁한 것으로 보아야 한다(대판 2002. 6. 14, 2000다30622).

④ (○) : 민법 제275조, 제276조 제1항에서 말하는 총유물의 관리 및 처분이라 함은 총유물 그 자체에 관한 이용·개량행위나 법률적·사실적 처분행위를 의미하는 것이므로, 비법인사단이 타인 간의 금전채무를 보증하는 행위는 총유물 그 자체의 관리·처분이 따르지 아니하는 단순한 채무부담행위에 불과하여 이를 총유물의 관리·처분행위라고 볼 수는 없다. 따라서 비법인사단인 재건축조합의 조합장이 채무보증계약을 체결하면서 조합규약에서 정한 조합 임원회의 결의를 거치지 아니하였다거나 조합원총회 결의를 거치지 않았다고 하더라도 그것만으로 바로 그 보증계약이 무효라고 할 수는 없다. 다만, 이와 같은 경우에 조합 임원회의의 결의 등을 거치도록 한 조합규약은 조합장의 대표권을 제한하는 규정에 해당하는 것이므로, 거래 상대방이 그와 같은 대표권 제한 및 그 위반 사실을 알았거나 과실로 인하여 이를 알지 못한 때에는 그 거래행위가 무효로 된다고 봄이 상당하며, 이 경우 그 거래 상대방이 대표권 제한 및 그 위반 사실을 알았거나 알지 못한 데에 과실이 있다는 사정은 그 거래의 무효를 주장하는 측이 이를 주장·입증하여야 한다(대판 2007. 4. 19, 2004다60072, 60089 전원합의체).

⑤ (○) : 민법 제276조 제1항은 "총유물의 관리 및 처분은 사원총회의 결의에 의한다.", 같은 조 제2항은 "각 사원은 정관 기타의 규약에 좇아 총유물을 사용·수익할 수 있다."라고 규정하고 있을 뿐 공유나 합유의 경우처럼 보존행위는 그 구성원 각자가 할 수 있다는 민법 제265조 단서 또는 제272조 단서와 같은 규정을 두고 있지 아니한바, 이는 법인 아닌 사단의 소유형태인 총유가 공유나 합유에 비하여 단체성이 강하고 구성원 개인들의 총유재산에 대한 지분권이 인정되지 아니하는 데에서 나온 당연한 귀결이라고 할 것이므로 총유재산에 관한 소송은 법인 아닌 사단이 그 명의로 사원총회의 결의를 거쳐 하거나 또는 그 구성원 전원이 당사자가 되어 필수적 공동소송의 형태로 할 수 있을 뿐 그 사단의 구성원은 설령 그가 사단의 대표자라거나 사원총회의 결의를 거쳤다 하더라도 그 소송의 당사자가 될 수 없고, 이러한 법리는 총유재산의 보존행위로서 소를 제기하는 경우에도 마찬가지라 할 것이다(대판 2005. 9. 15, 2004다44971 전원합의체).

132 **공동소유에 관한 설명 중 옳은 것은? (다툼이 있는 경우 판례에 의함)** 〈2020년 변호사시험〉

① 공유물분할 소송절차에서 공유토지의 특정한 일부씩을 각각의 공유관계에 귀속시키는 것으로 현물분할하는 내용의 조정이 성립하였다면, 그 조정조서는 공유물분할판결과 동일한 효력을 가지는 것으로서 「민법」 제187조 소정의 '판결'에 해당하여 조정이 성립한 때 물권변동의 효력이 발생한다.

② 합유자 중 1인이 무단으로 합유 재산에 관하여 자신의 단독 소유로 소유권보존등기를 한 경우에는 그 소유권보존등기가 실질관계에 부합하지 않는 원인무효의 등기이므로, 다른 합유자는 등기명의인인 합유자를 상대로 소유권보존등기의 말소를 청구할 수 있다.

③ 甲, 乙이 각각 2/3, 1/3의 지분으로 X토지를 공유하던 중 丙이 X토지를 점유하면서 자기 명의로 원인무효의 소유권이전등기를 마친 경우, 甲이 공유물의 보존행위로 자기 지분에 관하여만 소유권이전등기 말소청구의 소를 제기하면 그로 인한 丙에 대한 취득시효 중단의 효력은 乙에게도 미친다.

④ 만약 1필지의 토지 중 특정 부분에 대한 구분소유적 공유관계를 표상하는 공유지분을 목적으로 하는 근저당권이 설정된 후, 구분소유하고 있는 특정 부분별로 독립한 필지로 분할되고 나아가 구분

정답 132. ②

소유자 상호 간에 지분이전등기를 하여 구분소유적 공유관계가 해소되었다면, 그 근저당권은 근저당권설정자의 단독소유로 분할된 토지에 집중된다.

⑤ 만약 1필지의 토지 중 일부를 특정하여 매수하고 다만 그 소유권이전등기는 그 필지 전체에 관하여 공유지분 이전등기를 한 경우라면, 위 토지에 대한 제3자의 방해행위에 대하여 위와 같이 매수한 공유자는 자신이 구분소유하는 특정부분만 그 배제를 구할 수 있고, 전체 토지에 관하여는 그 배제를 구할 수 없다.

해설

① (×) : 공유물분할의 소송절차 또는 조정절차에서 공유자 사이에 공유토지에 관한 현물분할의 협의가 성립하여 그 합의사항을 조서에 기재함으로써 조정이 성립하였다고 하더라도, 그와 같은 사정만으로 재판에 의한 공유물분할의 경우와 마찬가지로 그 즉시 공유관계가 소멸하고 각 공유자에게 그 협의에 따른 새로운 법률관계가 창설되는 것은 아니고, 공유자들이 협의한 바에 따라 토지의 분필절차를 마친 후 각 단독소유로 하기로 한 부분에 관하여 다른 공유자의 공유지분을 이전받아 등기를 마침으로써 비로소 그 부분에 대한 대세적 권리로서의 소유권을 취득하게 된다고 보아야 한다(대판 2013. 11. 21, 2011두1917 전원합의체).

② (○) : 합유재산을 합유자 1인의 단독소유로 소유권보존등기를 한 경우에는 소유권보존등기가 실질관계에 부합하지 않는 원인무효의 등기이므로, 다른 합유자는 등기명의인인 합유자를 상대로 소유권보존등기 말소청구의 소를 제기하는 등의 방법으로 원인무효의 등기를 말소시킨 다음 새로이 합유의 소유권보존등기를 신청할 수 있다(대판 2017. 8. 18, 2016다6309).

③ (×) : 부동산 공유자 중의 한 사람은 당해 부동산에 관하여 제3자 명의로 원인무효의 소유권이전등기가 경료되어 있는 경우 공유물에 관한 보존행위로서 그 제3자에 대하여 그 등기 전부의 말소를 구할 수 있으나, 공유자의 한 사람이 공유물의 보존행위로서 그 공유물의 일부 지분에 관하여서만 재판상 청구를 하였으면 그로 인한 시효중단의 효력은 그 공유자와 그 청구한 소송물에 한하여 발생한다(대판 1999. 8. 20, 99다15146).

> **[보충지문] 공유자 甲, 乙, 丙 중 甲이 공유물의 보존행위로서 단독으로 무단 점유자인 丁을 상대로 공유물인도의 소를 제기한 경우, 이로 인하여 丁의 취득시효가 중단되는 효과는 다른 공유자 乙, 丙에게도 미친다.** 〈2015년 사법시험〉
>
> (×) : 공유자의 한 사람이 공유물의 보존행위로서 제소한 경우라도, 동 제소로 인한 시효중단의 효력은 재판상의 청구를 한 그 공유자에 한하여 발생하고, 다른 공유자에게는 미치지 아니한다(대판 1979. 6. 26, 79다639).

④ (×) : 1필지의 토지의 위치와 면적을 특정하여 2인 이상이 구분소유하기로 하는 약정을 하고 구분소유자의 공유로 등기하는 이른바 구분소유적 공유관계에 있어서, 1필지의 토지 중 특정 부분에 대한 구분소유적 공유관계를 표상하는 공유지분을 목적으로 하는 근저당권이 설정된 후 구분소유하고 있는 특정 부분별로 독립한 필지로 분할되고 나아가 구분소유자 상호 간에 지분이전등기를 하는 등으로 구분소유적 공유관계가 해소되더라도 그 근저당권은 종전의 구분소유적 공유지분의 비율대로 분할된 토지들 전부의 위에 그대로 존속하는 것이고, 근저당권설정자의 단독소유로 분할된 토지에 당연히 집중되는 것은 아니다(대판 2014. 6. 26, 2012다25944).

⑤ (×) : 1필지의 토지 중 일부를 특정하여 매수하고 다만 그 소유권이전등기는 그 필지 전체에 관하여 공유지분권이전등기를 한 경우에는 그 특정부분 이외의 부분에 관한 등기는 상호 명의신탁을 하고 있는 것으로서, 그 지분권자는 내부관계에 있어서는 특정부분에 한하여 소유권을 취득하고 이를 배타적으로 사용, 수익할 수 있고, 다른 구분소유자의 방해행위에 대하여는 소유권에 터잡아 그 배제를 구할 수 있으나, 외부관계에 있어서는 1필지 전체에 관하여 공유관계가 성립되고 공유자로서의 권리만을 주장할 수 있는 것이므로, 제3자의 방해행위가 있는 경우에는 자기의 구분소유 부분뿐 아니라 전체토지에 대하여 공유물의 보존행위로서 그 배제를 구할 수 있다(대판 1994. 2. 8, 93다42986).

133 **공유에 관한 설명 중 옳지 않은 것은? (다툼이 있는 경우 판례에 의함)** 〈2021년 변호사시험〉

① 甲과 乙이 각 1/2의 지분으로 공유하고 있는 X토지 중 일부를 甲이 배타적으로 점유하고 있는 경우, 乙은 甲에게 공유물의 보존행위로서 방해배제를 청구할 수 있다.

② X토지의 2/3 지분을 보유한 공유자 甲이 1/3 지분권자인 乙과 협의하지 않고 X토지를 丙에게 임대한 경우, 乙은 丙에게 임료의 1/3을 부당이득으로 반환할 것을 청구할 수 없다.

③ 甲은 乙과 함께 각 1/2의 지분으로 X토지를 공유하면서, 乙이 토지 전체를 단독으로 사용하기로 하되 乙로부터 일정 금액을 지급받기로 약정하였다면, 이러한 약정은 甲으로부터 그 지분권을 양도받은 특정승계인에게 당연히 승계된다.

④ 甲, 乙, 丙이 각 1/3 지분씩 공동상속한 X부동산에 관하여 甲이 부정한 방법으로 그 단독명의의 소유권이전등기를 마친 경우, 乙은 甲에 대하여 공유물의 보존행위로서 2/3 지분에 관한 소유권이전등기 말소등기절차의 이행을 구할 수 있다.

⑤ 乙과 함께 각 1/2 지분으로 X토지를 공유하는 甲이 乙에게 자신의 공유지분을 포기한다는 의사표시를 하였으나, 그에 따른 지분이전등기가 마쳐지기 전에 甲이 사망하여 상속인 丙이 단독상속하는 한편, 乙의 1/2 지분에 대한 강제경매절차가 진행되어 丁이 지분을 취득하였다면, 丁은 甲의 상속인 丙에게 甲의 종전 1/2 지분에 관한 지분이전등기절차의 이행을 구할 수 있다.

해 설

① (○) : 공유물의 소수지분권자가 다른 공유자와 협의 없이 공유물의 전부 또는 일부를 독점적으로 점유·사용하고 있는 경우 다른 소수지분권자는 **공유물의 보존행위로서 그 인도를 청구**할 수는 없고, 다만 **자신의 지분권에 기초하여 공유물에 대한 방해 상태를 제거하거나 공동 점유를 방해하는 행위의 금지 등을 청구**할 수 있다고 보아야 한다(대판 2020. 5. 21, 2018다287522 전원합의체). ☞ 엄격하게 보면 판례는 방해배제청구의 근거를 '보존행위'로서가 아니라 '지분권에 기초하여' 행사할 수 있다고 하였지만, 지문과 같은 사안에서 방해배제청구도 이론적으로 보존행위에 해당할 수 있다는 점에서 출제자는 맞는 지문으로 출제하였다.

② (○) : 과반수 지분의 공유자는 공유자와 사이에 미리 공유물의 관리방법에 관하여 협의가 없었다 하더라도 공유물의 관리에 관한 사항을 단독으로 결정할 수 있으므로 과반수 지분의 공유자는 그 공유물의 관리방법으로서 그 공유토지의 특정된 한 부분을 배타적으로 사용·수익할 수 있으나, 그로 말미암아 지분은 있으되 그 특정 부분의 사용·수익을 전혀 하지 못하여 손해를 입고 있는 소수지분권자에 대하여 그 지분에 상응하는 임료 상당의 부당이득을 하고 있다 할 것이므로 이를 반환할 의무가 있다 할 것이나, 그 **과반수 지분의 공유자로부터 다시 그 특정 부분의 사용·수익을 허락받은 제3자**의 점유는 다수지분권자의 공유물관리권에 터잡은 적법한 점유이므로 그 제3자는 소수지분권자에 대하여도 그 점유로 인하여 법률상 원인 없이 이득을 얻고 있다고는 볼 수 없다(대판 2002. 5. 14, 2002다9738).

③ (○) : 공유자 간의 공유물에 대한 사용수익·관리에 관한 특약은 공유자의 특정승계인에 대하여도 당연히 승계된다(대판 2005. 5. 12, 2005다1827).

④ (○) : 부동산의 공유자의 1인은 당해 부동산에 관하여 제3자 명의로 원인무효의 소유권보존등기가 경료되어 있는 경우 공유물에 관한 보존행위로서 제3자에 대하여 그 등기 전부의 말소를 구할 수 있다고 할 것이나, 그 제3자가 당해 부동산의 공유자 중의 1인인 경우에는 그 소유권보존등기는 동인의 공유지분에 관하여는 실체관계에 부합하는 등기라고 할 것이므로, 이러한 경우 공유자의 1인은 단독 명의로 등기를 경료하고 있는 공유자에 대하여 그 공유자의 공유지분을 제외한 나머지 공유지분 전부에 관하여만 소유권보존등기 말소등기절차의 이행을 구할 수 있다 할 것이다(대판 2006. 8. 24, 2006다32200).

정답 133. ⑤

⑤ (×) : 민법 제267조에서 공유지분의 포기는 법률행위로서 상대방 있는 단독행위에 해당하므로, 부동산 공유자의 공유지분 포기의 의사표시가 다른 공유자에게 도달하더라도 이로써 곧바로 공유지분 포기에 따른 물권변동의 효력이 발생하는 것은 아니고, 다른 공유자는 자신에게 귀속될 공유지분에 관하여 소유권이전등기청구권을 취득하며, 이후 민법 제186조에 의하여 등기를 하여야 공유지분 포기에 따른 물권변동의 효력이 발생한다. 그리고 부동산 공유자의 공유지분 포기에 따른 등기는 해당 지분에 관하여 다른 공유자 앞으로 소유권이전등기를 하는 형태가 되어야 한다(대판 2016. 10. 27, 2015다52978). ☞ 이 사건 부동산의 공유자인 甲이 다른 공유자 乙에 대하여 자신의 공유지분을 포기한다는 의사표시를 하였다고 하더라도 그에 따른 등기가 마쳐지지 않은 이상 곧바로 乙이 이 사건 지분에 관한 소유권을 취득하였다고 할 수는 없다. 그러나 甲의 지분 포기 의사표시로써 乙은 甲이나 그 상속인인 丙 등에 대하여 이 사건 지분에 관한 소유권이전등기청구권을 가지게 되었다. 반면 丁은 강제경매절차를 통하여 乙의 종전 지분만을 취득하였을 뿐 이 사건 지분에 관해서는 소유권은 물론 그에 관한 이전등기청구권 등 어떠한 권원도 취득하였다고 할 수 없다.

134 **공유에 관한 설명 중 옳은 것을 모두 고른 것은? (다툼이 있는 경우 판례에 의함)**

〈2022년 변호사시험〉

ㄱ. 구분소유적 공유관계에 있는 토지의 특정부분을 구분소유하는 자는 그 부분에 대하여 신탁적으로 지분등기를 가지고 있는 자를 상대로 그 부분에 대한 명의신탁해지를 원인으로 한 지분이전등기절차의 이행을 구할 수 있으나, 그 토지 전체에 대한 공유물분할청구의 소를 제기할 수는 없다.
ㄴ. 공유자 간의 공유물에 대한 사용·수익·관리에 관한 특약은 공유자의 특정승계인에 대하여도 당연히 승계되나, 공유지분권의 본질적 부분을 침해한다고 볼 수 있는 경우에는 특별한 사정이 없는 한 그러하지 아니하다.
ㄷ. 구분소유적 공유관계에 있는 토지에 대하여 공유자 이외의 제3자에 의한 방해가 있는 경우, 공유자 중 1인은 자기의 구분소유 부분뿐 아니라 전체토지에 대하여 위 방해의 배제를 구할 수 있다.
ㄹ. 토지의 과반수 지분의 공유자로부터 허락을 받아 토지 중 특정부분을 점유 및 사용하는 제3자는 소수지분권자에 대하여 부당이득반환의무를 부담한다.

① ㄱ, ㄷ ② ㄴ, ㄹ ③ ㄱ, ㄴ, ㄷ ④ ㄴ, ㄷ, ㄹ ⑤ ㄱ, ㄴ, ㄷ, ㄹ

해설

ㄱ. (○) : 상호명의신탁관계 내지 구분소유적 공유관계에서 건물의 특정부분을 구분소유하는 자는 그 부분에 대하여 신탁적으로 지분등기를 가지고 있는 자를 상대로 하여 그 특정 부분에 대한 **명의신탁 해지를 원인으로 한 지분이전등기절차의 이행**을 구할 수 있을 뿐 그 **건물 전체에 대한 공유물분할판결**을 구할 수는 없다(대판 2010. 5. 27, 2006다84171).

ㄴ. (○) : 공유물의 관리에 관한 사항은 공유자의 지분의 과반수로써 결정하고, 공유자간의 공유물에 대한 **사용수익·관리에 관한 특약**은 공유자의 **특정승계인에 대하여도 당연히 승계된**다고 할 것이나, 공유물에 관한 특약이 지분권자로서의 사용수익권을 사실상 포기하는 등으로 **공유지분권의 본질적 부분을 침해한다고 볼 수 있는 경우**에는 특정승계인이 그러한 사실을 알고도 공유지분권을 취득하였다는 등의 특별한 사정이 없는 한 특정승계인에게 **당연히 승계되는 것으로 볼 수는 없다**(대판 2009. 12. 10, 2009다54294).

정답 134. ③

> **[보충지문] 甲은 3/5, 乙과 丙은 각 1/5의 지분비율로 X 토지를 공유하고 있는 경우, 甲, 乙, 丙이 합의하여 甲, 乙은 X 토지의 사용·수익권을 영구히 포기하고 丙이 X 토지 전체를 무기한 무상으로 사용하기로 하였다면, 그 특약의 효력은 甲으로부터 공유지분을 취득한 丁이 그 사실을 알지 못한 경우에도 丁에 대하여 당연히 효력이 있다(×).** 〈2014년 사법시험〉

ㄷ. (○) : 1필지의 토지 중 일부를 특정하여 매수하고 다만 그 소유권이전등기는 그 필지 전체에 관하여 공유지분권이전등기를 한 경우에는 그 특정부분 이외의 부분에 관한 등기는 상호 명의신탁을 하고 있는 것으로서, 그 지분권자는 **내부관계**에 있어서는 특정부분에 한하여 소유권을 취득하고 이를 배타적으로 사용, 수익할 수 있고, 다른 구분소유자의 방해행위에 대하여는 소유권에 터잡아 그 배제를 구할 수 있으나, **외부관계**에 있어서는 1필지 전체에 관하여 공유관계가 성립되고 공유자로서의 권리만을 주장할 수 있는 것이므로, **제3자의 방해행위가 있는 경우에는 자기의 구분소유 부분뿐 아니라 전체토지에 대하여** 공유물의 보존행위로서 그 배제를 구할 수 있다(대판 1994. 2. 8, 93다42986).

ㄹ. (×) : 과반수 지분의 공유자는 공유자와 사이에 미리 공유물의 관리방법에 관하여 협의가 없었다 하더라도 공유물의 관리에 관한 사항을 단독으로 결정할 수 있으므로 **과반수 지분의 공유자는** 그 공유물의 관리방법으로서 그 공유토지의 특정된 한 부분을 배타적으로 사용·수익할 수 있으나, 그로 말미암아 지분은 있으되 그 특정 부분의 사용·수익을 전혀 하지 못하여 손해를 입고 있는 소수지분권자에 대하여 그 지분에 상응하는 **임료상당의 부당이득을 하고 있다 할 것이므로 이를 반환할 의무가 있다** 할 것이나, 그 **과반수 지분의 공유자로부터 다시 그 특정 부분의 사용·수익을 허락받은 제3자**의 점유는 다수지분권자의 공유물관리권에 터잡은 적법한 점유이므로 그 제3자는 **소수지분권자에 대하여도 그 점유로 인하여 법률상 원인 없이 이득을 얻고 있다고는 볼 수 없다**(대판 2002. 5. 14, 2002다9738).

135 **甲과 乙은 각 1/2의 지분으로 X 건물을 공유하고 있다. X 건물은 丙 소유의 Y 토지 위에 건축되어 있다. 이에 관한 설명 중 옳지 않은 것은? (각 지문은 독립적이며, 다툼이 있는 경우 판례에 의함)** 〈2024년 변호사시험〉

① 甲은 특별한 사정이 없는 한 자신의 지분 범위 내에서만 X 건물의 불법점유자에 대해서 손해배상이나 부당이득의 반환을 청구할 수 있다.
② 甲이 X 건물을 배타적으로 사용하더라도 乙은 甲에게 X 건물의 인도를 청구할 수 없다.
③ X 건물이 Y 토지 위에 무단으로 건축된 경우, 丙은 X 건물을 단독으로 점유하고 있는 甲을 상대로 甲의 지분 범위 내에서 X 건물의 철거를 청구할 수 있지만, X 건물에서 퇴거할 것을 청구할 수는 없다.
④ 甲과 乙이 X 건물을 일주일씩 교대로 사용하기로 하는 약정을 하였다면, 특별한 사정이 없는 한 그 약정은 乙의 지분을 양도받은 특정승계인 丁에게 승계된다.
⑤ 甲이 X 건물의 보수를 위하여 戊와 보수공사계약을 체결한 경우에 甲이 공사대금을 지급하지 않는다면 戊는 乙에게 지분 범위 내에서 공사대금을 부당이득으로 반환청구할 수 있다.

해 설

① (○) : 공유물에 끼친 불법행위를 이유로 하는 손해배상청구권은 특별한 사유가 없는 한 각 공유자가 지분에 대응하는 비율의 한도내에서만 이를 행사할 수 있다(대판 1970. 4. 14, 70다171). ☞ 부당이득반환청구도 마찬가지이다.

② (○) : 공유물의 소수지분권자가 다른 공유자와 협의 없이 공유물의 전부 또는 일부를 독점적으로 점유·사용하고 있는 경우 다른 소수지분권자는 공유물의 보존행위로서 그 인도를 청구할 수는 없고, 다만 자신의 지분권

정 답 135. ⑤

에 기초하여 공유물에 대한 방해 상태를 제거하거나 공동 점유를 방해하는 행위의 금지 등을 청구할 수 있다[대판(전합) 2020. 5. 21, 2018다287522].

③ (○) : 건물 소유자가 건물의 소유를 통하여 타인 소유의 토지를 점유하고 있다고 하더라도 토지 소유자로서는 건물의 철거와 대지 부분의 인도를 청구할 수 있을 뿐, 자기 소유의 건물을 점유하고 있는 사람에 대하여 건물에서 퇴거할 것을 청구할 수 없다. **이러한 법리는 건물이 공유관계에 있는 경우에 건물의 공유자에 대해서도 마찬가지로 적용된다**. 그 이유는 다음과 같다. ① 모든 공유자는 공유물 전부를 지분의 비율로 사용·수익할 수 있다(민법 제263조). 공유자가 공유물에 대하여 가지는 공유지분권은 소유권의 분량적 일부이지만 하나의 독립된 소유권과 같은 성질을 가지므로, 공유자는 소유권의 권능에 속하는 사용·수익권을 갖는다. 설령 공유자 중 1인이 공유물을 독점적으로 점유하여 사용·수익하고 있더라도, 공유자 아닌 제3자가 공유물을 무단으로 점유하는 것과는 다르다. 따라서 **공유자가 건물을 점유**하는 것은 **그 소유 지분과 관계없이 자기 소유의 건물에 대한 점유로 보아야 하고**, 소유 지분을 넘는 부분을 관념적으로 분리하여 그 부분을 타인의 점유라고 볼 수 없다. ② 토지 소유자는 토지 소유권에 기한 방해배제청구권의 행사로써 그 지상 건물의 철거와 해당 토지의 인도를 구할 수 있을 뿐이고 건물의 점유 자체를 회복하거나 건물에 관한 공유자의 사용관계를 정할 권한이 없다. 토지 소유자로 하여금 그 지상 건물 공유자를 상대로 퇴거 청구를 할 수 있도록 허용한다면 토지 소유자가 건물의 점유 자체를 회복하도록 하거나 해당 건물에 관한 공유자의 사용관계를 임의로 정하게 하는 결과를 가져오게 된다. ③ 소유 지분의 범위에서 철거를 명하는 확정판결을 받은 공유자가 계속하여 건물을 점유하는 것은 토지 소유자가 건물 전체의 철거를 명하는 확정판결을 받지 못하여 철거집행이 불가능한 상황에 따른 반사적 효과에 지나지 않는다. 토지 소유자로서는 건물 전체에 대하여 철거에 관한 집행권원을 확보하여 곧바로 집행에 들어가거나 철거집행 전까지 토지 점유에 관한 부당이득반환 등을 청구하는 방법으로 권리구제를 받을 수 있다(대판 2022. 6. 30, 2021다276256).

④ (○) : 공유물의 관리에 관한 사항은 공유자의 지분의 과반수로써 결정하고, 공유자간의 공유물에 대한 사용수익·관리에 관한 특약은 공유자의 특정승계인에 대하여도 당연히 승계된다고 할 것이나, 공유물에 관한 특약이 지분권자로서의 사용수익권을 사실상 포기하는 등으로 공유지분권의 본질적 부분을 침해한다고 볼 수 있는 경우에는 특정승계인이 그러한 사실을 알고도 공유지분권을 취득하였다는 등의 특별한 사정이 없는 한 특정승계인에게 당연히 승계되는 것으로 볼 수는 없다(대판 2009.12.10, 2009다54294).

⑤ (×) : 계약상의 급부가 계약의 상대방뿐만 아니라 제3자의 이익으로 된 경우에 급부를 한 계약당사자가 계약 상대방에 대하여 계약상의 반대급부를 청구할 수 있는 이외에 그 제3자에 대하여 직접 부당이득반환청구를 할 수 있다고 보면, 자기 책임하에 체결된 계약에 따른 위험부담을 제3자에게 전가시키는 것이 되어 계약법의 기본원리에 반하는 결과를 초래할 뿐만 아니라, 채권자인 계약당사자가 채무자인 계약 상대방의 일반채권자에 비하여 우대받는 결과가 되어 일반채권자의 이익을 해치게 되고, 수익자인 제3자가 계약 상대방에 대하여 가지는 항변권 등을 침해하게 되어 부당하므로, 위와 같은 경우 계약상의 급부를 한 계약당사자는 이익의 귀속 주체인 제3자에 대하여 직접 부당이득반환을 청구할 수는 없다고 보아야 한다(대판 2002. 8. 23, 99다66564, 66571).

☞ 공유자 중 1인으로부터 건물에 관한 공사를 도급받아 공사를 완료한 자로서는 다른 공유자 중 1인에 대하여 직접 부당이득반환을 청구하거나 유익비상환을 청구할 수 없다고 본 판례.

136 **甲과 乙은 1/2씩 대금을 출연하여 丙으로부터 A 토지를 매수하고, 각자의 지분을 1/2씩으로 하여 A 토지에 대한 공유의 소유권이전등기를 마쳤다. 다음 설명 중 옳은 것은? (다툼이 있는 경우에는 판례에 의함)** 〈2011년 사법시험〉

① 甲이 乙의 동의 없이 A 토지를 丁에게 매도하고, 乙의 등기필증 등을 소지하고 있음을 이용하여 A 토지 전부의 소유권이전등기를 해준 경우, 乙은 甲의 공유지분에 대하여도 丁에게 소유권이전등기의 말소를 구할 수 있다.

정답 136. ③

② 甲이 乙의 동의 없이 A 토지를 丁에게 임대하여 임대차보증금을 수령한 경우, 乙은 甲에게 임대차보증금 자체의 1/2을 부당이득으로서 반환청구할 수 있다.
③ 丁이 무단으로 A 토지를 점유하는 경우, 甲이 丁에게 A 토지의 반환을 청구하기 위해서는 甲의 지분권 외에 乙의 지분권도 함께 주장하여야 할 필요가 없다.
④ 丁이 무단으로 A 토지를 점유하여 사용·수익한 경우, 甲과 乙은 丁에 대하여 불법행위로 인한 손해배상 내지 부당이득반환을 청구할 수 있는데, 이들 권리는 불가분채권에 속한다.
⑤ 甲의 지분에 丁의 저당권이 설정된 후 甲과 乙이 협의에 의해 A 토지를 X·Y 토지로 분할하여 X 토지는 甲, Y 토지는 乙 소유로 한 경우, 丁의 저당권은 원칙적으로 X 토지에만 존속하게 된다.

해 설

①(×) : 공유자 중 1인이 다른 공유자의 동의 없이 그 공유 토지의 특정부분을 매도하여 타인 명의로 소유권이전등기가 마쳐졌다면, 그 매도 부분 토지에 관한 소유권이전등기는 처분공유자의 공유지분 범위 내에서는 실체관계에 부합하는 유효한 등기라고 보아야 한다(대판 1994. 12. 2, 93다1596).
②(×) : 부동산의 1/7 지분 소유자에 불과한 피고가 원고의 동의없이 위 부동산을 타에 임대하여 위와 같이 임대차보증금을 수령하였다면, 이로 인한 수익 중 피고의 지분을 초과하는 부분인 원고 공유지분에 대하여는 피고가 법률상 원인없이 취득한 부당이득이 되어 이를 반환할 의무가 있고, 또한 피고의 위 무단임대행위는 원고의 공유지분의 사용, 수익을 침해한 불법행위가 성립되어 피고는 그 손해를 배상할 의무가 있다고 설시한 다음, 다만 그 반환 또는 배상의 범위는 위 부동산의 임대차로 인한 차임상당액이라 할 것이므로 원고로서는 위 부동산의 차임상당액을 구함은 별론으로 하고 위 부동산의 임대차보증금 자체에 대한 원고의 지분비율 상당액의 반환 또는 배상을 구할 수는 없다(대판 1991. 9. 24, 91다23639).
③(○) : 판례의 보존행위 이론에 따라 단독으로 전부의 반환을 청구할 수 있다(대판 2005. 9. 29, 2003다40651 등).
④(×) : 토지공유자는 특별한 사정이 없는 한 그 지분에 대응하는 비율의 범위 내에서만 그 차임상당의 부당이득금반환의 청구권을 행사할 수 있다(대판 1979. 1. 30, 78다2088). ☞ 따라서 불가분채권이 아닌 분할채권으로 보아야 한다.
⑤(×) : 甲의 지분에 丁의 저당권이 설정된 후 甲과 乙이 협의에 의해 A 토지를 X·Y 토지로 분할하여 X 토지는 甲, Y 토지는 乙 소유로 한 경우, 丁의 저당권은 원칙적으로 X 토지에만 존속하는 것이 아니다(즉 집중하지 않는다). 판례에 의하면 종전의 지분의 범위내에서 분할된 각개의 물건 위에 존속한다(대판 1989. 8. 8, 88다카24868).

137 **甲교회(비법인사단)의 목사 丙은 교인총회를 소집하여 결의권자 중 1/2의 동의를 얻어 소속 교단 및 교회로부터 탈퇴를 선언하고 새로운 교회의 명칭을 乙교회(비법인사단)로 하였다. 그리고 乙교회는 甲교회의 소유명의로 되어 있던 교회건물에 대한 허위의 매매계약서를 작성하여 乙교회 명의로 소유권이전등기를 마쳤다(다만, 甲교회에는 교회운영에 관한 자치규범이 있으며, 그 규범에는 자치규범의 변경 및 해산에 관한 별도의 의결정족수를 규정하고 있지 않음). 이 사례에 관한 설명 중 옳은 것을 모두 고른 것은? (다툼이 있는 경우에는 판례에 의함)**

〈2011년 사법시험〉

ㄱ. 교회건물은 甲교회의 잔류교인들과 乙교회의 교인들의 총유에 속한다.
ㄴ. 乙교회의 교인들도 교회건물을 사용할 수 있다.
ㄷ. 교회건물은 甲교회와 乙교회의 공유가 된다.

정답 137. ④

ㄹ. 교회건물은 甲교회의 잔류교인들의 총유에 속한다.
ㅁ. 甲교회의 교인총회에서 결의권자의 3/4 이상의 동의를 얻어야 소속 교단으로부터의 탈퇴가 법적으로 유효하다.

① ㄱ, ㄴ ② ㄴ, ㄷ ③ ㄱ, ㅁ ④ ㄹ ⑤ ㄹ, ㅁ

해설

ㄱ (×), ㄴ (×), ㄷ (×), ㄹ (○), ㅁ (×) : 변경 전 판례의 태도는 "동일교단에 소속되어 있던 교회의 일부교인들이 종전의 소속교단에 계속 남아 있기로 하는 데 반하여 나머지 교인들이 교회의 소속교단을 변경하기로 결의하여 새로운 교단에 가입한 경우 종전교회는 새로운 교단에 소속된 교회와 잔류교인들로 이루어진 종전교단에 소속된 교회의 2개로 분열되었다 할 것이다. 하나의 교회가 2개의 교회로 분열된 경우 종전교회의 재산은 분열 당시 교인들의 총유에 속하고, 교인들은 각 교회활동의 목적범위 내에서 총유권의 대상인 교회재산을 사용수익할 수 있다(대판 1993. 1. 19, 91다1226 전원합의체)."고 하였으나, 이러한 판례의 태도에 따르면 분열된 후에도 양쪽 모두가 종전 교회재산을 사용 수익할 수 있다고 하여 분쟁이 종국적으로 해결되지 않는다는 문제가 있었다. 이에 판례는 이러한 태도를 변경하여 "우리 민법이 사단법인에 있어서 구성원의 탈퇴나 해산은 인정하지만 사단법인의 구성원들이 2개의 법인으로 나뉘어 각각 독립한 법인으로 존속하면서 종전 사단법인에게 귀속되었던 재산을 소유하는 방식의 사단법인의 분열은 인정하지 아니한다. 그 법리는 법인 아닌 사단에 대하여도 동일하게 적용되며, 법인 아닌 사단의 구성원들의 집단적 탈퇴로써 사단이 2개로 분열되고 분열되기 전 사단의 재산이 분열된 각 사단들의 구성원들에게 각각 총유적으로 귀속되는 결과를 초래하는 형태의 법인 아닌 사단의 분열은 허용되지 않는다. 일부 교인들이 교회를 탈퇴하여 그 교회 교인으로서의 지위를 상실하게 되면 탈퇴가 개별적인 것이든 집단적인 것이든 이와 더불어 종전 교회의 총유 재산의 관리처분에 관한 의결에 참가할 수 있는 지위나 그 재산에 대한 사용·수익권을 상실하고, 종전 교회는 잔존 교인들을 구성원으로 하여 실체의 동일성을 유지하면서 존속하며 종전 교회의 재산은 그 교회에 소속된 잔존 교인들의 총유로 귀속됨이 원칙이나, 소속 교단에서의 탈퇴 내지 소속 교단의 변경은 사단법인 정관변경에 준하여 의결권을 가진 교인 2/3 이상의 찬성에 의한 결의를 필요로 하므로 만약 그 결의요건을 갖추어 소속 교단을 탈퇴하거나 다른 교단으로 변경한 경우에 종전 교회의 실체는 이와 같이 교단을 탈퇴한 교회로서 존속하고 종전 교회 재산은 위 탈퇴한 교회 소속 교인들의 총유로 귀속된다(대판 2006. 4. 20, 2004다37775 전원합의체)."고 하였다.

보충지문

138 타인의 농지를 권원 없이 경작한 경우 그 농작물은 경작자의 소유에 귀속되는데, 두 사람이 서로 자기에게 경작권이 있다며 동일한 농지를 공동으로 권원 없이 경작한 경우, 먼저 명인방법을 갖춘 사람이 그 농작물의 소유권을 취득한다. 〈2013년 사법시험〉

해설 타인의 농지를 가사 권원 없이 경작을 하였다 하여도 그 경작으로 인한 입도는 그 경작자의 소유에 귀속되고, 피차 자기에게 경작권이 있다 하여 동일한 농지를 서로 경작함으로써 결국 동일한 농지를 공동경작을 한 경우에는 그 입도에 대한 소유권은 위의 공동경작자의 공유에 속한다고 할 것이다(대판 1967. 7. 11, 67다893).

정답 138. (×)

139 **각 공유자는 자기 지분을 자유롭게 처분할 수 있다.** 〈2015년 감정평가사〉

해 설 민법 제263조 참조

140-1 **공유자 간의 공유물에 대한 사용수익·관리에 관한 특약은 공유자의 특정승계인에 대하여도 당연히 승계된다.** 〈2015년 법무사〉

140-2 **공유자 간의 공유물에 대한 사용·수익에 관한 특약은 공유자의 특정승계인에 대하여도 승계되고, 특약 후에 공유자에 변경이 있고 특약을 변경할 만한 사정이 있는 경우에는 공유자의 지분의 과반수의 결정으로 기존 특약을 변경할 수 있다.** 〈2006년 사법시험〉

해 설 공유자 간의 공유물에 대한 사용수익·관리에 관한 특약은 공유자의 특정승계인에 대하여도 당연히 승계된다고 할 것이나, 민법 제265조는 "공유물의 관리에 관한 사항은 공유자의 지분의 과반수로써 결정한다." 라고 규정하고 있으므로, 위와 같은 특약 후에 공유자에 변경이 있고 특약을 변경할 만한 사정이 있는 경우에는 공유자의 지분의 과반수의 결정으로 기존 특약을 변경할 수 있다(대판 2005. 5. 12, 2005다1827).

141-1 **공유물의 임대는 공유자의 과반수로 결정한다.** 〈2015년 감정평가사〉

141-2 **부동산의 2/5 지분 소유권자가 다른 공유자의 동의 없이 그 부동산을 타인에게 임대하여 임대차보증금을 수령하였다면, 이와 같은 임대행위는 다른 공유지분권자의 사용·수익을 침해한 것으로 불법행위가 성립된다.** 〈2008년 사법시험〉

해 설 공유물의 임대는 관리행위로서 '공유자의 과반수'가 아닌 '공유지분의 과반수'로 결정한다(제265조). 따라서 과반수의 지분에 이르지 못하는 소수지분권자가 공유물을 임대하는 행위는 다른 공유자에 대하여 불법행위가 된다.

142 **공유토지에 관하여 점유취득시효가 완성된 후 취득시효 완성 당시의 공유자들 일부로부터 과반수에 미치지 못하는 소수 지분을 양수 취득한 제3자는 나머지 과반수 지분에 관하여 취득시효에 의한 소유권이전등기를 경료받아 과반수 지분권자가 될 지위에 있는 시효취득자(점유자)에 대하여 지상 건물의 철거와 토지의 인도 등 점유배제를 청구할 수 없다.** 〈2015년 법무사〉

해 설 대판 2001. 11. 27, 2000다33638 참조

143 **소수지분권자가 다른 공유자의 동의 없이 공유물을 배타적으로 점유하는 경우, 다른 소수지분권자는 그 점유자를 상대로 보존행위에 기하여 공유물의 인도를 청구할 수 없다.** 〈2015년 감정평가사〉

해 설 (가) 공유물의 소수지분권자인 피고가 다른 공유자와 협의하지 않고 공유물의 전부 또는 일부를 독점적으로 점유하는 경우 다른 소수지분권자인 원고가 피고를 상대로 **공유물의 인도를 청구**할 수는 없다고 보아야 한다. 상세한 이유는 다음과 같다.
① 공유자 중 1인인 피고가 공유물을 독점적으로 점유하고 있어 다른 공유자인 원고가 피고를 상대로 공유물의 인도를 청구하는 경우, 그러한 행위는 공유물을 점유하는 피고의 이해와 충돌한다. 애초에 보존행위를 공유자 중 1인이 단독으로 할 수 있도록 한 것은 보존행위가 다른 공유자에게도 이익이 되기 때문이라는 점을 고려하

정 답 139. (○) 140-1. (○) 140-2. (○) 141-1. (×) 141-2. (○) 142. (○) 143. (○)

면, 이러한 행위는 민법 제265조 단서에서 정한 보존행위라고 보기 어렵다.
② 피고가 다른 공유자를 배제하고 단독 소유자인 것처럼 공유물을 독점하는 것은 위법하지만, 피고는 적어도 자신의 지분 범위에서는 공유물 전부를 점유하여 사용·수익할 권한이 있으므로 피고의 점유는 지분비율을 초과하는 한도에서만 위법하다고 보아야 한다. 따라서 피고가 공유물을 독점적으로 점유하는 위법한 상태를 시정한다는 명목으로 원고의 인도청구를 허용한다면, 피고의 점유를 전면적으로 배제함으로써 피고가 적법하게 보유하는 '지분비율에 따른 사용·수익권'까지 근거 없이 박탈하는 부당한 결과를 가져온다.
③ 원고의 피고에 대한 물건 인도청구가 인정되려면 먼저 원고에게 인도를 청구할 수 있는 권원이 인정되어야 한다. 원고에게 그러한 권원이 없다면 피고의 점유가 위법하더라도 원고의 청구를 받아들일 수 없다. 그런데 원고 역시 피고와 마찬가지로 소수지분권자에 지나지 않으므로 원고가 공유자인 피고를 전면적으로 배제하고 자신만이 단독으로 공유물을 점유하도록 인도해 달라고 청구할 권원은 없다.
④ 공유물에 대한 인도 판결과 그에 따른 집행의 결과는 원고가 공유물을 단독으로 점유하며 사용·수익할 수 있는 상태가 되어 '일부 소수지분권자가 다른 공유자를 배제하고 공유물을 독점적으로 점유'하는 인도 전의 위법한 상태와 다르지 않다.
⑤ 원고는 공유물을 독점적으로 점유하면서 원고의 공유지분권을 침해하고 있는 피고를 상대로 **지분권에 기한 방해배제청구권**을 행사함으로써 피고가 자의적으로 공유물을 독점하고 있는 위법 상태를 충분히 시정할 수 있다. 따라서 피고의 독점적 점유를 시정하기 위해 종래와 같이 피고로부터 공유물에 대한 점유를 빼앗아 원고에게 인도하는 방법, 즉 피고의 점유를 원고의 점유로 대체하는 방법을 사용하지 않더라도, 원고는 피고의 위법한 독점적 점유와 방해 상태를 제거하고 공유물이 본래의 취지에 맞게 공유자 전원의 공동 사용·수익에 제공되도록 할 수 있다.
(나) 공유자들은 공유물의 소유자로서 공유물 전부를 사용·수익할 수 있는 권리가 있고(민법 제263조), 이는 공유자들 사이에 공유물 관리에 관한 결정이 없는 경우에도 마찬가지이다. 공유물을 일부라도 독점적으로 사용할 수 없는 등 사용·수익의 방법에 일정한 제한이 있다고 하여, 공유자들의 사용·수익권이 추상적·관념적인 것에 불과하다거나 공유물 관리에 관한 결정이 없는 상태에서는 구체적으로 실현할 수 없는 권리라고 할 수 없다. 공유자들 사이에 공유물 관리에 관한 결정이 없는 경우 공유자가 다른 공유자를 배제하고 공유물을 독점적으로 점유·사용하는 것은 위법하여 허용되지 않지만, 다른 공유자의 사용·수익권을 침해하지 않는 방법으로, 즉 비독점적인 형태로 공유물 전부를 다른 공유자와 함께 점유·사용하는 것은 자신의 지분권에 기초한 것으로 적법하다. 일부 공유자가 공유물의 전부나 일부를 독점적으로 점유한다면 이는 다른 공유자의 지분권에 기초한 사용·수익권을 침해하는 것이다. 공유자는 자신의 지분권 행사를 방해하는 행위에 대해서 **민법 제214조에 따른 방해배제청구권**을 행사할 수 있고, 공유물에 대한 지분권은 공유자 개개인에게 귀속되는 것이므로 공유자 각자가 행사할 수 있다. 원고는 공유물의 종류(토지, 건물, 동산 등), 용도, 상태(피고의 독점적 점유를 전후로 한 공유물의 현황)나 당사자의 관계 등을 고려해서 원고의 공동 점유를 방해하거나 방해할 염려 있는 피고의 행위와 방해물을 구체적으로 특정하여 방해의 금지, 제거, 예방(작위·부작위의무의 이행)을 청구하는 형태로 청구취지를 구성할 수 있다. 법원은 이것이 피고의 방해 상태를 제거하기 위하여 필요하고 원고가 달성하려는 상태가 공유자들의 공동 점유 상태에 부합한다면 이를 인용할 수 있다.
(다) 이와 같이 공유물의 소수지분권자가 다른 공유자와 협의 없이 공유물의 전부 또는 일부를 독점적으로 점유·사용하고 있는 경우 다른 소수지분권자는 **공유물의 보존행위로서 그 인도를 청구**할 수는 없고, 다만 **자신의 지분권에 기초하여 공유물에 대한 방해 상태를 제거하거나 공동 점유를 방해하는 행위의 금지 등을 청구**할 수 있다고 보아야 한다(대판 2020. 5. 21, 2018다287522 전원합의체). ☞ 이와 달리 공유물의 소수지분권자가 다른 공유자와 협의 없이 공유물의 전부 또는 일부를 독점적으로 점유하고 있는 경우 다른 소수지분권자가 공유물에 대한 보존행위로서 그 인도를 청구할 수 있다고 판단한 대법원 1966. 4. 19. 선고 65다2033 판결 등은 이 판결의 견해에 배치되는 범위에서 이를 변경하기로 한다.
[사실관계] 丙과 丁은 이 사건 토지 중 각 1/2 지분을 공유하고 있던 중 사망하였다. 甲은 丙의 상속인으로서 이

사건 토지 중 丙의 지분 전체에 관하여 1992. 11. 28. 소유권이전등기를 마쳤다. 乙은 丁의 장남으로서, 丁이 1995년경 사망하면서 丁의 재산을 상속하였다. 乙은 2011년경부터 현재까지 이 사건 토지 일부에 소나무를 심어 그 부분 토지를 독점적으로 점유하고 있다. 甲은 이 사건 토지의 소수지분권자로서, 그 토지 중 소나무 식재 부분을 독점적으로 점유하는 또 다른 소수지분권자인 乙을 상대로 토지의 인도를 청구할 수 없다. 다만 甲은 지분권에 기초한 방해배제로서 공유 토지 위에 심어진 소나무 등 지상물의 수거를 청구할 수 있다.

144 공유자는 각자 보존행위를 할 수 있으나, 보존행위가 소송행위인 경우에는 특별한 사정이 없는 한 단독으로 할 수 없다. 〈2018년 변호사시험〉

해 설 원래 공유자의 지분권은 목적물전부에 미치는 것이어서 지분권자는 목적물전부에 대한 방해배제청구권을 가질 수 있는 이치라 할 것이며, 이 방해해제는 방해 없는 상태로의 복귀를 의미하는 것이어서 보존행위에 해당하는 것이라 할 것이므로, 공유자 각자가 건물에 대한 방해배제를 사실행위로나 소송행위로나 청구할 수 있다(대판 1968. 9. 17, 68다1142, 68다1143).

145 공유물의 보존행위는 공유자 각자가 단독으로 할 수 있으나, 공유자 일부가 제3자를 상대로 다른 공유자 지분의 확인을 구하거나 다른 공유자의 지분권을 대외적으로 주장하는 것은 보존행위에 속한다고 할 수 없다. 〈2019년 법원행시〉

해 설 [1] 공유자의 지분은 다른 공유자의 지분에 의하여 일정한 비율로 제한을 받는 것을 제외하고는 독립한 소유권과 같은 것으로 공유자는 그 지분을 부인하는 제3자에 대하여 각자 그 지분권을 주장하여 지분의 확인을 소구하여야 하는 것이고, 공유자 일부가 제3자를 상대로 다른 공유자의 지분의 확인을 구하는 것은 타인의 권리관계의 확인을 구하는 소에 해당한다고 보아야 할 것이므로 그 타인 간의 권리관계가 자기의 권리관계에 영향을 미치는 경우에 한하여 확인의 이익이 있다고 할 것이며, 공유물 전체에 대한 소유관계 확인도 이를 다투는 제3자를 상대로 공유자 전원이 하여야 하는 것이지 공유자 일부만이 그 관계를 대외적으로 주장할 수 있는 것이 아니므로, 아무런 특별한 사정이 없이 다른 공유자의 지분의 확인을 구하는 것은 확인의 이익이 없다.
[2] 공유자가 다른 공유자의 지분권을 대외적으로 주장하는 것을 공유물의 멸실·훼손을 방지하고 공유물의 현상을 유지하는 사실적·법률적 행위인 공유물의 보존행위에 속한다고 할 수 없다(대판 1994. 11. 11, 94다35008).

146 면적이 900㎡인 토지를 甲, 乙, 丙이 균등한 지분으로 공유하고 있는데, 甲이 그 중 특정부분 300㎡를 다른 공유자와 협의 없이 점유하여 배타적으로 사용하고 있는 경우, 乙과 丙은 甲에게 그 점유 부분에 관하여 자기 지분에 상응하는 부당이득의 반환을 청구할 수 있다. 〈2010년 사법시험〉

해 설 토지의 공유자는 각자의 지분비율에 따라 토지 전체를 사용·수익할 수 있지만, 그 구체적인 사용·수익방법에 관하여 공유자들 사이에 지분 과반수의 합의가 없는 이상, 1인이 특정부분을 배타적으로 점유·사용할 수 없는 것이므로, 공유자 중의 일부가 특정부분을 배타적으로 점유·사용하고 있다면, 그들은 비록 그 특정부분의 면적이 자신들의 지분비율에 상당하는 면적범위 내라고 할지라도, 다른 공유자들 중 지분은 있으나 사용·수익은 전혀 하지 않고 있는 자에 대하여는 그 자의 지분에 상응하는 부당이득을 하고 있다고 보아야 할 것인바, 이는 모든 공유자는 공유물 전부를 지분의 비율로 사용·수익할 권리가 있기 때문이다(대판 2006. 11. 24, 2006다49307, 49314등).

정답 144. (×) 145. (○) 146. (○)

147 **부동산의 과반수 공유지분을 가진 자는 공유물의 관리에 관한 사항을 단독으로 결정할 수 있으므로, 공유토지의 특정부분을 배타적으로 사용수익 할 것을 정할 수 있고, 그 특정부분이 과반수 공유지분권자의 지분비율에 상당하는 면적의 범위 내라면 그 특정부분을 사용하지 못하게 된 다른 소수지분권자에 대해서 부당이득이 되지 않는다.** 〈2019년 법원행시〉

해설 공유건물에 관하여 과반수 공유지분을 가진 자가 그 공유토지의 특정된 한 부분을 배타적으로 사용·수익할 것을 정하는 것은 공유물의 관리방법으로서 적법하며, 이 경우 그 특정된 한 부분이 그 지분비율에 상당하는 면적의 범위 내라 해도 위 부동산을 전혀 사용수익하지 아니하고 있는 다른 공유자에 대하여 그 지분에 상응하는 부당이득반환의무가 있다(대판 2014. 2. 27, 2011다42430; 대판 1991. 9. 24, 88다카33855).

148-1 **공유자는 내부적 관계에서 지분의 비율로 공유물의 관리비용 기타 의무를 부담한다.** 〈2015년 감정평가사〉

148-2 **甲과 乙은 X토지를 공유하고 있는데, 乙이 관리비용 기타 의무이행을 6개월 이상 지체한 때에는 甲은 상당한 가액으로 乙의 지분을 매수할 수 있다.** 〈2016년 법원행시〉

해설 민법 제266조(공유물의 부담) ① 공유자는 그 지분의 비율로 공유물의 관리비용 기타 의무를 부담한다. ② 공유자가 1년 이상 전항의 의무이행을 지체한 때에는 다른 공유자는 상당한 가액으로 지분을 매수할 수 있다. ☞ 6개월이 아니라 1년 이상이어야 한다.

149-1 **공유자 1인이 포기한 지분은 다른 공유자에게 각 지분의 비율로 귀속한다.** 〈2015년 감정평가사〉

149-2 **토지 공유자의 공유지분 포기에 따른 등기는 해당 지분에 관하여 다른 공유자 앞으로 소유권이전등기를 하는 형태가 되어야 한다.** 〈2018년 감정평가사〉

해설 민법 제267조는 "공유자가 그 지분을 포기하거나 상속인 없이 사망한 때에는 그 지분은 다른 공유자에게 각 지분의 비율로 귀속한다."라고 규정하고 있다. 여기서 공유지분의 포기는 법률행위로서 상대방 있는 단독행위에 해당하므로, 부동산 공유자의 공유지분 포기의 의사표시가 다른 공유자에게 도달하더라도 이로써 곧바로 공유지분 포기에 따른 물권변동의 효력이 발생하는 것은 아니고, 다른 공유자는 자신에게 귀속될 공유지분에 관하여 소유권이전등기청구권을 취득하며, 이후 민법 제186조에 의하여 등기를 하여야 공유지분 포기에 따른 물권변동의 효력이 발생한다. 그리고 부동산 공유자의 공유지분 포기에 따른 등기는 해당 지분에 관하여 다른 공유자 앞으로 소유권이전등기를 하는 형태가 되어야 한다(대판 2016. 10. 27, 2015다52978).

150 **건물의 공유자들이 부담하는 철거의무는 성질상 불가분채무라 할 것이어서 각 공유자가 건물 전체에 대한 철거의무를 부담하는 것이므로 공유자 전원을 피고로 삼지 않고 그 중 일부만을 피고로 하여서는 건물 전체의 철거를 구할 수 없다.** 〈2020년 법무사〉

해설 ① 공동상속인들의 건물철거의무는 그 성질상 불가분채무라고 할 것이고 각자 그 지분의 한도내에서 건물 전체에 대한 철거의무를 지는 것이다(대판 1980. 6. 24, 80다756). 그러나 ② 공유물의 반환 또는 철거에 관한 소송은 필요적 공동소송은 아니다(대판 1969. 7. 22, 69다609).

정답 147. (×) 148-1. (○) 148-2. (×) 149-1. (○) 149-2. (○) 150. (×)

151 공유물을 분할하기 위하여는 공유자 전원이 분할절차에 참여하여야 하므로, 그 분할절차에서 공유자의 일부가 제외된 공유물 분할은 효력이 없다. 〈2006년 사법시험〉

해설 공유물의 분할은 협의상의 분할이나 재판상의 분할이나를 막론하고 공유자 전원이 분할절차에 참여하여야 한다(대판 1968. 5. 21, 68다414, 415).

152-1 공유물을 공유자 간에 협의로 분할할 때에는 그 방법을 임의로 선택할 수 있다. 〈2017 법원행시〉

152-2 재판에 의한 공유물 분할은 각 공유자의 지분에 따른 합리적인 분할을 할 수 있는 한 현물분할을 하는 것이 원칙이다. 〈2017 법원행시〉

152-3 재판에 의하여 공유물을 분할하는 경우에는 법원은 현물로 분할하는 것이 원칙이고, 현물로 분할할 수 없거나 현물로 분할을 하게 되면 현저히 그 가액이 감손될 염려가 있는 때에 비로소 물건의 경매를 명하여 대금분할을 할 수 있는 것이다. 〈2016년 법무사〉

해설 공유물의 분할은 공유자 간에 협의가 이루어지는 경우에는 그 방법을 임의로 선택할 수 있으나 협의가 이루어지지 아니하여 재판에 의하여 공유물을 분할하는 경우에는 법원은 현물로 분할하는 것이 원칙이고, 현물로 분할할 수 없거나 현물로 분할을 하게 되면 현저히 그 가액이 감손될 염려가 있는 때에 비로소 물건의 경매를 명하여 대금분할을 할 수 있는 것이므로, 위와 같은 사정이 없는 한 법원은 각 공유자의 지분 비율에 따라 공유물을 현물 그대로 수 개의 물건으로 분할하고 분할된 물건에 대하여 각 공유자의 단독소유권을 인정하는 판결을 하여야 하는 것이며, 그 분할의 방법은 당사자가 구하는 방법에 구애받지 아니하고 법원의 재량에 따라 공유관계나 그 객체인 물건의 제반 상황에 따라 공유자의 지분 비율에 따른 합리적인 분할을 하면 된다(대판 2004. 7. 22, 2004다10183, 10190).

153 여러 사람이 공유하는 물건을 분할하는 경우에는 원칙적으로는 각 공유자가 취득하는 토지의 면적이 그 공유지분의 비율과 같도록 하여야 할 것이나, 반드시 그런 방법으로만 분할하여야 하는 것은 아니고, 제반 사정을 고려하여 경제적 가치가 지분 비율에 상응되도록 분할하는 것도 허용되며 일정한 요건이 갖추어진 경우에는 공유자 상호간에 금전으로 경제적 가치의 과부족을 조정하게 하여 분할을 하는 것도 현물분할의 한 방법으로 허용된다. 〈2016년 법무사〉

해설 [1] 토지를 분할하는 경우에는 원칙적으로는 각 공유자가 취득하는 토지의 면적이 그 공유지분의 비율과 같도록 하여야 하나, 반드시 그런 방법으로만 분할하여야 하는 것은 아니고, 토지의 형상이나 위치, 그 이용 상황이나 경제적 가치가 균등하지 아니할 때에는 이와 같은 제반 사정을 고려하여 경제적 가치가 지분 비율에 상응되도록 분할하는 것도 허용된다. [2] 토지를 현물분할함에 있어 일정한 요건이 갖추어진 경우에는 공유자 상호간에 금전으로 경제적 가치의 과부족을 조정하게 하여 분할을 하는 것도 현물분할의 한 방법으로 허용된다(대판 1997. 9. 9, 97다18219).

154-1 법원이 甲과 乙의 공유인 공유물을 분할함에 있어서, 제반사정을 고려하여 공유물을 甲 1인의 단독소유로 하고 甲으로 하여금 乙에 대하여 그 지분의 적정하고도 합리적인 가액을 배상시키는 방법에 의한 분할을 할 수도 있다. 〈2006년 사법시험〉

정답 151. (○) 152-1. (○) 152-2. (○) 152-3. (○) 153. (○) 154-1. (○)

154-2 **공유물을 공유자 중의 1인의 단독소유 또는 수인의 공유로 하되 현물을 소유하게 되는 공유자로 하여금 다른 공유자에 대하여 그 지분의 적정하고도 합리적인 가격을 배상시키는 방법에 의한 분할도 특별한 사정이 있는 때에는 현물분할의 하나로 허용된다.** 〈2017 법원행시〉

해 설 대판 2004. 10. 14, 2004다30583 참조

155 **재판에 의한 공유물분할에 있어 법원은 공유물분할을 청구하는 자가 바라는 방법에 따른 현물분할을 하는 것이 부적당하거나 이 방법에 따르면 그 가액이 현저히 감손될 염려가 있다면 대금분할을 명하여야 하고, 다른 방법에 의한 현물분할을 명하는 것은 가능하지 않다.** 〈2023년 법원행시〉

해 설 공유물분할의 소는 형성의 소이며, 법원은 공유물분할을 청구하는 자가 구하는 방법에 구애받지 아니하고 자유로운 재량에 따라 합리적인 방법으로 공유물을 분할할 수 있는 것이므로, 분할청구자가 바라는 방법에 따른 현물분할을 하는 것이 부적당하거나 이 방법에 따르면 그 가액이 현저히 감손될 염려가 있다고 하여 이를 이유로 막바로 대금분할을 명할 것은 아니고, 다른 방법에 의한 합리적인 현물분할이 가능하면 법원은 그 방법에 따른 현물분할을 명하는 것도 가능하다(대판 1991. 11. 12, 91다27228).

156 **공유물 분할청구자 지분의 일부에 대하여만 공유물 분할을 명하고 일부 지분에 대하여는 이를 분할하지 아니하고 공유관계를 유지하도록 하는 것도 재판상의 분할로 허용된다.** 〈2017 법원행시〉

해 설 공유물분할청구의 소는 형성의 소로서 법원은 공유물분할을 청구하는 원고가 구하는 방법에 구애받지 않고 재량에 따라 합리적 방법으로 분할을 명할 수 있으므로, 여러 사람이 공유하는 물건을 현물분할하는 경우에는 분할청구자의 지분 한도 안에서 현물분할을 하고 분할을 원하지 않는 나머지 공유자는 공유로 남게 하는 방법도 허용된다고 할 것이나, 그렇다고 하더라도 공유물분할을 청구한 공유자의 지분한도 안에서는 공유물을 현물 또는 경매·분할함으로써 공유관계를 해소하고 단독소유권을 인정하여야지, 그 분할청구자 지분의 일부에 대하여만 공유물 분할을 명하고 일부 지분에 대하여는 이를 분할하지 아니한 채 공유관계를 유지하도록 하는 것은 허용될 수 없다(대판 2010. 2. 25, 2009다79811).

157 **공유물분할청구의 소는 형성의 소로서 법원은 공유물분할을 청구하는 원고가 구하는 방법에 구애받지 않고 재량에 따라 합리적 방법으로 분할을 명할 수 있으므로, 분할청구자들이 그들 사이의 공유관계의 유지를 원하고 있지 아니한 경우에도 분할청구자들과 상대방 사이의 공유관계만 해소한 채 분할청구자들을 여전히 공유로 남기는 방식으로 현물분할을 하는 것도 허용될 수 있다.** 〈2016년 법무사〉

해 설 공유물분할청구의 소는 형성의 소로서 법원은 공유물분할을 청구하는 원고가 구하는 방법에 구애받지 않고 재량에 따라 합리적 방법으로 분할을 명할 수 있으므로, 여러 사람이 공유하는 물건을 현물분할하는 경우에는 분할청구자의 지분 한도 안에서 현물분할을 하고 분할을 원하지 않는 나머지 공유자는 공유로 남게 하는 방법도 허용되나, 그렇다고 하더라도 공유물분할을 청구한 공유자의 지분 한도 안에서는 공유물을 현물 또는 경매·분할함으로써 공유관계를 해소하고 단독소유권을 인정하여야지, 분할청구자들이 그들 사이의 공유관계의 유지를 원하고 있지 아니한데도 분할청구자들과 상대방 사이의 공유관계만 해소한 채 분할청구자들을 여전히 공유로 남기는 방식으로 현물분할을 하는 것은 허용될 수 없다(대판 2015. 7. 23, 2014다88888).

정 답 154-2. (○) 155. (×) 156. (×) 157. (×)

158 **공유자들 사이에서 특정 부분을 각각의 공유자들에게 배타적으로 귀속시키려는 의사의 합치가 이루어지지 않은 경우에는 구분소유적 공유관계가 성립할 여지가 없다.** 〈2015년 법무사〉

해설 공유자들 사이에서 특정 부분을 각각의 공유자들에게 배타적으로 귀속시키려는 의사의 합치가 이루어지지 않은 경우에는 구분소유적 공유관계가 성립할 여지가 없다(대판 2007. 4. 13, 2005다55930).

159~160 [공통사안] 甲과 乙은 X토지를 공동으로 매수하여 각 1/2씩 공유지분등기를 하면서, X토지 내의 위치 및 1/2의 면적을 특정하여 甲은 A부분을, 乙은 B부분을 배타적으로 각 사용·수익하기로 하였다.

159 **제3자 丙이 권원 없이 X토지 전체를 점유하고 있다면, 乙은 B부분뿐만 아니라 A부분에 대하여도 공유물의 보존행위로서 丙의 방해행위의 배제를 구할 수 있다.** 〈2019년 법원행시〉

해설 1필지의 토지 중 일부를 특정하여 매수하고 다만 그 소유권이전등기는 그 필지 전체에 관하여 공유지분권이전등기를 한 경우, 외부관계에 있어서는 1필지 전체에 관하여 공유관계가 성립되고 공유자로서의 권리만을 주장할 수 있는 것이므로, 제3자의 방해행위가 있는 경우에는 자기의 구분소유 부분뿐 아니라 전체토지에 대하여 공유물의 보존행위로서 그 배제를 구할 수 있다(대판 1994. 2. 8, 93다42986).

160 **제3자 丁이 권원 없이 A부분을 점유함으로써 법률상 원인 없이 그 임료 상당의 이익을 얻었다면, 甲은 丁에 대하여 A부분에 대한 임료 상당액 전부를 부당이득으로 구할 수 있다.** 〈2019년 법원행시〉

해설 토지 전부를 구분 특정하여 소유하고 있다고 하더라도 지분소유권이전등기가 경료되어 있는 이상 특별한 사정이 없는 한 공유자들 외의 제3자에 대한 관계에 있어서는 그 지분의 범위 내에서만 토지에 대한 권리를 행사할 수 있을 뿐이다(대판 1993. 11. 23, 93다22326). 따라서 A부분에 대한 임료 상당액 중 1/2만 부당이득으로 구할 수 있다.

161-1 **토지에 관하여 구분소유적 공유관계가 성립한 경우 그 공유자는 공유자임을 전제로 공유물분할을 청구할 수 있다.** 〈2015년 법무사〉

161-2 **구분소유적 공유관계에서 건물의 특정 부분을 구분소유하는 사람은 그 부분에 대하여 신탁적으로 지분등기를 가지고 있는 자를 상대로 하여 그 특정 부분에 대한 명의신탁해지를 원인으로 한 지분이전등기절차의 이행을 청구할 수 있다.** 〈2015년 법무사〉

해설 토지에 관하여 구분소유적 공유관계가 성립한 경우 그 공유자는 공유자임을 전제로 공유물분할을 청구하는 것이 아니라 그 특정부분에 대한 명의신탁해지를 원인으로 한 지분이전등기절차의 이행을 구하여야 한다(대판 2010. 5. 27, 2006다84171).

162 **甲, 乙, 丙은 X 토지를 공유하고 있으며, 각각의 지분비율은 4:2:1이다. 만약 甲, 乙, 丙이 위치와 면적을 특정하여 X를 구분소유하기로 약정한 후 乙이 X의 특정부분을 배타적으로 점유·사용하다가 그 부분이 독립한 필지로 분할되면서 그에 관해 단독명의로 소유권이전등기를 마쳤다면, 그 등기는 실체관계에 부합하는 것으로서 유효하고 乙은 위 분할된 부분에 대한 단독소**

정답 158. (○) 159. (○) 160. (×) 161-1. (×) 161-2. (○) 162. (○)

유권을 적법하게 취득한다. 〈2012년 변호사시험〉

해설 내부적으로는 토지의 특정 부분을 소유하나 등기부상으로는 공유지분을 가지는 이른바 구분소유적 공유관계에서 구분공유자 중 1인이 소유하는 부분이 후에 독립한 필지로 분할되고 그 구분공유자가 그 필지에 관하여 단독 명의로 소유권이전등기를 경료받았다면, 그 소유권이전등기는 실체관계에 부합하는 것으로서 유효하고, 그 구분공유자는 당해 토지에 대한 단독소유권을 적법하게 취득하게 되어, 결국 당해 구분공유자에 관한 한 이제 구분소유적 공유관계는 해소된다(대판 2009. 12. 24, 2008다71858).

163 매수인들이 상호 출자하여 공동사업을 경영할 것을 목적으로 하는 조합이 조합재산으로서 부동산의 소유권을 취득하였다면 당연히 그 조합체의 합유물이 되고, 다만 그 조합체가 합유등기를 하지 않고 그 대신 조합원 1인의 명의로 소유권이전등기를 하였다 하더라도 이는 조합원들 상호간의 합의에 따른 것으로 유효하고, 「부동산 실권리자명의 등기에 관한 법률」에 위반되는 명의신탁등기로 볼 수는 없다. 〈2009년 사법시험〉

해설 매수인들이 상호 출자하여 공동사업을 경영할 것을 목적으로 하는 조합이 조합재산으로서 부동산의 소유권을 취득하였다면 민법 제271조 제1항의 규정에 의하여 당연히 그 조합체의 합유물이 되고, 다만 그 조합체가 합유등기를 하지 아니하고 그 대신 조합원 1인의 명의로 소유권이전등기를 하였다면 이는 조합체가 그 조합원에게 명의신탁한 것으로 보아야 한다(대판 2006. 4. 13, 2003다25256). ☞ 원칙적으로 「부동산 실권리자명의 등기에 관한 법률」에 위반되어 무효이다.

164 조합원의 출자 기타 조합재산은 조합원의 합유로 한다. 〈2007년 법무사〉

해설 민법 제704조 참조

165 조합재산이 아닌 합유물을 처분하기 위해서는 합유자 전원의 동의가 있어야 한다. 〈2015년 감정평가사〉

해설 조합재산이 아닌 합유물을 처분하기 위해서는 합유자 전원의 동의가 있어야 한다(제272조).

166-1 합유자는 합유물을 처분하는 것은 물론이고 합유물에 대한 지분을 처분함에 있어서도 합유자 전원의 동의가 있어야 한다. 〈2011년 법무사, 2015년 감정평가사〉

166-2 합유물을 처분 또는 변경함에는 합유자의 지분의 과반수의 동의가 있어야 한다. 〈2007년 법무사〉

해설 합유물을 처분 또는 변경함에는 합유자 전원의 동의가 있어야 하며, 합유자는 전원의 동의 없이 합유물에 대한 지분을 처분하지 못한다(제273조).

167 합유자가 사망한 경우, 다른 특별한 약정이 없는 한 그 상속인이 합유지분을 상속한다. 〈2008년 감정평가사〉

해설 부동산의 합유자 중 일부가 사망한 경우 합유자 사이에 특별한 약정이 없는 한 사망한 합유자의 상속인은 합유자로서의 지위를 승계하지 못하므로, 해당 부동산은 잔존 합유자가 2인 이상일 경우에는 잔존 합유자의 합유로 귀속되고 잔존 합유자가 1인인 경우에는 잔존 합유자의 단독소유로 귀속된다(대판 1996. 12. 10, 96다23238).

정답 163. (×) 164. (○) 165. (○) 166-1. (○) 166-2. (×) 167. (×)

168 **공유자는 공유물의 분할을 청구할 수 있으나, 합유자는 합유물의 분할을 청구하지 못한다.** 〈2011년 법무사〉

해설 공유자는 공유물의 분할을 청구할 수 있으나, 5년 내의 기간으로 분할하지 아니할 것을 약정할 수 있다(제268조 제1항). 그러나 합유자는 합유물의 분할을 청구하지 못한다(제273조 제2항).

169 **법인이 아닌 사단의 사원이 집합체로서 물건을 소유할 때에는 총유로 한다.** 〈2012년 법무사〉

해설 민법 제275조 제1항 참조

170 **비법인사단의 재산은 사원의 총유에 속하고, 소유권 이외의 재산권은 사원의 준총유로 되며, 각 사원에게는 지분권이나 총유물분할청구권이 없다.** 〈2011년 법무사〉

해설 총유에는 지분권이 없고 따라서 분할청구권이 없다. 그리고 비법인사단의 재산은 사원의 총유에 속하고(제275조 제1항), 소유권 이외의 재산권은 사원의 준총유로 된다(제278조).

171 **7형제가 종산을 구입하여 부모 묘소를 쓰기로 합의하고 그 중 자력이 있는 3형제가 돈을 모아 임야를 매수하여 맏형 명의로 소유권이전등기를 마치고 부모 등의 묘소를 설치한 경우, 위 임야는 부를 중시조로 하는 종중의 종산으로 보존하기 위하여 매수한 것으로서 매수대금을 부담하지 않은 형제를 포함한 7형제의 총유이다.** 〈2008년 사법시험〉

해설 대판 1992. 10. 27, 91다11209 참조

172 **총유물의 처분은 물론 관리도 사원총회의 결의에 의해야 한다.** 〈2015년 감정평가사〉

해설 총유물의 처분은 물론 관리도 사원총회의 결의에 의해야 한다(제276조 제1항).

173 **정관이나 규약에 달리 정함이 없는 한, 사원총회의 결의를 거치지 않은 총유물의 관리행위는 무효이다.** 〈2023년 감정평가사〉

해설 총유물의 관리 및 처분에 관하여는 정관이나 규약에 정한 바가 있으면 이에 따라야 하고, 그에 관한 정관이나 규약이 없으면 사원 총회의 결의에 의하여 하는 것이므로 정관이나 규약에 정함이 없는 이상 사원총회의 결의를 거치지 않은 총유물의 관리 및 처분행위는 무효라고 할 것이다(대판 2003. 7. 22, 2002다64780).

174 **종중원이 종산에 분묘를 설치하는 것은 총유물에 대한 처분이므로 총회의 결의가 필요하다.** 〈2015년 사법시험〉

해설 대판 2007. 6. 28, 2007다16885 참조

175-1 **총유재산에 관한 소송은 법인 아닌 사단이 그 명의로 사원총회의 결의를 거쳐 할 수 있다.** 〈2009년 법무사〉

175-2 **총유재산에 관한 소송은 법인 아닌 사단의 구성원 전원이 당사자가 되어 필수적 공동소송의 형태로 할 수 있다.** 〈2009년 법무사〉

정답 168. (○) 169. (○) 170. (○) 171. (○) 172. (○) 173. (○) 174. (○) 175-1. (○) 175-2. (○)

175-3 총유재산에 관한 소송은 법인 아닌 사단의 대표자가 사원총회의 결의를 거쳐 할 수 있다.

〈2009년 법무사〉

해설 총유재산에 관한 소송은 법인 아닌 사단이 그 명의로 사원총회의 결의를 거쳐 하거나 또는 그 구성원 전원이 당사자가 되어 필수적 공동소송의 형태로 할 수 있을 뿐 그 사단의 구성원은 설령 그가 사단의 대표자라거나 사원총회의 결의를 거쳤다 하더라도 그 소송의 당사자가 될 수 없고, 이러한 법리는 총유재산의 보존행위로서 소를 제기하는 경우에도 마찬가지라 할 것이다(대판 2005. 9. 15, 2004다44971 전원합의체).

176 민법이 명문으로 공유물분할청구를 금지하는 경우는? 〈2020년 감정평가사〉

① 구분소유하는 건물과 그 부속물 중 공용하는 부분의 경우
② 주종을 구별할 수 없는 동산이 부합된 경우
③ 수인이 공동으로 매장물을 발견한 경우
④ 수인이 공동으로 유실물을 습득한 경우
⑤ 수인이 공동으로 무주물을 선점한 경우

해설

제268조 제3항은 "전2항의 규정은 제215조, 제239조의 공유물에는 적용하지 아니한다."고 규정하고 있다. ①의 '구분소유하는 건물과 그 부속물 중 공용하는 부분의 경우'가 제215조에 해당하여 공유물분할청구가 명문으로 금지되는 경우이다.

V. 명의신탁

177 甲은 乙 앞으로 등기된 그 소유의 부동산을 乙로부터 매수하고 매매대금을 지급한 다음에, 丙으로부터 그의 명의를 빌어 乙에게서 丙 앞으로 직접 소유권이전등기를 하였다. 「부동산실권리자명의등기에관한법률」을 적용할 때 이 경우에 관한 다음의 기술 중 옳지 않은 것은?

〈2005년 변리사〉

① 丙 앞으로 일단 가등기를 한 다음에 그 가등기에 기하여 위와 같이 소유권이전등기를 한 경우에도 丙의 소유권이전등기는 원인무효이다.
② 甲은 위 매매계약에 기하여 자기 앞으로 소유권이전등기를 경료받기 위하여 乙을 대위하여 丙에 대하여 그 소유권이전등기의 말소를 청구할 수 있다는 것이 판례의 태도이다.
③ 甲은 乙에게 지급한 매매대금에 관하여 위 매매계약의 무효를 이유로 하는 부당이득반환청구를 할 수는 없다.
④ 甲과 丙이 부부 사이이면 丙은 원칙적으로 대외적으로 유효하게 소유권을 취득한다.
⑤ 丁이 丙에 대하여 금전을 대여하고 그 담보로 丙으로부터 위 부동산에 저당권설정등기를 경료받은 경우에, 丁은 선의이면 유효하게 저당권을 취득하고 악의이면 이를 취득하지 못한다.

해설

① (○) : 부동산실명법상 금지되는 명의신탁에서 '명의신탁약정'이란 부동산에 관한 소유권이나 그 밖의 물권을 보유한 자 또는 사실상 취득하거나 취득하려고 하는 자가 타인과의 사이에서 대내적으로는 실권리자가 부

정답 175-3. (×) 176. ① 177. ⑤

동산에 관한 물권을 보유하거나 보유하기로 하고 그에 관한 등기(가등기를 포함한다)는 그 타인의 명의로 하기로 하는 약정을 말한다. 따라서 위와 같은 가등기도 무효가 되는 것이다. 다만 채무의 변제를 담보하기 위하여 채권자가 부동산에 관한 물권을 이전받거나 가등기하는 경우에는 그 담보목적이 있기 때문에 유효하다(부등법 제2조 제1호).

② (○) : 대판 1999. 9. 17, 99다21738 참조

③ (○) : 부동산실권리자명의등기에관한법률은 매도인과 명의신탁자 사이의 매매계약의 효력을 부정하는 규정을 두고 있지 아니하여 위 유예기간 경과 후로도 매도인과 명의신탁자 사이의 매매계약은 여전히 유효하므로, 명의신탁자는 위 매매계약에 기한 매도인에 대한 소유권이전등기청구권을 보전하기 위하여 매도인을 대위하여 명의수탁자에게 무효인 명의수탁자 명의의 등기의 말소를 구할 수 있다(대판 1999. 9. 17, 99다21738). ☞ 따라서 매매계약의 무효를 이유로 하는 부당이득반환청구는 할 수 없다.

④ (○) : 부동산실명법은 부부간 또는 종중에 대하여는 예외적으로 특례를 규정하고 있다. 따라서 조세포탈·강제집행의 면탈 또는 법령상의 제한의 회피 목적이 없는 경우 유효하다고 규정한다(부등법 제8조).

⑤ (×) : 제3자 丁은 선·악의 구분 없이 보호된다(부실법 제4조 제3항).

178 甲은 乙과 합의하여, 甲이 제공하는 자금으로 丙 소유의 부동산을 매수하면서 실소유자는 甲이지만 소유권이전등기는 乙 명의로 해 두기로 하였다. 그 후 乙은 자신의 명의로 이러한 사정을 모르는 丙과 매매계약을 체결하고 목적부동산에 대하여 등기를 경료하였다. 그리고 그 부동산은 甲이 임차인인 것처럼 통모하여 점유·사용하고 있다. 이 때의 법률관계에 대한 설명으로 옳은 것은? (다툼이 있는 경우에는 판례에 의함) 〈2010년 변리사〉

① 甲과 乙 간의 명의신탁약정은 물론이며 丙으로부터 乙에게 경료된 소유권이전등기도 무효이다.

② 「부동산 실권리자명의 등기에 관한 법률」 시행 전에 위와 같은 명의신탁약정과 그에 기한 물권변동이 이루어진 다음 동법 제11조에서 정한 유예기간 내에 실명등기 등을 하지 않고 그 기간을 경과하였다면, 乙은 甲으로부터 제공받은 매수자금을 부당이득으로 반환하여야 한다.

③ 「부동산 실권리자명의 등기에 관한 법률」 시행 전에 위와 같은 명의신탁약정과 그에 기한 물권변동이 이루어진 다음 동법 제11조에서 정한 유예기간 내에 실명등기 등을 하지 않고 그 기간을 경과하였다면, 乙은 甲에게 당해 부동산을 부당이득으로 반환하여야 하며, 이 경우 甲이 그 부동산을 점유·사용하여 왔기 때문에 부당이득반환청구권에 기한 등기청구권의 소멸시효는 진행되지 않는다고 보아야 한다.

④ 「부동산 실권리자명의 등기에 관한 법률」 시행 후에 위와 같은 명의신탁약정과 그에 기한 물권변동이 이루어졌다면, 乙이 甲에게 부당이득으로 반환하여야 할 것은 매수자금이며, 이러한 부당이득반환청구권은 부동산으로부터 기인된 것이므로 유치권의 성립요건으로서의 목적물과 채권사이의 견련관계를 인정할 수 있다.

⑤ 「부동산 실권리자명의 등기에 관한 법률」 시행 후에 위와 같은 명의신탁약정과 그에 기한 물권변동이 이루어졌고 또한 이 때 甲이 부동산에 대하여 유익비를 지출하였다면, 위 임대차는 통모로 인해 무효가 되고 사용차대차관계가 인정되므로, 甲은 乙에게 사용대차계약상의 법조항이나 법리에 의하여 유익비상환청구권을 행사할 수 있다.

해 설

① (×) : 명의신탁자와 명의수탁자 사이의 명의신탁약정의 무효에도 불구하고 그 소유권이전등기에 의한 당해

정답 178. ⑤

부동산에 관한 물권변동 자체는 유효한 것으로 취급되어 명의수탁자는 당해 부동산의 완전한 소유권을 취득하게 된다(대판 2007. 6. 14, 2007다17284 등).

② (×) : 「부동산 실권리자명의 등기에 관한 법률」 시행 전에는 명의수탁자는 명의신탁자에게 자신이 취득한 당해 '부동산'을 부당이득으로 반환할 의무가 있다 할 것인바, 이와 같은 경위로 명의신탁자가 당해 부동산의 회복을 위해 명의수탁자에 대해 가지는 소유권이전등기청구권은 그 성질상 법률의 규정에 의한 부당이득반환청구권으로서 민법 제162조 제1항에 따라 10년의 기간이 경과함으로써 시효로 소멸한다(대판 2009. 7. 9, 2009다23313 ; 대판 2008. 11. 27, 2008다62687 등).

③ (×) : 명의신탁자가 그 부동산을 점유·사용하여 온 경우에는 명의신탁자의 명의수탁자에 대한 부당이득반환청구권에 기한 등기청구권의 소멸시효가 진행되지 않는다고 보아야 한다면, 이는 명의신탁자가 「부동산 실권리자명의 등기에 관한 법률」의 유예기간 및 시효기간 경과 후 여전히 실명전환을 하지 않아 위 법률을 위반한 경우임에도 그 권리를 보호하여 주는 결과로 되어 부동산거래의 실정 및 「부동산 실권리자명의 등기에 관한 법률」 등 관련 법률의 취지에도 맞지 않는다(대판 2009. 7. 9, 2009다23313). 따라서 명의신탁자가 그 부동산을 점유·사용하여 온 경우부당이득반환청구권에 기한 등기청구권의 소멸시효는 진행된다.

④ (×) : 명의신탁자와 명의수탁자 사이의 명의신탁약정은 무효이지만 그 명의수탁자는 당해 부동산의 완전한 소유권을 취득하게 되고, 반면 명의신탁자는 애초부터 당해 부동산의 소유권을 취득할 수 없고 다만 그가 명의수탁자에게 제공한 부동산매수자금이 무효의 명의신탁약정에 의한 법률상 원인 없는 것이 되는 관계로 명의수탁자에 대하여 동액 상당의 부당이득반환청구권을 가질 수 있을 뿐이다. 명의신탁자의 이와 같은 부당이득반환청구권은 부동산 자체로부터 발생한 채권이 아닐 뿐만 아니라 소유권 등에 기한 부동산의 반환청구권과 동일한 법률관계나 사실관계로부터 발생한 채권이라고 보기도 어려우므로, 결국 민법 제320조 제1항에서 정한 유치권 성립요건으로서의 목적물과 채권 사이의 견련관계를 인정할 수 없다(대판 2009. 3. 26, 2008다34828).

⑤ (○) : 명의수탁자 乙이 그 부동산의 완전한 소유권을 취득한다 할 것인데, 乙이 그 부동산에 관한 소유권이전등기를 마쳐 대·내외적으로 완전한 소유권을 취득한 후에도 甲은 명의신탁자로서 자신이 그 부동산의 실질적인 소유자라는 인식하에 무상으로 이를 점유·사용해 왔고, 乙 또한 명의수탁자로서 그 부동산이 실질적으로는 甲의 소유라는 인식하에 甲의 위와 같은 점유·사용에 대하여 어떠한 이의도 제기하지 아니하였으므로, 결국 甲과 乙 사이에는 甲이 그 부동산을 무상으로 점유·사용하기로 하는 묵시의 약정이 있었고 甲이 그러한 약정에 따라 그 부동산을 점유해 온 것으로 봄이 타당하다. 따라서 甲은 그 부동산을 점유·사용하는 중에 지출한 유익비에 관하여 위와 같은 사용대차계약의 당사자인 乙에게 상환청구권을 행사할 수 있고, 그러한 유익비상환청구권의 변제기는 그에 관한 당사자의 약정 또는 위 사용대차계약관계를 규율하는 법조항이나 법리에 의하여 정해진다 할 것이다(대판 2009. 3. 26, 2008다34828).

179 2011년 개시된 부동산경매절차를 통해 丙소유의 X부동산을 매수하려는 甲은 乙과 "甲이 매각대금을 부담하고, 乙이 경매에 참가하여 매각받기로 한다."는 내용의 명의신탁약정을 체결하였고, 이 약정에 따라 乙은 매각허가결정을 받아 X부동산의 소유권이전등기를 마쳤다. 다음 설명 중 옳은 것은? (다툼이 있는 경우에는 판례에 의함) 〈2011년 변리사〉

① 甲과 乙 사이의 명의신탁약정은 유효하다.
② 丙은 乙에 대해 소유권이전등기의 말소를 청구할 수 없다.
③ 대내적으로는 甲이 X부동산의 소유자이나 대외적으로는 乙이 소유자이다.
④ 乙이 명의신탁사실을 알고 있는 丁에게 X부동산을 처분하였다면, 丁은 그 소유권을 취득할 수 없다.
⑤ 甲은 명의신탁약정의 해지를 이유로 乙에게 진정명의회복을 위한 X부동산의 소유권이전등기를 청구할 수 있다.

정답 179. ②

해 설

① (×), ② (○), ③ (×), ④ (×) : 부동산경매절차에서 부동산을 매수하려는 사람이 매수대금을 자신이 부담하면서 타인의 명의로 매각허가결정을 받기로 함에 따라 그 타인이 경매절차에 참가하여 매각허가가 이루어진 경우에도 그 경매절차의 매수인은 어디까지나 그 명의인이므로 경매 목적 부동산의 소유권은 매수대금을 실질적으로 부담한 사람이 누구인가와 상관없이 그 명의인이 취득한다 할 것이고, 이 경우 매수대금을 부담한 사람과 이름을 빌려 준 사람 사이에는 명의신탁관계가 성립한다. 이러한 경우 매수대금을 부담한 명의신탁자와 명의를 빌려 준 명의수탁자 사이의 명의신탁약정은 '부동산 실권리자명의 등기에 관한 법률' 제4조 제1항에 의하여 무효이나, 경매절차에서의 소유자가 위와 같은 명의신탁약정 사실을 알고 있었거나 소유자와 명의신탁자가 동일인이라고 하더라도 그러한 사정만으로 그 명의인의 소유권취득이 부동산실명법 제4조 제2항에 따라 무효로 된다고 할 것은 아니다. 비록 경매가 사법상 매매의 성질을 보유하고 있기는 하나 다른 한편으로는 법원이 소유자의 의사와 관계없이 그 소유물을 처분하는 공법상 처분으로서의 성질을 아울러 가지고 있고, 소유자는 경매절차에서 매수인의 결정 과정에 아무런 관여를 할 수 없는 점, 경매절차의 안정성 등을 고려할 때 경매부동산의 소유자를 위 제4조 제2항 단서의 '상대방당사자'라고 볼 수는 없기 때문이다(대판 2012. 11. 15, 2012다69197). ☞ 대내외적으로 소유자는 乙이고, 乙로부터 소유권을 이전받은 丁도 선악 불문하고 소유권을 취득한다.

⑤ (×) : 자기 명의로 소유권을 표상하는 등기가 되어 있었거나 법률에 의하여 소유권을 취득한 진정한 소유자는 그 등기명의를 회복하기 위한 방법으로 그 소유권에 기하여 현재의 원인무효인 등기명의인을 상대로 진정한 등기명의의 회복을 원인으로 한 소유권이전등기절차의 이행을 구할 수도 있으므로, 명의신탁대상 부동산에 관하여 자기 명의로 소유권이전등기를 경료한 적이 있었던 명의신탁자로서는 명의수탁자를 상대로 진정명의 회복을 원인으로 한 이전등기를 구할 수도 있다(대판 2002. 9. 6, 2002다35157). ☞ 사안에서 甲은 자기 명의로 소유권을 표상하는 등기가 되어 있었던 것도 아니고, 법률에 의하여 소유권을 취득한 것도 아니므로 진정명의회복을 원인으로 한 이전등기를 구할 수 없다.

180 **甲은 X토지의 소유자인 丙과 매매계약을 체결하고 그 대금을 지급한 후, 소유권이전등기는 자신과 명의신탁약정을 한 친구 乙에게 이전해 줄 것을 요청하여 乙 앞으로 그 등기가 경료되었다. 다음 중 옳지 않은 것은? (다툼이 있는 경우에는 판례에 의함)** 〈2013년 변리사〉

① 乙에게로의 이전등기에도 불구하고 甲은 丙에 대하여 소유권이전등기청구권을 상실하지 않는다.
② 甲은 丙을 대위하여 乙명의의 소유권이전등기의 말소를 청구할 수 있다.
③ 甲은 직접 乙을 상대로 하여 부당이득을 원인으로 하는 소유권이전등기를 청구 할 수 없다.
④ 乙은 丙이 甲에게 매매대금을 반환할 때까지 丙의 소유권이전등기 말소청구에 응하지 않을 수 있다.
⑤ 乙이 甲의 소유권 이전등기청구에 응하여 자의로 X토지의 소유권이전등기를 하여 주었다면, 그 이전등기는 실체관계에 부합하므로 유효하다.

해 설

① (○) : 부동산실권리자명의등기에관한법률은 매도인과 명의신탁자 사이의 매매계약의 효력을 부정하는 규정을 두고 있지 아니하여 유예기간 경과 후로도 매도인과 명의신탁자 사이의 매매계약은 여전히 유효하므로, 甲은 丙에게 이전등기를 청구할 수가 있다(대판 2002. 3. 15, 2001다61654).

② (○) : 수탁자 乙에게 등기가 되어있어도 명의신탁과 그에 따른 이전등기가 무효이어서 수탁자 乙은 소유권을 취득할 수가 없다. 이때 매수인인 명의신탁자 甲은 매수인의 지위에서 매도인 丙을 대위하여 무효인 수탁자 명의의 이전등기를 말소하고 매도인으로부터 이전등기를 받아 소유권을 취득할 수가 있다(대판 1999. 9. 17, 99다21738 등).

정답 180. ④

③ (○) : 이른바 3자간 등기명의신탁의 경우 '부동산 실권리자명의 등기에 관한 법률'(이하 '부동산실명법'이라고 한다)에 의하여 그 명의신탁약정과 그에 의한 등기가 무효로 되더라도 명의신탁자는 매도인에 대하여 매매계약에 기한 소유권이전등기청구권을 보유하고 있어 그 유예기간의 경과로 그 등기 명의를 보유하지 못하는 손해를 입었다고 볼 수 없고, 그와 같이 명의신탁 부동산의 소유권이 매도인에게 복귀한 마당에 명의신탁자가 무효인 등기의 명의인인 명의수탁자를 상대로 그 이전등기를 구할 수도 없다 할 것이므로, 결국 3자간 등기명의신탁에 있어서 명의신탁자는 명의수탁자를 상대로 부당이득반환을 원인으로 한 소유권이전등기를 구할 수 없다(대판 2009. 4. 9, 2008다87723).

④ (×) : 3자간 등기명의신탁이다. "부동산실권리자명의등기에관한법률 소정의 유예기간 경과에 의하여 기존 명의신탁 약정과 그에 의한 등기가 무효로 되면 명의신탁 부동산은 매도인 소유로 복귀하므로 매도인은 명의수탁자에게 무효인 명의수탁자 명의의 등기의 말소를 구할 수 있게 되고, 한편 같은 법은 매도인과 명의신탁자 사이의 매매계약의 효력을 부정하는 규정을 두고 있지 아니하여 위 유예기간 경과 후로도 매도인과 명의신탁자 사이의 매매계약은 여전히 유효하므로, 명의신탁자는 위 매매계약에 기한 매도인에 대한 소유권이전등기청구권을 보전하기 위하여 매도인을 대위하여 명의수탁자에게 무효인 명의수탁자 명의의 등기의 말소를 구할 수 있다(대판 1999. 9. 17, 99다21738)." 매매는 유효하므로 甲은 丙에게 지급한 매매대금에 관하여 위 매매계약의 무효를 이유로 하는 부당이득반환청구를 할 수 없다. 따라서 乙도 丙이 甲에게 매매대금을 반환할 때까지 丙의 소유권이전등기 말소청구에 응할 수 없다는 항변을 할 수 없다.

[보충지문] 丙으로부터 乙로의 소유권이전등기는 무효이므로, 甲은 丙에 대하여 매매대금의 반환을 청구할 수 있다(×). 〈2008년 변리사〉

⑤ (○) : 부실법은 매도인과 명의신탁자 사이의 매매계약의 효력을 부정하는 규정을 두고 있지 아니하여 유예기간 경과 후로도 매도인과 명의신탁자 사이의 매매계약은 여전히 유효하므로, 명의신탁자는 매도인에 대하여 매매계약에 기한 소유권이전등기를 청구할 수 있고, 그 소유권이전등기청구권을 보전하기 위하여 매도인을 대위하여 명의수탁자에게 무효인 그 명의 등기의 말소를 구할 수도 있으므로, 명의수탁자가 명의신탁자 앞으로 바로 경료해 준 소유권이전등기는 결국 실체관계에 부합하는 등기로서 유효하다(대판 2004. 6. 25, 2004다6764).

181 甲은 2015년 초에 乙소유의 X토지를 매입하면서, 친구인 丙이 乙과의 매매계약을 통하여 丙 명의로 소유권이전등기를 하되 나중에 甲이 원하면 甲의 명의로 X토지의 소유권을 이전해 주기로 丙과 합의한 후, 매매대금 명목으로 丙에게 5억 원을 건네주었다. 수일 후 丙은 이러한 사정을 모르는 乙과 매매계약을 체결하고 같은 날 丙 명의의 소유권이전등기를 마쳤다. 그 후 丙이 X토지의 소유관계를 알고 있는 丁에게 매각하고 소유권이전등기를 넘겨주었다. 이에 대한 설명으로 옳지 않은 것은? (다툼이 있으면 판례에 따름) 〈2016년 변리사〉

① 甲과 丙 사이의 합의는 무효이다.
② 丙은 X토지의 소유권을 적법하게 취득한다.
③ 丁은 X토지의 소유권을 적법하게 취득한다.
④ 甲의 丙에 대한 부당이득반환청구로서 X토지의 소유권을 甲에게 이전하라는 것은 허용되지 않는다.
⑤ 甲은 丙에게 지급한 매수자금 5억원의 반환을 청구할 수 없다.

해 설

① (○) : 명의신탁약정은 무효이다(부동산실명법 제4조 제1항). 나아가 신탁자와 수탁자 사이에 신탁자의 요구에 따라 부동산의 소유 명의를 이전하기로 한 약정도 명의신탁약정이 유효함을 전제로 명의신탁 부동산 자체

정답 181. ⑤

의 반환을 구하는 범주에 속하는 것에 해당하여 역시 무효로 된다(대판 2015. 9. 10, 2013다55300).

② (○), ③ (○) : 계약명의신탁에서 수탁자의 상대방(매도인)이 선의인 경우, 물권변동은 유효하다(동법 제4조 제2항 후단). 따라서 丙은 X토지의 소유권을 적법하게 취득하고, 丙으로부터 매수하고 등기를 마친 丁도 선악불문하고 X토지의 소유권을 취득한다.

④ (○), ⑤ (×) : 계약명의신탁약정이 '부동산 실권리자명의 등기에 관한 법률' 시행 후에 체결된 경우에는 명의신탁자는 애초부터 당해 부동산의 소유권을 취득할 수 없었으므로, 위 계약명의신탁약정의 무효로 인하여 명의신탁자가 입은 손해는 당해 부동산 자체가 아니라 명의수탁자에게 제공한 매수자금이고, 따라서 명의수탁자는 당해 부동산 자체가 아니라 명의신탁자로부터 제공받은 매수자금 상당액을 부당이득하였다고 할 것이다(대판 2010. 10. 14, 2007다90432). ☞ 甲의 丙에 대한 부당이득반환청구로서 X토지의 소유권을 甲에게 이전하라는 것은 허용되지 않고, 丙에게 지급한 매수자금 5억원의 반환을 청구할 수 있을 뿐이다.

182 **甲은 2010년 2월 11일에 조세포탈의 목적으로 乙과 명의신탁약정을 맺었고, 이에 따라 乙은 甲으로부터 받은 매수자금을 가지고 계약의 당사자로서 丙 소유의 부동산을 매수하고 丙으로부터 소유권이전등기를 경료받았다. 이에 관한 설명으로 옳지 않은 것은? (다툼이 있으면 판례에 따름)** 〈2020년 변리사〉

① 丙이 계약 체결 이후에 甲과 乙의 명의신탁약정 사실을 알게 된 경우, 乙과의 매매계약은 소급적으로 무효가 된다.

② 丙이 甲과 乙의 명의신탁관계를 모른 경우, 그 명의신탁관계는 계약명의신탁에 해당한다.

③ 丙이 甲과 乙의 명의신탁관계를 모르고 있었던 경우, 특별한 사정이 없는 한 乙은 甲으로부터 지급받은 취득세를 甲에게 부당이득으로 반환하여야 한다.

④ 명의신탁약정의 무효로 인하여 乙은 당해 부동산 자체가 아니라 甲으로부터 제공받은 매수자금을 부당이득한 것이다.

⑤ 丙이 계약 당시 甲과 乙의 명의신탁관계를 알고 있었던 경우, 丙은 乙에게 매매계약이 무효임을 이유로 乙 명의의 등기말소를 구할 수 있다.

해 설

① (×) : 부동산 실권리자명의 등기에 관한 법률 제4조 제2항 단서는 부동산 거래의 상대방을 보호하기 위한 것으로 상대방이 명의신탁약정이 있다는 사실을 알지 못한 채 물권을 취득하기 위한 계약을 체결한 경우 그 계약과 그에 따른 등기를 유효라고 한 것이다. 명의신탁자와 명의수탁자가 계약명의신탁약정을 맺고 명의수탁자가 당사자가 되어 매도인과 부동산에 관한 매매계약을 체결하는 경우 그 계약과 등기의 효력은 매매계약을 체결할 당시 매도인의 인식을 기준으로 판단해야 하고, 매도인이 계약 체결 이후에 명의신탁약정 사실을 알게 되었다고 하더라도 위 계약과 등기의 효력에는 영향이 없다(대판 2018. 4. 10, 2017다257715).

② (○) : 명의신탁약정이 이른바 3자간 등기명의신탁인지 아니면 계약명의신탁인지의 구별은 계약당사자가 누구인가를 확정하는 문제로 귀결된다. 그런데 타인을 통하여 부동산을 매수함에 있어 매수인 명의를 그 타인 명의로 하기로 하였다면 이때의 명의신탁관계는 그들 사이의 내부적인 관계에 불과하므로, 설령 계약의 상대방인 매도인이 그 명의신탁관계를 알고 있었다고 하더라도, 계약명의자인 명의수탁자가 아니라 명의신탁자에게 계약에 따른 법률효과를 직접 귀속시킬 의도로 계약을 체결하였다는 등의 특별한 사정이 인정되지 아니하는 한, 그 명의신탁관계는 계약명의신탁에 해당한다고 보아야 함이 원칙이다(대결 2013. 10. 7, 자 2013스133). ☞ 명의수탁자인 乙이 계약의 당사자로서 매도인 丙 소유의 부동산을 매수하였으므로 계약명의신탁에 해당한다. 지문에서는 '丙이 모른 경우'로 한정하였는데, 丙이 알고 있었다고 하더라도 계약명의신탁에 해당함이 원칙이다.

정 답 182. ①

③ (○), ④ (○) : 계약명의신탁약정이 '부동산 실권리자명의 등기에 관한 법률' 시행 후인 경우에는 명의신탁자는 애초부터 당해 부동산의 소유권을 취득할 수 없었으므로, 위 계약명의신탁약정의 무효로 인하여 명의신탁자가 입은 손해는 당해 부동산 자체가 아니라 명의수탁자에게 제공한 매수자금이고, 따라서 명의수탁자는 당해 부동산 자체가 아니라 명의신탁자로부터 제공받은 매수자금 상당액을 부당이득하였다고 할 것이다. 이때 명의수탁자가 소유권이전등기를 위하여 지출하여야 할 취득세, 등록세 등을 명의신탁자로부터 제공받았다면, 이러한 자금 역시 위 계약명의신탁약정에 따라 명의수탁자가 당해 부동산의 소유권을 취득하기 위하여 매매대금과 함께 지출된 것이므로, 당해 부동산의 매매대금 상당액 이외에 명의신탁자가 명의수탁자에게 지급한 취득세, 등록세 등의 취득비용도 특별한 사정이 없는 한 위 계약명의신탁약정의 무효로 인하여 명의신탁자가 입은 손해에 포함되어 명의수탁자는 이 역시 명의신탁자에게 부당이득으로 반환하여야 한다(대판 2010. 10. 14, 2007다90432). ☞ 부동산 실권리자명의 등기에 관한 법률은 1995. 7. 1.부터 시행되었다.

⑤ (○) : 명의신탁자와 명의수탁자가 이른바 계약명의신탁 약정을 맺고 매매계약을 체결한 소유자도 명의신탁자와 명의수탁자 사이의 명의신탁약정을 알면서 매매계약에 따라 명의수탁자 앞으로 부동산의 소유권이전등기를 마친 경우 부동산 실권리자명의 등기에 관한 법률(이하 '부동산실명법'이라 한다) 제4조 제2항 본문에 따라 명의수탁자 명의의 소유권이전등기는 무효이고 매도인과 명의수탁자가 체결한 매매계약도 원시적으로 무효이므로, 부동산의 소유권은 매매계약을 체결한 소유자에게 그대로 남아 있게 되며, 명의신탁자는 소유자와 매매계약관계가 없기 때문에 명의신탁자가 소유자를 상대로 부동산에 관하여 소유권이전등기청구를 하는 것도 허용되지 아니한다(대판 2016. 6. 28, 2014두6456).

183 甲은 농지법상 처분명령을 회피하기 위하여 친구인 乙과 2020. 3. 19. 양자간 명의신탁약정을 체결하였다. 이에 따라 乙은 甲으로부터 甲 소유 X토지의 소유권이전등기를 넘겨받았다. 이에 관한 설명으로 옳지 않은 것은? (다툼이 있으면 판례에 따름) 〈2022년 변리사〉

① 甲은 乙을 상대로 진정명의 회복을 원인으로 하는 소유권이전등기를 청구할 수 있다.
② 甲은 명의신탁해지를 원인으로 하여 乙을 상대로 소유권이전등기를 청구할 수 없다.
③ 甲이 乙을 상대로 그 등기의 말소를 청구하는 것은 특별한 사정이 없는 한 민법 제746조의 불법원인급여를 이유로 금지된다.
④ 乙이 제3자에게 X토지를 임의로 처분한 경우, 甲은 그 제3자에게 소유권이전등기의 말소를 청구할 수 없다.
⑤ 乙이 제3자에게 X토지를 임의로 처분한 경우, 형사상 횡령죄의 성립 여부와 관계없이 乙은 甲에 대하여 민사상 불법행위책임을 부담한다.

해 설

① (○) : 원칙적으로 일반 명의신탁의 명의신탁자는 명의수탁자를 상대로 원인무효를 이유로 그 등기의 말소를 구하여야 하는 것이기는 하나, 자기 명의로 소유권을 표상하는 등기가 되어 있었거나 법률에 의하여 소유권을 취득한 진정한 소유자는 그 등기명의를 회복하기 위한 방법으로 그 소유권에 기하여 현재의 원인무효인 등기명의인을 상대로 진정한 등기명의의 회복을 원인으로 한 소유권이전등기절차의 이행을 구할 수도 있으므로, 명의신탁대상 부동산에 관하여 자기 명의로 소유권이전등기를 경료한 적이 있었던 명의신탁자로서는 명의수탁자를 상대로 진정명의회복을 원인으로 한 이전등기를 구할 수도 있다(대판 2002. 9. 6, 2002다35157).

[보충지문] 부동산 실권리자명의 등기에 관한 법률(이하 '부동산실명법'이라고 한다)을 위반하여 무효인 양자간 명의신탁약정에 따라 명의수탁자 명의로 등기를 한 경우 명의신탁자는 부동산 소유자로서 명의수탁자를 상대로 등기말소를 청구할 수 있다. 〈2022년 법무사〉

정답 183. ③

(○) : 양자간 등기명의신탁의 경우 '부동산 실권리자명의 등기에 관한 법률'(이하 '부동산실명법'이라고 한다)에 의하여 명의신탁약정과 그에 의한 등기가 무효이므로 목적 부동산에 관한 명의수탁자 명의의 소유권이전등기에도 불구하고 그 소유권은 처음부터 이전되지 아니하는 것이어서 원래 그 부동산의 소유권을 취득하였던 명의신탁자가 그 소유권을 여전히 보유하는 것이 되는 이상, 침해부당이득의 성립 여부와 관련하여 명의수탁자 명의로의 소유권이전등기로 인하여 명의신탁자가 어떠한 '손해'를 입게 되거나 명의수탁자가 어떠한 이익을 얻게 된다고 할 수 없다. 결국 양자간 등기명의신탁에 있어서 그 명의신탁자로서는 명의수탁자를 상대로 소유권에 기하여 원인무효인 소유권이전등기의 말소를 구하거나 진정한 등기명의의 회복을 원인으로 한 소유권이전등기절차의 이행을 구할 수 있음은 별론으로 하고 침해부당이득반환을 원인으로 하여 소유권이전등기절차의 이행을 구할 수는 없다(대판 2014. 2. 13, 2012다97864).

② (○) : 부동산 실권리자명의 등기에 관한 법률 제11조, 제12조 제1항과 제4조의 규정에 의하면, 같은 법 시행 전에 명의신탁약정에 의하여 부동산에 관한 물권을 명의수탁자의 명의로 등기하도록 한 명의신탁자는 같은 법 제11조에서 정한 유예기간 이내에 실명등기 등을 하여야 하고, 유예기간이 경과한 날 이후부터 명의신탁약정과 그에 따라 행하여진 등기에 의한 부동산에 관한 물권변동이 무효가 되므로, 명의신탁자는 더 이상 명의신탁 해지를 원인으로 하는 소유권이전등기를 청구할 수 없다(대판 2007. 6. 14, 2005다5140).

③ (×) : 부동산 실권리자명의 등기에 관한 법률(이하 '부동산실명법'이라 한다) 규정의 문언, 내용, 체계와 입법목적 등을 종합하면, 부동산실명법을 위반하여 무효인 명의신탁약정에 따라 명의수탁자 명의로 등기를 하였다는 이유만으로 그것이 당연히 불법원인급여에 해당한다고 단정할 수는 없다. 이는 농지법에 따른 제한을 회피하고자 명의신탁을 한 경우에도 마찬가지이다(대판 2019. 6. 20, 2013다218156 전원합의체).

④ (○) : 「부동산 실권리자명의 등기에 관한 법률」 제4조 제3항에 의하면 명의신탁약정 및 이에 따른 등기로 이루어진 부동산에 관한 물권변동의 무효는 제3자에게 대항하지 못하는데, 여기서 '제3자'는 명의신탁약정의 당사자 및 포괄승계인 이외의 자로서 명의수탁자가 물권자임을 기초로 그와 사이에 직접 새로운 이해관계를 맺은 사람으로서 소유권이나 저당권 등 물권을 취득한 자뿐만 아니라 압류 또는 가압류채권자도 포함하고 그의 선의·악의를 묻지 않는다(대판 2013. 3. 14, 2012다107068).

⑤ (○) : 명의수탁자가 양자간 명의신탁에 따라 명의신탁자로부터 소유권이전등기를 넘겨받은 부동산을 임의로 처분한 행위가 형사상 횡령죄로 처벌되지 않더라도, 위 행위는 명의신탁자의 소유권을 침해하는 행위로서 형사상 횡령죄의 성립 여부와 관계없이 민법상 불법행위에 해당하여 명의수탁자는 명의신탁자에게 손해배상책임을 부담한다(대판 2021. 6. 3, 2016다34007).

184 **甲은 2006. 10. 5. 친구 乙과 함께 丙 소유의 X 부동산을 매수하기로 하고 매매대금의 2분의 1인 1억 5,000만 원을 乙에게 제공하였다. 이에 乙은 2006. 10. 30. 자신의 명의로 丙과 X에 관하여 매매계약을 체결하고 2007. 1. 4. 자신의 명의로 X의 소유권이전등기를 마쳤는데, 丙은 甲과 乙 사이의 명의신탁약정을 알지 못하였다. 다음 설명 중 옳은 것은? (다툼이 있는 경우에는 판례에 의함)**

〈2012년 변호사시험〉

① X에 관한 乙의 소유권이전등기는 전부 무효이다.
② 甲은 乙에 대하여 부당이득으로서 X의 2분의 1 지분에 대한 소유권이전등기청구권을 갖는다.
③ 丙으로부터 X를 인도받아 점유하고 있는 甲은 乙에 대한 부당이득반환청구권에 기하여 X를 유치할 수 있다.
④ 乙이 X를 丁에게 매도하고 그 대금을 乙이 지정한 戊에게 지급하도록 한 경우, 甲은 戊에 대하여 부당이득반환을 청구할 수 있다.

정답 184. ⑤

⑤ 乙이 채무초과 상태에서 甲이 지정하는 甲의 일반채권자에게 X를 양도하는 것은 乙의 다른 채권자에 대한 관계에서 사해행위에 해당할 수 있다.

해 설

① (×) : 위 사안은 계약명의신탁에 해당하고, 매도인(丙)이 선의이기 때문에 그 등기는 유효하다(부동산실명법 제4조 제2항 단서 참조).
② (×), ③ (×) : 명의신탁자와 명의수탁자 사이의 명의신탁약정으로 그 명의수탁자는 당해 부동산의 완전한 소유권을 취득하게 되고, 다만 명의수탁자는 명의신탁자에 대하여 매수대금의 부당이득반환의무를 부담하게 되는데, 따라서 X부동산의 매매대금의 2분의 1에 대해 부당이득반환의무를 부담한다(대판 2009. 3. 26, 2008다34828 등). 한편 명의신탁자의 위와 같은 부당이득반환청구권은 부동산 자체로부터 발생한 채권이 아닐 뿐만 아니라 소유권 등에 기한 부동산의 반환청구권과 동일한 법률관계나 사실관계로부터 발생한 채권이라고 보기도 어렵다고 보기 때문에 민법 제320조 제1항에서 정한 유치권 성립요건으로서의 목적물과 채권 사이의 견련관계를 인정할 수 없다는 것이 판례이다(대판 2009. 3. 26, 2008다34828 등).
④ (×) : 명의신탁자와 계약명의신탁 약정을 맺고 토지를 매수하여 자신 앞으로 소유권이전등기를 경료한 명의수탁자가 그 토지를 지방자치단체에 매도하여 수령하게 된 보상금 중 일부를 제3자에게 지급한 경우, 명의신탁자는 그 제3자에게 부당이득반환청구를 할 수 없다(대판 2008. 9. 11, 2007다24817). ☞ 명의수탁자가 토지의 완전한 소유권을 취득하게 되고 신탁자는 수탁자에 대하여 채권적인 부당이득반환청구권을 취득하게 되었을 뿐이어서, 완전한 소유권을 취득한 수탁자가 위 토지를 매도하여 수령한 대금을 제3자에게 지급하였다고 하더라도 이로 인하여 신탁자에게 어떠한 새로운 손해가 발생하였다고 볼 수 없기 때문이다.
⑤ (○) : 명의수탁자의 재산이 채무의 전부를 변제하기에 부족한 경우 명의수탁자가 위 부동산을 명의신탁자 또는 그가 지정하는 자에게 양도하는 행위는 특별한 사정이 없는 한 다른 채권자의 이익을 해하는 것으로서 다른 채권자들에 대한 관계에서 사해행위가 된다(대판 2008. 9. 25, 2007다74874등).

185 **甲과 乙은 2013. 10. 17. 甲의 자금으로 丙 소유의 토지를 매수하여 乙 명의로 등기하기로 하는 명의신탁약정을 하고, 乙이 丙과 매매계약을 체결한 후에 丙에게 매매대금을 지급하고 乙 명의로 소유권이전등기를 경료하였다. 다음 설명 중 옳은 것은? (다툼이 있는 경우에는 판례에 의함)** 〈2014년 변호사시험〉

① 丙이 甲과 乙 사이의 명의신탁약정이 있다는 사실을 알지 못하였다면, 위 명의신탁약정은 유효하다.
② 甲이 乙의 남편으로서 자신에 대한 채권자의 강제집행을 면하기 위하여 명의신탁약정을 한 경우에는 그 명의신탁약정 뿐만 아니라 乙 명의의 소유권이전등기도 유효하다.
③ 丙이 甲과 乙 사이의 명의신탁약정이 있다는 사실을 알지 못한 경우, 甲은 乙을 상대로 乙에게 지급한 매수자금 상당의 부당이득반환을 청구할 수 있다.
④ 위 ③의 경우, 甲이 위 토지를 점유하고 있다면 乙에 대한 부당이득반환청구권에 근거하여 유치권을 행사할 수 있다.
⑤ 乙이 丁에게 위 토지의 소유권을 이전한 경우, 甲과 乙 사이의 명의신탁약정이 있다는 사실을 알지 못하였던 丙은 이러한 사실에 대하여 악의인 丁에 대하여 소유권이전등기의 말소를 청구할 수 있다.

해 설

① (×) : 丙의 선악을 불문하고 甲과 乙 사이의 명의신탁약정은 무효이다. 물권변동의 효력(유효)과 혼동하면 안된다(부실법 제4조).

정답 185. ③

② (×) : 부부간이라도 자신에 대한 채권자의 강제집행을 면하기 위하여 명의신탁약정을 악용하는 경우에는 특례를 허용하지 않는다(부실법 제8조). 따라서 부실법 제4조가 그대로 적용되어 명의신탁약정은 무효이다. 乙 명의의 소유권이전등기는 丙이 선의냐 악의냐에 따라 달라진다.
③ (○) : 대판 2005. 1. 28, 2002다66922.
④ (×) : 丙이 선의인 경우, 乙의 등기는 유효하고, 甲은 乙을 상대로 乙에게 지급한 매수자금 상당의 부당이득 반환을 청구할 수 있다(대판 2008. 2. 14, 2007다69148). 이러한 부당이득반환청구권은 토지와 견련성이 인정되지 않으므로 甲이 위 토지를 점유하고 있다고 하더라도 유치권이 성립하지는 않는다(대판 2009. 3. 26, 2008다34828).
⑤ (×) : 丙이 선의이므로 乙은 유효하게 소유권을 취득하고(부실법 제4조 제2항 단서), 그로부터 소유권을 이전받은 제3자 丁도 선악불문하고 소유권을 취득한다. 따라서 丁이 악의라도 丁에 대하여 소유권이전등기의 말소를 청구할 수 없다.

186 甲과 乙은 2014. 2. 1. 乙이 甲을 대신하여 丙 소유의 X 부동산을 매수하는 내용의 명의신탁약정을 체결한 다음, 甲은 乙에게 매수자금을 제공하였다. 이에 따라 乙은 2014. 2. 10. 丙과 매매계약을 체결하였고, 2014. 4. 10. X 부동산에 대하여 乙 명의로 소유권이전등기를 경료하였다. 다음 설명 중 옳지 않은 것은? (각 지문은 독립적이고, 다툼이 있는 경우 판례에 의함)

〈2015년 변호사시험〉

① 丙이 甲과 乙 사이의 명의신탁약정을 알지 못하였다면, 乙은 X 부동산에 대한 소유권을 유효하게 취득한다.
② 丙이 甲과 乙 사이의 명의신탁약정을 알았더라도, 甲이 X 부동산을 丁에게 매도하고 乙로부터 丁에게 소유권이전등기가 경료되면 丁은 유효하게 소유권을 취득한다.
③ 乙이 X 부동산을 丁에게 매도하고 丁 명의로 소유권이전등기가 경료되면, 丁은 위 명의신탁약정에 대한 선의·악의를 불문하고 유효하게 소유권을 취득한다.
④ 丙이 매매계약 체결 당시 甲과 乙 사이의 명의신탁약정을 안 경우, 甲은 乙에 대하여 부당이득으로서 부동산 자체의 반환을 구할 수 없다.
⑤ 丙이 乙 명의로 소유권이전등기가 경료되기 전에 甲과 乙 사이의 명의신탁약정이 무효인 사실을 알고 甲이 매매계약의 매수인으로 되는 것에 동의하였다면, 甲은 丙에 대하여 소유권이전등기를 청구할 수 있다.

해 설

① (○) : 위 사안은 계약명의신탁에 해당한다. 이러한 계약명의신탁은 매도인의 선의·악의에 따라 그 효력을 달리한다. 따라서 丙이 甲과 乙 사이의 명의신탁약정을 알지 못하였다면, 乙은 X 부동산에 대한 소유권을 유효하게 취득한다(부실법 제4조 제2항).
② (×) : 부동산실권리자명의등기에관한법률 제4조 제3항의 입법 취지 등을 고려해 볼 때, 여기에서 말하는 제3자라 함은 명의수탁자가 물권자임을 기초로 그와의 사이에 새로운 이해관계를 맺은 사람을 말한다고 할 것이고, 이와 달리 오로지 명의신탁자와 부동산에 관한 물권을 취득하기 위한 계약을 맺고 단지 등기명의만을 명의수탁자로부터 경료받은 것 같은 외관을 갖춘 자는 위 법률조항의 제3자에 해당되지 아니한다고 할 것이므로 이러한 자로서는 자신의 등기가 실체관계에 부합하여 유효라고 주장하는 것은 별론으로 하더라도 같은 법 제4조 제3항의 규정을 들어 무효인 명의신탁등기에 터 잡아 경료된 자신의 등기의 유효를 주장할 수는 없다(대판 2004. 8. 30, 2002다48771). ☞ 참고로 이른바 3자간 명의신탁이라면 실체관계에 부합하는 유효한 등기가 될 수

정답 186. ②

있겠지만, 지문은 매도인이 악의인 계약형 명의신탁이므로 실체관계에 부합하는 유효한 등기가 될 수도 없다. 계약형 명의신탁의 경우에는 신탁자와 매도인 사이에 매매계약이 체결된 바 없기 때문에 신탁자가 매도인에 대해서 소유권이전등기청구권을 가지지 못하기 때문이다.

③ (○) : 제3자는 선, 악을 불문하고 소유권을 취득한다(부실법 제4조 제3항).

④ (○) : 매도인이 악의인 경우이므로 乙은 X부동산의 소유권을 취득하지 못하고, 소유자는 여전히 매도인 丙이다. 따라서 甲은 乙에 대하여 부당이득으로서 부동산 자체의 반환을 구할 수 없다.

⑤ (○) : 어떤 사람이 타인을 통하여 부동산을 매수함에 있어 매수인 명의 및 소유권이전등기 명의를 타인 명의로 하기로 약정하였고 매도인도 그 사실을 알고 있어서 그 약정이 부동산실권리자명의등기에관한법률 제4조의 규정에 의하여 무효로 되고 이에 따라 매매계약도 무효로 되는 경우에, 매매계약상의 매수인의 지위가 당연히 명의신탁자에게 귀속되는 것은 아니지만, 그 무효사실이 밝혀진 후에 계약상대방인 매도인이 계약명의자인 명의수탁자 대신 명의신탁자가 그 계약의 매수인으로 되는 것에 대하여 동의 내지 승낙을 함으로써 부동산을 명의신탁자에게 양도할 의사를 표시하였다면, 명의신탁약정이 무효로 됨으로써 매수인의 지위를 상실한 명의수탁자의 의사에 관계없이 매도인과 명의신탁자 사이에는 종전의 매매계약과 같은 내용의 양도약정이 따로 체결된 것으로 봄이 상당하고, 따라서 이 경우 명의신탁자는 당초의 매수인이 아니라고 하더라도 매도인에 대하여 별도의 양도약정을 원인으로 하는 소유권이전등기청구를 할 수 있다(대판 2003. 9. 5, 2001다32120).

187 **甲은 乙 소유의 부동산 X를 취득하면서 丙과 명의신탁약정을 하여 丙의 명의로 등기하도록 하였다. 다음 상황 (1), (2)에 관한 설명 중 옳지 않은 것은? (다툼이 있는 경우 판례에 의함)**

〈2017년 변호사시험〉

> **[상황 (1)]** 甲은 乙과 부동산 X에 대한 매매계약을 체결한 뒤 대금을 완납하고 소유권이전등기의 명의만을 丙의 명의로 해 두기로 약정하였고, 이에 2012. 5.경 丙이 乙로부터 부동산 X에 대한 이전등기를 경료받았다.
>
> **[상황 (2)]** 甲은 丙과 사이에 자신이 매매대금과 취득세 등의 취득비용을 부담하기로 하면서 丙이 丙의 명의로 乙과 매매계약을 체결하여 소유권이전등기를 경료받도록 약정하였고, 이에 丙이 이런 사실을 알지 못하는 乙과 2012. 5.경 매매계약을 체결한 후 대금을 완납하여 부동산 X의 이전등기를 경료받았다.

① 상황 (1)에서 丙이 부동산 X에 대한 소유권이전등기를 경료받은 후 자신의 채권자 丁에게 채무담보를 위하여 부동산 X 위에 저당권을 설정하여 그 등기가 마쳐진 경우, 丁의 저당권은 유효하다.

② 상황 (1)에서 공공용지 협의취득 절차에 의하여 丁이 부동산 X에 대해 소유권이전등기를 경료하고 보상금이 丙에게 지급된 경우, 丙은 취득한 보상금을 甲에게 부당이득으로 반환해야 한다.

③ 상황 (2)에서 甲은 丙을 상대로 부동산 X의 소유권을 주장할 수는 없고 매수자금의 부당이득반환을 청구할 수 있을 뿐이고, 그 반환범위는 특별한 사정이 없는 한 매매대금 이외에 취득세 등 취득비용도 포함한다.

④ 상황 (2)에서 甲은 자신이 부동산 X를 점유하고 있는 한 丙으로부터 부동산 X의 소유권이전등기를 경료받은 丁을 상대로 위 ③의 丙에 대한 부당이득반환청구권을 기초로 유치권을 행사할 수 있다.

⑤ 상황 (2)에서 丙이 채무초과 상태에서 甲의 지정에 따라 丁에게 부동산 X의 소유권을 이전하는 행위는 특별한 사정이 없는 한 丙의 일반 채권자에 대한 관계에서 사해행위가 된다.

정답 187. ④

해 설

상황 (1) : 중간생략형 명의신탁(지문①,②)
상황 (2) : 매도인 선의인 계약형 명의신탁(지문③,④,⑤)

① (○) : 부동산실권리자명의등기에관한법률 제4조 제3항 참조

② (○) : 이른바 3자간 등기명의신탁에서 부동산 실권리자명의 등기에 관한 법률에서 정한 유예기간이 경과한 후 명의수탁자가 신탁부동산을 임의로 처분하거나 강제수용이나 공공용지 협의취득 등을 원인으로 제3취득자 명의로 이전등기가 마쳐진 경우, 특별한 사정이 없는 한 제3취득자는 유효하게 소유권을 취득하게 되므로(같은 법 제4조 제3항), 그로 인하여 매도인의 명의신탁자에 대한 소유권이전등기의무는 이행불능으로 되고 그 결과 명의신탁자는 신탁부동산의 소유권을 이전받을 권리를 상실하는 손해를 입게 되는 반면, 명의수탁자는 신탁부동산의 처분대금이나 보상금을 취득하는 이익을 얻게 되므로, 명의수탁자는 명의신탁자에게 그 이익을 부당이득으로 반환할 의무가 있다(대판 2011. 9. 8, 2009다49193).

③ (○) : 당해 부동산의 매매대금 상당액 이외에 명의신탁자가 명의수탁자에게 지급한 취득세, 등록세 등의 취득비용도 특별한 사정이 없는 한 위 계약명의신탁약정의 무효로 인하여 명의신탁자가 입은 손해에 포함되어 명의수탁자는 이 역시 명의신탁자에게 부당이득으로 반환하여야 한다(대판 2010. 10. 14, 2007다90432).

④ (×) : 명의신탁자의 이와 같은 부당이득반환청구권은 부동산 자체로부터 발생한 채권이 아닐 뿐만 아니라 소유권 등에 기한 부동산의 반환청구권과 동일한 법률관계나 사실관계로부터 발생한 채권이라고 보기도 어려우므로, 결국 민법 제320조 제1항에서 정한 유치권 성립요건으로서의 목적물과 채권 사이의 견련관계를 인정할 수 없다(대판 2009. 3. 26, 2008다34828).

⑤ (○) : 명의신탁자와 명의수탁자가 이른바 계약명의신탁 약정을 맺고 명의수탁자가 당사자가 되어 명의신탁 약정이 있다는 사실을 알지 못하는 소유자와 부동산에 관한 매매계약을 체결한 후 그 매매계약에 따라 당해 부동산의 소유권이전등기를 명의수탁자 명의로 마친 경우에는, 명의신탁자와 명의수탁자 사이의 명의신탁 약정의 무효에도 불구하고 부동산 실권리자명의 등기에 관한 법률 제4조 제2항 단서에 의하여 그 명의수탁자는 당해 부동산의 완전한 소유권을 취득하게 되고, 다만 명의신탁자에 대하여 그로부터 제공받은 매수자금 상당액의 부당이득반환의무를 부담하게 되는바, 위와 같은 경우에 명의수탁자가 취득한 부동산은 채무자인 명의수탁자의 일반 채권자들의 공동담보에 제공되는 책임재산이 되고, 명의신탁자는 명의수탁자에 대한 관계에서 금전채권자 중 한 명에 지나지 않으므로, 명의수탁자의 재산이 채무의 전부를 변제하기에 부족한 경우 명의수탁자가 위 부동산을 명의신탁자 또는 그가 지정하는 자에게 양도하는 행위는 특별한 사정이 없는 한 다른 채권자의 이익을 해하는 것으로서 다른 채권자들에 대한 관계에서 사해행위가 된다(대판 2008. 9. 25, 2007다74874).

188 **甲은 자신의 친구인 乙과 명의신탁약정을 맺고 乙을 통해 丙 소유의 A토지를 매수하면서 소유권이전등기를 丙으로부터 직접 乙에게로 경료하였으며, A토지에 관한 乙·丙 간의 매매계약 체결 시 丙은 명의신탁약정이 있다는 사실을 알지 못하였다. 이에 관한 설명 중 옳지 않은 것은? (각 지문은 독립적이며, 다툼이 있는 경우 판례에 의함)** 〈2019년 변호사시험〉

① 甲과 乙이 매수인 명의 및 소유권이전등기 명의를 乙의 명의로 하기로 한 경우, 이와 같은 명의신탁관계는 내부적인 관계에 불과하므로 설사 丙이 이를 알고 있었더라도 甲에게 계약에 따른 법률효과를 직접 귀속시킬 의도로 계약을 체결하였다는 등의 특별한 사정이 없는 한 대외적으로는 명의자인 乙을 매매당사자로 보아야 한다.

② 甲과 乙이 「부동산 실권리자명의 등기에 관한 법률」 시행 전에 명의신탁약정을 맺었으나 A토지에 대한 乙 명의의 등기는 위 법률이 정하는 실명등기 유예기간 후에 경료한 경우, 乙은 A토지에 대한 완전한 소유권을 취득한다.

정답 188. ⑤

③ 위 명의신탁약정과 그에 따른 등기가 모두 「부동산 실권리자명의 등기에 관한 법률」 시행 후에 행하여진 경우, 乙이 A토지를 丁에게 매도하고 丁의 명의로 소유권이전등기를 경료하였다면 丁은 명의신탁약정에 대한 선의·악의를 불문하고 A토지의 소유권을 유효하게 취득한다.

④ 위 명의신탁약정과 그에 따른 등기가 모두 「부동산 실권리자명의 등기에 관한 법률」 시행 후에 행하여진 경우, 乙이 甲으로부터 받은 부동산 매수자금 상당액은 법률상 원인이 없는 것이므로 부당이득으로서 반환해야 하고, 그 외에 乙이 소유권이전등기를 위하여 지출하여야 할 취득세, 등록세 등의 상당액을 甲으로부터 제공받았다면 이러한 취득비용도 무효인 명의신탁약정에 의하여 甲이 입은 손해에 포함되므로 부당이득으로서 반환하여야 한다.

⑤ 위 명의신탁약정과 그에 따른 등기가 모두 「부동산 실권리자명의 등기에 관한 법률」 시행 후에 행하여진 경우, 만일 丙이 甲과 乙 사이의 명의신탁관계를 알고 있는 상태에서 A토지를 乙에게 매도하고 매매대금을 수령하였다면, 乙이 그 후 제3자에게 A토지를 처분하는 행위는 丙에 대한 관계에서 불법행위를 구성하므로 丙은 乙에게 A토지의 처분 당시의 시가 상당액을 손해배상으로 청구할 수 있다.

해 설

①(○) : 어떤 사람이 타인을 통하여 부동산을 매수하면서 매수인 명의 및 소유권이전등기 명의를 타인 명의로 하기로 한 경우에, 매수인 및 등기 명의의 신탁관계는 그들 사이의 내부적인 관계에 불과하므로, 상대방이 명의신탁자를 매매당사자로 이해하였다는 등의 특별한 사정이 없는 한 대외적으로는 계약명의자인 타인을 매매당사자로 보아야 하며, 설령 상대방이 명의신탁관계를 알고 있었더라도 상대방이 계약명의자인 타인이 아니라 명의신탁자에게 계약에 따른 법률효과를 직접 귀속시킬 의도로 계약을 체결하였다는 등의 특별한 사정이 인정되지 아니하는 한 마찬가지이다(대판 2016. 7. 22, 2016다207928).

②(○) : **부동산 실권리자명의 등기에 관한 법률 시행 전에 명의신탁자와 명의수탁자가 이른바 계약명의신탁약정을 맺고** 명의수탁자가 당사자가 되어 명의신탁약정이 있다는 사실을 알지 못하는 소유자와 부동산에 관한 매매계약을 체결하고 매매계약에 따른 매매대금을 모두 지급하였으나 당해 부동산의 **소유권이전등기를 명의수탁자 명의로 마치지 못한 상태에서 부동산실명법 제11조에서 정한 유예기간이 경과하였다**면, 명의신탁약정의 무효에 불구하고 명의수탁자와 소유자의 매매계약 자체는 유효한 것으로 취급되는데, 이 경우 명의수탁자는 명의신탁약정에 따라 명의신탁자가 제공한 비용으로 소유자에게 매매대금을 지급하고 당해 부동산을 매수한 매수인의 지위를 취득한 것에 불과하지 당해 부동산에 관한 소유권을 취득하는 것은 아니므로, 유예기간 경과에 따른 명의신탁약정의 무효로 인하여 명의신탁자가 입게 되는 손해는 **당해 부동산 자체가 아니라 명의수탁자에게 제공한 매수자금**이고, **그 후 명의수탁자가 당해 부동산에 관한 소유권을 취득하게 되었다고 하더라도 이로 인하여 부당이득반환 대상이 달라진다고 할 수는 없다**(대판 2011. 5. 26, 2010다21214). ☞ 부동산실명법 시행 전에 명의신탁약정을 맺었으나 등기는 실명등기 유예기간 후에 경료한 경우에도 당해 부동산 자체가 아니라 매수자금의 부당이득반환청구만 가능하므로 수탁자 乙은 A토지에 대한 완전한 소유권을 취득한다.

③(○) : 위 ②번 지문과 같이 乙이 완전한 소유권을 취득하므로 그로부터 소유권을 이전받은 丁도 선악을 불문하고 소유권을 취득한다.

④(○) : '부동산 실권리자명의 등기에 관한 법률' 제4조 제1항, 제2항에 의하면 명의신탁자와 명의수탁자가 이른바 계약명의신탁약정을 맺고 명의수탁자가 당사자가 되어 명의신탁약정이 있다는 사실을 알지 못하는 소유자와의 사이에 부동산에 관한 매매계약을 체결한 후 그 매매계약에 따라 당해 부동산의 소유권이전등기를 수탁자명의로 마친 경우에는 명의신탁자와 명의수탁자 사이의 명의신탁약정의 무효에도 불구하고 그 명의수탁자는 당해 부동산의 완전한 소유권을 취득하게 되고, 다만 명의수탁자는 명의신탁자에 대하여 부당이득반환의무를 부담하게 될 뿐이다. 이 경우 그 계약명의신탁약정이 '부동산 실권리자명의 등기에 관한 법률' 시행 후인

경우에는 명의신탁자는 애초부터 당해 부동산의 소유권을 취득할 수 없었으므로, 위 계약명의신탁약정의 무효로 인하여 명의신탁자가 입은 손해는 당해 부동산 자체가 아니라 명의수탁자에게 제공한 매수자금이고, 따라서 명의수탁자는 당해 부동산 자체가 아니라 명의신탁자로부터 제공받은 매수자금 상당액을 부당이득하였다고 할 것이다. 이때 명의수탁자가 소유권이전등기를 위하여 지출하여야 할 취득세, 등록세 등을 명의신탁자로부터 제공받았다면, 이러한 자금 역시 위 계약명의신탁약정에 따라 명의수탁자가 당해 부동산의 소유권을 취득하기 위하여 매매대금과 함께 지출된 것이므로, 당해 부동산의 매매대금 상당액 이외에 명의신탁자가 명의수탁자에게 지급한 취득세, 등록세 등의 취득비용도 특별한 사정이 없는 한 위 계약명의신탁약정의 무효로 인하여 명의신탁자가 입은 손해에 포함되어 명의수탁자는 이 역시 명의신탁자에게 부당이득으로 반환하여야 한다(대판 2010. 10. 14, 2007다90432).

⑤ (×) : 명의신탁자와 명의수탁자가 이른바 계약명의신탁 약정을 맺고 매매계약을 체결한 소유자도 명의신탁자와 명의수탁자 사이의 명의신탁약정을 알면서 그 매매계약에 따라 명의수탁자 앞으로 당해 부동산의 소유권이전등기를 마친 경우 부동산 실권리자명의 등기에 관한 법률 제4조 제2항 본문에 의하여 명의수탁자 명의의 소유권이전등기는 무효이므로, 당해 부동산의 소유권은 매매계약을 체결한 소유자에게 그대로 남아 있게 되고, 명의수탁자가 자신의 명의로 소유권이전등기를 마친 부동산을 제3자에게 처분하면 이는 매도인의 소유권 침해행위로서 불법행위가 된다. 그러나 명의수탁자로부터 매매대금을 수령한 상태의 소유자로서는 그 부동산에 관한 소유명의를 회복하기 전까지는 신의칙 내지 민법 제536조 제1항 본문의 규정에 의하여 명의수탁자에 대하여 이와 동시이행의 관계에 있는 매매대금 반환채무의 이행을 거절할 수 있는데, 이른바 계약명의신탁에서 명의수탁자의 제3자에 대한 처분행위가 유효하게 확정되어 소유자에 대한 소유명의 회복이 불가능한 이상, 소유자로서는 그와 동시이행관계에 있는 매매대금 반환채무를 이행할 여지가 없다. 또한 명의신탁자는 소유자와 매매계약관계가 없어 소유자에 대한 소유권이전등기청구도 허용되지 아니하므로, 결국 소유자인 매도인으로서는 특별한 사정이 없는 한 명의수탁자의 처분행위로 인하여 어떠한 손해도 입은 바가 없다(대판 2013. 9. 12, 2010다95185).

189 甲은 2019. 6. 1. A로부터 그 소유의 X부동산을 매수하고 매매대금을 모두 지급하였으며, 乙과 명의신탁약정을 체결하고 A에게 부탁하여 그 소유권이전등기를 乙에게로 이전하게 하였다. 이에 관한 설명 중 옳은 것은? (다툼이 있는 경우 판례에 의함) 〈2021년 변호사시험〉

① A는 소유권에 기한 방해배제청구권을 행사하여 乙 명의의 소유권이전등기의 말소를 구할 수 없다.
② 甲은 乙을 상대로 부당이득반환을 원인으로 하는 소유권이전등기를 구할 수 있다.
③ 乙이 丙에게 X부동산을 매도하고 소유권이전등기를 마쳐준 경우 丙은 그 소유권을 취득할 수 없다.
④ 만일 甲과 A가 매매계약을 체결하면서 계약서상 매수인 명의를 乙로 하였다면, 계약에 따른 법률효과를 甲에게 직접 귀속시킬 의도로 계약을 체결한 사정이 인정되더라도 이는 계약명의신탁에 해당한다.
⑤ 2020. 7. 10. X부동산에 관하여 경매를 원인으로 丁 명의로 이전등기가 마쳐져 乙이 그 매각대금 상당의 이익을 얻은 경우, 乙은 甲에 대하여 甲이 입은 손해의 범위 내에서 그 이익을 부당이득으로 반환할 의무가 있다.

해 설

① (×) : 부동산 실권리자명의 등기에 관한 법률에 의하면, 이른바 3자간 등기명의신탁의 경우 같은 법에서 정한 유예기간의 경과에 의하여 기존 명의신탁약정과 그에 의한 등기가 무효로 되고 그 결과 명의신탁된 부동산은 매도인 소유로 복귀하므로, 매도인은 명의수탁자에게 무효인 명의 등기의 말소를 구할 수 있고, 한편 같은 법에서 정한 유예기간 경과 후에도 매도인과 명의신탁자 사이의 매매계약은 여전히 유효하므로, 명의신탁자는

정답 189. ⑤

매도인에게 매매계약에 기한 소유권이전등기를 청구할 수 있고, 소유권이전등기청구권을 보전하기 위하여 매도인을 대위하여 명의수탁자에게 무효인 명의 등기의 말소를 구할 수 있다(대판 2011. 9. 8, 2009다49193, 49209).

② (×) : 이른바 3자간 등기명의신탁의 경우 '부동산 실권리자명의 등기에 관한 법률'에 의하여 그 명의신탁약정과 그에 의한 등기가 무효로 되더라도 명의신탁자는 매도인에 대하여 매매계약에 기한 소유권이전등기청구권을 보유하고 있어 그 유예기간의 경과로 그 등기 명의를 보유하지 못하는 손해를 입었다고 볼 수 없고, 그와 같이 명의신탁 부동산의 소유권이 매도인에게 복귀한 마당에 명의신탁자가 무효인 등기의 명의인인 명의수탁자를 상대로 그 이전등기를 구할 수도 없다 할 것이므로, 결국 3자간 등기명의신탁에 있어서 명의신탁자는 명의수탁자를 상대로 부당이득반환을 원인으로 한 소유권이전등기를 구할 수 없다(대판 2009. 4. 9, 2008다87723).

③ (×), ⑤ (○) : 3자간 등기명의신탁에서 명의수탁자가 명의신탁 부동산을 **임의로 처분**하거나 **강제수용이나 공공용지 협의취득 등을 원인으로** 제3취득자 명의로 이전등기가 마쳐진 경우, 특별한 사정이 없는 한 제3취득자는 유효하게 소유권을 취득하게 되므로(법 제4조 제3항), 그로 인하여 매도인의 명의신탁자에 대한 소유권이전등기의무는 이행불능이 되고 그 결과 명의신탁자는 명의신탁 부동산의 소유권을 이전받을 권리를 상실하는 손해를 입게 되는 반면, 명의수탁자는 명의신탁 부동산의 처분대금이나 보상금을 취득하는 이익을 얻게 되므로, 명의수탁자는 명의신탁자에게 **그 이익을** 부당이득으로 반환할 의무가 있다. 이러한 법리는 3자간 등기명의신탁에서 명의신탁 부동산에 관하여 **경매를 원인으로** 제3취득자 명의로 이전등기가 마쳐진 경우에도 마찬가지로 적용된다(대판 2019. 7. 25, 2019다203811, 203828).

④ (×) : 명의신탁약정이 3자간 등기명의신탁인지 아니면 계약명의신탁인지의 구별은 계약당사자가 누구인가를 확정하는 문제로 귀결되는데, 계약명의자가 명의수탁자로 되어 있다 하더라도 계약당사자를 명의신탁자로 볼 수 있다면 이는 3자간 등기명의신탁이 된다. 따라서 계약명의자인 명의수탁자가 아니라 명의신탁자에게 계약에 따른 법률효과를 직접 귀속시킬 의도로 계약을 체결한 사정이 인정된다면 명의신탁자가 계약당사자라고 할 것이므로, 이 경우의 명의신탁관계는 3자간 등기명의신탁으로 보아야 한다(대판 2010. 10. 28, 2010다52799).

190 **甲은 2020. 2. 10. 乙과 乙 소유의 X 부동산에 관하여 매매계약을 체결하고 2020. 3. 10. 乙에게 매매대금 전액을 지급함과 동시에 소유권이전등기는 甲과 그의 친구 丙 사이의 명의신탁약정에 따라 乙로부터 바로 丙 앞으로 마쳤다. 이러한 사실관계를 바탕으로 한 설명 중 옳지 않은 것은? (각 지문은 독립적이며, 다툼이 있는 경우 판례에 의함)** 〈2024년 변호사시험〉

① 甲과 丙 사이의 약정과 그로 인한 丙 명의의 소유권이전등기는 무효이지만 甲은 丙을 상대로 부당이득반환을 원인으로 하여 X 부동산의 소유권이전등기를 구할 수는 없다.

② 甲이 A와 사이에 X 부동산에 관하여 매매계약을 체결하고 이에 기하여 丙에서 A 앞으로 바로 마쳐준 소유권이전등기는 특별한 사정이 없는 한 실체관계에 부합하는 등기로서 유효하다.

③ 丙에 대한 금전채권자 B가 자신의 금전채권을 피보전권리로 하여 X 부동산에 대하여 가압류를 신청하여 가압류등기가 마쳐진 경우 B의 가압류는 유효하다.

④ 丙이 임의로 甲과 丙 사이의 약정 사실을 알고 있는 C와 X 부동산에 관하여 매매계약을 체결하고 대금을 지급받음과 동시에 C에게 소유권이전등기를 마쳐 준 경우 丙은 甲에게 「민법」 제750조에 따른 손해배상책임을 질 수 있다.

⑤ 丙이 임의로 자신의 채권자 D를 위하여 X 부동산에 관하여 D 명의의 근저당권을 설정해 준 경우 丙은 근저당권의 피담보채무액 상당의 이익을 얻었고 그로 인하여 乙은 소유권을 침해당한 손실을 입었으므로, 丙은 乙에 대하여 부당이득반환의무를 부담한다.

정답 190. ⑤

해 설

① (○) : 이른바 3자간 등기명의신탁의 경우 '부동산 실권리자명의 등기에 관한 법률'(이하 '부동산실명법'이라 고 한다)에 의하여 그 명의신탁약정과 그에 의한 등기가 무효로 되더라도 명의신탁자는 매도인에 대하여 매매계약에 기한 소유권이전등기청구권을 보유하고 있어 그 유예기간의 경과로 그 등기 명의를 보유하지 못하는 손해를 입었다고 볼 수 없고, 그와 같이 명의신탁 부동산의 소유권이 매도인에게 복귀한 마당에 명의신탁자가 무효인 등기의 명의인인 명의수탁자를 상대로 그 이전등기를 구할 수도 없다 할 것이므로, 결국 3자간 등기명의신탁에 있어서 명의신탁자는 명의수탁자를 상대로 부당이득반환을 원인으로 한 소유권이전등기를 구할 수 없다(대판 2009.4.9, 2008다87723).

② (○) : [1] 부동산 실권리자명의 등기에 관한 법률 제4조 제3항에 정한 '제3자'는 명의수탁자가 물권자임을 기초로 그와 새로운 이해관계를 맺은 사람을 말하고, 이와 달리 **오로지 명의신탁자와 부동산에 관한 물권을 취득하기 위한 계약을 맺고 단지 등기명의만을 명의수탁자로부터 경료받은 것 같은 외관을 갖춘 자**는 위 조항의 **제3자에 해당하지 아니하므로, 위 조항에 근거하여** 무효인 명의신탁등기에 터 잡아 경료된 **자신의 등기의 유효를 주장할 수는 없다.** 그러나 이러한 자도 자신의 등기가 **실체관계에 부합하는 등기로서 유효하다는 주장은 할 수 있다.** [2] 이른바 3자간 등기명의신탁의 경우 명의신탁약정과 그에 기한 등기는 무효로 되고[부동산 실권리자명의 등기에 관한 법률(이하 '부동산실명법'이라 한다) 제4조 제1항, 제2항], 그 결과 명의신탁된 부동산은 매도인 소유로 복귀하므로 매도인은 명의수탁자에게 무효인 그 명의 등기의 말소를 구할 수 있게 된다. 한편 부동산실명법은 매도인과 명의신탁자 사이의 매매계약의 효력을 부정하는 규정을 두고 있지 아니하므로 매도인과 명의신탁자 사이의 매매계약은 여전히 유효하고, **명의신탁자는 매도인에 대하여 매매계약에 기한 소유권이전등기를 청구하거나 그 소유권이전등기청구권을 보전하기 위하여 매도인을 대위하여 명의수탁자에게 무효인 그 명의 등기의 말소를 구할 수 있다.** 그러므로 **이러한 지위에 있는 명의신탁자가 제3자와 사이에 부동산 처분에 관한 약정을 맺고 그 약정에 기하여 명의수탁자에서 제3자 앞으로 마쳐준 소유권이전등기**는 다른 특별한 사정이 없는 한 **실체관계에 부합하는 등기로서 유효하다**고 보아야 한다(대판 2022. 9. 29, 2022다228933).

③ (○) : 부동산 실권리자명의 등기에 관한 법률 제4조 제3항에 의하면 명의신탁약정 및 이에 따른 등기로 이루어진 부동산에 관한 물권변동의 무효는 제3자에게 대항하지 못한다. 여기서 '제3자'는 명의신탁약정의 당사자 및 포괄승계인 이외의 자로서 명의수탁자가 물권자임을 기초로 그와 사이에 직접 새로운 이해관계를 맺은 사람으로서 **소유권이나 저당권 등 물권을 취득한 자뿐만 아니라 압류 또는 가압류채권자도 포함**하고 그의 선의·악의를 묻지 않는다. 이러한 법리는 특별한 사정이 없는 한 명의신탁약정에 따라 형성된 외관을 토대로 다시 명의신탁이 이루어지는 등 연속된 명의신탁관계에서 최후의 명의수탁자가 물권자임을 기초로 그와 사이에 직접 새로운 이해관계를 맺은 사람에게도 적용된다(대판 2021. 11. 11, 2019다272725).

④ (○) : 명의수탁자가 **3자간 등기명의신탁**에 따라 매도인으로부터 소유권이전등기를 넘겨받은 부동산을 자기 마음대로 처분한 행위가 형사상 횡령죄로 처벌되지 않더라도, 이는 **명의신탁자의 채권인 소유권이전등기청구권을 침해하는 행위**로써 민법 제750조에 따라 **불법행위에 해당하여 명의수탁자는 명의신탁자에게 손해배상책임을 질 수 있다.** 그 이유는 다음과 같다. ① 명의신탁자가 매수한 부동산에 관하여 부동산 실권리자명의 등기에 관한 법률(이하 '부동산실명법'이라 한다)을 위반하여 명의수탁자와 맺은 명의신탁약정에 따라 매도인에게서 바로 명의수탁자 앞으로 소유권이전등기를 마친 이른바 3자간 등기명의신탁을 한 경우에 명의수탁자가 부동산을 임의로 처분한 것이 횡령죄가 되는지 문제 된다. 대법원은 2016. 5. 19. 선고 2014도6992 전원합의체 판결을 통해 종전 판례를 변경하여 위와 같은 경우 명의신탁자는 부동산 소유자가 아니고 명의신탁자와 명의수탁자 사이에 위탁신임관계를 인정할 수도 없어 명의수탁자가 명의신탁자의 재물을 보관하는 자라고 할 수 없으므로, 명의수탁자가 신탁 부동산을 임의로 처분해도 명의신탁자에 대한 관계에서 횡령죄가 성립하지 않는다고 판결하였다. ② 민사책임과 형사책임은 지도이념, 증명책임의 부담과 그 증명의 정도 등에서 서로 다른 원리가 적용된다. 위법행위에 대한 형사책임은 사회의 법질서를 위반한 행위에 대한 책임을 묻는 것으로서 행위자에 대한 공적인 제재인 형벌을 그 내용으로 하는 데 반하여, 민사책임은 다른 사람의 법익을 침해한 데 대하

여 행위자의 개인적 책임을 묻는 것으로서 피해자에게 발생한 손해의 전보를 그 내용으로 하고 손해배상제도는 손해의 공평·타당한 부담을 그 지도원리로 한다. 따라서 형사상 범죄를 구성하지 않는 침해행위라고 하더라도 그것이 민사상 불법행위를 구성하는지는 형사책임과 별개의 관점에서 검토해야 한다. ③ 3자간 등기명의신탁에서 명의수탁자의 임의처분 등을 원인으로 제3자 앞으로 소유권이전등기가 된 경우, 특별한 사정이 없는 한 제3자는 유효하게 소유권을 취득한다(부동산실명법 제4조 제3항). 그 결과 매도인의 명의신탁자에 대한 소유권이전등기의무는 이행불능이 되어 명의신탁자로서는 부동산 소유권을 이전받을 수 없게 된다. 명의수탁자가 **명의신탁자의 채권인 소유권이전등기청구권을 침해한다는 사정을 알면서도** 명의신탁받은 부동산을 자기 마음대로 처분하였다면 이는 사회통념상 사회질서나 경제질서를 위반하는 위법한 행위로서 특별한 사정이 없는 한 **제3자의 채권침해에 따른 불법행위책임이 성립한다.** ④ 대법원 2014도6992 전원합의체 판결은 횡령죄의 본질이 신임관계에 기초하여 위탁된 타인의 물건을 위법하게 영득하는 데 있고 명의신탁자와 명의수탁자의 관계는 형법상 보호할 만한 가치 있는 신임관계가 아니므로 명의수탁자의 임의처분행위에 대하여 횡령죄를 인정할 수 없다고 한 것이지 명의신탁관계에서 명의신탁자의 소유권이전등기청구권을 보호할 수 없다는 취지는 아니다. 따라서 명의수탁자의 임의처분으로 **명의신탁자의 채권이 침해된 이상** 형법상 횡령죄의 성립 여부와 관계없이 **명의수탁자는 명의신탁자에 대하여 민사상 불법행위책임을 부담한다**고 봄이 타당하다(대판 2022. 6. 9, 2020다208997).

⑤ (×) : [다수의견] (가) 3자간 등기명의신탁에서 명의수탁자의 임의처분 또는 강제수용이나 공공용지 협의취득 등(이러한 소유명의 이전의 원인관계를 통틀어 이하에서는 '명의수탁자의 처분행위 등'이라 한다)을 원인으로 제3자 명의로 소유권이전등기가 마쳐진 경우, 특별한 사정이 없는 한 제3자는 유효하게 소유권을 취득한다[부동산 실권리자명의 등기에 관한 법률(이하 '부동산실명법'이라 한다) 제4조 제3항]. 그 결과 매도인의 명의신탁자에 대한 소유권이전등기의무는 이행불능이 되어 명의신탁자로서는 부동산의 소유권을 이전받을 수 없게 되는 한편, 명의수탁자는 부동산의 처분대금이나 보상금 등을 취득하게 된다. 판례는, **명의수탁자가 그러한 처분대금이나 보상금 등의 이익을 명의신탁자에게 부당이득으로 반환할 의무를 부담한다**고 보고 있다. **이러한 판례는 타당하므로 그대로 유지되어야 한다.** (나) **명의수탁자가 부동산에 관하여 제3자에게 근저당권을 설정하여 준 경우**에도 부동산의 소유권이 제3자에게 이전된 경우와 **마찬가지**로 보아야 한다. 명의수탁자가 제3자에게 부동산에 관하여 근저당권을 설정하여 준 경우에 제3자는 부동산실명법 제4조 제3항에 따라 유효하게 근저당권을 취득한다. 이 경우 매도인의 부동산에 관한 소유권이전등기의무가 이행불능된 것은 아니므로, 명의신탁자는 여전히 매도인을 대위하여 명의수탁자의 부동산에 관한 진정명의회복을 원인으로 한 소유권이전등기 등을 통하여 매도인으로부터 소유권을 이전받을 수 있지만, 그 소유권은 명의수탁자가 설정한 근저당권이 유효하게 남아 있는 상태의 것이다. 명의수탁자는 제3자에게 근저당권을 설정하여 줌으로써 피담보채무액 상당의 이익을 얻었고, 명의신탁자는 매도인을 매개로 하더라도 피담보채무액만큼의 교환가치가 제한된 소유권만을 취득할 수밖에 없는 손해를 입은 한편, 매도인은 명의신탁자로부터 매매대금을 수령하여 매매계약의 목적을 달성하였으면서도 근저당권이 설정된 상태의 소유권을 이전하는 것에 대하여 손해배상책임을 부담하지 않으므로 실질적인 손실을 입지 않는다. 따라서 **3자간 등기명의신탁에서 명의수탁자가 부동산에 관하여 제3자에게 근저당권을 설정한 경우** 명의수탁자는 근저당권의 피담보채무액 상당의 이익을 얻었고 그로 인하여 명의신탁자에게 그에 상응하는 손해를 입혔으므로, 명의수탁자는 **명의신탁자에게** 이를 부당이득으로 반환할 의무를 부담한다(대판 2021. 9. 9, 2018다284233).

보충지문

191 등기가 명의신탁에 의한 것이라는 사실에 대한 증명책임의 소재는 명의신탁을 주장하는 사람이 아니라 부정하는 사람이 진다. 〈2013년 사법시험〉

해 설 부동산에 관하여 그 소유자로 등기되어 있는 자는 적법한 절차와 원인에 의하여 소유권을 취득한 것으로 추정되므로 그 등기가 명의신탁에 기한 것이라는 사실은 이를 주장하는 자에게 입증책임이 있다(대판 2008. 4. 24, 2007다90883).

192-1 채무변제를 담보하기 위해 채권자 명의로 부동산에 관한 소유권이전등기를 하기로 하는 약정은 명의신탁약정에 해당하지 않는다. 〈2017년 감정평가사〉

192-2 채무자는 채권을 담보하기 위하여 채권자에게 그 소유의 부동산에 관한 소유권이전등기를 할 수 있다. 〈2020년 감정평가사〉

해 설 '채무의 변제를 담보하기 위하여 채권자가 부동산에 관한 물권을 이전(移轉)받거나 가등기하는 경우'는 부동산실권리자명의등기에관한법률 제2조의 '명의신탁약정'에서 제외된다(부동산실권리자명의등기에관한법률 제2조 제1호).

193-1 무효인 명의신탁등기가 행하여진 후 신탁자와 수탁자가 혼인한 경우, 조세포탈 등의 목적이 없더라도 그 명의신탁등기는 유효로 인정될 수 없다. 〈2017년 감정평가사〉

193-2 「부동산 실권리자명의 등기에 관한 법률」의 위반으로 무효인 명의신탁등기는 조세포탈, 강제집행의 면탈 또는 법령상의 제한의 회피를 목적으로 하지 않은 경우, 그 후 명의신탁자가 수탁자와 혼인하면 그때부터 유효가 된다. 〈2011년 사법시험〉

해 설 어떠한 명의신탁등기가 위 법률에 따라 무효가 되었다고 할지라도 그 후 신탁자와 수탁자가 혼인하여 그 등기의 명의자가 배우자로 된 경우에는 조세포탈, 강제집행의 면탈 또는 법령상 제한의 회피를 목적으로 하지 아니하는 한 이 경우에도 위 법률 제8조 제2호의 특례를 적용하여 그 명의신탁등기는 당사자가 혼인한 때로부터 유효하게 된다고 보아야 한다(대판 2002. 10. 25, 2002다23840).

194 조세포탈 등의 목적 없이 종교단체 명의로 그 산하조직이 보유한 부동산의 소유권을 등기한 경우, 그 단체와 조직 간의 명의신탁약정은 유효하다. 〈2017년 감정평가사〉

해 설 부동산 실권리자명의 등기에 관한 법률 제8조 제3호 참조

195 부동산 실권리자명의 등기에 관한 법률(이하 '부동산실명법'이라 함)에서 정한 예외에 해당하는 등 부동산 명의신탁약정이 유효한 경우라도, 소유권이 대외적으로 수탁자에게 귀속하므로 명의신탁자는 신탁을 이유로 제3자에 대하여 그 소유권을 주장할 수 없다. 〈2016년 법무사〉

해 설 부동산 실권리자명의 등기에 관한 법률 제8조 제1호에 의하면 종중이 보유한 부동산에 관한 물권을 종중 이외의 자의 명의로 등기하는 명의신탁의 경우 조세포탈, 강제집행의 면탈 또는 법령상 제한의 회피를 목

정 답 191.(×) 192-1.(○) 192-2.(○) 193-1.(×) 193-2.(○) 194.(○) 195.(○)

적으로 하지 아니하는 경우에는 같은 법 제4조 내지 제7조 및 제12조 제1항· 제2항의 규정의 적용이 배제되어 종중이 같은 법 시행 전에 명의신탁한 부동산에 관하여 같은 법 제11조의 유예기간 이내에 실명등기 또는 매각처분을 하지 아니한 경우에도 그 명의신탁약정은 여전히 그 효력을 유지하는 것이지만, 부동산을 명의신탁한 경우에는 소유권이 대외적으로 수탁자에게 귀속하므로 명의신탁자는 신탁을 이유로 제3자에 대하여 그 소유권을 주장할 수 없다(대판 2007. 5. 10, 2007다7409).

196 부동산실명법에서 정한 유예기간이 경과한 후 명의신탁자는 명의신탁 해지를 원인으로 하는 소유권이전등기를 청구할 수 없다. 〈2009년 법무사〉

해설 유예기간이 경과한 날 이후부터 명의신탁약정과 그에 따라 행하여진 등기에 의한 부동산에 관한 물권변동이 무효가 되므로 명의신탁자는 더 이상 명의신탁해지를 원인으로 하는 소유권이전등기를 청구할 수 없다(대결 1997. 5. 1, 자 97마384).

197~198 [공통사안] 2009년 甲은 丙으로부터 그 소유 토지를 매수한 뒤 丙에게 직접 乙명의로 소유권이전등기를 해 줄 것을 부탁하였다. 그 전에 甲은 친구 乙과의 사이에 대내적으로 그 토지를 자신이 소유하는 것으로 하고 등기는 乙명의로 해 두기로 약정하였다. 丙은 乙 앞으로 이전등기 해 주었다.

197 丙의 甲에 대한 소유권이전등기의무는 채무이행으로 인해 소멸하였다. 〈2009년 변리사〉

해설 명의신탁자는 매도인에 대하여 매매계약에 기한 소유권이전등기를 청구할 수 있고, 그 소유권이전등기청구권을 보전하기 위하여 매도인을 대위하여 명의수탁자에게 무효인 그 명의 등기의 말소를 구할 수도 있다(대판 2002. 3. 15, 2001다61654). ☞ 丙이 乙 앞으로 이전등기를 해 주었지만 乙 명의의 등기가 무효이므로 丙은 여전히 甲에 대하여 소유권이전등기의무를 부담한다.

198 만약 乙이 丁에게 이전등기한 경우 甲은 丙의 乙에 대한 손해배상청구권을 대위행사할 수 있다.
〈2009년 변리사〉

해설 매도인으로서는 명의수탁자가 신탁부동산을 타에 처분하였다고 하더라도, 명의수탁자로부터 그 소유명의를 회복하기 전까지는 명의신탁자에 대하여 신의칙 내지 민법 제536조 제1항 본문의 규정에 의하여 이와 동시이행의 관계에 있는 매매대금 반환채무의 이행을 거절할 수 있고, 한편 명의신탁자의 소유권이전등기청구도 허용되지 아니하므로, 결국 매도인으로서는 명의수탁자의 처분행위로 인하여 손해를 입은 바가 없다(대판 2002. 3. 15, 2001다61654). ☞ 丙에게 손해가 없어 丙의 乙에 대한 손해배상청구권 자체가 존재하지 아니하므로 丙을 대위하거나 그로부터 손해배상채권을 양수하였음을 이유로 그 청구를 할 수 없다.

[보충지문] 3자간 등기명의신탁에 있어서, 명의수탁자가 신탁부동산을 임의로 매각처분한 경우, 매도인으로서는 명의수탁자로부터 그 소유명의를 회복하기 전까지는 명의신탁자에 대하여 매매대금 반환채무의 이행을 거절할 수 있고, 명의신탁자의 소유권이전등기청구도 허용되지 아니하므로, 매도인으로서는 명의수탁자의 처분행위로 인하여 손해를 입은 바가 없다(○). 〈2018년 법무사〉

정답 196. (○) 197.(×) 198.(×)

199 **아파트의 수분양자가 타인과의 사이에 대내적으로는 자신이 수분양권을 계속 보유하기로 하되 수분양자 명의만을 그 타인의 명의로 하는 내용의 명의신탁약정을 맺으면서 분양계약의 수분양자로서의 지위를 포괄적으로 이전하는 내용의 계약인수약정을 체결하고 이에 대하여 위 명의신탁약정의 존재를 모르는 분양자가 동의 내지 승낙을 한 경우, 이는 이른바 계약명의신탁 관계에서 명의수탁자가 당초 명의신탁약정의 존재를 모르는 분양자와 사이에 분양계약을 체결한 경우와 다를 바 없으므로, 위 분양계약인수약정은 유효하다.** 〈2016년 법무사〉

해설 대판 2015. 12. 23, 2012다202932 참조

200-1 **부동산 경매절차에서 대금을 부담하는 자가 타인의 명의로 매각허가결정을 받기로 약정하여 그에 따라 매각이 이루어진 경우 경매 목적 부동산의 소유권은 매각대금을 실질적으로 부담한 자가 누구인가와 상관없이 대외적으로는 물론 대내적으로도 그 명의인이 취득한다.** 〈2015년 사법시험〉

200-2 **부동산경매절차에서 부동산을 매수하려는 사람이 매수대금을 자신이 부담하면서 다른 사람의 명의로 매각허가결정을 받기로 약정하여 그에 따라 매각허가가 이루어진 경우, 부동산의 소유권을 취득하는 자는 명의인이고 매수대금의 부담자와 명의인 간에 명의신탁관계가 성립한다.** 〈2009년 법무사〉

해설 부동산경매절차에서 부동산을 매수하려는 사람이 매수대금을 자신이 부담하면서 다른 사람의 명의로 매각허가결정을 받기로 그 다른 사람과 약정함에 따라 매각허가가 이루어진 경우 그 경매절차에서 매수인의 지위에 서게 되는 사람은 어디까지나 그 명의인이므로 경매 목적 부동산의 소유권은 매수대금을 실질적으로 부담한 사람이 누구인가와 상관없이 그 명의인이 취득한다고 할 것이고, 이 경우 매수대금을 부담한 사람과 이름을 빌려 준 사람 사이에는 명의신탁관계가 성립한다(대판 2006. 11. 9, 2006다35117).

201 **명의신탁약정과 등기의 무효로써 대항하지 못하는 '제3자'라 함은 수탁자가 물권자임을 기초로 그와의 사이에 새로운 이해관계를 맺은 자를 말하는데, 이러한 제3자는 수탁자로부터 소유권이나 저당권 등 물권을 취득한 자를 의미하고 대항력 있는 주택임차인이나 가압류 채권자는 이에 포함되지 아니한다.** 〈2009년 사법시험〉

해설 「부동산 실권리자명의 등기에 관한 법률」 제4조 제3항에서 '제3자'라고 함은 명의신탁 약정의 당사자 및 포괄승계인 이외의 자로서 명의수탁자가 물권자임을 기초로 그와의 사이에 직접 새로운 이해관계를 맺은 사람을 말한다(대판 2005. 11. 10, 2005다34667, 34674). 따라서 명의수탁자로부터 물권을 설정받거나 이전받은 자, 명의수탁자에 대한 가등기권리자, 가압류채권자와 같이 명의수탁자명의의 등기를 토대로 그 등기상 이해관계를 가지게 된 자, 명의수탁자명의의 등기를 믿고 그 부동산에 대한 임차권의 등기를 경료한 자나 대항력을 갖춘 주택임차인·상가건물임차인 등은 여기의 제3자에 해당한다(대판 2004. 8. 30, 2002다48771).

202 **부동산 실권리자명의 등기에 관한 법률 제4조 제3항의 입법취지 등을 고려할 때, 명의신탁자와 부동산에 관한 물권을 취득하기 위한 계약을 맺고 단지 등기명의만을 명의수탁자로부터 경료받은 것 같은 외관을 갖춘 자는 위 법률조항의 제3자에 해당하지 않는다.** 〈2019년 법무사〉

해설 명의신탁약정 및 이에 따라 행하여진 등기에 의한 부동산의 물권변동은 무효가 되나 그 무효는 제3자

정답 199. (○) 200-1. (○) 200-2. (○) 201. (×) 202. (○)

에 대항하지 못하는 바, 여기서의 제3자라 함은 수탁자가 물권자임을 기초로 그와의 사이에 새로운 이해관계를 맺은 자를 말하고, 여기에는 소유권이나 저당권 등 물권을 취득한 자뿐만 아니라, 가압류채권자도 포함되며, 제3자의 선의·악의를 묻지 않는다 할 것이다. 하지만 오로지 명의신탁자와 부동산에 관한 물권을 취득하기 위한 계약을 맺고 단지 등기명의만을 명의수탁자로부터 경료받은 것 같은 외관을 갖춘 자는 위 법률조항의 제3자에 해당되지 아니한다고 할 것이다(대판 2004. 8. 30, 2002다48771).

[주의해야 할 최신판례] [1] 부동산 실권리자명의 등기에 관한 법률 제4조 제3항에 정한 '제3자'는 명의수탁자가 물권자임을 기초로 그와 새로운 이해관계를 맺은 사람을 말하고, 이와 달리 **오로지 명의신탁자와 부동산에 관한 물권을 취득하기 위한 계약을 맺고 단지 등기명의만을 명의수탁자로부터 경료받은 것 같은 외관을 갖춘 자**는 위 조항의 **제3자에 해당하지 아니하므로, 위 조항에 근거하여** 무효인 명의신탁등기에 터 잡아 경료된 **자신의 등기의 유효를 주장할 수는 없다.** 그러나 이러한 자도 자신의 등기가 **실체관계에 부합하는 등기로서 유효하다는 주장은 할 수 있다.** [2] 이른바 3자간 등기명의신탁의 경우 명의신탁약정과 그에 기한 등기는 무효로 되고[부동산 실권리자명의 등기에 관한 법률(이하 '부동산실명법'이라 한다) 제4조 제1항, 제2항], 그 결과 명의신탁된 부동산은 매도인 소유로 복귀하므로 매도인은 명의수탁자에게 무효인 그 명의 등기의 말소를 구할 수 있게 된다. 한편 부동산실명법은 매도인과 명의신탁자 사이의 매매계약의 효력을 부정하는 규정을 두고 있지 아니하므로 매도인과 명의신탁자 사이의 매매계약은 여전히 유효하고, **명의신탁자는 매도인에 대하여 매매계약에 기한 소유권이전등기를 청구하거나 그 소유권이전등기청구권을 보전하기 위하여 매도인을 대위하여 명의수탁자에게 무효인 그 명의 등기의 말소를 구할 수 있다.** 그러므로 **이러한 지위에 있는 명의신탁자가 제3자와 사이에 부동산 처분에 관한 약정을 맺고 그 약정에 기하여 명의수탁자에서 제3자 앞으로 마쳐준 소유권이전등기**는 다른 특별한 사정이 없는 한 **실체관계에 부합하는 등기로서 유효하다**고 보아야 한다(대판 2022. 9. 29, 2022다228933).

203 **신탁자와 수탁자가 명의신탁약정을 맺고, 그에 따라 수탁자가 당사자가 되어 명의신탁약정의 존재 사실을 알지 못하는 소유자와 부동산에 관한 매매계약을 체결한 계약명의신탁에서 신탁자와 수탁자 간의 명의신탁약정이 부동산실권리자명의 등기에 관한 법률이 정한 유예기간의 경과로 무효가 되었다면, 특별한 사정이 없는 한 신탁자와 수탁자 간에 명의신탁약정과 함께 이루어진 부동산 매입의 위임 약정 역시 무효로 되고, 이 경우 신탁자와 수탁자 사이에 신탁자의 요구에 따라 부동산의 소유 명의를 이전하기로 한 약정도 명의신탁약정이 유효함을 전제로 명의신탁 부동산 자체의 반환을 구하는 범주에 속하는 것에 해당하여 역시 무효로 된다.** 〈2017 법무사〉

해설 대판 2015. 9. 10, 2013다55300 참조

204 **계약명의신탁의 당사자들이 명의신탁약정의 유효한 것, 즉 명의신탁자가 이른바 내부적 소유권을 가지는 것을 전제로 하여 장차 명의신탁자 앞으로 목적 부동산에 관한 소유권등기를 이전하거나 부동산의 처분대가를 명의신탁자에게 지급하는 것 등을 내용으로 하는 약정을 하였다면 이는 무효이다.** 〈2019년 법무사〉

해설 계약명의신탁의 당사자들이 명의신탁약정이 유효한 것, 즉 명의신탁자가 이른바 내부적 소유권을 가지는 것을 전제로 하여 장차 명의신탁자 앞으로 목적 부동산에 관한 소유권등기를 이전하거나 부동산의 처분대가를 명의신탁자에게 지급하는 것 등을 내용으로 하는 약정을 하였다면 이는 명의신탁약정을 무효라고 정하는 부동산실명법 제4조 제1항에 좇아 무효이다(대판 2014. 8. 20, 2014다30483).

정답 203. (○) 204. (○)

205 **부동산 실권리자명의 등기에 관한 법률(이하 '부동산실명법'이라 한다)이 시행되기 전에 명의신탁자와 명의수탁자가 명의신탁 약정을 맺고 이에 따라 명의수탁자가 당사자가 되어 명의신탁 약정이 있다는 사실을 알지 못하는 소유자와 부동산에 관한 매매계약을 체결한 후 그 매매계약에 기하여 당해 부동산의 소유권이전등기를 자신의 명의로 마치는 한편, 장차 위 부동산의 처분대가를 명의신탁자에게 지급하기로 하는 정산약정을 한 경우, 그러한 약정 이후에 부동산실명법이 시행되었거나 그 부동산의 처분이 부동산실명법 시행 이후에 이루어졌다면 위 정산약정도 당연히 무효가 된다.** 〈2022년 법무사〉

해 설 부동산 실권리자명의 등기에 관한 법률(이하 '부동산실명법'이라 한다)이 **시행되기 전**에 명의신탁자와 명의수탁자가 명의신탁 약정을 맺고 이에 따라 **명의수탁자가 당사자가 되어 명의신탁 약정이 있다는 사실을 알지 못하는 소유자와 부동산에 관한 매매계약을 체결**한 후 그 매매계약에 기하여 당해 부동산의 소유권이전등기를 자신의 명의로 마치는 한편, **장차 위 부동산의 처분대가를 명의신탁자에게 지급하기로 하는 정산약정**을 한 경우, 그러한 **약정 이후에 부동산실명법이 시행되었다거나 그 부동산의 처분이 부동산실명법 시행 이후에 이루어졌다고 하더라도 그러한 사정만으로 위 정산약정까지 당연히 무효로 된다고 볼 수 없다**(대판 2021. 7. 21, 2019다266751). ☞ 실명화 등의 조치 없이 위 유예기간이 경과함으로써 같은 법 제12조 제1항, 제4조에 의해 명의신탁 약정은 무효로 되는 한편, 명의수탁자가 해당 부동산에 관한 완전한 소유권을 취득하게 된다. 그런데 부동산실명법 제3조 및 제4조가 명의신탁자에게 소유권이 귀속되는 것을 막는 취지의 규정은 아니므로 명의수탁자는 명의신탁자에게 자신이 취득한 **해당 부동산**을 부당이득으로 반환할 의무가 있다. 이와 같은 경위로 명의신탁자가 해당 부동산의 회복을 위해 명의수탁자에 대해 가지는 소유권이전등기청구권은 그 성질상 법률의 규정에 의한 부당이득반환청구권이다. 만일 명의수탁자가 신탁부동산을 처분하였다면, 앞서 본 바와 같은 처분대가에 관한 **정산약정이 없는 경우라도** 명의수탁자는 **민법 제747조 제1항**에 의하여 명의신탁자에게 그 부동산의 **가액을 반환할 의무를 부담**한다. 부동산실명법 시행 전에 명의수탁자가 신탁부동산의 처분대가를 명의신탁자에게 지급하기로 하는 **정산약정을 한 경우** 그러한 약정에 따른 법적 효과는 위와 같이 법률에 의하여 **이미 명의신탁자에게 인정되는 권리의 범위 내에 속하는 것**이라고 볼 수 있다. 따라서 위 약정이 애초부터 신탁부동산의 소유권을 취득할 수 없는 명의신탁자를 위하여 사후에 보완하는 방책에 해당한다거나 무효인 명의신탁 약정이 유효함을 전제로 명의신탁 부동산 자체 또는 그 처분대금의 반환을 구하는 범주에 든다고 보기 어렵다.

206 **부동산을 매수하면서 매수대금의 실질적 부담자와 명의인 간에 명의신탁관계가 성립한 경우, 그들 사이에 매수대금의 실질적 부담자의 요구에 따라 부동산의 소유 명의를 이전하기로 하는 등의 약정을 하고 이에 기한 명의신탁자의 명의수탁자에 대한 소유권이전등기청구권을 확보하기 위하여 명의신탁 부동산에 명의신탁자 명의의 가등기를 마쳤다고 하더라도 위 가등기는 원인무효이다.** 〈2016년 법원행시〉

해 설 부동산 실권리자명의 등기에 관한 법률(이하 '부동산실명법'이라 한다) 시행 이후 부동산을 매수하면서 매수대금의 실질적 부담자와 명의인 간에 명의신탁관계가 성립한 경우, 그들 사이에 매수대금의 실질적 부담자의 요구에 따라 부동산의 소유 명의를 이전하기로 하는 등의 약정을 하였다고 하더라도, 이는 부동산실명법에 의하여 무효인 명의신탁약정을 전제로 명의신탁 부동산 자체 또는 처분대금의 반환을 구하는 범주에 속하는 것이어서 역시 무효라고 보아야 한다. 나아가 명의신탁자와 명의수탁자가 위와 같이 무효인 명의신탁약정을 함과 아울러 그 약정을 전제로 하여 이에 기한 명의신탁자의 명의수탁자에 대한 소유권이전등기청구권을 확보하기 위하여 명의신탁 부동산에 명의신탁자 명의의 가등기를 마치고 향후 명의신탁자가 요구하는 경우 본

정 답 205. (×) 206. (○)

등기를 마쳐 주기로 약정하였더라도, 이러한 약정 또한 부동산실명법에 의하여 무효인 명의신탁약정을 전제로 한 것이어서 무효이고, 위 약정에 의하여 마쳐진 가등기는 원인무효이다(대판 2015. 2. 26, 2014다63315).

207 **2014년 丙소유 X토지를 취득하고 싶은 甲은 그 친구 乙과 X토지의 취득에 관한 명의신탁약정을 맺고 乙에게 X토지를 매수하기 위한 자금을 제공하면서 乙명의로 丙과 계약하도록 하였다. 이에 乙은 그 사실을 알지 못하는 丙으로부터 X토지를 매수하여 자기 앞으로 이전등기를 마쳤다. 만약 乙이 완전한 소유권을 취득했음을 전제로 사후적으로 甲과 매수자금반환의무의 이행에 갈음하여 X토지를 양도하기로 약정하고 甲 앞으로 소유권이전등기를 마쳤다면, 그 등기는 원칙적으로 유효하다.** 〈2015년 감정평가사〉

해설 명의신탁자가 이른바 내부적 소유권을 가지는 것을 전제로 하여 장차 명의신탁자 앞으로 목적 부동산에 관한 소유권등기를 이전하거나 부동산의 처분대가를 명의신탁자에게 지급하는 것 등을 내용으로 하는 약정을 하였다면 이는 명의신탁약정을 무효라고 정하는 부동산실명법 제4조 제1항에 좇아 무효이다. 그러나 명의수탁자가 앞서 본 바와 같이 명의수탁자의 완전한 소유권 취득을 전제로 하여 사후적으로 명의신탁자와의 사이에 위에서 본 매수자금반환의무의 이행에 갈음하여 명의신탁된 부동산 자체를 양도하기로 합의하고 그에 기하여 명의신탁자 앞으로 소유권이전등기를 마쳐준 경우에는 그 소유권이전등기는 새로운 소유권 이전의 원인인 대물급부의 약정에 기한 것이므로 약정이 무효인 명의신탁약정을 명의신탁자를 위하여 사후에 보완하는 방책에 불과한 등의 다른 특별한 사정이 없는 한 유효하고, 대물급부의 목적물이 원래의 명의신탁부동산이라는 것만으로 유효성을 부인할 것은 아니다(대판 2014. 8. 20, 2014다30483).

208 **명의신탁자가 명의신탁약정과는 별개의 적법한 원인에 기하여 명의수탁자에 대하여 소유권이전등기청구권을 가지게 된 경우, 이를 보전하기 위하여 자신의 명의가 아닌 제3자 명의로 가등기를 마쳤다면 위 가등기는 유효하다.** 〈2017 법무사〉

해설 명의신탁자가 명의신탁약정과는 별개의 적법한 원인에 기하여 명의수탁자에 대하여 소유권이전등기청구권을 가지게 되었다 하더라도, 이를 보전하기 위하여 자신의 명의가 아닌 제3자 명의로 가등기를 마친 경우 위 가등기는 명의신탁자와 제3자 사이의 명의신탁약정에 기하여 마쳐진 것으로서 약정의 무효로 말미암아 효력이 없다(대판 2015. 2. 26, 2014다63315).

209-1 **「부동산 실권리자명의 등기에 관한 법률」 시행 이후에 甲종중이 X토지를 매수하여 조세포탈등의 목적 없이 종중원 乙에게 명의신탁하면서, 乙이 X토지를 임의로 처분할 것을 염려하여 乙과 합의로 등기원인을 매매예약으로 하는 X토지에 관한 甲 명의의 소유권이전등기청구권 보전을 위한 가등기를 마쳤다. 이 경우 실제 甲과 乙이 X토지에 관하여 매매예약을 체결한 바 없다면 甲과 乙의 합의는 통정허위표시로서 무효이다.** 〈2016년 사법시험〉

209-2 **종중이 탈법 목적 없이 그 보유 부동산을 타인에게 명의신탁하면서 명의수탁자가 이를 임의로 처분할 것에 대비하여 종중 명의로 소유권이전등기청구권보전을 위한 가등기를 경료한 경우, 그와 같은 가등기를 하기로 하는 합의는 통정허위표시가 아니다.** 〈2016년 법원행시〉

해설 甲이 乙과의 합의하에 제3자로부터 토지를 乙의 이름으로 매수하여 매매대금을 완납하고 乙의 명의로 소유권이전등기를 경료한 다음, 乙에 대한 다른 채권자들이 그 토지에 대하여 압류, 가압류, 가처분을 하거

정답 207. (○) 208. (×) 209-1. (×) 209-2. (○)

나 乙이 甲의 승낙 없이 토지를 임의로 처분해 버릴 경우의 위험에 대비하기 위하여 甲 명의로 소유권이전등기청구권 보전을 위한 가등기를 경료하였다면, 甲은 乙에게 그 토지를 명의신탁한 것이라고 보여지고, 또한 그 가등기는 장래에 그 명의신탁 관계가 해소되었을 때 가등기에 기한 본등기를 경료함으로써 장차 가등기 경료 이후에 토지에 관하여 발생할지도 모르는 등기상의 부담에서 벗어나 甲이 완전한 소유권을 취득하기 위한 법적 장치로서 甲과 乙 사이의 별도의 약정에 의하여 경료된 것이라고 할 것이므로, 위 가등기를 경료하기로 하는 甲과 乙 사이의 약정이 통정허위표시로서 무효라고 할 수는 없고, 나아가 甲과 乙 사이에 실제로 매매예약의 사실이 없었다고 하여 그 가등기가 무효가 되는 것도 아니다(대판 1995. 12. 26, 95다29888). ☞ 95다29888 판결은 명의신탁약정이 유효인 사안에 관한 것이다. 명의신탁약정이 무효인 사안에서 가등기는 효력이 없다고 한 2014다63315 판결과 잘 비교해야 한다.

210 다음 (가), (나)에 관한 설명으로 옳지 않은 것은? (다툼이 있으면 판례에 의함) 〈2009년 감정평가사〉

> 가. 甲종중은 건물을 신축하여 종원(宗員) 乙과의 명의신탁 약정에 따라 乙명의로 소유권보존등기를 하였다(위법한 목적이 없음을 전제로 함).
> 나. 乙이 위 건물을 丙에게 매도하고 소유권이전등기까지 경료해 주었다.

① 가. 의 경우, 甲은 명의신탁약정을 해지하고 乙에게 건물에 대한 소유권이전등기를 청구할 수 있다.
② 가. 의 경우, 건물의 소유권은 대외적으로 乙에게 귀속된다.
③ 나. 의 경우, 丙이 甲·乙 사이의 명의신탁에 관하여 악의라면 건물의 소유권을 취득하지 못한다.
④ 나. 의 경우, 甲은 丙에게 그 건물의 반환과 이전등기의 말소를 직접 청구할 수 없다.
⑤ 나. 의 경우, 丙이 乙의 배임행위에 적극 가담한 경우에는 乙과 丙의 계약은 반사회적 법률행위로서 무효이다.

해설

종중 부동산의 명의신탁은 특례로서 허용된다(부실법 제8조).

① (○) : 명의신탁자는 명의수탁자에 대하여 신탁해지를 하고 신탁관계의 종료 그것만을 이유로 하여 소유 명의의 이전등기절차의 이행을 청구할 수 있음은 물론, 신탁해지를 원인으로 하고 소유권에 기해서도 그와 같은 청구를 할 수 있다(대판 2002. 5. 10, 2000다55171). ☞ 유효한 명의신탁의 경우 신탁자는 명의신탁을 해지하고 이전등기를 청구할 수 있다.

② (○), ④ (○) : 명의신탁의 경우 대외적 관계에 있어서는 수탁자에게 소유명의가 있고 그에게 소유권이 귀속되는 것이나 신탁자와 수탁자와의 대내적 관계에 있어서는 신탁자가 소유권을 보유하고 이를 관리하며 사용수익하는 것이다(대판 1989. 10. 24, 88다카15505). ☞ 대외적 소유자는 乙이고, 대내적 소유자에 불과한 甲은 제3자에게 직접 목적물의 반환 등을 청구할 수 없다.

③ (×), ⑤ (○) : 부동산 실권리자명의 등기에 관한 법률 제8조의 특례가 적용되는 종중 등의 명의신탁에 있어서 명의수탁자는 신탁재산을 유효하게 제3자에게 처분할 수 있고 제3자가 명의신탁사실을 알았다 하여도 그의 소유권취득에 영향이 없는 것이기는 하지만, 특별한 사정이 있는 경우, 즉 명의수탁자로부터 신탁재산을 매수한 제3자가 명의수탁자의 명의신탁자에 대한 배임행위에 적극 가담한 경우에는 명의수탁자와 제3자 사이의 계약은 반사회적인 법률행위로서 무효라고 할 것이다(대판 2008. 3. 27, 2007다82875).

정답 210. ③

지상권

Ⅰ. 지상권 일반

1 **구분지상권과 관련한 다음 설명 중 옳지 않은 것은? (다툼이 있는 경우에는 판례에 의함)**

〈2005년 변리사〉

① 구분지상권은 토지의 지상 또는 지하의 공간을 상하의 범위로 정하여 설정할 수 있게 함으로써 토지의 입체적 이용을 가능하게 한다.

② 구분지상권을 설정하는 목적으로 건물 기타 공작물을 소유하기 위한 경우도 있고, 방목이나 수목의 식재를 하기 위한 경우도 인정된다.

③ 판례는 토지소유자가 송전선이 설치된 토지를 농지로만 이용하여 왔다고 하더라도, 그 송전선의 가설로 인하여 그 토지 상공에 대한 구분지상권에 상응하는 임료 상당의 손해를 입었다고 본다.

④ 상가아파트 건물의 1층 옥상 위에 일정 층수까지 건물을 추가로 신축하기 위한 공간을 사용할 수 있는 내용의 구분지상권의 설정도 가능하다.

⑤ 구분지상권의 경우에는 존속기간이 영구라고 할지라도 대지의 소유권을 전면적으로 제한하지 아니한다는 점 등에 비추어 보면, 구분지상권의 존속기간을 영구로 약정하는 것도 허용된다.

해 설

①(○) : 구분지상권제도를 둔 취지이다.

②(×) : 일반지상권은 공작물 외에 수목의 소유를 위하여 설정될 수 있지만, 구분지상권은 수목소유를 위하여 설정될 수 없다(제289조의2 제1항).

③(○) : 판례는 "토지소유자가 고압전선이 설치된 토지를 농지로만 이용해 온 경우, 그 토지 상공에 대한 구분지상권에 상응하는 임료 상당액의 손해를 입었다고 볼 수 있다."는 태도이다(대판 2006. 4. 13, 2005다14083).

④(○) : 상가아파트 건물의 1층 옥상 위에 일정 층수까지 건물을 추가로 신축하기 위한 공간을 사용할 수 있는 내용의 구분지상권을 가진 자가 건물 1층 위에 2·3층에 해당하는 건물을 준공하여 이를 분양한 사례이다(대판 2001. 5. 29, 99다66410).

⑤(○) : 최근의 판례는 구분지상권의 경우에는 존속기간이 영구라고 할지라도 대지의 소유권을 전면적으로 제한하지 아니한다는 점 등에 비추어 보면, 지상권의 존속기간을 영구로 약정하는 것도 허용된다고 한다(대판 2001. 5. 29, 99다66410).

2 **지상권에 관한 설명으로 옳지 않은 것은? (다툼이 있는 경우에는 판례에 의함)** 〈2012년 변리사〉

① 지료에 관한 약정을 등기하지 않으면 토지소유자는 구(舊)지상권자의 지료연체 사실을 들어 지상권의 특정승계인에게 대항하지 못한다.

② 토지저당권자가 그 목적 토지 위에 추후 용익권의 설정 등으로 인한 담보가치의 감소를 막기 위해 지상권을 취득한 경우, 저당채무가 변제로 소멸하면 그 지상권도 소멸한다.

정답 1. ② 2. ③

③ 지상권자가 토지소유권의 양도 전후에 걸쳐서 지료지급을 지체한 경우, 양도인과 양수인에 대하여 연체된 지료의 합이 2년분에 이르면 양수인은 지상권의 소멸을 청구할 수 있다.
④ 동일인이 소유하던 토지와 그 지상건물이 매매 기타 원인으로 각각 소유자를 달리하게 된 경우, 그 토지의 점유·사용에 관하여 당사자 사이에 약정이 있는 것으로 볼 수 있는 때에는 관습법상의 법정지상권이 성립하지 않는다.
⑤ 법정지상권의 경우 지료가 결정되지 않았다면 지상권자가 지료를 지급하지 않더라도 지료지급의 지체가 되지 아니한다.

해설

①(○) : 대판 1999. 9. 3, 99다24874 참조
②(○) : 저당채무변제로 그 지상권의 소멸되는 내용의 최신 관련판례이다(대판 2011. 4. 14, 2011다6342). 즉 판례는 "근저당권 등 담보권 설정의 당사자들이 그 목적이 된 토지 위에 차후 용익권이 설정되거나 건물 또는 공작물이 축조·설치되는 등으로써 그 목적물의 담보가치가 저감하는 것을 막는 것을 주요한 목적으로 하여 채권자 앞으로 아울러 지상권을 설정하였다면, 그 피담보채권이 변제 등으로 만족을 얻어 소멸한 경우는 물론이고 시효소멸한 경우에도 그 지상권은 피담보채권에 부종하여 소멸한다."는 것이다.
③(×) : 민법 제287조상 지상권자의 지료 지급 연체가 토지소유권의 양도 전후에 걸쳐 이루어진 경우 토지양수인에 대한 연체기간이 2년이 되지 않는다면 양수인은 지상권소멸청구를 할 수 없다는 것이 판례이다(대판 2001. 3. 13, 99다17142).
④(○) : 대판 2008. 2. 15, 2005다41771 등 참조
⑤(○) : 대판 2001. 3. 13, 99다17142 참조

3 **지상권에 관한 설명으로 옳지 않은 것은? (다툼이 있으면 판례에 의함)** 〈2015년 변리사〉

① 토지에 관하여 저당권을 취득함과 아울러 그 저당권이 실행될 때까지 목적 토지의 담보가치를 하락시키는 침해행위를 배제할 목적으로 지상권을 설정할 수 있다.
② 관습상의 법정지상권을 취득한 자가 대지소유자와 사이에 대지에 관하여 임대차계약을 체결한 경우, 특별한 사정이 없는 한 관습상의 법정지상권을 포기한 것으로 된다.
③ 지상권이 존속기간의 만료로 소멸한 경우, 건물 기타 공작물이나 수목이 현존하는 때에는 지상권자는 계약의 갱신을 청구할 수 있다.
④ 토지소유자가 지상권자의 지료연체를 이유로 지상권소멸청구를 하여 지상권이 소멸된 경우에도, 지상권자는 토지소유자를 상대로 현존하는 건물 기타 공작물이나 수목의 매수를 청구할 수 있다.
⑤ 법정지상권에 관한 지료가 결정된 바 없다면, 법정지상권자가 2년 이상의 지료를 지급하지 아니하였더라도 토지소유자는 지료지급 연체를 이유로 지상권의 소멸을 청구할 수 없다.

해설

①(○) : 저당권과 지상권은 별개의 독립된 물권으로 토지에 관하여 저당권을 취득함과 아울러 그 저당권이 실행될 때까지 목적 토지의 담보가치를 하락시키는 침해행위를 배제할 목적으로 지상권을 설정할 수 있다(대결 2004. 3. 29, 자 2003마1753).
②(○) : 관습상의 법정지상권은 주로 매매 등의 경우에 건물철거특약이 없는 한 인정되는 것으로 법정지상권을 취득한 자가 대지소유자와 사이에 대지에 관하여 임대차계약을 체결한 경우, 특별한 사정이 없는 한 관습상의 법정지상권을 포기한 것으로 된다(대판 1991. 5. 14, 91다1912).

정답 3. ④

③ (○) : 지상권이 존속기간의 만료로 소멸한 경우, 건물 기타 공작물이나 수목이 현존하는 때에는 지상권자는 계약의 갱신을 청구할 수 있다(제283조 제1항).

④ (×) : 판례는 성실한 지상권자(또는 임차인)만을 보호한다는 취지로, 토지소유자가 지상권자의 지료연체를 이유로 지상권소멸청구를 하여 지상권이 소멸된 경우에도, 지상권자는 토지소유자를 상대로 현존하는 건물 기타 공작물이나 수목의 매수를 청구할 수 없다는 것이다(대판 1993. 6. 29, 93다10781).

⑤ (○) : 지상권자가 지료를 2년 이상 연체하면 소멸청구를 당하게 되는데(제287조), 법정지상권에 관한 지료가 결정된 바 없다면, 지료를 지급하지 않는 것을 연체로 볼 수 없다. 따라서 법정지상권자가 2년 이상의 지료를 지급하지 아니하였더라도 토지소유자는 지료지급 연체를 이유로 지상권의 소멸을 청구할 수 없는 것이다(대판 2001. 3. 13, 99다17142).

4 **지상권에 관한 설명으로 옳은 것은? (다툼이 있으면 판례에 따름)** 〈2019년 변리사〉

① 지상권은 1필 토지의 전부가 아닌 일부에 대해서는 성립할 수 없다.

② 지상권자는 존속기간이 만료한 때에 지상물이 현존하는 경우, 지상권설정자에 대해 선택적으로 지상권의 갱신청구 또는 지상물의 매수청구를 할 수 있다.

③ 지상권은 지상물의 소유를 목적으로 토지를 사용하는 권리이므로, 지상권자는 지상권을 유보한 채 지상물 소유권만을 양도할 수 없다.

④ 지상권의 지료지급 연체가 토지소유권의 양도 전후에 걸쳐 이루어진 경우, 토지양수인에 대한 연체기간이 2년 이상이면 토지양수인은 지상권의 소멸을 청구할 수 있다.

⑤ 금융기관이 토지에 저당권과 함께 지료 없는 지상권을 설정받으면서 채무자의 사용수익권을 배제하지 않은 경우, 금융기관은 그 토지의 무단점유자에 대해 지상권침해를 근거로 임료 상당의 손해배상을 청구할 수 있다.

해 설

① (×) : 일물일권주의에 대한 예외로 용익물권은 토지의 일부 위에 성립할 수 있다. 부동산등기법 제69조도 지상권설정의 범위가 토지의 일부인 경우에는 그 부분을 표시한 도면의 번호를 기록하여야 한다고 하여 지상권이 토지의 일부 위에 성립할 수 있음을 전제로 한 규정을 두고 있다.

② (×) : 민법 제283조. 지상권자의 지상물매수청구권은 갱신청구의 2차적 효과로서 토지소유자가 지상권자의 갱신청구를 거절한 경우에 행사할 수 있다(동조 제2항). 따라서 선택적으로 지상권의 갱신청구 또는 지상물의 매수청구를 할 수 있는 것은 아니다.

③ (×) : 지상권자는 지상권을 유보한 채 지상물 소유권만을 양도할 수도 있고 지상물 소유권을 유보한 채 지상권만을 양도할 수도 있는 것이어서 지상권자와 그 지상물의 소유권자가 반드시 일치하여야 하는 것은 아니며, 또한 지상권설정시에 그 지상권이 미치는 토지의 범위와 그 설정 당시 매매되는 지상물의 범위를 다르게 하는 것도 가능하다(대판 2006. 6. 15, 2006다6126, 6133).

④ (○) : 지상권자가 그 권리의 목적이 된 토지의 특정한 소유자에 대하여 2년분 이상의 지료를 지불하지 아니한 경우에 그 특정의 소유자는 선택에 따라 지상권의 소멸을 청구할 수 있으나, 지상권자의 지료 지급 연체가 토지소유권의 양도 전후에 걸쳐 이루어진 경우 토지양수인에 대한 연체기간이 2년이 되지 않는다면 양수인은 지상권소멸청구를 할 수 없다(대판 2001. 3. 13, 99다17142).

⑤ (×) : 금융기관이 대출금 채권의 담보를 위하여 토지에 저당권과 함께 지료 없는 지상권을 설정하면서 채무자 등의 사용·수익권을 배제하지 않은 경우, 위 지상권은 근저당목적물의 담보가치를 확보하는 데 목적이 있으므로, 그 위에 도로개설·옹벽축조 등의 행위를 한 무단점유자에 대하여 지상권 자체의 침해를 이유로 한 임료 상당 손해배상을 구할 수 없다(대판 2008. 1. 17, 2006다586).

정답 4. ④

보충지문

5-1 최단존속기간은 건물의 경우 견고한지 여부에 따라 30년 또는 15년, 공작물이나 수목의 경우 5년이다. 〈2016년 법원행시〉

5-2 수목의 소유를 목적으로 한 지상권의 최단존속기간은 30년이다. 〈2015년 감정평가사〉

해 설 수목의 경우 5년이 아니라 30년이다(민법 제280조).

6 지상권설정자 소유의 견고한 석조건물을 사용할 목적으로 그 건물의 부지에 지상권을 설정할 경우, 그 존속기간을 15년으로 정하여도 유효하다. 〈2010년 사법시험〉

해 설 민법 제280조 제1항 제1호가 석조·석회조·연와조 또는 이와 비슷한 견고한 건물이나 수목의 '소유를 목적으로 하는' 지상권의 경우 그 존속기간은 30년보다 단축할 수 없다고 규정하고 있음에 비추어 볼 때, 같은 법조 소정의 최단존속기간에 관한 규정은 지상권자가 그 소유의 건물 등을 건축하거나 수목을 식재하여 토지를 이용할 목적으로 지상권을 설정한 경우에만 그 적용이 있고, 기존 건물의 사용을 목적으로 지상권이 설정된 경우에는 적용되지 아니한다. 따라서 존속기간이 15년으로 약정되었고, 지상권설정자 소유의 건물을 사용할 목적으로 설정한 지상권은 약정한 15년의 경과로 기간이 만료된다(대판 1996. 3. 22, 95다49318).

7 민법에 지상권의 최장존속기간에 관한 규정은 없으나, 존속기간을 영구로 정하는 것은 토지소유권을 사실상 형해화하는 것이 되므로 인정되지 아니한다. 〈2016년 법원행시〉

해 설 민법상 지상권의 존속기간은 최단기만이 규정되어 있을 뿐 최장기에 관하여는 아무런 제한이 없으며, 존속기간이 영구인 지상권을 인정할 실제의 필요성도 있고, 이러한 지상권을 인정한다고 하더라도 지상권의 제한이 없는 토지의 소유권을 회복할 방법이 있을 뿐만 아니라, 특히 구분지상권의 경우에는 존속기간이 영구라고 할지라도 대지의 소유권을 전면적으로 제한하지 아니한다는 점 등에 비추어 보면, 지상권의 존속기간을 영구로 약정하는 것도 허용된다(대판 2001. 5. 29, 99다66410).

8 당사자가 계약으로 지상권의 존속기간을 약정하지 않아도 지상권은 유효하게 성립할 수 있다. 〈2008년 감정평가사〉

해 설 민법 제281조 참조

9 지상권은 양도할 수 있으나, 지상권자가 당해 토지를 임대할 수는 없다. 〈2016년 법원행시〉

해 설 민법 제282조(지상권의 양도, 임대) 지상권자는 타인에게 그 권리를 양도하거나 그 권리의 존속기간 내에서 그 토지를 임대할 수 있다.

10 지상권자는 지상권을 유보한 채 지상물 소유권만을 양도할 수도 있고 지상물 소유권을 유보한 채 지상권만을 양도할 수도 있다. 〈2009년 법무사〉

해 설 지상권자는 지상권을 유보한 채 지상물 소유권만을 양도할 수도 있고 지상물 소유권을 유보한 채 지상권만을 양도할 수도 있는 것이어서 지상권자와 그 지상물의 소유권자가 반드시 일치하여야 하는 것은 아니

정답 5-1. (×) 5-2. (○) 6. (○) 7. (×) 8. (○) 9. (×) 10. (○)

며, 또한 지상권설정시에 그 지상권이 미치는 토지의 범위와 그 설정 당시 매매되는 지상물의 범위를 다르게 하는 것도 가능하다(대판 2006. 6. 15, 2006다6126). ☞ 임야 지상의 수목 중 일부만을 타인에게 양도하면서 그 토지 전부에 지상권설정등기를 해 준 경우에 매도되지 않은 수목은 지상권자가 아니고 설정자의 소유라고 한 사례.

11 지상권이 존속기간의 만료로 소멸한 경우에 건물 기타 공작물이나 수목이 현존하고 있으면 지상권자는 계약의 갱신을 청구할 수 있으며, 지상권설정자는 이를 거절할 수 없다.

〈2008년 감정평가사〉

해설 지상권이 존속기간의 만료로 소멸한 경우에 건물 기타 공작물이나 수목이 현존하고 있으면 지상권자는 계약의 갱신을 청구할 수 있으며, 지상권설정자는 이를 거절할 수 있다. 설정자가 거절하면 지상권자는 지상물매수청구권을 행사할 수 있다(제283조).

12-1 건물 아닌 공작물의 소유를 목적으로 지상권을 설정하였던 지상권자와 지상권설정자가 지상권 존속기간 만료 시 그 지상권설정계약을 갱신하는 경우, 그 존속기간을 3년으로 정하여도 원칙적으로 유효하다. 〈2010년 사법시험〉

12-2 지상권설정계약을 갱신하는 경우에는 민법 제280조의 최단존속기간보다 단기의 기간으로 정할 수 있다. 〈2016년 법원행시〉

해설 당사자가 계약을 갱신하는 경우에는 지상권의 존속기간은 갱신한 날로부터 제280조의 최단존속기간보다 단축하지 못하나, 이보다 장기의 기간을 정하는 것은 상관없다(제284조). 그리고 지상권의 존속기간과 갱신에 관한 규정은 강행규정이므로, 이에 위반되는 계약으로 지상권자에게 불리한 것은 효력이 없다(제289조). 따라서 건물 아닌 공작물의 소유를 목적으로 하는 지상권설정계약을 갱신하는 경우에 그 존속기간은 5년 이상으로 정해야 하며 5년 미만으로 정하면 무효이다.

13 지상권이 소멸한 때에는 지상권자는 건물 기타 공작물이나 수목을 수거하여 토지를 원상에 회복하여야 한다. 〈2009년 법무사〉

해설 지상권이 소멸하면, 지상권자는 건물 기타 공작물이나 수목을 수거하여 토지를 원상으로 회복하여야 한다(제285조 제1항). 지상물의 수거는 지상권이 소멸한 후 지체없이 행하여야 하며, 수거를 위하여 필요한 기간 동안은 토지의 사용을 계속할 수 있다.

14 지상권이 소멸한 경우에 지상권설정자가 상당한 가액을 제공하여 그 토지에 현존하는 공작물이나 수목의 매수를 청구한 때에는 지상권자는 정당한 이유없이 이를 거절하지 못한다.

〈2015년 감정평가사〉

해설 민법 제285조 참조

15-1 지상권자가 2년 이상의 지료지급을 지체한 경우, 지상권설정자는 지료지급이 지체되었음을 이유로 지상권의 소멸을 청구할 수 있다. 〈2008년 감정평가사〉

정답 11. (×) 12-1. (×) 12-2. (×) 13. (○) 14. (○) 15-1. (○)

15-2 지상권자가 2년 이상의 지료를 지급하지 아니한 때에는 지상권설정자는 지상권의 소멸을 청구할 수 있으나, 당사자의 약정으로 그 기간을 단축할 수 있다. 〈2015년 감정평가사〉

해 설 지상권자가 2년 이상의 지료를 지급하지 아니한 때에는 지상권설정자는 지상권의 소멸을 청구할 수 있으나(제287조), 이는 강행규정으로 당사자의 약정으로 그 기간을 단축할 수 없는 것이다(대판 2014. 8. 28, 2012다102384).

16 토지를 매수하여 매수인 명의로 소유권이전청구권 보전을 위한 가등기를 경료하고 그 토지에 타인이 건물 등을 축조하여 점유 사용하는 것을 방지하기 위하여 지상권을 설정한 경우, 그 가등기에 기한 본등기청구권이 시효의 완성으로 소멸하여도 그 가등기와 함께 경료된 위 지상권은 소멸하지 않는다. 〈2007년 사법시험〉

해 설 토지를 매수하여 그 명의로 소유권이전청구권보전을 위한 가등기를 경료하고 그 토지 상에 타인이 건물 등을 축조하여 점유 사용하는 것을 방지하기 위하여 지상권을 설정하였다면 이는 위 가등기에 기한 본등기가 이루어질 경우 그 부동산의 실질적인 이용가치를 유지 확보할 목적으로 전소유자에 의한 이용을 제한하기 위한 것이라고 봄이 상당하다고 할 것이고 그 가등기에 기한 본등기청구권이 시효의 완성으로 소멸하였다면 그 가등기와 함께 경료된 위 지상권 또한 그 목적을 잃어 소멸되었다고 봄이 상당하다(대판 1991. 3. 12, 90다카27570).

17-1 타인의 토지의 지하 또는 지상의 공간을 상하의 범위를 정하여 사용할 수 있는 권리를 물권으로 취득하는 것도 허용된다. 〈2015년 감정평가사〉

17-2 구분지상권을 설정하려면 토지 상하의 범위를 반드시 정하여야 한다. 〈2001년 사법시험〉

해 설 이른바 구분지상권으로 허용된다(제289조의 2).

18 구분지상권을 설정하려는 토지에 대하여 제3자가 이미 전세권을 가지고 있는 경우에는 그 토지에 구분지상권을 설정할 수 없다. 〈2001년 감정평가사〉

해 설 구분지상권을 설정하려는 토지에 대하여 제3자가 이미 전세권을 가지고 있는 경우에는 그 토지에도 전세권자의 동의를 얻어 구분지상권을 설정할 수 있다(제289조의2 제2항).

19-1 구분지상권의 행사를 위하여 토지소유자의 사용을 제한한다는 내용을 등기하더라도 소유권자에게만 대항할 수 있을 뿐 제3자에게는 이를 주장할 수 없다. 〈2001년 감정평가사〉

19-2 구분지상권이 미치지 못하는 이외의 부분에 관하여는 소유자 또는 용익권자가 그 사용권을 가진다. 〈2001년 감정평가사〉

해 설 구분지상권의 행사를 위하여 토지소유자의 사용을 제한한다는 내용을 등기하면 소유권자뿐만 아니라 제3자에게도 이를 대항할 수 있다(제289조의2 제2항). 그러나 구분지상권이 미치지 못하는 이외의 부분에 관하여는 소유자 또는 용익권자가 그 사용권을 가진다.

정답 15-2. (×) 16. (×) 17-1. (○) 17-2. (○) 18. (×) 19-1. (×) 19-2. (○)

20 **토지의 일부에 대하여서는 구분지상권을 설정할 수 없다.** 〈2001년 감정평가사〉

해 설 지상권은 토지의 일부에 대하여서도 설정할 수 있다.

21 **공작물을 소유할 목적으로 지하 또는 지상의 공간을 상하 범위를 정해 지상권 또는 전세권의 목적으로 등기할 수 있고, 이로써 그 부분에 대하여 지상권 또는 전세권이 성립한다.**

〈2013년 사법시험〉

해 설 구분지상권은 인정되나, 구분전세권은 인정되지 않는다(제289조의2).

Ⅱ. 법정지상권

22 **甲의 토지 위에 건물을 소유하고 있는 乙이 법정지상권을 취득한 경우에 관한 다음 설명 중 옳지 않은 것은? (다툼이 있는 경우에는 판례에 의함)** 〈2008년 변리사〉

① 토지가 丙에게 양도된 경우에 乙은 등기 없이도 丙의 건물철거청구에 대항할 수 있다.
② 乙이 위 건물을 丁에게 양도하는 경우에 다른 특약이 없는 한, 건물소유권 양도의 합의는 법정지상권 양도의 합의를 포함한다.
③ ②의 경우에 丁은 법정지상권의 등기 없이도 토지소유자 甲의 건물철거청구에 대항할 수 있다.
④ ③의 경우에 건물의 대지를 점유·사용함에 따른 이득은 부당이득으로 甲에게 반환되어야 한다.
⑤ 법정지상권은 건물의 소유를 위하여 필수적이므로 乙은 위 건물과 법정지상권을 분리하여 처분할 수 없다.

해 설

① (○) : 관습상의 지상권은 법률행위로 인한 물권의 취득이 아니고 관습법에 의한 부동산물권의 취득이므로 등기를 필요로 하지 아니하고 지상권취득의 효력이 발생하고 이 관습상의 법정지상권은 물권으로서의 효력에 의하여 이를 취득할 당시의 토지소유자나 이로부터 소유권을 전득한 제3자에게 대하여도 등기없이 위 지상권을 주장할 수 있다(대판 1988. 9. 27, 87다카279).

② (○), ③ (○) : [1] 법정지상권을 취득한 건물소유자가 법정지상권의 설정등기를 경료함이 없이 건물을 양도하는 경우에는 특별한 사정이 없는 한 건물과 함께 지상권도 양도하기로 하는 채권적 계약이 있었다고 할 것이므로 법정지상권자는 지상권설정등기를 한 후에 건물양수인에게 이의 양도등기절차를 이행하여 줄 의무가 있는 것이고 따라서 건물양수인은 건물양도인을 순차대위하여 토지소유자에 대하여 건물소유자였던 최초의 법정지상권자에의 법정지상권설정등기절차 이행을 청구할 수 있다. [2] 법정지상권을 가진 건물소유자로부터 건물을 양수하면서 지상권까지 양도받기로 한 사람에 대하여 대지소유자가 소유권에 기하여 건물철거 및 대지의 인도를 구하는 것은 지상권의 부담을 용인하고 그 설정등기절차를 이행할 의무있는 자가 그 권리자를 상대로 한 청구라 할 것이어서 신의성실의 원칙상 허용될 수 없다(대판 1988. 9. 27, 87다카279).

④ (○) : 법정지상권자라 할지라도 대지 소유자에게 지료를 지급할 의무는 있는 것이고, 법정지상권이 있는 건물의 양수인으로서 장차 법정지상권을 취득할 지위에 있어 대지 소유자의 건물 철거나 대지 인도 청구를 거부할 수 있다 하더라도 그 대지를 점유·사용함으로 인하여 얻은 이득은 부당이득으로서 대지 소유자에게 반환할 의무가 있다(대판 1997. 12. 26, 96다34665).

⑤ (×) : 판례는 법정지상권은 건물의 유지, 존립을 위하여 특별히 인정된 권리이기는 하지만 그렇다고 하여 위

정답 20. (×) 21. (×) 22. ⑤

법정지상권이 건물의 소유에 부속되는 종속적인 권리가 되는 것이 아니며 하나의 독립된 법률상의 물권으로서의 성격을 지니고 있는 것이기 때문에 건물의 소유자가 건물과 법정지상권 중 어느 하나만을 처분하는 것도 가능하다고 한다(대판 2001. 12. 27, 2000다1976).

23 乙은 등기서류를 위조하여 甲소유의 X토지를 자신의 명의로 이전등기한 후 그 토지위에 Y건물을 신축하였으나 소유권보존등기는 하지 않았다. 乙로부터 X토지와 Y건물을 매수한 丙은 X토지에 대한 소유권이전등기는 하였으나 Y건물은 미등기인 채로 현재까지 점유하고 있다. 다음 설명 중 옳은 것은? (다툼이 있는 경우에는 판례에 의함) 〈2011년 변리사〉

① 丙은 Y건물의 소유를 위한 관습상 법정지상권을 취득한다.
② 甲은 丙을 상대로 Y건물의 철거를 청구할 수 없다.
③ 丙이 선의·무과실인 경우에도 X토지에 대한 소유권을 선의취득할 수 없다.
④ 甲은 丙에 대하여 X토지에 대해 진정명의회복을 위한 소유권이전등기를 청구할 수 없다.
⑤ X토지의 소유권은 특별한 사정이 없는 한 丙에게 있다.

해 설

① (×), ② (×), ③ (○), ④ (×), ⑤ (×) : **〈X토지〉** 乙이 등기서류를 위조하여 자신의 명의로 이전등기했기 때문에 乙의 이전등기와 丙의 이전등기 모두 원인무효이다. 그리고 등기에 공신력이 인정되지 아니므로 등기를 선의로 취득하였다 하여 무권리자로부터 경료받은 등기가 유효하게 되는 것도 아니다(대판 1981. 12. 22, 78다2278)(지문 ③). 따라서 현재 X토지의 소유자는 甲이다(지문 ⑤). 여기서 甲은 丙을 상대로 원인무효 등기의 말소를 구하는 외에 진정한 등기명의의 회복을 위한 소유권이전등기를 청구할 수 있다(대판 2002. 9. 24, 2001다20103)(지문 ④). **〈Y건물〉** 신축자인 乙이 원시취득한다. 丙이 매수했지만 등기를 하지 않았으므로 여전히 소유자는 乙이다(민법 제186조). Y건물의 소유자도 아닌 丙이 Y건물의 소유를 위한 관습상 법정지상권을 취득할 수는 없다. 게다가 X토지와 Y토지의 소유자 동일성도 인정되지 않는다(지문 ①). 따라서 토지소유자 甲은 법률상·사실상 Y건물을 처분을 할 수 있는 지위에 있는 丙에게 그 철거를 구할 수 있다(대판 1986. 12. 23, 86다카1751 ; 대판 1988. 5. 10, 87다카1737 등)(지문 ②).

24 법정지상권이 인정되는 경우는? (다툼이 있는 경우에는 판례에 의함) 〈2013년 변리사〉

① 甲이 자신의 소유인 나대지에 대하여 乙에게 저당권을 설정해 준 후 乙의 승낙을 얻어 건물을 신축하였으나 乙의 저당권 실행으로 인하여 대지가 丙에게 경락된 경우
② 乙이 甲으로부터 미등기건물을 대지와 함께 매수하였으나 대지에 관하여만 소유권이전등기를 넘겨받고 대지에 대해서 저당권을 설정한 후 그 저당권이 실행되어 丙이 경락받은 경우
③ 乙이 甲으로부터 토지를 매수하여 소유권이전등기를 한 후 乙이 건물을 신축하였으나 토지매매가 무효가 된 경우
④ 甲과 乙이 1필지의 대지를 구분소유적으로 공유하던 중, 甲이 자기 몫으로 점유하던 특정 부분에 건물을 신축하여 자신의 이름으로 등기하였으나, 乙이 강제경매로 대지에 관한 甲의 지분을 모두 취득한 경우
⑤ 甲, 乙, 丙이 같은 지분으로 공유하고 있는 대지 위에 甲이 乙의 동의를 얻어 건물을 신축한 후 丙이 공유물분할을 위한 경매에서 대지 전부의 소유권을 취득한 경우

정답 23. ③ 24. ④

해설

① (×) : 민법 제366조의 법정지상권은 저당권 설정 당시부터 저당권의 목적되는 토지 위에 건물이 존재할 경우에 한하여 인정되며, 토지에 관하여 저당권이 설정될 당시 그 지상에 토지소유자에 의한 건물의 건축이 개시되기 이전이었다면, 건물이 없는 토지에 관하여 저당권이 설정될 당시 근저당권자가 토지소유자에 의한 건물의 건축에 동의하였다고 하더라도 그러한 사정은 주관적 사항이고 공시할 수도 없는 것이어서 토지를 낙찰받는 제3자로서는 알 수 없는 것이므로 그와 같은 사정을 들어 법정지상권의 성립을 인정한다면 토지 소유권을 취득하려는 제3자의 법적 안정성을 해하는 등 법률관계가 매우 불명확하게 되므로 법정지상권이 성립되지 않는다(대판 2003. 9. 5, 2003다26051).

② (×) : 민법 제366조의 법정지상권은 저당권 설정 당시에 동일인의 소유에 속하는 토지와 건물이 저당권의 실행에 의한 경매로 인하여 각기 다른 사람의 소유에 속하게 된 경우에 건물의 소유를 위하여 인정되는 것이므로, 미등기건물을 그 대지와 함께 매수한 사람이 그 대지에 관하여만 소유권이전등기를 넘겨받고 건물에 대하여는 그 등기를 이전 받지 못하고 있다가, 대지에 대하여 저당권을 설정하고 그 저당권의 실행으로 대지가 경매되어 다른 사람의 소유로 된 경우에는, 그 저당권의 설정 당시에 이미 대지와 건물이 각각 다른 사람의 소유에 속하고 있었으므로 법정지상권이 성립될 여지가 없다(대판 2002. 6. 20, 2002다9660 전원합의체).

③ (×) : 관습상의 법정지상권의 성립 요건인 해당 토지와 건물의 소유권의 동일인에의 귀속과 그 후의 각기 다른 사람에의 귀속은 법의 보호를 받을 수 있는 권리변동으로 인한 것이어야 하므로, 원래 동일인에게의 소유권 귀속이 원인무효로 이루어졌다가 그 뒤 그 원인무효임이 밝혀져 그 등기가 말소됨으로써 그 건물과 토지의 소유자가 달라지게 된 경우에는 관습상의 법정지상권을 허용할 수 없다(대판 1999. 3. 26, 98다64189).

④ (○) : 구분소유적 공유의 경우 자신의 점유하는 토지에 건물을 신축한 경우 그 신축된 부분이 다른 구분소유적 공유지분을 침범한 경우, 그 침범한 부분은 법정지상권이 인정되지 않으나 그러하지 않다면 법정지상권의 요건은 충족된다. 또한 "공유로 등기된 토지의 소유관계가 구분소유적 공유관계에 있는 경우에는 공유자 중 1인이 소유하고 있는 건물과 그 대지는 다른 공유자와의 내부관계에 있어서는 그 공유자의 단독소유로 되었다 할 것이므로 건물을 소유하고 있는 공유자가 그 건물 또는 토지지분에 대하여 저당권을 설정하였다가 그 후 저당권의 실행으로 소유자가 달라지게 되면 건물 소유자는 그 건물의 소유를 위한 법정지상권을 취득하게 되며, 이는 구분소유적 공유관계에 있는 토지의 공유자들이 그 토지 위에 각자 독자적으로 별개의 건물을 소유하면서 그 토지전체에 대하여 저당권을 설정하였다가 그 저당권의 실행으로 토지와 건물의 소유자가 달라지게 된 경우에도 마찬가지라 할 것이다."(대판 2004. 6. 11, 2004다13533).

⑤ (×) : 토지공유자의 한 사람이 다른 공유자의 지분 과반수의 동의를 얻어 건물을 건축한 후 토지와 건물의 소유자가 달라진 경우 토지에 관하여 관습법상의 법정지상권이 성립되는 것으로 보게 되면 이는 토지공유자의 1인으로 하여금 자신의 지분을 제외한 다른 공유자의 지분에 대하여서까지 지상권설정의 처분행위를 허용하는 셈이 되어 부당하다(대판 1993. 4. 13, 92다55756 ; 대판 1987. 5. 23, 86다카2188 등).

☞ 지문의 사안은 공유물분할방법으로 경매를 통하여 대지와 지상건물이 소유자를 달리하게 된 경우이다. 공유지의 분할로 그 대지와 지상건물이 소유자를 달리하게 된 경우와 구별해야 한다.

> **[비교판례]** 공유지상에 공유자의 1인 또는 수인 소유의 건물이 있을 경우 위 공유지의 분할로 그 대지와 지상건물이 소유자를 달리하게 될 때에는 다른 특별사정이 없는 한 건물소유자는 그 건물부지상에 그 건물을 위하여 관습상의 지상권을 취득한다(대판 1974. 2. 12, 73다353).

25 **관습법상 법정지상권이 성립하는 경우를 모두 고른 것은? (다툼이 있는 경우에는 판례에 의함)** 〈2014년 변리사〉

> ㄱ. 토지와 그 지상의 무허가건물이 동일한 소유자에게 속하였다가 토지의 처분으로 서로 소유자가 달라진 경우
> ㄴ. 대지공유자 중 1인이 지분과반수의 동의를 얻어 건물을 신축한 후 제3자가 그 대지의 소유권을 취득한 경우
> ㄷ. 대지소유자가 채권의 담보로 가등기를 설정한 대지 위에 건물을 신축한 후 가등기에 기한 본등기가 이루어짐에 따라 대지와 건물의 소유자가 달라진 경우
> ㄹ. 1필지의 대지를 구분소유적으로 공유하던 자가 그 몫의 대지 위에 건물을 신축하여 사용하던 중 다른 공유자가 그 대지만을 경매로 매수한 경우
> ㅁ. 무허가 미등기건물을 그 대지와 함께 양수한 자가 대지에 대하여만 소유권이전등기를 마친 후 대지를 처분한 경우

① ㄱ, ㄴ ② ㄱ, ㄹ ③ ㄴ, ㄷ ④ ㄷ, ㅁ ⑤ ㄹ, ㅁ

해 설

ㄱ. (○) : 토지와 그 지상의 건물이 동일한 소유자에게 속하였다가 토지 또는 건물이 매매나 기타 원인으로 인하여 양자의 소유자가 다르게 된 때에는 그 건물을 철거하기로 하는 합의가 있었다는 등의 특별한 사정이 없는 한 건물소유자는 토지소유자에 대하여 그 건물을 위한 관습상의 지상권을 취득하게 되고, 그 건물은 반드시 등기가 되어 있어야만 하는 것이 아니고 무허가건물이라고 하여도 상관이 없다(대판 1991. 8. 13, 91다16631).

ㄴ. (×) : 토지공유자의 한 사람이 다른 공유자의 지분 과반수의 동의를 얻어 건물을 건축한 후 토지와 건물의 소유자가 달라진 경우 토지에 관하여 관습법상의 법정지상권이 성립되는 것으로 보게 되면 이는 토지공유자의 1인으로 하여금 자신의 지분을 제외한 다른 공유자의 지분에 대하여서까지 지상권설정의 처분행위를 허용하는 셈이 되어 부당하다(대판 1993. 4. 13, 92다55756).

ㄷ. (×) : 원래 채권을 담보하기 위하여 나대지상에 가등기가 경료되었고, 그 뒤 대지소유자가 그 지상에 건물을 신축하였는데, 그 후 그 가등기에 기한 본등기가 경료되어 대지와 건물의 소유자가 달라진 경우에 관습상 법정지상권을 인정하면 애초에 대지에 채권담보를 위하여 가등기를 경료한 사람의 이익을 크게 해하게 되기 때문에 특별한 사정이 없는 한 건물을 위한 관습상 법정지상권이 성립한다고 할 수 없다(대판 1994. 11. 22, 94다5458).

ㄹ. (○) : 원고와 피고가 1필지의 대지를 구분소유적으로 공유하고 피고가 자기 몫의 대지 위에 건물을 신축하여 점유하던 중 위 대지의 피고지분만을 원고가 경락 취득한 경우 피고는 관습상의 법정지상권을 취득한다(피고 소유의 건물과 그 대지는 원고와의 내부관계에 있어서 피고의 단독소유로 되었다 할 것이므로 피고는 그 후 이 사건 대지의 피고지분만을 경락취득한 원고에 대하여 그 소유의 위 건물을 위한 관습상의 법정지상권을 취득하였다고 할 것이다)(대판 1990. 6. 26, 89다카24094).

ㅁ. (×) : 甲의 소유인 대지와 그 지상에 신축된 미등기건물을 乙이 함께 양수한 후 건물에 대하여는 미등기상태로 두고 있다가 이중 대지에 대하여 강제경매가 실시된 결과 丙이 이를 경락받아 그 소유권을 취득한 경우에는 乙은 미등기인 건물을 처분할 수 있는 권리는 있을지언정 소유권은 가지고 있지 아니하므로 대지와 건물이 동일인의 소유에 속한 것이라고 볼 수 없어 법정지상권이 발생할 여지가 없다(대판 1989. 2. 14, 88다카2592).

정답 25. ②

26 **A토지와 그 지상의 B건물을 등기하여 소유하는 甲은 A토지의 자투리 공간에 C건물을 완공하였으나 보존등기를 하지 않은 채 A, B, C 모두를 乙에게 일괄 매도하고 인도하였다. 乙은 A토지와 B건물에 관하여 소유권이전등기를 하였으나 C건물에 대해서는 소유권이전등기를 하지 않고 있었다. 그 후 乙이 은행으로부터 돈을 빌리면서 A토지에 근저당권을 설정하였는데, 이것이 경매되어 丙이 매수대금을 완납하고 A토지의 소유권을 취득하였다. 이어 乙은 B건물과 C건물 역시 丁에게 매도하고 인도하였는데, B건물에 대해서는 丁의 명의로 소유권이전등기가 되었고, C건물은 여전히 미등기 상태로 남아 있다. 이에 관한 설명으로 옳은 것은? (다툼이 있으면 판례에 따름)** 〈2016년 변리사〉

① 甲은 乙에게 A토지의 소유권을 넘겨주는 때에 C건물을 위한 관습법상 법정지상권을 취득한다.
② C가 무허가건물인 경우에는 무허가건물이라는 이유만으로도 C의 소유자는 그 건물의 소유를 위한 관습법상 법정지상권을 취득할 수 없다.
③ 丙이 A토지의 소유권을 취득한 때 乙은 B건물을 위한 법정지상권을 취득한다.
④ 만일 乙이 근저당권 설정 당시 존재하던 B건물을 철거하고 D건물을 신축한 후에 A토지에 대한 저당권이 실행되었다면, B건물과 D건물의 동일성이 인정되지 않는 한 乙은 D건물을 위한 법정지상권을 취득할 수 없다.
⑤ 丁은 지상권등기를 하지 않아도 B건물을 위한 법정지상권을 취득한다.

해 설

①(×) : 관습상의 법정지상권은 동일인의 소유이던 토지와 그 지상건물이 매매 기타 원인으로 인하여 각각 소유자를 달리하게 되었으나 그 건물을 철거한다는 등의 특약이 없으면 건물 소유자로 하여금 토지를 계속 사용하게 하려는 것이 당사자의 의사라고 보아 인정되는 것이므로 토지의 점유·사용에 관하여 당사자 사이에 약정이 있는 것으로 볼 수 있거나 토지 소유자가 건물의 처분권까지 함께 취득한 경우에는 관습상의 법정지상권을 인정할 까닭이 없다 할 것이어서, 미등기건물을 그 대지와 함께 매도하였다면 비록 매수인에게 그 대지에 관하여만 소유권이전등기가 경료되고 건물에 관하여는 등기가 경료되지 아니하여 형식적으로 대지와 건물이 그 소유 명의자를 달리하게 되었다 하더라도 매도인에게 관습상의 법정지상권을 인정할 이유가 없다(대판 2002. 6. 20, 2002다9660 전원합의체). 따라서 甲은 乙에게 A토지의 소유권을 넘겨주는 때에 C건물을 위한 관습법상 법정지상권을 취득할 수 없다.

②(×) : 법정지상권의 공통요건인 토지와 건물이 동일한 소유자에 속한 경우에서 건물은 미등기 무허가 건물도 포함한다(대판 1988. 4. 12, 87다카2404). 따라서 C가 무허가건물인 경우에는 무허가건물이라는 이유만으로도 C의 소유자는 그 건물의 소유를 위한 관습법상 법정지상권을 취득할 수 없다는 것은 부당하다.

③(○) : 민법 제366조의 법정지상권은 저당권 설정 당시에 동일인의 소유에 속하는 토지와 건물이 저당권의 실행에 의한 경매로 인하여 각기 다른 사람의 소유에 속하게 된 경우에 건물의 소유를 위하여 인정되는 것이므로, 미등기건물을 그 대지와 함께 매수한 사람이 그 대지에 관하여만 소유권이전등기를 넘겨받고 건물에 대하여는 그 등기를 이전 받지 못하고 있다가, 대지에 대하여 저당권을 설정하고 그 저당권의 실행으로 대지가 경매되어 다른 사람의 소유로 된 경우에는, 그 저당권의 설정 당시에 이미 대지와 건물이 각각 다른 사람의 소유에 속하고 있었으므로 법정지상권이 성립될 여지가 없다(대판 2002. 6. 20, 2002다9660 전원합의체). 따라서 위 사안의 경우, B건물에 대하여는 법정지상권이 인정되고, C건물에 대하여는 법정지상권이 인정되지 않는다.

④(×) : 저당권(단독저당)설정당시 B건물을 위한 법정지상권의 요건이 구비되었기 때문에, 乙이 근저당권 설정 당시 존재하던 B건물을 철거하고 D건물을 신축한 후에 A토지에 대한 저당권이 실행되었다면, B건물과 D건

정 답 26. ③

물의 동일성이 인정되지 않더라도 乙은 D건물을 위한 법정지상권을 '구건물 범위내에서' 취득할 수 있다.
⑤ (×) : 법정지상권을 취득한 자로부터 건물을 '양수'받은 자는 당해 건물은 철거당하지 않으나, 지상권등기를 하여야 지상권자가 된다. 따라서 丁은 지상권등기를 하지 않아도 B건물을 위한 법정지상권을 취득한다고 볼 수 없다(대판 1985. 4. 9, 84다카1131 전원합의체).

27 **甲은 그 소유인 X 토지에 Y 건물을 소유하고 있다가 X 토지의 여유공간에 Z 건물을 신축하여 완공하였으나 소유권보존등기를 마치지 아니하였다. 甲은 X 토지와 2채의 건물을 모두 乙에게 매도하고 인도하였으며, X 토지와 Y 건물에 관하여 소유권이전등기를 마쳐 주었다. 그 후 乙이 은행으로부터 자금을 차용하고 X 토지에 관하여 저당권을 설정하였다가 X 토지가 경매됨에 따라 X 토지의 소유자가 丙으로 변경되었다. 한편 乙은 Y, Z 건물 및 이에 부대하는 일체의 권리를 丁에게 매도하고 인도하면서 Y건물에 관하여 소유권이전등기를 마쳐 주었다. Z 건물은 아직 미등기 상태이다. 다음 설명 중 옳은 것을 모두 고른 것은? (다툼이 있는 경우에는 판례에 의함)** 〈2013년 변호사시험〉

ㄱ. 乙이 甲으로부터 토지의 소유권을 취득할 때 甲은 Z 건물의 소유를 위한 관습상의 법정지상권을 취득하였다.
ㄴ. 丁은 지상권등기를 하지 아니하였어도 Y 건물의 대지에 관하여 법정지상권을 취득하였다.
ㄷ. 丙은 丁을 상대로 Y 건물의 철거를 청구할 수 있다.
ㄹ. 丙은 丁을 상대로 Z 건물의 철거를 청구할 수 있다.

① ㄹ ② ㄱ, ㄴ ③ ㄱ, ㄷ ④ ㄴ, ㄷ ⑤ ㄷ, ㄹ

해 설

결론적으로 Y건물에는 법정지상권이 인정되고, Z건물에는 법정지상권이 인정되지 않는다. 구체적으로 살펴보면, [ㄱ]의 경우, 甲과 乙사이 토지와 건물을 일괄하여 매도한 경우이기 때문에 매도인 甲에게 Z건물에 대한 관습상의 법정지상권을 인정할 필요가 없다는 것이 판례이다(대판 2002. 6. 20, 2002다9660 전원합의체). [ㄴ]의 경우 Y건물의 법정지상권자는 乙인데, 乙이 다시 丁에게 건물 등의 일체 권리를 丁에게 이전하였고, 이는 법률행위에 의한 부동산물권변동이기 때문에 丁은 지상권등기를 하여야 지상권자가 된다(제186조). 그러나 [ㄷ]의 경우 토지소유자 丙이 장차 법정지상권을 승계취득할 지위에 있는 丁을 상대로 Y 건물의 철거를 청구하는 것은 신의칙에 반한다(대판 1991. 9. 24, 91다21701 등). [ㄹ]의 경우 Z건물에는 법정지상권이 인정되지 않기 때문에 丙은 丁을 상대로 Z건물의 철거를 청구할 수 있다(대판 2010. 2. 25, 2009다58173). 이때 丁은 미등기매수인에 불과하지만 철거청구의 상대방은 될 수 있다(대판 1988. 5. 10, 87다카1737).

28 **법정지상권에 관한 설명으로 옳지 않은 것은? (다툼이 있으면 판례에 따름)** 〈2018년 변리사〉

① 토지에 관하여 1번 저당권 설정 당시 건물이 건축 중이던 경우에도 건물의 규모, 종류를 예상할 수 있었다면 법정지상권이 성립할 수 있다.
② 토지에 관하여 1번 저당권 설정 당시 건물이 존재하였다면, 그 후 그 건물을 철거하고 동일한 규모의 건물을 신축한 경우에도 법정지상권이 성립할 수 있다.
③ 동일인 소유의 토지와 지상건물에 관하여 공동저당권을 설정한 후, 그 건물을 철거하고 새로 건물

정 답 27. ① 28. ④

을 신축한 경우에는 특별한 사정이 없는 한 법정지상권이 성립하지 않는다.

④ 지상건물이 없는 토지에 관하여 1번 저당권을 설정할 당시 저당권자가 그 토지에 건물을 축조하는 것에 동의하였다면 법정지상권이 성립할 수 있다.

⑤ 토지공유자 한 사람이 다른 공유자 지분 과반수의 동의를 얻어 건물을 건축한 후 경매로 인하여 토지와 건물의 소유자가 달라진 경우 법정지상권이 성립하지 않는다.

해 설

① (○) : 토지에 관하여 저당권이 설정될 당시 토지 소유자에 의하여 그 지상에 건물이 건축 중이었던 경우 그것이 사회관념상 독립된 건물로 볼 수 있는 정도에 이르지 않았다 하더라도 건물의 규모, 종류가 외형상 예상할 수 있는 정도까지 건축이 진전되어 있었고, 그 후 경매절차에서 매수인이 매각대금을 다 낸 때까지 최소한의 기둥과 지붕 그리고 주벽이 이루어지는 등 독립된 부동산으로서 건물의 요건을 갖춘 경우에는 법정지상권이 성립한다(대판 2011. 1. 13, 2010다67159).

② (○) : 민법 제366조 소정의 법정지상권이나 관습상의 법정지상권이 성립한 후에 건물을 개축 또는 증축하는 경우는 물론 건물이 멸실되거나 철거된 후에 신축하는 경우에도 법정지상권은 성립하나, 다만 그 법정지상권의 범위는 구건물을 기준으로 하여 그 유지 또는 사용을 위하여 일반적으로 필요한 범위 내의 대지 부분에 한정된다(대판 1997. 1. 21, 96다40080).

③ (○) : 동일인의 소유에 속하는 토지 및 그 지상건물에 관하여 공동저당권이 설정된 후 지상 건물이 철거되고 새로 건물이 신축된 경우에, 신축건물의 소유자가 토지의 소유자와 동일하고 토지의 저당권자에게 신축건물에 관하여 토지의 저당권과 동일한 순위의 공동저당권을 설정해 주는 등 특별한 사정이 없는 한, 저당물의 경매로 인하여 토지와 신축건물이 다른 소유자에 속하게 되더라도 신축건물을 위한 법정지상권은 성립하지 않는다(대판 2014. 9. 4, 2011다73038, 73045).

④ (×) : 민법 제366조의 법정지상권은 저당권 설정 당시부터 저당권의 목적되는 토지 위에 건물이 존재할 경우에 한하여 인정되며, 토지에 관하여 저당권이 설정될 당시 그 지상에 토지소유자에 의한 건물의 건축이 개시되기 이전이었다면, 건물이 없는 토지에 관하여 저당권이 설정될 당시 근저당권자가 토지소유자에 의한 건물의 건축에 동의하였다고 하더라도 그러한 사정은 주관적 사항이고 공시할 수도 없는 것이어서 토지를 낙찰받는 제3자로서는 알 수 없는 것이므로 그와 같은 사정을 들어 법정지상권의 성립을 인정한다면 토지 소유권을 취득하려는 제3자의 법적 안정성을 해하는 등 법률관계가 매우 불명확하게 되므로 법정지상권이 성립되지 않는다(대판 2003. 9. 5, 2003다26051).

⑤ (○) : 토지공유자의 한 사람이 다른 공유자의 지분 과반수의 동의를 얻어 건물을 건축한 후 토지와 건물의 소유자가 달라진 경우 토지에 관하여 관습법상의 법정지상권이 성립되는 것으로 보게 되면 이는 토지공유자의 1인으로 하여금 자신의 지분을 제외한 다른 공유자의 지분에 대하여서까지 지상권설정의 처분행위를 허용하는 셈이 되어 부당하다(대판 1993. 4. 13, 92다55756). ☞ 이는 민법 제366조의 법정지상권도 마찬가지이다(대판 2004. 6. 11, 2004다13533).

29 관습법상 법정지상권이 성립되지 않는 경우를 모두 고른 것은? (다툼이 있으면 판례에 따름)

〈2021년 변리사〉

ㄱ. 환지처분으로 인하여 토지와 그 지상건물의 소유자가 달라진 경우

ㄴ. 미등기 건물을 그 대지와 함께 양수한 사람이 그 대지에 관하여서만 소유권이전등기를 넘겨받고 건물에 대하여는 그 등기를 이전받지 못하고 있는 상태에서 그 대지가 강제경매되어 소유자가 달라진 경우

정답 29. ⑤

ㄷ. 공유토지 위에 신축한 건물을 단독 소유하던 토지공유자 1인이 자신의 토지지분만을 양도하여 건물과 토지의 소유자가 달라진 경우
ㄹ. 토지를 매수하여 소유권이전등기를 마친 매수인이 그 지상에 건물을 신축한 후 그 토지의 소유권이전등기가 원인무효로 밝혀져 말소됨으로써 건물과 토지의 소유자가 달라진 경우

① ㄱ, ㄴ ② ㄴ, ㄹ ③ ㄱ, ㄴ, ㄷ ④ ㄴ, ㄷ, ㄹ ⑤ ㄱ, ㄴ, ㄷ, ㄹ

해설

ㄱ. (×) : 환지로 인하여 새로운 분할지적선이 그어진 결과 환지 전에는 동일인에게 속하였던 토지와 그 지상건물의 소유자가 달라졌다 하더라도, 환지의 성질상 건물의 부지에 관하여 소유권을 상실한 건물 소유자가 그 환지된 토지(건물부지)에 대하여 건물을 위한 관습상의 법정지상권을 취득한다거나 그 환지된 토지의 소유자가 그 건물을 위한 관습상 법정지상권의 부담을 안게 된다고는 할 수 없다(대판 1996. 3. 8, 95다44535).
ㄴ. (×) : 갑의 소유인 대지와 그 지상에 신축된 미등기건물을 을이 함께 양수한 후 건물에 대하여는 미등기상태로 두고 있다가 이중 대지에 대하여 강제경매가 실시된 결과 병이 이를 경락받아 그 소유권을 취득한 경우에는 을은 미등기인 건물을 처분할 수 있는 권리는 있을지언정 소유권은 가지고 있지 아니하므로 대지와 건물이 동일인의 소유에 속한 것이라고 볼 수 없어 법정지상권이 발생할 여지가 없다(대판 1989. 2. 14, 88다카2592).
ㄷ. (×) : 토지의 공유자 중의 1인이 공유토지 위에 건물을 소유하고 있다가 토지지분만을 전매함으로써 단순히 토지공유자의 1인에 대하여 관습상의 법정지상권이 성립된 것으로 볼 사유가 발생하였다고 하더라도 당해 토지 자체에 관하여 건물의 소유를 위한 관습상의 법정지상권이 성립된 것으로 보게 된다면 이는 마치 토지공유자의 1인으로 하여금 다른 공유자의 지분에 대하여서까지 지상권설정의 처분행위를 허용하는 셈이 되어 부당하다 할 것이므로 위와 같은 경우에 있어서는 당해 토지에 관하여 건물의 소유를 위한 관습상의 법정지상권이 성립될 수 없다(대판 1987. 6. 23, 86다카2188).
ㄹ. (×) : 관습상의 법정지상권의 성립 요건인 해당 토지와 건물의 소유권의 동일인에의 귀속과 그 후의 각기 다른 사람에의 귀속은 법의 보호를 받을 수 있는 권리변동으로 인한 것이어야 하므로, 원래 동일인에게의 소유권 귀속이 원인무효로 이루어졌다가 그 뒤 그 원인무효임이 밝혀져 그 등기가 말소됨으로써 그 건물과 토지의 소유자가 달라지게 된 경우에는 관습상의 법정지상권을 허용할 수 없다(대판 1999. 3. 26, 98다64189).

30 **2020. 10. 1. 甲 소유의 X토지와 그 지상에 있는 Y건물에 설정된 저당권의 실행으로 X토지는 乙이 경락받았고, Y건물은 丙이 경락받았다. X토지 및 Y건물에는 매각에 따른 소유권이전등기만 되었으며, X토지에 대한 법정지상권 등기는 현재까지 경료되지 않았다. 2021. 1. 15. 乙은 X토지를 丁에게 양도하고 丁명의로 소유권이전등기를 하였고, 2021. 2. 10. 丙은 자신이 가진 X토지에 대한 권리와 Y건물에 대한 소유권을 戊에게 매도하는 계약을 체결하고 Y건물에 대한 소유권이전등기를 하였다. 이에 관한 설명으로 옳은 것은? (다툼이 있으면 판례에 따름)**

〈2021년 변리사〉

① 2020. 10. 1. 당시 丙은 X토지에 대하여 법정지상권 등기를 하지 않았기 때문에, 丙은 X토지에 대한 법정지상권을 취득하지 못한다.
② 2020. 10. 1. 당시 丙이 법정지상권을 취득하였더라도 본인의 의사와 무관하게 취득한 것이므로, 지료를 지급할 필요가 없다.
③ 2021. 1. 16. 丙은 X토지에 대한 법정지상권을 丁에게 주장할 수 있다.

정답 30. ③

④ 2021. 2. 10. 戊는 법정지상권 등기 없이도, X토지에 대하여 법정지상권을 취득한다.
⑤ 2021. 2. 27. 현재 丁은 戊에 대하여 Y건물의 철거를 청구할 수 있다.

해설

① (×), ③ (○) : 법정지상권은 법률의 규정에 의한 물권변동이므로 그 취득에 등기를 요하지 않는다(민법 제187조). 그리고 경매 당시의 건물소유자는 법정지상권을 취득할 당시의 토지소유자에 대하여는 물론, 그 이후의 토지소유권을 취득한 제3자에 대하여도 등기 없이 법정지상권을 주장할 수 있다(대판 1967. 6. 27, 66다987).

② (×) : 일반지상권에서 지료는 그 요소가 아니지만(제279조), 법정지상권은 토지소유자의 의사에 의하지 않고 지상권의 성립이 강제되는 점에서 민법은 지료를 지급하여야 하는 것으로 정한다. 즉 지료는 당사자의 청구에 의하여 법원이 이를 정한다(민법 제366조 단서).

④ (×) : 건물과 함께 미등기인 법정지상권을 가지고 있는 사람이 건물을 제3자에게 처분하고 그 명의의 소유권이전등기를 경료하면서도 법정지상권의 처분에 따른 이전등기 등을 하지 아니하였다면 그 법정지상권은 의연히 원래의 법정지상권자에게 유보되어 있는 것으로 보아야 한다(대판 1980. 9. 9, 78다52).

⑤ (×) : 법정지상권을 가진 건물소유자로부터 건물을 양수하면서 법정지상권까지 양도받기로 한 자는 채권자대위의 법리에 따라 전건물소유자 및 대지소유자에 대하여 차례로 지상권의 설정등기 및 이전등기절차이행을 구할 수 있다 할 것이므로 이러한 법정지상권을 취득할 지위에 있는 자에 대하여 대지소유자가 소유권에 기하여 건물철거를 구함은 지상권의 부담을 용인하고 그 설정등기절차를 이행할 의무있는 자가 그 권리자를 상대로 한 청구라 할 것이어서 신의성실의 원칙상 허용될 수 없다(대판 1985. 4. 9, 84다카1131, 1132 전원합의체).

31 **지상권에 관한 설명으로 옳지 않은 것을 모두 고른 것은? (다툼이 있으면 판례에 따름)**

〈2023년 변리사〉

ㄱ. 자기 소유 토지에 분묘를 설치한 甲이 그 토지를 乙에게 양도하면서 분묘 이장의 특약을 하지 않음으로써 분묘기지권을 취득한 경우, 특별한 사정이 없는 한 甲은 분묘기지권이 성립한 때가 아니라 지료청구를 받은 날부터 지료지급의무가 있다.
ㄴ. 지상권자 甲의 지료 지급 연체가 토지소유권의 양도 전후에 걸쳐 이루어진 경우 토지양수인 乙에 대한 연체기간이 2년이 되지 않는다면 乙은 지상권소멸청구를 할 수 없다.
ㄷ. 甲 소유의 대지와 건물 모두 乙에게 매도되었으나 대지에 관하여서만 소유권이전등기가 경료된 경우에 甲과 乙 사이에 관습법상의 법정지상권이 인정된다.
ㄹ. 건물 소유자 甲과 토지 소유자 乙 사이에 건물의 소유를 목적으로 하는 토지 임대차계약을 체결한 경우에도 관습법상의 법정지상권이 인정된다.

① ㄱ, ㄴ ② ㄱ, ㄷ ③ ㄷ, ㄹ ④ ㄱ, ㄷ, ㄹ ⑤ ㄴ, ㄷ, ㄹ

해설

ㄱ. (×) : 자기 소유 토지에 분묘를 설치한 사람이 그 토지를 양도하면서 분묘를 이장하겠다는 특약을 하지 않음으로써 분묘기지권을 취득한 경우, 특별한 사정이 없는 한 분묘기지권자는 **분묘기지권이 성립한 때부터** 토지 소유자에게 그 분묘의 기지에 대한 토지사용의 대가로서 지료를 지급할 의무가 있다(대판 2021. 5. 27, 2020다295892).

ㄴ. (○) : 지상권자가 그 권리의 목적이 된 토지의 특정한 소유자에 대하여 2년분 이상의 지료를 지불하지 아니

정답 31. ④

한 경우에 그 특정의 소유자는 선택에 따라 지상권의 소멸을 청구할 수 있으나, 지상권자의 지료지급연체가 토지소유권의 양도 전후에 걸쳐 이루어진 경우 토지양수인에 대한 연체기간이 2년이 되지 않는다면 양수인은 지상권 소멸청구를 할 수 없다(대판 2001. 3. 13, 99다17142).

ㄷ. (×) : 관습상의 법정지상권은 동일인의 소유이던 토지와 그 지상건물이 매매 기타 원인으로 인하여 각각 소유자를 달리하게 되었으나 그 건물을 철거한다는 등의 특약이 없으면 건물 소유자로 하여금 토지를 계속 사용하게 하려는 것이 당사자의 의사라고 보아 인정되는 것이므로 토지의 점유·사용에 관하여 당사자 사이에 약정이 있는 것으로 볼 수 있거나 토지소유자가 건물의 처분권까지 함께 취득한 경우에는 관습상의 법정지상권을 인정할 까닭이 없다 할 것이어서, 미등기건물을 그 대지와 함께 매도하였다면 비록 매수인에게 그 대지에 관하여만 소유권이전등기가 경료되고 건물에 관하여는 등기가 경료되지 아니하여 형식적으로 대지와 건물이 그 소유 명의자를 달리하게 되었다 하더라도 매도인에게 관습상의 법정지상권을 인정할 이유가 없다(대판 2002. 6. 20, 2002다9660 전원합의체).

ㄹ. (×) : 대지상의 건물만을 매수하면서 대지에 관한 임대차계약을 체결하였다면 위 건물매수로 인하여 취득하게 될 관습상의 법정지상권을 포기하였다고 볼 것이다(대판 1991. 5. 14, 91다1912).

32 **건물의 소유를 목적으로 하는 지상권에 관한 설명으로 옳지 않은 것은? (다툼이 있으면 판례에 따름)** 〈2024년 변리사〉

① 토지에 관하여 근저당권을 설정함과 아울러 그 토지의 담보가치가 저감하는 것을 막기 위해 채권자 앞으로 건물의 소유를 목적으로 하는 지상권이 설정된 경우, 피담보채권의 변제로 근저당권이 소멸하더라도 그 지상권은 소멸하지 않는다.

② 존속기간의 만료로 지상권이 소멸할 당시에 건물이 현존한 경우, 지상권자가 계약갱신청구권을 행사하더라도 지상권설정자가 이를 거절하면 지상권은 갱신되지 않는다.

③ 지상권이 소멸한 때 지상권설정자가 상당한 가액을 제공하여 건물의 매수를 청구한 때에는 지상권자는 정당한 이유없이 이를 거절하지 못한다.

④ 건물의 소유를 목적으로 하는 지상권에서 그 건물이 멸실되더라도 존속기간이 만료되지 않은 한 지상권은 소멸되지 않는다.

⑤ 무상(無償)의 지상권자는 언제든지 지상권을 포기할 수 있지만, 지상권이 저당권의 목적인 때에는 저당권자의 동의가 있어야 포기할 수 있다.

해 설

① (×) : 근저당권 등 담보권 설정의 당사자들이 그 목적이 된 토지 위에 차후 용익권이 설정되거나 건물 또는 공작물이 축조·설치되는 등으로써 그 목적물의 담보가치가 저감하는 것을 막는 것을 주요한 목적으로 하여 채권자 앞으로 아울러 지상권을 설정하였다면, 그 피담보채권이 변제 등으로 만족을 얻어 소멸한 경우는 물론이고 시효소멸한 경우에도 그 지상권은 피담보채권에 부종하여 소멸한다(대판 2011. 4. 14, 2011다6342).

② (○) : [민법 제283조] ① 지상권이 소멸한 경우에 건물 기타 공작물이나 수목이 현존한 때에는 지상권자는 계약의 갱신을 청구할 수 있다. ② 지상권설정자가 계약의 갱신을 원하지 아니하는 때에는 지상권자는 상당한 가액으로 전항의 공작물이나 수목의 매수를 청구할 수 있다. ☞ 지상권설정자가 거절하면 지상권은 갱신되지 않고 지상권자가 지상물매수청구권을 행사할 수 있을 뿐이다.

③ (○) : [민법 제285조] ① 지상권이 소멸한 때에는 지상권자는 건물 기타 공작물이나 수목을 수거하여 토지를 원상에 회복하여야 한다. ② 전항의 경우에 지상권설정자가 상당한 가액을 제공하여 그 공작물이나 수목의 매수를 청구한 때에는 지상권자는 정당한 이유 없이 이를 거절하지 못한다.

정답 32. ①

④ (○) : 지상권은 토지의 사용을 그 본체로 한다. 따라서 현재 공작물이나 수목이 없더라도 설정계약에 의하여 지상권은 유효하게 성립하며, 또 공작물이나 수목이 후에 멸실하더라도 지상권은 그대로 존속한다.
⑤ (○) : 지상권 또는 전세권을 목적으로 저당권을 설정한 자는 저당권자의 동의없이 지상권 또는 전세권을 소멸하게 하는 행위를 하지 못한다(민법 제371조 제2항).

33 **현재의 건물 소유자에게 법정지상권 또는 관습법상의 법정지상권이 인정되는 경우를 모두 고른 것은? (경매나 분필 시에 건물 철거를 매각조건으로 하거나 건물 철거특약을 맺는 등 특별한 사정이 없었음을 전제로 하고, 다툼이 있는 경우 판례에 의함)** 〈2019년 변호사시험〉

ㄱ. 甲 소유의 토지 위에 건물의 소유자 乙이 건물의 소유를 위한 법정지상권을 취득한 후, 丙이 그 건물을 경매를 통하여 매수한 경우
ㄴ. 甲이 토지와 그 지상건물을 소유하다가 乙에게 유효하게 건물의 소유명의를 신탁한 후 丙에게 토지에 관하여 저당권을 설정하여 주었고 그 후 丙의 저당권 실행으로 인한 경매절차에서 丁이 토지의 소유권을 취득한 경우
ㄷ. 甲이 자신 소유의 토지 위에 乙과 건물을 공유하고 있다가 토지에 관하여 저당권을 설정하였는데 이 저당권의 실행으로 토지가 丙에게 매각된 경우
ㄹ. 토지의 구분소유적 공유자 甲이 자신의 배타적 점유 부분에 건물을 신축하고 등기한 후, 그 토지에 대한 강제경매에 의하여 다른 공유자 乙이 甲의 지분을 모두 취득한 경우
ㅁ. 토지의 구분소유적 공유자 甲이 자신이 특정하여 매수하지 아니한 부분에 건물을 신축한 다음 각자의 특정 소유부분대로 토지를 분필한 경우

① ㄱ, ㄴ, ㄹ ② ㄱ, ㄷ, ㄹ ③ ㄱ, ㄷ, ㅁ ④ ㄱ, ㄴ, ㄷ, ㄹ ⑤ ㄴ, ㄷ, ㄹ, ㅁ

해설

ㄱ. (○) : 동일한 소유자에 속하는 대지와 그 지상건물이 매매에 의하여 각기 소유자가 달라지게 된 경우에는 특히 건물을 철거한다는 조건이 없는 한 건물소유자는 대지 위에 건물을 위한 관습상의 법정지상권을 취득하는 것이고, 한편 건물 소유를 위하여 법정지상권을 취득한 자로부터 경매에 의하여 건물의 소유권을 이전받은 경락인은 경락 후 건물을 철거한다는 등의 매각조건하에서 경매되는 경우 등 특별한 사정이 없는 한 건물의 경락취득과 함께 위 지상권도 당연히 취득한다. 이러한 법리는 압류, 가압류나 체납처분압류 등 처분제한의 등기가 된 건물에 관하여 그에 저촉되는 소유권이전등기를 마친 사람이 건물의 소유자로서 관습상의 법정지상권을 취득한 후 경매 또는 공매절차에서 건물이 매각되는 경우에도 마찬가지로 적용된다(대판 2014. 9. 4, 2011다13463).
ㄴ. (×) : 민법 제366조 소정의 법정지상권은 저당권 설정 당시 동일인의 소유에 속하던 토지와 그 지상건물이 경매로 인하여 각기 그 소유자가 다르게 된 때에 건물의 소유자를 위하여 발생하는 것이므로, 토지와 그 지상건물이 각기 소유자를 달리하고 있던 중 토지 또는 그 지상건물만이 경매에 의하여 다른 사람에게 소유권이 이전된 경우에는 위 법조 소정의 법정지상권이 발생할 여지가 없으며, 또 건물의 등기부상 소유명의를 타인에게 신탁한 경우에 신탁자는 제3자에게 그 건물이 자기의 소유임을 주장할 수 없고, 따라서 그 건물과 부지인 토지가 동일인의 소유임을 전제로 한 법정지상권을 취득할 수 없다(대판 1995. 5. 23, 93다47318). ☞ 부동산실권리자명의등기에관한법률 시행전의 판례로 신탁적 소유권이전설에 따른 것이다. 현재에도 '유효한' 명의신탁의 경우에는 같은 법리가 적용된다.

정답 33. ②

ㄷ. (○) : 건물공유자의 1인이 그 건물의 부지인 토지를 단독으로 소유하면서 그 토지에 관하여만 저당권을 설정하였다가 위 저당권에 의한 경매로 인하여 토지의 소유자가 달라진 경우에도, 위 토지 소유자는 자기뿐만 아니라 다른 건물공유자들을 위하여도 위 토지의 이용을 인정하고 있었다고 할 것인 점, 저당권자로서도 저당권 설정 당시 법정지상권의 부담을 예상할 수 있었으므로 불측의 손해를 입는 것이 아닌 점, 건물의 철거로 인한 사회경제적 손실을 방지할 공익상의 필요성도 인정되는 점 등에 비추어 위 건물공유자들은 민법 제366조에 의하여 토지 전부에 관하여 건물의 존속을 위한 법정지상권을 취득한다고 보아야 한다(대판 2011. 1. 13, 2010다67159).

ㄹ. (○) : 원고와 피고가 1필지의 대지를 공동으로 매수하여 같은 평수로 사실상 분할한 다음 각자 자기의 돈으로 자기 몫의 대지 위에 건물을 신축하여 점유하여 왔다면 비록 위 대지가 등기부상으로는 원·피고 사이의 공유로 되어 있다 하더라도 그 대지의 소유관계는 처음부터 구분소유적 공유관계에 있다 할 것이고, 따라서 피고 소유의 건물과 그 대지는 원고와의 내부관계에 있어서 피고의 단독소유로 되었다 할 것이므로 피고는 그 후 이 사건 대지의 피고지분만을 경락취득한 원고에 대하여 그 소유의 위 건물을 위한 관습상의 법정지상권을 취득하였다고 할 것이다(대판 1990. 6. 26, 89다카24094).

[보충지문] 甲은 乙로부터 乙 소유 나대지인 X 토지 500㎡ 중 (A) 부분 200㎡를 특정하여 매수하고 합의에 따라 X 토지 중 2/5 지분에 관하여 소유권이전등기를 마쳤다. 甲과 乙이 X 토지 전체에 관하여 근저당권을 설정한 후 甲이 (A) 부분 지상에 건물을 건축하여 소유하던 중 위 근저당권이 실행되어 戊가 X 토지의 소유권을 취득한 경우 甲은 법정지상권을 주장할 수 없다. 〈2016년 변호사시험〉

(○) : 유의하여야 한다. 위 ㄹ.지문과 유사한 사안이지만 나대지에 저당권이 설정된 후 건물이 신축된 경우에는 저당권실행으로 토지와 건물의 소유자가 달라지게 된 경우에도 법정지상권이 인정되지 않는다(제365조). 따라서 甲과 乙이 X 토지 전체에 관하여 근저당권을 설정한 후 甲이 (A) 부분 지상에 건물을 건축하여 소유하던 중 위 근저당권이 실행되어 戊가 X 토지의 소유권을 취득한 경우 甲은 법정지상권을 주장할 수 없다.

ㅁ. (×) : 甲과 乙이 대지를 각자 특정하여 매수하여 배타적으로 점유하여 왔으나 분필이 되어 있지 아니한 탓으로 그 특정부분에 상응하는 지분소유권이전등기만을 경료하였다면 그 대지의 소유관계는 처음부터 구분소유적 공유관계에 있다 할 것이고, 또한 구분소유적 공유관계에 있어서는 통상적인 공유관계와는 달리 당사자 내부에 있어서는 각자가 특정매수한 부분은 각자의 단독 소유로 되었다 할 것이므로, 乙은 위 대지 중 그가 매수하지 아니한 부분에 관하여는 甲에게 그 소유권을 주장할 수 없어 위 대지 중 乙이 매수하지 아니한 부분지상에 있는 乙 소유의 건물부분은 당초부터 건물과 토지의 소유자가 서로 다른 경우에 해당되어 그에 관하여는 관습상의 법정지상권이 성립될 여지가 없다(대판 1994. 1. 28, 93다49871).

34 법정지상권에 관한 설명 중 옳은 것(○)과 옳지 않은 것(×)을 올바르게 조합한 것은? (다툼이 있는 경우 판례에 의함) 〈2020년 변호사시험〉

ㄱ. X토지와 그 지상 Y건물의 소유자인 甲이 X토지와 Y건물에 관하여 乙에게 공동저당권을 설정해준 다음 Y건물을 헐고 Z건물을 신축한 후 Z건물에 관하여 X토지와 동일한 순위의 공동저당권을 설정해준 경우, 저당권의 실행으로 丙이 X토지의 소유권을 취득하면, 甲은 Z건물을 위한 법정지상권을 취득할 수 없다.

ㄴ. X토지와 그 지상 Y건물의 소유자인 甲이 X토지와 Y건물을 乙에게 매도하고 각 소유권이전등기를 마쳐주었는데, 그 후 甲의 채권자 丙에 의하여 Y건물에 관한 매매계약만 사해행위취소소송을 통하여 취소되고 그에 따라 Y건물에 마쳐져 있던 乙 명의의 등기가 말소된 경우, 甲은 Y건물의 존립을 위한 관습법상 법정지상권을 취득한다.

정답 34. ⑤

ㄷ. X토지와 그 지상 Y건물의 소유자인 甲이 X토지와 미등기된 Y건물을 乙에게 매도하였으나 X 토지에 관하여서만 소유권이전등기를 넘겨주고 Y건물에 관하여는 등기를 이전해주지 못하고 있는 경우라면, 甲에게 Y건물을 위한 관습법상 법정지상권은 성립하지 않는다.

① ㄱ(○), ㄴ(×), ㄷ(○) ② ㄱ(○), ㄴ(○), ㄷ(×) ③ ㄱ(×), ㄴ(×), ㄷ(×)
④ ㄱ(×), ㄴ(○), ㄷ(×) ⑤ ㄱ(×), ㄴ(×), ㄷ(○)

해설

ㄱ. (×) : 동일인의 소유에 속하는 토지 및 그 지상건물에 관하여 공동저당권이 설정된 후 지상 건물이 철거되고 새로 건물이 신축된 경우에, 신축건물의 소유자가 토지의 소유자와 동일하고 토지의 저당권자에게 신축건물에 관하여 토지의 저당권과 동일한 순위의 공동저당권을 설정해 주는 등 특별한 사정이 없는 한, 저당물의 경매로 인하여 토지와 신축건물이 다른 소유자에 속하게 되더라도 신축건물을 위한 법정지상권은 성립하지 않는다(대판 2014. 9. 4, 2011다73038).

ㄴ. (×) : 동일인의 소유에 속하고 있던 토지와 지상 건물이 매매 등으로 인하여 소유자가 다르게 된 경우에 건물을 철거한다는 특약이 없는 한 건물소유자는 건물의 소유를 위한 관습상 법정지상권을 취득한다. 그런데 민법 제406조의 채권자취소권의 행사로 인한 사해행위의 취소와 일탈재산의 원상회복은 채권자와 수익자 또는 전득자에 대한 관계에 있어서만 효력이 발생할 뿐이고 채무자가 직접 권리를 취득하는 것이 아니므로, 토지와 지상 건물이 함께 양도되었다가 채권자취소권의 행사에 따라 그중 건물에 관하여만 양도가 취소되고 수익자와 전득자 명의의 소유권이전등기가 말소되었다고 하더라도, 이는 관습상 법정지상권의 성립요건인 '동일인의 소유에 속하고 있던 토지와 지상 건물이 매매 등으로 인하여 소유자가 다르게 된 경우'에 해당한다고 할 수 없다(대판 2014. 12. 24, 2012다73158).

ㄷ. (○) : 미등기건물을 그 대지와 함께 매도하였다면 비록 매수인에게 그 대지에 관하여만 소유권이전등기가 경료되고 건물에 관하여는 등기가 경료되지 아니하여 형식적으로 대지와 건물이 그 소유 명의자를 달리하게 되었다 하더라도 매도인에게 관습상의 법정지상권을 인정할 이유가 없다(대판 2002. 6. 20, 2002다9660 전원합의체).

35 **법정지상권에 관한 설명 중 옳지 않은 것은? (다툼이 있는 경우 판례에 의함)** 〈2022년 변호사시험〉

① 토지 또는 그 지상 건물의 소유권이 강제경매로 인하여 매수인에게 이전되는 경우, 매각대금의 완납 시를 기준으로 토지와 지상건물이 동일인에게 속하였는지에 따라 관습상 법정지상권의 성립 여부를 가려야 한다.

② 건물의 소유를 위한 법정지상권을 취득한 사람으로부터 경매에 의하여 건물의 소유권을 이전받은 매수인은 특별한 사정이 없는 한 위 법정지상권을 취득한다.

③ 건물공유자 중 1인이 그 건물의 부지인 토지를 단독으로 소유하면서 그 토지에 관하여만 저당권을 설정하였다가 저당권의 실행에 의한 경매로 제3자가 토지의 소유권을 취득한 경우, 건물공유자들은 토지 전부에 관하여 법정지상권을 취득한다.

④ 미등기건물이 그 대지와 함께 매도되었는데 매수인에게 위 대지에 관하여만 소유권이전등기가 마쳐진 경우, 매도인에게 관습상 법정지상권이 인정되지 않는다.

⑤ 채권을 담보하기 위하여 나대지에 가등기가 경료된 다음 대지소유자가 그 지상에 건물을 신축하였는데, 그 후 위 가등기에 기한 본등기가 마쳐진 경우, 특별한 사정이 없는 한 위 건물을 위한 관습상 법정지상권이 성립하지 않는다.

정답 35. ①

해 설

① (×) : 토지 또는 그 지상 건물의 소유권이 **강제경매**로 인하여 그 절차상의 매수인에게 이전되는 경우에는 그 매수인이 소유권을 취득하는 **매각대금의 완납 시가 아니라** 강제경매개시결정으로 **압류의 효력이 발생하는 때**를 기준으로 토지와 지상 건물이 동일인에게 속하였는지에 따라 관습상 법정지상권의 성립 여부를 가려야 하고, 강제경매의 목적이 된 토지 또는 그 지상 건물에 대하여 강제경매개시결정 이전에 가압류가 되어 있다가 그 가압류가 강제경매개시결정으로 인하여 본압류로 이행되어 경매절차가 진행된 경우에는 **애초 가압류의 효력이 발생한 때**를 기준으로 토지와 그 지상 건물이 동일인에 속하였는지에 따라 관습상 법정지상권의 성립 여부를 판단하여야 한다. 나아가 강제경매의 목적이 된 토지 또는 그 지상 건물에 관하여 강제경매를 위한 압류나 그 압류에 선행한 가압류가 있기 이전에 저당권이 설정되어 있다가 그 후 강제경매로 인해 그 저당권이 소멸하는 경우에는, 그 저당권 설정 이후의 특정 시점을 기준으로 토지와 그 지상 건물이 동일인의 소유에 속하였는지에 따라 관습상 법정지상권의 성립 여부를 판단하게 되면, 저당권자로서는 저당권 설정 당시를 기준으로 그 토지나 지상 건물의 담보가치를 평가하였음에도 저당권 설정 이후에 토지나 그 지상 건물의 소유자가 변경되었다는 외부의 우연한 사정으로 인하여 자신이 당초에 파악하고 있던 것보다 부당하게 높아지거나 떨어진 가치를 가진 담보를 취득하게 되는 예상하지 못한 이익을 얻거나 손해를 입게 되므로, 그 **저당권 설정 당시**를 기준으로 토지와 그 지상 건물이 동일인에게 속하였는지에 따라 관습상 법정지상권의 성립 여부를 판단하여야 한다(대판 2013. 4. 11, 2009다62059).

② (○) : 건물 소유를 위하여 법정지상권을 취득한 자로부터 경매에 의하여 건물의 소유권을 이전받은 경락인은 경락 후 건물을 철거한다는 등의 매각조건하에서 경매되는 경우 등 특별한 사정이 없는 한 건물의 경락취득과 함께 위 지상권도 당연히 취득한다(대판 2014. 9. 4, 2011다13463).

③ (○) : 건물공유자의 1인이 그 건물의 부지인 토지를 단독으로 소유하면서 그 토지에 관하여만 저당권을 설정하였다가 위 저당권에 의한 경매로 인하여 토지의 소유자가 달라진 경우에도, 건물의 철거로 인한 사회경제적 손실을 방지할 공익상의 필요성도 인정되는 점 등에 비추어 위 건물공유자들은 민법 제366조에 의하여 토지 전부에 관하여 건물의 존속을 위한 법정지상권을 취득한다고 보아야 한다(대판 2011. 1. 13, 2010다67159).

④ (○) : 관습상의 법정지상권은 동일인의 소유이던 토지와 그 지상건물이 매매 기타 원인으로 인하여 각각 소유자를 달리하게 되었으나 그 건물을 철거한다는 등의 특약이 없으면 건물 소유자로 하여금 토지를 계속 사용하게 하려는 것이 당사자의 의사라고 보아 인정되는 것이므로 토지의 점유·사용에 관하여 당사자 사이에 약정이 있는 것으로 볼 수 있거나 토지소유자가 건물의 처분권까지 함께 취득한 경우에는 관습상의 법정지상권을 인정할 까닭이 없다 할 것이어서, **미등기건물을 그 대지와 함께 매도**하였다면 비록 매수인에게 그 대지에 관하여만 소유권이전등기가 경료되고 건물에 관하여는 등기가 경료되지 아니하여 형식적으로 대지와 건물이 그 소유 명의자를 달리하게 되었다 하더라도 매도인에게 관습상의 법정지상권을 인정할 이유가 없다(대판 2002. 6. 20, 2002다9660 전원합의체).

⑤ (○) : 원래 채권을 담보하기 위하여 **나대지상**에 가등기가 경료되었고, 그 뒤 대지소유자가 그 지상에 건물을 신축하였는데, 그 후 그 가등기에 기한 본등기가 경료되어 대지와 건물의 소유자가 달라진 경우에 관습상의 법정지상권을 인정하면 애초에 대지에 채권담보를 위하여 가등기를 경료한 사람의 이익을 크게 해하게 되기 때문에 특별한 사정이 없는 한 건물을 위한 관습상의 법정지상권이 성립한다고 할 수 없다(대판 1994. 11. 22, 94다5458).

36 **X 토지에 대한 법정지상권에 관한 설명 중 옳은 것(○)과 옳지 않은 것(×)을 올바르게 조합한 것은? (각 지문은 독립적이며, 다툼이 있는 경우 판례에 의함)** 〈2024년 변호사시험〉

ㄱ. 甲이 그 소유 X 토지에 관하여 乙 명의로 저당권을 설정한 후 乙의 동의를 얻어 X 토지에 Y 건물을 신축하였다. 저당권이 실행되어 丙이 X 토지의 소유권을 취득한 경우, 甲은 「민법」 제366조의 법정지상권을 취득한다.

정답 36. ⑤

ㄴ. 甲이 乙 소유 X 토지 위에 소유하고 있는 Y 건물을 甲의 채권자 丙이 가압류한 후 乙이 Y 건물의 소유권을 취득하였다. 위 가압류에 기한 본압류 및 강제경매절차가 진행되어 丁이 Y 건물의 소유권을 취득한 경우 丁은 관습상의 법정지상권을 취득한다.
ㄷ. 甲이 그 소유 X 토지에 관하여 乙의 채권을 담보하기 위하여 乙 명의로 가등기를 마쳐 준 다음 X 토지 위에 Y 건물을 신축하였다. 그 후 乙이 위 가등기에 기한 본등기를 마친 경우, 甲은 관습상의 법정지상권을 취득하지 못한다.
ㄹ. X 토지와 Y 건물을 甲과 乙이 각 2분의 1 지분씩 공유하던 중 甲이 Y 건물의 공유지분을 丙에게 증여한 경우, 丙은 관습상의 법정지상권을 취득한다.

① ㄱ(○), ㄴ(×), ㄷ(○), ㄹ(×)
② ㄱ(○), ㄴ(×), ㄷ(×), ㄹ(○)
③ ㄱ(×), ㄴ(○), ㄷ(○), ㄹ(×)
④ ㄱ(×), ㄴ(○), ㄷ(×), ㄹ(○)
⑤ ㄱ(×), ㄴ(×), ㄷ(○), ㄹ(×)

해설

ㄱ. (×) : 민법 제366조의 법정지상권은 저당권 설정 당시부터 저당권의 목적되는 토지 위에 건물이 존재할 경우에 한하여 인정되며, 토지에 관하여 저당권이 설정될 당시 그 지상에 토지소유자에 의한 건물의 건축이 개시되기 이전이었다면, 건물이 없는 토지에 관하여 저당권이 설정될 당시 근저당권자가 토지소유자에 의한 건물의 건축에 동의하였다고 하더라도 그러한 사정은 주관적 사항이고 공시할 수도 없는 것이어서 토지를 낙찰받는 제3자로서는 알 수 없는 것이므로 그와 같은 사정을 들어 법정지상권의 성립을 인정한다면 토지 소유권을 취득하려는 제3자의 법적 안정성을 해하는 등 법률관계가 매우 불명확하게 되므로 법정지상권이 성립되지 않는다(대판 2003. 9. 5, 2003다26051).

ㄴ. (×) : 토지 또는 그 지상 건물의 소유권이 강제경매로 인하여 그 절차상의 매수인에게 이전되는 경우에는 그 매수인이 소유권을 취득하는 **매각대금의 완납 시가 아니라** 강제경매개시결정으로 압류의 효력이 발생하는 때를 기준으로 토지와 지상 건물이 동일인에게 속하였는지에 따라 관습상 법정지상권의 성립 여부를 가려야 하나, 다만 강제경매의 목적이 된 토지 또는 그 지상 건물에 대하여 강제경매개시결정 이전에 가압류가 되어 있다가 그 가압류가 강제경매개시결정으로 인하여 본압류로 이행되어 경매절차가 진행된 경우에는 애초 가압류의 효력이 발생한 때를 기준으로 토지와 그 지상 건물이 동일인에 속하였는지에 따라 관습상 법정지상권의 성립 여부를 판단하여야 한다(대판 2013. 4. 11, 2009다62059). ☞ 丙의 가압류 당시 토지와 건물이 동일인 소유가 아니었다.

ㄷ. (○) : 원래 채권을 담보하기 위하여 나대지상에 가등기가 경료되었고, 그 뒤 대지소유자가 그 지상에 건물을 신축하였는데, 그 후 그 가등기에 기한 본등기가 경료되어 대지와 건물의 소유자가 달라진 경우에 관습상의 법정지상권을 인정하면 애초에 대지에 채권담보를 위하여 가등기를 경료한 사람의 이익을 크게 해하게 되기 때문에 특별한 사정이 없는 한 건물을 위한 관습상의 법정지상권이 성립한다고 할 수 없다(대판 1994. 11. 22, 94다5458).

ㄹ. (×) : 토지 및 그 지상 건물 모두가 각 공유에 속한 경우 토지 및 건물공유자 중 1인이 그 중 건물 지분만을 타에 증여하여 토지와 건물의 소유자가 달라진 경우에도 해당 토지 전부에 관하여 건물의 소유를 위한 관습법상 법정지상권이 성립된 것으로 보게 된다면, 이는 토지공유자의 1인으로 하여금 다른 공유자의 의사에 기하지 아니한 채 자신의 지분을 제외한 다른 공유자의 지분에 대하여서까지 지상권설정의 처분행위를 허용하는 셈이 되어 부당하다(대판 2022. 8. 31, 2018다218601).

보충지문

37-1 토지의 정착물로 볼 수 없는 가설 건축물의 소유를 위한 법정지상권은 성립하지 않는다. 〈2023년 감정평가사〉

37-2 가설건축물은 특별한 사정이 없는 한 독립된 부동산으로서 건물의 요건을 갖추지 못하여 민법 제366조의 법정지상권이 성립하지 않는다. 〈2022년 법원행시〉

해 설 독립된 부동산으로서 건물은 토지에 정착되어 있어야 하는데(민법 제99조 제1항), 가설건축물은 일시 사용을 위해 건축되는 구조물로서 설치 당시부터 일정한 존치기간이 지난 후 철거가 예정되어 있어 일반적으로 토지에 정착되어 있다고 볼 수 없다. 민법상 건물에 대한 법정지상권의 최단 존속기간은 견고한 건물이 30년, 그 밖의 건물이 15년인 데 비하여, 건축법령상 가설건축물의 존치기간은 통상 3년 이내로 정해져 있다. 따라서 가설건축물은 특별한 사정이 없는 한 독립된 부동산으로서 건물의 요건을 갖추지 못하여 법정지상권이 성립하지 않는다(대판 2021. 10. 28, 2020다224821).

38-1 관습상의 법정지상권은 토지와 그 지상 건물이 원시적으로 동일인의 소유에 속하지 않았던 경우에도 성립할 수 있다. 〈2015년 법무사〉

38-2 관습상 법정지상권이 성립하려면 토지와 그 지상건물이 애초부터 동일인의 소유에 속하였을 필요는 없고, 그 소유권이 유효하게 변동될 당시에 동일인이 토지와 그 지상 건물을 소유하였던 것으로 족하다. 〈2015년 감정평가사〉

해 설 원래 관습상 법정지상권이 성립하려면 토지와 그 지상 건물이 애초부터 원시적으로 동일인의 소유에 속하였을 필요는 없고, 그 소유권이 유효하게 변동될 당시에 동일인이 토지와 그 지상 건물을 소유하였던 것으로 족하다(대판 2012. 10. 18, 2010다52140 전원합의체).

39-1 강제경매의 목적이 된 토지 또는 그 지상 건물의 소유권이 강제경매로 인하여 그 절차상의 매수인에게 이전된 경우에는 매각대금의 완납시가 아니라 압류의 효력이 발생하는 때를 기준으로 토지와 그 지상 건물이 동일인에 속하였는지 여부를 판단한다. 〈2015년 법무사〉

39-2 경매의 목적이 된 부동산에 대하여 가압류가 있고 그것이 본압류로 이행되어 경매절차가 진행된 경우에는 애초 가압류가 효력을 발생하는 때를 기준으로 토지와 그 지상건물이 동일인에 속하였는지 여부를 판단한다. 〈2015년 법무사〉

39-3 강제경매의 목적이 된 토지에 관하여 강제경매를 위한 압류가 있기 이전에 저당권이 설정되어 있다가 그 후 강제경매로 인해 그 저당권이 소멸하는 경우, 그 압류의 효력이 발생한 때를 기준으로 그 토지와 그 지상 건물이 동일인에게 속하였는지를 판단하여야 한다. 〈2019년 법원행시〉

39-4 강제경매를 위한 압류나 그 압류에 선행한 가압류가 있기 이전에 저당권이 설정되어 있다가 강제경매로 저당권이 소멸한 경우, 토지와 그 지상 건물이 동일인의 소유에 속하였는지 여부는 그 저당권 설정 이후의 특정 시점을 기준으로 판단한다. 〈2015년 법무사〉

해 설 토지 또는 그 지상 건물의 소유권이 강제경매로 인하여 그 절차상의 매수인에게 이전되는 경우에는 그

정 답 37-1. (○) 37-2. (○) 38-1. (○) 38-2. (○) 39-1. (○) 39-2. (○) 39-3. (×) 39-4. (×)

매수인이 소유권을 취득하는 매각대금의 완납 시가 아니라 강제경매개시결정으로 압류의 효력이 발생하는 때를 기준으로 토지와 지상 건물이 동일인에게 속하였는지에 따라 관습상 법정지상권의 성립 여부를 가려야 하고, 강제경매의 목적이 된 토지 또는 그 지상 건물에 대하여 강제경매개시결정 이전에 가압류가 되어 있다가 그 가압류가 강제경매개시결정으로 인하여 본압류로 이행되어 경매절차가 진행된 경우에는 애초 가압류의 효력이 발생한 때를 기준으로 토지와 그 지상 건물이 동일인에 속하였는지에 따라 관습상 법정지상권의 성립 여부를 판단하여야 한다. 나아가 강제경매의 목적이 된 토지 또는 그 지상 건물에 관하여 강제경매를 위한 압류나 그 압류에 선행한 가압류가 있기 이전에 저당권이 설정되어 있다가 그 후 강제경매로 인해 그 저당권이 소멸하는 경우에는, 그 저당권 설정 이후의 특정 시점을 기준으로 토지와 그 지상 건물이 동일인의 소유에 속하였는지에 따라 관습상 법정지상권의 성립 여부를 판단하게 되면, 저당권자로서는 저당권 설정 당시를 기준으로 그 토지나 지상 건물의 담보가치를 평가하였음에도 저당권 설정 이후에 토지나 그 지상 건물의 소유자가 변경되었다는 외부의 우연한 사정으로 인하여 자신이 당초에 파악하고 있던 것보다 부당하게 높아지거나 떨어진 가치를 가진 담보를 취득하게 되는 예상하지 못한 이익을 얻거나 손해를 입게 되므로, 그 **저당권 설정 당시**를 기준으로 토지와 그 지상 건물이 동일인에게 속하였는지에 따라 관습상 법정지상권의 성립 여부를 판단하여야 한다(대판 2013. 4. 11, 2009다62059).

40 **토지의 소유자가 그 지상에 건물을 건축할 당시 이미 토지를 타에 매도하여 소유권을 이전하여 줄 의무를 부담하고 있었다고 하더라도, 토지와 건물이 동일인의 소유였던 이상 위 건물을 위한 관습상의 법정지상권은 성립한다.** 〈2016년 법원행시〉

해설 토지와 건물이 동일인의 소유이었다가 매매 기타의 원인으로 그 소유자가 달라지게 된 경우에는 특히 그 건물을 철거한다는 특약이 없는 이상 건물소유자는 토지소유자에 대하여 관습상의 법정지상권을 취득하게 되는 것이나, 토지의 소유자가 건물을 건축할 당시 이미 토지를 타에 매도하여 소유권을 이전하여 줄 의무를 부담하고 있었다면 토지의 매수인이 그 건축행위를 승낙하지 않는 이상 그 건물은 장차 철거되어야 하는 운명에 처하게 될 것이고 토지소유자가 이를 예상하면서도 건물을 건축하였다면 그 건물을 위한 관습상의 법정지상권은 생기지 않는다고 보아야 할 것이다(대판 1994. 12. 22, 94다41072, 94다41089(반소)).

41-1 **미등기건물을 대지와 함께 매도하였으나 대지에 관하여만 매수인 앞으로 소유권이전등기가 경료된 경우, 매도인에게 관습상의 법정지상권이 인정된다.** 〈2011년 감정평가사〉

41-2 **미등기건물을 그 대지와 함께 매수한 자가 그 대지에 관하여만 소유권이전등기를 넘겨받고 건물에 관하여는 등기를 이전받지 못하고 있다가, 대지에 관하여 저당권을 설정하고 그 저당권의 실행으로 대지가 경매되어 다른 자의 소유로 된 경우, 민법 제366조의 법정지상권뿐만 아니라 관습상의 법정지상권도 성립하지 않는다.** 〈2008년 사법시험〉

41-3 **甲이 乙에게 甲소유의 토지와 그 지상에 신축된 미등기건물을 매도하고 토지에 관해서만 소유권이전등기를 경료하여 주었고, 그 후 丙이 강제경매절차에서 위 토지의 소유권을 취득하였다. 이 경우 乙은 위 건물을 위한 관습법상의 법정지상권을 취득한다.** 〈2006년 사법시험〉

해설 관습상의 법정지상권은 동일인의 소유이던 토지와 그 지상건물이 매매 기타 원인으로 인하여 각각 소유자를 달리하게 되었으나 그 건물을 철거한다는 등의 특약이 없으면 건물 소유자로 하여금 토지를 계속 사용하게 하려는 것이 당사자의 의사라고 보아 인정되는 것이므로 토지의 점유·사용에 관하여 당사자 사이에 약정이 있는 것으로 볼 수 있거나 토지소유자가 건물의 처분권까지 함께 취득한 경우에는 관습상의 법정지상권을 인정할 까닭이 없다 할 것이어서, 미등기건물을 그 대지와 함께 매도하였다면 비록 매수인에게 그 대지에 관하

정답 40. (×) 41-1. (×) 41-2. (○) 41-3. (×)

여만 소유권이전등기가 경료되고 건물에 관하여는 등기가 경료되지 아니하여 형식적으로 대지와 건물이 그 소유 명의자를 달리하게 되었다 하더라도 매도인에게 관습상의 법정지상권을 인정할 이유가 없다. 나아가 민법 제366조의 법정지상권은 저당권 설정 당시에 동일인의 소유에 속하는 토지와 건물이 저당권의 실행에 의한 경매로 인하여 각기 다른 사람의 소유에 속하게 된 경우에 건물의 소유를 위하여 인정되는 것이므로, 미등기건물을 그 대지와 함께 매수한 사람이 그 대지에 관하여만 소유권이전등기를 넘겨받고 건물에 대하여는 그 등기를 이전 받지 못하고 있다가, 대지에 대하여 저당권을 설정하고 그 저당권의 실행으로 대지가 경매되어 다른 사람의 소유로 된 경우에는, 그 저당권의 설정 당시에 이미 대지와 건물이 각각 다른 사람의 소유에 속하고 있었으므로 법정지상권이 성립될 여지가 없다(대판 2002. 6. 20, 2002다9660 전원합의체).

42 **관습상의 법정지상권 발생을 배제하는 특약의 존재에 관한 주장·증명책임은 그 특약의 존재를 주장하는 측에 있다.** 〈2022년 감정평가사〉

해설 토지 또는 건물이 동일한 소유자에게 속하였다가 건물 또는 토지가 매매 기타 원인으로 인하여 양자의 소유자가 다르게 된 때에 그 건물을 철거하기로 하는 합의가 있었다는 등 특별한 사정이 없는 한 건물소유자는 토지소유자에 대하여 그 건물을 위한 관습상의 지상권을 취득하게 되고, 건물을 철거하기로 하는 합의가 있었다는 등의 특별한 사정의 존재에 관한 주장입증책임은 그러한 사정의 존재를 주장하는 쪽에 있다(대판 1988. 9. 27, 87다카279).

43 **甲이 토지와 그 지상건물을 소유하고 있다가 乙에게 위 토지만을 증여하고 소유권이전등기를 경료하여 주면서, 甲이 위 건물을 철거하되 그 부지에 甲소유의 새건물을 신축하기로 약정하였으나, 아직까지 기존건물이 존속하고 있다. 이 경우 甲은 기존건물을 위한 관습법상의 법정지상권을 취득한다.** 〈2006년 사법시험〉

해설 토지만을 타인에게 증여한 후 구 건물을 철거하되 그 지상에 자신의 이름으로 건물을 다시 신축하기로 합의한 경우, 그 건물철거의 합의는 건물소유자가 토지의 계속사용을 그만두고자 하는 내용의 합의로 볼 수 없어 관습상의 법정지상권의 발생을 배제하는 효력이 인정되지 않는다(대판 1999. 12. 10, 98다54467).

44-1 **X토지에 저당권을 설정한 甲이 저당권자 乙의 동의를 얻어 Y건물을 신축하였으나 저당권의 실행에 의한 경매에서 丙이 X토지의 소유권을 취득한 경우, Y건물을 위한 법정지상권이 성립한다.** 〈2020년 감정평가사〉

44-2 **토지에 관하여 근저당권이 설정될 당시 그 지상에 토지소유자에 의한 건물의 건축이 개시되기 이전이었다면 근저당권자가 토지소유자의 건물건축에 동의하였다고 하더라도 법정지상권이 성립되지 않는다.** 〈2007년 법무사〉

해설 민법 제366조의 법정지상권은 저당권 설정 당시부터 저당권의 목적되는 토지 위에 건물이 존재할 경우에 한하여 인정되며, 토지에 관하여 저당권이 설정될 당시 그 지상에 토지소유자에 의한 건물의 건축이 개시되기 이전이었다면, 건물이 없는 토지에 관하여 저당권이 설정될 당시 근저당권자가 토지소유자에 의한 건물의 건축에 동의하였다고 하더라도 그러한 사정은 주관적 사항이고 공시할 수도 없는 것이어서 토지를 낙찰받는 제3자로서는 알 수 없는 것이므로 그와 같은 사정을 들어 법정지상권의 성립을 인정한다면 토지 소유권을 취득하려는 제3자의 법적 안정성을 해하는 등 법률관계가 매우 불명확하게 되므로 법정지상권이 성립되지 않는다(대판 2003. 9. 5, 2003다26051).

정답 42. (○) 43. (○) 44-1. (×) 44-2. (○)

45 **대지와 그 지상건물을 소유하고 있는 甲이 乙에게 그 대지에 관하여 근저당권을 설정하여 주면서 甲의 채무불이행으로 위 근저당권이 실행되어 건물과 대지의 소유자가 달라지더라도 甲은 법정지상권을 행사하지 않기로 약정하였고, 그 후 위 근저당권이 실행되어 丙이 대지를 매각받아 그 대금을 완납하였다. 이 경우, 甲은 丙에 대하여 법정지상권을 취득한다.** 〈2009년 사법시험〉

해설 민법 제366조는 가치권과 이용권의 조절을 위한 공익상의 이유로 지상권의 설정을 강제하는 것이므로 저당권설정 당사자간의 특약으로 저당목적물인 토지에 대하여 법정지상권을 배제하는 약정을 하더라도 그 특약은 효력이 없다(대판 1988. 10. 25, 87다카1564).

46-1 **관습상의 법정지상권을 취득한 건물소유자는 이를 취득할 당시의 토지소유자에게는 등기 없이도 위 지상권을 주장할 수 있으나, 그로부터 토지소유권을 전득한 제3자에게는 등기가 있어야 이를 주장할 수 있다.** 〈2008년 사법시험〉

46-2 **관습상 법정지상권자는 토지소유자로부터 토지를 양수한 자에 대하여 등기 없이도 자신의 권리를 주장할 수 있다.** 〈2017년 감정평가사〉

해설 관습상의 지상권은 법률행위로 인한 물권의 취득이 아니고 관습법에 의한 부동산물권의 취득이므로 등기를 필요로 하지 아니하고 지상권취득의 효력이 발생하고 이 관습상의 법정지상권은 물권으로서의 효력에 의하여 이를 취득할 당시의 토지소유자나 이로부터 소유권을 전득한 제3자에게 대하여도 등기 없이 위 지상권을 주장할 수 있다(대판 1988. 9. 27, 87다카279).

47 **법정지상권은 등기 없이도 성립하지만, 이를 처분하기 위해서는 등기하여야 한다.** 〈2007년 법무사〉

해설 민법 제187조 참조

48 **법정지상권자가 건물을 제3자에게 양도하는 경우에는 특별한 사정이 없는 한 건물과 함께 법정지상권도 양도하기로 하는 채권적 계약이 있었다고 할 것이며, 양수인은 양도인을 순차 대위하여 토지소유자 및 건물의 전소유자에 대하여 법정지상권의 설정등기 및 이전등기절차이행을 구할 수 있다.** 〈2016년 법무사〉

해설 법정지상권자가 건물을 제3자에게 양도하는 경우에는 특별한 사정이 없는 한 건물과 함께 법정지상권도 양도하기로 하는 채권적 계약이 있었다고 할 것이며, 양수인은 양도인을 순차 대위하여 토지소유자 및 건물의 전소유자에 대하여 법정지상권의 설정등기 및 이전등기절차이행을 구할 수 있다(대판 1995. 4. 11, 94다39925).

49 **A소유의 토지 위에 1층 목조건물이 있었고, 토지에 대해 저당권이 설정되었다. 그 후 구 건물이 철거되고 2층 콘크리트 건물이 건축되었다. 저당권의 실행으로 추후 경매가 이루어진다고 가정할 때 법정지상권은? (다툼이 있는 경우에는 판례에 의함)** 〈2004년 감정평가사〉

① 신건물에 대해 10년 법정지상권이 인정된다.
② 신건물에 대해 15년 법정지상권이 인정된다.
③ 신건물에 대해 20년 법정지상권이 인정된다.

정답 45. (○) 46-1. (×) 46-2. (○) 47. (○) 48. (○) 49. ②

④ 신건물에 대해 30년 법정지상권이 인정된다.
⑤ 신건물에 대해 법정지상권이 인정되지 않는다.

해 설

민법 제366조 소정의 법정지상권이 성립하려면 저당권의 설정 당시 저당권의 목적이 되는 토지 위에 건물이 존재하여야 하고, 저당권 설정 당시 건물이 존재한 이상 그 이후 건물을 개축, 증축하는 경우는 물론이고 건물이 멸실되거나 철거된 후 재축, 신축하는 경우에도 법정지상권이 성립하며, 이 경우의 법정지상권의 내용인 존속기간, 범위 등은 구 건물을 기준으로 하여 그 이용에 일반적으로 필요한 범위 내로 제한된다(대판 1991. 4. 26, 90다19985). ☞ 구 건물은 목조건물이므로 최단존속기간은 15년이다(제280조).

50 **다음 사안 중 乙 또는 丙이 관습법상 법정지상권을 취득하는 경우는? (다툼이 있는 경우에는 판례에 의함)** 〈2007년 감정평가사〉

① 乙은 甲의 소유인 대지와 그 지상건물 중 건물만을 양수하여 소유권이전등기를 하면서 甲과의 사이에 대지에 대한 임대차계약을 체결한 경우, 乙은 관습법상의 법정지상권을 취득한다.
② 乙은 甲의 승낙 하에 甲 소유 토지에 건물을 신축하였고, 그 후 신축된 건물을 丙이 취득한 경우, 丙은 관습법상 법정지상권을 취득한다.
③ 乙은 甲과 공유하는 대지 위에 乙 단독으로 건물을 소유하고 있던 중, 甲과 합의하여 공유물을 분할한 결과 그 건물 부지의 일부가 甲의 단독소유로 된 경우, 乙은 건물 중 甲의 대지 위에 있는 부분에 관하여 관습법상 법정지상권을 취득한다.
④ 甲이 건물에 관하여 관습법상 법정지상권을 취득하였으나 등기가 경료되지 않은 상태에서 乙에게 위 건물을 매도한 경우, 乙은 관습법상 법정지상권을 취득한다.
⑤ 甲이 乙로부터 대지를 매수하여 소유권이전등기를 경료하지 아니한 채 그 지상에 건물을 신축하였는데, 그 후 건물에 관한 통상의 강제경매절차에서 丙이 그 건물을 낙찰받은 경우, 丙은 건물을 위한 관습법상 법정지상권을 취득한다.

해 설

①(×) : 임대차계약을 체결한 경우에는 乙은 관습법상의 법정지상권을 포기한 것으로 본다.
②(×) : 토지와 건물의 소유자가 동일하여야 하기 때문에 丙은 관습법상 법정지상권을 취득할 수 없다.
③(○) : 공유지상에 공유자의 1인 또는 수인 소유의 건물이 있을 경우 위 공유지의 분할로 그 대지와 지상건물이 소유자를 달리하게 될 때에는 다른 특별사정이 없는 한 건물소유자는 그 건물부지상에 그 건물을 위하여 관습상의 지상권을 취득한다(대판 1974. 2. 12, 73다353).
④(×) : 甲이 건물에 관하여 관습법상 법정지상권을 취득하였으나 등기가 경료되지 않은 상태에서 乙에게 위 건물을 매도한 경우, 乙은 이전등기를 하여야 지상권을 취득한다(제186조 참조).
⑤(×) : 甲이 乙로부터 대지를 매수하여 소유권이전등기를 경료하지 아니한 채 그 지상에 건물을 신축한 경우라도 토지소유자와 건물소유자가 법적으로 분리되어 있기 때문에 丙은 건물을 위한 관습법상 법정지상권을 취득하지 못한다.

정답 50. ③

Ⅲ. 분묘기지권

51 甲이 乙 소유의 임야 위에 자기 부친의 분묘를 설치하여 수호·관리하고 있는 경우, 판례에 의할 때 옳지 않은 것은? 〈2008년 변리사 변형〉

① 甲이 분묘기지권을 취득한 경우, 분묘기지권에는 그 효력이 미치는 범위 안에서 새로운 분묘를 설치하거나 원래의 분묘를 다른 곳으로 이장할 권능은 포함되지 않는다.

② 甲이 乙의 승낙을 얻어 분묘를 설치한 경우, 분묘가 멸실된 경우라고 하더라도 유골이 존재하여 분묘의 원상회복이 가능하여 일시적인 멸실에 불과하다면 분묘기지권은 소멸하지 않고 존속한다.

③ 甲이 분묘기지권을 취득한 경우, 그 효력이 미치는 범위 내라고 하더라도 그 후에 사망한 모친의 합장을 위하여 쌍분(雙墳)형태의 분묘를 설치하는 것은 허용되지 않는다.

④ 甲이 乙의 승낙 없이 분묘를 설치한 후 20년간 평온·공연하게 그 분묘의 기지를 점유하여 분묘기지권을 시효로 취득한 경우, 甲의 乙에 대한 지료 지급의무는 분묘기지권이 성립됨과 동시에 발생한다.

⑤ 甲이 분묘기지권을 취득한 경우, 사성(莎城, 무덤 뒤를 반달형으로 둘러쌓은 둔덕)이 조성되어 있다 하여 반드시 그 사성부분을 포함한 지역에까지 분묘기지권이 미치는 것은 아니다.

해 설

①(○) : 판례는 분묘기지권의 효력범위와 관련하여 새로 분묘를 신설할 수는 없다고 하며, 또한 단분의 형태로 분묘를 설치하는 것도 불가능하다고 판시하였다(대판 2001. 8. 21, 2001다28367).

②(○) : 분묘가 멸실된 경우라고 하더라도 유골이 존재하여 분묘의 원상회복이 가능하여 일시적인 멸실에 불과한다면 분묘기지권은 소멸하지 않고 존속하고 있다고 해석함이 상당하다(대판 2007. 6. 28, 2005다44114).

③(○) : 분묘기지권에는 그 효력이 미치는 지역의 범위 내라고 할지라도 기존의 분묘 외에 새로운 분묘를 신설할 권능은 포함되지 아니하는 것이므로, 부부 중 일방이 먼저 사망하여 이미 그 분묘가 설치되고 그 분묘기지권이 미치는 범위 내에서 그 후에 사망한 다른 일방의 합장을 위하여 쌍분형태의 분묘를 설치하는 것도 허용되지 않는다(대판 1997. 5. 23, 95다29086, 29093).

④(×) : 시효로 분묘기지권을 취득한 사람은 토지소유자가 분묘기지에 관한 지료를 청구하면 그 청구한 날부터의 지료를 지급하여야 한다고 봄이 타당하다(대판 2021. 4. 29, 2017다228007).

⑤(○) : 분묘기지권은 그 분묘의 수호 및 제사에 필요한 범위 내에서 분묘의 기지 주위의 공지를 포함한 지역에까지 미치는 것이고 그 확실한 범위는 각 구체적인 경우에 개별적으로 정하여야 할 것인바, 사성이 조성되어 있다 하여 반드시 그 사성 부분을 포함한 지역에까지 분묘기지권이 미치는 것은 아니다(대판 1997. 5. 23, 95다29086, 29093).

52 분묘기지권에 관한 설명으로 옳은 것을 모두 고른 것은? (다툼이 있으면 판례에 따름) 〈2022년 변리사〉

ㄱ. 시효로 분묘기지권을 취득한 사람은 토지소유자가 분묘기지에 관한 지료를 청구하면 그 청구한 날부터의 지료를 지급할 의무가 있다.

ㄴ. 자기 소유 토지에 분묘를 설치한 사람이 그 토지를 양도하면서 분묘를 이장하겠다는 특약을 하지 않음으로써 분묘기지권을 취득한 경우, 특별한 사정이 없는 한 분묘기지권자는 분묘기지권이 성립한 때부터 토지 소유자에게 지료를 지급할 의무가 있다.

정답 51. ④ 52. ⑤

ㄷ. 자기 소유의 토지 위에 분묘를 설치한 후 토지의 소유권이 경매 등으로 타인에게 이전되면서 분묘기지권을 취득한 자가, 판결에 따라 분묘기지권에 관한 지료의 액수가 정해졌음에도 판결확정 후 책임 있는 사유로 상당한 기간 동안 지료의 지급을 지체하여 지체된 지료가 판결확정 전후에 걸쳐 2년분 이상이 되는 경우에는 새로운 토지소유자는 분묘기지권자에 대하여 분묘기지권의 소멸을 청구할 수 있다.

① ㄱ ② ㄴ ③ ㄱ, ㄴ ④ ㄴ, ㄷ ⑤ ㄱ, ㄴ, ㄷ

해설

ㄱ. (○) : **시효로 분묘기지권을 취득한 사람**은 토지소유자가 분묘기지에 관한 지료를 청구하면 **그 청구한 날부터**의 지료를 지급하여야 한다고 봄이 타당하다(대판 2021. 4. 29, 2017다228007 전원합의체). ☞ 이와 달리 분묘기지권을 시효로 취득하는 경우 분묘기지권자의 지료 지급의무가 분묘기지권이 성립됨과 동시에 발생한다는 취지의 대법원 1992. 6. 26. 선고 92다13936 판결 및 분묘기지권자가 지료를 지급할 필요가 없다는 취지로 판단한 대법원 1995. 2. 28. 선고 94다37912 판결 등은 이 판결의 견해에 배치되는 범위 내에서 이를 변경하기로 한다.

ㄴ. (○) : **자기 소유 토지에 분묘를 설치한 사람이 그 토지를 양도하면서 분묘를 이장하겠다는 특약을 하지 않음으로써 분묘기지권을 취득한 경우**, 특별한 사정이 없는 한 분묘기지권자는 **분묘기지권이 성립한 때부터** 토지 소유자에게 그 분묘의 기지에 대한 토지사용의 대가로서 지료를 지급할 의무가 있다(대판 2021. 5. 27, 2020다295892).

ㄷ. (○) : 자기 소유의 토지 위에 분묘를 설치한 후 토지의 소유권이 경매 등으로 타인에게 이전되면서 분묘기지권을 취득한 자가, 판결에 따라 분묘기지권에 관한 지료의 액수가 정해졌음에도 판결확정 후 책임 있는 사유로 상당한 기간 동안 지료의 지급을 지체하여 지체된 지료가 판결확정 전후에 걸쳐 2년분 이상이 되는 경우에는 민법 제287조를 유추적용하여 새로운 토지소유자는 분묘기지권자에 대하여 분묘기지권의 소멸을 청구할 수 있다. 분묘기지권자가 판결확정 후 지료지급 청구를 받았음에도 책임 있는 사유로 상당한 기간 지료의 지급을 지체한 경우에만 분묘기지권의 소멸을 청구할 수 있는 것은 아니다(대판 2015. 7. 23, 2015다206850).

보충지문

53 분묘기지권은 당사자간에 다른 약정이 없으면 분묘가 존재하는 한 존속한다. 〈2001년 사법시험〉

해설 분묘수호를 위한 유사지상권(분묘기지권)의 존속기간에 관하여는 민법의 지상권에 관한 규정에 따를 것이 아니라, 당사자 사이에 약정이 있는 등 특별한 사정이 있으면 그에 따를 것이며, 그런 사정이 없는 경우에는 권리자가 분묘의 수호와 봉사를 계속하는 한 그 분묘가 존속하고 있는 동안은 분묘기지권은 존속한다고 해석함이 상당하다(대판 1982. 1. 26, 81다1220).

54 암장이나 평장 또는 시신이 안장되지 않은 봉분으로는 분묘기지권을 시효취득할 수 없다.

〈2001년 사법시험〉

해설 대판 1967. 10. 12, 67다1920 참조

정답 53. (○) 54. (○)

55 **분묘기지권은 포기의 의사표시만으로 소멸하며, 점유까지 포기해야 하는 것은 아니다.**
〈2001년 사법시험〉

해설 분묘의 기지에 대한 지상권 유사의 물권인 관습상의 법정지상권이 점유를 수반하는 물권으로서 권리자가 의무자에 대하여 그 권리를 포기하는 의사표시를 하는 외에 점유까지도 포기하여야만 그 권리가 소멸하는 것은 아니다(대판 1992. 6. 23, 92다14762).

56-1 **관습법에 의한 분묘기지권은 더 이상 인정되지 않는다.** 〈2019년 감정평가사〉

56-2 **분묘기지권의 시효취득을 인정하는 종전의 관습법은 법적 규범으로서의 효력을 상실하였다.**
〈2021년 감정평가사〉

56-3 **「장사 등에 관한 법률」이 시행된 후 설치된 분묘에 대해서는 더 이상 시효취득이 인정되지 않는다.** 〈2021년 감정평가사〉

56-4 **타인 소유의 토지에 분묘를 설치한 경우에 20년간 평온, 공연하게 분묘의 기지를 점유하면 지상권과 유사한 관습상의 물권인 분묘기지권을 시효로 취득한다는 점은 오랜 세월 동안 지속되어 온 관습 또는 관행으로서 법적 규범으로 승인되어 왔고, 이러한 법적 규범이 장사법(법률 제6158호) 시행일인 2001. 1. 13. 이전에 설치된 분묘에 관하여 현재까지 유지되고 있다고 보아야 한다.** 〈2021년 법무사〉

해설 분묘기지권을 둘러싼 전체적인 법질서 체계에 중대한 변화가 생겨 분묘기지권의 시효취득에 관한 종래의 관습법이 헌법을 최상위 규범으로 하는 전체 법질서에 부합하지 아니하거나 정당성과 합리성을 인정할 수 없게 되었다고 보기도 어렵다…중략…분묘기지권에 관한 관습에 대하여 사회 구성원들의 법적 구속력에 대한 확신이 소멸하였다거나 그러한 관행이 본질적으로 변경되었다고 인정할 수 없다...중략...그렇다면 타인 소유의 토지에 분묘를 설치한 경우에 20년간 평온, 공연하게 분묘의 기지를 점유하면 지상권과 유사한 관습상의 물권인 분묘기지권을 시효로 취득한다는 점은 오랜 세월 동안 지속되어 온 관습 또는 관행으로서 법적 규범으로 승인되어 왔고, 이러한 법적 규범이 장사법(법률 제6158호) 시행일인 2001. 1. 13. 이전에 설치된 분묘에 관하여 현재까지 유지되고 있다고 보아야 한다(대판 2017. 1. 19, 2013다17292 전원합의체).

57 **분묘의 부속시설인 비석 등 제구를 설치·관리할 권한은 분묘의 수호·관리권에 포함되어 원칙적으로 제사를 주재하는 자에게 있고, 만약 제사주재자 아닌 다른 후손들이 비석 등 시설물을 설치하였고 그것이 제사주재자의 의사에 반하는 것이라 하더라도, 그 시설물의 규모나 범위가 분묘기지권의 허용범위를 넘지 아니하는 한, 분묘가 위치한 토지의 소유권자가 토지소유권에 기하여 방해배제청구로서 그 철거를 구할 수는 없다.** 〈2022년 법무사〉

해설 분묘의 부속시설인 비석 등 제구를 설치·관리할 권한은 분묘의 수호·관리권에 포함되어 원칙적으로 제사를 주재하는 자에게 있고, 따라서 만약 제사주재자 아닌 다른 후손들이 비석 등 시설물을 설치하였고 그것이 제사주재자의 의사에 반하는 것이라 하더라도, 제사주재자가 분묘의 수호·관리권에 기하여 철거를 구하는 것은 별론으로 하고, 그 시설물의 규모나 범위가 분묘기지권의 허용범위를 넘지 아니하는 한, 분묘가 위치한 토지의 소유권자가 토지소유권에 기하여 방해배제청구로서 그 철거를 구할 수는 없다(대판 2000. 9. 26, 99다14006).

정답 55. (○) 56-1. (×) 56-2. (×) 56-3. (○) 56-4. (○) 57. (○)

제7장 지역권

1 **甲토지의 전부에 乙토지를 위하여 지역권이 설정되어 있는 경우에 관한 다음 설명 중 옳지 않은 것은?** 〈2007년 변리사〉

① 乙토지의 소유자는 乙토지와 분리하여 지역권만을 제3자에게 양도할 수 없다.
② 乙토지의 일부를 양수받은 자는 지역권을 행사할 수 없다.
③ 甲토지가 공유지인 경우 그것이 분할된 때에는 분할 후의 각 토지에 지역권이 존속한다.
④ 乙토지가 공유지인 경우 공유자의 1인에게 지역권의 소멸시효의 중단이 있는 때에는 다른 공유자를 위해서도 그 효력이 생긴다.
⑤ 乙토지가 공유지인 경우 공유자의 1인은 지분에 관하여 지역권을 소멸시킬 수 없다.

해 설

① (○) : 지역권의 부종성에 따라 요역지와 분리하여 지역권만을 양도하거나 다른 권리의 목적으로 하지 못한다(제292조 제2항).
② (×), ③ (○) : 민법 제293조는 토지의 분할이나 토지의 일부양도의 경우에 지역권은 요역지를 위하여 존속한다고 되어있다. 즉 지역권은 되도록 존속시킬 필요가 있으며, 유지되어야 한다는 것이 법의 취지인 것이다.
④ (○) : 민법 제296조 참조
⑤ (○) : 민법 제293조 제1항 참조

2 **지역권에 관한 설명으로 옳은 것은? (다툼이 있으면 판례에 따름)** 〈2017년 변리사〉

① 지역권은 다른 약정이 없는 한 승역지소유권에 부종하여 이전한다.
② 계약에 의하여 승역지소유자가 자기의 비용으로 지역권의 행사를 위하여 공작물의 설치 또는 수선의 의무를 부담하기로 한 경우, 위 약정으로 승역지소유자의 특별승계인에게 대항하기 위해서는 등기를 하여야 한다.
③ 통행지역권을 시효취득하기 위해서는 요역지의 소유자가 타인의 토지를 20년간 통행하였다는 사실만으로 충분하며, 요역지의 소유자가 타인의 소유인 승역지 위에 통로를 개설할 필요는 없다.
④ 요역지의 공유자 중 1인이 지역권을 시효로 취득하더라도 다른 공유자는 지역권을 취득하지 못한다.
⑤ 승역지는 반드시 1필의 토지이어야 하며, 토지의 일부 위에 지역권을 설정할 수 없다.

해 설

① (×) : 민법 제292조 제1항 참조 ☞ 요역지소유권에 부종하여 이전한다.
② (○) : 민법 제298조의 약정은 부동산등기법 제70조 제4호에 의하여 등기하여야 한다.

> **[부동산등기법 제70조(지역권의 등기사항)]** 등기관이 승역지의 등기기록에 지역권설정의 등기를 할 때에는 제48조제1항제1호부터 제4호까지에서 규정한 사항 외에 다음 각 호의 사항을 기록하여야 한다. 다만, 제4호

정답 1. ② 2. ②

> 는 등기원인에 그 약정이 있는 경우에만 기록한다.
> 4.「민법」 제292조제1항 단서, 제297조제1항 단서 또는 제298조의 약정

③ (×) : 민법 제294조는 지역권은 계속되고 표현된 것에 한하여 같은 법 제245조의 규정을 준용한다고 규정하고 있으므로 점유로 인한 지역권 취득기간의 만료로 통행지역권을 시효취득하려면 요역지의 소유자가 타인의 소유인 승역지 위에 통로를 개설하여 그 통로를 사용하는 상태가 위 제245조에 규정된 기간 동안 계속되어야 한다(대판 1991. 10. 22, 90다16283).
④ (×) : 민법 제295조 제1항 참조
⑤ (×) : 요역지는 1필의 토지이어야 하며, 다만 승역지는 1필의 토지일 필요가 없다.

3 **지역권에 관한 설명으로 옳지 않은 것은? (다툼이 있으면 판례에 따름)** 〈2018년 변리사〉

① 무상의 지역권 설정도 가능하다.
② 요역지의 불법점유자는 지역권을 시효취득할 수 없다.
③ 지역권자 甲이 그 소유 토지를 乙에게 매도하고 이전등기한 경우, 특별한 사정이 없는 한 乙은 지역권의 이전등기 없이는 지역권을 취득하지 못한다.
④ 지역권자는 승역지의 점유를 침탈한 제3자를 상대로 지역권에 기초하여 승역지의 반환을 청구할 수 없다.
⑤ 요역지를 여러 사람이 공유하는 경우 공유자 중 한 사람에 대한 지역권의 소멸시효 중단은 다른 공유자를 위하여 효력이 있다.

해설

① (○) : 지역권은 무상일 수도 있고 유상일 수도 있다. 판례도 "통행지역권의 경우에 지역의 대가로서의 지료는 그 요건이 아니다(대판 2015. 3. 20, 2012다17479)."라고 하였다. 다만 같은 판례에서 통행지역권을 시효취득한 경우에는 "종전의 승역지 사용이 무상으로 이루어졌다는 등의 다른 특별한 사정이 없다면 통행지역권을 취득시효한 경우에도 주위토지통행권의 경우와 마찬가지로 요역지 소유자는 승역지에 대한 도로 설치 및 사용에 의하여 승역지소유자가 입은 손해를 보상하여야 한다고 해석함이 타당하다."고 하였음을 주의할 것이다.

> **[보충지문1] 통행지역권은 지료의 약정을 성립요건으로 한다(×).** 〈2020년 감정평가사〉
>
> **[보충지문2] 다른 특별한 사정이 없다면 통행지역권을 시효취득한 자는 승역지 소유자가 입은 손해를 보상하지 않아도 된다(×).** 〈2017년 감정평가사〉

② (○) : 위요지 통행권이나 통행지역권은 모두 인접한 토지의 상호이용의 조절에 기한 권리로서 토지의 소유자 또는 지상권자 전세권자등 토지사용권을 가진 자에게 인정되는 권리라 할 것이므로 위와 같은 권리자가 아닌 토지의 불법점유자는 토지소유권의 상린관계로서 위요지 통행권의 주장이나 통행지역권의 시효취득 주장을 할 수 없다(대판 1976. 10. 29, 76다1694).
③ (×) : 민법 제292조 제1항(부종성) 지역권은 요역지소유권에 부종하여 이전하며 또는 요역지에 대한 소유권이외의 권리의 목적이 된다. 그러나 다른 약정이 있는 때에는 그 약정에 의한다. ☞ 법률의 규정에 의한 물권변동으로 민법 제187조가 적용되어 등기가 필요 없다.
④ (○) : 민법 제301조(준용규정) 제214조의 규정은 지역권에 준용한다. ☞ 민법은 지역권에 관해서는 민법 제214조만을 준용하고 213조는 준용하지 않고 있다. 따라서 지역권에 기한 반환청구권은 인정되지 않고, 지역권에 기한방해제거·방해예방청구권만이 인정된다.

정답 3. ③

⑤ (○) : 민법 제296조(소멸시효의 중단, 정지와 불가분성) 요역지가 수인의 공유인 경우에 그 1인에 의한 지역권소멸시효의 중단 또는 정지는 다른 공유자를 위하여 효력이 있다.

4　지역권과 상린관계에 관한 설명 중 옳은 내용을 모두 고르면?

> ㉮ 상린관계는 법률에 의하여 성립하고 등기를 요한다.
> ㉯ 지역권은 계약에 의하여 발생하고 등기를 요하지 않는다.
> ㉰ 요역지와 승역지는 반드시 인접하지 않아도 된다.
> ㉱ 상린관계는 부동산소유권의 확장과 제한의 양면이 있다.
> ㉲ 지역권은 소멸시효에 걸린다.

① ㉰, ㉱, ㉲　　② ㉮, ㉯, ㉰　　③ ㉯, ㉰, ㉱
④ ㉱, ㉲　　⑤ ㉯, ㉱

해설

[㉰, ㉱, ㉲]가 타당하다.
나머지는 부당한데, 즉 ㉮ 등기를 요하지 않는다. ㉯ 등기를 요한다.

보충지문

5　지역권자는 일정한 목적을 위하여 타인의 토지를 자기토지의 편익에 이용할 권리가 있다.
〈2018년 감정평가사〉

해설　민법 제291조 참조

6　지역권은 점유를 요건으로 하는 물권이다.　〈2020년 감정평가사〉

해설　지역권도 부동산물권이므로 등기만이 성립요건이다(제186조).

7　지역권은 요역지의 소유자와 승역지의 소유자간에서만 설정할 수 있는 것은 아니다.
〈2002년 감정평가사〉

해설　지역권은 요역지의 소유자와 승역지의 소유자 이외 지상권자나 전세권자도 자기의 권리의 범위내에 설정할 수 있다.

8　도자기 생산업자가 도자기를 만들기 위해 이웃 토지의 토사를 채취할 목적의 지역권을 취득할 수 없다.　〈2008년 감정평가사〉

해설　민법은 인역권(人役權)을 원칙적으로 인정하지 않는다.

정답 ▶ 4. ①　5. (○)　6. (×)　7. (○)　8. (○)

9 **지역권의 존속기간은 영구무한으로 정할 수 없다.** 〈2002년 감정평가사〉

해설 지역권의 존속기간은 영구무한으로 정할 수 있다.

10 **지역권이 설정된 후에 요역지에 대하여 지상권을 취득한 자는 특약이 없는 한 그 지역권을 행사할 수 없다.** 〈2009년 감정평가사〉

해설 지역권은 요역지소유권에 부종하여 이전하며 또는 요역지에 대한 소유권이외의 권리의 목적이 된다. 그러나 다른 약정이 있는 때에는 그 약정에 의한다(제292조). 따라서 지역권이 설정된 후에 요역지에 대하여 지상권을 취득한 자는 특약이 없는 한 그 지역권을 행사할 수 있다.

11-1 **지역권도 독립한 1개의 물권으로서 단독으로 양도할 수 있다.** 〈2002년 감정평가사〉

11-2 **지역권은 독립하여 양도·처분할 수 있는 물권이다.** 〈2020년 감정평가사〉

해설 지역권은 독립한 물권이지만 단독으로 양도할 수 없다(제292조 제2항).

12 **지역권은 계속되고 표현된 것에 한하여 시효취득의 대상이 될 수 있다.** 〈2009년 감정평가사〉

해설 지역권은 계속되고 표현된 것에 한하여 시효취득의 대상이 될 수 있다(제294조).

13 **점유로 인한 지역권취득기간의 중단은 지역권을 행사하는 모든 공유자에 대한 사유가 아니면 그 효력이 없다.** 〈2018년 감정평가사〉

해설 민법 제295조 제2항 참조

14 **계속되고 불표현된 지역권은 소멸시효에 걸리지 않는다.** 〈2002년 감정평가사〉

해설 지역권은 소멸시효에 걸린다(제296조 참조).

15-1 **승역지 소유자가 그 소유권을 지역권자에게 이전시키는 의사표시를 하고 등기를 경료한 경우에 지역권을 소멸된다.** 〈2008년 감정평가사〉

15-2 **승역지 소유자는 지역권에 필요한 부분의 토지소유권을 지역권자에게 위기(委棄)함으로써 지역권행사를 위하여 계약상 부담하는 공작물 수선의무를 면할 수 있다.** 〈2017년 감정평가사〉

해설 민법 제299조 참조

정답 9. (×) 10. (×) 11-1. (×) 11-2. (×) 12. (○) 13. (○) 14. (×) 15-1. (○) 15-2. (○)

제8장 전세권

1 **전세권에 관한 설명으로 옳지 않은 것은? (다툼이 있는 경우에는 판례에 의함)** 〈2012년 변리사〉

① 토지를 목적으로 하는 전세권에는 법정갱신이 인정되지 않는다.

② 전세권이 법정갱신된 경우, 전세권자는 그 등기 없이도 전세권설정자나 그 목적물을 취득한 제3자에 대하여 갱신된 권리를 주장할 수 있다.

③ 전세권설정계약의 당사자는 전세금을 현실적으로 지급하지 않고 기존의 채권으로 전세금의 지급에 갈음할 수 있다.

④ 전세권의 존속기간 동안 전세권을 존속시키기로 하면서 전세권과 분리하여 전세금반환채권만을 확정적으로 양도하기로 하는 전세권자와 제3자의 약정은 효력이 없다.

⑤ 건물의 일부에 대하여 전세권이 설정되어 있는 경우, 그 전세권의 목적이 된 부분이 구조상·이용상 독립성이 없어 독립한 소유권의 객체로 분할할 수 없는 때에는 전세권자는 전세금을 우선변제 받기 위하여 건물 전부의 경매를 청구할 수 있다.

해 설

①(○) : 전세권의 법정갱신은 건물전세권에 한해 인정된다(제312조 제4항).

②(○) : 대판 1989. 7. 11, 88다카21209 참조

③(○) : 대판 1995. 2. 10, 94다18508 참조

④(○) : 전세권이 존속하는 동안은 전세권을 존속시키기로 하면서 전세금반환채권만을 전세권과 분리하여 확정적으로 양도하는 것은 허용되지 않는 것이며, 다만 전세권 존속 중에는 장래에 그 전세권이 소멸하는 경우에 전세금 반환채권이 발생하는 것을 조건으로 그 장래의 조건부 채권을 양도할 수 있을 뿐이라 할 것이다(대판 2002. 8. 23, 2001다69122).

⑤(×) : 건물의 일부에 대하여 전세권이 설정되어 있는 경우 그 전세권자는 민법 제303조 제1항의 규정에 의하여 그 건물 전부에 대하여 후순위권리자 기타 채권자보다 전세금의 우선변제를 받을 권리가 있고, 민법 제318조의 규정에 의하여 전세권설정자가 전세금의 반환을 지체한 때에는 전세권의 목적물의 경매를 청구할 수 있는 것이나, 전세권의 목적물이 아닌 나머지 건물부분에 대하여는 우선변제권은 별론으로 하고 경매신청권은 없으므로, 위와 같은 경우 전세권자는 전세권의 목적이 된 부분을 초과하여 건물 전부의 경매를 청구할 수 없다고 할 것이고, 그 전세권의 목적이 된 부분이 구조상 또는 이용상 독립성이 없어 독립한 소유권의 객체로 분할할 수 없고 따라서 그 부분만의 경매신청이 불가능하다고 하여 달리 볼 것은 아니다(대결 2001. 7. 2, 자 2001마212).

[보충지문1] 구분등기 되지 않은 건물 일부의 전세권자는 전세권의 목적물이 아닌 나머지 건물부분에 대해서는 전세권에 기하여 경매신청을 할 수 없으나 우선변제권은 가진다(○). 〈2012년 감정평가사〉

[보충지문2] 건물의 일부에 대하여 전세권이 설정되어 있는 경우, 전세권자는 건물 전부에 대하여 전세금의 우선변제를 받을 권리가 있으나 전세권의 목적물이 아닌 나머지 건물부분에 대하여는 우선변제권은 별론으로 하고 경매신청권은 없으므로, 전세권자는 전세권의 목적이 된 부분을 초과하여 건물 전부의 경매를 청구할 수 없다. 그러나 전세권의 목적이 된 부분이 구조상 또는 이용상 독립성이 없어

정답 1. ⑤

독립한 소유권의 객체로 분할할 수 없고 따라서 그 부분만의 경매신청이 불가능한 경우에는 달리 볼 수 있다(×). 〈2020년 법원행시〉

2 **甲은 자신 소유의 건물에 대하여 乙과 전세권설정계약을 체결하고 乙명의로 전세권등기를 해 주었다. 다른 특약이 없는 한, 乙에게 인정되지 않는 권리는?** 〈2013년 변리사〉

① 건물에 대한 사용수익권
② 통상의 필요비에 대한 상환청구권
③ 전세금반환을 목적으로 한 우선변제권
④ 전세금반환을 목적으로 한 건물에 대한 경매청구권
⑤ 甲의 동의를 얻어 부속시킨 부속물의 매수청구권

해 설

① (○) : 전세권자는 목적부동산을 점유하여 그 용도에 좇아 사용·수익할 수 있다(제303조).
② (×) : 전세권자나 지상권자는 임차인과는 달리 필요비 청구권이 없다. 즉 전세권자는 목적물의 현상을 유지하고 그 통상의 관리에 속한 수선을 하여야 한다(제309조). 따라서 전세권자는 임차인과는 달리 통상의 필요비에 대한 상환청구권은 없다(제310조).
③ (○) : 민법 제303조 참조
④ (○) : 민법 제318조 참조
⑤ (○) : 전항의 경우에 그 부속물건이 전세권설정자의 동의를 얻어 부속시킨 것인 때에는 전세권자는 전세권설정자에 대하여 그 부속물건의 매수를 청구할 수 있다. 그 부속물건이 전세권설정자로부터 매수한 것인 때에도 같다(민법 제316조 제2항).

3 **전세권에 관한 설명으로 옳지 않은 것은? (다툼이 있는 경우에는 판례에 의함)** 〈2014년 변리사〉

① 장차 전세목적물에 대한 전세권자의 사용·수익을 완전히 배제하는 것이 아니라면, 채권을 담보하기 위하여 설정된 전세권도 유효하다.
② 전세권자는 전세권설정자에게 그 목적물의 인도와 전세권설정등기의 말소등기에 필요한 서류를 제공하지 않더라도 전세금반환채권을 원인으로 한 경매를 청구할 수 있다.
③ 전세금은 반드시 현실적으로 수수되어야 하는 것은 아니고 기존의 채권으로 전세금의 지급에 갈음할 수 있다.
④ 건물의 일부에 대하여 전세권이 설정된 경우, 그 전세권자는 전세권설정자가 전세금의 반환을 지체한 때에도 나머지 건물부분에 대하여 전세권에 기한 경매를 신청하지 못한다.
⑤ 전세금반환채권의 양수인은 전세존속기간이 만료한 후 전세권양도계약과 전세권이전의 부기등기가 이루어진 것만으로는 그 채권의 압류채권자에게 대항할 수 없다.

해 설

① (○) : 장차 전세목적물에 대한 전세권자의 사용·수익을 완전히 배제하는 것이 아니라면, 채권을 담보하기 위하여 설정된 전세권도 유효하다(대판 1995. 2. 10, 94다18508).

정답 2. ② 3. ②

[비교지문] 전세권 설정계약의 당사자는 전세권의 사용·수익 권능을 배제하고 채권담보만을 위한 전세권을 설정할 수 있다. 〈2023년 감정평가사〉

(×) : 전세권설정계약의 당사자가 주로 채권담보 목적으로 전세권을 설정하고 설정과 동시에 목적물을 인도하지 않는다고 하더라도 장차 전세권자가 목적물을 사용·수익하는 것을 배제하지 않는다면, 전세권의 효력을 부인할 수는 없다. 그러나 전세권 설정의 동기와 경위, 전세권 설정으로 달성하려는 목적, 채권의 발생원인과 목적물의 관계, 전세권자의 사용·수익 여부와 그 가능성, 당사자의 진정한 의사 등에 비추어 전세권설정계약의 당사자가 전세권의 핵심인 사용·수익 권능을 배제하고 채권담보만을 위해 전세권을 설정하였다면, 법률이 정하지 않은 새로운 내용의 전세권을 창설하는 것으로서 물권법정주의에 반하여 허용되지 않고 이러한 전세권설정등기는 무효라고 보아야 한다(대판 2021. 12. 30, 2018다40235, 40242).

② (×) : 전세권자의 전세목적물 인도의무 및 전세권설정등기말소등기의무와 전세권설정자의 전세금반환의무는 서로 동시이행의 관계에 있으므로 전세권자인 채권자가 전세목적물에 대한 경매를 청구하려면 우선 전세권설정자에 대하여 전세목적물의 인도의무 및 전세권설정등기말소의무의 이행제공을 완료하여 전세권설정자를 이행지체에 빠뜨려야 한다(대결 1977. 4. 13, 자 77마90). ☞ 제318조 참조

③ (○) : 전세금은 반드시 현실적으로 수수되어야 하는 것은 아니고 기존의 채권으로 전세금의 지급에 갈음할 수 있다(대판 2009. 1. 30, 2008다67217).

④ (○) : 건물의 일부에 대하여 전세권이 설정된 경우, 그 전세권자는 전세권설정자가 전세금의 반환을 지체한 때에도 나머지 건물부분에 대하여 전세권에 기한 경매를 신청하지 못한다. 따라서 전세권에 기한 임의경매 대신 집행권원이 필요한 강제집행절차를 이용하여야 한다(대결 1992. 3. 10, 자 91마256).

⑤ (○) : 전세금반환채권의 양수인은 전세존속기간이 만료한 후 전세권양도계약과 전세권이전의 부기등기가 이루어진 것만으로는 그 채권의 압류채권자에게 대항할 수 없다(대판 2005. 3. 25, 2003다35659).

4　甲은 자신의 소유인 X주택을 乙에게 빌려주고 전세권을 설정하였다. 이에 관한 설명으로 옳은 것을 모두 고른 것은? (다툼이 있으면 판례에 따름) 〈2016년 변리사〉

ㄱ. 甲과 乙 사이의 전세권설정계약이 그 합의에 따라 해지되더라도 乙은 전세권과 분리하여 전세금반환채권을 양도할 수 없다.
ㄴ. X주택의 소유권이 丙에게 양도된 후 전세권이 계약기간의 만료에 따라 소멸하면, 乙은 甲에 대해서도 전세금반환을 청구할 수 있다.
ㄷ. 丁이 乙의 전세권에 대하여 저당권을 취득한 후 乙의 전세권이 기간만료로 소멸하면, 丁은 전세금반환채권에 대한 압류의 방법으로 권리를 행사하여 甲에 대해 전세금의 지급을 청구할 수 있다.

① ㄱ　② ㄴ　③ ㄷ　④ ㄱ, ㄴ　⑤ ㄱ, ㄴ, ㄷ

해설

ㄱ. (×) : 전세권이 담보물권적 성격도 가지는 이상 부종성과 수반성이 있는 것이므로 전세권을 그 담보하는 전세금반환채권과 분리하여 양도하는 것은 허용되지 않는다고 할 것이나, 한편 담보물권의 수반성이란 피담보채권의 처분이 있으면 언제나 담보물권도 함께 처분된다는 것이 아니라, 채권 담보라고 하는 담보물권 제도의 존재 목적에 비추어 볼 때 특별한 사정이 없는 한 피담보채권의 처분에는 담보물권의 처분도 포함된다고 보는 것이 합리적이라는 것일 뿐이므로, ① 전세권이 존속기간의 만료로 소멸한 경우이거나 ② 전세계약의 합의해지

정답 4. ③

또는 ③ 당사자 간의 특약에 의하여 전세권반환채권의 처분에도 불구하고, 전세권의 처분이 따르지 않는 경우 등의 특별한 사정이 있는 때에는 채권양수인은 담보물권이 없는 무담보의 채권을 양수한 것이 된다(대판 1999. 2. 5, 97다33997; 대판 1997. 11. 25, 97다29790).

ㄴ. (×) : 주택임대차보호법의 영향으로 X주택의 소유권이 丙에게 양도된 후(전세권설정자의 승계인), 전세권이 계약기간의 만료에 따라 소멸하면, 乙은 甲에 대해서는 전세금반환을 청구할 수 없고(면책적), 丙에게 청구하여야 한다(대판 2006. 5. 11, 2006다6072).

ㄷ. (○) : 전세권을 목적으로 한 저당권이 설정된 경우, 전세권의 존속기간이 만료되면 전세권의 용익물권적 권능이 소멸하기 때문에 더 이상 전세권 자체에 대하여 저당권을 실행할 수 없게 되고, 저당권자는 저당권의 목적물인 전세권에 갈음하여 존속하는 것으로 볼 수 있는 전세금반환채권에 대하여 압류 및 추심명령 또는 전부명령을 받거나 제3자가 전세금반환채권에 대하여 실시한 강제집행절차에서 배당요구를 하는 등의 방법으로 물상대위권을 행사하여 전세금의 지급을 구하여야 한다(대판 2014. 10. 27, 2013다91672).

5 전세권에 관한 설명으로 옳지 않은 것은? (다툼이 있으면 판례에 따름) 〈2017년 변리사〉

① 전세권설정자가 전세권자에 대하여 민법 제315조에 정한 손해배상채권 이외의 다른 채권을 가지고 있더라도 특별한 사정이 없는 한, 이를 가지고 전세금반환채권에 대하여 물상대위권을 행사한 전세권저당권자에게 상계로 대항할 수 없다.

② X건물에 대해 1순위 저당권자 甲, 2순위 전세권자 乙, 3순위 저당권자 丙이 있고 그 중 丙이 경매신청을 하여 丁에게 매각된 경우, 乙의 전세권은 소멸하되 2순위로 우선변제권을 가진다.

③ 타인의 토지에 있는 건물에 전세권을 설정한 경우, 전세권의 효력은 그 건물의 소유를 목적으로 한 지상권에 미친다.

④ 지상권을 가진 건물소유자가 그 건물에 전세권을 설정하였으나 그가 2년 이상의 지료를 지급하지 아니한 경우, 토지소유자는 전세권자의 동의 없이 지상권 소멸청구를 할 수 없다.

⑤ 전세권에 저당권이 설정되어 있는 경우에도 전세권의 존속기간이 만료되면 전세권의 용익물권적 권능은 전세권설정등기의 말소등기 없이도 당연히 소멸한다.

해 설

① (○) : 전세금은 그 성격에 비추어 민법 제315조에 정한 전세권설정자의 전세권자에 대한 손해배상채권 외 다른 채권까지 담보한다고 볼 수 없으므로, 전세권설정자가 전세권자에 대하여 위 손해배상채권 외 다른 채권을 가지고 있더라도 다른 특별한 사정이 없는 한 이를 가지고 전세금반환채권에 대하여 물상대위권을 행사한 전세권저당권자에게 상계 등으로 대항할 수 없다(대판 2008. 3. 13, 2006다29372).

② (○) : 전세권의 소멸여부는 경매를 신청한 丙의 저당권과의 우열에 의하는 것이 아니고, 최선순위인 甲의 저당권과의 우열에 의한다. 따라서 사안의 경우 乙의 전세권은 경매로 인하여 소멸된다.

> **[비교지문] 전세권이 최선순위의 저당권보다 먼저 등기된 경우에도 저당권의 실행에 의하여 전세권은 소멸한다(×).** 〈2009년 변리사〉

③ (○) : 민법 제304조 제1항.

④ (×) : 건물에 대하여 전세권 또는 대항력 있는 임차권을 설정하여 준 지상권자가 그 지료를 지급하지 아니함을 이유로 토지소유자가 한 지상권소멸청구가 그에 대한 전세권자 또는 임차인의 동의가 없이 행하여졌다고 해도 민법 제304조 제2항에 의하여 그 효과가 제한된다고 할 수 없다(대판 2010. 8. 19, 2010다43801).

⑤ (○) : 전세권을 목적으로 한 저당권이 설정된 경우, 전세권의 존속기간이 만료되면 전세권의 용익물권적 권

정답 5. ④

능이 소멸하기 때문에 더 이상 전세권 자체에 대하여 저당권을 실행할 수 없게 되고, 저당권자는 저당권의 목적물인 전세권에 갈음하여 존속하는 것으로 볼 수 있는 전세금반환채권에 대하여 압류 및 추심명령 또는 전부명령을 받거나 제3자가 전세금반환채권에 대하여 실시한 강제집행절차에서 배당요구를 하는 등의 방법으로 물상대위권을 행사하여 전세금의 지급을 구하여야 한다(대판 2014. 10. 27, 2013다91672).

6 **甲은 乙소유의 X주택 일부(A부분)에 전세금 1억원, 존속기간 2년으로 하는 전세계약을 체결하고 전세권설정등기를 마쳤다. 이에 관한 설명으로 옳은 것은? (다툼이 있으면 판례에 따름)**

〈2019년 변리사〉

① 甲은 전세권 존속 중에는 장래에 그 전세권이 소멸하는 경우에 전세금반환채권이 발생하는 것을 조건으로 그 장래의 조건부 채권을 양도할 수 없다.
② 乙이 甲에게 전세금의 반환을 지체한 경우, 甲은 X주택의 A부분이 아니라 전부에 대하여 경매를 청구할 수 있다.
③ 경매절차에서 X주택이 매각된 경우, 甲은 X주택의 전부에 대하여 후순위권리자보다 전세금을 우선 변제받을 수 없다.
④ 甲의 채권자 丙이 甲의 전세권에 저당권을 취득한 경우, 전세권의 존속기간이 만료되더라도 丙은 전세권 자체에 대하여 저당권을 실행할 수 있다.
⑤ 甲의 전세권이 존속하는 동안에 乙이 X주택을 丁에게 매도하고 丁명의로 소유권이전등기를 마쳐 준 경우, 乙은 전세금반환의무를 면하게 된다.

해 설

①(×) : 전세권은 전세금을 지급하고 타인의 부동산을 그 용도에 따라 사용·수익하는 권리로서 전세금의 지급이 없으면 전세권은 성립하지 아니하는 등으로 전세금은 전세권과 분리될 수 없는 요소일 뿐 아니라, 전세권에 있어서는 그 설정행위에서 금지하지 아니하는 한 전세권자는 전세권 자체를 처분하여 전세금으로 지출한 자본을 회수할 수 있도록 되어 있으므로 전세권이 존속하는 동안은 전세권을 존속시키기로 하면서 전세금반환채권만을 전세권과 분리하여 확정적으로 양도하는 것은 허용되지 않는 것이며, 다만 전세권 존속 중에는 장래에 그 전세권이 소멸하는 경우에 전세금 반환채권이 발생하는 것을 조건으로 그 장래의 조건부 채권을 양도할 수 있을 뿐이라 할 것이다(대판 2002. 8. 23, 2001다69122).

②(×), ③(×) : 건물의 일부에 대하여 전세권이 설정되어 있는 경우 그 전세권자는 민법 제303조 제1항, 제318조의 규정에 의하여 그 건물 전부에 대하여 후순위 권리자 기타 채권자보다 전세금의 우선변제를 받을 권리가 있고, 전세권설정자가 전세금의 반환을 지체한 때에는 전세권의 목적물의 경매를 청구할 수 있다 할 것이나, 전세권의 목적물이 아닌 나머지 건물부분에 대하여는 우선변제권은 별론으로 하고 경매신청권은 없다(대결 1992. 3. 10, 자 91마256, 91마257).

> **[비교조문]** 민법 제365조(이른바 일괄경매청구권) : 토지를 목적으로 저당권을 설정한 후 그 설정자가 그 토지에 건물을 축조한 때에는 저당권자는 토지와 함께 그 건물에 대하여도 경매를 청구할 수 있다. 그러나 그 건물의 경매대가에 대하여는 우선변제를 받을 권리가 없다.

④(×) : 전세권에 대하여 설정된 저당권은 민사소송법 제724조 소정의 부동산경매절차에 의하여 실행하는 것이나, 전세권의 존속기간이 만료되면 전세권의 용익물권적 권능이 소멸하기 때문에 더 이상 전세권 자체에 대하여 저당권을 실행할 수 없게 되고, 이러한 경우는 민법 제370조, 제342조 및 민사소송법 제733조에 의하여 저당권의 목적물인 전세권에 갈음하여 존속하는 것으로 볼 수 있는 전세금반환채권에 대하여 추심명령 또는 전

정답 6. ⑤

부명령을 받거나, 제3자가 전세금반환채권에 대하여 실시한 강제집행절차에서 배당요구를 하는 등의 방법(=이른바 물상대위)으로 자신의 권리를 행사할 수 있을 뿐이다(대결 1995. 9. 18, 자 95마684).

⑤ (○) : 전세권이 성립한 후 목적물의 소유권이 이전되는 경우에 있어서 전세권 관계가 전세권자와 전세권설정자인 종전 소유자와 사이에 계속 존속되는 것인지 아니면 전세권자와 목적물의 소유권을 취득한 신 소유자와 사이에 동일한 내용으로 존속되는지에 관하여 민법에 명시적인 규정은 없으나, 전세목적물의 소유권이 이전된 경우 민법이 전세권 관계로부터 생기는 상환청구, 소멸청구, 갱신청구, 전세금증감청구, 원상회복, 매수청구 등의 법률관계의 당사자로 규정하고 있는 전세권설정자 또는 소유자는 모두 목적물의 소유권을 취득한 신 소유자로 새길 수밖에 없다고 할 것이므로, 전세권은 전세권자와 목적물의 소유권을 취득한 신 소유자 사이에서 계속 동일한 내용으로 존속하게 된다고 보아야 할 것이고, 따라서 목적물의 신 소유자는 구 소유자와 전세권자 사이에 성립한 전세권의 내용에 따른 권리의무의 직접적인 당사자가 되어 전세권이 소멸하는 때에 전세권자에 대하여 전세권설정자의 지위에서 전세금반환의무를 부담하게 되고, 구 소유자는 전세권설정자의 지위를 상실하여 전세금반환의무를 면하게 된다고 보아야 하고, 전세권이 전세금 채권을 담보하는 담보물권적 성질을 가지고 있다고 하여도 전세권은 전세금이 존재하지 않으면 독립하여 존재할 수 없는 용익물권으로서 전세금은 전세권과 분리될 수 없는 요소이므로 전세권 관계로 생기는 위와 같은 법률관계가 신 소유자에게 이전되었다고 보는 이상, 전세금 채권 관계만이 따로 분리되어 전 소유자와 사이에 남아 있다고 할 수는 없을 것이고, 당연히 신 소유자에게 이전되었다고 보는 것이 옳다(대판 2000. 6. 9, 99다15122).

7 **전세권에 관한 설명으로 옳지 않은 것은? (다툼이 있으면 판례에 따름)** 〈2022년 변리사〉

① 전세권은 1필의 토지 중 일부에 대해서도 설정할 수 있다.
② 전세권 존속기간이 시작되기 전에 마친 전세권설정등기는 특별한 사정이 없는 한 무효로 추정된다.
③ 전세금이 현실적으로 수수되지 않은 경우에도 기존의 채권으로 전세금의 지급에 갈음할 수 있다.
④ 전세권 존속기간 만료의 경우, 합의에 의하여 전세권설정계약을 갱신할 수 있으나 그 기간은 갱신한 날로부터 10년을 넘을 수 없다.
⑤ 전세권설정계약의 당사자가 전세권의 존속기간을 약정하지 않은 경우, 각 당사자는 언제든지 상대방에 대하여 전세권의 소멸을 통고할 수 있다.

해 설

① (○) : 우리 민법상 일물일권주의의 원칙에는 다양한 예외가 인정되는데, 특히 용익물권은 부동산의 일부 위에 설정할 수 있다. 부동산등기법 제72조도 부동산의 일부에 전세권설정이 가능함을 전제로 등기관이 전세권설정의 등기를 할 때에 전세권설정의 범위가 부동산의 일부인 경우에는 그 부분을 표시한 도면의 번호를 기록하여야 한다고 규정하고 있다.

② (×) : 전세권이 용익물권적인 성격과 담보물권적인 성격을 모두 갖추고 있는 점에 비추어 전세권 존속기간이 시작되기 전에 마친 전세권설정등기도 특별한 사정이 없는 한 유효한 것으로 추정된다(대결 2018. 1. 25, 자 2017마1093).

③ (○) : 전세금의 지급은 전세권 성립의 요소가 되는 것이지만 그렇다고 하여 전세금의 지급이 반드시 현실적으로 수수되어야만 하는 것은 아니고 기존의 채권으로 전세금의 지급에 갈음할 수도 있다(대판 1995. 2. 10, 94다18508).

④ (○) : 전세권의 설정은 이를 갱신할 수 있다. 그 기간은 갱신한 날로부터 10년을 넘지 못한다(민법 제312조 제3항).

⑤ (○) : 전세권의 존속기간을 약정하지 아니한 때에는 각 당사자는 언제든지 상대방에 대하여 전세권의 소멸을 통고할 수 있고 상대방이 이 통고를 받은 날로부터 6월이 경과하면 전세권은 소멸한다(민법 제313조).

정답 7. ②

8 甲은 자신 소유의 X건물에 대하여 乙과 전세금을 1억 원으로 하는 전세권설정계약을 체결하고 乙명의의 전세권설정등기를 마쳐 주었다. 이에 관한 설명으로 옳은 것은? (다툼이 있으면 판례에 따름) 〈2022년 변리사〉

① 甲이 X건물의 소유를 목적으로 한 지상권을 가지고 있던 경우, 그 지상권에는 乙의 전세권의 효력이 미치지 않는다.

② X건물의 대지도 甲의 소유인 경우, 대지소유권의 특별승계인 丙은 乙에 대하여 지상권을 설정한 것으로 본다.

③ 乙은 전세권 존속 중에 원칙적으로 甲의 동의 없이는 자신의 전세권을 제3자에게 양도할 수 없다.

④ 甲이 전세권 존속 중 X건물의 소유권을 丁에게 양도한 경우, 특별한 사정이 없는 한 乙에 대한 전세금반환의무는 丁이 부담한다.

⑤ 甲에게 X건물의 소유를 위한 토지사용권이 없어 토지소유자가 X건물의 철거를 청구하는 경우, 乙은 자신의 전세권으로 그 철거청구에 대항할 수 있다.

해 설

① (×) : 타인의 토지에 있는 건물에 전세권을 설정한 때에는 전세권의 효력은 그 건물의 소유를 목적으로 한 지상권 또는 임차권에 미친다(민법 제304조 제1항).

② (×) : 대지와 건물이 동일한 소유자에 속한 경우에 건물에 전세권을 설정한 때에는 그 대지소유권의 특별승계인은 전세권설정자에 대하여 지상권을 설정한 것으로 본다(민법 제305조 제1항). ☞ 甲에 대하여 지상권을 설정한 것으로 본다.

③ (×) : 전세권자는 전세권을 타인에게 양도 또는 담보로 제공할 수 있고 그 존속기간 내에서 그 목적물을 타인에게 전전세 또는 임대할 수 있다. 그러나 설정행위로 이를 금지한 때에는 그러하지 아니하다(민법 제306조). ☞ 전세권 양도나 전전세를 함에 있어서 전세권설정자의 동의는 요건이 아니다.

> **[보충지문] 전전세권의 설정에는 원전세권자와 전전세권자의 전전세권 설정 합의와 그 등기, 원전세권설정자의 동의를 요한다.** 〈2013년 사법시험〉
>
> (×) : 전전세권도 전세권이므로 전전세권설정합의와 전세금지급 그리고 등기를 하여야 효력이 발생한다. 그러나 원전세권설정자의 동의는 필요하지 않다.

④ (○) : 전세권이 성립한 후 목적물의 소유권이 이전되는 경우에 있어서 전세권 관계가 전세권자와 전세권설정자인 종전 소유자와 사이에 계속 존속되는 것인지 아니면 전세권자와 목적물의 소유권을 취득한 신 소유자와 사이에 동일한 내용으로 존속되는지에 관하여 민법에 명시적인 규정은 없으나, 전세권은 전세권자와 목적물의 소유권을 취득한 신 소유자 사이에서 계속 동일한 내용으로 존속하게 된다고 보아야 할 것이고, 따라서 목적물의 신 소유자는 구 소유자와 전세권자 사이에 성립한 전세권의 내용에 따른 권리의무의 직접적인 당사자가 되어 전세권이 소멸하는 때에 전세권자에 대하여 전세권설정자의 지위에서 전세금반환의무를 부담하게 되고, 구 소유자는 전세권설정자의 지위를 상실하여 전세금반환의무를 면하게 된다(대판 2000. 6. 9, 99다15122).

⑤ (×) : 지상권을 가지는 건물소유자가 그 건물에 전세권을 설정하였으나 그가 2년 이상의 지료를 지급하지 아니하였음을 이유로 지상권설정자, 즉 토지소유자의 청구로 지상권이 소멸하는 것(민법 제287조 참조)은 전세권설정자가 전세권자의 동의 없이는 할 수 없는 위 민법 제304조 제2항 상의 "지상권 또는 임차권을 소멸하게 하는 행위"에 해당하지 아니한다. 즉 건물에 대하여 전세권 또는 대항력 있는 임차권을 설정하여 준 지상권자가 그 지료를 지급하지 아니함을 이유로 토지소유자가 한 지상권소멸청구가 그에 대한 전세권자 또는 임차인의 동의가 없이 행하여졌다고 해도 민법 제304조 제2항에 의하여 그 효과가 제한된다고 할 수 없다. 그리고 전세권

정답 8. ④

설정자가 건물의 존립을 위한 토지사용권을 가지지 못하여 그가 토지소유자의 건물철거 등 청구에 대항할 수 없는 경우에 민법 제304조 등을 들어 전세권자 또는 대항력 있는 임차권자가 토지소유자의 권리행사에 대항할 수 없음은 물론이다(대판 2010. 8. 19, 2010다43801).

9 **甲은 2021. 5. 19. 乙과 X상가를 임대차보증금 1억 원, 임대차기간 2021. 6. 19.부터 2026. 6. 18.까지, 차임 월 300만 원으로 정하여 임대차계약을 체결하였고, 계약 당일 乙로부터 보증금 전액을 지급 받으면서 보증금의 반환을 담보하기 위하여 乙의 명의로 전세권을 설정해 주었다. 그 후 乙은 丙에게 8천만 원을 차용하면서 위 전세권에 관하여 채권최고액 1억 원의 근저당권설정등기를 마쳐주었다. 이에 관한 설명으로 옳은 것은? (다툼이 있으면 판례에 따름)**

〈2023년 변리사〉

① 甲이 보증금의 반환을 담보하기 위하여 전세권을 설정하면서 이와 동시에 목적물을 인도하지 않았으므로 전세권의 설정은 효력이 없다.
② 전세금의 지급은 전세권 성립의 요소가 되는 것이므로 전세금을 현실적으로 지급하지 않고 기존의 채권으로 대신할 수 없다.
③ 乙이 차임의 지급을 연체하는 경우 甲은 연체된 차임을 보증금에서 공제할 수 있다.
④ 임대차보증금의 반환을 담보하기 위하여 전세권설정등기가 경료되었음을 丙이 알지 못한 경우에도 甲은 연체차임의 공제를 가지고 丙에게 대항할 수 있다.
⑤ 전세권의 존속기간이 만료되면 丙은 X상가에 대한 전세권저당권을 실행하는 방법으로 乙에 대한 대여금채권을 회수하여야 한다.

해 설

①(×) : 전세권이 용익물권적 성격과 담보물권적 성격을 겸비하고 있다는 점 및 목적물의 인도는 전세권의 성립요건이 아닌 점 등에 비추어 볼 때, 당사자가 주로 채권담보의 목적으로 전세권을 설정하였고, 그 설정과 동시에 목적물을 인도하지 아니한 경우라 하더라도, 장차 전세권자가 목적물을 사용·수익하는 것을 완전히 배제하는 것이 아니라면, 그 전세권의 효력을 부인할 수는 없다(대판 1995. 2. 10, 94다18508).
②(×) : 전세금의 지급은 전세권 성립의 요소가 되는 것이지만 그렇다고 하여 전세금의 지급이 반드시 현실적으로 수수되어야만 하는 것은 아니고 기존의 채권으로 전세금의 지급에 갈음할 수도 있다(대판 1995. 2. 10, 94다18508).
③(○), ④(×) : 임대차보증금은 임대차계약이 종료된 후 임차인이 목적물을 인도할 때까지 발생하는 차임과 그 밖의 채무를 담보한다. 임대인과 임차인이 위와 같이 임대차보증금반환채권을 담보할 목적으로 전세권을 설정하기 위해 전세권설정계약을 체결하였다면, 임대차보증금에서 연체차임 등을 공제하고 남은 돈을 전세금으로 하는 것이 임대인과 임차인의 합치된 의사라고 볼 수 있다. 그러나 전세권설정계약은 외관상으로는 그 내용에 차임지급 약정이 존재하지 않고 이에 따라 전세금에서 연체차임이 공제되지 않는 등 임대인과 임차인의 진의와 일치하지 않는 부분이 존재한다. 따라서 **전세권설정계약은** 위와 같이 임대차계약과 양립할 수 없는 범위에서 **통정허위표시에 해당하여 무효**라고 봄이 타당하다. 다만 전세권설정계약에 따라 형성된 법률관계에 기초하여 새로이 법률상 이해관계를 가지게 된 제3자에 대해서는 그 제3자가 그와 같은 사정을 알고 있었던 경우에만 무효를 주장할 수 있다. 따라서 임대차계약에 따른 임차보증금반환채권을 담보할 목적으로 전세권설정등기를 마친 경우 **임대차계약에 따른 연체차임 공제는 전세권설정계약과 양립할 수 없으므로, 전세권설정자는 선의의 제3자에 대해서는 연체차임 공제 주장으로 대항할 수 없다.** 여기에서 선의의 제3자가 보호될 수 있는 법률상 이해관계는 전세권설정계약의 당사자를 상대로 하여 직접 법률상 이해관계를 가지는 경우 외에도 법률상

정답 9. ③

이해관계를 바탕으로 하여 다시 위 전세권설정계약에 의하여 형성된 법률관계와 새로이 법률상 이해관계를 가지게 되는 경우도 포함된다(대판 2021. 12. 30, 2020다257999).

⑤ (×) : 전세권에 대하여 저당권이 설정된 경우 전세권의 존속기간이 만료되면 전세권은 소멸하므로 더 이상 전세권자체에 대하여 저당권을 실행할 수 없게 되고, 이러한 경우에는 민법 제370조, 제342조 및 민사소송법 제733조(민사집행법 제273조)에 의하여 저당권의 목적물인 전세권에 갈음하여 존속하는 것으로 볼 수 있는 전세금반환채권에 대하여 압류 및 추심명령 또는 전부명령을 받거나 제3자가 전세금반환채권에 대하여 실시한 강제집행절차에서 배당요구를 하는 등의 방법으로 자신의 권리를 행사하여 비로소 전세권설정자에 대해 전세금의 지급을 구할 수 있고, 전세권저당권이 설정된 경우에도 전세권이 기간만료로 소멸되면 전세권설정자는 전세금반환채권에 대한 제3자의 압류 등이 없는 한 "전세권자에 대하여만" 전세금반환의무를 부담한다(대판 1999. 9. 17, 98다31301).

10 **甲은 乙 소유의 X토지에 건물의 소유를 목적으로 하는 지상권을 취득한 후 Y건물을 신축하여 보존등기를 마쳤다. 그 후 甲은 丙과 Y건물에 관하여 전세금을 3억 원으로 하는 전세권설정계약을 체결하고 3억 원을 지급받은 뒤 전세권설정등기를 마쳐주었다. 이에 관한 설명으로 옳은 것은? (다툼이 있으면 판례에 따름)** 〈2024년 변리사〉

① 甲이 丙에게 Y건물을 인도하지 않은 경우, 특별한 사정이 없는 한 丙의 전세권은 성립하지 않는다.
② 甲과 丙이 전세권의 존속기간을 약정하지 아니한 경우, 甲과 丙은 언제든지 상대방에 대하여 전세권의 소멸을 통고할 수 있고 상대방이 이 통고를 받은 때 전세권은 소멸한다.
③ 전세금 3억 원은 현실적으로 수수되어야 하며, 丙이 甲에 대하여 갖는 기존의 채권으로 전세금의 지급에 갈음할 수 없다.
④ 특별한 사정이 없는 한, 전세기간 중 丙은 甲의 동의를 얻어야 Y건물을 타인에게 임대할 수 있다.
⑤ 甲이 乙에게 약정한 지료를 2년분 이상 연체한 경우, 乙은 丙의 동의가 없어도 甲에게 지상권소멸을 청구할 수 있다.

해 설

① (×) : 전세권이 용익물권적 성격과 담보물권적 성격을 겸비하고 있다는 점 및 목적물의 인도는 전세권의 성립요건이 아닌 점 등에 비추어 볼 때, 당사자가 주로 채권담보의 목적으로 전세권을 설정하였고, 그 설정과 동시에 목적물을 인도하지 아니한 경우라 하더라도, 장차 전세권자가 목적물을 사용·수익하는 것을 완전히 배제하는 것이 아니라면, 그 전세권의 효력을 부인할 수는 없다(대판 1995. 2. 10, 94다18508).

② (×) : 전세권의 존속기간을 약정하지 아니한 때에는 각 당사자는 언제든지 상대방에 대하여 전세권의 소멸을 통고할 수 있고 상대방이 이 통고를 받은 날로부터 6월이 경과하면 전세권은 소멸한다(민법 제313조).

③ (×) : 전세금의 지급은 전세권 성립의 요소가 되는 것이지만 그렇다고 하여 전세금의 지급이 반드시 현실적으로 수수되어야만 하는 것은 아니고 기존의 채권으로 전세금의 지급에 갈음할 수도 있다(대판 1995. 2. 10, 94다18508).

④ (×) : 전세권자는 전세권을 타인에게 양도 또는 담보로 제공할 수 있고 그 존속기간내에서 그 목적물을 타인에게 전전세 또는 임대할 수 있다. 그러나 설정행위로 이를 금지한 때에는 그러하지 아니하다(민법 제306조).

> **[비교조문]** 임차인은 임대인의 동의 없이 그 권리를 양도하거나 임차물을 전대하지 못한다(민법 제629조 제1항).

⑤ (○) : 지상권을 가지는 건물소유자가 그 건물에 전세권을 설정하였으나 그가 2년 이상의 지료를 지급하지

정답 10. ⑤

아니하였음을 이유로 지상권설정자, 즉 토지소유자의 청구로 지상권이 소멸하는 것(민법 제287조 참조)은 전세권설정자가 전세권자의 동의 없이는 할 수 없는 위 민법 제304조 제2항 상의 "지상권 또는 임차권을 소멸하게 하는 행위"에 해당하지 아니한다...중략...또한 건물에 대하여 전세권 또는 대항력 있는 임차권을 설정하여 준 지상권자가 그 지료를 지급하지 아니함을 이유로 토지소유자가 한 지상권소멸청구가 그에 대한 전세권자 또는 임차인의 동의가 없이 행하여졌다고 해도 민법 제304조 제2항에 의하여 그 효과가 제한된다고 할 수 없다(대판 2010. 8. 19, 2010다43801).

11 甲 소유의 X 주택에 관한 乙의 전세권에 대하여 丙의 저당권이 설정되어 있다. 다음 중 옳지 않은 것은? (다툼이 있는 경우에는 판례에 의함) 〈2014년 변호사시험〉

① 丙의 저당권의 목적물은 乙의 전세권이므로 그 전세권이 기간만료로 소멸하면 丙은 더 이상 그 전세권에 대하여 저당권을 실행할 수 없다.

② 乙의 전세권이 기간만료로 소멸하면 丙의 저당권도 당연히 소멸된다.

③ 乙의 전세권이 기간만료로 소멸하면 甲은 전세금반환채권에 대한 제3자의 압류 등이 없는 한 乙에 대하여만 전세금반환의무를 부담한다.

④ 乙의 전세권이 기간만료로 소멸하면 丙은 제3자가 전세금반환채권에 대하여 실시한 강제집행절차에서 배당요구를 하는 방법으로 乙에 대한 일반채권자보다 우선변제를 받을 수 있다.

⑤ 乙의 전세권이 기간만료로 소멸하면 丙은 전세금반환채권에 대하여 압류 및 전부명령을 받는 등의 방법으로 권리를 행사하여 甲에 대하여 전세금의 지급을 구할 수 있으나 그 전세금반환채권에 대하여 압류가 경합된 상태에서 전부명령을 받았다면 이는 무효이므로 甲에 대하여 전세금의 지급을 구할 수 없다.

해설

① (○), ② (○) : 전세권이 기간만료로 종료된 경우 전세권은 전세권설정등기의 말소등기 없이도 당연히 소멸하고, 저당권의 목적물인 전세권이 소멸하면 저당권도 당연히 소멸하는 것이므로 전세권을 목적으로 한 저당권자는 전세권의 목적물인 부동산의 소유자에게 더 이상 저당권을 주장할 수 없다(대판 1999. 9. 17, 98다31301). 따라서 乙의 전세권이 기간만료로 소멸하면 丙의 저당권도 당연히 소멸된다. 따라서 丙의 저당권의 목적물은 乙의 전세권이므로 그 전세권이 기간만료로 소멸하면 丙은 더 이상 그 전세권에 대하여 저당권을 실행할 수 없다.

③ (○) : 원래 전세권에 있어 전세권설정자가 부담하는 전세금반환의무는 전세금반환채권에 대한 제3자의 압류 등이 없는 한 전세권자에 대해 전세금을 지급함으로써 그 의무이행을 다할 뿐이라는 점에 비추어 볼 때, 전세권저당권이 설정된 경우에도 전세권이 기간만료로 소멸되면 전세권설정자는 전세금반환채권에 대한 제3자의 압류 등이 없는 한 전세권자에 대하여만 전세금반환의무를 부담한다고 보아야 한다(대판 1999. 9. 17, 98다31301). 따라서 乙의 전세권이 기간만료로 소멸하면 甲은 전세금반환채권에 대한 제3자의 압류 등이 없는 한 乙에 대하여만 전세금반환의무를 부담한다.

④ (○) : 전세권의 존속기간이 만료하면 전세권의 용익물권적 권능이 소멸하기 때문에 그 전세권에 대한 저당권자는 더 이상 전세권 자체에 대하여 저당권을 실행할 수 없게 되고, 이러한 경우에는 민법 제370조, 제342조, 민사집행법 제273조에 의하여 저당권의 목적물인 전세권에 갈음하여 존속하는 것으로 볼 수 있는 전세금반환채권에 대하여 추심명령 또는 전부명령을 받거나, 제3자가 전세금반환채권에 대하여 실시한 강제집행절차에서 배당요구를 하는 등의 방법으로 자신의 권리를 행사할 수 있고, 민법 제370조, 제342조 단서가 저당권자는 물상대위권을 행사하기 위하여 저당권설정자가 받을 금전 기타 물건의 지급 또는 인도 전에 압류하여야 한다고 규정한 것은 물상대위의 목적인 채권의 특정성을 유지하여 그 효력을 보전함과 동시에 제3자에게 불측의 손해를

정답 11. ⑤

입히지 않으려는 데 그 목적이 있으므로, 적법한 기간 내에 적법한 방법으로 물상대위권을 행사한 저당권자는 전세권자에 대한 일반채권자보다 우선변제를 받을 수 있다(대판 2008. 3. 13, 2006다29372,29389).

> **[보충지문] 甲이 자신의 채권자 丙을 위하여 위 전세권에 관하여 전세권저당권설정등기를 마친 후 전세권의 존속기간이 만료된 경우, 丙은 전세금반환채권에 대하여 압류·추심명령 또는 압류·전부명령을 받거나 제3자가 그 채권에 대하여 실시한 강제집행절차에서 배당요구를 하였다면 전세금에서 우선변제를 받을 수 있다(○).** 〈2022년 변호사시험〉

⑤ (×) : 저당권이 설정된 전세권의 존속기간이 만료된 경우에 저당권자는 민법 제370조, 제342조 및 민사집행법 제273조에 의하여 저당권의 목적물인 전세권에 갈음하여 존속하는 것으로 볼 수 있는 전세금반환채권에 대하여 압류 및 추심명령 또는 전부명령을 받는 등의 방법으로 권리를 행사하여 전세권설정자에 대해 전세금의 지급을 구할 수 있고, 저당목적물의 변형물인 금전 기타 물건에 대하여 일반 채권자가 물상대위권을 행사하려는 저당채권자보다 단순히 먼저 압류나 가압류의 집행을 함에 지나지 않은 경우에는 저당권자는 그 전은 물론 그 후에도 목적채권에 대하여 물상대위권을 행사하여 일반 채권자보다 우선변제를 받을 수가 있으며, 위와 같이 전세권부 근저당권자가 우선권 있는 채권에 기하여 전부명령을 받은 경우에는 형식상 압류가 경합되었다 하더라도 그 전부명령은 유효하다(대판 2008. 12. 24, 2008다65396).

12 **甲은 2012. 2. 10. 乙 소유인 X 주택에 관하여 乙과 사이에 존속기간 3년, 전세금 3억 원으로 하는 전세권설정계약을 체결하고 전세권등기를 한 후 X 주택을 점유·사용하였다. 甲은 2013. 4. 10. 丙으로부터 변제기를 전세기간 만료일로 정하여 3억 원을 차용하고, 같은 날 위 전세권에 관하여 저당권을 설정하여 주었다. 전세기간이 종료한 날부터 1개월 후 丙은 위 저당권에 기한 물상대위권의 행사로써 甲의 전세금반환채권을 압류·전부받은 후 乙을 상대로 전부금 3억 원의 지급을 구하는 소를 제기하였다. 옳은 것을 모두 고른 것은? (각 지문은 독립적이며, 다툼이 있는 경우 판례에 의함)** 〈2016년 변호사시험〉

> ㄱ. 전세기간 중인 2013. 6. 10. 甲의 과실로 X 주택의 일부를 멸실시켜 1,000만 원 상당의 손해를 발생시켰다. 전세기간이 종료된 후 乙은 전세금으로써 위 손해의 배상에 충당하고 그 충당으로 丙에게 대항할 수 있다.
> ㄴ. 전세기간 중인 2012. 8. 10. 乙이 甲에게 전세기간 만료일 전일을 변제기로 하여 1억 원을 대여한 경우 특별한 사정이 없는 한 乙은 위 대여금채권에 의한 상계로 丙에게 대항할 수 있다.
> ㄷ. 전세기간 종료 즉시 乙이 甲에게 전세금을 반환한 경우 乙은 이 반환으로써 丙에게 대항할 수 있다.

① ㄴ　② ㄱ, ㄴ　③ ㄱ, ㄷ　④ ㄴ, ㄷ　⑤ ㄱ, ㄴ, ㄷ

해 설

ㄱ. (○) : 제315조(전세권자의 손해배상책임) ① 전세권의 목적물의 전부 또는 일부가 전세권자에 책임있는 사유로 인하여 멸실된 때에는 전세권자는 손해를 배상할 책임이 있다. ② 전항의 경우에 전세권설정자는 전세권이 소멸된 후 전세금으로써 손해의 배상에 충당하고 잉여가 있으면 반환하여야 하며 부족이 있으면 다시 청구할 수 있다. ☞ 따라서 전세기간이 종료된 후 전세권설정자 乙은 전세금으로써 위 손해의 배상에 충당하고 그 충당으로 丙에게 대항할 수 있다.

정답 ▶ 12. ⑤

ㄴ. (○) : 전세권저당권이 설정된 때에 이미 전세권설정자가 전세권자에 대하여 반대채권을 가지고 있고 반대채권의 변제기가 장래 발생할 전세금반환채권의 변제기와 동시에 또는 그보다 먼저 도래하는 경우와 같이 전세권설정자에게 합리적 기대 이익을 인정할 수 있는 경우에는 특별한 사정이 없는 한 전세권설정자는 반대채권을 자동채권으로 하여 전세금반환채권과 상계함으로써 전세권저당권자에게 대항할 수 있다(대판 2014. 10. 27, 2013다91672). 따라서 전세기간 중인 乙이 甲에게 전세기간 만료일 전일을 변제기로 하여 1억원을 대여한 경우 특별한 사정이 없는 한 乙은 위 대여금채권에 의한 상계로 丙에게 대항할 수 있다.

ㄷ. (○) : 전세권에 대하여 저당권이 설정되어 있는데 전세권이 기간만료로 종료된 경우, 전세금반환채권에 대한 제3자의 압류 등이 없는 한 전세권설정자는 전세권자에 대하여만 전세금반환의무를 부담한다(대판 1999. 9. 17, 98다31301). 따라서 전세기간 종료 즉시 乙이 甲에게 전세금을 반환한 경우 乙은 이 반환으로써 丙에게 대항할 수 있는 것이다.

13 **甲은 그 소유인 X 아파트에 관하여 乙에게 전세권을 설정하여 주었다. 丙이 乙에게 금전을 대여하고 위 전세권을 목적으로 한 저당권을 설정받았다. 乙은 전세기간 만료일에 甲에게 X 아파트를 반환하였다. 이에 관한 설명 중 옳지 않은 것을 모두 고른 것은? (각 지문은 독립적이며, 다툼이 있는 경우 판례에 의함)** 〈2018년 변호사시험〉

> ㄱ. 甲은 전세금 반환채권에 대한 압류 등이 없는 한 乙에 대하여만 전세금 반환의무를 부담한다.
> ㄴ. 丙은 전세금 반환채권에 대한 압류 및 전부명령을 받은 후 甲에게 전세금의 지급을 구하고 있다. 이에 대하여 甲은 전세권이 설정된 후 전세권저당권이 설정되기 전에 乙에게 금전을 대여하였는데 그 채권으로 상계를 주장한다. 그 대여금채권의 변제기가 전세기간 만료 후 위 압류 및 전부명령 송달 전에 도래하는 경우, 甲은 위 상계로 丙에게 대항할 수 있다.
> ㄷ. 전세권설정이 통정허위표시에 의하여 이루어진 것이고 丙이 저당권을 설정받을 당시 이러한 사정을 과실로 알지 못하였다면, 이 전세권말소에 대하여 丙은 등기상 이해관계인으로서 승낙할 의무가 있다.

① ㄴ ② ㄷ ③ ㄱ, ㄴ ④ ㄴ, ㄷ ⑤ ㄱ, ㄴ, ㄷ

해설

ㄱ. (○) : 전세권에 대하여 저당권이 설정된 경우 그 저당권의 목적물은 물권인 전세권 자체이지 전세금반환채권은 그 목적물이 아니고, 전세권의 존속기간이 만료되면 전세권은 소멸하므로 더 이상 전세권 자체에 대하여 저당권을 실행할 수 없게 되고, 이러한 경우에는 민법 제370조, 제342조 및 민사소송법 제733조에 의하여 저당권의 목적물인 전세권에 갈음하여 존속하는 것으로 볼 수 있는 전세금반환채권에 대하여 압류 및 추심명령 또는 전부명령을 받거나 제3자가 전세금반환채권에 대하여 실시한 강제집행절차에서 배당요구를 하는 등의 방법으로 자신의 권리를 행사하여 비로소 전세권설정자에 대해 전세금의 지급을 구할 수 있게 된다는 점, 원래 동시이행항변권은 공평의 관념과 신의칙에 입각하여 각 당사자가 부담하는 채무가 서로 대가적 의미를 가지고 관련되어 있을 때 그 이행에 있어서 견련관계를 인정하여 당사자 일방은 상대방이 채무를 이행하거나 이행의 제공을 하지 아니한 채 당사자 일방의 채무의 이행을 청구할 때에는 자기의 채무이행을 거절할 수 있도록 하는 제도인 점, 전세권을 목적물로 하는 저당권의 설정은 전세권의 목적물 소유자의 의사와는 상관없이 전세권자의 동의만 있으면 가능한 것이고, 원래 전세권에 있어 전세권설정자가 부담하는 전세금반환의무는 전세금반환채권에 대한 제3자의 압류 등이 없는 한 전세권자에 대해 전세금을 지급함으로써 그 의무이행을 다할 뿐이라는

정답 13. ④

점에 비추어 볼 때, 전세권저당권이 설정된 경우에도 전세권이 기간만료로 소멸되면 전세권설정자는 전세금반환채권에 대한 제3자의 압류 등이 없는 한 전세권자에 대하여만 전세금반환의무를 부담한다고 보아야 한다(대판 1999. 9. 17, 98다31301).

ㄴ. (×) : 전세권을 목적으로 한 저당권이 설정된 경우, 전세권의 존속기간이 만료되면 전세권의 용익물권적 권능이 소멸하기 때문에 더 이상 전세권 자체에 대하여 저당권을 실행할 수 없게 되고, 저당권자는 저당권의 목적물인 전세권에 갈음하여 존속하는 것으로 볼 수 있는 전세금반환채권에 대하여 압류 및 추심명령 또는 전부명령을 받거나 제3자가 전세금반환채권에 대하여 실시한 강제집행절차에서 배당요구를 하는 등의 방법으로 물상대위권을 행사하여 전세금의 지급을 구하여야 한다. 전세권저당권자가 위와 같은 방법으로 전세금반환채권에 대하여 물상대위권을 행사한 경우, 종전 저당권의 효력은 물상대위의 목적이 된 전세금반환채권에 존속하여 저당권자가 전세금반환채권으로부터 다른 일반채권자보다 우선변제를 받을 권리가 있으므로, 설령 전세금반환채권이 압류된 때에 전세권설정자가 전세권자에 대하여 반대채권을 가지고 있고 반대채권과 전세금반환채권이 상계적상에 있다고 하더라도 그러한 사정만으로 전세권설정자가 전세권저당권자에게 상계로써 대항할 수는 없다. 그러나 전세금반환채권은 전세권이 성립하였을 때부터 이미 발생이 예정되어 있다고 볼 수 있으므로, 전세권저당권이 설정된 때에 이미 전세권설정자가 전세권자에 대하여 반대채권을 가지고 있고 반대채권의 변제기가 장래 발생할 전세금반환채권의 변제기와 동시에 또는 그보다 먼저 도래하는 경우와 같이 전세권설정자에게 합리적 기대 이익을 인정할 수 있는 경우에는 특별한 사정이 없는 한 전세권설정자는 반대채권을 자동채권으로 하여 전세금반환채권과 상계함으로써 전세권저당권자에게 대항할 수 있다(대판 2014. 10. 27, 2013다91672).

[비교판례] [1] 실제로는 전세권설정계약이 없으면서도 임대차계약에 기한 임차보증금 반환채권을 담보할 목적으로 임차인과 임대인 사이의 합의에 따라 임차인 명의로 전세권설정등기를 경료한 후 그 전세권에 대하여 근저당권이 설정된 경우, 설령 위 전세권설정계약만 놓고 보아 그것이 통정허위표시에 해당하여 무효라 하더라도 이로써 위 전세권설정계약에 의하여 형성된 법률관계를 토대로 별개의 법률원인에 의하여 새로운 법률상 이해관계를 갖게 된 근저당권자에 대하여는 그와 같은 사정을 알고 있었던 경우에만 그 무효를 주장할 수 있다. [2] 전세권의 존속기간이 만료하면 전세권의 용익물권적 권능이 소멸하기 때문에 그 전세권에 대한 저당권자는 더 이상 전세권 자체에 대하여 저당권을 실행할 수 없게 되고, 이러한 경우에는 민법 제370조, 제342조, 민사집행법 제273조에 의하여 저당권의 목적물인 전세권에 갈음하여 존속하는 것으로 볼 수 있는 전세금반환채권에 대하여 추심명령 또는 전부명령을 받거나, 제3자가 전세금반환채권에 대하여 실시한 강제집행절차에서 배당요구를 하는 등의 방법으로 자신의 권리를 행사할 수 있고, 민법 제370조, 제342조 단서가 저당권자는 물상대위권을 행사하기 위하여 저당권설정자가 받을 금전 기타 물건의 지급 또는 인도 전에 압류하여야 한다고 규정한 것은 물상대위의 목적인 채권의 특정성을 유지하여 그 효력을 보전함과 동시에 제3자에게 불측의 손해를 입히지 않으려는 데 그 목적이 있으므로, 적법한 기간 내에 적법한 방법으로 물상대위권을 행사한 저당권자는 전세권자에 대한 일반채권자보다 우선변제를 받을 수 있다. [3] 전세금은 그 성격에 비추어 민법 제315조에 정한 전세권설정자의 전세권자에 대한 손해배상채권 외 다른 채권까지 담보한다고 볼 수 없으므로, 전세권설정자가 전세권자에 대하여 위 손해배상채권 외 다른 채권을 가지고 있더라도 다른 특별한 사정이 없는 한 이를 가지고 전세금반환채권에 대하여 물상대위권을 행사한 전세권저당권자에게 상계 등으로 대항할 수 없다(대판 2008. 3. 13, 2006다29372, 29389).

☞ 차이점(2013다91672의 판결이유 발췌) : 원심이 내세운 대법원 2008. 3. 13, 2006다29372, 29389 판결은 임대차보증금반환채권의 담보를 목적으로 전세권이 설정된 것임을 저당권자가 몰랐던 사안에서 임대차계약에 의하여 발생한 연체차임, 관리비, 손해배상 등의 채권을 자동채권으로 하여 전세금반환채권과 상계할 수 없다고 한 것으로, 이 사건과는 그 사안을 달리하여 원용하기에 적절하지 않다.

ㄷ. (×) : [판례1] 부동산등기법 제171조에서 말하는 등기상 이해관계 있는 제3자란 말소등기를 함으로써 손해

를 입을 우려가 있는 등기상의 권리자로서 그 손해를 입을 우려가 있다는 것이 등기부 기재에 의하여 형식적으로 인정되는 자이고, 그 제3자가 승낙의무를 부담하는지 여부는 그 제3자가 말소등기권리자에 대한 관계에서 그 승낙을 하여야 할 실체법상의 의무가 있는지 여부에 의하여 결정된다(대판 2007. 4. 27, 2005다43753).
[판례2] 민법 제108조 제2항에 규정된 통정허위표시에 있어서의 제3자는 그 선의 여부가 문제이지 이에 관한 과실유무를 따질 것이 아니다(대판 2006. 3. 10, 2002다1321). ☞ 丙은 선의의 제3자로서 보호되므로 전세권말소에 대하여 승낙할 의무가 없다.

14 **甲은 乙과 乙 소유의 건물에 대하여 전세금 3억 원에 전세권설정계약을 체결하고 그 등기까지 마쳤다. 이에 관한 설명 중 옳지 않은 것은? (각 지문은 독립적이며, 다툼이 있는 경우 판례에 의함)** 〈2019년 변호사시험〉

① 甲과 乙이 실제로는 전세권설정계약을 체결하지 않고 임대차계약에 기한 임대차보증금반환채권을 담보할 목적으로 전세권설정등기를 마친 경우라 하더라도, 이 사실을 모른 채 甲의 채권자인 丙이 甲의 전세권부 채권을 가압류하였다면 乙은 丙을 상대로 위 전세권설정계약의 무효를 주장할 수 없다.
② 甲은 존속기간의 경과로 인해 본래의 용익물권적 권능이 소멸하고 담보물권적 권능만 남은 전세권에 대해서는 그 피담보채권인 전세금반환채권과 함께 제3자에게 이를 양도할 수 있다.
③ 전세권이 성립한 후 건물의 소유권이 乙로부터 丙에게 이전된 경우, 전세권은 甲과 丙 사이에서 계속 동일한 내용으로 존속하게 된다고 보아야 할 것이고, 丙은 전세권의 내용에 따른 권리의무의 직접적인 당사자가 되어 전세권이 소멸하는 때에 甲에 대하여 전세권설정자의 지위에서 전세금반환의무를 부담하게 된다.
④ 甲이 전세권 소멸 후 그 목적물을 인도하였다고 하더라도 전세권설정등기의 말소등기에 필요한 서류를 교부하거나 그 이행의 제공을 하지 아니하는 이상, 乙은 전세금의 반환을 거부할 수 있고, 이 경우 다른 특별한 사정이 없는 한 乙이 전세금에 대한 이자 상당액의 이득을 법률상 원인 없이 얻는다고 볼 수 없다.
⑤ 甲의 전세권설정등기 당시 乙이 위 건물의 대지에 대한 소유권자이었으나 그 뒤 乙이 그 대지를 丙에게 매도하여 丙 명의의 소유권이전등기가 경료된 경우, 丙은 甲에게 지상권을 설정한 것으로 본다.

해설
① (○) : [1] 실제로는 전세권설정계약을 체결하지 아니하였으면서도 임대차계약에 기한 임차보증금반환채권을 담보할 목적 또는 금융기관으로부터 자금을 융통할 목적으로 임차인과 임대인 사이의 합의에 따라 임차인 명의로 전세권설정등기를 경료한 경우, 위 전세권설정계약이 통정허위표시에 해당하여 무효라 하더라도 위 전세권설정계약에 의하여 형성된 법률관계에 기초하여 새로이 법률상 이해관계를 갖게 된 제3자에 대하여는 그 제3자가 그와 같은 사정을 알고 있었던 경우에만 그 무효를 주장할 수 있다. 그리고 통정한 허위표시에 의하여 외형상 형성된 법률관계로 생긴 채권을 가압류한 경우 그 가압류권자는 허위표시에 기초하여 새로이 법률상 이해관계를 가지게 된 제3자에 해당하므로, 그가 선의인 이상 위 통정허위표시의 무효를 그에 대하여 주장할 수 없다(대판 2010. 3. 25, 2009다35743).
② (○) : 전세권설정등기를 마친 민법상의 전세권은 그 성질상 용익물권적 성격과 담보물권적 성격을 겸비한 것으로서, 전세권의 존속기간이 만료되면 전세권의 용익물권적 권능은 전세권설정등기의 말소 없이도 당연히 소멸하고 단지 전세금반환채권을 담보하는 담보물권적 권능의 범위 내에서 전세금의 반환시까지 그 전세권설

정답 14. ⑤

정등기의 효력이 존속하고 있다 할 것인데, 이와 같이 존속기간의 경과로서 본래의 용익물권적 권능이 소멸하고 담보물권적 권능만 남은 전세권에 대해서도 그 피담보채권인 전세금반환채권과 함께 제3자에게 이를 양도할 수 있다 할 것이지만 이 경우에는 민법 제450조 제2항 소정의 확정일자 있는 증서에 의한 채권양도절차를 거치지 않는 한 위 전세금반환채권의 압류·전부 채권자 등 제3자에게 위 전세보증금반환채권의 양도사실로써 대항할 수 없다(대판 2005. 3. 25, 2003다35659).

③ (○) : 전세권이 성립한 후 목적물의 소유권이 이전되는 경우에 있어서 전세권 관계가 전세권자와 전세권설정자인 종전 소유자와 사이에 계속 존속되는 것인지 아니면 전세권자와 목적물의 소유권을 취득한 신 소유자와 사이에 동일한 내용으로 존속되는지에 관하여 민법에 명시적인 규정은 없으나, 전세목적물의 소유권이 이전된 경우 민법이 전세권 관계로부터 생기는 상환청구, 소멸청구, 갱신청구, 전세금증감청구, 원상회복, 매수청구 등의 법률관계의 당사자로 규정하고 있는 전세권설정자 또는 소유자는 모두 목적물의 소유권을 취득한 신 소유자로 새길 수밖에 없다고 할 것이므로, 전세권은 전세권자와 목적물의 소유권을 취득한 신 소유자 사이에서 계속 동일한 내용으로 존속하게 된다고 보아야 할 것이고, 따라서 목적물의 신 소유자는 구 소유자와 전세권자 사이에 성립한 전세권의 내용에 따른 권리의무의 직접적인 당사자가 되어 전세권이 소멸하는 때에 전세권자에 대하여 전세권설정자의 지위에서 전세금반환의무를 부담하게 되고, 구 소유자는 전세권설정자의 지위를 상실하여 전세금반환의무를 면하게 된다고 보아야 하고, 전세권이 전세금 채권을 담보하는 담보물권적 성질을 가지고 있다고 하여도 전세권은 전세금이 존재하지 않으면 독립하여 존재할 수 없는 용익물권으로서 전세금은 전세권과 분리될 수 없는 요소이므로 전세권 관계로 생기는 위와 같은 법률관계가 신 소유자에게 이전되었다고 보는 이상, 전세금 채권 관계만이 따로 분리되어 전 소유자와 사이에 남아 있다고 할 수는 없을 것이고, 당연히 신 소유자에게 이전되었다고 보는 것이 옳다(대판 2000. 6. 9, 99다15122).

④ (○) : 전세권설정자는 전세권이 소멸한 경우 전세권자로부터 그 목적물의 인도 및 전세권설정등기의 말소등기에 필요한 서류의 교부를 받는 동시에 전세금을 반환할 의무가 있을 뿐이므로, 전세권자가 그 목적물을 인도하였다고 하더라도 전세권설정등기의 말소등기에 필요한 서류를 교부하거나 그 이행의 제공을 하지 아니하는 이상, 전세권설정자는 전세금의 반환을 거부할 수 있고, 이 경우 다른 특별한 사정이 없는 한 그가 전세금에 대한 이자 상당액의 이득을 법률상 원인 없이 얻는다고 볼 수 없다(대판 2002. 2. 5, 2001다62091).

[비교판례] 임대차종료후 임차인의 임차목적물명도의무와 임대인의 연체차임 기타 손해배상금을 공제하고 남은 임대차보증금반환채무와는 동시이행의 관계에 있으므로 임차인이 동시이행의 항변권에 기하여 임차목적물을 점유하고 사용수익한 경우 그 점유는 불법점유라 할 수 없어 그로 인한 손해배상책임은 지지 아니하되, 다만 사용수익으로 인하여 실질적으로 얻은 이익이 있으면 부당이득으로서 반환하여야 한다(대판 1989. 2. 28, 87다카2114, 2115, 2116).

⑤ (×) : 민법 제305조(건물의 전세권과 법정지상권) ① 대지와 건물이 동일한 소유자에 속한 경우에 건물에 전세권을 설정한 때에는 그 대지소유권의 특별승계인은 전세권설정자에 대하여 지상권을 설정한 것으로 본다. 그러나 지료는 당사자의 청구에 의하여 법원이 이를 정한다. ☞ 전세권자인 甲이 아니라 전세권설정자인 乙에게 지상권을 설정한 것으로 보는 것이다.

15 **乙은 2017. 10. 10. 甲으로부터 甲 소유의 X건물을 보증금 1억 원, 차임 월 200만 원, 임차기간 2년으로 정하여 임차하고, 같은 날 단순히 자신의 보증금반환채권을 담보할 목적으로 甲의 동의를 받아 위 건물에 관하여 전세금은 1억 원, 존속기간은 위 임차기간과 동일하게 하여 전세권설정등기를 마쳤다. 그 후 乙은 위 사실을 알지 못하는 丙으로부터 1억 원을 차용하면서 자신의 전세권에 관하여 2017. 10. 20. 丙 명의의 전세권저당권을 설정하여 주었다. 이에 관한 설명 중 옳은 것(○)과 옳지 않은 것(×)을 올바르게 조합한 것은? (다툼이 있는 경우 판례에 의함)** 〈2020년 변호사시험〉

정답 15. ③

ㄱ. 임대차기간이 만료되자 丙이 乙의 전세금반환채권을 압류·전부하여 甲에 대하여 1억 원의 지급을 청구한 경우, 甲은 자신이 2017. 12. 10. 乙에게 변제기를 2018. 12. 10.로 정하여 대여한 대여금채권을 자동채권으로 하는 상계로 丙에게 대항할 수 있다. ㄴ. 丙은 전세권의 존속기간이 만료되면 더 이상 전세권 자체에 대하여 저당권을 실행할 수 없고, 전세금반환채권에 대하여 물상대위권을 행사하여 전세금의 지급을 구하여야 한다. ㄷ. 甲과 乙 사이에 체결된 임대차계약은 乙 명의로 전세권설정등기가 마쳐진 후에는 전세권설정계약으로 변경되어 그 효력이 발생하기 때문에 甲은 乙에 대하여 더 이상 그 전세권설정계약이 통정허위표시로서 무효라고 주장할 수 없다. ㄹ. 甲과 乙이 2019. 3. 27. X건물에 관하여 보증금 8,000만 원, 월 차임 100만 원, 임차기간 2년으로 정하여 임차하기로 하는 내용으로 종전의 임대차계약을 변경하였다면, 甲은 丙에 대해서도 당연히 전세권의 일부소멸을 주장할 수 있다.

① ㄱ(○), ㄴ(×), ㄷ(○), ㄹ(×)
② ㄱ(○), ㄴ(○), ㄷ(×), ㄹ(○)
③ ㄱ(×), ㄴ(○), ㄷ(×), ㄹ(×)
④ ㄱ(×), ㄴ(○), ㄷ(○), ㄹ(○)
⑤ ㄱ(×), ㄴ(×), ㄷ(○), ㄹ(×)

해 설

ㄱ. (×), ㄴ. (○) : 전세권을 목적으로 한 저당권이 설정된 경우, 전세권의 존속기간이 만료되면 전세권의 용익물권적 권능이 소멸하기 때문에 더 이상 전세권 자체에 대하여 저당권을 실행할 수 없게 되고, 저당권자는 저당권의 목적물인 전세권에 갈음하여 존속하는 것으로 볼 수 있는 전세금반환채권에 대하여 압류 및 추심명령 또는 전부명령을 받거나 제3자가 전세금반환채권에 대하여 실시한 강제집행절차에서 배당요구를 하는 등의 방법으로 물상대위권을 행사하여 전세금의 지급을 구하여야 한다(ㄴ지문). 전세권저당권자가 위와 같은 방법으로 전세금반환채권에 대하여 물상대위권을 행사한 경우, 종전 저당권의 효력은 물상대위의 목적이 된 전세금반환채권에 존속하여 저당권자가 전세금반환채권으로부터 다른 일반채권자보다 우선변제를 받을 권리가 있으므로, 설령 전세금반환채권이 **압류된 때**에 전세권설정자가 전세권자에 대하여 반대채권을 가지고 있고 반대채권과 전세금반환채권이 상계적상에 있다고 하더라도 그러한 사정만으로 전세권설정자가 전세권저당권자에게 상계로써 대항할 수는 없다. 그러나 전세금반환채권은 전세권이 성립하였을 때부터 이미 발생이 예정되어 있다고 볼 수 있으므로, **전세권저당권이 설정된 때**에 이미 전세권설정자가 전세권자에 대하여 반대채권을 가지고 있고 반대채권의 변제기가 장래 발생할 전세금반환채권의 변제기와 동시에 또는 그보다 먼저 도래하는 경우와 같이 전세권설정자에게 합리적 기대 이익을 인정할 수 있는 경우에는 특별한 사정이 없는 한 전세권설정자는 반대채권을 자동채권으로 하여 전세금반환채권과 상계함으로써 전세권저당권자에게 대항할 수 있다(ㄱ지문)(대판 2014. 10. 27, 2013다91672). ☞ 사안에서 甲은 반대채권을 丙이 저당권을 취득(2017. 10. 20.)한 이후(2017. 12. 10.)에 취득하였으므로 상계할 수 없다.

ㄷ. (×) : 허위표시는 선의의 제3자에 대한 관계에 있어서는 표시된 대로 효력이 있는데, 이러한 경우에도 허위표시는 당사자 사이에서는 언제나 무효이다(민법 제108조 참조).

ㄹ. (×) : [1] 임대차보증금 반환채권을 담보하기 위하여 전세권설정등기를 경료한 후 그 전세권에 대하여 저당권이 설정된 경우, 임대인과 임차인 사이에 있어서 임대차계약만이 유효하고 외형만 작출된 위 전세권설정계약이 무효라고 하더라도 그와 같은 사정을 알지 못한 제3자인 저당권자에 대하여는 그 무효를 주장할 수 없다고 한 사례. [2] 임대차보증금 반환채권을 담보하기 위하여 전세권설정등기를 경료한 후 그 전세권에 대하여 저당권이 설정된 경우, 임대차계약의 변경으로 전세권이 일부 소멸하더라도 저당권자의 동의가 없는 한 전세

권설정자가 위 전세권의 일부 소멸을 주장할 수 없다고 한 사례(대판 2006. 2. 9, 2005다59864). ☞ 민법 제371조 제2항이 적용된 판례.

16 **전세권에 관한 설명 중 옳지 않은 것은? (다툼이 있는 경우 판례에 의함)** 〈2021년 변호사시험〉

① 甲이 통정허위표시에 해당하여 무효인 건물 전세권설정계약에 기한 전세권부 채권을 가압류한 경우, 가압류등기를 마칠 당시 전세권의 존속기간이 만료되었으나 전세권설정등기가 말소되지 않은 상태였고 전세권 갱신에 관한 등기가 불필요한 전세권 명의자가 건물을 여전히 점유·사용하고 있었다면, 甲은 위 허위표시를 기초로 새로이 법률상 이해관계를 가진 제3자에 해당한다.

② 전세기간 만료 후 전세권을 전세금반환채권과 함께 양도하면서 전세권 이전의 부기등기를 마쳤으나 확정일자 있는 증서에 의한 채권양도절차를 거치지 않은 경우, 채권양수인은 전세금반환채권의 압류·전부 채권자에게 대항할 수 없다.

③ 전세권이 존속기간의 만료로 종료된 경우 최선순위 전세권자의 채권자는 전세권이 설정된 부동산에 대한 경매절차에서 채권자대위권에 기하거나 전세금반환채권에 대하여 압류 및 추심명령을 받은 다음 추심권한에 기하여 자기 이름으로 전세권에 대한 배당요구를 할 수 있다.

④ 건물에 대하여 전세권을 설정하여 준 건물 소유자가 대지의 지상권자로서 지료 지급을 지체하여 대지 소유자의 지상권소멸청구에 의하여 지상권이 소멸하고 건물철거 및 대지인도를 명하는 판결이 확정된 경우, 대지 소유자는 건물 전세권자에게 건물에서의 퇴거를 청구할 수 없다.

⑤ 토지와 그 지상 건물을 함께 소유하던 甲이 乙에게 건물에 대하여 전세권을 설정해준 후 토지가 丙에게 경락되어 법정지상권을 취득한 상태에서 다시 건물을 丁에게 양도한 경우, 丁이 丙과 토지에 관한 임대차계약을 체결하였으나 그 임대차가 丁의 차임 연체를 이유로 적법하게 해지되더라도, 丙은 乙에게 건물에서의 퇴거를 청구할 수 없다.

해설

① (○) : 실제로는 전세권설정계약을 체결하지 아니하였으면서도 임대차계약에 기한 임차보증금반환채권을 담보할 목적 또는 금융기관으로부터 자금을 융통할 목적으로 임차인과 임대인 사이의 합의에 따라 임차인 명의로 전세권설정등기를 경료한 경우, 위 전세권설정계약이 통정허위표시에 해당하여 무효라 하더라도 위 전세권설정계약에 의하여 형성된 법률관계에 기초하여 새로이 법률상 이해관계를 갖게 된 제3자에 대하여는 그 제3자가 그와 같은 사정을 알고 있었던 경우에만 그 무효를 주장할 수 있다. 그리고 **통정한 허위표시에 의하여 외형상 형성된 법률관계로 생긴 채권을 가압류한 경우 그 가압류권자**는 허위표시에 기초하여 새로이 법률상 이해관계를 가지게 된 제3자에 해당하므로, 그가 선의인 이상 위 통정허위표시의 무효를 그에 대하여 주장할 수 없다. ☞ 甲이 통정허위표시에 해당하여 무효인 전세권설정계약에 의하여 형성된 법률관계로 생긴 채권(전세권부채권)을 가압류한 사안에서, 가압류 등기를 마칠 당시 전세권설정등기가 말소되지 아니한 상태였고, 전세권갱신에 관한 등기가 불필요한 전세권명의자가 부동산 일부를 여전히 점유·사용하고 있었던 이상, 甲은 통정허위표시를 기초로 하여 새로이 법률상 이해관계를 가진 선의의 제3자에 해당한다고 봄이 상당하다(대판 2010. 3. 25, 2009다35743).

② (○) : 존속기간의 경과로서 본래의 용익물권적 권능이 소멸하고 담보물권적 권능만 남은 전세권에 대해서도 그 피담보채권인 전세금반환채권과 함께 제3자에게 이를 양도할 수 있다 할 것이지만 이 경우에는 민법 제450조 제2항 소정의 확정일자 있는 증서에 의한 채권양도절차를 거치지 않는 한 위 전세금반환채권의 압류·전부 채권자 등 제3자에게 위 전세보증금반환채권의 양도사실로써 대항할 수 없다. ☞ 전세기간 만료 이후 전세권양도계약 및 전세권이전의 부기등기가 이루어진 것만으로는 전세금반환채권의 양도에 관하여 확정일자 있

정답 16. ④

는 통지나 승낙이 있었다고 볼 수 없어 이로써 제3자인 전세금반환채권의 압류·전부 채권자에게 대항할 수 없다(대판 2005. 3. 25, 2003다35659).

③ (○) : 저당권 등에 대항할 수 없는 전세권과 달리, 최선순위의 전세권은 존속기간에 상관없이 오로지 전세권자의 배당요구에 의하여만 소멸하고, 전세권자가 배당요구를 하지 않는 한 매수인에게 인수된다는 취지이다. 따라서 최선순위의 전세권은 전세권자 스스로 배당요구를 하여야만 매각으로 소멸함이 원칙이다. 그러나 전세권이 존속기간의 만료 등으로 종료한 경우라면 **최선순위 전세권자의 채권자**는 전세권이 설정된 부동산에 대한 경매절차에서 채권자대위권에 기하거나 전세금반환채권에 대하여 압류 및 추심명령을 받은 다음 추심권한에 기하여 자기 이름으로 전세권에 대한 배당요구를 할 수 있다(대판 2015. 11. 17, 2014다10694).

④ (×) : [1] 건물이 그 존립을 위한 토지사용권을 갖추지 못하여 토지의 소유자가 건물의 소유자에 대하여 당해 건물의 철거 및 그 대지의 인도를 청구할 수 있는 경우에라도 건물소유자가 아닌 사람이 건물을 점유하고 있다면 토지소유자는 그 건물 점유를 제거하지 아니하는 한 위의 건물 철거 등을 실행할 수 없다. 따라서 그때 토지소유권은 위와 같은 점유에 의하여 그 원만한 실현을 방해당하고 있다고 할 것이므로, 토지소유자는 자신의 소유권에 기한 방해배제로서 건물점유자에 대하여 건물로부터의 퇴출을 청구할 수 있다. [2] 지상권을 가지는 건물소유자가 그 건물에 전세권을 설정하였으나 그가 2년 이상의 지료를 지급하지 아니하였음을 이유로 지상권설정자, 즉 토지소유자의 청구로 지상권이 소멸하는 것(민법 제287조 참조)은 전세권설정자가 전세권자의 동의 없이는 할 수 없는 위 민법 제304조 제2항상의 '지상권 또는 임차권을 소멸하게 하는 행위'에 해당하지 아니한다. 따라서 전세권설정자가 건물의 존립을 위한 토지사용권을 가지지 못하여 그가 토지소유자의 건물철거 등 청구에 대항할 수 없는 경우에 민법 제304조 등을 들어 전세권자 또는 대항력 있는 임차권자가 토지소유자의 권리행사에 대항할 수 없음은 물론이다. 또한 건물에 대하여 전세권 또는 대항력 있는 임차권을 설정하여 준 지상권자가 그 지료를 지급하지 아니함을 이유로 토지소유자가 한 지상권소멸청구가 그에 대한 전세권자 또는 임차인의 동의가 없이 행하여졌다고 해도 민법 제304조 제2항에 의하여 그 효과가 제한된다고 할 수 없다(대판 2010. 8. 19, 2010다43801).

⑤ (○) : 토지와 건물을 함께 소유하던 토지·건물의 소유자가 건물에 대하여 전세권을 설정하여 주었는데 그 후 토지가 타인에게 경락되어 민법 제305조 제1항에 의한 법정지상권을 취득한 상태에서 다시 건물을 타인에게 양도한 경우, 그 건물을 양수하여 소유권을 취득한 자는 특별한 사정이 없는 한 법정지상권을 취득할 지위를 가지게 되고, 다른 한편으로는 전세권 관계도 이전받게 되는바, 민법 제304조 등에 비추어 건물 양수인이 토지 소유자와의 관계에서 전세권자의 동의 없이 법정지상권을 취득할 지위를 소멸시켰다고 하더라도, 그 건물 양수인은 물론 토지 소유자도 그 사유를 들어 전세권자에게 대항할 수 없다(대판 2007. 8. 24, 2006다14684).

☞ 민법 제304조 제2항에서 전세권자의 동의 없이 지상권을 소멸하게 하는 행위를 하지 못하는 주체로 규정하고 있는 전세권설정자는 이 사건 건물의 새로운 소유자인 丁이라 할 것이고, 위 규정에 반하여 丁이 전세권자인 乙의 동의 없이 이 사건 임대차계약의 체결로써 이 사건 법정지상권을 소멸시키는 행위를 하였다고 볼 수 있으나 전세권설정자에 해당하는 丁은 물론 지상권설정자인 丙으로서도 그 사유로써 전세권자인 乙에게 대항할 수는 없다.

[보충지문] 1. 타인의 토지에 있는 건물에 전세권을 설정해 준 자는 전세권자의 동의 없이 그 건물의 소유를 목적으로 하는 자신의 지상권을 소멸시키지 못한다(○). 〈2008년 감정평가사〉

2. 토지와 건물을 함께 소유하던 자가 건물에 대하여 전세권을 설정하여 주었는데 그 후 토지가 제3자에게 매각되어 건물소유자가 법정지상권을 취득한 후 건물을 다시 타인에게 양도한 경우, 건물 양수인이 토지 소유자와의 관계에서 전세권자의 동의 없이 법정지상권을 취득할 지위를 소멸시켰다고 하더라도, 건물 양수인은 그 사유를 들어 전세권자에게 대항할 수 없다(○). 〈2019년 법무사〉

17 甲은 자기 소유 X 건물에 乙 앞으로 전세권을 설정해 주었다. 이에 관한 설명 중 옳지 않은 것을 모두 고른 것은? (각 지문은 독립적이며, 다툼이 있는 경우 판례에 의함) 〈2024년 변호사시험〉

ㄱ. 乙이 자신의 채권자 丙을 위하여 전세권 위에 저당권을 설정해 준 후 甲이 乙에게 변제기를 정하지 않고 금전을 대여한 경우, 전세권의 존속기간 만료 후 丙이 물상대위에 의하여 乙의 전세금반환채권을 압류하였다면 甲은 대여금채권과 전세금반환채권의 상계로써 丙에게 대항할 수 있다.
ㄴ. 乙이 자신의 채권자 丙을 위하여 전세권 위에 저당권을 설정해 준 경우, 전세권의 존속기간 만료 후 乙의 일반채권자 丁이 전세금반환채권을 가압류한 다음, 丙이 물상대위에 의하여 乙의 전세금반환채권에 대하여 압류 및 전부명령을 받았다면 丙은 甲에 대하여 전세금의 지급을 구할 수 없다.
ㄷ. 乙의 전세권은 임대차계약에 따른 임대차보증금반환채권을 담보할 목적으로 설정되었다. 乙이 이러한 사정을 알고 있는 자신의 채권자 丙을 위하여 전세권 위에 저당권을 설정해 준 경우, 甲은 물상대위권을 행사하는 丙에 대하여 임대차계약에 따른 연체차임 공제 주장으로 대항할 수 있다.
ㄹ. 존속기간이 만료한 후 乙이 전세권과 함께 전세금반환채권을 양도하고 양수인 戊 앞으로 부기등기를 한 경우, 戊와 전세금반환채권의 압류·전부 채권자 사이의 우열은 부기등기시점과 압류시점의 선후에 따라 정해진다.

① ㄱ, ㄴ　② ㄱ, ㄹ　③ ㄴ, ㄹ　④ ㄱ, ㄴ, ㄷ　⑤ ㄱ, ㄴ, ㄹ

해 설

ㄱ. (×) : [1] 전세권을 목적으로 한 저당권이 설정된 경우, 전세권의 존속기간이 만료되면 전세권의 용익물권적 권능이 소멸하기 때문에 더 이상 전세권 자체에 대하여 저당권을 실행할 수 없게 되고, 저당권자는 저당권의 목적물인 전세권에 갈음하여 존속하는 것으로 볼 수 있는 전세금반환채권에 대하여 압류 및 추심명령 또는 전부명령을 받거나 제3자가 전세금반환채권에 대하여 실시한 강제집행절차에서 배당요구를 하는 등의 방법으로 물상대위권을 행사하여 전세금의 지급을 구하여야 한다. [2] 전세권저당권자가 위와 같은 방법으로 전세금반환채권에 대하여 물상대위권을 행사한 경우, 종전 저당권의 효력은 물상대위의 목적이 된 전세금반환채권에 존속하여 저당권자가 전세금반환채권으로부터 다른 일반채권자보다 우선변제를 받을 권리가 있으므로, 설령 전세금반환채권이 압류된 때에 전세권설정자가 전세권자에 대하여 반대채권을 가지고 있고 반대채권과 전세금반환채권이 상계적상에 있다고 하더라도 그러한 사정만으로 전세권설정자가 전세권저당권자에게 상계로써 대항할 수는 없다. [3] 그러나 전세금반환채권은 전세권이 성립하였을 때부터 이미 발생이 예정되어 있다고 볼 수 있으므로, (ⅰ) 전세권저당권이 설정된 때에 이미 전세권설정자가 전세권자에 대하여 반대채권을 가지고 있고 (ⅱ) 반대채권의 변제기가 장래 발생할 전세금반환채권의 변제기와 동시에 또는 그보다 먼저 도래하는 경우와 같이 전세권설정자에게 합리적 기대 이익을 인정할 수 있는 경우에는 특별한 사정이 없는 한 전세권설정자는 반대채권을 자동채권으로 하여 전세금반환채권과 상계함으로써 전세권저당권자에게 대항할 수 있다(대판 2014. 10. 27, 2013다91672). ☞ 사안의 경우 甲은 전세권저당권이 설정된 이후에 비로소 반대채권을 취득하였으므로 위(ⅰ)의 요건을 갖추지 못하였다.

ㄴ. (×) : 저당권이 설정된 전세권의 존속기간이 만료된 경우에 저당권자는 민법 제370조, 제342조 및 민사집행법 제273조에 의하여 저당권의 목적물인 전세권에 갈음하여 존속하는 것으로 볼 수 있는 전세금반환채권에 대하여 압류 및 추심명령 또는 전부명령을 받는 등의 방법으로 권리를 행사하여 전세권설정자에 대해 전세금의 지급을 구할 수 있고, 저당목적물의 변형물인 금전 기타 물건에 대하여 일반 채권자가 물상대위권을 행사하려

정답 17. ⑤

는 저당채권자보다 단순히 먼저 압류나 가압류의 집행을 함에 지나지 않은 경우에는 저당권자는 그 전은 물론 그 후에도 목적채권에 대하여 물상대위권을 행사하여 일반 채권자보다 우선변제를 받을 수가 있다(대판 2008. 12. 24, 2008다65396).

ㄷ. (○) : 임대차계약에 따른 임대차보증금반환채권을 담보할 목적으로 유효한 전세권설정등기가 마쳐진 경우에는 전세권저당권자가 저당권 설정 당시 그 전세권설정등기가 임대차보증금반환채권을 담보할 목적으로 마쳐진 것임을 알고 있었다면, 제3채무자인 전세권설정자는 전세권저당권자에게 그 전세권설정계약이 임대차계약과 양립할 수 없는 범위에서 무효임을 주장할 수 있으므로, 그 임대차계약에 따른 연체차임 등의 공제 주장으로 대항할 수 있다(대판 2021. 12. 30, 2018다268538).

ㄹ. (×) : [1] 존속기간의 경과로서 본래의 용익물권적 권능이 소멸하고 담보물권적 권능만 남은 전세권에 대해서도 그 피담보채권인 전세금반환채권과 함께 제3자에게 이를 양도할 수 있다 할 것이지만 이 경우에는 민법 제450조 제2항 소정의 확정일자 있는 증서에 의한 채권양도절차를 거치지 않는 한 위 전세금반환채권의 압류·전부 채권자 등 제3자에게 위 전세보증금반환채권의 양도사실로써 대항할 수 없다. [2] 전세기간 만료 이후 전세권양도계약 및 전세권이전의 부기등기가 이루어진 것만으로는 전세금반환채권의 양도에 관하여 확정일자 있는 통지나 승낙이 있었다고 볼 수 없어 이로써 제3자인 전세금반환채권의 압류·전부 채권자에게 대항할 수 없다(대판 2005. 3. 25, 2003다35659).

보충지문

18 전세권자는 전세권이 설정된 부동산 전부에 대하여 후순위 권리자나 그 밖의 일반채권자보다 전세금의 우선변제를 받을 권리가 있다. 〈2018년 감정평가사〉

해설 민법 제303조 제1항 참조

19 전세금액은 필요적 등기사항으로서, 등기된 금액에 대하여는 제3자에게 대항할 수 있다. 〈2008년 감정평가사〉

해설 전세금의 지급은 전세권 성립의 요소이다(제303조 제1항). 따라서 필요적 등기사항이고(부동산등기법 제72조), 등기에는 대항적 효력이 있다.

20 목적물의 인도는 전세권의 성립요건이 아니다. 〈2012년 법무사〉

해설 전세권이 용익물권적 성격과 담보물권적 성격을 겸비하고 있다는 점 및 목적물의 인도는 전세권의 성립요건이 아닌 점 등에 비추어 볼 때 당사자가 주로 채권담보의 목적으로 전세권을 설정하였고 그 설정과 동시에 목적물을 인도하지 아니한 경우라도, 장차 전세권자가 목적물을 사용·수익하는 것을 완전히 배제하는 것이 아니라면 그 전세권도 유효하다(대판 1995. 2. 10, 94다18508). ☞ 전세권은 부동산 물권으로 등기가 성립요건이고 목적물의 인도는 성립요건이 아니다.

21 전세권은 용익물권적 성격과 담보물권적 성격을 겸비하고 있다. 〈2018년 감정평가사〉

해설 전세권설정등기를 마친 민법상의 전세권은 그 성질상 용익물권적 성격과 담보물권적 성격을 겸비한 것이다(대판 2005. 3. 25, 2003다35659).

정답 18. (○) 19. (○) 20. (○) 21. (○)

22 농경지는 전세권의 목적으로 하지 못한다. 〈2005년 감정평가사〉

해설 농경지는 전세권의 목적으로 하지 못한다(제303조 제2항).

23 전세권양수인은 전세권설정자에 대하여 전세권양도인과 동일한 권리의무가 있다. 〈2005년 감정평가사〉

해설 민법 제307조 참조

24 전세권자가 목적물을 타인에게 임대한 경우, 임대하지 않았으면 면할 수 있었던 불가항력으로 인한 손해에 대하여도 책임을 부담한다. 〈2015년 변리사〉

해설 전세권의 목적물을 전전세 또는 임대한 경우에는 전세권자는 전전세 또는 임대하지 아니하였으면 면할 수 있는 불가항력으로 인한 손해에 대하여 그 책임을 부담한다(제308조).

25-1 전세권설정자는 특약이 없는 한 목적물의 현상을 유지하고 그 통상의 관리에 속한 수선을 해야한다. 〈2017년 감정평가사〉

25-2 전세권자는 목적물의 현상유지의무와 수선의무를 부담하므로 필요비상환청구를 할 수 없으나, 유익비를 지출한 경우에는 전세권이 소멸한 때에 그 가액의 증가가 현존하는 경우에 한하여 목적물 소유자의 선택에 좇아 그 지출액이나 증가액의 상환을 청구할 수 있다. 〈2010년 사법시험〉

해설 전세권자는 목적물의 현상을 유지하고 그 통상의 관리에 속한 수선을 하여야 하므로(제309조), 목적물의 통상적 유지 및 관리를 위하여 필요비를 지출한 경우에도 그 비용의 상환을 청구하지 못한다. 그러나 유익비에 관해서는 그 가액의 증가가 현존하는 경우에 한하여 소유자의 선택에 좇아서 그 지출액이나 증가액의 상환을 청구할 수 있다(제310조 제1항).

26 전세권자가 그 목적물의 성질에 의하여 정하여진 용법으로 이를 사용, 수익하지 아니한 경우에는 전세권설정자는 전세권의 소멸을 청구할 수 있다. 〈2018년 감정평가사〉

해설 민법 제311조 제1항 참조

27 전세권의 존속기간은 10년을 넘지 못한다. 〈2005년 감정평가사〉

해설 전세권의 존속기간은 10년을 넘지 못한다(제312조).

28 토지전세권의 존속기간을 1년 미만으로 정한 때에는 이를 1년으로 한다. 〈2018년 감정평가사〉

해설 제312조 제2항 ☞ 최단존속기간의 제한은 건물전세권에만 인정되고, 토지전세권에는 인정되지 않는다.

29 건물에 대한 전세권이 법정갱신되는 경우, 그 존속기간은 2년으로 본다. 〈2017년 감정평가사〉

해설 제312조 제4항. 前 전세권과 동일한 조건으로 다시 전세권을 설정한 것으로 보지만, 존속기간만은 그 정함이 없는 것으로 본다.

정답 22. (○) 23. (○) 24. (○) 25-1. (×) 25-2. (○) 26. (○) 27. (○) 28. (×) 29. (×)

30 **전세권의 목적물의 전부 또는 일부가 불가항력으로 인하여 멸실된 때에는 그 멸실된 부분의 전세권은 당연히 소멸한다.** 〈2007년 법무사〉

해설 민법 제314조 참조

31 **전세권자의 책임 없는 사유로 전세권의 목적물 전부가 멸실된 때에도 전세권자는 손해배상책임이 있다.** 〈2017년 감정평가사〉

해설 제315조 제1항. 전세권자의 책임 있는 사유로 인하여 멸실된 때에 배상책임이 있다.

32 **전세권이 그 존속기간의 만료로 인하여 소멸한 때에는 전세권자는 그 목적물을 원상에 회복하여야 하며 그 목적물에 부속시킨 물건은 수거할 수 있다. 그러나 전세권설정자가 그 부속물건의 매수를 청구한 때에는 전세권자는 정당한 이유 없이 거절하지 못한다.** 〈2020년 법무사〉

해설 전세권이 그 존속기간의 만료로 인하여 소멸한 때에는 전세권자는 그 목적물을 원상에 회복하여야 하며 그 목적물에 부속시킨 물건은 수거할 수 있다. 그러나 전세권설정자가 그 부속물건의 매수를 청구한 때에는 전세권자는 정당한 이유없이 거절하지 못한다(제316조 제1항).

33 **전세권을 전세금반환채권과 분리하여 확정적으로 양도하는 것은 원칙적으로 허용되지 않으나, 전세권 존속기간이 만료한 경우 전세금반환채권만의 양도는 허용된다.** 〈2013년 사법시험〉

해설 전세권이 담보물권적 성격도 가지는 이상 부종성과 수반성이 있는 것이므로 전세권을 그 담보하는 전세금반환채권과 분리하여 양도하는 것은 허용되지 않는다고 할 것이나, ① 전세권이 존속기간의 만료로 소멸한 경우이거나 ② 전세계약의 합의해지 또는 ③ 당 사자 간의 특약에 의하여 전세권반환채권의 처분에도 불구하고, 전세권의 처분이 따르지 않는 경우 등의 특별한 사정이 있는 때에는 채권양수인은 담보물권이 없는 무담보의 채권을 양수한 것이 된다(대판 1999. 2. 5, 97다33997; 대판 1997. 11. 25, 97다29790).

34 **전세권 존속기간이 만료된 경우 전세권의 용익물권적 권능은 소멸되고 전세금반환채권은 무담보채권으로 전환된다.** 〈2012년 감정평가사〉

해설 전세권설정등기를 마친 민법상의 전세권은 그 성질상 용익물권적 성격과 담보물권적 성격을 겸비한 것으로서, 전세권의 존속기간이 만료되면 전세권의 용익물권적 권능은 전세권설정등기의 말소 없이도 당연히 소멸하고 단지 전세금반환채권을 담보하는 담보물권적 권능의 범위 내에서 전세금의 반환시까지 그 전세권설정등기의 효력이 존속하고 있다 할 것인데, 이와 같이 존속기간의 경과로서 본래의 용익물권적 권능이 소멸하고 담보물권적 권능만 남은 전세권에 대해서도 그 피담보채권인 전세금반환채권과 함께 제3자에게 이를 양도할 수 있다 할 것이지만 이 경우에는 민법 제450조 제2항 소정의 확정일자 있는 증서에 의한 채권양도절차를 거치지 않는 한 위 전세금반환채권의 압류·전부 채권자 등 제3자에게 위 전세보증금반환채권의 양도사실로써 대항할 수 없다(대판 2005. 3. 25, 2003다35659; 대판 2008. 3. 13, 2006다29372 참조).

정답 30. (○) 31. (×) 32. (○) 33. (○) 34. (×)

제9장 유치권

1 **甲은 乙로부터 乙소유의 불도저를 임차하여 토목공사를 하고 있다. 그런데 그 불도저가 고장이 났기 때문에 丙에게 수리를 의뢰하였고 丙은 자기 공장에서 수리를 하였다. 다음 설명 중 옳지 않은 것은?** 〈2007년 변리사〉

① 甲이 丙에게 수리대금을 지급한 때에는 乙에 대하여 수리대금 상당액의 지급을 청구할 수 있다.
② 丙이 불도저의 수리 후 보관 중 불도저의 기능을 유지하기 위하여 필요한 비용을 지출한 때에는 그 비용의 지급을 받을 때까지 甲으로부터의 불도저의 반환청구를 거절할 수 있다.
③ 丙이 甲으로부터 수리대금의 지급이 없는 동안에 수리한 불도저를 무단으로 사용한 때에는 甲에 의한 불도저의 반환청구를 거절할 수 없다.
④ 甲의 丙에 대한 불도저의 반환청구소송에서 丙이 응소하여 적극적으로 유치권의 존재를 주장하고 그것이 받아들여진 경우에는 수리대금채권에 관하여 소멸시효의 중단의 효력이 생긴다.
⑤ 乙의 丙에 대한 불도저의 인도청구에 대하여 丙이 수리대금채권을 가지고 인도를 거절하는 경우에 乙이 丙에 대하여 상당한 담보를 제공하겠다는 의사표시를 하면, 이로써 丙은 더 이상 불도저의 인도를 거절할 수 없다.

해 설

① (○) : 임대인은 목적물을 사용·수익에 필요한 상태로 유지하여야할 의무를 부담하고 있으므로(제623조), 임차인 甲은 임대인 乙에게 필요비를 상환청구할 수 있다(제626조).
② (○) : 丙의 필요비 지출이 그 물건에 관하여 생긴 채권이므로 유치권을 주장할 수 있다.
③ (○) : 유치권자는 채무자의 승낙 없이 유치물을 사용, 대여 또는 담보제공을 하지 못한다(제324조 제2항). 따라서 유치권자가 무단으로 그 보관물을 사용한 경우 유치권의 소멸청구를 할 수 있다(제324조 제3항).
④ (○) : 민법 제168조 제1호, 제170조 제1항에서 시효중단사유의 하나로 규정하고 있는 재판상의 청구라 함은, 통상적으로는 권리자가 원고로서 시효를 주장하는 자를 피고로 하여 소송물인 권리를 소의 형식으로 주장하는 경우를 가리키지만, 이와 반대로 시효를 주장하는 자가 원고가 되어 소를 제기한 데 대하여 피고로서 응소하여 그 소송에서 적극적으로 권리를 주장하고 그것이 받아들여진 경우도 마찬가지로 이에 포함되는 것으로 해석함이 타당하다(대판 1993. 12. 21, 92다47861 전원합의체).
⑤ (×) : 채무자는 상당한 담보를 제공하여 유치권의 소멸을 청구할 수 있다(제327조). 이 때의 담보제공은 현실제공이어야 하고 의사표시만으로는 부족하다. 판례도 유치물에 관하여 이해관계를 가지고 있는 자인 채무자나 유치물의 소유자는 상당한 담보가 제공되어 있는 이상 유치권 소멸 청구의 의사표시를 할 수 있다고 한다(대판 2001. 12. 11, 2001다59866).

정답 1. ⑤

2 **다음 사례에 관한 설명 중 옳지 않은 것은? (다툼이 있는 경우에는 판례에 의함)** 〈2008년 변리사〉

> 가. 건축업을 하는 甲은 乙로부터 乙 소유의 주택 전부에 대한 리모델링의 의뢰를 받고 공사를 완료하였으나 공사대금을 받지 못하여 그 주택을 점유하고 있다.
> 나. 그 후 乙의 또 다른 채권자인 丙이 이 주택에 대하여 강제경매를 법원에 신청하였고 丁이 경락을 받아 소유권을 취득하였다.

① 가. 에서 甲은 乙의 승낙이 있으면 위 주택을 다른 사람에게 임대하고, 그 임차료를 받아 자신의 공사대금 채권에 충당할 수 있다.
② 가. 에서 甲은 자신이 위 주택에 관하여 지출한 필요비의 상환을 乙에게 청구할 수 있다.
③ 가. 에서 甲은 위 주택에 대하여 법원에 경매를 신청하여, 그 매각대금으로부터 공사대금을 다른 권리자에 우선하여 변제를 받을 수 있다.
④ 나. 에서 丁이 甲에게 위 주택의 인도를 청구하더라도, 甲은 공사대금을 변제받지 못하였음을 이유로 그 주택의 인도를 거절할 수 있다.
⑤ 나. 에서 甲은 丁에 대하여는 공사대금의 변제를 청구할 수 없다.

해 설

① (○) : 유치권자는 소유자의 승낙이 있어야만 유치물을 사용·수익할 수가 있다(제324조 제2항). 그리고 유치권자는 과실수취권이 있는 바, 법정과실에 해당하는 차임을 갖고 변제에 충당할 수 있다(제323조 제1항).
② (○) : 유치권자가 유치물에 관하여 필요비를 지출한 때에는 소유자에게 그 상환을 청구할 수 있다(제325조 제1항).
③ (×) : 유치권에 의한 경매는 배당절차에서 우선변제권을 행사하기 위한 경매가 아니고 목적물의 환가에 그 목적이 있는 것이므로, 경매에 의한 배당절차에서 유치권자는 다른 담보물권자와 달리 우선변제권을 갖지 못한다(통설).
④ (○) : 목적물에 대한 경매가 있을 경우 채권자는 유치권을 행사하여 매수인 丁에게 대항할 수 있다.
⑤ (○) : 매수인은 채무자가 아니므로 유치권자가 피담보채권의 변제를 직접 청구할 수는 없다(대판 1996. 8. 23, 95다8713).

3 **유치권에 관한 설명 중 옳지 않은 것은? (다툼이 있는 경우에는 판례에 의함)** 〈2009년 변리사〉

① 유치권에는 물상대위성이 인정되지 않는다.
② 유치권에는 불가분성이 인정된다.
③ 유치권자가 유치물에 대한 보존행위로서 목적물을 사용하는 경우, 불법행위가 성립되지 않는다.
④ 임대인과 임차인 사이에 임대차 종료시 권리금을 반환하기로 하는 약정이 있는 경우, 권리금반환청구권을 담보하기 위한 유치권이 성립한다.
⑤ 유치권자가 유치물의 소유자가 변동된 후에 유치물에 비용을 지출한 경우, 그 비용상환채권을 담보하기 위해 유치권을 행사할 수 있다.

해 설

① (○) : 유치권에는 우선변제권이 인정되지 않기 때문에 물상대위성이 인정될 수 없다.

정답 2. ③ 3. ④

② (○) : 유치권은 담보물권으로서 담보물권이 가지고 있는 공통된 특성을 갖는다. 즉 부종성이 강하고, 수반성과 불가분성이 있다.

③ (○) : 유치권자가 유치물에 대한 보존행위로서 목적물을 사용하는 것은 적법행위이므로 불법점유로 인한 손해배상책임이 없는 것이다(대판 1972. 1. 31, 71다2414).

④ (×) : 임대인과 임차인 사이에 건물명도시 권리금을 반환하기로 하는 약정이 있었다 하더라도 그와 같은 권리금반환청구권은 건물에 관하여 생긴 채권이라 할 수 없으므로 그와 같은 채권을 가지고 건물에 대한 유치권을 행사할 수 없다(대판 1994. 10. 14, 93다62119).

⑤ (○) : 유치권자의 점유 하에 있는 유치물의 소유자가 변동하더라도 유치권자의 점유는 유치물에 대한 보존행위로서 하는 것이므로 적법하고, 그 소유자변동 후 유치권자가 유치물에 관하여 새로이 유익비를 지급하여 그 가격의 증가가 현존하는 경우에는 이 유익비에 대하여도 유치권을 행사할 수 있다(대판 1972. 1. 31, 71다2414).

[보충지문] 유치권을 행사하며 물건을 점유하는 과정에 그 유치물에 지출하였던 유익비에 대한 상환청구권에 관하여는 유치권이 성립하지 않는다(×). 〈2020년 법원행시〉

4 유치권에 대한 설명으로 옳지 않은 것은? (다툼이 있는 경우에는 판례에 의함) 〈2010년 변리사〉

① 유치권자는 선량한 관리자의 주의로 유치물을 점유하여야 하고, 소유자의 승낙 없이는 유치물의 보존에 필요한 범위를 넘어 사용하거나 대여 또는 담보로 제공할 수 없다.

② 유치권자가 선량한 관리자로서의 주의의무를 위반한 때에는 유치물의 소유자는 유치권의 소멸을 청구할 수 있다.

③ 공사대금채권에 기하여 유치권을 행사하는 자가 스스로 유치물인 주택에 거주하며 사용하는 것은 특별한 사정이 없는 한 유치물의 보존에 필요한 사용이라 할 수 없다.

④ 유치권자가 유치물의 보존에 필요한 사용을 한 경우에도 특별한 사정이 없는 한 차임에 상당한 이득을 소유자에게 반환할 의무가 있다.

⑤ 유치권의 피담보채권의 소멸시효기간이 확정판결 등에 의하여 10년으로 연장된 경우, 유치권이 성립된 부동산의 매수인은 그 채권의 소멸시효기간이 연장된 효과를 부정하고 종전의 단기소멸시효기간을 원용할 수는 없다.

해 설

① (○), ② (○) : 민법 제324조 참조

③ (×) : 공사대금채권에 기하여 유치권을 행사하는 자가 스스로 유치물인 주택에 거주하며 사용하는 것은 특별한 사정이 없는 한 유치물인 주택의 보존에 도움이 되는 행위로서 유치물의 보존에 필요한 사용에 해당한다고 할 것이다(대판 2009. 9. 24, 2009다40684).

④ (○) : 유치권자가 유치물의 보존에 필요한 사용을 한 경우에도 특별한 사정이 없는 한 차임에 상당한 이득을 소유자에게 반환할 의무가 있다(대판 2009. 9. 24, 2009다40684).

⑤ (○) : 유치권이 성립된 부동산의 매수인은 피담보채권의 소멸시효가 완성되면 시효로 인하여 채무가 소멸되는 결과 직접적인 이익을 받는 자에 해당하므로 소멸시효의 완성을 원용할 수 있는 지위에 있다고 할 것이나, 매수인은 유치권자에게 채무자의 채무와는 별개의 독립된 채무를 부담하는 것이 아니라 단지 채무자의 채무를 변제할 책임을 부담하는 점 등에 비추어 보면, 유치권의 피담보채권의 소멸시효기간이 확정판결 등에 의하여 10년으로 연장된 경우 매수인은 그 채권의 소멸시효기간이 연장된 효과를 부정하고 종전의 단기소멸시효기간을 원용할 수는 없다(대판 2009. 9. 24, 2009다39530).

정답 4. ③

5 유치권에 관한 설명 중 옳지 않은 것은? (다툼이 있는 경우에는 판례에 의함) 〈2011년 변리사〉

① 채권자가 채무자의 직접점유를 통하여 간접점유를 하고 있는 물건에 대해서는 유치권이 성립하지 않는다.
② 유치물을 점유하기 전에 그것으로부터 발생된 채권이라도 그 후 유치권자가 그 물건의 점유를 취득했다면 유치권은 성립한다.
③ 임대인과 임차인 사이에 건물명도시 권리금을 반환하기로 하는 약정이 있었다 하더라도 그와 같은 채권을 가지고 건물에 대한 유치권을 행사할 수 없다.
④ 다세대주택의 창호 등의 공사를 완성한 수급인이 공사대금채권의 변제를 받기 위하여 다세대 주택 중 한 세대를 점유한 경우, 다세대주택 전체에 대하여 시행한 공사대금채권 전부를 피담보채권으로 하는 유치권이 성립할 수 있다.
⑤ 수급인은, 그가 완공하여 원시취득한 건물에 관하여 도급인에 대한 소유권이전 및 인도의무를 지고 있는 경우에도, 도급인으로부터 공사대금을 지급받을 때까지 유치권을 행사할 수 있다.

해설

① (○) : 유치권에서의 점유는 계속되어야 한다. 왜냐하면 유치권자가 목적물의 점유를 잃으면 유치권은 당연히 소멸하기 때문이다(제328조 참조). 그리고 이때의 점유는 직접점유이든 간접점유이든 불문한다고 설명한다. 그러나 채무자가 직접 점유하는 물건을 채권자가 간접점유하는 경우 채권자는 그 물건에 대하여 유치권을 행사할 수는 없는 것이다(대판 2008. 4. 11, 2007다27236).
② (○) : 유치권자가 유치물을 점유하기 전에 발생된 채권(건축비채권)이라도 그 후 그 물건(건물)의 점유를 취득했다면 유치권은 성립한다(대판 1965. 3. 30, 64다1977).
③ (○) : 임대인과 임차인 사이에 건물명도시 권리금을 반환하기로 하는 약정이 있었다 하더라도 그와 같은 권리금반환청구권은 건물에 관하여 생긴 채권이라 할 수 없으므로 그와 같은 채권을 가지고 건물에 대한 유치권을 행사할 수 없다(대판 1994. 10. 14, 93다62119).
④ (○) : 다세대주택의 창호 등의 공사를 완성한 하수급인이 공사대금채권 잔액을 변제받기 위하여 위 다세대주택 중 한 세대를 점유하여 유치권을 행사하는 경우, 그 유치권은 위 한 세대에 대하여 시행한 공사대금만이 아니라 다세대주택 전체에 대하여 시행한 공사대금채권의 잔액 전부를 피담보채권으로 하여 성립한다(대판 2007. 9. 7, 2005다16942). 따라서 공사대금을 전부지급할 때까지 목적물의 반환을 거절할 수 있다.
⑤ (×) : 주택건물의 신축공사를 한 수급인이 그 건물을 점유하고 있고 또 그 건물에 관하여 생긴 공사금 채권이 있다면, 수급인은 그 채권을 변제받을 때까지 건물을 유치할 권리가 있다고 할 것이고, 이러한 유치권은 수급인이 점유를 상실하거나 피담보채무가 변제되는 등 특단의 사정이 없는 한 소멸되지 않는다. 다만 유치권은 타물권이기 때문에 수급인이 건물의 소유권을 취득하는 경우에는 유치권이 인정되지 않는다(대판 1995. 9. 15, 95다16202, 95다16219).

[보충지문] 자기소유의 물건에 대해서는 유치권이 성립하지 않는다(○). 〈2020년 법원행시〉

6 유치권에 관한 설명으로 옳지 않은 것은? (다툼이 있는 경우에는 판례에 의함) 〈2014년 변리사〉

① 부동산유치권은 대부분의 경우 사실상 최우선순위의 담보권으로 작용하므로 유치권자는 다른 담보물권자에 대하여 그 성립의 선후를 불문하고 우선적으로 자기채권의 만족을 얻을 수 있다.
② 임대인과 임차인이 건물명도시 권리금을 반환하기로 약정한 경우, 임차인은 그 권리금반환청구권을 피담보채권으로 하여 건물에 대한 유치권을 행사할 수 있다.

정답 5. ⑤ 6. ②

③ 매매대금의 일부를 받고 부동산을 점유하면서 소유권이전등기를 넘겨준 매도인은 매수인으로부터 부동산소유권을 취득한 제3자에게 대금채권을 피담보채권으로 하여 유치권을 행사할 수 없다.
④ 채무자 소유의 부동산에 경매개시결정의 기입등기가 된 후에 채무자가 그 부동산에 관한 공사대금 채권자에게 부동산의 점유를 이전하여 유치권을 취득하게 한 경우, 공사대금 채권자는 유치권으로 경매절차의 매수인에게 대항하지 못한다.
⑤ 유치권자의 점유는 직접점유와 간접점유를 가리지 않으나, 그 직접점유자가 채무자일 때에는 유치권의 요건으로서 점유에 해당하지 않는다.

해 설

① (○) : 어떠한 부동산에 저당권 또는 근저당권과 같이 담보권이 설정된 경우에도 그 설정 후에 제3자가 그 목적물을 점유함으로써 그 위에 유치권을 취득하게 될 수 있다. 이와 같이 저당권 등의 설정 후에 유치권이 성립한 경우에도 마찬가지로 유치권자는 그 저당권의 실행절차에서 목적물을 매수한 사람을 포함하여 목적물의 소유자 기타 권리자에 대하여 위와 같은 대세적인 인도거절권능을 행사할 수 있다. 따라서 부동산유치권은 대부분의 경우에 사실상 최우선순위의 담보권으로서 작용하여, 유치권자는 자신의 채권을 목적물의 교환가치로부터 일반채권자는 물론 저당권자 등에 대하여도 그 성립의 선후를 불문하여 우선적으로 자기 채권의 만족을 얻을 수 있게 된다(대판 2011. 12. 22, 2011다84298).

> **[보충지문] 목적물에 관하여 채권이 발생하였으나 채권자가 목적물에 관한 점유를 취득하기 전에 그에 관하여 저당권 등 담보물권이 설정되고 이후에 채권자가 목적물에 관한 점유를 취득한 경우 채권자는 다른 사정이 없는 한 그와 같이 취득한 민사유치권을 저당권자 등에게 주장할 수 있다(○).**
>
> 〈2020년 법무사〉

② (×) : 유치권성립요건으로서 채권이 목적물 자체를 목적으로 하는 경우, 즉 손해발생에 물건이 원인을 제공한 것이 아니라 사람의 배신행위가 그 원인을 제공한 경우에는 부정된다. 따라서 권리금이나 보증금 등의 불이행에는 유치권이 인정되지 않는다(대판 1994. 10. 14, 93다62119).
③ (○) : 매매대금의 일부를 받고 부동산을 점유하면서 소유권이전등기를 넘겨준 매도인은 매수인으로부터 부동산소유권을 취득한 제3자에게 대금채권을 피담보채권으로 하여 유치권을 행사할 수 없다(대판 2012. 1. 12, 2011마2308).
④ (○) : 채무자 소유의 부동산에 경매개시결정의 기입등기가 된 후에 채무자가 그 부동산에 관한 공사대금 채권자에게 부동산의 점유를 이전하여 유치권을 취득하게 한 경우, 공사대금 채권자는 유치권으로 경매절차의 매수인에게 대항하지 못한다(대판 2005. 8. 19, 2005다22688).
⑤ (○) : 유치권의 성립요건이자 존속요건인 유치권자의 점유는 직접점유이든 간접점유이든 관계가 없으나, 다만 유치권은 목적물을 유치함으로써 채무자의 변제를 간접적으로 강제하는 것을 본체적 효력으로 하는 권리인 점 등에 비추어, 그 직접점유자가 채무자인 경우에는 유치권의 요건으로서의 점유에 해당하지 않는다. 따라서 유치권을 인정할 수 없다(대판 2008. 4. 11, 2007다27236).

7 甲은 자신의 X노트북을 乙에게 빌려주었는데, 乙은 丙에게 노트북 수리를 맡겼다. 丙이 수리를 마쳤지만 아직 수리대금을 받지 못하고 있다. 이에 관한 설명으로 옳지 않은 것은? (다툼이 있으면 판례에 따름) 〈2015년 변리사〉

① 丙의 乙에 대한 수리대금채권은 민법상 3년의 단기소멸시효에 걸린다.
② 乙과 丙이 유치권의 성립을 배제하는 특약을 하였다면, 그 특약은 유효하다.

정답 7. ⑤

③ X노트북을 점유하고 있는 丙은 甲에 대하여 유치권을 주장할 수 있다.
④ 丙이 乙에게 노트북을 반환하였다면, 丙은 수리대금채권에 관하여 甲에게 유치권을 주장할 수 없다.
⑤ 甲과 乙 사이에 수리비는 乙이 부담하기로 사전에 약정하였다면, X노트북을 점유하고 있는 丙은 甲에게 유치권을 주장할 수 없다.

해설

① (○) : 도급채권은 3년의 시효에 걸린다(제163조 제3호). 따라서 丙의 乙에 대한 수리대금채권은 민법상 3년의 단기소멸시효에 걸린다.
② (○) : 유치권의 성립배제특약은 가능하다(제320조). 따라서 乙과 丙이 유치권의 성립을 배제하는 특약을 하였다면, 그 특약은 유효하다(대판 1975. 4. 22, 73다2010).

[보충지문] 건물의 임차인이 임대차관계 종료시에는 건물을 원상으로 복구하여 임대인에게 명도하기로 약정하였다고 하더라도 임차인은 임대차보증금을 반환받을 때까지 건물에 관하여 비용상환청구권이 있음을 전제로 하는 유치권을 주장할 수 있다(×). 〈2020년 법무사〉

③ (○) : 채무자 이외의 제3자의 소유에 속하는 물건에도 유치권이 성립할 수 있다(통설).
④ (○) : 유치권은 점유상실로 인하여 소멸한다(제328조). 따라서 丙이 乙에게 노트북을 반환하였다면, 丙은 수리대금채권에 관하여 甲에게 유치권을 주장할 수 없다.
⑤ (×) : 유치권은 약정담보물권이 아니고 법정담보물권이며, 타물권으로서 제3자에게 대항력이 있다. 따라서 甲과 乙 사이에 수리비는 乙이 부담하기로 사전에 약정하였다 하더라도, X노트북을 점유하고 있는 丙은 제3자(타인) 甲에게 유치권을 주장할 수 있다(제320조 참조). 결국 ③은 타당하고, ⑤는 부당하다.

8 **甲건설회사는 乙회사와 공사비 10억원의 공장건축의 도급계약을 맺고 1년 후 약정대로 공장을 완공하였으며, 乙회사는 이를 보존등기하였다. 甲은 공사대금 중 5억 원은 지급받았으나 공장완공 후에도 잔금 5억 원을 받지 못하고 있던 중, 乙회사가 부도가 나자 공사잔금채권을 확보하기 위해 직원을 보내 위 공장을 점유하였다. 그런데 공장은 완공과 동시에 丙은행에 근저당권이 설정되었고, 甲의 점유 직후에 경매가 진행되어 이를 매수한 丁에게 소유권이 이전되었다. 이에 관한 설명으로 옳은 것은? (다툼이 있으면 판례에 따름)** 〈2016년 변리사〉

① 채권발생 후에 공장을 점유한 甲은 공장에 대한 유치권을 주장하지 못한다.
② 甲이 공장을 점유하는 과정에서 폭력을 사용하는 등의 불법행위가 있었더라도 공장을 점유한 이상 유치권은 성립한다.
③ 丙 은행에 근저당권이 설정된 후에 공장을 점유한 甲은 매수인 丁에 대해서는 유치권을 주장하지 못한다.
④ 甲이 丁에게 유치권을 행사할 수 있다는 것은 丁에게 직접 공사잔금 5억원을 청구할 수 있음을 뜻한다.
⑤ 공장을 유치하기 위한 방법으로 甲으로부터 공장의 점유를 위탁받은 戊에게 乙회사가 자신의 소유라고 하면서 반환을 청구할 경우, 戊는 이를 거절할 수 있다.

해설

① (×) : 유치권자가 유치물을 점유하기 전에 발생된 채권(건축비채권)이라도 그 후 그 물건(건물)의 점유를 취

정답 8. ⑤

득했다면 유치권은 성립한다(대판 1965. 3. 30, 64다1977).

② (×) : 유치권에서는 점유가 필요한데, 불법점유는 제외된다(제320조 제2항). 甲이 공장을 점유하는 과정에서 폭력을 사용하는 등의 불법행위가 있었다면 유치권은 인정되지 않는다.

③ (×) : 압류가 있은 후에 점유한 자는 유치권 주장이 안되지만, 저당권이 설정된 경우라도 유치권은 가능하다. 따라서 丙 은행에 근저당권이 설정된 후에 공장을 점유한 甲은 매수인(또는 경락인) 丁에 대해서는 유치권을 주장할 수 있다(대판 2005. 8. 19, 2005다22688).

④ (×) : 민사집행법상 경락인은 유치권자에게 그 유치권으로 담보하는 채권을 변제할 책임이 있다고 규정하고 있는바, 여기에서 "변제할 책임이 있다."는 의미는 부동산상의 부담을 승계한다는 취지로서 인적 채무까지 인수한다는 취지는 아니므로, 유치권자는 경락인에 대하여 그 피담보채권의 변제가 있을 때까지 유치목적물인 부동산의 인도를 거절할 수 있을 뿐이고 그 피담보채권의 변제를 청구할 수는 없다(대판 1996. 8. 23, 95다8713).

⑤ (○) : 유치권자로부터 유치물을 유치하기 위한 방법으로 유치물의 점유나 보관을 위탁받은 자가 소유자의 소유물반환청구를 거부할 수 있다(대판 2014. 12. 24, 2011다62618). 따라서 공장을 유치하기 위한 방법으로 甲으로부터 공장의 점유를 위탁받은 戊에게 乙회사가 자신의 소유라고 하면서 반환을 청구할 경우, 戊는 이를 거절할 수 있는 것이다.

9 **민사유치권에 관한 설명으로 옳지 않은 것은? (다툼이 있으면 판례에 따름)** 〈2017년 변리사〉

① 특별한 사정이 없는 한, 간접점유는 유치권의 성립요건이자 존속요건인 점유에 해당한다.

② 건축자재공급업자가 건물 신축공사 수급인과 체결한 자재공급계약에 따라 건축자재를 공급한 경우, 자재공급업자는 자재대금을 피담보채권으로 하여 건물에 대한 유치권을 행사할 수 없다.

③ 유치권에 의한 경매절차가 정지된 상태에서 그 목적물에 대한 담보권실행을 위한 경매가 진행되어 매각이 이루어지게 되면 그 유치권은 소멸한다.

④ 유치권자로부터 유치물을 유치하기 위한 방법으로 유치물의 점유를 위탁받은 자는 특별한 사정이 없는 한 점유할 권리가 있음을 들어 소유자의 소유물반환청구를 거부할 수 있다.

⑤ 건물신축공사를 도급받은 수급인은 사회통념상 독립한 건물이 되지 못한 정착물을 토지에 설치한 상태에서 공사가 중단된 경우, 위 정착물에 대하여 유치권을 행사할 수 없다.

해설

① (○) : 유치권의 성립요건인 유치권자의 점유는 직접점유이든 간접점유이든 관계없다(대결 2002. 11. 27, 자 2002마3516).

② (○) : 甲이 건물 신축공사 수급인인 乙 주식회사와 체결한 약정에 따라 공사현장에 시멘트와 모래 등의 건축자재를 공급한 사안에서, 甲의 건축자재대금채권은 매매계약에 따른 매매대금채권에 불과할 뿐 건물 자체에 관하여 생긴 채권이라고 할 수는 없음에도 건물에 관한 유치권의 피담보채권이 된다고 본 원심판결에 유치권의 성립요건인 채권과 물건간의 견련관계에 관한 법리오해의 위법이 있다(대판 2012. 1. 26, 2011다96208).

③ (×) : 유치권에 의한 경매절차가 개시된 유체동산에 대하여 유치권자의 승낙 없이 민사집행법 제215조에 따라 다른 채권자가 강제집행을 위하여 압류를 한 다음 민사집행법 제274조 제2항에 따라 유치권에 의한 경매절차를 정지하고 채권자를 위한 강제경매절차를 진행하였다면, 그 강제경매절차에서 목적물이 매각되었더라도 유치권자의 지위에는 영향을 미칠 수 없고 유치권자는 그 목적물을 계속하여 유치할 권리가 있다(대결 2012. 9. 13, 자 2011그213).

④ (○) : 유치권자로부터 유치물을 유치하기 위한 방법으로 유치물의 점유 내지 보관을 위탁받은 자는 특별한 사정이 없는 한 점유할 권리가 있음을 들어 소유자의 소유물반환청구를 거부할 수 있다(대판 2014. 12. 24, 2011다62618).

정답 9. ③

⑤ (○) : 건물의 신축공사를 도급받은 수급인이 사회통념상 독립한 건물이라고 볼 수 없는 정착물을 토지에 설치한 상태에서 공사가 중단된 경우에 위 정착물은 토지의 부합물에 불과하여 이러한 정착물에 대하여 유치권을 행사할 수 없는 것이고, 또한 공사중단시까지 발생한 공사금 채권은 토지에 관하여 생긴 것이 아니므로 위 공사금 채권에 기하여 토지에 대하여 유치권을 행사할 수도 없는 것이다(대결 2008. 5. 30, 자 2007마98).

10 민법상의 유치권에 관한 설명으로 옳은 것은? (다툼이 있으면 판례에 따름) 〈2018년 변리사〉

① 세금체납을 이유로 한 체납처분압류가 되어 있는 부동산에 대한 경매절차가 개시되기 전에 유치권을 취득한 유치권자는 그 경매절차의 매수인에게 유치권을 주장할 수 없다.
② 아직 변제기에 이르지 아니한 채권에 기해서는 유치권을 행사할 수 없다.
③ 매도인이 중도금만 받고서 매수인에게 부동산의 소유권을 이전한 경우, 매도인은 잔금채권을 피담보채권으로 하여 매수인에 대하여 유치권을 행사할 수 있다.
④ 부동산 근저당권에 기한 압류의 효력이 발생한 후에 취득한 유치권으로 그 근저당권에 기한 경매절차의 매수인에게 대항할 수 있다.
⑤ 건물신축공사를 도급받은 수급인이 사회통념상 독립한 건물이 되지 못한 정착물을 토지에 설치한 상태에서 공사가 중단된 경우, 토지에 대하여 유치권을 행사할 수 있다.

해 설

① (×) : 부동산에 관한 민사집행절차에서는 경매개시결정과 함께 압류를 명하므로 압류가 행하여짐과 동시에 매각절차인 경매절차가 개시되는 반면, 국세징수법에 의한 체납처분절차에서는 그와 달리 체납처분에 의한 압류(이하 '체납처분압류'라고 한다)와 동시에 매각절차인 공매절차가 개시되는 것이 아닐 뿐만 아니라, 체납처분압류가 반드시 공매절차로 이어지는 것도 아니다. 또한 체납처분절차와 민사집행절차는 서로 별개의 절차로서 공매절차와 경매절차가 별도로 진행되는 것이므로, 부동산에 관하여 체납처분압류가 되어 있다고 하여 경매절차에서 이를 그 부동산에 관하여 경매개시결정에 따른 압류가 행하여진 경우와 마찬가지로 볼 수는 없다. 따라서 체납처분압류가 되어 있는 부동산이라고 하더라도 그러한 사정만으로 경매절차가 개시되어 경매개시결정등기가 되기 전에 부동산에 관하여 민사유치권을 취득한 유치권자가 경매절차의 매수인에게 유치권을 행사할 수 없다고 볼 것은 아니다(대판 2014. 3. 20, 2009다60336 전원합의체).
② (○) : 민법 제320조 제1항(유치권의 내용) 타인의 물건 또는 유가증권을 점유한 자는 그 물건이나 유가증권에 관하여 생긴 채권이 변제기에 있는 경우에는 변제를 받을 때까지 그 물건 또는 유가증권을 유치할 권리가 있다.

> **[동지판례]** 유치권은 그 목적물에 관하여 생긴 채권이 변제기에 있는 경우에 성립하는 것이므로 아직 변제기에 이르지 아니한 채권에 기하여 유치권을 행사할 수는 없다(대판 2007. 9. 21, 2005다41740).

③ (×) : 매도인이 부동산을 점유하고 있고 소유권을 이전받은 매수인에게서 매매대금 일부를 지급받지 못하고 있다고 하여 매매대금채권을 피담보채권으로 매수인이나 그에게서 부동산 소유권을 취득한 제3자를 상대로 유치권을 주장할 수 없다(대결 2012. 1. 12, 자 2011마2380).
④ (×) : 채무자 소유의 건물 등 부동산에 강제경매개시결정의 기입등기가 경료되어 압류의 효력이 발생한 이후에 채무자가 위 부동산에 관한 공사대금 채권자에게 그 점유를 이전함으로써 그로 하여금 유치권을 취득하게 한 경우, 그와 같은 점유의 이전은 목적물의 교환가치를 감소시킬 우려가 있는 처분행위에 해당하여 민사집행법 제92조 제1항, 제83조 제4항에 따른 압류의 처분금지효에 저촉되므로 점유자로서는 위 유치권을 내세워 그 부동산에 관한 경매절차의 매수인에게 대항할 수 없다(대판 2005. 8. 19, 2005다22688).
⑤ (×) : 건물의 신축공사를 도급받은 수급인이 사회통념상 독립한 건물이라고 볼 수 없는 정착물을 토지에 설치한 상태에서 공사가 중단된 경우에 위 정착물은 토지의 부합물에 불과하여 이러한 정착물에 대하여 유치권

정답 10. ②

을 행사할 수 없는 것이고, 또한 공사중단시까지 발생한 공사금 채권은 토지에 관하여 생긴 것이 아니므로 위 공사금 채권에 기하여 토지에 대하여 유치권을 행사할 수도 없는 것이다(대결 2008. 5. 30, 자 2007마98).

11 민사유치권에 관한 설명으로 옳은 것은? (다툼이 있으면 판례에 따름) 〈2019년 변리사〉

① 채권자가 채무자의 직접점유를 통하여 간접점유하는 경우에는 유치권은 성립하지 않는다.
② 유치권자는 채권의 변제를 받기 위하여 유치물을 경매할 수 있고, 매각대금에서 후순위권리자 보다 우선변제를 받을 수 있다.
③ 수급인이 자신의 노력과 재료를 들여 신축한 건물에 대한 소유권을 원시취득한 경우, 수급인은 공사대금을 지급받을 때까지 유치권을 행사할 수 있다.
④ 유치권의 피담보채권의 소멸시효기간이 확정판결 등에 의하여 10년으로 연장된 경우, 유치권이 성립된 부동산의 매수인은 종전의 단기소멸시효를 원용할 수 있다.
⑤ 공사대금채권에 기하여 유치권을 행사하는 자가 스스로 보존에 필요한 범위 내에서 유치물인 주택에 거주하며 사용하는 경우에도 소유자는 유치권의 소멸을 청구할 수 있다.

해 설

① (○) : 유치권의 성립요건이자 존속요건인 유치권자의 점유는 직접점유이든 간접점유이든 관계가 없으나, 다만 유치권은 목적물을 유치함으로써 채무자의 변제를 간접적으로 강제하는 것을 본체적 효력으로 하는 권리인 점 등에 비추어, 그 직접점유자가 채무자인 경우에는 유치권의 요건으로서의 점유에 해당하지 않는다고 할 것이다(대판 2008. 4. 11, 2007다27236).

② (×) : 유치권자는 채권의 변제를 받기 위하여 유치물을 경매할 수 있으나(민법 제322조 제1항), 우선변제권은 없고 물상대위성도 없다. [판례] 유치권에 의한 경매도 강제경매나 담보권 실행을 위한 경매와 마찬가지로 목적부동산 위의 부담을 소멸시키는 것을 법정매각조건으로 하여 실시되고 우선채권자뿐만 아니라 일반채권자의 배당요구도 허용되며, 유치권자는 일반채권자와 동일한 순위로 배당을 받을 수 있다고 보아야 한다(대결 2011. 6. 15, 자 2010마1059). ☞ 민사집행법상 이른바 인수주의에 의하여 유치권자가 사실상의 우선변제를 받을 수 있는 것과는 구별해야 한다.

③ (×) : 유치권은 타물권인 점에 비추어 볼 때 수급인의 재료와 노력으로 건축되었고 독립한 건물에 해당되는 기성부분은 수급인의 소유라 할 것이므로 수급인은 공사대금을 지급받을 때까지 이에 대하여 유치권을 가질 수 없다(대판 1993. 3. 26, 91다14116).

④ (×) : 유치권이 성립된 부동산의 매수인(=이른바 제3취득자)은 피담보채권의 소멸시효가 완성되면 시효로 인하여 채무가 소멸되는 결과 직접적인 이익을 받는 자에 해당하므로 소멸시효의 완성을 원용할 수 있는 지위에 있다고 할 것이나, 매수인은 유치권자에게 채무자의 채무와는 별개의 독립된 채무를 부담하는 것이 아니라 단지 채무자의 채무를 변제할 책임을 부담하는 점 등에 비추어 보면, 유치권의 피담보채권의 소멸시효기간이 확정판결 등에 의하여 10년으로 연장된 경우 매수인은 그 채권의 소멸시효기간이 연장된 효과를 부정하고 종전의 단기소멸시효기간을 원용할 수는 없다(대판 2009. 9. 24, 2009다39530).

> **[비교판례]** 채권자와 주채무자 사이의 확정판결에 의하여 주채무가 확정되어 그 소멸시효기간이 10년으로 연장되었다 할지라도 그 보증채무까지 당연히 단기소멸시효의 적용이 배제되어 10년의 소멸시효기간이 적용되는 것은 아니고, 채권자와 연대보증인 사이에 있어서 연대보증채무의 소멸시효기간은 여전히 종전의 소멸시효기간에 따른다(대판 2006. 8. 24, 2004다26287, 26294).

⑤ (×) : 민법 제324조에 의하면, 유치권자는 선량한 관리자의 주의로 유치물을 점유하여야 하고, 소유자의 승

정답 11. ①

낙없이 유치물을 보존에 필요한 범위를 넘어 사용하거나 대여 또는 담보제공을 할 수 없으며, 소유자는 유치권자가 위 의무를 위반한 때에는 유치권의 소멸을 청구할 수 있다고 할 것이지만, 공사대금채권에 기하여 유치권을 행사하는 자가 스스로 유치물인 주택에 거주하며 사용하는 것은 특별한 사정이 없는 한 유치물인 주택의 보존에 도움이 되는 행위로서 유치물의 보존에 필요한 사용에 해당하므로, 그러한 경우에는 유치권의 소멸을 청구할 수 없다(대판 2013. 4. 11, 2011다107009).

12 민사유치권에 관한 설명으로 옳은 것은? (다툼이 있으면 판례에 따름) 〈2021년 변리사〉

① 유치권자는 유치물의 과실(果實)이 금전인 경우, 이를 수취하여 다른 채권보다 먼저 유치권으로 담보된 채권의 변제에 충당할 수 있다.
② 유치권자가 유치물의 보존에 필요한 사용을 한 경우에는 특별한 사정이 없는 한, 차임 상당의 이득을 소유자에게 반환할 의무가 없다.
③ 건물공사대금의 채권자가 그 건물에 대하여 유치권을 행사하는 동안에는 그 공사대금채권의 소멸시효가 진행하지 않는다.
④ 임대인과 임차인 사이에 임대차 종료에 따른 건물명도 시에 권리금을 반환하기로 약정한 경우, 임차인은 권리금반환청구권을 가지고 건물에 대한 유치권을 행사할 수 있다.
⑤ 유치권자가 경매개시결정등기 전에 부동산에 관하여 유치권을 취득하였더라도 그 취득에 앞서 저당권설정등기가 먼저 되어 있었다면, 경매절차의 매수인에게 자기의 유치권으로 대항할 수 없다.

해설

① (○) : 유치권자는 유치물의 과실을 수취하여 다른 채권보다 먼저 그 채권의 변제에 충당할 수 있다. 그러나 과실이 금전이 아닌 때에는 경매하여야 한다(민법 제323조 제1항).
② (×) : 공사대금채권에 기하여 유치권을 행사하는 자가 스스로 유치물인 주택에 거주하며 사용하는 것은 특별한 사정이 없는 한 유치물인 주택의 보존에 도움이 되는 행위로서 유치물의 보존에 필요한 사용에 해당한다고 할 것이다. 그리고 유치권자가 유치물의 보존에 필요한 사용을 한 경우에도 특별한 사정이 없는 한 차임에 상당한 이득을 소유자에게 반환할 의무가 있다(대판 2009. 9. 24, 2009다40684).
③ (×) : 유치권의 행사는 채권의 소멸시효의 진행에 영향을 미치지 아니한다(민법 제326조).
④ (×) : 임대인과 임차인 사이에 건물명도시 권리금을 반환하기로 하는 약정이 있었다 하더라도 그와 같은 권리금반환청구권은 건물에 관하여 생긴 채권이라 할 수 없으므로 그와 같은 채권을 가지고 건물에 대한 유치권을 행사할 수 없다(대판 1994. 10. 14, 93다62119).
⑤ (×) : 경매개시결정등기가 되기 전에 이미 그 부동산에 관하여 민사유치권을 취득한 사람은 그 취득에 앞서 저당권설정등기나 가압류등기 또는 체납처분압류등기가 먼저 되어 있다 하더라도 경매절차의 매수인에게 자기의 유치권으로 대항할 수 있다(대판 2014. 4. 10, 2010다84932).

13 민사유치권에 관한 설명으로 옳은 것은? (다툼이 있으면 판례에 따름) 〈2022년 변리사〉

① 채무자가 자신의 소유물을 직접점유하고 채권자가 이를 통해 간접점유하는 방법으로는 유치권이 성립하지 않는다.
② 부동산 매도인이 매매대금을 다 지급받지 못하고 매수인에게 부동산 소유권을 이전해 준 경우, 특별한 사정이 없는 한 매도인은 매매대금채권을 피담보채권으로 하여 자신이 점유하는 부동산의 유치권을 주장할 수 있다.

정답 12. ① 13. ①

③ 유치물이 분할가능한 경우, 유치권자가 피담보채권의 일부를 변제받았다면 유치물 전부에 대하여 유치권을 행사할 수 없다.

④ 임차인이 임대인에 대하여 권리금반환청구권을 가지는 경우, 이를 피담보채권으로 하여 임차목적물에 대한 유치권을 행사할 수 있다.

⑤ 유치권배제특약이 있는 경우, 유치권이 발생하지 않으나 이는 유치권배제특약을 한 당사자 사이에서만 주장할 수 있다.

해 설

① (○) : 유치권의 성립요건이자 존속요건인 유치권자의 점유는 직접점유이든 간접점유이든 관계가 없으나, 다만 유치권은 목적물을 유치함으로써 채무자의 변제를 간접적으로 강제하는 것을 본체적 효력으로 하는 권리인 점 등에 비추어, 그 직접점유자가 채무자인 경우에는 유치권의 요건으로서의 점유에 해당하지 않는다고 할 것이다(대판 2008. 4. 11, 2007다27236).

② (×) : 부동산 매도인이 매매대금을 다 지급받지 아니한 상태에서 매수인에게 소유권이전등기를 마쳐주어 목적물의 소유권을 매수인에게 이전한 경우에는, 매도인의 목적물인도의무에 관하여 동시이행의 항변권 외에 물권적 권리인 유치권까지 인정할 것은 아니다. 매도인이 부동산을 점유하고 있고 소유권을 이전받은 매수인에게서 매매대금 일부를 지급받지 못하고 있다고 하여 매매대금채권을 피담보채권으로 매수인이나 그에게서 부동산 소유권을 취득한 제3자를 상대로 유치권을 주장할 수 없다(대결 2012. 1. 12, 자 2011마2380).

③ (×) : 민법 제321조는 “유치권자는 채권 전부의 변제를 받을 때까지 유치물 전부에 대하여 그 권리를 행사할 수 있다.”고 규정하고 있으므로, 유치물은 그 각 부분으로써 피담보채권의 전부를 담보하며, 이와 같은 유치권의 불가분성은 그 목적물이 분할 가능하거나 수개의 물건인 경우에도 적용된다(대판 2007. 9. 7, 2005다16942).

④ (×) : 임대인과 임차인 사이에 건물명도시 권리금을 반환하기로 하는 약정이 있었다 하더라도 그와 같은 권리금반환청구권은 건물에 관하여 생긴 채권이라 할 수 없으므로 그와 같은 채권을 가지고 건물에 대한 유치권을 행사할 수 없다(대판 1994. 10. 14, 93다62119).

⑤ (×) : 제한물권은 이해관계인의 이익을 부당하게 침해하지 않는 한 자유로이 포기할 수 있는 것이 원칙이다. 유치권은 채권자의 이익을 보호하기 위한 법정담보물권으로서, 당사자는 미리 유치권의 발생을 막는 특약을 할 수 있고 이러한 특약은 유효하다. 유치권 배제 특약이 있는 경우 다른 법정요건이 모두 충족되더라도 유치권은 발생하지 않는데, 특약에 따른 효력은 특약의 상대방뿐 아니라 그 밖의 사람도 주장할 수 있다(대판 2018. 1. 24, 2016다234043).

14 **甲은 乙 소유의 X주택에 관한 공사대금채권을 가진 자로서 그 주택에 거주하며 점유·사용하고 있다. 이에 관한 설명으로 옳은 것을 모두 고른 것은? (각 지문은 독립적이며, 다툼이 있으면 판례에 따름)** 〈2022년 변리사〉

ㄱ. X주택의 존재와 점유가 대지소유권자에게 불법행위가 되는 경우에도 X주택에 대한 甲의 유치권이 인정되면 甲은 자신의 유치권으로 대지소유권자에게 대항할 수 있다.

ㄴ. X주택에 경매개시결정의 기입등기가 경료되어 압류의 효력이 발생한 후 甲이 X투택의 점유를 乙로부터 이전받은 경우, 甲은 그 경매절차의 매수인에게 유치권을 주장할 수 없다.

ㄷ. 甲이 X주택을 자신의 유치권 행사로 점유·사용하더라도, 이를 이유로는 甲의 乙에 대한 공사대금채권의 소멸시효가 중단되지 않는다.

정답 14. ②

ㄹ. 甲이 자신의 유치권에 기하여 X주택에 거주하던 중 乙의 허락없이 X주택을 제3자에게 임대하고 임차보증금을 수령하였다면, 甲은 乙에 대하여 임차보증금 상당액을 부당이득으로 반환하여야 한다.

① ㄱ, ㄴ ② ㄴ, ㄷ ③ ㄷ, ㄹ ④ ㄱ, ㄷ, ㄹ ⑤ ㄴ, ㄷ, ㄹ

해설

ㄱ. (×) : 건물점유자가 건물의 원시취득자에게 그 건물에 관한 유치권이 있다고 하더라도 그 건물의 존재와 점유가 토지소유자에게 불법행위가 되고 있다면 그 유치권으로 토지소유자에게 대항할 수 없다(대판 1989. 2. 14, 87다카3073).

ㄴ. (○) : 채무자 소유의 건물 등 부동산에 강제경매개시결정의 기입등기가 경료되어 압류의 효력이 발생한 이후에 채무자가 위 부동산에 관한 공사대금 채권자에게 그 점유를 이전함으로써 그로 하여금 유치권을 취득하게 한 경우, 그와 같은 점유의 이전은 목적물의 교환가치를 감소시킬 우려가 있는 처분행위에 해당하여 민사집행법 제92조 제1항, 제83조 제4항에 따른 압류의 처분금지효에 저촉되므로 점유자로서는 위 유치권을 내세워 그 부동산에 관한 경매절차의 매수인에게 대항할 수 없다(대판 2005. 8. 19, 2005다22688).

ㄷ. (○) : 유치권의 행사는 채권의 소멸시효의 진행에 영향을 미치지 아니한다(민법 제326조).

ㄹ. (×) : 유치권자는 유치물 소유자의 승낙 없이 유치물을 보존에 필요한 범위를 넘어 사용할 수 없고, 유치권자가 유치물을 그와 같이 사용한 경우에는 그로 인한 이익을 부당이득으로 소유자에게 반환하여야 한다. 그 경우에 그 반환의무의 구체적인 내용은 다른 부당이득반환청구에서와 마찬가지로 의무자가 실제로 어떠한 구체적 이익을 얻었는지에 좇아 정하여진다. 따라서 유치권자가 유치물에 관하여 제3자와의 사이에 전세계약을 체결하여 전세금을 수령하였다면 전세금이 종국에는 전세입자에게 반환되어야 할 것임에 비추어 다른 특별한 사정이 없는 한 그가 얻은 구체적 이익은 그가 전세금으로 수령한 금전의 이용가능성이고, 그가 이와 같이 구체적으로 얻은 이익과 관계없이 추상적으로 산정된 차임 상당액을 부당이득으로 반환하여야 한다고 할 수 없다. 그리고 이러한 이용가능성은 그 자체 현물로 반환될 수 없는 성질의 것이므로 그 '가액'을 산정하여 반환을 명하여야 하는바, 그 가액은 결국 전세금에 대한 법정이자 상당액이다(대판 2009. 12. 24, 2009다32324).

[참고 판례] 부동산의 일부 지분 소유자가 다른 지분 소유자의 동의 없이 부동산을 다른 사람에게 임대하여 임대차보증금을 받았다면, 그로 인한 수익 중 자신의 지분을 초과하는 부분은 법률상 원인 없이 취득한 부당이득이 되어 다른 지분 소유자에게 이를 반환할 의무가 있다. 또한 이러한 무단 임대행위는 다른 지분 소유자의 공유지분의 사용·수익을 침해한 불법행위가 성립되어 그 손해를 배상할 의무가 있다. 다만 그 반환 또는 배상의 범위는 부동산 임대차로 인한 차임 상당액이고 부동산의 임대차보증금 자체에 대한 다른 지분 소유자의 지분비율 상당액을 구할 수는 없다(대판 2021. 4. 29, 2018다261889).

[보충지문1] 유치권자가 유치물에 관하여 제3자와의 사이에 전세계약을 체결하여 전세금을 수령하였다면, 다른 특별한 사정이 없는 한 그로 인해 유치권자가 얻은 이익은 유치물의 구체적 이용가능성을 기준으로 산정하므로, 유치권자가 반환해야 할 가액은 유치물의 이용에 따른 차임 상당액으로 보아야 한다(×). 〈2019년 법원행시〉

[보충지문2] 유치권자가 유치물에 관하여 제3자와 전세계약을 체결하여 전세금을 수령한 경우, 유치물의 소유자에게 전세금에 대한 법정이자 상당액을 부당이득으로 반환하여야 한다(○). 〈2012년 변리사〉

15 **민사유치권에 관한 설명으로 옳은 것은? (다툼이 있으면 판례에 따름)** 〈2023년 변리사〉

① 채무자는 상당한 담보를 제공하고 유치권의 소멸을 청구할 수 있는데, 유치물 가액이 피담보채권액보다 적을 경우에는 피담보채권액에 해당하는 담보를 제공하여야 한다.
② 유치권자가 유치물에 대한 점유를 빼앗긴 경우에도 점유물반환청구권을 보유하고 있다면 점유를 회복하기 전에도 유치권이 인정된다.
③ 유치권의 존속 중에 유치물의 소유권이 제3자에게 양도된 경우에는 유치권자는 그 제3자에 대하여 유치권을 행사할 수 없다.
④ 유익비상환청구권을 담보하기 위하여 유치권을 행사하고 있는 경우에도, 법원이 유익비상환청구에 대하여 상당한 상환기간을 허락하면 유치권이 소멸한다.
⑤ 수급인은 도급계약에 따라 자신의 재료와 노력으로 건축된 자기 소유의 건물에 대해서도 도급인으로부터 공사대금을 지급받을 때까지 유치권을 가진다.

해 설

① (×) : 채무자는 상당한 담보를 제공하고 유치권의 소멸을 청구할 수 있다(민법 제327조). 유치권 소멸청구는 민법 제327조에 규정된 **채무자뿐만 아니라 유치물의 소유자도 할 수 있다**. 민법 제327조에 따라 채무자나 소유자가 제공하는 담보가 상당한지는 담보 가치가 채권 담보로서 상당한지, 유치물에 의한 담보력을 저하시키지 않는지를 종합하여 판단해야 한다. 따라서 **유치물 가액이 피담보채권액보다 많을 경우**에는 **피담보채권액**에 해당하는 담보를 제공하면 되고, **유치물 가액이 피담보채권액보다 적을 경우**에는 **유치물 가액**에 해당하는 담보를 제공하면 된다(대판 2021. 7. 29, 2019다216077).

② (×) : 갑 주식회사가 건물신축 공사대금 일부를 지급받지 못하자 건물을 점유하면서 유치권을 행사해 왔는데, 그 후 을이 경매절차에서 건물 중 일부 상가를 매수하여 소유권이전등기를 마친 다음 갑 회사의 점유를 침탈하여 병에게 임대한 사안에서, 을의 점유침탈로 갑 회사가 점유를 상실한 이상 유치권은 소멸하고, 갑 회사가 **점유회수의 소를 제기하여 승소판결을 받아 점유를 회복하면** 점유를 상실하지 않았던 것으로 되어 유치권이 되살아나지만, 위와 같은 방법으로 **점유를 회복하기 전에는** 유치권이 되살아나는 것이 아님에도, 갑 회사가 상가에 대한 점유를 회복하였는지를 심리하지 아니한 채 점유회수의 소를 제기하여 점유를 회복할 수 있다는 사정만으로 갑 회사의 유치권이 소멸하지 않았다고 본 원심판결에 점유상실로 인한 유치권 소멸에 관한 법리오해의 위법이 있다(대판 2012. 2. 9, 2011다72189).

③ (×) : 유치권은 물권이므로 유치권자는 채권의 변제를 받을 때까지 누구에 대하여도 목적물을 유치하여 인도를 거절할 수 있다. 채무자뿐 아니라 그 물건의 소유자, 양수인, 경락인(매수인)에 대하여도 같다.

> **[참고 판례]** 저당권 등의 설정 후에 유치권이 성립한 경우에도 마찬가지로 유치권자는 그 저당권의 실행절차에서 목적물을 매수한 사람을 포함하여 목적물의 소유자 기타 권리자에 대하여 위와 같은 대세적인 인도거절권능을 행사할 수 있다. 따라서 부동산유치권은 대부분의 경우에 사실상 최우선순위의 담보권으로서 작용하여, 유치권자는 자신의 채권을 목적물의 교환가치로부터 일반채권자는 물론 저당권자 등에 대하여도 그 성립의 선후를 불문하여 우선적으로 자기 채권의 만족을 얻을 수 있게 된다(대판 2011. 12. 22, 2011다84298).

④ (○) : 유치권이 성립하기 위해서는 채권이 변제기에 있어야 한다(민법 제320조 제1항). 따라서 유치권 이외의 다른 담보물권에 있어서는 피담보채권의 변제기의 도래는 그 담보권의 실행을 위한 요건에 불과하나, 유치권에 있어서는 피담보채권의 변제기 도래가 유치권의 성립요건이다. 여기서 제203조 제3항은 "전항의 경우에 법원은 회복자의 청구에 의하여 상당한 상환기간을 허여할 수 있다."고 규정하고, 제310조 제2항, 제325조 제2항, 제594조 제2항, 제626조 제2항에서도 같은 취지의 규정을 두고 있는데, 이와 같이 상당한 상환기간이 허여된

정답 15. ④

경우에는 변제기가 도래하지 않은 것과 같아 유치권은 소멸한다.
⑤ (×) : 유치권은 타물권인 점에 비추어 볼 때 수급인의 재료와 노력으로 건축되었고 독립한 건물에 해당되는 기성부분은 수급인의 소유라 할 것이므로 수급인은 공사대금을 지급받을 때까지 이에 대하여 유치권을 가질 수 없다(대판 1993. 3. 26, 91다14116).

16 **민법상 유치권에 관한 설명으로 옳지 않은 것은? (다툼이 있으면 판례에 따름)** 〈2024년 변리사〉

① 채권자는 자기 소유의 물건에 대하여는 유치권을 취득할 수 없다.
② 임대인과 임차인 사이에 건물명도시 권리금을 반환하기로 약정한 경우, 임차인은 권리금반환청구권을 피담보채권으로 하여 그 건물에 대하여 유치권을 행사할 수 없다.
③ 당사자가 미리 유치권의 발생을 배제하기로 하는 특약을 하는 것도 가능하다.
④ 어떠한 물건에 관련하여 채권이 발생한 후 채권자가 그 물건의 점유를 취득한 경우에도 유치권이 성립할 수 있다.
⑤ 유치권자가 소유자의 승낙 없이 유치목적물을 임대한 경우, 임차인의 점유는 소유자에게 대항할 수 있는 적법한 권원에 기한 것이다.

해 설

① (○) : 유치권은 타물권인 점에 비추어 볼 때 수급인의 재료와 노력으로 건축되었고 독립한 건물에 해당되는 기성부분은 수급인의 소유라 할 것이므로 수급인은 공사대금을 지급받을 때까지 이에 대하여 유치권을 가질 수 없다(대판 1993. 3. 26, 91다14116).
② (○) : 임대인과 임차인 사이에 건물명도시 권리금을 반환하기로 하는 약정이 있었다 하더라도 그와 같은 권리금반환청구권은 건물에 관하여 생긴 채권이라 할 수 없으므로 그와 같은 채권을 가지고 건물에 대한 유치권을 행사할 수 없다(대판 1994. 10. 14, 93다62119).
③ (○) : 제한물권은 이해관계인의 이익을 부당하게 침해하지 않는 한 자유로이 포기할 수 있는 것이 원칙이다. 유치권은 채권자의 이익을 보호하기 위한 법정담보물권으로서, 당사자는 미리 유치권의 발생을 막는 특약을 할 수 있고 이러한 특약은 유효하다. 유치권 배제 특약이 있는 경우 다른 법정요건이 모두 충족되더라도 유치권은 발생하지 않는데, 특약에 따른 효력은 특약의 상대방뿐 아니라 그 밖의 사람도 주장할 수 있다(대판 2018. 1. 24, 2016다234043).
④ (○) : 유치권자가 유치물을 점유하기 전에 발생된 채권(건축비채권)이라도 그 후 그 물건(건물)의 점유를 취득했다면 유치권은 성립한다(대판 1965. 3. 30, 64다1977).
⑤ (×) : 유치권의 성립요건인 유치권자의 점유는 직접점유이든 간접점유이든 관계없지만, 유치권자는 채무자의 승낙이 없는 이상 그 목적물을 타에 임대할 수 있는 처분권한이 없으므로(민법 제324조 제2항 참조), 유치권자의 그러한 임대행위는 소유자의 처분권한을 침해하는 것으로서 소유자에게 그 임대의 효력을 주장할 수 없다(대결 2002. 11. 27, 자 2002마3516).

17 **甲은 乙에게 甲 소유의 X 건물을 보수하는 공사를 도급하면서 공사기간은 2개월로 하고, 공사대금의 변제기는 공사완료 시로 약정하였다. 甲은 도급계약 당일 乙에게 보수공사를 위하여 X 건물을 인도하였다. 乙은 보수공사를 마쳤으나 공사대금을 받지 못하여 X 건물을 계속 점유하고 있다. 옳은 것을 모두 고른 것은? (각 지문은 독립적이며, 다툼이 있는 경우 판례에 의함)**

〈2016년 변호사시험〉

정답 16. ⑤ 17. ③

ㄱ. X 건물에 관하여 도급계약 전에 제3자의 근저당권이 설정되었다가 보수공사가 완료된 후에 그 근저당권에 기한 경매개시결정의 기입등기가 마쳐져 압류의 효력이 발생한 경우 乙은 유치권을 주장하여 그 경매에서의 매수인에게 인도를 거절할 수 있다.
ㄴ. X 건물에 관하여 도급계약 전에 제3자의 신청에 의한 강제경매개시결정의 기입등기가 마쳐져 압류의 효력이 발생한 경우 乙은 유치권을 주장하여 그 경매에서의 매수인에게 인도를 거절할 수 있다.
ㄷ. X 건물에 관하여 도급계약 전에 제3자 명의의 가압류등기가 마쳐졌다가 보수공사 완료 후에 강제경매개시결정의 기입등기가 마쳐져 압류의 효력이 발생한 경우 乙은 유치권을 주장하여 그 경매에서의 매수인에게 인도를 거절할 수 있다.
ㄹ. X 건물에 관하여 보수공사 개시 후 완료 전에 제3자의 신청에 의하여 경매개시결정의 기입등기가 마쳐져 압류의 효력이 발생한 경우 乙은 유치권을 주장하여 그 경매에서의 매수인에게 인도를 거절할 수 있다.

① ㄱ ② ㄴ ③ ㄱ, ㄷ ④ ㄱ, ㄷ, ㄹ ⑤ ㄴ, ㄷ, ㄹ

해설

ㄱ. (○) : 저당권 등의 설정 후에 유치권이 성립한 경우에도 마찬가지로 유치권자는 그 저당권의 실행절차에서 목적물을 매수한 사람을 포함하여 목적물의 소유자 기타 권리자에 대하여 위와 같은 대세적인 인도거절권능을 행사할 수 있다. 따라서 부동산유치권은 대부분의 경우에 사실상 최우선순위의 담보권으로서 작용하여, 유치권자는 자신의 채권을 목적물의 교환가치로부터 일반채권자는 물론 저당권자 등에 대하여도 그 성립의 선후를 불문하여 우선적으로 자기 채권의 만족을 얻을 수 있게 된다(대판 2011. 12. 22, 2011다84298).

ㄴ. (×) : 채무자 소유의 건물 등 부동산에 강제경매개시결정의 기입등기가 경료되어 압류의 효력이 발생한 이후에 채무자가 위 부동산에 관한 공사대금 채권자에게 그 점유를 이전함으로써 그로 하여금 유치권을 취득하게 한 경우, 그와 같은 점유의 이전은 목적물의 교환가치를 감소시킬 우려가 있는 처분행위에 해당하여 민사집행법상에 따른 압류의 처분금지효에 저촉되므로 점유자로서는 위 유치권을 내세워 그 부동산에 관한 경매절차의 매수인에게 대항할 수 없다(대판 2005. 8. 19, 2005다22688 ; 대판 2009. 1. 15, 2008다70763).

ㄷ. (○) : 부동산에 가압류등기가 경료되면 채무자가 당해 부동산에 관한 처분행위를 하더라도 이로써 가압류채권자에게 대항할 수 없게 되는데, 여기서 처분행위란 당해 부동산을 양도하거나 이에 대해 용익물권, 담보물권 등을 설정하는 행위를 말하고 특별한 사정이 없는 한 점유의 이전과 같은 사실행위는 이에 해당하지 않는다. 다만 부동산에 경매개시결정의 기입등기가 경료되어 압류의 효력이 발생한 후에 채무자가 제3자에게 당해 부동산의 점유를 이전함으로써 그로 하여금 유치권을 취득하게 하는 경우 그와 같은 점유의 이전은 처분행위에 해당한다는 것이 당원의 판례이나, 이와 달리 부동산에 가압류등기가 경료되어 있을 뿐 현실적인 매각절차가 이루어지지 않고 있는 상황하에서는 채무자의 점유이전으로 인하여 제3자가 유치권을 취득하게 된다고 하더라도 이를 처분행위로 볼 수는 없다(대판 2011. 11. 24, 2009다19246). ☞ 토지에 대한 담보권 실행 등을 위한 경매가 개시된 후 그 지상건물에 가압류등기가 경료되었는데, 甲이 채무자인 乙 주식회사에게서 건물 점유를 이전받아 그 건물에 관한 공사대금채권을 피담보채권으로 한 유치권을 취득하였고, 그 후 건물에 대한 강제경매가 개시되어 丙이 토지와 건물을 낙찰받은 사안에서, 건물에 가압류등기가 경료된 후 乙 회사가 甲에게 건물 점유를 이전한 것은 처분행위에 해당하지 않아 가압류의 처분금지효에 저촉되지 않으므로, 甲은 丙에게 건물에 대한 유치권을 주장할 수 있다고 한 사례.

> **[보충지문] 부동산에 가압류등기가 경료되어 있을 뿐 현실적인 매각절차가 이루어지지 않고 있는 상황에서 적법·유효한 법률행위에 따른 채무자의 점유 이전으로 인하여 제3자가 유치권을 취득하게 될 경우 이를 가압류 채권자에게 대항할 수 없는 처분행위로 볼 수 있다(×).** 〈2019년 변호사시험〉

ㄹ. (×) : 채무자 소유의 부동산에 경매개시결정의 기입등기가 마쳐져 압류의 효력이 발생한 후에 유치권을 취득한 경우에는 그로써 부동산에 관한 경매절차의 매수인에게 대항할 수 없는데, 채무자 소유의 건물에 관하여 증·개축 등 공사를 도급받은 수급인이 경매개시결정의 기입등기가 마쳐지기 전에 채무자에게서 건물의 점유를 이전받았다 하더라도 경매개시결정의 기입등기가 마쳐져 압류의 효력이 발생한 후에 공사를 완공하여 공사대금채권을 취득함으로써 그때 비로소 유치권이 성립한 경우에는, 수급인은 유치권을 내세워 경매절차의 매수인에게 대항할 수 없다(대판 2011. 10. 13, 2011다55214).

18 민사유치권에 관한 설명 중 옳은 것을 모두 고른 것은? (다툼이 있는 경우 판례에 의함)

〈2020년 변호사시험〉

> ㄱ. 건물신축 도급계약에서 수급인이 완성한 신축 건물에 하자가 있고 하자 및 손해에 상응하는 금액이 공사잔대금액 이상이어서 도급인이 하자보수에 갈음한 손해배상청구권에 기하여 수급인의 공사잔대금채권 전부에 대하여 동시이행의 항변을 한 경우, 수급인은 위 손해배상채무에 관한 이행의 제공을 하지 아니한 이상 공사잔대금채권에 기한 유치권을 행사할 수 없다.
> ㄴ. 이른바 계약명의신탁약정을 맺고 명의수탁자가 명의신탁약정에 관하여 알지 못하는 소유자와 건물 매매계약을 체결한 뒤 수탁자 명의로 소유권이전등기를 마친 경우, 명의신탁자가 명의수탁자에 대하여 가지는 매매대금 상당의 부당이득반환청구권은 당해 건물의 반환청구권과 동일한 법률관계 또는 사실관계로부터 발생한 채권에 해당하지 않는다.
> ㄷ. 건물의 옥탑, 외벽 등에 설치된 간판이 일반적으로 건물의 일부가 아니라 독립된 물건으로 남아 있으면서 과다한 비용을 들이지 않고 건물로부터 분리될 수 있는 경우에는, 특별한 사정이 없는 한 간판 설치공사 대금채권은 그 건물 자체에 관하여 생긴 채권이라고 할 수는 없다.
> ㄹ. 자재업자가 공사수급인과의 계약으로 시멘트를 공급하였고 이것이 공사수급인에 의해 건물신축공사에 사용됨으로써 부합된 경우, 시멘트대금채권은 신축된 건물 자체에 관하여 생긴 채권이라고 할 수 있다.
> ㅁ. 유치권의 피담보채권의 소멸시효기간이 확정판결 등에 의하여 10년으로 연장된 경우에도 유치권의 목적물을 매수하여 소유권을 취득한 자는 그 피담보채권의 소멸시효기간이 연장된 효과를 부정하고 종전의 단기소멸시효기간을 원용할 수 있다.

① ㄱ, ㄴ ② ㄹ, ㅁ ③ ㄱ, ㄴ, ㄷ ④ ㄱ, ㄴ, ㅁ ⑤ ㄴ, ㄹ, ㅁ

해 설

ㄱ. (○) : 건물신축 도급계약에서 수급인이 공사를 완성하였더라도, 신축된 건물에 하자가 있고 그 하자 및 손해에 상응하는 금액이 공사잔대금액 이상이어서, 도급인이 수급인에 대한 하자보수청구권 내지 하자보수에 갈음한 손해배상채권 등에 기하여 수급인의 공사잔대금 채권 전부에 대하여 동시이행의 항변을 한 때에는, 공사잔대금채권의 변제기가 도래하지 아니한 경우와 마찬가지로 수급인은 도급인에 대하여 하자보수의무나 하자보수에 갈음한 손해배상의무 등에 관한 이행의 제공을 하지 아니한 이상 공사잔대금 채권에 기한 유치권을 행

정답 18. ③

사할 수 없다고 보아야 한다(대판 2014. 1. 16, 2013다30653).

ㄴ. (○) : 명의신탁자의 이와 같은 부당이득반환청구권은 부동산 자체로부터 발생한 채권이 아닐 뿐만 아니라 소유권 등에 기한 부동산의 반환청구권과 동일한 법률관계나 사실관계로부터 발생한 채권이라고 보기도 어려우므로, 결국 민법 제320조 제1항에서 정한 유치권 성립요건으로서의 목적물과 채권사이의 견련관계를 인정할 수 없다(대판 2009. 3. 26, 2008다34828).

ㄷ. (○) : 유치권의 피담보채권은 민법 제320조 규정의 취지에 비추어 볼 때, 그 물건에 관하여 생긴 채권이어야 한다. 따라서 건물의 옥탑, 외벽 등에 설치된 간판의 경우 일반적으로 건물의 일부가 아니라 독립된 물건으로 남아 있으면서 과다한 비용을 들이지 않고 건물로부터 분리할 수 있는 경우에는 특별한 사정이 없는 한 간판설치공사대금채권을 그 건물자체에 관하여 생긴 채권으로 볼 수 없어 그 건물에 대한 유치권이 인정될 수 없는 것이다(대판 2013. 10. 24, 2011다44788).

ㄹ. (×) : 甲이 건물 신축공사 수급인인 乙 주식회사와 체결한 약정에 따라 공사현장에 시멘트와 모래 등의 건축자재를 공급한 사안에서, 甲의 건축자재대금채권은 매매계약에 따른 매매대금채권에 불과할 뿐 건물 자체에 관하여 생긴 채권이라고 할 수 없기 때문에 유치권이 인정되지 않는다(대판 2012. 1. 26, 2011다96208).

ㅁ. (×) : 유치권이 성립된 부동산의 매수인은 피담보채권의 소멸시효가 완성되면 시효로 인하여 채무가 소멸되는 결과 직접적인 이익을 받는 자에 해당하므로 소멸시효의 완성을 원용할 수 있는 지위에 있다고 할 것이나, 매수인은 유치권자에게 채무자의 채무와는 별개의 독립된 채무를 부담하는 것이 아니라 단지 채무자의 채무를 변제할 책임을 부담하는 점 등에 비추어 보면, 유치권의 피담보채권의 소멸시효기간이 확정판결 등에 의하여 10년으로 연장된 경우 매수인은 그 채권의 소멸시효기간이 연장된 효과를 부정하고 종전의 단기소멸시효기간을 원용할 수는 없다(대판 2009. 9. 24, 2009다39530).

[비교판례] 민법 제165조가 판결에 의하여 확정된 채권, 판결과 동일한 효력이 있는 것에 의하여 확정된 채권은 단기의 소멸시효에 해당한 것이라도 그 소멸시효는 10년으로 한다고 규정하는 것은 당해 판결 등의 당사자 사이에 한하여 발생하는 효력에 관한 것이고 채권자와 주채무자 사이의 판결 등에 의해 채권이 확정되어 그 소멸시효가 10년으로 되었다 할지라도 위 당사자 이외의 채권자와 연대보증인사이에 있어서는 위 확정판결 등은 그 시효기간에 대하여는 아무런 영향도 없고 채권자의 연대보증인의 연대보증채권의 소멸시효기간은 여전히 종전의 소멸시효기간에 따른다(대판 1986. 11. 25, 86다카1569).

※ 다음 사례에 관한 아래 2문항에 답하시오. (43～44) 〈2021년 변호사시험〉

甲은 자기 소유의 X토지 위에 Y건물을 신축하기 위하여 건축업자 乙과 공사도급계약을 체결하였다. 이 도급계약에서 건물 소유권은 甲에게 귀속되는 것으로 하고, 공사대금은 건물 완공 시 지급하기로 하였다.

乙이 위 도급계약에 따라 Y건물의 신축공사를 시작하여 건물의 기둥, 벽체와 지붕공사를 완성한 후 甲은 공사대금 확보를 위하여 A로부터 2억 원을 차용하면서 X토지에 관하여 채권최고액을 2억 2,000만 원으로 하는 A 명의의 근저당권을 설정해주었다.

甲이 A에 대하여 차용금을 갚지 못하자 A는 X토지에 대하여 담보권 실행 경매를 신청하였고 이 경매절차에서 丙이 X토지를 매수하여 대금을 납입하고 소유권이전등기를 마쳤다.

乙은 Y건물을 완공한 후 점유하면서 甲에게 공사대금을 지급하고 Y건물을 인도받을 것을 통지하였지만 甲은 공사대금을 지급하지 못하고 있다.

19 **다음 설명 중 옳은 것(○)과 옳지 않은 것(×)을 올바르게 조합한 것은? (다툼이 있는 경우 판례에 의함)** 〈2021년 변호사시험〉

ㄱ. 甲과 A가 X토지에 관한 근저당권설정계약을 체결하면서 법정지상권의 성립을 배제하기로 하는 특약을 한 경우 甲은 丙에 대하여 법정지상권을 주장할 수 없다.
ㄴ. 甲이 법정지상권에 대하여 등기를 갖추지 않고 있던 중 丙이 丁에게 X토지를 매도하고 소유권이전등기를 마쳐준 경우 甲은 丁에 대하여 법정지상권을 주장할 수 없다.
ㄷ. Y건물에 대한 강제경매절차에서 戊가 Y건물을 매수하고 매각대금을 납입하여 소유권을 취득하면 특별한 사정이 없는 한 법정지상권도 함께 취득한다.
ㄹ. 법정지상권에 관한 지료가 결정되지 않은 경우 甲이 2년 이상 지료를 지급하지 않았더라도 丙은 지상권소멸청구를 할 수 없다.

① ㄱ(○), ㄴ(×), ㄷ(○), ㄹ(○)
② ㄱ(○), ㄴ(○), ㄷ(×), ㄹ(×)
③ ㄱ(×), ㄴ(○), ㄷ(○), ㄹ(×)
④ ㄱ(×), ㄴ(×), ㄷ(○), ㄹ(○)
⑤ ㄱ(×), ㄴ(×), ㄷ(×), ㄹ(○)

해 설

ㄱ. (×) : 민법 제366조는 가치권과 이용권의 조절을 위한 공익상의 이유로 지상권의 설정을 강제하는 것이므로 저당권설정 당사자간의 특약으로 저당목적물인 토지에 대하여 법정지상권을 배제하는 약정을 하더라도 그 특약은 효력이 없다(대판 1988. 10. 25, 87다카1564).

ㄴ. (×) : 관습법상의 법정지상권 성립 후 토지가 양도된 경우, 건물소유자는 이 법정지상권을 취득할 당시의 토지소유자에 대하여서는 물론이고, 그로부터 토지소유권을 전득한 제3자에 대하여서도 역시 등기 없이 관습법상의 법정지상권을 주장할 수 있다(대판 1988. 9. 27, 87다카279 등).

ㄷ. (○) : 건물 소유를 위하여 법정지상권을 취득한 자로부터 **경매에 의하여** 건물의 소유권을 이전받은 경락인은 경락 후 건물을 철거한다는 등의 매각조건하에서 경매되는 경우 등 특별한 사정이 없는 한 건물의 경락취득과 함께 위 지상권도 당연히 취득한다(대판 2014. 9. 4, 2011다13463).

ㄹ. (○) : 법정지상권에 관한 지료가 결정된 바 없다면 법정지상권자가 지료를 지급하지 아니하였다고 하더라도 지료지급을 지체한 것으로는 볼 수 없으므로 법정지상권자가 2년 이상의 지료를 지급하지 아니하였음을 이유로 하는 토지소유자의 지상권소멸청구는 그 이유가 없다(대판 1994. 12. 2, 93다52297).

20 **다음 설명 중 옳지 않은 것은? (다툼이 있는 경우 판례에 의함)** 〈2021년 변호사시험〉

① 乙의 甲에 대한 공사대금채권은 Y건물에 관하여 생긴 채권으로 이미 그 변제기가 도래하였으므로 乙은 그 채권을 변제받을 때까지 Y건물을 유치할 권리가 있다.
② 乙이 Y건물을 점유하면서 유치권을 행사하던 중 제3자 B가 乙의 점유를 침탈하여 乙이 점유를 상실하면 유치권은 소멸하며, 乙이 점유회수의 소를 제기하여 점유를 회복할 수 있다는 사정만으로 乙의 유치권이 존속하는 것은 아니다.
③ 乙이 甲의 승낙 없이 Y건물을 C에게 임대하여 임차인 C가 점유하고 있는 상태에서, Y건물에 대하여 강제경매절차가 진행되어 Y건물이 매각된 경우, C는 임차권에 기한 점유로써 위 경매절차에서 매수인에게 대항할 수 없다.

정답 19. ④ 20. ④

④ 乙이 甲의 승낙을 받아 Y건물을 D에게 임대한 후 위 임대차가 D의 차임 연체를 이유로 적법하게 해지되었으나 D가 Y건물을 반환하지 않은 채 계속 점유하고 있는 경우, 乙의 유치권은 소멸한다.

⑤ 乙이 유치물의 보존에 필요한 사용을 한 경우에도 특별한 사정이 없는 한 그 차임 상당액을 甲에게 부당이득으로 반환할 의무가 있다.

해 설

① (○) : 주택건물의 신축공사를 한 수급인이 그 건물을 점유하고 있고 또 그 건물에 관하여 생긴 공사금 채권이 있다면, 수급인은 그 채권을 변제받을 때까지 건물을 유치할 권리가 있다고 할 것이고, 이러한 유치권은 수급인이 점유를 상실하거나 피담보채무가 변제되는 등 특단의 사정이 없는 한 소멸되지 않는다(대판 1995. 9. 15, 95다16202, 95다16219).

② (○) : 甲 주식회사가 건물신축 공사대금 일부를 지급받지 못하자 건물을 점유하면서 유치권을 행사해 왔는데, 그 후 乙이 경매절차에서 건물 중 일부 상가를 매수하여 소유권이전등기를 마친 다음 甲 회사의 점유를 침탈하여 丙에게 임대한 사안에서, 乙의 점유침탈로 甲 회사가 점유를 상실한 이상 유치권은 소멸하고, 甲 회사가 점유회수의 소를 제기하여 승소판결을 받아 점유를 회복하면 점유를 상실하지 않았던 것으로 되어 유치권이 되살아나지만, 위와 같은 방법으로 점유를 회복하기 전에는 유치권이 되살아나는 것이 아님에도, 甲 회사가 상가에 대한 점유를 회복하였는지를 심리하지 아니한 채 점유회수의 소를 제기하여 점유를 회복할 수 있다는 사정만으로 甲 회사의 유치권이 소멸하지 않았다고 본 원심판결에 점유상실로 인한 유치권 소멸에 관한 법리오해의 위법이 있다(대판 2012. 2. 9, 2011다72189).

> **[보충지문] 유치물의 점유가 제3자에 의하여 침탈된 경우, 유치권자가 점유물반환청구권을 행사하여 점유를 회수하면 유치권은 소멸하지 않았던 것으로 된다(○).** 〈2007년 사법시험〉

③ (○) : 유치권의 성립요건인 유치권자의 점유는 직접점유이든 간접점유이든 관계없지만, 유치권자는 채무자의 승낙이 없는 이상 그 목적물을 타에 임대할 수 있는 처분권한이 없으므로(민법 제324조 제2항 참조), 유치권자의 그러한 임대행위는 소유자의 처분권한을 침해하는 것으로서 소유자에게 그 임대의 효력을 주장할 수 없고, 따라서 소유자의 동의 없이 유치권자로부터 유치권의 목적물을 임차한 자의 점유는 구 민사소송법 제647조 제1항 단서에서 규정하는 '경락인에게 대항할 수 있는 권원'에 기한 것이라고 볼 수 없다(대결 2002. 11. 27, 자 2002마3516).

④ (×) : 유치권의 성립요건인 유치권자의 점유는 직접점유이든 간접점유이든 관계없다. 간접점유를 인정하기 위해서는 간접점유자와 직접점유를 하는 자 사이에 일정한 법률관계, 즉 **점유매개관계**가 필요한데, 간접점유에서 점유매개관계를 이루는 임대차계약 등이 해지 등의 사유로 종료되더라도 직접점유자가 목적물을 반환하기 전까지는 간접점유자의 직접점유자에 대한 반환청구권이 소멸하지 않는다. 따라서 **점유매개관계를 이루는 임대차계약 등이 종료된 이후에도 직접점유자가 목적물을 점유한 채 이를 반환하지 않고 있는 경우**에는, 간접점유자의 반환청구권이 소멸한 것이 아니므로 간접점유의 점유매개관계가 단절된다고 할 수 없다(대판 2019. 8. 14, 2019다205329).

⑤ (○) : 유치권자가 유치물의 보존에 필요한 사용을 한 경우에도 특별한 사정이 없는 한 차임에 상당한 이득을 소유자에게 반환할 의무가 있다(대판 2009. 9. 24, 2009다40684).

21 **甲은 乙로부터 금전을 빌리면서 2022. 4. 1. 甲 소유인 X 주택에 乙 명의로 근저당권을 설정해 주었다. 이후 甲은 2022. 6. 1. 丙과 X 주택을 개량하기 위해서 공사도급계약을 체결하였고, 丙은 2022. 7. 1. 위 공사를 마쳤다. 乙은 2022. 11. 1. 위 근저당권을 실행하였고, 그 경매절차에서 丁이 X 주택을 매수하였다. 이에 관한 설명 중 옳지 않은 것은? (각 지문은 독립적이며, 甲과 丙은 상인이 아니고, 다툼이 있는 경우 판례에 의함)** 〈2023년 변호사시험〉

① 丙이 2022. 6. 1.부터 X 주택을 점유하고 있다가 2022. 7. 1.위 공사대금채권을 피담보채권으로 하는 유치권을 취득하였다면 丙은 丁에게 유치권을 주장할 수 있다.

② 丙이 공사를 마쳤음에도 甲으로부터 공사대금을 지급받지 못한 상태에서 X 주택이 근저당권의 실행에 의해서 압류된 후에 甲이 丙에게 X 주택의 점유를 이전해 주어 丙이 유치권을 취득하였다면 丙은 丁에게 유치권을 주장할 수 없다.

③ 丁이 丙에게 X 주택의 인도를 청구하는 경우에 丙의 유치권 항변이 이유 있다면 법원은 '丙은 甲으로부터 유치권의 피담보채권액을 지급받음과 동시에 丁에게 X 주택을 인도할 것'을 명하여야 한다.

④ 丙이 丁에게 유치권 항변을 할 수 있는 경우에 丙이 스스로 X 주택에 거주하면서 이를 사용하더라도 특별한 사정이 없는 한 丁은 丙에게 유치권의 소멸을 청구할 수 없다.

⑤ 丙이 공사대금채권을 피담보채권으로 하여 丁에게 유치권을 행사할 수 있다면 丁은 丙에 대한 채권을 자동채권으로 하여 위 공사대금채권과 상계할 수 있다.

해 설

① (○) : 저당권 등의 설정 후에 유치권이 성립한 경우에도 마찬가지로 유치권자는 그 저당권의 실행절차에서 목적물을 매수한 사람을 포함하여 목적물의 소유자 기타 권리자에 대하여 위와 같은 대세적인 인도거절권능을 행사할 수 있다. 따라서 부동산유치권은 대부분의 경우에 사실상 최우선순위의 담보권으로서 작용하여, 유치권자는 자신의 채권을 목적물의 교환가치로부터 일반채권자는 물론 저당권자 등에 대하여도 그 성립의 선후를 불문하여 우선적으로 자기 채권의 만족을 얻을 수 있게 된다(대판 2011. 12. 22, 2011다84298).

② (○) : 채무자 소유의 건물 등 부동산에 강제경매개시결정의 기입등기가 경료되어 압류의 효력이 발생한 이후에 채무자가 위 부동산에 관한 공사대금 채권자에게 그 점유를 이전함으로써 그로 하여금 유치권을 취득하게 한 경우, 그와 같은 점유의 이전은 목적물의 교환가치를 감소시킬 우려가 있는 처분행위에 해당하여 민사집행법상에 따른 압류의 처분금지효에 저촉되므로 점유자로서는 위 유치권을 내세워 그 부동산에 관한 경매절차의 매수인에게 대항할 수 없다(대판 2005. 8. 19, 2005다22688; 대판 2009. 1. 15, 2008다70763).

③ (○) : 물건의 인도를 청구하는 소송에 있어서 피고의 유치권항변이 인용되는 경우에는 그 물건에 관하여 생긴 채권의 변제와 상환(상환급부판결)으로 그 물건의 인도를 명하여야 한다(대판 1969. 11. 25, 69다1592).

④ (○) : 공사대금채권에 기하여 유치권을 행사하는 자가 스스로 유치물인 주택에 거주하며 사용하는 것은 특별한 사정이 없는 한 유치물인 주택의 보존에 도움이 되는 행위로서 유치물의 보존에 필요한 사용에 해당하므로, 그러한 경우에는 유치권의 소멸을 청구할 수 없다(대판 2013. 4. 11, 2011다107009).

⑤ (×) : [1] 상계제도의 취지는 서로 대립하는 두 당사자 사이의 채권·채무를 간이한 방법으로 원활하고 공평하게 처리하려는 데 있으므로, 수동채권으로 될 수 있는 채권은 상대방이 상계자에 대하여 가지는 채권이어야 하고, 상대방이 제3자에 대하여 가지는 채권과는 상계할 수 없다고 보아야 한다. [2] 유치권이 인정되는 아파트를 경락·취득한 자가 아파트 일부를 점유·사용하고 있는 유치권자에 대한 임료 상당의 부당이득금 반환채권을 자동채권으로 하고 유치권자의 종전 소유자에 대한 유익비상환채권을 수동채권으로 하여 상계의 의사표시를 한 사안에서, 상대방이 제3자에 대하여 가지는 채권을 수동채권으로 하여 상계할 수 없다고 한 사례(대판 2011. 4. 28, 2010다101394).

정답 21. ⑤

22 **유치권에 관한 설명 중 옳은 것을 모두 고른 것은? (다툼이 있는 경우 판례에 의함)**

〈2024년 변호사시험 변형〉

ㄱ. 유치권자가 채권 전부의 변제를 받을 때까지 유치물 전부에 대하여 그 권리를 행사할 수 있다는 유치권의 불가분성은 그 목적물이 분할 가능하거나 수 개의 물건인 경우에도 적용된다.
ㄴ. 하나의 채권을 피담보채권으로 하여 여러 필지의 토지에 유치권을 취득한 유치권자가 그중 일부 필지의 토지에 대하여 선량한 관리자의 주의의무를 위반한 경우, 특별한 사정이 없는 한 위반행위가 있었던 필지의 토지에 대하여만 유치권 소멸청구가 가능하다.
ㄷ. 물건의 점유를 침탈당한 자가 본권인 유치권 소멸에 따른 손해배상청구권을 행사하는 경우 점유를 침탈당한 날부터 1년 내에 이를 행사하여야 한다.
ㄹ. 유치권 배제 특약이 있는 경우 다른 법정요건이 모두 충족되더라도 유치권은 발생하지 않으나, 유치물을 경매절차에서 매수한 자는 위 특약의 당사자가 아니므로 위 약정의 효력을 주장할 수 없다.

① ㄱ, ㄴ ② ㄱ, ㄴ, ㄷ ③ ㄱ, ㄴ, ㄹ ④ ㄱ ⑤ ㄴ

해 설

ㄱ. (○), ㄴ. (○) : [1] 민법 제321조는 "유치권자는 채권 전부의 변제를 받을 때까지 유치물 전부에 대하여 그 권리를 행사할 수 있다."라고 정하므로, 유치물은 그 각 부분으로써 피담보채권의 전부를 담보하고, 이와 같은 유치권의 불가분성은 그 **목적물이 분할 가능하거나 수 개의 물건인 경우에도 적용**되며, 상법 제58조의 상사유치권에도 적용된다. [2] 민법 제324조는 '유치권자에게 유치물에 대한 선량한 관리자의 주의의무를 부여하고, 유치권자가 이를 위반하여 채무자의 승낙 없이 유치물을 사용, 대여, 담보 제공한 경우에 채무자는 유치권의 소멸을 청구할 수 있다.'고 정한다. **하나의 채권을 피담보채권으로 하여 여러 필지의 토지에 대하여 유치권을 취득한 유치권자가 그중 일부 필지의 토지에 대하여 선량한 관리자의 주의의무를 위반하였다**면 특별한 사정이 없는 한 **위반행위가 있었던 필지의 토지에 대하여만 유치권 소멸청구가 가능하다**고 해석하는 것이 타당하다. 구체적인 이유는 다음과 같다. ① 여러 필지의 토지에 대하여 유치권이 성립한 경우 유치권의 불가분성으로 인하여 각 필지의 토지는 다른 필지의 토지와 관계없이 피담보채권의 전부를 담보한다. 이때 일부 필지 토지에 대한 점유를 상실하여도 나머지 필지 토지에 대하여 피담보채권의 담보를 위한 유치권이 존속한다. 같은 취지에서 일부 필지 토지에 대한 유치권자의 선량한 관리자의 주의의무 위반을 이유로 유치권 소멸청구가 있는 경우에도 그 위반 필지 토지에 대하여만 소멸청구가 허용된다고 해석함이 타당하다. ② 민법 제321조에서 '유치권의 불가분성'을 정한 취지는 담보물권인 유치권의 효력을 강화하여 유치권자의 이익을 위한 것으로서 이를 근거로 오히려 유치권자에게 불이익하게 선량한 관리자의 주의의무 위반이 문제 되지 않는 유치물에 대한 유치권까지 소멸한다고 해석하는 것은 상당하지 않다. ③ 유치권은 점유하는 물건으로써 유치권자의 피담보채권에 대한 우선적 만족을 확보하여 주는 법정담보물권이다(민법 제320조 제1항, 상법 제58조). 한편 민법 제324조에서 정한 유치권 소멸청구는 유치권자의 선량한 관리자의 주의의무 위반에 대한 제재로서 채무자 또는 유치물의 소유자를 보호하기 위한 규정이다. 유치권자가 선량한 관리자의 주의의무를 위반한 정도에 비례하여 유치권소멸의 효과를 인정하는 것이 유치권자와 채무자 또는 소유자 사이의 이익균형을 고려한 합리적인 해석이다(대판 2022. 6. 16, 2018다301350).

ㄷ. (×) : 민법 제204조에 따르면, 점유자가 점유의 침탈을 당한 때에는 그 물건의 반환 및 손해의 배상을 청구할 수 있고(제1항), 위 청구권은 점유를 침탈당한 날부터 1년 내에 행사하여야 하며(제3항), 여기서 말하는 1년의 행사기간은 제척기간으로서 소를 제기하여야 하는 기간을 말한다. 그런데 민법 제204조 제3항은 **본권 침해로**

정답 22. ①

발생한 손해배상청구권의 행사에는 적용되지 않으므로 점유를 침탈당한 자가 **본권인 유치권 소멸에 따른 손해배상청구권을 행사하는 때**에는 **민법 제204조 제3항이 적용되지 아니하고, 점유를 침탈당한 날부터 1년 내에 행사할 것을 요하지 않는다**(대판 2021. 8. 19, 2021다213866).

ㄹ. (×) : 제한물권은 이해관계인의 이익을 부당하게 침해하지 않는 한 자유로이 포기할 수 있는 것이 원칙이다. 유치권은 채권자의 이익을 보호하기 위한 법정담보물권으로서, 당사자는 미리 유치권의 발생을 막는 특약을 할 수 있고 이러한 특약은 유효하다. 유치권배제 특약이 있는 경우 다른 법정요건이 모두 충족되더라도 유치권은 발생하지 않는데, **특약에 따른 효력은 특약의 상대방뿐 아니라 그 밖의 사람도 주장할 수 있다**(대판 2018. 1. 24, 2016다234043).

보충지문

23 **타인의 물건 또는 유가증권을 점유한 자는 그 물건이나 유가증권에 관하여 생긴 채권이 변제기에 있는 경우에는 변제를 받을 때까지 그 물건 또는 유가증권을 유치할 권리가 있다.**

〈2007년 법무사〉

해설 민법 제320조 참조

24 **유치권은 당사자의 의사와 관계없이 성립되는 법정담보물권이다.** 〈2009년 법무사〉

해설 질권·저당권이 원칙적으로 약정담보물권이라면 유치권은 법정담보물권이다.

25 **목적물에 대한 점유를 취득한 후 그 목적물에 관한 채권이 성립한 경우 유치권은 인정되지 않는다.** 〈2017년 감정평가사〉

해설 인정된다.

> **[참고 판례]** 채무자 소유의 건물에 관하여 증·개축 등 공사를 도급받은 수급인이 경매개시결정의 기입등기가 마쳐지기 전에 채무자로부터 건물의 점유를 이전받았다 하더라도 경매개시결정의 기입등기가 마쳐져 압류의 효력이 발생한 후에 공사를 완공하여 공사대금채권을 취득함으로써 그때 비로소 유치권이 성립한 경우에는, 수급인은 유치권을 내세워 경매절차의 매수인에게 대항할 수 없다(대판 2013. 6. 27, 2011다50165).
> ☞ 이 판례의 사안이 목적물에 대한 점유를 취득한 후 그 목적물에 관한 채권이 성립한 경우인데, 판례는 유치권의 성립을 인정하였다. 다만 압류의 효력이 발생한 이후에 유치권이 성립한 경우에는 경매절차의 매수인에게 그 성립한 유치권으로 대항할 수 없는데, 이는 별개의 문제이다.

26 **건축업자가 건물을 점유하기 전에 건물공사로 취득한 건축비채권이라도 그 후 그 건물을 점유하였다면 유치권은 성립한다.** 〈2012년 감정평가사〉

해설 유치권자가 유치물을 점유하기 전에 발생된 채권(건축비채권)이라도 그 후 그 물건(건물)의 점유를 취득했다면 유치권은 성립한다(대판 1965. 3. 30, 64다1977). ☞ 채권과 목적물 사이에 견련관계가 있으면 충분하고 그 채권이 목적물의 점유 중에 발생할 것을 요구하지는 않는다.

정답 23. (○) 24. (○) 25. (×) 26. (○)

27 **건물의 임차인은 임대차 존속기간 중 지출한 유익비의 상환을 받을 때까지 유치권을 행사할 수 있다.** 〈2012년 감정평가사〉

해설 비용상환청구권은 전형적으로 목적물과의 견련성이 인정되는 채권이다(대판 1995. 9. 15, 95다16202 등).

28 **채권과 물건 사이에 견련관계가 있더라도, 그 채무불이행으로 인한 손해배상채권과 그 물건 사이의 견련관계는 인정되지 않는다.** 〈2020년 감정평가사〉

해설 채무불이행에 의한 손해배상청구권은 원채권의 연장이라 보아야 할 것이므로 물건과 원채권과 사이에 견련관계가 있는 경우에는 그 손해배상채권과 그 물건과의 사이에도 견련관계가 있다할 것으로서 손해배상채권에 관하여 유치권항변을 내세울 수 있다할 것이다(대판 1976. 9. 28, 76다582).

29-1 **물건의 소유자는 그 물건을 점유하는 제3자가 비용을 지출할 때에 점유권원이 없음을 알았거나 중대한 과실로 몰랐음을 증명하여 비용상환청구권에 기한 유치권의 주장을 배척할 수 있다.** 〈2020년 감정평가사〉

29-2 **점유물에 대한 필요비와 유익비 상환청구권에 기초한 유치권 주장을 배척하는 경우 점유가 불법행위로 인하여 개시되었다는 사실에 대한 주장·증명은 유치권 주장의 배척을 구하는 상대방 당사자가 하여야 한다.** 〈2019년 변호사시험〉

해설 물건의 점유자는 소유의 의사로 선의, 평온 및 공연하게 점유한 것으로 추정되고 점유자가 점유물에 대하여 행사하는 권리는 적법하게 보유하는 것으로 추정된다(민법 제197조 제1항, 제200조). 따라서 점유물에 대한 필요비와 유익비 상환청구권을 기초로 하는 유치권 주장을 배척하려면 적어도 점유가 불법행위로 인하여 개시되었거나 점유자가 필요비와 유익비를 지출할 당시 점유권원이 없음을 알았거나 중대한 과실로 알지 못하였다고 인정할만한 사유에 대한 상대방 당사자의 주장·증명이 있어야 한다(대판 2011. 12. 13, 2009다5162).

30-1 **유치권 포기로 인한 유치권의 소멸은 유치권 포기의 의사표시의 상대방만 주장할 수 있다.** 〈2021년 변호사시험〉

30-2 **유치권은 법정담보물권이기는 하나 채권자의 이익보호를 위한 채권담보의 수단에 불과하므로 이를 포기하는 특약은 유효하고, 유치권을 사전에 포기한 경우 다른 법정요건이 모두 충족되더라도 유치권이 발생하지 않는 것과 마찬가지로 유치권을 사후에 포기한 경우 곧바로 유치권은 소멸한다. 다만, 유치권 포기로 인한 유치권의 소멸은 유치권 포기 의사표시의 상대방 이외의 사람은 주장할 수 없다.** 〈2021년 법무사〉

해설 유치권은 법정담보물권이기는 하나 채권자의 이익보호를 위한 채권담보의 수단에 불과하므로 이를 포기하는 특약은 유효하고, 유치권을 사전에 포기한 경우 다른 법정요건이 모두 충족되더라도 유치권이 발생하지 않는 것과 마찬가지로 유치권을 사후에 포기한 경우 곧바로 유치권은 소멸한다. 그리고 유치권 포기로 인한 유치권의 소멸은 유치권 포기의 의사표시의 상대방뿐 아니라 그 이외의 사람도 주장할 수 있다(대판 2016. 5. 12, 2014다52087).

정답 27. (○) 28. (×) 29-1. (○) 29-2. (○) 30-1. (×) 30-2. (×)

31 **유치권자는 피담보채권 전부의 변제를 받을 때까지 경매절차의 매수인에 대하여도 목적물의 인도를 거절할 수 있다.** 〈2012년 감정평가사〉

해 설 민사소송법 제728조에 의하여 담보권의 실행을 위한 경매절차에 준용되는 같은 법 제608조 제3항은 경락인은 유치권자에게 그 유치권으로 담보하는 채권을 변제할 책임이 있다고 규정하고 있는바, 여기에서 '변제할 책임이 있다'는 의미는 부동산상의 부담을 승계한다는 취지로서 인적 채무까지 인수한다는 취지는 아니므로, 유치권자는 경락인에 대하여 그 피담보채권의 변제가 있을 때까지 유치목적물인 부동산의 인도를 거절할 수 있을 뿐이고 그 피담보채권의 변제를 청구할 수는 없다(대판 1996. 8. 23, 95다8713 등).

32 **유치권에는 우선변제적 효력이 없으므로, 유치권자는 채권의 변제를 받기 위하여 유치물을 경매할 수 없다.** 〈2015년 감정평가사〉

해 설 유치권에는 우선변제적 효력이 없으나, 유치권자는 채권의 변제를 받기 위하여 유치물을 경매할 수는 있다. 이는 환가를 위한 경매이다(제322조).

33 **유치권자는 특별한 사정이 없는 한 법원에 청구하지 않고 유치물로 직접 변제에 충당할 수 있다.** 〈2017년 감정평가사〉

해 설 제322조 제2항. 법원에 청구할 수 있을 뿐이다.

34-1 **유치권자는 유치물의 과실을 수취하여 다른 채권보다 먼저 그 채권의 변제에 충당할 수 있다.** 〈2007년 법무사〉

34-2 **유치권자는 유치물의 과실로부터 우선변제에 충당할 수 있다.** 〈2008년 법원행시〉

34-3 **유치권자는 유치물의 과실을 수취하여 다른 채권보다 먼저 그 채권의 변제에 충당할 수 있다. 이 경우 과실은 먼저 채권의 이자에 충당하고 그 잉여가 있으면 원본에 충당한다.** 〈2019년 법원행시〉

해 설 민법 제323조 참조

35-1 **유치권자에게도 과실수취권이 인정되지만, 이는 유치물의 사용·임대 등에 소유자의 승낙이 있거나 그것이 보존행위에 해당함을 전제로 하는 것이므로, 유치권자에 대한 과실수취권이 인정된다고 하여 승낙 없는 사용이나 대여를 정당화할 수는 없다.** 〈2019년 법원행시〉

35-2 **유치권자는 채무자의 승낙이 없는 이상 그 목적물을 타에 임대할 수 있는 처분권한이 없다.** 〈2020년 법원행시〉

해 설 유치권자는 채무자의 승낙없이 유치물의 사용, 대여 또는 담보제공을 하지 못한다. 그러나 유치물의 보존에 필요한 사용은 그러하지 아니하다(제324조 제2항). 유치권의 성립요건인 유치권자의 점유는 직접점유이든 간접점유이든 관계없지만, 유치권자는 채무자의 승낙이 없는 이상 그 목적물을 타에 임대할 수 있는 처분권한이 없으므로(민법 제324조 제2항 참조), 유치권자의 그러한 임대행위는 소유자의 처분권한을 침해하는 것으로서 소유자에게 그 임대의 효력을 주장할 수 없다(대결 2002. 11. 27, 자 2002마3516).

정 답 31. (○) 32. (×) 33. (×) 34-1. (○) 34-2. (○) 34-3. (○) 35-1. (○) 35-2. (○)

36-1 **유치물에 관하여 이해관계를 가지고 있는 자인 채무자나 유치물의 소유자가 상당한 담보를 제공하면 유치권 소멸청구의 의사표시를 할 수 있다.** 〈2008년 감정평가사〉

36-2 **유치물의 가격이 채권액에 비하여 과다한 경우에는 채권액 상당의 가치가 있는 담보를 제공하면 족하다고 할 것이고, 당해 유치물에 관하여 이해관계를 가지고 있는 자인 채무자나 유치물의 소유자는 상당한 담보가 제공되어 있는 이상 유치권 소멸 청구의 의사표시를 할 수 있다.** 〈2015년 법무사〉

해 설 민법 제327조; 대판 2001. 12. 11, 2001다59866 참조

37 **유치권은 점유를 상실하면 소멸한다.** 〈2009년 법무사〉

해 설 점유는 계속되어야 한다. 유치권자가 목적물의 점유를 잃으면 유치권은 당연히 소멸한다(제328조).

38 **건물에 대한 점유를 승계한 사실이 있다 하더라도 전 점유자를 대위하여 유치권을 주장할 수는 없다.** 〈2013년 법무사〉

해 설 비록 건물에 대한 점유를 승계한 사실이 있다 하더라도 전점유자를 대위하여 유치권을 주장할 수는 없는 것이다(대판 1972. 5. 30, 72다548). ☞ 왜냐하면 피대위자가 그 점유를 상실하면서 곧 유치권을 상실한 것이기 때문이다.

정답 36-1. (O) 36-2. (O) 37. (O) 38. (O)

제10장 질 권

Ⅰ. 동산질권

1 甲은 乙로부터 200만원을 차용하면서 자기소유의 X 동산에 대하여 질권을 설정해 주었다. 그런데 乙은 X 동산을 丙에게 전질하면서 금전을 차용하였다. 다음 설명 중 옳은 것은? 〈2007년 변리사〉

① 甲의 승낙이 없는 한 乙과 丙 사이의 전질은 무효이다.
② 甲이 전질을 승낙한 경우, 乙은 300만원을 차용하면서 丙에게 X 동산의 전질을 설정해 줄 수 있다.
③ 전질에 대한 甲의 승낙이 없는 경우, 乙이 전질의 사실을 甲에게 통지하였더라도 甲은 丙의 동의 없이 乙에게 변제하고 丙에게 X 동산의 반환을 청구할 수 있다.
④ 甲이 전질을 승낙한 경우, 천재지변으로 丙의 주택만 소실되었고 이로 인해 X 동산도 멸실되었더라도 乙은 甲에 대하여 손해배상책임이 있다.
⑤ 甲이 전질을 승낙한 경우, 甲이 乙에게 채무를 모두 변제하였다면 丙의 전질권도 당연히 소멸한다.

해 설
①(×) : 책임전질로서의 요건을 갖춘 경우라면 책임전질은 가능하다.
② (○) : 승낙전질은 원질권과 무관하므로 초과전질도 가능하다. 따라서 책임전질에서와 같은 피담보채권의 액 및 존속기간에 대한 제한을 받지 아니한다.
③ (×) : 책임전질이 대항요건을 갖춘 경우 채무자는 원질권을 소멸케 하는 변제행위를 하더라도 전질권자에게 대항 할 수 없다(제337조 제2항).
④ (×) : 승낙전질은 질물소유자의 승낙에 기한 질물의 재입질로서 불가항력에 기한 책임이 가중되지 않는다(통설).
⑤ (×) : 승낙전질의 경우 원질권과 전질권은 전혀 별개의 것이기 때문에 질권설정자 甲의 변제로써 전질권이 소멸하지는 않는다.

2 질권에 관한 설명 중 옳지 않은 것은? (다툼이 있는 경우에는 판례에 의함) 〈2009년 변리사〉

① 질권의 선의취득은 인정되지 않는다.
② 동산질권자는 그보다 우선권 있는 채권자가 없는 한 피담보채권 전부를 변제받을 때까지 질물을 유치할 수 있다.
③ 금전으로 가액을 평가할 수 없는 채권도 질권의 피담보채권으로 할 수 있다.
④ 질권의 목적이 된 채권이 금전채권인 경우, 질권자는 자기채권의 한도에서만 질권의 목적이 된 채권을 직접 청구할 수 있다.
⑤ 동산질권의 설정자 겸 동산의 소유자가 파산선고를 받은 경우, 질권자는 질물에 대해 별제권을 가진다.

정답 1. ② 2. ①

해설

① (×) : 질권은 선의취득이 인정된다. 선의취득은 동산소유권(제249조 내지 제251조)과 질권(제343조)에 한한다.

② (○) : 질권의 유치적 효력은 유치권과 마찬가지로 질권자가 누구에 대해서도 유치적 효력을 주장할 수 있는 물권적 효력이다. 따라서 다른 일반채권자가 질물을 경매한 경우에도 질권자는 경락인에 대하여 변제를 받을 때까지 그 목적물의 인도를 거절할 수 있다(민사집행법 제191조). 다만 질권자는 질물의 유치적 효력을 가지고 질권자보다 우선권이 있는 채권자에게 대항할 수 없다(제335조 단서).

③ (○) : 질권에 의하여 담보될 수 있는 채권의 종류에는 제한이 없다. 금전채권이 아닌 경우에도, 또 가액을 평가할 수 없는 채권도 질권의 피담보채권으로 될 수 있다(제373조).

④ (○) : 질권자는 질권의 목적이 된 채권을 직접 청구할 수 있다(제353조 제1항). 여기서 '직접 청구'한다고 함은, 제3채무자에 대한 집행권원이나 질권설정자의 추심위임 등을 요하지 않으며(대판 1960. 9. 1, 4292민상937), 질권자 자신의 이름으로 추심할 수 있다는 의미이다.

⑤ (○) : 채무자회생 및 파산에 관한 법률 제411조 참조

3 **질권자가 질권설정자의 승낙 없이 전질을 하는 경우에 관한 설명으로 옳지 않은 것은?**

〈2013년 변리사〉

① 질권자가 채무자에게 전질의 사실을 통지하거나 채무자가 이를 승낙하지 않으면 전질로써 채무자에게 대항하지 못한다.

② 전질이 대항요건을 갖춘 경우에도 채무자는 전질권자의 동의 없이 원질권자에게 변제하고 전질권자에 대하여 질물의 반환을 청구할 수 있다.

③ 전질권설정자는 전질을 하지 않았더라면 면할 수 있었을 불가항력으로 인한 손해에 대해서도 책임을 진다.

④ 원질권과 전질권의 피담보채권이 모두 변제기에 있으면 전질권자는 직접 원질권을 실행하여 자기채권을 우선변제 받을 권리가 있다.

⑤ 전질권의 존속기간이 원질권의 존속기간을 초과하고 있다면 전질권은 원질권의 존속기간의 범위 내에서만 유효하다.

해설

① (○) : 민법 제337조. 전질의 대항요건이다.

② (×) : 민법 제336조, 민법 제337조의 책임전질을 묻고 있다. 즉 채무자(질권설정자)가 질권자의 질권설정의 통지를 받은 경우(대항요건충족), 전질권자의 동의 없이 질권자에게 변제하여도 이로써 전질권자에게 대항하지 못한다(제337조 제2항).

③ (○) : 민법 제336조의 전질의 책임가중내용이다.

④ (○) : 전질이나 전전세 등의 특징이다. 즉 원질권과 전질권의 피담보채권이 모두 변제기에 있으면 전질권자는 원질권을 실행하여 자기 채권을 우선변제 받을 권리가 있다(우선변제적 효력).

⑤ (○) : 책임전질은 원질범위내에서 효력이 있다. 따라서 설정적 승계이므로 전질권의 존속기간이 원질권의 존속기간을 초과하고 있다면 전질권은 원질권의 존속기간의 범위 내에서만 유효하다.

정답 3. ②

4 **민법상 동산질권에 관한 설명으로 옳지 않은 것은?** 〈2014년 변리사〉

① 질권이 설정된 사실은 질물 소유자의 처분행위를 방해하지 않는다.
② 질권설정자는 채무변제기 전의 계약으로 질권자에게 변제에 갈음하여 질물의 소유권을 취득하게 하거나 법률에 정한 방법에 의하지 아니하고 질물을 처분할 것을 약정하지 못한다.
③ 질권자가 질권설정자의 승낙 없이 그 책임으로 질물을 전질한 경우, 그는 전질하지 않았더라면 면할 수 있었을 불가항력으로 인한 손해에 대하여 책임이 있다.
④ 질권설정자가 질물을 멸실하게 한 경우, 질권자는 피담보채권의 즉시이행을 청구할 수 있지만 손해배상은 청구할 수 없다.
⑤ 질물보다 먼저 채무자의 다른 재산에 관한 배당을 실시하는 경우, 질권자는 채권전액을 가지고 배당에 참가할 수 있다.

해 설

① (○) : 저당권이 설정되어도 부동산을 처분할 수 있듯이 마찬가지로 질권이 설정된 사실은 질물 소유자의 처분행위를 방해하지 않는다. 마찬가지 원리로 질권의 목적인 채권의 양도행위는 민법 제352조 소정의 질권자의 이익을 해하는 변경에 해당되지 않으므로 질권자의 동의를 요하지 아니한다(대판 2005. 12. 22, 2003다55059).
② (○) : 유질계약금지이다(제339조 참조). 질권설정자는 채무변제기 전의 계약으로 질권자에게 변제에 갈음하여 질물의 소유권을 취득하게 하거나 법률에 정한 방법에 의하지 아니하고 질물을 처분할 것을 약정하지 못한다.
③ (○) : 책임전질시 책임가중이다. 즉 질권자가 질권설정자의 승낙없이 그 책임으로 질물을 전질한 경우, 그는 전질하지 않았더라면 면할 수 있었을 불가항력으로 인한 손해에 대하여 책임이 있다(제336조).
④ (×) : 담보권자인 질권자는 질권설정자가 질물을 멸실하게 한 경우, 기한이익상실규정(제388조)에 의하여 피담보채권의 즉시이행을 청구할 수 있을 뿐만 아니라 불법행위(제750조)에 기하여 손해배상을 청구할 수도 있다.
⑤ (○) : 질물보다 먼저 채무자의 다른 재산에 관한 배당을 실시하는 경우, 질권자는 채권전액을 가지고 배당에 참가할 수 있다(제340조 제2항).

5 **민법상 동산질권에 관한 설명으로 옳지 않은 것은?** 〈2015년 변리사〉

① 질권은 다른 약정이 없는 한 원본, 이자, 위약금, 질권실행의 비용, 질물보존의 비용 및 채무불이행 또는 질물의 하자로 인한 손해배상의 채권을 담보한다.
② 질권자는 그 권리의 범위 내에서 자기의 책임으로 질물을 전질할 수 있으며, 이 경우에는 전질을 하지 아니하였으면 면할 수 있는 불가항력으로 인한 손해에 대해서도 책임을 부담한다.
③ 책임전질의 경우에 질권자가 채무자에게 전질의 사실을 통지하거나 채무자가 이를 승낙하지 않으면 전질로써 채무자, 보증인, 질권설정자 및 그 승계인에게 대항하지 못한다.
④ 질권자가 질물에 대해 우선변제권을 행사할 수 있으려면 채무자가 이행지체에 빠져야 한다.
⑤ 질권자는 정당한 이유가 있는 때에는 미리 채무자 및 질권설정자에게 통지함이 없이 감정인의 평가에 의하여 직접 변제에 충당할 것을 법원에 청구할 수 있다.

해 설

① (○) : 질권에서 우선변제효가 있는 피담보채권의 범위이다. 질권은 다른 약정이 없는 한 원본, 이자, 위약금, 질권실행의 비용, 질물보존의 비용 및 채무불이행 또는 질물의 하자로 인한 손해배상의 채권을 담보한다(제334조).

정 답 4. ④ 5. ⑤

② (○) : 책임전질의 경우 책임가중의 경우이다. 질권자는 그 권리의 범위 내에서 자기의 책임으로 질물을 전질할 수 있으며, 이 경우에는 전질을 하지 아니하였으면 면할 수 있는 불가항력으로 인한 손해에 대해서도 책임을 부담한다(제336조).
③ (○) : 책임전질의 경우에 질권자가 채무자에게 전질의 사실을 통지하거나 채무자가 이를 승낙하지 않으면 전질로써 채무자, 보증인, 질권설정자 및 그 승계인에게 대항하지 못한다(제337조).
④ (○) : 질권자가 질물에 대해 우선변제권을 행사할 수 있으려면 일단 경매를 하여야 하는데, 경매의 실행요건은 채무자가 변제기 때 채무를 이행하지 않는 이행지체 상태에 있어야 한다.

[참고 판례] 전세권자의 전세목적물 인도의무 및 전세권설정등기말소등기의무와 전세권설정자의 전세금 반환의무는 서로 동시이행의 관계에 있으므로 전세권자인 채권자가 전세목적물에 대한 경매를 청구하려면 우선 전세권설정자에 대하여 전세목적물의 인도의무 및 전세권설정등기말소의무의 이행제공을 완료하여 전세권설정자를 이행지체에 빠뜨려야 한다(대결 1977. 4. 13, 자 77마90).

⑤ (×) : 간이변제충당의 경우(제338조 제2항), 질권자는 정당한 이유가 있는 때에는 미리 채무자 및 질권설정자에게 '통지 불요'가 아닌 '통지 필요'하며, 감정인의 평가에 의하여 직접 변제에 충당할 것을 법원에 청구할 수 있다.

6 **甲은 자신의 채권담보를 위해 乙로부터 X동산에 질권을 설정받아 이를 점유하고 있다. 이에 관한 설명으로 옳은 것을 모두 고른 것은? (다툼이 있으면 판례에 따름)** 〈2017년 변리사〉

ㄱ. X동산의 소유자 乙이 제3자에 대하여 가지는 목적물반환청구권의 양도의 방법으로 甲에게 질권을 설정하는 것도 유효하다.
ㄴ. 乙이 X동산에 대한 처분권 없이 질권을 설정한 경우, 甲이 X동산의 선의취득에 필요한 요건을 갖추었더라도 甲은 질권을 취득할 수 없다.
ㄷ. 甲의 채무자인 丙의 부탁을 받고 乙이 X동산에 질권을 설정한 경우, 甲의 질권 실행으로 X동산의 소유권을 상실한 乙은 자신의 구상범위 내에서 甲의 丙에 대한 권리를 대위할 수 있다.
ㄹ. 만약 X동산이 타인의 물건에 부합되어 乙이 보상금을 지급받은 경우, 甲은 물상대위권을 행사할 수 없다.

① ㄱ, ㄴ ② ㄱ, ㄹ ③ ㄴ, ㄷ ④ ㄱ, ㄷ, ㄹ ⑤ ㄴ, ㄷ, ㄹ

해 설

ㄱ. (○) : 민법 제330조, 민법 제190조 참조
ㄴ. (×) : 민법 제343조에 의해 준용되는 민법 제249조 내지 제251조에 의하여 동산질권에 대해서는 선의취득이 인정된다. 판례도 "동산질권을 선의취득하기 위하여는 질권자가 평온, 공연하게 선의이며 과실없이 질권의 목적동산을 취득하여야 하고, 그 취득자의 선의, 무과실은 동산질권자가 입증하여야 한다(대판 1981. 12. 22, 80다2910)."고 하여 이를 인정한다.
ㄷ. (○) : 타인의 채무를 담보하기 위하여 자신의 채권에 질권을 설정하여 준 물상보증인은 채무자의 채무를 변제하거나, 질권의 실행으로 인하여 질물의 소유권을 잃은 경우, 민법 제355조에 의하여 준용되는 같은 법 제341조에 의하여 채무자에 대하여 구상권을 갖게 된다(대판 2007. 5. 31, 2005다28686). 이러한 물상보증인은 변제할 정당한 이익이 있는 자로서 변제로 당연히 채권자를 대위한다(민법 제481조). 따라서 乙은 자신의 구상범위 내에서 甲의 丙에 대한 권리를 대위할 수 있다.

정답 6. ④

ㄹ. (○) : 저당권자는 저당권의 목적이 된 물건의 멸실, 훼손 또는 공용징수로 인하여 저당목적물의 소유자가 받을 저당목적물에 갈음하는 금전 기타 물건에 대하여 물상대위권을 행사할 수 있으나, 다만 그 지급 또는 인도 전에 이를 압류하여야 하며, 저당권자가 위 금전 또는 물건의 인도청구권을 압류하기 전에 저당물의 소유자가 그 인도청구권에 기하여 금전 등을 수령한 경우 저당권자는 더 이상 물상대위권을 행사할 수 없게 된다(대판 2009. 5. 14, 2008다17656).

7 동산질권에 관한 설명으로 옳지 않은 것은? (다툼이 있으면 판례에 따름) 〈2019년 변리사〉

① 질물의 과실에 대해서도 질권의 효력이 미친다.
② 질권설정을 위한 인도는 현실의 인도에 한하지 않고 점유개정에 의하더라도 무방하다.
③ 질권자가 질물을 점유하고 있더라도 피담보채권의 소멸시효 진행에 영향을 미치지 않는다.
④ 건물의 임대인이 임대차에 관한 채권에 의하여 그 건물에 부속한 임차인 소유의 동산을 압류한 때에는 질권과 동일한 효력이 있다.
⑤ 질권설정자에게 처분권한이 없더라도 채권자가 평온·공연하게 선의이며 과실 없이 질권설정을 받은 경우, 채권자는 동산질권을 선의취득한다.

해설

① (○) : 민법 제343조에 의하여 준용되는 민법 제323조 참조
② (×) : 민법 제332조. 점유개정에 의한 질권설정은 금지된다.
③ (○) : 민법 제343조가 민법 제326조를 준용하지는 않지만, 질권자가 질물을 유치하더라도 피담보채권의 소멸시효가 진행하는 것을 방해할 수는 없다는 것이 통설이다. 참고로 유치권의 경우는 326조에서 명문으로 규정하고 있다.
④ (○) : 민법 제650조. 원칙적으로 질권은 약정담보물권으로서 질권설정계약에 의하여 성립하지만, 예외적으로 법정질권도 인정되는데 민법 제648조, 제650조가 그것이다.
⑤ (○) : 민법 제343조에 의하여 준용되는 민법 제249조 내지 제251조. 질권의 경우에도 소유권의 선의취득에 관한 규정을 준용한다. 따라서 민법상 선의취득이 인정되는 권리는 소유권과 질권의 두 가지가 있다.

8 동산질권자의 전질권에 관한 설명 중 옳지 않은 것은? 〈2004년 사법시험〉

① 책임전질의 이론구성에 있어서 질물재입질설은 질권을 피담보채권과 단절된 독립한 가치권으로서 파악하려는 입장에 있다.
② 책임전질의 이론구성에 있어서 채권·질권공동입질설을 취하면, 원질권자의 채권이 변제기에 도달하지 않는 한 전질권을 행사할 수 없다.
③ 책임전질에 있어서 원질권자는 전질을 하지 않았더라면 생기지 않았을 불가항력에 의한 손해도 배상할 책임이 있다.
④ 승낙전질에 있어서 전질권의 목적이 되는 것은 원질권자가 점유하는 질물이며, 원질권자의 채권이나 질권은 그 목적이 되지 않는다.
⑤ 승낙전질에 있어서 원질권자의 질권이 소멸하면 원칙적으로 전질권자의 질권도 소멸한다.

해설

① (○) : 질물재입설적 사고로서 타당하다.

정답 7. ② 8. ⑤

② (○) : 부종성을 강조하는 것이며, 책임전질은 원질권의 범위안에서 전질할 수 있다는 내용의 설명으로 타당하다.
③ (○) : 민법 제336조 참조
④ (○) : 질물재입설의 내용이다.
⑤ (×) : 승낙전질은 질물을 재입질하는 것으로서 원질권과 전질은 아무런 상관이 없다. 따라서 원질권자의 질권이 소멸하였다고 하여 전질권자의 질권이 소멸하는 것은 아니다(책임전질의 제337조와 구별됨).

보충지문

9 **양도할 수 없는 동산은 질권의 목적이 될 수 없다.** 〈2017년 감정평가사〉

해 설 민법 제331조 참조

10 **수개의 채권을 담보하기 위하여 동일한 동산에 수개의 질권을 설정한 때에는 그 순위는 설정의 선후에 의한다.** 〈2018년 감정평가사〉

해 설 민법 제333조 참조

11 **질권자는 피담보채권의 이행을 구하기 위하여 필요한 범위에서만 질물을 유치할 수 있고. 질물에 전질권을 설정하는 경우에는 항상 질권설정자의 동의를 얻어야 한다.** 〈2007년 감정평가사〉

해 설 책임전질의 경우에는 자기책임으로 전질할 수 있다(제336조).

12 **질권설정자는 채무변제기 후의 계약으로 질권자에게 변제에 갈음하여 질물의 소유권을 취득하게 할 것을 약정하지 못한다.** 〈2018년 감정평가사〉

해 설 제339조 ☞ 채무변제기 전의 계약으로 하는 것이 금지되는 것이고, 채무변제기후의 계약으로 하는 것은 이른바 대물변제로서 허용된다.

13 **다음 보기 중 질권자는 우선변제를 받을 수 있지만, 저당권자는 우선변제를 받을 수 없는 것을 올바로 묶은 것은?** 〈2006년 감정평가사〉

㉠ 위약금	㉡ 실행비용	㉢ 보존비용
㉣ 이행기 경과 후 1년분의 지연배상	㉤ 담보물의 하자로 인한 손해배상	

① ㉣, ㉤ ② ㉠, ㉡ ③ ㉢, ㉤ ④ ㉠, ㉡, ㉢, ㉣ ⑤ ㉠, ㉡, ㉢, ㉣, ㉤

해 설

③ (○) : 민법 제334조(질권의 피담보채권의 범위)와 제360조(저당권의 피담보채권의 범위) 비교
민법 제334조(피담보채권의 범위) : 질권은 원본, 이자, 위약금, 질권실행의 비용, 질물보존의 비용 및 채무불이

정답 9. (○) 10. (○) 11. (×) 12. (×) 13. ③

행 또는 질물의 하자로 인한 손해배상의 채권을 담보한다. 그러나 다른 약정이 있는 때에는 그 약정에 의한다.
민법 제360조(피담보채권의 범위) : 저당권은 원본, 이자, 위약금, 채무불이행으로 인한 손해배상 및 저당권실행 비용을 담보한다. 그러나 지연배상에 대하여는 원본의 이행기일을 경과한 후의 1년분에 한하여 저당권을 행사할 수 있다.

14 甲은 乙에게 500만 원을 빌리면서 800만 원 상당의 명품시계에 질권을 설정하였다. 그 후 乙은 丙으로부터 300만 원을 빌리면서 甲의 시계에 관하여 丙에게 다시 질권을 설정하여 주고 그 사실을 甲에게 통지하였다. 다음 설명 중 甲이 질권의 소멸을 주장하여 시계를 돌려받을 수 있는 경우는? 〈2012년 감정평가사〉

① 甲이 乙에게 500만 원을 변제한 경우
② 甲이 丙에게 300만 원을 변제한 경우
③ 甲이 丙에게 200만 원을 변제한 경우
④ 甲이 丙에게 300만 원을 변제하고 乙에게 200만원을 변제한 경우
⑤ 甲이 丙에게 200만 원을 변제하고 乙에게 300만원을 변제한 경우

해 설

④ (○) : 책임전질로서, 채무자가 통지를 받거나 승낙을 한 때에는 전질권자의 동의 없이 질권자에게 채무를 변제하여도 이로써 전질권자에게 대항하지 못한다(제337조 제2항). 따라서 대항요건이 갖추어진 이후에는 채무자가 원질권자에게 변제하더라도 전질권자에게 질물의 반환을 청구할 수 없으므로, 甲은 전질권자인 丙에게 먼저 300만 원을 변제하고 나머지 200만 원을 원질권자인 乙에게 변제해야 한다.

Ⅱ. 권리질권

15 권리질권에 관한 설명으로 옳지 않은 것은? (다툼이 있는 경우에는 판례에 의함) 〈2010년 변리사〉

① 저당권으로 담보한 채권을 질권의 목적으로 한 때에는 그 저당권등기에 질권의 부기등기를 하여야 그 효력이 저당권에 미친다.
② 지명채권을 목적으로 한 질권의 설정은 설정자가 제3채무자에게 질권설정의 사실을 확정일자 있는 증서로 통지하거나 제3채무자의 승낙이 없으면 제3채무자에게 대항하지 못한다.
③ 지시채권을 질권의 목적으로 한 질권의 설정은 증서에 배서하여 질권자에게 교부함으로써 그 효력이 생긴다.
④ 채권의 목적물이 금전 이외의 물건인 때에는 질권자는 그 변제받은 물건에 대하여 질권을 행사할 수 있다.
⑤ 채권질권자는 질권의 목적이 된 금전채권과 그에 대한 지연손해금을 피담보채권의 범위에 속하는 자기 채권액에 대한 부분에 한하여 직접 추심하여 자기 채권의 변제에 충당할 수 있다.

해 설

① (○) : 민법 제348조 참조

정답 14. ④ 15. ②

② (×) : 지명채권을 목적으로 한 질권의 설정은 설정자가 제450조의 규정에 의하여 제3채무자에게 질권설정의 사실을 통지하거나 제3채무자가 이를 승낙함이 아니면 이로써 제3채무자 기타 제3자에게 대항하지 못한다(제349조 제1항). 따라서 지명채권의 입질을 가지고 '제3채무자'에게 대항하기 위하여는 확정일자를 갖출 필요가 없으나, 제3채무자 이외의 '제3자'에게 대항하기 위해서는 확정일자 있는 증서에 의한 통지나 승낙이 필요하다(제450조).
③ (○) : 민법 제350조 참조
④ (○) : 민법 제353조 제4항 참조
⑤ (○) : 즉 질권의 목적이 된 채권이 금전채권인 때에는 질권자는 자기 채권의 한도에서 질권의 목적이 된 채권을 직접 청구할 수 있고, 채권질권의 효력은 질권의 목적이 된 채권의 지연손해금 등과 같은 부대채권에도 미치므로 채권질권자는 질권의 목적이 된 채권과 그에 대한 지연손해금채권을 피담보채권의 범위에 속하는 자기 채권액에 대한 부분에 한하여 직접 추심하여 자기 채권의 변제에 충당할 수 있다(대판 2005. 2. 25, 2003다40668).

16 **권리질권에 관한 설명으로 옳지 않은 것은?** 〈2012년 변리사〉

① 특허권은 권리질권의 목적이 될 수 있다.
② 권리질권에 물상대위가 인정된다.
③ 질권자는 질권의 목적이 된 채권을 직접 청구하여 질권을 실행할 수 있다.
④ 권리질권의 설정은 법률에 다른 규정이 없으면 그 권리의 양도에 관한 방법에 의하여야 한다.
⑤ 지시채권을 질권의 목적으로 한 질권의 설정은 증서에 배서하지 않더라도 질권자에게 교부함으로써 그 효력이 생긴다.

해 설

① (○) : 권리질권이란 동산 외의 재산권을 목적으로 하는 질권을 말하는데, 특허권과 같은 무체재산권도 권리질권의 목적이 될 수 있다(특허법; 특허권·전용실시권 또는 통상실시권을 목적으로 하는 질권을 설정한 때에는 질권자는 계약으로 특별히 정한 경우를 제외하고는 당해 특허발명을 실시할 수 없다).
② (○) : 민법 제355조(준용규정; 제342조) 참조
③ (○) : 민법 제353조 제1항 참조
④ (○) : 민법 제346조 참조
⑤ (×) : 지시채권의 입질은 증서에 배서하여 질권자에게 교부함으로써 효력이 인정된다(제350조).

17 **채무자 甲은 채권자 乙을 위하여 자신의 丙에 대한 금전채권에 대하여 질권을 설정하였다. 이에 관한 설명으로 옳은 것은? (다툼이 있으면 판례에 따름)** 〈2016년 변리사〉

① 甲이 질권의 목적인 채권을 양도하기 위해서는 乙의 동의를 요한다.
② 丙이 질권설정 사실을 승낙한 후 그 질권설정계약이 합의해지된 경우, 甲이 해지를 이유로 丙에게 원래의 채권으로 대항하려면 甲이 丙에게 해지 사실을 통지하여야 한다.
③ 甲과 丙이 질권의 목적된 권리를 소멸하게 하는 행위를 하였더라도 이는 乙에 대한 관계에 있어 무효일 뿐이어서 특별한 사정이 없는 한 乙 아닌 제3자가 그 무효의 주장을 할 수는 없다.
④ 甲에게 이미 변제한 丙이 착오로 乙에게 이의를 보류하지 아니하고 승낙하였다면, 乙에게 중과실이 있다고 하여도 丙은 변제로 乙에게 대항하지 못한다.
⑤ 乙이 丙에게 직접청구권을 행사하여 변제받은 경우, 입질채권의 발생원인인 계약관계가 무효였다

정답 16. ⑤ 17. ③

면 丙은 乙을 상대로 부당이득반환을 청구할 수 있다.

해 설

① (×) : 甲이 질권의 목적인 채권을 양도하기 위해 乙의 동의를 요하는 것은 아니다(대판 2005. 12. 22, 2003다55059).

② (×) : 권리질권의 설정은 그 권리의 양도에 관한 방법에 따른다(제346조). 따라서 丙이 질권설정 사실을 승낙한 후 그 질권설정계약이 합의해지된 경우, 甲이 해지를 이유로 丙에게 원래의 채권으로 대항하려면 '甲이 아닌 乙이' (제452조 참조) 丙에게 해지 사실을 통지하여야 한다.

③ (○) : 질권설정자는 질권자의 동의없이 질권의 대상이 된 권리를 소멸시키거나 질권자의 이익을 침해하는 변경을 할 수 없다(제352조). 따라서 질권자를 해하는 행위는 질권자에게 무효가 된다는 것이다. 그러므로 甲과 丙이 질권의 목적된 권리를 소멸하게 하는 행위를 하였더라도 이는 乙에 대한 관계에 있어 무효일 뿐이어서 특별한 사정이 없는 한 乙아닌 제3자가 그 무효의 주장을 할 수는 없다(대판 1997. 11. 11, 97다35375).

④ (×) : 甲에게 이미 변제한 丙이 착오로 乙에게 이의를 보류하지 아니하고 승낙하였다면, 乙에게 (악의 또는) 중과실이 있다면 丙은 변제로 乙에게 대항할 수 있다(대판 2002. 3. 29, 2000다13887).

⑤ (×) : 乙이 丙에게 직접청구권을 행사하여 변제받은 경우, 입질채권의 발생원인인 계약관계가 무효였다면 丙은 '乙이 아닌 甲'을 상대로 부당이득반환을 청구하여야 한다(대판 2015. 5. 29, 2012다92258).

18 **甲은 2018년 5월 1일 乙 소유 X아파트를 임차기간 2년, 임대차보증금 1억 5 천만 원에 임차하고 전입신고 후 살고 있다. 甲은 2019년 5월 30일 丙으로부터 변제기를 2020년 5월 30일로 하여 1억 원을 대출받으면서 임대차보증금반환채권에 대해 질권을 설정해 주었고, 乙도 이를 승낙하였다. 이에 관한 설명으로 옳지 않은 것은? (다툼이 있으면 판례에 따름)** 〈2020년 변리사〉

① 乙이 丙의 동의없이 甲에게 임대차보증금 반환채무를 변제하더라도 丙에게 대항할 수 없다.
② 丙은 甲이 변제기가 지나도 변제하지 않는 경우, 질권의 목적이 된 채권을 자기 채권의 한도에서 乙에게 직접 청구할 권리가 있다.
③ 甲이 질권의 목적인 임대차보증금반환채권을 제3자에게 양도하는 경우 丙의 동의를 요하지 않는다.
④ 乙이 丙의 동의 없이 자신의 1억 원의 채권으로 甲과 상계합의를 한 경우, 丙은 乙에게 직접 채무의 변제를 청구할 수 없다.
⑤ 乙이 丁에게 X아파트를 양도한 경우, 질권이 설정되어 있더라도 특별한 사정이 없는 한 丁이 임대차보증금반환채무를 면책적으로 인수한다.

해 설

① (○), ④ (×) : 타인에 대한 채무의 담보로 제3채무자에 대한 채권에 대하여 권리질권을 설정한 경우 질권설정자는 질권자의 동의 없이 질권의 목적된 권리를 소멸하게 하거나 질권자의 이익을 해하는 변경을 할 수 없다(민법 제352조). 이는 질권자가 질권의 목적인 채권의 교환가치에 대하여 가지는 배타적 지배권능을 보호하기 위한 것이다. 따라서 질권설정자가 제3채무자에게 질권설정의 사실을 통지하거나 제3채무자가 이를 승낙한 때에는 제3채무자가 질권자의 동의 없이 질권의 목적인 채무를 변제하더라도 이로써 질권자에게 대항할 수 없고, 질권자는 민법 제353조 제2항에 따라 여전히 제3채무자에 대하여 직접 채무의 변제를 청구할 수 있다. 제3채무자가 질권자의 동의 없이 질권설정자와 상계합의를 함으로써 질권의 목적인 채무를 소멸하게 한 경우에도 마찬가지로 질권자에게 대항할 수 없고, 질권자는 여전히 제3채무자에 대하여 직접 채무의 변제를 청구할 수 있다(대판 2018. 12. 27, 2016다265689).

정답 18. ④

② (○) : 제353조(질권의 목적이 된 채권의 실행방법) ① 질권자는 질권의 목적이 된 채권을 직접 청구할 수 있다. ② 채권의 목적물이 금전인 때에는 질권자는 자기채권의 한도에서 직접 청구할 수 있다.

③ (○) : 질권의 목적인 채권의 양도행위는 민법 제352조 소정의 질권자의 이익을 해하는 변경에 해당되지 않으므로 질권자의 동의를 요하지 아니한다(대판 2005. 12. 22, 2003다55059).

⑤ (○) : 구 주택임대차보호법 제3조 제3항은 같은 조 제1항이 정한 대항요건을 갖춘 임대차의 목적이 된 임대주택의 양수인은 임대인의 지위를 승계한 것으로 본다고 규정하고 있다. 이는 법률상의 당연승계 규정으로 보아야 하므로, 임대주택이 양도된 경우에 양수인은 주택의 소유권과 결합하여 임대인의 임대차계약상 권리·의무 일체를 그대로 승계한다. 그 결과 양수인이 임대차보증금반환채무를 면책적으로 인수하고, 양도인은 임대차관계에서 탈퇴하여 임차인에 대한 임대차보증금반환채무를 면하게 된다. 이는 임차인이 임대차보증금반환채권에 질권을 설정하고 임대인이 그 질권 설정을 승낙한 후에 임대주택이 양도된 경우에도 마찬가지라고 보아야 한다. 따라서 이 경우에도 임대인은 구 주택임대차법 제3조 제3항에 의해 임대차관계에서 탈퇴하고 임차인에 대한 임대차보증금반환채무를 면하게 된다(대판 2018. 6. 19, 2018다201610).

19 **채권질권에 관한 설명으로 옳지 않은 것은? (다툼이 있으면 판례에 따름)** 〈2021년 변리사〉

① 피담보채권액이 입질채권액보다 적은 경우에도 질권의 효력은 입질채권 전부에 미친다.

② 주택임차인이 보증금반환채권을 담보로 질권을 설정한 경우, 질권자에게 임대차계약서를 교부하지 않았더라도 그 질권은 유효하다.

③ 질권설정자가 제3채무자에게 질권설정 사실을 통지한 후 제3채무자가 질권자의 동의 없이 질권설정자와 상계합의를 하여 질권의 목적인 채무를 소멸하게 한 경우, 질권자는 제3채무자에 대하여 직접 채무의 변제를 청구할 수 있다.

④ 저당권부 채권에 질권을 설정한 경우에는 그 저당권등기에 질권의 부기등기를 하여야 질권의 효력이 저당권에 미친다.

⑤ 저당권부 채권에 질권을 설정하면서 그 저당권의 피담보채권만을 질권의 목적으로 하고 저당권은 질권의 목적으로 하지 않는 것은 저당권의 부종성에 반하여 허용되지 않는다.

해 설

① (○) : 유치권자(질권자)는 채권전부의 변제를 받을 때까지 유치물(질물) 전부에 대하여 그 권리를 행사할 수 있다(민법 제343조에 의하여 준용되는 제321조 : 담보물권의 불가분성).

② (○) : 민법 제347조는 채권을 질권의 목적으로 하는 경우에 채권증서가 있는 때에는 질권의 설정은 그 증서를 질권자에게 교부함으로써 효력이 생긴다고 규정하고 있다. 여기에서 말하는 '채권증서'는 장차 변제 등으로 채권이 소멸하는 경우에는 민법 제475조에 따라 채무자가 채권자에게 그 반환을 청구할 수 있는 것이어야 한다. 이에 비추어 임대차계약서와 같이 계약 당사자 쌍방의 권리의무관계의 내용을 정한 서면은 그 계약에 의한 권리의 존속을 표상하기 위한 것이라고 할 수는 없으므로 위 채권증서에 해당하지 않는다. 따라서 임대차보증금 반환채권에 관하여 질권을 설정받은 질권자는 임대차계약서를 교부받지 않았어도 임대차보증금 반환채권에 관한 질권설정의 효력에는 아무런 영향이 없다(대판 2013. 8. 22, 2013다32574).

③ (○) : 타인에 대한 채무의 담보로 제3채무자에 대한 채권에 대하여 권리질권을 설정한 경우 질권설정자는 질권자의 동의 없이 질권의 목적된 권리를 소멸하게 하거나 질권자의 이익을 해하는 변경을 할 수 없다(민법 제352조). 이는 질권자가 질권의 목적인 채권의 교환가치에 대하여 가지는 배타적 지배권능을 보호하기 위한 것이다. 따라서 질권설정자가 제3채무자에게 질권설정의 사실을 통지하거나 제3채무자가 이를 승낙한 때에는 제3채무자가 질권자의 동의 없이 질권의 목적인 채무를 변제하더라도 이로써 질권자에게 대항할 수 없고, 질권자

정답 19. ⑤

는 민법 제353조 제2항에 따라 여전히 제3채무자에 대하여 직접 채무의 변제를 청구할 수 있다. 제3채무자가 질권자의 동의 없이 질권설정자와 상계합의를 함으로써 질권의 목적인 채무를 소멸하게 한 경우에도 마찬가지로 질권자에게 대항할 수 없고, 질권자는 여전히 제3채무자에 대하여 직접 채무의 변제를 청구할 수 있다(대판 2018. 12. 27, 2016다265689).

④ (○) : 저당권으로 담보한 채권을 질권의 목적으로 한 때에는 그 저당권등기에 질권의 부기등기를 하여야 그 효력이 저당권에 미친다(민법 제348조).

⑤ (×) : 민법 제361조는 "저당권은 그 담보한 채권과 분리하여 타인에게 양도하거나 다른 채권의 담보로 하지 못한다."라고 정하고 있을 뿐 피담보채권을 저당권과 분리해서 양도하거나 다른 채권의 담보로 하지 못한다고 정하고 있지 않다. 채권담보라고 하는 저당권 제도의 목적에 비추어 특별한 사정이 없는 한 피담보채권의 처분에는 저당권의 처분도 당연히 포함된다고 볼 것이지만, 피담보채권의 처분이 있으면 언제나 저당권도 함께 처분된다고는 할 수 없다. 따라서 저당권으로 담보된 채권에 질권을 설정한 경우 원칙적으로는 저당권이 피담보채권과 함께 질권의 목적이 된다고 보는 것이 합리적이지만, 질권자와 질권설정자가 피담보채권만을 질권의 목적으로 하고 저당권은 질권의 목적으로 하지 않는 것도 가능하고 이는 저당권의 부종성에 반하지 않는다. 이는 저당권과 분리해서 피담보채권만을 양도한 경우 양도인이 채권을 상실하여 양도인 앞으로 된 저당권이 소멸하게 되는 것과 구별된다(대판 2020. 4. 29, 2016다235411).

[참고지문] 민법 제361조는 "저당권은 그 담보한 채권과 분리하여 타인에게 양도하거나 다른 채권의 담보로 하지 못한다."라고 정하고 있을 뿐 피담보채권을 저당권과 분리해서 양도하거나 다른 채권의 담보로 하지 못한다고 정하고 있지 않다. 채권담보라고 하는 저당권 제도의 목적에 비추어 특별한 사정이 없는 한 피담보채권의 처분에는 저당권의 처분도 당연히 포함된다고 볼 것이지만, 피담보채권의 처분이 있으면 언제나 저당권도 함께 처분된다고는 할 수 없다(○). 〈2021년 법무사〉

20 질권에 관한 설명으로 옳은 것은? (다툼이 있으면 판례에 따름) 〈2022년 변리사〉

① 질권설정을 위한 인도는 현실의 인도에 한하지 않고 점유개정의 방법에 의하더라도 무방하다.
② 질권은 다른 약정이 없는 한 피담보채권의 원본, 이자, 위약금, 질권실행의 비용 뿐 아니라 질물보존의 비용 및 채무불이행 또는 질물의 하자로 인한 손해배상채권도 담보한다.
③ 담보가 없는 채권에 질권을 설정한 다음 그 채권을 담보하기 위해 저당권이 설정된 경우, 저당권등기에 질권의 부기등기 없이도 저당권의 부종성으로 인해 질권의 효력은 저당권에 미친다.
④ 채권질권 설정 후 채권질권설정자인 채권자가 질권자의 동의 없이 입질채권의 채무자와 상계합의를 하였다면 질권자는 그 입질채권의 채무자에게 자신의 질권을 주장할 수 없다.
⑤ 질권의 목적인 채권의 양도행위는 질권자의 이익을 해하는 변경에 해당하므로 그 양도에는 질권자의 동의를 요한다.

해설

① (×) : 질권자는 설정자로 하여금 질물의 점유를 하게 하지 못한다(민법 제332조). ☞ 법률행위에 의한 동산물권변동의 공시방법인 '인도'에는 '현실인도·간이인도·점유개정·목적물반환청구권의 양도'의 4가지가 있는데(제188조~제190조), 이 중 점유개정의 방법에 의한 질권 설정은 민법 제332조에 의하여 허용되지 않는다.

② (○) : 질권은 원본, 이자, 위약금, 질권실행의 비용, 질물보존의 비용 및 채무불이행 또는 질물의 하자로 인한 손해배상의 채권을 담보한다. 그러나 다른 약정이 있는 때에는 그 약정에 의한다(민법 제334조).

정답 20. ②

[보충지문] 질권은 원본, 이자, 위약금, 질권실행의 비용, 질물보존의 비용 및 채무불이행 또는 질물의 하자로 인한 손해배상의 채권을 담보한다. 그러나 다른 약정이 있는 때에는 그 약정에 의한다(○).
〈2022년 법무사〉

③ (×) : 민법 제348조의 입법 취지에 비추어 보면, '담보가 없는 채권에 질권을 설정한 다음 그 채권을 담보하기 위해서 저당권을 설정한 경우'에도 '저당권으로 담보한 채권에 질권을 설정한 경우'와 달리 볼 이유가 없다. 또한 담보가 없는 채권에 질권을 설정한 다음 그 채권을 담보하기 위해 저당권을 설정한 경우에, 당사자 간 약정 등 특별한 사정이 있는 때에는 저당권이 질권의 목적이 되지 않을 수 있으므로, 질권의 효력이 저당권에 미치기 위해서는 질권의 부기등기를 하도록 함으로써 이를 공시할 필요가 있다. 따라서 담보가 없는 채권에 질권을 설정한 다음 그 채권을 담보하기 위해 저당권이 설정되었더라도, 민법 제348조가 유추적용되어 저당권설정등기에 질권의 부기등기를 하지 않으면 질권의 효력이 저당권에 미친다고 볼 수 없다(대판 2020. 4. 29, 2016다235411).

④ (×) : 타인에 대한 채무의 담보로 제3채무자에 대한 채권에 대하여 권리질권을 설정한 경우 질권설정자는 질권자의 동의 없이 질권의 목적된 권리를 소멸하게 하거나 질권자의 이익을 해하는 변경을 할 수 없다(민법 제352조). 따라서 질권설정자가 제3채무자에게 질권설정의 사실을 통지하거나 제3채무자가 이를 승낙한 때에는 제3채무자가 질권자의 동의 없이 질권의 목적인 채무를 변제하더라도 이로써 질권자에게 대항할 수 없고, 질권자는 민법 제353조 제2항에 따라 여전히 제3채무자에 대하여 직접 채무의 변제를 청구할 수 있다. 제3채무자가 질권자의 동의 없이 질권설정자와 상계합의를 함으로써 질권의 목적인 채무를 소멸하게 한 경우에도 마찬가지로 질권자에게 대항할 수 없고, 질권자는 여전히 제3채무자에 대하여 직접 채무의 변제를 청구할 수 있다(대판 2018. 12. 27, 2016다265689).

⑤ (×) : 질권의 목적인 채권의 양도행위는 민법 제352조 소정의 질권자의 이익을 해하는 변경에 해당되지 않으므로 질권자의 동의를 요하지 아니한다(대판 2005. 12. 22, 2003다55059).

21 **甲은 2021. 3. 6. 乙로부터 X주택을 보증금 10억 원에 임차하였고, 2021. 3. 13. 丙으로부터 6억 원을 대출받으면서 보증금반환채권 중 8억 원에 대하여 질권을 설정해 주었으며, 乙은 이를 승낙하였다. 乙은 2022. 6. 30. 甲에게 X주택을 15억 원에 매도하면서, 甲으로부터 보증금을 제외한 잔액을 지급받고서 소유권이전등기절차를 마쳐주었다. 이에 관한 설명으로 옳은 것을 모두 고른 것은? (다툼이 있으면 판례에 따름)** 〈2023년 변리사〉

ㄱ. 甲이 보증금반환채권에 대하여 질권을 설정하기 위해서는 질권설정의 합의와 함께 임대차계약서를 교부하여야 한다.
ㄴ. 甲과 乙이 丙의 동의 없이 매매대금과 보증금반환채권을 상계한 것은 질권의 목적인 채무를 소멸하게 한 경우에 해당한다.
ㄷ. 만약 甲이 2021. 4. 20. 보증금반환채권을 담보하기 위하여 X주택에 대한 근저당권을 설정 받았다면, 丙이 가진 질권의 효력은 당연히 근저당권에도 미친다.
ㄹ. 乙이 X주택을 임차인인 甲에게 매도하였지만, 丙은 乙에게 직접 채무의 변제를 청구할 수 있다.

① ㄱ, ㄴ ② ㄱ, ㄷ ③ ㄱ, ㄹ ④ ㄴ, ㄷ ⑤ ㄴ, ㄹ

정답 21. ⑤

해 설

ㄱ. (×) : 민법 제347조는 채권을 질권의 목적으로 하는 경우에 채권증서가 있는 때에는 질권의 설정은 그 증서를 질권자에게 교부함으로써 효력이 생긴다고 규정하고 있다. 여기에서 말하는 '채권증서'는 장차 변제 등으로 채권이 소멸하는 경우에는 민법 제475조에 따라 채무자가 채권자에게 그 반환을 청구할 수 있는 것이어야 한다. 이에 비추어 임대차계약서와 같이 계약 당사자 쌍방의 권리의무관계의 내용을 정한 서면은 그 계약에 의한 권리의 존속을 표상하기 위한 것이라고 할 수는 없으므로 위 채권증서에 해당하지 않는다. 따라서 임대차보증금 반환채권에 관하여 질권을 설정받은 질권자는 임대차계약서를 교부받지 않았어도 임대차보증금 반환채권에 관한 질권설정의 효력에는 아무런 영향이 없다(대판 2013. 8. 22, 2013다32574).

ㄴ. (○), ㄹ. (○) : [1] 구 주택임대차보호법(2013. 8. 13. 법률 제12043호로 개정되기 전의 것, 이하 같다) 제3조 제1항에 따라 대항력을 갖춘 임차인이 있는 경우 같은 조 제3항에 따라 임차주택의 양수인은 임대인의 지위를 승계한 것으로 본다. 그 결과 임차주택의 양수인은 임대차보증금반환채무를 면책적으로 인수하고, 양도인은 임대차관계에서 탈퇴하여 임차인에 대한 임대차보증금반환채무를 면하게 된다. 그러나 임차주택의 양수인에게 대항할 수 있는 임차권자라도 스스로 임대차관계의 승계를 원하지 아니할 때에는 승계되는 임대차관계의 구속을 면할 수 있다고 보아야 하므로, 임대차기간의 만료 전에 임대인과 합의에 의하여 임대차계약을 해지하고 임대인으로부터 임대차보증금을 반환받을 수 있으며, 이러한 경우 임차주택의 양수인은 임대인의 지위를 승계하지 아니한다. [2] 타인에 대한 채무의 담보로 제3채무자에 대한 채권에 대하여 권리질권을 설정한 경우 질권설정자는 질권자의 동의 없이 질권의 목적된 권리를 소멸하게 하거나 질권자의 이익을 해하는 변경을 할 수 없다(민법 제352조). 이는 질권자가 질권의 목적인 채권의 교환가치에 대하여 가지는 배타적 지배권능을 보호하기 위한 것이다. 따라서 질권설정자가 제3채무자에게 질권설정의 사실을 통지하거나 제3채무자가 이를 승낙한 때에는 제3채무자가 질권자의 동의 없이 질권의 목적인 채무를 변제하더라도 이로써 질권자에게 대항할 수 없고, 질권자는 민법 제353조 제2항에 따라 여전히 제3채무자에 대하여 직접 채무의 변제를 청구할 수 있다. **제3채무자가 질권자의 동의 없이 질권설정자와 상계합의**를 함으로써 질권의 목적인 채무를 소멸하게 한 경우에도 마찬가지로 **질권자에게 대항할 수 없고**, 질권자는 여전히 제3채무자에 대하여 직접 채무의 변제를 청구할 수 있다(대판 2018. 12. 27, 2016다265689). ☞ 대항력을 갖춘 임차인인 甲은 임대인인 乙로부터 이 사건 아파트를 매수하면서 그와 동시에 임대차계약을 해지하고 매매대금채권과 보증금반환채권을 상계하기로 합의하였다고 할 것이므로 甲이 임대인의 지위를 승계하는 것이 아니다. 나아가 乙은 질권설정의 제3채무자로서 질권설정을 승낙하였으므로 乙이 질권자인 丙의 동의 없이 질권설정자인 甲과 상계합의를 함으로써 질권의 목적인 이 사건 아파트에 관한 임대차보증금반환채무를 소멸하게 하였더라도 이로써 丙에게 대항할 수 없고, 丙은 여전히 乙에 대하여 직접 임대차보증금의 반환을 청구할 수 있다.

> **[비교판례]** 임대주택이 양도된 경우에 양수인은 주택의 소유권과 결합하여 임대인의 임대차계약상 권리·의무 일체를 그대로 승계한다. 그 결과 양수인이 임대차보증금반환채무를 면책적으로 인수하고, 양도인은 임대차관계에서 탈퇴하여 임차인에 대한 임대차보증금반환채무를 면하게 된다. 이는 임차인이 임대차보증금 반환채권에 질권을 설정하고 임대인이 그 질권 설정을 승낙한 후에 임대주택이 양도된 경우에도 마찬가지라고 보아야 한다. 따라서 이 경우에도 임대인은 구 주택임대차법 제3조 제3항에 의해 임대차관계에서 탈퇴하고 임차인에 대한 임대차보증금반환채무를 면하게 된다(대판 2018. 6. 19, 2018다201610). ☞ 이 비교판례를 생각하고 틀린 지문으로 오해하기 쉬우므로 주의해야 한다. 임대인 지위가 승계되는 사안이라면 이 비교판례에 해당될 수 있겠지만, 판례는 지문과 같은 사안의 경우 임대차기간의 만료 전에 임대인과 합의에 의하여 임대차계약을 해지하여 임대인의 지위를 승계하지 아니한다고 하였다.

ㄷ. (×) : 민법 제348조는 저당권설정등기에 질권의 부기등기를 한 때에만 질권의 효력이 저당권에 미치도록 한 것이다. 이는 민법 제186조에서 정하는 물권변동에 해당한다. 이러한 민법 제348조의 입법 취지에 비추어 보면, '담보가 없는 채권에 질권을 설정한 다음 그 채권을 담보하기 위해서 저당권을 설정한 경우'에도 '저당권으

로 담보한 채권에 질권을 설정한 경우'와 달리 볼 이유가 없다. 또한 담보가 없는 채권에 질권을 설정한 다음 그 채권을 담보하기 위해 저당권을 설정한 경우에, 당사자 간 약정 등 특별한 사정이 있는 때에는 저당권이 질권의 목적이 되지 않을 수 있으므로, 질권의 효력이 저당권에 미치기 위해서는 질권의 부기등기를 하도록 함으로써 이를 공시할 필요가 있다. 따라서 **담보가 없는 채권에 질권을 설정한 다음 그 채권을 담보하기 위해 저당권이 설정**되었더라도, 민법 제348조가 유추적용되어 저당권설정등기에 **질권의 부기등기를 하지 않으면 질권의 효력이 저당권에 미친다고 볼 수 없다**(대판 2020. 4. 29, 2016다235411).

22 **민법상 질권에 관한 설명으로 옳지 않은 것은? (다툼이 있으면 판례에 따름)** 〈2024년 변리사〉

① 동산질권은 선의취득의 대상이 될 수 있다.
② 저당권으로 담보한 채권을 질권의 목적으로 한 때에는 그 저당권등기에 질권의 부기등기를 하여야 그 효력이 저당권에 미친다.
③ 근질권이 설정된 금전채권에 대하여 제3자의 압류로 강제집행절차가 개시된 경우, 근질권의 피담보채권은 근질권자가 그 강제집행이 개시된 사실을 알게 된 때에 확정된다.
④ 채무자의 부탁으로 그의 채무를 담보하기 위하여 자기 소유의 동산에 질권을 설정한 자는 그 채무의 이행기가 도래한 때 채무자에게 미리 구상권을 행사할 수 있다.
⑤ 질물의 변형물인 금전 기타 물건에 대하여 이미 제3자가 압류한 경우, 질권자 스스로 이를 압류하지 않아도 물상대위권을 행사할 수 있다.

해 설

① (○) : 질권설정자에게 목적물에 관한 처분권이 없는 경우에도 상대방은 선의취득의 요건을 갖춘 때에는 질권을 선의취득한다(민법 제343조에 의하여 준용되는 민법 제249조 내지 제251조). ☞ 참고로 우리 민법상 선의취득이 가능한 권리는 동산의 소유권과 질권이다.

② (○) : 저당권으로 담보한 채권을 질권의 목적으로 한 때에는 그 저당권등기에 질권의 부기등기를 하여야 그 효력이 저당권에 미친다(민법 제348조).

③ (○) : 근질권이 설정된 금전채권에 대하여 제3자의 압류로 강제집행절차가 개시된 경우 근질권의 피담보채권은 근질권자가 위와 같은 강제집행이 개시된 사실을 알게 된 때에 확정된다고 봄이 타당하다(대판 2009. 10. 15, 2009다43621).

> **[비교판례]** 후순위 근저당권자가 경매를 신청한 경우 선순위 근저당권의 피담보채권은 그 근저당권이 소멸하는 시기, 즉 경락인이 경락대금을 완납한 때에 확정된다고 보아야 한다(대판 1999. 9. 21, 99다26085).

④ (×) : 원칙적으로 수탁보증인의 사전구상권에 관한 민법 제442조는 물상보증인에게 적용되지 아니하고 물상보증인은 사전구상권을 행사할 수 없다(대판 2009. 7. 23, 2009다19802,19819).

⑤ (○) : 저당목적물의 변형물인 금전 기타 물건에 대하여 이미 제3자가 압류하여 그 금전 또는 물건이 특정된 이상 저당권자는 스스로 이를 압류하지 않고서도 물상대위권을 행사할 수 있다(대판 1996. 7. 12, 96다21058).

23 **甲은 乙에 대하여 1억 원의 대여금채권을 가지고 있다. 위 대여금채권을 담보할 목적으로 乙은 丙에 대하여 갖고 있던 1억 원의 매매대금채권에 관하여 甲에게 채권질권을 설정하여 주었고 丙은 이를 승낙하였다. 甲은 양 채권의 변제기가 도래한 후 丙을 상대로 채권질권을 실행하고자 한다. 이에 관한 설명 중 옳은 것을 모두 고른 것은? (각 지문은 독립적이며, 다툼이 있는 경우 판례에 의함)** 〈2018년 변호사시험〉

정답 22. ④ 23. ②

ㄱ. 甲이 丙을 상대로 매매대금채권을 직접 청구함에 대하여 乙이 동의하지 않으면 甲은 「민사집행법」에서 정한 절차에 따라 추심해야 한다.
ㄴ. 甲이 「민사집행법」에 따라 매매대금채권에 대하여 압류 및 전부명령을 받기 위해서는 위 대여금채권에 관한 확정판결 등 집행권원은 필요하지 않다.
ㄷ. 甲의 직접 청구에 따라 丙이 甲에게 1억 원을 지급하였는데 후일 乙의 丙에 대한 위 매매대금채권이 부존재한 것으로 밝혀진 경우, 丙은 甲에 대하여 부당이득반환을 청구할 수 있다.

① ㄱ ② ㄴ ③ ㄷ ④ ㄱ, ㄴ ⑤ ㄴ, ㄷ

해 설

ㄱ. (×) 민법 제353조 : ① 질권자는 질권의 목적이 된 채권을 직접 청구할 수 있다. ② 채권의 목적물이 금전인 때에는 질권자는 자기채권의 한도에서 직접 청구할 수 있다. ☞ 질권설정자(乙)의 동의는 필요 없다.
ㄴ. (○) 민법 제354조 : 질권자는 전조의 규정에 의하는 외에 민사집행법에 정한 집행방법에 의하여 질권을 실행할 수 있다. ☞ 담보권의 실행으로서 집행권원은 필요 없다(민사집행법 제273조).
ㄷ. (×) : [1] 금전채권의 질권자가 민법 제353조 제1항, 제2항에 의하여 자기채권의 범위 내에서 직접청구권을 행사하는 경우 질권자는 '질권설정자의 대리인'과 같은 지위에서 입질채권을 추심하여 자기채권의 변제에 충당하고 그 한도에서 질권설정자에 의한 변제가 있었던 것으로 보므로, 위 범위 내에서는 제3채무자의 질권자에 대한 금전지급으로써 제3채무자의 질권설정자에 대한 급부가 이루어질 뿐만 아니라 질권설정자의 질권자에 대한 급부도 이루어진다. 이러한 경우 입질채권의 발생원인인 계약관계에 무효 등의 흠이 있어 입질채권이 부존재한다고 하더라도 제3채무자는 특별한 사정이 없는 한 상대방 계약당사자인 질권설정자에 대하여 부당이득반환을 구할 수 있을 뿐이고 질권자를 상대로 직접 부당이득반환을 구할 수 없다. 이와 달리 제3채무자가 질권자를 상대로 직접 부당이득반환청구를 할 수 있다고 보면 자기 책임하에 체결된 계약에 따른 위험을 제3자인 질권자에게 전가하는 것이 되어 계약법의 원리에 반하는 결과를 초래할 뿐만 아니라 질권자가 질권설정자에 대하여 가지는 항변권 등을 침해하게 되어 부당하기 때문이다. [2] 질권자가 제3채무자로부터 자기채권을 초과하여 금전을 지급받은 경우 초과 지급 부분에 관하여는 제3채무자의 질권설정자에 대한 급부와 질권설정자의 질권자에 대한 급부가 있다고 볼 수 없으므로, 제3채무자는 특별한 사정이 없는 한 질권자를 상대로 초과 지급 부분에 관하여 부당이득반환을 구할 수 있지만, 부당이득반환청구의 상대방이 되는 수익자는 실질적으로 그 이익이 귀속된 주체이어야 하는데, 질권자가 초과 지급 부분을 질권설정자에게 그대로 반환한 경우에는 초과 지급 부분에 관하여 질권설정자가 실질적 이익을 받은 것이지 질권자로서는 실질적 이익이 없다고 할 것이므로, 제3채무자는 질권자를 상대로 초과 지급 부분에 관하여 부당이득반환을 구할 수 없다(대판 2015. 5. 29, 2012다92258).

24 **채권질권에 관한 설명으로 옳지 않은 것은? (다툼이 있는 경우 판례에 의함)** 〈2019년 변호사시험〉

① 질권자는 질권의 목적이 된 채권과 그에 대한 지연손해금채권을 피담보채권의 범위에 속하는 자기채권액에 대한 부분에 한하여 직접 추심하여 자기 채권의 변제에 충당할 수 있다.
② 질권자가 제3채무자로부터 자기 채권을 초과한 금전을 지급받아 초과수령한 부분에 관하여 그 부분을 질권설정자에게 그대로 반환하였더라도, 질권자는 제3채무자에 대하여 부당이득반환의무를 부담한다.
③ 「주택임대차보호법」상 대항력을 갖춘 임차인이 임대차보증금반환채권에 질권을 설정하고 임대인

정답 24. ②

이 그 질권 설정을 승낙한 후 임대주택이 양도된 경우에는 임대인은 임대차관계에서 탈퇴하고 임차인에 대한 임대차보증금반환채무를 면하게 된다.

④ 질권의 목적인 채권의 양도행위는 특별한 사정이 없는 한 질권자의 이익을 해하는 변경에 해당되지 않으므로 질권자의 동의를 요하지 않는다.

⑤ 제3채무자가 질권설정 사실을 승낙한 후 질권자가 제3채무자에게 질권설정계약의 합의해지 사실을 통지하였다면, 그 계약이 아직 해지되지 아니하였다고 하더라도 선의인 제3채무자는 질권설정자에게 대항할 수 있는 사유로 질권자에게 대항할 수 있다.

해 설

① (○) : 질권의 목적이 된 채권이 금전채권인 때에는 질권자는 자기채권의 한도에서 질권의 목적이 된 채권을 직접 청구할 수 있고, 채권질권의 효력은 질권의 목적이 된 채권의 지연손해금 등과 같은 부대채권에도 미치므로 채권질권자는 질권의 목적이 된 채권과 그에 대한 지연손해금채권을 피담보채권의 범위에 속하는 자기채권액에 대한 부분에 한하여 직접 추심하여 자기채권의 변제에 충당할 수 있다(대판 2005. 2. 25, 2003다40668).

② (×) : [1] 금전채권의 질권자가 민법 제353조 제1항, 제2항에 의하여 자기채권의 범위 내에서 직접청구권을 행사하는 경우 질권자는 질권설정자의 대리인과 같은 지위에서 입질채권을 추심하여 자기채권의 변제에 충당하고 그 한도에서 질권설정자에 의한 변제가 있었던 것으로 보므로, 위 범위 내에서는 제3채무자의 질권자에 대한 금전지급으로써 제3채무자의 질권설정자에 대한 급부가 이루어질 뿐만 아니라 질권설정자의 질권자에 대한 급부도 이루어진다. 이러한 경우 입질채권의 발생원인인 계약관계에 무효 등의 흠이 있어 입질채권이 부존재한다고 하더라도 제3채무자는 특별한 사정이 없는 한 상대방 계약당사자인 질권설정자에 대하여 부당이득반환을 구할 수 있을 뿐이고 질권자를 상대로 직접 부당이득반환을 구할 수 없다. 이와 달리 제3채무자가 질권자를 상대로 직접 부당이득반환청구를 할 수 있다고 보면 자기 책임하에 체결된 계약에 따른 위험을 제3자인 질권자에게 전가하는 것이 되어 계약법의 원리에 반하는 결과를 초래할 뿐만 아니라 질권자가 질권설정자에 대하여 가지는 항변권 등을 침해하게 되어 부당하기 때문이다. [2] 질권자가 제3채무자로부터 자기채권을 초과하여 금전을 지급받은 경우 초과 지급 부분에 관하여는 제3채무자의 질권설정자에 대한 급부와 질권설정자의 질권자에 대한 급부가 있다고 볼 수 없으므로, 제3채무자는 특별한 사정이 없는 한 질권자를 상대로 초과 지급 부분에 관하여 부당이득반환을 구할 수 있지만, 부당이득반환청구의 상대방이 되는 수익자는 실질적으로 그 이익이 귀속된 주체이어야 하는데, 질권자가 초과 지급 부분을 질권설정자에게 그대로 반환한 경우에는 초과 지급 부분에 관하여 질권설정자가 실질적 이익을 받은 것이지 질권자로서는 실질적 이익이 없다고 할 것이므로, 제3채무자는 질권자를 상대로 초과 지급 부분에 관하여 부당이득반환을 구할 수 없다(대판 2015. 5. 29, 2012다92258).

③ (○) : 구 주택임대차보호법(2013. 8. 13. 법률 제12043호로 개정되기 전의 것, 이하 '구 주택임대차법'이라고 한다) 제3조 제3항은 같은 조 제1항이 정한 대항요건을 갖춘 임대차의 목적이 된 임대주택의 양수인은 임대인의 지위를 승계한 것으로 본다고 규정하고 있다. 이는 법률상의 당연승계 규정으로 보아야 하므로, 임대주택이 양도된 경우에 양수인은 주택의 소유권과 결합하여 임대인의 임대차계약상 권리·의무 일체를 그대로 승계한다. 그 결과 양수인이 임대차보증금반환채무를 면책적으로 인수하고, 양도인은 임대차관계에서 탈퇴하여 임차인에 대한 임대차보증금반환채무를 면하게 된다. 이는 임차인이 임대차보증금반환채권에 질권을 설정하고 임대인이 그 질권설정을 승낙한 후에 임대주택이 양도된 경우에도 마찬가지라고 보아야 한다. 따라서 이 경우에도 임대인은 구 주택임대차법 제3조 제3항에 의해 임대차관계에서 탈퇴하고 임차인에 대한 임대차보증금반환채무를 면하게 된다(대판 2018. 6. 19, 2018다201610).

④ (○) : 질권의 목적인 채권의 양도행위는 민법 제352조 소정의 질권자의 이익을 해하는 변경에 해당되지 않으므로 질권자의 동의를 요하지 아니한다(대판 2005. 12. 22, 2003다55059).

⑤ (○) : 제3채무자가 질권설정 사실을 승낙한 후 질권설정계약이 합의해지된 경우 질권설정자가 해지를 이유로 제3채무자에게 원래의 채권으로 대항하려면 질권자가 제3채무자에게 해지 사실을 통지하여야 하고, 만일 질권자가 제3채무자에게 질권설정계약의 해지 사실을 통지하였다면, 설사 아직 해지가 되지 아니하였다고 하더라도 선의인 제3채무자는 질권설정자에게 대항할 수 있는 사유로 질권자에게 대항할 수 있다고 봄이 타당하다. 그리고 위와 같은 해지 통지가 있었다면 해지 사실은 추정되고, 그렇다면 해지 통지를 믿은 제3채무자의 선의 또한 추정된다고 볼 것이어서 제3채무자가 악의라는 점은 선의를 다투는 질권자가 증명할 책임이 있다(대판 2014. 4. 10, 2013다76192).

25 **甲이 乙에 대한 임대차보증금반환채권에 관하여 丙에 대한 금전채무의 담보를 위하여 丙과 질권설정계약을 체결하고 이 사실을 확정일자 있는 증서로 乙에게 통지하였다. 이에 관한 설명 중 옳은 것(○)과 옳지 않은 것(×)을 올바르게 조합한 것은? (각 지문은 독립적이며, 다툼이 있는 경우 판례에 의함)** 〈2024년 변호사시험〉

ㄱ. 甲이 저당권으로 담보되는 임대차보증금반환채권에 대하여 丙에게 질권을 설정한 경우, 질권의 부기등기에 채권의 지연손해금을 별도로 기재하지 않았다면, 이는 저당권부 질권의 피담보채권 범위에 포함되지 않는다.
ㄴ. 乙이 丙의 동의 없이 甲에 대한 채권을 가지고 임대차보증금반환채권과 상계합의를 하여 소멸하게 한 경우라도 丙은 여전히 乙에게 직접 채무의 변제를 청구할 수 있다.
ㄷ. 甲의 임대차보증금반환채권에 대하여 甲의 일반채권자 丁의 신청으로 압류 및 전부명령이 내려진 경우, 그 명령이 乙에게 송달된 날보다 먼저 丙이 확정일자 있는 증서로 대항요건을 갖추었다면, 乙은 丁에게 변제했음을 들어 丙에게 대항할 수 없다.
ㄹ. 甲이 丙에게 질권을 설정해 준 후 甲의 임대차보증금반환채권을 담보하기 위하여 乙 소유 부동산에 저당권을 설정한 경우, 丙이 위 저당권설정등기에 질권의 부기등기를 하지 않았다면 질권의 효력이 저당권에 미치지 아니한다.

① ㄱ(○), ㄴ(○), ㄷ(×), ㄹ(×)
② ㄱ(○), ㄴ(×), ㄷ(○), ㄹ(×)
③ ㄱ(○), ㄴ(×), ㄷ(×), ㄹ(○)
④ ㄱ(×), ㄴ(○), ㄷ(○), ㄹ(○)
⑤ ㄱ(×), ㄴ(○), ㄷ(○), ㄹ(×)

해설

ㄱ. (×) : 민법 제355조의 규정에 의하여 권리질권에 준용되는 민법 제334조 전문은 '질권은 원본, 이자, 위약금, 질권실행의 비용, 질물보존의 비용 및 채무불이행 또는 질물의 하자로 인한 손해배상의 채권을 담보한다.'고 정하고 있다. 부동산등기법 제76조 제1항은 등기관이 민법 제348조에 따라 저당권부 채권에 대한 질권의 등기를 할 때에는 부동산등기법 제48조에서 규정한 사항 외에 '채권액 또는 채권최고액, 채무자의 성명 또는 명칭과 주소 또는 사무소 소재지, 변제기와 이자의 약정이 있는 경우에는 그 내용'을 기록하여야 한다고 정하고 있어 채권의 지연손해금을 등기사항으로 정하고 있지 않다. 이러한 사정에 비추어 보면, **채권의 지연손해금을 별도로 등기부에 기재하지 않았더라도 근저당권부 질권의 피담보채권의 범위가 등기부에 기재된 약정이자에 한정된다고 볼 수 없다**(대판 2023. 1. 12, 2020다296840).

ㄴ. (○) : 질권설정자가 제3채무자에게 질권설정의 사실을 통지하거나 제3채무자가 이를 승낙한 때에는 제3채무자가 질권자의 동의 없이 질권의 목적인 채무를 변제하더라도 이로써 질권자에게 대항할 수 없고, 질권자는

정답 25. ④

민법 제353조 제2항에 따라 여전히 제3채무자에 대하여 직접 채무의 변제를 청구할 수 있다. 제3채무자가 질권자의 동의 없이 질권설정자와 상계합의를 함으로써 질권의 목적인 채무를 소멸하게 한 경우에도 마찬가지로 질권자에게 대항할 수 없고, 질권자는 여전히 제3채무자에 대하여 직접 채무의 변제를 청구할 수 있다(대법원 2018. 12. 27, 2016다265689).

ㄷ. (○) : 질권설정자가 민법 제349조 제1항에 따라 제3채무자에게 질권이 설정된 사실을 통지하거나 제3채무자가 이를 승낙한 때에는 제3채무자가 질권자의 동의 없이 질권의 목적인 채무를 변제하더라도 질권자에게 대항할 수 없고, 질권자는 여전히 제3채무자에게 직접 채무의 변제를 청구할 수 있다. 질권의 목적인 채권에 대하여 **질권설정자의 일반채권자의 신청으로 압류·전부명령이 내려진 경우**에도 **그 명령이 송달된 날보다 먼저 질권자가 확정일자 있는 문서에 의해 민법 제349조 제1항에서 정한 대항요건을 갖추었다면**, 전부채권자는 질권이 설정된 채권을 이전받을 뿐이고 제3채무자는 전부채권자에게 변제했음을 들어 질권자에게 대항할 수 없다(대판 2022. 3. 31, 2018다21326).

ㄹ. (○) : 민법 제348조의 입법 취지에 비추어 보면, '담보가 없는 채권에 질권을 설정한 다음 그 채권을 담보하기 위해서 저당권을 설정한 경우'에도 '저당권으로 담보한 채권에 질권을 설정한 경우'와 달리 볼 이유가 없다. 또한 담보가 없는 채권에 질권을 설정한 다음 그 채권을 담보하기 위해 저당권을 설정한 경우에, 당사자 간 약정 등 특별한 사정이 있는 때에는 저당권이 질권의 목적이 되지 않을 수 있으므로, 질권의 효력이 저당권에 미치기 위해서는 질권의 부기등기를 하도록 함으로써 이를 공시할 필요가 있다. 따라서 **담보가 없는 채권에 질권을 설정한 다음 그 채권을 담보하기 위해 저당권이 설정**되었더라도, 민법 제348조가 유추적용되어 저당권설정등기에 질권의 부기등기를 하지 않으면 질권의 효력이 저당권에 미친다고 볼 수 없다(대판 2020. 4. 29, 2016다235411).

보충지문

26 은행이 대출채권의 담보로 자기에 대한 예금채권을 질권의 목적으로 하는 경우와 같이, 질권자 자신에 대한 채권도 질권의 대상이 된다. 〈2008년 감정평가사〉

해 설 질권자 자신에 대한 채권에 관해서도 채권질권은 성립할 수 있다. 예컨대 은행이 자기에 대한 예금채권을 질권의 목적으로 잡거나, 보험회사가 자기에 대한 보험금청구권을 질권의 목적으로 하여 금융을 주는 예가 여기에 해당한다.

27 전세권은 질권의 목적으로 할 수 없다. 〈2005년 감정평가사〉

해 설 제345조(권리질권의 목적) 질권은 재산권을 그 목적으로 할 수 있다. 그러나 부동산의 사용, 수익을 목적으로 하는 권리는 그러하지 아니하다. ☞ 따라서 전세권은 질권의 목적으로 할 수 없다. 전세권에 담보를 설정하려면 저당권을 설정해야 한다(민법 제371조).

28-1 지명채권에 대하여 질권을 설정할 때에는 발행된 채권증서를 질권자에게 교부할 필요가 없다. 〈2005년 감정평가사〉

28-2 채권을 질권의 목적으로 하는 경우에 채권증서가 있는 때에는 질권의 설정은 그 증서를 질권자에게 교부함으로써 그 효력이 생긴다. 〈2017년 감정평가사〉

정 답 26. (○) 27. (○) 28-1. (×) 28-2. (○)

해설 제347조 ☞ 지명채권에 대하여 질권을 설정할 때에도 발행된 채권증서가 있는 때에는 이를 질권자에게 교부할 필요가 있다.

29-1 지명채권을 목적으로 한 질권의 설정은 설정자가 민법 제450조 규정에 의하여 제3채무자에게 질권설정의 사실을 통지하거나 제3채무자가 이를 승낙함이 아니면 이로써 제3채무자 기타 제3자에게 대항하지 못한다. 〈2005년 감정평가사〉

29-2 甲에 대한 지명채권을 갖고 있는 乙은 그 채권을 담보로 제공하고 丙으로부터 돈을 빌렸다. 이 경우 丙의 권리질권이 성립하기 위해서는, 丙이 甲에 대해 그 채권의 입질을 통지해야 한다. 〈2007년 감정평가사〉

해설 제349조 ☞ 두 번째 지문은 ① 성립요건이 아니라 대항요건이라는 점(제349조), ② 질권자 丙이 아니라 질권설정자 乙이 통지해야 한다는 점에서 틀린 지문이다.

30 지명채권의 질권설정에 대해 채무자가 이의를 보류하지 아니하고 승낙한 경우에는 원칙적으로 승낙 당시까지 질권설정자에 대하여 생긴 사유로써 질권자에게 대항할 수 없다. 〈2007년 감정평가사〉

해설 지명채권의 질권 설정에 대해 채무자가 이의를 보류하지 아니하고 승낙한 경우에는 원칙적으로 승낙 당시까지 질권설정자에 대하여 생긴 사유로써 질권자에게 대항할 수 없다(제349조 제2항에 의하여 준용되는 제451조).

31 양도금지의 특약이 있는 채권은 질권의 대상으로 할 수 없지만, 양도금지의 특약으로 선의의 제3자에게는 대항할 수 없으므로, 질권자가 선의라면 유효하게 질권을 취득할 수 있다. 〈2008년 감정평가사〉

해설 민법 제449조 제2항 참조

32 지시채권의 입질은 그 증서를 배서하여 질권자에게 교부하여야 효력이 생긴다. 〈2004년 감정평가사〉

해설 민법 제350조 참조

33 무기명채권의 입질은 그 증서를 질권자에게 교부하여야 효력이 생긴다. 〈2004년 감정평가사〉

해설 민법 제351조 참조

34 질권설정자는 질권자의 동의 없이 질권의 목적된 권리를 소멸하게 하거나 질권자의 이익을 해하는 변경을 할 수 없다. 〈2006년 감정평가사〉

해설 민법 제352조 참조

정답 29-1. (○) 29-2. (×) 30. (○) 31. (○) 32. (○) 33. (○) 34. (○)

35 **채권을 입질한 자는 질권자의 동의 없이 목적 권리를 처분할 수 없으나, 목적 권리의 소멸시효 중단을 위하여 권리 확인을 구하는 소를 제기할 수는 있다.** 〈2005년 감정평가사〉

해설 채권을 입질한 자는 질권자의 동의 없이 목적 권리를 처분할 수 없다. 따라서 이행의 소는 제기하지 못한다(제352조 참조). 그러나 목적 권리의 소멸시효 중단을 위하여 권리 확인을 구하는 소를 제기할 수는 있다.

36 **채권질권자가 질권의 목적인 채권을 "직접 청구할 수 있다."는 의미는 질권설정자의 이름으로 청구하고 추심할 권한을 갖는다는 것을 말한다.** 〈2008년 감정평가사〉

해설 채권질권자가 질권의 목적인 채권을 "직접 청구할 수 있다."(제353조)는 의미는 질권자의 이름으로 직접 청구하고 추심할 권한을 갖는다는 것을 말한다.

37 **채권질권의 효력이 질권의 목적이 된 채권의 지연손해금등과 같은 부대채권에까지 미치는 것은 아니다.** 〈2018년 법무사, 2019년 변리사〉

해설 질권의 목적이 된 채권이 금전채권인 때에는 질권자는 자기채권의 한도에서 질권의 목적이 된 채권을 직접 청구할 수 있고, 채권질권의 효력은 질권의 목적이 된 채권의 지연손해금등과 같은 부대채권에도 미치므로 채권질권자는 질권의 목적이 된 채권과 그에 대한 지연손해금채권을 피담보채권의 범위에 속하는 자기채권액에 대한 부분에 한하여 직접 추심하여 자기채권의 변제에 충당할 수 있다(대판 2005. 2. 25, 2003다40668).

38 **질권의 목적인 채권의 변제기가 질권자의 채권의 변제기보다 먼저 도래한 경우 질권자는 제3채무자에 대하여 자신에게 변제할 것을 청구할 수 있다.** 〈2017년 감정평가사〉

해설 제353조 제3항. 공탁을 청구할 수 있을 뿐이다.

39-1 **금전채권의 질권자가 자기채권의 범위 내에서 직접청구권을 행사하는 경우 질권자는 질권설정자의 대리인과 같은 지위에서 입질채권을 추심하여 자기채권의 변제에 충당하고 그 한도에서 질권설정자에 의한 변제가 있었던 것으로 본다.** 〈2017년 법무사〉

39-2 **금전채권의 질권자가 직접청구권을 행사하여 변제가 이루어진 경우 입질채권의 발생원인인 계약관계에 무효 등의 흠이 있어 입질채권이 부존재한다고 하더라도 제3채무자는 특별한 사정이 없는 한 상대방 계약당사자인 질권설정자에 대하여 부당이득반환을 구할 수 있을 뿐이고 질권자를 상대로 직접 부당이득반환을 구할 수 없다.** 〈2017년 법무사〉

39-3 **질권자가 제3채무자로부터 자기채권을 초과하여 금전을 지급받은 경우, 제3채무자는 특별한 사정이 없는 한 질권자를 상대로 초과 지급 부분에 관하여 부당이득반환을 구할 수 없다.** 〈2017년 법무사〉

해설 [1] 금전채권의 질권자가 민법 제353조 제1항, 제2항에 의하여 자기채권의 범위 내에서 직접 청구권을 행사하는 경우 질권자는 질권설정자의 대리인과 같은 지위에서 입질채권을 추심하여 자기채권의 변제에 충당하고 그 한도에서 질권설정자에 의한 변제가 있었던 것으로 보므로, 위 범위 내에서는 제3채무자의 질권자에 대한 금전지급으로써 제3채무자의 질권설정자에 대한 급부가 이루어질 뿐만 아니라 질권설정자의 질권자에 대한 급부도 이루어진다. 이러한 경우 입질채권의 발생원인인 계약관계에 무효 등의 흠이 있어 입질채권이 부

정답 35. (○) 36. (×) 37. (×) 38. (×) 39-1. (○) 39-2. (○) 39-3. (×)

존재한다고 하더라도 제3채무자는 특별한 사정이 없는 한 상대방 계약당사자인 질권설정자에 대하여 부당이득반환을 구할 수 있을 뿐이고 질권자를 상대로 직접 부당이득반환을 구할 수 없다. 이와 달리 제3채무자가 질권자를 상대로 직접 부당이득반환청구를 할 수 있다고 보면 자기 책임하에 체결된 계약에 따른 위험을 제3자인 질권자에게 전가하는 것이 되어 계약법의 원리에 반하는 결과를 초래할 뿐만 아니라 질권자가 질권설정자에 대하여 가지는 항변권 등을 침해하게 되어 부당하기 때문이다. [2] 질권자가 제3채무자로부터 자기채권을 초과하여 금전을 지급받은 경우 초과 지급 부분에 관하여는 제3채무자의 질권설정자에 대한 급부와 질권설정자의 질권자에 대한 급부가 있다고 볼 수 없으므로, 제3채무자는 특별한 사정이 없는 한 질권자를 상대로 초과 지급 부분에 관하여 부당이득반환을 구할 수 있지만, 부당이득반환청구의 상대방이 되는 수익자는 실질적으로 그 이익이 귀속된 주체이어야 하는데, 질권자가 초과 지급 부분을 질권설정자에게 그대로 반환한 경우에는 초과 지급 부분에 관하여 질권설정자가 실질적 이익을 받은 것이지 질권자로서는 실질적 이익이 없다고 할 것이므로, 제3채무자는 질권자를 상대로 초과 지급 부분에 관하여 부당이득반환을 구할 수 없다(대판 2015. 5. 29, 2012다92258).

40 근질권이 설정된 금전채권에 대하여 제3자의 압류로 강제집행절차가 개시된 경우 근질권의 피담보채권은 근질권자가 위와 같은 강제집행이 개시된 사실을 알게 된 때에 확정된다.

〈2017년 법무사〉

해설 근질권의 목적이 된 금전채권에 대하여 근질권자가 아닌 제3자의 압류로 강제집행절차가 개시된 경우, 근질권자가 제3자의 압류 사실을 알고서도 채무자와 거래를 계속하여 추가로 발생시킨 채권까지 근질권의 피담보채권에 포함시킨다고 하면 그로 인하여 근질권자가 얻을 수 있는 실익은 별 다른 것이 없는 반면 제3자가 입게 되는 손해는 위 추가된 채권액만큼 확대되고 이는 사실상 채무자의 이익으로 귀속될 개연성이 높아 부당할 뿐 아니라, 경우에 따라서는 근질권자와 채무자가 그러한 점을 남용하여 제3자 등 다른 채권자의 채권 회수를 의도적으로 침해할 수 있는 여지도 제공하게 된다. 따라서 이러한 여러 사정을 적정·공평이란 관점에 비추어 보면, 근질권이 설정된 금전채권에 대하여 제3자의 압류로 강제집행절차가 개시된 경우 근질권의 피담보채권은 근질권자가 위와 같은 강제집행이 개시된 사실을 알게 된 때에 확정된다고 봄이 타당하다(대판 2009. 10. 15, 2009다43621).

정답 40. (○)

제11장 저당권

Ⅰ. 저당권 일반

1 **甲은 乙로부터 5천만 원을 대출받았는데, 丙은 그 담보로 시가 1억 원 상당의 자기 소유 토지에 저당권을 설정하여 주었다. 이 경우에 대한 다음의 기술 중 옳지 않은 것은?** 〈2005년 변리사〉

① 丙은 甲의 위 차용금채무를 甲의 의사에 반하여서 乙에게 변제할 수는 없다.
② 丙이 乙에게 위 저당권의 피담보채무를 변제하면 그는 甲에 대하여 구상권을 가지게 된다.
③ 乙은 丙에 대하여 甲이 대출받은 5천만원의 반환을 청구할 권리가 없다.
④ 甲이 乙에게 위 차용금채무를 모두 변제하면, 위 저당권은 그 설정등기가 말소되지 아니하더라도 자동적으로 소멸한다.
⑤ 甲이 위 차용금채무를 제대로 이행하지 아니하면 乙은 丙의 동의가 없어도 위 토지에 대하여 경매를 청구할 수 있다.

해설

①(×) : 물상보증인은 채무 없는 책임만을 부담하는 자로서 제3자의 변제에서 이해관계 있는 제3자에 해당한다(제469조 제2항). 따라서 물상보증인 丙은 甲의 의사에 반하여도 변제할 권한이 있다.
②(○) : 물상보증인은 채무자에 대한 관계에서는 제3자로서의 변제를 한 것이므로 구상권을 갖게 된다(제370조 ; 제341조 준용).
③(○) : 丙은 물상보증인으로서 책임만 부담하는 자이고 채무자는 아니다.
④(○) : 저당권의 부종성에 따라 피담보채권이 소멸하면 저당권설정등기는 그 효력을 상실하게 된다(제369조).
⑤(○) : 저당권자는 물상보증인 소유의 저당목적물에 대하여 임의경매신청이 가능하다.

2 **물상보증인의 권리에 관한 설명으로 옳지 않은 것은? (다툼이 있는 경우 판례에 의함)** 〈2006년 변리사〉

① 물상보증인이 담보부동산을 제3취득자에게 매도하고 제3취득자가 담보부동산에 설정된 근저당권에 의하여 담보된 채무의 이행을 인수한 경우 이 계약은 물상보증인과 제3취득자 사이에서만 효력이 있다.
② 담보부동산의 제3취득자가 채무의 이행을 인수하더라도 물상보증인의 책임은 소멸하지 않으므로 근저당권이 실행되면 물상보증인만이 채무자에게 구상권을 행사할 수 있다.
③ 채무자의 채무를 변제한 물상보증인은 채무자에 대하여 고유의 구상권을 행사하거나 변제자대위권에 기하여 채권자의 권리를 행사할 수 있다.
④ 물상보증인의 변제자대위권은 원본, 변제기, 이자, 지연손해금의 유무 등에 있어서 고유의 구상권과 내용을 같이 하는, 고유의 구상권의 효력을 확보하기 위한 제도이다.

정답 1. ① 2. ④

⑤ 물상보증인이 채권자를 대위하는 경우 그는 고유의 구상권의 범위에서 채권 및 그 담보에 관한 권리를 행사할 수 있다.

해 설

① (○) : 타당한 지문으로 이행인수를 의미한다.
② (○) : 물상보증인이 담보부동산을 제3취득자에게 매도하고 제3취득자가 담보부동산에 설정된 근저당권의 피담보채무의 이행을 인수한 경우, 그 이행인수는 매매당사자 사이의 내부적인 계약에 불과하여 이로써 물상보증인의 책임이 소멸하지 않는 것이고, 따라서 담보부동산에 대한 담보권이 실행된 경우에도 제3취득자가 아닌 원래의 물상보증인이 채무자에 대한 구상권을 취득한다(대판 1997. 5. 30, 97다1556).
③ (○), ⑤ (○) : 물상보증인은 고유의 구상권을 행사하든 대위하여 채권자의 권리를 행사하든 자유이며, 다만 채권자를 대위하는 경우에는 같은 법 제482조 제1항에 의하여 고유의 구상권의 범위에서 채권 및 그 담보에 관한 권리를 행사할 수 있는 것이어서, 변제자 대위권은 고유의 구상권의 효력을 확보하는 역할을 한다(대판 1997. 5. 30, 97다1556).
④ (×) : 물상보증인이 채무자의 채무를 변제한 경우, 그는 민법 제370조에 의하여 준용되는 같은 법 제341조에 의하여 채무자에 대하여 구상권을 가짐과 동시에 민법 제481조에 의하여 당연히 채권자를 대위하고, 위 구상권과 변제자 대위권은 원본, 변제기, 이자, 지연손해금의 유무 등에 있어서 내용이 다른 별개의 권리로서, 물상보증인은 고유의 구상권을 행사하든 대위하여 채권자의 권리를 행사하든 자유이며, 다만 채권자를 대위하는 경우에는 같은 법 제482조 제1항에 의하여 고유의 구상권의 범위에서 채권 및 그 담보에 관한 권리를 행사할 수 있는 것이어서, 변제자 대위권은 고유의 구상권의 효력을 확보하는 역할을 한다(대판 1997. 5. 30, 97다1556).

3 **乙은행은 3천만원의 융자를 신청한 甲에게 물적 담보를 요구하였다. 甲의 부탁을 받은 丙은 乙은행에 대한 甲의 채무를 담보하기 위하여 자신의 토지 위에 저당권을 설정하였다. 이와 관련한 설명으로 옳은 것은? (다툼이 있는 경우에는 판례에 의함)** 〈2006년 변리사〉

① 甲이 乙에 대한 채무를 모두 변제하였음에도, 丙이 부주의로 그것을 알지 못하고 甲의 채무 전액을 乙에게 변제한 경우 丙은 甲이 받은 이익의 범위 내에서 甲에게 구상할 수 있다.
② 甲의 乙에 대한 채무의 이행기가 도래한 후에는 丙은 甲에게 미리 구상할 수 있다.
③ 丙이 甲에게 사전통지 없이 甲의 채무를 소멸하게 한 경우 甲이 乙에 대하여 반대채권을 가지고 상계할 수 있었다면, 甲은 그 사유로써 丙에게 대항할 수 있고, 이때 상계로 소멸할 채권은 丙에게 이전한다.
④ 丙이 甲의 채무를 乙에게 일부 변제한 경우, 丙은 乙의 저당권을 단독으로 대위행사할 수 있다.
⑤ 丙이 甲의 채무를 이미 乙에게 일부변제하였다면, 乙은 甲의 채무불이행을 이유로 융자계약을 해제할 수 없다.

해 설

① (×) : 수탁보증인의 구상권은 "과실 없이 변제 기타의 출재로 주채무를 소멸하게 한 때에 주채무자에 대하여 구상권이 있다."고 되어있다(제441조 제1항 참조). 그런데 위 사안은 물상보증인 丙에게 과실이 있으므로 구상권이 인정될 수 없다.
② (×) : 민법 제370조에 의하여 민법 제341조가 저당권에 준용되는데, 민법 제341조는 타인의 채무를 담보하기 위한 저당권설정자가 그 채무를 변제하거나 저당권의 실행으로 인하여 저당물의 소유권을 잃은 때에 채무자에 대하여 구상권을 취득한다고 규정하여 물상보증인의 구상권 발생 요건을 보증인의 경우와 달리 규정하고 있는

정답 3. ③

점 등을 종합하면, 원칙적으로 수탁보증인의 사전구상권에 관한 민법 제442조는 물상보증인에게 적용되지 아니하고 물상보증인은 사전구상권을 행사할 수 없다(대판 2009. 7. 23, 2009다19802,19819).

③ (○) : 민법은 물상보증인에 관하여 보증채무에 관한 규정을 준용하고 있다(제341조). 그러므로 물상보증인이 스스로 변제를 하거나 저당권의 실행으로 소유권을 잃은 때에는 채무자에 대하여 보증인이 가지는 것과 같은 구상권을 가진다. 따라서 보증인이 주채무자에게 사전통지를 하지 아니하고 변제 기타 자기의 출재로 주채무를 소멸하게 한 경우에, 주채무자가 채권자에게 대항할 수 있는 사유가 있었을 경우에는 이 사유로 보증인에게 대항할 수 있고, 그 대항사유가 상계인 경우에는 상계로 소멸할 주채무자의 채권은 당연히 보증인에게 이전한다(제445조 제1항).

④ (×) : 위 사안은 일부변제에 기한 변제자대위로서 변제자 丙은 채권자 乙과 함께 저당권에 대한 권리를 행사할 수 있을 뿐이다(제483조 제1항).

⑤ (×) : 일부변제가 있다고 하더라도 나머지 채무에 대하여는 채무를 불이행하고 있는 것이라면 채권자는 채무불이행을 이유로 계약을 해제할 수 있다. 이 경우 채권자는 대위자에게 그 변제한 가액과 이자를 상환하여야 한다(제483조 제2항).

4 **乙로부터 6천만원을 차용한 甲은 채무의 담보를 위하여 자신의 건물 위에 저당권을 설정하였다. 그 후 甲은 丙에게 그 건물을 1억원에 매도하기로 하고 丙이 乙에 대한 甲의 채무 중 3천만원을 인수하기로 하였다. 丙은 甲에게 7천만원을 매매대금으로 지급하고 그의 명의로 소유권 이전등기를 마쳤다. 그 후 채권의 이행기가 경과하였음에도 불구하고 변제를 받지 못한 乙은 법원에 위 저당건물에 대한 경매를 신청하였다. 이 경우의 법률관계에 관한 설명으로 옳지 않은 것은?** 〈2006년 변리사〉

① 丙은 乙에게 3천만원을 변제하였으나 甲이 3천만원을 변제하지 않아 乙이 신청한 경매절차에서 丁이 매수하였다면, 丙은 甲에 대하여 매도인의 담보책임을 물을 수 있다.

② 丙은 제3자의 지위에서 乙에게 3천만원을 변제할 의무를 甲에 대해서 부담하고, 甲과 丙의 약정으로 乙에게 대항할 수 있다.

③ 丙은 위 저당건물에 대한 경매절차에 참가할 수 있다.

④ 丙은 일단 甲 채무의 이행기가 도래하면 甲의 반대의사에도 불구하고 甲의 채무를 乙에게 변제할 수 있다.

⑤ 甲이 乙에게 부담하는 채무를 丙이 인수하는 약정은 특별한 사정이 없으면 이행인수로 보아야 하며, 그 약정은 乙의 승낙이 없더라도 유효하게 성립한다.

해 설

① (○) : 매수인은 매도인에게 계약을 해제하고 손해배상을 청구할 수 있다(제576조 ; 대판 2004. 7. 9, 2004다13083).

② (×) : 채무액을 매매대금에서 공제하기로 약정한 경우, 다른 특별한 사정이 없는 이상, 이는 매도인을 면책시키는 채무인수가 아니라 이행인수로 보아야 한다(대판 2002. 5. 10, 2000다18578). 그러므로 丙은 乙에게 3천만원을 변제할 의무를 甲에 대해서 부담하기 때문에 이러한 내부적 이행인수를 가지고 乙에게 대항할 수 있는 것은 아니다.

③ (○) : 丙은 담보권설정된 목적물을 취득한 제3자로서 경매절차에서 매수인이 될 수 있다(제363조 제2항).

④ (○) : 변제할 정당한 이익이 있는 자로서 채무자의 의사에 반하여서도 변제할 수 있다(제469조 제2항).

정답 4. ②

⑤ (○) : 이행인수는 인수인이 채무자에 대해 채무자의 채무를 이행할 것을 약정하는 채무자와 인수인 사이의 계약이어서 채권자의 승낙은 그 요건이 아니다(대판 2004. 7. 9, 2004다13083).

5 저당권에 관한 설명 중 옳지 않은 것은? (다툼이 있는 경우에는 판례에 의함) 〈2009년 변리사 변형〉

① 토지에 대한 저당권은 그 지하에 설치된 유류저장탱크에 그 효력이 미친다.
② 저당권자는 다른 채권자가 이미 대위의 목적을 압류한 경우에는 별도로 압류하지 않더라도 물상대위권을 행사할 수 있다.
③ 피담보채권의 소멸 후 저당권의 말소등기가 경료되기 전에 그 저당권부 채권의 압류 및 전부명령을 받아 저당권이전의 부기등기를 경료한 자는 그 저당권을 취득할 수 있다.
④ 가압류등기가 먼저 행해진 후 저당권설정등기가 이루어진 경우에는 그 저당권은 가압류채권자에 대한 관계에서는 우선변제적 효력이 없다.
⑤ 저당권설정 후 경매가 이루어지는 경우 그 저당권자가 경매에서 배당요구를 하지 않았더라도 배당을 받을 수 있다.

해 설

① (○) : 주유소의 지하에 매설된 유류저장탱크를 토지로부터 분리하는 데 과다한 비용이 들고 이를 분리하여 발굴할 경우 그 경제적 가치가 현저히 감소할 것이 분명하다는 이유로, 그 유류저장탱크는 토지에 부합되었다고 본 사례(대판 1995. 6. 29, 94다6345). ☞ 따라서 저당권의 효력이 미친다(제358조).

② (○) : 민법 제370조·제342조 단서가 저당권자는 물상대위권을 행사하기 위하여 저당권설정자가 받을 금전 기타 물건의 지급 또는 인도 전에 압류하여야 한다고 규정한 것은 물상대위의 목적인 채권의 특정성을 유지하여 그 효력을 보전함과 동시에 제3자에게 불측의 손해를 입히지 않으려는 데 있는 것이므로, 저당목적물의 변형물인 금전 기타 물건에 대하여 이미 제3자가 압류하여 그 금전 또는 물건이 특정된 이상 저당권자가 스스로 이를 압류하지 않고서도 물상대위권을 행사하여 일반채권자보다 우선변제를 받을 수 있다고 할 것이다(대판 2002. 10. 11, 2002다33137 등).

③ (×) : 저당권은 부동산물권변동이고, 등기에 공신력이 없으므로 피담보채권이 소멸하면 저당권은 그 부종성에 의하여 당연히 소멸하게 되므로, 그 말소등기가 경료되기 전에 그 저당권부 채권을 가압류하고 압류 및 전부명령을 받아 저당권이전의 부기등기를 경료한 자라 할지라도, 그 가압류 이전에 그 저당권의 피담보채권이 소멸된 이상, 그 저당권을 취득할 수 없고, 실체관계에 부합하지 않는 그 저당권설정등기를 말소할 의무를 부담한다(대판 2002. 9. 24, 2002다27910).

④ (○) : 부동산에 대하여 가압류등기가 먼저 되고 나서 저당권설정등기가 마쳐진 경우에 경매절차의 배당관계에서 저당권자는 선순위 가압류채권자에 대하여는 우선변제권을 주장할 수 없으므로 그 가압류채권자는 저당권자와 일반채권자의 자격에서 평등배당을 받을 수 있다(대판 2008. 2. 28, 2007다77446).

⑤ (○) : 저당권자나 전세권자 등은 민사집행법 제88조 제1항에서 규정하는 배당요구가 필요한 배당요구채권자가 아니다. 따라서 저당권설정 후 경매가 이루어지는 경우 그 저당권자는 경매에서 배당요구를 할 필요 없이 배당을 받을 수 있다.

정답 5. ③

6 **甲이 乙소유의 X부동산을 양수하여 소유권이전등기를 마쳤는데, 소유권이전 당시 X부동산에는 乙을 채무자로 하여 채권자 丙의 제1순위 근저당권과 채권자 丁의 제2순위 근저당권이 설정되어 있었다. 다음 설명 중 옳지 않은 것은? (다툼이 있는 경우에는 판례에 의함)** 〈2011년 변리사〉

① 甲은 X부동산의 경매절차에서 매수인(경락인)이 될 수 있다.
② 丙의 확정된 피담보채권액이 채권최고액을 초과하는 경우, 甲은 丙의 채권최고액만을 변제하고 丙의 근저당권의 소멸을 청구할 수 있다.
③ 丙의 확정된 피담보채권액이 채권최고액을 초과하는 경우, 丁은 丙의 채권최고액만을 변제하고 丙의 근저당권의 소멸을 청구할 수 없다.
④ 甲이 X부동산의 보존과 개량을 위하여 필요비나 유익비를 지출한 경우, 甲은 근저당권 실행으로 인한 X부동산의 매수인(경락인)에 대하여 유치권을 행사할 수 있으나 X부동산의 매각대금으로부터 우선상환을 받을 수는 없다.
⑤ 甲이 X부동산을 양수하면서 丙의 근저당권에 대한 피담보채무를 면책적으로 인수한 경우에는 丙에 대한 피담보채무액 전부를 변제하지 않으면 丙의 근저당권의 소멸을 청구할 수 없다.

해 설

①(○) : 타당하다. 즉 저당물의 소유권을 취득한 제3자도 경락인=경매인이 될 수 있다(제363조 제2항).

②(○) : 근저당부동산에 대하여 소유권을 취득한 제3자(또는 순수한 물상보증인)는 피담보채무가 확정된 이후에 그 확정된 피담보채무를 채권최고액의 범위 내에서 변제하고 근저당권의 소멸을 청구할 수 있다고 할 것이다(대판 2006. 4. 28, 2005다74108 등).

③(○) : 근저당부동산에 대하여 후순위 근저당권을 취득한 자는 민법 제364조에서 정한 권리를 행사할 수 있는 제3취득자에 해당하지 아니하므로 이러한 후순위 근저당권자가 선순위 근저당권의 피담보채무가 확정된 이후에 그 확정된 피담보채무를 변제한 것은 민법 제469조의 규정에 의한 이해관계 있는 제3자의 변제로서 유효한 것인지 따져볼 수는 있을지언정 민법 제364조의 규정에 따라 선순위 근저당권의 소멸을 청구할 수 있는 사유로는 삼을 수 없다(대판 2006. 1. 26, 2005다17341).

④(×) : 민법 제367조는 저당물의 제3취득자가 그 부동산의 보존, 개량을 위하여 필요비 또는 유익비를 지출한 때에는 제203조 제1항, 제2항의 규정에 의하여 저당물의 경매대가에서 우선상환을 받을 수 있다고 규정하고 있다...중략...저당부동산의 소유권을 취득한 자도 민법 제367조의 제3취득자에 해당한다. 제3취득자가 민법 제367조에 의하여 우선상환을 받으려면 저당부동산의 경매절차에서 배당요구의 종기까지 배당요구를 하여야 한다(민사집행법 제268조, 제88조). 위와 같이 민법 제367조에 의한 우선상환은 제3취득자가 경매절차에서 배당받는 방법으로 민법 제203조 제1항, 제2항에서 규정한 비용에 관하여 **경매절차의 매각대금에서 우선변제받을 수 있**다는 것이지 이를 근거로 **제3취득자가 직접 저당권설정자, 저당권자 또는 경매절차 매수인 등에 대하여 비용상환을 청구할 수 있는 권리가 인정될 수 없다.** 따라서 제3취득자는 **민법 제367조에 의한 비용상환청구권을 피담보채권으로 주장하면서 유치권을 행사할 수 없다**(대판 2023. 7. 13, 2022다265093).

⑤(○) : 채무자의 채무액이 근저당의 채권최고액을 초과하는 경우에 채무자 겸 근저당권설정자가 그 채무의 일부인 채권최고액만을 변제하고서 근저당권의 말소를 청구할 수 없으며, 저당부동산의 제3취득자가 피담보채무를 인수한 경우에는 그 때부터는 제3취득자는 채권자에 대한 관계에서 채무자의 지위로 변경되므로 민법 제364조의 규정은 적용될 여지가 없을 것이다(대판 2006. 4. 28, 2005다74108 ; 대판 1981. 11. 10, 80다2712).

[비교지문] C는 B 명의의 1번 근저당권이 설정되어 있는 A 소유 주택에 관하여 전세권을 취득하였고, 그 후 위 주택에 D 명의의 2번 근저당권이 설정된 경우, 주택을 매수하여 소유권이전등기를 마치면서

정답 6. ④

그 매매대금에서 1번 근저당권의 채권최고액을 공제하고 잔액만을 지급한 E는 원칙적으로 B에게 주택으로 담보된 채권을 변제하고 민법 제364조(제삼취득자의 변제)에 의하여 1번 근저당권의 소멸을 청구할 수 있다. 〈2016년 법원행시〉

(○) : 저당부동산의 제3취득자가 피담보채무를 인수한 경우에는 그 때부터는 제3취득자는 채권자에 대한 관계에서 채무자의 지위로 변경되므로 민법 제364조의 규정은 적용될 여지가 없을 것이다. 다만, 저당부동산에 관한 매매계약을 체결하는 당사자 사이에 매매대금에서 피담보채무 또는 채권최고액을 공제한 잔액만을 현실로 수수하였다는 사정만을 가지고 언제나 매수인이 매도인의 저당채권자에 대한 피담보채무를 인수한 것으로 보아 제3취득자는 채권자에 대한 관계에서 제3취득자가 아니라 채무자와 동일한 지위에 놓이게 됨으로써 저당부동산의 제3취득자가 원래 행사할 수 있었던 저당권소멸청구권을 상실한다고 볼 수는 없고, 오히려 이러한 매매대금 지급방법상의 약정은 다른 특별한 사정이 없는 한 매매당사자 사이에서는 매수인이 피담보채무 또는 채권최고액에 해당하는 매매대금 부분을 매도인에게 지급하는 것이 아니라 채권자에게 직접 지급하기로 하여 그 매매목적 부동산에 관한 저당권의 말소를 보다 확실하게 보장하겠다고 하는 취지로 그런 약정을 하게 된 것이라고 볼 것이다(대판 2002. 5. 24, 2002다7176). ☞ 제3취득자가 채무를 인수하여 채무자의 지위로 변경된 경우와 단순히 이행인수를 하였을 뿐인 경우를 구별해야 한다. 지문의 사안은 후자에 해당한다.

7 **저당권에 관한 설명으로 옳지 않은 것은? (다툼이 있는 경우에는 판례에 의함)** 〈2012년 변리사〉

① 부동산 소유자가 이미 채무가 변제되어 말소되어야 할 저당권설정등기를 유용하기로 다른 채권자와 합의하고 저당권이전의 부기등기를 마친 경우, 다른 사정이 없으면 이 등기는 유효하다.

② 부동산의 매수인이 매매목적물에 관한 근저당권의 피담보채무를 인수하는 한편 그 채무액을 매매대금에서 공제하기로 약정한 경우, 다른 특별한 사정이 없으면 이는 이행인수이다.

③ 저당권설정자는 "지연배상에 대하여는 원본의 이행기일을 경과한 후의 1년분에 한하여 저당권을 행사할 수 있다."고 규정한 민법 제360조 단서를 원용하여 저당권자에게 피담보채권의 제한을 주장할 수 없다.

④ 근저당권자가 피담보채무의 불이행을 이유로 경매를 신청한 경우, 경매를 신청한 근저당권자의 피담보채권액은 경매신청시에 확정되고 근저당권은 보통의 저당권과 같이 취급된다.

⑤ 경매법원이 담보목적이 아닌 지상건물을 저당 토지의 부합물 또는 종물로 보아 토지와 함께 경매를 진행하여 매각허가를 한 경우, 매수인(경락인)은 그 건물의 소유권을 취득한다.

해 설

① (○) : 타당하다. 다만 그 저당권 이전의 부기등기 이전에 등기부상 이해관계를 가지게 된 제3자에 대하여는 위 등기 유용의 합의 사실을 들어 위 저당권설정등기 및 그 저당권 이전의 부기등기의 유효를 주장할 수는 없다(대판 1998. 3. 24, 97다56242).

② (○) : 특약이 없는 한 이는 매도인을 면책시키는 채무인수가 아니라 이행인수로 보는 것이 통설과 판례이다(대판 2004. 7. 9, 2004다13083).

③ (○) : 저당권의 피담보채무의 범위에 관하여 민법 제360조가 지연배상에 대하여는 원본의 이행기일을 경과한 후의 1년분에 한하여 저당권을 행사할 수 있다고 규정하고 있는 것은 저당권자의 제3자에 대한 관계에서의 제한이며 '채무자나 저당권설정자'가 저당권자에 대하여 대항할 수 있는 것이 아니고, 민법 제360조가 양도담보의 경우에 준용된다고 하여도 마찬가지로 해석하여야 할 것인 만큼, 양도담보의 채무자가 양도담보권자에

정답 7. ⑤

대하여 민법 제360조에 따른 피담보채권의 제한을 주장할 수는 없는 것이다(대판 1992. 5. 12, 90다8855).

> **[비교판례]** ㉠ 근저당권의 물상보증인은 민법 357조에서 말하는 채권의 최고액만을 변제하면 근저당권설정등기의 말소청구를 할 수 있고 채권최고액을 초과하는 부분의 채권액까지 변제할 의무가 있는 것이 아니다(대판 1974. 12. 10, 74다998). ㉡ 채무자의 채무액이 근저당 채권최고액을 초과하는 경우에 '채무자 겸 근저당권설정자'가 그 채무의 일부인 채권최고액과 지연손해금 및 집행비용 만을 변제하였다면 채권전액의 변제가 있을 때까지 근저당권의 효력은 잔존채무에 미치는 것이므로 위 채무일부의 변제로써 위 근저당권의 말소를 청구할 수 없다(대판 1981. 11. 10, 80다2712).

④ (○) : 대판 2002. 11. 26, 2001다73022 참조

⑤ (×) : 저당권은 법률에 특별한 규정이 있거나 설정행위에 다른 약정이 있는 경우를 제외하고 그 저당 부동산에 부합된 물건과 종물 이외에 그 효력이 미치는 것이 아니므로, 토지에 대한 경매절차에서 그 지상 건물을 토지의 부합물 내지 종물로 보아 경매법원에서 저당 토지와 함께 경매를 진행하고 경락허가를 하였다고 하여 그 건물의 소유권에 변동이 초래될 수 없다(대판 1974. 2. 12, 73다298).

8 **甲은 丙에 대한 채무를 담보하기 위하여 자신 소유의 X토지에 丙명의로 근저당권을 설정해 주었다. 그 후 甲은 X토지를 乙에게 매도하여 소유권이전등기를 해 주었다. 다음 중 옳지 않은 것은? (다툼이 있는 경우에는 판례에 의함)** 〈2013년 변리사〉

① 甲이 위 근저당권에 의해 담보된 채무를 모두 변제한 경우, 乙은 丙을 상대로 하여 피담보채무의 소멸을 원인으로 그 근저당권설정등기의 말소를 청구할 수 있다.
② 甲은 원본뿐만 아니라 이자, 위약금, 채무불이행으로 인한 손해배상도 모두 변제하여야 근저당권설정등기의 말소를 청구할 수 있다.
③ 甲이 위 근저당권에 의해 담보된 채무를 모두 변제한 경우, 甲은 丙을 상대로 피담보채무의 소멸을 원인으로 하여 그 근저당권설정등기의 말소를 청구할 수 있다.
④ 乙은 甲의 의사에 반하더라도 피담보채무를 변제하여 근저당권을 소멸시킬 수 있다.
⑤ 乙은 甲의 채무가 채권최고액을 초과하는 경우, 채무 전액을 변제하지 않으면 근저당권설정등기의 말소를 청구할 수 없다.

해설

① (○), ③ (○) : 근저당권이 설정된 후에 그 부동산의 소유권이 제3자에게 이전된 경우에는 현재의 소유자(위 乙)가 자신의 소유권에 기하여 피담보채무의 소멸을 원인으로 그 근저당권설정등기의 말소를 청구할 수 있음은 물론이지만, 근저당권설정자인 종전의 소유자(위 甲)도 근저당권설정계약의 당사자로서 근저당권소멸에 따른 원상회복으로 근저당권자에게 근저당권설정등기의 말소를 구할 수 있는 계약상 권리가 있으므로 이러한 계약상 권리에 터잡아 근저당권자에게 피담보채무의 소멸을 이유로 하여 그 근저당권설정등기의 말소를 청구할 수 있다고 봄이 상당하다(대판 1994. 1. 25, 93다16338 전원합의체).

② (○) : 근저당에 있어서의 피담보채권이 근저당권 채권최고액을 초과하는 경우에 근저당권자로서는 그 채무자 겸 근저당권설정자와의 관계에 있어서는 그 채무의 일부인 채권최고액과 지연손해금 및 집행비용만을 받고 근저당권을 말소시켜야 할 이유는 없기 때문에 채권 전액의 변제가 있을 때까지 근저당의 효력은 잔존채무에 여전히 미친다(대판 2010. 5. 13, 2010다3681).

④ (○) : 제3취득자는 법률상 이해관계인이기 때문에 채무자의 의사에 반하여 변제할 수 있다(제469조 제2항 ; 대판 1995. 3. 24, 94다44620).

정답 8. ⑤

⑤ (×) : 제3취득자나 물상보증인은 채무자와는 달리 최고액까지 변제하고 말소를 요구할 수 있다. 즉 근저당권의 물상보증인은 민법 제357조에서 말하는 채권의 최고액만을 변제하면 근저당권설정등기의 말소청구를 할 수 있고 채권최고액을 초과하는 부분의 채권액까지 변제할 의무가 있는 것이 아니다(대판 2007. 4. 26, 2005다38300).

9 저당권의 효력이 미치는 범위 등에 관한 설명으로 옳지 않은 것은? (다툼이 있으면 판례에 따름) 〈2015년 변리사〉

① 저당권설정행위에서 저당권의 효력은 종물에 미치지 않는다고 약정한 경우, 이를 등기하여야 제3자에게 대항할 수 있다.
② 건물의 증축부분이 기존 건물에 부합하여 기존 건물과 분리하여서는 별개의 독립물로서 효용을 갖지 못하는 경우, 기존 건물에 대한 저당권은 부합된 증축부분에도 그 효력이 미친다.
③ 지상권자가 축조하여 소유하고 있는 건물에는 토지저당권의 효력이 미치지 않는다.
④ 저당부동산에 대한 압류가 있기 전에 저당권설정자가 그 부동산으로부터 수취한 과실에도 저당권의 효력이 미친다.
⑤ 건물 소유를 목적으로 한 토지임차인이 그 토지 위에 소유하는 건물에 저당권을 설정한 때에는, 저당권의 효력이 건물뿐만 아니라 건물 소유를 목적으로 한 토지의 임차권에도 미친다.

해 설

① (○) : 저당권의 효력은 부합물 종물에 미치는 것이 원칙이다. 그러나 저당권설정행위에서 저당권의 효력은 종물에 미치지 않는다고 약정하는 것은 가능하고, 이를 등기하면 제3자에게도 대항할 수 있다(제358조 단서 참조).
② (○) : 건물의 증축부분이 기존 건물에 부합하여 기존 건물과 분리하여서는 별개의 독립물로서 효용을 갖지 못하는 경우(옥탑방 등), 기존 건물에 대한 저당권은 부합된 증축부분에도 그 효력이 미친다(대판 2002. 5. 10, 99다24256).
③ (○) : 우리 민법상 건물은 토지와 독립된 물건으로 취급되므로 특별한 사정이 없는 이상 건물은 토지의 부합물도 종물도 아니다. 따라서 지상권자가 축조하여 소유하고 있는 건물에는 토지저당권의 효력이 미치지 않는다. 판례도 "저당권은 법률에 특별한 규정이 있거나 설정행위에 다른 약정이 있는 경우를 제외하고 그 저당 부동산에 부합된 물건과 종물 이외에까지 그 효력이 미치는 것이 아니므로, 토지에 대한 경매절차에서 그 지상 건물을 토지의 부합물 내지 종물로 보아 경매법원에서 저당 토지와 함께 경매를 진행하고 경락허가를 하였다고 하여 그 건물의 소유권에 변동이 초래될 수 없다(대판 1997. 9. 26, 97다10314).고 한다. 나아가 판례는 "민법 제365조에 기한 일괄경매청구권은 저당권설정자가 건물을 축조하여 소유하고 있는 경우에 한한다(대결 1994. 1. 24, 자 93마1736)."고 하므로 지문의 경우처럼 저당권설정자가 아니라 지상권자가 축조하고 소유하고 있는 건물에 대해서는 일괄경매청구도 할 수 없다.
④ (×) : 저당권은 부합물 종물에는 미치나(제358조), 과실에는 미치지 않는다(유치권 및 질권과 차이). 다만 저당부동산에 대한 압류가 있은 후에는 저당권설정자가 그 부동산으로부터 수취한 과실에도 저당권의 효력이 미친다(제359조).
⑤ (○) :건물의 소유를 목적으로 하여 토지를 임차한 사람이 그 토지 위에 소유하는 건물에 저당권을 설정한 때에는 민법 제358조 본문에 따라서 저당권의 효력이 건물뿐만 아니라 건물의 소유를 목적으로 한 토지의 임차권에도 미친다고 보아야 할 것이므로, 건물에 대한 저당권이 실행되어 경락인이 건물의 소유권을 취득한 때에는 특별한 다른 사정이 없는 한 건물의 소유를 목적으로 한 토지의 임차권도 건물의 소유권과 함께 경락인에게 이전된다(대판 1993. 4. 13, 92다24950).

정답 9. ④

10 **저당권의 처분에 관한 설명으로 옳지 않은 것은? (다툼이 있으면 판례에 따름)** 〈2015년 변리사〉

① 저당권은 그 담보한 채권과 분리하여 타인에게 양도하거나 다른 채권의 담보로 하지 못한다.
② 피담보채권을 저당권과 함께 양수한 자는 저당권이전의 부기등기를 마치고 저당권실행의 요건을 갖추고 있는 한, 채권양도의 대항요건을 갖추고 있지 않더라도 경매신청을 할 수 있다.
③ 저당권의 양도에 있어서 물권적 합의는 저당권의 양도인과 양수인 사이뿐만 아니라 채무자 사이에까지 있어야 한다.
④ 저당권부 채권을 양도하는 경우, 피담보채권 양도의 시기와 저당권이전등기의 시기가 반드시 일치할 필요는 없으므로, 일시적으로 피담보채권과 저당권의 귀속이 달라진다고 하여 저당권이 무효로 되는 것은 아니다.
⑤ 저당권으로 담보한 채권을 질권의 목적으로 한 때에는 저당권등기에 질권의 부기등기를 하여야 그 효력이 저당권에 미친다.

해 설

① (○) : 저당권은 그 담보한 채권과 분리하여 타인에게 양도하거나 다른 채권의 담보로 하지 못한다(제361조).
② (○) : 피담보채권을 저당권과 함께 양수한 자는 저당권이전의 부기등기를 마치고 저당권실행의 요건을 갖추고 있는 한, 채권양도의 대항요건을 갖추고 있지 않더라도 경매신청을 할 수 있다(대판 2005. 6. 23, 2004다29279).
③ (×) : 저당권은 피담보채권과 분리하여 양도하지 못하는 것이어서 저당권부 채권의 양도는 언제나 저당권의 양도와 채권양도가 결합되어 행해지므로 저당권부 채권의 양도는 민법 제186조의 부동산물권변동에 관한 규정과 민법 제449조 내지 제452조의 채권양도에 관한 규정에 의해 규율되므로 저당권의 양도에 있어서도 물권변동의 일반원칙에 따라 저당권을 이전할 것을 목적으로 하는 물권적 합의와 등기가 있어야 저당권이 이전된다고 할 것이나, 이 때의 물권적 합의는 저당권의 양도·양수받는 당사자 사이에 있으면 족하고 그 외에 그 채무자나 물상보증인 사이에까지 있어야 하는 것은 아니라 할 것이고, 단지 채무자에게 채권양도의 통지나 이에 대한 채무자의 승낙이 있으면 채권양도를 가지고 채무자에게 대항할 수 있게 되는 것이다(대판 2005. 6. 10, 2002다15412, 15429).

> **[보충지문] 저당권의 이전을 위하여 저당권의 양도인과 양수인, 그리고 저당권설정자 사이의 물권적 합의와 등기가 있어야 한다(×).** 〈2020년 감정평가사〉

④ (○) : 저당권부 채권을 양도하는 경우, 피담보채권 양도의 시기와 저당권이전등기의 시기가 반드시 일치할 필요는 없으므로, 일시적으로 피담보채권과 저당권의 귀속이 달라진다고 하여 저당권이 무효로 되는 것은 아니다(대판 2001. 3. 15, 99다48948 전원합의체).
⑤ (○) : 저당권으로 담보한 채권을 질권의 목적으로 한 때에는 저당권등기에 질권의 부기등기를 하여야 그 효력이 저당권에 미친다(제348조).

11 **저당권에 관한 설명으로 옳지 않은 것은? (다툼이 있으면 판례에 따름)** 〈2017년 변리사〉

① 피담보채권을 저당권과 함께 양수한 자는 저당권 이전의 부기등기를 마치고 저당권실행의 요건을 갖추고 있는 한 채권양도의 대항요건을 갖추고 있지 아니하더라도 경매신청을 할 수 있다.
② 저당권설정자로부터 저당토지에 용익권을 설정 받은 자가 그 토지에 건물을 축조한 경우라도 그 후 저당권설정자가 그 건물의 소유권을 취득하였다면, 저당권자는 토지와 함께 그 건물에 대하여 경매

정답 10. ③ 11. ⑤

를 신청할 수 있다.
③ 피담보채권이 저당권과 분리되어 양도된 경우, 채권의 처분에 따르지 않는 저당권은 소멸한다.
④ 저당부동산에 대하여 지상권을 취득한 제3자는 채무자의 의사에 반하여 저당권자에게 그 부동산으로 담보된 채권을 변제하고 저당권의 소멸을 청구할 수 있다.
⑤ 저당권의 효력은 저당부동산에 대한 압류가 없더라도 저당권설정자가 그 부동산으로부터 수취한 과실 또는 수취할 수 있는 과실에 미친다.

해 설

① (○) : 피담보채권을 저당권과 함께 양수한 자는 저당권이전의 부기등기를 마치고 저당권실행의 요건을 갖추고 있는 한 채권양도의 대항요건을 갖추고 있지 아니하더라도 경매신청을 할 수 있다(대판 2005. 6. 23, 2004다29279).
② (○) : 저당지상의 건물에 대한 일괄경매청구권은 저당권설정자가 건물을 축조한 경우뿐만 아니라 저당권설정자로부터 저당토지에 대한 용익권을 설정받은 자가 그 토지에 건물을 축조한 경우라도 그 후 저당권설정자가 그 건물의 소유권을 취득한 경우에는 저당권자는 토지와 함께 그 건물에 대하여 경매를 청구할 수 있다(대판 2003. 4. 11, 2003다3850).
③ (○) : 피담보채권의 처분이 있음에도 불구하고, 담보권의 처분이 따르지 않는 특별한 사정이 있는 경우에는 채권양수인은 담보권이 없는 무담보의 채권을 양수한 것이 되고 채권의 처분에 따르지 않은 담보권은 소멸한다(대판 2004. 4. 28, 2003다61542).
④ (○) : 민법 제364조 및 민법 제469조 제2항/담보물의 제3취득자는 '법률상 이해관계 있는 제3자'로서 채무자의 의사에 반하여도 변제할 수 있다(대결 2009. 5. 28, 자 2008마109).
⑤ (×) : 민법 제359조. '압류가 있은 후에' 미치는 것이다.

12 **甲은 乙에 대한 1억원의 채권을 담보하기 위해 乙소유의 X주택에 저당권설정등기를 마쳤다. 그 후 丙은 2017. 10. 1. X주택을 보증금 2억원에 임차하여 인도받고, 전입신고를 마친 후 2019. 2. 16. 현재까지 살고 있다. 2018. 1. 10. 丁이 乙에 대한 8,000만원의 채권으로 X주택을 가압류하였고, 2018. 4. 10. 戊는 乙에 대한 1억원의 채권을 담보하기 위해 X주택에 저당권설정등기를 마쳤다. 2019. 2. 16. X주택은 戊의 저당권실행을 위한 경매로 A에게 매각되었으며, 배당할 금액은 2억 5,000만원이다. 이에 관한 설명으로 옳은 것은? (다툼이 있으면 판례에 따름)** 〈2019년 변리사〉

① A는 임대인 乙의 지위를 승계한 것으로 본다.
② 저당권자는 가압류채권자에 우선하므로, 戊는 丁에 우선하여 변제받을 수 있다.
③ 경매로 인해 丙의 임차권은 소멸하기 때문에 丙은 A에게 주택을 인도하여야 한다.
④ 丙이 임대차계약서상에 확정일자를 받았다면, 丙은 甲에 우선하여 보증금 전액에 대해 우선변제를 받을 수 있다.
⑤ 丙이 적법하게 배당요구를 하였다면 배당받을 수 있었던 금액이 丙의 적법한 배당요구가 없어서 丁과 戊에게 배당된 경우, 丙은 丁과 戊에게 부당이득반환을 청구할 수 있다.

해 설

① (×), ③ (○) : 경락으로 인한 용익물권이나 대항력을 갖춘 임차권의 소멸 여부는 민사소송법에 명문의 규정이 없다고 할 것이니 이는 결국 해석에 의하여 결정될 수밖에 없는데, 후순위 저당권의 실행으로 목적부동산이

정답 12. ③

경락된 경우에는 민사소송법 제728조, 제608조 제2항의 규정에 의하여 선순위 저당권까지도 당연히 소멸하는 것이므로, 이 경우 비록 후순위 저당권자에게는 대항할 수 있는 임차권이라 하더라도 소멸된 선순위 저당권보다 뒤에 등기되었거나 대항력을 갖춘 임차권은 함께 소멸하는 것이고, 따라서 그 경락인은 주택임대차보호법 제3조에서 말하는 임차주택의 양수인 중에 포함된다고 할 수 없을 것이므로 경락인에 대하여 그 임차권의 효력을 주장할 수 없다(대판 1999. 4. 23, 98다32939).

② (×) : 부동산에 대하여 가압류등기가 먼저 되고 나서 근저당권설정등기가 마쳐진 경우에 경매절차의 배당관계에서 근저당권자는 선순위 가압류채권자에 대하여는 우선변제권을 주장할 수 없으므로 그 가압류채권자는 근저당권자와 일반 채권자의 자격에서 평등배당을 받을 수 있고, 따라서 가압류채권자는 채무자의 근저당권설정행위로 인하여 아무런 불이익을 입지 않으므로 채권자취소권을 행사할 수 없다(대판 2008. 2. 28, 2007다77446).

④ (×) : 임차인이 대항력을 갖추고 확정일자까지 받으면 우선변제권이 인정되지만, 후순위권리자나 그 밖의 채권자보다 우선하여 보증금을 변제받을 권리가 있다는 것이지 선순위권리자에 우선하여 우선변제를 받을 수는 없다(주택임대차보호법 제3조의 2 제2항).

⑤ (×) : 민사소송법 제605조 제1항에서 규정하는 배당요구가 필요한 배당요구채권자는, 압류의 효력발생 전에 등기한 가압류채권자, 경락으로 인하여 소멸하는 저당권자 및 전세권자로서 압류의 효력발생 전에 등기한 자 등 당연히 배당을 받을 수 있는 채권자의 경우와는 달리, 경락기일까지 배당요구를 한 경우에 한하여 비로소 배당을 받을 수 있고, 적법한 배당요구를 하지 아니한 경우에는 비록 실체법상 우선변제청구권이 있다 하더라도 경락대금으로부터 배당을 받을 수는 없을 것이므로, 이러한 배당요구채권자가 적법한 배당요구를 하지 아니하여 그를 배당에서 제외하는 것으로 배당표가 작성·확정되고 그 확정된 배당표에 따라 배당이 실시되었다면 그가 적법한 배당요구를 한 경우에 배당받을 수 있었던 금액 상당의 금원이 후순위채권자에게 배당되었다고 하여 이를 법률상 원인이 없는 것이라고 할 수 없다(대판 2002. 1. 22, 2001다70702).

13 저당권과 동산질권에 관한 설명으로 옳은 것을 모두 고른 것은? (다툼이 있으 면 판례에 따름)

〈2020년 변리사〉

ㄱ. 저당권과 질권 모두 그 설정에 있어 부동산 또는 동산의 인도는 요구되지 않는다.
ㄴ. 저당권과 질권 모두 피담보채권의 전부를 변제받을 때까지 목적물 전부에 대해 그 권리를 행사할 수 있다.
ㄷ. 저당권과 달리 질권은 담보물의 보존비용이나 담보물의 하자로 인한 손해배상청구권을 담보한다.
ㄹ. 저당권과 달리 질권은 담보물의 공용징수로 인하여 질권설정자가 받을 금전에 대해서는 질권을 행사할 수 없다.

① ㄱ, ㄴ ② ㄴ, ㄷ ③ ㄷ, ㄹ ④ ㄱ, ㄴ, ㄹ ⑤ ㄱ, ㄷ, ㄹ

해 설

ㄱ. (×) : 질권의 설정은 질권자에게 목적물을 인도함으로써 그 효력이 생긴다(제330조). 저당권자는 채무자 또는 제삼자가 점유를 이전하지 아니하고 채무의 담보로 제공한 부동산에 대하여 다른 채권자보다 자기채권의 우선변제를 받을 권리가 있다(제356조).

ㄴ. (○) : 불가분성은 유치권에 규정되어 있고, 질권과 저당권에서 이를 준용한다(제321조, 제343조, 제370조).

ㄷ. (○) : 질권의 경우에는 질물의 보존비용과 질물의 하자로 인한 손해배상도 담보하는데, 저당권은 그렇지 않다. 이러한 차이는 저당권에서는 저당권자가 목적물을 점유하지 않는다는 점에서 비롯된 것이다(제334조, 제360조).

정 답 13. ②

ㄹ. (×) : 질권과 저당권 모두 물상대위가 가능하다. 물상대위는 질권에 규정되어 있고, 저당권에서 이를 준용한다(제342조, 제370조).

14 **저당권에 관한 설명으로 옳지 않은 것은? (다툼이 있으면 판례에 따름)** 〈2021년 변리사〉

① 구분건물의 전유부분에 설정된 저당권의 효력은 특별한 사정이 없는 한 그 전유부분의 소유자가 나중에 취득한 대지권에도 미친다.

② 저당목적물에 갈음하는 금전의 인도청구권에 대하여 저당권자가 압류하기 전에 그 금전이 물상보증인에게 지급되었더라도, 저당권자는 물상보증인에게 부당이득반환을 청구할 수 있다.

③ 저당권부 채권을 양수한 채권자가 채권양도의 대항요건을 갖추지 않은 경우에는 그보다 후순위 저당권자에 대하여 채권양도로써 대항할 수 없다.

④ 물상대위권을 행사하지 아니하여 우선변제권을 상실한 저당권자는 저당목적물에 갈음한 보상금으로 이득을 얻은 다른 채권자에 대하여 그 이익을 부당이득으로 반환청구할 수 없다.

⑤ 저당부동산에 대하여 전세권을 취득한 제3자는 저당권자에게 그 부동산으로 담보된 채권을 변제하고 저당권의 소멸을 청구할 수 있다.

해 설

① (○) : 가. 민법 제358조 본문은 "저당권의 효력은 저당부동산에 부합된 물건과 종물에 미친다"고 규정하고 있는바, 이 규정은 저당부동산에 종된 권리에도 유추적용된다. 나. 구분건물의 전유부분만에 관하여 설정된 저당권의 효력은 대지사용권의 분리처분이 가능하도록 규약으로 정하는 등의 특별한 사정이 없는 한 그 전유부분의 소유자가 사후에라도 대지사용권을 취득함으로써 전유부분과 대지권이 동일 소유자의 소유에 속하게 되었다면, 그 대지사용권에까지 미치고 여기의 대지사용권에는 지상권 등 용익권 이외에 대지소유권도 포함된다(대판 1995. 8. 22, 94다12722).

② (○) : 저당권자는 저당권의 목적이 된 물건의 멸실, 훼손 또는 공용징수로 인하여 저당목적물의 소유자가 받을 저당목적물에 갈음하는 금전 기타 물건에 대하여 물상대위권을 행사할 수 있으나, 다만 그 지급 또는 인도 전에 이를 압류하여야 하며, 저당권자가 위 금전 또는 물건의 인도청구권을 압류하기 전에 저당물의 소유자가 그 인도청구권에 기하여 금전 등을 수령한 경우 저당권자는 더 이상 물상대위권을 행사할 수 없게 된다. 이 경우 저당권자는 저당권의 채권최고액 범위 내에서 저당목적물의 교환가치를 지배하고 있다가 저당권을 상실하는 손해를 입게 되는 반면에, 저당목적물의 소유자는 저당권의 채권최고액 범위 내에서 저당권자에게 저당목적물의 교환가치를 양보하여야 할 지위에 있다가 마치 그러한 저당권의 부담이 없었던 것과 같은 상태에서의 대가를 취득하게 되는 것이므로, 그 수령한 금액 가운데 저당권의 채권최고액을 한도로 하는 피담보채권액의 범위 내에서는 이득을 얻게 된다. 저당목적물 소유자가 얻은 위와 같은 이익은 저당권자의 손실로 인한 것으로서 인과관계가 있을 뿐 아니라, 공평의 관념에 위배되는 재산적 가치의 이동이 있는 경우 수익자로부터 그 이득을 되돌려받아 손실자와 재산상태의 조정을 꾀하는 부당이득제도의 목적에 비추어 보면 위와 같은 이익을 소유권자에게 종국적으로 귀속시키는 것은 저당권자에 대한 관계에서 공평의 관념에 위배되어 법률상 원인이 없다고 봄이 상당하므로, 저당목적물 소유자는 저당권자에게 이를 부당이득으로 반환할 의무가 있다(대판 2009. 5. 14, 2008다17656).

③ (×) : 채권양도의 대항요건의 흠결의 경우 채권을 주장할 수 없는 채무자 이외의 제3자는 양도된 채권 자체에 관하여 양수인의 지위와 양립할 수 없는 법률상 지위를 취득한 자에 한하므로, 선순위의 근저당권부채권을 양수한 채권자보다 후순위의 근저당권자는 채권양도의 대항요건을 갖추지 아니한 경우 대항할 수 없는 제3자에 포함되지 않는다. 따라서 피담보채권을 저당권과 함께 양수한 자는 저당권이전의 부기등기를 마치고 저당

정답 14. ③

권실행의 요건을 갖추고 있는 한 채권양도의 대항요건을 갖추고 있지 아니하더라도 경매신청을 할 수 있으며 후순위자에 우선하여 배당받을 수 있다(대판 2005. 6. 23, 2004다29279).

④ (○) : 저당권자가 물상대위권의 행사에 나아가지 아니하여 우선변제권을 상실한 이상, '다른 채권자가' 그 보상금 또는 이에 관한 변제공탁금으로부터 이득을 얻었다고 하더라도 저당권자는 이를 부당이득으로서 반환청구할 수 없다(대판 2010. 10. 28, 2010다46756 ; 대판 2002. 10. 11, 2002다33137).

⑤ (○) : 저당부동산에 대하여 소유권, 지상권 또는 전세권을 취득한 제삼자는 저당권자에게 그 부동산으로 담보된 채권을 변제하고 저당권의 소멸을 청구할 수 있다(민법 제364조).

15 민법상 저당권의 효력이 미치는 목적물의 범위에 관한 설명으로 옳지 않은 것은? (다툼이 있으면 판례에 따름) 〈2023년 변리사〉

① 경매절차의 매수인이 증축부분의 소유권을 취득하기 위해서는 부합된 증축부분이 기존건물에 대한 경매절차에서 경매목적물로 평가되어야 한다.

② 건물의 증축부분이 저당목적물인 기존의 건물에 부합한 경우에는 특별한 사정이 없는 한 저당권의 효력이 증축부분에도 미친다.

③ 어떤 물건이 저당권이 설정된 후에 저당목적물의 종물이 된 경우에도 그 종물에 대하여 저당권의 효력이 미친다.

④ 건물의 소유를 목적으로 하여 토지를 임차한 사람이 그 건물에 저당권을 설정한 때에는, 저당권의 효력은 그 건물의 소유를 목적으로 한 토지임차권에도 미친다.

⑤ 특별한 사정이 없는 한 저당목적물인 건물에 대한 저당권자의 압류가 있으면 저당권설정자의 건물 임차인에 대한 차임채권에 저당권의 효력이 미친다.

해 설

① (×), ② (○) : 건물의 증축부분이 기존건물에 부합하여 기존건물과 분리하여서는 별개의 독립물로서의 효용을 갖지 못하는 이상 기존건물에 대한 근저당권은 민법 제358조에 의하여 부합된 증축부분에도 효력이 미치는 것이므로 기존건물에 대한 경매절차에서 경매목적물로 평가되지 아니하였다고 할지라도 경락인은 부합된 증축부분의 소유권을 취득한다(대판 1992. 12. 8, 92다26772, 26789).

③ (○) : 부합물에는 저당권의 효력이 미치는바, 부합의 시기에 관하여 학설·판례(대판 1974. 12. 12, 73다298)는 저당권설정 당시에 이미 부합하여 있는 것이든, 그 후에 부합한 것이든 가리지 않고 원칙적으로 부합된 물건에 대하여 저당권의 효력이 미친다고 한다. 종물의 경우에도 마찬가지이다.

④ (○) : 건물의 소유를 목적으로 하여 토지를 임차한 사람이 그 토지 위에 소유하는 건물에 저당권을 설정한 때에는 민법 제358조 본문에 따라서 저당권의 효력이 건물뿐만 아니라 건물의 소유를 목적으로 한 토지의 임차권에도 미친다고 보아야 할 것이므로, 건물에 대한 저당권이 실행되어 경락인이 건물의 소유권을 취득한 때에는 특별한 다른 사정이 없는 한 건물의 소유를 목적으로 한 토지의 임차권도 건물의 소유권과 함께 경락인에게 이전된다. 나. 위 "가"항의 경우에도 민법 제629조가 적용되기 때문에 토지의 임대인에 대한 관계에서는 그의 동의가 없는 한 경락인은 그 임차권의 취득을 대항할 수 없다(대판 1993. 4. 13, 92다24950).

[보충지문] 저당권의 효력은 천연과실뿐만 아니라 법정과실에도 미친다(○). 〈2020년 감정평가사〉

⑤ (○) : 민법 제359조 전문의 '과실'에는 천연과실뿐만 아니라 법정과실도 포함되므로, 저당부동산에 대한 압류가 있으면 압류 이후의 저당권설정자의 저당부동산에 관한 차임채권 등에도 저당권의 효력이 미친다. 다만 저당부동산에 대한 경매절차에서 저당부동산에 관한 차임채권 등을 관리하면서 이를 추심하거나 저당부동산

정 답 15. ①

과 함께 매각할 수 있는 제도가 마련되어 있지 아니하므로, 저당권의 효력이 미치는 차임채권 등에 대한 저당권의 실행이 저당부동산에 대한 경매절차에 의하여 이루어질 수는 없고, 그 저당권의 실행은 저당권의 효력이 존속하는 동안에 채권에 대한 담보권의 실행에 관하여 규정하고 있는 민사집행법 제273조에 따른 채권집행의 방법으로 저당부동산에 대한 경매절차와 별개로 이루어질 수 있을 뿐이다(대판 2016. 7. 27, 2015다230020).

16 저당권에 관한 설명으로 옳지 않은 것은? (다툼이 있으면 판례에 따름) 〈2024년 변리사〉

① 구분지상권을 목적으로 하는 저당권의 설정도 가능하다.
② 저당권 등기가 위법하게 말소된 후 그 저당부동산이 경매절차에서 매각된 경우, 저당권자는 매수인을 상대로 말소된 저당권 등기의 회복을 청구할 수 있다.
③ 피담보채무의 소멸로 무효가 된 저당권 등기의 유용은 등기부상 이해관계가 있는 제3자가 생기지 않은 경우에 허용된다.
④ 저당부동산에 대한 압류가 있으면 압류 이후의 저당권설정자의 저당부동산에 관한 차임채권에도 저당권의 효력이 미친다.
⑤ 금전채권이 아닌 채권을 피담보채권으로 하는 저당권을 설정하면서 그 평가액을 등기한 경우, 채권자는 제3자에 대한 관계에 있어서 그 등기된 평가액의 한도에서만 저당권을 주장할 수 있다.

해 설

① (○) : 본장의 규정은 지상권 또는 전세권을 저당권의 목적으로 한 경우에 준용한다(민법 제371조 제1항).
☞ 지상권 또는 전세권은 저당권의 목적이 될 수 있다. 구분지상권도 마찬가지이다.

② (×) : 부동산에 관하여 근저당권설정등기가 마쳐졌다가 등기가 위조된 관계서류에 기하여 아무런 원인 없이 말소되었다는 사정만으로는 곧바로 근저당권이 소멸하는 것은 아니지만, 부동산이 경매절차에서 매각되면 매각부동산에 존재하였던 저당권은 당연히 소멸하는 것이므로(민사집행법 제91조 제2항, 제268조 참조) 근저당권설정등기가 원인 없이 말소된 이후에 근저당목적물인 부동산에 관하여 다른 근저당권자 등 권리자의 신청에 따라 경매절차가 진행되어 매각허가결정이 확정되고 매수인이 매각대금을 완납하였다면, 원인 없이 말소된 근저당권도 소멸한다. 따라서 원인 없이 말소된 근저당권설정등기의 회복등기절차 이행과 회복등기에 대한 승낙의 의사표시를 구하는 소송 도중에 근저당목적물인 부동산에 관하여 경매절차가 진행되어 매각허가결정이 확정되고 매수인이 매각대금을 완납하였다면 매각부동산에 설정된 근저당권은 당연히 소멸하므로, 더 이상 원인 없이 말소된 근저당권설정등기의 회복등기절차 이행이나 회복등기에 대한 승낙의 의사표시를 구할 법률상 이익이 없게 된다(대판 2014. 12. 11, 2013다28025).

③ (○) : 실질관계의 소멸로 무효로 된 등기의 유용은 그 등기를 유용하기로 하는 합의가 이루어지기 전에 등기상 이해관계가 있는 제3자가 생기지 않은 경우에 한하여 허용된다(대판 1989. 10. 27, 87다카425).

④ (○) : 민법 제359조 전문은 "저당권의 효력은 저당부동산에 대한 압류가 있은 후에 저당권설정자가 그 부동산으로부터 수취한 과실 또는 수취할 수 있는 과실에 미친다."라고 규정하고 있는데, 위 규정상 '과실'에는 천연과실뿐만 아니라 법정과실도 포함되므로, 저당부동산에 대한 압류가 있으면 압류 이후의 저당권설정자의 저당부동산에 관한 차임채권 등에도 저당권의 효력이 미친다(대판 2016. 7. 27, 2015다230020).

⑤ (○) : 부동산등기법 제143조에 의하여 일정한 금액을 목적으로 하지 아니한 채권을 금전으로 평가하여 그 평가액을 등기한 경우에는 채권자는 제3자에 대한 관계에 있어서 그 등기된 평가액의 한도에서만 저당권의 효력을 주장할 수 있다(대결 1980. 9. 18.자 80마75).

정답 16. ②

17 **甲은 乙, 丙으로부터 금원을 각 차용하고 甲 소유 부동산에 관하여 乙에게 1번 저당권을, 丙에게 2번 저당권을 각 설정하여 주었다. 다음 설명 중 옳지 않은 것은? (다툼이 있는 경우에는 판례에 의함)** 〈2013년 변호사시험〉

① 乙의 저당권설정등기가 위조된 등기서류에 의하여 원인없이 말소된 경우에도 저당권은 소멸하지 않는다.

② 乙의 저당권설정등기가 원인없이 말소되었고 그 회복등기 전에 丙의 경매신청으로 丁에게 경락되어 대금이 완납된 경우, 乙은 회복등기를 위하여 丁을 상대로 승낙의 의사표시를 구할 수 있다.

③ 乙의 저당권설정등기가 원인없이 말소되었고 그 회복등기 전에 丙의 경매신청으로 丁에게 경락되어 배당할 금액의 전부가 丙에게 배당된 경우, 乙은 丙에 대하여 부당이득반환을 청구할 수 있다.

④ 甲이 乙에 대한 채무를 전부 변제한 경우, 말소등기를 하지 않아도 1번 저당권은 소멸한다.

⑤ 甲이 乙에 대한 채무를 모두 변제하였음에도 1번 저당권설정등기를 말소하지 아니한 상태에서 다시 戊로부터 금원을 차용하고 乙의 협조를 얻어 戊에게 1번 저당권 이전의 부기등기를 경료하였는데, 위 부기등기의 기입일자보다 2번 저당권설정등기의 기입일자가 빠른 경우, 戊는 丙에게 1번 저당권설정등기와 그 부기등기의 유효를 주장할 수 없다.

해 설

① (○), ② (×), ③ (○) : [1] 부동산에 관하여 근저당권설정등기가 경료되었다가 그 등기가 위조된 등기서류에 의하여 아무런 원인 없이 말소되었다는 사정만으로는 곧바로 근저당권이 소멸하는 것은 아니라고 할 것이지만(①), 부동산이 경매절차에서 경락되면 그 부동산에 존재하였던 근저당권은 당연히 소멸하는 것이므로, 근저당권설정등기가 원인 없이 말소된 이후에 그 근저당 목적물인 부동산에 관하여 다른 근저당권자 등 권리자의 경매신청에 따라 경매절차가 진행되어 경락허가결정이 확정되고 경락인이 경락대금을 완납하였다면, 원인 없이 말소된 근저당권은 이에 의하여 소멸한다. [2] 근저당권설정등기가 위법하게 말소되어 아직 회복등기를 경료하지 못한 연유로 그 부동산에 대한 경매절차에서 피담보채권액에 해당하는 금액을 전혀 배당받지 못한 근저당권자로서는 위 경매절차에서 실제로 배당받은 자에 대하여 부당이득반환 청구로서 그 배당금의 한도 내에서 그 근저당권설정등기가 말소되지 아니하였더라면 배당받았을 금액의 지급을 구할 수 있을 뿐이고(③), 이미 소멸한 근저당권에 관한 말소등기의 회복등기를 위하여 현소유자를 상대로 그 승낙의 의사표시를 구할 수는 없다(②)(대판 1998. 10. 2, 98다27197).

④ (○) : 저당권의 부종성으로 甲이 乙에 대한 채무를 전부 변제한 경우, 말소등기를 하지 않아도 1번 저당권은 소멸한다(제369조 참조).

⑤ (○) : 부동산의 소유자 겸 채무자가 채권자인 저당권자에게 당해 저당권설정등기에 의하여 담보되는 채무를 모두 변제함으로써 저당권이 소멸된 경우 그 저당권설정등기 또한 효력을 상실하여 말소되어야 할 것이나, 그 부동산의 소유자가 새로운 제3의 채권자로부터 금원을 차용함에 있어 그 제3자와 사이에 새로운 차용금 채무를 담보하기 위하여 잔존하는 종전 채권자 명의의 저당권설정등기를 이용하여 이에 터잡아 새로운 제3의 채권자에게 저당권 이전의 부기등기를 경료하기로 하는 내용의 저당권등기 유용의 합의를 하고 실제로 그 부기등기를 경료하였다면, 그 저당권이전등기를 경료받은 새로운 제3의 채권자로서는 언제든지 부동산의 소유자에 대하여 그 등기 유용의 합의를 주장하여 저당권설정등기의 말소청구에 대항할 수 있다고 할 것이고, 다만 그 저당권 이전의 부기등기 이전에 등기부상 이해관계를 가지게 된 자에 대하여는 위 등기 유용의 합의 사실을 들어 위 저당권설정등기 및 그 저당권 이전의 부기등기의 유효를 주장할 수는 없다(대판 1998. 3. 24, 97다56242).

정답 17. ②

18 **甲 소유인 X 토지에 乙이 대여금채권을 담보하기 위하여 저당권을 가지고 있었다. 甲은 관련 서류를 위조하여 乙의 저당권설정등기를 말소한 후 丙에게 저당권을 설정하여 주었다. 甲은 丁에게 X 토지를 매도하고 소유권이전등기를 경료하여 주었다. 이에 관한 설명 중 옳은 것을 모두 고른 것은? (각 지문은 독립적이며, 다툼이 있는 경우 판례에 의함)** 〈2018년 변호사시험〉

ㄱ. 乙이 저당권회복등기 청구의 소를 제기한다면 丁을 피고로 삼아야 한다.
ㄴ. 丙의 경매신청에 의하여 X 토지가 경매되는 경우 배당이의소송을 통하여 위 사실관계가 모두 밝혀지더라도 乙은 배당받을 수 없다.
ㄷ. 위 토지가 경매되어 丙이 배당받고 乙이 배당받지 못한 경우 乙은 자신이 선순위 배당권자였음을 주장하여 丙을 상대로 부당이득반환을 청구할 수 있다.

① ㄴ ② ㄷ ③ ㄱ, ㄴ ④ ㄱ, ㄷ ⑤ ㄴ, ㄷ

해설

ㄱ. (×) : 불법하게 말소된 것을 이유로 한 근저당권설정등기 회복등기청구는 그 등기말소 당시의 소유자를 상대로 하여야 한다(대판 1969. 3. 18, 68다1617). ☞ 사안의 경우 말소 당시의 소유자는 丁이 아니라 甲이었으므로 甲을 피고로 삼아야 한다.

ㄴ. (×) : 등기는 물권의 효력 발생 요건이고 존속 요건은 아니어서 등기가 원인 없이 말소된 경우에는 그 물권의 효력에 아무런 영향이 없고, 그 회복등기가 마쳐지기 전이라도 말소된 등기의 등기명의인은 적법한 권리자로 추정되므로, 근저당권설정등기가 위법하게 말소되어 아직 회복등기를 경료하지 못한 연유로 그 부동산에 대한 경매절차의 배당기일에서 피담보채권액에 해당하는 금액을 배당받지 못한 근저당권자는 배당기일에 출석하여 이의를 하고 배당이의의 소를 제기하여 구제를 받을 수 있고, 가사 배당기일에 출석하지 않음으로써 배당표가 확정되었다고 하더라도, 확정된 배당표에 의하여 배당을 실시하는 것은 실체법상의 권리를 확정하는 것이 아니기 때문에 위 경매절차에서 실제로 배당받은 자에 대하여 부당이득반환 청구로서 그 배당금의 한도 내에서 그 근저당권설정등기가 말소되지 아니하였더라면 배당받았을 금액의 지급을 구할 수 있다(대판 2002. 10. 22, 2000다59678).

ㄷ. (○) : 근저당권설정등기가 위법하게 말소되어 아직 회복등기를 경료하지 못한 연유로 그 부동산에 대한 경매절차에서 피담보채권액에 해당하는 금액을 전혀 배당받지 못한 근저당권자로서는 위 경매절차에서 실제로 배당받은 자에 대하여 부당이득반환 청구로서 그 배당금의 한도 내에서 그 근저당권설정등기가 말소되지 아니하였더라면 배당받았을 금액의 지급을 구할 수 있을 뿐이고, 이미 소멸한 근저당권에 관한 말소등기의 회복등기를 위하여 현소유자를 상대로 그 승낙의 의사표시를 구할 수는 없다(대판 1998. 10. 2, 98다27197).

19 **나대지에 대하여 저당권이 설정된 후 그 토지 위에 건물이 축조되어 일괄경매되는 경우(「민법」 제365조)에 관한 설명 중 옳지 않은 것은? (각 지문은 독립적이며, 다툼이 있는 경우 판례에 의함)** 〈2023년 변호사시험〉

① 저당권의 우선변제적 효력은 그 지상 건물에는 미치지 않고 저당권자가 우선변제를 받는 범위는 토지의 매각대금에 한정된다.
② 저당권자가 건물의 매각대금에서 배당을 받으려면 적법한 배당요구를 하였거나 그 밖에 달리 배당을 받을 수 있는 채권으로서 필요한 요건을 갖추고 있어야 한다.

정답 18. ② 19. ④

③ 저당권설정자로부터 그 토지에 대한 용익권을 설정받은 자가 그 토지 위에 건물을 축조한 후 저당권설정자가 그 건물의 소유권을 취득하였다면 저당권자는 토지와 함께 그 건물에 대하여 경매를 청구할 수 있다.

④ 저당권설정자가 토지 위에 건물을 축조하고 그 건물을 제3자에게 매도하여 경매개시결정 당시 그 건물의 소유권이 제3자에게 귀속된 경우에도 그 건물에 대하여 일괄경매가 가능하다.

⑤ 만약 저당권자가 토지에 대하여만 경매를 신청한 경우, 저당권자는 그 토지에 관한 경매기일 공고시까지는 그 건물에 대하여 일괄경매의 추가신청을 할 수 있다.

해 설

① (○), ② (○) : 민법 제365조 단서에 의하면 저당권자에게는 건물의 매각대금에 대하여 우선변제를 받을 권리가 없도록 규정되어 있는 점에 비추어 보면, 위와 같은 경우 토지의 저당권자가 **건물의 매각대금에서** 배당을 받으려면 민사집행법 제268조, 제88조의 규정에 의한 적법한 배당요구를 하였거나 그 밖에 달리 배당을 받을 수 있는 채권으로서 필요한 요건을 갖추고 있어야 한다(대판 2012. 3. 15, 2011다54587).

③ (○) : 제365조 저당지상의 건물에 대한 일괄경매청구권은 저당권설정자가 건물을 축조한 경우뿐만 아니라 저당권설정자로부터 저당토지에 대한 용익권을 설정받은 자가 그 토지에 건물을 축조한 경우라도 그 후 저당권설정자가 그 건물의 소유권을 취득한 경우에는 저당권자는 토지와 함께 그 건물에 대하여 경매를 청구할 수 있다(대판 2003. 4. 11, 2003다3850).

④ (×) : 민법 제365조가 토지를 목적으로 한 저당권을 설정한 후 그 저당권설정자가 그 토지에 건물을 축조한 때에는 저당권자가 토지와 건물을 일괄하여 경매를 청구할 수 있도록 규정한 취지는, 저당권은 담보물의 교환가치의 취득을 목적으로 할 뿐 담보물의 이용을 제한하지 아니하여 저당권설정자로서는 저당권설정 후에도 그 지상에 건물을 신축할 수 있는데, 후에 그 저당권의 실행으로 토지가 제3자에게 경락될 경우에 건물을 철거하여야 한다면 사회경제적으로 현저한 불이익이 생기게 되어 이를 방지할 필요가 있으므로 이러한 이해관계를 조절하고, 저당권자에게도 저당 토지 상의 건물의 존재로 인하여 생기게 되는 경매의 어려움을 해소하여 저당권의 실행을 쉽게 할 수 있도록 한 데에 있다고 풀이되며, 그러한 규정 취지에 비추어 보면 민법 제365조에 기한 일괄경매청구권은 **저당권설정자가** 건물을 축조하여 **소유하고 있는 경우**에 한한다(대결 1999. 4. 20, 자 99마146.) ☞ 토지에 관한 근저당권설정자가 그 지상에 건물을 축조하여 소유권보존등기를 마침과 동시에 이를 제3자에게 매도함으로써 경매개시결정 당시 건물의 소유권이 근저당권설정자가 아닌 제3자들에게 귀속된 사실이 인정되므로 위 건물에 대하여는 민법 제365조에 의한 일괄경매를 할 수 없다고 한 사례

⑤ (○) : 민법 제365조에 기한 일괄경매청구권은 토지의 저당권자가 토지에 대하여 경매를 신청한 후에도 그 토지상의 건물에 대하여 토지에 관한 경매기일 공고시까지는 일괄경매의 추가신청을 할 수 있고, 이 경우에 집행법원은 두 개의 경매사건을 병합하여 일괄경매절차를 진행함이 상당하다(대결 2001. 6. 13, 자 2001마1632).

20 **甲이 乙에 대한 차용금채무를 담보하기 위하여 자기 소유 X 토지에 乙 명의의 저당권을 설정해 주었다. 甲의 부탁을 받은 丙은 위 채무를 담보하기 위하여 乙과 연대보증계약을 체결하였다. 그 후 丁이 甲으로부터 X 토지를 매수하여 소유권이전등기를 마쳤다. 이에 관한 설명 중 옳지 않은 것은? (각 지문은 독립적이며, 다툼이 있는 경우 판례에 의함)** 〈2023년 변호사시험〉

① 丙이 乙에게 甲의 차용금채무를 변제한 후 甲에게 구상금을 청구할 경우, 그 구상권의 범위에는 면책된 날 이후의 법정이자가 포함된다.

② 丁이 X 토지에 관한 필요비를 지출하였더라도, 丁은 X 토지에 관한 저당권의 실행에 따른 경매 매각대금에서 그 필요비를 우선상환 받을 수는 없다.

정답 20. ②

③ 丁은 X 토지에 관하여 저당권의 실행에 따른 경매절차의 경매인(競買人)이 될 수 있다.

④ 丁은 乙에게 변제기가 도래한 甲의 차용금채무를 변제하고 X 토지에 설정된 乙 명의 저당권의 소멸을 청구할 수 있다.

⑤ 만약 甲이 戊의 차용금채무를 담보하기 위하여 X 토지에 乙 명의의 저당권을 설정해 주었는데 乙의 저당권 실행으로 丁이 X 토지에 대한 소유권을 잃었다면, 丁이 위 저당권의 피담보채무의 이행을 인수하였다는 등의 특별한 사정이 없는 한 丁은 戊에 대해 구상권을 행사할 수 있다.

해 설

① (○) : "전항의 구상권은 면책된 날 이후의 법정이자 및 피할 수 없는 비용 기타 손해배상을 포함한다."는 제425조제2항의 규정은 "주채무자의 부탁으로 보증인이 된 자가 과실 없이 변제 기타의 출재로 주채무를 소멸"하게 하여 구상권이 있는 경우에 준용한다(민법 제441조 제2항).

② (×) : 저당물의 제삼취득자가 그 부동산의 보존, 개량을 위하여 필요비 또는 유익비를 지출한 때에는 제203조제1항, 제2항의 규정에 의하여 저당물의 경매대가에서 우선상환을 받을 수 있다(민법 제367조).

③ (○) : 저당물의 소유권을 취득한 제삼자도 경매인이 될 수 있다(민법 제363조 제2항).

④ (○) : 저당부동산에 대하여 소유권, 지상권 또는 전세권을 취득한 제삼자는 저당권자에게 그 부동산으로 담보된 채권을 변제하고 저당권의 소멸을 청구할 수 있다(민법 제364조).

⑤ (○) : 타인의 채무를 담보하기 위하여 저당권을 설정한 부동산의 소유자(물상보증인)로부터 소유권을 양수한 제3자는 물상보증의 목적물인 저당부동산의 제3취득자가 채무를 변제하거나 저당권의 실행으로 저당물의 소유권을 잃은 때에는 물상보증인의 구상권에 관한 민법 제370조, 제341조의 규정을 유추적용하여 보증채무에 관한 규정에 의하여 **채무자에 대한 구상권이 있다**(대판 2014. 12. 24, 2012다49285 ; 대판 1997. 7. 25, 97다8403).

[비교판례] 물상보증인이 담보부동산을 제3취득자에게 매도하고 제3취득자가 담보부동산에 설정된 근저당권의 피담보채무의 이행을 인수한 경우, 그 이행인수는 매매당사자 사이의 내부적인 계약에 불과하여 이로써 물상보증인의 책임이 소멸하지 않는 것이고, 따라서 담보부동산에 대한 담보권이 실행된 경우에도 제3취득자가 아닌 원래의 물상보증인이 채무자에 대한 구상권을 취득한다(대판 1997. 5. 30, 97다1556).

보충지문

21-1 장래에 발생할 특정 조건부 채권을 담보하기 위하여도 저당권을 설정할 수 있다. 〈2018년 법무사〉

21-2 장래에 발생할 특정의 조건부 채권을 피담보채권으로 하는 근저당권의 설정은 허용되지 않는다. 〈2019년 감정평가사〉

해 설 장래에 발생할 특정의 조건부 채권을 담보하기 위하여도 저당권을 설정할 수 있으므로 그러한 채권도 근저당권의 피담보채권으로 확정될 수 있고, 그 조건이 성취될 가능성이 없게 되었다는 등의 특별한 사정이 없는 이상 확정 당시 조건이 성취되지 아니하였다는 사정만으로 근저당권이 소멸하는 것은 아니다(대판 2015. 12. 24, 2015다200531).

22 저당권은 경매에서의 매각으로 인하여 소멸한다. 〈2015년 감정평가사〉

정답 21-1. (○) 21-2. (×) 22. (○)

해 설 민사집행법상 저당권은 경매에서의 매각으로 인하여 소멸하며, 순위에 따라 배당을 받게 된다(이른바 소제주의).

23 저당권의 효력은 저당부동산에 부합된 물건과 종물에 미치는 것이 원칙이지만 설정행위에서 그와 다른 약정을 할 수 있다. 〈2007년 법무사〉

해 설 민법 제358조 참조

24 저당권의 효력은 저당부동산의 종물에 미치므로 경매를 통하여 저당부동산의 소유권을 취득한 자는 특별한 사정이 없는 한 종물의 소유권을 취득한다. 〈2021년 감정평가사〉

해 설 부동산의 종물은 주물의 처분에 따르고, 저당권은 그 목적 부동산의 종물에 대하여도 그 효력이 미치기 때문에, 저당권의 실행으로 개시된 경매절차에서 부동산을 경락받은 자와 그 승계인은 종물의 소유권을 취득한다(대판 1993. 8. 13, 92다43142).

25 저당권의 실행으로 부동산이 경매된 경우에 그 부동산에 부합된 물건은 그것이 부합될 당시에 누구의 소유였는지를 가릴 것 없이 그 부동산을 낙찰받은 사람이 소유권을 취득하는바, 이러한 법리는 종물의 경우에도 마찬가지이므로 그 부동산의 상용에 공하여진 물건이라면 부동산의 소유자가 아닌 다른 사람의 소유인 때에도 종물에 해당되어 부동산의 낙찰인이 그 소유권을 취득한다. 〈2012년 법원행시〉

해 설 저당권의 실행으로 부동산이 경매된 경우에 그 부동산에 부합된 물건은 그것이 부합될 당시에 누구의 소유이었는지를 가릴 것 없이 그 부동산을 낙찰받은 사람이 소유권을 취득하지만, 그 부동산의 상용에 공하여진 물건일지라도 그 물건이 부동산의 소유자가 아닌 다른 사람의 소유인 때에는 이를 종물이라고 할 수 없으므로 부동산에 대한 저당권의 효력에 미칠 수 없어 부동산의 낙찰자가 당연히 그 소유권을 취득하는 것은 아니며, 나아가 부동산의 낙찰자가 그 물건을 선의취득하였다고 할 수 있으려면 그 물건이 경매의 목적물로 되었고 낙찰자가 선의이며 과실 없이 그 물건을 점유하는 등으로 선의취득의 요건을 구비하여야 한다(대판 2008. 5. 8, 2007다36933,36940).

26 저당권의 효력은 저당부동산에 부합된 물건에 미치므로, 명인방법을 갖춘 수목에도 토지저당권의 효력이 미친다. 〈2008년 감정평가사〉

해 설 저당권의 효력은 저당부동산에 부합된 물건에 미치나, 명인방법을 갖춘 수목은 독립성이 있으므로 토지저당권의 효력은 미치지 않는다.

27-1 저당권의 효력은 목적물의 과실에는 미치지 않으나, 저당부동산의 압류가 있은 후에는 저당권의 효력이 미친다. 〈2008년 법원행시〉

27-2 특약이 없는 한 저당권의 효력은 저당권 설정 당시의 저당목적물로부터 압류 전에 발생하는 천연과실에는 미치지 않는다. 〈2015년 사법시험〉

정 답 23. (○) 24. (○) 25. (×) 26. (×) 27-1. (○) 27-2. (○)

27-3 **저당부동산에 관한 과실수취권은 목적물에 대한 압류가 있기 전에는 저당권설정자에게 있다.**
〈2008년 감정평가사〉

27-4 **저당권의 효력은 저당부동산에 대한 압류가 있은 후에 저당권설정자가 그 부동산으로부터 수취한 과실 또는 수취할 수 있는 과실에 미치지만, 그 부동산의 소유권, 지상권 또는 전세권을 취득한 제3자에 대하여는 저당권자가 그 압류사실을 통지하여야 대항할 수 있다.**
〈2019년 법원행시〉

해 설 저당권의 효력은 저당부동산에 대한 압류가 있은 후에 저당권설정자가 그 부동산으로부터 수취한 과실 또는 수취할 수 있는 과실에 미친다. 그러나 저당권자가 그 부동산에 대한 소유권, 지상권 또는 전세권을 취득한 제삼자에 대하여는 압류한 사실을 통지한 후가 아니면 이로써 대항하지 못한다(민법 제359조).

28-1 **저당권의 피담보채무의 범위에 관하여 민법 제360조가 지연배상에 대하여는 원본의 이행기일을 경과한 후의 1년분에 한하여 저당권을 행사할 수 있다고 규정한 것은 저당권자의 제3자에 대한 관계에서의 제한이고, 채무자나 저당권설정자가 저당권자에 대하여 대항할 수 있는 것이 아니다.**
〈2011년 법무사〉

28-2 **저당권을 설정한 사람이 채무자가 아닌 경우, 그는 원본채권이 이행기를 경과한 때부터 1년분의 범위에서 지연배상을 변제할 책임이 있다.**
〈2020년 감정평가사〉

해 설 저당권의 피담보채무의 범위에 관하여 민법 제360조가 지연배상에 대하여는 원본의 이행기일을 경과한 후의 1년분에 한하여 저당권을 행사할 수 있다고 규정하고 있는 것은 저당권자의 제3자에 대한 관계에서의 제한이며, 채무자나 저당권설정자가 저당권자에 대하여 대항할 수 있는 것이 아니다(대판 1992. 5. 12, 90다8855).

29 **이미 소멸한 선순위저당권의 설정등기가 말소되지 않고 있는 경우, 후순위저당권자는 방해배제청구권에 기해 선순위저당권등기의 말소를 청구할 수 있다.**
〈2005년 사법시험〉

해 설 저당권 침해에 대한 구제수단 중 하나인 물권적 청구권이다(제370조, 제214조).

30 **저당권설정자에게 책임 없는 사유로 저당물의 가액이 현저히 감소된 경우에도 저당권자는 담보물의 보충을 요구할 수 있는 권리를 가진다.**
〈2005년 사법시험〉

해 설 저당권설정자의 책임있는 사유로 인하여 저당물의 가액이 현저히 감소된 때에는 저당권자는 저당권설정자에 대하여 그 원상회복 또는 상당한 담보제공을 청구할 수 있다(제362조).

31 **제3자가 저당권의 목적물을 손상시켜도 나머지 부분의 가액이 피담보채권을 담보하기에 충분한 경우에는 저당권자는 그 제3자에 대하여 손해배상을 청구할 수 없다.**
〈2012년 감정평가사〉

해 설 불법행위로 인한 손해배상청구권은 손해가 발생하여야 하기 때문에 제3자가 저당권의 목적물을 손상시켜도 나머지 부분의 가액이 피담보채권을 담보하기에 충분한 경우에는 저당권자는 그 제3자에 대하여 손해배상을 청구할 수 없다(제750조 참조).

정 답 27-3. (○) 27-4. (○) 28-1. (○) 28-2. (×) 29. (○) 30. (×) 31. (○)

32 **저당권자가 담보물보충청구권을 행사하는 경우에는 손해배상청구권이나 즉시변제청구권을 행사할 수 없다.** 〈2005년 사법시험〉

해설 통설에 따르면 담보물보충청구권(제362조)을 행사하는 경우에는 손해배상청구권은 행사할 수 없다고 한다.

33 **특별한 사정이 없는 한 저당 토지의 지상권자가 통상의 용법에 따라 토지를 사용·수익하는 경우, 저당권 침해에 해당하지 않는다.** 〈2012년 감정평가사〉

해설 저당권은 가치권으로서 교환가치를 지배하기 때문에 설정자가 그 사용수익권이 있다. 따라서 특별한 사정이 없는 한 저당 토지의 지상권자가 통상의 용법에 따라 토지를 사용·수익하는 경우, 저당권 침해에 해당하지 않는다.

34-1 **물상보증은 채무자가 아닌 사람이 채무자를 위하여 담보물권을 설정하는 행위이고 채무자를 대신해서 채무를 이행하는 사무의 처리를 위탁받은 것이므로, 물상보증인이 변제 등에 의하여 채무자를 면책시키는 것은 의무 없이 채무자를 위하여 사무를 처리한 것이 아니라, 법적 의미에서는 위임사무의 처리라고 보아야 한다.** 〈2007년 사법시험〉

34-2 **물상보증인의 채무자에 대한 구상권은 그들 사이의 물상보증위탁계약의 법적 성질과 관계없이 민법에 의하여 인정된 별개의 독립한 권리이고, 그 소멸시효에 있어서는 민법상 일반채권에 관한 규정이 적용된다.** 〈2007년 사법시험〉

해설 물상보증은 채무자 아닌 사람이 채무자를 위하여 담보물권을 설정하는 행위이고 채무자를 대신해서 채무를 이행하는 사무의 처리를 위탁받는 것이 아니므로, 물상보증인이 변제 등에 의하여 채무자를 면책시키는 것은 위임사무의 처리가 아니고 법적 의미에서는 의무 없이 채무자를 위하여 사무를 관리한 것에 유사하다. 따라서 물상보증인의 채무자에 대한 구상권은 그들 사이의 물상보증위탁계약의 법적 성질과 관계없이 민법에 의하여 인정된 별개의 독립한 권리이고, 그 소멸시효에 있어서는 민법상 일반채권에 관한 규정이 적용된다(대판 2001. 4. 24, 2001다6237).

35 **채무자의 부탁 없이 물상보증인이 된 자가 담보권의 실행으로 인해 담보물의 소유권을 잃은 경우에는 이로 인해 피담보채권이 소멸할 당시 채무자가 얻은 이익을 한도로 구상권을 행사할 수 있다.** 〈2010년 사법시험〉

해설 물상보증인이 채무를 변제하거나 또는 담보권의 실행으로 그 소유권을 잃은 경우에는 보증채무에 관한 규정에 의하여 채무자에게 구상권을 행사할 수 있다(제370조, 제341조). 따라서 채무자의 부탁 없이 물상보증인이 된 자가 변제 또는 담보권의 실행으로 인해 그 소유권을 잃은 경우에는 채무자는 피담보채권의 소멸 당시에 이익을 받은 한도에서 배상하여야 한다(제444조 제1항). 한편 채무자의 의사에 반하여 물상보증인이 되었다면 채무자는 현존이익의 한도에서 배상하여야 한다(제444조 제2항).

36 **물상보증인이 담보권의 실행으로 타인의 채무를 담보하기 위하여 제공한 부동산의 소유권을 잃은 경우 물상보증인이 채무자에게 구상할 수 있는 범위는 특별한 사정이 없는 한 담보권의**

정답 32. (○) 33. (○) 34-1. (×) 34-2. (○) 35. (○) 36. (○)

실행으로 부동산의 소유권을 잃게 된 때, 즉 매수인이 매각대금을 다 낸 때의 부동산 시가를 기준으로 하여야 하고, 매각대금을 기준으로 할 것이 아니다. 〈2020년 법무사〉

해설 물상보증은 채무자 아닌 사람이 채무자를 위하여 담보물권을 설정하는 행위이고 물상보증인은 담보물로 물적 유한책임만을 부담할 뿐 채권자에 대하여 채무를 부담하지 않는다. 보증인은 '변제 기타의 출재(출재)로 주채무를 소멸하게 한 때' 주채무자에 대한 구상권이 있는 반면(민법 제441조 제1항, 제444조 제1항, 제2항), 물상보증인은 '그 채무를 변제'한 경우 외에 '담보권의 실행으로 인하여 담보물의 소유권을 잃은 때'에도 채무자에 대한 구상권이 있다(민법 제341조). 물상보증인이 담보권의 실행으로 타인의 채무를 담보하기 위하여 제공한 부동산의 소유권을 잃은 경우 물상보증인이 채무자에게 구상할 수 있는 범위는 특별한 사정이 없는 한 담보권의 실행으로 부동산의 소유권을 잃게 된 때, 즉 매수인이 매각대금을 다 낸 때의 부동산 시가를 기준으로 하여야 하고, 매각대금을 기준으로 할 것이 아니다. 경매절차에서 유찰 등의 사유로 소유권 상실 당시의 시가에 비하여 낮은 가격으로 매각되는 경우가 있는데, 이 경우 소유권 상실로 인한 부동산 시가와 매각대금의 차액에 해당하는 손해는 채무자가 채무를 변제하지 못한 데 따른 담보권의 실행으로 물상보증인에게 발생한 손해이므로, 이를 채무자에게 구상할 수 있어야 하기 때문이다(대판 2018. 4. 10, 2017다283028).

37 **타인의 채무를 담보하기 위하여 그 소유의 부동산에 저당권을 설정한 물상보증인이 타인의 채무를 변제하거나 저당권의 실행으로 저당물의 소유권을 잃은 때에는 채무자에 대하여 구상권을 취득한다(민법 제370조, 제341조). 그런데 구상권 취득의 요건인 '채무의 변제'라 함은 채무의 내용인 급부가 실현되고 이로써 채권이 그 목적을 달성하여 소멸하는 것을 의미하므로, 기존 채무가 동일성을 유지하면서 인수 당시의 상태로 종래의 채무자로부터 인수인에게 이전할 뿐 기존 채무를 소멸시키는 효력이 없는 면책적 채무인수는 설령 이로 인하여 기존 채무자가 채무를 면한다고 하더라도 이를 가리켜 채무가 변제된 경우에 해당한다고 할 수 없다. 따라서 채무인수의 대가로 기존 채무자가 물상보증인에게 어떤 급부를 하기로 약정하였다는 등의 사정이 없는 한 물상보증인이 기존 채무자의 채무를 면책적으로 인수하였다는 것만으로 물상보증인이 기존 채무자에 대하여 구상권 등의 권리를 가진다고 할 수 없다.** 〈2021년 법무사〉

해설 대판 2019. 2. 14, 2017다274703 참조

38 **토지를 목적으로 저당권을 설정한 후 그 설정자가 그 토지에 건물을 축조한 때에는 저당권자는 토지와 함께 그 건물에 대하여도 경매를 청구하여 토지와 건물의 경매대가로부터 우선변제를 받을 수 있다.** 〈2007년 법무사〉

해설 토지를 목적으로 저당권을 설정한 후 그 설정자가 그 토지에 건물을 축조한 때에는 저당권자는 토지와 함께 그 건물에 대하여도 경매를 청구할 수 있다. 그러나 그 건물의 경매대가에 대하여는 우선변제를 받을 권리가 없다(제365조).

39 **근저당권이 설정된 후 근저당물을 취득한 제3자가 그 부동산의 보존·개량을 위하여 필요비 또는 유익비를 지출한 경우, 그는 근저당물의 경매대가 중 근저당권자가 배당받고 남은 금액에서 우선상환을 받을 수 있다.** 〈2008년 사법시험〉

해설 제삼취득자가 근저당권자보다 우선한다(민법 제367조).

정답 37. (○) 38. (×) 39. (×)

40 **민법은 유치권에 관하여 물상대위를 규정하고 질권과 저당권에 이를 준용하고 있는바, 저당권자가 물상대위권을 행사하려면 저당권설정자가 저당목적물의 변형물인 금전 기타 물건을 지급 또는 인도받기 전에 이를 압류하여야 한다.** 〈2006년 사법시험〉

해설 유치권은 우선변제권과 물상대위성이 없다. 물상대위는 질권에 규정(제342조)하고 저당권에서 이를 준용한다(제370조).

41-1 **제3자의 불법행위로 저당목적물이 멸실되어 저당권설정자가 제3자에 대하여 불법행위로 인한 손해배상청구권을 취득한 경우, 위 손해배상청구권도 물상대위권의 대상이 된다.** 〈2006년 사법시험〉

41-2 **물상대위는 담보물의 공용징수로 인한 보상금청구권, 담보물의 매도로 인한 매매대금청구권에 대하여도 인정된다.** 〈2006년 사법시험〉

해설 물상대위는 멸실 · 훼손 · 공용징수의 경우에 불법행위로 인한 손해배상청구권, 공용징수로 인한 보상금청구권, 보험금청구권 등에 인정되고(제370조, 제342조), 매매나 임대차에서 매매대금이나 임료 등에는 인정되지 않는다. 저당권 등 담보물권에는 추급효가 있기 때문이다.

42 **구 공용용지의 취득 및 손실보상에 관한 특례법에 따라 저당권이 설정된 토지의 취득에 관하여 토지소유자와 사업시행자 사이에 협의가 성립된 경우에 동 토지의 저당권자는 토지소유자가 수령할 보상금에 대하여 물상대위를 할 수 없다.** 〈2016년 법무사〉

해설 공용용지의 취득 및 손실보상에 관한 특례법에 따라 저당권이 설정된 토지의 취득에 관하여 토지소유자와 사업시행자 사이에 협의가 성립된 경우에 동 토지의 저당권자는 토지소유자가 수령할 보상금에 대하여 민법 제370조 제342조에 의한 물상대위를 할 수 없다(대판 1981. 5. 26, 80다2109) ☞ 협의취득은 사법상의 매매계약과 같은 성질을 가진 것에 불과하여 토지수용법상의 공용징수에 해당되지 아니하므로 토지의 소유권이 피고에 이전된다 할지라도 저당권자는 저당권으로서 토지에 추급할 수 있기 때문에, 협의에 따라 지급받을 보상금(실질은 매매대금)에 대하여 물상대위권을 행사할 수 없다는 취지이다.

43 **물상대위의 요건인 '담보물의 멸실'이라 함은 물리적 멸실뿐만 아니라 법률적 멸실도 포함하며, 담보물권자의 과실에 의해 담보물이 멸실된 경우에도 물상대위가 인정된다.** 〈2006년 사법시험〉

해설 물상대위는 저당권자(채권자)를 보호하는 규정이니만큼 저당권자의 과실에 기하지 않은 것이어야 한다.

44 **지상권 또는 전세권을 저당권의 목적으로 할 수 있다.** 〈2007년 법무사〉

해설 민법 제371조 참조

45 **전세권을 목적으로 저당권을 설정한 자는 저당권자의 동의 없이 전세권설정자와 합의하여 전세권을 소멸시킬 수 있다.** 〈2017년 감정평가사〉

해설 제371조 제2항. 저당권자의 동의 없이 전세권을 소멸하게 하는 행위를 하지 못한다.

정답 40. (×) 41-1. (○) 41-2. (×) 42. (○) 43. (×) 44. (○) 45. (×)

46 **임대차보증금반환채권을 담보하기 위하여 전세권설정등기를 경료한 후 그 전세권에 대하여 저당권이 설정된 경우, 임대차계약의 변경으로 전세금이 일부 소멸하더라도 저당권자의 동의가 없는 한 전세권설정자가 전세권의 일부 소멸을 주장할 수 없다.** 〈2016년 법원행시〉

해 설 임대차보증금 반환채권을 담보하기 위하여 전세권설정등기를 경료한 후 그 전세권에 대하여 저당권이 설정된 경우, 임대차계약의 변경으로 전세권이 일부 소멸하더라도 저당권자의 동의가 없는 한 전세권설정자가 위 전세권의 일부 소멸을 주장할 수 없다(대판 2006. 2. 9, 2005다59864). ☞ 민법 제371조 제2항이 적용된 판례입니다. 민법 제371조 제2항을 반드시 읽어보시기 바랍니다.

47 **저당권의 침해에 대한 구제의 설명 중 맞는 것은 (○), 틀린 것은 (×)로 옳게 표시한 것은?**

〈2006년 감정평가사〉

㉠ 저당권자는 저당권을 침해하는 자에 대하여 목적물반환뿐만 아니라, 방해제거나 방해예방을 청구할 수 있다.
㉡ 저당권의 침해로 인한 손해배상의 청구는 저당권을 실행하여 실제상의 손해액을 확정한 후가 아니면 이를 행사할 수 없다.
㉢ 저당권설정자의 책임있는 사유로 인하여 저당물의 가액이 현저히 감소한 때에는, 저당권자는 설정자에 대하여 그 원상회복 또는 상당한 담보제공을 청구할 수 있다.
㉣ 저당권자는 ㉢의 담보제공의 청구와 아울러 저당권의 침해를 이유로 손해배상을 청구할 수 있다.
㉤ 채무자가 저당목적물을 손상한 때에는, 저당권자는 곧 변제를 청구할 수 있고 그에 따라 저당권을 실행할 수 있다.

	㉠	㉡	㉢	㉣	㉤
①	(×)	(×)	(×)	(○)	(○)
②	(×)	(×)	(○)	(×)	(○)
③	(×)	(○)	(○)	(○)	(×)
④	(○)	(○)	(×)	(×)	(○)
⑤	(○)	(×)	(○)	(×)	(×)

해 설

㉠ (×) : 민법 제370조는 민법 제214조만을 준용하고 제213조는 준용하지 않고 있으므로 저당권자는 저당권을 침해하는 자에 대하여 방해제거나 방해예방은 청구할 수 있지만 반환청구권은 행사할 수 없다.

[보충지문] 甲은 乙과의 계속적 거래관계에서 발생하는 대여금채권을 담보하기 위하여 乙 소유의 X 토지에 채권자 甲, 채무자 乙, 채권최고액 2억 원의 1번 근저당권을 설정받았다. 乙이 나대지 상태에서 X에 근저당권을 설정한 후 그 지상에 건물을 신축하기 시작하였는데, 채무를 변제하지 못하여 근저당권 실행이 예상됨에도 불구하고 공사를 계속한다면, 甲은 근저당권에 기한 공사중지청구를 할 수 있다.
〈2012년 변호사시험〉

정답 46. (○) 47. ②

(○) : [1] 저당권자는 저당권 설정 이후 환가에 이르기까지 저당물의 교환가치에 대한 지배권능을 보유하고 있으므로 저당목적물의 소유자 또는 제3자가 저당목적물을 물리적으로 멸실·훼손하는 경우는 물론 그 밖의 행위로 저당부동산의 교환가치가 하락할 우려가 있는 등 저당권자의 우선변제청구권의 행사가 방해되는 결과가 발생한다면 저당권자는 저당권에 기한 방해배제청구권을 행사하여 방해행위의 제거를 청구할 수 있다. [2] 대지의 소유자가 나대지 상태에서 저당권을 설정한 다음 대지상에 건물을 신축하기 시작하였으나 피담보채무를 변제하지 못함으로써 저당권이 실행에 이르렀거나 실행이 예상되는 상황인데도 소유자 또는 제3자가 신축공사를 계속한다면 신축건물을 위한 법정지상권이 성립하지 않는다고 할지라도 경매절차에 의한 매수인으로서는 신축건물의 소유자로 하여금 이를 철거하게 하고 대지를 인도받기까지 별도의 비용과 시간을 들여야 하므로, 저당목적 대지상에 건물신축공사가 진행되고 있다면, 이는 경매절차에서 매수희망자를 감소시키거나 매각가격을 저감시켜 결국 저당권자가 지배하는 교환가치의 실현을 방해하거나 방해할 염려가 있는 사정에 해당한다(대판 2006. 1. 27, 2003다58454).

㉡ (×) : 저당권의 침해로 인한 손해배상의 청구는 저당권을 실행전에도 손해가 발생하면 청구할 수 있다.
㉢ (○) : 민법 제362조 참조
㉣ (×) : 저당권자는 담보제공의 청구를 할 경우 저당권의 침해를 이유로 손해배상을 청구할 수 없다(제362조 참조).
㉤ (○) : 민법 제388조 제1호 참조

Ⅱ. 근저당권

48 **근저당권에 관한 설명으로 옳은 것은? (다툼이 있는 경우에는 판례에 의함)** 〈2012년 변리사〉

① 피담보채무가 확정되기 전에 채무자가 변경되면 변경 후는 물론 변경 전의 채무자에 대한 채권도 근저당권으로 담보된다.
② 동일한 사람이 동일 채무의 담보를 위하여 연대보증계약과 물상보증계약을 체결한 경우, 다른 사정이 없으면 연대보증채무의 범위는 담보물 가액의 범위로 제한된다.
③ 채무액이 채권최고액을 초과하는 경우, 근저당권을 설정한 채무자는 그 최고액을 변제하고 근저당권 설정등기의 말소를 청구할 수 있다.
④ 근저당권의 목적이 된 부동산의 제3취득자는 채무자 또는 제3자의 변제 등으로 피담보채무의 일부가 소멸하였으나 그 잔존 채무가 채권최고액을 초과하는 경우, 자신이 담보부동산에 의하여 부담하는 책임이 그 변제 등으로 인하여 감축되었음을 항변하지 못한다.
⑤ 동일한 당사자가 동일 부동산에 관하여 동일 거래관계로 발생하는 채무를 담보하기 위하여 순위가 다른 여러 개의 근저당권을 설정한 경우, 그 담보물의 경매대금이 채무 전액을 만족시키지 못할 때에는 경매대금을 선순위근저당 설정시에 발생한 채무에 우선적으로 변제충당하여야 한다.

해설

① (×) : 채무의 범위나 채무자가 변경된 경우에는 당연히 변경 후의 범위에 속하는 채권이나 채무자에 대한 채권만이 당해 근저당권에 의하여 담보되고, 변경 전의 범위에 속하는 채권이나 채무자에 대한 채권은 그 근저당권에 의하여 담보되는 채무의 범위에서 제외된다(대판 1999. 5. 14, 97다15777, 15784).
② (×) : 어느 한사람이 같은 채권의 담보를 위하여 연대보증계약과 물상보증계약을 체결한 경우 부종성을 인

정답 48. ④

정할 특별한 사정이 없는 한 위 두 계약은 별개의 계약이므로 보증책임의 범위가 담보부동산의 가액범위내로 제한된다고 할 수 없다(대판 1990. 1. 25, 88다카26406).

③ (×) : 채무자 겸 근저당권설정자는 채권최고액의 초과금액도 변제하여야 근저당권의 소멸을 청구할 수 있다(대판 2001. 10. 12, 2000다59081 등).

④ (○) : 근저당권의 목적이 된 부동산의 제3취득자는 근저당권의 피담보채무에 대하여 채권최고액을 한도로 당해 부동산에 의한 담보적 책임을 부담하므로, 제3취득자로서는 채무자 또는 제3자의 변제 등으로 피담보채권이 일부 소멸하였다고 하더라도 잔존 피담보채권이 채권최고액을 초과하는 한 담보 부동산에 의한 자신의 책임이 그 변제 등으로 인하여 감축되었다고 주장할 수 없다(대판 2007. 4. 26, 2005다38300).

⑤ (×) : 동일한 당사자가 동일 목적물에 관하여 동일 거래관계로 인하여 발생되는 채무를 담보하기 위하여 순위가 다른 여러개의 근저당권을 설정한 경우 각 근저당권은 그 설정계약에서 정한 거래관계로 인하여 발생된 여러 개의 채무 전액을 각 한도범위 내에서 담보하는 것이므로, 그 담보물의 경매대금이 채무 전액을 만족시키지 못할 때에는 변제충당의 방법으로 그 대금수령으로 인하여 소멸할 채무를 정할 것이지, 위 경매대금을 당연히 선순위 근저당권설정시에 발생한 채무에 우선적으로 변제충당할 것은 아니다(대판 2002. 12. 10, 2002다51579).

49 근저당권에 관한 설명으로 옳지 않은 것은? (다툼이 있는 경우에는 판례에 의함) 〈2014년 변리사〉

① 근저당권자의 경매신청으로 그 피담보채권이 확정된 경우, 확정 전에 발생한 원본채권에 관하여 확정 후에 발생하는 지연손해금채권은 근저당권으로 담보되지 않는다.

② 근저당권이 유효하기 위해서는 그 설정행위와 별도로 피담보채권을 발생하게 하는 법률행위가 있어야 한다.

③ 물상보증인이 근저당권의 피담보채무를 면책적으로 인수하고 이를 원인으로 하여 근저당권변경의 부기등기를 마친 경우, 특별한 사정이 없으면 그 변경등기는 당초 물상보증인이 인수한 채무만을 담보대상으로 한다.

④ 가압류등기가 기입된 부동산에 근저당권이 설정된 경우 그 근저당권등기는 가압류의 집행보전의 목적을 달성하는데 필요한 범위 안에서 가압류채권자에 대한 관계에서만 무효이다.

⑤ 근저당권자와 근저당권을 설정한 채무자의 관계에서는 피담보채권의 총액이 근저당권의 채권최고액을 넘더라도 그 채권 전부의 변제가 있을 때까지 근저당권의 효력이 잔존채무에 미친다.

해설

① (×) : 대판 2007. 4. 26, 2005다38300에 반한다. 구체적으로 본다면 "근저당권의 피담보채권이 확정된 경우, 확정 이후에 새로운 거래관계에서 발생한 원본채권은 그 근저당권에 의하여 담보되지 아니하지만, 확정 전에 발생한 원본채권에 관하여 확정 후에 발생하는 이자나 지연손해금 채권은 채권최고액의 범위 내에서 근저당권에 의하여 담보되는 것이다."

② (○) : 근저당권이 유효하기 위해서는 그 설정행위와 별도로 피담보채권을 발생하게 하는 법률행위가 있어야 한다(대판 2004. 5. 28, 2003다70041).

③ (○) : 물상보증인이 근저당권의 채무자의 계약상의 지위를 인수한 것이 아니라, 다만 그 채무만을 면책적으로 인수하고 이를 원인으로 하여 근저당권 변경의 부기등기가 경료된 경우, 특별한 사정이 없는 한 그 변경등기는 당초 채무자가 근저당권자에 대하여 부담하고 있던 것으로서 물상보증인이 인수한 채무만을 그 대상으로 하는 것이지, 그 후 채무를 인수한 물상보증인이 다른 원인으로 근저당권자에 대하여 부담하게 된 새로운 채무까지 담보하는 것으로 볼 수는 없다(대판 2002. 11. 26, 2001다73022).

④ (○) : 부동산에 대하여 가압류등기가 먼저 되고 나서 근저당권설정등기가 마쳐진 경우에 그 근저당권등기

정답 49. ①

는 가압류에 의한 처분금지의 효력 때문에 그 집행보전의 목적을 달성하는 데 필요한 범위 안에서 가압류채권자에 대한 관계에서만 상대적으로 무효이다(대결 1994. 11. 29, 자 94마417).
⑤ (○) : 근저당권자와 근저당권을 설정한 채무자의 관계에서는 피담보채권의 총액이 근저당권의 채권최고액을 넘더라도 그 채권 전부의 변제가 있을 때까지 근저당권의 효력이 잔존채무에 미친다(대판 2001. 10. 12, 2000다59081).

50 **근저당권에 관한 설명으로 옳지 않은 것은? (다툼이 있으면 판례에 따름)** 〈2016년 변리사〉

① 물상보증인이 근저당권 채무자의 채무만을 면책적으로 인수하고 이를 원인으로 하여 근저당권변경의 부기등기가 경료된 경우, 그 후 물상보증인 다른 원인으로 근저당권자에 대하여 부담하게 된 새로운 채무까지 담보하는 것은 아니다.
② 근저당권에 기해 경매신청을 하면 경매신청시에 근저당 채무액이 확정되고, 경매신청에 따른 경매개시결정이 있은 후에 경매신청이 취하되더라도 채무확정의 효과가 번복되지 않는다.
③ 존속기간이나 결산기의 정함이 없는 때에는 특별한 사정이 없으면 근저당권설정자가 근저당권자를 상대로 언제든지 해지의 의사표시를 함으로써 피담보채무를 확정시킬 수 있다.
④ 근저당권설정등기가 원인 없이 말소된 이후에, 근저당목적물인 부동산에 관하여 다른 근저당권자의 신청에 따라 경매절차가 진행되어 매각허가결정이 확정되고 매수인이 매각대금을 완납하였더라도, 그 근저당권은 소멸하지 않는다.
⑤ 근저당권에 있어서 피담보채무의 이자는 최고액 중에 산입한 것으로 본다.

해 설

① (○) : 물상보증인이 근저당권의 채무자의 계약상의 지위를 인수한 것이 아니라, 다만 그 채무만을 면책적으로 인수하고 이를 원인으로 하여 근저당권 변경의 부기등기가 경료된 경우, 특별한 사정이 없는 한 그 변경등기는 당초 채무자가 근저당권자에 대하여 부담하고 있던 것으로서 물상보증인이 인수한 채무만을 그 대상으로 하는 것이지, 그 후 채무를 인수한 물상보증인이 다른 원인으로 근저당권자에 대하여 부담하게 된 새로운 채무까지 담보하는 것으로 볼 수는 없다(대판 2002. 11. 26, 2001다73022).
② (○) : 근저당권에 기해 경매신청을 하면 경매신청시에 근저당 채무액이 확정되고, 경매신청에 따른 경매개시결정이 있은 후에 경매신청이 취하되더라도 채무확정의 효과가 번복되지 않는다(대판 2002. 11. 26, 2001다73022).
③ (○) : 존속기간이나 결산기의 정함이 없는 때에는 특별한 사정이 없으면 근저당권설정자가 근저당권자를 상대로 언제든지 해지의 의사표시를 함으로써 피담보채무를 확정시킬 수 있다(대판 2001. 11. 9, 2001다47528).
④ (×) : 부동산에 관하여 근저당권설정등기가 마쳐졌다가 등기가 위조된 관계서류에 기하여 아무런 원인 없이 말소되었다는 사정만으로는 곧바로 근저당권이 소멸하는 것은 아니지만, 부동산이 경매절차에서 매각되면 매각부동산에 존재하였던 저당권은 당연히 소멸하는 것이므로(민사집행법 제91조 제2항, 제268조 참조) 근저당권설정등기가 원인 없이 말소된 이후에 근저당목적물인 부동산에 관하여 다른 근저당권자 등 권리자의 신청에 따라 경매절차가 진행되어 매각허가결정이 확정되고 매수인이 매각대금을 완납하였다면, 원인 없이 말소된 근저당권도 소멸한다(대판 2014. 12. 11, 2013다28025).

> **[유사지문] 부동산에 관하여 마쳐진 가압류등기가 원인 없이 말소된 이후에 부동산의 소유권이 제3자에게 이전되고 그 후 제3취득자의 채권자의 신청에 따라 경매절차가 진행되어 매각허가결정이 확정되고 매수인이 매각대금을 다 낸 때에는, 특별한 사정이 없는 한 원인 없이 말소된 가압류의 효력은 소멸한다.** 〈2018년 법원행시〉

정답 50. ④

(○) : 부동산에 관하여 가압류등기가 마쳐졌다가 등기가 아무런 원인 없이 말소되었다는 사정만으로는 곧바로 가압류의 효력이 소멸하는 것은 아니지만, 가압류등기가 원인 없이 말소된 이후에 부동산의 소유권이 제3자에게 이전되고 그 후 제3취득자의 채권자 등 다른 권리자의 신청에 따라 경매절차가 진행되어 매각허가결정이 확정되고 매수인이 매각대금을 다 낸 때에는, 경매절차에서 집행법원이 가압류의 부담을 매수인이 인수할 것을 특별매각조건으로 삼지 않은 이상 원인 없이 말소된 가압류의 효력은 소멸한다(대판 2017. 1. 25, 2016다28897).

⑤ (○) : 근저당권에 있어서 피담보채무의 이자는 최고액 중에 산입한 것으로 본다(제357조 제2항).

51 **甲이 채무자 乙소유인 X토지에 대하여 채무불이행을 이유로 채권최고액 1천만원의 근저당권을 실행하기 위한 경매를 신청하였다. 이에 관한 설명으로 옳지 않은 것은?(다툼이 있으면 판례에 따름)** 〈2017년 변리사〉

① 경매개시결정이 있은 후, 甲이 경매신청을 취하하였다면 채무확정의 효과는 번복된다.
② 甲의 경매신청시에 근저당권이 확정되므로, 그 이후에 발생하는 甲의 원본채권은 근저당으로 담보되지 않는다.
③ 근저당권의 실행에 따른 경매비용은 채권최고액 1천만원에 포함되지 아니한다.
④ 甲의 피담보채권이 확정되기 전에 발생한 원본채권에 관하여 그 확정 후에 발생하는 원본채권의 이자나 지연손해금은 채권최고액의 범위 내에서는 근저당권에 의하여 담보된다.
⑤ 만일 X토지에 대하여 후순위저당권을 취득한 丙이 경매를 신청한 경우에는 그 매각대금 완납시에 甲의 피담보채권액이 확정된다.

해 설

① (×) : 근저당권자가 피담보채무의 불이행을 이유로 경매신청을 한 경우에는 경매신청시에 근저당 채무액이 확정되고, 그 이후부터 근저당권은 부종성을 가지게 되어 보통의 저당권과 같은 취급을 받게 되는바, 위와 같이 경매신청을 하여 경매개시결정이 있은 후에 경매신청이 취하되었다고 하더라도 채무확정의 효과가 번복되는 것은 아니다(대판 2002. 11. 26, 2001다73022).
② (○) : 근저당권자가 그 피담보채무의 불이행을 이유로 경매신청한 때에는 그 경매신청시에 근저당권은 확정되는 것이며 근저당권이 확정되면 그 이후에 발생하는 원금채권은 그 근저당권에 의하여 담보되지 않는다(대판 1988. 10. 11, 87다카545).
③ (○) : 경매부동산을 매수한 제3취득자는 그 부동산으로 담보하는 채권최고액과 경매비용을 변제공탁하면 그 저당권의 소멸을 청구할 수 있다(대결 1971. 5. 15, 자 71마251). 채권최고액과 별도로 경매비용도 변제공탁 해야 한다고 하고 있음에 비추어 근저당권의 실행에 따른 경매비용은 채권최고액에 포함되지 않는다는 것이 판례의 태도임을 알 수 있다.
④ (○) : 근저당권자의 경매신청 등의 사유로 인하여 근저당권의 피담보채권이 확정되었을 경우, 확정 이후에 새로운 거래관계에서 발생한 원본채권은 그 근저당권에 의하여 담보되지 아니하지만, 확정 전에 발생한 원본채권에 관하여 확정 후에 발생하는 이자나 지연손해금 채권은 채권최고액의 범위 내에서 근저당권에 의하여 여전히 담보되는 것이다(대판 2007. 4. 26, 2005다38300).
⑤ (○) : 후순위 근저당권자가 경매를 신청한 경우 선순위 근저당권의 피담보채권은 그 근저당권이 소멸하는 시기, 즉 경락인이 경락대금을 완납한 때에 확정된다고 보아야 한다(대판 1999. 9. 21, 99다26085).

정답 51. ①

52 **甲은 乙로부터 돈을 빌리면서 자기 소유의 X토지에 1번 근저당권(채권최고액 5억 원)을 설정해 주었고, 甲은 다시 丙으로부터 돈을 빌리면서 X토지에 2번 근저당권(채권최고액 3억 원)을 설정해 주었다. 이에 관한 설명으로 옳은 것은? (다툼이 있으면 판례에 따름)** 〈2020년 변리사〉

① 丙이 2번 근저당권의 피담보채무 불이행을 이유로 경매를 신청한 때에는 경매신청시에 乙의 피담보채권이 확정된다.

② 乙이 경매를 신청하여 피담보채권의 원본채권이 4억 원으로 확정되었더라도 이 4억 원에 대한 확정 후 발생한 이자 1천만 원은 근저당권에 의해 담보된다.

③ 丙의 근저당권의 존속기간을 정하지 않은 경우, 甲이 근저당권 설정계약을 해지하더라도 근저당권으로 담보되는 丙의 피담보채무는 확정되지 않는다.

④ 결산기에 확정된 乙의 채권이 6억 원인 경우, 甲은 5억 원만 변제하면 乙의 근저당권의 소멸을 청구할 수 있다.

⑤ 丁이 X토지를 매수하여 소유권을 취득한 경우, 丙의 확정된 피담보채권이 4억 원이면 丁은 4억 원을 변제하지 않는 한 丙의 근저당권의 소멸을 청구할 수 없다.

해 설

① (×) : 당해 근저당권자는 저당부동산에 대하여 경매신청을 하지 아니하였는데 다른 채권자(후순위 근저당권자)가 경매를 신청한 경우 선순위 근저당권의 피담보채권은 그 근저당권이 소멸하는 시기, 즉 경락인이 경락대금을 완납한 때에 확정된다고 보아야 한다(대판 1999. 9. 21, 99다26085).

② (○) : 근저당권자의 경매신청 등의 사유로 인하여 근저당권의 피담보채권이 확정되었을 경우, 확정 이후에 새로운 거래관계에서 발생한 원본채권은 그 근저당권에 의하여 담보되지 아니하지만, 확정 전에 발생한 원본채권에 관하여 확정 후에 발생하는 이자나 지연손해금 채권은 채권최고액의 범위 내에서 근저당권에 의하여 여전히 담보되는 것이다(대판 2007. 4. 26, 2005다38300).

③ (×) : 존속기간이나 결산기의 정함이 없는 때에는 근저당권설정자가 근저당권자를 상대로 언제든지 해지의 의사표시를 함으로써 피담보채무를 확정시킬 수 있으며, 이러한 계약의 해제 또는 해지에 관한 권한은 근저당부동산의 소유권을 취득한 제3자도 원용할 수 있다(대판 2001. 11. 9, 2001다47528).

④ (×) : 원래 저당권은 원본, 이자, 위약금, 채무불이행으로 인한 손해배상 및 저당권의 실행비용을 담보하는 것이며, 채권최고액의 정함이 있는 근저당권에 있어서 이러한 채권의 총액이 그 채권최고액을 초과하는 경우, 적어도 근저당권자와 채무자 겸 근저당권설정자와의 관계에 있어서는 위 채권 전액의 변제가 있을 때까지 근저당권의 효력은 채권최고액과는 관계없이 잔존채무에 여전히 미친다(대판 2001. 10. 12, 2000다59081). ☞ 채무자 겸 근저당권설정자인 甲은 6억 원 전액을 변제해야 한다.

⑤ (×) : 채무총액이 근저당권의 채권최고액을 초과한 경우에도, 근저당부동산을 매수한 제3취득자는 그 채권최고액만을 변제하고 근저당권의 소멸을 청구할 수 있으며, 이는 고유의 권리이다(대판 1971. 4. 6, 71다26). ☞ 제3취득자 丁은 채권최고액인 3억 원만 변제하면 근저당권의 소멸을 청구할 수 있다.

53 **근저당권에 관한 설명으로 옳은 것은? (다툼이 있으면 판례에 따름)** 〈2022년 변리사〉

① 근저당권의 물상보증인은 확정된 채무액이 채권최고액을 초과하더라도 특별한 사정이 없는 한 채권최고액만을 변제하고 근저당권설정등기의 말소청구를 할 수 있다.

② 근저당권에 존속기간이나 결산기의 정함이 없는 경우, 근저당권설정자는 근저당권자에 대한 해지의 의사표시로써 피담보채권을 확정시킬 수 없다.

정답 52. ② 53. ①

③ 후순위 근저당권자가 경매를 신청한 경우, 선순위 근저당권의 피담보채권은 후순위 근저당권자의 경매신청시에 확정된다.

④ 근저당권의 피담보채권 확정 전에 발생한 원본채권에 관하여 확정 후에 발생하는 이자나 지연손해금 채권은 채권최고액의 범위 내일지라도 근저당권에 의하여 담보되지 않는다.

⑤ 근저당권의 피담보채권이 확정되기 전에 채권의 일부가 대위변제된 경우, 근저당권의 일부이전의 부기등기 여부와 관계없이 근저당권은 대위변제자에게 법률상 당연히 이전된다.

해 설

① (○) : 근저당권의 **물상보증인**은 민법 제357조에서 말하는 **채권의 최고액만을** 변제하면 근저당권설정등기의 말소청구를 할 수 있고 채권최고액을 초과하는 부분의 채권액까지 변제할 의무가 있는 것이 아니다(대판 1974. 12. 10, 74다998).

② (×) : 근저당권설정계약에서 근저당권의 존속기간이나 결산기의 정함이 없는 때에는 근저당권설정자가 근저당권자를 상대로 언제든지 해지의 의사표시를 함으로써 피담보채무를 확정시킬 수 있으며, 이러한 계약의 해제 또는 해지에 관한 권한은 근저당부동산의 소유권을 취득한 제3자도 원용할 수 있다(대판 2001. 11. 9, 2001다47528).

[보충지문] 근저당권에 의하여 담보되는 피담보채무는 근저당권설정계약에서 근저당권의 존속기간을 정하거나 근저당권으로 담보되는 기본적인 거래계약에서 결산기를 정한 경우에는 원칙적으로 존속기간이나 결산기가 도래한 때에 확정되지만, 이 경우에도 근저당권에 의하여 담보되는 채권이 전부 소멸하고 채무자가 채권자로부터 새로이 금원을 차용하는 등 거래를 계속할 의사가 없는 경우에는, 그 존속기간 또는 결산기가 경과하기 전이라 하더라도 근저당권설정자는 계약을 해제하고 근저당권설정등기의 말소를 구할 수 있고, 존속기간이나 결산기의 정함이 없는 때에는 근저당권설정자가 근저당권자를 상대로 언제든지 해지의 의사표시를 함으로써 피담보채무를 확정시킬 수 있으나, 이러한 계약의 해제 또는 해지에 관한 권한은 계약당사자의 권능이라고 할 것이어서 근저당부동산의 소유권을 취득한 제3자는 원용할 수 없다(×). 〈2022년 법무사〉

③ (×) : 후순위 근저당권자가 경매를 신청한 경우 선순위 근저당권의 피담보채권은 그 근저당권이 소멸하는 시기, 즉 경락인이 경락대금을 완납한 때에 확정된다(대판 1999. 9. 21, 99다26085).

④ (×) : 근저당권자의 경매신청 등의 사유로 인하여 근저당권의 피담보채권이 확정되었을 경우, 확정 이후에 새로운 거래관계에서 발생한 원본채권은 그 근저당권에 의하여 담보되지 아니하지만, 확정 전에 발생한 원본채권에 관하여 확정 후에 발생하는 이자나 지연손해금 채권은 채권최고액의 범위 내에서 근저당권에 의하여 여전히 담보되는 것이다(대판 2007. 4. 26, 2005다38300).

⑤ (×) : 근저당 거래관계가 계속중인 경우 즉, **근저당권의 피담보채권이 확정되기 전에** 그 채권의 일부를 양도하거나 대위변제한 경우 근저당권이 양수인이나 대위변제자에게 이전할 여지는 없다 할 것이나, **그 근저당권에 의하여 담보되는 피담보채권이 확정되게 되면**, 그 피담보채권액이 그 근저당권의 채권최고액을 초과하지 않는 한 그 근저당권 내지 그 실행으로 인한 경락대금에 대한 권리 중 그 피담보채권액을 담보하고 남는 부분은 저당권의 일부이전의 부기등기의 경료 여부와 관계없이 대위변제자에게 법률상 당연히 이전된다(대판 2002. 7. 26, 2001다53929).

54 **근저당권에 관한 설명으로 옳지 않은 것은? (다툼이 있으면 판례에 따름)** 〈2023년 변리사〉

① 결산기에 확정된 채권액이 채권최고액을 넘는 경우, 채무자 겸 근저당권설정자는 최고액을 임의로 변제하더라도 근저당권등기의 말소를 청구할 수 없다.

② 공동근저당권자가 X건물과 Y건물에 대하여 공동저당을 설정한 후, 제3자가 신청한 X건물에 대한 경매절차에 참가하여 배당을 받으면, Y건물에 대한 피담보채권도 확정된다.

③ 공동근저당권자가 후순위근저당권자에 의하여 개시된 경매절차에서 피담보채권의 일부를 배당받은 경우, 우선변제 받은 금액에 관하여는 다시 공동근저당권자로서 우선변제권을 행사할 수 없다.

④ 원본의 이행기일을 경과한 후 발생하는 지연손해금 중 1년이 지난 기간에 대한 지연손해금도 근저당권의 채권최고액 한도에서 전액 담보된다.

⑤ 근저당권의 피담보채권인 원본채권이 확정된 후에 발생하는 이자나 지연손해금 채권은 그 근저당권의 채권최고액의 범위에서 여전히 담보된다.

해 설

① (○) : 원래 저당권은 원본, 이자, 위약금, 채무불이행으로 인한 손해배상 및 저당권의 실행비용을 담보하는 것이며, 채권최고액의 정함이 있는 근저당권에 있어서 이러한 채권의 총액이 그 채권최고액을 초과하는 경우, 적어도 근저당권자와 채무자 겸 근저당권설정자와의 관계에 있어서는 위 채권 전액의 변제가 있을 때까지 근저당권의 효력은 채권최고액과는 관계없이 잔존채무에 여전히 미친다(대판 2001. 10. 12, 2000다59081).

② (×) : 공동근저당권자가 목적 부동산 중 일부 부동산에 대하여 제3자가 신청한 경매절차에 소극적으로 참가하여 우선배당을 받은 경우, 해당 부동산에 관한 근저당권의 피담보채권은 그 근저당권이 소멸하는 시기, 즉 매수인이 매각대금을 지급한 때에 확정되지만, 나머지 목적 부동산에 관한 근저당권의 피담보채권은 기본거래가 종료하거나 채무자나 물상보증인에 대하여 파산이 선고되는 등의 다른 확정사유가 발생하지 아니하는 한 확정되지 아니한다(대판 2017. 9. 21, 2015다50637).

[보충지문] 1. 공동근저당권자가 목적 부동산 중 일부 부동산에 대하여 제3자가 신청한 경매절차에 소극적으로 참가하여 우선배당을 받은 경우, 해당 부동산에 관한 근저당권의 피담보채권은 그 근저당권이 소멸하는 시기, 즉 매수인이 매각대금을 지급한 때에 확정되지만, 나머지 목적 부동산에 관한 근저당권의 피담보채권은 기본거래가 종료하거나 채무자나 물상보증인에 대하여 파산이 선고되는 등의 다른 확정사유가 발생하지 아니하는 한 확정되지 아니한다(○). 〈2020년 법원행시〉

2. 공동근저당권자가 저당목적 부동산 중 일부 부동산에 대하여 제3자가 신청한 경매절차에 소극적으로 참가하여 우선배당을 받은 경우, 특별한 사정이 없는 한 나머지 저당목적 부동산에 관한 근저당권의 피담보채권도 확정된다(×). 〈2022년 감정평가사〉

[비교판례] 채권자가 물상보증인 소유 토지와 공동담보로 주채무자 소유 토지에 1번 근저당권을 취득한 후 이와 별도로 주채무자 소유 토지에 2번 근저당권을 취득한 사안에서, 물상보증인에 대한 근저당권의 피담보채권의 발생 원인인 어음거래 약정이 그 결산기가 정하여져 있지 않고 **물상보증인의 토지에 대하여 아직 경매신청이 되지 않았더라도**, 먼저 주채무자의 토지에 대하여 피담보채무의 불이행을 이유로 근저당권이 실행된 이상, 채권자와 물상보증인 사이의 근저당권 설정계약의 원인관계인 어음거래 약정에 기한 거래는 그로써 종료되고 **그 경매신청시에 그 피담보채권이 확정된다**(대판 1996. 3. 8, 95다36596). ☞ 공동근저당권자가 스스로 경매를 신청한 사안이라는 점에서 제3자가 경매를 신청한 사안인 2015다50637판결과 차이가 있다. 즉 공동근저당의 목적부동산의 일부에 대하여 제3자가 경매를 신청한 때에는 해당 부동산에 관한 근

정답 54. ②

저당권의 피담보채권만 매수인이 매각대금을 지급한 때에 확정되고 나머지 목적 부동산에 관한 근저당권의 피담보채권은 확정되지 않는 반면에, 공동근저당권자 자신이 경매를 신청한 때에는 그 경매신청시에 목적부동산 전부에 관하여 피담보채권이 확정되는 것이다.

③ (○) : 민법 제368조는 공동근저당권의 경우에도 적용되고, 공동근저당권자가 스스로 근저당권을 실행한 경우는 물론이며 타인에 의하여 개시된 경매·공매 절차, 수용 절차 또는 회생 절차 등(이하 '경매 등의 환가절차'라 한다)에서 환가대금 등으로부터 다른 권리자에 우선하여 피담보채권의 일부에 대하여 배당받은 경우에도 적용된다. 공동근저당권이 설정된 목적 부동산에 대하여 동시배당이 이루어지는 경우에 공동근저당권자는 채권최고액 범위 내에서 피담보채권을 민법 제368조 제1항에 따라 부동산별로 나누어 각 환가대금에 비례한 액수로 배당받으며, 공동근저당권의 각 목적 부동산에 대하여 채권최고액만큼 반복하여, 이른바 누적적으로 배당받지 아니한다. 그렇다면 공동근저당권이 설정된 목적 부동산에 대하여 이시배당이 이루어지는 경우에도 동시배당의 경우와 마찬가지로 공동근저당권자가 공동근저당권 목적 부동산의 각 환가대금으로부터 채권최고액만큼 반복하여 배당받을 수는 없다고 해석하는 것이 민법 제368조 제1항 및 제2항의 취지에 부합한다. 그러므로 공동근저당권자가 스스로 근저당권을 실행하거나 타인에 의하여 개시된 경매 등의 환가절차를 통하여 공동담보의 목적 부동산 중 일부에 대한 환가대금 등으로부터 다른 권리자에 우선하여 피담보채권의 일부에 대하여 배당받은 경우에, 그와 같이 우선변제받은 금액에 관하여는 공동담보의 나머지 목적 부동산에 대한 경매 등의 환가절차에서 다시 공동근저당권자로서 우선변제권을 행사할 수 없다고 보아야 하며, 공동담보의 나머지 목적 부동산에 대하여 공동근저당권자로서 행사할 수 있는 우선변제권의 범위는 피담보채권의 확정 여부와 상관없이 최초의 채권최고액에서 위와 같이 우선변제받은 금액을 공제한 나머지 채권최고액으로 제한된다고 해석함이 타당하다. 그리고 이러한 법리는 채권최고액을 넘는 피담보채권이 원금이 아니라 이자·지연손해금인 경우에도 마찬가지로 적용된다(대판 2017. 12. 21, 2013다16992 전원합의체).

④ (○) : 저당권의 피담보채권 범위에 관한 **민법 제360조 단서는 근저당권에 적용되지 않으므로** 근저당권의 피담보채권 중 **지연손해금도 근저당권의 채권최고액 한도에서 전액 담보된다**. 이는 근저당권의 피담보채권이 회생담보권인 경우라고 해서 달리 볼 이유가 없다(대판 2021. 10. 14, 2021다240851).

⑤ (○) : 근저당권자의 경매신청 등의 사유로 인하여 근저당권의 피담보채권이 확정되었을 경우, 확정 이후에 새로운 거래관계에서 발생한 원본채권은 그 근저당권에 의하여 담보되지 아니하지만, 확정 전에 발생한 원본채권에 관하여 확정 후에 발생하는 이자나 지연손해금 채권은 채권최고액의 범위 내에서 근저당권에 의하여 여전히 담보되는 것이다(대판 2007. 4. 26, 2005다38300).

55 근저당권에 관한 설명 중 옳지 않은 것은? (다툼이 있는 경우 판례에 의함) 〈2021년 변호사시험〉

① 물상보증인이 근저당권의 피담보채무를 면책적으로 인수하여 근저당권 변경의 부기등기가 경료된 경우, 특별한 사정이 없는 한 그 근저당권은 그 후 물상보증인이 다른 원인으로 근저당권자에 대하여 부담하게 된 새로운 채무까지 담보하는 것은 아니다.

② 선순위의 근저당권부 채권을 양수한 자가 채권양도의 대항요건을 갖추지 않았으나 근저당권 이전의 부기등기를 마치고 근저당권 실행의 요건을 갖추어 신청한 경매절차에서 매각대금이 배당되는 경우, 후순위 근저당권자는 채권양도로 대항할 수 없는 제3자에 포함되지 않는다.

③ 근저당권의 피담보채권의 총액이 채권최고액을 초과하는 경우, 근저당권자와 채무자 겸 근저당권 설정자와의 관계에 있어서는 채권 전액의 변제가 있을 때까지 근저당권의 효력이 채권최고액과는 관계없이 잔존채무에 미친다.

④ 공동근저당권자가 공동담보의 목적 부동산 일부에 대한 환가대금으로부터 피담보채권의 일부를

정답 55. ⑤

우선변제받은 경우, 나머지 목적 부동산에 대한 우선변제권의 범위는 피담보채권의 확정 여부와 상관없이 최초의 채권최고액에서 우선변제받은 금액을 공제한 나머지 채권최고액으로 제한된다.

⑤ 공동근저당의 목적 부동산 일부에 대한 경매가 실행되어 그 경매대가로 피담보채권 일부가 변제된 후 잔존 원본에 대한 지연이자가 다시 발생하였다면, 공동근저당권자가 공동근저당권 목적 부동산의 각 환가대금으로부터 배당받는 원본 및 지연이자의 합산액이 결과적으로 최초의 채권최고액을 초과하더라도, 그 지연이자에 대하여는 나머지 목적 부동산에 관한 경매절차에서 다시 우선변제권을 행사할 수 있다.

해 설

① (○) : 물상보증인이 근저당권의 채무자의 계약상의 지위를 인수한 것이 아니라, 다만 그 채무만을 면책적으로 인수하고 이를 원인으로 하여 근저당권 변경의 부기등기가 경료된 경우, 특별한 사정이 없는 한 그 변경등기는 당초 채무자가 근저당권자에 대하여 부담하고 있던 것으로서 물상보증인이 인수한 채무만을 그 대상으로 하는 것이지, 그 후 채무를 인수한 물상보증인이 다른 원인으로 근저당권자에 대하여 부담하게 된 새로운 채무까지 담보하는 것으로 볼 수는 없다(대판 2002. 11. 26, 2001다73022).

② (○) : 채권양도의 대항요건의 흠결의 경우 채권을 주장할 수 없는 채무자 이외의 제3자는 양도된 채권 자체에 관하여 양수인의 지위와 양립할 수 없는 법률상 지위를 취득한 자에 한하므로, 선순위의 근저당권부채권을 양수한 채권자보다 후순위의 근저당권자는 채권양도의 대항요건을 갖추지 아니한 경우 대항할 수 없는 제3자에 포함되지 않는다(대판 2005. 6. 23, 2004다29279).

③ (○) : 원래 저당권은 원본, 이자, 위약금, 채무불이행으로 인한 손해배상 및 저당권의 실행비용을 담보하는 것이며, 채권최고액의 정함이 있는 근저당권에 있어서 이러한 채권의 총액이 그 채권최고액을 초과하는 경우, 적어도 근저당권자와 채무자 겸 근저당권설정자와의 관계에 있어서는 위 채권 **전액**의 변제가 있을 때까지 근저당권의 효력은 채권최고액과는 관계없이 잔존채무에 여전히 미친다(대판 2001. 10. 12, 2000다59081).

④ (○), ⑤ (×) : 공동근저당권자가 스스로 근저당권을 실행하거나 타인에 의하여 개시된 경매 등의 환가절차를 통하여 공동담보의 목적 부동산 중 일부에 대한 환가대금 등으로부터 다른 권리자에 우선하여 피담보채권의 일부에 대하여 배당받은 경우에, 그와 같이 우선변제받은 금액에 관하여는 공동담보의 나머지 목적 부동산에 대한 경매 등의 환가절차에서 다시 공동근저당권자로서 우선변제권을 행사할 수 없다고 보아야 하며, 공동담보의 나머지 목적 부동산에 대하여 공동근저당권자로서 행사할 수 있는 우선변제권의 범위는 피담보채권의 확정 여부와 상관없이 최초의 채권최고액에서 위와 같이 우선변제받은 금액을 공제한 나머지 채권최고액으로 제한된다고 해석함이 타당하다(④). 그리고 이러한 법리는 채권최고액을 넘는 피담보채권이 원금이 아니라 이자·지연손해금인 경우에도 마찬가지로 적용된다(⑤)(대판 2017. 12. 21, 2013다16992 전원합의체).

[보충지문] 공동근저당권자가 스스로 근저당권을 실행하거나 타인에 의하여 개시된 경매 등의 환가절차를 통하여 공동담보의 목적 부동산 중 일부에 대한 환가대금 등으로부터 다른 권리자에 우선하여 피담보채권의 일부에 대하여 배당받은 경우에, 그와 같이 우선변제받은 금액에 관하여는 공동담보의 나머지 목적 부동산에 대한 경매 등의 환가절차에서 다시 공동근저당권자로서 우선변제권을 행사할 수 없고, 공동담보의 나머지 목적 부동산에 대하여 공동근저당권자로서 행사할 수 있는 우선변제권의 범위는 피담보채권의 확정 여부와 상관없이 최초의 채권최고액에서 위와 같이 우선변제받은 금액을 공제한 나머지 채권최고액으로 제한된다(○). 〈2018년 법원행시, 2019년 법무사〉

[비교지문] 당사자 사이에 하나의 기본계약에서 발생하는 동일한 채권을 담보하기 위하여 여러 개의 부동산에 근저당권을 설정하면서 각각의 근저당권 채권최고액을 합한 금액을 우선변제받기 위하여 공동근저당권의 형식이 아닌 개별 근저당권의 형식을 취한 경우, 이러한 근저당권은 민법 제368조가

적용되는 공동근저당권이 아니라 피담보채권을 누적적으로 담보하는 근저당권에 해당한다. 이와 같은 누적적 근저당권은 공동근저당권과 달리 담보의 범위가 중첩되지 않으므로, 누적적 근저당권을 설정받은 채권자는 여러 개의 근저당권을 동시에 실행할 수도 있고, 여러 개의 근저당권 중 어느 것이라도 먼저 실행하여 그 채권최고액의 범위에서 피담보채권의 전부나 일부를 우선변제받은 다음 피담보채권이 소멸할 때까지 나머지 근저당권을 실행하여 그 근저당권의 채권최고액 범위에서 반복하여 우선변제를 받을 수 있다. 〈2021년 법무사〉

(○) : 대판 2020. 4. 9, 2014다51756, 51763

56 **근저당권의 피담보채권의 확정시기에 관한 설명 중 옳은 것(○)과 옳지 않은 것(×)을 올바르게 조합한 것은? (다툼이 있는 경우 판례에 의함)** 〈2023년 변호사시험〉

ㄱ. 근저당권이 설정된 뒤 채무자 또는 근저당권설정자에 대하여 회생절차개시결정이 내려진 경우, 근저당권의 피담보채무는 특별한 사정이 없는 한 회생절차개시결정 시점을 기준으로 확정된다.
ㄴ. 근저당권자가 피담보채무의 불이행을 이유로 경매를 신청하면 경매신청 시에 피담보채권은 확정되며, 경매개시결정이 있은 후에 그 신청을 취하하더라도 채무확정의 효과는 번복되지 않는다.
ㄷ. 후순위 근저당권자가 경매를 신청한 경우, 선순위 근저당권자의 피담보채권은 매수인이 매각대금을 지급한 때 확정된다.
ㄹ. 공동근저당권자가 목적 부동산 중 일부 부동산에 대하여 제3자가 신청한 경매절차에 소극적으로 참가하여 우선배당을 받은 경우, 위 일부 부동산에 관한 근저당권의 피담보채권은 매수인이 매각대금을 지급한 때에 확정된다.
ㅁ. 공동근저당권자가 목적 부동산 중 일부 부동산에 대하여 제3자가 신청한 경매절차에 소극적으로 참가하여 우선배당을 받은 경우, 나머지 목적 부동산에 관한 근저당권의 피담보채권도 매수인이 매각대금을 지급한 때에 확정된다.

① ㄱ(×), ㄴ(×), ㄷ(○), ㄹ(○), ㅁ(○)
② ㄱ(×), ㄴ(○), ㄷ(○), ㄹ(○), ㅁ(×)
③ ㄱ(○), ㄴ(×), ㄷ(×), ㄹ(×), ㅁ(○)
④ ㄱ(○), ㄴ(○), ㄷ(○), ㄹ(○), ㅁ(×)
⑤ ㄱ(○), ㄴ(○), ㄷ(○), ㄹ(○), ㅁ(○)

해설

ㄱ. (○) : 근저당권이 설정된 뒤 채무자 또는 근저당권설정자에 대하여 회생절차개시결정이 내려진 경우 근저당권의 피담보채무는 특별한 사정이 없는 한 회생절차개시결정을 기준으로 확정되므로, 확정 이후에 발생한 새로운 거래관계에서 발생한 원본채권이 근저당권에 의하여 담보될 여지는 없다(대판 2021. 1. 28, 2018다286994).

ㄴ. (○) : 근저당권자가 피담보채무의 불이행을 이유로 경매신청을 한 경우에는 경매신청시에 근저당 채무액이 확정되고, 그 이후부터 근저당권은 부종성을 가지게 되어 보통의 저당권과 같은 취급을 받게 되는바, 위와 같이 경매신청을 하여 경매개시결정이 있은 후에 경매신청이 취하되었다고 하더라도 채무확정의 효과가 번복되는 것은 아니다(대판 2002. 11. 26, 2001다73022).

ㄷ. (○) : 후순위 근저당권자가 경매를 신청한 경우 선순위 근저당권의 피담보채권은 그 근저당권이 소멸하는

정답 56. ④

시기, 즉 경락인이 경락대금을 완납한 때에 확정된다고 보아야 한다(대판 1999. 9. 21, 99다26085).

ㄹ. (○), ㅁ. (×) : 공동근저당권자가 목적 부동산 중 일부 부동산에 대하여 제3자가 신청한 경매절차에 소극적으로 참가하여 우선배당을 받은 경우, 해당 부동산에 관한 근저당권의 피담보채권은 그 근저당권이 소멸하는 시기, 즉 매수인이 매각대금을 지급한 때에 확정되지만, 나머지 목적 부동산에 관한 근저당권의 피담보채권은 기본거래가 종료하거나 채무자나 물상보증인에 대하여 파산이 선고되는 등의 다른 확정사유가 발생하지 아니하는 한 확정되지 아니한다. 공동근저당권자가 제3자가 신청한 경매절차에 소극적으로 참가하여 우선배당을 받았다는 사정만으로는 당연히 채권자와 채무자사이의 기본거래가 종료된다고 볼 수 없고, 기본거래가 계속되는 동안에는 공동근저당권자가 나머지 목적 부동산에 관한 근저당권의 담보가치를 최대한 활용할 수 있도록 피담보채권의 증감·교체를 허용할 필요가 있으며, 위와 같이 우선배당을 받은 금액은 나머지 목적 부동산에 대한 경매절차에서 다시 공동근저당권자로서 우선변제권을 행사할 수 없어 이후에 피담보채권액이 증가하더라도 나머지 목적 부동산에 관한 공동근저당권자의 우선변제권 범위는 우선배당액을 공제한 채권최고액으로 제한되므로 후순위 근저당권자나 기타 채권자들이 예측하지 못한 손해를 입게 된다고 볼 수 없기 때문이다(대판 2017. 9. 21, 2015다50637).

> **[비교판례]** 채권자가 물상보증인 소유 토지와 공동담보로 주채무자 소유 토지에 1번 근저당권을 취득한 후 이와 별도로 주채무자 소유 토지에 2번 근저당권을 취득한 사안에서, 물상보증인에 대한 근저당권의 피담보채권의 발생 원인인 어음거래 약정이 그 결산기가 정하여져 있지 않고 **물상보증인의 토지에 대하여 아직 경매신청이 되지 않았더라도,** 먼저 주채무자의 토지에 대하여 피담보채무의 불이행을 이유로 근저당권이 실행된 이상, 채권자와 물상보증인 사이의 근저당권 설정계약의 원인관계인 어음거래 약정에 기한 거래는 그로써 종료되고 **그 경매신청시에 그 피담보채권이 확정된다**(대판 1996. 3. 8, 95다36596). ☞ 위 2015다50637 판결이 제3자가 경매신청한 사안임에 대하여, 이 판례는 근저당권자가 스스로 경매신청한 사안이라는 점에서 차이가 있다.

57 **甲은 2020. 8. 11. 乙과 대출계약을 체결하면서 乙에 대한 채권을 담보하기 위하여 乙 소유의 X 토지에 채권최고액 12억 원의 근저당권을 설정하였고, 丙과 丁이 乙의 부탁을 받아 甲과 연대보증계약을 체결하였다. 甲은 乙이 위 채무를 변제하지 않자 2023. 1. 23. X 토지에 관하여 위 근저당권에 기한 임의경매를 신청하였고, 경매신청 시 甲의 乙에 대한 채권액은 12억 원이었다. 경매절차 진행 중 丙은 4억 원, 丁은 2억 원을 각 甲에게 변제하였고, 그에 따라 甲으로부터 근저당권 일부의 이전등기를 받았다. 甲은 경매신청 후 2023. 5. 12. 乙에게 3억 원을 추가로 대여하였고, 경매절차에서 戊가 X 토지를 9억 원에 매수하여 2023. 8. 18. 그 대금을 완납하였다. 위 경매절차에서 甲, 丙, 丁에게 각 배당될 금액의 조합으로 옳은 것은? (이자와 지연손해금, 집행비용은 고려하지 않음. 다툼이 있는 경우 판례에 의함)** 〈2024년 변호사시험〉

	甲	丙	丁
①	3억 원	4억 원	2억 원
②	4억 5,000만 원	3억 원	1억 5,000만 원
③	5억 4,000만 원	2억 4,000만 원	1억 2,000만 원
④	6억 원	2억 원	1억 원
⑤	9억 원	0원	0원

정답 57. ④

해설

(ⅰ) 근저당권자가 그 피담보채무의 불이행을 이유로 경매신청을 한 때에는 그 경매신청시에 근저당권은 확정되는 것이고 근저당권이 확정되면 그 이후에 발생하는 원금채권은 그 근저당권에 의하여 담보되지 않는다(대판 1989. 11. 28, 89다카15601). ☞ 근저당권자 甲이 스스로 경매신청을 한 2023. 1. 23.에 피담보채권액이 12억 원으로 확정되고, 그 이후인 2023. 5. 12. 추가로 대여한 3억 원은 근저당권에 의하여 담보되지 않는다.

(ⅱ) 근저당권의 피담보채권이 확정되지 아니하는 동안에는 그 채권의 일부가 대위변제되었다 하더라도 그 근저당권이 대위변제자에게 이전될 수 없지만(대판 2000.12.26., 2000다54451), 사안의 경우 丙과 丁은 피담보채권이 확정된 이후에 일부를 변제하였으므로 근저당권이 丙과 丁에게 이전된다.

(ⅲ) 수인이 시기를 달리하여 채권의 일부씩을 대위변제한 경우 그들은 각 일부 대위변제자로서 변제한 가액에 비례하여 근저당권을 준공유한다. 따라서 근저당권을 실행하여 배당할 때에는 채권자가 자신의 잔존채권액을 일부 대위변제자들보다 우선하여 배당받고, 일부 대위변제자들은 채권자가 우선 배당받고 남은 한도액을 각 대위변제액에 비례하여 안분 배당받는 것이 원칙이다(대판 2010.4.8, 2009다80460). ☞ 甲의 채권액은 12억 원으로 확정되었는데 丙으로부터 4억 원, 丁으로부터 2억 원을 각각 받았으므로 남은 채권액은 6억 원이다. 따라서 戊가 완납한 매각대금 9억 원 중 6억 원을 가장 먼저 甲에게 배당하여야 한다. 남은 금액은 3억 원인데, 丙과 丁의 대위변제액의 비율은 2:1이므로 丙에게 2억 원, 丁에게 1억 원이 각각 배당되어야 한다.

58 **乙은 甲과의 계속적 물품 거래에 따른 채무를 담보하기 위하여 채무자 乙 소유 X 토지에 채권최고액 1억 원인 근저당권을 설정해 주었다. 乙의 친구 丙은 乙의 위 채무를 담보하기 위하여 丙 소유 Y 건물에 채권최고액 1억 원인 근저당권을 설정하였다. 그 후 X 토지에 관하여 丁이 2번 저당권(피담보채권 8,000만 원)을 취득하였다. 乙의 채무불이행으로 물품 거래가 종료된 후 甲의 신청에 따라 Y 건물이 먼저 경매되었고, 당시 甲의 물품대금채권은 1억 1,000만 원(원금 1억 원, 지연손해금 1,000만 원)이었으며, 매각대금 8,000만 원은 전액 甲에게 배당되었다(지연손해금 1,000만 원, 원금 7,000만 원에 충당됨). 그 후 甲의 신청에 따라 X 토지가 경매되었고, 당시 甲의 채권은 3,500만 원(원금 3,000만 원, 지연손해금 500만 원)이었으며, 매각대금은 7,500만 원이었다. 이에 관한 설명 중 옳은 것을 모두 고른 것은? (집행비용은 고려하지 않음. 각 지문은 독립적이며, 다툼이 있는 경우 판례에 의함)** 〈2024년 변호사시험〉

ㄱ. X 토지와 Y 건물의 근저당권이 공동근저당권인 경우 甲은 X 토지의 경매대금에서 2,000만 원을 배당받을 수 있다.
ㄴ. X 토지와 Y 건물의 근저당권이 피담보채권을 누적적으로 담보하는 근저당권인 경우 甲은 X 토지의 경매대금에서 3,500만 원을 배당받을 수 있다.
ㄷ. X 토지와 Y 건물의 근저당권이 피담보채권을 누적적으로 담보하는 근저당권인 경우 丁은 X 토지의 경매대금에서 4,000만 원을 배당받을 수 있다.

① ㄴ ② ㄱ, ㄴ ③ ㄱ, ㄷ ④ ㄴ, ㄷ ⑤ ㄱ, ㄴ, ㄷ

해설

ㄱ. (○) : 민법 제368조는 공동근저당권의 경우에도 적용되고, 공동근저당권자가 스스로 근저당권을 실행한 경우는 물론이며 타인에 의하여 개시된 경매·공매 절차, 수용 절차 또는 회생 절차 등(이하 '경매 등의 환가절차'라 한다)에서 환가대금 등으로부터 다른 권리자에 우선하여 피담보채권의 일부에 대하여 배당받은 경우에도

정답 58. ②

적용된다. 공동근저당권이 설정된 목적 부동산에 대하여 **동시배당이 이루어지는 경우**에 공동근저당권자는 **채권최고액 범위 내에서** 피담보채권을 민법 제368조 제1항에 따라 부동산별로 나누어 각 환가대금에 비례한 액수로 배당받으며, **공동근저당권의 각 목적 부동산에 대하여 채권최고액만큼 반복하여, 이른바 누적적으로 배당받지 아니한다**. 그렇다면 공동근저당권이 설정된 목적 부동산에 대하여 **이시배당이 이루어지는 경우에도 동시배당의 경우와 마찬가지로 공동근저당권자가 공동근저당권 목적 부동산의 각 환가대금으로부터 채권최고액만큼 반복하여 배당받을 수는 없다**고 해석하는 것이 민법 제368조 제1항 및 제2항의 취지에 부합한다. 그러므로 공동근저당권자가 스스로 근저당권을 실행하거나 타인에 의하여 개시된 경매 등의 환가절차를 통하여 공동담보의 목적 부동산 중 일부에 대한 환가대금 등으로부터 다른 권리자에 우선하여 피담보채권의 일부에 대하여 배당받은 경우에, **그와 같이 우선변제받은 금액에 관하여는 공동담보의 나머지 목적 부동산에 대한 경매 등의 환가절차에서 다시 공동근저당권자로서 우선변제권을 행사할 수 없다**고 보아야 하며, **공동담보의 나머지 목적 부동산에 대하여 공동근저당권자로서 행사할 수 있는 우선변제권의 범위는 피담보채권의 확정 여부와 상관없이 최초의 채권최고액에서 위와 같이 우선변제받은 금액을 공제한 나머지 채권최고액으로 제한된다**고 해석함이 타당하다. 그리고 이러한 법리는 채권최고액을 넘는 **피담보채권이 원금이 아니라 이자·지연손해금인 경우에도 마찬가지**로 적용된다(대판(전합) 2017. 12. 21, 2013다16992). ☞ 채권최고액(1억 원) - Y에서 배당받은 금액(8천만 원) = 2천만 원

ㄴ. (○) : 당사자 사이에 하나의 기본계약에서 발생하는 동일한 채권을 담보하기 위하여 여러 개의 부동산에 근저당권을 설정하면서 각각의 근저당권 채권최고액을 합한 금액을 우선변제받기 위하여 **공동근저당권의 형식이 아닌 개별 근저당권의 형식을 취한 경우**, 이러한 근저당권은 민법 제368조가 적용되는 공동근저당권이 아니라 **피담보채권을 누적적으로 담보하는 근저당권**에 해당한다. 이와 같은 누적적 근저당권은 공동근저당권과 달리 담보의 범위가 중첩되지 않으므로, 누적적 근저당권을 설정받은 채권자는 여러 개의 근저당권을 동시에 실행할 수도 있고, 여러 개의 근저당권 중 어느 것이라도 먼저 실행하여 그 채권최고액의 범위에서 피담보채권의 전부나 일부를 우선변제받은 다음 피담보채권이 소멸할 때까지 나머지 근저당권을 실행하여 그 근저당권의 채권최고액 범위에서 **반복하여 우선변제를 받을 수 있다**(대판 2020. 4. 9, 2014다51756, 51763). ☞ 甲은 당시 채권액 3,500만 원 전액을 배당받을 수 있다.

ㄷ. (×) : **채권자가 하나의 기본계약에서 발생하는 동일한 채권을 담보하기 위하여** 채무자 소유의 부동산과 물상보증인 소유의 부동산에 **누적적 근저당권**을 설정받았는데 **물상보증인 소유의 부동산이 먼저 경매**되어 매각대금에서 채권자가 변제를 받은 경우, **물상보증인은 채무자에 대하여 구상권을 취득함과 동시에 민법 제481조, 제482조에 따라 종래 채권자가 가지고 있던 채권 및 담보에 관한 권리를 행사할 수 있다.** 이때 물상보증인은 변제자대위에 의하여 종래 채권자가 보유하던 **채무자 소유 부동산에 관한 근저당권을 대위취득하여 행사할 수 있다**고 보아야 한다(대판 2020. 4. 9, 2014다51756, 51763). ☞ 물상보증인 丙이 변제자대위하므로 丁이 아니라 丙이 4천만 원을 배당받을 수 있다.

59 **누적적 근저당권에 관한 다음 설명 중 옳은 것을 모두 고른 것은?** 〈2022년 법원행시〉

ㄱ. 당사자 사이에 하나의 기본계약에서 발생하는 동일한 채권을 담보하기 위하여 여러 개의 부동산에 근저당권을 설정하면서 각각의 근저당권 채권최고액을 합한 금액을 우선변제받기 위하여 공동근저당권의 형식이 아닌 개별 근저당권의 형식을 취한 경우, 이러한 근저당권은 민법 제368조가 적용되는 공동근저당권이 아니라 피담보채권을 누적적(누적적)으로 담보하는 근저당권에 해당한다.

ㄴ. 누적적 근저당권은 각 근저당권의 담보 범위가 중첩되지 않고 서로 다르므로 피담보채권이 각 근저당권별로 자동으로 분할된다.

정답 59. ②

ㄷ. 당사자가 근저당권 설정 시 피담보채권을 여러 개로 분할하여 분할된 채권별로 근저당권을 설정한 경우도 누적적 근저당권에 해당한다.
ㄹ. 누적적 근저당권을 설정받은 채권자는 여러 개의 근저당권을 동시에 실행할 수 있다.
ㅁ. 누적적 근저당권을 설정받은 채권자는 여러 개의 근저당권 중 어느 것을 먼저 실행하여 그 채권최고액의 범위에서 피담보채권의 전부나 일부를 우선변제받은 다음 피담보채권이 소멸할 때까지 나머지 근저당권을 실행하여 그 근저당권의 채권최고액 범위에서 반복하여 우선변제를 받을 수 있다.
ㅂ. 채권자가 하나의 기본계약에서 발생하는 동일한 채권을 담보하기 위하여 채무자 소유의 부동산과 물상보증인 소유의 부동산에 누적적 근저당권을 설정받았는데 물상보증인 소유의 부동산이 먼저 경매되어 매각대금에서 채권자가 변제를 받은 경우, 물상보증인은 채무자에 대하여 구상권을 취득함과 동시에 민법 제481조, 제482조에 따라 종래 채권자가 가지고 있던 채권 및 담보에 관한 권리를 행사할 수 있고, 이 때 물상보증인은 변제자대위에 의하여 종래 채권자가 보유하던 채무자 소유 부동산에 관한 근저당권을 대위취득하여 행사할 수 있다.

① ㄱ, ㄴ, ㄷ, ㅁ ② ㄱ, ㄹ, ㅁ, ㅂ ③ ㄱ, ㄹ, ㅁ
④ ㄷ, ㅁ, ㅂ ⑤ ㄴ, ㄹ, ㅂ

해 설

ㄱ.(◯), ㄴ.(×), ㄷ.(×), ㄹ.(◯), ㅁ.(◯), ㅂ.(◯) : [1] 당사자 사이에 하나의 기본계약에서 발생하는 동일한 채권을 담보하기 위하여 여러 개의 부동산에 근저당권을 설정하면서 각각의 근저당권 채권최고액을 합한 금액을 우선변제받기 위하여 공동근저당권의 형식이 아닌 개별 근저당권의 형식을 취한 경우, 이러한 근저당권은 민법 제368조가 적용되는 공동근저당권이 아니라 피담보채권을 누적적으로 담보하는 근저당권에 해당한다(ㄱ지문). 이와 같은 누적적 근저당권은 공동근저당권과 달리 담보의 범위가 중첩되지 않으므로, 누적적 근저당권을 설정받은 채권자는 여러 개의 근저당권을 동시에 실행할 수도 있고(ㄹ지문), 여러 개의 근저당권 중 어느 것이라도 먼저 실행하여 그 채권최고액의 범위에서 피담보채권의 전부나 일부를 우선변제받은 다음 피담보채권이 소멸할 때까지 나머지 근저당권을 실행하여 그 근저당권의 채권최고액 범위에서 반복하여 우선변제를 받을 수 있다(ㅁ지문). [2] 채권자가 하나의 기본계약에서 발생하는 동일한 채권을 담보하기 위하여 채무자 소유의 부동산과 물상보증인 소유의 부동산에 누적적 근저당권을 설정받았는데 물상보증인 소유의 부동산이 먼저 경매되어 매각대금에서 채권자가 변제를 받은 경우, 물상보증인은 채무자에 대하여 구상권을 취득함과 동시에 민법 제481조, 제482조에 따라 종래 채권자가 가지고 있던 채권 및 담보에 관한 권리를 행사할 수 있다. 이때 물상보증인은 변제자대위에 의하여 종래 채권자가 보유하던 채무자 소유 부동산에 관한 근저당권을 대위취득하여 행사할 수 있다(ㅂ지문)고 보아야 한다(대판 2020. 4. 9, 2014다51756, 51763). ☞ 누적적 근저당권은 모두 하나의 기본계약에서 발생한 동일한 피담보채권을 담보하기 위한 것이다. 이와 달리 당사자가 근저당권 설정 시 피담보채권을 여러 개로 분할하여 분할된 채권별로 근저당권을 설정하였다면 이는 그 자체로 각각 별개의 채권을 담보하기 위한 개별 근저당권일 뿐 누적적 근저당권이라고 할 수 없다(ㄷ지문). 누적적 근저당권은 각 근저당권의 담보 범위가 중첩되지 않고 서로 다르지만 이러한 점을 들어 피담보채권이 각 근저당권별로 자동으로 분할된다고 볼 수도 없다(ㄴ지문). 이는 동일한 피담보채권이 모두 소멸할 때까지 자유롭게 근저당권 전부 또는 일부를 실행하여 각각의 채권최고액까지 우선변제를 받고자 누적적 근저당권을 설정한 당사자의 의사에 반하기 때문이다(판결이유에서 발췌).

보충지문

60 채권최고액은 반드시 등기되어야 하지만, 근저당권의 존속기간은 필요적 등기사항이 아니다.

〈2019년 감정평가사〉

해 설 [부동산등기법 제75조 제2항] 등기관은 제1항의 저당권의 내용이 근저당권인 경우에는 제48조에서 규정한 사항 외에 다음 각 호의 사항을 기록하여야 한다. 다만, 제3호 및 제4호는 등기원인에 그 약정이 있는 경우에만 기록한다.

1. 채권의 최고액
2. 채무자의 성명 또는 명칭과 주소 또는 사무소 소재지
3. 「민법」 제358조 단서의 약정
4. 존속기간

61 甲은 乙 소유의 건물에 대하여 전세권설정계약을 체결하였는데, 만일 전세금반환채권을 담보할 목적으로 甲과 乙 및 제3자 丙 사이의 합의에 따라서 甲이 아닌 제3자 丙의 명의로 전세권설정등기를 경료하였다면, 그 전세권설정등기는 무효이다. 〈2008년 변리사〉

해 설 전세권이 담보물권적 성격도 가지는 이상 부종성과 수반성이 있는 것이기는 하지만, 채권담보를 위하여 담보권을 설정하는 경우 채권자와 채무자 및 제3자 사이에 합의가 있으면 채권자가 그 담보권의 명의를 제3자로 하는 것도 가능하다(대판 1995. 2. 10, 94다18508).

62-1 근저당권은 채권담보를 위한 것이므로 원칙적으로 채권자와 근저당권자는 동일인이 되어야 하나, 특별한 사정이 있는 경우에 한하여 제3자 명의의 근저당권설정등기도 유효하다.

〈2015년 법무사〉

62-2 제3자를 근저당권 명의인으로 하는 근저당권을 설정하는 경우, 그 점에 대하여 채권자, 채무자, 제3자 사이에 합의가 있고, 채권양도, 제3자를 위한 계약 등 채권이 그 제3자에게 실질적으로 귀속되었다고 볼 수 있는 특별한 사정이 있다면, 제3자 명의의 근저당권설정등기도 유효하다. 〈2019년 법무사〉

62-3 채권자와 제3자가 불가분적 채권자의 관계에 있다고 볼 수 있는 경우에는 그 제3자 명의의 저당권등기도 유효하다. 〈2023년 감정평가사〉

62-4 채권담보를 목적으로 가등기를 하는 경우에는 원칙적으로 채권자와 가등기 명의자가 동일인이 되어야 하지만, 제3자 명의의 가등기가 유효하다고 볼 수 있는 특별한 경우에는 그 가등기는 부동산실권리자명의등기에관한법률이 금지하고 있는 실권리자 아닌 자의 등기라고 할 수 없다. 〈2007년 사법시험〉

해 설 채권담보의 목적으로 채무자 소유의 부동산을 담보로 제공하여 저당권을 설정하는 경우에는 담보물권의 부종성의 법리에 비추어 원칙적으로 채권과 저당권이 그 주체를 달리할 수 없는 것이지만, 채권자 아닌 제3자의 명의로 저당권등기를 하는 데 대하여 채권자와 채무자 및 제3자 사이에 합의가 있었고, 나아가 제3자에게 그 채권이 실질적으로 귀속되었다고 볼 수 있는 특별한 사정이 있거나, 거래경위에 비추어 제3자의 저당권

정답 60. (○) 61. (×) 62-1. (○) 62-2. (○) 62-3. (○) 62-4. (○)

등기가 한낱 명목에 그치는 것이 아니라 그 제3자도 채무자로부터 유효하게 채권을 변제받을 수 있고 채무자도 채권자나 저당권 명의자인 제3자 중 누구에게든 채무를 유효하게 변제할 수 있는 관계 즉 묵시적으로 채권자와 제3자가 불가분적 채권자의 관계에 있다고 볼 수 있는 경우에는, 그 제3자 명의의 저당권등기도 유효하다고 볼 것인바, 이러한 법리는 저당권의 경우뿐 아니라 채권 담보를 목적으로 가등기를 하는 경우에도 마찬가지로 적용된다고 보아야 할 것이고, 이러한 법리가 부동산실권리자명의등기에관한법률에 규정된 명의신탁약정의 금지에 위반된다고 할 것은 아니다(대판 2000. 12. 12, 2000다49879).

63 근저당권의 존속기간이나 기본적 거래계약에서 결산기의 정함이 없는 경우에는, 근저당권에 의하여 담보되는 채권이 전부 소멸하고 채무자가 채권자로부터 새로이 금원을 차용하는 등 거래를 계속할 의사가 없는 경우에 한하여 근저당권설정자는 계약을 해제하고 근저당권설정등기의 말소를 구할 수 있다. 〈2017 법원행시〉

해 설 피담보채무의 확정은 근저당권 설정계약에서 근저당권의 존속기간을 정하거나 근저당권으로 담보되는 기본적인 거래계약에서 결산기를 정한 경우에는 원칙적으로 존속기간이나 결산기가 도래한 때에 피담보채무가 확정된다고 할 것이지만, 이 경우에도 근저당권에 의하여 담보되는 채권이 전부 소멸하고 채무자가 채권자로부터 새로이 금원을 차용하는 등 거래를 계속할 의사가 없는 경우에는, 그 존속기간 또는 결산기가 경과하기 전이라 하더라도, 근저당권설정자는 계약을 해제하고 근저당권 설정등기의 말소를 구할 수 있다고 할 것이고, 존속기간이나 결산기의 정함이 없는 때에는 근저당권설정자가 근저당권자를 상대로 언제든지 해지의 의사표시를 함으로써 피담보채무를 확정시킬 수 있다(대판 2002. 5. 24, 2002다7176).

64 매수인의 기망을 이유로 매매계약이 취소된 경우, 그 매매대금채무를 담보하기 위하여 설정된 근저당권은 매수인의 기망행위로 매도인에게 발생한 손해를 배상할 채무도 담보한다. 〈2007년 사법시험〉

해 설 매수인의 매도인에 대한 매매대금채무의 담보를 위하여 설정된 근저당권은 그 매매계약이 매수인의 기망에 의한 것이라 하여 취소된 경우에 매수인이 위 기망행위로 인하여 매도인에게 입힌 손해배상채무도 담보하는 것이라고 봄이 상당하다(대판 1987. 4. 28, 86다카2458).

65 근보증의 주채무와 근저당권의 피담보채무가 동일한 채무인 경우, 특별한 사정이 없는 한 근저당권의 실행으로 변제를 받은 금액은 근보증의 보증한도액에서 공제되어야 한다. 〈2015년 법무사〉

해 설 계속적인 신용거래 관계로부터 장래 발생할 불특정 채무를 보증하기 위해 이른바 보증한도액을 정하여 근보증을 하고 아울러 그 불특정 채무를 담보하기 위하여 동일인이 근저당권설정등기를 하여 물상보증도 한 경우에, 근보증약정과 근저당권설정계약은 별개의 계약으로서 원칙적으로 그 성립과 소멸이 따로 다루어져야 할 것이나, 근보증의 주채무와 근저당권의 피담보채무가 동일한 채무인 이상 근보증과 근저당권은 특별한 사정이 없는 한 동일한 채무를 담보하기 위한 중첩적인 담보로서 근저당권의 실행으로 변제를 받은 금액은 근보증의 보증한도액에서 공제되어야 한다(대판 2004. 7. 9, 2003다27160).

정답 63. (×) 64. (○) 65. (○)

Ⅲ. 공동저당

66 공동저당에 관한 설명으로 옳은 것을 모두 고른 것은? (다툼이 있는 경우에는 판례에 의함)

〈2013년 변리사〉

〈보 기〉

ㄱ. 공동저당권이 설정되어 있는 수개의 부동산 중 일부는 채무자 소유이고 일부는 물상보증인의 소유인 경우, 위 각 부동산의 매각대금을 동시에 배당하는 때에는 각 부동산의 경매대가에 비례하여 그 채권의 분담을 정한다.

ㄴ. 선순위 공동저당권자가 피담보채권을 변제받기 전에 공동저당 목적 부동산 중 일부에 관한 저당권을 포기한 경우에는, 후순위저당권자가 있는 부동산에 관한 경매절차에서 저당권을 포기하지 아니하였더라면 후순위저당권자가 대위할 수 있었던 한도에서는 후순위저당권자에 우선하여 배당을 받을 수 없다.

ㄷ. 공동저당의 목적인 채무자 소유의 부동산과 물상보증인 소유의 부동산에 각각 채권자를 달리하는 후순위저당권이 설정되어 있는 경우, 물상보증인 소유의 부동산에 대하여 먼저 경매가 이루어져 1번 저당권자가 전부변제를 받은 때에는 물상보증인은 1번 저당권을 대위취득하고, 그 물상보증인 소유의 부동산의 후순위저당권자는 1번 저당권에 대하여 물상대위를 할 수 있다.

① ㄱ ② ㄴ ③ ㄷ ④ ㄱ, ㄷ ⑤ ㄴ, ㄷ

해 설

ㄱ. (×) : 공동저당권이 설정되어 있는 수개의 부동산 중 일부는 채무자 소유이고 일부는 물상보증인의 소유인 경우 위 각 부동산의 경매대가를 동시에 배당하는 때에는, 민법 제368조 제1항은 적용되지 아니한다고 봄이 상당하다. 따라서 이러한 경우 경매법원으로서는 채무자 소유 부동산의 경매대가에서 공동저당권자에게 우선적으로 배당을 하고, 부족분이 있는 경우에 한하여 물상보증인 소유 부동산의 경매대가에서 추가로 배당을 하여야 한다(대판 2010. 4. 15, 2008다41475).

ㄴ. (○) : 선순위 공동저당권자가 피담보채권을 변제받기 전에 공동저당 목적 부동산 중 일부에 관한 저당권을 포기한 경우에는, 후순위저당권자가 있는 부동산에 관한 경매절차에서, 저당권을 포기하지 아니하였더라면 후순위저당권자가 대위할 수 있었던 한도에서는 후순위저당권자에 우선하여 배당을 받을 수 없다고 보아야 한다(대판 2011. 10. 13, 2010다99132).

ㄷ. (○) : 공동저당의 목적인 채무자 소유의 부동산과 물상보증인 소유의 부동산에 각각 채권자를 달리하는 후순위 저당권이 설정되어 있는 경우, 자기 소유의 부동산이 먼저 경매되어 1번 저당권자에게 대위변제를 한 물상보증인은 다른 물상보증인의 부동산에 대한 1번 저당권을 대위취득하고, 그 물상보증인 소유 부동산의 후순위 저당권자는 1번 저당권에 대하여 물상대위를 할 수 있다(대판 1994. 5. 10, 93다25417).

[보충지문] 물상보증인이 채무자에게 구상권이 없어 변제자대위에 의하여 채무자 소유의 부동산에 대한 선순위공동저당권자의 저당권을 대위취득할 수 없는 경우에는 물상보증인 소유의 부동산에 대한 후순위저당권자는 물상대위할 대상이 없으므로 채무자 소유의 부동산에 대한 선순위공동저당권자의 저당권에 대하여 물상대위를 할 수 없다. 〈2022년 법원행시〉

(○) : 대판 2015. 11. 27, 2013다41097,41103.

정답 66. ⑤

67 **甲소유의 X토지와 乙소유의 Y건물에 甲이 丙에 대한 채무 5억원을 담보하기 위하여 공동저당권이 설정되었고, X토지에는 甲의 丁에 대한 피담보채무 4억원을 담보하기 위하여 丁 명의의 2번 저당권이 설정되었다. X토지와 Y건물의 경매대가가 각각 4억원인 경우, 옳은 것을 모두 고른 것은? (매각 비용, 이자는 고려하지 않으며, 다툼이 있으면 판례에 따름)** 〈2016년 변리사〉

ㄱ. X토지의 경매대가가 먼저 배당되는 경우, 丁은 Y건물의 경매대가에서 배당받지 못한다. ㄴ. Y건물의 경매대가가 먼저 배당되는 경우, 乙은 X토지의 경매대가에서 3억원을 배당받을 수 있다. ㄷ. X토지와 Y건물의 경매대가가 동시에 배당되는 경우, 丁은 Y건물의 경매대가에서 1억 5천만원을 배당받을 수 있다.

① ㄴ ② ㄱ, ㄴ ③ ㄱ, ㄷ ④ ㄴ, ㄷ ⑤ ㄱ, ㄴ, ㄷ

해설

ㄱ. (○) : 공동저당에서 채무자 목적물에 대하여 먼저 경매가 되어 배당을 하는 경우이다. 이 경우 X토지의 경매대가가 먼저 배당되는 경우, 丙은 X토지에서 4억 원의 배당을 받고, 나머지 1억 원을 Y건물에서 배당을 받게 된다. 그러나 물상보증인 乙이 丁보다 우선하기 때문에 丁은 乙의 Y건물의 경매대가에서 배당은 받지 못한다(대판 1996. 3. 8, 95다36596).

ㄴ. (○) : Y건물의 경매대가가 먼저 배당되는 경우, 丙은 4억 원을 배당을 받고, 甲의 X토지에서 1억 원의 배당을 받게 된다. 그러면 물상보증인 乙은 변제자대위(제481조)로 X토지의 경매대가에서 3억 원을 배당받을 수 있게 되어 한푼도 배당받지 못하는 후순위저당권자 丁보다 우선하게 되는 것이다(대판 1994. 5. 10, 93다25417).

ㄷ. (×) : X토지와 Y건물의 경매대가가 동시에 배당되는 경우, 채무자의 목적물에서 먼저 채권자가 4억 원의 만족을 받고 나머지를 물상보증인 목적물에서 1억원을 배당을 받게 된다. 그리고 후순위자 丁은 물상보증인 乙보다 후순위이기 때문에 Y건물의 경매대가에서 배당을 받을 수 없다(대판 2010. 4. 15, 2008다41475).

68 **채권자 甲이 채무자 乙에 대한 1억원의 채권을 담보하기 위해 물상보증인 丙소유의 X부동산(가액 1억 2,000만원), 丁소유의 Y부동산(가액 8,000만원)에 각각 1번 저당권을 취득하고, A가 8,000만원의 채권으로 X부동산에, B가 6,000만원의 채권으로 Y부동산에 각각 2번 저당권을 취득하였다. 甲이 X부동산에 대하여 먼저 담보권실행을 위한 경매를 하여 매각대금 1억 2,000만원이 배당순위에 따라 甲과 A에게 배당되었다. 이 경우 A가 Y부동산의 매각대금(8,000만원)에서 배당받을 수 있는 금액은? (단, 실행비용·이자 등은 고려하지 않고, 다툼이 있으면 판례에 따름)** 〈2019년 변리사〉

① 0원 ② 2,000만원 ③ 4,000만원 ④ 6,000만원 ⑤ 8,000만원

해설

공동저당의 목적인 채무자 소유의 부동산과 물상보증인 소유의 부동산에 각각 채권자를 달리하는 후순위 저당권이 설정되어 있는 경우, 물상보증인 소유의 부동산에 대하여 먼저 경매가 이루어져 그 경매대금의 교부에 의하여 1번 저당권자가 변제를 받은 때에는 물상보증인은 채무자에 대하여 구상권을 취득함과 동시에 민법 제481조, 제482조의 규정에 의한 변제자대위에 의하여 채무자 소유의 부동산에 대한 1번 저당권을 취득하고, 이

정답 67. ② 68. ③

러한 경우 물상보증인 소유의 부동산에 대한 후순위저당권자는 물상보증인에게 이전한 1번 저당권으로 우선하여 변제를 받을 수 있으며, 이러한 법리는 수인의 물상보증인이 제공한 부동산 중 일부에 대하여 경매가 실행된 경우에도 마찬가지로 적용되어야 하므로(이 경우 물상보증인들 사이의 변제자대위의 관계는 민법 제482조 제2항 제4호, 제3호에 의하여 규율될 것이다), 자기 소유의 부동산이 먼저 경매되어 1번 저당권자에게 대위변제를 한 물상보증인은 다른 물상보증인의 부동산에 대한 1번 저당권을 대위취득하고, 그 물상보증인 소유 부동산의 후순위 저당권자는 1번 저당권에 대하여 물상대위를 할 수 있으므로 물상보증인이 대위취득한 선순위 저당권설정등기에 대하여는 말소등기가 경료될 것이 아니라 물상보증인 앞으로 대위에 의한 저당권이전의 부기등기가 경료되어야 하고, 아직 경매되지 아니한 공동저당물의 소유자로서는 1번 저당권자에 대한 피담보채무가 소멸하였다는 사정만으로 말소등기를 청구할 수 없다(대판 2001. 6. 1, 2001다21854). ☞ X부동산의 경매대금 1억 2천만 원은 선순위저당권자인 甲에게 1억원, 후순위저당권자인 A에게 2천만 원이 각각 배당된다. 이 때 X부동산의 소유권을 상실한 물상보증인 丙은 채무자 乙에 대하여 1억 원의 구상권을 취득하고 이 구상권의 범위에서 변제자대위를 할 수 있는데, 사안은 수인의 물상보증인이 제공한 부동산 중 일부에 대하여 경매가 실행된 경우이므로 민법 제482조 제2항 제4호에 의하여 준용되는 같은 항 제3호에 따라 가액에 비례하여 다른 물상보증인 丁에게 변제자대위를 할 수 있다. X부동산의 가액과 Y부동산의 가액의 비율은 1억 2천만 원 : 8천만 원 = 6: 4이므로 결국 丙은 4천만 원(1억 원×4/10)의 범위에서 Y부동산 위의 甲의 저당권을 대위취득하고, X부동산의 후순위 저당권자 A는 丙에 대한 피담보채권이 아직 6천만 원이 남아있으므로 이를 전부 물상대위 할 수 있다. 따라서 A는 Y부동산의 매각대금에서 4천만 원을 배당받을 수 있다.

69 **甲은 乙에 대한 1억 5천만 원의 채권을 담보하기 위하여 乙 소유의 X토지(시가 2억 원)와 물상보증인 丙 소유 Y토지(시가 1억 원)에 각각 1번 저당권을 가지고 있다. 그리고 丁이 X토지에 피담보채권 1억 원의 2번 저당권을, 戊가 Y토지에 피담보채권 1억 원의 2번 저당권을 가지고 있다. 경매가 이루어져 X토지 및 Y토지가 시가대로 낙찰되고 다른 비용은 고려하지 않는다면, 이에 관한 설명으로 옳은 것은? (다툼이 있으면 판례에 따름)** 〈2020년 변리사〉

① 동시배당이 이루어지는 경우, 甲은 X토지로부터 1억 원, Y토지로부터 5천만 원을 배당받는다.
② 甲이 피담보채권을 변제받기 전에 X토지에 관한 저당권을 포기하였더라도, 甲은 Y토지의 경매가 먼저 이루어지는 경우 1억 원을 배당받을 수 있다.
③ 먼저 X토지의 경매가 이루어져 甲이 그 경매대가로부터 채권 전액의 변제를 받았다면, 丁은 Y토지에 대하여 1억 원의 범위 내에서 甲이 가지고 있던 1번 저당권을 대위할 수 있다.
④ 먼저 Y토지의 경매가 이루어져 甲이 그 경매대가로부터 1억 원의 변제를 받았다면, 나중에 X토지의 경매대가로부터 戊가 1억 원, 丙이 5천만 원을 배당받게 된다.
⑤ 먼저 Y토지의 경매가 이루어져 甲이 그 경매대가로부터 1억 원의 변제를 받은 경우, 乙이 丙에 대한 5천만 원의 다른 채권으로 丙의 구상금채권과 상계하더라도 戊에게 대항할 수 없다.

해 설

①(×) : 공동저당권이 설정되어 있는 수개의 부동산 중 일부는 채무자 소유이고 일부는 물상보증인의 소유인 경우 위 각 부동산의 경매대가를 동시에 배당하는 때에는, 물상보증인이 민법 제481조, 제482조의 규정에 의한 변제자대위에 의하여 채무자 소유 부동산에 대하여 담보권을 행사할 수 있는 지위에 있는 점 등을 고려할 때, "동일한 채권의 담보로 수개의 부동산에 저당권을 설정한 경우에 그 부동산의 경매대가를 동시에 배당하는 때에는 각 부동산의 경매대가에 비례하여 그 채권의 분담을 정한다."고 규정하고 있는 민법 제368조 제1항은 적용되지 아니한다고 봄이 상당하다. 따라서 이러한 경우 경매법원으로서는 채무자 소유 부동산의 경매대가에서

정답 69. ⑤

공동저당권자에게 우선적으로 배당을 하고, 부족분이 있는 경우에 한하여 물상보증인 소유 부동산의 경매대가에서 추가로 배당을 하여야 한다(대판 2010. 4. 15, 2008다41475). ☞ 따라서 X토지로부터 1억 5천만 원 전액을 배당받는다.

② (×) : 물상보증인의 변제자대위에 대한 기대권은 민법 제485조에 의하여 보호되어, 채권자가 고의나 과실로 담보를 상실하게 하거나 감소하게 한 때에는, 특별한 사정이 없는 한 물상보증인은 그 상실 또는 감소로 인하여 상환을 받을 수 없는 한도에서 면책 주장을 할 수 있다. 채권자가 물적 담보인 담보물권을 포기하거나 순위를 불리하게 변경하는 것은 담보의 상실 또는 감소행위에 해당한다. 따라서 채무자 소유 부동산과 물상보증인 소유 부동산에 공동근저당권을 설정한 채권자가 공동담보 중 채무자 소유 부동산에 대한 담보 일부를 포기하거나 순위를 불리하게 변경하여 담보를 상실하게 하거나 감소하게 한 경우, 물상보증인은 그로 인하여 상환받을 수 없는 한도에서 책임을 면한다. 그리고 이 경우 공동근저당권자는 나머지 공동담보목적물인 물상보증인 소유 부동산에 관한 경매절차에서, 물상보증인이 위와 같이 담보 상실 내지 감소로 인한 면책을 주장할 수 있는 한도에서는, 물상보증인 소유 부동산의 후순위 근저당권자에 우선하여 배당받을 수 없다(대판 2018. 7. 11, 2017다292756). ☞ 甲은 Y토지로부터 배당받을 수 없다.

③ (×) : 채권자(공동저당권자)가 물상보증인 소유 토지와 공동담보로 주채무자 소유토지에 1번 근저당권을 취득한 후, 주채무자 소유토지에 2번 근저당권이 설정된 사안에서, 채무자 소유의 부동산에 경매가 이루어져 1번 공동저당권자가 변제를 받은 경우, 채무자 소유의 부동산에 대한 후순위 저당권자가 1번 공동저당권자를 대위하여 물상보증인 소유의 부동산에 저당권을 행사할 수 없다. 따라서 물상보증인의 근저당권설정등기는 그 피담보채무의 소멸로 인하여 말소되어야 한다(대판 1996. 3. 8, 95다36596).

④ (×), ⑤ (○) : 공동저당에 제공된 채무자 소유의 부동산과 물상보증인 소유의 부동산 가운데 물상보증인 소유의 부동산이 먼저 경매되어 매각대금에서 선순위공동저당권자가 변제를 받은 때에는 물상보증인은 채무자에 대하여 구상권을 취득함과 동시에 변제자대위에 의하여 채무자 소유의 부동산에 대한 선순위공동저당권을 대위취득한다. 물상보증인 소유의 부동산에 대한 후순위저당권자는 물상보증인이 대위취득한 채무자 소유의 부동산에 대한 선순위공동저당권에 대하여 물상대위를 할 수 있다(④). 이 경우에 채무자는 물상보증인에 대한 반대채권이 있더라도 특별한 사정이 없는 한 물상보증인의 구상금 채권과 상계함으로써 물상보증인 소유의 부동산에 대한 후순위저당권자에게 대항할 수 없다(⑤). 채무자는 선순위공동저당권자가 물상보증인 소유의 부동산에 대해 먼저 경매를 신청한 경우에 비로소 상계할 것을 기대할 수 있는데, 이처럼 우연한 사정에 의하여 좌우되는 상계에 대한 기대가 물상보증인 소유의 부동산에 대한 후순위저당권자가 가지는 법적 지위에 우선할 수 없다(대판 2017. 4. 26, 2014다221777, 221784). ☞ ④해설 보충 : 丙의 변제자대위와 戊의 물상대위는 丙의 구상권의 범위인 1억 원이 한도이다. 따라서 X토지의 경매대가로부터 戊가 1억 원, 그리고 丙이 아니라 丁이 나머지 5천만 원을 배당받게 된다.

70 **甲은 乙에 대한 3억 원의 채권을 담보하기 위하여 乙 소유의 X토지와 Y토지에 각각 1번 저당권을 설정하였다. 그 후 丙은 乙에 대한 2억 원의 피담보채권을 가지고 X토지에 2번 저당권을 설정하였다. 경매절차에서 X토지와 Y토지는 각각 4억 원, 2억 원에 매각되었다. 이에 관한 설명으로 옳은 것을 모두 고른 것은? (다른 우선권자는 없고 원본만을 고려하며, 다툼이 있으면 판례에 따름)** 〈2024년 변리사〉

ㄱ. 동시배당이 이루어지는 경우, 甲은 X토지의 매각대금으로부터 2억 원, Y토지의 매각대금으로부터 1억 원을 배당받는다.

ㄴ. 먼저 X토지에 대한 경매가 이루어져 甲이 3억 원을 배당받은 경우, 丙은 Y토지에 대하여 1억 원의 범위에서 甲의 1번 저당권을 대위할 수 있다.

정답 70. ①

ㄷ. 먼저 X토지에 대한 경매가 이루어져 甲이 3억 원을 배당받은 경우, 만일 丙이 Y토지에 공동저당의 대위등기를 하지 아니한 사이에 甲이 Y토지에 대한 저당권을 말소하고 丁이 Y토지를 매수하여 소유권을 취득하였더라도 丙은 丁에 대하여 저당권을 주장할 수 있다.
ㄹ. 만일 甲이 경매가 개시되기 전에 Y토지에 대한 저당권을 포기하였다면 甲은 X토지의 매각대금으로부터 3억 원을 배당받고 丙은 Y토지에 대하여 1억 원의 범위에서 甲의 1번 저당권을 대위할 수 있다.

① ㄱ, ㄴ ② ㄴ, ㄷ ③ ㄷ, ㄹ ④ ㄱ, ㄴ, ㄹ ⑤ ㄱ, ㄷ, ㄹ

해 설

ㄱ. (○) : 동일한 채권의 담보로 수개의 부동산에 저당권을 설정한 경우에 그 부동산의 경매대가를 동시에 배당하는 때에는 각 부동산의 경매대가에 비례하여 그 채권의 분담을 정한다(민법 제368조 제1항). ☞ 공동저당의 목적물이 모두 채무자 소유이고 동시배당하는 경우이다. 3억 원 × 4/6 = 2억 원, 3억 원 × 2/6 = 1억 원.

ㄴ. (○) : 전항의 저당부동산중 일부의 경매대가를 먼저 배당하는 경우에는 그 대가에서 그 채권전부의 변제를 받을 수 있다. 이 경우에 그 경매한 부동산의 차순위저당권자는 선순위저당권자가 전항의 규정에 의하여 다른 부동산의 경매대가에서 변제를 받을 수 있는 금액의 한도에서 선순위자를 대위하여 저당권을 행사할 수 있다(민법 제368조 제2항). ☞ 공동저당의 목적물이 모두 채무자 소유이고 이시배당하는 경우이다. 동시배당하는 경우 丙은 X토지에서 2억 원을 배당받을 수 있었는데 이시배당으로 甲이 X토지에서 먼저 3억 원을 배당받아감으로 인하여 1억 원 밖에 배당받지 못한다. 따라서 丙은 Y토지에 대하여 1억 원의 범위에서 甲의 1번 저당권을 대위할 수 있다.

ㄷ. (×) : 먼저 경매된 부동산의 후순위저당권자가 다른 부동산에 공동저당의 대위등기를 하지 아니하고 있는 사이에 선순위저당권자 등에 의해 그 부동산에 관한 저당권등기가 말소되고, 그와 같이 저당권등기가 말소되어 등기부상 저당권의 존재를 확인할 수 없는 상태에서 그 부동산에 관하여 소유권이나 저당권 등 새로 이해관계를 취득한 사람에 대해서는, 후순위저당권자가 민법 제368조 제2항에 의한 대위를 주장할 수 없다(대판 2015. 3. 20, 2012다99341).

ㄹ. (×) : 선순위 공동저당권자가 피담보채권을 변제받기 전에 공동저당 목적 부동산 중 일부에 관한 저당권을 포기한 경우에는, 후순위저당권자가 있는 부동산에 관한 경매절차에서, 저당권을 포기하지 아니하였더라면 후순위저당권자가 대위할 수 있었던 한도에서는 후순위저당권자에 우선하여 배당을 받을 수 없다(대판 2011. 10. 13, 2010다99132). ☞ 甲이 Y토지에 대한 저당권을 포기하였기 때문에 丙도 Y토지에 대하여 甲의 저당권을 대위할 수 없다. 대신 甲은 X토지의 매각대금으로부터 丙이 대위할 수 있었던 1억 원의 한도에서 丙에 우선하여 배당을 받을 수 없다. 따라서 甲은 X토지의 매각대금으로부터 3억 원이 아니라 2억 원만 배당받을 수 있다.

71 **甲은 乙에 대한 5,000만 원의 채권을 담보하기 위하여 乙 소유 부동산 X(경매대가 6,000만 원)와 丙 소유 부동산 Y(경매대가 4,000만 원)에 각각 1번 저당권을 설정받았다. 그리고 X에는 丁이 피담보채권 4,000만 원의 2번 저당권을, Y에는 戊가 피담보채권 2,000만 원의 2번 저당권을 각각 설정받았다. 이에 관한 설명 중 옳은 것은? (이자, 지연손해금과 집행비용은 고려하지 말 것, 다툼이 있는 경우 판례에 의함)** 〈2017년 변호사시험〉

① X와 Y의 경매대가를 동시에 배당하는 경우, 경매법원은 甲에게 X로부터 3,000만 원, Y로부터 2,000만 원을 각각 배당하여야 한다.

정답 71. ③

② X에 대한 경매대가가 먼저 배당되어 甲이 5,000만 원을 배당받은 경우, 丁은 Y에 대한 甲의 1번 저당권을 대위행사할 수 있다.

③ Y에 대한 경매대가가 먼저 배당되어 甲이 4,000만 원을 배당받은 경우, 丙은 甲이 배당받은 범위 내에서 X에 대한 甲의 1번 저당권을 취득한다.

④ Y에 대한 경매대가로부터 배당을 받은 甲이 X에 설정된 저당권을 임의로 말소한 후 X에 대한 경매가 실행되어 매각대금이 완납된 경우, 丙은 말소된 저당권등기의 회복등기절차의 이행을 구할 수 있다.

⑤ 甲이 피담보채권을 변제받기 전에 Y에 대한 저당권을 포기한 경우, 甲은 X에 대한 경매절차에서 자신이 Y에 대한 저당권을 포기하지 않았더라면 丁이 대위할 수 있었던 2,000만 원 한도에서 丁에 우선하여 배당받을 수 없다.

해 설

①(×) : 공동저당권이 설정되어 있는 수개의 부동산 중 일부는 채무자 소유이고 일부는 물상보증인의 소유인 경우 위 각 부동산의 경매대가를 동시에 배당하는 때에는, 물상보증인이 민법 제481조, 제482조의 규정에 의한 변제자대위에 의하여 채무자 소유 부동산에 대하여 담보권을 행사할 수 있는 지위에 있는 점 등을 고려할 때, "동일한 채권의 담보로 수개의 부동산에 저당권을 설정한 경우에 그 부동산의 경매대가를 동시에 배당하는 때에는 각 부동산의 경매대가에 비례하여 그 채권의 분담을 정한다."고 규정하고 있는 민법 제368조 제1항은 적용되지 아니한다고 봄이 상당하다. 따라서 이러한 경우 경매법원으로서는 채무자 소유 부동산의 경매대가에서 공동저당권자에게 우선적으로 배당을 하고, 부족분이 있는 경우에 한하여 물상보증인 소유 부동산의 경매대가에서 추가로 배당을 하여야 한다(대판 2010. 4. 15, 2008다41475). 따라서 X로부터 5,000만원 전액을 배당하여야 한다.

②(×) : 공동저당의 목적인 채무자 소유의 부동산과 물상보증인 소유의 부동산 중 채무자 소유의 부동산에 대하여 먼저 경매가 이루어져 그 경매대금의 교부에 의하여 1번 공동저당권자가 변제를 받더라도, 채무자 소유의 부동산에 대한 후순위저당권자는 민법 제368조 제2항 후단에 의하여 1번 공동저당권자를 대위하여 물상보증인 소유의 부동산에 대하여 저당권을 행사할 수 없다(대결 1995. 6. 13, 자 95마500).

③(○) : 공동저당의 목적인 채무자 소유의 부동산과 물상보증인 소유의 부동산에 각각 채권자를 달리하는 후순위저당권이 설정되어 있는 경우, 물상보증인 소유의 부동산에 대하여 먼저 경매가 이루어져 그 경매대금의 교부에 의하여 1번저당권자가 변제를 받은 때에는 물상보증인은 채무자에 대하여 구상권을 취득함과 동시에, 민법 제481조, 제482조의 규정에 의한 변제자대위에 의하여 채무자 소유의 부동산에 대한 1번저당권을 취득하고, 이러한 경우 물상보증인 소유의 부동산에 대한 후순위저당권자는 물상보증인에게 이전한 1번저당권으로부터 우선하여 변제를 받을 수 있으며, 물상보증인이 수인인 경우에도 마찬가지라 할 것이므로(이 경우 물상보증인들 사이의 변제자대위의 관계는 민법 제482조 제2항 제4호, 제3호에 의하여 규율될 것이다), 자기 소유의 부동산이 먼저 경매되어 1번저당권자에게 대위변제를 한 물상보증인은 1번저당권을 대위취득하고, 그 물상보증인 소유의 부동산의 후순위저당권자는 1번저당권에 대하여 물상대위를 할 수 있다(대판 1994. 5. 10, 93다25417).

④(×) : 공동근저당의 목적인 채무자 甲 소유 부동산과 물상보증인 乙 소유 부동산 중 乙 소유 부동산이 먼저 경매가 이루어져 공동근저당권자인 丙이 변제를 받았는데, 乙 소유 부동산에 대한 후순위저당권자 丁이 乙 명의로 대위의 부기등기를 하지 않고 있는 동안 丙이 임의로 甲 소유 부동산에 설정되어 있던 공동근저당권을 말소하였고, 그 후 甲 소유 부동산에 戊 명의의 근저당권이 설정되었다가 경매로 그 부동산이 제3자에게 매각되어 대금이 완납된 사안에서, 丁은 매각대금 완납으로 더 이상 乙의 권리를 대위하여 공동근저당권설정등기의 회복등기절차 이행을 구하거나 경매절차에서 실제로 배당받은 자에 대하여 부당이득반환청구로서 배당금 한도 내에서 공동근저당권설정등기가 말소되지 않았더라면 배상받았을 금액의 지급을 구할 여지가 없다(대판

2011. 8. 18, 2011다30666).

⑤ (×) : 변제자대위우선설에 따라 甲이 저당권을 포기하지 않았더라도 어차피 丁이 이를 대위할 수 없기 때문에 甲이 저당권을 포기하였다고 하더라도 丁에 우선하여 배당받을 수 있다. 채무자 소유의 수개 부동산에 관하여 공동저당권이 설정된 경우와 비교해야 한다.

[비교판례] 채무자 소유의 수개 부동산에 관하여 공동저당권이 설정된 경우 후순위저당권자로서는 선순위 공동저당권자가 피담보채권을 변제받지 않은 상태에서도 추후 공동저당 목적부동산 중 일부에 관한 경매절차에서 선순위 공동저당권자가 그 부동산의 책임분담액을 초과하는 경매대가를 배당받는 경우 다른 공동저당 목적 부동산에 관하여 선순위 공동저당권자를 대위하여 저당권을 행사할 수 있다는 대위의 기대를 가진다고 보아야 하고, 후순위저당권자의 이와 같은 대위에 관한 정당한 기대는 보호되어야 하므로, 선순위 공동저당권자가 피담보채권을 변제받기 전에 공동저당 목적 부동산 중 일부에 관한 저당권을 포기한 경우에는, 후순위저당권자가 있는 부동산에 관한 경매절차에서, 저당권을 포기하지 아니하였더라면 후순위저당권자가 대위할 수 있었던 한도에서는 후순위저당권자에 우선하여 배당을 받을 수 없다고 보아야 하고, 이러한 법리는 공동근저당권의 경우에도 마찬가지로 적용된다고 보아야 한다(대판 2009. 12. 10, 2009다41250).

72 **甲은 X 토지의 소유자이고 乙은 Y 토지의 소유자이다. 丙은 甲에 대한 채권을 담보하기 위하여 X 토지와 Y 토지에 공동저당권을 갖고 있다. X 토지와 Y 토지가 모두 수용되어 보상금채권이 발생하였다. 이에 관한 설명 중 옳은 것(○)과 옳지 않은 것(×)을 올바르게 조합한 것은? (각 지문은 독립적이며, 다툼이 있는 경우 판의함)** 〈2018년 변호사시험〉

ㄱ. 甲의 채권자 丁이 X 토지의 보상금채권을 가압류하였고, 이어 丙이 물상대위권에 기하여 위 보상금채권에 대한 압류 및 전부명령을 받은 경우에도 丙은 보상금채권에 관하여 丁보다 우선변제를 받을 수 있다.

ㄴ. 丙이 Y 토지의 보상금채권에 압류 등 조치를 취하지 아니하던 중 물상보증인 乙이 보상금을 수령하였다면 丙은 乙을 상대로 부당이득반환을 청구할 수 있다.

ㄷ. 丙이 X 토지의 보상금채권에 압류 등 조치를 취하지 아니하던 중 甲의 채권자 戊가 그 보상금채권에 대하여 압류 및 전부 명령을 받아 보상금을 수령하였다면 丙은 戊를 상대로 부당이득반환을 청구할 수 있다.

① ㄱ(○), ㄴ(○), ㄷ(×)　② ㄱ(○), ㄴ(×), ㄷ(○)　③ ㄱ(○), ㄴ(×), ㄷ(×)
④ ㄱ(×), ㄴ(○), ㄷ(×)　⑤ ㄱ(×), ㄴ(×), ㄷ(○)

해 설

ㄱ. (○) : 저당권이 설정된 전세권의 존속기간이 만료된 경우에 저당권자는 민법 제370조, 제342조 및 민사집행법 제273조에 의하여 저당권의 목적물인 전세권에 갈음하여 존속하는 것으로 볼 수 있는 전세금반환채권에 대하여 압류 및 추심명령 또는 전부명령을 받는 등의 방법으로 권리를 행사하여 전세권설정자에 대해 전세금의 지급을 구할 수 있고, 저당목적물의 변형물인 금전 기타 물건에 대하여 **일반 채권자가 물상대위권을 행사하려는 저당채권자보다 단순히 먼저 압류나 가압류의 집행을 함에 지나지 않은 경우**에는 저당권자는 그 전은 물론 그 후에도 목적채권에 대하여 물상대위권을 행사하여 일반 채권자보다 우선변제를 받을 수가 있다(대판 2008. 12. 24, 2008다65396). ☞ 丙의 저당권이 선순위이고 丁의 가압류가 후순위인 사안이다. 수용이 되었지만 丙이 물

정답 72. ①

상대위를 하였으므로 우선변제권이 있는 丙이 丁보다 우선변제 받을 수 있다. 혹시 丁의 가압류 후에 丙이 압류 및 전부명령을 받았다(=물상대위)고 해서 丁이 선순위라고 생각한 수험생이 있다면, 丙과 丁 중 누가 선순위인지는 丙의 물상대위시점을 기준으로 하는 것이 아니라 丙의 저당권 취득시점을 기준으로 해야 함을 주의해야 할 것이다.

ㄴ. (○) : 저당권자는 저당권의 목적이 된 물건의 멸실, 훼손 또는 공용징수로 인하여 저당목적물의 소유자가 받을 저당목적물에 갈음하는 금전 기타 물건에 대하여 물상대위권을 행사할 수 있으나, 다만 그 지급 또는 인도 전에 이를 압류하여야 하며, 저당권자가 위 금전 또는 물건의 인도청구권을 압류하기 전에 저당물의 소유자가 그 인도청구권에 기하여 금전 등을 수령한 경우 저당권자는 더 이상 물상대위권을 행사할 수 없게 된다. 이 경우 저당권자는 저당권의 채권최고액 범위 내에서 저당목적물의 교환가치를 지배하고 있다가 저당권을 상실하는 손해를 입게 되는 반면에, 저당목적물의 소유자는 저당권의 채권최고액 범위 내에서 저당권자에게 저당목적물의 교환가치를 양보하여야 할 지위에 있다가 마치 그러한 저당권의 부담이 없었던 것과 같은 상태에서의 대가를 취득하게 되는 것이므로, 그 수령한 금액 가운데 저당권의 채권최고액을 한도로 하는 피담보채권액의 범위 내에서는 이득을 얻게 된다. 저당목적물 소유자가 얻은 위와 같은 이익은 저당권자의 손실로 인한 것으로서 인과관계가 있을 뿐 아니라, 공평의 관념에 위배되는 재산적 가치의 이동이 있는 경우 수익자로부터 그 이득을 되돌려받아 손실자와 재산상태의 조정을 꾀하는 부당이득제도의 목적에 비추어 보면 위와 같은 이익을 소유권자에게 종국적으로 귀속시키는 것은 저당권자에 대한 관계에서 공평의 관념에 위배되어 법률상 원인이 없다고 봄이 상당하므로, 저당목적물 소유자는 저당권자에게 이를 부당이득으로 반환할 의무가 있다(대판 2009. 5. 14, 2008다17656).

ㄷ. (×) : 민법 제370조, 제342조 단서가 저당권자는 물상대위권을 행사하기 위하여 저당권설정자가 받을 금전 기타 물건의 지급 또는 인도 전에 압류하여야 한다고 규정한 것은 물상대위의 목적인 채권의 특정성을 유지하여 그 효력을 보전함과 동시에 제3자에게 불측의 손해를 입히지 않으려는 데에 그 취지가 있다. 따라서 저당목적물의 변형물인 금전 기타 물건에 대하여 이미 제3자가 압류하여 그 금전 또는 물건이 특정된 이상 저당권자가 스스로 이를 압류하지 않고서도 물상대위권을 행사하여 일반 채권자보다 우선변제를 받을 수 있으나, 그 행사방법은 민사집행법 제273조에 의하여 담보권의 존재를 증명하는 서류를 집행법원에 제출하여 채권압류 및 전부명령을 신청하는 것이거나 민사집행법 제247조 제1항에 의하여 배당요구를 하는 것이므로, 이러한 물상대위권의 행사에 나아가지 아니한 채 단지 수용대상토지에 대하여 담보물권의 등기가 된 것만으로는 그 보상금으로부터 우선변제를 받을 수 없다. 그렇다면 저당권자가 물상대위권의 행사에 나아가지 아니하여 우선변제권을 상실한 이상, 다른 채권자가 그 보상금 또는 이에 관한 변제공탁금으로부터 이득을 얻었다고 하더라도 저당권자는 이를 부당이득으로서 반환청구할 수 없다(대판 2010. 10. 28, 2010다46756).

73 **저당권에 관한 설명 중 옳지 않은 것은? (다툼이 있는 경우 판례에 의함)** 〈2021년 변호사시험〉

① 공동저당권의 목적물인 물상보증인 소유의 X토지, Y토지 중 먼저 경매된 X토지의 후순위 저당권자 乙이 Y토지에 공동저당의 대위등기를 하지 않고 있는 사이에 선순위 공동저당권자 甲이 Y토지에 관한 저당권등기를 말소한 경우, 乙은 그 후 Y토지에 관하여 소유권을 취득한 丙에 대하여 甲을 대위할 수 없다.

② 공동저당권의 목적물인 채무자 소유 부동산과 물상보증인 소유 부동산의 경매대가를 동시에 배당하는 경우, 물상보증인이 채무자를 위한 연대보증인의 지위를 겸하고 있더라도 채무자 소유 부동산의 경매대가에서 공동저당권자에게 우선적으로 배당을 하고, 부족분이 있는 경우에 한하여 물상보증인 소유 부동산의 경매대가에서 추가로 배당을 한다.

③ 공동저당권의 목적물인 채무자 소유 부동산과 물상보증인 소유 부동산 중 채무자 소유 부동산에 대

정답 73. ③

하여 먼저 경매가 이루어져 경매대금에서 선순위 공동저당권자가 채권 전액을 변제받은 경우, 채무자 소유 부동산에 대한 후순위 저당권자는 물상보증인 소유 부동산에 대한 선순위 저당권에 대하여 물상대위를 할 수 있으므로, 물상보증인 소유 부동산에 대한 선순위 저당권설정등기에 대하여는 위 후순위 저당권자 앞으로 대위에 의한 부기등기가 경료되어야 한다.

④ 저당권으로 담보된 채권에 질권을 설정하는 경우, 질권자와 질권설정자가 피담보채권만을 질권의 목적으로 하고 저당권은 질권의 목적으로 하지 않는 것도 가능하고, 이는 저당권의 부종성에 반하지 않는다.

⑤ 저당권부 채권이 양도되는 경우 채권양수인이 채권양도로 채무자에게 대항하기 위해서는 채무자에 대한 채권양도의 통지나 채무자의 승낙이 있어야 하나, 저당권의 이전을 목적으로 하는 물권적 합의는 저당권을 양도·양수하는 당사자 사이에 있으면 족하다.

해 설

① (○) : 민법 제482조 제2항 제1호, 제5호는 변제자대위의 효과로 채권자가 가지고 있던 채권 및 그 담보에 관한 권리가 법률상 당연히 변제자에게 이전하는 경우에도, 변제로 인하여 저당권 등이 소멸한 것으로 믿고 목적 부동산을 취득한 제3취득자를 불측의 손해로부터 보호하기 위하여 미리 저당권 등에 대위의 부기등기를 하지 아니하면 제3취득자에 대하여 채권자를 대위하지 못하도록 정하고 있다. 이에 따라 자기의 재산을 타인의 채무의 담보로 제공한 물상보증인이 수인일 때 그중 일부의 물상보증인이 채무를 변제한 뒤 다른 물상보증인 소유 부동산에 설정된 근저당권설정등기에 관하여 대위의 부기등기를 하여 두지 아니하고 있는 동안에 제3취득자가 위 부동산을 취득하였다면, 대위변제한 물상보증인들은 제3취득자에 대하여 채권자를 대위할 수 없다. 그런데 이와 같이 법률상 당연히 이전되는 저당권과 관련하여 그 후에 해당 부동산에 대하여 권리를 취득한 제3취득자를 보호할 필요성은 **후순위저당권자의 대위의 경우**에도 마찬가지로 존재한다. 이러한 사정들을 종합하여 보면, 먼저 경매된 부동산의 후순위저당권자가 다른 부동산에 공동저당의 대위등기를 하지 아니하고 있는 사이에 선순위저당권자 등에 의해 그 부동산에 관한 저당권등기가 말소되고, 그와 같이 저당권등기가 말소되어 등기부상 저당권의 존재를 확인할 수 없는 상태에서 그 부동산에 관하여 소유권이나 저당권 등 새로 이해관계를 취득한 사람에 대해서는, 후순위저당권자가 민법 제368조 제2항에 의한 대위를 주장할 수 없다(대판 2015. 3. 20, 2012다99341).

② (○) : 공동저당권이 설정되어 있는 수개의 부동산 중 일부는 채무자 소유이고 일부는 물상보증인의 소유인 경우 위 각 부동산의 경매대가를 동시에 배당하는 때에는, 물상보증인이 민법 제481조, 제482조의 규정에 의한 변제자대위에 의하여 채무자 소유 부동산에 대하여 담보권을 행사할 수 있는 지위에 있는 점 등을 고려할 때, "동일한 채권의 담보로 수개의 부동산에 저당권을 설정한 경우에 그 부동산의 경매대가를 동시에 배당하는 때에는 각 부동산의 경매대가에 비례하여 그 채권의 분담을 정한다"고 규정하고 있는 민법 제368조 제1항은 적용되지 아니한다고 봄이 상당하다. 따라서 이러한 경우 경매법원으로서는 채무자 소유 부동산의 경매대가에서 공동저당권자에게 우선적으로 배당을 하고, 부족분이 있는 경우에 한하여 물상보증인 소유 부동산의 경매대가에서 추가로 배당을 하여야 한다(대판 2010. 4. 15, 2008다41475). 이러한 이치는 **물상보증인이 채무자를 위한 연대보증인의 지위를 겸하고 있는 경우**에도 마찬가지이다(대판 2016. 3. 10, 2014다231965).

③ (×) : 공동저당의 목적인 채무자 소유의 부동산과 물상보증인 소유의 부동산에 각각 채권자를 달리하는 후순위 저당권이 설정되어 있는 경우, 물상보증인 소유의 부동산에 대하여 먼저 경매가 이루어져 그 경매대금의 교부에 의하여 1번 저당권자가 변제를 받은 때에는 물상보증인은 채무자에 대하여 구상권을 취득함과 동시에, 민법 제481조·제482조의 규정에 의한 변제자대위에 의하여 채무자 소유의 부동산에 대한 1번 저당권을 취득하고, 그 물상보증인소유의 부동산의 후순위저당권자는 1번 저당권에 대하여 물상대위를 할 수 있다(대판 1994. 5. 10, 93다25417). 그러므로 그 선순위 저당권설정등기는 말소등기가 경료될 것이 아니라 위 물상보증인 앞으로

대위에 의한 저당권이전의 부기등기가 경료되어야 할 성질의 것이며, 따라서 아직 경매되지 아니한 공동저당물의 소유자로서는 위 선순위 저당권자에 대한 피담보채무가 소멸하였다는 사정만으로는 그 말소등기를 청구할 수 없다고 보아야 한다(대결 2009. 5. 28, 자 2008마109). ☞ 출제자는 위 판례에서 '물상보증인 소유의 부동산에 대하여 먼저 경매가 이루어져' 부분을 '채무자 소유 부동산에 대하여 먼저 경매가 이루어져'로 바꾸어 출제하였다. 물상보증인 소유의 부동산의 후순위저당권자는 채무자 소유 부동산에 대한 1번 저당권에 대하여 물상대위를 할 수 있지만, 채무자 소유의 부동산의 후순위저당권자는 그렇지 않기 때문에 틀린 지문이 된다.

④ (○) : [1] 민법 제361조는 "**저당권은** 그 담보한 채권과 분리하여 타인에게 양도하거나 다른 채권의 담보로 하지 못한다."라고 정하고 있을 뿐 **피담보채권을** 저당권과 분리해서 양도하거나 다른 채권의 담보로 하지 못한다고 정하고 있지 않다. 채권담보라고 하는 저당권 제도의 목적에 비추어 특별한 사정이 없는 한 피담보채권의 처분에는 저당권의 처분도 당연히 포함된다고 볼 것이지만, 피담보채권의 처분이 있으면 언제나 저당권도 함께 처분된다고는 할 수 없다. 따라서 **저당권으로 담보된 채권에 질권을 설정한 경우** 원칙적으로는 저당권이 피담보채권과 함께 질권의 목적이 된다고 보는 것이 합리적이지만, 질권자와 질권설정자가 **피담보채권만을 질권의 목적으로 하고 저당권은 질권의 목적으로 하지 않는 것도 가능하고 이는 저당권의 부종성에 반하지 않는다**. 이는 저당권과 분리해서 피담보채권만을 **양도**한 경우 양도인이 채권을 상실하여 양도인 앞으로 된 **저당권이 소멸**하게 되는 것과 구별된다. 이와 마찬가지로 담보가 없는 채권에 질권을 설정한 다음 그 채권을 담보하기 위하여 저당권이 설정된 경우 원칙적으로는 저당권도 질권의 목적이 되지만, 질권자와 질권설정자가 피담보채권만을 질권의 목적으로 하였고 그 후 질권설정자가 질권자에게 제공하려는 의사 없이 저당권을 설정받는 등 특별한 사정이 있는 경우에는 저당권은 질권의 목적이 되지 않는다. 이때 저당권은 **저당권자인 질권설정자를 위해 존재**하며, 질권자의 채권이 변제되거나 질권설정계약이 해지되는 등의 사유로 질권이 소멸한 경우 저당권자는 자신의 채권을 변제받기 위해서 저당권을 실행할 수 있다. [2] 민법 제348조는 저당권으로 담보한 채권을 질권의 목적으로 한 때에는 그 저당권설정등기에 질권의 부기등기를 하여야 그 효력이 저당권에 미친다고 정한다. 저당권에 의하여 담보된 채권에 질권을 설정하였을 때 저당권의 부종성으로 인하여 등기 없이 성립하는 권리질권이 당연히 저당권에도 효력이 미친다고 한다면, 공시의 원칙에 어긋나고 그 저당권에 의하여 담보된 채권을 양수하거나 압류한 사람, 저당부동산을 취득한 제3자 등에게 예측할 수 없는 질권의 부담을 줄 수 있어 거래의 안전을 해할 수 있다. 이에 따라 민법 제348조는 저당권설정등기에 질권의 부기등기를 한 때에만 질권의 효력이 저당권에 미치도록 한 것이다. 이는 민법 제186조에서 정하는 물권변동에 해당한다. 이러한 민법 제348조의 입법 취지에 비추어 보면, '담보가 없는 채권에 질권을 설정한 다음 그 채권을 담보하기 위해서 저당권을 설정한 경우'에도 '저당권으로 담보한 채권에 질권을 설정한 경우'와 달리 볼 이유가 없다. 또한 담보가 없는 채권에 질권을 설정한 다음 그 채권을 담보하기 위해 저당권을 설정한 경우에, 당사자 간 약정 등 특별한 사정이 있는 때에는 저당권이 질권의 목적이 되지 않을 수 있으므로, 질권의 효력이 저당권에 미치기 위해서는 질권의 부기등기를 하도록 함으로써 이를 공시할 필요가 있다. 따라서 **담보가 없는 채권에 질권을 설정한 다음 그 채권을 담보하기 위해 저당권이 설정**되었더라도, 민법 제348조가 유추적용되어 저당권설정등기에 질권의 부기등기를 하지 않으면 질권의 효력이 저당권에 미친다고 볼 수 없다(대판 2020. 4. 29, 2016다235411).

⑤ (○) : 저당권은 피담보채권과 분리하여 양도하지 못하는 것이어서 저당권부 채권의 양도는 언제나 저당권의 양도와 채권양도가 결합되어 행해지므로 저당권부 채권의 양도는 민법 제186조의 부동산물권변동에 관한 규정과 민법 제449조 내지 제452조의 채권양도에 관한 규정에 의해 규율되므로 저당권의 양도에 있어서도 물권변동의 일반원칙에 따라 저당권을 이전할 것을 목적으로 하는 물권적 합의와 등기가 있어야 저당권이 이전된다고 할 것이나, 이 때의 물권적 합의는 저당권의 양도·양수받는 당사자 사이에 있으면 족하고 그 외에 그 채무자나 물상보증인 사이에까지 있어야 하는 것은 아니라 할 것이고, 단지 채무자에게 채권양도의 통지나 이에 대한 채무자의 승낙이 있으면 채권양도를 가지고 채무자에게 대항할 수 있게 되는 것이다(대판 2005. 6. 10, 2002다15412,15429).

74 **乙은 甲에 대한 1억 원의 채무를 담보하기 위하여 乙 소유 X 토지(시가 1억 2천만 원)와 물상보증인 丙 소유 Y 토지(시가 8천만 원)에 공동저당권을 설정해 주었다. X 토지에 관하여 丁이 2번 저당권(피담보채권 1천만 원)을, Y 토지에 관하여 戊가 2번 저당권(피담보채권 4천만 원)을 취득하였다. 이에 관한 설명 중 옳은 것(○)과 옳지 않은 것(×)을 올바르게 조합한 것은? (이자와 지연손해금, 집행비용은 고려하지 말 것. 각 지문은 독립적이며, 다툼이 있는 경우 판례에 의함)** 〈2024년 변호사시험〉

ㄱ. X 토지가 먼저 경매되어 매각대금(1억 원)으로 甲이 채권 전액을 배당받은 후 Y 토지가 경매되는 경우, Y 토지의 매각대금(8천만 원)에서 丁은 1천만 원을 변제받을 수 있다.
ㄴ. Y 토지가 먼저 경매되어 매각대금(8천만 원)이 전액 甲에게 배당된 경우, 乙은 丙에 대하여 가지고 있는 변제기가 도래한 5천만 원의 대여금채권을 丙이 乙에 대하여 취득한 구상금 채권과 상계함으로써 戊에게 대항할 수 있다.
ㄷ. 乙이 X 토지를 己에게 매각하고 소유권이전등기를 마친 후 乙의 일반채권자 A(채권액 1억 원)에 의하여 위 매매계약이 사해행위로 취소되어 가액배상을 하여야 하는 경우, X 토지와 Y 토지의 시가변동이 없다면 가액배상의 범위는 2천만 원이다.

① ㄱ(○), ㄴ(×), ㄷ(○) ② ㄱ(○), ㄴ(×), ㄷ(×) ③ ㄱ(×), ㄴ(○), ㄷ(○)
④ ㄱ(×), ㄴ(×), ㄷ(○) ⑤ ㄱ(×), ㄴ(×), ㄷ(×)

해 설

ㄱ. (×) : 채권자(공동저당권자)가 물상보증인 소유 토지와 공동담보로 주채무자 소유토지에 1번 근저당권을 취득한 후, 주채무자 소유토지에 2번 근저당권이 설정된 사안에서, 채무자 소유의 부동산에 경매가 이루어져 1번 공동저당권자가 변제를 받은 경우, 채무자 소유의 부동산에 대한 후순위 저당권자가 1번 공동저당권자를 대위하여 물상보증인 소유의 부동산에 저당권을 행사할 수 없다. 따라서 물상보증인의 근저당권설정등기는 그 피담보채무의 소멸로 인하여 말소되어야 한다(대판 1996.3.8, 95다36596).

ㄴ. (×) : 공동저당에 제공된 채무자 소유의 부동산과 물상보증인 소유의 부동산 가운데 물상보증인 소유의 부동산이 먼저 경매되어 매각대금에서 선순위공동저당권자가 변제를 받은 때에는 물상보증인은 채무자에 대하여 구상권을 취득함과 동시에 변제자대위에 의하여 채무자 소유의 부동산에 대한 선순위공동저당권을 대위취득한다. 물상보증인 소유의 부동산에 대한 후순위저당권자는 물상보증인이 대위취득한 채무자 소유의 부동산에 대한 선순위공동저당권에 대하여 물상대위를 할 수 있다. 이 경우에 채무자는 물상보증인에 대한 반대채권이 있더라도 특별한 사정이 없는 한 물상보증인의 구상금 채권과 상계함으로써 물상보증인 소유의 부동산에 대한 후순위저당권자에게 대항할 수 없다. 채무자는 선순위공동저당권자가 물상보증인 소유의 부동산에 대해 먼저 경매를 신청한 경우에 비로소 상계할 것을 기대할 수 있는데, 이처럼 우연한 사정에 의하여 좌우되는 상계에 대한 기대가 물상보증인 소유의 부동산에 대한 후순위저당권자가 가지는 법적 지위에 우선할 수 없다(대판 2017. 4. 26, 2014다221777, 221784).

ㄷ. (×) : 수 개의 부동산 중 일부는 채무자의 소유이고 다른 일부는 물상보증인의 소유인 경우에는, 물상보증인이 민법 제481조, 제482조의 규정에 따른 변제자대위에 의하여 채무자 소유의 부동산에 대하여 저당권을 행사할 수 있는 지위에 있는 점 등을 고려할 때, 그 물상보증인이 채무자에 대하여 구상권을 행사할 수 없는 특별한 사정이 없는 한 채무자 소유의 부동산에 관한 피담보채권액은 공동저당권의 피담보채권액 전액으로 봄이 상당하다(대판 2008.4.10, 2007다78234). ☞ 甲의 채권액 1억 원 전액과 丁의 채권액 1천만 원을 모두 공제해야하므로 가액배상의 범위는 1천만 원이다.

정답 74. ⑤

75 **甲은 자신이 소유하는 X 토지 및 Y 건물에 대하여 甲의 채권자 乙, 丙, 丁을 위하여 다음과 같은 저당권을 설정해 주었다. 乙에게는 5억 원의 채권을 담보하기 위하여 X 토지와 Y 건물에 5억 원의 각 1번 공동저당권을 설정하였고, 丙에게는 6억 원의 채권을 담보하기 위하여 X 토지에 6억 원의 2번 저당권을, 丁에게는 4억 원의 채권을 담보하기 위하여 Y 건물에 4억 원의 2번저당권을 각각 설정하여 주었다. 이에 관한 설명 중 옳지 않은 것은? (X 토지의 경매대가는 6억 원, Y건물의 경매대가는 4억 원이며, 배당액 계산에서는 원본만 고려할 것. 다툼이 있는 경우에는 판례에 의함)** 〈2014년 사법시험〉

① 乙이 공동저당권을 전부 실행하여 동시배당이 이루어지는 경우, 乙은 X 토지에서 3억 원, Y건물에서 2억 원을 배당 받고, 丙은 X 토지에서 3억 원, 丁은 Y 건물에서 2억 원을 각 배당받는다.
② 乙이 X 토지의 경매대가를 먼저 배당받는 경우 X 토지에서 乙은 5억 원, 丙은 1억 원을 각 배당받고, 그 후 Y 건물의 경매대가에서 丙은 乙을 대위하여 2억 원, 丁도 2억 원을 배당받는다.
③ 만약 X 토지가 물상보증인 戊의 소유인 경우, 乙이 X 토지에 대하여 먼저 경매를 신청하여 배당받는다면 乙은 X 토지의 경매대가에서 5억 원을 배당받고 丙은 1억 원을 배당받으며, 그 후 丙은 Y 건물에서 4억 원을 배당받는다.
④ 만약 X 토지가 물상보증인 戊의 소유이고 甲의 소유인 Y 건물의 저당권이 먼저 실행되는 경우, 乙은 Y 건물의 경매대가에서 4억 원을 배당받고, 그 후 X 토지의 경매대가에서 1억 원을 배당받은 후, 동시배당되었다면 乙이 X 토지에서 배당받을 금액 중에서 1억 원을 공제한 2억 원을 丁이 배당받고, 丙은 3억 원을 배당받는다.
⑤ 만약 X 토지와 Y 건물이 각각 물상보증인 戊와 己의 소유인 경우에 X 토지가 먼저 경매되면, 乙은 경매대가에서 5억 원을, 丙은 1억 원을 각 배당받고, 그 후 丙은 Y 건물에 대하여 戊가 대위하는 금액에서 2억 원을 배당받는다.

해 설

①(○) : 동시배당의 법률관계이다. 즉 동일한 채권의 담보로 수개의 부동산에 저당권을 설정한 경우에 그 부동산의 경매대가를 동시에 배당하는 때에는 각부동산의 경매대가에 비례하여 그 채권의 분담을 정한다(제368조 제1항).
②(○) : 이시배상의 법률관계이다. 즉 저당부동산중 일부의 경매대가를 먼저 배당하는 경우에는 그 대가에서 그 채권전부의 변제를 받을 수 있다. 이 경우에 그 경매한 부동산의 차순위저당권자는 선순위저당권자가 전항의 규정에 의하여 다른 부동산의 경매대가에서 변제를 받을 수 있는 금액의 한도에서 선순위자를 대위하여 저당권을 행사할 수 있다. 사안은 모두 채무자소유이므로 乙이 X 토지의 경매대가를 먼저 배당받는 경우 X 토지에서 乙은 5억 원, 丙은 1억 원을 각 배당받고, 그 후 Y 건물의 경매대가에서 丙은 乙을 대위하여 2억 원, 丁도 2억 원을 배당받는다.
③(○) : 물상보증인이 채무자의 후순위저당권에 우선하기 때문에 이 지문은 타당하다. 그러므로 X토지가 물상보증인 戊의 소유인 경우, 乙이 X 토지에 대하여 먼저 경매를 신청하여 배당받는다면 乙은 X 토지의 경매대가에서 5억 원을 배당받고 丙은 1억 원을 배당받으며, 그 후 물상보증인의 변제자대위에 의하여 乙의 권리가 물상대위에 의하여 丙에게 이전되어 丙은 Y 건물에서 제일 먼저 4억 원을 배당받는 것이다(대판 1994. 5. 10, 93다25417).
④(×) : 물상보증인이 채무자의 후순위저당권에 우선하기 때문에 부당하다. 즉 공동저당의 목적인 채무자 소유의 부동산과 물상보증인 소유의 부동산에 각각 채권자를 달리하는 후순위 저당권이 설정되어 있는 경우, 채

정답 75. ④

무자 소유의 부동산에 대하여 먼저 경매가 이루어져 그 경매대금의 교부에 의하여 1번 공동저당권자가 변제를 받더라도 채무자 소유의 부동산에 대한 후순위 저당권자는 제368조 제2항 후단에 의하여 1번 공동저당권자를 대위하여 물상보증인 소유의 부동산에 대하여 저당권을 행사할수 없다(대결 1995. 6. 14, 자 95마500 등). 따라서 乙은 Y 건물의 경매대가에서 4억 원을 배당받고, 그 후 X 토지의 경매대가에서 1억 원을 배당받은 후, 동시배당되었다면 乙이 X 토지에서 배당받을 금액 중에서 1억 원을 공제한 2억 원을 丁이 배당받는 것이 아니고, 丙이 丁보다 우선하여 5억 원을 배당받는다.

⑤ (○) : 공동저당의 목적인 채무자 소유의 부동산과 물상보증인 소유의 부동산에 각각 채권자를 달리하는 후순위 저당권이 설정되어 있는 경우, 물상보증인 소유의 부동산에 대하여 먼저 경매가 이루어져 그 경매대금의 교부에 의하여 1번 저당권자가 변제를 받은 때에는 물상보증인은 채무자에 대하여 구상권을 취득함과 동시에 민법 제481조, 제482조의 규정에 의한 변제자대위에 의하여 채무자 소유의 부동산에 대한 1번 저당권을 취득하고, 이러한 경우 물상보증인 소유의 부동산에 대한 후순위저당권자는 물상보증인에게 이전한 1번 저당권으로 우선하여 변제를 받을 수 있으며, 이러한 법리는 수인의 물상보증인이 제공한 부동산 중 일부에 대하여 경매가 실행된 경우에도 마찬가지로 적용되어야 하므로(이 경우 물상보증인들 사이의 변제자대위의 관계는 민법 제482조 제2항 제4호, 제3호에 의하여 규율될 것이다), 자기 소유의 부동산이 먼저 경매되어 1번 저당권자에게 대위변제를 한 물상보증인은 다른 물상보증인의 부동산에 대한 1번 저당권을 대위취득하고, 그 물상보증인 소유 부동산의 후순위 저당권자는 1번 저당권에 대하여 물상대위를 할 수 있으므로 물상보증인이 대위취득한 선순위 저당권설정등기에 대하여는 말소등기가 경료될 것이 아니라 물상보증인 앞으로 대위에 의한 저당권이전의 부기등기가 경료되어야 하고, 아직 경매되지 아니한 공동저당물의 소유자로서는 1번 저당권자에 대한 피담보채무가 소멸하였다는 사정만으로 말소등기를 청구할 수 없다(대판 2001. 6. 1, 2001다21854).

보충지문

76 **공동저당부동산이 5개 이상일 때에는 공동담보목록을 첨부하여야 한다.** 〈2009년 감정평가사〉

해 설 부동산등기법 제78조 제2항 참조

77 **공동저당권자는 임의로 어느 저당목적물로부터 채권의 전부나 일부의 우선변제를 받을 수 있다.** 〈2009년 감정평가사〉

해 설 공동저당권자는 수 개의 저당목적물 중 어느 것으로부터도 자유로이 우선변제를 받을 수 있다. 즉 공동저당권자는 공동저당물 전부에 대해서 일괄경매를 할 수도 있고 일부에 대해서 먼저 경매를 할 수도 있다(대판 1983. 3. 22, 81다43).

78 **공동근저당의 목적 부동산 중 일부에 대한 경매절차에서, 공동근저당권자가 선순위근저당권자로서의 자신의 채권 전액을 청구하였다면, 민법 제370조, 제333조, 제368조 제1항 전문의 규정에 따라 선순위근저당권자가 경매대가로부터 우선하여 변제받고, 후순위근저당권자는 잔액으로부터 변제를 받는 것이며, 이는 선순위근저당권자와 후순위근저당권자가 동일인이라고 하여 달라지는 것은 아니다.** 〈2022년 법원행시〉

해 설 대판 2018. 7. 11, 2017다292756.

정답 76. (○) 77. (○) 78. (○)

79 **대지와 건물이 동시에 경매되어 공동저당권자에게 그 경매대가를 동시에 배당하는 때에는, 대지와 건물의 경매대가에 비례하여 그 채권의 분담을 정하여야 한다.** 〈2009년 감정평가사〉

해설 민법 제368조 참조

80 **민법 제368조에서 부담안분의 원칙은 저당부동산에 대하여 후순위저당권자가 존재하는가의 여부를 불문하고 적용된다.** 〈2009년 감정평가사〉

해설 민법 제368조의 규정은 부동산에 관하여 후순위저당권자가 존재하지 않는 경우에도 그 적용이 있다(통설).

81 **채무자의 부동산보다 물상보증인의 부동산에 대하여 먼저 담보권이 실행되었다면, 물상보증인의 부동산에 후순위저당권을 가진 자보다 물상보증인이 우선적으로 보호된다.** 〈2009년 감정평가사〉

해설 공동저당의 목적인 채무자 소유 부동산과 물상보증인 소유 부동산에 각각 채권자를 달리하는 후순위저당권이 설정되어 있는 경우, 물상보증인 소유 부동산에 먼저 경매가 이루어져 경매대금의 교부에 의하여 1번저당권자가 변제를 받은 때에는 물상보증인은 채무자에 대하여 구상권을 취득함과 동시에 민법 제481조, 제482조의 규정에 의한 변제자대위에 의하여 채무자 소유 부동산에 대한 1번저당권을 취득하고, 이러한 경우 물상보증인 소유 부동산에 대한 후순위저당권자는 물상보증인에게 이전한 1번저당권으로부터 우선하여 변제를 받을 수 있으며, 자기 소유 부동산이 먼저 경매되어 1번저당권자에게 대위변제를 한 물상보증인은 1번저당권을 대위취득하고, 물상보증인 소유 부동산의 후순위저당권자는 1번저당권에 대하여 물상대위를 할 수 있다(대판 2011. 8. 18, 2011다30666,30673). ☞ 물상보증인의 부동산에 후순위저당권을 가진 자는 물상보증인에 대한 채권자로서 당연히 채권자인 저당권자가 채무자인 물상보증인보다 우선한다. 판례가 취하는 이른바 변제자대위우선설에서 물상보증인이 후순위저당권자보다 우선한다고 할 때의 "후순위저당권자"는 물상보증인의 부동산에 후순위저당권을 가진 자를 말하는 것이 아니라 채무자 소유 목적물의 후순위저당권자를 말하는 것이다.

82 **甲은 乙에 대한 채권을 담보하기 위해 乙소유의 X부동산, 丙소유의 Y부동산에 각각 1번 저당권을 취득하였다. 甲은 Y부동산에 대해 담보권을 실행하여 그 경매대금으로부터 채권 전액을 배당받았다. 다음 설명으로 옳지 않은 것은? (다툼이 있으면 판례에 의함)** 〈2011년 감정평가사〉

① 丙은 X부동산에 대한 1번 저당권을 대위취득한다.
② 丙은 乙에 대하여 구상권을 취득한다.
③ Y부동산의 2번 저당권자는 X부동산의 1번 저당권에 대하여 물상대위를 할 수 있다.
④ 乙은 甲에게 피담보채무가 소멸되었음을 이유로 X부동산의 1번 저당권의 말소등기를 청구할 수 있다.
⑤ Y부동산의 2번 저당권자는 자신의 채무자 丙을 대위하여 甲에게 X부동산의 1번 저당권 이전의 부기등기를 할 것을 청구할 수 있다.

해설
① (○), ② (○), ③ (○), ④ (×), ⑤ (○) : 가. 공동저당의 목적인 채무자 소유의 부동산과 물상보증인 소유의 부동산에 각각 채권자를 달리하는 후순위저당권이 설정되어 있는 경우, 물상보증인 소유의 부동산에 대하여 먼저 경매가 이루어져 그 경매대금의 교부에 의하여 1번저당권자가 변제를 받은 때에는 물상보증인은 채무자에

정답 79. (○) 80. (○) 81. (×) 82. ④

대하여 구상권을 취득함(②)과 동시에, 민법 제481조, 제482조의 규정에 의한 변제자대위에 의하여 채무자 소유의 부동산에 대한 1번저당권을 취득하고(①), 이러한 경우 물상보증인 소유의 부동산에 대한 후순위저당권자는 물상보증인에게 이전한 1번저당권으로부터 우선하여 변제를 받을 수 있으며, 물상보증인이 수인인 경우에도 마찬가지라 할 것이므로(이 경우 물상보증인들 사이의 변제자대위의 관계는 민법 제482조 제2항 제4호, 제3호에 의하여 규율될 것이다), 자기 소유의 부동산이 먼저 경매되어 1번저당권자에게 대위변제를 한 물상보증인은 1번저당권을 대위취득하고, 그 물상보증인 소유의 부동산의 후순위저당권자는 1번저당권에 대하여 물상대위를 할 수 있다(③). 나. 물상보증인이 대위취득한 선순위저당권설정등기에 대하여는 말소등기가 경료될 것이 아니라 물상보증인 앞으로 대위에 의한 저당권이전의 부기등기가 경료되어야 할 성질의 것이며(⑤), 따라서 아직 경매되지 아니한 공동저당물의 소유자로서는 1번저당권자에 대한 피담보채무가 소멸하였다는 사정만으로는 말소등기를 청구할 수 없다(④)(대판 1994. 5. 10, 93다25417).

비전형담보물권

Ⅰ. 가등기담보

1 「가등기담보 등에 관한 법률」에 관한 설명 중 옳지 않은 것은? (다툼이 있는 경우에는 판례에 의함) 〈2010년 변리사〉

① 「가등기담보 등에 관한 법률」은 재산권이전의 예약 당시의 그 재산가액이 차용액 및 이에 붙인 이자의 합산액을 초과하는 경우에 한하여 적용된다.
② 채권자가 담보권을 실행하여 담보부동산의 소유권을 취득하기 위하여는 청산금의 평가액을 채무자 등에게 통지하고, 그 통지가 채무자 등에게 도달한 날로부터 2개월이 경과하여야 한다.
③ 일단 청산금의 평가액을 통지한 채권자는 그가 통지한 청산금의 금액에 관하여 다툴 수 없다.
④ 매매대금의 지급을 담보하기 위하여 부동산의 소유권을 이전하는 경우에도 「가등기담보 등에 관한 법률」이 적용된다.
⑤ 채무자 등은 청산금채권을 변제받을 때까지 그 채무액을 채권자에게 지급하고 그 채권담보의 목적으로 경료된 소유권이전등기의 말소를 청구할 수 있으나, 채무의 변제기가 지난 때부터 10년이 지나거나 선의의 제3자가 소유권을 취득한 경우에는 그렇지 않다.

해 설

① (○) : 「가등기담보 등에 관한 법률」은 재산권이전의 예약에 의한 가등기담보에 있어서 그 재산의 예약 당시의 가액이 차용액 및 이에 붙인 이자의 합산액을 초과하는 경우에 한하여 그 적용이 있다 할 것이므로(가등기담보법 제1조), 가등기담보부동산에 대한 예약 당시의 시가가 그 피담보채무액에 미치지 못하는 경우에 있어서는 같은 법 제3조가 정하는 청산금평가액의 통지 및 청산금지급 등의 절차를 이행할 여지가 없다(대판 2007. 6. 15, 2006다5611 등).

> **[보충지문] 가등기담보등에관한법률은 재산권 이전의 예약에 의한 가등기담보에 있어서 그 재산의 예약 당시의 가액이 차용액 및 이에 붙인 이자의 합산액을 초과하는 경우에 한하여 그 적용이 있다 할 것이므로, 가등기담보부동산에 대한 예약 당시의 시가가 그 피담보채무액에 미치지 못하는 경우에 있어서는 같은 법 제3, 4조가 정하는 청산금평가액의 통지 및 청산금지급 등의 절차를 이행할 여지가 없다.** 〈2022년 법무사〉
>
> (○) : 대판 1993. 10. 26, 93다27611.

② (○) : 동법 제3조 제1항 전문 참조
③ (○) : 동법 제9조 참조
④ (×) : 「가등기담보 등에 관한 법률」은 차용물의 반환에 갈음하여 다른 재산권을 이전할 것을 예약한 경우에 적용되는 것으로서, 매매대금의 지급을 담보하기 위하여 부동산의 소유권을 이전하는 경우에는 적용되지 아니한다(대판 2007. 12. 13, 2005다52214 등).
⑤ (○) : 동법 제11조 참조

정답 1. ④

[보충지문] 가등기담보 등에 관한 법률(이하 '가등기담보법'이라고 한다) 제3조, 제4조의 청산절차를 위반하여 이루어진 담보가등기에 기한 본등기가 무효라고 하더라도 선의의 제3자가 그 본등기에 터 잡아 소유권이전등기를 마치는 등으로 담보목적부동산의 소유권을 취득하면, 가등기담보법 제2조 제2호에서 정한 채무자 등(이하 '채무자 등'이라고 한다)은 더 이상 가등기담보법 제11조 본문에 따라 채권자를 상대로 그 본등기의 말소를 청구할 수 없게 된다. 이 경우 그 반사적 효과로서 무효인 채권자 명의의 본등기는 그 등기를 마친 시점으로 소급하여 확정적으로 유효하게 되고, 이에 따라 담보목적부동산에 관한 채권자의 가등기담보권은 소멸하며, 청산절차를 거치지 않아 무효였던 채권자의 위 본등기에 터 잡아 이루어진 등기 역시 소급하여 유효하게 된다고 보아야 한다. 다만 이 경우에도 채무자 등과 채권자 사이의 청산금 지급을 둘러싼 채권·채무 관계까지 모두 소멸하는 것은 아니고, 채무자 등은 채권자에게 청산금의 지급을 청구할 수 있다. 〈2022년 법원행시〉

(○) : [1] 가등기담보 등에 관한 법률(이하 '가등기담보법'이라고 한다) 제3조, 제4조를 위반하여 적법한 청산절차를 거치지 아니한 채 담보가등기에 기한 본등기가 이루어진 경우 그 본등기는 무효이다. 이때 가등기담보법 제2조 제2호에서 정한 채무자 등은 청산금채권을 변제받을 때까지는 여전히 가등기담보계약의 존속을 주장하여 그때까지의 이자와 손해금을 포함한 피담보채무액 전부를 변제하고 무효인 위 본등기의 말소를 청구할 수 있다(제11조 본문). 그러나 선의의 제3자가 소유권을 취득한 경우에는 그러하지 아니하다(제11조 단서 후문). 여기서 '선의의 제3자'라 함은 채권자가 적법한 청산절차를 거치지 않고 담보목적부동산에 관하여 본등기를 마쳤다는 사실을 모르고 그 본등기에 터 잡아 소유권이전등기를 마친 자를 뜻한다. **제3자가 악의라는 사실에 관한 주장·증명책임은 무효를 주장하는 사람**에게 있다. [2] 가등기담보 등에 관한 법률(이하 '가등기담보법'이라고 한다) 제3조, 제4조의 청산절차를 위반하여 이루어진 담보가등기에 기한 본등기가 무효라고 하더라도 선의의 제3자가 그 본등기에 터 잡아 소유권이전등기를 마치는 등으로 담보목적부동산의 소유권을 취득하면, 가등기담보법 제2조 제2호에서 정한 채무자 등(이하 '채무자 등'이라고 한다)은 더 이상 가등기담보법 제11조 본문에 따라 채권자를 상대로 그 본등기의 말소를 청구할 수 없게 된다. 이 경우 그 반사적 효과로서 **무효인 채권자 명의의 본등기**는 그 **등기를 마친 시점으로 소급하여 확정적으로 유효**하게 되고, 이에 따라 담보목적부동산에 관한 채권자의 가등기담보권은 소멸하며, 청산절차를 거치지 않아 무효였던 채권자의 위 본등기에 터 잡아 이루어진 등기 역시 소급하여 유효하게 된다고 보아야 한다. 다만 이 경우에도 채무자 등과 채권자 사이의 청산금 지급을 둘러싼 채권·채무 관계까지 모두 소멸하는 것은 아니고, **채무자 등은 채권자에게 청산금의 지급을 청구할 수 있다**. 이러한 법리는 경매의 법적 성질이 사법상 매매인 점에 비추어 보면 무효인 본등기가 마쳐진 담보목적부동산에 관하여 진행된 **경매절차에서** 경락인이 **본등기가 무효인 사실을 알지 못한 채** 담보목적부동산을 매수한 경우에도 마찬가지로 적용된다(대판 2021. 10. 28, 2016다248325).

2 **가등기담보 등에 관한 법률에 관한 설명으로 옳지 않은 것은?** 〈2013년 변리사〉

① 채무자가 청산기간이 지나기 전에 한 청산금에 관한 권리의 양도나 그 밖의 처분은 이로써 후 순위 권리자에게 대항하지 못한다.

② 담보가등기를 마친 부동산에 강제경매의 개시 결정이 있는 경우에 그 경매의 신청이 청산금을 지급하기 전에 행하여진 경우(청산금이 없는 경우에는 청산기간이 지나기 전)에는 담보가등기권리자는 그 가등기에 따라 본등기를 청구할 수 있다.

③ 채무자 등은 특별한 사정이 없는 한 청산금채권을 변제받을 때까지 그 채무액을 채권자에게 지급하고 그 채권담보의 목적으로 마친 소유권이전등기의 말소를 청구 할 수 있다.

④ 담보가등기를 마친 부동산에 강제경매 등이 개시된 경우에 담보가등기권리자는 다른 채권자보다

정답 2. ②

자기채권을 우선변제 받을 권리가 있다.

⑤ 담보가등기권리자가 담보목적 부동산의 소유권을 취득하기 위하여 청산금의 평가액을 통지하는 경우, 청산금이 없다고 인정되더라도 그 뜻을 통지하여야 한다.

해설

① (○) : 채무자가 청산기간의 경과전에 한 청산금에 관한 권리의 양도 기타의 처분은 이로써 후순위권리자에게 대항하지 못한다(가담법 제7조).

② (×) : 담보가등기를 마친 부동산에 대하여 강제경매등의 개시 결정이 있는 경우에 그 경매의 신청이 청산금을 지급하기 전에 행하여진 경우(청산금이 없는 경우에는 청산기간이 지나기 전)에는 담보가등기권리자는 그 가등기에 따른 본등기를 청구할 수 없다(가등기담보법 제14조).

③ (○) : 채무자등은 청산금채권을 변제받을 때까지 그 채무액(반환시까지의 이자와 손해금을 포함한다)을 채권자에게 지급하고 그 채권담보의 목적으로 경료된 소유권이전등기의 말소를 청구할 수 있다. 다만, 그 채무의 변제기가 경과한 때로부터 10년이 경과하거나 또는 선의의 제3자가 소유권을 취득한 때에는 그러하지 아니한다(가담법 제11조).

④ (○) : 담보가등기가 경료된 부동산에 대하여 경매 등이 개시된 경우에 담보가등기권리자는 다른 채권자보다 자기채권의 우선변제를 받을 권리가 있다. 이 경우 그 순위에 관하여는 그 담보가등기권리를 저당권으로 보고, 그 담보가등기가 경료된 때에 그 저당권의 설정등기가 행하여진 것으로 본다(가담법 제13조).

⑤ (○) : 채권자가 담보계약에 의한 담보권을 실행하여 그 담보목적부동산의 소유권을 취득하기 위하여는 그 채권의 변제기후에 제4조에 규정한 청산금의 평가액을 채무자등에게 통지하고, 그 통지가 채무자등에게 도달한 날로부터 2월(이하 '청산기간'이라 한다)이 경과하여야 한다. 이 경우 청산금이 없다고 인정되는 때에는 그 뜻을 통지하여야 한다(가담법 제3조).

3　비전형담보에 관한 설명으로 옳지 않은 것은? (다툼이 있는 경우에는 판례에 의함)

〈2014년 변리사〉

① 「가등기담보 등에 관한 법률」은 매매대금채권을 담보하기 위한 양도담보에는 적용되지 않는다.

② 「가등기담보 등에 관한 법률」에 따라 담보의 목적으로 가등기를 마친 부동산에 대하여 강제경매가 이루어진 경우 가등기담보권은 부동산의 매각으로 소멸한다.

③ 「가등기담보 등에 관한 법률」은 담보권의 실행방법으로 귀속정산만을 규정하고 처분정산의 방법에 의한 담보권의 실행을 인정하지 않는다.

④ 특별한 사정이 없으면, 양도담보설정자가 담보목적물에 대한 사용·수익권을 가진다.

⑤ 동산 소유자가 점유개정의 방법으로 그 동산에 양도담보를 설정한 후 다시 같은 방법으로 제3채권자에게 양도담보를 설정한 때에는 제3채권자는 양도담보권을 취득할 수 없다.

해설

① (○) : 「가등기담보 등에 관한 법률」은 소비대차나 준소대차와 결부된 담보권에 적용되고, 매매대금채권을 담보하기 위한 양도담보에는 적용되지 않는다(대판 2004. 4. 27, 2003다29968).

② (○) : 「가등기담보 등에 관한 법률」에 따라 담보의 목적으로 가등기를 마친 부동산에 대하여 강제경매가 이루어진 경우 가등기담보권은 저당권처럼 다루므로 부동산의 매각으로 소멸한다(동법 제15조).

③ (×) : <u>가등기담보등에관한법률이 제3조와 제4조에서 가등기담보권의 사적 실행방법으로 귀속정산의 원칙을 규정함과 동시에 제12조와 제13조에서 그 공적 실행방법으로 경매의 청구 및 우선변제청구권 등 처분정산</u>

정답 3. ③

을 별도로 규정하고 있는 점, 위 제4조가 제1항 내지 제3항에서 채권자의 청산금 지급의무, 청산기간 경과와 본등기청구, 청산금의 지급의무와 부동산의 소유권이전등기 및 인도 채무의 동시이행관계 등을 순차로 규정한 다음, 제4항에서 제1항 내지 제3항에 반하는 특약으로서 채무자 등에게 불리한 것은 그 효력이 없다(다만, 청산기간 경과 후에 행하여진 특약으로서 제3자의 권리를 해하지 아니하는 경우는 제외된다)고 규정하고 있는 점, 나아가 제11조는 채무자 등이 청산금 채권을 변제받을 때까지 그 채무액을 채권자에게 지급하고 그 채권담보의 목적으로 경료된 소유권이전등기의 말소를 청구할 수 있다고 규정하고 있는 점 등을 종합하여 보면, 가등기담보권의 사적 실행에 있어서 채권자가 청산금의 지급 이전에 본등기와 담보목적물의 인도를 받을 수 있다거나 청산기간이나 동시이행관계를 인정하지 아니하는 '처분정산'형의 담보권실행은 가등기담보등에관한법률상 허용되지 아니한다(대판 2002. 4. 23, 2001다81856). ☞ 가등기담보법은 제12조와 제13조에서 공적 실행방법으로의 처분정산은 별도로 규정하고 있다.

④ (○) : 특별한 사정이 없으면, 양도담보설정자가 담보목적물에 대한 사용·수익권을 가진다(대판 1988. 11. 22, 87다카2555).

⑤ (○) : 동산 소유자가 점유개정의 방법으로 그 동산에 양도담보를 설정한 경우, 양도담보권자는 소유자처럼 다루므로 다시 같은 방법으로 제3채권자에게 양도담보를 설정한 때에는 제3채권자는 양도담보권을 취득할 수 없다(대판 2004. 10. 28, 2003다30463).

4 가등기담보 등에 관한 설명으로 옳지 않은 것은? (다툼이 있으면 판례에 따름) 〈2015년 변리사〉

① 채권자가 담보권을 실행하여 담보목적 부동산의 소유권을 취득하기 위해서는 그 채권의 변제기 후에 청산금의 평가액을 채무자 등에게 통지하고, 그 통지가 채무자 등에게 도달한 날로부터 2개월이 지나야 한다.

② 담보권 실행의 통지시 담보목적 부동산의 평가액이 채권액에 미달하여 청산금이 없다고 인정되는 때에는 그 뜻을 통지하여야 한다.

③ 채권자는 담보목적 부동산에 관하여 이미 소유권이전등기를 마친 경우에는 청산기간이 지난 후 청산금을 채무자 등에게 지급한 때에 담보목적 부동산의 소유권을 취득한다.

④ 가등기담보권자인 채권자가 청산기간이 경과하기 전에 채무자에게 청산금을 지급한 경우, 후순위권리자에게 대항할 수 있다.

⑤ 담보가등기를 마친 부동산에 대하여 강제경매 등이 행하여진 경우, 담보가등기권리는 그 부동산의 매각에 의하여 소멸한다.

해 설

① (○) : 채권자가 담보권을 실행하여 담보목적 부동산의 소유권을 취득하기 위해서는 그 채권의 변제기 후에 청산금의 평가액을 채무자 등에게 통지하고, 그 통지가 채무자 등에게 도달한 날로부터 2개월이 지나야 한다(가담법 제3조 제1항).

② (○) : 담보권 실행의 통지시 담보목적 부동산의 평가액이 채권액에 미달하여 청산금이 없다고 인정되는 때에는 그 뜻을 통지하여야 한다(동법 제3조).

③ (○) : 채권자는 담보목적 부동산에 관하여 이미 소유권이전등기를 마친 경우에는 청산기간이 지난 후 청산금을 채무자 등에게 지급한 때에 담보목적 부동산의 소유권을 취득한다(동법 제4조 제2항).

④ (×) : 가등기담보권자인 채권자가 청산기간이 경과하기 전에 채무자에게 청산금을 지급한 경우, 후순위권리자에게 대항할 수 없다(가담법 제7조). 왜냐하면 후순위권리자는 청산기간이 지난 후 채권자에게 자신의 채권을 직접 청구할 수 있기 때문이다.

정 답 4. ④

⑤ (○) : 담보가등기를 마친 부동산에 대하여 강제경매 등이 행하여진 경우, 담보가등기권리는 그 부동산의 매각에 의하여 소멸한다(대결 2010. 11. 9, 자 2010마1322).

5 **甲은 乙에 대한 1억원의 대여금채권을 담보하기 위해 乙소유의 부동산(가액 3억원)에 가등기를 마쳤고, 그 후 丙이 그 부동산에 저당권설정등기를 마쳤다. 이에 관한 설명으로 옳은 것은? (다툼이 있으면 판례에 따름)** 〈2019년 변리사〉

① 甲이 담보권실행을 통지할 때에 청산금이 없더라도 2개월의 청산기간이 지나기 전에는 가등기에 기한 본등기를 청구할 수 없다.
② 甲이 담보권실행을 통하여 우선변제 받게 되는 이자나 지연배상금 등 피담보채권의 범위는 청산금 지급 당시를 기준으로 확정된다.
③ 甲이 담보권실행을 통지하고 2개월의 청산기간이 지난 경우, 청산금의 지급이 없더라도 乙은 대여금을 변제하고 가등기말소를 청구할 수는 없다.
④ 甲이 주관적으로 평가한 청산금의 액수가 정당하게 평가된 청산금의 액수에 미치지 못하면 담보권 실행 통지는 효력이 없다.
⑤ 甲이 담보권실행을 위해 통지하여야 할 청산금의 평가액은 통지 당시의 목적부동산가액에서 그 당시의 목적부동산에 존재하는 모든 피담보채권액을 공제한 차액이다.

해 설

① (○) : [가등기담보 등에 관한 법률 제3조 제1항] 채권자가 담보계약에 따른 담보권을 실행하여 그 담보목적 부동산의 소유권을 취득하기 위하여는 그 채권의 변제기 후에 제4조의 청산금의 평가액을 채무자등에게 통지하고, 그 통지가 채무자등에게 도달한 날부터 2개월(이하 '청산기간'이라 한다)이 지나야 한다. 이 경우 청산금이 없다고 인정되는 경우에는 그 뜻을 통지하여야 한다.
[가등기담보 등에 관한 법률 제4조 제2항] 채권자는 담보목적부동산에 관하여 이미 소유권이전등기를 마친 경우에는 청산기간이 지난 후 청산금을 채무자등에게 지급한 때에 담보목적부동산의 소유권을 취득하며, 담보가등기를 마친 경우에는 청산기간이 지나야 그 가등기에 따른 본등기를 청구할 수 있다.
② (×), ④ (×) : 가등기담보 등에 관한 법률 제3조, 제4조에 의하면 가등기담보권자가 담보계약에 따른 담보권을 실행하여 담보목적부동산의 소유권을 취득하기 위해서는 채권의 변제기 후에 청산금의 평가액을 채무자 등에게 통지하여야 한다. 여기서 말하는 청산금의 평가액은 통지 당시의 담보목적부동산의 가액에서 그 당시의 피담보채권액(원본, 이자, 위약금, 지연배상금, 실행비용)을 뺀 금액을 의미하므로, 가등기담보권자가 담보권실행을 통하여 우선변제받게 되는 이자나 지연배상금 등 피담보채권의 범위는 통지 당시를 기준으로 확정된다. 채권자는 주관적으로 평가한 청산금의 평가액을 통지하면 족하고, 채권자가 주관적으로 평가한 청산금의 액수가 정당하게 평가된 청산금의 액수에 미치지 못하더라도 담보권 실행의 통지로서의 효력에는 아무런 영향이 없다(대판 2016. 6. 23, 2015다13171).
③ (×) : [가등기담보 등에 관한 법률 제11조] 채무자등은 청산금채권을 변제받을 때까지 그 채무액(반환할 때까지의 이자와 손해금을 포함한다)을 채권자에게 지급하고 그 채권담보의 목적으로 마친 소유권이전등기의 말소를 청구할 수 있다. 다만, 그 채무의 변제기가 지난 때부터 10년이 지나거나 선의의 제삼자가 소유권을 취득한 경우에는 그러하지 아니하다. ☞ 동법 제11조는 양도담보에 관하여만 규정하고 있으나 가등기담보의 경우에도 당연히 적용된다는 것이 통설이다.
⑤ (×) : 사안에서 담보목적부동산에 존재하는 피담보채권은 甲의 乙에 대한 채권과 丙의 乙에 대한 채권인데, 甲의 乙에 대한 채권액은 공제해야 하지만 丙의 乙에 대한 채권액은 공제하지 않는다. 丙은 후순위권리자이기

정답 5. ①

때문이다. [가등기담보 등에 관한 법률 제4조 제1항] 채권자는 제3조제1항에 따른 통지 당시의 담보목적부동산의 가액에서 그 채권액을 뺀 금액(이하 '청산금'이라 한다)을 채무자등에게 지급하여야 한다. 이 경우 담보목적부동산에 선순위담보권 등의 권리가 있을 때에는 그 채권액을 계산할 때에 선순위담보 등에 의하여 담보된 채권액을 포함한다. 참고로 후순위권리자는 그 순위에 따라 채무자등이 지급받을 청산금에 대하여 제3조제1항에 따라 통지된 평가액의 범위에서 청산금이 지급될 때까지 그 권리를 행사할 수 있고, 채권자는 후순위권리자의 요구가 있는 경우에는 청산금을 지급하여야 한다(가등기담보 등에 관한 법률 제5조 제1항).

[참고지문] 목적부동산의 가액이 채권액을 넘는 경우에는 가등기담보권자는 그 차액을 청산금으로서 채무자 등에게 지급하여야 하고, 여기의 채권액을 계산함에는 선순위담보권이 있는 때에는 그것에 의하여 담보된 채권액도 합산하여야 한다. 〈2022년 법무사〉

(○) : 채권자는 제3조제1항에 따른 통지 당시의 담보목적부동산의 가액에서 그 채권액을 뺀 금액(이하 "청산금"이라 한다)을 채무자등에게 지급하여야 한다. 이 경우 담보목적부동산에 선순위담보권(선순위담보권) 등의 권리가 있을 때에는 그 채권액을 계산할 때에 선순위담보 등에 의하여 담보된 채권액을 포함한다(가등기담보법 제4조 제1항).

6 가등기담보 등에 관한 법률상 가등기담보권의 실행에 관한 설명으로 옳은 것은? (다툼이 있으면 판례에 따름) 〈2023년 변리사〉

① 가등기담보권자가 목적물의 소유권을 취득하려면 담보설정 당시 목적물의 평가액과 피담보채권액의 범위를 밝혀야 한다.

② 가등기담보권자의 청산금 지급채무와 가등기담보권설정자의 소유권이전등기 및 인도채무는 동시이행관계에 있다.

③ 목적부동산의 평가액이 채권액에 미달하여 청산금이 없다고 인정되는 때에는 그 뜻을 채무자에게 통지할 필요가 없다.

④ 채권자가 담보목적부동산에 관하여 이미 소유권이전등기를 마친 경우에는 청산금을 채무자에게 지급하지 않더라도 담보목적부동산의 소유권을 취득한다.

⑤ 채권자가 평가한 청산금의 액수가 정당하게 평가된 청산금의 액수에 미치지 못하는 경우에는 담보권실행통지로서의 효력이 없다.

해설

① (×) : 제1항에 따른 통지에는 **통지 당시**의 담보목적부동산의 평가액과 「민법」 제360조에 규정된 채권액을 밝혀야 한다. 이 경우 부동산이 둘 이상인 경우에는 각 부동산의 소유권이전에 의하여 소멸시키려는 채권과 그 비용을 밝혀야 한다(가등기담보등에관한법률 제3조 제2항). ☞ 가등기담보 등에 관한 법률 제3조, 제4조에 의하면 가등기담보권자가 담보계약에 따른 담보권을 실행하여 담보목적부동산의 소유권을 취득하기 위해서는 채권의 변제기 후에 청산금의 평가액을 채무자 등에게 통지하여야 한다. 여기서 말하는 청산금의 평가액은 통지 당시의 담보목적부동산의 가액에서 그 당시의 피담보채권액(원본, 이자, 위약금, 지연배상금, 실행비용)을 뺀 금액을 의미하므로, 가등기담보권자가 담보권 실행을 통하여 우선변제 받게 되는 이자나 지연배상금 등 피담보채권의 범위는 통지 당시를 기준으로 확정된다(대판 2016. 6. 23, 2015다13171).

② (○) : 청산금의 지급채무와 부동산의 소유권이전등기 및 인도채무의 이행에 관하여는 동시이행의 항변권에 관한 「민법」 제536조를 준용한다(가등기담보등에관한법률 제4조 제3항).

③ (×) : 채권자가 담보계약에 따른 담보권을 실행하여 그 담보목적부동산의 소유권을 취득하기 위하여는 그

정답 6. ②

채권의 변제기 후에 제4조의 청산금의 평가액을 채무자등에게 통지하고, 그 통지가 채무자등에게 도달한 날부터 2개월(이하 "청산기간"이라 한다)이 지나야 한다. 이 경우 청산금이 없다고 인정되는 경우에는 그 뜻을 통지하여야 한다(가등기담보등에관한법률 제3조 제1항).

④ (×) : 채권자는 담보목적부동산에 관하여 이미 소유권이전등기를 마친 경우에는 청산기간이 지난 후 청산금을 채무자등에게 지급한 때에 담보목적부동산의 소유권을 취득하며, 담보가등기를 마친 경우에는 청산기간이 지나야 그 가등기에 따른 본등기(本登記)를 청구할 수 있다(가등기담보등에관한법률 제4조 제2항).

⑤ (×) : 채권자가 나름대로 평가한 청산금의 액수가 객관적인 청산금의 평가액에 미치지 못한다고 하더라도 담보권 실행의 통지로서의 효력이나 청산기간의 진행에는 아무런 영향이 없고, 다만 채무자 등은 정당하게 평가된 청산금을 지급 받을 때까지 목적부동산의 소유권이전등기 및 인도 채무의 이행을 거절하면서 피담보채무 전액을 채권자에게 지급하고 채권담보의 목적으로 마쳐진 가등기의 말소를 구할 수 있을 뿐이다(대판 1996. 7. 30, 96다6974,6981).

7 **가등기담보에 관한 설명으로 옳지 않은 것은? (다툼이 있으면 판례에 따름)** 〈2024년 변리사〉

① 매매대금 채권을 담보하기 위하여 가등기를 한 경우에는 「가등기담보 등에 관한 법률」이 적용되지 않는다.

② 가등기담보권이 설정되기 위해서는 피담보채권이 등기되어야 한다.

③ 당사자가 가등기담보권설정계약을 체결하면서 가등기 이후에 발생할 채권도 가등기부동산의 피담보채권에 포함시키기로 약정한 경우, 이 약정은 특별한 사정이 없는 한 유효하다.

④ 채권자가 가등기담보권을 실행하기 위해 청산금의 평가액을 통지하는 경우, 그가 주관적으로 평가한 청산금의 평가액을 통지하면 족하다.

⑤ 가등기담보권자는 담보목적부동산의 경매를 청구할 수 있고, 이 경우 경매에 관하여는 가등기담보권을 저당권으로 본다.

해 설

① (○) : 가등기담보 등에 관한 법률은 차용물의 반환에 관하여 다른 재산권을 이전할 것을 예약한 경우에 적용되므로, 매매대금 채무를 담보하기 위하여 가등기를 한 경우에는 가등기담보법이 적용되지 아니한다(대판 2016. 10. 27, 2015다63138, 63145).

② (×) : 저당권등기와 달리 담보가등기는 피담보채권에 관하여는 일체 기재하지 아니한다. 따라서 등기부상의 기재만으로는 담보가등기와 순위보전을 위한 가등기를 구별하기 어렵다. ☞ 출제자는 이러한 현행 등기제도의 문제점을 지적하고자 이 지문을 출제한 것으로 보인다. 참고로 이렇게 담보가등기에서 피담보채권액 등이 등기부에 공시되지 않는 등 불편한 현행 등기제도는 개선될 필요가 있다는 주장이 있다.

③ (○) : 채권자와 채무자가 가등기담보권설정계약을 체결하면서 가등기 이후에 발생할 채권도 후순위권리자에 대하여 우선변제권을 가지는 가등기담보권의 피담보채권에 포함시키기로 약정할 수 있고, 가등기담보권을 설정한 후에 채권자와 채무자의 약정으로 새로 발생한 채권을 기존 가등기담보권의 피담보채권에 추가할 수도 있으나, 가등기담보권 설정 후에 후순위권리자나 제3취득자 등 이해관계 있는 제3자가 생긴 상태에서 새로운 약정으로 기존 가등기담보권에 피담보채권을 추가하거나 피담보채권의 내용을 변경, 확장하는 경우에는 이해관계 있는 제3자의 이익을 침해하게 되므로, 이러한 경우에는 피담보채권으로 추가, 확장한 부분은 이해관계 있는 제3자에 대한 관계에서는 우선변제권 있는 피담보채권에 포함되지 않는다고 보아야 한다(대판 2011. 7. 14, 2011다28090).

④ (○) : 채권자가 가등기담보권을 실행하여 그 담보목적 부동산의 소유권을 취득하기 위하여 채무자 등에게

정답 7. ②

하는 담보권 실행의 통지에는 채권자가 주관적으로 평가한 통지 당시의 목적부동산의 가액과 피담보채권액을 명시함으로써 청산금의 평가액을 채무자 등에게 통지하면 족하다(대판 1996. 7. 30, 96다6974, 6981).
⑤ (○) : 담보가등기권리자는 그 선택에 따라 제3조에 따른 담보권을 실행하거나 담보목적부동산의 경매를 청구할 수 있다. 이 경우 경매에 관하여는 담보가등기권리를 저당권으로 본다(가등기담보 등에 관한 법률 제12조 제1항).

8 **甲은 2008. 7. 10. 乙에게 1억 5,000만 원을 대여하면서 그 채권을 담보하기 위해 이행기인 2009. 7. 10.까지 채무를 이행하지 않으면 乙 소유의 시가 4억 원인 X 부동산을 甲에게 이전하기로 하는 내용의 계약을 체결하고 2008. 7. 15. 소유권이전등기청구권의 가등기를 마쳤다. 다음 설명 중 옳은 것은? (다툼이 있는 경우에는 판례에 의함)** 〈2012년 변호사시험〉

① 乙로부터 변제를 받지 못한 甲은 X의 소유권을 취득하는 귀속청산에 의하거나 제3자에 대한 양도를 통한 처분청산에 의하여 가등기담보권을 실행할 수 있다.
② 담보권의 실행통지에 있어서 甲이 주관적으로 평가한 청산금 액수(X의 가액과 피담보채권액의 차액)를 명시하였으나 이것이 객관적인 청산금 액수에 미치지 못하는 때에는 통지로서의 효력이 없다.
③ 甲이 청산절차를 거치지 않고 행한 본등기는 무효이지만, 당사자의 특약에 의한 때에는 약한 의미의 양도담보로서 담보목적범위 내에서는 효력이 있다.
④ 만약 甲, 乙, 丙 3자의 합의에 의해 丙의 명의로 가등기를 한 경우, 비록 丙에게 채권이 실질적으로 귀속되었더라도 이는 담보물권의 부종성에 반하며 실권리자 아닌 자 명의의 등기로서 효력이 없다.
⑤ 만약 위 계약 당시 이미 X 위에 乙의 丁에 대한 3억 원의 채무를 담보하는 저당권이 설정되어 있었다면, 甲이 청산절차를 거치지 않았다는 이유만으로 가등기에 기한 본등기가 무효인 것은 아니다.

해 설
① (×) : 사적 실행방법으로서 귀속청산은 허용되나, 제3자에 대한 양도를 통한 처분청산은 허용되지 않는다. 즉 가등기담보법에 의하면 사적 실행방법으로서의 귀속청산과 공적 실행방법으로서 경매에 의한 처분이 허용된다(대판 2002. 4. 23, 2001다81856 등).
② (×) : 채권자가 나름대로 평가한 청산금의 액수가 객관적인 청산금의 평가액에 미치지 못한다고 하더라도 담보권 실행의 통지로서의 효력이나 청산기간의 진행에는 영향이 없다(대판 1996. 7. 30, 96다6974).
③ (×) : 청산절차를 거치지 않고 행한 본등기는 무효이며, 당사자의 특약에 의한 약한 의미의 양도담보로서의 담보목적범위내에서도 효력이 없다는 것이 판례이다. 다만 가등기권리자가 가등기담보등에관한법률 제3조, 제4조에 정한 절차에 따라 청산금의 평가액을 채무자 등에게 통지한 후 채무자에게 정당한 청산금을 지급하거나 지급할 청산금이 없는 경우에는 채무자가 그 통지를 받은 날로부터 2월의 청산기간이 경과하면 위 무효인 본등기는 실체적 법률관계에 부합하는 유효한 등기가 될 수 있다(대판 2007. 7. 13, 2006다46421).
④ (×) : 채권자와 채무자 및 제3자 사이에 합의가 있고, 제3자에게 그 채권이 실질적으로 귀속되었다고 볼 수 있는 특별한 사정이 있다면, 제3자 명의의 담보물권은 유효하다고 한다(대판 2009. 11. 26, 2008다64478 등).
⑤ (○) : [1] 가등기담보 등에 관한 법률은 재산권 이전의 예약에 의한 가등기담보에 있어서 재산의 예약 당시의 가액이 차용액 및 이에 붙인 이자의 합산액을 초과하는 경우에 적용되는 바, 재산권 이전의 예약 당시 재산에 대하여 선순위 근저당권이 설정되어 있는 경우에는 재산의 가액에서 피담보채무액을 공제한 나머지 가액이 차용액 및 이에 붙인 이자의 합산액을 초과하는 경우에만 적용된다. [2] 가등기담보 등에 관한 법률이 적용되지 않는 경우에도 채권자가 채권담보의 목적으로 부동산에 가등기를 경료하였다가 그 후 변제기까지 변제를 받지 못하여 위 가등기에 기한 소유권이전의 본등기를 경료한 경우에는, 특약이 없는 한, 그 본등기도 채권담보의 목

정답 8. ⑤

적으로 경료된 것으로서 정산절차를 예정하고 있는 이른바 '약한 의미의 양도담보'가 된다. 그리고 이와 같이 약한 의미의 양도담보가 된 경우에는 채무의 변제기가 도과한 후에도 채권자가 담보권을 실행하여 정산절차를 마치기 전에는 채무자는 언제든지 채무를 변제하고 채권자에게 위 가등기 및 그 가등기에 기한 본등기의 말소를 청구할 수 있다(대판 2006. 8. 24, 2005다61140).

9 **甲은 乙로부터 금전을 차용하고, 만약 변제기에 채무를 변제하지 못하면 甲이 소유하는 X 토지의 소유권을 乙에게 이전하기로 하는 내용의 약정을 체결하였다. 그 약정 당시 X 토지의 시가는 원금과 변제기까지의 이자의 합산액을 훨씬 상회하고 있었다. 옳은 것을 모두 고른 것은?(각 지문은 독립적이며, 다툼이 있는 경우 판례에 의함)** 〈2016년 변호사시험〉

ㄱ. 甲은 위 약정시에 위 채무의 담보로 乙에게 X 토지에 관한 소유권이전등기를 마쳤다. 변제기에 甲이 채무를 변제하지 못하자 乙은 변제기 다음 날 청산절차를 거치지 않은 채 이러한 사실을 모르는 丙에게 X 토지를 매도하고 소유권이전등기를 마쳐주었다. 이 경우 甲은 채무액을 변제하고 丙의 등기를 말소할 수 없다.
ㄴ. 甲은 위 약정시에 위 채무를 담보하기 위하여 乙에게 X 토지에 관한 가등기를 마쳐주었다. 변제기에 甲이 채무를 변제하지 못하자 乙은 그 다음 날 甲에게 적법한 청산통지를 하고 정당하게 산정된 청산금을 지급한 다음, 미리 받아둔 서류를 이용하여 본등기를 마쳤다. 그로부터 4개월 후 甲은 채무액을 변제하고 乙의 본등기를 말소할 수 없다.
ㄷ. 甲은 위 약정시에 위 채무를 담보하기 위하여 乙에게 X 토지에 관한 가등기를 마쳐주었다. 위 가등기 전에 X 토지에 관하여 甲의 채권자 丙 명의로 근저당권이 설정되어 있었다. 甲이 乙에게 채무를 변제하지 못한 상태에서 변제기로부터 6개월이 경과한 시점에 丙의 신청에 따라 위 근저당권에 기한 경매가 개시되자, 乙은 바로 청산통지를 하고 정당하게 산정된 청산금을 지급한 다음 가등기에 기한 본등기를 마쳤다. 이 경우 乙의 본등기는 유효하다.

① ㄱ　② ㄴ　③ ㄷ　④ ㄱ, ㄴ　⑤ ㄱ, ㄷ

해설

ㄱ. (○) : 가등기담보 등에 관한 법률에서는 선의의 제3자 보호조항이 있다(동법 제11조). 따라서 甲은 위 약정시에 위 채무의 담보로 乙에게 X 토지에 관한 소유권이전등기를 마쳤고 이러한 사실을 모르는 丙에게 X 토지를 매도하고 소유권이전등기를 마쳐주었다면 甲은 채무액을 변제하고 丙의 등기를 말소할 수 없다.

ㄴ. (○) : 가등기담보등에관한법률 제3조, 제4조의 각 규정에 비추어 볼 때 위 각 규정을 위반하여 담보가등기에 기한 본등기가 이루어진 경우에는 그 본등기는 무효라고 할 것이고, 설령 그와 같은 본등기가 가등기권리자와 채무자 사이에 이루어진 특약에 의하여 이루어졌다고 할지라도 만일 그 특약이 채무자에게 불리한 것으로서 무효라고 한다면 그 본등기는 여전히 무효일 뿐, 이른바 약한 의미의 양도담보로서 담보의 목적 내에서는 유효하다고 할 것이 아니고, 다만 가등기권리자가 가등기담보등에관한법률 제3조, 제4조에 정한 절차에 따라 청산금의 평가액을 채무자 등에게 통지한 후 채무자에게 정당한 청산금을 지급하거나 지급할 청산금이 없는 경우에는 채무자가 그 통지를 받은 날로부터 2월의 청산기간이 경과하면 위 무효인 본등기는 실체적 법률관계에 부합하는 유효한 등기가 될 수 있을 뿐이다(대판 2002. 6. 11, 99다41657). ☞ 당시에는 청산기간이 충족되지 않아 본등기가 무효였지만 이후 4개월이 지났기 때문에 실체관계에 부합하는 유효한 등기가 되어 더 이상 변제하고 말소를 구할 수 없다.

정답 9. ④

ㄷ. (×) : 가등기담보 등에 관한 법률 제3조, 제4조에 정한 청산절차를 거치기 전에 강제경매 등의 신청이 이루어진 경우, 담보가등기권자가 가등기에 기한 본등기를 청구할 수 없고(가등기담보법 제14조), 그 가등기는 부동산의 매각에 의하여 소멸하게 된다(대판 2010. 11. 9, 자 2010마1322). 따라서 甲은 丙의 신청에 따라 위 근저당권에 기한 경매가 개시되자, 乙은 바로 청산통지를 하고 정당하게 산정된 청산금을 지급한 다음 가등기에 기한 본등기를 마쳤다하더라도 乙의 본등기는 무효가 된다.

10 **甲은 乙로부터 금전을 차용하면서 만약 변제기에 채무를 변제하지 못하면 甲 소유인 X 토지에 관한 소유권을 乙에게 이전하기로 약정하고, 이를 담보하기 위하여 X 토지에 관하여 乙 명의로 가등기를 경료하여 주었다. 위 약정 당시 X 토지의 시가는 채무원리금액을 훨씬 초과하였다. 이에 관한 설명 중 옳은 것(○)과 옳지 않은 것(×)을 올 바르게 조합한 것은? (각 지문은 독립적이며, 다툼이 있는 경우 판례에 의함)** 〈2018년 변호사시험〉

ㄱ. 변제기에 甲이 채무원리금을 변제하고자 하였으나 乙이 수령을 거부하자 甲이 가등기말소에 필요한 서류 일체의 교부를 반대급부로 하여 그때까지의 채무원리금을 변제공탁하였다면 이 공탁은 적법하다.
ㄴ. 가등기 설정 당시, 이행지체가 발생하는 경우 청산절차 없이 가등기에 기한 본등기를 경료하기로 특약을 맺었는데, 그 후 이행지체가 발생하자 乙은 위 특약에 따라 X 토지에 관하여 乙 앞으로 위 가등기에 기한 소유권이전등기를 경료하였다. 이 경우 乙은 X 토지의 소유권을 취득한 것이 아니지만 이 소유권이전등기는 약한 의미의 양도담보로서의 효력을 갖는다.
ㄷ. 甲이 채무원리금의 지급을 지체하는 경우 乙은 X 토지에 관하여 담보권 실행을 위한 경매를 신청할 수 있다.

① ㄱ(×), ㄴ(×), ㄷ(○) ② ㄱ(○), ㄴ(×), ㄷ(○) ③ ㄱ(○), ㄴ(○), ㄷ(○)
④ ㄱ(×), ㄴ(○), ㄷ(×) ⑤ ㄱ(○), ㄴ(○), ㄷ(×)

해설

ㄱ. (×) : 채무담보를 위하여 근저당권설정등기, 가등기 등이 경료되어 있는 경우 그 채무의 변제의무는 그 등기의 말소의무보다 선행되는 것이며, 채무의 변제와 그 등기말소절차의 이행을 교환적으로 구할 수 없으므로, 그 등기의 각 말소등기절차이행에 소요되는 일체의 서류를 교부할 것을 반대급부로 하여 한 변제공탁은 채무의 본지에 따른 것이라 할 수 없다(대판 1991. 4. 12, 90다9872).

ㄴ. (×) : 가등기담보등에관한법률 제3조, 제4조의 각 규정에 비추어 볼 때 위 각 규정을 위반하여 담보가등기에 기한 본등기가 이루어진 경우에는 그 본등기는 무효라고 할 것이고, 설령 그와 같은 본등기가 가등기권리자와 채무자 사이에 이루어진 특약에 의하여 이루어졌다고 할지라도 만일 그 특약이 채무자에게 불리한 것으로서 무효라고 한다면 그 본등기는 여전히 무효일 뿐, 이른바 약한 의미의 양도담보로서 담보의 목적 내에서는 유효하다고 할 것이 아니고, 다만 가등기권리자가 가등기담보등에관한법률 제3조, 제4조에 정한 절차에 따라 청산금의 평가액을 채무자 등에게 통지한 후 채무자에게 정당한 청산금을 지급하거나 지급할 청산금이 없는 경우에는 채무자가 그 통지를 받은 날로부터 2월의 청산기간이 경과하면 위 무효인 본등기는 실체적 법률관계에 부합하는 유효한 등기가 될 수 있을 뿐이다(대판 2002. 6. 11, 99다41657).

정답 10. ①

[보충지문1] 가등기담보등에관한법률 제3조, 제4조을 위반하여 청산절차를 거치지 않고 이루어진 담보가등기에 기한 본등기의 효력은 무효이나, 가등기권리자가 가등기담보법 제3조, 제4조에 정한 절차에 따라 청산금의 평가액을 채무자 등에게 통지한 후 채무자에게 정당한 청산금을 지급하거나 지급할 청산금이 없는 경우에는 채무자가 그 통지를 받은 날로부터 2월의 청산기간이 경과하면 위 무효인 본등기는 실체적 법률관계에 부합하는 유효한 등기가 될 수 있다(○). 〈2022년 법원행시〉

[보충지문2] 담보가등기에 기하여 마쳐진 본등기가 무효인 경우, 담보목적 부동산에 대한 소유권은 담보가등기 설정자인 채무자 등에게 있지만, 담보가등기 설정자가 사용수익권까지 보유한다고 볼 수는 없다. 〈2022년 법원행시〉

(×) : 담보가등기에 기하여 마쳐진 본등기가 무효인 경우, 담보목적 부동산에 대한 소유권은 담보가등기 설정자인 채무자 등에게 있고 소유권의 권능 중 하나인 사용수익권도 당연히 담보가등기 설정자가 보유한다. 따라서 채무자가 자신이 소유하는 담보목적 부동산에 관하여 채권자와 임대차계약을 체결하고 채권자에게 차임을 지급하거나 채무자가 자신과 임대차계약을 체결하고 있는 임차인으로 하여금 채권자에게 차임을 지급하도록 하여 채권자가 차임을 수령하였다면, 채권자와 채무자 사이에 위 차임을 피담보채무의 변제와는 무관한 별개의 것으로 취급하기로 약정하였거나 달리 차임이 피담보채무의 변제에 충당되었다고 보기 어려운 특별한 사정이 없는 한 위 차임은 피담보채무의 변제에 충당된 것으로 보아야 한다(대판 2019. 6. 13, 2018다300661).

ㄷ. (○) : 가등기담보 등에 관한 법률 제12조 제1항(경매의 청구) 담보가등기권리자는 그 선택에 따라 제3조에 따른 담보권을 실행하거나 담보목적부동산의 경매를 청구할 수 있다. 이 경우 경매에 관하여는 담보가등기권리를 저당권으로 본다.

11 가등기담보에 관한 설명 중 옳지 않은 것은? (다툼이 있는 경우 판례에 의함) 〈2024년 변호사시험〉

① 「가등기담보 등에 관한 법률」(이하 '가등기담보법'이라고 한다)에 따라 담보가등기를 마친 부동산에 대하여 강제경매개시결정이 있는 경우, 그 경매신청이 청산금을 지급하기 전(청산금이 없는 경우에는 청산기간이 지나기 전)에 행하여졌다면 담보가등기권리자는 그 가등기에 따른 본등기를 청구할 수 없다.

② 가등기담보법에 따른 청산절차를 위반하여 담보가등기에 기한 본등기가 이루어진 경우, 담보목적 부동산에 관하여 진행된 경매절차에서 매수인이 본등기가 무효인 사실을 알지 못한 채 부동산을 매수하여 소유권을 취득하였다면, 채무자는 더 이상 채권자에 대하여 피담보채무액 전부를 변제하고 그 본등기의 말소를 청구할 수 없다.

③ 금전소비대차에 기한 차용금반환채무와 그 외의 원인으로 발생한 채무를 동시에 담보할 목적으로 가등기가 경료된 후 후자의 채무가 변제 기타의 사유로 소멸하고 금전소비대차에 기한 차용금반환채무만 남게 된 경우, 그 가등기담보에 가등기담보법이 적용되지 아니한다.

④ 가등기담보법에 따른 청산절차를 거치지 않고 마쳐진 본등기가 무효인 경우 채무자가 담보목적 부동산에 관하여 채권자와 임대차계약을 체결하고 채권자에게 차임을 지급하였다면, 위 차임은 특별한 사정이 없는 한 피담보채무의 변제에 충당된 것으로 보아야 한다.

⑤ 가등기담보권의 사적 실행에서 채권자가 청산금 지급 이전에 본등기와 담보목적물의 인도를 받을 수 있다거나 청산기간이나 동시이행관계를 인정하지 아니하는 방식의 담보권실행은 가등기담보법상 허용되지 아니한다.

정답 11. ③

해 설

① (○) : 가등기담보법 제14조

② (○) : 가등기담보 등에 관한 법률(이하 '가등기담보법'이라고 한다) 제3조, 제4조의 청산절차를 위반하여 이루어진 담보가등기에 기한 본등기가 무효라고 하더라도 선의의 제3자가 그 본등기에 터 잡아 소유권이전등기를 마치는 등으로 담보목적부동산의 소유권을 취득하면, 가등기담보법 제2조 제2호에서 정한 채무자 등(이하 '채무자 등'이라고 한다)은 더 이상 가등기담보법 제11조 본문에 따라 채권자를 상대로 그 본등기의 말소를 청구할 수 없게 된다. 이 경우 그 반사적 효과로서 **무효인 채권자 명의의 본등기**는 그 **등기를 마친 시점으로 소급하여 확정적으로 유효**하게 되고, 이에 따라 담보목적부동산에 관한 채권자의 가등기담보권은 소멸하며, **청산절차를 거치지 않아 무효였던 채권자의 위 본등기에 터 잡아 이루어진 등기 역시 소급하여 유효하게 된다**고 보아야 한다. 다만 이 경우에도 채무자 등과 채권자 사이의 청산금 지급을 둘러싼 채권·채무 관계까지 모두 소멸하는 것은 아니고, **채무자 등은 채권자에게 청산금의 지급을 청구할 수 있다**. 이러한 법리는 경매의 법적 성질이 사법상 매매인 점에 비추어 보면 무효인 본등기가 마쳐진 담보목적부동산에 관하여 진행된 **경매절차에서** 경락인이 **본등기가 무효인 사실을 알지 못한 채** 담보목적부동산을 매수한 경우에도 마찬가지로 적용된다(대판 2021. 10. 28, 2016다248325).

③ (×) : 금전소비대차나 준소비대차에 기한 차용금반환채무와 그 외의 원인으로 발생한 채무를 동시에 담보할 목적으로 경료된 가등기나 소유권이전등기라도 그 후 후자의 채무가 변제 기타의 사유로 소멸하고 금전소비대차나 준소비대차에 기한 차용금반환채무의 전부 또는 일부만이 남게 된 경우에는 그 가등기담보나 양도담보에 가등기담보등에관한법률이 적용된다(대판 2004. 4. 27, 2003다29968).

④ (○) : 담보가등기에 기하여 마쳐진 본등기가 무효인 경우, 담보목적 부동산에 대한 소유권은 담보가등기 설정자인 채무자 등에게 있고 소유권의 권능 중 하나인 사용수익권도 당연히 담보가등기 설정자가 보유한다. 따라서 채무자가 자신이 소유하는 담보목적 부동산에 관하여 채권자와 임대차계약을 체결하고 채권자에게 차임을 지급하거나 채무자가 자신과 임대차계약을 체결하고 있는 임차인으로 하여금 채권자에게 차임을 지급하도록 하여 채권자가 차임을 수령하였다면, 채권자와 채무자 사이에 위 차임을 피담보채무의 변제와는 무관한 별개의 것으로 취급하기로 약정하였거나 달리 차임이 피담보채무의 변제에 충당되었다고 보기 어려운 특별한 사정이 없는 한 위 차임은 피담보채무의 변제에 충당된 것으로 보아야 한다(대판 2019. 6. 13, 2018다300661).

⑤ (○) : 가등기담보권의 "사적 실행"에 있어서 채권자가 청산금의 지급 이전에 본등기와 담보목적물의 인도를 받을 수 있다거나 청산기간이나 동시이행관계를 인정하지 아니하는 "처분정산"형의 담보권실행은 가등기담보등에관한법률상 허용되지 아니한다(대판 2002.12.10, 2002다42001).

보충지문

12 **가등기담보채권자가 가등기담보권을 실행하기 이전에 그의 계약상의 권리를 보전하기 위하여 가등기담보채무자의 제3자에 대한 선순위 가등기의 피담보채무를 대위변제하여 구상권이 발생하였다면, 특별한 사정이 없는 한 이 구상권도 가등기담보계약에 의하여 담보된다.**

〈2007년 사법시험〉

해 설 대판 2002. 6. 11, 99다41657 참조

13 **공사대금채권을 담보할 목적으로 가등기가 경료된 경우에는 가등기담보법이 적용되지 않는다.**

〈2008년 감정평가사〉

정답 12. (○) 13. (○)

해설 가등기담보등에관한법률은 차용물의 반환에 관하여 차주가 차용물에 갈음하여 다른 재산권을 이전할 것을 예약한 경우에 적용되는 것이므로 공사대금채권을 담보할 목적으로 가등기가 경료된 경우에는 위 법률이 적용되지 아니한다(대판 1992. 4. 10, 91다45356).

14 **가등기담보권 실행통지의 상대방은 채무자와 목적부동산의 물상보증인 및 가등기담보 후에 소유권을 취득한 제3자이다. 그리고 통지의 상대방이 수인이면 그들 모두에게 실행의 통지를 하여야 하고, 일부에 대하여 통지가 누락되면 통지로서의 효력이 발생하지 않는다.**

〈2007년 사법시험〉

해설 가등기담보등에관한법률에 의하면, 가등기담보권자가 담보권실행을 위하여 담보 목적 부동산의 소유권을 취득하기 위하여는 그 채권의 변제기 후에 소정의 청산금 평가액 또는 청산금이 없다고 하는 뜻을 채무자 등에게 통지하여야 하고(제3조 제1항), 이 때의 채무자 등에는 채무자와 물상보증인뿐만 아니라 담보가등기 후 소유권을 취득한 제3취득자가 포함되는 것이므로(제2조 제2호), 위 통지는 이들 모두에게 하여야 하는 것으로서 채무자 등의 전부 또는 일부에 대하여 위 통지를 하지 않으면 청산기간이 진행할 수 없게 되고, 따라서 가등기담보권자는 그 후 적절한 청산금을 지급하거나 실제 지급할 청산금이 없다고 하더라도 가등기에 기한 본등기를 청구할 수 없으며, 설령 편법으로 본등기를 마쳤다고 하더라도 그 소유권을 취득할 수 없다(대판 2002. 4. 23, 2001다81856).

15 **담보목적물에 대한 사용·수익권은 채무자에게 지급되어야 할 청산금이 있더라도 그 지급 없이 청산기간이 지나면 채권자에게 귀속된다.** 〈2017년 감정평가사〉

해설 가등기담보권자(채권자)에게 사용·수익권이 귀속되기 위해서는 가등기담보 등에 관한 법률에 따라 적법하게 청산절차가 종료되어야 한다.

> **[참조판례]** 일반적으로 담보목적으로 가등기를 경료한 경우 담보물에 대한 사용·수익권은 가등기설정자인 소유자에게 있다고 할 것이나, 가등기담보약정은 채무자가 본래의 채무를 이행하지 못할 경우 채권자에게 담보목적물의 소유권을 이전하기로 하는 예약으로서 유상계약인 쌍무계약적 재산권이전약정에 해당하므로 그 성질에 반하지 않는 한 매매에 관한 민법 규정이 준용된다 할 것이고(민법 제567조), 채권자가 가등기담보권을 실행하여 그 담보목적부동산의 소유권을 취득하기 위하여 가등기담보등에관한법률에 따라 채무자에게 담보권 실행을 통지한 경우 청산금을 지급할 여지가 없는 때에는 2월의 청산기간이 경과함으로써 청산절차는 종료되고, 이에 따라 채권자는 더 이상의 반대급부의 제공 없이 채무자에 대하여 소유권이전등기청구권 및 목적물 인도청구권을 가진다 할 것임에도 채무자가 소유권이전등기의무 및 목적물 인도의무의 이행을 지연하면서 자신이 담보목적물을 사용·수익할 수 있다고 하는 것은 심히 공평에 반하여 허용될 수 없으므로 이러한 경우 담보목적물에 대한 과실수취권 등을 포함한 사용·수익권은 청산절차의 종료와 함께 채권자에게 귀속된다고 보아야 한다(대판 2001. 2. 27, 2000다20465).

16 **채권자는 사적실행의 방법으로 청산기간이나 동시이행관계를 인정하지 아니하는 처분정산형의 담보권 실행을 할 수 없다.** 〈2012년 감정평가사〉

해설 채권자는 사적실행의 방법으로 청산기간이나 동시이행관계를 인정하지 아니하는 처분정산형의 담보권 실행을 할 수 없다(대판 2002. 4. 23, 2001다81856 등).

정답 14. (○) 15. (×) 16. (○)

17 **가등기담보를 설정함에 있어서 가등기담보채권자와 가등기담보채무자가, 가등기담보채권자가 청산금을 지급하기 이전에 담보목적물에 관한 본등기를 경료받거나 담보목적물을 인도받을 수 있다는 특약, 청산기간을 인정하지 아니하는 특약을 맺었다면 위 특약은 무효이다.**

〈2006년 사법시험〉

해 설 처분청산 등 특약으로 채무자 등에게 불리한 것은 그 효력이 없다(동법 제4조 제4항).

18 **채권자가 채무자에게 청산금을 통지하지 아니한 경우에도 청산금을 지급하고 등기를 마쳤다면 소유권을 취득할 수 있다.** 〈2012년 감정평가사〉

해 설 청산절차는 강행규정으로 그 절차규정에 위반한 경우에는 청산금을 지급하고 등기를 마쳤다하더라도 소유권을 취득할 수 없다(대판 2002. 4. 23, 2001다81856 등).

19-1 **채권자의 청산금평가액 자체에 이의가 있는 후순위권리자는 청산기간 내에 자기 채권의 변제기가 도래한 경우에 한하여 독자적으로 경매를 청구할 수 있다.** 〈2008년 감정평가사〉

19-2 **후순위권리자는 청산기간 내에 한하여 그 피담보채권의 변제기가 되기 전이라도 목적부동산의 경매를 청구할 수 있다.** 〈2012년 감정평가사〉

해 설 후순위권리자는 청산기간 내에 한하여 그 피담보채권의 변제기가 되기 전이라도 목적부동산의 경매를 청구할 수 있다(가담법 제12조 제2항).

20 **담보가등기를 마친 부동산에 대하여 강제경매가 개시된 경우, 담보가등기를 마친 때를 기준으로 담보가등기권리자의 순위가 결정된다.** 〈2017년 감정평가사〉

해 설 가등기담보 등에 관한 법률 제13조. 담보가등기를 마친 부동산에 대하여 강제경매등이 개시된 경우에 담보가등기권리자는 다른 채권자보다 자기채권을 우선변제 받을 권리가 있다. 이 경우 그 순위에 관하여는 그 담보가등기권리를 저당권으로 보고, 그 담보가등기를 마친 때에 그 저당권의 설정등기가 행하여진 것으로 본다.

21-1 **「가등기담보 등에 관한 법률」을 적용받는 담보가등기권자는, 선순위 저당권자가 신청한 경매절차에서 그 담보가등기의 내용, 채권의 존부, 원인, 금액 등을 집행법원이 정한 기간 내에 신고하지 아니한 때에도 배당받을 권리를 상실하지 않는다.** 〈2013년 사법시험〉

21-2 **압류등기 전에 이루어진 담보가등기권리가 매각에 의하여 소멸되면 경매법원에 채권신고를 한 경우에만 그 채권자는 매각대금을 배당받거나 변제금을 받을 수 있다.** 〈2012년 감정평가사〉

해 설 가등기담보 등에 관한 법률 제16조는 소유권의 이전에 관한 가등기가 되어 있는 부동산에 대한 경매등의 개시결정이 있는 경우 법원은 가등기권리자에 대하여 그 가등기가 담보가등기인 때에는 그 내용 및 채권의 존부·원인 및 수액을, 담보가등기가 아닌 경우에는 그 내용을 법원에 신고할 것을 상당한 기간을 정하여 최고하여야 하고(제1항), 압류등기 전에 경료된 담보가등기권리가 매각에 의하여 소멸하는 때에는 제1항의 채권신고를 한 경우에 한하여 그 채권자는 매각대금의 배당 또는 변제금의 교부를 받을 수 있다고 규정하고 있으므로(제2항), 위 제2항에 해당하는 담보가등기권리자가 집행법원이 정한 기간 안에 채권신고를 하지 아니하면 매각대금의 배당을 받을 권리를 상실한다(대판 2008. 9. 11, 2007다25278).

정답 17. (○) 18. (×) 19-1. (×) 19-2. (○) 20. (○) 21-1. (×) 21-2. (○)

22 **가등기담보법은 등기 또는 등록할 수 있는 부동산소유권 이외의 권리의 취득을 목적으로 하는 담보계약에도 준용되지만, 저당권의 취득을 목적으로 하는 담보계약에는 준용되지 않는다.**

〈2008년 감정평가사〉

해설 가담법 제18조 참조

Ⅱ. 양도담보

23 **담보물권과 관련한 설명으로서 옳지 않은 것은? (다툼이 있는 경우에는 판례에 의함)**

〈2005년 변리사〉

① 민법은 유질계약을 금지하면서도, 유저당계약의 금지에 관하여는 명문의 규정을 두고 있지 않다.
② 가등기담보등에관한법률에 의하면, 우선변제를 받는 방법으로서 가등기 담보에 있어서는 권리취득에 의한 실행과 경매에 의한 실행이 인정되지만, 양도담보에 있어서는 경매에 의한 실행은 인정되지 않는다.
③ 부동산양도담보의 성질에 관한 담보물권설에 의하면, 양수인의 명의로 소유권이전등기가 되어 있음에도 불구하고 청산금의 지급 전에는 양수인은 소유자가 아니다.
④ 책임전질(민법 제336조)에 있어서는, 질권자는 전질을 하지 아니하였으면 면할 수 있는 불가항력으로 인한 손해에 대하여도 책임을 부담한다. 그러나 승낙전질에 있어서는 이러한 책임가중이 없다.
⑤ 동산질권은 점유개정에 의하여는 설정될 수 없다. 그리고 동산질권과의 균형을 위하여 동산양도담보도 점유개정에 의하여 설정될 수 없다.

해설

① (○) : 민법 제339조가 유질계약을 금지하는 것과 달리, 저당권에 관하여는 유저당계약을 금지하는 규정은 없다. 유저당계약의 유효성에 관하여 유효설이 통설이다.

② (○) : ① 권리취득에 의한 실행 : 채권자는 담보목적부동산에 관하여 이미 소유권이전등기를 마친 경우(양도담보)에는 청산기간이 지난 후 청산금을 채무자등에게 지급한 때에 담보목적부동산의 소유권을 취득하며, 담보가등기를 마친 경우(가등기담보)에는 청산기간이 지나야 그 가등기에 따른 본등기를 청구할 수 있다(가등기담보등에관한법률 제4조 제2항). ☞ 양도담보, 가등기담보 모두에 인정된다. ② 경매에 의한 실행 : 담보가등기권리자는 그 선택에 따라 제3조에 따른 담보권을 실행하거나 담보목적부동산의 경매를 청구할 수 있다. 이 경우 경매에 관하여는 담보가등기권리를 저당권으로 본다(가등기담보등에관한법률 제12조 제1항).
☞ 가등기담보에만 인정되고 양도담보에는 인정되지 않는다.

③ (○) : 담보물권설은 채권자가 청산금의 지급 전에는 진정한 의미의 소유권을 취득하는 것이 아니라 양도담보권이라는 제한물권을 취득한다고 주장한다.

④ (○) : 책임전질과 승낙전질의 차이(제336조 후문 참조).

⑤ (×) : 동산의 양도담보는 본질적으로 점유개정의 방법으로 설정하는 비전형담보제도이다.

정답 22. (○) 23. ⑤

24 **가등기담보 및 양도담보에 관한 설명으로 옳은 것은? (다툼이 있는 경우에는 판례에 의함)**

〈2012년 변리사〉

① 채권자가 담보권을 실행하기 위하여 담보부동산의 객관적 가액에 미치지 못하는 청산금의 평가액을 채무자 등에게 통지한 경우, 이는 담보권실행의 통지로서 효력이 없다.

② 가등기담보권에는 과실수취권이 없으므로 담보권자가 담보부동산을 압류한 경우에도 담보설정자가 그 부동산으로부터 수취하였거나 수취할 수 있는 과실에 대하여 효력이 없다.

③ 동산의 양도담보설정자가 그가 점유하던 담보목적물을 제3자에게 처분하고 제3자가 선의취득의 요건을 구비한 때에는, 제3자는 양도담보권의 부담이 없는 완전한 소유권을 취득한다.

④ 양도담보에 관한 신탁적 소유권이전설은 양도담보권자와 양도담보설정자 사이의 내부적 관계에서 소유권이 양도담보권자에게 있는 것으로 보고 있다.

⑤ 돼지를 담보목적물로 하여 소유권을 이전하고 점유개정의 방법으로 담보설정자가 계속하여 점유·관리하면서 사용·수익하기로 약정한 경우, 담보권은 특별한 사정이 없는 한 돼지가 출산한 새끼 돼지에 대하여 효력이 미친다.

해 설

① (×) : 채권자가 나름대로 평가한 청산금의 액수가 객관적인 청산금의 평가액에 미치지 못한다고 하더라도 담보권 실행의 통지로서의 효력이나 청산기간의 진행에는 영향이 없다(대판 1996. 7. 30, 96다6974).

② (×) : 저당권에 관한 규정이 유추적용되기 때문에 그 부동산으로부터 수취한 과실 또는 수취할 수 있는 과실에 미친다고 보아야한다(제359조 참조).

③ (○) : 돈사에서 대량으로 사육되는 돼지를 집합물에 대한 양도담보의 목적물로 삼은 경우, 그 돼지는 번식, 사망, 판매, 구입 등의 요인에 의하여 증감 변동하기 마련이므로 양도담보권자가 그 때마다 별도의 양도담보권 설정계약을 맺거나 점유개정의 표시를 하지 않더라도 하나의 집합물로서 동일성을 잃지 아니한 채 양도담보권의 효력은 항상 현재의 집합물 위에 미치게 되고, 양도담보설정자로부터 위 목적물을 양수한 자가 이를 선의취득하지 못하였다면 위 양도담보권의 부담을 그대로 인수하게 된다(대판 2004. 11. 12, 2004다22858). ☞ 선의취득은 원시취득이므로 제3자(양수인)가 선의취득의 요건을 구비한 때에는 양도담보권의 부담이 없는 완전한 소유권을 취득한다.

④ (×) : 현행법하의 소수설인 신탁적 소유권이전설에 의하면 내부적 관계에서 소유권은 양도담보설정자에게 있는 것으로 본다.

⑤ (×) : 판례는 양분되어 있는데, 위 문제의 출제자는 대판 1996. 9. 10, 96다25463의 판결의 "양보담보권은 천연과실인 새끼 돼지에 대하여는 양도담보의 효력이 미치지 않는다."는 판결을 출제하였다. 그러나 일부 판결의 경우, 판결이유 중에 "양도담보권의 효력이 새끼돼지에도 미친다."는 판결도 있음에 유의하여야 한다(대판 2004. 11. 12, 2004다22858 등). 이러한 판례의 태도에 대하여 "모돈(돼지)이 특정되어 개별적으로 양도담보권이 설정되었다고 보는 한 타당하나, 유동집합물(대량으로 생산·출하하는 돼지들)로서 양도담보권의 객체가 되었다고 보는 이상 두 판례는 서로 배치된다."는 지적이 있다.

25 **집합물에 대한 양도담보권설정계약에 관한 설명으로 옳지 않은 것은? (다툼이 있는 경우에는 판례에 의함)**

〈2013년 변리사〉

① 점유개정의 방법으로 동산에 대한 이중의 양도담보설정계약이 체결된 경우, 나중에 설정계약을 체결한 채권자는 양도담보권을 취득할 수 없다.

정답 24. ③ 25. ③

② 재고상품을 종류, 장소 또는 수량지정 등의 방법에 의하여 특정할 수 있으면, 그 집합물 전체에 대한 하나의 담보권을 설정할 수 있다.

③ 대량으로 생산·출하가 반복되는 특정 돈사의 돼지들을 양도담보의 목적물로 삼은 경우, 그 돼지들을 출하하여 얻은 수익으로 새로 구입한 돼지에 대하여는 양도담보권이 미치지 않는다.

④ 유동집합물에 대한 양도담보계약의 목적물을 선의취득하지 못한 양수인이 그 목적물에 자기소유인 동종의 물건을 섞어 관리한 경우, 양도담보의 효력이 미치지 않는 물건의 존재와 범위에 대한 증명책임은 양수인에게 있다.

⑤ 대량으로 생산·출하가 반복되는 특정 돈사의 돼지들을 양도담보의 목적물로 삼은 경우, 그 돼지로부터 출산시켜 얻은 새끼 돼지에 대해서는 별도의 양도담보권설정계약을 맺지 않더라도 양도담보권의 효력이 미친다.

해 설

① (○) : 점유개정의 방법으로 동산에 대한 이중의 양도담보 설정계약이 체결된 경우, 뒤에 설정계약을 체결한 후순위 채권자가 양도담보권을 취득할 수 있는지 여부에 대하여 판례는 부정한다. 즉 특별한 사정이 없는 한 동산의 소유권은 신탁적으로 이전되어 채권자와 채무자 사이의 대내적 관계에서 채무자는 의연히 소유권을 보유하나 대외적인 관계에 있어서 채무자는 동산의 소유권을 이미 채권자에게 양도한 무권리자가 되는 것이어서 다시 다른 채권자와의 사이에 양도담보 설정계약을 체결하고 점유개정의 방법으로 인도를 하더라도 선의취득이 인정되지 않는 한 나중에 설정계약을 체결한 채권자는 양도담보권을 취득할 수 없는데, 현실의 인도가 아닌 점유개정으로는 선의취득이 인정되지 아니하므로, 결국 뒤의 채권자는 양도담보권을 취득할 수 없다(대판 2004. 10. 28, 2003다30463).

② (○) : 일반적으로 일단의 증감 변동하는 동산을 하나의 물건으로 보아 이를 채권담보의 목적으로 삼으려는 이른바 집합물에 대한 양도담보설정계약체결도 가능하며 이 경우 그 목적 동산이 담보설정자의 다른 물건과 구별될 수 있도록 그 종류, 장소 또는 수량지정 등의 방법에 의하여 특정되어 있으면 그 전부를 하나의 재산권으로 보아 이에 유효한 담보권의 설정이 된 것으로 볼 수 있다(대판 1990. 12. 26, 88다카20224 등).

③ (×), ④ (○), ⑤ (○) : 돈사에서 대량으로 사육되는 돼지를 집합물에 대한 양도담보의 목적물로 삼은 경우, 위 양도담보권의 효력은 양도담보설정자로부터 이를 양수한 양수인이 당초 양수한 돈사내에 있던 돼지들 및 통상적인 양돈방식에 따라 그 돼지들을 사육·관리하면서 돼지를 출하하여 얻은 수익으로 새로 구입하거나 그 돼지와 교환한 돼지 또는 그 돼지로부터 출산시켜 얻은 새끼돼지에 한하여 미치는 것이지 양수인이 별도의 자금을 투입하여 반입한 돼지에까지는 미치지 않는다. 한편 유동집합물에 대한 양도담보계약의 목적물을 선의취득하지 못한 양수인이 그 양도담보의 효력이 미치는 목적물에다 자기 소유인 동종의 물건을 섞어 관리함으로써 당초의 양도담보의 효력이 미치는 목적물의 범위를 불명확하게 한 경우에는 양수인으로 하여금 그 양도담보의 효력이 미치지 아니하는 물건의 존재와 범위를 입증하도록 하는 것이 공평의 원칙에 부합한다(대판 2004. 11. 12, 2004다22858).

> **[보충지문] 돈사에서 대량으로 사육되는 돼지에 대해 점유개정의 방법으로 양도담보를 설정한 경우, 양도담보권의 효력은 양도담보 설정자로부터 이를 양수한 자가 별도의 자금을 투입하여 반입한 돼지에는 미치지 않는다(○).** 〈2009년 변리사〉

26 **甲이 乙에 대한 1억원의 채무를 담보하기 위하여 자신의 소유인 X기계를 乙에게 점유개정의 방법으로 양도하였다. 그 후 甲이 丙에 대한 다른 금전채무 5천만원을 담보하기 위하여 다시 점유개정의 방법으로 X기계를 丙에게 양도하였다. 이에 관한 설명으로 옳은 것을 모두 고른 것은? (다툼이 있으면 판례에 따름)** 〈2016년 변리사〉

ㄱ. 甲과 乙 사이의 대내적 관계에서 X기계의 소유권은 乙에게 있다.
ㄴ. 甲이 X기계에 대한 점유를 상실하면 乙은 X기계에 대한 양도담보권을 상실한다.
ㄷ. 丙은 선의취득에 의하여 양도담보권을 취득한다.
ㄹ. 丙이 乙에게 양도담보권이 있음을 알면서 甲으로부터 그 기계를 인도받아 제3자에게 처분함으로써 乙의 담보권실행을 방해하였다면, 丙의 행위는 위법한 것으로 불법행위에 기한 손해배상 청구의 대상이 될 수 있다.

① ㄹ ② ㄱ, ㄷ ③ ㄴ, ㄹ ④ ㄱ, ㄴ, ㄷ ⑤ ㄴ, ㄷ, ㄹ

해 설

ㄱ.(×) : 甲과 乙 사이의 대내적 관계에서 X기계의 소유권은 甲에게 있고, 대외관계에서는 소유자가 乙이다.
ㄴ.(×) : 따라서 설정자 甲이 X기계에 대한 점유를 상실하더라도 양도담보권자는 소유자이기 때문에 乙은 X기계에 대한 양도담보권을 상실하지 않는다(소유권의 관념성).
ㄷ.(×) : 소유권이 乙에게 있기 때문에 점유개정에 의한 점유취득으로 丙은 선의취득에 의하여 양도담보권을 취득할 수 없다(대판 2004. 10. 28, 2003다30463).
ㄹ.(○) : 동산에 대하여 점유개정의 방법으로 이중양도담보를 설정한 경우 원래의 양도담보권자는 뒤의 양도담보권자에 대하여 배타적으로 자기의 담보권을 주장할 수 있으므로, 뒤의 양도담보권자가 양도담보의 목적물을 처분함으로써 원래의 양도담보권자로 하여금 양도담보권을 실행할 수 없도록 하는 행위는, 이중양도담보 설정행위가 횡령죄나 배임죄를 구성하는지 여부나 뒤의 양도담보권자가 이중양도담보 설정행위에 적극적으로 가담하였는지 여부와 관계없이, 원래의 양도담보권자의 양도담보권을 침해하는 위법한 행위이다(대판 2000. 6. 23, 99다65066).

27 **비전형담보에 관한 설명 중 옳지 않은 것은? (다툼이 있으면 판례에 따름)** 〈2017년 변리사〉

① 채권자와 채무자가 가등기담보권설정계약을 체결함에 있어 가등기 이후에 발생될 채무도 피담보채무의 범위에 포함시키기로 한 약정은 유효하다.
② 가등기가 금전소비대차에 기한 차용금반환채무와 그 외의 원인으로 발생한 채무를 동시에 담보할 목적으로 경료되었으나 그 후 금전소비대차에 기한 차용금반환채무만이 남게 된 경우, 그 가등기담보에 「가등기담보 등에 관한 법률」이 적용된다.
③ 양도담보 목적물이 소실되어 양도담보 설정자가 보험회사에 대하여 화재보험계약에 따른 보험금청구권을 취득한 경우, 양도담보권자는 위 보험금청구권에 대하여 양도담보권에 기한 물상대위권을 행사할 수 있다.
④ 양도담보권자는 사용·수익할 수 있는 정당한 권한이 있는 채무자나 그 채무자로부터 사용·수익할 수 있는 권한을 승계한 자에 대하여 그 사용·수익을 하지 못한 것을 이유로 임료 상당의 손해배상이나 부당이득반환을 청구할 수 있다.

정답 26. ① 27. ④

⑤ 채무자가 채무를 변제하고 가등기말소를 구하는 경우, 채무변제와 담보가등기말소는 동시이행관계가 아니라 채무변제가 선이행의무이다.

해설

① (○) : 채권자와 채무자 또는 물상보증인이 가등기담보권설정계약을 체결함에 있어 가등기 이후에 발생될 채무도 가등기부동산의 피담보채무범위에 포함시키기로 한 약정은 가등기담보등에관한법률 제4조 제1항 내지 제3항의 어느 규정에도 반하는 것이라고 볼 수 없고 가등기담보권의 존재가 가등기에 의하여 공시되므로 후순위권리자로 하여금 예측할 수 없는 위험에 빠지게 하는 것도 아니다(대판 1993. 4. 13, 92다12070).

② (○) : 금전소비대차나 준소비대차에 기한 차용금반환채무와 그 외의 원인으로 발생한 채무를 동시에 담보할 목적으로 경료된 가등기나 소유권이전등기라도 그 후 후자의 채무가 변제 기타의 사유로 소멸하고 금전소비대차나 준소비대차에 기한 차용금반환채무의 전부 또는 일부만이 남게 된 경우에는 그 가등기담보나 양도담보에 가등기담보등에관한법률이 적용된다(대판 2004. 4. 27, 2003다29968).

③ (○) : 동산 양도담보권자는 양도담보 목적물이 소실되어 양도담보 설정자가 보험회사에 대하여 화재보험계약에 따른 보험금청구권을 취득한 경우 담보물 가치의 변형물인 화재보험금청구권에 대하여 양도담보권에 기한 물상대위권을 행사할 수 있다(대판 2014. 9. 25, 2012다58609).

④ (×) : 일반적으로 부동산을 채권담보의 목적으로 양도한 경우 특별한 사정이 없는 한 목적부동산에 대한 사용수익권은 채무자인 양도담보설정자에게 있으므로, 양도담보권자는 사용수익할 수 있는 정당한 권한이 있는 채무자나 채무자로부터 그 사용수익할 수 있는 권한을 승계한 자에 대하여는 사용수익을 하지 못한 것을 이유로 임료상당의 손해배상이나 부당이득반환청구를 할 수 없다(대판 2008. 2. 28, 2007다37394).

⑤ (○) : 채무담보의 목적으로 경료된 채권자 명의의 소유권이전등기나 그 청구권보전의 가등기의 말소를 구하려면 먼저 채무를 변제하여야 하고 피담보채무의 변제와 교환적으로 말소를 구할 수는 없다(대판 1984. 9. 11, 84다카781).

28 **甲은 乙에 대한 5천만 원의 채무를 담보하기 위하여 점유개정의 방법으로 甲 소유의 A기계를 乙에게 양도하였고, 甲은 丙에 대한 5천만 원의 채무를 담보하기 위하여 점유개정의 방법으로 다시 그 기계를 丙에게 양도하였다. 그 후 甲은 乙로부터 5천만 원을 추가로 빌리면서 양도담보계약에서 약정하였던 피담보채무액을 증액하였다. 이에 관한 설명으로 옳은 것을 모두 고른 것은? (다툼이 있으면 판례에 따름)** 〈2020년 변리사〉

> ㄱ. 甲이 A기계에 대한 점유를 잃으면, 乙 역시 양도담보권을 상실한다.
> ㄴ. 만약 甲의 의뢰로 丁이 A기계를 수리한 경우, 丁은 乙에게 수리비 상당의 부당이득반환을 청구할 수 있다.
> ㄷ. A기계에 대해 경매절차가 진행되어 1억 원에 매각된 경우, 乙이 1억 원을 변제받게 된다.
> ㄹ. 丙이 乙에게 양도담보권이 있다는 사실을 알면서 甲으로부터 A기계를 현실인도받아 제3자에게 처분하여 제3자가 선의취득한 경우, 丙은 乙에게 불법행위책임을 진다.

① ㄱ, ㄴ ② ㄴ, ㄷ ③ ㄷ, ㄹ ④ ㄱ, ㄴ, ㄹ ⑤ ㄱ, ㄷ, ㄹ

해설

ㄱ. (×) : 동산에 대하여 점유개정의 방법으로 양도담보를 일단 설정한 후에는 양도담보권자나 양도담보설정

정답 28. ③

자가 그 동산에 대한 점유를 상실하였다고 하더라도 그 양도담보의 효력에는 아무런 영향이 없다(대판 2000. 6. 23, 99다65066).

ㄴ. (×) : 계약상 급부가 계약의 상대방뿐만 아니라 제3자의 이익으로 된 경우에 급부를 한 계약당사자가 계약 상대방에 대하여 계약상의 반대급부를 청구할 수 있는 이외에 그 제3자에 대하여 직접 부당이득반환청구를 할 수 있다고 보면, 자기 책임하에 체결된 계약에 따른 위험부담을 제3자에게 전가시키는 것이 되어 계약법의 기본원리에 반하는 결과를 초래할 뿐만 아니라, 채권자인 계약당사자가 채무자인 계약 상대방의 일반채권자에 비하여 우대받는 결과가 되어 일반채권자의 이익을 해치게 되고, 수익자인 제3자가 계약 상대방에 대하여 가지는 항변권 등을 침해하게 되어 부당하므로, 위와 같은 경우 계약상 급부를 한 계약당사자는 이익의 귀속 주체인 제3자에 대하여 직접 부당이득반환을 청구할 수는 없다(대판 2010. 6. 24, 2010다9269).

ㄷ. (○) : 금전채무를 담보하기 위하여 채무자가 그 소유의 동산을 채권자에게 양도하되 점유개정의 방법으로 인도하고 채무자가 이를 계속 점유하기로 약정한 경우 특별한 사정이 없는 한 그 동산의 소유권은 신탁적으로 이전되는 것에 불과하여, 채권자와 채무자 사이의 대내적 관계에서는 채무자가 소유권을 보유하나 대외적인 관계에서의 채무자는 동산의 소유권을 이미 채권자에게 양도한 무권리자가 되는 것이어서 다시 다른 채권자와 사이에 양도담보설정계약을 체결하고 점유개정의 방법으로 인도하더라도 선의취득이 인정되지 않는 한 나중에 설정계약을 체결한 채권자로서는 양도담보권을 취득할 수 없는데, 현실의 인도가 아닌 점유개정의 방법으로는 선의취득이 인정되지 아니하므로 결국 뒤의 채권자는 적법하게 양도담보권을 취득할 수 없다(대판 2005. 2. 18, 2004다37430). ☞ 이 판례의 사실관계 : 이 사건에서도 단지 점유개정의 방법으로 나중에 甲과 사이에 이 사건 돼지에 관하여 이중양도담보계약을 체결하였을 뿐인 丙은 이 사건 돼지에 대하여 적법하게 양도담보권을 취득한 것이 아니라 甲의 일반 채권자에 불과한 것으로 볼 수밖에 없으며, 乙이 이후에 甲과 사이에 이 사건 돼지에 관하여 다시 체결한 양도담보계약에 의하여 그들 사이의 최초의 양도담보계약에서 약정하였던 피담보채권액은 적법하게 증액된 것으로 보아야 한다. 따라서 그 환가로 인한 매득금액은 유일한 양도담보권자인 乙에게 모두 배당되어야 하는 것이다.

ㄹ. (○) : 동산에 대하여 점유개정의 방법으로 이중양도담보를 설정한 경우 원래의 양도담보권자는 뒤의 양도담보권자에 대하여 배타적으로 자기의 담보권을 주장할 수 있으므로, 뒤의 양도담보권자가 양도담보의 목적물을 처분함으로써 원래의 양도담보권자로 하여금 양도담보권을 실행할 수 없도록 하는 행위는, 이중양도담보 설정행위가 횡령죄나 배임죄를 구성하는지 여부나 뒤의 양도담보권자가 이중양도담보 설정행위에 적극적으로 가담하였는지 여부와 관계없이, 원래의 양도담보권자의 양도담보권을 침해하는 위법한 행위이다(대판 2000. 6. 23, 99다65066). ☞ 만약 丙이 선의취득을 하면 원시취득으로 乙의 양도담보권의 부담에서 벗어날 수 있지만, 사안에서 丙은 악의이므로 선의취득하지 못하고 乙의 양도담보권의 부담을 안은 채 현실인도 받은 것이므로 丙의 처분행위는 乙의 양도담보권을 침해하는 위법한 행위가 된다.

29 **양도담보에 관한 설명으로 옳지 않은 것은? (다툼이 있으면 판례에 따름) (정답 2개)**

〈2021년 변리사〉

① 집합물 양도담보에서 양도담보의 목적인 집합물을 구성하는 개개의 물건이 변동되더라도 양도담보권의 효력은 항상 현재의 집합물에 미친다.

② 주택을 채권담보의 목적으로 양도한 경우, 양도담보권자가 그 주택을 사용·수익하기로 하는 약정이 없는 이상 주택에 대한 임대권한은 양도담보 설정자에게 있다.

③ 채무자가 피담보채무의 이행지체에 빠진 경우, 양도담보권자는 채무자로부터 적법하게 목적 부동산의 점유를 이전받은 제3자에 대하여 직접 소유권에 기한 인도청구를 할 수 있다.

④ 양도담보권의 목적인 주된 동산에 다른 동산이 부합되어 부합된 동산에 관한 권리를 상실하는 손해를 입은 사람은 양도담보권자를 상대로 그로 인한 보상을 청구할 수 없다.

정답 29. ①, ③

⑤ 채무자가 금전채무를 담보하기 위하여 그 소유의 동산을 채권자에게 양도하되 점유개정에 의하여 이를 계속 점유하기로 한 경우, 다시 다른 채권자와 양도담보 설정계약을 체결하고 점유개정의 방법으로 그 동산을 인도하더라도 뒤의 채권자는 양도담보권을 취득할 수 없다.

해설

① (×) : [판례1] 이른바 집합물에 대한 양도담보권설정계약에서는 담보목적인 집합물을 종류, 장소 또는 수량 지정 등의 방법에 의하여 특정할 수 있으면 집합물 전체를 하나의 재산권 객체로 하는 담보권의 설정이 가능하므로, 그에 대한 양도담보권설정계약이 이루어지면 집합물을 구성하는 개개의 물건이 변동되거나 변형되더라도 한 개의 물건으로서의 동일성을 잃지 아니한 채 양도담보권의 효력은 항상 현재의 집합물 위에 미치고, 따라서 그러한 경우에 양도담보권자가 점유개정의 방법으로 양도담보권설정계약 당시 존재하는 집합물의 점유를 취득하면 그 후 양도담보권설정자가 집합물을 이루는 개개의 물건을 반입하였더라도 별도의 양도담보권설정계약을 맺거나 점유개정의 표시를 하지 않더라도 양도담보권의 효력이 나중에 반입된 물건에도 미친다. 다만 양도담보권설정자가 양도담보권설정계약에서 정한 종류·수량에 포함되는 물건을 계약에서 정한 장소에 반입하였더라도 그 물건이 제3자의 소유라면 담보목적인 집합물의 구성부분이 될 수 없고 따라서 그 물건에는 양도담보권의 효력이 미치지 않는다(대판 2016. 4. 28, 2012다19659). [판례2] 돈사에서 대량으로 사육되는 돼지를 집합물에 대한 양도담보의 목적물로 삼은 경우, 위 양도담보권의 효력은 양도담보설정자로부터 이를 양수한 양수인이 당초 양수한 돈사 내에 있던 돼지들 및 통상적인 양돈방식에 따라 그 돼지들을 사육·관리하면서 돼지를 출하하여 얻은 수익으로 새로 구입하거나 그 돼지와 교환한 돼지 또는 그 돼지로부터 출산시켜 얻은 새끼돼지에 한하여 미치는 것이지 양수인이 별도의 자금을 투입하여 반입한 돼지에까지는 미치지 않는다(대판 2004. 11. 12, 2004다22858). ☞ 출제자는 [판례1]의 앞부분을 기초로 맞는 지문으로 출제하였으나, [판례1]의 뒷부분과 [판례2]에 기초한 수험생들의 이의신청이 받아들여져서 결국 틀린 지문으로 처리되고 복수정답으로 인정되었다.

② (○) : 일반적으로 부동산을 채권담보의 목적으로 양도한 경우 특별한 사정이 없는 한 목적부동산에 대한 사용수익권은 채무자인 양도담보 설정자에게 있는 것이므로 설정자와 양도담보권자 사이에 양도담보권자가 목적물을 사용·수익하기로 하는 약정이 없는 이상 목적부동산을 임대할 권한은 양도담보 설정자에게 있다(대판 2001. 12. 11, 2001다40213).

> **[보충지문] 부동산을 채권담보의 목적으로 양도한 경우, 목적부동산에 대한 사용수익권은 양도담보설정자에게 있으므로, 설정자와 양도담보권자 사이에 양도담보권자가 목적물을 사용·수익하기로 하는 약정이 있더라도 목적부동산을 임대할 권한은 여전히 양도담보 설정자에게 있다(×).** 〈2008년 사법시험〉

③ (×) : 채권담보를 위하여 소유권이전등기를 경료한 양도담보권자는 채무자가 변제기를 도과하여 피담보채무의 이행지체에 빠졌을 때에는 담보계약에 의하여 취득한 목적 부동산의 처분권을 행사하기 위한 환가절차의 일환으로서 즉, 담보권의 실행으로서 채무자에 대하여 그 목적 부동산의 인도를 구할 수 있고 제3자가 채무자로부터 적법하게 목적 부동산의 점유를 이전받아 있는 경우에는 그 목적 부동산의 인도청구를 할 수도 있다 할 것이나 직접 소유권에 기하여 그 인도를 구할 수는 없다(대판 1991. 11. 8, 91다21770).

④ (○) : 양도담보권의 목적인 주된 동산에 다른 동산이 부합되어 부합된 동산에 관한 권리자가 권리를 상실하는 손해를 입은 경우 주된 동산이 담보물로서 가치가 증가된 데 따른 실질적 이익은 주된 동산에 관한 양도담보권설정자에게 귀속되는 것이므로, 이 경우 부합으로 인하여 권리를 상실하는 자는 양도담보권설정자를 상대로 민법 제261조에 따라 보상을 청구할 수 있을 뿐 양도담보권자를 상대로 보상을 청구할 수는 없다(대판 2016. 4. 2, 2012다19659).

⑤ (○) : 금전채무를 담보하기 위하여 채무자가 그 소유의 동산을 채권자에게 양도하되 점유개정에 의하여 채무자가 이를 계속 점유하기로 한 경우 특별한 사정이 없는 한 동산의 소유권은 신탁적으로 이전됨에 불과하여 채권자와 채무자 사이의 대내적 관계에서 채무자는 의연히 소유권을 보유하나 대외적인 관계에 있어서 채무자

는 동산의 소유권을 이미 채권자에게 양도한 무권리자가 되는 것이어서 다시 다른 채권자와의 사이에 양도담보 설정계약을 체결하고 점유개정의 방법으로 인도를 하더라도 선의취득이 인정되지 않는 한 나중에 설정계약을 체결한 채권자는 양도담보권을 취득할 수 없는데, 현실의 인도가 아닌 점유개정으로는 선의취득이 인정되지 아니하므로, 결국 뒤의 채권자는 양도담보권을 취득할 수 없다(대판 2004. 10. 28, 2003다30463).

30 甲은 乙에 대한 2,000만 원의 채무를 담보하기 위하여 자신 소유 X 동산을 乙에게 양도하되 甲이 X를 계속 점유하기로 하였다. 이에 관한 설명 중 옳지 않은 것은? (다툼이 있는 경우 판례에 의함) 〈2022년 변호사시험〉

① 丙이 X를 무단으로 점유하는 경우에, 乙은 丙에 대하여 X의 인도를 구할 수 있다.
② 丙이 X를 무단으로 점유하는 경우에, 乙은 丙에 대하여 차임 상당의 손해배상을 구할 수는 없다.
③ 甲이 X를 위와 같이 乙에게 양도한 후, X를 각각의 목적물로 하여 다른 채권자 丙과 피담보채권액 1,000만 원의 양도담보설정계약을 체결하고, 다시 乙과 피담보채권액 1,000만 원의 양도담보설정계약을 추가로 체결하였는데, 각 설정계약에서 점유개정의 방법으로 X를 인도하였다. 이 경우, 乙의 양도담보권의 피담보채권액은 2,000만 원에서 3,000만 원으로 증액되고, 丙은 양도담보권을 취득하지 못한다.
④ X가 화재로 소실되어 甲이 보험회사에 대하여 보험금청구권을 가지는 경우에, 乙은 그 보험금청구권에 대하여 물상대위권을 행사할 수 있다.
⑤ 丙 소유의 Y 동산이 X에 부합되어 丙이 Y의 소유권을 상실한 경우에, 丙은 乙을 상대로 「민법」 제261조(첨부로 인한 구상권)에 따른 보상을 청구할 수 있을 뿐 甲을 상대로 보상을 청구할 수는 없다.

해 설

① (○) : 동산에 관하여 양도담보계약이 이루어지고 원고가 점유개정의 방법으로 인도를 받았다면, 그 청산절차를 마치기 전이라 하더라도 담보목적물에 대한 사용·수익권은 없지만 **제3자에 대한 관계**에서는 그 물건의 소유자임을 주장하고 그 권리를 행사할 수 있다(대판 1994. 8. 26, 93다44739).

② (○) : 양도담보권자는 담보권의 실행을 위하여 담보채무자가 아닌 제3자에 대하여도 담보물의 인도를 구할 수 있고, 인도를 거부하는 경우에는 담보권 실행이 방해된 것을 이유로 하는 손해배상을 구할 수는 있으나, 그러한 경우에도 양도담보권자에게는 목적 부동산에 대한 사용수익권이 없으므로 임료 상당의 손해배상을 구할 수는 없다(대판 1991. 10. 8, 90다9780).

③ (○) : 금전채무를 담보하기 위하여 채무자가 그 소유의 동산을 채권자에게 양도하되 점유개정의 방법으로 인도하고 채무자가 이를 계속 점유하기로 약정한 경우 특별한 사정이 없는 한 그 동산의 소유권은 신탁적으로 이전되는 것에 불과하여, 채권자와 채무자 사이의 대내적 관계에서는 채무자가 소유권을 보유하나 대외적인 관계에서의 채무자는 동산의 소유권을 이미 채권자에게 양도한 무권리자가 되는 것이어서 다시 다른 채권자와 사이에 양도담보설정계약을 체결하고 점유개정의 방법으로 인도하더라도 선의취득이 인정되지 않는 한 나중에 설정계약을 체결한 채권자로서는 양도담보권을 취득할 수 없는데, 현실의 인도가 아닌 점유개정의 방법으로는 선의취득이 인정되지 아니하므로 **결국 뒤의 채권자는 적법하게 양도담보권을 취득할 수 없다**(대판 2005. 2. 18, 2004다37430). ☞ 이 판례의 사실관계 : 이 사건에서도 단지 점유개정의 방법으로 나중에 甲과 사이에 이 사건 돼지에 관하여 이중양도담보계약을 체결하였을 뿐인 丙은 이 사건 돼지에 대하여 적법하게 양도담보권을 취득한 것이 아니라 甲의 일반 채권자에 불과한 것으로 볼 수밖에 없으며, 乙이 이후에 甲과 사이에 이 사건 돼지에 관하여 다시 체결한 양도담보계약에 의하여 그들 사이의 최초의 양도담보계약에서 약정하였던 피담보채권액은 적법하게 증액된 것으로 보아야 한다. 따라서 그 환가로 인한 매득금액은 유일한 양도담보권자인 乙에

정답 30. ⑤

게 모두 배당되어야 하는 것이다.
④ (○) : 동산 양도담보권자는 양도담보 목적물이 소실되어(화재가 발생하여 위 가금류가 폐사) 양도담보 설정자가 보험회사에 대하여 화재보험계약에 따른 보험금청구권을 취득한 경우 담보물 가치의 변형물인 화재보험금청구권에 대하여 양도담보권에 기한 물상대위권을 행사할 수 있다(대판 2014. 9. 25, 2012다58609).
⑤ (×) : 양도담보권의 목적인 주된 동산에 다른 동산이 부합되어 부합된 동산에 관한 권리자가 권리를 상실하는 손해를 입은 경우 주된 동산이 담보물로서 가치가 증가된 데 따른 실질적 이익은 주된 동산에 관한 양도담보권설정자에게 귀속되는 것이므로, 이 경우 부합으로 인하여 권리를 상실하는 자는 **양도담보권설정자를 상대로** 민법 제261조에 따라 보상을 청구할 수 있을 뿐 **양도담보권자를 상대로** 보상을 청구할 수는 없다(대판 2016. 4. 2, 2012다19659).

31 **甲은 乙에게 돈을 빌려주었다. 그 원리금 반환채무를 담보하기 위해 乙은 약정 당시의 가액이 원금과 약정 변제기까지의 이자의 합산액을 초과하는 자신의 건물을 甲에게 양도하기로 하는 담보계약을 체결하고, 甲 명의로 소유권이전등기를 해주었는데, 甲과 乙의 약정에 따라 乙이 위 건물을 사용·수익하고 있다. 다음 설명 중 옳은 것은? (다툼이 있는 경우에는 판례에 의함)**

〈2011년 사법시험〉

① 「가등기담보 등에 관한 법률」은 부동산의 양도담보와 관련하여, 피담보채권의 범위에 관하여는 저당권의 피담보채권에 관한 민법 제360조에 의하도록 하고 있으나, 지연손해금의 경우 甲은 乙에 대하여는 저당권자와 달리 원본의 이행기일을 경과한 후의 1년분에 한하여 양도담보권을 행사할 수 있다.
② 乙이 건물을 丙에게 임대한 경우, 甲이 그 대외적 소유자이므로, 甲은 양도담보권을 실행하기 전에도 丙에게 건물의 사용·수익을 하지 못한 것을 이유로 임료 상당의 손해배상이나 부당이득의 반환을 청구할 수 있다.
③ 乙이 甲 앞으로 위 양도담보계약에 기한 소유권이전등기절차를 이행하지 않았다고 가정하면, 甲은 「가등기담보 등에 관한 법률」에 따른 청산절차를 취하지 않고도 양도담보계약에 기하여 甲 명의의 소유권이전등기를 청구할 수 있다.
④ 건물의 소유권은 甲에게 신탁적으로 이전되므로, 甲이 「가등기담보 등에 관한 법률」에 따라 지급하여야 할 청산금을 지급하기 전에 건물을 丙에게 처분한 경우, 양수인 丙의 선의·악의를 묻지 않고 乙은 丙에게 그 소유권이전등기의 말소를 청구할 수 없다.
⑤ 乙의 채무가 변제기를 도과한 경우, 甲은 건물을 타인에게 처분하여 정산하기 위한 환가절차의 일환으로 직접 건물의 소유권에 기하여 乙에게 그 인도를 구할 수 있다.

해설

① (×) : 저당권의 피담보채무의 범위에 관하여 민법 제360조가 지연배상에 대하여는 원본의 이행기일을 경과한 후의 1년분에 한하여 저당권을 행사할 수 있다고 규정하고 있는 것은 저당권자의 제3자에 대한 관계에서의 제한이며 채무자나 저당권설정자가 저당권자에 대하여 대항할 수 있는 것이 아니고, 민법 제360조가 양도담보의 경우에 준용된다고 하여도 마찬가지로 해석하여야 할 것인 만큼, 양도담보의 채무자가 양도담보권자에 대하여 민법 제360조에 따른 피담보채권의 제한을 주장할 수는 없는 것이다(대판 1992. 5. 12, 90다8855).
② (×) : 일반적으로 부동산을 채권담보의 목적으로 양도한 경우 특별한 사정이 없는 한 목적부동산에 대한 사용수익권은 채무자인 양도담보설정자에게 있으므로, 양도담보권자는 사용수익할 수 있는 정당한 권한이 있는

정답 31. ③

채무자나 채무자로부터 그 사용수익할 수 있는 권한을 승계한 자에 대하여는 사용수익을 하지 못한 것을 이유로 임료 상당의 손해배상이나 부당이득반환청구를 할 수 없다(대판 2008. 2. 28, 2007다37394, 37400).

③ (○) : 차용금채무의 담보를 위한 양도담보계약이 체결되었으나 그에 따른 소유권이전등기가 경료되지 않은 경우, 양도담보는 그 담보계약에 따라 소유권이전등기를 경료함으로써 비로소 담보권이 발생하는 것이므로 채권자는 가등기담보등에관한법률상의 청산절차를 밟기 전에 우선 담보계약에 따른 소유권이전등기절차의 이행을 구하여 소유권이전등기를 받은 다음 같은 법에 따른 청산절차를 밟으면 되고, 따라서 채무자는 같은 법 소정의 청산절차가 없었음을 이유로 그 소유권이전등기절차이행을 거절할 수는 없다(대판 1996. 11. 15, 96다31116).

[보충지문] 차용금채무의 담보를 위한 양도담보계약이 체결되었으나 그에 따른 소유권이전등기가 경료되지 않은 경우, 채권자는 「가등기담보 등에 관한 법률」상의 청산절차를 밟기 전에 우선 담보계약에 따른 소유권이전등기절차의 이행을 구하여 소유권이전등기를 받은 다음 같은 법에 따른 청산절차를 밟으면 되고, 채무자는 같은 법 소정의 청산절차가 없었음을 이유로 그 소유권이전등기절차의 이행을 거절할 수 없다(○). 〈2009년 사법시험〉

④ (×) : 건물의 소유권은 甲에게 신탁적으로 이전된다는 신탁적 양도설은 가담법 제정전의 견해이고, 현재는 양도담보권자를 담보권자의 지위로 이해하기 때문에 甲이 「가등기담보 등에 관한 법률」에 따라 지급하여야 할 청산금을 지급하기 전에 건물을 丙에게 처분한 경우, 양수인 丙은 선의인 경우에만 보호가 된다(동법 제11조).

[보충지문] 「가등기담보 등에 관한 법률」을 적용받는 양도담보권자 甲이 같은 법상의 청산절차를 거치지 않고 담보부동산을 선의의 丙에게 양도한 경우, 양도담보 설정자 乙은 甲에게 불법행위로 인한 손해배상을 청구할 수 있지만 丙에게 소유권이전등기의 말소를 청구할 수는 없다. 〈2013년 사법시험〉

(○) : 채무자 등은 청산금채권을 변제받을 때까지 그 채무액을 채권자에게 지급하고 그 채권담보의 목적으로 마친 소유권이전등기의 말소를 청구할 수 있으나, 그 채무의 변제기가 지난 때부터 10년이 지나거나 선의의 제3자가 소유권을 취득한 경우에는 그러하지 아니하다(가등기담보 등에 관한 법률 제11조). 따라서 설정자 乙은 선의의 丙에게 소유권이전등기의 말소를 청구할 수는 없고, 甲에 대하여 불법행위책임을 물을 수 있을 뿐이다.

[비교지문] 양도담보 설정자 甲이 담보목적물인 동산을 점유하고 있는 동안 양도담보권자 乙이 목적물반환청구권을 양도하는 방법으로 丙에게 그 동산을 매도한 경우, 丙은 선의·악의에 관계없이 그 동산의 소유권을 취득한다. 〈2013년 사법시험〉

(○) : 「가등기담보 등에 관한 법률」이 적용되지 않는 동산양도담보에 있어서는 소유권이 대외적으로 양도담보권자에게 이전되므로(이른바 신탁적 양도설), 양도담보권자로부터 동산소유권을 양수한 자는 선의·악의를 불문하고 유효하게 소유권을 취득한다(대판 1997. 6. 27, 96다51332 등).

⑤ (×) : 채권담보를 위하여 소유권이전등기를 경료한 양도담보권자는 채무자가 변제기를 도과하여 피담보채무의 이행지체에 빠졌을 때에는 담보계약에 의하여 취득한 목적 부동산의 처분권을 행사하기 위한 환가절차의 일환으로서 즉, 담보권의 실행으로서 채무자에 대하여 그 목적 부동산의 인도를 구할 수 있고 제3자가 채무자로부터 적법하게 목적 부동산의 점유를 이전받아 있는 경우에는 그 목적 부동산의 인도청구를 할 수도 있다 할 것이나 직접 소유권에 기하여 그 인도를 구할 수는 없다(대판 1991. 11. 8, 91다21770). ☞ 부동산 양도담보의 법적 성질에 대하여 판례는 담보물권설의 입장이다.

보충지문

32 피담보채권이 시효로 소멸하더라도 양도담보권은 소멸하지 않는다. 〈2009년 감정평가사〉

해설 채권이 시효로 소멸하면 양도담보권은 부종성으로 소멸한다.

33 양보담보권은 특약이 없는 한 종물·과실에도 당연히 그 효력이 미친다. 〈2009년 감정평가사〉

해설 양도담보에는 저당권에 관한 규정들이 유추적용 된다. 따라서 양도담보권의 효력이 민법 제358조에 따라 종물에는 미치나, 과실에는 민법 제359조에 따라 당연히는 미치지 않고 압류가 있은 후에만 미친다.

34 돼지를 양도담보의 목적물로 하여 소유권을 양도하되 점유개정의 방법으로 양도담보설정자가 계속하여 점유·관리하면서 무상으로 사용·수익하기로 약정한 경우, 양도담보 목적물로서 원물인 돼지가 출산한 새끼 돼지는 천연과실에 해당하고 그 천연과실의 수취권은 원물인 돼지의 소유권을 가지는 양도담보권자에게 귀속된다. 〈2019년 법원행시〉

해설 돼지를 양도담보의 목적물로 하여 소유권을 양도하되 점유개정의 방법으로 양도담보설정자가 계속하여 점유·관리하면서 무상으로 사용·수익하기로 약정한 경우, 양도담보 목적물로서 원물인 돼지가 출산한 새끼 돼지는 천연과실에 해당하고 그 천연과실의 수취권은 원물인 돼지의 사용·수익권을 가지는 양도담보설정자에게 귀속되므로, 다른 특별한 약정이 없는 한 천연과실인 새끼 돼지에 대하여는 양도담보의 효력이 미치지 않는다(대판 1996. 9. 10, 96다25463).

35 집합물에 대한 양도담보권설정계약이 이루어진 경우 양도담보권자가 담보권설정계약 당시 존재하는 집합물을 점유개정의 방법으로 그 점유를 취득하면 그 후 양도담보설정자가 그 집합물을 이루는 개개의 물건을 반입하였다 하더라도 그때마다 별도의 양도담보권설정계약을 맺거나 점유개정의 표시를 하여야 하는 것은 아니라 할 것이다. 〈2016년 법무사〉

해설 집합물에 대한 양도담보권설정계약이 이루어지면 그 집합물을 구성하는 개개의 물건이 변동되거나 변형되더라도 한 개의 물건으로서의 동일성을 잃지 아니한 채 양도담보권의 효력은 항상 현재의 집합물 위에 미치는 것이고 따라서 그러한 경우에 양도담보권자가 담보권설정계약당시 존재하는 집합물을 점유개정의 방법으로 그 점유를 취득하면 그 후 양도담보설정자가 그 집합물을 이루는 개개의 물건을 반입하였다 하더라도 그때마다 별도의 양도담보권설정계약을 맺거나 점유개정의 표시를 하여야 하는 것은 아니다(대판 1988. 12. 27, 87누1043).

36 가등기담보법이 시행되기 전에 채권자가 채권담보의 목적으로 부동산에 가등기를 경료하였다가 그 후 변제기까지 변제를 받지 못하게 되어 위 가등기에 기한 소유권이전의 본등기를 경료한 경우에는 당사자들 사이에 채무자가 변제기에 피담보채무를 변제하지 아니하면 채권채무관계는 소멸하고 부동산의 소유권이 확정적으로 채권자에게 귀속된다는 명시의 특약이 없는 한, 그 본등기도 채권담보의 목적으로 경료된 것으로서 정산절차를 예정하고 있는 이른바 '약한 의미의 양도담보'가 된 것으로 보아야 한다. 〈2016년 법무사〉

해설 대판 2005. 7. 15, 2003다46963 참조

정답 32. (×) 33. (×) 34. (×) 35. (○) 36. (○)

37 **채권의 담보목적으로 양도된 재산에 관한 담보권의 실행은 다른 약정이 없는 한 처분정산만이 허용된다.** 〈2009년 감정평가사〉

해설 처분청산과 귀속청산이 모두 가능하다.

[참조판례] 동산을 목적으로 하는 양도담보설정계약을 체결함과 동시에 채무불이행시 강제집행을 수락하는 공정증서를 작성한 경우, 양도담보설정자가 그 피담보채무를 불이행한 때에는 양도담보권자는 양도담보권을 실행하여 담보목적물인 동산을 환가함에 있어서 집행증서에 기하지 아니하고 양도담보의 약정 내용에 따라 이를 사적으로 타에 처분하거나 스스로 취득한 후 정산하는 방법으로 환가할 수도 있지만, 집행증서에 기하여 담보목적물을 압류하고 강제경매를 실시하는 방법으로 환가할 수도 있다(대판 1999. 9. 7, 98다47283).

38 **양도담보권자는 담보권의 실행을 위하여 담보채무자가 아닌 제3자에 대하여도 담보물의 인도를 구할 수 있다.** 〈2008년 감정평가사〉

해설 채권담보를 위하여 소유권이전등기를 경료한 양도담보권자는 채무자가 변제기를 도과하여 피담보채무의 이행지체에 빠졌을 때에는 담보계약에 의하여 취득한 목적 부동산의 처분권을 행사하기 위한 환가절차의 일환으로서 즉, 담보권의 실행으로서 채무자에 대하여 그 목적 부동산의 인도를 구할 수 있고 제3자가 채무자로부터 적법하게 목적 부동산의 점유를 이전받아 있는 경우에는 그 목적 부동산의 인도청구를 할 수도 있다 할 것이나 직접 소유권에 기하여 그 인도를 구할 수는 없다(대판 1991. 11. 8, 91다21770).

39 **양도담보권자는 담보권의 실행을 위하여 담보채무자가 아닌 제3자에 대하여 담보물의 인도를 구할 수 있고, 인도를 거부하는 경우에는 담보권 실행이 방해된 것을 이유로 하는 손해배상을 구할 수 있으며, 그러한 경우 사용수익을 하지 못한 것을 이유로 임료 상당의 손해배상 또는 부당이득반환을 구할 수 있다.** 〈2019년 법원행시〉

해설 양도담보권자는 담보권의 실행을 위하여 담보채무자가 아닌 제3자에 대하여도 담보물의 인도를 구할 수 있고, 인도를 거부하는 경우에는 담보권 실행이 방해된 것을 이유로 하는 손해배상을 구할 수는 있으나, 그러한 경우에도 양도담보권자에게는 목적 부동산에 대한 사용수익권이 없으므로 임료 상당의 손해배상을 구할 수는 없다(대판 1991. 10. 8, 90다9780).

40 **부동산의 양도담보권설정자는 그 부동산의 등기명의가 양도담보권자 앞으로 되어 있더라도 그 부동산의 불법점유자인 제3자에 대하여는 실질적 소유자임을 주장하여 불법점유의 상태의 배제권을 행사할 수 있다.** 〈2008년 감정평가사〉

해설 대판 1976. 2. 24, 75다1608 참조

정답 37. (×) 38. (○) 39. (×) 40. (○)

Ⅲ. 소유권유보부매매

보충지문

41 **"대금이 완납되면 매매목적물의 소유권이 이전된다."는 조항이 있는 소유권유보부 매매에서 대금완납은 해제조건이다.** 〈2020년 공인노무사〉

해설 동산의 매매에서 그 대금을 모두 지급할 때까지는 목적물의 소유권을 매도인이 그대로 보유하기로 하면서 목적물을 미리 매수인에게 인도하는 이른바 소유권유보약정이 있는 경우에, 다른 특별한 사정이 없는 한 매수인 앞으로의 소유권 이전에 관한 당사자 사이의 물권적 합의는 대금이 모두 지급되는 것을 정지조건으로 하여 행하여진다고 해석된다. 따라서 그 대금이 모두 지급되지 아니하고 있는 동안에는 비록 매수인이 목적물을 인도받았어도 목적물의 소유권은 위 약정대로 여전히 매도인이 이를 가지고, 대금이 모두 지급됨으로써 그 정지조건이 완성되어 별도의 의사표시 없이 바로 목적물의 소유권이 매수인에게 이전된다(대판 2010. 2. 11, 2009다93671).

42 **소유권유보부 매매에 있어 매수인의 일반채권자가 소유권유보부 매매의 목적물을 매수인의 재산으로 보아 압류한 경우, 매도인은 제3자이의의 소를 제기할 수 없다.** 〈2013년 사법시험〉

해설 소유권유보부 매매의 경우, 매도인은 대금이 모두 지급될 때까지 소유권을 갖게 되는바, 따라서 매수인의 채권자가 소유권유보부 매매의 목적물에 대해 압류하면 매도인은 제3자이의의 소를 제기할 수 있다(대판 1999. 9. 7, 99다30534).

Ⅳ. 동산·채권 등 담보에 관한 법률

43 **동산에 대한 담보에 관한 설명 중 옳지 않은 것은? (다툼이 있는 경우 판례에 의함)** 〈2015년 변호사시험〉

① 「동산·채권 등의 담보에 관한 법률」 상의 동산담보권이 설정된 동산에 대하여 양도담보를 설정하더라도 양도담보는 유효하다.
② 위 ①의 동산담보권이 설정된 담보목적물은 선의취득의 대상이 될 수 없다.
③ 위 ①의 동산담보권은 담보목적물의 매각, 임대, 멸실, 훼손 또는 공용징수 등으로 인하여 담보권설정자가 받을 금전이나 그 밖의 물건에 대하여도 행사할 수 있다.
④ 동산에 대하여 점유개정의 방법으로 이중양도담보를 설정한 경우, 뒤의 양도담보권자가 양도담보의 목적물을 처분함으로써 원래의 양도담보권자로 하여금 양도담보권을 실행할 수 없도록 하는 행위는 원래의 양도담보권자의 양도담보권을 침해하는 위법한 행위가 될 수 있다.
⑤ 양도담보권 실행을 위한 환가절차에 있어서는 양도담보설정자의 다른 채권자들은 양도담보권자에 대한 관계에 있어서 안분배당을 요구할 수 없다.

정답 41. (×) 42. (×) 43. ②

해 설

① (○) :「동산·채권 등의 담보에 관한 법률」 상의 동산담보권이 설정된 동산에 대하여 양도담보를 설정하더라도 양도담보는 유효하다. 다만 동일한 동산에 관하여 담보등기와 인도가 행하여진 경우에 그에 따른 권리사이의 순위는 법률에 다른 규정이 없으면 그 선후에 따른다(동법 제7조, 즉 동일한 동산에 관하여 담보등기부의 등기와 인도(「민법」에 규정된 간이인도, 점유개정, 목적물반환청구권의 양도를 포함한다)가 행하여진 경우에 그에 따른 권리 사이의 순위는 법률에 다른 규정이 없으면 그 선후에 따른다).

② (×) : 이 법에 따라 동산담보권이 설정된 담보목적물의 소유권·질권을 취득하는 경우에는 「민법」 제249조부터 제251조까지의 규정을 준용한다(제32조). 즉 동산담보권이 설정된 담보목적물은 선의취득의 대상이 될 수 있다.

③ (○) : 동산담보권은 담보목적물의 매각, 임대, 멸실, 훼손 또는 공용징수 등으로 인하여 담보권설정자가 받을 금전이나 그 밖의 물건에 대하여도 행사할 수 있다(제14조). 설정자가 담보권이 설정된 동산을 제3자에게 매각하여 그가 선의취득하는 경우가 있을 수 있고, 이러한 경우를 대비한 것이다.

④ (○) : 동산에 대하여 점유개정의 방법으로 이중양도담보를 설정한 경우, 뒤의 양도담보권자가 양도담보의 목적물을 처분함으로써 원래의 양도담보권자로 하여금 양도담보권을 실행할 수 없도록 하는 행위는 원래의 양도담보권자의 양도담보권을 침해하는 위법한 행위가 될 수 있다(대판 2000. 6. 23, 99다65066).

⑤ (○) : 양도담보권 실행을 위한 환가절차에 있어서는 환가로 인한 매득금에서 환가비용을 공제한 잔액 전부를 양도담보권자의 채권변제에 우선 충당하여야 하고 양도담보설정자의 다른 채권자들은 양도담보권자에 대한 관계에 있어서 안분배당을 요구할 수 없다(대판 2000. 6. 23, 99다65066).

제3편

채권총칙

채권법 일반

1 **甲이 乙에 대하여 100만원의 채권을 가지고 있는 경우의 법률관계에 관하여 다음 설명 중 옳지 않은 것은? (다툼이 있는 경우에는 판례에 의함)** 〈2007년 변리사〉

① 채무자 乙이 이행기에 변제하기 위하여 100만원을 지참하고 甲의 주소지로 갔으나 甲이 부재 중이어서 되돌아온 경우에, 乙은 이행지체책임을 면한다.

② ①의 경우에 乙이 되돌아오던 중 그 100만원을 잃어버렸다면 다시 100만원을 구하여 甲에게 변제하여야 한다.

③ 乙이 이행기에 채무를 이행하지 않아 채권자 甲이 지연배상을 구하는 경우에 손해의 발생과 손해액을 증명할 필요가 없지만, 그렇다고 하여 주장책임까지 면제되는 것은 아니다.

④ 甲이 丙과의 건물매매계약을 체결하면서 乙의 채무의 이행기를 고려하여 중도금지급기일을 정하였는데, 乙이 채무를 이행기에 이행하지 않은 결과 甲이 중도금을 지급하지 못하여 계약금을 몰수당함으로써 손해를 입은 경우에, 이행지체에 따른 乙의 손해배상의 범위에는 甲의 그러한 손해가 포함될 여지가 없다.

⑤ 甲의 채권이 乙과의 매매계약에 기한 것인 경우에 甲은 그 채권을 자동채권으로 하여 상계할 수 없으나, 乙은 그 채권을 수동채권으로 하여 상계할 수 있다.

해 설

① (○) : 변제의 제공이 있으면 채무자는 채무불이행으로부터 발생하는 일체의 책임을 면한다(제461조).

② (○) : 단순히 변제의 제공이 있었다는 것만으로는 채권이 소멸하지 않는다. 그리고 금전채무는 보통의 종류채권과 달리 "특정"이라는 것이 없고, 그 결과 급부의 위험의 이전 문제도 생기지 않는다. 따라서 채무자 乙은 다시 100만 원을 마련하여 채권자 甲에게 변제하여야 한다.

③ (○) : 채권자가 금전채무의 불이행을 원인으로 손해배상을 구할 때에 지연이자 상당의 손해가 발생하였다는 취지의 주장은 하여야 하는 것이지 주장조차 하지 아니하여 그 손해를 청구하고 있다고 볼 수 없는 경우까지 지연이자 부분만큼의 손해를 인용해 줄 수는 없는 것이다(대판 2000. 2. 11, 99다49644).

④ (×) : 매도인이 매수인으로부터 매매대금을 약정된 기일에 지급받지 못한 결과 제3자로부터 부동산을 매수하고 그 잔대금을 지급하지 못하여 그 계약금을 몰수당함으로써 손해를 입었다고 하더라도 이는 특별한 사정으로 인한 손해이므로 매수인이 이를 알았거나 알 수 있었던 경우에만 그 손해를 배상할 책임이 있다(대판 1991. 10. 11, 91다25369). ☞ 특별손해로서 상대방이 알았거나 알 수 있었을 경우에는 포함될 수 있다.

⑤ (○) : 甲의 채권이 매매계약상 매매대금채권일 경우 乙은 甲이 소유권이전등기서류교부 및 목적물인도가 있기까지 대금지급을 거절할 수 있는 동시이행항변권을 가진다. 여기서 항변권이 붙어 있는 채권을 자동채권으로 하여 다른 채무(수동채권)와의 상계를 허용한다면 상계자 일방의 의사표시에 의하여 상대방의 항변권 행사의 기회를 상실시키는 결과가 되므로 그러한 상계는 허용될 수 없다(대판 2004. 5. 28, 2001다81245). 그러나 항변권이 붙어 있는 채권을 수동채권으로 하여 상계하는 것은 스스로 항변권을 포기하는 것이어서 허용된다.

정답 1. ④

2 **甲은 乙자동차 회사로부터 현재 생산 중인 같은 모델의 신형 자동차 3대를 1억원에 사기로 하고, 乙이 이를 모두 甲의 주소로 배달을 완료한 때에 대금을 지급하기로 약정하였다. 다음 설명 중 옳은 것은? (다툼이 있는 경우에는 판례에 의함)** 〈2011년 변리사〉

① 목적물이 특정되지 않았더라도 乙이 선량한 관리자의 주의로써 목적물을 보존하였다면 자동차의 경미한 훼손에 대하여 乙은 책임을 지지 않는다.

② 乙이 자신의 영업소에서 매매목적 자동차 3대를 분리하여 배달할 차량에 적재하면 목적물은 특정된다.

③ 乙이 甲의 주소에서 이행을 제공하였으나 甲이 수령을 지체하는 경우, 乙에게 중대한 과실이 있더라도 자동차의 훼손에 대하여 책임을 지지 않는다.

④ 乙이 운송업자 丙과 운송계약을 체결하여 위 자동차를 배달하던 중 사고가 발생하여 그 일부가 파손된 경우, 甲은 丙을 상대로 채무불이행책임을 물을 수 있다.

⑤ 乙의 이행지체로 甲이 일정한 기간을 정하여 채무이행을 최고한 경우, 그 기간 내에 이행이 없을 때에는 계약을 해제하겠다는 의사표시가 없으면 단순히 그 기간의 경과만으로 계약이 해제되지는 않는다.

해 설

①(×) : 종류채권에 있어서는 그 특정이 있기 전에는 채무자인 매도인은 선관의무의 문제가 제기 되지 않는다(제374조). 그리고 위험부담문제가 제기되지 않기 때문에 여전히 조달의무가 있다. 따라서 乙은 훼손되지 않은 다른 자동차를 인도해야 한다.

②(×) : 종류채권에 있어서는 지참채무가 원칙이고, 따라서 변제의 장소는 채권자의 현주소가 된다(제467조 제2항). 변제의 제공(현실의 제공원칙=이행에 필요한 행위를 완료한 경우)과 종류채권의 특정은 채무의 내용에 좇은 현실의 제공이 원칙이다(제460조). 따라서 채무자 乙이 목적물을 가지고 채권자 甲의 주소에 가서 甲이 언제라도 수령할 수 있는 상태로 두었을 때(현실의 제공), 비로소 목적물의 특정이 있게 된다.

③(×) : 수령지체(=채권자지체) 중에는 채무자는 고의 또는 중대한 과실이 없으면 불이행으로 인한 모든 책임이 없다(제401조). 따라서 채권자 甲의 수령지체의 경우에도, 채무자 乙에게 중대한 과실이 있으면 그 훼손에 대하여 책임을 진다.

④(×) : 이행보조자는 채권관계의 당사자가 아니기 때문에 채무불이행책임을 지지는 않으나, 불법행위책임의 요건이 충족되는 경우 별도의 불법행위책임을 물을 수 있다(대판 2008. 2. 15, 2005다69458). 그러므로 운송업자 丙은 채무자 乙의 이행보조자이고, 이행보조자의 고의·과실은 채무자의 고의·과실로 간주된다(제391조). 따라서 甲은 乙에 대해 채무불이행책임을 물을 수는 있으나, 직접 자기와 계약관계가 없는 丙에 대해서는 채무불이행책임을 물을 수 없고 불법행위책임을 물을 수 있을 뿐이다.

⑤(○) : 당사자 일방이 그 채무를 이행하지 아니하는 때에는 상대방은 상당한 기간을 정하여 그 이행을 최고하고 그 기간 내에 이행하지 아니한 때에는 계약을 해제할 수 있다(제544조). 또한 해제는 상대방 있는 의사표시인 형성권으로서 해제의 의사표시가 필요하다.

정답 2. ⑤

3 **계약교섭의 당사자 또는 유효한 계약의 당사자가 부담하는 의무에 관한 설명으로 옳은 것은? (다툼이 있는 경우에는 판례에 의함)** 〈2012년 변리사〉

① 통상의 임대차에서 임대인은 임차인에게 임대목적물을 제공하여 이를 사용·수익하게 해야 할 뿐만 아니라, 특별한 사정이 없는 한 안전배려 또는 도난방지 등의 보호의무를 부담한다.

② 사용자가 피용자의 안전을 위한 인적·물적 환경의 정비 등 필요한 조치를 강구할 보호의무를 위반하여 피용자에게 손해가 발생한 경우, 특별한 사정이 없는 한 그 사고가 피용자의 업무와 관련성이 없거나 예측할 수 없는 때에도 사용자는 손해배상의 책임을 진다.

③ 건축공사 일부분의 수급인 甲이 구체적인 지휘·감독권을 유보하고 재료와 설비를 공급하면서 시공부분만을 시공기술자 乙에게 다시 도급을 준 노무도급관계에서, 甲은 乙이 시공하는 과정에서 그의 생명이나 건강 등을 해치지 않도록 인적·물적 환경을 정비하고 필요한 조치를 강구 할 보호의무를 부담한다.

④ 부동산 거래에서 거래 상대방이 일정한 사정을 알았다면 그 거래를 하지 않았을 것임이 경험칙상 명백한 경우라도, 계약자유의 원칙에 따라 교섭에서 우월적 지위를 확보하는 수단은 보장되어야 하므로 상대방에게 그런 사정을 사전에 고지할 의무는 없다.

⑤ 어느 일방이 교섭단계에서 계약이 확실하게 체결되리라는 정당한 기대 내지 신뢰를 부여하여 상대방이 그 신뢰에 따라 행동하였음에도 상당한 이유 없이 계약의 체결을 거부하여 손해를 입힌 경우, 계약책임을 물을 수 있다.

해 설

① (×) : 일시적 임대차(숙박사건)와 달리 통상의 임대차관계에 있어서 임대인의 임차인에 대한 의무는 특별한 사정이 없는 한 단순히 임차인에게 임대목적물을 제공하여 임차인으로 하여금 이를 사용·수익하게 함에 그치는 것이고, 더 나아가 임차인의 안전을 배려하여 주거나 도난을 방지하는 등의 보호의무까지 부담한다고 볼 수 없다(대판 1999. 7. 9, 99다10004).

② (×) : 보호의무위반을 이유로 사용자에게 손해배상책임을 인정하기 위하여는 특별한 사정이 없는 한 그 사고가 피용자의 업무와 관련성을 가지고 있을 뿐 아니라 또한 그 사고가 통상 발생할 수 있다고 하는 것이 예측되거나 예측할 수 있는 경우라야 할 것이고, 그 예측가능성은 사고가 발생한 때와 장소, 가해자의 분별능력, 가해자의 성행, 가해자와 피해자의 관계 기타 여러 사정을 고려하여 판단하여야 한다(대판 2001. 7. 27, 99다56734).

③ (○) : 만일 실질적인 사용관계에 있는 노무도급인이 고의 또는 과실로 이러한 보호의무를 위반함으로써 노무수급인의 생명·신체·건강을 침해하여 손해를 입힌 경우 노무도급인은 노무도급계약상의 채무불이행책임과 경합하여 불법행위로 인한 손해배상책임을 부담한다(대판 1997. 4. 25, 96다53086). ☞ 판례는 상가신축공사를 시공하는 건축주로부터 일부 공사를 도급받은 수급인 甲(노무도급인)에 의해 고용된 전문기술자 乙(노무수급인)이 공사 중 누전으로 사망한 사안에서, 수급인 甲(노무도급인)의 안전조치의무 위반을 이유로 손해배상책임을 인정하였다.

④ (×) : 쓰레기 매립장사건이나 공동묘지 사건 등 부동산 거래에 있어 거래 상대방이 일정한 사정에 관한 고지를 받았더라면 그 거래를 하지 않았을 것임이 경험칙상 명백한 경우에는 신의성실의 원칙상 사전에 상대방에게 그와 같은 사정을 고지할 의무가 있다(대판 2007. 6. 1, 2005다5812 등).

⑤ (×) : 어느 일방이 교섭단계에서 계약이 확실하게 체결되리라는 정당한 기대 내지 신뢰를 부여하여 상대방이 그 신뢰에 따라 행동하였음에도 상당한 이유 없이 계약의 체결을 거부하여 손해를 입혔다면 이는 신의성실의 원칙에 비추어 볼 때 계약자유 원칙의 한계를 넘는 위법한 행위로서 불법행위를 구성한다고 할 것이다(대판 2001. 6. 15, 99다40418).

정답 3. ③

4 **선택채권 등에 관한 설명으로 옳지 않은 것은? (다툼이 있는 경우에는 판례에 의함)**

〈2012년 변리사〉

① 법률행위 또는 법률의 규정에 의하여 선택권자가 정해지지 않은 경우, 선택권은 채무자에게 있다.
② 무권대리인의 상대방이 가지는 계약이행 또는 손해배상청구권의 소멸시효는 무권대리행위를 한 때부터 진행한다.
③ 당사자 쌍방의 과실 없이 어떤 급부가 불능으로 된 때에는, 채권의 목적은 나머지 급부에 존재한다.
④ 선택권이 있는 제3자가 선택할 수 있는데도 선택하지 않은 경우, 채권자나 채무자는 상당기간을 정하여 그 선택을 최고할 수 있고, 제3자가 그 기간 내에 선택하지 않으면 선택권은 채무자에게 이전한다.
⑤ 채권자에게 선택권이 있는 경우, 채무자의 과실로 어떤 급부가 이행불능이 된 때에는 채권자는 불능이 된 급부를 선택할 수 있다.

해 설

①(○) : 민법 제380조 참조

②(×) : 타인의 대리인으로 계약을 한 자가 그 대리권을 증명하지 못하고 또 본인의 추인을 얻지 못한 때에는 상대방의 선택에 좇아 계약의 이행 또는 손해배상의 책임이 있는 것인바 이 상대방이 가지는 계약이행 또는 손해배상청구권의 소멸시효는 그 선택권을 행사할 수 있는 때로부터 진행한다 할 것이고 또 선택권을 행사할 수 있는 때라고 함은 대리권의 증명 또는 본인의 추인을 얻지 못한 때라고 할 것이다(대판 1965. 8. 24, 64다1156).

③(○) : 민법 제385조 제1항 참조

④(○) : 민법 제384조 제2항 참조

⑤(○) : 민법 제385조 제2항 참조

5 **채권의 목적에 관한 설명으로 옳은 것은? (다툼이 있으면 판례에 따름)** 〈2015년 변리사〉

① 집행법원이 경매절차에서 외화채권자에 대하여 배당할 때에는 특별한 사정이 없는 한 외화채권 성립 당시의 외국환시세를 우리나라 통화로 환산하는 기준으로 삼아야 한다.
② 토지소유자가 수필의 토지 중 일정 면적을 상대방에게 매도한 경우, 양도할 토지의 위치가 확정되지 않았다면 특별한 사정이 없는 한 상대방의 채권은 종류채권에 해당한다.
③ 계약해제로 인한 원상회복의무가 이행지체에 빠진 이후의 지연손해금률에 관하여 약정이 있는 경우, 그 지연손해금률이 법정이율보다 낮더라도 약정에 따른 지연손해금률이 적용된다.
④ 선택권 없는 당사자의 과실로 인하여 수개의 급부 중 일부가 이행불능이 된 때에는 채권의 목적은 잔존한 것에 존재한다.
⑤ 이자제한법의 최고이자율을 초과하는 이자에 대하여 당사자가 준소비대차계약을 체결하면, 그 초과부분은 유효하다.

해 설

①(×) : 채권액이 외국통화로 정해진 금전채권인 외화채권을 채무자가 우리나라 통화로 변제하는 경우에 그 환산시기는 이행기가 아니라 현실로 이행하는 때, 즉 현실이행 시의 외국환시세에 의하여 환산한 우리나라 통화로 변제하여야 하고, 이와 같은 법리는 외화채권자가 경매절차를 통하여 변제를 받는 경우에도 동일하게 적용되어야 할 것이므로, 집행법원이 경매절차에서 외화채권자에 대하여 배당을 할 때에는 특별한 사정이 없는

정답 4. ② 5. ③

한 배당기일 당시의 외국환시세를 우리나라 통화로 환산하는 기준으로 삼아야 한다(대판 2011. 4. 14, 2010다103642).

② (×) : 토지소유자가 1필 또는 수필의 토지 중 일정 면적의 소유권을 상대방에게 양도하기로 하는 계약을 체결하였으나 양도할 토지의 위치가 확정되지 않은 경우, 상대방이 토지소유자에게 가지는 채권의 성격은 토지는 개성이 있기 때문에 선택채권으로 보아야 한다(대판 2011. 6. 30, 2010다16090 ; 대판 2014. 1. 23, 2011다57685).

③ (○) : 원상회복의무가 이행지체에 빠진 이후의 기간에 대해서는 부당이득반환의무로서의 이자가 아니라 반환채무에 대한 지연손해금이 발생하게 되므로 거기에는 지연손해금률이 적용되어야 한다. 그 지연손해금률에 관하여도 당사자 사이에 별도의 약정이 있으면 그에 따라야 할 것이고, 설사 그것이 법정이율보다 낮다 하더라도 마찬가지이다(대판 2013. 4. 26, 2011다50509).

④ (×) : 선택권 없는 당사자의 과실로 인하여 수개의 급부 중 일부가 이행불능이 된 때에는 채권의 목적은 잔존한 것에 존재한다는 규정을 적용하지 않는다(제385조).

⑤ (×) : 이자제한법의 최고이자율을 초과하는 이자에 대하여 당사자가 준소비대차계약을 체결하더라도, 그 초과부분은 무효가 된다. 이는 이자제한법규정을 간접적으로 위반하는 탈법행위이다(이자제한법 제4조 간주이자 등 참조).

6 **채권에 대한 설명으로 옳지 않은 것은? (다툼이 있으면 판례에 따름)** 〈2016년 변리사〉

① 목적물의 인도장소가 정해지지 않은 경우 특정물의 인도는 채권성립 당시 그 물건이 있던 장소에서 하여야 한다.

② 특정물채권에서 채무자의 목적물에 대한 선관주의의무의 존속기간은 특정물채무의 성립시부터 이행기까지이다.

③ 종류채권에서 지정권자로 된 채무자가 이행기가 지나도 이행할 물건을 지정하지 않는 경우, 채권자가 상당한 기간을 정하여 최고하였으나 채무자가 이행할 물건을 지정하지 않으면 지정권은 채권자에게 이전한다.

④ 이미 발생한 이자에 관하여 채무자가 이행을 지체한 경우에는 그 이자에 대한 지연손해금을 청구할 수 있다.

⑤ 채무자가 자신이 가진 주식의 일부분을 담보로 제공하기로 한 경우, 담보약정에 기한 채권은 제한종류채권에 해당한다.

해 설

① (○) : 목적물의 인도장소가 정해지지 않은 경우 특정물의 인도는 채권성립 당시 그 물건이 있던 장소에서 하여야 한다(제467조 제1항).

② (×) : 특정물채권에서 채무자의 목적물에 대한 선관주의의무의 존속기간은 특정물채무의 성립시부터 이행기(期)까지가 아니라 이행시(時)까지이다(제374조; 대판 1991. 10. 25, 91다22605).

③ (○) : 선택채권에서 선택권의 이전이 종류채권에도 적용된다. 따라서 종류채권에서 지정권자로 된 채무자가 이행기가 지나도 이행할 물건을 지정하지 않는 경우, 채권자가 상당한 기간을 정하여 최고하였으나 채무자가 이행할 물건을 지정하지 않으면 지정권은 채무자에서 채권자에게 이전한다(대결 2009. 1. 30, 자 2006마930).

④ (○) : 이미 발생한 이자에 관하여 채무자가 이행을 지체한 경우에는 그 이자에 대한 지연손해금을 청구할 수 있다. 즉 이자에 이자를 더하여 청구할 수 있는 것이다(대판 2004. 7. 9, 2004다11582).

⑤ (○) : 주식반환채무는 종류채무에 해당한다. 그러므로 채무자가 자신이 가진 주식의 일부분을 담보로 제공하기로 한 경우, 담보약정에 기한 채권은 제한종류채권에 해당한다(대판 2015. 2. 26, 2014다37040).

정답 6. ②

7 甲은 자신이 사용하던 노트북 X, Y 중에 하나를 乙에게 팔기로 하였고, 대금지급일에 乙이 선택하기로 하였다. 그런데 대금지급일 전에 甲이 X노트북을 丙에게 매도하고 인도까지 해주었다. 이에 관한 설명으로 옳은 것은? (다툼이 있으면 판례에 따름) 〈2018년 변리사〉

① 乙이 Y노트북을 선택하고 그 의사를 甲에게 전달한 경우, 乙은 특별한 사정이 없는 한 甲의 동의 없이도 이를 철회할 수 있다.
② 乙은 Y노트북을 선택하면서 조건을 붙일 수 있다.
③ 乙이 X노트북을 선택하더라도 채권의 목적물은 Y노트북으로 확정된다.
④ 乙은 X노트북을 선택하고 丙에게 X노트북의 반환을 청구할 수 있다.
⑤ 乙은 X노트북을 선택하고 甲에게 채무불이행을 이유로 손해배상을 청구할 수 있다.

해 설

①(×) : 민법 제382조 제2항 참조
②(×) : 선택권의 행사는 일방적 의사표시로서 단독행위이므로 원칙적으로 조건이나 기한을 붙이지 못한다.
③(×), ⑤(○) : 민법 제385조(불능으로 인한 선택채권의 특정) ① 채권의 목적으로 선택할 수개의 행위 중에 처음부터 불능한 것이나 또는 후에 이행불능하게 된 것이 있으면 채권의 목적은 잔존한 것에 존재한다. ② 선택권 없는 당사자의 과실로 인하여 이행불능이 된 때에는 전항의 규정을 적용하지 아니한다. ☞ 따라서 乙은 불능이 된 X노트북을 선택할 수 있고, 乙이 X노트북을 선택하면 채권의 목적물은 X노트북으로 확정된다. 다만 X노트북은 甲의 귀책사유에 의해 이행불능이 되었으므로 乙은 甲에게 채무불이행을 이유로 손해배상을 청구할 수 있다.
④(×) : 동산의 이중매매이다. 동산의 이중매매에 있어서는 먼저 매수한 자가 나중에 매수한 자에 우선하는 것이 아니라 '먼저 인도를 받은 자'가 우선한다. 甲이 X노트북을 丙에게 매도하고 인도까지 해주었으므로 丙이 X노트북의 소유권을 취득한다. 채권자에 불과한 乙은 소유권을 취득한 丙에게 대항할 수 없다.

8 이자채권에 관한 설명으로 옳지 않은 것은? (다툼이 있으면 판례에 따름) 〈2020년 변리사〉

① 이자채권은 주된 채권인 원본의 존재를 전제로 그에 대응하여 일정한 비율로 발생하는 종된 권리이다.
② 이미 발생한 이자에 관하여 채무자가 이행을 지체한 경우에는 그 이자에 대한 지연손해금을 청구할 수 있다.
③ 원본채권이 양도될 당시 이미 변제기에 도달한 이자채권은 그 이자채권도 함께 양도한다는 의사표시가 없더라도 양도되는 것이 원칙이다.
④ 이자채권이라고 하더라도 1년 이내의 정기에 지급하기로 한 것이 아니면 민법 제163조가 정한 3년의 단기소멸시효가 적용되지 않는다.
⑤ 대여금 원본채권에 대한 소멸시효 완성의 효력은 소멸시효가 완성된 원금 부분으로부터 그 완성 전에 발생한 이자에도 미친다.

해 설

①(○) : 대판 2008. 3. 14, 2006다2940 참조
②(○) : 대판 1996. 9. 20, 96다25302 참조
③(×) : 이자채권은 원본채권에 대하여 종속성을 갖고 있으나, 이미 변제기에 도달한 이자채권은 원본채권과 분리하여 양도할 수 있고 원본채권과 별도로 변제할 수 있으며 시효로 인하여 소멸되기도 하는 등 어느 정도 독

정답 7. ⑤ 8. ③

립성을 갖게 되는 것이므로, 원본채권이 양도된 경우 이미 변제기에 도달한 이자채권은 원본채권의 양도 당시 그 이자채권도 양도한다는 의사표시가 없는 한 당연히 양도되지는 않는다(대판 1989. 3. 28, 88다카12803).

④ (○) : 민법 제163조 제1호 소정의 '1년 이내의 기간으로 정한 금전 또는 물건의 지급을 목적으로 하는 채권'이란 1년 이내의 정기에 지급되는 채권을 의미하는 것이지, 변제기가 1년 이내의 채권을 말하는 것이 아니므로, 이자채권이라고 하더라도 1년 이내의 정기에 지급하기로 한 것이 아닌 이상 위 규정 소정의 3년의 단기소멸시효에 걸리는 것이 아니다(대판 1996. 9. 20, 96다25302).

⑤ (○) : 이자 또는 지연손해금은 주된 채권인 원본의 존재를 전제로 그에 대응하여 일정한 비율로 발생하는 종된 권리인데, 하나의 금전채권의 원금 중 일부가 변제된 후 나머지 원금에 대하여 소멸시효가 완성된 경우, 가분채권인 금전채권의 성질상 변제로 소멸한 원금 부분과 소멸시효 완성으로 소멸한 원금 부분을 구분하는 것이 가능하고, 이 경우 원금에 종속된 권리인 이자 또는 지연손해금 역시 변제로 소멸한 원금 부분에서 발생한 것과 시효완성으로 소멸된 원금 부분에서 발생한 것으로 구분하는 것이 가능하므로, 소멸시효 완성의 효력은 소멸시효가 완성된 원금 부분으로부터 그 완성 전에 발생한 이자 또는 지연손해금에는 미치나, 변제로 소멸한 원금 부분으로부터 그 변제 전에 발생한 이자 또는 지연손해금에는 미치지 않는다(대판 2008. 3. 14, 2006다2940). ☞ "주된 권리(원본채권)의 소멸시효가 완성한 때에는 종속된 권리(이자 또는 지연손해금)에 그 효력이 미친다."는 제183조와 "소멸시효는 그 기산일에 소급하여 효력이 생긴다."는 제167조가 적용된 판례이다.

> **[보충지문] 하나의 금전채권의 원금 중 일부가 변제된 후 나머지 원금에 대하여 소멸시효가 완성된 경우, 소멸시효 완성의 효력은 소멸시효가 완성된 원금 부분으로부터 그 완성 전에 발생한 이자 또는 지연손해금에는 미치나 변제로 소멸한 원금 부분으로부터 그 변제 전에 발생한 이자 또는 지연손해금에는 미치지 않는다(○).** 〈2017년 법무사〉

9 **채권의 목적에 관한 설명으로 옳지 않은 것은? (다툼이 있으면 판례에 따름)** 〈2021년 변리사〉

① 수임인이 위임사무의 처리과정에서 받은 물건으로 위임인에게 인도할 목적물이 대체물이더라도 당사자 사이에는 특정된 물건과 같은 것으로 보아야 한다.

② 채권의 성질 또는 당사자의 의사표시로 달리 정한 바가 없는 이상, 특정물의 인도는 채권성립 당시의 그 물건의 소재지에서 한다.

③ 제한종류채권에서 채무자가 지정권자인 경우, 채권의 기한이 도래한 후 채권자의 최고에도 불구하고 채무자가 이행할 물건을 지정하지 않으면 그 지정권은 채권자에게 이전한다.

④ 채권액이 외국통화로 지정된 금액채권인 외화채권의 경우, 채권자는 대용급부권을 행사하여 우리나라 통화로 환산하여 청구할 수 없다.

⑤ 이자제한법상 제한이자를 초과하는 이자채권을 자동채권으로 하여 상계의 의사표시를 하더라도 그 상계의 효력은 발생하지 않는다.

해설

① (○) : 수임인이 위임사무를 처리함에 있어 받은 물건으로 위임인에게 인도한 목적물은 그것이 대체물이더라도 당사자간에 있어서는 특정된 물건과 같은 것으로 보아야 한다(대판 1962. 12. 16, 67다1525).

② (○) : 채무의 성질 또는 당사자의 의사표시로 변제장소를 정하지 아니한 때에는 특정물의 인도는 채권성립 당시에 그 물건이 있던 장소에서 하여야 한다(민법 제467조 제1항).

③ (○) : 제한종류채권에 있어 급부목적물의 특정은, 원칙적으로 종류채권의 급부목적물의 특정에 관하여 민법 제375조 제2항이 적용되므로, 채무자가 이행에 필요한 행위를 완료하거나 채권자의 동의를 얻어 이행할 물

정답 9. ④

건을 지정한 때에는 그 물건이 채권의 목적물이 되는 것이나, 당사자 사이에 지정권의 부여 및 지정의 방법에 관한 합의가 없고, 채무자가 이행에 필요한 행위를 하지 아니하거나 지정권자로 된 채무자가 이행할 물건을 지정하지 아니하는 경우에는 선택채권의 선택권 이전에 관한 민법 제381조를 준용하여 채권의 기한이 도래한 후 채권자가 상당한 기간을 정하여 지정권이 있는 채무자에게 그 지정을 최고하여도 채무자가 이행할 물건을 지정하지 아니하면 지정권이 채권자에게 이전한다(대판 2003. 3. 28, 2000다24856).

④ (×) : 채권액이 외국통화로 지정된 금전채권인 외화채권을 채무자가 우리나라 통화로 변제함에 있어서는 민법 제378조가 그 환산시기에 관하여 외화채권에 관한 같은 법 제376조, 제377조 제2항의 '변제기'라는 표현과는 다르게 '지급할 때'라고 규정한 취지에서 새겨 볼 때 그 환산시기는 이행기가 아니라 현실로 이행하는 때 즉 현실이행시의 외국환시세에 의하여 환산한 우리나라 통화로 변제하여야 한다고 풀이함이 상당하므로 채권자가 위와 같은 외화채권을 대용급부의 권리를 행사하여 우리나라 통화로 환산하여 청구하는 경우에도 법원이 채무자에게 그 이행을 명함에 있어서는 채무자가 현실로 이행할 때에 가장 가까운 사실심 변론종결 당시의 외국환 시세를 우리나라 통화로 환산하는 기준시로 삼아야 한다(대판 1991. 3. 12, 90다2147 전원합의체).

☞ 제378조는 채무자가 대용권을 행사할 수 있다고 하고 있으나, 통설과 판례는 채권자도 우리나라 통화로 청구할 수 있다고 해석한다.

⑤ (○) : 이식제한령 소정 범위를 초과한 이식은 무효이므로 이를 자동채권으로 하여 상계의 의사표시를 하였다 하여도 그 효력을 발생할 수 없다(대판 1963. 11. 21, 63다429).

10 채권의 목적에 관한 설명으로 옳은 것은? (다툼이 있으면 판례에 따름) 〈2022년 변리사〉

① 주채무가 외화채무인 경우, 채권자와 보증인 사이에 미리 약정한 환율로 환산한 원화로 보증채무를 이행하기로 약정은 허용되지 않는다.

② 특정물채권의 경우, 채무의 성질 또는 당사자의 의사표시로 변제장소를 정하지 아니한 때에는 특정물의 인도는 채권자의 현주소에서 해야 한다.

③ 선택채권의 경우, 선택권 없는 당사자의 과실로 인하여 수개의 급부 중 일부가 이행불능이 된 때에는 채권의 목적은 잔존한 것에 존재한다.

④ 금전채무의 이행지체로 인하여 발생하는 지연이자는 그 성질이 이자이다.

⑤ 종류채권이 특정되면 그 채권은 특정물채권으로 전환되고, 특별한 사정이 없는 한 채무자는 그 특정물을 인도할 때까지 선량한 관리자의 주의로 보존해야 한다.

해 설

① (×) : 보증채무는 채권자와 보증인 간의 보증계약에 의하여 성립하고, 주채무와는 별개 독립의 채무이지만 주채무와 동일한 내용의 급부를 목적으로 함이 원칙이라고 할 것이나 채권자와 보증인은 보증채무의 내용, 이행의 시기, 방법 등에 관하여 특약을 할 수 있고, 그 특약에 따른 보증인의 부담이 주채무의 목적이나 형태보다 중하지 않는 한 그러한 특약이 무효라고 할 수도 없으므로 (민법 제430조 참조), 주채무가 외화채무인 경우에도 채권자와 보증인 사이에 미리 약정한 환율로 환산한 원화로 보증채무를 이행하기로 약정하는 것도 허용된다 (대판 2002. 8. 27, 2000다9734).

② (×) : 채무의 성질 또는 당사자의 의사표시로 변제장소를 정하지 아니한 때에는 특정물의 인도는 채권성립 당시에 그 물건이 있던 장소에서 하여야 한다(민법 제467조 제1항).

③ (×) : 선택권 없는 당사자의 과실로 인하여 이행불능이 된 때에는 채권의 목적이 잔존한 것에 존재하는 것이 아니라 불능이 된 급부도 선택할 수 있다(제385조 제2항).

④ (×) : 금전채무의 이행지체로 인하여 발생하는 지연손해금은 그 성질이 손해배상금이지 이자가 아니며, 민

정답 10. ⑤

법 제163조 제1호의 1년 이내의 기간으로 정한 채권도 아니므로 3년간의 단기소멸시효의 대상이 되지 아니한다(대판 1995. 10. 13, 94다57800).

⑤ (○) : 종류채권의 특정이 있게 되면 그때부터 그 물건만이 채권의 목적물이 된다(제375조 제2항). 즉 특정물채권으로 전환된다. 따라서 인도할 때까지 선량한 관리자의 주의로 보존해야 한다(제374조).

11 채권의 목적에 관한 설명으로 옳지 않은 것은? (다툼이 있으면 판례에 따름) 〈2023년 변리사〉

① 특정물채권의 채무자는 이행기에 이행하여도 손해를 면할 수 없는 경우가 아닌 한, 이행지체 중에 과실없이 목적물이 멸실되더라도 배상책임을 부담한다.

② 원본채권이 시효로 소멸한 경우 그로부터 발생한 지분적 이자채권도 함께 소멸한다.

③ 금전채무불이행에 따른 통상손해배상의 경우 채권자는 자신의 손해를 증명할 필요가 없다.

④ 채무자가 금전채무를 이행하지 않아 발생한 확정된 지연손해금에 대하여 채권자가 이행청구를 하는 경우 그 지연손해금에 대하여 다시 지연손해금의 지급을 구할 수는 없다.

⑤ 무권대리에서 상대방이 그의 선택에 따라 행사할 수 있는 계약의 이행 또는 손해배상청구권은 선택권을 행사할 수 있는 때부터 소멸시효가 진행한다.

해 설

① (○) : 채무자는 자기에게 과실이 없는 경우에도 그 이행지체 중에 생긴 손해를 배상하여야 한다. 그러나 채무자가 이행기에 이행하여도 손해를 면할 수 없는 경우에는 그러하지 아니하다(민법 제392조).

② (○) : 주된 권리의 소멸시효가 완성한 때에는 종속된 권리에 그 효력이 미친다(민법 제183조). 따라서 원본채권이 시효소멸하면 이자채권도 함께 소멸한다.

> **[동지판례]** 이자 또는 지연손해금은 주된 채권인 원본의 존재를 전제로 그에 대응하여 일정한 비율로 발생하는 종된 권리인데, 하나의 금전채권의 원금 중 일부가 변제된 후 나머지 원금에 대하여 소멸시효가 완성된 경우, 가분채권인 금전채권의 성질상 변제로 소멸한 원금 부분과 소멸시효 완성으로 소멸한 원금 부분을 구분하는 것이 가능하고, 이 경우 원금에 종속된 권리인 이자 또는 지연손해금 역시 변제로 소멸한 원금 부분에서 발생한 것과 시효완성으로 소멸된 원금 부분에서 발생한 것으로 구분하는 것이 가능하므로, 소멸시효 완성의 효력은 소멸시효가 완성된 원금 부분으로부터 그 완성 전에 발생한 이자 또는 지연손해금에는 미치나, 변제로 소멸한 원금 부분으로부터 그 변제 전에 발생한 이자 또는 지연손해금에는 미치지 않는다(대판 2008. 3. 14, 2006다2940).

③ (○) : 제397조(금전채무불이행에 대한 특칙) ① 금전채무불이행의 손해배상액은 법정이율에 의한다. 그러나 법령의 제한에 위반하지 아니한 약정이율이 있으면 그 이율에 의한다. ② 전항의 손해배상에 관하여는 채권자는 손해의 증명을 요하지 아니하고 채무자는 과실없음을 항변하지 못한다.

④ (×) : 금전채무의 지연손해금채무는 금전채무의 이행지체로 인한 손해배상채무로서 **이행기의 정함이 없는 채무**에 해당하므로, 채무자는 확정된 지연손해금채무에 대하여 채권자로부터 **이행청구를 받은 때로부터** 지체책임을 부담하게 된다(대판 2004. 7. 9, 2004다11582).

⑤ (○) : 타인의 대리인으로 계약을 한 자가 그 대리권을 증명하지 못하고 또 본인의 추인을 얻지 못한 때에는 상대방의 선택에 좇아 계약의 이행 또는 손해배상의 책임이 있는 것인바 이 상대방이 가지는 계약이행 또는 손해배상청구권의 소멸시효는 그 선택권을 행사할 수 있는 때로부터 진행한다 할 것이고 또 선택권을 행사할 수 있는 때라고 함은 대리권의 증명 또는 본인의 추인을 얻지 못한 때라고 할 것이다(대판 1965. 8. 24, 64다1156).

정답 11. ④

12 **특정물채권에 관한 설명으로 옳지 않은 것은? (다툼이 있으면 판례에 따름)** 〈2024년 변리사〉

① 특정물매매에 있어서 매수인의 대금지급채무가 이행지체에 빠졌다고 하더라도 그 목적물이 매수인에게 인도될 때까지는 매수인은 매매대금의 이자를 지급할 필요가 없다.
② 특정물매매의 경우, 매수인이 매매대금을 지급하지 않더라도 인도받지 않은 목적물로부터 생긴 과실에 대한 수취권은 특별한 사정이 없는 한 매수인에게 귀속된다.
③ 채권자는 특정물에 관한 자신의 채권을 보전하기 위하여 채무자의 제3채무자에 대한 그 특정물에 관한 권리만을 대위행사할 수 있다.
④ 103동 607호, 107동 203호 등으로 아파트를 지정하여 매매하는 것을 내용으로 하는 아파트분양계약은 수량을 지정한 매매가 아닌 특정물을 목적으로 한 매매에 해당한다.
⑤ 채권자가 특정물채권을 보전하기 위해 채권자취소권을 행사하는 것은 허용되지 않는다.

해 설

① (○), ② (×) : 민법 제587조에 의하면, 매매계약 있은 후에도 인도하지 아니한 목적물로부터 생긴 과실은 매도인에게 속하고, 매수인은 목적물의 인도를 받은 날로부터 대금의 이자를 지급하여야 한다(①)고 규정하고 있는바, 이는 매매당사자 사이의 형평을 꾀하기 위하여 매매목적물이 인도되지 아니하더라도 매수인이 대금을 완제한 때에는 그 시점 이후의 과실은 매수인에게 귀속되지만, 매매목적물이 인도되지 아니하고 또한 매수인이 대금을 완제하지 아니한 때에는 매도인의 이행지체가 있더라도 과실은 매도인에게 귀속되는 것(②)이므로 매수인은 인도의무의 지체로 인한 손해배상금의 지급을 구할 수 없다(대판 2004. 4. 23, 2004다8210).
③ (○) : 채권자대위권은 채무자의 채권을 대위행사함으로써 채권자의 채권이 보전되는 관계가 존재하는 경우에 한하여 이를 행사할 수 있으므로 특정물에 관한 채권자는 채권을 보전하기 위하여 채무자의 제3채무자에 대한 그 특정물에 관한 권리만을 대위행사할 수 있다(대판 1993. 4. 23, 93다289).
④ (○) : 원고와 피고들간에 체결된 아파트분양계약이 아파트의 6층 607호, 1층 102호 등으로 특정된 아파트 1동씩을 특정하여 매매한 것이므로 이는 수량을 지정한 매매가 아니라 특정물을 목적으로 한 매매로서 설사 분양안내 카타로그가 잘못되어 피고들이 분양받은 아파트의 실제면적이 분양계약서상에 표시된 분양면적보다 다소 넓다 하더라도 피고들이 법률상 원인없이 이득을 얻은 것이라 할 수 없다(대판 1991. 3. 27, 90다13888).

[비교판례] 목적물이 일정한 면적(수량)을 가지고 있다는 데 주안을 두고 대금도 면적을 기준으로 하여 정하여지는 아파트분양계약은 이른바 수량을 지정한 매매라 할 것이다(대판 2002. 11. 8, 99다58136).

⑤ (○) : 채권자취소권은 채무자가 채권자를 해함을 알면서 자기의 일반재산을 감소시키는 행위를 한 경우에 그 행위를 취소하여 채무자의 재산을 원상회복시킴으로써 모든 채권자를 위하여 채무자의 책임재산을 보전하는 권리로서, 특정물 채권을 보전하기 위하여 행사하는 것은 허용되지 않는다(대판 1995. 2. 10, 94다2534).

13 **다음 설명 중 옳지 않은 것은? (다툼이 있는 경우 판례에 의함)** 〈2016년 변호사시험〉

① 외화채권을 채무자가 우리나라 통화로 변제할 경우, 이행기가 아니라 현실로 이행하는 때의 외국환시세에 의하여 환산한 우리나라 통화로 변제하여야 한다.
② 채권자가 외화채권을 대용급부의 권리를 행사하여 우리나라 통화로 환산하여 청구하는 경우에는 청구당시를 기준으로 하고, 변론종결 당시의 외국환시세를 기준으로 채권액을 다시 환산할 필요는 없다.
③ 집행법원이 경매절차에서 외화채권자에 대하여 배당을 할 때에는 특별한 사정이 없는 한 배당기일

정답 12. ② 13. ②

당시의 외국환시세를 우리나라 통화로 환산하는 기준으로 삼아야 한다.

④ 우리나라 통화를 외화채권에 변제충당할 때 특별한 사정이 없는 한 현실로 변제충당할 당시의 외국환시세에 의하여 환산하여야 한다.

⑤ 채무불이행으로 인한 손해배상을 규정하고 있는 민법 제394조는 다른 의사표시가 없는 한 손해는 금전으로 배상하여야 한다고 규정하고 있는데, 위 법조 소정의 금전이라 함은 우리나라의 통화를 가리키는 것이어서 채무불이행으로 인한 손해배상을 구하는 채권은 당사자가 외국통화로 지급하기로 약정하였다는 등의 특별한 사정이 없는 한 채권액이 외국통화로 지정된 외화채권이라고 할 수 없다.

해설

① (○) : 외화채권을 채무자가 우리나라 통화로 변제할 경우, 이행기가 아니라 현실로 이행하는 때의 외국환 시세에 의하여 환산한 우리나라 통화로 변제하여야 한다(대판 1991. 3. 12, 90다2147 전원합의체).

② (×) : 채권자가 위와 같은 외화채권을 대용급부의 권리를 행사하여 우리나라 통화로 환산하여 청구하는 경우에도, 법원은 원고가 청구취지로 구하는 금액 범위 내에서는, 채무자가 현실로 이행할 때에 가장 가까운 사실심 변론종결 당시를 우리나라 통화로 환산하는 기준시로 삼아 그 당시의 외국환 시세를 기초로 채권액을 다시 환산한 금액에 대하여 이행을 명하여야 한다(대판 2012. 10. 25, 2009다77754).

③ (○) : 집행법원이 경매절차에서 외화채권자에 대하여 배당을 할 때에는 특별한 사정이 없는 한 배당기일 당시의 외국환시세를 우리나라 통화로 환산하는 기준으로 삼아야 한다(대판 2011. 4. 14, 2010다103642).

④ (○) : 채권액이 외국통화로 정해진 금전채권인 외화채권을 채무자가 우리 나라 통화로 변제하는 경우에 그 환산시기는 이행기가 아니라 현실로 이행하는 때, 즉 현실이행시의 외국환시세에 의하여 환산한 우리나라 통화로 변제하여야 하고, 우리 나라 통화를 외화채권에 변제충당할 때도 특별한 사정이 없는 한 현실로 변제충당할 당시의 외국환시세에 의하여 환산하여야 한다(대판 2000. 6. 9, 99다56512).

⑤ (○) : 채무불이행으로 인한 손해배상을 규정하고 있는 민법 제394조는 다른 의사표시가 없는 한 금전으로 배상하여야 한다고 규정하고 있는바, 위 법조 소정의 금전이라 함은 우리나라의 통화를 가리키는 것이어서 채무불이행으로 인한 손해배상을 구하는 채권은 당사자가 외국통화로 지급하기로 약정하였다는 등의 특별한 사정이 없는 한 채권액이 외국통화로 지정된 외화채권이라고 할 수 없다(대판 2007. 8. 23, 2007다26455,26462).

14 甲은 乙에게 乙이 생산한 참외 100상자를 주문하였고, 대금은 100만 원으로 정하였다. 甲과 乙은 품질이나 이행지에 관하여는 달리 약정을 하지 않았다. 乙은 丙에게 자신이 생산한 참외 중에서 100상자를 甲의 주소지로 운송해 줄 것을 부탁하였다. 이에 관한 설명 중 옳지 않은 것은? 〈2017년 변호사시험〉

① 乙은 자신이 생산한 참외 중 중등품 100상자를 甲의 주소지에서 인도하여야 한다.

② 丙이 위 참외를 트럭에 싣고 甲의 주소지로 가던 중 丙의 과실 없이 사고를 당하여 참외가 모두 파손된 경우, 乙은 자신이 생산한 다른 참외가 있더라도 참외 100상자를 다시 인도할 필요가 없다.

③ 丙이 참외 100상자를 싣고 이행일시에 甲의 주소지에 도착하여 甲에게 적법한 이행제공을 하였으나 甲이 수령을 거절하는 바람에 丙이 되돌아 가다가 그의 과실 없이 교통사고를 당하여 참외가 멸실된 경우, 乙의 위 참외 인도채무는 소멸한다.

④ 위 ③의 경우에 乙은 甲에게 위 참외대금의 지급을 청구할 수 있다.

⑤ 배달된 참외 중의 일부가 배달 중에 파손되었음을 발견한 甲은 乙에게 다시 하자 없는 참외로 급부해 줄 것을 청구할 수 있다.

정답 14. ②

해 설

① (○) : 민법 제375조 제1항, 민법 제467조 제2항 참조

② (×) : 지참채무의 경우 채무자가 모든 이행의 준비를 해서 채권자의 주소에서 현실로 목적물을 제공함으로써 그 제공한 목적물에 대해 특정되는데(민법 제375조 제2항, 제460조, 제467조), 종류채권의 특정 전에는 채무자가 소유하는 그 종류의 물건이 멸실하였다 하더라도 그 종류물이 거래계에 존재하는 한 채무자는 급부의무를 면하지 못한다(조달의무가 있다).

③ (○) : 종류채권의 특정 후에는 채무자는 목적물이 멸실하면 조달의무를 면한다(특정에 의해 목적물에 대한 급부위험은 채권자에게 이전한다 : 물건의 위험의 이전).

④ (○) : 민법 제538조 제1항 제2문 참조

⑤ (○) : 민법 제581조 제2항. 완전물급부청구권

15 금전채권의 이자 및 지연손해금에 관한 설명 중 옳지 않은 것은? (다툼이 있는 경우 판례에 의함) 〈2019년 변호사시험〉

① 금전소비대차에서 지연손해금에 관한 약정 없이 이자에 관한 약정만이 있는 경우 특별한 사정이 없는 한 금전반환채무의 이행지체로 인한 지연손해금도 그 약정이율에 의하기로 하였다고 보는 것이 당사자의 의사에 부합하지만, 그 약정이율이 법정이율보다 낮은 경우에는 법정이율에 의한 지연손해금을 청구할 수 있다.

② 계약 당사자 쌍방이 합의에 의하여 계약을 해제할 경우에는 당사자 사이에 별도의 약정이 없는 이상 합의해제로 인하여 반환할 금전에 그 받은 날로부터의 이자를 더하여 반환할 의무가 없다.

③ 이자 또는 지연손해금 채권은 원본채권과 별개의 채권이기는 하나 원본의 존재를 전제로 그에 대응하여 발생하는 권리이므로, 원본채권의 소멸시효 완성의 효력은 그 시효완성 전에 이미 발생한 이자 및 지연손해금 채권에도 미친다.

④ 손해배상의 예정액이 부당히 과다한 경우 법원은 이를 적당히 감액할 수 있으나, 금전채무불이행을 원인으로 한 손해배상에 관하여는 채권자는 손해의 증명을 요하지 아니하고 채무자는 과실없음을 항변하지 못하므로, 금전채무의 이행지체에 대비한 지연손해금을 따로 약정하였더라도 이는 감액의 대상이 될 수 없다.

⑤ 금전채무 이행에 불확정한 기한이 있는 경우에 채무자가 그 기한이 도래함을 알지 못하였다면 이행지체로 인한 지연손해금 지급의무가 발생하지 않는다.

해 설

① (○) : [1] 당사자 일방이 계약을 해제한 때에는 각 당사자는 상대방에 대하여 원상회복의무가 있고, 이 경우 반환할 금전에는 받은 날로부터 이자를 가산하여 지급하여야 한다. 여기서 가산되는 이자는 원상회복의 범위에 속하는 것으로서 일종의 부당이득반환의 성질을 가지는 것이고 반환의무의 이행지체로 인한 지연손해금이 아니다. 따라서 당사자 사이에 그 이자에 관하여 특별한 약정이 있으면 그 약정이율이 우선 적용되고 약정이율이 없으면 민사 또는 상사 법정이율이 적용된다. 반면 원상회복의무가 이행지체에 빠진 이후의 기간에 대해서는 부당이득반환의무로서의 이자가 아니라 반환채무에 대한 지연손해금이 발생하게 되므로 거기에는 지연손해금률이 적용되어야 한다. 그 지연손해금률에 관하여도 당사자 사이에 별도의 약정이 있으면 그에 따라야 할 것이고, 설사 그것이 법정이율보다 낮다 하더라도 마찬가지이다. [2] 계약해제 시 반환할 금전에 가산할 이자에 관하여 당사자 사이에 약정이 있는 경우에는 특별한 사정이 없는 한 이행지체로 인한 지연손해금도 그 약정이율에 의하기로 하였다고 보는 것이 당사자의 의사에 부합한다. 다만 그 약정이율이 법정이율보다 낮은 경우에

정답 15. ④

는 약정이율에 의하지 아니하고 법정이율에 의한 지연손해금을 청구할 수 있다고 봄이 타당하다. 계약해제로 인한 원상회복 시 반환할 금전에 받은 날로부터 가산할 이자의 지급의무를 면제하는 약정이 있는 때에도 그 금전반환의무가 이행지체 상태에 빠진 경우에는 법정이율에 의한 지연손해금을 청구할 수 있는 점과 비교해 볼 때 그렇게 보는 것이 논리와 형평의 원리에 맞기 때문이다(대판 2013. 4. 26, 2011다50509).

② (○) : 합의해제 또는 해제계약이라 함은 해제권의 유무에 불구하고 계약 당사자 쌍방이 합의에 의하여 기존의 계약의 효력을 소멸시켜 당초부터 계약이 체결되지 않았던 것과 같은 상태로 복귀시킬 것을 내용으로 하는 새로운 계약으로서, 그 효력은 그 합의의 내용에 의하여 결정되고 여기에는 해제에 관한 민법 제548조 제2항의 규정은 적용되지 아니하므로, 당사자 사이에 약정이 없는 이상 합의해제로 인하여 반환할 금전에 그 받은 날로부터의 이자를 가하여야 할 의무가 있는 것은 아니다(대판 1996. 7. 30, 95다16011).

③ (○) : 민법 제183조.

④ (×) : 금전채무에 관하여 이행지체에 대비한 지연손해금 비율을 따로 약정한 경우에 이는 일종의 손해배상액의 예정으로서 민법 제398조 제2항에 의한 감액의 대상이 된다(대판 2017. 5. 30, 2016다275402).

⑤ (○) : 민법 제387조 제1항(이행기와 이행지체) 채무이행의 확정한 기한이 있는 경우에는 채무자는 기한이 도래한 때로부터 지체책임이 있다. 채무이행의 불확정한 기한이 있는 경우에는 채무자는 기한이 도래함을 안 때로부터 지체책임이 있다.

16 **채권관계에서의 보호의무에 관한 설명 중 옳은 것은? (다툼이 있는 경우 판례에 의함)**

〈2023년 변호사시험〉

① 계약상 법률관계에서는 일방 당사자가 상대방 당사자에게 손실이 발생하지 아니하도록 상대방 당사자의 이익을 보호하거나 배려할 일반적인 의무를 부담하는 것이 원칙이다.

② 카지노사업자가 카지노 운영과 관련하여 공익상 포괄적인 영업 규제를 받고 있다면 특별한 사정이 없는 한 이를 근거로 카지노이용자의 이익을 위한 카지노사업자의 보호의무를 인정할 수 있다.

③ 병원에 환자가 입원하여 치료를 받는 경우, 병원은 입원환자의 휴대품 등의 도난을 방지함에 필요한 적절한 조치를 강구하여 줄 신의칙상의 보호의무가 있다.

④ 공중접객업인 숙박업을 경영하는 자가 투숙객과 체결하는 숙박계약에 있어서 통상의 임대차에서 더 나아가 고객의 안전까지 배려하여야 할 보호의무를 부담한다고 볼 수 없다.

⑤ 기획여행업자가 여행자와의 여행계약에서 부담하는 안전배려의무에, 그가 여행자에게 발생할 수 있는 위험을 예견할 수 있을 때에 여행자에게 그 뜻을 알려 여행자 스스로 그 위험을 수용할지 선택할 기회를 주어야 하는 조치까지 포함되는 것은 아니다.

해 설

① (×), ② (×) : 개인은 자신의 자유로운 선택과 결정에 따라 행위하고 그에 따른 결과를 다른 사람에게 귀속시키거나 전가하지 아니한 채 스스로 이를 감수하여야 한다는 '자기책임의 원칙'이 개인의 법률관계에 대하여 적용되고, 계약을 둘러싼 법률관계에서도 당사자는 자신의 자유로운 선택과 결정에 따라 계약을 체결한 결과 발생하게 되는 이익이나 손실을 스스로 감수하여야 할 뿐 일방 당사자가 상대방 당사자에게 손실이 발생하지 아니하도록 하는 등 상대방 당사자의 이익을 보호하거나 배려할 일반적인 의무는 부담하지 아니함이 원칙이다. (나) 카지노사업자가 카지노 운영과 관련하여 공익상 포괄적인 영업 규제를 받고 있더라도 특별한 사정이 없는 한 이를 근거로 함부로 카지노이용자의 이익을 위한 카지노사업자의 보호의무 내지 배려의무를 인정할 것은 아니다. 카지노사업자로서는 정해진 게임 규칙을 지키고 게임 진행에 필요한 서비스를 제공하면서 관련 법령에 따라 카지노를 운영하기만 하면 될 뿐, 관련 법령에 분명한 근거가 없는 한 카지노사업자에게 자신과 게임의 승패를 겨루어 재산상 이익을 얻으려 애쓰는 카지노이용자의 이익을 자신의 이익보다 우선하거나 카지노이

정답 16. ③

용자가 카지노 게임으로 지나친 재산상 손실을 입지 아니하도록 보호할 의무가 있다고 보기는 어렵다. 다만 자기책임의 원칙도 절대적인 명제라고 할 수는 없는 것으로서, 개별 사안의 구체적 사정에 따라서는 신의성실이나 사회질서 등을 위하여 제한될 수도 있다. 그리하여 카지노이용자가 자신의 의지로는 카지노 이용을 제어하지 못할 정도로 도박 중독 상태에 있었고 카지노사업자도 이를 인식하고 있었거나 조금만 주의를 기울였더라면 인식할 수 있었던 상황에서, 카지노이용자나 그 가족이 카지노이용자의 재산상 손실을 방지하기 위하여 법령이나 카지노사업자에 의하여 마련된 절차에 따른 요청을 하였음에도 그에 따른 조처를 하지 아니하고 나아가 영업제한규정을 위반하여 카지노 영업을 하는 등 카지노이용자의 재산상실에 관한 주된 책임이 카지노사업자에게 있을 뿐만 아니라 카지노이용자의 손실이 카지노사업자의 영업이익으로 귀속되는 것이 사회 통념상 용인될 수 없을 정도에 이르렀다고 볼만한 특별한 사정이 있는 경우에는, 예외적으로 카지노사업자의 카지노이용자에 대한 보호의무 내지 배려의무 위반을 이유로 한 손해배상책임이 인정될 수 있다(대판 2014. 8. 21, 2010다92438 전원합의체).

③ (○) : 환자가 병원에 입원하여 치료를 받는 경우에 있어서, 병원은 진료뿐만 아니라 환자에 대한 숙식의 제공을 비롯하여 간호, 보호 등 입원에 따른 포괄적 채무를 지는 것인 만큼 병원은 병실에의 출입자를 통제·감독하든가 그것이 불가능하다면 최소한 입원환자에게 휴대품을 안전하게 보관할 수 있는 시정장치가 있는 사물함을 제공하는 등으로 입원환자의 휴대품 등의 도난을 방지함에 필요한 적절한 조치를 강구하여 줄 신의칙상의 보호의무가 있다고 할 것이고, 이를 소홀히 하여 입원환자와는 아무런 관련이 없는 자가 입원환자의 병실에 무단출입하여 입원환자의 휴대품 등을 절취하였다면 병원은 그로 인한 손해배상책임을 면하지 못한다(대판 2003. 4. 11, 2002다63275).

④ (×) : 공중접객업인 숙박업을 경영하는 자가 투숙객과 체결하는 숙박계약은 숙박업자가 고객에게 숙박을 할 수 있는 객실을 제공하여 고객으로 하여금 이를 사용할 수 있도록 하고 고객으로부터 그 대가를 받는 일종의 일시사용을 위한 임대차계약으로서, 숙박업자는 통상의 임대차에서 한 걸음 더 나아가 고객에게 위험이 없는 안전하고 편안한 객실 및 관련시설을 제공함으로써 고객의 안전을 배려하여야 할 보호의무를 부담하며 이러한 의무는 숙박계약의 특수성을 고려하여 신의칙상 인정되는 부수적인 의무로서 숙박업자가 이를 위반하여 고객의 생명, 신체를 침해하여 손해를 입힌 경우 불완전이행으로 인한 채무불이행책임을 부담한다(대판 1994. 1. 28, 93다43590).

⑤ (×) : 기획여행업자는 통상 여행 일반은 물론 목적지의 자연적·사회적 조건에 관하여 전문적 지식을 가진 자로서 우월적 지위에서 행선지나 여행시설의 이용 등에 관한 계약 내용을 일방적으로 결정하는 반면, 여행자는 그 안전성을 신뢰하고 기획여행업자가 제시하는 조건에 따라 여행계약을 체결하는 것이 일반적이다. 이러한 점을 감안할 때 기획여행업자가 여행자와 여행계약을 체결할 경우에는 다음과 같은 내용의 안전배려의무를 부담한다고 봄이 타당하다. 기획여행업자는 여행자의 생명·신체·재산 등의 안전을 확보하기 위하여 여행목적지·여행일정·여행행정·여행서비스기관의 선택 등에 관하여 미리 충분히 조사·검토하여 전문업자로서의 합리적인 판단을 하여야 한다. 그에 따라 기획여행업자는 여행을 시작하기 전 또는 그 이후라도 여행자가 부딪칠지 모르는 위험을 예견할 수 있을 경우에는 여행자에게 그 뜻을 알려 여행자 스스로 그 위험을 수용할지를 선택할 기회를 주어야 하고, 그 여행계약 내용의 실시 도중에 그러한 위험 발생의 우려가 있을 때는 미리 그 위험을 제거할 수단을 마련하는 등의 합리적 조치를 하여야 한다(대판 2017. 12. 13, 2016다6293).

17 **甲은 2005. 3. 1. 乙에게 500만원을 이자 월 1%, 이자지급일 매월 말일, 변제기 2005. 10. 31.로 정하여 대여하였다. 이 사례에 관한 설명 중 옳은 것은? (다툼이 있는 경우에는 판례에 의함)**

〈2006년 사법시험〉

① 乙이 위 차용금채무의 이행에 관하여 甲에게 어음을 교부하는 경우, 다른 특별한 사정이 없는 한 乙의 차용금채무는 소멸하고 어음채무만이 잔존한다.

정답 17. ④

② 乙이 위 차용금채무의 지급을 위하여 甲에게 어음을 교부하고, 甲이 그 어음과 분리하여 대여금채권만을 제3자 丙에게 양도하고 이를 乙에게 통지하였다면, 丙이 乙에 대하여 그 대여금의 반환을 청구한 경우, 乙은 丙에 대하여 그 어음을 반환 받을 때까지 차용금채무의 이행을 거절할 수 있는 항변권을 행사할 수 없다.
③ 甲이 위 500만원 대여금채권의 지급을 확보하기 위하여 2005. 3. 1. 乙 발행의 액면금 600만원인 약속어음을 교부받고 2006. 2. 20. 위 약속어음채권을 피보전권리로 하여 乙소유의 부동산을 가압류하였다 하더라도 위 대여금채권의 소멸시효가 중단되는 것은 아니다.
④ 乙이 변제기인 2005. 10. 31.이 지난 후에도 차용원리금을 전혀 변제하지 않으므로 甲이 2006. 1. 1. 乙에 대하여 그 원리금 및 지연손해금의 지급을 청구한 일이 있다면, 그 후 甲은 乙에 대하여 위 500만원에 대한 2005. 11. 1.부터 2005. 12. 31.까지 2개월간의 지연손해금 10만원에 대한 지연손해금의 지급도 구할 수 있다.
⑤ 乙이 변제기인 2005. 10. 31. 차용금 500만원을 반환하지 않음으로 인하여 발생한 지연손해금은 민법 제163조 제1호 소정의 '1년 이내의 기간으로 정한 금전의 지급을 목적으로 한 채권'으로서 3년의 단기소멸시효의 대상이 된다.

해 설

①(×) : 기존채무의 이행에 관하여 채무자가 채권자에게 어음을 교부할 때의 당사자의 의사는 기존원인채무의 '지급에 갈음하여', 즉 기존원인채무를 소멸시키고 새로운 어음채무만을 존속시키려고 하는 경우와, 기존원인채무를 존속시키면서 그에 대한 지급방법으로서 이른바 '지급을 위하여' 교부하는 경우 및 단지 기존채무의 지급담보의 목적으로 이루어지는 이른바 '담보를 위하여' 교부하는 경우로 나누어 볼 수 있는데, 당사자 사이에 특별한 의사표시가 없으면 어음의 교부가 있다고 하더라도 이는 기존 원인채무는 여전히 존속하고 단지 그 '지급을 위하여' 또는 그 '담보를 위하여' 교부된 것으로 추정할 것이며, 따라서 특별한 사정이 없는 한 기존의 원인채무는 소멸하지 아니하고 어음상의 채무와 병존한다고 보아야 할 것이고, 이 경우 어음상의 주채무자가 원인관계상의 채무자와 동일하지 아니한 때에는 제3자인 어음상의 주채무자에 의한 지급이 예정되고 있으므로 이는 '지급을 위하여' 교부된 것으로 추정하여야 한다(대판 1996. 11. 8, 95다25060).
②(×) : 채무의 이행확보를 위하여 어음을 발행한 경우 채무의 이행과 어음의 반환은 동시이행의 관계에 있다(대판 1992. 12. 22, 92다8712). 그리고 민법 제451조 제2항은 "양도인이 양도통지만을 한 때에는 채무자는 그 통지를 받은 때까지 양도인에 대하여 생긴 사유로써 양수인에게 대항할 수 있다."고 규정한다. 사안에서 채무자 乙은 통지를 받기 전에 이미 동시이행의 항변권을 취득하였으므로 양수인 丙에 대하여 동시이행의 항변권을 행사할 수 있다.
③(×) : [1] 원인채권의 지급을 확보하기 위한 방법으로 어음이 수수된 경우에 원인채권과 어음채권은 별개로서 채권자는 그 선택에 따라 권리를 행사할 수 있고, 원인채권에 기하여 청구를 한 것만으로는 어음채권 그 자체를 행사한 것으로 볼 수 없어 어음채권의 소멸시효를 중단시키지 못한다. [2] 원인채권의 지급을 확보하기 위한 방법으로 어음이 수수된 경우, 이러한 어음은 경제적으로 동일한 급부를 위하여 원인채권의 지급수단으로 수수된 것으로서 그 어음채권의 행사는 원인채권을 실현하기 위한 것일 뿐만 아니라, 원인채권의 소멸시효는 어음금 청구소송에 있어서 채무자의 인적항변 사유에 해당하는 관계로 채권자가 어음채권의 소멸시효를 중단하여 두어도 채무자의 인적항변에 따라 그 권리를 실현할 수 없게 되는 불합리한 결과가 발생하게 되므로, 채권자가 원인채권에 기하여 청구를 한 것이 아니라 어음채권에 기하여 청구를 하는 반대의 경우에는 원인채권의 소멸시효를 중단시키는 효력이 있다(대판 1999. 6. 11, 99다16378). ☞ 가압류의 경우에도 마찬가지이다.
④(○) : 사례는 확정기한부채무에 해당하므로 그 기한이 도래한 때부터 지체책임을 부담한다(제387조 제1항). 따라서 채권자 甲이 이행청구를 하였다면 채무자 乙은 이미 이행지체에 빠져서 발생한 지연손해금도 당연히

지급하여야 한다. 한편, 판례는 금전채무의 지연손해금채무는 금전채무의 이행지체로 인한 손해배상채무로서 이행기의 정함이 없는 채무에 해당하므로, 채무자는 확정된 지연손해금채무에 대하여 채권자로부터 이행청구를 받은 때로부터 지체책임을 부담하게 된다고 판시하고 있다(대판 2004. 7. 9, 2004다11582).

⑤ (×) : 금전채무의 이행지체로 인하여 발생하는 지연손해금은 그 성질이 손해배상금이지 이자가 아니며, 민법 제163조 제1호가 규정한 '1년 이내의 기간으로 정한 채권'도 아니므로 3년간의 단기소멸시효의 대상이 되지 아니한다(대판 1998. 11. 10, 98다42141).

18 **甲은 乙에게 건물을 임대하였는데 乙이 건물을 사용·수익하던 중 임대차기간 만료전에 화재로 건물이 전소되었다. 이에 관한 설명 중 옳지 않은 것은? (다툼이 있는 경우에는 판례에 의함)** 〈2010년 사법시험〉

① 乙의 귀책사유로 인하여 건물이 전소된 경우, 乙은 甲에게 건물반환채무의 불이행에 따른 손해배상책임을 부담한다.

② 쌍방의 귀책사유 없이 건물이 전소된 경우, 乙은 甲에게 건물반환채무의 불이행에 따른 손해배상책임을 부담하지 않는다.

③ 화재에 대한 귀책사유의 유무나 소재가 밝혀지지 않은 경우, 乙은 甲에게 건물반환채무의 불이행에 따른 손해배상책임을 부담한다.

④ 乙이 甲에게 임대차보증금을 지급하였는데 乙의 귀책사유로 건물이 전소된 경우, 乙은 원칙적으로 甲에 대한 보증금반환청구권을 상실한다.

⑤ 만일 임대차 종료 후 乙이 甲에게 건물반환의무의 이행제공을 하면서 보증금반환을 구하였는데 甲이 반환할 보증금이 준비되지 않았다는 이유로 건물인도의 수령을 거절하던 중 乙의 경과실로 건물이 전소된 경우라면, 乙은 甲에게 건물반환채무의 불이행에 따른 손해배상책임을 부담하지 않는다.

해 설

① (○) : 이행불능에 따른 전보배상책임을 진다(제390조).

② (○) : 채무자 乙은 귀책사유가 없으므로 채무불이행책임을 지지 않는다(제390조). 다만 민법은 임차물의 일부가 임차인의 과실 없이 멸실 기타 사유로 인하여 사용·수익할 수 없는 없는 때에는 임차인은 그 부분의 비율에 의한 차임의 감액을 청구할 수 있다(제627조).

③ (○) : 임차건물이 화재로 소훼된 경우에 있어서 그 화재의 발생원인이 불명인 때에도 임차인이 그 책임을 면하려면 그 임차건물의 보존에 관하여 선량한 관리자의 주의의무를 다하였음을 입증하여야 한다(대판 2001. 1. 19, 2000다57351 등). 따라서 화재에 대한 귀책사유의 유무나 소재가 밝혀지지 않은 경우, 乙은 甲에게 건물반환채무의 불이행에 따른 손해배상책임을 부담한다.

④ (×) : 부동산임대차에 있어서 수수된 보증금은 차임채무, 목적물의 멸실·훼손 등으로 인한 손해배상채무 등 임대차에 따른 임차인의 모든 채무를 담보하는 것으로서, 그 피담보채무 상당액은 임대차관계의 종료 후 목적물이 반환될 때에 특별한 사정이 없는 한 별도의 의사표시 없이 보증금에서 당연히 공제되는 것이다(대판 2004. 12. 23, 2004다56554 등). 따라서 乙의 귀책사유로 건물이 전소된 경우, 乙의 甲에 대한 보증금반환청구권이 무조건 상실되는 것이 아니라 甲이 乙에게 반환해야 할 보증금에서 乙의 손해배상채무만큼 공제되게 된다.

⑤ (○) : 채권자지체에 따른 주의의무 경감에 관한 문제이다. 즉 乙이 甲에게 건물반환의무의 이행제공을 하면서 보증금반환을 구하였는데 甲이 그 수령을 거절하였으므로 甲은 채권자지체에 빠지게 된다. 그런데 채권자지체 중에는 채무자는 고의 또는 중대한 과실이 없으면 불이행으로 인한 모든 책임이 없다(제401조). 따라서 乙의 경과실로 건물이 전소되었다면, 乙은 甲에게 채무불이행에 따른 손해배상책임을 부담하지 않는다.

정 답 18. ④

19 **甲은 乙에게 2017. 1. 1. 1억 원을 변제기를 2017. 12. 31.로 정하여 대여하였다. 이자율을 ㉮ 월 1%로 정한 경우와 ㉯ 연 3%로 정한 경우로 나누어 각각의 경우에 2018. 12. 31. 현재 위 소비대차계약에 기한 甲의 乙에 대한 채권액 총액을 아래의 보기에서 올바르게 고른 것은? (甲, 乙은 모두 상인이 아니고, 채권액 총액은 원금, 이자, 지연손해금을 말하며, 이자에 대한 지연손해금은 고려하지 않음)** 〈2020년 법원행시〉

〈보 기〉

㉮ 월 1%로 정한 경우	㉯ 연 3%로 정한 경우
ㄱ. 1억 1200만 원	ㄹ. 1억 600만 원
ㄴ. 1억 1700만 원	ㅁ. 1억 800만 원
ㄷ. 1억 2400만 원	

① ㄱ, ㄹ ② ㄴ, ㄹ ③ ㄴ, ㅁ ④ ㄷ, ㄹ ⑤ ㄷ, ㅁ

해 설
현재가 2018. 12. 31.이므로 원금 1억 원에 변제기인 2017. 12. 31.까지 1년분의 이자와 그로부터 2018. 12. 31.까지 1년분의 지연손해금을 부가하여야 한다. 사안의 경우 이자율에 대한 약정만 있고 지연손해금률에 대한 별도의 약정은 없는데, 이러한 경우 판례는 '금전채무의 불이행으로 인한 손해배상액은 달리 특별한 사정이 없는 한 민법 소정의 법정이율인 연 5푼의 비율에 의한 금원이라 할 것이고, 다만 그와 다른 이자율의 약정이 있거나 지연손해금률의 약정이 있는 경우에 한하여 그 별도의 약정에 따른 손해배상액을 인정할 수 있다. 이처럼 지연배상에 관하여 약정이 없으면, 법정이율보다 (변제기전)약정이율을 적용하는데 이 경우 약정이율이 법정이율 이상인 경우이고, 약정이율이 법정이율보다 낮은 경우에는 법정이율에 의하여 지연손해금을 정할 것(대판 2009. 12. 24, 2009다85342)'이라고 한다.
㉮ : 월 1%는 연 12%이므로 법정이율보다 높다. 따라서 2년 동안 이 약정이율이 적용된다. 1억 원 + 100만 원 × 24개월 = 1억 2400만 원.
㉯ 연 3%는 법정이율보다 낮으므로 1년분의 이자에는 약정이자율이, 1년분의 지연손해금에는 연 5%의 법정이율이 각각 적용된다. 따라서 1억 원 + 300만 원 + 500만 원 = 1억 800만 원.

보충지문

20 **특정물채권의 경우 채무자는 그 물건을 인도하기까지 선량한 관리자의 주의로 보존하여야 하는데, 이러한 선관주의의무를 다하였음에도 목적물이 멸실 또는 훼손된 때에는 그 불이익은 채권자에게 돌아간다.** 〈2013년 법무사〉

해 설 특정물채무자는 그 물건을 인도하기까지 선량한 관리자의 주의로 보존할 의무가 있고(민법 제374조), 특정물채무자가 선관주의의무를 다하여 보존했다면 설령 목적물이 멸실 또는 훼손되었다고 하더라도 그 상태 그대로 인도하면 된다(민법 제462조). 따라서 멸실 또는 훼손의 불이익은 채권자에게 돌아가는 것이다. 이를 이른바 '물건의 위험'이라고 한다.

정답 19. ⑤ 20. (O)

21 **임대차계약이 종료된 후 보증금을 반환받지 못한 임차인은 임대인에게 동시이행의 항변권을 행사하면서 목적물의 반환을 거절할 수 있으나, 그 경우에도 임대인이 수령지체에 빠진 것이 아니라면 임차인은 목적물을 반환할 때까지 선량한 관리자의 주의로 이를 보존할 의무가 있다.** 〈2015년 사법시험〉

해 설 특정물 채무자는 인도시까지 선관주의의무를 부담하는 것이 원칙이다. 다만, 변제기 이후에는 선관주의의무가 수정이 되어 수령지체(책임감경)와 이행지체(책임가중)의 경우가 아닌 불가항력이나 동시이행의 항변권이 있는 경우에 선관주의의무가 유지된다(통설).

22 **금전채무는 이행불능, 위험부담의 문제가 생기지 않는다.** 〈2006년 공인노무사〉

해 설 금전은 물건의 개성이 아닌 가치문제로서 타당하다.

23 **금전채권의 경우, 특정물채권이 될 여지가 없다.** 〈2017년 공인노무사〉

해 설 예컨대 소장용으로 특정의 화폐를 인도하기로 한 경우에는 특정물채권이 될 수도 있다.

24-1 **금전채무불이행의 손해배상에 관하여 채권자는 손해의 증명을 요하지 않는다.** 〈2015년 공인노무사〉

24-2 **금전채무불이행의 손해배상에 관하여 채무자는 과실 없음을 항변하지 못한다.** 〈2015년 공인노무사〉

해 설 금전채무불이행의 특칙으로서 금전채무불이행의 손해배상에 관하여 채권자는 손해의 증명을 요하지 않으며, 채무자는 과실 없음을 항변하지 못한다(제397조).

25 **채권의 목적이 어느 종류의 통화로 지급할 것인 경우에 그 통화가 변제기에 강제통용력을 잃은 때에는 채무자는 지급의무를 면하는 것이 아니라 다른 통화로 변제하여야 한다.** 〈2013년 법무사〉

해 설 민법 제376조 참조

26-1 **채권의 목적이 다른 나라 통화로 지급할 것인 경우, 채무자는 그 국가의 강제통용력 있는 각종 통화로 변제할 수 있다.** 〈2017년 공인노무사〉

26-2 **채권의 목적이 어느 종류의 다른 나라 통화로 지급할 것인 경우에 그 통화가 변제기에 강제통용력을 잃은 때에는 우리나라 통화로 변제하여야 한다.** 〈2010년 공인노무사〉

해 설 채권의 목적이 어느 종류의 다른 나라 통화로 지급할 것인 경우에 그 통화가 변제기에 강제통용력을 잃은 때에는 '우리나라 통화'로 변제하는 것이 아니라, 그 나라의 다른 통화로 변제하여야 한다(제377조).

27 **채권액이 다른 나라의 통화로 지정된 때에는 채무자는 지급할 때에 있어서의 이행지의 환금시가에 의하여 우리나라 통화로 변제할 수 있다.** 〈2010년 공인노무사〉

해 설 채권액이 다른 나라의 통화로 지정된 때에는 채무자는 지급할 때에 있어서의 이행지의 환금시가에 의하여 우리나라 통화로 변제할 수 있다(제378조).

정답 21. (○) 22. (○) 23. (×) 24-1. (○) 24-2. (○) 25. (○) 26-1. (○) 26-2. (×) 27. (○)

28-1 **채권액이 외국통화로 지정된 경우, 채무자에게만 대용권을 인정하고 있는 민법하에서는 특별한 사정이 없는 한 채권자는 본래의 급부목적인 외국통화의 지급만을 청구할 수밖에 없다.**

〈2008년 사법시험〉

28-2 **채권액이 외국통화로 지정된 금전채권인 외화채권을 채권자가 대용급부의 권리를 행사하여 우리나라 통화로 환산하여 청구하는 경우 법원이 채무자에게 이행을 명할 때는 채무의 이행기 당시의 외국환 시세를 우리나라 통화로 환산하는 기준시로 삼아야 한다.** 〈2023년 법원행시〉

해설 외화채권은 이른바 '임의채권'으로서, 채권액이 외국통화로 지정된 금전채권인 외화채권을 채무자가 우리나라 통화로 변제함에 있어서는 민법 제378조가 그 환산시기에 관하여 외화채권에 관한 같은 법 제376조, 제377조 제2항의 '변제기'라는 표현과는 다르게 「지급할 때」라고 규정한 취지에서 새겨 볼 때 그 환산시기는 이행기가 아니라 현실로 이행하는 때 즉 현실이행시의 외국환시세에 의하여 환산한 우리나라 통화로 변제하여야 한다고 풀이함이 상당하므로 채권자가 위와 같은 외화채권을 대용급부의 권리를 행사하여 우리나라 통화로 환산하여 청구하는 경우에도 법원이 채무자에게 그 이행을 명함에 있어서는 **채무자가 현실로 이행할 때에 가장 가까운 사실심 변론종결 당시의 외국환 시세**를 우리나라 통화로 환산하는 기준시로 삼아야 한다(대판 1991. 3. 12, 90다2147 전원합의체). ☞ 조문은 채무자의 대용권만을 인정하고 있지만, 판례는 채권자의 대용권도 인정한다.

29 **민사채권과 상사채권의 법정이율은 모두 연 5분이다.** 〈2017년 공인노무사〉

해설 제379조. 그러나 상사채권의 법정이율은 연 6분이다(상법 제54조).

30 **금전채무에서 이자를 약정한 경우, 변제기 이후에는 다른 의사표시가 없는 한 법정이자를 지급하면 된다.** 〈2006년 공인노무사〉

해설 법정이자가 아닌 당초의 약정이자로 지급하여야 함이 확립된 판례이다(대판 1989. 2. 28, 88다카214).

31 **원본채권이 양도된 경우 이미 변제기에 도달한 이자채권은 원본채권의 양도당시 그 이자채권도 양도한다는 의사표시가 없어도 당연히 양도된다.** 〈2015년 공인노무사〉

해설 원본채권이 양도된 경우 이미 변제기에 도달한 이자채권은 원본채권의 양도당시 그 이자채권도 양도한다는 의사표시가 없어도 당연히 양도되는 것이 아니라 독립성이 있어 양도한다는 의사표시가 필요하다(대판 1989. 3. 28, 88다카12803).

32-1 **최고이자율을 초과하여 지급된 이자는 「이자제한법」 제2조 제4항에 따라 원본에 충당되고, 이와 같이 충당하여 원본이 소멸하고도 남아 있는 초과 지급액은 부당이득으로서 그 반환을 청구할 수 있을 뿐, 이를 「이자제한법」 위반 행위로 인한 손해라고 볼 수 없다.** 〈2023년 변호사시험〉

32-2 **채권자와 공동으로, 고의 또는 과실로 「이자제한법」을 위반하여 최고이자율을 초과하는 이자를 받아 채무자에게 손해를 입힌 자는 「민법」 제760조에 따라 손해를 배상할 책임이 있다.**

〈2023년 변호사시험〉

해설 **금전을 대여한 채권자가 고의 또는 과실로 이자제한법을 위반하여 최고이자율을 초과하는 이자를 받아 채무자에게 손해를 입힌 경우**에는 특별한 사정이 없는 한 민법 제750조에 따라 **불법행위가 성립한다**고 보아

정답 28-1. (×) 28-2. (×) 29. (×) 30. (×) 31. (×) 32-1. (×) 32-2. (○)

야 한다. 최고이자율을 초과하여 지급된 이자는 이자제한법 제2조 제4항에 따라 원본에 충당되므로, 이와 같이 충당하여 원본이 소멸하고도 남아 있는 **초과 지급액은 이자제한법 위반 행위로 인한 손해라고 볼 수 있다**. 부당이득반환청구권과 불법행위로 인한 손해배상청구권은 서로 별개의 청구권으로서, 제한 초과이자에 대하여 부당이득반환청구권이 있다고 해서 그것만으로 불법행위의 성립이 방해되지 않는다. 나아가 **채권자와 공동으로 위와 같은 이자제한법 위반 행위를 하였거나 이에 가담한 사람**도 민법 제760조에 따라 연대하여 손해를 배상할 책임이 있다(대판 2021. 2. 25, 2020다230239).

33 **채권자 또는 채무자가 선택권 행사기간 내에 선택권을 행사하지 않으면 상대방은 상당한 기간을 정하여 그 선택을 최고할 수 있다.** 〈2009년 공인노무사〉

해 설 민법 제381조 제1항 참조

34 **채권자 또는 채무자가 선택하는 경우에는 그 선택은 상대방에 대한 의사표시로 한다.** 〈2009년 공인노무사〉

해 설 민법 제382조 제1항 참조

35 **제3자에 의한 선택은 채권자 또는 채무자 일방에 대한 의사표시로 한다.** 〈2006년 공인노무사〉

해 설 제삼자가 선택하는 경우에는 그 선택은 채무자 **및** 채권자에 대한 의사표시로 한다(민법 제383조 제1항).

36 **선택채권에서 선택의 효력은 선택시부터 생기는 것이 아니라 채권이 발생한 때에 소급한다.** 〈2013년 법무사〉

해 설 선택권의 효력은 그 채권이 발생한 때에 소급한다(제386조 본문).

37 **토지양도가 선택채권의 목적인 수개의 급부 중 하나인 경우에 그 급부가 선택되었을 때는 특약이 없는 한, 선택시에 토지에 관한 소유권이전효과가 생긴다.** 〈2006년 공인노무사〉

해 설 선택권은 형성권이면서 상대방 있는 의사표시이다. 선택의 의사표시는 소급효가 있으나(제386조), 법률행위에 의한 물권변동은 성립요건주의(형식주의)를 취하기 때문에 등기를 요한다(제186조).

38 **甲은 乙의 농장에서 키우는 유일한 진돗개 A를 매수하면서, 1주일 후 잔금지급과 동시에 A를 인도받기로 하였다. 이에 대한 설명으로 옳지 않은 것은? (단, 담보책임의 문제는 논외로 하며, 다툼이 있는 경우에는 판례에 의함)** 〈2010년 공인노무사〉

① 乙은 다른 약정이 없는 한 A를 자신의 농장에서 甲에게 인도하면 된다.
② 乙이 선관주의의무를 다하여 A를 관리하였으나 丙이 A를 훔쳐간 경우, 乙은 甲에게 손해를 배상할 책임이 없다.
③ 乙이 선관주의의무를 다하여 A를 관리하였는지 여부에 대한 증명책임은 甲에게 있다.
④ 乙이 선관주의의무를 다하여 A를 관리할 의무는 A에 대한 매매계약이 성립한 시점부터 발생한다.

정답 33. (○) 34. (○) 35. (×) 36. (○) 37. (×) 38. ③

⑤ 乙이 선관주의의무를 다하여 A를 관리하였으나 A가 질병에 걸린 경우, 乙은 A를 현상 그대로 인도하면 된다.

해 설

① (○) : 乙은 다른 약정이 없는 한 A를 자신의 농장에서 甲에게 인도하면 된다(제467조 제1항).
② (○) : 乙이 선관주의의무를 다하여 A를 관리하였으나 丙이 A를 훔쳐간 경우, 乙은 甲에게 손해를 배상할 책임이 없다(제390조 단서).
③ (×) : 위 사안은 특정물 채권으로서 특정물인도채무자는 인도하기까지 선관주의의무를 부담한다(제374조). 따라서 乙이 선관주의의무를 다하여 A를 관리하였는지 여부에 대한 증명책임은 乙에게 있다.
④ (○) : 乙이 선관주의의무를 다하여 A를 관리할 의무는 A에 대한 매매계약이 성립한 시점부터 발생한다(제374조).
⑤ (○) : 乙이 선관주의의무를 다하여 A를 관리하였으나 A가 질병에 걸린 경우, 乙은 A를 현상 그대로 인도하면 된다(제462조).

채권의 효력

Ⅰ. 채무불이행

1 다음 중 간접강제의 방법으로 강제이행을 청구하여야 하는 것은? 〈2000년 변리사〉

① 매도인의 목적물 인도채무
② 채무자가 건물을 철거해야 할 채무
③ 골동품의 감정의무
④ 부부의 동거의무
⑤ 토지거래에 대해 허가를 신청할 의무

해 설
① 직접강제
② 대체집행
③ 간접강제
④ 강제이행에 친하지 않다.
⑤ 대용판결

2 아래 문장에서 괄호에 들어갈 말을 [보기]에서 골라 알맞게 구성한 것은? 〈2005년 변리사〉

강제집행에서 각 채무의 내용에 따라 그 강제이행의 방법이 다르다. 예를 들면 (A)는 직접강제가 허용되므로 대체집행 또는 간접강제는 허용되지 않는다. 그러나 (B)는 대체집행을 통하여 할 수 있고, (C)는 간접강제도 허용되지 않는다.

〈보 기〉

ㄱ. 건물철거의무
ㄴ. 고장난 자동차에 대한 수리의무
ㄷ. 특정 화가의 특정인에 대한 초상화제작의무
ㄹ. 제작이 완성된 책상의 인도의무
ㅁ. 부부의 동거의무
ㅂ. 밀린 차임의 지급의무

	A	B	C
①	ㄱ, ㅂ	ㄹ, ㅁ	ㄴ, ㄷ

정답 1. ③ 2. ⑤

② ㄹ, ㅂ ㄱ, ㄷ ㄴ, ㅁ
③ ㄴ, ㄹ ㄷ, ㅂ ㄱ, ㅁ
④ ㄱ, ㄴ ㄷ, ㅁ ㄹ, ㅂ
⑤ ㄹ, ㅂ ㄱ, ㄴ ㄷ, ㅁ

해 설

강제이행의 순서는 직접강제 → 대체집행 → 간접강제 순이다. 직접강제는 '주는 채무'에 대하여(제389조 제1항), 대체집행은 '대체적 작위채무'에 대하여 인정되고(제389조 제2항, 제3항), 간접강제는 '부대체적 작위채무'에 대하여 인정된다(민사집행법 제261조 제1항). 따라서 정답은 ⑤이다.

3 다음 중 독자적 채무불이행의 유형으로서 이행거절에 관한 판례의 법리라고 볼 수 없는 것은?

〈2007년 변리사〉

① 이행거절의 경우에는 상대방은 해제의 의사표시 전에 이행의 제공을 요하지 아니한다.
② 채무를 이행하지 아니할 의사가 명백히 표시되어야 한다.
③ 이행거절의 의사는 일단 표시된 후에는 철회될 수 없다.
④ 상대방은 이행기 전에 이루어지는 이행거절에 대하여 이행기까지 기다리지 않고 즉시 계약을 해제할 수 있다.
⑤ 이행거절의 경우에는 상대방은 해제의 의사표시 전에 채무자의 이행을 최고할 필요가 없다.

해 설

①(○), ②(○), ⑤(○) : 쌍무계약에 있어서 계약당사자의 일방은 상대방이 채무를 이행하지 아니할 의사를 명백히 표시한 경우에는 최고나 자기 채무의 이행제공 없이 그 계약을 적법하게 해제할 수 있다(대판 2003. 2. 26, 2000다40995).

③(×) : 토지의 매수인이 토지거래신고가액을 실지 거래가액으로 해 달라고 요구하면서 그때까지는 잔금을 못 주겠다고 했다가 그 후 위 매매계약이 해제되기 전에 위와 같은 의사를 철회하였다면 매도인은 매수인이 이행거절의 의사를 명백히 표시하였다는 것을 이유로 하여 최고 없이 계약을 해제할 수 없다(대판 1992. 9. 22, 91다25703).

④(○) : 계약상 채무자가 계약을 이행하지 아니할 의사를 명백히 표시한 경우에 채권자는 신의성실의 원칙상 이행기 전이라도 이행의 최고 없이 채무자의 이행거절을 이유로 계약을 해제하거나 채무자를 상대로 손해배상을 청구할 수 있고, 채무자가 계약을 이행할 의사를 명백히 표시하였는지 여부는 계약 이행에 관한 당사자의 행동과 계약 전후의 구체적인 사정 등을 종합적으로 살펴서 판단하여야 한다(대판 2005. 8. 19, 2004다53173).

4 이행지체에 관한 설명 중 옳은 것은? (다툼이 있는 경우에는 판례에 의함) 〈2009년 변리사〉

① 무기명채권의 채무자는 확정기한부 채무를 부담하므로 그 만기가 도래한 때부터 이행지체의 책임을 진다.
② 채무이행의 불확정한 기한이 있는 경우에 채무자는 기한이 객관적으로 도래한 때부터 이행지체의 책임을 진다.
③ 이행지체에 의한 전보배상에서의 손해액 산정은 본래의 의무이행을 최고한 때의 시가를 표준으로 하여야 한다.

정답 3. ③ 4. ⑤

④ 보증채무 자체의 이행지체로 인한 지연손해금은 보증한도액과는 별도로 부담하고, 이 경우 보증채무의 연체이율에 관하여는 주채무에 관하여 약정된 연체이율이 그대로 적용되는 것이 원칙이다.
⑤ 쌍무계약에 기한 확정기한부 채무가 동시이행의 관계에 있는 때에는 상대방으로부터 이행의 제공을 받으면서 자기의 채무를 이행하지 않은 경우에 이행지체가 된다.

해 설

①(×) : 무기명채권의 증서에 변제기한이 있는 경우에도 그 기한이 도래한 후에 소지인이 증서를 제시하여 이행을 청구한 때로부터 채무자는 지체책임이 있다(제526조, 제517조).
②(×) : 채무이행의 불확정한 기한이 있는 경우에는 채무자는 기한이 도래함을 안 때(제387조 제1항 후문)에 지체책임을 진다.
③(×) : 이행지체에 의한 전보배상에 있어서의 손해액 산정은 본래의 의무이행을 최고한 후 상당한 기간이 경과한 당시의 시가를 표준으로 하고, 이행불능으로 인한 전보배상액은 이행불능 당시의 시가 상당액을 표준으로 할 것인바, 채무자의 이행거절로 인한 채무불이행에서의 손해액 산정은, 채무자가 이행거절의 의사를 명백히 표시하여 최고 없이 계약의 해제나 손해배상을 청구할 수 있는 경우에는 이행거절 당시의 급부목적물의 시가를 표준으로 해야 한다(대판 2007. 9. 20, 2005다63337).
④(×) : 보증채무는 주채무와는 별개의 채무이기 때문에 보증채무 자체의 이행지체로 인한 지연손해금은 보증한도액과는 별도로 부담하고, 이 경우 보증채무의 연체이율에 관하여 특별한 약정이 없는 경우라면 그 거래행위의 성질에 따라 상법 또는 민법에서 정한 법정이율에 따라야 하며, 주채무에 관하여 약정된 연체이율이 당연히 여기에 적용되는 것은 아니지만, 특별한 약정이 있다면 이에 따라야 한다(대판 2003. 6. 13, 2001다29803).
⑤(○) : 쌍무계약상 확정기한 있는 두 채무가 동시이행의 관계에 있는 경우에는 그 기한의 도래로 지체책임이 생기는 것이 아니라 상대방으로부터 이행의 제공을 받았으면서도 자기의 채무를 이행하지 않을 때에 비로소 지체책임이 생긴다(대판 2001. 7. 10, 2001다3764 등).

5 채무자 乙이 계약상의 채무를 불이행하고 있는 때에 채권자 甲이 그 채무의 이행을 강제하는 경우와 관련한 설명으로 옳지 않은 것은? 〈2010년 변리사〉

① 乙의 채무가 예술가로서 甲에 대하여 초상화를 그려줄 채무인 경우, 甲은 乙의 채무의 강제이행을 간접강제의 형태로 할 수 있다.
② 乙의 채무가 목수로서 집을 지을 채무와 같이 이른바 하는 채무인 경우에는 직접강제가 허용되지 않는다.
③ 강제이행과 손해배상은 서로 양립할 수 있으므로, 甲은 이행의 강제를 구하는 동시에 손해배상을 청구할 수도 있다.
④ 乙의 채무가 금전의 지급채무나 물건의 인도채무와 같이 직접강제를 할 수 있는 경우에는 간접강제는 허용되지 않는다.
⑤ 乙의 채무가 부작위채무인 경우, 그 위반으로 발생한 결과의 제거는 대체집행에 의한다.

해 설

①(×) : 간접강제는 증권에의 서명채무나 감정 등의 채무와 같이 「하는 채무 중 부대체적 작위채무」에 허용됨이 원칙이다. 그러나 채무자의 자유의사에 반하여 강제한다면 채무의 내용에 좇은 급부를 실현할 수 없는 채무(위 사안의 경우 예술가의 작품제작채무) 등은 부대체적 작위채무라 할지라도 간접강제가 허용되지 않고 계약해제와 손해배상의 구제방법에 의할 수밖에 없다.

정답 5. ①

② (○) : 직접강제는 금전채무·물건인도채무와 같은 '주는 채무'에 한하여 허용되고, 대체집행은 건물의 건축이나 철거의 채무와 같이 '하는 채무 중 대체적 작위채무'에 허용된다.
③ (○) : 민법 제389조 제4항(강제이행).
④ (○) : 직접강제가 허용되는 '주는 채무'에 관하여는 대체집행 또는 간접강제가 허용되지 않는다.
⑤ (○) : 부작위를 목적으로 하는 채무에 관하여는 채무자의 비용으로써 그 위반하는 것을 제각하고 장래에 대한 적당한 처분을 법원에 청구할 수 있다(제389조 제3항).

6 **이행보조자에 관한 설명으로 옳은 것은? (다툼이 있는 경우에는 판례에 의함)** 〈2012년 변리사〉

① 이행보조자는 채무자의 지시·감독을 받아야 하므로 채무자에 대한 관계에서 종속적인 지위에 있어야 한다.
② 이행보조자의 행위로 채무자가 채무불이행책임을 지는 경우, 과실의 유무를 판단하는 주의의무의 정도는 이행보조자를 기준으로 판단한다.
③ 채무자가 이행보조자에게 맡긴 이행업무와 이행보조자의 행위가 객관적·외형적으로 관련이 없는 경우에도 채무자는 이행보조자의 고의·과실에 대하여 채무불이행책임을 진다.
④ 임대인이 임대차계약에 따라 임대물에 추가시설을 설치하기 위하여 제3자에게 공사를 맡긴 경우, 공사 중 제3자의 과실로 화재가 발생하였다면 임대인은 임차인에게 채무불이행책임을 진다.
⑤ 임대인의 이행보조자가 임차인으로 하여금 임차목적물을 사용·수익하지 못하게 함으로써 임대인은 채무불이행에 의한 책임을 지고 그 이행보조자는 불법행위책임을 지는 경우, 양자는 부진정연대채무가 아니다.

해 설

① (×) : 이행보조자로서의 피용자라 함은 일반적으로 채무자의 의사관여 아래 그 채무의 이행행위에 속하는 활동을 하는 사람이면 족하고, 반드시 채무자의 지시 또는 감독을 받는 관계에 있어야 하는 것은 아니므로 채무자에 대하여 종속적인가 독립적인 지위에 있는가는 문제되지 않는다(대판 2002. 7. 12, 2001다44338).
② (×) : 주의의무 기준은 이행보조자의 주관이 아닌 채무자의 채무를 기준으로 한다는 것이 통설이다.
③ (×) : 이행보조자의 행위가 채무자에 의하여 그에게 맡겨진 이행업무와 객관적, 외형적으로 관련을 가지는 경우에는 채무자는 그 행위에 대하여 책임을 져야 하고, 채무의 이행에 관련된 행위이면 가사 이행보조자의 행위가 채권자에 대한 불법행위가 된다고 하더라도 채무자가 면책될 수는 없다(대판 1990. 8. 28, 90다카10343).
④ (○) : 민법 제391조가 적용된 가장 전형적인 사례이다(대판 1999. 4. 13, 98다51077).
⑤ (×) : 부진정연대채무로 이해하는 것이 통설과 판례이다(대판 2006. 9. 8, 2004다55230 등).

7 **이행기와 이행지체에 관한 설명으로 옳지 않은 것은? (다툼이 있는 경우에는 판례에 의함)** 〈2012년 변리사〉

① 이행기 있는 지시채권이나 무기명채권의 채무자는 그 이행기가 도래하였더라도 소지인이 그 채권증서를 제시하여 이행을 청구한 때로부터 지체책임이 있다.
② 반환시기의 약정이 없는 금전소비대차의 차주는 대주가 이행을 청구한 때로부터 지체책임이 있다.
③ 당사자가 불확정한 사실이 발생한 때를 이행기로 정한 경우, 그 사실이 발생한 때는 물론 그 사실의 발생이 불가능하게 된 때에도 이행기가 도래한 것으로 보아야 한다.
④ 타인의 토지를 점유함으로써 발생한 부당이득반환채무는 기한이 없는 채무이므로, 점유자는 이행

정답 6. ④ 7. ②

청구를 받은 때로부터 지체책임이 있다.

⑤ 채무자는 자기에게 과실이 없는 경우에도 원칙적으로 그 이행지체 중에 생긴 손해를 채권자에게 배상하여야 한다.

해설

① (○) : 민법 제517조 참조

② (×) : 기한 없는 소비대차의 경우 이행을 청구한 때로부터 상당기간이 경과해야 지체책임을 진다(제603조 참조).

③ (○) : 대판 2002. 3. 29, 2001다41766 등 참조

④ (○) : 대판 2010. 1. 28, 2009다24187 참조

⑤ (○) : 민법 제392조 참조

8 이행보조자의 책임에 관한 설명 중 옳지 않은 것은? (다툼이 있는 경우에는 판례에 의함)

〈2013년 변리사〉

① 채무자로부터 지시 또는 감독을 받는 관계에 있지 않은 자도 이행보조자가 될 수 있다.

② 채무자의 묵시적 동의하에 이행보조자가 채무의 이행을 위하여 제3자를 복이행보조자로 사용하는 경우, 복이행보조자의 고의·과실에 관하여도 채무자가 그 책임을 진다.

③ 채무의 성질상 반드시 변제자 본인의 행위에 의해서만 가능한 것이 아닌 이상, 제3자를 이행보조자로 사용하여 변제할 수 있다.

④ 채무자가 이행보조자의 선임·감독에 상당한 주의를 다하였음을 증명한 경우, 채무자는 이행보조자의 과책에 대하여 그 책임을 면한다.

⑤ 이행보조자의 행위가 채무이행과 객관적·외형적으로 관련이 있으면 그 행위가 채권자에 대한 불법행위가 된다고 하더라도 채무자는 면책될 수 없다.

해설

① (○) : 이행보조자는 불법행위의 사용자책임에서 피용자와 달리 종속관계를 필요로 하지 않는다. 즉 채무자의 '의사관여'만 있으면 된다(대판 1999. 4. 13, 98다51077 등).

② (○) : 복대리처럼 이행보조자가 복이행 보조자를 사용하는 경우이다(대판 2011. 5. 26, 2011다1330).

③ (○) : 예컨대 도급 등에서 채무의 성질상 반드시 변제자(수급인) 본인의 행위에 의해서만 가능한 것이 아닌 이상, 제3자(하수급인)를 이행보조자로 사용하여 변제할 수 있다(대판 2002. 4. 12, 2001다82545).

④ (×) : 제391조의 이행보조자는 사용자책임(중간책임, 제756조)과는 달리 선임·감독에 상당한 주의를 다하였음을 증명한 경우에도 면책되지 않는다.

⑤ (○) : 이행보조자의 행위가 채무이행과 객관적·외형적으로 관련이 있으면 그 행위가 채권자에 대한 불법행위가 된다고 하더라도 채무자는 면책될 수 없다(대판 2008. 2. 15, 2005다69458).

9 이행불능에 관한 설명으로 옳지 않은 것은? (다툼이 있는 경우에는 판례에 의함) 〈2013년 변리사〉

① 토지의 진정소유자 甲이 무효인 등기의 명의인 乙을 상대로 물권적 청구권을 행사하여 그 토지에 관하여 등기말소를 청구하였으나 제3자의 시효취득으로 인하여 등기말소의무가 이행불능이 된 경우, 甲은 乙을 상대로 전보배상을 청구할 수 있다.

정답 8. ④ 9. ①

② 매매목적 부동산이 이중으로 양도되어 제2매수인 앞으로 소유권이전등기가 경료되면 특별한 사정이 없는 한, 제1매수인은 매도인에 대하여 전보배상을 청구할 수 있다.
③ 매도인 甲의 매매목적물에 관한 소유권이전의무가 매수인 乙의 귀책사유로 이행불능이 된 경우에는 乙은 그 이행불능을 이유로 계약을 해제할 수 없다.
④ 이행불능의 효과로는 전보배상청구권, 계약해제권, 대상청구권이 인정될 수 있다.
⑤ 매매목적 부동산에 관하여 제3자의 처분금지가처분의 등기가 기입되었다는 사정만으로 이행불능이 되는 것은 아니다.

해설

① (×) : 소유자가 자신의 소유권에 기하여 실체관계에 부합하지 아니하는 등기의 명의인을 상대로 그 등기말소나 진정명의회복 등을 청구하는 경우에, 그 권리는 물권적 청구권으로서의 방해배제청구권(민법 제214조)의 성질을 가진다. 그러므로 소유자가 그 후에 소유권을 상실함으로써 이제 등기말소 등을 청구할 수 없게 되었다면, 이를 위와 같은 청구권의 실현이 객관적으로 불능이 되었다고 파악하여 등기말소 등 의무자에 대하여 그 권리의 이행불능을 이유로 민법 제390조상의 손해배상청구권을 가진다고 말할 수 없다(대판 2012. 5. 17, 2010다28604 전원합의체).

② (○) : 부동산매매에 있어서 매도인이 목적물을 타인에게 이미 매도하여 그 타인에게 소유권이전등기를 하여줄 의무가 있음에도 불구하고 제3자에게 다시 양도하여 소유권이전등기를 경유한 때에는 특별한 사정이 없는 한 매도인이 그 타인에게 부담하고 있는 소유권이전등기의무는 이행불능의 상태에 있다고 봄이 상당하다(대판 1983. 3. 22, 80다1416). ☞ 따라서 전보배상을 청구할 수 있다(제390조).

③ (○) : 채무불이행중 이행불능이란 채무자의 책임있는 사유로 이행이 불능인 것을 말하고 이때 계약을 해제하는 자는 채권자이다(제546조 참조). 따라서 사안과 같이 매도인 甲의 매매목적물에 관한 소유권이전의무가 매수인 乙의 귀책사유로 이행불능이 된 경우에는 乙은 그 이행불능을 이유로 계약을 해제할 수 없다(대판 2002. 4. 26, 2000다50497).

④ (○) : 이행불능의 효과로서 손해배상으로서는 전보배상청구권, 대상청구권, 그리고 계약해제권 등이 인정된다(대판 2008. 6. 12, 2005두5956).

⑤ (○) : 매매의 목적이 된 부동산에 관하여 제3자의 처분금지가처분의 등기가 기입되었다 할지라도, 이는 단지 그에 저촉되는 범위 내에서 가처분채권자에게 대항할 수 없는 효과가 있다는 것일 뿐 그것에 의하여 곧바로 부동산 위에 어떤 지배관계가 생겨서 채무자가 그 부동산을 임의로 타에 처분하는 행위 자체를 금지하는 것은 아니라 하겠으므로, 그 가처분등기로 인하여 바로 계약이 이행불능으로 되는 것은 아니고, 제3자 앞으로 소유권이전등기가 경료되는 등 사회거래의 통념에 비추어 계약의 이행이 극히 곤란한 사정이 발생하는 때에 비로소 이행불능으로 된다(대판 2002. 12. 27, 2000다47361).

10 **불능에 관한 설명으로 옳은 것은? (다툼이 있는 경우에는 판례에 의함)** 〈2014년 변리사〉

① 甲은 그 소유의 X토지를 乙에게 증여하는 계약을 체결한 후 다시 丙에게 노무제공에 대한 보수로 X토지를 양도하는 계약을 체결하였다. 이어서 甲은 乙에게 X토지의 소유권이전등기를 마쳤다. 丙이 甲과 계약할 당시 甲이 乙에게 증여한 사실을 알았다면 甲은 丙에게 손해를 배상할 책임이 없다.
② 甲은 그 소유의 X토지를 乙에게 매도하는 계약을 체결하고 乙에게 인도하였으나 아직 소유권이전등기를 마치지 않았다. 그 동안 甲의 사망으로 甲의 상속인 丙이 자기 명의로 X토지에 대한 소유권이전등기를 하였다면, 乙의 소유권이전등기청구권은 이행불능이 된다.

정답 10. ④

③ 甲소유의 X토지를 임차한 乙이 甲으로부터 X토지의 소유권을 취득한 丙의 요구에 따라 丙에게 직접 X토지를 인도한 때에는 甲의 乙에 대한 임대차계약상의 의무는 이행불능이 되지 않는다.

④ 甲소유의 X토지와 乙소유의 Y토지를 교환하는 계약이 체결된 후 「공익사업을 위한 토지 등의 취득 및 보상에 관한 법률」에 의해 X토지는 1억 2천만 원에, Y토지는 1억 원에 각각 수용되어 甲과 乙이 모두 계약을 이행할 수 없게 된 때에는, 특별한 사정이 없으면 乙은 甲에게 대상청구권을 행사할 수 없다.

⑤ 乙명의의 X토지에 대하여 甲의 취득시효가 완성된 후 X토지가 수용되어 乙의 소유권이전등기의무가 이행불능이 된 경우, 甲은 직접 乙을 상대로 하여 공탁된 토지수용보상금의 수령권자가 자신이라는 확인을 구할 수 있다.

해 설

① (×) : 이중계약은 유효함이 원칙이다. 따라서 이행불능이 발생한 채권계약은 채무자(甲)가 이행불능책임을 부담하게 된다. 따라서 丙이 甲과 계약할 당시 甲이 乙에게 증여한 사실을 알았다면 甲은 丙에게 손해를 배상할 책임이 없는 것이 아니라 채무불이행책임을 진다(제390조). 이는 담보책임은 매수인의 선의 또는 악의가 영향을 미치나 채무불이행은 영향을 미치지 않는 것과 구별되는 것이다.

② (×) : 포괄승계문제이다. 甲은 그 소유의 X토지를 乙에게 매도하는 계약을 체결하고 乙에게 인도하였으나 아직 소유권이전등기를 마치지 않았다. 그 동안 甲의 사망으로 甲의 상속인 丙이 자기 명의로 X토지에 대한 소유권이전등기를 하였다면, 乙의 소유권이전등기청구권은 이행불능이 되지 않고 상속인에게 등기를 청구하면 된다.

③ (×) : 임대차는 당사자 일방이 상대방에게 목적물을 사용·수익하게 할 것을 약정하고 상대방이 이에 대하여 차임을 지급할 것을 약정함으로써 성립하는 것으로서 임대인이 그 목적물에 대한 소유권 기타 이를 임대할 권한이 있을 것을 성립요건으로 하고 있지 아니하므로, 임대차계약이 성립된 후 그 존속기간 중에 임대인이 임대차 목적물에 대한 소유권을 상실한 사실 그 자체만으로 바로 임대차에 직접적인 영향을 미친다고 볼 수는 없지만, 임대인이 임대차 목적물의 소유권을 제3자에게 양도하고 그 소유권을 취득한 제3자가 임차인에게 그 임대차 목적물의 인도를 요구하여 이를 인도하였다면 임대인이 임차인에게 임대차 목적물을 사용·수익케 할 의무는 이행불능이 되었다고 할 것이고, 이러한 이행불능이 일시적이라고 볼 만한 특별한 사정이 없다면 임대차는 당사자의 해지 의사표시를 기다릴 필요 없이 당연히 종료되었다고 볼 것이지, 임대인의 채무가 손해배상 채무로 변환된 상태로 채권·채무관계가 존속한다고 볼 수 없다(대판 1996. 3. 8, 95다15087).

④ (○) : 우리의 통설과 판례는 대상청구권을 인정한다. 즉 급부가 후발적으로 불능으로 된 경우에는 채권자는 채무자가 그 대상으로서 수취한 것의 인도 또는 채무자가 취득한 배상청구권의 양도를 청구할 수 있는 대상청구권을 갖는다는 것이 통설과 판례이다(대판 1992. 5. 12, 92다5481 등). 따라서 대상청구권을 행사하려면 자신의 반대급부도 이행하여야 하기 때문에 양쪽이 불능이 발생하면 대상청구권행사를 부정하는 것이 판례이기도 하다. 이를 대상청구권의 제한이라 한다(대판 1996. 6. 25, 95다6601).

⑤ (×) : 乙명의의 X토지에 대하여 甲의 취득시효가 완성된 후 X토지가 수용되어 乙의 소유권이전등기의무가 이행불능이 된 경우, 甲은 직접 乙을 상대로 하여 공탁된 토지수용보상금의 수령권자가 자신이라는 확인을 구할 수는 없다(대판 1996. 10. 29, 95다56910).

11 이행불능에 관한 설명으로 옳지 않은 것은? (다툼이 있으면 판례에 따름) 〈2015년 변리사〉

① 동시이행의 관계에 있는 쌍방의 채무 중 어느 한 채무가 이행불능이 됨으로 인하여 발생한 손해배상채무도 여전히 다른 채무와 동시이행의 관계에 있다.

② 매매목적물에 관하여 매도인의 다른 채권자가 강제경매를 신청하여 그 절차가 진행 중이라는 사유

정답 11. ③

만으로 매도인의 채무가 이행불능이 되는 것은 아니다.

③ 甲이 자신의 토지를 乙에게 매도하는 계약을 체결한 후 그 토지가 수용된 경우, 乙이 대상청구권을 행사하면 甲의 수용보상금청구권 자체가 乙에게 귀속한다.

④ 甲과 乙 사이에 토지 교환계약이 체결된 후 甲이 그 소유 교환목적 토지에 대하여 친구 丙과의 명의신탁약정에 따라 丙에게 소유권이전등기를 해 준 경우, 특별한 사정이 없는 한 甲의 소유권이전등기의무가 이행불능이 되는 것은 아니다.

⑤ 甲이 자신의 토지를 乙에게 매도한 후 그 토지를 丙에게 채무담보를 위하여 소유권이전등기를 해 준 경우, 甲이 채무를 변제할 자력이 없으면 甲의 乙에 대한 소유권이전등기의무는 특별한 사정이 없는 한 이행불능이 된다.

해 설

① (○) : 동시이행의 관계에 있는 쌍방의 채무 중 어느 한 채무가 이행불능이 됨으로 인하여 발생한 손해배상채무도 종전의 채무와 동일성이 있기 때문에 여전히 다른 채무와 동시이행의 관계에 있다(대판 2000. 2. 25, 97다30066).

② (○) : 이행지체와 이행불능의 구별과 관련하여, 가압류나 가처분 등은 불능으로 보지 않는다. 따라서 매매목적물에 관하여 매도인의 다른 채권자가 강제경매를 신청하여 그 절차가 진행 중이라는 사유만으로 아직 확정적으로 제3자가 소유권을 취득한 것은 아니므로 매도인의 채무가 이행불능이 되는 것은 아니다(대판 1987. 9. 8, 87다카655).

③ (×) : 소유권이전등기의무의 목적 부동산이 수용되어 그 소유권이전등기의무가 이행불능이 된 경우, 등기청구권자는 등기의무자에게 대상청구권의 행사로써 등기의무자가 지급받은 수용보상금의 반환을 구하거나 또는 등기의무자가 취득한 수용보상금청구권의 양도를 구할 수 있을 뿐 그 수용보상금청구권 자체가 등기청구권자에게 귀속되는 것은 아니다(대판 1996. 10. 29, 95다56910).

④ (○) : 갑과 을 사이의 토지교환계약후 갑 소유의 교환목적토지에 관하여 병 명의로 소유권이전등기가 경료되었다고 하더라도 갑과 병 사이에 명의신탁관계가 성립된 것으로서 갑이 병으로부터 그 소유권을 회복하여 을에게 소유권이전등기절차를 이행할 수 있는 특별한 사정이 있다면 그 교환목적토지의 소유권이전등기절차 이행은 아직 이행불능이 확정되었다고 볼 수 없다(대판 1989. 9. 12, 88다카33176).

⑤ (○) : 甲이 자신의 토지를 乙에게 매도한 후 그 토지를 丙에게 채무담보를 위하여 소유권이전등기를 해 준 경우, 甲이 채무를 변제할 자력이 없으면 甲의 乙에 대한 소유권이전등기의무는 특별한 사정이 없는 한 이행불능이 된다(대판 1991. 7. 26, 91다8104).

12 **이행지체의 성립과 관련한 설명으로 옳지 않은 것은? (다툼이 있으면 판례에 따름)** 〈2016년 변리사〉

① 2016년 1월 12일(화)까지 채무를 이행하기로 한 경우에는 2016년 1월 13일부터 지체책임을 진다.

② 지시채권의 경우 확정기한이 정하여져 있는 때에도 그 기한이 도래한 후 소지인이 증서를 제시하여 이행을 청구한 때로부터 지체책임이 있다.

③ 2016년 1월 12일(화)에 채권자가 방문하면 상품을 인도하기로 하였으나 채권자가 오지 않아서 이행을 못한 때에는, 2016년 1월 13일 지나도 채무자는 지체책임을 지지 않는다.

④ 원인채무의 이행확보를 위해 발행한 어음의 반환과 원인채무의 이행이 동시이행관계에 있는 경우, 원인채무의 이행기가 지났다 하더라도 채무자는 어음을 반환받을 때까지는 이행지체책임을 지지 않는다.

정답 12. ④

⑤ 금전채무의 채무자는 확정된 지연손해금채무에 대하여 채권자로부터 이행청구를 받은 때부터 지체책임을 진다.

해 설

① (○) : 확정기한부 채무의 경우, 기한이 도래한 때로부터 지체책임을 진다. 판례에 따르면 그 기한의 도래는 그날 24시를 말하기 때문에 다음날 '0'시를 지칭한다. 그러므로 2016년 1월 12일(화)까지 채무를 이행하기로 한 경우에는 2016년 1월 13일부터 지체책임을 진다.
② (○), ③ (○) : 한편 지시채권이나 추심채무의 경우에는 기한의 도과만으로 지체책임을지지 않는다. 즉 지시채권은 확정기한이 정하여져 있는 때에도 그 기한이 도래한 후 소지인이 증서를 제시하여 이행을 청구한 때로부터 지체책임을 지고(제517조), 일정한 날에에 채권자가 방문하면 상품을 인도하기로 하였으나 채권자가 오지 않아서 이행을 못한 때에도, 채무자는 지체책임을 지지 않는다.
④ (×) : 채무자가 어음의 반환이 없음을 이유로 원인채무의 변제를 거절할 수 있는 것은 채무자로 하여금 무조건적인 원인채무의 이행으로 인한 이중지급의 위험을 면하게 하려는 데에 그 목적이 있는 것이지, 기존의 원인채권에 터잡은 이행청구권과 상대방의 어음 반환청구권이 민법 제536조에 정하는 쌍무계약상의 채권채무관계나 그와 유사한 대가관계가 있어서 그러는 것은 아니므로, 원인채무 이행의무와 어음 반환의무가 동시이행의 관계에 있다 하더라도 이는 어음의 반환과 상환으로 하지 아니하면 지급을 할 필요가 없으므로 이를 거절할 수 있다는 것을 의미하는 것에 지나지 아니하는 것이며, 따라서 채무자가 어음의 반환이 없음을 이유로 원인채무의 변제를 거절할 수 있는 권능을 가진다고 하여 채권자가 어음의 반환을 제공하지 아니하면 채무자에게 적법한 이행의 최고를 할 수 없다고 할 수는 없고, 채무자는 원인채무의 이행기를 도과하면 원칙적으로 이행지체의 책임을 진다(대판 1999. 7. 9, 98다47542).
⑤ (○) : 금전채무의 지연손해금채무는 금전채무의 이행지체로 인한 손해배상채무로서 이행기의 정함이 없는 채무에 해당하므로, 채무자는 확정된 지연손해금채무에 대하여 채권자로부터 이행청구를 받은 때로부터 지체책임을 부담하게 된다(대판 2004. 7. 9, 2004다11582).

[보충지문] 금전채무의 지연손해금채무는 금전채무의 이행지체로 인한 손해배상채무로서 이행기의 정함이 없는 채무에 해당한다(○). 〈2015년 공인노무사〉

13 채무불이행에 관한 설명으로 옳지 않은 것은? (다툼이 있으면 판례에 따름) 〈2017년 변리사〉

① 매매계약 당시 매매목적 토지의 소유권이 매도인에게 속하지 아니함을 알고 있던 매수인은 소유권 이전의무의 이행불능에 매도인의 귀책사유가 있더라도 채무불이행을 이유로 계약을 해제하고 손해배상을 청구할 수 없다.
② 이행보증계약에 기한 보증인의 보증금지급의무에 관하여 지급금지가처분결정이 있었다고 하더라도, 이로써 보증인에게 지급거절의 권능이 발생한다고 할 수 없다.
③ 매매의 대상인 권리가 타인에게 귀속되어 있다는 이유만으로 채무자의 계약에 따른 이행이 불능이라고 할 수는 없다.
④ 부당이득반환의무는 이행기한의 정함이 없는 채무이므로 그 채무자는 이행청구를 받은 그 다음 날부터 지체책임을 진다.
⑤ 채무자가 채무 발생원인 내지 존재에 관한 잘못된 법률적 판단을 통하여 자신의 채무가 없다고 믿고 채무이행을 거부한 채 소송을 통하여 다툰 경우, 특별한 사정이 없는 한 채무불이행에 관하여 채무자에게 고의나 과실이 인정된다.

정답 13. ①

해 설

① (×) : 타인의 권리를 매매의 목적으로 한 경우에 있어서 그 권리를 취득하여 매수인에게 이전하여야 할 매도인의 의무가 매도인의 귀책사유로 인하여 이행불능이 되었다면 매수인이 매도인의 담보책임에 관한 민법 제570조 단서의 규정에 의해 손해배상을 청구할 수 없다 하더라도 채무불이행 일반의 규정(민법 제546조, 제390조)에 좇아서 계약을 해제하고 손해배상을 청구할 수 있다(대판 1993. 11. 23, 93다37328). 매매계약 당시 매매목적 토지의 소유권이 매도인에게 속하지 아니함을 알고 있던 매수인은 민법 제570조 단서에 의하여 담보책임으로서의 손해배상을 청구할 수는 없으나, 매도인에게 귀책사유가 있다면 채무불이행책임으로서의 손해배상을 청구할 수는 있다는 취지의 지문이다.

② (○) : 이행보증계약에 기한 보증인의 보증금지급의무에 관하여 지급금지가처분결정이 있었다고 하더라도 그것으로써 보증인에게 그 지급을 거절할 수 있는 사유, 즉 지급거절의 권능이 발생한다고 할 수 없고, 보증금지급의무가 실제로 발생하여 그 이행기가 도래하면 보증인은 보증채권자에게 이를 이행하여야 하며, 이를 이행하지 아니하는 경우에는 지체책임 발생의 다른 요건이 갖추어지는 한 그 이행의 지체로 인한 손해배상 등 법적 책임을 져야 한다. 다만, 그는 보증금을 채권자의 수령불능을 이유로 변제공탁함으로써 자신의 보증금지급채무로부터 벗어 날 수 있고, 그에 따라 위에서 본 바와 같은 지체책임도 면하게 된다(대판 2010. 2. 25, 2009다22778).

③ (○) : 매매나 증여의 대상인 권리가 타인에게 귀속되어 있다는 이유만으로 채무자의 계약에 따른 이행이 불능이라고 할 수는 없다(대판 2016. 5. 12, 2016다200729).

④ (○) : 부당이득반환의무는 이행기한의 정함이 없는 채무이므로 그 채무자는 이행청구를 받은 때에 비로소 지체책임을 진다(대판 2017. 3. 30, 2016다253297).

⑤ (○) : 채무자가 채무의 발생원인 내지 존재에 관한 법률적인 판단을 통하여 자신의 채무가 없다고 믿고 채무의 이행을 거부한 채 소송을 통하여 이를 다투었다고 하더라도, 채무자의 그러한 법률적 판단이 잘못된 것이라면 특별한 사정이 없는 한 채무불이행에 관하여 채무자에게 고의나 과실이 없다고는 할 수 없다(대판 2013. 12. 26, 2011다85352).

14 **이행불능에 관한 설명으로 옳지 않은 것은? (다툼이 있으면 판례에 따름)** 〈2019년 변리사〉

① 증여계약의 대상인 권리가 타인에게 귀속되어 있다는 이유만으로 증여자의 계약에 따른 이행이 불능이라고 할 수는 없다.

② 매매목적물인 부동산이 가압류되었다는 사유만으로 매도인의 이행불능을 이유로 매매계약을 해제할 수는 없다.

③ 부동산의 소유권이전등기의무자가 그 부동산에 제3자 명의로 가등기를 마쳐주면, 부동산의 처분권한 상실로 소유권이전등기의무가 이행불능이 된다.

④ 매수인의 잔대금지급의무가 소유권이전등기의무와 동시이행관계에 있더라도, 소유권이전등기의무의 이행불능을 이유로 매수인이 매매계약을 해제하기 위해서는 매수인이 대금지급의무의 이행제공을 할 필요가 없다.

⑤ 임대인에게 임대목적물에 대한 소유권이 없는 경우, 임차인이 진실한 소유자로부터 목적물의 반환청구를 받는 등의 이유로 임차인이 이를 사용·수익할 수가 없게 되면 임대인의 채무는 이행불능이 된다.

해 설

① (○) : 민법이 타인의 권리의 매매를 인정하고 있는 것처럼 타인의 권리의 증여도 가능하며, 이 경우 채무자

정답 14. ③

는 권리를 취득하여 채권자에게 이전하여야 하고, 이 같은 사정은 계약 당시부터 예정되어 있으므로, 매매나 증여의 대상인 권리가 타인에게 귀속되어 있다는 이유만으로 채무자의 계약에 따른 이행이 불능이라고 할 수는 없다(대판 2016. 5. 12, 2016다200729).

② (○) : 매수인은 매매목적물에 대하여 가압류집행이 되었다고 하여 매매에 따른 소유권이전등기가 불가능한 것도 아니므로, 이러한 경우 매수인으로서는 신의칙 등에 의해 대금지급채무의 이행을 거절할 수 있음은 별론으로 하고, 매매목적물이 가압류되었다는 사유만으로 매도인의 계약 위반을 이유로 매매계약을 해제할 수는 없다(대판 1999. 6. 11, 99다11045).

③ (×) : 부동산소유권이전등기 의무자가 그 부동산상에 가등기를 경료한 경우 가등기는 본등기의 순위보전의 효력을 가지는 것에 불과하고 또한 그 소유권이전등기 의무자의 처분권한이 상실되지도 아니하므로 그 가등기만으로는 소유권이전등기의무가 이행불능이 된다고 할 수 없다(대판 1991. 7. 26, 91다8104).

④ (○) : 매도인의 매매계약상의 소유권이전등기의무가 이행불능이 되어 이를 이유로 매매계약을 해제함에 있어서는 상대방의 잔대금지급의무가 매도인의 소유권이전등기의무와 동시이행관계에 있다고 하더라도 그 이행의 제공을 필요로 하는 것이 아니다(대판 2003. 1. 24, 2000다22850).

⑤ (○) : 임대인이 임대차 목적물에 대한 소유권 기타 이를 임대할 권한이 없다고 하더라도 임대차계약은 유효하게 성립하고, 따라서 임대인은 임차인으로 하여금 그 목적물을 완전하게 사용·수익케 할 의무가 있고 또한 임차인은 이러한 임대인의 의무가 이행불능으로 되지 아니하는 한 그 사용·수익의 대가로 차임을 지급할 의무가 있으며, 그 임대차관계가 종료되면 임차인은 임차목적물을 임대인에게 반환하여야 할 계약상의 의무가 있지만, 임차인이 진실한 소유자로부터 목적물의 반환청구나 임료 내지 그 해당액의 지급요구를 받는 등의 이유로 임대인이 임차인으로 하여금 사용·수익케 할 수가 없게 되었다면 임대인의 채무는 이행불능으로 되고, 임차인은 이행불능으로 인한 임대차의 종료를 이유로 그 때 이후의 임대인의 차임지급 청구를 거절할 수 있다(대판 1996. 9. 6, 94다54641).

15 이행지체책임의 발생시기에 관한 설명으로 옳은 것을 모두 고른 것은? (다툼이 있으면 판례에 따름)

〈2020년 변리사〉

ㄱ. 채무이행의 확정한 기한이 있는 경우에는 채무자는 기한이 도래한 때로 부터 지체책임이 있고, 채무이행의 불확정한 기한이 있는 경우에는 채무자는 기한이 도래함을 안 때로부터 지체책임이 있다. ㄴ. 채무이행의 기한이 없는 경우에는 채무자는 이행청구를 받은 다음 날부터 지체책임이 있다. ㄷ. 불법행위로 인한 손해배상의 경우 채무자는 불법행위일 다음 날부터 재산상 손해와 위자료를 합산한 금액 전부에 대하여 지체책임이 있다. ㄹ. 불법행위에서 위법행위 시점과 손해발생 시점 사이에 시간적 간격이 있는 경우에 불법행위로 인한 손해배상청구권의 지연손해금은 손해발생시점을 기산일로 하여 발생한다.

① ㄱ, ㄴ ② ㄴ, ㄷ ③ ㄷ, ㄹ ④ ㄱ, ㄴ, ㄹ ⑤ ㄱ, ㄷ, ㄹ

해설

ㄱ. (○), ㄴ. (○) : 민법 제387조; 채무이행의 확정기한이 있는 경우에는 그 기한이 도래한 다음날부터 이행지체의 책임을 지고 기한의 정함이 없는 경우에는 그 이행의 청구를 받은 다음날로부터 이행지체의 책임을 진다(대판 1988. 11. 8, 88다3253). ☞ 조문은 '기한이 도래한 때', '이행청구를 받은 때'라고 규정하고 있지만 판례는 '다음날'로 해석한다.

정답 15. ④

[보충지문] 채무이행에 불확정기한을 정한 경우, 기한의 도래를 안 채권자의 최고가 있으면 채무자가 기한의 도래를 알지 못하더라도 그 최고가 도달한 다음날로부터 이행지체가 된다. 〈2008년 변리사〉

(○) : 채무이행에 불확정기한을 정한 경우, 채무자는 기한의 도래를 안 때로부터 지체책임이 있다(제387조 제1항 후단). 다만 통설은 채무자가 기한의 도래를 알지 못하더라도 기한의 도래를 안 채권자의 최고가 있으면 그 최고가 도달한 다음 날로부터 이행지체가 된다고 한다.

ㄷ. (×), ㄹ. (○) : 불법행위로 인한 손해배상채무의 지연손해금의 기산일은 불법행위 성립일임이 원칙이고, 불법행위에 있어 위법행위 시점과 손해발생 시점 사이에 시간적 간격이 있는 경우에는 손해발생 시점이 기산일이 된다고 할 것이다(대판 2012. 2. 23, 2010다97426). ☞ 불법행위로 인한 손해배상채무의 이행지체시점은 다음 날부터가 아님을 주의할 것이다.

16 **대상청구권에 관한 설명으로 옳지 않은 것은? (다툼이 있으면 판례에 따름)** 〈2020년 변리사〉

① 쌍무계약의 당사자 일방이 대상청구권을 행사하는 경우 상대방에 대하여 반대급부를 이행할 의무가 있다.

② 부동산 점유취득시효 완성을 원인으로 한 등기청구권이 이행불능으로 되었다고 하여 대상청구권을 행사하기 위해서는, 그 이행불능 전에 등기명의자에 대하여 점유취득시효 완성을 이유로 그 권리를 주장하였거나 점유취득시효 완성을 원인으로 한 등기청구권을 행사하였어야 한다.

③ 매매 목적물인 부동산이 수용되어 그 소유권이전등기의무가 이행불능이 된 경우, 등기청구권자는 등기의무자에게 대상청구권의 행사로써 등기의무자가 지급받은 수용보상금의 반환을 구하거나 또는 등기의무자가 취득한 수용보상금청구권의 양도를 구할 수 있다.

④ 대상청구의 대상이 되는 보상금을 채권자가 직접 자신의 명의로 지급받았다면 채무자에 대한 관계에서 바로 부당이득이 된다.

⑤ 매매 목적물의 이중매매로 인하여 매도인의 소유권이전등기의무가 이행불능된 경우, 매수인에게 인정되는 대상청구권은 특별한 사정이 없는 한 매도인의 소유권이전등기의무가 이행불능되었을 때부터 소멸시효가 진행하는 것이 원칙이다.

해설

① (○) : 쌍무계약의 당사자 일방이 상대방의 급부가 이행불능이 된 사정의 결과로 상대방이 취득한 대상에 대하여 급부청구권을 행사할 수 있다고 하더라도, 그 당사자 일방이 대상청구권을 행사하려면 상대방에 대하여 반대급부를 이행할 의무가 있는바, 이 경우 당사자 일방의 반대급부도 이행불능이 된 경우(즉 쌍방불능), 당사자 일방은 상대방에 대하여 대상청구권을 행사할 수 없다(대판 1996. 6. 25, 95다6601).

② (○) : 점유로 인한 부동산 소유권 취득기간 만료를 원인으로 한 등기청구권이 이행불능으로 되었다고 하여 대상청구권을 행사하기 위하여는, 그 이행불능 전에 등기명의자에 대하여 점유로 인한 부동산 소유권 취득기간이 만료되었음을 이유로 그 권리를 주장하였거나 그 취득기간 만료를 원인으로 한 등기청구권을 행사하였어야 하고, 그 이행불능 전에 그와 같은 권리의 주장이나 행사에 이르지 않았다면 대상청구권을 행사할 수 없다고 봄이 공평의 관념에 부합한다(대판 1996. 12. 10, 94다43825).

③ (○) : 소유권이전등기의무의 목적 부동산이 수용되어 그 소유권이전등기의무가 이행불능이 된 경우, 등기청구권자는 등기의무자에게 대상청구권의 행사로써 등기의무자가 지급받은 수용보상금의 반환을 구하거나 또는 등기의무자가 취득한 수용보상금청구권의 양도를 구할 수 있을 뿐 그 수용보상금청구권 자체가 등기청구권자에게 귀속되는 것은 아니다(대판 1996. 10. 29, 95다56910).

정답 16. ④

④ (×) : 채무자가 수령하게 되는 보상금이나 그 청구권에 대하여 채권자가 대상청구권을 가지는 경우에도 채권자는 채무자에 대하여 그가 지급받은 보상금의 반환을 청구하거나 채무자로부터 보상청구권을 양도받아 보상금을 지급받아야 할 것이나, 어떤 사유로 채권자가 직접 자신의 명의로 대상청구의 대상이 되는 보상금을 지급받았다고 하더라도 이로써 채무자에 대한 관계에서 바로 부당이득이 되는 것은 아니라고 보아야 할 것이다(대판 2002. 2. 8, 99다23901).

⑤ (○) : 매매 목적물의 수용 또는 국유화로 인하여 매도인의 소유권이전등기의무가 이행불능된 경우 매수인에게 인정되는 대상청구권에 대하여는 특별한 사정이 없는 한 매수인이 그 대상청구권을 행사할 수 있는 시점인 매도인의 소유권이전등기의무가 이행불능되었을 때부터 소멸시효가 진행하는 것이 원칙이다. 그리고 이러한 대상청구권의 소멸시효 기산점에 관한 법리는 매매 목적물의 이중매매로 인하여 매도인의 소유권이전등기의무가 이행불능된 경우와 같이 그 대상청구권이 채무자의 귀책사유로 발생한 때에도 마찬가지로 적용된다(대판 2018. 11. 15, 2018다248244).

17 채무불이행으로서 이행거절에 관한 설명으로 옳지 않은 것은? (다툼이 있으면 판례에 따름)

〈2020년 변리사〉

① 이행거절을 이유로 계약을 해제하기 위해서는 채권자는 채무자에게 채무이행을 최고하여야 한다.
② 채무자가 계약을 이행하지 않을 의사를 명백히 표시하였는지 여부는 계약 이행에 관한 당사자의 행동과 계약 전·후의 구체적인 사정 등을 종합적으로 고려하여 판단하여야 한다.
③ 쌍무계약에서 당사자 일방이 자기의 채무를 아직 다 이행하지 아니하였으면서도 이미 다 이행하였다고 주장하면서 상대방 채무의 이행을 구하는 제소까지 하였다면, 특별한 사정이 없는 한 미리 자기의 채무를 이행하지 아니할 의사를 표명한 것으로 볼 수 있다.
④ 이행거절을 이유로 채권자가 해제권을 행사하는 경우 그 이행거절 의사를 표명했는지 여부에 대한 판단시기는 계약해제 시이다.
⑤ 이행거절이라는 채무불이행이 인정되기 위해서는 채무를 이행하지 아니할 채무자의 명백한 의사표시가 위법한 것으로 평가되어야 한다.

해 설

① (×), ② (○) : 채무자가 채무를 이행하지 아니할 의사를 명백히 표시한 경우에 채권자는 신의성실의 원칙상 이행기 전이라도 이행의 최고 없이 채무자의 이행거절을 이유로 계약을 해제하거나 채무자를 상대로 손해배상을 청구할 수 있고, 채무자가 채무를 이행하지 아니할 의사를 명백히 표시하였는지 여부는 채무 이행에 관한 당사자의 행동과 계약 전후의 구체적인 사정 등을 종합적으로 살펴서 판단하여야 한다(대판 2007. 9. 20, 2005다63337).

③ (○), ④ (○) : 쌍무계약에서 당사자 일방이 미리 이행을 하지 아니할 의사를 표시하거나 상대방이 이행을 제공하더라도 자기의 채무를 이행하지 아니할 것이 객관적으로 명백한 경우에는 상대방은 이를 이유로 계약을 해제할 수 있다고 할 것인바, 당사자 일방이 자기의 채무를 아직 다 이행하지 아니하였으면서도 이미 다 이행하였다고 주장하면서 상대방 채무의 이행을 구하는 제소까지 하였다면 그것이 계산상의 착오 때문이라는 등 특별한 사정이 없는 한 미리 자기의 채무를 이행하지 아니할 의사를 표명한 것으로 볼 것이고, 따라서 상대방은 계약을 해제할 수 있다. 그리고 당사자 일방이 위와 같은 의사를 표명한 것으로 볼 것인지 여부는 **계약해제 시를 기준으로** 하여 판단하여야 한다(대판 2014. 10. 6, 2014다210531).

⑤ (○) : 채무자가 채무를 이행하지 아니할 의사를 명백히 표시한 경우에 채권자는 신의성실의 원칙상 이행기 전이라도 이행의 최고 없이 채무자의 이행거절을 이유로 계약을 해제하거나 채무자를 상대로 손해배상을 청구

정답 17. ①

할 수 있지만, 이러한 이행거절이라는 채무불이행이 인정되기 위해서는 채무를 이행하지 아니할 채무자의 명백한 의사표시가 위법한 것으로 평가되어야 한다(대판 2015. 2. 12, 2014다227225).

18 이행지체에 관한 설명으로 옳지 않은 것은? (다툼이 있으면 판례에 따름) 〈2021년 변리사〉

① 동산매매계약에서 매도인 甲이 매수인 乙에 대해 잔금 지급기일 도과를 이유로 지연손해금을 청구하려면 甲은 자기 채무의 이행제공을 계속하여야 한다.

② 신축 중인 상가를 乙에게 분양한 甲이 분양대금의 중도금지급기한을 1층 골조공사 완료시로 약정한 경우, 1층 골조공사 완료 후 乙이 그 사실을 안 날의 다음 날부터 중도금지급채무의 지체책임을 진다.

③ 이행기의 정함이 없는 매매대금채권을 甲으로부터 양수한 丙이 채무자 乙을 상대로 그 이행을 구하는 소를 제기하고 소송 계속 중 甲이 乙에 대해 채권양도통지를 한 경우, 특별한 사정이 없는 한 乙은 채권양도통지가 도달된 날의 다음 날부터 이행지체의 책임을 진다.

④ 매수인 乙이 매도인 甲의 영업소에서 쌀 10포대를 받아가기로 약정한 경우, 乙이 변제기 이후에 오지 않은 이상 甲은 지연에 따른 손해배상책임을 지지 않는다.

⑤ 甲은 乙로부터 1억 원을 빌리면서 5회에 걸쳐 매회 2천만 원씩 분할상환하되, 분할변제기한을 1회라도 지체하였을 때는 기한의 이익을 잃는 것으로 특약한 경우, 특별한 사정이 없는 한 甲은 1회 변제기한이라도 지체하면 미상환금액 전부에 대하여 지체책임을 진다.

해 설

① (○) : 쌍무계약의 당사자 일방이 먼저 한 번 현실의 제공을 하고, 상대방을 수령지체에 빠지게 하였다 하더라도 그 이행의 제공이 계속되지 않는 경우는 과거에 이행의 제공이 있었다는 사실만으로 상대방이 가지는 동시이행의 항변권이 소멸하는 것은 아니다(대판 1993. 8. 24, 92다56490). ☞ 따라서 매도인 甲이 자기 채무의 이행제공을 계속하지 않는 경우 매수인 乙의 동시이행의 항변권은 소멸하지 않고 이행지체에도 빠지지 않으므로, 매도인 甲이 매수인 乙에 대해 이행지체를 이유로 지연손해금을 청구하려면 甲은 자기 채무의 이행제공을 계속하여야 한다.

② (○) : 중도금 지급기일을 '1층 골조공사 완료시'로 정한 것은 중도금 지급의무의 이행기를 장래 도래할 시기가 확정되지 아니한 때, 즉 불확정기한으로 이행기를 정한 경우에 해당한다고 할 것이므로, 중도금 지급의무의 이행지체의 책임을 지우기 위해서는 1층 골조공사가 완료된 것만으로는 부족하고 채무자인 원고가 그 완료 사실을 알아야 한다고 할 것이다(대판 2005. 10. 7, 2005다38546).

③ (○) : 채무에 이행기의 정함이 없는 경우에는 채무자가 이행의 청구를 받은 다음 날부터 이행지체의 책임을 지는 것이나, 한편 지명채권이 양도된 경우 채무자에 대한 대항요건이 갖추어질 때까지 채권양수인은 채무자에게 대항할 수 없으므로, 이행기의 정함이 없는 채권을 양수한 채권양수인이 채무자를 상대로 그 이행을 구하는 소를 제기하고 소송 계속 중 채무자에 대한 채권양도통지가 이루어진 경우에는 특별한 사정이 없는 한 채무자는 채권양도통지가 도달된 다음 날부터 이행지체의 책임을 진다(대판 2014. 4. 10, 2012다29557).

④ (○) : 확정기한부채무의 경우 기한이 도래한 때로부터 지체책임이 있지만, 채무자가 추심채무를 부담한다면 기한의 도과만으로는 이행지체책임이 발생하지 않고 채권자의 추심행위를 필요로 한다.

⑤ (×) : 기한이익 상실의 특약은 그 내용에 의하여 일정한 사유가 발생하면 채권자의 청구 등을 요함이 없이 당연히 기한의 이익이 상실되어 이행기가 도래하는 것으로 하는 정지조건부 기한이익 상실의 특약과 일정한 사유가 발생한 후 채권자의 통지나 청구 등 채권자의 의사행위를 기다려 비로소 이행기가 도래하는 것으로 하는 형성권적 기한이익 상실의 특약의 두 가지로 대별할 수 있고, 기한이익 상실의 특약이 위의 양자 중 어느 것

정 답 18. ⑤

에 해당하느냐는 당사자의 의사해석의 문제이지만 일반적으로 기한이익 상실의 특약이 채권자를 위하여 둔 것인 점에 비추어 명백히 정지조건부 기한이익 상실의 특약이라고 볼 만한 특별한 사정이 없는 이상 형성권적 기한이익 상실의 특약으로 추정하는 것이 타당하다(대판 2010. 8. 26, 2008다42416, 42423).

19 **이행불능에 관한 설명으로 옳지 않은 것은? (다툼이 있으면 판례에 따름)** 〈2021년 변리사〉

① 토지거래허가구역 내의 토지에 관하여 허가를 조건으로 매매계약을 체결한 경우, 그 허가 전에는 거래계약상의 채무를 이행할 수 없게 되더라도 그에 따른 손해배상책임을 지지 않는다.

② 쌍무계약에서 당사자 일방이 부담하는 채무의 일부만이 채무자의 책임 있는 사유로 이행할 수 없게 된 경우, 이행가능한 나머지 부분만의 이행으로 계약목적을 달성할 수 없다면 채무의 이행은 전부가 불능이라고 보아야 한다.

③ 민법상 임대차에서 목적물을 사용·수익하게 할 임대인의 의무는 임대인이 임대차목적물의 소유권을 상실한 것만으로 이행불능이 된다.

④ 매매목적물에 관하여 매도인의 다른 채권자가 강제경매를 신청하여 그 절차가 진행 중에 있다는 사유만으로 매도인의 채무가 이행불능이 되는 것은 아니다.

⑤ 쌍무계약에서 당사자 일방의 급부뿐만 아니라 상대방의 반대급부도 전부 이행불능이 된 경우, 특별한 사정이 없는 한 당사자 일방은 상대방에게 대상청구를 할 수 없다.

해설

① (○) : 국토이용관리법상의 규제구역 내의 토지매매계약은 관할관청의 허가를 받아야만 그 효력이 발생하고 허가를 받기 전에는 매매계약의 채권적 효력도 전혀 발생하지 아니하여 무효이므로 권리의 이전 또는 설정에 관한 어떠한 내용의 이행청구도 할 수 없는 것이고, 따라서 채무불이행으로 인한 손해배상청구도 할 수 없다(대판 1994. 1. 11, 93다22043).

② (○) : 쌍무계약에 있어 당사자 일방이 부담하는 채무의 일부만이 채무자의 책임 있는 사유로 이행할 수 없게 된 때에는, 그 이행이 불가능한 부분을 제외한 나머지 부분만의 이행으로는 계약의 목적을 달성할 수 없다면 채무의 이행은 전부가 불능이라고 보아야 할 것이므로, 채권자로서는 채무자에 대하여 계약 전부를 해제하거나 또는 채무 전부의 이행에 갈음하는 전보배상을 청구할 수 있을 뿐이지 이행이 가능한 부분만의 급부를 청구할 수는 없다(대판 1995. 7. 25, 95다5929).

③ (×) : 계약의 이행불능 여부는 사회통념에 의하여 이를 판정하여야 할 것인바, 임대차계약상의 임대인의 의무는 목적물을 사용수익케 할 의무로서, 목적물에 대한 소유권 있음을 성립요건으로 하고 있지 아니하여 임대인이 소유권을 상실하였다는 이유만으로 그 의무가 불능하게 된 것이라고 단정할 수 없다(대판 1994. 5. 10, 93다37977).

④ (○) : 매매목적물에 관하여 매도인의 다른 채권자가 강제경매를 신청하여 그 절차가 진행 중에 있다는 사유만으로는 아직 매도인이 그 목적물의 소유권을 취득할 수 없는 때에 해당한다고 할 수 없으므로 매수인은 이를 이유로 계약을 해제하거나 위약금의 청구를 할 수 없다(대판 1987. 9. 8, 87다카655).

⑤ (○) : 쌍무계약의 당사자 일방이 상대방의 급부가 이행불능이 된 사정의 결과로 상대방이 취득한 대상에 대하여 급부청구권을 행사할 수 있다고 하더라도, 그 당사자 일방이 대상청구권을 행사하려면 상대방에 대하여 반대급부를 이행할 의무가 있는바, 이 경우 당사자 일방의 반대급부도 이행불능이 된 경우(즉 쌍방불능), 당사자 일방은 상대방에 대하여 대상청구권을 행사할 수 없다(대판 1996. 6. 25, 95다6601).

정답 19. ③

20 **민법 제391조(이행보조자의 고의, 과실)에 관한 설명으로 옳지 않은 것은? (다툼이 있으면 판례에 따름)** 〈2022년 변리사〉

① 이행보조자로서의 피용자라 함은 일반적으로 채무자의 의사관여 아래 그 채무의 이행행위에 속하는 활동을 하는 사람이면 족하다.
② 임대인이 임차인과의 임대차계약상의 약정에 따라 제3자에게 도급을 주어 임차목적물을 수선한 경우, 그 수급인인 제3자는 임대인에 대하여 이행보조자로서의 피용자가 아니다.
③ 이행보조자가 채무의 이행을 위하여 제3자를 복이행보조자로서 사용하는 경우, 채무자가 이를 승낙하였거나 적어도 묵시적으로 동의했다면 채무자는 복이행보조자의 고의·과실에 관하여 민법 제391조에 따라 책임을 부담한다.
④ 이행보조자의 행위가 채무자에 의하여 그에게 맡겨진 이행업무와 객관적, 외형적으로 관련을 가지는 경우에는 채무자는 그 행위에 대하여 책임을 져야 한다.
⑤ 임대인의 이행보조자가 임차인으로 하여금 임차목적물을 사용·수익하지 못하게 함으로써 임대인은 채무불이행책임을 지고 그 이행보조자는 불법행위책임을 지는 경우, 양 책임은 부진정연대채무관계에 있다.

해 설

① (○) : 민법 제391조에서의 이행보조자로서의 피용자라 함은 일반적으로 채무자의 의사관여 아래 그 채무의 이행행위에 속하는 활동을 하는 사람이면 족하고, 반드시 채무자의 지시 또는 감독을 받는 관계에 있어야 하는 것은 아니므로 채무자에 대하여 종속적인가 독립적인 지위에 있는가는 문제되지 않는다(대판 2002. 7. 12, 2001다44338).

② (×) : 임대인이 임차인과의 임대차계약상의 약정에 따라 제3자에게 도급을 주어 임대차목적물에 시설물을 설치하던 중 원인불명의 화재가 발생하였는데, 제반 사정에 비추어 그 설치공사를 맡은 수급인이 임대차목적물의 전력용량을 초과한 전기용접기를 연결하여 계속 사용함으로써 과부하로 인한 전선의 발열로 인하여 화재가 발생한 것으로 추정함이 타당하여 공사수급인에게 화재발생에 대한 과실이 인정되는 경우, 공사수급인은 임대차계약에 따른 임대인의 이행보조자라 할 것이어서 임대인은 민법 제391조에 따라 위 화재발생에 귀책사유가 있으므로 임차인에 대한 채무불이행상의 손해배상책임이 있다(대판 1999. 4. 13, 98다51077).

③ (○) : 이행보조자가 채무의 이행을 위하여 제3자를 복이행보조자로서 사용하는 경우에도 채무자가 이를 승낙하였거나 적어도 묵시적으로 동의한 경우에는 채무자는 복이행보조자의 고의·과실에 관하여 민법 제391조에 의하여 책임을 부담한다(대판 2011. 5. 26, 2011다1330).

④ (○) : 이행보조자의 행위가 채무자에 의하여 그에게 맡겨진 이행업무와 객관적, 외형적으로 관련을 가지는 경우에는 채무자는 그 행위에 대하여 책임을 져야 하고, 채무의 이행에 관련된 행위이면 가사 이행보조자의 행위가 채권자에 대한 불법행위가 된다고 하더라도 채무자가 면책될 수는 없다(대판 2008. 2. 15, 2005다69458).

⑤ (○) : 임대인인 피고 갑은 이행보조자인 피고 을이 임차물인 점포의 출입을 봉쇄하고 내부시설공사를 중단시켜 임차인인 원고로 하여금 그 사용·수익을 하지 못하게 한 행위에 대하여 임대인으로서의 채무불이행으로 인한 손해를 배상할 의무가 있고, 또한 피고 을이 원고가 임차인이라는 사정을 알면서도 위와 같은 방법으로 원고로 하여금 점포를 사용·수익하지 못하게 한 것은 원고의 임차권을 침해하는 불법행위를 이룬다고 할 것이므로 피고 을은 원고에게 불법행위로 인한 손해배상의무가 있다고 할 경우, 피고 갑의 채무불이행책임과 피고 을의 불법행위책임은 동일한 사실관계에 기한 것으로 부진정연대채무관계에 있다(대판 1994. 11. 11, 94다22446).

정답 20. ②

21 **甲은 자신의 X토지를 乙에게 1억 원에 매도하는 계약을 체결하였다. 乙은 계약금과 중도금으로 6천만 원을 甲에게 지급하였다. 그 후 X토지의 가격이 폭등하자 甲은 X토지를 丙에게 1억 5천만 원에 매도하고 丙 명의로 소유권이전등기를 마쳐 주었다. 이에 관한 설명으로 옳은 것을 모두 고른 것은? (각 지문은 독립적이며, 다툼이 있으면 판례에 따름)** 〈2022년 변리사〉

ㄱ. 甲과 乙의 매매계약은 특별한 사정이 없는 한 甲이 丙과 매매계약을 맺은 때에 이행불능이 된다.
ㄴ. 특별한 사정이 없는 한 乙은 甲을 상대로 X토지의 인도 및 소유권이전등기의 청구를 할 수 없다.
ㄷ. 만일 甲이 乙의 잔금미지급을 이유로 계약을 적법하게 해제할 수 있었으나 해제하지 않은 상태에서 甲이 丙에게 X토지를 매도하고 소유권이전등기를 마쳐준 경우라면, 특별한 사정이 없는 한 甲은 乙에게 이행불능에 따른 책임을 부담하지 않는다.
ㄹ. 만일 甲이 丙에게 X토지의 소유권이전등기가 아니라 소유권이전등기청구권 보전을 위한 가등기만을 마쳐준 경우라면, 특별한 사정이 없는 한 甲은 乙에게 이행불능에 따른 책임을 부담하지 않는다.

① ㄴ ② ㄱ, ㄷ ③ ㄴ, ㄹ ④ ㄱ, ㄷ, ㄹ ⑤ ㄴ, ㄷ, ㄹ

해설

ㄱ.(×), ㄴ.(○) : (ⅰ) 매매목적물에 관하여 이중으로 제3자와 매매계약을 체결하였다는 사실만 가지고는 매매계약이 법률상 이행불능이라고 할 수 없다(대판 1996. 7. 26, 96다14616). (ⅱ) 부동산매매에 있어서 매도인이 목적물을 타인에게 이미 매도하여 그 타인에게 소유권이전등기를 하여줄 의무가 있음에도 불구하고 제3자에게 다시 양도하여 소유권이전등기를 경유한 때에는 특별한 사정이 없는 한 매도인이 그 타인에게 부담하고 있는 소유권이전등기의무는 이행불능의 상태에 있다고 봄이 상당하다(대판 1983. 3. 22, 80다1416).

ㄷ.(×) : 원고가 중도금 및 잔대금의 지급을 지체하였다고 하여도 피고가 이를 이유로 계약을 적법하게 해제하지 않은 채 매매목적물을 타에 처분한 것이라면 그 이행불능에 대한 책임은 피고에게 있다(대판 1980. 3. 11, 79다1948).

ㄹ.(○) : 부동산소유권이전등기 의무자가 그 부동산상에 가등기를 경료한 경우 가등기는 본등기의 순위보전의 효력을 가지는 것에 불과하고 또한 그 소유권이전등기 의무자의 처분권한이 상실되지도 아니하므로 그 가등기만으로는 소유권이전등기의무가 이행불능이 된다고 할 수 없다(대판 1991. 7. 26, 91다8104).

22 **채무불이행에 관한 설명으로 옳지 않은 것은? (다툼이 있으면 판례에 따름)** 〈2023년 변리사〉

① 계약당사자 일방이 자신의 계약상 채무 이행에 장애가 될 수 있는 사유를 계약체결 시에 예견할 수 있었음에도 상대방에게 고지하지 않은 경우, 그 사유로 인해 채무불이행이 되는 것에 어떠한 잘못도 없었다면 채무불이행에 대한 귀책사유를 인정할 수 없다.
② 이행보조자의 행위가 채무자의 이행업무와 객관적, 외형적으로 관련된 경우, 그 행위가 채권자에게 불법행위가 되더라도 채무자는 채권자에 대하여 책임을 부담한다.
③ 매매목적물의 인도전 화재로 매도인이 수령할 화재보험금에 대하여 매수인이 대상청구권을 행사할 수 있는 경우, 그 범위는 매매대금의 범위내로 제한되지 않는다.
④ 대상청구권을 행사하려는 일방당사자가 부담하는 급부도 전부불능이 된 경우, 대상청구권의 행사는 허용되지 않는다.

정답 21. ③ 22. ①

⑤ 이행기의 정함이 없는 채권을 양수한 자가 채무자를 상대로 이행의 소를 제기하고 소송계속 중 채무자에 대하여 채권양도통지가 된 경우, 채무자는 원칙적으로 그 통지가 도달된 다음 날부터 이행지체책임을 진다.

해 설

① (×) : 계약당사자 일방이 자신이 부담하는 계약상 채무를 이행하는 데 장애가 될 수 있는 사유를 계약을 체결할 당시에 알았거나 예견할 수 있었음에도 이를 상대방에게 고지하지 아니한 경우에는, 비록 그 사유로 말미암아 후에 채무불이행이 되는 것 자체에 대하여는 그에게 어떠한 잘못이 없다고 하더라도, 상대방이 그 장애사유를 인식하고 이에 관한 위험을 인수하여 계약을 체결하였다거나 채무불이행이 상대방의 책임 있는 사유로 인한 것으로 평가되어야 하는 등의 특별한 사정이 없는 한, 그 채무가 불이행된 것에 대하여 귀책사유가 없다고 할 수 없다. 그것이 계약의 원만한 실현과 관련하여 각각의 당사자가 부담하여야 할 위험을 적절하게 분배한다는 계약법의 기본적 요구에 부합한다(대판 2011. 8. 25, 2011다43778).

② (○) : 이행보조자의 행위가 채무자에 의하여 그에게 맡겨진 이행업무와 객관적, 외형적으로 관련을 가지는 경우에는 채무자는 그 행위에 대하여 책임을 져야 하고, 채무의 이행에 관련된 행위이면 가사 이행보조자의 행위가 채권자에 대한 불법행위가 된다고 하더라도 채무자가 면책될 수는 없다(대판 2008. 2. 15, 2005다69458).

③ (○) : 매매의 목적물이 화재로 소실됨으로써 매도인이 지급받게 되는 화재보험금, 화재공제금에 대하여 매수인의 대상청구권이 인정되는 이상, 매수인은 특별한 사정이 없는 한 목적물에 대하여 지급되는 화재보험금, 화재공제금 전부에 대하여 대상청구권을 행사할 수 있고, 인도의무의 이행불능 당시 매수인이 지급하였거나 지급하기로 약정한 매매대금 상당액의 한도 내로 범위가 제한된다고 할 수 없다(대판 2016. 10. 27, 2013다7769).

④ (○) : 쌍무계약의 당사자 일방이 상대방의 급부가 이행불능이 된 사정의 결과로 상대방이 취득한 대상에 대하여 급부청구권을 행사할 수 있다고 하더라도, 그 당사자 일방이 대상청구권을 행사하려면 상대방에 대하여 **반대급부를 이행할 의무**가 있는바, 이 경우 **당사자 일방의 반대급부도 이행불능이 된 경우(즉 쌍방불능)**, 당사자 일방은 상대방에 대하여 대상청구권을 행사할 수 없다(대판 1996. 6. 25, 95다6601).

⑤ (○) : 채무에 이행기의 정함이 없는 경우에는 채무자가 이행의 청구를 받은 다음 날부터 이행지체의 책임을 지는 것이나, 한편 지명채권이 양도된 경우 채무자에 대한 대항요건이 갖추어질 때까지 채권양수인은 채무자에게 대항할 수 없으므로, **이행기의 정함이 없는 채권을 양수한 채권양수인이 채무자를 상대로 그 이행을 구하는 소를 제기하고 소송 계속 중 채무자에 대한 채권양도통지가 이루어진 경우**에는 특별한 사정이 없는 한 채무자는 **채권양도통지가 도달된 다음 날부터** 이행지체의 책임을 진다(대판 2014. 4. 10, 2012다29557).

23 채무불이행에 관한 설명으로 옳지 않은 것은? (다툼이 있으면 판례에 따름) 〈2024년 변리사〉

① 이행보조자는 채무자의 의사 관여 아래 채무의 이행행위에 속하는 활동을 하는 자이면 충분하고, 반드시 채무자의 지시 또는 감독을 받는 관계에 있어야 하는 것은 아니다.

② 이행기의 정함이 없는 지명채권을 양수한 채권양수인이 채무자를 상대로 그 이행을 구하는 소를 제기하고, 그 소송 계속 중 채무자에 대한 채권양도통지가 이루어진 경우에는 특별한 사정이 없는 한 채무자는 그 소가 제기된 날부터 채권양수인에 대해 이행지체의 책임을 진다.

③ 매매목적물에 관하여 이중으로 제3자와 매매계약을 체결하였다는 사실만 가지고는 먼저 체결된 매매계약이 법률상 이행불능이라고 할 수 없다.

④ 매매목적물이 채무자의 과실에 의한 화재로 소실됨으로써 채무자의 매매목적물에 대한 인도의무가 이행불능으로 된 경우, 채권자는 화재사고로 채무자가 지급받게 되는 화재보험금에 대하여 대상청구권을 행사할 수 있다.

정답 23. ②

⑤ 임대인이 임대물수선의무를 이행하기 위하여 제3자에게 도급을 주어 임차물을 공사하던 중 그 수급인의 과실에 의한 임차물의 화재로 인해 임차인의 손해가 발생한 경우, 임대인은 임차인에 대하여 채무불이행에 따른 손해배상책임을 부담한다.

해 설

① (○) : 민법 제391조는 이행보조자의 고의·과실을 채무자의 고의·과실로 본다고 정하고 있는데, 이러한 이행보조자는 채무자의 의사 관여 아래 채무의 이행행위에 속하는 활동을 하는 사람이면 충분하고 반드시 채무자의 지시 또는 감독을 받는 관계에 있어야 하는 것은 아니다. 따라서 그가 채무자에 대하여 종속적인 지위에 있는지, 독립적인 지위에 있는지는 상관없다(대판 2018. 2. 13, 2017다275447).

② (×) : 채무에 이행기의 정함이 없는 경우에는 채무자가 이행의 청구를 받은 다음 날부터 이행지체의 책임을 지는 것이나, 한편 지명채권이 양도된 경우 채무자에 대한 대항요건이 갖추어질 때까지 채권양수인은 채무자에게 대항할 수 없으므로, 이행기의 정함이 없는 채권을 양수한 채권양수인이 채무자를 상대로 그 이행을 구하는 소를 제기하고 소송 계속 중 채무자에 대한 채권양도통지가 이루어진 경우에는 특별한 사정이 없는 한 채무자는 채권양도통지가 도달된 다음 날부터 이행지체의 책임을 진다(대판 2014. 4. 10, 2012다29557).

③ (○) : 매매목적물에 관하여 이중으로 제3자와 매매계약을 체결하였다는 사실만 가지고는 매매계약이 법률상 이행불능이라고 할 수 없고, 채무의 이행이 불능이라는 것은 단순히 절대적, 물리적으로 불능인 경우가 아니라 사회생활에 있어서의 경험법칙 또는 거래상의 관념에 비추어 볼 때 채권자가 채무자의 이행의 실현을 기대할 수 없는 경우를 말한다(대판 1996. 7. 26, 96다14616).

④ (○) : 매매의 목적물이 화재로 소실됨으로써 채무자인 매도인의 매매목적물에 대한 인도의무가 이행불능이 되었다면, 채권자인 매수인은 화재사고로 매도인이 지급받게 되는 화재보험금, 화재공제금에 대하여 대상청구권을 행사할 수 있다(대판 2016. 10. 27, 2013다7769).

⑤ (○) : 임대인이 임차인과의 임대차계약상의 약정에 따라 제3자에게 도급을 주어 임대차목적물에 시설물을 설치하던 중 원인불명의 화재가 발생하였는데, 제반 사정에 비추어 그 설치공사를 맡은 수급인이 임대차목적물의 전력용량을 초과한 전기용접기를 연결하여 계속 사용함으로써 과부하로 인한 전선의 발열로 인하여 화재가 발생한 것으로 추정함이 타당하여 공사수급인에게 화재발생에 대한 과실이 인정되는 경우, 공사수급인은 임대차계약에 따른 임대인의 이행보조자라 할 것이어서 임대인은 민법 제391조에 따라 위 화재발생에 귀책사유가 있으므로 임차인에 대한 채무불이행상의 손해배상책임이 있다(대판 1999. 4. 13, 98다51077, 51084).

24 **이행지체에 관한 설명 중 옳은 것은? (다툼이 있는 경우에는 판례에 의함)** 〈2013년 변호사시험〉

① 정지조건부 기한이익 상실의 특약이 있는 경우, 특별한 사정이 없는 한 그 특약에서 정한 기한이익 상실사유가 발생하였더라도 채권자의 이행청구가 없으면 채무자는 지체책임을 지지 않는다.

② 확정기한이 있는 금전채권에 대하여 가압류결정이 내려진 경우, 채무자는 기한이 도래하더라도 지체책임을 지지 않는다.

③ 불법행위로 인한 손해배상의무는 기한의 정함이 없는 채무로서 채무자는 피해자의 이행청구를 받은 때로부터 지체책임이 있다.

④ 채무자는 확정된 지연손해금채무에 대하여 채권자의 이행청구를 받은 때로부터 지체책임을 부담하게 된다.

⑤ 토지거래허가를 전제로 하는 매매계약의 경우, 허가가 있기 전이라도 매도인이 소유권이전등기 소요서류의 이행제공을 하였다면 매수인은 계약내용에 따른 대금지급의무를 부담하므로 매수인이 그 의무를 이행하지 아니한 때에는 매도인은 계약을 해제할 수 있다.

정답 24. ④

해설

① (×) : 위 설명은 형성권적인 기한이익상실특약의 설명이다. 따라서 정지조건부 기한이익 상실의 특약이 있는 경우, 특별한 사정이 없는 한 그 특약에서 정한 기한이익 상실사유가 발생하였다면 '채권자의 이행청구가 없더라도' 채무자는 지체책임을 부담한다(대판 1989. 9. 29, 88다카14663).
② (×) : 공탁을 하여야 지체책임을 면한다. 따라서 확정기한이 있는 금전채권에 대하여 가압류결정이 내려진 경우, 채무자는 기한이 도래하면 지체책임을 부담한다(대판 1994. 12. 13, 93다951 전원합의체).
③ (×) : 불법행위로 인한 손해배상채무에 대하여는 별도의 이행 최고가 없더라도 채무성립과 동시에 지연손해금이 발생하는 것이 원칙이다(대판 2012. 3. 29, 2011다38325).

[보충지문] 불법행위로 인한 손해배상채무는 특별한 사정이 없는 한 채무 성립과 동시에 지연손해금이 발생한다(○). 〈2022년 변호사시험〉

④ (○) : 채무자는 확정된 (금전채무의)지연손해금채무에 대하여 '이행기 정함이 없는 채무'로 보아 채권자의 이행청구를 받은 때로부터 지체책임을 부담하게 된다(대판 2004. 7. 9, 2004다11582 등).
⑤ (×) : 유동적 무효인 경우 채무불이행이 발생하지 않는다. 따라서 해제가 불가능하다. 그러므로 허가가 있기 전매도인이 소유권이전등기 소요서류의 이행제공을 하였다고 하더라도 매수인은 계약내용에 따른 대금지급의무를 부담하지 않는다(대판 2006. 1. 27, 2005다52047).

25 **甲과 乙은 2011. 5. 20. 甲 소유의 X 토지에 관한 매매계약을 체결하면서 계약금 3,000만 원은 당일 지급하였고, 중도금과 잔금 2억 7,000만 원은 같은 해 8. 20. 지급하기로 하였는데, 같은 해 7. 10. X 토지가 수용되어 甲이 보상금으로 4억 원을 받았다. 다음 설명 중 옳은 것을 모두 고른 것은? (다툼이 있는 경우에는 판례에 의함)** 〈2013년 변호사시험〉

ㄱ. 乙은 甲에 대하여 보상금의 지급을 구하지 않고, 계약금 3,000만 원에 대한 부당이득반환청구권을 행사할 수 있다. ㄴ. X 토지의 수용은 甲의 귀책사유에 의한 것이 아니므로 위험부담의 법리에 따라 乙의 반대급부의무 역시 소멸하고, 이는 乙이 甲에 대하여 보상금의 반환을 청구하더라도 마찬가지이다. ㄷ. 甲이 지급받은 보상금의 반환을 청구할 수 있는 乙의 권리는 특별한 사정이 없는 한 X 토지가 수용된 시점부터 소멸시효가 진행한다.

① ㄱ, ㄷ ② ㄱ, ㄴ, ㄷ ③ ㄱ ④ ㄴ ⑤ ㄷ

해설

ㄱ. (○), ㄴ. (×) : 통설과 판례는 대상청구권을 위험부담과 별도로 인정하고 있으므로, 귀책사유 없이 후발적 불능이 된 경우 **선택적으로** ① 반대급부를 이행하면서 대상청구권을 행사하거나, ② 위험부담을 주장하여 부당이득반환을 구할 수 있다. ㄱ.은 대상청구권을 행사하지 않고 제537조 위험부담을 주장하여 부당이득반환을 구할 수 있다는 것이다. "민법 제537조는 채무자위험부담주의를 채택하고 있는바, 쌍무계약에서 당사자 쌍방의 귀책사유 없이 채무가 이행불능된 경우 채무자는 급부의무를 면함과 더불어 반대급부도 청구하지 못하므로, 쌍방 급부가 없었던 경우에는 계약관계는 소멸하고 이미 이행한 급부는 법률상 원인 없는 급부가 되어 부당이득의 법리에 따라 반환청구할 수 있다(대판 2009. 5. 28, 2008다98655 등)." 반면에 ㄴ.은 대상청구권을 행사하는 경우인데, "쌍무계약의 당사자 일방이 상대방의 급부가 이행불능이 된 사정의 결과로 상대방이 취득한 대상에 대하여 급부청구권을 행사할 수 있다고 하더라도, 그 당사자 일방이 대상청구권을 행사하려면 상대방에 대하

정답 25. ①

여 반대급부를 이행할 의무가 있다(대판 1996. 6. 25, 95다6601).” 따라서 대상청구권을 행사하는 경우에는 반대급부의무는 소멸하지 않는다.
ㄷ. (○) : 매매 목적물의 수용 또는 국유화로 인하여 매도인의 소유권이전등기의무가 이행불능된 경우 매수인에게 인정되는 대상청구권에 대하여는 특별한 사정이 없는 한 매수인이 그 대상청구권을 행사할 수 있는 시점인 매도인의 소유권이전등기의무가 이행불능되었을 때부터 소멸시효가 진행하는 것이 원칙이다(대판 2018. 11. 15, 2018다248244).

26 **甲은 乙로부터 냉동창고를 임차한 창고업자이다. 甲은 이 냉동창고가 파손되어 乙에게 수선을 요청하였다. 이에 乙은 A에게 보수공사를 맡겼는데 A의 피용자 丙의 과실로 냉동창고에 화재가 발생하여 냉동창고에 보관 중이던 B의 임치물이 소실되었다. 이에 관한 설명 중 옳지 않은 것을 모두 고른 것은? (다툼이 있는 경우 판례에 의함)** 〈2017년 변호사시험〉

ㄱ. 乙은 임대차계약에 따른 임대물수선의무를 이행하기 위하여 제3자인 A에게 도급을 주어 공사를 하게 된 것이고 A 및 丙에 대하여 지휘 감독하는 관계가 아니므로 乙은 甲에 대하여 채무불이행책임을 지지 않는다.
ㄴ. A는 자기의 피용자 丙의 과실에 의한 화재이므로 乙에 대하여 채무불이행책임을 진다.
ㄷ. A는 자기의 피용자 丙의 과실에 의한 화재이므로 甲에 대하여 「민법」 제756조에 따라 불법행위책임을 진다.
ㄹ. A는 자기의 피용자 丙의 과실에 의한 화재이므로 甲에 대하여 채무불이행책임을 진다.

① ㄱ, ㄴ ② ㄱ, ㄹ ③ ㄴ, ㄷ ④ ㄴ, ㄹ ⑤ ㄷ, ㄹ

해 설

ㄱ. (×) : [1] 민법 제391조에서의 이행보조자로서의 피용자라 함은 일반적으로 채무자의 의사관여 아래 그 채무의 이행행위에 속하는 활동을 하는 사람이면 족하고, 반드시 채무자의 지시 또는 감독을 받는 관계에 있어야 하는 것은 아니므로 채무자에 대하여 종속적인가 독립적인 지위에 있는가는 문제되지 않는다. [2] 임대인이 임차인과의 임대차계약상의 약정에 따라 제3자에게 도급을 주어 임대차목적물에 시설물을 설치하던 중 원인불명의 화재가 발생하였는데, 제반 사정에 비추어 그 설치공사를 맡은 수급인이 임대차목적물의 전력용량을 초과한 전기용접기를 연결하여 계속 사용함으로써 과부하로 인한 전선의 발열로 인하여 화재가 발생한 것으로 추정함이 타당하여 공사수급인에게 화재발생에 대한 과실이 인정되는 경우, 공사수급인은 임대차계약에 따른 임대인의 이행보조자라 할 것이어서 임대인은 민법 제391조에 따라 위 화재발생에 귀책사유가 있으므로 임차인에 대한 채무불이행상의 손해배상책임이 있다고 본 사례(대판 1999. 4. 13, 98다51077).
ㄴ. (○) : 민법 제391조 참조
ㄷ. (○) : 민법 제756조 참조
ㄹ. (×) : A와 甲 사이에는 채권관계가 존재하지 않는다.

27 **이행지체에 관한 설명 중 옳은 것을 모두 고른 것은? (다툼이 있는 경우 판례에 의함)** 〈2021년 변호사시험〉

ㄱ. 이행지체를 이유로 계약을 해제할 때 그 전제요건인 이행의 최고는 반드시 미리 일정기간을 명

정답 26. ② 27. ②

시하여 행해야 하며 이를 명시하지 아니한 최고는 부적법하다.
ㄴ. 신원보증인의 채무는 피보증인의 불법행위로 인한 손해배상채무 그 자체가 아니고 신원보증계약에 기하여 발생한 채무로서 이행기의 정함이 없는 채무이므로 채권자로부터 이행청구를 받지 않으면 지체의 책임이 생기지 않는다.
ㄷ. 금전채무에 관하여 이행지체에 대비한 지연손해금 비율을 따로 약정한 경우에 이를 손해배상액의 예정이라고 할 수는 없으므로 법원의 감액 대상이 되지 않는다.
ㄹ. 매매계약이 무효로 되는 때에는 매도인이 악의의 수익자인 경우 특별한 사정이 없는 한 매도인은 반환할 매매대금에 대하여 「민법」이 정한 연 5%의 법정이율에 의한 이자를 붙여 반환하여야 하는데, 위와 같은 법정이자의 지급의무는 반환의무의 이행지체로 인한 손해배상이므로, 매도인의 매매대금반환의무와 매수인의 소유권이전등기 말소등기절차 이행의무가 동시이행의 관계에 있는 경우에는 발생하지 않는다.
ㅁ. 이행기의 정함이 없는 채권을 양수한 채권양수인이 채무자를 상대로 그 이행을 구하는 소를 제기하고 소송계속 중 채무자에 대한 채권양도통지가 이루어진 경우에는 특별한 사정이 없는 한 채무자는 채권양도통지가 도달된 다음 날부터 이행지체의 책임을 진다.

① ㅁ ② ㄴ, ㅁ ③ ㄱ, ㄴ, ㅁ ④ ㄱ, ㄷ, ㄹ ⑤ ㄴ, ㄹ, ㅁ

해 설

ㄱ. (×) : 이행지체를 이유로 계약을 해제함에 있어서 그 전제요건인 이행의 최고는 반드시 미리 일정기간을 명시하여 최고하여야 하는 것은 아니며 최고한 때로부터 상당한 기간이 경과하면 해제권이 발생한다(대판 1994. 11. 25, 94다35930).

ㄴ. (○) : 신원보증인의 채무는 피보증인의 불법행위로 인한 손해배상채무 그 자체가 아니고 신원보증계약에 기하여 발생한 채무로서 이행기의 정함이 없는 채무이므로 채권자로부터 이행청구를 받지 않으면 지체의 책임이 생기지 않는다(대판 2009. 11. 26, 2009다59671).

ㄷ. (×) : 금전채무에 관하여 이행지체에 대비한 지연손해금 비율을 따로 약정한 경우에 이는 일종의 손해배상액의 예정으로서 민법 제398조에 의한 감액의 대상이 된다(대판 2000. 7. 28, 99다38637).

ㄹ. (×) : 계약무효의 경우 각 당사자가 상대방에 대하여 부담하는 반환의무는 성질상 부당이득반환의무로서 악의의 수익자는 그 받은 이익에 법정이자를 붙여 반환하여야 하므로(민법 제748조 제2항), 매매계약이 무효로 되는 때에는 매도인이 **악의의 수익자**인 경우 특별한 사정이 없는 한 매도인은 반환할 매매대금에 대하여 민법이 정한 **연 5%의 법정이율에 의한 이자를 붙여 반환하여야** 한다. 그리고 위와 같은 법정이자의 지급은 **부당이득반환의 성질을 가지는 것이지 반환의무의 이행지체로 인한 손해배상이 아니므로,** 매도인의 매매대금 반환의무와 매수인의 소유권이전등기 말소등기절차 이행의무가 **동시이행의 관계에 있는지 여부와는 관계가 없다**(대판 2017. 3. 9, 2016다47478).

ㅁ. (○) : 채무에 이행기의 정함이 없는 경우에는 채무자가 이행의 청구를 받은 다음 날부터 이행지체의 책임을 지는 것이나, 한편 지명채권이 양도된 경우 채무자에 대한 대항요건이 갖추어질 때까지 채권양수인은 채무자에게 대항할 수 없으므로, 이행기의 정함이 없는 채권을 양수한 채권양수인이 채무자를 상대로 그 이행을 구하는 소를 제기하고 소송 계속 중 채무자에 대한 채권양도통지가 이루어진 경우에는 특별한 사정이 없는 한 채무자는 채권양도통지가 도달된 다음 날부터 이행지체의 책임을 진다(대판 2014. 4. 10, 2012다29557).

28 **금전채권 및 이에 대한 지체책임에 관한 설명 중 옳은 것은? (다툼이 있는 경우 판례에 의함)**

〈2024년 변호사시험〉

① 금전소비대차의 채권자가 고의 또는 과실로 「이자제한법」상의 최고이자율을 초과하는 이자를 받은 경우, 그 초과 부분이 원본에 충당됨으로써 원본이 전부 소멸하고도 남는 금액이 있으면, 특별한 사정이 없는 한 그 부분에 대해서는 채권자에게 불법행위책임이 발생한다.

② 금전채권의 일부에 대한 전부명령이 확정되면, 압류채무자에 대하여 그 채권에 대한 반대채권을 가진 제3채무자의 상계는 채권 총액에 대한 전부된 부분의 채권액과 전부되지 않은 부분의 채권액의 각 비율에 따라 행사되어야 한다.

③ 보증채무의 연체이율에 관하여 별도의 약정이 없는 한 보증채무에는 주채무에 대하여 약정된 연체이율이 적용된다.

④ 이행기가 불확정기한으로 되어 있는 경우에 기한이 도래한 때부터 채무자는 이행지체의 책임을 지게 된다.

⑤ 피보증인의 불법행위로 인하여 손해가 발생하게 되면, 신원보증인은 피보증인의 불법행위 시부터 신원보증채무에 대한 지체책임을 진다.

해 설

① (○) : **금전을 대여한 채권자가 고의 또는 과실로 이자제한법을 위반하여 최고이자율을 초과하는 이자를 받아 채무자에게 손해를 입힌 경우**에는 특별한 사정이 없는 한 민법 제750조에 따라 **불법행위**가 성립한다고 보아야 한다. 최고이자율을 초과하여 지급된 이자는 이자제한법 제2조 제4항에 따라 원본에 충당되므로, 이와 같이 충당하여 원본이 소멸하고도 남아 있는 초과 지급액은 이자제한법 위반 행위로 인한 손해라고 볼 수 있다. **부당이득반환청구권과 불법행위로 인한 손해배상청구권은 서로 별개의 청구권으로서, 제한 초과이자에 대하여 부당이득반환청구권이 있다고 해서 그것만으로 불법행위의 성립이 방해되지 않는다.** 나아가 **채권자와 공동으로 위와 같은 이자제한법 위반 행위를 하였거나 이에 가담한 사람**도 민법 제760조에 따라 연대하여 손해를 배상할 책임이 있다(대판 2021. 2. 25, 2020다230239).

② (×) : 가분적인 금전채권의 일부에 대한 전부명령이 확정되면 특별한 사정이 없는 한 전부명령이 제3채무자에 송달된 때에 소급하여 전부된 채권 부분과 전부되지 않은 채권 부분에 대하여 각기 독립한 분할채권이 성립하게 되므로, 그 채권에 대하여 압류채무자에 대한 반대채권으로 상계하고자 하는 제3채무자로서는 전부채권자 혹은 압류채무자 중 어느 누구도 상계의 상대방으로 지정하여 상계하거나 상계로 대항할 수 있고, 그러한 제3채무자의 상계 의사표시를 수령한 전부채권자는 압류채무자에 잔존한 채권 부분이 먼저 상계되어야 한다거나 각 분할채권액의 채권 총액에 대한 비율에 따라 상계되어야 한다는 이의를 할 수 없다(대판 2010. 3. 25, 2007다35152).

③ (×) : 보증채무의 연체이율에 관하여 특별한 약정이 없는 경우라면 그 거래행위의 성질에 따라 상법 또는 민법에서 정한 법정이율에 따라야 하며, 주채무에 관하여 약정된 연체이율이 당연히 여기에 적용되는 것은 아니다(대판 2003.6.13, 2001다29803 ; 대판 2000.4.11, 99다12123 참조).

④ (×) : 채무이행의 확정한 기한이 있는 경우에는 채무자는 기한이 도래한 때로부터 지체책임이 있다. 채무이행의 불확정한 기한이 있는 경우에는 채무자는 기한이 도래함을 안 때로부터 지체책임이 있다(제387조 제1항).

⑤ (×) : 신원보증인의 채무는 피보증인의 불법행위로 인한 손해배상채무 그 자체가 아니고 신원보증계약에 기하여 발생한 채무로서 이행기의 정함이 없는 채무이므로 채권자로부터 이행청구를 받지 않으면 지체의 책임이 생기지 않는다(대판 2009. 11. 26, 2009다59671).

정답 28. ①

29 **대상청구권에 관한 설명 중 옳은 것(○)과 옳지 않은 것(×)을 올바르게 조합한 것은? (다툼이 있는 경우 판례에 의함)** 〈2024년 변호사시험〉

ㄱ. 매매목적물의 수용으로 인하여 매도인의 소유권이전등기의무가 이행불능되었다면, 그로부터 상당한 기간이 지난 뒤에야 수용으로 인한 보상금청구의 방법과 절차가 마련되었더라도 대상청구권의 소멸시효는 이행불능 시부터 진행한다.

ㄴ. 甲이 乙을 상대로 사해행위취소 및 원물반환으로 근저당권설정등기의 말소를 청구하여 승소판결이 확정되었는데, 그 후 해당 부동산이 경매에서 제3자에게 매각됨으로써 위 확정판결에 기한 乙의 근저당권설정등기 말소의무가 이행불능되었다. 이 경우 甲은 대상청구권을 행사하여 乙이 위 근저당권에 기하여 지급받은 배당금의 반환을 청구할 수 있다.

ㄷ. 매매에 따른 소유권이전등기 전에 매매목적물이 수용된 경우 매수인이 매도인을 상대로 수용보상금청구권이 자신에게 속한다는 채권의 귀속에 관한 확인을 구하는 청구는, 하나의 채권에 관하여 2인 이상이 서로 채권자라고 주장하는 경우로 그 확인의 이익이 있다.

① ㄱ(○), ㄴ(○), ㄷ(○) ② ㄱ(○), ㄴ(○), ㄷ(×) ③ ㄱ(○), ㄴ(×), ㄷ(○)
④ ㄱ(×), ㄴ(○), ㄷ(○) ⑤ ㄱ(×), ㄴ(○), ㄷ(×)

해설

ㄱ. (×) : 대상청구권은 특별한 사정이 없는 한 매매 목적물의 수용 또는 국유화로 인하여 매도인의 소유권이전등기의무가 이행불능 되었을 때 매수인이 그 권리를 행사할 수 있다고 보아야 할 것이고 따라서 그 때부터 소멸시효가 진행하는 것이 원칙이라 할 것이나, 국유화가 된 사유의 특수성과 법규의 미비 등으로 그 보상금의 지급을 구할 수 있는 방법이나 절차가 없다가 상당한 기간이 지난 뒤에야 보상금청구의 방법과 절차가 마련된 경우라면, 대상청구권자로서는 그 보상금청구의 방법이 마련되기 전에는 대상청구권을 행사하는 것이 불가능하였던 것이고, 따라서 이러한 경우에는 보상금을 청구할 수 있는 방법이 마련된 시점부터 대상청구권에 대한 소멸시효가 진행하는 것으로 봄이 상당하다(대판 2002. 2. 8, 99다23901).

ㄴ. (○) : 신용보증기금이 甲 주식회사를 상대로 제기한 사해행위취소소송에서 원물반환으로 근저당권설정등기의 말소를 구하여 승소판결이 확정되었는데, 그 후 해당 부동산이 관련 경매사건에서 담보권 실행을 위한 경매절차를 통하여 제3자에게 매각된 사안에서, 위와 같이 부동산이 담보권 실행을 위한 경매절차에 의하여 매각됨으로써 확정판결에 기한 甲 회사의 근저당권설정등기 말소등기절차의무가 이행불능된 경우, 신용보증기금은 대상청구권 행사로서 甲 회사가 말소될 근저당권설정등기에 기한 근저당권자로서 지급받은 배당금의 반환을 청구할 수 있다(대판 2012. 6. 28, 2010다71431).

ㄷ. (×) : [1] 소유권이전등기의무의 목적 부동산이 수용되어 그 소유권이전등기의무가 이행불능이 된 경우, 등기청구권자는 등기의무자에게 대상청구권의 행사로써 등기의무자가 지급받은 수용보상금의 반환을 구하거나 또는 등기의무자가 취득한 수용보상금청구권의 양도를 구할 수 있을 뿐 그 수용보상금청구권 자체가 등기청구권자에게 귀속되는 것은 아니다. [2] 등기청구권자라고 주장하는 자가 소유권이전등기의무의 목적 부동산이 수용되었음을 이유로 수용 당시의 소유명의자를 상대로 수용보상금청구권이 자기에게 속한다는 채권의 귀속에 관한 확인을 구하는 경우, 그 주장사실이 인정되더라도 수용보상금청구권 자체가 등기청구권자라고 주장하는 자에게 귀속되는 것은 아니므로 그 확인청구는 주장 자체로 이유 없음이 명백하여 허용될 수 없다(대판 1996. 10. 29, 95다56910).

정답 29. ⑤

보충지문

30 채무자가 채무의 내용에 좇은 이행을 하지 아니한 때에는 채권자는 채무자의 고의나 과실 없이 이행할 수 없게 된 경우에도 손해배상을 청구할 수 있다. 〈2012년 법무사〉

해설 과실책임원칙상 채무자가 채무의 내용에 좇은 이행을 하지 아니한 때에는 채권자는 채무자의 고의나 과실 없이 이행할 수 없게 된 경우, 손해배상을 청구할 수 없다(제390조).

31 매매 목적 부동산에 처분금지가처분등기와 소유권말소예고등기가 기입되어 있는 경우에는 매도인은 이와 같은 등기를 말소하여 완전한 소유권이전등기를 해 줄 의무가 있다. 〈2010년 공인노무사〉

해설 부동산 매매계약이 체결된 경우에는 매도인은 특별한 사정이 없는 한 제한이나 부담이 없는 소유권이전등기의무를 지는 것이므로, 매매 목적 부동산에 처분금지가처분등기와 소유권말소예고등기가 기입되어 있는 경우에는 매도인은 이와 같은 등기를 말소하여 완전한 소유권이전등기를 해 주어야 할 의무가 있다(대판 1999. 7. 9, 98다13754).

32 채무자의 법정대리인이 채무자를 위하여 이행하거나 채무자가 타인을 사용하여 이행하는 경우에는 법정대리인 또는 피용자의 고의나 과실은 채무자의 고의나 과실로 본다. 〈2007년 법무사〉

해설 민법 제391조 참조

33-1 채권자가 기존채무의 '지급을 위하여' 그 채무의 변제기보다 후의 일자가 만기로 된 어음을 교부받은 경우 특별한 사정이 없는 한 기존채무의 지급을 유예하는 의사가 있었다고 볼 수 없다. 〈2020년 변호사시험〉

33-2 채권자가 기존 채무 지급을 위하여 그 채무의 이행기가 도래하기 전에 미리 그 채무의 변제기보다 후의 일자가 만기로 된 어음의 교부를 받은 때에는 묵시적으로 기존채무의 지급을 유예하는 의사가 있었다고 볼 경우가 있을 수 있다. 이때 기존 채무의 변제기는 어음에 기재된 만기일로 변경된다고 볼 것이나, 특별한 사정이 없는 한 채무자가 기존 채무의 이행기에 채무를 변제하지 아니하여 채무불이행 상태에 빠진 다음에 기존 채무의 지급을 위하여 어음이 발행된 경우까지 그와 동일하게 볼 수는 없다. 〈2018년 법무사〉

해설 채권자가 기존 채무의 지급을 위하여 그 채무의 이행기가 도래하기 전에 미리 그 채무의 변제기보다 후의 일자가 만기로 된 어음의 교부를 받은 때에는 묵시적으로 기존 채무의 지급을 유예하는 의사가 있었다고 볼 경우가 있을 수 있고 이 때 기존 채무의 변제기는 어음에 기재된 만기일로 변경된다고 볼 것이나, 특별한 사정이 없는 한 채무자가 기존 채무의 이행기에 채무를 변제하지 아니하여 채무불이행 상태에 빠진 다음에 기존 채무의 지급을 위하여 어음이 발행된 경우까지 그와 동일하게 볼 수는 없다(대판 2000. 7. 28, 2000다16367).

34 동시이행의 관계에 있는 자신의 채무를 이행하기 위해서 상대방의 협력행위가 필요한 경우, 언제든지 현실로 이행할 수 있는 준비를 완료하였다면 수령의 최고 없이도 상대방의 채무불이행을 이유로 계약을 해제할 수 있다. 〈2009년 공인노무사〉

정답 30. (×) 31. (○) 32. (○) 33-1. (×) 33-2. (○) 34. (×)

해 설 동시이행 관계에 있는 쌍무계약에 있어서는 상대방의 채무불이행을 이유로 계약을 해제하려고 하는 자는 동시이행 관계에 있는 자기채무의 이행을 제공하여야 하고 그 채무를 이행함에 있어 상대방의 행위를 필요로 할 때에는 언제든지 현실로 이행할 수 있는 준비를 완료하고 그 뜻을 상대방에게 통지하여 그 수령을 최고하여야만 상대방으로 하여금 이행지체에 빠지게 할 수 있고 단순히 이행의 준비태세를 갖추고 있는 것만으로는 부족하다(대판 1987. 1. 20, 85다카2197).

35-1 이행지체에 빠져 원본과 지연이자를 지급할 의무가 있는 금전채무자가 원본과 지연이자를 합한 전액에 부족한 이행제공을 하면서 이를 원본에 대한 변제로 지정하였다면, 그 지정은 변제충당의 법리에 따라서 채권자에 대해 효력이 있으므로 채권자는 그 수령을 거절할 수 없다.

〈2011년 사법시험〉

35-2 1,000만 원의 원금과 50만 원의 이자 및 비용을 변제할 채무자가 50만 원을 채권자에게 지급하면서 이를 원금에 충당할 것을 지정한다고 하더라도 원칙적으로 원금의 변제에 충당되지 않으며, 이로 인하여 채권자가 변제의 수령을 거절하더라도 채권자지체에 빠지지 않는다.

〈2017년 변호사시험〉

해 설 채무자가 원본뿐 아니라 지연이자도 지급할 의무가 있는 때에는 원본과 지연이자를 합한 전액에 대하여 이행의 제공을 하여야 할 것이고, 그에 미치지 못하는 이행제공을 하면서 이를 원본에 대한 변제로 지정하였더라도, 그 지정은 민법 제479조 제1항에 반하여 채권자에 대하여 효력이 없으므로, 채권자는 그 수령을 거절할 수 있다(대판 2005. 8. 19, 2003다22042).

36 채무자는 자신이 담보를 손상하게 한 때에는 기한의 이익을 주장하지 못한다. 〈2012년 법무사〉

해 설 민법 제388조 제1호 참조

37-1 이행지체 후에 이행불능이 생긴 경우, 채무자는 자기에게 이행불능에 대한 과실이 없었음을 항변하지 못한다. 〈2009년 사법시험〉

37-2 이행지체 중에 채권자에게 손해가 발생한 경우, 채무자가 이행기에 이행을 하였더라도 손해를 면할 수 없었다면, 채무자는 그 손해를 배상할 책임이 없다. 〈2011년 공인노무사〉

37-3 채무자는 이행지체 중에 생긴 손해를 배상하여야 한다. 그러나 채무자가 이행기에 이행하여도 손해를 면할 수 없는 경우 또는 채무자에게 과실이 없는 경우에는 그러하지 아니하다.

〈2020년 법무사〉

해 설 채무자는 자기에게 과실이 없는 경우에도 그 이행지체 중에 생긴 손해를 배상하여야 한다. 그러나 채무자가 이행기에 이행하여도 손해를 면할 수 없는 경우에는 그러하지 아니하다(제392조).

38-1 이행지체의 경우 다른 특별한 사정이 없는 한, 채권자는 채무자에게 상당한 기간을 정하여 그 본래의 채무이행을 최고하고, 그 이행이 없는 경우에 비로소 전보배상을 청구할 수 있다.

〈2009년 공인노무사〉

정 답 35-1. (×) 35-2. (○) 36. (○) 37-1. (○) 37-2. (○) 37-3. (×) 38-1. (○)

38-2 **매도인이 선이행의무인 소유권이전의무를 이행지체하여, 매수인이 상당한 기간을 정하여 이행을 최고하였으나 그 기간 내에 이행하지 아니하거나, 지체 후의 이행이 매수인에게 이익이 없는 때에는, 매수인은 매도인이 이행의 제공을 하였다 하더라도 수령을 거절하고 전보배상을 청구할 수 있다.** 〈2006년 사법시험〉

해 설 민법 제395조 참조

39 **법률행위가 성립한 후 채무자의 귀책사유로 이행이 불가능하게 된 경우, 그 법률행위는 무효이다.** 〈2008년 감정평가사〉

해 설 후발적 불능은 무효가 아니다. 귀책사유가 있으면 채무불이행의 문제이다(제390조).

40 **채무불이행의 요건인 이행불능은 사회생활에 있어서의 경험법칙 또는 거래상의 관념에 비추어 볼 때 채권자가 채무자의 이행의 실현을 기대할 수 없는 경우를 말한다.** 〈2023년 변호사〉

해 설 채무불이행의 요건인 이행불능 여부는 사회생활에 있어서의 경험법칙 또는 거래상의 관념에 비추어 볼 때 채권자가 채무자의 이행의 실현을 기대할 수 없는 경우를 말하고, 그 이행불능의 사실에 대하여는 채권자가 이를 입증하여야 한다(대판 2015. 12. 10, 2013다207538).

41 **이행기 도래 전에 이미 채무의 내용이 불능하게 되고 이행기에도 불능일 것이 확실한 때에는 이행기를 기다리지 않고 바로 이행불능이 된다.** 〈2009년 사법시험〉

해 설 불능의 판단은 원칙적으로 이행기를 기준으로 하나 이행기 이전이라도 급부의 불능이 확정적이면 이행불능이 된다.

42 **부동산의 이중매매에서 매매목적물을 제2매수인에게 처분한 가격이 통상가격을 넘는 경우, 그 처분가격이 매도인의 제1매수인에 대한 배상액 산정의 기준이 된다.** 〈2017년 공인노무사〉

해 설 토지의 소유권이전등기가 이행불능된 데 대한 전보배상을 명함에 있어 이행불능사유 발생 당시의 시가를 감정하여 그 가액 상당의 배상을 명한 것은 정당한 것이고, 매도인이 그것을 타에 처분한 가격이 통상가격을 넘는다고 하더라도 그것을 배상액산정의 기준으로 삼을 수는 없다(대판 1990. 12. 7, 90다5672).

43 **매수인에게 부동산의 소유권이전등기를 해줄 의무를 지는 매도인이 그 부동산에 관하여 다른 사람에게 이전등기를 마쳐 준 때에는 매도인이 그 부동산의 소유권에 관한 등기를 회복하여 매수인에게 이전등기해 줄 수 있는 특별한 사정이 없어야 비로소 매수인에 대한 소유권이전등기의무가 이행불능의 상태에 이르렀다고 할 수 있다.** 〈2020년 법무사〉

해 설 매수인에게 부동산의 소유권이전등기를 해줄 의무를 지는 매도인이 그 부동산에 관하여 다른 사람에게 이전등기를 마쳐 준 때에는 매도인이 그 부동산의 소유권에 관한 등기를 회복하여 매수인에게 이전등기해 줄 수 있는 특별한 사정이 없어야 비로소 매수인에 대한 소유권이전등기의무가 이행불능의 상태에 이르렀다고 할 수 있다(대판 2010. 4. 29, 2009다99129).

정 답 38-2. (○) 39. (×) 40. (○) 41. (○) 42. (×) 43. (○)

44 **매도인이 제3자에게 지상권을 설정하고 등기를 마치고 또 저당권을 설정하고 등기를 마친 경우에는 매도인의 채무는 이행불능에 빠졌다고 볼 수 있다.** 〈2013년 법무사〉

해설 대판 1974. 5. 28, 73다1133 참조

45 **피고가 원고를 강박하여 그에 따른 하자있는 의사표시에 의하여 부동산에 관한 소유권이전등기를 마친 다음 타인에게 매도하여 소유권이전등기까지 마친 경우, 그 소유권이전등기는 소송 기타 방법에 따라 말소 환원 여부가 결정될 특별한 사정이 있으므로 피고의 원고에 대한 소유권이전등기의 말소등기의무는 아직 이행불능이 되었다고 할 수 없다.** 〈2018년 법원행시〉

해설 甲이 乙을 강박하여 그에 따른 하자있는 의사표시에 의하여 부동산에 관한 소유권이전등기를 마친 다음 타인에게 매도하여 소유권이전등기를 경료하여 준 경우, 그 소유권이전등기는 소송 기타 방법에 따라 말소 환원 여부가 결정될 특별한 사정이 있으므로 甲의 乙에 대한 소유권이전등기의무는 아직 이행불능이 되었다고 할 수 없으나, 을이 등기명의인을 상대로 제기한 소유권이전등기 말소청구소송 또는 진정명의회복을 위한 소유권이전등기청구소송이 패소확정되면 그 때에 甲의 목적 부동산에 대한 소유권이전등기 말소등기의무는 이행불능 상태에 이른다고 할 것이고, 위 등기말소청구소송 등에서 등기명의인의 등기부 취득시효가 인용된 결과 乙이 패소하였다고 하더라도 등기부 취득시효 완성 당시에 이행불능 상태에 이른다고 볼 것은 아니다(대판 2005. 9. 15, 2005다29474).

46 **본래의 공사비채권이 시효소멸되었다면 그 채권이 이행불능이 되었음을 이유로 하는 손해배상청구권 역시 허용될 수 없다.** 〈2018년 법원행시〉

해설 대판 1987. 6. 23, 86다카2549 참조

47 **대상청구권이 인정되기 위해서는 급부가 후발적 불능이어야 하고, 급부를 불능하게 하는 사정의 결과로 채무자가 채권의 목적물에 관하여 '대신하는 이익'을 취득하여야 한다.** 〈2010년 공인노무사〉

해설 대상청구권이 인정되기 위해서는 급부가 후발적 불능이어야 하고, 급부를 불능하게 하는 사정의 결과로 채무자가 채권의 목적물에 관하여 '대신하는 이익'을 취득하여야 한다(대판 2003. 11. 14, 2003다35482).

48 **대상청구권이 성립하기 위해서는 급부가 후발적으로 불능이 되어야 하며 그 후발적 불능은 채무자의 귀책사유로 인한 것이어야 한다.** 〈2009년 사법시험〉

해설 급부가 후발적 불능인 한 채무자에게 책임있는 사유로 인한 것이냐의 여부는 문제되지 않는다(대판 1996. 6. 25, 95다6601).

49 **경매 목적물인 토지가 경락허가결정(매각허가결정) 이후 하천 구역에 편입됨으로써 소유자의 경락자(매수인)에 대한 소유권이전등기의무가 이행불능이 된 경우, 경락자(매수인)는 소유자가 지급받게 되는 손실보상금에 대하여 대상청구권을 행사할 수 있다.** 〈2004년 사법시험〉

해설 대판 2002. 2. 8, 99다23901 참조

정답 44. (○) 45. (○) 46. (○) 47. (○) 48. (×) 49. (○)

50 **쌍무계약의 당사자 일방이 상대방의 급부가 이행불능이 된 데 따른 대상청구권을 행사하려면 계약을 해제하면서 자신의 급부를 면하면서 상대방에 대하여 반대급부를 청구하는 것이 원칙이다.** 〈2013년 법무사〉

해설 쌍무계약의 당사자 일방이 상대방의 급부가 이행불능이 된 사정의 결과로 상대방이 취득한 대상에 대하여 급부청구권을 행사할 수 있다고 하더라도, 그 당사자 일방이 대상청구권을 행사하려면 상대방에 대하여 반대급부를 이행할 의무가 있다(대판 1996. 6. 25, 95다6601). ☞ 대상청구권은 계약이 유효하게 존속하는 것을 전제로 본래 급부에 대한 대상을 청구할 수 있는 권리이므로, 계약을 해제한 경우에는 대상청구권을 행사할 수 없다. 즉 이행불능으로 인한 해제권과 대상청구권은 선택적으로 행사할 수 있을 뿐이다.

51 **토지거래허가구역 내의 토지에 관한 매매계약으로서 아직 관할 관청의 허가를 받지 못하여 유동적 무효 상태에 있는 매매계약이 매매 목적물인 토지의 수용으로 인하여 확정적으로 무효가 된 경우, 특별한 사정이 없는 한 수용보상금에 대한 대상청구권은 발생하지 아니한다.** 〈2019년 법원행시〉

해설 대상청구권은 그 전제가 되는 매매계약이 유효하게 성립·존속하던 중에 매매계약상 등기의무자의 주된 의무인 소유권이전등기의무의 이행불능에 따라 등기권리자에게 주어지는 권리라 할 것이므로, 토지거래허가구역 내의 토지에 관한 매매계약으로서 아직 관할 관청의 허가를 받지 못한 관계로 미완성의 법률행위에 불과하여 소유권이전에 관한 물권적 효력은 물론 채권적 효력도 발생하지 아니하는 유동적 무효 상태의 매매계약이 매매의 목적물인 부동산의 수용으로 인하여 객관적으로 허가가 날 수 없음이 분명해져 확정적으로 무효가 된 경우에는 특별한 사정이 없는 한 발생하지 아니한다(대판 2008. 10. 23, 2008다54877).

52 **甲은 자신의 A토지를 乙에게 1억 원에 매도하기로 약정하였다. 그런데 甲의 귀책사유 없이 지방자치단체에 의해 A토지가 수용되었다. A토지 수용 사유의 특수성과 법규의 미비 등으로 상당한 기간이 지난 뒤에 甲이 보상금을 청구할 수 있는 절차가 마련된 경우라면, 乙의 대상청구권의 소멸시효는 위 절차가 마련된 시점부터 진행한다.** 〈2010년 사법시험 변형〉

해설 대상청구권은 특별한 사정이 없는 한 매매목적물의 수용 또는 국유화로 인하여 매도인의 소유권이전등기의무가 이행불능되었을 때 매수인이 그 권리를 행사할 수 있다고 보아야 할 것이고, 따라서 그 때부터 소멸시효가 진행하는 것이 원칙이라 할 것이나, 국유화가 된 사유의 특수성과 법규의 미비 등으로 그 보상금의 지급을 구할 수 있는 방법이나 절차가 없다가 상당한 기간이 지난 뒤에야 보상금청구의 방법과 절차가 마련된 경우라면, 대상청구권자로서는 그 보상금청구의 방법이 마련되기 전에는 대상청구권을 행사하는 것이 불가능하였던 것이고, 따라서 이러한 경우에는 보상금을 청구할 수 있는 방법이 마련된 시점부터 대상청구권에 대한 소멸시효가 진행하는 것으로 봄이 상당하다(대판 2002. 2. 8, 99다23901).

53-1 **계약의 일부의 이행이 불능인 경우에는 이행이 가능한 나머지 부분만의 이행으로 계약의 목적을 달할 수 없을 경우에만 계약 전부의 해제가 가능하다.** 〈2013년 법무사〉

53-2 **급부의 일부만이 불능으로 된 경우에는 채권자는 가능한 부분의 급부청구와 함께 불능부분의 전보배상을 청구할 수 있다.** 〈2009년 사법시험〉

해설 계약의 일부의 이행이 불능인 경우, 급부가 가분적이고 나머지 부분만으로 계약의 목적을 달성할 수

정답 ▶ 50. (×) 51. (○) 52. (○) 53-1. (○) 53-2. (○)

있는 때에는 불능부분에 대해서만 해제할 수 있고 그렇지 않은 경우에는 계약의 전체에 대하여 해제할 수 있다(대판 1996. 2. 9, 94다57817). 잔여부분만으로도 계약의 목적을 달성할 수 있는 경우에는 불능부분에 대해서는 손해배상을 청구할 수 있을 뿐이다(대판 1995. 7. 25, 95다5929).

54 **채무가 부작위를 목적으로 한 경우에 채무자가 이에 위반한 때는 채무자의 비용으로써 그 위반한 것을 제거하고 장래에 대한 적당한 처분을 법원에 청구할 수 있다.** 〈2007년 법무사〉

해설 민법 제389조 제3항 참조

55 **유명조각가 B의 작품을 동경하는 A는 B에게 자기 회사의 로비를 장식할 조각품 1점의 제작을 의뢰하고 대금까지 지급하였으나 B는 이행기일이 지나도록 그 의무를 이행하지 않고 있다. 이 경우에 A에게 인정되는 구제수단의 내용은?** 〈2003년 공인노무사〉

① A의 비용으로 다른 조각가가 작품을 제작하도록 법원에 청구한다.
② 직접강제를 법원에 청구한다.
③ 부대체적 작위의무이므로 간접강제가 가능하다.
④ 이행지체에 따른 계약의 해제
⑤ 자력구제권의 행사

해설

자유의사가 존중되어야 하는 위와 같은 경우는 강제이행에 적합하지 않다. 따라서 계약을 해제하여 당사자간 계약구속력을 해방시키고 대신 손해배상을 청구하게 하는 것이 바람직하다(제390조 참조). 따라서 ④만이 가능하다.

Ⅱ. 손해배상

56 **과실상계에 관한 다음 설명 중 판례의 입장과 다른 것은?** 〈2004년 변리사〉

① 불법행위로 인한 손해배상사건에서 과실상계 사유에 관한 사실인정이나 그 비율을 정하는 것은 그 것이 형평의 원칙에 비추어 현저히 불합리하다고 인정되지 않는 한 사실심의 전권사항에 속한다.
② 불법행위에서는 가해자의 과실이 의무위반의 강력한 과실임에 반하여, 과실상계에 있어서 과실이란 사회통념상, 신의성실의 원칙상, 공동생활상 요구되는 약한 부주의까지를 가리키는 것이다.
③ 공동불법행위의 경우에 법원이 피해자의 과실을 들어 과실상계를 함에 있어서는 피해자의 공동불법행위자 각인에 대한 과실비율이 서로 다르다면 피해자의 과실을 공동불법행위자 각인에 대한 과실로 개별적으로 평가하여야 한다.
④ 과실상계는 채무 내용에 따른 본래의 급부의 이행을 구하는 경우에는 적용되지 않는다.
⑤ 손해배상액을 정함에 있어 참작할 피해자의 과실에는 피해자 본인의 과실뿐 아니라 그와 신분상 내지 생활관계상 일체를 이루는 관계에 있는 자의 과실도 피해자측의 과실로서 포함되는 경우가 있다.

정답 54. (○) 55. ④ 56. ③

해 설

① (○) : 대판 2000. 1. 21, 98다50586 참조

② (○) : 판례는 과실상계에서 과실의 개념은 신의칙상 요구되는 부주의를 말하는 것이므로 단순한 부주의라도 그로 말미암아 손해가 발생하거나 확대된 원인을 이루었다면 피해자에게 과실이 있는 것으로 보아 과실상계를 할 수 있다고 한다(대판 1996. 10. 25, 96다30113).

③ (×) : 판례는 공동불법행위의 경우 과실상계를 함에는 공동불법행위자 각인에 대한 과실비율이 서로 다르다고 하더라도 피해자의 과실을 공동불법행위자 각인에 대한 과실로 개별적으로 평가할 것이 아니고 그들 전원에 대한 과실로 전체적으로 평가하여야 한다고 판시하였다(대판 2000. 9. 8, 99다48245).

④ (○) : 대판 1987. 3. 24, 84다카1324 참조

⑤ (○) : 판례는 피해자측의 과실을 인정한다(대판 1993. 5. 25, 92다54753).

57 **손익상계에 관한 설명 중 옳지 않은 것은? (다툼이 있는 경우에는 판례에 의함)** 〈2008년 변리사〉

① 법원은 당사자의 주장 여부에 관계없이 손해액을 산정함에 있어서 손익 상계를 하여야 한다.

② 손익상계가 허용되기 위해서는 손해배상책임의 원인행위로 인하여 피해자가 새로운 이득을 얻었고, 그 이득과 손해배상책임의 원인행위 사이에 상당인과관계가 있어야 한다.

③ 손해의 발생으로 이득이 생기고 동시에 그 손해발생에 피해자에게도 과실이 있어 과실상계를 하여야 할 경우에는 먼저 과실상계를 한 다음에 손익상계를 하여야 한다.

④ 가해자가 피해자의 유족에게 지급한 조위금은 위자료액에서 공제할 것은 아니지만 위자료액을 산정할 때에 참작하여야 할 사정에는 해당한다.

⑤ 도급계약이 해제된 경우에 그 해제로 인하여 수급인이 그 일의 완성을 위하여 들이지 않게 된 자신의 노력을 다른 곳에 사용하여 얻은 소득은 손해액을 산정함에 있어서 공제대상이 아니다.

해 설

① (○), ⑤ (×) : 채무불이행이나 불법행위 등이 채권자 또는 피해자에게 손해를 생기게 하는 동시에 이익을 가져다 준 경우에는 공평의 관념상 그 이익은 당사자의 주장을 기다리지 아니하고 손해를 산정함에 있어서 공제되어야만 하는 것이므로, 민법 제673조에 의하여 도급계약이 해제된 경우에도, 그 해제로 인하여 수급인이 그 일의 완성을 위하여 들이지 않게 된 자신의 노력을 타에 사용하여 소득을 얻었거나 또는 얻을 수 있었음에도 불구하고, 태만이나 과실로 인하여 얻지 못한 소득 및 일의 완성을 위하여 준비하여 둔 재료를 사용하지 아니하게 되어 타에 사용 또는 처분하여 얻을 수 있는 대가 상당액은 당연히 손해액을 산정함에 있어서 공제되어야 한다(대판 2002. 5. 10, 2000다37296, 37302).

② (○) : 대판 2007. 11. 30, 2006다19603 참조

③ (○) : 대판 1990. 5. 8, 89다카29129 참조

④ (○) : 대판 1971. 7. 27, 71다1158 참조

58 **위약금에 관한 설명 중 옳지 않은 것은? (다툼이 있는 경우에는 판례에 의함)** 〈2008년 변리사〉

① 채무불이행의 경우에 위약금을 지급하기로 한 약정은 손해배상액의 예정으로 추정한다.

② 손해배상예정액이 과다하여 법원이 감액을 함에 있어서, 채권자의 과실이 있다면 법원은 감액에 앞서 따로 과실상계를 하여야 한다.

③ 위약금이 채무자의 이행에 의하여 얻게 되는 채권자의 이익에 비하여 지나치게 과다한 경우에는 선

정답 57. ⑤ 58. ②

량한 풍속 기타 사회질서에 반하여 무효가 될 수 있다.

④ 위약금이 위약벌인 때에는 채무자의 채무불이행이 있으면 채권자는 위약금뿐만 아니라 채무불이행으로 인한 실손해를 증명하여 그 배상을 청구할 수 있다.

⑤ 유상계약을 체결하면서 계약금이 교부된 경우에 이를 위약금으로 하기로 하는 특약이 없는 이상, 계약이 당사자 일방의 귀책사유로 인하여 해제되었다 하더라도 그 계약금이 위약금으로서 상대방에게 당연히 귀속되는 것은 아니다.

해설

① (○) : 민법 제398조 제4항 참조

② (×) : 판례는 손해배상액이 예정된 경우에 이를 감액하면서 이미 채무자가 계약을 위반한 경위 등 제반사정을 참작하였기 때문에 그 감경에 앞서 채권자의 과실 등을 들어 따로 감경할 필요는 없다고 한다(대판 2002. 1. 25, 99다57126).

③ (○) : 위약벌의 약정은 채무의 이행을 확보하기 위하여 정해지는 것으로서 손해배상의 예정과는 그 내용이 다르므로 손해배상의 예정에 관한 민법 제398조 제2항을 유추 적용하여 그 액을 감액할 수는 없고 다만 그 의무의 강제에 의하여 얻어지는 채권자의 이익에 비하여 약정된 벌이 과도하게 무거울 때에는 그 일부 또는 전부가 공서양속에 반하여 무효로 된다(대판 1993. 3. 23, 92다46905).

④ (○) : 대판 1998. 1. 23, 97다38329 참조

⑤ (○) : 유상계약을 체결함에 있어서 계약금이 수수된 경우 계약금은 해약금의 성질을 가지고 있어서, 이를 위약금으로 하기로 하는 특약이 없는 이상 계약이 당사자 일방의 귀책사유로 인하여 해제되었다 하더라도 상대방은 계약불이행으로 입은 실제 손해만을 배상받을 수 있을 뿐 계약금이 위약금으로서 상대방에게 당연히 귀속되는 것은 아니다(대판 2006. 1. 27, 2005다52078, 52085).

59 **甲은 자기 소유의 토지를 乙에게 매도하고 대금까지 모두 받았으나, 아직까지 자신이 등기명의인임을 기화로 이를 丙에게 매도하고 소유권이전등기까지 마쳐주었다. 乙은 丙앞으로 소유권이전등기가 마쳐지기 전에 이미 위 토지에 대하여 丁과 매매계약을 체결하였다. 甲은 乙과 1억 원에 매매계약을 체결하였으나, 甲이 丙에게 소유권을 넘겨줄 당시의 토지의 시가는 1억 2천만 원이었으며, 乙은 丁과 1억 3천만 원에 매매계약을 체결하였다. 다음 설명 중 옳지 않은 것은? (다툼이 있는 경우에는 판례에 의함)** 〈2011년 변리사〉

① 甲의 乙에 대한 소유권이전등기의무는 甲과 丙 사이에 매매계약이 체결된 시점이 아니라 丙에게 소유권이전등기가 마쳐진 시점에서 이행불능이 되었다.

② 乙은 계약을 해제함과 함께 손해배상을 청구할 수 있다.

③ 乙이 전보배상으로 청구할 수 있는 손해액은 원칙적으로 1억 2천만 원 상당이다.

④ 불능 당시의 시가를 초과하는 이익인 1천만 원에 대해서는 甲이 그 사정을 알았던 경우에도 배상책임이 없다.

⑤ 丙이 甲·乙 사이에 매매계약이 체결된 사실을 모르고 소유권을 이전받은 경우, 丁은 乙을 대위하여 丙명의의 소유권등기의 말소를 청구할 수 없다.

해설

① (○) : 부동산매매에 있어서 매도인이 목적물을 타인에게 이미 매도하여 그 타인에게 소유권이전등기를 하

정답 59. ④

여 줄 의무가 있음에도 불구하고 제3자에게 다시 양도하여 소유권이전등기를 경유한 때에 이행불능의 상태에 있다고 볼 것이다(대판 1983. 3. 22, 80다1416 등).

② (○) : 제1매수인은 매도인에 대하여 이행불능에 기한 손해배상(전보배상)을 청구할 수 있고(제390조), 또 최고없이 해제권을 행사 할 수 있다(제546조). 그리고 이 둘은 함께 행사할 수도 있다(제551조).

③ (○) : 이행불능으로 인한 전보배상은 원칙적으로 그 이행불능이 될 당시의 목적물의 시가 상당액이다(대판 2006. 1. 27, 2005다39013 등).

④ (×) : 전매계약을 체결하여 얻게 되는 전매차익은 특별한 사정으로 인한 손해, 즉 특별손해로서, 채무자가 그 사정을 알았거나 알 수 있었을 때에 한하여 배상의 책임이 있다(대판 1992. 4. 28, 91다29972).

⑤ (○) : 제1매수인은 등기전에는 단순한 채권자적 지위를 가질 뿐이고 이전등기를 마친 제2매수인이 매도인의 배임행위에 적극 가담한 사실이 없는 한 소유권을 취득한다. 따라서 제1매수인은 매도인을 대위하여 적법하게 제2매수인 앞으로 마쳐진 소유권등기의 말소를 청구할 수 없다(대판 1989. 11. 28, 89다카14295 등).

60 **손해배상액의 예정에 관한 설명으로 옳은 것은? (다툼이 있는 경우에는 판례에 의함)**

〈2013년 변리사〉

① 법원은 손해배상의 예정액이 부당하게 과다한지의 여부를 판단함에 있어서 실제손해액을 구체적으로 심리·확정하여야 한다.

② 일방 당사자의 귀책사유로 계약이 해제된 경우에 관해서만 위약금약정을 둔 경우, 그 상대방의 귀책사유로 계약이 해제되는 경우에도 당연히 위약금 지급의무가 인정된다.

③ 계약 당시 손해배상액을 예정한 경우, 다른 특약이 없는 한, 채무불이행으로 인하여 채권자가 입은 통상손해와 특별손해까지 예정액에 포함되고, 예정액을 초과하는 부분을 별도로 청구할 수는 없다.

④ 채무자는 특약이 없는 한, 자신에게 귀책사유가 없음을 증명하더라도 예정배상액의 지급책임을 면할 수 없다.

⑤ 법원은 채무불이행시를 기준으로 그 사이에 발생한 여러 사정을 종합적으로 고려하여 손해배상의 예정액이 부당하게 과다한지의 여부 및 그에 대한 적당한 감액의 범위를 판단하여야 한다.

해 설

① (×) : 손해배상의 예정액이 부당히 과다한지 여부는 채권자와 채무자의 지위, 계약의 목적 및 내용, 손해배상액을 예정한 동기, 채무액에 대한 예정액의 비율, 예상 손해액의 크기, 그 당시의 거래관행과 경제상태 등 모든 사정을 참작하여 판단하여야 한다. 그리고 이 경우 실제 발생할 것으로 예상되는 손해액의 크기를 참작하여 손해배상의 예정액이 부당하게 과다한지 여부를 판단함에 있어서는 실제 손해액을 구체적으로 심리·확정할 필요는 없으나 기록상 실제 손해액 또는 예상 손해액을 알 수 있는 경우에는 그 예정액과 대비하여 볼 필요가 있다(대판 2011. 1. 27, 2010다60042).

② (×) : 계약의 일방 당사자인 원고에 대한 위약금 규정이 있고 그 상대방인 피고의 귀책사유로 계약이 해제되는 경우, 위약금약정이 없는 경우 원고의 귀책사유로 인한 해제의 경우와 마찬가지로 피고에게 위약금 지급의무가 인정되는 것은 아니다(대판 2000. 1. 18, 99다49095).

③ (○) : 계약 당시 손해배상액을 예정한 경우에는 다른 특약이 없는 한 채무불이행으로 인하여 입은 통상손해는 물론 특별손해까지도 예정액에 포함되고 채권자의 손해가 예정액을 초과한다 하더라도 초과부분을 따로 청구할 수 없다(대판 1993. 4. 23, 92다41719).

④ (×) : 채무불이행으로 인한 손해배상액이 예정되어 있는 경우에는 채권자는 채무불이행 사실만 증명하면 손해의 발생 및 그 액을 증명하지 아니하고 예정배상액을 청구할 수 있고, 채무자는 채권자와 채무불이행에 있

정답 60. ③

어 채무자의 귀책사유를 묻지 아니한다는 약정을 하지 아니한 이상 자신의 귀책사유가 없음을 주장·입증함으로써 예정배상액의 지급책임을 면할 수 있다(대판 2010. 2. 25, 2009다83797).
⑤ (×) : 손해배상의 예정액이 부당하게 과다한지의 여부 내지 그에 대한 적당한 감액의 범위를 판단하는 데 있어서는, 법원이 구체적으로 그 판단을 하는 때, 즉 사실심의 변론종결 당시를 기준으로 하여 그 사이에 발생한 위와 같은 모든 사정을 종합적으로 고려하여야 할 것이다(대판 2004. 12. 10, 2002다73852).

61 **손해배상액의 예정에 관한 설명으로 옳지 않은 것은? (다툼이 있는 경우에는 판례에 의함)**

〈2014년 변리사〉

① 채무불이행으로 인한 손해배상액의 예정이 있는 경우에는 채권자는 손해의 발생과 실제손해액을 증명하지 아니하고 채무불이행 사실만 증명하여 손해배상예정액을 청구할 수 있다.
② 특별한 사정이 없으면, 당사자들이 계약보증금 외에 지체상금을 약정하였다는 이유만으로는 계약보증금을 위약벌로 보기 어렵다.
③ 손해배상예정액이 부당하게 과다한 경우에는 법원은 당사자의 주장이 없더라도 직권으로 이를 감액할 수 있다.
④ 손해배상예정액이 부당하게 과다한지의 여부와 그에 대한 적당한 감액의 범위를 판단하는 기준시점은 사실심의 변론종결시이다.
⑤ 손해배상예정액의 감액에 관한 민법규정은 위약벌에 유추적용된다.

해 설

① (○) : 채무불이행으로 인한 손해배상액의 예정이 있는 경우에는 채권자는 손해의 발생과 실제손해액을 증명하지 아니하고 채무불이행 사실만 증명하여 손해배상예정액을 청구할 수 있다(대판 2010. 2. 25, 2009다83797).
② (○) : 특별한 사정이 없으면, 당사자들이 계약보증금 외에 지체상금을 약정하였다는 이유만으로는 계약보증금을 위약벌로 보기 어렵다. 즉 판례는 계약이행보증금을 위약벌로 이해하였으나 점차 손해배상의 예정으로 이해하려한다(대판 2000. 12. 8, 2000다35771).
③ (○), ④ (○) : 손해배상예정액이 부당하게 과다한 경우에는 법원은 당사자의 주장이 없더라도 직권으로 이를 감액할 수 있다. 그리고 손해배상예정액이 부당하게 과다한지의 여부와 그에 대한 적당한 감액의 범위를 판단하는 기준시점은 사실심의 변론종결시이다(대판 2009. 2. 26, 2007다19051).
⑤ (×) : 위약벌은 손해배상의 예정과는 성질이 다르므로 민법 제398조의 제2항의 규정을 유추적용하여 그 액을 감액할 수는 없다(대판 2002. 4. 23, 2000다56976).

62 **손해배상의 예정에 관한 설명으로 옳은 것은? (다툼이 있으면 판례에 따름)** 〈2015년 변리사〉

① 채권자는 채무불이행 사실 및 손해발생 사실을 증명하여야 예정배상액을 청구할 수 있다.
② 법원은 손해배상의 예정액이 부당하게 과다한지 여부는 채무불이행시를 기준으로 판단하여야 한다.
③ 손해배상액의 예정에 관한 약관조항이 「약관의 규제에 관한 법률」에 의하여 무효인 경우에도 그것이 유효함을 전제로 손해배상의 예정액을 적당한 한도로 감액할 수 있다.
④ 채무자는 채무불이행에 대하여 자신의 귀책사유가 없음을 주장·증명하더라도 특별한 사정이 없는 한 예정배상액의 지급책임을 면할 수 없다.
⑤ 법원이 손해배상의 예정액이 부당하게 과다하다고 하여 감액을 한 경우, 손해배상액의 예정에 관한 약정 중 감액부분에 해당하는 부분은 처음부터 무효이다.

정답 61. ⑤ 62. ⑤

해설

① (×) : 손해배상액의 예정은 손해입증책임을 완화하려 하는 것으로 채권자는 채무불이행 사실을 입증하면 손해발생 사실을 증명하지 않아도 예정배상액을 청구할 수 있다(대판 1975. 3. 25, 74다296).

② (×) : 법원은 직권으로 감액할 수 있기 때문에 손해배상의 예정액이 부당하게 과다한지 여부는 채무불이행 시가 아닌 사실심변론종결시를 기준으로 판단한다(대판 2009. 2. 26, 2007다19051).

③ (×) : 손해배상액의 예정에 관한 약관조항이 「약관의 규제에 관한 법률」에 의하여 무효인 경우에는 그 조항은 전부 무효이기 때문에 그것이 유효함을 전제로 손해배상의 예정액을 적당한 한도로 감액할 수 없다(대판 2009. 8. 20. 2009다20475).

④ (×) : 채무자는 채무불이행에 대하여 자신의 귀책사유가 없음을 주장·증명하면 원칙적으로 예정배상액의 지급책임을 면할 수 있다(대판 2010. 2. 25, 2009다83797).

⑤ (○) : 손해배상의 예정이 무효라는 것은 불공정하기 때문이다. 따라서 법원이 손해배상의 예정액이 부당하게 과다하다고 하여 감액을 한 경우, 손해배상액의 예정에 관한 약정 중 감액부분에 해당하는 부분은 처음부터 무효이다(대판 1991. 7. 9, 91다11490).

> **[보충지문] 법원이 손해배상의 예정액이 부당히 과다하다고 하여 감액을 한 경우에는 손해배상액의 예정에 관한 약정 중 감액부분에 해당하는 부분은 사실심 변론종결시부터 무효라고 할 것이다(×).**
> 〈2009년 변리사〉

63 손해배상에 관한 설명으로 옳지 않은 것은? (다툼이 있으면 판례에 따름) 〈2016년 변리사〉

① 이행불능 후에 가격이 등귀하였다고 하여도 매도인이 이행불능 당시 이를 알았거나 알 수 있었던 경우에만 등귀한 가격에 의한 손해배상을 청구할 수 있다.

② 불법행위의 직접적 대상에 대한 손해가 아닌 간접적 손해는 가해자가 그 사정을 알았거나 알 수 있었을 것이라고 인정되는 경우에만 배상책임이 있다.

③ 재산상 손해의 발생이 인정되는데도 입증곤란 등의 이유로 그 손해액의 확정이 불가능하여 그 배상을 받을 수 없다는 사정은 위자료의 증액사유로 참작할 수 있다.

④ 손해발생으로 인하여 피해자에게 이득이 생겼다면 손해액을 산정할 때 먼저 손익상계를 한 후에 과실상계를 하여야 한다.

⑤ 손해배상액 산정에서 손익상계가 허용되기 위해서는 피해자의 이득이 배상의무자가 배상하여야 할 손해의 범위에 대응하는 것이어야 한다.

해설

① (○) : 이행불능 후에 가격이 등귀된 가격은 특별사정에 의한 손해로 매수인은 매도인에게 이행불능 당시 이를 알았거나 알 수 있었던 경우에만 등귀한 가격에 의한 손해배상을 청구할 수 있다(대판 1990. 12. 7, 90다5672).

② (○) : 불법행위의 직접적 대상에 대한 손해가 아닌 간접적 손해는 특별한 사정으로 인한 손해로서 가해자가 그 사정을 알았거나 알 수 있었을 것이라고 인정되는 경우에만 배상책임이 있다(대판 2006. 3. 10, 2005다31361).

③ (○) : 재산상 손해는 입증을 하여야 하나, 위자료는 입증을 요하지 않는다. 그러나 재산상 손해의 발생이 인정되는데도 입증곤란 등의 이유로 그 손해액의 확정이 불가능하여 그 배상을 받을 수 없다는 사정은 위자료의 증액사유로 참작할 수 있다는 것이 판례이다(대판 2014. 1. 16, 2011다108507).

정답 63. ④

> **[비교판례]** 위자료는 불법행위에 따른 피해자의 정신적 고통을 위자하는 금액에 한정되어야 하므로 발생한 재산상 손해의 확정이 가능한 경우에 위자료의 명목 아래 재산상 손해의 전보를 꾀하는 일은 허용될 수 없고, 재산상 손해의 발생에 대한 증명이 부족한 경우에는 더욱 그러하다(대판 2014. 1. 16, 2011다108057).

④ (×) : 손해발생으로 인하여 피해자에게 이득이 생겼다면 손해액을 산정할 때 먼저 과실상계 후 손익상계를 하여야 한다(대판 1996. 1. 23, 95다24340).

⑤ (○) : 손해배상액 산정에서 손익상계가 허용되기 위해서는 손해배상책임의 원인이 되는 행위로 인하여 피해자가 새로운 이득을 얻었을 뿐만 아니라 그 이득은 배상의무자가 배상하여야 할 손해의 범위에 대응하는 것이어야 한다(대판 2011. 4. 28, 2009다98652).

64 **손해배상에 관한 설명으로 옳지 않은 것은? (다툼이 있으면 판례에 따름)** 〈2017년 변리사〉

① 계약 당시 당사자 사이에 손해배상액을 예정하는 내용의 약정이 있는 경우, 특별한 사정이 없는 한 위 약정은 그 계약과 관련된 불법행위책임에 따른 손해배상까지 예정한 것이라고는 볼 수 없다.
② 채권자가 그 채권의 목적인 물건 또는 권리의 가액전부를 손해배상으로 받은 때에는 채무자는 그 물건 또는 권리에 관하여 당연히 채권자를 대위한다.
③ 숙박업자가 숙박계약상의 고객보호의무를 다하지 못하여 투숙객이 사망한 경우, 그 투숙객의 근친자가 그 사고로 인하여 정신적 고통을 받았다면, 숙박계약의 당사자가 아닌 그 근친자는 숙박업자의 그 망인에 대한 숙박계약상의 채무불이행을 이유로 위자료를 청구할 수 있다.
④ 피용자의 고의에 의한 불법행위로 인하여 사용자가 사용자책임을 부담하는 경우, 사용자책임의 범위를 정함에 있어서 피해자의 과실을 고려하여 그 책임을 제한할 수 있다.
⑤ 과실상계는 매매계약이 해제되어 원상회복의무의 이행으로서 이미 지급한 매매대금 기타 급부의 반환을 구하는 경우에는 적용되지 않는다.

해 설

① (○) : 계약 당시 당사자 사이에 손해배상액을 예정하는 내용의 약정이 있는 경우에는 그것은 계약상의 채무불이행으로 인한 손해액에 관한 것이고 이를 그 계약과 관련된 불법행위상의 손해까지 예정한 것이라고는 볼 수 없다(대판 1999. 1. 15, 98다48033).

② (○) : 민법 제399조 참조

③ (×) : 숙박업자가 숙박계약상의 고객 보호의무을 다하지 못하여 투숙객이 사망한 경우, 숙박계약의 당사자가 아닌 그 투숙객의 근친자가 그 사고로 인하여 정신적 고통을 받았다 하더라도 숙박업자의 그 망인에 대한 숙박계약상의 채무불이행을 이유로 위자료를 청구할 수는 없다(대판 2000. 11. 24, 2000다38718).

④ (○) : 사용자가 피용자의 과실에 의한 불법행위로 인한 사용자책임을 부담하는 경우와 마찬가지로 피용자의 고의에 의한 불법행위로 인하여 사용자책임을 부담하는 경우에도 피해자에게 그 손해의 발생과 확대에 기여한 과실이 있다면 사용자책임의 범위를 정함에 있어서 이러한 피해자의 과실을 고려하여 그 책임을 제한할 수 있다(대판 2002. 12. 26, 2000다56952).

⑤ (○) : 과실상계는 본래 채무불이행 또는 불법행위로 인한 손해배상책임에 대하여 인정되는 것이고, 매매계약이 해제되어 소급적으로 효력을 잃은 결과 매매당사자에게 당해 계약에 기한 급부가 없었던 것과 동일한 재산상태를 회복시키기 위한 원상회복의무의 이행으로서 이미 지급한 매매대금 기타의 급부의 반환을 구하는 경우에는 적용되지 아니한다(대판 2014. 3. 13, 2013다34143).

정답 64. ③

65 채무불이행으로 인한 손해배상책임에 관한 설명으로 옳지 않은 것은? (다툼이 있으면 판례에 따름) 〈2019년 변리사〉

① 손해배상 방법으로서 금전배상의 경우, 금전은 우리나라 통화를 의미하지만, 당사자의 약정이 있으면 외국통화로 배상할 수 있다.

② 채무불이행으로 인한 손해배상책임과 달리 매매계약의 해제로 인한 원상회복의무의 이행으로서 이미 지급한 매매대금 기타 급부의 반환을 구하는 경우에는 과실상계의 법리가 적용되지 않는다.

③ 지체상금이 손해배상의 예정으로 인정되어 감액할 때, 채무자가 계약을 위반한 경위 등 제반사정이 참작되므로, 손해배상액의 감경에 앞서 채권자의 과실 등을 들어 따로 감경할 필요는 없다.

④ 특별손해의 배상에서 채무자가 그 사정을 알았거나 알 수 있었는지의 여부는 채무의 이행기가 아니라 계약체결 당시를 기준으로 판단하여야 한다.

⑤ 매도인이 매수인으로부터 부동산 매매대금을 약정기일에 지급받지 못한 결과 제3자로부터 이와 유사한 부동산을 매수하고 그 잔대금을 지급하지 못하여 계약금이 몰수되는 손해를 입었다면, 이는 특별한 사정으로 인한 손해에 해당한다.

해 설

① (○) : 채무불이행으로 인한 손해배상을 규정하고 있는 민법 제394조는 다른 의사표시가 없는 한 손해는 금전으로 배상하여야 한다고 규정하고 있는바, 위 법조 소정의 금전이라 함은 우리 나라의 통화를 가리키는 것이어서 채무불이행으로 인한 손해배상을 구하는 채권은 당사자가 외국통화로 지급하기로 약정하였다는 등의 특별한 사정이 없는 한 채권액이 외국통화로 지정된 외화채권이라고 할 수 없다(대판 1997. 5. 9, 96다48688).

② (○) : 과실상계는 본래 채무불이행 또는 불법행위로 인한 손해배상책임에 대하여 인정되는 것이고, 매매계약이 해제되어 소급적으로 효력을 잃은 결과 매매당사자에게 당해 계약에 기한 급부가 없었던 것과 동일한 재산상태를 회복시키기 위한 원상회복의무의 이행으로서 이미 지급한 매매대금 기타의 급부의 반환을 구하는 경우에는 적용되지 아니한다(대판 2014. 3. 13, 2013다34143).

③ (○) : 지체상금이 손해배상의 예정으로 인정되어 이를 감액함에 있어서는 채무자가 계약을 위반한 경위 등 제반사정이 참작되므로 손해배상액의 감경에 앞서 채권자의 과실 등을 들어 따로 감경할 필요는 없다(대판 2002. 1. 25, 99다57126).

> **[동지판례]** 당사자 사이의 계약에서 채무자의 채무불이행으로 인한 손해배상액이 예정되어 있는 경우, 채무불이행으로 인한 손해의 발생 및 확대에 채권자에게도 과실이 있더라도 민법 제398조 제2항에 따라 채권자의 과실을 비롯하여 채무자가 계약을 위반한 경위 등 제반 사정을 참작하여 손해배상 예정액을 감액할 수는 있을지언정 채권자의 과실을 들어 과실상계를 할 수는 없다(대판 2016. 6. 10, 2014다200763, 200770).

④ (×) : 민법 제393조 제2항 소정의 특별사정으로 인한 손해배상에 있어서 채무자가 그 사정을 알았거나 알 수 있었는지의 여부를 가리는 시기는 계약체결당시가 아니라 채무의 이행기까지를 기준으로 판단하여야 한다(대판 1985. 9. 10, 84다카1532).

⑤ (○) : 매도인이 매수인으로부터 매매대금을 약정된 기일에 지급받지 못한 결과 제3자로부터 부동산을 매수하고 그 잔대금을 지급하지 못하여 그 계약금을 몰수당함으로써 손해를 입었다고 하더라도 이는 특별한 사정으로 인한 손해이므로 매수인이 이를 알았거나 알 수 있었던 경우에만 그 손해를 배상할 책임이 있다(대판 1991. 10. 11, 91다25369).

정답 65. ④

66 채무불이행에 따른 손해배상에 관한 설명으로 옳은 것은? (다툼이 있으면 판례에 따름)

〈2024년 변리사〉

① 숙박업자가 숙박계약에 따른 의무를 다하지 못하여 투숙객이 사망한 경우, 숙박계약의 당사자가 아니면서 그 사고로 인하여 정신적 고통을 받은 그 투숙객의 근친자는 그 투숙객에 대한 숙박계약상의 채무불이행을 이유로 숙박업자에게 위자료를 청구할 수 있다.

② 채무불이행을 이유로 계약이 해제된 경우에 채권자는 이행이익의 배상 대신에 계약이 이행되리라고 믿고 지출한 비용을 채무불이행으로 인한 손해로 배상을 청구할 수 있으며, 그 지출비용이 이행이익의 범위를 초과하더라도 그 전부를 청구할 수 있다.

③ 부동산매매계약에서 매도인의 이행거절로 인한 채무불이행에서의 손해액 산정은 이행거절 당시의 부동산의 시가를 표준으로 한다.

④ 채무자의 채무불이행으로 인한 손해배상액이 예정되어 있는 경우에 채무불이행으로 인한 손해의 발생 및 확대에 채권자에게도 과실이 있다면 과실상계를 할 수 있다.

⑤ 위약금이 위약벌로 해석되기 위해 특별한 사정이 주장·입증될 필요는 없으며, 도급계약서에 계약보증금 외에 지체상금도 규정되어 있다면 이 자체로 계약보증금은 위약벌이 된다.

해설

① (×) : 숙박업자가 숙박계약상의 고객 보호의무를 다하지 못하여 투숙객이 사망한 경우, 숙박계약의 당사자가 아닌 그 투숙객의 근친자가 그 사고로 인하여 정신적 고통을 받았다 하더라도 숙박업자의 그 망인에 대한 숙박계약상의 채무불이행을 이유로 위자료를 청구할 수는 없다(대판 2000. 11. 24, 2000다38718,38725).

② (×) : 채무불이행을 이유로 계약해제와 아울러 손해배상을 청구하는 경우에 그 계약이행으로 인하여 채권자가 얻을 이익 즉 이행이익의 배상을 구하는 것이 원칙이지만, 그에 갈음하여 그 계약이 이행되리라고 믿고 채권자가 지출한 비용 즉 신뢰이익의 배상을 구할 수도 있다고 할 것이고, 그 신뢰이익 중 계약의 체결과 이행을 위하여 통상적으로 지출되는 비용은 통상의 손해로서 상대방이 알았거나 알 수 있었는지의 여부와는 관계없이 그 배상을 구할 수 있고, 이를 초과하여 지출되는 비용은 특별한 사정으로 인한 손해로서 상대방이 이를 알았거나 알 수 있었던 경우에 한하여 그 배상을 구할 수 있다고 할 것이고, 다만 그 신뢰이익은 과잉배상금지의 원칙에 비추어 이행이익의 범위를 초과할 수 없다(대판 2002. 6. 11, 2002다2539).

③ (○) : 이행지체에 의한 전보배상에 있어서의 손해액 산정은 본래의 의무이행을 최고하였던 상당한 기간이 경과한 당시의 시가를 표준으로 하고, 이행불능으로 인한 전보배상액은 이행불능 당시의 시가 상당액을 표준으로 해야 할 것인바, 채무자의 이행거절로 인한 채무불이행에서의 손해액 산정은 채무자가 이행거절의 의사를 명백히 표시하여 최고 없이 계약의 해제나 손해배상을 청구할 수 있는 경우에는 이행거절 당시의 급부목적물의 시가를 표준으로 해야 할 것이다(대판 2008. 5. 15, 2007다37721).

④ (×) : 당사자 사이의 계약에서 채무자의 채무불이행으로 인한 손해배상액이 예정되어 있는 경우, 채무불이행으로 인한 손해의 발생 및 확대에 채권자에게도 과실이 있더라도 민법 제398조 제2항에 따라 채권자의 과실을 비롯하여 채무자가 계약을 위반한 경위 등 제반 사정을 참작하여 손해배상 예정액을 감액할 수는 있을지언정 채권자의 과실을 들어 과실상계를 할 수는 없다(대판 2016. 6. 10, 2014다200763,200770).

⑤ (×) : 위약금은 민법 제398조 제4항에 의하여 손해배상액의 예정으로 추정되므로 위약금이 위약벌로 해석되기 위하여는 특별한 사정이 주장·입증되어야 하는바, 당사자 사이의 도급계약서에 계약보증금 외에 지체상금도 규정되어 있다는 점만을 이유로 하여 계약보증금을 위약벌로 보기는 어렵다(대판 2000. 12. 8, 2000다35771).

정답 66. ③

67 **통상손해와 특별손해에 관한 다음 설명 중 옳지 않은 것은? (다툼이 있는 경우에는 판례에 의함)** 〈2012년 변호사시험〉

① 매수인이 잔금지급을 지체한 경우, 계약을 해제하지 아니한 매도인이 지체된 기간 동안 입은 손해 중 그 미지급 잔금에 대한 법정이율에 따른 이자 상당의 금액은 통상손해이다.

② 금융기관이 약속어음할인을 하고 취득한 어음을 지급기일에 적법하게 지급제시를 하지 아니하여 소구권을 보전하지 아니한 경우, 지급기일 후에 어음발행인의 자력이 악화되는 바람에 어음환매자가 발행인에 대한 어음채권과 원인채권의 어느 것도 받을 수 없게 됨으로 인하여 손해를 입었다면, 이러한 손해는 발행인의 자력의 악화라는 특별 사정으로 인한 손해이다.

③ 불법행위로 인하여 영업용 물건이 멸실되거나 일부 손괴되어, 이를 대체할 다른 물건을 마련하기 위하여 필요한 합리적인 기간 동안 그 물건을 이용하여 영업을 계속하지 못함으로 인한 손해는 통상의 손해이다.

④ 건물을 신축할 목적으로 토지를 매수한 매수인이 설계비 또는 공사계약금을 지출하였다가 토지매매계약이 해제됨으로 말미암아 이를 회수하지 못하는 손해는 통상손해이다.

⑤ 매수인이 잔금지급을 지체한 경우, 지체된 기간 동안 매매대상토지의 개별공시지가가 급등하여 계약을 해제하지 아니한 매도인의 양도소득세 부담이 늘어났다면, 그 늘어난 부담은 특별한 사정에 의하여 발생한 손해에 해당한다.

해 설

① (○), ⑤ (○) : 매수인의 잔금지급 지체로 인하여 계약을 해제하지 아니한 매도인이 지체된 기간 동안 입은 손해 중 그 미지급 잔금에 대한 법정이율에 따른 이자 상당의 금액은 통상손해라고 할 것이지만, 그 사이에 매매대상 토지의 개별공시지가가 급등하여 매도인의 양도소득세 부담이 늘었다고 하더라도 그 손해는 사회일반의 관념상 매매계약에서의 잔금지급의 이행지체의 경우 통상 발생하는 것으로 생각되는 범위의 통상손해라고 할 수는 없고, 이는 특별한 사정에 의하여 발생한 손해에 해당한다(대판 2006. 4. 13, 2005다75897).

② (○) : 대판 2003. 1. 24, 2002다59849 참조

③ (○) : 타당하다(대판 1997. 4. 25, 97다8526 등). 특히 불법행위로 영업용 물건이 멸실된 경우, 이를 대체할 다른 물건을 마련하기 위하여 필요한 합리적인 기간 동안 그 물건을 이용하여 영업을 계속하였더라면 얻을 수 있었던 이익, 즉 휴업손해는 그에 대한 증명이 가능한 한 통상의 손해로서 그 교환가치와는 별도로 배상하여야 하고, 이는 영업용 물건이 일부 손괴된 경우, 수리를 위하여 필요한 합리적인 기간 동안의 휴업손해와 마찬가지라고 보아야 할 것이다(대판 2004. 3. 18, 2001다82507 전원합의체).

④ (×) : 건물을 신축할 목적으로 토지를 매수한 매수인이 설계비 또는 공사계약금을 지출하였다가 토지매매계약이 해제됨으로 말미암아 이를 회수하지 못하는 손해는 통상손해가 아닌 특별손해로 봄이 판례이다(대판 1996. 2. 13, 95다47619 등).

68 **손해배상에 관한 설명 중 옳지 않은 것은? (다툼이 있는 경우 판례에 의함)** 〈2017년 변호사시험〉

① 채무자가 이행거절의 의사를 명백히 표시하여 채권자가 최고 없이 이행에 갈음하는 손해배상을 청구할 수 있는 경우, 그 손해액의 산정은 청구 당시의 급부목적물의 시가를 표준으로 해야한다.

② 특별손해는 채무자가 특별한 사정을 알았거나 알 수 있었을 경우에 한하여 배상할 책임이 인정되는데, 특별한 사정에 대한 채무자의 예견가능성에 대한 증명책임은 채권자가 부담한다.

③ 계약 당시 당사자 사이에 손해배상액을 예정하는 내용의 약정이 있는 경우 특별한 사정이 없는 한

정답 67. ④ 68. ①

위 약정은 그 계약과 관련된 불법행위책임에 따른 손해까지 예정한 것이라고 볼 수 없다.

④ 피해자가 입은 손해 중 일부만을 청구하는 경우 법원이 과실상계를 함에 있어서는 손해의 전액에서 과실비율에 의한 감액을 하고 그 잔액이 청구액을 초과하지 않을 경우에는 그 잔액을 인용하고, 잔액이 청구액을 초과할 경우에는 청구의 전액을 인용하여야 한다.

⑤ 손해배상 예정액이 부당하게 과다한 경우 당사자의 주장이 없더라도 법원은 직권으로 이를 감액할 수 있다.

해 설

① (×) : 이행지체에 의한 전보배상에 있어서의 손해액 산정은 본래의 의무이행을 최고한 후 상당한 기간이 경과한 당시의 시가를 표준으로 하고, 이행불능으로 인한 전보배상액은 이행불능 당시의 시가 상당액을 표준으로 할 것인바, 채무자의 이행거절로 인한 채무불이행에서의 손해액 산정은, 채무자가 이행거절의 의사를 명백히 표시하여 최고 없이 계약의 해제나 손해배상을 청구할 수 있는 경우에는 이행거절 당시의 급부목적물의 시가를 표준으로 해야 한다(대판 2007. 9. 20, 2005다63337).

② (○) : 민법 제393조 제2항은 "특별한 사정으로 인한 손해는 채무자가 그 사정을 알았거나 알 수 있었을 때에 한하여 배상의 책임이 있다."고 규정하는데, 여기서 특별사정의 존재 및 채무자의 예견가능성은 채권자가 입증책임을 진다는 것이 통설이다.

③ (○) : 계약 당시 당사자 사이에 손해배상액을 예정하는 내용의 약정이 있는 경우에는 그것은 계약상의 채무불이행으로 인한 손해액에 관한 것이고 이를 그 계약과 관련된 불법행위상의 손해까지 예정한 것이라고는 볼 수 없다(대판 1999. 1. 15, 98다48033).

④ (○) : 일개의 손해배상청구권중 일부가 소송상 청구되어 있는 경우에 과실상계를 함에 있어서는 손해의 전액에서 과실비율에 의한 감액을 하고 그 잔액이 청구액을 초과하지 않을 경우에는 그 잔액을 인용할 것이고 잔액이 청구액을 초과할 경우에는 청구의 전액을 인용하는 것으로 풀이하는 것이 일부청구를 하는 당사자의 통상적 의사라고 할 것이다(이른바 외측설; 대판 1976. 6. 22, 75다819).

⑤ (○) : 손해배상 예정액이 부당하게 과다한 경우에는 법원은 당사자의 주장이 없더라도 직권으로 이를 감액할 수 있다(민법 제398조 제2항; 대판 2000. 7. 28, 99다38637).

69 甲과 乙은 甲이 乙에게 건물을 신축해 주기로 하는 도급계약을 체결하면서 "甲이 완공기한을 어길 경우 乙에게 지체 1일당 예정 공사금액의 0.1%에 상당하는 지체상금을 지급한다."라고 약정하였고, 위 약정을 위약벌로 볼 만한 특별한 사정이나 지체상금에 관한 다른 약정은 없었다. 이에 관한 설명 중 옳지 않은 것을 모두 고른 것은? (각 지문은 독립적이며, 다툼이 있는 경우 판례에 의함) 〈2018년 변호사시험〉

ㄱ. 위 약정은 손해배상액의 예정으로 추정되고, 「민법」 제398조에 의한 감액의 대상이 된다 할 것이나, 손해배상 예정액이 부당하게 과다하다고 하더라도 변론주의의 원칙상 법원은 이에 관한 당사자의 주장이 없으면 이를 감액할 수 없다.

ㄴ. 乙이 위 약정에 기한 손해배상액을 청구하기 위하여는 甲이 위 약정을 어긴 사실만 증명하면 되고 손해의 발생이나 손해액을 증명할 필요가 없으며, 甲은 자신의 귀책사유가 없음을 주장·증명함으로써 손해배상 예정액의 지급책임을 면할 수 있다.

ㄷ. 채무불이행으로 인한 손해배상은 통상의 손해를 그 한도로 함이 원칙이므로, 乙은 완공기한 위반으로 인하여 특별한 손해가 발생한 사실과 甲이 그 사정을 알았거나 알 수 있었다는 사실을

정답 69. ③

증명한다면, 이에 관한 특별한 약정이 없더라도 甲에게 위 약정에 기한 손해배상액을 초과한 금액을 청구할 수 있다.
ㄹ. 위 약정에 따른 지체상금이 과다한지 여부는 지체상금률 그 자체가 과다한지 여부를 판단하여야 하고 지체상금률 자체는 과다하지 않은데 단순히 지체일수가 증가함에 따라 지체상금 총액이 증가했다고 해서 그 지체상금 총액을 기준으로 판단하여서는 아니된다.
ㅁ. 乙은 위 약정에도 불구하고 위 도급계약에 따른 이행을 청구하거나 도급계약을 해제할 수 있다.

① ㄱ, ㄴ ② ㄴ, ㄷ ③ ㄱ, ㄷ, ㄹ ④ ㄴ, ㄷ, ㅁ ⑤ ㄱ, ㄷ, ㄹ, ㅁ

해설

ㄱ. (×) : 손해배상 예정액이 부당하게 과다한 경우에는 법원은 당사자의 주장이 없더라도 직권으로 이를 감액할 수 있고, 지연손해금의 과다 여부는 그 대상 채무를 달리할 경우에는 별도로 판단할 수 있다(대판 2000. 7. 28, 99다38637).

ㄴ. (○) : 채무불이행으로 인한 손해배상액이 예정되어 있는 경우 채권자는 채무불이행 사실만 증명하면 손해의 발생 및 그 액수를 증명하지 아니하고 예정배상액을 청구할 수 있으나, 반면 채무자는 채권자와 채무불이행에 있어 채무자의 귀책사유를 묻지 아니한다는 약정을 하지 아니한 이상 '자신의 귀책사유가 없음'을 주장·증명함으로써 위 예정배상액의 지급책임을 면할 수 있다(대판 2010. 2. 25, 2009다83797).

ㄷ. (×) : 계약 당시 손해배상액을 예정한 경우에는 다른 특약이 없는 한 채무불이행으로 인하여 입은 통상손해는 물론 특별손해까지도 예정액에 포함되고 채권자의 손해가 예정액을 초과한다 하더라도 초과부분을 따로 청구할 수 없다(대판 1993. 4. 23, 92다41719).

ㄹ. (×) : [1] 지체상금을 계약 총액에서 지체상금률을 곱하여 산출하기로 정한 경우, 민법 제398조 제2항에 의하면, 손해배상액의 예정액이 부당히 과다한 경우에는 법원은 적당히 감액할 수 있다고 규정되어 있고 여기의 손해배상의 예정액이란 문언상 그 예정한 손해배상액의 총액을 의미한다고 해석되므로, 손해배상의 예정에 해당하는 지체상금의 과다 여부는 지체상금 총액을 기준으로 하여 판단하여야 한다. [2] 손해배상 예정액이 부당하게 과다한 경우에는 법원은 당사자의 주장이 없더라도 직권으로 이를 감액할 수 있으며, 여기서 '부당히 과다한 경우'라고 함은 채권자와 채무자의 각 지위, 계약의 목적 및 내용, 손해배상액을 예정한 동기, 채무액에 대한 예정액의 비율, 예상 손해액의 크기, 그 당시의 거래관행 등 모든 사정을 참작하여 일반 사회관념에 비추어 그 예정액의 지급이 경제적 약자의 지위에 있는 채무자에게 부당한 압박을 가하여 공정성을 잃는 결과를 초래한다고 인정되는 경우를 뜻하는 것으로 보아야 하고, 한편 위 규정의 적용에 따라 손해배상의 예정액이 부당하게 과다한지 및 그에 대한 적당한 감액의 범위를 판단하는 데 있어서는 법원이 구체적으로 그 판단을 하는 때 즉, 사실심의 변론종결 당시를 기준으로 하여 그 사이에 발생한 위와 같은 모든 사정을 종합적으로 고려하여야 할 것이다(대판 2002. 12. 24, 2000다54536).

ㅁ. (○) 민법 제398조 제3항 : 손해배상액의 예정은 이행의 청구나 계약의 해제에 영향을 미치지 아니한다.

70 **과실상계와 책임제한에 관한 설명 중 옳지 않은 것은? (다툼이 있는 경우 판례에 의함)**

〈2020년 변호사시험〉

① 가해행위와 피해자측의 요인이 경합하여 손해가 발생하거나 확대된 경우에는 피해자측의 요인이 체질적인 소인 또는 질병의 위험도와 같이 피해자측의 귀책사유와 무관한 것이라고 할지라도, 그 질환의 태양·정도 등에 비추어 가해자에게 손해의 전부를 배상하게 하는 것이 공평의 이념에 반하

정답 70. ③

는 경우에는, 법원은 손해배상액을 정하면서 과실상계의 법리를 유추적용하여 그 손해의 발생 또는 확대에 기여한 피해자측의 요인을 참작할 수 있다.

② 교통사고로 인한 피해자의 후유증이 사고와 피해자의 기왕증이 경합하여 나타난 것이라면 사고가 후유증이라는 결과 발생에 기여하였다고 인정되는 정도에 따라 상응한 배상액을 부담하게 하는 것이 손해의 공평한 부담이라는 견지에서 타당하다.

③ 표현대리행위가 성립하는 경우에 그 본인은 표현대리행위에 의하여 책임을 져야 하지만, 상대방에게 과실이 있는 경우라면 공평의 원칙상 과실상계의 법리를 유추적용하여 본인의 책임을 경감할 수 있다.

④ 「민법」 제581조, 제580조에 기한 매도인의 하자담보책임은 법이 특별히 인정한 무과실책임으로서 여기에 「민법」 제396조의 과실상계 규정이 준용될 수는 없다 하더라도, 담보책임이 「민법」의 지도이념인 공평의 원칙에 입각한 것인 이상 하자 발생 및 그 확대에 가공한 매수인의 잘못을 참작하여 손해배상의 범위를 정함이 상당하다.

⑤ 예금주가 인장관리를 다소 소홀히 하였거나 입·출금 내역을 조회하여 보지 않음으로써 금융기관 직원의 불법행위가 용이하게 된 사정이 있다고 할지라도, 정기예탁금 계약에 기하여 정기예탁금 반환을 청구하는 경우에는 그러한 사정을 들어 과실상계할 수 없다.

해 설

① (○) : 가해행위와 피해자 측의 요인이 경합하여 손해가 발생하거나 확대된 경우에는 피해자 측의 요인이 체질적인 소인 또는 질병의 위험도와 같이 피해자 측의 귀책사유와 무관한 것이라고 할지라도, 그 질환의 태양·정도 등에 비추어 가해자에게 손해의 전부를 배상하게 하는 것이 공평의 이념에 반하는 경우에는, 법원은 손해배상액을 정하면서 과실상계의 법리를 유추적용하여 손해의 발생 또는 확대에 기여한 피해자 측의 요인을 참작할 수 있다(대판 2014. 7. 10, 2014다16968).

② (○) : 사고로 인한 피해자의 후유증이 사고와 피해자의 기왕증이 경합하여 나타난 것이라면, 사고가 후유증이라는 결과 발생에 대하여 기여하였다고 인정되는 정도에 따라 상응한 배상액을 부담케 하는 것이 손해의 공평한 부담이라는 견지에서 타당하다(대판 2002. 4. 26, 2000다16237).

③ (×) : 표현대리행위가 성립하는 경우에 그 본인은 표현대리행위에 의하여 전적인 책임을 져야 하고, 상대방에게 과실이 있다고 하더라도 과실상계의 법리를 유추적용하여 본인의 책임을 경감할 수 없는 것이므로, 피고가 반환할 금액에서 원고의 과실이 참작되어 감액되어야 한다는 지적도 그 이유 없다(대판 1996. 7. 12. 95다49554).

④ (○) : 민법 제581조, 제580조에 기한 매도인의 하자담보책임은 법이 특별히 인정한 무과실책임으로서 여기에 민법 제396조의 과실상계 규정이 준용될 수는 없다 하더라도, 담보책임이 민법의 지도이념인 공평의 원칙에 입각한 것인 이상 하자 발생 및 그 확대에 가공한 매수인의 잘못을 참작하여 손해배상의 범위를 정함이 상당하다(대판 1995. 6. 30, 94다23920).

⑤ (○) : 과실상계는 원칙적으로 채무불이행 내지 불법행위로 인한 손해배상책임에 대하여 인정되는 것이지 채무내용에 따른 본래 급부의 이행을 구하는 경우에 적용될 것은 아니므로, 예금주가 인장관리를 다소 소홀히 하였거나 입·출금 내역을 조회하여 보지 않음으로써 금융기관 직원의 불법행위가 용이하게 된 사정이 있다고 할지라도 정기예탁금 계약에 기한 정기예탁금 반환청구사건에 있어서는 그러한 사정을 들어 금융기관의 채무액을 감경하거나 과실상계할 수 없다(대판 2001. 2. 9, 99다48801).

71 **손해배상액의 예정 및 위약벌에 관한 설명 중 옳지 않은 것은? (다툼이 있는 경우 판례에 의함)**

〈2020년 변호사시험〉

① 손해배상액의 예정이 있는 경우, 채무자는 실제로 손해발생이 없다거나 손해액이 예정배상액보다 적다는 것을 증명하더라도 이 점만으로 그 예정배상액의 지급을 면하거나 감액을 청구하지 못한다.

② 손해배상액의 예정이 있는 경우, 채무자가 채권자와 사이에 채무불이행에 있어 채무자의 귀책사유를 묻지 아니한다는 약정을 하지 아니한 이상, 채무자는 자신의 귀책사유가 없음을 주장·증명함으로써 예정배상액의 지급책임을 면할 수 있다.

③ 손해배상액의 예정이 있는 경우, 채무불이행으로 인한 손해의 발생 및 확대에 채권자에게도 과실이 있다면 「민법」 제398조 제2항에 따라 손해배상 예정액을 감액할 수는 있을지언정 채권자의 과실을 들어 과실상계를 할 수는 없다.

④ 위약벌이 약정된 경우 손해배상액의 예정에 관한 「민법」 제398조 제2항을 유추 적용하여 그 약정액을 감액할 수 없다.

⑤ 위약벌이 약정된 경우에도 강행규정인 「이자제한법」이 정한 최고이자율을 초과하는 부분은 무효이다.

해 설

① (○) : 민법 제398조가 규정하는 손해배상의 예정은 채무불이행의 경우에 채무자가 지급하여야 할 손해배상액을 미리 정해두는 것으로서 그 목적은 손해의 발생사실과 손해액에 대한 입증곤란을 배제하고 분쟁을 사전에 방지하여 법률관계를 간이하게 해결하는 것 외에 채무자에게 심리적으로 경고를 줌으로써 채무이행을 확보하려는 데에 있으므로, 채무자가 실제로 손해발생이 없다거나 손해액이 예정액보다 적다는 것을 입증하더라도 채무자는 그 예정액의지급을 면하거나 감액을 청구하지 못한다(대판 1991. 3. 27, 90다14478).

② (○) : 채무불이행으로 인한 손해배상액이 예정되어 있는 경우 채권자는 채무불이행 사실만 증명하면 손해의 발생 및 그 액수를 증명하지 아니하고 예정배상액을 청구할 수 있으나, 반면 채무자는 채권자와 채무불이행에 있어 채무자의 귀책사유를 묻지 아니한다는 약정을 하지 아니한 이상 자신의 귀책사유가 없음을 주장·증명함으로써 위 예정배상액의 지급책임을 면할 수 있다(대판 2010. 2. 25, 2009다83797).

③ (○) : ① 손실배상액을 예정한 경우에는 과실상계를 적용할 것이 아니다(대판 1972. 3. 31, 72다108). ② 지체상금이 손해배상의 예정으로 인정되어 이를 감액함에 있어서는 채무자가 계약을 위반한 경위 등 제반사정이 참작되므로 손해배상액의 감경에 앞서 채권자의 과실 등을 들어 따로 감경할 필요는 없다(대판 2002. 1. 25, 99다57126).

④ (○) : 위약벌은 손해배상의 예정과는 그 내용이 다르므로 손해배상의 예정에 관한 민법 제398조 제2항의 규정을 유추적용하여 그 액을 감액할 수는 없으며, 다만 그 의무의 강제에 의하여 얻어지는 채권자의 이익에 비하여 약정된 벌이 과도하게 무거울 때에는 그 일부 또는 전부가 공서양속에 반하여 무효가 되는 것에 불과하다(대판 2002. 4. 23, 2000다56976).

⑤ (×) : 구 이자제한법 제2조 제1항은 "금전대차에 관한 계약상의 최고이자율은 연 30%를 초과하지 아니하는 범위 안에서 대통령령으로 정한다."라고 정하고 있고, 같은 조 제2항은 "제1항에 따른 최고이자율은 약정한 때의 이자율을 말한다."라고 규정하고 있으며, 같은 조 제3항은 "계약상의 이자로서 제1항에서 정한 최고이자율을 초과하는 부분은 무효로 한다."라고 규정하고 있으므로, 이자제한법의 최고이자율 제한에 관한 규정은 금전대차에 관한 계약상의 이자에 관하여 적용될 뿐, 계약을 위반한 사람을 제재하고 계약의 이행을 간접적으로 강제하기 위하여 정한 위약벌의 경우에는 적용될 수 없다(대판 2017. 11. 29, 2016다259769).

정 답 71. ⑤

72 **손해배상에 관한 설명 중 옳은 것(○)과 옳지 않은 것(×)을 올바르게 조합한 것은? (다툼이 있는 경우 판례에 의함)** 〈2022년 변호사시험〉

ㄱ. 부동산의 등기청구권을 보전하기 위한 처분금지가처분이 부당하게 집행되어 위 가처분의 존재로 인하여 소유자가 부동산의 처분기회를 상실하였거나 그 대가를 제때 지급받지 못하는 불이익을 입었다고 하더라도, 그것이 당해 부동산을 보유하면서 얻는 점용이익을 초과하지 않는 한 손해가 발생하였다고 보기 어렵다.
ㄴ. 쌍무계약에서 쌍방의 채무가 동시이행관계에 있는 경우, 일방의 채무의 이행기가 도래하더라도 상대방 채무의 이행제공이 있을 때까지는 그 채무를 이행하지 않아도 이행지체의 책임을 지지 않는 것이지만, 이와 같은 효과는 이행지체의 책임이 없다고 주장하는 자가 동시이행의 항변권을 행사하지 않는 경우에는 발생하지 아니한다.
ㄷ. 계약 상대방의 채무불이행을 이유로 한 계약의 해지 또는 해제는 손해배상의 청구에 영향을 미치지 아니하지만, 다른 특별한 사정이 없는 한 그 손해배상책임 역시 채무불이행으로 인한 손해배상책임과 다를 것이 없으므로, 상대방에게 고의 또는 과실이 없을 때에는 배상책임을 지지 아니한다. 그러나 상대방의 채무불이행과 상관없이 일정한 사유가 발생하면 계약을 해지 또는 해제할 수 있도록 하는 약정해지 · 해제권을 유보한 경우에는 상대방에게 고의 또는 과실이 없더라도 그에 따른 손해배상책임을 진다.
ㄹ. 일반육체노동을 하는 사람 또는 육체노동을 주로 생계활동으로 하는 사람은 특별한 사정이 없는 한 만 60세를 넘어 만 65세까지 가동할 수 있다고 보는 것이 경험칙에 합당하다.

① ㄱ(×), ㄴ(×), ㄷ(×), ㄹ(○)
② ㄱ(×), ㄴ(○), ㄷ(○), ㄹ(×)
③ ㄱ(○), ㄴ(○), ㄷ(×), ㄹ(○)
④ ㄱ(○), ㄴ(×), ㄷ(×), ㄹ(○)
⑤ ㄱ(○), ㄴ(×), ㄷ(○), ㄹ(×)

해 설

ㄱ. (○) : 부동산의 등기청구권을 보전하기 위한 처분금지가처분이 부당하게 집행되었다면, 이러한 처분금지가처분은 처분금지에 관하여 상대적 효력을 가지는 것으로서 그 집행 후에도 채무자는 당해 부동산에 대한 사용·수익을 계속하면서 여전히 이를 처분할 수 있으므로, 비록 위 가처분의 존재로 인하여 처분기회를 상실하였거나 그 대가를 제때 지급받지 못하는 불이익을 입었다고 하더라도 그것이 당해 부동산을 보유하면서 얻는 점용이익을 초과하지 않는 한 손해가 발생하였다고 보기 어렵고, 설사 점용이익을 초과하는 불이익을 입어 손해가 발생하였다고 하더라도 그 손해는 특별한 사정에 의하여 발생한 손해로서 가처분채권자가 그 사정을 알았거나 알 수 있었을 때에 한하여 배상책임을 진다(대판 1998. 9. 22, 98다21366).
ㄴ. (×) : 쌍무계약에서 이행지체책임과 관련하여 일방의 채무의 이행기가 도래하더라도 상대방 채무의 이행제공이 있을 때까지는 그 채무를 이행하지 않아도 이행지체의 책임을 지지 않는 것이고, **이와 같은 효과는 이행지체의 책임이 없다고 주장하는 자가 반드시 동시이행의 항변권을 행사하여야만 발생하는 것은 아니다**(대판 1998. 3. 13, 97다54604).
ㄷ. (×) : 계약 상대방의 채무불이행을 이유로 한 계약의 해지 또는 해제는 손해배상의 청구에 영향을 미치지 아니하지만(민법 제551조), 다른 특별한 사정이 없는 한 그 손해배상책임 역시 채무불이행으로 인한 손해배상책임과 다를 것이 없으므로, 상대방에게 고의 또는 과실이 없을 때에는 배상책임을 지지 아니한다(민법 제390조). 이는 상대방의 채무불이행과 상관없이 일정한 사유가 발생하면 계약을 해지 또는 해제할 수 있도록 하는

정답 72. ④

약정해지·해제권을 유보한 경우에도 마찬가지이고 그것이 자기책임의 원칙에 부합한다(대판 2016. 4. 15, 2015다59115).

ㄹ. (○) : 대법원은 1989. 12. 26. 선고한 88다카16867 전원합의체 판결(이하 '종전 전원합의체 판결'이라 한다)에서 일반육체노동을 하는 사람 또는 육체노동을 주로 생계활동으로 하는 사람(이하 '육체노동'이라 한다)의 가동연한을 경험칙상 만 55세라고 본 기존 견해를 폐기하였다. 그 후부터 현재에 이르기까지 육체노동의 가동연한을 경험칙상 만 60세로 보아야 한다는 견해를 유지하여 왔다. 그런데 우리나라의 사회적·경제적 구조와 생활여건이 급속하게 향상·발전하고 법제도가 정비·개선됨에 따라 종전 전원합의체 판결 당시 위 경험칙의 기초가 되었던 제반 사정들이 현저히 변하였기 때문에 위와 같은 견해는 더 이상 유지하기 어렵게 되었다. 이제는 특별한 사정이 없는 한 만 60세를 넘어 **만 65세까지도 가동할 수 있다**고 보는 것이 경험칙에 합당하다(대판 2019. 2. 21, 2018다248909 전원합의체).

73 **손해배상의 범위에 관한 설명 중 옳지 않은 것은? (다툼이 있는 경우 판례에 의함)** 〈2023년 변호사시험〉

① 불법행위로 영업용 물건이 멸실된 경우, 휴업손해는 그에 대한 증명이 가능한 한 통상의 손해로서 불법행위자가 그 교환가치와는 별도로 배상하여야 한다.

② 채무불이행에 있어 특별한 사정으로 인한 손해는 당사자들의 개별적, 구체적 사정에 따른 손해를 말한다.

③ 수급인이 제공한 하자 있는 목적물을 도급인이 사용함에 따라 발생하는 도급인의 정신적 고통으로 인한 손해는 수급인이 그러한 사정을 알았을 경우 특별손해로서 도급인이 배상받을 수 있다.

④ 불법행위로 인하여 건물이 훼손되었으나 수리가 가능한 경우에는 그 수리비가 통상의 손해이므로, 수리비가 교환가치를 초과한다고 하더라도 수리비 전액이 손해배상액이 된다.

⑤ 매매계약의 이행불능으로 인한 전보배상책임의 범위는 이행불능 당시의 매매목적물의 시가에 의하여야 하고 그와 같은 시가 상당액이 곧 통상의 손해라 할 것이다.

해 설

① (○) : 불법행위로 영업용 물건이 멸실된 경우, 이를 대체할 다른 물건을 마련하기 위하여 필요한 합리적인 기간 동안 그 물건을 이용하여 영업을 계속하였더라면 얻을 수 있었던 이익, 즉 휴업손해는 그에 대한 증명이 가능한 한 통상의 손해로서 그 교환가치와는 별도로 배상하여야 한다(대판 2004. 3. 25, 2003다20909, 20916).

② (○) : 민법 제393조 제1항은 "채무불이행으로 인한 손해배상은 통상의 손해를 그 한도로 한다."라고 규정하고 있고, 제2항은 "특별한 사정으로 인한 손해는 채무자가 이를 알았거나 알 수 있었을 때에 한하여 배상의 책임이 있다."라고 규정하고 있다. 제1항의 통상손해는 특별한 사정이 없는 한 그 종류의 채무불이행이 있으면 사회일반의 거래관념 또는 사회일반의 경험칙에 비추어 통상 발생하는 것으로 생각되는 범위의 손해를 말하고, 제2항의 특별한 사정으로 인한 손해는 당사자들의 개별적, 구체적 사정에 따른 손해를 말한다(대판 2019. 4. 3, 2018다286550).

③ (○) : 건물신축도급계약에 있어서 수급인이 신축한 건물의 하자가 중요하지 아니하면서 동시에 그 보수에 과다한 비용을 요하는 경우에는 도급인은 하자보수나 하자보수에 갈음하는 손해배상을 청구할 수 없고 그 하자로 인하여 입은 손해의 배상만을 청구할 수 있다 할 것인데, 이러한 경우 그 하자로 인하여 입은 통상의 손해는 특별한 사정이 없는 한 도급인이 하자 없이 시공하였을 경우의 목적물의 교환가치와 하자가 있는 현재의 상태대로의 교환가치와의 차액이 되고, 그 하자 있는 목적물을 사용함으로 인하여 발생하는 정신적 고통으로 인한 손해는 수급인이 그러한 사정을 알았거나 알 수 있었을 경우에 한하여 특별손해로서 배상받을 수 있다(대판 1997. 2. 25, 96다45436).

정답 73. ④

④ (×) : 불법행위로 인하여 건물이 훼손된 경우, 수리가 가능하면 그 수리비가 통상의 손해이며, 훼손 당시 그 건물이 이미 내용연수가 다 된 낡은 건물이어서 원상으로 회복시키는 데 소요되는 수리비가 건물의 교환가치를 초과하는 경우에는 형평의 원칙상 그 손해액은 그 건물의 교환가치 범위 내로 제한되어야 할 것이고, 또한 수리로 인하여 훼손 전보다 건물의 교환가치가 증가하는 경우에는 그 수리비에서 교환가치 증가분을 공제한 금액이 그 손해이다(대판 1998. 9. 8, 98다22048).

⑤ (○) : 매매계약의 이행불능으로 인한 전보배상책임의 범위는 이행불능 당시의 매매목적물의 시가에 의하여야 하고 그와 같은 시가 상당액이 곧 통상의 손해라 할 것이고, 그 후 시가의 등귀는 채무자가 알거나 알 수 있었을 경우에 한하여 이를 특별사정으로 인한 손해로 보아 그 배상을 청구할 수 있는 것이므로 이행불능 당시의 시가가 계약 당시의 그것보다 현저하게 앙등되었다 할지라도 그 가격을 이른바 특별사정으로 인한 손해라고 볼 수 없다(대판 1993. 5. 27, 92다20163).

74 **甲과 乙은 甲소유의 토지에 관하여 매매계약을 체결하면서 손해배상액의 예정을 하여 두었다. 甲이 乙의 채무불이행을 이유로 손해배상예정액을 청구하는 경우에 관한 기술로 옳지 않은 것은? (다툼이 있는 경우에는 판례에 의함)** 〈2009년 사법시험〉

① 甲이 손해배상예정액을 청구하기 위하여는 乙의 이행지체가 있었던 것을 증명하면 족하고, 손해의 발생이나 손해액을 증명할 필요가 없다.

② 甲과 乙 사이에 체결된 손해배상액의 예정약정은 채무불이행을 정지조건으로 하는 조건부계약이다.

③ 乙은 손해가 없다는 사실을 증명하더라도 책임을 면할 수 없으며, 甲은 실제의 손해액이 예정액보다 크다는 것을 증명하더라도 증액을 청구할 수 없다.

④ 손해배상의 예정액이 부당하게 과다한 경우에는 乙의 청구가 없더라도 법원이 직권으로 감액할 수 있으나, 부당히 과소하다고 하더라도 증액하지는 못한다.

⑤ 만약 위 매매계약과 관련하여 甲이 불법행위에 기하여 손해를 입었다면 손해배상의 예정액으로써 전보받을 수 있다.

해 설

① (○) : 채무불이행으로 인한 손해배상액의 예정이 있는 경우에는 채권자는 채무불이행사실만 증명하면 손해의 발생 및 그 액을 증명하지 아니하고 예정배상액을 청구할 수 있다(대판 2000. 12. 8, 2000다50350 등).

② (○) : 손해배상액의 예정계약은 채무불이행을 정지조건으로 하는 조건부 계약이고, 원채권관계에 종된 계약이다.

③ (○) : 당사자간의 특약이 없는 한 채권자에게 현실로 발생한 손해가 예정액보다 적거나 많다는 사실이 주장·입증되더라도 손해배상액에 영향을 미치지 않는다. 즉 채무자는 손해가 없거나 예정액보다 적다는 사실을 증명하더라도 책임을 면할 수 없고, 채권자도 실제의 손해액이 예정액보다 크다는 것을 증명하더라도 증액을 청구할 수가 없다(대판 1993. 4. 23, 92다41719).

④ (○) : 손해배상예정액이 부당하게 과다한 경우에는 법원은 당사자의 주장이 없더라도 직권으로 이를 감액할 수 있다(대판 2000. 7. 28, 99다38637). 그러나 손해배상의 예정액이 부당히 「과소」하다고 하여 '증액'을 하지는 못한다(통설).

⑤ (×) : 계약 당시 당사자 사이에 손해배상액을 예정하는 내용의 약정이 있는 경우에는 그것은 계약상의 채무불이행으로 인한 손해액에 관한 것이고 이를 그 계약과 관련된 불법행위상의 손해까지 예정한 것이라고는 볼 수 없다(대판 1999. 1. 15, 98다48033).

정답 74. ⑤

보충지문

75 채무불이행이 있더라도 채권자에게 손해가 발생하지 않은 경우, 손해배상청구권은 인정되지 않는다. 〈2011년 공인노무사〉

해 설 채무불이행이나 불법행위의 경우에는 손해가 발생하여야 한다. 따라서 채권자에게 손해가 발생하지 않은 경우, 손해배상청구권은 인정되지 않는다(제390조, 제750조 참조).

76 불법행위로 인해 건물이 훼손되어 수리가 불가능한 경우 원칙적으로 건물의 시가 외에 건물의 철거비용도 손해배상의 범위에 포함된다. 〈2010년 사법시험〉

해 설 불법행위로 인하여 건물이 훼손된 경우 그 손해는 수리가 가능하다면 그 수리비, 수리가 불가능하다면 그 교환가치(시가)가 통상의 손해이고, 사용 및 수리가 불가능한 경우 통상 불법행위로 인한 손해배상액의 기준이 되는 건물의 시가에는 건물의 철거비용은 포함되지 않는다(대판 1995. 7. 28, 94다19129).

77 부동산 매도인이 매매목적물인 부동산에 관하여 근저당권을 설정하였다면 그와 같은 근저당권 설정 사실만으로 곧바로 매수인에게 그 피담보채무액 상당의 손해가 발생한다고 볼 수 있다. 〈2021년 법원행시〉

해 설 부동산 매도인이 매매목적물인 부동산에 관하여 근저당권을 설정하였다고 하더라도, 매도인으로서는 근저당권을 소멸시킨 다음 매수인에게 부동산 소유권을 이전할 수 있고, 경우에 따라서는 매수인이 계약 해제나 이행불능 등으로 인하여 위 부동산의 소유권을 취득하지 못할 수도 있다. 따라서 위와 같은 **근저당권 설정 사실만으로 곧바로 매수인에게 그 피담보채무액 상당의 손해가 발생한다고 볼 수는 없고,** 거기에서 더 나아가 사회통념상 매수인이 매수한 부동산에 관한 소유권 또는 소유권이전등기청구권의 보전 등을 위하여 **근저당권의 피담보채무를 변제하지 않을 수 없게 되었다는 등의 사정이 있어야** 위와 같은 손해가 현실적으로 발생하였다고 볼 수 있다. 그리고 채무불이행으로 인한 손해배상청구에서 손해 발생 사실은 채권자가 이를 증명하여야 한다(대판 2017. 6. 19, 2017다215070).

[비교판례] 불법행위로 인한 손해배상청구권은 현실적으로 손해가 발생한 때에 성립하는 것이고 이 때 현실적으로 손해가 발생하였는지 여부는 사회통념에 비추어 객관적이고 합리적으로 판단하여야 하는 것인바, 토지의 매매대금 중 일부에 갈음하여 대물변제된 아파트의 매도인이 매수인으로부터 **매매대금을 전부 지급받은 후** 매수인의 승낙 없이 임의로 이에 관하여 제3자에게 근저당권설정등기나 담보목적의 가등기 또는 전세권설정등기 등을 경료하였다면 특별한 사정이 없는 한 매수인은 그 피담보채무 또는 전세금 상당의 손해를 입었다고 할 수 있을지언정 곧바로 그 매매대금 상당액의 손해를 입었다고 단정할 수 없고, 또한 매도인이 제3자에게 가등기를 경료하였더라도 그것이 단순히 소유권이전등기청구권 보전을 위한 것이라면 그와 같은 가등기가 경료되었다는 사정만으로 곧바로 매수인이 매매대금 상당의 손해를 입었다고 볼 수는 없다고 할 것이며, 한편 매도인이 매매목적물에 관하여 제3자에게 근저당권설정등기, 가등기 등을 각 경료하였더라도 그 후 그 피담보채무가 존재하지 않는 것으로 밝혀지거나 등기 자체가 말소된 경우에는 매수인이 그 피담보채무 또는 매매대금 상당의 손해를 현실적으로 입었다고 볼 수 없다(대판 1998. 8. 25, 97다4760).

정답 75. (○) 76. (×) 77. (×)

78 **재산권이 침해된 경우에 재산적 손해의 배상에 의하여도 회복할 수 없는 정신적 손해는 통상 손해에 해당한다.** 〈2010년 공인노무사〉

해 설 일반적으로 계약상 채무불이행으로 인하여 재산적 손해가 발생한 경우, 그로 인하여 계약 당사자가 받은 정신적인 고통은 재산적 손해에 대한 배상이 이루어짐으로써 회복된다고 보아야 할 것이므로, 재산적 손해의 배상만으로는 회복될 수 없는 정신적 고통을 입었다는 특별한 사정이 있고, 상대방이 이와 같은 사정을 알았거나 알 수 있었을 경우에 한하여 정신적 고통에 대한 위자료를 인정할 수 있다(대판 2004. 11. 12, 2002다53865).

79 **여행자가 해외 여행계약에 따라 여행하는 도중 여행업자의 고의 또는 과실로 상해를 입은 경우 계약상 여행업자의 여행자에 대한 국내로의 귀환운송의무가 예정되어 있고, 현지에서 당초 예정한 여행기간 내에 치료를 완료하기 어렵거나, 계속적, 전문적 치료가 요구되어 사회통념상 여행자가 국내로 귀환할 필요성이 있었다고 인정된다면, 이로 인하여 발생하는 귀환운송비 등 추가적인 비용은 여행업자의 고의 또는 과실로 인하여 발생한 통상손해의 범위에 포함될 수 있다.** 〈2019년 법원행시〉

해 설 여행자가 해외 여행계약에 따라 여행하는 도중 여행업자의 고의 또는 과실로 상해를 입은 경우 계약상 여행업자의 여행자에 대한 국내로의 귀환운송의무가 예정되어 있고, 여행자가 입은 상해의 내용과 정도, 치료행위의 필요성과 치료기간은 물론 해외의 의료 기술수준이나 의료제도, 치료과정에서 발생할 수 있는 언어적 장애 및 의료비용의 문제 등에 비추어 현지에서 당초 예정한 여행기간 내에 치료를 완료하기 어렵거나, 계속적, 전문적 치료가 요구되어 사회통념상 여행자가 국내로 귀환할 필요성이 있었다고 인정된다면, 이로 인하여 발생하는 귀환운송비 등 추가적인 비용은 여행업자의 고의 또는 과실로 인하여 발생한 통상손해의 범위에 포함되고, 이 손해가 특별한 사정으로 인한 손해라고 하더라도 예견가능성이 있었다고 보아야 한다(대판 2019. 4. 3, 2018다286550).

80 **금융기관의 임직원이 동일인에 대한 대출한도를 초과하는 등 여신업무에 관한 규정을 위반하여 자금을 대출하면서 충분한 담보를 확보하지 아니하는 등 그 임무를 게을리하여 금융기관이 대출금을 회수하지 못하는 손해를 입은 경우 금융기관이 입은 통상손해는 위 임직원이 위와 같은 규정을 준수하여 적정한 담보를 취득하였더라면 회수할 수 있었을 미회수 대출원리금이고, 특별한 사정이 없는 한 이에 대한 약정이율에 의한 대출금의 이자와 약정연체이율에 의한 지연이자는 특별손해에 해당한다.** 〈2019년 법원행시〉

해 설 금융기관의 임직원이 여신업무에 관한 규정을 위반하여 동일인에 대한 대출한도를 초과하여 자금을 대출하면서 충분한 담보를 확보하지 아니하는 등 임무를 해태하여 금융기관으로 하여금 대출금을 회수하지 못하는 손해를 입게 한 경우 임직원은 대출로 인하여 금융기관이 입은 손해를 배상할 책임이 있고, 이러한 경우 금융기관이 입은 통상의 손해는 임직원이 규정을 준수하여 적정한 담보를 취득하고 대출하였더라면 회수할 수 있었을 미회수 대출원리금이며, 특별한 사정이 없는 한 이러한 통상손해의 범위에는 약정이율에 의한 대출금의 이자와 약정연체이율에 의한 지연이자가 포함된다(대판 2015. 10. 29, 2011다81213).

정답 78. (×) 79. (○) 80. (×)

81 **불법행위로 인하여 사망한 급여소득자의 일실수익은 원칙적으로 사망 당시를 기준으로 하여 산정하여야 하지만 장차 그 임금수익이 증가될 것을 상당한 정도로 확실하게 예측할 수 있는 객관적인 자료가 있을 때에는 장차 증가될 임금수익도 일실수익을 산정함에 있어서 고려되어야 하고, 이와 같이 증가될 임금수익을 기준으로 산정된 일실수익 상당의 손해는 통상손해에 해당한다.** 〈2019년 법원행시〉

해 설 불법행위로 인하여 노동능력을 상실한 급여소득자의 일실이득은 원칙적으로 노동능력상실 당시의 임금수익을 기준으로 산정할 것이지만 장차 그 임금수익이 증가될 것을 상당한 정도로 확실하게 예측할 수 있는 객관적인 자료가 있을 때에는 장차 증가될 임금수익도 일실이득을 산정함에 고려되어야 할 것이고 이와 같이 장차 증가될 임금수익을 기준으로 산정된 일실이득 상당의 손해는 당해 불법행위에 의하여 사회관념상 통상 생기는 것으로 인정되는 통상손해에 해당하는 것이라고 볼 것이므로 당연히 배상 범위에 포함시켜야 하는 것이고, 피해자의 임금수익이 장차증가될 것이라는 사정을 가해자가 알았거나 알 수 있었는지의 여부에 따라 그 배상범위가 달라지는 것은 아니다(대판 1989. 12. 26, 88다카6761 전원합의체).

82 **토지에 대한 부당한 가압류의 집행으로 그 지상에 건물을 신축하는 내용의 공사도급계약이 해제됨으로 인한 손해는 특별손해이므로, 가압류채권자가 토지에 대한 가압류집행이 그 지상 건물 공사도급계약의 해제사유가 된다는 특별한 사정을 알았거나 알 수 있었을 때에 한하여 배상의 책임이 있다.** 〈2019년 법무사〉

해 설 대판 2008. 6. 26, 2006다84874 참조

83 **특별손해로 인정되기 위해서는 특별한 사정에 관해서 알았거나 알 수 있었던 것으로 족하고, 손해액까지는 예견가능성이 필요하지 않다.** 〈2015년 공인노무사〉

해 설 예견가능성은 특별한 사정에 대한 것이지, 손해액에 대한 것이 아니다. 따라서 특별손해로 인정되기 위해서는 특별한 사정에 관해서 알았거나 알 수 있었던 것으로 족하고, 손해액까지는 예견가능성이 필요하지 않다(대판 1994. 11. 11. 94다22446).

84 **채무불이행을 이유로 계약해제와 아울러 손해배상을 청구하는 경우, 이행이익의 배상을 구하는 것이 원칙이나 그에 갈음하여 신뢰이익의 배상을 구할 수도 있는데, 그 신뢰이익 중 계약의 체결과 이행을 위하여 통상적으로 지출되는 비용은 통상의 손해로서 상대방이 알았거나 알 수 있었는지의 여부와는 관계없이 그 배상을 구할 수 있으나, 이를 초과하여 지출되는 비용은 특별한 사정으로 인한 손해로서 상대방이 이를 알았거나 알 수 있었던 경우에 한하여 그 배상을 구할 수 있다.** 〈2017년 법원행시〉

해 설 채무불이행을 이유로 계약해제와 아울러 손해배상을 청구하는 경우에 그 계약이행으로 인하여 채권자가 얻을 이익 즉 이행이익의 배상을 구하는 것이 원칙이지만, 그에 갈음하여 그 계약이 이행되리라고 믿고 채권자가 지출한 비용 즉 신뢰이익의 배상을 구할 수도 있다고 할 것이고, 그 신뢰이익 중 계약의 체결과 이행을 위하여 통상적으로 지출되는 비용은 통상의 손해로서 상대방이 알았거나 알 수 있었는지의 여부와는 관계없이 그 배상을 구할 수 있고, 이를 초과하여 지출되는 비용은 특별한 사정으로 인한 손해로서 상대방이 이를 알았거나 알 수 있었던 경우에 한하여 그 배상을 구할 수 있다고 할 것이고, 다만 그 신뢰이익은 과잉배상금지의 원칙에 비추어 이행이익의 범위를 초과할 수 없다(대판 2002. 6. 11, 2002다2539).

정답 81. (○) 82. (○) 83. (○) 84. (○)

85 **채무불이행에 관하여 채권자에게 과실이 있는 때에는 법원은 손해배상의 책임 및 그 금액을 정함에 이를 참작하여야 한다.** 〈2012년 법무사〉

해 설 민법 제396조 참조

86 **배상의무자가 피해자의 과실에 관하여 주장하지 않는 경우에는 법원은 과실상계를 판단할 수 없다.** 〈2013년 변호사시험〉

해 설 법원은 불법행위로 인하여 배상할 손해의 범위를 정함에 있어서 상대방의 과실상계 항변이 없더라도 피해자의 과실을 참작하여야 한다(대판 1987. 11. 10, 87다카473).

87 **채무자만의 귀책사유로 채무불이행이 생긴 후에 손해의 확대에 관하여 채권자에게 과실이 있는 경우에는 과실상계를 할 수 없다.** 〈2009년 사법시험〉

해 설 민법상의 과실상계제도는 채권자가 신의칙상 요구되는 주의를 다하지 아니한 경우 공평의 원칙에 따라 손해의 발생에 관한 채권자의 그와 같은 부주의를 참작하게 하려는 것이므로 단순한 부주의라도 그로 말미암아 손해가 발생하거나 확대된 원인을 이루었다면 피해자에게 과실이 있는 것으로 보아 과실상계를 할 수 있다(대판 1996. 10. 25, 96다30113).

88 **법원은 채권자의 과실을 인정한 이상 반드시 이를 참작하여야 한다.** 〈2004년 사법시험〉

해 설 대판 1995. 6. 30, 94다23920 참조

89 **피해자가 공동불법행위자들을 모두 피고로 삼아 한꺼번에 손해배상청구소송을 제기한 경우와 달리, 공동불법행위자별로 별개의 소를 제기하여 소송을 진행하는 경우에는 과실상계비율과 손해액도 서로 달리 인정될 수 있다.** 〈2018년 법무사〉

해 설 피해자가 공동불법행위자들을 모두 피고로 삼아 한꺼번에 손해배상청구의 소를 제기한 경우와 달리 공동불법행위자별로 별개의 소를 제기하여 소송을 진행하는 경우에는 각 소송에서 제출된 증거가 서로 다르고 이에 따라 교통사고의 경위와 피해자의 손해액산정의 기초가 되는 사실이 달리 인정됨으로 인하여 과실상계비율과 손해액도 서로 달리 인정될 수 있는 것이므로, 피해자가 공동불법행위자들 중 일부를 상대로 한 전소에서 승소한 금액을 전부 지급받았다고 하더라도 그 금액이 나머지 공동불법행위자에 대한 후소에서 산정된 손해액에 미치지 못한다면 후소의 피고는 그 차액을 피해자에게 지급할 의무가 있다(대판 2001. 2. 9, 2000다60227).

90 **피해자의 부주의를 이용하여 고의로 불법행위를 한 경우에도 피해자의 부주의를 참작하여 과실상계를 하여야 한다.** 〈2006년 공인노무사〉

해 설 대판 2005. 11. 10, 2003다66066에 반한다. 즉 피해자의 부주의를 이용하여 고의로 불법행위를 저지른 자가 바로 그 피해자의 부주의를 이유로 과실상계를 주장할 수 없다.

[비교판례] 피해자의 부주의를 이용하여 고의로 불법행위를 저지른 자가 바로 그 피해자의 부주의를 이유로 자신의 책임을 감하여 달라고 주장하는 것이 허용되지 아니하는 것은, 그와 같은 고의적 불법행위가 영득행위에 해당하는 경우 과실상계와 같은 책임의 제한을 인정하게 되면 가해자로 하여금 불법행위로 인한 이익을 최종적으로 보유하게 하여 공평의 이념이나 신의칙에 반하는 결과를 가져오기 때문이므로, 고의에 의한

정답 85. (○) 86. (×) 87. (×) 88. (○) 89. (○) 90. (×)

불법행위의 경우에도 **위와 같은 결과가 초래되지 않는 경우에는** 과실상계와 공평의 원칙에 기한 책임의 제한은 얼마든지 가능하다(대판 2016. 4. 12, 2013다31137).

91 **과실에 의한 불법행위자인 중개보조원이 고의에 의한 불법행위자와 공동불법행위책임을 부담하는 경우, 중개보조원의 손해배상액을 정할 때에는 피해자의 과실을 참작하여 과실상계를 할 수 있다. 그리고 중개보조원을 고용한 개업공인중개사의 손해배상금액을 정할 때에는 개업공인중개사가 중개보조원의 사용자일 뿐 불법행위에 관여하지는 않았다는 등의 개별적인 사정까지 고려하여 중개보조원보다 가볍게 책임을 제한할 수도 있다.** 〈2018년 법무사〉

해 설 피해자의 부주의를 이용하여 고의로 불법행위를 저지른 사람이 바로 피해자의 부주의를 이유로 자신의 책임을 줄여 달라고 주장하는 것은 허용될 수 없다. 그러나 이는 그러한 사유가 있는 자에게 과실상계의 주장을 허용하는 것이 신의칙에 반하기 때문이므로, 불법행위자 중의 일부에게 그러한 사유가 있다고 하여 그러한 사유가 없는 다른 불법행위자까지도 과실상계의 주장을 할 수 없다고 해석할 것은 아니다. 또한 중개보조원이 업무상 행위로 거래당사자인 피해자에게 고의로 불법행위를 저지른 경우라고 하더라도, 중개보조원을 고용하였을 뿐 이러한 불법행위에 가담하지 않은 개업공인중개사에게 책임을 묻고 있는 피해자에게 과실이 있다면, 법원은 과실상계의 법리에 따라 손해배상의 책임과 그 금액을 정하는 데 이를 참작하여야 한다. 따라서 과실에 의한 불법행위자인 중개보조원이 고의에 의한 불법행위자와 공동불법행위책임을 부담하는 경우 중개보조원의 손해배상액을 정할 때에는 피해자의 과실을 참작하여 과실상계를 할 수 있고, 중개보조원을 고용한 개업공인중개사의 손해배상금액을 정할 때에는 개업공인중개사가 중개보조원의 사용자일 뿐 불법행위에 관여하지는 않았다는 등의 개별적인 사정까지 고려하여 중개보조원보다 가볍게 책임을 제한할 수도 있다(대판 2018. 2. 13, 2015다242429).

92 **법인의 손해배상책임이 대표기관의 고의적인 불법행위에 기한 것인 때에는 손해발생에 있어서 피해자측의 과실이 있다 하더라도 과실상계의 법리를 적용할 수 없다.** 〈2004년 변리사〉

해 설 신용금고의 대표이사가 고객들로부터 예탁금조로 교부받은 금원을 임의로 횡령한 경우에 있어 위 대표이사의 행위가 대표기관의 고의적인 불법행위라 하더라도 법인자체의 불법행위책임을 묻고 있는 피해자들에게 그 불법행위 내지 손해발생에 과실이 있다면 법원은 과실상계의 법리에 좇아 손해배상의 책임 및 그 금액을 정함에 있어 이를 참작하여야 한다(대판 1987. 11. 24, 86다카1834).

93 **채권자의 청구가 연대보증인에 대하여 그 보증채무의 이행을 구하고 있음이 명백한 경우에는, 과실상계의 법리는 적용될 여지가 없다.** 〈2004년 사법시험〉

해 설 채권자의 청구가 연대보증인에 대하여 그 보증채무의 이행을 구하고 있음이 명백한 경우에는, 손해배상 책임의 유무 또는 배상의 범위를 정함에 있어 채권자의 과실이 참작되는 과실상계의 법리는 적용될 여지가 없다(대판 1996. 2. 23, 95다49141).

94 **사용자는 근로계약 불이행에 대한 위약금 또는 손해배상액을 예정하는 계약을 체결할 수 있다.** 〈2017년 공인노무사〉

정 답 91. (○) 92. (×) 93. (○) 94. (×)

해설 근로기준법 제20조(위약 예정의 금지). 사용자는 근로계약 불이행에 대한 위약금 또는 손해배상액을 예정하는 계약을 체결하지 못한다.

95 **건물 신축공사에 있어 준공 후에도 건물에 다수의 하자와 미시공 부분이 있어 수급인이 약정 기한 내에 그 하자와 미시공 부분에 대한 공사를 완료하지 못할 경우 미지급 공사비 등을 포기하고 이를 도급인의 손해배상금으로 충당한다는 내용의 합의각서를 작성한 경우, 채무불이행에 관한 손해배상액을 예정한 경우에 해당한다.** 〈2017년 공인노무사〉

해설 대판 2008. 7. 24, 2007다69186 ; 민법 제398조 참조

96 **매매당사자가 계약금으로 수수한 금액에 관하여 매수인이 위약하면 이를 포기한 것으로 보고 매도인이 위약하면 그 배액을 상환하기로 하는 뜻의 약정을 한 경우, 그 위약금의 약정은 손해배상액의 예정으로 추정된다.** 〈2015년 사법시험〉

해설 계약금은 해약금으로 추정되지만, 계약금 지급과 더불어 위약금 특약을 하면 민법 제398조 제4항에 의해서 손해배상의 예정으로도 추정된다(대판 2005. 10. 13, 2005다26277).

97 **매매 당사자가 계약금으로 수수한 금액에 관하여 매수인이 위약하면 이를 무효로 하고 매도인이 위약하면 그 배액을 상환하기로 하는 뜻의 약정을 한 경우, 실제 손해액이 예정액을 초과하더라도 그 초과액을 청구할 수 없다.** 〈2015년 공인노무사〉

해설 위약금특약이 있으면 이는 손해배상예정의 성질을 갖는 것이 원칙이다. 따라서 매매 당사자가 계약금으로 수수한 금액에 관하여 매수인이 위약하면 이를 무효로 하고 매도인이 위약하면 그 배액을 상환하기로 하는 뜻의 약정을 한 경우, 실제 손해액이 예정액을 초과하더라도 그 초과액을 청구할 수 없다(대판 2006. 1. 27, 2005다52078).

98 **법원이 손해배상의 예정액을 부당히 과다하다고 하여 감액하려면 채권자와 채무자의 경제적 지위, 계약의 목적과 내용, 손해배상액을 예정한 경위와 동기, 채무액에 대한 예정액의 비율, 예상 손해액의 크기, 당시의 거래 관행과 경제상태 등을 참작한 결과 손해배상 예정액의 지급이 경제적 약자의 지위에 있는 채무자에게 부당한 압박을 가하여 공정을 잃는 결과를 초래한다고 인정되는 경우라야 하고, 단지 예정액 자체가 크다든가 계약 체결 시부터 계약 해제 시까지의 시간적 간격이 짧다든가 하는 사유만으로는 부족하다.** 〈2016년 법무사〉

해설 대판 2014. 7. 24, 2014다209227 참조

99 **공사수급인의 연대보증인이 부담하는 지체상금이 과다한지 여부는 연대보증인을 기준으로 판단하여야 할 것이지 주채무자인 공사수급인을 기준으로 판단할 것은 아니다.** 〈2015년 사법시험〉

해설 공사수급인의 연대보증인이 부담하는 지체상금이 과다한지 여부는 연대보증인이 아닌 주채무자인 공사수급인을 기준으로 판단할 것이다(대판 2005. 8. 19, 2002다59764).

정답 95. (○) 96. (○) 97. (○) 98. (○) 99. (×)

100 **당사자 사이에 채무불이행이 있으면 위약금을 지급하기로 하는 약정이 있는 경우에 그 위약금이 손해배상액의 예정인지 위약벌인지는 계약서 등 처분문서의 내용과 계약의 체결 경위 등을 종합하여 구체적 사건에서 개별적으로 판단할 의사해석의 문제이고, 위약금은 민법 제398조 제4항에 의하여 손해배상액의 예정으로 추정된다. 이러한 법리에 비추어 보면, 하나의 계약에 채무불이행으로 인한 손해의 배상에 관하여 손해배상예정에 관한 조항이 따로 있다거나 실손해의 배상을 전제로 하는 조항이 있고 그와 별도로 위약금 조항을 두고 있어서 위약금 조항을 손해배상액의 예정으로 해석하게 되면 이중배상이 이루어질 수 있다 하더라도, 그러한 사정만으로는 그 위약금을 위약벌로 볼 수 없다.** 〈2018년 법원행시〉

해 설 당사자 사이에 채무불이행이 있으면 위약금을 지급하기로 하는 약정이 있는 경우에 위약금이 손해배상액의 예정인지 위약벌인지는 계약서 등 처분문서의 내용과 계약의 체결 경위등을 종합하여 구체적 사건에서 개별적으로 판단할 의사해석의 문제이고, 위약금은 민법 제398조 제4항에 의하여 손해배상액의 예정으로 추정되지만, 당사자 사이의 위약금 약정이 채무불이행으로 인한 손해의 배상이나 전보를 위한 것이라고 보기 어려운 특별한 사정, 특히 하나의 계약에 채무불이행으로 인한 손해의 배상에 관하여 손해배상예정에 관한 조항이 따로 있다거나 실손해의 배상을 전제로 하는 조항이 있고 그와 별도로 위약금 조항을 두고 있어서 위약금 조항을 손해배상액의 예정으로 해석하게 되면 이중배상이 이루어지는 등의 사정이 있을 때에는 위약금은 위약벌로 보아야 한다(대판 2016. 7. 14, 2013다82944, 82951).

101 **당사자가 금전이 아닌 것으로써 손해의 배상에 충당할 것을 예정한 위약금 약정도 손해배상액의 예정으로 추정된다.** 〈2015년 변호사시험〉

해 설 민법 제398조 제5항 참조

102 **위약벌의 약정은 채무의 이행을 확보하기 위하여 정해지는 것이나, 그 의무의 강제에 의하여 얻어지는 채권자의 이익에 비하여 약정된 벌이 과도하게 무거울 때에는 그 일부 또는 전부가 공서양속에 반하여 무효로 된다. 그런데 당사자가 약정한 위약벌의 액수가 과다하다는 이유로 법원이 계약의 구체적 내용에 개입하여 그 약정의 전부 또는 일부를 무효로 하는 것은, 사적 자치의 원칙에 대한 중대한 제약이 될 수 있고, 스스로가 한 약정을 이행하지 않겠다며 계약의 구속력으로부터 이탈하고자 하는 당사자를 보호하는 결과가 될 수 있으므로, 가급적 자제하여야 한다.** 〈2016년 법무사〉

해 설 위약벌의 약정은 채무의 이행을 확보하기 위하여 정하는 것으로서 손해배상의 예정과 다르므로 손해배상의 예정에 관한 민법 제398조 제2항을 유추 적용하여 그 액을 감액할 수 없고, 다만 의무의 강제로 얻는 채권자의 이익에 비하여 약정된 벌이 과도하게 무거울 때에는 일부 또는 전부가 공서양속에 반하여 무효로 된다. 그런데 당사자가 약정한 위약벌의 액수가 과다하다는 이유로 법원이 계약의 구체적 내용에 개입하여 약정의 전부 또는 일부를 무효로 하는 것은, 사적 자치의 원칙에 대한 중대한 제약이 될 수 있고, 스스로가 한 약정을 이행하지 않겠다며 계약의 구속력에서 이탈하고자 하는 당사자를 보호하는 결과가 될 수 있으므로, 가급적 자제하여야 한다. 이러한 견지에서, 위약벌 약정이 공서양속에 반하는지를 판단할 때에는, 당사자 일방이 독점적 지위 내지 우월한 지위를 이용하여 체결한 것인지 등 당사자의 지위, 계약의 체결 경위와 내용, 위약벌 약정을 하게 된 동기와 경위, 계약 위반 과정 등을 고려하는 등 신중을 기하여야 하고, 단순히 위약벌 액수가 많다는 이유만으로 섣불리 무효라고 판단할 일은 아니다(대판 2016. 1. 28, 2015다239324).

정답 100. (×) 101. (○) 102. (○)

Ⅲ. 채권자지체(수령지체)

103 채권자지체에 관한 설명으로 옳은 것은? (다툼이 있으면 판례에 따름) 〈2018년 변리사〉

① 채권자지체 중에 채무자가 채권의 목적물을 보관하던 중 그의 경과실로 목적물이 멸실된 경우, 채무자는 그 멸실로 인한 책임이 없다.

② 채권자지체 중에 이행불능이 된 경우, 채권자지체가 발생한 사실에 대한 증명책임은 채권자에게 있다.

③ 채권자지체로 인하여 채권의 목적물을 보관 또는 변제하기 위한 비용이 증가된 때에 그 증가액은 채무자가 부담한다.

④ 이자 있는 채권의 경우에 채권자지체 중에도 채무자는 이자를 지급할 의무가 있다.

⑤ 민법 제538조 제1항의 '채권자의 수령지체 중에 당사자 쌍방의 책임 없는 사유로 채무를 이행할 수 없게 된 때'에 해당하기 위해서 채무자의 현실 제공 또는 구두 제공이 필요한 것은 아니다.

해설

① (○) : 민법 제401조(채권자지체와 채무자의 책임) 채권자지체 중에는 채무자는 고의 또는 중대한 과실이 없으면 불이행으로 인한 모든 책임이 없다.

② (×) : 일반적으로 채무불이행으로 인한 손해배상청구에 있어서 그 불이행의 귀책사유에 대한 증명책임은 채무자에게 있고, 채권자의 수령지체 중에 이행불능이 된 경우에도 채권자지체가 발생한 사실에 대한 증명책임은 채무자에게 있다(대판 2016. 3. 24, 2015다249383).

③ (×) : 민법 제403조 참조

④ (×) : 민법 제402조 참조

⑤ (×) : 민법 제400조 소정의 채권자지체가 성립하기 위해서는 민법 제460조 소정의 채무자의 변제제공이 있어야 하고, 변제제공은 원칙적으로 현실 제공으로 하여야 하며 다만 채권자가 미리 변제받기를 거절하거나 채무의 이행에 채권자의 행위를 요하는 경우에는 구두의 제공으로 하더라도 무방하고, 채권자가 변제를 받지 아니할 의사가 확고한 경우(이른바, 채권자의 영구적 불수령)에는 구두의 제공을 한다는 것조차 무의미하므로 그러한 경우에는 구두의 제공조차 필요 없다고 할 것이지만, 그러한 구두의 제공조차 필요 없는 경우라고 하더라도, 이는 그로써 채무자가 채무불이행책임을 면한다는 것에 불과하고, 민법 제538조 제1항 제2문 소정의 '채권자의 수령지체 중에 당사자 쌍방의 책임 없는 사유로 이행할 수 없게 된 때'에 해당하기 위해서는 현실 제공이나 구두제공이 필요하다(다만, 그 제공의 정도는 그 시기와 구체적인 상황에 따라 신의성실의 원칙에 어긋나지 않게 합리적으로 정하여야한다)(대판 2004. 3. 12, 2001다79013).

보충지문

104 채권자지체 중에는 채무자는 고의가 있는 경우에만 책임이 있다. 〈2004년 공인노무사〉

해설 채권자지체 중에는 채무자는 고의나 중대한 과실이 있는 경우 책임이 있다(제401조).

105 판례는 채권자지체를 이유로 계약해제를 인정할 수 없다는 입장이다. 〈2004년 공인노무사〉

해설 민법 제400조는 채권자지체에 관하여 "채권자가 이행을 받을 수 없거나 받지 아니한 때에는 이행의

정답 103. ① 104. (×) 105. (○)

제공 있는 때로부터 지체책임이 있다."라고 정하고 있다. 채무의 내용인 급부가 실현되기 위하여 채권자의 수령 그 밖의 협력행위가 필요한 경우에, 채무자가 채무의 내용에 따른 이행제공을 하였는데도 채권자가 수령 그 밖의 협력을 할 수 없거나 하지 않아 급부가 실현되지 않는 상태에 놓이면 채권자지체가 성립한다. 채권자지체의 성립에 채권자의 귀책사유는 요구되지 않는다. 민법은 채권자지체의 효과로서 채권자지체 중에는 채무자는 고의 또는 중대한 과실이 없으면 불이행으로 인한 모든 책임이 없고(제401조), 이자 있는 채권이라도 채무자는 이자를 지급할 의무가 없으며(제402조), 채권자지체로 인하여 그 목적물의 보관 또는 변제의 비용이 증가된 때에는 그 증가액은 채권자가 부담하는 것으로 정한다(제403조). 나아가 채권자의 수령지체 중에 당사자 쌍방의 책임 없는 사유로 채무를 이행할 수 없게 된 때에는 채무자는 상대방의 이행을 청구할 수 있다(제538조 제1항). 이와 같은 규정 내용과 체계에 비추어 보면, **채권자지체가 성립하는 경우 그 효과로서 원칙적으로 채권자에게 민법 규정에 따른 일정한 책임이 인정되는 것 외에, 채무자가 채권자에 대하여 일반적인 채무불이행책임과 마찬가지로 손해배상이나 계약 해제를 주장할 수는 없다.** 그러나 계약 당사자가 명시적·묵시적으로 채권자에게 급부를 수령할 의무 또는 채무자의 급부 이행에 협력할 의무가 있다고 약정한 경우, 또는 구체적 사안에서 신의칙상 채권자에게 위와 같은 **수령의무나 협력의무가 있다고 볼 특별한 사정이 있다고 인정되는 경우에는** 그러한 의무 위반에 대한 책임이 발생할 수 있다. 그 중 신의칙상 채권자에게 급부를 수령할 의무나 급부 이행에 협력할 의무가 있다고 볼 특별한 사정이 있는지는 추상적·일반적으로 판단할 것이 아니라 구체적 사안에서 계약의 목적과 내용, 급부의 성질, 거래 관행, 객관적·외부적으로 표명된 계약 당사자의 의사, 계약 체결의 경위와 이행 상황, 급부의 이행 과정에서 채권자의 수령이나 협력이 차지하는 비중 등을 종합적으로 고려해서 개별적으로 판단해야 한다. 이와 같이 채권자에게 계약상 의무로서 수령의무나 협력의무가 인정되는 경우, 그 수령의무나 협력의무가 이행되지 않으면 계약 목적을 달성할 수 없거나 채무자에게 계약의 유지를 더 이상 기대할 수 없다고 볼 수 있는 때에는 **채무자는 수령의무나 협력의무 위반을 이유로 계약을 해제할 수 있다**(대판 2021. 10. 28, 2019다293036). ☞ 채권자지체의 법적 성질에 대해 채무불이행설과 법정책임설의 대립이 있었고 판례의 태도는 명확하지 않았었는데, 2021년 판례는 원칙적으로 법정책임설의 입장임을 명확히 하였다.

구 분	채무불이행책임설	법정책임설(판례)
내 용	채권자에게는 수령 내지 협력의 신의칙상 의무가 있고 채권자지체는 이에 위반한 채무불이행 책임이다.	채권자에게는 수령·협력의무가 없고 채권자지체는 형평의 원칙에 따라 협력지연의 불이익을 채권자에게 부담케 한 법정책임이다.
요 건	채권자의 귀책사유를 요한다(귀책사유가 없으면 제401조 이하의 법정효과도 발생하지 않는다).	채권자의 귀책사유를 요하지 않는다(무과실책임).
효 과	제401조 이하의 법정효과 뿐만 아니라 채무불이행의 일반효과인 계약해제, 손해배상청구권 등도 발생한다.	제401조, 제402조, 제403조, 제538조의 법정효과만 발생한다.

106-1 채권자의 수령지체 중에 당사자 쌍방의 책임 없는 사유로 이행할 수 없게 된 경우, 채무자는 상대방의 이행을 청구할 수 있다. 〈2011년 공인노무사〉

106-2 쌍무계약에서 채권자지체 중에는 위험이 채무자에게 이전된다. 〈2004년 공인노무사〉

해 설 채권자의 수령지체 중에 당사자 쌍방의 책임 없는 사유로 이행할 수 없게 된 경우, 채무자는 상대방의 이행을 청구할 수 있다(제538조). ☞ 쌍무계약에서 채권자지체 중에는 위험이 채권자에게 이전된다.

정 답 106-1. (○) 106-2. (×)

Ⅳ. 채권자대위권

107 채권자대위권에 관한 설명 중 옳은 것은? (다툼이 있는 경우에는 판례에 의함) 〈2008년 변리사〉

① 채권자취소권을 대위행사하는 경우 취소채권자가 취소원인을 안 지 1년이 지났다면, 채무자가 취소원인을 안 날로부터 1년 또는 사해행위가 있은 날로부터 5년 내라 하더라도 채권자취소소송을 제기할 수 없다.

② 타인에게 적법하게 명의신탁한 토지에 대하여 제3자의 침해행위가 있는 경우에 명의신탁자는 명의수탁자를 대위하여 방해배제청구를 할 수 있을 뿐만 아니라 직접 제3자에게 방해배제를 청구할 수도 있다.

③ 대위채권자의 채권의 소멸시효가 완성된 경우에 채권자대위소송의 제3채무자는 그 소멸시효의 완성을 주장할 수 있다.

④ 대위채권자가 채무자에게 대위사실을 통지하지 않았다 하더라도 채무자가 채권자대위권 행사사실을 알고 있었다면, 채무자가 대위행사된 권리를 처분하더라도 그 처분으로 채권자에게 대항할 수 없다.

⑤ 채무자가 스스로 그 권리를 행사하고 있는 경우에 그 행사방법이 부적당하다면 채권자는 대위권을 행사할 수 있다.

해설

①(×) : 민법 제404조 소정의 채권자대위권은 채권자가 자신의 채권을 보전하기 위하여 채무자의 권리를 자신의 이름으로 행사할 수 있는 권리라 할 것이므로, 채권자가 채무자의 채권자취소권을 대위행사하는 경우, 제소기간은 대위의 목적으로 되는 권리의 채권자인 채무자를 기준으로 하여 그 준수 여부를 가려야 할 것이고, 따라서 채권자취소권을 대위행사하는 채권자가 취소원인을 안 지 1년이 지났다 하더라도 채무자가 취소원인을 안 날로부터 1년, 법률행위가 있은 날로부터 5년 내라면 채권자취소의 소를 제기할 수 있다(대판 2001. 12. 27, 2000다73049).

②(×) : 재산을 타인에게 신탁한 경우 대외적인 관계에서는 수탁자만이 소유권자로서 그 재산에 대한 제3자의 침해에 대하여 배제를 구할 수 있고 신탁자로서는 수탁자에 대한 권리를 보전하기 위하여 필요하다면 수탁자를 대위해서 수탁자의 권리를 행사할 수 있다(대판 1989. 7. 25, 88다카7207).

③(×) : 채권자가 대위행사하는 채권의 소멸시효가 완성된 경우 이를 원용할 수 있는 자는 원칙적으로 시효이익을 직접 받는 채무자 뿐이므로 채권자대위소송의 제3채무자는 이를 행사할 수 없다(대판 2004. 2. 12, 2001다10151).

④(○) : 판례는 채권자에 의한 통지가 없었으나 채무자가 채권자의 대위권행사의 사실을 알게 된 때에는 채권자에 의해 통지가 있었던 것과 동일하게 취급되므로, 채무자는 그 권리의 처분을 가지고 채권자에게 대항할 수 없다고 판시한다(대판 1996. 4. 12, 95다54187).

⑤(×) : 채권자대위권은 요건은 기본적으로 채무자가 권리를 불행사 할때 문제되는 것이다. 따라서 통설은 채무자의 권리행사가 없는 경우에 한하여 채권자대위권을 행사할 수 있을 뿐이므로, 일단 채무자의 권리행사가 있다면 채권자에게 유리한가 불리한가에 관계 없이 채권자는 이를 대위행사할 수 없다고 한다.

정답 107. ④

108 **채권자대위권에 관한 설명으로 옳은 것은? (다툼이 있는 경우에는 판례에 의함)** 〈2011년 변리사〉

① 乙에 대해서는 소유권이전등기절차의 이행을, 丙에 대해서는 乙을 대위하여 말소등기절차의 이행을 청구하는 소송에서 乙에 대해 甲이 승소한 경우에도 丙은 그 소유권이전등기청구권의 존재를 다툴 수 있다.

② 건물의 임차보증금반환채권의 양수인이 임대인을 대위하여 임차인을 상대로 건물의 인도청구를 하기 위해서는 임대인이 무자력이어야 한다.

③ 법정지상권을 가진 건물소유자로부터 건물을 양수하면서 법정지상권까지 양도받기로 하였더라도 채권자대위의 법리에 따라 前 건물소유자 및 대지소유자에 대하여 지상권설정등기 및 이전등기절차이행을 구할 수는 없다.

④ 채무자가 반대하는 경우에는 채권자대위권을 행사할 수 없다.

⑤ 甲이 乙에 대한 채권을 보전하기 위해 乙의 丙에 대한 권리를 대위 행사하는 경우, 甲의 乙에 대한 채권의 시효가 완성된 때에도 원칙적으로 丙은 甲에 대해 그 시효완성을 원용할 수 없다.

해 설

① (×) : 甲이 乙에 대해서는 소유권이전등기절차이행을, 丙에 대해서는 乙을 대위하여 말소등기절차이행을 청구하는 소송에서 乙에 대한 청구가 승소 확정된 경우, 甲의 乙에 대한 승소 확정판결에 의하여 甲이 乙에 대하여 소유권이전등기청구권을 가진다는 점은 입증되었다고 할 것이고 丙으로서는 그 등기청구권의 존재를 다툴 수 없다(대판 1998. 3. 27, 96다10522).

② (×) : 금전채권보전의 경우, 채권자가 자기 채권을 보전하기 위하여 채무자의 권리를 행사하려면 채무자의 무자력을 요건으로 하는 것이 통상이지만, 임대차보증금반환채권을 양수한 채권자가 그 이행을 청구하기 위하여 임차인의 가옥명도가 선이행되어야 할 필요가 있어서 그 명도를 구하는 경우에는 그 채권의 보전과 채무자인 임대인의 자력 유무는 관계가 없는 일이므로 무자력을 요건으로 한다고 할 수 없다(대판 1989. 4. 25, 88다카4253, 4260).

③ (×) : 법정지상권자가 건물을 제3자에게 양도하는 경우에는 특별한 사정이 없는 한 건물과 함께 법정지상권도 양도하기로 하는 채권적 계약이 있었다고 할 것이며, 이 경우 양수인은 토지소유자에 대하여 직접 등기청구권을 행사할 수 없고, 양도인을 순차 대위하여 토지소유자 및 건물의 전 소유자에 대하여 법정지상권의 설정등기 및 이전등기절차이행을 구할 수 있다(대판 1995. 4. 11, 94다39925 등).

④ (×) : 채권자대위권의 행사는 채무자가 그 행사를 반대하는 경우에도 가능하다(대판 1963. 11. 21, 63다634).

⑤ (○) : 채권자대위권은 채무자의 제3채무자에 대한 권리를 행사하는 것이므로, 제3채무자는 채무자에 대해 가지는 모든 항변사유로 채권자에게 대항할 수 있으나, 채권자가 채권자대위권을 행사하여 제3자에 대하여 하는 청구에 있어서, 제3채무자는 채무자가 채권자에 대하여 가지는 항변으로 대항할 수 없고, 피보전채권의 소멸시효가 완성된 경우 이를 원용할 수 있는 자는 원칙적으로는 시효이익을 직접 받는 자, 즉 채무자 뿐이고, 채권자대위소송의 제3채무자는 이를 행사할 수 없다(대판 2009. 5. 28, 2009다4787 ; 대판 2004. 2. 12, 2001다10151 등).

109 **甲이 자신의 부동산을 乙에게 매도하고, 乙은 그 부동산을 丙에게 매도하였으나 아직 그 부동산의 등기명의가 甲으로 되어 있다. 다음 설명으로 옳지 않은 것은? (다툼이 있는 경우에는 판례에 의함)** 〈2012년 변리사〉

① 丙이 乙의 甲에 대한 등기청구권을 대위행사하기 위해서는, 乙의 무자력을 필요로 하지 않는다.

정 답 108. ⑤ 109. ⑤

② 乙이 丙의 채권자대위권 행사 사실을 알게 된 후에 甲과의 매매계약을 합의해제하여 乙의 소유권 이전등기청구권을 소멸시켰더라도 乙은 이로써 丙에게 대항할 수 없다.

③ 丙이 甲을 상대로 채권자대위소송을 제기하여 확정판결을 받은 경우, 乙이 채권자대위소송이 제기된 사실을 알았다면 그 판결의 효력은 乙에게 미친다.

④ 乙이 甲에 대한 권리를 재판상 행사하여 패소의 판결을 받은 경우, 丙은 乙의 등기청구권을 대위행사할 수 없다.

⑤ 丙의 乙에 대한 소유권이전등기청구권의 소멸시효가 완성된 경우, 甲은 乙의 소유권이전등기청구권을 대위행사하는 丙에게 소멸시효의 완성을 원용할 수 있다.

해 설

① (○) : 부동산의 소유권이전등기청구권 등 특정채권을 보전하기 위하여 그 부동산에 관한 특정권리를 대위하여 행사하는 경우 채무자의 무자력을 요건으로 하지 아니한다(대판 1992. 10. 27, 91다483).

② (○) : 채무자가 그러한 채권자대위권의 행사 사실을 알게 된 이후에 그 부동산에 대한 매매계약을 "합의해제"함으로써 채권자대위권의 객체인 그 부동산의 소유권이전등기청구권을 소멸시켰다 하더라도 이로써 채권자에게 대항할 수 없다(대판 2007. 6. 28, 2006다85921 등).

③ (○) : 채권자가 채권자대위권을 행사하는 방법으로 제3채무자를 상대로 소송을 제기하여 판결을 받은 경우 채무자가 채권자대위권에 의한 소송이 제기된 사실을 알았을 경우에는 그 판결의 효력이 채무자에게 미친다(대판 1993. 4. 27, 93다4519).

④ (○) : 채권자대위권은 채무자가 제3채무자에 대한 권리를 행사하지 아니하는 경우에 한하여 채권자가 자기의 채권을 보전하기 위하여 행사할 수 있는 것이기 때문에 채권자가 대위권을 행사할 당시 이미 채무자가 그 권리를 재판상 행사하였을 때에는 설사 패소의 확정판결을 받았더라도 채권자는 채무자를 대위하여 채무자의 권리를 행사할 당사자적격이 없다(대판 1993. 3. 26, 92다32876).

⑤ (×) : 채권자가 채권자대위권을 행사하여 제3자에 대하여 하는 청구에 있어서, 제3채무자는 채무자가 채권자에 대하여 가지는 항변으로 대항할 수 없고, 채권의 소멸시효가 완성된 경우 이를 원용할 수 있는 자는 원칙적으로는 시효이익을 직접 받는 자뿐이고, 채권자대위소송의 제3채무자는 이를 행사할 수 없다(대판 1998. 12. 8, 97다31472 등).

110 채권자대위권에 관한 설명으로 옳지 않은 것은? (다툼이 있는 경우에는 판례에 의함)

〈2013년 변리사〉

① 채무자의 적극재산인 부동산에 이미 제3자명의로 소유권이전등기청구권 보전의 가등기가 경료되어 있는 경우, 특별한 사정이 없는 한 그 부동산은 적극재산을 산정할 때 제외하여야 한다.

② 취득시효완성 후 제3자 앞으로 경료된 소유권이전등기가 원인무효인 경우, 취득시효완성으로 인한 소유권이전등기청구권을 가진 자는 취득시효완성 당시의 소유자를 대위하여 제3자 명의의 등기말소를 청구할 수 있다.

③ 채권자대위권의 행사가 통지된 후에 채무자의 채무불이행을 이유로 제3채무자가 채무자와의 계약을 해제하더라도, 원칙적으로 제3채무자는 이로써 대위채권자에게 대항할 수 없다.

④ 채권자대위소송의 제3채무자는 원칙적으로 채무자가 채권자에 대하여 가지는 항변으로써 대위채권자에게 대항할 수 없다.

⑤ 채권자대위소송에서 채권자의 채무자에 대한 피보전권리의 존재 여부는 법원의 직권조사사항이다.

정답 110. ③

해 설

① (○) : 채권자대위권에서 피보전채권이 금전채권인 경우에는 채무자의 무자력을 요한다고 보는 것이 판례의 원칙이다. 이 경우 채무자의 무자력 판단시, 채무자의 적극재산인 부동산에 이미 제3자 명의로 소유권이전청구권보전의 가등기가 마쳐져 있는 경우에는 강제집행을 통한 변제가 사실상 불가능하므로, 그 가등기가 가등기담보 등에 관한 법률에 정한 담보가등기로서 강제집행을 통한 매각이 가능하다는 등의 특별한 사정이 없는 한, 위 부동산은 실질적으로 재산적 가치가 없어 적극재산을 산정할 때 제외하여야 한다(대판 2009. 2. 26, 2008다76556).

② (○) : 취득시효 완성으로 인한 등기를 하기 전에 먼저 소유권이전등기를 경료하여 그 부동산소유권을 취득한 제3자에 대하여는 시효취득을 주장할 수 없지만 이는 어디까지나 그 제3자 명의의 등기가 적법, 유효함을 전제로 하는 것이므로 만일 위 제3자 명의의 등기가 원인무효의 등기라면 취득시효완성으로 인한 소유권이전등기청구권을 가진 자는 취득시효완성 당시의 소유자에 대하여 가지는 소유권이전등기청구권으로써 위 소유자를 대위하여 위 제3자 앞으로 경료된 원인무효인 등기의 말소를 구할 수 있다(대판 1990. 11. 27, 90다6651).

③ (×) : ① 민법 제405조 제2항은 "채무자가 채권자대위권행사의 통지를 받은 후에는 그 권리를 처분하여도 이로써 채권자에게 대항하지 못한다."고 규정하고 있다. 위 조항의 취지는 채권자가 채무자에게 대위권 행사사실을 통지하거나 채무자가 채권자의 대위권 행사사실을 안 후에 채무자에게 대위의 목적인 권리의 양도나 포기 등 처분행위를 허용할 경우 채권자에 의한 대위권행사를 방해하는 것이 되므로 이를 금지하는 데에 있다. 그런데 채무자의 채무불이행 사실 자체만으로는 권리변동의 효력이 발생하지 않아 이를 채무자가 제3채무자에 대하여 가지는 채권을 소멸시키는 적극적인 행위로 파악할 수 없는 점, 더구나 법정해제는 채무자의 객관적 채무불이행에 대한 제3채무자의 정당한 법적 대응인 점 등에 비추어, 채무자가 자신의 채무불이행을 이유로 매매계약이 해제되도록 한 것을 두고 민법 제405조 제2항에서 말하는 '처분'에 해당한다고 할 수 없다. 따라서 채무자가 채권자대위권행사의 통지를 받은 후에 채무를 불이행함으로써 통지 전에 체결된 약정에 따라 매매계약이 자동적으로 해제되거나, 채권자대위권행사의 통지를 받은 후에 채무자의 **채무불이행을 이유로 제3채무자가 매매계약을 해제한 경우** 제3채무자는 계약해제로써 대위권을 행사하는 채권자에게 대항할 수 있다. ② 다만 형식적으로는 채무자의 채무불이행을 이유로 한 계약해제인 것처럼 보이지만 실질적으로는 채무자와 제3채무자 사이의 합의에 따라 계약을 해제한 것으로 볼 수 있거나(합의해제), 채무자와 제3채무자가 단지 대위채권자에게 대항할 수 있도록 채무자의 채무불이행을 이유로 하는 계약해제인 것처럼 외관을 갖춘 것이라는 등의 특별한 사정이 있는 경우에는 채무자가 피대위채권을 처분한 것으로 보아 제3채무자는 계약해제로써 대위권을 행사하는 채권자에게 대항할 수 없다(대판 2012. 5. 17, 2011다87235 전원합의체).

④ (○) : 채권자가 채권자대위권을 행사하여 제3자에 대하여 하는 청구에 있어서, 제3채무자는 채무자가 채권자에 대하여 가지는 항변으로 대항할 수 없고, 채권의 소멸시효가 완성된 경우 이를 원용할 수 있는 자는 원칙적으로는 시효이익을 직접 받는 자뿐이고, 채권자대위소송의 제3채무자는 이를 행사할 수 없다(대판 2004. 2. 12, 2001다10151 등).

⑤ (○) : 채권자대위소송에서 대위에 의하여 보전될 채권자의 채무자에 대한 권리(피보전채권)가 존재하는지 여부는 소송요건으로서 법원의 직권조사사항이므로, 법원으로서는 그 판단의 기초자료인 사실과 증거를 직권으로 탐지할 의무까지는 없다 하더라도, 법원에 현출된 모든 소송자료를 통하여 살펴보아 피보전채권의 존부에 관하여 의심할 만한 사정이 발견되면 직권으로 추가적인 심리·조사를 통하여 그 존재 여부를 확인하여야 할 의무가 있다(대판 2009. 4. 23, 2009다3234).

111 **채권자 甲이 乙에 대한 채권을 보전하기 위하여 대위행사할 수 있는 권리(피대위권리)를 모두 고른 것은? (다툼이 있으면 판례에 따름)** 〈2015년 변리사〉

ㄱ. 丙이 乙의 甲에 대한 채무를 이행인수하기로 한 계약에 따라 가지는 乙의 丙 에 대한 청구권
ㄴ. 토지소유자 乙이 甲에게 임대한 토지 전부를 丙이 불법점유하고 있는 경우, 乙의 丙에 대한 소유권에 기한 소유물반환청구권
ㄷ. 丙이 乙에게 자신의 부동산을 매도하고 乙이 그 부동산을 甲에게 전매한 경우, 乙의 丙에 대한 소유권이전등기청구권
ㄹ. 임차인 丙으로부터 건물임대차보증금 반환채권을 양수한 甲이 그 이행을 청구하기 위하여 丙의 건물명도가 선 이행되어야 할 필요가 있는 경우, 임대인 乙의 丙에 대한 명도청구권

① ㄱ, ㄷ ② ㄴ, ㄷ ③ ㄴ, ㄹ ④ ㄱ, ㄴ, ㄷ ⑤ ㄱ, ㄴ, ㄷ, ㄹ

해설

ㄱ. (○) : 채무자의 인수인에 대한 청구권은 그 성질상 재산권의 일종으로서 일신전속적 권리라고 할 수는 없으므로, 채권자는 대위권에 의하여 채무자의 인수인에 대한 청구권을 대위행사할 수 있다. 따라서 丙이 乙의 甲에 대한 채무를 이행인수하기로 한 계약에 따라 가지는 乙의 丙에 대한 청구권은 대위의 목적(피대위권리)이 된다(대판 2009. 6. 11, 2008다75072).

ㄴ. (○) : 토지소유자 乙이 甲에게 임대한 토지 전부를 丙이 불법점유하고 있는 경우, 乙의 丙에 대한 소유권에 기한 소유물반환청구권(대판 1995. 5. 12, 93다59502).

ㄷ. (○) : 丙이 乙에게 자신의 부동산을 매도하고 乙이 그 부동산을 甲에게 전매한 경우, 乙의 丙에 대한 소유권이전등기청구권(대판 2001. 5. 8, 99다386699).

ㄹ. (○) : 임차인 丙으로부터 건물임대차보증금 반환채권을 양수한 甲이 그 이행을 청구하기 위하여 丙의 건물명도가 선 이행되어야 할 필요가 있는 경우, 임대인 乙의 丙에 대한 명도청구권(대판 1989. 4. 25, 88다카4253).

112 **채권자대위권에 관한 설명으로 옳은 것은? (다툼이 있으면 판례에 따름)** 〈2017년 변리사〉

① 채권자대위소송에서 제3채무자로 하여금 직접 대위채권자에게 금전의 지급을 명하는 판결이 확정된 경우, 피대위채권이 변제 등으로 소멸하기 전이라면 채무자의 다른 채권자가 이를 압류 또는 가압류할 수 있다.
② 채권자대위소송에서 제3채무자는 채권자의 채무자에 대한 권리의 발생원인이 된 법률행위가 무효라거나 변제 등으로 소멸하였다는 등의 사실을 주장하여 채권자의 채무자에 대한 권리가 인정되는지를 다툴 수 없다.
③ 토지거래허가구역에 있는 토지의 매수인은 채권보전의 필요성 여부와 무관하게 토지거래허가 신청절차의 협력의무 이행청구권을 보전하기 위하여 매도인의 권리를 대위하여 행사할 수 있다.
④ 이행인수 약정이 체결된 경우, 채무자는 인수인이 그 채무를 이행하지 아니하면 인수인에 대하여 채권자에게 이행할 것을 청구할 수 있으나, 채무자의 인수인에 대한 위 청구권을 채권자가 대위행사할 수 없다.
⑤ 지하도상가 내 점포의 사용청구권을 가지는 자는 상가의 소유자인 시(市)가 불법점유자들에 대하여 가지는 점포의 인도청구권을 대위행사할 수 없다.

정답 111. ⑤ 112. ①

해 설

① (○) : 채권자대위소송에서 제3채무자로 하여금 직접 대위채권자에게 금전의 지급을 명하는 판결이 확정되더라도, 대위의 목적인 권리, 즉 채무자의 제3채무자에 대한 피대위채권이 판결의 집행채권으로서 존재하고 대위채권자는 채무자를 대위하여 피대위채권에 대한 변제를 수령하게 될 뿐 자신의 채권에 대한 변제로서 수령하게 되는 것이 아니므로, 피대위채권이 변제 등으로 소멸하기 전이라면 채무자의 다른 채권자는 이를 압류·가압류할 수 있다(대판 2016. 8. 29, 2015다236547).

② (×) : 채권자가 채권자대위소송을 제기한 경우, 제3채무자는 채무자가 채권자에 대하여 가지는 항변권이나 형성권 등과 같이 권리자에 의한 행사를 필요로 하는 사유를 들어 채권자의 채무자에 대한 권리가 인정되는지 여부를 다툴 수 없지만, 채권자의 채무자에 대한 권리의 발생원인이 된 법률행위가 무효라거나 위 권리가 변제 등으로 소멸하였다는 등의 사실을 주장하여 채권자의 채무자에 대한 권리가 인정되는지 여부를 다투는 것은 가능하다(대판 2015. 9. 10, 2013다55300).

③ (×) : 매수인이 토지거래허가 신청절차의 협력의무 이행청구권을 보전하기 위하여 매도인의 권리를 대위하여 행사하는 것도 허용된다고 할 수 있지만, 그 보전의 필요성이 인정되어야 한다(대판 2013. 6. 13, 2011다83820). 특정채권을 보전하기 위하여 채무자의 권리를 대위행사하는 경우 채무자의 무자력은 요구되지 않지만, 보전의 필요성은 있어야 한다는 점을 주의하여야 한다.

④ (×) : 이행인수는 인수인이 채무자에 대하여 그 채무를 이행할 것을 약정하는 채무자와 인수인 간의 계약으로서, 인수인은 채무자와 사이에 채권자에게 채무를 이행할 의무를 부담하는 데 그치고 직접 채권자에 대하여 채무를 부담하는 것이 아니므로 채권자는 직접 인수인에게 채무를 이행할 것을 청구할 수 없으나, 채무자는 인수인이 그 채무를 이행하지 아니하는 경우 인수인에 대하여 채권자에게 이행할 것을 청구할 수 있고, 그에 관한 승소의 판결을 받은 때에는 금전채권의 집행에 관한 규정을 준용하여 강제집행을 할 수도 있다. 이러한 채무자의 인수인에 대한 청구권은 그 성질상 재산권의 일종으로서 일신전속적 권리라고 할 수는 없으므로, 채권자는 채권자대위권에 의하여 채무자의 인수인에 대한 청구권을 대위행사 할 수 있다(대판 2009. 6. 11, 2008다75072).

⑤ (×) : 지하도상가의 운영을 목적으로 한 도로점용 허가를 받은 자로서 그 상가의 소유자 겸 관리주체인 시에 대하여 그 상가 내 각 점포의 사용을 청구할 수 있는 권리를 가지는 자는, 시에 대한 위 각 점포사용청구권을 보전하기 위하여 그 점포들의 소유자인 시가 불법점유자들에 대하여 가지는 명도청구권을 대위행사할 수 있고, 이러한 경우 불법점유자들에 대하여 직접 자기에게 그 점포들을 명도할 것을 청구할 수도 있다(대판 1995. 5. 12, 93다59502).

113 **채권자대위권에 관한 설명으로 옳은 것은? (다툼이 있으면 판례에 따름)** 〈2020년 변리사〉

① 토지거래허가구역 내의 토지에 관한 매매계약에서 매수인이 매도인에 대하여 가지는 토지거래허가신청 절차의 협력의무의 이행청구권은 채권자대위권의 피보전채권에 해당하지 않는다.

② 특정채권도 채권자대위권의 피보전채권이 될 수 있지만, 순차 매도에서 소유권이전등기청구권이나 임대차에 있어 명도청구권 등의 보전을 위한 경우에 한하여 채권자대위권이 인정된다.

③ 채권자대위권의 피보전채권이 되기 위해서는 그 채권이 제3채무자에게까지 대항할 수 있는 것이어야 한다.

④ 채권자가 채권자대위권을 행사하여 제3채무자에 대하여 하는 청구에서, 제3채무자는 채무자가 채권자에 대하여 가지는 동시이행의 항변권을 행사하여 대항할 수 있다.

⑤ 임대인의 동의 없는 임차권의 양도는 다른 특약이 없는 한 임대인에게는 대항할 수 없고, 그 임차권의 양수인은 임대인의 권한을 대위행사할 수 없다.

정답 113. ⑤

해 설

① (×) : 국토의 계획 및 이용에 관한 법률상의 허가구역에 있는 토지의 거래계약이 토지거래허가를 전제로 체결된 경우에는 유동적 무효의 상태에 있고 거래계약의 채권적 효력도 전혀 발생하지 않으므로 권리의 이전 또는 설정에 관한 어떠한 내용의 이행청구도 할 수 없지만, 계약을 체결한 당사자 사이에서는 계약이 효력 있는 것으로 완성될 수 있도록 서로 협력할 의무가 있으므로, 계약의 쌍방 당사자는 공동으로 관할 관청의 허가를 신청할 의무가 있다. 그 결과 경우에 따라서는 매수인이 토지거래허가 신청절차의 협력의무 이행청구권을 보전하기 위하여 매도인의 권리를 대위하여 행사하는 것도 허용된다고 할 수 있지만, 보전의 필요성이 인정되어야 한다(대판 2013. 5. 23, 2010다50014).

② (×) : 피보전채권이 특정채권이라 하여 반드시 순차매도 또는 임대차에 있어 소유권이전등기청구권이나 인도청구권 등의 보전을 위한 경우에만 한하여 채권자대위권이 인정되는 것은 아니며, 물권적 청구권에 대하여도 채권자대위권에 관한 민법 제404조의 규정과 위와 같은 법리가 적용될 수 있다(대판 2007. 5. 10, 2006다82700, 82717).

③ (×) : 본조(제404조)에서 규정하고 있는 채권자대위권은 채권자가 채무자에 대한 자기의 채권을 보전하기 위하여 필요한 경우에 채무자의 제3자에 대한 권리를 대위행사할 수 있는 권리를 말하는 것으로서, 이때 보전되는 채권은 보전의 필요성이 인정되고 이행기가 도래한 것이면 족하고, 그 채권의 발생원인이 어떠하든 대위권을 행사함에는 아무런 방해가 되지 아니하며, 또한 채무자에 대한 채권이 제3채무자에게까지 대항할 수 있는 것임을 요하는 것도 아니라 할 것이다(대판 1988. 2. 23, 87다카961).

④ (×) : 채권자가 채권자대위소송을 제기한 경우, 제3채무자는 채무자가 채권자에 대하여 가지는 항변권이나 형성권 등과 같이 권리자에 의한 행사를 필요로 하는 사유를 들어 채권자의 채무자에 대한 권리가 인정되는지 여부를 다툴 수 없지만, 채권자의 채무자에 대한 권리의 발생원인이 된 법률행위가 무효라거나 위 권리가 변제 등으로 소멸하였다는 등의 사실을 주장하여 채권자의 채무자에 대한 권리가 인정되는지 여부를 다투는 것은 가능하고, 이 경우 법원은 제3채무자의 주장을 고려하여 채권자의 채무자에 대한 권리가 인정되는지 여부에 관하여 직권으로 심리·판단하여야 한다(대판 2015. 9. 10, 2013다55300).

[비교지문] 甲이 자기 소유의 아파트를 乙에게 매도하고 乙이 계약금과 중도금을 지급한 후 잔금을 지급하지 않고 있고 소유권이전등기가 경료되지 않은 상태에서, 다시 乙이 丙에게 위 아파트를 매도하고 丙은 乙에게 매매대금 전액을 지급하였다. 그 후 丙이 乙을 대위하여 甲에게 소유권이전등기청구소송을 제기하여 소가 계속 중에 있다. 이 소송에서 甲은 丙에 대하여 乙로부터 잔금을 받음과 동시에 소유권이전등기를 해 주겠다고 항변할 수 있다. 〈2017년 변호사시험〉

(○) : 채권자대위권은 채무자의 제3채무자에 대한 권리를 행사하는 것이므로, 제3채무자는 채무자에 대해 가지는 모든 항변사유로 채권자에게 대항할 수 있으나, 채권자는 채무자 자신이 주장할 수 있는 사유의 범위 내에서 주장할 수 있을 뿐 자기와 제3채무자 사이의 독자적인 사정에 기한 사유를 주장할 수는 없다(대판 2009. 5. 28, 2009다4787).

⑤ (○) : 임대인의 동의없는 임차권의 양도는 당사자 사이에서는 유효하다 하더라도 다른 특약이 없는 한 임대인에게는 대항할 수 없는 것이고 임대인에 대항할 수 없는 임차권의 양수인으로서는 임대인의 권한을 대위행사할 수 없다(대판 1985. 2. 8, 84다카188).

[보충지문] 임대인의 동의 없는 임차권의 양도는 당사자 사이에서는 유효하다 하더라도 다른 특약이 없는 한 임대인에게는 대항할 수 없는 것이나, 임대인에 대항할 수 없는 임차권의 양수인도 임차목적물을 보전하기 위하여 권한 없이 점유하는 자를 상대로 임대인의 목적물반환청구권을 대위행사할 수 있다(×). 〈2017년 법원행시〉

114 **채권자대위권에 관한 설명으로 옳은 것은? (다툼이 있으면 판례에 따름)** 〈2023년 변리사〉

① 채권자는 피보전채권의 변제기 전에 채권자대위권을 행사해서 피대위채권의 시효중단을 위한 이행청구를 하지 못한다.
② 임대인의 동의없는 임차권의 양도는 당사자 사이에서는 유효하므로 임차권의 양수인은 임대인의 권한을 대위 행사할 수 있다.
③ 조합원이 조합을 탈퇴할 권리는 일신전속적 권리가 아니므로, 특별한 사정이 없는 한 피대위권리가 될 수 있다.
④ 채권자가 채무자의 토지 소유권이전등기청구권을 대위행사한 후 이를 채무자에게 통지한 경우, 채무자가 그 토지 소유권을 이전받는 것은 처분권제한에 위배되어 무효이다.
⑤ 제3채무자가 직접 대위채권자에게 금전을 지급하도록 하는 채권자대위소송의 판결이 확정된 경우, 대위채권자의 채권자는 대위채권자가 제3채무자로부터 지급받을 권리를 압류할 수 있다.

해 설

①(×) : 채권자는 그 채권의 기한이 도래하기 전에는 법원의 허가 없이 전항의 권리를 행사하지 못한다. 그러나 보전행위는 그러하지 아니하다(민법 제404조 제2항). ☞ 시효중단을 위한 이행청구는 보전행위에 해당한다.
②(×) : 임대인의 동의 없는 임차권의 양도는 당사자 사이에서는 유효하다 하더라도 다른 특약이 없는 한 임대인에게는 대항할 수 없는 것이고, 임대인에 대항할 수 없는 임차권의 양수인으로서는 임대인의 권한을 대위행사할 수 없다(대판 1985. 2. 8, 84다카188).
③(○) : 채무자의 재산인 조합원 지분을 압류한 채권자는 당해 채무자가 속한 조합에 존속기간이 정하여져 있다거나 기타 채무자 본인의 조합탈퇴가 허용되지 아니하는 것과 같은 특별한 사유가 있지 않은 한 채권자대위권에 의하여 채무자의 **조합 탈퇴의 의사표시**를 대위행사할 수 있다(대결 2007. 11. 30, 자 2005마1130).
④(×) : 채권자가 채무자를 대위하여 채무자의 제3채무자에 대한 권리를 행사하고 채무자에게 통지를 하거나 채무자가 채권자의 대위권 행사사실을 안 후에는 채무자는 그 권리에 대한 처분권을 상실하여 그 권리의 양도나 포기등 처분행위를 할 수 없고 채무자의 처분행위에 기하여 취득한 권리로서는 채권자에게 대항할 수 없으나, **채무자의 변제수령**은 처분행위라 할 수 없고 같은 이치에서 **채무자가 그 명의로 소유권이전등기를 경료하는 것** 역시 처분행위라고 할 수 없으므로 소유권이전등기청구권의 대위행사 후에도 채무자는 그 명의로 소유권이전등기를 경료하는 데 아무런 지장이 없다(대판 1991. 4. 12, 90다9407).
⑤(×) : 대위채권자는 제3채무자로 하여금 직접 대위채권자 자신에게 지급의무를 이행하도록 청구할 수 있고 제3채무자로부터 변제를 수령할 수도 있으나, 이로 인하여 채무자의 제3채무자에 대한 피대위채권이 대위채권자에게 이전되거나 귀속되는 것이 아니므로, 대위채권자의 제3채무자에 대한 추심권능 내지 변제수령권능은 자체로서 독립적으로 처분하여 환가할 수 있는 것이 아니어서 압류할 수 없는 성질의 것이고, 따라서 **추심권능 내지 변제수령권능에 대한 압류명령 등은 무효**이다. 그리고 채권자대위소송에서 제3채무자로 하여금 직접 대위채권자에게 금전의 지급을 명하는 판결이 확정되었더라도 판결에 기초하여 금전을 지급받는 것 역시 대위채권자의 제3채무자에 대한 추심권능 내지 변제수령권능에 속하므로, 채권자대위소송에서 확정된 판결에 따라 **대위채권자가 제3채무자로부터 지급받을 채권에 대한 압류명령 등도 무효**이다(대판 2016. 8. 29, 2015다236547).

115 **甲은 乙에 대하여 1억 원의 대여금 채권을 가지고 있고, 乙은 丙에 대하여 1억 원의 자동차 매매대금채권을 가지고 있다. 甲은 乙에 대한 채권을 보전하기 위하여 乙을 대위하여 丙에 대하여 매매대금을 직접 자신에게 지급하라는 소송을 제기하고 이러한 사실을 乙에게 통지하였다. 다음 설명 중 옳지 않은 것은? (다툼이 있는 경우에는 판례에 의함)** 〈2012년 변호사시험〉

정답 114. ③ 115. ②

① 甲의 乙에 대한 대여금채권의 소멸시효가 완성된 경우, 특별한 사정이 없는 한 丙은 위 소멸시효 완성을 원용하여 항변할 수 없다.
② 채권자대위권을 행사하는 甲에게 변제수령의 권한을 인정하는 것은 채권자평등의 원칙에 어긋날 뿐만 아니라 丙을 이중변제의 위험에 빠지게 하는 것이므로 丙은 甲의 이행청구를 거절할 수 있다.
③ 위 채권자대위소송의 판결의 효력은 乙에게 미친다.
④ 위 소가 제기되기 이전에 乙이 丙을 상대로 1억 원의 매매대금 채권의 지급을 구하는 소를 제기하였으나 이미 패소확정판결을 받은 경우, 甲은 乙을 대위하여 권리를 행사할 수 없다.
⑤ 丙은 乙에게 매매대금 1억 원을 변제하고, 이를 항변사유로 하여 甲에게 대항할 수 있다.

해 설

① (○) : 대판 2004. 2. 12, 2001다10151 ; 대판 2008. 1. 31, 2007다64471 참조

② (×) : 채권자대위권을 행사하는 채권자에게 변제수령의 권한을 인정하더라도 그것이 채권자 평등의 원칙에 어긋난다거나 제3채무자를 이중 변제의 위험에 빠뜨리게 하는 것이라고 할 수 없다(대판 2005. 4. 15, 2004다70024).

③ (○) : 판례는 채무자가 알았던 경우에 미친다고 한다(대판 1993. 4. 27, 93다4519 등).

④ (○) : 채권자대위권은 채무자의 제3채무자에 대한 권리행사를 하지 않는 경우에 가능하기 때문에 권리행사를 하여 패소판결을 받은 경우에는 인정되지 않는다(대판 1980. 5. 27, 80다735).

⑤ (○) : 채권자가 채무자를 대위하여 채무자의 제3채무자에 대한 권리를 행사하고 채무자에게 통지를 하거나 채무자가 채권자의 대위권 행사사실을 안 후에는 채무자는 그 권리에 대한 처분권을 상실하여 그 권리의 양도나 포기등 처분행위를 할 수 없고 채무자의 처분행위에 기하여 취득한 권리로서는 채권자에게 대항할 수 없으나, 채무자의 변제수령은 처분행위라 할 수 없고 같은 이치에서 채무자가 그 명의로 소유권이전등기를 경료하는 것 역시 처분행위라고 할 수 없으므로 소유권이전등기청구권의 대위행사 후에도 채무자는 그 명의로 소유권이전등기를 경료하는 데 아무런 지장이 없다(대판 1991. 4. 12, 90다9407).

116 **다음 설명 중 옳지 않은 것을 모두 고른 것은? (다툼이 있는 경우 판례에 의함)** 〈2015년 변호사시험〉

ㄱ. 채무자가 채권자대위권 행사의 통지를 받은 후에는 채무자의 채무불이행을 이유로 제3채무자가 매매계약을 해제하더라도, 제3채무자는 원칙적으로 계약해제로써 대위권을 행사하는 채권자에게 대항할 수 없다.
ㄴ. 채권자대위권은 채무자의 제3채무자에 대한 권리를 행사하는 것이므로, 제3채무자는 채무자에 대해 가지는 모든 항변사유로 채권자에게 대항할 수 있으나, 채권자는 채무자가 주장할 수 있는 사유의 범위 내에서 주장할 수 있을 뿐 자기와 제3채무자 사이의 독자적인 사정에 기한 사유를 주장할 수는 없다.
ㄷ. 유류분반환청구권은 그 행사 여부가 유류분권리자의 인격적 이익을 위하여 그의 자유로운 의사결정에 전적으로 맡겨진 권리로서 행사상의 일신전속성을 가진다고 보아야 하므로, 유류분권리자에게 그 권리행사의 확정적 의사가 있다고 인정되는 경우가 아니라면 채권자대위권의 목적이 될 수 없다.

① ㄱ ② ㄷ ③ ㄱ, ㄴ ④ ㄱ, ㄷ ⑤ ㄴ, ㄷ

정답 116. ①

해 설

ㄱ. (×) : 합의해제와 법정해제를 구별한 2012년 전원합의체 판결이다. 즉 채무자가 채권자대위권행사의 통지를 받은 후에는 채무자의 채무불이행을 이유로 제3채무자가 매매계약을 해제가 있는 경우, 제3채무자는 원칙적으로 계약해제로써 대위권을 행사하는 채권자에게 대항할 수 있다(대판 2012. 5. 17, 2011다87235 전원합의체).

ㄴ. (○) : 채권자대위권은 채무자의 제3채무자에 대한 권리를 행사하는 것이므로, 제3채무자는 채무자에 대해 가지는 모든 항변사유로 채권자에게 대항할 수 있으나, 채권자는 채무자가 주장할 수 있는 사유의 범위 내에서 주장할 수 있을 뿐 자기와 제3채무자 사이의 독자적인 사정에 기한 사유를 주장할 수는 없다(대판 2009. 5. 28, 2009다4787 전원합의체).

ㄷ. (○) : 유류분반환청구권은 그 행사 여부가 유류분권리자의 인격적 이익을 위하여 그의 자유로운 의사결정에 전적으로 맡겨진 권리로서 행사상의 일신전속성을 가진다고 보아야 하므로, 유류분권리자에게 그 권리행사의 확정적 의사가 있다고 인정되는 경우가 아니라면 채권자대위권의 목적이 될 수 없다(대판 2010. 5. 27, 2009다93992).

[보충지문] 유류분반환청구권도 유류분권리자가 권리행사의 확정적 의사를 가지고 있다고 하더라도 채권자대위권의 목적이 될 수 없다(×). 〈2011년 법무사〉

117 **채권자대위권에 관한 설명 중 옳은 것(○)과 옳지 않은 것(×)을 올바르게 조합한 것은? (각 지문은 독립적이며, 다툼이 있는 경우 판례에 의함)** 〈2018년 변호사시험〉

ㄱ. 이혼으로 인한 재산분할청구권은 재산권적 성질을 가진 것이므로, 이와 관련한 협의 또는 심판이 제기되기 전이라도 이를 보전하기 위하여 채권자대위권을 행사할 수 있다.

ㄴ. 수임인이 가지는 「민법」 제688조 제2항 전단 소정의 대변제청구권은 통상의 금전채권과는 다른 목적을 갖는 것이므로, 수임인이 대변제청구권을 보전하기 위하여 채무자인 위임인의 채권을 대위행사하는 경우에는 채무자의 무자력을 요건으로 하지 아니한다.

ㄷ. 채무자가 채권자대위권 행사의 통지를 받은 후에는 피대위권리를 처분하여도 채권자에게 대항하지 못하므로, 채무자가 채무를 불이행함으로써 통지 전에 체결된 약정에 따라 피대위권리의 발생원인인 계약이 자동적으로 해제되었다고 하더라도 특별한 사정이 없는 한 제3채무자는 그 계약해제로써 대위권을 행사하는 채권자에게 대항할 수 없다.

ㄹ. 채권자대위권에서 보전되는 채권은 보전의 필요성이 인정되고 이행기가 도래한 것이면 되고, 채권의 발생원인이 어떠하든 대위권을 행사함에는 아무런 방해가 되지 아니하나, 적어도 채무자에 대한 채권이 제3채무자에게 대항할 수 있는 것이어야 한다.

① ㄱ(○), ㄴ(○), ㄷ(×), ㄹ(×)
② ㄱ(×), ㄴ(○), ㄷ(×), ㄹ(×)
③ ㄱ(×), ㄴ(○), ㄷ(×), ㄹ(○)
④ ㄱ(×), ㄴ(×), ㄷ(○), ㄹ(×)
⑤ ㄱ(○), ㄴ(×), ㄷ(○), ㄹ(○)

해 설

ㄱ. (×) : 이혼으로 인한 재산분할청구권은 협의 또는 심판에 의하여 그 구체적 내용이 형성되기까지는 그 범위 및 내용이 불명확·불확정하기 때문에 구체적으로 권리가 발생하였다고 할 수 없으므로 이를 보전하기 위하여 채권자대위권을 행사할 수 없다(대판 1999. 4. 9, 98다58016).

정답 117. ②

ㄴ. (○) : 수임인이 가지는 민법 제688조 제2항 전단 소정의 대변제청구권은 통상의 금전채권과는 다른 목적을 갖는 것이므로, 수임인이 이 대변제청구권을 보전하기 위하여 채무자인 위임인의 채권을 대위행사하는 경우에는 채무자의 무자력을 요건으로 하지 아니한다(대판 2002. 1. 25, 2001다52506).

ㄷ. (×) : 민법 제405조 제2항은 '채무자가 채권자대위권행사의 통지를 받은 후에는 그 권리를 처분하여도 이로써 채권자에게 대항하지 못한다'고 규정하고 있다. 위 조항의 취지는 채권자가 채무자에게 대위권 행사사실을 통지하거나 채무자가 채권자의 대위권 행사사실을 안 후에 채무자에게 대위의 목적인 권리의 양도나 포기 등 처분행위를 허용할 경우 채권자에 의한 대위권행사를 방해하는 것이 되므로 이를 금지하는 데에 있다. 그런데 채무자의 채무불이행 사실 자체만으로는 권리변동의 효력이 발생하지 않아 이를 채무자가 제3채무자에 대하여 가지는 채권을 소멸시키는 적극적인 행위로 파악할 수 없는 점, 더구나 법정해제는 채무자의 객관적 채무불이행에 대한 제3채무자의 정당한 법적 대응인 점, 채권이 압류·가압류된 경우에도 압류 또는 가압류된 채권의 발생원인이 된 기본계약의 해제가 인정되는 것과 균형을 이룰 필요가 있는 점 등을 고려할 때 채무자가 자신의 채무불이행을 이유로 매매계약이 해제되도록 한 것을 두고 민법 제405조 제2항에서 말하는 '처분'에 해당한다고 할 수 없다. 따라서 채무자가 채권자대위권행사의 통지를 받은 후에 채무를 불이행함으로써 통지 전에 체결된 약정에 따라 매매계약이 자동적으로 해제되거나, 채권자대위권행사의 통지를 받은 후에 채무자의 채무불이행을 이유로 제3채무자가 매매계약을 해제한 경우 제3채무자는 계약해제로써 대위권을 행사하는 채권자에게 대항할 수 있다. 다만 형식적으로는 채무자의 채무불이행을 이유로 한 계약해제인 것처럼 보이지만 실질적으로는 채무자와 제3채무자 사이의 합의에 따라 계약을 해제한 것으로 볼 수 있거나, 채무자와 제3채무자가 단지 대위채권자에게 대항할 수 있도록 채무자의 채무불이행을 이유로 하는 계약해제인 것처럼 외관을 갖춘 것이라는 등의 특별한 사정이 있는 경우에는 채무자가 피대위채권을 처분한 것으로 보아 제3채무자는 계약해제로써 대위권을 행사하는 채권자에게 대항할 수 없다(대판 2012. 5. 17, 2011다87235 전원합의체).

ㄹ. (×) : 민법 제404조에서 규정하고 있는 채권자대위권은 채권자가 채무자에 대한 자기의 채권을 보전하기 위하여 필요한 경우에 채무자의 제3자에 대한 권리를 대위행사할 수 있는 권리를 말하는 것으로서, 이 때 보전되는 채권은 보전의 필요성이 인정되고 이행기가 도래한 것이면 족하고, 그 채권의 발생원인이 어떠하든 대위권을 행사함에는 아무런 방해가 되지 아니하며, 또한 채무자에 대한 채권이 제3채무자에게까지 대항할 수 있는 것임을 요하는 것도 아니다(대판 2003. 4. 11, 2003다1250).

118 채권자대위권에 관한 설명 중 옳지 않은 것은? (다툼이 있는 경우 판례에 의함) 〈2020년 변호사시험〉

① 비법인사단인 채무자가 제3채무자를 상대로 소를 제기하였으나 사원총회의 결의 없이 총유재산에 관한 소가 제기되었다는 이유로 각하판결을 선고받고 그 판결이 확정된 경우, 이는 채무자가 스스로 제3채무자에 대한 권리를 재판상 행사한 것으로 보아야 하므로, 그 후 비법인사단의 채권자가 제기한 채권자대위소송은 부적법하다.

② 이행인수계약에서 인수인이 그 인수한 채무를 이행하지 않는 경우 채권자는 인수인에 대하여 직접 자신에게 이행할 것을 청구할 수는 없지만, 채권자대위권에 의하여 채무자의 인수인에 대한 청구권을 대위행사할 수는 있다.

③ 채무자 소유의 부동산을 시효취득한 채권자의 사망 후 그 채권자의 공동상속인 중 1인이 채무자에 대한 소유권이전등기청구권을 피보전채권으로 하여 제3채무자를 상대로 채무자의 제3채무자에 대한 소유권이전등기의 말소등기청구권을 대위행사하는 경우, 그 공동상속인은 자신의 지분 범위 내에서만 채무자의 제3채무자에 대한 소유권이전등기의 말소등기청구권을 대위행사할 수 있다.

④ 채권자대위소송에서 피보전채권의 소멸시효가 완성되었다 하더라도 제3채무자는 원칙적으로 위 소멸시효 완성의 항변을 원용할 수 없다.

정답 118. ①

⑤ 채권자대위권을 행사함에 있어서 채권자가 채무자를 상대로 하여 그 보전되는 청구권에 기한 이행청구의 소를 제기하여 승소판결을 선고받고 그 판결이 확정되면 제3채무자는 그 청구권의 존재를 다툴 수 없다고 보는 것이 원칙이나, 그 청구권의 취득이 강행법규에 위반되어 무효인 경우 제3채무자는 그 존재를 다툴 수 있다.

해 설

① (×) : 채권자대위권은 채무자가 스스로 제3채무자에 대한 권리를 행사하지 아니하는 경우에 한하여 채권자가 자기의 채권을 보전하기 위하여 행사할 수 있는 것이어서, 채권자가 대위권을 행사할 당시에 이미 채무자가 그 권리를 재판상 행사하였을 때에는 채권자는 채무자를 대위하여 채무자의 권리를 행사할 수 없다. 그런데 비법인사단이 사원총회의 결의 없이 제기한 소는 소제기에 관한 특별수권을 결하여 부적법하고, 그 경우 소제기에 관한 비법인사단의 의사결정이 있었다고 할 수 없다. 따라서 비법인사단인 채무자 명의로 제3채무자를 상대로 한 소가 제기되었으나 사원총회의 결의 없이 총유재산에 관한 소가 제기되었다는 이유로 각하판결을 받고 그 판결이 확정된 경우에는 채무자가 스스로 제3채무자에 대한 권리를 행사한 것으로 볼 수 없다(대판 2018. 10. 25, 2018다210539).

[비교지문] 채권자가 대위권을 행사할 당시 이미 채무자가 권리를 재판상 행사하여 패소의 본안판결을 받았더라도 채권자는 채무자를 대위하여 채무자의 권리를 행사할 당사자적격이 있다.

〈2019년 변호사시험〉

(×) : 채권자대위권은 채무자가 제3채무자에 대한 권리를 행사하지 아니하는 경우에 한하여 채권자가 자기의 채권을 보전하기 위하여 행사할 수 있는 것이기 때문에 채권자가 대위권을 행사할 당시 이미 채무자가 그 권리를 재판상 행사하였을 때에는 설사 패소의 확정판결을 받았더라도 채권자는 채무자를 대위하여 채무자의 권리를 행사할 당사자적격이 없다(대판 1993. 3. 26, 92다32876).

② (○) : 이행인수는 인수인이 채무자에 대하여 그 채무를 이행할 것을 약정하는 채무자와 인수인 간의 계약으로서, 인수인은 채무자와 사이에 채권자에게 채무를 이행할 의무를 부담하는 데 그치고 직접 채권자에 대하여 채무를 부담하는 것이 아니므로 채권자는 직접 인수인에게 채무를 이행할 것을 청구할 수 없으나, 채무자는 인수인이 그 채무를 이행하지 아니하는 경우 인수인에 대하여 채권자에게 이행할 것을 청구할 수 있고, 이러한 채무자의 인수인에 대한 청구권은 그 성질상 재산권의 일종으로서 일신전속적 권리라고 할 수는 없으므로, 채권자는 채권자대위권에 의하여 채무자의 인수인에 대한 청구권을 대위행사할 수 있다(대판 2009. 6. 11, 2008다75072).

③ (○) : 채무자 소유의 부동산을 시효취득한 채권자의 공동상속인이 채무자에 대한 소유권이전등기청구권을 피보전채권으로 하여 제3채무자를 상대로 채무자의 제3채무자에 대한 소유권이전등기의 말소등기청구권을 대위행사하는 경우, 공동상속인은 자신의 지분 범위 내에서만 채무자의 제3채무자에 대한 소유권이전등기의 말소등기청구권을 대위행사할 수 있고, 지분을 초과하는 부분에 관하여는 채무자를 대위할 보전의 필요성이 없다(대판 2014. 10. 27, 2013다25217).

[보충지문] 甲은 그 소유의 X 토지를 乙에게 매도하였는데 乙이 소유권이전등기를 하지 않은 상태에서 丙과 丁이 공동으로 乙로부터 X 토지를 매수하였다. 이 경우 乙이 甲에게 소유권이전등기청구를 하지 않고 있다면, 丙 또는 丁은 보존행위로서 乙을 대위하여 甲에 대하여 X 토지전체에 관하여 乙에게 소유권이전등기절차를 이행할 것을 청구할 수 있다(×). 〈2014년 사법시험〉

④ (○) : 채권자가 채권자대위권을 행사하여 제3자에 대하여 하는 청구에 있어서, 제3채무자는 채무자가 채권자에 대하여 가지는 항변으로 대항할 수 없고, 피보전채권의 소멸시효가 완성된 경우 이를 원용할 수 있는 자는

원칙적으로는 시효이익을 직접 받는 자뿐이고, 채권자대위소송의 제3채무자는 이를 행사할 수 없다(대판 2004. 2. 12, 2001다10151 ; 대판 1998. 12. 8, 97다31472 ; 대판 1992. 11. 10, 92다35899 등).

⑤ (○) : 채권자대위권을 행사하는 경우, 채권자가 채무자를 상대로 보전되는 청구권에 기한 이행청구의 소를 제기하여 승소판결을 선고받고 판결이 확정되었다면, 특별한 사정이 없는 한 그 청구권의 발생원인이 되는 사실관계가 제3채무자에 대한 관계에서도 증명되었다고 볼 수 있다. 그러나 그 청구권의 취득이, 채권자로 하여금 채무자를 대신하여 소송행위를 하게 하는 것을 주목적으로 이루어진 경우와 같이, 강행법규에 위반되어 무효라고 볼 수 있는 경우 등에는 위 확정판결에도 불구하고 채권자대위소송의 제3채무자에 대한 관계에서는 피보전권리가 존재하지 아니한다고 보아야 한다. 이는 위 확정판결 또는 그와 같은 효력이 있는 재판상 화해조서 등이 재심이나 준재심으로 취소되지 아니하여 채권자와 채무자 사이에서는 그 판결이나 화해가 무효라는 주장을 할 수 없는 경우라 하더라도 마찬가지이다(대판 2019. 1. 31, 2017다228618).

119 채권자대위권에 관한 설명 중 옳지 않은 것은? (다툼이 있는 경우 판례에 의함) 〈2022년 변호사시험〉

① 甲이 채무자 乙을 대위하여 제3채무자 丙을 상대로 X 토지에 관하여 매매에 기한 소유권이전등기를 구하는 소를 제기하였다. 위 소송에서 피보전채권이 인정되지 않는다는 이유로 소각하 판결이 확정된 경우, 확정판결의 기판력은 甲이 乙을 상대로 피보전채권의 이행을 구하는 후소에 미치지 않는다.

② 甲이 채무자 乙을 대위하여 제3채무자 丙을 상대로 X 토지에 관하여 매매에 기한 소유권이전등기를 구하는 소를 제기하였다. 乙이 甲으로부터 채권자대위권 행사의 통지를 받은 뒤 乙과 丙의 매매계약이 합의해제되었다면, 丙은 위 매매계약의 해제로 甲의 대위권 행사에 대항할 수 없다.

③ 물권적 청구권도 채권자대위권의 피보전권리가 될 수 있다.

④ 乙 소유의 부동산을 시효취득한 A의 공동상속인 중 1인인 甲이 乙에 대한 소유권이전등기청구권을 피보전채권으로 하여 丙을 상대로 乙의 丙에 대한 소유권이전등기의 말소등기청구권을 대위행사하는 경우, 甲 자신의 지분 범위 내에서만 대위행사할 수 있고, 지분을 초과하는 부분에 관하여는 乙을 대위할 보전의 필요성이 없다.

⑤ 채무자의 공유지분이 다른 공유자들의 공유지분과 함께 근저당권을 공동으로 담보하고 있고, 근저당권의 피담보채권이 채무자의 공유지분 가치를 초과하여 채무자의 공유지분만을 경매하면 남을 가망이 없어 경매절차가 취소될 수밖에 없는 반면, 공유물분할의 방법으로 공유부동산 전부를 경매하면 각 공유지분의 경매대가에 비례해서 공동근저당권의 피담보채권을 분담하게 되어 채무자의 공유지분 경매대가에서 근저당권의 피담보채권 분담액을 변제하고 남을 가망이 있는 경우라면, 금전채권자는 채무자를 대위하여 부동산에 관한 공유물분할청구권을 행사할 수 있다.

해설

① (○) : 어떠한 사유로 인하였든 적어도 채권자대위권에 의한 소송이 제기된 사실을 채무자가 알았을 때에는 그 판결의 효력이 채무자에게 미친다고 보아야 한다. 이때 채무자에게도 기판력이 미친다는 의미는 채권자대위소송의 소송물인 **피대위채권의 존부**에 관하여 채무자에게도 기판력이 인정된다는 것이고, 채권자대위소송의 소송요건인 **피보전채권의 존부**에 관하여 당해 소송의 당사자가 아닌 채무자에게 기판력이 인정된다는 것은 아니다. 따라서 채권자가 채권자대위권을 행사하는 방법으로 제3채무자를 상대로 소송을 제기하였다가 채무자를 대위할 피보전채권이 인정되지 않는다는 이유로 소각하 판결을 받아 확정된 경우 그 판결의 기판력이 채권자가 채무자를 상대로 피보전채권의 이행을 구하는 소송에 미치는 것은 아니다(대판 2014. 1. 23, 2011다108095).

정답 119. ⑤

② (○) : 민법 제405조 제2항은 "채무자가 채권자대위권행사의 통지를 받은 후에는 그 권리를 처분하여도 이로써 채권자에게 대항하지 못한다"고 규정하고 있는데, **채무자가 자신의 채무불이행을 이유로 매매계약이 해제되도록 한 것**을 두고 민법 제405조 제2항에서 말하는 '처분'에 해당한다고 할 수 없다. 따라서 채무자가 채권자대위권행사의 통지를 받은 후에 채무를 불이행함으로써 통지 전에 체결된 약정에 따라 매매계약이 **자동적으로 해제**되거나, 채권자대위권행사의 통지를 받은 후에 채무자의 **채무불이행을 이유로 제3채무자가 매매계약을 해제**한 경우 제3채무자는 계약해제로써 대위권을 행사하는 채권자에게 대항할 수 있다. 다만 형식적으로는 채무자의 채무불이행을 이유로 한 계약해제인 것처럼 보이지만 실질적으로는 채무자와 제3채무자사이의 **'합의에 따라 계약을 해제'(=합의해제)**한 것으로 볼 수 있는 경우에는 채무자가 피대위채권을 처분한 것으로 보아 제3채무자는 계약해제로써 대위권을 행사하는 채권자에게 대항할 수 없다(대판 2012. 5. 17, 2011다87235 전원합의체).

③ (○) : 피보전채권이 특정채권이라 하여 반드시 순차매도 또는 임대차에 있어 소유권이전등기청구권이나 인도청구권 등의 보전을 위한 경우에만 한하여 채권자대위권이 인정되는 것은 아니며, **물권적 청구권**에 대하여도 채권자대위권에 관한 민법 제404조의 규정과 위와 같은 법리가 적용될 수 있다(대판 2007. 5. 10, 2006다82700,82717).

④ (○) : 채무자 소유의 부동산을 시효취득한 채권자의 공동상속인이 채무자에 대한 소유권이전등기청구권을 피보전채권으로 하여 제3채무자를 상대로 채무자의 제3채무자에 대한 소유권이전등기의 말소등기청구권을 대위행사하는 경우, 공동상속인은 자신의 지분 범위 내에서만 채무자의 제3채무자에 대한 소유권이전등기의 말소등기청구권을 대위행사할 수 있고, 지분을 초과하는 부분에 관하여는 채무자를 대위할 보전의 필요성이 없다(대판 2014. 10. 27, 2013다25217).

⑤ (×) : [1] 채권자는 자기의 채권을 보전하기 위하여, 일신에 전속한 권리가 아닌 한 채무자의 권리를 행사할 수 있다(민법 제404조 제1항). 공유물분할청구권은 공유관계에서 수반되는 형성권으로서 공유자의 일반재산을 구성하는 재산권의 일종이다. 공유물분할청구권의 행사가 오로지 공유자의 자유로운 의사에 맡겨져 있어 공유자 본인만 행사할 수 있는 권리라고 볼 수는 없다. 따라서 **공유물분할청구권도 채권자대위권의 목적이 될 수 있다.**
[2] 권리의 행사 여부는 그 권리자가 자유로운 의사에 따라 결정하는 것이 원칙이다. 채무자가 스스로 권리를 행사하지 않는데도 채권자가 채무자를 대위하여 채무자의 권리를 행사할 수 있으려면 그러한 채무자의 권리를 행사함으로써 채권자의 권리를 **보전해야 할 필요성**이 있어야 한다. 여기에서 보전의 필요성은 채권자가 보전하려는 권리의 내용, 채권자가 보전하려는 권리가 금전채권인 경우 채무자의 자력 유무, 채권자가 보전하려는 권리와 대위하여 행사하려는 권리의 관련성 등을 종합적으로 고려하여 채권자가 채무자의 권리를 대위하여 행사하지 않으면 자기 채권의 완전한 만족을 얻을 수 없게 될 위험이 있어 채무자의 권리를 대위하여 행사하는 것이 자기 채권의 현실적 이행을 유효·적절하게 확보하기 위하여 필요한지 여부를 기준으로 판단하여야 하고, 채권자대위권의 행사가 채무자의 자유로운 재산관리행위에 대한 부당한 간섭이 되는 등 특별한 사정이 있는 경우에는 보전의 필요성을 인정할 수 없다.
[3] [다수의견] 채권자가 자신의 **금전채권을 보전하기 위하여** 채무자를 대위하여 **부동산에 관한 공유물분할청구권을 행사하는 것은**, 책임재산의 보전과 직접적인 관련이 없어 채권의 현실적 이행을 유효·적절하게 확보하기 위하여 필요하다고 보기 어렵고 채무자의 자유로운 재산관리행위에 대한 부당한 간섭이 되므로 **보전의 필요성을 인정할 수 없다.** 또한 특정 분할 방법을 전제하고 있지 않은 공유물분할청구권의 성격 등에 비추어 볼 때 그 대위행사를 허용하면 여러 법적 문제들이 발생한다. 따라서 극히 예외적인 경우가 아니라면 **금전채권자는 부동산에 관한 공유물분할청구권을 대위행사할 수 없다**고 보아야 한다. 이는 채무자의 공유지분이 다른 공유자들의 공유지분과 함께 근저당권을 공동으로 담보하고 있고, 근저당권의 피담보채권이 채무자의 공유지분 가치를 초과하여 채무자의 공유지분만을 경매하면 남을 가망이 없어 민사집행법 제102조에 따라 경매절차가 취소될 수밖에 없는 반면, 공유물분할의 방법으로 공유부동산 전부를 경매하면 민법 제368조 제1항에 따라 각 공유지분의 경매대가에 비례해서 공동근저당권의 피담보채권을 분담하게 되어 채무자의 공유지분 경매대가에서 근저당권의 피담보채권 분담액을 변제하고 남을 가망이 있는 경우에도 마찬가지이다(대판 2020. 5. 21,

2018다879 전원합의체). ☞ 공유자에 대하여 **금전채권**을 가진 사람은 공유자의 **공유지분에 대한 강제집행을 통해서 채권의 만족을 얻는 것이 원칙**이다.

> **[보충지문] 채권자는 자기의 채권을 보전하기 위하여, 일신에 전속한 권리가 아닌 한 채무자의 권리를 행사할 수 있다(민법 제404조 제1항). 공유물분할청구권은 공유관계에서 수반되는 형성권으로서 공유자의 일반재산을 구성하는 재산권의 일종이다. 공유물분할청구권의 행사가 오로지 공유자의 자유로운 의사에 맡겨져 있어 공유자 본인만 행사할 수 있는 권리라고 볼 수는 없다. 따라서 공유물분할청구권도 채권자대위권의 목적이 될 수 있다(○).** 〈2022년 법원행시〉

보충지문

120 **채권자 甲의 채무자 乙에 대한 채권이 변제기가 도래하지 아니한 경우, 甲은 자기의 채권을 보전하기 위하여 법원의 허가를 얻어 乙의 丙에 대한 채권을 대위행사할 수 있다.** 〈2019년 법무사〉

해설 민법 제404조 제2항 참조

121 **乙의 채권자 甲이 乙의 丙에 대한 금전채권에 대하여 채권자대위권을 행사하는 경우, 甲은 乙의 동의를 받지 않는 한 채권자대위권을 행사할 수 없다.** 〈2023년 공인노무사〉

해설 채권자대위권은 채무자가 스스로 자기의 권리를 행사하지 아니하는 때에 채권자가 채무자에 대한 채권을 보전하기 위하여 채무자의 의사와는 상관없이 채무자의 권리를 대위하여 행사할 수 있는 권리로서 그 권리행사에 채무자의 동의를 필요로 하는 것은 아니므로, 비법인사단이 총유재산에 관한 권리를 행사하지 아니하고 있어 비법인사단의 채권자가 채권자대위권에 기하여 비법인사단의 총유재산에 관한 권리를 대위행사하는 경우에는 사원총회의 결의 등 비법인사단의 내부적인 의사결정절차를 거칠 필요가 없다(대판 2014. 9. 25, 2014다211336).

122 **피대위자인 채무자가 실존인물이 아니거나 사망한 사람인 경우 피보전채권인 채권자의 채무자에 대한 권리를 인정할 수 없는 경우에 해당하므로 그러한 채권자대위소송은 당사자적격이 없어 부적법하다.** 〈2022년 법무사〉

해설 채권자대위소송에서 대위에 의하여 보전될 채권자의 채무자에 대한 권리가 인정되지 아니할 경우에는 채권자가 스스로 원고가 되어 채무자의 제3채무자에 대한 권리를 행사할 당사자적격이 없게 되므로 그 대위소송은 부적법하여 각하할 것인바, 피대위자인 채무자가 실존인물이 아니거나 사망한 사람인 경우 역시 피보전채권인 채권자의 채무자에 대한 권리를 인정할 수 없는 경우에 해당하므로 그러한 채권자대위소송은 당사자적격이 없어 부적법하다(대판 2021. 7. 21, 2020다300893).

123 **미등기 토지에 대한 시효취득자는 성명불상자인 채무자(소유자)를 대위하여 제3자 명의의 소유권보존등기가 원인무효라는 이유로 등기 말소를 구할 수 없다.** 〈2016년 법원행시〉

해설 채권자대위권 행사의 요건인 '채무자가 스스로 그 권리를 행사하지 않을 것'이라 함은 채무자의 제3채무자에 대한 권리가 존재하고 채무자가 그 권리를 행사할 수 있는 상태에 있으나 스스로 그 권리를 행사하

정답 120. (○) 121. (×) 122. (○) 123. (×)

고 있지 아니하는 것을 의미하고, 여기서 권리를 행사할 수 있는 상태에 있다는 뜻은 권리 행사를 할 수 없게 하는 법률적 장애가 없어야 한다는 뜻이며 채무자 자신에 관한 현실적인 장애까지 없어야 한다는 뜻은 아니고 채무자가 그 권리를 행사하지 않는 이유를 묻지 아니하므로 미등기 토지에 대한 시효취득자가 제3자 명의의 소유권보존등기가 원인무효라 하여 그 등기의 말소를 구하는 경우에 있어 채무자인 진정한 소유자가 성명불상자라 하여도 그가 위 등기의 말소를 구하는 데 어떤 법률적 장애가 있다고 할 수는 없어 그 채권자대위권 행사에 어떤 법률적 장애가 될 수 없다(대판 1992. 2. 25, 91다9312).

124 **채권자는 채무자에 대한 채권을 보전하기 위하여 채무자를 대위해서 채무자의 권리를 행사할 수 있는데, 채권자가 보전하려는 권리와 대위하여 행사하려는 채무자의 권리가 밀접하게 관련되어 있고 채권자가 채무자의 권리를 대위하여 행사하지 않으면 자기 채권의 완전한 만족을 얻을 수 없게 될 위험이 있어 채무자의 권리를 대위하여 행사하는 것이 자기 채권의 현실적 이행을 유효·적절하게 확보하기 위하여 필요한 경우에는 채권자대위권의 행사가 채무자의 자유로운 재산관리행위에 대한 부당한 간섭이 된다는 등의 특별한 사정이 없는 한 채권자는 채무자의 권리를 대위하여 행사할 수 있어야 한다.** 〈2016년 법무사〉

해설 대판 2014. 12. 11, 2013다71784; 민법 제404조 참조

125-1 **채권보전의 필요성은 이행기를 표준으로 판단하여야 하며, 그 채권이 금전채권일 경우 채권자가 채무자의 무자력과 그 일반재산의 감소를 방지할 필요를 주장·증명하여야 한다.** 〈2014년 변리사〉

125-2 **채권자가 자신의 금전채권을 보전할 목적으로 채무자의 제3자에 대한 권리를 대위행사하기 위하여는 특별한 사정이 없는 한 채무자의 변제자력이 없어야 하고 채무자의 무자력에 대한 증명책임은 채권자에게 있다.** 〈2021년 변호사시험〉

해설 채권자대위권의 행사로서 채권자가 채권을 보전하기에 필요한 여부는 변론종결당시를 표준으로 판단되어야 할 것이며 그 채권이 금전채권일 때에는 채무자가 무자력하여 그 일반재산의 감소를 방지할 필요가 있는 경우에 허용되고 이와 같은 요건의 존재사실은 채권자가 주장·입증하여야 한다(대판 1976. 7. 13, 75다1086).

126 **甲의 대여금채권자 乙은 그 채권을 보전하기 위하여 채권자대위권을 행사하여 甲의 X에 대한 대여금채권의 이행을 청구하는 소송을 제기하였다. 甲의 자력이 충분하고, 乙의 대여금채권과 甲의 대여금채권이 관련성도 없다면 乙이 제기한 채권자대위소송은 보전의 필요성이 인정되지 않는다.** 〈2023년 법원행시〉

해설 피보험자가 임의 비급여 진료행위에 따라 요양기관에 진료비를 지급한 다음 실손의료보험계약상의 보험자에게 청구하여 진료비와 관련한 보험금을 지급받았는데, 진료행위가 위법한 임의 비급여 진료행위로서 무효인 동시에 보험자와 피보험자가 체결한 실손의료보험계약상 진료행위가 보험금 지급사유에 해당하지 아니하여 보험자가 피보험자에 대하여 보험금 상당의 부당이득반환채권을 갖게 된 경우, 채권자인 보험자가 금전채권인 부당이득반환채권을 보전하기 위하여 채무자인 피보험자를 대위하여 제3채무자인 요양기관을 상대로 진료비 상당의 부당이득반환채권을 행사하는 형태의 채권자대위소송에서 **채무자가 자력이 있는 때에는 보전의 필요성이 인정된다고 볼 수 없다**. 구체적인 이유는 다음과 같다. (가) 채무자인 피보험자가 자력이 있는 경

정답 124. (○) 125-1. (×) 125-2. (○) 126. (○)

우라면, 특별한 사정이 없는 한 채권자인 보험자가 채무자의 요양기관에 대한 부당이득반환채권을 대위하여 행사하지 않으면 자신의 채무자에 대한 부당이득반환채권의 완전한 만족을 얻을 수 없게 될 위험이 있다고 할 수 없다. 나아가 피보전채권인 보험자의 피보험자에 대한 부당이득반환채권과 대위채권인 피보험자의 요양기관에 대한 부당이득반환채권 사이에는 피보전채권의 실현 또는 만족을 위하여 대위권리의 행사가 긴밀하게 필요하다는 등의 **밀접한 관련성을 인정할 수도 없다**. 만약 채무자인 피보험자의 자력이 있는데도 보전의 필요성을 인정한다면, 이는 채권자인 보험자에게 사실상의 담보를 취득하게 하는 특권을 부여하고, 법적 근거 없이 직접청구권을 인정하는 위험을 야기하며, 다른 채권자보다 우선하여 보험자의 채권만족이 실현되어 채권자평등주의에 기반한 민사집행법 체계와 조화를 이루지 못할 우려가 있다. (나) 보험자가 요양기관의 위법한 임의 비급여 진료행위가 무효라는 이유로 자력이 있는 피보험자의 요양기관에 대한 권리를 대위하여 행사하는 것은 피보험자의 자유로운 재산관리행위에 대한 부당한 간섭이 될 수 있다(대판 2022. 8. 25, 2019다229202).

127 채권자대위권 행사는 채무자의 무자력을 요하므로, 소유권이전등기청구권은 피보전채권이 될 수 없다. 〈2017년 공인노무사〉

해설 채권자는 자기의 채무자에 대한 부동산의 소유권이전등기청구권 등 특정채권을 보전하기 위하여 채무자가 방치하고 있는 그 부동산에 관한 특정권리를 대위하여 행사할 수 있고 그 경우에는 채무자의 무자력을 요건으로 하지 아니하는 것이다(대판 1992. 10. 27, 91다483).

128-1 피보전채권이 특정채권인 경우, 순차매도 또는 임대차에 있어 소유권이전등기청구권이나 인도청구권 등의 보전을 위한 경우에만 채권자대위권이 인정되는 것은 아니며, 물권적 청구권에 대하여도 인정된다. 〈2017년 법원행시〉

128-2 임대차계약 해지 여부는 임대인의 채권자가 대위행사할 수 있다. 〈2011년 법무사〉

128-3 甲은 자기의 토지 위에 있는 乙 소유의 건물에 대한 건물철거청구권을 보전하기 위해 그 건물의 임대인인 乙을 대위하여 乙로부터 건물을 임차한 丙을 상대로 임대차계약해지권 및 건물인도청구권을 행사할 수 있다. 〈2020년 법원행시〉

128-4 토지 소유권에 근거하여 그 토지상 건물의 임차인들을 상대로 건물에서의 퇴거를 청구할 수 있었더라도, 퇴거청구와 건물의 임대인을 대위하여 임차인들에게 임대차계약의 해지를 통고하고 건물의 인도를 구하는 청구는 그 요건과 효과를 달리하는 것이므로 별개로 청구가 가능하고, 위와 같이 퇴거청구를 할 수 있었다는 사정이 채권자대위권의 행사요건인 채권보전의 필요성을 부정할 사유가 될 수 없다. 〈2022년 법원행시〉

해설 [1] 피보전채권이 특정채권이라 하여 반드시 순차매도 또는 임대차에 있어 소유권이전등기청구권이나 인도청구권 등의 보전을 위한 경우에만 한하여 채권자대위권이 인정되는 것은 아니며, 물권적 청구권에 대하여도 채권자대위권에 관한 민법 제404조의 규정과 위와 같은 법리가 적용될 수 있다. [2] 임대인의 임대차계약 해지권은 오로지 임대인의 의사에 행사의 자유가 맡겨져 있는 행사상의 일신전속권에 해당하는 것으로 볼 수 없다. [3] 토지 소유권에 근거하여 그 토지상 건물의 임차인들을 상대로 건물에서의 퇴거를 청구할 수 있었더라도 퇴거청구와 건물의 임대인을 대위하여 임차인들에게 임대차계약의 해지를 통고하고 건물의 인도를 구하는 청구는 그 요건과 효과를 달리하는 것이므로, 위와 같은 퇴거청구를 할 수 있었다는 사정이 채권자대위권의 행사요건인 채권보전의 필요성을 부정할 사유가 될 수 없다고 한 사례(대판 2007. 5. 10, 2006다82700,82717).

정답 127. (×) 128-1. (○) 128-2. (○) 128-3. (○) 128-4. (○)

129 형성권의 경우 행사상의 일신전속권이 아니라면 채권자대위권의 대상이 될 수 있다.

〈2017년 법원행시〉

해설 판례는 "임대인의 임대차계약 해지권은 오로지 임대인의 의사에 행사의 자유가 맡겨져 있는 행사상의 일신전속권에 해당하는 것으로 볼 수 없다(대판 2007. 5. 10, 2006다82700, 82717)."고 하면서 형성권의 일종인 해지권을 채권자대위권의 대상으로 인정한 바 있다.

130 취소할 수 있는 법률행위를 한 자의 채권자라도 그 취소권을 대위행사할 수 없다.

〈2008년 법원행시〉

해설 채권자대위권에 의하여 대위행사할 수 있는 권리는 청구권에 한하지 않고 취소권과 같은 형성권 등도 그 목적으로 할 수 있다(통설 및 판례).

131 채무자의 채권자대위권은 대위할 수 있지만, 채무자의 채권자취소권은 대위할 수 없다.

〈2017년 공인노무사〉

해설 채권자취소권도 채권자가 채무자를 대위하여 행사하는 것이 가능하다(대판 2001. 12. 27, 2000다73049).

132 특별한 사정이 없으면 계약의 청약 또는 승낙의 의사표시는 채권자대위권의 목적이 될 수 없다.

〈2014년 변리사〉

해설 계약의 청약이나 승낙과 같이 비록 행사상의 일신전속권은 아니지만 이를 행사하면 그로써 새로운 권리의무관계가 발생하는 등으로 권리자 본인이 그로 인한 법률관계 형성의 결정 권한을 가지도록 할 필요가 있는 경우에는, 채무자에게 이미 그 권리행사의 확정적 의사가 있다고 인정되는 등 특별한 사정이 없는 한, 그 권리는 채권자대위권의 목적이 될 수 없다고 봄이 상당하다(대판 2012. 3. 29, 2011다100527).

133 재심의 소 제기는 채권자대위권의 목적이 될 수 있다. 〈2015년 공인노무사〉

해설 채권을 보전하기 위하여 대위행사가 필요한 경우는 실체법상 권리뿐만 아니라 소송법상 권리에 대하여서도 대위가 허용되나, 채무자와 제3채무자 사이의 소송이 계속된 이후의 소송수행과 관련한 개개의 소송상 행위는 그 권리의 행사를 소송당사자인 채무자의 의사에 맡기는 것이 타당하므로 채권자대위가 허용될 수 없다. 같은 취지에서 볼 때 **상소의 제기**와 마찬가지로 종전 재심대상판결에 대하여 불복하여 종전 소송절차의 재개, 속행 및 재심판을 구하는 **재심의 소 제기**는 채권자대위권의 목적이 될 수 없다(대판 2012. 12. 27, 2012다75239).

134 채권자대위소송에 있어 피보전채권이나 피대위권리가 부존재하는 경우에는 청구기각판결을 선고하여야 한다. 〈2012년 사법시험〉

해설 채권자대위소송에서 피보전채권의 존재는 소송요건으로서 부존재하면 그 대위소송은 부적법 각하한다(대판 2003. 5. 13, 2002다64148 등). 다만 피대위권리의 부존재의 경우에는 본안의 청구가 이유가 없기 때문에 청구기각판결을 선고하게 된다.

정답 129. (○) 130. (×) 131. (×) 132. (○) 133. (×) 134. (×)

135 **채권자 甲이 채무자 乙에 대한 금전채권을 보전하기 위하여 제3채무자 丙에 대한 금전채권을 대위행사하는 경우, 甲이 乙에게 대위권 행사사실을 통지하거나 乙이 이를 알게 된 이후에는, 피대위채권에 대한 전부명령은 우선권 있는 채권에 기초한 것이라는 등의 특별한 사정이 없는 한 무효이다.** 〈2019년 변호사시험〉

해설 채권자대위소송이 제기되고 대위채권자가 채무자에게 대위권 행사사실을 통지하거나 채무자가 이를 알게 되면 민법 제405조 제2항에 따라 채무자는 피대위채권을 양도하거나 포기하는 등 채권자의 대위권 행사를 방해하는 처분행위를 할 수 없게 되고 이러한 효력은 제3채무자에게도 그대로 미치는데, 그럼에도 그 이후 대위채권자와 평등한 지위를 가지는 채무자의 다른 채권자가 피대위채권에 대하여 전부명령을 받는 것도 가능하다고 하면, 채권자대위소송의 제기가 채권자의 적법한 권리행사방법 중 하나이고 채무자에게 속한 채권을 추심한다는 점에서 추심소송과 공통점도 있음에도 그것이 무익한 절차에 불과하게 될 뿐만 아니라, 대위채권자가 압류·가압류나 배당요구의 방법을 통하여 채권배당절차에 참여할 기회조차 가지지 못하게 한 채 전부명령을 받은 채권자가 대위채권자를 배제하고 전속적인 만족을 얻는 결과가 되어, 채권자대위권의 실질적 효과를 확보하고자 하는 민법 제405조 제2항의 취지에 반하게 된다. 따라서 채권자대위소송이 제기되고 대위채권자가 채무자에게 대위권 행사사실을 통지하거나 채무자가 이를 알게 된 이후에는 민사집행법 제229조 제5항이 유추적용되어 피대위채권에 대한 전부명령은, 우선권 있는 채권에 기초한 것이라는 등의 특별한 사정이 없는 한, 무효이다(대판 2016. 8. 29, 2015다236547).

136-1 **대위권행사의 통지 후에는 채무자가 권리를 소멸시키는 행위를 하더라도 제3채무자가 이를 채권자에게 대항할 수 없으나, 통지나 법원의 고지가 있은 후에도 채무자에 대한 변제, 상계 등 채무자의 처분행위에 의하지 않고 취득한 항변권이 있으면 채권자에게 대항할 수 있다.** 〈2008년 사법시험〉

136-2 **甲은 자신의 A토지를 乙에게 매도하였으나 乙이 계약금과 중도금만 지급하고 잔금을 지급하지 않아 아직 乙 명의로 소유권이전등기가 경료되지 않았다. 그 후 乙은 丙에게 A토지를 매도하고 丙으로부터 매매대금 전액을 지급받았다. 丙이 乙을 대위하여 甲에게 소유권이전등기청구권을 행사하고 그 사실을 乙에게 통지한 후에는 乙은 甲으로부터 소유권이전등기를 경료받을 수 없다.** 〈2010년 사법시험〉

해설 채권자가 채무자를 대위하여 채무자의 제3채무자에 대한 권리를 행사하고 채무자에게 통지를 하거나 채무자가 채권자의 대위권 행사사실을 안 후에는 채무자는 그 권리에 대한 처분권을 상실하여 그 권리의 양도나 포기등 처분행위를 할 수 없고 채무자의 처분행위에 기하여 취득한 권리로서는 채권자에게 대항할 수 없으나, 채무자의 변제수령은 처분행위라 할 수 없고 같은 이치에서 채무자가 그 명의로 소유권이전등기를 경료하는 것 역시 처분행위라고 할 수 없으므로 소유권이전등기청구권의 대위행사 후에도 채무자는 그 명의로 소유권이전등기를 경료하는 데 아무런 지장이 없다(대판 1991. 4. 12, 90다9407).

137 **채권자대위권의 행사 전에는 채무자의 동의는 필요 없지만, 그 행사 후에는 반드시 채무자에게 통지하여야 한다.** 〈2011년 법무사〉

해설 채권자가 대위권을 행사한 때에는 채무자에게 통지하여야 하나, 통지하지 않아도 되는 경우가 있는데, 보존행위(제405조 제1항)를 할 때와 채무자가 채권자의 대위권 행사사실을 알고 있는 경우에는 필요 없다(대판 2003. 1. 10, 2000다27343).

정답 135. (○) 136-1. (○) 136-2. (×) 137. (×)

138 채권자대위소송의 제기로 인한 소멸시효 중단의 효과는 채무자에게 생긴다. 〈2012년 법무사〉

해 설 채권자대위권 행사의 효과는 채무자에게 귀속되는 것이므로 채권자대위소송의 제기로 인한 소멸시효 중단의 효과 역시 채무자에게 생긴다(대판 2011. 10. 13, 2010다80930).

139 피보전채권이 금전채권인 경우, 대위채권자는 채무자의 금전채권을 자신에게 직접 이행하도록 청구할 수 없다. 〈2017년 공인노무사〉

해 설 채권자가 자기의 금전채권을 보전하기 위하여 채무자의 금전채권을 대위행사하는 경우 제3채무자로 하여금 채무자에게 지급의무를 이행하도록 청구할 수도 있지만, 직접 대위채권자 자신에게 이행하도록 청구할 수도 있다(대판 2016. 9. 28, 2016다205915).

140 채권자가 채무자의 제3채무자에 대한 부당이득금반환채권을 대위행사하는 경우, 채권자는 제3채무자로 하여금 채무자에게 그 반환의무를 이행하도록 청구하여야 하고, 직접 자신에게 이행하도록 청구할 수는 없다. 〈2012년 사법시험〉

해 설 집행채무자의 채권자가 그 집행채권자를 상대로 부당이득금반환채권을 대위행사하는 경우 집행채무자에게 그 반환의무를 이행하도록 청구할 수도 있지만, 직접 대위채권자에게 이행하도록 청구할 수도 있다고 보아야 하는데, 이와 같이 채권자대위권을 행사하는 채권자에게 변제수령의 권한을 인정하더라도 그것이 채권자평등의 원칙에 어긋난다거나 제3채무자를 이중변제의 위험에 빠뜨리게 하는 것이라고 할 수 없다(대판 2005. 4. 15, 2004다70024).

141 甲이 丙으로부터 5,000원 만원을 대위수령한 경우, 甲은 상계적상에 있는 때에는 상계함으로써 사실상 우선변제를 받을 수 있다. 〈2018년 공인노무사〉

해 설 통설이다.

142 미등기건물의 매수인은 미등기건물의 불법점유자에 대하여 매도인을 대위하여 미등기건물의 인도청구를 할 수 있는데 이때 직접 자기에게 미등기건물을 인도할 것을 청구할 수는 없다. 〈2017년 법원행시〉

해 설 원고가 미등기 건물을 매수하였으나 소유권이전등기를 하지 못한 경우에는 위 건물의 소유권을 원시취득한 매도인을 대위하여 불법점유자에 대하여 명도청구를 할 수 있고 이때 원고는 불법점유자에 대하여 직접 자기에게 명도할 것을 청구할 수도 있다(대판 1980. 7. 8, 79다1928).

143 채권자는 대위권을 행사하여 제3채무자에게 그 명의의 소유권보존등기나 소유권이전등기의 말소등기절차를 직접 자기에게 이행할 것을 청구할 수 있다. 〈2008년 사법시험〉

해 설 채권자대위권을 행사함에 있어서 채권자가 제3채무자에 대하여 자기에게 직접 급부를 요구하여도 상관없는 것이고 자기에게 급부를 요구하여도 어차피 그 효과는 채무자에게 귀속되는 것이므로, 채권자대위권을 행사하여 채권자가 제3채무자에게 그 명의의 소유권보존등기나 소유권이전등기의 말소절차를 직접 자기에게 이행할 것을 청구하여 승소하였다고 하여도 그 효과는 원래의 소유자인 채무자에게 귀속되는 것이니, 법원이 채권자대위권을 행사하는 채권자에게 직접 말소등기 절차를 이행할 것을 명하였다고 하여 무슨 위법이 있다고 할 수 없다(대판 1996. 2. 9, 95다27998).

정답 138. (○) 139. (×) 140. (×) 141. (○) 142. (×) 143. (○)

144 **甲은 乙에 대해 1,000만원의 금전채권을, 乙은 丙에 대해 500만원의 금전채권을 가지고 있다. 甲이 丙에 대해 채권자대위권을 행사하는 경우에 관한 설명으로 옳지 않은 것은?**

〈2012년 공인노무사〉

① 甲의 乙에 대한 채권이 乙의 丙에 대한 채권보다 먼저 성립할 필요는 없다.
② 甲이 대위권을 행사하기 위하여 비용을 지출한 경우, 甲은 乙에게 그 비용의 상환을 청구할 수 있다.
③ 乙이 甲으로부터 대위권행사를 통지받은 후 丙에 대한 채권을 제3자에게 양도한 경우, 乙은 이를 가지고 甲에게 대항할 수 있다.
④ 乙이 丙에 대하여 금전채무의 이행을 청구하고 있는 경우, 甲은 대위권을 행사할 수 없다.
⑤ 乙의 甲에 대한 채무의 변제기가 도래하기 전이라도 甲은 법원의 허가 없이 乙의 丙에 대한 채권의 시효중단을 위한 이행청구를 할 수 있다.

해 설

① (○) : 피보전채권(甲이 乙에게 갖고 있는 채권)이 존재하면 되지 피대위권리(乙의 丙에 대한 채권) 보다 먼저 성립하여야 하는 것은 아니다. 이 점이 채권자취소권과 구별된다. 따라서 甲의 乙에 대한 채권이 乙의 丙에 대한 채권보다 먼저 성립할 필요는 없다.
② (○) : 甲과 乙간에는 법정위임관계에 있기 때문에 甲이 대위권을 행사하기 위하여 비용을 지출한 경우, 甲은 乙에게 그 비용의 상환을 청구할 수 있다(대판 1992. 4. 10, 91다41620).
③ (×) : 채권자대위권행사 통지 후 그 권리를 처분하여도 이로써 채권자에게 대항하지 못하기 때문에 乙이 甲으로부터 대위권 행사를 통지받은 후 丙에 대한 채권을 제3자에게 양도한 경우, 乙은 이를 가지고 甲에게 대항할 수 없다(제405조 제2항).
④ (○) : 채권자대위권은 채무자가 제3채무자에게 권리를 행사하지 않을 때 채권자가 채무자를 대위하여 행사하는 것이기 때문에 乙이 丙에 대하여 금전채무의 이행을 청구하고 있는 경우, 甲은 대위권을 행사할 수 없다.
⑤ (○) : 피보전채권이 이행기가 도래하여야 하나, 다만 乙의 甲에 대한 채무의 변제기가 도래하기 전이라도 보전행위는 법원의 허가 없이 채권의 시효중단을 위한 이행청구를 할 수 있다(제404조 제2항).

V. 채권자취소권

145 **甲은 乙에 대해 8,000만원의 금전채무를, 丙에 대해서는 4,000만원의 금전채무를 부담하고 있다. 甲은 乙에 대한 8,000만원의 채무를 담보하기 위해, 자신의 X주택 (시가 1억 원)에 乙명의로 저당권을 설정해 주었다. 그 후 채무초과상태에 빠진 甲이 자신의 유일한 재산인 X주택을 丁에게 1억 원에 매도하여 소유권이전등기를 해 주었다. 다음 설명으로 옳지 않은 것은? (다툼이 있는 경우에는 판례에 의함)**

〈2012년 변리사〉

① 丁이 그와 甲의 거래행위가 채권자를 해함을 안 경우, 乙은 채권자취소권을 행사할 수 있다.
② 丙의 丁에 대한 사해행위취소소송에서 丁이 사해행위임을 몰랐다는 사실에 대한 증명책임은 丁에게 있고, 丁의 선의에 과실이 있는지 여부는 문제되지 않는다.
③ 丙은 법원에 소를 제기하는 방법으로 사해행위의 취소를 청구할 수 있을 뿐 소송상의 공격·방어방법으로는 주장할 수 없다.

정답 144. ③ 145. ①

④ 甲의 사해행위 이후에 甲에게 금전을 빌려준 채권자는 특별한 사정이 없는 한 사해행위의 취소와 원상회복의 효력을 받는 채권자에 포함되지 않는다.

⑤ 채권자취소권의 행사에 있어서 제척기간의 기산점인 채권자가 '취소원인을 안 날'은 채무자가 채권자를 해함을 알면서 사해행위를 하였다는 사실을 알게 된 날을 의미한다.

해 설

①(×) : 주채무자 또는 제3자 소유의 부동산에 대하여 채권자 앞으로 근저당권이 설정되어 채권자에게 우선변제권이 확보되어 있다면 그 범위 내에서는 채무자의 재산처분행위는 채권자를 해하지 아니하므로 그 담보물로부터 우선변제받을 액을 공제한 나머지 채권액에 대하여만 채권자취소권이 인정된다(대판 2002. 4. 12, 2000다63912).

②(○) : 사해행위취소에 있어서 수익자가 악의라는 점에 대하여는 그 수익자 자신에게 선의임을 입증할 책임이 있다(대판 1991. 2. 12, 90다16276).

③(○) : 사해행위의 취소는 법원에 소를 제기하는 방법으로 청구할 수 있을 뿐 소송상의 공격방어방법으로 주장할 수는 없다(대판 1995. 7. 25, 95다8393 등).

④(○) : 사해행위 이후에 채권을 취득한 채권자는 채권의 취득 당시에 사해행위취소에 의하여 회복되는 재산을 채권자의 공동담보로 파악하지 아니한 자로서 민법 제407조에 정한 사해행위취소와 원상회복의 효력을 받는 채권자에 포함되지 아니한다(대판 2009. 6. 23, 2009다18502).

⑤(○) : 채권자취소권의 행사에 있어서 제척기간의 기산점인 채권자가 '취소원인을 안 날'이라 함은 채무자가 채권자를 해함을 알면서 사해행위를 하였다는 사실을 알게 된 날을 의미한다(대판 1989. 9. 12, 88다카26475 ; 대판 2009. 3. 26, 2007다63102).

146 甲에 대하여 금전채무를 부담하고 있는 乙은 그 채무를 이행하지 않을 목적으로 丙과 도모하여 그의 유일한 재산인 X토지를 丙에게 매도한 후 소유권이전등기를 마쳐주었다. 甲이 채권자취소소송을 제기한 경우에 관한 설명으로 옳은 것은? (다툼이 있는 경우에는 판례에 의함)

〈2013년 변리사〉

① 甲은 X토지의 등기를 乙에게 회복시키기 위하여 丙을 상대로 乙앞으로 직접 소유권이전등기절차의 이행을 청구할 수 없다.

② 甲이 원상회복을 구하고 있으면 법원은 가액배상을 명할 수 없다.

③ 丙이 취득한 X토지를 제3자인 丁에게 임대한 경우, 丙이 丁으로부터 받은 임대료 상당액은 원상회복의 대상이 되지 않는다.

④ 원상회복이 가액배상의 방법으로 이루어지는 경우, 甲이 보전하고자 하는 채권액에는 乙과 丙사이의 매매계약 이후 사실심 변론종결 시까지 발생한 이자나 지연손해금은 포함되지 않는다.

⑤ 甲의 청구가 인용되면 乙·丙사이의 법률관계는 소급적으로 소멸한다.

해 설

①(×) : 자기 앞으로 소유권을 표상하는 등기가 되어 있었거나 법률에 의하여 소유권을 취득한 자가 진정한 등기명의를 회복하기 위한 방법으로는 그 등기의 말소를 구하는 외에 현재의 등기명의인을 상대로 직접 소유권이전등기절차의 이행을 구하는 것도 허용되어야 하는바, 이러한 법리는 사해행위 취소소송에 있어서 취소 목적 부동산의 등기명의를 수익자로부터 채무자 앞으로 복귀시키고자 하는 경우에도 그대로 적용될 수 있다(대판 2000. 2. 25, 99다53704).

정답 146. ③

② (×) : 채권자가 원상회복만을 구하는 경우에도 법원은 가액의 배상을 명할 수 있다(대판 1996. 10. 29, 96다23207 등).

③ (○) : 채권자취소권은 채무자로부터 일탈한 재산을 채권자들을 위하여 회복해서 공동담보를 확보하는 것이 목적이기 때문에 수익자의 노력으로 인한 수익은 포함되지 않는다. 따라서 부동산에 관한 법률행위가 사해행위에 해당하여 민법 제406조 제1항에 의하여 취소된 경우에 수익자 또는 전득자가 사해행위 이후 그 부동산을 직접 사용하거나 제3자에게 임대하였다고 하더라도, 당초 채권자의 공동담보를 이루는 채무자의 책임재산은 당해 부동산이었을 뿐 수익자 또는 전득자가 그 부동산을 사용함으로써 얻은 사용이익이나 임차인으로부터 받은 임료상당액까지 채무자의 책임재산이었다고 볼 수 없으므로 수익자 등이 원상회복으로서 당해 부동산을 반환하는 이외에 그 사용이익이나 임료상당액을 반환해야 하는 것은 아니다(대판 2008. 12. 11, 2007다69162).

④ (×) : 채권자가 채권자취소권을 행사할 때에는 원칙적으로 자신의 채권액을 초과하여 취소권을 행사할 수 없고, 이 때 채권자의 채권액에는 사해행위 이후 사실심 변론종결시까지 발생한 이자나 지연손해금이 포함된다(대판 2001. 9. 4, 2000다66416).

⑤ (×) : 채권자가 사해행위의 취소와 함께 수익자 또는 전득자로부터 책임재산의 회복을 명하는 사해행위취소의 판결을 받은 경우 취소의 효과는 채권자와 수익자 또는 전득자 사이에만 미치므로, 수익자 또는 전득자가 채권자에 대하여 사해행위의 취소로 인한 원상회복 의무를 부담하게 될 뿐, 채권자와 채무자 사이에서 취소로 인한 법률관계가 형성되거나 취소의 효력이 소급하여 채무자의 책임재산으로 복구되는 것은 아니다(대판 2014. 6. 12, 2012다47548).

147 채권자취소권에 관한 설명으로 옳지 않은 것은? (다툼이 있는 경우에는 판례에 의함)

〈2014년 변리사〉

① 특별한 사정이 없으면 채권자는 정지조건부 채권을 피보전채권으로 하여 채권자취소권을 행사할 수 있다.

② 채무자 소유의 부동산을 가압류한 채권자는 그 후에 채무자가 제3자의 채무를 담보하기 위하여 그 부동산에 근저당권을 설정하여 책임재산이 부족하게 되더라도 그 근저당권설정행위의 취소를 청구할 수 없다.

③ 사해행위의 목적물이 불가분인 경우 채권자는 그의 채권액을 넘어 취소를 청구할 수 있다.

④ 채권자가 채무자 소유의 부동산에 대한 가압류신청에 첨부한 등기부등본에 수익자명의의 근저당권설정등기가 되었다는 사실만으로는 채권자가 가압류신청 당시 사해행위의 취소원인을 알았다고 할 수 없다.

⑤ 채권자가 사해행위의 취소와 원물반환을 청구하여 승소판결이 확정되었다면, 그 후 원물반환이 불가능하게 되더라도 그는 다시 원상회복으로 가액배상을 청구할 수 없다.

해설

① (○) : 채권자취소권 행사는 채무 이행을 구하는 것이 아니라 총채권자를 위하여 이행기에 채무 이행을 위태롭게 하는 채무자의 자력 감소를 방지하는 데 목적이 있는 점과 민법이 제148조, 제149조에서 조건부권리의 보호에 관한 규정을 두고 있는 점을 종합해 볼 때, 취소채권자의 채권이 정지조건부채권이라 하더라도 장래에 정지조건이 성취되기 어려울 것으로 보이는 등 특별한 사정이 없는 한, 이를 피보전채권으로 하여 채권자취소권을 행사할 수 있다(대판 2011. 12. 8, 2011다55542).

[보충지문] 甲에게 정지조건부 금전채무를 부담하고 있던 乙이 정지조건이 성취되기 전에 자신의 채권자 丙에게 그의 유일한 재산인 아파트에 관하여 근저당권설정계약을 체결하고 근저당권설정등기를

정답 147. ②

마쳐준 경우, 위 근저당권설정계약은 甲의 乙에 대한 채권의 정지조건이 성취되기 전에 이루어진 것이므로 甲에 대한 관계에서 사해행위가 될 수 없다(×). 〈2019년 법무사〉

② (×) : 채무자가 아무 채무도 없이 다른 사람을 위해 자신의 부동산에 관하여 근저당권을 설정함으로써 물상보증인이 되는 행위는 그 부동산의 담보가치만큼 채무자의 총재산에 감소를 가져오는 것이므로, 그 근저당권이 채권자의 가압류와 동순위의 효력밖에 없다 하여도, 그 자체로 다른 채권자를 해하는 행위가 된다(대판 2010. 6. 24, 2010다20617).

[비교판례] 부동산에 대하여 가압류등기가 먼저 되고 나서 근저당권설정등기가 마쳐진 경우에 경매절차의 배당관계에서 근저당권자는 선순위 가압류채권자에 대하여는 우선변제권을 주장할 수 없으므로 그 가압류채권자는 근저당권자와 일반 채권자의 자격에서 평등배당을 받을 수 있고, 따라서 가압류채권자는 채무자의 근저당권설정행위로 인하여 아무런 불이익을 입지 않으므로 채권자취소권을 행사할 수 없다(대판 2008. 2. 28, 2007다77446).

③ (○) : 채권자취소권은 채권의 공동담보의 보전이라는 목적에 따라 필요한 범위내로 한정되어야 하는데, 다만 다른 채권자가 배당요구할 것이 명백한 경우라든가 사해행위의 목적물이 불가분인 경우 채권자는 그의 채권액을 넘어 취소를 청구할 수 있다(대판 2009. 1. 15, 2007다61618).

④ (○) : 판례는 "채권자가 채무자의 재산상태를 조사한 결과 자신의 채권 총액과 비교하여 채무자 소유 부동산가액이 그에 미치지 못하는 것을 이미 파악하고 있었던 상태에서 채무자의 재산에 대하여 가압류를 하는 과정에서 그 중 일부 부동산에 관하여 제3자 명의의 근저당권설정등기가 마쳐진 사실을 확인하였다면, 다른 특별한 사정이 없는 한 채권자는 가압류 무렵에는 채무자가 채권자를 해함을 알면서 사해행위를 한 사실을 알았다고 봄이 타당하다."고 하였다. 따라서 "채권자가 채무자 소유의 부동산에 대한 가압류신청에 첨부한 등기부등본에 수익자명의의 근저당권설정등기가 되었다는 사실만으로는" 채권자가 가압류신청 당시 사해행위의 취소원인을 알았다고 할 수 없다(대판 2012. 1. 12, 2011다82384).

⑤ (○) : 사해행위 후 목적물에 관하여 제3자가 저당권이나 지상권 등의 권리를 취득한 경우에는 수익자가 목적물을 저당권 등의 제한이 없는 상태로 회복하여 이전하여 줄 수 있다는 등의 특별한 사정이 없는 한, 채권자는 원상회복 방법으로 수익자를 상대로 가액 상당의 배상을 구할 수도 있고, 채무자 앞으로 직접 소유권이전등기절차를 이행할 것을 구할 수도 있다. 이 경우 원상회복청구권은 사실심 변론종결 당시의 채권자의 선택에 따라 원물반환과 가액배상 중 어느 하나로 확정되며, 채권자가 일단 사해행위 취소 및 원상회복으로서 원물반환 청구를 하여 승소 판결이 확정되었다면, 그 후 어떠한 사유로 원물반환의 목적을 달성할 수 없게 되었다고 하더라도 다시 원상회복청구권을 행사하여 가액배상을 청구할 수는 없으므로 그 청구는 권리보호의 이익이 없어 허용되지 않는다(대판 2006. 12. 7, 2004다54978).

148 **채권자취소권에 관한 설명으로 옳지 않은 것은? (다툼이 있으면 판례에 따름)** 〈2017년 변리사〉

① 채권자가 수익자를 상대로 사해행위 취소 및 원상회복으로 소유권이전등기의 말소를 명하는 판결을 받았으나 말소등기를 마치지 않은 경우, 소송당사자가 아닌 다른 채권자가 위 판결에 따라 채무자를 대위하여 마친 말소등기는 등기절차상의 흠에도 불구하고 실체관계에 부합하는 등기로서 유효하다.

② 채권자의 채권이 사해행위 이전에 성립한 이상 사해행위 이후에 양도되었다고 하더라도 양수인의 채권은 채권자취소권의 피보전채권이 될 수 있다.

③ 주채무의 전액에 관하여 물상보증인의 담보로 채권자의 우선변제권이 확보되어있다면, 연대보증인이 유일한 재산을 처분하였더라도 사해행위가 되지 않는다.

정답 148. ④

④ 채무자의 수익자에 대한 채권양도가 사해행위로 취소되고, 그에 따른 원상회복으로서 제3채무자에게 채권양도가 취소되었다는 취지의 통지가 이루어진 경우, 채권자는 채무자를 대위하여 제3채무자에게 채권에 관한 지급을 청구할 수 있다.

⑤ 채권자가 채무자의 채권자취소권을 대위행사하는 경우, 채권자취소권을 대위행사하는 채권자가 취소원인을 안 지 1년이 경과하였다고 하더라도 채무자가 취소원인을 안 날로부터 1년, 법률행위가 있은 날로부터 5년 내라면 채권자취소의 소를 제기할 수 있다.

해 설

① (○) : 사해행위 취소의 효력은 채무자와 수익자의 법률관계에 영향을 미치지 아니하고, 사해행위 취소로 인한 원상회복 판결의 효력도 소송의 당사자인 채권자와 수익자 또는 전득자에게만 미칠 뿐 채무자나 다른 채권자에게 미치지 아니하므로, 어느 채권자가 수익자를 상대로 사해행위 취소 및 원상회복으로 소유권이전등기의 말소를 명하는 판결을 받았으나 말소등기를 마치지 아니한 상태라면 **소송의 당사자가 아닌 다른 채권자는** 위 판결에 기하여 채무자를 대위하여 말소등기를 신청할 수 없다. 그럼에도 불구하고 다른 채권자의 등기신청으로 말소등기가 마쳐졌다면 등기에는 절차상의 흠이 존재한다. 그러나 채권자가 사해행위 취소의 소를 제기하여 승소한 경우 취소의 효력은 민법 제407조에 따라 모든 채권자의 이익을 위하여 미치므로 수익자는 채무자의 다른 채권자에 대하여도 사해행위의 취소로 인한 소유권이전등기의 말소등기의무를 부담하는 점, 등기절차상의 흠을 이유로 말소된 소유권이전등기가 회복되더라도 다른 채권자가 사해행위취소판결에 따라 사해행위가 취소되었다는 사정을 들어 수익자를 상대로 다시 소유권이전등기의 말소를 청구하면 수익자는 말소등기를 해 줄 수밖에 없어서 결국 말소된 소유권이전등기가 회복되기 전의 상태로 돌아가는데 이와 같은 불필요한 절차를 거치게 할 필요가 없는 점 등에 비추어 보면, 사해행위 취소 및 원상회복으로 소유권이전등기의 말소를 명한 판결의 소송당사자가 아닌 다른 채권자가 위 판결에 기하여 채무자를 대위하여 마친 말소등기는 등기절차상의 흠에도 불구하고 실체관계에 부합하는 등기로서 유효하다(대판 2015. 11. 17, 2013다84995).

② (○) : 채권자의 채권이 사해행위 이전에 성립한 이상 사해행위 이후에 양도되었다고 하더라도 양수인은 채권자취소권을 행사할 수 있으며, 채권 양수일에 채권자취소권의 피보전채권이 새로이 발생되었다고 할 수 없다(대판 2012. 2. 9, 2011다77146).

③ (○) : 주채무자 또는 제3자 소유의 부동산에 대하여 채권자 앞으로 근저당권이 설정되어 있고, 그 부동산의 가액 및 채권최고액이 당해 채무액을 초과하여 채무 전액에 대하여 채권자에게 우선변제권이 확보되어 있다면, 연대보증인이 비록 유일한 재산을 처분하는 법률행위를 하더라도 채권자에 대하여 사해행위가 성립되지 않는다(대판 2000. 12. 8, 2000다21017).

[보충지문] 연대보증인의 법률행위가 사해행위에 해당하는지 여부를 판단함에 있어서, 주채무에 관하여 주채무자 또는 제3자 소유의 부동산에 대하여 채권자 앞으로 근저당권이 설정되어 있는 등으로 채권자에게 우선변제권이 확보되어 있는 경우가 아닌 이상, 주채무자의 일반적인 자력은 고려할 요소가 아니다. 〈2023년 법원행시〉

(○) : 대판 2003. 7. 8, 2003다13246.

④ (×) : 채무자의 수익자에 대한 채권양도가 사해행위로 취소되고, 그에 따른 원상회복으로서 제3채무자에게 채권양도가 취소되었다는 취지의 통지가 이루어지더라도, 채권자와 수익자의 관계에서 채권이 채무자의 책임재산으로 취급될 뿐, 채무자가 직접 채권을 취득하여 권리자로 되는 것은 아니므로, 채권자는 채무자를 대위하여 제3채무자에게 채권에 관한 지급을 청구할 수 없다(대판 2015. 11. 17, 2012다2743).

⑤ (○) : 민법 제404조 소정의 채권자대위권은 채권자가 자신의 채권을 보전하기 위하여 채무자의 권리를 자신의 이름으로 행사할 수 있는 권리라 할 것이므로, 채권자가 채무자의 채권자취소권을 대위행사하는 경우, 제소

기간은 대위의 목적으로 되는 권리의 채권자인 채무자를 기준으로 하여 그 준수 여부를 가려야 할 것이고, 따라서 채권자취소권을 대위행사하는 채권자가 취소원인을 안 지 1년이 지났다 하더라도 채무자가 취소원인을 안 날로부터 1년, 법률행위가 있은 날로부터 5년 내라면 채권자취소의 소를 제기할 수 있다(대판 2001. 12. 27, 2000다73049).

149 채권자취소권에 관한 설명으로 옳은 것은? (다툼이 있으면 판례에 따름) 〈2018년 변리사〉

① 채무자의 법률행위가 통정허위표시로 무효인 경우에는 채권자취소권의 대상이 될 수 없다.
② 매매계약을 원인으로 하는 가등기에 기하여 본등기가 경료된 경우, 사해행위 요건의 구비 여부는 특별한 사정이 없는 한 본등기를 한 시점을 기준으로 판단하여야 한다.
③ 부동산이 이중으로 매도되고 제2매수인에게 소유권이전등기가 이루어진 경우, 제1매수인은 자신의 소유권이전등기청구권을 보전하기 위하여, 매도인과 제2매수인 사이에 이루어진 양도행위에 대하여 채권자취소권을 행사할 수 없다.
④ 채무자가 저당권이 설정되어 있는 자신의 유일한 재산을 양도한 경우, 저당권의 피담보채권액이 그 재산의 가액을 초과하더라도 당해 재산의 양도는 사해행위에 해당한다.
⑤ 채권자가 채무자와 수익자 사이의 부동산매매계약을 사해행위로 취소함에 따라 수익자 명의의 소유권이전등기가 말소되어 채무자의 등기명의가 회복된 경우, 채무자는 그 부동산의 소유권을 제3자에게 유효하게 양도할 수 있다.

해설

① (×) : 채무자의 법률행위가 통정허위표시인 경우에도 채권자취소권의 대상이 되고, 한편 채권자취소권의 대상으로 된 채무자의 법률행위라도 통정허위표시의 요건을 갖춘 경우에는 무효라고 할 것이다(대판 1998. 2. 27, 97다50985).

② (×) : 가등기에 기하여 본등기가 경료된 경우 가등기의 원인인 법률행위와 본등기의 원인인 법률행위가 명백히 다른 것이 아닌 한 사해행위 요건의 구비 여부는 가등기의 원인된 법률행위 당시를 기준으로 하여 판단하여야 한다(대판 2001. 7. 27, 2000다73377).

> **[비교판례]** 가등기에 기하여 본등기가 마쳐진 경우 가등기의 원인인 법률행위와 본등기의 원인인 법률행위가 다르지 않다면 사해행위 요건의 구비 여부는 가등기의 원인인 법률행위를 기준으로 하여 판단해야 한다. 그러나 가등기와 본등기의 원인인 법률행위가 다르다면 사해행위 요건의 구비 여부는 본등기의 원인인 법률행위를 기준으로 판단해야 하고 제척기간의 기산일도 본등기의 원인인 법률행위가 사해행위임을 안 때라고 보아야 한다(대판 2021. 9. 30, 2019다266409).

③ (○) : 채권자취소권을 특정물에 대한 소유권이전등기청구권을 보전하기 위하여 행사하는 것은 허용되지 않으므로, 부동산의 제1양수인은 자신의 소유권이전등기청구권 보전을 위하여 양도인과 제3자 사이에서 이루어진 이중양도행위에 대하여 채권자취소권을 행사할 수 없다(대판 1999. 4. 27, 98다56690).

④ (×) : 사해행위취소의 소에서 채무자가 수익자에게 양도한 목적물에 저당권이 설정되어 있는 경우라면 그 목적물 중에서 일반채권자들의 공동담보에 제공되는 책임재산은 피담보채권액을 공제한 나머지 부분만이라고 할 것이고 그 피담보채권액이 목적물의 가액을 초과할 때는 당해 목적물의 양도는 사해행위에 해당한다고 할 수 없다(대판 2013. 7. 18, 2012다5643 전원합의체).

⑤ (×) : [1] 사해행위의 취소는 채권자와 수익자의 관계에서 상대적으로 채무자와 수익자 사이의 법률행위를 무효로 하는 데에 그치고 채무자와 수익자 사이의 법률관계에는 영향을 미치지 아니하므로, 채무자와 수익자

정답 149. ③

사이의 부동산매매계약이 사해행위로 취소되고 그에 따른 원상회복으로 수익자 명의의 소유권이전등기가 말소되어 채무자의 등기명의가 회복되더라도, 그 부동산은 취소채권자나 민법 제407조에 따라 사해행위 취소와 원상회복의 효력을 받는 채권자와 수익자 사이에서 채무자의 책임재산으로 취급될 뿐, 채무자가 직접 부동산을 취득하여 권리자가 되는 것은 아니다. [2] 채무자가 사해행위 취소로 등기명의를 회복한 부동산을 제3자에게 처분하더라도 이는 무권리자의 처분에 불과하여 효력이 없으므로, 채무자로부터 제3자에게 마쳐진 소유권이전등기나 이에 기초하여 순차로 마쳐진 소유권이전등기 등은 모두 원인무효의 등기로서 말소되어야 한다. 이 경우 취소채권자나 민법 제407조에 따라 사해행위 취소와 원상회복의 효력을 받는 채권자는 채무자의 책임재산으로 취급되는 부동산에 대한 강제집행을 위하여 원인무효 등기의 명의인을 상대로 등기의 말소를 청구할 수 있다(대판 2017. 3. 9, 2015다217980).

150 **乙이 유일하게 소유하고 있는 X토지를 丙에게 매도한 후 소유권이전등기를 마쳐주었고, 甲은 乙에 대한 대여금채권을 보전하기 위하여 丙을 상대로 채권자취소소송을 제기하여 승소하였다. 이에 관한 설명으로 옳은 것을 모두 고른 것은? (다툼이 있으면 판례에 따름)** 〈2019년 변리사〉

ㄱ. 채권자취소소송의 확정판결에 따라 丙명의의 소유권이전등기가 말소되면 乙은 소유권이전등기명의의 회복으로 X토지의 소유권을 취득한다.
ㄴ. 甲의 대여금채권이 乙과 丙사이의 매매계약 전에 성립되었다면 그 액수나 범위가 구체적으로 확정되지 않아도 피보전채권이 된다.
ㄷ. 甲이 사해행위의 취소만을 먼저 구한 다음 원상회복을 나중에 청구하는 경우, 사해행위취소청구가 채권자취소권의 행사기간 내에 제기되었다면 원상회복청구는 그 기간이 지난 뒤에도 할 수 있다.
ㄹ. 채권자취소소송의 확정판결에 따라 丙명의의 소유권이전등기가 말소된 후, 乙이 회복된 소유권이전등기명의를 기화로 丁에게 X토지를 매도하고 소유권이전등기를 마쳐준 경우, 사해행위 취소와 원상회복의 효력을 받는 乙의 다른 일반채권자 戊는 丁을 상대로 소유권이전등기말소를 청구할 수 없다.

① ㄱ, ㄷ　　② ㄴ, ㄷ　　③ ㄷ, ㄹ　　④ ㄱ, ㄴ, ㄹ　　⑤ ㄴ, ㄷ, ㄹ

해 설

ㄱ. (×), ㄹ. (×) : [1] 사해행위의 취소는 채권자와 수익자의 관계에서 상대적으로 채무자와 수익자 사이의 법률행위를 무효로 하는 데에 그치고 채무자와 수익자 사이의 법률관계에는 영향을 미치지 아니하므로, 채무자와 수익자 사이의 부동산매매계약이 사해행위로 취소되고 그에 따른 원상회복으로 수익자 명의의 소유권이전등기가 말소되어 채무자의 등기명의가 회복되더라도, 그 부동산은 취소채권자나 민법 제407조에 따라 사해행위 취소와 원상회복의 효력을 받는 채권자와 수익자 사이에서 채무자의 책임재산으로 취급될 뿐, 채무자가 직접 부동산을 취득하여 권리자가 되는 것은 아니다. [2] 채무자가 사해행위 취소로 등기명의를 회복한 부동산을 제3자에게 처분하더라도 이는 무권리자의 처분에 불과하여 효력이 없으므로, 채무자로부터 제3자에게 마쳐진 소유권이전등기나 이에 기초하여 순차로 마쳐진 소유권이전등기 등은 모두 원인무효의 등기로서 말소되어야 한다. 이 경우 **취소채권자**나 **민법 제407조에 따라 사해행위 취소와 원상회복의 효력을 받는 채권자**는 채무자의 책임재산으로 취급되는 부동산에 대한 강제집행을 위하여 원인무효 등기의 명의인을 상대로 등기의 말소를 청구할 수 있다(대판 2017. 3. 9, 2015다217980).

정답 150. ②

ㄴ. (○) : 채권자취소권 행사는 채무 이행을 구하는 것이 아니라 총채권자를 위하여 채무자의 자력 감소를 방지하고, 일탈된 채무자의 책임재산을 회수하여 채권의 실효성을 확보하는 데 목적이 있으므로, 피보전채권이 사해행위 이전에 성립되어 있는 이상 액수나 범위가 구체적으로 확정되지 않은 경우라고 하더라도 채권자취소권의 피보전채권이 된다(대판 2018. 6. 28, 2016다1045).

ㄷ. (○) : [1] 채권자가 민법 제406조 제1항에 따라 사해행위의 취소와 원상회복을 청구하는 경우 사해행위의 취소만을 먼저 청구한 다음 원상회복을 나중에 청구할 수 있다. [2] 채권자가 민법 제406조 제1항에 따라 사해행위의 취소와 원상회복을 청구하는 경우 사해행위 취소 청구가 민법 제406조 제2항에 정하여진 기간 안에 제기되었다면 원상회복의 청구는 그 기간이 지난 뒤에도 할 수 있다(대판 2001. 9. 4, 2001다14108).

151 **채권자취소권의 대상이 되는 사해행위에 관한 설명으로 옳지 않은 것은 ? (다툼이 있으면 판례에 따름)** 〈2020년 변리사〉

① 사해행위는 채무자가 재산을 처분하기 이전에 이미 채무초과 상태에 있는 경우뿐만 아니라, 문제된 처분행위로 말미암아 비로소 채무초과 상태에 빠지는 경우에도 성립할 수 있다.

② 채권양도행위가 사해행위에 해당하지 않는 경우에 양도통지가 따로 채권자취소권 행사의 대상이 될 수는 없다.

③ 채무자의 재산적 법률행위라 하더라도 채무자의 책임재산이 아닌 재산에 관한 법률행위인 경우에는 채권자취소권의 대상이 될 수 없다.

④ 채권자취소권에서 취소의 대상이 되는 사해행위는 채권행위거나 물권행위임을 불문한다.

⑤ 채무자의 법률행위가 통정허위표시로서 무효이거나 이미 해지된 경우에는 채권자취소권의 대상이 되지 않는다.

해 설

① (○) : 채권자취소권의 요건인 '채권자를 해하는 법률행위'는 채무자의 재산을 처분하는 행위로서, 그로 인하여 채무자의 재산이 감소하여 채권의 공동담보에 부족이 생기거나 이미 부족상태에 있는 공동담보가 한층 더 부족하게 됨으로써 채권자의 채권을 완전하게 만족시킬 수 없게 되는 것을 말한다. 따라서 이러한 사해행위는 채무자가 재산을 처분하기 이전에 이미 채무초과 상태에 있는 경우는 물론이고, 문제된 처분행위로 말미암아 비로소 채무초과 상태에 빠지는 경우에도 성립할 수 있다(대판 2017. 9. 21, 2015다53841).

② (○) : 채권양도의 경우 권리이전의 효과는 원칙적으로 당사자 사이의 양도계약 체결과 동시에 발생하며 채무자에 대한 통지 등은 채무자를 보호하기 위한 대항요건일 뿐이므로, 채권양도행위가 사해행위에 해당하지 않는 경우에 양도통지가 따로 채권자취소권 행사의 대상이 될 수는 없다(대판 2012. 8. 30, 2011다32785, 32792).

③ (○) : 채권자취소권은 채무자가 채권자를 해함을 알면서 일반채권자의 공동담보인 채무자의 책임재산을 감소하게 하는 법률행위를 한 경우에 그 감소행위의 효력을 부인하여 채무자의 재산을 원상회복함으로써 채권의 공동담보를 유지 보전하게 하기 위하여 채권자에게 부여된 권리이므로, 채무자의 재산적 법률행위라 하더라도 채무자의 책임재산이 아닌 재산에 관한 법률행위인 경우에는 이를 채권자취소권의 대상이 된다고 할 수 없다(대판 2013. 4. 11, 2011다27158).

④ (○) : 채권자취소권에서 취소의 대상이 되는 사해행위는 채권행위거나 물권행위임을 불문하는 것이므로 이 사건에서 소외 박○○와 피고와의 간에 매매예약을 하고 그 소유권이전청구권보전을 위한 가등기가 이루어 진 때에 사해행위가 있는 것으로 본 원심의 조치는 정당하고 거기에 법리오해가 있다 할 수 없다(대판 1975. 4. 8. 74다1700).

⑤ (×) : [판례1] 채무자의 법률행위가 통정허위표시인 경우에도 채권자취소권의 대상이 되고, 한편 채권자취

정 답 151. ⑤

소권의 대상으로 된 채무자의 법률행위라도 통정허위표시의 요건을 갖춘 경우에는 무효라고 할 것이다(대판 1998. 2. 27, 97다50985). [판례2] 채무자가 선순위 근저당권이 설정되어 있는 상태에서 그 부동산을 제3자에게 양도한 후 선순위 근저당권설정계약을 해지하고 근저당권설정등기를 말소한 경우에, 비록 근저당권설정계약이 이미 해지되었지만 그것이 사해행위에 해당하는지에 따라 후행 양도계약 당시 당해 부동산의 잔존가치가 피담보채무액을 초과하는지 여부가 달라지고 그 결과 후행 양도계약에 대한 사해행위취소청구가 받아들여지는지 여부 및 반환범위가 달라지는 때에는 이미 해지된 근저당권설정계약이라 하더라도 그에 대한 사해행위취소청구를 할 수 있는 권리보호의 이익이 있다고 보아야 한다(대판 2013. 5. 9, 2011다75232).

152 **甲은 乙에 대해 2020. 7. 1. 발생한 대여금채권을 갖고 있다. 2021. 1. 10.부터 채무초과상태인 乙이 사해의사로 악의의 丙과 2021. 1. 15.에 법률행위를 하였다. 甲은 乙과 丙 사이의 법률행위에 대해서 2021. 2. 15. 채권자취소권을 행사하고자 한다. 이에 관한 설명으로 옳지 않은 것은? (다툼이 있으면 판례에 따름)** 〈2021년 변리사〉

① 甲이 乙을 상대로 위 대여금채무의 이행청구소송을 제기하였으나 2020. 9. 1. 원고패소로 확정된 경우, 甲의 사해행위취소청구는 인용될 수 없다.

② 乙이 2020. 9. 1. 甲의 위 대여금채권에 대한 담보로 그 소유의 X부동산에 저당권설정등기를 한 경우, 우선변제적 효력이 미치는 범위 내에서는 甲의 채권자취소권 행사도 허용되지 않는다.

③ 甲이 위 대여금채권에 기해 2021. 1. 3. 乙 소유의 X부동산에 가압류를 한 후 乙은 丁의 丙에 대한 채무를 담보하기 위해 X부동산에 대하여 2021. 1. 15. 丙과 저당권설정계약을 체결하고 저당권설정등기를 마쳐준 경우, 甲은 채권자취소권을 행사할 수 있다.

④ 乙이 2020. 10. 3. 그 소유 X부동산(시가 6,000만 원)과 Y부동산(시가 4,000만 원)에 丁에 대한 3,000만 원의 피담보채무를 담보하기 위해 공동저당권을 설정한 후, 2021. 1. 15. 丙에게 X부동산을 매도하고 당일 소유권이전등기를 마친 경우, 4,200만 원의 범위 내에서 사해행위가 성립한다.

⑤ 乙의 채권자 戊가 2020. 12. 3. 乙 소유의 X부동산을 가압류한 상태에서, 2021. 1. 15. 乙로부터 X부동산을 양도받은 丙이 乙의 戊에 대한 가압류채무를 변제한 경우, X부동산의 양도계약이 사해행위로 취소되면 丙은 특별한 사정이 없는 한 甲에게 가액반환을 하여야 하고, 위 변제액을 공제하여야 한다.

해설

①(○) : 채권자취소권을 행사하려면 채무자에 대하여 채권을 행사할 수 있음이 전제되어야 할 것인데, 채권자의 채무자에 대한 소유권이전등기청구소송이나 손해배상청구소송이 패소확정되어 행사할 수 없게 되었다면 소유권이전등기청구권이나 손해배상청구권을 행사하기 위하여 채무자의 제3자에 대한 소유권이전등기의 말소를 구하는 사해행위취소청구도 인용될 수 없다(대판 1993. 2. 12, 92다25151).

②(○) : 주채무자 또는 제3자 소유의 부동산에 대하여 채권자 앞으로 근저당권이 설정되어 채권자에게 우선변제권이 확보되어 있다면 그 범위 내에서는 채무자의 재산처분행위는 채권자를 해하지 아니하므로 그 담보물로부터 우선변제받을 액을 공제한 나머지 채권액에 대하여만 채권자취소권이 인정된다(대판 2002. 4. 12, 2000다63912).

③(○) : 채무자가 아무 채무도 없이 다른 사람을 위해 자신의 부동산에 관하여 근저당권을 설정함으로써 물상보증인이 되는 행위는 그 부동산의 담보가치만큼 채무자의 총재산에 감소를 가져오는 것이므로, 그 근저당권이 채권자의 가압류와 동순위의 효력밖에 없다 하여도, 그 자체로 다른 채권자를 해하는 행위가 된다(대판 2010. 6. 24, 2010다20617, 20624).

정답 152. ⑤

> **[비교판례]** 부동산에 대하여 가압류등기가 먼저 되고 나서 근저당권설정등기가 마쳐진 경우에 경매절차의 배당관계에서 근저당권자는 선순위 가압류채권자에 대하여는 우선변제권을 주장할 수 없으므로 그 가압류채권자는 근저당권자와 일반 채권자의 자격에서 평등배당을 받을 수 있고, 따라서 가압류채권자는 채무자의 근저당권설정행위로 인하여 아무런 불이익을 입지 않으므로 채권자취소권을 행사할 수 없다(대판 2008. 2. 28, 2007다77446).

④ (○) : 채무자가 양도한 목적물에 담보권이 설정되어 있는 경우라면 그 목적물 중에서 일반채권자들의 공동담보에 제공되는 책임재산은 피담보채권액을 공제한 나머지 부분만이라 할 것이고 그 피담보채권액이 목적물의 가격을 초과하고 있는 때에는 당해 목적물의 양도는 사해행위에 해당한다고 할 수 없는데, 여기서 공동저당권이 설정되어 있는 수 개의 부동산 중 일부가 양도된 경우에 있어서의 그 피담보채권액은 특별한 사정이 없는 한 민법 제368조의 규정 취지에 비추어 공동저당권의 목적으로 된 각 부동산의 가액에 비례하여 공동저당권의 피담보채권액을 안분한 금액이라고 보아야 한다(대판 2003. 11. 13, 2003다39989). ☞ 6,000−(3,000×6/10)=4,200.

⑤ (×) : 사해행위 당시 어느 부동산이 가압류되어 있다는 사정은 채권자 평등의 원칙상 채권자의 공동담보로서 그 부동산의 가치에 아무런 영향을 미치지 아니하므로, 가압류가 된 여부나 그 청구채권액의 다과에 관계없이 그 부동산 전부에 대하여 사해행위가 성립하고, 따라서 사해행위 후 수익자 또는 전득자가 그 가압류 청구채권을 변제하거나 채권액 상당을 해방공탁하여 가압류를 해제시키거나 또는 그 집행을 취소시켰다 하더라도, 법원이 사해행위를 취소하면서 원상회복으로 원물반환 대신 가액배상을 명하여야 하거나, 다른 사정으로 가액배상을 명하는 경우에도 그 변제액을 공제할 것은 아니다(대판 2003. 2. 11, 2002다37474).

> **[비교판례]** 어느 부동산의 매매계약이 사해행위에 해당하는 경우에는 원칙적으로 그 매매계약을 취소하고 그 소유권이전등기의 말소 등 부동산 자체의 회복을 명하여야 하지만, 그 사해행위가 저당권이 설정되어 있는 부동산에 관하여 당해 저당권자 이외의 자와의 사이에 이루어지고 그 후 변제 등에 의하여 저당권설정등기가 말소된 때에는, 매매계약 전부를 취소하여 그 부동산 자체의 회복을 명하는 것은 당초 담보로 되어 있지 아니하던 부분까지 회복시키는 것이 되어 공평에 반하는 결과가 되므로, 그 부동산의 가액에서 저당권의 피담보채권액을 공제한 잔액의 한도에서 그 매매계약의 일부 취소와 그 가액의 배상을 구할 수 있을 뿐 부동산 자체의 회복을 구할 수는 없다(대판 1996. 10. 29, 96다23207).

153 **甲이 乙의 사해행위를 이유로 채권자취소권을 행사하는 것에 관한 설명으로 옳은 것을 모두 고른 것은? (각 지문은 독립적이며, 다툼이 있으면 판례에 따름)** 〈2022년 변리사〉

> ㄱ. 乙소유 X토지에 대해 甲의 점유취득시효가 완성된 후에 乙이 X토지를 丙에게 처분한 경우, 甲은 자신의 소유권이전등기청구권이 침해되었음을 이유로 채권자취소권을 행사할 수 없다.
> ㄴ. 乙은 甲에게 5천만 원, 丙에게 1억 원 등 총 3억 원 이상의 채무를 부담하고 있다. 乙의 재산은 시가 2억 원 상당의 X아파트가 유일한데, 乙은 이 아파트를 丙에게 대물변제로 소유권이전등기를 마쳐 주었다. 이 경우 특별한 사정이 없는 한 乙이 丙에게 한 대물변제는 사해행위에 해당한다.
> ㄷ. 甲은 乙에 대하여 5천만 원의 채권을 가지고 있다. 乙이 소유하고 있는 유일한 재산인 시가 3억 원 상당의 X토지에는 甲의 乙에 대한 채권이 발생하기 전에 이미 근저당권자 丙은행, 채권최고액 1억 원으로 하는 근저당권이 설정되어 있었다. 그 후 乙은 위 부동산을 丁에게 2억 원에 매도하고, 丁은 丙은행에 1억 원을 변제함으로써 근저당권은 소멸되었다. 이 경우 원칙적으로 甲은 乙이 丁에게 X토지를 매도한 행위를 사해행위로 취소하고 원상회복으로 X토지 명의를 乙에게 회복시킬 수 있다.

정답 153. ②

ㄹ. 乙은 丙에 대한 자신의 채권을 丁에게 양도하고 丙에게 채권양도의 통지를 하였다. 이후 乙의 금전채권자 甲에 의해 위 채권양도가 사해행위로 적법하게 취소된 경우, 甲은 丙을 상대로 乙을 대위하여 채무의 이행을 청구할 수 있다.

① ㄱ ② ㄱ, ㄴ ③ ㄴ, ㄹ ④ ㄷ, ㄹ ⑤ ㄱ, ㄴ, ㄷ

해 설

ㄱ. (○) : 취득시효의 대상인 부동산의 소유자가 취득시효 완성 후에 이를 처분하여 채권자의 시효취득을 원인으로 한 소유권이전등기청구권이 침해되었음을 이유로 하는 경우에는 채권자취소권을 인정할 수 없다(대판 1992. 11. 24, 92다33855, 33862). ☞ 특정물에 대한 소유권이전등기청구권을 보전하기 위한 채권자취소권은 행사될 수 없기 때문이다(대판 1991. 7. 23, 91다6757).

ㄴ. (○) : 채무자의 재산이 채무의 전부를 변제하기에 부족한 경우에 채무자가 그의 유일한 재산을 어느 특정 채권자에게 대물변제로 제공하는 행위는 다른 특별한 사정이 없는 한 다른 채권자들에 대한 관계에서 사해행위가 되지만, 우선변제권 있는 채권자에 대한 대물변제의 제공행위는 특별한 사정이 없는 한 다른 채권자들의 이익을 해한다고 볼 수 없어 사해행위가 되지 않는다(대판 2008. 2. 14, 2006다33357).

ㄷ. (×) : 어느 부동산의 매매계약이 사해행위에 해당하는 경우에는 원칙적으로 그 매매계약을 취소하고 그 소유권이전등기의 말소 등 부동산 자체의 회복을 명하여야 하지만, 그 **사해행위가 저당권이 설정되어 있는 부동산에 관하여 당해 저당권자 이외의 자와의 사이에 이루어지고 그 후 변제 등에 의하여 저당권설정등기가 말소된 때**에는, 매매계약 전부를 취소하여 그 부동산 자체의 회복을 명하는 것은 당초 담보로 되어 있지 아니하던 부분까지 회복시키는 것이 되어 공평에 반하는 결과가 되므로, **그 부동산의 가액에서 저당권의 피담보채권액을 공제한 잔액의 한도**에서 그 매매계약의 일부 취소와 그 가액의 배상을 구할 수 있을 뿐 부동산 자체의 회복을 구할 수는 없다(대판 1996. 10. 29, 96다23207).

ㄹ. (×) : **채무자의 수익자에 대한 채권양도가 사해행위로 취소되는 경우**, 수익자가 제3채무자에게서 아직 채권을 추심하지 아니한 때에는, 채권자는 사해행위 취소에 따른 원상회복으로서 수익자가 제3채무자에게 채권양도가 취소되었다는 취지의 통지를 하도록 청구할 수 있다. 그런데 사해행위의 취소는 채권자와 수익자의 관계에서 상대적으로 채무자와 수익자 사이의 법률행위를 무효로 하는 데에 그치고, 채무자와 수익자 사이의 법률관계에는 영향을 미치지 아니한다. 따라서 채무자의 수익자에 대한 채권양도가 사해행위로 취소되고, 그에 따른 원상회복으로서 제3채무자에게 채권양도가 취소되었다는 취지의 통지가 이루어지더라도, 채권자와 수익자의 관계에서 채권이 채무자의 책임재산으로 취급될 뿐, 채무자가 직접 채권을 취득하여 권리자로 되는 것은 아니므로, **채권자는 채무자를 대위하여 제3채무자에게 채권에 관한 지급을 청구할 수 없다**(대판 2015. 11. 17, 2012다2743).

154 채권자취소권에 관한 설명으로 옳지 않은 것은? (다툼이 있으면 판례에 따름) 〈2023년 변리사〉

① 채권자취소권은 재판상으로만 행사할 수 있다.
② 채권자가 채무자 소유의 부동산에 저당권을 설정받아 채권전액에 대한 우선변제권을 확보하고 있다면, 그 채무의 수탁보증인은 사전구상권을 피보전권리로 하여 채무자의 법률행위를 사해행위로 취소하지 못한다.
③ 저당권이 설정된 부동산이 사해행위로 양도된 후 그 저당권의 실행으로 양수인인 수익자에게 배당이 되었다면 취소채권자는 수익자를 상대로 배당금 상당액의 반환을 청구할 수 있다.

정답 154. ⑤

④ 사해행위 취소로 등기명의를 회복한 부동산을 채무자가 제3자에게 처분한 경우, 취소채권자뿐만 아니라 사해행위 취소와 원상회복의 효력을 받는 채권자도 명의인을 상대로 등기의 말소를 청구할 수 있다.

⑤ 취소채권자는 수익자가 사해행위로 취득한 근저당권에 배당된 배당금을 가압류한 수익자의 채권자에 대하여서도 우선하여 배당을 받을 수 있다.

해 설

①(○) : 채권자취소권은 채무자와 수익자사이의 유효한 법률행위를 채권자가 부인하는 점에서 제3자에게 미치는 영향이 매우 크고, 따라서 채권자취소권은 '재판상'으로만 행사할 수 있다. 민법도 "채무자가 채권자를 해함을 알고 재산권을 목적으로 한 법률행위를 한 때에는 채권자는 그 취소 및 원상회복을 법원에 청구할 수 있다(민법 제406조 제1항)."고 규정하고 있다.

②(○) : 채무자가 다른 재산을 처분하는 법률행위를 하더라도, 채무자 소유의 부동산에 채권자 앞으로 근저당권이 설정되어 있고 그 부동산의 가액 및 채권최고액이 당해 채권액을 초과하여 채권자에게 채권 전액에 대한 우선변제권이 확보되어 있다면, 그와 같은 재산처분행위는 채권자를 해하지 아니하므로 채권자에 대하여 사해행위가 성립하지 않는다. 이러한 경우 주채무의 보증인이 있더라도 채무자가 보증인에 대하여 부담하는 사전구상채무를 별도로 소극재산으로 평가할 수는 없고, **보증인이 변제로 채권자를 대위할 경우 자기의 권리에 의하여 구상할 수 있는 범위에서 채권 및 그 담보에 관한 권리를 행사할 수 있으므로**, 사전구상권을 피보전권리로 주장하는 보증인에 대하여도 사해행위가 성립하지 않는다(대판 2009. 6. 23, 2009다549).

③(○) : 저당권이 설정된 부동산에 관하여 사해행위를 원인으로 저당권을 취득하였다가 선행 저당권의 실행으로 사해의 저당권이 말소되었으나 수익자에게 돌아갈 배당금채권이 있는 경우의 원상회복의 방법으로는, 그 **배당금채권이 수익자에게 지급된 경우**에는 동액 상당의 가액의 배상으로, 배당금지급금지가처분 등으로 인하여 **지급되지 못한 경우**에는 그 배당금채권의 양도절차의 이행으로 각 이루어져야 할 것이고, 이러한 법리는 저당권이 설정된 부동산의 소유권이 사해행위로서 양도되었다가 그 저당권의 실행으로 말미암아 양수인인 수익자에게 배당이 이루어진 경우에도 마찬가지라 할 것이다(대판 2005. 5. 27, 2004다67806).

④(○) : [1] 사해행위의 취소는 채권자와 수익자의 관계에서 상대적으로 채무자와 수익자 사이의 법률행위를 무효로 하는 데에 그치고 채무자와 수익자 사이의 법률관계에는 영향을 미치지 아니하므로, 채무자와 수익자 사이의 부동산매매계약이 사해행위로 취소되고 그에 따른 원상회복으로 수익자 명의의 소유권이전등기가 말소되어 채무자의 등기명의가 회복되더라도, 그 부동산은 취소채권자나 민법 제407조에 따라 사해행위 취소와 원상회복의 효력을 받는 채권자와 수익자 사이에서 채무자의 책임재산으로 취급될 뿐, 채무자가 직접 부동산을 취득하여 권리자가 되는 것은 아니다. [2] **채무자가 사해행위 취소로 등기명의를 회복한 부동산을 제3자에게 처분**하더라도 이는 **무권리자의 처분**에 불과하여 효력이 없으므로, 채무자로부터 제3자에게 마쳐진 소유권이전등기나 이에 기초하여 순차로 마쳐진 소유권이전등기 등은 모두 원인무효의 등기로서 말소되어야 한다. 이 경우 **취소채권자나 민법 제407조에 따라 사해행위 취소와 원상회복의 효력을 받는 채권자는** 채무자의 책임재산으로 취급되는 부동산에 대한 강제집행을 위하여 원인무효 등기의 명의인을 상대로 등기의 말소를 청구할 수 있다(대판 2017. 3. 9, 2015다217980).

⑤(×) : 사해행위의 취소는 취소소송의 당사자 간에 상대적으로 취소의 효력이 있는 것으로 당사자 이외의 제3자는 다른 특별한 사정이 없는 이상 취소로 그 법률관계에 영향을 받지 않는다. 사해행위의 취소에 상대적 효력만을 인정하는 것은 사해행위 취소채권자와 수익자 그리고 제3자의 이익을 조정하기 위한 것으로 그 취소의 효력이 미치지 아니하는 제3자의 범위를 사해행위를 기초로 목적부동산에 관하여 새롭게 법률행위를 한 그 목적부동산의 전득자 등만으로 한정할 것은 아니므로, 수익자와 새로운 법률관계를 맺은 것이 아니라 수익자의 고유채권자로서 이미 가지고 있던 채권 확보를 위하여 수익자가 사해행위로 취득한 근저당권에 배당된 배당금을 가압류한 자에게 사해행위취소 판결의 효력이 미친다고 볼 수 없다(대판 2009. 6. 11, 2008다7109). ☞ 수익자

의 고유채권자인 피고에게 사해행위취소판결의 효력이 미치지 않는다고 보아 배당금을 먼저 가압류한 피고에게 우선적으로 배당한 것이 적법하다고 한 판례이다.

155 **책임재산의 보전에 관한 설명으로 옳지 않은 것은? (다툼이 있으면 판례에 따름)** 〈2024년 변리사〉

① 농지취득자격증명 발급신청권은 채권자대위권의 행사대상이 될 수 있다.

② 채권자대위권 행사의 효과는 채무자에게 귀속되는 것이므로 채권자대위소송의 제기로 인한 피대위채권의 소멸시효 중단의 효과는 채무자에게 생긴다.

③ 취득시효의 대상인 부동산의 소유자가 취득시효 완성 후에 그 부동산을 처분하여 점유자의 시효취득을 원인으로 한 소유권이전등기청구권이 침해된 경우, 그 점유자는 소유권이전등기청구권의 보전을 위해 채권자취소권을 행사할 수 있다.

④ 채권자는 원칙적으로 자신의 채권액을 초과하여 채권자취소권을 행사할 수 없다.

⑤ 사해행위에 해당하는지가 문제되는 법률행위가 수익자의 대리인에 의하여 이루어진 때에는 특별한 사정이 없는 한 수익자의 사해의사는 대리인을 표준으로 결정한다.

해설

① (○) : 농지취득자격증명 발급신청권은 채권자대위권의 행사대상이 될 수 있다(대판 2018. 7. 11, 2014두36518).

② (○) : 채권자대위권 행사의 효과는 채무자에게 귀속되는 것이므로 채권자대위소송의 제기로 인한 소멸시효 중단의 효과 역시 채무자에게 생긴다(대판 2011. 10. 13, 2010다80930).

③ (×) : 취득시효의 대상인 부동산의 소유자가 취득시효 완성 후에 이를 처분하여 채권자의 시효취득을 원인으로 한 소유권이전등기청구권이 침해되었음을 이유로 하는 경우에는 채권자취소권을 인정할 수 없다(대판 1992. 11. 24, 92다33855, 33862).

④ (○) : 채권자가 채권자취소권을 행사할 때에는 원칙적으로 자신의 채권액을 초과하여 취소권을 행사할 수 없다(대판 2002. 10. 25, 2002다42711). ☞ 취소채권자의 채권액의 범위를 넘어 약속어음 발행행위 전부를 사해행위로 취소한 원심판결을 위법하다고 보아 파기자판한 사례.

> **[비교판례]** 사해행위 취소의 범위는 다른 채권자가 배당요구를 할 것이 명백하거나 목적물이 불가분인 경우와 같이 특별한 사정이 있는 경우에는 취소채권자의 채권액을 넘어서까지도 취소를 구할 수 있다(대판 2009. 1. 15, 2007다61618).

⑤ (○) : 사해행위인지가 문제되는 법률행위가 대리인에 의하여 이루어진 때에는 수익자의 사해의사 또는 전득자의 사해행위에 대한 악의의 유무는 대리인을 표준으로 결정하여야 한다(대판 2006. 9. 8, 2006다22661). ☞ "의사표시의 효력이 의사의 흠결, 사기, 강박 또는 어느 사정을 알았거나 과실로 알지 못한 것으로 인하여 영향을 받을 경우에 그 사실의 유무는 대리인을 표준하여 결정한다."는 민법 제116조에 따른 판례이다.

156 **甲이 채무초과 상태에서 그 소유의 유일한 재산인 X 부동산을 乙에게 증여하였고, 甲의 채권자 丙이 사해행위취소소송을 제기하였다. 다음 설명 중 옳은 것은? (다툼이 있는 경우에는 판례에 의함)** 〈2012년 변호사시험〉

① X에 관하여 채권자를 丁, 채권최고액을 2억 2,000만 원으로 하는 근저당권이 설정되어 있는데, 증여 당시 X의 가액은 2억 원, 피담보채권액은 1억 6,000만 원인 경우에 甲의 증여행위는 사해행위에

정답 155. ③ 156. ④

해당하지 않는다.

② 위 증여가 채권자를 해함을 乙이 알았다는 점은 丙이 증명하여야 한다.

③ 甲이 제소 당시에 채무초과 상태에 있었다면 그 후 甲이 채무초과 상태에서 벗어났더라도 이미 계속된 사해행위취소소송에 영향을 주지 않는다.

④ 乙이 선의인 戊를 위하여 X에 관한 근저당권을 설정하여 준 경우에, 丙은 乙 명의 등기의 말소에 갈음하여 甲 앞으로 직접 소유권이전등기를 청구할 수 있다.

⑤ X에 관한 등기명의가 甲에게 회복되면, 丙은 X에 관하여 다른 채권자에 우선하여 채권의 만족을 얻을 수 있다.

해 설

① (×) : 저당권이 설정되어 있는 부동산이 사해행위로 양도된 경우에 그 사해행위는 부동산의 가액, 즉 시가(공시지가와 일치하는 것은 아니다)에서 저당권의 피담보채권액을 공제한 잔액의 범위 내에서 성립하고, 피담보채권액이 부동산의 가액을 초과하는 때에는 당해 부동산의 양도는 사해행위에 해당한다고 할 수 없는바, 여기서 피담보채권액이라 함은 근저당권의 경우 채권최고액이 아니라 실제로 이미 발생하여 있는 채권금액이다(대판 2001. 10. 9, 2000다42618).

② (×) : 사해행위취소소송에 있어서 채무자의 악의의 점에 대하여는 그 취소를 주장하는 채권자에게 입증책임이 있으나 수익자 또는 전득자가 악의라는 점에 관하여는 입증책임이 채권자에게 있는 것이 아니고 수익자 또는 전득자 자신에게 선의라는 사실을 입증할 책임이 있다(대판 1997. 5. 23, 95다51908).

③ (×) : 사해성의 요건은 행위당시는 물론 사실심의 변론종결시까지 계속되어야 한다(대판 2009. 3. 26, 2007다63102 등).

④ (○) : 등기명의를 회복하기 위한 방법으로는 그 등기의 말소를 구하는 외에 현재의 등기명의인을 상대로 직접 소유권이전등기절차의 이행을 구하는 것도 허용된다(대판 2000. 2. 25, 99다53704 등).

⑤ (×) : 채권자는 채무자로부터 임의변제를 받거나 집행권원에 기하여 평등배당을 받는 것이지 우선적으로 만족을 받는 것은 아니다(대판 2005. 8. 25, 2005다14595 ; 대판 2008. 6. 12, 2007다37837 등).

157 **甲은 乙에 대하여 2010. 1. 20.을 변제기로 하는 1,000만 원의 금전채무를 부담하고 있던 중 2010. 3. 1. 다른 채권자 丙에게 자신의 유일한 재산인 X 토지(시가 4,000만 원)를 대물변제하였다. 이에 乙은 甲의 대물변제에 대하여 채권자취소소송을 제기하였다. 다음 설명 중 옳은 것은? (다툼이 있는 경우에는 판례에 의함)** 〈2013년 변호사시험〉

① 채권자취소소송에서 乙은 丙의 악의를 증명하여야 한다.

② 乙이 취소원인을 2010. 4. 2. 알았다면 乙은 2015. 4. 2.까지 채권자취소권을 재판상 행사할 수 있다.

③ 丙의 채권이 우선변제권 있는 5,000만 원의 임금채권이라면, 甲의 丙에 대한 대물변제는 사해행위가 되지 않는다.

④ 만약 甲이 2010. 2. 20. 신용카드회사인 丁과 신용카드 가입계약을 체결하여 발급받은 신용카드로 2010. 3. 10. 전자제품을 구입한 후 카드대금을 연체하였다면, 丁은 이 신용카드대금채권을 피보전채권으로 甲의 대물변제에 대해 채권자취소소송을 제기할 수 있다.

⑤ 乙의 소송이 적법하게 계속된 경우, 甲의 다른 채권자 戊가 위 대물변제에 대하여 제기한 채권자취소소송은 중복소송에 해당하여 각하된다.

정답 157. ③

해설

① (×) : 채무자의 사해의사는 채권자가 입증하여야 하나 수익자나 전득자의 악의는 추정된다(대판 2010. 4. 29, 2009다104564 등).

② (×) : 채권자취소소송은 안날로부터 1년, 법률행위를 한 날로부터 5년이다(제406조 제2항).

③ (○) : 채무자의 재산이 채무의 전부를 변제하기에 부족한 경우에 채무자가 그의 유일한 재산을 어느 특정 채권자에게 대물변제로 제공하는 행위는 다른 특별한 사정이 없는 한 다른 채권자들에 대한 관계에서 사해행위가 되지만, 채권자들의 공동담보가 되는 채무자의 총재산에 대하여 다른 채권자에 우선하여 변제를 받을 수 있는 권리를 가지는 채권자는 처음부터 채무자의 재산에 대한 환가절차에서 다른 채권자에 우선하여 배당을 받을 수 있는 지위에 있으므로, 그와 같은 우선변제권 있는 채권자에 대한 대물변제의 제공행위는 특별한 사정이 없는 한 다른 채권자들의 이익을 해한다고 볼 수 없어 사해행위가 되지 않는다(대판 2008. 2. 14, 2006다33357).

④ (×) : 채무자가 채권자와 신용카드가입계약을 체결하고 신용카드를 발급받았으나 자신의 유일한 부동산을 매도한 후에 비로소 신용카드를 사용하기 시작하여 신용카드대금을 연체하게 된 경우, 그 신용카드대금채권은 사해행위 이후에 발생한 채권에 불과하여 사해행위의 피보전채권이 될 수 없다(대판 2004. 11. 12, 2004다40955).

⑤ (×) : 일반채권자는 채무자의 사해행위를 취소할 수 있기 때문에 채권자취소권을 소로 주장하는 경우 중복제소에 해당하지 않는다. 다만 원상회복이 중복되는 범위 내에서 권리보호의 이익이 없다고 할 뿐이다(대판 2008. 4. 24, 2007다84352 등).

158 채권자대위권 및 채권자취소권에 관한 설명 중 옳지 않은 것은? (다툼이 있는 경우 판례에 의함) 〈2016년 변호사시험〉

① 채무자가 채권자대위권행사의 통지를 받은 후에 제3채무자가 채무자의 채무불이행을 이유로 채무자에 대하여 매매계약을 해제한 경우, 원칙적으로 제3채무자는 그 계약해제로써 채권자대위권을 행사하는 채권자에게 대항할 수 있다.

② 채권자대위소송에서 대위에 의하여 보전될 채무자에 대한 채권자의 권리가 존재하는지 여부는 소송요건으로서 법원의 직권조사사항이다.

③ 채권자의 채권이 사해행위 이전에 성립하였다면 사해행위 이후에 양도되었다고 하더라도 그 채권의 양수인은 채권자취소권을 행사할 수 있다.

④ 사해행위 당시 이미 채권 성립의 기초가 되는 법률관계가 발생되어 있고, 가까운 장래에 그 법률관계에 기하여 채권이 성립되리라는 점에 대한 고도의 개연성이 있으며, 실제로 가까운 장래에 그 개연성이 현실화되어 사해행위 이후에 채권이 성립된 경우에는 채권자취소권의 피보전채권이 될 수 있다.

⑤ 여러 명의 채권자가 사해행위취소 및 원상회복청구의 소를 제기하여 여러 개의 소송이 계속 중인 경우에는 각 소송에서 채권자의 청구에 따라 사해행위의 취소 및 원상회복을 명하는 판결을 선고하여야 하고, 수익자 또는 전득자가 가액배상을 하여야 할 경우, 수익자 또는 전득자는 채권자들의 채권액에 비례하여 채권자별로 안분한 범위 내에서 이를 반환하여야 한다.

해설

① (○) : 채무자가 채권자대위권 행사의 통지를 받은 후에 제3채무자가 채무자의 채무불이행을 이유로 채무자에 대하여 매매계약을 해제한 경우, 원칙적으로 제3채무자는 그 계약해제로써 채권자대위권을 행사하는 채권자에게 대항할 수 있다(대판 2012. 5. 17, 2011다87235 전원합의체).

② (○) : 채권자대위소송에서 대위에 의하여 보전될 채무자에 대한 채권자의 권리가 존재하는지 여부는 소송

정답 158. ⑤

요건으로서 법원의 직권조사사항이다. 따라서 채권자의 채권이 존재하지 않는 경우에는 부적법각하 당하게 된다(대판 2014. 3. 27, 2009다104960).

③ (○) : 채권양도는 동일성이 있기 때문에 채권자의 채권이 사해행위 이전에 성립하였다면 사해행위 이후에 양도되었다고 하더라도 그 채권의 양수인은 채권자취소권을 행사할 수는 것이다(대판 2012. 2. 9, 2011다77146).

④ (○) : 사해행위 당시 이미 채권 성립의 기초가 되는 법률관계가 발생되어 있고, 가까운 장래에 그 법률관계에 기하여 채권이 성립되리라는 점에 대한 고도의 개연성이 있으며, 실제로 가까운 장래에 그 개연성이 현실화되어 사해행위 이후에 채권이 성립된 경우에는 채권자취소권의 피보전채권이 될 수 있다(대판 2002. 11. 28, 2002다42957).

⑤ (×) : 여러 명의 채권자가 사해행위취소 및 원상회복청구의 소를 제기하여 여러 개의 소송이 계속중인 경우에는 각 소송에서 채권자의 청구에 따라 사해행위의 취소 및 원상회복을 명하는 판결을 선고하여야 하고, 수익자(전득자포함)가 가액배상을 하여야 할 경우에도 수익자가 반환하여야 할 가액을 채권자의 채권액에 비례하여 채권자별로 안분한 범위 내에서 반환을 명할 것이 아니라, 수익자가 반환하여야 할 가액 범위 내에서 각 채권자의 피보전채권액 전액의 반환을 명하여야 한다(대판 2005. 11. 25, 2005다51457).

159 **X, Y 토지는 모두 甲 소유인데 Y 토지에 관하여 甲의 채권자 A의 가압류등기가 마쳐 진 후 甲은 X, Y 토지 양 지상에 걸쳐 Z 건물을 건축하였다. 甲은 X 토지와 Z 건물을 乙에게 매각하고 각 등기를 이전하여 주었다. 그후 甲의 채권자에 의하여 Z 건물에 관한 매매계약만이 사해행위취소소송을 통하여 취소되고 그에 따라 Z 건물에 마쳐져있던 乙 명의의 등기가 말소되었다. 그후 Z 건물은 강제경매절차를 통하여 丙이 소유권을 취득하였다. 한편, A는 집행권원을 확보하여 Y 토지에 관하여 강제경매를 신청하였고, 그 경매절차에서 丁이 소유권을 취득하였다. 乙과 丁은 丙에 대하여 Z 건물 중 각자 자기 토지 지상부분에 대한 철거를 청구하는 소송을 제기하였다. 이에 관한 법률관계 중 옳은 것(○)과 옳지 않은 것(×)을 올바르게 조합한 것은? (각 지문은 독립적이며, 다툼이 있는 경우 판례에 의함)** 〈2016년 변호사시험〉

> ㄱ. 사해행위취소소송을 거쳐 Z 건물에 관한 乙 명의의 등기가 말소된 때, X 토지에 관하여 甲에게 관습상 법정지상권이 발생한다.
> ㄴ. 丁의 丙에 대한 철거청구는 기각된다.
> ㄷ. Z 건물이 강제경매될 당시 X 토지에 관하여 丙에게 관습상 법정지상권이 발생하지 않는다.

① ㄱ(○), ㄴ(×), ㄷ(×) ② ㄱ(×), ㄴ(○), ㄷ(×) ③ ㄱ(×), ㄴ(×), ㄷ(×)
④ ㄱ(○), ㄴ(○), ㄷ(×) ⑤ ㄱ(○), ㄴ(×), ㄷ(○)

해설

* ㄱ지문, ㄷ지문이 X토지에 관한 지문들이고, ㄴ지문이 Y토지에 관한 지문이다.

ㄱ. (×), ㄷ. (×) : 동일인의 소유에 속하고 있던 토지와 그 지상 건물이 매매 등으로 인하여 소유자가 다르게 된 경우에 그 건물을 철거한다는 특약이 없는 한 건물소유자는 그 건물의 소유를 위한 관습상 법정지상권을 취득한다. 그런데 민법 제406조의 채권자취소권의 행사로 인한 사해행위의 취소와 일탈재산의 원상회복은 채권자와 수익자 또는 전득자에 대한 관계에 있어서만 그 효력이 발생할 뿐이고 채무자가 직접 권리를 취득하는 것이 아니므로, 토지와 그 지상 건물이 함께 양도되었다가 채권자취소권의 행사에 따라 그 중 건물에 관하여만 양도가 취소되고 수익자와 전득자 명의의 소유권이전등기가 말소되었다고 하더라도, 이는 관습상 법정지상권의 성

정답 159. ③

립요건인 '동일인의 소유에 속하고 있던 토지와 그 지상 건물이 매매 등으로 인하여 소유자가 다르게 된 경우'에 해당한다고 할 수 없다. 위와 같은 사실관계를 이러한 법리에 비추어 보면, 소외 1(甲)이 원고 2(乙)에게 이 사건 건물(Z건물) 및 이 사건 제2 토지(X토지)를 함께 매도하였다가 채권자취소권의 행사에 따라 그중 이 사건 건물(Z건물)에 관하여만 매매계약이 취소되고 원고 2(乙) 명의의 소유권이전등기가 말소되었다고 하더라도, 원고 2(乙)는 이 사건 건물에 대한 압류의 효력이 발생할 당시까지도 이 사건 제2 토지(X토지) 및 이 사건 건물(Z건물)을 모두 소유하고 있었다고 할 것이다. 따라서 피고(丙)가 위 강제경매절차에서 이 사건 건물(Z건물)을 매수하고 2007. 8. 17. 그 매수대금을 납부함으로써 양자의 소유자가 다르게 되었으므로, 피고(丙)는 이 사건 제2 토지(X토지) 중 위 ㄴ부분(Z건물의 대지부분)에 대하여 관습상 법정지상권을 취득하였다고 봄이 타당하다(대판 2014. 12. 24, 2012다73158). ☞ 사해행위취소소송을 거쳐 Z건물에 관한 乙 명의의 등기가 말소되어도 甲에게 Z건물의 소유권이 복귀되는 것이 아니고 여전히 乙 소유로 남아 있으므로, 乙 명의의 등기가 말소된 때에는 X토지에 관하여 甲에게 관습상 법정지상권이 발생하지 않는다(ㄱ지문). 그러나 이후 Z건물이 강제경매되어 丙이 그 소유권을 취득한 때에 토지와 건물의 소유권이 분리되므로 丙에게 관습상 법정지상권이 발생하는 것이다(ㄷ지문).

> **[보론]** 위 사안에서 토지와 지상건물이 동일인에게 속하였는지에 대한 판단은 아래 2009다62059 판결에 따라 '압류의 효력이 발생하는 때'를 기준으로 한다.

ㄴ. (×) : 토지 또는 그 지상 건물의 소유권이 강제경매로 인하여 그 절차상의 매수인에게 이전되는 경우에는 그 매수인이 소유권을 취득하는 매각대금의 완납 시가 아니라 강제경매개시결정으로 압류의 효력이 발생하는 때를 기준으로 토지와 지상 건물이 동일인에게 속하였는지에 따라 관습상 법정지상권의 성립 여부를 가려야 하고, 강제경매의 목적이 된 토지 또는 그 지상 건물에 대하여 강제경매개시결정 이전에 가압류가 되어 있다가 그 가압류가 강제경매개시결정으로 인하여 본압류로 이행되어 경매절차가 진행된 경우에는 애초 가압류의 효력이 발생한 때를 기준으로 토지와 그 지상 건물이 동일인에 속하였는지에 따라 관습상 법정지상권의 성립 여부를 판단하여야 한다(대판 2013. 4. 11, 2009다62059). ☞ 가압류의 효력이 발생한 때 지상건물 자체가 존재하지 않았으므로 丙에게 관습법상 법정지상권이 성립할 수 없고, 丁의 丙에 대한 철거청구는 인용되어야 한다.

> **[보론]** 甲이 乙에게 Z건물을 매각하고 등기를 이전하여 주었을 때 乙은 Y토지에 관하여 관습법상의 법정지상권을 취득한다. 그런데 이 지상권은 A의 가압류 보다 후순위이므로 후에 Y토지가 강제경매되어 丁이 소유권을 취득하면 소멸한다(이른바 소제주의. 민사집행법 제91조 제3항).

160 **다음 각 사례에서 빈칸을 알맞게 채운 것은? (다툼이 있는 경우 판례에 의함)** 〈2018년 변호사시험〉

- ○ 채무자 甲 소유의 X 토지(시가 4,000만 원)와 Y 토지(시가 6,000만 원)에 대해 피담보채권액 3,000만 원의 공동저당권이 설정되어 있는 상태에서 甲이 Y 토지를 매도하여 그에 따른 소유권이전등기를 마쳤다. 甲의 일반 채권자 乙(채권금액 1억 원)에 의해 Y 토지에 대한 매매계약이 사해행위로 취소되어 가액배상을 해야 하는 경우, X, Y 토지의 시가변동이 없다면 사해행위취소에 따른 가액배상 범위는 (A)이다.
- ○ 채무자 丙과 물상보증인 丁이 공유하는 Z 토지(시가 1억 원, 丙 지분 2/5, 丁 지분 3/5)에 대해 피담보채권액 3,000만 원의 저당권이 설정되어 있는 상태에서 丙이 Z 토지의 지분을 매도하여 그에 따른 지분이전등기를 마쳤다. 丙의 일반 채권자 戊(채권금액 1억 원)에 의해 Z토지에 관한 丙 소유 지분에 대한 매매계약이 사해행위로 취소되어 가액배상을 해야 하는 경우, 丁이 丙에 대하여 구상권을 행사할 수 없는 특별한 사정이 없고, Z 토지의 시가 변동이 없다면 사해행위취소에 따른 가액배상 범위는 (B)이다.

정답 ▶ 160. ①

① A: 4,200만 원, B: 1,000만 원
② A: 4,200만 원, B: 2,800만 원
③ A: 6,000만 원, B: 1,000만 원
④ A: 6,000만 원, B: 2,800만 원
⑤ A: 6,000만 원, B: 4,000만 원

해설

사해행위취소의 소에서 채무자가 수익자에게 양도한 목적물에 저당권이 설정되어 있는 경우라면 그 목적물 중에서 일반채권자들의 공동담보에 제공되는 책임재산은 피담보채권액을 공제한 나머지 부분만이라고 할 것이고 그 피담보채권액이 목적물의 가액을 초과할 때는 당해 목적물의 양도는 사해행위에 해당한다고 할 수 없다. 그런데 수 개의 부동산에 공동저당권이 설정되어 있는 경우 책임재산을 산정함에 있어 각 부동산이 부담하는 피담보채권액은 특별한 사정이 없는 한 민법 제368조의 규정 취지에 비추어 공동저당권의 목적으로 된 각 부동산의 가액에 비례하여 공동저당권의 피담보채권액을 안분한 금액이라고 보아야 한다. 그러나 그 수 개의 부동산 중 일부는 채무자의 소유이고 다른 일부는 물상보증인의 소유인 경우에는, 물상보증인이 민법 제481조, 제482조의 규정에 따른 변제자대위에 의하여 채무자 소유의 부동산에 대하여 저당권을 행사할 수 있는 지위에 있는 점 등을 고려할 때, 그 물상보증인이 채무자에 대하여 구상권을 행사할 수 없는 특별한 사정이 없는 한 채무자 소유의 부동산에 관한 피담보채권액은 공동저당권의 피담보채권액 전액으로 봄이 상당하다. 이러한 법리는 하나의 공유부동산 중 일부지분이 채무자의 소유이고, 다른 일부 지분이 물상보증인의 소유인 경우에도 마찬가지로 적용된다(대판 2013. 7. 18, 2012다5643 전원합의체).

A : 안분해서 공제해야. ① 3,000×6/10 = 1,800, ② 6,000 − 1,800 = 4,200

B : 3,000 전액을 丙의 지분에서 공제해야. 4,000 − 3,000 = 1,000

161 채권자취소권에 관한 설명 중 옳은 것은? (다툼이 있는 경우 판례에 의함) 〈2018년 변호사시험〉

① 사해행위인 매매예약에 기하여 수익자 앞으로 가등기를 마친 다음 전득자 앞으로 가등기 이전의 부기등기 후 가등기에 기한 본등기까지 마쳤다면, 채권자는 더 이상 수익자를 상대로 사해행위인 매매예약의 취소를 청구할 수 없다.

② 채권자는 채무자가 제3자에 대하여 가지고 있는 채권자취소권을 대위행사할 수 있고, 이 경우 채권자는 자신이 그 취소원인을 안 날로부터 1년, 법률행위가 있은 날로부터 5년 내라면 채권자취소의 소를 제기할 수 있다.

③ 무자력 상태의 채무자가 소송절차를 통해 수익자에게 자신의 책임재산을 이전하기로 하여, 수익자가 제기한 소송에서 자백하는 등의 방법으로 패소판결을 받아 확정시키고, 이에 따라 수익자 앞으로 그 책임재산에 대한 소유권이전등기가 마쳐진 경우에도, 이러한 채무자와 수익자 사이의 이전합의는 일반 채권자의 이익을 해하는 사해행위가 될 수 있다.

④ 채무자가 사해행위취소의 판결에 의하여 등기명의를 회복한 부동산을 제3자에게 처분하였다고 하더라도 위 판결을 받은 취소채권자는 등기 명의인을 상대로 등기의 말소를 청구할 수 있으나, 취소채권자를 제외하고 사해행위 당시의 채무자에 대한 일반 채권자는 등기 명의인을 상대로 등기의 말소를 청구할 수 없다.

⑤ 채권자가 어느 수익자에 대하여 사해행위취소 및 원상회복 청구를 하여 승소확정판결을 받았다면, 그에 기하여 재산이나 가액의 회복을 마치기 전이라도 그 채권자는 자신의 피보전채권에 기하여 다른 수익자에 대하여 별도로 사해행위취소 및 원상회복 청구를 할 수 없다.

정답 161. ③

해설

① (×) : 사해행위인 매매예약에 기하여 수익자 앞으로 가등기를 마친 후 전득자 앞으로 가등기 이전의 부기등기를 마치고 나아가 가등기에 기한 본등기까지 마쳤다 하더라도, 위 부기등기는 사해행위인 매매예약에 기초한 수익자의 권리의 이전을 나타내는 것으로서 부기등기에 의하여 수익자로서의 지위가 소멸하지는 아니하며, 채권자는 수익자를 상대로 사해행위인 매매예약의 취소를 청구할 수 있다. 그리고 설령 부기등기의 결과 가등기 및 본등기에 대한 말소청구소송에서 수익자의 피고적격이 부정되는 등의 사유로 인하여 수익자의 원물반환의무인 가등기말소의무의 이행이 불가능하게 된다 하더라도 달리 볼 수 없으며, 특별한 사정이 없는 한 수익자는 가등기 및 본등기에 의하여 발생된 채권자들의 공동담보 부족에 관하여 원상회복의무로서 가액을 배상할 의무를 진다(대판 2015. 5. 21, 2012다952 전원합의체).

② (×) : 민법 제404조 소정의 채권자대위권은 채권자가 자신의 채권을 보전하기 위하여 채무자의 권리를 자신의 이름으로 행사할 수 있는 권리라 할 것이므로, 채권자가 채무자의 채권자취소권을 대위행사하는 경우, 제소기간은 대위의 목적으로 되는 권리의 채권자인 채무자를 기준으로 하여 그 준수 여부를 가려야 할 것이고, 따라서 채권자취소권을 대위행사하는 채권자가 취소원인을 안 지 1년이 지났다 하더라도 채무자가 취소원인을 안 날로부터 1년, 법률행위가 있은 날로부터 5년 내라면 채권자취소의 소를 제기할 수 있다(대판 2001. 12. 27, 2000다73049).

③ (○) : [1] 무자력상태의 채무자가 소송절차를 통해 수익자에게 자신의 책임재산을 이전하기로 하여, 수익자가 제기한 소송에서 자백하는 등의 방법으로 패소판결 또는 그와 같은 취지의 화해권고결정 등을 받아 확정시키고, 이에 따라 수익자 앞으로 책임재산에 대한 소유권이전등기 등이 마쳐졌다면, 이러한 일련의 행위의 실질적인 원인이 되는 채무자와 수익자 사이의 이전합의는 다른 일반채권자의 이익을 해하는 사해행위가 될 수 있다. [2] 채권자가 사해행위의 취소와 함께 수익자 또는 전득자로부터 책임재산의 회복을 명하는 사해행위취소의 판결을 받은 경우 수익자 또는 전득자가 채권자에 대하여 사해행위의 취소로 인한 원상회복 의무를 부담하게 될 뿐, 채권자와 채무자 사이에서 취소로 인한 법률관계가 형성되는 것은 아니다. 따라서 위와 같이 채무자와 수익자 사이의 소송절차에서 확정판결 등을 통해 마쳐진 소유권이전등기가 사해행위취소로 인한 원상회복으로써 말소된다고 하더라도, 그것이 확정판결 등의 효력에 반하거나 모순되는 것이라고는 할 수 없다(대판 2017. 4. 7, 2016다204783).

④ (×) : [1] 사해행위의 취소는 채권자와 수익자의 관계에서 상대적으로 채무자와 수익자 사이의 법률행위를 무효로 하는 데에 그치고 채무자와 수익자 사이의 법률관계에는 영향을 미치지 아니하므로, 채무자와 수익자 사이의 부동산매매계약이 사해행위로 취소되고 그에 따른 원상회복으로 수익자 명의의 소유권이전등기가 말소되어 채무자의 등기명의가 회복되더라도, 그 부동산은 취소채권자나 민법 제407조에 따라 사해행위 취소와 원상회복의 효력을 받는 채권자와 수익자 사이에서 채무자의 책임재산으로 취급될 뿐, 채무자가 직접 부동산을 취득하여 권리자가 되는 것은 아니다. [2] 채무자가 사해행위 취소로 등기명의를 회복한 부동산을 제3자에게 처분하더라도 이는 무권리자의 처분에 불과하여 효력이 없으므로, 채무자로부터 제3자에게 마쳐진 소유권이전등기나 이에 기초하여 순차로 마쳐진 소유권이전등기 등은 모두 원인무효의 등기로서 말소되어야 한다. 이 경우 취소채권자나 민법 제407조에 따라 사해행위 취소와 원상회복의 효력을 받는 채권자는 채무자의 책임재산으로 취급되는 부동산에 대한 강제집행을 위하여 원인무효 등기의 명의인을 상대로 등기의 말소를 청구할 수 있다(대판 2017. 3. 9, 2015다217980).

⑤ (×) : 채권자가 어느 수익자(전득자 포함)에 대하여 사해행위취소 및 원상회복청구를 하여 승소판결을 받아 그 판결이 확정되었다 하더라도 그에 기하여 재산이나 가액의 회복을 마치지 아니한 이상 채권자는 자신의 피보전채권에 기하여 다른 수익자에 대하여 별도로 사해행위취소 및 원상회복청구를 할 수 있고, 채권자가 여러 수익자를 상대로 사해행위취소 및 원상회복청구의 소를 제기하여 여러 개의 소송이 계속중인 경우에는 각 소송에서 채권자의 청구에 따라 사해행위의 취소 및 원상회복을 명하는 판결을 선고하여야 하며, 수익자가 가액배상을 하여야 할 경우에도 다른 소송의 결과를 참작할 필요 없이 수익자가 반환하여야 할 가액 범위 내에서 채권자의 피보전채권 전액의 반환을 명하여야 한다(대판 2008. 11. 13, 2006다1442).

162 **사해행위 취소에 관한 설명 중 옳지 않은 것은? (다툼이 있는 경우 판례에 의함)**

〈2019년 변호사시험〉

① 근저당권설정계약이 사해행위인 이상 근저당권설정등기가 경매로 인하여 말소되었다고 하더라도 근저당권설정등기로 인하여 해를 입게 되는 채권자는 근저당권설정계약의 취소를 구할 이익이 있다.

② 사해행위 이후 저당권 등이 설정되어 채권자가 사해행위 취소와 함께 원상회복으로서 가액배상 또는 원물반환으로 채무자 앞으로 소유권이전등기절차 이행을 구할 수 있는 경우, 채권자의 선택에 따라 사해행위 취소 및 원상회복으로서 원물반환 청구를 하여 승소 판결이 확정되었으나, 그 후 저당권 실행 등으로 원물반환의 목적을 달성할 수 없게 되었다면, 그 채권자는 다시 원상회복청구권을 행사하여 가액배상을 청구할 수 있다.

③ 부동산을 양도받아 소유권이전등기청구권을 가지고 있는 자가 양도인이 제3자에게 이를 이중으로 양도하여 소유권이전등기를 경료하여 줌으로써 취득하는 부동산 가액 상당의 손해배상채권은 그 이중양도행위에 대한 사해행위취소권을 행사할 수 있는 피보전채권에 해당한다고 할 수 없다.

④ 수인의 채권자 중 1인이 채무자의 재산처분 행위의 취소를 구하는 사해행위 취소의 소를 제기하였는데 그 소송 계속 중 다른 채권자가 채무자의 동일한 재산처분 행위의 취소를 구하는 사해행위 취소의 소를 제기하더라도, 이는 중복제소에 해당하지 않는다.

⑤ 채무자의 수익자에 대한 채권양도가 사해행위로 취소되는 경우 수익자가 제3채무자로부터 아직 그 채권을 추심하지 아니한 때에는 채권자는 사해행위취소에 따른 원상회복으로서 수익자로 하여금 제3채무자에 대하여 채권양도가 취소되었다는 취지의 통지를 하도록 청구할 수 있다. 그러나 이러한 통지가 이루어지더라도 채권자는 채무자를 대위하여 제3채무자에게 그 채권에 관한 지급을 청구할 수 없다.

해 설

① (○) : 채무자와 수익자 사이의 근저당권설정계약이 사해행위인 이상 그로 인한 근저당권설정등기가 경락으로 인하여 말소되었다고 하더라도 수익자로 하여금 근저당권자로서의 배당을 받도록 하는 것은 민법 제406조 제1항의 취지에 반하므로, 수익자에게 그와 같은 부당한 이득을 보유시키지 않기 위하여 그 근저당권설정등기로 인하여 해를 입게 되는 채권자는 근저당권설정계약의 취소를 구할 이익이 있다(대판 1997. 10. 10, 97다8687).

② (×) : 사해행위 후 목적물에 관하여 제3자가 저당권이나 지상권 등의 권리를 취득한 경우에는 수익자가 목적물을 저당권 등의 제한이 없는 상태로 회복하여 이전하여 줄 수 있다는 등의 특별한 사정이 없는 한, 채권자는 원상회복 방법으로 수익자를 상대로 가액 상당의 배상을 구할 수도 있고, 채무자 앞으로 직접 소유권이전등기절차를 이행할 것을 구할 수도 있다. 이 경우 원상회복청구권은 사실심 변론종결 당시의 채권자의 선택에 따라 원물반환과 가액배상 중 어느 하나로 확정되며, 채권자가 일단 사해행위 취소 및 원상회복으로서 원물반환 청구를 하여 승소 판결이 확정되었다면, 그 후 어떠한 사유로 원물반환의 목적을 달성할 수 없게 되었다고 하더라도 다시 원상회복청구권을 행사하여 가액배상을 청구할 수는 없으므로 그 청구는 권리보호의 이익이 없어 허용되지 않는다(대판 2006. 12. 7, 2004다54978).

③ (○) : 부동산을 양도받아 소유권이전등기청구권을 가지고 있는 자가 양도인이 제3자에게 이를 이중으로 양도하여 소유권이전등기를 경료하여 줌으로써 취득하는 부동산 가액 상당의 손해배상채권은 이중양도행위에 대한 사해행위취소권을 행사할 수 있는 피보전채권에 해당한다고 할 수 없다(대판 1999. 4. 27, 98다56690). ☞ 사해행위 이전에 성립하여 있던 채권이 아니기 때문이다.

④ (○) : 채권자취소권의 요건을 갖춘 각 채권자는 고유의 권리로서 채무자의 재산처분 행위를 취소하고 그 원상회복을 구할 수 있는 것이므로 각 채권자가 동시 또는 이시에 채권자취소 및 원상회복소송을 제기한 경우 이

정답 ▶ 162. ②

들 소송이 중복제소에 해당하는 것이 아니다(대판 2003. 7. 11, 2003다19558).

⑤ (○) : 채무자의 수익자에 대한 채권양도가 사해행위로 취소되는 경우, 수익자가 제3채무자에게서 아직 채권을 추심하지 아니한 때에는, 채권자는 사해행위취소에 따른 원상회복으로서 수익자가 제3채무자에게 채권양도가 취소되었다는 취지의 통지를 하도록 청구할 수 있다. 그런데 사해행위의 취소는 채권자와 수익자의 관계에서 상대적으로 채무자와 수익자 사이의 법률행위를 무효로 하는 데에 그치고, 채무자와 수익자 사이의 법률관계에는 영향을 미치지 아니한다. 따라서 채무자의 수익자에 대한 채권양도가 사해행위로 취소되고, 그에 따른 원상회복으로서 제3채무자에게 채권양도가 취소되었다는 취지의 통지가 이루어지더라도, 채권자와 수익자의 관계에서 채권이 채무자의 책임재산으로 취급될 뿐, 채무자가 직접 채권을 취득하여 권리자로 되는 것은 아니므로, 채권자는 채무자를 대위하여 제3채무자에게 채권에 관한 지급을 청구할 수 없다(대판 2015. 11. 17, 2012다2743).

163 甲에 대하여 대여금채무를 부담하고 있는 乙이 그의 유일한 소유 재산인 부동산을 그의 아들인 丙에게 매도하고, 그 후 丙은 이를 다시 丁에게 매도한 후 각 소유권이전등기가 경료되었다. 이에 관한 설명 중 옳지 않은 것은? (다툼이 있는 경우 판례에 의함) 〈2019년 변호사시험〉

① 甲이 丙 및 丁을 상대로 사해행위 취소 및 원상회복을 구하여 이들 명의의 각 소유권이전등기가 말소된 경우, 丁은 乙의 채무를 변제한 것과 같은 지위에 있는 점에서 乙에게 부당이득의 반환을 청구할 수 있으므로, 향후 乙의 채권자들에 의해 진행될 원상회복 부동산에 대한 강제경매절차에서 위 부당이득반환채권으로 배당을 요구할 권리가 있다.

② 甲이 丙 및 丁을 상대로 사해행위 취소 및 원상회복을 구하여 이들 명의의 각 소유권이전등기의 말소를 명하는 확정판결을 받았더라도, 乙에 대한 다른 채권자 戊는 위 판결에 기하여 乙을 대위하여 말소등기를 신청할 수는 없다. 다만 등기관이 위 등기신청을 받아들여 말소등기를 마쳐 버렸다면 그 말소등기를 무효의 등기라 할 수는 없다.

③ 甲이 丁을 상대로 乙과 丙 사이의 매매계약을 사해행위로서 취소함에 있어서는 乙과 丙 사이의 매매계약이 아닌 丙과 丁 사이의 매매계약까지 甲을 해하는 행위로서 사해행위에 해당함을 증명할 필요는 없다.

④ 甲은 丁을 상대로 한 원상회복의 방법으로 丁 명의의 소유권이전등기를 말소하는 대신 乙 앞으로 직접 소유권이전등기절차를 이행할 것을 청구할 수도 있다.

⑤ 甲은 丙 및 丁을 상대로 사해행위 취소 및 원상회복을 구함에 있어 사해행위의 취소만을 먼저 청구한 다음 원상회복을 나중에 청구할 수도 있는데, 이 경우 사해행위 취소청구가 「민법」 제406조 제2항에 정하여진 기간 안에 제기되었다면 원상회복의 청구는 그 기간이 지난 뒤에도 할 수 있다.

해설

① (×) : 채무자의 부동산에 관한 매매계약 등의 유상행위가 사해행위라는 이유로 취소되고 원상회복이 이루어짐으로써 수익자에 대하여 부당이득반환채무를 부담하게 된 채무자가 부당이득반환채무의 변제를 위하여 수익자와 소비대차계약을 체결하고 강제집행을 승낙하는 취지가 기재된 공정증서를 작성하여 준 경우에도, 그와 같은 행위로 책임재산을 수익자에게 실질적으로 양도한 것과 다를 바 없는 것으로 볼 수 있는 특별한 사정이 있는 경우에 해당하지 아니하는 한, 다른 채권자를 해하는 새로운 사해행위가 된다고 볼 수 없다. 이러한 수익자의 채무자에 대한 채권은 당초의 **사해행위 이후에 취득한 채권에 불과**하므로 수익자는 원상회복된 재산에 대한 강제경매절차에서 배당을 요구할 권리가 없다(대판 2015. 10. 29, 2012다14975).

정답 163. ①

[비교지문] 사해행위취소소송을 제기한 채권자 등이 그 판결 결과에 의해 원상회복된 채무자의 재산에 대한 강제집행을 신청하여 그 절차가 개시된 경우, 위 소송에서 패소한 수익자로서는 채무자에 대한 채권자일지라도 그 집행권원을 갖추어 배당을 요구할 권리가 없다. 〈2007년 사법시험〉

(×) : 민법 제406조에 의한 채권자취소와 원상회복은 모든 채권자의 이익을 위하여 그 효력이 있는 것인바, 채무자가 다수의 채권자들 중 1인(수익자)에게 담보를 제공하거나 대물변제를 한 것이 다른 채권자들에 대한 사해행위가 되어 채권자들 중 1인의 사해행위 취소소송 제기에 의하여 그 취소와 원상회복이 확정된 경우에, 사해행위의 상대방인 수익자는 그의 채권이 사해행위 당시에 그대로 존재하고 있었거나 또는 사해행위가 취소되면서 그의 채권이 부활하게 되는 결과 본래의 채권자로서의 지위를 회복하게 되는 것이므로, 다른 채권자들과 함께 민법 제407조에 의하여 그 취소 및 원상회복의 효력을 받게 되는 채권자에 포함된다고 할 것이고, 따라서 취소소송을 제기한 채권자 등이 원상회복된 채무자의 재산에 대한 강제집행을 신청하여 그 절차가 개시되면 수익자인 채권자도 그 집행권원을 갖추어 강제집행절차에서 배당을 요구할 권리가 있다(대판 2003. 6. 27, 2003다15907).

② (○) : 사해행위 취소의 효력은 채무자와 수익자의 법률관계에 영향을 미치지 아니하고, 사해행위 취소로 인한 원상회복 판결의 효력도 소송의 당사자인 채권자와 수익자 또는 전득자에게만 미칠 뿐 채무자나 다른 채권자에게 미치지 아니하므로, 어느 채권자가 수익자를 상대로 사해행위 취소 및 원상회복으로 소유권이전등기의 말소를 명하는 판결을 받았으나 말소등기를 마치지 아니한 상태라면 소송의 당사자가 아닌 다른 채권자는 위 판결에 기하여 채무자를 대위하여 말소등기를 신청할 수 없다. 그럼에도 불구하고 다른 채권자의 등기신청으로 말소등기가 마쳐졌다면 등기에는 절차상의 흠이 존재한다. 그러나 채권자가 사해행위 취소의 소를 제기하여 승소한 경우 취소의 효력은 민법 제407조에 따라 모든 채권자의 이익을 위하여 미치므로 수익자는 채무자의 다른 채권자에 대하여도 사해행위의 취소로 인한 소유권이전등기의 말소등기의무를 부담하는 점, 등기절차상의 흠을 이유로 말소된 소유권이전등기가 회복되더라도 다른 채권자가 사해행위취소판결에 따라 사해행위가 취소되었다는 사정을 들어 수익자를 상대로 다시 소유권이전등기의 말소를 청구하면 수익자는 말소등기를 해 줄 수밖에 없어서 결국 말소된 소유권이전등기가 회복되기 전의 상태로 돌아가는데 이와 같은 불필요한 절차를 거치게 할 필요가 없는 점 등에 비추어 보면, 사해행위 취소 및 원상회복으로 소유권이전등기의 말소를 명한 판결의 소송당사자가 아닌 다른 채권자가 위 판결에 기하여 채무자를 대위하여 마친 말소등기는 등기절차상의 흠에도 불구하고 실체관계에 부합하는 등기로서 유효하다(대판 2015. 11. 17, 2013다84995).

③ (○) : 채권자가 사해행위의 취소로서 수익자를 상대로 채무자와의 법률행위의 취소를 구함과 아울러 전득자를 상대로도 전득행위의 취소를 구함에 있어서, 전득자의 악의는 전득행위 당시 그 행위가 채권자를 해한다는 사실, 즉 사해행위의 객관적 요건을 구비하였다는 것에 대한 인식을 의미하므로, 전득자의 악의를 판단함에 있어서는 단지 전득자가 전득행위 당시 채무자와 수익자 사이의 법률행위의 사해성을 인식하였는지 여부만이 문제가 될 뿐이지, 수익자와 전득자 사이의 전득행위가 다시 채권자를 해하는 행위로서 사해행위의 요건을 갖추어야 하는 것은 아니다(대판 2006. 7. 4, 2004다61280).

④ (○) : 자기 앞으로 소유권을 표상하는 등기가 되어 있었거나 법률에 의하여 소유권을 취득한 자가 진정한 등기명의를 회복하기 위한 방법으로는 그 등기의 말소를 구하는 외에 현재의 등기명의인을 상대로 직접 소유권이전등기절차의 이행을 구하는 것도 허용되어야 하는바, 이러한 법리는 사해행위 취소소송에 있어서 취소 목적 부동산의 등기명의를 수익자로부터 채무자 앞으로 복귀시키고자 하는 경우에도 그대로 적용될 수 있다고 할 것이고, 따라서 채권자는 사해행위의 취소로 인한 원상회복 방법으로 수익자 명의의 등기의 말소를 구하는 대신 수익자를 상대로 채무자 앞으로 직접 소유권이전등기절차를 이행할 것을 구할 수도 있다(대판 2000. 2. 25, 99다53704).

⑤ (○) : [1] 채권자가 민법 제406조 제1항에 따라 사해행위의 취소와 원상회복을 청구하는 경우 사해행위의 취소만을 먼저 청구한 다음 원상회복을 나중에 청구할 수 있다. [2] 채권자가 민법 제406조 제1항에 따라 사해행위

의 취소와 원상회복을 청구하는 경우 사해행위 취소 청구가 민법 제406조 제2항에 정하여진 기간 안에 제기되었다면 원상회복의 청구는 그 기간이 지난 뒤에도 할 수 있다(대판 2001. 9. 4, 2001다14108).

164 **채권자취소권에 관한 설명 중 옳지 않은 것을 모두 고른 것은? (다툼이 있는 경우 판례에 의함)**

〈2020년 변호사시험〉

ㄱ. 사해행위의 목적물인 부동산에 관하여 우선변제권 있는 임차인이 있는 경우에는 부동산 가액 중 임차보증금 해당 부분은 일반 채권자의 공동담보에 제공되었다고 볼 수 없으므로, 임대차계약의 체결시기와 상관없이 그 임차보증금 반환채권액은 가액반환의 범위에서 공제되어야 한다.

ㄴ. 채무자 소유의 유일한 재산인 부동산에 관한 매매예약완결권이 제척기간 경과가 임박하여 소멸할 예정인 상태에서, 채무자가 제척기간을 연장하기 위하여 새로 매매예약을 하는 행위는 기존에 부담하는 채무 외에 추가로 채무를 부담하는 것이 아니므로 사해행위에 해당하지 아니한다.

ㄷ. 채무초과상태에 있는 채무자가 상속을 포기하는 것은 사해행위취소의 대상이 되지 않고, 유증을 포기하는 것도 직접적으로 채무자의 일반재산을 감소시키지 아니하므로 사해행위취소의 대상이 되지 아니한다.

ㄹ. 신축건물의 도급인이 「민법」 제666조가 정한 수급인의 저당권설정청구권의 행사에 따라 공사대금채무의 담보로 그 건물에 저당권을 설정하는 행위는 특별한 사정이 없는 한 사해행위에 해당하지 아니하고, 수급인으로부터 공사대금채권을 양수받은 자의 저당권설정청구에 의하여 신축건물의 도급인이 그 건물에 저당권을 설정하는 행위 역시 다른 특별한 사정이 없는 한 사해행위에 해당하지 아니한다.

① ㄱ ② ㄱ, ㄴ ③ ㄷ, ㄹ ④ ㄱ, ㄴ, ㄷ ⑤ ㄴ, ㄷ, ㄹ

해 설

ㄱ. (×) : 저당권이 설정되어 있는 부동산에 관하여 사해행위 후 변제 등으로 저당권설정등기가 말소되어 사해행위 취소와 함께 가액반환을 명하는 경우, 부동산 가액에서 저당권의 피담보채권액을 공제한 한도에서 가액반환을 하여야 한다. 그런데 그 부동산에 위와 같은 저당권 이외에 우선변제권 있는 임차인이 있는 경우에는 임대차계약의 체결시기 등에 따라 임차보증금 공제 여부가 달라질 수 있다. 가령 사해행위 이전에 임대차계약이 체결되었고 임차인에게 임차보증금에 대해 우선변제권이 있다면, 부동산 가액 중 임차보증금에 해당하는 부분이 일반 채권자의 공동담보에 제공되었다고 볼 수 없으므로 수익자가 반환할 부동산 가액에서 우선변제권 있는 임차보증금 반환채권액을 공제하여야 한다. 그러나 부동산에 관한 사해행위 이후에 비로소 채무자가 부동산을 임대한 경우에는 그 임차보증금을 가액반환의 범위에서 공제할 이유가 없다. 이러한 경우에는 부동산 가액 중 임차보증금에 해당하는 부분도 일반 채권자의 공동담보에 제공되어 있음이 분명하기 때문이다(대판 2018. 9. 13, 2018다215756).

ㄴ. (×) : 채무자가 유일한 재산인 그 소유의 부동산에 관한 매매예약에 따른 예약 완결권이 제척기간 경과가 임박하여 소멸할 예정인 상태에서 제척기간을 연장하기 위하여 새로 매매예약을 하는 행위는 채무자가 부담하지 않아도 될 채무를 새롭게 부담하게 되는 결과가 되므로 채권자취소권의 대상인 사해행위가 될 수 있다(대판 2018. 11. 29, 2017다247190).

ㄷ. (○) : ① 상속인의 채권자의 입장에서는 상속의 포기가 그의 기대를 저버리는 측면이 있다고 하더라도 채무자인 상속인의 재산을 현재의 상태보다 악화시키지 아니한다. 이러한 점들을 종합적으로 고려하여 보면, 상속

정답 164. ②

의 포기는 민법 제406조 제1항에서 정하는 '재산권에 관한 법률행위'에 해당하지 아니하여 사해행위취소의 대상이 되지 못한다(대판 2011. 6. 9, 2011다29307). ② 유증을 받을 자는 유언자의 사망 후에 언제든지 유증을 승인 또는 포기할 수 있고, 그 효력은 유언자가 사망한 때에 소급하여 발생하므로(민법 제1074조), 채무초과 상태에 있는 채무자라도 자유롭게 유증을 받을 것을 포기할 수 있다. 또한 채무자의 유증 포기가 직접적으로 채무자의 일반재산을 감소시켜 채무자의 재산을 유증 이전의 상태보다 악화시킨다고 볼 수도 없다. 따라서 유증을 받을 자가 이를 포기하는 것은 사해행위 취소의 대상이 되지 않는다고 보는 것이 옳다(대판 2019. 1. 17, 2018다260855).

ㄹ. (○) : 민법 제666조에서 정한 수급인의 저당권설정청구권은 공사대금채권을 담보하기 위하여 인정되는 채권적 청구권으로서 공사대금채권에 부수하여 인정되는 권리이므로, 당사자 사이에 공사대금채권만을 양도하고 저당권설정청구권은 이와 함께 양도하지 않기로 약정하였다는 등의 특별한 사정이 없는 한, 공사대금채권이 양도되는 경우 저당권설정청구권도 이에 수반하여 함께 이전된다고 봄이 타당하다. 따라서 신축건물의 수급인으로부터 공사대금채권을 양수받은 자의 저당권설정청구에 의하여 신축건물의 도급인이 그 건물에 저당권을 설정하는 행위 역시 다른 특별한 사정이 없는 한 사해행위에 해당하지 아니한다고 할 것이다(대판 2018. 11. 29, 2015다19827).

165 사해행위취소소송에 관한 설명 중 옳지 않은 것은? (다툼이 있는 경우 판례에 의함)

〈2021년 변호사시험〉

① 사해행위의 수익자 소유의 부동산에 대한 경매절차에서 취소채권자가 수익자에 대한 가액배상판결에 기하여 받은 배당액은 배당요구를 한 취소채권자에게 그대로 귀속되는 것이 아니라 채무자의 책임재산으로 회복되는 것이다.

② 수익자가 채무자의 채권자인 경우 수익자가 가액배상을 할 때에 수익자 자신도 사해행위취소의 효력을 받는 채권자 중 1인이라는 이유로 취소채권자에 대하여 총채권액 중 자기의 채권에 대한 안분액의 분배를 청구할 수 있다.

③ 가액배상의무는 그 가액배상금의 지급을 명하는 판결이 확정된 때에 비로소 발생하므로 그 판결이 확정된 다음 날부터 이행지체의 책임이 있다.

④ 사해행위 취소판결에 의하여 수익자 또는 전득자가 사해행위의 취소로 인한 원상회복 또는 이에 갈음하는 가액배상을 하여야 할 의무를 부담한다고 하더라도, 이는 채권자에 대한 관계에서 생기는 법률효과에 불과하고 채무자에 대한 관계에서 그 취소로 인한 법률관계가 형성되는 것은 아니다.

⑤ 사해행위인 매매예약에 기하여 수익자 앞으로 가등기를 마친 후 전득자 앞으로 그 가등기 이전의 부기등기를 마치고 그 가등기에 기한 본등기까지 마친 경우라도 채권자는 수익자를 상대로 그 사해행위인 매매예약의 취소를 청구할 수 있다.

해 설

① (○) : 사해행위의 취소와 원상회복은 모든 채권자의 이익을 위하여 효력이 있으므로(민법 제407조), 취소채권자가 자신이 회복해 온 재산에 대하여 우선권을 가지는 것은 아니라고 할 것이므로, 사해행위의 수익자 소유의 부동산에 대한 경매절차에서 취소채권자가 수익자에 대한 가액배상판결에 기하여 배당을 요구하여 배당을 받은 경우, 그 배당액은 배당요구를 한 취소채권자에게 그대로 귀속되는 것이 아니라 채무자의 책임재산으로 회복되는 것이며, 이에 대하여 채무자에 대한 채권자들은 채권만족에 관한 일반원칙에 따라 채권 내용을 실현할 수 있는 것이다(대판 2005. 8. 25, 2005다14595).

② (×) : 수익자인 채권자로 하여금 안분액의 반환을 거절하도록 하는 것은 자신의 채권에 대하여 변제를 받은

정답 165. ②

수익자를 보호하고 다른 채권자의 이익을 무시하는 결과가 되어 제도의 취지에 반하게 되므로, 수익자가 채무자의 채권자인 경우 수익자가 가액배상을 할 때에 수익자 자신도 사해행위취소의 효력을 받는 채권자 중의 1인이라는 이유로 취소채권자에 대하여 총채권액 중 자기의 채권에 대한 안분액의 분배를 청구하거나, 수익자가 취소채권자의 원상회복에 대하여 총채권액 중 자기의 채권에 해당하는 안분액의 배당요구권으로써 원상회복청구와의 상계를 주장하여 그 안분액의 지급을 거절할 수는 없다(대판 2001. 2. 27, 2000다44348).

③ (○) : 가액배상의무는 사해행위의 취소를 명하는 판결이 확정된 때에 비로소 발생하므로 그 판결이 확정된 다음날부터 이행지체 책임을 지게 되고, 따라서 소송촉진 등에 관한 특례법 소정의 이율은 적용되지 않고 민법 소정의 법정이율이 적용된다(대판 2009. 1. 15, 2007다61618).

④ (○) : 채권자가 사해행위의 취소와 함께 수익자 또는 전득자로부터 책임재산의 회복을 구하는 사해행위취소의 소를 제기한 경우 그 취소의 효과는 채권자와 수익자 또는 전득자 사이의 관계에서만 생기는 것이므로, 수익자 또는 전득자가 사해행위의 취소로 인한 원상회복 또는 이에 갈음하는 가액배상을 하여야 할 의무를 부담한다고 하더라도 이는 채권자에 대한 관계에서 생기는 법률효과에 불과하고 채무자와 사이에서 그 취소로 인한 법률관계가 형성되는 것은 아니고, 그 취소의 효력이 소급하여 채무자의 책임재산으로 회복되는 것도 아니라 할 것이다(대판 2006. 8. 24, 2004다23110).

⑤ (○) : 사해행위인 매매예약에 기하여 수익자 앞으로 가등기를 마친 후 전득자 앞으로 그 가등기 이전의 부기등기를 마치고 나아가 그 가등기에 기한 본등기까지 마쳤다 하더라도, 위 부기등기는 사해행위인 매매예약에 기초한 수익자의 권리의 이전을 나타내는 것으로서 위 부기등기에 의하여 수익자로서의 지위가 소멸하지는 아니하며, 채권자는 수익자를 상대로 그 사해행위인 매매예약의 취소를 청구할 수 있다(대판 2015. 5. 21, 2012다952 전원합의체).

166 **甲은 乙에 대하여 1억 원의 금전채권을 가지고 있었는데, 乙은 자기의 유일한 재산인 X부동산을 丙에게 매도하고 소유권이전등기까지 마쳐주었고, 그 후 X부동산에 관하여 A가 저당권을 취득하였다. 甲이 丙을 상대로 사해행위취소 및 원상회복을 구하는 소를 제기한 경우에 관한 설명 중 옳은 것(○)과 옳지 않은 것(×)을 올바르게 조합한 것은? (다툼이 있는 경우 판례에 의함)** 〈2021년 변호사시험〉

ㄱ. 丙이 X부동산을 저당권의 제한이 없는 상태로 회복하여 乙에게 이전하여 줄 수 있다는 등의 특별한 사정이 없는 한, 甲은 丙을 상대로 원물반환 대신 가액 상당의 배상을 구할 수 있다.
ㄴ. 甲이 원상회복의 방법으로 가액배상 대신 丙을 상대로 丙 명의 소유권이전등기의 말소를 구하거나, 乙 앞으로 직접 소유권이전등기절차를 이행할 것을 구할 수는 없다.
ㄷ. 원물반환과 가액배상이 모두 가능한 경우, 법원은 甲의 선택에도 불구하고 직권으로 사해행위취소로 인한 원상회복을 원물반환과 가액배상 중 어느 하나로 확정할 수 있다.
ㄹ. 甲이 일단 사해행위취소 및 원상회복으로서 丙 명의 등기의 말소를 청구하여 승소판결이 확정되었다면, 어떠한 사유로 丙 명의 등기를 말소하는 것이 불가능하게 되었다고 하더라도 다시 丙을 상대로 원상회복청구권을 행사하여 가액배상을 청구하거나 원물반환으로서 乙 앞으로 직접 소유권이전등기절차를 이행할 것을 청구할 수는 없다.

① ㄱ(○), ㄴ(○), ㄷ(×), ㄹ(×)
② ㄱ(○), ㄴ(×), ㄷ(×), ㄹ(○)
③ ㄱ(○), ㄴ(×), ㄷ(○), ㄹ(×)
④ ㄱ(×), ㄴ(○), ㄷ(×), ㄹ(○)
⑤ ㄱ(×), ㄴ(×), ㄷ(○), ㄹ(○)

정답 166. ②

해설

ㄱ. (○), ㄴ. (×), ㄷ. (×), ㄹ. (○) : 채권자의 사해행위취소 및 원상회복청구가 인정되면, 수익자는 원상회복으로서 사해행위의 목적물을 채무자에게 반환할 의무를 지게 되고, 만일 원물반환이 불가능하거나 현저히 곤란한 경우에는 원상회복의무의 이행으로서 사해행위 목적물의 가액 상당을 배상하여야 하는바, 여기에서 원물반환이 불가능하거나 현저히 곤란한 경우라 함은 원물반환이 단순히 절대적, 물리적으로 불능인 경우가 아니라 사회생활상의 경험법칙 또는 거래상의 관념에 비추어 그 이행의 실현을 기대할 수 없는 경우를 말하는 것이므로, **사해행위 후 그 목적물에 관하여 제3자가 저당권이나 지상권 등의 권리를 취득한 경우**에는 수익자가 목적물을 저당권 등의 제한이 없는 상태로 회복하여 이전하여 줄 수 있다는 등의 특별한 사정이 없는 한 **채권자는 수익자를 상대로 원물반환 대신 그 가액 상당의 배상을 구할 수도 있다**(ㄱ)고 할 것이나, 그렇다고 하여 채권자가 스스로 위험이나 불이익을 감수하면서 원물반환을 구하는 것까지 허용되지 아니하는 것으로 볼 것은 아니고, 그 경우 채권자는 원상회복 방법으로 **가액배상 대신 수익자 명의의 등기의 말소를 구하거나 수익자를 상대로 채무자 앞으로 직접 소유권이전등기절차를 이행할 것을 구할 수 있다**(ㄴ). 이 경우 원상회복청구권은 **사실심 변론종결 당시 채권자의 선택에 따라** 원물반환과 가액배상 중 어느 하나로 **확정된다**(ㄷ). 채권자가 일단 사해행위취소 **및 원상회복으로서 수익자 명의 등기의 말소를 청구하여 승소판결이 확정되었다면, 어떠한 사유로 수익자 명의 등기를 말소하는 것이 불가능하게 되었다고 하더라도 다시 수익자를 상대로 원상회복청구권을 행사하여 가액배상을 청구하거나 원물반환으로서 채무자 앞으로 직접 소유권이전등기절차를 이행할 것을 청구할 수는 없**으므로(ㄹ), 그러한 청구는 권리보호의 이익이 없어 허용되지 않는다(대판 2018. 12. 28, 2017다265815).

167 **사해행위 취소에 관한 설명 중 옳지 않은 것은? (다툼이 있는 경우 판례에 의함)**

〈2022년 변호사시험〉

① 사해행위인 매매예약에 기하여 수익자 앞으로 가등기를 마친 후 전득자 앞으로 가등기 이전의 부기등기를 마치고 나아가 가등기에 기한 본등기까지 마친 경우, 수익자는 가등기 및 본등기에 대한 말소청구소송에서 피고적격은 없더라도 사해행위 취소의 상대방은 될 수 있다.

② 채무자가 제3자의 채무를 담보하기 위한 근저당권이 설정되어 있는 부동산을 양도한 경우, 근저당권의 피담보채권액과 채권최고액이 모두 부동산 가격을 초과하는 때에는 부동산의 양도가 사해행위에 해당하지 않는다.

③ 어느 채권자가 수익자를 상대로 사해행위 취소 및 원상회복으로 소유권이전등기의 말소를 명하는 판결을 받았으나 말소등기를 마치지 아니한 경우, 소송의 당사자가 아닌 다른 채권자는 위 판결에 기하여 채무자를 대위하여 말소등기를 신청할 수 있다.

④ 전득자의 악의 판단에서는 전득자가 전득행위 당시 채무자와 수익자 사이의 법률행위의 사해성을 인식하였는지만이 문제가 될 뿐이고, 수익자가 채무자와 수익자 사이 법률행위의 사해성을 인식하였는지는 원칙적으로 문제되지 않는다.

⑤ 채무초과 상태의 채무자가 수익자에게 자신의 책임재산을 이전해 주기 위하여, 수익자가 원고가 되어 채무자를 상대로 제기한 부동산 소유권이전등기 소송에서 자백간주 확정판결을 받아 수익자 앞으로 소유권이전등기를 마친 경우, 위 확정판결을 통해 마쳐진 소유권이전등기가 사해행위 취소로 인한 원상회복으로써 말소된다고 하더라도, 그것이 확정판결의 효력에 반하거나 모순되는 것이라고는 할 수 없다.

해설

① (○) : [1] 사해행위인 매매예약에 기하여 수익자 앞으로 가등기를 마친 후 전득자 앞으로 그 가등기 이전의

정답 167. ③

부기등기를 마치고 나아가 그 가등기에 기한 본등기까지 마쳤다 하더라도, 위 부기등기는 사해행위인 매매예약에 기초한 수익자의 권리의 이전을 나타내는 것으로서 위 부기등기에 의하여 수익자로서의 지위가 소멸하지는 아니하며, 채권자는 수익자를 상대로 그 사해행위인 매매예약의 취소를 청구할 수 있다. [2] 그리고 설령 부기등기의 결과 위 가등기 및 본등기에 대한 말소청구소송에서 수익자의 피고적격이 부정되는 등의 사유로 인하여 수익자의 원물반환의무인 가등기말소의무의 이행이 불가능하게 된다 하더라도 달리 볼 수 없으며, 특별한 사정이 없는 한 수익자는 위 가등기 및 본등기에 의하여 발생된 채권자들의 공동담보 부족에 관하여 원상회복의무로서 가액을 배상할 의무를 진다 할 것이다(대판 2015. 5. 21, 2012다952 전원합의체).

② (○) : 채무자가 양도한 부동산에 제3자의 채무를 담보하기 위한 근저당권이 설정되어 있는 경우 그 부동산에서 일반 채권자들의 공동담보로 되는 책임재산은 채권최고액을 한도로 실제 부담하고 있는 피담보채권액을 뺀 나머지 부분이다. 따라서 **근저당권의 피담보채권액과 채권최고액이 모두 부동산 가격을 초과하는 때**에는 일반 채권자들의 공동담보로 되는 책임재산이 없으므로 부동산의 양도가 사해행위에 해당하지 않는다(대판 2018. 4. 24, 2017다287891).

③ (×) : 어느 채권자가 수익자를 상대로 사해행위 취소 및 원상회복으로 소유권이전등기의 말소를 명하는 판결을 받았으나 말소등기를 마치지 아니한 상태라면 **소송의 당사자가 아닌 다른 채권자는** 위 판결에 기하여 **채무자를 대위하여 말소등기를 신청할 수 없다.** 그럼에도 불구하고 소송당사자가 아닌 다른 채권자가 위 판결에 기하여 채무자를 대위하여 마친 말소등기는 등기절차상의 흠에도 불구하고 실체관계에 부합하는 등기로서 유효하다(대판 2015. 11. 17, 2013다84995).

④ (○) : 채권자가 사해행위 취소로써 전득자를 상대로 채무자와 수익자 사이의 법률행위 취소를 구하는 경우, 전득자의 악의는 전득행위 당시 취소를 구하는 법률행위가 채권자를 해한다는 사실, 즉 사해행위의 객관적 요건을 구비하였다는 것에 대한 인식을 의미하므로, 전득자의 악의 판단에서는 전득자가 전득행위 당시 채무자와 수익자 사이의 법률행위의 사해성을 인식하였는지만이 문제가 될 뿐이고, 수익자가 채무자와 수익자 사이 법률행위의 사해성을 인식하였는지는 원칙적으로 문제가 되지 않는다(대판 2012. 8. 17, 2010다87672).

⑤ (○) : [1] 무자력상태의 채무자가 소송절차를 통해 수익자에게 자신의 책임재산을 이전하기로 하여, 수익자가 제기한 소송에서 자백하는 등의 방법으로 패소판결 또는 그와 같은 취지의 화해권고결정 등을 받아 확정시키고, 이에 따라 수익자 앞으로 책임재산에 대한 소유권이전등기 등이 마쳐졌다면, 이러한 일련의 행위의 실질적인 원인이 되는 채무자와 수익자 사이의 이전합의는 다른 일반채권자의 이익을 해하는 사해행위가 될 수 있다. [2] 채권자가 사해행위의 취소와 함께 수익자 또는 전득자로부터 책임재산의 회복을 명하는 사해행위취소의 판결을 받은 경우 수익자 또는 전득자가 채권자에 대하여 사해행위의 취소로 인한 원상회복 의무를 부담하게 될 뿐, 채권자와 채무자 사이에서 취소로 인한 법률관계가 형성되는 것은 아니다. 따라서 위와 같이 **채무자와 수익자 사이의 소송절차에서 확정판결 등을 통해 마쳐진 소유권이전등기가 사해행위취소로 인한 원상회복으로써 말소된다**고 하더라도, 그것이 확정판결 등의 효력에 반하거나 모순되는 것이라고는 할 수 없다(대판 2017. 4. 7, 2016다204783).

168 **2022. 6. 22. 甲은 채무초과 상태에서 그 소유의 유일한 재산인 X 부동산을 乙에게 매도하고, 2022. 8. 22. 소유권이전등기를 경료해 주었다. 甲의 채권자 丙은 사해행위취소의 소를 적법하게 제기하였다. 이에 관한 설명 중 옳은 것(○)과 옳지 않은 것(×)을 올바르게 조합한 것은? (각 지문은 독립적이며, 다툼이 있는 경우 판례에 의함)** 〈2023년 변호사시험〉

ㄱ. X 부동산에 관하여 채권자를 丁, 채무자를 甲, 채권최고액을 3억 9천만 원으로 하는 근저당권이 설정되어 있었던 경우, 매매 당시 X 부동산의 가액은 3억 원, 피담보채권액은 3억 4천만 원일 때 甲의 매매행위는 사해행위에 해당한다.

정답 168. ①

ㄴ. X 부동산에 근저당권이 설정되어 있었던 상태에서 사해행위 후 채권 전액을 변제하여 근저당권설정등기가 말소된 경우, 丙은 가액의 배상을 구할 수 있을 뿐이고 그 가액산정은 사해행위 당시를 기준으로 하여야 한다.
ㄷ. 丙이 乙을 상대로 사해행위취소의 소를 제기하여 乙로부터 원상회복으로 직접 가액배상을 받을 경우, 乙이 甲에 대한 반대채권이 있다면 이를 가지고 상계를 주장할 수 없다.

① ㄱ(×), ㄴ(×), ㄷ(○) ② ㄱ(×), ㄴ(○), ㄷ(×) ③ ㄱ(×), ㄴ(○), ㄷ(○)
④ ㄱ(○), ㄴ(×), ㄷ(×) ⑤ ㄱ(○), ㄴ(×), ㄷ(○)

해 설

ㄱ. (×) : 채무자가 양도한 부동산에 제3자의 채무를 담보하기 위한 근저당권이 설정되어 있는 경우 그 부동산에서 일반 채권자들의 공동담보로 되는 책임재산은 **채권최고액을 한도로 실제 부담하고 있는 피담보채권액을 뺀 나머지 부분**이다. 따라서 **근저당권의 피담보채권액과 채권최고액이 모두 부동산 가격을 초과하는 때**에는 일반 채권자들의 공동담보로 되는 책임재산이 없으므로 부동산의 양도가 사해행위에 해당하지 않는다(대판 2018. 4. 24, 2017다287891).

[동지판례] 저당권이 설정되어 있는 부동산이 사해행위로 양도된 경우에 그 사해행위는 부동산의 가액, 즉 시가(공시지가와 일치하는 것은 아니다)에서 저당권의 피담보채권액을 공제한 잔액의 범위 내에서 성립하고, 피담보채권액이 부동산의 가액을 초과하는 때에는 당해 부동산의 양도는 사해행위에 해당한다고 할 수 없는바, 여기서 피담보채권액이라 함은 근저당권의 경우 채권최고액이 아니라 실제로 이미 발생하여 있는 채권금액이다(대판 2001. 10. 9, 2000다42618).

ㄴ. (×) : 어느 부동산에 관한 법률행위가 사해행위에 해당하는 경우에는 원칙적으로 그 사해행위를 취소하고 소유권이전등기의 말소 등 부동산 자체의 회복을 명하여야 하는 것이나, 저당권이 설정되어 있는 부동산에 관하여 사해행위가 이루어진 경우에 그 사해행위는 부동산의 가액에서 저당권의 피담보채권액을 공제한 잔액의 범위 내에서만 성립한다고 보아야 하므로 사해행위 후 변제 등에 의하여 저당권설정등기가 말소된 경우, 사해행위를 취소하여 그 부동산 자체의 회복을 명하는 것은 당초 일반 채권자들의 공동담보로 되어 있지 아니하던 부분까지 회복시키는 것이 되어 공평에 반하는 결과가 되어, 그 부동산의 가액에서 저당권의 피담보채권액을 공제한 잔액의 한도에서 사해행위를 취소하고 그 가액의 배상을 명할 수 있을 뿐이므로, 사해행위의 목적인 부동산에 수 개의 저당권이 설정되어 있다가 사해행위 후 그 중 일부의 저당권만이 말소된 경우에도 사해행위의 취소에 따른 원상회복은 가액배상의 방법에 의할 수밖에 없을 것이고, 그 경우 배상하여야 할 가액은 사해행위 취소시인 **사실심 변론종결시**를 기준으로 하여 그 부동산의 가액에서 말소된 저당권의 피담보채권액과 말소되지 아니한 저당권의 피담보채권액을 모두 공제하여 산정하여야 한다(대판 1998. 2. 13, 97다6711).

ㄷ. (○) : 수익자로 하여금 자기의 채무자에 대한 반대채권으로써 상계를 허용하는 것은 사해행위에 의하여 이익을 받은 수익자를 보호하고 다른 채권자의 이익을 무시하는 결과가 되어 위 제도의 취지에 반하므로, 수익자가 채권자취소에 따른 원상회복으로서 가액배상을 할 때에 채무자에 대한 채권자라는 이유로 채무자에 대하여 가지는 자기의 채권과의 상계를 주장할 수는 없다(대판 2001. 6. 1, 99다63183).

169 채권자취소권에 관한 설명 중 옳지 않은 것은? (각 지문은 독립적이며, 다툼이 있는 경우 판례에 의함)

〈2024년 변호사시험〉

① 사해행위로 부동산 소유권이 이전된 후 그 부동산에 관하여 제3자가 저당권이나 지상권 등의 권리

정답 169. ⑤

를 취득한 경우 채권자는 수익자를 상대로 사해행위취소 및 채무자에 대한 소유권이전등기절차의 이행을 청구할 수 있다.

② 甲이 2023. 7.경 자신의 유일한 재산인 X 부동산을 배우자인 乙에게 명의신탁하였는데, 甲이 위 명의신탁약정의 해지를 전제로 X 부동산을 丙에게 매도하고, 甲, 乙, 丙 간의 합의하에 乙에게서 곧바로 丙 앞으로 소유권이전등기를 마쳐 준 경우, 甲과 丙 사이의 위 매매는 甲의 일반채권자들을 해하는 사해행위에 해당할 수 있다.

③ 채무자가 그 소유의 유일한 재산인 부동산에 관하여 매매예약에 따른 예약완결권의 제척기간 경과가 임박한 상태에서 제척기간을 연장하기 위하여 새로 매매예약을 하는 행위는 채권자취소권의 대상인 사해행위가 될 수 있다.

④ 사해행위가 있은 후 채권자가 취소원인이 있음을 알면서 피보전채권을 양도하고 양수인이 그 채권을 보전하기 위하여 채권자취소권을 행사하는 경우에는, 그 채권의 양도인이 취소원인을 안 날을 기준으로 제척기간 도과 여부를 판단하여야 한다.

⑤ 乙이 2023. 7.경 친구인 甲과 체결한 명의신탁약정에 따라 명의신탁 사실을 알지 못하는 X 부동산의 소유자 丙과 X 부동산에 대한 매매계약을 체결하고 乙 명의로 소유권이전등기가 경료된 후 채무초과 상태에 있는 甲이 실질적인 당사자가 되어 X 부동산을 제3자에게 매도하였다면, 甲의 매도행위는 甲의 일반채권자에 대한 사해행위가 된다.

해 설

① (○) : 자기 앞으로 소유권을 표상하는 등기가 되어 있었거나 법률에 의하여 소유권을 취득한 자가 진정한 등기명의를 회복하기 위한 방법으로는 그 등기의 말소를 구하는 외에 현재의 등기명의인을 상대로 직접 소유권이전등기절차의 이행을 구하는 것도 허용되어야 하는바, 이러한 법리는 사해행위 취소소송에 있어서 취소 목적 부동산의 등기명의를 수익자로부터 채무자 앞으로 복귀시키고자 하는 경우에도 그대로 적용될 수 있다고 할 것이고, 따라서 채권자는 사해행위의 취소로 인한 원상회복 방법으로 수익자 명의의 등기의 말소를 구하는 대신 수익자를 상대로 채무자 앞으로 직접 소유권이전등기절차를 이행할 것을 구할 수도 있다(대판 2000. 2. 25, 99다53704).

② (○) : 부부간의 명의신탁약정은 특별한 사정이 없는 한 유효하고, 이때 명의신탁자는 명의수탁자에 대하여 신탁해지를 하고 신탁관계의 종료 그것만을 이유로 하여 소유 명의의 이전등기절차의 이행을 청구할 수 있음은 물론, 신탁해지를 원인으로 하고 소유권에 기해서도 그와 같은 청구를 할 수 있는데, 이와 같이 명의신탁관계가 종료된 경우 신탁자의 수탁자에 대한 소유권이전등기청구권은 신탁자의 일반채권자들에게 공동담보로 제공되는 책임재산이 된다. 그런데 신탁자가 유효한 명의신탁약정을 해지함을 전제로 신탁된 부동산을 제3자에게 직접 처분하면서 수탁자 및 제3자와의 합의 아래 중간등기를 생략하고 수탁자에게서 곧바로 제3자 앞으로 소유권이전등기를 마쳐 준 경우 이로 인하여 신탁자의 책임재산인 수탁자에 대한 소유권이전등기청구권이 소멸하게 되므로, 이로써 신탁자의 소극재산이 적극재산을 초과하게 되거나 채무초과상태가 더 나빠지게 되고 신탁자도 그러한 사실을 인식하고 있었다면 이러한 신탁자의 법률행위는 신탁자의 일반채권자들을 해하는 행위로서 사해행위에 해당한다(대판 2016. 7. 29, 2015다56086).

③ (○) : 채무자가 유일한 재산인 그 소유의 부동산에 관한 매매예약에 따른 예약 완결권이 제척기간 경과가 임박하여 소멸할 예정인 상태에서 제척기간을 연장하기 위하여 새로 매매예약을 하는 행위는 채무자가 부담하지 않아도 될 채무를 새롭게 부담하게 되는 결과가 되므로 채권자취소권의 대상인 사해행위가 될 수 있다(대판 2018. 11. 29, 2017다247190).

④ (○) : 사해행위가 있은 후 채권자가 취소원인을 알면서 피보전채권을 양도하고 양수인이 그 채권을 보전하기 위하여 채권자취소권을 행사하는 경우에는, 채권의 양도인이 취소원인을 안 날을 기준으로 제척기간 도과

여부를 판단하여야 한다(대판 2018. 4. 10, 2016다272311).

⑤ (×) : 부동산 실권리자명의 등기에 관한 법률 제4조 제1항, 제2항에 의하면 이른바 계약명의신탁약정에 따라 수탁자가 당사자가 되어 명의신탁약정이 있다는 사실을 알지 못하는 소유자와 사이에 부동산에 관한 매매계약을 체결한 후 그 매매계약에 따라 수탁자 명의로 소유권이전등기를 마친 경우에는 신탁자와 수탁자 사이의 명의신탁약정의 무효에도 불구하고 수탁자는 당해 부동산의 완전한 소유권을 취득하게 되고, 다만 수탁자는 신탁자에 대하여 매수대금 상당의 부당이득반환의무를 부담하게 된다. 또한 신탁자와 수탁자 사이에 신탁자의 지시에 따라 부동산의 소유 명의를 이전하기로 약정하였더라도 이는 명의신탁약정이 유효함을 전제로 명의신탁 부동산 자체의 반환을 구하는 범주에 속하는 것에 해당하여 역시 무효이다. 그리고 이와 같이 신탁자가 수탁자에 대하여 부당이득반환채권만을 가지는 경우에는 그 부동산은 신탁자의 일반채권자들의 공동담보에 제공되는 책임재산이라고 볼 수 없고, 신탁자가 위 부동산에 관하여 제3자와 매매계약을 체결하는 등 신탁자가 실질적인 당사자가 되어 처분행위를 하고 소유권이전등기를 마쳐주었다고 하더라도 그로써 신탁자의 책임재산에 감소를 초래한 것이라고 할 수 없으므로, 이를 들어 신탁자의 일반채권자들을 해하는 사해행위라고 할 수 없다(대판 2013. 9. 12, 2011다89903).

170 **甲에 대하여 금전채무를 부담하고 있는 乙이 자기 소유의 유일한 재산인 부동산을 丙에게 증여하고 소유권이전등기를 경료해 주었고, 그 후 丙이 이를 다시 丁에게 매도하고 소유권이전등기를 경료해 주었다. 甲이 채권자취소권을 행사하는 경우에 관한 설명 중 옳지 않은 것은? (다툼이 있는 경우에는 판례에 의함)** 〈2005년 사법시험〉

① 甲은 丙을 상대로 乙, 丙 사이의 증여계약을 취소하고, 부동산소유권이전에 갈음하는 가액의 반환을 청구할 수 있다. 이 경우 취소판결의 효력은 乙과 丁에게는 미치지 않는다.

② 甲은 丁을 상대로 乙, 丙 사이의 증여계약을 취소하고, 원상회복의 방법으로 丁 명의의 소유권이전등기의 말소를 청구할 수 있으나, 직접 乙 앞으로 소유권이전등기를 청구할 수 없다.

③ 원칙적으로 甲은 乙에게 원상회복된 책임재산에 대한 강제집행절차를 통해서 채권의 만족을 받아야 하며, 이 경우 甲에게 우선변제권이 인정되는 것은 아니다.

④ 丙이 사해행위 취소에 따른 원상회복으로서 가액배상을 하여야 할 때, 자신도 乙에 대한 채권자라는 이유로 乙에 대하여 가지는 자기의 채권과 상계를 주장할 수 없다.

⑤ 甲의 사해행위취소소송은 甲이 취소의원인을 안 날로부터 1년내에 제기하여야 하는데, 취소의 원인을 안 날이란 단순히 乙의 丙에 대한 증여가 있었다는 사실을 아는 것만으로는 부족하고 그 증여가 채권자를 해하게 된다는 것까지 안 날을 말한다.

해 설

① (○) : [1] 채권자가 채권자취소권을 행사하려면 사해행위로 인하여 이익을 받은 자나 전득한 자를 상대로 그 법률행위의 취소를 청구하는 소송을 제기하여야 되는 것으로서 채무자를 상대로 그 소송을 제기할 수는 없다. [2] 채권자가 전득자를 상대로 하여 사해행위의 취소와 함께 책임재산의 회복을 구하는 사해행위취소의 소를 제기한 경우에 그 취소의 효과는 채권자와 전득자 사이의 상대적인 관계에서만 생기는 것이고 채무자 또는 채무자와 수익자 사이의 법률관계에는 미치지 않는 것이므로, 이 경우 취소의 대상이 되는 사해행위는 채무자와 수익자 사이에서 행하여진 법률행위에 국한되고, 수익자와 전득자 사이의 법률행위는 취소의 대상이 되지 않는다(대판 2004. 8. 30, 2004다21923). ☞ 피고는 수익자 또는 전득자이고 사해행위의 취소의 효력은 상대적이다.

② (×) : 자기 앞으로 소유권을 표상하는 등기가 되어 있었거나 법률에 의하여 소유권을 취득한 자가 진정한 등기명의를 회복하기 위한 방법으로는 그 등기의 말소를 구하는 외에 현재의 등기명의인을 상대로 직접 소유권

정답 170. ②

이전등기절차의 이행을 구하는 것도 허용되어야 하는바, 이러한 법리는 사해행위 취소소송에 있어서 취소 목적 부동산의 등기명의를 수익자로부터 채무자 앞으로 복귀시키고자 하는 경우에도 그대로 적용될 수 있다고 할 것이고, 따라서 채권자는 사해행위의 취소로 인한 원상회복 방법으로 수익자 명의의 등기의 말소를 구하는 대신 수익자를 상대로 채무자 앞으로 직접 소유권이전등기절차를 이행할 것을 구할 수도 있다(대판 2000. 2. 25, 99다53704).

③ (○) : 사해행위의 취소와 원상회복은 모든 채권자의 이익을 위하여 그 효력이 있으므로(민법 제407조), 채권자취소권의 행사로 채무자에게 회복된 재산에 대하여 취소채권자가 우선변제권을 가지는 것이 아니라 다른 채권자도 총채권액 중 자기의 채권에 해당하는 안분액을 변제받을 수 있는 것이지만, 이는 채권의 공동담보로 회복된 채무자의 책임재산으로부터 민사집행법 등의 법률상 절차를 거쳐 다른 채권자도 안분액을 지급받을 수 있다는 것을 의미하는 것일 뿐, 다른 채권자가 이러한 법률상 절차를 거치지 아니하고 취소채권자를 상대로 하여 안분액의 지급을 직접 구할 수 있는 권리를 취득한다거나, 취소채권자에게 인도받은 재산 또는 가액배상금에 대한 분배의무가 인정된다고 볼 수는 없다(대판 2008. 6. 12, 2007다37837). ☞ 채권자대위권과 취소권은 우선적 효력이 있는 것이 아니고 일정한 경우 상계로서 사실상 우선적 만족을 얻을 수 있을 뿐이다.

④ (○) : 대판 2001. 2. 27, 2000다44348 참조

⑤ (○) : 대판 1989. 9. 12, 88다카26475 참조

171 채권자취소권에 관한 아래 〈사례〉에 대한 다음 〈설명〉 중 옳은 것을 모두 고른 것은?

〈2019년 법원행시〉

〈사 례〉

- 2016. 1. 1. 甲은 乙에게 5천만 원을 대여하였다.
- 2016. 6. 1. 乙은 A은행으로부터 2천만 원을 빌리면서 자신 소유의 유일한 재산인 X토지에 관하여 1순위 근저당권(채권최고액 3천만 원)을 설정하였다.
- 2016. 7. 1. 乙은 B은행으로부터 1천만 원을 빌리면서 위 X토지에 관하여 2순위 근저당권(채권최고액 2천만 원)을 설정하였다.
- 2017. 3. 1. 乙은 위 X토지(당시 시가 7천만 원)를 처남 丙에게 5천만 원에 매도하고, 같은 날 丙 앞으로 소유권이전등기를 마쳐 주었다.
- 2017. 3. 15. 丙은 A은행에 대한 2천만 원의 피담보채무액 전액을 변제하고 1순위 근저당권설정등기를 말소하였다.
- 2017. 6. 1. 甲은 乙의 위 X토지 매도사실과 그로 인해 乙이 무자력이 된 사실을 알게 되었다.
- 2018. 5. 1. 甲은 乙과 丙 사이의 매매행위가 사해행위라고 주장하면서, 乙과 丙을 상대로 위 2017. 3. 1.자 매매계약의 취소 및 원상회복을 구하는 소를 제기하였다.
- 2018. 12. 31. 甲이 제기한 소송의 변론이 종결되었다(변론종결일 현재 甲이 가진 대여금채권의 원금, 이자 및 지연손해금의 합계는 6천 5백만 원이고, X토지의 시가는 8천만 원이며, B은행에 대한 乙의 피담보채무액 1천만 원은 변동이 없다).

〈설 명〉

ㄱ. 甲이 乙을 상대로 한 소제기는 피고적격이 없어 부적법하다.

정답 171. ②

ㄴ. 丙을 상대로 한 소송에서 법원은 사해행위취소에 따른 원상회복으로서 丙 명의의 소유권이전등기의 말소등기절차의 이행을 명할 수 있다.
ㄷ. 법원이 사해행위취소에 따른 원상회복으로서 丙에게 가액배상을 명한다면, 丙이 甲에게 지급하여야 할 금액은 6천 5백만 원이다.
ㄹ. 법원이 사해행위취소에 따른 원상회복으로서 丙에게 가액배상을 명한다면, 丙이 甲에게 지급하여야 할 금액은 5천만 원이다.

① ㄱ, ㄴ ② ㄱ, ㄹ ③ ㄴ, ㄷ ④ ㄱ, ㄴ, ㄷ ⑤ ㄱ, ㄷ

해 설

ㄱ. (○) : 채권자가 채권자취소권을 행사하려면 사해행위로 인하여 이익을 받은 자나 전득한 자를 상대로 그 법률행위의 취소를 청구하는 소송을 제기하여야 되는 것으로서 채무자를 상대로 그 소송을 제기할 수는 없다(대판 2004. 8. 30, 2004다21923).
ㄴ. (×) : 어느 부동산의 매매계약이 사해행위에 해당하는 경우에는 원칙적으로 그 매매계약을 취소하고 그 소유권이전등기의 말소 등 부동산 자체의 회복을 명하여야 하지만, 그 사해행위가 저당권이 설정되어 있는 부동산에 관하여 당해 저당권자 이외의 자와의 사이에 이루어지고 그 후 변제 등에 의하여 저당권설정등기가 말소된 때에는, 매매계약 전부를 취소하여 그 부동산 자체의 회복을 명하는 것은 당초 담보로 되어 있지 아니하던 부분까지 회복시키는 것이 되어 공평에 반하는 결과가 되므로, 그 부동산의 가액에서 저당권의 피담보채권액을 공제한 잔액의 한도에서 그 매매계약의 일부 취소와 그 가액의 배상을 구할 수 있을 뿐 부동산 자체의 회복을 구할 수는 없다(대판 1996. 10. 29, 96다23207).
ㄷ. (×), ㄹ. (○) : ① 사해행위취소에 따른 원상회복으로 가액배상을 명하는 경우, 그 가액 산정의 기준시기는 사실심 변론종결시이다(대판 2010. 2. 25, 2007다28819, 28826). ☞ 사안에서 변론종결일 당시 X토지의 시가는 8천만 원이다. ② 취소채권자의 채권액에는 사해행위 이후 사실심 변론종결시까지 발생한 이자나 지연손해금이 포함된다(대판 2002. 4. 12, 2000다63912). ☞ 사안에서 변론종결일 현재 甲이 가진 대여금채권의 원금, 이자 및 지연손해금의 합계는 6천 5백만 원이므로 甲은 6천 5백만 원의 범위 내에서 가액배상을 청구할 수 있다. iii) 사해행위의 목적인 부동산에 수 개의 저당권이 설정되어 있다가 사해행위 후 그 중 일부의 저당권만이 말소된 경우에도 사해행위의 취소에 따른 원상회복은 가액배상의 방법에 의할 수밖에 없을 것이고, 그 경우 배상하여야 할 가액은 사해행위 취소시인 사실심 변론종결시를 기준으로 하여 그 부동산의 가액에서 말소된 저당권의 피담보채권액과 말소되지 아니한 저당권의 피담보채권액을 모두 공제하여 산정하여야 한다(대판 1998. 2. 13, 97다6711). ☞ 사안에서 말소된 A은행의 저당권의 피담보채권액 2천만 원과 말소되지 아니한 B은행의 피담보채권액 1천만 원을 모두 공제해야 한다. 따라서 丙이 甲에게 지급해야 할 금액은 8천만 원 - (2천만 원 + 1천만 원) = 5천만 원이다.

[보충지문] 2개의 저당권이 설정되어 있는 부동산에 관하여 사해행위가 이루어진 후 변제에 의하여 1개의 저당권설정등기가 말소된 상태에서 위 사해행위를 취소하고 가액배상을 하여야 할 경우, 배상하여야 할 가액은 부동산의 가액에서 이미 말소된 저당권의 피담보채권액과 아직 말소되지 아니한 저당권의 피담보채권액을 공제하여 산정한다(○). 〈2006년 사법시험〉

보충지문

172 채권자취소권은 재판상 또는 재판 외에도 행사할 수 있다. 〈2017년 공인노무사〉

해설 민법 제406조 제1항은 "채무자가 채권자를 해함을 알고 재산권을 목적으로 한 법률행위를 한 때에는 채권자는 그 취소 및 원상회복을 법원에 청구할 수 있다."고 규정하고 있다. 따라서 채권자취소권은 재판상으로만 행사할 수 있다.

173 채권자취소권을 행사하기 위해서는 처분행위 당시 채권자를 해하는 것이기만 하면 되므로, 사실심 변론종결 당시에 채무자가 자력을 회복하여 채권자를 해하지 않게 된 경우에도 채권자취소권 행사가 가능하다. 〈2016년 변호사시험〉

해설 사해성의 요건은 행위 당시는 물론 채권자가 취소권을 행사할 당시(사해행위취소소송의 사실심 변론종결시)에도 갖추고 있어야 하므로, 처분행위 당시에는 채권자를 해하는 것이었더라도 그 후 채무자가 자력을 회복하거나 채무가 감소하여 취소권 행사시에 채권자를 해하지 않게 되었다면, 채권자취소권에 의하여 책임재산을 보전할 필요성이 없으므로 채권자취소권은 소멸한다(대판 2009. 3. 26, 2007다63102).

174 채권자취소권은 재산권을 목적으로 한 법률행위에 대해서만 행사할 수 있다. 〈2007년 법무사〉

해설 민법 제406조 제1항 참조

175-1 가족법상의 법률행위는 재산권을 목적으로 하더라도 채권자취소권의 대상이 되지 않는다. 〈2008년 공인노무사〉

175-2 상속재산의 분할협의는 채권자취소권의 대상이 될 수 없다. 〈2017년 공인노무사〉

175-3 이미 채무초과 상태에 있는 채무자가 상속재산의 분할협의를 하면서 자신의 상속분에 관한 권리를 포기함으로써 일반 채권자에 대한 공동담보가 감소되는 결과가 발생한 경우에는 분할협의를 사해행위라는 이유로 취소할 수 있다. 〈2013년 사법시험〉

175-4 甲에 대하여 억대에 이르는 채무를 부담하는 등 거액의 채무초과 상태에서 별다른 재산이 없던 채무자 乙은 그 어머니인 丙으로부터 상속을 받게 되자, 다른 공동상속인들인 A, B, C, D와 사이에 상속재산분할협의를 하면서 망인 丙의 상속재산으로 시가 3억 9,000만 원 상당의 부동산과 丙 명의의 7,000만 원 상당의 예금이 있었음에도, 위 부동산에 대한 자신의 상속지분 2/13를 포기하고 대신 현금으로만 8,000만 원을 지급받기로 합의하였다. 이 경우 위 상속재산분할협의는 사해행위취소의 대상이 될 수 있다. 〈2019년 법무사〉

해설 상속재산의 분할협의는 상속이 개시되어 공동상속인 사이에 잠정적 공유가 된 상속재산에 대하여 그 전부 또는 일부를 각 상속인의 단독소유로 하거나 새로운 공유관계로 이행시킴으로써 상속재산의 귀속을 확정시키는 것으로 그 성질상 재산권을 목적으로 하는 법률행위이므로 사해행위취소권 행사의 대상이 될 수 있고, 한편 채무자가 자기의 유일한 재산인 부동산을 매각하여 소비하기 쉬운 금전으로 바꾸거나 타인에게 무상으로 이전하여 주는 행위는 특별한 사정이 없는 한 채권자에 대하여 사해행위가 되는 것이므로, 이미 채무초과

정답 172. (×) 173. (×) 174. (○) 175-1. (×) 175-2. (×) 175-3. (○) 175-4. (○)

상태에 있는 채무자가 상속재산의 분할협의를 하면서 자신의 상속분에 관한 권리를 포기함으로써 일반 채권자에 대한 공동담보가 감소한 경우에도 원칙적으로 채권자에 대한 사해행위에 해당한다(대판 2007. 7. 26, 2007다29119).

176 이미 채무초과 상태에 있는 채무자가 상속을 포기하는 것은 사해행위취소의 대상이 되지 않는다. 그러나 이미 채무초과 상태에 있는 채무자가 상속재산분할협의를 하면서 자신의 상속분에 관한 권리를 포기하는 것은 사해행위취소의 대상이 될 수 있고, 마찬가지로 유증을 포기하는 것도 사해행위취소의 대상이 될 수 있다. 〈2020년 법원행시〉

해설 ① 상속인의 채권자의 입장에서는 상속의 포기가 그의 기대를 저버리는 측면이 있다고 하더라도 채무자인 상속인의 재산을 현재의 상태보다 악화시키지 아니한다. 이러한 점들을 종합적으로 고려하여 보면, 상속의 포기는 민법 제406조 제1항에서 정하는 "재산권에 관한 법률행위"에 해당하지 아니하여 사해행위취소의 대상이 되지 못한다(대판 2011. 6. 9, 2011다29307), ② 상속재산의 분할협의는 그 성질상 재산권을 목적으로 하는 법률행위이므로 사해행위취소권 행사의 대상이 될 수 있다(대판 2007. 7. 26, 2007다29119), ③ 유증을 받을 자는 유언자의 사망 후에 언제든지 유증을 승인 또는 포기할 수 있고, 그 효력은 유언자가 사망한 때에 소급하여 발생하므로(민법 제1074조), 채무초과 상태에 있는 채무자라도 자유롭게 유증을 받을 것을 포기할 수 있다. 또한 채무자의 유증 포기가 직접적으로 채무자의 일반재산을 감소시켜 채무자의 재산을 유증 이전의 상태보다 악화시킨다고 볼 수도 없다. 따라서 유증을 받을 자가 이를 포기하는 것은 사해행위 취소의 대상이 되지 않는다고 보는 것이 옳다(대판 2019. 1. 17, 2018다260855).

177 협의 또는 심판에 의하여 구체화되지 않은 재산분할청구권은 채무자의 책임재산에 해당하지 아니하고 이를 포기하는 행위 또한 채권자취소권의 대상이 될 수 없다. 〈2017년 법무사〉

해설 이혼으로 인한 재산분할청구권은 이혼을 한 당사자의 일방이 다른 일방에 대하여 재산분할을 청구할 수 있는 권리로서 이혼이 성립한 때에 그 법적 효과로서 비로소 발생하는 것일 뿐만 아니라, 협의 또는 심판에 의하여 구체적 내용이 형성되기까지는 그 범위 및 내용이 불명확·불확정하기 때문에 구체적으로 권리가 발생하였다고 할 수 없으므로 협의 또는 심판에 의하여 구체화되지 않은 재산분할청구권은 채무자의 책임재산에 해당하지 아니하고, **이를 포기하는 행위** 또한 채권자취소권의 대상이 될 수 없다(대판 2013. 10. 11, 2013다7936).

[참고 판례] 이미 채무초과 상태에 있는 채무자가 이혼을 함에 있어 자신의 배우자에게 재산분할로 일정한 재산을 양도함으로써 결과적으로 일반 채권자에 대한 공동담보를 감소시키는 결과로 되어도, 위 **재산분할**이 민법 제839조의2 제2항 규정의 취지에 따른 상당한 정도를 벗어나는 과대한 것이라고 인정할 만한 특별한 사정이 없는 한 사해행위로서 채권자에 의한 취소의 대상으로 되는 것은 아니라고 할 것이고, 다만 위와 같은 상당한 정도를 벗어나는 초과부분에 관한 한 적법한 재산분할이라고 할 수 없기 때문에 그 취소의 대상으로 될 수 있다고 할 것인바, 위와 같이 상당한 정도를 벗어나는 과대한 재산분할이라고 볼 만한 특별한 사정이 있다는 점에 관한 입증책임은 채권자에게 있다(대판 2000. 7. 28, 2000다14101).

178 재산분할청구권의 보전을 위해서도 사해행위취소권을 행사할 수 있다. 〈2018년 법무사〉

해설 민법 제839조의3(재산분할청구권 보전을 위한 사해행위취소권) ① 부부의 일방이 다른 일방의 재산분할청구권 행사를 해함을 알면서도 재산권을 목적으로 하는 법률행위를 한 때에는 다른 일방은 제406조 제1항

정답 176. (×) 177. (○) 178. (○)

을 준용하여 그 취소 및 원상회복을 가정법원에 청구할 수 있다. ② 제1항의 소는 제406조 제2항의 기간 내에 제기하여야 한다.

[참고 판례] 이혼으로 인한 재산분할청구권은 협의 또는 심판에 의하여 그 구체적 내용이 형성되기까지는 그 범위 및 내용이 불명확·불확정하기 때문에 구체적으로 권리가 발생하였다고 할 수 없으므로 이를 보전하기 위하여 채권자대위권을 행사할 수 없다(대판 1999. 4. 9, 98다58016).

179-1 채권자는 채무자와 수익자(또는 전득자) 전원을 상대방으로 하여 소송의 방법으로 채권자취소권을 행사하여야 한다. 〈2008년 공인노무사〉

179-2 채권자취소소송은 사해행위로 인하여 이익을 받은 자나 그로부터 전득한 자를 피고로 하여야 하고, 채무자는 피고적격이 없다. 〈2012년 변호사시험〉

해설 채권자취소권(사해행위취소권)은 채권자의 공동담보인 채무자의 책임재산의 감소를 방지하기 위한 것이므로 특정물에 대한 소유권이전등기청구권을 보전하기 위하여는 채권자취소권을 행사할 수 없고 또 채권자취소의 소에 있어 상대방은 채무자가 아니라 그 수익자나 전득자가 되어야 한다(대판 1988. 2. 23, 87다카1586).

180 채권자가 전득자를 상대로 하여 사해행위취소의 소를 제기하는 경우, 취소의 대상이 되는 사해행위는 채무자와 수익자 사이에서 행하여진 법률행위에 국한될 뿐 수익자와 전득자 사이의 법률행위는 그 대상이 되지 않는다. 〈2015년 변호사시험〉

해설 채권자가 전득자를 상대로 하여 사해행위의 취소와 함께 책임재산의 회복을 구하는 사해행위취소의 소를 제기한 경우에 그 취소의 효과는 채권자와 전득자 사이의 상대적인 관계에서만 생기는 것이고 채무자 또는 채무자와 수익자 사이의 법률관계에는 미치지 않는 것이므로, 이 경우 취소의 대상이 되는 사해행위는 채무자와 수익자 사이에서 행하여진 법률행위에 국한되고, 수익자와 전득자 사이의 법률행위는 취소의 대상이 되지 않는다(대판 2004. 8. 30, 2004다21923).

181 사해행위취소판결의 기판력은 그 취소권을 행사한 채권자와 그 상대방인 수익자 또는 전득자에게 미치고, 채무자에게는 그가 소송계속 사실을 알았을 경우라도 미치지 않는다. 〈2012년 변호사시험〉

해설 사해행위취소판결의 기판력은 그 취소권을 행사한 채권자와 그 상대방인 수익자 또는 전득자와의 상대적인 관계에서만 미칠 뿐 그 소송에 참가하지 아니한 채무자 또는 채무자와 수익자 사이의 법률관계에는 미치지 아니한다(대판 1988. 2. 23, 87다카1989).

182 채권자가 채무자를 상대로 그 채무의 이행을 구하는 소를 제기하여 승소판결이 확정되었다 하더라도 그 판결의 기판력이 수익자에게 미치는 것은 아니므로, 채권자가 수익자를 상대로 하여 제기한 채권자취소소송에서 수익자는 위 승소판결에서 확정된 채권자의 채권의 존부나 범위에 관하여 다툴 수 있다. 〈2006년 사법시험〉

해설 채권자가 채무자를 상대로 그 채무의 이행을 구하는 소를 제기하여 승소판결이 확정되면 채권자취소소송의 상대방인 수익자나 전득자는 그와 같이 확정된 채권자의 채권의 존부나 범위에 관하여 다툴 수 없다(대판 2003. 7. 11, 2003다19572).

정답 179-1. (×) 179-2. (○) 180. (○) 181. (○) 182. (×)

183 **채무자의 채권자는 사해행위의 수익자 또는 전득자에 대하여 회생절차가 개시되더라도 관리인을 상대로 사해행위의 취소 및 그에 따른 원물반환을 구하는 사해행위취소의 소를 제기할 수 있다.** 〈2015년 법무사〉

해 설 채무자의 채권자는 사해행위의 수익자 또는 전득자에 대하여 회생절차가 개시되더라도 관리인을 상대로 사해행위의 취소 및 그에 따른 원물반환을 구하는 사해행위취소의 소를 제기할 수 있다(대판 2014. 9. 4, 2014다36771).

184 **채무자의 재산처분행위가 사해행위가 되는지는 처분행위 당시를 기준으로 판단하여야 하며, 설령 재산처분행위가 정지조건부인 경우라 하더라도 특별한 사정이 없는 한 마찬가지이다.** 〈2018년 법무사〉

해 설 어느 시점에서 사해행위에 해당하는 법률행위가 있었는가를 따질 때에는 당사자 사이의 이해관계에 미치는 중대한 영향을 고려하여 신중하게 이를 판정하여야 하고, 채무자의 재산처분행위가 사해행위가 되는지는 처분행위 당시를 기준으로 판단하여야 하며, 설령 재산처분행위가 정지조건부인 경우라 하더라도 특별한 사정이 없는 한 마찬가지이다(대판 2013. 6. 28, 2013다8564).

185 **채무자가 연속하여 수개의 재산행위를 한 경우에는 채권자취소권에 관하여 각 행위별로 그로 인하여 무자력이 초래되었는지 여부에 따라 사해성을 판단하는 것이 원칙이다.** 〈2017년 법무사〉

해 설 채무자의 재산처분행위가 사해행위가 되기 위해서는 그 행위로 말미암아 채무자의 총재산의 감소가 초래되어 채권의 공동담보에 부족이 생기게 되어야 하는 것, 즉 채무자의 소극재산이 적극재산보다 많아져야 하는 것인바, 채무자가 연속하여 수개의 재산처분행위를 한 경우에는, 그 행위들을 하나의 행위로 보아야 할 특별한 사정이 없는 한, 일련의 행위를 일괄하여 그 전체의 사해성 여부를 판단할 것이 아니라 각 행위마다 그로 인하여 무자력이 초래되었는지 여부에 따라 사해성 여부를 판단하여야 한다(대판 2002. 9. 24, 2002다23857).

186-1 **채권자취소권에 의해 보전되는 채권은 특별한 경우 사해행위 이후에도 성립할 수 있다.** 〈2017년 공인노무사〉

186-2 **보증인 甲에 대한 채무자 乙의 구상금채무를 연대보증한 丙은 그 후 甲의 강제집행을 면탈하기 위하여 미리 그 소유 부동산을 제3자 丁에게 증여하였는데, 丙과 丁 사이의 위 증여계약 당시 乙은 채권자 戊에게 甲이 보증한 대출금채무를 변제하지 못하고 변제기를 연장하였을 뿐만 아니라 그 외에도 원금조차 변제하지 못하고 있는 대출금이 남아 있었고, 거래처의 부도로 인하여 막대한 손해를 보고 있었다면, 甲은 아직 발생하지 아니한 구상금채권을 피보전채권으로 하여 위 증여계약에 대한 채권자취소권을 행사할 수 있다.** 〈2008년 사법시험〉

해 설 [1] 채권자취소권에 의하여 보호될 수 있는 채권은 원칙적으로 사해행위라고 볼 수 있는 행위가 행하여지기 전에 발생된 것임을 요하지만, 그 사해행위 당시에 이미 채권 성립의 기초가 되는 법률관계가 발생되어 있고, 가까운 장래에 그 법률관계에 터잡아 채권이 성립되리라는 점에 대한 고도의 개연성이 있으며, 실제로 가까운 장래에 그 개연성이 현실화되어 채권이 성립된 경우에는 그 채권도 채권자취소권의 피보전채권이 될 수 있다. [2] 채무자가 보증인의 보증하에 은행으로부터 대출을 받음에 있어 채무자의 보증인에 대한 구상채무에 대하여 연대보증한 자가 연대보증 후 소유 부동산을 제3자에게 증여한 사안에서, 증여계약 당시 채무자가 당해

정답 183. (○) 184. (○) 185. (○) 186-1. (○) 186-2. (○)

대출금을 당초 변제기까지 변제하지 못하고 변제기를 연장하였을 뿐만 아니라 그 외에도 원금을 변제하지 못하고 있는 대출금이 많이 있었고, 거래처의 부도로 인하여 막대한 손해를 보고 있었던 점 등 증여계약 당시의 채무자의 재정 상태에 비추어 볼 때 채권자취소권의 피보전채권인 구상채권의 성립의 개연성이 있었다고 인정한 사례(대판 1997. 10. 28, 97다34334).

187 **채권자취소소송에서 채무자의 무자력 여부를 판단함에 있어 다른 특별한 사정이 없는 한 실질적으로 재산적 가치가 없는 재산은 적극재산에서 제외하여야 한다.** 〈2017년 법원행시〉

해설 채무자의 재산처분행위가 사해행위가 되기 위해서는 그 행위로 말미암아 채무자의 총재산의 감소가 초래되어 채권의 공동담보에 부족이 생기게 되어야 하는 것, 즉 채무자의 소극재산이 적극재산보다 많아져야 하는 것인바, 채무자가 재산처분행위를 할 당시 그의 적극재산 중 부동산과 채권이 있어 그 재산의 합계가 채권자의 채권액을 초과한다고 하더라도 그 적극재산을 산정함에 있어서는 다른 특별한 사정이 없는 한 실질적으로 재산적 가치가 없어 채권의 공동담보로서의 역할을 할 수 없는 재산은 이를 제외하여야 할 것이고, 그 재산이 채권인 경우에는 그것이 용이하게 변제를 받을 수 있는 확실성이 있는 것인지 여부를 합리적으로 판정하여 그것이 긍정되는 경우에 한하여 적극재산에 포함시켜야 할 것이다(대판 2001. 10. 12, 2001다32533).

188 **채무자가 그의 유일한 재산인 부동산을 상당한 가격으로 매각한 경우 이는 원칙적으로 사해행위에 해당하지 않는다.** 〈2008년 공인노무사〉

해설 채무자가 자기의 유일한 재산인 부동산을 매각하여 소비하기 쉬운 금전으로 바꾸는 행위는 특별한 사정이 없는 한 채권자에 대하여 사해행위가 되어 채무자의 사해의 의사가 추정되는 것이다(대판 2000. 9. 29, 2000다3262).

189 **채무초과상태에 채무자가 특정한 채권자에게 채무의 본지에 따라 변제하는 행위는 다른 채권자의 공동담보를 감소하는 사해행위이다.** 〈2008년 공인노무사〉

해설 변제는 채무자가 특히 일부 채권자와 통모하여 다른 채권자를 해할 의사를 가지고 변제를 한 경우가 아닌한 원칙적으로 사해행위가 되는 것은 아니다(대판 2003. 6. 24, 2003다1205).

190 **채무초과 상태에 있는 채무자가 여러 채권자 중 일부에게만 채무의 이행과 관련하여 그 채무의 본래 목적이 아닌 다른 채권 기타 적극재산을 양도하는 행위는, 채무자가 특정 채권자에게 채무의 내용에 좇은 이행을 하는 경우와는 달리 원칙적으로 다른 채권자들에 대한 관계에서 사해행위가 될 수 있다.** 〈2015년 법무사〉

해설 채무초과 상태에 있는 채무자가 여러 채권자 중 일부에게만 채무의 이행과 관련하여 그 채무의 본래 목적이 아닌 다른 채권 기타 적극재산을 양도하는 행위는, 채무자가 특정 채권자에게 채무의 내용에 좇은 이행을 하는 경우와는 달리 원칙적으로 다른 채권자들에 대한 관계에서 사해행위가 될 수 있다(대판 2011. 10. 13, 2011다28045).

정답 187. (○) 188. (×) 189. (×) 190. (○)

191 **채무자 甲이 채권자 乙의 요구에 따라 채권자 乙에 대한 기존채무의 변제를 위하여 소비대차계약을 체결하고 강제집행을 승낙하는 취지가 기재된 공정증서를 작성하여 주어 전체적으로 채무자의 책임재산이 감소하지 않는 경우에는, 그와 같은 행위로 인해 채무자 甲의 책임재산을 특정 채권자 乙에게 실질적으로 양도한 것과 다를 바 없는 것으로 볼 수 있는 특별한 사정이 있는 경우에 해당하지 아니하는 한, 다른 채권자를 해하는 사해행위가 된다고 볼 수 없다.**

〈2023년 법원행시〉

해 설 채권자가 채무의 변제를 요구하는 것은 그의 당연한 권리행사로서 다른 채권자가 존재한다는 이유로 이것이 방해받아서는 아니 되고, 채무자도 다른 채권자가 있다는 이유로 채무이행을 거절할 수는 없는 것이므로, 채무자가 채권자의 요구에 따라 채권자에 대한 기존채무의 변제를 위하여 소비대차계약을 체결하고 강제집행을 승낙하는 취지가 기재된 공정증서를 작성하여 주어 전체적으로 채무자의 책임재산이 감소하지 않는 경우에는, 그와 같은 행위로 인해 채무자의 책임재산을 특정 채권자에게 실질적으로 양도한 것과 다를 바 없는 것으로 볼 수 있는 특별한 사정이 있는 경우에 해당하지 아니하는 한, 다른 채권자를 해하는 사해행위가 된다고 볼 수 없다(대판 2015. 10. 29, 2012다14975).

192 **채무초과상태의 채무자가 그의 유일한 재산인 부동산을 특정한 채권자에게 담보로 제공하는 행위는 다른 채권자와의 관계에서 사해행위이다.** 〈2008년 공인노무사〉

해 설 대판 2006. 4. 14, 2006다5710 참조

193 **부동산실권리자명의등기에관한법률이 적용되어 명의수탁자인 채무자 명의의 소유권이전등기가 무효인 경우, 채무자가 이에 터잡아 제3자와 근저당권설정계약을 체결하고 근저당권설정등기를 경료해 준 행위도 사해행위에 해당한다.** 〈2007년 사법시험〉

해 설 부동산에 관하여 부동산실권리자명의등기에관한법률 제4조 제2항 본문이 적용되어 명의수탁자인 채무자 명의의 소유권이전등기가 무효인 경우에는 그 부동산은 채무자의 소유가 아니기 때문에 이를 채무자의 일반채권자들의 공동담보에 공하여지는 책임재산이라고 볼 수 없고, 채무자가 위 부동산에 관하여 제3자와 근저당권설정계약을 체결하고 나아가 그에게 근저당권설정등기를 마쳐주었다 하더라도 그로써 채무자의 책임재산에 감소를 초래한 것이라고 할 수 없으므로 이를 들어 채무자의 일반 채권자들을 해하는 사해행위라고 할 수 없고, 채무자에게 사해의 의사가 있다고 볼 수도 없다(대판 2000. 3. 10, 99다55069).

194 **부부간의 명의신탁약정은 특별한 사정이 없는 한 유효하고, 신탁자가 이러한 유효한 명의신탁약정을 해지함을 전제로 신탁된 부동산을 제3자에게 직접 처분하면서 수탁자 및 제3자와의 합의 아래 중간등기를 생략하고 수탁자에게서 곧바로 제3자 앞으로 소유권이전등기를 마쳐 준 경우 이로써 신탁자의 소극재산이 적극재산을 초과하게 되거나 채무초과상태가 더 나빠지게 되고 신탁자도 그러한 사실을 인식하고 있었다면, 이러한 신탁자의 법률행위는 신탁자의 일반채권자들을 해하는 행위로서 사해행위에 해당한다.** 〈2017 법무사〉

해 설 부부간의 명의신탁약정은 특별한 사정이 없는 한 유효하고(부동산 실권리자명의 등기에 관한 법률 제8조 참조), 이때 명의신탁자는 명의수탁자에 대하여 신탁해지를 하고 신탁관계의 종료 그것만을 이유로 하여 소유 명의의 이전등기절차의 이행을 청구할 수 있음은 물론, 신탁해지를 원인으로 하고 소유권에 기해서도 그

정답 191. (○) 192. (○) 193. (×) 194. (○)

와 같은 청구를 할 수 있는데, 이와 같이 명의신탁관계가 종료된 경우 신탁자의 수탁자에 대한 소유권이전등기청구권은 신탁자의 일반채권자들에게 공동담보로 제공되는 책임재산이 된다. 그런데 신탁자가 유효한 명의신탁약정을 해지함을 전제로 신탁된 부동산을 제3자에게 직접 처분하면서 수탁자 및 제3자와의 합의 아래 중간등기를 생략하고 수탁자에게서 곧바로 제3자 앞으로 소유권이전등기를 마쳐 준 경우 이로 인하여 신탁자의 책임재산인 수탁자에 대한 소유권이전등기청구권이 소멸하게 되므로, 이로써 신탁자의 소극재산이 적극재산을 초과하게 되거나 채무초과상태가 더 나빠지게 되고 신탁자도 그러한 사실을 인식하고 있었다면 이러한 신탁자의 법률행위는 신탁자의 일반채권자들을 해하는 행위로서 사해행위에 해당한다(대판 2016. 7. 29, 2015다56086).

195 **건축 중인 건물 외에 별다른 재산이 없는 채무자가 건축 중인 건물을 양도하기 위해 수익자 앞으로 건축주명의를 변경해주기로 약정한 때에 이러한 건축주명의변경 약정은 민법 제406조 제1항의 재산권을 목적으로 한 법률행위에 해당한다고 볼 수 없으므로 다른 일반채권자의 이익을 해하는 사해행위가 된다고 할 수 없다.** 〈2020년 법무사〉

해 설 건축 중인 건물 외에 별다른 재산이 없는 채무자가 수익자에게 책임재산인 위 건물을 양도하기 위해 수익자 앞으로 건축주명의를 변경해주기로 약정하였다면 위 양도 약정이 포함되어 있다고 볼 수 있는 건축주명의변경 약정은 채무자의 재산감소 효과를 가져오는 행위로서 다른 일반채권자의 이익을 해하는 사해행위가 될 수 있다(대판 2017. 4. 27, 2016다279206).

196 **동일인의 소유인 토지와 건물의 처분행위를 채권자취소권에 의하여 취소하는 경우 그중 대지의 가격이 채권자의 채권액보다 다액이라 하더라도 대지와 건물중 일방만을 취소하게 되면 건물의 소유자와 대지의 소유자가 다르게 되어 가격과 효용을 현저히 감소시킬 것이므로 전부를 취소함이 정당하다.** 〈2023년 법원행시〉

해 설 대판 1975. 2. 25, 74다2114 참조

197 **출연자와 예금주인 명의인 사이에 예금주 명의신탁계약이 체결된 경우 그 명의인은 출연자의 요구가 있을 때에는 금융기관에 대한 예금반환채권을 출연자에게 양도할 의무가 있다고 보아야 할 것이므로, 예금주 명의신탁계약이 사해행위에 해당하여 취소될 경우 그 취소에 따른 원상회복은 명의인이 예금계좌에서 예금을 인출하여 사용하였거나 그 예금계좌를 해지하였다는 등의 특별한 사정이 없는 한 명의인에 대하여 금융기관에 대한 예금채권을 출연자에게 양도하고 아울러 금융기관에 대하여 양도통지를 할 것을 명하는 방법으로 이루어져야 할 것이다.** 〈2017 법무사〉

해 설 대판 2015. 7. 23, 2014다212438 참조

198 **전득자를 상대로 사해행위 취소의 소를 제기한 경우, 원물반환이 가능한 때에는 가액배상은 허용되지 않으며, 원물반환이 불가능하거나 현저히 곤란한 경우에만 예외적으로 가액배상이 허용된다.** 〈2011년 사법시험〉

해 설 전득자를 상대로 사해행위 취소의 소를 제기한 경우, 원물반환이 가능한 때에는 가액배상은 허용되지 않으며, 원물반환이 불가능하거나 현저히 곤란한 경우에만 예외적으로 가액배상이 허용된다(대판 2009. 6. 11, 2007다4004).

정답 195. (×) 196. (○) 197. (○) 198. (○)

199-1 사해행위의 목적인 부동산에 수개의 저당권이 설정되어 있다가 사해행위 후 그 중 일부 저당권만이 말소된 경우, 사해행위의 취소에 따른 원상회복 방법은 원물반환 또는 가액반환 모두 가능하다. 〈2014년 사법시험〉

199-2 저당권이 설정되어 있는 부동산에 관하여 사해행위가 이루어진 후 변제에 의하여 위 저당권설정등기가 말소된 경우에는, 그 부동산의 가액에서 저당권의 피담보채무액을 공제한 잔액의 한도 내에서만 사해행위를 취소하여야 하는데, 이 경우 부동산의 가액산정은 사해행위시가 아니라 사실심변론종결시를 기준으로 하여야 한다. 〈2006년 사법시험〉

해 설 부동산에 관한 법률행위가 사해행위에 해당하는 경우에는 원칙적으로 그 사해행위를 취소하고 소유권이전등기의 말소 등 부동산 자체의 회복을 명하는 것이 원칙이지만, 저당권이 설정되어 있는 부동산에 관하여 사해행위가 이루어진 경우에 그 사해행위는 부동산의 가액에서 저당권의 피담보채권액을 공제한 잔액의 범위 내에서만 성립한다고 보아야 하므로, 사해행위 후 변제 등에 의하여 저당권설정등기가 말소된 경우, 사해행위를 취소하여 그 부동산의 자체의 회복을 명하는 것은 당초 일반 채권자들의 공동담보로 되어 있지 아니하던 부분까지 회복을 명하는 것이 되어 공평에 반하는 결과가 되므로, 그 부동산의 가액에서 저당권의 피담보채무액을 공제한 잔액의 한도에서 사해행위를 취소하고 그 가액의 배상을 구할 수 있을 뿐이고, 그와 같은 가액 산정은 사실심변론 종결시를 기준으로 하여야 한다(대판 1999. 9. 7, 98다41490).

200 근저당권이 설정되어 있는 부동산에 관하여 사해행위가 이루어진 후 근저당권이 말소되어 그 부동산의 가액에서 근저당권 피담보채무액을 공제한 나머지 금액의 한도에서 사해행위를 취소하고 가액의 배상을 명하는 경우 그 가액의 산정은 사실심 변론종결 시를 기준으로 하여야 하고, 이 경우 사해행위가 있은 후 그 부동산에 관한 권리를 취득한 전득자에 대하여는 사실심 변론종결 시의 부동산 가액에서 말소된 근저당권 피담보채무액을 공제한 금액과 사실심 변론종결 시를 기준으로 한 취소채권자의 채권액 중 적은 금액의 한도 내에서 그가 취득한 이익에 대해서만 가액배상을 명할 수 있다. 〈2021년 법무사〉

해 설 대판 2019. 4. 11, 2018다203715 참조

201 저당권이 설정되어 있는 목적물에 관하여 소유권이전등기청구권보전을 위한 가등기가 사해행위로서 이루어지고, 그 가등기 후에 저당권이 말소되었다면, 가액배상의 방법으로 원상회복이 이루어져야 한다. 〈2011년 사법시험〉

해 설 소유권이전등기청구권보전을 위한 가등기가 사해행위로서 이루어진 경우 그 매매예약을 취소하고 원상회복으로서 가등기를 말소하면 족한 것이고, 가등기 후에 저당권이 말소되었다거나 그 피담보채무가 일부 변제된 점 또는 그 가등기가 사실상 담보가등기라는 점 등은 그와 같은 원상회복의 방법에 아무런 영향을 주지 않는다(대판 2001. 6. 12, 99다20612).

202-1 채권자가 채권자취소권을 행사하면서 자신의 채권액을 초과하여 가액배상을 구할 수 없다는 것이 판례의 입장이다. 〈2009년 법무사〉

정답 199-1. (×) 199-2. (○) 200. (○) 201. (×) 202-1. (○)

202-2 가액배상의 방법으로 원상회복을 하는 경우, 그 배상액은 취소채권자의 채권액 범위 내로 제한되고, 이때 채권자의 채권액에는 사해행위 이후 사실심 변론종결시까지 발생한 이자나 지연손해금이 포함된다. 〈2011년 사법시험〉

해설 채권자가 채권자취소권을 행사할 때에는 원칙적으로 자신의 채권액을 초과하여 취소권을 행사할 수 없고, 이 때 채권자의 채권액에는 사해행위 이후 사실심 변론종결시까지 발생한 이자나 지연손해금이 포함된다(대판 2003. 7. 11, 2003다19572).

203 채권자가 사해행위취소청구를 함에 있어 취소의 범위는 자신의 채권액을 기준으로 하여야 하나, 자신의 채권액을 넘어서 취소를 구하는 것이 언제나 허용되지 않는 것은 아니다. 〈2016년 법원행시〉

해설 사해행위 취소의 범위는 다른 채권자가 배당요구를 할 것이 명백하거나 목적물이 불가분인 경우와 같이 특별한 사정이 없는 한 취소채권자의 채권액을 넘어서까지 취소를 구할 수 없다(대판 2010. 5. 27, 2007다40802).

204 채권자취소권에 있어 원상회복을 가액배상으로 하는 경우에 그 이행의 상대방은 채권자이어야 한다는 것이 판례의 입장이다. 〈2009년 법무사〉

해설 채권자취소권은 채무자의 사해행위를 채권자와 수익자 또는 전득자 사이에서 상대적으로 취소하고 채무자의 책임재산에서 일탈한 재산을 회복하여 채권자의 강제집행이 가능하도록 하는 것을 본질로 하는 권리이므로, 원상회복을 가액배상으로 하는 경우에 그 이행의 상대방은 채권자이어야 한다(대판 2008. 4. 24, 2007다84352).

205-1 채권자가 사해행위취소권을 행사하여 직접 수령한 가액배상금에 대하여 다른 채권자는 취소채권자를 상대로 채권액에 따른 안분액의 지급을 구할 수 있다. 〈2011년 법무사〉

205-2 사해행위취소에 의한 원상회복을 가액배상으로 하는 경우에 그 이행의 상대방은 채권자이어야 할 것이나, 이 경우에도 사해행위의 취소와 원상회복은 모든 채권자의 이익을 위하여 그 효력이 있으므로, 가액배상금을 수령한 취소채권자가 사실상 우선변제를 받는 불공평한 결과가 초래되어서는 아니 된다. 〈2016년 법원행시〉

해설 사해행위의 취소와 원상회복은 모든 채권자의 이익을 위하여 그 효력이 있으므로(민법 제407조), 채권자취소권의 행사로 채무자에게 회복된 재산에 대하여 취소채권자가 우선변제권을 가지는 것이 아니라 다른 채권자도 총채권액 중 자기의 채권에 해당하는 안분액을 변제받을 수 있는 것이지만, 이는 채권의 공동담보로 회복된 채무자의 책임재산으로부터 민사집행법 등의 법률상 절차를 거쳐 다른 채권자도 안분액을 지급받을 수 있다는 것을 의미하는 것일 뿐, 다른 채권자가 이러한 법률상 절차를 거치지 아니하고 취소채권자를 상대로 하여 안분액의 지급을 직접 구할 수 있는 권리를 취득한다거나, 취소채권자에게 인도받은 재산 또는 가액배상금에 대한 분배의무가 인정된다고 볼 수는 없다. 가액배상금을 수령한 취소채권자가 이러한 분배의무를 부담하지 아니함으로 인하여 사실상 우선변제를 받는 불공평한 결과를 초래하는 경우가 생기더라도, 이러한 불공평은 채무자에 대한 파산절차 등 도산절차를 통하여 시정하거나 가액배상금의 분배절차에 관한 별도의 법률 규정을 마련하여 개선하는 것은 별론으로 하고, 현행 채권자취소 관련 규정의 해석상으로는 불가피하다(대판 2008. 6. 12, 2007다37837).

정답 202-2. (○) 203. (○) 204. (○) 205-1. (×) 205-2. (×)

206 채무자와 수익자 사이의 저당권설정행위가 사해행위로 인정되어 저당권설정계약이 취소되는 경우에도 당해 부동산이 이미 매각절차에 의하여 매각되어 대금이 완납되었을 때에는 낙찰인의 소유권취득에는 영향을 미칠 수 없으므로, 수익자는 채권자취소권의 행사에 따르는 원상회복의 방법으로 자신이 받은 배당금을 반환하여야 한다. 〈2020년 법원행시〉

해설 채무자와 수익자 사이의 저당권설정행위가 사해행위로 인정되어 저당권설정계약이 취소되는 경우에도 당해 부동산이 이미 입찰절차에 의하여 낙찰되어 대금이 완납되었을 때에는 낙찰인의 소유권취득에는 영향을 미칠 수 없으므로, 채권자취소권의 행사에 따르는 원상회복의 방법으로 입찰인의 소유권이전등기를 말소할 수는 없고, 수익자가 받은 배당금을 반환하여야 한다(대판 2001. 2. 27, 2000다44348).

207 채권자취소에 있어서, 수익자가 채무자에게 가액배상금 명목으로 금원을 일부 지급하였다는 점을 들어 채권자취소권을 행사하는 원고에 대하여 가액배상에서의 공제를 주장할 수는 없다. 〈2017년 법원행시〉

해설 채권자취소권은 채권의 공동담보인 채무자의 책임재산을 보전하기 위하여 채무자의 일반재산으로부터 일탈된 재산을 모든 채권자를 위하여 수익자 또는 전득자로부터 환원시키는 제도로서, 그 행사의 효력은 채권자와 수익자 또는 전득자와의 상대적인 관계에서만 미치는 것이므로 채권자취소권의 행사로 인하여 채무자가 수익자나 전득자에 대하여 어떠한 권리를 취득하는 것은 아니라고 할 것이고, 따라서 수익자가 채무자에게 가액배상금 명목으로 금원을 지급하였다는 점을 들어 채권자취소권을 행사하는 채권자에 대하여 가액배상에서의 공제를 주장할 수는 없다(대판 2001. 6. 1, 99다63183).

208 채무자가 강제집행을 회피할 목적으로 자기의 사실상 유일한 재산을 제3자에게 무상으로 양도한 행위는 다른 파산채권자들과의 관계에서 사해행위가 되지만, 그 제3자가 양수채권을 추심하여 그 돈을 채무자에게 주었다면 그 금액 상당은 원상회복이나 가액반환의 범위에서 공제되어야 한다. 〈2023년 법원행시〉

해설 채무자가 강제집행을 회피할 목적으로 자기의 사실상 유일한 재산을 제3자에게 무상으로 양도한 행위는 다른 파산채권자들과의 관계에서 사해행위가 되고, 그 제3자가 양수채권을 추심하여 그 돈을 채무자에게 주었다고 하더라도 그 금액 상당을 원상회복이나 가액반환의 범위에서 공제할 것은 아니다(대판 2013. 4. 11, 2012다211).

209 채권자가 수익자를 상대로 사해행위의 취소를 구하는 소를 제기하여 채무자와 수익자 사이의 법률행위를 취소하는 내용의 판결이 확정되더라도, 채권자가 전득자에 대하여 채권자취소권을 행사하여 원상회복을 구하기 위해서는 민법 제406조 제2항에서 정한 기간 안에 별도로 전득자에 대한 관계에서 채무자와 수익자 사이의 사해행위를 취소하는 청구를 하여야 한다. 〈2015년 법무사〉

해설 채권자가 전득자를 상대로 민법 제406조 제1항에 의한 채권자취소권을 행사하기 위하여는 같은 조 제2항에서 정한 기간 안에 채무자와 수익자 사이의 사해행위취소를 법원에 소를 제기하는 방법으로 청구하여야 하는 것이고, 채권자가 수익자를 상대로 사해행위취소를 구하는 소를 제기하여 채무자와 수익자 사이의 법률행위를 취소하는 내용의 판결이 선고되어 확정되었더라도 판결의 효력은 그 소송의 피고가 아닌 전득자에게는 미치지 아니하므로, 채권자가 전득자에 대하여 채권자취소권을 행사하여 원상회복을 구하기 위하여는 민법 제

정답 206. (○) 207. (○) 208. (×) 209. (○)

406조 제2항에서 정한 기간 안에 별도로 전득자에 대한 관계에서 채무자와 수익자 사이의 사해행위를 취소하는 청구를 하여야 한다(대판 2014. 2. 13, 2012다204013).

210 판례에 의하면 채권자취소권 행사에 있어서 제척기간의 기산점인 채권자가 '취소원인을 안 날'이라 함은 단순히 채무자가 재산의 처분행위를 하였다는 사실을 안 날을 말하고, 그 법률행위가 채권자를 해하는 행위라는 것 즉, 그에 의하여 채권의 공동담보에 부족이 생기거나 이미 부족상태에 있는 공동담보가 한층 더 부족하게 되어 채권을 완전하게 만족시킬 수 없게 되었으며 나아가 채무자에게 사해의 의사가 있었다는 사실까지 알 것을 요하는 것은 아니다.

〈2007년 법무사〉

해설 민법 제406조 제2항의 제척기간의 기산점인 채권자가 '취소원인을 안 날'이라 함은 채권자가 채권자취소권의 요건을 안 날, 즉 채무자가 채권자를 해함을 알면서 사해행위를 하였다는 사실을 알게 된 날을 의미한다. 채권자취소권 행사에 있어 채권자가 취소원인을 알았다고 하기 위하여서는 단순히 채무자가 재산의 처분행위를 하였다는 사실을 아는 것만으로는 부족하고 구체적인 사해행위의 존재를 알고 나아가 채무자에게 사해의 의사가 있었다는 사실까지 알 것을 요하나, 나아가 채권자가 수익자나 전득자의 악의까지 알아야 하는 것은 아니다(대판 2005. 6. 9, 2004다17535).

211 채권자취소권의 행사에 있어서 제척기간의 도과에 관한 증명책임은 사해행위 취소소송의 상대방에게 있다. 〈2019년 공인노무사〉

해설 제척기간의 도과에 관한 입증책임은 채권자취소소송의 상대방에게 있다(대판 2009. 3. 26, 2007다63102).

212 수인의 채권자 중 일부가 제기한 채권자취소권 행사의 효력은 취소소송을 행한 채권자에게만 귀속된다. 〈2017년 공인노무사〉

해설 제407조. 모든 채권자의 이익을 위하여 그 효력이 있다.

213 채권자취소권의 요건을 갖춘 채권자는 고유의 권리로 채무자의 재산처분행위를 취소하고 그 원상회복을 구할 수 있으나, 그 효과는 모든 채권자의 이익을 위한 것이므로, 어느 채권자의 승소판결이 먼저 확정되면 다른 채권자는 다시 사해행위취소소송을 제기할 수 없다.

〈2007년 사법시험〉

해설 채권자취소권의 요건을 갖춘 각 채권자는 고유의 권리로서 채무자의 재산처분 행위를 취소하고 그 원상회복을 구할 수 있는 것이므로 여러 명의 채권자가 동시에 또는 시기를 달리하여 사해행위취소 및 원상회복청구의 소를 제기한 경우 이들 소가 중복제소에 해당하지 아니할 뿐만 아니라, 어느 한 채권자가 동일한 사해행위에 관하여 사해행위취소 및 원상회복청구를 하여 승소판결을 받아 그 판결이 확정되었다는 것만으로는 그 후에 제기된 다른 채권자의 동일한 청구가 권리보호의 이익이 없게 되는 것은 아니고, 그에 기하여 재산이나 가액의 회복을 마친 경우에 비로소 다른 채권자의 사해행위취소 및 원상회복청구는 그와 중첩되는 범위 내에서 권리보호의 이익이 없게 된다(대판 2005. 11. 25, 2005다51457).

정답 210. (×) 211. (○) 212. (×) 213. (×)

214 **채권자 甲, 채무자 乙, 수익자 丙을 둘러싼 채권자취소소송에 관한 설명으로 옳은 것은?(단, 乙에게는 甲외에 다수의 채권자가 존재하며 다툼이 있으면 판례에 따름)** 〈2020년 공인노무사〉

① 채권자취소소송에서 원고는 甲이고 피고는 乙과 丙이다.
② 원상회복으로 丙이 금전을 지급하여야 하는 경우에 甲은 직접 자신에게 이를 지급할 것을 청구할 수 있다.
③ 채권자취소권 행사의 효력은 소를 제기한 甲의 이익을 위해서만 발생한다.
④ 乙의 사해의사는 특정 채권자인 甲을 해한다는 인식이 필요하다.
⑤ 채권자취소소송은 甲이 乙의 대리인으로서 수행하는 것이다.

해 설

① (×) : 채권자취소소송에서 원고는 채권자이고 피고는 수익자 또는 전득자이며, 채무자는 피고로 삼을 수 없다(대판 1991. 8. 13, 93다13717).
② (○) : 사해행위취소로 인한 원상회복으로서 가액배상을 명하는 경우에는, 취소채권자는 직접 자기에게 가액배상금을 지급할 것을 청구할 수 있다(대판 2008. 11. 13, 2006다1442).
③ (×) : 모든 채권자의 이익을 위하여 그 효력이 있다(제407조).
④ (×) : 사해의사란 채무자가 법률행위를 함에 있어 그 채권자를 해함을 안다는 것이다. 여기서 '안다'고 함은 의도나 의욕을 의미하는 것이 아니라 단순한 인식으로 충분하다. 결국 사해의사란 공동담보 부족에 의하여 채권자가 채권변제를 받기 어렵게 될 위험이 생긴다는 사실을 인식하는 것이며, 이러한 인식은 일반 채권자에 대한 관계에서 있으면 족하고, 특정의 채권자를 해한다는 인식이 있어야 하는 것은 아니다(대판 2009. 3. 26, 2007다63102).
⑤ (×) : 채권자취소권의 요건을 갖춘 각 채권자는 고유의 권리로서 채무자의 재산처분 행위를 취소하고 그 원상회복을 구할 수 있는 것이다(대판 2005. 11. 25, 2005다51457).

Ⅵ. 제3자의 채권침해

보충지문

215-1 **제3자가 채무자의 책임재산을 감소시키는 행위를 함으로써 채권자로 하여금 채권의 실행과 만족을 불가능 내지 곤란하게 한 경우 채권의 침해에 해당한다고 할 수는 있겠지만, 그 제3자의 행위가 채권자에 대하여 불법행위를 구성한다고 하기 위하여는 단순히 채무자 재산의 감소행위에 관여하였다는 것만으로는 부족하고 제3자가 채무자에 대한 채권자의 존재 및 그 채권의 침해사실을 알면서 채무자와 적극 공모하였다거나 채권행사를 방해할 의도로 사회상규에 반하는 부정한 수단을 사용하였다는 등 채권침해의 고의·과실 및 위법성이 인정되는 경우라야 한다.** 〈2022년 법원행시〉

정답 214. ② 215-1. (○)

215-2 **강제집행면탈 목적을 가진 채무자가 제3자와 명의신탁약정을 맺고 채무자 소유의 부동산에 관하여 제3자 앞으로 소유권이전등기를 경료한 경우에, 제3자가 채권자에 대한 관계에서 직접 불법행위책임을 지기 위하여는 단지 그가 채무자와의 약정으로 당해 명의수탁등기를 마쳤다는 것만으로는 부족하고, 그 명의신탁으로써 채권자의 채권의 실현을 곤란하게 한다는 점을 알면서 채무자의 강제집행면탈행위에 공모 가담하였다는 등의 사정이 입증되어 그 채권침해에 대한 고의·과실 및 위법성이 인정되어야 한다.** 〈2022년 법원행시〉

해 설 [1] 일반적으로 제3자에 의한 채권의 침해가 불법행위를 구성할 수는 있으나, 제3자의 채권침해가 언제나 불법행위로 되는 것은 아니고 채권침해의 태양에 따라 그 성립 여부를 구체적으로 검토하여 정하여야 하는바, 제3자가 채무자의 책임재산을 감소시키는 행위를 함으로써 채권자로 하여금 채권의 실행과 만족을 불가능 내지 곤란하게 한 경우 채권의 침해에 해당한다고 할 수는 있겠지만, 그 제3자의 행위가 채권자에 대하여 불법행위를 구성한다고 하기 위하여는 단순히 채무자 재산의 감소행위에 관여하였다는 것만으로는 부족하고 제3자가 채무자에 대한 채권자의 존재 및 그 채권의 침해사실을 알면서 채무자와 적극 공모하였다거나 채권행사를 방해할 의도로 사회상규에 반하는 부정한 수단을 사용하였다는 등 채권침해의 고의·과실 및 위법성이 인정되는 경우라야만 할 것이며, 여기서 채권침해의 위법성은 침해되는 채권의 내용, 침해행위의 태양, 침해자의 고의 내지 해의의 유무 등을 참작하여 구체적, 개별적으로 판단하되, 거래의 자유 보장의 필요성, 경제·사회정책적 요인을 포함한 공공의 이익, 당사자 사이의 이익균형 등을 종합적으로 고려하여 신중히 판단하여야 한다. [2] 강제집행면탈 목적을 가진 채무자가 제3자와 명의신탁약정을 맺고 채무자 소유의 부동산에 관하여 제3자 앞으로 소유권이전등기를 경료한 경우에, 제3자가 채권자에 대한 관계에서 직접 불법행위책임을 지기 위하여는 단지 그가 채무자와의 약정으로 당해 명의수탁등기를 마쳤다는 것만으로는 부족하고, 그 명의신탁으로써 채권자의 채권의 실현을 곤란하게 한다는 점을 알면서 채무자의 강제집행면탈행위에 공모 가담하였다는 등의 사정이 입증되어 그 채권침해에 대한 고의·과실 및 위법성이 인정되어야 한다(대판 2007. 9. 6, 2005다25021).

216-1 **채무자의 재산을 은닉하는 방법으로 제3자에 의한 채권침해가 이루어질 당시 채무자가 가지고 있던 다액의 채무로 인하여 제3자의 채권침해가 없었더라도 채권자가 채무자로부터 일정액 이상으로 채권을 회수할 가능성이 없었다고 인정될 경우에는 위 일정액을 초과하는 손해와 제3자의 채권침해로 인한 불법행위 사이에는 상당인과관계를 인정할 수 없다.** 〈2022년 법원행시〉

216-2 **이때의 채권회수 가능성은 사실심 변론종결 시를 기준으로 채무자의 책임재산과 채무자가 부담하는 채무의 액수를 비교하는 방법으로 판단할 수 있다. 사실심 변론종결 당시에 이미 이행기가 도래한 채무는 채권자가 종국적으로 권리를 행사하지 아니할 것으로 볼 만한 특별한 사정이 없는 한 비교대상이 되는 채무자 부담의 채무에 포함된다.** 〈2022년 법원행시〉

해 설 채무자의 재산을 은닉하는 방법으로 제3자에 의한 채권침해가 이루어질 당시 채무자가 가지고 있던 다액의 채무로 인하여 제3자의 채권침해가 없었더라도 채권자가 채무자로부터 일정액 이상으로 채권을 회수할 가능성이 없었다고 인정될 경우에는 위 일정액을 초과하는 손해와 제3자의 채권침해로 인한 불법행위 사이에는 상당인과관계를 인정할 수 없다. 이때의 채권회수 가능성은 불법행위 시를 기준으로 채무자의 책임재산과 채무자가 부담하는 채무의 액수를 비교하는 방법으로 판단할 수 있고, 불법행위 당시에 이미 이행기가 도래한 채무는 채권자가 종국적으로 권리를 행사하지 아니할 것으로 볼 만한 특별한 사정이 없는 한 비교대상이 되는 채무자 부담의 채무에 포함되며, 더 나아가 비교대상 채무에 해당하기 위하여 불법행위 당시 채무자의 재산에 대한 압류나 가압류가 되어 있을 것을 요하는 것은 아니다(대판 2019. 5. 10, 2017다239311).

정 답 215-2. (○) 216-1. (○) 216-2. (×)

제3장 수인의 채권자 및 채무자

Ⅰ. 분할채권관계 및 불가분채권관계

1 다수당사자의 채권관계에 관한 설명으로 옳지 않은 것은? 〈2006년 변리사〉

① 甲·乙·丙 3인이 공동으로 丁으로부터 자전거를 3만원에 매수하고 각각 1만원씩의 분할채무를 부담하는 경우, 丁이 계약을 해제하려면 甲·乙·丙 전원에 대하여 해제의 의사표시를 해야한다.
② 甲·乙이 공동으로 丙으로부터 건물을 임차한 경우, 丙은 乙에 대하여 차임 전액을 청구할 수 없다.
③ 甲·乙이 공동으로 丙 소유의 자동차를 매수한 경우, 甲이 丙에 대하여 이행을 청구하면 乙의 丙에 대한 채권의 소멸시효도 중단된다.
④ 甲·乙·丙 3인이 丁에 대하여 연대채무를 부담하는 경우, 이행지체를 이유로 한 해제권을 발생시키기 위하여 하는 최고는 丁이 甲·乙·丙 중 어느 1인에 대하여 하면 충분하다.
⑤ 甲의 乙에 대한 채무에 대하여 丙이 보증채무를 부담하는 경우, 乙이 丙에 대하여 이행을 청구하더라도 乙의 甲에 대한 채권의 소멸시효는 중단되지 않는다.

해설

① (○) : 당사자의 일방 또는 쌍방이 수인의 경우에는 계약의 해제나 해지는 그 전원으로부터 또는 전원에 대하여 하여야 한다(제547조 제1항).

② (×) : 민법은 수인의 공동임대차에 관하여 공동차주의 연대채무를 규정하고 있다(제616조, 제654조). 따라서 丙은 乙에 대하여 차임의 전액을 청구할 수 있다.

③ (○) : 불가분채권의 절대적 효력을 말한다. 즉 이행과 이행청구에 관하여 인정한다(제409조).

④ (○) : 민법은 1인에 대한 이행청구는 절대적 효력이 있다(제416조). 따라서 1인에 대한 이행의 최고는 연대채무자 전원에 대하여 해제권발생의 요건이 된다.

⑤ (○) : 보증채무에서 채권자와 보증인 사이의 관계에서 생긴 사유는 원칙적으로 주채무자에게 영향을 미치지 아니한다(통설). 마찬가지로 판례도 보증채무에 대한 소멸시효가 중단되었다고 하더라도 이로써 주채무에 대한 소멸시효가 중단되는 것은 아니고, 주채무가 소멸시효 완성으로 소멸된 경우에는 보증채무도 그 채무 자체의 시효중단에 불구하고 부종성에 따라 당연히 소멸된다고 판시하고 있다(대판 2002. 5. 14, 2000다62476).

2 다음 중 판례가 분할채무로 보는 경우는? 〈2010년 변리사〉

① 공동불법행위자들 중의 1인이 채무 전부를 변제한 경우 나머지 공동불법행위자들이 부담하는 구상채무
② 건물의 공유자가 공동으로 건물을 임대하고 보증금을 수령한 경우 임대차계약에 의한 임차보증금 반환채무
③ 수인이 공동으로 법률상 원인 없이 타인의 재산을 점유·사용한 경우 부담하게 되는 부당이득의 반환채무

정답 1. ② 2. ①

④ 조합원 전원을 위하여 상행위가 되는 행위로 인하여 부담하게 된 조합채무
⑤ 타인 소유의 대지 위에 권원 없이 건축된 건물을 상속한 공동상속인들의 건물철거의무

해 설

① (○) : 공동불법행위자 중 1인이 자기의 부담부분 이상을 변제하여 공동의 면책을 얻게 하였을 때에는 다른 공동불법행위자에게 그 부담부분의 비율에 따라 구상권을 행사할 수 있고, 공동불법행위자 중 1인에 대하여 구상의무를 부담하는 다른 공동불법행위자가 수인인 경우에는 특별한 사정이 없는 이상 그들의 구상권자에 대한 채무는 이를 부진정연대채무로 보아야 할 근거는 없으며, 오히려 다수당사자 사이의 분할채무의 원칙이 적용되어 각자의 부담부분에 대한 분할채무로 봄이 상당하다(대판 2002. 9. 27, 2002다15917 ; 대판 2008. 2. 29, 2007다89494).
② (×) : 불가분채무이다(대판 1998. 12. 8, 98다43137 등).
③ (×) : 불가분채무이다(대판 2001. 12. 11, 2000다13948).
④ (×) : 상행위는 연대채무이다. 판례는 조합채무가 특히 조합원 전원을 위하여 상행위가 되는 행위로 인하여 부담하게 된 것이라면 상법 제57조 제1항을 적용하여 조합원들의 연대책임을 인정함이 상당하다고 한다(대판 2009. 10. 29, 2009다46750 등).
⑤ (×) : 불가분채무이다(대판 1980. 6. 24, 80다756).

3 **다수당사자의 채권관계에서 채무자 1인에게 생긴 사유가 다른 채무자에 대하여 절대적 효력을 가지지 않는 경우는? (다툼이 있는 경우에는 판례에 의함)** 〈2013년 변리사〉

① 연대채무자 1인에 대한 압류로 인하여 시효가 중단된 경우
② 부진정연대채무자 1인이 자신의 채권자에 대한 반대채권으로 상계를 한 경우
③ 연대채무자 1인과 채권자 사이에 채무의 경개가 이루어진 경우
④ 채권자가 연대채무자 1인에 대하여 이행의 청구를 한 경우
⑤ 불가분채무자 1인이 채무를 이행하였으나, 채권자가 그 수령을 거절한 경우

해 설

① 연대채무자 1인에 대한 압류로 인하여 시효가 중단된 경우(제416조)는 상대적 효력이다. 연대채무는 채무자 상호간 주관적 공동목적이 있기 때문에 채무자 일인에게 발생한 사유가 일정한 경우 다른 연대채무에게 절대적 효력이 있는데, 대표적으로 변제·대물변제·공탁·이행청구(④)·경개(③)·상계·면제·혼동·소멸시효 완성·채권자지체가 있다.
② 판례는 부진정연대채무에 있어서 상계의 절대적 효력을 인정한다(대판 2010. 9. 16, 2008다97218 전원합의체).
⑤ 불가분채무의 경우 채권자 지체는 절대효 사유이다(제411조에 의하여 준용되는 제422조).

보충지문

4 **수인이 공동소유자로서 1개의 부동산을 매도하는 계약을 맺고 계약금을 수령하였는데 그 계약이 무효로 되어 계약금을 반환하는 경우, 매수인은 매도인 중 1인에 대하여도 그 계약금 전액의 반환을 청구할 수 있다.** 〈2007년 사법시험〉

정답 ▶ 3. ① 4. (×)

해 설 채권자나 채무자가 여러 사람인 경우에 특별한 의사표시가 없으면 각 채권자 또는 각 채무자는 균등한 비율로 권리가 있고 의무를 부담한다고 할 것이므로, 피고를 포함한 4인의 매도인이 원고를 포함한 4인의 매수인에게 임야를 매도하기로 하는 계약을 체결한 경우 매매계약의 무효를 원인으로 부당이득으로서 계약금의 반환을 구하는 채권은 특별한 사정이 없으면 불가분채권채무관계가 될 수 없으므로 매도인 중의 1인에 불과한 피고가 매수인 중의 1인에 불과한 원고에게 위 계약금 전액을 반환할 의무가 있다고 할 수 없다(대판 1993. 8. 14, 91다41316). ☞ 판례는 매매계약의 무효를 원인으로 한 수인의 매수인의 계약금반환채권관계에 관하여 분할채권관계로 파악하였다.

5 **불가분채권자 중의 1인과 채무자 간에 경개나 면제가 있는 경우에 채무 전부의 이행을 받은 다른 채권자는 그 1인이 권리를 잃지 아니하였으면 그에게 분급할 이익을 채무자에게 상환하여야 한다.** 〈2020년 변호사시험〉

해 설 민법 제410조 제2항 참조

Ⅱ. 연대채무

6 **아래 보기에서 각 채무자의 부담부분이 균등할 경우에 채권자가 청구할 수 있는 금액이 큰 순서대로 정리하면?** 〈2004년 변리사〉

ㄱ. 甲에 대해 乙, 丙이 100만원의 연대채무를 부담하고 있는데, 甲이 乙에 대해 연대의 면제를 한 경우에 甲이 丙에게 청구할 수 있는 금액
ㄴ. 甲에 대해 乙, 丙이 100만원의 연대채무를 부담하고 있는데, 乙이 甲으로부터 채무 전액을 면제받았을 경우에 甲이 丙에게 청구할 수 있는 금액
ㄷ. 甲에 대해 乙이 100만원의 채무를 부담하고 있는데, 丙과 丁이 乙의 채무에 대한 보증을 한 후 甲이 丙의 보증채무를 면제한 경우에 甲이 丁에 대해 청구할 수 있는 금액
ㄹ. 甲에 대해 乙이 100만원의 채무를 부담하고 있는데, 丙이 그 채무에 대해 연대보증을 한 상태에서 甲이 乙의 채무 전액을 면제해 줄 경우에 甲이 丙에 대해 청구할 수 있는 금액

① ㄱ = ㄴ > ㄹ > ㄷ ② ㄱ > ㄴ > ㄷ = ㄹ ③ ㄱ > ㄴ = ㄷ > ㄹ
④ ㄷ > ㄹ = ㄱ > ㄴ ⑤ ㄷ > ㄴ > ㄱ > ㄹ

해 설
ㄱ. 연대의 면제(제427조)를 해주었더라도 다른 연대채무자인 丙의 채무는 여전히 100만원 丙의 채무는 여전히 100만원이다.
ㄴ. 연대채무의 면제는 이른바 '부분부담형' 절대적 효력으로서, 丙은 50만원의 범위 내에서 채무를 부담한다(제419조).
ㄷ. 공동보증의 경우 분별의 이익이 있어 분할채권에 관한 규정을 준용하는 바, 丁은 50만원의 채무를 부담한다(제439조).
ㄹ. 연대보증의 경우에도 부종성은 인정되는 바, 채권자가 주채무자에 대하여 전액의 면제를 하여준 경우 연대보증인의 채무는 소멸한다.

정답 5. (○) 6. ③

7 **연대채무자의 1인에게 생긴 사유와 다른 연대채무자에 대한 효력의 연결로 다음 중 옳지 않은 것은?** 〈2005년 변리사〉

① 연대채무자의 1인에 의한 전부의 변제 – 모든 연대채무자의 채무를 소멸시킨다.
② 연대채무자 1인의 부동산에 대한 압류에 의한 시효중단 – 다른 연대채무자에게 효력을 미치지 않는다.
③ 연대채무자의 1인과 채권자간의 경개 – 그 연대채무자의 부담부분의 범위에서 다른 연대채무자도 채무를 면한다.
④ 연대채무자의 1인에 대한 면제 – 그 연대채무자의 부담부분의 범위에서 다른 연대채무자도 채무를 면한다.
⑤ 연대채무자의 1인과 채권자간의 혼동 – 그 연대채무자의 부담부분의 범위에서 다른 연대채무자도 채무를 면한다.

해 설

①(○) : 채권의 만족사유로서 당연히 일체형 절대적 효력이 있다(통설).
②(○) : 소멸시효의 중단사유 중 이행청구만이 절대적 효력이 있다(제416조). 따라서 압류나 가압류는 상대적 효력사유이다.
③(×) : 경개는 연대채무의 '일체형' 절대적 효력사유이다(제417조).
④(○) : 면제는 '부분부담형' 절대적 효력이다(제419조).
⑤(○) : 혼동은 '부분부담형' 절대적 효력이다(제420조).

[보충지문] 甲, 乙, 丙이 연대하여 丁에게 차용금 3억원을 변제할 의무가 있는 경우 甲이 丁으로부터 위 3억 원의 채권을 양수받은 경우, 1억 원의 범위에서 乙과 丙의 채무도 소멸한다. 〈2006년 사법시험〉
(○) : 어느 연대채무자와 채권자간에 혼동이 있는 때에는 그 채무자의 부담부분에 한하여 다른 연대채무자도 의무를 면한다(제420조).

8 **甲·乙·丙은 연대하여 丁으로부터 3,000만원을 빌렸다. 甲은 이행기가 되어 丁이 3,000만원을 요구하자, 乙과 丙에게 묻지도 않고 갖고 있던 2,000만원을 丁에게 변제하였다. 그 후 甲은 변제사실을 乙과 丙에게 알리지 않은 상태에서 乙과 丙에게 구상권을 행사하였다. 乙과 丙에게 다음과 같은 사유가 존재하는 경우에 甲의 구상권 행사에 응해야 하는 경우를 고른 것은?** 〈2005년 변리사〉

ㄱ. 乙은 丁에 대한 2,000만원의 반대채권으로 상계를 할 수 있었다.
ㄴ. 丙은 甲이 丁에게 이미 2,000만원을 주었다는 사실을 모르고 사전에 면책행위를 한다는 사실을 甲에게 통지하고 丁에게 3,000만원을 변제하였다.
ㄷ. 乙은 丁으로부터 연대의 면제를 받았다.
ㄹ. 丙은 丁으로부터 연대채무의 면제를 받았다.
ㅁ. 乙은 甲의 면책행위를 모르고 사전에 통지함이 없이 丁에게 3,000만원을 변제하였다.

① ㄱ, ㄴ ② ㄱ, ㄹ ③ ㄴ, ㅁ ④ ㄷ, ㄹ ⑤ ㄷ, ㅁ

정답 7. ③ 8. ⑤

해 설

ㄱ. (×) : 사전의 통지를 게을리 하면, 채권자에게 대항할 수 있는 사유를 가지고 있는 다른 연대채무자는 그의 부담부분에 한하여 그 사유로 사전의 통지를 하지 아니한 채 면책행위를 한 연대채무자에게 대항할 수 있고, 그 대항사유가 상계라면 상계로 소멸할 채권이 면책행위를 한 연대채무자에게 이전된다(제426조 제1항). 따라서 구상권을 행사할 수 없고 대항을 받게 된다.

ㄴ. (×) : 사후통지를 게을리 하면, 선의로 변제 기타 유상의 면책행위를 한 다른 연대채무자(제2의 면책행위자)는 제1의 면책행위자에 대하여 자기의 면책행위의 유효를 주장할 수 있다(제426조 제2항). 따라서 구상할 수 없게 된다.

ㄷ. (○) : 연대의 면제에서는 다른 연대채무자가 채권자에게 연대채무를 변제하였다면 연대의 면제를 받은 연대채무자에게 그 부담부분에 따라 구상할 수 있다(제427조 참조).

ㄹ. (×) : 연대채무의 면제는 부담부분에 한하여 절대적 효력이 있기 때문에(제419조), 변제자가 구상권을 행사할 수 없다. 부담부분의 면제에 대하여는 논란이 있으나 절대적 효력이 미치는 범위내에서는 구상권이 제한된다.

ㅁ. (○) : 연대채무자 중 1인이 면책행위를 하고도 그 사실을 통지하지 아니하고 있던 중에 다른 연대차무자도 사전통지를 하지 아니한 채 이중의 면책행위를 한 경우에는 이중변제의 기본원칙으로 돌아가 먼저 이루어진 면책행위가 유효하고 나중에 이루어진 면책행위는 무효로 보아야 할 것이다(대판 1997. 10. 10, 95다46265 참조).

☞ 따라서 甲이 사전통지를 하지 아니하고 丁에게 변제한 乙에 대하여 구상할 수 있다.

9 **甲, 乙, 丙은 丁에 대하여 3,000만원의 연대채무를 부담하고 있으며, 그 부담부분이 균등한 경우에 관한 설명으로 옳지 않은 것은? (다툼이 있으면 판례에 따름)** 〈2016년 변리사〉

① 甲이 丁에게 900만원을 변제하였다면 甲은 乙과 丙에게 각 300만원씩 구상할 수 있다.

② 乙이 변제기가 도래한 丁에 대한 2,000만원의 금전채권을 자동채권으로 하여 상계한 경우, 2,000만원의 범위 내에서 甲과 丙의 채무도 소멸한다.

③ 乙이 丁에 대한 채권으로 상계하지 않는 경우, 甲은 乙의 丁에 대한 금전채권을 자동채권으로 하여 1,000만원의 범위 내에서 상계할 수 있다.

④ 丁의 甲에 대한 채권이 시효완성으로 인하여 소멸하였다면 乙과 丙도 채무를 전부 면하게 된다.

⑤ 丁이 丙에 대하여 채무 전부를 면제해 주었다면 이제 甲과 乙은 丁에 대하여 2,000만원의 연대채무를 부담하게 된다.

해 설

① (○) : 연대채무의 구상권에서 초과출재불요설 입장이다(대판 2013. 11. 14, 2013다46023). 즉 甲이 丁에게 900만원을 변제하였다면 甲은 乙과 丙에게 각 300만원씩 구상할 수 있다.

② (○) : 어느 연대채무자가 채권자에 대하여 채권이 있는 경우에 그 채무자가 상계한 때에는 채권은 모든 연대채무자의 이익을 위하여 소멸한다(제418조 제1항). ☞ 상계는 일체형 절대효 사유이다.

③ (○) : 상계할 채권이 있는 연대채무자가 상계하지 아니한 때에는 그 채무자의 부담부분에 한하여 다른 연대채무자가 상계할 수 있다.(제418조 제2항).

④ (×) : 丁의 甲에 대한 채권이 시효완성으로 인하여 소멸하였다면 乙과 丙도 채무를 전부(일체형) 면하게 되는 것이 아니라, 그 부담부분에 한하여 소멸된다(제421조). 따라서 乙과 丙은 1천만원 범위에서 소멸한다.

⑤ (○) : 제419조 채무면제의 절대적 소멸사유를 말한다. 따라서 丁이 丙에 대하여 채무 전부를 면제해 주었다면 이제 甲과 乙은 丁에 대하여 2,000만원의 연대채무를 부담하게 된다.

정답 9. ④

10 **甲, 乙, 丙이 균등한 부담으로 丁에 대하여 6천만원의 연대채무를 부담하고 있다. 이에 관한 설명으로 옳지 않은 것은?** 〈2018년 변리사〉

① 甲이 丁에 대한 4천만원의 반대채권을 가지고 유효하게 상계한 경우, 丙은 2천만원의 채무를 면한다.
② 乙이 6천만원의 지급에 갈음하여 丁에게 자신의 주택의 소유권이전을 내용으로 하는 경개계약을 체결한 경우, 甲과 丙의 丁에 대한 연대채무는 소멸한다.
③ 甲이 丁에게 6천만원을 변제하고 과실(過失) 없이 바로 乙과 丙에게 구상하려는데 乙이 무자력이 된 경우, 甲은 丙에게 3천만원을 구상할 수 있다.
④ 丁이 丙의 채무를 면제한 경우, 甲과 乙은 丁에 대해 4천만원에 대하여 연대채무를 부담한다.
⑤ 甲이 乙과 丙에게 사전통지를 하지 않은 채 丁에게 채무 전부를 변제하고 乙과 丙에게 구상권을 행사하였는데 乙이 甲의 변제 전에 丁에 대하여 4천만원의 상계적상인 반대채권을 갖고 있었던 경우, 乙의 丁에 대한 채권은 2천만원에 한하여 甲에게 이전된다.

해설

① (×) : 민법 제418조 제1항(상계의 절대적 효력) 어느 연대채무자가 채권자에 대하여 채권이 있는 경우에 그 채무자가 상계한 때에는 채권은 모든 연대채무자의 이익을 위하여 소멸한다. ☞ 418조 제1항의 상계의 절대효는 부담부분에 제한되지 않는다. 따라서 丙은 4천만 원의 채무를 면한다.
② (○) : 민법 제417조 참조
③ (○) : 민법 제427조 제1항 ☞ 乙의 부담부분인 2,000만원을 甲과 丙이 그 부담부분에 비례하여(사안에서는 부담부분이 모두 균등하므로 1:1이다) 각 1,000만원씩 분담한다. 따라서 甲은 丙에게 3,000만원(2,000+1,000)을 구상할 수 있다.
④ (○) : 민법 제419조 ☞ 채무면제는 부담부분에 한하여만 절대효가 있으므로 甲과 乙은 丁에 대해 4천만원에 대하여 연대채무를 부담한다.
⑤ (○) : 민법 제426조 제1항 ☞ '부담부분에 한하여' 대항할 수 있고, '부담부분에 한하여' 이전된다는 것이 다수설의 태도이다.

11 **연대채무자 甲·乙·丙이 채권자 丁에게 대여금 3억 원을 변제하기로 하는 채무를 부담하는 경우, 이에 관한 설명으로 옳지 않은 것은? (甲·乙·丙의 부담부분은 균등하며 원본만 고려함. 각 지문은 독립적이고, 다툼이 있으면 판례에 따름)** 〈2024년 변리사〉

① 丁이 변제기에 甲을 상대로 채무이행의 소를 제기하여 승소판결이 확정된 경우, 그 소멸시효 중단의 효과는 乙과 丙에게도 발생한다.
② 乙이 丁에 대해 상계적상에 있는 2억 원의 채권을 가지고 있으나 상계하지 아니한 경우, 丙은 乙의 丁에 대한 2억 원의 채권 중 1억 원에 한해 상계할 수 있다.
③ 丙이 채무 3억 원의 지급에 갈음하여 자신이 소유하는 부동산의 소유권을 丁에게 이전하기로 하는 경개계약을 丁과 유효하게 체결한 경우, 丁에 대한 甲과 乙의 채무는 소멸한다.
④ 丁이 甲에 대해 채무 전부를 면제한 경우, 丁에 대한 乙과 丙의 채무 전부도 소멸한다.
⑤ 丙이 丁의 위 채권(3억 원)을 유효하게 양수한 경우, 甲과 乙은 丙에게 각 1억 원을 변제하여야 한다.

정답 10. ① 11. ④

해설

① (○) : 어느 연대채무자에 대한 이행청구는 다른 연대채무자에게도 효력이 있다(민법 제416조). 따라서 이행청구로 인한 소멸시효 중단의 효과 역시 다른 연대채무자들에게 미친다.

② (○) : 상계할 채권이 있는 연대채무자가 상계하지 아니한 때에는 그 채무자의 부담부분에 한하여 다른 연대채무자가 상계할 수 있다(민법 제418조 제2항).

③ (○) : 어느 연대채무자와 채권자간에 채무의 경개가 있는 때에는 채권은 모든 연대채무자의 이익을 위하여 소멸한다(민법 제417조).

④ (×) : 어느 연대채무자에 대한 채무면제는 그 채무자의 부담부분에 한하여 다른 연대채무자의 이익을 위하여 효력이 있다(민법 제419조). ☞ 연대채무에서 면제는 부담부분형 절대효사유이므로 乙과 丙은 丁에 대하여 여전히 2억 원의 연대채무를 부담한다.

⑤ (○) : 어느 연대채무자와 채권자 간에 혼동이 있는 때에는 그 채무자의 부담부분에 한하여 다른 연대채무자도 의무를 면한다(민법 제420조). 따라서 丙이 丁으로부터 3억 원의 채권을 양수받은 경우, 1억 원의 범위에서 甲과 乙의 채무도 소멸한다. 그리고 나머지 채무 2억 원에 대하여는 채권을 양수받은 丙이 채권자가 된다.

[주의해야 할 점] 1.(문제의 제기) 출제자는 "甲과 乙은 丙에게 각 1억 원을 변제하여야 한다."라고 하면서 맞는 지문으로 출제하였는데, 이에 대해서는 논란의 여지가 있다. 지문과 같은 사안의 경우 甲과 乙이 나머지 채무 2억 원에 대하여 丙에게 연대채무를 부담한다는 견해가 존재하기 때문이다(사실 다수의 교수님 저서에 이렇게 기술되어 있다). 이러한 견해에 따르면 丙은 甲이나 乙에게 나머지 채무 2억 원 전액의 이행을 청구할 수 있다는 결과가 되고, 그렇다면 "甲과 乙은 丙에게 각 1억 원을 변제하여야 한다."는 지문을 틀린 지문으로 볼 수도 있다. 다만 이 ⑤번 지문의 논란의 소지에도 불구하고 정답지문인 ④번 지문이 조문에 명백히 반하여 확실하게 틀린 지문이어서 복수정답으로까지 인정되기는 어려웠을 것 같다.

2.(참고사항) 구(舊)민법에서는 혼동이 일어난 연대채무자가 "변제를 한 것으로 간주한다."고 규정하고 있었다. 이러한 구(舊)민법에 따르면 지문과 같은 사안에서 甲과 乙은 채무를 전부 면하고 다만 丙에 대하여 구상의무를 부담할 뿐이므로 "甲과 乙은 丙에게 각 1억 원을 변제하여야 한다."는 것으로 해석될 수 있었다. 그러나 개정된 현행민법 제420조에 따르면 甲과 乙은 부담부분인 1억 원의 한도에서 채무를 면할 뿐 나머지 2억 원에 관하여는 여전히 丙에 대하여 연대채무를 부담하는 것으로 해석되는 것이다.

3.(결어) 이 지문이 다른 지문과의 관계상 맞는 지문으로 처리되었고 복수정답이 인정되기 어렵다고 해서 이 지문을 절대적으로 맞는 지문으로 오해하면 안 된다. 출제자에 따라 "甲과 乙이 나머지 채무 2억 원에 대하여 丙에게 연대채무를 부담한다"는 지문이 맞는 지문으로 출제될 수 있음을 생각해두기 바란다.

12 **甲, 乙은 丙으로부터 농기계 1대를 10일 동안 사용하기로 하고 차임 1,000만 원에 공동으로 임차하였는데 甲, 乙 사이의 부담부분에 관하여 따로 정하지 아니하였다. 이에 관한 설명 중 옳지 않은 것은? (다툼이 있는 경우 판례에 의함)** 〈2022년 변호사시험〉

① 甲, 乙의 丙에 대한 차임지급채무가 기한의 정함이 없는 경우, 丙이 甲에게 이행청구를 하여 甲의 채무의 이행기가 도래하면 乙의 채무 역시 이행기가 도래한다.

② 甲에게 위 임대차계약의 무효의 원인이 있는 경우, 乙은 여전히 丙에 대하여 1,000만 원의 차임지급채무를 부담한다.

③ 甲이 丙에 대한 700만 원의 반대채권을 가지고 丙의 甲에 대한 차임채권과 상계하였다면, 乙의 丙에 대한 채무는 300만 원으로 감축된다.

④ 甲이 丙에 대하여 700만 원의 반대채권을 가지고 丙의 甲에 대한 차임채권과 상계할 수 있음에도 상계를 하지 않는 경우, 乙은 500만 원의 범위 내에서 甲의 丙에 대한 반대채권을 가지고 丙의 甲

정답 12. ⑤

에 대한 차임채권과 상계할 수 있다.

⑤ 甲이 丙에게 차임지급채무 1,000만 원 중 500만 원을 지급한 경우, 甲은 乙에 대하여 구상권을 행사할 수 없다.

해 설

※ 사안에서 공동임차인인 甲과 乙의 관계는 연대채무관계이다(제654조에 의하여 준용되는 제616조).

① (○) : 연대채무에서 이행청구는 절대효 사유이다(제416조).

② (○) : 어느 연대채무자에 대한 법률행위의 무효나 취소의 원인은 다른 연대채무자의 채무에 영향을 미치지 아니한다(제415조).

③ (○) : 연대채무에서 상계는 일체형 절대효 사유이다(제418조 제1항).

④ (○) : 상계할 채권이 있는 연대채무자가 상계하지 아니한 때에는 그 채무자의 부담부분에 한하여 다른 연대채무자가 상계할 수 있다(제418조 제2항). 민법 제424조 참조

⑤ (×) : 민법은 연대보증인 중의 한 사람이 공동면책을 이유로 다른 연대보증인에게 구상권을 행사하려면 '자기의 부담부분을 넘은 변제를 하였을 것'을 그 요건으로 규정하였으나(제448조 제2항), **연대채무자 중의 한 사람**이 공동면책을 이유로 다른 연대채무자에게 구상권을 행사하는 데 있어서는 **그러한 제한 없이** 구상권을 행사할 수 있는 것으로 규정하고 있다(제425조 제1항). 따라서 연대채무자 사이의 구상권행사에 있어서 '부담부분'이란 연대채무자가 그 내부관계에서 출재를 분담하기로 한 비율을 말한다고 봄이 타당하다(대판 2013. 11. 14, 2013다46023). ☞ 이른바 초과출재불요설. 따라서 甲은 乙에 대하여 구상권을 행사할 수 있다.

보충지문

13 공동임차인의 차임지급채무는 부진정연대채무이다. 〈2012년 변리사〉

해 설 공동임차인의 차임지급의무는 연대채무이다(제654조, 제616조).

14 채권자가 모든 연대채무자에 대하여 동시에 이행을 청구할 경우에는 연대채무자 각각의 부담분에 한하여 이행을 청구할 수 있다. 〈2009년 법무사〉

해 설 채권자는 연대채무자 중의 어느 한 사람에 대하여 채무의 전부나 일부의 이행을 청구할 수 있고, 또는 모든 채무자에 대하여 동시에 또는 순차로 채무의 전부나 일부의 이행을 청구할 수 있다(제414조).

15 채권자 甲에 대하여 채무자 乙·丙·丁이 300만원의 연대채무를 부담하고 각자의 부담부분이 균등하다. 乙이 채무를 승인한 경우 丙·丁의 채무에 관해서도 소멸시효의 중단의 효력이 생긴다. 〈2007년 변리사〉

해 설 민법 제416조는 어느 연대채무자에 대한 이행청구는 다른 연대채무자에게도 효력이 있다고 규정하고 있을 뿐이고 채무승인은 이행청구에는 해당하지 않기 때문에, 어느 연대채무자가 채무를 승인함으로써 그에 대한 시효가 중단되었더라도 그로 인하여 다른 연대채무자에게도 시효중단의 효력이 발생하는 것은 아니다(대판 2018. 10. 25, 2018다234177).

정답 13. (×) 14. (×) 15. (×)

16 **특별한 사정이 없는 한 연대채무자 중 1인이 채무 일부를 면제받더라도 그가 지급해야 할 잔존 채무액이 그의 부담부분을 초과한다면, 다른 연대채무자는 채무 전액을 부담한다.** 〈2021년 공인노무사〉

해설 연대채무자 중 1인에 대한 채무의 일부 면제에 상대적 효력만 있다고 볼 특별한 사정이 없는 한 일부 면제의 경우에도 면제된 부담부분에 한하여 면제의 절대적 효력이 인정된다고 보아야 한다. 구체적으로 연대채무자 중 1인이 채무 일부를 면제받는 경우에 그 연대채무자가 지급해야 할 잔존 채무액이 부담부분을 초과하는 경우에는 그 연대채무자의 부담부분이 감소한 것은 아니므로 다른 연대채무자의 채무에도 영향을 주지 않아 다른 연대채무자는 채무 전액을 부담하여야 한다. 반대로 일부 면제에 의한 피면제자의 잔존 채무액이 부담부분보다 적은 경우에는 차액(부담부분 - 잔존 채무액)만큼 피면제자의 부담부분이 감소하였으므로, 차액의 범위에서 면제의 절대적 효력이 발생하여 다른 연대채무자의 채무도 차액만큼 감소한다(대판 2019. 8. 14, 2019다216435).

17 **어느 연대채무자에 대한 채권자의 지체는 다른 연대채무자에게도 효력이 있다.** 〈2012년 법무사〉

해설 민법 제422조 참조

18 **어느 연대채무자가 변제 기타 자기의 출재로 공동면책이 된 때에는 다른 연대채무자의 부담부분에 대하여 구상권을 행사할 수 있고, 그 구상권에는 면책된 날 이후의 법정이자 및 피할 수 없는 비용 기타 손해배상을 포함한다.** 〈2009년 법무사〉

해설 민법 제425조 참조

19 **연대채무자 모두를 위하여 물상보증인이 된 자가 연대채무자 1인에 대하여 구상권을 행사하는 경우, 그 연대채무자는 자신의 부담부분에 한하여 구상의무가 있다.** 〈2010년 사법시험〉

해설 "어느 연대채무자나 어느 불가분채무자를 위하여 보증인이 된 자는 다른 연대채무자나 다른 불가분채무자에 대하여 그 부담부분에 한하여 구상권이 있다."는 민법 제447조는 어느 연대채무자나 어느 불가분채무자를 위하여 보증인이 된 자의 다른 연대채무자나 다른 불가분채무자에 대한 구상권에 관한 규정에 불과하므로, 연대채무자 모두를 위하여 물상보증인이 된 자가 그 연대채무자의 1인에 대하여 구상권을 행사하는 경우에는 적용될 여지가 없다(대판 1990. 11. 13, 90다카26065).

20~21 **[공통사안] 甲, 乙, 丙이 균등한 부담부분으로 丁에 대하여 900만원의 연대채무를 부담하고 있다.**

20 **甲이 1,200만원 상당의 부동산으로 丁에게 대물변제를 한 경우, 甲은 乙과 丙에게 각각 300만원을 구상할 수 있다.** 〈2006년 공인노무사〉

해설 대물변제를 한 경우 그 채무소멸로 인하여 乙과 丙이 이익을 본 범위는 900만 원이기 때문에 타당하다(제425조, 제424조 참조).

21 **丁에게 600만원의 반대채권을 가진 甲이 상계하면, 甲은 채무를 면하고 乙과 丙의 채무는 300만원으로 된다.** 〈2006년 공인노무사〉

정답 16. (○) 17. (○) 18. (○) 19. (×) 20. (○) 21. (×)

해 설 甲도 상계한 600만 원의 범위에서만 채무가 소멸하고 300만 원의 채무는 여전히 남는다. 따라서 甲, 乙, 丙 모두 丁에 대하여 300만 원의 연대채무를 부담한다.

Ⅲ. 부진정연대채무

22 甲은 乙의 피용자 丙의 과실에 의한 불법행위로 2억 원의 손해를 입었는데, 丙의 위 불법행위에 대해 乙의 사용자책임이 인정되었다. 丙의 손해배상채무액은 2억 원으로 인정되었고, 乙의 손해배상채무액은 甲의 과실을 참작하여 과실상계를 한 결과 1억 5천만 원으로 인정되었다. 이에 관한 설명으로 옳지 않은 것은? (다툼이 있으면 판례에 따름) 〈2020년 변리사〉

① 甲에 대한 丙의 손해배상채무와 乙의 손해배상채무는 부진정연대채무의 관계에 있다.
② 丙이 甲에게 1억 원을 변제한 경우, 甲에 대한 乙의 손해배상채무액은 5천만 원이 남게 된다.
③ 甲이 乙에 대한 손해배상채권의 소멸시효를 중단시키더라도 丙에 대한 손해배상채권의 소멸시효는 중단되지 않는다.
④ 丙이 자신의 甲에 대한 2억 원의 대여금채권으로 적법하게 상계한 경우, 그 상계로 인한 채무소멸의 효력은 乙에 대하여도 미친다.
⑤ 丙이 甲에 대하여 상계할 채권을 가지고 있으면서 상계하지 않고 있는 경우, 乙이 그 채권을 가지고 상계할 수는 없다.

해 설

① (○) : 피용자의 사무집행중의 불법행위로 인한 사용자의 민법 756조의 규정에 의한 배상책임과 피용자 자신의 민법 제750조의 규정에 의한 불법행위 책임은 전혀 별개의 것이고 다만 피해자가 어느편으로 부터 배상에 의하여 일부 또는 전부의 만족을 얻었을 때에는 그 범위내에서 타방의 배상책임이 소멸한다 할 것이고 이러한 피용자의 업무집행중의 불법행위 책임과 사용자 배상책임이 강학상 부진정연대채무의 부류에 속한다(대판 1975. 12. 23, 75다1193).

② (×) : 금액이 다른 채무가 서로 부진정연대관계에 있을 때 다액채무자가 일부 변제를 하는 경우 변제로 인하여 먼저 소멸하는 부분은 당사자의 의사와 채무 전액의 지급을 확실히 확보하려는 부진정연대채무 제도의 취지에 비추어 볼 때 **다액채무자가 단독으로 채무를 부담하는 부분**으로 보아야 한다. 이러한 법리는 ① 사용자의 손해배상액이 피해자의 과실을 참작하여 과실상계를 한 결과 타인에게 직접 손해를 가한 피용자 자신의 손해배상액과 달라졌는데 다액채무자인 피용자가 손해배상액의 일부를 변제한 경우에 적용되고, ② 공동불법행위자들의 피해자에 대한 과실비율이 달라 손해배상액이 달라졌는데 다액채무자인 공동불법행위자가 손해배상액의 일부를 변제한 경우에도 적용된다. 또한 ③ 중개보조원을 고용한 개업공인중개사의 공인중개사법 제30조 제1항에 따른 손해배상액이 과실상계를 한 결과 거래당사자에게 직접 손해를 가한 중개보조원 자신의 손해배상액과 달라졌는데 다액채무자인 중개보조원이 손해배상액의 일부를 변제한 경우에도 마찬가지이다(대판 2018. 3. 22, 2012다74236 전원합의체). ☞ 丙은 1억 원을 변제하였으나 丙이 단독으로 채무를 부담하는 부분(5천만 원)부터 먼저 소멸하므로, 乙의 채무는 5천만 원(丙이 변제한 1억 원 - 丙의 단독부담부분 5천만 원)만 소멸하고 1억 원의 채무가 남는다.

정답 22. ②

[보충지문] 1. 금액이 다른 채무가 서로 부진정연대 관계에 있을 때, 다액채무자가 일부 변제를 하는 경우 변제로 인하여 먼저 소멸하는 부분은 다액채무자가 단독으로 채무를 부담하는 부분이다(○). 〈2018년 법무사〉

2. 피용자 甲이 A에 대하여 불법행위로 1천만 원의 손해배상채무를 지고, 甲의 사용자 乙은 A와의 관계에서 과실상계에 의해 7백만 원의 손해배상채무를 지고 있는데, 甲이 3백만 원을 A에게 변제한 경우, 남게 되는 乙의 채무액은 4백만 원이다(×). 〈2019년 법원행시〉

③ (○) : 부진정연대채무에서는 채무자 1인에 대한 이행청구 또는 채무자 1인이 행한 채무의 승인 등 소멸시효의 중단사유나 시효이익의 포기가 다른 채무자에게 효력을 미치지 아니한다(대판 2011. 4. 14, 2010다91886).

④ (○) : 부진정연대채무자 중 1인이 자신의 채권자에 대한 반대채권으로 상계를 한 경우에도 채권은 변제, 대물변제, 또는 공탁이 행하여진 경우와 동일하게 현실적으로 만족을 얻어 그 목적을 달성하는 것이므로, 그 상계로 인한 채무소멸의 효력은 소멸한 채무 전액에 관하여 다른 부진정연대채무자에 대하여도 미친다고 보아야 한다. 이는 부진정연대채무자 중 1인이 채권자와 상계계약을 체결한 경우에도 마찬가지이다. 나아가 이러한 법리는 채권자가 상계 내지 상계계약이 이루어질 당시 다른 부진정연대채무자의 존재를 알았는지 여부에 의하여 좌우되지 아니한다(대판 2010. 9. 16, 2008다97218 전원합의체).

⑤ (○) : 부진정연대채무자 사이에는 고유의 의미에 있어서의 부담부분이 존재하지 아니하므로 위와 같은 고유의 의미의 부담부분의 존재를 전제로 하는 민법 제418조 제2항은 부진정연대채무에는 적용되지 아니하는 것으로 봄이 상당하고, 따라서 부진정연대채무에 있어서는 한 부진정연대채무자가 채권자에 대하여 상계할 채권을 가지고 있음에도 상계를 하지 않고 있다 하더라도 다른 부진정연대채무자가 그 채권을 가지고 상계를 할 수는 없는 것으로 보아야 한다(대판 1994. 5. 27, 93다21521).

23 **다수당사자의 채권관계에 관한 설명으로 옳지 않은 것은? (다툼이 있으면 판례에 따름)**

〈2021년 변리사〉

① 甲과 乙이 공유하는 부동산을 丙에게 공동으로 임대한 경우, 임대차 종료 시 甲과 乙은 지분비율에 따라 丙에게 임대차보증금을 반환할 채무를 부담한다.

② 丙에 대해 불가분채권을 가지고 있는 甲과 乙 중 甲이 丙에게 이행을 청구하여 丙이 이행지체에 빠진 경우, 丙은 乙에게도 이행지체 책임을 진다.

③ 甲과 乙이 공유하는 부동산을 丙이 무단으로 점유·사용하고 있는 경우, 특별한 사정이 없는 한 甲과 乙은 丙에 대해 지분 비율에 따른 부당이득반환청구권을 갖는다.

④ 甲이 乙의 丙에 대한 채무를 중첩적으로 인수하는 경우, 甲과 乙은 원칙적으로 연대채무를 부담한다.

⑤ 甲의 채권자 丁이 甲의 연대채무자 乙, 丙에 대한 채권 중 甲의 乙에 대한 채권에 대해 압류 및 추심명령을 발령받았더라도 甲은 丙에 대해 이행을 청구할 수 있다.

해 설

① (×) : 건물의 공유자가 공동으로 건물을 임대하고 보증금을 수령한 경우, 특별한 사정이 없는 한 그 임대는 각자 공유지분을 임대한 것이 아니고 임대목적물을 다수의 당사자로서 공동으로 임대한 것이고 그 보증금반환채무는 성질상 불가분채무이다(대판 1998. 12. 8, 98다43137).

② (○) : 채권의 목적이 그 성질 또는 당사자의 의사표시에 의하여 불가분인 경우에 채권자가 수인인 때에는 각 채권자는 모든 채권자를 위하여 이행을 청구할 수 있고 채무자는 모든 채권자를 위하여 각 채권자에게 이행할 수 있다(민법 제409조). ☞ 불가분채권에서 이행청구(이행청구에 따른 시효중단 및 이행지체 포함)와 이행은 절대효 사유이다.

정답 23. ①

③ (○) : 토지공유자는 특별한 사정이 없는 한 그 지분에 대응하는 비율의 범위내에서만 그 차임상당의 부당이득금반환의 청구권을 행사할 수 있다(대판 1979. 1. 30, 78다2088).

④ (○) : 중첩적 채무인수에서 인수인이 채무자의 부탁 없이 채권자와의 계약으로 채무를 인수하는 것은 매우 드문 일이므로 채무자와 인수인은 원칙적으로 주관적 공동관계가 있는 연대채무관계에 있고, 인수인이 채무자의 부탁을 받지 아니하여 주관적 공동관계가 없는 경우에는 부진정연대관계에 있는 것으로 보아야 한다(대판 2009. 8. 20, 2009다32409).

⑤ (○) : 2인 이상의 불가분채무자 또는 연대채무자가 있는 금전채권의 경우에, 그 불가분채무자 등 중 1인을 제3채무자로 한 채권압류 및 추심명령이 이루어지면 그 채권압류 및 추심명령을 송달받은 불가분채무자 등에 대한 피압류채권에 관한 이행의 소는 추심채권자만이 제기할 수 있고 추심채무자는 그 피압류채권에 대한 이행소송을 제기할 당사자적격을 상실하지만, 그 채권압류 및 추심명령의 제3채무자가 아닌 나머지 불가분채무자 등에 대하여는 추심채무자가 여전히 채권자로서 추심권한을 가지므로 나머지 불가분채무자 등을 상대로 이행을 청구할 수 있다(대판 2013. 10. 31, 2011다98426).

24 다음 설명 중 옳지 않은 것은? (다툼이 있는 경우 판례에 의함) 〈2016년 변호사시험〉

① 공동불법행위자는 채권자에 대한 관계에서 부진정연대책임을 지되, 공동불법행위자 중 1인이 전체 채무를 변제한 경우 특별한 사정이 없는 한 나머지 공동불법행위자들이 부담하는 구상채무의 성질은 각자의 부담부분에 따른 분할채무이다.

② 보증인은 자신의 채권자에 대한 채권으로 채권자의 보증채권과 상계할 수 있을 뿐만 아니라, 주채무자의 채권자에 대한 채권으로도 상계할 수 있다.

③ 공동불법행위자는 자신의 부담부분 이상을 변제하여 공동의 면책을 얻게 하였을 때에 다른 공동불법행위자에 대하여 구상권을 행사할 수 있으나, 연대채무자는 자신의 부담부분 이상을 변제하지 않더라도 다른 연대채무자에 대하여 구상권을 행사할 수 있다.

④ 부진정연대채무자 중의 1인이 채권자에 대하여 한 상계는 절대적 효력이 있지만, 부진정연대채무자 중의 1인과 채권자 사이의 상계계약의 경우에는 절대적 효력이 인정되지 않는다.

⑤ 여러 사람이 공동으로 법률상 원인 없이 타인의 재산을 사용한 경우의 부당이득 반환채무는 특별한 사정이 없는 한 불가분적 이득의 반환으로서 불가분채무이고, 불가분채무는 각 채무자가 채무 전부를 이행할 의무가 있으며, 1인의 채무이행으로 다른 채무자도 그 의무를 면하게 된다.

해 설

① (○) : 공동불법행위자는 채권자에 대한 관계에서 부진정연대책임을 지되, 공동불법행위자 중 1인이 전체 채무를 변제한 경우 나머지 공동불법행위자들이 부담하는 구상채무의 성질은 각자의 부담부분에 따른 분할채무가 원칙인데, 다만 구상권자인 공동불법행위자 측에 과실이 없는 경우에는 부진정연대채무가 된다(대판 2012. 3. 15, 2011다52727).

② (○) : 보증인은 자신의 채권자에 대한 채권으로 채권자의 보증채권과 상계할 수 있을 뿐만 아니라(제492조), 주채무자의 채권자에 대한 채권으로도 상계할 수 있다(제434조).

③ (○) : 공동불법행위자는 자신의 '부담부분' 이상을 변제하여 공동의 면책을 얻게 하였을 때에 다른 공동불법행위자에 대하여 구상권을 행사할 수 있으나, 연대채무자는 자신의 '부담부분' 이상을 변제하지 않더라도 다른 연대채무자에 대하여 구상권을 행사할 수 있다(연대채무의 초과출재불요설 입장; 대판 2013. 11. 14, 2013다46023).

④ (×) : 부진정연대채무자 중의 1인이 채권자에 대하여 한 상계와 상계계약 모두 절대적 효력이 있다는 것이

정답 24. ④

판례이다(대판 2010. 9. 16, 2008다97218 전원합의체).

⑤ (○) : 여러 사람이 공동으로 법률상 원인 없이 타인의 재산을 사용한 경우의 부당이득 반환채무는 특별한 사정이 없는 한 불가분적 이득의 반환으로서 불가분채무이고, 불가분채무는 각 채무자가 채무 전부를 이행할 의무가 있으며, 1인의 채무이행으로 다른 채무자도 그 의무를 면하게 된다(서초가든사건 ; 대판 1981. 8. 20, 80다2587).

25 **다수 당사자의 채권관계에 관한 설명 중 옳지 않은 것을 모두 고른 것은? (각 지문은 독립적이며, 다툼이 있는 경우 판례에 의함)** 〈2018년 변호사시험〉

ㄱ. A에 대하여 3,000만 원의 연대채무를 부담하고 있는 甲, 乙, 丙이 내부적으로 4:4:2의 비율로 부담부분을 정한 상태에서 甲이 A에게 3,000만 원을 변제하였다. 만약 丙이 자신의 부담부분을 상환할 자력이 없고 A가 乙에게 연대의 면제를 해 주었다면, 甲은 乙에게 1,200만원을, A에게 300만 원을 각 청구할 수 있다.

ㄴ. 연대채무자 중의 한 사람이 공동면책을 이유로 다른 연대채무자에게 구상권을 행사하려면 자기의 부담부분을 넘은 변제를 하여야 한다.

ㄷ. 어느 연대채무자가 다른 연대채무자에게 구상권을 행사할 때 그 부담부분은 균등한 것으로 추정되나, 연대채무자 사이에 부담부분에 관한 특약이 있거나 특약이 없더라도 채무의 부담과 관련하여 각 채무자의 수익비율이 다른 경우에는 그 특약 또는 비율에 따라 부담부분이 결정된다.

ㄹ. 甲과 乙이 공동불법행위책임을 지는 경우, 甲의 손해배상채무가 시효로 소멸한 후에는 乙이 피해자에게 자기의 부담부분을 넘는 손해를 배상하였다고 하더라도 甲을 상대로 구상권을 행사할 수 없다.

ㅁ. 공동불법행위자 중 1인에 대하여 구상의무를 부담하는 다른 공동불법행위자가 수인인 경우에는 특별한 사정이 없는 이상 그들의 구상권자에 대한 채무는 각자의 부담부분에 따른 분할채무로 봄이 상당하지만, 구상권자인 공동불법행위자 측에 과실이 없는 경우, 즉 내부적인 부담부분이 전혀 없는 경우에는 그에 대한 수인의 구상의무 사이의 관계를 부진정연대관계로 보아야 한다.

① ㄱ, ㄴ　　② ㄱ, ㄷ　　③ ㄴ, ㄹ　　④ ㄱ, ㄷ, ㅁ　　⑤ ㄴ, ㄹ, ㅁ

해 설

ㄱ. (○) 민법 제427조 제2항 : 전항의 경우에 상환할 자력이 없는 채무자의 부담부분을 분담할 다른 채무자가 채권자로부터 연대의 면제를 받은 때에는 그 채무자의 분담할 부분은 채권자의 부담으로 한다.

ㄴ. (×) : 민법은 연대보증인 중의 한 사람이 공동면책을 이유로 다른 연대보증인에게 구상권을 행사하려면 '자기의 부담부분을 넘은' 변제를 하였을 것을 그 요건으로 규정하였으나(제448조 제2항), 연대채무자 중의 한 사람이 공동면책을 이유로 다른 연대채무자에게 구상권을 행사하는 데 있어서는 그러한 제한 없이 '부담부분'에 대하여 구상권을 행사할 수 있는 것으로 규정하고 있다(제425조 제1항). 따라서 연대채무자 사이의 구상권행사에 있어서 '부담부분'이란 연대채무자가 그 내부관계에서 출재를 분담하기로 한 비율을 말한다고 봄이 타당하다(대판 2013. 11. 14, 2013다46023).

ㄷ. (○) : 연대채무자가 변제 기타 자기의 출재로 공동면책을 얻은 때에는 다른 연대채무자의 부담부분에 대하여 구상권을 행사할 수 있고 이때 부담부분은 균등한 것으로 추정되나 연대채무자 사이에 부담부분에 관한 특약이 있거나 특약이 없더라도 채무의 부담과 관련하여 각 채무자의 수익비율이 다르다면 특약 또는 비율에 따

정답 25. ③

라 부담분이 결정된다(민법 제424조; 대판 2014. 8. 20, 2012다97420, 97437).

ㄹ. (×) : 공동불법행위자의 다른 공동불법행위자에 대한 구상권은 피해자의 다른 공동불법행위자에 대한 손해배상채권과는 그 발생 원인 및 성질을 달리하는 별개의 권리이고, 연대채무에 있어서 소멸시효의 절대적 효력에 관한 민법 제421조의 규정은 공동불법행위자 상호간의 부진정연대채무에 대하여는 그 적용이 없으므로, 공동불법행위자 중 1인의 손해배상채무가 시효로 소멸한 후에 다른 공동불법행위자 1인이 피해자에게 자기의 부담 부분을 넘는 손해를 배상하였을 경우에도, 그 공동불법행위자는 다른 공동불법행위자에게 구상권을 행사할 수 있다(대판 1997. 12. 23, 97다42830).

ㅁ. (○) : 공동불법행위자 중 1인에 대하여 구상의무를 부담하는 다른 공동불법행위자가 수인인 경우에는 특별한 사정이 없는 이상 그들의 구상권자에 대한 채무는 각자의 부담 부분에 따른 분할채무로 보는 것이 타당하지만, 구상권자인 공동불법행위자 측에 과실이 없는 경우, 즉 내부적인 부담 부분이 전혀 없는 경우에는 이와 달리 그에 대한 수인의 구상의무를 부진정연대관계로 보는 것이 타당하다(대판 2012. 3. 15, 2011다52727).

보충지문

26 금융기관이 회사 임직원의 대규모 분식회계로 그 회사의 재무구조를 잘못 파악하고 대출을 하여준 경우, 회사의 대출금채무와 회사 임직원의 손해배상채무는 부진정연대의 관계에 있다.

〈2009년 사법시험〉

해설 기업체의 임직원이 대규모의 분식회계에 가담한 잘못이 있는 경우에는, 그로 말미암아 금융기관이 기업체에게 여신을 제공하기에 이르렀다고 봄이 상당하므로, 비록 기업체의 임직원이 기업체의 여신 제공 행위에 직접 개입하지 아니하였다고 하더라도 임직원의 분식회계 가담행위와 금융기관이 여신 제공으로 인하여 입은 손해와의 사이에는 인과관계를 인정할 수 있는 것이고, 이러한 경우 분식회계 가담행위 자체가 금융기관에 대한 가해행위로서 민법 제750조의 불법행위 책임이 성립하는 것이다(대판 2008. 6. 26, 2007다43436). 따라서 회사의 대출금채무와 회사 임직원의 손해배상채무는 부진정연대의 관계에 있다.

27 어떤 물건에 대하여 직접점유자와 간접점유자가 있는 경우, 그에 대한 점유·사용으로 인한 부당이득의 반환의무는 서로 중첩되는 부분에 관하여는 이른바 부진정연대채무의 관계에 있다.

〈2015년 법무사, 2017년 법무사〉

해설 어떤 물건에 대하여 직접점유자와 간접점유자가 있는 경우, 그에 대한 점유·사용으로 인한 부당이득의 반환의무는 동일한 경제적 목적을 가진 채무로서 서로 중첩되는 부분에 관하여는 일방의 채무가 변제 등으로 소멸하면 타방의 채무도 소멸하는 이른바 부진정연대채무의 관계에 있다(대판 2012. 9. 27, 2011다76747).

28 부진정연대채무자 1인에 대한 채권을 양도한다고 해서 당연히 다른 채무자에 대한 채권도 함께 양도되는 것은 아니다. 〈2011년 변리사〉

해설 부진정연대채무도 연대채무와 마찬가지로 채무는 복수이다. 따라서 채권자가 부진정연대채무자 1인에 대한 채권을 타인에게 양도하였다는 사정만으로 다른 부진정연대채무자에 대한 채권까지 당연히 함께 양도된 것이라고 단정할 수 없다(대판 2008. 1. 18, 2005다65579).

정답 26. (○) 27. (○) 28. (○)

29 **丙은 乙의 부탁을 받지 않고 그와 아무런 법적 관계없이 甲과의 계약에 따라 乙의 甲에 대한 차용금 채무 1억 원을 중첩적으로 인수하였다. 이후 甲이 乙을 상대로 대여금 반환청구의 소를 제기하였다면, 그 시효중단의 효력은 丙에게도 미친다.** 〈2015년 사법시험〉

해 설 중첩적 채무인수에서 인수인이 채무자의 부탁 없이 채권자와의 계약으로 채무를 인수하는 것은 매우 드문 일이므로 채무자와 인수인은 원칙적으로 주관적 공동관계가 있는 연대채무관계에 있고, 인수인이 채무자의 부탁을 받지 아니하여 주관적 공동관계가 없는 경우에는 부진정연대관계에 있는 것으로 보아야 한다(대판 2009. 8. 20, 2009다32409). 그리고 부진정연대채무에서 이행청구에 의한 시효중단은 상대효에 불과하다.

30 **부진정연대채무자 중 1인에 대한 채무면제의 효력은 다른 채무자에게는 미치지 않는다.** 〈2011년 변리사〉

해 설 공동불법행위로 인한 손해배상책임은 소위 부진정연대채무관계에 있는 것이므로 그중의 한 채무자에 대한 채무면제는 민법 제419조가 적용되지 아니하여 다른 채무자에게는 그 효력이 미치지 아니하며 공동불법해위자 중 1인의 구상권행사에 대하여 다른 공동불법행위자는 자기의 채무가 면제되었음을 이유로 그 구상을 거절할 수 없다(대판 1980. 7. 22, 79다1107).

31 **부진정연대채무자 甲이 채권자 乙에 대한 자신의 반대채권으로 상계를 한 경우, 그 상계로 인한 채무소멸의 효력은 소멸한 채무 전액에 관하여 다른 부진정연대채무자 丙에 대하여도 미치고, 위 상계 당시 乙이 丙의 존재를 알지 못하여도 마찬가지이다.** 〈2017년 법무사〉

해 설 부진정연대채무자 중 1인이 자신의 채권자에 대한 반대채권으로 상계를 한 경우에도 채권은 변제, 대물변제, 또는 공탁이 행하여진 경우와 동일하게 현실적으로 만족을 얻어 그 목적을 달성하는 것이므로, 그 상계로 인한 채무소멸의 효력은 소멸한 채무 전액에 관하여 다른 부진정연대채무자에 대하여도 미친다고 보아야 한다. 이는 부진정연대채무자 중 1인이 채권자와 상계계약을 체결한 경우에도 마찬가지이다. 나아가 이러한 법리는 채권자가 상계 내지 상계계약이 이루어질 당시 다른 부진정연대채무자의 존재를 알았는지 여부에 의하여 좌우되지 아니한다(대판 2010. 9. 16, 2008다97218 전원합의체).

32 **부진정연대채무자 중 1인이 채권자로부터 손해배상채무의 일부를 면제받았으나 후에 다른 부진정연대채무자가 손해배상 전액을 변제한 후 그들 내부관계의 부담부분에 따라 일부 면제를 받은 부진정연대채무자에게 구상권을 행사할 수 있다.** 〈2009년 사법시험〉

해 설 공동불법행위로 인한 손해배상책임은 소위 부진정연대채무관계에 있는 것이므로 그중의 한 채무자에 대한 채무면제는 민법 제419조가 적용되지 아니하여 다른 채무자에게는 그 효력이 미치지 아니하며 공동불법해위자 중 1인의 구상권행사에 대하여 다른 공동불법행위자는 자기의 채무가 면제되었음을 이유로 그 구상을 거절할 수 없다(대판 1980. 7. 22, 79다1107).

33-1 **부진정연대채무자 중 1인을 위하여 보증인이 된 자가 피보증인을 위하여 그 채무를 변제한 경우에는 그 보증인은 다른 부진정연대채무자들에 대하여 그 부담 부분에 한하여 구상권을 행사할 수 있다.** 〈2017년 법무사〉

정답 29. (×) 30. (○) 31. (○) 32. (○) 33-1. (○)

33-2 甲, 乙, 丙은 공동의 불법행위로 丁에게 9,000만 원의 부진정연대채무를 부담하고 있고 과실비율은 균등하다. 이 경우 甲의 보증인 戊가 5,000만 원을 변제하였다면, 戊는 甲뿐만 아니라 乙, 丙에 대해서도 직접 구상권을 취득한다. 〈2015년 사법시험〉

해설 부진정연대채무자 중 1인을 위하여 보증인이 된 자가 피보증인을 위하여 그 채무를 변제한 경우에는 그 보증인은 피보증인이 아닌 다른 부진정연대채무자들에 대하여는 그 부담 부분에 한하여 구상권을 행사할 수 있다(대판 2010. 12. 23, 2010다52225).

34-1 乙과 丙의 공동불법행위로 인하여 乙의 사용자인 甲이 피해자 丁에게 손해 전부를 배상한 경우, 甲은 丙에 대하여 구상권을 행사할 수 있다. 〈2006년 사법시험〉

34-2 甲과 乙이 A에 대하여 공동불법행위에 의한 2,400만 원의 손해배상채무를 지고 있는데(甲과 乙의 내부적 부담부분 비율은 2:1), 甲의 사용자 丙이 A에게 2,400만 원을 변제한 경우, 丙의 乙에 대한 구상가능액은 800만 원이다. 〈2019년 법원행시〉

해설 피용자와 제3자가 공동불법행위로 피해자에게 손해를 가하여 그 손해배상채무를 부담하는 경우에 피용자와 제3자는 공동불법행위자로서 서로 부진정연대관계에 있고, 한편 사용자의 손해배상책임은 피용자의 배상책임에 대한 대체적 책임이어서 사용자도 제3자와 부진정연대관계에 있다고 보아야 할 것이므로, 사용자가 피용자와 제3자의 책임비율에 의하여 정해진 피용자의 부담부분을 초과하여 피해자에게 손해를 배상한 경우에는 사용자는 제3자에 대하여도 구상권을 행사할 수 있으며, 그 구상의 범위는 제3자의 부담부분에 국한된다고 보는 것이 타당하다(대판 1992. 6. 23, 91다33070 전원합의체). ☞ 乙의 부담부분은 2,400만 원 × 1/3 = 800만 원이다.

35 부진정연대채무자 중 1인이 사전 또는 사후 통지를 하지 않고 변제를 하여 공동면책이 되었다면 구상권이 제한된다. 〈2009년 사법시험〉

해설 부진정연대채무는 당사자간 주관적 공동목적이 없기 때문에 연대채무에 관한 규정 중 주관적 공동목적을 전제로하는 내용은 적용되지 않는다. 따라서 구상요건으로서의 통지에 관한 제426조는 부진정연대채무에서는 유추적용되지 않는다고 한다(대판 1998. 6. 27, 98다5777).

Ⅳ. 보증채무

36 보증채무에서의 구상에 관한 설명 중 옳은 것은? (다툼이 있는 경우에는 판례에 의함) 〈2008년 변리사〉

① 주채무자가 파산선고를 받았다면 수탁보증인은 채권자가 파산재단에 가입하였는가 여부와 무관하게 사전구상권을 행사할 수 있다.

② 수탁보증인의 사전구상권과 사후구상권은 그 종국적 목적과 사회적 효용을 같이하는 공통성을 가지므로 법적 성질을 같이하고 소멸시효도 같이 진행된다.

③ 면책행위를 한 주채무자는 보증인에게 그 사실을 통지하여야 하는데, 부탁 없는 보증인이라고 하여 다르지 않다.

④ 주채무자가 면책행위를 하고도 보증인에게 통지를 하지 않고 있는 동안에 보증인이 재차 면책행위

정답 33-2. (○) 34-1. (○) 34-2. (○) 35. (×) 36. ⑤

를 하였다면, 보증인이 주채무자에게 사전통지를 했는가 여부와 무관하게 주채무자에 대하여 구상권을 행사할 수 있다.

⑤ 수인의 연대채무자 중 1인을 위하여 보증인이 된 사람은 다른 연대채무자에 대하여 그 부담부분에 한하여 구상권이 있다.

해 설

①(×) : 채권자가 파산재단에 가입하지 아니한 때에 한하여 행사 가능하다(제442조 제1항 제2호).

②(×) : 판례는 사전구상권과 사후구상권은 그 발생원인을 달리하고 그 법적성질도 다른 별개의 독립된 권리라고 할 것이므로, 그 소멸시효는 각각 별도로 진행되는 것이고, 따라서 사후구상권의 소멸시효는 사전구상권이 발생되었지의 여부와 관계없이 사후구상권 그 자체가 발생되어 이를 행사할 수 있는 때로부터 진행된다고 한다(대판 1992. 9. 25, 91다37553).

③(×) : 주채무자는 부탁없이 보증인이 된 자에게 사후의 통지의무를 부담하지 않는다(제446조 참조).

④(×) : 민법 제446조의 규정은 같은 법 제445조 제1항의 규정을 전제로 하는 것이어서 같은 법 제445조 제1항의 사전 통지를 하지 아니한 수탁보증인까지 보호하는 취지의 규정은 아니다. 따라서 이 경우에는 이중변제의 기본원칙으로 돌아가 먼저 이루어진 주채무자의 면책행위가 유효하고 나중에 이루어진 보증인의 면책행위는 무효로 보아야 하므로 보증인은 민법 제466조에 기하여 주채무자에게 구상권을 행사할 수 없다(대판 1997. 10. 10, 95다46265).

⑤(○) : 민법 제447조 참조

37 **채권자 甲은 丙의 연대보증하에 채무자 乙에게 10억 원을 빌려주면서 乙소유의 X 부동산에 근저당권(채권최고액 13억 원)을 취득하였다. 다음 설명 중 옳지 않은 것은?(다툼이 있는 경우에는 판례에 의함)** 〈2009년 변리사〉

① 丙은 甲의 이행청구에 대하여 최고·검색의 항변권을 행사할 수 없다.

② 丙이 5억 원을 甲에게 변제하고 구상권을 행사한 경우, 특별한 사정이 없는 한 일부 대위에 관한 법리가 적용되지 않는다.

③ 乙로부터 X부동산을 취득한 丁이 甲에게 5억 원을 변제한 경우, 丁은 丙에 대하여 甲의 채권을 대위할 수 없다.

④ 丙이 5억 원을 甲에게 변제하고 변제자대위권을 행사한 경우, X부동산의 매각(경락)대금에 대하여 甲은 丙에게 우선변제권을 주장할 수 있다.

⑤ 제3자 戊의 출재로 乙의 甲에 대한 주채무가 소멸하면 연대보증채무도 소멸하므로 戊는 丙에 대하여 부당이득반환을 청구할 수 있다.

해 설

①(○) : 민법 제437조 단서 참조

②(○), ④(○) : 변제할 정당한 이익이 있는 자가 채무자를 위하여 채권의 일부를 대위변제할 경우 대위자는 그 변제한 가액에 비례하여 채권자와 함께 그 권리를 행사하고, 변제한 가액의 범위 내에서 종래 채권자가 가지고 있던 채권 및 담보에 관한 권리를 취득하는 것이되, 이 경우에도 채권자는 일부 대위변제자에 대하여 우선변제권을 가지는 것이라 하겠으나(④번 지문), 보증인이 변제 기타의 출재로 주채무를 소멸하게 하는 등의 사유로 주채무자에 대하여 가지게 되는 구상권은 변제자가 갖는 고유의 권리로서 대위의 객체가 된 권리와는 별개라 할 것

정답 37. ⑤

이어서 당사자 사이에 다른 약정이 있다는 등의 특정한 사정이 없는 한 일부대위에 관한 위와 같은 법리가 보증인이 행사하는 구상권의 경우에 당연히 그대로 적용되는 것은 아니다(②번 지문)(대판 1995. 3. 3, 94다33514). ☞ ②번 지문은 구상권을 행사하는 경우이고, ④번 지문은 변제자대위권을 행사하는 경우라는 점에서 차이가 있다.
③ (○) : 제3취득자는 채권자에게 변제할 수는 있으나, 보증인에 대하여 채권자를 대위하지 못한다(제482조 제2항 제2호).
⑤ (×) : 주채무가 제3자의 변제에 의하여 소멸한 경우에는 주채무의 소멸로 인하여 보증채무도 소멸한다. 그리고 제3자의 출재로 인하여 주채무가 소멸되면 제3자로서는 주채무자에 대하여 자신의 출재에 대한 구상권을 행사할 수 있어 그에게 손해가 있다고 보기도 어려우므로 제3자의 연대보증인에 대한 부당이득반환청구는 인정되지 않는다(대판 1996. 9. 20, 96다22655).

38 **회사원 甲은 부족한 결혼비용을 마련하고자 A은행에서 돈을 빌리려고 하는데 보증인이 필요하였다. 그래서 직장 동료인 乙에게 부탁하여 乙이 호의로 보증을 서고, 甲은 A은행으로부터 3,000만원을 대출받았다. 이 경우에 관한 다음 설명 중 옳지 않은 것은? (다툼이 있는 경우에는 판례에 의함)** 〈2010년 변리사〉

① 보증계약은 A은행과 乙 사이에 체결되므로 甲은 보증계약의 당사자가 아니다.
② 乙의 보증의사는 기명날인이나 서명이 있는 서면으로 표시되어야 그 효력이 발생한다.
③ 甲이 원본, 이자 그 밖의 채무를 1개월 이상 이행하지 않은 경우에는 A은행은 지체 없이 그 사실을 乙에게 통지하여야 한다.
④ 乙이 사전구상권을 행사할 경우, 3,000만원뿐만 아니라 이에 대한 장래 도래할 이행기까지의 이자 및 면책비용에 대한 법정이자도 구상권의 범위에 포함된다.
⑤ 甲이 A은행에 채무전액을 지급하고도 그 사실을 乙에게 통지하지 않고 있던 중 乙도 사전통지를 하지 않은 채 이중의 면책행위를 하였다면 乙은 구상권을 행사할 수 없다.

해 설

① (○) : 보증채무는 채권자와 보증인 사이에서 체결되는 보증계약이다.
② (○) : 민법 제428의2 제1항 참조
③ (○) : 채권자는 주채무자가 원본, 이자 그 밖의 채무를 3개월 이상 이행하지 아니하는 경우 또는 주채무자가 이행기에 이행할 수 없음을 미리 안 경우에는 지체 없이 보증인에게 그 사실을 알려야 하나, 채권자로서 보증계약을 체결한 금융기관은 주채무자가 원본, 이자 그 밖의 채무를 1개월 이상 이행하지 아니하는 경우에는 지체 없이 그 사실을 보증인에게 알려야 한다(보증인 보호를 위한 특별법 제5조 제1항, 제3항 채권자의 통지의무).
④ (×) : 수탁보증인이 사전구상권을 행사하는 경우 보증인은 자신이 부담할 것이 확정된 채무 전액에 대하여 구상권을 행사할 수 있지만, 면책비용에 대한 법정이자나 채무의 원본에 대한 장래 도래할 이행기까지의 이자 등을 청구하는 것은 사전구상권의 성질상 허용될 수 없다(대판 2005. 11. 25, 2004다66834, 66841).
⑤ (○) : 민법 제446조의 규정은 같은 법 제445조 제1항의 규정을 전제로 하는 것이어서 같은 법 제445조 제1항의 사전통지를 하지 아니한 수탁보증인까지 보호하는 취지의 규정은 아니므로, 수탁보증에 있어서 주채무자가 면책행위를 하고도 그 사실을 보증인에게 통지하지 아니하고 있던 중에 보증인도 사전통지를 하지 아니한 채 이중의 면책행위를 한 경우에는 보증인은 주채무자에 대하여 민법 제446조에 의하여 자기의 면책행위의 유효를 주장할 수 없다고 봄이 상당하고, 따라서 이 경우에는 이중변제의 기본원칙으로 돌아가 먼저 이루어진 주채무자의 면책행위가 유효하고 나중에 이루어진 보증인의 면책행위는 무효로 보아야 하므로 보증인은 민법 제466조에 기하여 주채무자에게 구상권을 행사할 수 없다(대판 1997. 10. 10, 95다46265).

정답 38. ④

39 **甲의 乙에 대한 금전채무에 대하여 丙이 乙과 보증계약을 체결하였다. 이에 관한 설명으로 옳은 것은? (다툼이 있으면 판례에 따름)** 〈2015년 변리사〉

① 甲이 시효이익을 포기하면 丙은 보증채무의 소멸을 乙에게 주장할 수 없다.
② 甲과 乙 사이에 금전채무에 관하여 위약금 약정이 없는 경우, 乙과 丙은 보증채무에 관하여 위약금을 정할 수 없다.
③ 甲이 乙에게 변제를 한 경우, 丙에게 사전에 통지하지 않으면 甲은 자기의 면책행위의 유효를 丙에게 주장할 수 없다.
④ 丙이 甲의 의사에 반하여 乙과 보증계약을 체결하고 乙에게 보증채무를 이행한 경우, 丙은 甲의 현존이익의 한도에서 甲에 대하여 구상할 수 있다.
⑤ 丙이 보증채무의 이행을 지체한 경우, 丙은 특별한 약정이 없으면 법정이율이 아니라 甲과 乙사이에 약정된 연체이율에 따라 보증채무 자체의 이행지체로 인한 지연손해금을 부담한다.

해 설

①(×) : 주채무자의 시효이익포기는 보증인에게 효력이 없다(제433조 제2항). 따라서 甲이 시효이익을 포기하더라도 丙은 보증채무의 소멸을 乙에게 주장할 수 있다.
②(×) : 보증계약은 독립성이 있으므로, 甲과 乙 사이에 금전채무에 관하여 위약금 약정이 없는 경우, 乙과 丙은 보증채무에 관하여 위약금을 정할 수 있다(제429조 제2항).
③(×) : 주채무자는 수탁보증인에게 사후 통지의무가 있을 뿐이고, 보증인처럼 사전 통지의무는 없다(제446조 참조). 따라서 채무자 甲이 乙에게 변제를 한 경우, 丙에게 '사전에 통지'하지 않으면 甲은 자기의 면책행위의 유효를 丙에게 주장할 수 없다는 것은 부당하다.
④(○) : 무부탁보증인 중에 채무자의 의사에 반하여 보증을 선 경우는 부당이득에 준하여 구상권을 행사하기 때문에, 乙에게 보증채무를 이행한 경우, 丙은 甲의 현존이익의 한도에서 甲에 대하여 구상할 수 있다(제444조 제2항).
⑤(×) : 보증계약은 독립성이 있기 때문에 丙이 보증채무의 이행을 지체한 경우, 甲과 乙사이에 약정된 연체이율에 따라 보증채무 자체의 이행지체로 인한 지연손해금을 부담하는 것이 아니라, 특별한 약정이 없으면 법정이율에 의한다(대판 2003. 6. 13, 2001다29803).

40 **甲은 乙에게 1천만원의 채무를 지고 있고, 이러한 甲의 채무에 대하여 丙이 연대보증을 하였다. 이에 관한 설명으로 옳은 것은? (다툼이 있으면 판례에 따름)** 〈2017년 변리사〉

① 甲이 1천만원의 채무에 대한 소멸시효 기간이 경과한 후 시효의 이익을 포기한 경우, 丙은 소멸시효를 원용하여 연대보증채무의 소멸을 주장할 수 없다.
② 甲이 乙에게 8백만원의 채권을 가지고 있는 경우, 丙은 5백만원의 한도 내에서만 상계를 할 수 있다.
③ 乙이 甲에 대한 채권을 丁에게 양도하고 확정일자 있는 증서로 甲에게 통지한 경우, 乙이 丙에게 보증채권 양도의 통지를 해야 丙에 대한 채권이 丁에게 이전된다.
④ 乙의 甲에 대한 채권에 시효중단 사유가 발생한 경우, 丙에게 통지 등 별도의 중단조치를 하지 않아도 丙에게 시효중단의 효력이 미친다.
⑤ 甲의 채무가 본래 단기소멸시효에 걸리는 것이었지만 확정판결에 의해 소멸시효기간이 10년으로 연장된 경우, 丙의 보증채무도 10년의 소멸시효기간이 적용된다.

정답 39. ④ 40. ④

해 설

① (×) : 주채무가 시효로 소멸한 때에는 보증인도 그 시효소멸을 원용할 수 있으며, 주채무자가 시효의 이익을 포기하더라도 보증인에게는 그 효력이 없다(대판 1991. 1. 29, 89다카1114).

② (×) : 민법 제434조. 보증인이 주채무자의 채권을 가지고 상계를 할 때에는 연대채무자의 경우와는 달리 부담부분으로 제한되지 않는다(민법 제418조 제2항과 비교).

③ (×) : 보증채무는 주채무에 대한 부종성 또는 수반성이 있어서 주채무자에 대한 채권이 이전되면 당사자 사이에 별도의 특약이 없는 한 보증인에 대한 채권도 함께 이전하고, 이 경우 채권양도의 대항요건도 주채권의 이전에 관하여 구비하면 족하고, 별도로 보증채권에 관하여 대항요건을 갖출 필요는 없다(대판 2002. 9. 10, 2002다21509).

④ (○) : 민법 제440조는 민법 제169조의 예외 규정으로서 이는 채권자 보호 내지 채권담보의 확보를 위하여 주채무자에 대한 시효중단의 사유가 발생하였을 때는 그 보증인에 대한 별도의 중단조치가 이루어지지 아니하여도 동시에 시효중단의 효력이 생기도록 한 것이고, 그 시효중단사유가 압류, 가압류 및 가처분이라고 하더라도 이를 보증인에게 통지하여야 비로소 시효중단의 효력이 발생하는 것은 아니다.

⑤ (×) : 채권자와 주채무자 사이의 확정판결에 의하여 주채무가 확정되어 그 소멸시효기간이 10년으로 연장되었다 할지라도 그 보증채무까지 당연히 단기소멸시효의 적용이 배제되어 10년의 소멸시효기간이 적용되는 것은 아니고, 채권자와 연대보증인 사이에 있어서 연대보증채무의 소멸시효기간은 여전히 종전의 소멸시효기간에 따른다(대판 2006. 8. 24, 2004다26287).

41 **乙은 丙으로부터 부동산을 매수하면서 甲에게 자신의 대금지급채무의 보증을 부탁하였고, 이에 따라 甲은 丙과 보증계약을 체결하였다. 이에 관한 설명으로 옳은 것은? (다툼이 있으면 판례에 따름)** 〈2018년 변리사〉

① 丙이 보증계약 후 乙의 변제기를 연장해 준 경우, 특별한 사정이 없는 한 甲은 주채무의, 보증계약 당시의 이행기가 되더라도 乙에게 미리 구상권을 행사할 수 없다.

② 甲이 丙에게 변제한 이후 乙과 丙의 계약이 해제되어 소급적으로 소멸한 경우, 甲은 丙을 상대로 이미 이행한 급부를 부당이득으로 반환청구할 수 없다.

③ 乙이 채무를 변제하고도 그 사실을 甲에게 통지하지 않고 있던 중에 甲이 이러한 사실을 모르고 乙에 대한 사전통지 없이 채무를 변제한 경우, 甲은 乙에 대하여 자기의 변제가 유효함을 주장할 수 없다.

④ 丙이 乙에 대한 대금채권을 실행하기 위해 乙의 재산을 압류하더라도 甲의 보증채무의 소멸시효는 중단되지 않는다.

⑤ 甲이 변제로 乙의 채무를 소멸시킨 경우, 甲은 乙이 그 당시에 이익을 받은 한도에서 구상할 수 있다.

해 설

① (×) : 보증인이 주채무를 인수하는 의사표시에 주채무자에 대한 구상채권을 포기하는 의사표시까지 포함되어 있다고 볼 수는 없고, 보증계약 후에 채권자가 주채무자에게 변제기한을 유예해 주었더라도 주채무자는 그로써 사전구상권을 행사하는 보증인에게 대항하지 못한다(대판 2003. 11. 14, 2003다37730).

② (×) : 보증채무는 주채무와 동일한 내용의 급부를 목적으로 함이 원칙이지만 주채무와는 별개 독립의 채무이고, 한편 보증채무자가 주채무를 소멸시키는 행위는 주채무의 존재를 전제로 하므로, 보증인의 출연행위 당시에는 주채무가 유효하게 존속하고 있었다 하더라도 그 후 주계약이 해제되어 소급적으로 소멸하는 경우에는 보증인은 변제를 수령한 채권자를 상대로 이미 이행한 급부를 부당이득으로 반환청구할 수 있다(대판 2004. 12. 24, 2004다58277).

정답 41. ③

> [동지판례] 보증채무자가 주채무를 소멸시키는 행위는 주채무의 존재를 전제로 하므로, 보증인의 출연행위 당시 주채무가 성립되지 아니하였거나 타인의 면책행위로 이미 소멸되었거나 유효하게 존속하고 있다가 그 후 소급적으로 소멸한 경우에는 보증채무자의 주채무 변제는 비채변제가 되어 채권자와 사이에 부당이득반환의 문제를 남길 뿐이고 주채무자에 대한 구상권을 발생시키지 않는다(대판 2012. 2. 23, 2011다62144).

③ (○) : 민법 제446조의 규정은 같은 법 제445조 제1항의 규정을 전제로 하는 것이어서 같은 법 제445조 제1항의 사전 통지를 하지 아니한 수탁보증인까지 보호하는 취지의 규정은 아니므로, 수탁보증에 있어서 주채무자가 면책행위를 하고도 그 사실을 보증인에게 통지하지 아니하고 있던 중에 보증인도 사전 통지를 하지 아니한 채 이중의 면책행위를 한 경우에는 보증인은 주채무자에 대하여 민법 제446조에 의하여 자기의 면책행위의 유효를 주장할 수 없다고 봄이 상당하고 따라서 이 경우에는 이중변제의 기본 원칙으로 돌아가 먼저 이루어진 주채무자의 면책행위가 유효하고 나중에 이루어진 보증인의 면책행위는 무효로 보아야 하므로 보증인은 민법 제446조에 기하여 주채무자에게 구상권을 행사할 수 없다(대판 1997. 10. 10, 95다46265).

④ (×) : 민법 제440조. 중단된다.

⑤ (×) : 민법 제441조 제2항에 의하여 준용되는 민법 제425조 제2항 ☞ 甲은 수탁보증인이므로 甲의 구상권은 면책된 날 이후의 법정이자 및 피할 수 없는 비용 기타 손해배상을 포함한다.

42 **다수당사자의 채권관계에 관한 설명으로 옳은 것은? (다툼이 있으면 판례에 따름)** 〈2022년 변리사〉

① 甲과 乙이 공유하는 건물을 丙에게 공동으로 임대하고 임차보증금을 수령한 경우, 특별한 사정이 없는 한 임대차 종료 시 甲과 乙은 지분비율에 따라 丙에게 임차보증금을 반환할 채무를 부담한다.

② 甲의 乙에 대한 금전채무에 대하여 丙이 乙과 보증계약을 체결한 경우, 주채무자 甲이 시효이익을 포기하면 보증인 丙에게도 그 효력이 있다.

③ 甲, 乙, 丙이 균등한 부담으로 丁에 대하여 3억 원의 연대채무를 부담하고 있는 경우, 甲이 丁에게 9천만 원을 변제하였다면 甲은 乙과 丙에게 각 3천만 원씩 구상할 수 있다.

④ 甲, 乙, 丙이 균등한 부담으로 丁에 대하여 6천만 원의 연대채무를 부담하고, 甲이 丁에 대한 4천만 원의 반대채권을 가지고 유효하게 상계한 경우, 丙은 丁에 대하여 2천만 원의 채무를 면한다.

⑤ 甲의 乙에 대한 금전채무에 대하여 丙이 乙과 연대보증계약을 체결하고, 乙이 丙에게 채무의 이행을 청구한 경우, 丙은 최고·검색의 항변권을 행사할 수 있다.

해 설

① (×) : 건물의 공유자가 공동으로 건물을 임대하고 보증금을 수령한 경우, 특별한 사정이 없는 한 그 임대는 각자 공유지분을 임대한 것이 아니고 임대목적물을 다수의 당사자로서 공동으로 임대한 것이고 그 보증금반환채무는 성질상 불가분채무이다(대판 1998. 12. 8, 98다43137).

② (×) : 주채무가 시효로 소멸한 때에는 보증인도 그 시효소멸을 원용할 수 있으며 주채무자가 시효이익을 포기하더라도 보증인에게는 그 효력이 없다(대판 1991. 1. 29, 89다카1114).

③ (○) : 민법은 **연대보증인 중의 한 사람**이 공동면책을 이유로 다른 연대보증인에게 구상권을 행사하려면 **'자기의 부담부분을 넘은 변제를 하였을 것'**을 그 요건으로 규정하였으나(제448조 제2항), **연대채무자 중의 한 사람**이 공동면책을 이유로 다른 연대채무자에게 구상권을 행사하는 데 있어서는 **그러한 제한 없이 구상권을 행사할 수 있는 것**으로 규정하고 있다(제425조 제1항). 따라서 연대채무자 사이의 구상권행사에 있어서 '부담부분'이란 연대채무자가 그 내부관계에서 출재를 분담하기로 한 비율을 말한다고 봄이 타당하다(대판 2013. 11. 14, 2013다46023).

정답 42. ③

④ (×) : 어느 연대채무자가 채권자에 대하여 채권이 있는 경우에 그 채무자가 상계한 때에는 채권은 모든 연대채무자의 이익을 위하여 소멸한다(제418조 제1항). ☞ 상계는 일체형 절대효 사유이므로 2천만 원이 아니라 4천만 원의 채무를 면한다.

⑤ (×) : 연대보증인에게는 최고·검색의 항변권이 인정되지 않는다(제437조 단서).

43 **甲에 대한 乙의 1,000만 원의 금전채무에 대하여 丙과 丁이 연대보증인이 된 경우에 관한 설명 중 옳은 것은? (별도의 특약은 없는 것으로 하고, 다툼이 있는 경우에는 판례에 의함)**

〈2012년 변호사시험〉

① 丙이 甲으로부터 청구를 받은 경우, 丙이 乙에게 집행이 용이한 재산이 있음을 증명하면 甲은 우선 乙에게 청구하여야 한다.

② 甲의 丁에 대한 채권포기는 乙에게도 그 효력이 미친다.

③ 丙이 1,000만 원을 甲에게 변제한 경우, 丙은 乙에 대하여 구상할 수 있지만 丁에 대하여 구상할 수는 없다.

④ 甲이 丙에 대한 연대보증채권을 피보전권리로 하여 丙 소유의 부동산에 가압류를 한 경우에도 乙에 대한 채권의 소멸시효는 중단되지 않는다.

⑤ 乙이 甲에 대하여 채권을 가지고 있더라도 丙은 이 채권에 의한 상계를 가지고 甲에게 대항할 수 없다.

해 설

① (×) : 연대보증은 보충성이 없으므로 최고·검색의 항변은 인정되지 않는다(제437조 참조).

② (×) : 연대보증인 1인에 대한 채권포기는 주채무자나 다른 연대보증인에게는 효력이 미치지 아니한다(대판 1994. 11. 8, 94다37202).

> **[보충지문] 연대보증인 1인에 대한 채권포기는 주채무자나 다른 연대보증인에게 그 효력이 미친다 (×).** 〈2015년 법무사〉

③ (×) : 수인의 보증인이 연대보증인이 된 경우, 보증인 상호간에 연대특약이 없는 경우에도 연대보증인 가운데 한 사람이 자기의 부담부분을 초과하여 변제하였을 때에는 다른 연대보증인에게 구상할 수 있다(민법 제448조; 대판 2009. 6. 25, 2007다70155 등).

> **[보충지문] 甲에게 400만 원을 변제한 丙은 丁에 대하여 200만 원의 범위에서 구상할 수 있다(×).** 〈2013년 변호사시험〉

④ (○) : 주채무자에 대한 시효중단은 보증채무자에게도 효력이 있으나, 보증인에 대한 시효중단은 주채무자에는 효력이 없다(대판 2002. 5. 14, 2000다62476).

⑤ (×) : 보증인은 주채무자의 채권자에 대한 채권으로 상계가 가능하다(제434조).

정 답 43. ④

44 **甲의 乙에 대한 금전채무에 관하여 丙이 乙과 보증계약을 체결하였다. 이에 관한 설명 중 옳지 않은 것을 모두 고른 것은? (각 지문은 독립적이며, 다툼이 있는 경우 판례에 의함)**

〈2018년 변호사시험〉

ㄱ. 甲의 乙에 대한 채무에 관하여 위약금의 정함이 없는 경우에도 보증계약에서 별도로 위약금을 정할 수 있다.

ㄴ. 미성년자 甲이 법정대리인의 동의를 얻지 않고 乙에 대한 채무를 부담하는 행위를 한 경우에, 丙이 보증계약 체결 당시 그러한 사정을 알고 있었고 그 후 甲의 행위가 취소된 때에는, 丙은 甲이 부담하고 있던 채무와 동일한 목적의 독립채무를 부담한 것으로 본다.

ㄷ. 甲의 乙에 대한 채무액이 500만 원이고 丙이 甲의 부탁을 받아 乙과 보증계약을 체결한 경우에, 甲이 그 후 취득한 乙에 대한 300만 원의 금전채권을 자동채권으로 하여 乙에 대한 채무와 상계하려고 하고 있었는데, 丙이 甲에게 통지함이 없이 乙에게 500만 원을 변제한 때에는 甲은 丙으로부터 구상청구를 받아도 300만 원에 대해서는 상계를 할 수 있었다는 사유로 丙에게 대항할 수 있다.

ㄹ. 丙이 甲의 부탁을 받아 乙과 보증계약을 체결하였다면, 丙은 사전구상권이 인정되는 경우 甲을 상대로 丙이 부담할 것이 확정된 채무 전액 및 면책비용에 대한 법정이자나 채무의 원본에 대한 장래 도래할 이행기까지의 이자를 청구할 수 있다.

ㅁ. 甲의 乙에 대한 채무에 관하여 소멸시효가 완성되었더라도 甲이 시효의 이익을 포기한 이상 보증채무의 부종성에 따라 丙도 더 이상 소멸시효의 완성을 주장할 수 없다.

① ㄱ, ㄹ ② ㄴ, ㄹ ③ ㄹ, ㅁ ④ ㄴ, ㄷ, ㅁ ⑤ ㄴ, ㄹ, ㅁ

해 설

ㄱ. (○) 민법 제429조 제2항 : 보증인은 그 보증채무에 관한 위약금 기타 손해배상액을 예정할 수 있다(대판 2016. 1. 28, 2013다74110).

ㄴ. (×) 민법 제436조(삭제됨) : "취소의 원인 있는 채무를 보증한 자가 보증계약당시에 그 원인 있음을 안 경우에 주채무의 불이행 또는 취소가 있는 때에는 주채무와 동일한 목적의 독립채무를 부담한 것으로 본다."는 민법 제436조의 규정은 삭제되었다(2015년 2월 3일).

ㄷ. (○) 민법 제445조 제1항 : 보증인이 주채무자에게 통지하지 아니하고 변제 기타 자기의 출재로 주채무를 소멸하게 한 경우에 주채무자가 채권자에게 대항할 수 있는 사유가 있었을 때에는 이 사유로 보증인에게 대항할 수 있고 그 대항사유가 상계인 때에는 상계로 소멸할 채권은 보증인에게 이전된다.

ㄹ. (×) : 수탁보증인이 사전구상권을 행사하는 경우 보증인은 자신이 부담할 것이 확정된 채무 전액에 대하여 구상권을 행사할 수 있지만, 면책비용에 대한 법정이자나 채무의 원본에 대한 장래 도래할 이행기까지의 이자 등을 청구하는 것은 사전구상권의 성질상 허용될 수 없다(대판 2005. 11. 25, 2004다66834, 66841).

[동지판례] 수탁보증인이 민법 제442조에 의하여 주채무자에 대하여 미리 구상권을 행사하는 경우에 사전구상으로서 청구할 수 있는 범위는 주채무인 원금과 사전구상에 응할 때까지 이미 발생한 이자와 기한 후의 지연손해금, 피할 수 없는 비용 기타의 손해액이 포함될 뿐이고, 주채무인 원금에 대한 완제일까지의 지연손해금은 사전구상권의 범위에 포함될 수 없으며, 또한 사전구상권은 장래의 변제를 위하여 자금의 제공을 청구하는 것이므로 수탁보증인이 아직 지출하지 아니한 금원에 대하여 지연손해금을 청구할 수도 없다(대판 2004. 7. 9, 2003다46758).

정답 44. ⑤

ㅁ. (×) : 주채무가 시효로 소멸한 때에는 보증인도 그 시효소멸을 원용할 수 있으며, 주채무자가 시효의 이익을 포기하더라도 보증인에게는 그 효력이 없다(대판 1991. 1. 29, 89다카1114).

45 **甲과 乙은 2018. 1.경 甲 소유의 건물을 신축하기로 하는 공사도급계약을 체결하여 乙은 공사를 완료한 후 건물을 甲에게 인도하였고, 甲은 그 건물에 관한 소유권보존등기를 마쳤다. 한편 丙은 위 도급계약 시 甲의 乙에 대한 공사대금채무에 대하여 乙과 보증계약을 체결하였다. 이에 관한 설명 중 옳지 않은 것은? (각 지문은 독립적이며, 다툼이 있는 경우 판례에 의함)**

〈2019년 변호사시험〉

① 乙과 丙의 보증계약이 丙의 기명날인 또는 서명이 있는 서면으로 체결되지 않았다면 그 보증계약은 효력이 없다.

② 乙이 공사대금채권을 피보전채권으로 하여 건물에 대하여 가압류한 경우, 그 가압류 사실을 丙에게 통지하지 않았더라도, 丙의 보증채무는 소멸시효가 중단된다.

③ 乙의 甲에 대한 공사대금채권의 소멸시효가 완성된 후 丙이 스스로 보증채무를 이행하였다면 다른 특별한 사정이 없는 한 丙은 乙의 공사대금채권의 소멸시효 완성의 효과를 주장할 수 없다.

④ 건물신축공사 과정에서 乙의 피용자 丁의 과실로 행인인 제3자 戊가 상해를 입은 경우, 甲이 구체적인 공사의 시공 자체를 관리하는 형태로는 관여하지 않았고, 다만 공사가 설계도대로 시행되고 있는지 확인하는 정도로만 관여하였다면, 甲은 원칙적으로 사용자책임을 지지 않는다.

⑤ 甲이 건물을 인도받아 점유하던 중 건물의 보존상의 하자로 인하여 행인인 제3자 戊가 상해를 입은 경우 甲은 자신의 과실이 없는 경우에도 불법행위로 인한 손해배상책임을 진다.

해 설

① (○) : 민법 제428조의2 제1항(보증의 방식) 보증은 그 의사가 보증인의 기명날인 또는 서명이 있는 서면으로 표시되어야 효력이 발생한다. 다만, 보증의 의사가 전자적 형태로 표시된 경우에는 효력이 없다.

② (○) : 민법 제169조는 "시효의 중단은 당사자 및 그 승계인 간에만 효력이 있다."고 규정하고 있고, 한편 민법 제440조는 "주채무자에 대한 시효의 중단은 보증인에 대하여 그 효력이 있다."라고 규정하고 있는바, 민법 제440조는 민법 제169조의 예외 규정으로서 이는 채권자 보호 내지 채권담보의 확보를 위하여 주채무자에 대한 시효중단의 사유가 발생하였을 때는 그 보증인에 대한 별도의 중단조치가 이루어지지 아니하여도 동시에 시효중단의 효력이 생기도록 한 것이고, 그 시효중단사유가 압류, 가압류 및 가처분이라고 하더라도 이를 보증인에게 통지하여야 비로소 시효중단의 효력이 발생하는 것은 아니다(대판 2005. 10. 27, 2005다35554, 35561).

③ (×) : 보증채무에 대한 소멸시효가 중단되는 등의 사유로 완성되지 아니하였다고 하더라도 주채무에 대한 소멸시효가 완성된 경우에는 시효완성 사실로써 주채무가 당연히 소멸되므로 보증채무의 부종성에 따라 보증채무 역시 당연히 소멸된다. 그리고 주채무에 대한 소멸시효가 완성되어 보증채무가 소멸된 상태에서 보증인이 보증채무를 이행하거나 승인하였다고 하더라도, 주채무자가 아닌 보증인의 행위에 의하여 주채무에 대한 소멸시효 이익의 포기 효과가 발생된다고 할 수 없으며, 주채무의 시효소멸에도 불구하고 보증채무를 이행하겠다는 의사를 표시한 경우 등과 같이 부종성을 부정하여야 할 다른 특별한 사정이 없는 한 보증인은 여전히 주채무의 시효소멸을 이유로 보증채무의 소멸을 주장할 수 있다고 보아야 한다(대판 2012. 7. 12, 2010다51192).

④ (○) : 도급인은 도급 또는 지시에 관하여 중대한 과실이 없는 한 수급인이 그 일에 관하여 제3자에게 가한 손해를 배상할 책임이 없으나(민법 제757조), 다만 도급인이 수급인의 일의 진행 및 방법에 관하여 구체적인 지휘감독권을 유보한 경우에는 도급인과 수급인의 관계는 실질적으로 사용자 및 피용자의 관계와 다를 바 없으므로 수급인 또는 그 피용인의 불법행위로 인한 손해에 대하여 도급인은 민법 제756조에 의한 사용자책임을 면할

정답 45. ③

수 없고 이러한 이치는 하도급의 경우에도 마찬가지인바, 사용자 및 피용자 관계 인정의 기초가 되는 도급인의 수급인에 대한 지휘 감독은 건설공사의 경우에는 현장에서 구체적인 공사의 운영 및 시행을 직접 지시 지도하고 감시 독려함으로써 시공 자체를 관리함을 말하는 것이고, 단순히 공사의 운영 및 시공의 정도가 설계도 또는 시방서대로 시행되고 있는가를 확인하여 공정을 감독하는 데에 불과한 이른바 감리는 여기에 해당하지 않는다(대판 1992. 6. 23, 92다2615).

⑤ (○) : 민법 제758조 제1항(공작물등의 점유자, 소유자의 책임) 공작물의 설치 또는 보존의 하자로 인하여 타인에게 손해를 가한 때에는 공작물점유자가 손해를 배상할 책임이 있다. 그러나 점유자가 손해의 방지에 필요한 주의를 해태하지 아니한 때에는 그 소유자가 손해를 배상할 책임이 있다.

46 **보증채무에 관한 설명 중 옳은 것을 모두 고른 것은? (다툼이 있는 경우 판례에 의함)**

〈2020년 변호사시험〉

ㄱ. 보증의 효력발생요건으로서 「민법」 제428조의2 제1항 전문에서 정한 '보증인의 서명'에 타인이 보증인의 이름을 대신 쓰는 것은 해당하지 않지만, '보증인의 기명날인'은 타인이 이를 대행하는 방법으로 하여도 무방하다.

ㄴ. 보증채무는 주채무와는 별개의 채무이기 때문에 보증채무 자체의 이행지체로 인한 지연손해금은 보증의 한도액과는 별도로 부담하여야 하고, 이때 보증채무의 연체이율에 관하여 특별한 약정이 없는 경우라면 거래행위의 성질에 따라 「상법」 또는 「민법」에서 정한 법정이율에 따라야 한다.

ㄷ. 보증인이 보증채무를 이행함에 따라 주채무자가 보증인에 대하여 부담하게 될 구상금채무를 연대보증하는 경우, 그 연대보증인은 특별한 사정이 없으면 주채무자와 같은 내용의 채무를 부담한다.

ㄹ. 물상보증의 경우에도 「보증인 보호를 위한 특별법」이 적용된다.

① ㄹ ② ㄱ, ㄴ ③ ㄴ, ㄷ ④ ㄱ, ㄴ, ㄷ ⑤ ㄱ, ㄷ, ㄹ

해 설

ㄱ. (○) : ① 구 보증인 보호를 위한 특별법(2015. 2. 3. 법률 제13125호로 개정되기 전의 것, 이하 '구 보증인보호법'이라 한다) 제3조 제1항에서 보증의 의사표시에 보증인의 기명날인 또는 서명이 있는 서면을 요구하는 것은, 보증 의사를 명확하게 표시하게 함으로써 보증 의사의 존부 및 내용에 관하여 분명한 확인수단을 보장하여 분쟁을 예방하는 한편, 보증인으로 하여금 가능한 한 경솔하게 보증에 이르지 아니하고 숙고의 결과로 보증을 하도록 하려는 취지에서 나온 것이다. 일반적으로 서명은 기명날인과 달리 명의자 본인이 자신의 이름을 쓰는 것을 의미한다. 그런데 보증인의 서명에 대해 제3자가 보증인을 대신하여 이름을 쓰는 것이 포함된다면, 보증인이 직접 자신의 의사표시를 표시한다는 서명 고유의 목적은 퇴색되고 사실상 구두를 통한 보증계약 내지 보증인이 보증 내용을 구체적으로 알지 못하는 보증계약의 성립을 폭넓게 인정하는 결과를 초래하게 되며, 이는 경솔한 보증행위로부터 보증인을 보호하고자 하는 구 보증인보호법의 입법 취지를 몰각시키게 된다. 따라서 이러한 구 보증인보호법의 입법 목적과 취지, 규정 내용 등을 종합해 보면, 구 보증인보호법 제3조 제1항에서 정한 '보증인의 서명'은 원칙적으로 보증인이 직접 자신의 이름을 쓰는 것을 의미하며 타인이 보증인의 이름을 대신 쓰는 것은 이에 해당하지 아니한다고 해석함이 타당하다(대판 2017. 12. 13, 2016다233576). ② 민법 제428조의2 제1항 전문은 "보증은 그 의사가 보증인의 기명날인 또는 서명이 있는 서면으로 표시되어야 효력이 발생한

정답 46. ④

다."라고 규정하고 있는데, '보증인의 서명'은 원칙적으로 보증인이 직접 자신의 이름을 쓰는 것을 의미하므로 타인이 보증인의 이름을 대신 쓰는 것은 이에 해당하지 않지만, '보증인의 기명날인'은 타인이 이를 대행하는 방법으로 하여도 무방하다(대판 2019. 3. 14, 2018다282473).

ㄴ. (○) : 보증채무는 주채무와는 별개의 채무이기 때문에 보증채무 자체의 이행지체로 인한 지연손해금은 보증한도액과는 별도로 부담한다(대판 2006. 7. 4, 2004다30675). 따라서 보증채무의 연체이율에 관하여 특별한 약정이 없는 경우라면 그 거래행위의 성질에 따라 상법 또는 민법에서 정한 법정이율에 따라야 하며, 주채무에 관하여 약정된 연체이율이 당연히 여기에 적용되는 것은 아니다(대판 2003. 6. 13, 2001다29803; 대판 2000. 4. 11, 99다12123 참조).

ㄷ. (○) : 보증인이 보증채무를 이행함에 따라 주채무자가 보증인에 대하여 부담하게 될 구상금채무를 연대 보증하는 경우, 연대보증인은 특별한 사정이 없으면 주채무자와 같은 내용의 채무를 부담한다(대판 2014. 3. 27, 2012다6769).

ㄹ. (×) : 보증인 보호를 위한 특별법(이하 '보증인보호법'이라 한다)의 목적 및 보증인보호법 제2조 제1호, 제2호의 문언에 비추어 볼 때, 보증인보호법은 민법 제429조 제1항에 따른 보증채무를 부담하는 경우에 적용될 뿐 타인의 채무에 대하여 담보물의 한도 내에서 책임을 지는 물상보증의 경우에는 적용되지 아니한다(대판 2015. 3. 26, 2014다83142).

47 **채무의 보증에 관한 설명 중 옳은 것을 모두 고른 것은? (다툼이 있는 경우 판례에 의함)**

〈2021년 변호사시험〉

ㄱ. 「민법」 제428조의2 제1항 전문은 "보증은 그 의사가 보증인의 기명날인 또는 서명이 있는 서면으로 표시되어야 효력이 발생한다."라고 규정하고 있는데, '보증인의 서명'은 원칙적으로 보증인이 직접 자신의 이름을 쓰는 것을 의미하므로 타인이 보증인의 이름을 대신 쓰는 것은 이에 해당하지 않지만, '보증인의 기명날인'은 타인이 이를 대행하는 방법으로 하여도 무방하다.

ㄴ. 보증채무를 부담하는 내용의 지급보증서에서 보증금액을 정하여 두었다고 하더라도 보증채무는 주채무와는 별개의 채무이기 때문에 보증채무 자체의 이행지체로 인한 지연손해금은 지급보증의 한도액과는 별도로 부담하여야 한다.

ㄷ. 보증계약 체결 후 채권자가 보증인의 승낙 없이 주채무자에 대하여 변제기를 연장하여 주었다면 보증인의 책임을 가중하는 것이라고 할 수 있으므로, 보증채무에 대하여는 그 효력이 미치지 않는다.

ㄹ. 주채무에 대한 소멸시효가 완성되어 보증채무가 소멸된 상태에서 보증인이 보증채무를 이행하거나 승인한 경우, 주채무의 시효소멸에도 불구하고 보증채무를 이행하겠다는 의사를 표시한 경우 등과 같이 부종성을 부정하여야 할 다른 특별한 사정이 없는 한 보증인은 여전히 주채무의 시효소멸을 이유로 보증채무의 소멸을 주장할 수 있다.

ㅁ. 채권자와 주채무자 사이의 확정판결에 의하여 주채무가 확정되어 그 소멸시효기간이 10년으로 연장되면, 그 보증채무 또한 보증채무 부종성의 원칙상 종전 소멸시효가 단기의 소멸시효에 해당하는 것이라도 그 적용이 배제되고 10년의 소멸시효기간이 적용된다.

① ㄱ, ㄴ, ㄹ ② ㄱ, ㄷ, ㄹ ③ ㄱ, ㄷ, ㅁ ④ ㄴ, ㄷ, ㅁ ⑤ ㄴ, ㄹ, ㅁ

정답 47. ①

해 설

ㄱ. (○) : 민법 제428조의2 제1항 전문은 "보증은 그 의사가 보증인의 기명날인 또는 서명이 있는 서면으로 표시되어야 효력이 발생한다."라고 규정하고 있는데, '보증인의 서명'은 원칙적으로 보증인이 직접 자신의 이름을 쓰는 것을 의미하므로 타인이 보증인의 이름을 대신 쓰는 것은 이에 해당하지 않지만, '보증인의 기명날인'은 타인이 이를 대행하는 방법으로 하여도 무방하다(대판 2019. 3. 14, 2018다282473).

ㄴ. (○) : 보증서의 보증금액은 보증인이 보증책임을 지게 될 주채무에 관한 한도액을 정한 것으로서 한도액에는 주채무자의 채권자에 대한 원금과 이자 및 지연손해금이 모두 포함되고 합계액이 보증의 한도액을 초과할 수 없지만, 보증채무는 주채무와는 별개의 채무이기 때문에 보증채무 자체의 이행지체로 인한 지연손해금은 보증의 한도액과는 별도로 부담하여야 하고, 이때 보증채무의 연체이율에 관하여 특별한 약정이 없는 경우라면 거래행위의 성질에 따라 상법 또는 민법에서 정한 법정이율에 따라야 한다. 그리고 선급금 반환사유가 발생하였을 경우 선급금 잔액에 대하여 선급금 지급 시부터 이자를 가산하여 반환할지는 주계약 당사자 사이의 약정에 따라야 한다(대판 2016. 1. 28, 2013다74110).

ㄷ. (×) : 채권자와 주채무자 사이의 합의로 주채무의 목적·범위 등을 변경하는 경우에 그것이 보증채무를 중하게 하는 경우에는 보증채무에 영향을 미치지 않는다. 그러나 보증계약체결 후 채권자가 보증인의 승낙 없이 주채무자에 대하여 변제기를 연장해 준 경우에는, 그것이 보증인의 책임을 가중하는 것은 아니므로 보증인에 대하여도 그 효력이 미친다는 것이 판례이다(대판 1996. 2. 23, 95다49141).

ㄹ. (○) : 보증채무에 대한 소멸시효가 중단되는 등의 사유로 완성되지 아니하였다고 하더라도 주채무에 대한 소멸시효가 완성된 경우에는 시효완성 사실로써 주채무가 당연히 소멸되므로 보증채무의 부종성에 따라 보증채무 역시 당연히 소멸된다. 그리고 주채무에 대한 소멸시효가 완성되어 보증채무가 소멸된 상태에서 보증인이 보증채무를 이행하거나 승인하였다고 하더라도, 주채무자가 아닌 보증인의 행위에 의하여 주채무에 대한 소멸시효 이익의 포기 효과가 발생된다고 할 수 없으며, 주채무의 시효소멸에도 불구하고 보증채무를 이행하겠다는 의사를 표시한 경우 등과 같이 부종성을 부정하여야 할 다른 특별한 사정이 없는 한 보증인은 여전히 주채무의 시효소멸을 이유로 보증채무의 소멸을 주장할 수 있다고 보아야 한다(대판 2012. 7. 12, 2010다51192).

ㅁ. (×) : 채권자와 주채무자 사이의 확정판결에 의하여 주채무가 확정되어 그 소멸시효기간이 10년으로 연장되었다 할지라도 그 보증채무까지 당연히 단기소멸시효의 적용이 배제되어 10년의 소멸시효기간이 적용되는 것은 아니고, 채권자와 연대보증인 사이에 있어서 연대보증채무의 소멸시효기간은 여전히 종전의 소멸시효기간에 따른다(대판 2006. 8. 24, 2004다26287, 26294).

48 **다수당사자 채권관계에 관한 설명 중 옳은 것(○)과 옳지 않은 것(×)을 올바르게 조합한 것은? (각 지문은 독립적이며, 다툼이 있는 경우 판례에 의함)** 〈2023년 변호사시험〉

ㄱ. 甲, 乙, 丙이 공동의 불법행위로 丁에게 9,000만 원의 부진정연대채무를 부담하고 있고 과실비율은 균등하다. 이 경우 甲의 보증인 戊가 6,000만 원을 변제하였다면 戊는 乙과 丙에 대해 각 2,000만 원의 구상권을 취득한다.

ㄴ. 주채무자인 甲의 부탁을 받은 乙은 채권자 丙에 대해 주채무금액 5,000만 원에 관한 보증을 하였다. 이후 주채무의 변제기한인 2022. 8. 31.이 도래하고 甲이 변제를 하지 않아 2022. 9. 30.자로 약정이자 1,000만 원, 지연손해금 50만 원이 발생하게 되면 2022. 9. 30. 乙은 甲에게 6,050만 원의 사전구상금액을 청구할 수 있다.

ㄷ. 甲은 주채무자, 戊는 채권자인 상황에서 乙, 丙, 丁이 戊에 대해 주채무금액 9,000만 원에 관한 연대보증을 하였고 그 비율이 균등하다. 이 경우 丙이 3,000만 원을 변제한 후 丁이 6,000만 원을 변제하였다면 丁은 다른 연대보증인 중 乙에 대해서만 3,000만 원의 구상권을 취득한다.

정답 48. ③

① ㄱ(○), ㄴ(×), ㄷ(×)　② ㄱ(○), ㄴ(×), ㄷ(○)　③ ㄱ(×), ㄴ(○), ㄷ(○)
④ ㄱ(×), ㄴ(○), ㄷ(×)　⑤ ㄱ(×), ㄴ(×), ㄷ(○)

해 설

ㄱ. (×) : (ⅰ) 어느 공동불법행위자를 위하여 보증인이 된 사람이 피보증인을 위하여 손해배상채무를 변제한 경우, 그 보증인은 피보증인이 아닌 다른 공동불법행위자에 대하여 그 부담 부분에 한하여 구상권을 행사할 수 있다(대판 2008. 7. 24, 2007다37530). (ⅱ) 공동불법행위자는 채권자에 대한 관계에서는 연대책임(부진정연대채무)을 지되, 공동불법행위자들 내부관계에서는 일정한 부담 부분이 있고, 이 부담 부분은 공동불법행위자의 과실의 정도에 따라 정하여지는 것으로서 공동불법행위자 중 1인이 **자기의 부담 부분 이상을 변제하여** 공동의 면책을 얻게 하였을 때에는 다른 공동불법행위자에게 그 부담 부분의 비율에 따라 구상권을 행사할 수 있다(대판 2005. 7. 8, 2005다8125). ☞ 만약 연대채무라면 戊는 초과출재불요설에 따라 변제한 6,000만 원 전액을 기준으로 부담부분의 비율대로 乙과 丙에게 각 2,000만 원의 구상권을 취득할 것이다. 하지만 지문은 공동불법행위 사안이고 부진정연대채무여서 초과출재필요설에 따라 자기 부담부분을 초과해서 이행한 때에 구상권을 가지고, 甲의 부담부분이 3,000만 원인데 6,000만 원을 변제했다면 부담부분을 넘어서 변제한 금액은 3,000만 원이고 乙과 丙의 과실비율이 균등하므로 戊는 乙과 丙에게 각 1,500만 원의 구상권을 취득한다.

ㄴ. (○) : 수탁보증인이 민법 제442조에 의하여 주채무자에 대하여 미리 구상권을 행사하는 경우에 사전구상으로서 청구할 수 있는 범위는, 주채무인 원금과 사전구상에 응할 때까지 이미 발생한 이자와 기한 후의 지연손해금, 피할 수 없는 비용 기타의 손해액이 포함될 뿐이고, 주채무인 원금에 대한 완제일까지의 지연손해금은 사전구상권의 범위에 포함될 수 없으며, 또한 사전구상권은 장래의 변제를 위하여 자금의 제공을 청구하는 것이므로 수탁보증인이 아직 지출하지 아니한 금원에 대하여 지연손해금을 청구할 수도 없다(대판 2004. 7. 9, 2003다46758).

ㄷ. (○) : 수인의 보증인이 있는 경우에는 그 사이에 분별의 이익이 있는 것이 원칙이지만, 그 수인이 연대보증인일 때에는 각자가 별개의 법률행위로 보증인이 되었고 또한 보증인 상호간에 연대의 특약(보증연대)이 없었더라도 채권자에 대하여는 분별의 이익을 갖지 못하고 각자의 채무의 전액을 변제하여야 하나, 연대보증인들 상호간의 내부관계에서는 주채무에 대하여 출재를 분담하는 일정한 금액을 의미하는 부담부분이 있고, 그 부담부분의 비율, 즉 분담비율에 관하여는 그들 사이에 특약이 있으면 당연히 그에 따르되 그 특약이 없는 한 각자 평등한 비율로 부담을 지게 된다. 그러므로 연대보증인 가운데 한 사람이 자기의 부담부분을 초과하여 변제하였을 때에는 다른 연대보증인에 대하여 구상을 할 수 있는데, 다만 다른 연대보증인 가운데 이미 자기의 부담부분을 변제한 사람에 대하여는 구상을 할 수 없으므로 그를 제외하고 아직 자기의 부담부분을 변제하지 아니한 사람에 대하여만 구상권을 행사하여야 한다(대판 2009. 6. 25, 2007다70155).

49　**다수당사자 채권관계에 대한 설명 중 옳은 것(○)과 옳지 않은 것(×)을 올바르게 조합한 것은? (이자와 지연손해금은 고려하지 않음. 다툼이 있는 경우 판례에 의함)** 〈2024년 변호사시험〉

ㄱ. 연대채무자 중 1인이 채무 일부를 면제받는 경우에 그 연대채무자가 지급해야 할 잔존 채무액이 부담부분을 초과하는 경우 다른 연대채무자는 채무 전액을 부담하여야 한다.
ㄴ. 중첩적 채무인수에서 채무자와 인수인은 원칙적으로 부진정연대채무관계에 있다.
ㄷ. 채권자가 연대채무자 중 1인의 소유 부동산에 대하여 경매신청을 하고 그로부터 6개월 내에 다른 연대채무자를 상대로 재판상 청구를 하였다면, 경매신청 시로부터 그 다른 연대채무자에 대한 채권의 소멸시효가 중단되고, 중단된 시효는 위 경매절차 종료 시로부터 새로 진행된다.

정답 49. ③

ㄹ. 甲, 乙, 丙이 공동불법행위로 丁에게 900만 원의 손해를 입혔다. 내부적으로 甲에게는 과실이 없고 乙과 丙의 과실 비율은 균등하다. 甲이 900만 원 전액을 丁에게 배상하였다면 甲은 乙에 대하여 900만 원의 구상채무 이행을 청구할 수 있다.

① ㄱ(○), ㄴ(○), ㄷ(×), ㄹ(×)
② ㄱ(○), ㄴ(×), ㄷ(○), ㄹ(○)
③ ㄱ(○), ㄴ(×), ㄷ(×), ㄹ(○)
④ ㄱ(○), ㄴ(×), ㄷ(×), ㄹ(×)
⑤ ㄱ(×), ㄴ(○), ㄷ(○), ㄹ(×)

해 설

ㄱ. (○) : 연대채무자 중 1인에 대한 채무의 일부 면제에 상대적 효력만 있다고 볼 특별한 사정이 없는 한 일부 면제의 경우에도 면제된 부담부분에 한하여 면제의 절대적 효력이 인정된다고 보아야 한다. 구체적으로 연대채무자 중 1인이 채무 일부를 면제받는 경우에 그 연대채무자가 지급해야 할 잔존 채무액이 부담부분을 초과하는 경우에는 그 연대채무자의 부담부분이 감소한 것은 아니므로 다른 연대채무자의 채무에도 영향을 주지 않아 다른 연대채무자는 채무 전액을 부담하여야 한다. 반대로 일부 면제에 의한 피면제자의 잔존 채무액이 부담부분보다 적은 경우에는 차액(부담부분 - 잔존 채무액)만큼 피면제자의 부담부분이 감소하였으므로, 차액의 범위에서 면제의 절대적 효력이 발생하여 다른 연대채무자의 채무도 차액만큼 감소한다(대판 2019. 8. 14, 2019다216435).

ㄴ. (×) : 중첩적 채무인수에서 인수인이 채무자의 부탁 없이 채권자와의 계약으로 채무를 인수하는 것은 매우 드문 일이므로 채무자와 인수인은 원칙적으로 주관적 공동관계가 있는 연대채무관계에 있고, 인수인이 채무자의 부탁을 받지 아니하여 주관적 공동관계가 없는 경우에는 부진정연대관계에 있는 것으로 보아야 한다(대판 2014. 8. 20, 2012다97420 ; 대판 2009. 8. 20, 2009다32409).

ㄷ. (×) : 채권자가 연대채무자 1인의 소유 부동산에 대하여 경매신청을 한 경우, 이는 최고로서의 효력을 가지고 있고, 연대채무자에 대한 이행청구는 다른 연대채무자에게도 효력이 있으므로, 채권자가 6월 내에 다른 연대채무자를 상대로 재판상 청구를 하였다면 그 다른 연대채무자에 대한 채권의 소멸시효가 중단되지만, 이로 인하여 중단된 시효는 위 **경매절차가 종료된 때가 아니라 재판이 확정된 때로부터** 〈새로 진행〉된다(대판 2001. 8. 21, 2001다22840).

ㄹ. (○) : 공동불법행위자 중 1인에 대하여 구상의무를 부담하는 다른 공동불법행위자가 수인인 경우에는 특별한 사정이 없는 이상 그들의 구상권자에 대한 채무는 각자의 부담 부분에 따른 분할채무로 보는 것이 타당하지만, 구상권자인 공동불법행위자 측에 과실이 없는 경우, 즉 내부적인 부담 부분이 전혀 없는 경우에는 이와 달리 그에 대한 수인의 구상의무를 부진정연대관계로 보는 것이 타당하다(대판 2012. 3. 15, 2011다52727).

보충지문

50 주채무가 민사채무이고 보증채무가 상사채무인 경우 보증채무의 소멸시효기간은 주채무에 따라 결정된다. 〈2020년 공인노무사〉

해 설 보증채무는 주채무와는 별개의 독립한 채무이므로 보증채무와 주채무의 소멸시효기간은 채무의 성질에 따라 각각 별개로 정해진다(대판 2014. 6. 12, 2011다76105).

정답 50. (×)

51 특정채무를 보증하는 경우에도 신의칙을 근거로 보증책임을 제한하는 것이 예외적으로 허용될 수 있다. 〈2013년 사법시험〉

해설 채권자와 채무자 사이에 계속적인 거래관계에서 발생하는 불확정한 채무를 보증하는 이른바 계속적 보증의 경우뿐만 아니라 특정채무를 보증하는 일반보증의 경우에 있어서도, 채권자의 권리행사가 신의칙에 비추어 용납할 수 없는 성질의 것인 때에는 보증인의 책임을 제한하는 것이 예외적으로 허용될 수 있을 것이나, 일단 유효하게 성립된 보증계약에 따른 책임을 신의칙과 같은 일반원칙에 의하여 제한하는 것은 자칫 잘못하면 사적 자치의 원칙이나 법적 안정성에 대한 중대한 위협이 될 수 있으므로 신중을 기하여 극히 예외적으로 인정하여야 한다(대판 2007. 1. 25, 2006다25257).

52 장래의 채무에 대하여는 보증할 수 없다. 〈2011년 공인노무사〉

해설 보증인 장래의 채무에 대하여도 가능하다(제428조 제2항).

53 보증인이 보증채무를 이행한 경우에도 보증인의 기명날인 또는 서명이 있는 서면으로 보증의 의사가 표시되지 아니하였다면 보증의 무효를 주장할 수 있다. 〈2019년 법원행시〉

해설 제428조의 2 제3항 참조

54-1 보증은 불확정한 다수의 채무에 대하여도 할 수 있다. 〈2020년 공인노무사〉

54-2 불확정한 다수의 채무에 대하여 보증하는 경우 보증하는 채무의 최고액을 서면으로 특정하여야 한다. 〈2019년 법원행시〉

해설 민법 제428조의 3 제1항 참조

55 주채무가 어떤 원인으로 인해 처음부터 존재하지 않거나 또는 사후에 소멸한 경우에 보증인은 주채무의 부존재 또는 소멸의 항변권을 행사하여 보증채무의 무효 또는 소멸을 주장할 수 있다. 〈2007년 공인노무사〉

해설 주채무가 어떤 원인으로 인해 처음부터 존재하지 않거나 또는 사후에 소멸한 경우에 부종성에 따라 보증인은 주채무의 부존재 또는 소멸의 항변권을 행사하여 보증채무의 무효 또는 소멸을 주장할 수 있다(제430조).

56 채무자가 보증인을 세울 의무가 있는 경우 반드시 행위능력이 있는 자 중에서 보증인을 세워야 하는 것은 아니다. 〈2007년 법무사〉

해설 보증인이 될 수 있는 자격에는 원칙적으로 아무런 제한이 없다. 다만, 채무자가 보증인을 세울 의무가 있는 경우에는 보증인은 행위능력 및 변제자력을 갖춘 자이어야 한다(제431조 제1항).

57 채무자가 보증인을 세울 의무가 있는 경우, 채권자가 보증인을 지명하였다면 보증인은 행위능력 및 변제자력이 없어도 된다. 〈2019년 변리사〉

해설 민법 제431조 제3항 참조

정답 51. (○) 52. (×) 53. (×) 54-1. (○) 54-2. (○) 55. (○) 56. (×) 57. (○)

58-1 **채권자가 주채무자에 대하여 상계적상에 있는 자동채권을 상계처리하지 아니하였다 하여 이를 이유로 보증채무자가 신용보증한 채무의 이행을 거부할 수 없으며 나아가 보증채무자의 책임이 면책되는 것도 아니다.** 〈2018년 법원행시, 2019년 법원행시〉

58-2 **보증인은 주채무자의 채권자에 대한 채권으로 상계할 수 있으며 채권자가 주채무자에 대하여 상계적상에 있는 자동채권을 상계하지 않는 경우에는 이를 이유로 보증채무의 이행을 거부할 수 있다.** 〈2019년 법무사〉

해 설 [1] 상계는 단독행위로서 상계를 할지는 채권자의 의사에 따른 것이고 상계적상에 있는 자동채권이 있다고 하여 반드시 상계를 해야 할 것은 아니다. 채권자가 주채무자에 대하여 상계적상에 있는 자동채권을 상계하지 않았다고 하여 이를 이유로 보증채무자가 보증한 채무의 이행을 거부할 수 없으며 나아가 보증채무자의 책임이 면책되는 것도 아니다. [2] 구 건설산업기본법(2011. 5. 24. 법률 제10719호로 개정되기 전의 것)에 따라 계약보증을 한 건설공제조합이 민법 제434조에 따라 채무자의 채권에 의한 상계로 보증채권자에게 대항할 수 있다고 하더라도 법률상 상계가 금지되는 경우까지 이를 허용할 수는 없다. 그런데 채무자 회생 및 파산에 관한 법률(이하 '채무자회생법'이라 한다) 제131조 본문에서 채무자회생법에 특별한 규정이 있는 경우를 제외하고는 회생채권의 소멸금지를 정하고 있다. 따라서 특별한 규정이 없는 한 채무자에 대하여 회생절차가 개시된 경우 건설공제조합이 민법 제434조에 따른 상계로 보증채권자의 회생채권을 소멸시킬 수는 없다고 보아야 한다(대판 2018. 9. 13, 2015다209347). ☞ 위 [2]에서 알 수 있듯이 이 판결의 사안은 보증인이 제434조에 의하여 상계하는 것은 타법률에 의하여 금지되고, 채권자가 상계하는 것만 가능했던 사안이었다.

59-1 **보증인은 주채무자가 채권자에 대하여 가지고 있는 취소권 또는 해제권을 대신 행사할 수 있다.** 〈2007년 법무사〉

59-2 **주채무자가 채권자에 대하여 해제권이 있는 동안에는 보증인은 채권자에 대하여 채무의 이행을 거절할 수 없다.** 〈2011년 공인노무사〉

해 설 주채무자가 취소권·해제권·해지권을 가지고 있는 경우에 보증인은 채무의 이행을 거절할 수 있다(제435조). 그러나 보증인이 주채무자의 취소권·해제권·해지권을 직접 행사할 수는 없다는 것이 통설이다.

60 **확정채무의 보증인은 피보증채무의 이행기가 연장된 경우에도 원칙적으로 보증채무를 부담한다.** 〈2013년 공인노무사〉

해 설 채무가 특정된 확정채무에 대하여 보증한 보증인으로서는 자신의 동의 없이 피보증채무의 이행기를 연장해 주었는지에 상관없이 보증채무를 부담하는 것이 원칙이다. 그렇지만 당사자 사이에 보증인의 동의를 얻어 피보증채무의 이행기가 연장된 경우에 한하여 피보증채무를 계속하여 보증하겠다는 취지의 특별한 약정이 있다면 약정에 따라야 한다(대판 2012. 8. 30, 2009다90924).

61-1 **보증기간과 보증한도액의 정함이 없는 계속적 보증계약의 경우, 보증인이 사망하면 상속인은 보증인의 지위를 상속하지 않고 이미 발생한 보증채무만을 상속한다.** 〈2013년 사법시험〉

61-2 **보증한도액이 정해진 계속적 보증계약의 경우, 보증인이 사망하면 보증계약은 당연히 종료하고 이미 발생한 채무만 상속된다.** 〈2013년 사법시험〉

정답 58-1. (○) 58-2. (×) 59-1. (×) 59-2. (×) 60. (○) 61-1. (○) 61-2. (×)

해설 보증한도액이 정해진 계속적 보증계약의 경우, 보증인이 사망하였다 하더라도 보증계약이 당연히 종료되는 것은 아니고 특별한 사정이 없는 한 상속인들이 보증인의 지위를 승계한다고 보아야 할 것이나, 보증기간과 보증한도액의 정함이 없는 계속적 보증계약의 보증인이 사망한 경우에는 보증인이 사망하면 보증인의 지위가 상속인에게 상속된다고 할 수 없고, 다만 기왕에 발생된 보증채무만이 상속된다고 할 것이다(대판 1999. 6. 22, 99다19322).

62 **乙은 甲에 대하여 1,000만 원의 대여금채무를 부담하고 있는데, 丙이 그 채무에 대해 연대보증을 한 상태에서 甲이 乙의 채무 전액을 면제해 주었다면, 甲이 丙에 대해 청구할 수 있는 금액은 0원이다.** 〈2008년 사법시험〉

해설 주채무자에 생긴 사유는 주채무에 대한 부종성에 따라 보증인에 대하여 절대적 효력이 미치므로, 주채무자의 채무가 면제된 경우 보증인의 채무도 소멸하게 된다(대판 2002. 5. 14, 2000다62476).

63 **수인의 연대보증인이 있는 경우, 연대보증인들 사이에 연대관계의 특약이 있는 경우가 아니면 채권자가 연대보증인의 1인에 대하여 채무의 전부 또는 일부를 면제하더라도 다른 연대보증인에 대하여는 그 효력이 미치지 않는다.** 〈2015년 법무사〉

해설 수인의 연대보증인이 있는 경우, 연대보증인들 사이에 연대관계의 특약이 있는 경우가 아니면 채권자가 연대보증인의 1인에 대하여 채무의 전부 또는 일부를 면제하더라도 다른 연대보증인에 대하여는 그 효력이 미치지 아니한다(대판 1992. 9. 25, 91다37553).

64 **甲에 대한 A와 B의 부진정연대채무에 대하여 C가 A를 연대보증한 경우, B는 위 채무를 전부 변제하더라도 C에게 구상권을 행사할 수 없다.** 〈2008년 사법시험〉

해설 수인의 불법행위로 인한 손해배상책임은 부진정연대채무이나 그 구상권 행사에 있어서는 성질상 연대채무에 관한 규정이 준용된다고 할 것인데 그 구상권에 관하여 규정한 민법 제425조 제1항의 규정에 의한 구상권 행사의 상대방은 공동면책이 된 다른 연대채무자에 한하는 것이며 다른 연대채무자가 그 채권자에게 부담하는 채무를 연대보증한 연대보증인은 그 연대채무자와 연대하여 채권자에게 채무를 변제할 책임을 지는데 불과하고 채무를 변제한 연대채무자에게까지 그 연대보증한 연대채무자의 부담부분에 관한 채무를 변제할 책임을 부담하는 것은 아니라고 할 것이다(대판 1991. 10. 22, 90다20244).

65 **보증인이 주채무자에게 사전통지를 하지 않고 채권자에게 변제한 경우, 주채무자는 채권자에게 대항할 수 있는 사유로 보증인에게 대항할 수 있다.** 〈2011년 공인노무사〉

해설 보증인은 주채무자에게 사전 + 사후 통지의무를 부담하는데 사전통지를 하지 않으면, 보증인이 주채무자에게 사전통지를 하지 않고 채권자에게 변제한 경우, 주채무자는 채권자에게 대항할 수 있는 사유로 보증인에게 대항할 수 있다(제445조 제1항).

66 **수탁보증인은 자신의 사전구상권 행사로 수령한 사전구상금을 선량한 관리자의 주의로써 주채무자의 면책에 사용할 의무가 있다.** 〈2008년 공인노무사〉

정답 62. (○) 63. (○) 64. (○) 65. (○) 66. (○)

해 설 수탁보증인은 자신의 사전구상권 행사로 수령한 사전구상금을 선량한 관리자의 주의로써 주채무자의 면책에 사용할 의무가 있다(대판 2002. 11. 26, 2001다833).

67 **수탁보증인의 사전구상권과 사후구상권은 그 종국적 목적과 사회적 효용을 같이하는 공통성을 가지고 있으므로, 사후구상권이 발생하면 목적달성 여부를 불문하고 사전구상권은 소멸한다.** 〈2022년 법원행시〉

해 설 수탁보증인의 사전구상권과 사후구상권은 종국적 목적과 사회적 효용을 같이하는 공통성을 가지고 있으나, 사후구상권은 보증인이 채무자에 갈음하여 변제 등 자신의 출연으로 채무를 소멸시켰다고 하는 사실에 의하여 발생하는 것이고, 이에 대하여 사전구상권은 그 외의 민법 제442조 제1항 소정의 사유나 약정으로 정한 일정한 사실에 의하여 발생하는 등 발생원인을 달리하고 법적 성질도 달리하는 별개의 독립된 권리이므로, 사후구상권이 발생한 이후에도 사전구상권은 소멸하지 아니하고 병존하며, 다만 목적달성으로 일방이 소멸하면 타방도 소멸하는 관계에 있을 뿐이다(대판 2019. 2. 14, 2017다274703).

68 **다음 중 수탁보증인이 사전구상권을 행사할 수 있는 경우가 아닌 것은?** 〈2009년 법무사〉

① 보증인이 과실없이 채권자에게 변제할 재판을 받은 때
② 채무의 이행기가 도래한 때
③ 보증인이 파산선고를 받은 때
④ 주채무자가 파산선고를 받은 경우에 채권자가 파산재단에 가입하지 아니한 때
⑤ 채무의 이행기가 확정되지 아니하고 그 최장기도 확정할 수 없는 경우에 보증계약 후 5년을 경과한 때

해 설
③ (×) : '보증인이 파산선고를 받은 때'는 사전구상권 행사사유가 아니다(제442조 참조). 즉 '주채무자가 파산선고를 받은 경우에 채권자가 파산재단에 가입하지 아니한 때'라고 하여야 한다.
제442조 수탁보증인의 사전구상권 사유는 ① 보증인이 과실 없이 채권자에게 변제할 재판을 받은 때, ② 주채무자가 파산선고를 받은 경우에 채권자가 파산재단에 가입하지 아니한 때, ③ 채무의 이행기가 확정되지 아니하고 그 최장기도 확정할 수 없는 경우에 보증계약 후 5년을 경과한 때, ④ 채무의 이행기가 도래한 때이다.

69 **甲은 乙로부터 금전을 빌렸고, 丙은 甲의 채무를 위해 보증인이 되었다. 이에 관한 설명으로 옳은 것은? (다툼이 있으면 판례에 따름)** 〈2017년 공인노무사〉

① 丙이 모르는 사이에 주채무의 목적이나 형태가 변경되어 주채무의 실질적 동일성이 상실된 경우에도 丙의 보증채무는 소멸되지 않는다.
② 丙의 보증계약은 구두계약에 의하여도 그 효력이 발생한다.
③ 丙은 甲이 가지는 항변으로 乙에게 대항할 수 있으나, 甲이 이를 포기하였다면 丙은 그 항변으로 乙에게 대항할 수 없다.
④ 甲의 乙에 대한 채무가 시효로 소멸되더라도 丙의 보증채무는 원칙적으로 소멸하지 않는다.
⑤ 甲의 의사에 반하여 보증인이 된 丙이 자기의 출재로 甲의 채무를 소멸하게 한 때에는 甲은 丙에게 현존이익의 한도에서 배상하여야 한다.

정 답 67. (×) 68. ③ 69. ⑤

해 설

①(×) : 보증계약이 성립한 후에 보증인이 알지도 못하는 사이에 주채무의 목적이나 형태가 변경되었다면, 그 변경으로 인하여 주채무의 실질적 동일성이 상실된 경우에는 당초의 주채무는 경개로 인하여 소멸하였다고 보아야 할 것이므로 보증채무도 당연히 소멸하겠지만, 그 변경으로 인하여 주채무의 실질적 동일성이 상실되지 아니하고 동시에 주채무의 부담 내용이 축소·감경된 것에 불과한 경우에는 보증인은 그와 같이 축소·감경된 주채무의 내용에 따라 보증책임을 진다(대판 2001. 3. 23, 2001다628).

②(×) : 민법 제428조의2 제1항. 보증의사가 보증인의 기명날인 또는 서명이 있는 서면으로 표시되어야 효력이 발생한다(서면주의).

③(×) : 민법 제433조 제2항. 주채무자의 항변포기는 보증인에게 효력이 없다.

[보충지문] 주채무자가 기한의 이익을 포기하면 보증인에게도 그 효력이 미친다(×). 〈2010년 공인노무사〉

④(×) : 보증채무에 대한 소멸시효가 중단되었다고 하더라도 이로써 주채무에 대한 소멸시효가 중단되는 것은 아니고, 주채무가 소멸시효 완성으로 소멸된 경우에는 보증채무도 그 채무 자체의 시효중단에 불구하고 부종성에 따라 당연히 소멸된다(대판 2002. 5. 14, 2000다62476).

⑤(○) : 민법 제444조 제2항 참조

70 **보증채무의 개정법률 내용에는 채권자의 정보제공의무를 두고 있는데 그 설명으로 옳지 않은 것은?**

① 채권자는 보증계약을 체결할 때 보증계약의 체결 여부 또는 그 내용에 영향을 미칠 수 있는 주채무자의 채무 관련 신용정보를 보유하고 있거나 알고 있는 경우에는 보증인에게 그 정보를 알려야 한다.
② 위 ①과 같은 고지의무는 보증계약을 갱신할 때에는 적용되지 않는다.
③ 주채무자가 원본, 이자, 위약금, 손해배상 또는 그 밖에 주채무에 종속한 채무를 3개월 이상 이행하지 아니하는 경우 뿐만 아니라 주채무자가 이행기에 이행할 수 없음을 미리 안 경우, 알려야 한다.
④ 채권자는 보증인의 청구가 있으면 주채무의 내용 및 그 이행 여부를 알려야 한다.
⑤ 채권자가 고지의무를 위반하여 보증인에게 손해를 입힌 경우에는 법원은 그 내용과 정도 등을 고려하여 보증채무를 감경하거나 면제할 수 있다.

해 설

①(○) : 민법 제436조의2 제1항 참조

<table><tr><td>[보충지문] 채권자는 보증계약을 체결할 때 보증계약의 체결 여부 또는 그 내용에 영향을 미칠 수 있는 주채무자의 채무 관련 신용정보를 보유하고 있거나 알고 있는 경우에는 보증인에게 그 정보를 알려야 한다. 같은 취지로 채권자는 물상보증인에게도 주채무자의 신용 상태를 고지할 신의칙상 의무를 부담한다. 〈2023년 법원행시〉
(×) : 채권자가 물상보증인에게 주채무자의 신용 상태를 고지할 신의칙상 의무를 부담하는지 여부(소극) 물상보증인은 채권자가 아니라 채무자를 위해 자기 소유의 부동산을 담보로 제공하는 사람이다. 물상보증인은 담보권의 실행으로 담보물의 소유권을 잃게 되면 채무자에 대한 구상권을 행사할 수 있다. 보증제도는 본질적으로 주채무자의 무자력에 따른 채권자의 위험을 인수하는 것이다. 이러한 사정을 고려하면 물상보증인이 주채무자의 자력에 대하여 조사한 다음 계약을 체결할 것인지 여부를 스스로 결정해야 하고, 채권자가 물상보증인에게 주채무자의 신용 상태를 고지할 신의칙상 의무는 존재하지 않는다(대판 2020. 10. 15, 2017다254051).</td></tr></table>

정답 70. ②

② (×) : 민법 제436조의2(채권자의 정보제공의무와 통지의무 등)의 제1항에서는 갱신된 경우에도 마찬가지라고 하고 있다.
③ (○) : 민법 제436조의2 제2항 제1호, 제2호 참조
④ (○) : 민법 제436조의2 제3항 참조
⑤ (○) : 민법 제436조의2 참조

채권양도와 채무인수

Ⅰ. 채권양도

1　**2013년 10월 10일 甲은 乙로부터 1억원을 변제기는 2014년 10월 10일, 이자는 월 1%로 하여 차용하였으며, 이 채무에 대하여 丙이 연대보증하였다. 2014년 3월 10일 乙은 위 1억원의 원본채권을 丁에게 양도하였고, 甲은 乙에게 그 동안의 이자를 지급하지 않았다. 이에 관한 설명으로 옳은 것은? (다툼이 있으면 판례에 따름)** 〈2015년 변리사〉

① 乙이 丙에게 채권양도 사실을 별도로 통지하지 않으면, 甲에 대한 대항요건을 갖춘 것만으로 丁은 丙에게 대항할 수 없다.

② 채권을 양도하기 전에 이미 변제한 甲이 채권양도를 이의 없이 승낙했더라도 甲은 丁의 이행청구를 거절할 수 있다.

③ 이자채권도 양도한다는 의사표시가 없는 한 대항요건을 구비한 丁은 丙에 대하여 1억원의 원본채권을 양도받을 때까지 발생한 이자를 청구할 수 없다.

④ 丁이 채권을 취득한 후 丙에 대하여 그 채무의 일부를 면제한 경우, 그 면제의 효력은 甲에게 미친다.

⑤ 甲과 乙사이에 양도금지특약이 있는 경우, 丁이 중과실로 그 사실을 알지 못하더라도 丁은 양도에 의해 채권을 취득할 수 있다.

해설

①(×) : 채무자에 대한 대항요건을 갖추면 보증인에게도 효력이 있기 때문에 乙이 丙에게 채권양도 사실을 별도로 통지하지 않아도, 甲에 대한 대항요건을 갖춘 것만으로 丁은 丙에게 대항할 수 있다(대판 2002. 9. 10, 2002다21509).

②(×) : 제451조 제1항은 "채무자가 이의를 보류하지 아니하고 채권양도를 승낙한 경우에는 양도인에게 대항할 사유가 있는 경우에도 양수인에게 대항하지 못한다."고 하고 있다. 따라서 채권을 양도하기 전에 이미 변제한 甲이 채권양도를 이의없이 승낙했다면 甲은 丁의 이행청구를 거절할 수 없다.

③(○) : 이자채권은 원본채권에 대하여 종속성을 갖고 있으나 이미 변제기에 도달한 이자채권은 원본채권과 분리하여 양도할 수 있고 원본채권과 별도로 변제할 수 있으며 시효로 인하여 소멸되기도 하는 등 어느 정도 독립성을 갖게 되는 것이므로, 원본채권이 양도된 경우 이미 변제기에 도달한 이자채권은 원본채권의 양도당시 그 이자채권도 양도한다는 의사표시가 없는 한 당연히 양도되지는 않는다(대판 1989. 3. 28, 88다카12803). ☞ '이자는 월 1%로 하여 차용'하였다는 부분에서 매월 10일에 이자채권의 변제기가 도래함을 알 수 있다.

④(×) : 연대보증인이라고 할지라도 주채무자에 대하여는 보증인에 불과하므로 연대채무에 관한 면제의 절대적 효력을 규정한 민법 제419조의 규정은 주채무자와 보증인 사이에는 적용되지 아니하는 것이니, 채권자가 연대보증인에 대하여 그 채무의 일부 또는 전부를 면제하였다 하더라도 그 면제의 효력은 주채무자에 대하여 미치지 아니한다(대판 1992. 9. 25, 91다37553). ☞ 보증채무의 부종성에 의하여 주채무자에게 발생한 사유는 보증인에게 미치고, 반대로 보증인에게 발생한 사유는 - 채권을 만족시키는 사유를 제외하고 - 주채무자에게 미치지

정답 1. ③

않는 것이 원칙이다.
⑤ (×) : 채권양도금지특약이 있더라도 악의 또는 중과실의 양수인은 보호받지 못한다. 따라서 甲과 乙사이에 양도금지특약이 있는 경우, 丁이 중과실로 그 사실을 알지 못한 경우에는 丁은 양도에 의해 채권을 취득할 수 없게 된다(대판 1996. 6. 28, 96다18281).

2 **甲이 자신의 乙에 대한 매매대금채권을 丙에게 양도한 경우에 관한 설명으로 옳은 것은? (다툼이 있으면 판례에 따름)** 〈2016년 변리사〉

① 丙이 乙에게 자신의 명의로 된 확정일자 있는 채권양도통지서를 발송하여 도달되었다면, 특별한 사정이 없는 한 丙은 乙에게 위 채권양도로 대항할 수 있다.
② 매매대금채권에 관하여 甲과 乙 사이에 양도금지 특약이 있다면, 乙은 경과실로 이를 알지 못한 丙에게 위 특약으로써 대항할 수 있다.
③ 丙이 乙로부터 변제를 받은 후 甲과 乙 사이의 매매계약이 해제되었다면 乙은 직접 丙에게 급부의 반환을 청구할 수 있다.
④ 甲이 乙에 대한 위 채권을 丁에게도 양도하였고 丙과 丁에 대한 양도에 대하여 확정일자 있는 증서에 의한 통지가 이루어졌다면 丙과 丁간의 우열은 확정일자의 선후에 의한다.
⑤ 丙이 乙에 대하여 매매대금의 지급을 소구(遡求)하였다고 하더라도 丙이 아직 대항요건을 갖추지 못하였다면 丙의 재판상 청구는 소멸시효 중단사유로 인정되지 않는다.

해 설

① (×) : 채권양도의 통지는 양수인이 아니라 양도인이 채무자에게 하여야 한다.
② (×) : 매매대금채권에 관하여 甲과 乙 사이에 양도금지 특약이 있다면, 채무자는 양수인의 악의나 중대한 과실을 이유로 대항이 가능하다. 따라서 乙은 경과실로 이를 알지 못한 丙(선의이면서 경과실)에게 위 특약으로써 대항할 수 없는 것이다(대판 2010. 5. 13, 2010다8310).
③ (○) : 민법 제548조 제1항 단서에서 규정하고 있는 제3자란 일반적으로 계약이 해제되는 경우 그 해제된 계약으로부터 생긴 법률효과를 기초로 하여 해제 전에 새로운 이해관계를 가졌을 뿐 아니라 등기·인도 등으로 완전한 권리를 취득한 자를 말하고, 계약상의 채권을 양수한 자는 여기서 말하는 제3자에 해당하지 않는다고 할 것인바, 계약이 해제된 경우 계약해제 이전에 해제로 인하여 소멸되는 채권을 양수한 자는 계약해제의 효과에 반하여 자신의 권리를 주장할 수 없음은 물론이고, 나아가 특단의 사정이 없는 한 채무자로부터 이행받은 급부를 원상회복하여야 할 의무가 있다(대판 2003. 1. 24, 2000다22850).
④ (×) : 채권양도의 제3자간 우열의 문제이다. 우리 민법은 제450조 제2항에서 '확정일자'에 의한다고 하고 있는데, 그 확정일자에 대하여 다수설은 확정일자 기준설이 판례는 확정일자 인식설이 대립된다. 따라서 甲이 乙에 대한 위 채권을 丁에게도 양도하였고 丙과 丁에 대한 양도에 대하여 확정일자 있는 증서에 의한 통지가 이루어졌다면 丙과 丁간의 우열은 '확정일자의 선후'에 의하는 것이 아니라 확정일자 인식설, 즉 '통지의 도달이나 승낙의 일자'를 말한다(대판 1994. 4. 26, 93다24223 전원합의체).
⑤ (×) : 丙이 乙에 대하여 매매대금의 지급을 소구(遡求 ⇒ 소를 제기하여 청구하였다는 뜻)하였다면 丙이 아직 대항요건을 갖추지 못하였다 하더라도 丙의 재판상 청구는 소멸시효중단사유로 인정된다(대판 2005. 11. 10, 2005다41818).

정답 2. ③

3 **甲은 2016. 1. 5. 乙에게 1억원을 대여하였고, 그 후 A 또는 B에게 자신의 채권을 양도하였다. 이에 관한 설명으로 옳은 것을 모두 고른 것은? (다툼이 있으면 판례에 따름)** 〈2017년 변리사〉

ㄱ. 甲이 A에게만 채권을 양도하였을 경우, A가 甲의 대리인으로서 乙에게 한 채권양도의 통지도 효력이 있다.
ㄴ. 甲이 乙에게 휴대폰 문자로 양수인을 A로 한 채권양도의 통지를 하였고 이에 따라 乙이 A에 대하여 채무를 변제하였는데, 그 후 다시 甲이 양수인을 B로 한 확정일자 있는 증서로 채권양도통지를 하였더라도 乙의 A에 대한 채무변제는 유효하다.
ㄷ. 甲이 乙에게 양수인을 A로 한 단순한 채권양도의 통지를 하였고, 그 후 乙이 아직 변제하지 않은 상태에서 다시 양수인을 B로 한 확정일자 있는 증서로 채권양도를 통지하였다면 乙이 A에 대하여 한 변제로 B에게 대항할 수 없다.
ㄹ. 채권양수인을 A로 한 양도통지서의 확정일자는 2017. 1. 10.이고, B로 한 양도통지서의 확정일자는 2017. 1. 11.이었으나, 양수인 B로 한 확정일자 있는 증서가 먼저 乙에게 도달하였을 경우, 乙은 B에게 변제할 책임이 있다.

① ㄱ ② ㄴ, ㄹ ③ ㄱ, ㄷ, ㄹ ④ ㄴ, ㄷ, ㄹ ⑤ ㄱ, ㄴ, ㄷ, ㄹ

해 설

ㄱ. (○) : 민법 제450조에 의한 채권양도통지는 양도인이 직접하지 아니하고 사자를 통하여 하거나 대리인으로 하여금 하게 하여도 무방하고, 채권의 양수인도 양도인으로부터 채권양도통지 권한을 위임받아 대리인으로서 그 통지를 할 수 있다(대판 2004. 2. 13, 2003다43490). 이해의 편의를 위하여 ㄷ.지문을 먼저 해설하기로 한다.

ㄷ. (○) : 민법 제450조 제2항. 이중의 채권양도가 있는 경우에 확정일자 있는 증서에 의한 통지를 한 채권양수인만이 채권양수에 의한 적법한 채권자가 된다 할 것이고 채무자는 위의 채권자에게만 채무변제의 의무가 있으며 그 결과 확정일자 있는 증서에 의하지 아니한 채무자의 승낙 있는 채권양도에 있어서의 채권양수인에 대하여는 채무변제의 의무가 없게 되는 것이다(대판 1972. 1. 31, 71다2697).

ㄴ. (○) : 위 ㄷ.의 해설과 같이 채권이 이중으로 양도된 경우 우열문제가 생기는 것은 아직 채권이 존재하는 경우에 한하는 것임을 주의해야 한다. 즉 채권이 변제 등의 사유로 이미 소멸해 버린 경우에는 더 이상 우열문제가 생기지 않는다. 판례도 "민법 제450조 제2항 소정의 지명채권양도의 제3자에 대한 대항요건은 양도된 채권이 존속하는 동안에 그 채권에 관하여 양수인의 지위와 양립할 수 없는 법률상의 지위를 취득한 제3자가 있는 경우에 적용되는 것이므로, 양도된 채권이 이미 변제 등으로 소멸한 경우에는 그 후에 그 채권에 관한 채권압류 및 추심명령이 송달되더라도 그 채권압류 및 추심명령은 존재하지 아니하는 채권에 대한 것으로서 무효이고, 위와 같은 대항요건의 문제는 발생될 여지가 없다(대판 2003. 10. 24, 2003다37426)."고 하였다.

ㄹ. (○) : 채권이 이중으로 양도된 경우의 양수인 상호간의 우열은 통지 또는 승낙에 붙여진 확정일자의 선후에 의하여 결정할 것이 아니라, 채권양도에 대한 채무자의 인식, 즉 확정일자 있는 양도통지가 채무자에게 도달한 일시 또는 확정일자 있는 승낙의 일시의 선후에 의하여 결정하여야 할 것이다(대판 1994. 4. 26, 93다24223 전원합의체).

정답 3. ⑤

4 **甲이 乙에게 자신의 주택을 매도한 후에 乙에 대한 매매대금채권을 丙에게 양도하였다. 이에 관한 설명으로 옳지 않은 것은? (다툼이 있으면 판례에 따름)** 〈2018년 변리사〉

① 乙은 丙에게 채권양도에 대한 승낙을 하면서 조건을 붙일 수 있다.
② 甲으로부터 채권양도통지 권한을 위임받은 丙이 대리관계를 현명하지 않고 丙 명의의 채권양도통지서를 乙에게 발송하여 도달한 경우, 특별한 사정이 없는 한 그 양도통지는 효력이 없다.
③ 甲이 乙에게 채권양도 사실을 통지한 후에 乙이 甲에게 금전을 빌려주었다면, 乙은 그 대여금반환채권에 의한 상계로써 丙에게 대항할 수 없다.
④ 채권양도에 대한 乙의 승낙이 있은 후에 채권양도계약이 해제되어 甲이 乙에게 양도철회통지를 한 경우, 乙은 이로써 丙의 채무이행청구에 대하여 대항할 수 있다.
⑤ 甲이 乙에게 채권양도의 사실을 통지하였으나 양도행위가 적법하게 취소된 경우, 乙이 이 사실을 모르고 丙에게 변제하였다면 이를 가지고 甲에게 대항할 수 있다.

해 설

① (○) : 지명채권 양도의 대항요건인 채무자의 승낙은 채권양도 사실을 채무자가 승인하는 의사를 표명하는 채무자의 행위라고 할 수 있는데, 채무자는 채권양도를 승낙하면서 조건을 붙여서 할 수 있다(대판 2011. 6. 30, 2011다8614).

② (○) : [1] 민법 제450조에 의한 채권양도통지는 양도인이 직접하지 아니하고 사자를 통하여 하거나 대리인으로 하여금 하게 하여도 무방하고, 채권의 양수인도 양도인으로부터 채권양도통지 권한을 위임받아 대리인으로서 그 통지를 할 수 있다. [2] 채권양도통지 권한을 위임받은 양수인이 양도인을 대리하여 채권양도통지를 함에 있어서는 민법 제114조 제1항의 규정에 따라 양도인 본인과 대리인을 표시하여야 하는 것이므로, 양수인이 서면으로 채권양도통지를 함에 있어 대리관계의 현명을 하지 아니한 채 양수인 명의로 된 채권양도통지서를 채무자에게 발송하여 도달되었다 하더라도 이는 효력이 없다고 할 것이다. [3] 대리에 있어 본인을 위한 것임을 표시하는 이른바 현명은 반드시 명시적으로만 할 필요는 없고 묵시적으로도 할 수 있는 것이고, 채권양도통지를 함에 있어 현명을 하지 아니한 경우라도 채권양도통지를 둘러싼 여러 사정에 비추어 양수인이 대리인으로서 통지한 것임을 상대방이 알았거나 알 수 있었을 때에는 민법 제115조 단서의 규정에 의하여 유효하다(대판 2004. 2. 13, 2003다43490).

③ (○) : 채무자는 채권양도를 승낙한 후에 취득한 양도인에 대한 채권으로써 양수인에 대하여 상계로써 대항하지 못한다(대판 1984. 9. 11, 83다카2288).

④ (×) : 민법 제452조 제2항에 채권양도의 통지는 양수인의 동의가 없으면 철회하지 못한다고 규정되어 있으므로 채권양도인과 양수인과의 채권양도 계약이 해제되었고 채권양도인이 채무자에게 양도철회통지를 하였다고 하더라도 채무자는 이것을 채권양수인에게 대항할 수는 없다(대판 1978. 6. 13, 78다468). ☞ 丙이 해제사실을 통지하거나, 甲이 양도철회통지를 하려면 丙의 동의를 얻어서 해야 한다.

⑤ (○) : 민법 제452조 제1항 참조

5 **甲이 乙에 대한 대여금채권을 丙에게 양도하였고 乙이 이를 승낙하여 그 의사표시가 丙에게 도달되었다. 이에 관한 설명으로 옳지 않은 것은? (다툼이 있으면 판례에 따름)** 〈2019년 변리사〉

① 乙의 승낙에는 조건을 붙일 수 있다.
② 乙이 이의 없이 승낙을 하더라도 특별한 사정이 없는 한 乙에게는 甲의 대여금채권의 성립이나 소멸에 영향을 미치는 사정을 丙에게 알려야 할 주의의무가 없다.

정답 4. ④ 5. ③

③ 丙이 甲의 대여금채권에 양도금지특약이 있다는 사실을 알았더라도 그 후 乙이 승낙하였다면, 채권양도는 다른 약정이 없는 한 그 성립 당시로 소급하여 유효하게 된다.

④ 乙이 이의 없이 승낙을 하였더라도 그 때까지 발생한 乙의 甲에 대한 항변사유를 丙이 중대한 과실로 알지 못하였다면, 乙은 甲에 대한 그 항변사유로 丙에게 대항할 수 있다.

⑤ 甲의 대여금채권에 관하여 보증인 丁이 있는 경우, 다른 약정이 없는 한 丁에 대한 보증채권의 양도에 관하여 별도의 대항요건을 갖추지 않더라도 甲의 대여금채권과 함께 丁에 대한 보증채권 역시 丙에게 이전된다.

해 설

① (○) : 지명채권 양도의 대항요건인 채무자의 승낙은 채권양도 사실을 채무자가 승인하는 의사를 표명하는 채무자의 행위라고 할 수 있는데, 채무자는 채권양도를 승낙하면서 조건을 붙여서 할 수 있다(대판 2011. 6. 30, 2011다8614).

② (○) : 채무자가 채권양도에 대하여 이의를 보류하지 아니하는 승낙을 하였더라도 양도인에게 대항할 수 있는 사유로서 양수인에게 대항하지 못할 뿐이고(민법 제451조), 채권의 내용이나 양수인의 권리 확보에 위험을 초래할 만한 사정을 조사, 확인할 책임은 원칙적으로 양수인 자신에게 있으므로, 채무자는 양수인이 대상 채권의 내용이나 원인이 되는 법률관계에 대하여 잘 알고 있음을 전제로 채권양도를 승낙할지를 결정하면 되고 양수인이 채권의 내용 등을 실제와 다르게 인식하고 있는지까지 확인하여 위험을 경고할 의무는 없다. 따라서 채무자가 양도되는 채권의 성립이나 소멸에 영향을 미치는 사정에 관하여 양수인에게 알려야 할 신의칙상 주의의무가 있다고 볼 만한 특별한 사정이 없는 한 채무자가 그러한 사정을 알리지 아니하였다고 하여 불법행위가 성립한다고 볼 수 없다(대판 2015. 12. 24, 2014다49241).

[보충지문] 채무자가 양도되는 채권의 성립이나 소멸에 영향을 미치는 사정에 관하여 양수인에게 알려야 할 신의칙상 주의의무가 있다고 볼 만한 특별한 사정이 없는 한 채무자가 그러한 사정을 알리지 아니하였다고 하여 불법행위가 성립한다고 볼 수 없다(○). 〈2016년 법무사〉

③ (×) : 당사자의 양도금지의 의사표시로써 채권은 양도성을 상실하며 양도금지의 특약에 위반해서 채권을 제3자에게 양도한 경우에 악의 또는 중과실의 채권양수인에 대하여는 채권 이전의 효과가 생기지 아니하나, 악의 또는 중과실로 채권양수를 받은 후 채무자가 그 양도에 대하여 승낙을 한 때에는 채무자의 사후승낙에 의하여 무효인 채권양도행위가 추인되어 유효하게 되며 이 경우 다른 약정이 없는 한 **소급효가 인정되지 않고 양도의 효과는 승낙시부터 발생한다**. 이른바 집합채권의 양도가 양도금지특약을 위반하여 무효인 경우 채무자는 일부 개별 채권을 특정하여 추인하는 것이 가능하다(대판 2009. 10. 29, 2009다47685).

④ (○) : 민법 제451조 제1항이 이의를 보류하지 않은 승낙에 대하여 항변사유를 제한한 취지는 이의를 보류하지 않은 승낙이 이루어진 경우 양수인은 양수한 채권에 아무런 항변권도 부착되지 아니한 것으로 신뢰하는 것이 보통이므로 채무자의 '승낙'이라는 사실에 공신력을 주어 양수인의 신뢰를 보호하고 채권양도나 질권설정과 같은 거래의 안전을 꾀하기 위한 규정이라 할 것이므로, 채권의 양도나 질권의 설정에 대하여 이의를 보류하지 아니하고 승낙을 하였더라도 양수인 또는 질권자가 악의 또는 중과실의 경우에 해당하는 한 채무자의 승낙 당시까지 양도인 또는 질권설정자에 대하여 생긴 사유로써도 양수인 또는 질권자에게 대항할 수 있다(대판 2002. 3. 29, 2000다13887).

⑤ (○) : 보증채무는 주채무에 대한 부종성 또는 수반성이 있어서 주채무자에 대한 채권이 이전되면 당사자 사이에 별도의 특약이 없는 한 보증인에 대한 채권도 함께 이전하고, 이 경우 채권양도의 대항요건도 주채권의 이전에 관하여 구비하면 족하고, 별도로 보증채권에 관하여 대항요건을 갖출 필요는 없다(대판 2002. 9. 10, 2002다21509).

6 수급인 甲은 2020. 10. 1. 도급인 乙과 도급계약을 체결하고, 2021. 1. 5. 공사를 완성하여 乙에 대한 1억 원의 공사대금채권을 갖고 있던 중 위 채권을 丙에게 양도하고, 이를 乙에게 통지하였다. 이에 관한 설명으로 옳지 않은 것은? (다툼이 있으면 판례에 따름) 〈2021년 변리사〉

① 甲이 丙에게 공사대금채권의 추심 기타 행사를 위임하면서 그 채권을 양도하였으나 양도의 원인인 위임이 해지된 경우, 공사대금채권은 甲에게 복귀한다.

② 甲이 주채무자 乙에 대한 채권과 그의 보증인 丁에 대한 채권 중 丁에 대한 채권만을 양도하기로 한 경우, 그 약정은 효력이 없다.

③ 甲과 乙 사이에 채권양도금지특약이 있는 경우, 이와 같은 사실을 알고 있는 甲의 채권자 戊가 甲의 乙에 대한 채권에 대해 압류 및 전부명령을 받았다면 乙은 戊에게 위 특약에 의해 대항할 수 없다.

④ 甲이 丙에게 공사대금채권 중 5,000만 원만 양도하고 乙에게 채권양도통지 후 乙이 甲에 대한 2,000만 원의 하자보수에 갈음하는 손해배상채권을 취득한 경우, 乙의 위 채권에 의한 상계는 각 분할된 채권액의 채권 총액에 대한 비율에 따라야 한다.

⑤ 甲의 丙에 대한 채권양도 및 乙에 대한 확정일자부 통지와 甲의 채권자 戊가 신청한 甲의 乙에 대한 채권에 대한 압류 및 전부명령이 乙에게 동시에 도달한 경우, 乙은 채권자를 알 수 없음을 이유로 변제공탁을 할 수 있다.

해설

① (○) : 종전의 채권자가 채권의 추심 기타 행사를 위임하여 채권을 양도하였으나 양도의 '원인'이 되는 그 위임이 해지 등으로 효력이 소멸한 경우에 이로써 채권은 양도인에게 복귀하게 되고, 나아가 양수인은 그 양도의 무계약의 해지로 인하여 양도인에 대하여 부담하는 원상회복의무(이는 계약의 효력불발생에서의 원상회복의무 일반과 마찬가지로 부당이득반환의무의 성질을 가진다)의 한 내용으로 채무자에게 이를 통지할 의무를 부담한다(대판 2011. 3. 24, 2010다100711).

② (○) : 주채권과 보증인에 대한 채권의 귀속주체를 달리하는 것은, 주채무자의 항변권으로 채권자에게 대항할 수 있는 보증인의 권리가 침해되는 등 보증채무의 부종성에 반하고, 주채권을 가지지 않는 자에게 보증채권만을 인정할 실익도 없기 때문에 주채권과 분리하여 보증채권만을 양도하기로 하는 약정은 그 효력이 없다(대판 2002. 9. 10, 2002다21509).

③ (○) : 당사자 사이에 양도금지의 특약이 있는 채권이더라도 전부명령에 의하여 전부되는 데에는 지장이 없고, 양도금지의 특약이 있는 사실에 관하여 집행채권자가 선의인가 악의인가는 전부명령의 효력에 영향을 미치지 못하는 것인바, 이와 같이 양도금지특약부 채권에 대한 전부명령이 유효한 이상, 그 전부채권자로부터 다시 그 채권을 양수한 자가 그 특약의 존재를 알았거나 중대한 과실로 알지 못하였다고 하더라도 채무자는 위 특약을 근거로 삼아 채권양도의 무효를 주장할 수 없다(대판 2003. 12. 11, 2001다3771).

④ (×) : 채권의 일부 양도가 이루어지면 특별한 사정이 없는 한 각 분할된 부분에 대하여 독립한 분할채권이 성립하므로 그 채권에 대하여 양도인에 대한 반대채권으로 상계하고자 하는 채무자로서는 양도인을 비롯한 각 분할채권자 중 어느 누구도 상계의 상대방으로 지정하여 상계할 수 있고, 그러한 채무자의 상계 의사표시를 수령한 분할채권자는 제3자에 대한 대항요건을 갖춘 양수인이라 하더라도 양도인 또는 다른 양수인에 귀속된 부분에 대하여 먼저 상계되어야 한다거나 각 분할채권액의 채권 총액에 대한 비율에 따라 상계되어야 한다는 이의를 할 수 없다(대판 2002. 2. 8, 2000다50596). ☞ 이 지문에는 숨어있는 쟁점이 있다. 사안에서 '채권양도통지 후 乙이 甲에 대한 2,000만 원의 하자보수에 갈음하는 손해배상채권을 취득한 경우'라고 하였는데, 원칙적으로 통지 후에 취득한 반대채권으로는 상계로 양수인에게 대항할 수 없는 것 아닌가 하는 점이다. 이에 대해 판례는 다음과 같은 예외를 인정하고 있다. [판례] 채권양도에 의하여 채권은 그 동일성을 유지하면서 양수인에게 이

정답 6. ④

전되고, 채무자는 양도통지를 받은 때까지 양도인에 대하여 생긴 사유로써 양수인에게 대항할 수 있다(민법 제451조 제2항). 따라서 채무자의 채권양도인에 대한 자동채권이 발생하는 기초가 되는 원인이 양도 전에 이미 성립하여 존재하고 그 자동채권이 수동채권인 양도채권과 동시이행의 관계에 있는 경우에는, 양도통지가 채무자에게 도달하여 채권양도의 대항요건이 갖추어진 후에 자동채권이 발생하였다고 하더라도 채무자는 동시이행의 항변권을 주장할 수 있고, 따라서 그 채권에 의한 상계로 양수인에게 대항할 수 있다. 그리고 도급계약에 의하여 완성된 목적물에 하자가 있는 경우에 도급인은 수급인에게 하자의 보수를 청구할 수 있고 그 하자의 보수에 갈음하여 또는 보수와 함께 손해배상을 청구할 수 있는데, 이들 청구권은 특별한 사정이 없는 한 민법 제667조 제3항에 따라 수급인의 공사대금채권과 동시이행관계에 있다(대판 2015. 4. 9, 2014다80945).

⑤ (○) : 제3채무자는 이중지급의 위험이 있을 수 있으므로, 동시에 송달된 경우에도 제3채무자는 송달의 선후가 불명한 경우에 준하여 채권자를 알 수 없다는 이유로 변제공탁을 함으로써 법률관계의 불안으로부터 벗어날 수 있다(대판 1994. 4. 26, 93다24223 전원합의체).

7 **지명채권의 양도에 관한 설명 중 옳지 않은 것은? (다툼이 있으면 판례에 따름)** 〈2022년 변리사〉

① 장래의 채권도 양도 당시 기본적 채권관계가 어느 정도 확정되어 있어 그 권리의 특정이 가능하고 가까운 장래에 발생할 것임이 상당 정도 기대되는 경우에는 이를 양도할 수 있다.

② 전세권이 존속하는 동안은 전세권을 존속시키기로 하면서 전세금반환채권만을 전세권과 분리하여 확정적으로 양도할 수 있다.

③ 특별한 사정이 없는 한 임차인은 임차권과 분리하여 임대차보증금반환채권만을 제3자에게 양도할 수 있다.

④ 부동산의 매매로 인한 소유권이전등기청구권의 양도는 채무자의 동의나 승낙을 받아야 대항력이 생긴다.

⑤ 주채권과 분리하여 보증채권만을 양도할 수 없다.

해 설

① (○) : 장래의 채권도 양도 당시 기본적 채권관계가 어느 정도 확정되어 있어 그 권리의 특정이 가능하고 가까운 장래에 발생할 것임이 상당 정도 기대되는 경우에는 이를 양도할 수 있다(대판 1996. 7. 30, 95다7932).

② (×) : 전세권은 전세금을 지급하고 타인의 부동산을 그 용도에 따라 사용·수익하는 권리로서 전세금의 지급이 없으면 전세권은 성립하지 아니하는 등으로 전세금은 전세권과 분리될 수 없는 요소일 뿐 아니라, 전세권에 있어서는 그 설정행위에서 금지하지 아니하는 한 전세권자는 전세권 자체를 처분하여 전세금으로 지출한 자본을 회수할 수 있도록 되어 있으므로 전세권이 존속하는 동안은 전세권을 존속시키기로 하면서 전세금반환채권만을 전세권과 분리하여 확정적으로 양도하는 것은 허용되지 않는 것이며, 다만 전세권 존속 중에는 장래에 그 전세권이 소멸하는 경우에 전세금 반환채권이 발생하는 것을 조건으로 그 장래의 조건부 채권을 양도할 수 있을 뿐이라 할 것이다(대판 2002. 8. 23, 2001다69122).

③ (○) : 임차보증금은 임차권의 요소는 아니므로 임차권과 분리하여 양도할 수 있다. 〈참고판례〉 ⅰ) 채권양수인이 우선변제권을 행사할 수 있는 주택임차인으로부터 임차보증금반환채권을 양수하였다고 하더라도 임차권과 분리된 임차보증금반환채권만을 양수한 이상 그 채권양수인이 주택임대차보호법상의 우선변제권을 행사할 수 있는 임차인에 해당한다고 볼 수 없다(대판 2010. 5. 27, 2010다10276), ⅱ) 임차권의 양도가 금지된다 하더라도 임차보증금반환채권의 양도마저 금지되는 것은 아니므로 양도인은 양수인에 대하여 그 채권의 양도에 관하여 임대인에게 통지를 하거나 그에 대한 승낙을 받아 주어야 할 의무를 부담한다(대판 1993. 6. 25, 93다13131).

④ (○) : 부동산의 매매로 인한 소유권이전등기청구권은 채권적 청구권으로 그 이행과정에 신뢰관계가 따르므

정답 7. ②

로 그 권리의 성질상 양도가 제한되고 그 양도에 채무자(매도인)의 승낙이나 동의를 요한다고 할 것이므로, 통상의 채권양도와 달리 양도인(매수인)의 채무자에 대한 통지만으로는 채무자에 대한 대항력이 생기지 않으며 반드시 채무자의 동의나 승낙을 받아야 대항력이 생긴다고 할 것이다(대판 2005. 3. 10, 2004다67653, 67660; 대판 2001. 10. 9, 2000다51216).

⑤ (○) : 주채권과 보증인에 대한 채권의 귀속주체를 달리하는 것은, 주채무자의 항변권으로 채권자에게 대항할 수 있는 보증인의 권리가 침해되는 등 보증채무의 부종성에 반하고, 주채권을 가지지 않는 자에게 보증채권만을 인정할 실익도 없기 때문에 주채권과 분리하여 보증채권만을 양도하기로 하는 약정은 그 효력이 없다(대판 2002. 9. 10, 2002다21509).

8　채권의 양도에 관한 설명으로 옳은 것은? (다툼이 있으면 판례에 따름) 〈2024년 변리사〉

① 부동산매매로 인한 소유권이전등기청구권이 양도된 경우, 양도인의 채무자에 대한 통지만으로 채무자에 대한 대항력이 발생한다.
② 소송행위를 하게 하는 것을 주목적으로 지명채권의 양도가 이루어진 경우, 그 채권양도가 신탁법상의 신탁에 해당하지 않는 경우에는 유효이다.
③ 주채무자에 대한 지명채권이 양도된 후 양수인이 보증인에게 보증채권을 행사하기 위해서는 주채권의 양도에 대한 대항요건과 별도로 보증채권의 양도에 대한 대항요건을 갖추어야 한다.
④ 선순위의 근저당권부채권을 양수한 채권자보다 후순위의 근저당권자는 '지명채권양도의 대항요건을 갖추지 아니한 경우에 대항할 수 없는 제3자'에 포함되지 않는다.
⑤ 채권자와 양수인 사이의 계약에 의해 지명채권이 양도된 경우, 양수인은 제3자에 대한 대항요건을 구비하기 위함이라고 하더라도 그 채권자에게 채권양도통지절차의 이행을 청구할 수 없다.

해 설

① (×) : 매매로 인한 소유권이전등기청구권은 특별한 사정이 없는 이상 그 권리의 성질상 양도가 제한되고 그 양도에 채무자의 승낙이나 동의를 요한다고 할 것이므로 통상의 채권양도와 달리 양도인의 채무자에 대한 통지만으로는 채무자에 대한 대항력이 생기지 않으며 반드시 채무자의 동의나 승낙을 받아야 대항력이 생긴다(대판 2005. 3. 10, 2004다67653, 67660).

② (×) : 소송행위를 하게 하는 것을 주된 목적으로 채권양도가 이루어진 경우 그 채권양도가 신탁법상의 신탁에 해당하지 않는다고 하여도 신탁법 제6조가 유추적용되므로 이는 무효이다(대판 2018. 10. 25, 2017다272103).

③ (×) : 보증채무는 주채무에 대한 부종성 또는 수반성이 있어서 주채무자에 대한 채권이 이전되면 당사자 사이에 별도의 특약이 없는 한 보증인에 대한 채권도 함께 이전하고, 이 경우 채권양도의 대항요건도 주채권의 이전에 관하여 구비하면 족하고, 별도로 보증채권에 관하여 대항요건을 갖출 필요는 없다(대판 2002. 9. 10, 2002다21509).

④ (○) : 채권양도의 대항요건의 흠결의 경우 채권을 주장할 수 없는 채무자 이외의 제3자는 양도된 채권 자체에 관하여 양수인의 지위와 양립할 수 없는 법률상 지위를 취득한 자에 한하므로, 선순위의 근저당권부채권을 양수한 채권자보다 후순위의 근저당권자는 채권양도의 대항요건을 갖추지 아니한 경우 대항할 수 없는 제3자에 포함되지 않는다(대판 2005. 6. 23, 2004다29279).

⑤ (×) : 통지나 승낙이 확정일자 있는 증서에 의한 것이 아니면 채무자 이외의 제3자에게 대항하지 못하므로(민법 제450조 제2항), 양수인은 대항요건을 구비하기 위해 채권자에게 채권양도통지절차의 이행을 청구할 수 있다(대판 2022. 10. 27, 2017다243143).

정답 8. ④

9 **甲은 2010. 2. 1. 乙에게 1억 원을 대여한 후 2010. 5. 3. 丙에게 위 대여금채권 전부를 양도하고, 같은 날 乙에게 확정일자 있는 내용증명우편으로 채권양도통지를 하여, 그 통지가 2010. 5. 6. 乙에게 도달하였다. 한편, 甲의 채권자인 丁은 2010. 4. 29. 위 대여금채권 전부에 대하여 압류명령을 받았고, 그 결정이 2010. 5. 6. 乙에게 도달하였다. 다음 설명 중 옳지 않은 것은? (다툼이 있는 경우에는 판례에 의함)** 〈2012년 변호사시험〉

① 丙과 丁 사이의 우열은 위 확정일자 있는 양도통지와 위 채권압류명령 중 어느 것이 乙에게 먼저 도달하였는지에 따라 결정하여야 한다.
② 위 확정일자 있는 양도통지가 위 채권압류명령보다 乙에게 먼저 도달하였더라도 위 채권압류명령이 무효로 되는 것은 아니다.
③ 위 채권양도통지와 위 채권압류명령 중 어느 것이 乙에게 먼저 도달하였는지 밝혀지지 아니한 경우, 丙은 아직 이행을 하지 않고 있는 乙에게 위 양수금채권 전부의 이행을 청구할 수 있다.
④ ③의 경우, 丙이 乙로부터 위 양수금 전부를 변제받았다면, 丁과의 사이에 각자의 채권액에 안분하여 내부적으로 정산할 의무를 부담한다.
⑤ ③의 경우, 乙은 위 대여금 채무액을 공탁함으로써 법률관계의 불안으로부터 벗어날 수 있다.

해 설

① (○), ③ (○), ④ (○), ⑤ (○) : 가. 채권이 이중으로 양도된 경우의 양수인 상호간의 우열은 통지 또는 승낙에 붙여진 확정일자의 선후에 의하여 결정할 것이 아니라, (①) 채권양도에 대한 채무자의 인식, 즉 확정일자 있는 양도통지가 채무자에게 도달한 일시 또는 확정일자 있는 승낙의 일시의 선후에 의하여 결정하여야 할 것이고, 이러한 법리는 채권양수인과 동일 채권에 대하여 가압류명령을 집행한 자 사이의 우열을 결정하는 경우에 있어서도 마찬가지이므로, 확정일자 있는 채권양도 통지와 가압류결정 정본의 제3채무자(채권양도의 경우는 채무자)에 대한 도달의 선후에 의하여 그 우열을 결정하여야 한다. 나. 채권양도 통지, 가압류 또는 압류명령 등이 제3채무자에 동시에 송달되어 그들 상호간에 우열이 없는 경우에도 그 채권양수인, 가압류 또는 압류채권자는 모두 제3채무자에 대하여 완전한 대항력을 갖추었다고 할 것이므로, (③) 그 전액에 대하여 채권양수금, 압류전부금 또는 추심금의 이행청구를 하고 적법하게 이를 변제받을 수 있고, (④) 제3채무자로서는 이들 중 누구에게라도 그 채무 전액을 변제하면 다른 채권자에 대한 관계에서도 유효하게 면책되는 것이며, 만약 양수채권액과 가압류 또는 압류된 채권액의 합계액이 제3채무자에 대한 채권액을 초과할 때에는 그들 상호간에는 법률상의 지위가 대등하므로 공평의 원칙상 각 채권액에 안분하여 이를 내부적으로 다시 정산할 의무가 있다. 다. 채권양도의 통지와 가압류 또는 압류명령이 제3채무자에게 동시에 송달되었다고 인정되어 채무자가 채권양수인 및 추심명령이나 전부명령을 얻은 가압류 또는 압류채권자 중 한 사람이 제기한 급부소송에서 전액 패소한 이후에도 다른 채권자가 그 송달의 선후에 관하여 다시 문제를 제기하는 경우 기판력의 이론상 제3채무자는 이중지급의 위험이 있을 수 있으므로, 동시에 송달된 경우에도 제3채무자는 송달의 선후가 불명한 경우에 준하여 채권자를 알 수 없다는 이유로 (⑤) 변제공탁을 함으로써 법률관계의 불안으로부터 벗어날 수 있다. 라. 채권양도통지와 채권가압류결정 정본이 같은 날 도달되었는데 그 선후관계에 대하여 달리 입증이 없으면 동시에 도달된 것으로 추정한다(대판 1994. 4. 26, 93다24223 전원합의체).

② (×) : 채권이 양도되고 대항력을 갖춘 상태에서 그 양도된 채권을 양도인의 채권자들이 압류, 추심명령을 하게 되면 이미 채권은 양수인에게 이전되었으므로 이러한 압류, 추심은 무효이다(대판 2010. 10. 28, 2010다57213 등).

정답 9. ②

10 채권양도에 관한 설명 중 옳은 것을 모두 고른 것은? (다툼이 있는 경우 판례에 의함)

〈2015년 변호사시험〉

ㄱ. 주채무자에 대하여 채권양도통지 등 대항요건을 갖추었다면 연대보증인에 대하여 별도의 대항요건을 갖추지 않았더라도 양수인은 연대보증인에게 대항할 수 있다.

ㄴ. 임대인이 임대차보증금반환채권의 양도통지를 받은 후에는 임대인과 임차인 사이에 임대차계약의 갱신이나 계약기간 연장에 관하여 명시적 또는 묵시적 합의가 있더라도 그 합의의 효과는 임대차보증금반환채권의 양수인에 대하여는 미칠 수 없다.

ㄷ. 지명채권의 양도통지를 한 후 양도계약이 합의해제된 경우, 채권양도인이 해제를 이유로 다시 원래의 채무자에 대하여 양도채권으로 대항하려면, 채권양도인이 채권양수인의 동의를 받아 양도통지를 철회하거나 채권양수인이 채무자에게 위와 같은 해제 사실을 통지하여야 한다.

① ㄷ ② ㄱ, ㄴ ③ ㄱ, ㄷ ④ ㄴ, ㄷ ⑤ ㄱ, ㄴ, ㄷ

해 설

ㄱ. (○) : 주채무자에 대한 사유는 보증인에게 미치는 것이 원칙이기 때문에, 주채무자에 대하여 채권양도통지 등 대항요건을 갖추었다면 연대보증인에 대하여 별도의 대항요건을 갖추지 않았더라도 양수인은 연대보증인에게 대항할 수 있다(대판 2002. 9. 10, 2002다21509).

ㄴ. (○) : 임대인이 임대차보증금반환채권의 양도통지를 받은 후에는 임대인과 임차인 사이에 임대차계약의 갱신이나 계약기간 연장에 관하여 명시적 또는 묵시적 합의가 있더라도 그 합의의 효과는 임대차보증금반환채권의 양수인에 대하여는 미칠 수 없다(대판 1989. 4. 25, 88다카4253, 4260).

ㄷ. (○) : 지명채권의 양도통지를 한 후 양도계약이 합의해제된 경우, 채권양도인이 해제를 이유로 다시 원래의 채무자에 대하여 양도채권으로 대항하려면, 채권양도인이 채권양수인의 동의를 받아 양도통지를 철회하거나 채권양수인이 채무자에게 위와 같은 해제 사실을 통지하여야 한다(대판 2012. 11. 29, 2011다17953).

11 채권양도에 관한 설명 중 옳지 않은 것은? (다툼이 있는 경우 판례에 의함) 〈2016년 변호사시험〉

① 부동산매매로 인한 소유권이전등기청구권을 제3자에게 양도하는 경우 매수인이 매도인에게 양도사실을 통지하는 것만으로는 매도인에 대한 대항력이 생기지 않으며 반드시 매도인의 동의나 승낙을 받아야 대항력이 생긴다.

② 당사자의 의사표시에 의한 채권양도금지 특약은 제3자가 악의인 경우는 물론 제3자가 채권양도금지 특약을 알지 못한 데에 중대한 과실이 있는 경우에도 채권양도금지 특약으로써 대항할 수 있고, 제3자의 악의 내지 중과실은 채권양도금지 특약으로 양수인에게 대항하려는 자가 이를 주장·증명하여야 한다.

③ 당사자의 의사표시에 의한 채권양도금지 특약이 있는 경우 악의의 양수인으로부터 다시 선의로 양수한 전득자는 그 채권을 유효하게 취득하나, 선의의 양수인으로부터 다시 채권을 양수한 악의의 전득자는 그 채권을 유효하게 취득하지 못한다.

④ 전세금반환채권의 경우, 전세권이 존속하는 동안은 전세권을 존속시키기로 하면서 전세금반환채권만을 전세권과 분리하여 확정적으로 양도하는 것은 허용되지 않으며, 다만 전세권 존속 중에는 장래에 그 전세권이 소멸하는 경우에 전세금 반환채권이 발생하는 것을 조건으로 그 장래의 조건부

정답 10. ⑤ 11. ③

채권을 양도할 수 있다.

⑤ 채무자가 채권자에게 채무변제와 관련하여 다른 채권을 양도하는 것은 특단의 사정이 없는 한 채무변제를 위한 담보 또는 변제의 방법으로 양도되는 것으로 추정할 것이지 채무변제에 갈음한 것으로 볼 것은 아니어서, 그 경우 채권양도만 있으면 바로 원래의 채권이 소멸한다고 볼 수는 없고 채권자가 양도받은 채권을 변제받은 때에 비로소 그 범위 내에서 채무자가 면책된다.

해 설

① (○) : 채권양도의 성질상 제한이다. 즉 부동산 매매로 인한 소유권이전등기청구권을 제3자에게 양도하는 경우 매수인이 매도인에게 양도사실을 통지하는 것만으로는 매도인에 대한 대항력이 생기지 않으며 반드시 매도인의 동의나 승낙을 받아야 대항력이 생긴다(대판 2005. 3. 10, 2004다67653).

② (○) : 당사자의 의사표시에 의한 채권양도금지 특약은 제3자가 악의인 경우는 물론 제3자가 채권양도금지 특약을 알지 못한 데에 중대한 과실이 있는 경우에도 채권양도금지 특약으로써 대항할 수 있고, 제3자의 악의 내지 중과실은 채권양도금지 특약으로 양수인에게 대항하려는 자가 이를 주장·증명하여야 한다(대판 2010. 5. 13, 2010다8310).

> **[보충지문] 양수인의 권리확보에 위험을 초래할 만한 사정을 조사하고 확인할 책임은 양수인에게 있는 것이 원칙이므로 양수인이 양도금지 특약의 존재를 알지 못하였음을 증명하여야 한다(×).**
> 〈2019년 변호사시험〉

③ (×) : 민법 제449조 제2항 단서는 채권양도금지 특약으로써 대항할 수 없는 자를 '선의의 제3자'라고만 규정하고 있어 채권자로부터 직접 양수한 자만을 가리키는 것으로 해석할 이유는 없으므로, 악의의 양수인으로부터 다시 선의로 양수한 전득자도 위 조항에서의 선의의 제3자에 해당한다. 또한 선의의 양수인을 보호하고자 하는 위 조항의 입법 취지에 비추어 볼 때, 이러한 선의의 양수인으로부터 다시 채권을 양수한 전득자는 선의·악의를 불문하고 채권을 유효하게 취득한다(대판 2015. 4. 9, 2012다118020).

④ (○) : 전세금반환채권의 경우, 전세권이 존속하는 동안은 전세권을 존속시키기로 하면서 전세금반환채권만을 전세권과 분리하여 확정적으로 양도하는 것은 허용되지 않으며, 다만 전세권 존속 중에는 장래에 그 전세권이 소멸하는 경우에 전세금 반환채권이 발생하는 것을 조건으로 그 장래의 조건부 채권을 양도할 수 있다(대판 2002. 8. 23, 2001다69122).

⑤ (○) : 채무자가 채권자에게 채무변제와 관련하여 다른 채권을 양도하는 것은 특단의 사정이 없는 한 채무변제를 위한 담보 또는 변제의 방법으로 양도되는 것으로 추정할 것이지 채무변제에 갈음한 것으로 볼 것은 아니어서, 그 경우 채권양도만 있으면 바로 원래의 채권이 소멸한다고 볼 수는 없고 채권자가 양도받은 채권을 변제받은 때에 비로소 그 범위 내에서 채무자가 면책된다(대판 2013. 5. 9, 2012다40998).

12 **甲은 乙에 대한 3,000만 원의 물품대금채권 중 1,000만 원 부분을 丙에게 양도하고 乙에게 확정일자 있는 증서로 2015. 6. 2. 통지하여 그 통지는 같은 날 도달하였다. 그 후 2015. 6. 30. 甲은 다시 위 물품대금채권 3,000만 원 전부를 丁에게 양도하였고, 같은 날 乙이 이의를 보류하지 않고 이를 구두로 승낙하였다. 한편 甲의 채권자 戊는 甲의 乙에 대한 3,000만 원의 물품대금채권 중 800만 원 부분에 대하여 압류 및 전부명령을 받았고, 그 전부명령은 2015. 7. 4. 乙에게 도달하여 확정되었다. 乙은 丁, 戊에게 각 얼마를 지급하여야 하는가? (다툼이 있는 경우 판례에 의함)**
〈2016년 변호사시험〉

정답 12. ⑤

① 丁에게 3,000만 원, 戊에게 0원
② 丁에게 2,000만 원, 戊에게 0원
③ 丁에게 2,200만 원, 戊에게 800만 원
④ 丁에게 2,000만 원, 戊에게 800만 원
⑤ 丁에게 1,200만 원, 戊에게 800만 원

해 설

⑤ (○) : 丁에게 1,200만 원, 戊에게 800만 원이 타당하다. 즉 민법은 채권의 귀속에 관한 우열을 오로지 확정일자 있는 증서에 의한 통지 또는 승낙의 유무와 그 선후로써만 결정하도록 규정하고 있는 데다가, 채무자의 '이의를 보류하지 아니한 승낙'은 민법 제451조 제1항 전단의 규정 자체로 보더라도 그의 양도인에 대한 항변을 상실시키는 효과밖에 없고, 채권에 관하여 권리를 주장하는 자가 여럿인 경우 그들 사이의 우열은 채무자에게도 효력이 미치므로, 위 규정의 '양도인에게 대항할 수 있는 사유'란 채권의 성립, 존속, 행사를 저지·배척하는 사유를 가리킬 뿐이고, 채권의 귀속(채권이 이미 타인에게 양도되었다는 사실)은 이에 포함되지 아니한다. 따라서 丙은 1천만원에 대하여, 戊는 800만원에 대하여 丁보다 우선한다. 따라서 丁은 나머지 채권(1,200만원)을 갖게 된다(대판 1994. 4. 29, 93다35551).

13 채권양도에 관한 설명 중 옳지 않은 것은? (다툼이 있는 경우 판례에 의함) 〈2018년 변호사시험〉

① 동일한 채권에 관하여 확정일자 있는 채권양도 통지, 가압류 또는 압류명령 등이 제3채무자(채권양도의 경우는 채무자, 이하 이 문항에서는 같다)에게 동시에 송달되어 그들 상호간에 우열이 없는 경우, 양수채권액과 가압류 또는 압류된 채권액의 합계액이 제3채무자에 대한 채권액을 초과할 때에는 그들 상호간에는 법률상의 지위가 대등하므로 공평의 원칙상 제3채무자는 위 채권자들의 각 채권액에 안분하여 채무를 변제하여야 한다.
② 당사자 사이에 양도금지의 특약이 있는 채권이더라도 전부명령에 의하여 전부되는 데에는 지장이 없고, 전부채권자로부터 다시 그 채권을 양수한 자가 그 특약의 존재를 알았다고 하더라도 채무자는 위 특약을 근거로 그 채권양도의 무효를 주장할 수 없다.
③ 채권양도의 통지는 「민사소송법」상의 송달에 관한 규정에서 송달장소로 정하는 채무자의 주소·거소·영업소 또는 사무소 등에 해당하지 아니하는 장소에서라도 채무자가 사회통념상 그 통지의 내용을 알 수 있는 객관적 상태에 놓여졌다고 인정됨으로써 족하다.
④ 채권양도에 관한 채무자의 승낙은 채무자가 채권양도 사실에 관한 인식을 표명하는 것으로서 이른바 관념의 통지에 해당하고, 대리인에 의하여도 위와 같은 승낙을 할 수 있다.
⑤ 채권양도의 통지는 그 양도인이 채권이 양도되었다는 사실을 채무자에게 알리는 행위에 불과하므로, 그것만으로 도급계약에 관하여 「민법」 제667조 내지 제671조에 규정된 하자담보책임의 제척기간 준수에 필요한 권리의 행사에 해당한다고 할 수 없다.

해 설

① (×) : 채권양도 통지, 가압류 또는 압류명령 등이 제3채무자에 동시에 송달되어 그들 상호간에 우열이 없는 경우에도 그 채권양수인, 가압류 또는 압류채권자는 모두 제3채무자에 대하여 완전한 대항력을 갖추었다고 할 것이므로, 그 전액에 대하여 채권양수금, 압류전부금 또는 추심금의 이행청구를 하고 적법하게 이를 변제받을 수 있고, 제3채무자로서는 이들 중 누구에게라도 그 채무 전액을 변제하면 다른 채권자에 대한 관계에서도 유효하게 면책되는 것이며, 만약 양수채권액과 가압류 또는 압류된 채권액의 합계액이 제3채무자에 대한 채권액을 초과할 때에는 그들 상호간에는 법률상의 지위가 대등하므로 공평의 원칙상 각 채권액에 안분하여 이를 내

정답 13. ①

부적으로 다시 정산할 의무가 있다(대판 1994. 4. 26, 93다24223 전원합의체).

② (○) : 당사자 사이에 양도금지의 특약이 있는 채권이더라도 전부명령에 의하여 전부되는 데에는 지장이 없고, 양도금지의 특약이 있는 사실에 관하여 집행채권자가 선의인가 악의인가는 전부명령의 효력에 영향을 미치지 못하 것인바, 이와 같이 양도금지특약부 채권에 대한 전부명령이 유효한 이상, 그 전부채권자로부터 다시 그 채권을 양수한 자가 그 특약의 존재를 알았거나 중대한 과실로 알지 못하였다고 하더라도 채무자는 위 특약을 근거로 삼아 채권양도의 무효를 주장할 수 없다(대판 2003. 12. 11, 2001다3771).

③ (○) : 채권양도의 통지는 민사소송법상의 송달에 관한 규정에서 송달장소로 정하는 채무자의 주소·거소·영업소 또는 사무소 등에 해당하지 아니하는 장소에서라도 채무자가 사회통념상 그 통지의 내용을 알 수 있는 객관적 상태에 놓여졌다고 인정됨으로써 족하다(대판 2010. 4. 15, 2010다57).

④ (○) : 민법 제451조 제1항 전문은 "채무자가 이의를 보류하지 아니하고 전조의 승낙을 한 때에는 양도인에게 대항할 수 있는 사유로써 양수인에게 대항하지 못한다."고 규정하고 있는데, 이는 채무자의 승낙이라는 사실에 공신력을 주어 양수인을 보호하고 거래의 안전을 꾀하기 위한 규정이다. 여기서 '승낙'이라 함은 채무자가 채권양도 사실에 관한 인식을 표명하는 것으로서 이른바 관념의 통지에 해당하고, 대리인에 의하여도 위와 같은 승낙을 할 수 있다(대판 2013. 6. 28, 2011다83110).

⑤ (○) : 채권양도의 통지는 양도인이 채권이 양도되었다는 사실을 채무자에게 알리는 것에 그치는 행위이므로, 그것만으로 제척기간 준수에 필요한 권리의 재판외 행사에 해당한다고 할 수 없다. 따라서 집합건물인 아파트의 입주자대표회의가 스스로 하자담보추급에 의한 손해배상청구권을 가짐을 전제로 하여 직접 아파트의 분양자를 상대로 손해배상청구소송을 제기하였다가, 소송 계속 중에 정당한 권리자인 구분소유자들에게서 손해배상채권을 양도받고 분양자에게 통지가 마쳐진 후 그에 따라 소를 변경한 경우에는, 채권양도통지에 채권양도의 사실을 알리는 것 외에 이행을 청구하는 뜻이 별도로 덧붙여지거나 그 밖에 구분소유자들이 재판외에서 권리를 행사하였다는 등 특별한 사정이 없는 한, 위 손해배상청구권은 입주자대표회의가 위와 같이 소를 변경한 시점에 비로소 행사된 것으로 보아야 한다(대판 2012. 3. 22, 2010다28840 전원합의체).

14 **채권양도에 관한 설명 중 옳지 않은 것은? (다툼이 있는 경우 판례에 의함)** 〈2022년 변호사시험〉

① 점유취득시효 완성으로 인한 소유권이전등기청구권을 양도하는 경우, 채무자에 대한 대항력 취득을 위하여 양도인의 채무자에 대한 통지만으로는 부족하고, 양도에 대한 채무자의 승낙이나 동의를 요한다.

② 양도금지특약이 붙은 채권을 전부명령에 의하여 전부한 경우, 그 전부채권자와 그로부터 다시 그 채권을 양수한 자가 모두 그 특약의 존재를 알았거나 중대한 과실로 알지 못하였다고 하더라도 채무자는 위 특약을 근거로 삼아 채권양도의 무효를 주장할 수 없다.

③ 甲은 丙에 대한 채무의 담보명목으로 甲의 乙에 대한 대여금채권을 丙에게 양도하고 乙에게 확정일자 있는 증서로 양도통지를 하였다. 이후 甲이 동일한 채권을 丁에게 양도한 후 甲과 丙이 양도계약을 합의해지하고 丙이 그 사실을 乙에게 통지함으로써 채권이 다시 甲에게 귀속하게 되었더라도, 그로 인하여 丁이 당연히 채권을 취득한다고 할 수 없다.

④ 甲은 丙에 대한 채무의 담보명목으로 甲의 乙에 대한 대여금채권을 丙에게 양도하고 乙에게 확정일자 있는 증서로 양도통지를 하였다. 이후 甲의 丙에 대한 피담보채무가 변제로 소멸하였다 하더라도, 乙은 이를 이유로 丙의 양수금 청구를 거절할 수 없다.

⑤ 채권양도의 대항요건을 갖추지 못한 채권양수인이 채무자를 상대로 재판상의 청구를 하였다면, 이는 소멸시효의 중단사유인 재판상 청구에 해당한다.

정답 14. ①

해설

① (×) : 부동산매매계약에서 매도인과 매수인은 서로 동시이행관계에 있는 일정한 의무를 부담하므로 이행과정에 신뢰관계가 따른다. 특히 매도인으로서는 매매대금 지급을 위한 매수인의 자력, 신용 등 매수인이 누구인지에 따라 계약유지 여부를 달리 생각할 여지가 있다. 이러한 이유로 매매로 인한 소유권이전등기청구권의 양도는 특별한 사정이 없는 이상 양도가 제한되고 양도에 채무자의 승낙이나 동의를 요한다고 할 것이므로 통상의 채권양도와 달리 양도인의 채무자에 대한 통지만으로는 채무자에 대한 대항력이 생기지 않으며 반드시 채무자의 동의나 승낙을 받아야 대항력이 생긴다. 그러나 취득시효완성으로 인한 소유권이전등기청구권은 채권자와 채무자 사이에 아무런 계약관계나 신뢰관계가 없고, 그에 따라 채권자가 채무자에게 반대급부로 부담하여야 하는 의무도 없다. 따라서 취득시효완성으로 인한 소유권이전등기청구권의 양도의 경우에는 매매로 인한 소유권이전등기청구권에 관한 양도제한의 법리가 적용되지 않는다(대판 2018. 7. 12, 2015다36167).

[보충지문] 1. 취득시효완성으로 인한 소유권이전등기청구권은 채권자와 채무자 사이에 계약관계나 신뢰관계가 없고, 채권자가 채무자에게 반대급부로 부담하여야 하는 의무도 없으므로, 취득시효완성으로 인한 소유권이전등기청구권의 양도의 경우에는 매매로 인한 소유권이전등기청구권에 관한 양도제한의 법리가 적용되지 않는다(○). 〈2019년 법무사〉

2. 매매로 인한 소유권이전등기청구권에 관한 양도제한의 법리는 취득시효완성으로 인한 소유권이전등기청구권의 양도에도 적용된다(×). 〈2019년 공인노무사〉

[비교지문] 매매로 인한 소유권이전등기청구권은 특별한 사정이 없는 한, 그 권리의 성질상 양도가 제한되고 그 양도에 채무자의 승낙이나 동의를 요한다고 할 것이므로, 통상의 채권양도와 달리 양도인의 채무자에 대한 통지만으로는 채무자에 대한 대항력이 생기지 않으며 반드시 채무자의 동의나 승낙을 받아야 대항력이 생긴다(○). 〈2019년 법무사〉

② (○) : 당사자 사이에 양도금지의 특약이 있는 채권이더라도 **전부명령**에 의하여 전부되는 데에는 지장이 없고, 양도금지의 특약이 있는 사실에 관하여 **집행채권자가 선의인가 악의인가는 전부명령의 효력에 영향을 미치지 못하는 것**인바, 이와 같이 양도금지특약부 채권에 대한 전부명령이 유효한 이상, **그 전부채권자로부터 다시 그 채권을 양수한 자가 그 특약의 존재를 알았거나 중대한 과실로 알지 못하였다고 하더라도** 채무자는 위 특약을 근거로 삼아 채권양도의 무효를 주장할 수 없다(대판 2003. 12. 11, 2001다3771).

③ (○) : 지명채권의 양도란 채권의 귀속주체가 법률행위에 의하여 변경되는 것으로서 이른바 준물권행위 내지 처분행위의 성질을 가지므로, 그것이 유효하기 위하여는 양도인이 채권을 처분할 수 있는 권한을 가지고 있어야 한다. 처분권한 없는 자가 지명채권을 양도한 경우 특별한 사정이 없는 한 채권양도로서 효력을 가질 수 없으므로 양수인은 채권을 취득하지 못한다. 양도인이 지명채권을 제1양수인에게 1차로 양도한 다음 제1양수인이 그에 따라 **확정일자 있는 증서에 의한 대항요건을 적법하게 갖추었다면** 이로써 채권이 제1양수인에게 이전하고 **양도인은 채권에 대한 처분권한을 상실**하므로, **그 후 양도인이 동일한 채권을 제2양수인에게 양도하였더라도 제2양수인은 채권을 취득할 수 없다.** 이 경우 양도인이 다른 채무를 담보하기 위하여 제1차 양도계약을 하였더라도 대외적으로 채권이 제1양수인에게 이전되어 제1양수인이 채권을 취득하게 되므로 그 후에 이루어진 제2차 양도계약에 따라 제2양수인이 채권을 취득하지 못하게 됨은 마찬가지이다. 또한 제2차 양도계약 후 양도인과 제1양수인이 제1차 양도계약을 합의해지한 다음 제1양수인이 그 사실을 채무자에게 통지함으로써 **채권이 다시 양도인에게 귀속하게 되었더라도** 특별한 사정이 없는 한 **양도인이 처분권한 없이 한 제2차 양도계약이 채권양도로서 유효하게 될 수는 없으므로,** 그로 인하여 **제2양수인이 당연히 채권을 취득하게 된다고 볼 수는 없다**(대판 2016. 7. 14, 2015다46119).

④ (○) : 채권양도가 다른 채무의 담보조로 이루어졌으며 또한 그 채무가 변제되었다고 하더라도, 이는 채권양도인과 양수인 간의 문제일 뿐이고, 양도채권의 채무자는 채권 양도·양수인 간의 채무 소멸 여하에 관계없

이 양도된 채무를 양수인에게 변제하여야 하는 것이므로, 설령 그 피담보채무가 변제로 소멸되었다고 하더라도 양도채권의 채무자로서는 이를 이유로 채권양수인의 양수금 청구를 거절할 수 없다(대판 1999. 11. 26, 99다23093).

> **[보충지문] 채권양도가 다른 채무의 담보조로 이루어졌으며 또한 그 다른 채무가 변제되었다고 하더라도 양도채권의 채무자로서는 그와 관계없이 채권양수인에게 양도된 채무를 변제하여야 한다(○).**
>
> 〈2017년 법무사〉

⑤ (○) : **대항요건을 갖추지 못하여 채무자에게 대항하지 못한다고 하더라도** 채권의 양수인이 채무자를 상대로 재판상의 청구를 하였다면 이는 **소멸시효 중단사유인 재판상의 청구에 해당한다**고 보아야 한다(대판 2005. 11. 10, 2005다41818).

15 **임차인 甲이 임대인 乙에 대한 임대차보증금반환채권을 丙에게 양도한 후 내용증명우편으로 乙에게 양도통지를 하였고, 그 통지가 乙에게 도달하였다. 이에 관한 설명 중 옳은 것은? (각 지문은 독립적이며, 다툼이 있는 경우 판례에 의함)** 〈2023년 변호사시험〉

① 乙은 채권양도통지 도달 이후에는 甲의 연체차임을 임대차보증금반환채권에서 공제할 수 없다.
② 乙에게 채권양도통지 도달 이후 甲의 채권자 丁이 동일한 채권에 대해 압류를 하여 그 결정이 乙에게 송달된 경우, 丙은 압류의 부담이 있는 채권을 양수한다.
③ 乙에게 채권양도통지 도달 이후 丙의 채권자 戊가 丙의 양수금채권을 가압류한 경우, 丙은 양수금 청구의 소를 제기할 수 없다.
④ 乙에게 채권양도통지가 도달되기 전에 甲의 채권자 己가 동일한 채권에 대해 가압류를 하여 그 결정이 먼저 송달된 경우, 丙에 대한 채권양도는 己가 甲에 대한 본안소송에서 승소하여 집행권원을 취득하더라도 유효하다.
⑤ 甲과 乙 사이에 임대차보증금반환채권 양도금지특약을 하였는데 丙이 그 특약을 알지 못한 것에 중대한 과실이 있는 경우, 乙은 丙에 대해 위 양도금지특약의 항변으로 대항할 수 있다.

해설

① (×) : 임대인의 임대차보증금 반환의무는 임대차관계가 종료되는 경우에 임대차보증금 중에서 목적물을 반환받을 때까지 생긴 임차인의 모든 채무를 공제한 나머지 금액에 관하여서만 비로소 이행기에 도달하는 것이므로, 임차인이 다른 사람에게 임대차보증금 반환채권을 양도하고, 임대인에게 양도통지를 하였어도 임차인이 임대차목적물을 인도하기 전까지는 임대인이 위 소송비용을 임대차보증금에서 당연히 공제할 수 있다(대판 2012. 9. 27, 2012다49490). 임대차보증금 반환채권 양도 통지 도달 이후에도 甲의 연체차임은 공제할 수 있다.

② (×) : 채권압류의 효력발생 전에 채무자가 채권을 처분한 경우에는 그보다 먼저 압류한 채권자가 있어 그 채권자에게는 대항할 수 없는 사정이 있더라도 처분 후에 집행에 참가하는 채권자에 대하여는 처분의 효력을 대항할 수 있는 것이므로, **채무자가 압류 또는 가압류의 대상인 채권을 양도하고 확정일자 있는 통지 등에 의한 채권양도의 대항요건을 갖추었다면, 그 후 채무자의 다른 채권자가 양도된 채권에 대하여 압류 또는 가압류를 하더라도** 압류 또는 가압류 당시에 피압류채권은 이미 존재하지 않는 것과 같아 **압류 또는 가압류로서의 효력이 없다**(대판 2022. 1. 27, 2017다256378).

③ (×), ④ (×) : [1] 일반적으로 채권에 대한 가압류가 있더라도 이는 채무자가 제3채무자로부터 현실로 급부를 추심하는 것만을 금지하는 것일 뿐 채무자는 제3채무자를 상대로 그 이행을 구하는 소송을 제기할 수 있고 법원은 가압류가 되어 있음을 이유로 이를 배척할 수는 없는 것이 원칙이다. 왜냐하면 채무자로서는 제3채무자

정답 15. ⑤

에 대한 그의 채권이 가압류되어 있다 하더라도 채무명의를 취득할 필요가 있고 또는 시효를 중단할 필요도 있는 경우도 있을 것이며 또한 소송 계속 중에 가압류가 행하여진 경우에 이를 이유로 청구가 배척된다면 장차 가압류가 취소된 후 다시 소를 제기하여야 하는 불편함이 있는데 반하여 제3채무자로서는 이행을 명하는 판결이 있더라도 집행단계에서 이를 저지하면 될 것이기 때문이다. [2] 채권가압류의 처분금지의 효력은 본안소송에서 가압류채권자가 승소하여 채무명의를 얻는 등으로 피보전권리의 존재가 확정되는 것을 조건으로 하여 발생하는 것이므로 채권가압류결정의 채권자가 본안소송에서 승소하는 등으로 채무명의를 취득하는 경우에는 가압류에 의하여 권리가 제한된 상태의 채권을 양수받는 양수인에 대한 채권양도는 무효가 된다(대판 2002. 4. 26, 2001다59033).

⑤ (○) : 당사자의 의사표시에 의한 채권의 양도금지는 제3자가 악의인 경우는 물론 제3자가 채권양도 금지를 알지 못한 데에 중대한 과실이 있는 경우에도 그 채권양도 금지로써 대항할 수 있다(대판 1999. 2. 12, 98다49937).

16 **甲과 乙은 甲 소유의 X 토지를 乙이 매수하는 계약을 체결하면서 매매대금은 X 토지의 인도 및 소유권이전등기의 경료와 동시에 지급하기로 약정하였다. 丙은 위 매매계약에 따른 乙의 甲에 대한 매매대금 지급채무를 연대보증하였다. 이에 관한 설명 중 옳지 않은 것을 모두 고른 것은? (각 지문은 독립적이며, 다툼이 있는 경우 판례에 의함)** 〈2024년 변호사시험〉

ㄱ. 乙이 甲에게 매매대금 전액을 지급한 후에 소유권이전등기청구권을 丁에게 양도하고 乙이 이를 甲에게 통지하면 丁은 甲에 대하여 직접 소유권이전등기절차의 이행을 청구할 수 있다.
ㄴ. 甲은 丁에게 乙에 대한 매매대금채권을 양도하면서 위 계약 내용 및 X 토지에 관하여 아직 소유권이전등기를 마쳐 주지 아니한 사실을 설명하였고, 같은 날 乙은 채권양도에 대하여 이의 보류 없는 승낙을 하였다. 이후 丁이 乙에게 양수금의 지급을 청구할 경우 乙은 甲으로부터 소유권이전등기의무의 이행제공이 없었음을 이유로 丁의 청구를 거절할 수 없다.
ㄷ. 甲이 乙에 대한 매매대금채권을 丁에게 양도하고 확정일자 있는 증서에 의하여 乙에게 이를 통지하였더라도, 甲이 乙에 대한 채권을 다시 戊에게 양도한 후에 甲과 丁 사이의 채권양도계약을 합의해지하고 합의해지 사실을 丁이 乙에게 통지하였다면 특별한 사정이 없는 한 戊는 乙에 대한 매매대금채권을 취득한다.
ㄹ. 甲이 乙에 대한 매매대금채권을 丁에게 양도하고 이를 乙에게 통지하면 특별한 사정이 없는 한 乙에 대한 채권뿐만 아니라 丙에 대한 채권도 丁에게 함께 이전된다.
ㅁ. 甲과 乙은 매매계약상 채권의 양도를 하지 않기로 약정하였지만 甲은 그러한 약정을 알고 있던 丁에게 매매대금채권을 양도하고 이를 乙에게 통지하였고 이후 丁이 다시 甲과 乙 사이의 약정 사실을 알지 못하는 戊에게 매매대금채권을 양도하고 乙에게 이를 통지한 경우, 乙은 채권양도 금지특약이 있었음을 이유로 戊에게 대항할 수 없다.

① ㄱ, ㄴ, ㄷ ② ㄴ, ㄷ, ㄹ ③ ㄴ, ㄹ, ㅁ ④ ㄱ, ㄴ, ㄷ, ㄹ ⑤ ㄱ, ㄷ, ㄹ, ㅁ

해 설

ㄱ. (×) : 부동산매매계약에서 매도인과 매수인은 서로 동시이행관계에 있는 일정한 의무를 부담하므로 이행과정에 신뢰관계가 따른다. 특히 매도인으로서는 매매대금 지급을 위한 매수인의 자력, 신용 등 매수인이 누구

정답 16. ①

인지에 따라 계약유지 여부를 달리 생각할 여지가 있다. 이러한 이유로 **매매로 인한 소유권이전등기청구권의 양도**는 특별한 사정이 없는 이상 양도가 제한되고 양도에 채무자의 승낙이나 동의를 요한다고 할 것이므로 **통상의 채권양도와 달리 양도인의 채무자에 대한 통지만으로는 채무자에 대한 대항력이 생기지 않으며 반드시 채무자의 동의나 승낙을 받아야 대항력이 생긴다**(대판 2018. 7. 12, 2015다36167).

ㄴ. (×) : 민법 제451조 제1항이 이의를 보류하지 않은 승낙에 대하여 항변사유를 제한한 취지는 이의를 보류하지 않은 승낙이 이루어진 경우 양수인은 양수한 채권에 아무런 항변권도 부착되지 아니한 것으로 신뢰하는 것이 보통이므로 채무자의 '승낙'이라는 사실에 공신력을 주어 양수인의 신뢰를 보호하고 채권양도나 질권설정과 같은 거래의 안전을 꾀하기 위한 규정이라 할 것이므로, 채권의 양도나 질권의 설정에 대하여 이의를 보류하지 아니하고 승낙을 하였더라도 양수인 또는 질권자가 악의 또는 중과실의 경우에 해당하는 한 채무자의 승낙 당시까지 양도인 또는 질권설정자에 대하여 생긴 사유로써도 양수인 또는 질권자에게 대항할 수 있다(대판 2002. 3. 29, 2000다13887).

ㄷ. (×) : 지명채권의 양도란 채권의 귀속주체가 법률행위에 의하여 변경되는 것으로서 이른바 준물권행위 내지 처분행위의 성질을 가지므로, 그것이 유효하기 위하여는 양도인이 채권을 처분할 수 있는 권한을 가지고 있어야 한다. 처분권한 없는 자가 지명채권을 양도한 경우 특별한 사정이 없는 한 채권양도로서 효력을 가질 수 없으므로 양수인은 채권을 취득하지 못한다. 양도인이 지명채권을 제1양수인에게 1차로 양도한 다음 제1양수인이 그에 따라 확정일자 있는 증서에 의한 대항요건을 적법하게 갖추었다면 이로써 채권이 제1양수인에게 이전하고 양도인은 채권에 대한 처분권한을 상실하므로, 그 후 양도인이 동일한 채권을 제2양수인에게 양도하였더라도 제2양수인은 채권을 취득할 수 없다. 이 경우 양도인이 다른 채무를 담보하기 위하여 제1차 양도계약을 하였더라도 대외적으로 채권이 제1양수인에게 이전되어 제1양수인이 채권을 취득하게 되므로 그 후에 이루어진 제2차 양도계약에 따라 제2양수인이 채권을 취득하지 못하게 됨은 마찬가지이다. 또한 제2차 양도계약 후 양도인과 제1양수인이 제1차 양도계약을 합의해지한 다음 제1양수인이 그 사실을 채무자에게 통지함으로써 채권이 다시 양도인에게 귀속하게 되었더라도 특별한 사정이 없는 한 양도인이 처분권한 없이 한 제2차 양도계약이 채권양도로서 유효하게 될 수는 없으므로, 그로 인하여 제2양수인이 당연히 채권을 취득하게 된다고 볼 수는 없다(대판 2016. 7. 14, 2015다46119).

ㄹ. (○) : 보증채무는 주채무에 대한 부종성 또는 수반성이 있어서 주채무자에 대한 채권이 이전되면 당사자 사이에 별도의 특약이 없는 한 **보증인에 대한 채권도 함께 이전**하고, 이 경우 채권양도의 대항요건도 주채권의 이전에 관하여 구비하면 족하고, 별도로 보증채권에 관하여 대항요건을 갖출 필요는 없다(대판 2002. 9. 10, 2002다21509).

ㅁ. (○) : 민법 제449조 제2항 단서는 채권양도금지 특약으로써 대항할 수 없는 자를 '선의의 제3자'라고만 규정하고 있어 채권자로부터 직접 양수한 자만을 가리키는 것으로 해석할 이유는 없으므로, 악의의 양수인으로부터 다시 선의로 양수한 전득자도 위 조항에서의 선의의 제3자에 해당한다(대판 2015. 4. 9, 2012다118020).

보충지문

17 기존채권이 제3자에게 이전되어 채권양도인지 경개인지 당사자의 의사가 명백하지 않은 경우, 일반적으로 채권의 양도로 보아야 한다. 〈2010년 공인노무사〉

해설 기존채권이 제3자에게 이전되어 채권양도인지 경개인지 당사자의 의사가 명백하지 않은 경우, 일반적으로 채권의 양도로 보아야 한다(대판 1996. 7. 9, 96다16612).

정답 17. (○)

18 양도계약은 채무자의 동의 없이 채권자와 양수인이 체결할 수 있다. 〈2011년 법무사〉

해설 채권은 재산권이고 양도성이 있음을 원칙으로 한다. 그리고 통지와 승낙은 채무자에 대한 대항요건에 불과하기 때문에 채권양도계약의 당사자는 양도인과 양수인이며, 채무자의 동의를 요하는 것은 아니다(제449조).

19 근로기준법상 임금 직접 지급의 원칙을 규정하고 있음에도 불구하고 근로자는 임금채권을 양도할 수 있고, 이 경우 양수인은 사용자에게 직접 임금의 지급을 구할 수 있다. 〈2010년 변리사〉

해설 근로자의 임금채권은 그 양도를 금지하는 법률의 규정이 없어 이를 양도할 수 있으나, 양수인이 스스로 사용자에 대하여 임금의 지급을 청구할 수는 없다[대판(전합) 1988. 12. 13, 87다카2803].

20 특약에 의하여 양도가 금지된 채권은 압류할 수 없다. 〈2011년 법무사〉

해설 당사자 사이에 양도금지의 특약이 있는 채권이라도 압류 및 전부명령에 따라 이전될 수 있고, 양도금지의 특약이 있는 사실에 관하여 압류채권자가 선의인가 악의인가는 전부명령의 효력에 영향이 없는데 이는 채무자가 강제집행대상의 재산을 빼돌리는 것을 막기 위함이다(대판 2003. 12. 11, 2001다3771).

21-1 당사자 사이에 양도금지의 특약이 있는 채권이라도 압류 및 전부명령에 따라 이전될 수 있고, 양도금지의 특약이 있는 사실에 관하여 압류채권자가 선의인가 악의인가는 전부명령의 효력에 영향이 없다. 〈2017년 법원행시〉

21-2 당사자 사이에 양도금지의 특약이 있는 채권에 대하여 집행채권자가 양도금지의 특약이 있는 사실을 알면서 전부명령을 받은 경우 위 전부명령은 무효이다. 〈2020년 변호사시험〉

해설 당사자 사이에 양도금지의 특약이 있는 채권이더라도 전부명령에 의하여 전부되는 데에는 지장이 없고, 양도금지의 특약이 있는 사실에 관하여 집행채권자가 선의인가 악의인가는 전부명령의 효력에 영향을 미치지 못하는 것인바, 이와 같이 양도금지특약부 채권에 대한 전부명령이 유효한 이상, 그 전부채권자로부터 다시 그 채권을 양수한 자가 그 특약의 존재를 알았거나 중대한 과실로 알지 못하였다고 하더라도 채무자는 위 특약을 근거로 삼아 채권양도의 무효를 주장할 수 없다(대판 2003. 12. 11, 2001다3771).

22 채권양도금지특약에 반하여 채권양도가 이루어진 경우 양수인의 선의, 악의 등에 따라 양수채권의 채권자가 결정될 수 있으므로, 민법 제487조 후단의 채권자 불확지를 원인으로 하여 변제공탁을 할 수는 없다. 〈2017년 법원행시〉

해설 채권양도금지특약에 반하여 채권양도가 이루어진 경우, 그 양수인이 양도금지특약이 있음을 알았거나 중대한 과실로 알지 못하였던 경우에는 채권양도는 효력이 없게 되고, 반대로 양수인이 중대한 과실 없이 양도금지특약의 존재를 알지 못하였다면 채권양도는 유효하게 되어 채무자로서는 양수인에게 양도금지특약을 가지고 그 채무이행을 거절할 수 없게 되어 양수인의 선의, 악의 등에 따라 양수채권의 채권자가 결정되는바, 이와 같이 양도금지의 특약이 붙은 채권이 양도된 경우에 양수인의 악의 또는 중과실에 관한 입증책임은 채무자가 부담하지만, 그러한 경우에도 채무자로서는 양수인의 선의 등의 여부를 알 수 없어 과연 채권이 적법하게 양도된 것인지에 관하여 의문이 제기될 여지가 충분히 있으므로 특별한 사정이 없는 한 민법 제487조 후단의 채권자 불확지를 원인으로 하여 변제공탁을 할 수 있다(대판 2000. 12. 22, 2000다55904).

정답 18. (○) 19. (×) 20. (×) 21-1. (○) 21-2. (×) 22. (×)

23-1 **채권양도 당시 양도 목적 채권이 확정되어 있지 아니하였다 하더라도 현재 그 발생기초가 되는 법률관계가 존재하고 있으며 채무의 이행기까지 이를 확정할 수 있는 기준이 설정되어 있다면 그 채권의 양도는 유효하다.** 〈2007년 법무사〉

23-2 **장래의 채권도 양도 당시 기본적 채권관계가 어느 정도 확정되어 있어 그 권리의 특정이 가능하고 가까운 장래에 발생한 것임이 상당 정도 기대되는 경우에는 이를 양도할 수 있다.** 〈2010년 공인노무사〉

해설 [1] 채권양도에 있어 사회통념상 양도 목적 채권을 다른 채권과 구별하여 그 동일성을 인식할 수 있을 정도이면 그 채권은 특정된 것으로 보아야 할 것이고, 채권양도 당시 양도 목적 채권의 채권액이 확정되어 있지 아니하였다 하더라도 채무의 이행기까지 이를 확정할 수 있는 기준이 설정되어 있다면 그 채권의 양도는 유효한 것으로 보아야 한다. [2] 장래 매매계약의 해제시 발생할 원상회복 채권을 채권양도 당시 특정할 수 있거나 가까운 장래에 발생할 가능성을 상당 정도 기대할 수 있었다고 본 사례(대판 1997. 7. 25, 95다21624).

24-1 **가압류된 채권도 양도할 수 있으며, 이 경우 양수인은 가압류에 의해 권리가 제한된 상태의 채권을 양수받게 된다.** 〈2010년 공인노무사〉

24-2 **채권가압류결정의 채권자가 본안소송에서 승소하는 등으로 집행권원을 취득하는 경우에는 가압류에 의하여 권리가 제한된 상태의 채권을 양수받은 양수인에 대한 채권양도는 무효가 된다.** 〈2009년 법무사〉

해설 [1] 채권양도는 구 채권자인 양도인과 신 채권자인 양수인 사이에 채권을 그 동일성을 유지하면서 전자로부터 후자에게로 이전시킬 것을 목적으로 하는 계약을 말한다 할 것이고, 채권양도에 의하여 채권은 그 동일성을 잃지 않고 양도인으로부터 양수인에게 이전된다 할 것이며, 가압류된 채권도 이를 양도하는데 아무런 제한이 없다 할 것이나, 다만 가압류된 채권을 양수받은 양수인은 그러한 가압류에 의하여 권리가 제한된 상태의 채권을 양수받는다고 보아야 할 것이고, 이는 채권을 양도받았으나 확정일자 있는 양도통지나 승낙에 의한 대항요건을 갖추지 아니하는 사이에 양도된 채권이 가압류된 경우에도 동일하다. [2] 일반적으로 채권에 대한 가압류가 있더라도 이는 채무자가 제3채무자로부터 현실로 급부를 추심하는 것만을 금지하는 것일 뿐 채무자는 제3채무자를 상대로 그 이행을 구하는 소송을 제기할 수 있고 법원은 가압류가 되어 있음을 이유로 이를 배척할 수는 없는 것이 원칙이다. [3] 채권가압류의 처분금지의 효력은 본안소송에서 가압류채권자가 승소하여 채무명의를 얻는 등으로 피보전권리의 존재가 확정되는 것을 조건으로 하여 발생하는 것이므로 채권가압류결정의 채권자가 본안소송에서 승소하는 등으로 채무명의(집행권원)를 취득하는 경우에는 가압류에 의하여 권리가 제한된 상태의 채권을 양수받는 양수인에 대한 채권양도는 무효가 된다(대판 2002. 4. 26, 2001다59033).

25 **채무자는 채권양도의 통지를 받거나 이를 승낙할 이익을 미리 포기할 수 없다.** 〈2009년 공인노무사〉

해설 지명채권양도의 대항요건으로서 채무자에 대항요건은 임의규정으로 채무자는 채권양도의 통지를 받거나 이를 승낙할 이익을 미리 포기할 수 있다.

26 **채권양도통지는 양도인이 직접하지 아니하고 사자를 통하여 하거나 대리인으로 하여금 하게 하여도 무방하고, 채권의 양수인도 양도인으로부터 채권양도통지 권한을 위임받아 대리인으로서 그 통지를 할 수 있다.** 〈2009년 법무사〉

정답 23-1. (○) 23-2. (○) 24-1. (○) 24-2. (○) 25. (×) 26. (○)

해 설 채권양도의 통지란 양도인이 채무자에 대해 채권양도가 있었다는 사실을 알리는 행위로서 관념의 통지에 해당하고(대판 2000. 4. 11, 2000다2627), 따라서 채무자에게 도달함으로써 그 효력이 생긴다(대판 1983. 8. 23, 82다카439). 양수인에 의한 통지는 대항력을 갖지 않으며, 양수인이 채권자 대위권을 행사하여 통지할 수 없다. 그러나 양수인은 양도인으로부터 수권을 받아 통지를 대리하거나 사자로서 통지할 수는 있다(대판 2004. 2. 13, 2003다43490).

27 **저당권부 채권이 양도되고 채무자에게 확정일자 있는 채권양도의 통지가 이루어진 경우 저당권이전등기가 이루어지지 않더라도 저당권은 양수인에게 이전한다.** 〈2011년 변리사〉

해 설 저당권은 피담보채권과 분리하여 양도하지 못하는 것이어서 저당권부 채권의 양도는 언제나 저당권의 양도와 채권양도가 결합되어 행해지므로 저당권부 채권의 양도는 민법 제186조의 부동산물권변동에 관한 규정과 민법 제449조 내지 제452조의 채권양도에 관한 규정에 의해 규율되므로 저당권의 양도에 있어서도 물권변동의 일반원칙에 따라 저당권을 이전할 것을 목적으로 하는 물권적 합의와 등기가 있어야 저당권이 이전된다(대판 2005. 6. 10, 2002다15412, 15429).

28 **저당권부 채권의 양수인은 저당권이전의 부기등기를 하는 외에 지명채권 양도의 대항요건까지 갖추어야 채무자에게 대항할 수 있다.** 〈2014년 사법시험〉

해 설 지명채권양도와 물권양도의 요건을 구비하여야 한다는 것이다. 즉 저당권은 피담보채권과 분리하여 양도하지 못하는 것이어서 저당권부 채권의 양도는 언제나 저당권의 양도와 채권양도가 결합되어 행해지므로 저당권부 채권의 양도는 민법 제186조의 부동산물권변동에 관한 규정과 민법 제449조 내지 제452조의 채권양도에 관한 규정에 의해 규율되므로 저당권의 양도에 있어서도 물권변동의 일반원칙에 따라 저당권을 이전할 것을 목적으로 하는 물권적 합의와 등기가 있어야 저당권이 이전된다고 할 것이나, 이 때의 물권적 합의는 저당권의 양도·양수받는 당사자 사이에 있으면 족하고 그 외에 그 채무자나 물상보증인 사이에까지 있어야 하는 것은 아니라 할 것이고, 단지 채무자에게 채권양도의 통지나 이에 대한 채무자의 승낙이 있으면 채권양도를 가지고 채무자에게 대항할 수 있게 되는 것이다(대판 2005. 6. 10, 2002다15412, 15429).

29 **채권양도인과 채무자 사이의 허위표시에 의해 성립한 지명채권을 선의로 양수한 채권양수인이 채무자에게 채권을 행사하기 위하여 양도에 관한 합의 외에 채권양도의 대항요건을 갖추어야 한다.** 〈2017년 공인노무사〉

해 설 채권양수인이 채권양도인으로부터 지명채권을 양도받았음을 이유로 채무자에 대하여 그 채권을 행사하기 위하여는 지명채권 양도에 관한 합의 이외에 양도받은 당해 채권에 관하여 민법 제450조 소정의 대항요건을 갖추어야 하는 것이고, 이러한 법리는 채권양도인과 채무자 사이의 법률행위가 허위표시인 경우에도 마찬가지로 적용된다(대판 2011. 4. 28, 2010다100315).

30 **양도인의 채권양도의 통지만 있었던 경우, 채무자는 그 통지 이전에 양도인에 대하여 가지던 동시이행의 항변권으로 인수인에게 대항할 수 없다.** 〈2010년 공인노무사〉

해 설 양도인의 채권양도의 통지만 있었던 경우, 채무자는 그 통지 이전에 양도인에 대하여 가지던 동시이행의 항변권으로 인수인에게 대항할 수 있다(제451조 제2항).

정답 27. (×) 28. (○) 29. (○) 30. (×)

31 **채무자가 채권발생의 원인인 계약을 해제할 수 있는 권리가 있는 상태에서 그 채권이 양도되고 양도인이 양도통지를 한 경우, 채무자는 계약의 해제로써 양수인에게 대항할 수 없다.**

〈2017년 변호사시험〉

해설 통지 전에 이미 해제권을 가지고 있었으므로 계약의 해제로써 양수인에게 대항할 수 있다(민법 제451조 제2항). 다만 양수인이 민법 제548조 제1항 단서의 "제3자"로서 보호되는지가 문제인데, 판례는 "민법 제548조 제1항 단서에서 규정하는 제3자라 함은 그 해제된 계약으로부터 생긴 법률적 효과를 기초로 하여 새로운 이해관계를 가졌을 뿐 아니라 등기·인도 등으로 완전한 권리를 취득한 자를 지칭하는 것이고, 계약상의 채권을 양도받은 양수인은 특별한 사정이 없는 이상 이에 포함되지 않는다(대판 1996. 4. 12, 95다49882)."고 하므로 결국 채무자는 계약의 해제로써 양수인에게 대항할 수 있다.

32 **아파트 입주자대표회의가 스스로 하자담보추급에 의한 손해배상청구권을 가짐을 전제로 직접 아파트 분양자를 상대로 손해배상청구소송을 제기하였다가, 소송 계속 중에 정당한 권리자인 구분소유자들로부터 손해배상청구권을 양도받고 분양자에게 양도통지가 이루어진 후 그에 따라 양수금으로 소를 변경한 경우, 특별한 사정이 없는 한 위 손해배상청구권은 분양자에게 채권양도의 통지가 이루어진 시점에 제척기간 준수에 필요한 권리의 행사가 있었던 것으로 보아야 한다.**

〈2019년 법원행시〉

해설 채권양도의 통지는 양도인이 채권이 양도되었다는 사실을 채무자에게 알리는 것에 그치는 행위이므로, 그것만으로 제척기간 준수에 필요한 권리의 재판외 행사에 해당한다고 할 수 없다. 따라서 집합건물인 아파트의 입주자대표회의가 스스로 하자담보추급에 의한 손해배상청구권을 가짐을 전제로 하여 직접 아파트의 분양자를 상대로 손해배상청구소송을 제기하였다가, 소송 계속 중에 정당한 권리자인 구분소유자들에게서 손해배상채권을 양도받고 분양자에게 통지가 마쳐진 후 그에 따라 소를 변경한 경우에는, 채권양도통지에 채권양도의 사실을 알리는 것 외에 이행을 청구하는 뜻이 별도로 덧붙여지거나 그 밖에 구분소유자들이 재판외에서 권리를 행사하였다는 등 특별한 사정이 없는 한, 위 손해배상청구권은 입주자대표회의가 위와 같이 소를 변경한 시점에 비로소 행사된 것으로 보아야 한다(대판 2012. 3. 22, 2010다28840 전원합의체).

33 **지명채권의 양도통지가 확정일자 없는 증서에 의하여 이루어짐으로써 제3자에 대한 대항력을 갖추지 못하였으나 그 후 그 증서에 확정일자를 얻은 경우에는 그 일자 이후에는 제3자에 대한 대항력을 취득한다.**

〈2012년 공인노무사〉

해설 지명채권의 양도통지가 확정일자 없는 증서에 의하여 이루어짐으로써 제3자에 대한 대항력을 갖추지 못하였으나 그 후 그 증서에 확정일자를 얻은 경우에는 그 일자 이후에는 제3자에 대한 대항력을 취득한다(대판 2010. 5. 13, 2010다8310).

34 **채권자가 채권양도통지서에 공증인가 합동법률사무소의 확정일자 인증을 받아 그 자리에서 채무자에게 교부하였더라도, 확정일자 있는 증서에 의한 채권양도의 통지가 있었다고 볼 수 없다.**

〈2013년 사법시험〉

해설 채권자가 채권양도 통지서에 공증인가 합동법률사무소의 확정일자 인증을 받아 그 자리에서 채무자에게 교부하였다면, 하나의 행위로서 확정일자 인증과 채권양도 통지가 이루어진 것으로 보아 확정일자 있는 증서에 의한 채권양도의 통지가 있었다고 해석할 것이다(대판 1986. 12. 9, 86다카858).

정답 31. (×) 32. (×) 33. (○) 34. (×)

35 **甲은 乙로부터 Y에 대한 乙의 채권을 乙이 甲에게 양도한다는 내용의 채권양도증서를 작성받아 그 증서에 2013. 6. 7.자로 확정일자를 부여받았다. 그 후 乙은 위 증서와는 별도로 위 채권을 甲에게 양도한다는 내용의 서면을 Y에게 일반우편으로 발송하였고, 그 우편이 2013. 6. 13. Y에게 도달하였다. 그 편지봉투에는 2013. 6. 10.자 우체국 소인이 찍혀 있다. 위 우편이 Y에게 도달한 후 乙의 채권자 丙이 위 채권을 가압류하더라도 甲은 채권양수로써 丙에게 대항할 수 있다.**

〈2014년 사법시험〉

해설 확정일자 있는 증서에 의한 통지나 승낙은 통지나 승낙행위 자체를 확정일자 있는 증서로 하여야 한다는 것을 의미하지, 통지나 승낙이 있었음을 확정일자부 증서의 방법으로 증명하는 것을 말하는 것이 아니다(대판 2011. 7. 14, 2009다49469). 채무자에 대한 채권양도 통지와는 무관하게 별도의 양도증서에 확정일자를 받은 경우, 그 채권양도로써 제3자에게 대항할 수 없다(대판 2002. 4. 9, 2001다80815).

36 **채권양수인이 '양도되는 채권의 채무자'이고 채권양도 후 채권양도인의 채권자가 양도되는 채권에 관하여 신청한 가압류결정이 제3채무자인 채권양수인에게 송달되더라도 위 채권양도에 관한 확정일자 있는 증서에 의한 채권양도 통지나 승낙이 없었다면 위 가압류결정은 유효하다.**

〈2024년 변호사시험〉

해설 [1] 채권양도는 양도인과 양수인 사이에 채권을 동일성을 유지하면서 전자로부터 후자에게로 이전시킬 것을 목적으로 하는 계약을 말한다. 채권양도에 의하여 채권은 동일성을 잃지 않고 양도인으로부터 양수인에게 이전되는데, 이는 **채권양도의 대항요건을 갖추지 못하였다고 하더라도 마찬가지**이다. 이와 같은 채권의 귀속주체 변경의 효과는 원칙적으로 채권양도에 따른 처분행위 시 발생하는바, **지명채권 양수인이 '양도되는 채권의 채무자'인 경우**에는 채권양도에 따른 처분행위 시 채권과 채무가 동일한 주체에 귀속한 때에 해당하므로 민법 제507조 본문에 따라 채권이 혼동에 의하여 소멸한다. [2] 민법 제450조 제2항에서 정한 지명채권양도의 제3자에 대한 대항요건은 양도된 채권이 존속하는 동안에 그 채권에 관하여 양수인의 지위와 양립할 수 없는 법률상의 지위를 취득한 제3자가 있는 경우에 적용된다. 따라서 **지명채권 양수인이 '양도되는 채권의 채무자'여서 양도된 채권이 민법 제507조 본문에 따라 혼동에 의하여 소멸한 경우**에는 후에 채권에 관한 압류 또는 가압류결정이 제3채무자에게 송달되더라도 채권압류 또는 가압류결정은 존재하지 아니하는 채권에 대한 것으로서 무효이고, **압류 또는 가압류채권자는 민법 제450조 제2항에서 정한 제3자에 해당하지 아니한다**(대판 2022. 1. 13, 2019다272855).

37 **지명채권 양도의 채무자에 대한 대항요건은 채무자에 대한 채권양도의 통지 또는 채무자의 승낙인데, 채권양도 통지가 채무자에 대하여 이루어져야 하는 것과는 달리 채무자의 승낙은 양도인 또는 양수인 모두가 상대방이 될 수 있다.** 〈2012년 법무사〉

해설 지명채권 양도의 채무자에 대한 대항요건은 채무자에 대한 채권양도의 통지 또는 채무자의 승낙인데, 채권양도 통지가 채무자에 대하여 이루어져야 하는 것과는 달리 채무자의 승낙은 양도인 또는 양수인 모두가 상대방이 될 수 있다(대판 2011. 6. 30, 2011다8614).

38 **채권양도 이전에 채무자에게 행하는 사전통지도 원칙적으로 허용된다.** 〈2011년 공인노무사〉

해설 민법 제450조 제1항 소정의 채권양도의 통지는 양도인이 채무자에 대하여 당해 채권을 양수인에게 양도하였다는 사실을 통지하는 이른바 관념의 통지로서, 채권양도가 있기 전에 미리 하는 사전 통지는 채무자로

정답 35. (×) 36. (×) 37. (○) 38. (×)

하여금 양도의 시기를 확정할 수 없는 불안한 상태에 있게 하는 결과가 되어 원칙적으로 허용될 수 없다(대판 2000. 4. 11, 2000다2627).

39 **채무자에 의한 승낙의 경우 사전승낙도 유효하다.** 〈2007년 법무사〉

해설 사전승낙에 대해서는 양도할 채권이나 양수인이 특정되어 있는 경우라면 유효하다는 것이 통설이다.

40-1 **채무자에 대한 대항요건으로서의 양도통지에는 조건이나 기한을 붙일 수 없지만, 승낙의 경우에는 이의를 유보할 수 있을 뿐 아니라 조건을 붙여서 할 수도 있다.** 〈2010년 공인노무사〉

40-2 **지명채권의 양도에 있어서 승낙의 법률적 성질은 관념의 통지이지만, 양도를 승낙함에 있어서 이의를 보류할 수 있음은 물론이고, 양도금지의 특약이 있는 채권양도를 승낙함에 있어서도 조건을 붙여서 할 수 있다.** 〈2005년 사법시험〉

해설 지명채권의 양도를 승낙함에 있어서는 이의를 보류하고 할 수 있음은 물론이고 양도금지의 특약이 있는 채권양도를 승낙함에 있어 조건을 붙여서 할 수도 있으며 승낙의 성격이 관념의 통지라고 하여 조건을 붙일 수 없는 것은 아니다(대판 1989. 7. 11, 88다카20866).

41-1 **채무자가 이의를 보류하지 아니하고 채권양도를 승낙한 경우, 양도인에게 대항할 수 있는 사유를 가지고 양수인에게 대항하지 못한다.** 〈2012년 공인노무사〉

41-2 **채무자가 이의를 보류하지 아니하고 채권양도의 승낙을 한 때에는 양도인에게 대항할 수 있는 사유로써 양수인에게 대항하지 못한다. 그러나 채무자가 채무를 소멸하게 하기 위하여 양도인에게 급여한 것이 있으면 이를 회수할 수 있고 양도인에 대하여 부담한 채무가 있으면 그 성립되지 아니함을 주장할 수 있다.** 〈2020년 법원행시〉

해설 채무자가 이의를 보류하지 아니하고 전조의 승낙을 한 때에는 양도인에게 대항할 수 있는 사유로써 양수인에게 대항하지 못한다. 그러나 채무자가 채무를 소멸하게 하기 위하여 양도인에게 급여한 것이 있으면 이를 회수할 수 있고 양도인에 대하여 부담한 채무가 있으면 그 성립되지 아니함을 주장할 수 있다(민법 제451조 제1항).

42 **채무자가 채권양도 통지를 받은 경우 채무자는 그때까지 양도인에 대하여 생긴 사유로써 양수인에게 대항할 수 있고, 당시 이미 상계할 수 있는 원인이 있었던 경우에는 아직 상계적상에 있지 않더라도 그 후에 상계적상에 이르면 채무자는 양수인에 대하여 상계로 대항할 수 있다.** 〈2022년 법무사〉

해설 지명채권의 양도는 양도인이 채무자에게 통지하거나 채무자가 승낙하지 않으면 채무자에게 대항하지 못한다(민법 제450조 제1항). 채무자가 채권양도 통지를 받은 경우 채무자는 그때까지 양도인에 대하여 생긴 사유로써 양수인에게 대항할 수 있고(제451조 제2항), 당시 이미 상계할 수 있는 원인이 있었던 경우에는 아직 상계적상에 있지 않더라도 그 후에 상계적상에 이르면 채무자는 양수인에 대하여 상계로 대항할 수 있다(대판 2019. 6. 27, 2017다222962).

정답 39. (○) 40-1. (○) 40-2. (○) 41-1. (○) 41-2. (○) 42. (○)

43 **채무자가 이의를 보류하지 않고 채권양도를 승낙한 후에 취득한 양도인에 대한 채권으로 양수인에 대하여 상계로 대항할 수 있다.** 〈2009년 공인노무사〉

해 설 채무자가 이의를 보류하지 않고 채권양도를 승낙한 후에 취득한 양도인에 대한 채권으로 양수인에 대하여 상계로 대항할 수 없다(대판 1984. 9. 11, 83다카2288). 단 채무자가 채권양도에 대하여 이의를 보류하지 않고 승낙하였다는 사정이 없는 경우, 승낙 당시 이미 상계를 할 수 있는 원인이 있었고 그 후 상계적상이 생기면 채무자는 양수인에 대하여 상계로 대항할 수 있다(대판 1999. 8. 20, 99다18039).

44 **채무자의 채권양도인에 대한 자동채권이 발생하는 기초가 되는 원인이 양도 전에 이미 성립하여 존재하고 그 자동채권이 수동채권인 양도채권과 동시이행의 관계에 있는 경우에는, 양도통지가 채무자에게 도달하여 채권양도의 대항요건이 갖추어진 후에 자동채권이 발생하였다고 하더라도 채무자는 동시이행의 항변권을 주장할 수 있고, 따라서 그 채권에 의한 상계로 양수인에게 대항할 수 있다.** 〈2016년 법무사〉

해 설 채권양도에 의하여 채권은 그 동일성을 유지하면서 양수인에게 이전되고, 채무자는 양도통지를 받은 때까지 양도인에 대하여 생긴 사유로써 양수인에게 대항할 수 있다(민법 제451조 제2항). 따라서 채무자의 채권양도인에 대한 자동채권이 발생하는 기초가 되는 원인이 양도 전에 이미 성립하여 존재하고 자동채권이 수동채권인 양도채권과 동시이행의 관계에 있는 경우에는, 양도통지가 채무자에게 도달하여 채권양도의 대항요건이 갖추어진 후에 자동채권이 발생하였다고 하더라도 채무자는 동시이행의 항변권을 주장할 수 있고, 따라서 그 채권에 의한 상계로 양수인에게 대항할 수 있다(대판 2015. 4. 9, 2014다80945).

Ⅱ. 채무인수 등

45 **계약인수에 관한 다음 설명 중 옳지 않은 것은?** 〈2000년 변리사〉

① 법률에는 규정이 없으나 사적자치의 원칙으로 가능하다.
② 관계당사자 3인의 합의로 계약인수가 가능하다.
③ 관계당사자 3인 중 2인의 합의와 나머지 당사자의 동의로도 가능하다.
④ 인수 후에는 잔류당사자와 양도인간에는 계약관계가 존재하지 않는다.
⑤ 계약의 인수는 당해 계약으로부터의 모든 권리·의무를 포괄적으로 이전하나, 계약의 효력에 관한 해제권 등은 이전되지 않는다.

해 설

① (○) : 이른바 계약상 지위의 양도·양수, 계약인수 또는 계약가입 등은 민법상 명문의 규정이 없다고 하더라도 그같은 계약이 인정되어야 할 것임은 계약 자유, 사법자치의 원칙에 비추어 당연한 귀결이나, 그 태양에 따라서 요건과 그 효과가 각기 다를 수 있어 이는 구체적 약관의 내용에 따라 해석하여야 한다(대판 1996. 9. 24, 96다25548).
② (○), ③ (○), ④ (○), ⑤ (×) : [1] 계약당사자로서의 지위의 승계를 목적으로 하는 계약인수는 그로부터 발생하는 채권채무의 이전외에 그 계약관계로부터 생기는 해제권 등 포괄적 권리의무의 양도를 포함하는 것으로서 그 계약은 양도인과 양수인 및 잔류당사자의 동시적인 합의에 의한 삼면계약으로 이루어지는 것이 통상적이라고 할 수 있으나 관계당사자 3인 중 2인의 합의와 나머지 당사자가 이를 동의 내지 승낙하는 방법으로도 가능하

정답 43. (×) 44. (○) 45. ⑤

다. [2] 위와 같은 계약인수가 적법하게 이루어지면 양도인은 계약관계에서 탈퇴하게 되고 계약인수 후에는 특별한 사정이 없는 한 잔류당사자와 양도인 사이에는 계약관계가 존재하지 않게 되며 그에 따른 채권채무관계도 소멸한다(대판 1987. 9. 8, 85다카733, 734).

46 甲(채권자), 乙(채무자), 丙(인수인) 사이의 채무인수에 관한 설명으로 옳은 것은? (다툼이 있는 경우에는 판례에 의함) 〈2011년 변리사〉

① 乙과 丙 사이의 약정에 의한 면책적 채무인수가 성립한 경우, 丙은 乙이 甲에게 항변할 수 있었던 사유로 甲에게 대항할 수 없다.

② 乙과 丙 사이의 약정에 의한 면책적 채무인수가 성립한 경우, 乙이 甲에 대한 채무를 담보하기 위해 설정한 저당권은 특별한 사정이 없는 한 채무인수로 인하여 소멸한다.

③ 乙과 丙 사이에 면책적 채무인수에 관한 약정이 있었던 경우, 乙또는 丙은 상당한 기간을 정하여 승낙 여부의 확답을 甲에게 최고할 수 있고, 甲이 그 기간 내에 확답을 발송하지 않은 때에는 승낙한 것으로 본다.

④ 甲과 丙 사이에 중첩적 채무인수계약이 체결된 경우에도 그것이 乙의 의사에 반하면 허용되지 않는다.

⑤ 丙이 乙의 甲에 대한 채무의 이행을 인수한 경우, 丙은 乙에 대하여만 변제의무를 부담할 뿐, 직접 甲에 대하여 채무를 부담하지는 않는다.

해설

① (×) : 채무인수계약은 구채무자의 채무의 동일성을 유지하면서 신채무자가 이를 부담하는 것이므로 인수인은 전채무자의 항변할 수 있는 사유로 채권자에게 대항할 수 있다(제458조). 다만 특별한 의사표시가 없으면 채무인수자의 구채무자에 대한 항변사유로서는 채권자에게 대항할 수는 없다(대판 1966. 11. 29, 66다1861).

② (×) : 면책적 채무인수라 함은 채무의 동일성을 유지하면서 이를 종래의 채무자로부터 제3자인 인수인에게 이전하는 것을 목적으로 하는 계약을 말하는바, 채무인수로 인하여 인수인은 종래의 채무자와 지위를 교체하여 새로이 당사자로서 채무관계에 들어서서 종래의 채무자와 동일한 채무를 부담하고 동시에 종래의 채무자는 채무관계에서 탈퇴하여 면책되는 것일 뿐 종래의 채무가 소멸하는 것이 아니므로, 채무인수로 종래의 채무가 소멸하였으니 저당권의 부종성으로 인하여 당연히 소멸한 채무를 담보하는 저당권도 소멸한다는 법리는 성립하지 않는다. 다만 제3자가 그 소유의 부동산 위에 저당권을 설정하는 등 채무에 대한 담보를 제공한 경우에는 그 제3자는 채무자의 지급능력을 고려하여 담보를 제공한 것이므로 채무인수로 채무자가 변경되어 필연적으로 책임재산에 변화가 생기면 예상하지 못한 불이익을 입게 될 위험성이 있는바, 따라서 채무인수의 경우의 물상보증인을 보호하기 위하여 민법 제459조에서 제3자가 제공한 담보는 그의 동의가 없는 한 채무인수로 인하여 소멸하는 것으로 규정하고 있을 뿐이다(대판 1996. 10. 11, 96다27476). ☞ 채무자가 설정한 담보와 관련해서 판례는 인수계약이 채무자와 인수인 사이에 체결된 경우 채무자가 제공한 담보는 원칙적으로 채무인수로 인하여 소멸되지 않는다고 한다. 다만 채무자가 인수계약에 참여하지 않고 채권자와 인수인 사이에 계약이 체결된 경우에는 채무자가 제공한 담보도 소멸한다는 것이 통설이다.

③ (×) : 제3자가 채무자와의 계약으로 채무를 인수한 경우에는 채권자의 승낙에 의하여 그 효력이 생기는데(제454조 제1항). 이 경우에 제3자나 채무자는 상당한 기간을 정하여 승낙 여부의 확답을 채권자에게 최고할 수 있고, 채권자가 그 기간 내에 확답을 발송하지 아니한 때에는 거절한 것으로 본다(제455조 제2항).

④ (×) : 중첩적 채무인수는 채권자와 채무인수인과 채무자의 의사에 반하여서도 이루어질 수 있다고 봄이 통설과 판례이다(대판 1988. 11. 22, 87다카1836).

정답 46. ⑤

⑤ (○) : 채무자와 인수인의 계약으로 체결되는 병존적 채무인수는 채권자로 하여금 인수인에 대하여 새로운 권리를 취득하게 하는 것으로 제3자를 위한 계약의 하나로 볼 수 있는바, 이와 비교하여 이행인수는 채무자와 인수인 사이의 계약으로 인수인이 변제 등에 의하여 채무를 소멸하게 하여 채무자의 책임을 면하게 할 것을 약정하는 것으로 인수인이 채무자에 대한 관계에서 채무자를 면책하게 하는 채무를 부담하게 될 뿐 채권자로 하여금 직접 인수인에 대한 채권을 취득하게 하는 것이 아니다(대판 2008. 3. 27, 2006다40515).

47 **甲은 乙과 丙에 대해 각각 금전채무를 부담하고 있다. 丁은 甲의 乙·丙에 대한 채무를 담보하기 위해 자신의 X부동산에 乙명의의 1순위 근저당권을, 丙명의의 2순위 근저당권을 설정해 주었다. 또한 丁은 1순위 근저당채무만을 면책적으로 인수하기로 甲과 약정하였고, 乙이 이에 동의하였다. 다음 설명으로 옳은 것은? (다툼이 있는 경우에는 판례에 의함)** 〈2012년 변리사〉

① 丁의 면책적 채무인수로 甲의 乙에 대한 채무는 소멸하였으므로, 저당권의 부종성에 따라 1순위 근저당권은 소멸한다.
② 丁은 1순위 근저당채무의 성립·존속을 저지·배척하는 모든 항변사유를 乙에게 주장할 수 있다.
③ 丙의 담보권실행으로 X부동산이 제3자에게 매각된 경우, 丙의 근저당권은 소멸하나 乙의 근저당권은 소멸하지 않는다.
④ 만약 근저당권이 설정된 후 丁이 X부동산의 소유권을 제3자에게 이전한 경우, 제3자가 피담보채무를 변제하더라도 丁은 근저당권설정등기의 말소를 청구할 수 없다.
⑤ 만약 채무를 인수한 丁명의로 채무자변경의 부기등기가 되기 전에, 丙이 2순위 근저당권설정등기를 하였다면 부기등기는 丙에 대해서는 그 효력이 없다.

해설

① (×) : 채무인수로 인하여 인수인은 종래의 채무자와 지위를 교체하여 새로이 당사자로서 채무관계에 들어서서 종래의 채무자와 동일한 채무를 부담하고 동시에 종래의 채무자는 채무관계에서 탈퇴하여 면책되는 것일 뿐 종래의 채무가 소멸하는 것이 아니므로, 채무인수로 종래의 채무가 소멸하였으니 저당권의 부종성으로 인하여 당연히 소멸한 채무를 담보하는 저당권도 소멸한다는 법리는 성립하지 않는다(대판 1996. 10. 11, 96다27476).
② (○) : 인수인은 전채무자의 항변할 수 있는 사유로 채권자에게 대항할 수 있다(제458조).
③ (×) : 민사집행법상 저당권은 경매에 의해 모두 소멸한다.
④ (×) : 근저당권이 설정된 후에 그 부동산의 소유권이 제3자에게 이전된 경우에는 현재의 소유자가 자신의 소유권에 기하여 피담보채무의 소멸을 원인으로 그 근저당권설정등기의 말소를 청구할 수 있음은 물론이지만, 근저당권설정자인 종전의 소유자도 근저당권설정계약의 당사자로서 근저당권소멸에 따른 원상회복으로 근저당권자에게 근저당권설정등기의 말소를 구할 수 있는 **계약상 권리**가 있으므로 이러한 계약상 권리에 터잡아 근저당권자에게 피담보채무의 소멸을 이유로 하여 그 근저당권설정등기의 말소를 청구할 수 있다고 봄이 상당하고, 목적물의 소유권을 상실하였다는 이유만으로 그러한 권리를 행사할 수 없다고 볼 것은 아니다(대판 1994. 1. 25, 93다16338 전원합의체).
⑤ (×) : 부기등기의 순위는 주등기의 순위에 따른다.

정답 47. ②

48 **채무인수와 이행인수에 관한 설명으로 옳지 않은 것은? (다툼이 있는 경우에는 판례에 의함)**

〈2014년 변리사〉

① 채권자와 제3자의 약정으로는 이행인수를 할 수 없다.
② 병존적 채무인수는 면책적 채무인수와 달리 의무부담행위이다.
③ 제3자가 채무자의 의사에 반하여 체결한 병존적 채무인수는 그 효력이 없다.
④ 채권자 아닌 자와 채무자의 계약으로 성립한 병존적 채무인수는 제3자를 위한 계약이다.
⑤ 채무자의 부탁으로 병존적으로 채무를 인수한 제3자는 채무자와 연대채무관계에 있다.

해 설

①(○) : 이행인수는 채무자와 인수인 사이의 계약으로 채권자와 제3자의 약정으로는 이행인수를 할 수 없다.
②(○) : 병존적 채무인수는 종전채무자도 채무를 부담하고, 현재 인수인도 채무를 부담하기 때문에 준물권행위와 채권행위가 같이 발생하는 면책적 채무인수와 달리 의무부담행위이다.
③(×) : 병존적 채무인수는 채무자의 채무의 담보를 그 목적으로 하는 것이므로, 보증채무의 경우에 준하여 채무자의 의사에 반하여도 할 수 있다(대판 1988. 11. 22, 87다카1836).
④(○) : 채권자 아닌 자와 채무자의 계약으로 성립한 병존적 채무인수는 제3자를 위한 계약이다(대판 1997. 10. 24, 97다28698).
⑤(○) : 채무자의 부탁으로 병존적으로 채무를 인수한 제3자는 채무자와 연대채무관계에 있다(대판 2009. 8. 20, 2009다32409).

49 **채무인수에 관한 설명으로 옳지 않는 것은? (다툼이 있으면 판례에 따름)** 〈2016년 변리사〉

① 채무인수계약에 있어서 당사자 의사가 면책적 채무인수인지 중첩적 채무인수인지 분명하지 아니한 경우, 중첩적 채무인수로 보아야 한다.
② 계약당사자 중 일방이 상대방의 승낙을 얻어 계약상 당사자의 지위를 포괄적으로 제3자에게 이전하는 경우, 제3자는 종래 계약에서 이미 발생한 채권·채무도 모두 이전 받는다.
③ 중첩적 채무인수인이 채권자에 대한 채권을 자동채권으로 하여 채권자의 인수인에 대한 채권을 대등액에서 상계한 경우, 원채무자의 채권자에 대한 채무도 그 범위에서 소멸된다.
④ 토지매수인이 그 토지에 관한 임대차보증금 반환채무 등을 인수하면서 채무액을 매매대금에서 공제하기로 약정한 경우, 그 인수는 특별한 사정이 없는 한 면책적 채무인수로 보아야 한다.
⑤ 인수인이 채무자의 부탁을 받지 아니하고 채권자와의 계약으로 채무를 중첩적으로 인수한 경우, 채무자와 인수인은 부진정연대관계에 있는 것으로 보아야 한다.

해 설

①(○) : 채무인수계약에 있어서 당사자 의사가 면책적 채무인수인지 중첩적 채무인수인지 분명하지 아니한 경우, 중첩적 채무인수로 보아야 한다(대판 1988. 5. 24, 87다카3104).
②(○) : 계약당사자 중 일방이 상대방의 승낙을 얻어 계약상 당사자의 지위를 포괄적으로 제3자에게 이전하는 경우(계약인수), 제3자는 종래 계약에서 이미 발생한 채권·채무도 모두 이전 받는다(대판 2011. 6. 23, 2007다63089).
③(○), ⑤(○) : 중첩적 채무인수에서 인수인이 채무자의 부탁 없이 채권자와의 계약으로 채무를 인수하는 것은 매우 드문 일이므로 채무자와 인수인은 원칙적으로 주관적 공동관계가 있는 연대채무관계에 있고, 인수인

정답 48. ③ 49. ④

이 채무자의 부탁을 받지 아니하여 주관적 공동관계가 없는 경우에는 부진정연대관계에 있는 것으로 보아야 한다(대판 2014. 8. 20, 2012다97420,97437). ☞ 연대채무관계에서나 부진정연대관계에서나 상계는 절대효이므로 ③번 지문도 맞는 지문이다.
④ (×) : 토지매수인이 그 토지에 관한 임대차보증금 반환채무 등을 인수하면서 채무액을 매매대금에서 공제하기로 약정한 경우, 그 인수는 특별한 사정이 없는 한 면책적 채무인수가 아닌 이행인수로 보아야 한다(대판 1997. 6. 24, 97다1273).

50 **채무인수 등에 관한 설명으로 옳은 것은? (다툼이 있으면 판례에 따름)** 〈2017년 변리사〉

① 이행인수인은 법정대위를 할 수 있는 변제할 정당한 이익이 있는 자에 해당하지 않는다.
② 채권자와 보증인 사이에 보증인이 주채무를 중첩적으로 인수하기로 약정한 경우, 특별한 사정이 없는 한 보증인은 주채무자에 대한 관계에서는 종전의 보증인의 지위를 그대로 유지한다.
③ 부동산 매수인이 매매목적물에 설정된 근저당권의 피담보채무를 이행인수한 뒤 그 변제를 게을리하여 근저당권이 실행됨으로써 매도인이 매매목적물에 대한 소유권을 상실한 경우, 이는 매수인의 책임 있는 사유로 소유권이전등기의무가 이행불능으로 된 경우에 해당하고 그에 대하여 매도인의 과실도 인정된다.
④ 계약당사자로서의 지위가 제3자에게 이전되는 경우, 계약상 지위를 전제로 한 권리관계가 이전될 뿐만 아니라 불법행위에 기한 손해배상청구권도 별도의 채권양도절차 없이 제3자에게 당연히 이전된다.
⑤ 채무자와 인수인의 합의에 의한 중첩적 채무인수의 경우, 채권자의 수익의 의사표시는 계약의 성립요건이 아니라 효력발생요건이다.

해 설

① (×) : 민법 제481조에 의하여 법정대위를 할 수 있는 '변제할 정당한 이익이 있는 자'라고 함은 변제함으로써 당연히 대위의 보호를 받아야 할 법률상의 이익을 가지는 자를 의미한다. 그런데 이행인수인이 채무자와의 이행인수약정에 따라 채권자에게 채무를 이행하기로 약정하였음에도 불구하고 이를 이행하지 아니하는 경우에는 채무자에 대하여 채무불이행의 책임을 지게 되어 특별한 법적 불이익을 입게 될 지위에 있다고 할 것이므로, 이행인수인은 그 변제를 할 정당한 이익이 있다(대결 2012. 7. 16, 자 2009마461).
② (○) : 채권자와 보증인 사이에 보증인이 주채무를 중첩적으로 인수하기로 약정하였다 하더라도 특별한 사정이 없는 한 보증인은 주채무자에 대한 관계에서는 종전의 보증인의 지위를 그대로 유지한다고 봄이 상당하므로, 채무인수로 인하여 보증인과 주채무자 사이의 주채무에 관련된 구상관계가 달라지는 것은 아니다(대판 2003. 11. 14, 2003다37730).
③ (×) : 매수인이 매매목적물에 관한 근저당권의 피담보채무에 관하여 그 이행을 인수한 경우, 채권자에 대한 관계에서는 매도인이 여전히 채무를 부담한다고 하더라도, 매도인과 매수인 사이에서는 매수인에게 위 피담보채무를 변제할 책임이 있다고 할 것이므로, 매수인이 그 변제를 게을리 하여 근저당권이 실행됨으로써 매도인이 매매목적물에 관한 소유권을 상실하였다면, 특별한 사정이 없는 한, 이는 매수인에게 책임 있는 사유로 인하여 소유권이전등기의무가 이행불능으로 된 경우에 해당하고, 거기에 매도인의 과실이 있다고 할 수는 없다(대판 2009. 5. 14, 2009다5193).
④ (×) : 계약상 지위의 양도에 의하여 계약당사자로서의 지위가 제3자에게 이전되는 경우 계약상 지위를 전제로 한 권리관계만이 이전될 뿐 불법행위에 기한 손해배상청구권은 별도의 채권양도절차 없이 제3자에게 당연히 이전되는 것이 아니다(대판 2015. 7. 23, 2012다15336).

정답 50. ②

⑤ (×) : 채무자와 인수인의 합의에 의한 중첩적 채무인수의 경우 채권자의 수익의 의사표시는 그 계약의 성립요건이나 효력발생요건이 아니라 채권자가 인수인에 대하여 채권을 취득하기 위한 요건이다(대판 2013. 9. 13, 2011다56033).

51 **채무인수에 관한 설명으로 옳은 것은? (다툼이 있으면 판례에 따름)** 〈2018년 변리사〉

① 채무인수인은 특별한 의사표시가 없으면 자신의 구(舊)채무자에 대한 항변사유를 가지고 채권자에게 대항할 수 있다.
② 채무자와 인수인 사이의 계약에 의해 채무인수가 이루어지는 경우, 채권자가 승낙을 거절하면 이후에 다시 승낙을 하더라도 면책적 채무인수의 효력이 발생하지 않는다.
③ 토지매수인이 토지에 관한 매도인의 채무를 인수하면서 그 채무액을 매매대금에서 공제하기로 약정한 경우, 특별한 사정이 없는 한 면책적 채무인수에 해당한다.
④ 채무자 아닌 제3자가 설정한 근저당권에 관하여 그 제3자의 동의를 얻어 채무인수를 원인으로 채무자를 교체하는 변경등기가 마쳐졌다면, 특별한 사정이 없는 한 그 근저당권은 그 후 채무인수인이 다른 원인으로 부담하는 채무까지 담보한다.
⑤ 채무자와 인수인 간의 중첩적 채무인수계약의 경우에 채권자는 인수인에 대하여 수익의 의사표시 없이도 직접 청구할 권리를 갖는다.

해 설

① (×) : 채무인수계약은 구 채무자의 채무의 동일성을 유지하면서 신 채무자가 이를 부담하는 것이므로 특별한 의사표시가 없으면 채무인수자의 구 채무자에 대한 항변사유로서는 채권자에게 대항할 수는 없다고 해석된다(대판 1966. 11. 29, 66다1861).

② (○) : 채권자의 승낙에 의하여 채무인수의 효력이 생기는 경우, 채권자가 승낙을 거절하면 그 이후에는 채권자가 다시 승낙하여도 채무인수로서의 효력이 생기지 않는다(대판 1998. 11. 24, 98다33765).

③ (×) : 부동산의 매수인이 매매목적물에 관한 임대차보증금 반환채무 등을 인수하는 한편 그 채무액을 매매대금에서 공제하기로 약정한 경우, 그 인수는 특별한 사정이 없는 이상 매도인을 면책시키는 면책적 채무인수가 아니라 이행인수로 보아야 하고, 면책적 채무인수로 보기 위해서는 이에 대한 채권자 즉 임차인의 승낙이 있어야 한다(대판 2015. 5. 29, 2012다84370).

④ (×) : 채무가 인수되는 경우에 구 채무자의 채무에 관하여 제3자가 제공한 담보는 채무인수로 인하여 소멸하되 다만 그 제3자(물상보증인)가 채무인수에 동의한 경우에 한하여 소멸하지 아니하고 신 채무자를 위하여 존속하게 되는바, 이 경우 물상보증인이 채무인수에 관하여 하는 동의는 채무인수인을 위하여 새로운 담보를 설정하겠다는 의사표시가 아니라 기존의 담보를 채무인수인을 위하여 계속 유지하겠다는 의사표시에 불과하여 그 동의에 의하여 유지되는 담보는 기존의 담보와 동일한 내용을 갖는 것이므로, 근저당권에 관하여 채무인수를 원인으로 채무자를 교체하는 변경등기(부기등기)가 마쳐진 경우 특별한 사정이 없는 한 그 근저당권은 당초 구 채무자가 부담하고 있다가 신 채무자가 인수하게 된 채무만을 담보하는 것이지, 그 후 신 채무자(채무인수인)가 다른 원인으로 부담하게 된 새로운 채무까지 담보하는 것으로 볼 수는 없다(대판 2000. 12. 26, 2000다56204).

⑤ (×) : 채무자와 인수인의 합의에 의한 병존적 채무인수는 일종의 제3자를 위한 계약이므로, 채권자는 인수인에 대하여 채무이행을 청구하거나 기타 채권자로서의 권리를 행사하는 방법으로 수익의 의사표시를 함으로써 인수인에 대하여 직접 청구할 권리를 갖게 된다(대판 1995. 5. 9, 94다47469).

정답 51. ②

52 채무인수에 관한 설명으로 옳지 않은 것은? (다툼이 있으면 판례에 따름) 〈2019년 변리사〉

① 중첩적 채무인수는 채권자와 인수인 사이의 합의가 있으면 채무자의 의사에 반해서도 할 수 있다.
② 면책적 채무인수가 있는 경우, 인수채무의 소멸시효기간은 채무인수에 따라 중단되고 채무인수일로부터 새로이 진행한다.
③ 채권자의 승낙에 의하여 채무인수의 효력이 생기는 경우, 채권자가 승낙을 거절하면 그 이후에는 채권자가 다시 승낙하여도 채무인수로서의 효력이 생기지 않는다.
④ 면책적 채무인수에 대한 채권자의 승낙은 묵시적으로도 가능하며, 채권자가 승낙을 하지 않는 대신 직접 인수인을 상대로 인수채무의 이행을 청구하는 것도 묵시적 승낙에 해당한다.
⑤ 매수인이 매매목적물에 관한 임대차보증금반환채무를 인수하면서 그 채무액을 매매대금에서 공제하기로 약정한 경우, 임차인의 승낙이 없으면 병존적 채무인수로 본다.

해 설

① (○) : 중첩적 채무인수는 채권자와 채무인수인과의 합의가 있는 이상 채무자의 의사에 반하여서도 이루어질 수 있다(대판 1988. 11. 22, 87다카1836).
② (○) : 면책적 채무인수가 있은 경우, 인수채무의 소멸시효기간은 채무인수와 동시에 이루어진 소멸시효 중단사유, 즉 채무승인에 따라 채무인수일로부터 새로이 진행된다(대판 1999. 7. 9, 99다12376).
③ (○) : 채권자의 승낙에 의하여 채무인수의 효력이 생기는 경우, 채권자가 승낙을 거절하면 그 이후에는 채권자가 다시 승낙하여도 채무인수로서의 효력이 생기지 않는다(대판 1998. 11. 24, 98다33765).
④ (○) : 채무자와 인수인 사이의 계약에 의한 채무인수에 대하여 채권자는 명시적인 방법뿐만 아니라 묵시적인 방법으로도 승낙을 할 수 있는 것인데, 채권자가 직접 채무인수인에 대하여 인수채무금의 지급을 청구하였다면 그 지급청구로써 묵시적으로 채무인수를 승낙한 것으로 보아야 한다(대판 1989. 11. 14, 88다카29962).
⑤ (×) : 부동산의 매수인이 매매 목적물에 관한 임대차보증금 반환채무 등을 인수하는 한편 그 채무액을 매매대금에서 공제하기로 약정한 경우, 그 인수는 특별한 사정이 없는 이상 매도인을 면책시키는 면책적 채무인수가 아니라 이행인수로 보아야 하고, 면책적 채무인수로 보기 위하여는 이에 대한 채권자의 승낙이 있어야 한다(대판 1997. 6. 24, 97다1273).

53 채무인수 등에 관한 설명으로 옳지 않은 것은? (다툼이 있으면 판례에 따름) 〈2020년 변리사〉

① 부동산의 매수인이 매매목적물에 관한 근저당권의 피담보채무를 인수하는 한편 그 채무액을 매매대금에서 공제하기로 약정한 경우, 다른 특별한 약정이 없는 한 이는 채무인수로 보아야 한다.
② 부동산매매계약과 함께 매수인이 매매대금 지급에 갈음하여 매도인의 제3자에 대한 채무의 이행을 인수하였는데 매수인의 인수채무불이행으로 말미암아 매도인이 인수채무를 대신 변제한 경우, 그로 인한 매수인의 손해배상채무와 매도인의 소유권이전등기의무는 동시이행관계에 있다.
③ 채무자와 인수인 사이에 이행인수계약이 체결된 경우, 채권자는 직접 인수인에게 채무를 이행할 것을 청구할 수 없다.
④ 계약당사자로서의 지위 승계를 목적으로 하는 계약인수는 계약당사자 및 인수인의 3면 합의에 의하여 이루어지는 것이 보통이나, 관계 당사자 중 2인이 합의하고 나머지 당사자가 이를 동의 내지 승낙하는 방법으로도 가능하다.
⑤ 채무자와 인수인의 계약으로 체결되는 병존적 채무인수는 제3자를 위한 계약의 하나로 볼 수 있다.

정답 52. ⑤ 53. ①

해설

① (×) : 부동산의 매수인이 매매 목적물에 관한 임대차보증금 반환채무 등을 인수하는 한편 그 채무액을 매매대금에서 공제하기로 약정한 경우, 그 인수는 특별한 사정이 없는 이상 매도인을 면책시키는 면책적 채무인수가 아니라 이행인수로 보아야 하고, 면책적 채무인수로 보기 위하여는 이에 대한 채권자의 승낙이 있어야 한다(대판 1997. 6. 24, 97다1273).

② (○) : 부동산매매계약과 함께 이행인수계약이 이루어진 경우, 매수인이 인수한 채무는 매매대금지급채무에 갈음한 것으로서 매도인이 매수인의 인수채무불이행으로 말미암아 또는 임의로 인수채무를 대신 변제하였다면, 그로 인한 손해배상채무 또는 구상채무는 인수채무의 변형으로서 매매대금지급채무에 갈음한 것의 변형이므로 매수인의 손해배상채무 또는 구상채무와 매도인의 소유권이전등기의무는 대가적 의미가 있어 이행상 견련관계에 있다고 인정되고, 따라서 양자는 동시이행의 관계에 있다고 해석함이 공평의 관념 및 신의칙에 합당하다(대판 2004. 7. 9, 2004다13083).

③ (○) : 이행인수는 인수인이 채무자에 대하여 그 채무를 이행할 것을 약정하는 채무자와 인수인 간의 계약으로서, 인수인은 채무자와 사이에 채권자에게 채무를 이행할 의무를 부담하는 데 그치고 직접 채권자에 대하여 채무를 부담하는 것이 아니므로 채권자는 직접 인수인에게 채무를 이행할 것을 청구할 수 없으나, 채무자는 인수인이 그 채무를 이행하지 아니하는 경우 인수인에 대하여 채권자에게 이행할 것을 청구할 수 있고, 이러한 채무자의 인수인에 대한 청구권은 그 성질상 재산권의 일종으로서 일신전속적 권리라고 할 수는 없으므로, 채권자는 채권자대위권에 의하여 채무자의 인수인에 대한 청구권을 대위행사할 수 있다(대판 2009. 6. 11, 2008다75072).

④ (○) : 계약당사자로서 지위 승계를 목적으로 하는 계약인수는 계약으로부터 발생하는 채권·채무 이전 외에 계약관계로부터 생기는 해제권 등 포괄적 권리의무의 양도를 포함하는 것으로서, 이러한 계약인수는 양도인과 양수인 및 잔류당사자의 합의에 의한 삼면계약으로 이루어지는 것이 통상적이며 관계당사자 3인 중 2인의 합의가 선행된 경우에는 나머지 당사자가 이를 동의 내지 승낙하여야 그 효력이 생긴다(대판 2012. 5. 24, 2009다88303).

⑤ (○) : 채무자와 인수인의 계약으로 체결되는 병존적 채무인수는 채권자로 하여금 인수인에 대하여 새로운 권리를 취득하게 하는 것으로 제3자를 위한 계약의 하나로 볼 수 있고, 이와 비교하여 이행인수는 채무자와 인수인 사이의 계약으로 인수인이 변제 등에 의하여 채무를 소멸케 하여 채무자의 책임을 면하게 할 것을 약정하는 것으로 인수인이 채무자에 대한 관계에서 채무자를 면책케 하는 채무를 부담하게 될 뿐 채권자로 하여금 직접 인수인에 대한 채권을 취득케 하는 것이 아니므로 결국 제3자를 위한 계약과 이행인수의 판별 기준은 계약 당사자에게 제3자 또는 채권자가 계약 당사자 일방 또는 인수인에 대하여 직접 채권을 취득케 할 의사가 있는지 여부에 달려 있다(대판 1997. 10. 24, 97다28698).

54 채무인수에 관한 설명으로 옳은 것은? (다툼이 있으면 판례에 따름) 〈2021년 변리사〉

① 채무자와 채무인수인 사이의 면책적 채무인수에서 채권자가 승낙을 거절하였더라도 다시 승낙하면 채무인수의 효력이 생긴다.
② 채무자와 채무인수인 사이의 면책적 채무인수에서 채권자가 채무인수인에게 인수금의 지급을 청구하더라도 채무인수의 승낙으로 볼 수 없다.
③ 채무자와 채무인수인 사이의 면책적 채무인수에서 채권자의 승낙이 없는 경우, 채무자와 인수인 사이에는 이행인수로서의 효력도 인정될 수 없다.
④ 채권자와 채무인수인 사이의 중첩적 채무인수는 채무자의 의사에 반하여도 이루어질 수 있다.
⑤ 면책적 채무인수의 경우, 채무인수인은 채무자에 대한 항변사유로 채권자에게 대항할 수 있다.

정답 54. ④

해 설

① (×) : 채권자의 승낙에 의하여 채무인수의 효력이 생기는 경우, 채권자가 승낙을 거절하면 그 이후에는 채권자가 다시 승낙하여도 채무인수로서의 효력이 생기지 않는다(대판 1998. 11. 24, 98다33765).

② (×) : 채무자와 인수인 사이의 계약에 의한 채무인수에 대하여 채권자는 명시적인 방법뿐만 아니라 묵시적인 방법으로도 승낙을 할 수 있는 것인데, 채권자가 직접 채무인수인에 대하여 인수채무금의 지급을 청구하였다면 그 지급청구로써 묵시적으로 채무인수를 승낙한 것으로 보아야 한다(대판 1989. 11. 14, 88다카29962).

③ (×) : 민법 제454조는 제3자가 채무자와 계약으로 채무를 인수하여 채무자의 채무를 면하게 하는 면책적 채무인수의 경우에 채권자 승낙이 있어야 채권자에 대하여 효력이 생긴다고 규정하고 있으므로, 채권자의 승낙이 없는 경우에는 채무자와 인수인 사이에서 면책적 채무인수 약정을 하더라도 이행인수 등으로서 효력밖에 갖지 못하며 채무자는 채무를 면하지 못한다(대판 2012. 5. 24, 2009다88303).

④ (○) : 중첩적 채무인수는 채권자와 채무인수인과의 합의가 있는 이상 채무자의 의사에 반하여서도 이루어질 수 있다(대판 1988. 11. 22, 87다카1836).

⑤ (×) : 채무인수계약은 구 채무자의 채무의 동일성을 유지하면서 신 채무자가 이를 부담하는 것이므로 특별한 의사표시가 없으면 채무인수자의 구 채무자에 대한 항변사유로서는 채권자에게 대항할 수는 없다고 해석된다(대판 1966. 11. 29, 66다1861).

55 면책적 채무인수에 관한 설명으로 옳지 않은 것은? 〈2022년 변리사〉

① 전(前)채무자로부터 채무를 인수한 채무인수인은 특별한 의사표시가 없으면 전(前)채무자에 대한 항변사유를 가지고 채권자에게 대항할 수 있다.

② 이해관계없는 제3자는 채무자의 의사에 반하여 채무를 인수하지 못한다.

③ 채권자의 채무인수에 대한 승낙은 다른 의사표시가 없으면 원칙적으로 채무를 인수한 때에 소급하여 그 효력이 생긴다.

④ 제3자와 채무자간의 계약에 의한 채무인수는 특별한 사정이 없는 한 채권자의 승낙이 있을 때까지 당사자는 이를 철회하거나 변경할 수 있다.

⑤ 전(前)채무자의 채무에 대한 보증이나 제3자가 제공한 담보는 채무인수로 인하여 원칙적으로 소멸한다.

해 설

① (×) : 채무인수계약은 구 채무자의 채무의 동일성을 유지하면서 신 채무자가 이를 부담하는 것이므로 특별한 의사표시가 없으면 채무인수자의 구 채무자에 대한 항변사유로서는 채권자에게 대항할 수는 없다(대판 1966. 11. 29, 66다1861).

② (○) : 민법 제453조 제2항 참조

③ (○) : 민법 제457조 참조

④ (○) : 민법 제456조 참조

⑤ (○) : 민법 제459조 참조

[보충지문] 채무가 인수되는 경우에 구채무자의 채무에 관하여 제3자가 제공한 담보는 채무인수로 인하여 소멸하지만, 제3자가 채무인수에 동의한 경우에는 소멸하지 않는다(○). 〈2007년 변리사〉

정답 55. ①

56 **채무인수 등에 관한 설명으로 옳은 것은? (다툼이 있으면 판례에 따름)** 〈2023년 변리사〉

① 이행인수인이 채권자에 대하여 채무자의 채무를 승인하더라도 특별한 사정이 없는 한 시효중단의 효력은 발생하지 않는다.
② 저당권이 설정된 부동산의 매수인이 피담보채무를 인수하면서 그 채무액을 매매대금에서 공제하기로 하고 잔액만을 지급한 경우, 특별한 사정이 없는 한 매수인은 잔금지급의무를 다한 것으로 볼 수 없다.
③ 주택의 임차인이 대항력을 갖추었다면 그가 그 주택의 소유권을 취득하더라도 특별한 사정이 없는 한 임대인에 대한 보증금반환청구권은 혼동으로 소멸하지 않는다.
④ 중첩적 채무인수에서 채무자와 인수인은 채권자에 대하여 원칙적으로 부진정연대채무관계에 있다.
⑤ 채무가 인수된 경우 특별한 사정이 없는 한 제3자가 제공한 담보물권도 함께 이전한다.

해설

① (○) : 소멸시효 중단사유인 채무의 승인은 시효이익을 받을 당사자나 대리인만 할 수 있으므로 **이행인수인이 채권자에 대하여 채무자의 채무를 승인하더라도** 다른 특별한 사정이 없는 한 **시효중단 사유가 되는 채무승인의 효력은 발생하지 않는다**(대판 2016. 10. 27, 2015다239744).

② (×) : 부동산의 매수인이 매매목적물에 관한 근저당권의 피담보채무를 인수하는 한편, 그 채무액을 매매대금에서 공제하기로 약정한 경우, 다른 특별한 약정이 없는 이상 이는 매도인을 면책시키는 채무인수가 아니라 이행인수로 보아야 하고, 매수인이 위 채무를 현실적으로 변제할 의무를 부담한다고 해석할 수 없으며, 특별한 사정이 없는 한 매수인은 매매대금에서 그 채무액을 공제한 나머지를 지급함으로써 잔금지급의무를 다하였다고 할 것이다(대판 2004. 7. 9, 2004다13083).

③ (×) : 주택의 임차인이 제3자에 대한 대항력을 갖춘 후 임차주택의 소유권이 양도되어 그 양수인이 임대인의 지위를 승계하는 경우에는, 임대차보증금의 반환채무도 부동산의 소유권과 결합하여 일체로서 이전하는 것이므로 양도인의 임대인으로서의 지위나 보증금반환채무는 소멸하는 것이고, 대항력을 갖춘 임차인이 양수인이 된 경우라고 하여 달리 볼 이유가 없으므로 대항력을 갖춘 임차인이 당해 주택을 양수한 때에도 임대인의 보증금반환채무는 소멸하고 양수인인 임차인이 임대인의 자신에 대한 보증금반환채무를 인수하게 되어, 결국 임차인의 보증금반환채권은 혼동으로 인하여 소멸하게 된다(대판 1996. 11. 22, 96다38216).

④ (×) : 중첩적 채무인수에서 인수인이 채무자의 부탁 없이 채권자와의 계약으로 채무를 인수하는 것은 매우 드문 일이므로 채무자와 인수인은 원칙적으로 주관적 공동관계가 있는 연대채무관계에 있고, 인수인이 채무자의 부탁을 받지 아니하여 주관적 공동관계가 없는 경우에는 부진정연대관계에 있는 것으로 보아야 한다(대판 2014. 8. 20, 2012다97420 ; 대판 2009. 8. 20, 2009다32409).

⑤ (×) : 전채무자의 채무에 대한 보증이나 제삼자가 제공한 담보는 채무인수로 인하여 소멸한다. 그러나 보증인이나 제삼자가 채무인수에 동의한 경우에는 그러하지 아니하다(민법 제459조).

57 **채권의 양도 또는 계약 인수에 관한 설명으로 옳은 것을 모두 고른 것은? (다툼이 있으면 판례에 따름)** 〈2023년 변리사〉

ㄱ. 임차권양도를 금지하는 임대차계약상 특약이 임대차계약에 기한 임대보증금반환채권의 양도를 금지하는 것으로 볼 수는 없다.
ㄴ. 채무자가 양도인에게 이의를 보류하지 않고 승낙을 하였을 경우, 승낙 당시 이미 상계를 할 수 있는 원인이 있었다는 사정을 양수인이 알고 있었다면 승낙 이후에 상계적상이 생기더라도 채

정답 56. ① 57. ②

무자는 양수인에게 상계로 대항할 수 있다.
ㄷ. 부동산 명의신탁자가 유효한 명의신탁약정을 해지한 다음 제3자에게 '명의신탁 해지를 원인으로 한 소유권이전등기청구권'을 양도하였다면, 명의수탁자가 그 양도에 대하여 동의하지 않더라도 양수인은 명의수탁자에 대하여 직접 소유권이전등기청구를 할 수 있다.
ㄹ. 임대인의 지위는 원칙적으로 임대인과 임대목적물을 양수한 자의 계약만으로 양도될 수 있다.

① ㄱ, ㄴ, ㄷ ② ㄱ, ㄴ, ㄹ ③ ㄱ, ㄷ, ㄹ ④ ㄴ, ㄷ, ㄹ ⑤ ㄱ, ㄴ, ㄷ, ㄹ

해 설

ㄱ. (○) : 임차권의 양도가 금지된다 하더라도 임차보증금반환채권의 양도마저 금지되는 것은 아니므로 양도인은 양수인에 대하여 그 채권의 양도에 관하여 임대인에게 통지를 하거나 그에 대한 승낙을 받아 주어야 할 의무를 부담한다(대판 1993. 6. 25, 93다13131).

ㄴ. (○) : 채권양도에 있어서 채무자가 양도인에게 이의를 보류하지 아니하고 승낙을 하였다는 사정이 없거나 또는 이의를 보류하지 아니하고 승낙을 하였더라도 양수인이 악의 또는 중과실의 경우에 해당하는 한, 채무자의 승낙 당시까지 양도인에 대하여 생긴 사유로써 양수인에게 대항할 수 있다고 할 것인데, 승낙 당시 이미 상계를 할 수 있는 원인이 있었던 경우에는 아직 상계적상에 있지 아니하였다 하더라도 그 후에 상계적상이 생기면 채무자는 양수인에 대하여 상계로 대항할 수 있다(대판 1999. 8. 20, 99다18039).

ㄷ. (×) : 부동산의 양도계약이 순차 이루어져 최종 양수인이 중간생략등기의 합의를 이유로 최초 양도인에게 직접 소유권이전등기청구권을 행사하기 위하여는 관계 당사자 전원의 의사 합치, 즉 중간생략등기에 대한 최초 양도인과 중간자의 동의가 있는 외에 최초 양도인과 최종 양수인 사이에도 중간등기 생략의 합의가 있었음이 요구된다. 그러므로 비록 최종 양수인이 중간자로부터 소유권이전등기청구권을 양도받았다 하더라도 최초 양도인이 양도에 대하여 동의하지 않고 있다면 최종 양수인은 최초 양도인에 대하여 채권양도를 원인으로 하여 소유권이전등기절차 이행을 청구할 수 없다. 이와 같은 법리는 명의신탁자가 부동산에 관한 유효한 명의신탁약정을 해지한 후 이를 원인으로 한 소유권이전등기청구권을 양도한 경우에도 적용된다. 따라서 비록 부동산 명의신탁자가 명의신탁약정을 해지한 다음 제3자에게 '명의신탁 해지를 원인으로 한 소유권이전등기청구권'을 양도하였다고 하더라도 명의수탁자가 양도에 대하여 동의하거나 승낙하지 않고 있다면 양수인은 위와 같은 소유권이전등기청구권을 양수하였다는 이유로 명의수탁자에 대하여 직접 소유권이전등기청구를 할 수 없다(대판 2021. 6. 3, 2018다280316).

ㄹ. (○) : 임대차계약에 있어 임대인의 지위의 양도는 임대인의 의무의 이전을 수반하는 것이지만 임대인의 의무는 임대인이 누구인가에 의하여 이행방법이 특별히 달라지는 것은 아니고, 목적물의 소유자의 지위에서 거의 완전히 이행할 수 있으며, 임차인의 입장에서 보아도 신 소유자에게 그 의무의 승계를 인정하는 것이 오히려 임차인에게 훨씬 유리할 수도 있으므로 임대인과 신 소유자와의 계약만으로써 그 지위의 양도를 할 수 있다 할 것이나, 이 경우에 임차인이 원하지 아니하면 임대차의 승계를 임차인에게 강요할 수는 없는 것이어서 스스로 임대차를 종료시킬 수 있어야 한다는 공평의 원칙 및 신의성실의 원칙에 따라 임차인이 곧 이의를 제기함으로써 승계되는 임대차관계의 구속을 면할 수 있고, 임대인과의 임대차관계도 해지할 수 있다고 보아야 한다(대결 1998. 9. 2, 자 98마100).

58 채무의 인수에 관한 설명으로 옳은 것을 모두 고른 것은? (다툼이 있으면 판례에 따름)

〈2024년 변리사〉

ㄱ. 중첩적 채무인수는 채권자와 채무인수인과의 합의가 있는 이상 채무자의 의사에 반하여서도 이루어질 수 있다.

정답 58. ②

ㄴ. 면책적 채무인수가 있은 경우, 인수채무의 소멸시효기간은 특별한 사정이 없는 한 채무인수와 동시에 이루어진 채무인수인의 채무승인에 따라 채무인수일로부터 새로이 진행된다.
ㄷ. 채무자와 채무인수인의 합의에 의한 중첩적 채무인수는 제3자를 위한 계약에 해당하지 않으며, 채권자는 채무인수인에게 수익의 의사를 표시하지 않더라도 채무인수인에 대하여 직접 청구할 권리를 갖는다.

① ㄱ ② ㄱ, ㄴ ③ ㄱ, ㄷ ④ ㄴ, ㄷ ⑤ ㄱ, ㄴ, ㄷ

해설

ㄱ. (○) : 중첩적 채무인수는 채권자와 채무인수인과의 합의가 있는 이상 채무자의 의사에 반하여서도 이루어 질 수 있다(대판 1988. 11. 22, 87다카1836).
ㄴ. (○) : 면책적 채무인수가 있은 경우, 인수채무의 소멸시효기간은 채무인수와 동시에 이루어진 소멸시효 중단사유, 즉 채무승인에 따라 채무인수일로부터 새로이 진행된다(대판 1999. 7. 9, 99다12376).
ㄷ. (×) : 채무자와 인수인의 합의에 의한 중첩적 채무인수는 일종의 제3자를 위한 계약이라고 할 것이므로, 채권자는 인수인에 대하여 채무이행을 청구하거나 기타 채권자로서의 권리를 행사하는 방법으로 수익의 의사표시를 함으로써 인수인에 대하여 직접 청구할 권리를 갖게 된다(대판 2013. 9. 13, 2011다56033).

59 **甲은 乙로부터 乙 소유의 X 건물을 10억 원에 매수하는 매매계약을 체결하면서 위 매매대금 중 4억 원은 이미 X 건물에 설정되어 있던 乙의 근저당권부 차용금채무 4억원을 甲이 인수하는 것으로 하고, 나머지 6억 원은 X 건물의 소유권이전등기서류와 상환으로 지급하기로 약정하였다. 다음 설명 중 옳은 것을 모두 고른 것은? (각 지문은 독립적이고, 다툼이 있는 경우 판례에 의함)** 〈2015년 변호사시험〉

ㄱ. 甲이 乙의 위 근저당권부 차용금채무 4억 원을 乙로부터 인수하기로 약정한 것은, 특별한 사정이 없는 한 매매대금 중 4억 원의 지급에 갈음하기로 한 것이다.
ㄴ. 甲은 위 근저당권부 차용금채무 4억 원을 현실적으로 당장 변제할 의무는 없고, 특별한 사정이 없는 한 매매대금에서 위 채무액을 공제한 6억 원만 지급함으로써 잔금지급의무를 이행한 것으로 된다.
ㄷ. 甲이 인수한 위 근저당권부 차용금채무의 이자를 지급하지 않고 있다면, 특별한 사정이 없더라도 乙은 이를 이유로 甲과의 위 매매계약을 해제할 수 있다.
ㄹ. 甲이 위 근저당권부 차용금채무 4억 원의 변제를 불이행하여 乙이 대신 변제한 경우, 甲의 구상채무 이행의무와 乙의 소유권이전등기 이행의무는 동시이행관계에 있지 않다.

① ㄱ, ㄴ ② ㄴ, ㄷ ③ ㄱ, ㄴ, ㄷ ④ ㄱ, ㄴ, ㄹ ⑤ ㄱ, ㄷ, ㄹ

해설

ㄱ. (○), ㄹ. (×) : 부동산매매계약과 함께 이행인수계약이 이루어진 경우, 매수인이 인수한 채무는 매매대금지급채무에 갈음한 것으로서 매도인이 매수인의 인수채무불이행으로 말미암아 또는 임의로 인수채무를 대신 변제하였다면, 그로 인한 손해배상채무 또는 구상채무는 인수채무의 변형으로서 매매대금지급채무에 갈음한 것

정답 59. ①

의 변형이므로 매수인의 손해배상채무 또는 구상채무와 매도인의 소유권이전등기의무는 대가적 의미가 있어 이행상 견련관계에 있다고 인정되고, 따라서 양자는 동시이행의 관계에 있다고 해석함이 공평의 관념 및 신의칙에 합당하다(대판 2004. 7. 9, 2004다13083).

ㄴ. (○), ㄷ. (×) : 부동산의 매수인이 매매목적물에 관한 채무를 인수하는 한편 그 채무액을 매매대금에서 공제하기로 약정한 경우, 그 인수는 특별한 사정이 없는 한 매도인을 면책시키는 채무인수가 아니라 이행인수로 보아야 하고, 매수인은 매매계약시 인수한 채무를 현실적으로 변제할 의무를 부담하는 것은 아니며, 특별한 사정이 없는 한 매수인이 매매대금에서 그 채무액을 공제한 나머지를 지급함으로써 잔금지급의 의무를 다하였다 할 것이므로, 설사 매수인이 위 채무를 현실적으로 변제하지 아니하였다 하더라도 그와 같은 사정만으로는 매도인은 매매계약을 해제할 수 없는 것이지만, 매수인이 인수채무를 이행하지 아니함으로써 매매대금의 일부를 지급하지 아니한 것과 동일하다고 평가할 수 있는 특별한 사유가 있을 때에는 계약해제권이 발생한다. 그리고 위와 같은 '특별한 사정'이 있는지의 여부는, 매매계약의 당사자들이 그러한 내용의 매매계약에 이르게 된 경위, 매수인의 인수채무 불이행으로 인하여 매도인이 입게 되는 구체적인 불이익의 내용과 그 정도 등 제반 사정을 종합적으로 고려하여 '매매대금의 일부를 지급하지 아니한 것과 동일하다고 평가할 수 있는 경우'에 해당하는지 여부를 판단하여야 한다(대판 2007. 9. 21, 2006다69479, 69486).

60 중첩적(병존적) 채무인수에 관한 설명 중 옳은 것을 모두 고른 것은? (각 지문은 독립적이며, 다툼이 있는 경우 판례에 의함) 〈2023년 변호사시험〉

ㄱ. 甲이 乙에게 임대한 자기 소유 건물을 丙에게 매도하면서 乙의 승낙 없이 乙에 대한 임대차보증금반환채무를 丙이 인수하고 그 채무액만큼 매매대금에서 공제하기로 약정한 경우, 특별한 사정이 없는 한 그 약정은 중첩적 채무인수에 해당한다.
ㄴ. 甲이 乙에 대해 부담하는 채무를 乙과 丙의 합의에 따라 丙이 중첩적으로 인수하는 경우, 그 채무인수에 대하여 甲이 동의하지 않더라도 중첩적 채무인수의 효력에는 아무런 영향이 없다.
ㄷ. 乙이 甲 소유의 토지를 매수하면서, 甲과 乙 사이에 중도금 및 잔금을 乙이 甲의 채권자 丙에게 직접 지급하기로 하여 丙으로 하여금 그 채권을 취득하게 할 의사로 약정한 경우, 그 약정은 제3자를 위한 계약으로서 중첩적 채무인수에 해당한다.

① ㄴ ② ㄱ, ㄴ ③ ㄱ, ㄷ ④ ㄴ, ㄷ ⑤ ㄱ, ㄴ, ㄷ

해설

ㄱ. (×) : 부동산의 매수인이 매매 목적물에 관한 임대차보증금 반환채무 등을 인수하는 한편 그 채무액을 매매대금에서 공제하기로 약정한 경우, 그 인수는 특별한 사정이 없는 이상 매도인을 면책시키는 면책적 채무인수가 아니라 이행인수로 보아야 하고, 면책적 채무인수로 보기 위하여는 이에 대한 채권자의 승낙이 있어야 한다(대판 1997. 6. 24, 97다1273).

ㄴ. (○) : 중첩적 채무인수는 채권자와 채무인수인과의 합의가 있는 이상 채무자의 의사에 반하여서도 이루어질 수 있다(대판 1988. 11. 22, 87다카1836).

ㄷ. (○) : 계약당사자 사이에서 당사자 일방이 상대방의 제3자에 대한 채무를 변제하여 주기로 약정한 경우, 이행인수약정이 아니라 제3자를 위한 계약으로서의 중첩적 채무인수약정에 해당한다(대판 1996. 12. 23, 96다33846). ☞ 계약당사자 사이에서 당사자 일방이 상대방 당사자가 제3자에게 부담하고 있는 채무와 동일한 내용의 채무를 중첩적으로 인수하여 직접 제3자에 대하여 이행하기로 약정하는 경우에는 제3자를 위한 계약으로 유효한 것이라고 한 사례

정답 60. ④

61 **甲은 丙의 근저당권이 설정되어 있는 乙 소유의 A부동산을 1억 원에 매수하면서 乙의 丙에 대한 피담보채무(6,000만 원)를 인수하는 한편, 그 채무액을 매매대금에서 공제하기로 약정하였다. 이에 관한 설명 중 옳지 않은 것은? (다툼이 있는 경우에는 판례에 의함)** 〈2010년 사법시험〉

① 甲·乙 간의 인수약정은 丙의 승낙이 없으면 丙에게 대항하지 못할 뿐 그들 사이에서는 유효하고, 특별한 사정이 없는 한 甲은 4,000만 원을 乙에게 지급함으로써 잔금지급의무를 다한 것이 된다.

② 甲이 乙의 채무를 면책적으로 인수하기로 乙과 약정하였더라도 丙의 승낙이 없는 한 그 약정은 이행인수로서의 효력이 있지만, 丙이 甲에게 6,000만 원의 지급을 청구하였다면 면책적 채무인수로서의 효력이 있다.

③ 甲이 丙에게 6,000만 원의 변제를 게을리함으로써 A부동산에 관한 근저당권의 실행으로 경매절차가 개시되자 乙이 경매절차의 진행을 막기 위하여 6,000만 원을 변제하였다면, 乙은 甲에 대하여 손해배상채권을 취득하는 이외에 그 사유를 들어 매매계약을 해제할 수도 있다.

④ 甲이 丙에게 6,000만 원의 채무를 이행하지 않아서 乙이 이를 변제하였다면, 그로 인한 甲의 손해배상의무와 乙의 소유권이전등기의무는 동시이행의 관계에 있다.

⑤ 甲이 A부동산에 관한 소유권이전등기를 경료받은 후에 丙의 근저당권 행사로 인하여 그 소유권을 잃은 때에는, 甲은 원칙적으로 乙에게 담보책임을 물을 수 있다.

해 설

①(○) : 부동산의 매수인이 매매목적물에 관한 근저당권의 피담보채무·가압류채무·임대차보증금반환채무를 인수하는 한편 그 채무액을 매매대금에서 공제하기로 약정한 경우, 다른 특별한 약정이 없는 이상, 이는 매도인을 면책시키는 채무인수가 아니라 이행인수로 보아야 하고, 매수인이 위 채무를 현실적으로 변제할 의무를 부담한다고도 해석할 수 없으며, 특별한 사정이 없는 한 매수인이 매매대금에서 그 채무액을 공제한 나머지를 지급함으로 써 잔금지급의무를 다하였다 할 것이고, 또한 위 약정의 내용은 매도인과 매수인의 계약으로 매수인이 매도인의 채무를 변제하기로 하는 것으로서 매수인은 제3자의 지위에서 매도인에 대하여만 그의 채무를 변제할 의무를 부담함에 그치므로 채권자의 승낙이 없으면 그에게 대항하지 못할 뿐 당사자 사이에서는 유효하게 성립한다(대판 2004. 7. 9, 2004다13083 ; 대판 1993. 2. 12, 92다23193 등).

②(○) : 채무자와 인수인 간의 계약에 의한 면책적 채무인수에 대하여 채권자는 명시적인 방법뿐만 아니라 묵시적인 방법으로도 승낙을 할 수 있는 것인데, 채권자가 직접 채무인수인에 대하여 인수채무금의 지급을 청구하였다면 그 지급청구로써 묵시적으로 채무인수를 승낙한 것으로 보아야 한다(대판 1989. 11. 14, 88다카29962).

③(○) : 매매목적물에 관한 근저당권의 피담보채무를 인수한 매수인이 인수채무의 일부인 근저당권의 피담보채무의 변제를 게을리 함으로써 매매목적물에 관하여 근저당권의 실행으로 임의경매절차가 개시되고 매도인이 경매절차의 진행을 막기 위하여 피담보채무를 변제하였다면, 매도인은 채무인수인에 대하여 손해배상채권을 취득하는 이외에 이 사유를 들어 매매계약을 해제할 수 있다(대판 1993. 2. 12, 92다23193).

④(○) : 부동산매매계약과 함께 이행인수계약이 이루어진 경우, 매수인이 인수한 채무는 매매대금지급채무에 갈음한 것으로서, 매도인이 매수인의 인수채무불이행으로 말미암아 또는 임의로 매수인을 대신하여 위 인수채무를 변제하였다면, 그로 인한 손해배상채무 또는 구상채무는 위 인수채무의 변형으로서 매매대금지급채무에 갈음한 것의 변형이므로, 매수인의 손해배상채무 또는 구상채무와 매도인의 소유권이전등기의무는 대가적 의미가 있어 이행상 견련관계에 있다고 인정되고, 따라서 양자는 동시이행의 관계에 있다고 해석함이 공평의 관념 및 신의칙에 합당하다(대판 2004. 7. 9, 2004다13083).

⑤(×) : 매수인이 매매목적물에 관한 근저당권의 피담보채무를 인수하는 것으로 매매대금의 지급에 갈음하기로 약정한 경우에는 특별한 사정이 없는 한, 매수인으로서는 매도인에 대하여 민법 제576조 제1항의 담보책임

정답 61. ⑤

을 면제하여 주었거나 이를 포기한 것으로 봄이 상당하므로, 매수인이 매매목적물에 관한 근저당권의 피담보 채무 중 일부만을 인수한 경우 매도인으로서는 자신이 부담하는 피담보채무를 모두 이행한 이상 매수인이 인수한 부분을 이행하지 않음으로써 근저당권이 실행되어 매수인이 취득한 소유권을 잃게 되더라도 민법 제576조 소정의 담보책임을 부담하게 되는 것은 아니다(대판 2002. 9. 4, 2002다11151).

62 **다음의 사례에 나타난 甲의 각 행위 중 乙의 의사에 반하여서도 할 수 있는 것을 모두 고른 것은? (다툼이 있는 경우에는 판례에 의함)** 〈2011년 사법시험〉

ㄱ. 甲은 乙에게 1,000만 원을 대여하였는데, 乙이 변제기에 이르러 이를 갚지 못하자, 甲은 변제기를 연기해주는 한편 채무 중 500만 원을 면제하여 주었다.
ㄴ. 丙이 乙에게 주택을 보증금 1,000만 원, 차임 월 20만 원으로 정하여 임대하였는데, 乙이 차임을 계속 연체하여 연체액이 60만 원에 이르고 丙으로부터 독촉을 받게 되자, 乙의 고교동창생인 甲이 대신 丙에게 乙의 연체 차임 60만 원을 변제하였다.
ㄷ. 丙이 식당을 운영하는 乙에게 음식재료를 공급하였는데 乙이 식당 운영의 부진으로 영업을 중단하고 丙에 대한 물품대금 500만 원을 갚지 못하는 상태가 되자, 乙의 식당 단골손님이던 甲이 丙을 찾아가 乙의 물품대금채무 500만 원은 乙 대신 甲이 갚기로 하고 丙은 乙에 대해 이를 청구하지 않기로 약정하였다.
ㄹ. 丙이 乙에게 1,000만 원을 대여하였는데, 乙의 동생인 甲은 乙의 부탁을 받음이 없이 乙의 丙에 대한 위 차용금채무를 보증하였다.
ㅁ. 丙이 乙에게 5,000만 원을 대여하였는데, 乙의 사촌형인 甲이 乙과 의논하지 아니한 채 丙과의 사이에 乙의 위 채무를 甲이 병존적으로 인수하기로 하는 채무인수계약을 체결하였다.

① ㄱ, ㄴ ② ㄴ, ㄹ, ㅁ ③ ㄱ, ㄷ, ㅁ ④ ㄱ, ㄷ, ㄹ ⑤ ㄱ, ㄹ, ㅁ

해 설

ㄱ. (○) : 채무면제는 상대방 있는 단독행위이며, 형성권이기 때문에 채무자의 의사에 반하여도 채권자는 채무를 면제할 수 있다(제506조). 甲은 乙에게 1,000만 원을 대여하였는데, 乙이 변제기에 이르러 이를 갚지 못하자, 甲은 변제기를 연기해주는 한편 채무 중 500만 원을 면제하여 줄 수 있다.
ㄴ. (×) : 제3자변제이다. 제3자변제는 법률상 이해관계 없는 제3자는 채무자의 의사에 반하여 변제하지 못한다(제469조 제2항). 따라서 乙의 고교 동창생인 甲은 사실상 이해관계인으로서 丙에게 乙의 연체 차임 60만 원을 채무자 乙의 의사에 반하여 변제할 수 없다.
ㄷ. (×) : 면책적 채무인수의 경우, 이해관계 없는 제3자는 채무자의 의사에 반하여 채무인수를 하지 못한다(제453조 제2항). 따라서 乙의 식당 단골손님이던 甲은 사실상 이해관계인으로서 乙의 의사에 반하여 하지 못한다.
ㄹ. (○) : 보증은 채무자의 의사에 반하여 할 수 있다(제444조 참조). 따라서 丙이 乙에게 1,000만 원을 대여하였는데, 乙의 동생인 甲은 乙의 부탁을 받음이 없이 乙의 丙에 대한 위 차용금채무를 보증할 수 있다.
ㅁ. (○) : 병존적 채무인수는 면책적 채무인수와는 달리 채무자의 의사에 반하여 할 수 있다. 따라서 丙이 乙에게 5,000만 원을 대여하였는데, 乙의 사촌형인 甲이 乙과 의논하지 아니한 채 丙과의 사이에 乙의 위 채무를 甲이 병존적으로 인수하기로 하는 채무인수계약을 체결할 수 있다(대판 1988. 11. 22, 87다카1836).

정답 62. ⑤

보충지문

63 **상사시효의 적용을 받는 채무를 면책적으로 인수한 경우, 그 채무인수행위가 상행위나 보조적 상행위에 해당하지 않더라도 인수채무의 소멸시효는 여전히 상사시효의 적용을 받는다.**

〈2013년 사법시험〉

해설 면책적 채무인수라 함은 채무의 동일성을 유지하면서 이를 종래의 채무자로부터 제3자인 인수인에게 이전하는 것을 목적으로 하는 계약으로서, 채무인수로 인하여 인수인은 종래의 채무자와 지위를 교체하여 새로이 당사자로서 채무관계에 들어서서 종래의 채무자와 동일한 채무를 부담하고 동시에 종래의 채무자는 채무관계에서 탈퇴하여 면책되는 것일 뿐이므로, 인수채무가 원래 5년의 상사시효의 적용을 받던 채무라면 그 후 면책적 채무인수에 따라 그 채무자의 지위가 인수인으로 교체되었다고 하더라도 그 소멸시효의 기간은 여전히 5년의 상사시효의 적용을 받는다 할 것이고, 이는 채무인수행위가 상행위나 보조적 상행위에 해당하지 아니한다고 하여 달리 볼 것이 아니다(대판 1999. 7. 9, 99다12376).

64 **면책적 채무인수는 채무자와 인수인 사이의 계약으로 할 수 있지만, 채권자의 승낙이 있어야 채무인수의 효력이 생긴다.** 〈2009년 변리사〉

해설 제삼자가 채무자와의 계약으로 채무를 인수한 경우에는 채권자의 승낙에 의하여 그 효력이 생긴다(민법 제454조 제1항).

65 **제3자가 채무자와의 계약으로 채무를 인수한 경우에는 채권자의 승낙에 의하여 그 효력이 생긴다. 이때 채권자의 승낙 또는 거절의 상대방은 제3자이다.** 〈2017년 법무사〉

해설 제454조 제2항. ☞ 승낙 또는 거절의 상대방은 채무자나 제3자이다.

66 **채무인수의 효력이 생기기 위하여 채권자의 승낙을 요하는 것은 면책적 채무인수의 경우에 한하고, 다른 의사표시가 없는 한 채권자의 승낙이 있을 때부터 채무인수의 효력이 발생한다.**

〈2011년 법무사〉

해설 채무인수의 효력이 생기기 위하여 채권자의 승낙을 요하는 것은 면책적 채무인수의 경우에 한한다. 병존적 채무인수에서 채권자의 승낙은 제3자를 위한 계약으로서 권리취득요건에 불과하며, 이행인수에는 채권자의 승낙이 필요 없다. 그리고 채권자의 채무인수에 대한 승낙은 다른 의사표시가 없으면 채무를 인수한 때에 소급효가 있다(제457조).

67 **면책적 채무인수인은 구 채무자와 채권자 사이의 법률관계로부터 나오는 항변사유로써 채권자에게 대항할 수 있으나, 자기와 구 채무자 사이의 법률관계로부터 나오는 항변사유로써는 채권자에게 대항하지 못한다.** 〈2004년 사법시험〉

해설 채무인수계약은 채무를 인수인에게 이전시키는 것을 목적으로 하는 처분행위로서, 인수인이 채무자의 채무를 인수할 의무를 부담하는 기초적 법률행위(예 : 매매 등)자체와는 구별된다. 따라서 이러한 인수인과 구채무자 사이의 기초적 법률행위로부터 나오는 항변사유로써는 채권자에게 대항하지 못한다. 반면에 인수된 채무와 인수되기 전의 채무는 동일성이 유지되는 것이므로 구채무자와 채권자 사이의 법률관계로부터 나오는 항변사유로는 채권자에게 대항할 수 있는 것이다(제458조).

정답 63. (○) 64. (○) 65. (×) 66. (×) 67. (○)

68 **면책적 채무인수에 있어서 前채무자에 대한 보증채무는 그 보증인이 채무인수에 동의하지 않아도 소멸하지 않는다.** 〈2017년 공인노무사〉

해설 제459조. 보증인이 동의하지 않은 경우에는 소멸한다.

69 **물상보증인이 면책적 채무인수에 동의한 경우, 그가 제공한 담보는 기존의 담보와 동일한 내용을 가지는 것으로서 존속한다.** 〈2008년 사법시험〉

해설 민법 제459조 단서는 보증인이나 제3자가 채무인수에 동의한 경우에는 전 채무자의 채무에 대한 보증이나 제3자가 제공한 담보는 채무인수로 인하여 소멸하지 아니하는 것으로 규정하고 있는바, 위 조항에 규정된 채무인수에 대한 동의는 인수인을 위하여 새로운 담보를 설정하도록 하는 의사표시를 의미하는 것이 아니라 기존의 담보를 인수인을 위하여 계속시키는데 대한 의사표시를 의미하는 것이므로, 물상보증인이 채무인수에 동의함으로써 소멸하지 아니하는 담보는 당연히 기존의 담보와 동일한 내용을 갖는 것이다(대판 1996. 10. 11, 96다27476).

70 **채무자의 친구가 채무자의 어려운 사정을 헤아려 채무인수계약을 체결하고 채권자의 승낙을 받았으나, 그 뒤 인수계약을 취소하고자 한다면 인수계약을 취소하겠다는 뜻을 채무자와 채권자에게 통지함으로써 채권자와의 관계에서도 취소의 효력이 발생한다.** 〈2014년 사법시험〉

해설 채무자와 제3자와 채무인수계약을 채권자가 승낙한 바 있다면 그 뒤 채무인수인이 위 채무인수계약을 적법하게 취소하려면 채권자의 승낙이 있다든가 채권자가 위 인도계약을 승낙할 때에 채무인수인의 취소권 유보를 승낙하였다든가의 특수한 사정이 있어야 한다(대판 1962. 5. 17, 62다161).

71-1 **면책적 채무인수는 채무자에게 유리하므로, 이해관계 없는 제3자도 채무자의 의사에 반하여 할 수 있다.** 〈2004년 사법시험〉

71-2 **면책적 채무인수는 채권자와 인수인 사이의 계약으로 할 수 있으나, 인수인은 언제나 채무자의 의사에 반하여 채무를 인수하지 못한다.** 〈2013년 사법시험〉

71-3 **이해관계 있는 제3자는 채권자와의 계약에 의해 중첩적 채무인수뿐만 아니라 면책적 채무인수도 채무자의 의사에 반하여 할 수 있다.** 〈2011년 법무사〉

해설 이해관계 없는 제3자는 채무자의 의사에 반하여 채무를 인수하지 못한다(제453조 제2항). 따라서 이해관계 있는 제3자는 채무자의 의사에 반하여 면책적 채무인수를 할 수 있다. 그리고 중첩적 채무인수는 채권자와 채무인수인과의 합의가 있는 이상 채무자의 의사에 반하여서도 이루어질 수 있다(대판 1988. 11. 22, 87다카1836).

72 **제3자가 채무자를 위하여 어음이나 수표를 발행하는 것은, 특별한 사정이 없는 한 동일한 채무를 중첩적으로 인수한 것으로 볼 수 있다.** 〈2004년 사법시험〉

해설 금전소비대차계약으로 인한 채무에 관하여 제3자가 채무자를 위하여 어음이나 수표를 발행하는 것은 특별한 사정이 없는 한 동일한 채무를 중첩적으로 인수한 것으로 봄이 타당하다(대판 1998. 3. 13, 97다52493).

정답 68. (×) 69. (○) 70. (×) 71-1. (×) 71-2. (×) 71-3. (○) 72. (○)

73 **보증인이 주채무를 중첩적으로 인수할 것을 채권자와 약정한 경우, 보증인은 주채무자에 대하여 사전구상권을 행사할 수 없다.** 〈2008년 공인노무사〉

해설 채권자와 보증인 사이에 보증인이 주채무를 중첩적으로 인수하기로 약정하였다 하더라도 특별한 사정이 없는 한 보증인은 주채무자에 대한 관계에서는 종전의 보증인의 지위를 그대로 유지한다고 봄이 상당하므로, 채무인수로 인하여 보증인과 주채무자 사이의 주채무에 관련된 구상관계가 달라지는 것은 아니다(대판 2003. 11. 14, 2003다37730).

74 **제3자가 제공한 담보는 병존적 채무인수로 인하여 원칙적으로 소멸한다.** 〈2009년 변리사〉

해설 면책적 채무인수의 경우 前 채무자의 채무에 대한 제3자가 제공한 담보는 제3자의 동의가 없는 한 채무인수로 인하여 소멸한다(제459조). 그러나 병존적(중첩적) 채무인수의 경우 종래의 채무자는 그의 채무를 면하지 못하며, 인수인은 채무자의 채무와 병존하는 동일 내용의 채무를 부담하는 것이 된다. 따라서 제3자가 제공한 담보는 병존적 채무인수로 인하여 원칙적으로 소멸하지 아니한다.

75-1 **부동산의 매수인이 매매목적물에 관한 근저당권의 피담보채무를 인수하는 한편 그 채무액을 매매대금에서 공제하기로 약정한 경우, 매도인은 매매대금에서 그 채무액을 공제한 나머지를 잔금으로서 지급받으면 되는 것이고, 근저당권에 대한 채무자로서의 지위에서는 벗어난다.** 〈2014년 사법시험〉

75-2 **부동산의 매수인이 매매목적물에 관한 채무를 인수하는 한편 그 채무액을 매매대금에서 공제하기로 약정한 경우, 그 인수는 특별한 사정이 없는 한 매도인을 면책시키는 채무인수가 아니라 이행인수로 보아야 하므로, 설령 매수인이 위 채무를 현실적으로 변제하지 아니하였다 하더라도 그와 같은 사정만으로는 매도인은 매매계약을 해제할 수 없다.** 〈2017년 법무사〉

해설 부동산의 매수인이 매매목적물에 관한 채무를 인수하는 한편 그 채무액을 매매대금에서 공제하기로 약정한 경우, 그 인수는 특별한 사정이 없는 한 매도인을 면책시키는 채무인수가 아니라 이행인수로 보아야 하고, 매수인은 매매계약시 인수한 채무를 현실적으로 변제할 의무를 부담하는 것은 아니며, 특별한 사정이 없는 한 매수인이 매매대금에서 그 채무액을 공제한 나머지를 지급함으로써 잔금지급의 의무를 다하였다 할 것이므로, 설사 매수인이 위 채무를 현실적으로 변제하지 아니하였다 하더라도 그와 같은 사정만으로는 매도인은 매매계약을 해제할 수 없는 것이지만, 매수인이 인수채무를 이행하지 아니함으로써 매매대금의 일부를 지급하지 아니한 것과 동일하다고 평가할 수 있는 특별한 사유가 있을 때에는 계약해제권이 발생한다(대판 2007. 9. 21, 2006다69479, 69486). ☞ 매도인을 면책시키는 채무인수가 아니라 이행인수에 불과하므로 매도인은 근저당권에 대한 채무자로서의 지위에서 벗어나지 못한다.

76 **계약당사자로서의 지위의 승계를 목적으로 하는 것이 계약인수이다.** 〈2001년 사법시험〉

해설 계약당사자로서의 지위의 승계를 목적으로 하는 계약인수는 그로부터 발생하는 채권채무의 이전외에 그 계약관계로부터 생기는 해제권 등 포괄적 권리의무의 양도를 포함하는 것으로서 그 계약은 양도인과 양수인 및 잔류당사자의 동시적인 합의에 의한 삼면계약으로 이루어지는 것이 통상적이라고 할 수 있으나 관계당사자 3인 중 2인의 합의와 나머지 당사자가 이를 동의 내지 승낙하는 방법으로도 가능하다(대판 1987. 9. 8, 85다카733, 734).

정답 73. (×) 74. (×) 75-1. (×) 75-2. (○) 76. (○)

제5장 채권의 소멸

Ⅰ. 변제, 대물변제

1 **甲은 乙에게 1억 5천만 원의 채무를 부담하고 있다. 이를 담보하기 위한 보증인 사이의 구상관계에 대한 설명으로 옳은 것만을 모두 고른 것은?** 〈2011년 변리사〉

ㄱ. 甲의 채무에 대하여 A가 보증인이 되고 甲이 채무 담보를 위해 그의 소유의 부동산에 저당권을 설정하였으나 후에 그 부동산이 B에게 양도된 경우, B가 乙에게 1억 5천만 원을 변제하면 B는 A에 대하여 7천 5백만 원을 대위할 수 있다.
ㄴ. 甲이 乙에 대한 채무를 담보하기 위하여 그의 소유의 X부동산(시가: 2억 원) 및 Y부동산(시가: 3억 원)에 대하여 乙 앞으로 저당권을 설정한 후 X는 A에게 Y는 B에게 각각 양도된 경우, A가 乙에게 1억 5천만 원을 변제하면 A는 B에 대하여 9천만 원을 대위할 수 있다.
ㄷ. 甲의 채무에 대하여 A와 B가 보증인이 되고 C와 D가 각각 X부동산(시가: 1억 원), Y부동산(시가: 5천만 원)을 담보로 제공한 경우, C가 乙에게 1억 5천만 원을 변제하면 C는 D에 대하여 7천 5백만 원을 대위할 수 있다.
ㄹ. 甲의 채무에 대하여 A가 보증인이 되고 B와 C는 각각 X부동산(시가: 7천 5백만 원), Y부동산(시가: 5천만 원)에 저당권을 설정한 경우, A가 乙에게 1억 5천만 원을 변제하면 A는 X부동산 상의 저당권에 대하여 6천만 원을 대위할 수 있다.

① ㄱ, ㄴ ② ㄱ, ㄷ ③ ㄴ, ㄷ ④ ㄴ, ㄹ ⑤ ㄷ, ㄹ

해 설

ㄱ. (×) : 제3취득자는 보증인에 대하여 채권자를 대위하지 못한다. 그러므로 B는 A에 대하여 대위할 수 없다(제482조 제2항 제2호).

ㄴ. (○) : 제3취득자 중의 1인은 각 부동산의 가액에 비례하여 다른 제3취득자에 대하여 채권자를 대위한다(제482조 제2항 제3호). 따라서 A는 B에 대하여 9천만원(1억 5천만원 X 3/5), B가 변제하였다면 A에 대하여 6천만원(1억 5천만원 X 2/5)을 대위하게 된다.

ㄷ. (×) : 보증인과 물상보증인 상호간의 관계에 있어서는, 그 인원수에 비례하여 채권자를 대위한다(제482조 제2항 제5호 본문). 그리고 물상보증인이 수인 있는 경우에는, 먼저 보증인의 부담부분을 공제하고 그 잔액에 관하여 물상보증인들이 각자의 재산의 가액에 비례하여 채권자를 대위한다(제482조 제2항 제5호 단서). 따라서 보증인 A·B는 7천500만원 중 각 3천7백50만원(1억 5천만원 X 1/4=7천500만원 X 1/2)씩, 그리고 물상보증인 C·D는 7천500만원에 대하여 2 : 1의 비율, 즉 C는 5천만원(7천500만원 X 2/3)·D 2천5백만원(7천500만원 X 1/3)로 대위하게 된다.

ㄹ. (○) : 보증인과 물상보증인 상호간의 관계에 있어서는, 그 인원수에 비례하여 채권자를 대위한다(제482조 제2항 제5호 본문). 그리고 물상보증인이 수인 있는 경우에는, 먼저 보증인의 부담부분을 공제하고 그 잔액에 관하여

정답 1. ④

물상보증인들이 각자의 재산의 가액에 비례하여 채권자를 대위한다(제482조 제2항 제5호 단서). 따라서 보증인 A는 5천만원(1억 5천만원 X 1/3), 그리고 물상보증인 B와 C는 각 6천만원 (1억원 X 3/5)·4천만원(1억원 X 2/5)이 된다.

2 **변제자대위에 관한 설명으로 옳지 않은 것은? (다툼이 있는 경우에는 판례에 의함)**

〈2014년 변리사〉

① 변제자대위는 채무자에 대한 구상권을 담보하는 효력을 가지므로 구상권이 없으면 변제자대위가 성립하지 않는다.

② 법률상 이해관계 있는 제3자는 그가 가지는 구상권의 범위에서 당연히 채권자의 채권과 그 담보에 관한 권리를 행사할 수 있다.

③ 제3자가 채무자를 위하여 대물변제로 채권자에게 채권 일부의 만족을 준 때에도 변제자대위가 인정된다.

④ 근저당권으로 담보된 채무의 일부를 변제한 제3자는 변제한 가액의 범위에서 채권자가 가졌던 채권과 담보에 관한 권리를 법률상 당연히 취득하여 채권자에 우선하여 변제받을 권리가 있다.

⑤ 자유의사에 기한 변제가 아니라 채권자의 담보권실행으로 그에게 만족을 준 제3자도 채권자를 대위할 수 있다.

해 설

① (○) : 변제에 의한 대위 또는 대위변제는 제3자 또는 공동채무자의 한 사람이 채무자 또는 다른 공동채무자에 대하여 가지는 구상권의 실현을 확보하는 것을 목적으로 하는 제도이므로, 구상권이 없으면 대위는 성립하지 않는다(대판 1994. 12. 9, 94다38106).

② (○) : 법률상 이해관계 있는 제3자는 그가 가지는 구상권의 범위에서 당연히 채권자의 채권과 그 담보에 관한 권리를 행사할 수 있다(제482조).

③ (○) : 채권자에게 변제에 준하는 만족을 준 경우에 인정되기 때문에 제3자가 채무자를 위하여 대물변제로 채권자에게 채권 일부의 만족을 준 때에도 변제자대위가 인정된다.

④ (×) : 변제할 정당한 이익이 있는 자가 채무자를 위하여 채권의 일부를 대위변제할 경우에 대위변제자는 변제한 가액의 범위 내에서 종래 채권자가 가지고 있던 채권 및 담보에 관한 권리를 취득하게 되고 따라서 채권자가 부동산에 대하여 저당권을 가지고 있는 경우에는 채권자는 대위변제자에게 일부 대위변제에 따른 저당권의 일부이전의 부기등기를 경료해 주어야 할 의무가 있다 할 것이나 이 경우에도 채권자는 일부 대위변제자에 대하여 우선변제권을 가지고 있다(대판 1988. 9. 27, 88다카1797). ☞ 오히려 채권자가 일부 대위변제자에 대하여 우선변제권을 가진다.

⑤ (○) : 자유의사에 기한 변제가 아니라 채권자의 담보권실행으로 그에게 만족을 준 제3자, 예컨대, 물상보증인 등도 채권자를 대위할 수 있다.

3 **대물변제에 관한 설명으로 옳지 않은 것은? (다툼이 있으면 판례에 따름)** 〈2016년 변리사〉

① 채무자가 채권자에게 채무변제에 갈음하여 다른 채권을 양도하기로 한 경우, 채권양도의 요건을 갖추어 대체급부가 이루어짐으로써 원래의 채무는 소멸한다.

② 채무자가 채권자에게 채무변제에 갈음하여 다른 채권을 양도하기로 한 경우, 양도인은 양도된 채권의 채무자의 변제자력까지 담보하는 것으로 보아야 한다.

③ 채무자가 채무 담보를 위해 대물변제의 예약을 한 후 같은 채권자로부터 추가로 채무를 지는 경우

정답 2. ④ 3. ②

에는 특별한 사정이 없는 한 추가되는 채무도 대물변제 예약의 대상이 되는 채무 범위에 포함된다.

④ 대물변제가 채무소멸의 효력을 발생하려면 채무자가 본래의 이행에 갈음하여 행하는 다른 급부가 현실적인 것이어야 한다.

⑤ 대물변제예약완결권의 행사기간에 관한 약정이 없는 때에는 그 권리가 발생한 때로부터 10년내에 이를 행사하여야 하고, 이 기간을 도과한 때에는 예약완결권은 소멸한다.

해 설

① (○) : 갈음의 특약이 중요하다. 즉 채무자가 채권자에게 채무변제에 '갈음'하여 다른 채권을 양도하기로 한 경우, 채권양도의 요건을 갖추어 대체급부가 이루어짐으로써 원래의 채무는 소멸한다(대판 2013. 5. 9, 2012다40998).

② (×) : 채무자가 채권자에게 채무변제에 '갈음하여' 다른 채권을 양도하기로 한 경우에는 특별한 사정이 없는 한 채권양도의 요건을 갖추어 대체급부가 이루어짐으로써 원래의 채무는 소멸하는 것이고 그 양수한 채권의 변제까지 이루어져야만 원래의 채무가 소멸한다고 할 것은 아니다. 이 경우 대체급부로서 채권을 양도한 양도인은 양도 당시 양도대상인 채권의 존재에 대해서는 담보책임을 지지만 당사자 사이에 별도의 약정이 있다는 등 특별한 사정이 없는 한 그 채무자의 변제자력까지 담보하는 것은 아니다(대판 2013. 5. 9, 2012다40998).

③ (○) : 채무자가 채무 담보를 위해 대물변제의 예약을 한 후 같은 채권자로부터 추가로 채무를 지는 경우에는 특별한 사정이 없는 한 추가되는 채무도 대물변제 예약의 대상이 되는 채무 범위에 포함된다(대판 2014. 4. 29, 2009다16896).

[비교지문] 가등기담보권 설정 후에 후순위권리자나 제3취득자 등 이해관계 있는 제3자가 생긴 상태에서 새로운 약정으로 기존 가등기담보권에 피담보채권을 추가하거나 피담보채권의 내용을 변경, 확장하는 경우에는 이해관계 있는 제3자의 이익을 침해하게 되므로, 이러한 경우에는 피담보채권으로 추가, 확장한 부분은 이해관계 있는 제3자에 대한 관계에서는 우선변제권 있는 피담보채권에 포함되지 않는다고 보아야 한다. 〈2022년 법무사〉

(○) : 채권자와 채무자가 가등기담보권설정계약을 체결하면서 가등기 이후에 발생할 채권도 후순위권리자에 대하여 우선변제권을 가지는 가등기담보권의 피담보채권에 포함시키기로 약정할 수 있고, 가등기담보권을 설정한 후에 채권자와 채무자의 약정으로 새로 발생한 채권을 기존 가등기담보권의 피담보채권에 추가할 수도 있으나, 가등기담보권 설정 후에 후순위권리자나 제3취득자 등 이해관계 있는 제3자가 생긴 상태에서 새로운 약정으로 기존 가등기담보권에 피담보채권을 추가하거나 피담보채권의 내용을 변경, 확장하는 경우에는 이해관계 있는 제3자의 이익을 침해하게 되므로, 이러한 경우에는 피담보채권으로 추가, 확장한 부분은 이해관계 있는 제3자에 대한 관계에서는 우선변제권 있는 피담보채권에 포함되지 않는다고 보아야 한다(대판 2011. 7. 14, 2011다28090).

④ (○) : 대물변제가 채무소멸의 효력을 발생하려면 채무자가 본래의 이행에 갈음하여 행하는 다른 급부가 현실적인 것이어야 한다. 따라서 부동산은 등기완료, 동산은 점유이전을 요한다(대판 1979. 9. 11, 79다381).

⑤ (○) : 대물변제예약완결권의 행사기간에 관한 약정이 있는 경우에는 그 기간 내에 약정이 없는 때에는 그 권리가 발생한 때로부터 10년 내에 이를 행사하여야 하고, 이 기간을 도과한 때에는 예약완결권은 소멸한다(대판 1995. 11. 10, 94다22682).

4 甲은 乙에 대한 대여금채무 6억원을 담보하기 위하여 자기 소유 X토지에 乙명의의 저당권을 설정해주었다. 甲의 부탁으로 위 채무를 담보하기 위하여 丙은 乙과 보증계약을 체결하였고, 丁과 戊는 각각 자기 소유 Y토지와 Z토지에 乙명의의 저당권을 설정해주었다. 이에 관한 설명으로 옳지 않은 것은? (단, 이자 및 지연배상금은 고려하지 않고, 다툼이 있으면 판례에 따름)

〈2019년 변리사〉

① 丁이 甲의 대여금채무를 모두 변제한 경우, 丁은 甲에 대하여 구상권을 행사할 수 있다.
② 丁이 甲의 대여금채무를 모두 변제한 경우, 丁은 乙을 대위하여 丙을 상대로 2억원의 지급을 청구할 수 있다.
③ 戊는 甲의 대여금채무를 변제할 정당한 이익이 있는 자이므로, 戊가 그 채무를 모두 변제하였다면 乙의 승낙이 없어도 당연히 乙을 대위한다.
④ 丙이 甲의 대여금채무를 모두 변제한 경우, 미리 저당권등기에 대위의 부기등기를 하지 않더라도 丁에 대하여 乙을 대위할 수 있다.
⑤ A가 甲과의 매매계약을 원인으로 X토지의 소유권이전등기를 마친 후 甲의 대여금채무를 모두 변제한 경우, A는 丙에 대하여 乙을 대위할 수 있다.

해 설

① (○) : 민법 제370조에 의하여 준용되는 제341조. 물상보증인이 채무자를 대신하여 채무를 변제하면 보증채무에 관한 규정(제441조, 제444~448조)에 의하여 채무자에 대해 구상권을 취득한다.
② (○) : 민법 제482조 제2항 제5호. 보증인과 물상보증인 간에는 인원수에 비례하여 대위하므로 丁은 丙을 상대로 2억 원(보증인 1명, 물상보증인 2명, 총3명이므로 6억 원×1/3)의 지급을 청구할 수 있다.
③ (○) : 민법 제481조(법정대위). 임의대위에 관한 민법 제480조와 비교할 것이다.
④ (○) : 민법 제482조 제2항 제5호. ☞ 민법 제482조 제2항 제5호 제3문을 보면 "이 경우에 그 재산이 부동산인 때에는 제1호의 규정을 준용한다."고 되어 있는데, 1호를 보면 "보증인은 미리 전세권이나 저당권의 등기에 그 대위를 부기하지 아니하면 전세물이나 저당물에 권리를 취득한 제삼자에 대하여 채권자를 대위하지 못한다."고 하고 있다. 여기서 민법 제482조 제2항 제5호가 "제1호의 규정을 준용한다."고 하는 것은 물상보증인으로부터 그 부동산을 취득한 제3자가 있으면 그러한 제3취득자에 대하여 채권자를 대위하려면 미리 부기등기를 하여야 한다는 것이다. 즉 제3취득자가 생기지 않은 사안에서 물상보증인과 보증인 간에 변제자대위를 할 때는 부기등기가 필요 없다. 따라서 보증인 丙은 미리 저당권등기에 대위의 부기등기를 하지 않더라도 물상보증인 丁에 대하여 乙을 대위할 수 있는 것이다.

> **[참고 판례]** 타인의 채무를 변제하고 채권자를 대위하는 대위자 상호간의 관계를 규정한 민법 제482조 제2항 제5호 단서에서 대위의 부기등기에 관한 제1호의 규정을 준용하도록 규정한 취지는 자기의 재산을 타인의 채무의 담보로 제공한 물상보증인이 수인일 때 그 중 일부의 물상보증인이 채무의 변제로 다른 물상보증인에 대하여 채권자를 대위하게 될 경우에 미리 대위의 부기등기를 하여 두지 아니하면 채무를 변제한 뒤에 그 저당물을 취득한 제3취득자에 대하여 채권자를 대위할 수 없도록 하려는 것이라고 해석되므로 자신들 소유의 부동산을 채무자의 채무의 담보로 제공한 물상보증인들이 채무를 변제한 뒤 다른 물상보증인 소유 부동산에 설정된 근저당권설정등기에 관하여 대위의 부기등기를 하여 두지 아니하고 있는 동안에 제3취득자가 위 부동산을 취득하였다면, 대위변제한 물상보증인들은 제3취득자에 대하여 채권자를 대위할 수 없다(대판 1990. 11. 9, 90다카10305).

⑤ (×) : 민법 제482조 제2항 제2호. A는 제3취득자이므로 보증인 丙에 대하여 채권자 乙을 대위하지 못한다.

정답 4. ⑤

5 변제에 관한 설명으로 옳은 것을 모두 고른 것은? (다툼이 있으면 판례에 따름) 〈2021년 변리사〉

ㄱ. 甲은 乙에 대해 1,000만 원의 채무를 부담하고 있는데, 丙이 자신의 채무로 오해하여 乙에게 1,000만 원을 지급한 경우, 제3자 변제에 해당하지 않는다.
ㄴ. 甲이 그의 乙에 대한 공사대금채무의 담보로 乙의 유치권이 성립한 그 소유의 건물을 丙에게 매도하면서 소유권이전등기시까지 임대한 경우, 丙은 甲의 의사에 반하여 공사대금채무를 乙에게 변제할 수 없다.
ㄷ. 예금주 甲의 대리인이라고 주장하는 乙이 甲의 통장과 인감을 소지하고 丙은행에 예금반환청구를 한 경우, 대리인을 사칭한 乙은 채권의 사실상 귀속자와 같은 외형을 갖추고 있지 아니하여 채권의 준점유자로 볼 수 없다.
ㄹ. 지시채권 증서 소지인 甲에 대한 乙의 변제는 乙이 甲의 권리 없음을 알았거나 중과실이 있는 경우를 제외하고 유효하다.

① ㄱ ② ㄱ, ㄴ ③ ㄱ, ㄹ ④ ㄱ, ㄴ, ㄷ ⑤ ㄴ, ㄷ, ㄹ

해 설

ㄱ. (○) : 민법 제469조에 정한 바에 따라 채무의 변제는 제3자도 할 수 있는 것인바, 제3자가 타인의 채무를 변제하여 그 채무를 소멸시키기 위하여는 제3자가 타인의 채무를 변제한다는 의사를 가지고 있었음을 요건으로 한다(대판 2010. 2. 11, 2009다71558). ☞ 지문과 같이 채무자 아닌 자가 착오로 인하여 타인의 채무를 변제한 경우는 – 제3자의 변제와 달리 – 원칙적으로 그 급부로 인하여 채무가 소멸하지 않고 변제자는 채권자에 대하여 부당이득의 반환을 청구할 수 있다. 다만 채권자가 선의로 증서를 훼멸하거나 담보를 포기하거나 시효로 인하여 그 채권을 잃은 때에는 변제자는 그 반환을 청구하지 못한다(민법 제745조 제1항).

ㄴ. (×) : 건물을 신축한 자가 건물을 매도함과 동시에 소유권이전등기 전까지 그 건물을 매수인에게 임대하기로 하였는데 그 건물의 건축공사수급인이 공사금 일부를 지급받지 못하였다는 이유로 건물의 매수인 겸 임차인의 입주를 저지하자 건물의 매수인 겸 임차인이 매도인에게 지급할 매매대금의 일부를 건축공사수급인에게 공사금채무 변제조로 지급한 경우, 건물의 매수인 겸 임차인은 그 권리실현에 장애가 되는 위 수급인의 건물에 대한 유치권 등의 권리를 소멸시키기 위하여 매도인의 공사금채무를 대신 변제할 법률상 이해관계 있는 제3자이자 변제할 정당한 이익이 있는 자라고 볼 것이므로 위 변제는 공사금채무의 범위 내에서는 매도인의 의사에 반하여도 효력이 있다(대판 1993. 10. 12, 93다9903,93다9910).

ㄷ. (×) : 민법 제470조에 정하여진 채권의 준점유자라 함은, 변제자의 입장에서 볼 때 일반의 거래관념상 채권을 행사할 정당한 권한을 가진 것으로 믿을 만한 외관을 가지는 사람을 말하므로 준점유자가 스스로 채권자라고 하여 채권을 행사하는 경우뿐만 아니라 채권자의 대리인이라고 하면서 채권을 행사하는 때에도 채권의 준점유자에 해당한다(대판 2004. 4. 23, 2004다5389).

ㄹ. (○) : 채무자는 배서의 연속여부를 조사할 의무가 있으며 배서인의 서명 또는 날인의 진위나 소지인의 진위를 조사할 권리는 있으나 의무는 없다. 그러나 채무자가 변제하는 때에 소지인이 권리자아님을 알았거나 중대한 과실로 알지 못한 때에는 그 변제는 무효로 한다(민법 제518조).

정답 5. ③

6 **甲은 乙에 대하여 다음과 같은 내용의 대여금 채무를 부담하고 있다.**

○ A채무: 대여일 2020. 3. 7., 원금 1억 원(무이자), 변제기 2021. 3. 7. ○ B채무: 대여일 2020. 4. 12., 원금 2억 원(무이자), 변제기 2021. 4. 12.

이에 관한 설명으로 옳지 않은 것은? (비용·지연이자는 고려하지 말 것) (각 지문은 독립적이며, 다툼이 있으면 판례에 따름) 〈2022년 변리사〉

① 甲이 2021. 4. 3. 1억 원을 변제하면서 특별한 합의나 지정이 없었던 경우, 위 1억 원은 A채무의 변제에 충당된다.
② 甲이 2021. 5. 7. 1억 원을 변제하면서 특별한 합의나 지정이 없었던 경우, 위 1억 원은 B채무의 변제에 충당된다.
③ 甲이 2021. 5. 7. 1억 원을 변제하면서 특별한 합의나 지정이 없었던 경우, A채무의 담보를 위해 丙의 X토지에 저당권이 설정되어 있었다면 위 1억 원은 A채무의 변제에 충당된다.
④ 甲이 2021. 5. 7. 1억 원을 변제하면서 특별한 합의나 지정이 없었던 경우, B채무의 담보를 위해 보증인 丙이 있었다면 위 1억 원은 A채무의 변제에 충당된다.
⑤ 만일 A채무와 B채무 모두 월 1%의 이자가 약정되어 있고, 甲이 2021. 5. 7. 1억 원을 변제하면서 A채무의 원본에 충당하기로 지정한 것에 대하여 乙과의 묵시적 합의가 인정된다면, 위 1억 원은 A채무의 원본에 충당된다.

해 설

①(○) : 특별한 합의나 지정이 없었으므로 법정충당. 甲이 1억 원을 변제한 2021. 4. 3.을 기준으로 A채무의 변제기는 도래하였으나 B채무의 변제기는 도래하지 않았으므로 A채무의 변제에 충당된다(제477조 제1호).

②(×), ③(○), ④(○) : 특별한 합의나 지정이 없었으므로 법정충당. 甲이 1억 원을 변제한 2021. 5. 7.을 기준으로 A채무, B채무 모두 변제기가 도래하였고, 모두 무이자여서 변제이익에 차이가 없으므로 이행기가 먼저 도래한 A채무의 변제에 충당된다(제477조 제3호). 특히 ③의 경우 변제자가 채무자인 경우 물상보증인이 제공한 물적 담보가 있는 채무와 그러한 담보가 없는 채무 사이에 변제이익의 점에서 차이가 없고, ④의 경우 보증인이 있는 채무와 보증인이 없는 채무 사이에 변제이익의 점에서 차이가 없다(대판 2014. 4. 30, 2013다8250).

⑤(○) : 묵시적 합의가 인정되므로 합의충당. 비용, 이자, 원본에 대한 변제충당에 있어서는 민법 제479조에 그 충당 순서가 법정되어 있으므로 원칙적으로 비용, 이자, 원본의 순서로 충당하여야 하고 채무자는 물론 채권자라 할지라도 위 법정 순서와 다르게 일방적으로 충당의 순서를 지정할 수는 없으나, 당사자 사이에 특별한 합의가 있는 경우이거나 당사자의 일방적인 지정에 대하여 상대방이 지체 없이 이의를 제기하지 아니함으로써 묵시적인 합의가 되었다고 보이는 경우에는 그 법정충당의 순서와는 달리 충당의 순서를 인정할 수 있다(대판 2009. 6. 11, 2009다12399). 따라서 이자약정에도 불구하고 묵시적 합의의 내용에 따라 A채무의 원본에 충당된다.

7 **甲은 乙로부터 5억 원을 차용하면서 자신의 X부동산(시가 3억 원)과 丙 소유의 Y부동산(시가 4억 원)에 공동저당권을 설정하고, 丁에게 부탁하여 연대보증인이 되도록 하였다. 이에 관한 설명으로 옳지 않은 것은? (부동산의 시가 변동이 없고 이자 기타 비용은 고려하지 않으며, 다툼이 있으면 판례에 따름)** 〈2023년 변리사〉

정답 6. ② 7. ②

① 甲이 자신의 유일한 재산인 X부동산을 매도한 경우 甲의 일반채권자는 그 매매계약을 사해행위로 취소할 수 없다.
② 丁이 자신의 유일한 재산을 처분한 경우 乙은 이를 사해행위로 취소할 수 있다.
③ 乙에게 2억 원을 변제한 丁은 丙에 대하여 변제자대위를 하지 못한다.
④ 丙이 5억 원 전액을 변제한 후 대위등기를 하기 전에 B가 X부동산을 취득하여 소유권이전등기를 마친 상황이라면 丙은 B에 대하여 변제자대위를 할 수 없다.
⑤ B가 X부동산을 취득하여 소유권이전등기를 마친 후 乙의 저당권실행경매로 B가 X부동산의 소유권을 상실하더라도 B는 丙은 물론 丁에 대하여도 변제자대위를 하지 못한다.

해 설

① (○) : 사해행위취소의 소에서 채무자가 수익자에게 양도한 목적물에 저당권이 설정되어 있는 경우라면 그 목적물 중에서 일반채권자들의 공동담보에 제공되는 책임재산은 피담보채권액을 공제한 나머지 부분만이라고 할 것이고 그 피담보채권액이 목적물의 가액을 초과할 때는 당해 목적물의 양도는 사해행위에 해당한다고 할 수 없다. 그런데 수 개의 부동산에 공동저당권이 설정되어 있는 경우 책임재산을 산정함에 있어 각 부동산이 부담하는 피담보채권액은 특별한 사정이 없는 한 민법 제368조의 규정 취지에 비추어 공동저당권의 목적으로 된 각 부동산의 가액에 비례하여 공동저당권의 피담보채권액을 안분한 금액이라고 보아야 한다. 그러나 **그 수 개의 부동산 중 일부는 채무자의 소유이고 다른 일부는 물상보증인의 소유인 경우**에는, 물상보증인이 민법 제481조, 제482조의 규정에 따른 변제자대위에 의하여 채무자 소유의 부동산에 대하여 저당권을 행사할 수 있는 지위에 있는 점 등을 고려할 때, 그 물상보증인이 채무자에 대하여 구상권을 행사할 수 없는 특별한 사정이 없는 한 채무자 소유의 부동산에 관한 피담보채권액은 **공동저당권의 피담보채권액 전액**으로 봄이 상당하다. 이러한 법리는 하나의 공유부동산 중 일부 지분이 채무자의 소유이고, 다른 일부 지분이 물상보증인의 소유인 경우에도 마찬가지로 적용된다(대판 2013. 7. 18, 2012다5643 전원합의체). ☞ 사안은 두 개의 부동산 중 하나는 채무자의 소유이고 다른 하나는 물상보증인의 소유인 경우이므로 채무자 소유 X부동산(3억 원)에 관한 피담보채권액은 공동저당권의 피담보채권액 전액(5억 원)으로 봄이 상당하고, 따라서 피담보채권액(5억 원)이 X부동산의 가액(3억 원)을 초과하므로 X부동산의 양도는 사해행위에 해당한다고 할 수 없다.

② (×) : 주채무자 또는 제3자 소유의 부동산에 대하여 채권자 앞으로 근저당권이 설정되어 있고, 그 부동산의 가액 및 채권최고액이 당해 채무액을 초과하여 **채무 전액에 대하여 채권자에게 우선변제권이 확보되어 있다면**, 연대보증인이 비록 유일한 재산을 처분하는 법률행위를 하더라도 채권자에 대하여 사해행위가 성립되지 않는다고 보아야 한다(대판 2000. 12. 8, 2000다21017).

③ (○) : 보증인과 물상보증인이 여럿 있는 경우 어느 누구라도 위와 같은 방식으로 산정한 **각자의 부담 부분을 넘는 대위변제 등을 하지 않으면** 다른 보증인과 물상보증인을 상대로 채권자의 권리를 대위할 수 없다(대판 2010. 6. 10, 2007다61113,61120). ☞ 사안은 물상보증인 1인과 보증인 1인이 있는 경우이므로 민법 제482조 제2항 5호에 따라 인원수에 비례하여(5억 원 X 1/2) 채권자를 대위한다. 따라서 丙과 丁의 부담부분은 각 2억 5천만 원씩이다. 그런데 丁은 2억 원을 변제하였을 뿐이므로 丙에 대하여 변제자대위를 하지 못한다.

④ (○), ⑤ (○) : 민법 제482조 제1항은 "전2조의 규정에 의하여 채권자를 대위한 자는 자기의 권리에 의하여 구상할 수 있는 범위에서 채권 및 그 담보에 관한 권리를 행사할 수 있다."라고 규정하며, 같은 조 제2항은 "전항의 권리행사는 다음 각 호의 규정에 의하여야 한다."라고 규정하고 있으나, 그중 물상보증인과 제3취득자 사이의 변제자대위에 관하여는 명확한 규정이 없다. 그런데 보증인과 제3취득자 사이의 변제자대위에 관하여 민법 제482조 제2항 제1호는 "보증인은 **미리 전세권이나 저당권의 등기에 그 대위를 부기하지 아니하면** 전세물이나 저당물에 권리를 취득한 제3자에 대하여 채권자를 대위하지 못한다."라고 규정하고(지문 ④), 같은 항 제2호는 "제3취득자는 보증인에 대하여 채권자를 대위하지 못한다."라고 규정(지문 ⑤)하고 있다. 한편 민법 제370조, 제341

조에 의하면 물상보증인이 채무를 변제하거나 담보권의 실행으로 소유권을 잃은 때에는 '보증채무'에 관한 규정에 의하여 채무자에 대한 구상권을 가지고, 민법 제482조 제2항 제5호에 따르면 물상보증인과 보증인 상호 간에는 그 인원수에 비례하여 채권자를 대위하게 되어 있을 뿐 이들 사이의 우열은 인정하고 있지 아니하다. 위와 같은 규정 내용을 종합하여 보면, 물상보증인이 채무를 변제하거나 담보권의 실행으로 소유권을 잃은 때에는 보증채무를 이행한 **보증인과 마찬가지로** 채무자로부터 담보부동산을 취득한 제3자에 대하여 구상권의 범위 내에서 출재한 전액에 관하여 채권자를 대위할 수 있는 반면, 채무자로부터 담보부동산을 취득한 제3자는 채무를 변제하거나 담보권의 실행으로 소유권을 잃더라도 물상보증인에 대하여 채권자를 대위할 수 없다(지문 ⑤) 고 보아야 한다(대판 2014. 12. 18, 2011다50233). ☞ 위 판례에 따르면 물상보증인은 보증인과 마찬가지로 제3취득자에 대하여 변재자대위를 할 수 있는데, 보증인은 미리 전세권이나 저당권의 등기에 그 대위를 부기하지 아니하면 전세물이나 저당물에 권리를 취득한 제3자에 대하여 채권자를 대위하지 못하므로, 물상보증인도 **미리 전세권이나 저당권의 등기에 그 대위를 부기하지 아니하면** 전세물이나 저당물에 권리를 취득한 제3자에 대하여 채권자를 대위하지 못한다(지문 ④).

8 **채무의 변제에 관한 설명 중 옳지 않은 것은? (다툼이 있는 경우에는 판례에 의함)**

〈2012년 변호사시험〉

① 甲이 乙에 대하여 금전채무를 부담하고 乙이 丙에 대하여 동일한 금액의 채무를 부담하는 경우, 甲이 乙의 지시로 丙에게 직접 변제하였다면 후에 甲과 乙 사이의 계약이 해제되더라도 甲은 丙에 대하여 급부한 것을 부당이득으로 반환청구할 수 없다.
② 채권양도가 있었으나 아직 대항요건이 갖추어지지 아니하였다면 채무자가 채권양도사실을 알고서 양도인에게 변제한 경우에도 양수인에 대하여 변제의 유효를 주장할 수 있다.
③ 채무자 甲이 乙에게 변제한 후 진정한 채권자가 丙으로 밝혀진 경우라도, 乙이 채권의 준점유자이고 甲이 선의·무과실로 변제하였다면, 甲은 乙에게 변제한 것의 반환을 청구할 수 없다.
④ 채권자 甲에 대한 乙의 채무를 제3자인 丙이 자신의 채무인 줄 알고 甲에게 변제한 경우에도 乙의 채무는 소멸하고, 丙은 원칙적으로 乙에 대하여 부당이득반환을 청구할 수 있다.
⑤ 물상보증인은 채무자의 의사에 반하여 채무를 변제할 수 있다.

해설

① (○) : 계약의 일방당사자(甲)가 계약상대방(乙)의 지시 등으로 급부과정을 단축하여 계약상대방과 또 다른 계약관계를 맺고 있는 제3자에게 직접 급부한 경우(이른바 삼각관계에서의 급부가 이루어진 경우), 그 급부로써 급부를 한 계약당사자의 상대방에 대한 급부가 이루어질 뿐 아니라 상대방의 제3자에 대한 급부도 이루어지는 것이므로 계약의 일방당사자는 제3자를 상대로 하여 법률상 원인 없이 급부를 수령하였다는 이유로 부당이득반환청구를 할 수 없다. 이러한 경우에 계약의 일방당사자가 계약상대방에 대하여 급부를 한 원인관계인 법률관계에 무효 등의 흠이 있거나 계약이 해제되었다는 이유로 제3자를 상대로 하여 직접 부당이득반환청구를 할 수 있다고 보면 자기 책임 아래 체결된 계약에 따른 위험부담을 제3자에게 전가하는 것이 되어 계약법의 원리에 반하는 결과를 초래할 뿐만 아니라 수익자인 제3자가 계약상대방에 대하여 가지는 항변권 등을 침해하게 되어 부당하다(대판 2017. 7. 11, 2013다55447).
② (○) : 채권양도의 통지나 승낙이 없으면 양수인은 채무자에 대하여 채권을 주장하지 못한다. 이는 채무자가 악의라도 마찬가지라는 것이 통설이다.
③ (○) : 다수설 판례이다(절대적 효력설; 대판 1980. 9. 30, 78다1292). 즉 채권압류가 경합된 경우에 그 압류채권자 중의 한 사람이 전부명령을 얻은 경우 그 전부명령은 무효이지만 제3채무자가 선의·무과실로 그 전부 채

정답 8. ④

권자에게 전부금을 변제하였다면 이는 채권의 준점유자에 대한 변제로서 유효하므로 제3채무자의 채무자에 대한 채무는 소멸되고 제3채무자는 압류채권자에 대하여 이중 변제의 의무를 부담하지 아니하며 전부채권자에 대하여 전부명령의 무효를 주장하여 부당이득반환청구도 할 수 없다.
④ (×) : 채권자 甲에 대한 乙의 채무를 제3자인 丙이 자신의 채무인 줄 알고 甲에게 변제한 경우, 丙은 甲에게 부당이득반환을 청구할 수 있고, 乙의 채무는 소멸하지 않는다. 다만 丙의 변제로 甲이 이를 믿고 증서를 훼멸하거나, 담보를 포기하거나 시효로 인하여 그 채권을 잃은 때에는 변제자는 그 반환을 청구하지 못하고, 대신 丙이 乙에게 구상권을 행사할 수 있는 것이다(제745조 제1항).
⑤ (○) : 민법 제469조 제2항 참조

9 **甲은 사채업자 乙로부터 1억 2,000만 원을 대출받았는데, 丙과 丁은 甲의 乙에 대한 채무를 연대보증하였고, 위 대출금채무에 대한 담보로 丁은 그 소유의 X 토지(시가 6,000만 원 상당)에, 戊는 그 소유의 Y 토지(시가 4,000만 원 상당)에 각 저당권을 설정하였다. 다음 설명 중 옳지 않은 것은? (각 지문은 독립적이고, 다툼이 있는 경우에는 판례에 의함)** 〈2012년 변호사시험〉

① 丙은 甲의 의사에 반해서도 변제할 수 있다.
② 丁이 甲을 위하여 7,000만 원을 乙에게 변제한 후 乙이 나머지 5,000만 원을 회수하기 위하여 저당권을 실행하여 X가 5,000만 원에 매각되었다면, 乙은 매각대금 5,000만 원 전부를 배당받을 수 있다.
③ ②의 경우에 丁은 乙의 권리를 대위하여 丙에게 4,000만 원을 청구할 수 있다.
④ 乙이 丙의 보증채무를 면제해 주더라도 乙에 대한 戊의 책임에는 영향이 없다.
⑤ 甲의 乙에 대한 채무의 소멸시효가 완성된 후 甲이 변제기한의 유예를 요청하였더라도, 戊는 乙을 상대로 저당권말소등기를 청구할 수 있다.

해 설

① (○) : 연대보증인으로서 법률상 이해관계를 가지는 자이므로 채무자 의사에 반해서도 변제할 수 있다(제469조 제2항 참조).
② (○) : 저당부동산 중 일부의 경매대가를 먼저 배당하는 경우에는 그 대가에서 그 채권 전부의 변제를 받을 수 있다(제368조 제2항). 乙은 丁으로부터 7,000만 원을 변제받았지만 아직도 5,000만 원의 채권이 남아 있으므로 X 부동산과 Y 부동산 둘 중 X 부동산의 경매대가를 먼저 배당하는 경우에 X 부동산의 대가에서 5,000만 원 전부의 변제를 받을 수 있다.
③ (○) : 동일한 채무에 대하여 보증인 또는 물상보증인이 여럿 있고, 이 중에서 보증인과 물상보증인의 지위를 겸하는 자가 포함되어 있는 경우, 민법 제482조 제2항 제4호, 제5호 전문에 의한 대위비율은 보증인과 물상보증인의 지위를 겸하는 자도 1인으로 보아 산정함이 상당하다(대판 2010. 6. 10, 2007다61113,61120). 따라서 1억 2천만원 채무에 대한 丙, 丁, 戊의 부담비율은 1 : 1 : 1로서 각각 4천만 원이 되고, 丁은 乙을 대위하여 丙에게 4천만 원을 청구할 수 있다.
④ (×) : 민법 제485조는 민법 제481조에 의한 법정대위를 할 자가 있는 경우에 채권자의 고의나 과실로 담보가 상실되거나 감소된 때에는 대위권자는 그 담보의 상실 또는 감소로 인하여 상환을 받을 수 없는 한도에서 자신의 변제책임을 면한다고 규정하고 있는바, 여기서의 '담보'라 함은 주된 채무를 담보하기 위한 인적 담보 또는 물적 담보를 말하며, 담보의 상실 또는 감소의 전형적 예는 채권자가 인적 담보인 보증인의 채무를 면제해 주거나 물적 담보인 담보물권을 포기하거나 순위를 불리하게 변경하거나 담보물을 훼손하거나 반환하는 행위 등을 들 수 있다(대판 2000. 12. 12, 99다13669). ☞ 戊는 담보의 상실 또는 감소로 인하여 상환을 받을 수 없는 한도에서 자신의 변제책임을 면한다.

정답 9. ④

⑤ (○) : 채무자가 시효이익을 포기하더라도 물상보증인은 독자적으로 채권의 시효완성을 주장할 수 있다(대판 1995. 7. 11, 95다12446 등). 따라서 戊는 乙을 상대로 저당권등기말소를 청구할 수 있는 것이다.

10 채무자가 동일한 채권자에 대하여 같은 종류를 목적으로 하는 수개의 채무를 부담하는데 변제의 제공이 그 채무 전부를 소멸하게 하지 못하는 경우에 관한 설명 중 옳지 않은 것은? (다툼이 있는 경우에는 판례에 의함) 〈2013년 변호사시험〉

① 채무자의 변제가 채권자에 대한 모든 채무를 소멸시키기에 부족한 때에는 채권자가 적당하다고 인정하는 순서와 방법에 의하여 충당하기로 하는 약정이 있는 경우, 채무자가 변제를 하면서 위 약정과 달리 특정 채무의 변제에 우선적으로 충당한다고 지정하더라도, 그에 대하여 채권자가 명시적 또는 묵시적으로 동의하지 않는 한 그 지정은 효력이 없어 채무자가 지정한 채무가 변제되어 소멸하는 것은 아니다.

② 변제자의 지정이 없다면 변제받은 자가 그 당시 어느 채무를 지정하여 변제에 충당할 수 있지만, 변제자가 그 충당에 대하여 즉시 이의를 한 때에는 그러하지 아니하다.

③ 법정변제충당의 경우, 이행기가 도래한 채무와 도래하지 아니한 채무가 있으면 이행기가 도래한 채무의 변제에 충당하는데, 이행기의 도래 여부는 이행기의 유예가 있더라도 본래의 이행기를 기준으로 판단한다.

④ 변제자가 그 채무 전부를 소멸하게 하지 못한 급여를 한 때에는 특약이 없는 한 비용, 이자, 원본의 순서로 변제에 충당하여야 한다.

⑤ 담보권 실행을 위한 경매에서 배당금이 담보권자가 가지는 수개의 피담보채권 전부를 소멸시키기에 부족한 경우에는 채권자와 채무자 사이에 변제충당에 관한 합의가 있었다고 하더라도 그 합의충당은 허용될 수 없고, 획일적으로 민법 제477조 및 제479조에 따른 법정변제충당의 방법에 따라 충당하여야 한다.

해설

① (○) : 채무자의 변제가 채권자에 대한 모든 채무를 소멸시키기에 부족한 때에는 채권자가 적당하다고 인정하는 순서와 방법에 의하여 충당하기로 하는 약정이 있는 경우이기 때문이다(대판 2012. 4. 13, 2010다1180 등).

② (○) : 민법 제476조 제1항, 제2항 참조

③ (×) : 법정변제충당의 경우, 이행기가 도래한 채무와 도래하지 아니한 채무가 있으면 이행기가 도래한 채무의 변제에 충당하는데, 이행기의 도래 여부는 이행기의 유예가 있다면 본래의 이행기를 기준으로 판단하는 것이 아니라 "유예기까지 변제기가 도래하지 않은 것으로 보아야 한다."(대판 1999. 8. 24, 99다22281).

④ (○) : 민법 제479조 제1항 참조

⑤ (○) : 사적자치상 합의충당이 제일 우선하는데 위 지문은 이러한 합의충당이 제한되는 판례이다. 즉 '담보권 실행을 위한 경매에서 배당금이 담보권자가 가지는 수개의 피담보채권 전부를 소멸시키기에 부족한 경우'에는 법정충당에 의하여야 한다는 것이다(대판 1996. 5. 10, 95다55504).

정답 10. ③

11 **甲은 乙에게 1억 원을 대여하면서 乙 소유인 X 토지에 관하여 근저당권을 설정받았다. 丙은 乙의 부탁을 받고 乙의 위 채무를 보증하였다. 변제기가 도래하였음에도 乙이 채무를 변제하지 않고 있다. 옳은 것을 모두 고른 것은? (이자, 지연손해금은 없는 것으로 가정한다. 다툼이 있는 경우에는 판례에 의하고, 각 지문은 모두 독립적이다)** 〈2014년 변호사시험〉

ㄱ. 乙이 丙에게 보증채무를 변제하지 말 것을 요구하였음에도 丙은 乙의 의사에 반하여 甲에게 변제하였다. 이 경우 丙은 乙에게 구상권을 행사할 수 있다.
ㄴ. 丙이 甲에게 5,000만 원을 변제하였다. 그 후 X 토지가 경매되어 매각대금 중 배당가능한 금액이 8,000만 원이 된 경우 丙은 4,000만 원을 배당 받을 수 있다.
ㄷ. 丙이 보증채무를 모두 변제하였다. 丙이 X 토지상의 근저당권에 관하여 자신의 명의로 부기등기를 경료하지 않고 있는 사이에 乙은 다시 丁으로부터 금원을 차용하고 丁에게 제2순위 근저당권을 설정하여 주었다. X 토지가 경매되는 경우 丙이 변제사실을 증명하여 배당요구하면 丙은 丁보다 우선하여 배당받을 수 있다.

① ㄱ ② ㄴ ③ ㄷ ④ ㄱ, ㄴ ⑤ ㄱ, ㄷ

해 설

㉠ (○) : 보증인 丙은 법률상의 이해관계 있는 제3자로서 주채무자 乙의 의사에 반하여 변제할 수 있으므로 丙은 乙에게 제441조의 '수탁보증인의 구상권'을 행사할 수 있다.
㉡ (×) : 변제할 정당한 이익이 있는 자가 채무자를 위하여 채권의 일부를 대위변제할 경우에 대위변제자는 변제한 가액의 범위 내에서 종래 채권자가 가지고 있던 채권 및 담보에 관한 권리를 취득하게 되고 따라서 채권자가 부동산에 대하여 저당권을 가지고 있는 경우에는 채권자는 대위변제자에게 일부 대위변제에 따른 저당권의 일부이전의 부기등기를 경료해 주어야 할 의무가 있다 할 것이나 이 경우에도 채권자는 일부 대위변제자에 대하여 우선변제권을 가지고 있다(대판 1988. 9. 27, 88다카1797). ☞ 따라서 채권자 甲이 먼저 5천만 원의 배당을 받고 丙은 나머지 3천만 원을 배당받을 수 있다.
㉢ (○) : [1] 선순위 근저당권의 피담보채무에 대하여 직접 보증책임을 지는 보증인과 달리 선순위 근저당권의 피담보채무에 대한 직접 변제책임을 지지 않는 후순위 근저당권자는 보증인에 대하여 채권자를 대위할 수 있다고 봄이 타당하므로, 민법 제482조 제2항 제2호의 제3취득자에 후순위 근저당권자는 포함되지 아니한다. [2] 보증인은 미리 저당권의 등기에 그 대위를 부기하지 않고서도 저당물에 후순위 근저당권을 취득한 제3자에 대하여 채권자를 대위할 수 있다고 할 것이므로 민법 제482조 제2항 제1호의 제3자에 후순위 근저당권자는 포함되지 않는다(대판2013. 2. 15, 2012다48855).

12 **변제충당에 관한 설명 중 옳지 않은 것은? (다툼이 있는 경우 판례에 의함)** 〈2015년 변호사시험〉

① 변제자가 주채무자이고 연대보증약정이 있는 경우로서 다른 조건이 동일하다면, 연대보증기간 내의 채무와 연대보증기간 종료 후의 채무 사이의 변제이익은 같다.
② 변제자가 주채무자인 경우로서 다른 조건이 동일하다면, 물상보증인이 제공한 물적 담보가 있는 채무와 그러한 담보가 없는 채무 사이의 변제이익은 같다.
③ 변제자가 주채무자인 경우로서 다른 조건이 동일하다면, 제3자가 발행 또는 배서한 어음에 의하여 담보되는 채무가 그렇지 않은 채무보다 변제이익이 더 많다.

정답 11. ⑤ 12. ③

④ 주채무자 이외의 자가 변제자인 경우로서 다른 조건이 동일하다면, 변제자가 발행 또는 배서한 어음에 의하여 담보되는 채무가 그렇지 않은 채무보다 변제이익이 더 많다.
⑤ 변제자가 주채무자인 경우로서 다른 조건이 동일하다면, 담보로 주채무자 자신이 발행 또는 배서한 어음에 의하여 담보되는 채무가 그렇지 않은 채무보다 변제이익이 더 많다.

해설

① (○) : 변제자가 주채무자이고 연대보증약정이 있는 경우로서 다른 조건이 동일하다면, 연대보증기간 내의 채무와 연대보증기간 종료 후의 채무 사이의 변제이익은 같다(대판 1985. 3. 12, 84다카2093).
② (○) : 변제자가 주채무자인 경우로서 다른 조건이 동일하다면, 보증인과 마찬가지로 물상보증인이 제공한 물적 담보가 있는 채무와 그러한 담보가 없는 채무 사이의 변제이익은 같다(대판 2014. 4. 30, 2013다8250).
③ (×), ⑤ (○) : 주채무자가 변제자인 경우에는, 담보로 제3자가 발행 또는 배서한 약속어음이 교부된 채무와 다른 채무 사이에 변제이익의 점에서 차이가 없다고 보아야 할 것이나, 담보로 주채무자 자신이 발행 또는 배서한 어음이 교부된 채무는 다른 채무보다 변제이익이 많은 것으로 보아야 한다(대판 1999. 8. 24, 99다22281).
☞ 어음이 발행 또는 배서가 된 경우에는 그 어음을 회수하는 것이 이중변제의 위험을 줄일 수 있기 때문이다.
④ (○) : 주채무자 이외의 자가 변제자인 경우에는, 변제자가 발행 또는 배서한 어음에 의하여 담보되는 채무가 다른 채무보다 변제이익이 많다고 보아야 한다(대판 1999. 8. 24, 99다22281).

13 **甲에게 2,000만 원의 대여금채무를 부담하고 있는 乙은 위 채무에 대한 담보로 甲에게 乙 소유의 X 토지에 대하여 피담보채권액 2,000만 원의 저당권을 설정하여 주었다. 丙은 乙의 甲에 대한 위 대여금채무를 주채무로 하여 甲과 연대보증계약을 체결하였다. 丙은 위 대여금채무 중 1,000만 원을 대위변제하였고, 甲은 나머지 대여금채권을 변제받기 위하여 X 토지에 설정된 위 저당권에 기하여 경매를 신청하였으며, 위 경매절차에서 X 토지는 1,500만 원에 매도되었다. 다음 설명 중 옳은 것을 모두 고른 것은? (다툼이 있는 경우 판례에 의함)** 〈2015년 변호사시험〉

ㄱ. 丙은 대위변제한 1,000만 원 범위 내에서 甲이 乙에 대하여 가지고 있던 채권 및 담보에 관한 권리를 취득한다.
ㄴ. 甲은 丙에게 X 토지에 설정된 위 저당권 일부 이전의 부기등기를 경료해 줄 의무가 있다.
ㄷ. 丙은 X 토지 경매에 따른 배당절차에서 대위변제한 1,000만 원 부분에 한하여 甲에 우선해서 배당받는다.

① ㄱ ② ㄱ, ㄴ ③ ㄱ, ㄷ ④ ㄴ, ㄷ ⑤ ㄱ, ㄴ, ㄷ

해설

ㄱ. (○) : 대판 2010. 4. 8, 2009다80460 참조
ㄴ. (○) : 변제할 정당한 이익이 있는 자가 채무자를 위하여 채권의 일부를 대위변제할 경우에 대위변제자는 변제한 가액의 범위 내에서 종래의 채권자가 가지고 있던 채권 및 담보에 관한 권리를 취득하게 되고 따라서 채권자가 부동산에 대하여 저당권을 가지고 있는 경우에는 채권자는 대위변제자에게 일부 대위변제에 따른 저당권의 일부 이전의 부기등기를 해 주어야 할 의무가 있다(대판 1996. 12. 6, 96다35774).
ㄷ. (×) : 변제할 정당한 이익이 있는 자가 채무자를 위하여 채권의 일부를 대위변제할 경우에 대위변제자는 변제한 가액의 범위 내에서 종래 채권자가 가지고 있던 채권 및 담보에 관한 권리를 취득하게 되고 따라서 채권자

정답 13. ②

가 부동산에 대하여 저당권을 가지고 있는 경우에는 채권자는 대위변제자에게 일부 대위변제에 따른 저당권의 일부이전의 부기등기를 경료해 주어야 할 의무가 있다 할 것이나 이 경우에도 채권자는 일부 대위변제자에 대하여 우선변제권을 가지고 있다(대판 1988. 9. 27, 88다카1797). ☞ 甲이 丙에 우선해서 아직 못 받은 1,000만 원을 배당받고 丙은 나머지 500만 원만 배당받을 수 있다.

14 다음 설명 중 옳은 것은? (다툼이 있는 경우 판례에 의함) 〈2016년 변호사시험〉

① 채무의 일부 변제제공은 채무의 본지에 따른 이행의 제공이라 할 수 없어 이행제공의 효력이 발생할 수 없으나, 채무의 일부를 공탁한 경우에는 그 부분에 한해 원칙적으로 변제의 효력이 발생한다.

② 비용, 이자, 원본에 대한 변제충당에 있어서는 민법 제479조에 그 충당 순서가 법정되어 있으므로 당사자 사이에 특별한 합의가 없는 한 비용, 이자, 원본의 순서로 변제에 충당하여야 할 것이나, 채권자는 일방적으로 위 법정 순서와 다르게 충당의 순서를 지정할 수 있다.

③ 채무의 성질 또는 당사자의 의사표시로 변제장소를 정하지 아니한 때에는 특정물의 인도는 채권자의 현주소지에서 하여야 한다.

④ 채권의 준점유자에 대한 변제는 변제자가 선의이며 과실이 없는 경우에 한해 효력이 있는데, 만약 그 변제를 받은 자에게 변제수령의 권한이 인정된다면 채권의 준점유자에 대한 변제의 법리를 적용할 필요 없이 그에 대한 변제는 유효하다.

⑤ 변제받을 권한 없는 자에 대한 변제의 경우에도 채권자가 이익을 받은 한도에서 효력이 있는데, 여기에서 말하는 '채권자가 이익을 받은' 경우에는 변제의 수령자가 진정한 채권자에게 채무자의 변제로 받은 급부를 직접 전달한 경우는 포함되나, 무권한자의 변제수령을 채권자가 사후에 추인한 경우는 포함되지 않는다.

해 설

① (×) : 채무의 일부 변제제공은 채무의 본지에 따른 이행의 제공이라 할 수 없어 이행제공의 효력이 발생할 수 없으며, 마찬가지로 채무의 일부를 공탁한 경우에는 그 부분에 한해서도 원칙적으로 변제의 효력이 발생하지 않는다(대판 1998. 10. 13, 98다17046).

② (×) : 비용, 이자, 원본에 대한 변제충당에 있어서는 민법 제479조에 그 충당 순서가 법정되어 있으므로 당사자사이에 특별한 합의가 없는 한 비용, 이자, 원본의 순서로 변제에 충당하여야 할 것이며, 이는 채권자가 일방적으로 위 법정 순서와 다르게 충당의 순서를 지정할 수도 없다. 따라서 변경을 가하려면 합의충당을 하여야 한다(민법 제479조; 대판 2012. 4. 13, 2010다1180).

③ (×) : 채무의 성질 또는 당사자의 의사표시로 변제장소를 정하지 아니한 때에는 특정물의 인도는 채권자의 현주소지가 아닌 채권성립당시 그 물건이 있던 장소에서 하여야 한다(제467조 제1항).

④ (○) : 민법 제470조에서 정하는 '채권의 준점유자'는 진정한 채권자 등 변제수령의 권한이 있는 자 이외의 자로서 변제자의 입장에서 볼 때 일반의 거래관념상 채권을 행사할 정당한 권한을 가진 것으로 믿을 만한 외관을 가지는 사람을 말한다. 따라서 채무자가 채권의 준점유자에 대한 변제를 가리기 위해서는, 먼저 그 변제를 받은 자가 변제를 수령할 권한이 없는 자임이 전제가 되어야 하고, 만약 변제수령의 권한이 인정되면 채권의 준점유자에 대한 변제의 법리를 적용할 필요 없이 그에 대한 변제는 유효하다고 보아야 한다(대판 2012. 6. 14, 2010다29034).

⑤ (×) : 민법 제472조는 불필요한 연쇄적 부당이득반환의 법률관계가 형성되는 것을 피하기 위하여 변제받을 권한 없는 자에 대한 변제의 경우에도 채권자가 이익을 받은 한도에서 효력이 있다고 규정하고 있는데, 여기에서 말하는 '채권자가 이익을 받은' 경우에는 변제의 수령자가 진정한 채권자에게 채무자의 변제로 받은 급부를

정답 14. ④

전달한 경우는 물론이고, 그렇지 않더라도 무권한자의 변제수령을 채권자가 사후에 추인한 때와 같이 무권한자의 변제수령을 채권자의 이익으로 돌릴 만한 실질적 관련성이 인정되는 경우도 포함된다(대판 2012. 10. 25, 2010다32214).

15 채권의 변제순위에 관한 설명 중 옳지 않은 것을 모두 고른 것은? (다툼이 있는 경우 판례에 의함) 〈2017년 변호사시험〉

ㄱ. 부동산에 대하여 가압류등기가 된 후 저당권이 설정되고 이후 강제경매 신청을 한 압류채권자가 있는 경우, 1차로 가압류채권자와 저당권자 및 압류채권자 사이에 채권액에 비례하여 평등배당을 한 후, 저당권자는 자신의 채권액을 전부 변제받을 수 있을 때까지 압류채권자가 받을 배당액으로부터 우선하여 배당받을 수 있다.
ㄴ. 동일한 주택에 대항요건을 갖추고 서로 일자를 달리하여 확정일자를 받은 여러 명의 임차인들이 「주택임대차보호법」에 의하여 보증금 중 일정액의 보호를 받는 소액임차인의 지위를 겸하는 경우, 임차인들은 그 주택에 관한 배당절차에서 먼저 소액임차인으로서 보호받는 일정액을 우선 배당받은 후 나머지 임차보증금채권액에 대하여는 채권액에 비례하여 평등배당을 받는다.
ㄷ. 동일한 채권에 대하여 확정일자 있는 채권양도의 통지와 채권압류 및 추심명령이 제3채무자에게 동시에 송달된 경우, 제3채무자는 채권양수인이나 압류채권자 중 누구에게라도 채무전액을 변제할 수 있다. 다만 제3채무자에 대한 채권액이 양수채권액과 압류채권액의 합계액보다 적은 경우에는 그들 사이에 각 채권액에 안분하여 이를 내부적으로 다시 정산해야 한다.
ㄹ. 동일한 채권에 대하여 확정일자 있는 채권양도의 통지와 채권가압류명령이 제3채무자에게 동시에 도달하여 제3채무자가 변제공탁을 하고 이후 배당이 되는 경우, 위 도달시점 이후 채권압류 및 추심명령을 받은 다른 채권자가 배당요구를 하더라도 채권양수인과 선행가압류채권자 사이에서만 채권액에 안분하여 배당하여야 한다.

① ㄱ ② ㄴ ③ ㄱ, ㄷ ④ ㄴ, ㄹ ⑤ ㄷ, ㄹ

해설

ㄱ. (○) : [1] 부동산에 대하여 가압류등기가 먼저 되고 나서 근저당권설정등기가 마쳐진 경우에 그 근저당권등기는 가압류에 의한 처분금지의 효력 때문에 그 집행보전의 목적을 달성하는 데 필요한 범위 안에서 가압류채권자에 대한 관계에서만 상대적으로 무효이다. [2] '[1]'항의 경우 가압류채권자와 근저당권자 및 근저당권설정등기 후 강제경매신청을 한 압류채권자 사이의 배당관계에 있어서, 근저당권자는 선순위 가압류채권자에 대하여는 우선변제권을 주장할 수 없으므로 1차로 채권액에 따른 안분비례에 의하여 평등배당을 받은 다음, 후순위 경매신청압류채권자에 대하여는 우선변제권이 인정되므로 경매신청압류채권자가 받을 배당액으로부터 자기의 채권액을 만족시킬 때까지 이를 흡수하여 배당받을 수 있다(대결 1994. 11. 29, 자 94마417).

ㄴ. (×) : 주택임대차보호법 제3조의2 제2항은 대항요건(주택인도와 주민등록전입신고)과 임대차계약증서상의 확정일자를 갖춘 주택임차인에게 부동산 담보권에 유사한 권리를 인정한다는 취지로서, 이에 따라 대항요건과 확정일자를 갖춘 임차인들 상호간에는 대항요건과 확정일자를 최종적으로 갖춘 순서대로 우선변제받을 순위를 정하게 되므로, 만일 대항요건과 확정일자를 갖춘 임차인들이 주택임대차보호법 제8조 제1항에 의하여 보증금 중 일정액의 보호를 받는 소액임차인의 지위를 겸하는 경우, 먼저 소액임차인으로서 보호받는 일정액을 우선 배당하고 난 후의 나머지 임차보증금채권액에 대하여는 대항요건과 확정일자를 갖춘 임차인으로서의

정답 15. ②

순위에 따라 배당을 하여야 하는 것이다(대판 2007. 11. 15, 2007다45562).
ㄷ. (○) : 채권양도 통지, 가압류 또는 압류명령 등이 제3채무자에 동시에 송달되어 그들 상호간에 우열이 없는 경우에도 그 채권양수인, 가압류 또는 압류채권자는 모두 제3채무자에 대하여 완전한 대항력을 갖추었다고 할 것이므로, 그 전액에 대하여 채권양수금, 압류전부금 또는 추심금의 이행청구를 하고 적법하게 이를 변제받을 수 있고, 제3채무자로서는 이들 중 누구에게라도 그 채무 전액을 변제하면 다른 채권자에 대한 관계에서도 유효하게 면책되는 것이며, 만약 양수채권액과 가압류 또는 압류된 채권액의 합계액이 제3채무자에 대한 채권액을 초과할 때에는 그들 상호간에는 법률상의 지위가 대등하므로 공평의 원칙상 각 채권액에 안분하여 이를 내부적으로 다시 정산할 의무가 있다(대판 1994. 4. 26, 93다24223 전원합의체).
ㄹ. (○) : 확정일자 있는 채권양도 통지와 채권가압류명령이 동시에 도달됨으로써 제3채무자가 변제공탁을 하고, 그 후에 다른 채권압류 또는 가압류가 이루어졌다 하더라도 채권양수인과 선행가압류채권자 사이에서만 채권액에 안분하여 배당하여야 한다. ← 채권양도가 확정일자 있는 통지의 방법으로 이루어진 이후에 채권양도인의 다른 채권자들이 그 양도된 채권에 대하여 가압류 또는 압류를 하였다고 하더라도 이는 가압류 또는 압류의 대상채권이 이미 다른 사람에게 양도되어 버려 양도인에 대한 채권으로서는 그 대상채권을 압류할 수 없게 된 상태로서, 채권양수인과 동순위에 있는 가압류와의 경합을 주장할 수 없다(대판 2004. 9. 3, 2003다22561).

16 **甲은 乙에게 아래와 같이 2번에 걸쳐 돈을 대여하였는데, 乙은 원리금을 전혀 변제하지 않고 있다가 2017. 12. 9. 甲에게 채무 변제 명목으로 1,000만 원을 지급하였다. 위 변제금의 변제충당에 관한 설명 중 옳은 것을 모두 고른 것은? (이자에 대한 지연손해금은 고려하지 않고, 각 지문은 독립적이며, 다툼이 있는 경우 판례에 의함)** 〈2019년 변호사시험〉

제1차 대여: 대여일 2017. 4. 10., 대여금 1,000만 원, 이자 월 1%(매월 9일 후불로 지급), 변제기 2017. 9. 9.(2017. 12. 9.까지의 이자 및 지연손해금 80만 원 발생)
제2차 대여: 대여일 2017. 9. 10., 대여금 2,000만 원, 이자 월 2%(매월 9일 후불로 지급), 변제기 2018. 1. 9.(2017. 12. 9.까지의 이자 120만 원 발생)

ㄱ. 위 채무변제 시 乙이 별다른 말없이 금원을 교부하였고 甲도 말없이 수령하였다. 이 경우 2017. 12. 9. 현재 남아 있는 제1차 대여금의 원리금 합계는 200만 원이다.
ㄴ. 위 채무변제 시 乙이 제2차 대여금의 원리금에 지정하여 변제한다는 의사를 표시하였고, 이에 甲이 그 지정에 반대하는 의사를 분명히 밝히면서 금원을 수령하였다. 이 경우 2017. 12. 9. 현재 남아 있는 제1차 대여금의 원리금 합계는 1,000만 원이다.
ㄷ. 위 채무변제 시 甲은 乙과 제2차 대여금의 원리금에 변제충당하기로 합의한 후 위 금원을 수령하였다. 이 경우 2017. 12. 9. 현재 남아 있는 제1차 대여금의 원리금 합계는 1,080만원이다.

① ㄱ　② ㄱ, ㄴ　③ ㄱ, ㄷ　④ ㄴ, ㄷ　⑤ ㄱ, ㄴ, ㄷ

해 설

ㄱ. (○) : 민법 제479조 제1항 : 채무자가 1개 또는 수개의 채무의 비용 및 이자를 지급할 경우에 변제자가 그 전부를 소멸하게 하지 못한 급여를 한 때에는 비용, 이자, 원본의 순서로 변제에 충당하여야 한다. ☞ 합의도 지정도 없는 사안이므로 법정충당에 따라야 하는데, 제479조에 따라 원본보다 이자 및 지연손해금이 먼저 충당된다. 따라서 지급된 1,000만원은 1차 및 2차 대여금의 이자 및 지연손해금 200만원(80+120)에 먼저 충당되고, 나머지

정 답 16. ⑤

800만원은 제477조 제1호에 따라 변제기가 도래한 1차 대여금의 원본에 충당된다. 따라서 2017. 12. 9. 현재 1차 대여금은 원본 200만원만 남는다.

ㄴ. (○) : 비용, 이자, 원본에 대한 변제충당의 순서는 민법 제479조에 법정되어 있으므로 당사자 사이에 그와 다른 특별한 합의가 있었다거나 일방의 지정에 대하여 상대방이 지체 없이 이의를 제기하지 아니함으로써 묵시적 합의가 되었다고 보여지는 경우 등 특단의 사정이 없는 한 위의 법정순서에 의하여 변제충당이 이루어져야 하는 것이며, 채무자는 물론 채권자라 할지라도 그와 다르게 일방적으로 충당의 순서를 지정할 수 없다(대판 1990. 11. 9, 90다카7262). ☞ 제476조 제1항에 의하여 乙의 지정에 따라 충당된다. 변제자인 乙이 우선하여 지정권을 가지고, 乙이 지정을 하였으므로 甲의 반대의사는 영향을 미치지 못한다. 여기서 주의할 점은 乙은 제2차대여금의 원리금에 지정하였으나, 위 판례에서 보듯이 지정으로는 비용, 이자, 원본의 순서를 바꿀 수 없다는 것이다. 따라서 지정된 2차 대여금의 원본보다 지정되지 않은 1차 대여금의 이자 및 지연손해금이 먼저 충당되어야 한다. 결국 지급된 1,000만원은 1차 및 2차 대여금의 이자 및 지연손해금 200만원(80+120)에 먼저 충당되고, 나머지 800만원만 乙의 지정에 따라 2차 대여금의 원본 2,000만원에 충당된다. 따라서 2차 대여금은 1,200만원이 남고, 1차 대여금은 원본 1,000만원이 그대로 남는다.

ㄷ. (○) : 위 ㄴ.과 달리 합의로는 비용, 이자, 원본의 순서를 바꿀 수 있다. 사안에서 甲과 乙은 2차 대여금의 원리금에 변제충당하기로 합의하였으므로 지급된 1,000만원은 합의충당에 의하여 2차 대여금의 원리금 2,120만원에 충당되어 2차 대여금은 1,120만원이 남고, 1차 대여금은 원리금 1,080만원이 모두 남는다.

17 **변제충당에 관한 설명 중 옳지 않은 것은? (다툼이 있는 경우 판례에 의함)** 〈2020년 변호사시험〉

① 특별한 사정이 없는 한 변제자가 타인의 채무에 대한 보증인으로서 부담하는 보증채무(연대보증채무 포함)는 변제자 자신의 채무에 비하여, 연대채무는 단순채무에 비하여 각각 변제자에게 그 변제의 이익이 적다.

② 채권자와 채무자 사이에 미리 채권자가 적당하다고 인정하는 순서와 방법에 의하여 충당하기로 하는 내용의 변제충당에 관한 약정이 있다면, 변제수령권자인 채권자가 위 약정에 터 잡아 변제충당을 한 이상 변제자에 대한 의사표시와 관계없이 충당의 효력이 있다.

③ 비용, 이자, 원본에 대한 변제충당에 있어서는 당사자 사이에 특별한 합의가 없는 한 비용, 이자, 원본의 순서로 충당하여야 하고, 채무자는 물론 채권자라 할지라도 위 법정 순서와 다르게 일방적으로 충당의 순서를 지정할 수는 없다.

④ 위 ③에도 불구하고 당사자의 일방적인 지정에 대하여 상대방이 지체 없이 이의를 제기하지 아니함으로써 묵시적인 합의가 되었다고 보이는 경우에는 그 법정충당의 순서와는 달리 충당의 순서를 인정할 수 있다.

⑤ 담보권 실행을 위한 경매에서 배당된 배당금이 담보권자가 가지는 수개의 피담보채권 전부를 소멸시키기에 부족한 경우, 「민법」 제476조에 의한 지정변제충당은 허용될 수 없으나, 채권자와 채무자 사이에 변제충당에 관한 합의가 있다면 그 합의에 따른 변제충당은 허용된다.

해 설

① (○) : 특별한 사정이 없는 한, 변제자가 타인의 채무에 대한 보증인으로서 부담하는 보증채무(연대보증채무도 포함)는 변제자 자신의 채무에 비하여, 연대채무는 단순채무에 비하여, 각각 변제자에게 그 변제의 이익이 적다(대판 1999. 7. 9, 98다55543).

② (○) : 변제충당지정은 상대방에 대한 의사표시로써 하여야 하나, 채권자와 채무자 사이에 변제충당에 관한 약정이 있고, 그 약정내용이 변제가 채권자에 대한 모든 채무를 소멸시키기에 부족한 때에는 채권자가 적당하

정답 17. ⑤

다고 인정하는 순서와 방법에 의하여 충당하기로 한 것이라면, 변제수령권자인 채권자가 위 약정에 터 잡아 스스로 적당하다고 인정하는 순서와 방법에 좇아 변제충당을 한 이상 변제자에 대한 의사표시와 관계없이 충당의 효력이 있다고 해석하는 것이 타당하다(대판 2012. 4. 13, 2010다1180).

[비교지문] 변제충당에 관한 약관조항이 채권자에게 무제한의 포괄적 충당권을 부여한 경우, 채권자가 위 약정에 기하여 스스로 적당하다고 인정하는 순서와 방법에 좇아 변제충당을 한 이상 그 충당의 효력이 있다. 〈2006년 사법시험〉

(×) : 변제충당에 관한 **약관조항**이 채권자에게 무제한의 포괄적 충당권을 부여하면서도 그 순서와 방법의 기준 등을 전혀 규정하지 아니하여 채무자 또는 담보제공자가 충당되는 채무를 예측할 수 없는 경우, 약관의 규제에관한법률 제6조 제1항, 제2항 제1호에 의하여 무효이며, 그리고 변제충당에 관한 약정이 채무자가 채권자에게 담보로 제공한 출자증권의 처분대금을 채권자가 적당하다고 인정하는 순서와 방법에 따라 충당하기로 한다고만 되어 있어 채권자가 자의적으로 변제충당을 할 수 있도록 하는 내용이고, 달리 충당의 순서와 방법의 기준이나 충당에 대한 채무자의 이의에 관한 정함이 없으므로 무효이다(대판 2002. 7. 12, 99다68652).

③ (○), ④ (○) : 비용, 이자, 원본에 대한 변제충당에 있어서는 민법 제479조에 그 충당 순서가 법정되어 있고 지정 변제충당에 관한 같은 법 제476조는 준용되지 않으므로 당사자 사이에 특별한 합의가 없는 한 비용, 이자, 원본의 순서로 충당하여야 할 것이고, 채무자는 물론 채권자라고 할지라도 위 법정 순서와 다르게 일방적으로 충당의 순서를 지정할 수는 없다(지문③)고 할 것이지만, 당사자의 일방적인 지정에 대하여 상대방이 지체없이 이의를 제기하지 아니함으로써 묵시적인 합의가 되었다고 보여지는 경우에는 그 법정충당의 순서와는 달리 충당의 순서를 인정할 수 있는 것이다(지문④)(대판 2002. 5. 10, 2002다12871, 12888).

⑤ (×) : 담보권의 실행 등을 위한 경매에 있어서 배당금이 동일 담보권자가 가지는 수 개의 피담보채권의 전부를 소멸시키기에 부족한 경우, 채권자와 채무자 사이에 변제충당에 관한 합의가 있었다고 하더라도 그 합의에 의한 변제충당은 허용될 수 없고, 이 경우에는 획일적으로 가장 공평·타당한 충당방법인 민법 제477조의 규정(법정변제충당)에 의한 법정변제충당의 방법에 따라 충당을 하여야 한다(대판 1996. 5. 10, 95다55504).

18 변제충당에 관한 설명 중 옳지 않은 것은? (다툼이 있는 경우 판례에 의함) 〈2021년 변호사시험〉

① 「민법」 제477조의 법정변제충당의 순서에 따라 변제충당을 할 경우, 법정변제충당의 순서는 채무자의 변제제공 당시를 기준으로 정하여야 한다.

② 「민법」 제477조 제4호에 따른 안분비례에 의한 법정변제충당과는 달리, 그 법정변제충당에 의하여 부여되는 법률효과 이상으로 자신에게 유리한 변제충당의 지정 또는 변제충당의 합의가 있다거나 당해 채무가 법정변제충당에서 우선순위에 있으므로 당해 채무에 전액 변제충당 되었다고 주장하는 자는 그 사실을 주장·증명할 책임을 부담한다.

③ 비용, 이자, 원본에 대한 변제충당에서 당사자 사이에 특별한 합의가 없는 한 「민법」 제479조에 의하여 비용, 이자, 원본의 순서로 충당하여야 할 것이고, 채무자는 물론 채권자라고 할지라도 위 법정 순서와 다르게 일방적으로 충당의 순서를 지정할 수는 없지만, 당사자 사이에 묵시적인 합의가 있었다고 보이는 경우에는 법정충당의 순서와 달리 충당의 순서를 인정할 수 있다.

④ 담보권 실행을 위한 경매에서 배당된 배당금이 담보권자가 가지는 수개의 피담보채권 전부를 소멸시키기에 부족한 경우에는 「민법」 제477조 및 제479조의 규정에 의한 법정변제충당의 방법에 따라 충당하여야 하나, 채권자와 채무자 사이에 변제충당에 관한 합의가 있었다면 그 합의에 따른 변제충당은 허용된다.

⑤ 변제자가 주채무자인 경우 보증인이 있는 채무와 보증인이 없는 채무는 변제이익의 점에서 차이가

정답 18. ④

없고, 변제자가 채무자인 경우에도 물상보증인이 제공한 물적 담보가 있는 채무와 그러한 담보가 없는 채무는 변제이익의 점에서 차이가 없다.

해설

① (○) : 민법 제477조의 법정변제충당의 순서는 채무자의 변제제공 당시를 기준으로 정하여야 한다(대판 2015. 11. 26, 2014다71712).

② (○) : 민법 제477조 제4호에 의하면 법정변제충당의 순위가 동일한 경우에는 각 채무액에 안분비례하여 각 채무의 변제에 충당되는 것이므로, 위 안분비례에 의한 법정변제충당과는 달리, 그 법정변제충당에 의하여 부여되는 법률효과 이상으로 자신에게 유리한 변제충당의 지정, 당사자 사이의 변제충당의 합의가 있다거나 또는 당해 채무가 법정변제충당에 있어 우선순위에 있어서 당해 채무에 전액 변제충당되었다고 주장하는 자는 그 사실을 주장입증할 책임을 부담한다(대판 1994. 2. 22, 93다49338).

③ (○) : 비용, 이자, 원본에 대한 변제충당에 있어서는 민법 제479조에 그 충당 순서가 법정되어 있고 지정 변제충당에 관한 민법 제476조는 준용되지 않으므로 원칙적으로 비용, 이자, 원본의 순서로 충당하여야 하고, 채무자는 물론 채권자라 할지라도 위 법정 순서와 다르게 일방적으로 충당의 순서를 지정할 수는 없다. 그러나 당사자 사이에 특별한 합의가 있는 경우이거나 당사자의 일방적인 지정에 대하여 상대방이 지체 없이 이의를 제기하지 아니함으로써 **묵시적인 합의**가 되었다고 보이는 경우에는 그 법정충당의 순서와는 달리 충당의 순서를 인정할 수 있다(대판 2009. 6. 11, 2009다12399).

④ (×) : 담보권의 실행 등을 위한 경매에 있어서 배당금이 동일 담보권자가 가지는 수 개의 피담보채권의 전부를 소멸시키기에 부족한 경우, 채권자와 채무자 사이에 변제충당에 관한 합의가 있었다고 하더라도 그 합의에 의한 변제충당은 허용될 수 없고, 이 경우에는 획일적으로 가장 공평·타당한 충당방법인 민법 제477조의 규정(법정변제충당)에 의한 법정변제충당의 방법에 따라 충당을 하여야 한다(대판 1996. 5. 10, 95다55504).

⑤ (○) : 변제자가 주채무자인 경우 보증인이 있는 채무와 보증인이 없는 채무 사이에 전자가 후자에 비하여 변제이익이 더 많다고 볼 근거는 전혀 없으므로 양자는 변제이익의 점에서 차이가 없다고 보아야 한다. 마찬가지로 변제자가 채무자인 경우 물상보증인이 제공한 물적 담보가 있는 채무와 그러한 담보가 없는 채무 사이에도 변제이익의 점에서 차이가 없다(대판 2014. 4. 30, 2013다8250).

19 변제자대위에 관한 설명 중 옳은 것을 모두 고른 것은? (다툼이 있는 경우 판례에 의함)

〈2021년 변호사시험〉

ㄱ. 채무를 변제할 정당한 이익이 있는 자가 채무를 대위변제한 경우에 통상 채무자에 대하여 구상권을 가짐과 동시에 변제자의 법정대위에 관한 「민법」 제481조에 의하여 당연히 채권자를 대위하나, 위 구상권과 변제자대위권은 별개의 권리이므로, 대위변제자와 채무자 사이에 구상금에 관한 지연손해금 약정이 있더라도 이 약정은 변제자대위권을 행사하는 경우에는 적용될 수 없다.

ㄴ. 변제할 정당한 이익이 있는 자가 채무자를 위하여 근저당권의 피담보채무의 일부를 대위변제한 경우에 대위변제자는 피담보채무의 일부 대위변제를 원인으로 한 근저당권 일부이전의 부기등기의 경료 여부와 관계없이 변제한 가액의 범위 내에서 종래 채권자가 가지고 있던 채권 및 담보에 관한 권리를 법률상 당연히 취득하게 되는 것이므로, 이러한 경우에 대위변제자는 위 채권자보다 우선하여 배당받는다.

ㄷ. 채무자로부터 담보부동산을 취득한 제3자는 채무를 변제하거나 담보권의 실행으로 소유권을 잃게 되면 물상보증인에 대하여 채권자를 대위할 수 있다.

정답 19. ③

ㄹ. 물상보증인이 채무를 변제하거나 저당권의 실행으로 저당물의 소유권을 잃었더라도 다른 사정에 의하여 채무자에 대하여 구상권이 없는 경우에는 채권자를 대위하여 채권자의 채권 및 담보에 관한 권리를 행사할 수 없다.

ㅁ. 채무자 소유 부동산과 물상보증인 소유 부동산에 공동근저당권을 설정한 채권자가 채무자 소유 부동산에 대한 담보를 상실하게 하거나 감소하게 한 경우, 공동근저당권자는 물상보증인 소유 부동산에 관한 경매절차에서 물상보증인이 담보 상실 내지 감소로 인한 면책을 주장할 수 있는 한도에서, 물상보증인 소유 부동산의 후순위 근저당권자에 우선하여 배당받을 수 없다.

① ㄱ, ㄹ ② ㄴ, ㄷ ③ ㄱ, ㄹ, ㅁ ④ ㄱ, ㄴ, ㄹ, ㅁ ⑤ ㄱ, ㄷ, ㄹ, ㅁ

해설

ㄱ. (○) : 채무를 변제할 이익이 있는 자가 채무를 대위변제한 경우에 통상 채무자에 대하여 구상권을 가짐과 동시에 민법 제481조에 의하여 당연히 채권자를 대위하나, 위 구상권과 변제자 대위권은 그 원본, 변제기, 이자, 지연손해금의 유무 등에 있어서 그 내용이 다른 **별개의 권리**이므로, 대위변제자와 채무자 사이에 **구상금에 관한 지연손해금 약정**이 있더라도 이 약정은 구상금을 청구하는 경우에 적용될 뿐, **변제자대위권을 행사하는 경우에는 적용될 수 없다**(대판 2009. 2. 26, 2005다32418).

ㄴ. (×) : 변제할 정당한 이익이 있는 자가 채무자를 위하여 채권의 일부를 대위변제할 경우에 대위변제자는 변제한 가액의 범위내에서 종래 채권자가 가지고 있던 채권 및 담보에 관한 권리를 취득하게 되고 따라서 채권자가 부동산에 대하여 저당권을 가지고 있는 경우에는 채권자는 대위변제자에게 일부 대위변제에 따른 저당권의 일부이전의 부기등기를 경료해 주어야 할 의무가 있다 할 것이나 **이 경우에도 채권자는 일부 대위변제자에 대하여 우선변제권을 가지고 있다**(대판 1988. 9. 27, 88다카1797).

ㄷ. (×) : 물상보증인이 채무를 변제하거나 담보권의 실행으로 소유권을 잃은 때에는 보증채무를 이행한 보증인과 마찬가지로 채무자로부터 담보부동산을 취득한 제3자에 대하여 구상권의 범위 내에서 출재한 전액에 관하여 채권자를 대위할 수 있는 반면, **채무자로부터 담보부동산을 취득한 제3자**는 채무를 변제하거나 담보권의 실행으로 소유권을 잃더라도 **물상보증인에 대하여 채권자를 대위할 수 없다**고 보아야 한다(대판 2014. 12. 18, 2011다50233 전원합의체).

ㄹ. (○) : 변제자대위는 구상권을 확보하기 위한 것이기 때문에 물상보증인이 채무를 변제하였으나 어떤 사정에 의하여 채무자에 대하여 구상권이 없는 경우, 물상보증인이 채권자를 대위하여 채권자의 채권 및 담보에 관한 권리를 행사할 수 없는 것이다(대판 2014. 4. 30, 2013다80429).

ㅁ. (○) : 물상보증인의 변제자대위에 대한 기대권은 민법 제485조에 의하여 보호되어, 채권자가 고의나 과실로 담보를 상실하게 하거나 감소하게 한 때에는, 특별한 사정이 없는 한 물상보증인은 그 상실 또는 감소로 인하여 상환을 받을 수 없는 한도에서 면책 주장을 할 수 있다. 채권자가 물적 담보인 담보물권을 포기하거나 순위를 불리하게 변경하는 것은 담보의 상실 또는 감소행위에 해당한다. 따라서 채무자 소유 부동산과 물상보증인 소유 부동산에 공동근저당권을 설정한 채권자가 공동담보 중 **채무자 소유 부동산에 대한 담보 일부를 포기하거나 순위를 불리하게 변경하여 담보를 상실하게 하거나 감소하게 한 경우**, 물상보증인은 그로 인하여 상환받을 수 없는 한도에서 책임을 면한다. 그리고 이 경우 공동근저당권자는 나머지 공동담보 목적물인 물상보증인 소유 부동산에 관한 경매절차에서, 물상보증인이 위와 같이 담보 상실 내지 감소로 인한 면책을 주장할 수 있는 한도에서는, 물상보증인 소유 부동산의 **후순위 근저당권자**에 우선하여 배당받을 수 없다(대판 2018. 7. 11, 2017다292756).

20 **甲은 2020. 5. 6. 乙로부터 2억 원을 이자 월 1.5%, 변제기 2021. 10. 5.로 정하여 차용하였다(이하 'A차용금'이라 함). 甲은 2019. 12. 6.에도 乙로부터 1억 5,000만 원을 이자 월 1%, 변제기 2020. 11. 5.로 정하여 차용하였는데(이하 'B차용금'이라 함), 당시 丙이 B차용금 채무를 연대보증하였다. 甲은 2020. 6. 5. 乙에게 B차용금에 대한 그 때까지의 이자 900만 원과 원금 중 5,000만 원의 변제 명목으로 5,900만 원을 지급하였고, 乙은 이에 동의하며 수령하였다. 甲은 2022. 1. 5. 乙에게 2억 원을 추가로 변제하였는데, 이 변제의 충당에 관한 당사자 사이의 합의나 지정은 없었다. 위 2억 원은 A차용금과 B차용금에 얼마씩 충당되는가? (모든 계약은 유효함을 전제로 하고, 다툼이 있는 경우 판례에 의함)** 〈2022년 변호사시험〉

	A차용금	B차용금
①	1억 원	1억 원
②	8,100만 원	1억 1,900만 원
③	1억 7,200만 원	2,800만 원
④	1억 8,100만 원	1,900만 원
⑤	2억 원	0원

해설

1. 합의충당

2020. 6. 5. 5,900만 원을 지급한 것은 甲과 乙의 합의에 의하여 B차용금에 대한 이자 및 원금에 충당되었다. 따라서 2020. 6. 5.을 기준으로 B차용금의 원금은 1억 원이 남았다. ☞ 이후로는 이 1억 원을 기준으로 B차용금의 이자 및 지연손해금을 계산해야 한다. 따라서 월 100만 원이다.

2. 법정충당

⑴ 甲이 2억 원을 추가로 변제한 2022. 1. 5. 당시 A차용금의 원금은 2억 원, 이자 및 지연손해금은 6,000만 원(월 300만 원×20개월)이고, B차용금의 원금은 1억 원, 이자 및 지연손해금은 1,900만 원(월100만 원×19개월)이다.

⑵ 여기서 변제의 충당에 관한 당사자 사이의 합의나 지정은 없었으므로 법정충당에 따르는데, (ⅰ) 우선 제479조에 의하여 A차용금의 이자 및 지연손해금 6,000만 원과 B차용금의 이자 및 지연손해금 1,900만 원에 먼저 충당된다. 그러면 1억 2,100만 원이 남는다(2억 – 6,000만 – 1,900만). (ⅱ) 다음으로는 제477조에 의하는데, A차용금의 원금과 B차용금의 원금은 2022. 1. 5. 당시 모두 변제기에 도래하였다(제477조 제1호). 다음으로 변제이익을 따져보면, 이율이 1.5%인 A차용금의 변제이익이 이율이 1%인 B차용금의 변제이익보다 크다. 따라서 남은 1억 2,100만 원은 A차용금의 원금 2억 원에 충당되어야 한다. 결국 A차용금에는 1억 8,100만 원이, B차용금에는 1,900만 원이 각각 충당된다.

3. 민법 제477조, 제478조, 제479조 참조

21 **「민법」상 '선의' 보호에 관한 설명 중 옳은 것을 모두 고른 것은? (다툼이 있는 경우 판례에 의함)** 〈2023년 변호사시험〉

ㄱ. 비법인사단의 대표자가 대표권 제한에 관한 정관 규정에 위반하여 체결한 계약은 그 상대방이 대표권 제한 사실을 알았거나 알 수 있었던 때가 아닌 한 유효하다.

ㄴ. 대리인이 상대방과 공모하여 대리권을 남용한 경우, 본인은 그에 따라 형성된 법률관계를 기초

정답 20. ④ 21. ③

로 새로운 이해관계를 맺은 선의의 제3자에 대하여 무효를 주장할 수 없으며, 제3자의 악의는 무효를 주장하는 자가 주장·증명하여야 한다.

ㄷ. 임대차보증금반환채권의 양도계약이 통정허위표시로서 무효인 경우, 이를 알지 못한 채 임대차보증금반환채권에 대한 압류 및 추심명령을 받은 양수인의 채권자에 대해 양도인은 채권양도가 무효임을 주장할 수 없다.

ㄹ. 채권의 준점유자에 대한 변제가 유효하기 위한 요건인 변제자의 '선의'는 변제자가 준점유자에게 변제수령의 권한이 없음을 알지 못하는 것을 의미할 뿐 적극적으로 진정한 권리자라고 믿었음을 요하지 않는다.

① ㄱ, ㄴ ② ㄴ, ㄹ ③ ㄱ, ㄴ, ㄷ ④ ㄴ, ㄷ, ㄹ ⑤ ㄱ, ㄴ, ㄷ, ㄹ

해 설

ㄱ. (○) : 비법인사단의 경우에는 대표자의 대표권 제한에 관하여 등기할 방법이 없어 민법 제60조의 규정을 준용할 수 없고, 비법인사단의 대표자가 정관에서 사원총회의 결의를 거쳐야 하도록 규정한 대외적 거래행위에 관하여 이를 거치지 아니한 경우라도, 그 거래 상대방이 그와 같은 대표권 제한 사실을 알았거나 알 수 있었을 경우가 아니라면 그 거래행위는 유효하다고 봄이 상당하고(제107조 비진의표시의 법리), 이 경우 거래의 상대방이 대표권 제한 사실을 알았거나 알 수 있었음은 이를 주장하는 비법인사단측이 주장·입증하여야 한다(대판 2003. 7. 22, 2002다64780).

ㄴ. (○) : 법정대리인인 친권자의 대리행위가 객관적으로 볼 때 미성년자 본인에게는 경제적인 손실만을 초래하는 반면, 친권자나 제3자에게는 경제적인 이익을 가져오는 행위이고 행위의 상대방이 이러한 사실을 알았거나 알 수 있었을 때에는 민법 제107조 제1항 단서의 규정을 유추적용하여 행위의 효과가 자(子)에게는 미치지 않는다고 해석함이 타당하나, 그에 따라 외형상 형성된 법률관계를 기초로 하여 새로운 법률상 이해관계를 맺은 선의의 제3자에 대하여는 같은 조 제2항의 규정을 유추적용하여 누구도 그와 같은 사정을 들어 대항할 수 없으며, 제3자가 악의라는 사실에 관한 주장·증명책임은 무효를 주장하는 자에게 있다(대판 2018. 4. 26, 2016다3201).

ㄷ. (○) : 임대차보증금반환채권이 양도된 후 양수인의 채권자가 임대차보증금반환채권에 대하여 채권압류 및 추심명령을 받았는데 임대차보증금반환채권 양도계약이 허위표시로서 무효인 경우 채권자는 그로 인해 외형상 형성된 법률관계를 기초로 실질적으로 새로운 법률상 이해관계를 맺은 제3자에 해당한다(대판 2014. 4. 10, 2013다59753). ☞ 따라서 이러한 자가 선의인 경우에는 그에 대해 채권양도가 무효임을 주장할 수 없다(민법 제108조 제2항).

ㄹ. (×) : 채권의 준점유자에 대한 변제가 유효하기 위한 요건인 선의는 준점유자에게 변제수령의 권한이 없음을 알지 못하는 것뿐만 아니라 적극적으로 진정한 권리자라고 믿었음을 필요로 하고, 무과실은 그렇게 믿는 데에 과실이 없음을 뜻한다(대판 2021. 1. 14, 2018다286888).

22 **甲(채무자)은 乙(채권자)로부터 6,000만 원을 차용하면서 甲 소유의 A, B 토지에 공동저당권을 설정하여 주었고 丙은 별도로 甲의 乙에 대한 채무를 보증하였다. 그후 A토지의 소유권은 丁에게, B 토지의 소유권은 戊에게 각기 이전되었다. 그런데 甲이 무자력이 되어 乙에 대한 채무를 변제하지 못하자, 戊가 甲의 채무 6,000만 원 전액을 乙에게 변제하였으며, 현재 A토지의 가액은 2,000만 원이고, B토지의 가액은 4,000만원이다. 위 사안에서 민법 제482조 변제자대위의 법리에 따라 戊가 丙 및 丁에 대하여 乙을 대위할 수 있는 금액의 범위는?** 〈2002년 사법시험〉

정답 22. ⑤

① 丙 - 0원, 丁 - 0원
② 丙 - 4,000만 원, 丁 - 2,000만 원
③ 丙 - 3,000만 원, 丁 - 3,000만 원
④ 丙 - 2,000만 원, 丁 - 2,000만 원
⑤ 丙 - 0원, 丁 - 2,000만 원

해 설

⑤가 정답이다. 첫째, 보증인과 제3취득자간의 우열은 보증인이 우선한다(제482조 제2항 제2호). 둘째, 제3취득자간에는 각 부동산의 가액에 비례하여 다른 제3취득자에 대하여 채권자를 대위한다(제3호). 따라서 戊가 甲의 채무 6,000만 원 전액을 乙에게 변제하여도 丙에게는 채권자를 대위할 수 없다. 그리고 A토지의 가액은 2,000만 원이고, B토지의 가액은 4,000만 원이기 때문에 6,000만원 X 1/3 = 2,000만원(丁이 부담), 6,000만원 X 2/3 = 4,000만원(戊가 부담)이 된다.

23 **甲을 채권자, 乙을 채무자라고 할 경우, 변제의 충당에 관한 설명으로서 옳은 것(○)과 옳지 않은 것(×)을 바르게 표시한 것은? (다툼이 있는 경우에는 판례에 의함)** 〈2014년 사법시험〉

ㄱ. 乙의 甲에 대한 원리금채무 중 이자채무에 관하여는 소멸시효가 완성된 상태에서 乙이 채무액수를 다투지 않고 채무원리금 총액 중 일부를 甲에게 변제조로 지급한 경우, 乙은 원금채무에 관하여 묵시적으로 승인하는 한편 이자채무에 관하여 소멸시효완성의 이익을 포기한 것으로 추정되므로, 충당에 관하여 甲, 乙 사이의 합의나 지정이 없으면 법정변제충당하여야 한다.
ㄴ. 乙의 甲에 대한 채무로서 보증인이 있는 X 채무와 없는 Y 채무가 있는데, 충당의 합의나 지정이 없어 乙이 변제조로 지급한 돈이 이행기가 먼저 도래한 Y 채무에 법정변제충당되어 Y채무가 모두 소멸된 후에도 甲과 乙은 다시 위 돈을 X 채무에 충당하는 것으로 약정할 수 있다.
ㄷ. 乙이 1개 또는 수개의 채무의 비용 및 이자를 지급할 경우 변제자가 그 전부를 소멸하게 하지 못한 급여를 한 때에는 비용, 이자, 원본의 순서로 변제충당하여야 하는데, 여기서의 '비용'에는 甲의 권리실행비용 중에서 소송비용액확정 결정이나 집행비용액확정 결정에 의하여 乙이 부담하는 것으로 확정된 소송비용이나 집행비용도 포함된다.
ㄹ. 乙의 甲에 대한 채무로서 제3자인 丙이 발행하고 乙이 배서한 어음에 의하여 담보되는 X채무와 아무 담보 없는 Y 채무가 있다면, 乙이 변제자일 경우 X 채무와 Y 채무는 변제이익이 같다.
ㅁ. 여러 명의 연대채무자에 대하여 따로따로 소송이 제기되어 판결에 의하여 확정된 채무 원본이나 지연손해금의 금액과 이율 등이 서로 달라져 원금이나 지연손해금에 채무자들이 공동으로 부담하는 부분과 공동으로 부담하지 않는 부분이 생긴 경우, 어느 채무자가 채무 일부를 변제하면 채무자들이 공동으로 부담하는 부분에 우선 충당되고, 그 다음 공동으로 부담하지 않는 부분의 변제에 충당된다.
ㅂ. 甲과 乙이 乙의 변제가 甲에 대한 모든 채무를 소멸시키기에 부족한 때에는 甲이 적당하다고 인정하는 순서와 방법에 의하여 충당하기로 약정하였으면, 甲은 별도의 의사표시를 하지않고도 그 약정에 터 잡아 스스로 적당하다고 인정하는 순서와 방법에 좇아 변제충당을 할 수 있다.

① ㄱ(○), ㄴ(×), ㄷ(○), ㄹ(×), ㅁ(×), ㅂ(○)
② ㄱ(○), ㄴ(○), ㄷ(×), ㄹ(×), ㅁ(○), ㅂ(×)
③ ㄱ(○), ㄴ(○), ㄷ(×), ㄹ(×), ㅁ(×), ㅂ(○)

정답 23. ⑤

④ ㄱ(×), ㄴ(○), ㄷ(×), ㄹ(○), ㅁ(○), ㅂ(×)
⑤ ㄱ(○), ㄴ(○), ㄷ(○), ㄹ(×), ㅁ(×), ㅂ(○)

해 설

ㄱ. (○) : 원금채무에 관하여는 소멸시효가 완성되지 아니하였으나 이자채무에 관하여는 소멸시효가 완성된 상태에서 채무자가 채무를 일부 변제한 때에는 액수에 관하여 다툼이 없는 한 원금채무에 관하여 묵시적으로 승인하는 한편 이자채무에 관하여 시효완성의 사실을 알고 그 이익을 포기한 것으로 추정되며, 채무자의 변제가 채무 전체를 소멸시키지 못하고 당사자가 변제에 충당할 채무를 지정하지 아니한 때에는 민법 제479조, 제477조에 따른 법정변제충당의 순서에 따라 충당되어야 한다(대판 2013. 5. 23, 2013다12464).

ㄴ. (○) : 민법의 변제충당에 관한 규정은 임의규정이다. 따라서 변제자(채무자)와 변제수령자(채권자)는 변제로 소멸한 채무에 관한 보증인 등 이해관계 있는 제3자의 이익을 해하지 않는 이상 이미 급부를 마친 뒤에도 기존의 충당방법을 배제하고 제공된 급부를 어느 채무에 어떤 방법으로 다시 충당할 것인가를 약정할 수도 있는 것이다(대판 2013. 9. 12, 2012다118044).

ㄷ. (○) : 변제충당 중 지정충당의 제한사유에는 비용채무자가 1개 또는 수개의 채무의 비용 및 이자를 지급할 경우에 변제자가 그 전부를 소멸하게 하지 못한 급여를 한 때에는 비용, 이자, 원본의 순서로 변제에 충당하여야 한다(민법 제479조 제1항). 여기서의 비용은 당사자 사이의 약정이나 법률의 규정 등에 의하여 채무자가 당해 채권에 관하여 부담하여야 하는 비용을 의미한다. 비용에는 변제비용, 계약비용이외에 소송비용, 경매비용, 집행비용 등이 포함된다. 따라서 채무자가 부담하여야 하는 변제비용(민법 제473조 본문)이나, 채권자의 권리실행비용 중에서 소송비용액확정결정이나 집행비용액확정결정에 의하여 채무자가 부담하는 것으로 확정된 소송비용 또는 집행비용 등은 위와 같은 비용의 범주에 속한다. 그러나 변제비용이라고 하더라도 채권자의 주소이전 기타의 행위로 인하여 증가된 액수는 원칙적으로 채권자가 부담하여야 하므로 위 규정에서 말하는 비용에 해당하지 않는다(대판 2008. 12. 24, 2008다61172).

ㄹ. (×) : 법정변제충당을 위한 변제이익은 변제자를 기준으로 판단하여야 한다. 따라서 먼저 주채무자 이외의 자가 변제자인 경우에는, 변제자가 발행 또는 배서한 어음에 의하여 담보되는 채무가 다른 채무보다 변제이익이 많다고 보아야 한다. 그러나 주채무자가 변제자인 경우에는, 담보로 제3자가 발행 또는 배서한 약속어음이 교부된 채무와 다른 채무 사이에 변제이익의 점에서 차이가 없다고 보아야 할 것이나, 담보로 주채무자 자신이 발행 또는 배서한 어음이 교부된 채무는 다른 채무보다 변제이익이 많은 것으로 보아야 한다(대판 1999. 8. 24, 99다22281).

ㅁ. (×) : 여러 명의 연대채무자 또는 연대보증인에 대하여 따로따로 소송이 제기되는 등으로 그 판결에 의하여 확정된 채무원본이나 지연손해금의 금액과 이율 등이 서로 달라지게 되어 원금이나 지연손해금에 채무자들이 공동으로 부담하는 부분과 공동으로 부담하지 않는 부분이 생긴 경우에 어느 채무자가 채무 일부를 변제한 때에는 그 변제자가 부담하는 채무 중 공동으로 부담하지 않는 부분의 채무 변제에 우선 충당되고 그 다음 공동부담 부분의 채무 변제에 충당된다. 그리고 채권의 목적을 달성시키는 변제와 같은 사유는 연대채무자 또는 연대보증채무자 전원에 대하여 절대적 효력을 가지므로 어느 채무자의 변제 등으로 다른 채무자와 공동으로 부담하는 부분의 채무가 소멸되면 그 채무소멸의 효과는 다른 채무자 전원에 대하여 미친다(대판 2013. 3. 14, 2012다85281).

ㅂ. (○) : 채권자와 채무자 사이에 미리 변제충당에 관한 약정이 있으며, 그 약정 내용이, 변제가 채권자에 대한 모든 채무를 소멸시키기에 부족한 경우 채권자가 적당하다고 인정하는 순서와 방법에 의하여 충당하기로 한 것이라면, 채권자가 위 약정에 터잡아 스스로 적당하다고 인정하는 순서와 방법에 좇아 변제충당을 한 이상 채무자에 대한 의사표시와 관계없이 그 충당의 효력이 있다(대판 1991. 7. 23, 90다18678).

보충지문

24 **채무의 변제는 원칙적으로 채무자뿐만 아니라 제3자도 할 수 있고, 채무의 성질상 반드시 변제자 본인의 행위에 의해서만 가능한 것이 아닌 이상 제3자를 이행보조자 내지 이행대행자로 사용하여 대위변제할 수도 있다.** 〈2015년 법무사〉

해설 채무의 변제는 원칙적으로 채무자뿐만 아니라 제3자도 할 수 있고, 채무의 성질상 반드시 변제자 본인의 행위에 의해서만 가능한 것이 아닌 이상 제3자를 이행보조자 내지 이행대행자로 사용하여 대위변제할 수도 있다(대판 2001. 6. 15, 99다13515).

25 **제3자가 유효하게 채무자가 부담하는 채무를 변제한 경우에 채무자와 계약관계가 있으면 그에 따라 구상권을 취득하고, 그러한 계약관계가 없으면 특별한 사정이 없는 한 민법 제734조 제1항에서 정한 사무관리가 성립하여 민법 제739조에 정한 사무관리비용의 상환청구권에 따라 구상권을 취득한다.** 〈2022년 법무사〉

해설 대판 2022. 3. 17, 2021다276539.

26 **채권의 준점유자에 대한 변제는 변제자가 선의 · 무과실인 경우에 한하여 유효하다.** 〈2012년 공인노무사〉

해설 채권의 준점유자에 대한 변제는 변제자가 선의·무과실인 경우에 한하여 유효하다(제470조).

27 **채권의 준점유자에게 한 변제는 변제자가 선의이며 과실 없음을 입증하면 채권자에 대하여 효력이 있다.** 〈2020년 공인노무사〉

해설 제3채무자의 지점 등이 예금채권의 가압류 사실을 알지 못하고 또 과실도 없이 그 시간 내에 예금채권을 지급하고 말았다면, 채권의 준점유자에 대한 변제에 관한 민법 제470조를 유추적용하여 제3채무자의 면책을 인정할 수 있고, 이 경우 선의·무과실의 주장·입증책임은 제3채무자(변제의 유효를 주장하는 자)에게 있다(대판 2002. 8. 27, 2002다31858).

28 **민법 제470조의 채권의 준점유자에는 채권자의 대리인이라고 하면서 채권을 행사하는 경우도 포함된다.** 〈2015년 공인노무사〉

해설 민법 제470조의 채권의 준점유자에는 준점유자가 스스로 채권자라고 하여 채권을 행사하는 경우뿐만이 아니라, 채권자의 대리인이라고 하면서 채권을 행사하는 경우도 포함된다(대판 2004. 4. 23, 2004다5389).

29 **효력규정인 강행법규에 위반되는 계약을 체결한 자가 그 약정의 효력이 부인되는 사실을 알지 못한 탓에 그 약정에 따라 변제수령권을 갖는 것처럼 외관을 갖게 된 자에게 변제를 한 경우에, 채권의 준점유자에 대한 변제로 유효하다.** 〈2016년 법원행시〉

해설 효력규정인 강행법규에 위반되는 계약을 체결한 자가 그 약정의 효력이 부인된다는 사실을 알지 못한 탓에 그 약정에 따라 변제수령권을 갖는 것처럼 외관을 갖게 된 자에게 변제를 한 경우에는, 특별한 사정이 없

정답 24. (○) 25. (○) 26. (○) 27. (○) 28. (○) 29. (×)

는 한 그 변제자가 채권의 준점유자에게 변제수령권이 있는 것으로 오해한 것은 법률적인 검토를 제대로 하지 않은 과실에 기인한 것이라고 할 것이다(대판 2004. 6. 11, 2003다1601).

30 민법 제472조는 불필요한 연쇄적 부당이득반환의 법률관계가 형성되는 것을 피하기 위하여 변제받을 권한 없는자에 대한 변제의 경우에도 그로 인하여 채권자가 이익을 받은 한도에서 효력이 있다고 규정하고 있다. 그런데 변제수령자가 변제로 받은 급부를 가지고 자신이나 제3자의 채권자에 대한 채무를 변제함으로써 채권자의 기존 채권을 소멸시킨 경우에는 채권자에게 실질적인 이익이 생겼다고 할 수 없으므로 위 규정에 의한 변제의 효력을 인정할 수 없다.

〈2017년 법무사〉

해설 민법 제472조는 불필요한 연쇄적 부당이득반환의 법률관계가 형성되는 것을 피하기 위하여 변제받을 권한 없는 자에 대한 변제의 경우에도 그로 인하여 채권자가 이익을 받은 한도에서 효력이 있다고 규정하고 있다. 여기에서 '채권자가 이익을 받은' 경우란 변제수령자가 채권자에게 변제로 받은 급부를 전달한 경우는 물론이고, 변제수령자가 변제로 받은 급부를 가지고 채권자의 자신에 대한 채무의 변제에 충당하거나 채권자의 제3자에 대한 채무를 대신 변제함으로써 **채권자의 기존 채무를 소멸시키는** 등 채권자에게 실질적인 이익이 생긴 경우를 포함하나, 변제수령자가 변제로 받은 급부를 가지고 자신이나 제3자의 채권자에 대한 채무를 변제함으로써 **채권자의 기존 채권을 소멸시킨 경우**에는 채권자에게 실질적인 이익이 생겼다고 할 수 없으므로 민법 제472조에 의한 변제의 효력을 인정할 수 없다(대판 2014. 10. 15, 2013다17117).

31 무권한자의 변제수령을 채권자가 추인한 경우에 채권자는 무권한자에게 부당이득으로서 변제받은 것의 반환을 청구할 수 있다. 〈2022년 법무사〉

해설 민법 제472조는 불필요한 연쇄적 부당이득반환의 법률관계가 형성되는 것을 피하기 위하여 변제받을 권한 없는 자에 대한 변제의 경우에도 채권자가 이익을 받은 한도에서 효력이 있다고 규정하고 있는데, 여기에서 말하는 '채권자가 이익을 받은' 경우에는 변제의 수령자가 진정한 채권자에게 채무자의 변제로 받은 급부를 전달한 경우는 물론이고, 그렇지 않더라도 무권한자의 변제수령을 채권자가 사후에 추인한 때와 같이 무권한자의 변제수령을 채권자의 이익으로 돌릴 만한 실질적 관련성이 인정되는 경우도 포함된다. 그리고 무권한자의 변제수령을 채권자가 추인한 경우에 채권자는 무권한자에게 부당이득으로서 변제받은 것의 반환을 청구할 수 있다(대판 2016. 7. 14, 2015다71856, 71863).

32-1 채무자가 채무 전부를 변제한 때에는 채권자에게 채권증서의 반환을 청구할 수 있는데, 이때 채권증서의 반환과 변제는 동시이행관계에 있지 않고 영수증반환과 동시이행관계에 있다.

〈2013년 법무사〉

32-2 채무자가 채무 전부를 변제한 때에는 채권자에게 채권증서의 반환을 청구할 수 있으며, 제3자가 변제를 하는 경우에는 제3자도 채권증서의 반환을 구할 수 있으나, 이러한 채권증서 반환청구권은 채권 전부를 변제한 경우에 인정되는 것이고, 영수증 교부의무와는 달리 변제와 동시이행관계에 있지 않다. 〈2020년 법무사〉

해설 채무자가 채무 전부를 변제한 때에는 채권자에게 채권증서의 반환을 청구할 수 있으며, 제3자가 변제를 하는 경우에는 제3자도 채권증서의 반환을 구할 수 있으나, 이러한 채권증서반환청구권은 채권 전부를 변제

정답 30. (○) 31. (○) 32-1. (○) 32-2. (○)

한 경우에 인정되는 것이고, 영수증교부의무와는 달리 변제와 동시이행관계에 있지 않다(대판 2005. 8. 19, 2003다22042).

33 **변제충당에 관한 민법 제476조 내지 제479조의 규정은 강행규정이다.** 〈2015년 공인노무사〉

해설 변제충당에 관한 민법 제476조 내지 제479조의 규정은 강행규정이 아닌 임의규정이다(대판 2012. 4. 13, 2010다1180). ☞ 따라서 합의충당이 가장 우선한다.

34 **다수의 채무 중 보증인에 의하여 담보되고 있는 채무와 그렇지 않은 채무가 있는 경우, 이행기가 먼저 도래하는 채무를 먼저 변제하기로 하는 내용의 합의충당이 현저히 부당하거나 신의칙에 반한다고 볼 수 없어 유효하고, 그 결과 보증인에 의해 담보되는 채무가 남게 되었다면 그 보증인은 보증책임을 부담한다.** 〈2023년 법원행시〉

해설 다수의 채무 중 보증인에 의하여 담보되고 있는 채무와 그렇지 않은 채무가 있는 경우, 다수의 채무 중 이행기가 먼저 도래하는 채무를 먼저 변제하기로 하는 내용의 합의충당이 현저히 부당하거나 신의칙에 반한다고 볼 수 없어 유효하고, 그 결과 보증인에 의해 담보되는 채무가 남게 되었다면 그 보증인은 보증책임을 부담한다(대판 2010. 10. 28, 2010다55187). ☞ 다만 그러한 충당이 보증인에게 현저히 부당하고 신의칙에 반하는 때에는 합의충당의 효력이 부정된다.

35 **동일 당사자 사이에 수 개의 채권관계가 성립되어 있어 채무자가 특정채무를 지정하여 변제를 한 경우, 특정채무에 대한 변제의 효과가 인정되고, 그 변제액이 지정한 특정채무의 액수를 초과하더라도 당사자 사이에 다른 채권의 변제에 충당하거나 공제의 대상으로 삼기로 하는 합의가 있는 등 특별한 사정이 없는 한 초과액수가 다른 채권의 변제에 당연 충당된다거나 공제의 대상이 되지는 않는다.** 〈2023년 법원행시〉

해설 동일 당사자 사이에 수 개의 채권관계가 성립되어 있는 경우 채무자가 특정채무를 지정하여 변제를 한 때에는 그 특정채무에 대한 변제의 효과가 인정된다. 이때 그 변제액수가 지정한 특정채무의 액수를 초과하더라도, 초과액수 상당의 채권이 부당이득관계에 따라 다른 채권에 대한 상계의 자동채권이 될 수 있음은 별론으로 하고, 당사자 사이에 다른 채권의 변제에 충당하거나 공제의 대상으로 삼기로 하는 합의가 있는 등 특별한 사정이 없는 한 초과액수가 다른 채권의 변제에 당연 충당된다거나 공제의 대상이 된다고 볼 수는 없다(대판 2021. 1. 14, 2020다261776).

36 **채무 중에 이행기가 도래한 것과 도래하지 아니한 것이 있으면 이행기가 도래한 채무의 변제에 충당한다.** 〈2012년 공인노무사〉

해설 채무 중에 이행기가 도래한 것과 도래하지 아니한 것이 있으면 이행기가 도래한 채무의 변제에 충당한다(제477조 제1호).

37 **채무 전부의 이행기가 도래하였거나 도래하지 아니한 때에는 채무자에게 변제이익이 많은 채무의 변제에 충당한다.** 〈2012년 공인노무사〉

정답 33. (×) 34. (○) 35. (○) 36. (○) 37. (○)

해 설 채무 전부의 이행기가 도래하였거나 도래하지 아니한 때에는 채무자에게 변제이익이 많은 채무의 변제에 충당한다(제477조 제2호).

38 이행기와 변제이익이 같은 채무는 각 채무액에 비례하여 변제에 충당한다. 〈2012년 공인노무사〉

해 설 이행기와 변제이익이 같은 채무는 각 채무액에 비례하여 변제에 충당한다(제477조 제4호).

39-1 채무자를 위하여 변제한 자는 변제와 동시에 채권자의 승낙을 얻어 채권자를 대위할 수 있고, 변제할 정당한 이익이 있는 자는 변제로 당연히 채권자를 대위한다. 〈2015년 법무사〉

39-2 채무를 변제한 보증인은 주채무자의 부탁 여부와 관계없이 채권자를 대위할 수 있다. 〈2013년 공인노무사〉

해 설 채무자를 위하여 변제한 자는 변제와 동시에 채권자의 승낙을 얻어 채권자를 대위할 수 있고, 변제할 정당한 이익이 있는 자는 변제로 당연히 채권자를 대위한다(제480조, 제481조). ☞ 구상권의 범위에 차이가 있을 뿐이다.

40 이해관계 없는 제3자는 채무자의 의사에 반하여 변제하지 못하는데, 부동산의 매수인은 그 권리실현에 장애가 되는 그 부동산에 대한 담보권 등의 권리를 소멸시키기 위하여 매도인의 채무를 대신 변제할 법률상 이해관계 있는 제3자라고 볼 것이다. 〈2019년 법무사〉

해 설 이처럼 건물의 매수인(또는 임차인)은 그 권리실현에 장애가 되는 위 수급인의 건물에 대한 유치권 등의 권리를 소멸시키기 위하여 매도인의 공사금채무를 대신 변제할 법률상 이해관계 있는 제3자이자 변제할 정당한 이익이 있는 자라고 볼 것이므로 위 변제는 공사금채무의 범위 내에서는 매도인의 의사에 반하여도 효력이 있다(대판 1993. 10. 12, 93다9903).

41 변제할 정당한 이익이 없는 자가 채무자를 위하여 변제한 경우 채권자의 승낙뿐만 아니라 채권양도의 대항요건까지 갖추어야 채권자를 대위할 수 있다. 〈2011년 법무사〉

해 설 변제할 정당한 이익이 없는 자는 변제와 동시에 채권자의 승낙을 받아야 대위할 수 있고(제480조 제1항), 그 대위를 가지고 채무자에게 대항하려면 채권자의 채무자에 대한 대위 통지 또는 채무자의 대위 승낙을 요하며, 채무자 이외의 제3자에게 대항하려면 확정일자 있는 증서로써 해야 한다(제480조 제2항).

42 대위변제자는 채권자의 권리를 취득하는 것이 아니라 변제자의 명의로 그 권리를 행사할 권한을 갖는 데 불과하다. 〈2009년 공인노무사〉

해 설 변제할 정당한 이익이 있는 사람이 채무자를 위하여 채권의 일부를 대위변제할 경우에 대위변제자는 변제한 가액의 범위 내에서 종래 채권자가 가지고 있던 채권 및 담보에 관한 권리를 취득하므로, 채권자가 부동산에 대하여 저당권을 가지고 있는 경우에는 채권자는 대위변제자에게 일부 대위변제에 따른 저당권 일부 이전의 부기등기를 할 의무를 진다(대판 2017. 7. 18, 2015다206973).

정 답 38. (○) 39-1. (○) 39-2. (○) 40. (○) 41. (○) 42. (×)

43 **물상보증인이 대위취득한 선순위저당권설정등기에 대하여는 말소등기가 경료될 것이 아니라 물상보증인 앞으로 대위에 의한 저당권이전의 부기등기가 경료되어야 한다.** 〈2018년 법원행시〉

해설 물상보증인이 대위취득한 선순위저당권설정등기에 대하여는 말소등기가 경료될 것이 아니라 물상보증인 앞으로 대위에 의한 저당권이전의 부기등기가 경료되어야 할 성질의 것이며, 따라서 아직 경매되지 아니한 공동저당물의 소유자로서는 1번저당권자에 대한 피담보채무가 소멸하였다는 사정만으로는 말소등기를 청구할 수 없다(대판 1994. 5. 10, 93다25417).

44 **보증인과 제3취득자 사이의 변제자대위에 관하여 민법 제482조 제2항 제1호는 "보증인은 미리 전세권이나 저당권의 등기에 그 대위를 부기하지 아니하면 전세물이나 저당물에 권리를 취득한 제3자에 대하여 채권자를 대위하지 못한다."라고 정하고 있으므로, 보증인의 채무 변제와 제3취득자의 목적부동산에 대한 권리 취득 중 무엇이 먼저인지와 관계없이, 채무를 변제한 보증인은 대위의 부기등기를 하지 않고는 제3취득자에 대하여 채권자를 대위할 수 없다.** 〈2022년 법원행시〉

해설 보증인과 제3취득자 사이의 변제자대위에 관하여 민법 제482조 제2항 제1호는 "보증인은 미리 전세권이나 저당권의 등기에 그 대위를 부기하지 아니하면 전세물이나 저당물에 권리를 취득한 제3자에 대하여 채권자를 대위하지 못한다."라고 정하고 있다. 이 규정은 보증인의 변제로 저당권 등이 소멸한 것으로 믿고 목적부동산에 대하여 권리를 취득한 제3취득자를 예측하지 못한 손해로부터 보호하기 위한 것이다. 따라서 보증인이 채무를 변제한 후 저당권 등의 등기에 관하여 대위의 부기등기를 하지 않고 있는 동안 제3취득자가 목적부동산에 대하여 권리를 취득한 경우 보증인은 제3취득자에 대하여 채권자를 대위할 수 없다. 그러나 제3취득자가 목적부동산에 대하여 권리를 취득한 후 채무를 변제한 보증인은 대위의 부기등기를 하지 않고도 대위할 수 있다고 보아야 한다. 보증인이 변제하기 전 목적부동산에 대하여 권리를 취득한 제3자는 등기부상 저당권 등의 존재를 알고 권리를 취득하였으므로 나중에 보증인이 대위하더라도 예측하지 못한 손해를 입을 염려가 없다(대판 2020. 10. 15, 2019다222041).

45-1 **채권의 일부에 대하여 변제자대위가 인정되는 경우 그 대위자는 채무자의 채무불이행을 이유로 채권자와 채무자간의 계약을 해제할 수 있다.** 〈2020년 공인노무사〉

45-2 **채권의 일부에 대하여 대위변제가 있는 때에는 대위자는 그 변제한 가액에 비례하여 채권자와 함께 그 권리를 행사하고, 채무불이행을 원인으로 하는 계약의 해지 또는 해제는 채권자만이 할 수 있다.** 〈2015년 법무사〉

해설 제483조(일부의 대위) ① 채권의 일부에 대하여 대위변제가 있는 때에는 대위자는 그 변제한 가액에 비례하여 채권자와 함께 그 권리를 행사한다. ② 전항의 경우에 채무불이행을 원인으로 하는 계약의 해지 또는 해제는 채권자만이 할 수 있고 채권자는 대위자에게 그 변제한 가액과 이자를 상환하여야 한다.

46-1 **변제할 정당한 이익이 있는 자가 채무자를 위하여 근저당권의 피담보채무의 일부를 대위변제한 경우, 대위변제자는 근저당권 일부이전의 부기등기 여부와 관계없이 변제한 가액의 범위 내에서 종래 채권자가 가지고 있던 채권 및 담보에 관한 권리를 법률상 당연히 취득하고, 그 변제한 가액에 비례하여 채권자와 같은 지위를 가진다.** 〈2019년 법원행시〉

정답 43. (○) 44. (×) 45-1. (×) 45-2. (○) 46-1. (×)

46-2 **변제할 정당한 이익이 있는 자가 채무자를 위하여 확정된 근저당권의 피담보채무의 일부를 대위변제한 경우, 대위변제자는 일부대위변제를 원인으로 한 근저당권 일부이전의 부기등기의 경료 여부와 관계없이 변제한 가액의 범위 내에서 종래 근저당권 채권자가 가지고 있던 채권 및 담보에 관한 권리를 법률상 당연히 취득하나, 이때에도 근저당권 채권자는 대위변제자에 대하여 우선변제권을 가진다.** 〈2019년 법무사〉

해설 대판 2004. 6. 25, 2001다2426 참조

47 **채권의 일부에 대한 대위변제가 있는 때에는 채권자는 채권증서에 그 대위를 기입하고 자기가 점유한 담보물의 보존에 관하여 대위자의 감독을 받아야 한다.** 〈2011년 법무사〉

해설 민법 제484조 제2항 참조

48 **근저당권은 그 피담보채권에 관한 거래가 종료하기까지 채권이 계속적으로 증감 변동하므로, 근저당권의 피담보채권이 확정되기 전에 그 채권의 일부를 양도하거나 대위변제하였다고 하여 근저당권이 양수인이나 대위변제자에게 이전되는 것은 아니다.** 〈2019년 법원행시〉

해설 근저당권은 계속적인 거래관계로부터 발생·소멸하는 불특정다수의 채권 중 그 결산기에 잔존하는 채권을 일정한 한도액의 범위 내에서 담보하는 것으로서 그 거래가 종료하기까지 그 피담보채권은 계속적으로 증감·변동하는 것이므로, 근저당 거래관계가 계속되는 관계로 근저당권의 피담보채권이 확정되지 아니하는 동안에는 그 채권의 일부가 대위변제되었다 하더라도 그 근저당권이 대위변제자에게 이전될 수 없다(대판 2000. 12. 26, 2000다54451).

49-1 **변제할 정당한 이익이 있는 수인이 시기를 달리하여 근저당권의 피담보채권의 일부씩을 대위변제한 경우 그들은 각 일부 대위변제자로서 그 변제한 가액에 비례하여 근저당권을 준공유하고 있다고 보아야 하고, 그 근저당권을 실행하여 배당함에 있어서는 다른 특별한 사정이 없는 한 먼저 대위변제한 순서대로 배당하여야 한다.** 〈2022년 법무사〉

49-2 **수인이 시기를 달리하여 채권의 일부씩을 대위변제하고 근저당권 일부이전의 부기등기를 각 경료한 경우 그들은 각 일부대위자로서 그 변제한 가액에 비례하여 근저당권을 준공유하고 있다고 보아야 하고, 그 근저당권을 실행하여 배당함에 있어서는 다른 특별한 사정이 없는 한 각 변제채권액에 비례하여 안분배당하여야 한다.** 〈2019년 법무사〉

해설 채권의 일부에 대하여 대위변제가 있는 때에는 대위자는 민법 제483조 제1항에 의하여 그 변제한 가액에 비례하여 채권자의 권리를 행사할 수 있으므로, 수인이 시기를 달리하여 채권의 일부씩을 대위변제하고 근저당권 일부이전의 부기등기를 각 경료한 경우 그들은 각 일부대위자로서 그 변제한 가액에 비례하여 근저당권을 준공유하고 있다고 보아야 하고, 그 근저당권을 실행하여 배당함에 있어서는 다른 특별한 사정이 없는 한 각 변제채권액에 비례하여 안분배당하여야 한다(대판 2001. 1. 19, 2000다37319).

정답 46-2. (○) 47. (○) 48. (○) 49-1. (×) 49-2. (○)

50-1 채권자의 고의나 과실로 담보가 상실 또는 감소한 경우 민법 제485조에 의하여 법정대위자가 면책되는지 여부 및 면책되는 범위는 대위변제한 시점을 표준시점으로 하여 판단하여야 한다.

〈2015년 법무사〉

50-2 채권자의 고의 또는 과실로 담보가 상실되거나 감소된 때에는 대위할 자는 그 담보의 상실 또는 감소로 인하여 상환받을 수 없는 한도에서 그 책임을 면하는데, 법정대위자의 면책 여부 및 면책 범위는 담보가 상실 또는 감소된 시점을 표준시점으로 하여 판단한다. 〈2019년 법원행시〉

해설 민법 제485조는 "제481조의 규정에 의하여 대위할 자가 있는 경우에 채권자의 고의나 과실로 담보가 상실되거나 감소된 때에는 대위할 자는 그 상실 또는 감소로 인하여 상환을 받을 수 없는 한도에서 그 책임을 면한다."라고 규정하여 법정대위를 할 자가 있는 경우에 대위할 자의 구상권 및 대위에 대한 기대권을 보호하기 위하여 채권자에게 담보보존의무를 부담시키고자 함에 그 취지가 있는 점, 민법 제485조에 의하여 법정대위자가 면책되는지 여부 및 면책되는 범위는 담보가 상실 또는 감소한 시점을 표준시점으로 하여 판단되는 점 등을 종합하면, 법정대위의 전제가 되는 보증 등의 시점 이전에 이미 소멸한 채권자의 담보에 대해서는 민법 제485조가 적용되지 않는다고 보아야 하고, 위와 같은 담보 소멸에 채권자의 고의나 과실이 있다거나 법정대위의 전제가 되는 보증 등의 시점 당시 소멸된 담보의 존재를 신뢰하였다는 등의 사정이 있다고 하여 달리 볼 것은 아니다(대판 2014. 10. 15, 2013다91788).

51 등기이전을 해 줄 수 있는 준비 또는 태세를 갖추고 있었다는 사정만으로도 이행제공으로 볼 수 있다는 것이 판례의 태도이다. 〈2006년 공인노무사〉

해설 동시이행 관계에 있는 쌍무계약에 있어서는 상대방의 채무불이행을 이유로 계약을 해제하려고 하는 자는 동시이행 관계에 있는 자기채무의 이행을 제공하여야 하고 그 채무를 이행함에 있어 상대방의 행위를 필요로 할 때에는 언제든지 현실로 이행할 수 있는 준비를 완료하고 그 뜻을 상대방에게 통지하여 그 수령을 최고하여야만 상대방으로 하여금 이행지체에 빠지게 할 수 있고 단순히 이행의 준비태세를 갖추고 있는 것만으로는 부족하다(대판 1987. 1. 20, 85다카2197).

52-1 약속어음의 제공은 특약이 없는 한 금전채무의 현실제공이 될 수 없다. 〈2006년 공인노무사〉

52-2 자기앞수표의 제공은 금전채무의 현실제공이라고 할 수 있다. 〈2006년 공인노무사〉

해설 금전채무에 있어 보통의 수표나 약속어음의 제공은 원칙적으로 변제의 제공이 되지 않는다. 부도의 위험이 있기 때문이다. 반면에 거래상 통화와 동일하게 취급되는 우편환이나 은행이 발행한 자기앞 수표의 교부는 현실의 제공이 된다.

53 채무액의 일부 제공은 채권자의 승낙이 없는 한 채무 내용에 좇은 제공으로 되지 않는다.

〈2006년 공인노무사〉

해설 채무의 일부 변제제공은 채무의 본지에 따른 이행의 제공이라 할 수 없고 이행제공의 효력이 발생할 수 없는 것이어서 그 채무의 일부를 공탁했다 하더라도 변제의 효력이 발생할 수 없다(대판 1984. 9. 11, 84다카781).

정답 50-1. (×) 50-2. (○) 51. (×) 52-1. (○) 52-2. (○) 53. (○)

54 **채무자가 채권자에게 기존채무의 이행에 관하여 어음을 교부함에 있어서 당사자 사이에 특별한 의사표시가 없으면 이는 '지급에 갈음하여' 교부된 것으로 추정한다.** 〈2020년 변호사시험〉

해설 채무자가 기존 채무의 이행에 관하여 채권자에게 어음을 교부하는 경우에 당사자 사이에 특별한 의사표시가 없고, 다른 한편 어음상의 주채무자가 원인관계상의 채무자와 동일하지 아니한 때에는 제3자인 어음상의 주채무자에 의한 지급이 예정되고 있으므로, 이는 '지급을 위하여' 교부된 것으로 추정된다(대판 1995. 10. 13, 93다12213).

Ⅱ. 공 탁

55 **채권자 甲은 채무자 乙에 대하여 1,000만원의 금전채권을 가지고 있다. 이 경우에 乙이 하는 공탁에 관한 다음 설명 중 옳지 않은 것은? (다툼이 있는 경우에는 판례에 의함)** 〈2007년 변리사〉

① 甲이 변제제공 전에 미리 변제의 수령을 거절한 경우 乙은 바로 1,000만원을 공탁하여 자기의 채무를 면할 수 있다.
② 甲이 무단으로 이사하였기 때문에 乙이 과실 없이 甲의 현재의 주소를 알 수 없는 때에는 乙은 1,000만원을 공탁하여 자기의 채무를 면할 수 있다.
③ 甲이 사망하여 丙·丁이 甲의 상속인이라 칭하며 甲의 상속인의 지위를 다투고 있어 누가 상속인인지 알 수 없는 경우, 乙은 丙·丁 모두의 주소와 성명을 알고 있다 하더라도 공탁할 수 있다.
④ 乙의 공탁에 대하여 甲이 공탁소에 수령한다는 의사를 통지한 때에는 乙에게 그 의사를 통지하지 않아도 乙은 공탁한 1,000만원을 회수할 수 없다.
⑤ 乙이 1,000만원 중 700만원을 공탁하였다면 그 한도 내에서는 공탁의 효력이 생긴다.

해설

① (○) : 채권자가 변제수령을 거절하는 경우 공탁의 요건을 충족한다(제487조 전문).
② (○) : 변제자가 과실 없이 채권자의 주소지를 알 수 없는 경우도 공탁의 요건이 된다(제487조 후문).
③ (○) : 대판 1991. 5. 28, 91다3055 참조
④ (○) : 민법 제489조 제1항 참조
⑤ (×) : 변제공탁이 유효하려면 채무 전부에 대한 변제의 제공 및 채무 전액에 대한 공탁이 있어야 하고, 채무 전액이 아닌 일부에 대한 공탁은 그 부족액이 아주 근소하다는 등의 특별한 사정이 있는 경우를 제외하고는 채권자가 이를 수락하지 않는 한 그 공탁 부분에 관하여서도 채무소멸의 효과가 발생하지 않는바, 근저당권의 피담보채무에 관하여 전액이 아닌 일부에 대하여 공탁한 이상 그 피담보채무가 계속적인 금전거래에서 발생하는 다수의 채무의 집합체라고 하더라도 공탁금액에 상응하는 범위에서 채무소멸의 효과가 발생하는 것은 아니다(대판 1998. 10. 13, 98다17046).

56 **변제공탁에 관한 설명으로 옳지 않은 것은?** 〈2015년 변리사〉

① 공탁자는 공탁으로 인하여 질권이 소멸하더라도 공탁물을 회수할 수 있다.
② 변제자가 과실 없이 채권자를 알 수 없는 경우, 채권자를 위하여 변제의 목적물을 공탁할 수 있다.
③ 공탁소에 관하여 법률에 특별한 규정이 없으면 법원은 변제자의 청구에 의하여 공탁소를 지정하고

정답 54. (×) 55. ⑤ 56. ①

공탁물보관자를 선임하여야 한다.

④ 변제의 목적물이 공탁에 적당하지 않은 경우, 변제자는 법원의 허가를 얻어 그 물건을 경매하여 대금을 공탁할 수 있다.

⑤ 채무자가 채권자의 상대의무이행과 동시에 변제할 경우, 채권자는 그 의무이행을 하지 않으면 공탁물을 수령하지 못한다.

해 설

① (×) : 공탁자는 공탁으로 인하여 질권이나 저당권이 소멸하면 공탁물을 회수할 수 없다(제489조 제2항).
② (○) : 변제공탁의 요건이다. 즉 변제자가 과실 없이 채권자를 알 수 없는 경우에도, 채권자를 위하여 변제의 목적물을 공탁할 수 있다(제487조 후단).
③ (○) : 공탁소에 관하여 법률에 특별한 규정이 없으면 법원은 변제자의 청구에 의하여 공탁소를 지정하고 공탁물보관자를 선임하여야 한다(제488조 제2항).
④ (○) : 변제의 목적물이 공탁에 적당하지 않은 경우, 변제자는 법원의 허가를 얻어 그 물건을 경매하여 대금을 공탁할 수 있다(제490조).
⑤ (○) : 채무자가 채권자의 상대의무이행과 동시에 변제할 경우, 채권자는 그 의무이행을 하지 않으면 공탁물을 수령하지 못한다(대판 2011. 12. 13, 2011다11580).

57 **공탁에 관한 설명 중 옳지 않은 것은? (다툼이 있는 경우 판례에 의함)** 〈2023년 변호사시험〉

① 변제공탁의 요건 중 '변제자가 과실 없이 채권자를 알 수 없는 경우'라 함은 객관적으로 채권자 또는 변제수령권자가 존재하고 있으나 채무자가 선량한 관리자의 주의를 다하여도 채권자가 누구인지를 알 수 없는 경우를 말한다.

② 변제공탁의 목적인 채무는 현존하는 확정채무일 필요는 없으므로 장래의 채무나 불확정채무도 변제공탁의 목적이 될 수 있다.

③ 채권자의 태도로 보아 채무자가 설사 채무의 이행제공을 하였더라도 그 수령을 거절하였을 것이 명백한 경우에는 채무자는 이행의 제공을 하지 않고 바로 변제공탁할 수 있다.

④ 변제공탁이 적법한 경우에는 채권자가 공탁물 출급청구를 하였는지와 관계없이 공탁을 한 때에 변제의 효력이 발생한다.

⑤ 공탁물 출급청구권과 공탁물 회수청구권은 서로 독립한 별개의 청구권이므로 공탁물 출급청구권에 대한 압류는 공탁물 회수청구권에 대하여 영향을 미치지 않는다.

해 설

① (○) : 민법 제487조 후단의 '변제자가 과실 없이 채권자를 알 수 없는 경우'라 함은 객관적으로 채권자 또는 변제수령권자가 존재하고 있으나 채무자가 선량한 관리자의 주의를 다하여도 채권자가 누구인지를 알 수 없는 경우를 말한다(대판 2004. 11. 11, 2004다37737).
② (×) : 변제공탁의 목적인 채무는 현존하는 확정채무여야 하지만, 그 의미는 장래의 채무나 불확정채무는 원칙적으로 변제공탁의 목적이 되지 못한다는 것일 뿐, 채무자에 대한 각 채권자의 채권이 동일한 채권이어야 한다는 의미는 아니다(대판 2014. 12. 24, 2014다207245,207252).
③ (○) : 채권자의 태도로 보아 채무자가 설사 채무의 이행제공을 하였더라도 그수령을 거절하였을 것이 명백한 경우에는 채무자는 이행의 제공을 하지 않고 바로 변제공탁할 수 있다(대판 1994. 8. 26, 93다42276).
④ (○), ⑤ (○) : 변제공탁이 적법한 경우에는 채권자가 공탁물 출급청구를 하였는지 여부와는 관계없이 공탁

정답 57. ②

을 한 때에 변제의 효력이 발생하나, 피공탁자를 포함한 제3자가 공탁자에 대하여 가지는 별도 채권의 집행권원으로써 공탁자의 공탁물 회수청구권에 대하여 압류 및 추심명령을 받아 그 집행으로 공탁물을 회수한 경우 채권소멸의 효력은 소급하여 없어진다. 나아가 부적법한 변제공탁으로 변제의 효력이 발생하지 않았다고 하더라도, 피공탁자는 이를 수락하여 공탁물 출급청구를 하는 대신 공탁자에 대한 다른 채권에 기하여 공탁자의 공탁물 회수청구권에 대하여 압류 및 추심명령을 받아 그 집행으로 공탁물을 회수할 수 있다. 한편 공탁물 출급청구권과 공탁물 회수청구권은 서로 독립한 별개의 청구권이므로 설령 공탁물 출급청구권에 대한 압류 등이 있었다고 하더라도 이는 공탁물 회수청구권에 대하여 아무런 영향을 미치지 않는다(대결 2020. 5. 22, 자 2018마5697).

보충지문

58 토지수용보상금을 받을 자가 보상금의 수령을 거절할 것이 명백하다고 인정되는 경우에는 기업자는 보상금을 현실제공하지 아니하고 바로 공탁할 수 있다. 〈2005년 법무사〉

해설 채권자가 미리 변제의 수령을 거절한 경우 뿐만 아니라 채권자의 태도로 보아 채무자가 설사 채무의 이행제공을 하였더라도 그 수령을 거절하였을 것이 명백한 경우에는 채무자는 이행의 제공을 하지 않고 바로 변제공탁을 할 수 있다(대판 1994. 8. 26, 93다42276).

59 채무 전액이 아닌 일부에 대한 변제공탁은 그 부분에 관하여서도 효력이 생기지 않으나, 채권자가 공탁금을 채권의 일부에 충당한다는 유보의 의사표시를 하고 이를 수령한 때에는 그 공탁금은 채권의 일부의 변제에 충당되고, 그 경우 유보의 의사표시는 반드시 명시적으로 하여야 한다. 〈2018년 변호사시험〉

해설 변제공탁이 유효하려면 채무 전부에 대한 변제의 제공 및 채무 전액에 대한 공탁이 있음을 요하고 채무 전액이 아닌 일부에 대한 공탁은 그 부분에 관하여서도 효력이 생기지 않으나, 채권자가 공탁금을 채권의 일부에 충당한다는 유보의 의사표시를 하고 이를 수령한 때에는 그 공탁금은 채권의 일부의 변제에 충당되고, 그 경우 유보의 의사표시는 반드시 명시적으로 하여야 하는 것은 아니다(대판 2009. 10. 29, 2008다51359).

60 채권자에 대한 변제자의 공탁금액이 채무의 총액에 비하여 아주 근소하게 부족한 경우라도 당해 변제공탁의 신의칙상 유효로 되지는 아니한다. 〈2005년 법무사〉

해설 제공된 금전이 근소하게 부족할 경우에는 이를 이유로 변제제공을 무효로 하는 것은 신의칙에 반하므로 변제제공의 효과가 발생한다(대판 1984. 9. 11, 84다카781).

61 공탁은 채무이행지의 공탁소에 하여야 한다. 〈2003년 법무사〉

해설 민법 제488조 제1항 참조

62 채권자가 공탁을 승인하거나 공탁소에 대해 공탁물을 받기를 통고하거나 공탁유효의 판결이 확정되기까지는 변제자는 공탁물을 회수할 수 있다. 〈2007년 법무사〉

정답 58. (○) 59. (×) 60. (×) 61. (○) 62. (○)

해 설 민법 제489조 제1항 참조

63-1 변제공탁자가 공탁물 회수권의 행사에 의하여 공탁물을 회수한 경우 채권소멸의 효력은 소급하여 없어진다. 〈2015년 법무사〉

63-2 변제공탁이 적법한 경우에는 채권자가 공탁물 출급청구를 하였는지 여부와는 관계없이 공탁을 한 때에 변제의 효력이 발생하나, 변제공탁자가 공탁물 회수권의 행사에 의하여 공탁물을 회수한 경우에는 공탁하지 아니한 것으로 보아 채권소멸의 효력은 소급하여 없어진다. 이와 같이 채권소멸의 효력을 소급적으로 소멸시키는 공탁물의 회수에는 공탁자에 의하여 이루어진 경우뿐만 아니라 제3자가 공탁자에 대하여 가지는 별도 채권의 집행권원으로써 공탁자의 공탁물 회수청구권에 대하여 압류 및 추심명령을 받아 그 집행으로 공탁물을 회수한 경우도 포함된다. 〈2017년 법무사〉

해 설 대판 2014. 5. 29, 2013다212295 참조

64 부적법한 변제공탁으로 변제의 효력이 발생하지 않았다면 피공탁자는 이를 수락하여 공탁물 출급청구를 할 수도 없고, 공탁자에 대한 다른 채권에 기하여 공탁자의 공탁물 회수청구권에 대하여 압류 및 추심명령을 받아 그 집행으로 공탁물을 회수할 수도 없다. 〈2022년 법무사〉

해 설 변제공탁이 적법한 경우에는 채권자가 공탁물 출급청구를 하였는지 여부와는 관계없이 공탁을 한 때에 변제의 효력이 발생하나, 피공탁자를 포함한 제3자가 공탁자에 대하여 가지는 별도 채권의 집행권원으로써 공탁자의 공탁물 회수청구권에 대하여 압류 및 추심명령을 받아 그 집행으로 공탁물을 회수한 경우 채권소멸의 효력은 소급하여 없어진다. 나아가 부적법한 변제공탁으로 변제의 효력이 발생하지 않았다고 하더라도, 피공탁자는 이를 수락하여 공탁물 출급청구를 하는 대신 공탁자에 대한 다른 채권에 기하여 공탁자의 공탁물 회수청구권에 대하여 압류 및 추심명령을 받아 그 집행으로 공탁물을 회수할 수 있다. 한편 공탁물 출급청구권과 공탁물 회수청구권은 서로 독립한 별개의 청구권이므로 설령 공탁물 출급청구권에 대한 압류 등이 있었다고 하더라도 이는 공탁물 회수청구권에 대하여 아무런 영향을 미치지 않는다(대결 2020. 5. 22, 자 2018마5697).

65 본래의 청구권에 선이행청구 또는 동시이행의 항변권이 붙은 경우 채권자는 자기의 상대의무 이행을 하지 아니하면 공탁물을 수령하지 못하고, 반대로 채권자가 어떤 반대급부 기타의 조건이행을 필요로 하지 않고 곧바로 수령할 수 있는 권리를 갖는 경우에 채무자가 채권자의 어떤 행위의 이행을 조건으로 공탁하였다면 이러한 조건만 무효로 될 뿐이어서 결과적으로 공탁 자체는 유효하게 된다. 〈2019년 법무사〉

해 설 본래의 청구권에 선이행 또는 동시이행의 항변권이 붙은 경우와 같이 채무자가 채권자의 급부에 대하여 변제를 하여야 할 경우라면 채권자는 자기의 상대의무 이행을 하지 아니하면 공탁물을 수령하지 못하며, 그와 반대로 채권자가 어떤 반대급부 기타의 조건이행을 필요로 하지 않고 곧 바로 수령할 수 있는 권리를 갖는 경우에 채무자가 채권자의 어떤 행위의 이행을 조건으로 공탁하였다면 그 공탁은 채권자의 승낙이 없는 한 무효하다(대판 1970. 9. 22, 70다1061).

정답 63-1. (○) 63-2. (○) 64. (×) 65. (×)

Ⅲ. 상 계

66 **다음 중 원칙적으로 상계할 수 없는 경우를 모두 고른 것은? (다툼이 있는 경우에는 판례에 의함)** 〈2005년 변리사〉

ㄱ. 수동채권이 중과실의 불법행위로 발생한 경우
ㄴ. 자동채권이 변제기에 있지 않은 경우
ㄷ. 자동채권에 항변권이 부착된 경우
ㄹ. 자동채권과 수동채권이 다른 종류의 급부를 내용으로 하는 경우
ㅁ. 자동채권이 압류할 수 없는 채권인 경우

① ㄱ, ㄴ ② ㄴ, ㄷ, ㄹ ③ ㄴ, ㄹ, ㅁ ④ ㄷ, ㄹ, ㅁ ⑤ ㄱ, ㄴ, ㄷ, ㅁ

해 설

② [ㄴ, ㄷ, ㄹ]이 상계할 수 없는 것이다. 즉, 자동채권은 반드시 변제기에 있어야 하고, 자동채권에 항변권이 붙어 있는 경우 상계를 할 수 없고, 자동채권과 수동채권은 같은 종류의 내용을 가진 채권이어야 한다(제492조).

67 **상계와 관련한 설명으로 옳지 않은 것은?** 〈2006년 변리사〉

① 주채무자가 미리 담보제공청구권의 항변권을 포기한 경우에는 수탁보증인은 주채무자에 대한 사전구상권을 자동채권으로 하여 주채무자에 대한 채무와 상계할 수 있다.
② 상대방과 사이에서 직접 발생한 채권만이 아니라, 제3자로부터 양수 등을 원인으로 하여 취득한 채권도 상계의 자동채권이 될 수 있다.
③ 상계의 의사표시는 일방적으로 철회할 수 없으므로 상계의 의사표시 후에 상계자와 상대방이 상계가 없었던 것으로 하기로 한 약정은 원칙적으로 무효이다.
④ 소멸시효가 완성된 채권이라 하더라도 그 시효완성 전에 상계할 수 있었던 것이면 그 채권자는 상계할 수 있고 이 경우 각 채무가 상계할 수 있는 때에 대등액에 관하여 소멸한 것으로 본다.
⑤ 채무가 중과실에 의한 불법행위로 발생한 것인 때에는 그 채무자는 상계로 채권자에게 대항 할 수 있다.

해 설

① (○) : 항변권이 붙어 있는 채권을 자동채권으로 하여 다른 채무(수동채권)와의 상계를 허용한다면 상계자 일방의 의사표시에 의하여 상대방의 항변권 행사의 기회를 상실시키는 결과가 되므로 그러한 상계는 허용될 수 없고, 특히 수탁보증인이 주채무자에 대하여 가지는 민법 제442조의 사전구상권에는 민법 제443조의 담보제공청구권이 항변권으로 부착되어 있는 만큼 이를 자동채권으로 하는 상계는 허용될 수 없으며, 다만 민법 제443조는 임의규정으로서 주채무자가 사전에 담보제공청구권의 항변권을 포기한 경우에는 보증인은 사전구상권을 자동채권으로 하여 주채무자에 대한 채무와 상계할 수 있다(대판 2004. 5. 28, 2001다81245).
② (○) : 대판 2003. 4. 11, 2002다59481 참조
③ (×) : 판례는 상계의 의사표시는 일방적으로 철회할 수는 없는 것이지만, 상계의 의사표시 후에 상계자와 상대방이 상계가 없었던 것으로 하기로 한 약정은 제3자에게 손해를 미치지 않는 한 계약자유의 원칙상 유효하다

정답 66. ② 67. ③

고 한다(대판 1995. 6. 16, 95다11146).

④ (○) : 민법은 상계적상의 현존에 대한 예외로서 시효에 의한 소멸채권의 상계를 허용한다(제495조).

⑤ (○) : 상계제도는 서로 대립하는 채권·채무를 간이한 방법에 의하여 결제함으로써 양자의 채권·채무 관계를 원활하고 공평하게 처리함을 목적으로 하고 있으므로, 상계의 대상이 될 수 있는 자동채권과 수동채권이 동시이행관계에 있다고 하더라도 서로 현실적으로 이행하여야 할 필요가 없는 경우라면 상계로 인한 불이익이 발생할 우려가 없고 오히려 상계를 허용하는 것이 동시이행관계에 있는 채권·채무 관계를 간명하게 해소할 수 있으므로 특별한 사정이 없는 한 상계가 허용된다(대판 2006. 7. 28, 2004다54633).

68 **상계에 관한 설명 중 옳지 않은 것은? (다툼이 있는 경우에는 판례에 의함)** 〈2009년 변리사〉

① 소송비용상환청구권은 소송에서 패소하였다는 사실을 요건으로 소송상 발생하는 실체적 권리이기는 하나 그 성질은 사법상의 청구권이므로 상계의 수동채권이 될 수 있다.

② 압류금지채권을 수동채권으로 하여 상계하지 못하지만, 자동채권으로 하여 상계하는 것은 가능하다.

③ 탈퇴조합원이 사무집행 중 조합의 금전을 횡령하였다면 탈퇴자는 조합에 대한 손해배상채무를 조합에 대한 출자금반환채권과 상계할 수 있다.

④ 수탁보증인이 주채무자에 대하여 가지는 사전구상권에는 면책청구권이 항변권으로 부착되어 있으므로 사전구상권을 자동채권으로 하는 상계는 허용되지 않는다.

⑤ 동시이행관계에 있는 자동채권과 수동채권이 서로 현실적으로 이행하여야 할 필요가 없는 경우, 특별한 사정이 없는 한 상계가 허용된다.

해설

① (○) : 대판 1994. 5. 13, 94다9856 참조

② (○) : 민법 제497조 참조

③ (×) : 채무가 고의의 불법행위로 인한 것인 때에는 그 채무자는 상계로 채권자에게 대항하지 못한다(제496조). 즉 고의의 불법행위자는 피해자의 손해배상청구권을 '수동채권'으로 하여 상계하는 것이 금지된다. 그러나 고의에 의한 불법행위로 발생된 손해배상채권이라 하더라도 피해자가 이를 '자동채권'으로 하여 상계하는 것은 상관없다. 따라서 조합에서 손해배상청구권을 자동채권으로 하는 상계는 가능하나, 손해배상청구권을 수동채권으로 하는 상계는 허용되지 않는다. 즉 탈퇴한 동업자의 출자금반환청구에 있어서 그 탈퇴자가 공동영업 사무집행 중 동업체의 금원을 횡령하였다면 탈퇴자는 동업체에 이를 변상할 책임이 있다고 할 것이므로 동업체의 업무집행자는 위 손해배상채권을 자동채권으로 하여 탈퇴자의 출자금반환청구와 상계를 주장할 수 있다(대판 1983. 10. 11, 83다카542).

④ (○) : 항변권이 붙어 있는 채권을 자동채권으로 하여 다른 채무(수동채권)와의 상계를 허용한다면 상계자 일방의 의사표시에 의하여 상대방의 항변권 행사의 기회를 상실시키는 결과가 되므로 그러한 상계는 허용될 수 없고, 특히 수탁보증인이 주채무자에 대하여 가지는 민법 제442조의 사전구상권에는 민법 제443조 소정의 이른바 면책청구권이 항변권으로 부착되어 있는 만큼 이를 자동채권으로 하는 상계는 허용될 수 없다(대판 2001. 11. 13, 2001다55222, 55239).

⑤ (○) : 대판 2006. 7. 28, 2004다54633 참조

정답 68. ③

69 **상계에 관한 설명으로 옳은 것만을 모두 고른 것은? (다툼이 있는 경우에는 판례에 의함)**

〈2011년 변리사〉

ㄱ. 甲에 대해 乙이 채권을 가지고 있고 乙에 대해 丙이 채권을 가지고 있는 경우, 乙은 甲에 대한 채권으로 丙에 대한 채무와 상계할 수 있다.
ㄴ. 소멸시효 완성 전에 상계할 수 있었던 채권이라도 소멸시효 완성 후에는 그 채권을 자동채권으로 하여 상계할 수 없다.
ㄷ. 항변권이 붙어 있는 채권을 수동채권으로 하여 상계할 수 없다.
ㄹ. 특별한 사정이 없는 한, 보증인의 사전구상권을 자동채권으로 하여 상계할 수 없다.
ㅁ. 각 채권은 상계의 의사표시가 있는 때에 대등액에 관하여 소멸한 것으로 본다.
ㅂ. 고의의 불법행위로 인한 손해배상채권을 자동채권으로 하여 상계할 수 있다.
ㅅ. 乙의 채무자 丙이 乙의 채권자 甲의 신청에 의해 지급을 금지하는 명령을 송달받은 후 乙에 대한 채권을 취득한 경우, 丙의 乙에 대한 채권이 乙의 丙에 대한 채권과의 사이에 동시이행관계에 있는 때에는 丙은 상계로써 甲에게 대항할 수 있다.

① ㄱ, ㄴ, ㅁ ② ㄴ, ㄹ, ㅂ ③ ㄷ, ㅁ, ㅅ ④ ㄹ, ㅂ, ㅅ ⑤ ㅁ, ㅂ, ㅅ

해 설

ㄱ. (×) : 상계제도의 취지는 서로 대립하는 두 당사자 사이의 채권·채무를 간이한 방법으로 원활하고 공평하게 처리하려는 데 있으므로, 수동채권으로 될 수 있는 채권은 상대방이 상계자에 대하여 가지는 채권이어야 하고, 상대방이 제3자에 대하여 가지는 채권과는 상계할 수 없다(대판 2011. 4. 28, 2010다101394).

☞ 제3자 상계는 원칙적으로 허용되지 않는다.

ㄴ. (×) : 소멸시효가 완성된 채권이 그 완성 전에 상계할 수 있었던 것이면 그 채권자는 상계할 수 있다(제495조).

ㄷ. (×) : 상계적상의 성질상 제한이다. 즉 자동채권에 항변권이 붙어 있는 경우는 상계가 불가하나, 반대로 수동채권에 항변권이 붙어 있는 경우에는 상계가 가능하다.

ㄹ. (○) : 수탁보증인이 주채무자에 대하여 가지는 민법 제442조의 사전구상권에는 민법 제443조 소정의 이른바 면책청구권이 항변권으로 부착되어 있는 만큼 이를 자동채권으로 하는 상계는 허용될 수 없다(대판 2001. 11. 13, 2001다55222).

ㅁ. (×) : 상계의 의사표시는 각 채무가 상계할 수 있는 때에 대등액에 관하여 소멸한 것으로 본다(제493조 제2항).

즉 소급효가 있다. 따라서 채무는 상계적상이 생긴 시점에 소급하여 소멸한다.

ㅂ. (○) : 고의의 불법행위자는 피해자의 손해배상청구권을 수동채권으로 하여 상계할 수 없으나, 고의에 의한 불법행위로 발생된 손해배상채권이라 하더라도 피해자가 이를 자동채권으로 하여 상계하는 것은 가능하다(제496조).

[보충지문] 고의의 불법행위로 인한 피해자는 가해자에 대한 손해배상채권과 가해자의 자신에 대한 대여금 채권을 상계할 수 있다(○). 〈2020년 법무사〉

ㅅ. (○) : 제3채무자의 압류채무자에 대한 자동채권이 수동채권인 피압류채권과 동시이행의 관계에 있는 경우에는, 압류명령이 제3채무자에게 송달되어 압류의 효력이 생긴 후에 자동채권이 발생하였다고 하더라도 제3채무자는 동시이행의 항변권을 주장할 수 있다. 이 경우에 자동채권이 발생한 기초가 되는 원인은 수동채권이 압

정답 69. ④

류되기 전에 이미 성립하여 존재하고 있었던 것이므로, 그 자동채권은 민법 제498조의 '지급을 금지하는 명령을 받은 제3채무자가 그 후에 취득한 채권'에 해당하지 않는 다고 봄이 상당하고, 제3채무자는 그 자동채권에 의한 상계로 압류채권자에게 대항할 수 있다(대판 2010. 3. 25, 2007다35152).

70 **상계에 관한 설명으로 옳지 않은 것은? (다툼이 있는 경우에는 판례에 의함)** 〈2014년 변리사〉

① 제3채무자의 압류채무자에 대한 자동채권이 수동채권인 피압류채권과 동시이행의 관계에 있고 수동채권이 가압류되기 전에 이미 자동채권 발생의 기초가 되는 원인이 존재하여 제3채무자에게 가압류의 효력이 생긴 후에 자동채권이 발생한 경우, 제3채무자는 그 상계를 주장할 수 있다.

② 수개의 자동채권이 있고 수동채권의 원리금이 자동채권의 원리금 합계에 미치지 못하는 때에는 자동채권의 채무자가 상계의 대상이 되는 자동채권을 지정할 수 있고, 다음으로 자동채권의 채권자가 이를 지정할 수 있으며, 양 당사자의 지정이 없으면 법정변제충당에 따른다.

③ 상계의 의사표시가 있으면 상계에 의한 자동채권과 수동채권의 차액 계산 또는 상계충당은 상계적상의 시점을 기준으로 하며, 상계적상 이전에 이미 수동채권의 변제기가 도래하여 지체가 발생한 때에는 그 시점까지의 지연손해금을 계산하여 자동채권으로 그 지연손해금을 소각한 다음 잔액으로 원본을 소각하여야 한다.

④ 상계의 의사표시는 구속력이 있으므로 철회할 수 없으나, 상계의 의사표시 후에 상계가 없었던 것으로 하는 상계자와 그의 상대방 간의 약정은 제3자에게 손해를 미치지 않으면 유효하다.

⑤ 채무가 중과실에 의한 불법행위로 발생한 경우 그 채무자는 상계로써 채권자에게 대항할 수 있다.

해 설

① (○) : 제3채무자의 압류채무자에 대한 자동채권이 수동채권인 피압류채권과 동시이행의 관계에 있고 수동채권이 가압류되기 전에 이미 자동채권 발생의 기초가 되는 원인이 존재하여 제3채무자에게 가압류의 효력이 생긴 후에 자동채권이 발생한 경우, 제3채무자는 그 상계를 주장할 수 있다(대판 2010. 3. 25, 2007다35152).

② (×), ③ (○) : 상계의 의사표시가 있는 경우, 채무는 상계적상 시에 소급하여 대등액에서 소멸한 것으로 보게 되므로, 상계에 의한 양 채권의 차액 계산 또는 상계충당은 상계적상의 시점을 기준으로 하게 된다. 따라서 그 시점이전에 수동채권의 변제기가 이미 도래하여 지체가 발생한 경우에는 상계적상 시점까지의 수동채권의 약정이자 및 지연손해금을 계산한 다음 자동채권으로 그 약정이자 및 지연손해금을 먼저 소각하고 잔액을 가지고 원본을 소각하여야 한다(대판 2005. 7. 8, 2005다8125등 참조). 한편 상계의 경우에도 민법 제499조에 의하여 민법 제476조, 제477조에 규정된 변제충당의 법리가 준용된다. 따라서 여러 개의 자동채권이 있고 수동채권의 원리금이 자동채권의 원리금 합계에 미치지 못하는 경우에는 우선 자동채권의 채권자가 상계의 대상이 되는 자동채권을 지정할 수 있고(지정충당은 채무자가 먼저 행사한다), 다음으로 자동채권의 채무자가 이를 지정할 수 있으며, 양 당사자가 모두 지정하지 아니한 때에는 법정변제충당의 방법으로 상계충당이 이루어지게 된다(대판 2013. 2. 28, 2012다94155).

④ (○) : 상계의 의사표시는 일방적으로 철회할 수는 없는 것이지만, 상계의 의사표시 후에 상계자와 상대방이 상계가 없었던 것으로 하기로 한 약정은 제3자에게 손해를 미치지 않는 한 계약자유의 원칙상 유효하다(대판 1995. 6. 16, 95다11146).

⑤ (○) : 민법 제496조가 고의의 불법행위로 인한 손해배상채권에 대한 상계를 금지하는 입법취지는 고의의 불법행위에 인한 손해배상채권에 대하여 상계를 허용한다면 고의로 불법행위를 한 자가 상계권행사로 현실적으로 손해배상을 지급할 필요가 없게 됨으로써 보복적 불법행위를 유발하게 될 우려가 있고, 고의의 불법행위로 인한 피해자가 가해자의 상계권행사로 인하여 현실의 변제를 받을 수 없는 결과가 됨은 사회적 정의관념에 맞

정답 70. ②

지 아니하므로 고의에 의한 불법행위의 발생을 방지함과 아울러 고의의 불법행위로 인한 피해자에게 현실의 변제를 받게 하려는 데 있는바, 이 같은 입법취지나 적용결과에 비추어 볼 때 고의의 불법행위에 인한 손해배상채권에 대한 상계금지를 중과실의 불법행위에 인한 손해배상채권에까지 유추 또는 확장적용하여야 할 필요성이 있다고 할 수 없다(대판 1994. 8. 12, 93다52808).

71 **甲과 乙은 상호간에 각 1억원의 대여금채권을 가지고 있었는데, 그 후 甲의 채권자 丙이 甲의 乙에 대한 채권을 가압류하였다. 이러한 상태에서 乙은 상계를 하고자 한다. 다음 설명 중 옳지 않은 것은? (다툼이 있으면 판례에 따름)** 〈2017년 변리사〉

① 가압류의 효력 발생 당시 乙의 채권과 甲의 채권의 변제기가 모두 도래한 경우, 乙은 상계로써 丙에게 대항할 수 있다.
② 가압류 효력발생 당시 乙의 채권이 변제기에 도달하지 않은 경우, 乙의 채권의 변제기가 甲의 채권의 변제기와 동시에 도래하면, 乙은 상계로써 丙에게 대항할 수 있다.
③ 가압류의 효력발생 당시 乙의 채권이 변제기에 도달하지 않은 경우, 甲의 채권의 변제기 후에 乙의 채권이 변제기에 도달하더라도 乙은 상계로써 丙에게 대항할 수 있다.
④ 가압류 효력발생 당시 乙의 채권이 변제기에 도달하지 않은 경우, 乙의 채권의 변제기가 甲의 채권의 변제기보다 먼저 도래하면 乙은 상계로써 丙에게 대항할 수 있다.
⑤ 가압류 효력발생 당시 비록 甲과 乙의 채권이 변제기에 도달하였더라도 乙이 甲에 대하여 상계의 의사표시를 하지 않은 경우, 특별한 사정이 없는 한 乙은 상계로써 丙에게 대항할 수 없다.

해설

① (○), ② (○), ③ (×), ④ (○) : 가압류명령을 받은 제3채무자가 가압류채무자에 대한 반대채권을 가지고 있는 경우에 상계로써 가압류채권자에게 대항하기 위하여는 가압류의 효력 발생 당시에 양 채권이 상계적상에 있거나 (①), 반대채권이 압류 당시 변제기에 이르지 않는 경우에는 피압류채권인 수동채권의 변제기와 동시에(②) 또는 보다 먼저(④) 변제기에 도달하는 경우이어야 된다(대판 1982. 6. 22, 82다카200).

⑤ (○) : 상계의 의사표시를 하지 않았기 때문이다. 당사자 쌍방의 채무가 서로 상계적상에 있다 하더라도, 별도의 의사표시 없이도 상계된 것으로 한다는 특약이 없는 한, 그 자체만으로 상계로 인한 채무 소멸의 효력이 생기는 것은 아니고 상계의 의사표시를 기다려 비로소 상계로 인한 채무 소멸의 효력이 생긴다(대판 2000. 9. 8, 99다6524).

72 **甲이 乙에게 5천만원을 빌릴 때 丙은 甲을 위한 보증인이 되었다. 丁은 乙에 대하여 3천만원의 공사대금채권을 갖고 있으며, 甲은 乙에 대하여 2천만원의 채권을 갖고 있다. 이에 관한 설명으로 옳지 않은 것은? (모든 채무는 상계적상에 있음을 가정하며, 다툼이 있으면 판례에 따름)**

〈2018년 변리사〉

① 甲과 乙상호간의 채권이 상계로 인해 소멸하는 경우, 그 효력은 각 채무가 상계할 수 있는 때로 소급하여 발생한다.
② 丙은 甲의 乙에 대한 위 금전채권에 의한 상계로 乙에게 대항할 수 있다.
③ 甲과 乙이 상계금지 특약을 하였는데, 乙에 대해 보증금반환채무를 부담하는 A가 그 특약 사실을 모른 채 甲의 乙에 대한 위 금전채권을 양수하고 채권양도의 대항요건을 갖춘 경우, A는 그 양수채

정답 71. ③ 72. ④

권을 가지고 乙에 대한 자신의 채무와 상계할 수 있다.

④ 만약 丁이 乙의 甲에 대한 대여금채권을 압류한 이후에 甲이 乙에게 자동차를 매도하여 위 금전채권을 취득하였다면, 甲은 乙에 대한 위 금전채권에 의한 상계로써 丁에게 대항할 수 있다.

⑤ 만약 甲의 乙에 대한 위 금전채권이 고의의 불법행위로 인한 것이라면, 甲은 이를 자동채권으로 하여 상계할 수 있다.

해설

①(○) : 민법 제493조 제2항 참조

②(○) : 민법 제434조 참조

③(○) : 민법 제492조(상계의 요건) 제2항 ☞ 상계금지 특약은 선의의 제삼자에게 대항하지 못한다.

④(×) : 민법 제498조(지급금지채권을 수동채권으로 하는 상계의 금지) 지급을 금지하는 명령을 받은 제삼채무자는 그 후에 취득한 채권에 의한 상계로 그 명령을 신청한 채권자에게 대항하지 못한다. ☞ 사안에서 甲이 乙에 대한 금전채권을 취득한 것이 丁이 乙의 甲에 대한 대여금채권을 압류한 이후이므로, 甲은 498조에 의하여 상계로써 丁에게 대항할 수 없다.

⑤(○) : 민법 제496조. ☞ 수동채권으로 하는 상계만이 금지된다.

73 **채권의 소멸에 관한 설명으로 옳지 않은 것은? (다툼이 있으면 판례에 따름)** 〈2023년 변리사〉

① 채무자가 채무액 일부를 지급하면서 이자 아닌 원본에 충당할 것을 지정하고 채권자가 이를 이의 없이 수령하여 묵시적 합의가 인정되는 때에는 지급된 금전은 원본에 충당된다.

② 원금채무는 소멸시효가 완성되지 않았으나 이자채무는 소멸시효가 완성된 상태에서 채무자가 변제충당을 지정하지 않고 채무의 일부를 변제한 때에는 특별한 사정이 없는 한 이자채무에 먼저 충당된다.

③ 상계가 금지되는 채권이라고 하더라도 압류금지채권에 해당하지 않는 한 강제집행에 의한 전부명령의 대상이 될 수 있다.

④ 피용자의 고의의 불법행위로 인하여 사용자책임이 성립하는 경우, 사용자는 자신의 고의가 없음을 주장하여 피해자의 손해배상채권을 수동채권으로 하는 상계권을 행사할 수 있다.

⑤ 소멸시효가 완성된 채권이 그 완성 전에 상계할 수 있었던 것이면 채권자는 그 채권을 자동채권으로 하여 상계할 수 있다.

해설

①(○) : 비용, 이자, 원본에 대한 변제충당에 있어서는 민법 제479조에 그 충당 순서가 법정되어 있고 지정 변제충당에 관한 민법 제476조는 준용되지 않으므로 원칙적으로 비용, 이자, 원본의 순서로 충당하여야 하고, 채무자는 물론 채권자라 할지라도 위 법정 순서와 다르게 일방적으로 충당의 순서를 지정할 수는 없다. 그러나 당사자 사이에 특별한 합의가 있는 경우이거나 **당사자의 일방적인 지정에 대하여 상대방이 지체 없이 이의를 제기하지 아니함으로써 묵시적인 합의가 되었다고 보이는 경우**에는 그 법정충당의 순서와는 달리 충당의 순서를 인정할 수 있다(대판 2009. 6. 11, 2009다12399).

②(○) : 원금채무에 관하여는 소멸시효가 완성되지 아니하였으나 이자채무에 관하여는 소멸시효가 완성된 상태에서 채무자가 채무를 일부 변제한 때에는 액수에 관하여 다툼이 없는 한 원금채무에 관하여 묵시적으로 승인하는 한편 이자채무에 관하여 시효완성의 사실을 알고 그 이익을 포기한 것으로 추정되며, 채무자의 변제가 채무 전체를 소멸시키지 못하고 당사자가 변제에 충당할 채무를 지정하지 아니한 때에는 민법 제479조, 제477

정답 73. ④

조에 따른 법정변제충당의 순서에 따라 충당되어야 한다(대판 2013. 5. 23, 2013다12464). ☞ 민법 제479조에 따라 이자채무에 먼저 충당된다.

③ (○) : [1] 사해행위취소의 소에서 수익자가 원상회복으로서 채권자취소권을 행사하는 채권자에게 가액배상을 할 경우, 수익자 자신이 사해행위취소소송의 채무자에 대한 채권자라는 이유로 채무자에 대하여 가지는 자기의 채권과 상계하거나 채무자에게 가액배상금 명목의 돈을 지급하였다는 점을 들어 채권자취소권을 행사하는 채권자에 대해 이를 가액배상에서 공제할 것을 주장할 수 없다. 그러나 수익자가 채권자취소권을 행사하는 채권자에 대해 가지는 별개의 다른 채권을 집행하기 위하여 그에 대한 집행권원을 가지고 채권자의 수익자에 대한 가액배상채권을 압류하고 전부명령을 받는 것은 허용된다. 이는 수익자의 채무자에 대한 채권을 기초로 한 상계나 임의적인 공제와는 내용과 성질이 다르다. 또한 채권자가 채무자의 제3채무자에 대한 채권을 압류하는 경우 제3채무자가 채권자 자신인 경우에도 이를 압류하는 것이 금지되지 않으므로 단지 채권자와 제3채무자가 같다고 하여 채권압류 및 전부명령이 위법하다고 볼 수 없다. [2] 상계가 금지되는 채권이라고 하더라도 압류금지채권에 해당하지 않는 한 강제집행에 의한 전부명령의 대상이 될 수 있다(대결 2017. 8. 21, 자 2017마499).

[보충지문] 채권자취소소송에서 수익자가 취소채권자에게 원상회복으로서 가액배상의무를 부담하는 경우, 수익자가 취소채권자에게 가지는 별개의 다른 채권에 대한 집행권원을 가지고 취소채권자의 수익자에 대한 가액배상채권을 압류하고 전부명령을 받는 것은 허용되지 않는다(×). 〈2023년 변호사〉

④ (×) : **피용자의 고의의 불법행위로 인하여 사용자책임이 성립하는 경우**에 민법 제496조의 적용을 배제하여야 할 이유가 없으므로 사용자책임이 성립하는 경우 사용자는 자신의 고의의 불법행위가 아니라는 이유로 민법 제496조의 적용을 면할 수는 없다(대판 2006. 10. 26, 2004다63019).

⑤ (○) : 소멸시효가 완성된 채권이 그 완성전에 상계할 수 있었던 것이면 그 채권자는 상계할 수 있다(민법 제495조).

74 채권의 소멸에 관한 설명으로 옳지 않은 것을 모두 고른 것은? (다툼이 있으면 판례에 따름)

〈2024년 변리사〉

ㄱ. 법정변제충당의 순위를 정함에 있어서 변제의 유예가 있는 채무에 대하여는 유예기까지 변제기가 도래하지 않은 것과 같게 보아야 한다.
ㄴ. 채권자의 태도로 보아 채무자가 채무의 이행제공을 하였더라도 그 수령을 거절하였을 것이 명백한 경우에도 채무자는 이행의 제공을 하지 않고 바로 변제공탁할 수는 없다.
ㄷ. 변제공탁이 적법한 경우에는 채권자가 공탁물 출급청구를 하였는지와 관계없이 공탁을 한 때에 변제의 효력이 발생하지만, 그 후 공탁물 출급청구권에 대하여 가압류 집행이 된 경우에는 변제의 효력이 발생하지 아니한다.
ㄹ. 매도인의 담보책임을 기초로 한 손해배상채권의 제척기간이 지난 경우, 매수인은 그 제척기간이 지나기 전에 상계할 수 있었을지라도 그 손해배상채권을 자동채권으로 해서 매도인의 채권과 상계할 수 없다.

① ㄱ, ㄴ ② ㄷ, ㄹ ③ ㄱ, ㄴ, ㄷ ④ ㄱ, ㄷ, ㄹ ⑤ ㄴ, ㄷ, ㄹ

해설

ㄱ. (○) : 법정변제충당의 순위를 정함에 있어서 변제의 유예가 있는 채무에 대하여는 유예기까지 변제기가 도래하지 않은 것과 같게 보아야 한다(대판 1999. 8. 24, 99다22281, 22298).

정답 74. ⑤

ㄴ. (×) : 채권자의 태도로 보아 채무자가 설사 채무의 이행제공을 하였더라도 그수령을 거절하였을 것이 명백한 경우에는 채무자는 이행의 제공을 하지 않고 바로 변제공탁할 수 있다(대판 1994. 8. 26, 93다42276).
ㄷ. (×) : 변제공탁이 적법한 경우에는 채권자가 공탁물 출급청구를 하였는지와 관계없이 공탁을 한 때에 변제의 효력이 발생하고, 그 후 공탁물 출급청구권에 대하여 가압류 집행이 되더라도 변제의 효력에 영향을 미치지 아니한다(대판 2011. 12. 13, 2011다11580).
ㄹ. (×) : 매도인이나 수급인의 담보책임을 기초로 한 손해배상채권의 제척기간이 지난 경우에도 제척기간이 지나기 전 상대방의 채권과 상계할 수 있었던 경우에는 매수인이나 도급인은 민법 제495조를 유추적용해서 위 손해배상채권을 자동채권으로 해서 상대방의 채권과 상계할 수 있다고 봄이 타당하다(대판 2019. 3. 14, 2018다255648).

75 **甲은 乙에게 7,000만 원의 금전채권(변제기 2015. 5. 8.)이 있고, 乙은 甲에게 5,000만원의 금전채권(변제기 2015. 8. 24.)이 있다. 다음 설명 중 옳은 것을 모두 고른 것은?(각 지문은 독립적이며, 다툼이 있는 경우 판례에 의함)** 〈2016년 변호사시험〉

ㄱ. 甲의 乙에 대한 채권과 乙의 甲에 대한 채권이 모두 대여금채권인 경우, 2015. 7. 15. 甲은 상계할 수 있지만 乙은 상계할 수 없다.
ㄴ. 甲의 채권자 丙이 2015. 8. 20. 甲의 乙에 대한 대여금채권을 가압류하여 그 가압류명령이 乙에게 2015. 8. 21. 송달되었더라도 2015. 8. 25.에는 乙은 甲에 대한 자신의 대여금채권으로 위 가압류된 채권을 상계할 수 있다.
ㄷ. 甲의 乙에 대한 채권과 乙의 甲에 대한 채권이 모두 대여금채권인 경우, 乙이 2015. 10. 31. 상계의 의사표시를 하여 그 의사표시가 같은 날 甲에게 도달하였다면, 2015. 10. 31.을 기준으로 두 채권은 대등액의 범위 내에서 소멸한 것으로 본다.
ㄹ. 甲의 乙에 대한 채권은 대여금채권이고, 乙의 甲에 대한 채권은 甲의 일방적인 폭행으로 인한 손해배상채권이라면 甲은 상계할 수 없으나, 乙은 상계할 수 있다.

① ㄱ, ㄴ, ㄹ ② ㄱ, ㄷ ③ ㄱ, ㄹ ④ ㄴ, ㄷ, ㄹ ⑤ ㄴ, ㄷ

해설

ㄱ. (○) : 상계는 동종의 채권이 변제기에 이르러야 하는데, 특히 자동채권의 변제기는 반드시 도래하여야 한다. 그러나 수동채권의 경우는 기한의 이익을 포기할 수 있기 때문에 甲의 乙에 대한 채권(자동채권)과 乙의 甲에 대한 채권이 모두 대여금채권인 경우, 2015. 7. 15. 甲은 상계할 수 있지만 乙은 상계할 수 없다(대판 2011. 7. 28, 2010다70018).
ㄴ. (×) : [다수의견] 민법 제498조는 "지급을 금지하는 명령을 받은 제3채무자는 그 후에 취득한 채권에 의한 상계로 그 명령을 신청한 채권자에게 대항하지 못한다."라고 규정하고 있다. 위 규정의 취지, 상계제도의 목적 및 기능, 채무자의 채권이 압류된 경우 관련 당사자들의 이익상황 등에 비추어 보면, 채권압류명령 또는 채권가압류명령(이하 채권압류명령의 경우만을 두고 논의하기로 한다)을 받은 제3채무자가 압류채무자에 대한 반대채권을 가지고 있는 경우에 상계로써 압류채권자에게 대항하기 위하여는, 압류의 효력 발생 당시에 대립하는 양 채권이 상계적상에 있거나, 그 당시 반대채권(자동채권)의 변제기가 도래하지 아니한 경우에는 그것이 피압류채권(수동채권)의 변제기와 동시에 또는 그보다 먼저 도래하여야 한다(대판 2012. 2. 16, 2011다45521 전원합의체).

정답 75. ③

[반대의견] 지급을 금지하는 명령을 받을 당시에 반대채권과 피압류채권 모두의 이행기가 도래한 때에는 제3채무자가 당연히 반대채권으로써 상계할 수 있고, 반대채권과 피압류채권 모두 또는 그 중 어느 하나의 이행기가 아직 도래하지 아니하여 상계적상에 놓이지 아니하였더라도 그 이후 제3채무자가 피압류채권을 채무자에게 지급하지 아니하고 있는 동안에 반대채권과 피압류채권 모두의 이행기가 도래한 때에도 제3채무자는 반대채권으로써 상계할 수 있고, 이로써 지급을 금지하는 명령을 신청한 채권자에게 대항할 수 있다(대판 2012. 2. 16, 2011다45521 전원합의체). ☞ 지문의 사안과 같이 수동채권의 변제기가 먼저 도래하는 경우라도 제3채무자가 피압류채권을 채무자에게 지급하지 아니하고 있는 동안에 반대채권과 피압류채권 모두의 이행기가 도래한 경우(사안에서 2015. 8. 25.이후)에는 상계를 허용하자는 것이 반대의견이었으나 다수의견은 여전히 자동채권의 변제기가 수동채권의 변제기보다 동시 또는 선도래 하지 않은 이상 상계를 허용할 수 없다고 하였다(대판 2012. 2. 16, 2011다45521 전원합의체).

ㄷ. (×) : 상계는 각 채무가 상계할 수 있는 때에 소급하여 효력이 생긴다. 따라서 甲의 乙에 대한 채권과 乙의 甲에 대한 채권이 모두 대여금채권인 경우, 乙이 2015. 10. 31. 상계의 의사표시를 하여 그 의사표시가 같은 날 甲에게 도달하였다면, 2015. 10. 31.을 기준으로 두 채권은 대등액의 범위 내에서 소멸하는 것이 아니라 모두 이행기가 도래한 8. 24.을 기준으로 상계한 것으로 보는 것이다(제493조 제2항).

ㄹ. (○) : 고의의 불법행위채권을 수동채권으로 하는 상계는 허용되지 않는다. 따라서 甲의 乙에 대한 채권은 대여금채권이고, 乙의 甲에 대한 채권은 甲의 일방적인 폭행으로 인한 손해배상채권이라면 甲은 불법행위채권을 수동채권으로 상계할 수 없으나, 乙은 상계할 수 있다(제496조).

76 상계항변과 시효항변에 관한 설명 중 옳지 않은 것은? (다툼이 있는 경우 판례에 의함)

〈2017년 변호사시험〉

① 채무자가 소멸시효 완성의 항변을 하기 전에 상계항변을 먼저 한 경우, 채무자는 시효완성으로 인한 법적 이익을 받지 않겠다는 의사를 표시한 것으로 보아야 한다.

② 어떤 권리의 소멸시효기간이 얼마나 되는지는 법원이 직권으로 판단할 수 있다.

③ 피고의 소송상 상계항변에 대하여 원고가 소송상 상계의 재항변을 할 경우, 법원은 피고의 소송상 상계항변의 인용 여부와 관계없이 원고의 소송상 상계의 재항변에 관하여 판단할 필요가 없으므로 원고의 위 재항변은 다른 특별한 사정이 없는 한 허용되지 않는다.

④ 채권자가 동일한 목적을 달성하기 위하여 복수의 채권을 가지고 있더라도 선택에 따라 어느 하나의 채권만을 행사하는 것이 명백한 경우, 채무자의 소멸시효 완성의 항변은 그 채권에 대한 것으로 보아야 한다.

⑤ 소송상 상계항변은 피고의 금전지급의무가 인정되면 자동채권으로 상계하겠다는 예비적 항변의 성격을 갖는다.

해 설

① (×), ⑤ (○) : 소송에서의 상계항변은 일반적으로 소송상의 공격방어방법으로 피고의 금전지급의무가 인정되는 경우 자동채권으로 상계를 한다는 예비적 항변의 성격을 갖는다. 따라서 상계항변이 먼저 이루어지고 그 후 대여금채권의 소멸을 주장하는 소멸시효항변이 있었던 경우에, 상계항변 당시 채무자인 피고에게 수동채권인 대여금채권의 시효이익을 포기하려는 효과의사가 있었다고 단정할 수 없다(대판 2013. 2. 28, 2011다21556).

② (○) : 어떤 권리의 소멸시효기간이 얼마나 되는지에 관한 주장은 단순한 법률상의 주장에 불과하므로 변론주의의 적용대상이 되지 않고 법원이 직권으로 판단할 수 있다(대판 2013. 2. 15, 2012다68217).

정 답 76. ①

③ (○) : 피고의 소송상 상계항변에 대하여 원고가 다시 피고의 자동채권을 소멸시키기 위하여 소송상 상계의 재항변을 하는 경우, 법원이 원고의 소송상 상계의 재항변과 무관한 사유로 피고의 소송상 상계항변을 배척하는 경우에는 소송상 상계의 재항변을 판단할 필요가 없고, 피고의 소송상 상계항변이 이유 있다고 판단하는 경우에는 원고의 청구채권인 수동채권과 피고의 자동채권이 상계적상 당시에 대등액에서 소멸한 것으로 보게 될 것이므로 원고가 소송상 상계의 재항변으로써 상계할 대상인 피고의 자동채권이 그 범위에서 존재하지 아니하는 것이 되어 이때에도 역시 원고의 소송상 상계의 재항변에 관하여 판단할 필요가 없게 된다. 또한, 원고가 소송물인 청구채권외에 피고에 대하여 다른 채권을 가지고 있다면 소의 추가적 변경에 의하여 그 채권을 당해 소송에서 청구하거나 별소를 제기할 수 있다. 그렇다면 원고의 소송상 상계의 재항변은 일반적으로 이를 허용할 이익이 없다. 따라서 피고의 소송상 상계항변에 대하여 원고가 소송상 상계의 재항변을 하는 것은 다른 특별한 사정이 없는 한 허용되지 않는다고 보는 것이 타당하다(대판 2014. 6. 12, 2013다95964).

④ (○) : 채권자가 동일한 목적을 달성하기 위하여 복수의 채권을 가지고 이를 행사하는 경우 각 채권이 발생시기와 발생원인 등을 달리하는 별개의 채권인 이상 별개의 소송물에 해당하므로, 이에 대하여 채무자가 소멸시효 완성의 항변을 하는 경우에 그 항변에 의하여 어떠한 채권을 다투는 것인지 특정하여야 하고 그와 같이 특정된 항변에는 특별한 사정이 없는 한 청구원인을 달리하는 채권에 대한 소멸시효 완성의 항변까지 포함된 것으로 볼 수는 없다. 그러나 채권자가 동일한 목적을 달성하기 위하여 복수의 채권을 가지고 있더라도 선택에 따라 어느 하나의 채권만을 행사하는 것이 명백한 경우라면 채무자의 소멸시효 완성의 항변은 채권자가 행사하는 당해 채권에 대한 항변으로 봄이 타당하다(대판 2013. 2. 15, 2012다68217).

77 **채권의 소멸에 관한 설명 중 옳은 것을 모두 고른 것은? (다툼이 있는 경우 판례에 의함)**

〈2020년 변호사시험〉

ㄱ. 채권자가 채무액의 일부를 대위변제한 자에게 고의 또는 과실로 그가 대위변제한 비율을 넘어 근저당권 전부를 이전해준 경우, 다른 보증인은 보증채무를 이행함으로써 채권자에 대한 법정대위권자로서 근저당권을 실행하여 배당받을 수 있었던 금액의 한도에서 보증책임을 면한다.
ㄴ. 무효인 채권압류 및 전부명령을 받은 자에 대한 변제라도 그 채권자가 피전부채권에 관하여 무권리자라는 사실을 변제자가 과실 없이 알지 못하고 변제한 때에는 그 변제는 채권의 준점유자에 대한 변제로서 유효하다.
ㄷ. 채무자가 채권자의 승낙을 얻어 본래의 채무이행에 갈음하여 부동산으로 대물변제를 하였으나 본래의 채무가 존재하지 않았던 경우, 당사자가 특별한 의사표시를 하지 않는 한 대물변제는 무효로서 부동산의 소유권이 이전되는 효과가 발생하지 않는다.
ㄹ. 매도인이나 수급인의 담보책임을 기초로 한 손해배상채권의 제척기간이 지났으나 제척기간이 지나기 전 상대방의 채권과 상계할 수 있었던 경우, 매수인이나 도급인은 '소멸시효완성된 채권에 의한 상계'를 규정한 「민법」 제495조를 유추적용하여 위 손해배상채권을 자동채권으로 상대방의 채권과 상계할 수 없다.

① ㄱ, ㄷ ② ㄱ, ㄴ, ㄷ ③ ㄱ, ㄴ, ㄹ ④ ㄴ, ㄷ, ㄹ ⑤ ㄱ, ㄴ, ㄷ, ㄹ

해 설

ㄱ. (○) : 채권자가 일부 대위변제자에게 그가 대위변제한 비율을 넘어 근저당권 전부를 이전하여 준 경우, 결국 채권자는 근저당권의 피담보채무 중 일부를 대위변제한 다른 보증인이 법정대위권을 행사할 수 있는 채권

정답 77. ②

의 담보를 고의로 상실되게 한 것이므로, 다른 보증인은 그의 보증채무를 이행함으로써 채권자에 대한 법정대위권자로서 근저당권을 실행하여 배당받을 수 있었던 금액의 한도에서 보증의 책임을 면한다(대판 1996. 12. 6, 96다35774).

ㄴ. (○) : 채권가압류나 압류가 경합된 경우에 있어서는 그 압류채권자의 한 사람이 전부명령을 얻더라도 그 전부명령은 무효가 되지만, 이 경우에도 그 전부채권자는 채권의 준점유자에 해당한다고 보아야 할 것이므로 제3채무자가 그 전부채권자에게 전부금을 변제하였다면 제3채무자가 선의 무과실인 때에는 민법 제470조에 의하여 그 변제는 유효하고 제3채무자는 다른 압류채권자에 대하여 이중변제의 의무를 부담하지 아니하는 반면에 제3채무자가 위 전부금을 변제함에 있어서 선의 무과실이 아니었다면 제3채무자가 전부채권자에게 한 전부금의 변제는 효력이 없는 것이다(대판 1995. 4. 7, 94다59868).

ㄷ. (○) : 채무자가 채권자의 승낙을 얻어 본래의 채무이행에 갈음하여 부동산으로 대물변제를 하였으나 본래의 채무가 존재하지 않았던 경우에는, 당사자가 특별한 의사표시를 하지 않은 한 대물변제는 무효로서 부동산의 소유권이 이전되는 효과가 발생하지 않는다(대판 1991. 11. 12, 91다9503).

ㄹ. (×) : 민법 제495조는 "소멸시효가 완성된 채권이 그 완성 전에 상계할 수 있었던 것이면 그 채권자는 상계할 수 있다."라고 정하고 있다. 이는 당사자 쌍방의 채권이 상계적상에 있었던 경우에 당사자들은 채권·채무관계가 이미 정산되어 소멸하였거나 추후에 정산될 것이라고 생각하는 것이 일반적이라는 점을 고려하여 당사자들의 신뢰를 보호하기 위한 것이다. 매도인이나 수급인의 담보책임을 기초로 한 매수인이나 도급인의 손해배상채권의 제척기간이 지난 경우에도 민법 제495조를 유추적용해서 매수인이나 도급인이 상대방의 채권과 상계할 수 있는지 문제 된다. 매도인의 담보책임을 기초로 한 매수인의 손해배상채권 또는 수급인의 담보책임을 기초로 한 도급인의 손해배상채권이 각각 상대방의 채권과 상계적상에 있는 경우에 당사자들은 채권·채무관계가 이미 정산되었거나 정산될 것으로 기대하는 것이 일반적이므로, 그 신뢰를 보호할 필요가 있다. 이러한 손해배상채권의 제척기간이 지난 경우에도 그 기간이 지나기 전에 상대방에 대한 채권·채무관계의 정산 소멸에 대한 신뢰를 보호할 필요성이 있다는 점은 소멸시효가 완성된 채권의 경우와 아무런 차이가 없다. 따라서 매도인이나 수급인의 담보책임을 기초로 한 손해배상채권의 제척기간이 지난 경우에도 제척기간이 지나기 전 상대방의 채권과 상계할 수 있었던 경우에는 매수인이나 도급인은 민법 제495조를 유추적용해서 위 손해배상채권을 자동채권으로 해서 상대방의 채권과 상계할 수 있다고 봄이 타당하다(대판 2019. 3. 14, 2018다255648).

78 **채권의 소멸에 관한 설명 중 옳은 것을 모두 고른 것은? (다툼이 있는 경우 판례에 의함)**

〈2024년 변호사시험〉

ㄱ. 임대인은 임대차 존속 중 차임채권의 소멸시효가 완성된 경우 이를 자동채권으로 삼아 임대차 보증금 반환채무와 상계할 수 없으나, 「민법」 제495조의 유추적용에 의하여 그 연체차임을 임대차보증금에서 공제할 수는 있다.

ㄴ. 근로자의 경제생활 안정을 해할 염려가 없는 등 특별한 사정이 있어 사용자가 초과 지급된 임금의 부당이득반환청구권으로 근로자의 임금채권과 상계할 수 있는 경우에도, 이러한 사용자의 상계는 임금채권의 2분의 1을 초과하는 부분에 관하여만 허용된다.

ㄷ. 채권양수인이 양수채권을 자동채권으로 하여 채무자가 양수인에 대해 가지고 있던 기존 채권과 상계한 경우, 채권양도 전에 이미 양 채권의 변제기가 도래하였다고 하더라도 상계의 효력은 변제기가 아니라 채권양도의 대항요건이 갖추어진 시점으로 소급한다.

ㄹ. 임대인이 임차인에 대해 갖고 있던 대여금채권의 소멸시효가 임대차 존속 중 완성되었다면 임대인은 위 채권을 자동채권으로 하여 임차인의 임대인에 대한 유익비상환채권과 상계할 수 없다.

정답 78. ⑤

① ㄱ, ㄹ ② ㄴ, ㄷ ③ ㄷ, ㄹ ④ ㄱ, ㄴ, ㄹ ⑤ ㄱ, ㄴ, ㄷ, ㄹ

해설

ㄱ. (○) : 민법 제495조는 "소멸시효가 완성된 채권이 그 완성 전에 상계할 수 있었던 것이면 그 채권자는 상계할 수 있다."라고 규정하고 있다. 이는 당사자 쌍방의 채권이 상계적상에 있었던 경우에 당사자들은 채권·채무관계가 이미 정산되어 소멸하였다고 생각하는 것이 일반적이라는 점을 고려하여 당사자들의 신뢰를 보호하기 위한 것이다. 다만 이는 '자동채권의 소멸시효 완성 전에 양 채권이 상계적상에 이르렀을 것'을 요건으로 하는데, 임대인의 임대차보증금 반환채무는 임대차계약이 종료된 때에 비로소 이행기에 도달하므로, 임대차 존속 중 차임채권의 소멸시효가 완성된 경우에는 소멸시효 완성 전에 임대인이 임대차보증금 반환채무에 관한 기한의 이익을 실제로 포기하였다는 등의 특별한 사정이 없는 한 양 채권이 상계할 수 있는 상태에 있었다고 할 수 없다. 그러므로 그 이후에 임대인이 이미 소멸시효가 완성된 차임채권을 자동채권으로 삼아 임대차보증금 반환채무와 상계하는 것은 민법 제495조에 의하더라도 인정될 수 없지만, 임대차 존속 중 차임이 연체되고 있음에도 임대차보증금에서 연체차임을 충당하지 않고 있었던 임대인의 신뢰와 차임연체 상태에서 임대차관계를 지속해 온 임차인의 묵시적 의사를 감안하면 연체차임은 민법 제495조의 유추적용에 의하여 임대차보증금에서 공제할 수는 있다(대판 2016. 11. 25, 2016다211309).

ㄴ. (○) : 구 근로기준법 제42조(현 제43조, 편저자 주) 제1항 본문에 의하면 임금은 통화로 직접 근로자에게 그 전액을 지급하여야 하므로 사용자가 근로자에 대하여 가지는 채권으로써 근로자의 임금채권과 상계를 하지 못하는 것이 원칙이고, 이는 경제적·사회적 종속관계에 있는 근로자를 보호하기 위한 것인바, 근로자가 받을 퇴직금도 임금의 성질을 가지므로 역시 마찬가지이다. 다만 **계산의 착오 등으로 임금을 초과 지급한 경우**에, 근로자가 퇴직 후 그 재직 중 받지 못한 임금이나 퇴직금을 청구하거나, 근로자가 비록 재직 중에 임금을 청구하더라도 위 초과 지급한 시기와 상계권 행사의 시기가 임금의 정산, 조정의 실질을 잃지 않을 만큼 근접하여 있고 나아가 사용자가 상계의 금액과 방법을 미리 예고하는 등으로 근로자의 경제생활의 안정을 해할 염려가 없는 때에는, **사용자는 위 초과지급한 임금의 반환청구권을 자동채권으로 하여 근로자의 임금채권이나 퇴직금채권과 상계할 수 있다**. 그리고 이러한 법리는 사용자가 근로자에게 이미 퇴직금 명목의 금원을 지급하였으나 그것이 퇴직금 지급으로서의 효력이 없어 사용자가 같은 금원 상당의 부당이득반환채권을 갖게 된 경우에 이를 자동채권으로 하여 근로자의 퇴직금채권과 상계하는 때에도 적용된다. 한편 민사집행법 제246조 제1항 제5호는 근로자인 채무자의 생활보장이라는 공익적·사회 정책적 이유에서 '퇴직금 그 밖에 이와 비슷한 성질을 가진 **급여채권의 2분의 1에 해당하는 금액'을 압류금지채권으로 규정하고 있고, 민법 제497조는 압류금지채권의 채무자는 상계로 채권자에게 대항하지 못한다고 규정**하고 있으므로, 사용자가 근로자에게 퇴직금 명목으로 지급한 금원 상당의 부당이득반환채권을 자동채권으로 하여 근로자의 퇴직금채권을 상계하는 것은 **퇴직금채권의 2분의 1을 초과하는 부분에 해당하는 금액에 관하여만 허용된다**고 봄이 상당하다[대판(전합) 2010. 5. 20, 2007다90760].

ㄷ. (○) : 민법 제493조 제2항은 "상계의 의사표시는 각 채무가 상계할 수 있는 때에 대등액에 관하여 소멸한 것으로 본다."라고 정하고 있으므로 상계의 효력은 상계적상 시로 소급하여 발생한다. 상계적상은 자동채권과 수동채권이 상호 대립하는 때에 비로소 생긴다. **채권양수인이 양수채권을 자동채권으로 하여 그 채무자가 채권양수인에 대해 가지고 있던 기존 채권과 상계한 경우**, 채권양수인은 채권양도의 대항요건이 갖추어진 때 비로소 자동채권을 행사할 수 있으므로 **채권양도 전에 이미 양 채권의 변제기가 도래하였다고 하더라도 상계의 효력은 변제기로 소급하는 것이 아니라 채권양도의 대항요건이 갖추어진 시점으로 소급한다**(대판 2022. 6. 30, 2022다200089).

ㄹ. (○) : 민법 제495조는 "소멸시효가 완성된 채권이 그 완성 전에 상계할 수 있었던 것이면 그 채권자는 상계할 수 있다."라고 규정하고 있다. 이는 당사자 쌍방의 채권이 상계적상에 있었던 경우에 당사자들은 그 채권・채무관계가 이미 정산되어 소멸하였다고 생각하는 것이 일반적이라는 점을 고려하여 당사자들의 신뢰를

보호하기 위한 것이다. 다만 이는 '자동채권의 소멸시효 완성 전에 양 채권이 상계적상에 이르렀을 것'을 요건으로 한다. 민법 제626조 제2항은 임차인이 유익비를 지출한 경우에는 임대인은 임대차 종료 시에 그 가액의 증가가 현존한 때에 한하여 임차인의 지출한 금액이나 그 증가액을 상환하여야 한다고 규정하고 있으므로, **임차인의 유익비상환채권은 임대차계약이 종료한 때**에 비로소 발생한다고 보아야 한다. 따라서 **임대차 존속 중 임대인의 구상금채권의 소멸시효가 완성된 경우**에는 위 구상금채권과 임차인의 유익비상환채권이 상계할 수 있는 상태에 있었다고 할 수 없으므로, **그 이후에 임대인이 이미 소멸시효가 완성된 구상금채권을 자동채권으로 삼아 임차인의 유익비상환채권과 상계하는 것은 민법 제495조에 의하더라도 인정될 수 없다**(대판 2021. 2. 10, 2017다258787).

79 **甲은 자신의 X 토지에 Y 건물을 신축하기 위해 공사업자인 乙과 공사도급계약을 체결하였다. 甲은 乙이 丙으로부터 X 토지를 담보로 대출을 받아 그 공사 비용을 지출할 수 있도록 하기 위하여 X 토지에 관하여 근저당권자를 丙, 채무자를 乙로 하는 근저당권을 설정해 주었고, 乙은 丙으로부터 대출받은 돈을 공사대금으로 사용하였다. 공사 진행 도중 乙의 채권자인 丁은 乙의 甲에 대한 공사대금채권 중 일부에 대한 압류 및 전부명령을 받아 그대로 확정되었다. 이후 공사가 완료되었음에도 乙이 丙에 대한 대출금을 변제하지 못하자 甲은 乙을 대위하여 丙에게 대출금 및 연체이자를 변제하였다. 이에 관한 설명 중 옳은 것을 모두 고른 것은? (다툼이 있는 경우 판례에 의함)** 〈2024년 변호사시험〉

ㄱ. 전부명령이 甲에게 송달된 때에 소급하여 전부된 채권 부분과 전부되지 않은 채권 부분에 대하여 丁과 乙에게 분할채권이 성립하게 된다.
ㄴ. 乙의 Y 건물 인도의무는 甲의 공사대금채무와 동시이행관계에 있으나, 乙의 X 토지에 대한 근저당권말소의무는 위 공사도급계약상 고유한 대가관계가 있는 의무가 아니므로 甲의 공사대금채무와 이행상 견련관계를 인정할 수 없다.
ㄷ. 甲의 대위변제에 따른 乙의 구상금채무는 乙의 X 토지에 대한 근저당권말소의무의 변형물로서 그 대등액의 범위 내에서 甲의 공사대금채무와 동시이행관계에 있다.
ㄹ. 丁의 전부금청구에 대하여 甲이 乙에 대한 구상금채권으로 상계항변을 하는 경우, 자동채권인 甲의 乙에 대한 구상금채권은 丁의 압류명령이 甲에게 송달된 후 발생한 것이므로 甲은 위 구상금채권에 의한 상계로 丁에게 대항할 수 없다.

① ㄱ, ㄴ ② ㄱ, ㄷ ③ ㄴ, ㄹ ④ ㄱ, ㄴ, ㄹ ⑤ ㄱ, ㄷ, ㄹ

해 설

ㄱ. (○), ㄴ. (×), ㄷ. (○), ㄹ. (×) : [1] 금전채권에 대한 압류 및 전부명령이 있는 때에는 압류된 채권은 동일성을 유지한 채로 압류채무자로부터 압류채권자에게 이전되고, 제3채무자는 채권이 압류되기 전에 압류채무자에게 대항할 수 있는 사유로써 압류채권자에게 대항할 수 있는 것이므로, 제3채무자의 압류채무자에 대한 자동채권이 수동채권인 피압류채권과 동시이행의 관계에 있는 경우에는, 압류명령이 제3채무자에게 송달되어 압류의 효력이 생긴 후에 자동채권이 발생하였다고 하더라도 제3채무자는 동시이행의 항변권을 주장할 수 있다. 이 경우에 자동채권이 발생한 기초가 되는 원인은 수동채권이 압류되기 전에 이미 성립하여 존재하고 있었던 것이므로, 그 자동채권은 민법 제498조의 '지급을 금지하는 명령을 받은 제3채무자가 그 후에 취득한 채권'에 해당

정답 79. ②

하지 않는다고 봄이 상당하고, 제3채무자는 그 자동채권에 의한 상계로 압류채권자에게 대항할 수 있다(ㄹ.지문). [2] 공사도급계약의 도급인이 자신 소유의 토지에 근저당권을 설정하여 수급인으로 하여금 공사에 필요한 자금을 대출받도록 한 사안에서, 수급인의 근저당권 말소의무는 도급인의 공사대금채무에 대하여 공사도급계약상 고유한 대가관계가 있는 의무는 아니지만, 담보제공의 경위와 목적, 대출금의 사용용도 및 그에 따른 공사대금의 실질적 선급과 같은 자금지원 효과와 이로 인하여 도급인이 처하게 될 이중지급의 위험 등 구체적인 계약관계에 비추어 볼 때, 이행상의 견련관계가 인정되므로 양자는 서로 동시이행의 관계에 있고(ㄴ.지문), 나아가 수급인이 근저당권 말소의무를 이행하지 아니한 결과 도급인이 위 대출금 및 연체이자를 대위변제함으로써 수급인이 지게 된 구상금채무도 근저당권 말소의무의 변형물로서 그 대등액의 범위 내에서 도급인의 공사대금채무와 동시이행의 관계에 있다(ㄷ.지문). [3] 가분적인 금전채권의 일부에 대한 전부명령이 확정되면 특별한 사정이 없는 한 전부명령이 제3채무자에 송달된 때에 소급하여 전부된 채권 부분과 전부되지 않은 채권 부분에 대하여 각기 독립한 분할채권이 성립하게 되므로(ㄱ.지문), 그 채권에 대하여 압류채무자에 대한 반대채권으로 상계하고자 하는 제3채무자로서는 전부채권자 혹은 압류채무자 중 어느 누구도 상계의 상대방으로 지정하여 상계하거나 상계로 대항할 수 있고, 그러한 제3채무자의 상계 의사표시를 수령한 전부채권자는 압류채무자에 잔존한 채권 부분이 먼저 상계되어야 한다거나 각 분할채권액의 채권 총액에 대한 비율에 따라 상계되어야 한다는 이의를 할 수 없다(대판 2010. 3. 25, 2007다35152).

80 **다음 사례에 관한 설명 중 옳은 것을 모두 고른 것은? (다툼이 있는 경우에는 판례에 의함)**

〈2012년 사법시험〉

〈사 례〉

甲은 2009. 6. 1. 乙에게 500만 원을 이자 월 2%(매월 말일 지급), 변제기 2009. 9. 30.로 정하여 대여하였다.
한편, 乙은 2009. 11. 1. 甲에게 자신의 노트북 컴퓨터 1대를 대금 100만 원에 매도하고 같은 날 이를 인도하여 주었는데, 당시 위 대금은 2009. 11. 30.까지 지급하되 이를 지체할 경우에는 월 2.5%의 비율에 의한 지연손해금을 가산하여 지급하기로 상호 약정하였다. 그 후 甲은 2010. 3. 31. 乙에게 위 대여금 및 이에 대한 대여일 이후의 이자와 지연손해금의 지급을 청구하였고, 이에 대하여 乙은 그 자리에서 위 매매대금 및 이에 대한 지연손해금을 자동채권으로 하여 甲의 위 청구채권과 대등액에서 상계한다는 의사표시를 하였다.

〈설 명〉

ㄱ. 상계적상시의 甲의 수동채권액은 600만 원이다.
ㄴ. 상계적상시의 乙의 자동채권액은 100만 원이다.
ㄷ. 상계 후 甲의 乙에 대한 위 대여원리금채권 중 남은 원본액은 460만 원이다.

① ㄱ ② ㄴ ③ ㄷ ④ ㄱ, ㄴ ⑤ ㄴ, ㄷ

정답 80. ⑤

해 설

> **[판례]** 상계의 의사표시가 있는 경우, 채무는 상계적상 시에 소급하여 대등액에서 소멸한 것으로 보게 되므로, 상계에 의한 양 채권의 차액 계산 또는 상계충당은 상계적상의 시점을 기준으로 하게 된다. 따라서 그 시점 이전에 수동채권의 변제기가 이미 도래하여 지체가 발생한 경우에는 상계적상 시점까지의 수동채권의 지연손해금을 계산한 다음 자동채권으로 그 지연손해금을 먼저 소각하고 잔액을 가지고 원본을 소각하여야 한다(대판 2013. 11. 14, 2013다46023).

ㄱ. (×) : 상계적상은 자동채권과 수동채권의 변제기가 모두 도래한 2009년 11. 30.이다(제493조 제2항). 따라서 甲의 수동채권은 원본 500만 원 및 월 2%(월 10만 원)의 이율에 의한 평상시 이자 40만 원(4개월 분), 변제기 이후의 이자 20만 원(2개월 분)의 합인 560만 원이 된다.
ㄴ. (○) : 乙의 자동채권은 매매대금으로서 변제기까지는 별도로 이자가 붙지 않는다. 따라서 2009년 11. 30.을 기준으로 한 乙의 자동채권액은 100만 원이다.
ㄷ. (○) : 따라서 상계적상시 560만 원과 100만 원이 상계되는 것인데, 여기서 상계충당에 관한 규정이 적용되어(제499조) 먼저 수동채권의 약정이자 및 지연손해금을 제하고 잔액을 가지고 원본을 제하여야 하므로(대판 2005. 7. 8, 2005다8125) 자동채권 100만원으로 먼저 이자 및 지연손해금 60만원에 충당하고, 잔액 40만원을 가지고 원본에 충당하므로 상계 후 甲의 乙에 대한 위 대여원리금채권 중 남은 금액은 원본 460만 원이 된다.

> **[주의사항]** ① 월 2%는 연 24%와 같으므로 법정이율 5% 보다 낮지 않다. 숫자만 보고 월 2%가 법정이율 5% 보다 낮다고 착각하여 법정이율 5%를 적용하면 안된다. ② 乙의 자동채권이 동시이행항변권이 부착되어 있는 매매대금채권이므로 이를 자동채권으로는 상계할 수 없는 것이 아닌가 하는 의문이 들 수 있는데, 사안에서 乙은 2009. 11. 1. 매매계약체결과 동시에 이미 甲에게 노트북을 인도하여 주었으므로 乙의 상계로 인하여 甲의 동시이행의 항변권이 박탈되는 문제는 생길 여지가 없다.

보충지문

81 벌금채권도 벌금형이 확정되어 변제기가 도래한 때에는 이를 자동채권으로 하여 국가가 사인의 국가에 대한 채권과 대등액에서 상계할 수 있다. 〈2011년 법무사〉

해 설 형벌의 일종인 벌금도 일정 금액으로 표시된 추상적 경제가치를 급부목적으로 하는 채권인 점에서는 다른 금전채권들과 본질적으로 다를 것이 없고, 다만 발생의 법적 근거가 공법관계라는 점에서만 차이가 있을 뿐이나 채권발생의 법적 근거가 무엇인지는 급부의 동종성을 결정하는 데 영향이 없으며, 벌금형이 확정된 이상 벌금채권의 변제기는 도래한 것이므로 달리 이를 금하는 특별한 법률상 근거가 없는 이상 벌금채권은 적어도 상계의 자동채권이 되지 못할 아무런 이유가 없다(대판 2004. 4. 27, 2003다37891).

82 유치권이 인정되는 아파트를 경매로 매수한 자는 아파트 일부를 점유·사용하고 있는 유치권자에 대한 임료 상당의 부당이득금 반환채권을 자동채권으로 하여 유치권자가 종전 소유자에 대하여 가지는 유익비상환채권을 상계할 수 있다. 〈2019년 변호사시험〉

해 설 [1] 상계는 당사자 쌍방이 서로 같은 종류를 목적으로 한 채무를 부담한 경우에 서로 같은 종류의 급부를 현실로 이행하는 대신 어느 일방 당사자의 의사표시로 그 대등액에 관하여 채권과 채무를 동시에 소멸시키는 것이고, 이러한 상계제도의 취지는 서로 대립하는 두 당사자 사이의 채권·채무를 간이한 방법으로 원활하고

정 답 81. (○) 82. (×)

공평하게 처리하려는 데 있으므로, 수동채권으로 될 수 있는 채권은 상대방이 상계자에 대하여 가지는 채권이어야 하고, 상대방이 제3자에 대하여 가지는 채권과는 상계할 수 없다고 보아야 한다. [2] 유치권이 인정되는 아파트를 경락·취득한 자가 아파트 일부를 점유·사용하고 있는 유치권자에 대한 임료 상당의 부당이득금 반환채권을 자동채권으로 하고 유치권자의 종전 소유자에 대한 유익비상환채권을 수동채권으로 하여 상계의 의사표시를 한 사안에서, 상대방이 제3자에 대하여 가지는 채권을 수동채권으로 하여 상계할 수 없음에도, 그러한 상계가 허용됨을 전제로 위 상계의 의사표시로 부당이득금 반환채권과 유익비상환채권이 대등액의 범위 내에서 소멸하였다고 본 원심판결에 법리오해의 위법이 있다고 한 사례(대판 2011. 4. 28, 2010다101394).

83 **상계자는 스스로 자기의 기한의 이익을 포기하고 변제기 전이라도 변제할 수 있으므로 반드시 수동채권의 변제기가 도래할 필요는 없다.** 〈2011년 법무사〉

해 설 자동채권은 반드시 변제기에 있어야 하지만 수동채권은 상계자가 스스로 자기의 기한의 이익을 포기할 수 있다는 점에서 그러하지 아니하다(대판 1987. 7. 7, 86다카2762 등).

84 **쌍방이 서로 같은 종류를 목적으로 한 채무를 부담한 경우 쌍방 채무의 이행기가 도래한 때에는 각 채무자는 대등액에 관하여 상계할 수 있다(민법 제492조 제1항). 민법 제492조 제1항에서 정한 '채무의 이행기가 도래한 때'는 채권자가 채무자에게 이행의 청구를 할 수 있는 시기가 도래하였음을 의미하고 채무자가 이행지체에 빠지는 시기를 말하는 것이 아니다.** 〈2021년 법원행시〉

해 설 대판 2021. 5. 7, 2018다25946 참조

85 **상계적상이 인정되면 별도의 의사표시는 없더라도 상계의 효과가 발생한다.** 〈2008년 공인노무사〉

해 설 상계적상이 되더라도 상계는 단독행위, 즉 형성권이기 때문에 상계의 의사표시를 하여야 한다.

86 **상계의 의사표시에는 조건 또는 기한을 붙이지 못한다.** 〈2007년 법무사〉

해 설 민법 제493조 제1항 단서 참조

87 **채무의 이행지가 서로 다른 채권은 상계할 수 없다.** 〈2018년 공인노무사〉

해 설 제494조. 상계할 수 있다.

88 **민법 제495조는 "소멸시효가 완성된 채권이 그 완성 전에 상계할 수 있었던 것이면 그 채권자는 상계할 수 있다."라고 규정하고 있다. 따라서 임대차 존속 중 임대인의 구상금채권의 소멸시효가 완성된 이후에 임대인이 이미 소멸시효가 완성된 구상금채권을 자동채권으로 삼아 임차인의 유익비상환채권과 상계하는 것은 민법 제495조에 의해 인정될 수 있다.** 〈2023년 법원행시〉

해 설 민법 제495조는 "소멸시효가 완성된 채권이 그 완성 전에 상계할 수 있었던 것이면 그 채권자는 상계할 수 있다."라고 규정하고 있다. 이는 당사자 쌍방의 채권이 상계적상에 있었던 경우에 당사자들은 그 채권·채무관계가 이미 정산되어 소멸하였다고 생각하는 것이 일반적이라는 점을 고려하여 당사자들의 신뢰를 보호하기 위한 것이다. 다만 이는 '자동채권의 소멸시효 완성 전에 양 채권이 상계적상에 이르렀을 것'을 요건으로 한

정답 83. (○) 84. (○) 85. (×) 86. (○) 87. (×) 88. (×)

다. 민법 제626조 제2항은 임차인이 유익비를 지출한 경우에는 임대인은 임대차 종료 시에 그 가액의 증가가 현존한 때에 한하여 임차인의 지출한 금액이나 그 증가액을 상환하여야 한다고 규정하고 있으므로, 임차인의 유익비상환채권은 임대차계약이 종료한 때에 비로소 발생한다고 보아야 한다. 따라서 임대차 존속 중 임대인의 구상금채권의 소멸시효가 완성된 경우에는 위 구상금채권과 임차인의 유익비상환채권이 상계할 수 있는 상태에 있었다고 할 수 없으므로, 그 이후에 임대인이 이미 소멸시효가 완성된 구상금채권을 자동채권으로 삼아 임차인의 유익비상환채권과 상계하는 것은 민법 제495조에 의하더라도 인정될 수 없다(대판 2021. 2. 10, 2017다258787).

89 **임대차 존속 중 차임채권의 소멸시효가 완성된 경우, 특별한 사정이 없는 한 임대인이 소멸시효가 완성된 차임채권을 자동채권으로 삼아 임대차보증금 반환채무와 상계할 수는 없으나 민법 제495조의 유추적용에 의하여 연체차임을 임대차보증금에서 공제할 수는 있다.** 〈2017년 법무사〉

해설 민법 제495조는 "소멸시효가 완성된 채권이 그 완성 전에 상계할 수 있었던 것이면 그 채권자는 상계할 수 있다."라고 규정하고 있다. 이는 당사자 쌍방의 채권이 상계적상에 있었던 경우에 당사자들은 채권·채무관계가 이미 정산되어 소멸하였다고 생각하는 것이 일반적이라는 점을 고려하여 당사자들의 신뢰를 보호하기 위한 것이다. 다만 이는 '자동채권의 소멸시효 완성 전에 양 채권이 상계적상에 이르렀을 것'을 요건으로 하는데, 임대인의 임대차보증금 반환채무는 임대차계약이 종료된 때에 비로소 이행기에 도달하므로, 임대차 존속 중 차임채권의 소멸시효가 완성된 경우에는 소멸시효 완성 전에 임대인이 임대차보증금 반환채무에 관한 기한의 이익을 실제로 포기하였다는 등의 특별한 사정이 없는 한 양 채권이 상계할 수 있는 상태에 있었다고 할 수 없다. 그러므로 그 이후에 임대인이 이미 소멸시효가 완성된 차임채권을 자동채권으로 삼아 임대차보증금 반환채무와 상계하는 것은 민법 제495조에 의하더라도 인정될 수 없지만, 임대차 존속 중 차임이 연체되고 있음에도 임대차보증금에서 연체차임을 충당하지 않고 있었던 임대인의 신뢰와 차임연체 상태에서 임대차관계를 지속해 온 임차인의 묵시적 의사를 감안하면 연체차임은 민법 제495조의 유추적용에 의하여 임대차보증금에서 공제할 수는 있다(대판 2016. 11. 25, 2016다211309).

90 **채무가 고의의 불법행위로 인한 것인 때에는 그 채권자는 상계로 채무자에게 대항하지 못한다.** 〈2007년 법무사〉

해설 채무가 고의의 불법행위로 인한 것인 때에는 그 '채무자'는 상계로 채권자에게 대항하지 못한다(제496조). 그러나 채권자 즉 피해자가 이를 자동채권으로 상계하는 것은 허용된다.

91 **동시에 행하여진 싸움에서 서로 상해를 가한 경우와 같이 동일한 사안에서 발생한 쌍방의 고의의 불법행위로 인한 손해배상채권인 경우에 상계가 허용된다.** 〈2016년 사법시험〉

해설 고의의 불법행위로 인한 손해배상채권을 수동채권으로 하는 상계는 허용되지 않는 것이며, 이는 그 자동채권이 동시에 행하여진 싸움에서 서로 상해를 가한 경우와 같이 동일한 사안에서 발생한 고의의 불법행위로 인한 손해배상채권인 경우에도 마찬가지이다(대판 1994. 2. 25, 93다38444).

92-1 **고의로 타인의 재산권을 침해하여 이득을 취한 경우에 부당이득반환채권을 수동채권으로 하는 상계는 허용되지 아니한다.** 〈2016년 사법시험〉

정답 89. (○) 90. (×) 91. (×) 92-1. (○)

92-2 부당이득의 원인이 고의의 불법행위에 기인함으로써 불법행위로 인한 손해배상채권과 부당이득반환채권이 모두 성립하여 양 채권이 경합하는 경우 피해자가 부당이득반환채권만을 청구하고 불법행위로 인한 손해배상채권을 청구하지 아니하였다면, 가해자는 피해자에 대한 채권으로 상계할 수 있다. 〈2019년 법무사〉

해설 부당이득의 원인이 고의의 불법행위에 기인함으로써 불법행위로 인한 손해배상채권과 부당이득반환채권이 모두 성립하여 양채권이 경합하는 경우 피해자가 부당이득반환채권만을 청구하고 불법행위로 인한 손해배상채권을 청구하지 아니한 때에도, 그 청구의 실질적 이유, 즉 부당이득의 원인이 고의의 불법행위였다는 점은 불법행위로 인한 손해배상채권을 청구하는 경우와 다를 바 없다 할 것이어서, 고의의 불법행위에 의한 손해배상채권은 현실적으로 만족을 받아야 한다는 상계금지의 취지는 이러한 경우에도 타당하므로, 민법 제496조를 유추적용함이 상당하다(대판 2002. 1. 25, 2001다52506).

93 민법 제496조는 "채무가 고의의 불법행위로 인한 것인 때에는 그 채무자는 상계로 채권자에게 대항하지 못한다."라고 정하고 있다. 고의에 의한 행위가 불법행위를 구성함과 동시에 채무불이행을 구성하여 불법행위로 인한 손해배상채권과 채무불이행으로 인한 손해배상채권이 경합하는 경우, 고의의 채무불이행으로 인한 손해배상채권을 수동채권으로 하는 상계를 한 경우에도 채무자가 상계로 채권자에게 대항할 수 없다. 〈2018년 법무사〉

해설 민법 제496조는 고의의 불법행위로 인한 손해배상채권을 수동채권으로 한 상계에 관한 것이고 고의의 채무불이행으로 인한 손해배상채권에는 적용되지 않는다. 다만 고의에 의한 행위가 불법행위를 구성함과 동시에 채무불이행을 구성하여 불법행위로 인한 손해배상채권과 채무불이행으로 인한 손해배상채권이 경합하는 경우에는 이 규정을 유추적용할 필요가 있다. 이러한 경우에 고의의 채무불이행으로 인한 손해배상채권을 수동채권으로 한 상계를 허용하면 이로써 고의의 불법행위로 인한 손해배상채권까지 소멸하게 되어 고의의 불법행위에 의한 손해배상채권은 현실적으로 만족을 받아야 한다는 이 규정의 입법 취지가 몰각될 우려가 있기 때문이다. 따라서 이러한 예외적인 경우에는 민법 제496조를 유추적용하여 고의의 채무불이행으로 인한 손해배상채권을 수동채권으로 하는 상계를 한 경우에도 채무자가 상계로 채권자에게 대항할 수 없다고 보아야 한다(대판 2017. 2. 15, 2014다19776, 19783).

94 고의의 불법행위로 인한 손해배상채권의 채무자는 그 채권이 양도된 경우에 양수인에게도 상계로 대항할 수 없으나, 그 채권양도가 사해행위에 해당하는 경우 불법행위로 인한 손해배상채권의 채무자가 채권양도인에 대한 별도의 채권자 지위에서 채권양수인에게 채권자취소권을 행사하여 채권양도의 취소를 구함과 아울러 취소에 따른 원상회복 방법으로 직접 자신 앞으로 가액배상의 지급을 구하는 것은 허용된다. 〈2021년 변호사시험〉

해설 고의의 불법행위로 인한 손해배상채권의 채무자는 그 채권을 수동채권으로 한 상계로 채권자에게 대항하지 못하고(민법 제496조), 그 결과 채권이 양도된 경우에 양수인에게도 상계로 대항할 수 없게 되나(민법 제451조 제2항 참조), 채권양도가 사해행위에 해당하는 경우 불법행위로 인한 손해배상채권의 채무자가 채권양도인에 대한 별도의 채권자 지위에서 채권양수인에게 채권자취소권을 행사하여 채권양도의 취소를 구함과 아울러 취소에 따른 원상회복 방법으로 직접 자신 앞으로 가액배상의 지급을 구하는 것 자체는 민법 제496조에 반하지 않으므로 허용된다(대판 2011. 6. 10, 2011다8980,8997).

정답 92-2. (×) 93. (○) 94. (○)

95 **압류금지채권의 채무자는 상계로 채권자에게 대항하지 못한다.** 〈2009년 법무사〉

해 설 민법 제497조 참조

96 **사용자는 근로자의 퇴직금채권에 대하여 그가 근로자에 대하여 가지고 있는 불법행위를 원인으로 하는 채권으로 상계할 수는 없다.** 〈2016년 사법시험〉

해 설 근로자가 받을 퇴직금도 임금의 성질을 가진 것이므로 그 지급에 관하여서는 근로기준법 제36조에 따른 직접 전액지급의 원칙이 적용될 것이니 사용자는 근로자의 퇴직금채권에 대하여 그가 근로자에 대하여 가지고 있는 불법행위를 원인으로 하는 채권으로 상계할 수는 없다(대판 1976. 9. 28, 75다1768).

97 **사용자가 근로자에게 퇴직금 명목으로 지급한 금원 상당의 부당이득반환채권을 자동채권으로 하여 근로자의 퇴직금채권을 상계하는 것은 퇴직금채권의 2분의 1을 초과하는 부분에 해당하는 금액에 관하여만 허용된다.** 〈2015년 법무사〉

해 설 구 근로기준법 제42조(현 제43조) 제1항 본문에 의하면 임금은 통화로 직접 근로자에게 그 전액을 지급하여야 하므로 사용자가 근로자에 대하여 가지는 채권으로써 근로자의 임금채권과 상계를 하지 못하는 것이 원칙이고, 이는 경제적·사회적 종속관계에 있는 근로자를 보호하기 위한 것인바, 근로자가 받을 퇴직금도 임금의 성질을 가지므로 역시 마찬가지이다. 다만 계산의 착오 등으로 임금을 초과 지급한 경우에, 근로자가 퇴직 후 그 재직 중 받지 못한 임금이나 퇴직금을 청구하거나, 근로자가 비록 재직 중에 임금을 청구하더라도 위 초과 지급한 시기와 상계권 행사의 시기가 임금의 정산, 조정의 실질을 잃지 않을 만큼 근접하여 있고 나아가 사용자가 상계의 금액과 방법을 미리 예고하는 등으로 근로자의 경제생활의 안정을 해할 염려가 없는 때에는, 사용자는 위 초과지급한 임금의 반환청구권을 자동채권으로 하여 근로자의 임금채권이나 퇴직금채권과 상계할 수 있다. 그리고 이러한 법리는 사용자가 근로자에게 이미 퇴직금 명목의 금원을 지급하였으나 그것이 퇴직금 지급으로서의 효력이 없어 사용자가 같은 금원 상당의 부당이득반환채권을 갖게 된 경우에 이를 자동채권으로 하여 근로자의 퇴직금채권과 상계하는 때에도 적용된다. 한편 민사집행법 제246조 제1항 제5호는 근로자인 채무자의 생활보장이라는 공익적·사회 정책적 이유에서 '퇴직금 그 밖에 이와 비슷한 성질을 가진 급여채권의 2분의 1에 해당하는 금액'을 압류금지채권으로 규정하고 있고, 민법 제497조는 압류금지채권의 채무자는 상계로 채권자에게 대항하지 못한다고 규정하고 있으므로, 사용자가 근로자에게 퇴직금 명목으로 지급한 금원 상당의 부당이득반환채권을 자동채권으로 하여 근로자의 퇴직금채권을 상계하는 것은 퇴직금채권의 2분의 1을 초과하는 부분에 해당하는 금액에 관하여만 허용된다고 봄이 상당하다(대판 2010. 5. 20, 2007다90760 전원합의체).

98 **사용자가 근로자의 동의를 얻어 근로자의 임금채권에 대하여 상계하는 경우에 그 동의가 근로자의 자유로운 의사에 터잡아 이루어진 것이라고 인정할 만한 합리적인 이유가 객관적으로 존재하는 때에는 그 상계가 허용될 수 있다.** 〈2015년 법무사〉

해 설 근로기준법 제42조 제1항 본문에서 "임금은 통화로 직접 근로자에게 그 전액을 지급하여야 한다."라고 규정하여 이른바 임금 전액지급의 원칙을 선언한 취지는 사용자가 일방적으로 임금을 공제하는 것을 금지하여 근로자에게 임금 전액을 확실하게 지급 받게 함으로써 근로자의 경제생활을 위협하는 일이 없도록 그 보호를 도모하려는 데 있으므로, 사용자가 근로자에 대하여 가지는 채권을 가지고 일방적으로 근로자의 임금채권을 상계하는 것은 금지된다고 할 것이지만, 사용자가 근로자의 동의를 얻어 근로자의 임금채권에 대하여 상계하는 경우에 그 동의가 근로자의 자유로운 의사에 터잡아 이루어진 것이라고 인정할 만한 합리적인 이유가

정답 95. (○) 96. (○) 97. (○) 98. (○)

객관적으로 존재하는 때에는 근로기준법 제42조 제1항 본문에 위반하지 아니한다고 보아야 할 것이고, 다만 임금 전액지급의 원칙의 취지에 비추어 볼 때 그 동의가 근로자의 자유로운 의사에 기한 것이라는 판단은 엄격하고 신중하게 이루어져야 한다(대판 2001. 10. 23, 2001다25184).

99 **불법행위 또는 채무불이행에 따른 채무자의 손해배상액을 산정할 때에 손해부담의 공평을 기하기 위하여 채무자의 책임을 제한할 필요가 있고, 채무자가 채권자에 대하여 가지는 반대채권으로 상계항변을 하는 경우에는 먼저 상계한 후 책임제한을 하여야 한다.** 〈2016년 법무사〉

해설 불법행위 또는 채무불이행에 따른 채무자의 손해배상액을 산정할 때에 손해부담의 공평을 기하기 위하여 채무자의 책임을 제한할 필요가 있고, 채무자가 채권자에 대하여 가지는 반대채권으로 상계항변을 하는 경우에는 책임제한을 한 후의 손해배상액과 상계하여야 한다(대판 2015. 3. 20, 2012다107662).

100 **쌍방의 채무가 상계적상에 있었으나 상계 의사표시를 않는 동안에 일방의 채무가 변제로 소멸한 후에는 상계할 수 없다.** 〈2018년 공인노무사〉

해설 소멸한 채권을 수동채권으로 하여 상계 할 수 있는지 여부 : 쌍방의 채무가 상계적상에 있었는데, 채무자가 그 수동채권에 관하여 상계 의사표시를 않고 그것이 변제 등의 사유로 소멸한 경우에는 이를 수동채권으로 하여 상계할 수 없다(대판 1979. 8. 28, 79다1077).

101 **甲의 乙에 대한 5천만원의 A채권(변제기 2016. 2. 8.)과 乙의 甲에 대한 3천만 원의 B채권(변제기 2016. 5. 8.)이 있다. 이에 관한 설명으로 옳지 않은 것은? (다툼이 있으면 판례에 따름)** 〈2017년 공인노무사〉

① 乙은 B채권으로 2016. 5. 8. 이후 A채권과 상계할 수 있다.
② 乙의 甲에 대한 상계의 의사표시가 2016. 7. 20. 도달하였다면, 도달한 날을 기준으로 두 채권은 대등액의 범위 내에서 소멸한다.
③ B채권이 임금채권인 경우, 특별한 사유가 존재하지 않는 한 甲은 A채권으로 B채권과 상계하지 못한다.
④ B채권이 甲의 고의의 불법행위에 의한 손해배상채권인 경우, 甲은 A채권으로 상계할 수 없으나 乙은 B채권으로 상계할 수 있다.
⑤ 丙의 A채권에 대한 가압류신청에 따른 가압류명령이 2016. 4. 15. 乙에게 송달된 후, 乙은 B채권으로 가압류된 A채권을 상계하여 丙에게 대항할 수 없다.

해설

①(○) : 민법 제492조 제1항 참조
②(×) : 민법 제493조 제2항. 상계의 의사표시가 있는 경우 각 채무가 상계할 수 있는 때에 소급하여 대등액에 관하여 소멸한 것으로 보게 되고, 여기서 각 채무가 상계할 수 있는 때란 양 채권이 모두 변제기가 도래한 경우와 수동채권의 변제기가 도래하지 아니하였다고 하더라도 기한의 이익을 포기할 수 있는 경우를 포함한다(대판 2011. 7. 28, 2010다70018).
③(○) : 일반적으로 임금은 직접 근로자에게 전액을 지급하여야 하는 것이므로 사용자가 근로자에 대하여 가지는 채권으로서 근로자의 임금채권과 상계를 하지 못하는 것이 원칙이다(대판 1993. 12. 28, 93다38529).

정답 99.(×) 100.(○) 101. ②

④ (○) : 민법 제496조. 고의의 불법행위에 의한 손해배상채권을 수동채권으로 하는 상계는 허용되지 않으나, 이를 자동채권으로 하는 상계는 허용된다.

⑤ (○) : 민법 제498조. 가압류명령을 받은 제3채무자가 가압류채무자에 대한 반대채권을 가지고 있는 경우에 상계로써 가압류채권자에게 대항하기 위하여는 가압류의 효력 발생 당시에 양 채권이 상계적상에 있거나, 반대채권이 압류 당시 변제기에 이르지 않는 경우에는 피압류채권인 수동채권의 변제기와 동시에 또는 보다 먼저 변제기에 도달하는 경우이어야 된다(대판 1982. 6. 22, 82다카200). 지문은 반대채권(B채권)이 압류 당시 변제기에 이르지 않았고, 피압류채권인 수동채권(A채권)의 변제기보다 나중에 변제기에 도달하는 경우이어서 乙은 상계로 丙에게 대항할 수 없다.

Ⅳ. 그 밖의 채권 소멸사유(경개, 면제, 혼동 등)

102 경개에 관한 설명 중 옳은 것은? (다툼이 있는 경우에는 판례에 의함) 〈2008년 변리사〉

① 채무의 중요부분의 변경이 있다면 경개의사가 없더라도 경개계약은 성립한다.

② 채무자변경의 경개계약은 구채무자의 의사에 반하더라도 채권자와 신채무자간의 합의로 유효하게 성립한다.

③ 경개로 인한 신채무가 원인의 불법 또는 당사자가 알지 못하는 사유로 성립하지 않거나 취소되더라도 구채무는 부활하지 않는다.

④ 경개에 의하여 성립된 신채무가 이행되지 않을 때에는 채무불이행을 이유로 경개계약을 해제할 수 있다.

⑤ 경개계약의 성립 후에 그 계약을 합의해제하여 구채권을 부활시키는 것은 적어도 당사자 사이에서는 가능하다.

해 설

① (×) : 경개가 인정되려면 채무의 중요한 부분의 변경이 있어야 할 뿐만 아니라 당사자 사이에 신채무를 성립시키고 구채무를 소멸시키려는 의사 즉 경개의사의 합치가 있어야 한다(대판 1974. 7. 9, 74다668).

② (×) : 민법은 구채무자 의사에 반하여 채무자변경의 경개를 하지는 못한다고 규정한다(제501조).

③ (×) : 민법은 구채무와 신채무간의 인과관계가 있기 때문에 구채무가 소멸되지 아니하는 것으로 규정하고 있다(제504조).

④ (×), ⑤ (○) : [1] 경개계약은 신채권을 성립시키고 구채권을 소멸시키는 처분행위로서 신채권이 성립되면 그 효과는 완결되고 경개계약 자체의 이행의 문제는 발생할 여지가 없으므로 경개에 의하여 성립된 신채무의 불이행을 이유로 경개계약을 해제할 수는 없다. [2] 계약자유의 원칙상 경개계약의 성립 후에 그 계약을 합의해제하여 구채권을 부활시키는 것은 적어도 당사자 사이에서는 가능하다(대판 2003. 2. 11, 2002다62333).

103 채권의 소멸에 관한 설명으로 옳은 것은? (다툼이 있는 경우에는 판례에 의함) 〈2010년 변리사〉

① 고의나 과실로 불법행위를 한 자는 피해자의 손해배상청구권을 수동채권으로 하여 상계하지 못한다.

② 甲이 乙에 대하여 부담하는 대금채무에 갈음하여 甲이 乙에게 다른 물건으로 대물변제한 경우, 만약 이 물건에 하자가 있는 때에는 원칙적으로 대물변제가 무효로 된다.

③ 채무 전부를 변제한 자는 채권증서의 반환을 청구할 수 있으나, 변제와 채권증서의 반환은 동시이

정답 102. ⑤ 103. ③

행의 관계에 있지 않다.

④ 변제공탁의 경우에는 채권자에 대한 공탁통지나 채권자의 수익의 의사표시가 있는 때에 채무소멸의 효과가 생긴다.

⑤ 경개에 의하여 신 채무가 성립하는 경우, 제3자가 구 채무를 위하여 설정한 저당권은 그 제3자의 승낙이 있더라도 신 채무를 위하여 존속시킬 수는 없다.

해 설

①(×) : 고의가 아닌 과실에 기한 불법행위자는 상계할 수 있다(제496조).

②(×) : 대물변제로서 급부된 목적물에 하자가 있다고 하여 대물변제가 무효로 되는 것은 아니며, 매도인의 담보책임이 인정된다.

③(○) : 채무자가 채무 전부를 변제한 때에는 채권자에게 채권증서의 반환을 청구할 수 있으며, 제3자가 변제를 하는 경우에는 제3자도 채권증서의 반환을 구할 수 있으나(제475조 참조), 이러한 채권증서반환청구권은 채권 전부를 변제한 경우에 인정되는 것이고, 영수증교부의무와는 달리 변제와 동시이행관계에 있지 않다(대판 2005. 8. 19, 2003다22042).

④(×) : 변제공탁은 공탁공무원의 수탁처분과 공탁물보관자의 공탁물수령으로 그 효력이 발생하여 채무소멸의 효과를 가져오는 것이고, 채권자에 대한 공탁통지나 채권자의 수익의 의사표시가 있는 때에 공탁의 효력이 생기는 것이 아니다(대결 1972. 5. 15, 자 72마401).

⑤(×) : 승낙을 얻으면 존속할 수 있다(제505조).

보충지문

104 경개계약은 신채권을 성립시키고 구채권을 소멸시키는 처분행위이다. 〈2012년 공인노무사〉

해 설 민법 제500조 참조

105 경개계약에 조건이 붙어 있는 이른바 조건부 경개의 경우에는 구채무의 소멸과 신채무의 성립 자체가 그 조건의 성취 여부에 걸려 있게 된다. 〈2008년 법원행시〉

해 설 경개계약은 구채무를 소멸시키고 신채무를 성립시키는 처분행위로서 구채무의 소멸은 신채무의 성립에 의존하므로, 경개로 인한 신채무가 원인의 불법 또는 당사자가 알지 못한 사유로 인하여 성립하지 아니하거나 취소된 때에는 구채무는 소멸하지 않는 것이며 특히 경개계약에 조건이 붙어 있는 이른바 조건부 경개의 경우에는 구채무의 소멸과 신채무의 성립 자체가 그 조건의 성취 여부에 걸려 있게 된다(대판 2007. 11. 15, 2005다31316).

106 채무자가 설정한 저당권은 당사자가 경개계약을 체결하면 원칙적으로 신채무의 담보로 된다. 〈2010년 사법시험〉

해 설 경개계약의 경우 구 채무에 관한 저당권 등이 신 채무에 이전되기 위하여는 당사자 사이에 그러한 뜻의 특약이 이루어져야 하지만, 반드시 명시적인 것을 필요로 하지는 않고 묵시적인 합의로도 가능하다(대판 2002. 10. 11, 2001다7445).

정답 104. (○) 105. (○) 106. (×)

107 **어느 특정의 물건에 관한 채권을 가지는 자가 그 물건의 소유자가 된 경우 그 물건에 관한 채권은 혼동으로 소멸한다.** 〈2015년 법무사〉

해 설 혼동은 물권과 물권간, 채권과 채무간 되는 것이지, 물권과 채권이 혼동되는 것이 아니다. 따라서 어느 특정의 물건에 관한 채권을 가지는 자가 그 물건의 소유자가 된 경우 그 물건에 관한 채권은 혼동으로 소멸하지 않는다(대판 2007. 2. 22, 2004다59546).

108 **대항력을 갖춘 주택임차인이 그 주택을 경락받아 소유권을 취득한 경우, 특별한 사정이 없는 한 임대차계약에 기한 채권은 혼동으로 인하여 소멸한다.** 〈2012년 변리사〉

해 설 임차주택의 양수인에게 대항할 수 있는 주택임차인이 당해 임차주택을 경락받아 그 대금을 납부함으로써 임차주택의 소유권을 취득한 때에는, 그 주택임차인은 임대인의 지위를 승계하는 결과, 그 임대차계약에 기한 채권이 혼동으로 인하여 소멸하게 되므로 그 임대차는 종료된 상태가 된다(대판 1998. 9. 25, 97다28650).

정 답 107. (×) 108. (○)

제4편

채권각칙

계약총칙

제1절 계약의 성립

1 계약의 성립에 관한 다음 기술 중 틀린 것은? 〈2000년 변리사〉

① 청약은 불특정 다수인에 대해서도 할 수 있지만 승낙은 특정의 청약자에 대하여 하여야 한다.
② 청약에 "승낙기간내에 회답하지 않으면, 계약이 체결된 것으로 본다."라는 내용의 조건이 붙어 있는 경우에 상대방이 승낙기간내에 회답을 발하지 않아도 계약은 체결되지 않는다.
③ 10만원에 팔겠다는 A의 청약에 대해 B가 8만원이면 사겠다고 하였는데 이에 대해 A가 응하지 않자 B가 처음대로 10만원에 사겠다고 한 경우 10만원에 매매계약이 체결된 것으로 된다.
④ 서점에서 신간서적을 보내 오면 그 중에서 필요한 책을 사기로 하고서 보내온 책에 이름을 적는 경우 그 때에 매매계약이 성립한 것으로 된다.
⑤ 연착된 승낙은 새로운 청약으로 보아, 청약자는 이에 대하여 승낙함으로써 계약을 체결할 수 있다.

해 설

① (○) : 통설로서 타당하다.
② (○) : 판례는 "청약이 상시거래관계에 있는 자 사이에 그 영업부류에 속하는 계약에 관하여 이루어진 것이어서 상법 제53조(상인이 상시거래관계에 있는 자로부터 그 영업부류에 속한 계약의 청약을 받은 때에는 지체없이 낙부의 통지를 발송하여야 한다. 이를 해태한 때에는 승낙한 것으로 본다)가 적용될 수 있는 경우가 아니라면 청약의 상대방에게 청약을 받아들일 것인지 여부에 관하여 회답할 의무가 있는 것은 아니므로, 청약자가 미리 정한 기간내에 상대방이 이의를 하지 아니하면 승낙한 것으로 간주한다는 뜻을 청약시에 표시하였다고 하더라도 이는 상대방을 구속하지 아니하고 그 기간은 경우에 따라 단지 승낙기간을 정하는 의미를 가질 수 있을 뿐이므로 그 기간이 도과하면 청약이 실효되게 된다."고 하고 있다(대판 1999. 1. 29, 98다48903).
③ (×) : 민법 제534조. 변경을 가한 승낙으로 최초의 청약이 거절된 것으로 다루기 때문에 다시 승낙을 할 수가 없고, 변경을 가한 승낙에 대하여 청약자가 다시 승낙을 하여야 계약이 성립할 수 있다.
④ (○) : 민법 제532조. 의사실현에 의한 계약성립의 예로서 타당하다.
⑤ (○) : 민법 제530조에 합치한다.

2 약관에 관한 다음 기술 중 틀린 것은? 〈2000년 변리사〉

① 약관은 사업자가 계약의 내용으로 하기 위해 미리 마련한 청약에 지나지 않고 따라서 고객이 그 약관을 계약의 내용으로 삼을 승낙의 의사를 표시한 때에 계약으로 성립한다.
② 원칙적으로 사업자가 약관의 중요한 내용을 고객에게 설명하지 않은 때에는 당해 약관을 계약의 내용으로 주장할 수 없다.
③ 무면허운전에 대해 보험자가 면책되는 것으로 약관에 정함이 있는 경우, 무면허 운전자가 제3자인

정답 1. ③ 2. ③

경우에도 그로 인한 사고에 대해서는 보험계약자의 지배·관리가 미치는지 여부를 묻지 않고 보험자가 면책된다는 것이 판례의 견해이다.
④ 약관은 신의칙에 따라 공정하게 그리고 고객에 따라 다르게 해석되어서는 아니된다.
⑤ 약관의 뜻이 명백하지 아니한 경우에는 고객에게 유리하게 해석되어야 한다.

해 설
① (○) : 통설과 판례는 계약설적 입장이다. 따라서 타당하다.
② (○) : 약관규제법 제3조 참조
③ (×) : "자동차의 운전자가 무면허운전을 하였을 때에 생긴 사고로 인한 손해를 보상하지 아니한다."는 무면허운전면책조항은 보험계약자나 피보험자의 지배 또는 관리가능성이 없는 무면허운전의 경우까지 적용된다고 보는 경우에는 그 조항은 신의성실의 원칙에 반하는 공정을 잃은 조항으로서 약관법 제6조 제1항, 제2항, 제7조 제2호, 제3호에 비추어 무효이다(대판 1991. 12. 24, 90다카23899 전원합의체).
④ (○) : 통일적 해석의 원칙(약관규제법 제5조) 참조
⑤ (○) : 작성자 불이익의 원칙(약관규제법 제5조 제2항)

3 **약관에 관한 다음 기술 가운데 옳은 것은?** 〈2004년 변리사〉

① 약관의 규제에 관한 법률의 규제 대상이 되는 약관이란 다수의 상대방과의 계약에 획일적으로 포함시킨다는 특징만 있으면 그 작성의 주체나 시기는 불문한다.
② 약관이 계약당사자 사이에 구속력을 갖는 근거를 판례는 당해 거래계에서 통용되는 상관습이라는 규범적 성질을 띤다는 점에서 찾는다.
③ 약관의 규제에 관한 법률은 사업자로 하여금 고객의 이해관계에 중대한 영향을 미치는 약관의 중요한 내용에 대하여는 명시·설명하도록 하고 있으며, 판례는 그 내용이 설사 당해 거래에 당연히 적용되는 법령에 규정되어 있는 사항이라고 하여도 마찬가지라고 한다.
④ 약관의 일부 조항이 약관의규제에관한법률에 의하여 무효가 되는 경우에, 계약이 나머지 부분만으로 유효하게 존속함을 주장하고자 하는 자는 그 나머지 부분만으로도 계약의 목적을 달성할 수 있음을 주장·입증해야 한다.
⑤ 고객의 대리인에 의하여 계약이 체결된 경우에 고객이 그 의무를 이행하지 아니하면 대리인이 그 의무의 일부를 이행할 책임을 지우는 내용의 약관 조항은 무효이다.

해 설
① (×) : 약관의 규제에 관한 법률 제2조 제1호. '약관'이란 그 명칭이나 형태 또는 범위에 상관없이 계약의 한쪽 당사자가 여러 명의 상대방과 계약을 체결하기 위하여 일정한 형식으로 미리 마련한 계약의 내용을 말한다. 따라서 작성의 시기를 불문하는 것은 아니다.
② (×) : 보통보험약관을 포함한 이른바 일반거래약관이 계약의 내용으로 되어 계약당사자에게 구속력을 갖게 되는 근거는 그 자체가 법규범 또는 법규범적 성질을 갖기 때문은 아니며 계약당사자가 이를 계약의 내용으로 하기로 하는 명시적 또는 묵시적 합의를 하였기 때문이다(대판 2004. 11. 11, 2003다30807). ☞ 약관의 본질에 대하여 규범설과 계약설이 대립하는데 통설과 판례는 계약설의 입장이다.
③ (×) : 판례는 이미 법령에 의하여 규정되어 있는 사항은 그것이 약관의 중요한 내용에 해당한다고 하더라도 특별한 사정이 없는 한 사업자가 이를 따로 명시·설명할 의무는 없다고 한다(대판 1999. 9. 7, 98다19240).
④ (×) : 약관규제법은 민법상 일부무효(제137조)의 특칙을 규정하고 있는 바, 계약은 나머지 부분만으로 유효

정답 3. ⑤

하게 존속한다(동법 제16조 본문). 따라서 유효하게 존속하는 부분을 별도로 입증할 필요는 없다.
⑤ (○) : 약관규제법 제10조 참조

4　甲은 평소에 사업상 잘 알고 있는 乙이 중고의 자동차를 구하고 있다는 말을 9월 15일경에 다른 친구 丙으로부터 전해 듣고, 乙에게 서신을 보내어 자신의 자동차를 500만원에 팔겠다고 하면서, 10월 2일까지 연락을 해 달라고 하였다. 乙은 甲의 자동차를 몇 번 보았을 뿐만 아니라, 한 번 타 본적도 있어 몇 번 생각을 해보다가 다른 차를 사는 것보다는 나을 것 같은 생각이 들어 9월 25일 저녁에 서신으로 그 차를 구입하겠다는 내용의 편지를 보냈다. 그러나 그 서신이 우체국의 업무착오로 10월 5일에야 甲에게 도착하였고(보통 10월 2일까지 도달할 수 있는 경우이었다), 甲은 乙의 의사가 늦게 도착하였으므로 이를 무시하였다. 이에 대한 설명으로 옳은 것은? 〈2005년 변리사〉

① 甲의 청약에 대하여 乙의 승낙이 이루어지지 않았다.
② 乙의 승낙이 새로운 청약이 되어 甲이 이에 대해 승낙을 하여야만 계약이 성립한다.
③ 승낙기간의 만료일인 10월 2일에 계약이 성립하였다.
④ 승낙의 의사표시가 도착한 10월 5일에야 비로소 계약이 성립한 것으로 보아야 한다.
⑤ 승낙의 의사표시를 발송한 9월 25일에 이미 두 사람 사이에는 계약이 성립하였다.

해설

⑤만이 타당하다. 즉 통상의 경우라면 그 기간 내에 도달할 수 있는 경우이기 때문에 청약자는 지체 없이 상대방에게 그 연착을 통지 또는 지연통지를 하여야 한다(제528조 제2항 본문). 만일 청약자가 연착의 통지를 하지 아니한 때에는 연착하지 아니한 것으로 본다(제528조 제3항). 따라서 승낙자 乙이 승낙의 통지를 발송한 9월 25일에 계약은 성립한다(제531조 참조).

5　당사자 일방이 계약교섭 단계에서 계약이 확실하게 체결될 것이라는 정당한 기대 내지 신뢰를 부여하여 상대방이 그 신뢰에 따라 행동하였음에도 불구하고 상당한 이유 없이 계약체결을 거부한 경우에 야기되는 법률관계에 관한 설명 중 옳지 않은 것은?(다툼이 있는 경우에는 판례에 의함) 〈2008년 변리사〉

① 일방이 정당한 이유 없이 계약체결을 거부하여 손해가 발생하였다면 불법행위책임이 성립할 수 있다.
② 배상되어야 할 손해는 당사자 일방이 신의에 반하여 상당한 이유 없이 계약교섭을 파기함으로써 계약체결을 신뢰한 상대방이 입게 된 상당인과관계에 있는 손해로서 계약이 유효하게 체결된다고 믿었던 것에 의하여 입었던 손해에 한정된다.
③ 계약 성립을 기대하고 지출한 계약준비비용 이외에 계약체결을 위하여 불가피하게 소요되는 비용, 예컨대 경쟁입찰에 참가하기 위하여 지출한 제안서, 견적서 작성비용 등도 손해배상의 범위에 포함된다.
④ 계약교섭의 파기로 인한 불법행위가 인격적 법익을 침해함으로써 상대방에게 정신적 고통을 초래하였다고 인정되는 경우라면 그러한 정신적 고통에 대한 손해에 대하여는 별도로 배상을 구할 수 있다.

정답 4. ⑤ 5. ③

⑤ 이행의 착수가 상대방의 적극적인 요구에 따른 것이고 그 이행에 들어간 비용의 지급에 대하여 이미 계약교섭이 진행되고 있었다면 이행을 위하여 지출한 비용도 상당인과관계 있는 손해에 해당한다.

해 설

① (○), ② (○), ③ (×), ④ (○) : [1] 어느 일방이 교섭단계에서 계약이 확실하게 체결되리라는 정당한 기대 내지 신뢰를 부여하여 상대방이 그 신뢰에 따라 행동하였음에도 상당한 이유 없이 계약의 체결을 거부하여 손해를 입혔다면 이는 신의성실의 원칙에 비추어 볼 때 계약자유원칙의 한계를 넘는 위법한 행위로서 불법행위를 구성한다. [2] 계약교섭의 부당한 중도파기가 불법행위를 구성하는 경우 그러한 불법행위로 인한 손해는 일방이 신의에 반하여 상당한 이유 없이 계약교섭을 파기함으로써 계약체결을 신뢰한 상대방이 입게 된 상당인과관계 있는 손해로서 계약이 유효하게 체결된다고 믿었던 것에 의하여 입었던 손해 즉 신뢰손해에 한정된다고 할 것이고, 이러한 신뢰손해란 예컨대, 그 계약의 성립을 기대하고 지출한 계약준비비용과 같이 그러한 신뢰가 없었더라면 통상 지출하지 아니하였을 비용상당의 손해라고 할 것이며, 아직 계약체결에 관한 확고한 신뢰가 부여되기 이전 상태에서 계약교섭의 당사자가 계약체결이 좌절되더라도 어쩔 수 없다고 생각하고 지출한 비용, 예컨대 경쟁입찰에 참가하기 위하여 지출한 제안서, 견적서 작성비용 등은 여기에 포함되지 아니한다. [3] 침해행위와 피해법익의 유형에 따라서는 계약교섭의 파기로 인한 불법행위가 인격적 법익을 침해함으로써 상대방에게 정신적 고통을 초래하였다고 인정되는 경우라면 그러한 정신적 고통에 대한 손해에 대하여는 별도로 배상을 구할 수 있다(대판 2003. 4. 11, 2001다53059).

⑤ (○) : 계약교섭의 부당한 중도파기가 불법행위를 구성하는 경우, 상대방에게 배상책임을 지는 것은 계약체결을 신뢰한 상대방이 입게 된 상당인과관계 있는 손해이고, 한편 계약교섭 단계에서는 아직 계약이 성립된 것이 아니므로 당사자 중 일방이 계약의 이행행위를 준비하거나 이를 착수하는 것은 이례적이라고 할 것이므로 설령 이행에 착수하였다고 하더라도 이는 자기의 위험 판단과 책임에 의한 것이라고 평가할 수 있지만 만일 이행의 착수가 상대방의 적극적인 요구에 따른 것이고, 바로 위와 같은 이행에 들인 비용의 지급에 관하여 이미 계약교섭이 진행되고 있었다는 등의 특별한 사정이 있는 경우에는 당사자 중 일방이 계약의 성립을 기대하고 이행을 위하여 지출한 비용 상당의 손해가 상당인과관계 있는 손해에 해당한다(대판 2004. 5. 28, 2002다32301).

6　계약의 성립에 관한 설명 중 옳지 않은 것은? (다툼이 있는 경우에는 판례에 의함)

〈2011년 변리사〉

① 매도인이 매수인에게 매매계약을 합의해제할 것을 청약하였으나 매수인이 그 청약에 대하여 조건을 붙이거나 변경을 가하여 승낙하였다면 매도인의 청약은 거절된 것으로 본다.

② 명예퇴직의 신청은 근로계약에 대한 합의해지의 청약에 불과하므로 이에 대한 사용자의 승낙이 있어 근로계약이 합의해지되기 전에는 근로자가 임의로 그 청약의 의사표시를 철회할 수 있다.

③ 계약을 체결하면서 그 계약으로 인한 법률효과에 관하여 제대로 알지 못하고 처분문서인 계약서를 작성하였다면 이는 당사자의 의사의 불합치에 해당하여 계약은 성립되지 않는다.

④ 매매계약에서는 매매목적물과 대금이 반드시 계약체결 당시에 구체적으로 특정될 필요는 없으며, 이를 사후에라도 구체적으로 특정할 수 있는 방법과 기준이 정하여져 있으면 충분하다.

⑤ 계약의 객관적 요소는 아니더라도 특히 당사자가 그것에 중대한 의의를 두고 계약 성립의 요건으로 할 의사를 표시한 때에는 이에 관하여도 의사의 합치가 있어야 계약이 성립한다.

해 설

① (○) : 매매계약당사자 중 매도인이 매수인에게 매매계약의 합의해제를 청약하였다고 할지라도, 매수인이

정답 6. ③

그 청약에 대하여 조건을 붙이거나 변경을 가하여 승낙한 때에는 민법 제534조의 규정에 비추어 그 청약의 거절과 동시에 새로 청약한 것으로 보게 되는 것이고, 그로 인하여 종전의 매도인의 청약은 실효된다 할 것이다(대판 2009. 2. 12, 2008다71926 ; 대판 2002. 4. 12, 2000다17834).

② (○) : 명예퇴직 신청은 청약이나 명예퇴직 신청을 승인하여야 그 후 임의로 철회할 수 없는 것이고, 그 전에는 철회할 수 있다(대판 2003. 4. 25, 2002다11458). 이러한 청약의 철회가 가능한 이유는 비록 감원대상자 선정과정에서 제1순위로 선정되었다고 하더라도, 본인의 의사에 반한 해고를 강요당하지 아니할 권리가 있기 때문이다(대판 2003. 6. 27, 2003다1632). 따라서 판례는 "명예퇴직은 근로자가 명예퇴직의 신청(청약)을 하면 사용자가 요건을 심사한 후 이를 승인(승낙)함으로써 합의에 의하여 근로관계를 종료시키는 것으로, 명예퇴직의 신청은 근로계약에 대한 합의해지의 청약에 불과하여 이에 대한 사용자의 승낙이 있어 근로계약이 합의해지되기 전에는 근로자가 임의로 그 청약의 의사표시를 철회할 수 있다."고 한다(대판 2003. 4. 25, 2002다11458).

③ (×) : 계약의 성립을 위한 의사표시의 객관적 합치 여부를 판단함에 있어, 처분문서인 계약서가 있는 경우에는 특별한 사정이 없는 한 계약서에 기재된 대로의 의사표시의 존재 및 내용을 인정하여야 하고, 계약을 체결함에 있어 당해 계약으로 인한 법률효과에 관하여 제대로 알지 못하였다 하더라도 이는 계약체결에 관한 의사표시의 착오의 문제가 될 뿐이다(대판 2009. 4. 23, 2008다96291, 96307).

④ (○) : 매매는 당사자 일방이 재산권을 상대방에게 이전할 것을 약정하고 상대방이 대금을 지급할 것을 약정함으로써 효력이 발생하는 것이므로, 매매계약은 매도인이 재산권을 이전하는 것과 매수인이 대가로서 대금을 지급하는 것에 관하여 쌍방 당사자의 합의가 이루어짐으로써 성립하는 것이며, 그 경우 매매목적물과 대금은 반드시 계약체결 당시에 구체적으로 특정할 필요는 없고 이를 사후에라도 구체적으로 특정할 수 있는 방법과 기준이 정하여져 있으면 족하다(대판 2009. 3. 16, 2008다1842 ; 대판 1996. 4. 26, 94다34432).

⑤ (○) : 계약이 성립하기 위하여는 당사자의 서로 대립하는 수개의 의사표시의 객관적 합치가 필요하고, 객관적 합치가 있다고 하기 위하여는 당사자의 의사표시에 나타나 있는 사항에 관하여는 모두 일치하고 있어야 하는 한편, 계약내용의 중요한 점 및 계약의 객관적 요소는 아니더라도 특히 당사자가 그것에 중대한 의의를 두고 계약성립의 요건으로 할 의사를 표시한 때에는 이에 관하여 합치가 있어야 계약이 적법·유효하게 성립한다(대판 2003. 4. 11, 2001다53059).

7 **甲과 乙사이에 계약이 성립한 경우를 모두 고른 것은?** 〈2013년 변리사〉

〈보 기〉

ㄱ. 甲이 청약일로부터 15일간의 승낙기간을 정하여 乙에게 청약을 하였고, 乙이 승낙기간을 지나 승낙통지를 발송하여 甲에게 도착하였는데, 甲이 乙의 승낙에 대하여 조건을 붙여 승낙의 의사표시를 하여 그 의사표시가 乙에게 도달된 경우

ㄴ. 甲이 2013. 1. 10. 乙에게 A를 100만원에 팔겠다는 청약을 하였으나, 乙이 그와 같은 甲의 청약사실을 알지 못한 채 같은 달 12일 甲에게 A를 100만원에 사겠다는 청약을 하였는데,甲과 乙의 청약이 모두 상대방에게 도달한 경우

ㄷ. 甲의 청약에 대하여 乙이 조건을 붙여서 승낙을 하였는데, 甲이 乙의 조건부 승낙에 대하여 승낙의 의사표시를 하여 그 의사표시가 乙에게 도달된 경우

① ㄴ　② ㄷ　③ ㄱ, ㄷ　④ ㄴ, ㄷ　⑤ ㄱ, ㄴ, ㄷ

정답 7. ④

해설

ㄱ. (×) : 乙이 승낙기간을 지나서 승낙을 하였기 때문에 연착된 승낙이 되어 최초의 甲의 청약은 효력을 상실하고 乙의 승낙이 새 청약이 된다(제530조). 그런데 甲이 다시 乙의 승낙에 대하여 조건을 붙여 승낙하였기 때문에 청약의 거절이 되어 아직 현재 계약이 성립되지 않았다. 甲이 조건을 붙여 승낙한 것에 乙이 다시 승낙하여야 계약이 성립한다(제534조).

ㄴ. (○) : 교차청약(제533조)으로 마지막 청약이 도달하면 계약이 성립한다.

ㄷ. (○) : 변경을 가한 승낙이다(제534조). 따라서 청약자가 다시 승낙을 했기 때문에 계약이 성립한다.

8 약관에 관한 설명으로 옳은 것은? (다툼이 있으면 판례에 따름) 〈2017년 변리사〉

① 사업자와 고객 사이에 교섭이 이루어진 약관 조항도 「약관의 규제에 관한 법률」에 정한 약관에 해당한다.

② 약관조항이 무효로 되면, 민법상 일부무효의 법리에 따라 그 전부를 무효로 함이 원칙이다.

③ 약관에 정하여진 사항이 거래상 일반적이고 공통된 것이어서 고객이 별도의 설명 없이도 충분히 예상할 수 있었던 사항이더라도, 사업자에게 명시·설명의무가 있다.

④ 사업자가 고객의 대리인과 계약을 체결하는 경우, 설명의무의 상대방이 계약자본인에 국한되는 것은 아니므로 그 대리인에게 약관을 설명하는 것으로 충분하다.

⑤ 동일한 약관집 내의 대다수의 조항들이 교섭되고 변경된 사정이 있다고 하더라도, 변경되지 아니한 나머지 소수의 조항들에 대해서 교섭이 이루어진 것으로 추정할 수는 없다.

해설

① (×) : 사업자와 고객 사이에 교섭이 이루어진 약관 조항은 약관 작성상의 일방성이 없으므로 약관의규제에 관한 법률 소정의 약관에 해당하지 않는다(대판 2000. 12. 22, 99다4634).

② (×) : 약관의 규제에 관한 법률 제16조(일부무효의 특칙) 약관의 전부 또는 일부의 조항이 제3조제4항에 따라 계약의 내용이 되지 못하는 경우나 제6조부터 제14조까지의 규정에 따라 무효인 경우 계약은 나머지 부분만으로 유효하게 존속한다. 다만, 유효한 부분만으로는 계약의 목적 달성이 불가능하거나 그 유효한 부분이 한쪽 당사자에게 부당하게 불리한 경우에는 그 계약은 무효로 한다.

☞ 일부무효의 효과에 관하여 민법 제137조는 전부무효를 원칙으로 하지만, 약관의 규제에 관한 법률 제16조는 일부무효를 원칙으로 한다.

③ (×) : 약관에 정하여진 사항이라고 하더라도 거래상 일반적이고 공통된 것이어서 보험계약자가 별도의 설명 없이도 충분히 예상할 수 있었던 사항이거나, 이미 법령에 의하여 정하여진 것을 되풀이하거나 부연하는 정도에 불과한 사항이라면, 그러한 사항에 관하여까지 보험자에게 명시·설명의무가 있다고는 할 수 없다(대판 2007. 4. 27, 2006다87453).

④ (○) : 설명의무의 상대방은 반드시 보험계약자 본인에 국한되는 것이 아니라, 보험자가 보험계약자의 대리인과 보험계약을 체결할 경우에는 그 대리인에게 보험약관을 설명함으로써 족하다(대판 2001. 7. 27, 2001다23973).

⑤ (×) : 동일한 약관집 내의 대다수의 조항들이 교섭되고 변경된 사정이 있다면, 변경되지 아니한 나머지 소수의 조항들에 대해서도 교섭이 이루어진 것으로 추정할 수 있다(대판 2000. 12. 22, 99다4634).

정답 ▶ 8. ④

9 **甲은 2018. 9. 10. 乙에게 자신이 사용하던 X컴퓨터를 50만원에 매각하겠다는 의사표시와 2018. 9. 25.까지 구매여부를 알려 달라는 내용의 편지를 발송하였고, 그 편지는 2018. 9. 13. 乙에게 도달하였다. 이에 乙이 2018. 9. 17. X컴퓨터를 50만원에 매수하겠다는 승낙의 편지를 甲에게 발송하였다. 이에 관한 설명으로 옳은 것은?** 〈2019년 변리사〉

① 甲은 乙이 발송한 편지를 2018. 9. 19. 받았는데, 甲이 2018. 9. 24. 개봉하여 읽었다면 매매계약은 2018. 9. 24. 성립한다.
② 乙이 승낙의 의사표시를 하였으므로, 乙이 발송한 편지를 甲이 2018. 9. 25.까지 받지 못하였더라도 매매계약은 성립한다.
③ 甲은 乙이 발송한 편지를 2018. 9. 20. 받았다면, 매매계약은 그 때부터 성립하고 효력이 발생한다.
④ 乙이 발송한 편지가 2018. 9. 26. 甲에게 도달하였고 甲이 2018. 9. 27. 연착의 통지를 한 경우, 매매계약은 성립하지 않는다.
⑤ 乙이 2018. 9. 17. 매수하겠다는 편지를 발송하기 전까지 특별한 사정이 없는 한 甲은 乙에 대하여 매각의 의사표시를 철회할 수 있다.

해 설

① (×) : 채권양도의 통지와 같은 준법률행위의 도달은 의사표시와 마찬가지로 사회관념상 채무자가 통지의 내용을 알 수 있는 객관적 상태에 놓여졌을 때를 지칭하고, 그 통지를 채무자가 현실적으로 수령하였거나 그 통지의 내용을 알았을 것까지는 필요하지 않다(대판 1983. 8. 23, 82다카439). ☞ 이 판례에 따르면 2018. 9. 24.에 성립하는 것이 아님은 확실하다. 그렇다고 2018. 9. 19.에 성립하는 것도 아님을 주의하여야 한다. 아래 ③의 해설을 참조하라.
② (×) : 민법 제528조 제1항. 승낙기간 내에 승낙의 통지를 받지 못하면 청약이 그 효력을 상실하기 때문에 결국 계약은 성립하지 않는다. ☞ 민법 제528조 제1항과 제531조의 모순관계에 대하여 다수설은 해제조건설의 입장이다. 예컨대 기간 내에 승낙이 도달하지 않은 경우라도 제531조의 발신주의에 따르면 乙이 승낙의 편지를 발송한 2018. 9. 17.에 계약이 성립한다고 해야 하는데, 제528조 제1항에 따르면 계약이 성립하지 않는다고 해야 하므로 모순관계인 것처럼 보이는 것이다. 다수설인 해제조건설은 일단 발송으로 계약의 효력이 발생하지만 이는 기간 내승낙의 부도달을 해제조건으로 하는 것으로, 승낙기간 내에 청약자가 승낙의 통지를 받지 못하면 계약은 소급하여 성립하지 않게 된다는 것이다.
③ (×) : 민법 제531조. 의사표시의 효력발생시기는 원칙적으로 도달주의에 따르나(민법 제111조), 격지자간의 계약성립시기에 관하여는 예외적으로 민법 제531조가 발신주의를 취한다. 따라서 도달시인 2018. 9. 20.이 아니라 乙이 승낙의 의사표시를 발송한 2018. 9. 17.에 계약이 성립하고 효력이 발생한다.
④ (○) : 민법 제528조 제2항, 제3항. ☞ 승낙의 편지 도달 후 '지체없이' 연착의 통지를 하였으므로 계약은 성립하지 않는다. 만약 연착의 통지를 하지 않았다면 제3항에 따라 연착되지 아니한 것으로 간주되어 계약이 성립하였을 것이다.
⑤ (×) : 민법 제527조. 청약이 상대방에게 도달하여 그 효력이 발생하면 청약자는 마음대로 철회할 수 없다. 甲의 청약은 2018. 9. 13. 乙에게 도달하였으므로 그 이후에는 철회할 수 없다.

정답 9. ④

10 **계약에 관한 설명으로 옳은 것을 모두 고른 것은? (다툼이 있으면 판례에 따름)** 〈2020년 변리사〉

> ㄱ. 승낙기간을 정하지 아니한 계약의 청약을 한 자가 상당한 기간 내에 승낙의 통지를 받은 때에는 계약이 성립한다.
> ㄴ. 관습에 의하여 승낙의 의사표시가 필요하지 아니한 경우, 계약의 성립시기는 청약자가 승낙의 의사표시로 인정되는 사실을 알게 된 때이다.
> ㄷ. 어느 일방이 교섭단계에서 계약이 확실하게 체결되리라는 정당한 기대 내지 신뢰를 부여하여 상대방이 그 신뢰에 따라 행동하였음에도 상당한 이유 없이 계약의 체결을 거부하여 손해를 입혔다면 불법행위를 구성할 수 있다.
> ㄹ. 목적이 불능인 계약을 체결할 때에 그 불능을 알 수 있었을 자는 상대방이 그 불능을 알 수 있었더라도 이행이익을 넘지 않은 한도에서 상대방에게 신뢰이익을 배상하여야 한다.

① ㄱ, ㄴ ② ㄱ, ㄷ ③ ㄴ, ㄹ ④ ㄱ, ㄷ, ㄹ ⑤ ㄴ, ㄷ, ㄹ

해 설

ㄱ. (○) : 민법 제529조 참조
ㄴ. (×) : '승낙의 의사표시로 인정되는 사실이 있는 때'에 성립한다(제532조).
ㄷ. (○) : 어느 일방이 교섭단계에서 계약이 확실하게 체결되리라는 정당한 기대 내지 신뢰를 부여하여 상대방이 그 신뢰에 따라 행동하였음에도 상당한 이유 없이 계약의 체결을 거부하여 손해를 입혔다면 이는 신의성실의 원칙에 비추어 볼 때 계약자유 원칙의 한계를 넘는 위법한 행위로서 불법행위를 구성한다고 할 것이다(민법 제2조, 제535조, 제750조; 대판 2001. 6. 15, 99다40418).
ㄹ. (×) : 상대방이 불능을 알았거나 알 수 있었을 경우에는 계약체결상의 과실책임을 물을 수 없다(제535조 제2항).

11 **계약의 성립에 관한 설명으로 옳지 않은 것은? (다툼이 있으면 판례에 따름)** 〈2021년 변리사〉

① 계약의 당사자가 누구인지는 계약에 관여한 당사자의 의사해석 문제로서, 당사자들의 의사가 일치하는 경우에는 그 의사에 따라 계약의 당사자를 확정해야 한다.
② 임대차계약에서 보증금의 지급약정이 있는 경우, 보증금의 수수는 임대차계약의 성립요건이 아니다.
③ 계약이 의사의 불합치로 성립하지 아니한 경우, 그로 인하여 손해를 입은 당사자는 상대방에 대하여 민법 제535조(계약체결상의 과실)를 유추적용하여 손해배상을 청구할 수 있다.
④ 매매계약체결 당시 목적물과 대금이 구체적으로 확정되지 않았더라도, 이행기 전까지 구체적으로 확정될 수 있는 방법과 기준이 정해져 있다면 계약의 성립을 인정할 수 있다.
⑤ 청약자의 의사표시나 관습에 의해 승낙의 통지가 필요하지 않은 경우, 계약은 승낙의 의사표시로 인정되는 사실이 있는 때에 성립한다.

해 설

① (○) : 타인의 이름을 임의로 사용하여 계약을 체결한 경우에는 누가 그 계약의 당사자인가를 먼저 확정하여야 할 것으로서, 행위자 또는 명의인 가운데 누구를 당사자로 할 것인지에 관하여 행위자와 상대방의 의사가 일치한 경우에는 그 일치하는 의사대로 행위자의 행위 또는 명의자의 행위로서 확정하여야 할 것이지만, 그러한

정답 10. ② 11. ③

일치하는 의사를 확정할 수 없을 경우에는 계약의 성질, 내용, 체결경위 및 계약체결을 전후한 구체적인 제반사정을 토대로 상대방이 합리적인 인간이라면 행위자와 명의자 중 누구를 계약 당사자로 이해할 것인가에 의하여 당사자를 결정하고, 이에 터잡아 계약의 성립 여부와 효력을 판단함이 상당하다(대판 1995. 9. 29, 94다4912).
② (○) : 보증금계약은 임대차에 종된 계약으로서 요물계약이라는 것이 다수의 견해이나, 임대차계약은 어디까지나 낙성계약이다(민법 제618조 참조). 따라서 보증금의 지급약정이 있는 경우라도 보증금의 수수가 임대차계약의 성립요건이 되는 것은 아니다.
③ (×) : 계약이 의사의 불합치로 성립하지 아니한 경우 그로 인하여 손해를 입은 당사자가 상대방에게 부당이득반환청구 또는 불법행위로 인한 손해배상청구를 할 수 있는지는 별론으로 하고, 상대방이 계약이 성립되지 아니할 수 있다는 것을 알았거나 알 수 있었음을 이유로 민법 제535조를 유추적용하여 계약체결상의 과실로 인한 손해배상청구를 할 수는 없다(대판 2017. 11. 14, 2015다10929).
④ (○) : 매매는 당사자 일방이 재산권을 상대방에게 이전할 것을 약정하고 상대방이 대금을 지급할 것을 약정함으로써 효력이 발생하는 것이므로 매매계약은 매도인이 재산권을 이전하는 것과 매수인이 대가로서 대금을 지급하는 것에 관하여 쌍방당사자의 합의가 이루어짐으로써 성립하는 것이며, 그 경우 매매목적물과 대금은 반드시 계약체결 당시에 구체적으로 특정할 필요는 없고 이를 사후에라도 구체적으로 특정할 수 있는 방법과 기준이 정하여져 있으면 족하다(대판 1993. 6. 8, 92다49447).
⑤ (○) : 청약자의 의사표시나 관습에 의하여 승낙의 통지가 필요하지 아니한 경우에는 계약은 승낙의 의사표시로 인정되는 사실이 있는 때에 성립한다(민법 제532조).

12 계약의 성립에 관한 설명으로 옳지 않은 것은? (다툼이 있으면 판례에 따름) 〈2024년 변리사〉

① 의사표시의 불일치로 인해 계약이 성립하지 않는 경우, 그로 인해 손해를 입은 당사자는 상대방이 계약의 불성립을 알았거나 알 수 있었음을 이유로 계약체결상의 과실로 인한 손해배상을 청구할 수 있다.
② 은행 직원이 예금자로부터 돈을 받아 확인한 후에는 실제로 입금하지 않아도 예금자와 은행 사이에 예금계약이 성립한다.
③ 甲이 자신의 X건물을 乙에게 1억 원에 팔겠다는 청약을 하였는데, 이 사실을 모르는 乙이 甲에게 X건물을 1억 원에 구입하겠다고 청약을 한 경우에 두 청약이 상대방에게 도달한 때에 계약은 성립한다.
④ 매도인이 매수인에게 매매계약의 합의해제를 청약하였는데, 매수인이 그 청약에 대하여 조건을 붙여 승낙한 경우에는 합의해제의 청약이 실효된다.
⑤ 임대인이 임대목적물에 대한 소유권 기타 이를 임대할 권한이 없다고 하더라도 임대차계약은 유효하게 성립할 수 있다.

해설

① (×) : 계약이 의사의 불합치로 성립하지 아니한 경우 그로 인하여 손해를 입은 당사자가 상대방에게 부당이득반환청구 또는 불법행위로 인한 손해배상청구를 할 수 있는지는 별론으로 하고, 상대방이 계약이 성립되지 아니할 수 있다는 것을 알았거나 알 수 있었음을 이유로 민법 제535조를 유추적용하여 계약체결상의 과실로 인한 손해배상청구를 할 수는 없다(대판 2017. 11. 14, 2015다10929).
② (○) : 예금계약은 예금자가 예금의 의사를 표시하면서 금융기관에 돈을 제공하고 금융기관이 그 의사에 따라 그 돈을 받아 확인을 하면 그로써 성립하며, 금융기관의 직원이 그 받은 돈을 금융기관에 입금하지 아니하고 이를 횡령하였다고 하더라도 예금계약의 성립에는 아무런 소장이 없다(대판 1996. 1. 26, 95다26919).

정답 12. ①

③ (○) : 당사자간에 동일한 내용의 청약이 상호교차된 경우에는 양청약이 상대방에게 도달한 때에 계약이 성립한다(민법 제533조).
④ (○) : 매매계약 당사자 중 매도인이 매수인에게 매매계약을 합의해제할 것을 청약하였다고 할지라도, 매수인이 그 청약에 대하여 조건을 붙이거나 변경을 가하여 승낙한 때에는 민법 제534조의 규정에 비추어 보면 그 청약의 거절과 동시에 새로 청약한 것으로 보게 되는 것이고, 그로 인하여 종전의 매도인의 청약은 실효된다(대판 2002. 4. 12, 2000다17834).
⑤ (○) : 임대인이 그 목적물에 대한 소유권 기타 이를 임대할 권한이 없다고 하더라도 임대차계약은 유효하게 성립한다. 따라서 임대인은 임차인으로 하여금 그 목적물을 완전하게 사용·수익하게 할 의무가 있고, 또한 임차인은 이러한 임대인의 의무가 이행불능으로 되지 아니하는 한 그 사용·수익의 대가로 차임을 지급할 의무가 있으며, 그 임대차관계가 종료되면 임차인은 임차목적물을 임대인에게 반환하여야 할 계약상의 의무가 있다(대판 2009. 9. 24, 2008다38325).

보충지문

13 청약은 그에 응하는 승낙만 있으면 곧 계약이 성립하는 구체적·확정적 의사표시여야 한다. 〈2007년 공인노무사〉

해설 계약이 성립하기 위한 법률요건인 청약은 그에 응하는 승낙만 있으면 곧 계약이 성립하는 구체적·확정적 의사표시여야 하므로, 청약은 계약의 내용을 결정할 수 있을 정도의 사항을 포함시키는 것이 필요하다(대판 2003. 4. 11, 2001다53059).

14 甲이 상가를 분양하면서 일정액 이상의 수익이 보장될 수 있다는 취지의 광고를 하고, 乙과의 분양계약 체결시 이러한 광고 내용을 乙에게 설명하였더라도 분양계약서에 이러한 내용이 기재되지 않았다면, 특별한 사정이 없는 한, 이는 청약의 유인에 해당한다. 〈2012년 사법시험〉

해설 상가를 분양하면서 그 곳에 첨단 오락타운을 조성·운영하고 전문경영인에 의한 위탁경영을 통하여 분양계약자들에게 일정액 이상의 수익을 보장한다는 광고를 하고, 분양계약 체결시 이러한 광고내용을 계약상대방에게 설명하였더라도, 체결된 분양계약서에는 이러한 내용이 기재되지 않은 점과, 그 후의 위 상가 임대운영경위 등에 비추어 볼 때, 위와 같은 광고 및 분양계약 체결시의 설명은 청약의 유인에 불과할 뿐 상가 분양계약의 내용으로 되었다고 볼 수 없고, 따라서 분양 회사는 위 상가를 첨단 오락타운으로 조성·운영하거나 일정한 수익을 보장할 의무를 부담하지 않는다고 한 사례(대판 2001. 5. 29, 99다55601).

15 승낙의 기간을 정한 계약의 청약은 청약자가 그 기간 내에 승낙의 통지를 받지 못한 때에는 그 효력을 잃으나, 승낙의 기간을 정하지 아니한 계약의 청약은 청약자가 상당한 기간 내에 승낙의 통지를 받지 못하더라도 그 효력을 잃지 않는다. 〈2017년 법무사〉

해설 효력을 잃는다(민법 제529조).

16 일정한 사실행위도 승낙의 의사표시로 인정되어 계약을 성립시킬 수 있다. 〈2007년 공인노무사〉

정답 13. (○) 14. (○) 15. (×) 16. (○)

해 설 제532조(의사실현에 의한 계약성립). 청약자의 의사표시나 관습에 의하여 승낙의 통지가 필요하지 아니한 경우에는 계약은 승낙의 의사표시로 인정되는 사실이 있는 때에 성립한다.

17 **매도인의 청약에 대하여 매수인이 조건을 붙여 승낙하였다면 매도인의 청약은 실효된다.**

〈2007년 공인노무사〉

해 설 매매계약 당사자 중 매도인이 매수인에게 매매계약을 합의해제할 것을 청약하였다고 할지라도, 매수인이 그 청약에 대하여 조건을 붙이거나 변경을 가하여 승낙한 때에는 민법 제534조의 규정에 비추어 보면 그 청약의 거절과 동시에 새로 청약한 것으로 보게 되는 것이고, 그로 인하여 종전의 매도인의 청약은 실효된다(대판 2002. 4. 12, 2000다17834).

18 **甲이 예금의 의사로 乙은행의 담당직원인 A에게 100만 원을 제공하였고 甲의 예금의사가 확인되었더라도, A가 실제로 은행에 위 100만 원을 입금하지 않고 횡령하였다면, 甲과 乙사이에 예금계약은 성립하지 않는다.** 〈2012년 사법시험〉

해 설 예금계약은 예금자가 예금의 의사를 표시하면서 금융기관에 돈을 제공하고 금융기관이 그 의사에 따라 그 돈을 받아 확인을 하면 그로써 성립하며, 금융기관의 직원이 그 받은 돈을 금융기관에 입금하지 아니하고 이를 횡령하였다고 하더라도 예금계약의 성립에는 아무런 영향이 없다(대판 1996. 1. 26, 95다26919 등).

19 **약관 조항 중 일부 조항이 고객과 교섭되었음을 이유로 그 조항에 대하여는 「약관의 규제에 관한 법률」의 적용이 배제되더라도, 교섭되지 않은 나머지 조항들에 대하여는 여전히 같은 법률이 적용된다.** 〈2010년 사법시험〉

해 설 대판 2000. 12. 22, 99다4634 참조

20 **어느 약관조항이 당사자 사이의 약정의 취지를 명백히 하기 위한 확인적 규정에 불과하다 하더라도 사업자는 고객이 이를 이해할 수 있도록 명확히 설명하여야 한다.** 〈2007년 사법시험〉

해 설 상법 제638조의3 제1항 및 약관의 규제에 관한 법률 제3조의 규정에 의하여 보험자 및 보험계약의 체결 또는 모집에 종사하는 자는 보험계약을 체결할 때 보험계약자 또는 피보험자에게 보험약관에 기재되어 있는 보험상품의 내용, 보험료율의 체계, 보험청약서상 기재사항의 변동 및 보험자의 면책사유 등 보험계약의 중요한 내용에 대하여 구체적이고 상세한 명시·설명의무를 지고 있으므로, 만일 보험자가 이러한 보험약관의 명시·설명의무에 위반하여 보험계약을 체결한 때에는 그 약관의 내용을 보험계약의 내용으로 주장할 수 없고, 다만 보험약관의 중요한 내용에 해당하는 사항이라 하더라도 보험계약자나 그 대리인이 그 내용을 충분히 잘 알고 있거나, 거래상 일반적이고 공통된 것이어서 보험계약자가 별도의 설명 없이도 충분히 예상할 수 있었거나, 이미 법령에 의하여 정하여진 것을 되풀이하거나 부연하는 정도에 불과한 사항이라면 그러한 사항에 대하여서까지 보험자에게 명시·설명의무가 인정된다고 할 수는 없다(대판 2006. 1. 26, 2005다60017, 60024).

21 **사업자가 약관의 명시·설명의무에 위반하여 계약을 체결한 때에도 고객은 그 약관의 내용을 계약의 내용으로 주장할 수 있다.** 〈2007년 사법시험〉

해 설 명시·설명의무를 위반한 경우, 사업자는 그 사항을 계약의 내용으로 주장하지 못하지만(법 제3조 제3항), 고객은 그 사항을 계약의 내용으로 주장할 수 있다.

정답 17. (○) 18. (×) 19. (○) 20. (×) 21. (○)

22 **약관상 매매계약 해제시 사업자인 매도인을 위한 손해배상액의 예정조항은 있는 반면 고객인 매수인을 위한 손해배상액의 예정조항은 없는 경우에도, 그것만으로는 그 약관조항이 무효라고 할 수 없다.** 〈2007년 사법시험〉

해설 대판 2000. 9. 22, 99다53759, 53766 참조

23-1 **우리 민법은 원시적 불능의 경우에 대한 계약체결상의 과실책임을 규정하고 있다.** 〈2009년 사법시험〉

23-2 **계약체결상의 과실을 이유로 한 신뢰이익의 손해배상은 계약이 유효함으로 인하여 생길 이익액을 넘지 못한다.** 〈2009년 사법시험〉

해설 민법 제535조 참조

24 **계약체결상의 과실책임은 원시적 불능을 알지 못한데 대한 상대방의 선의를 요하나 무과실까지 요하지는 않는다.** 〈2009년 사법시험〉

해설 계약체결상의 과실책임은 원시적 불능을 알지 못한데 대한 상대방의 선의와 무과실까지 요한다(제535조 제2항).

제2절 계약의 효력

Ⅰ. 동시이행의 항변권

25 **쌍무계약에 관한 다음 설명 중 옳지 않은 것은? (다툼이 있는 경우에는 판례에 의함)** 〈2005년 변리사〉

① 쌍무계약의 당사자 일방이 계약상 선이행의무를 부담하고 있는데 그와 대가관계에 있는 상대방의 채무가 아직 이행기에 이르지 아니하였지만 이행기의 이행이 현저히 불투명하게 된 경우에는 민법 제536조 제2항(동시이행의 항변권) 및 신의칙에 의하여 그 당사자에게 반대급부의 이행이 확실하여질 때까지 선이행의무의 이행을 거절할 수 있다.

② 쌍무계약의 당사자 일방이 먼저 한번 현실의 제공을 하고 상대방을 수령지체에 빠지게 하였다하더라도 그 이행의 제공이 계속되지 않는 경우는 과거에 이행의 제공이 있었다는 사실만으로 상대방이 가지는 동시이행의 항변권이 소멸하는 것은 아니다.

③ 쌍무계약에서 일시적으로 당사자 일방의 채무의 이행제공이 있었으나 곧 그 이행의 제공이 중지되어 더 이상 그 제공이 계속되지 아니하는 기간 동안에는 상대방의 채무가 이행지체의 상태에 빠졌다고 할 수는 없다.

④ 쌍무계약인 매매계약에서 매수인이 선이행의무인 잔금지급의무를 이행하지 않던 중 매도인도 소유권이전등기의무의 이행을 제공하지 아니한 채 소유권이전등기의무의 이행기를 도과한 경우, 여전히 선이행의무로 하기로 약정하는 등 특별한 사정이 없는 한 매도인과 매수인 쌍방의 의무는 동

정답 22. (○) 23-1. (○) 23-2. (○) 24. (×) 25. ⑤

시이행 관계에 놓이게 된다.

⑤ 대가적 채무간에 이행거절의 권능을 가지는 경우에는 이행거절의 의사를 구체적으로 밝혀야만 이행지체책임을 면할 수 있다.

해 설

① (○) : 대판 2003. 5. 26, 2002다2423 참조

② (○) : 대판 1999. 7. 9, 98다13754 참조

③ (○) : 쌍무계약의 당사자 일방이 먼저 한번 현실의 제공을 하고 상대방을 수령지체에 빠지게 하였다 하더라도 그 이행의 제공이 계속되지 않는 경우는 과거에 이행의 제공이 있었다는 사실만으로 상대방이 가지는 동시이행의 항변권이 소멸하는 것은 아니므로, 일시적으로 당사자 일방의 의무의 이행제공이 있었으나 곧 그 이행의 제공이 중지되어 더 이상 그 제공이 계속되지 아니하는 기간 동안에는 상대방의 의무가 이행지체 상태에 빠졌다고 할 수는 없다고 할 것이고, 따라서 그 이행의 제공이 중지된 이후에 상대방의 의무가 이행지체되었음을 전제로 하는 손해배상청구도 할 수 없다(대판 1999. 7. 9, 98다13754, 13761).

④ (○) : 쌍무계약인 매매계약에서 매수인이 선이행의무인 잔금지급의무를 이행하지 않던 중 매도인도 소유권이전등기의무의 이행을 제공하지 아니한 채 소유권이전등기의무의 이행기를 도과한 경우, 여전히 선이행의무로 하기로 약정하는 등 특별한 사정이 없는 한 매도인과 매수인 쌍방의 의무는 동시이행 관계에 놓이게 된다(대판 1999. 7. 9, 98다13754, 13761).

⑤ (×) : 동시이행항변권의 효과로서 존재의 효과에 반한다. 즉 이행지체의 책임이 없다고 주장하는 자가 반드시 동시이행의 항변권을 행사하여야만 이행지체책임을 면하는 것은 아니다(대판 1998. 3. 13, 97다54604).

26 **동시이행관계가 인정되지 않는 것은? (다툼이 있는 경우에는 판례에 의함)** 〈2008년 변리사〉

① 주택임대차관계에 있어서 임차권등기명령에 의하여 등기가 된 경우, 임대인의 임대차보증금반환의무와 임차인의 임차권등기 말소의무

② 토지 임차인이 건물매수청구권을 행사한 경우, 토지 임차인의 건물명도 및 소유권이전등기의무와 토지 임대인의 건물대금지급의무

③ 매매 목적인 권리가 타인의 소유임을 알지 못한 선의의 매도인이 매매계약을 해제한 경우, 매도인의 손해배상의무와 매수인의 목적물 및 그 사용이익반환의무

④ 매매계약에서 매수인이 선이행하기로 약정한 잔금지급의무를 이행하지 않고 있는 사이에 매도인의 소유권이전등기의무의 이행기가 도과한 경우, 매도인과 매수인 쌍방의 의무

⑤ 채무의 이행확보를 위하여 어음을 발행한 경우, 채무의 이행과 어음의 반환의무

해 설

① (×) : 주택임대차보호법 제3조의3 규정에 의한 임차권등기는 이미 임대차계약이 종료하였음에도 임대인이 그 보증금을 반환하지 않는 상태에서 경료되게 되므로, 이미 사실상 이행지체에 빠진 임대인의 임대차보증금의 반환의무와 그에 대응하는 임차인의 권리를 보전하기 위하여 새로이 경료하는 임차권등기에 대한 임차인의 말소의무를 동시이행관계에 있는 것으로 해석할 것은 아니고, 특히 위 임차권등기는 임차인으로 하여금 기왕의 대항력이나 우선변제권을 유지하도록 해 주는 담보적 기능만을 주목적으로 하는 점 등에 비추어 볼 때, 임대인의 임대차보증금의 반환의무가 임차인의 임차권등기 말소의무보다 먼저 이행되어야 할 의무이다(대판 2005. 6. 9, 2005다4529).

② (○) : 민법 제643조의 규정에 의한 토지임차인의 매수청구권행사로 지상건물에 대하여 시가에 의한 매매유

정답 26. ①

사의 법률관계가 성립된 경우에 토지임차인의 건물명도 및 그 소유권이전등기의무와 토지임대인의 건물대금 지급의무는 서로 대가관계에 있는 채무이므로 토지임차인은 토지임대인의 건물명도청구에 대하여 대금지급과의 동시이행을 주장할 수 있다(대판 1991. 4. 9, 91다3260).

③ (○) : 민법 제571조에 의한 계약해제의 경우에도 매도인의 손해배상의무와 매수인의 대지인도의무는 발생원인이 다르다 하더라도 이행의 견련관계는 양 의무에도 그대로 존재하므로 양 의무 사이에는 동시이행관계가 있다고 인정함이 공평의 원칙에 합치한다(대판 1993. 4. 9, 92다25946).

④ (○) : 쌍무계약인 매매계약에서 매수인이 선이행의무인 잔금지급의무를 이행하지 않던 중 매도인도 소유권이전등기의무의 이행을 제공하지 아니한 채 소유권이전등기의무의 이행기를 도과한 경우, 여전히 선이행의무로 하기로 약정하는 등 특별한 사정이 없는 한 매도인과 매수인 쌍방의 의무는 동시이행 관계에 놓이게 된다(대판 1999. 7. 9, 98다13754, 13761).

⑤ (○) : 대판 1992. 12. 22, 92다8712 참조

27 **동시이행의 항변권과 관련한 설명으로 옳은 것을 모두 고른 것은? (다툼이 있는 경우에는 판례에 의함)** 〈2010년 변리사〉

ㄱ. 甲은 乙에게 자기 소유의 건물을 2억원에 매도하였다. 이 경우 甲의 소유권이전등기의무와 乙의 대금지급의무는 동시이행의 관계로 되지만, 甲의 건물인도의무는 乙의 대금지급의무와 동시이행의 관계가 아니다.

ㄴ. 甲과 乙이 체결한 쌍무계약이 무효로 되어 각 당사가가 서로 취득한 것을 반환하여야 할 경우, 각 당사자의 반환의무는 동시이행관계에 있다.

ㄷ. 甲이 乙에게 5,000만원을 빌려주고 그 채권을 담보하기 위하여 乙 소유의 토지에 저당권을 설정한 경우, 채권의 변제기에 乙의 변제와 저당권설정등기 말소절차는 동시이행의 관계에 있다.

ㄹ. 甲이 乙에게 토지를 매도한 경우, 乙이 甲에게 매매 목적 부동산 중 일부에 대해서만 소유권이전등기의무의 이행을 구하고 있다면, 특별한 사정이 없는 한 甲은 그 매매대금 전부에 대하여 동시이행의 항변권을 행사할 수는 없다.

ㅁ. 甲과 乙 간에 동산에 대한 매매계약이 체결되고 선이행의무를 부담하는 매도인 甲이 인도의무의 이행을 지체하고 있는 사이에 매수인 乙의 대금채무의 변제기일도 도래한 경우, 甲은 乙의 동산인도청구에 대하여 대금지급과 동시이행을 주장할 수 있다.

① ㄱ, ㄴ ② ㄱ, ㄹ ③ ㄴ, ㅁ ④ ㄷ, ㄹ ⑤ ㄷ, ㅁ

해 설

ㄱ. (×) : 부동산매매에 있어서 매도인의 등기서류제공의무와 별도로 부동산명도의무도 동시이행관계에 있는지 논란이 있다. 다수견해와 판례의 다수가 긍정한다. 따라서 부동산의 매매계약이 체결된 경우에는 매도인의 소유권이전등기의무·명도의무와 매수인의 잔대금지급의무는 동시이행의 관계에 있는 것이 원칙이다(대판 2000. 11. 28, 2000다8533 등).

ㄴ. (○) : 쌍무계약이 무효로 되어 각 당사자가 서로 취득한 것을 반환하여야 할 경우, 어느 일방의 당사자에게만 먼저 그 반환의무의 이행이 강제된다면 공평과 신의칙에 위배되는 결과가 되므로 각 당사자의 반환의무는 동시이행관계에 있다(대판 2007. 12. 28, 2005다38843 등).

ㄷ. (×) : 소비대차계약에 있어서 채무의 담보목적으로 저당권, 가등기, 양도담보 등 설정등기를 경료한 경우에

정답 27. ③

채무자의 채무변제는 담보권등기 말소등기에 앞서는 선행의무이며 채무의 변제와 동시이행관계에 있는 것이 아니다(대판 1969. 9. 30, 69다1173 등).

ㄹ. (×) : 부동산매매계약에서 발생하는 매도인의 소유권이전등기의무와 매수인의 매매잔대금지급의무는 동시이행관계에 있고, 동시이행의 항변권은 상대방의 채무이행이 있기까지 자신의 채무이행을 거절할 수 있는 권리이므로, 매수인이 매도인을 상대로 매매 목적 부동산 중 일부에 대해서만 소유권이전등기의무의 이행을 구하고 있는 경우에도 매도인은 특별한 사정이 없는 한 그 매매잔대금 전부에 대하여 동시이행의 항변권을 행사할 수 있다고 할 것이다(대판 2006. 2. 23, 2005다53187).

ㅁ. (○) : 선이행의무자가 이행하지 않고 있는 동안에 상대방의 채무의 변제기가 도래하면 상대방의 청구에 대하여 선이행의무자의 동시이행의 항변권이 인정된다(대판 1998. 3. 13, 97다54604).

28 **甲은 5월 2일 乙에게 고장난 자신의 시계수리를 맡기고, 그 시계를 5월 9일에 찾아가면서 수리대금을 지급하기로 하였다. 그런데 甲은 5월 9일 시계의 수리대금을 지급하지 아니한 채 乙에게 그 시계의 반환을 요구하였다. 다음 설명으로 옳지 않은 것은?(다툼이 있는 경우에는 판례에 의함)** 〈2012년 변리사〉

① 乙은 甲이 수리대금을 제공할 때까지 동시이행의 항변권을 행사할 수 있다.

② 乙은 甲이 수리대금을 제공할 때까지 유치권을 행사할 수 있다.

③ 甲이 수리대금을 제공하여 乙을 수령지체에 빠뜨린 후 甲이 다시 이행제공을 하지 않고 시계의 반환을 청구하면, 乙은 동시이행의 항변권을 행사할 수 있다.

④ 乙이 자신의 수리대금 채권을 丙에게 양도하고 甲에게 통지한 경우, 丙이 甲에게 수리대금지급을 청구한 때에는 甲은 乙에게 대항할 수 있는 항변사유로 대항할 수 있다.

⑤ 만약 시계의 소유자가 丁인 경우, 丁이 乙에게 시계의 반환을 청구하면, 乙은 丁에게 유치권을 행사할 수 없다.

해 설

① (○) : 민법 제665조 참조

② (○) : 민법 제320조 참조

③ (○) : 쌍무계약의 당사자 일방이 먼저 한 번 현실의 제공을 하고, 상대방을 수령지체에 빠지게 하였다 하더라도 그 이행의 제공이 계속되지 않는 경우는 과거에 이행의 제공이 있었다는 사실만으로 상대방이 가지는 동시이행의 항변권이 소멸하는 것은 아니다(대판 1993. 8. 24, 92다56490).

④ (○) : 채권양도는 동일성을 유지한 채로 채권이 이전되기 때문에 통지만 있는 경우에는 甲은 乙에게 대항할 수 있는 항변사유로 대항할 수 있다(제451조 제2항 참조).

⑤ (×) : 통설·판례는 유치권의 기초인 공평의 원칙에 따라 채무자 이외에 제3자의 소유물에도 유치권이 성립한다고 한다. 그리고 유치권은 물권으로 제3자에게도 대항력이 있다.

29 **동시이행의 항변권에 관한 설명으로 옳지 않은 것은? (다툼이 있으면 판례에 따름)** 〈2016년 변리사〉

① 당사자 쌍방의 채무가 각각 별개의 계약에 의하여 생긴 경우에는 특별한 사정이 없는 한 동시이행의 항변권이 인정되지 않는다.

② 당사자 일방의 채무가 손해배상채무로 전환되는 경우 본래의 채무와 손해배상채무는 동일성을 유지하므로 동시이행항변권은 존속한다.

정답 28. ⑤ 29. ③

③ 공사도급계약의 도급인이 자기 소유의 토지에 근저당권을 설정하여 수급인으로 하여금 공사에 필요한 자금을 대출받도록 한 경우, 수급인의 근저당권말소의무는 도급인의 공사대금채무보다 먼저 이행되어야 한다.
④ 매수인이 선이행해야 할 중도금을 지급하지 않은 채 잔대금지급일을 경과한 경우, 매수인의 중도금과 지연손해금 및 잔대금지급채무와 매도인의 소유권이전등기의무는 특별한 사정이 없는 한 동시이행관계에 있다.
⑤ 당사자 일방이 먼저 현실의 제공을 함으로써 상대방을 수령지체에 빠지게 하였다하더라도 그 이행의 제공이 계속되지 않는 경우에는 과거에 이행의 제공이 있었다는 사실만으로 상대방이 가지는 동시이행의 항변권이 소멸하지 않는다.

해 설

① (○) : 당사자 쌍방이 각각 별개의 약정으로 상대방에 대하여 채무를 지게 된 경우에는 자기의 채무이행과 상대방의 어떤 채무이행과를 견련시켜 동시이행을 하기로 특약한 사실이 없다면 상대방이 자기에게 이행할 채무가 있다 하더라도 동시이행의 항변권이 생긴다고 볼 수 없다(대판 1989. 2. 14, 88다카10753).
② (○) : 당사자 일방의 채무가 채무불이행 등으로 인하여 손해배상채무로 전환되는 경우, 본래의 채무와 손해배상채무는 동일성을 유지하므로 동시이행항변권은 존속한다(대판 2000. 2. 25, 97다30066).
③ (×) : 공사도급계약의 도급인이 자기 소유의 토지에 근저당권을 설정하여 수급인으로 하여금 공사에 필요한 자금을 대출받도록 한 경우, 수급인의 근저당권말소의무는 도급인의 공사대금채무보다 먼저 이행되어야 하는 것이 아니라 동시이행의 관계에 있다(대판 2010. 3. 25, 2007다35152).
④ (○) : 매수인이 선이행하여야 할 중도금지급을 하지 아니한 채 잔대금지급일을 경과한 경우에는 매수인의 중도금 및 이에 대한 지급일 다음날부터 잔대금지급일까지의 지연손해금과 잔대금의 지급채무는 매도인의 소유권이전등기의무와 특별한 사정이 없는 한 동시이행관계에 있다(대판 1991. 3. 27, 90다19930).
⑤ (○) : 당사자 일방이 먼저 현실의 제공을 함으로써 상대방을 수령지체에 빠지게 하였다하더라도 그 이행의 제공이 계속되지 않는 경우에는 과거에 이행의 제공이 있었다는 사실만으로 상대방이 가지는 동시이행의 항변권이 소멸하지 않는다(대판 2011. 4. 28, 2010다94953).

30 동시이행의 항변권에 관한 설명으로 옳은 것을 모두 고른 것은? (다툼이 있으면 판례에 따름)

〈2018년 변리사〉

ㄱ. 매매계약을 맺은 후에야 매수인이 등기부상의 매매목적물이 매도인의 소유가 아니라는 것을 알게 되었다면 매수인은 중도금지급을 선이행하기로 하였더라도 그 지급을 거절할 수 있다.
ㄴ. 임대차계약 종료 후 발생하는, 임차인의 임차목적물반환의무와 임대인의 임차보증금반환의무는 동시이행관계이다.
ㄷ. 임대차계약 해제에 따른 임차인의 목적물반환의무와 임대인의 목적물을 사용수익하게 할 의무 불이행에 대한 약정 지연손해배상의무는 특별한 사정이 없는 한 동시이행관계이다.
ㄹ. 채무자의 변제와 채권자의 채권증서반환의무는 동시이행관계이다.
ㅁ. 가압류등기가 있는 부동산의 매매계약에서 매도인의 소유권이전등기 의무와 아울러 가압류등기의 말소의무도 매수인의 대금지급의무와 동시이행관계이다.
ㅂ. 부동산 매매계약에서 부동산 소유권이전등기의무뿐만 아니라 그 인도의무도 대금지급의무와 동시이행관계이다.

정 답 30. ③

① ㄱ, ㄴ ② ㄴ, ㄷ ③ ㄱ, ㄴ, ㅁ, ㅂ
④ ㄱ, ㄷ, ㄹ, ㅁ ⑤ ㄴ, ㄷ, ㅁ, ㅂ

해 설

ㄱ. (○) : 매매계약을 맺은 후에야 등기부상 매매목적물이 매도인의 소유가 아닌 것이 발견되었다면 매수인은 경우에 따라서는 민법 588조에 의하여 중도금의 지급을 거절할 수 있고 그렇지 않다고 하더라도 계약에 있어서의 형평의 원칙이나 신의성실의 원칙에 비추어 선행의무에 해당하는 중도금지급의무라 하더라도 그 지급을 거절할 수 있다(대판 1974. 6. 11, 73다1632).

ㄴ. (○) : 임대차종료후 임차인의 임차목적물명도의무와 임대인의 연체차임 기타 손해배상금을 공제하고 남은 임대차보증금반환채무와는 동시이행의 관계에 있으므로 임차인이 동시이행의 항변권에 기하여 임차목적물을 점유하고 사용수익한 경우 그 점유는 불법점유라 할 수 없어 그로 인한 손해배상책임은 지지 아니하되, 다만 사용수익으로 인하여 실질적으로 얻은 이익이 있으면 부당이득으로서 반환하여야 한다(대판 1989. 2. 28, 87다카2114, 2115, 2116).

ㄷ. (×) : 임대차계약 해제에 따른 임차인의 임대차계약의 이행으로 이루어진 목적물 인도의 원상회복의무와 임대인이 임차인에게 건물을 사용수익하게 할 의무를 불이행한 데 대하여 손해배상을 하기로 한 각서에 기하여 발생된 약정지연손해배상의무는 하나의 임대차계약에서 이루어진 계약이행의 원상회복관계에 있지 않고 그 발생원인을 달리하고 있어 특별한 사정이 없는 한 양자 사이에 이행상의 견련관계는 없으므로 임차인의 동시이행의 항변은 배척되어야 한다(대판 1990. 12. 26, 90다카25383).

ㄹ. (×) : 채권증서 반환청구권은 채권 전부를 변제한 경우에 인정되는 것이고, 영수증 교부의무와는 달리 변제와 동시이행관계에 있지 않다(대판 2005. 8. 19, 2003다22042).

ㅁ. (○) : 부동산의 매매계약이 체결된 경우에는 매도인의 소유권이전등기의무, 인도의무와 매수인의 잔대금 지급의무는 동시이행의 관계에 있는 것이 원칙이고, 이 경우 매도인은 특별한 사정이 없는 한 제한이나 부담이 없는 완전한 소유권이전등기의무를 지는 것이므로 매매목적 부동산에 가압류등기 등이 되어 있는 경우에는 매도인은 이와 같은 등기도 말소하여 완전한 소유권이전등기를 해 주어야 하는 것이고, 따라서 가압류등기 등이 있는 부동산의 매매계약에 있어서는 매도인의 소유권이전등기 의무와 아울러 가압류등기의 말소의무도 매수인의 대금지급의무와 동시이행 관계에 있다고 할 것이다(대판 2000. 11. 28, 2000다8533).

ㅂ. (○) : 부동산의 매매계약이 체결된 경우에는 매도인의 소유권이전등기의무, 인도의무와 매수인의 잔대금 지급의무는 동시이행의 관계에 있는 것이 원칙이고, 이 경우 매도인은 특별한 사정이 없는 한 제한이나 부담이 없는 소유권이전등기의무를 지는 것이므로 매매목적 부동산에 지상권이 설정되어 있고 가압류등기가 되어 있는 경우에는 비록 매매가액에 비하여 소액인 금원의 변제로써 언제든지 말소할 수 있는 것이라 할지라도 매도인은 이와 같은 등기를 말소하여 완전한 소유권이전등기를 해 주어야 한다(대판 1991. 9. 10, 91다6368).

31 **동시이행관계에 관한 설명으로 옳은 것은? (다툼이 있으면 판례에 따름)** 〈2020년 변리사〉

① 목적물 인도와 대금지급이 동시이행관계에 있는 매매에서 매도인이 대금채권을 제3자에게 양도하고 매수인에게 통지한 경우, 매수인은 제3자에 대해 동시이행의 항변권을 행사할 수 없다.

② 매수인이 선이행의무 있는 중도금지급을 이행하지 않은 상태에서 잔대금지급과 동시이행관계에 있는 매도인의 소유권이전등기 소요서류 제공 없이 잔대금지급기일이 도과한 경우, 특별한 사정이 없는 한 그때 이후의 기간에 대해서는 매수인은 위 중도금을 지급하지 않더라도 이행지체의 책임을 지지 않는다.

③ 동시이행관계에 있는 채무에 있어 상대방의 이행제공을 수령하지 않음으로써 수령지체에 빠진 당

정답 31. ②

사자는 그 후 상대방이 자신의 채무의 이행제공 없이 이행을 청구하는 경우 동시이행의 항변권을 행사할 수 없다.

④ 동시이행의 항변권이 붙은 채권을 수동채권으로 하여 상계하지 못한다.

⑤ 乙이 甲의 공장건물을 매수한 뒤 그 소유권 이전등기 전에 甲의 동의를 얻어 丙에게 임대하였으나 甲이 매매계약을 적법하게 해제하고 丙에게 건물 명도를 청구하는 경우, 丙의 甲에 대한 건물명도의무와 乙의 보증금반환의무는 동시이행관계에 있다.

해 설

①(×) : 양도인이 양도통지만을 한 때에는 채무자는 그 통지를 받은 때까지 양도인에 대하여 생긴 사유로써 양수인에게 대항할 수 있다(민법 제451조 제2항).

> **[참고 판례]** 채무자가 기존채무의 지급을 위하여 채권자에게 수표를 교부하였는데 채권자가 그 수표와 분리하여 기존 원인채권만을 제3자에게 양도한 경우, 채무자는 기존 원인채권의 양도인에 대하여 채권자가 위 수표의 반환 없는 기존 원인채무의 이행을 거절할 수 있는 항변권을 그 채권양도통지를 받기 이전부터 이미 가지고 있었으므로 채권양수인에 대하여도 이와 같은 항변권을 행사할 수 있다(대판 2003. 5. 30, 2003다13512).

②(○) : 매수인이 선이행의무 있는 중도금을 지급하지 않았다 하더라도 계약이 해제되지 않은 상태에서 잔대금지급기일이 도래한 경우, 특별한 다른 사정이 없는 한 매수인의 중도금 및 잔대금의 지급과 매도인의 소유권이전등기 소요서류의 제공은 동시이행관계에 있다 할 것이어서 그때부터는 매수인은 중도금을 지급하지 아니한 데 대한 이행지체의 책임을 지지 아니한다(대판 1998. 3. 13, 97다54604).

③(×) : 쌍무계약의 당사자 일방이 먼저 한 번 현실의 제공을 하고, 상대방을 수령지체에 빠지게 하였다 하더라도 그 이행의 제공이 계속되지 않는 경우는 과거에 이행의 제공이 있었다는 사실만으로 상대방이 가지는 동시이행의 항변권이 소멸하는 것은 아니다(대판 1993. 8. 24, 92다56490).

④(×) : 동시이행의 항변권의 대항을 받는 채권을 자동채권으로 하여 상대방의 채권과의 상계를 허용하면 상계자 일방의 의사표시에 의하여 상대방의 항변권 행사의 기회를 상실시키는 결과가 되어서 그러한 상계는 허용될 수 없는 것이 원칙이다(대판 2014. 4. 30, 2010다11323). ☞ 동시이행의 항변권이 붙은 채권을 수동채권으로 하여 상계하는 것은 가능하다.

⑤(×) : 건물매수인이 아직 건물의 소유권을 취득하지 못한 채 매도인의 동의를 얻어 제3자에게 임대하였으나 매수인(임대인)의 채무불이행으로 매도인이 매매계약을 해제하고 임차인에게 건물의 명도를 구하는 경우 임차인은 매도인에 대한 관계에서 건물의 전차인의 지위와 흡사하다 할 것인바, 임대인의 동의 있는 전차인도 임차인의 채무불이행으로 임대차계약이 해지되면 특단의 사정이 없는 한 임대인에 대해서 전차인의 전대인에 대한 권리를 주장할 수가 없고, 또 임차인이 매매계약목적물에 대하여 직접 임차권을 취득했다고 보더라도, 대항력을 갖추지 아니한 상태에서는 그 매매계약이 해제되어 소급적으로 실효되면 그 권리를 보호받을 수가 없다는 점에 비추어 볼 때, 임차인의 건물명도의무와 매수인(임대인)의 보증금반환의무를 동시이행관계에 두는 것은 오히려 공평의 원칙에 반한다 할 것이다(대판 1990. 12. 7, 90다카24939).

32 동시이행의 항변권에 관한 설명으로 옳지 않은 것은? (다툼이 있으면 판례에 따름)

〈2021년 변리사〉

① 부동산 매매계약에서 매수인이 부가가치세를 부담하기로 약정한 경우, 특별한 사정이 없는 한 부가가치세를 포함한 매매대금 전부와 부동산의 소유권이전등기의무는 동시이행관계에 있다.

② 공사도급계약상 도급인의 지체상금채권과 수급인의 공사대금채권은 특별한 사정이 없는 한 동시

정답 32. ④

이행관계에 있다고 할 수 없다.

③ 구분소유적 공유관계가 전부 해소된 경우, 공유지분권자 상호간의 지분이전등기의무는 동시이행의 관계에 있다.

④ 원인채무의 지급을 담보하기 위하여 어음이 교부된 경우, 채무자는 어음반환과 동시이행을 주장하여 원인채무의 지급을 거절할 수는 없다.

⑤ 동시이행의 관계에 있는 쌍방의 채무 중 어느 한 채무가 이행불능이 됨으로 인하여 발생한 손해배상채무도 여전히 다른 채무와 동시이행의 관계에 있다.

해설

① (○) : 부동산 매매계약에 있어 매수인이 부가가치세(또는 양도소득세)를 부담하기로 약정한 경우, 부가가치세를 매매대금과 별도로 지급하기로 했다는 등의 특별한 사정이 없는 한 부가가치세를 포함한 매매대금 전부와 부동산의 소유권이전등기의무가 동시이행의 관계에 있다고 봄이 상당하다(대판 2006. 2. 24, 2005다58656, 58663).

② (○) : 공사도급계약상 도급인의 지체상금채권과 수급인의 공사대금채권은 특별한 사정이 없는 한 동시이행의 관계에 있다고 할 수 없다(대판 2015. 8. 27, 2013다81224).

③ (○) : 구분소유적 공유관계가 해소되는 경우 공유지분권자 상호간의 지분이전등기의무는 그 이행상 견련관계에 있다고 봄이 공평의 관념 및 신의칙에 부합하고, 또한 각 공유지분권자는 특별한 사정이 없는 한 제한이나 부담이 없는 완전한 지분소유권이전등기의무를 지므로, 그 구분소유권 공유관계를 표상하는 공유지분에 근저당권설정등기 또는 압류, 가압류등기가 경료되어 있는 경우에는 그 공유지분권자로서는 그러한 각 등기도 말소하여 완전한 지분소유권이전등기를 해 주어야 한다. 따라서 구분소유적 공유관계가 해소되는 경우 쌍방의 지분소유권이전등기의무와 아울러 그러한 근저당권설정등기 등의 말소의무 또한 동시이행의 관계에 있다(대판 2008. 6. 26, 2004다32992).

④ (×) : 채무의 이행확보를 위한 어음을 발행한 경우, 그 채무의 이행과 어음의 반환은 동시이행의 관계에 있다(대판 1992. 12. 22, 92다8712).

⑤ (○) : 동시이행의 관계에 있는 쌍방의 채무 중 어느 한 채무가 이행불능이 됨으로 인하여 발생한 손해배상채무도 여전히 다른 채무와 동시이행의 관계에 있다(대판 2000. 2. 25, 97다30066).

33 동시이행의 항변권에 관한 설명으로 옳지 않은 것은? (다툼이 있으면 판례에 따름)

〈2022년 변리사〉

① 특별한 사정이 없는 한 주된 급부의무만이 동시이행의 관계에 있다.

② 쌍방의 채무가 별개의 계약에 기한 것이라도 당사자들은 특약으로 동시이행의 항변권을 성립시킬 수 있다.

③ 쌍무계약의 당사자 일방이 선이행의무를 이행하지 않고 있던 중 상대방 채무의 이행기가 도래한 경우에도 특별한 사정이 없는 한 동시이행의 항변권을 행사할 수 있다.

④ 채무자에게 민법 제536조 제2항의 불안의 항변권이 인정되기 위해서는 채권자측에 발생한 사정이 신용불안이나 재산상태 악화와 같이 객관적·일반적인 것이어야 한다.

⑤ 부동산 매도인이 동시이행의 항변권을 가지는 경우에는 이행거절 의사를 구체적으로 밝히지 않았더라도 동시이행의 항변권으로 인해 이행지체책임이 발생하지 않는다.

정답 33. ④

해 설

① (○) : 쌍무계약에 있어서 상대방의 부수적 사항에 관한 의무위반만을 이유로 자기의 채무이행을 거절할 수 있는 동시이행의 항변권을 갖게 되는 사유가 된다고 할 수 없다(대판 1976. 10. 12, 73다584).

② (○) : 당사자 쌍방이 각각 별개의 약정으로 채무를 부담하게 된 경우에는 당사자간의 특약으로 그 채무이행과 상대방의 어떤 채무이행과를 견련시켜 동시이행을 하기로 특약한 사실이 없는 한 상대방이 자기에게 이행할 채무가 있다 하더라도 동시이행의 항변권이 생긴다고 할 수는 없다(대판 1990. 4. 13, 89다카23794).

③ (○) : 매수인이 선이행의무 있는 중도금을 지급하지 않았다 하더라도 계약이 해제되지 않은 상태에서 잔대금 지급일이 도래하여 그 때까지 중도금과 잔대금이 지급되지 아니하고 잔대금과 동시이행관계에 있는 매도인의 소유권이전등기 소요서류가 제공된 바 없이 그 기일이 도과하였다면, 다른 특별한 사정이 없는 한, 매수인의 중도금 및 잔대금의 지급과 매도인의 소유권이전등기 소요서류의 제공은 동시이행관계에 있다 할 것이어서 그 때부터는 매수인은 중도금을 지급하지 아니한 데 대한 이행지체의 책임을 지지 아니한다(대판 2002. 3. 29, 2000다577).

④ (×) : 민법 제536조 제2항의 이른바 불안의 항변권을 발생시키는 사유에 관하여 신용불안이나 재산상태 악화와 같이 채권자 측에 발생한 객관적·일반적 사정만이 이에 해당한다고 제한적으로 해석할 이유는 없다. 따라서 도급계약에서 일정 기간마다 이미 행하여진 공사부분에 대하여 기성공사금 등의 대가를 지급하기로 약정되어 있는데도 도급인이 정당한 이유 없이 이를 지급하지 않아 수급인에게 당초 계약내용에 따른 선이행의무의 이행을 요구하는 것이 공평에 반하게 되는 경우, 수급인이 민법 제536조 제2항에 의하여 계속공사의무의 이행을 거절할 수 있다(대판 2012. 3. 29, 2011다93025).

⑤ (○) : 대가적 채무 간에 이행거절의 권능을 가지는 경우에는 비록 이행거절 의사를 구체적으로 밝히지 아니하였다고 할지라도 이행거절 권능의 존재 자체로 이행지체책임은 발생하지 않는다(대판 1997. 7. 25, 97다5541).

34 동시이행관계가 인정되는 것을 모두 고른 것은? (특별한 사정이 없고, 다툼이 있면 판례에 따름) 〈2023년 변리사〉

> ㄱ. 매매계약상 매도인의 소유권이전의무가 이행불능이 되어 생긴 손해배상채무와 매수인의 대금지급채무
> ㄴ. 매매계약상 매도인의 소유권이전의무와 매수인의 대금지급의무 중 어느 하나를 선이행의무로 약정한 경우, 각 의무의 이행기가 모두 지난 후의 쌍방의 의무
> ㄷ. 근저당권 실행을 위한 경매가 무효로 되어 근저당권자가 채무자인 소유자를 대위하여 낙찰자에 대한 소유권이전등기말소청구권을 행사하는 경우, 낙찰자의 소유권이전등기말소의무와 근저당권자의 배당금반환의무

① ㄱ ② ㄴ ③ ㄱ, ㄴ ④ ㄴ, ㄷ ⑤ ㄱ, ㄴ, ㄷ

해 설

ㄱ. (○) : 동시이행의 관계에 있는 쌍방의 채무 중 어느 한 채무가 이행불능이 됨으로 인하여 발생한 손해배상채무도 여전히 다른 채무와 동시이행의 관계에 있다(대판 2000. 2. 25, 97다30066).

ㄴ. (○) : 매수인이 선이행의무 있는 중도금을 지급하지 않았다 하더라도 계약이 해제되지 않은 상태에서 잔대금지급기일이 도래한 경우, 특별한 다른 사정이 없는 한 매수인의 중도금 및 잔대금의 지급과 매도인의 소유권이전등기 소요서류의 제공은 동시이행관계에 있다 할 것이어서 그때부터는 매수인은 중도금을 지급하지 아니한 데 대한 이행지체의 책임을 지지 아니한다(대판 1998. 3. 13, 97다54604).

정답 34. ③

ㄷ. (×) : 근저당권 실행을 위한 경매가 무효로 된 경우, 채권자(=근저당권자)가 낙찰자에 대하여 부담하는 배당금 반환채무와 낙찰자가 채무자에 대하여 부담하는 소유권이전등기 말소의무는 **서로 이행의 상대방을 달리하는 것으로서**, 위 두 채무는 동시에 이행되어야 할 관계에 있지 아니하다(대판 2006. 9. 22, 2006다24049).

35 **동시이행관계에 관한 설명 중 옳지 않은 것은? (별도의 특약은 없는 것으로 하고, 다툼이 있는 경우에는 판례에 의함)** 〈2012년 변호사시험〉

① 전세권이 소멸한 경우, 전세권자의 목적물 인도의무 및 전세권설정등기 말소의무와 전세권설정자의 전세금반환의무는 동시이행관계에 있다.

② 부동산매매계약상 매수인이 약정된 중도금지급기일인 2010. 4. 1. 중도금 1억 원의 지급을 지체한 후 계약이 해제되지 않은 상태에서 잔대금 2억 원의 지급기일인 2010. 10. 1. 매수인이 3억 원을 이행제공하였다면, 매수인은 매도인에게 소유권이전등기를 청구하기 위한 자신의 의무를 다 했다고 할 수 있다.

③ 근저당권설정등기가 마쳐진 부동산의 매매계약에 있어서, 매도인의 소유권이전의무 외에 근저당권설정등기 말소의무도 매수인의 잔대금지급의무와 동시이행관계에 있다.

④ 이자부 소비대차계약에서 채무자가 담보목적으로 채무자 소유의 부동산에 근저당권설정등기를 하였는데 변제기에 원리금을 갚지 아니하여 채권자로부터 대여금청구소송을 제기당한 경우, 채무자는 근저당권설정등기 말소등기와 동시에 원리금을 변제하겠다는 항변을 할 수 없다.

⑤ 임차인이 임차물을 인도할 의무와 임대인이 임대보증금 중 미지급 월임료 등을 공제한 나머지 보증금을 반환할 의무가 동시이행관계에 있는 이상, 임대인이 임차인에게 위 보증금반환의무를 이행하였다거나 그 현실적인 이행의 제공을 하여 임차인의 임차물인도의무가 지체에 빠졌다는 사실이 인정되지 않는다면, 임차인은 임대차기간만료 후 인도를 지연할 경우 지급키로 한 약정지연손해금을 지급할 의무가 없다.

해 설

① (○) : 민법 제317조(지상권, 전세권을 목적으로 하는 저당권) 참조

② (×) : 매수인이 선이행하여야 할 중도금지급을 하지 아니한 채 잔대금지급일을 경과한 경우에는 매수인의 중도금 및 이에 대한 지급일 다음날부터 잔대금지급일까지의 지연손해금과 잔대금의 지급채무는 매도인의 소유권이전등기의무와 특별한 사정이 없는 한 동시이행관계에 있다(대판 1991. 3. 27, 90다19930).

③ (○) : 매도인은 흠 없는 완전한 소유권을 이전하여야 하므로 근저당권설정등기 있는 부동산의 매매계약에 있어서는 매도인의 소유권이전등기 의무와 아울러 근저당권설정등기의 말소의무도 매수인의 대금지급의무와 동시이행관계에 있는 바 근저당권설정등기의 말소의무에 관한 이행제공은 그 근저당채무가 변제되었다는 것만으로는 부족하고 근저당권설정등기의 말소에 필요한 서류까지도 준비함이 필요하다(대판 1979. 11. 13, 79다1562).

[보충지문] 당사자 사이에 구분소유적 공유관계가 해소되는 경우 일방의 지분에 근저당권설정등기가 경료되었다면 쌍방의 지분소유권이전등기의무와 아울러 그러한 근저당권설정등기의 말소의무 또한 동시이행의 관계에 있다. 〈2015년 사법시험〉

정답 35. ②

(○) : 구분소유적 공유관계가 해소되는 경우 공유지분권자 상호간의 지분이전등기의무는 그 이행상 견련관계에 있다고 봄이 공평의 관념 및 신의칙에 부합하고, 또한 각 공유지분권자는 특별한 사정이 없는 한 제한이나 부담이 없는 완전한 지분소유권이전등기의무를 지므로, 그 구분소유권 공유관계를 표상하는 공유지분에 근저당권설정등기 또는 압류, 가압류등기가 경료되어 있는 경우에는 그 공유지분권자로서는 그러한 각 등기도 말소하여 완전한 지분소유권이전등기를 해 주어야 한다. 따라서 구분소유적 공유관계가 해소되는 경우 쌍방의 지분소유권이전등기의무와 아울러 그러한 근저당권설정등기 등의 말소의무 또한 동시이행의 관계에 있다. 그리고 구분소유적 공유관계에서 어느 일방이 그 명의신탁을 해지하고 지분소유권이전등기를 구함에 대하여 상대방이 자기에 대한 지분소유권이전등기 절차의 이행이 동시에 이행되어야 한다고 항변하는 경우, 그 동시이행의 항변에는 특별한 사정이 없는 한 명의신탁 해지의 의사표시가 포함되어 있다고 보아야 한다(대판 2008. 6. 26, 2004다32992).

④ (○) : 소비대차 계약에 있어서 채무의 담보목적으로 저당권 설정등기를 경료한 경우에 채무자의 채무변제는 저당권설정등기 말소등기에 앞서는 선행의무이며 채무의 변제와 동시이행 관계에 있는 것이 아니다(대판 1969. 9. 30, 69다1173).

[보충지문] 소비대차 계약에서 채무의 담보목적으로 저당권 설정등기를 마친 경우에 채무자의 채무변제와 저당권설정등기의 말소등기의무는 동시이행관계에 있다(×). 〈2020년 법원행시〉

⑤ (○) : 임차인이 임차건물을 명도할 의무와 임대인이 임대보증금 중 미지급월임료 등을 공제한 나머지 보증금을 반환할 의무가 동시이행관계에 있기 때문에 상호간 지체책임을 지지 않고 따라서 약정지연손해금을 지급할 의무가 없는 것이다(대판 1988. 4. 12, 86다카2476 등).

36 동시이행의 항변권에 관한 설명 중 옳은 것을 모두 고른 것은? (다툼이 있는 경우 판례에 의함)

〈2017년 변호사시험〉

ㄱ. 부동산매수인이 매매계약을 체결하면서 매매목적물에 관한 근저당권의 피담보채무를 인수하는 한편 그 채무액을 매매대금에서 공제하기로 하는 이행인수계약이 함께 이루어진 경우, 매수인의 인수채무 불이행으로 인한 손해배상채무와 매도인의 소유권이전등기의무는 동시이행의 관계에 있다.

ㄴ. 쌍무계약의 당사자 일방이 먼저 한 번 현실의 제공을 하고 상대방을 수령지체에 빠지게 하였다 하더라도 그 이행의 제공이 계속되지 않는 경우 상대방이 가지는 동시이행의 항변권이 소멸하는 것은 아니다.

ㄷ. 원고가 단순이행청구를 함에 대하여 피고가 동시이행의 항변권을 행사하지 않더라도 법원은 직권으로 상환이행판결을 할 수 있다.

ㄹ. "피고는 원고로부터 5,000만 원을 지급받음과 동시에 A토지를 인도하라."라는 판결을 받은 원고는 반대의무의 이행 또는 이행의 제공을 하였다는 것을 증명하여야만 집행을 개시할 수 있다.

① ㄱ, ㄴ ② ㄱ, ㄹ ③ ㄴ, ㄷ ④ ㄱ, ㄴ, ㄹ ⑤ ㄴ, ㄷ, ㄹ

해 설

ㄱ. (○) : 부동산매매계약과 함께 이행인수계약이 이루어진 경우, 매수인이 인수한 채무는 매매대금지급채무에 갈음한 것으로서 매도인이 매수인의 인수채무불이행으로 말미암아 또는 임의로 인수채무를 대신 변제하였

정 답 36. ④

다면, 그로 인한 손해배상채무 또는 구상채무는 인수채무의 변형으로서 매매대금지급채무에 갈음한 것의 변형이므로 매수인의 손해배상채무 또는 구상채무와 매도인의 소유권이전등기의무는 대가적 의미가 있어 이행상 견련관계에 있다고 인정되고, 따라서 양자는 동시이행의 관계에 있다고 해석함이 공평의 관념 및 신의칙에 합당하다(대판 2004. 7. 9, 2004다13083).

ㄴ. (○) : 쌍무계약의 당사자 일방이 먼저 한번 현실의 제공을 하고 상대방을 수령지체에 빠지게 하였다 하더라도 그 이행의 제공이 계속되지 않는 경우는 과거에 이행의 제공이 있었다는 사실만으로 상대방이 가지는 동시이행의 항변권이 소멸하는 것은 아니므로, 일시적으로 당사자 일방의 의무의 이행제공이 있었으나 곧 그 이행의 제공이 중지되어 더 이상 그 제공이 계속되지 아니하는 기간 동안에는 상대방의 의무가 이행지체 상태에 빠졌다고 할 수는 없다고 할 것이고, 따라서 그 이행의 제공이 중지된 이후에 상대방의 의무가 이행지체되었음을 전제로 하는 손해배상청구도 할 수 없다(대판 1999. 7. 9, 98다13754,13761).

[보충지문] 쌍무계약의 당사자 일방이 먼저 한 번 현실의 제공을 하여 상대방을 수령지체에 빠지게 하였다고 하더라도, 그 이행의 제공이 중지되어 더 이상 그 제공이 계속되지 아니하는 기간 동안에는 상대방의 의무가 이행지체 상태에 빠졌다고 할 수는 없으므로, 그 이행의 제공이 중지된 이후에 상대방의 의무가 이행지체되었음을 전제로 하는 손해배상청구를 할 수 없다(○). 〈2018년 변호사시험〉

ㄷ. (×) : 매매를 원인으로 한 소유권이전등기청구에 있어 매수인은 매매계약 사실을 주장, 입증하면 특별한 사정이 없는 한 매도인은 소유권이전등기의무가 있는 것이며, 매도인이 매매대금의 일부를 수령한 바 없다면 동시이행의 항변을 제기하여야 하는 것이고, 법원은 매도인의 이와 같은 항변이 있을 때에 비로소 대금지급 사실의 유무를 심리할 수 있는 것이다(대판 1990. 11. 27, 90다카25222).

☞ 법원은 이와 같은 항변이 없는 경우에는 항변권의 존재를 고려할 필요 없이 상대방의 청구를 인용하여야 한다.

ㄹ. (○) : 민사집행법 제41조 제1항. 반대의무의 이행과 동시에 집행할 수 있다는 것을 내용으로 하는 집행권원의 집행은 채권자가 반대의무의 이행 또는 이행의 제공을 하였다는 것을 증명하여야만 개시할 수 있다.

37 동시이행관계에 관한 설명 중 옳지 않은 것은? (다툼이 있는 경우 판례에 의함) 〈2019년 변호사시험〉

① 채무를 담보하기 위하여 어음이 발행된 경우, 채권자가 원인채권을 행사함에 있어서 채무자는 원칙적으로 어음과 상환으로 지급하겠다는 항변으로 채권자에게 대항할 수 있다.

② 「주택임대차보호법」상의 임차권등기명령에 의하여 임차권이 등기된 경우, 임대인의 임대차보증금 반환의무와 임차인의 임차권등기말소의무는 동시이행관계에 있다.

③ 근저당권설정등기가 되어 있는 부동산을 매매하는 경우, 특별한 사정이 없는 한 매도인의 근저당권 말소 및 소유권이전등기의무와 매수인의 잔대금지급의무는 동시이행관계에 있다.

④ 수급인이 도급계약상의 의무를 제대로 이행하지 못하여 도급인의 신체 또는 재산에 손해가 발생한 경우, 하자확대손해로 인한 수급인의 손해배상채무와 도급인의 공사대금채무는 동시이행관계에 있다.

⑤ 계약이 해제된 경우 계약당사자가 부담하는 원상회복의무뿐만 아니라 손해배상의무도 함께 동시이행관계에 있다.

해설

① (○) : 기존의 원인채권과 어음채권이 병존하는 경우에 채권자가 원인채권을 행사함에 있어서 채무자는 원칙적으로 어음과 상환으로 지급하겠다고 하는 항변으로 채권자에게 대항할 수 있다(대판 2010. 7. 29, 2009다69692).

정답 37. ②

② (×) : 주택임대차보호법 제3조의3 규정에 의한 임차권등기는 이미 임대차계약이 종료하였음에도 임대인이 그 보증금을 반환하지 않는 상태에서 경료되게 되므로, 이미 사실상 이행지체에 빠진 임대인의 임대차보증금의 반환의무와 그에 대응하는 임차인의 권리를 보전하기 위하여 새로이 경료하는 임차권등기에 대한 임차인의 말소의무를 동시이행관계에 있는 것으로 해석할 것은 아니고, 특히 위 임차권등기는 임차인으로 하여금 기왕의 대항력이나 우선변제권을 유지하도록 해 주는 담보적 기능만을 주목적으로 하는 점 등에 비추어 볼 때, 임대인의 임대차보증금의 반환의무가 임차인의 임차권등기 말소의무보다 먼저 이행되어야 할 의무이다(대판 2005. 6. 9, 2005다4529).

③ (○) : 근저당권설정등기가 되어 있는 부동산을 매매하는 경우 매수인이 근저당권의 피담보채무를 인수하여 그 채무금 상당을 매매잔대금에서 공제하기로 하는 특약을 하는 등 특별한 사정이 없는 한 매도인의 근저당권 말소 및 소유권이전등기의무와 매수인의 잔대금지급의무는 동시이행의 관계에 있는 것이다(대판 1991. 11. 26, 91다23103).

④ (○) : 수급인이 도급계약에 따른 의무를 제대로 이행하지 못함으로 말미암아 도급인에게 손해가 발생한 경우 그와 같은 하자확대손해로 인한 수급인의 손해배상채무와 도급인의 보수지급채무 역시 동시이행관계에 있는 것으로 보아야 한다(대판 2007. 8. 23, 2007다26455, 26462).

[비교판례] 공사도급계약상 도급인의 지체상금채권과 수급인의 공사대금채권은 특별한 사정이 없는 한 동시이행의 관계에 있다고 할 수 없다(대판 2015. 8. 27, 2013다81224, 81231).

⑤ (○) : 계약이 해제되면 계약당사자는 상대방에 대하여 원상회복의무와 손해배상의무를 부담하는데, 이 때 계약당사자가 부담하는 원상회복의무뿐만 아니라 손해배상의무도 함께 동시이행의 관계에 있다(대판 1996. 7. 26, 95다25138, 25145).

38 **동시이행에 관한 설명 중 옳은 것은? (다툼이 있는 경우 판례에 의함)** 〈2024년 변호사시험〉

① 도급계약에서 수급인이 도급계약에 따른 의무를 제대로 이행하지 못함으로 말미암아 도급인의 신체 또는 재산에도 손해가 발생한 경우, 이러한 확대손해로 인한 수급인의 손해배상채무와 도급인의 공사대금채무는 동시이행관계에 있지 아니하다.

② 채무담보의 목적으로 경료된 채권자 명의의 소유권이전등기나 그 청구권보전 가등기의 말소의무는 피담보채무의 변제와 동시이행관계에 있다.

③ 근저당권 실행을 위한 경매가 무효로 되어 근저당권자인 채권자 甲이 채무자 丙을 대위하여 낙찰자 乙에 대한 소유권이전등기 말소청구권을 행사한 경우, 甲의 배당금 반환채무와 乙의 소유권이전등기 말소의무는 동시이행관계에 있다.

④ 하수급인에 대한 수급인의 공사대금채무를 인수한 도급인은 하수급인의 공사대금청구에 대하여 하수급인에 대한 수급인의 하자보수청구권에 기한 동시이행항변으로 대항할 수 있다.

⑤ 상가건물임대차에서 임차인의 임차목적물 반환의무와 임대인의 권리금 회수 방해로 인한 손해배상의무는 임대차계약의 종료라는 동일한 원인에 기하여 발생한 것일 뿐만 아니라 공평의 관점에서 보더라도 이행상의 견련관계를 인정할 수 있다.

해 설

① (×) : 수급인이 도급계약에 따른 의무를 제대로 이행하지 못함으로 말미암아 도급인에게 손해가 발생한 경우 그와 같은 **하자확대손해**로 인한 수급인의 손해배상채무와 도급인의 보수지급채무 역시 동시이행관계에 있는 것으로 보아야 한다(대판 2007. 8. 23, 2007다26455).

정답 38. ④

②(×): 채무담보의 목적으로 경료된 채권자 명의의 소유권이전등기나 그 청구권보전의 가등기의 말소를 구하려면 먼저 채무를 변제하여야 하고 피담보채무의 변제와 교환적으로 말소를 구할 수는 없다(대판 1984. 9. 11, 84다카781).

③(×): **근저당권 실행을 위한 경매가 무효**로 된 경우, **채권자(=근저당권자)가 낙찰자에 대하여 부담하는** 배당금 반환채무와 **낙찰자가 채무자에 대하여 부담하는** 소유권이전등기 말소의무는 **서로 이행의 상대방을 달리하는 것으로서**, 위 두 채무는 동시에 이행되어야 할 관계에 있지 아니하다(대판 2006. 9. 22, 2006다24049).

④(○): 도급계약에 있어서 완성된 목적물에 하자가 있는 때에는 도급인은 수급인에 대하여 하자의 보수를 청구할 수 있고 그 하자의 보수에 갈음하여 또는 보수와 함께 손해배상을 청구할 수 있는바, 이들 청구권은 수급인의 공사대금채권과 동시이행관계에 있으므로 수급인의 하수급인에 대한 하도급 **공사대금채무를 인수**한 도급인은 수급인이 하수급인과 사이의 하도급계약상 동시이행의 관계에 있는 수급인의 하수급인에 대한 하자보수청구권 내지 하자에 갈음한 손해배상채권 등에 기한 동시이행의 항변으로써 하수급인에게 대항할 수 있다(대판 2007. 10. 11, 2007다31914).

⑤(×): **임차인의 임차목적물 반환의무**는 임대차계약의 종료에 의하여 발생하나, **임대인의 권리금 회수 방해로 인한 손해배상의무**는 상가건물 임대차보호법에서 정한 권리금 회수기회 보호의무 위반을 원인으로 하고 있으므로 양 채무는 **동일한 법률요건이 아닌 별개의 원인에 기하여 발생한** 것일 뿐 아니라 공평의 관점에서 보더라도 그 사이에 이행상 견련관계를 인정하기 어렵다(대판 2019. 7. 10, 2018다242727).

보충지문

39 **동시이행의 항변권에 관한 제536조는 강행규정이 아니므로 쌍방의 채무가 쌍무계약이 아니라 별개의 계약에 기한 것이더라도 동시이행의 특약이 있으면 동시이행의 항변권이 인정되는 반면, 쌍무계약에 기한 것이더라도 동시이행의 항변권을 배제할 수도 있다.** 〈2020년 법원행시〉

해설 동시이행의 항변권에 관한 제536조는 강행규정이 아니다. 즉 당사자의 약정으로 동시이행의 항변권을 배제하는 것은 유효하고(대판 1968. 3. 21, 67다2444), 쌍방의 채무가 쌍무계약이 아니라 별개의 계약에 기한 것이더라도 동시이행의 특약이 있으면 동시이행의 항변권이 인정될 수 있다.

> **[참고 판례]** 당사자 쌍방이 각각 별개의 약정으로 채무를 부담하게 된 경우에는 당사자간의 특약으로 그 채무이행과 상대방의 어떤 채무이행과를 견련시켜 동시이행을 하기로 특약한 사실이 없는 한 상대방이 자기에게 이행할 채무가 있다 하더라도 동시이행의 항변권이 생긴다고 할 수는 없다(대판 1990. 4. 13, 89다카23794).

40 **계약당사자가 부담하는 각 채무가 쌍무계약에 있어 고유의 대가관계가 있는 채무가 아니라고 하더라도 구체적인 계약관계에서 각 당사자가 부담하는 채무에 관한 약정내용에 따라 그것이 대가적 의미가 있어 이행상의 견련관계를 인정하여야 할 사정이 있는 경우에는 동시이행의 항변권을 인정할 수 있다.** 〈2009년 법무사〉

해설 대판 1997. 6. 27, 97다3828 참조

정답 39. (○) 40. (○)

41 지입계약의 종료에 따라 지입회사가 지입차주에 대하여 부담하는 소유권이전등록절차이행의무와 지입계약이 유지됨으로 인하여 지입회사에게 부과된 세금이나 지입차주의 차량운행과 관련하여 발생한 과태료 등을 정산하여 지급하여야 할 지입차주의 지입회사에 대한 의무는 쌍무계약에 있어서 고유의 대가관계에 있는 것은 아니라고 하더라도 형평의 원칙에 비추어 서로 동시이행관계에 있다고 봄이 상당하다. 〈2017년 법무사〉

해설 대판 2010. 6. 24, 2010다22989 ; 대판 2007. 9. 7, 2007다30072 ; 대판 2008. 12. 11, 2006다20634 참조

42 쌍무계약에서 서로 대가관계에 있는 당사자 쌍방의 의무는 원칙적으로 동시이행의 관계에 있고, 나아가 하나의 계약으로 둘 이상의 민법상의 전형계약을 포괄하는 내용의 계약을 체결한 경우에 당사자 일방의 여러 의무가 포괄하여 상대방의 여러 의무와 대가관계에 있다고 인정되면, 이러한 당사자 일방의 여러 의무와 상대방의 여러 의무는 동시이행의 관계에 있다고 봄이 상당하다. 〈2015년 법무사〉

해설 대판 2011. 2. 10, 2010다77385 참조

43 임차인의 임대차보증금반환채권이 전부된 경우 임대인이 잔존 임대차보증금반환채권을 전부받은 자에게 현실적으로 이행하거나 이행의 제공을 하는 등 임차인의 동시이행항변권을 상실시키지 않는 이상, 임차인의 목적물에 대한 점유는 불법점유라고 볼 수 없다. 〈2016년 법원행시〉

해설 임차인의 임차보증금반환청구채권이 전부된 경우에도 채권의 동일성은 그대로 유지되는 것이어서 동시이행관계도 당연히 그대로 존속한다고 해석할 것이므로 임대차계약이 해지된 후에 임대인이 잔존임차보증금반환청구채권을 전부받은 자에게 그 채무를 현실적으로 이행하였거나 그 채무이행을 제공하였음에도 불구하고 임차인이 목적물을 명도하지 않음으로써 임차목적물반환채무가 이행지체에 빠지는 등의 사유로 동시이행의 항변권을 상실하게 되었다는 점에 관하여 임대인이 주장·입증을 하지 않은 이상 임차인의 목적물에 대한 점유는 동시이행의 항변권에 기한 것이어서 불법점유라고 볼 수 없다(대판 2002. 7. 26, 2001다68839).

44 부동산에 관한 매매계약을 체결한 후 매수인 앞으로 소유권이전등기를 마치기 전에 매수인으로부터 그 부동산을 다시 매수한 제3자의 처분금지가처분신청으로 매매 목적 부동산에 관하여 가처분등기가 이루어진 상태에서 매도인과 매수인 사이의 매매계약이 해제된 경우, 가처분등기의 말소와 매도인의 대금반환의무는 동시이행의 관계에 있다. 〈2015년 사법시험〉

해설 부동산에 관한 매매계약을 체결한 후 매수인 앞으로 소유권이전등기를 마치기 전에 매수인으로부터 그 부동산을 다시 매수한 제3자의 처분금지가처분신청으로 매매목적부동산에 관하여 가처분등기가 이루어진 상태에서 매도인과 매수인 사이의 매매계약이 해제된 경우, 매도인만이 가처분이의 등을 신청할 수 있을 뿐 매수인은 가처분의 당사자가 아니어서 가처분이의 등에 의하여 가처분등기를 말소할 수 있는 법률상의 지위에 있지 않고, 제3자가 한 가처분을 매도인의 매수인에 대한 소유권이전등기의무의 일부이행으로 평가할 수 없어 그 가처분등기를 말소하는 것이 매매계약 해제에 따른 매수인의 원상회복의무에 포함된다고 보기도 어려우므로, 위와 같은 가처분등기의 말소와 매도인의 대금반환의무는 동시이행의 관계에 있다고 할 수 없다(대판 2009. 7. 9, 2009다18526).

정답 41. (○) 42. (○) 43. (○) 44. (×)

45 **수임인은 특별한 사정이 없는 한 위임인이 약정한 보수를 제공할 때까지 위임계약상의 의무이행을 거절할 수 있다.** 〈2010년 사법시험〉

해설 수임인이 보수를 받을 경우에는 위임사무를 완료한 후가 아니면 이를 청구하지 못한다(제686조 제2항 본문). 즉 후급이 원칙이고 동시이행관계에 있는 것이 아니다.

46 **수급인이 완성한 목적물에 하자가 있어 도급인이 하자보수에 갈음하여 손해배상을 청구하는 경우, 도급인은 그 이행제공이 있을 때까지 보수 전부의 이행을 거절할 수 있으며, 그 보수액이 손해배상액을 초과하더라도 마찬가지이다.** 〈2010년 사법시험〉

해설 완성된 목적물에 하자가 있어 도급인이 하자의 보수에 갈음하여 손해배상을 청구한 경우에, 도급인은 수급인이 그 손해배상청구에 관하여 채무이행을 제공할 때까지 그 손해배상액에 상응하는 보수액에 관하여만 자기의 채무이행을 거절할 수 있을 뿐이고 그 나머지 보수액은 지급을 거절할 수 없다고 할 것이므로, 도급인의 손해배상채권과 동시이행관계에 있는 수급인의 공사대금채권은 공사잔대금채권 중 위 손해배상채권액과 동액의 채권에 한하고, 그 나머지 공사잔대금채권은 위 손해배상채권과 동시이행관계에 있다고 할 수 없다(대판 1996. 6. 11, 95다12798 등).

47 **부동산매수인이 선이행의무 있는 중도금을 지급하지 않고 있던 중에 잔대금 지급과 동시이행관계에 있는 매도인의 소유권이전등기서류의 교부가 되지 않은 상태에서 잔대금지급기일이 도과되었다면, 매수인은 특별한 사정이 없는 한 그 도과된 때부터의 중도금지급에 대한 이행지체책임은 지지 않는다.** 〈2011년 사법시험〉

해설 매수인이 선이행의무 있는 중도금을 지급하지 않았다 하더라도 계약이 해제되지 않은 상태에서 잔대금 지급기일이 도래하여 그 때까지 중도금과 잔대금이 지급되지 아니하고 잔대금과 동시이행관계에 있는 매도인의 소유권이전등기 소요서류가 제공된 바 없이 그 기일이 도과하였다면, 특별한 사정이 없는 한 매수인의 중도금 및 잔대금의 지급과 매도인의 소유권이전등기 소요서류의 제공은 동시이행관계에 있다 할 것이어서 그 때부터는 매수인은 중도금을 지급하지 아니한 데 대한 이행지체의 책임을 지지 아니한다(대판 1998. 3. 13, 97다54604 ; 대판 2008. 12. 24, 2006다25745 등).

48 **잔대금 지급과 동시에 소유권이전등기서류를 교부하기로 한 매매계약을 체결한 경우, 매수인이 선이행의무 있는 중도금을 지급하지 않은 상태에서 잔대금 지급기일이 도래한 경우에 매수인은 잔대금 지급기일까지 중도금을 지급하지 않은 데 대하여 이행지체책임을 지지 아니한다.** 〈2004년 사법시험〉

해설 매수인은 잔대금 지급기일까지는 중도금을 지급하지 않은 데 대하여 이행지체책임을 진다(대판 2001. 7. 27, 2001다27784 등).

49 **매수인이 선이행하여야 할 중도금지급을 하지 아니한 채 잔대금지급일을 경과한 경우, 매수인의 중도금 및 잔대금지급채무와 매도인의 소유권이전등기의무는 특별한 사정이 없는 한 서로 동시이행관계에 있게 되나, 매수인의 중도금 지급 다음날부터 잔대금 지급일까지의 지연손해금채권은 여전히 이행지체 상태로 유지된다.** 〈2017년 법무사〉

정답 45. (×) 46. (×) 47. (○) 48. (×) 49. (×)

해 설 매수인이 선이행하여야 할 중도금지급을 하지 아니한 채 잔대금지급일을 경과한 경우에는 매수인의 ① 중도금 및 ② 이에 대한 지급일 다음날부터 잔대금지급일까지의 지연손해금과 ③ 잔대금의 지급채무는 매도인의 소유권이전등기의무와 특별한 사정이 없는 한 동시이행관계에 있다(대판 1991. 3. 27, 90다19930).

50 **甲과 乙이 부동산 매매계약을 체결하였는데 甲의 채권자 丙이 甲의 乙에 대한 매매대금채권에 대해 법원으로부터 압류 및 추심명령을 받았다고 하더라도 이는 甲, 乙 사이의 동시이행관계에 영향을 미치지 않는다.** 〈2007년 변리사, 2015년 사법시험〉

해 설 금전채권에 대한 압류 및 추심명령이 있는 경우, 이는 강제집행절차에서 추심채권자에게 채무자의 제3채무자에 대한 채권을 추심할 권능만을 부여하는 것이므로, 이로 인하여 채무자가 제3채무자에 대하여 가지는 채권이 추심채권자에게 이전되거나 귀속되는 것은 아니므로, 추심채무자로서는 제3채무자에 대하여 피압류채권에 기하여 그 동시이행을 구하는 항변권을 상실하지 않는다(대판 2001. 3. 9, 2000다73490).

51-1 **쌍방의 채무가 동시이행관계에 있는 경우, 상대방 채무의 이행제공이 없더라도 채무자가 이행기에 채무를 이행하지 않으면 이행지체의 책임을 진다.** 〈2019년 변리사〉

51-2 **동시이행의 항변권은 당사자가 행사하지 않는 이상 법원으로서는 이를 고려할 필요가 없지만, 이행지체책임은 동시이행의 항변권을 행사하지 않아도 발생하지 않는다.** 〈2022년 법무사〉

해 설 (ⅰ) 매매를 원인으로 한 소유권이전등기청구에 있어 매수인은 매매계약 사실을 주장, 입증하면 특별한 사정이 없는 한 매도인은 소유권이전등기의무가 있는 것이며, 매도인이 매매대금의 일부를 수령한 바 없다면 동시이행의 항변을 제기하여야 하는 것이고, 법원은 매도인의 이와 같은 항변이 있을 때에 비로소 대금지급 사실의 유무를 심리할 수 있는 것이다(대판 1990. 11. 27, 90다카25222). (ⅱ) 쌍무계약에서 쌍방의 채무가 동시이행관계에 있는 경우 일방의 채무의 이행기가 도래하더라도 상대방 채무의 이행제공이 있을 때까지는 그 채무를 이행하지 않아도 이행지체의 책임을 지지 않는 것이고, 이와 같은 효과는 이행지체의 책임이 없다고 주장하는 자가 반드시 동시이행의 항변권을 행사하여야만 발생하는 것은 아니다(대판 1998. 3. 13, 97다54604, 54611).

52 **甲이 乙에게 토지를 매도하면서, 甲이 2006. 1. 20. 토지의 소유권을 이전하고 乙이 2006. 2. 20. 그 대금을 지급하기로 약정하였는데, 乙에게 부도가 발생하여 대금지급이행기가 도래하여도 乙이 그 대금을 지급할 것인지 여부가 불투명하게 되었다면, 甲은 乙의 대금지급이 확실하여 질 때까지 자신의 소유권이전의무이행을 거절할 수 있으나, 甲이 乙에게 이행거절의 의사를 밝히지 않는 이상 이행지체책임을 부담한다.** 〈2006년 사법시험〉

해 설 쌍무계약의 당사자 일방이 계약상 선이행의무를 부담하고 있는데 그와 대가관계에 있는 상대방의 채무가 아직 이행기에 이르지 아니하였지만 이행기의 이행이 현저히 불투명하게 된 경우에는 민법 제536조 제2항 및 신의칙에 의하여 그 당사자에게 반대급부의 이행이 확실하여 질 때까지 선이행의무의 이행을 거절할 수 있고, 이와 같이 대가적 채무 간에 이행거절의 권능을 가지는 경우에는 비록 이행거절 의사를 구체적으로 밝히지 아니하였다고 할지라도 이행거절 권능의 존재 자체로 이행지체책임은 발생하지 않는다(대판 1999. 7. 9, 98다13754, 13761).

정답 50. (○) 51-1. (×) 51-2. (○) 52. (×)

53 **쌍무계약에서 발생하는 쌍방 당사자의 채무는 서로 동시이행의 관계에 있다고 할 것이지만, 상대 당사자가 일방 당사자의 채무 이행에 대한 수령을 거절하는 의사를 명백히 표시하고 그 의사를 뒤집을 가능성이 보이지 아니하는 경우에는 일방 당사자는 위 채무를 이행하거나 그 이행을 제공하지 아니하더라도 채무불이행의 책임을 면한다.** 〈2015년 법무사〉

해설 쌍무계약에서 발생되는 쌍방 당사자의 채무는 서로 동시이행의 관계에 있다고 할 것이지만, 일방 당사자의 자기 채무에 관한 이행의 제공을 엄격하게 요구하면 오히려 불성실한 상대 당사자에게 구실을 주는 것이 될 수도 있으므로 일방 당사자가 하여야 할 제공의 정도는 그 시기와 구체적인 상황에 따라 신의성실의 원칙에 어긋나지 않게 합리적으로 정하여야 하고, 상대 당사자가 일방 당사자의 채무 이행에 대한 수령을 거절하는 의사를 명백히 표시하고 그 의사를 뒤집을 가능성이 보이지 아니하는 경우에는 일방 당사자는 위 채무를 이행하거나 그 이행을 제공하지 아니하더라도 채무불이행의 책임을 면하며, 동시이행의 항변권은 상실되어 상대 당사자에 대한 자신의 채권을 행사할 수 있다고 해석함이 상당하다(대판 2012. 10. 25, 2010다89050).

54 **토지의 매도인이 매수인을 상대로 대금지급청구소송을 제기하자 매수인이 매도인으로부터 위 토지의 소유권을 이전받을 때까지 대금을 지급할 수 없다는 취지의 적법한 항변을 하였다면, 법원은 상환이행의 판결을 하여야 하고, 위 판결에 기한 강제집행에 있어서 매도인의 소유권 이전의무의 이행 또는 이행의 제공은 집행개시의 요건에 해당한다.** 〈2006년 사법시험〉

해설 동시이행항변권의 소송상 효과는 상환급부판결을 하게 되고, 이 판결에 기하여 강제집행을 함에 있어서 원고의 반대급부이행은 집행문부여의 요건이 아니라 집행개시의 요건이다(민사집행법 제41조).

55 **동시이행의 항변권을 행사하는 것이 주로 자기 채무의 이행만을 회피하기 위한 수단이라 하더라도 권리남용에 해당하지 아니한다.** 〈2010년 사법시험〉

해설 동시이행항변권도 권리남용의 원칙이 적용된다. 따라서 일반적으로 동시이행의 관계가 인정되는 경우에 그러한 항변권을 행사하는 자의 상대방이 그 동시이행의 의무를 이행하기 위하여 과다한 비용이 소요되거나 또는 그 의무의 이행이 실제적으로 어려운 반면 그 의무의 이행으로 인하여 항변권자가 얻는 이득은 별달리 크지 아니하여 동시이행의 항변권의 행사가 주로 자기 채무의 이행만을 회피하기 위한 수단이라고 보여지는 경우에는 그 항변권의 행사는 권리남용으로서 배척되어야 할 것이다(대판 2001. 9. 18, 2001다9304 등).

Ⅱ. 위험부담

56 **위험부담에 관한 설명으로 옳지 않은 것은?** 〈2006년 변리사〉

① 甲은 자기소유의 A건물을 乙에게 매각하였으나, 甲의 실화로 인하여 그 건물이 전소되어 乙에게 인도할 수 없게 되었다. 이 경우 甲의 乙에 대한 대금채권은 존속한다.

② 乙이 임차한 甲소유 건물의 일부가 지진으로 멸실된 경우 乙의 차임채무는 멸실 부분의 비율에 따라 당연히 감액된다.

③ 근로계약관계가 유효하게 존속함에도 甲회사가 정당한 사유 없이 사업을 폐지한 경우에는, 피용자 乙은 그 기간 동안의 임금을 甲회사에게 청구할 수 있다.

정답 53.(○) 54.(○) 55.(×) 56. ②

④ 자전거대리점 甲은 乙에게 丙회사의 2006년형 자전거 50대를 매도하기로 계약하였다. 이 경우 자전거가 특정되기 전에는 원칙적으로 급부와 관련된 위험부담의 문제는 발생하지 않는다.
⑤ 세탁을 위하여 맡긴 甲소유의 양복이 세탁소 종업원의 실화로 소실된 경우 甲은 보수를 지급할 의무가 없다.

해 설

① (○) : 甲의 귀책사유에 기한 후발적 불능의 경우, 甲은 자신의 본래급부를 이행할 수 없어 이행불능이 되어 채무불이행책임을 부담하나(손해배상채권으로 변형), 계약이 해제되지 않는한 甲은 乙에게 대금청구권을 행사할 수 있다. 즉 대금지급청구권은 소멸하는 것이 아니고 존재한다(제390조 참조).
② (×) : 민법은 임차물의 일부가 임차인의 과실 없이 멸실 기타 사유로 인하여 사용·수익할 수 없는 때에는 임차인은 그 부분의 비율에 의한 차임의 감액을 청구할 수 있다고 규정한다(제627조 제1항). 따라서 당연히 감액되는 것이 아니라 임차인이 감액을 청구하여야 비로소 감액될 수 있을 뿐이다.
③ (○) : 채권자위험부담주의이다(제538조). 사용자의 근로자에 대한 해고가 무효인 경우 근로자는 근로계약관계가 유효하게 존속함에도 불구하고 사용자의 귀책사유로 인하여 근로제공을 하지 못한 셈이므로 민법 제538조 제1항에 의하여 그 기간 중에 근로를 제공하였을 경우에 받을 수 있는 반대급부인 임금의 지급을 청구할 수 있다(대판 1994. 10. 25, 94다25889).
④ (○) : 위험부담은 목적물이 특정된 경우에 문제되는 것이다. 따라서 종류채권에서 특정되기 전까지는 채무자에게 이른바 '조달의무'가 있는 바, 채무자는 여전히 2006년형 자전거 50대를 이행하여야 하고 위험부담문제는 발생하지 않는다.
⑤ (○) : ① 소프트웨어 개발·공급계약은 일종의 도급계약으로서 수급인은 원칙적으로 일을 완성하여야 보수를 청구할 수 있다(대판 1996. 7. 30, 95다7932). ② 도급계약에 있어 일의 완성에 관한 주장·입증책임은 일의 결과에 대한 보수의 지급을 구하는 수급인에게 있다(대판 1994. 11. 22, 94다26684, 94다26691). ☞ 도급계약은 일의 완성을 목적으로 하는 쌍무계약이므로 수급인이 일의 완성을 하지 못한 경우 도급인은 보수를 지급할 필요가 없다(제664조, 제665조).

57 甲은 자기 소유의 주택에 대하여 乙과 매매계약을 체결하고 계약금과 중도금만 받은 상태이다. 그런데 제3자 丙의 방화로 甲과 乙의 과실 없이 그 주택이 소실된 경우, 다음 설명 중 옳지 않은 것은? (다툼이 있는 경우에는 판례에 의함) 〈2010년 변리사〉

① 甲과 乙 상호간에는 채무불이행에 의한 손해배상청구권이 발생하지 않는다.
② 甲은 이미 지급받은 계약금과 중도금을 乙에게 반환하여야 한다.
③ 甲이 대가위험을 부담하게 되므로 甲은 乙에게 잔금의 지급을 청구할 수 없다.
④ 위와 같은 경우에 甲에게 잔금지급청구권을 인정하기로 하는 특약은 유효하다.
⑤ 만약 乙이 주택을 인도받아 사용하고 있더라도 임료 상당의 부당이득반환문제는 발생하지 않는다.

해 설

① (○) : 甲·乙에게는 귀책사유가 없기 때문에 채무불이행의 문제는 생기지 않는다.
② (○) : 민법 제537조는 채무자위험부담주의를 채택하고 있는바, 쌍무계약에서 당사자 쌍방의 귀책사유 없이 채무가 이행불능된 경우 채무자는 급부의무를 면함과 더불어 반대급부도 청구하지 못하므로, 쌍방 급부가 없었던 경우에는 계약관계는 소멸하고 이미 이행한 급부는 법률상 원인 없는 급부가 되어 부당이득의 법리에 따라 반환청구할 수 있다. 따라서 매매목적물이 당사자 쌍방의 귀책사유 없이 이행불능에 이르러 매매계약이 종

정답 57. ⑤

료되었다면, 위험부담의 법리에 따라 매도인은 이미 지급받은 계약금과 중도금을 반환하여야 한다(대판 2009. 5. 28, 2008다98655).

③ (○) : 쌍무계약의 당사자 일방의 채무가 당사자 쌍방의 책임 없는 사유로 이행할 수 없게 된 때에는 채무자는 상대방의 이행을 청구하지 못한다(제537조). 즉 민법은 채무자위험부담주의를 원칙으로 하고 있다.

④ (○) : 위험부담에 관한 민법의 규정은 임의규정이다.

⑤ (×) : [1] 민법 제537조는 채무자위험부담주의를 채택하고 있는바, 쌍무계약에서 당사자 쌍방의 귀책사유 없이 채무가 이행불능된 경우 채무자는 급부의무를 면함과 더불어 반대급부도 청구하지 못하므로, 쌍방 급부가 없었던 경우에는 계약관계는 소멸하고 이미 이행한 급부는 법률상 원인 없는 급부가 되어 부당이득의 법리에 따라 반환청구할 수 있다. [2] 매매 목적물이 경매절차에서 매각됨으로써 당사자 쌍방의 귀책사유 없이 이행불능에 이르러 매매계약이 종료된 사안에서, 위험부담의 법리에 따라 매도인은 이미 지급받은 계약금을 반환하여야 하고 매수인은 목적물을 점유·사용함으로써 취득한 임료 상당의 부당이득을 반환할 의무가 있다(대판 2009. 5. 28, 2008다98655, 98662).

58 **甲은 2024. 2. 10. 자신이 소유하는 특정 도자기를 1천만 원에 乙에게 매도하기로 약정하면서 2024. 2. 28. 乙에게 인도하기로 하였다. 이에 관한 설명으로 옳지 않은 것은? (다툼이 있으면 판례에 따름)** 〈2024년 변리사〉

① 乙의 과실로 도자기가 멸실된 경우, 甲은 도자기 이전의무를 면하면서 얻은 이익이 있더라도 이를 乙에게 상환할 필요는 없다.

② 도자기가 2024. 2. 20. 지진으로 멸실된 경우, 甲은 乙에게 매매대금의 지급을 청구할 수 없다.

③ 乙이 계약체결 당시 甲에게 매매대금을 지급하였는데, 도자기가 2024. 2. 20. 지진으로 멸실된 경우에 乙은 甲에게 부당이득반환을 청구할 수 있다.

④ 乙의 과실로 도자기가 멸실된 경우, 甲은 乙에게 매매대금의 지급을 청구할 수 있다.

⑤ 乙의 수령지체 중에 지진으로 도자기가 멸실된 경우, 甲은 乙에게 매매대금의 지급을 청구할 수 있다.

해 설

① (×), ④ (○), ⑤ (○) : 민법 제538조(채권자귀책사유로 인한 이행불능) ①쌍무계약의 당사자 일방의 채무가 채권자의 책임있는 사유로 이행할 수 없게 된 때에는 채무자는 상대방의 이행을 청구할 수 있다(지문 ④). 채권자의 수령지체 중에 당사자쌍방의 책임없는 사유로 이행할 수 없게 된 때에도 같다(지문 ⑤). ②전항의 경우에 채무자는 자기의 채무를 면함으로써 이익을 얻은 때에는 이를 채권자에게 상환하여야 한다(지문 ①).

② (○) : 제537조(채무자위험부담주의) 쌍무계약의 당사자 일방의 채무가 당사자쌍방의 책임없는 사유로 이행할 수 없게 된 때에는 채무자는 상대방의 이행을 청구하지 못한다.

③ (○) : 민법 제537조는 채무자위험부담주의를 채택하고 있는바, 쌍무계약에서 당사자 쌍방의 귀책사유 없이 채무가 이행불능된 경우 채무자는 급부의무를 면함과 더불어 반대급부도 청구하지 못하므로, 쌍방 급부가 없었던 경우에는 계약관계는 소멸하고 이미 이행한 급부는 법률상 원인 없는 급부가 되어 부당이득의 법리에 따라 반환청구할 수 있다(대판 2009. 5. 28, 2008다98655,98662).

정 답 58. ①

59 매도인 甲과 매수인 乙 사이의 A건물에 관한 매매계약과 관련한 설명 중 옳지 않은 것은?

〈2006년 사법시험〉

① 매매계약체결 전에 A건물이 이미 멸실되었는데 甲이 그 멸실 사실을 과실로 알지 못하고 매매계약을 체결하였다면, 乙 역시 그 멸실 사실을 과실로 알지 못하였다 하더라도 甲은 乙에 대하여 신뢰이익을 배상하여야 한다.

② 매매계약체결 후 이행기가 도래하기 전에 甲의 귀책사유로 A건물이 멸실되었다면, 乙은 甲에 대하여 전보배상을 청구할 수도 있고 위 매매계약을 해제할 수도 있다.

③ 매매계약체결 후 이행기가 도래하기 전에 甲·乙 어느 누구에게도 귀책사유 없이 A건물이 멸실되었다면, 乙은 甲에 대하여 매매대금을 지급할 의무가 없다.

④ 매매계약체결 후 이행기가 도래하기 전에 乙의 귀책사유로 A건물이 멸실되었다면, 甲은 A건물에 관한 소유권이전의무를 면하고 乙에 대하여 매매대금의 지급을 청구할 수 있다.

⑤ 매매계약체결 후 乙의 수령지체 중에 甲·乙 어느 누구에게도 귀책사유 없이 A건물이 멸실된 경우, 甲은 乙에게 매매대금의 지급을 청구할 수 있다.

해 설

① (×) : 원시적 전부불능에 대하여 '계약체결상 과실책임'이 성립하여 신뢰이익의 손해배상을 청구하려면, 매도인 甲이 알았거나 알 수 있어야 하고, 매수인 乙은 선의 및 무과실이어야 한다(제535조; 대판 1986. 6. 25, 85다978).

② (○) : 민법 제390조, 민법 제546조 참조.

③ (○) : 쌍무계약에서 채무자 또는 채권자 쌍방의 귀책사유가 없이 후발적 불능에 빠졌다면 이른바 '위험부담'의 문제가 발생하는 바, 민법은 채무자위험부담주의를 취하고 있어 그 반대급부의 위험(대가위험)을 채무자가 부담한다(제537조). 따라서 甲은 乙에게 매매대금을 청구할 수 없다.

④ (○), ⑤ (○) : 위험부담에서 채권자부담주의이다. 즉 채권자의 귀책사유 또는 채권자의 수령지체가 있는 경우 대가위험은 이전되는 바, 매도인 甲은 매수인 乙에 대하여 매매대금을 청구할 수 있다(제538조).

60 甲은 2010. 5. 1. 자신의 A 별장을 팔기로 乙과 계약을 체결하면서, 2010. 7. 1. 대금수수와 동시에 소유권이전등기에 필요한 서류를 교부하기로 합의하였다. 이에 관한 설명중 옳지 않은 것은?

〈2013년 사법시험〉

① 2010. 4. 20. 甲의 과실 없이 인근 야산의 산불로 A 별장이 소실된 경우, 그 사실에 대해 선의·무과실인 乙은 그 사실을 알 수 있었던 甲에 대하여 손해배상을 청구할 수 있다.

② 2010. 6. 1. 甲의 실화로 A 별장이 소실된 경우, 乙은 甲에 대한 최고 없이 계약을 해제할 수 있다.

③ 2010. 7. 1. 甲은 등기이전에 필요한 서류를 지참하였으나 乙이 정당한 사유 없이 약속장소에 나타나지 않았고, 그 다음날 甲의 과실 없이 인근 야산의 산불로 A 별장이 소실된 경우, 甲은 乙에게 대금지급을 청구할 수 있다.

④ 2010. 6. 10. 甲의 과실 없이 인근 야산의 산불로 A 별장이 소실된 경우, 甲은 乙에게 대금지급을 청구할 수 없다.

⑤ 2010. 6. 20. 甲에게 평소 앙심을 품고 있던 丙이 매매사실을 알고 A 별장을 고의로 소실시켰더라도 乙은 丙에게 손해배상을 청구할 수 없다.

정답 59. ① 60. ⑤

해 설

① (○) : 목적이 불능한 계약을 체결할 때에 그 불능을 알았거나 알 수 있었을 자는 상대방이 그 계약의 유효를 믿었음으로 인하여 받은 손해를 배상하여야 한다. 그러나 그 배상액은 계약이 유효함으로 인하여 생길 이익액을 넘지 못한다. 이는 상대방이 그 불능을 알았거나 알 수 있었을 경우에는 적용하지 아니한다(제535조).
② (○) : 채무자의 책임 있는 사유로 이행이 불능하게 된 때에는 채권자는 계약을 해제할 수 있다(제546조). 이행불능에 기한 해제에는 최고를 요하지 않는다.
③ (○) : 쌍무계약의 당사자 일방의 채무가 채권자의 책임 있는 사유로 이행할 수 없게 된 때에는 채무자는 상대방의 이행을 청구할 수 있고, 채권자의 수령지체 중에 당사자 쌍방의 책임 없는 사유로 이행할 수 없게 된 때에도 같다(제538조 제1항). 따라서 채무자 甲은 A 별장의 소유권이전의무를 면하고(급부위험의 채권자부담), 채권자 乙에게 매매대금지급을 청구할 수 있다(반대급부위험의 채권자부담).
④ (○) : 쌍무계약의 당사자 일방의 채무가 당사자 쌍방의 책임 없는 사유로 이행할 수 없게 된 때에는 채무자는 상대방의 이행을 청구하지 못한다(제537조). 따라서 채무자 甲은 A 별장의 소유권이전의무를 면하나(급부위험의 채권자부담), 채권자 乙에게 매매대금지급을 청구하지도 못한다(반대급부위험의 채무자부담).
⑤ (×) : 제3자의 채권침해로 불법행위가 성립되기 위해서는 그 제3자가 침해되는 채권의 존재를 알거나 알 수 있어야 한다. 그런데 물권과는 달리 채권은 일반적으로 공시방법을 갖추고 있지 않으므로, 제3자가 그 채권의 존재를 알지 못한 경우에는 그에게 과실이 있다고 할 수 없다. 따라서 제3자에 의한 채권침해로 인한 불법행위의 성립은 사실상 고의에 의한 경우에 한정된다고 할 수 있다. 따라서 丙이 매매사실을 알고 A 별장을 고의로 소실시켰으므로 乙은 丙에게 제3자의 채권침해로 인한 불법행위책임을 물을 수 있다.

보충지문

61 쌍무계약의 당사자 일방의 채무가 당사자 쌍방의 책임 없는 사유로 이행할 수 없게 된 때에는 채무자는 상대방의 이행을 청구하지 못한다. 〈2011년 법무사〉

해 설 민법 제537조 참조

62-1 쌍무계약의 당사자 일방의 채무가 채권자의 책임 있는 사유로 이행할 수 없게 된 때에는 채무자는 상대방의 이행을 청구할 수 있다. 〈2011년 법무사〉

62-2 채권자의 수령지체 중에 당사자 쌍방의 책임 없는 사유로 이행할 수 없게 된 때에도 채무자는 상대방의 이행을 청구할 수 있다. 〈2011년 법무사〉

해 설 민법 제538조 제1항 참조

63 민법 제538조(채권자귀책사유로 인한 이행불능) 제1항의 '채권자의 책임 있는 사유'란 채권자의 어떤 작위나 부작위가 채무자의 이행의 실현을 방해하고, 그 작위나 부작위를 채권자가 피할 수 있었다는 점에서 신의칙상 비난받을 수 있는 경우를 말한다. 〈2019년 법원행시〉

해 설 민법 제538조 제1항 제1문은 쌍무계약에 관한 채무자위험부담원칙의 예외로서 "쌍무계약의 당사자 일방의 채무가 채권자의 책임 있는 사유로 이행할 수 없게 된 때에는 채무자는 상대방의 이행을 청구할 수 있다."고 정하고 있다. 여기에서 '채권자의 책임 있는 사유'라고 함은 채권자의 어떤 작위나 부작위가 채무의 내용

정답 61. (○) 62-1. (○) 62-2. (○) 63. (○)

인 급부의 실현을 방해하고 그 작위나 부작위는 채권자가 이를 피할 수 있었다는 점에서 신의칙상 비난받을 수 있는 경우를 의미한다(대판 2011. 1. 27, 2010다25698).

64 **영상물 제작공급계약상 수급인이 도급인과 협력하여 그 지시감독을 받으면서 영상물을 제작하여야 하는 경우, 도급인의 영상물제작에 대한 협력의 거부로 수급인이 독자적으로 성의껏 제작하여 납품한 영상물이 도급인의 의도에 부합되지 아니하게 되었다면, 이는 계약상 협력의무의 이행을 거부한 도급인의 귀책사유로 인한 것이므로 수급인은 약정대금 전부의 지급을 청구할 수 있다.** 〈2019년 법원행시〉

해 설 영상물 제작공급계약상 수급인의 채무가 도급인과 협력하여 그 지시감독을 받으면서 영상물을 제작하여야 하므로 도급인의 협력 없이는 완전한 이행이 불가능한 채무이고, 한편 그 계약의 성질상 수급인이 일정한 기간 내에 채무를 이행하지 아니하면 계약의 목적을 달성할 수 없는 정기행위인 사안에서, 도급인의 영상물제작에 대한 협력의 거부로 수급인이 독자적으로 성의껏 제작하여 납품한 영상물이 도급인의 의도에 부합되지 아니하게 됨으로써 결과적으로 도급인의 의도에 부합하는 영상물을 기한 내에 제작하여 납품하여야 할 수급인의 채무가 이행불능케 된 경우, 이는 계약상의 협력의무의 이행을 거부한 도급인의 귀책사유로 인한 것이므로 수급인은 약정대금 전부의 지급을 청구할 수 있다고 한 사례(대판 1996. 7. 9, 96다14364,14371).

65 **사용자의 귀책사유로 인하여 해고된 근로자가 해고기간 중에 동종의 다른 직장에 종사하여 얻은 이른바 중간수입은 사용자가 해고기간 중의 임금을 지급함에 있어서 공제의 대상이 되지 아니한다.** 〈2005년 사법시험〉

해 설 사용자의 귀책사유로 인하여 해고된 근로자는 그 기간 중에 노무를 제공하지 못하였더라도 민법 제538조 제1항 본문의 규정에 의하여 사용자에게 그 기간 동안의 임금을 청구할 수 있고, 이 경우에 근로자가 자기의 채무를 면함으로써 얻은 이익이 있을 때에는 같은 법 제538조 제2항의 규정에 의하여 이를 사용자에게 상환할 의무가 있다고 할 것인데, 근로자가 해고기간 중에 다른 직장에 종사하여 얻은 수입은 근로제공의 의무를 면함으로써 얻은 이익이라고 할 것이므로 사용자는 근로자에게 해고기간 중의 임금을 지급함에 있어서 위의 이익 (이른바 중간수입)을 공제할 수 있다(대판 1991. 12. 13, 90다18999).

Ⅲ. 제3자를 위한 계약

66 **제3자를 위한 계약에 관한 설명으로 옳은 것은? (다툼이 있는 경우 판례에 의함)** 〈2006년 변리사〉

① 제3자를 위한 계약은 제3자로 하여금 직접 계약당사자의 일방에 대하여 권리를 취득하게 하는 것을 목적으로 하는 계약이나, 계약의 일방 당사자에 대한 제3자의 채무를 면제하는 계약당사자의 합의도 제3자를 위한 계약에 준하는 것으로 유효하다.
② 채무자와 인수인의 계약으로 체결되는 면책적 채무인수는 채권자로 하여금 인수인에 대하여 새로운 권리를 취득하게 하는 것으로 제3자를 위한 계약의 하나로 볼 수 있다.
③ 이행인수의 효과로 인수인은 채무자에 대한 관계에서 채무자를 면책하게 할 채무를 부담하고 채권자는 제3자로서 인수인에 대해 채권을 취득하므로 이는 제3자를 위한 계약에 해당한다.

정답 64. (○) 65. (×) 66. ①

④ 낙약자는 요약자와 수익자 사이의 법률관계에 기한 항변으로 수익자에게 대항할 수 있고, 요약자는 그와 수익자 사이의 법률관계에 기한 항변으로 낙약자에게 대항할 수 있다.

⑤ 계약의 당사자가 아닌 수익자는 계약의 해제권이나 해제를 원인으로 한 원상회복청구권이 없으므로, 요약자가 계약을 해제한 경우 그 전에 수익의 의사표시를 한 수익자는 인도받은 목적물의 하자로 인한 손해배상을 청구할 수 없다.

해 설

①(○) : 판례는 제3자를 위한 계약이 성립하기 위하여는 일반적으로 그 계약의 당사자가 아닌 제3자로 하여금 직접 권리를 취득하게 하는 조항이 있어야 할 것이지만, 계약의 당사자가 제3자에 대하여 가진 채권에 관하여 그 채무를 면제하는 계약도 제3자를 위한 계약에 준하는 것으로서 유효하다고 판시하였다(대판 2004. 9. 3, 2002다37405).

②(×) : 통설은 면책적 채무인수는 채무가 동일성을 유지한 채 채무자로부터 인수인에게 이전될 뿐, 채권자가 새로운 채권을 취득하는 것이 아니라는 점에서 제3자를 위한 계약이 아니라고 한다.

③(×) : 판례는 채무자와 인수인의 계약으로 체결되는 병존적 채무인수는 채권자로 하여금 인수인에 대하여 새로운 권리를 취득하게 하는 것으로 제3자를 위한 계약의 하나로 볼 수 있고, 이와 비교하여 이행인수는 채무자와 인수인 사이의 계약으로 인수인이 변제 등에 의하여 채무를 소멸케 하여 채무자의 책임을 면하게 할 것을 약정하는 것으로 인수인이 채무자에 대한 관계에서 채무자를 면책케 하는 채무를 부담하게 될 뿐 채권자로 하여금 직접 인수인에 대한 채권을 취득케 하는 것이 아니므로 결국 제3자를 위한 계약이 아니다(대판 1997. 10. 24, 97다28698).

④(×) : 제3자를 위한 계약의 체결 원인이 된 요약자와 제3자(수익자) 사이의 법률관계(이른바 대가관계)의 효력은 제3자를 위한 계약 자체는 물론 그에 기한 요약자와 낙약자 사이의 법률관계(이른바 기본관계)의 성립이나 효력에 영향을 미치지 아니하므로 낙약자는 요약자와 수익자 사이의 법률관계에 기한 항변으로 수익자에게 대항하지 못하고, 요약자도 대가관계의 부존재나 효력의 상실을 이유로 자신이 기본관계에 기하여 낙약자에게 부담하는 채무의 이행을 거부할 수 없다(대판 2003. 12. 11, 2003다49771).

⑤(×) : 판례는 요약자가 계약을 해제한 경우에는 수익자는 낙약자에게 자기가 입은 손해의 배상을 청구할 수 있는 것이므로, 수익자가 완성된 목적물의 하자로 인하여 손해를 입었다면 수급인(낙약자)은 그 손해를 배상할 의무가 있다고 한다(대판 1994. 8. 12, 92다41559).

67 금전소비대차계약에 기하여 丙에게 2억원을 지급해야 하는 甲은 자기소유의 X토지를 2억원에 매수한 乙과 합의하여, 乙이 그 매매대금을 丙에게 지급하기로 하였다. 다음 설명 중 옳은 것은? (다툼이 있는 경우에는 판례에 의함) 〈2007년 변리사〉

① 丙이 수익의 의사표시를 하였다면, 乙이 甲과 丙 사이의 계약이 무효라는 사실을 알았다 하더라도 丙의 지급요구를 거절할 수 없다.

② 甲이 乙에게 X토지의 소유권이전등기를 해 주지 않더라도 丙이 수익의 의사표시를 한 후에는 乙은 丙에 대하여 2억원의 지급을 거절할 수 없다.

③ 乙이 丙에게 매매대금을 지급하지 않으면 丙은 채무불이행을 이유로 甲과 乙의 매매계약을 해제할 수 있다.

④ 乙은 丙에 대하여 상당한 기간을 정하여 2억원의 향수 여부의 확답을 최고할 수 있으며, 그 기간 내에 확답을 받지 못하면 丙은 수익의 의사표시를 한 것으로 된다.

정답 67. ①

⑤ 乙의 丙에 대한 대금지급채무의 불이행을 이유로 甲이 매매계약을 해제하려면 丙의 동의를 얻어야 한다.

해 설

① (○) : 대가관계의 효력은 제3자를 위한 계약에 영향을 미치지 않는다(대판 2003. 12. 11, 2003다49771). 따라서 乙이 甲과 丙 사이의 계약이 무효라는 사실을 알았다 하더라도 그 대가관계의 무효를 이유로 丙의 지급요구를 거절할 수는 없는 것이다.

② (×) : 보상관계는 계약의 효력에 영향을 미친다. 따라서 甲이 乙에게 X토지의 소유권이전등기를 해 주지 않으면 丙이 수익의 의사표시를 한 후에도 乙은 丙에 대하여 2억원의 지급을 거절할 수 있다.

③ (×) : 수익자는 계약당사자가 아니므로 해제권이나 취소권을 행사할 수 없다(대판 1994. 8. 12, 92다41559).

④ (×) : 낙약자의 최고에 대하여 수익자가 확답을 하지 아니한 경우 수익자가 수익을 거절한 것으로 본다(제540조).

⑤ (×) : 제3자를 위한 유상 쌍무계약의 경우 요약자는 낙약자의 채무불이행을 이유로 제3자의 동의 없이 계약을 해제할 수 있다(대판 1970. 2. 24, 69다1410, 1411).

68 甲은 乙에게 자신의 X토지를 1억 2천만원에 팔면서 계약금으로 2천만원을 받았다. 한편 甲은 丙에 대하여 1억원의 외상대금채무를 부담하고 있어서 토지에 대한 중도금과 잔금은 직접 丙이 청구할 수 있도록 乙과 특약하였다. 다음 설명 중 옳지 않은 것은? (다툼이 있는 경우에는 판례에 의함) 〈2009년 변리사〉

① 甲과 乙의 특약은 甲의 丙에 대한 채무를 乙이 인수하는 병존적 채무인수인 동시에 제3자를 위한 계약에 해당한다.

② 丙이 乙로부터 중도금 5천만원을 수령한 후에 甲과 乙이 X 토지에 대한 매매계약을 합의해제 한 경우, 乙은 丙을 상대로 이미 지급한 중도금 5천만원에 대한 부당이득반환청구를 할 수 있는 것이 원칙이다.

③ 乙이 중도금이나 잔금을 약속한 날짜에 지급하지 않더라도 수익의 의사표시를 한 丙은 甲·乙간의 매매계약을 직접 해제할 수 없다.

④ 丙이 수익의 의사표시를 한 후, 甲·乙 간의 매매계약이 乙의 착오로 인하여 체결될 것임이 밝혀져 乙이 매매계약을 적법하게 취소한 경우, 丙이 乙에게 중도금과 잔금의 지급을 요구하면 乙은 대금지급을 거절할 수 있다.

⑤ 1억원의 외상대금채무를 발생하게 한 甲과 丙 사이의 계약이 무효인 경우에도 乙은 甲과 丙 사이의 계약 무효를 이유로 丙에 대한 중도금과 잔금의 지급을 거절할 수 없다.

해 설

① (○) : 부동산을 매매하면서 매도인과 매수인 사이에 중도금 및 잔금은 매도인의 채권자에게 직접 지급하기로 약정한 경우, 그 약정은 매도인의 채권자로 하여금 매수인에 대하여 그 중도금 및 잔금에 대한 직접청구권을 행사할 권리를 취득케 하는 제3자를 위한 계약에 해당하고 동시에 매수인이 매도인의 그 제3자에 대한 채무를 인수하는 병존적 채무인수에도 해당한다(대판 1997. 10. 24, 97다28698). 즉 채무자와 인수인의 계약으로 체결되는 병존적 채무인수는 채권자로 하여금 인수인에 대하여 새로운 권리를 취득하게 하는 것으로 제3자를 위한 계약의 하나로 볼 수 있고, 이와 비교하여 이행인수는 채무자와 인수인 사이의 계약으로 인수인이 변제 등에 의하

정답 68. ②

여 채무를 소멸케 하여 채무자의 책임을 면하게 할 것을 약정하는 것으로 인수인이 채무자에 대한 관계에서 채무자를 면책케 하는 채무를 부담하게 될 뿐 채권자로 하여금 직접 인수인에 대한 채권을 취득케 하는 것이 아니므로 결국 제3자를 위한 계약과 이행인수의 판별 기준은 계약 당사자에게 제3자 또는 채권자가 계약 당사자 일방 또는 인수인에 대하여 직접 채권을 취득케 할 의사가 있는지 여부에 달려 있다 할 것이고, 구체적으로는 계약 체결의 동기, 경위 및 목적, 계약에 있어서의 당사자의 지위, 당사자 사이 및 당사자와 제3자 사이의 이해관계, 거래 관행 등을 종합적으로 고려하여 그 의사를 해석하여야 한다(대판 1997. 10. 24, 97다28698).

② (×) : 수익의 의사표시에 의하여 수익자는 계약상의 권리를 확정적으로 취득한다. 그 결과 제3자가 수익의 의사표시를 한 후에는 계약당사자가 수익자의 권리를 변경하거나 소멸시킬 수 없다(제541조). 따라서 합의해제를 이유로 대항할 수 없다. 그래서 乙은 丙을 상대로 이미 지급한 중도금 5천만원에 대한 부당이득반환청구를 할 수 없다(대판 2005. 7. 22, 2005다7566).

③ (○) : 제3자는 계약의 당사자가 아니므로 해제권이나 해제를 원인으로 한 원상회복청구권을 가지지 못한다(대판 1994. 8. 12, 92다41559).

④ (○) : 보상관계는 계약에 영향을 준다. 그리고 이 경우 무효 또는 취소 등의 사유가 있을 때 수익자는 제3자로서 보호되는 제3자가 아니다(준당사자의 지위).

⑤ (○) : 출연의 원인인 대가관계는 보상관계와는 달리 제3자를 위한 계약과 이를 기초로 한 제3자의 권리발생에는 아무런 영향이 없다.

69 **甲은 자신이 소유하는 건물을 乙에게 매각하면서 乙과 매매대금 중 잔금의 지급청구권을 甲의 대여금 채권자인 丙에게 귀속시키기로 약정하였다. 이에 관한 설명으로 옳은 것은? (다툼이 있는 경우에는 판례에 의함)** 〈2013년 변리사〉

① 甲과 乙이 丙에게 잔금지급청구권을 귀속시키기로 하는 약정에 조건을 붙이는 것은 丙의 지위를 불안하게 하므로 원칙적으로 허용되지 않는다.
② 甲.乙사이의 매매계약이 해제되면, 특별한 사정이 없는 한, 乙은 계약해제 등에 기한 원상회복을 원인으로 丙에게 이미 지급한 잔금의 반환을 청구할 수 있다.
③ 丙에게 잔금을 지급하기로 한 약정이 체결된 이후, 甲.丙사이의 금전소비대차계약이 취소되었다면 乙은 丙에 대하여 잔금의 지급을 거절할 수 있다.
④ 丙이 수익의 의사표시를 하였더라도, 특별한 사정이 없는 한, 이후 甲과 乙이 잔금지급과 관련한 丙의 권리를 변경시키는 합의를 하였다면 그 합의는 丙에 대하여 효력이 있다.
⑤ 乙이 丙에게 상당한 기간을 정하여 잔금에 대한 수익 여부를 최고하였으나 그 기간 내에 확답을 받지 못하였다면, 丙이 계약의 이익을 받기를 거절한 것으로 본다.

해 설

① (×) : 조건부 또는 기한부 제3자를 위한 계약도 가능하다는 것이 통설이다. 판례도 주택건설업자와 등록업자가 당해 주택의 준공과 그 대지의 저당권 말소의 이행에 대한 연대보증의 약정을 한 경우, 그 법률관계를 조건부 제3자를 위한 계약으로 본 바 있다(대판 1996. 5. 28, 96다6592, 6608, 6615, 6622, 6639).

② (×) : 제3자를 위한 계약관계에서 낙약자와 요약자 사이의 법률관계(이른바 기본관계)를 이루는 계약이 해제된 경우 그 계약관계의 청산은 계약의 당사자인 낙약자와 요약자 사이에 이루어져야 하므로, 특별한 사정이 없는 한 낙약자가 이미 제3자에게 급부한 것이 있더라도 낙약자는 계약해제에 기한 원상회복 또는 부당이득을 원인으로 제3자를 상대로 그 반환을 구할 수 없다(대판 2005. 7. 22, 2005다7566, 7573).

③ (×) : 제3자를 위한 계약의 체결 원인이 된 요약자와 제3자(수익자) 사이의 법률관계(이른바 대가관계)의 효

정 답 69. ⑤

력은 제3자를 위한 계약 자체는 물론 그에 기한 요약자와 낙약자 사이의 법률관계(기본관계=보상관계)의 성립이나 효력에 영향을 미치지 아니하므로 낙약자는 요약자와 수익자 사이의 법률관계에 기한 항변으로 수익자에게 대항하지 못하고, 요약자도 대가관계의 부존재나 효력의 상실을 이유로 자신이 기본관계에 기하여 낙약자에게 부담하는 채무의 이행을 거부할 수 없다(대판 2003. 12. 11, 2003다49771).

④ (×) : 제3자를 위한 계약에 있어서, 제3자가 민법 제539조 제2항에 따라 수익의 의사표시를 함으로써 제3자에게 권리가 확정적으로 귀속된 경우에는, 요약자와 낙약자의 합의에 의하여 제3자의 권리를 변경·소멸시킬 수 있음을 미리 유보하였거나, 제3자의 동의가 있는 경우가 아니면 계약의 당사자인 요약자와 낙약자는 제3자의 권리를 변경·소멸시키지 못하고, 만일 계약의 당사자가 제3자의 권리를 임의로 변경·소멸시키는 행위를 한 경우 이는 제3자에 대하여 효력이 없다(대판 2002. 1. 25, 2001다30285).

⑤ (○) : 채무자는 상당한 기간을 정하여 계약의 이익의 향수여부의 확답을 제3자에게 최고할 수 있다. 채무자가 그 기간내에 확답을 받지 못한 때에는 제3자가 계약의 이익을 받을 것을 거절한 것으로 본다(제540조).

70 乙은 甲소유의 X주택을 매수하면서 그 대금을 甲의 대여금 채권자 丙에게 지급하기로 하는 제3자를 위한 계약을 체결하였고, 丙은 위 매매대금의 수령의사를 밝혔다. 다음 설명 중 옳지 않은 것은? (다툼이 있으면 판례에 따름) 〈2017년 변리사〉

① X주택의 소유권이전의무가 甲의 과실로 이행불능이 된 경우, 乙은 丙의 동의 없이 매매계약을 해제할 수 있다.

② 甲과 丙간의 금전소비대차계약이 취소되더라도 甲과 乙간의 매매계약은 유효하다.

③ 甲과 乙간의 매매계약이 乙의 사기를 이유로 취소된 경우, 丙이 그 사실을 몰랐더라도 丙은 선의의 제3자로서 보호받지 못한다.

④ 만약 丙이 甲의 대리인으로서 乙을 기망하여 乙이 위 매매계약을 체결한 경우, 乙은 丙의 대금지급청구를 거절할 수 있을 뿐이고 위 매매계약을 취소할 수는 없다.

⑤ 甲의 채무불이행으로 위 매매계약이 해제된 경우, 乙이 丙에게 매매대금의 일부를 이미 지급하였더라도, 특별한 사정이 없는 한 乙은 丙을 상대로 부당이득을 원인으로 이미 지급한 대금의 반환을 청구할 수 없다.

해 설

① (○) : 제3자를 위한 유상 쌍무계약의 경우 요약자는 낙약자의 채무불이행을 이유로 제3자의 동의 없이 계약을 해제할 수 있다(대판 1970. 2. 24, 69다1410).

② (○) : 제3자를 위한 계약의 체결 원인이 된 요약자와 제3자(수익자) 사이의 법률관계(이른바 대가관계)의 효력은 제3자를 위한 계약 자체는 물론 그에 기한 요약자와 낙약자 사이의 법률관계(이른바 기본관계)의 성립이나 효력에 영향을 미치지 아니하므로 낙약자는 요약자와 수익자 사이의 법률관계에 기한 항변으로 수익자에게 대항하지 못하고, 요약자도 대가관계의 부존재나 효력의 상실을 이유로 자신이 기본관계에 기하여 낙약자에게 부담하는 채무의 이행을 거부할 수 없다(대판 2003. 12. 11, 2003다49771).

③ (○) : 수익자는 낙약자에 대하여 직접 권리를 취득하므로 각종 제3자 보호규정에 의해 보호되는 '제3자'에는 포함되지 않는다는 것이 종래의 통설이었다. 판례도 '제3자를 위한 계약에서의 제3자가 계약해제시 보호되는 민법 제548조 제1항 단서의 제3자에 해당하지 않음은 물론(대판 2005. 7. 22, 2005다7566)'이라고 판시한 적이 있다. 그런데 2021년에 판례는 "**제3자를 위한 계약에서도** 낙약자와 요약자 사이의 법률관계(기본관계)에 기초하여 수익자가 요약자와 원인관계(대가관계)를 맺음으로써 해제 전에 새로운 이해관계를 갖고 그에 따라 등기, 인도 등을 마쳐 권리를 취득하였다면, **수익자는** 민법 제548조 제1항 단서에서 말하는 계약해제의 소급효가 제한

정답 70. ④

되는 **제3자에 해당한다**고 봄이 타당하다(대판 2021. 8. 19, 2018다244976).”고 하였다. 따라서 제3자를 위한 계약의 수익자가 계약해제의 소급효가 제한되는 민법 제548조 제1항 단서의 “제3자”에 해당한다는 점은 명확해졌다고 볼 수 있다. 문제는 제3자를 위한 계약의 수익자가 예컨대 의사표시에 관한 제107조~제110조의 제3자 보호규정 등 해제 이외의 제3자 보호규정에서도 위 판례와 같이 보아야 할 것인지인데, 이는 아직까지 불명확하다. 따라서 제3자를 위한 계약의 수익자가 “제110조 제3항의 제3자”에 해당하는지를 묻고 있는 이 지문은 일단 제3자를 위한 계약의 수익자는 각종 제3자 보호규정에 의해 보호되는 ‘제3자’에는 포함되지 않는다는 종래의 통설에 따라 정답을 그대로 유지하기로 한다. 시험에서는 아마도 명확한 정답이 있는 해제에 관한 2021년 판례가 출제될 것으로 예상되는데, 혹시 해제 이외의 문제가 출제된다면 출제자의 의도를 잘 파악해서 문제를 풀 수밖에 없을 것이다.

④ (×) : 상대방 있는 의사표시에 관하여 제3자가 사기나 강박을 한 경우에는 상대방이 그 사실을 알았거나 알 수 있었을 경우에 한하여 그 의사표시를 취소할 수 있으나, 상대방의 대리인 등 상대방과 동일시할 수 있는 자의 사기나 강박은 제3자의 사기·강박에 해당하지 아니한다(대판 1999. 2. 23, 98다60828). 사안에서 丙이 甲의 대리인으로서 乙을 기망하였기 때문에 민법 제110조 제2항이 적용되는 것이 아니라 제110조 제1항이 적용되고, 따라서 乙은 甲이 그 사실을 알았거나 알 수 있었는지 여부와 무관하게 계약을 취소할 수 있다.

⑤ (○) : 제3자를 위한 계약관계에서 낙약자와 요약자 사이의 법률관계(이른바 기본관계)를 이루는 계약이 무효이거나 해제된 경우 그 계약관계의 청산은 계약의 당사자인 낙약자와 요약자 사이에 이루어져야 하므로, 특별한 사정이 없는 한 낙약자가 이미 제3자에게 급부한 것이 있더라도 낙약자는 계약해제 등에 기한 원상회복 또는 부당이득을 원인으로 제3자를 상대로 그 반환을 구할 수 없다(대판 2010. 8. 19, 2010다31860).

71 **甲은 자신 소유의 X노트북을 乙에게 매도하면서 그 대금은 乙이 甲의 채권자 丙에게 직접 지급하기로 하는 제3자를 위한 계약을 체결하였고, 丙은 乙에게 수익의 의사를 표시하였다. 이에 관한 설명으로 옳지 않은 것은? (다툼이 있으면 판례에 따름)** 〈2021년 변리사〉

① 甲과 乙이 미리 매매계약에서 丙의 권리를 변경·소멸할 수 있음을 유보한 경우, 이러한 약정은 丙에 대해서도 효력이 있다.

② 甲은 丙의 동의가 없는 한 乙의 채무불이행을 이유로 계약을 해제할 수 없다.

③ 제3자를 위한 계약의 체결 원인이 된 甲과 丙 사이의 법률관계가 취소된 경우, 특별한 사정이 없는 한 乙은 丙에게 대금지급을 거절할 수 없다.

④ 乙의 채무불이행을 이유로 甲이 계약을 해제한 경우, 丙은 乙에게 자기가 입은 손해에 대한 배상을 청구할 수 있다.

⑤ 甲과 乙의 매매계약이 취소된 경우, 乙이 丙에게 이미 매매대금을 지급하였다고 하더라도 특별한 사정이 없는 한 乙은 丙을 상대로 부당이득반환청구를 할 수 없다.

해설

① (○) : 제3자를 위한 계약에 있어서, 제3자가 민법 제539조 제2항에 따라 수익의 의사표시를 함으로써 제3자에게 권리가 확정적으로 귀속된 경우에는, 요약자와 낙약자의 합의에 의하여 제3자의 권리를 변경·소멸시킬 수 있음을 미리 유보하였거나, 제3자의 동의가 있는 경우가 아니면 계약의 당사자인 요약자와 낙약자는 제3자의 권리를 변경·소멸시키지 못하고, 만일 계약의 당사자가 제3자의 권리를 임의로 변경·소멸시키는 행위를 한 경우 이는 제3자에 대하여 효력이 없다(대판 2002. 1. 25, 2001다30285).

② (×) : 제3자를 위한 유상 쌍무계약의 경우 요약자는 낙약자의 채무불이행을 이유로 제3자의 동의없이 계약을 해제할 수 있다(대판 1970. 2. 24, 69다1410, 1411).

정답 71. ②

③ (○) : 제3자를 위한 계약의 체결 원인이 된 요약자와 제3자(수익자) 사이의 법률관계(이른바 대가관계)의 효력은 제3자를 위한 계약 자체는 물론 그에 기한 요약자와 낙약자 사이의 법률관계(이른바 기본관계=보상관계)의 성립이나 효력에 영향을 미치지 아니하므로 낙약자는 요약자와 수익자 사이의 법률관계에 기한 항변으로 수익자에게 대항하지 못하고, 요약자도 대가관계의 부존재나 효력의 상실을 이유로 자신이 기본관계에 기하여 낙약자에게 부담하는 채무의 이행을 거부할 수 없다(대판 2003. 12. 11, 2003다49771).

④ (○) : 제3자를 위한 계약에 있어서 수익의 의사표시를 한 수익자는 낙약자에게 직접 그 이행을 청구할 수 있을 뿐만 아니라 요약자가 계약을 해제한 경우에는 낙약자에게 자기가 입은 손해의 배상을 청구할 수 있는 것이므로, 수익자가 완성된 목적물의 하자로 인하여 손해를 입었다면 수급인은 그 손해를 배상할 의무가 있다(대판 1994. 8. 12, 92다41559).

⑤ (○) : 제3자를 위한 계약관계에서 낙약자와 요약자 사이의 법률관계(이른바 기본관계)를 이루는 계약이 무효이거나 해제된 경우 그 계약관계의 청산은 계약의 당사자인 낙약자와 요약자 사이에 이루어져야 하므로, 특별한 사정이 없는 한 낙약자가 이미 제3자에게 급부한 것이 있더라도 낙약자는 계약해제 등에 기한 원상회복 또는 부당이득을 원인으로 제3자를 상대로 그 반환을 구할 수 없다(대판 2010. 8. 19, 2010다31860, 31877).

72 **제3자를 위한 계약에 관한 설명으로 옳지 않은 것은? (다툼이 있으면 판례에 따름)**

〈2023년 변리사〉

① 요약자는 원칙적으로 제3자의 권리와 별도로 낙약자에 대하여 제3자에게 급부를 이행할 것을 요구할 수 있는 권리를 가진다.

② 제3자가 수익의 의사표시를 한 경우, 계약의 당사자가 제3자의 권리를 임의로 변경·소멸시키는 행위를 하더라도 특별한 사정이 없는 한 제3자에 대하여 효력이 없다.

③ 요약자와 수익자 사이의 법률관계(대가관계)의 효력 상실을 이유로 요약자는 낙약자와 요약자 사이의 법률관계(기본관계)상 낙약자에게 부담하는 채무의 이행을 거절할 수 있다.

④ 채무자와 인수인 사이의 계약으로 체결되는 중첩적 채무인수의 경우, 채권자의 수익의 의사표시는 그 계약의 성립요건 또는 효력발생요건이 아니다.

⑤ 낙약자와 요약자 사이의 계약(기본관계)이 무효가 된 경우, 낙약자는 특별한 사정이 없는 한 제3자를 상대로 그가 제3자에게 한 급부를 부당이득으로 반환 청구할 수 없다.

해 설

① (○) : 제3자를 위한 계약의 경우에 제3자가 권리를 취득하는 것과 별도로 요약자도 낙약자에 대하여 제3자에게 급부를 이행할 것을 청구할 수 있다는 것이 통설이다.

② (○) : 제539조의 규정에 의하여 제삼자의 권리가 생긴 후에는 당사자는 이를 변경 또는 소멸시키지 못한다(민법 제541조). ☞ 제3자를 위한 계약에 있어서, 제3자가 민법 제539조 제2항에 따라 수익의 의사표시를 함으로써 제3자에게 권리가 확정적으로 귀속된 경우에는, 요약자와 낙약자의 합의에 의하여 제3자의 권리를 변경·소멸시킬 수 있음을 미리 유보하였거나, 제3자의 동의가 있는 경우가 아니면 계약의 당사자인 요약자와 낙약자는 제3자의 권리를 변경·소멸시키지 못하고, 만일 계약의 당사자가 제3자의 권리를 임의로 변경·소멸시키는 행위를 한 경우 이는 제3자에 대하여 효력이 없다(대판 2002. 1. 25, 2001다30285).

③ (×) : 제3자를 위한 계약의 체결 원인이 된 요약자와 제3자(수익자) 사이의 법률관계(이른바 대가관계)의 효력은 제3자를 위한 계약 자체는 물론 그에 기한 요약자와 낙약자 사이의 법률관계(이른바 기본관계=보상관계)의 성립이나 효력에 영향을 미치지 아니하므로 낙약자는 요약자와 수익자 사이의 법률관계에 기한 항변으로 수익자에게 대항하지 못하고, 요약자도 대가관계의 부존재나 효력의 상실을 이유로 자신이 기본관계에 기하여

정답 72. ③

낙약자에게 부담하는 채무의 이행을 거부할 수 없다(대판 2003. 12. 11, 2003다49771).

④ (○) : 채무자와 인수인의 합의에 의한 중첩적 채무인수는 일종의 제3자를 위한 계약이라고 할 것이므로, 채권자는 인수인에 대하여 채무이행을 청구하거나 기타 채권자로서의 권리를 행사하는 방법으로 수익의 의사표시를 함으로써 인수인에 대하여 직접 청구할 권리를 갖게 된다. 이러한 점에서 채무자에 대한 채권을 상실시키는 효과가 있는 면책적 채무인수의 경우 채권자의 승낙을 계약의 효력발생요건으로 보아야 하는 것과는 달리, 채무자와 인수인의 합의에 의한 중첩적 채무인수의 경우 채권자의 수익의 의사표시는 그 계약의 성립요건이나 효력발생요건이 아니라 채권자가 인수인에 대하여 채권을 취득하기 위한 요건이다(대판 2013. 9. 13, 2011다56033).

⑤ (○) : 매도인 甲과 매수인 乙이 토지거래허가구역 내 토지의 지분에 관한 매매계약을 체결하면서 매매대금을 丙에게 지급하기로 하는 제3자를 위한 계약을 체결하고 그 후 매수인 乙이 그 매매대금을 丙에게 지급하였는데, 토지거래허가를 받지 않아 유동적 무효였던 위 매매계약이 확정적으로 무효가 된 사안에서, 그 **계약관계의 청산은 요약자인 甲과 낙약자인 乙 사이에 이루어져야** 하므로 특별한 사정이 없는 한 乙은 **丙에게** 매매대금 상당액의 부당이득반환을 구할 수 없다(대판 2010. 8. 19, 2010다31860, 31877).

보충지문

73 계약체결 당시에 수익자가 특정되어 있지 않으면 제3자를 위한 계약은 성립할 수 없다.

〈2019년 공인노무사〉

해설 주택건설사업자와 시공권 있는 등록업체 사이에 아파트의 준공 및 그 대지의 저당권 말소를 입주 전까지 이행할 것을 연대보증하는 내용의 약정을 체결하고 그 공증서를 소관청에 제출한 경우, 주택건설사업자와 등록업체는 장래의 불특정 분양계약상의 입주자를 위하여 주택건설사업자가 위 아파트의 준공과 그 대지의 저당권 말소를 이행하지 아니하는 경우 등록업체가 이를 대신 이행하여 주택건설사업자와 사이에 적법하게 분양계약을 체결한 입주자들에게 분양계약상의 주택공급의무를 이행하기로 하는 제3자를 위한 계약을 체결하였다고 할 것이므로, 분양계약자로서는 등록업체에 대하여 그 수익의 의사표시를 하여 기존의 분양계약상의 권리를 행사할 수 있다(대판 1997. 10. 10, 97다7264, 7271, 7288, 7295, 7301). ☞ 수익자는 계약당시 현존하지 않거나 특정되지 않아도 된다.

74 제3자를 위한 계약에 있어서 낙약자의 제3자에 대한 급부의 내용에는 제한이 없기 때문에, 낙약자가 제3자에 대하여 가지는 청구권을 행사하지 않도록 하는 것도 급부에 해당한다.

〈2016년 법원행시〉

해설 제3자를 위한 계약에 있어서 낙약자의 제3자에 대한 급부의 내용에는 제한이 없어 낙약자가 제3자에 대하여 가지는 청구권을 행사하지 않도록 하는 것도 급부에 해당한다(대판 2006. 1. 12, 2004다46922).

75 제3자를 위한 계약의 수익자라 하더라도 계약당사자가 아니므로 계약해제권은 행사할 수 없으나, 일단 계약이 해제된 이상 계약이행에 밀접한 이해관계인으로서 해제를 원인으로 한 원상회복청구권은 행사할 수 있다고 보아야 한다. 〈2016년 법원행시〉

해설 제3자를 위한 계약의 당사자가 아닌 수익자는 계약의 해제권이나 해제를 원인으로 한 원상회복청구권이 있다고 볼 수 없다(대판 1994. 8. 12, 92다41559).

정답 73. (×) 74. (○) 75. (×)

제3절 계약의 해제 · 해지

76 취소와 해제의 구별에 관한 기술 중 옳지 않은 것은? 〈2004년 변리사〉

① 취소와 해제의 소급효는 거래안전을 위하여 다 같이 제한을 받고 있다.
② 취소권은 법률의 규정에 의하여 발생하나 해제권은 계약에 의해서도 발생한다.
③ 취소와 해제의 의사표시는 단독행위이다.
④ 취소의 발생원인은 법률행위 성립 당시, 그리고 해제의 발생원인은 법률행위의 성립 이후의 사유에 의한다.
⑤ 해제 또는 취소의 효과로 인정되는 부당이득반환의무의 범위는 같다.

해 설

① (○) : 취소에는 선의의 제3자보호규정이 있고(제109조 제2항), 해제에도 원상회복을 함에 있어 제3자 보호규정이 있다(제548조 제1항).
② (○) : 해제권을 유보하는 약정해제도 인정된다.
③ (○) : 취소나 해제는 형성권으로서 상대방에 대한 의사표시로써 행사하여야 한다(제142조, 제543조 제1항).
④ (○) : 취소는 법률행위의 성립상 흠이 있으나, 해제권은 계약에 있어 특유의 해소사유로써 계약이 유효하게 성립되어 효력을 발생하였으나 채무불이행을 이유로 계약의 효력을 소멸시키는 제도이다.
⑤ (×) : 해제의 효과로 원상회복의무를 규정하면서, 반환할 금전에는 그 받은 날로부터 선·악의를 불문하고 이자를 가산하여야 하기 때문에(제548조 제2항), 일반부당이득의 경우 선의자는 현존이익의 반환과는 성질이 다르다(제748조 제1항).

77 합의해제에 관한 설명 중 옳지 않은 것은? (다툼이 있는 경우에는 판례에 의함) 〈2008년 변리사〉

① 계약이 합의해제되기 위해서는 쌍방 당사자의 표시행위에 나타난 의사의 내용이 서로 객관적으로 일치하여야 한다.
② 계약이 합의해제되기 위해서는 청약과 승낙이라는 명시적인 의사표시가 있어야 하므로 묵시적인 합의해제는 인정되지 않는다.
③ 합의해제의 효력은 그 합의 내용에 의하여 결정되고 해제에 관한 민법 제543조(해지, 해제권)이하의 규정은 적용되지 않는다.
④ 매매계약을 합의해제한 후 해제된 매매계약을 부활시키는 약정도 계약자유의 원칙상 허용된다고 보아야 한다.
⑤ 합의해제되면 계약은 소급하여 소멸되므로 원상회복의무가 발생하지만 이로 인하여 제3자의 권리를 해하지는 못한다.

해 설

① (○) : 계약이 합의해제되기 위하여는 일반적으로 계약이 성립하는 경우와 마찬가지로 계약의 청약과 승낙이라는 서로 대립하는 의사표시가 합치가 필요하다(대판 2007. 11. 29, 2006다2490, 2506).
② (×) : 계약의 합의해제는 명시적으로 이루어진 경우뿐만 아니라 묵시적으로 이루어질 수도 있다. 예컨대 계약의 성립 후에 당사자 쌍방의 계약실현 의사의 결여 또는 포기로 인하여 쌍방 모두 이행의 제공이나 최고에 이름이 없이 장기간 이를 방치하였다면, 그 계약은 당사자 쌍방이 계약을 실현하지 아니할 의사가 일치함으로써

정답 76. ⑤ 77. ②

묵시적으로 합의해제되었다고 해석함이 상당하다(대판 2007. 6. 15, 2004다37904, 37911).

③ (○) : 합의해제·해지의 요건과 효력은 그 합의의 내용에 의하여 결정되고 이에는 해제·해지에 관한 민법 제543조 이하의 규정은 적용되지 않는 것이다(대판 1997. 11. 14, 97다6193).

④ (○) : 매매계약을 합의해제한 후 그 합의해제를 무효화시키고, 해제된 매매계약을 부활시키는 약정은 계약자유의 원칙상 적어도 당사자 사이에서는 가능하다(대판 2006. 4. 13, 2003다45700).

⑤ (○) : 계약의 합의해제에 있어서도 민법 제548조의 계약해제의 경우와 같이 이로써 제3자의 권리를 해할 수 없다(대판 2005. 6. 9, 2005다6341).

78 **계약의 해제와 해지에 관한 설명 중 옳은 것은? (다툼이 있는 경우에는 판례에 의함)**

〈2009년 변리사〉

① 채무불이행을 이유로 계약을 해제하면서 손해배상도 함께 청구할 수 있지만, 이 경우 손해배상은 이행이익의 배상을 청구하는 것이 허용될 뿐 신뢰이익의 배상은 허용될 수 없다.

② 동업계약과 같은 조합계약에서도 일반계약과 마찬가지로 조합계약을 해제하고 상대방에게 그로 인한 원상회복의 의무를 부담지울 수 있다.

③ 매도인의 소유권이전의무가 매수인의 귀책사유로 이행불능이 되었다면 매수인은 이행불능을 이유로 계약을 해제할 수 있다.

④ 매수인은 매매목적물에 대하여 가압류집행이 된 경우, 매매목적물이 가압류되었다는 사유만으로 매도인의 계약 위반을 이유로 계약을 해제할 수 없다.

⑤ 회사의 이사가 채무액과 변제기가 특정되어 있는 회사채무에 대하여 보증계약을 체결한 후에 이사직을 사임한 경우, 사정변경을 이유로 보증계약을 해지할 수 있다.

해설

① (×) : 채무불이행을 이유로 계약해제와 아울러 손해배상을 청구하는 경우에 계약이행으로 인하여 채권자가 얻을 이익, 즉 이행이익의 배상을 구하는 것이 원칙이지만, 그에 갈음하여 그 계약이 이행되리라고 믿고 채권자가 지출한 비용, 즉 신뢰이익의 배상을 구할 수도 있다(대판 2002. 6. 11, 2002다2539).

② (×) : 동업계약은 민법상의 조합계약에 해당하는 것이고, 조합계약에 있어서는 조합의 해산청구를 하거나 조합으로부터 탈퇴를 하거나 또는 다른 조합원을 제명할 수 있을 뿐이고, 계약해제에 관한 계약법 총칙규정에 의하여 조합계약을 해제하고 상대방에게 원상회복의 의무를 부담시킬 수 없는 것이다(대판 1994. 5. 13, 94다7157).

③ (×) : 이행불능을 이유로 계약을 해제하기 위해서는 그 이행불능이 채무자의 귀책사유에 의한 경우여야만 한다할 것이므로(제546조), 매도인의 매매목적물에 관한 소유권이전의무가 이행불능이 되었다고 할지라도, 그 이행불능이 매수인의 귀책사유에 의한 경우에는 매수인은 그 이행불능을 이유로 계약을 해제할 수 없다(대판 2002. 4. 26, 2000다50497).

④ (○) : 대판 1999. 6. 11, 99다11045 참조

⑤ (×) : 회사의 이사가 채무액과 변제기가 특정되어 있는 회사채무에 대하여 보증계약을 체결한 경우에는 계속적 보증이나 포괄근보증의 경우와는 달리 이사직 사임이라는 사정변경을 이유로 보증인인 이사가 일방적으로 보증계약을 해지할 수 없다(대판 2006. 7. 27, 2004다30675).

정답 78. ④

79 **법정해제권에 관한 설명으로 옳지 않은 것은? (다툼이 있는 경우에는 판례에 의함)**

〈2013년 변리사〉

① 매도인이 미리 계약을 이행하지 아니할 의사를 명백히 표시한 경우, 매수인은 자기채무의 이행제공 없이 계약을 해제할 수 있다.

② 채무이행의 최고액이 본래 이행할 채무액보다 현저히 과다하고, 채권자가 최고한 금액을 제공하지 않으면 수령을 거절할 것이 명백한 경우에도, 그 최고는 해제권행사의 요건인 최고로서의 효력이 있다.

③ 일방 당사자의 계약위반을 이유로 상대방이 계약을 해제하였다면, 특별한 사정이 없는 한, 계약을 위반한 당사자도 계약해제의 효과를 주장할 수 있다.

④ 목적물이 타인에게 양도되어 전세권설정등기의 이행이 불능이 된 경우, 전세계약을 해제하기 위해서는 전세금의 이행제공을 요하지 않는다.

⑤ 계약의 목적달성과 관련이 없는 부수적 채무의 위반만을 이유로 한 해제권의 행사는 허용되지 않는다.

해 설

① (○) : 쌍무계약에 있어서 상대방이 자신의 채무를 이행할 의사가 없음을 명백히 표시한 경우에는 신의성실의 원칙상 이행기 전이라도 자신의 채무의 이행제공이나 최고 없이도 계약을 해제할 수 있다(대판 2007. 9. 20, 2005다63337).

② (×) : 과다최고가 명백한 경우 최고는 부적법하고 해제의 효력은 발생하지 않는다. 즉 채권자의 이행최고가 본래 이행하여야 할 채무액을 초과하는 경우에도 본래 급부하여야 할 수량과의 차이가 비교적 적거나 채권자가 급부의 수량을 잘못 알고 과다한 최고를 한 것으로서 과다하게 최고한 진의가 본래의 급부를 청구하는 취지라면, 그 최고는 본래 급부하여야 할 수량의 범위 내에서 유효하다고 할 것이나, 그 과다한 정도가 현저하고 채권자가 청구한 금액을 제공하지 않으면 그것을 수령하지 않을 것이라는 의사가 분명한 경우에는 그 최고는 부적법하고 이러한 최고에 터잡은 계약의 해제는 그 효력이 없다(대판 2004. 7. 9, 2004다13083).

③ (○) : 계약의 해제권은 일종의 형성권으로서 당사자의 일방에 의한 계약해제의 의사표시가 있으면 그 효과로서 새로운 법률관계가 발생하고 각 당사자는 그에 구속되는 것이므로, 일방 당사자의 계약위반을 이유로 한 상대방의 계약해제 의사표시에 의하여 계약이 해제되었음에도 상대방이 계약이 존속함을 전제로 계약상 의무의 이행을 구하는 경우 계약을 위반한 당사자도 당해 계약이 상대방의 해제로 소멸되었음을 들어 그 이행을 거절할 수 있다(대판 2001. 6. 29, 2001다21441, 21458).

④ (○) : 이미 타인에게 양도하여 소유권이전등기까지 경료된 부동산에 관하여 전세계약을 체결한 경우에 전세권설정자의 전세계약상의 의무가 이행불능이라는 이유로 동 전세계약을 해제함에 있어서는 전세금 잔금지급의무가 전세권설정등기절차이행의무와 동시이행관계에 있다고 하더라도 그 이행의 제공을 필요로 하지 아니한다(대판 1977. 9. 13, 77다918).

⑤ (○) : 민법 제544조에 의하여 채무불이행을 이유로 계약을 해제하려면, 당해 채무가 계약의 목적 달성에 있어 필요불가결하고 이를 이행하지 아니하면 계약의 목적이 달성되지 아니하여 채권자가 그 계약을 체결하지 아니하였을 것이라고 여겨질 정도의 주된 채무이어야 하고 그렇지 아니한 부수적 채무를 불이행한 데에 지나지 아니한 경우에는 계약을 해제할 수 없다(대판 2001. 11. 13, 2001다20394 등).

정답 79. ②

80 **甲은 乙에게 X전시장을 2011년 3월 1일부터 2013년 2월 28일까지 임대하였고, 乙은 이를 자동차전시장으로 사용하고 있었다. 그런데 2012년 12월 21일 甲은 乙과 X전시장을 금 5억원에 매도하는 계약을 체결하면서 계약금을 지급받고, 2013년 1월 11일에 중도금을, 그리고 2013년 2월 21일에 잔금을 지급하고 잔금지급과 동시에 X전시장의 소유권이전등기에 필요한 서류를 넘겨주기로 하였다. 이에 관한 설명으로 옳은 것은? (다툼이 있는 경우에는 판례에 의함)**

〈2014년 변리사〉

① 계약해제로 甲이 乙에게 매매대금을 반환하여야 하는 경우 가산되는 이자는 지연배상금이 아니라 원상회복을 위한 일종의 부당이득반환의 성질을 가지기 때문에 이자에 관하여 甲과 乙의 특약이 있더라도 법정이율이 적용된다.

② 甲이 2013년 1월 11일 중도금을 지급하지 않은 乙에게 그 이행을 최고하였으나 이행이 없이 상당한 기간이 지난 2013년 2월 11일에 계약을 해제한 경우, 甲은 乙에게 계약해제에 따른 원상회복으로 X전시장의 인도와 임료상당의 사용이익의 반환을 청구할 수 있다.

③ 甲이 2013년 2월 11일 중도금의 미지급을 이유로 적법하게 계약을 해제한 경우, 원상회복청구권의 소멸시효는 중도금을 지급하기로 약정한 2013년 1월 11일부터 진행한다.

④ 甲이 乙에 대한 대금채권을 丙에게 양도하고 이 사실을 乙에게 통지한 후 매매계약이 해제된 경우, 乙은 매매계약의 해제로써 丙에게 대항하지 못한다.

⑤ 甲과 乙이 "매도인이 위약시에는 계약금의 배액을 배상하고 매수인이 위약시에는 지급한 계약금을 매도인이 취득하고 계약은 자동적으로 해제된다."고 합의한 때에도, 甲또는 乙은 최고 또는 통지하지 않으면 해제할 수 없다.

해설

① (×) : 계약해제로 甲이 乙에게 매매대금을 반환하여야 하는 경우 가산되는 이자는 지연배상금이 아니라 원상회복을 위한 일종의 부당이득반환의 성질을 가지나 이자에 관하여 甲과 乙의 특약이 있다면 법정이율보다 약정이율이 우선 적용된다(대판 2013. 4. 26, 2011다50509).

② (×) : **매매계약 해제에 따른 원상회복의무의 일환으로서 매수인의 사용이익 반환의무가 인정되기 위한 요건** : 매매계약이 해제되면 각 당사자는 그 상대방에 대하여 원상회복의 의무가 있다(민법 제548조 제1항 본문). 따라서 이 경우에 매수인은 매도인에게 목적물을 반환할 의무는 물론이고 그 목적물을 사용하였으면 그 사용이익을 반환할 의무도 부담한다. 그러나 이러한 매수인의 사용이익 반환의무는 매매계약의 해제에 따른 원상회복 의무의 일환으로서 인정되는 것이므로 매도인이 **매매계약의 이행으로서** 목적물을 매수인에게 인도하여 매수인이 그 목적물을 사용한 경우에 비로소 인정될 수 있다. ☞ 임대인 甲이 임차인 乙에게 X 부동산을 매도하기로 하였는데, 乙이 중도금 지급을 하지 않아 매매계약이 해제된 사안에서, 乙이 X 부동산을 점용한 것은 위 매매계약에 앞서 체결된 임대차계약에 기한 것일 뿐 매매계약의 이행으로서 인도받았다고는 볼 수 없으므로, 乙이 **임대차계약에 기하여** 부당이득반환의무를 지는 것은 별론으로 하고 **매매계약의 해제에 따른 원상회복으로서** 임료상당의 사용이익을 반환할 의무를 진다고는 볼 수 없다고 한 사례(대판 2011. 6. 30, 2009다30724).

③ (×) : 계약의 해제로 인한 원상회복청구권의 소멸시효는 해제시, 즉 원상회복청구권이 발생한 때부터 진행하므로, 이와 달리, 계약의 해제로 인한 원상회복청구권의 소멸시효가 해제권 발생시로부터 진행함을 전제로 피고의 소멸시효 항변을 받아들인 원심의 판단에는 계약의 해제로 인한 원상회복청구권의 소멸시효의 기산점에 관한 법리를 오해하여 판결 결과에 영향을 미친 위법이 있다(대판 2009. 12. 24, 2009다63267). ☞ 해제권 발생시인 2013. 1. 11.이 아니라, 해제시(=원상회복청구권 발생시)인 2013. 2. 11.부터 진행한다.

④ (×) : 민법 제548조 제1항 단서에서 규정하고 있는 제3자란 일반적으로 계약이 해제되는 경우 그 해제된 계

정답 80. ⑤

약으로부터 생긴 법률효과를 기초로 하여 해제 전에 새로운 이해관계를 가졌을 뿐 아니라 등기·인도 등으로 완전한 권리를 취득한 자를 말하고, 계약상의 채권을 양수한 자는 여기서 말하는 제3자에 해당하지 않는다고 할 것인바, 계약이 해제된 경우 계약해제 이전에 해제로 인하여 소멸되는 채권을 양수한 자는 계약해제의 효과에 반하여 자신의 권리를 주장할 수 없음은 물론이고, 나아가 특단의 사정이 없는 한 채무자로부터 이행받은 급부를 원상회복하여야 할 의무가 있다(대판 2003. 1. 24, 2000다22850). ☞ 丙은 채권을 양수한 자에 불과하여 민법 제548조 제1항 단서에 의하여 보호받는 제3자에 해당하지 않는다. 그리고 참고로 양도통지 이후에 매매계약이 해제된 사안이므로 제451조 제2항과 관련하여 의문이 생길 수 있는데, 학설은 항변사유가 취소나 계약해제인 경우에는 취소나 계약해제를 양도통지 후에 하였어도 상관없다고 한다(송덕수 채권법총론 제5판 p.392, 지원림 민법강의 제15판 p.1236 참조).

⑤ (○) : "매도인이 위약시에는 계약금의 배액을 배상하고 매수인이 위약시에는 지급한 계약금을 매도인이 취득하고 계약은 자동적으로 해제된다."는 조항은 위약 당사자가 상대방에 대하여 계약금을 포기하거나 그 배액을 배상하여 계약을 해제할 수 있다는 해제권 유보조항이라 할 것이고 최고나 통지없이 해제할 수 있다는 특약이라고 볼 수 없다(대판 1982. 4. 27, 80다851).

81 **2015. 2. 5. 甲은 乙에게 자신 소유의 X주택을 대금 1억원에 매도하면서 계약금 1천만원을 수령하였고, 중도금 7천만원은 2015. 2. 25. X주택의 소유권이전에 필요한 서류일체를 교부함과 동시에 지급받기로 하였으며, 잔금 2천만원은 2015. 3. 5. 지급받기로 하였다. 2015. 2. 25. 乙이 중도금을 지급하고 자신의 명의로 X주택의 소유권이전등기를 마쳤으나, 2015. 4. 15. 甲은 乙의 잔금 미지급을 이유로 위 매매계약을 적법하게 해제하였다. 다음 설명 중 옳은 것은? (다툼이 있으면 판례에 따름)** 〈2017년 변리사〉

① 만약 계약 당시 乙이 계약금 5백만원을 지급하였더라도 계약의 이행 착수 전이라면, 甲은 1천만원을 상환하고 위 매매계약을 해제할 수 있다.

② 甲의 채권자 丙이 2015. 2. 15. 甲의 잔대금 채권을 가압류한 경우라면, 丙은 민법 제548조 제1항 단서에 의해 보호받을 수 있는 제3자에 해당한다.

③ 2015. 3. 1. 丁이 乙과 X주택에 대하여 매매예약을 하고 그에 기해 소유권이전등기청구권 보전을 위한 가등기를 마쳤다면, 위 매매계약의 해제에도 불구하고 丁은 매매예약에 기한 본등기를 할 수 있다.

④ 乙명의의 등기말소 전인 2015. 4. 20. 乙로부터 X주택의 일부를 임차하여 주택임대차보호법상 대항력을 갖춘 임차인은 위 매매계약이 해제된 사실을 알고 있었더라도 X주택에 대한 甲의 명도청구에 대항할 수 있다.

⑤ X주택을 사용한 乙이 계약의 해제로 이를 甲에게 반환하는 경우, X주택이 乙의 사용으로 인해 훼손되었다고 볼 수 없는 경우에도 그 사용이익 외에 감가상각비를 별도로 산정하여 반환하여야 한다.

해 설

① (×) : 계약금 일부만 지급된 경우 수령자가 매매계약을 해제할 수 있다고 하더라도 해약금의 기준이 되는 금원은 '실제 교부받은 계약금'이 아니라 '약정 계약금'이라고 봄이 타당하므로, 매도인이 계약금의 일부로서 지급받은 금원의 배액을 상환하는 것으로는 매매계약을 해제할 수 없다(대판 2015. 4. 23, 2014다231378).

② (×) : 민법 제548조 제1항 단서에서 말하는 제3자란 일반적으로 그 해제된 계약으로부터 생긴 법률효과를 기초로 하여 해제 전에 새로운 이해관계를 가졌을 뿐 아니라 등기, 인도 등으로 완전한 권리를 취득한 자를 말하므로 계약상의 채권을 양수한 자나 그 채권 자체를 압류 또는 전부한 채권자는 여기서 말하는 제3자에 해당

정답 81. ③

하지 아니한다(대판 2000. 4. 11, 99다51685).

[비교판례] 해제된 매매계약에 의하여 채무자의 책임재산이 된 부동산을 가압류집행한 가압류채권자도 원칙상 위 조항 단서에서 말하는 제3자에 포함된다(대판 2005. 1. 14, 2003다33004).

③ (○) : (ⅰ) 매수인과 매매예약을 체결한 후 그에 기한 소유권이전청구권 보전을 위한 가등기를 마친 사람도 위 조항단서에서 말하는 제3자에 포함된다(대판 2014. 12. 11, 2013다14569). (ⅱ) 계약당사자의 일방이 계약을 해제한 경우 그 계약의 해제 전에 그 해제와 양립되지 아니하는 법률관계를 가진 제3자에 대하여는 계약의 해제에 따른 법률효과를 주장할 수 없고, 이는 제3자가 그 계약의 해제 전에 계약이 해제될 가능성이 있다는 것을 알았거나 알 수 있었다 하더라도 달라지지 아니한다(대판 2010. 12. 23, 2008다57746).
④ (×) : 계약해제시 계약은 소급하여 소멸하게 되어 해약당사자는 각 원상회복의 의무를 부담하게 되나 이 경우 계약해제로 인한 원상회복등기 등이 이루어지기 이전에 해약당사자와 양립되지 아니하는 법률관계를 가지게 되었고 계약해제 사실을 몰랐던 제3자에 대하여는 계약해제를 주장할 수 없고, 이 경우 제3자가 악의라는 사실의 주장·입증책임은 계약해제를 주장하는 자에게 있다(대판 2005. 6. 9, 2005다6341). ☞ 해제 전에 이해관계를 가지게 된 제3자는 선악을 불문하고 보호되는 것이나, 해제 후 원상회복등기 전 이해관계를 가지게 된 제3자는 선의인 경우에만 보호되는 것이다.
⑤ (×) : 양도인은 양수인이 양도 목적물을 인도받은 후 사용하였다 하더라도 양도계약의 해제로 인하여 양수인에게 그 사용에 의한 이익의 반환을 구함은 별론으로 하고, 양도 목적물 등이 양수인에 의하여 사용됨으로 인하여 감가 내지 소모가 되는 요인이 발생하였다 하여도 그것을 훼손으로 볼 수 없는 한 그 감가비 상당은 원상회복의무로서 반환할 성질의 것은 아니다(대판 2000. 2. 25, 97다30066).

82 甲은 자신이 소유하는 토지를 乙에게 매도하고 중도금까지 받았는데, 乙에게 그 토지에 대한 소유권이전등기를 넘기지 않은 상태에서 甲이 丙에게 다시 그 토지를 매도하고, 丙명의로 소유권이전등기까지 마쳤다. 이에 관한 설명으로 옳은 것은? (다툼이 있으면 판례에 따름)

〈2018년 변리사〉

① 乙이 甲과의 계약을 해제하기 위해서는 상당한 기간을 정해 이행을 최고하여야 한다.
② 乙이 甲과의 계약을 해제하면 乙은 甲에 대해 원상회복청구권을 갖는데, 그 권리의 소멸시효는 해제권이 발생한 때로부터 진행한다.
③ 乙이 甲과의 계약을 해제하기 위해서는 甲의 소유권이전등기의무와 동시이행관계에 있는 잔대금 지급의무의 이행제공을 하여야 한다.
④ 만약 丙이 아직 甲에게 매매대금을 지급하지 않았다면, 乙은 甲과의 계약을 해제하지 않고 丙을 상대로 甲에게 지급할 매매대금을 자신에게 대상(代償)으로 지급하라고 청구할 수 있다.
⑤ 만약 丁이 甲의 乙에 대한 채무의 이행을 보증하였고 乙이 甲의 채무불이행을 이유로 계약을 해제하였다면, 丁은 특별한 사정이 없는 한 甲의 乙에 대한 원상회복의무에 대해 책임을 부담한다.

해 설

① (×) : 민법 第546조(이행불능과 해제). 채무자의 책임 있는 사유로 이행이 불능하게 된 때에는 채권자는 계약을 해제할 수 있다. ☞ 이행지체(민법 第544조)의 경우와는 달리 이행불능의 경우에는 최고가 필요 없다.
② (×) : 계약의 해제로 인한 원상회복청구권의 소멸시효는 해제시, 즉 원상회복청구권이 발생한 때부터 진행하므로, 이와 달리, 계약의 해제로 인한 원상회복청구권의 소멸시효가 해제권 발생시로부터 진행함을 전제로 피고의 소멸시효 항변을 받아들인 원심의 판단에는 계약의 해제로 인한 원상회복청구권의 소멸시효의 기산점

정 답 82. ⑤

에 관한 법리를 오해하여 판결 결과에 영향을 미친 위법이 있다(대판 2009. 12. 24, 2009다63267).

③ (×) : 이미 타인에게 양도하여 소유권이전등기까지 경료된 부동산에 관하여 전세계약을 체결한 경우에 전세권설정자의 전세계약상의 의무가 이행불능이라는 이유로 동 전세계약을 해제함에 있어서는 전세금 잔금지급의무가 전세권설정등기절차이행의무와 동시이행관계에 있다고 하더라도 그 이행의 제공을 필요로 하지 아니한다(대판 1977. 9. 13, 77다918).

④ (×) : 소유권이전등기의무의 목적 부동산이 수용되어 그 소유권이전등기의무가 이행불능이 된 경우, 등기청구권자는 등기의무자에게 대상청구권의 행사로써 등기의무자가 지급받은 수용보상금의 반환을 구하거나 또는 등기의무자가 취득한 수용보상금청구권의 양도를 구할 수 있을 뿐 그 수용보상금청구권 자체가 등기청구권자에게 귀속되는 것은 아니다(대판 1996. 10. 29, 95다56910).

⑤ (○) : 타인간의 계약에 있어 그 계약상의 여러 가지 의무를 부담하는 당사자의 일방을 위하여 그 계약을 보증한 보증인은 상대방에 대하여 특단의 사정이 없는 한 피보증인의 채무불이행으로 인하여 그 계약이 해제되었음으로 인한 피보증인의 원상회복의 의무에 대하여도 책임을 진다(대판 1972. 5. 9, 71다1474).

83 계약해제에 관한 설명으로 옳지 않은 것은? (다툼이 있으면 판례에 따름) 〈2018년 변리사〉

① 해제권자가 그 상대방으로부터 인도받은 목적물을 자신의 과실(過失)로 인해 반환할 수 없게 된 경우에 그 해제권은 소멸한다.

② 당사자가 수인인 경우에 적용되는 해제권의 불가분성에 관한 규정(민법 제547조)에 대해 당사자는 특약으로 그 적용을 배제할 수 있다.

③ 해제권의 행사기간을 정하지 아니한 때에는 상대방은 상당한 기간을 정하여 해제권행사 여부의 확답을 해제권자에게 최고할 수 있다.

④ 계약에서 위약시의 해제권을 배제하기로 약정하지 않은 경우, 어느 일방에 대한 약정해제권의 유보는 채무불이행으로 인한 법정해제권의 발생에 영향을 주지 않는다.

⑤ 매수인이 매도인의 채무불이행을 이유로 계약금 반환을 구하는 소를 제기함으로써 계약해제권을 행사하고 그 소장이 송달된 후, 그 소를 취하하고 본래의 매매 계약의 이행을 구하는 소를 제기하면 매도인은 매매계약상의 의무를 이행하여야 한다.

해 설

① (○) : 민법 제553조 참조

② (○) : 민법 제547조 제1항은 "당사자의 일방 또는 쌍방이 수인인 경우에는 계약의 해지나 해제는 그 전원으로부터 또는 전원에 대하여 하여야 한다."라고 규정하고 있으므로, 여러 사람이 공동임대인으로서 임차인과 하나의 임대차계약을 체결한 경우에는 민법 제547조 제1항의 적용을 배제하는 특약이 있다는 등의 특별한 사정이 없는 한 공동임대인 전원의 해지의 의사표시에 따라 임대차계약 전부를 해지하여야 한다. 이러한 법리는 임대차계약의 체결 당시부터 공동임대인이었던 경우뿐만 아니라 임대차목적물 중 일부가 양도되어 그에 관한 임대인의 지위가 승계됨으로써 공동임대인으로 되는 경우에도 마찬가지로 적용된다(대판 2015. 10. 29, 2012다5537).

③ (○) : 민법 제552조 제1항 참조

④ (○) : 계약서에 명문으로 위약시의 법정해제권의 포기 또는 배제를 규정하지 않은 이상 계약당사자 중 어느 일방에 대한 약정해제권의 유보 또는 위약벌에 관한 특약의 유무 등은 채무불이행으로 인한 법정해제권의 성립에 아무런 영향을 미칠 수 없다(대결 1990. 3. 27, 자 89다카14110).

⑤ (×) : 소제기로써 계약해제권을 행사한 후 그 뒤 그 소송을 취하하였다 하여도 해제권은 형성권이므로 그 행

정답 83. ⑤

사의 효력에는 아무런 영향을 미치지 아니한다(대판 1982. 5. 11, 80다916). 그리고 일방 당사자의 계약위반을 이유로 한 상대방의 계약해제 의사표시에 의하여 계약이 해제되었음에도 상대방이 계약이 존속함을 전제로 계약상 의무의 이행을 구하는 경우 계약을 위반한 당사자도 당해 계약이 상대방의 해제로 소멸되었음을 들어 그 이행을 거절할 수 있다(대판 2001. 6. 29, 2001다21441, 21458).

84 **계약의 합의해제 등에 관한 설명으로 옳지 않은 것은? (다툼이 있으면 판례에 따름)**

〈2019년 변리사〉

① 계약이 합의해제된 경우, 특별한 사정이 없는 한 채무불이행으로 인한 손해배상청구는 할 수 없다.
② 매도인이 매수인에게 매매계약의 합의해제를 청약하였더라도 매수인이 그 청약에 대하여 조건을 붙여 승낙한 경우, 매도인의 청약은 실효된다.
③ 계약이 일부이행된 경우, 그 원상회복에 관하여 의사가 일치되지 않아도 계약의 묵시적 합의해제가 인정될 수 있다.
④ 매매계약을 합의해제한 후 그 합의해제를 무효화시키고, 해제된 매매계약을 부활시키는 약정은 적어도 당사자 사이에서는 가능하다.
⑤ 당사자 사이에 약정이 없는 이상 합의해지로 인하여 반환할 금전에 그 받은 날로부터 이자를 붙여서 반환할 의무는 없다.

해 설

① (○) : 계약이 합의해제된 경우에는 그 해제시에 당사자 일방이 상대방에게 손해배상을 하기로 특약하거나 손해배상청구를 유보하는 의사표시를 하는 등 다른 사정이 없는 한 채무불이행으로 인한 손해배상을 청구할 수 없다(대판 1989. 4. 25, 86다카1147, 86다카1148).
② (○) : 매매계약 당사자 중 매도인이 매수인에게 매매계약을 합의해제할 것을 청약하였다고 할지라도, 매수인이 그 청약에 대하여 조건을 붙이거나 변경을 가하여 승낙한 때에는 민법 제534조의 규정에 비추어 보면 그 청약의 거절과 동시에 새로 청약한 것으로 보게 되는 것이고, 그로 인하여 종전의 매도인의 청약은 실효된다(대판 2002. 4. 12, 2000다17834).
③ (×) : 계약의 합의해제는 묵시적으로 이루어질 수도 있으나, 계약이 묵시적으로 합의해제되었다고 하려면 계약의 성립 후에 당사자 쌍방의 계약실현의사의 결여 또는 포기로 인하여 당사자 쌍방의 계약을 실현하지 아니할 의사가 일치되어야만 하고, 계약이 일부 이행된 경우에는 그 원상회복에 관하여도 의사가 일치되어야 할 것이다(대판 2011. 4. 28, 2010다98412, 98429).
④ (○) : 매매계약을 합의해제한 후 그 합의해제를 무효화시키고, 해제된 매매계약을 부활시키는 약정은 계약자유의 원칙상 적어도 당사자 사이에서는 가능하다(대판 2006. 4. 13, 2003다45700).
⑤ (○) : 합의해지 또는 해지계약이라 함은 해지권의 유무에 불구하고 계약 당사자 쌍방이 합의에 의하여 계속적 계약의 효력을 해지시점 이후부터 장래를 향하여 소멸하게 하는 것을 내용으로 하는 새로운 계약으로서, 그 효력은 그 합의의 내용에 의하여 결정되고 여기에는 해제, 해지에 관한 민법 제548조 제2항의 규정은 적용되지 아니하므로, 당사자 사이에 약정이 없는 이상 합의해지로 인하여 반환할 금전에 그 받은 날로부터의 이자를 가하여야 할 의무가 있는 것은 아니다(대판 2003. 1. 24, 2000다5336, 5343).

정답 84. ③

85 **甲은 2020년 1월 29일에 그 소유 토지를 乙에게 10억 원에 매도하는 계약을 체결하면서 계약금은 1억 원으로 하고, 2020년 2월 29일에 중도금 4억 원을 지급받음과 동시에 소유권이전등기를 넘겨주고, 잔금은 2020년 3월 29일까지 지급받기로 하였다. 이에 관한 설명으로 옳은 것을 모두 고른 것은? (다툼이 있으면 판례에 따름)** 〈2020년 변리사〉

ㄱ. 乙이 약정대로 중도금까지 지급하고 소유권이전등기를 경료하였으나, 2020년 3월 29일에 잔금을 지급하지 않은 경우, 甲은 즉시 계약을 해제할 수 있다.
ㄴ. 등기를 취득한 乙이 2020년 4월 16일에 丙에게 매도하고 이전등기를 해준 뒤, 甲이 乙의 채무불이행을 이유로 적법하게 계약을 해제한 경우, 丙이 乙과의 계약 당시 乙의 채무불이행 사실을 알았더라도 甲은 丙 명의 등기의 말소를 청구할 수 없다.
ㄷ. 乙이 등기를 취득한 후 甲이 2020년 4월 25일에 乙의 채무불이행을 이유로 적법하게 계약을 해제하였으나 乙 명의의 등기를 말소하기 전에 丙 명의의 저당권등기가 이루어진 경우, 丙이 계약 해제 사실을 몰랐다면 甲은 丙 명의 등기의 말소를 청구할 수 없다.

① ㄱ ② ㄷ ③ ㄱ, ㄴ ④ ㄴ, ㄷ ⑤ ㄱ, ㄴ, ㄷ

해설

ㄱ. (×) : 상당한 기간을 정하여 그 이행을 최고하고 그 기간 내에 이행하지 아니한 때에 한하여 해제할 수 있다(제544조).

ㄴ. (○) : 계약당사자의 일방이 계약을 해제한 경우 그 계약의 해제 전에 그 해제와 양립되지 아니하는 법률관계를 가진 제3자에 대하여는 계약의 해제에 따른 법률효과를 주장할 수 없고, 이는 제3자가 그 계약의 해제 전에 계약이 해제될 가능성이 있다는 것을 알았거나 알 수 있었다 하더라도 달라지지 아니한다(대판 2010. 12. 23, 2008다57746).

ㄷ. (○) : 계약당사자의 일방이 계약을 해제하였을 때에는 계약은 소급하여 소멸하여 해약당사자는 각 원상회복의 의무를 지게 되나 이 경우 (계약해제 후) 계약해제로 인한 원상회복등기 등이 이루어지기 이전에 계약의 해제를 주장하는 자와 양립되지 아니하는 법률관계를 가지게 되었고 계약 해제 사실을 몰랐던 제3자에 대하여는 계약해제를 주장할 수 없다(대판 1985. 4. 9, 84다카130, 84다카131).

86 **甲과 乙은 甲 소유의 X토지에 대하여 매매계약을 체결하였다. 이에 관한 설명으로 옳지 않은 것은? (다툼이 있으면 판례에 따름)** 〈2021년 변리사〉

① 甲과 乙이 계약해제로 인한 원상회복의무로 반환할 매매대금에 가산할 이자를 4%로 약정한 경우, 동 약정이율은 매매대금 반환의무의 이행지체로 인한 지연손해금률에도 적용된다.
② 甲이 乙의 채무불이행을 이유로 매매계약을 해제한 후에도 乙은 착오를 이유로 매매계약을 취소할 수 있다.
③ 乙 명의로 소유권이전등기가 경료된 X토지에 대하여 乙의 채권자 丙이 가압류 집행을 마쳐둔 경우, 甲은 丙에 대하여 乙의 채무불이행을 이유로 한 해제의 소급효를 주장할 수 없다.
④ 甲이 乙의 채무불이행에 관하여 원인의 일부를 제공하였다고 하더라도 乙이 이를 이유로 甲의 계약해제에 따른 원상회복청구에 대하여 과실상계하는 것은 인정되지 않는다.

정답 85. ④ 86. ①

⑤ 乙이 중도금을 약정된 기일에 지급하지 않으면 최고 없이 계약은 자동적으로 해제되는 것으로 약정한 경우, 특별한 사정이 없는 한 그 불이행이 있으면 계약은 자동적으로 해제된다.

해 설

① (×) : 계약해제 시 반환할 금전에 가산할 이자에 관하여 당사자 사이에 약정이 있는 경우에는 특별한 사정이 없는 한 이행지체로 인한 지연손해금도 그 약정이율에 의하기로 하였다고 보는 것이 당사자의 의사에 부합한다. 다만 그 약정이율이 법정이율보다 낮은 경우에는 약정이율에 의하지 아니하고 법정이율에 의한 지연손해금을 청구할 수 있다고 봄이 타당하다(대판 2013. 4. 26, 2011다50509).

② (○) : 매도인이 매수인의 중도금 지급채무 불이행을 이유로 매매계약을 적법하게 해제한 후라도 매수인으로서는 상대방이 한 계약해제의 효과로서 발생하는 손해배상책임을 지거나 매매계약에 따른 계약금의 반환을 받을 수 없는 불이익을 면하기 위하여 착오를 이유로 한 취소권을 행사하여 매매계약 전체를 무효로 돌리게 할 수 있다(대판 1996. 12. 6, 95다24982, 24999).

③ (○) : 민법 제548조 제1항 단서에서 말하는 제3자란 일반적으로 그 해제된 계약으로부터 생긴 법률효과를 기초로 하여 해제 전에 새로운 이해관계를 가졌을 뿐 아니라 등기, 인도 등으로 완전한 권리를 취득한 자를 말하는 것인데, 해제된 매매계약에 의하여 채무자의 책임재산이 된 부동산을 가압류 집행한 가압류채권자도 원칙상 위 조항 단서에서 말하는 제3자에 포함된다(대판 2005. 1. 14, 2003다33004).

④ (○) : 과실상계는 본래 채무불이행 또는 불법행위로 인한 손해배상책임에 대하여 인정되는 것이고, 매매계약이 해제되어 소급적으로 효력을 잃은 결과 매매당사자에게 당해 계약에 기한 급부가 없었던 것과 동일한 재산상태를 회복시키기 위한 원상회복의무의 이행으로서 이미 지급한 매매대금 기타의 급부의 반환을 구하는 경우에는 적용되지 아니한다(대판 2014. 3. 13, 2013다34143).

⑤ (○) : 매매계약에 있어서 매수인이 중도금을 약정한 일자에 지급하지 아니하면 그 계약을 무효로 한다고 하는 특약이 있는 경우 매수인이 약정한대로 중도금을 지급하지 아니하면(해제의 의사표시를 요하지 않고) 그 불이행 자체로써 계약은 그 일자에 자동적으로 해제된 것이라고 보아야 한다(대판 1991. 8. 13, 91다13717).

87 **합의해제에 관한 설명으로 옳은 것은? (다툼이 있으면 판례에 따름)** 〈2022년 변리사〉

① 계약의 합의해제는 단독행위의 일종이다.
② 계약이 합의해제가 된 경우에도 특별한 사정이 없는 한 채무불이행으로 인한 손해배상청구는 인정된다.
③ 특별한 사정이 없는 한 계약이 일부이행된 상태에서 당사자 쌍방이 장기간에 걸쳐 나머지 의무를 이행하지 않고 이를 방치한 것만으로도 묵시적 합의해제가 인정된다.
④ 계약을 합의해제할 때에는 원상회복에 관하여 반드시 약정을 하여야 한다.
⑤ 매매계약을 합의해제한 후 그 합의해제를 무효화시키고, 해제된 매매계약을 부활시키는 약정은 계약자유의 원칙상 적어도 당사자 사이에서는 가능하다.

해 설

① (×) : 계약의 합의해제는 당사자가 이미 체결한 계약을 체결하지 않았던 것과 같은 효과를 발생시킬 것을 내용으로 하는 또 다른 계약으로서, 당사자 사이의 합의로 성립한 계약을 합의해제하기 위하여서는 계약이 성립하는 경우와 마찬가지로 기존 계약의 효력을 소멸시키기로 하는 내용의 해제계약의 청약과 승낙이라는 서로 대립하는 의사표시가 합치될 것을 그 요건으로 하는 것이고, 이러한 합의가 성립하기 위하여는 쌍방 당사자의 표시행위에 나타난 의사의 내용이 서로 객관적으로 일치하여야 하며, 계약의 합의해제는 묵시적으로 이루어질

정답 87. ⑤

수도 있으나, 계약이 묵시적으로 합의해제되었다고 하려면 계약의 성립 후에 당사자 쌍방의 계약실현의사의 결여 또는 포기로 인하여 당사자 쌍방의 계약을 실현하지 아니할 의사가 일치되어야만 한다(대판 1998. 8. 21, 98다17602).
② (×) : 계약이 합의해제된 경우에는 그 해제시에 당사자 일방이 상대방에게 손해배상을 하기로 특약하거나 손해배상청구를 유보하는 의사표시를 하는 등 다른 사정이 없는 한 채무불이행으로 인한 손해배상을 청구할 수 없다(대판 1989. 4. 25, 86다카1147, 86다카1148).
③ (×) : 계약의 합의해제는 당사자 쌍방의 묵시적인 합의에 의하여서도 성립되나 이를 인정하는 데는 계약의 실현을 장기간 방치한 것만으로는 부족하고 당사자 쌍방에게 계약을 실현할 의사가 없거나 계약을 포기하는 동기에서 비롯되어 장기간 방치된 것이라고 볼 수 있는 사정이 있어야만 묵시적 합의해제를 인정할 수 있다(대판 1992. 2. 28, 91다28221).
④ (×) : 계약을 합의해제할 때에 원상회복에 관하여 반드시 약정을 하여야 하는 것은 아니지만, 매매계약을 합의해제하는 경우에 이미 지급된 계약금, 중도금의 반환 및 손해배상금에 관하여는 아무런 약정도 하지 아니한 채 매매계약을 해제하기만 하는 것은 경험칙에 비추어 이례에 속하는 일이다(대판 1994. 9. 13, 94다17093).
⑤ (○) : 매매계약을 합의해제한 후 그 합의해제를 무효화시키고, 해제된 매매계약을 부활시키는 약정은 계약자유의 원칙상 적어도 당사자 사이에서는 가능하다(대판 2006. 4. 13, 2003다45700).

88 계약의 해제, 해지에 관한 설명으로 옳지 않은 것은? (다툼이 있으면 판례에 따름) 〈2023년 변리사〉

① 타인 권리의 매매로 인한 담보책임으로 매수인이 계약을 해제한 경우, 매수인이 진정한 권리자인 타인에게 직접 목적물을 반환한 때에는 그 반환한 범위에서 매도인에게 반환할 의무를 부담하지 않는다.
② 사정변경을 이유로 한 계약의 해제나 해지에서 사정변경에 대한 예견가능성이 있었는지는 개별적 사정을 고려하지 않고 추상적·일반적으로 판단하여야 한다.
③ 매수인의 사망으로 매수인의 지위를 상속한 상속인들이 매매계약을 해제하려면, 특별한 사정이 없는 한 전원이 해제의 의사표시를 하여야 한다.
④ 조합계약에서는 계약을 해제 또는 해지하고 조합원에게 그로 인한 원상회복의 의무를 부담지울 수는 없다.
⑤ 계약이 합의에 따라 해제되거나 해지된 경우, 특별한 사정이 없는 한 채무불이행으로 인한 손해배상을 청구할 수 없다.

해설

① (○) : 타인의 권리의 매매의 경우에 매도인이 그 권리를 취득하여 매수인에게 이전할 수 없는 때에는 매수인은 계약을 해제할 수 있다(민법 제570조). 이러한 해제의 효과에 관하여 특별한 규정은 없지만 일반적인 해제와 달리 해석할 이유가 없다. 따라서 위 규정에 따라 매매계약이 해제되는 경우에, 매도인은 매수인에게 매매대금과 그 받은 날부터의 이자를 반환할 의무를 부담하고, 매수인 역시 특별한 사정이 없는 한 매도인에게 목적물을 반환할 의무는 물론이고 목적물을 사용하였으면 그 사용이익을 반환할 의무도 부담한다. 그리고 이러한 결론은 매도인이 목적물의 사용권한을 취득하지 못하여 매수인으로부터 반환받은 사용이익을 궁극적으로 정당한 권리자에게 반환하여야 할 입장이라 하더라도 마찬가지이다. 다만, 매수인이 진정한 권리자인 타인에게 직접 목적물 또는 사용이익을 반환하는 등의 특별한 사정이 있는 경우에는 매수인은 적어도 그 반환 등의 한도에서는 매도인에게 목적물 및 사용이익을 반환할 의무를 부담하지 않는다고 할 것이다(대판 2017. 5. 31, 2016다240).

정답 88. ②

② (×) : 계약 성립의 기초가 된 사정이 현저히 변경되고 당사자가 계약의 성립 당시 이를 예견할 수 없었으며, 그로 인하여 계약을 그대로 유지하는 것이 당사자의 이해에 중대한 불균형을 초래하거나 계약을 체결한 목적을 달성할 수 없는 경우에는 계약준수 원칙의 예외로서 사정변경을 이유로 계약을 해제하거나 해지할 수 있다. 여기에서 말하는 사정이란 당사자들에게 계약 성립의 기초가 된 사정을 가리키고, 당사자들이 계약의 기초로 삼지 않은 사정이나 어느 일방당사자가 변경에 따른 불이익이나 위험을 떠안기로 한 사정은 포함되지 않는다. 사정변경에 대한 예견가능성이 있었는지는 **추상적·일반적으로 판단할 것이 아니라, 구체적인 사안에서** 계약의 유형과 내용, 당사자의 지위, 거래경험과 인식가능성, 사정변경의 위험이 크고 구체적인지 등 여러 사정을 종합적으로 고려하여 **개별적으로 판단하여야 한다**. 이때 합리적인 사람의 입장에서 볼 때 당사자들이 사정변경을 예견했다면 계약을 체결하지 않거나 다른 내용으로 체결했을 것이라고 기대되는 경우 특별한 사정이 없는 한 예견가능성이 없다고 볼 수 있다. 경제상황 등의 변동으로 당사자에게 손해가 생기더라도 **합리적인 사람의 입장에서 사정변경을 예견할 수 있었다면** 사정변경을 이유로 계약을 해제하거나 해지할 수 없다. 특히 계속적 계약에서는 계약의 체결 시와 이행 시 사이에 간극이 크기 때문에 당사자들이 예상할 수 없었던 사정변경이 발생할 가능성이 높지만, 이러한 경우에도 계약을 해지하려면 경제상황 등의 변동으로 당사자에게 불이익이 발생했다는 것만으로는 부족하고 위에서 본 요건을 충족하여야 한다(대판 2021. 6. 30, 2019다276338).

③ (○) : 당사자의 일방 또는 쌍방이 수인인 경우에는 계약의 해지나 해제는 그 전원으로부터 또는 전원에 대하여 하여야 한다(민법 제547조 제1항). ☞ 매매계약의 일방 당사자가 사망하였고 그에게 여러 명의 상속인이 있는 경우에 그 상속인들이 위 계약을 해제하려면, 상대방과 사이에 다른 내용의 특약이 있다는 등의 특별한 사정이 없는 한, 상속인들 전원이 해제의 의사표시를 하여야 한다(대판 2013. 11. 28, 2013다22812).

④ (○) : 동업계약과 같은 조합계약에 있어서는 조합의 해산청구를 하거나 조합으로부터 탈퇴를 하거나 또는 다른 조합원을 제명할 수 있을 뿐이지 일반계약에 있어서처럼 조합계약을 해제하고 상대방에게 그로 인한 원상회복의 의무를 부담지울 수는 없다(대판 1994. 5. 13, 94다7157).

⑤ (○) : 계약이 합의해제된 경우에는 그 해제시에 당사자 일방이 상대방에게 손해배상을 하기로 특약하거나 손해배상청구를 유보하는 의사표시를 하는 등 다른 사정이 없는 한 채무불이행으로 인한 손해배상을 청구할 수 없다(대판 1989. 4. 25, 86다카1147).

89 甲은 甲 소유인 X 토지를 乙에게 매도하는 매매계약을 체결하고, 계약금과 중도금을 지급받은 뒤 X 토지에 대한 소유권이전등기를 乙 명의로 경료해주었다. 그 후 乙이 잔금을 지급하기 전에 甲과 乙이 합의하여 위 매매계약을 해제하고자 할 경우, 다음 설명 중 옳지 않은 것은? (각 지문은 독립적이고, 다툼이 있는 경우 판례에 의함) 〈2015년 변호사시험〉

① 甲이 해제권의 발생 여부에 관계없이 위 매매계약의 효력을 소멸시켜 당초부터 계약이 체결되지 않았던 것과 같은 상태로 복귀시킬 것을 내용으로 하는 새로운 청약을 하고 乙이 이에 승낙하면 위 매매계약은 해제된다.

② 甲과 乙이 위 매매계약을 해제하기로 합의한 경우, 특별한 약정이 없다면 甲이 乙에게 반환하여야 할 금전에 대하여는 乙로부터 지급받은 다음 날부터 이자를 가산하여 지급하여야 한다.

③ 甲과 乙이 위 매매계약을 해제하기로 합의하기 전에 乙로부터 X 토지를 매수한 丙은 자신의 명의로 소유권이전등기가 경료되었다면 보호될 수 있다.

④ 甲이 乙에게 위 매매계약의 해제에 따른 원상회복 및 손해배상에 관한 조건을 제시한 경우, 그 조건에 대한 합의까지 이루어져야 합의해제가 성립된다.

정답 89. ②

⑤ 甲이 잔금지급 기일의 경과 후 계약해제를 주장하면서 이미 지급받은 계약금과 중도금의 반환으로 이를 공탁하고 乙이 아무런 이의 없이 그 공탁금을 수령한 경우에는 특단의 사정이 없는 한 합의해제된 것으로 본다.

해 설

① (○) : 합의해제는 해제계약으로 타당하다. 따라서 청약과 승낙으로 위 매매계약은 해제된다(대판 2011. 2. 10, 2010다77385).

② (×) : 합의해제 또는 해제계약이라 함은 해제권의 유무에 불구하고 계약 당사자 쌍방이 합의에 의하여 기존의 계약의 효력을 소멸시켜 당초부터 계약이 체결되지 않았던 것과 같은 상태로 복귀시킬 것을 내용으로 하는 새로운 계약으로서, 그 효력은 그 합의의 내용에 의하여 결정되고 여기에는 해제에 관한 민법 제548조 제2항의 규정은 적용되지 아니하므로, 당사자 사이에 약정이 없는 이상 합의해제로 인하여 반환할 금전에 그 받은 날로부터의 이자를 가하여야 할 의무가 있는 것은 아니다(대판 1996. 7. 30, 95다16011).

③ (○) : 합의해제는 법정해제에 관한 규정이 적용되지 않지만 제3자보호규정은 적용된다. 따라서 甲과 乙이 위 매매계약을 해제하기로 합의하기 전에 乙로부터 X 토지를 매수한 丙은 자신의 명의로 소유권이전등기가 경료되었다면 보호될 수 있다(대판 2005. 4. 13, 2003다45700).

④ (○) : 이 문제는 계약의 성립과 관련된 문제이다. 즉 계약이 성립되기 위하여는 청약에서 제시한 내용이 승낙에 의하여 받아들여져야 한다(대판 2003. 4. 11, 2001다53059). 따라서 甲이 乙에게 위 매매계약의 해제에 따른 원상회복 및 손해배상에 관한 조건을 제시한 경우, 그 조건에 대한 합의까지 이루어져야 합의해제가 성립된다.

⑤ (○) : 매도인이 잔대금 지급기일 경과후 계약해제를 주장하여 이미 지급받은 계약금과 중도금을 반환하는 공탁을 하였을 때, 매수인이 아무런 이의없이 그 공탁금을 수령하였다면 위 매매계약은 특단의 사정이 없는 한 합의해제된 것으로 봄이 상당하다(대판 1979. 10. 10, 79다1457).

90 **甲과 乙은 이행기를 정하여 甲 소유의 X 건물에 대한 매매계약을 체결하였으나, 乙의 잔대금채무에 대한 이행지체를 이유로 甲이 위 매매계약을 해제하려고 한다. 이에 관한 설명 중 옳은 것은? (각 지문은 독립적이며, 다툼이 있는 경우 판례에 의함)** 〈2016년 변호사시험〉

① 甲이 상당한 기간을 정하여 乙에게 잔대금의 지급을 최고하고 그 기간 내에 乙이 이행하지 않는 경우에 계약을 해제할 수 있지만, 특별한 사정이 없는 한 甲이 기간을 정하지 않고 최고하더라도 상당한 기간이 경과한 때에는 甲의 해제권이 인정된다.

② 위 매매계약에서 다른 약정 없이 "乙이 잔대금을 지급하지 아니한 상태로 지급기일을 경과하면 매매계약 자체가 자동적으로 해제된다."는 취지의 약정이 있는 경우에는 甲이 자신의 채무에 대한 이행제공을 통하여 乙을 이행지체에 빠뜨리지 않더라도 잔대금 지급기일의 경과만으로 위 매매계약은 자동 해제된 것으로 볼 수 있다.

③ 甲은 계약해제 전에 그 해제와 양립되지 아니하는 법률관계를 가진 丙에 대해서는 계약의 해제에 따른 법률효과를 주장할 수 없으나, 丙이 그 계약의 해제 전에 해제 가능성이 있다는 것을 알았거나 알 수 있었던 경우에는 해제의 효과를 주장할 수 있다.

④ 위 매매계약의 해제 전에 乙이 X 건물을 사용함으로써 이익을 얻은 경우, 甲이 매매계약의 해제 후 乙에 대한 원상회복을 청구할 때 乙이 취득한 사용이익의 반환을 함께 청구할 수는 없다.

⑤ 甲이 채무불이행을 이유로 매매계약을 해제하고 손해배상을 청구하는 경우에는 그 매매계약의 이행으로 인하여 甲이 얻을 이익, 즉 이행이익의 배상을 청구하는 것이 원칙이나, 신뢰이익이 이행이

정답 90. ①

익보다 큰 경우 신뢰이익의 배상을 구할 수 있다.

해 설

① (○) : 이행지체를 이유로 계약을 해제함에 있어서는 그 전제요건인 이행의 최고는 반드시 미리 일정기간을 명시하여 최고하여야 하는 것은 아니기 때문에 甲이 기간을 정하지 않고 최고하더라도 상당한 기간이 경과한 때에는 甲의 해제권이 인정된다(대판 1994. 11. 25, 94다35930).

② (×) : 이처럼 동시이행의 관계에 있는 쌍무계약에 있어서 상대방의 채무불이행을 이유로 계약을 해제하려고 하는 자는 동시이행관계에 있는 자기 채무의 이행을 제공하여야 하기 때문에 다른 약정 없이 "乙이 잔대금을 지급하지 아니한 상태로 지급기일을 경과하면 매매계약 자체가 자동적으로 해제된다."는 취지의 약정이 있는 경우라도 甲이 자신의 채무에 대한 이행제공을 통하여 乙을 이행지체에 빠뜨리지 않았다면 잔대금 지급기일의 경과만으로 위 매매계약은 자동 해제된 것으로 볼 수 없다 (대판 2008. 4. 24, 2008다3053).

③ (×) : 계약당사자의 일방이 계약을 해제한 경우 그 계약의 해제 전에 그 해제와 양립되지 아니하는 법률관계를 가진 제3자에 대하여는 계약의 해제에 따른 법률효과를 주장할 수 없고, 이는 제3자가 그 계약의 해제 전에 계약이 해제될 가능성이 있다는 것을 알았거나 알 수 있었다 하더라도 달라지지 아니한다(대판 2010. 12. 23, 2008다57746).

④ (×) : 계약 해제로 인하여 계약 당사자가 원상회복의무를 부담함에 있어서 당사자 일방이 목적물을 이용한 경우에는 그 사용에 의한 이익을 상대방에게 반환하여야 하는 것이므로, 양도인은 양수인이 양도 목적물을 인도받은 후 사용하였다 하더라도 양도계약의 해제로 인하여 양수인에게 그 사용에 의한 이익의 반환을 구함은 별론으로 하고, 양도 목적물 등이 양수인에 의하여 사용됨으로 인하여 감가 내지 소모가 되는 요인이 발생하였다 하여도 그것을 훼손으로 볼 수 없는 한 그 감가비 상당은 원상회복의무로서 반환할 성질의 것은 아니다(대판 2000. 2. 25, 97다30066).

⑤ (×) : 甲이 채무불이행을 이유로 매매계약을 해제하고 손해배상을 청구하는 경우에는 그 매매계약의 이행으로 인하여 甲이 얻을 이익, 즉 이행이익의 배상을 청구하는 것이 원칙이나, 신뢰이익이 이행이익보다 큰 경우 신뢰이익의 배상을 구할 수 있는 것이 아니라, 신뢰이익은 과잉배상금지의 원칙에 비추어 이행이익의 범위를 초과할 수 없기 때문에 이행이익범위에서 청구하여야 한다(대판 2002. 6. 11, 2002다2539).

91 **甲은 2017. 1. 10. 자신이 소유하는 X 부동산을 乙에게 매도하는 계약을 체결하면서 乙로부터 계약금을 수령하였다. 이 매매계약서에 의하면 乙은 중도금을 2017. 2. 10.지급하고, 잔금은 2017. 3. 10. 소유권이전등기에 필요한 서류와 상환하여 지급하기로 되어 있었다. 이에 관한 설명 중 옳은 것(○)과 옳지 않은 것(×)을 올바르게 조합한 것은? (각 지문은 독립적이며, 다툼이 있는 경우 판례에 의함)** 〈2018년 변호사시험〉

> ㄱ. "乙이 중도금을 지급하지 않으면 계약은 자동해제되고 계약금은 甲이 몰취한다."라고 약정한 경우, 乙이 2017. 2. 10.까지 중도금을 지급하지 않았다면 계약은 자동으로 해제된다.
>
> ㄴ. 乙이 2017. 2. 10. 중도금을 지급하려 하였으나 甲이 정당한 사유 없이 그 수령을 거절하였을 뿐만 아니라 계약을 이행하지 아니할 의사를 명백히 표시한 경우, 乙은 2017. 3. 3. 이행을 최고하지 않고 계약을 해제할 수 있다.
>
> ㄷ. "乙이 잔금지급을 지체하면 계약은 자동으로 해제된다."라고 약정한 경우, 乙이 2017. 3. 10.까지 잔금을 지급하지 않았다면 甲이 등기이전에 필요한 서류를 제공하지 않더라도 계약은 자동으로 해제된다.

정답 91. ⑤

① ㄱ(○), ㄴ(○), ㄷ(○) ② ㄱ(×), ㄴ(×), ㄷ(○) ③ ㄱ(×), ㄴ(○), ㄷ(×)
④ ㄱ(×), ㄴ(○), ㄷ(○) ⑤ ㄱ(○), ㄴ(○), ㄷ(×)

해 설

ㄱ. (○) : 매수인이 중도금을 약정한 일자에 지급하지 아니 하면, 계약이 해제된 것으로 한다는 특약이 있는 실권약관부 매매계약에 있어서는 매수인이 약정의 중도금 지급의무를 이행하지 아니하면, 그 계약은 그 일자에 자동적으로 해제된 것으로 보아야 하며, 매도인이 그 후에 중도금의 지급을 최고하였다 하더라도, 이는 은혜적으로 한번 지급의무를 이행할 기회를 준 것에 지나지 아니한다(대판 1980. 2. 12, 79다2035).

ㄴ. (○) : 계약상 채무자가 계약을 이행하지 아니할 의사를 명백히 표시한 경우에 채권자는 신의성실의 원칙상 이행기 전이라도 이행의 최고 없이 채무자의 이행거절을 이유로 계약을 해제하거나 채무자를 상대로 손해배상을 청구할 수 있고, 채무자가 계약을 이행하지 아니할 의사를 명백히 표시하였는지 여부는 계약 이행에 관한 당사자의 행동과 계약 전후의 구체적인 사정 등을 종합적으로 살펴서 판단하여야 한다(대판 2005. 8. 19, 2004다53173).

ㄷ. (×) : 부동산매매계약에 있어서 매수인이 잔대금 지급기일까지 그 대금을 지급하지 못하면 그 계약이 자동적으로 해제된다는 취지의 약정이 있더라도 특단의 사정이 없는 한 매수인의 잔대금지급의무와 매도인의 소유권이전등기의무는 동시이행의 관계에 있으므로 매도인이 잔대금지급기일에 소유권이전등기에 필요한 서류를 준비하여 매수인에게 알리는 등 이행의 제공을 하여 매수인으로 하여금 이행지체에 빠지게 하였을 때에 비로소 자동적으로 매매계약이 해제된다고 보아야 하고 매수인이 그 약정기한을 초과하였더라도 이행지체에 빠진 것이 아니라면 대금 미지급으로 계약이 자동 해제된다고는 볼 수 없다(대판 1989. 7. 25, 88다카28891).

92 **법률행위의 당사자가 그 법률행위의 무효·취소 또는 해제에 따른 법률효과를 주장할 수 없게 되는 '제3자'에 해당하는 경우로서 옳은 것을 모두 고른 것은? (다툼이 있는 경우 판례에 의함)**

〈2019년 변호사시험〉

ㄱ. 丙이 甲을 기망하여 甲이 자신의 명의로 乙 은행으로부터 대출을 받은 다음 乙이 파산선고를 받았고, 그 후 甲이 丙의 사기를 이유로 乙과의 대출계약을 적법하게 취소하였는데, 파산채권자들 전부가 丙이 甲을 기망한 사실을 몰랐을 경우에 있어서의 파산관재인 丁

ㄴ. 甲이 乙에게 그 소유 부동산을 매도하였는데, 乙의 채권자 丙이 乙의 甲에 대한 소유권이전등기청구권을 압류한 뒤 甲이 乙의 계약상 의무위반을 이유로 계약을 적법하게 해제한 경우에 있어서의 丙

ㄷ. 매매계약을 통하여 주택의 소유권을 취득하였다가 그 계약의 해제로 인하여 소유권을 상실하게 된 임대인 甲으로부터 그 계약이 해제되기 전에 그 주택을 임차하고 「주택임대차보호법」상의 대항요건을 갖춘 임차인 乙

ㄹ. 甲이 그 소유 부동산을 친구 乙에게 「부동산 실권리자명의 등기에 관한 법률」에 의해 무효인 명의신탁등기를 하여준 후, 丙이 관계서류를 위조하여 자신이 소유자라고 주장하면서 乙을 상대로 소유권이전등기청구의 소를 제기하여 乙의 인낙을 받아 자신 명의로 소유권이전등기를 한 뒤 이런 사정을 모르는 丁에게 증여하고 소유권이전등기를 한 경우에 있어서의 丁

① ㄴ ② ㄱ, ㄷ ③ ㄷ, ㄹ ④ ㄱ, ㄴ, ㄷ ⑤ ㄱ, ㄴ, ㄹ

정답 92. ②

해설

ㄱ. (○) : 특별한 사정이 없는 한 파산관재인은 사기에 의한 의사표시에 따라 외형상 형성된 법률관계를 토대로 실질적으로 새로운 법률상 이해관계를 가지게 된 민법 제110조 제3항의 제3자에 해당하고, 파산채권자 모두가 악의로 되지 않는 한 파산관재인은 선의의 제3자라고 할 수밖에 없다(대판 2010. 4. 29, 2009다96083).

ㄴ. (×) : 민법 제548조 제1항 단서에서 말하는 제3자란 일반적으로 그 해제된 계약으로부터 생긴 법률효과를 기초로 하여 해제 전에 새로운 이해관계를 가졌을 뿐 아니라 등기, 인도 등으로 완전한 권리를 취득한 자를 말하므로 계약상의 채권을 양수한 자나 그 채권 자체를 압류 또는 전부한 채권자는 여기서 말하는 제3자에 해당하지 아니한다(대판 2000. 4. 11, 99다51685).

ㄷ. (○) : 매매계약의 이행으로 매매목적물을 인도받은 매수인은 그 물건을 사용·수익할 수 있는 지위에서 그 물건을 타인에게 적법하게 임대할 수 있으며, 이러한 지위에 있는 매수인으로부터 매매계약이 해제되기 전에 매매목적물인 주택을 임차하여 주택의 인도와 주민등록을 마침으로써 주택임대차보호법 제3조 제1항에 의한 대항요건을 갖춘 임차인은 민법 제548조 제1항 단서에 따라 계약해제로 인하여 권리를 침해받지 않는 제3자에 해당하므로 임대인의 임대권원의 바탕이 되는 계약의 해제에도 불구하고 자신의 임차권을 새로운 소유자에게 대항할 수 있다(대판 2008. 4. 10, 2007다38908, 38915).

ㄹ. (×) : 부동산 실권리자명의 등기에 관한 법률(이하 '부동산실명법'이라 한다) 제4조 제3항에서 '제3자'라고 함은 명의신탁 약정의 당사자 및 포괄승계인 이외의 자로서 명의수탁자가 물권자임을 기초로 그와의 사이에 직접 새로운 이해관계를 맺은 사람을 말한다고 할 것이므로, 명의수탁자로부터 명의신탁된 부동산의 소유명의를 이어받은 사람이 위 규정에 정한 제3자에 해당하지 아니한다면 그러한 자로서는 부동산실명법 제4조 제3항의 규정을 들어 무효인 명의신탁등기에 터 잡아 마쳐진 자신의 등기의 유효를 주장할 수 없고, 따라서 그 명의의 등기는 실체관계에 부합하여 유효라고 하는 등의 특별한 사정이 없는 한 무효라고 할 것이고, 등기부상 명의수탁자로부터 소유권이전등기를 이어받은 자의 등기가 무효인 이상, 부동산등기에 관하여 공신력이 인정되지 아니하는 우리 법제 아래서는 그 무효인 등기에 기초하여 새로운 법률원인으로 이해관계를 맺은 자가 다시 등기를 이어받았다면 그 명의의 등기 역시 특별한 사정이 없는 한 무효임을 면할 수 없다고 할 것이므로, 이렇게 명의수탁자와 직접 이해관계를 맺은 것이 아니라 부동산실명법 제4조 제3항에 정한 제3자가 아닌 자와 사이에서 무효인 등기를 기초로 다시 이해관계를 맺은 데 불과한 자는 위 조항이 규정하는 제3자에 해당하지 않는다고 보아야 한다(대판 2005. 11. 10, 2005다34667, 34674).

93 **甲은 자기 소유 X 토지를 乙에게 매도하였는데, 약정에 따라 계약금과 중도금만 지급받은 후 乙에게 소유권이전등기를 마쳐주었다. 그 후 甲은 乙의 매매잔대금 지급의무의 지체를 이유로 매매계약을 해제하였다. 이에 관한 설명 중 옳은 것을 모두 고른 것은? (다툼이 있는 경우 판례에 의함)** 〈2022년 변호사시험〉

ㄱ. 乙이 甲을 상대로 이미 지급한 매매대금의 반환을 구하는 소를 제기한 경우, 乙의 과실(過失)이 있다면 甲이 반환해야 할 금액을 산정함에 있어서 법원은 乙의 과실에 대한 甲의 주장이 없더라도 직권으로 이를 참작하여야 한다.

ㄴ. 乙이 甲을 상대로 이미 지급한 매매대금의 반환을 구하는 소를 제기하여 甲의 패소판결이 확정된 경우, 甲은 소가 제기된 때부터 악의의 수익자가 되므로 그 때부터 매매대금에 이자를 붙여 반환하면 된다.

ㄷ. 甲의 매매대금반환의무와 乙의 소유권이전등기말소의무가 동시이행관계에 있는지 여부와 관계없이 甲은 이미 지급받은 매매대금에 이자를 더하여 반환해야 한다.

정답 93. ①

ㄹ. 乙이 X 토지에 관하여 소유권이전등기를 마친 후 위 매매계약의 해제 전에 丙이 乙과 매매예약을 체결하고 그에 따른 소유권이전등기청구권 보전을 위한 가등기를 마친 경우, 丙은 해제로 인한 원상회복으로부터 보호받는 제3자에 해당하지 않는다.

① ㄷ ② ㄱ, ㄷ ③ ㄴ, ㄹ ④ ㄷ, ㄹ ⑤ ㄱ, ㄴ, ㄷ

해 설

ㄱ. (×): 과실상계는 본래 채무불이행 또는 불법행위로 인한 손해배상책임에 대하여 인정되는 것이고, 매매계약이 해제되어 소급적으로 효력을 잃은 결과 매매당사자에게 당해 계약에 기한 급부가 없었던 것과 동일한 재산상태를 회복시키기 위한 원상회복의무의 이행으로서 이미 지급한 매매대금 기타의 급부의 반환을 구하는 경우에는 적용되지 아니한다(대판 2014. 3. 13, 2013다34143).

ㄴ. (×) : 해제의 경우 반환할 금전에는 그 받은 날로부터 이자를 가하여야 한다(제548조 제2항). ☞ 지문은 부당이득에 관한 제748조와 제749조의 내용인데, 사안은 해제의 경우이므로 제748조와 제749조가 아니라 제548조가 적용되어야 한다.

ㄷ. (○) : 법정해제권 행사의 경우 당사자 일방이 그 수령한 금전을 반환함에 있어 그 받은 때로부터 법정이자를 부가함을 요하는 것은 민법 제548조 제2항이 규정하는 바로서, 이는 원상회복의 범위에 속하는 것이며 일종의 부당이득반환의 성질을 가지는 것이고 반환의무의 이행지체로 인한 것이 아니므로, 부동산 매매계약이 해제된 경우 매도인의 매매대금 반환의무와 매수인의 소유권이전등기말소등기 절차이행의무가 동시이행의 관계에 있는지 여부와는 관계없이 매도인이 반환하여야 할 매매대금에 대하여는 그 받은 날로부터 민법 소정의 법정이율인 연 5푼의 비율에 의한 법정이자를 부가하여 지급하여야 하고, 이와 같은 법리는 약정된 해제권을 행사하는 경우라 하여 달라지는 것은 아니다(대판 2000. 6. 9, 2000다9123).

ㄹ. (×) : 민법 제548조 제1항 단서에서 말하는 제3자는 일반적으로 해제된 계약으로부터 생긴 법률효과를 기초로 하여 해제 전에 새로운 이해관계를 가졌을 뿐만 아니라 등기, 인도 등으로 권리를 취득한 사람을 말하는 것인바, 매수인과 매매예약을 체결한 후 그에 기한 소유권이전청구권 보전을 위한 가등기를 마친 사람도 위 조항 단서에서 말하는 제3자에 포함된다(대판 2014. 12. 11, 2013다14569).

94 **계약의 해제에 관한 설명 중 옳은 것을 모두 고른 것은? (다툼이 있는 경우 판례에 의함)**

〈2023년 변호사시험〉

ㄱ. 채권자가 채무불이행을 이유로 계약을 해제하는 경우 특별한 사정이 없는 한 해제된 계약의 내용에 포함된 손해배상액의 예정도 소급적으로 소멸한다.
ㄴ. 채권자가 채무의 내용인 급부 실현을 위해 필요한 협력행위를 하지 않아 계약 목적을 달성할 수 없는 경우, 채무자가 이를 이유로 계약을 해제하려면 채권자의 협력의무에 대한 약정이 있거나 신의칙상 채권자에게 협력의무가 있다고 인정될 만한 특별한 사정이 있어야 한다.
ㄷ. 원래의 계약에 있는 위약금에 관한 약정은 그것이 계약 내용이나 당사자의 의사표시 등에 비추어 합의해제에도 적용된다고 볼 만한 특별한 사정이 없는 한 합의해제의 경우에까지 적용되지는 않는다.
ㄹ. 계약이 합의에 따라 해제된 경우에는 상대방에게 손해배상을 하기로 특약하거나 손해배상청구를 유보하는 의사표시를 하는 등 다른 사정이 없는 한 채무불이행으로 인한 손해배상을 청구할 수 없다.

정답 94. ⑤

① ㄱ, ㄴ ② ㄴ, ㄷ ③ ㄷ, ㄹ ④ ㄱ, ㄴ, ㄹ ⑤ ㄴ, ㄷ, ㄹ

해설

ㄱ. (×) : 민법 제398조 제1항, 제3항, 제551조의 문언·내용과 계약당사자의 일반적인 의사 등을 고려하면, 계약당사자가 채무불이행으로 인한 전보배상에 관하여 손해배상액을 예정한 경우에 **채권자가 채무불이행을 이유로 계약을 해제하거나 해지하더라도 원칙적으로 손해배상액의 예정은 실효되지 않고**, 전보배상에 관하여 특별한 사정이 없는 한 손해배상액의 예정에 따라 배상액을 정해야 한다. 다만 위와 같은 손해배상액의 예정이 **계약의 유지를 전제로 정해진 약정이라는 등의 사정이 있는 경우**에 채무불이행을 이유로 계약을 해제하거나 해지하면 손해배상액의 예정도 실효될 수 있다. 이때 손해배상액의 예정이 실효된다고 볼 특별한 사정이 있는지는 약정 내용, 약정이 이루어지게 된 동기와 경위, 당사자가 이로써 달성하려는 목적, 거래의 관행 등을 종합적으로 고려하여 당사자의 의사를 합리적으로 해석하여 판단해야 한다(대판 2022. 4. 14, 2019다292736, 292743).

ㄴ. (○) : 민법 제400조는 채권자지체에 관하여 "채권자가 이행을 받을 수 없거나 받지 아니한 때에는 이행의 제공 있는 때로부터 지체책임이 있다."라고 정하고 있다. 채무의 내용인 급부가 실현되기 위하여 채권자의 수령 그 밖의 협력행위가 필요한 경우에, 채무자가 채무의 내용에 따른 이행제공을 하였는데도 채권자가 수령 그 밖의 협력을 할 수 없거나 하지 않아 급부가 실현되지 않는 상태에 놓이면 채권자지체가 성립한다. **채권자지체의 성립에 채권자의 귀책사유는 요구되지 않는다.** 민법은 **채권자지체의 효과**로서 채권자지체 중에는 채무자는 고의 또는 중대한 과실이 없으면 불이행으로 인한 모든 책임이 없고(제401조), 이자 있는 채권이라도 채무자는 이자를 지급할 의무가 없으며(제402조), 채권자지체로 인하여 그 목적물의 보관 또는 변제의 비용이 증가된 때에는 그 증가액은 채권자가 부담하는 것으로 정한다(제403조). 나아가 채권자의 수령지체 중에 당사자 쌍방의 책임 없는 사유로 채무를 이행할 수 없게 된 때에는 채무자는 상대방의 이행을 청구할 수 있다(제538조 제1항). 이와 같은 규정 내용과 체계에 비추어 보면, 채권자지체가 성립하는 경우 그 효과로서 원칙적으로 채권자에게 **민법 규정에 따른 일정한 책임이 인정되는 것 외에**, 채무자가 채권자에 대하여 **일반적인 채무불이행책임과 마찬가지로 손해배상이나 계약 해제를 주장할 수는 없다.** 그러나 계약 당사자가 명시적·묵시적으로 채권자에게 급부를 **수령할 의무 또는** 채무자의 급부 **이행에 협력할 의무가 있다고 약정한 경우**, 또는 구체적 사안에서 신의칙상 채권자에게 위와 같은 **수령의무나 협력의무가 있다고 볼 특별한 사정이 있다고 인정되는 경우**에는 그러한 의무 위반에 대한 책임이 발생할 수 있다. 이와 같이 채권자에게 계약상 의무로서 수령의무나 협력의무가 인정되는 경우, 그 수령의무나 협력의무가 이행되지 않으면 계약 목적을 달성할 수 없거나 채무자에게 계약의 유지를 더 이상 기대할 수 없다고 볼 수 있는 때에는 **채무자는 수령의무나 협력의무 위반을 이유로 계약을 해제할 수 있다**(대판 2021. 10. 28, 2019다293036).

ㄷ. (○), ㄹ. (○) : [1] **계약이 합의에 따라 해제되거나 해지된 경우**에는 상대방에게 손해배상을 하기로 특약하거나 손해배상청구를 유보하는 의사표시를 하는 등 다른 사정이 없는 한 **채무불이행으로 인한 손해배상을 청구할 수 없다.** 그와 같은 손해배상의 특약이 있었다거나 손해배상청구를 유보하였다는 점은 이를 **주장하는 당사자**가 증명할 책임이 있다. [2] 법률행위의 해석은 당사자가 그 표시행위에 부여한 의미를 명백하게 확정하는 것으로서, 당사자가 표시한 문언에서 그 의미가 명확하게 드러나지 않는 경우에는 문언의 내용, 법률행위가 이루어진 동기와 경위, 당사자가 법률행위로 달성하려는 목적과 진정한 의사, 거래의 관행 등을 종합적으로 고려하여 논리와 경험의 법칙, 그리고 사회일반의 상식과 거래의 통념에 따라 합리적으로 해석하여야 한다. 계약을 합의하여 해제하거나 해지하면서 상대방에게 손해배상을 하기로 하는 특약이나 손해배상청구를 유보하는 의사표시를 하였는지를 판단할 때에도 위와 같은 법률행위 해석에 관한 법리가 적용된다. 위와 같은 특약이나 의사표시가 있었는지는 **합의해제·해지 당시를 기준**으로 판단하여야 하는데, **원래의 계약에 있는 위약금이나 손해배상에 관한 약정**은 그것이 계약 내용이나 당사자의 의사표시 등에 비추어 합의해제·해지의 경우에도 적용된다고 볼 만한 특별한 사정이 없는 한 **합의해제·해지의 경우에까지 적용되지는 않는다**(대판 2021. 5. 7, 2017다220416).

95 **甲은 2023. 2. 1. 乙에게 甲 소유 X 부동산을 1억 원에 매도하기로 하는 계약을 체결하고, 계약 당일 乙로부터 계약금 1천만 원을 수령하였다. 위 계약서상 중도금 3천만 원에 대한 지급기일은 2023. 5. 1.로, 잔금 6천만 원에 대한 지급기일은 2023. 8. 1.로 각 정해져 있으며, 다음과 같은 내용이 포함되어 있다.** 〈2024년 변호사시험〉

> 제△△조(계약의 해제) ① 매수인이 약정한 날짜에 중도금을 지급하지 아니한 경우 계약은 자동적으로 해제된다. 이 경우 매수인은 지급한 계약금의 반환을 청구할 수 없다.
> ② 매도인의 고의 또는 과실로 매수인이 X 부동산의 소유권을 취득하지 못하게 되어 매수인이 계약을 해제할 경우, 매도인은 매수인으로부터 지급받은 금전에 대하여 그 수령일부터 계약을 해제한 때까지 연 10%의 이자를 가산하여 반환한다.

이에 관한 설명 중 옳은 것을 모두 고른 것은? (각 지문은 독립적이며, 다툼이 있는 경우 판례에 의함)

> ㄱ. 乙이 2023. 5. 1.까지 甲에게 중도금을 지급하지 못하였다면 특별한 사정이 없는 한 별도의 최고나 해제의 의사표시 없이도 위 계약은 해제되고, 乙은 지급한 계약금의 반환을 청구할 수 없다.
> ㄴ. 위 계약이 제△△조 제1항에 따라 해제되었다고 하더라도 甲과 乙이 계약이 여전히 유효함을 전제로 논의를 계속하면서 甲이 해제에 따른 법률효과를 주장하지 아니한 채 계약 내용에 따른 이행을 촉구하였다면 특별한 사정이 없는 한 甲과 乙 사이에서는 해제된 계약을 부활시키기로 하는 합의가 있었다고 봄이 상당하다.
> ㄷ. 乙이 위 제△△조 제2항에 따라 위 계약을 해제하고 甲에게 지급한 금전의 반환 및 그 이자의 지급을 청구하였는데 甲이 그 이행을 지체한 경우, 특별한 사정이 없는 한 그에 따른 지연손해금은 연 10%의 비율로 계산하여야 한다.
> ㄹ. 만일 甲과 乙이 위 계약서 조항과는 무관하게 계약을 해제하기로 합의하면서 그 합의해제로 인하여 반환할 금전에 가산할 이자에 관하여는 별도로 약정한 바가 없다면, 乙이 지급한 금전에 대하여는 그 지급일로부터 연 10%의 이율을 적용하여 반환하여야 한다.

① ㄱ, ㄴ　② ㄱ, ㄷ　③ ㄴ, ㄹ　④ ㄱ, ㄴ, ㄷ　⑤ ㄴ, ㄷ, ㄹ

해 설

ㄱ. (○) : 매매계약에 있어서 매수인이 중도금을 약정한 일자에 지급하지 아니하면 그 계약을 무효로 한다고 하는 특약이 있는 경우 매수인이 약정한대로 중도금을 지급하지 아니하면(해제의 의사표시를 요하지 않고) 그 불이행 자체로써 계약은 그 일자에 자동적으로 해제된 것이라고 보아야 한다(대판 1991. 8. 13, 91다13717).

ㄴ. (○) : 쌍무계약을 체결하면서 어느 기한까지 일방이 채무를 이행하지 아니하면 자동적으로 계약이 해제된다고 약정한 경우 어느 일방이 채무를 이행하지 아니하였다면 별도의 이행최고나 해제의 의사표시를 요하지 않고 그 불이행 자체로써 계약이 자동으로 해제된 것으로 보아야 한다. 그러나 당사자들이 계약이 여전히 유효함을 전제로 논의를 계속하면서 해제에 따른 법률효과를 주장하지 아니한 채 계약 내용에 따른 이행을 촉구하거나 온전한 채무의 이행을 받지 못한 상대방이 별다른 이의 없이 급부 중 일부를 수령하였다면, 특별한 사정이 없는 한 계약당사자들 사이에서는 자동해제 약정의 효력을 상실시키고 자동해제된 계약을 부활시키기로 하는 합의가 있었다고 봄이 상당하다. 이러한 경우 채무이행을 받지 못한 상대방은 새로운 이행의 최고 없이 바로 해

정답 95. ④

제권을 행사할 수 없다(대판 2019. 6. 27, 2019다216817).
ㄷ. (○) : 계약해제 시 반환할 금전에 가산할 이자에 관하여 당사자 사이에 약정이 있는 경우에는 특별한 사정이 없는 한 이행지체로 인한 지연손해금도 그 약정이율에 의하기로 하였다고 보는 것이 당사자의 의사에 부합한다. 다만 그 약정이율이 법정이율보다 낮은 경우에는 약정이율에 의하지 아니하고 법정이율에 의한 지연손해금을 청구할 수 있다고 봄이 타당하다(대판 2013. 4. 26, 2011다50509).
ㄹ. (×) : 합의해제 또는 해제계약이라 함은 해제권의 유무에 불구하고 계약 당사자 쌍방이 합의에 의하여 기존의 계약의 효력을 소멸시켜 당초부터 계약이 체결되지 않았던 것과 같은 상태로 복귀시킬 것을 내용으로 하는 새로운 계약으로서, 그 효력은 그 합의의 내용에 의하여 결정되고 여기에는 해제에 관한 민법 제548조 제2항의 규정은 적용되지 아니하므로, 당사자 사이에 약정이 없는 이상 합의해제로 인하여 반환할 금전에 그 받은 날로부터의 이자를 가하여야 할 의무가 있는 것은 아니다(대판 1996. 7. 30, 95다16011).

보충지문

96 계약의 성립 후에 당사자 쌍방의 계약실현 의사의 결여 또는 포기로 인하여 쌍방 모두 이행의 제공이나 최고에 이름이 없이 장기간 이를 방치하였다면, 그 계약은 당사자 쌍방이 계약을 실현하지 아니할 의사가 일치함으로써 묵시적으로 합의해제되었다. 〈2015년 법무사〉

해설 계약의 합의해제는 명시적으로 이루어진 경우뿐만 아니라 묵시적으로 이루어질 수도 있는 것으로, 계약의 성립 후에 당사자 쌍방의 계약실현의사의 결여 또는 포기로 인하여 쌍방 모두 이행의 제공이나 최고에 이름이 없이 장기간 이를 방치하였다면, 그 계약은 당사자 쌍방이 계약을 실현하지 아니할 의사가 일치됨으로써 묵시적으로 합의해제되었다고 해석함이 상당하다(대판 1994. 8. 26, 93다28836).

> **[참고판례]** 계약의 합의해제는 당사자 쌍방의 묵시적인 합의에 의하여서도 성립되나 이를 인정하는 데는 계약의 실현을 장기간 방치한 것만으로는 부족하고 당사자 쌍방에게 계약을 실현할 의사가 없거나 계약을 포기하는 동기에서 비롯되어 장기간 방치된 것이라고 볼 수 있는 사정이 있어야만 묵시적 합의해제를 인정할 수 있다(대판 1992. 2. 28, 91다28221).

97 당사자 쌍방이 자기 채무의 이행제공을 하지 않은 상태에서도, 계약의 합의해제를 할 수 있다. 〈2010년 공인노무사〉

해설 계약의 합의해제는 청약과 승낙이라는 서로 대립되는 의사표시의 합치로 성립하기 때문에 당사자 쌍방이 자기 채무의 이행제공을 하지 않은 상태에서도 계약의 합의해제를 할 수 있다.

98 계약을 합의해제한 경우에도 민법상 해제의 효과에 따른 제3자 보호규정이 적용된다. 〈2020년 법무사〉

해설 계약의 합의해제에 있어서도 민법 제548조의 계약해제의 경우와 같이 이로써 제3자의 권리를 해할 수 없다(대판 2005. 6. 9, 2005다6341).

정답 96. (○) 97. (○) 98. (○)

99 **약정해제권 행사의 경우, 특별한 사정이 없는 한 그 해제의 효과로서 손해배상청구는 할 수 없다.** 〈2019년 공인노무사〉

해설 제565조 제2항 ; 원·피고 사이의 계약조항상의 부수적 의무위반을 이유로 한 약정해제권의 행사의 경우에는 법정해제의 경우와는 달리 그 해제의 효과로서 손해배상의 청구는 할 수 없다(대판 1983. 1. 18, 81다89, 90).

100 **해제의 의사표시는 철회하지 못한다.** 〈2009년 공인노무사〉

해설 민법 제543조 제2항 참조

101 **부수적 채무의 불이행을 원인으로 계약을 해제할 수 있는 것은 그 불이행으로 인하여 채권자가 계약의 목적을 달성할 수 없는 경우 또는 특별한 약정이 있는 경우에 한정된다.** 〈2017년 법무사〉

해설 계약으로부터 발생하는 부수적 채무의 불이행을 원인으로 하여 계약을 해제할 수 있는 것은 그 불이행으로 인하여 채권자가 계약의 목적을 달성할 수 없는 경우 또는 특별한 약정이 있는 경우에 한정된다(대판 2012. 3. 29, 2011다102301).

102 **계약의 성질에 의하여 일정한 시일 내에 이행하지 아니하면 계약의 목적을 달성할 수 없을 경우에 당사자 일방이 그 시기에 이행하지 아니한 때에는 상대방은 그 이행의 최고를 하지 아니하고 계약을 해제할 수 있다.** 〈2012년 법무사〉

해설 정기행위로서 타당하다(제545조 참조).

103 **동시이행관계에 있는 쌍무계약에서는 채무를 이행함에 있어 상대방의 행위를 필요로 할 때에는 언제든지 현실로 이행을 할 수 있는 준비를 완료하고, 그 뜻을 상대방에게 통지하여 그 수령을 최고하여야 상대방의 이행지체를 이유로 계약을 해제할 수 있다.** 〈2007년 사법시험〉

해설 동시이행의 관계에 있는 쌍무계약에 있어서 상대방의 채무불이행을 이유로 계약을 해제하려고 하는 자는 동시이행관계에 있는 자기 채무의 이행을 제공하여야 하고, 그 채무를 이행함에 있어 상대방의 행위를 필요로 할 때에는 언제든지 현실로 이행을 할 수 있는 준비를 완료하고, 그 뜻을 상대방에게 통지하여 그 수령을 최고하여야만 상대방으로 하여금 이행지체에 빠지게 할 수 있는 것이며, 단순히 이행의 준비태세를 갖추고 있는 것만으로는 안된다(대판 1994. 10. 11, 94다24565).

104 **부동산 매도인이 중도금의 수령을 거절하였을 뿐만 아니라 계약을 이행하지 아니할 의사를 명백히 표시한 경우라도 매수인은 소유권이전등기의무의 이행기일까지 기다려야 매매계약을 해제할 수 있다.** 〈2007년 사법시험〉

해설 부동산 매도인이 중도금의 수령을 거절하였을 뿐만 아니라 계약을 이행하지 아니할 의사를 명백히 표시한 경우 매수인은 신의성실의 원칙상 소유권이전등기의무 이행기일까지 기다릴 필요 없이 이를 이유로 매매계약을 해제할 수 있다(대판 1993. 6. 25, 93다11821).

정답 99. (○) 100. (○) 101. (○) 102. (○) 103. (○) 104. (×)

105 **쌍무계약에 있어서 이행거절의 의사표시가 적법하게 철회된 경우, 상대방은 자기 채무의 이행을 제공하고 상당한 기간을 정하여 이행을 최고한 후가 아니면 채무불이행을 이유로 계약을 해제할 수 없다.** 〈2007년 사법시험〉

해 설 쌍방의 채무가 동시이행관계에 있는 쌍무계약에 있어서 당사자의 일방이 미리 그 채무를 이행하지 아니할 의사를 표시한 때에는 상대방은 이행의 최고를 하지 아니하고 바로 그 계약을 해제할 수 있으나 그 이행거절의 의사표시가 적법히 철회된 경우 상대방으로서는 자기채무의 이행을 제공하고서 상당한 기간을 정하여 이행을 최고한 후가 아니면 채무불이행을 이유로 계약을 해제할 수 없다(대판 1989. 3. 14, 88다1516, 1523).

106 **쌍무계약에 있어 당사자 일방이 이행을 제공하더라도 상대방이 상당한 기간 내에 그 채무를 이행할 수 없음이 객관적으로 명백한 경우에는, 그 일방은 자신의 채무의 이행을 제공하지 않더라도 상대방의 이행지체를 이유로 계약을 해제할 수 있다.** 〈2004년 사법시험〉

해 설 쌍무계약에 있어 상대방이 미리 이행을 하지 아니할 의사를 표시하거나 당사자의 일방이 이행을 제공하더라도 상대방이 그 채무를 이행하지 아니할 것이 객관적으로 명백한 경우는 그 일방이 이행을 제공하지 아니하여도 상대방은 이행지체의 책임을 지고 이를 이유로 계약을 해제할 수 있다고 할 것이고, 당사자의 일방이 이행을 제공하더라도 상대방이 상당한 기간 내에 그 채무를 이행할 수 없음이 객관적으로 명백한 경우에도 그 일방은 자신의 채무의 이행을 제공하지 않더라도 상대방의 이행지체를 이유로 계약을 해제할 수 있다고 보아야 한다(대판 1993. 8. 24, 93다7204).

107 **계약이 해제되면 그 계약의 이행으로 변동이 생겼던 물권은 당연히 그 계약이 없었던 원상태로 복귀한다.** 〈2015년 공인노무사〉

해 설 민법 제548조 제1항 본문에 의하면 계약이 해제되면 각 당사자는 상대방을 계약이 없었던 것과 같은 상태에 복귀케 할 의무를 부담한다는 뜻을 규정하고 있는바 계약에 따른 채무의 이행으로 이미 등기나 인도를 하고 있는 경우에 그 원인행위인 채권계약이 해제됨으로써 원상회복 된다고 할 때 그 이론 구성에 관하여 소위 채권적 효과설과 물권적 효과설이 대립되어 있으나 우리의 법제가 물권행위의 독자성과 무인성을 인정하고 있지 않는 점과 민법 548조 1항 단서가 거래안정을 위한 특별규정이란 점을 생각할 때 계약이 해제되면 그 계약의 이행으로 변동이 생겼던 물권은 당연히 그 계약이 없었던 원상태로 복귀한다 할 것이다(대판 1977. 5. 24, 75다1394). ☞ 판례는 물권적 효과설 입장이다.

108 **계약 해제의 효과로서 원상회복의무의 반환의 범위는 이익의 현존 여부나 청구인의 선의·악의를 불문하고 특단의 사유가 없는 한 받은 이익의 전부이다.** 〈2015년 공인노무사〉

해 설 계약 해제의 효과로서 원상회복의무를 규정하는 민법 제548조 제1항 본문은 부당이득에 관한 특별규정의 성격을 가지는 것으로서, 그 이익 반환의 범위는 이익의 현존 여부나 청구인의 선의·악의를 불문하고 특단의 사유가 없는 한 받은 이익의 전부이다(대판 2014. 3. 13, 2013다34143).

109 **매도인으로부터 매매 목적물의 소유권을 이전받은 매수인이 매도인의 계약해제 이전에 제3자에게 목적물을 처분하여 계약해제에 따른 원물반환이 불가능하게 된 경우, 매수인이 원상회복의무로서 반환하여야 하는 목적물의 가액은 특별한 사정이 없는 한 그 처분 당시의 대가 또는 그 시가 상당액이다.** 〈2020년 변호사시험〉

정답 105. (○) 106. (○) 107. (○) 108. (○) 109. (○)

해 설 (ⅰ) 매도인으로부터 매매 목적물의 소유권을 이전받은 매수인이 매도인의 계약해제 이전에 제3자에게 목적물을 처분하여 계약해제에 따른 원물반환이 불가능하게 된 경우에 매수인은 원상회복의무로서 가액을 반환하여야 하며, 이때에 반환하여야 하는 목적물의 가액은 특별한 사정이 없는 한 그 처분 당시의 대가 또는 그 시가 상당액이다(대판 2013. 12. 12, 2012다58029). (ⅱ) 매도인으로부터 매매 목적물의 소유권을 이전받은 매수인이 매도인의 계약해제 이전에 제3자에게 목적물을 처분하여 계약해제에 따른 원물반환이 불가능하게 된 경우에 매수인은 원상회복의무로서 가액을 반환하여야 하며, 이 때에 반환할 금액은 특별한 사정이 없는 한 그 처분 당시의 목적물의 대가 또는 그 시가 상당액과 처분으로 얻은 이익에 대하여 그 이득일부터의 법정이자를 가산한 금액이다(대판 2013. 12. 12, 2013다14675).

110 **미등기 무허가건물에 관한 매매계약이 해제되기 전에 매수인으로부터 무허가건물을 다시 매수하고 무허가건물관리대장에 소유자로 등재된 자는 민법 제548조 제1항 단서에서 말하는 제3자에 해당한다.** 〈2016년 법원행시〉

해 설 미등기 무허가건물에 관한 매매계약이 해제되기 전에 매수인으로부터 해당 무허가건물을 다시 매수하고 무허가건물관리대장에 소유자로 등재되었다고 하더라도 건물에 관하여 완전한 권리를 취득한 것으로 볼 수 없으므로 민법 제548조 제1항 단서에서 규정하는 제3자에 해당한다고 할 수 없다(대판 2014. 2. 13, 2011다64782).

111 **민법 제548조 제2항은 계약해제로 인한 원상회복의무의 이행으로서 반환하는 금전에는 그 받은 날로부터 이자를 가산하여야 한다고 규정하고 있는바, 위 이자의 반환은 반환의무의 이행지체로 인한 손해배상의 성질을 가지는 것이지, 일반적인 부당이득반환의 성질을 갖는 것이 아니다.** 〈2017년 법무사〉

해 설 당사자 일방이 계약을 해제한 때에는 각 당사자는 상대방에 대하여 원상회복의무가 있고, 이 경우 반환할 금전에는 받은 날로부터 이자를 가산하여 지급하여야 한다. 여기서 가산되는 이자는 원상회복의 범위에 속하는 것으로서 일종의 부당이득반환의 성질을 가지는 것이고 반환의무의 이행지체로 인한 지연손해금이 아니다. 따라서 당사자 사이에 그 이자에 관하여 특별한 약정이 있으면 그 약정이율이 우선 적용되고 약정이율이 없으면 민사 또는 상사 법정이율이 적용된다. 반면 원상회복의무가 이행지체에 빠진 이후의 기간에 대해서는 부당이득반환의무로서의 이자가 아니라 반환채무에 대한 지연손해금이 발생하게 되므로 거기에는 지연손해금률이 적용되어야 한다. 그 지연손해금률에 관하여도 당사자 사이에 별도의 약정이 있으면 그에 따라야 할 것이고, 설사 그것이 법정이율보다 낮다 하더라도 마찬가지이다(대판 2013. 4. 26, 2011다50509).

112 **채무불이행을 이유로 계약을 해제하거나 해지하고 손해배상을 청구하는 경우, 채권자가 계약의 이행으로 얻을 수 있는 이익이 인정되지 않는 경우라면 그 대신에 계약이 이행되리라고 믿고 지출한 비용의 배상을 청구할 수 있다.** 〈2019년 법원행시〉

해 설 [1] 채무불이행을 이유로 계약을 해제하거나 해지하고 손해배상을 청구하는 경우에, 채권자는 채무가 이행되었더라면 얻었을 이익을 얻지 못하는 손해를 입은 것이므로 계약의 이행으로 얻을 이익, 즉 이행이익의 배상을 구하는 것이 원칙이다. 그러나 채권자는 그 대신에 계약이 이행되리라고 믿고 지출한 비용의 배상을 채무불이행으로 인한 손해라고 볼 수 있는 한도에서 청구할 수도 있다. 이러한 지출비용의 배상은 이행이익의 증명이 곤란한 경우에 증명을 용이하게 하기 위하여 인정되는데, 이 경우에도 채권자가 입은 손해, 즉 이행이익의

정답 110. (×) 111. (×) 112. (×)

범위를 초과할 수는 없다. [2] 채권자가 계약의 이행으로 얻을 수 있는 이익이 인정되지 않는 경우라면, 채권자에게 배상해야 할 손해가 발생하였다고 볼 수 없으므로, 당연히 지출비용의 배상을 청구할 수 없다(대판 2017. 2. 15, 2015다235766).

113 **해제권의 행사의 기간을 정하지 아니한 때에는 상대방은 상당한 기간을 정하여 해제권행사여부의 확답을 해제권자에게 최고할 수 있다. 전항의 기간 내에 해제의 통지를 받지 못한 때에는 해제권은 소멸한다.** 〈2006년 사법시험〉

해 설 민법 제552조 참조

114 **계약해제로 대항할 수 없는 제3자에 속하는 자는? (다툼이 있는 경우에는 판례에 의함) (복수정답)** 〈2007년 법무사〉

① 계약해제로 인하여 소멸되는 채권의 양수인
② 등기·인도 등으로 완전한 권리를 취득한 제3자를 위한 계약의 수익자
③ 해제된 매매계약에 의하여 채무자의 책임재산이 된 부동산을 가압류 집행한 채권자
④ 해제된 매매계약의 목적 토지 위에 매수인이 신축한 건물의 양수인
⑤ 계약해제로 인하여 소멸되는 채권을 압류 또는 전부한 채권자

해 설

① (×) : 민법 제548조 제1항 단서에서 규정하고 있는 제3자란 일반적으로 계약이 해제되는 경우 그 해제된 계약으로부터 생긴 법률효과를 기초로 하여 해제 전에 새로운 이해관계를 가졌을 뿐 아니라 등기·인도 등으로 완전한 권리를 취득한 자를 말하고, 계약상의 채권을 양수한 자는 여기서 말하는 제3자에 해당하지 않는다고 할 것인바, 계약이 해제된 경우 계약해제 이전에 해제로 인하여 소멸되는 채권을 양수한 자는 계약해제의 효과에 반하여 자신의 권리를 주장할 수 없음은 물론이고, 나아가 특단의 사정이 없는 한 채무자로부터 이행받은 급부를 원상회복하여야 할 의무가 있다(대판 2003. 1. 24, 2000다22850).

② (○) : 계약이 적법하게 해제되면 그 효력이 소급적으로 소멸하므로 그 계약상 의무에 기하여 실행된 급부는 원상회복을 위하여 부당이득으로 반환되어야 하고, 그 계약의 이행으로 변동이 되었던 물권은 당연히 그 계약이 없었던 상태로 복귀한다(민법 제548조 제1항 본문). 다만 이와 같은 계약해제의 소급효는 제3자의 권리를 해할 수 없으므로, 계약해제 이전에 계약으로 인하여 생긴 법률효과를 기초로 하여 새로운 권리를 취득한 제3자가 있을 때에는 그 계약해제의 소급효는 제한을 받아 그 제3자의 권리를 해하지 아니하는 한도에서만 생긴다(민법 제548조 제1항 단서). 이때 계약해제의 소급효가 제한되는 제3자는 일반적으로 그 해제된 계약으로부터 생긴 법률효과를 기초로 하여 해제 전에 새로운 이해관계를 가졌을 뿐만 아니라 등기, 인도 등으로 권리를 취득한 사람을 말한다. 나아가 **제3자를 위한 계약에서도** 낙약자와 요약자 사이의 법률관계(기본관계)에 기초하여 수익자가 요약자와 원인관계(대가관계)를 맺음으로써 해제 전에 새로운 이해관계를 갖고 그에 따라 등기, 인도 등을 마쳐 권리를 취득하였다면, **수익자는** 민법 제548조 제1항 단서에서 말하는 계약해제의 소급효가 제한되는 **제3자에 해당한다**고 봄이 타당하다(대판 2021. 8. 19, 2018다244976). ☞ 출제 당시에는 제3자를 위한 계약에서 수익자인 「제3자」에 대해서는 민법상 제3자 보호규정이 적용되지 않는다는 통설에 따라 출제되었는데, 위 2021년 판례는 제3자에 해당한다고 하여 판례에 따라 정답을 변경하였다.

③ (○) : 민법 제548조 제1항 단서에서 말하는 제3자란 일반적으로 그 해제된 계약으로부터 생긴 법률효과를 기초로 하여 해제 전에 새로운 이해관계를 가졌을 뿐 아니라 등기, 인도 등으로 완전한 권리를 취득한 자를 말

정답 113. (○) 114. ②, ③

하는 것이다. 따라서 해제된 매매계약에 의하여 채무자의 책임재산이 된 부동산을 가압류 집행한 가압류채권자도 원칙상 제548조 제1항 단서에서 말하는 제3자에 포함되는 것이다(대판 2005. 1. 14, 2003다33004).

④ (×) : 목적물에 대항력을 갖추지 못한 자이다(대판 1991. 5. 28, 90다카16761). 예컨대, 매수인 乙이 매도인 甲으로부터 소유권이전등기를 받지 아니한 상태에서 X토지를 인도받아 그 지상에 단층주택(30㎡)을 신축하였고, 그 주택을 C가 매수하여 점유하고 있다면, 그 후 위 매매계약이 잔금미지급을 이유로 해제되었다면 甲은 C를 상대로 위 건물의 철거를 청구할 수 있다.

⑤ (×) : 민법 제548조 제1항 단서에서 말하는 제3자란 일반적으로 그 해제된 계약으로부터 생긴 법률효과를 기초로 하여 해제 전에 새로운 이해관계를 가졌을 뿐 아니라 등기, 인도 등으로 완전한 권리를 취득한 자를 말하므로 계약상의 채권을 양수한 자나 그 채권 자체를 압류 또는 전부한 채권자는 여기서 말하는 제3자에 해당하지 아니한다(대판 2000. 4. 11, 99다51685).

계약각칙

제1절 증 여

1 甲은 乙과의 사이에 자신이 살아 있는 동안 乙에게 매달 100만원을 생활보조를 위하여 무상으로 주기로 계약하였다. 이 경우에 관한 다음의 기술 중 옳지 않은 것은? 〈2005년 변리사〉

① 甲과 乙 사이의 계약이 서면으로 이루어지지 않았으면 甲은 이를 해제할 수 있으나, 그 해제 전에 계약의 이행으로 이미 지급한 돈의 반환을 청구할 수는 없다.
② 甲이 위 계약을 한 후에 사업에 실패하여 무자력하게 되어서 위 계약을 제대로 이행하게 되면 자신의 생계도 막막하게 되는 경우에는 甲은 그 계약을 해제할 수 있다.
③ 乙이 위 계약 당시 미성년자인 경우에 그 계약에 친권자의 동의를 받지 않았어도 위 계약은 그대로 유효하다.
④ 乙이 甲의 아버지를 구타하여 상해를 입히는 일이 발생한 경우에도 그 피해자는 甲 자신이 아니므로 甲은 위 계약을 해제할 수 없다.
⑤ 乙이 甲의 책임 있는 사유로 사망한 경우에 법원은 乙의 상속인의 청구에 의하여 상당한 기간 채권의 존속을 선고할 수 있다.

해 설

① (○) : 서면에 의하지 아니한 증여는 해제가능하고(제555조), 또한 이미 지급한 금전의 반환은 불가능하다(제558조).
② (○) : 생계곤란으로 인한 해제이다(제557조).
③ (○) : 증여계약은 단순히 권리만을 얻는 계약으로 미성년자라도 단독으로 할 수 있다(제5조 제1항 단서).
④ (×) : 수증자의 증여자에 대한 망은행위로서 증여자는 증여계약을 해제할 수 있다(제556조).
⑤ (○) : 법원에 청구하여 일정한 기간 동안 채권의 존속을 인정받을 수 있다(제729조 제1항). 즉 정기증여는 사망으로 효력을 잃는데, 사망시까지 정기로 급여는 하는 경우를 종신정기금계약으로 이해한다(제725조). 따라서 채무자의 귀책사유로 사망이 된 경우 채권자 또는 그 상속인의 청구에 의하여 상당한 기간 채권의 존속을 선고할 수 있다(제729조 제1항).

2 증여계약에 관한 다음 설명 중 옳은 것은? (다툼이 있는 경우에는 판례에 의함) 〈2007년 변리사〉

① 증여자가 수증자에게 증여계약에 기하여 소유권이전등기를 경료해 준 후에 계약을 해제하면 그 등기의 말소를 청구할 수 있다.
② 서면에 의하지 않은 증여계약의 해제권은 형성권이므로, 형성권의 제척기간인 10년이 적용되어 증여가 성립한 때로부터 10년이 경과하면 서면에 의하지 않은 증여라도 해제할 수 없다.
③ 증여자가 생전에 제공한 서류에 의하여 증여자 사망 후 수증자가 목적 부동산에 관하여 소유권이전

정답 1. ④ 2. ④

등기를 경료하였다면, 증여자의 상속인은 서면에 의하지 아니한 증여라는 이유로 증여계약을 해제하고 등기의 말소를 청구할 수 있다.
④ 증여계약이 체결된 후 수증자가 증여자의 부모를 폭행한 경우, 증여자가 그 사실을 알고도 6개월이 지나도록 해제를 하지 않은 때에는 증여자는 증여계약을 해제할 수 없다.
⑤ 서면 자체가 증여계약서가 아닌 매매계약서 또는 매도증서로 되어 있어 매매를 가장하여 증여의 증서를 작성한 것이라면 이는 서면에 의한 증여로 볼 수 없다.

해 설

①(×) : 민법 제558조 참조

②(×) : 민법 제555조에서 말하는 해제는 일종의 특수한 철회일 뿐 민법 제543조 이하에서 규정한 본래 의미의 해제와는 다르다고 할 것이어서 형성권의 제척기간의 적용을 받지 않는다고 봄이 판례이다(대판 2003. 4. 11, 2003다1755).

③(×) : 증여의 의사가 서면으로 표시되지 아니한 경우라도 증여자가 생전에 부동산을 증여하고 그의 뜻에 따라 그 소유권이전등기에 필요한 서류를 제공하였다면 증여자가 사망한 후에 그 등기가 경료되었다고 하더라도 증여자의 의사에 따른 증여의 이행으로서의 소유권이전등기가 경료되었다 할 것이므로 증여는 이미 이행되었다 할 것이어서 증여자의 상속인이 서면에 의하지 아니한 증여라는 이유로 증여계약을 해제하였다 하더라도 이에 아무런 영향이 없다(대판 2001. 9. 18, 2001다29643).

④(○) : 이른바 '망은행위'로 인한 해제권은 증여자가 망은행위가 있었음을 안 날부터 6개월을 경과한 경우 소멸하기 때문에 타당하다(제556조 제2항).

⑤(×) : 민법 제555조가 서면에 의하지 아니한 증여는 해제할 수 있다고 한 것은 증여자가 경솔하게 증여하는 것을 방지함과 동시에 증여자의 의사를 명확하게 하여 후일에 분쟁이 생기는 것을 피하려는데 있으므로 증여의 서면에는 당사자간에 있어서 증여자가 자기의 재산을 상대방에게 주는 증여의사가 문서를 통하여 확실히 알 수 있는 정도로 서면에 나타나 있으면 충분하다(대판 1988. 9. 27, 86다카2634).

3 증여에 관한 설명 중 옳은 것은? (다툼이 있는 경우에는 판례에 의함) 〈2008년 변리사〉

① 아직 형성되지 않은 종중에 대한 증여의 의사표시도 유효한 청약으로 보아야 한다.
② 민법 제555조(서면에 의하지 아니한 증여와 해제)의 해제는 원래 의미의 해제와는 본질을 달리 하나, 제척기간은 법정해제의 경우와 같다.
③ 증여자가 타인으로부터 매수한 토지에 대하여 소유권이전등기를 하지 않은 상태에서 수증자와 서면에 의하지 않은 증여계약을 체결하면서 그 토지에 관한 소유권이전등기청구권을 수증자에게 양도하고 매도인에게 양도통지까지 마쳤다면, 증여자가 해제를 한다 하더라도 수증자의 법적 지위에는 영향이 없다.
④ 서면에 의하지 않은 부동산의 증여에 있어서 증여자의 채무는 목적부동산의 인도와 등기 이전이므로, 증여자가 수증자에게 인도를 하지 않고 소유권이전등기만 완료한 상태에서 증여계약을 해제하면 증여자는 소유권을 회복할 수 있다.
⑤ 상대부담 있는 증여라 하더라도 증여계약으로서의 본질을 유지하므로 그 증여가 이행된 경우에는 의무불이행이 있더라도 해제할 수 없다.

정답 3. ③

해 설

① (×) : 증여는 증여자와 수증자 간의 계약으로서 수증자의 승낙을 요건으로 하므로 아직 형성되지도 아니한 종중 또는 친족공동체에 대한 증여의 의사표시는 아무런 효력이 없다(대판 1992. 2. 25, 91다28344).

② (×) : 민법 제555조에서 말하는 해제는 일종의 특수한 철회일 뿐 민법 제543조 이하에서 규정한 본래 의미의 해제와는 다르다고 할 것이어서 형성권의 제척기간의 적용을 받지 않는다(대판 2003. 4. 11, 2003다1755).

③ (○) : 민법 제558조에 의하면 서면에 의하지 아니한 증여의 해제는 이미 이행한 부분에 대하여는 영향을 미치지 않으므로, 증여자가 서면에 의하지 않고 소유권이전등기가 경료되지 않은 매수 토지를 증여하였으나 위 토지에 관한 소유권이전등기청구권을 수증자에게 양도하고 매도인에게 양도통지까지 마친 경우에는, 그 이후 증여자의 상속인들에 의한 서면에 의하지 아니한 증여라는 이유의 해제는 이에 아무런 영향을 끼치지 않는다(대판 1998. 9. 25, 98다22543).

④ (×) : 토지에 대한 증여는 증여자의 의사에 기하여 수증자에게 소유권이전등기가 경료됨으로써 이행이 완료되므로, 증여자가 그 이행 후 증여계약을 해제하였다고 하더라도 증여계약이나 그에 의한 소유권이전등기의 효력에 아무런 영향을 받지 아니한다(대판 2005. 5. 12, 2004다63484).

⑤ (×) : 상대부담 있는 증여에 대하여는 민법 제561조에 의하여 쌍무계약에 관한 규정이 준용되어 부담의무 있는 상대방이 자신의 의무를 이행하지 아니할 때에는 비록 증여계약이 이미 이행되어 있다 하더라도 증여자는 계약을 해제할 수 있다(대판 1997. 7. 8, 97다2177).

4 甲은 자신의 토지를 乙에게 증여하면서 증여로 인한 제세공과금을 乙이 부담하기로 하며, 甲의 부모님의 묘를 乙이 관리해 줄 것으로 약정하였고 만일 이 두 가지의 약속을 지키지 않을 경우에는 증여받은 토지를 반환하기로 하는 증여계약을 체결하였다. 다음 설명 중 옳지 않은 것은? 〈2009년 변리사〉

① 甲과 乙의 부담부증여계약은 유상계약이 아니다.
② 甲과 乙의 증여계약이 무효라면 乙의 부담은 당연히 무효로 되지만, 乙의 부담이 무효인 경우에 증여계약이 반드시 무효로 되는 것은 아니다.
③ 甲과 乙의 증여계약이 서면으로 표시되지 않았다면 각 당사자는 이를 해제할 수 있다.
④ 乙이 부담의무를 이행하지 않을 때에는 비록 증여계약이 이미 이행되었더라도 甲은 계약을 해제할 수 있다.
⑤ 부담부증여에는 동시이행의 항변권에 관한 규정이 적용되지만 위험부담에 관한 규정은 적용되지 않는다.

해 설

① (○) : 수증자의 부담의무는 증여자의 재산권이전의무와 대가관계에 있는 것이 아니므로 부담부증여는 편무·무상계약이다(통설).

② (○) : 부담부 증여에 있어서 증여와 부담이 서로 주종의 관계에 서면서 결합하여 하나의 계약을 이루는 것이다. 따라서 증여계약이 무효이면 부담도 무효이지만, 부담의 무효가 반드시 증여계약에 효력을 미치는 것이 아니다.

③ (○) : 증여의 의사가 서면으로 표시되지 아니한 경우에는 각 당사자는 이를 해제할 수 있다(제555조).

④ (○) : 상대부담 있는 증여에 대하여는 민법 제561조에 의하여 쌍무계약에 관한 규정이 준용되어 부담의무 있는 상대방이 자신의 의무를 이행하지 아니할 때에는 비록 증여계약이 이미 이행되어 있다 하더라도 증여자는 계약을 해제할 수 있고, 그 경우 민법 제555조와 제558조는 적용되지 아니한다(대판 1997. 7. 8, 97다2177).

정답 4. ⑤

⑤ (×) : 부담부증여에 대하여는 증여의 규정이 적용되는 외에, 쌍무계약에 관한 규정이 준용된다(제561조). 따라서 동시이행의 항변권(제536조)·위험부담(제537조, 제538조)의 규정이 준용된다.

5 甲과 乙 사이의 증여계약에 관한 설명으로 옳은 것은? (다툼이 있는 경우에는 판례에 의함)

〈2010년 변리사〉

① 甲이 丙소유의 X부동산을 乙에게 증여하는 계약을 체결한 경우, 매매와 달리 타인의 재산에 대한 증여는 인정되지 않으므로 甲과 乙 간의 계약은 무효이다.
② 甲이 자신이 사망하면 부동산을 乙에게 준다고 하는 증여계약을 체결한 경우, 甲과 乙 간의 증여계약은 유증의 방식에 관한 규정을 따르지 않으면 그 효력이 없다.
③ 서면에 의하지 아니한 증여로서 甲이 증여계약을 해제하는 경우, 이 해제는 형성권의 제척기간의 적용을 받지 않은 특수한 철회로서 10년이 경과한 후에 하더라도 원칙적으로 적법하다.
④ 甲은 자기 소유의 시가 3,000만원의 X부동산을 乙에게 증여하는 한편 乙은 甲이 丙에게 부담하는 1,000만원의 채무를 인수하기로 한 경우, 실제로 X부동산의 가치가 2,000만원 정도에 불과하다면 甲은 乙에게 담보책임을 부담한다.
⑤ 甲이 乙에게 X부동산을 증여하는 계약을 체결하고 이전등기를 완료한 경우라도, 甲은 서면에 의하지 아니한 증여라는 이유로 증여계약을 해제하고 부동산에 대한 반환을 청구할 수 있다.

해 설

① (×) : 민법이 타인의 권리의 매매를 인정하고 있는 것처럼 타인의 권리의 증여도 가능하며, 이 경우 채무자는 권리를 취득하여 채권자에게 이전하여야 하고, 이 같은 사정은 계약 당시부터 예정되어 있으므로, 매매나 증여의 대상인 권리가 타인에게 귀속되어 있다는 이유만으로 채무자의 계약에 따른 이행이 불능이라고 할 수는 없다(대판 2016. 5. 12, 2016다200729).

> **[보충지문] 민법이 타인의 권리의 매매를 인정하고 있는 것처럼 타인의 권리의 증여도 가능하며, 이 경우 채무자는 권리를 취득하여 채권자에게 이전하여야 하고, 이 같은 사정은 계약 당시부터 예정되어 있으므로, 매매나 증여의 대상인 권리가 타인에게 귀속되어 있다는 이유만으로 채무자의 계약에 따른 이행이 불능이라고 할 수는 없다(○).** 〈2020년 법무사〉

② (×) : 민법 제562조는 사인증여에 관하여는 유증에 관한 규정을 준용하도록 규정하고 있지만, 유증의 방식에 관한 민법 제1065조 내지 제1072조는 그것이 단독행위임을 전제로 하는 것이어서 계약인 사인증여에는 적용되지 아니한다(대판 2001. 9. 14, 2000다66430, 66447).

③ (○) : 민법 제555조에서 말하는 증여계약의 해제는 민법 제543조 이하에서 규정한 본래 의미의 해제와는 달리 형성권의 제척기간의 적용을 받지 않는 특수한 철회로서, 10년이 경과한 후에 이루어졌다 하더라도 원칙적으로 적법하다(대판 2003. 4. 11, 2003다1755).

④ (×) : 상대부담 있는 증여에 대하여는 증여자는 그 부담의 한도에서 매도인과 같은 담보의 책임이 있다(제559조 제2항). 따라서 목적물의 가액이 부담의 액보다 다액인 경우, 증여자는 수증자에 대하여 담보책임을 지지 않는다.

⑤ (×) : 토지에 대하여 증여는 증여자의 의사에 기하여 수증자에게 소유권이전등기가 경료됨으로써 이행이 완료되므로 증여자가 그 이행 후 증여계약을 해제하였다 하더라도 증여계약이나 그에 의한 소유권이전등기의 효력에 아무런 영향을 받지 아니한다(대판 2005. 5. 12, 2004다63484 등).

정답 5. ③

6 **증여에 관한 설명으로 옳지 않은 것은? (다툼이 있으면 판례에 따름)** 〈2020년 변리사〉

① 정기의 급여를 목적으로 한 증여는 증여자의 사망으로 인하여 그 효력을 잃는다.
② 부담부증여에서 수증자가 부담의무를 이행하지 않은 경우, 증여자는 자신의 의무를 이행했더라도 증여계약을 해제할 수 있다.
③ 증여자가 증여의 목적에 대한 담보책임을 진다는 특약은 효력이 있다.
④ 증여자에 대해 법률상 부양의무를 지는 수증자가 부양의무를 이행하지 않은 경우, 증여자는 그 사실을 안 날로부터 6개월이 경과한 때에는 해제할 수 없다.
⑤ 증여의 의사가 서면으로 표시되지 않았음을 이유로 한 증여의 해제는 형성권의 제척기간의 적용을 받는다.

해 설

①(○) : 민법 제560조 참조
②(○) : 상대부담 있는 증여에 대하여는 민법 제561조에 의하여 쌍무계약에 관한 규정이 준용되어 부담의무 있는 상대방이 자신의 의무를 이행하지 아니할 때에는 비록 증여계약이 이미 이행되어 있다 하더라도 증여자는 계약을 해제할 수 있고, 그 경우 민법 제555조와 제558조는 적용되지 아니한다(대판 1997. 7. 8, 97다2177).
③(○) : 증여자의 담보책임에 관한 제559조는 임의규정이다.
④(○) : 민법 제556조 참조
⑤(×) : 민법 제555조에서 말하는 해제는 일종의 특수한 철회일 뿐 민법 제543조 이하에서 규정한 본래 의미의 해제와는 다르다고 할 것이어서 형성권의 제척기간의 적용을 받지 않는다(대판 2003. 4. 11, 2003다1755).

7 **증여계약에 관한 설명으로 옳지 않은 것은? (다툼이 있으면 판례에 따름)** 〈2024년 변리사〉

① 부담부 증여에서 상대방의 부담의무 불이행을 이유로 한 증여자의 계약해제는 이미 이행한 부분에 대하여는 영향을 미치지 아니한다.
② 증여계약 성립 이후에 그 계약이 존속하는 동안 서면을 작성한 경우에는 그때부터 당사자가 임의로 이를 해제할 수 없다.
③ 재단법인의 설립을 위하여 서면에 의해 출연하였더라도 착오취소를 위한 요건이 갖춰진 경우, 출연자는 착오를 이유로 출연의 의사표시를 취소할 수 있다.
④ 서면에 의하지 않음을 이유로 증여계약을 해제하는 경우에는 원칙적으로 형성권의 제척기간의 적용을 받지 않는다.
⑤ 정기의 급여를 목적으로 한 증여는 특별한 사정이 없는 한 증여자의 사망으로 인하여 그 효력을 잃는다.

해 설

①(×) : 상대부담 있는 증여에 대하여는 민법 제561조에 의하여 쌍무계약에 관한 규정이 준용되어 부담의무 있는 상대방이 자신의 의무를 이행하지 아니할 때에는 비록 증여계약이 이미 이행되어 있다 하더라도 증여자는 계약을 해제할 수 있고, 그 경우 민법 제555조와 제558조는 적용되지 아니한다(대판 1997. 7. 8, 97다2177).
②(○) : 민법 제555조 소정의 증여의 의사가 표시된 서면의 작성시기에 관하여는 법률상 아무런 제한이 없으므로 증여계약이 성립한 당시에는 서면이 작성되지 않았다 하더라도 그 후 위 계약이 존속하는 동안 서면을 작성한 때에는 그때부터 서면에 의한 증여로서 당사자가 임의로 이를 해제할 수 없다(대판 1992. 9. 14, 92다4192).

정답 6. ⑤ 7. ①

③ (○) : 민법 제47조 제1항에 의하여 생전처분으로 재단법인을 설립하는 때에 준용되는 민법 제555조는 "증여의 의사가 서면으로 표시되지 아니한 경우에는 각 당사자는 이를 해제할 수 있다."고 함으로써 서면에 의한 증여(출연)의 해제를 제한하고 있으나, 그 해제는 민법 총칙상의 취소와는 요건과 효과가 다르므로 서면에 의한 출연이더라도 민법 총칙규정에 따라 출연자가 착오에 기한 의사표시라는 이유로 출연의 의사표시를 취소할 수 있고, 상대방 없는 단독행위인 재단법인에 대한 출연행위라고 하여 달리 볼 것은 아니다(대판 1999. 7. 9, 98다9045).
④ (○) : 민법 제555조에서 말하는 해제는 일종의 특수한 철회일 뿐 민법 제543조 이하에서 규정한 본래 의미의 해제와는 다르다고 할 것이어서 형성권의 제척기간의 적용을 받지 않는다(대판 2003. 4. 11, 2003다1755).
⑤ (○) : 정기의 급여를 목적으로 한 증여는 증여자 또는 수증자의 사망으로 인하여 그 효력을 잃는다(민법 제560조).

보충지문

8 **증여의 의사가 서면으로 표시되지 아니한 경우에는 증여자 뿐만 아니라 수증자도 이를 해제할 수 있다.** 〈2003년 법무사〉

해 설 서면에 의하지 아니한 증여는 각 당사자는 이를 해제할 수 있으므로 수증자도 그 해제할 권리가 있다(제555조).

9 **증여계약이 성립한 당시에 서면이 작성되지 않았더라도, 그 후 위 계약이 존속하는 동안 서면을 작성한 경우에는 그때부터 서면에 의한 증여로서의 효력이 있으므로, 당사자가 임의로 그 계약을 해제할 수 없다.** 〈2012년 사법시험〉

해 설 민법 제555조 소정의 증여의 의사가 표시된 서면의 작성시기에 관하여는 법률상 아무런 제한이 없으므로 증여계약이 성립한 당시에는 서면이 작성되지 않았다 하더라도 그 후 위 계약이 존속하는 동안 서면을 작성한 때에는 그때부터 서면에 의한 증여로서 당사자가 임의로 이를 해제할 수 없다(대판 1992. 9. 14, 92다4192).

10 **당사자 사이의 약정에 따라 부양의무를 부담하는 증여계약에서 수증자의 부양의무불이행을 원인으로 하는 증여자의 해제권은 해제원인이 있음을 안 날로부터 6월을 경과한 때 소멸한다.** 〈2012년 사법시험〉

해 설 제556조상 수증자가 증여자에 대하여 부양의무 있는 경우에 이를 이행하지 아니하는 때에는 증여자가 그 증여를 해제할 수 있다고 하며, 이 해제권은 해제원인 있음을 안 날로부터 6월을 경과하거나 증여자가 수증자에 대하여 용서의 의사를 표시한 때에는 소멸한다(제556조 제2항). 여기서 말하는 '부양의무'라 함은 민법 제974조에 규정되어 있는 직계혈족 및 그 배우자 또는 생계를 같이 하는 친족간의 부양의무를 가리키는 것으로서, 친족간이 아닌 당사자 사이의 약정에 의한 부양의무는 이에 해당하지 아니한다고 봄이 판례이다(대판 1996. 1. 26, 95다43358).

11 **수증자가 증여자에 대한 범죄행위가 있는 때에 해당하여 증여자가 그 증여를 해제하더라도 이미 이행한 부분에 대하여는 영향을 미치지 아니한다.** 〈2012년 법무사〉

해 설 민법 제558조 참조

정 답 8. (○) 9. (○) 10. (×) 11. (○)

12 **증여자의 의사에 기하지 아니한 원인무효의 등기가 경료된 경우에는 증여계약의 적법한 이행이 있다고 볼 수 없으므로 서면에 의하지 아니한 증여자의 증여계약의 해제에 대해 수증자가 실체관계에 부합한다는 주장으로 대항할 수 없다.** 〈2022년 법원행시〉

해 설 서면에 의하지 아니한 증여의 경우에도 그 이행을 완료한 경우에는 해제로서 수증자에게 대항할 수 없다 할 것인바, 토지에 대한 증여는 증여자의 의사에 기하여 그 소유권이전등기에 필요한 서류가 제공되고 수증자 명의로 소유권이전등기가 경료됨으로써 이행이 완료되는 것이므로, 증여자가 그러한 이행 후 증여계약을 해제하였다고 하더라도 증여계약이나 그에 의한 소유권이전등기의 효력에 영향을 미치지 아니한다 할 것이지만, 이와는 달리 증여자의 의사에 기하지 아니한 원인무효의 등기가 경료된 경우에는 증여계약의 적법한 이행이 있다고 볼 수 없으므로 서면에 의하지 아니한 증여자의 증여계약의 해제에 대해 수증자가 실체관계에 부합한다는 주장으로 대항할 수 없다(대판 2009. 9. 24, 2009다37831).

13 **상대부담 있는 증여의 경우 증여자는 증여의 목적인 물건 또는 권리의 하자나 흠결에 대하여 그 하자나 흠결을 알고 수증자에게 고지하지 아니한 경우가 아니면 담보책임을 지지 아니한다.** 〈2003년 법무사〉

해 설 부담부 증여는 그 부담의 한도에서 매도인과 같은 담보책임을 지며(제559조 제2항), 나아가 쌍무계약에 관한 규정을 적용한다(제561조).

14 **사인증여에 관하여는 유증에 관한 규정이 준용되므로, 포괄적 사인증여를 받은 자는 포괄적 유증을 받은 자와 마찬가지로 상속인과 동일한 권리의무가 있다.** 〈2012년 사법시험〉

해 설 민법 제562조가 사인증여에 관하여 유증에 관한 규정을 준용하도록 규정하고 있으나, 포괄적 사인증여는 낙성·불요식의 증여계약의 일종이고, 포괄적 유증은 엄격한 방식을 요하는 단독행위이며, 방식을 위배한 포괄적 유증은 대부분 포괄적 사인증여로 보여질 것인바, 포괄적 사인증여에 민법 제1078조가 준용된다면 양자의 효과는 같게 되므로, 결과적으로 포괄적 유증에 엄격한 방식을 요하는 요식행위로 규정한 조항들은 무의미하게 된다. 따라서 민법 제1078조가 포괄적 사인증여에 준용된다고 하는 것은 사인증여의 성질에 반하므로 준용되지 아니한다고 해석함이 상당하다(대판 1996. 4. 12, 94다37714).

제2절 매 매

Ⅰ. 매매 일반론

15 **甲은 자기 소유 주택을 乙에게 매도하고 계약금을 받았다. 그리고 1개월 후 중도금, 3개월 후 잔금을 지급받고, 잔금지급과 동시에 이전등기를 해 주기로 하였다. 이에 관한 설명으로 옳지 않은 것은? (다툼이 있으면 판례에 따름)** 〈2015년 변리사〉

① 계약금은 이를 위약금으로 하기로 하는 특약이 없는 이상 손해배상액의 예정액으로서의 성질을 갖는 것이 아니다.

② 甲이 해제권을 행사하는 경우, 甲이 계약금의 배액을 乙에게 제공하기 전이라도 해제의 의사표시가 乙에게 도달한 때 해제의 효과가 발생한다.

정답 12. (○) 13. (×) 14. (×) 15. ②

③ 乙이 중도금을 지급한 경우, 甲이 매매계약의 이행에 착수한 바가 없더라도 乙은 계약금을 포기하고 매매계약을 해제할 수 없다.

④ 乙이 중도금 지급기일을 지키지 않자 甲이 상당한 기간을 정해 최고하였음에도 그 기간 내에 지급하지 않은 경우, 甲은 채무불이행을 이유로 계약을 해제하고 손해배상을 청구할 수 있다.

⑤ 乙의 채무불이행을 이유로 계약이 해제되는 경우, 특약이 없는 이상 甲은 채무불이행으로 입은 실제 손해만을 배상받을 수 있을 뿐, 계약금이 위약금으로 甲에게 귀속되는 것은 아니다.

해 설

① (○), ④ (○), ⑤ (○) : 계약금은 이를 위약금으로 하기로 하는 특약이 없는 이상 손해배상액의 예정액으로서의 성질을 갖는 것이 아니다(대판 1981. 7. 28, 80다2499). 따라서 매수인 乙이 중도금 지급기일을 지키지 않자 매도인이 甲이 상당한 기간을 정해 최고하였음에도 그 기간 내에 지급하지 않은 경우, 甲은 채무불이행을 이유로 계약을 해제하고 손해를 입증하여 손해배상을 청구할 수 있는 것이다(민법 제398조 제3항; 대판 1996. 6. 14, 95다54693). 따라서 乙의 채무불이행을 이유로 계약이 해제되는 경우, 특약이 없는 이상 甲은 채무불이행으로 입은 실제 손해만을 배상받을 수 있을 뿐, 계약금이 위약금으로 甲에게 귀속되는 것은 아니다.

② (×) : 계약금 계약은 요물계약이다(제565조 참조). 따라서 계약금을 수령한 甲이 해제권을 행사하는 경우, 甲이 계약금의 배액을 乙에게 현실로 제공하여야 해제의 효과가 발생한다. 그러나 매수인은 계약금을 지급한 사람으로 해제(포기)의 의사표시만으로 가능하다(대판 1981. 10. 27, 80다2784).

③ (○) : 계약금이 지급된 경우, 당사자 일방이 이행에 착수할 때까지 해약금의 성질을 띠고 있는데, 이 때 당사자 일방은 매수인이든 매도인이든 상관없다. 따라서 매수인 乙이 중도금을 지급한 경우, 甲이 매매계약의 이행에 착수한 바가 없더라도 乙은 계약금을 포기하고 매매계약을 해제할 수 없는 것이다(대판 1970. 4. 28, 70다1015).

16　매매에 관한 설명으로 옳은 것은? (다툼이 있으면 판례에 따름) 〈2020년 변리사〉

① 자전거 매매에 있어 자전거의 인도와 동시에 대금을 지급할 경우에는 자전거 인도장소에서 대금을 지급하여야 한다.

② 행사기간의 약정이 없는 매매예약 완결권은, 권리자가 예약목적물인 부동산을 인도받은 경우에는 예약이 성립한 때로부터 10년이 경과하더라도 소멸하지 않는다.

③ 매수인이 매도인에게 지급한 계약금을 포기하고 적법하게 매매를 해제한 경우, 이로 인해 매도인에게 계약금 이상의 손해가 발생한 때에는 매도인은 매수인에 대해 손해배상청구를 할 수 있다.

④ 매매계약 후에도 인도하지 아니한 목적물로부터 생긴 과실은 매도인에 속하므로, 매수인이 매매대금을 완납한 후라도 매매목적물을 인도하기까지는 과실수취권은 매도인에게 귀속된다.

⑤ 매매의 목적인 재산권과 대금에 관한 합의가 있더라도, 계약비용·채무이행기·이행장소에 관한 합의가 없으면 특별한 사정이 없는 한 매매계약이 성립할 수 없다.

해 설

① (○) : 매매의 목적물의 인도와 동시에 대금을 지급할 경우에는 그 인도장소에서 이를 지급하여야 한다(제586조). ☞ 민법 제467조에 대한 특칙

② (×) : 매매의 일방예약에서 예약자의 상대방이 매매예약 완결의 의사표시를 하여 매매의 효력을 생기게 하는 권리 즉, 매매예약 완결권은 일종의 형성권으로서 당사자 사이에 그 행사기간을 약정한 때에는 그 기간 내에, 그러한 약정이 없는 때에는 그 예약이 성립한 때로부터 10년 내에 이를 행사하여야 하고, 그 기간을 지난 때에는 상대방이 예약 목적물인 부동산을 인도받은 경우라도 예약완결권은 제척기간의 경과로 인하여 소멸한다

정답 16. ①

(대판 1997. 7. 25, 96다47494, 47500).

③ (×) : "계약의 해지 또는 해제는 손해배상의 청구에 영향을 미치지 아니한다."는 제551조의 규정은 해약금에 의한 해제의 경우에 이를 적용하지 아니한다(제565조 제2항). 따라서 매도인에게 계약금 이상의 손해가 발생한 때라도 매도인은 매수인이 포기한 계약금 외에 별도로 매수인에 대해 손해배상청구를 할 수는 없다.

④ (×) : 민법 제587조에 의하면, 매매계약 있은 후에도 인도하지 아니한 목적물로부터 생긴 과실은 매도인에게 속하고, 매수인은 목적물의 인도를 받은 날로부터 대금의 이자를 지급하여야 한다고 규정하고 있는바, 이는 매매당사자 사이의 형평을 꾀하기 위하여 매매목적물이 인도되지 아니하더라도 매수인이 대금을 완제한 때에는 그 시점 이후의 과실은 매수인에게 귀속되지만, 매매목적물이 인도되지 아니하고 또한 매수인이 대금을 완제하지 아니한 때에는 매도인의 이행지체가 있더라도 과실은 매도인에게 귀속되는 것이므로 매수인은 인도의무의 지체로 인한 손해배상금의 지급을 구할 수 없다(대판 2004. 4. 23, 2004다8210).

⑤ (×) : 매매는 당사자 일방이 재산권을 상대방에게 이전할 것을 약정하고 상대방이 대금을 지급할 것을 약정함으로써 효력이 발생하는 것이므로 매매계약은 매도인이 재산권을 이전하는 것과 매수인이 대가로서 대금을 지급하는 것에 관하여 쌍방당사자의 합의가 이루어짐으로써 성립하는 것이며, 그 경우 매매목적물과 대금은 반드시 계약체결 당시에 구체적으로 특정할 필요는 없고 이를 사후에라도 구체적으로 특정할 수 있는 방법과 기준이 정하여져 있으면 족하다(대판 1993. 6. 8, 92다49447).

17 계약금에 관한 설명으로 옳은 것은? (다툼이 있으면 판례에 따름) 〈2022년 변리사〉

① 계약금을 수령한 매도인이 계약금의 배액을 상환하고 계약을 해제하려는 경우, 매수인이 이를 수령하지 않으면 공탁하여야 해제의 효력이 발생한다.

② 매수인이 자신이 지급한 계약금을 포기하고 계약을 해제하기 전에, 매도인이 매수인에 대하여 매매계약의 이행을 최고하고 매매잔대금의 지급을 구하는 소송을 제기하였다면 이는 이행에 착수한 것으로 보아야 한다.

③ 토지거래허가구역 내 토지에 관하여 매매계약을 체결하고 계약금만 주고받은 상태에서 토지거래허가를 받았다면 매도인은 자신이 수령한 계약금의 배액을 상환하여 매매계약을 해제할 수 있다.

④ 당사자 일방의 귀책사유로 인한 법정해제권을 행사하는 경우, 특별한 사정이 없는 한 계약금은 위약금으로서 상대방에게 귀속된다.

⑤ 계약당사자가 계약금에 기한 해제권을 배제하기로 하는 약정을 하더라도, 각 당사자는 계약금에 기한 해제권을 행사할 수 있다.

해설

① (×) : 매매당사자 간에 계약금을 수수하고 계약해제권을 유보한 경우에 매도인이 계약금의 배액을 상환하고 계약을 해제하려면 계약해제의 의사표시 외에 계약금 배액의 이행의 제공이 있으면 족하고, 상대방이 이를 수령하지 아니한다 하여 이를 공탁할 필요는 없다(대판 1981. 10. 27, 80다2784).

② (×) : 이행에 착수한다는 것은 객관적으로 외부에서 인식할 수 있는 정도로 채무의 이행행위의 일부를 하거나 또는 이행을 하기 위하여 필요한 전제행위를 하는 경우를 말하는 것으로서 단순히 이행의 준비를 하는 것만으로는 부족하고, 그렇다고 반드시 계약내용에 들어맞는 이행제공의 정도에까지 이르러야 하는 것은 아니지만, 매도인이 매수인에 대하여 매매계약의 이행을 최고하고 매매잔대금의 지급을 구하는 소송을 제기한 것만으로는 이행에 착수하였다고 볼 수 없다(대판 2008. 10. 23, 2007다72274,72281).

③ (○) : 국토의 계획 및 이용에 관한 법률에 정한 토지거래계약에 관한 허가구역으로 지정된 구역 안의 토지에 관하여 매매계약이 체결된 후 계약금만 수수한 상태에서 당사자가 토지거래허가신청을 하고 이에 따라 관할관

정답 17. ③

청으로부터 그 허가를 받았다 하더라도, 그러한 사정만으로는 아직 이행의 착수가 있다고 볼 수 없어 매도인으로서는 민법 제565조에 의하여 계약금의 배액을 상환하여 매매계약을 해제할 수 있다(대판 2009. 4. 23, 2008다62427).

④ (×) : 유상계약을 체결함에 있어서 계약금이 수수된 경우 계약금은 해약금의 성질을 가지고 있어서, 이를 위약금으로 하기로 하는 특약이 없는 이상 계약이 당사자 일방의 귀책사유로 인하여 해제되었다 하더라도 상대방은 계약불이행으로 입은 실제 손해만을 배상받을 수 있을 뿐 계약금이 위약금으로서 상대방에게 당연히 귀속되는 것은 아니다(대판 2010. 4. 29, 2007다24930).

⑤ (×) : 민법 제565조의 해약권은 당사자 간에 다른 약정이 없는 경우에 한하여 인정되는 것이고, 만일 당사자가 위 조항의 해약권을 배제하기로 하는 약정을 하였다면 더 이상 그 해제권을 행사할 수 없다(대판 2009. 4. 23, 2008다50615).

18 매매의 일방예약 또는 매매계약에 관한 설명으로 옳지 않은 것은? (다툼이 있으면 판례에 따름) 〈2023년 변리사〉

① 예약완결권을 재판상 행사하는 경우, 소장 부본이 제척기간 내에 상대방에게 송달되어야만 제척기간 내에 행사한 것으로 본다.

② 당사자들이 약정한 예약완결권의 행사기간은 그 매매예약이 성립한 때부터 10년을 초과하더라도 무방하다.

③ 매매예약 성립 후 당사자일방의 매매예약 완결권의 행사 전에 상대방의 매매목적물이 멸실된 경우, 매매예약 완결의 의사표시가 있더라도 매매의 효력이 생기지 않는다.

④ 계약이행의 착수가 있기 전에 매도인이 민법 제565조(해약금) 제1항에 따라 계약을 해제하려면, 계약금의 배액을 상환하거나 적어도 이행제공 상태에 두어야 한다.

⑤ 매수인이 매매목적물을 대금지급 전에 인도받았다면 대금지급의무와 소유권이전등기의무가 동시이행관계에 있더라도 민법 제587조(과실의 귀속, 대금의 이자)에 의한 매매대금이자를 지급할 의무가 있다.

해 설

① (○) : 예약완결권은 재판상이든 재판외이든 그 기간 내에 행사하면 되는 것으로서, 예약완결권자가 예약완결권 행사의 의사표시를 담은 소장 부본을 상대방에게 송달함으로써 재판상 행사하는 경우에는 그 소장 부본이 상대방에게 도달한 때에 비로소 예약완결권 행사의 효력이 발생하여 예약완결권자와 상대방 사이에 매매의 효력이 생기므로, 예약완결권 행사의 의사표시가 담긴 소장 부본이 제척기간 내에 상대방에게 송달되어야만 예약완결권자가 제척기간 내에 적법하게 예약완결권을 행사하였다고 볼 수 있다(대판 2019. 7. 25, 2019다227817).

② (○) : 민법 제564조가 정하고 있는 매매의 일방예약에서 예약자의 상대방이 매매예약 완결의 의사표시를 하여 매매의 효력을 생기게 하는 권리, 즉 매매예약의 완결권은 일종의 형성권으로서 당사자 사이에 행사기간을 약정한 때에는 그 기간 내에, 약정이 없는 때에는 예약이 성립한 때로부터 10년 내에 이를 행사하여야 하고, 그 기간을 지난 때에는 예약 완결권은 제척기간의 경과로 인하여 소멸한다. 한편 **당사자 사이에 약정하는 예약 완결권의 행사기간에 특별한 제한은 없다**(대판 2017. 1. 25, 2016다42077). ☞ **예약완결권의 행사기간을 30년으로 약정한 사례**. 판례는 "원고가 2002. 4. 30. 이 사건 부동산에 관하여 피고에게 **2002. 4. 26.자** 매매의 일방예약을 원인으로 한 이 사건 가등기를 마쳐 주면서 원고와 피고가 예약 완결권의 행사기간을 **2032. 4. 25.까지 행사하기로 약정**하였으므로 **약정한 2032. 4. 25.이 지나야** 그 예약 완결권이 제척기간의 경과로 인하여 소멸한다고 할 것이어서, 이 사건 가등기가 예약 완결권의 소멸을 이유로 무효라고 할 수는 없다"고 하였다.

정답 18. ⑤

③ (○) : 매매예약이 성립한 이후 상대방의 매매예약 완결의 의사표시 전에 목적물이 멸실 기타의 사유로 이전할 수 없게 되어 예약 완결권의 행사가 이행불능이 된 경우에는 예약 완결권을 행사할 수 없고, 이행불능 이후에 상대방이 매매예약 완결의 의사표시를 하여도 매매의 효력이 생기지 아니한다. 그리고 채무의 이행이 불능이라는 것은 단순히 절대적·물리적으로 불능인 경우가 아니라 사회생활의 경험법칙 또는 거래상의 관념에 비추어 볼 때 채권자가 채무자의 이행의 실현을 기대할 수 없는 경우를 말한다(대판 2015. 8. 27, 2013다28247).

④ (○) : 매매당사자 간에 계약금을 수수하고 계약해제권을 유보한 경우에 매도인이 계약금의 배액을 상환하고 계약을 해제하려면 **계약해제의 의사표시 외에 계약금 배액의 이행의 제공이 있으면 족하고**, 상대방이 이를 수령하지 아니한다 하여 이를 공탁할 필요는 없다(대판 1981. 10. 27, 80다2784).

⑤ (×) : 민법 제587조는 "매매계약이 있은 후에도 인도하지 아니한 목적물로부터 생긴 과실은 매도인에게 속한다. 매수인은 목적물의 인도를 받은 날로부터 대금의 이자를 지급하여야 한다."라고 규정하고 있다. 그러나 매수인의 대금 지급의무와 매도인의 근저당권설정등기 내지 가압류등기 말소의무가 **동시이행관계에 있는 등으로 매수인이 대금 지급을 거절할 정당한 사유가 있는 경우**에는 **매매목적물을 미리 인도받았다 하더라도 위 민법 규정에 의한 이자를 지급할 의무는 없다**고 보아야 한다(대판 2018. 9. 28, 2016다246800).

19 **매매목적물에 대한 과실수취권과 매매대금에 대한 이자, 지연손해금에 관한 설명 중 옳지 않은 것은? (별도의 특약은 없는 것으로 하고, 다툼이 있는 경우에는 판례에 의함)** 〈2012년 변호사시험〉

① 매매목적물이 인도되지 않고 대금도 완제되지 아니한 경우, 매수인의 대금지급의무의 이행기가 지났더라도 매도인은 매매대금에 대한 지연손해금의 지급을 청구할 수 없다.

② 매매목적물이 인도되지 않고 대금도 완제되지 아니한 경우, 매도인의 인도의무의 이행기가 지났더라도 매수인은 인도의무지체로 인한 손해배상을 청구할 수 없다.

③ 매수인이 이행기에 대금을 완제하고도 매매목적물을 인도받지 못한 경우, 매도인은 매수인의 매매대금지급 시점 이후부터 매수인에게 그 대금에 대한 이자를 지급하여야 한다.

④ 매매계약이 취소된 경우, 선의의 매수인은 취소 이전에 인도받은 매매목적물로부터 수취한 과실을 반환할 필요가 없다.

⑤ 매매계약이 해제된 경우, 매도인은 수령한 매매대금 및 이에 대한 수령일부터의 법정이자를 반환하여야 한다.

해 설

① (○) : 특정물의 매매에 있어서 매수인의 대금지급채무가 이행지체에 빠졌다 하더라도 그 목적물이 매수인에게 인도될 때까지는 매수인은 매매대금의 이자를 지급할 필요가 없는 것이므로, 그 목적물의 인도가 이루어지지 아니하는 한 매도인은 매수인의 대금지급의무 이행의 지체를 이유로 매매대금의 이자 상당액의 손해배상 청구를 할 수 없다(대판 1995. 6. 30, 95다14190).

② (○) : 민법 제587조에 의하면, 매매계약 있은 후에도 인도하지 아니한 목적물로부터 생긴 과실은 매도인에게 속하고, 매수인은 목적물의 인도를 받은 날로부터 대금의 이자를 지급하여야 한다고 규정하고 있는바, 이는 매매당사자 사이의 형평을 꾀하기 위하여 매매목적물이 인도되지 아니하더라도 매수인이 대금을 완제한 때에는 그 시점 이후의 과실은 매수인에게 귀속되지만, 매매목적물이 인도되지 아니하고 또한 매수인이 대금을 완제하지 아니한 때에는 매도인의 이행지체가 있더라도 과실은 매도인에게 귀속되는 것이므로 매수인은 인도의무의 지체로 인한 손해배상금의 지급을 구할 수 없다(대판 2004. 4. 23, 2004다8210).

③ (×) : 매도인은 매매대금에 대한 이자가 아닌 목적물로부터 발생된 과실을 반환하여야 한다(제587조 참조).

④ (○) : 쌍무계약이 취소된 경우 선의의 매수인에게 민법 제201조가 적용되어 과실취득권이 인정되는 이상 선

정답 19. ③

의의 매도인에게도 민법 제587조의 유추적용에 의하여 대금의 운용이익 내지 법정이자의 반환을 부정함이 형평에 맞다(대판 1993. 5. 14, 92다45025).

⑤ (○) : 계약이 해제된 경우에는 부당이득의 특칙으로 선·악을 불문하고 대금에 이자를 가산하여 반환하여야 한다(제548조 제2항).

20 **매매예약의 완결권에 관한 설명 중 옳은 것은? (다툼이 있는 경우 판례에 의함)** 〈2015년 변호사시험〉

① 매매예약의 완결권은 형성권으로서 10년의 제척기간에 걸리며, 그 행사기간을 당사자가 계약으로 정할 수는 없다.

② 당사자가 제척기간의 기산점을 특별히 약정한 경우에는 그 제척기간은 약정한 때부터 10년의 기간이 경과하면 만료된다.

③ 제척기간이 경과하더라도 상대방이 예약목적물을 인도받은 경우에는 예약완결권은 소멸되지 않는다.

④ 예약완결권자에게 상대방이 최고했음에도 불구하고 예약완결권자가 확답을 하지 않았을 때에는 예약완결권은 행사된 것으로 본다.

⑤ 공동명의로 담보가등기를 마친 수인의 채권자가 각자의 지분별로 별개의 독립적인 매매예약완결권을 가지는 경우, 채권자 중 1인은 단독으로 자신의 지분에 관하여 「가등기담보 등에 관한 법률」이 정한 청산절차를 이행한 후 소유권이전의 본등기절차이행청구를 할 수 있다.

해 설

① (×) : 매매예약 완결권은 일종의 형성권으로서 당사자 사이에 그 행사기간을 약정한 때에는 그 기간 내에, 그러한 약정이 없는 때에는 그 예약이 성립한 때로부터 10년 내에 이를 행사하여야 하고, 그 기간을 지난 때에는 상대방이 예약 목적물인 부동산을 인도받은 경우라도 예약완결권은 제척기간의 경과로 인하여 소멸한다(대판 1997. 7. 25, 96다47494, 47500).

② (×) : 당사자가 제척기간의 기산점을 특별히 약정한 경우에도 그 제척기간은 약정한 때부터 10년의 기간이 경과하면 만료되는 것이 아니라 계약체결시부터이다(대판 1995. 11. 10, 94다22682).

③ (×) : 제척기간의 경우에는 상대방이 예약목적물을 인도받은 경우에도 소멸시효와는 달리 예약완결권은 소멸된다(대판 1992. 7. 28, 91다44766).

④ (×) : 예약완결권자에게 상대방이 최고했음에도 불구하고 예약완결권자가 확답을 하지 않았을 때에는 예약완결권은 행사된 것으로 보는 것이 아니라 예약은 효력을 잃는다(제564조 제3항).

> **[보충지문] 예약완결권의 행사기간을 정하지 아니한 경우 예약완결권자에게 상당한 기간을 정하여 확답을 최고하였음에도 불구하고 확답을 받지 못한 때에는 예약은 효력을 잃는다(○).** 〈2020년 법원행시〉

⑤ (○) : 공동명의로 담보가등기를 마친 수인의 채권자가 각자의 지분별로 별개의 독립적인 매매예약완결권을 가지는 경우, 채권자 중 1인은 단독으로 자신의 지분에 관하여 「가등기담보 등에 관한 법률」이 정한 청산절차를 이행한 후 소유권이전의 본등기절차이행청구를 할 수 있다(대판 2012. 2. 16, 2010다82530 전원합의체).

> **[보충지문] 甲이 乙에게 돈을 대여하면서 담보 목적으로 乙 소유의 부동산에 관하여 乙의 다른 채권자들과 공동명의로 매매예약을 체결하고 각자의 채권액 비율에 따라 지분을 특정하여 가등기를 마친 경우라면 甲이 단독으로 담보목적물 중 자신의 지분에 관하여 매매예약완결권을 행사할 수 있고, 이에 따라 단독으로 자신의 지분에 관하여 가등기에 기한 본등기절차의 이행을 구할 수 있다(○).**
> 〈2020년 법원행시〉

정답 20. ⑤

21 **예약에 관한 설명 중 옳지 않은 것은? (다툼이 있는 경우 판례에 의함)** 〈2021년 변호사시험〉

① 공사도급계약의 도급인이 될 자가 수급인 선정을 위한 입찰절차를 거쳐 낙찰자를 결정한 경우, 입찰을 실시한 자와 낙찰자 사이에는 도급계약의 본계약 체결의무를 내용으로 하는 예약관계가 성립된다.

② 매매의 일방예약이 성립하려면 그 예약에 터 잡아 맺어질 본계약의 요소가 되는 매매목적물, 그 이전방법, 매매가액, 지급방법 등의 내용이 확정되어 있거나 적어도 확정할 수 있어야 한다.

③ 매매예약의 완결권은 일종의 형성권으로서 당사자 사이에 행사기간을 약정한 때에는 그 기간 내에, 약정이 없는 때에는 예약이 성립한 때부터 10년 내에 이를 행사하여야 하고, 그 기간이 지난 때에는 예약완결권은 제척기간의 경과로 소멸한다.

④ 예약완결권을 그 행사의 의사표시를 담은 소장 부본을 상대방에게 송달함으로써 재판상 행사하는 경우, 소장을 제척기간 내에 법원에 제출하면 예약완결권을 제척기간 내에 적법하게 행사한 것이 된다.

⑤ 매매예약완결권을 가진 자가 그 예약완결권을 제척기간 내에 행사하지 않은 경우에는 예약목적물인 부동산을 이미 인도받은 경우라도 예약완결권은 제척기간의 경과로 인하여 소멸한다.

해 설

① (○) : 공사도급계약의 도급인이 될 자가 수급인을 선정하기 위해 입찰절차를 거쳐 낙찰자를 결정한 경우 입찰을 실시한 자와 낙찰자 사이에는 도급계약의 본계약체결의무를 내용으로 하는 예약의 계약관계가 성립하고, 어느 일방이 정당한 이유 없이 본계약의 체결을 거절하는 경우 상대방은 예약채무불이행을 이유로 한 손해배상을 청구할 수 있다(대판 2011. 11. 10, 2011다41659).

② (○) : 매매의 예약은 당사자의 일방이 매매를 완결할 의사를 표시한 때에 매매의 효력이 생기는 것이므로 적어도 일방예약이 성립하려면 그 예약에 터잡아 맺어질 본계약의 요소가 되는 매매목적물, 이전방법, 매매가액 및 지급방법 등의 내용이 확정되어 있거나 확정할 수 있어야 한다(대판 1993. 5. 27, 93다4908, 4915, 4922).

③ (○), ⑤ (○) : 매매예약 완결권은 일종의 형성권으로서 당사자 사이에 그 **행사기간을 약정한 때에는 그 기간** 내에, 그러한 **약정이 없는 때에는 그 예약이 성립한 때로부터 10년 내**에 이를 행사하여야 하고, 그 기간을 지난 때에는 **상대방이 예약 목적물인 부동산을 인도받은 경우라도** 예약완결권은 제척기간의 경과로 인하여 소멸한다(대판 1997. 7. 25, 96다47494, 47500)

④ (×) : 예약완결권은 재판상이든 재판외이든 그 기간 내에 행사하면 되는 것으로서, 예약완결권자가 예약완결권 행사의 의사표시를 담은 소장 부본을 상대방에게 송달함으로써 재판상 행사하는 경우에는 그 소장 부본이 상대방에게 도달한 때에 비로소 예약완결권 행사의 효력이 발생하여 예약완결권자와 상대방 사이에 매매의 효력이 생기므로, 예약완결권 행사의 의사표시가 담긴 소장 부본이 제척기간 내에 상대방에게 송달되어야만 예약완결권자가 제척기간 내에 적법하게 예약완결권을 행사하였다고 볼 수 있다(대판 2019. 7. 25, 2019다227817).

정답 21. ④

보충지문

22-1 **수인의 채권자가 채무자 소유의 부동산에 관한 매매예약을 체결하고 이에 따른 가등기를 경료한 경우 매매예약완결권 행사는 당사자의 의사와 관계없이 언제나 수인의 채권자가 공동으로 매매예약완결권을 갖기 때문에 매매예약완결의 의사표시도 수인의 채권자 전원이 공동으로 행사하여야만 한다.** 〈2004년 사법시험〉

22-2 **수인의 채권자가 그 채권을 담보하기 위하여 수인의 채권자 전원을 공동매수인으로 하여 채무자 소유의 부동산에 관하여 매매예약을 체결하고 이에 따라 가등기를 마친 경우, 그 가등기에 기한 본등기절차의 이행을 구하는 소는 반드시 그 수인의 채권자 전원이 제기하여야 한다.** 〈2019년 법무사〉

22-3 **「가등기담보 등에 관한 법률」의 적용을 받는 담보가등기를 공동명의로 마친 수인의 채권자가 각자의 지분별로 별개의 독립적인 매매예약완결권을 가지는 경우, 채권자 중 1인은 단독으로 자신의 지분에 관하여 위 법률이 정한 청산절차를 이행한 후 소유권이전의 본등기절차 이행청구를 할 수 있다.** 〈2015년 사법시험〉

해 설 [변경 전 판례] 복수채권자의 채권을 담보하기 위하여 그 복수채권자 전원을 공동매수인으로 하여 채무자 소유의 부동산에 관한 매매계약을 체결하고 이에 따른 가등기를 경료한 경우에 그 복수채권자는 매매예약완결권을 준공동소유하는 관계에 있기 때문에 말소된 그 가등기의 회복등기나 그 회복등기에 승낙을 받는 소의 제기 또는 가등기에 기한 본등기절차의 이행을 구하는 소의 제기 등은 반드시 그 복수채권자 전원이 하여야 하는 필요적 공동소송이여야 한다(대판 1987. 5. 26, 85다카2203). [변경 후 판례] 수인의 채권자가 각기 그 채권을 담보하기 위하여 채무자와 채무자 소유의 부동산에 관하여 수인의 채권자를 공동매수인으로 하는 1개의 매매예약을 체결하고 그에 따라 수인의 채권자 공동명의로 그 부동산에 가등기를 마친 경우, 수인의 채권자가 공동으로 매매예약완결권을 가지는 관계인지 아니면 채권자 각자의 지분별로 별개의 독립적인 매매예약완결권을 가지는 관계인지는 매매예약의 내용에 따라야 하고, 매매예약에서 그러한 내용을 명시적으로 정하지 않은 경우에는 수인의 채권자가 공동으로 매매예약을 체결하게 된 동기 및 경위, 그 매매예약에 의하여 달성하려는 담보의 목적, 담보 관련 권리를 공동 행사하려는 의사의 유무, 채권자별 구체적인 지분권의 표시 여부 및 그 지분권 비율과 피담보채권 비율의 일치 여부, 가등기담보권 설정의 관행 등을 종합적으로 고려하여 판단하여야 한다. 이와 달리 1인의 채무자에 대한 수인의 채권자의 채권을 담보하기 위하여 그 수인의 채권자와 채무자가 채무자 소유의 부동산에 관하여 수인의 채권자를 권리자로 하는 1개의 매매예약을 체결하고 그에 따른 가등기를 마친 경우에, 매매예약의 내용이나 매매예약완결권 행사와 관련한 당사자의 의사와 관계없이 언제나 수인의 채권자가 공동으로 매매예약완결권을 가진다고 보고, 매매예약완결의 의사표시도 수인의 채권자 전원이 공동으로 행사하여야 한다는 취지의 대판 1984. 6. 12, 83다카2282 ; 대판 1985. 5. 28, 84다카2188 ; 대판 1985. 10. 8, 85다카604 ; 대판 1987. 5. 26, 85다카2203 판결 등은 이 판결의 견해와 저촉되는 한도에서 변경하기로 한다." 고 하였다(대판 2012. 2. 16, 2010다82530 전원합의체).

23-1 **계약금계약은 금전 기타 유가물의 교부를 요건으로 하므로 계약금지급 약정만을 한 단계에서는 민법 제565조 제1항의 계약해제권이 발생하지 않는다.** 〈2011년 법무사〉

정답 22-1. (×) 22-2. (×) 22-3. (○) 23-1. (○)

23-2 **매매계약을 체결하면서 계약금을 지급하기로 약정을 하였으나 실제로 계약금을 전액 지급하지 않았다면, 특별한 사정이 없는 한, 민법 제565조의 규정에 의한 해제권은 발생하지 않는다.**

〈2011년 변리사〉

23-3 **해약금 규정(민법 제565조)에 의하여 계약을 해제함에 있어서 계약금의 일부만 지급된 경우, 수령자는 실제 지급된 계약금이 아니라 약정계약금의 배액을 상환하고 계약을 해제할 수 있다.**

〈2019년 변리사〉

해설 계약이 일단 성립한 후에는 당사자의 일방이 이를 마음대로 해제할 수 없는 것이 원칙이고, 다만 주된 계약과 더불어 계약금계약을 한 경우에는 민법 제565조 제1항의 규정에 따라 임의 해제를 할 수 있기는 하나, 계약금계약은 금전 기타 유가물의 교부를 요건으로 하므로 단지 계약금을 지급하기로 약정만 한 단계에서는 아직 계약금으로서의 효력, 즉 위 민법 규정에 의해 계약해제를 할 수 있는 권리는 발생하지 않는다고 할 것이다. 따라서 당사자가 계약금의 일부만을 먼저 지급하고 잔액은 나중에 지급하기로 약정하거나 계약금 전부를 나중에 지급하기로 약정한 경우, 교부자가 계약금의 잔금이나 전부를 약정대로 지급하지 않으면 상대방은 계약금 지급의무의 이행을 청구하거나 채무불이행을 이유로 계약금약정을 해제할 수 있고, 나아가 위 약정이 없었더라면 주계약을 체결하지 않았을 것이라는 사정이 인정된다면 주계약도 해제할 수도 있을 것이나, 교부자가 **계약금의 잔금 또는 전부를 지급하지 아니하는 한** 계약금계약은 성립하지 아니하므로 당사자가 임의로 주계약을 해제할 수는 없다 할 것이다(대판 2008. 3. 13, 2007다73611). ☞ 계약금계약은 요물계약이기 때문이다. 이 지문은 출제 당시에는 옳은 지문으로 출제되었던 것이나 행정소송을 통하여 틀린 지문으로 처리되어 복수정답이 인정되었다.

[참고판례] 계약금 일부만 지급된 경우 수령자가 매매계약을 **해제할 수 있다고 하더라도** 해약금의 기준이 되는 금원은 '실제 교부받은 계약금'이 아니라 '약정 계약금'이라고 봄이 타당하므로, 매도인이 계약금의 일부로서 지급받은 금원의 배액을 상환하는 것으로는 매매계약을 해제할 수 없다(대판 2015. 4. 23, 2014다231378). ☞ 출제자는 이 판례를 근거로 위 지문을 옳은 지문으로 출제하였던 것인데, 행정소송에서는 '계약금 일부만 지급된 경우, 민법 제565조에 의한 계약금계약이 성립하지 않아 수령자는 약정계약금의 배액을 상환하더라도 계약을 해제할 수 없다. 2014다231378 판결은 가정적 방론에 불과할 뿐 해제할 수 있다는 의미가 아니다'라고 하며 결국 해당 지문을 틀린 지문으로 처리하고 복수정답을 인정하였다.

24 **乙이 甲의 동의하에 중도금 지급을 위하여 은행도어음을 교부한 경우라면 甲은 계약금의 배액을 제공하고 乙과의 매매계약을 해제할 수 있다.** 〈2010년 변리사〉

해설 매수인이 매도인의 동의하에 매매계약의 계약금 및 중도금 지급을 위하여 은행도어음을 교부한 경우 매수인은 계약의 이행에 착수하였다고 볼 것이므로, 매도인은 계약금의 배액을 제공하고 그 매매계약을 해제할 수는 없다(대판 2002. 11. 26, 2002다46492).

25 **甲과 乙은 甲소유의 부동산에 대하여 1억원에 매매계약을 체결하고 甲은 계약금 1천만 원을 수령하였다. 계약금계약에 의하여 계약이 해제된 경우 甲과 乙은 원상회복 및 손해배상의무가 있다.** 〈2017년 공인노무사〉

해설 이행에 착수하기 전에만 해제할 수 있으므로 원상회복의 문제는 생기지 않는다. 또한 채무불이행으로 인한 해제가 아니므로 손해배상의무도 생기지 않는다(민법 제565조 제2항).

정답 23-2. (○) 23-3. (×) 24. (×) 25. (×)

26 **매매의 당사자 일방에 대한 의무이행의 기한이 있는 때에는 상대방의 의무이행에 대하여도 동일한 기한이 있는 것으로 추정한다.** 〈2015년 법무사〉

해 설 매매의 당사자 일방에 대한 의무이행의 기한이 있는 때에는 상대방의 의무이행에 대하여도 동일한 기한이 있는 것으로 추정한다(제585조).

27-1 **매수인이 토지에 관한 소유권이전등기를 경료받았지만 아직 토지를 인도받지 못한 경우, 매수인이 매매대금을 전부 지급하지 않았어도 토지로부터 발생하는 과실은 매수인에게 속한다.** 〈2006년 사법시험〉

27-2 **매수인이 매매대금을 전부 지급하였다고 하더라도, 아직 토지에 관한 소유권이전등기를 경료받지 못하고 토지를 인도받지 못하였다면, 매수인이 매매대금을 지급한 이후에 토지로부터 발생한 과실은 원칙적으로 매도인에게 속한다.** 〈2006년 사법시험〉

27-3 **특별한 사정이 없는 한 매매계약이 있은 후에도 인도하지 아니한 목적물로부터 생긴 과실은 매도인에게 속하나, 매매목적물의 인도 전이라도 매수인이 매매대금을 완납한 때에는 그 이후의 과실수취권은 매수인에게 귀속된다.** 〈2008년 법원행시〉

27-4 **매수인이 매매대금을 완납하지 않은 경우 매도인도 인도의무를 지체하고 있었다면 별도의 특약이 없는 한 매수인은 매도인에 대하여 매매목적물로부터 발생한 과실의 반환을 청구할 수 없다.** 〈2015년 사법시험〉

해 설 민법 제587조에 의하면, 매매계약 있은 후에도 인도하지 아니한 목적물로부터 생긴 과실은 매도인에게 속하고, 매수인은 목적물의 인도를 받은 날로부터 대금의 이자를 지급하여야 한다고 규정하고 있는바, 이는 매매당사자 사이의 형평을 꾀하기 위하여 매매목적물이 인도되지 아니하더라도 매수인이 대금을 완제한 때에는 그 시점 이후의 과실은 매수인에게 귀속되지만, 매매목적물이 인도되지 아니하고 또한 매수인이 대금을 완제하지 아니한 때에는 매도인의 이행지체가 있더라도 과실은 매도인에게 귀속되는 것이므로 매수인은 인도의무의 지체로 인한 손해배상금의 지급을 구할 수 없다(대판 2004. 4. 23, 2004다8210).

28 **특정물의 매매에서 별도의 특약이 없는 경우, 그 목적물이 매수인에게 인도되지 아니하였으면 매수인이 대금 지급을 지체하여도 매도인은 매수인에게 매매대금의 이자 상당액을 손해배상으로 청구할 수 없다.** 〈2015년 사법시험〉

해 설 특정물의 매매에 있어서 매수인의 대금지급채무가 이행지체에 빠졌다 하더라도 그 목적물이 매수인에게 인도될 때까지는 매수인은 매매대금의 이자를 지급할 필요가 없는 것이므로, 그 목적물의 인도가 이루어지지 아니하는 한 매도인은 매수인의 대금지급의무 이행의 지체를 이유로 매매대금의 이자 상당액의 손해배상 청구를 할 수 없다(대판 1995. 6. 30, 95다14190).

29 **매매계약에서 목적물에 대하여 권리를 주장하는 제3자가 있는 경우, 매수한 권리를 잃을 염려가 없어질 때까지 매수인은 자기의 의무이행을 거절할 수 있고, 그로 인한 지체책임을 지지 않는다.** 〈2007년 사법시험〉

해 설 민법 제588조 참조

정답 26. (○) 27-1. (×) 27-2. (×) 27-3. (○) 27-4. (○) 28. (○) 29. (○)

Ⅱ. 매도인의 담보책임

30 **다음 매도인의 담보책임에 관한 기술을 바르게 표시한 것은? (다만, (○)는 바름, (×) 틀림을 의미함)** 〈2004년 변리사 변형〉

ㄱ. 매매의 목적이 된 권리가 타인에게 속한 경우에는 매도인은 그 권리를 취득하여 매수인에게 이전하여야 하는데, 이 경우에 매도인이 그 권리를 취득하여 매수인에게 이전할 수 없는 때에는 매수인은 계약을 해제할 수 있다. 이 경우 매수인은 언제든지 손해배상을 청구할 수 있다.
ㄴ. 매도인이 계약당시에 매매의 목적이 된 권리가 자기에게 속하지 아니함을 알지 못한 경우에 그 권리를 취득하여 매수인에게 이전할 수 없는 때에는 매도인은 손해를 배상하고 계약을 해제할 수 있다.
ㄷ. 매매의 목적이 된 권리의 일부가 타인에게 속함으로 인하여 매도인이 그 권리를 취득하여 매수인에게 이전할 수 없는 때에는 매수인은 그 부분의 비율로 대금의 감액을 청구할 수 있다. 이 경우에 잔존한 부분만이면 매수인이 이를 매수하지 아니하였을 때에는 매수인은 선의·악의를 묻지 않고 계약전부를 해제할 수 있다.
ㄹ. 위의 'ㄷ'의 내용은 수량을 지정한 매매의 목적물이 부족되는 경우와 매매목적물의 일부가 계약당시에 이미 멸실된 경우에 매수인이 그 부족 또는 멸실을 알지 못한 때에도 적용된다.
ㅁ. 매매의 목적물이 지상권, 지역권, 전세권, 질권 또는 유치권의 목적이 된 경우에 매수인이 이를 알지 못한 때에는 이로 인하여 계약의 목적을 달성할 수 없는 경우에 한하여 매수인은 계약을 해제할 수 있다. 기타의 경우에는 손해배상만을 청구할 수 있다.

	ㄱ	ㄴ	ㄷ	ㄹ	ㅁ
①	(○)	(×)	(×)	(○)	(○)
②	(○)	(○)	(×)	(○)	(○)
③	(×)	(○)	(○)	(×)	(×)
④	(×)	(○)	(×)	(○)	(○)
⑤	(×)	(○)	(○)	(○)	(○)

해 설

ㄱ.(×) : 매수인이 선의인 경우에 한하여 손해배상청구권이 있다(제570조 단서).
ㄴ.(○) : 민법 제571조 제1항 참조
ㄷ.(×) : 선의의 매수인에 한하여 계약을 해제할 수 있다(제572조 제2항).
ㄹ.(○) : 민법 제574조 내용이다.
ㅁ.(○) : 민법 제575조 제1항(제한물권있는 경우와 매도인의 담보책임).

정답 30. ④

31 **A가 B에게 C 소유에 속하는 물건을 매도하였다. 이에 관한 다음의 설명 중 옳은 것은? (다툼이 있는 경우에는 판례에 의함)** 〈2007년 변리사〉

① A와 B 사이의 계약은 원시적 불능으로 무효이며, A에게 과실이 있는 경우 B는 A에게 손해배상을 청구할 수 있다.
② A가 C로부터 B에게 그 물건의 소유권을 이전해 줄 수 없게 되었다면 B는 그 물건이 C의 소유에 속하는 것임을 알았는지 여부에 관계없이 매매계약을 해제할 수 있다.
③ 그 물건이 C의 소유에 속하는 것임을 알지 못한 B는 계약해제와 아울러 손해배상을 청구할 수 있으며, 그 범위는 신뢰이익의 배상이다.
④ B가 그 물건이 C의 소유에 속하는 것임을 알고 있었다면 B는 더 이상 A에게 손해배상을 청구할 수 없다.
⑤ A가 그 물건이 자신의 소유에 속하는 것이 아님을 몰랐다면 A는 계약을 해제할 수 있지만, 이로 인해 B가 입은 손해는 B의 선의·악의를 불문하고 배상하여야 한다.

해 설

①(×) : 민법 569조가 타인의 권리의 매매를 유효로 규정한 것은 선의의 매수인의 신뢰 이익을 보호하기 위한 것이다(대판 1973. 10. 23, 73다268). ☞ 타인 권리매매는 주관적 불능에 불과하여 유효이고, 원시적 객관적 불능으로 무효가 되는 것이 아니다.
②(○) : 이른바 '전부 타인의 권리매매'로서(제570조), 그 담보책임의 내용은 계약의 목적을 달성할 수 없기 때문에 매수인의 해제권이 인정되는 바, 매수인의 선·악의를 불문하고 해제할 수 있으며, 나아가 해제권 발생요건으로 최고를 요하지도 않는다(통설).
③(×) : 판례는 손해배상의 범위에서 이행이익설을 취한다(대판 1967. 5. 18, 66다2618 전원합의체).
④(×) : 타인의 권리를 매매의 목적으로 한 경우에 있어서 그 권리를 취득하여 매수인에게 이전하여야 할 매도인의 의무가 매도인의 귀책사유로 인하여 이행불능이 되었다면 매수인이 매도인의 담보책임에 관한 민법 제570조 단서의 규정에 의해 손해배상을 청구할 수 없다 하더라도 채무불이행 일반의 규정(민법 제546조, 제390조)에 좇아서 계약을 해제하고 손해배상을 청구할 수 있다(대판 1993. 11. 23, 93다37328).
⑤(×) : 매도인도 선의라면 매수인이 입은 손해를 배상하고 매매계약을 해제할 수 있으며, 특히 매수인이 계약 당시 악의였다면 손해배상을 하지 아니하고 해제할 수 있다(제571조).

32 **매매계약에 관한 설명 중 옳은 것은? (다툼이 있는 경우에는 판례에 의함)** 〈2011년 변리사〉

① 매매 목적 부동산의 인도와 동시에 매매대금을 지급하기로 약정한 경우, 다른 약정이 없는 한, 매매대금은 매도인의 현주소에서 지급하여야 한다.
② 매수인이 매매대금을 완납하지 않은 상태에서 매도인이 인도의무를 지체하더라도 매수인은 목적물로부터 발생한 과실의 반환을 청구할 수 없다.
③ 매매계약을 체결한 토지의 실제면적이 계약면적에 미달하는 경우에는 원시적 불능에 의한 책임과 수량부족에 의한 매도인의 담보책임이 경합한다.
④ 일부 타인의 권리매매에 있어서 매도인을 상대로 한 대금감액청구권이 인정되기 위해서는 매수인이 선의·무과실이어야 한다.
⑤ 매매계약에 관한 비용은 다른 의사표시가 없으면 매수인이 부담한다.

정답 31. ② 32. ②

해 설

① (×) : 매매대금의 지급장소는 종류채무로서 특약·관습이 없는 때에는 지참채무의 원칙에 의하여 채권자인 매도인의 현주소에서 지급하는 것이 원칙이다(제467조 제2항). 그러나 매매의 목적물의 인도와 동시에 대금을 지급할 경우에는 제467조의 특칙으로서 그 인도장소에서 이를 지급하여야 한다(제586조).

② (○) : 민법 제587조에 의하면, 매매계약 있은 후에도 인도하지 아니한 목적물로부터 생긴 과실은 매도인에게 속하고, 매수인은 목적물의 인도를 받은 날로부터 대금의 이자를 지급하여야 한다고 규정하고 있는바, 이는 매매 당사자 사이의 형평을 꾀하기 위하여 매매목적물이 인도되지 아니하더라도 매수인이 대금을 완제한 때에는 그 시점 이후의 과실은 매수인에게 귀속되지만, 매매목적물이 인도되지 아니하고 또한 매수인이 대금을 완제하지 아니한 때에는 매도인의 이행지체가 있더라도 과실은 매도인에게 귀속되는 것이므로 매수인은 인도의무의 지체로 인한 손해배상금의 지급을 구할 수 없다(대판 2004. 4. 23, 2004다8210).

③ (×) : 부동산매매계약에 있어서 실제면적이 계약면적에 미달하는 경우에는 그 매매가 수량지정매매에 해당할 때에 한하여 민법 제574조, 제572조에 의한 대금감액청구권을 행사함은 별론으로 하고, 그 매매계약이 그 미달부분만큼 일부무효임을 들어 이와 별도로 일반부당이득반환청구를 하거나 그 부분의 원시적 불능을 이유로 민법 제535조가 규정하는 계약체결상의 과실에 따른 책임의 이행을 구할 수 없다(대판 2002. 4. 9, 99다47369).

④ (×) : 매매의 목적이 된 권리의 일부가 타인에게 속함으로 인하여 매도인이 그 권리를 취득하여 매수인에게 이전할 수 없는 때에는 매수인은 선의·악의 내지 과실 유무를 불문하고 그 부분의 비율로 대금의 감액을 청구할 수 있다(제572조 제1항).

⑤ (×) : 매매계약에 관한 비용은 당사자 쌍방이 균분하여 부담한다(제566조). 이는 변제비용(제473조)은 채무자가 부담하는 것과 비교된다.

33 甲은 乙소유의 토지를 3,000㎡로 알고 1㎡에 5만원씩 계산하여 1억 5천만원에 매수하였으나, 나중에 토지를 측량한 결과 2,700㎡이었다. 다음 설명으로 옳은 것은? (다툼이 있는 경우에는 판례에 의함) 〈2012년 변리사〉

① 甲과 乙이 면적을 매매가격을 정하는 가장 중요한 요소로 하여 이를 기준으로 가격을 정하였더라도, 매매계약서에 토지의 면적당 가격을 기재하지 않으면 수량을 지정한 매매로 볼 수 없다.
② 선의의 甲은 乙이 300㎡를 추후 취득하여 甲에게 이전할 수 없게 되었음이 확실하게 된 사실을 안 날로부터 1년 이내에 대금감액청구권을 행사할 수 있다.
③ 甲은 乙에게 원시적 일부불능임을 이유로 부당이득의 반환을 청구하거나 계약체결상의 과실 책임을 물을 수 있다.
④ 만일 甲이 위 토지를 경매법원에서 매각을 받아 측량한 결과 그 면적이 2,700㎡일 경우, 선의의 甲은 배당받은 채권자에게 1,500만원의 반환을 청구할 수 있다.
⑤ 甲이 계약체결시에 토지의 실제면적이 2,700㎡임을 알았더라도 甲은 계약의 해제나 손해배상청구를 할 수 있다.

해 설

① (×) : 매매는 기본적으로 낙성계약이기 때문에, 계약당사자가 면적의 가격을 정하는 여러 요소 중 가장 중요한 요소로 파악하고 그 객관적 수치를 기준으로 가격을 정한 경우, 매매계약서에 토지의 평당 가격을 기재하지 않았다 하더라도 수량을 지정한 매매에 해당한다(대판 1996. 4. 9, 95다48780).

② (○) : 수량지정매매에 있어서의 매도인의 담보책임에 기한 매수인의 대금감액청구권은 매수인이 사실을 안 날로부터 1년 이내에 행사하여야 하며, 여기서 매수인이 사실을 안 날이라 함은 단순히 권리의 일부가 타인에

정답 33. ②

게 속한 사실을 안 날이 아니라 그 때문에 매도인이 이를 취득하여 매수인에게 이전할 수 없게 되었음이 확실하게 된 사실을 안 날을 말한다(대판 1997. 6. 13, 96다15596 ; 대판 2002. 11. 8, 99다58136 등).

③ (×) : 부동산매매계약에 있어서 실제면적이 계약면적에 미달하는 경우에는 그 매매가 수량지정매매에 해당할 때에 한하여 민법 제574조, 제572조에 의한 대금감액청구권을 행사함은 별론으로 하고, 그 매매계약이 그 미달 부분만큼 일부 무효임을 들어 이와 별도로 일반 부당이득반환청구를 하거나 그 부분의 원시적 불능을 이유로 민법 제535조가 규정하는 계약체결상의 과실에 따른 책임의 이행을 구할 수 없다(분리론의 판례이다 ; 대판 2002. 4. 9, 99다47396).

④ (×) : 경매의 경우, 권리의 하자시 1차적으로 채무자가 책임을 지고, 채무자가 자력이 없는 때에는 경락인은 대금의 배당을 받은 채권자에 2차적으로 책임을 물을 수 있다(제578조).

⑤ (×) : 수량부족의 경우 담보책임은 매수인이 선의이어야 한다. 따라서 매수인이 악의인 경우에는 담보책임을 물을 수 없다(제574조).

34 매도인 甲과 매수인 乙사이에 체결된 매매계약의 담보책임에 관한 설명으로 옳지 않은 것을 모두 고른 것은? 〈2013년 변리사〉

〈보 기〉

ㄱ. 매매목적인 토지 전부가 제3자 丙의 소유인 경우, 甲이 그 토지를 취득하여 乙에게 이전하지 못하면 乙은 선의 또는 악의를 불문하고 매매계약을 해제 할 수 있다.

ㄴ. 매매목적인 토지 중의 일부가 제3자 丙의 소유인 경우, 甲이 그 권리를 취득하여 乙에게 이전할 수 없으면, 악의의 乙도 손해배상을 청구할 수 있다.

ㄷ. 종류로 지정된 매매목적물이 특정된 후 그 특정된 목적물에 하자가 있는 경우, 乙이 선의이고 무과실이라면 甲에 대하여 하자 없는 물건을 청구할 수 있다.

ㄹ. 甲이 변제기에 도달하지 않은 채권을 매도하면서 채무자의 자력을 담보한 경우, 계약체결 시의 자력을 담보한 것으로 추정한다.

① ㄱ, ㄴ ② ㄱ, ㄷ ③ ㄴ, ㄷ ④ ㄴ, ㄹ ⑤ ㄷ, ㄹ

해 설

ㄱ. (○) : 권리 전부가 타인에게 속하는 경우, 매도인이 그 권리를 취득하여 매수인에게 이전할 수 없는 때에는 매수인은 계약을 해제할 수 있다. 이 때 해제권은 매도인의 귀책사유 유무나 매수인의 선의·악의를 불문한다(제570조).

ㄴ. (×) : 권리 일부가 타인에게 속하는 경우 악의의 자는 손해배상을 청구할 수 없다(제572조 제3항).

ㄷ. (○) : 제581조 종류매매와 매도인의 담보책임의 내용이다. 즉 매매의 목적물을 종류로 지정한 경우, 매수인은 계약의 해제 또는 손해배상의 청구를 하지 아니하고 하자 없는 물건을 청구할 수 있다.

ㄹ. (×) : '체결시'가 아닌 '변제기'자력을 담보한 것으로 추정한다(제579조 제2항).

35 甲은 乙 소유건물을 丙에게 매도하였으나, 그 소유권을 취득하여 丙에게 이전 할 수 없게 되었다. 이에 관한 설명으로 옳은 것은? (다툼이 있으면 판례에 따름) 〈2015년 변리사〉

① 丙이 계약을 해제하려면 계약체결일로부터 1년 내에 행사하여야 한다.

정답 34. ④ 35. ②

② 계약체결 당시 丙이 악의의 경우에도 丙은 계약을 해제할 수 있다.
③ 甲이 선의였다면, 甲과 丙의 계약은 원시적 불능으로서 무효이다.
④ 甲의 귀책사유로 건물이 소실되었더라도, 丙은 채무불이행의 일반규정에 의하여 계약을 해제하고 손해배상을 청구할 수는 없다.
⑤ 丙이 甲의 기망에 의하여 乙의 건물을 甲소유로 알고 매수의 의사표시를 한 경우, 丙은 乙의 건물인 줄 알았더라면 매수하지 아니하였을 때에도 사기를 이유로 그 의사표시를 취소할 수 없다.

해 설

① (×), ② (○) : 권리전부가 타인에게 속하는 경우, 매도인의 담보책임이다(제570조). 계약해제는 선악불문하고, 손해배상은 선의인 경우이다. 그리고 제척기간이 없는 점이 본조항의 특징이다. 따라서 丙이 계약을 해제하려 할 때 제척기간이 없고, 계약체결 당시 매수인 丙이 악의의 경우에도 丙은 계약을 해제할 수 있는 것이다.
③ (×) : 권리전부가 타인에게 속한 경우를 원시적 전부불능(무효)로 보지 않고, 주관적 불능(유효)으로 이해함이 통설과 판례이다. 따라서 甲과 丙의 계약은 원시적 불능이 아니다.
④ (×) : 중요한 담보책임과 채무불이행책임의 경합문제이다. 판례는 특히 권리의 하자 중 권리전부가 타인에 속하는 경우 이를 긍정한다. 따라서 甲의 귀책사유로 건물이 소실되었더라도, 丙은 채무불이행의 일반규정에 의하여 계약을 해제하고 손해배상을 청구할 수 있다(대판 1993. 11. 23, 93다37328).
⑤ (×) : 담보책임과 사기의 경합문제이다. 따라서 丙이 甲의 기망에 의하여 乙의 건물을 甲소유로 알고 매수의 의사표시를 한 경우, 丙은 乙의 건물인 줄 알았더라면 매수하지 아니하였을 때에는 사기를 이유로 그 의사표시를 취소할 수 있다(대판 1973. 10. 23, 73다268).

36 **매도인의 담보책임에 관한 설명으로 옳지 않은 것은? (다툼이 있으면 판례에 따름)** 〈2015년 변리사〉

① 건축을 목적으로 매매된 토지에 대하여 법률상 건축허가를 받을 수 없어 건축이 불가능한 경우, 이는 매매목적물의 하자에 해당하고, 그 하자의 존부는 매매계약 성립시를 기준으로 판단한다.
② 타인의 권리를 매도한 자가 권리이전을 할 수 없게 된 때에는 매도인은 선의의 매수인에 대하여 계약체결 당시의 시가를 표준으로 그 계약이 완전히 이행된 것과 동일한 경제적 이익을 배상할 의무가 있다.
③ 매매목적물의 하자로 인하여 확대손해 내지 2차 손해가 발생하였다는 이유로 매도인에게 그 확대손해에 대한 배상책임을 묻기 위해서는 매도인에게 귀책사유가 인정될 수 있어야만 한다.
④ 하자담보책임에 따른 손해배상에 있어서 하자발생 및 그 확대에 가공한 매수인의 잘못을 참작하여 손해배상의 범위를 정할 수 있다.
⑤ 매매의 목적이 된 부동산에 설정된 저당권 또는 전세권의 행사로 인하여 매수인이 그 소유권을 취득할 수 없거나 취득한 소유권을 잃은 때에는 매수인은 계약을 해제할 수 있다.

해 설

① (○) : 법률상 장애와 관련된 담보책임의 문제이다. 이 경우 물건의 하자인지, 권리의 하지인지 문제되며, 그 판단시점의 문제도 중요하다. 판례는 "건축을 목적으로 매매된 토지에 대하여 법률상 건축허가를 받을 수 없어 건축이 불가능한 경우, 이는 매매목적물의 하자에 해당하고, 그 하자의 존부는 매매계약 성립시를 기준으로 판단한다."는 것이다(대판 2000. 1. 18, 98다18506).
② (×) : 권리전부가 타인에게 속하는 경우, 담보책임과 채무불이행책임의 경합을 긍정하는 것이 판례이기 때문에 이행이익배상을 긍정한다. 따라서 타인의 권리를 매도한 자가 권리이전을 할 수 없게 된 때에는 매도인은

정 답 36. ②

선의의 매수인에 대하여 '계약체결 당시의 시가'가 아닌 '불능당시'를 표준으로 이행이익배상을 인정한다. 즉 선의의 매수인에 대한 매도인의 손해배상의 산정은 원칙적으로 매매의 목적이 된 권리를 취득하여 이전함이 불능하게 된 때의 시가를 표준으로 하여 결정하여야 한다(대판 1981. 6. 9, 80다417).

③ (○) : 매도인이 매수인에게 공급한 부품이 통상의 품질이나 성능을 갖추고 있는 경우, 나아가 내한성이라는 특수한 품질이나 성능을 갖추고 있지 못하여 하자가 있다고 인정할 수 있기 위하여는, 매수인이 매도인에게 완제품이 사용될 환경을 설명하면서 그 환경에 충분히 견딜 수 있는 내한성 있는 부품의 공급을 요구한 데 대하여, 매도인이 부품이 그러한 품질과 성능을 갖춘 제품이라는 점을 명시적으로나 묵시적으로 보증하고 공급하였다는 사실이 인정되어야만 할 것이고, 특히 매매목적물의 하자로 인하여 확대손해 내지 2차 손해가 발생하였다는 이유로 매도인에게 그 확대손해에 대한 배상책임을 지우기 위하여는 채무의 내용으로 된 하자 없는 목적물을 인도하지 못한 의무위반사실 외에 그러한 의무위반에 대하여 매도인에게 귀책사유가 인정될 수 있어야만 한다(대판 1997. 5. 7, 96다39455).

④ (○) : 민법 제581조, 제580조에 기한 매도인의 하자담보책임은 법이 특별히 인정한 무과실책임으로서 여기에 민법 제396조의 과실상계 규정이 준용될 수는 없다 하더라도, 담보책임이 민법의 지도이념인 공평의 원칙에 입각한 것인 이상 하자 발생 및 그 확대에 가공한 매수인의 잘못을 참작하여 손해배상의 범위를 정함이 상당하다(대판 1995. 6. 30, 94다23920).

⑤ (○) : 권리의 하자 중 담보물권의 하자이다. 매매의 목적이 된 부동산에 설정된 저당권 또는 전세권의 행사로 인하여 매수인이 그 소유권을 취득할 수 없거나 취득한 소유권을 잃은 때에는 매수인은 계약을 해제할 수 있다(제576조).

37 **매도인의 담보책임에 관한 설명으로 옳지 않은 것은? (다툼이 있으면 판례에 따름)** 〈2018년 변리사〉

① 甲이 변제기에 도달하지 않은 채권을 乙에게 매도하면서 그 채무자의 자력을 담보한 경우, 甲은 변제기의 자력을 담보한 것으로 추정한다.

② 甲의 채권자 丙이 甲소유의 물건에 흠결이 있다는 것을 안 상태에서 담보권 실행을 위한 경매를 신청하였고 乙이 그 물건을 경락받은 경우, 乙은 그 물건에 흠결이 있음을 이유로 丙에게 손해배상을 청구할 수 없다.

③ 매수인 乙이 매도인 甲으로부터 취득한 목적물에 대한 소유권을 제3자의 저당권의 실행으로 잃게 된 경우, 乙은 매매의 목적물에 저당권이 설정되어 있다는 사실을 계약체결 당시에 알고 있었더라도 甲과의 계약을 해제할 수 있다.

④ 매도인 甲이 계약을 체결할 당시에 매매목적물에 대한 소유권이 자신에게 속하지 않는다는 사실을 알지 못하였고, 그 소유권을 취득하여 매수인 乙에게 이전할 수 없는 경우, 甲은 손해를 배상하고 乙과의 계약을 해제할 수 있다.

⑤ 가압류의 목적이 된 부동산을 甲으로부터 매수한 乙이 그 가압류에 기한 강제집행으로 소유권을 상실하였고, 그로 인해 손해를 입은 경우, 乙은 계약체결 당시에 가압류의 존재를 알고 있었더라도 손해배상을 청구할 수 있다.

해 설

① (○) : 민법 제579조 제2항 참조

② (×) : 민법 제578조(경매와 매도인의 담보책임) ① 경매의 경우에는 경락인은 전8조의 규정에 의하여 채무자에게 계약의 해제 또는 대금감액의 청구를 할 수 있다. ② 전항의 경우에 채무자가 자력이 없는 때에는 경락인은 대금의 배당을 받은 채권자에 대하여 그 대금전부나 일부의 반환을 청구할 수 있다. ③전2항의 경우에 채무

정답 37. ②

자가 물건 또는 권리의 흠결을 알고 고지하지 아니하거나 채권자가 이를 알고 경매를 청구한 때에는 경락인은 그 흠결을 안 채무자나 채권자에 대하여 손해배상을 청구할 수 있다.
③ (○) : 민법 제576조 제1항 참조
④ (○) : 민법 제571조 제1항 참조
⑤ (○) : 가압류 목적이 된 부동산을 매수한 사람이 그 후 가압류에 기한 강제집행으로 부동산 소유권을 상실하게 되었다면 이는 매매의 목적 부동산에 설정된 저당권 또는 전세권의 행사로 인하여 매수인이 취득한 소유권을 상실한 경우와 유사하므로, 이와 같은 경우 매도인의 담보책임에 관한 민법 제576조의 규정이 준용된다고 보아 매수인은 같은 조 제1항에 따라 매매계약을 해제할 수 있고, 같은 조 제3항에 따라 손해배상을 청구할 수 있다고 보아야 한다(대판 2011. 5. 13, 2011다1941).

38 **매도인의 담보책임에 관한 설명으로 옳지 않은 것은? (다툼이 있으면 판례에 따름)** 〈2021년 변리사〉

① 수량지정매매에 해당하는 부동산매매계약에서 실제면적이 계약면적에 미달하는 경우, 매수인은 대금감액청구권의 행사와 별도로 부당이득반환청구도 할 수 있다.
② 타인의 권리를 매매한 자가 그 권리를 이전할 수 없게 된 경우, 매도인은 선의의 매수인에 대하여 불능 당시의 시가를 표준으로 이행이익을 배상할 의무가 있다.
③ 매매계약 내용의 중요부분에 착오가 있는 경우, 매수인은 매도인의 하자담보책임이 성립하는지와 상관없이 착오를 이유로 그 매매계약을 취소할 수 있다.
④ 매수인이 하자의 발생과 확대에 잘못이 있는 경우, 법원은 매도인의 손해배상액을 산정함에 있어 매수인의 과실을 직권으로 참작하여 그 범위를 정해야 한다.
⑤ 저당권이 설정된 부동산의 매수인이 저당권의 행사로 그 소유권을 취득할 수 없는 경우, 악의의 매수인이라도 특별한 사정이 없는 한 계약을 해제할 수 있다.

해설

① (×) : 부동산매매계약에 있어서 실제면적이 계약면적에 미달하는 경우에는 그 매매가 수량지정매매에 해당할 때에 한하여 민법 제574조, 제572조에 의한 대금감액청구권을 행사함은 별론으로 하고, 그 매매계약이 그 미달 부분만큼 일부 무효임을 들어 이와 별도로 일반 부당이득반환청구를 하거나 그 부분의 원시적 불능을 이유로 민법 제535조가 규정하는 계약체결상의 과실에 따른 책임의 이행을 구할 수 없다(대판 2002. 4. 9, 99다47396).
② (○) : 타인의 권리를 매매한 자가 권리이전을 할 수 없게 된 때에는 매도인은 선의의 매수인에 대하여 불능 당시의 시가를 표준으로 그 계약이 완전히 이행된 것과 동일한 경제적 이익을 배상할 의무가 있다(대판 1967. 5. 18, 66다2618 전원합의체).
③ (○) : 착오로 인한 취소 제도와 매도인의 하자담보책임 제도는 취지가 서로 다르고, 요건과 효과도 구별된다. 따라서 매매계약 내용의 중요 부분에 착오가 있는 경우 매수인은 매도인의 하자담보책임이 성립하는지와 상관없이 착오를 이유로 매매계약을 취소할 수 있다(대판 2018. 9. 13, 2015다78703).
④ (○) : 가. 민법 제581조, 제580조에 기한 매도인의 하자담보책임은 법이 특별히 인정한 무과실책임으로서 여기에 민법 제396조의 과실상계 규정이 준용될 수는 없다 하더라도, 담보책임이 민법의 지도이념인 공평의 원칙에 입각한 것인 이상 하자 발생 및 그 확대에 가공한 매수인의 잘못을 참작하여 손해배상의 범위를 정함이 상당하다. 나. 하자담보책임으로 인한 손해배상 사건에 있어서 배상 권리자에게 그 하자를 발견하지 못한 잘못으로 손해를 확대시킨 과실이 인정된다면 법원은 손해배상의 범위를 정함에 있어서 이를 참작하여야 하며, 이 경우 손해배상의 책임을 다투는 배상 의무자가 배상 권리자의 과실에 따른 상계 항변을 하지 않더라도 소송에 나타난 자료에 의하여 그 과실이 인정되면 법원은 직권으로 이를 심리·판단하여야 한다(대판 1995. 6. 30, 94다23920).

정답 38. ①

⑤ (○) : 매매의 목적이 된 부동산에 설정된 저당권 또는 전세권의 행사로 인하여 매수인이 그 소유권을 취득할 수 없거나 취득한 소유권을 잃은 때에는 매수인은 계약을 해제할 수 있다(민법 제576조 제1항). ☞ 제576조의 담보책임의 경우 다른 유형의 담보책임과는 달리 해제든 손해배상이든 매수인의 선·악을 불문하고 인정된다.

39 **甲은 乙로부터 800㎡의 X토지를 5천만 원에 매수하여 건물을 신축하기 위한 건축허가를 받았다. 이후 甲은 건물신축을 위한 굴착공사를 하다가 1m 깊이에 300톤의 폐기물이 매립되어 있는 것을 발견하였고, 이를 처리하기 위해 6천만 원을 지출하였다. 이에 관한 설명으로 옳지 않은 것은? (다툼이 있으면 판례에 따름)** 〈2022년 변리사〉

① 특별한 사정이 없는 한 乙은 X토지의 객관적 하자뿐만 아니라 주관적 하자에 대해서도 하자담보책임을 부담한다.
② 폐기물로 인해 X토지에 하자가 인정되는 경우, 하자담보책임으로 인한 손해배상청구권은 甲이 X토지를 인도받은 때 발생한다.
③ X토지에 매립된 폐기물로 인해 乙에게 하자담보책임과 채무불이행책임이 모두 인정되는 경우, 특별한 사정이 없는 한 甲은 채무불이행책임에 따른 손해배상청구만 가능하다.
④ 폐기물로 인해 X토지에 하자가 인정되는 경우, 폐기물처리비용이 매매대금을 초과한다는 사정은 원칙적으로 채무불이행으로 인한 甲의 손해배상청구권 행사에 장애가 되지 않는다.
⑤ 乙이 X토지에 폐기물을 불법으로 매립하였음에도 이를 처리하지 않은 상태에서 그 토지를 甲에게 매도한 경우, 특별한 사정이 없는 한 이는 甲에 대한 위법행위로서 불법행위가 성립할 수 있다.

해 설

① (○) : 매매의 목적물이 거래통념상 기대되는 객관적 성질이나 성능을 갖추지 못한 경우 또는 당사자가 예정하거나 보증한 성질을 갖추지 못한 경우에 매도인은 민법 제580조에 따라 매수인에게 그 하자로 인한 담보책임을 부담한다(대판 2021. 4. 8, 2017다202050). ☞ 전자가 객관적 하자, 후자가 주관적 하자에 해당한다.

② (○) : 하자담보책임으로 인한 손해배상청구권은 매수인이 매매 목적물을 인도받은 때 발생한다(대판 2021. 4. 8, 2017다202050).

③ (×) : 매매의 목적물에 하자가 있는 경우 매도인의 하자담보책임과 채무불이행책임은 별개의 권원에 의하여 경합적으로 인정된다. 이 경우 특별한 사정이 없는 한 하자를 보수하기 위한 비용은 매도인의 하자담보책임과 채무불이행책임에서 말하는 손해에 해당한다. 따라서 매매 목적물인 토지에 폐기물이 매립되어 있고 매수인이 폐기물을 처리하기 위해 비용이 발생한다면 매수인은 그 비용을 민법 제390조에 따라 채무불이행으로 인한 손해배상으로 청구할 수도 있고, 민법 제580조 제1항에 따라 하자담보책임으로 인한 손해배상으로 청구할 수도 있다(대판 2021. 4. 8, 2017다202050).

④ (○) : 폐기물처리비용이 매매대금을 초과한다는 사정은 원고의 손해배상청구권 행사에 아무런 장애가 되지 않는다(대판 2004. 7. 22, 2002다51586).

⑤ (○) : 토지의 소유자라 하더라도 토양오염물질을 토양에 누출·유출하거나 투기·방치함으로써 토양오염을 유발하였음에도 오염토양을 정화하지 않은 상태에서 오염토양이 포함된 토지를 거래에 제공함으로써 유통되게 하거나, 토지에 폐기물을 불법으로 매립하였음에도 처리하지 않은 상태에서 토지를 거래에 제공하는 등으로 유통되게 하였다면, 다른 특별한 사정이 없는 한 이는 거래의 상대방 및 토지를 전전 취득한 현재의 토지 소유자에 대한 위법행위로서 불법행위가 성립할 수 있다(대판 2016. 5. 19, 2009다66549).

정답 39. ③

40 **매도인의 담보책임에 관한 설명으로 옳은 것을 모두 고른 것은? (특별한 사정은 없으며, 다툼이 있으면 판례에 따름)** 〈2024년 변리사〉

ㄱ. 타인의 권리의 매매에서 매도인이 그 권리를 매수인에게 이전할 수 없게된 경우, 매도인의 손해배상액은 이행불능 당시의 목적물의 시가를 기준으로 산정한다.
ㄴ. 매매목적물의 일부가 계약 당시에 이미 멸실되어 매도인이 그 부분을 이전할 수 없는 경우, 악의의 매수인은 대금감액을 청구할 수 없다.
ㄷ. 매매목적물이 유치권의 목적이 되어 있는 경우, 계약의 목적을 달성할 수 있더라도 선의의 매수인은 계약을 해제할 수 있다.
ㄹ. 매매당사자가 건축을 위해 매매한 토지에 대하여 건축허가를 받을 수 없어 건축이 불가능한 경우는 물건의 하자에 해당하며, 하자의 존부는 매매계약성립시를 기준으로 판단한다.

① ㄱ, ㄴ ② ㄴ, ㄹ ③ ㄷ, ㄹ ④ ㄱ, ㄴ, ㄹ ⑤ ㄱ, ㄴ, ㄷ, ㄹ

해설

ㄱ. (○) : 타인의 권리를 매매한 자가 권리이전을 할수 없게 된 때에는 매도인은 선의의 매수인에 대하여 **불능 당시의 시가**를 표준으로 그 계약이 완전히 이행된 것과 동일한 경제적 이익을 배상할 의무가 있다[대판(전합) 1967. 5. 18, 66다2618].

ㄴ. (○) : 전2조의 규정은 수량을 지정한 매매의 목적물이 부족되는 경우와 매매목적물의 일부가 계약당시에 이미 멸실된 경우에 매수인이 그 부족 또는 멸실을 **알지 못한 때에** 준용한다(민법 제574조). ☞ 일부타인권리 매매(제572조)의 경우와 달리 수량부족, 일부멸실의 경우 매수인이 선의인 경우에만 대금감액청구권을 행사할 수 있다.

ㄷ. (×) : 매매의 목적물이 지상권, 지역권, 전세권, 질권 또는 유치권의 목적이 된 경우에 매수인이 이를 알지 못한 때에는 이로 인하여 계약의 목적을 달성할 수 없는 경우에 한하여 매수인은 계약을 해제할 수 있다. 기타의 경우에는 손해배상만을 청구할 수 있다(민법 제575조 제1항).

ㄹ. (○) : 건축을 목적으로 매매된 토지에 대하여 건축허가를 받을 수 없어 건축이 불가능한 경우, 위와 같은 법률적 제한 내지 장애 역시 매매목적물의 하자에 해당한다 할 것이나, 다만 위와 같은 하자의 존부는 매매계약성립시를 기준으로 판단하여야 할 것이다(대판 2000. 1. 18, 98다18506).

41 **매도인의 담보책임에 관한 설명 중 옳은 것은? (다툼이 있는 경우 판례에 의함)** 〈2017년 변호사시험〉

① 甲은 자기 소유 17필지의 토지에 대하여 일괄하여 매매대금을 정하고 乙에게 매도하였으나 그 중 2필지가 타인 소유로 밝혀진 경우 매도인 甲이 그 2필지만에 대하여 매매계약을 해제할 수 있다.
② 매매목적물의 하자로 인하여 확대손해가 발생하였다는 이유로 매도인에게 그 확대손해에 대한 배상책임을 지우기 위하여는 채무의 내용으로 된 하자 없는 목적물을 인도하지 못한 의무위반 사실 외에 그러한 의무위반에 대한 매도인의 귀책사유는 요구되지 않는다.
③ 매매목적물의 하자가 경미하여 수선 등의 방법으로도 계약의 목적을 달성하는 데 별다른 지장이 없고, 매도인에게 하자 없는 물건의 급부의무를 지우면 다른 구제방법에 비하여 매도인에게 현저한 불이익이 발생되는 경우라도 공평의 원칙상 매수인의 완전물급부청구권의 행사를 제한할 수 없다.
④ 매매의 목적이 된 권리가 타인에게 속하여 매도인이 그 권리를 취득하여 매수인에게 이전할 수 없

정답 40. ④ 41. ⑤

게 된 경우, 그 권리가 타인에게 속함을 알지 못한 매수인이 매도인에게 배상을 청구할 수 있는 손해에는 매수인이 얻을 수 있었던 이익의 상실은 포함되지 않는다.

⑤ 평형별 세대당 건물 및 공유대지가 일정한 면적을 가지고 있다는 데 주안을 두고 대금을 그 면적을 기준으로 정한 아파트 분양계약에서 분양자가 공유대지 면적의 일부를 이전할 수 없게 되었고, 그 일부 이행불능이 분양계약 체결 당시 존재한 사유에 의한 경우, 수분양자는 분양자에게 부족한 면적비율에 따라 대금감액을 청구할 수 있다.

해설

① (×) : 민법 제571조 제1항은 선의의 매도인이 매매의 목적인 권리의 전부를 이전할 수 없는 경우에 적용될 뿐 매매의 목적인 권리의 일부를 이전할 수 없는 경우에는 적용될 수 없고, 마찬가지로 수 개의 권리를 일괄하여 매매의 목적으로 정하였으나 그 중 일부의 권리를 이전할 수 없는 경우에도 위 조항은 적용될 수 없다(대판 2004. 12. 9, 2002다33557).

> **[보충지문] 계약 당시 매매의 목적이 된 권리가 자기에게 속하지 않음을 알지 못한 매도인이 그 권리를 취득하여 매수인에게 이전할 수 없는 때에 매도인이 그 손해를 배상하고 계약을 해제할 수 있도록 규정한 민법 제571조 제1항은 매매의 목적이 된 권리 전부를 이전할 수 없게 된 경우뿐만 아니라 매매의 목적인 권리 일부를 이전할 수 없는 경우에도 마찬가지로 적용될 수 있다(×).** 〈2019년 법원행시〉

② (×) : 매매목적물의 하자로 인한 확대손해에 대하여 매도인에게 배상책임을 지우기 위해서는 하자 없는 목적물을 인도하지 못한 의무위반 사실 외에 그러한 의무위반에 대하여 매도인에게 귀책사유가 있어야 한다(대판 2003. 7. 22, 2002다35676).

③ (×) : 종류매매에서 매수인이 가지는 완전물급부청구권을 제한 없이 인정하는 경우에는 오히려 매도인에게 지나친 불이익이나 부당한 손해를 주어 등가관계를 파괴하는 결과를 낳을 수 있다. 따라서 매매목적물의 하자가 경미하여 수선 등의 방법으로도 계약의 목적을 달성하는 데 별다른 지장이 없는 반면 매도인에게 하자 없는 물건의 급부의무를 지우면 다른 구제방법에 비하여 지나치게 큰 불이익이 매도인에게 발생되는 경우와 같이 하자담보의무의 이행이 오히려 공평의 원칙에 반하는 경우에는, 완전물급부청구권의 행사를 제한함이 타당하다(대판 2014. 5. 16, 2012다72582).

④ (×) : 타인의 권리를 매매한 자가 권리이전을 할 수 없게 된 때에는 매도인은 선의의 매수인에 대하여 불능당시의 시가를 표준으로 그 계약이 완전히 이행된 것과 동일한 경제적 이익을 배상할 의무가 있다(대판 1967. 5. 18, 66다2618 전원합의체).

⑤ (○) : [1] 목적물이 일정한 면적(수량)을 가지고 있다는 데 주안을 두고 대금도 면적을 기준으로 하여 정하여지는 아파트분양계약은 이른바 수량을 지정한 매매라 할 것이다. [2] 아파트 분양시 공유대지면적을 지정한 아파트 분양계약을 수량지정매매로 보아 공유대지면적을 부족하게 이전해 준 경우 민법 제574조에 의한 대금감액청구권을 인정한 사례(대판 2002. 11. 8, 99다58136).

42 甲 소유인 A 토지에 대하여 乙이 등기관계서류를 위조하여 자신의 명의로 소유권이전등기를 마쳤다. 그 후 乙은 丙에게, 丙은 丁에게, 丁은 戊에게 A 토지를 순차로 매도하였고 이를 원인으로 한 각 소유권이전등기가 마쳐졌다. 이에 관한 설명 중 옳은 것은? (다툼이 있는 경우 판례에 의함) 〈2018년 변호사시험〉

① 타인의 권리의 매매에서 매도인의 담보책임에 관한 「민법」 제571조 제1항에 따른 계약해제의 효과로 발생하는 매도인의 손해배상의무와 매수인의 토지인도의무 사이에는 동시이행관계가 없다.

정답 42. ④

② 甲이 乙, 丙, 丁, 戊를 상대로 소유권이전등기말소청구의 소를 제기하는 경우, 이는 필수적 공동소송이다.

③ 丙 명의로 등기하여 등기부취득시효의 요건을 갖춘 기간이 5년, 丁 명의로 등기하여 등기부취득시효의 요건을 갖춘 기간이 3년, 戊 명의로 등기하여 등기부취득시효의 요건을 갖춘 기간이 3년일 때, 위 ②의 소에서 戊가 등기부취득시효의 완성을 주장하는 것은 받아들여질 수 없다.

④ 위 ②의 소에서 丁과 戊 명의의 소유권이전등기의 말소를 명한 판결이 확정됨으로써 丁의 戊에 대한 소유권이전의무가 이행불능되어 戊에게 손해가 발생한 경우, 그 손해배상액 산정의 기준시점은 위 판결이 확정된 때이다.

⑤ 위 ④와 같이 戊에게 손해가 발생한 경우, 戊는 丁을 대위하여 丙에 대하여 손해배상청구를 할 수 없다.

해 설

①(×) : 민법 제571조에 의한 계약해제의 경우에도 매도인의 손해배상의무와 매수인의 대지인도의무는 발생원인이 다르다 하더라도 이행의 견련관계는 양 의무에도 그대로 존재하므로 양 의무 사이에는 동시이행관계가 있다고 인정함이 공평의 원칙에 합치한다(대판 1993. 4. 9, 92다25946).

②(×) : 순차로 마쳐진 소유권이전등기에 관하여 각 말소등기절차의 이행을 청구하는 소송은 보통공동소송이므로 그 중 어느 한 등기명의자만을 상대로 말소를 구할 수 있고, 최종 등기명의자에게 등기말소를 구할 수 있는지와 관계없이 중간의 등기명의자에게 등기말소를 구할 소의 이익이 있다(대판 2017. 9. 12, 2015다242849).

③(×) : 등기부취득시효에 관한 민법 제245조 제2항의 규정에 위하여 소유권을 취득하는 자는 10년간 반드시 그의 명의로 등기되어 있어야 하는 것은 아니고 앞 사람의 등기까지 아울러 그 기간 동안 부동산의 소유자로 등기되어 있으면 된다고 할 것이다(대판 1989. 12. 26, 87다카2176 전원합의체).

④(○) : 부동산을 매수하고 소유권이전등기까지 넘겨받았지만 진정한 소유자가 제기한 등기말소청구소송에서 매도인과 매수인 앞으로 된 소유권이전등기의 말소를 명한 판결이 확정됨으로써 매도인의 소유권이전의무가 이행 불능된 경우, 그 손해배상액 산정의 기준시점은 위 판결이 확정된 때이다(대판 1993. 4. 9, 92다25946).
☞ 타인의 권리를 매매한 자가 권리 이전을 할 수 없게 된 때에는 매도인은 선의의 매수인에게 이행불능 당시를 표준으로 한 이행이익 상당을 배상하여야 한다(대판 1979. 4. 24, 77다2290). 사안의 경우 甲이 제기한 등기말소청구소송에서 丁과 戊 앞으로 된 소유권이전등기의 말소를 명한 판결이 확정됨으로써 丁의 戊에 대한 소유권이전의무가 이행불능이 된 것이므로 손해배상액 산정의 기준시점은 '판결이 확정된 때'가 된다.

⑤(×) : 민법 제404조, 민법 제570조 참조

43 매도인의 담보책임에 관한 설명 중 옳지 않은 것은? (다툼이 있는 경우 판례에 의함)

〈2020년 변호사시험〉

① 매매목적물의 하자로 인하여 확대손해 내지 2차 손해가 발생하였다는 이유로 매도인에게 그 확대손해에 대한 배상책임을 지우기 위하여는, 채무의 내용으로 된 하자 없는 목적물을 인도하지 못한 의무위반사실 외에 그 의무위반에 대한 매도인의 귀책사유가 인정되어야 한다.

② 강제경매절차에서 매수인이 부동산을 매각받아 대금을 완납하고 그 앞으로 소유권이전등기를 마쳤으나 강제경매의 기초가 된 채무자 명의의 소유권이전등기가 원인무효이어서 강제경매절차가 무효로 된 경우, 그 매수인은 「민법」 제578조 제1항, 제2항에 따라 경매의 채무자나 채권자에게 담보책임을 물을 수 있다.

③ 타인의 권리 매매에서 매도인이 권리를 취득하여 매수인에게 이전하여야 할 의무가 매도인의 귀책

정답 43. ②

사유로 인하여 이행불능이 되었다면, 매수인은 채무불이행 일반의 규정(「민법」 제546조, 제390조)에 따라 계약을 해제하고 손해배상을 청구할 수 있다.

④ 토지의 매매에 있어 목적물을 등기부상 평수에 따라 특정한 경우라도 당사자가 그 지정된 구획을 전체로서 평가하였고 평수에 의한 계산이 대상토지를 특정하고 그 대금을 결정하기 위한 방편에 불과하였다면, 그 매매는 「민법」 제574조에서 규정하는 '수량을 지정한 매매'라고 할 수 없다.

⑤ 매매목적물의 하자가 경미하여 수선 등의 방법으로도 계약의 목적을 달성하는 데 별다른 지장이 없는 반면 매도인에게 하자 없는 물건의 급부의무를 지우면 다른 구제방법에 비하여 지나치게 큰 불이익이 매도인에게 발생되는 경우에는 매수인의 완전물급부청구권 행사를 제한할 수 있다.

해 설

① (○) : 매수인이 확대손해 내지 2차 손해가 발생하였다는 이유로 매도인에게 그 확대손해에 대한 배상책임을 지우기 위하여는 채무의 내용으로 된 하자 없는 목적물을 인도하지 못한 의무위반사실 외에 그러한 의무위반에 대하여 매도인에게 귀책사유가 인정될 수 있어야만 한다(대판 1997. 5. 7, 96다39455 ; 대판 2003. 7. 22, 2002다35676).

② (×) : 경락인이 강제경매절차를 통하여 부동산을 경락받아 대금을 완납하고 그 앞으로 소유권이전등기까지 마쳤으나, 그 후 강제경매절차의 기초가 된 채무자 명의의 소유권이전등기가 원인무효의 등기이어서 경매 부동산에 대한 소유권을 취득하지 못하게 된 경우, 이와 같은 강제경매는 무효라고 할 것이므로 경락인은 경매 채권자에게 경매대금 중 그가 배당받은 금액에 대하여 일반 부당이득의 법리에 따라 반환을 청구할 수 있고, 민법 제578조 제1항, 제2항에 따른 경매의 채무자나 채권자의 담보책임은 인정될 여지가 없다(대판 2004. 6. 24, 2003다59259).

③ (○) : 타인의 권리를 매매의 목적으로 한 경우에 있어서 그 권리를 취득하여 매수인에게 이전하여야 할 매도인의 의무가 매도인의 귀책사유로 인하여 이행불능이 되었다면 매수인이 매도인의 담보책임에 관한 민법 제570조 단서의 규정에 의해 손해배상을 청구할 수 없다 하더라도 채무불이행 일반의 규정(민법 제546조, 제390조)에 좇아서 계약을 해제하고 손해배상을 청구할 수 있다(대판 1993. 11. 23, 93다37328).

④ (○) : 민법 제574조에서 규정하는 '수량을 지정한 매매'라 함은 당사자가 매매의 목적인 특정물이 일정한 수량을 가지고 있다는 데 주안을 두고 대금도 그 수량을 기준으로 하여 정한 경우를 말하는 것이므로, 토지의 매매에 있어 목적물을 등기부상의 면적에 따라 특정한 경우라도 당사자가 그 지정된 구획을 전체로서 평가하였고 면적에 의한 계산이 하나의 표준에 지나지 아니하여 그것이 당사자들 사이에 대상토지를 특정하고 그 대금을 결정하기 위한 방편이었다고 보일 때에는 이를 가리켜 수량을 지정한 매매라 할 수 없다(대판 2003. 1. 24, 2002다65189).

⑤ (○) : 민법의 하자담보책임에 관한 규정은 매매라는 유상·쌍무계약에 의한 급부와 반대급부 사이의 등가관계를 유지하기 위하여 민법의 지도이념인 공평의 원칙에 입각하여 마련된 것인데, 종류매매에서 매수인이 가지는 완전물급부청구권을 제한 없이 인정하는 경우에는 오히려 매도인에게 지나친 불이익이나 부당한 손해를 주어 등가관계를 파괴하는 결과를 낳을 수 있다. 따라서 매매목적물의 하자가 경미하여 수선 등의 방법으로도 계약의 목적을 달성하는 데 별다른 지장이 없는 반면 매도인에게 하자 없는 물건의 급부의무를 지우면 다른 구제방법에 비하여 지나치게 큰 불이익이 매도인에게 발생되는 경우와 같이 하자담보의무의 이행이 오히려 공평의 원칙에 반하는 경우에는, 완전물급부청구권의 행사를 제한함이 타당하다(대판 2014. 5. 16, 2012다72582).

44 「민법」상 매도인의 담보책임에 관한 설명 중 옳지 않은 것은? (다툼이 있는 경우 판례에 의함)

〈2022년 변호사시험〉

① 경매절차의 무효로 경매 부동산의 소유권을 취득하지 못한 매수인은 매매대금을 배당받은 경매 채권자 또는 채무자를 상대로 배당금 상당의 부당이득반환을 청구할 수 있고, 경매에 따른 담보책임을 물을 수도 있다.

② 건축을 목적으로 매매된 토지에 대하여 건축허가를 받을 수 없어 건축이 불가능하다는 법률적 제한은 매매목적물의 하자에 해당하고, 하자의 존부는 매매계약 성립시를 기준으로 판단하여야 한다.

③ 매도인의 담보책임을 기초로 한 손해배상채권의 제척기간이 지난 경우에도, 제척기간이 지나기 전 상대방의 채권과 상계할 수 있었다면, 매수인은 위 손해배상채권을 자동채권으로 하여 상대방의 채권과 상계할 수 있다.

④ 매도인의 하자담보책임과 채무불이행책임은 경합적으로 인정되므로, 매매목적물인 토지에 폐기물이 매립되어 있어서 매수인에게 폐기물을 처리하기 위한 비용 상당의 손해가 발생한다면, 매수인은 그 비용에 관하여 매도인에게 채무불이행으로 인한 손해배상을 청구할 수 있다.

⑤ 하자담보에 기한 손해배상청구권은 원칙적으로 10년의 소멸시효에 걸리고 매수인이 매매목적물을 인도받은 때부터 소멸시효가 진행한다.

해 설

① (×) : 경락인이 강제경매절차를 통하여 부동산을 경락받아 대금을 완납하고 그 앞으로 소유권이전등기까지 마쳤으나, 그 후 강제경매절차의 기초가 된 채무자 명의의 소유권이전등기가 원인무효의 등기이어서 경매 부동산에 대한 소유권을 취득하지 못하게 된 경우, 이와 같은 강제경매는 무효라고 할 것이므로 경락인은 경매 채권자에게 경매대금 중 그가 배당받은 금액에 대하여 일반 부당이득의 법리에 따라 반환을 청구할 수 있고, 민법 제578조 제1항, 제2항에 따른 경매의 채무자나 채권자의 담보책임은 인정될 여지가 없다(대판 2004. 6. 24,2003다59259). ☞ 담보책임은 계약의 유효를 전제로 한다.

② (○) : 건축을 목적으로 매매된 토지에 대하여 건축허가를 받을 수 없어 건축이 불가능한 경우, 위와 같은 법률적 제한 내지 장애 역시 매매목적물의 하자에 해당한다 할 것이나, 다만 위와 같은 하자의 존부는 매매계약 성립시를 기준으로 판단하여야 할 것이다(대판 2000. 1. 18, 98다18506).

③ (○) : 손해배상채권의 제척기간이 지난 경우에도 그 기간이 지나기 전에 상대방에 대한 채권·채무관계의 정산 소멸에 대한 신뢰를 보호할 필요성이 있다는 점은 소멸시효가 완성된 채권의 경우와 아무런 차이가 없다. 따라서 매도인이나 수급인의 담보책임을 기초로 한 손해배상채권의 제척기간이 지난 경우에도 제척기간이 지나기 전 상대방의 채권과 상계할 수 있었던 경우에는 매수인이나 도급인은 민법 제495조를 유추적용해서 위 손해배상채권을 자동채권으로 해서 상대방의 채권과 상계할 수 있다고 봄이 타당하다(대판 2019. 3. 14, 2018다255648).

④ (○) : 매매의 목적물에 하자가 있는 경우 매도인의 하자담보책임과 채무불이행책임은 별개의 권원에 의하여 경합적으로 인정된다. 이 경우 특별한 사정이 없는 한 하자를 보수하기 위한 비용은 매도인의 하자담보책임과 채무불이행책임에서 말하는 손해에 해당한다. 따라서 매매 목적물인 토지에 폐기물이 매립되어 있고 매수인이 폐기물을 처리하기 위해 비용이 발생한다면 매수인은 그 비용을 민법 제390조에 따라 채무불이행으로 인한 손해배상으로 청구할 수도 있고, 민법 제580조 제1항에 따라 하자담보책임으로 인한 손해배상으로 청구할 수도 있다(대판 2021. 4. 8, 2017다202050).

⑤ (○) : 하자담보에 기한 매수인의 손해배상청구권은 권리의 내용·성질 및 취지에 비추어 민법 제162조 제1항의 채권 소멸시효의 규정이 적용되고, 민법 제582조의 제척기간 규정으로 인하여 소멸시효 규정의 적용이 배제

정답 44. ①

된다고 볼 수 없으며, 이때 다른 특별한 사정이 없는 한 무엇보다도 매수인이 매매 목적물을 인도받은 때부터 소멸시효가 진행한다고 해석함이 타당하다(대판 2011. 10. 13, 2011다10266).

[보충지문] 손해배상청구권에 대해 법률이 제척기간을 규정하고 있더라도 그 청구권은 소멸시효에 걸린다(○). 〈2023년 감정평가사〉

45 **甲은 乙과 자기 명의의 X부동산에 대한 매매계약을 체결하였다. 이에 관한 설명 중 옳지 않은 것은? (다툼이 있는 경우 판례에 의함)** 〈2015년 사법시험〉

① 乙과 계약을 체결한 이후 甲에게 X부동산에 대한 소유권이 없다고 밝혀지더라도 甲과 乙의 매매계약의 효력에는 영향을 미치지 않는다.

② 甲과 乙 사이의 X부동산에 대한 매매계약이 乙의 착오로 체결되어 乙에게 취소권이 인정되는 경우, 乙이 사망하여 그를 단독상속한 丙은 乙의 착오를 이유로 甲과의 계약을 취소할 수 있다.

③ X부동산의 실제면적이 계약면적에 미달하는 경우, 甲과 乙 사이의 매매계약이 수량지정매매에 해당한다면 乙은 甲을 상대로 「민법」 제574조, 제572조에 의한 대금감액청구권을 행사할 수 있고, 수량지정매매에 해당하지 않는다면 그 미달 부분에 한하여 원시적 불능을 이유로 「민법」제535조에 따른 손해배상책임을 물을 수 있다.

④ 乙은 甲과 매매계약을 체결한 후 X부동산의 소유권이전등기를 마치기 이전에 이를 다시 丙에게 전매하면서 소유권이전등기에 관하여는 甲으로부터 직접 丙에게 마쳐주기로 甲, 丙과합의 하였다. 그 후 乙은 甲과 매매대금을 증액하기로 합의하였으나 甲에게 그 증액된 대금을 지급하지 못하는 경우, 甲은 이를 이유로 丙에 대한 소유권이전등기를 거절할 수 있다.

⑤ 乙이 丙에게 甲에 대한 소유권이전등기청구권을 양도하고 이를 甲에게 통지한 경우, 甲이 그 양도에 동의하거나 이를 승낙하는 등 특별한 사정이 없는 한 丙은 甲에게 X부동산에 대한 소유권이전등기를 청구할 수 없다.

해 설

① (○) : 특정한 매매의 목적물이 타인의 소유에 속하는 경우라 하더라도, 그 매매계약이 원시적 이행불능에 속하는 내용을 목적으로 하는 당연무효의 계약이라고 볼 수 없다(대판 1993. 9. 10, 93다20283).

② (○) : 민법 제140조. 취소권자에 포괄승계인이 포함된다는 내용이다.

③ (×) : 부동산매매계약에 있어서 실제면적이 계약면적에 미달하는 경우에는 그 매매가 수량지정매매에 해당할 때에 한하여 민법 제574조, 제572조에 의한 대금감액청구권을 행사함은 별론으로 하고, 그 매매계약이 그 미달 부분만큼 일부 무효임을 들어 이와 별도로 일반 부당이득반환청구를 하거나 그 부분의 원시적 불능을 이유로 민법 제535조가 규정하는 계약체결상의 과실에 따른 책임의 이행을 구할 수 없다(대판 2002. 4. 9, 99다47396).

④ (○) : 최초 매도인과 중간 매수인, 중간 매수인과 최종 매수인 사이에 순차로 매매계약이 체결되고 이들 간에 중간생략등기의 합의가 있은 후에 최초 매도인과 중간 매수인 간에 매매대금을 인상하는 약정이 체결된 경우, 최초 매도인은 인상된 매매대금이 지급되지 않았음을 이유로 최종 매수인 명의로의 소유권이전등기의무의 이행을 거절할 수 있다(대판 2005. 4. 29, 2003다66431).

⑤ (○) : 매매에 기한 부동산에 대한 이전등기청구권은 채권적 청구권이지만 그 양도성이 제한되어 매도인의 동의가 없는 한 단순한 매도인에 대한 양도통지만으로는 매도인에게 대항할 수 없다(대판 1995. 8. 22, 79다847).

정 답 45. ③

보충지문

46 **성토작업을 기화로 다량의 폐기물을 은밀히 매립한 토지의 매도인이 정상적인 토지임을 전제로 협의취득절차를 통하여 공공사업시행자에게 이를 매도함으로써 매수인에게 토지의 폐기물처리비용 상당의 손해를 입게 한 경우, 채무불이행책임과 하자담보책임이 경합적으로 인정된다.** 〈2022년 법무사〉

해설 토지 매도인이 성토작업을 기화로 다량의 폐기물을 은밀히 매립하고 그 위에 토사를 덮은 다음 도시계획사업을 시행하는 공공사업시행자와 사이에서 정상적인 토지임을 전제로 협의취득절차를 진행하여 이를 매도함으로써 매수자로 하여금 그 토지의 폐기물처리비용 상당의 손해를 입게 하였다면 매도인은 이른바 불완전이행으로서 채무불이행으로 인한 손해배상책임을 부담하고, 이는 하자 있는 토지의 매매로 인한 민법 제580조 소정의 하자담보책임과 경합적으로 인정된다(대판 2004. 7. 22, 2002다51586).

47 **매매목적물에 하자가 있는 경우, 매수인은 하자담보책임의 제척기간이 지났다고 하더라도 그러한 하자 있는 물건의 인도가 불완전이행에 해당하면 매도인에 대해 채무불이행에 따른 손해배상책임을 물을 수 있다.** 〈2023년 변호사시험〉

해설 판례는 하자담보책임과 불완전이행으로 인한 손해배상책임의 경합을 인정하므로 맞는 지문이다.

48 **부동산을 매수하고 소유권이전등기까지 넘겨받았지만 진정한 소유자가 제기한 등기말소청구소송에서 매도인과 매수인 앞으로 마쳐진 각 소유권이전등기의 말소를 명한 판결이 확정됨으로써 매도인의 소유권이전의무가 이행불능된 경우, 매수인은 매도인에 대하여 「민법」 제570조에 기한 담보책임을 물을 수 있다.** 〈2016년 사법시험〉

해설 대판 1993. 4. 9, 92다25946 참조

49 **타인의 권리매매에 있어 매도인의 목적물을 매수인에게 이전할 수 없게 된 것이 오직 매수인의 귀책사유에 기인한 경우에는 매도인은 하자담보책임을 지지 않는다.** 〈2019년 법무사〉

해설 타인의 권리매매에 있어 매도인의 목적물을 매수인에게 이전할 수 없게 된 것이 오직 매수인의 귀책사유에 기인한 경우에는 매도인은 민법 제569조 하자담보책임을 지지 않는다(대판 1979. 6. 26, 79다564).

50 **타인의 권리의 매매의 경우에 매도인이 그 권리를 취득하여 매수인에게 이전할 수 없는 때에는 매수인은 계약을 해제할 수 있는데(민법 제570조), 위 규정에 따라 매매계약이 해제되는 경우에도 일반적인 해제와 마찬가지로 매도인은 매수인에게 매매대금과 그 받은 날부터의 이자를 반환할 의무를 부담하고, 매수인 역시 특별한 사정이 없는 한 매도인에게 목적물과 그 사용이익을 반환할 의무를 부담한다.** 〈2019년 법원행시〉

해설 타인의 권리의 매매의 경우에 매도인이 그 권리를 취득하여 매수인에게 이전할 수 없는 때에는 매수인은 계약을 해제할 수 있다(민법 제570조). 이러한 해제의 효과에 관하여 특별한 규정은 없지만 일반적인 해제와 달리 해석할 이유가 없다. 따라서 위 규정에 따라 매매계약이 해제되는 경우에, 매도인은 매수인에게 매매대

정답 46. (○) 47. (○) 48. (○) 49. (○) 50. (○)

금과 그 받은 날부터의 이자를 반환할 의무를 부담하고, 매수인 역시 특별한 사정이 없는 한 매도인에게 목적물을 반환할 의무는 물론이고 목적물을 사용하였으면 그 사용이익을 반환할 의무도 부담한다(대판 2017. 5. 31, 2016다240).

51 **건물 및 그 대지가 목적물인 매매계약이 이행된 후 건물의 일부가 경계를 침범하여 이웃 토지 위에 건립되어 있는 사실이 밝혀져 매수인이 그 건물의 일부를 철거해야 했다면, 민법 제572조가 유추적용되어 매수인은 권리의 일부가 타인에 속한 경우에 관한 담보책임을 매도인에게 물을 수 있다.** 〈2017년 법무사〉

해 설 매매계약에서 건물과 그 대지가 계약의 목적물인데 건물의 일부가 경계를 침범하여 이웃 토지 위에 건립되어 있는 경우에 매도인이 그 경계 침범의 건물부분에 관한 대지부분을 취득하여 매수인에게 이전하지 못하는 때에는 매수인은 매도인에 대하여 민법 제572조를 유추적용하여 담보책임을 물을 수 있다(대판 2009. 7. 23, 2009다33570).

52 **매매의 목적인 재산권의 일부가 타인에게 속하고 매도인이 이를 취득하여 매수인에게 이전할 수 없는 경우, 선의의 매수인이 「민법」 제572조에 기하여 매도인에게 청구할 수 있는 손해액은 매도인이 매매의 목적이 된 권리의 일부를 취득하여 매수인에게 이전할 수 없게 된 때의 이행불능이 된 권리의 시가, 즉 이행이익 상당액만큼이다.** 〈2016년 사법시험〉

해 설 대판 1993. 1. 19, 92다37727 참조

53 **매도인의 담보책임에 기한 매수인의 대금감액청구권은 매수인이 선의인 경우에는 사실을 안 날로부터, 악의인 경우에는 계약한 날로부터 1년 이내에 행사하여야 하나, 여기서 매수인이 사실을 안 날이라 함은 단순히 권리의 일부가 타인에게 속한 사실을 안 날이 아니라 그 때문에 매도인이 이를 취득하여 매수인에게 이전할 수 없게 되었음이 확실하게 된 사실을 안 날을 말한다.** 〈2013년 법무사〉

해 설 민법 제573조 소정의 권리행사기간의 기산점인 선의의 매수인이 '사실을 안 날'이라 함은 단순히 권리의 일부가 타인에게 속한 사실을 안 날이 아니라, 그 때문에 매도인이 이를 취득하여 매수인에게 이전할 수 없게 되었음이 확실하게 된 사실을 안 날을 말하는 것이다(대판 1991. 12. 10, 91다27396 ; 대판 1997. 6. 13, 96다15596).

54 **매수인에게 민법 제574조에 따른 대금감액청구권이 있고 감액될 부분이 아직 확정되지 않고 있다면 매수인은 대금의 일부에 관한 매도인의 지급청구에도 불구하고 대금전부에 관하여 지급의무의 이행을 거절할 수 있다.** 〈2015년 법무사〉

해 설 매수인에게 민법 제574조에 따른 대금감액청구권이 있고 감액될 부분이 아직 확정되지 않고 있다면 매수인은 대금의 일부에 관한 매도인의 지급청구에도 불구하고 대금전부에 관하여 지급의무의 이행을 거절할 수 있다(대판 1992. 12. 22, 92다30580).

정 답 51. (○) 52. (○) 53. (○) 54. (○)

55 **매매의 목적이 된 부동산을 위하여 존재할 지역권이 없는 경우, 매수인은 '그 사실을 안 날로부터' 1년 내에 담보책임에 관한 권리를 행사하여야 한다.** 〈2009년 법무사〉

해설 민법 제575조 제3항 참조

56 **가압류 목적이 된 부동산을 매수한 사람이 그 후 가압류에 기한 강제집행으로 부동산 소유권을 상실하게 된 경우, 매도인의 담보책임에 관한 민법 제570조가 준용되어 악의의 매수인은 매매계약을 해제할 수 있으나, 담보책임으로서 손해배상을 구할 수는 없다.** 〈2019년 법무사〉

해설 가압류 목적이 된 부동산을 매수한 사람이 그 후 가압류에 기한 강제집행으로 부동산 소유권을 상실하게 되었다면 이는 매매의 목적 부동산에 설정된 저당권 또는 전세권의 행사로 인하여 매수인이 취득한 소유권을 상실한 경우와 유사하므로, 이와 같은 경우 매도인의 담보책임에 관한 민법 제576조의 규정이 준용된다고 보아 매수인은 같은 조 제1항에 따라 매매계약을 해제할 수 있고, 같은 조 제3항에 따라 손해배상을 청구할 수 있다고 보아야 한다(대판 2011. 5. 13, 2011다1941). ☞ 제570조가 아니라 제576조가 준용되므로 매수인의 선악을 불문하고 해제, 손해배상청구 모두 가능하다.

57 **甲이 乙에게 토지를 매도하면서 그 토지에 설정된 丙의 저당권을 말소해 주기로 약정하였으나 乙이 甲에게 대금을 전부 지급하고 저당권이 말소되지 않은 상태로 위 토지의 소유권을 이전받았는데, 그 후 저당권자인 丙이 위 저당권의 실행을 위하여 경매를 신청하자 乙이 자신의 출재로 위 저당권의 피담보채무를 변제함으로써 저당권을 소멸시켰다면, 乙이 위 토지를 매수할 당시에 저당권이 설정되어 있음을 알고 있었다고 하더라도 매도인인 甲에 대하여 구상권을 행사할 수 있다.** 〈2006년 사법시험〉

해설 부동산의 매수인이 소유권을 보존하기 위하여 자신의 출재로 피담보채권을 변제함으로써 그 부동산에 설정된 저당권을 소멸시킨 경우에는, 매수인이 그 부동산 매수시 저당권이 설정되었는지의 여부를 알았든 몰랐든 간에 이와 관계없이 민법 제576조 제2항에 의하여 매도인에게 그 출재의 상환을 청구할 수 있다 할 것이다(대판 1996. 4. 12, 95다55245).

58 **경매에 의하여 목적물을 매수한 경우, 물건의 하자에 대하여 매도인에게 담보책임을 물을 수 있다.** 〈2015년 공인노무사〉

해설 경매에 의하여 목적물을 매수한 경우, 권리의 하자는 물을 수 있지만, 물건의 하자에 대하여 매도인에게 담보책임을 물을 수 없다(제578조, 제580조 제2항).

59 **경락인이 강제경매절차를 통하여 부동산을 매수하였으나 강제경매의 집행권원이 된 약속어음 공정증서가 위조된 것이어서 경매 부동산에 대한 소유권을 취득하지 못하게 된 경우, 경락인은 경매채권자에게 「민법」 제578조 제2항에 의한 담보책임을 물을 수 있다.** 〈2023년 변호사시험〉

해설 가. 민법 제578조 제1항, 제2항은 매매의 일종인 경매에 있어서 그 목적물의 하자로 인하여 경락인이 경락의 목적인 재산권을 완전히 취득할 수 없을 때에 매매의 경우에 준하여 매도인의 위치에 있는 경매의 채무자나 채권자에게 담보책임을 부담시켜 경락인을 보호하기 위한 규정으로서, 그 담보책임은 매매의 경우와 마찬가지로 **경매절차는 유효**하게 이루어졌으나 경매의 목적이 된 권리의 전부 또는 일부가 타인에게 속하는 등

정답 55. (○) 56. (×) 57. (○) 58. (×) 59. (×)

의 하자로 경락인이 완전한 소유권을 취득할 수 없거나 이를 잃게 되는 경우에 인정되는 것이고, **경매절차 자체가 무효**인 경우에는 경매의 채무자나 채권자의 담보책임은 인정될 여지가 없다. 나. 경락인이 강제경매절차를 통하여 부동산을 경락받아 대금을 납부하고 그 앞으로 소유권이전등기까지 마쳤으나, 그 후 위 강제집행의 채무명의가 된 약속어음공정증서가 위조된 것이어서 무효라는 이유로 그 소유권이전등기의 말소를 명하는 판결이 확정됨으로써 경매 부동산에 대한 소유권을 취득하지 못하게 된 경우 경락인은 경매 채권자에게 경매 대금 중 그가 배당받은 금액에 대하여 일반 부당이득의 법리에 따라 반환을 청구할 수 있을 뿐, 민법 제578조 제2항에 의한 담보책임을 물을 수는 없다(대판 1991. 10. 11, 91다21640).

60 **제조물에 상품적합성이 결여되어 제조물 그 자체에 발생한 손해에 대해서는 제조물책임이 아니라 하자담보책임을 물어야 한다.** 〈2015년 공인노무사〉

해설 제조물에 상품적합성이 결여되어 제조물 그 자체에 발생한 손해에 대해서는 제조물책임이 아니라 하자담보책임을 물어야 한다(대판 2000. 7. 28, 98다35525).

61-1 **하자담보에 기한 매수인의 손해배상청구권은 권리의 내용·성질 및 취지에 비추어 10년의 채권 소멸시효의 규정이 적용되고, 「민법」 제582조의 제척기간 규정으로 인하여 소멸시효 규정의 적용이 배제된다고 할 수 없다.** 〈2016년 사법시험〉

61-2 **하자담보에 기한 매수인의 손해배상청구권은 다른 특별한 사정이 없는 한 매수인이 매매목적물을 인도받은 때부터 소멸시효가 진행한다.** 〈2016년 사법시험〉

해설 매도인에 대한 하자담보에 기한 손해배상청구권에 대하여는 민법 제582조의 제척기간이 적용되고, 이는 법률관계의 조속한 안정을 도모하고자 하는 데에 취지가 있다. 그런데 하자담보에 기한 매수인의 손해배상청구권은 권리의 내용·성질 및 취지에 비추어 민법 제162조 제1항의 채권 소멸시효의 규정이 적용되고, 민법 제582조의 제척기간 규정으로 인하여 소멸시효 규정의 적용이 배제된다고 볼 수 없으며, 이때 다른 특별한 사정이 없는 한 무엇보다도 매수인이 매매 목적물을 인도받은 때부터 소멸시효가 진행한다고 해석함이 타당하다(대판 2011. 10. 13, 2011다10266).

62 **매도인은 하자담보책임을 면하는 특약을 한 경우에도 매도인이 알고 고지하지 아니한 사실에 대하여는 책임을 면하지 못한다.** 〈2009년 법무사〉

해설 민법 제584조 참조

정답 60. (○) 61-1. (○) 61-2. (○) 62. (○)

Ⅲ. 환 매

63 환매에 관한 설명으로 옳지 않은 것은? (다툼이 있으면 판례에 따름) 〈2018년 변리사〉

① 매도인이 계약과 동시에 환매할 권리를 보류한 때에는 환매대금은 매도인이 영수한 대금 및 매수인이 부담한 매매비용에 한정되며, 당사자가 특약으로 환매대금을 다르게 정할 수 없다.
② 당사자가 부동산에 대한 환매기간을 정하지 않은 때에는 그 기간은 5년으로 되며, 이와 달리 환매기간을 정한 때에는 이를 다시 연장하지 못한다.
③ 환매특약의 실효는 원칙적으로 매매계약의 효력에 영향을 주지 않는다.
④ 환매의 경우, 특별한 약정이 없으면 목적물의 과실과 대금의 이자는 상계한 것으로 본다.
⑤ 부동산 매매계약에서 소유권이전등기와 함께 환매특약에 따라 환매등기가 있은 후, 그 부동산에 제3자의 저당권등기가 마쳐진 경우라도, 매도인이 환매기간 내에 적법하게 환매권을 행사하면 제3자의 저당권은 소멸한다.

해 설

① (×) : 제590조(환매의 의의) ① 매도인이 매매계약과 동시에 환매할 권리를 보류한 때에는 그 영수한 대금 및 매 수인이 부담한 매매비용을 반환하고 그 목적물을 환매할 수 있다. ② 전항의 환매대금에 관하여 특별한 약정이 있으면 그 약정에 의한다.
② (○) : 민법 제591조 참조
③ (○) : 환매의 특약은 매매계약에 종된 계약이므로 매매계약의 실효로 환매의 특약도 효력을 상실한다는 것이 통설이나, 반대로 환매특약의 실효는 당사자가 특히 그 특약의 유효를 조건으로 삼지 않는 이상 매매계약의 효력에 영향을 주지 않는다(통설).
④ (○) : 민법 제590조 제3항 참조
⑤ (○) : 민법 제592조. ; 부동산의 매매계약에 있어 당사자 사이의 환매특약에 따라 소유권이전등기와 함께 민법 제592조에 따른 환매등기가 마쳐진 경우 매도인이 환매기간 내에 적법하게 환매권을 행사하면 환매등기 후에 마쳐진 제3자의 근저당권 등 제한물권은 소멸하는 것이다(대판 2002. 9. 27, 2000다27411).

보충지문

64 동산의 환매기간을 정하지 아니한 때에는 그 기간은 5년이다. 〈2011년 공인노무사〉

해 설 동산의 환매기간을 정하지 아니한 때에는 그 기간은 3년이다. 부동산이 5년이다(제591조).

65 매매목적물이 부동산인 경우에 소유권이전등기를 하고 1개월 후에 환매특약에 따라 환매권보류를 등기하였다면 제3자에게 환매권을 행사할 수 있다. 〈2011년 공인노무사〉

해 설 매매목적물이 부동산인 경우에 소유권이전등기를 하고 1개월 후에 환매특약에 따라 환매권보류를 등기하였다면 제3자에게 환매권을 행사할 수 없는데, 환매등기는 매매이전등기와 동시에 하여야 한다(제592조).

정답 63. ① 64. (×) 65. (×)

제3절 교 환

66 甲은 시가 75만원인 중고자동차를 갖고 있는데, 乙이 시가 100만원인 자신의 중고오토바이와 자동차를 교환하자고 제안하였다. 이에 甲은 가격의 차이가 난다는 사실을 알았지만, 유리한 계약을 체결하기 위해서 중고자동차의 시가를 숨기고 중고자동차에 10만원을 추가하여 중고오토바이와 교환하기로 하는 계약을 乙과 체결하였다. 이 사안에 대한 설명 중 옳은 것은?

〈2005년 변리사〉

① 甲과 乙 사이에 체결된 교환계약은 낙성 · 편무 · 유상 · 불요식의 계약이다.
② 甲이 乙에게 보충지급하기로 한 10만원에 대하여는 매매대금에 관한 규정이 준용된다.
③ 甲과 乙 사이에 체결된 교환계약은 불공정한 법률행위로서 무효이다.
④ 甲이 자기가 소유하는 목적물의 시가를 묵비하여 상대방에게 고지하지 아니하였기 때문에 사기를 이유로 乙은 의사표시를 취소할 수 있다.
⑤ 甲이 자기가 소유하는 목적물의 시가를 묵비하여 상대방에게 고지하지 아니하고 계약을 체결하였다는 이유로 乙은 甲에 대하여 불법행위로 인한 손해배상을 청구할 수 있다.

해 설

① (×) : 교환계약도 매매와 같이 유상·쌍무계약이다.
② (○) : 민법은 당사자 일방이 보충금지급을 약정한 경우에 그 금전(보충금)에 관하여 매매대금에 관한 규정을 준용한다고 규정하고 있다(제597조).
③ (×) : 불공정행위가 성립하려면 객관적으로 급부와 반대급부와 현저한 불균형이 있어야 하고, 주관적으로는 상대방의 궁박·경솔·무경험을 이용하려는 악의가 있어야 하는데 위의 사안은 그렇지 않다(대판 2002. 10. 22, 2002다38927).
④ (×), ⑤ (×) : 일반적으로 교환계약을 체결하려는 당사자는 서로 자기가 소유하는 교환 목적물은 고가로 평가하고 상대방이 소유하는 목적물은 염가로 평가하여 보다 유리한 조건으로 교환계약을 체결하기를 희망하는 이해 상반의 지위에 있고 각자가 자신의 지식과 경험을 이용하여 최대한으로 자신의 이익을 도모할 것이 예상되기 때문에, 당사자 일방이 알고 있는 정보를 상대방에게 사실대로 고지하여야 할 신의칙상의 주의의무가 인정된다고 볼 만한 특별한 사정이 없는 한, 어느 일방이 교환 목적물의 시가나 그 가액 결정의 기초가 되는 사항에 관하여 상대방에게 설명 내지 고지를 할 주의의무를 부담한다고 할 수 없고, 일방 당사자가 자기가 소유하는 목적물의 시가를 묵비하여 상대방에게 고지하지 아니하거나 혹은 허위로 시가보다 높은 가액을 시가라고 고지하였다 하더라도 이는 상대방의 의사결정에 불법적인 간섭을 한 것이라고 볼 수 없다(대판 2002. 9. 4, 2000다54406, 54413). 따라서 불법행위가 성립한다고 볼 수 없다(대판 2001. 7. 13, 99다38583).

정답 66. ②

제4절 소비대차

67 **甲은 乙에게 자신의 토지를 1억원에 매도하였다. 그 후 乙이 매매대금채무 중 5,000만원을 이행하지 못하자, 이를 준소비대차로 하기로 약정하였다. 이 경우에 관한 설명으로 옳지 않은 것은? (다툼이 있는 경우에는 판례에 의함)** 〈2010년 변리사〉

① 甲과 乙 간의 새로운 약정에 의해 매수인 乙이 부담하는 기존의 5,000만원의 매매대금채무는 소멸한다.
② 차용증서나 공정증서를 작성하지 않았더라도 甲과 乙의 구두합의만으로 乙의 차용금반환채무는 성립한다.
③ 甲과 乙이 체결한 매매계약이 무효이면 乙의 차용금반환채무는 성립하지 않는다.
④ 매매계약을 체결할 때 丙이 乙의 매매대금채무를 보증했다면 丙의 보증채무는 신 채무에도 그대로 존속한다.
⑤ 乙이 부담하는 차용금반환채무의 소멸시효는 기존의 매매대금채무의 변제기부터 기산한다.

해 설

① (○) : 준소비대차는 기존 채무를 소멸케 하고 신채무를 성립시키는 계약인 점에 있어서는 경개와 동일하지만 경개에 있어서는 기존 채무와 신채무 사이에 동일성이 없는 반면, 준소비대차에 있어서는 원칙적으로 동일성이 인정된다는 점에 차이가 있다(대판 2003. 9. 26, 2002다31803, 31810 등).
② (○) : 준소비대차는 불요식 낙성계약으로 증서의 작성은 요건이 아니다(제605조 참조).
③ (○) : 구 채무소멸과 신 채무성립은 인과관계가 있다.
④ (○) : 준소비대차에 있어서는 원칙적으로 기존 채무와 신 채무 사이에 동일성이 인정되기 때문이다. 따라서 보증·항변권 등이 당사자의 의사나 그 계약의 성질에 반하지 않는 한 신 채무에도 그대로 존속한다는 의미이다(대판 2007. 1. 11, 2005다47175).
⑤ (×) : 준소비대차 계약에 의한 채권은 채무승인으로 소멸시효의 진행이 중단되고 새로이 진행한다(대판 1981. 12. 22, 80다1363).

68 **민법상 소비대차에 관한 설명으로 옳은 것을 모두 고른 것은? (다툼이 있으면 판례에 따름)** 〈2022년 변리사〉

ㄱ. 소비대차는 차주가 현실로 금전 등을 수수하거나 현실의 수수가 있은 것과 같은 경제적 이익을 취득하여야만 성립한다.
ㄴ. 금전대차의 경우에 차주가 금전에 갈음하여 유가증권 기타 물건의 인도를 받은 때에는 반환시의 가액으로써 차용액으로 한다.
ㄷ. 이자부 소비대차에서 목적물의 하자가 중대하여 계약의 목적을 달성할 수 없는 경우, 특별한 사정이 없는 한 선의·무과실의 차주는 계약을 해제할 수 있다.

① ㄱ ② ㄴ ③ ㄷ ④ ㄱ, ㄴ ⑤ ㄱ, ㄴ, ㄷ

정답 67. ⑤ 68. ③

해 설

ㄱ. (×) : 민법상 소비대차는 당사자 일방이 금전 기타 대체물의 소유권을 상대방에게 이전할 것을 약정하고 상대방은 그와 같은 종류, 품질 및 수량으로 반환할 것을 약정함으로써 효력이 생기는 이른바 **낙성계약**이므로, 차주가 현실로 금전 등을 수수하거나 현실의 수수가 있은 것과 같은 경제적 이익을 취득하여야만 소비대차가 성립하는 것은 아니다. 반대로 당사자 일방이 상대방에게 현실로 금전 기타 대체물의 소유권을 이전하였다고 하더라도 상대방이 같은 종류, 품질 및 수량으로 반환할 것을 약정한 경우가 아니라면 이들 사이의 법률행위를 소비대차라 할 수 없다(대판 2018. 12. 27, 2015다73098).

ㄴ. (×) : 제606조(대물대차) 금전대차의 경우에 차주가 금전에 갈음하여 유가증권 기타 물건의 인도를 받은 때에는 그 **인도시의 가액**으로써 차용액으로 한다.

ㄷ. (○) : 이자있는 소비대차의 목적물에 하자가 있는 경우에는 제580조 내지 제582조의 규정을 준용한다(제602조 제1항) → 매매의 목적물에 하자가 있는 때에는 제575조 제1항의 규정을 준용한다. 그러나 매수인이 하자있는 것을 알았거나 과실로 인하여 이를 알지 못한 때에는 그러하지 아니하다(제580조 제1항). → 매매의 목적물이 지상권, 지역권, 전세권, 질권 또는 유치권의 목적이 된 경우에 매수인이 이를 알지 못한 때에는 이로 인하여 계약의 목적을 달성할 수 없는 경우에 한하여 매수인은 계약을 해제할 수 있다(제575조 제1항).

보충지문

69 소비대차의 목적물은 금전 기타 대체물이다. 〈2005년 법무사〉

해 설 민법 제598조 참조

70 소비대차는 당사자 일방이 금전 기타 대체물의 소유권을 상대방에게 이전할 것을 약정하고 상대방은 그와 같은 종류, 품질 및 수량으로 반환할 것을 약정함으로써 그 효력이 생기는바, 일단 소비대차의 효력이 발생한 이후에는 대주가 목적물을 차주에게 인도하기 전에 당사자 일방이 파산선고를 받았다는 이유만으로 그 소비대차가 효력을 잃지는 않는다. 〈2016년 법무사〉

해 설 대주가 목적물을 차주에게 인도하기 전에 당사자 일방이 파산선고를 받은 때에는 소비대차는 그 효력을 잃는다(민법 제599조).

71 이자 있는 소비대차는 차주가 목적물의 인도를 받은 때로부터 이자를 계산하여야 하며, 차주가 그 책임 있는 사유로 수령을 거절하는 때에는 대주가 이행을 제공한 때로부터 이자를 계산하여야 한다. 〈2005년 법무사〉

해 설 민법 제600조 참조

72 이자없는 소비대차의 당사자는 목적물의 인도전에는 언제든지 계약을 해제할 수 있으나 상대방에게 손해가 있는 때에는 이를 배상하여야 한다. 〈2015년 법무사〉

해 설 이자 없는 소비대차의 당사자는 목적물의 인도전에는 언제든지 계약을 해제할 수 있으나 상대방에게 손해가 있는 때에는 이를 배상하여야 한다(제601조).

정답 69. (○) 70. (×) 71. (○) 72. (○)

73 **대주가 교부한 목적물에 하자가 있는 경우에 대주가 차주에 대하여 부담하는 담보책임의 발생 요건은, 무이자부 소비대차이든 이자부 소비대차이든 아무런 차이가 없다.** 〈2005년 법무사〉

해설 담보책임은 유상계약에서 인정됨이 원칙이다. 따라서 무이자부 소비대차의 경우에는 대주가 교부한 목적물에 하자가 있음을 알면서 이를 차주에게 고지하지 아니한 때에만 대주의 담보책임이 인정된다(제602조 제2항 단서).

74-1 **목적물 반환시기의 약정이 없는 경우, 차주는 소비대차에 이자 약정이 있든 없든 언제든지 반환할 수 있다.** 〈2005년 법무사〉

74-2 **차주는 약정시기에 차용물과 같은 종류, 품질 및 수량의 물건을 반환하여야 하나, 반환시기의 약정이 없는 때에는 차주는 언제든지 반환할 수 있다.** 〈2015년 법무사〉

해설 민법 제603조 참조

75 **차용물의 반환에 관하여 차주가 차용물에 갈음하여 다른 재산권을 이전할 것을 예약한 경우에는 그 재산의 이전 당시의 가액이 차용액 및 이에 붙인 이자의 합산액을 넘지 못한다.** 〈2015년 법무사〉

해설 '그 재산의 이전 당시의 가액'이 아니라 '예약당시의 가액'이다(제607조).

76 **준소비대차계약의 당사자는 기초가 되는 기존 채무의 당사자이어야 한다.** 〈2015년 법무사〉

해설 준소비대차는 소비대차에 의하지 아니하고 금전 기타의 대체물을 지급할 의무가 있는 경우에 당사자가 그 목적물을 소비대차의 목적물로 할 것을 약정함으로써 당사자 사이에 소비대차의 효력이 생기는 것을 말하는 것으로서 기존 채무의 당사자가 그 채무의 목적물을 소비대차의 목적물로 한다는 합의를 할 것을 요건으로 하므로 준소비대차계약의 당사자는 기초가 되는 기존 채무의 당사자이어야 한다(대판 2002. 12. 6, 2001다2846).

77-1 **경개(更改)나 준소비대차는 모두 기존채무를 소멸케 하고 신 채무를 성립시키는 계약인 점에 있어서는 동일하지만 경개(更改)의 경우에는 기존채무와 신 채무 사이에 동일성이 없는 반면, 준소비대차의 경우에는 원칙적으로 동일성이 인정된다는 점에 차이가 있다.** 〈2012년 법무사〉

77-2 **준소비대차에 있어서 신채무와 기존채무의 소멸은 서로 조건을 이루어 기존채무가 부존재하거나 무효인 경우에는 신채무는 성립하지 않고 신채무가 무효이거나 취소된 때에는 기존채무는 소멸하지 않았던 것이 되고, 기존채무와 신채무의 동일성이란 기존채무에 동반한 담보권, 항변권등이 당사자의 의사나 그 계약의 성질에 반하지 않는 한 신채무에도 그대로 존속한다는 의미이다.** 〈2015년 법무사〉

해설 준소비대차는 기존채무를 소멸하게 하고 신채무를 성립시키는 계약인 점에 있어서는 경개와 동일하지만 경개에 있어서는 기존채무와 신채무 사이에 동일성이 없는 반면, 준소비대차에 있어서는 원칙적으로 동일성이 인정되는바, 이때 신채무와 기존채무의 소멸은 서로 조건을 이루어 기존채무가 부존재하거나 무효인 경우에는 신채무는 성립하지 않고 신채무가 무효이거나 취소된 때에는 기존채무는 소멸하지 않았던 것이 되고, 기존채무와 신채무의 동일성이란 기존채무에 동반한 담보권, 항변권 등이 당사자의 의사나 그 계약의 성질에 반하지 않는 한 신채무에도 그대로 존속한다는 의미이다(대판 2007. 1. 11, 2005다47175).

정답 73. (×) 74-1. (○) 74-2. (○) 75. (×) 76. (○) 77-1. (○) 77-2. (○)

78 **기존 채권·채무의 당사자가 목적물을 소비대차 목적으로 할 것을 약정한 경우, 약정을 경개로 볼 것인가 준소비대차로 볼 것인가는 일차적으로 당사자의 의사에 따라 결정된다. 만약 당사자의 의사가 명백하지 않을 때에는 의사해석 문제이나, 특별한 사정이 없는 한 준소비대차로 보아야 한다.** 〈2018년 법무사〉

해설 경개나 준소비대차는 모두 기존채무를 소멸하게 하고 신채무를 성립시키는 계약인 점에 있어서는 동일하지만 경개의 경우에는 기존채무와 신채무 사이에 동일성이 없는 반면, 준소비대차의 경우에는 원칙적으로 동일성이 인정된다는 점에 차이가 있다. 기존 채권·채무의 당사자가 목적물을 소비대차의 목적으로 할 것을 약정한 경우 약정을 경개로 볼 것인가 준소비대차로 볼 것인가는 일차적으로 당사자의 의사에 따라 결정되고 만약 당사자의 의사가 명백하지 않을 때에는 의사해석의 문제이나, 특별한 사정이 없는 한 동일성을 상실함으로써 채권자가 담보를 잃고 채무자가 항변권을 잃게 되는 것과 같이 스스로 불이익을 초래하는 의사를 표시하였다고는 볼 수 없으므로 일반적으로 준소비대차로 보아야 한다(대판 2016. 6. 9, 2014다64752).

제5절 사용대차

79 **해외지점에 근무하게 된 甲은 외국에서 박사학위를 받고 귀국한 친구 乙이 거주할 집을 구하지 못하고 있음을 알고 자신의 집을 무상으로 사용하도록 乙과 합의하였다. 이에 관한 설명 중 옳지 않은 것은?** 〈2008년 변리사〉

① 사용기간을 정하지 않은 때에는 乙은 언제든지 그 주택을 반환할 수 있지만, 甲은 6개월의 유예기간을 두고 반환청구를 하여야 한다.
② 乙은 甲의 승낙 없이는 제3자에게 그 주택을 사용·수익하게 하지 못한다.
③ 乙이 주택을 일반적인 용법에 따라 사용하던 중 출입문에 고장이 생겨 이를 수리하였더라도 나중에 甲에게 그 비용의 상환을 청구할 수 없다.
④ 乙이 사망하거나 파산선고를 받은 때에는 甲은 계약을 해지할 수 있다.
⑤ 甲이 그 주택의 흠이나 하자를 알면서도 乙에게 알리지 않았다면 乙에게 담보책임을 진다.

해설

①(×) : 시기의 약정이 없는 경우에는 차주는 계약 또는 목적물의 성질에 의한 사용, 수익이 종료한 때에 반환하여야 한다. 그러나 사용, 수익에 족한 기간이 경과한 때에는 대주는 언제든지 계약을 해지할 수 있다(민법 제613조 제2항). ☞ 임대차에 관한 민법 제635조와 비교할 것.
②(○) : 사용대주의 승낙 없이 제3자에게 무단 사용·수익하게 한 경우 계약을 해지할 수 있다(제618조 제3항).
③(○) : 사용차주는 차용물에 관한 통상의 필요비를 부담한다(제611조 제1항).
④(○) : 민법 제614조(차주의 사망, 파산과 해지) 참조
⑤(○) : 사용대차는 무상계약이므로 증여의 담보책임규정이 준용된다(제612조).

정답 78. (○) 79. ①

보충지문

80 사용대차계약에 있어 사용차주에게 자신의 사용·수익을 위하여 소유자인 사용대주가 목적물을 처분하는 것까지 금지시킬 권능이 있다고 할 수는 없다. 〈2013년 법무사〉

해 설 사용대차계약에 따라 사용차주는 목적물을 사용·수익할 권리를 취득하고 이를 위하여 사용대주에게 목적물의 인도를 구할 권리를 가진다고 할 것이지만, 나아가 사용차주에게 자신의 사용·수익을 위하여 소유자인 사용대주가 목적물을 처분하는 것까지 금지시킬 권능이 있다고 할 수는 없다(대판 2007. 1. 26, 2006다65026).

81 사용대차에 있어서 그 존속기간을 정하지 아니한 경우에 현실로 사용·수익이 종료하지 아니한 경우라도 사용·수익에 충분한 기간이 경과한 때에는 사용대주는 언제든지 계약을 해지하고 그 차용물의 반환을 청구할 수 있고, 이때 사용·수익에 충분한 기간이 경과하였는지의 여부는 공평의 입장에서 사용대주에게 해지권을 인정하는 것이 타당한가의 여부에 의하여 판단하여야 한다. 〈2013년 법무사〉

해 설 민법 제613조 제2항에 의하면, 사용대차에 있어서 그 존속기간을 정하지 아니한 경우에는, 차주는 계약 또는 목적물의 성질에 의한 사용·수익이 종료한 때에 목적물을 반환하여야 하나, 현실로 사용·수익이 종료하지 아니한 경우라도 사용·수익에 충분한 기간이 경과한 때에는 대주는 언제든지 계약을 해지하고 그 차용물의 반환을 청구할 수 있는 것인바, 민법 제613조 제2항 소정의 사용·수익에 충분한 기간이 경과하였는지의 여부는 사용대차계약 당시의 사정, 차주의 사용기간 및 이용상황, 대주가 반환을 필요로 하는 사정 등을 종합적으로 고려하여 공평의 입장에서 대주에게 해지권을 인정하는 것이 타당한가의 여부에 의하여 판단하여야 할 것이다(대판 2001. 7. 24, 2001다23669).

82 민법 제614조는 사용차주가 사망한 경우 사용대주는 계약을 해지할 수 있다고 규정하고 있으므로, 건물의 소유를 목적으로 하는 토지사용대차에 있어서 사용차주 본인이 사망하면 사용대주는 사용차주의 사망사실을 사유로 들어 곧바로 사용대차계약을 해지할 수 있다. 〈2013년 법무사〉

해 설 일반으로 건물의 소유를 목적으로 하는 토지사용대차에 있어서는, 당해 토지의 사용·수익의 필요는 당해 지상 건물의 사용·수익의 필요가 있는 한 그대로 존속하는 것이고, 이는 특별한 사정이 없는 한 차주 본인이 사망하더라도 당연히 상실되는 것이 아니어서 그로 인하여 곧바로 계약의 목적을 달성하게 되는 것은 아니라고 봄이 통상의 의사해석에도 합치되므로, 이러한 경우에는 민법 제614조의 규정에 불구하고 대주가 차주의 사망사실을 사유로 들어 사용대차계약을 해지할 수는 없다(대판 1993. 11. 26, 93다36806).

83 계약 또는 목적물의 성질에 위반한 사용·수익으로 인하여 생긴 손해배상의 청구와 사용차주가 지출한 비용의 상환청구는 사용대주가 물건의 반환을 받은 날로부터 6월 내에 하여야 한다. 〈2013년 법무사〉

해 설 민법 제617조 참조

정답 80. (○) 81. (○) 82. (×) 83. (○)

제6절 임대차

Ⅰ. 민법상 임대차

84 **임대차의 보증금에 관한 다음 판례의 내용 중 옳지 않은 것은?** 〈2005년 변리사〉

① 임대차보증금으로 연체차임 등 임대차관계에서 발생하는 모든 채무가 담보된다고 하더라도 임차인이 그 보증금의 존재를 이유로 차임의 지급을 거절하거나 그 연체에 따른 채무불이행책임을 면할 수 없다.

② 대항력을 갖춘 주택임차인이 그 주택에 대하여 저당권이 설정된 이후에 임대인과 합의로 임차보증금을 증액한 경우에는 경락인에 대하여 임차보증금의 증액부분에 관하여 대항할 수 없다.

③ 건물의 공유자가 공동으로 건물을 임대하고 보증금을 수령한 경우에는 특별한 사정이 없는 한 그 임대는 임대목적물을 다수의 당사자로서 공동으로 임대한 것이고 그 보증금반환채무는 성질상 불가분채무에 해당된다.

④ 임대차기간 동안 임차인에게 연체된 차임채무나 목적물의 멸실·훼손 등으로 인한 손해배상채무가 존재하는 경우에는 임대차관계의 종료 후 목적물이 반환될 때에 별도의 의사표시 없이 보증금에서 당연히 공제된다.

⑤ 임대차계약서에 임차인의 원상복구의무를 규정하고 원상복구비용을 임대차보증금에서 공제할 수 있는 것으로 약정하였다면 임대인이 원상복구할 의사없이 임차인이 설치한 시설을 그대로 이용하여 타인에게 다시 임대하려 하는 경우에는 원상복구비용을 임대차보증금에서 공제할 수 있다.

해 설

① (○) : 판례는 보증금이 있음을 이유로 연체차임의 지급을 거절할 수 없다고 한다(대판 1999. 7. 27, 99다24881).

② (○) :주택임대차보호법 제3조. ; 대판 1990. 8. 24, 90다카11377

③ (○) : 판례는 전세물건의 소유자가 공유인 채권적 전세계약에서의 전세금반환채무는 성질상 불가분채무라고 하고(대판 1967. 4. 25, 67다328), 건물공유자가 공동으로 건물을 임대하고 보증금을 수령한 경우에도 그 보증금반환채무는 성질상 불가분채무에 해당한다고 보아야 한다는 태도이다(대판 1998. 12. 8, 43137).

④ (○) : 임대차보증금은 임대차계약이 종료된 후 임차인이 목적물을 인도할 때까지 발생하는 차임 및 기타 임차인의 채무를 담보하는 것으로서 그 피담보채무액은 임대차관계의 종료 후 목적물이 반환될 때에 특별한 사정이 없는 한 별도의 의사표시 없이 임대차보증금에서 당연히 공제되는 것이다(대판 2007. 8. 23, 2007다21856).

⑤ (×) : 판례는 임대인과 임차인 사이에 원상복구비용을 공제하기로 약정하였다고 하더라도, 임대인이 원상복구할 의사 없이 임차인이 설치한 시설을 그대로 이용하여 타에 다시 임대하려 하는 경우에는 원상복구비용을 임대차보증금에서 공제할 수 없다고 보아야 한다고 판시하였다(대판 2002. 12. 10, 2002다52657).

85 **乙은 건물 기타 공작물의 소유를 목적으로 甲소유의 토지를 10년간 임차하여 그 지상에 건물을 신축하였다. 다음 설명 중 옳지 않은 것은? (다툼이 있는 경우에는 판례에 의함)** 〈2007년 변리사〉

① 임대차기간이 만료한 경우에 건물이 현존하고 있다면 乙은 계약갱신을 청구할 수 있다.

② 임대차계약이 乙의 채무불이행으로 인하여 해지된 경우, 乙은 甲에게 건물매수청구권을 행사할 수 없다.

정답 84. ⑤ 85. ③

③ 甲과 乙의 합의로 임대차계약을 해약하고 乙이 자진하여 건물 기타 지상시설 일체를 포기하기로 한 약정은 乙에게 불리한 것으로서 그 효력이 없다.

④ 乙이 설치한 지상건물이 甲소유의 토지와 인접한 丙의 토지에 걸쳐 축조된 경우 乙은 甲에게 그 지상건물 전체에 대한 매수청구를 할 수 없다.

⑤ 乙의 건물매수청구권의 행사만으로 甲·乙 사이에 시가에 의한 매매 유사의 법률관계가 성립한다.

해 설

①(○) : 민법 제643조(임차인의 갱신청구권, 매수청구권) 참조

②(○) : 대판 1997. 4. 8, 96다54249, 54256 참조

③(×) : 임대인과 임차인의 합의로 임대차 계약을 해약하고 임차인이 지상건물을 철거하기로 약정한 경우에는 민법 제643조, 제652조의 규정은 적용될 수 없다(대판 1969. 6. 24, 69다617).

④(○) : 건물 소유를 목적으로 하는 토지임대차에 있어서 임차인 소유 건물이 임대인이 임대한 토지 외에 임차인 또는 제3자 소유의 토지 위에 걸쳐서 건립되어 있는 경우에는, 임차지 상에 서 있는 건물 부분 중 구분소유의 객체가 될 수 있는 부분에 한하여 임차인에게 매수청구가 허용된다(대판 1996. 3. 21, 93다42634 전원합의체).

⑤(○) : 건물매수청구권은 형성권이다. 따라서 토지 임차인의 매수청구권 행사로 지상 건물에 대하여 시가에 의한 매매 유사의 법률관계가 성립된다(대판 1998. 5. 8, 98다2389).

86 **乙은 건물소유의 목적으로 甲소유의 토지를 10년간 임차하기로 하는 계약을 甲과 체결한 뒤 건물을 신축하여 보존등기를 하였다. 이 경우의 법률관계에 관한 설명 중 옳은 것은? (다툼이 있는 경우에는 판례에 의함)** 〈2009년 변리사〉

① 10년간의 임차기간이 만료하고 乙이 계속 토지를 사용하는데도 甲이 상당한 기간 내에 이의를 제기하지 않으면 임대차계약은 다시 10년간 연장된다.

② 乙의 채무불이행으로 인해 임대차가 종료된 후 보증금을 반환하였는데도 건물이 철거되지 않았다면, 乙은 비록 건물을 점유하고 있지 않더라도 甲에게 부당이득반환의무를 진다.

③ 임대차 종료시 乙이 건물을 철거하기로 약정하였다면, 10년간의 임차기간이 만료하고 건물이 현존한다고 할지라도 乙은 약정대로 건물을 철거해야 하며, 甲에게 계약의 갱신이나 건물의 매수를 청구할 수 없다.

④ 계약기간 중 乙이 건물을 丙에게 양도하면서 甲의 동의를 얻어 토지를 전대하였다면, 丙은 임대차 및 전대차의 기간이 만료되고 건물이 현존하더라도 甲에게 갱신청구권이나 건물매수청구권을 행사할 수 없다.

⑤ 임대차기간 만료로 임차권이 소멸한 후 토지소유권이 丁에게 양도되었다면, 乙은 계약당사자인 甲에 대하여만 건물매수청구권을 행사할 수 있고 양수인인 丁에게는 건물매수청구권을 행사할 수 없다.

해 설

①(×) : 임대차기간이 만료한 후 임차인이 임차물의 사용·수익을 계속하는 경우에, 임대인이 상당한 기간 내에 이의를 하지 아니한 때에는 전임대차와 동일한 조건으로 다시 임대차한 것으로 본다(제639조 제1항). 이를 묵시의 갱신이라고 한다. 다만 그 존속기간은 기간의 약정이 없는 것으로 하며, 제635조에 의하여 언제든지 해지의 통고를 할 수 있다.

②(○) : 타인 소유의 토지 위에 권한 없이 건물을 소유하고 있는 자는 그 자체로써 특별한 사정이 없는 한 법률상 원인 없이 타인의 재산으로 인하여 토지의 차임에 상당하는 이익을 얻고 이로 인하여 타인에게 동액 상당의

정답 86. ②

손해를 주고 있다고 보아야 한다(대판 1998. 5. 8, 98다2389).
③ (×) : 지상물매수청구권에 관한 제643조는 강행규정으로서, 이에 위반하는 약정으로서 임차인에게 불리한 것은 무효이다(제652조).
④ (×) : 토지임차인이 적법하게 그 토지를 전대한 경우에 임대차 및 전대차의 기간이 동시에 만료되고 건물, 수목 기타 지상시설이 현존한 때에는 전차인은 임대인에 대하여 전전대차와 동일한 조건으로 임대할 것을 청구할 수 있고(제644조 제1항), 이 때 임대인이 임대할 것을 원하지 아니하는 때에는, 전차인은 임대인에 대하여 상당한 가액으로 지상시설의 매수를 청구할 수 있다(제644조 제2항, 제283조 제2항).
⑤ (×) : 건물의 소유를 목적으로 한 토지임차인의 건물매수청구권 행사의 상대방은 통상의 경우 기간의 만료로 인한 임차권 소멸 당시 토지소유자인 임대인뿐만 아니라 임차권 소멸 후 임대인이 그 토지를 제3자에게 양도하는 등 그 소유권이 이전되었을 때에는 그 건물에 대하여 보존등기를 필하여 제3자에 대하여 대항할 수 있는 차지권(민법 제622조 참조)을 가지고 있는 토지임차인은 그 신소유자에 대하여도 위 매수 청구권을 행사할 수 있다(대판 1977. 4. 26, 75다348).

87 임대차에 관한 설명 중 옳지 않은 것은? (다툼이 있는 경우에는 판례에 의함) 〈2011년 변리사〉

① 지상물매수청구권은 원칙적으로 임차권소멸 당시의 임대인을 상대로 행사하여야 하나, 임대차 계약 종료 후 임대인이 그 토지를 제3자에게 양도하였다면, 대항력 있는 임차인은 토지양수인을 상대로 매수청구권을 행사할 수 있다.
② 비록 차임이 시가보다 파격적으로 저렴하더라도, 부속물매수청구권을 포기하기로 하는 건물임대인과 임차인 사이의 약정은 임차인에게 일방적으로 불리한 것으로서 무효이다.
③ 지상물매수청구권이 행사되면, 임대인과 임차인 사이에서는 지상물에 대하여 매수청구권 행사 당시의 건물시가를 대금으로 하는 매매계약이 체결된 것과 같은 효과가 발생한다.
④ 대항요건을 갖춘 임차권보다 후순위인 저당권의 실행으로 목적부동산이 매각(경락)되어 그 임차권보다 선순위인 저당권이 소멸한 경우, 임차인은 매수인(경락인)에 대하여 그 임차권의 효력을 주장할 수 없다.
⑤ 건물의 임차인이 임대차관계 종료시 건물을 원상으로 복구하여 임대인에게 명도하기로 약정하였다면, 이는 비용상환청구권을 미리 포기하기로 한 취지의 특약으로 볼 수 있으므로 임차인은 유치권을 주장을 할 수 없다.

해 설

① (○) : 지상건물매수청구의 상대방은 임차권소멸 당시의 임대인이 보통이나, 대항력 있는 임차인은 임대차계약 종료 후에 임대인으로부터 토지를 취득한 제3자에 대해서도 매수청구권을 행사할 수 있다(대판 1996. 6. 14, 96다14517). 즉 건물매수청구권은 임대인에게 하는 것이 일반이지만 임차권소멸 후 그 토지를 제3자가 양수한 경우에도 토지임차인은 그 신소유자에 대해 매수청구권을 행사 할 수 있다는 것이 판례의 태도이다.
② (×) : 임차인이 증·개축한 시설물과 부대시설을 포기하고 임대차 종료시의 현상대로 임대인의 소유에 귀속하기로 하는 대가로 임대차계약의 보증금 및 월 임료를 파격적으로 저렴하게 하고 임대기간도 장기간으로 약정함에 이른 사실과 임대인이 임대차계약의 종료 즉시 목적건물을 철거하고 그 부지에 건물을 신축하려 하고 있으며, 임대차계약 당시부터 임차인은 그와 같은 사정을 알고 있었다고 보이는 사정 등을 아울러 고려하면, 위 특약은 단순히 임차인의 부속물매수청구권을 배제하기로 하거나 또는 부속물을 대가 없이 임대인의 소유에 속하게 하기로 하는 약정들과 달라서 임차인에게 불리한 약정으로 볼 수 없으니 무효라고 할 수 없다(대판 1982. 1. 19, 18다1001).

정답 87. ②

③ (○) : 지상물매수청구권은 이른바 형성권으로서 그 행사로 임대인·임차인 사이에 지상 건물에 대하여 시가에 의한 매매 내지 매매 유사의 법률관계가 성립한다(대판 1995. 7. 11, 94다34265 전원합의체 등).
④ (○) : 대항요건을 갖춘 임차인이라고 하더라도 그에 앞서 담보권을 취득한 담보권자에게는 대항할 수 없고, 그러한 경우에는 그 임차인은 그 담보권에 기한 환가절차에서 당해 주택을 취득하는 취득자에 대하여도 자신의 임차권을 주장할 수 없다(대판 2001. 1. 5, 2000다47682).
⑤ (○) : 건물의 임차인이 임대차관계 종료시에는 건물을 원상으로 복구하여 임대인에게 명도하기로 약정한 것은 건물에 지출한 각종 유익비 또는 필요비의 상환청구권을 미리 포기하기로 한 취지의 특약이라고 볼 수 있어 임차인은 유치권 주장을 할 수 없다(대판 1975. 4. 22, 73다2010). 즉 유치권의 성립요건은 강행규정이 아니다.

88 **민법상 임차권의 양도와 임차물의 전대에 관한 설명으로 옳지 않은 것은? (다툼이 있는 경우에는 판례에 의함)** 〈2012년 변리사〉

① 임차인이 임대인의 동의 없이 임차권을 양도하였더라도 나중에 임대인이 이에 동의하면, 임대인은 무단양도를 이유로 계약을 해지할 수 없다.
② 임대차를 더 이상 지속시키기 어려울 정도로 당사자 사이의 신뢰관계를 파괴하는 임대인에 대한 배신행위가 아니라고 인정되는 특별한 사정이 있는 때에는, 임대인은 자신의 동의 없이 임차권이 이전되었다는 것만을 이유로 임대차계약을 해지할 수 없다.
③ 임대인의 동의를 받아 임차물을 전대한 경우, 전차인은 임대인과 전대인 중 어느 한 사람에게 차임을 지급하면 지급의무를 면하므로, 전차인이 차임을 전대인에게 지급하였다면 임대인의 차임청구가 있더라도 이를 거절할 수 있다.
④ 임대인의 동의와 함께 임차권이 양도된 경우, 그의 동의가 있기 전에 발생한 임차인의 연체차임채무나 손해배상채무는 다른 약정이 없으면 양수인에게 이전되지 않는다.
⑤ 건물소유를 목적으로 하는 대지임차권을 가진 자가 제3자에 대한 채무를 담보하기 위하여 사용·수익권을 자신에게 유보한 채 대지상의 자기소유의 건물에 제3자 명의의 소유권이전등기를 마친 경우, 대지임차권의 양도 또는 전대가 이루어졌다고 볼 수 없다.

해설

① (○) : 임차권양도나 전대시 임대인 동의를 요하는 제629조의 규정은 임대인은 보호하기 위한 임의규정으로 타당하다(대판 1993. 4. 27, 92다45308 등).
② (○) : 민법상 임차인은 임대인의 동의 없이 그 권리를 양도하거나 임차물을 전대하지 못하고 임차인이 이에 위반한 때에는 임대인은 계약을 해지할 수 있으나(민법 제629조), 이는 임대차계약이 원래 당사자의 개인적 신뢰를 기초로 하는 계속적 법률관계임을 고려하여 임대인의 인적 신뢰나 경제적 이익을 보호하여 이를 해치지 않게 하고자 함에 있고, 임차인이 임대인의 동의 없이 제3자에게 임차물을 사용·수익시키는 것은 임대인에게 임대차관계를 계속시키기 어려운 배신적 행위가 될 수 있는 것이기 때문에 임대인에게 일방적으로 임대차관계를 종료시킬 수 있도록 하고자 함에 있다. 따라서 임차인이 비록 임대인으로부터 별도의 승낙을 얻지 아니하고 제3자에게 임차물을 사용·수익하도록 한 경우에 있어서도, 임차인의 당해 행위가 임대인에 대한 배신적 행위라고 할 수 없는 특별한 사정이 인정되는 경우에는, 임대인은 자신의 동의 없이 전대차가 이루어졌다는 것만을 이유로 임대차계약을 해지할 수 없으며, 임차권 양수인이나 전차인은 임차권의 양수나 전대차 및 그에 따른 사용·수익을 임대인에게 주장할 수 있다(대판 2010. 6. 10, 2009다101275).
③ (×) : 임차인이 임대인의 동의를 얻어 임차물을 전대한 때에는 전차인은 직접 임대인에 대하여 의무를 부담한다. 이 경우에 전차인은 전대인에 대한 차임의 지급으로써 임대인에게 대항하지 못한다(제630조 제1항).

정답 88. ③

④ (○) : 통설이다.

⑤ (○) : 건물 소유를 목적으로 한 대지 임차권을 가지고 있는 자가 위 대지상의 자기소유 건물에 대하여 제3자에 대한 채권담보의 목적으로 제3자 명의의 소유권이전등기를 경료하여 준 이른바 양도담보의 경우에는, 채권담보를 위하여 신탁적으로 양도담보권자에게 건물의 소유권이 이전될 뿐 확정적, 종국적으로 이전되는 것은 아니고 또한 특별한 사정이 없는 한 양도담보권자가 건물의 사용수익권을 갖게 되는 것도 아니므로, 이러한 경우 위 건물의 부지에 관하여 민법 제629조 소정의 해지의 원인인 임차권의 양도 또는 전대가 이루어지지 않았다고 해석함이 상당하다(대판 1995. 7. 25, 94다46 428).

89 **甲은 丙의 건물을 임차하여 乙에게 전대하였다. 이에 관한 설명으로 옳지 않은 것은?(다툼이 있는 경우에는 판례에 의함)** 〈2013년 변리사〉

① 甲이 丙의 동의를 얻지 않고 전대하였다고 하더라도, 甲과 乙이 체결한 전대차계약은 甲·乙사이에서는 유효하다.

② 甲이 丙의 동의를 얻어 전대한 경우에는, 이후 甲과 丙의 합의로 임대차계약을 해지하더라도 乙의 권리는 소멸하지 않는다.

③ 임대차기간 및 전대차기간이 모두 만료된 후, 乙이 丙에게 건물을 직접 명도하면 乙은 甲에 대한 건물명도의무를 면한다.

④ 甲의 채무불이행을 이유로 丙이 임대차계약을 해지하고 乙에게 목적물반환청구권을 행사한 경우, 특별한 사정이 없는 한, 乙은 甲에 대한 보증금반환채권으로 丙의 목적물반환청구에 대항할 수 없다.

⑤ 乙이 丙의 동의를 얻어 甲으로부터 부속물을 매수하였더라도, 乙은 전대차 종료시에 丙에게 그 부속물의 매수를 청구할 수 없다.

해 설

① (○) : 전대차에서 임대인의 동의는 전대차의 대항요건에 불과하다. 따라서 甲이 丙의 동의를 얻지 않고 전대하였다고 하더라도, 甲과 乙이 체결한 전대차계약은 甲·乙사이에서는 유효하다.

② (○) : 제631조 내용이다. 즉 “임차인이 임대인의 동의를 얻어 임차물을 전대한 경우에는 임대인과 임차인의 합의로 계약을 종료한 때에도 전차인의 권리는 소멸하지 아니한다.”. 따라서 甲이 丙의 동의를 얻어 전대한 경우에는, 이후 甲과 丙의 합의로 임대차계약을 해지하더라도 乙의 권리는 소멸하지 않는다.

③ (○) : 임대차기간 및 전대차기간이 모두 만료된 후, 乙이 丙에게 건물을 직접 명도하면 乙은 甲에 대한 건물명도의무를 면한다(대판 1995. 12. 12, 95다23996).

④ (○) : 건물매수인이 아직 건물의 소유권을 취득하지 못한 채 매도인의 동의를 얻어 제3자에게 임대하였으나 매수인(임대인)의 채무불이행으로 매도인이 매매계약을 해제하고 임차인에게 건물의 명도를 구하는 경우 임차인은 매도인에 대한 관계에서 건물의 전차인의 지위와 흡사하다 할 것인바, 임대인의 동의 있는 전차인도 임차인의 채무불이행으로 임대차계약이 해지되면 특단의 사정이 없는 한 임대인에 대해서 전차인의 전대인에 대한 권리를 주장할 수가 없고, 또 임차인이 매매계약목적물에 대하여 직접 임차권을 취득했다고 보더라도, 대항력을 갖추지 아니한 상태에서는 그 매매계약이 해제되어 소급적으로 실효되면 그 권리를 보호받을 수가 없다는 점에 비추어 볼 때, 임차인의 건물명도의무와 매수인(임대인)의 보증금반환의무를 동시이행관계에 두는 것은 오히려 공평의 원칙에 반한다 할 것이다(대판 1990. 12. 7, 90다카24939).

⑤ (×) : 전차인은 임대인의 동의를 얻어 임차인으로부터 매수한 부속물도 임대인에 대하여 그 매수를 청구할 수 있다(민법 제647조 제2항).

정답 89. ⑤

90 **민법상 임대인 甲과 임차인 乙의 임대차관계에 관한 설명으로 옳지 않은 것은? (다툼이 있는 경우에는 판례에 의함)** 〈2014년 변리사〉

① 임대차관계가 소멸한 이후에 乙이 계속하여 임차목적물을 점유하였으나 이를 본래의 임대차계약의 목적에 따라 사용·수익하지 아니하여 실질적인 이득을 얻지 않았다면, 그로 인하여 甲에게 손해가 발생하더라도 乙의 부당이득반환의무는 성립하지 않는다.

② 토지임대인 甲이 乙의 차임연체를 이유로 임대차계약을 해지한 때에는 토지임차인 乙의 지상물매수청구권이 인정되지 않는다.

③ 건물소유를 목적으로 하는 대지 임차인 乙이 甲의 동의없이 丙에게 그 대지 위의 건물에 점유개정의 방법으로 양도담보를 설정한 때에도 甲은 무단양도를 이유로 하여 임대차계약을 해지할 수 없다.

④ 특별한 사정이 없으면, 건물 소유를 목적으로 하는 토지 임대차에서 乙로부터 미등기 무허가건물을 매수하여 점유한 丙은 등기명의가 없더라도 甲에게 지상물매수청구권을 행사할 수 있다.

⑤ 2년을 기간으로 하는 임대차기간이 만료한 후 乙이 계속하여 임차물을 사용·수익하는 경우, 甲이 상당한 기간 내에 이의를 제기하지 않으면 전 임대차와 동일한 조건으로 다시 임차한 것으로 보아야 하므로 임대차는 다시 2년의 기간으로 연장된다.

해설

① (○) : 부당이득에서 실질설 입장이다. 즉 임대차관계가 소멸한 이후에 乙이 계속하여 임차목적물을 점유하였으나 이를 본래의 임대차계약의 목적에 따라 사용·수익하지 아니하여 실질적인 이득을 얻지 않았다면, 그로 인하여 甲에게 손해가 발생하더라도 乙의 부당이득반환의무는 성립하지 않는다(대판 2008. 4. 10, 2007다76986).

② (○) : 채무불이행의 경우 매수청구권이 부정된다. 따라서 토지임대인 甲이 乙의 차임연체를 이유로 임대차계약을 해지한 때에는 토지임차인 乙의 지상물매수청구권이 인정되지 않는다(대판 1990. 1. 23, 88다카7245).

③ (○) : 건물 소유를 목적으로 한 대지 임차권을 가지고 있는 자가 위 대지상의 자기소유 건물에 대하여 제3자에 대한 채권담보의 목적으로 제3자 명의의 소유권이전등기를 경료하여 준 이른바 양도담보의 경우에는, 채권담보를 위하여 신탁적으로 양도담보권자에게 건물의 소유권이 이전될 뿐 확정적, 종국적으로 이전되는 것은 아니고 또한 특별한 사정이 없는 한 양도담보권자가 건물의 사용수익권을 갖게 되는 것도 아니므로, 이러한 경우 위 건물의 부지에 관하여 민법 제629조 소정의 해지의 원인인 임차권의 양도 또는 전대가 이루어지지 않았다고 해석함이 상당하다(대판 1995. 7. 25, 94다46428).

④ (○) : 건물을 매수하여 점유하고 있는 사람은 소유자로서의 등기명의가 없다 하더라도 그 권리의 범위 내에서는 그 점유 중인 건물에 대하여 법률상 또는 사실상의 처분권을 가지고 있다. 위와 같은 지상물매수청구청구권 제도의 목적, 미등기 매수인의 법적 지위 등에 비추어 볼 때, 종전 임차인으로부터 미등기 무허가건물을 매수하여 점유하고 있는 임차인은 특별한 사정이 없는 한 비록 소유자로서의 등기명의가 없어 소유권을 취득하지 못하였다 하더라도 임대인에 대하여 지상물매수청구권을 행사할 수 있는 지위에 있다(대판 2013. 11. 28, 2013다48364).

⑤ (×) : 묵시의 갱신의 경우 다른 조건은 전임대차와 동일한 조건으로 다시 임대차한 것으로 보지만(제639조 제1항 본문), 임대차기간 만큼은 전임대차와 동일한 것으로 보지 않고 제635조의 기간의 약정이 없는 임대차가 되어 당사자는 언제든지 해지의 통고를 할 수 있다(제639조 제1항 단서).

정답 90. ⑤

91 **甲은 건물을 신축할 목적으로 乙로부터 토지를 임차하면서, 임대차 종료시 건물 기타지상시설 일체를 대가 없이 포기하고, 만약 지상건물을 철거하지 아니할 경우에는 그 소유권을 乙에게 이전하기로 약정하였다. 임대차가 기간만료로 종료되자 乙은 甲을 상대로 토지인도 및 건물철거 청구소송을 제기하였다. 이에 관한 설명으로 옳지 않은 것은? (다툼이 있으면 판례에 따름)**

〈2015년 변리사〉

① 임대차 종료시 대가 없이 건물 기타 지상시설 일체를 포기하겠다는 약정은 특별한 사정이 없는 한 甲에게 불리한 것이어서 무효이다.
② 甲의 채무불이행을 이유로 계약이 해지된 경우에도 甲은 건물매수청구권을 행사할 수 있다.
③ 甲이 그 지상건물에 대하여 적법하게 매수청구권을 행사하더라도 지상건물의 점유·사용을 통하여 그 부지를 계속하여 점유·사용하는 한, 부지의 임료 상당액을 부당이득으로서 반환할 의무가 있다.
④ 건물철거소송 과정에서 甲이 건물매수청구권을 행사할 수 있었는데도 이를 행사하지 않았고, 甲의 패소판결이 확정되었더라도, 건물철거가 집행되기 전이라면 건물매수청구권을 행사할 수 있다.
⑤ 만약 임대차의 존속기간을 정하지 않은 경우, 乙의 해지통고에 의하여 임대차가 종료되었더라도 甲은 계약갱신청구의 유무에 관계없이 건물매수청구권을 행사할 수 있다.

해 설

① (○) : 민법상 임대차는 임차인을 보호하는 편면적 강행규정이다(제652조). 특히 지상물매수청구권 등이 이에 해당하는데, 따라서 임대차 종료시 대가 없이 건물 기타 지상시설 일체를 포기하겠다는 약정은 특별한 사정이 없는 한 甲에게 불리한 것이어서 무효이다(제643조).
② (×) : 지상권에서처럼 건물소유자의 차임이나 지료연체 등을 이유로 즉 채무불이행을 이유로 계약이 해지된 경우, 건물소유자의 건물매수청구권을 인정하지 않는다(대판 1990. 1. 23, 88다카7245).
③ (○) : 건물 기타 공작물의 소유를 목적으로 한 대지임대차에 있어서 임차인이 그 지상건물 등에 대하여 민법 제643조 소정의 매수청구권을 행사한 후에 그 임대인인 대지의 소유자로부터 매수대금을 지급받을 때까지 그 지상건물 등의 인도를 거부할 수 있다고 하여도, 지상건물 등의 점유·사용을 통하여 그 부지를 계속하여 점유·사용하는 한 그로 인한 부당이득으로서 부지의 임료 상당액은 이를 반환할 의무가 있다(대판 2001. 6. 1, 99다60535).
④ (○) : 실체법상의 권리인 매수청구권이 건물철거소송 과정에서 甲이 이를 행사할 수 있었는데도 이를 행사하지 않았고, 甲의 패소판결이 확정되었더라도, 건물철거가 집행되기 전이라면 건물매수청구권을 행사할 수 있다(대판 1995. 12. 26, 95다42195).
⑤ (○) : 만약 임대차의 존속기간을 정하지 않은 경우, 乙의 해지통고에 의하여 임대차가 종료되었다면, 임차인의 계약갱신요구권을 거절한 것처럼 볼 수 있기 때문에 甲은 계약갱신청구의 유무에 관계없이 건물매수청구권을 행사할 수 있는 것이다(대판 1995. 12. 26, 95다42195).

92 **임차인에게 불리한 약정을 하여도 그 효력이 인정되는 것은?** 〈2017년 변리사〉

① 토지임차인의 지상물매수청구권
② 임차인의 비용상환청구권
③ 임차인의 차임감액청구권
④ 임대차기간의 약정이 없는 임차인의 해지통고
⑤ 임차인의 차임연체로 인한 임대인의 해지권

정답 91. ② 92. ②

해 설

민법 제652조(강행규정) 제627조, 제628조(③), 제631조, 제635조(④), 제638조, 제640조(⑤), 제641조, 제643조(①) 내지 제647조의 규정에 위반하는 약정으로 임차인이나 전차인에게 불리한 것은 그 효력이 없다.
☞ ②(민법 제626조)만 임의규정이고 나머지는 모두 편면적 강행규정이다.

93 甲은 물품보관창고를 필요로 하는 乙의 요청에 따라 그 소유의 X토지를 乙에게 임대함과 동시에 그 지상에 신축한 미등기 Y건물을 乙에게 매도하였고, 그 후 乙은 Y건물에 대한 보존등기를 마쳤다. 다음 설명 중 옳은 것은? (다툼이 있으면 판례에 따름) 〈2017년 변리사〉

① 乙의 차임채무불이행으로 임대차가 종료되어도 乙은 甲에게 Y건물의 매수를 청구할 수 있다.
② 乙이 적법하게 Y건물의 매수를 청구한 경우, 甲의 대금지급의무는 乙의 Y건물명도 및 소유권이전의무보다 선이행되어야 한다.
③ 乙이 Y건물에 대한 보존등기를 마친 후 甲이 丙에게 X토지를 매도하고 소유권이전등기를 마쳐 준 경우, 乙의 임차권이 기간만료로 소멸하면 乙은 丙을 상대로 Y건물의 매수를 청구할 수 없다.
④ 만약 乙의 채권자 명의로 근저당권이 설정된 Y건물에 대하여 乙이 적법하게 매수청구권을 행사한 경우, 甲은 근저당권이 말소되지 않았음을 이유로 채권최고액에 상당한 대금의 지급을 거절할 수 없다.
⑤ 만약 Y건물이 미등기 상태에 있더라도 임대차기간이 만료되어 乙이 적법하게 매수청구권을 행사한 경우, Y건물은 그 매수청구의 대상이 될 수 있다.

해 설

①(×) : 토지임차인의 차임연체 등 채무불이행을 이유로 임대차계약이 해지되는 경우 토지임차인으로서는 토지임대인에 대하여 지상건물의 매수를 청구할 수 없다(대판 1997. 4. 8, 96다54249).
②(×) : 민법 제643조의 규정에 의한 토지임차인의 매수청구권행사로 지상건물에 대하여 시가에 의한 매매유사의 법률관계가 성립된 경우에 토지임차인의 건물명도 및 그 소유권이전등기의무와 토지임대인의 건물대금지급의무는 서로 대가관계에 있는 채무이므로 토지임차인은 토지임대인의 건물명도청구에 대하여 대금지급과의 동시이행을 주장할 수 있다(대판 1991. 4. 9, 91다3260).
③(×) : 민법 제622조. 건물의 소유를 목적으로 한 토지임차인의 건물매수청구권 행사의 상대방은 통상의 경우 기간의 만료로 인한 임차권 소멸 당시 토지소유자인 임대인뿐만 아니라 임차권 소멸 후 임대인이 그 토지를 제3자에게 양도하는 등 그 소유권이 이전되었을 때에는 그 건물에 대하여 보존등기를 필하여 제3자에 대하여 대항할 수 있는 차지권을 가지고 있는 토지임차인은 그 신소유자에 대하여도 위 매수 청구권을 행사할 수 있다(대판 1977. 4. 26, 75다348).
④(×) : 건물의 소유를 목적으로 한 토지임대차계약의 기간이 만료함에 따라 지상건물 소유자가 임대인에 대하여 행사하는 민법 제643조 소정의 매수청구권은 매수청구의 대상이 되는 건물에 근저당권이 설정되어 있는 경우에도 인정된다. 이 경우에 그 건물의 매수가격은 건물 자체의 가격 외에 건물의 위치, 주변 토지의 여러 사정 등을 종합적으로 고려하여 매수청구권 행사 당시 건물이 현존하는 대로의 상태에서 평가된 시가 상당액을 의미하고, 여기에서 근저당권의 채권최고액이나 피담보채무액을 공제한 금액을 매수가격으로 정할 것은 아니다. 다만, 매수청구권을 행사한 지상건물 소유자가 위와 같은 근저당권을 말소하지 않는 경우 토지소유자는 민법 제588조에 의하여 위 근저당권의 말소등기가 될 때까지 그 채권최고액에 상당한 대금의 지급을 거절할 수 있다(대판 2008. 5. 29, 2007다4356).
⑤(○) : 민법 제643조가 정하는 건물 소유를 목적으로 하는 토지 임대차에서 임차인이 가지는 지상물매수청구

정답 93. ⑤

권은 …중략… 국민경제적 관점에서 지상 건물의 잔존 가치를 보존하고, 토지 소유자의 배타적 소유권 행사로 인하여 희생당하기 쉬운 임차인을 보호하기 위한 제도이므로, 특별한 사정이 없는 한 행정관청의 허가를 받은 적법한 건물이 아니더라도 임차인의 지상물매수청구권의 대상이 될 수 있다. 그리고 건물을 매수하여 점유하고 있는 사람은 소유자로서의 등기명의가 없다 하더라도 그 권리의 범위 내에서는 그 점유 중인 건물에 대하여 법률상 또는 사실상의 처분권을 가지고 있다. 위와 같은 지상물매수청구청구권 제도의 목적, 미등기 매수인의 법적 지위 등에 비추어 볼 때, 종전 임차인으로부터 미등기 무허가건물을 매수하여 점유하고 있는 임차인은 특별한 사정이 없는 한 비록 소유자로서의 등기명의가 없어 소유권을 취득하지 못하였다 하더라도 임대인에 대하여 지상물매수청구권을 행사할 수 있는 지위에 있다(대판 2013. 11. 28, 2013다48364).

94 **임차보증금에 관한 설명으로 옳지 않은 것은? (다툼이 있으면 판례에 따름)** 〈2018년 변리사〉

① 건물 임차인은 임대인에게 지급한 보증금의 반환을 위하여 그 임차목적물에 대해 유치권을 주장할 수 없다.

② 임차인의 차임연체를 이유로 임대차계약이 해지되어, 임대인이 임차목적물의 인도와 연체차임의 지급을 구하는 소송을 제기한 경우 그 소송비용은 특별한 합의가 없는 한 보증금에서 당연히 공제될 수 없다.

③ 임대차계약이 계속되는 동안에 임차인이 차임지급을 연체한 경우, 그 연체차임은 임대인의 별도의 의사표시 없이 보증금에서 당연히 공제되는 것은 아니다.

④ 보증금반환채권에 대해 전부명령이 있은 후, 임대인의 임차인에 대한 연체차임채권이 발생하였다면 그 전부명령은 임차목적물을 반환할 때까지 임대인의 임차인에 대한 그 채권을 보증금에서 공제한 잔액에 대해서만 효력을 가진다.

⑤ 임대보증금이 지급된 임대차계약에서 차임채권에 관하여 추심명령이 송달된 경우, 당해 임대차계약이 종료되어 목적물이 반환될 때에는 그 때까지 추심되지 않은 잔존 차임채권 상당액도 임대보증금에서 공제된다.

해 설

① (○) : 건물의 임대차에 있어서 임차인의 임대인에게 지급한 임차보증금반환청구권이나 임대인이 건물시설을 아니하기 때문에 임차인에게 건물을 임차목적대로 사용 못한 것을 이유로 하는 손해배상청구권은 모두 민법 320조 소정 소위 그 건물에 관하여 생긴 채권이라 할 수 없다(대판 1976. 5. 11, 75다1305).

② (×) : 부동산임대차에서 임차인이 임대인에게 지급하는 임대차보증금은 임대차관계가 종료되어 목적물을 반환하는 때까지 임대차관계에서 발생하는 임차인의 모든 채무를 담보하는 것으로서, 임대인이 임차인을 상대로 차임연체로 인한 임대차계약의 해지를 원인으로 임대차목적물인 부동산의 인도 및 연체차임의 지급을 구하는 소송비용은 임차인이 부담할 원상복구비용 및 차임지급의무 불이행으로 인한 것이어서 임대차관계에서 발생하는 임차인의 채무에 해당하므로 이를 반환할 임대차보증금에서 당연히 공제할 수 있고, 한편 임대인의 임대차보증금 반환의무는 임대차관계가 종료되는 경우에 임대차보증금 중에서 목적물을 반환받을 때까지 생긴 임차인의 모든 채무를 공제한 나머지 금액에 관하여서만 비로소 이행기에 도달하는 것이므로, 임차인이 다른 사람에게 임대차보증금 반환채권을 양도하고, 임대인에게 양도통지를 하였어도 임차인이 임대차목적물을 인도하기 전까지는 임대인이 위 소송비용을 임대차보증금에서 당연히 공제할 수 있다(대판 2012. 9. 27, 2012다49490).

③ (○) : 임대인에게 임대차보증금이 교부되어 있더라도 임대인은 임대차관계가 계속되고 있는 동안에는 임대차보증금에서 연체차임을 충당할 것인지를 자유로이 선택할 수 있다. 따라서 임대차계약 종료 전에는 공제 등

정답 94. ②

별도의 의사표시 없이 연체차임이 임대차보증금에서 당연히 공제되는 것은 아니고, 임차인도 임대차보증금의 존재를 이유로 차임의 지급을 거절할 수 없다(대판 2016. 11. 25, 2016다211309).

④ (○) : 임차보증금을 피전부채권으로 하여 전부명령이 있을 경우에도 제3채무자인 임대인은 임차인에게 대항할 수 있는 사유로서 전부채권자에게 대항할 수 있는 것이어서 건물임대차보증금의 반환채권에 대한 전부명령의 효력이 그 송달에 의하여 발생한다고 하여도 위 보증금반환채권은 임대인의 채권이 발생하는 것을 해제조건으로 하는 것이므로 임대인의 채권을 공제한 잔액에 관하여서만 전부명령이 유효하다(대판 1988. 1. 19, 87다카1315).

⑤ (○) : 부동산 임대차에 있어서 수수된 보증금은 차임채무, 목적물의 멸실·훼손 등으로 인한 손해배상채무 등 임대차에 따른 임차인의 모든 채무를 담보하는 것으로서 그 피담보채무 상당액은 임대차관계의 종료 후 목적물이 반환될 때에 특별한 사정이 없는 한 별도의 의사표시 없이 보증금에서 당연히 공제되는 것이므로, 임대보증금이 수수된 임대차계약에서 차임채권에 관하여 압류 및 추심명령이 있었다 하더라도, 당해 임대차계약이 종료되어 목적물이 반환될 때에는 그 때까지 추심되지 아니한 채 잔존하는 차임채권 상당액도 임대보증금에서 당연히 공제된다(대판 2004. 12. 23, 2004다56554).

95 乙은 건물의 소유를 목적으로 甲소유의 X토지를 임차한 후, 甲의 동의 없이 이를 丙에게 전대하였다. 이에 관한 설명으로 옳은 것은? (다툼이 있으면 판례에 따름) 〈2019년 변리사〉

① 甲은 丙에게 X토지의 반환을 청구할 수 없다.
② 甲은 乙에 대한 임대차계약상의 차임청구권을 상실한다.
③ 甲과 乙사이의 임대차계약은 무단전대를 이유로 甲의 해지의 의사표시가 없더라도 해지의 효력이 발생한다.
④ 임대차 및 전대차기간 만료시에 丙이 신축한 건물이 X토지에 현존하고 甲이 임대차계약의 갱신을 거절한 경우, 丙은 甲에게 건물매수를 청구할 수 없다.
⑤ 甲과 乙사이의 임대차계약이 존속하더라도 甲은 X토지의 불법점유를 이유로 丙에게 차임상당의 부당이득반환을 청구할 수 있다.

해설

① (×) : 무단전대의 경우 임대인은 전차인에게 물권적 청구권을 행사할 수 있다(민법 제213조, 214조). 다만 임대차계약을 해지하지 않는 한 원칙적으로 임대인 자신에게 반환할 것을 청구할 수는 없고, 임차인에게 반환할 것을 청구할 수 있을 뿐이다(민법 제207조).

② (×), ⑤ (×) : 임차인이 임대인의 동의를 받지 않고 제3자에게 임차권을 양도하거나 전대하는 등의 방법으로 임차물을 사용·수익하게 하더라도, 임대인이 이를 이유로 임대차계약을 해지하거나 그 밖의 다른 사유로 임대차계약이 적법하게 종료되지 않는 한 임대인은 임차인에 대하여 여전히 차임청구권을 가지므로, 임대차계약이 존속하는 한도 내에서는 제3자에게 불법점유를 이유로 한 차임상당 손해배상청구나 부당이득반환청구를 할 수 없다(대판 2008. 2. 28, 2006다10323).

③ (×) : 민법 제629조 제2항은 "해지할 수 있다."고 규정하고 있을 뿐이다. 여기서 해지권은 형성권으로서 해지의 의사표시가 있어야만 해지의 효력이 발생한다.

④ (○) : 민법 제644조는 적법하게 그 토지를 전대한 경우에만 적용되는 규정이다.

정답 95. ④

96 임대차에 관한 설명으로 옳은 것을 모두 고른 것은? (다툼이 있으면 판례에 따름) 〈2023년 변리사〉

ㄱ. 임대차가 종료된 경우, 그 임대목적물이 임대인이 아닌 타인 소유라도 특별한 사정이 없는 한 임차인은 임대인에게 임대차 종료일까지의 연체 차임뿐만 아니라 그 이후부터 인도완료일까지 차임 상당의 부당이득금도 반환할 의무가 있다.
ㄴ. 임대인이 임차인에게 필요비상환의무를 이행하지 않는 경우, 임차인은 지출한 필요비 금액의 한도에서 차임의 지급을 거절할 수 있다.
ㄷ. 임차인이 임대인의 동의 없이 임차물을 제3자에게 전대한 경우, 임대인은 임대차계약의 존속 여부를 불문하고 제3자에게 불법점유를 이유로 한 차임상당액의 손해배상청구를 할 수 있다.
ㄹ. 임차인이 임대인의 동의를 얻어 임차물을 전대한 경우, 전대인과 전차인이 전대차계약상의 차임을 감액하여 전차인이 임대인에 대하여 직접 부담하는 의무의 범위가 변경되더라도 특별한 사정이 없는 한 전차인은 변경된 전대차계약의 내용을 임대인에게 주장할 수 있다.

① ㄱ, ㄴ ② ㄷ, ㄹ ③ ㄱ, ㄴ, ㄷ ④ ㄱ, ㄴ, ㄹ ⑤ ㄴ, ㄷ, ㄹ

해설

ㄱ. (○) : 임대인이 국가 소유의 부동산을 임대하였는데 임차인의 차임 연체로 인하여 그 임대차계약이 해지되었다면, 특별한 사정이 없는 한 임차인은 **임대인에게** 그 부동산을 명도하고 해지로 인한 임대차 종료시까지의 연체차임 및 그 이후부터 명도 완료일까지 그 부동산을 점유·사용함에 따른 차임 상당의 부당이득금을 반환할 의무가 있다(대판 1996. 9. 6, 94다54641).

ㄴ. (○) : 임대차는 타인의 물건을 빌려 사용·수익하고 그 대가로 차임을 지급하기로 하는 계약이다(민법 제618조). 임대차계약에서 임대인은 목적물을 계약존속 중 사용·수익에 필요한 상태를 유지하게 할 의무를 부담한다(민법 제623조). 임대인이 목적물을 사용·수익하게 할 의무는 임차인의 차임지급의무와 서로 대응하는 관계에 있으므로, 임대인이 이러한 의무를 불이행하여 목적물의 사용·수익에 지장이 있으면 임차인은 지장이 있는 한도에서 차임의 지급을 거절할 수 있다. 임차인이 임차물의 보존에 관한 필요비를 지출한 때에는 임대인에게 상환을 청구할 수 있다(민법 제626조 제1항). 여기에서 '필요비'란 임차인이 임차물의 보존을 위하여 지출한 비용을 말한다. 임대차계약에서 임대인은 목적물을 계약존속 중 사용·수익에 필요한 상태를 유지하게 할 의무를 부담하고, 이러한 의무와 관련한 임차물의 보존을 위한 비용도 임대인이 부담해야 하므로, 임차인이 필요비를 지출하면, 임대인은 이를 상환할 의무가 있다. **임대인의 필요비상환의무는 특별한 사정이 없는 한 임차인의 차임지급의무와 서로 대응하는 관계**에 있으므로, **임차인은 지출한 필요비 금액의 한도에서 차임의 지급을 거절할 수 있다**(2019. 11. 14. 선고 2016다227694 판결). ☞ 월 차임 800만 원, 차임 미지급액 2,700만 원, 필요비 1,500만 원인 경우, 미지급액 중 1,500만 원에 대해서는 필요비의 상환과 **동시이행**을 주장할 수 있어 그 지급을 연체한 것으로 볼 수 없고, 연체한 차임은 1,200만 원(= 2,700만 원 − 1,500만 원)에 불과하므로 2기 이상의 차임을 연체한 것이 아니어서 임대차계약 해지는 부적법하다고 한 사례.

ㄷ. (×) : 임차인이 임대인의 동의를 받지 않고 제3자에게 임차권을 양도하거나 전대하는 등의 방법으로 임차물을 사용·수익하게 하더라도, 임대인이 이를 이유로 임대차계약을 해지하거나 그 밖의 다른 사유로 임대차계약이 적법하게 종료되지 않는 한 임대인은 임차인에 대하여 여전히 차임청구권을 가지므로, **임대차계약이 존속하는 한도 내에서는 제3자에게 불법점유를 이유로 한 차임상당 손해배상청구나 부당이득반환청구를 할 수 없다**(대판 2008. 2. 28, 2006다10323).

ㄹ. (○) : [1] 임차인이 임대인의 동의를 얻어 임차물을 전대한 경우, 임대인과 임차인 사이의 종전 임대차계약은 계속 유지되고(민법 제630조 제2항), 임차인과 전차인 사이에는 별개의 새로운 전대차계약이 성립한다. 한편

정답 96. ④

임대인과 전차인 사이에는 직접적인 법률관계가 형성되지 않지만, 임대인의 보호를 위하여 전차인이 임대인에 대하여 직접 의무를 부담한다(민법 제630조 제1항). 이 경우 전차인은 전대차계약으로 전대인에 대하여 부담하는 의무 이상으로 임대인에게 의무를 지지 않고 동시에 임대차계약으로 임차인이 임대인에 대하여 부담하는 의무 이상으로 임대인에게 의무를 지지 않는다. [2] 전대인과 전차인은 계약자유의 원칙에 따라 전대차계약의 내용을 변경할 수 있다. 그로 인하여 민법 제630조 제1항에 따라 전차인이 임대인에 대하여 직접 부담하는 의무의 범위가 변경되더라도, 전대차계약의 내용 변경이 전대차에 동의한 임대인 보호를 목적으로 한 민법 제630조 제1항의 취지에 반하여 이루어진 것이라고 볼 특별한 사정이 없는 한 **전차인은 변경된 전대차계약의 내용을 임대인에게 주장할 수 있다. 전대인과 전차인이 전대차계약상의 차임을 감액한 경우도 마찬가지이다.** 또한 그 경우, 임대차종료 후 전차인이 임대인에게 반환하여야 할 차임 상당 부당이득액을 산정함에 있어서도, 부당이득 당시의 실제 차임액수를 심리하여 이를 기준으로 삼지 아니하고 약정 차임을 기준으로 삼는 경우라면, 전차인이 임대인에 대하여 직접 의무를 부담하는 차임인 변경된 차임을 기준으로 할 것이지, 변경 전 전대차계약상의 차임을 기준으로 할 것은 아니다(대판 2018. 7. 11, 2018다200518).

97 **임대차와 관련된 설명 중 옳지 않은 것은? (다툼이 있는 경우 판례에 의함)** 〈2016년 변호사시험〉

① 토지에 대한 임대차계약 종료 시 임대인이 임차인을 상대로 지상물(건물) 철거 및 그 부지의 인도를 청구한 데 대하여 임차인이 지상물매수청구권을 행사하여 그 청구권이 인정되는 경우, 임대인의 위 청구에는 건물매수대금 지급과 동시에 건물인도를 구하는 청구가 포함되어 있다고 볼 수 없다.

② 임대차보증금반환채권에 대한 압류 및 추심명령이 있더라도, 임대인은 임차인에 대하여 가지는 동시이행 항변권을 상실하지 않는다.

③ 원고가 소유권에 기한 목적물 반환청구만을 하고 있음이 명백한 경우, 법원이 원고에게 점유권에 기한 반환청구도 구하고 있는지 여부를 석명할 의무가 있는 것은 아니다.

④ 임대할 권한이 없는 자로부터 타인 소유의 건물을 임차하여 점유·사용하고 이로 말미암아 그 건물 소유자에게 손해를 입힌 임차인은 비록 그가 선의의 점유자라 하더라도 그 점유·사용으로 인한 이득을 반환할 의무가 있다.

⑤ 부속된 물건이 오로지 임차인의 특수목적에 사용하기 위하여 부속된 것일 때에는 「민법」 제646조가 규정하는 부속물매수청구의 대상이 되는 부속물에 해당하지 않는다.

해 설

① (○) : 토지임대차 종료시 임대인의 건물철거와 그 부지인도 청구에는 건물매수대금 지급과 동시에 건물명도를 구하는 청구가 포함되어 있다고 볼 수 없다(대판 1995. 7. 11, 94다34265 전원합의체).

② (○) : 임대차보증금반환채권에 대한 압류 및 추심명령이 있더라도, 그 동일성이 유지되기 때문에 임대인은 임차인에 대하여 가지는 동시이행 항변권을 상실하지 않는다(대판 2014. 4. 10, 2013다59753).

③ (○) : 소유권에 기하여 미등기 무허가건물의 반환을 구하는 청구취지 속에는 점유권에 기한 반환청구권을 행사한다는 취지가 당연히 포함되어 있다고 볼 수는 없고, 소유권에 기한 반환청구만을 하고 있음이 명백한 이상 법원에 점유권에 기한 반환청구도 구하는지의 여부를 석명할 의무가 있는 것은 아니다(대판 1996. 6. 14, 94다53006).

④ (×) : 선의점유자는 과실을 취득할 수 있다(제201조). 여기서 과실에는 사용이익이 포함되기 때문에 임대할 권한이 없는 자로부터 타인 소유의 건물을 임차하여 점유·사용하고 이로 말미암아 그 건물소유자에게 손해를 입힌 임차인은 그가 선의의 점유자라면 그 점유·사용으로 인한 이득을 반환할 의무가 없는 것이다(대판 1987. 9. 22, 86다카1996 등).

정답 97. ④

⑤ (○) : 부속된 물건이 오로지 임차인의 특수목적에 사용하기 위하여 부속된 것일 때에는 「민법」 제646조가 규정하는 부속물매수청구의 대상이 되는 부속물에 해당하지 않는다(대판 1977. 6. 7, 77다50).

98 **임대차에 관한 설명 중 옳은 것은? (다툼이 있는 경우 판례에 의함)** 〈2017년 변호사시험〉

① 임대차계약 체결 당시 여러 사람이 공동임대인으로서 임차인과 사이에 하나의 임대차계약을 체결한 경우 특별한 사정이 없는 한 공동임대인 전원의 해지의 의사표시에 의하여 임대차계약 전부를 해지하여야 하나, 임대차목적물 중 일부가 양도되어 양수인이 그에 관한 임대인의 지위를 승계함으로써 공동임대인으로 된 경우에는 전원이 해지의 의사표시를 할 필요는 없다.

② 토지의 매수인이 매매목적물에 관한 임대차보증금 반환채무를 인수하는 한편 그 채무액을 매매대금에서 공제하기로 약정한 경우, 그 인수는 특별한 사정이 없는 한 매도인을 면책시키는 면책적 채무인수로 보아야 한다.

③ 보증금이 수수된 임대차계약에서 임대차가 종료되어 목적물을 반환할 때까지 연체한 차임액이 위 보증금에서 전액 공제된 경우, 임차인은 임대차 종료 전에 차임채권을 양수한 자의 양수금청구에 대해 연체된 차임액이 보증금에서 공제되었음을 주장하여 양수금지급을 거절할 수 없다.

④ 임대인이 목적물을 사용·수익하게 할 의무를 불이행하여 목적물의 사용·수익에 부분적으로 지장이 생긴 경우뿐 아니라 임대인이 수선의무를 이행함으로써 목적물의 사용·수익에 지장이 생긴 경우에도 임차인은 그 지장의 한도 내에서 차임의 지급을 거절할 수 있다.

⑤ 「주택임대차보호법」상 대항력을 갖춘 임차인의 임대차보증금반환채권이 가압류된 상태에서 임대주택이 양도된 경우, 양수인이 채권가압류의 제3채무자의 지위를 승계하는 것은 아니므로 가압류권자는 임대주택의 양수인이 아니라 양도인에 대하여 위 가압류의 효력을 주장하여야 한다.

해 설

① (×) : 민법 제547조 제1항은 "당사자의 일방 또는 쌍방이 수인인 경우에는 계약의 해지나 해제는 그 전원으로부터 또는 전원에 대하여 하여야 한다."라고 규정하고 있으므로, 여러 사람이 공동임대인으로서 임차인과 하나의 임대차계약을 체결한 경우에는 민법 제547조 제1항의 적용을 배제하는 특약이 있다는 등의 특별한 사정이 없는 한 공동임대인 전원의 해지의 의사표시에 따라 임대차계약 전부를 해지하여야 한다. 이러한 법리는 임대차계약의 체결 당시부터 공동임대인이었던 경우뿐만 아니라 임대차목적물 중 일부가 양도되어 그에 관한 임대인의 지위가 승계됨으로써 공동임대인으로 되는 경우에도 마찬가지로 적용된다(대판 2015. 10. 29, 2012다5537).

② (×) : 부동산의 매수인이 매매목적물에 관한 임대차보증금 반환채무 등을 인수하는 한편 그 채무액을 매매대금에서 공제하기로 약정한 경우, 그 인수는 특별한 사정이 없는 이상 매도인을 면책시키는 면책적 채무인수가 아니라 이행인수로 보아야 하고, 면책적 채무인수로 보기 위해서는 이에 대한 채권자 즉 임차인의 승낙이 있어야 한다(대판 2015. 5. 29, 2012다84370).

③ (×) : 부동산임대차에서 수수된 보증금은 차임채무, 목적물의 멸실·훼손 등으로 인한 손해배상채무 등 임대차에 따른 임차인의 모든 채무를 담보하는 것으로서 피담보채무 상당액은 임대차관계의 종료 후 목적물이 반환될 때에 특별한 사정이 없는 한 별도의 의사표시 없이 보증금에서 당연히 공제되므로, 보증금이 수수된 임대차계약에서 차임채권이 양도되었다고 하더라도, 임차인은 임대차계약이 종료되어 목적물을 반환할 때까지 연체한 차임 상당액을 보증금에서 공제할 것을 주장할 수 있다(대판 2015. 3. 26, 2013다77225).

④ (○) : 임대차계약에서 목적물을 사용·수익하게 할 임대인의 의무와 임차인의 차임지급의무는 상호 대응관계에 있으므로 임대인이 목적물을 사용·수익하게 할 의무를 불이행하여 목적물의 사용·수익이 부분적으로 지

정답 98. ④

장이 있는 상태인 경우에는 임차인은 그 지장의 한도 내에서 차임의 지급을 거절할 수 있고, 이는 임대인이 수선의무를 이행함으로써 목적물의 사용·수익에 지장이 초래된 경우에도 마찬가지이다(대판 2015. 2. 26, 2014다65724).

⑤ (×) : 임차인의 임대차보증금반환채권이 가압류된 상태에서 임대주택이 양도되면 양수인이 채권가압류의 제3채무자의 지위도 승계하고, 가압류권자 또한 임대주택의 양도인이 아니라 양수인에 대하여만 위 가압류의 효력을 주장할 수 있다고 보아야 한다(대판 2013. 1. 17, 2011다49523 전원합의체).

99 건물 소유를 목적으로 하는 토지 임대차에서 임차인의 지상물매수청구권에 관한 설명 중 옳지 않은 것은? (다툼이 있는 경우 판례에 의함) 〈2018년 변호사시험〉

① 종전 토지 임차인으로부터 미등기 무허가건물을 매수하여 점유하고 있는 현재의 토지 임차인은 소유자로서의 등기명의가 없더라도 특별한 사정이 없는 한 임대인에 대하여 지상물매수청구권을 행사할 수 있다.

② 토지 임차인의 지상물매수청구권은 임대차기간이 만료된 경우뿐만 아니라, 기간의 정함이 없는 임대차에서 임대인에 의한 해지통고에 의하여 그 임차권이 소멸된 경우에도 인정된다.

③ 토지 소유자가 아닌 제3자가 임대차계약의 당사자로서 토지를 임대한 경우, 토지 소유자가 임대인의 지위를 승계하였다는 등의 특별한 사정이 없는 한, 임대인이 아닌 토지 소유자가 직접 지상물매수청구권의 상대방이 될 수는 없다.

④ 임차인 소유 건물이 임대차 대상 토지 외에 임차인 또는 제3자 소유의 토지 위에 걸쳐서 건립되어 있는 경우, 임차지에 서 있는 건물 부분 중 구분소유의 객체가 될 수 있는 부분에 한하여 임차인은 지상물매수청구를 할 수 있다.

⑤ 토지 임대차 종료 시 임대인의 건물철거와 그 부지인도 청구에는 건물매수대금 지급과 동시에 건물명도를 구하는 청구가 포함되어 있다고 볼 수 있다.

해설

① (○) : 민법 제643조가 정하는 건물 소유를 목적으로 하는 토지 임대차에서 임차인이 가지는 지상물매수청구권은 건물의 소유를 목적으로 하는 토지 임대차계약이 종료되었음에도 그 지상 건물이 현존하는 경우에 임대차계약을 성실하게 지켜온 임차인이 임대인에게 상당한 가액으로 그 지상 건물의 매수를 청구할 수 있는 권리로서 국민경제적 관점에서 지상 건물의 잔존 가치를 보존하고, 토지 소유자의 배타적 소유권 행사로 인하여 희생당하기 쉬운 임차인을 보호하기 위한 제도이므로, 특별한 사정이 없는 한 행정관청의 허가를 받은 적법한 건물이 아니더라도 임차인의 지상물매수청구권의 대상이 될 수 있다. 그리고 건물을 매수하여 점유하고 있는 사람은 소유자로서의 등기명의가 없다 하더라도 그 권리의 범위 내에서는 그 점유 중인 건물에 대하여 법률상 또는 사실상의 처분권을 가지고 있다. 위와 같은 지상물매수청구청구권 제도의 목적, 미등기 매수인의 법적 지위 등에 비추어 볼 때, 종전 임차인으로부터 미등기 무허가건물을 매수하여 점유하고 있는 임차인은 특별한 사정이 없는 한 비록 소유자로서의 등기명의가 없어 소유권을 취득하지 못하였다 하더라도 임대인에 대하여 지상물매수청구권을 행사할 수 있는 지위에 있다(대판 2013. 11. 28, 2013다48364, 48371).

② (○) : 건물의 소유를 목적으로 하는 토지 임대차에 있어서, 토지 임차인의 지상물매수청구권은 기간의 정함이 없는 임대차에 있어서 '임대인에 의한 해지통고(제635조)'에 의하여 그 임차권이 소멸한 경우에도, 임차인의 계약갱신 청구의 유무에 불구하고 인정된다(대판 1995. 12. 26, 95다42195; 대판 1995. 7. 11, 94다34265 전원합의체).

③ (○) : 토지 소유자가 아닌 제3자가 토지 임대행위를 한 경우에는 제3자가 토지 소유자를 적법하게 대리하거

정답 99. ⑤

나 토지 소유자가 제3자의 무권대리행위를 추인하는 등으로 임대차계약의 효과가 토지 소유자에게 귀속되었다면 토지 소유자가 임대인으로서 지상물매수청구권의 상대방이 된다. 그러나 제3자가 임대차계약의 당사자로서 토지를 임대하였다면, 토지 소유자가 임대인의 지위를 승계하였다는 등의 특별한 사정이 없는 한 임대인이 아닌 토지 소유자가 직접 지상물매수청구권의 상대방이 될 수는 없다(대판 2017. 4. 26, 2014다72449, 72456).

④ (○) : 무릇 건물 소유를 목적으로 하는 토지임대차에 있어서 임차인 소유 건물이 임대인이 임대한 토지 외에 임차인 또는 제3자 소유의 토지 위에 걸쳐서 건립되어 있는 경우에는, '임차지상에 서 있는 건물 부분 중 구분소유의 객체가 될 수 있는 부분'에 한하여 임차인에게 매수청구가 허용된다(대판 1996. 3. 21, 93다42634 전원합의체).

⑤ (×) : 토지임대차 종료시 임대인의 건물철거와 그 부지인도 청구에는 건물매수대금 지급과 동시에 건물명도를 구하는 청구가 포함되어 있다고 볼 수 없다(대판 1995. 7. 11, 94다34265 전원합의체).

100 **임대차에 관한 설명 중 옳지 않은 것을 모두 고른 것은? (다툼이 있는 경우 판례에 의함)**

〈2019년 변호사시험〉

ㄱ. 임차인이 임대인 소유 건물의 일부를 임차하여 사용·수익하던 중 임차건물 부분에서 화재가 발생하여 임차건물 부분이 아닌 건물 부분까지 불에 탄 경우에, 건물의 규모와 구조로 볼 때 건물 중 임차건물 부분과 그 밖의 부분이 상호 유지·존립함에 있어서 구조상 불가분의 일체를 이루는 관계에 있다면, 임차인은 임차건물의 보존에 관하여 선량한 관리자의 주의의무를 다하였음을 증명하지 못하는 이상 그 임차 외 건물 부분이 소훼되어 임대인이 입게 된 손해도 채무불이행으로 인한 손해로 배상할 의무가 있다.

ㄴ. 임대인의 수선의무 면제특약에 면제되는 수선의무의 범위를 명시하지 않은 경우, 특별한 사정이 없는 한 대파손의 수리, 건물의 주요 구성부분의 대수선, 기본적 설비 교체 등 대규모의 수선은 여전히 임대인이 수선의무를 부담한다.

ㄷ. 「주택임대차보호법」상 대항력을 갖춘 임차인의 임대차보증금반환채권이 가압류된 경우, 임대주택의 양도로 인하여 임대차보증금반환채무가 이전된 때에는, 이미 집행된 가압류의 제3채무자 지위는 양수인에게 승계된다.

ㄹ. 부동산 임대차보증금반환채권의 양도에 대하여 임대인이 아무런 이의를 보류하지 아니한 채 이를 승낙하였더라도, 특별한 사정이 없는 한 임대인은 양수인에게 반환할 임대차보증금에서 임대차 목적물의 원상복구비용 상당의 손해배상액을 당연히 공제할 수 있다.

① ㄱ ② ㄱ, ㄴ ③ ㄴ, ㄷ ④ ㄱ, ㄴ, ㄹ ⑤ ㄴ, ㄷ, ㄹ

해 설

ㄱ. (×) : 임차 외 건물 부분이 구조상 불가분의 일체를 이루는 관계에 있는 부분이라 하더라도, 그 부분에 발생한 손해에 대하여 임대인이 임차인을 상대로 채무불이행을 원인으로 하는 배상을 구하려면, 임차인이 보존·관리의무를 위반하여 화재가 발생한 원인을 제공하는 등 화재 발생과 관련된 임차인의 계약상 의무 위반이 있었고, 그러한 의무 위반과 임차 외 건물 부분의 손해 사이에 상당인과관계가 있으며, 임차 외 건물 부분의 손해가 의무 위반에 따라 민법 제393조에 의하여 배상하여야 할 손해의 범위 내에 있다는 점에 대하여 임대인이 주장·증명하여야 한다. 이와 달리 위와 같은 임대인의 주장·증명이 없는 경우에도 임차인이 임차 건물의 보존에 관하여 선량한 관리자의 주의의무를 다하였음을 증명하지 못하는 이상 임차 외 건물 부분에 대해서까지 채무불

정답 100. ①

이행에 따른 손해배상책임을 지게 된다고 판단한 종래의 대법원판결들은 이 판결의 견해에 배치되는 범위 내에서 이를 모두 변경하기로 한다(대판 2017. 5. 18, 2012다86895, 86901 전원합의체).

ㄴ. (○) : 임대인의 수선의무는 특약에 의하여 이를 면제하거나 임차인의 부담으로 돌릴 수 있으나, 그러한 특약에서 수선의무의 범위를 명시하고 있는 등의 특별한 사정이 없는 한 그러한 특약에 의하여 임대인이 수선의무를 면하거나 임차인이 그 수선의무를 부담하게 되는 것은 통상 생길 수 있는 파손의 수선 등 소규모의 수선에 한한다 할 것이고, 대파손의 수리, 건물의 주요 구성부분에 대한 대수선, 기본적 설비부분의 교체 등과 같은 대규모의 수선은 이에 포함되지 아니하고 여전히 임대인이 그 수선의무를 부담한다고 해석함이 상당하다(대판 1994. 12. 9, 94다34692, 94다34708).

ㄷ. (○) : 주택임대차보호법 제3조 제3항은 같은 조 제1항이 정한 대항요건을 갖춘 임대차의 목적이 된 임대주택(이하 '임대주택'은 주택임대차보호법의 적용대상인 임대주택을 가리킨다)의 양수인은 임대인의 지위를 승계한 것으로 본다고 규정하고 있는바, 이는 법률상의 당연승계 규정으로 보아야 하므로, 임대주택이 양도된 경우에 양수인은 주택의 소유권과 결합하여 임대인의 임대차 계약상의 권리·의무 일체를 그대로 승계하며, 그 결과 양수인이 임대차보증금반환채무를 면책적으로 인수하고, 양도인은 임대차관계에서 탈퇴하여 임차인에 대한 임대차보증금반환채무를 면하게 된다. 나아가 임차인에 대하여 임대차보증금반환채무를 부담하는 임대인임을 당연한 전제로 하여 임대차보증금반환채무의 지급금지를 명령받은 제3채무자의 지위는 임대인의 지위와 분리될 수 있는 것이 아니므로, 임대주택의 양도로 임대인의 지위가 일체로 양수인에게 이전된다면 채권가압류의 제3채무자의 지위도 임대인의 지위와 함께 이전된다고 볼 수밖에 없다. 한편 주택임대차보호법상 임대주택의 양도에 양수인의 임대차보증금반환채무의 면책적 인수를 인정하는 이유는 임대주택에 관한 임대인의 의무 대부분이 그 주택의 소유자이기만 하면 이행가능하고 임차인이 같은 법에서 규정하는 대항요건을 구비하면 임대주택의 매각대금에서 임대차보증금을 우선변제받을 수 있기 때문인데, 임대주택이 양도되었음에도 양수인이 채권가압류의 제3채무자의 지위를 승계하지 않는다면 가압류권자는 장차 본집행절차에서 주택의 매각대금으로부터 우선변제를 받을 수 있는 권리를 상실하는 중대한 불이익을 입게 된다. 이러한 사정들을 고려하면, 임차인의 임대차보증금반환채권이 가압류된 상태에서 임대주택이 양도되면 양수인이 채권가압류의 제3채무자의 지위도 승계하고, 가압류권자 또한 임대주택의 양도인이 아니라 양수인에 대하여만 위 가압류의 효력을 주장할 수 있다고 보아야 한다(대판 2013. 1. 17, 2011다49523 전원합의체).

ㄹ. (○) : 부동산임대차에 있어서 임차인이 임대인에게 지급하는 임대차보증금은 임대차관계가 종료되어 목적물을 반환하는 때까지 그 임대차관계에서 발생하는 임차인의 모든 채무를 담보하는 것으로서, 임대인의 임대차보증금 반환의무는 임대차관계가 종료되는 경우에 그 임대차보증금 중에서 목적물을 반환받을 때까지 생긴 연체차임 등 임차인의 모든 채무를 공제한 나머지 금액에 관하여서만 비로소 이행기에 도달하는 것이므로, 그 임대차보증금 반환 채권을 양도함에 있어서 임대인이 아무런 이의를 보류하지 아니한 채 채권양도를 승낙하였어도 임차 목적물을 개축하는 등 하여 임차인이 부담할 원상복구비용 상당의 손해배상액은 반환할 임대차보증금에서 당연히 공제할 수 있다(대판 2002. 12. 10, 2002다52657).

101 **甲과 乙은 甲 소유의 건물 중 1층에 대하여 임대차계약을 체결하였으나 乙이 임차하여 점유하고 있던 건물 1층에서 발생한 화재로 건물 1층뿐만 아니라 甲이 점유하고 있던 건물 2층도 전소되었다. 이에 관한 설명 중 옳은 것(○)과 옳지 않은 것(×)을 올바르게 조합한 것은? (다툼이 있는 경우 판례에 의함)** 〈2020년 변호사시험〉

ㄱ. 건물 1층에서 발생한 화재가 甲이 지배, 관리하는 영역에 존재하는 하자로 인하여 발생한 것으로 추단된다면, 특별한 사정이 없는 한 甲은 화재로 인한 목적물 반환의무의 이행불능으로 인한 손해배상책임을 乙에게 물을 수 없다.

정답 101. ②

ㄴ. 건물 1층에서 발생한 화재가 그 발생 원인이 불분명한 경우라면 乙은 원칙적으로 화재로 인한 임대목적물 반환의무의 이행불능에 따른 손해배상책임을 지지 않는다.
ㄷ. 건물 1층과 구조상 불가분의 일체를 이루고 있는 건물 2층에서 발생한 재산상 손해에 대하여 乙에게 채무불이행에 기한 손해배상을 청구하는 경우, 甲은 화재 발생과 관련된 乙의 계약상 의무 위반이 있었다는 사실을 주장·증명하여야 한다.

① ㄱ(○), ㄴ(○), ㄷ(×) ② ㄱ(○), ㄴ(×), ㄷ(○) ③ ㄱ(○), ㄴ(×), ㄷ(×)
④ ㄱ(×), ㄴ(×), ㄷ(○) ⑤ ㄱ(×), ㄴ(×), ㄷ(×)

해 설

ㄱ. (○) : 대판 2009. 5. 28, 2009다13170 참조
ㄴ. (×), ㄷ. (○) : [1] 임대차 목적물이 화재 등으로 인하여 소멸됨으로써 임차인의 목적물 반환의무가 이행불능이 된 경우에, 임차인은 이행불능이 자기가 책임질 수 없는 사유로 인한 것이라는 증명을 다하지 못하면 목적물 반환의무의 이행불능으로 인한 손해를 배상할 책임을 지며, 화재 등의 구체적인 발생 원인이 밝혀지지 아니한 때에도 마찬가지이다(ㄴ지문). 또한 이러한 법리는 임대차 종료 당시 임대차 목적물 반환의무가 이행불능 상태는 아니지만 반환된 임차 건물이 화재로 인하여 훼손되었음을 이유로 손해배상을 구하는 경우에도 동일하게 적용된다. 한편 임대인은 목적물을 임차인에게 인도하고 임대차계약 존속 중에 그 사용, 수익에 필요한 상태를 유지하게 할 의무를 부담하므로(민법 제623조), 임대차계약 존속 중에 발생한 화재가 임대인이 지배·관리하는 영역에 존재하는 하자로 인하여 발생한 것으로 추단된다면, 그 하자를 보수·제거하는 것은 임대차 목적물을 사용·수익하기에 필요한 상태로 유지하여야 하는 임대인의 의무에 속하며, 임차인이 하자를 미리 알았거나 알 수 있었다는 등의 특별한 사정이 없는 한, 임대인은 화재로 인한 목적물 반환의무의 이행불능 등에 관한 손해배상책임을 임차인에게 물을 수 없다(ㄱ지문). [2] [다수의견] 임차인이 임대인 소유 건물의 일부를 임차하여 사용·수익하던 중 임차 건물 부분에서 화재가 발생하여 임차 건물 부분이 아닌 건물 부분(이하 '임차 외 건물 부분'이라 한다)까지 불에 타 그로 인해 임대인에게 재산상 손해가 발생한 경우에, 임차인이 보존·관리의무를 위반하여 화재가 발생한 원인을 제공하는 등 화재 발생과 관련된 임차인의 계약상 의무 위반이 있었음이 증명되고, 그러한 의무 위반과 임차 외 건물 부분의 손해 사이에 상당인과관계가 있으며, 임차 외 건물 부분의 손해가 그러한 의무 위반에 따른 통상의 손해에 해당하거나, 임차인이 그 사정을 알았거나 알 수 있었을 특별한 사정으로 인한 손해에 해당한다고 볼 수 있는 경우라면, 임차인은 임차 외 건물 부분의 손해에 대해서도 민법 제390조, 제393조에 따라 임대인에게 손해배상책임을 부담하게 된다 …중략… 임차 외 건물 부분이 구조상 불가분의 일체를 이루는 관계에 있는 부분이라 하더라도, 그 부분에 발생한 손해에 대하여 임대인이 임차인을 상대로 채무불이행을 원인으로 하는 배상을 구하려면, 임차인이 보존·관리의무를 위반하여 화재가 발생한 원인을 제공하는 등 화재 발생과 관련된 임차인의 계약상 의무 위반이 있었고, 그러한 의무 위반과 임차 외 건물 부분의 손해 사이에 상당인과관계가 있으며, 임차 외 건물 부분의 손해가 의무 위반에 따라 민법 제393조에 의하여 배상하여야 할 손해의 범위 내에 있다는 점에 대하여 임대인이 주장·증명하여야 한다(ㄷ지문). 이와 달리 위와 같은 임대인의 주장·증명이 없는 경우에도 임차인이 임차 건물의 보존에 관하여 선량한 관리자의 주의의무를 다하였음을 증명하지 못하는 이상 임차 외 건물 부분에 대해서까지 채무불이행에 따른 손해배상책임을 지게 된다고 판단한 종래의 대법원판결들은 이 판결의 견해에 배치되는 범위 내에서 이를 모두 변경하기로 한다(대판 2017. 5. 18, 2012다86895, 86901 전원합의체).

[보충지문1] 임차인이 임대인 소유 건물의 일부를 임차하여 사용·수익하던 중 임차 건물 부분에서 화재가 발생하여 임차 건물 부분이 아닌 건물 부분까지 불에 타 그로 인해 임대인에게 재산상 손해가 발생한 경우에, 화재 발생과 관련된 임차인의 계약상 의무 위반이 있었음이 증명되고, 그러한 의무 위반과 임차 외 건물 부분의 손해 사이에 상당인과관계가 있으며, 임차 외 건물 부분의 손해가 그러한 의무 위반에 따른 통상의 손해에 해당한다고 볼 수 있는 경우라면, 임차인은 임차 외 건물 부분의 손해에 대해서도 임대인에게 손해배상책임을 부담한다(○). 〈2018년 법원행시〉

[보충지문2] 건물의 규모와 구조로 볼 때 그 건물 중 임차 건물 부분과 그 밖의 부분이 상호 유지·존립함에 있어서 구조상 불가분의 일체를 이루는 관계에 있다면, 임차인은 임차건물의 보존에 관하여 선량한 관리자의 주의의무를 다하였음을 증명하지 못하는 이상, 임차 건물 부분의 유지·존립과 불가분의 일체 관계에 있는 임차 외 건물 부분이 소훼되어 임대인이 입게 된 손해도 채무불이행으로 인한 손해로 배상할 의무가 있다(×). 〈2018년 법원행시〉

102 甲과 乙은 甲이 乙 소유의 X 토지를 임대차보증금 2억 원, 월 차임 1,000만 원(매월 말 지급), 임대차기간 2007. 10. 1.부터 5년간으로 정하여 임차하면서, 甲은 X 토지 상의 창고를 철거하고 그 자리에 Y 건물을 신축하여 식당 영업을 하되 임대차가 종료한 때에는 Y 건물을 철거하여 나대지 상태로 반환하기로 약정하였다. 甲은 5억 원의 공사비를 들여 위 창고를 철거하고 Y 건물을 신축한 다음 식당을 운영해 왔으나 불경기로 영업이 잘 되지 아니하여 2012. 1.부터는 차임을 지급하지 못하였다. 이에 관한 설명 중 옳은 것을 모두 고른 것은? (다툼이 있는 경우에는 판례에 의함) 〈2014년 사법시험〉

ㄱ. 임대차계약 종료 후 Y 건물을 철거하기로 한 약정은 특별한 사정이 없는 한 유효하다.
ㄴ. 甲이 월 차임을 연체한 이상 위 임대차계약이 해지되지 않은 상태에서 기간 만료로 종료되었다고 하더라도 甲은 Y 건물에 관하여 乙에게 매수청구권을 행사할 수 없다.
ㄷ. 만약 甲이 차임 연체 없이 위 임대차기간이 만료한 다음 乙에 대하여 건물매수청구권을 행사한다면 甲은 乙로부터 그 대금과 임대차보증금 정산금액을 지급받기까지 Y 건물의 인도를 거절할 수 있지만, 이 기간 동안 甲이 Y 건물을 사용한 경우 X 토지에 대한 차임 상당의 부당이득을 반환할 의무가 있다.
ㄹ. 위 ㄷ.의 경우 乙이 甲에게 건물의 대금으로 지급할 금액은 위 공사비 5억 원이 아니라 매수청구권 행사 당시의 Y 건물의 시가 상당액이다.
ㅁ. 甲의 연체차임은 특별한 의사표시가 없더라도 발생 즉시 임대차보증금에서 자동으로 공제되므로, 乙이 甲에게 반환할 임대차보증금의 액수를 산정할 때는 연체차임에 대한 지연손해금을 공제해서는 안 된다.

① ㄱ, ㄴ ② ㄹ, ㅁ ③ ㄷ, ㄹ ④ ㄷ ⑤ ㄴ, ㄹ, ㅁ

해설

ㄱ. (×) : 토지임대인과 임차인 사이에 임대차기간 만료시에 임차인이 지상 건물을 양도하거나 이를 철거하기로 하는 약정은 특별한 사정이 없는 한, 민법 제643조 소정의 임차인의 지상물매수청구권을 배제하기로 하는

정답 102. ③

약정으로서 임차인에게 불리한 것이므로 민법 제652조의 규정에 의하여 무효라고 보아야 한다(대판 1998. 5. 89, 8다2389).

ㄴ. (×) : 사안에서 차임의 연체사실은 있지만 종국적으로는 차임연체로 해지된 것이 아니라 기간 만료로 종료된 것이므로 매수청구권을 행사할 수 있다(제643조).

> **[참고 판례]** 공작물의 소유 등을 목적으로 하는 토지임대차에 있어서 임차인의 채무불이행을 이유로 계약이 해지된 경우에는 임차인은 임대인에 대하여 민법 제283조, 제643조에 의한 매수청구권을 가지지 아니한다(대판 1990. 1. 23, 88다카7245).

ㄷ. (○) : 건물 기타 공작물의 소유를 목적으로 한 대지임대차에 있어서 임차인이 그 지상건물 등에 대하여 민법 제643조 소정의 매수청구권을 행사한 후에 그 임대인인 대지의 소유자로부터 매수대금을 지급받을 때까지 그 지상건물 등의 인도를 거부할 수 있다고 하여도, 지상건물 등의 점유·사용을 통하여 그 부지를 계속하여 점유·사용하는 한 그로 인한 부당이득으로서 부지의 임료 상당액은 이를 반환할 의무가 있다(대판 2001. 6. 1, 99다60535).

ㄹ. (○) : 민법 제643조 소정의 지상물매수청구권이 행사되면 임대인과 임차인 사이에서는 임차지상의 건물에 대하여 매수청구권 행사 당시의 건물시가를 대금으로 하는 매매계약이 체결된 것과 같은 효과가 발생하는 것이지, 임대인이 기존 건물의 철거비용을 포함하여 임차인이 임차지상의 건물을 신축하기 위하여 지출한 모든 비용을 보상할 의무를 부담하게 되는 것은 아니다(대판 2002. 11. 13, 2002다46003).

ㅁ. (×) : 임대차보증금이 임대인에게 교부되어 있더라도 임대인은 임대차관계가 계속되고 있는 동안에는 임대차보증금에서 연체차임을 충당할 것인지를 자유로이 선택할 수 있으므로, 임대차계약 종료 전에는 연체차임이 공제 등 별도의 의사표시 없이 임대차보증금에서 당연히 공제되는 것은 아니다(대판 2013. 2. 28, 2011다49608). 따라서 甲의 연체차임은 특별한 의사표시가 없더라도 발생 즉시 임대차보증금에서 자동으로 공제되는 것이 아니다.

보충지문

103 임대인이 임대목적물에 대한 소유권 기타 이를 임대할 권한이 없는 경우 임대차계약은 유효하게 성립하지 않는다. 〈2017년 공인노무사〉

해설 임대차는 당사자 일방이 상대방에 목적물을 사용·수익하게 할 것을 약정하고 상대방이 이에 대하여 차임을 지급할 것을 약정함으로써 성립하는 것으로서(민법 제618조 참조), 임대인이 그 목적물에 대한 소유권 기타 이를 임대할 권한이 없다고 하더라도 임대차계약은 유효하게 성립한다(대판 2009. 9. 24, 2008다38325).

104 부동산임차인은 당사자 사이에 반대약정이 없으면 임대인에 대하여 그 임대차등기절차에 협력할 것을 청구할 수 있다. 〈2007년 법무사〉

해설 민법 제621조 제1항 참조

105 건물 소유를 목적으로 하는 토지임대차계약을 체결한 임차인이 그 지상건물을 등기하기 전에 제3자가 그 토지에 관하여 물권취득의 등기를 한 때에는 임차인이 그 지상건물을 등기하더라도 그 제3자에 대하여 임대차의 효력이 생기지 않는다. 〈2022년 법무사〉

정답 103. (×) 104. (○) 105. (○)

해설 민법 제622조 제1항은 '건물의 소유를 목적으로 하는 토지임대차는 이를 등기하지 아니한 경우에도 임차인이 그 지상건물을 등기한 때에는 제3자에 대하여 임대차의 효력이 생긴다.'고 규정하고 있는바, 이는 건물을 소유하는 토지임차인의 보호를 위하여 건물의 등기로써 토지임대차 등기에 갈음하는 효력을 부여하는 것일 뿐이므로 임차인이 그 지상건물을 등기하기 전에 제3자가 그 토지에 관하여 물권취득의 등기를 한 때에는 임차인이 그 지상건물을 등기하더라도 그 제3자에 대하여 임대차의 효력이 생기지 아니한다(대판 2003. 2. 28, 2000다65802, 65819).

106 건물의 소유를 목적으로 한 토지임대차는 이를 등기하지 아니한 경우에도 임차인이 그 지상건물을 등기한 때에는 제3자에 대하여 임대차의 효력이 생긴다. 〈2015년 법무사〉

해설 건물의 소유를 목적으로 한 토지임대차는 이를 등기하지 아니한 경우에도 임차인이 그 지상건물을 등기한 때에는 제3자에 대하여 임대차의 효력이 생긴다(제622조).

107 임대인은 목적물을 임차인에게 인도하고 계약존속 중 그 사용·수익에 필요한 상태를 유지하게 할 의무를 부담한다. 〈2013년 법무사〉

해설 민법 제623조(임대인의 의무) 참조

108 임대인의 임차목적물의 사용·수익상태 유지의무는 임대인 자신에게 귀책사유가 있어 하자가 발생한 경우는 물론, 자신에게 귀책사유가 없이 하자가 발생한 경우에도 면해지지 아니한다. 그러나 임대인이 그와 같은 하자 발생 사실을 몰랐거나 반대로 임차인이 이를 알거나 알 수 있었다면 면할 수 있다. 〈2023년 법원행시〉

해설 임대인은 임차인이 목적물을 사용·수익할 수 있도록 목적물을 임차인에게 인도하여야 한다(민법 제623조 전단). 임차인이 계약에 의하여 정하여진 목적에 따라 사용·수익하는 데 하자가 있는 목적물인 경우 임대인은 하자를 제거한 다음 임차인에게 하자 없는 목적물을 인도할 의무가 있다. 임대인이 임차인에게 그와 같은 하자를 제거하지 아니하고 목적물을 인도하였다면 사후에라도 위 하자를 제거하여 임차인이 목적물을 사용·수익하는 데 아무런 장해가 없도록 해야만 한다. 임대인의 임차목적물의 사용·수익상태 유지의무는 임대인 자신에게 귀책사유가 있어 하자가 발생한 경우는 물론, 자신에게 귀책사유가 없이 하자가 발생한 경우에도 면해지지 아니한다. 또한 임대인이 그와 같은 하자 발생 사실을 몰랐다거나 반대로 임차인이 이를 알거나 알 수 있었다고 하더라도 마찬가지이다(대판 2021. 4. 29, 2021다202309).

109 임대인의 행위가 임대물의 보존에 필요한 행위라 하더라도 임차인은 그것이 자신의 의사에 반할 경우 거절할 수 있다. 〈2007년 법무사〉

해설 임대인이 임대물의 보존에 필요한 행위를 하는 때에는 임차인은 이를 거절하지 못한다(제624조). 다만, 임대인이 임차인의 의사에 반하여 보존행위를 하는 경우에 임차인이 이로 인하여 임차의 목적을 달성할 수 없는 때에는 계약을 해지할 수 있다(제625조).

110 임차인이 임차물의 보존에 관한 필요비를 지출한 때에는 임대인에 대하여 그 상환을 청구할 수 있다. 〈2015년 공인노무사〉

정답 106. (○) 107. (○) 108. (×) 109. (×) 110. (○)

해 설 임차인이 임차물의 보존에 관한 필요비를 지출한 때에는 임대인에 대하여 그 상환을 청구할 수 있다(제626조).

111 임차인이 필요비를 지출한 때에는 지출 즉시 임대인에게 상환을 청구할 수 있으나, 유익비는 임대차 종료시에 상환을 청구할 수 있다. 〈2016년 법원행시〉

해 설 제626조 제1항과 제2항을 잘 비교할 것. 필요비는 '지출한 때' 상환청구 할 수 있고, 유익비는 '임대차 종료시에' 상환청구 할 수 있다.

112 건물임차인이 자신의 비용을 들여 증축한 부분을 임대인 소유로 귀속시키기로 하는 약정은 임차인이 원상회복의무를 면하는 대신 투입비용의 변상이나 권리주장을 포기하는 내용이 포함된 것으로서 특별한 사정이 없는 한 유효하다. 〈2013년 법무사〉

해 설 건물임차인이 자신의 비용을 들여 증축한 부분을 임대인 소유로 귀속시키기로 하는 약정은 임차인이 원상회복의무를 면하는 대신 투입비용의 변상이나 권리주장을 포기하는 내용이 포함된 것으로서 특별한 사정이 없는 한 강행규정에 반하여 무효라고 할 수 없다(대판 1996. 8. 20, 94다44705, 44712 등).

113 임대차계약에 있어서 목적물의 사용·수익이 부분적으로 지장이 있는 상태인 경우에는 그 지장의 한도 내에서 차임의 지급을 거절할 수 있을 뿐 그 전부의 지급을 거절할 수는 없다. 〈2015년 법무사〉

해 설 대판 1989. 6. 13, 88다카31332 참조

114 임차물의 일부가 임차인의 과실 없이 멸실 기타 사유로 인하여 사용, 수익할 수 없는 경우 그 잔존부분만으로 임차의 목적을 달성할 수 없는 때에는 임차인은 계약을 해지할 수 있다. 〈2007년 법무사〉

해 설 민법 제627조 제2항 참조

115 임대인이 민법 제628조에 의하여 장래에 대한 차임의 증액을 청구하였을 때에 당사자 사이에 협의가 성립되지 아니하여 법원이 결정해 주는 차임과 관련하여, 특별한 사정이 없는 한 증액된 차임에 대하여는 법원의 차임증액결정시를 이행기로 보아야 한다. 〈2018년 법무사〉

해 설 임대인이 민법 제628조에 의하여 장래에 대한 차임의 증액을 청구하였을 때에 당사자사이에 협의가 성립되지 아니하여 법원이 결정해 주는 차임은 증액청구의 의사표시를 한 때에 소급하여 그 효력이 생기는 것이므로, 특별한 사정이 없는 한 증액된 차임에 대하여는 법원 결정 시가 아니라 증액청구의 의사표시가 상대방에게 도달한 때를 이행기로 보아야 한다(대판 2018. 3. 15, 2015다239508, 239515).

116 임차인과 임대인 사이의 약정에 의해 임차권의 양도가 금지되어 있더라도 임차보증금반환채권의 양도까지 금지되는 것은 아니다. 〈2007년 법무사〉

해 설 대판 1993. 6. 25, 93다13131 참조

정답 111. (○) 112. (○) 113. (○) 114. (○) 115. (×) 116. (○)

117 **임대차계약의 당사자 사이에 "임차인은 임대인의 동의 없이는 임차권을 양도 또는 담보제공 하지 못한다."는 약정을 하였다면, 그 약정의 취지는 임차권의 양도를 금지한 것으로 볼 것이지 임대차계약에 기한 임대보증금반환채권의 양도를 금지하는 것으로 볼 수는 없다.** 〈2015년 법무사〉

해 설 대판 2001. 6. 12, 2001다2624 참조

118 **임차인이 임대인의 동의를 얻어 임차물을 전대한 때에는 전차인은 직접 임대인에 대하여 의무를 부담한다.** 〈2015년 공인노무사〉

해 설 임차인이 임대인의 동의를 얻어 임차물을 전대한 때에는 전차인은 직접 임대인에 대하여 의무를 부담한다(제630조).

119 **지배적 견해에 의하면, 임대인의 동의 있는 전대차의 경우에 전차인은 임대인에게 전차물에 대한 수선이나 비용상환을 청구할 수 있다.** 〈2004년 사법시험〉

해 설 임대인의 동의 있는 전대차의 경우에 전차인은 임대인에게 권리를 갖지 못하고 의무만을 부담한다(제630조 참조). 따라서 전차물에 대한 수선이나 비용상환을 청구할 수 없다.

120 **임차인이 임대인의 승낙하에 임차권을 양도하고 신 임차인에게 임차목적물을 명도한 경우, 구 임차인의 임대인에 대한 명도의무의 이행이 완료되었다고 보아야 한다.** 〈2015년 법무사〉

해 설 대판 1998. 7. 14, 96다17202 참조

121 **건물임차인이 임대인의 동의 없이 건물의 소부분을 전대한 경우, 임대인은 임대차계약을 해지할 수 있다.** 〈2018년 공인노무사〉

해 설 민법 제632조 참조

122 **임차물에 대하여 권리를 주장하는 자가 있는 때에는 임차인은 지체 없이 임대인에게 이를 통지하여야 한다.** 〈2007년 법무사〉

해 설 민법 제634조 참조

123-1 **임대차기간의 약정이 없는 때에는 당사자는 언제든지 계약해지의 통고를 할 수 있다.** 〈2015년 공인노무사〉

123-2 **토지, 건물 기타 공작물에 대한 임대차기간의 약정이 없는 때에는 당사자는 언제든지 계약해지의 통고를 할 수 있고, 임대인이 해지를 통고한 경우에는 임차인이 그 통고를 받은 날로부터 1월이 경과하면 해지의 효력이 생긴다.** 〈2015년 법무사〉

해 설 임대차기간의 약정이 없는 때에는 당사자는 언제든지 계약해지의 통고를 할 수 있고, 토지, 건물 기타 공작물에 대하여 임대인이 해지를 통고한 경우에는 임차인이 그 통고를 받은 날로부터 '6월'이 경과하면 해지의 효력이 생긴다. 임차인이 해지를 통고한 경우가 '1월'이다(제635조).

정 답 117. (○) 118. (○) 119. (×) 120. (○) 121. (×) 122. (○) 123-1. (○) 123-2. (×)

124 **민법 제639조 제1항의 묵시의 갱신은 임차인의 신뢰를 보호하기 위하여 인정되는 것이고, 이 경우 같은 조 제2항에 의하여 제3자가 제공한 담보는 소멸한다고 규정한 것은 담보를 제공한 자의 예상하지 못한 불이익을 방지하기 위한 것이라 할 것이므로, 민법 제639조 제2항은 당사자들의 합의에 따른 임대차 기간연장의 경우에도 적용된다.** 〈2017년 법원행시〉

해 설 민법 제639조 제1항의 묵시의 갱신은 임차인의 신뢰를 보호하기 위하여 인정되는 것이고, 이 경우 같은 조 제2항에 의하여 제3자가 제공한 담보는 소멸한다고 규정한 것은 담보를 제공한 자의 예상하지 못한 불이익을 방지하기 위한 것이라 할 것이므로, 민법 제639조 제2항은 당사자들의 합의에 따른 임대차 기간연장의 경우에는 적용되지 않는다(대판 2005. 4. 14, 2004다63293).

125 **건물 기타 공작물 임대차의 경우 임차인의 차임연체액이 2기의 차임액에 달하는 때에는 임대인은 계약을 해지할 수 있다.** 〈2007년 법무사〉

해 설 민법 제640조 참조

126 **건물소유를 위한 토지임대차의 경우, 임차인의 차임연체액이 2기의 차임액에 이른 때에는 임대인은 계약을 해지할 수 있다.** 〈2018년 공인노무사〉

해 설 민법 제641조에 의해 준용되는 제640조 참조

127 **지상 건물이 객관적으로 경제적 가치가 있는지 여부나 임대인에게 소용이 있는지 여부는 지상물매수청구권 행사의 요건이 아니다.** 〈2015년 법무사〉

해 설 지상 건물이 객관적으로 경제적 가치가 있는지 여부나 임대인에게 소용이 있는지 여부는 지상물매수청구권 행사의 요건이 아니다(대판 2013. 11. 28, 2013다48364).

128 **지상물매수청구권은 그 행사에 특정의 방식을 요하지 않는 것으로서 재판상으로 뿐만 아니라 재판 외에서도 행사할 수 있고, 그 행사의 시기에 대하여도 제한이 없다.** 〈2015년 법무사〉

해 설 건물의 소유를 목적으로 한 토지 임대차가 종료한 경우에 임차인이 그 지상의 현존하는 건물에 대하여 가지는 매수청구권은 그 행사에 특정의 방식을 요하지 않는 것으로서 재판상으로 뿐만 아니라 재판 외에서도 행사할 수 있는 것이고 그 행사의 시기에 대하여도 제한이 없는 것이므로 임차인이 자신의 건물매수청구권을 제1심에서 행사하였다가 철회한 후 항소심에서 다시 행사하였다고 하여 그 매수청구권의 행사가 허용되지 아니할 이유는 없다(대판 2002. 5. 31, 2001다42080).

129-1 **건물의 소유를 목적으로 한 토지임대차계약의 기간이 만료됨에 따라 임대인에 대하여 행사하는 지상물매수청구권은 매수청구의 대상이 되는 건물에 근저당권이 설정되어 있는 경우에도 인정된다.** 〈2012년 법무사〉

129-2 **근저당권이 설정된 임차인 소유의 건물에 대하여 지상물매수청구권이 인정되는 경우, 건물의 매수가격은 당사자 간의 합의가 없다면 매수청구권 행사 당시 건물의 시가 상당액에서 근저당권의 피담보채무액을 공제한 금액이다.** 〈2015년 사법시험〉

정답 124. (×) 125. (○) 126. (○) 127. (○) 128. (○) 129-1. (○) 129-2. (×)

해설 건물의 소유를 목적으로 한 토지임대차계약의 기간이 만료함에 따라 지상건물 소유자가 임대인에 대하여 행사하는 민법 제643조 소정의 매수청구권은 매수청구의 대상이 되는 건물에 근저당권이 설정되어 있는 경우에도 인정된다. 이 경우에 그 건물의 매수가격은 건물 자체의 가격 외에 건물의 위치, 주변 토지의 여러 사정 등을 종합적으로 고려하여 매수청구권 행사 당시 건물이 현존하는 대로의 상태에서 평가된 시가 상당액을 의미하고, 여기에서 근저당권의 채권최고액이나 피담보채무액을 공제한 금액을 매수가격으로 정할 것은 아니다. 다만, 매수청구권을 행사한 지상건물 소유자가 위와 같은 근저당권을 말소하지 않는 경우 토지소유자는 민법 제588조에 의하여 위 근저당권의 말소등기가 될 때까지 그 채권최고액에 상당한 대금의 지급을 거절할 수 있다(대판 2008. 5. 29, 2007다4356).

130 **임차인이 토지 위에 건립된 건물을 타인에게 양도하여 건물의 소유권이 이전되었다면, 특별한 사정이 없는 한 그 임차인은 지상물매수청구권을 행사할 수 없다.** 〈2015년 사법시험〉

해설 민법 제643조 소정의 지상물매수청구권은 지상물의 소유자에 한하여 행사할 수 있다(대판 1993. 7. 27, 93다6386). ☞ 임차인이 토지에 관한 임대차기간이 만료하기 전에 이미 토지 위에 건립된 건물을 타인에게 양도하였다면 임차인은 건물에 대한 소유자가 아니어서 건물에 대한 매수청구권을 행사할 수 없다고 한 사안

131 **건물의 소유를 목적으로 하는 토지 임차인의 건물매수청구권 행사의 상대방은 원칙적으로 임차권 소멸 당시의 토지소유자인 임대인이고, 임대인이 임차권 소멸 당시에 이미 토지소유권을 상실한 경우에는 그에게 지상건물의 매수청구권을 행사할 수는 없으며, 이는 임대인이 임대차계약의 종료 전에 토지를 임의로 처분하였다 하여 달라지는 것은 아니다.** 〈2017년 법무사〉

해설 건물의 소유를 목적으로 하는 토지 임차인의 건물매수청구권 행사의 상대방은 원칙적으로 임차권 소멸 당시의 토지소유자인 임대인이고, 임대인이 임차권 소멸 당시에 이미 토지소유권을 상실한 경우에는 그에게 지상건물의 매수청구권을 행사할 수는 없으며, 이는 임대인이 임대차계약의 종료 전에 토지를 임의로 처분하였다 하여 달라지는 것은 아니다(대판 1994. 7. 29, 93다59717, 93다59724).

132-1 **매수청구의 대상이 되는 부속물은 건물 기타 공작물의 임차인이 임대인의 동의를 얻어 부속하거나 임대인으로부터 매수한 것이어야 한다.** 〈2005년 사법시험〉

132-2 **건물 소유를 목적으로 X토지에 관하여 임대인 甲과 임차인 乙 사이에 적법한 임대차계약이 체결되었다. 이때 토지임차인에게 인정되는 지상물매수청구권은 乙이 X토지 위에 甲의 동의를 얻어 신축한 건물에 한해 인정된다.** 〈2023년 공인노무사〉

해설 제646조. 제643조와의 차이점이다.

> **[참고판례]** 임차인의 지상물매수청구권은...중략...반드시 임대차계약 당시의 기존건물이거나 임대인의 동의를 얻어 신축한 것에 한정된다고는 할 수 없다(대판 1993. 11. 12, 93다34589).

133 **매수청구권의 객체인 부속물은 독립된 물건으로 존재하여야 하고, 임차목적물의 구성부분으로 되지 않을 것을 요한다.** 〈2005년 사법시험〉

해설 민법 제646조가 규정하는 건물임차인의 매수청구권의 대상이 되는 부속물이라 함은 건물에 부속된

정답 130. (○) 131. (○) 132-1. (○) 132-2. (×) 133. (○)

물건으로 임차인의 소유에 속하고, 건물의 구성부분이 되지 아니한 것으로서 건물의 사용에 객관적인 편익을 가져오게 하는 물건이라 할 것이다(대판 1993. 2. 26, 92다41627).

134 **임차인의 지위가 적법하게 전전승계된 경우, 현재의 임차인은 종전 임차인이 임대인의 동의를 얻어 설치한 부속물에 대하여 부속물매수청구권을 행사할 수 없다.** 〈2005년 사법시험〉

해 설 〈임차인의 지위가 전전승계된 경우, 부속물매수청구권의 승계 여부〉 점포의 최초 임차인이 임대인 측의 묵시적 동의하에 유리 출입문, 새시등 영업에 필요한 시설을 부속시킨 후, 그 점포의 소유권이 임차보증금 반환채무와 함께 현 임대인에게 이전되고 점포의 임차권도 임대인과의 사이에 시설비 지급 여부 또는 임차인의 원상회복 의무에 관한 아무런 논의 없이 현 임차인에게 전전승계되어 왔다면, 그 시설 대금이 이미 임차인측에 지급되었다거나 임차인의 지위가 승계될 당시 유리 출입문 등의 시설은 양도대상에서 특히 제외하기로 약정하였다는 등의 특별한 사정이 인정되지 않는 한, 종전 임차인의 지위를 승계한 현 임차인으로서는 임차기간의 만료로 임대차가 종료됨에 있어 임대인에 대하여 부속물매수청구권을 행사할 수 있다(대판 1995. 6. 30, 95다12927).

135 **건물임대차의 존속기간은 20년을 넘지 못한다.** 〈2017년 공인노무사〉

해 설 구 민법 제651조에서는 '석조, 석회조, 연와조 또는 이와 유사한 견고한 건물 기타 공작물의 소유를 목적으로 하는 토지임대차 및 식목, 채염을 목적으로 하는 토지임대차'를 제외한 임대차의 존속기간을 20년으로 제한하고 있었으나, 헌법재판소는 2013. 12. 26. 위 조항의 입법 취지가 불명확하고, 과잉금지원칙을 위반하여 계약의 자유를 침해한다는 이유로 헌법에 위반된다는 결정을 선고하였다. 결국 민법 제619조에서 처분능력, 권한 없는 자의 단기임대차의 경우에만 임대차기간의 최장기를 제한하는 규정만 있을 뿐, **민법상 임대차기간이 영구인 임대차계약의 체결을 불허하는 규정은 없다**. 소유자가 소유권의 핵심적 권능에 속하는 사용·수익의 권능을 대세적으로 포기하는 것은 특별한 사정이 없는 한 허용되지 않으나, 특정인에 대한 관계에서 채권적으로 사용·수익권을 포기하는 것까지 금지되는 것은 아니다. 따라서...중략...**당사자들이 자유로운 의사에 따라 임대차기간을 영구로 정한 약정은 이를 무효로 볼 만한 특별한 사정이 없는 한 계약자유의 원칙에 의하여 허용된다**고 보아야 한다. 특히 영구임대라는 취지는, 임대인이 차임지급 지체 등 임차인의 귀책사유로 인한 채무불이행이 없는 한 임차인이 임대차관계의 유지를 원하는 동안 임대차계약이 존속되도록 이를 보장하여 주는 의미로, 위와 같은 임대차기간의 보장은 임대인에게는 의무가 되나 임차인에게는 권리의 성격을 갖는 것이므로 임차인으로서는 언제라도 그 권리를 포기할 수 있고, 그렇게 되면 임대차계약은 임차인에게 기간의 정함이 없는 임대차가 된다(대판 2023. 6. 1, 2023다209045).

136 **임대차계약이 종료되면 임차인은 목적물을 반환하고 임대인은 연체차임을 공제한 나머지 보증금을 반환해야 한다. 이러한 임차인의 목적물반환의무와 임대인의 보증금반환의무는 동시이행관계에 있으므로, 임대인이 임대차보증금의 반환의무를 이행하거나 적법하게 이행제공을 하는 등으로 임차인의 동시이행항변권을 상실시키지 않은 이상, 임대차계약 종료 후 임차인이 목적물을 계속 점유하더라도 그 점유를 불법점유라고 할 수 없고 임차인은 이에 대한 손해배상의무를 지지 않는다. 그러나 임차인이 그러한 동시이행항변권을 상실하였는데도 목적물의 반환을 계속 거부하면서 점유하고 있다면, 달리 점유에 관한 적법한 권원이 인정될 수 있는 특별한 사정이 없는 한 이러한 점유는 적어도 과실에 의한 점유로서 불법행위를 구성한다.** 〈2021년 법원행시〉

해 설 대판 2020. 5. 14, 2019다252042 참조

정답 134. (×) 135. (×) 136. (○)

137 **甲은 자기 소유의 건물에 대해 乙과 임대차계약을 체결하였고, 乙은 甲의 동의 없이 자신의 임차권을 丙에게 양도하였다. 이에 대한 설명으로 옳지 않은 것은? (다툼이 있는 경우에는 판례에 의함)** 〈2010년 공인노무사〉

① 乙의 무단 양도를 이유로 甲이 임대차계약을 해지하지 않는 한 甲은 乙에 대하여 여전히 차임청구권을 가진다.

② 乙의 무단 양도를 이유로 甲이 임대차계약을 해지하지 않는 한 甲은 丙에게 불법점유를 이유로 차임상당 손해배상청구나 부당이득 반환청구를 할 수 없다.

③ 乙이 임차권의 존속기간, 임대인의 동의 여부 등 임차권양도의 중요한 요소를 이루는 사항을 丙에게 알려주지 않았다면, 乙의 임차권양도행위는 기망행위에 해당할 수 있다.

④ 丙은 甲에게 임차권을 주장할 수 없으며, 나아가 乙과 丙사이에도 임차권양도의 효력이 생기지 않는다.

⑤ 乙과 丙이 부부로서 임차건물에 동거하면서 함께 사업을 경영하는 특수한 관계에 있다면, 甲에게 해지권이 인정되지 않을 수 있다.

해설

① (○), ② (○) : 임차인이 임대인의 동의를 받지 않고 제3자에게 임차권을 양도하거나 전대하는 등의 방법으로 임차물을 사용·수익하게 하더라도, 임대인이 이를 이유로 임대차계약을 해지하거나 그 밖의 다른 사유로 임대차 계약이 적법하게 종료되지 않는 한 임대인은 임차인에 대하여 여전히 차임청구권을 가지므로, 임대차계약이 존속하는 한도 내에서는 제3자에게 불법점유를 이유로 한 차임상당 손해배상청구나 부당이득반환청구를 할 수 없다(대판 2008. 2. 28, 2006다10323).

③ (○) : 임차권의 양도에 있어서 그 임차권의 존속기간, 임대기간 종료 후의 재계약 여부, 임대인의 동의 여부는 그 계약의 중요한 요소를 이루는 것이므로 양도인으로서는 이에 관계되는 모든 사정을 양수인에게 알려주어야 할 신의칙상의 의무가 있는데, 임차권양도계약이 체결될 당시에 임차건물에 대한 임대차기간의 연장이나 임차권 양도에 대한 임대인의 동의 여부가 확실하지 않은 상태에서 몇 차례에 걸쳐 명도요구를 받고 있었던 임차권 양도인이 그 여부를 확인하여 양수인에게 설명하지 아니한 채 임차권을 양도한 행위는 기망행위에 해당한다(대판 1996. 6. 14, 94다41003).

> **[보충지문] 임차권의 양도에 있어서 양도인은 그 임차권의 존속기간, 임대기간 종료 후의 재계약 여부, 임대인의 동의 여부와 이에 관계되는 모든 사정을 양수인에게 알려주어야 할 신의칙상의 의무가 있다 (○).** 〈2020년 법무사〉

④ (×) : 丙은 甲에게 임차권을 주장할 수 없으나(대항할 수 없다), 乙과 丙사이 임차권양도의 효력은 생긴다. 즉 임대인의 동의는 대항요건에 불과하다.

⑤ (○) : 배신설이 판례이다. 즉 乙과 丙이 부부로서 임차건물에 동거하면서 함께 사업을 경영하는 특수한 관계에 있다면, 甲에게 해지권이 인정되지 않을 수 있다(대판 1993. 4. 27, 92다45308).

138 **乙이 甲 소유의 주택을 2년간 임차하는 계약을 甲과 체결하여 그 주택에 거주하는 경우에 관한 설명으로 옳지 않은 것은? (다툼이 있으면 판례에 따름)** 〈2019년 공인노무사〉

① 특별한 사정이 없는 한 甲은 乙의 안전을 배려하거나 도난을 방지할 보호의무를 부담하지 않는다.

② 甲의 귀책사유로 임대차계약이 해지된 경우, 원칙적으로 乙은 원상회복의무를 부담하지 않는다.

정답 137. ④ 138. ②

③ 임대차계약 존속 중 주택에 사소한 파손이 생긴 경우, 乙의 사용·수익을 방해할 정도가 아니라면 특별한 사정이 없는 한 甲은 수선의무를 부담하지 않는다.
④ 원인불명의 화재로 주택이 소실된 경우 乙이 이행불능으로 인한 손해배상책임을 면하려면 그 주택의 보존에 관하여 선량한 관리자의 주의의무를 다하였음을 증명하여야 한다.
⑤ 乙이 주택의 사용·편익을 위하여 甲의 동의를 얻어 주택에 부속한 물건이 있는 경우, 특별한 사정이 없는 한 임대차 종료 시에 甲에 대하여 그 부속물의 매수를 청구할 수 있다.

해 설

① (○) : 통상의 임대차관계에 있어서 임대인의 임차인에 대한 의무는 특별한 사정이 없는 한 단순히 임차인에게 임대목적물을 제공하여 임차인으로 하여금 이를 사용·수익하게 함에 그치는 것이고, 더 나아가 임차인의 안전을 배려하여 주거나 도난을 방지하는 등의 보호의무까지 부담한다고 볼 수 없을 뿐만 아니라 임대인이 임차인에게 임대목적물을 제공하여 그 의무를 이행한 경우 임대목적물은 임차인의 지배 아래 놓이게 되어 그 이후에는 임차인의 관리하에 임대목적물의 사용·수익이 이루어지는 것이다(대판 1999. 7. 9, 99다10004).
② (×) : 임대차계약이 중도에 해지되어 종료하면 임차인은 목적물을 원상으로 회복하여 반환하여야 하는 것이고, 임대인의 귀책사유로 임대차계약이 해지되었다고 하더라도 임차인은 그로 인한 손해배상을 청구할 수 있음은 별론으로 하고 원상회복의무를 부담하지 않는다고 할 수는 없다(대판 2002. 12. 6, 2002다42278).
③ (○) : 임대차계약에 있어서 임대인은 목적물을 계약 존속 중 그 사용·수익에 필요한 상태를 유지하게 할 의무를 부담하는 것이므로, 목적물에 파손 또는 장해가 생긴 경우 그것이 임차인이 별 비용을 들이지 아니하고도 손쉽게 고칠 수 있을 정도의 사소한 것이어서 임차인의 사용·수익을 방해할 정도의 것이 아니라면 임대인은 수선의무를 부담하지 않지만, 그것을 수선하지 아니하면 임차인이 계약에 의하여 정해진 목적에 따라 사용·수익할 수 없는 상태로 될 정도의 것이라면 임대인은 그 수선의무를 부담한다(대판 1994. 12. 9, 94다34692, 94다34708).
④ (○) : 임대차 목적물이 화재 등으로 인하여 소멸됨으로써 임차인의 목적물 반환의무가 이행불능이 된 경우에, 임차인은 이행불능이 자기가 책임질 수 없는 사유로 인한 것이라는 증명을 다하지 못하면 목적물 반환의무의 이행불능으로 인한 손해를 배상할 책임을 지며, 화재 등의 구체적인 발생 원인이 밝혀지지 아니한 때에도 마찬가지이다(대판 2017. 5. 18, 2012다86895, 86901 전원합의체).
⑤ (○) : 민법 제646조 참조

Ⅱ. 주택임대차보호법, 상가건물임대차보호법

139 **임대차에 관한 설명 중 옳은 것을 모두 고른 것은? (다툼이 있는 경우에는 판례에 의함)**

〈2013년 변호사시험〉

ㄱ. 주택임대차보호법 제3조의3에 의한 임차권등기가 경료되어 있을 경우, 임대인의 임대차보증금 반환의무는 임차인의 임차권등기 말소의무보다 먼저 이행되어야 한다.
ㄴ. 임대차가 종료된 경우, 임대목적물이 임대인의 소유가 아니더라도 특별한 사정이 없는 한 임차인은 임대인에게 그 부동산을 인도하고 임대차 종료일까지의 연체차임을 지급할 의무가 있음은 물론, 인도 완료일까지 그 부동산을 점유·사용함에 따른 차임 상당의 부당이득금을 반환할 의무도 있다.
ㄷ. 채권양수인이 주택임대차보호법상의 우선변제권을 행사할 수 있는 주택임차인으로부터 임차

정답 139. ⑤

보증금반환채권을 양수하였더라도 임차권과 분리된 임차보증금반환채권만을 양수하였다면, 그 채권양수인은 위 법상의 우선변제권을 행사할 수 있는 임차인에 해당한다고 볼 수 없다.
ㄹ. 특별한 사정이 없는 한 임대차가 종료되었더라도 목적물이 반환되지 않았다면 임차인은 임대차보증금이 있음을 이유로 임대인에 대하여 연체차임의 지급을 거절할 수 없다.

① ㄱ, ㄴ, ㄷ ② ㄱ, ㄴ, ㄹ ③ ㄱ, ㄷ, ㄹ ④ ㄴ, ㄷ, ㄹ ⑤ ㄱ, ㄴ, ㄷ, ㄹ

해설

ㄱ. (○) : 주택임대차보호법 제3조의3에 의한 임차권등기가 경료되어 있다는 것은 임대인의 이행지체를 전제한 것으로, 임대인의 임대차보증금 반환의무는 임차인의 임차권등기 말소의무보다 먼저 이행되어야 한다(대판 2005. 6. 9, 2005다4529).
ㄴ. (○) : 부당이득에서 실질설 입장이다. 즉 임대차가 종료된 경우, 임대목적물이 임대인의 소유가 아니더라도 특별한 사정이 없는 한 임차인은 임대인에게 그 부동산을 인도하고 임대차 종료일까지의 연체차임을 지급할 의무가 있음은 물론, 인도 완료일까지 그 부동산을 점유·사용함에 따른 차임 상당의 부당이득금을 반환할 의무도 있다(대판 1984. 5. 15, 84다카108; 대판 1996. 9. 6, 94다54641).
ㄷ. (○) : 채권양수인이 주택임대차보호법상의 우선변제권을 행사할 수 있는 주택임차인으로부터 임차보증금반환채권을 양수하였더라도 임차권과 분리된 임차보증금반환채권만을 양수하였다면, 그 채권양수인은 위 법상의 우선변제권을 행사할 수 있는 임차인에 해당한다고 볼 수 없다(대판 2010. 5. 27, 2010다10276).
ㄹ. (○) : 특별한 사정이 없는 한 임대차가 종료되었더라도 목적물이 반환되지 않았다면 임차인은 임대차보증금이 있음을 이유로 임대인에 대하여 연체차임의 지급을 거절할 수 없다(대판 1997. 7. 27, 99다24881; 대판 2007. 8. 23, 2007다21865 등).

140 임차권등기명령에 관한 설명 중 옳은 것을 모두 고른 것은? (다툼이 있는 경우 판례에 의함)

〈2024년 변호사시험〉

ㄱ. 임차권등기명령에 의하여 임차권등기를 한 임차인은 위 임차권등기가 첫 경매개시결정등기 전에 경료된 경우, 별도로 배당요구를 하지 않아도 배당받을 채권자에 속한다.
ㄴ. 「주택임대차보호법」상 임대인의 임대차보증금 반환의무는 임차인의 임차권등기 말소의무보다 먼저 이행되어야 할 의무이다.
ㄷ. 「주택임대차보호법」은 임차권등기명령의 신청에 대한 재판절차와 임차권등기명령의 집행 등에 관하여 「민사집행법」상 가압류에 관한 절차규정을 일부 준용하고 있으므로, 「주택임대차보호법」에서 정한 임차권등기명령에 따른 임차권등기에는 압류 또는 가압류, 가처분에 준하는 소멸시효 중단의 효력이 있다.

① ㄱ ② ㄴ ③ ㄱ, ㄴ ④ ㄱ, ㄷ ⑤ ㄱ, ㄴ, ㄷ

해설

ㄱ. (○) : 임차권등기명령에 의하여 임차권등기를 한 임차인은 우선변제권을 가지며, 위 임차권등기는 임차인으로 하여금 기왕의 대항력이나 우선변제권을 유지하도록 해 주는 담보적 기능을 주목적으로 하고 있으므로, 위 임차권등기가 첫 경매개시결정등기 전에 등기된 경우, 배당받을 채권자의 범위에 관하여 규정하고 있는 민

정답 140. ③

사집행법 제148조 제4호의 "저당권·전세권, 그 밖의 우선변제청구권으로서 첫 경매개시결정 등기 전에 등기되었고 매각으로 소멸하는 것을 가진 채권자"에 준하여, 그 임차인은 별도로 배당요구를 하지 않아도 당연히 배당받을 채권자에 속하는 것으로 보아야 한다(대판 2005. 9. 15, 2005다33039).

ㄴ. (○) : 임대차에서 보증금반환과 목적물반환은 동시이행관계에 있으나, 주택임대차보호법 제3조의3 규정에 의한 임차권등기가 있는 경우, 담보적 기능만을 주목적으로 하는 점 등에 비추어 볼 때, 임대인의 임대차보증금의 반환의무가 임차인의 임차권등기 말소의무보다 먼저 이행되어야 할 의무이다(대판 2005. 6. 9, 2005다4529).

ㄷ. (×) : 주택임대차보호법 제3조의3에서 정한 임차권등기명령에 따른 임차권등기는 특정 목적물에 대한 구체적 집행행위나 보전처분의 실행을 내용으로 하는 압류 또는 가압류, 가처분과 달리 어디까지나 주택임차인이 주택임대차보호법에 따른 대항력이나 우선변제권을 취득하거나 이미 취득한 대항력이나 우선변제권을 유지하도록 해 주는 담보적 기능을 주목적으로 한다...중략...그렇다면 **임차권등기명령에 따른 임차권등기**에는 민법 제168조 제2호에서 정하는 소멸시효 중단사유인 압류 또는 가압류, 가처분에 준하는 효력이 있다고 볼 수 없다(대판 2019. 5. 16, 2017다226629).

보충지문

141 임차건물의 양수인이 임대인의 지위를 승계하면 양수인은 임차인에게 임대보증금반환의무를 부담하고 임차인은 양수인에게 차임지급의무를 부담하므로, 임차건물의 소유권이 이전되기 전에 이미 발생한 연체차임이나 관리비 등도 별도의 채권양도절차 없이도 양수인에게 이전되어 양수인이 임차인에게 청구할 수 있다. 〈2019년 법원행시〉

해설 임차건물의 양수인이 임대인의 지위를 승계하면, 양수인은 임차인에게 임대보증금반환의무를 부담하고 임차인은 양수인에게 차임지급의무를 부담한다. 그러나 임차건물의 소유권이 이전되기 전에 이미 발생한 연체차임이나 관리비 등은 별도의 채권양도절차가 없는 한 원칙적으로 양수인에게 이전되지 않고 임대인만이 임차인에게 청구할 수 있다. 차임이나 관리비 등은 임차건물을 사용한 대가로서 임차인에게 임차건물을 사용하도록 할 당시의 소유자 등 처분권한 있는 자에게 귀속된다고 볼 수 있기 때문이다(대판 2017. 3. 22, 2016다218874).

142 甲이 X주택을 乙에게 임대하였고, 乙은 X주택을 인도받고 전입신고를 하였다. 甲으로부터 X주택을 매수한 丙이 X주택에 대한 소유권이전등기를 마치고 임대인의 지위를 승계하였다면, 甲과 丙은 연대하여 乙에 대한 임대차보증금반환채무를 부담한다. 〈2021년 변호사시험〉

해설 주택임대차보호법 제3조 제3항은 같은 조 제1항이 정한 대항요건을 갖춘 임대차의 목적이 된 임대주택의 양수인은 임대인의 지위를 승계한 것으로 본다고 규정하고 있는바, 이는 법률상의 당연승계 규정으로 보아야 하므로, 임대주택이 양도된 경우에 양수인은 주택의 소유권과 결합하여 임대인의 임대차 계약상의 권리·의무 일체를 그대로 승계하며, 그 결과 **양수인이 임대차보증금반환채무를 면책적으로 인수하고, 양도인은 임대차관계에서 탈퇴하여 임차인에 대한 임대차보증금반환채무를 면하게 된다**(대판 2013. 1. 17, 2011다49523 전원합의체).

정답 141. (×) 142. (×)

143 **주택의 임차인이 대항력을 구비한 후 임차주택의 소유권이 제3자에게 이전된 경우에 주택 양수인이 임차인에게 임대차보증금을 반환하면 양수인은 양도인에게 부당이득반환청구를 할 수 있다.** 〈2014년 사법시험〉

해설 주택의 임차인이 제3자에 대한 대항력을 구비한 후 임차 주택의 소유권이 양도된 경우에는, 그 양수인이 임대인의 지위를 승계하게 되고, 임차보증금 반환채무도 주택의 소유권과 결합하여 일체로서 이전하며, 이에 따라 양도인의 위 채무는 소멸한다 할 것이므로, 주택 양수인이 임차인에게 임대차보증금을 반환하였다 하더라도, 이는 자신의 채무를 변제한 것에 불과할 뿐, 양도인의 채무를 대위변제한 것이라거나, 양도인이 위 금액 상당의 반환채무를 면함으로써 법률상 원인 없이 이익을 얻고 양수인이 그로 인하여 위 금액 상당의 손해를 입었다고 할 수 없다(대판 1996. 2. 27, 95다35616 등).

제7절 도 급

144 **수급인의 하자담보책임에 관한 설명으로 옳지 않은 것은? (다툼이 있는 경우 판례에 의함)** 〈2006년 변리사〉

① 완성된 목적물에 중요한 하자가 하자보수에 과다한 비용을 요하는 경우라도 도급인은 수급인에 대하여 하자의 보수를 청구할 수 있다.
② 완성 전에 성취된 부분의 하자가 있는 때에는, 도급인은 수급인에 대하여 상당한 기간을 정할 필요 없이 하자보수를 청구할 수 있다.
③ 도급인은 하자보수와 함께 손해배상을 청구할 수 있다.
④ 담보책임기간을 단축하는 등 법에 규정된 담보책임을 제한하는 약정을 한 경우에도, 수급인이 알고 고지하지 아니한 사실에 대하여 그 책임을 제한하는 것이 신의성실의 원칙에 위배된다면 그 사실에 대하여는 수급인의 담보책임이 제한되지 않는다.
⑤ 하자보수비용은 도급인이 목적물을 인수한 때 또는 하자를 발견한 때가 아니라, 하자보수를 청구한 때 또는 보수에 갈음하여 손해배상을 청구한 때를 기준으로 하여 산정한다.

해설

①(○) : 판례는 하자가 중요하지 아니하면서 동시에 그 보수에 과다한 비용을 요하는 경우에는 도급인은 하자보수나 하자보수에 갈음하는 손해배상을 청구할 수 없고 그 하자로 인하여 입은 손해의 배상만을 청구할 수 있다고 한다(대판 1998. 3. 13, 95다30345). 따라서 완성된 목적물에 중요한 하자가 하자보수에 과다한 비용을 요하는 경우라도 도급인은 수급인에 대하여 하자의 보수를 청구할 수 있는 것이다.

②(×) : 민법은 일의 완성 전의 성취된 부분에 하자가 있는 때에는 도급인은 수급인에 대하여 상당한 기간을 정하여 그 하자의 보수를 청구할 수 있다고 규정한다(제667조 제1항 본문).

③(○) : 도급인은 하자보수에 갈음하여 또는 하자보수와 함께 손해배상을 청구할 수 있다(제667조 제2항).

④(○) : 대판 1999. 9. 21, 99다19032 참조

⑤(○) : 하자가 중요한 경우의 그 손해배상의 액수 즉 하자보수비는 목적물의 완성시가 아니라 하자보수 청구시 또는 손해배상 청구시를 기준으로 산정함이 상당하나, 하자가 중요하지 아니하면서 그 보수에 과다한 비용을 요하는 경우의 그 하자로 인한 손해인 교환가치의 평가는 건물 완공시(하자 없는 상태의 건물가격-하자 있는 상태의 건물가격)의 재조달원가를 산정 비교하는 방법에 의하여 평가하는 것이 합리적이다(대판 1998. 3. 13, 95다30345).

정답 143. (×) 144. ②

145 **甲은 자기 소유의 대지 위에 건물을 신축하기로 하는 도급계약을 乙과 체결하였다. 이에 관한 설명 중 옳지 않은 것은? (다툼이 있는 경우에는 판례에 의함)** 〈2008년 변리사〉

① 당사자 사이에 다른 합의가 없으면 도급계약상의 보수채무는 완성된 목적물의 인도와 동시에 이행되어야 한다.

② 당사자 사이의 특약이나 특별한 사정이 없는 한, 乙이 임의로 이행대행자를 사용하여 도급계약에서 정한 공사를 이행하더라도 계약채무 불이행으로 볼 수 없다.

③ 甲은 일의 완성 전에 언제든지 도급계약을 해제할 수 있지만 乙이 입은 손해를 배상하여야 하는데, 이 때 甲은 乙에 대한 손해배상에 있어서 과실상계를 주장할 수 없다.

④ 완성된 건물의 하자가 甲의 지시에 의한 것이더라도, 그 지시가 부적당함을 알면서도 甲에게 고지하지 않았다면 乙은 담보책임을 진다.

⑤ 위 계약에서 계약이행보증금과 지체상금의 약정이 있는 경우에, 이것들이 과다할 때에는 법원이 당연히 감액할 수 있다.

해 설

①(○) : 민법 제665조 제1항(보수의 지급시기) 참조

②(○) : 그러므로 원수급인에게 사용자 또는 도급인으로서의 불법행위책임을 지울 수 없고, 불완전이행 등의 채무불이행책임도 물을 수 없다(대판 2000. 7. 7, 97다29264).

③(○) : 민법 제673조에서 도급인으로 하여금 자유로운 해제권을 행사할 수 있도록 하는 대신 수급인이 입은 손해를 배상하도록 규정하고 있으며, 위 규정에 의하여 도급계약을 해제한 이상은 특별한 사정이 없는 한 도급인은 수급인에 대한 손해배상에 있어서 과실상계나 손해배상예정액 감액을 주장할 수는 없다(대판 2002. 5. 10, 2000다37296, 37302).

④(○) : 민법 제669조 단서 참조

⑤(×) : 도급계약에 있어 계약이행보증금과 지체상금의 약정이 있는 경우에는 특별한 사정이 없는 한 계약이행보증금은 위약벌 또는 제재금의 성질을 가지고, 지체상금은 손해배상의 예정으로 봄이 상당하다(대판 1997. 10. 28, 97다21932). 그리고 위약벌의 약정은 채무의 이행을 확보하기 위하여 정하는 것으로서 손해배상의 예정과 다르므로 손해배상의 예정에 관한 민법 제398조 제2항을 유추 적용하여 그 액을 감액할 수 없고, 다만 의무의 강제로 얻는 채권자의 이익에 비하여 약정된 벌이 과도하게 무거울 때에는 일부 또는 전부가 공서양속에 반하여 무효로 된다(대판 2016. 1. 28, 2015다239324). ☞ 출제자는 위 97다21932 판결을 기초로 이 지문을 출제하였는데, 이와 배치되는 내용의 판례도 있음을 주의하여야 한다. 〈참고판례〉 도급계약서 및 그 계약내용에 편입된 약관에 수급인의 귀책사유로 인하여 계약이 해제된 경우에는 계약보증금이 도급인에게 귀속한다는 조항이 있을 때 이 계약보증금이 손해배상액의 예정인지 위약벌인지는 도급계약서 및 위 약관 등을 종합하여 구체적 사건에서 개별적으로 결정할 의사해석의 문제이고, 위약금은 민법 제398조 제4항에 의하여 손해배상액의 예정으로 추정되므로 위약금이 위약벌로 해석되기 위하여는 특별한 사정이 주장·입증되어야 하는바, 당사자 사이의 도급계약서에 계약보증금 외에 지체상금도 규정되어 있다는 점만을 이유로 하여 계약보증금을 위약벌로 보기는 어렵다(대판 2000. 12. 8, 2000다35771).

146 **민법상의 담보책임에 관한 설명 중 옳지 않은 것은? (다툼이 있는 경우에는 판례에 의함)** 〈2009년 변리사〉

① 강제경매의 기초가 된 채무자 명의의 소유권이전등기가 원인무효의 등기여서 매수인이 부동산에 대한 소유권을 취득하지 못한 경우, 매수인은 경매 채권자에게 매각대금 중 그가 배당받은 금액에

정 답 145. ⑤ 146. ⑤

대하여 일반 부당이득의 법리에 따라 반환을 청구할 수 있을 뿐, 담보책임을 물을 수는 없다.

② 가등기의 목적이 된 부동산을 매수한 사람이 그 뒤 가등기에 기한 본등기가 경료됨으로써 그 부동산의 소유권을 상실하였다면, 매도인은 목적 부동산에 설정된 저당권 또는 전세권의 행사로 인하여 매수인이 취득한 소유권을 상실한 경우와 마찬가지의 담보책임을 진다.

③ 수급인이 신축한 건물의 하자가 중요하지 아니하면서 동시에 그 보수에 과다한 비용을 요하는 경우에는 도급인은 하자보수나 하자보수에 갈음하는 손해배상을 청구할 수 없고 그 하자로 인하여 입은 손해의 배상만을 청구할 수 있다.

④ 도급인의 하자보수청구권 및 계약해제권은 수급인의 귀책사유를 필요로 하지 않는다.

⑤ 도급계약에서 수급인의 하자담보책임에 대한 기간은 제척기간이므로, 도급인은 이 기간 내에 소송을 제기하여야 그 기간을 준수한 것이 된다.

해 설

① (○) : 경매에서의 담보책임은 경매절차가 유효한 경우에 인정되는 것이며, 경매절차 자체가 무효라면 채무자나 채권자의 담보책임은 인정될 여지가 없다(대판 1991. 11. 10, 91다21640). 즉 경매절차가 무효여서 소유권을 취득하지 못한다면, 경락받은 자는 제578조의 담보책임이 아니라, 배당채권자에 대하여 부당이득반환청구권을 행사할 수 있을 뿐이다.

② (○) : 가등기의 목적이 된 부동산을 매수한 사람이 그 뒤 가등기에 기한 본등기가 경료됨으로써 그 부동산의 소유권을 상실하게 된 때에는 매매의 목적 부동산에 설정된 저당권 또는 전세권의 행사로 인하여 매수인이 취득한 소유권을 상실한 경우와 유사하므로, 이와 같은 경우 민법 제576조의 규정이 준용된다고 보아 같은 조 소정의 담보책임을 진다고 보는 것이 상당하고 민법 제570조에 의한 담보책임을 진다고 할 수 없다(대판 1992. 10. 27, 92다21784).

③ (○) : 하자보수청구(제667조 제1항)와 손해배상청구(제667조 제2항)의 관계를 말한다. 즉 하자가 중요하지 아니하면서 동시에 그 보수에 과다한 비용을 요하는 경우에는 도급인은 하자보수나 하자보수에 갈음하는 손해배상을 청구할 수 없고, 그 하자로 인하여 입은 손해의 배상만을 청구할 수 있다. 이 때 그 하자로 인하여 입은 통상의 손해는 특별한 사정이 없는 한 수급인이 하자 없이 시공하였을 경우의 목적물의 교환가치와 하자가 있는 현재 상태의 교환가치와의 차액이다. 한편 하자가 중요한 경우의 그 손해배상의 액수, 즉 하자보수비는 목적물의 완성시가 아니라 하자보수청구시 또는 손해배상청구시를 기준으로 산정함이 상당하다. 즉 하자보수에 갈음한 손해배상청구권은 하자가 발생하여 보수가 필요하게 된 시점에서 성립된다(대판 2000. 3. 10, 99다55632).

④ (○) : 담보책임은 무과실책임이다.

⑤ (×) : 판례는 제척기간을 다음과 같이 구별하여 첫째, 환매권·미성년자의 법률행위의 취소권·수급인에 대하여 하자담보책임을 물을 수 있는 권리에 관하여, 이들 권리는 그 기간 내에 재판상 또는 재판 외에서 행사할 수 있다고 한다. 두 번째, 다만 점유권에 기한 제204조 제3항, 제205조 제2항의 1년은 제척기간이나, 그 제척기간은 반드시 그 기간 내에 소를 제기하여야 하는 이른바 출소기간으로 해석한다(대판 2002. 4. 26, 2001다8097).

147 **도급인 甲과 수급인 乙은 2012. 5. 10.까지 건물 1동을 완성하기로 하는 계약을 체결하였다. 이에 관한 설명으로 옳은 것은? (다툼이 있는 경우에는 판례에 의함)** 〈2013년 변리사〉

① 乙이 자신의 노력과 재료를 들여 건물을 완성한 경우, 甲의 명의로 건축허가를 받아 소유권보존등기를 하기로 하는 등 완성된 건물의 소유권을 甲에게 귀속시키기로 하는 합의가 있다고 하여, 위 건물의 소유권이 甲에게 원시적으로 귀속되는 것은 아니다.

② 乙의 하자보수에 갈음하는 손해배상채무는 이행의 기한이 없는 채무이므로, 그에 대한 지체책임은

정답 147. ④

하자가 발생하여 보수가 필요하게 된 시점부터 발생한다.

③ 甲이 기성고에 따라 공사대금을 분할하여 지급하기로 약정한 경우, 특별한 사정이 없는 한 하자보수의무와 동시이행의 관계에 있는 공사대금지급채무는 하자가 발생한 부분의 기성공사대금에 한정된다.

④ 甲은 건물이 완공되지 않은 시점인 2012. 4. 10. 乙의 채무불이행이 없음에도 불구하고 손해를 배상하고 일방적으로 계약을 해제할 수 있다.

⑤ 하자확대손해로 인한 乙의 손해배상채무는 원칙적으로 甲의 공사대금채무와 동시이행의 관계에 있지 않다.

해설

①(×) : 수급인 乙이 자신의 노력과 재료를 들여 건물을 완성한 경우, 甲의 명의로 건축허가를 받아 소유권보존등기를 하기로 하는 등 완성된 건물의 소유권을 甲에게 귀속시키기로 하는 합의가 있다면, 위 건물의 소유권이 甲에게 원시적으로 귀속한다(대판 2003. 12. 18, 98다43601 전원합의체).

②(×) : 지체책임은 수급인의 하자보수에 갈음하는 손해배상채무는 이행의 기한이 없는 채무로서 이행청구를 받은 때부터 지체책임이 있다(대판 2009. 2. 26, 2007다83908).

③(×) : 甲이 기성고에 따라 공사대금을 분할하여 지급하기로 약정한 경우, 특별한 사정이 없는 한 하자보수의무와 동시이행의 관계에 있는 공사대금지급채무는 하자가 발생한 부분의 기성공사대금에 한정된다고 보지 않고, 하자의 보수를 청구하여 보수가 될 때까지 공사대금지급을 거절할 수 있다(대판 2001. 9. 18, 2001다9340 등).

④(○) : 수급인이 일을 완성하기 전에는 도급인은 손해를 배상하고 계약을 해제할 수 있다(제673조 참조).

⑤(×) : 하자확대손해로 인한 乙의 손해배상채무는 원칙적으로 甲의 공사대금채무와 동시이행의 관계에 있다(대판 2007. 8. 23, 2007다26455).

148 甲은 乙에게 아파트 공사를 맡겼다. 다음 설명 중 옳은 것을 모두 고른 것은? (다툼이 있는 경우에는 판례에 의함) 〈2014년 변리사〉

ㄱ. 하자보수에 갈음한 손해배상청구권은 보수청구권과 병존하여 처음부터 甲이 가지는 권리로서 甲이 乙에게 아파트의 하자보수를 청구한 때에 성립한다.

ㄴ. 甲이 그가 분양한 아파트의 하자에 관하여 구분소유자들이 제기한 소송에서 그 하자에 대한 손해배상금과 이에 대한 지연손해금을 지급한 경우, 그 지연손해금은 乙의 도급계약상 채무불이행과 상당인과관계가 있는 손해가 될 수 없다.

ㄷ. 乙이 공사를 완성하지 못한 상태로 아파트도급계약이 해제되어 공사비를 정산하여야 할 경우, 특별한 사정이 없으면 그 공사비는 당사자들이 약정한 총공사비 중 乙이 공사를 중단할 당시의 기성고 비율에 의한 금액이다.

ㄹ. 甲과 乙이 지체상금을 약정한 경우, 이는 乙이 약정한 준공일보다 늦게 공사를 마치거나 그의 책임 있는 사유로 도급계약이 해제된 경우에 적용되고 甲의 책임 있는 사유로 도급계약이 해제된 때에는 적용되지 않는다.

① ㄱ, ㄴ ② ㄱ, ㄷ ③ ㄴ, ㄷ ④ ㄴ, ㄹ ⑤ ㄷ, ㄹ

정답 148. ③

해설

㉠ (×) : 하자보수에 갈음한 손해배상청구권은 하자가 발생하여 보수가 필요하게 된 시점에서 성립한다(대판 2000. 3. 10, 99다55632). 단 그 산정은 청구시점을 기준으로 산정한다.

㉡ (○) : 도급인이 그가 분양한 아파트의 하자와 관련하여 구분소유자들로부터 손해배상청구를 당하여 그 하자에 대한 손해배상금 및 이에 대한 지연손해금을 지급한 경우, 그 지연손해금은 도급인이 자신의 채무의 이행을 지체함에 따라 발생한 것에 불과하므로 특별한 사정이 없는 한 수급인의 도급계약상의 채무불이행과 상당인과관계가 있는 손해라고 볼 수는 없다. 이러한 경우 도급인으로서는 구분소유자들의 손해배상청구와 상관없이 수급인을 상대로 위 하자에 대한 손해배상금(원금)의 지급을 청구하여 그 이행지체에 따른 지연손해금을 청구할 수 있을 뿐이다(대판 2013. 11. 28, 2011다67323).

㉢ (○) : 건축공사도급계약이 중도해제된 경우 도급인이 지급하여야 할 미완성 건물에 대한 보수는 특별한 사정이 없는 한 당사자 사이에 약정한 총 공사비를 기준으로 하여 그 금액에서 수급인이 공사를 중단할 당시의 공사기성고비율에 의한 금액이 되는 것이지 수급인이 실제로 지출한 비용을 기준으로 할 것은 아니다(대판 1992. 3. 31, 91다42630).

㉣ (×) : 지체상금 약정은 수급인이 약정 준공일보다 늦게 공사를 완료하거나 수급인의 귀책사유로 도급계약이 해제된 경우뿐 아니라 도급인의 귀책사유로 도급계약이 해제된 경우에도 적용이 된다 할 것이고, 이 경우에는 도급인의 귀책사유가 발생하지 아니하여 수급인이 공사를 계속하였더라면 완성할 수 있었을 때까지의 기간을 기준으로 하여 당초의 준공예정일로부터 지체된 기간을 산정하는 방법으로 지체일수를 적용해야 할 것이다(대판 2012. 10. 11, 2010다34043, 34050). ☞ (판결이유) 공사 도중에 도급계약이 해제되어 수급인이 해제된 상태 그대로 건물을 도급인에게 인도한 사례. 수급인이 도급계약을 해제하였지만 도급인이 그 의무를 다하고 있는 기간 중에도 이미 수급인이 이행을 지체하는 바람에, 도급인이 자재대금을 선지급하는 등 그 의무를 다하여 순조롭게 공사가 진행되었다고 가정하더라도 공사가 지연될 수밖에 없었다. 이 경우 지체상금은 약정준공일 다음날부터 도급계약 해제의 원인이 된 도급인의 귀책사유(자재대금 미지급)가 존재하지 아니하여 수급인이 공사를 계속하였더라면 공사를 완성할 수 있었던 시점까지 발생한다.

149 **도급에 관한 설명으로 옳지 않은 것은? (다툼이 있으면 판례에 따름)** 〈2016년 변리사〉

① 수급인이 재료의 전부 또는 주요부분을 제공한 경우 특약이나 기타 특별한 사정이 없으면 완성된 건물의 소유권은 수급인에게 속한다.

② 건설공사 도급계약에서 많이 행해지는 지체상금 약정의 법적 성질은 손해배상액의 예정이므로 법원은 이를 감액할 수도 있다.

③ 제작물공급계약에서 그 제작물이 부대체물인 경우에는 도급에 관한 규정이 적용된다.

④ 수급인의 하수급인에 대한 하도급 공사대금채무를 인수한 도급인은 수급인의 하수급인에 대한 하자보수청구권 내지 하자에 갈음한 손해배상채권 등에 기한 동시이행의 항변으로 하수급인에게 대항할 수 있다.

⑤ 건축주 사정으로 공사가 중단된 미완성의 건물을 인도받아 완공하였다면, 그 건물이 공사 중단시점에서 사회통념상 독립한 건물이라고 볼 수 있는 형태와 구조를 갖추고 있었더라도 완공자가 그 건물의 소유권을 원시취득한다.

해설

① (○) : 수급인이 재료의 전부 또는 주요부분을 제공한 경우 특약이나 기타 특별한 사정이 없으면 완성된 건물의 소유권은 수급인에게 속한다(대판 2003. 12. 18, 98다43601 전원합의체).

정답 149. ⑤

② (○) : 건설공사 도급계약에서 많이 행해지는 지체상금 약정의 법적 성질은 손해배상액의 예정이므로 법원은 이를 감액할 수도 있다(대판 2012. 10. 11, 2010다34043).
③ (○) : 제작물공급계약에서 그 제작물이 부대체물인 경우에는 도급에 관한 규정, 대체물은 매매에 관한 규정이 적용된다(대판 2006. 10. 13, 2004다21862).
④ (○) : 수급인의 하수급인에 대한 하도급 공사대금채무를 인수한 도급인은 수급인의 하수급인에 대한 하자보수청구권 내지 하자에 갈음한 손해배상채권 등에 기한 동시이행의 항변으로 하수급인에게 대항할 수 있다(대판 2007. 10. 11, 2007다31914).
⑤ (×) : 건축주의 사정으로 건축공사가 중단되었던 미완성의 건물을 인도받아 나머지 공사를 마치고 완공한 경우, 그 건물이 공사가 중단된 시점에서 이미 사회통념상 독립한 건물이라고 볼 수 있는 형태와 구조를 갖추고 있었다면 원래의 건축주가 그 건물의 소유권을 원시취득하고, 최소한의 기둥과 지붕 그리고 주벽이 이루어지면 독립한 부동산으로서의 건물의 요건을 갖춘 것이라고 보아야 한다(대판 2002. 4. 26, 2000다16350).

[비교지문] 건축주의 사정으로 공사가 중단된 미완성 건물을 인도받아 나머지 공사를 한 경우, 그 공사 중단 시점에 이미 사회통념상 독립한 건물이라고 볼 수 있는 정도의 형태와 구조를 갖춘 경우가 아닌 한 미완성 건물을 인도받아 자기의 비용과 노력으로 완공한 자가 그 건물의 원시취득자가 된다.
〈2017년 법원행시〉

(○) : 자기의 비용과 노력으로 건물을 신축한 자는 그 건축허가가 타인의 명의로 된 여부에 관계없이 그 소유권을 원시취득하게 되는바, 따라서 건축주의 사정으로 건축공사가 중단된 미완성의 건물을 인도받아 나머지 공사를 하게 된 경우에는 그 공사의 중단 시점에 이미 사회통념상 독립한 건물이라고 볼 수 있는 정도의 형태와 구조를 갖춘 경우가 아닌 한 이를 인도받아 자기의 비용과 노력으로 완공한 자가 그 건물의 원시취득자가 된다(대판 2006. 5. 12, 2005다68783).

150 **甲은 2018년 6월 1일 乙에게 건물의 신축공사를 공사대금 10억 원으로 하고, 공사기간 2018년 6월 1일부터 2018년 12월 30일까지로 정하여 도급을 주었는데, 위 공사대금에는 승강기를 설치하는 것이 포함되어 있었다. 丙은 2018년 6월 30일 乙과 사이에 그 건물에 丙이 제작한 승강기를 1억 원에 제작·판매·설치하기로 하는 계약을 체결하고 승강기의 소유권은 그 제작·판매·설치대금을 모두 지급받는 시점까지 丙에게 유보하는 것으로 정하였다. 丙은 2018년 12월 9일 승강기를 설치하여 그 승강기가 건물로부터 분리할 수 없게 되었고, 甲은 2019년 3월 1일 乙에게 공사잔대금을 완불한 뒤 건물을 인도받아 보존등기 없이 丁에게 매도하고 대금 전액 수령과 동시에 인도하였다. 乙은 丙에게 승강기 제작·판매·설치대금을 지급하지 않고 있다. 이에 관한 설명으로 옳은 것은? (다툼이 있으면 판례에 따름)** 〈2020년 변리사〉

① 乙과 丙은 승강기를 그 대체가 어렵거나 불가능할 정도로 신축건물에 맞추어 일정한 사양으로 특정하였고, 그 제작·판매·설치대금의 구분 없이 총 계약금액을 1억 원으로 정했더라도, 乙과 丙의 계약은 매매와 도급이 혼합된 계약이다.
② 2020년 5월 30일 丙의 승강기 제작·판매·설치대금 청구에 대해 乙은 그 채무가 시효로 소멸했음을 주장할 수 있다.
③ 丁은 건물에 관해 등기를 취득하지 않았더라도 그 소유권을 취득한다.
④ 위 건물이 戊의 토지 위에 무단으로 건축된 경우, 戊는 건물을 점유하는 丁을 상대로 건물철거를 청구할 수 없다.

정답 150. ⑤

⑤ 甲이 승강기 소유권이 丙에게 유보된 사실에 관하여 과실 없이 알지 못한 경우, 丙은 甲을 상대로 승강기 제작·판매·설치대금 상당의 부당이득반환을 청구할 수 없다.

해 설

①(×) : [1] 당사자의 일방이 상대방의 주문에 따라 자기 소유의 재료를 사용하여 만든 물건을 공급하기로 하고 상대방이 대가를 지급하기로 약정하는 이른바 제작물공급계약은 그 제작의 측면에서는 도급의 성질이 있고 공급의 측면에서는 매매의 성질이 있어 대체로 매매와 도급의 성질을 함께 가지고 있으므로, 그 적용 법률은 계약에 의하여 제작 공급하여야 할 물건이 대체물인 경우에는 매매에 관한 규정이 적용되지만, 물건이 특정의 주문자의 수요를 만족시키기 위한 부대체물인 경우에는 당해 물건의 공급과 함께 그 제작이 계약의 주목적이 되어 도급의 성질을 띠게 된다. [2] 甲 회사가 乙 회사와 승강기 제작 및 설치 공사계약을 체결한 사안에서, 甲 회사가 위 계약에 따라 제작·설치하기로 한 승강기가 乙 회사가 신축하는 건물에 맞추어 일정한 사양으로 특정되어 있으므로, 그 계약은 대체가 어렵거나 불가능한 제작물의 공급을 목적으로 하는 계약으로서 도급의 성질을 갖고 있다(대판 2010. 11. 25, 2010다56685). ☞ 원심은 순수한 도급계약이 아니라 매매계약과 도급계약이 혼합된 계약으로 보았으나 파기되었다.

②(×) : ① 공사도급계약에서 소멸시효의 기산점이 되는 보수청구권의 지급시기는, 당사자 사이에 특약이 있으면 그에 따르고, 특약이 없으면 관습에 의하며(민법 제665조 제2항, 제656조 제2항), 특약이나 관습이 없으면 공사를 마친 때로 보아야 한다(대판 2017. 4. 7, 2016다35451). ② 도급받은 자, 기사 기타 공사의 설계 또는 감독에 종사하는 자의 공사에 관한 채권의 채권은 3년간 행사하지 아니하면 소멸시효가 완성한다(제163조 제3호). ☞ 사안에서 丙은 2018년 12월 9일 승강기를 설치하였으므로 승강기 제작·판매·설치대금채권의 소멸시효는 그로부터 3년 후인 2021년 12월 9일에 만료한다. 참고로 지문의 "2020. 5. 30."은 당해년도 1차시험일이었다.

③(×) : 미등기 무허가건물의 양수인이라도 그 소유권이전등기를 경료하지 않는 한 그 건물의 소유권을 취득할 수 없고, 소유권에 준하는 관습상의 물권이 있다고도 할 수 없으며, 현행법상 사실상의 소유권이라고 하는 포괄적인 권리 또는 법률상의 지위를 인정하기도 어렵다(대판 2006. 10. 27, 2006다49000).

④(×) : 건물철거는 그 소유권의 종국적 처분에 해당되는 사실행위이므로 원칙으로는 그 소유자(민법상 원칙적으로는 등기명의자)에게만 그 철거처분권이 있다 할 것이고, 예외적으로 건물을 전소유자로부터 매수하여 점유하고 있는 등 그 권리의 범위 내에서 그 점유중인 건물에 대하여 법률상 또는 사실상 처분을 할 수 있는 지위에 있는 자에게도 그 철거처분권이 있다(대판 2003. 1. 24, 2002다61521).

⑤(○) : 민법 제261조에서 첨부로 법률규정에 의한 소유권 취득(민법 제256조 내지 제260조)이 인정된 경우에 "손해를 받은 자는 부당이득에 관한 규정에 의하여 보상을 청구할 수 있다."라고 규정하고 있는바, 이러한 보상청구가 인정되기 위해서는 민법 제261조 자체의 요건뿐만 아니라, 부당이득 법리에 따른 판단에 의하여 부당이득의 요건이 모두 충족되었다고 인정되어야 한다. 매도인에게 소유권이 유보된 자재가 제3자와 매수인 사이에 이루어진 도급계약의 이행으로 제3자 소유 건물의 건축에 사용되어 부합된 경우 보상청구를 거부할 법률상 원인이 있다고 할 수 없지만, 제3자가 도급계약에 의하여 제공된 자재의 소유권이 유보된 사실에 관하여 과실 없이 알지 못한 경우라면 선의취득의 경우와 마찬가지로 제3자가 그 자재의 귀속으로 인한 이익을 보유할 수 있는 법률상 원인이 있다고 봄이 상당하므로, 매도인으로서는 그에 관한 보상청구를 할 수 없다(대판 2018. 3. 15, 2017다282391).

151 **甲은 주택을 짓기 위하여 건축업자 乙과 도급계약을 체결하면서 지체상금약정도 하였다. 이에 관한 설명으로 옳은 것을 모두 고른 것은? (다툼이 있으면 판례에 따름)** 〈2021년 변리사〉

ㄱ. 乙에 의해 완공된 주택에 하자가 있어 계약의 목적을 달성할 수 없는 경우라도 甲은 도급계약을 해제할 수 없다.
ㄴ. 乙에 의해 완공된 주택에 발생한 하자가 중요하지 않는데도 그 보수에 과다한 비용이 드는 경우, 甲은 하자보수에 갈음하는 손해배상을 청구할 수 있다.
ㄷ. 지체상금의 종기는 특별한 사정이 없는 한 乙이 공사를 중단하거나 기타 해제사유가 있어 甲이 실제로 해제한 때로부터 甲이 다른 업자에게 의뢰하여 완공할 수 있었던 시점까지로 제한된다.
ㄹ. 예정된 준공기한 전에 도급계약이 해제되어 乙이 공사를 완료하지 아니한 경우에는 특별한 사정이 없는 한 지체상금약정은 적용되지 않는다.

① ㄱ, ㄴ　② ㄱ, ㄹ　③ ㄴ, ㄷ　④ ㄴ, ㄹ　⑤ ㄷ, ㄹ

해설

ㄱ. (○) : 도급인이 완성된 목적물의 하자로 인하여 계약의 목적을 달성할 수 없는 때에는 계약을 해제할 수 있다. 그러나 건물 기타 토지의 공작물에 대하여는 그러하지 아니하다(민법 제668조).

ㄴ. (×) : 하자가 중요하지 아니하면서 동시에 그 보수에 과다한 비용을 요하는 경우에는 도급인은 하자보수나 하자보수에 갈음하는 손해배상을 청구할 수 없고, 그 '하자로 인하여 입은 손해'의 배상만을 청구할 수 있다. 이러한 경우 하자로 인하여 입은 통상의 손해는 특별한 사정이 없는 한 도급인이 하자 없이 시공하였을 경우의 목적물의 교환가치와 하자가 있는 현재의 상태대로의 교환가치와의 차액이 된다(대판 1998. 3. 13, 97다54376).

ㄷ. (×) : 수급인이 완공기한 내에 공사를 완성하지 못한 채 공사를 중단하고 계약이 해제된 결과 완공이 지연된 경우에 있어서 지체상금은 약정 준공일 다음날부터 발생하되 그 종기는 수급인이 공사를 중단하거나 기타 해제사유가 있어 도급인이 공사도급계약을 해제할 수 있었을 때(실제로 해제한 때가 아니다)부터 도급인이 다른 업자에게 맡겨서 공사를 완성할 수 있었던 시점까지이고, 수급인이 책임질 수 없는 사유로 인하여 공사가 지연된 경우에는 그 기간만큼 공제되어야 한다(대판 2010. 1. 28, 2009다41137, 41144).

[보충지문] 수급인이 완공기한 내에 공사를 완성하지 못한 채 완공기한을 넘겨 도급계약이 해제된 경우 그 지체상금 발생의 시기(始期)는 완공기한 다음날이다(○). 〈2006년 변리사〉

ㄹ. (○) : 건축도급계약시 도급인과 수급인 사이에 준공기한내에 공사를 완성하지 아니한 때에는 매 지체일수마다 계약에서 정한 지체상금율을 계약금액에 곱하여 산출한 금액을 지체상금으로 지급하도록 약정한 경우 이는 수급인이 완공예정일을 지나서 공사를 완료하였을 경우에 그 지체일수에 따른 손해배상의 예정을 약정한 것이지 공사도중에 도급계약이 해제되어 수급인이 공사를 완료하지 아니한 경우에는 지체상금을 논할 여지가 없다(대판 1989. 9. 12, 88다카15901, 15918).

[비교판례] 건물 신축의 도급계약에서 지체상금에 관한 약정이 있는 경우, 수급인이 약정된 기간 내에 그 일을 완성하여 도급인에게 인도하지 않는 한 특별한 사정이 있는 경우를 제외하고는 지체상금을 지급할 의무가 있고, 약정된 기일 이전에 그 공사의 일부만을 완료한 후 공사가 중단된 상태에서 약정 기일을 넘기고 그 후에 도급인이 계약을 해제함으로써 일을 완성하지 못한 것이라고 하여 지체상금에 관한 약정이 적용되지 않는다고 할 수 없다(대판 1995. 9. 5, 95다18376).

☞ 위 [비교판례]는 "약정된 기일 이전에 그 공사의 일부만을 완료한 후 공사가 중단된 상태에서 **약정 기일을 넘**

정답 151. ②

기고 그 후에 도급인이 계약을 해제함으로써 일을 완성하지 못한 것이라고 하여 지체상금에 관한 약정이 적용되지 않는다고 할 수 없다"고 한 반면에 이 지문에서 출제자는 "**예정된 준공기한 전에 도급계약이 해제되어** 乙이 공사를 완료하지 아니한 경우에는 특별한 사정이 없는 한 지체상금약정은 적용되지 않는다."는 지문을 맞는 지문으로 출제하였다. 따라서 도급인이 계약을 해제한 시점이 약정 기일(준공기한) 전인지 후인지를 가지고 구별하면 될 것으로 보인다.

152 **신축건물의 소유권 귀속에 관한 설명으로 옳지 않은 것을 모두 고른 것은? (다툼이 있으면 판례에 따름)** 〈2022년 변리사〉

> ㄱ. 자기 비용과 노력으로 건물을 신축한 자와 그 건축허가명의자가 다른 경우, 원칙적으로 건축허가명의자가 소유권을 원시취득한다.
> ㄴ. 건축주의 사정으로 건축공사가 중단되었던 미완성의 건물을 인도받아 나머지 공사를 마치고 완공한 경우, 그 건물이 공사가 중단된 시점에서 아직 사회통념상 독립한 건물이라고 볼 수 있는 형태와 구조를 갖추고 있지 않았더라도 원래의 건축주가 그 건물의 소유권을 원시취득한다.
> ㄷ. 건물신축도급계약에서 완성된 건물의 소유권을 도급인에게 귀속시키기로 합의한 경우에는 그 건물의 소유권은 도급인에게 원시적으로 귀속된다.
> ㄹ. 미등기건물의 원시취득자와 승계취득자 사이의 합의로 승계취득자 앞으로 직접 경료한 미등기건물에 관한 소유권보존등기는 적법한 등기로서 효력이 있다.

① ㄱ, ㄴ　　② ㄱ, ㄷ　　③ ㄴ, ㄹ　　④ ㄱ, ㄴ, ㄹ　　⑤ ㄴ, ㄷ, ㄹ

해설

ㄱ. (×) : 건축허가서는 허가된 건물에 관한 실체적 권리의 득실변경의 공시방법이 아니며 추정력도 없으므로 건축허가서에 건축주로 기재된 자가 건물의 소유권을 취득하는 것은 아니므로, 자기 비용과 노력으로 건물을 신축한 자는 그 건축허가가 타인의 명의로 된 여부에 관계없이 그 소유권을 원시취득한다(대판 2002. 4. 26, 2000다16350).

ㄴ. (×) : 자기의 비용과 노력으로 건물을 신축한 자는 그 건축허가가 타인의 명의로 된 여부에 관계없이 그 소유권을 원시취득하게 되는바, 따라서 건축주의 사정으로 건축공사가 중단된 미완성의 건물을 인도받아 나머지 공사를 하게 된 경우에는 그 공사의 중단 시점에 이미 사회통념상 독립한 건물이라고 볼 수 있는 정도의 형태와 구조를 갖춘 경우가 아닌 한 이를 인도받아 자기의 비용과 노력으로 완공한 자가 그 건물의 원시취득자가 된다(대판 2006. 5. 12, 2005다68783).

ㄷ. (○) : 일반적으로 자기의 노력과 재료를 들여 건물을 건축한 사람은 그 건물의 소유권을 원시취득하는 것이고, 다만 도급계약에 있어서 수급인이 자기의 노력과 재료를 들여 건물을 완성하더라도 도급인과 수급인 사이에 도급인 명의로 건축허가를 받아 소유권보존등기를 하기로 하는 등 완성된 건물의 소유권을 도급인에게 귀속시키기로 합의한 것으로 보여질 경우에는 그 건물의 소유권은 도급인에게 원시적으로 귀속된다(대판 1992. 8. 18, 91다25505).

ㄹ. (○) : 미등기건물을 등기할 때에는 소유권을 원시취득한 자 앞으로 소유권보존등기를 한 다음 이를 양수한 자 앞으로 이전등기를 함이 원칙이라 할 것이나, 원시취득자와 승계취득자 사이의 합치된 의사에 따라 그 주차장에 관하여 승계취득자 앞으로 직접 소유권보존등기를 경료하게 되었다면, 그 소유권보존등기는 실체적 권리관계에 부합되어 적법한 등기로서의 효력을 가진다(대판 1995. 12. 26, 94다44675).

정답 152. ①

153 **甲은 자신의 토지 위에 건물신축을 위해 乙과 공사도급계약을 체결하였다. 이에 관한 설명으로 옳지 않은 것을 모두 고른 것은? (다툼이 있으면 판례에 따름)** 〈2024년 변리사〉

> ㄱ. 乙이 일을 완성하기 전에 甲은 손해를 배상하고 계약을 해제할 수 있으며, 특별한 사정이 없는 한 甲은 乙에 대한 손해배상에 있어서 과실상계를 주장할 수 있다.
> ㄴ. 乙로부터 공사대금채권을 양수받은 자의 저당권설정청구에 의하여 甲이 신축건물에 저당권을 설정하는 행위는 특별한 사정이 없는 한 甲의 채권자에 대한 사해행위에 해당하지 아니한다.
> ㄷ. 甲이 하자보수에 갈음하여 손해배상을 청구하는 경우, 甲은 보수(報酬)가 손해배상액을 초과하더라도 乙이 그 손해배상채무를 이행할 때까지 乙에게 그 보수 전액의 지급을 거절할 수 있다.
> ㄹ. 완성된 건물에 중요한 하자가 있어 甲이 하자보수에 갈음하여 손해배상을 청구하는 경우, 그 하자보수비는 건물의 완성시를 기준으로 산정해야 한다.

① ㄱ, ㄴ ② ㄴ, ㄹ ③ ㄷ, ㄹ ④ ㄱ, ㄷ, ㄹ ⑤ ㄴ, ㄷ, ㄹ

해 설

ㄱ. (×) : 민법 제673조에서 도급인으로 하여금 자유로운 해제권을 행사할 수 있도록 하는 대신 수급인이 입은 손해를 배상하도록 규정하고 있는 것은 도급인의 일방적인 의사에 기한 도급계약 해제를 인정하는 대신, 도급인의 일방적인 계약해제로 인하여 수급인이 입게 될 손해, 즉 수급인이 이미 지출한 비용과 일을 완성하였더라면 얻었을 이익을 합한 금액을 전부 배상하게 하는 것이라 할 것이므로, 위 규정에 의하여 도급계약을 해제한 이상은 특별한 사정이 없는 한 도급인은 수급인에 대한 손해배상에 있어서 과실상계나 손해배상예정액 감액을 주장할 수는 없다(대판 2002. 5. 10, 2000다37296, 37302).

ㄴ. (○) : 민법 제666조에서 정한 수급인의 저당권설정청구권은 공사대금채권을 담보하기 위하여 인정되는 채권적 청구권으로서 공사대금채권에 부수하여 인정되는 권리이므로, 당사자 사이에 공사대금채권만을 양도하고 저당권설정청구권은 이와 함께 양도하지 않기로 약정하였다는 등의 특별한 사정이 없는 한, 공사대금채권이 양도되는 경우 저당권설정청구권도 이에 수반하여 함께 이전된다고 봄이 타당하다. 따라서 신축건물의 수급인으로부터 공사대금채권을 양수받은 자의 저당권설정청구에 의하여 신축건물의 도급인이 그 건물에 저당권을 설정하는 행위 역시 다른 특별한 사정이 없는 한 사해행위에 해당하지 아니한다(대판 2018. 11. 29, 2015다19827).

ㄷ. (×) : 완성된 목적물에 하자가 있어 도급인이 하자의 보수에 갈음하여 손해배상을 청구한 경우에, 도급인은 수급인이 그 손해배상청구에 관하여 채무이행을 제공할 때까지 **그 손해배상액에 상응하는 보수액에 관하여만 자기의 채무이행을 거절할 수 있을 뿐이고 그 나머지 보수액은 지급을 거절할 수 없다**고 할 것이므로, 도급인의 손해배상 채권과 동시이행관계에 있는 수급인의 공사대금 채권은 공사잔대금 채권 중 위 손해배상 채권액과 동액의 채권에 한하고, 그 나머지 공사잔대금 채권은 위 손해배상 채권과 동시이행관계에 있다고 할 수 없다(대판 1996. 6. 11, 95다12798).

ㄹ. (×) : 하자가 중요한 경우의 그 손해배상의 액수 즉 하자보수비는 **목적물의 완성시가 아니라 하자보수 청구시 또는 손해배상 청구시**를 기준으로 산정함이 상당하다(대판 1998. 3. 13, 95다30345).

154 **甲건설회사는 2013. 1. 2. 乙 유통회사에게 甲 회사 소유인 X토지를 대금 10억 원에 매도하고 계약금 1억 원을 지급받았다. 그 매매계약에서 "매수인은 중도금 지급시까지 계약금을 포기하고 해약할 수 있고, 매도인은 그때까지 계약금의 배액을 지급하고 해약할 수 있다."라고 약정되었**

정답 153. ④ 154. ③

다. 같은 날 甲 회사는 乙회사로부터 Y 토지 지상에 유통시설 신축공사를 도급받았는데, 그 계약에서 도급대금은 6억 원, 공사기간은 2013. 1. 11.부터 같은 해 11. 10.까지 10개월로 정하였다. 위 도급계약에서는 "수급인은 공사가 지체될 경우 도급인에게 지체된 1일당 도급 대금의 1,000분의 1의 비율에 의한 지체상금을 지급한다."라고 약정되었다. 甲 회사가 유통시설 신축공사를 시작하였으나 2013. 5. 초경 자금사정 악화로 인하여 공사를 중단하였다. 다음 중 옳은 것을 모두 고른 것은? (다툼이 있는 경우에는 판례에 의하고, 각 지문은 모두 독립적이다)

〈2014년 변호사시험〉

ㄱ. 위 매매계약 이후 X 토지의 가격이 폭등하자 甲 회사는 매매대금을 모두 지급받고도 추가적인 금액을 요구하면서 소유권이전을 거부하였고 이에 乙 회사는 위 매매계약을 적법하게 해제하였다. 이 경우 乙 회사의 실제 손해가 1억 원을 초과하는 경우에도 손해배상은 1억 원을 초과하여 받을 수는 없다.
ㄴ. 乙 회사는 2013. 5. 10.에 도급계약을 해제할 수 있었으나 내부 사정으로 인하여 2013. 5. 20.에야 도급계약을 해제하였다. 한편 乙이 해제 후 즉시 새로운 공사업자에게 의뢰하여 나머지 공사를 적절하고 정상적인 속도로 진행하는 경우 2013. 12. 20.에 공사를 완공할 수 있었다. 이 경우 甲 회사는 乙 회사에 지체상금을 지급해야 하고 특별한 사정이 없으면 그 금액은 2,400만 원이다.
ㄷ. 甲 회사가 공사를 중단할 당시까지 투입한 공사비용은 2억 원이고 미시공 부분을 완성할 때까지 추가로 소요될 공사비용은 3억 원으로 추정되었다. 미완성 건축물을 철거하는 경우 중대한 사회적, 경제적 손실을 초래하고 완성된 부분이 乙 회사에게 이익이 된다고 판단되었다. 乙 회사가 미완성 건축물을 인도받으면서 甲 회사에게 지급하여야 할 도급대금은 2억 4,000만원이다.

① ㄱ ② ㄴ ③ ㄷ ④ ㄱ, ㄴ ⑤ ㄴ, ㄷ

해 설

㉠ (×) : 유상계약을 체결함에 있어서 계약금 등 금원이 수수되었다고 하더라도 이를 위약금으로 하기로 하는 특약이 있는 경우에 한하여 민법 제398조 제4항에 의하여 손해배상액의 예정으로서의 성질을 가진 것으로 볼 수 있을 뿐이고, 그와 같은 특약이 없는 경우에는 그 계약금 등을 손해배상액의 예정으로 볼 수 없다(대판 1996. 6. 14, 95다11429). ☞ "매수인은 중도금 지급시까지 계약금을 포기하고 해약할 수 있고, 매도인은 그때까지 계약금의 배액을 지급하고 해약할 수 있다."는 약정은 제565조 제1항의 동어반복에 불과하고 위약금 특약으로 볼 수 없다. 위약금 약정은 예컨대 매매당사자가 계약금으로 수수한 금액에 관하여 매수인이 위약하면 이를 포기한 것으로 보고 매도인이 위약하면 그 배액을 상환하기로 하는 뜻의 약정을 말한다.

㉡ (×) : 위와 같이 약정된 기일 이전에 그 공사의 일부만을 완료한 후 공사가 중단된 상태에서 약정기일을 넘기고 그 후에 도급인이 계약을 해제함으로써 일을 완성하지 못한 것이라고 하여 지체상금에 관한 약정이 적용되지 않는다고 할 수는 없다. 그리고 이 경우 지체상금발생의 시기는 특별한 사정이 없는 한 약정준공일이나 그 종기는 수급인이나 도급인이 건물을 준공할 때까지 무한히 계속되는 것이라고 할 수 없고 수급인이 공사를 중단하거나 기타 해제사유가 있어 도급인이 이를 해제할 수 있었을 때(실제로 해제한 때가 아니고)부터 도급인이 다른 업자에게 의뢰하여 같은 건물을 완성할 수 있었던 시점까지로 제한되어야 한다(대판 1989. 7. 25, 88다카6273). 따라서 시기(시작점)는 11월 11일부터, 종기는 실제 해제된 것을 기준으로 하지 않고, 해제할 수 있는 시점을 기준으로 하여야 하기 때문에 실제 완공일로부터 10일을 앞 당겨야 한다. 따라서 12월 10일이 된다. 그러하

다면 30일(약 1개월) 지연배상을 하여야 한다는 것이다. 따라서 甲이 부담해야 할 지체상금은 2,400만 원(40일×6억원×1/1,000)이 아닌 1,800만 원(30일×6억원×1/1,000)이 되는 것이다.

㉢ (○) : 건축공사도급계약이 중도해제된 경우(건축공사도급계약이 수급인의 채무불이행을 이유로 해제된 경우에 있어 해제될 당시 공사가 상당한 정도로 진척되어 이를 원상회복하는 것이 중대한 사회적·경제적 손실을 초래하게 되고, 완성된 부분이 도급인에게 이익이 되는 것으로 보이는 경우에는 도급계약은 미완성부분에 대하여만 실효되고) 도급인이 지급하여야 할 미완성 건물에 대한 보수는 특별한 사정이 없는 한 당사자 사이에 약정한 총 공사비(6억원)를 기준으로 하여 그 금액에서 수급인이 공사를 중단할 당시의 공사기성고비율에 의한 금액이 되는 것이지 수급인이 실제로 지출한 비용을 기준으로 할 것은 아니다(대판 1992. 3. 31, 91다42630). 따라서 6억원×2/5(2+3) = 2억 4천만원이 된다.

155 甲이 자신이 소유하는 X토지 위에 Y건물을 신축하기 위하여 乙과 건축도급계약을 체결하였다. 이에 관한 설명 중 옳은 것은? (다툼이 있는 경우 판례에 의함) 〈2021년 변호사시험〉

① 약정한 날짜에 Y건물이 완성되어 甲에게 인도되었으나 Y건물이 무너질 위험성이 있어 다시 건축할 수밖에 없다고 하더라도, 甲은 乙에게 Y건물을 철거하고 재건축하는 데 드는 비용 상당액을 하자로 인한 손해배상으로 청구할 수는 없다.

② 乙의 이행지체를 이유로 甲이 계약을 해제하겠다는 통지를 하였다면, 그 통지에 특별히 급부의 수령을 거부하는 취지가 포함되어 있지 않는 한 이로써 이행의 최고가 있는 것으로 볼 수 있으며, 그로부터 상당한 기간이 경과하도록 乙이 이행하지 않았다면 甲은 계약을 해제할 수 있다.

③ 乙이 공사를 완공하지 못한 채 건축도급계약이 해제되어 기성고에 따른 공사비를 乙에게 정산하여야 할 경우, 甲은 乙이 공사를 중단할 당시를 기준으로 乙이 실제로 지출한 비용을 지급하여야 한다.

④ 乙의 공사중단으로 인하여 약정된 공사기한 내의 공사완공이 불가능하다는 것이 명백하고 乙이 미리 이행하지 아니할 의사를 표시한 때에도, 甲은 乙에게 상당한 기간 내에 완공할 것을 최고하지 않고서는 계약을 해제할 수 없다.

⑤ 乙로부터 인도받는 Y건물에 하자가 있다면 甲은 이를 이유로 하자의 보수나 하자의 보수에 갈음하는 손해배상의 청구를 하지 않고 곧바로 보수 전부의 지급을 거절할 수 있다.

해설

① (×) : 완성된 건물 기타 토지의 공작물(이하 '건물 등'이라 한다)에 중대한 하자가 있고 이로 인하여 건물 등이 무너질 위험성이 있어서 **보수가 불가능하고 다시 건축할 수밖에 없는 경우**에는, 특별한 사정이 없는 한 **건물 등을 철거하고 다시 건축하는 데 드는 비용 상당액**을 하자로 인한 손해배상으로 청구할 수 있다(대판 2016. 8. 18, 2014다31691).

② (○) : 채무자의 급부불이행 사정을 들어 계약을 해제하겠다는 통지를 한 때에는 특별히 그 급부의 수령을 거부하는 취지가 포함되어 있지 아니하는 한 그로써 이행의 최고가 있었다고 볼 수 있으며, 그로부터 상당한 기간이 경과하도록 이행되지 아니하였다면 채권자는 계약을 해제할 수 있다(대판 2017. 9. 21, 2013다58668).

③ (×) : 건축공사도급계약이 중도해제된 경우 도급인이 지급하여야 할 미완성 건물에 대한 보수는 특별한 사정이 없는 한 당사자 사이에 약정한 총 공사비를 기준으로 하여 그 금액에서 수급인이 공사를 중단할 당시의 공사기성고비율에 의한 금액이 되는 것이지 수급인이 실제로 지출한 비용을 기준으로 할것은 아니다(대판 1992. 3. 31, 91다42630).

④ (×) : 공사도급계약에 있어서 수급인의 공사중단이나 공사지연으로 인하여 약정된 공사기한 내의 공사완공이 불가능하다는 것이 명백하여진 경우에는 도급인은 그 공사기한이 도래하기 전이라도 계약을 해제할 수 있

정답 155. ②

지만, 그에 앞서 수급인에 대하여 위 공사기한으로부터 상당한 기간 내에 완공할 것을 최고하여야 하고, 다만 예외적으로 수급인이 미리 이행하지 아니할 의사를 표시한 때에는 위와 같은 최고 없이도 계약을 해제할 수 있다(대판 1996. 10. 25, 96다21393, 21409).

⑤ (×) : 도급인이 인도받은 목적물에 하자가 있는 것만을 이유로, 하자의 보수나 하자의 보수에 갈음하는 손해배상을 청구하지 아니하고 막바로 보수의 지급을 거절할 수는 없다(대판 1991. 12. 10, 91다33056).

156 **甲이 乙로부터 건물 소유를 목적으로 乙 소유 X 토지를 임차한 후, 丙에게 지상 건물 신축을 도급하면서 주된 건축자재는 丙이 제공하되 신축건물의 소유권은 甲에게 귀속하기로 약정하였다. 이에 관한 설명 중 옳지 않은 것을 모두 고른 것은? (다툼이 있는 경우 판례에 의함)**

〈2022년 변호사시험〉

ㄱ. 甲이 丙의 저당권설정청구권 행사에 따라 신축된 Y 건물에 공사대금채무를 담보하기 위한 저당권을 설정하는 행위는 특별한 사정이 없는 한 사해행위에 해당하지 않는다.
ㄴ. 甲이 丙에게 선급금을 지급하였으나 도급계약의 해제 등 선급금 반환사유가 발생한 경우, 선급금이 기성고에 해당하는 공사대금에 충당되기 위해서는 원칙적으로 丙의 상계 의사표시가 있어야 한다.
ㄷ. 甲이 신축된 Y 건물에 丁 명의의 저당권을 설정한 후 임대차계약이 만료되어 지상물매수청구권을 갖는 경우, 丁 명의의 저당권설정등기가 말소되지 않았다면 甲의 지상물매수청구권 행사에 대하여 乙은 그 등기가 말소될 때까지 피담보채무액에 상당한 대금의 지급을 거절할 수 있다.
ㄹ. 甲이 임대차기간 중에 신축된 Y 건물을 丁에게 매각하여 소유권이전등기를 마쳐준 후 임대차계약이 만료된 경우, 甲은 乙을 상대로 Y 건물에 관한 지상물매수청구를 할 수 없다.

① ㄴ ② ㄱ, ㄷ ③ ㄴ, ㄷ ④ ㄴ, ㄹ ⑤ ㄱ, ㄷ, ㄹ

해설

ㄱ. (○) : 신축건물의 도급인이 민법 제666조가 정한 수급인의 저당권설정청구권의 행사에 따라 공사대금채무의 담보로 그 건물에 저당권을 설정하는 행위는 특별한 사정이 없는 한 사해행위에 해당하지 아니한다(대판 2008. 3. 27, 2007다78616,78623).

ㄴ. (×) : 공사도급계약에 따라 주고받는 선급금은 일반적으로 구체적인 기성고와 관련하여 지급되는 것이 아니라 '전체 공사와 관련하여 지급되는' 공사대금의 일부이다. 도급인이 선급금을 지급한 후 도급계약이 해제되거나 해지된 경우에는 특별한 사정이 없는 한 별도의 상계 의사표시 없이 그때까지 기성고에 해당하는 공사대금 중 미지급액은 당연히 선급금으로 충당되고 공사대금이 남아 있으면 도급인은 그 금액에 한하여 지급의무가 있다. 거꾸로 선급금이 미지급공사대금에 충당되고 남는다면 수급인이 남은 선급금을 반환할 의무가 있다(대판 2017. 1. 12, 2014다11574, 11581).

[보충지문] 1. 공사도급계약에 따라 주고받는 선급금은 일반적으로 구체적인 기성고와 관련하여 지급되는 것이 아니라 전체 공사와 관련하여 지급되는 공사대금의 일부이다(○). 〈2017년 법무사〉

2. 선급 공사대금의 성질을 갖는 선급금을 지급한 후 수급인이 도중에 선급금을 반환하여야 할 사유가 발생하였다면 특별한 사정이 없는 한 선급금은 별도의 상계의 의사표시 없이도 그때까지의 기성고에 해당하는 공사대금에 당연히 충당된다(○). 〈2012년 법무사〉

정답 156. ①

3. 도급인이 선급금을 지급한 후 도급계약이 해제되거나 해지된 경우에는 특별한 사정이 없는 한 별도의 상계 의사표시 없이 그때까지 기성고에 해당하는 공사대금 중 미지급액은 당연히 선급금으로 충당되고 공사대금이 남아 있으면 도급인은 그 금액에 한하여 지급의무가 있다(○). 〈2017년 법무사〉

ㄷ. (○) : 건물의 소유를 목적으로 한 토지임대차계약의 기간이 만료함에 따라 지상건물 소유자가 임대인에 대하여 행사하는 민법 제643조 소정의 매수청구권은 매수청구의 대상이 되는 건물에 근저당권이 설정되어 있는 경우에도 인정된다. 이 경우에 그 건물의 매수가격은 건물 자체의 가격 외에 건물의 위치, 주변 토지의 여러 사정 등을 종합적으로 고려하여 매수청구권 행사 당시 건물이 현존하는 대로의 상태에서 평가된 시가 상당액을 의미하고, 여기에서 근저당권의 채권최고액이나 피담보채무액을 공제한 금액을 매수가격으로 정할 것은 아니다. 다만, 매수청구권을 행사한 지상건물 소유자가 위와 같은 근저당권을 말소하지 않는 경우 토지소유자는 민법 제588조에 의하여 위 근저당권의 말소등기가 될 때까지 그 채권최고액에 상당한 대금의 지급을 거절할 수 있다(대판 2008. 5. 29, 2007다4356).

ㄹ. (○) : 민법 제643조 소정의 지상물매수청구권은 지상물의 소유자에 한하여 행사할 수 있다(대판 1993. 7. 27, 93다6386). ☞ 甲이 임대차기간이 만료하기 전에 이미 신축된 Y 건물을 丁에게 양도하였다면 甲은 Y 건물에 대한 소유자가 아니어서 Y 건물에 대한 매수청구권을 행사할 수 없다.

157 **건축회사 乙은 甲으로부터 건물신축공사를 도급받았다. 甲과 乙은 계약금 및 중도금을 주고받은 후, 나머지 공사대금은 乙이 완공된 건물을 甲에게 인도한 후 지급하기로 약정하였다. 甲은 乙로부터 완공건물을 인도받아 점검하여 보고 천장의 누수 등 여러 가지 하자가 있음을 발견하였다. 이 경우에 대한 설명 중 옳지 않은 것은? (다툼이 있는 경우에는 판례에 의함)**

〈2002년 사법시험〉

① 乙이 나머지 공사대금의 지급을 청구한 경우, 甲은 하자보수에 갈음하는 손해배상액에 상응하는 나머지 공사대금액에 대하여만 동시이행의 항변권에 기하여 채무이행을 거절할 수 있다.

② 만일 공사진행 도중 甲이 파산 직전에 놓여 있는 것을 알게 되었다면, 乙은 甲의 잔금지급이 있을 때까지 공사진행을 중단할 수 있다.

③ 만일 甲과 乙의 공사계약이 공사진행 도중 乙의 귀책사유에 의한 채무불이행으로 해제되었다면, 공사진척도에 상관없이 甲과 乙은 계약해제를 원인으로 한 원상회복의무를 부담하게 된다.

④ 甲이 재료의 전부를 제공하는 경우, 완성된 건물의 소유권은 원시적으로 甲에게 귀속되며, 가공의 법리는 적용되지 않는다.

⑤ 乙이 甲에 대하여 기존의 대여금채권이 있는 경우, 甲은 乙에 대한 하자보수에 갈음하는 손해배상채권으로 乙의 대여금채권과 상계하지 못한다.

해 설

① (○) : "도급계약에 있어서는 완성된 목적물에 하자가 있을 경우, 수급인의 채무는 아직 완전히 이행되었다고 할 수 없을 것이므로 쌍무계약의 원칙에 따라 특단의 사정이 없는 한 도급인은 하자의 보수를 청구하여 보수가 될 때까지 공사대금의 지급을 거절할 수 있는 동시이행의 항변권을 가지고 있다."(대판 1965. 11. 16, 65다1711). 다만 그 동시이행의 정도는 "도급인이 하자의 보수에 갈음하여 손해배상을 청구하는 경우에는 수급인이 그 손해배상청구에 관하여 채무이행을 제공할 때까지 그 손해배상의 액에 상응하는 보수의 액에 관하여만 자기의 채무이행을 거절할 수 있을 뿐, 그 나머지 액의 보수에 관하여는 지급을 거절할 수 없다."(대판 1991. 12. 10,1 9다33056).

정답 157. ③

② (○) : 불안의 항변권으로 타당하다(제536조 제2항 참조).
③ (×) : 건축공사도급계약에 있어서 공사가 완성되지 못한 상태에서 당사자 중일방이 상대방의 채무불이행을 이유로 계약을 해제한 경우에 공사가 상당한 정도로 진척되어 그 원상회복이 중대한 사회적, 경제적 손실을 초래하게 되고 완성된 부분이 도급인에게 이익이 되는 때에는 도급계약은 미완성부분에 대해서만 실효되고 수급인은 해제된 상태 그대로 그 건물을 도급인에게 인도하고 도급인은 인도받은 건물에 대한 보수를 지급하여야 할 의무가 있고, 이와 같은 경우 도급인이 지급하여야 할 미완성건물에 대한 보수는 특별한 사정이 없는 한 당사자 사이에 약정한 총공사비를 기준으로 하여 그 금액에서 수급인이 공사를 중단할 당시의 공사기성고비율에 의한 금액이 된다(대판 1993. 11. 23, 93다25080).

[보충지문] 건축도급계약에서 미완성부분이 있는 경우 공사가 상당한 정도로 진척되어 그 원상회복이 중대한 사회적, 경제적 손실을 초래하고 완성된 부분이 도급인에게 이익이 되는 경우, 수급인의 채무불이행을 이유로 도급인이 그 도급계약을 해제한 때에는 그 미완성 부분에 대해서만 도급계약이 실효된다고 보아야 한다. 따라서 이 경우의 수급인은 해제한 때의 상태 그대로 건물을 도급인에게 인도하고 도급인은 그 건물의 완성도 등을 참작하여 상당한 보수를 지급하여야 한다(○). 〈2019년 법무사〉

④ (○) : 일반적으로 자기의 노력과 재료를 들여 건물을 건축한 사람은 그 건물의 소유권을 원시취득한다(대판 1996. 9. 20, 96다24804). ☞ 이른바 재료제공설. 지문의 사안은 도급인이 재료의 전부를 제공한 사안이므로 도급인이 원시취득한다.
⑤ (○) : 도급계약에 있어서는 완성된 목적물에 하자가 있을 경우, 수급인의 채무는 아직 완전히 이행되었다고 할 수 없을 것이므로 쌍무계약의 원칙에 따라 특단의 사정이 없는 한 도급인은 하자의 보수를 청구하여 보수가 될 때까지 공사대금의 지급을 거절할 수 있는 동시이행의 항변권을 가지고 있다(대판 1965. 11. 16, 65다1711). 여기서 동시이행의 관계는 보수청구권과 그에 상응하는 보수지급의 거절(=하자보수청구권)이다. 자동채권(하자보수에 갈음하는 손해배상채권)에 동시이행의 항변권이 부착된 경우에는 일방적으로 상계를 허용한다면 상대방의 이익(보수청구권)을 해치기 때문에 인정되지 않는다고 보아야 할 것이다.

보충지문

158 **수급인이 자기의 노력과 출재로 완성한 건물의 소유권은 도급인과 수급인 사이의 특약에 의하여 달리 정하거나 기타 특별한 사정이 없는 한 수급인에게 귀속된다.** 〈2017년 법원행시〉

해설 수급인이 자기의 노력과 출재로 완성한 건물의 소유권은 도급인과 수급인 사이의 특약에 의하여 달리 정하거나 기타 특별한 사정이 없는 한 수급인에게 귀속된다(대판 2011. 8. 25, 2009다67443,67450).

159 **도급계약에 있어서는 수급인이 자기의 노력과 재료를 들여 건물을 완성하더라도 도급인과 수급인 사이에 도급인 명의로 건축허가를 받아 소유권보존등기를 하기로 하는 등 완성된 건물의 소유권을 도급인에게 귀속시키기로 합의한 것으로 보여질 경우에는 그 건물의 소유권은 도급인에게 원시적으로 귀속된다. 이와 마찬가지로 채무의 담보를 위하여 채무자가 자기 비용과 노력으로 신축하는 건물의 건축허가 명의를 채권자 명의로 하였다면 채권자 명의로 소유권보존등기를 마치기 이전이라도 완성된 건물의 소유권은 채권자가 원시적으로 취득한다.**
〈2020년 법원행시〉

정답 158. (○) 159. (×)

해설 ① 건물신축도급계약에서 수급인이 자기의 노력과 재료를 들여 건물을 완성하더라도 도급인과 수급인 사이에 도급인 명의로 건축허가를 받아 소유권보존등기를 하기로 하는 등 완성된 건물의 소유권을 도급인에게 귀속시키기로 합의한 경우에는 그 건물의 소유권은 도급인에게 원시적으로 귀속된다(대판 2010. 1. 28, 2009다66990). ② 건축업자가 타인의 대지를 매수하여 계약금만 지급하거나 대금을 전혀 지급하지 아니한 채 그 지상에 자기의 노력과 비용으로 건물을 건축하면서 그 건물의 건축허가 명의를 대지소유자로 하는 경우에는 그 목적이 대지 대금채무를 담보하기 위한 경우가 일반적이고, 채무의 담보를 위하여 채무자가 자기의 비용과 노력으로 신축하는 건물의 건축허가 명의를 채권자 명의로 하였다면 이는 완성될 건물을 담보로 제공하기로 하는 합의로서 법률행위에 의한 담보물권의 설정이라고 할 것이므로, 완성된 건물의 소유권은 일단 이를 건축한 채무자가 원시적으로 취득한 후 채권자 명의로 소유권보존등기를 마침으로써 담보목적의 범위 안에서 채권자에게 그 소유권이 이전된다(대판 2001. 6. 26, 99다47501 ; 대판 2001. 1. 5, 2000다47682 등). ☞ 채권자는 양도담보권을 취득할 뿐이다.

[보충지문1] 건축업자가 타인의 대지를 매수하여 계약금만 지급한 채 그 지상에 자기의 노력과 비용으로 건물을 건축하면서 나머지 매매대금의 담보를 위하여 건축허가명의를 대지소유자로 하는 경우, 완성된 건물의 소유권은 일단 이를 건축한 건축업자에게 원시적으로 귀속한다(○). 〈2017년 법원행시〉

[보충지문2] 채무의 담보를 위하여 채무자가 자기 비용과 노력으로 신축하는 건물의 건축허가명의를 채권자 명의로 하기로 한 경우, 완성된 건물의 소유권은 채권자가 원시적으로 취득한다(×). 〈2004년 사법시험〉

[보충지문3] 건축업자가 타인의 대지를 매수하여 대금을 전혀 지급하지 아니한 채 그 지상에 자기의 노력과 비용으로 건물을 건축하였다면, 채무담보를 위하여 그 건축허가 명의를 대지소유자로 하는 경우에도 건축업자는 완성건물의 소유권을 원시적으로 취득하고, 대지소유자 명의로 소유권보존등기를 마침으로써 담보목적의 범위 안에서 대지소유자에게 그 소유권이 이전된다(○). 〈2008년 사법시험〉

160 도급계약에서 목적물의 주요구조부분이 약정된 대로 시공되어 사회통념상 일반적으로 요구되는 성능을 갖추었고 당초 예정된 최후의 공정까지 마쳤다면 일이 완성되었다고 보아야 하고, 목적물이 완성되었다면 목적물의 하자는 하자담보책임에 관한 민법 규정에 따라 처리하도록 하는 것이 당사자의 의사와 법률의 취지에 부합하는 해석이다. 〈2022년 법무사〉

해설 도급계약에서 목적물의 주요구조부분이 약정된 대로 시공되어 사회통념상 일반적으로 요구되는 성능을 갖추었고 당초 예정된 최후의 공정까지 마쳤다면 일이 완성되었다고 보아야 한다. 목적물이 완성되었다면 목적물의 하자는 하자담보책임에 관한 민법 규정에 따라 처리하도록 하는 것이 당사자의 의사와 법률의 취지에 부합하는 해석이다. 개별 사건에서 예정된 최후의 공정을 마쳤는지는 당사자의 주장에 구애받지 않고 계약의 구체적 내용과 신의성실의 원칙에 비추어 객관적으로 판단해야 한다(대판 2019. 9. 10, 2017다272486, 272493).

161 일반적으로 신축한 건물에 하자가 있는 경우에 이로 인하여 수분양자가 받은 정신적 고통은 하자가 보수되거나 하자보수에 갈음한 손해배상이 이루어짐으로써 회복되는 것이므로, 정신적 고통에 대한 위자료는 인정될 수 없다. 〈2016년 법원행시〉

해설 일반적으로 건물 신축 도급계약에 있어서 수급인이 신축한 건물에 하자가 있는 경우에, 이로 인하여 도급인이 받은 정신적 고통은 하자가 보수되거나 하자보수에 갈음한 손해배상이 이루어짐으로써 회복된다고

정답 160. (○) 161. (×)

봄이 상당하고, 도급인이 하자의 보수나 손해배상만으로는 회복될 수 없는 정신적 고통을 입었다면 이는 특별한 사정으로 인한 손해로서 수급인이 이와 같은 사정을 알았거나 알 수 있었을 경우에 한하여 정신적 고통에 대한 위자료를 인정할 수 있다(대판 1996. 6. 11, 95다12798).

162 완성된 액젓저장탱크에 균열이 발생하여 보관 중이던 액젓의 변질로 인한 손해배상은 하자보수에 갈음하는 손해배상과는 별개의 권원에 의하여 경합적으로 인정된다. 〈2020년 공인노무사〉

해설 액젓 저장탱크의 제작·설치공사 도급계약에 의하여 완성된 저장탱크에 균열이 발생한 경우, 보수비용은 민법 제667조 제2항에 의한 수급인의 하자담보책임 중 하자보수에 갈음하는 손해배상이고, 액젓 변질로 인한 손해배상은 위 하자담보책임을 넘어서 수급인이 도급계약의 내용에 따른 의무를 제대로 이행하지 못함으로 인하여 도급인의 신체·재산에 발생한 손해에 대한 배상으로서 양자는 별개의 권원에 의하여 경합적으로 인정된다(대판 2004. 8. 20, 2001다70337).

163 도급인의 수급인에 대한 하자의 보수, 손해배상의 청구 및 계약의 해제는 목적물의 인도를 받은 날로부터 1년 내에 하여야 한다. 〈2017년 법무사〉

해설 민법 제670조 제1항 참조

164 토지, 건물 기타 공작물의 수급인은 목적물 또는 지반공사의 하자에 대하여 인도 후 5년간 담보 책임을 지지만, 그 목적물이 석조, 석회조 기타 이와 유사한 재료로 조성된 것이라면 그 기간은 10년이다. 〈2010년 사법시험〉

해설 민법 제671조 제1항 참조

165 민법 제673조에서 도급인으로 하여금 자유로운 해제권을 행사할 수 있도록 하는 대신 수급인이 입은 손해를 배상하도록 규정하고 있는데, 위 규정에 의하여 도급계약을 해제하는 경우에도 특별한 사정이 없는 한 도급인은 수급인에 대한 손해배상에 있어서 과실상계나 손해배상예정액의 감액을 주장할 수 있다. 〈2018년 법원행시〉

해설 민법 제673조에서 도급인으로 하여금 자유로운 해제권을 행사할 수 있도록 하는 대신 수급인이 입은 손해를 배상하도록 규정하고 있는 것은 도급인의 일방적인 의사에 기한 도급계약 해제를 인정하는 대신, 도급인의 일방적인 계약해제로 인하여 수급인이 입게 될 손해, 즉 수급인이 이미 지출한 비용과 일을 완성하였더라면 얻었을 이익을 합한 금액을 전부 배상하게 하는 것이라 할 것이므로, 위 규정에 의하여 도급계약을 해제한 이상은 특별한 사정이 없는 한 도급인은 수급인에 대한 손해배상에 있어서 과실상계나 손해배상예정액 감액을 주장할 수는 없다(대판 2002. 5. 10, 2000다37296, 37302).

166 민법 제673조에 의하여 도급계약이 해제된 경우에도, 그 해제로 인하여 수급인이 그 일의 완성을 위하여 들이지 않게 된 자신의 노력을 타에 사용하여 얻은 소득은 당연히 손해액을 산정함에 있어서 공제되어야 한다. 〈2018년 법원행시〉

해설 채무불이행이나 불법행위 등이 채권자 또는 피해자에게 손해를 생기게 하는 동시에 이익을 가져다 준 경우에는 공평의 관념상 그 이익은 당사자의 주장을 기다리지 아니하고 손해를 산정함에 있어서 공제되어야

정답 162. (○) 163. (○) 164. (○) 165. (×) 166. (○)

만 하는 것이므로, 민법 제673조에 의하여 도급계약이 해제된 경우에도, 그 해제로 인하여 수급인이 그 일의 완성을 위하여 들이지 않게 된 자신의 노력을 타에 사용하여 소득을 얻었거나 또는 얻을 수 있었음에도 불구하고, 태만이나 과실로 인하여 얻지 못한 소득 및 일의 완성을 위하여 준비하여 둔 재료를 사용하지 아니하게 되어 타에 사용 또는 처분하여 얻을 수 있는 대가 상당액은 당연히 손해액을 산정함에 있어서 공제되어야 한다(대판 2002. 5. 10, 2000다37296, 37302).

167 **수급인은 도급인이 파산선고를 받은 경우에 도급계약을 해제할 수 있다.** 〈2012년 법무사〉

해설 민법 제674조 참조

168 **공사도급계약에서 하자보수보증금이 손해배상액의 예정에 해당하는 경우라도 실손해가 하자보수보증금을 초과하는 때에는, 도급인은 수급인의 하자보수의무 불이행을 이유로 하자보수보증금을 몰취할 수 있을 뿐만 아니라 그 실손해액을 입증하여 수급인으로부터 그 초과액 상당의 손해배상을 받을 수도 있다.** 〈2011년 법무사〉

해설 하자보수보증금의 특성상 실손해가 하자보수보증금을 초과하는 경우에는 그 초과액의 손해배상을 구할 수 있다는 명시규정이 없다고 하더라도 도급인은 수급인의 하자보수의무 불이행을 이유로 하자보수보증금의 몰취 외에 그 실손해액을 입증하여 수급인으로부터 그 초과액 상당의 손해배상을 받을 수도 있는 특수한 손해배상액의 예정으로 봄이 상당하다(대판 2002. 7. 12, 99다68652).

169 **기계제작업체인 A사는 B사가 자체 제작한 배관장치와 연결하여 사용할 성형압출기를 제작하여 B사에 공급하기로 하였다. 이러한 계약에 관한 설명 중 옳지 않은 것은? (다툼이 있는 경우 판례에 의함)** 〈2007년 공인노무사〉

① B가 목적물을 검사하고 목적물이 계약내용대로 완성되었음을 시인하는 것은 목적물의 인도에 포함 되지 않는다.
② 물건이 주문자의 요구를 만족시키기 위한 부대체물이므로 도급에 관한 규정이 적용된다.
③ 보수의 지급시기에 관하여 특약이 없으면 B는 완성된 목적물을 인도받음과 동시에 A에게 보수를 지급하여야 한다.
④ A와 B사이의 계약은 이른바 제작물공급계약이다.
⑤ 제작물의 완성에 대한 입증책임은 A에게 있다.

해설

① (×), ② (○), ③ (○), ④ (○), ⑤ (○) : [1] 당사자의 일방이 상대방의 주문에 따라 자기 소유의 재료를 사용하여 만든 물건을 공급하기로 하고 상대방이 대가를 지급하기로 약정하는 이른바 제작물공급계약(④)은 그 제작의 측면에서는 도급의 성질이 있고 공급의 측면에서는 매매의 성질이 있어 대체로 매매와 도급의 성질을 함께 가지고 있으므로, 그 적용 법률은 계약에 의하여 제작 공급하여야 할 물건이 대체물인 경우에는 매매에 관한 규정이 적용되지만, 물건이 특정의 주문자의 수요를 만족시키기 위한 부대체물인 경우에는 당해 물건의 공급과 함께 그 제작이 계약의 주목적이 되어 도급의 성질을 띠게 된다(②). [2] 제작물공급계약에서 보수의 지급시기에 관하여 당사자 사이의 특약이나 관습이 없으면 도급인은 완성된 목적물을 인도받음과 동시에 수급인에게 보수를 지급하는 것이 원칙(③)이고, 이때 목적물의 인도는 완성된 목적물에 대한 단순한 점유의 이전만을 의미하는

정답 167. (○) 168. (○) 169. ①

것이 아니라 도급인이 목적물을 검사한 후 그 목적물이 계약내용대로 완성되었음을 명시적 또는 묵시적으로 시인하는 것까지 포함하는 의미이다(①). [3] 제작물공급계약의 당사자들이 보수의 지급시기에 관하여 "수급인이 공급한 목적물을 도급인이 검사하여 합격하면, 도급인은 수급인에게 그 보수를 지급한다"는 내용으로 한 약정은 도급인의 수급인에 대한 보수지급의무와 동시이행관계에 있는 수급인의 목적물 인도의무를 확인한 것에 불과하므로, 법률행위의 효력 발생을 장래의 불확실한 사실의 성부에 의존하게 하는 법률행위의 부관인 조건에 해당하지 아니할 뿐만 아니라, 조건에 해당한다 하더라도 검사에의 합격 여부는 도급인의 일방적인 의사에만 의존하지 않고 그 목적물이 계약내용대로 제작된 것인지 여부에 따라 객관적으로 결정되므로 순수수의조건에 해당하지 않는다. [4] 도급계약에 있어 일의 완성에 관한 주장·입증책임은 일의 결과에 대한 보수의 지급을 청구하는 수급인에게 있고, 제작물공급계약에서 일이 완성되었다고 하려면 당초 예정된 최후의 공정까지 일단 종료하였다는 점만으로는 부족하고 목적물의 주요구조 부분이 약정된 대로 시공되어 사회통념상 일반적으로 요구되는 성능을 갖추고 있어야 하므로, 제작물공급에 대한 보수의 지급을 청구하는 수급인으로서는 그 목적물 제작에 관하여 계약에서 정해진 최후 공정을 일단 종료하였다는 점뿐만 아니라 그 목적물의 주요구조 부분이 약정된 대로 시공되어 사회통념상 일반적으로 요구되는 성능을 갖추고 있다는 점까지 주장·입증하여야 한다(⑤)(대판 2006. 10. 13, 2004다21862).

제8절 여행계약(신설)

170 여행계약에 관한 다음 설명 중 가장 옳지 않은 것은? 〈2016년 법무사〉

① 여행에 하자가 있는 경우에는 여행자는 원칙적으로 여행용역을 제공하는 여행주최자에게 하자의 시정 또는 대금의 감액을 청구할 수 있다.

② 여행자는 여행을 시작하기 전에는 언제든지 계약을 해제할 수 있다. 다만 여행자는 상대방에게 발생한 손해를 배상하여야 한다.

③ 부득이한 사유가 있는 경우에는 각 당사자는 계약을 해지할 수 있는데, 그 해지 사유가 누구의 사정에도 속하지 아니하는 경우 위 해지로 인하여 발생하는 추가비용은 여행주최자가 부담한다.

④ 여행자는 약정한 시기에 대금을 지급하여야 하며, 그 시기의 약정이 없으면 관습에 따르고, 관습이 없으면 여행의 종료 후 지체 없이 지급하여야 한다.

⑤ 여행자는 여행에 중대한 하자가 있는 경우에 그 시정이 이루어지지 아니하거나 계약의 내용에 따른 이행을 기대할 수 없는 경우에는 계약을 해지할 수 있다.

해 설

① (○) : 민법 제674조의 6 제1항 참조

② (○) : 민법 제674조의 3 참조

③ (×) : 제1항의 해지로 인하여 발생하는 추가 비용은 그 해지 사유가 어느 당사자의 사정에 속하는 경우에는 그 당사자가 부담하고, 누구의 사정에도 속하지 아니하는 경우에는 각 당사자가 절반씩 부담한다(민법 제674조의 4 제3항).

④ (○) : 민법 제674조의 5 참조

⑤ (○) : 민법 제674조의 7 제1항 참조

정답 170. ③

보충지문

171-1 여행계약은 당사자 한쪽이 상대방에게 운송, 숙박, 관광 또는 그 밖의 여행 관련 용역을 결합하여 제공하기로 약정하고 상대방이 그 대금을 지급하기로 약정함으로써 효력이 생긴다.

171-2 여행계약은 서면 등의 특별한 방식을 요하지 않는 불요식 계약이다.

해 설 민법 제674조의2(여행계약의 의의) 참조

172-1 부득이한 사유가 있는 경우에는 각 당사자는 계약을 해지할 수 있다. 다만, 그 사유가 당사자 한쪽의 과실로 인하여 생긴 경우에는 상대방에게 손해를 배상하여야 한다. 이 경우 계약이 해지된 경우에도 여행주최자는 여행자를 귀환운송할 의무가 있다.

172-2 위 지문에서 해지로 인하여 발생하는 추가비용은 그 해지 사유가 어느 당사자의 사정에 속하는 경우에는 그 당사자가 부담하고, 누구의 사정에도 속하지 아니하는 경우에는 위험부담의 원리에 따라 채무자가 부담한다.

해 설 제674조의4(부득이한 사유로 인한 계약 해지). ☞ 누구의 사정에도 속하지 아니하는 경우에는 각 당사자가 절반씩 부담한다.

173-1 여행에 하자가 있는 경우에는 여행자는 여행주최자에게 하자의 시정 또는 대금의 감액을 청구할 수 있다. 다만, 그 시정에 지나치게 많은 비용이 들거나 그 밖에 시정을 합리적으로 기대할 수 없는 경우에는 시정을 청구할 수 없다.

173-2 위의 하자의 시정청구는 상당한 기간을 정하여 청구하지 않아도 됨이 원칙이다.

해 설 제674조의6(여행주최자의 담보책임). ☞ 상당한 기간을 정하여 청구하는 것이 원칙이고, 다만 즉시 시정할 필요가 있는 경우에는 그러하지 아니하다.

174 여행자는 시정청구, 감액청구를 갈음하여 손해배상을 청구하거나 시정청구, 감액청구와 함께 손해배상을 청구할 수 있다.

해 설 민법 제674조의6(여행주최자의 담보책임) 제3항 참조

175 여행자는 여행에 중대한 하자가 있는 경우에 그 시정이 이루어지지 아니하거나 계약의 내용에 따른 이행을 기대할 수 없는 경우에는 계약을 해지할 수 있고, 계약이 해지된 경우에는 여행주최자는 대금청구권을 상실하며, 여행자는 실행된 여행으로 얻은 이익에 대한 상환의무를 부담하지 않는다. 〈2022년 법원행시〉

해 설 민법 제674조의7(여행주최자의 담보책임과 여행자의 해지권) 참조

정답 171-1. (○) 171-2. (○) 172-1. (○) 172-2. (×) 173-1. (○) 173-2. (×) 174. (○) 175. (×)

176 **여행주최자는 계약의 해지로 인하여 필요하게 된 조치를 할 의무를 지며, 계약상 귀환운송의무가 있으면 여행자를 귀환운송하여야 한다. 이 경우 상당한 이유가 있는 때에는 여행주최자는 여행자에게 그 비용의 일부를 청구할 수 있다.**

해 설 민법 제674조의7(여행주최자의 담보책임과 여행자의 해지권) 참조

177 **여행자는 여행사에 대한 하자의 시정, 중대한 사유로 인한 계약해지는 여행 기간 중에도 행사할 수 있으며, 계약에서 정한 여행 종료일부터 1년이내에 행사하여야 한다.**

해 설 제674조의8(담보책임의 존속기간). 즉 계약에서 정한 여행 종료일부터 6개월 내에 행사하여야 한다.

178 **여행에 하자가 있는 경우에는 여행자는 여행주최자에게 하자의 시정 또는 대금의 감액을 청구할 수 있다. 이러한 담보책임에 관한 권리는 강행규정이다.**

해 설 여행에 하자가 있는 경우에는 여행자는 여행주최자에게 하자의 시정 또는 대금의 감액을 청구할 수 있다(제674조의6). 그리고 민법은 종래의 여행계약이 여행사 위주로 작성되어 있고, 소비자의 피해가 심각한 것을 고려하여 여행주최자의 담보책임을 편면적 강행규정으로 하였다(제674조의9). 이는 민법상의 담보책임(매도인의 담보책임, 수급인의 담보책임)이 원칙적으로 임의규정인 것과 구별되는 것이다.

제9절 현상광고

보충지문

179 **지정행위의 완료기간이 정해진 경우에 광고자가 그 기간내에 지정행위의 완료를 통지받지 못하면 광고의 효력을 잃는다.**

해 설 지정행위의 완료기간이 정해진 경우에 광고자가 그 기간 내에 지정행위의 완료를 통지받지 못하면 광고의 효력을 잃는다(제528조 제1항 참조).

180 **민법 제675조 소정의 현상광고에 정한 행위의 완료에 조건이나 기한을 붙일 수 있다.**

〈2008년 법원행시〉

해 설 민법 제675조에 정하는 현상광고라 함은, 광고자가 어느 행위를 한 자에게 일정한 보수를 지급할 의사를 표시하고 이에 응한 자가 그 광고에 정한 행위를 완료함으로써 그 효력이 생기는 것으로서, 그 광고에 정한 행위의 완료에 조건이나 기한을 붙일 수 있다(대판 2000. 8. 22, 2000다3675).

181 **현상광고계약에는 광고자의 확정적인 의사가 포함되어야 하며 응모자가 해야 할 행위가 구체적으로 지정되어 있어야 하는 것은 아니다.**

해 설 제675조. 응모자가 해야 할 행위가 구체적으로 지정되어야 한다.

정 답 176. (○) 177. (×) 178. (○) 179. (○) 180. (○) 181. (×)

182 **광고의 방법에는 제한이 없으나, 지정행위를 한 자에게 일정한 보수를 지급한다는 내용이 포함되어 있어야 하는 것은 아니다.**

해설 제675조. 보수지급에 관한 내용이 광고 속에 포함되어야 한다.

183 **현상광고에서 지정한 행위의 완료기간을 정한 때에도 그 기간 만료 전이라면 그 광고와 동일한 방법으로 광고를 철회할 수 있다.** 〈2009년 공인노무사〉

해설 현상광고에서 지정한 행위의 완료기간을 정한 때에는 기간만료 전에는 광고를 철회하지 못한다(제679조).

184 **지정행위의 완료기간을 정하지 않은 경우에 그 행위를 완료한 자가 있기 전이라 하더라도 그 광고를 철회하지 못한다.**

해설 지정행위를 완료한 자가 있기 전에는 광고와 동일한 방법으로 철회할 수 있다(제679조 제2항).

185 **유사한 방법으로 한 효력발생요건을 갖춘 철회는 모든 응모자에게 효력이 있다.**

해설 동일한 방법으로 철회할 수 없는 때에는 그와 유사한 방법으로 철회할 수 있는데, 이러한 철회는 철회를 안 자에게만 효력이 있다(제679조 제3항).

제10절 위 임

186 **위임계약에 관한 설명으로 옳은 것은? (다툼이 있는 경우 판례에 의함)** 〈2006년 변리사〉

① 경찰관이 응급의 구호를 요하는 자를 위하여 보건의료기관에 긴급구호를 요청하고, 보건의료기관이 이에 따라 치료행위를 한 경우, 국가와 보건의료기관 사이에 치료위임계약이 체결된 것으로 본다.
② 유상위임의 경우 수임인은 위임의 본지에 따라 선량한 관리자의 주의로써 위임사무를 처리하여야 하며, 무상위임의 수임인은 자기 재산에 대한 것과 동일한 주의의무가 있다.
③ 콘도미니엄의 공유제 회원과 그 시설경영기업 사이의 시설이용계약은 민법상 위임계약에 해당되므로 시설경영기업이 파산선고를 받으면 시설이용계약은 당연히 종료한다.
④ 위임계약은 각 당사자가 언제든지 해지할 수 있으나, 당사자 일방은 부득이한 사유 없이 상대방의 불리한 시기에 해지하지 못한다.
⑤ 수임인이 위임계약상의 채무를 제대로 이행하지 않은 경우 위임인은 법정해제규정에 따라 위임계약을 해제할 수 있다.

해설

① (×) : 경찰관이 응급의 구호를 요하는 자를 보건의료기관에게 긴급구호요청을 하고, 보건의료기관이 이에 따라 치료행위를 하였다고 하더라도 국가와 보건의료기관 사이에 국가가 그 치료행위를 보건의료기관에 위탁하고 보건의료기관이 이를 승낙하는 내용의 치료위임계약이 체결된 것으로는 볼 수 없다(대판 1994. 2. 22, 93다4472).

정답 182. (×) 183. (×) 184. (×) 185. (×) 186. ⑤

②(×) : 모두 선관의무이다(대판 2002. 2. 5, 2001다71484).
③(×) : 콘도미니엄 시설의 공유제 회원은 콘도미니엄 시설 중 객실의 공유지분에 대한 매매계약 이외에 콘도미니엄 시설 전체를 관리 운영하는 시설경영기업과 사이에 시설이용계약을 체결함으로써 공유지분을 가진 객실 이외에 콘도미니엄 시설 전체를 이용할 수 있게 되는바, 공유제 회원과 시설경영기업과 사이의 시설이용계약이 민법상의 위임계약에 해당된다고 할 수는 없고, 따라서 시설경영기업이 파산선고를 받는다고 하여 회원과 시설경영기업 사이의 시설이용계약이 당연히 종료된다고 할 수 없다(대판 2005. 1. 13, 2003다63043).
④(×) : 민법 제689조 제1항은 위임계약은 각 당사자가 언제든지 해지할 수 있다고 하면서 제2항에는 당사자 일방이 부득이한 사유 없이 상대방의 불리한 시기에 계약을 해지한 때에는 그 손해를 배상하여야 한다고 규정하고 있는데, 민법상의 위임계약은 그것이 유상계약이든 무상계약이든 당사자 쌍방의 특별한 대인적 신뢰관계를 기초로하는 위임계약의 본질상 각 당사자는 언제든지 이를 해지할 수 있다(대판 2000. 6. 9, 98다64202).
⑤(○) : 수임인이 위임계약상의 채무를 제대로 이행하지 아니하였다 하여 위임인이 언제나 최고 없이 바로 그 채무불이행을 이유로 하여 위임계약을 해제할 수 있는 것은 아니고, 아직도 수임인이 위임계약상의 채무를 이행하는 것이 가능하다면 위임인은 수임인에 대하여 상당한 기간을 정하여 그 이행을 최고하고, 수임인이 그 기간 내에 이를 이행하지 아니할 때에 한하여 계약을 해제할 수 있다(대판 1996. 11. 26, 96다27148).

187 甲이 乙에게 일정한 사무의 처리를 위임하는 계약이 체결된 경우에 대한 설명으로 옳은 것은? (다툼이 있는 경우에는 판례에 의함) 〈2011년 변리사〉

① 甲은 특별한 이유가 없어도 계약을 해지할 수 있지만 부득이한 사유 없이 乙에게 불리한 시기에 해지한 때에는 乙에게 생긴 손해를 배상하여야 한다.
② 乙이 위임사무를 처리하는 도중에 자신에게 책임 없는 사유로 인하여 위임이 종료된 경우라면, 乙은 약정한 보수 전부를 甲에게 청구할 수 있다.
③ 乙이 위임계약상의 채무를 이행하지 아니한 경우에는 甲은 언제나 최고 없이 바로 그 채무불이행을 이유로 위임계약을 해제할 수 있다.
④ 甲이 乙에게 보수를 지급하기로 약정한 경우 乙은 선량한 관리자의 주의로써 사무를 처리하여야 하나 아무런 대가를 지급하지 않기로 한 경우라면 乙의 주의의무는 경감된다.
⑤ 乙은 자유로이 수임사무의 처리를 복위임할 수 있지만 복수임인 丙의 행위에 의하여 甲에게 손해가 생긴 때에는 乙은 丙의 선임·감독에 관하여 책임을 진다.

해설

①(○) : 위임계약은 각 당사자가 언제든지 해지할 수 있으나, 당사자 일방이 부득이한 사유 없이 상대방의 불리한 시기에 계약을 해지한 때에는 그 손해를 배상하여야 한다(제689조). 즉 민법상의 위임계약은 그것이 유상계약이든 무상계약이든 당사자 쌍방의 특별한 대인적 신뢰관계를 기초로 하는 위임계약의 본질상 각 당사자는 언제든지 이를 해지할 수 있고 그로 말미암아 상대방이 손해를 입는 일이 있어도 그것을 배상할 의무를 부담하지 않는 것이 원칙이며(대판 2005. 11. 24, 2005다39136), 다만 상대방이 불리한 시기에 해지한 때에는 그 해지가 부득이한 사유에 의한 것이 아닌 한 그로 인한 손해를 배상하여야 한다(대판 2000. 6. 9, 98다64202).
②(×) : 수임인이 위임사무를 처리하는 중에 수임인의 책임 없는 사유로 인하여 위임이 종료된 때에는 수임인은 이미 처리한 사무의 비율에 따른 보수를 청구할 수 있다(제686조 제3항).
③(×) : 위임도 계약인 이상 채무불이행을 이유로 한 계약해제가 가능하다. 판례는 '수임인이 위임계약상의 채무를 제대로 이행하지 않은 경우, 채무불이행을 이유로 위임계약을 해제하기 위한 요건'으로서 "수임인이 위임계약상의 채무를 제대로 이행하지 아니하였다 하여 위임인이 언제나 최고 없이 바로 그 채무불이행을 이유로

정답 187. ①

하여 위임계약을 해제할 수 있는 것은 아니고, 아직도 수임인이 위임계약상의 채무를 이행하는 것이 가능하다면 위임인은 수임인에 대하여 상당한 기간을 정하여 그 이행을 최고하고, 수임인이 그 기간 내에 이를 이행하지 아니할 때에 한하여 계약을 해제할 수 있다."고 판시한다(대판 1996. 11. 26, 96다27148).

④ (×) : 유상위임은 물론이고 무상위임의 경우에도 수임인은 위임의 본지에 따라 선량한 관리자의 주의의무로써 위임사무를 처리할 의무가 있다(제681조).

⑤ (×) : 민법 제682조(복임권의 제한) ① 수임인은 위임인의 승낙이나 부득이한 사유없이 제삼자로 하여금 자기에 갈음하여 위임사무를 처리하게 하지 못한다. ② 수임인이 전항의 규정에 의하여 제삼자에게 위임사무를 처리하게 한 경우에는 제121조, 제123조의 규정을 준용한다.

188 **위임에 관한 설명으로 옳지 않은 것은? (다툼이 있는 경우에는 판례에 의함)** 〈2012년 변리사〉

① 수임인은 위임의 본지에 따라 자신의 재산과 동일한 주의로 위임사무를 처리하여야 한다.

② 법무사에게 등기의 신청대리를 의뢰하고 법무사가 이를 승낙하는 법률관계는 위임에 해당한다.

③ 위임종료의 사유는 이를 상대방에게 통지하거나 상대방이 이를 안 때가 아니면 이로써 상대방에게 대항하지 못한다.

④ 수임인이 위임사무의 처리를 위해 필요비를 지출한 때에는 위임인에 대하여 지출한 날 이후의 이자를 청구할 수 있다.

⑤ 수임인은 위임인의 청구가 있는 때에는 위임사무의 처리상황을 보고하고, 위임이 종료한 때에는 지체 없이 그 전말을 보고하여야 한다.

해 설

① (×) : 위임의 전형적 사안이다. 위임은 임치와 달리 유상·무상 불문하고 선관주의의무이다(제681조).

② (○) : 대판 2011. 9. 29, 2010다5892 등 참조

③ (○) : 민법 제692조 참조

④ (○) : 민법 제688조 참조

⑤ (○) : 민법 제683조 참조

189 **위임계약에 관한 설명으로 옳지 않은 것은? (다툼이 있으면 판례에 따름)** 〈2015년 변리사〉

① 보수약정이 있는 경우, 수임인의 귀책사유 없이 위임이 종료했더라도, 수임인은 이미 행해진 이행의 비율에 따라 보수의 지급을 청구할 수 없다.

② 위임사무의 처리에 비용을 요하는 때에는 위임인은 수임인의 청구에 의하여 이를 선급하여야 한다.

③ 수임인이 위임사무의 처리에 관하여 필요비를 지출한 때에는 위임인에 대하여 지출한 날 이후의 이자를 청구할 수 있다.

④ 수임인이 위임사무를 처리하기 위하여 과실 없이 손해를 입은 때에는 위임인의 과실유무와 관계없이 손해의 배상을 청구할 수 있다.

⑤ 변리사는 의뢰받은 사무와 밀접하게 연관되는 범위 안에서는 비록 별도의 위임이 없다 하여도 의뢰인의 이익을 도모하고 손해를 방지하기 위하여 필요한 조치를 취하도록 의뢰인에게 설명하고 조언할 의무가 있다.

정답 188. ① 189. ①

해 설

① (×) : 보수약정이 있는 경우, 수임인의 귀책사유 없이 위임이 종료했더라도, 수임인은 이미 행해진 이행의 비율에 따라 보수의 지급을 청구할 수 있다(제686조 제3항).

② (○) : 위임사무의 처리에 비용을 요하는 때에는 위임인은 수임인의 청구에 의하여 이를 선급하여야 한다(제687조).

③ (○) : 수임인이 위임사무의 처리에 관하여 필요비를 지출한 때에는 위임인에 대하여 지출한 날 이후의 이자를 청구할 수 있다(제688조 제1항).

④ (○) : 수임인이 위임사무를 처리하기 위하여 과실 없이 손해를 입은 때에는 위임인의 과실 유무와 관계없이 손해의 배상을 청구할 수 있다(제688조 제3항).

⑤ (○) : 변리사(또는 법무사 등)는 의뢰받은 사무와 밀접하게 연관되는 범위 안에서는 비록 별도의 위임이 없다하여도 의뢰인의 이익을 도모하고 손해를 방지하기 위하여 필요한 조치를 취하도록 의뢰인에게 설명하고 조언할 의무가 있다(대판 2011. 9. 29, 2010다5892).

190 **위임에 관한 설명으로 옳은 것은? (다툼이 있으면 판례에 따름)** 〈2020년 변리사〉

① 위임계약의 성립은 위임장의 작성 · 교부를 요한다.

② 보수를 받지 않는 수임인은 위임사무처리에 관해 자기재산과 동일한 주의의무를 부담한다.

③ 변호사에게 소송사건의 처리를 위임함에 있어서 그 보수 지급 및 액수에 관하여 명시적인 약정을 하지 않은 경우, 특별한 사정이 없는 한 변호사는 보수를 청구할 수 없다.

④ 유상위임의 수임인도 언제든지 위임계약을 해지할 수 있다.

⑤ 경찰관이 응급의 구호를 요하는 자를 보건의료기관에게 긴급구호요청을 하고 보건의료기관이 이에 따라 치료행위를 한 경우, 국가와 보건의료기관 사이에 치료위임계약이 체결된 것으로 볼 수 있다.

해 설

① (×) : 민법상의 위임은 낙성·불요식 계약임이 원칙이다. 위임의 실제에 있어서는 위임장을 교부하는 경우가 대부분이나, 이는 단순한 증거방법에 지나지 않고 위임의 성립요건이 되는 것은 아니다.

② (×) : 수임인은 위임의 본지에 따라 선량한 관리자의 주의로써 위임사무를 처리하여야 한다(제681조).

☞ 위임에서 수임인은 유·무상을 불문하고 선관주의의무를 부담한다.

③ (×) : 변호사에게 계쟁 사건의 처리를 위임함에 있어서 그 보수 지급 및 수액에 관하여 명시적인 약정을 아니하였다 하여도, 무보수로 한다는 등 특별한 사정이 없는 한 응분의 보수를 지급할 묵시의 약정이 있는 것으로 봄이 상당하고, 이 경우 그 보수액은 사건 수임의 경위, 사건의 경과와 난이 정도, 소송물 가액, 승소로 인하여 당사자가 얻는 구체적 이익과 소속 변호사회 보수규정 및 의뢰인과 변호사 간의 관계, 기타 변론에 나타난 제반 사정을 참작하여 결정함이 상당하다(대판 1995. 12. 5, 94다50229).

④ (○) : 민법 제689조 제1항은 위임계약은 각 당사자가 언제든지 해지할 수 있다고 하면서 제2항에는 당사자 일방이 부득이한 사유 없이 상대방의 불리한 시기에 계약을 해지한 때에는 그 손해를 배상하여야 한다고 규정하고 있는데, 민법상의 위임계약은 그것이 유상계약이든 무상계약이든 당사자 쌍방의 특별한 대인적 신뢰관계를 기초로 하는 위임계약의 본질상 각 당사자는 언제든지 이를 해지할 수 있고 그로 말미암아 상대방이 손해를 입는 일이 있어도 그것을 배상할 의무를 부담하지 않는 것이 원칙이다(대판 2005. 11. 24, 2005다39136).

⑤ (×) : 경찰관이 응급의 구호를 요하는 자를 보건의료기관에게 긴급구호요청을 하고, 보건의료기관이 이에 따라 치료행위를 하였다고 하더라도 국가와 보건의료기관 사이에 국가가 그 치료행위를 보건의료기관에 위탁하고 보건의료기관이 이를 승낙하는 내용의 치료위임계약이 체결된 것으로는 볼 수 없다(대판 1994. 2. 22, 93다4472).

정답 190. ④

191 위임계약에 관한 설명으로 옳지 않은 것은? (다툼이 있으면 판례에 따름) 〈2024년 변리사〉

① 보수의 수령 여부와 관계없이 수임인은 선량한 관리자의 주의의무를 부담한다.
② 수임인이 위임사무의 처리로 인하여 받은 금전을 위임인에게 반환할 경우, 특별한 사정이 없는 한 위임종료시를 기준으로 그 금전의 범위가 정해진다.
③ 위임인이 성년후견개시심판을 받더라도 위임이 종료되는 것은 아니다.
④ 위임계약의 당사자는 특별한 이유 없이도 언제든지 위임계약을 해지할 수 있다.
⑤ 수임인이 위임인의 지명에 의하여 복수임인을 선임한 경우, 위임인에 대하여 그 선임감독에 관한 책임을 진다.

해설

① (○) : 수임인은 위임의 본지에 따라 선량한 관리자의 주의로써 위임사무를 처리하여야 한다(민법 제681조). ☞ 위임에서 수임인은 유상위임이든 무상위임이든 선관의무를 부담한다.
② (○) : 민법 제684조 제1항에 의하면 수임인은 위임사무의 처리로 인하여 받은 금전 기타의 물건 및 그 수취한 과실이 있을 경우에는 이를 위임인에게 인도하여야 한다고 규정하고 있는바, 이때 인도 시기는 당사자간에 특약이 있거나 위임의 본뜻에 반하는 경우 등과 같은 특별한 사정이 있지 않는 한 위임계약이 종료한 때이므로, 수임인이 반환할 금전의 범위도 **위임종료시**를 기준으로 정해진다(대판 2007. 2. 8, 2004다64432).
③ (○) : 위임은 당사자 한쪽의 사망이나 파산으로 종료된다. 수임인이 성년후견개시의 심판을 받은 경우에도 이와 같다(민법 제690조). ☞ 수임인의 성년후견개시만이 위임종료사유이고 위임인의 성년후견개시는 위임종료사유가 아니다.
④ (○) : 위임계약은 각 당사자가 언제든지 해지할 수 있다(민법 제689조 제1항). 판례도 "위임계약은 원래 해지의 자유가 인정되어 쌍방 누구나 정당한 이유 없이도 언제든지 위임계약을 해지할 수 있고, 다만 불리한 시기에 부득이한 사유 없이 해지한 경우에 한하여 상대방에게 그로 인한 손해배상책임을 질 뿐(대판 2000. 4. 25, 98다47108)"이라고 한다.
⑤ (×) : 수임인이 전항의 규정에 의하여 제삼자에게 위임사무를 처리하게 한 경우에는 제121조, 제123조의 규정을 준용한다(민법 제682조 제2항). 대리인이 **본인의 지명에 의하여 복대리인을 선임한 경우**에는 그 부적임 또는 불성실함을 알고 본인에게 대한 통지나 그 해임을 태만한 때가 아니면 책임이 없다(민법 제121조 제2항). ☞ 수임인이 복수임인을 선임한 경우 선임감독에 관한 책임을 지는 것이 원칙이나(민법 제121조 제1항), 위임인의 지명에 의하여 복수임인을 선임한 경우에는 그 부적임 또는 불성실함을 알고 본인에게 대한 통지나 그 해임을 태만한 때가 아니면 책임이 없다(민법 제121조 제2항).

보충지문

192-1 수임인은 위임인의 지시에 따르는 것이 오히려 위임인에게 불이익한 경우라도 그에 따라야 하는 것이 원칙이다. 〈2007년 공인노무사〉

192-2 수임인은 업무집행에 대한 재량권이 있으므로 위임인의 지시에 따라야 하는 것은 아니지만, 위임인에 대하여 지시의 변경까지 요구할 수는 없다. 〈2013년 공인노무사〉

정답 191. ⑤ 192-1. (×) 192-2. (×)

해설 일반인이 법무사에게 등기의 신청대리를 의뢰하고 법무사가 이를 승낙하는 법률관계는 민법상의 위임에 해당하는 것인데, 수임인은 위임의 본지에 따라 선량한 관리자의 주의로써 위임사무를 처리하여야 하므로, 수임인인 법무사는 우선적으로 위임인인 의뢰인의 지시에 따라야 할 것이지만 이 지시에 따르는 것이 위임의 취지에 적합하지 않거나 또는 의뢰인에게 불이익한 때에는 그러한 내용을 의뢰인에게 알려주고 그 지시의 변경을 요구 또는 권고할 수 있다(대판 2003. 1. 10, 2000다61671).

193 **수임인이 위임사무의 처리로 인하여 받은 금전이나 수취한 과실이 있을 때에는 즉시 이를 위임인에게 인도하여야 한다.** 〈2007년 공인노무사〉

해설 민법 684조에는 "수임인은 위임사무의 처리로 인하여 받은 금전 기타의 물건 및 그 수취한 과실을 위임인에게 인도하여야 한다."고만 하고 있고, 그 시기에 관하여 침묵하고 있으나 판례는 최근에 이때 인도 시기는 '당사자간에 특약이 있거나 위임의 본뜻에 반하는 경우 등과 같은 특별한 사정이 있지 않는 한 위임계약이 종료한 때'라고 하고 있으므로 '즉시'는 부당하다(대판 2007. 2. 8, 2004다64432).

194 **민법 제684조 제1항은 "수임인은 위임사무의 처리로 인하여 받은 금전 기타의 물건 및 그 수취한 과실을 위임인에게 인도하여야 한다."라고 규정하고 있는바, 위 조항에서 말하는 '위임사무의 처리로 인하여 받은 금전 기타 물건'에는 수임인이 위임사무의 처리와 관련하여 취득한 금전 기타 물건으로서 이를 수임인에게 그대로 보유하게 하는 것이 위임의 신임관계를 해한다고 사회통념상 생각할 수 있는 것도 포함된다.** 〈2016년 법무사〉

해설 대판 2010. 5. 27, 2010다4561 참조

195 **수임인이 위임사무를 처리함에 있어 받은 물건으로서 위임인에게 인도할 목적물은 그것이 대체물이더라도 당사자 간에는 특정된 물건과 같은 것으로 보아야 한다.** 〈2015년 사법시험〉

해설 대판 1962. 12. 16, 67다1525 참조

196 **수임인은 특별한 약정이 없으면 위임인에 대하여 보수를 청구하지 못하고, 수임인이 보수를 받을 경우에는 원칙적으로 위임사무를 완료한 후가 아니면 이를 청구하지 못한다.** 〈2013년 법무사〉

해설 수임인은 특별한 약정이 없으면 위임인에 대하여 보수를 청구하지 못한다. 수임인이 보수를 받을 경우에는 위임사무를 완료한 후가 아니면 이를 청구하지 못한다. 그러나 기간으로 보수를 정한 때에는 그 기간이 경과한 후에 이를 청구할 수 있다. 그리고 수임인이 위임사무를 처리하는 중에 수임인의 책임 없는 사유로 인하여 위임이 종료된 때에는 수임인은 이미 처리한 사무의 비율에 따른 보수를 청구할 수 있다(제686조).

197 **위임은 무상계약인 경우에 한하여 각 당사자는 언제든지 이를 해지할 수 있다.** 〈2007년 공인노무사〉

해설 위임계약의 상호해지의 자유(제689조). 유상·무상을 가리지 아니한다.

정답 193. (×) 194. (○) 195. (○) 196. (○) 197. (×)

198-1 **민법상의 위임계약은 그것이 유상계약이든 무상계약이든 당사자 쌍방의 특별한 대인적 신뢰관계를 기초로 하는 위임계약의 본질상 각 당사자는 언제든지 이를 해지할 수 있고 그로 말미암아 상대방이 손해를 입는 일이 있어도 그것을 배상할 의무를 부담하지 않는 것이 원칙이다.** 〈2016년 법무사〉

198-2 **상대방이 불리한 시기에 해지한 때에는 그 해지가 부득이한 사유에 의한 것이 아닌 한 그로 인한 손해를 배상하여야 하고, 그 배상의 범위는 위임이 해지되었다는 사실로부터 생기는 손해이다.** 〈2016년 법무사〉

198-3 **수임인이 위임받은 사무를 처리하던 중 사무처리를 완료하지 못한 상태에서 위임계약을 해지함으로써 위임인이 그 사무처리의 완료에 따른 성과를 이전받거나 이익을 얻지 못하게 되었다 하더라도, 별도로 특약을 하는 등 특별한 사정이 없는 한 수임인이 사무처리를 완료하기 전에 위임계약을 해지한 것만으로 위임인에게 불리한 시기에 해지한 것이라고 볼 수는 없다.** 〈2016년 법무사〉

해 설 민법상의 위임계약은 유상계약이든 무상계약이든 당사자 쌍방의 특별한 대인적 신뢰관계를 기초로 하는 위임계약의 본질상 각 당사자는 언제든지 해지할 수 있고 그로 말미암아 상대방이 손해를 입는 일이 있어도 그것을 배상할 의무를 부담하지 않는 것이 원칙이며, 다만 상대방이 불리한 시기에 해지한 때에는 해지가 부득이한 사유에 의한 것이 아닌 한 그로 인한 손해를 배상하여야 하나, 배상의 범위는 위임이 해지되었다는 사실로부터 생기는 손해가 아니라 적당한 시기에 해지되었더라면 입지 아니하였을 손해에 한한다. 그리고 수임인이 위임받은 사무를 처리하던 중 사무처리를 완료하지 못한 상태에서 위임계약을 해지함으로써 위임인이 사무처리의 완료에 따른 성과를 이전받거나 이익을 얻지 못하게 되더라도, 별도로 특약을 하는 등 특별한 사정이 없는 한 위임계약에서는 시기를 불문하고 사무처리 완료 전에 계약이 해지되면 당연히 위임인이 사무처리의 완료에 따른 성과를 이전받거나 이익을 얻지 못하는 것으로 계약 당시에 예정되어 있으므로, 수임인이 사무처리를 완료하기 전에 위임계약을 해지한 것만으로 위임인에게 불리한 시기에 해지한 것이라고 볼 수는 없다(대판 2015. 12. 23, 2012다71411).

199 **당사자가 위임계약을 체결하면서 민법 제689조 제1항, 제2항에 규정된 바와 다른 내용으로 해지사유 및 절차, 손해배상책임 등을 정하였더라도, 이러한 약정에 의해 위 규정의 적용을 배제할 수는 없다.** 〈2022년 법원행시〉

해 설 민법 제689조 제1항, 제2항은 임의규정에 불과하므로 당사자의 약정에 의하여 위 규정의 적용을 배제하거나 내용을 달리 정할 수 있다. 그리고 당사자가 위임계약의 해지사유 및 절차, 손해배상책임 등에 관하여 민법 제689조 제1항, 제2항과 다른 내용으로 약정을 체결한 경우, 이러한 약정은 당사자에게 효력을 미치면서 당사자 간의 법률관계를 명확히 함과 동시에 거래의 안전과 이에 대한 각자의 신뢰를 보호하기 위한 취지라고 볼 수 있으므로, 이를 단순히 주의적인 성격의 것이라고 쉽게 단정해서는 아니 된다. 따라서 당사자가 위임계약을 체결하면서 민법 제689조 제1항, 제2항에 규정된 바와 다른 내용으로 해지사유 및 절차, 손해배상책임 등을 정하였다면, 민법 제689조 제1항, 제2항이 이러한 약정과는 별개 독립적으로 적용된다고 볼 만한 특별한 사정이 없는 한, 약정에서 정한 해지사유 및 절차에 의하지 않고는 계약을 해지할 수 없고, 손해배상책임에 관한 당사자 간 법률관계도 약정이 정한 바에 의하여 규율된다고 봄이 타당하다(대판 2019. 5. 30, 2017다53265).

정 답 198-1. (○) 198-2. (×) 198-3. (○) 199. (×)

200 **위임계약의 일방 당사자가 타방 당사자의 채무불이행을 이유로 위임계약을 해지한다는 의사표시를 하였으나 실제로는 채무불이행을 이유로 한 계약 해지의 요건을 갖추지 못한 경우라도, 특별한 사정이 없는 한 위 의사표시에는 임의해지로서의 효력이 인정된다.** 〈2016년 법무사〉

해설 대판 2015. 12. 23, 2012다71411 ; 민법 제689조 제1항 참조

201 **위임인이 사망하면 수임인은 특단의 사정이 없는 한 상속인을 위하여 위임계약상의 의무를 이행하여야 한다.** 〈2013년 공인노무사〉

해설 위임은 당사자 일방의 사망으로 위임이 종료한다. 따라서 위임인이 사망하면 수임인은 특단의 사정이 없는 한 상속인을 위하여 위임계약상의 의무를 이행하여야 하는 것이 아니다(제690조).

제11절 임 치

보충지문

202 **임치는 물건의 보관을 목적으로 하는 낙성계약이다.**

해설 임치는 수치인의 물건보관의 노무를 목적으로 하고 노무공급계약의 일종으로 당사자의 의사만으로써 성립하는 낙성계약이다.

203 **임치는 유상계약인 것을 원칙으로 한다.**

해설 임치계약은 무상·편무계약을 원칙으로 한다(제693조).

204 **금전이나 유가증권도 임치의 목적이 될 수 있다.**

해설 제693조에 의하면 임치는 당사자 일방이 상대방에 대하여 금전이나 유가증권 기타 물건의 보관을 위탁하고 상대방이 이를 승낙하는 계약이다.

205 **무상수치인은 임치물에 대하여 자기재산과 동일한 주의의무를 부담한다.** 〈2013년 공인노무사〉

해설 무상수치인은 임치물에 대하여 자기재산과 동일한 주의의무를 부담한다(제695조).

206 **제3자가 수치인에 대하여 임치물에 대한 권리를 주장하며 소를 제기한 경우, 수치인은 지체 없이 임치인에게 그 사실을 통지하여야 한다.** 〈2013년 공인노무사〉

해설 제3자가 수치인에 대하여 임치물에 대한 권리를 주장하며 소를 제기한 경우, 수치인은 지체 없이 임치인에게 그 사실을 통지하여야 한다(제696조).

정답 200. (○) 201. (×) 202. (○) 203. (×) 204. (○) 205. (○) 206. (○)

207 **임치인은 임치물의 하자로 인하여 생긴 손해를 수치인에게 배상하여야 하지만, 수치인이 그 하자를 안 때에는 그러하지 아니하다.** 〈2013년 공인노무사〉

해설 임치인은 임치물의 하자로 인하여 생긴 손해를 수치인에게 배상하여야 하지만, 수치인이 그 하자를 안 때에는 그러하지 아니하다(제697조).

208 **임치기간의 약정이 있더라도 임치인은 언제든지 계약을 해지할 수 있다.** 〈2013년 공인노무사〉

해설 임치기간의 약정이 있더라도 임치인은 언제든지 계약을 해지할 수 있다(제698조).

209 **임치기간의 약정이 없는 때에는 각 당사자는 언제든지 계약을 해지할 수 있다.**

해설 민법 제699조 참조

210 **임치한 물건이 대체물인 경우, 그 물건이 수치인의 과실로 인하여 멸실되었다면 수치인은 그와 동종·동량·동질의 물건을 인도하여야 한다.** 〈2013년 공인노무사〉

해설 임치계약상 수취인이 반환할 목적물은 당사자 사이에 특약이 없는 한 수취한 물건 그 자체이고 그 물건이 전부 멸실된 때에는 임치물 반환채무는 이행불능이 되는 것이고 임치한 물건이 대체물인 경우라도 그와 동종 동량의 물건을 인도할 의무가 없고 수취인의 과실로 인하여 임차물이 멸실된 경우에는 멸실당시의 그 물건 싯가액 상당의 손해를 배상할 책임이 있다(대판 1976. 11. 9, 76다1932).

211 **본인인 예금명의자의 의사에 따라 실명확인 절차가 이루어지고 예금명의자를 예금주로 한 예금계약서를 작성한 경우, 금융기관과 출연자 등과 사이에서 실명확인 절차를 거쳐 서면으로 이루어진 예금명의자와의 예금계약을 부정하여 예금명의자의 예금반환청구권을 배제하고 출연자 등과 예금계약을 체결하여 출연자 등에게 예금반환청구권을 귀속시키겠다는 명확한 의사의 합치가 위 예금계약서의 증명력을 번복하기에 충분할 정도의 명확한 증명력을 가진 구체적이고 객관적인 증거에 의하여 인정되는 경우에는 예금명의자가 아닌 출연자 등을 예금계약의 당사자로 볼 수 있다.** 〈2013년 변호사시험〉

해설 본인인 예금명의자의 의사에 따라 예금명의자의 실명확인 절차가 이루어지고 예금명의자를 예금주로 하여 예금계약서를 작성하였음에도 불구하고, 예금명의자가 아닌 출연자 등을 예금계약의 당사자라고 볼 수 있으려면, 금융기관과 출연자 등과 사이에서 실명확인 절차를 거쳐 서면으로 이루어진 예금명의자와의 예금계약을 부정하여 예금명의자의 예금반환청구권을 배제하고 출연자 등과 예금계약을 체결하여 출연자 등에게 예금반환청구권을 귀속시키겠다는 명확한 의사의 합치가 있는 극히 예외적인 경우로 제한되어야 한다. 그리고 이러한 의사의 합치는 금융실명거래 및 비밀보장에 관한 법률에 따라 실명확인 절차를 거쳐 작성된 예금계약서 등의 증명력을 번복하기에 충분할 정도의 명확한 증명력을 가진 구체적이고 객관적인 증거에 의하여 매우 엄격하게 인정하여야 한다(대판 2009. 3. 19, 2008다45828 전원합의체).

정답 207. (○) 208. (○) 209. (○) 210. (×) 211. (○)

제12절 조 합

212 甲·乙·丙은 각각 5억원씩 출자하여 수퍼마켓을 경영하기로 하는 조합계약을 맺고, 출자금 중에서 10억원을 주고 건물 1채를 구입하였다. 나머지 출자금으로는 물건의 구입 기타 비용으로 사용하였다. 이에 관한 설명 중 옳지 않은 것은? (다툼이 있는 경우에는 판례에 의함)

〈2008년 변리사〉

① 위 건물에 대하여 3인의 합유관계가 성립하기 위해서는 조합체의 합유등기가 있어야 하지만, 건물에 대한 점유는 이전받지 않아도 무방하다.
② 만약 丁이 등기서류를 위조하여 위 건물을 丁의 소유로 등기하고 있는 경우, 丙은 단독으로 그에 대한 말소등기소송을 제기할 수 없다.
③ 乙이 사망한 경우 합유자 사이에 특별한 약정이 없는 한, 사망한 乙의 상속인 丁이 합유자로서의 지위를 승계하는 것이 아니고, 위 건물은 甲과 丙의 합유로 귀속된다.
④ 甲이 자신의 합유지분을 포기하였더라도 乙·丙에게 합유지분권 이전등기가 되기 전이라면, 甲은 제3자에 대하여 여전히 합유지분권자로서의 지위를 주장할 수 있다.
⑤ 甲과 乙의 동의가 있으면, 丙은 자신의 합유지분을 타인에게 매도할 수 있다.

해 설

①(○) : 성립요건주의상 물권행위와 등기가 필요하지 점유이전이 필요한 것은 아니다.
②(×) : 합유물의 보존행위는 각자가 이를 할 수 있기 때문이다(제272조 단서). 따라서 丁이 등기서류를 위조하여 그 명의로 이전등기를 경료한 경우, 합유자 丙은 단독으로 그 말소등기를 청구할 수 있다.
③(○) : 조합원의 지위는 일신전속적이므로 조합원의 지분은 상속인에게 상속되지 않는다(대판 1981. 7. 28, 81다145).
④(○) : 대외적으로는 합유지분의 이전등기가 경료되기 전이라면 여전히 물권자로서 그 권리를 주장할 수 있다.
⑤(○) : 민법은 합유자로 하여금 전원의 동의 없이 그 합유물에 대한 지분을 처분하지 못하도록 규정하고 있다(제273조 제1항). 따라서 합유자 전원의 동의를 얻어 그 지분을 처분하여야 하고, 그렇지 않은 경우 그 지분의 처분은 무효이다(대판 1970. 12. 29, 69다220).

213 조합에 관한 설명으로 옳지 않은 것은? (다툼이 있는 경우에는 판례에 의함) 〈2012년 변리사〉

① 조합의 해산결의 이후 조합원의 자동제명 사유가 발생한 경우에도 그 조합원은 해산결의에서 정한 청산방법에 따라 잔여재산의 분배를 구할 수 있다.
② 조합계약에서 업무집행자를 정하지 않은 경우, 조합원 3분의 2이상의 찬성으로 업무집행자를 선임할 수 있다.
③ 조합의 청산에 관한 민법규정은 강행규정이므로, 조합원 전원이 합의하더라도 민법이 정하는 청산절차를 밟지 않고 조합재산을 처분할 수 없다.
④ 조합 재산상태의 악화나 영업부진 등으로 조합의 목적달성이 매우 곤란하다고 인정되는 객관적인 사정이 있거나 조합원간의 불화·대립으로 인하여 신뢰관계가 파괴됨으로써 조합업무의 원활한 운영을 기대할 수 없는 경우에는 조합원은 조합의 해산을 청구할 수 있다.

정답 212. ② 213. ③

⑤ 조합원의 제명은 정당한 사유가 있는 때에 한하여 다른 조합원의 일치로써 이를 결정할 수 있고, 그 제명결정은 제명된 조합원에게 통지하지 않으면 그 조합원에게 대항하지 못한다.

해 설

① (○) : 조합의 해산결의 이후 조합원의 자동제명 사유가 발생하였다 하더라도 그 조합원은 해산결의에서 정한 청산방법에 따라 출자지분에 비례한 잔여재산의 분배를 구할 수 있다(대판 2007. 2. 9, 2006다3486). ☞ 재산분배가 공평하게 행하여지는 것을 보장하기 위해서는 오히려 자동제명 사유가 발생한 조합원에 대해서도 잔여 조합원들과 동등한 지위에서 청산사무에 관여하도록 하는 것이 보다 공정하기 때문이다.

② (○) : 민법 제706조 제1항(사무집행의 방법) 참조

③ (×) : 조합의 해산청산에 관한 규정이다. 특히 법인은 유한책임을 부담하기 때문에 해산청산규정이 강행규정인 반면, 조합은 조합원이 무한책임을 지기 때문에 임의규정의 성질을 갖는다. 판례도 "민법의 조합의 해산사유와 청산에 관한 규정은 그와 내용을 달리하는 당사자의 특약까지 배제하는 강행규정이 아니므로 당사자가 민법의 조합의 해산사유와 청산에 관한 규정과 다른 내용의 특약을 한 경우, 그 특약은 유효하다."고 하고 있다(대판 1985. 2. 26, 84다카1921).

④ (○) : 민법 제720조에 규정된 조합의 해산사유인 부득이한 사유에는 경제계의 사정변경이나 조합의 재산상태의 악화 또는 영업부진 등으로 조합의 목적달성이 현저히 곤란하게 된 경우 외에 조합원 사이의 반목·불화로 인한 대립으로 신뢰관계가 파괴되어 조합의 원만한 공동운영을 기대할 수 없게 된 경우도 포함되며, 위와 같이 공동사업의 계속이 현저히 곤란하게 된 이상 신뢰관계의 파괴에 책임이 있는 당사자도 조합의 해산청구권이 있다(대판 1993. 2. 9, 92다21098).

⑤ (○) : 민법 제718조(제명) 참조

214 **甲·乙·丙은 조합계약을 체결하면서 甲과 乙이 각 1억원, 丙이 3억원을 출연하고 출연재산의 비율로 손익을 분배하기로 하였다. 다음 설명으로 옳은 것은? (다툼이 있는 경우에는 판례에 의함)** 〈2014년 변리사〉

① 조합계약으로 업무집행자를 정하지 않은 경우에 甲과 乙은 丙의 동의없이 그들만의 협의로 업무집행자를 선임할 수 없다.

② 채권발생시에 甲·乙·丙사이의 손실분담의 비율을 알지 못한 조합채권자는 甲·乙·丙에게 그 지분의 비율에 따라 변제를 청구할 수 있다.

③ 업무집행자로 선임된 甲이 권한을 넘은 행위로 조합자금을 허비한 경우에는 丙은 조합관계를 벗어나 개인의 지위에서 손해배상을 청구할 수 있다.

④ 특별한 사정이 없으면, 丙이 조합을 탈퇴하면 甲과 乙은 탈퇴당시의 조합재산의 3/5을 丙의 지분으로 하여 그에 해당하는 금액을 금전으로 반환하여야 한다.

⑤ 특별한 사정이 없으면, 乙의 사망으로 그의 조합원의 지위는 그 상속인에게 승계된다.

해 설

① (×) : 민법 제706조에서는 조합원 3분의 2 이상의 찬성으로 조합의 업무집행자를 선임하고 조합원 과반수의 찬성으로 조합의 업무집행방법을 결정하도록 규정하고 있는바, 여기서 말하는 조합원은 조합원의 출자가액이나 지분이 아닌 조합원의 **인원수**를 뜻한다. 다만, 위와 같은 민법의 규정은 임의규정이다(대판 2009. 4. 23, 2008다4247).

② (×) : 채권발생시에 甲·乙·丙사이의 손실분담의 비율을 알지 못한 조합채권자는 甲·乙·丙에게 그 지분의

정답 214. ④

비율에 따라 변제를 청구하는 것이 아니라 '각 조합원에게 균분하여 청구'할 수 있다(제712조).
③ (×) : 업무집행자로 선임된 甲이 권한을 넘은 행위로 조합자금을 허비한 경우에는 丙은 조합관계를 벗어나 개인의 지위에서 손해배상을 청구할 수 없다(대판 1999. 6. 8, 98다60484).
④ (○) : 탈퇴한 조합원의 지분은 그 출자의 종류여하에 불구하고 금전으로 반환할 수 있고, 이 경우 탈퇴조합원의 지분계산에 있어서 자산평가의 기준시기는 탈퇴당시이다(대판 1998. 10. 27, 98다15170).
⑤ (×) : 특별한 사정이 없으면, 乙의 사망으로 그의 조합원의 지위는 그 상속인에게 승계되지 않는다(대판 1996. 12. 10, 96다23238).

215 조합계약에 관한 설명으로 옳지 않은 것은? (다툼이 있으면 판례에 따름) 〈2016년 변리사〉

① 조합원 중에 변제할 자력이 없는 자가 있는 때에는 그 변제할 수 없는 부분에 대해서는 다른 조합원이 출자가액에 비례하여 변제할 책임이 있다.
② 조합이 그 목적을 달성하여 해산된 경우, 별도로 처리할 조합의 잔무가 없고 다만 잔여재산을 분배하는 일만이 남아 있을 때에는 따로 청산절차를 거칠 필요가 없다.
③ 조합원 3분의 2 이상의 찬성으로 일부 조합원을 업무집행자로 선임할 수 있지만, 그를 해임하기 위해서는 조합원의 일치된 의사가 있어야 한다.
④ 조합의 대표조합원이 그 대표자격을 밝히고 어음상의 서명을 하는 경우에는 그 조합의 대표자격을 밝히기만 하면 유효한 것이며 반드시 어음행위의 본인이 되는 전조합원을 구체적으로 표시할 필요는 없다.
⑤ 동업자들이 공동으로 처리해야 할 업무를 동업자 중 1인에게 그 업무집행을 위임하여 처리하도록 한 경우, 다른 동업자는 그 1인의 업무집행 과정에서 발생한 불법행위에 대해 사용자책임을 진다.

해 설

① (×) : 조합원 중에 변제할 자력이 없는 자가 있는 때에는 그 변제할 수 없는 부분에 대해서는 다른 조합원이 '출자가액에 비례'하여 변제할 책임이 있는 것이 아니라 '균분'하여 변제할 책임이 있다(제713조-입법론상 문제점이 있다는 지적이 있다).
② (○) : 조합이 그 목적을 달성하여 해산된 경우, 별도로 처리할 조합의 잔무가 없고 다만 잔여재산을 분배하는 일만이 남아 있을 때에는 따로 청산절차를 거칠 필요가 없다(대판 1998. 12. 8, 97다31472).
③ (○) : 조합원 3분의 2 이상의 찬성으로 일부 조합원을 업무집행자로 선임할 수 있지만(제706조 제1항), 그를 해임하기 위해서는 조합원의 일치된 의사가 있어야 한다(제718조 제1항). .
④ (○) : 조합의 대표조합원이 그 대표자격을 밝히고 어음상의 서명을 하는 경우에는 그 조합의 대표자격을 밝히기만 하면 유효한 것이며 반드시 어음행위의 본인이 되는 전 조합원을 구체적으로 표시할 필요는 없다(대판 2009. 1. 30, 2008다79340).
⑤ (○) : 사용자책임의 범위이다. 즉 동업자들이 공동으로 처리해야 할 업무를 동업자 중 1인에게 그 업무집행을 위임하여 처리하도록 한 경우, 다른 동업자는 그 1인의 업무집행 과정에서 발생한 불법행위에 대해 사용자책임을 진다(대판 2006. 3. 10, 2005다65562).

정답 215. ①

216 甲은 영업공간을 제공하고, 乙과 丙은 각 1억원을 출자하여 A식당을 공동운영하기로 하는 조합계약을 체결하였다. 다음 설명 중 옳은 것은? (다툼이 있으면 판례에 따름) 〈2017년 변리사〉

① 乙이 출자를 지연한 때에는 연체이자를 지급하면 되고, 그 외에 손해까지 배상할 필요는 없다.
② 乙의 채권자는 특별한 사정이 없는 한, 乙을 집행채무자로 하여 A식당의 채권에 대하여 강제집행을 할 수 있다.
③ 현물을 출자한 甲이 동업에서 탈퇴하게 되면, 甲의 지분은 금전으로 반환할 수 없다.
④ 甲은 동업자로서의 지위를 유지한 채 전체 지분을 제3자에게 처분할 수도 있다.
⑤ A식당이 영업이익으로 구입한 부동산에 대하여 합유등기를 하지 않고 甲명의로 소유권이전등기를 하였다면, 이는 A식당이 甲에게 명의신탁한 것으로 보아야 한다.

해설

①(×) : 민법 제705조. 연체이자를 지급하는 외에 손해까지 배상해야 한다. ☞ 제397조에 대한 특칙이다.
②(×) : 조합의 채권은 조합원 전원에게 합유적으로 귀속하는 것이어서, 특별한 사정이 없는 한 조합원 중 1인이 임의로 조합의 채무자에 대하여 출자지분의 비율에 따른 급부를 청구할 수 없는 것이므로, 조합원 중 1인의 채권자가 그 조합원 개인을 집행채무자로 하여 조합의 채권에 대하여 강제집행 하는 경우, 다른 조합원으로서는 보존행위로서 제3자이의의 소를 제기하여 그 강제집행의 불허를 구할 수 있다(대판 1997. 8. 26, 97다4401).
③(×) : 민법 제719조 제2항. 출자의 종류여하에 불구하고 금전으로 반환할 수 있다.
④(×) : 조합원은 다른 조합원 전원의 동의가 있으면 그 지분을 처분할 수 있으나 조합의 목적과 단체성에 비추어 조합원으로서의 자격과 분리하여 그 지분권만을 처분할 수는 없으므로, 조합원이 지분을 양도하면 그로써 조합원의 지위를 상실하게 되며, 이와 같은 조합원 지위의 변동은 조합지분의 양도양수에 관한 약정으로써 바로 효력이 생긴다(대판 2009. 3. 12, 2006다28454).
⑤(○) : 매수인들이 상호 출자하여 공동사업을 경영할 것을 목적으로 하는 조합이 조합재산으로서 부동산의 소유권을 취득하였다면 민법 제271조 제1항의 규정에 의하여 당연히 그 조합체의 합유물이 되고, 다만 그 조합체가합유등기를 하지 아니하고 그 대신 조합원 1인의 명의로 소유권이전등기를 하였다면 이는 조합체가 그 조합원에게 명의신탁한 것으로 보아야 한다(대판 2006. 4. 13, 2003다25256).

217 민법상 조합에 관한 설명으로 옳은 것은? 〈2019년 변리사〉

① 조합원은 정당한 사유가 있는 경우에 한하여 조합의 업무 및 재산상태를 검사할 수 있다.
② 조합의 존속기간을 정한 때에도 조합원은 부득이한 사유가 있으면 탈퇴할 수 있다.
③ 조합원의 제명은 정당한 사유가 있는 때에 한하여 다른 조합원 3분의 2 이상의 찬성으로 결정된다.
④ 조합의 채무자는 그 채무와 조합원에 대하여 개인적으로 가지는 채권과 상계할 수 있다.
⑤ 조합원의 제명 결정은 제명된 조합원에게 통지하지 않아도 그 조합원에게 대항할 수 있다.

해설

①(×) : 민법 제710조. '언제든지' 할 수 있다.
②(○) : 민법 제716조 제2항 참조
③(×) : 민법 제718조 제1항. 다른 조합원 전원의 찬성이 필요하다.
④(×) : 민법 제715조 참조
⑤(×) : 민법 제718조 제2항 참조

정답 216. ⑤ 217. ②

218 **민법상 조합에 관한 설명으로 옳은 것은? (다툼이 있으면 판례에 따름)** 〈2021년 변리사〉

① 어느 조합원이 출자의무를 이행하지 않은 경우, 다른 조합원은 이를 이유로 조합계약을 해제할 수 있다.

② 조합계약이 성립하기 위한 공동사업이란 조합원 전원이 사업의 성공에 대하여 이해관계를 가지는 것으로 일부 조합원만이 이익분배를 받는 관계는 조합이 아니다.

③ 부동산의 공동매수인들이 전매차익을 얻으려는 목적으로만 상호 협력하는 경우에도 민법상 조합관계에 있다고 볼 수 있다.

④ 조합원의 채권자는 조합재산을 구성하는 개개의 재산에 대한 조합원의 합유지분에 대하여 강제집행을 할 수 있다.

⑤ 조합원이 조합을 탈퇴할 권리는 그 성질상 채권자대위가 허용되지 않는 일신전속적 권리에 해당한다.

해 설

①(×) : 동업계약과 같은 조합계약에 있어서는 조합의 해산청구를 하거나 조합으로부터 탈퇴를 하거나 또는 다른 조합원을 제명할 수 있을 뿐이지 일반계약에 있어서처럼 조합계약을 해제하고 상대방에게 그로 인한 원상회복의 의무를 부담지울 수는 없다(대판 1994. 5. 13, 94다7157).

②(○) : 조합관계가 있다고 하려면 서로 출자하여 공동사업을 경영할 것을 약정하여야 하며, 영리사업을 목적으로 하면서 당사자 중의 일부만이 이익을 분배받고 다른 자는 전혀 이익분배를 받지 않는 경우에는 조합관계(동업관계)라고 할 수 없다(대판 2000. 7. 7, 98다44666).

③(×) : 부동산의 공동매수인들이 전매차익을 얻으려는 '공동의 목적 달성'을 위해 상호 협력한 것에 불과하고 이를 넘어 '공동사업을 경영할 목적'이 있었다고 인정되지 않는 경우, 이들 사이의 법률관계는 공유관계에 불과할 뿐 민법상 조합이 아니다(대판 2007. 6. 14, 2005다5140).

④(×) : 민법 제714조는 "조합원의 지분에 대한 압류는 그 조합원의 장래의 이익배당 및 지분의 반환을 받을 권리에 대하여 효력이 있다."고 규정하여 조합원의 지분에 대한 압류를 허용하고 있으나, 여기에서의 조합원의 지분이란 전체로서의 조합재산에 대한 조합원 지분을 의미하는 것이고, 이와 달리 조합재산을 구성하는 개개의 재산에 대한 합유지분에 대하여는 압류 기타 강제집행의 대상으로 삼을 수 없다 할 것이다(대결 2007. 11. 30, 자 2005마1130).

⑤(×) : 조합원이 조합을 탈퇴할 권리는 그 성질상 조합계약의 해지권으로서 그의 일반재산을 구성하는 재산권의 일종이라 할 것이고 채권자대위가 허용되지 않는 일신전속적 권리라고는 할 수 없다. 따라서 채무자의 재산인 조합원 지분을 압류한 채권자는, 당해 채무자가 속한 조합에 존속기간이 정하여져 있다거나 기타 채무자 본인의 조합탈퇴가 허용되지 아니하는 것과 같은 특별한 사유가 있지 않은 한, 채권자대위권에 의하여 채무자의 조합 탈퇴의 의사표시를 대위행사할 수 있다(대결 2007. 11. 30, 자 2005마1130).

219 **민법상 조합의 재산관계에 관한 설명으로 옳지 않은 것은? (다툼이 있으면 판례에 따름)** 〈2022년 변리사〉

① 2인으로 구성된 조합에서 한 사람이 탈퇴하면, 특별한 사정이 없는 한 조합은 해산되고, 조합재산은 탈퇴로 인한 계산으로 청산된다.

② 조합재산에 대한 각자의 지분을 다른 조합원의 동의없이 양도할 수 있도록 하는 조합원들 상호간의 약정은 유효하다

③ 조합원이 출자하기로 한 부동산이 조합재산으로 되려면 권리이전절차가 완료되어야 하며, 완료 전에는 제3자에게 그 부동산을 조합재산이라고 주장할 수 없다.

정답 218. ② 219. ①

④ 조합의 업무집행자가 1인만 있는 경우, 특별한 사정이 없는 한 조합재산의 처분은 그 업무집행자가 단독으로 결정한다

⑤ 조합원의 지분에 대한 압류는 그 조합원의 장래의 이익배당 및 지분의 반환을 받을 권리에 대하여 효력이 있다.

해설

①(×) : 2인으로 구성된 조합에서 한 사람이 탈퇴하면 조합관계는 종료되나 특별한 사정이 없는 한 조합은 해산이나 청산이 되지 않고, 다만 조합원의 합유에 속한 조합재산은 남은 조합원의 단독소유에 속하여 탈퇴 조합원과 남은 조합원 사이에는 탈퇴로 인한 계산을 해야 한다. 이러한 법리는 부동산 사용권을 출자한 경우에도 적용된다. 조합원이 부동산 사용권을 존속기한을 정하지 않고 출자하였다가 탈퇴한 경우 특별한 사정이 없는 한 탈퇴 시 조합재산인 부동산 사용권이 소멸한다고 볼 수는 없고, 그러한 사용권은 공동사업을 유지할 수 있도록 일정한 기간 동안 존속한다고 보아야 한다. 이때 탈퇴 조합원이 남은 조합원으로 하여금 부동산을 사용·수익할 수 있도록 할 의무를 이행하지 않음으로써 남은 조합원에게 손해가 발생하였다면 탈퇴 조합원은 그 손해를 배상할 책임이 있다(대판 2018. 12. 13, 2015다72385).

②(○) : 2인 이상이 상호 출자하여 공동사업을 경영할 것을 약정함에 따라 성립한 민법상 조합에서 조합원 지분의 양도는 원칙적으로 다른 조합원 전원의 동의가 있어야 하지만, 다른 조합원의 동의 없이 각자 지분을 자유로이 양도할 수 있도록 조합원 상호 간에 약정하거나 사후적으로 지분 양도를 인정하는 합의를 하는 것은 유효하다(대판 2016. 8. 30, 2014다19790).

③(○) : 단독으로 임야에 대한 토석채취권을 매수한 자가 그 후 매수자금 조달을 위하여 동업계약을 체결했다면, 설사 그 동업계약의 체결에 의해 매수인이 그 매매계약에 기한 매수인으로서의 권리 일체를 동업체인 조합에 출자한 것으로 본다고 하더라도, 그 권리가 당연히 조합재산으로서 동업자들에게 합유적으로 귀속되는 것은 아니고 별개의 권리이전절차를 밟아야 함은 당연하므로, 매수인 명의 변경에 관한 합의가 이루어졌다거나 달리 권리이전절차를 밟았다고 볼 수 없는 경우, 동업자들로서는 매수인에 대해 출자의무의 이행으로서 권리이전절차를 밟을 것을 청구할 수 있음은 별론으로 하고 매도인에 대해 그 권리가 조합재산임을 주장할 수는 없고, 반대로 매도인 또한 그 권리가 조합재산으로서 매수인 및 동업자들에게 합유적으로 귀속됨을 내세워 매수인 단독 명의로 임야거래허가절차의 이행을 구하는 매수인의 청구를 거부할 수는 없다(대판 1996. 2. 27, 94다27083, 27090).

④(○) : 민법 제272조에 따르면 합유물을 처분 또는 변경함에는 합유자 전원의 동의가 있어야 하나, 합유물 가운데서도 조합재산의 경우 그 처분·변경에 관한 행위는 조합의 특별사무에 해당하는 업무집행으로서, 이에 대하여는 특별한 사정이 없는 한 민법 제706조 제2항이 민법 제272조에 우선하여 적용되므로, 조합재산의 처분·변경은 업무집행자가 없는 경우에는 조합원의 과반수로 결정하고, 업무집행자가 수인 있는 경우에는 그 업무집행자의 과반수로써 결정하며, 업무집행자가 1인만 있는 경우에는 그 업무집행자가 단독으로 결정한다(대판 2010. 4. 29, 2007다18911).

⑤(○) : 조합원의 지분에 대한 압류는 그 조합원의 장래의 이익배당 및 지분의 반환을 받을 권리에 대하여 효력이 있다(민법 제714조).

220 조합계약에 관한 설명으로 옳은 것은? (다툼이 있으면 판례에 따름) 〈2023년 변리사〉

① 조합재산을 구성하는 개개의 재산에 대한 합유지분을 압류 기타 강제집행의 대상으로 삼을 수 있다.

② 2인으로 구성된 조합에서 1인이 탈퇴하여 조합관계가 종료되는 경우, 특별한 사정이 없는 한 해산이나 청산을 거쳐야 조합재산은 남은 조합원의 단독소유에 속하게 된다.

정답 220. ⑤

③ 2인으로 구성된 조합에서 1인이 존속기한을 정하지 않고 부동산 사용권을 출자하였다가 탈퇴한 경우, 특별한 사정이 없는 한 탈퇴 시 남은 조합원의 부동산 사용권은 소멸한다.

④ 공동이행방식의 건설공동수급체의 구성원인 조합원이 그 출자의무를 불이행하면, 특별한 사정이 없는 한 출자의무의 불이행을 이유로 이익분배 자체를 거부할 수 있다.

⑤ 조합원이 다른 조합원 전원의 동의 하에 조합지분을 양도하면, 조합원 지위의 변동은 조합지분의 양도양수에 관한 약정으로써 바로 효력이 생긴다.

해 설

①(×) : 민법 제714조는 "조합원의 지분에 대한 압류는 그 조합원의 장래의 이익배당 및 지분의 반환을 받을 권리에 대하여 효력이 있다."고 규정하여 조합원의 지분에 대한 압류를 허용하고 있으나, 여기에서의 조합원의 지분이란 전체로서의 조합재산에 대한 조합원 지분을 의미하는 것이고, 이와 달리 조합재산을 구성하는 개개의 재산에 대한 합유지분에 대하여는 압류 기타 강제집행의 대상으로 삼을 수 없다 할 것이다(대결 2007. 11. 30, 자 2005마1130).

②(×), ③(×) : 조합의 탈퇴란 특정 조합원이 장래에 향하여 조합원으로서의 지위를 벗어나는 것으로서, 이 경우 조합 자체는 나머지 조합원에 의해 동일성을 유지하며 존속하는 것이므로 결국 탈퇴는 잔존 조합원이 동업사업을 계속 유지·존속함을 전제로 한다. **2인으로 구성된 조합에서 한 사람이 탈퇴**하면 **조합관계는 종료되**나 특별한 사정이 없는 한 조합은 **해산이나 청산이 되지 않고**, 다만 조합원의 합유에 속한 조합재산은 남은 조합원의 단독소유에 속하여 **탈퇴 조합원과 남은 조합원 사이에는 탈퇴로 인한 계산을 해야 한다**. **이러한 법리는 부동산 사용권을 출자한 경우에도 적용된다**. 조합원이 부동산 사용권을 존속기한을 정하지 않고 출자하였다가 탈퇴한 경우 특별한 사정이 없는 한 **탈퇴 시 조합재산인 부동산 사용권이 소멸한다고 볼 수는 없고, 그러한 사용권은 공동사업을 유지할 수 있도록 일정한 기간 동안 존속한다**고 보아야 한다. 이때 탈퇴 조합원이 남은 조합원으로 하여금 부동산을 사용·수익할 수 있도록 할 의무를 이행하지 않음으로써 남은 조합원에게 손해가 발생하였다면 탈퇴 조합원은 그 손해를 배상할 책임이 있다(대판 2018. 12. 13, 2015다72385).

④(×) : [1] 당사자들이 공동이행방식의 공동수급체를 구성하여 도급인으로부터 공사를 수급받는 경우 공동수급체는 원칙적으로 민법상 조합에 해당한다. 건설공동수급체 구성원은 공동수급체에 출자의무를 지는 반면 공동수급체에 대한 이익분배청구권을 가지는데, 이익분배청구권과 출자의무는 별개의 권리·의무이다. 따라서 **공동수급체의 구성원이 출자의무를 이행하지 않더라도, 공동수급체가 출자의무의 불이행을 이유로 이익분배 자체를 거부할 수도 없고, 그 구성원에게 지급할 이익분배금에서 출자금이나 그 연체이자를 당연히 공제할 수도 없다**. 다만 구성원에 대한 공동수급체의 출자금 채권과 공동수급체에 대한 구성원의 이익분배청구권이 상계적상에 있으면 상계에 관한 민법 규정에 따라 **두 채권을 대등액에서 상계할 수 있을 따름이다**. [2] **공동수급체의 구성원들 사이에 '출자의무와 이익분배를 직접 연계시키는 특약'을 하는 것도 계약자유의 원칙상 허용된다**. 따라서 구성원들이 출자의무를 먼저 이행한 경우에 한하여 이익분배를 받을 수 있다고 약정하거나 출자의무의 불이행 정도에 따라 이익분배금을 전부 또는 일부 삭감하기로 약정할 수도 있다. 나아가 금전을 출자하기로 한 구성원이 출자를 지연하는 경우 그 구성원이 지급받을 이익분배금에서 출자금과 그 연체이자를 '공제'하기로 하는 약정을 할 수도 있다. 이러한 약정이 있으면 공동수급체는 그 특약에 따라 출자의무를 불이행한 구성원에 대한 이익분배를 거부하거나 구성원에게 지급할 이익분배금에서 출자금과 그 연체이자를 공제할 수 있다. 이러한 '공제'는 특별한 약정이 없는 한 당사자 쌍방의 채권이 서로 상계적상에 있는지 여부와 관계없이 가능하고 별도의 의사표시도 필요하지 않다. 이 점에서 상계적상에 있는 채권을 가진 채권자가 별도로 의사표시를 하여야 하는 상계(민법 제493조 제1항)와는 구별된다. 물론 상계의 경우에도 쌍방의 채무가 상계적상에 이르면 별도의 의사표시 없이도 상계된 것으로 한다는 특약을 할 수 있다. 그러나 공제 약정이 있으면 별도의 의사표시 없이도 당연히 공제되는 것이 원칙이다(대판 2018. 1. 24, 2015다69990).

⑤ (○) : 조합원은 다른 조합원 전원의 동의가 있으면 그 지분을 처분할 수 있으나 조합의 목적과 단체성에 비추어 조합원으로서의 자격과 분리하여 그 지분권만을 처분할 수는 없으므로, 조합원이 지분을 양도하면 그로써 조합원의 지위를 상실하게 되며, 이와 같은 조합원 지위의 변동은 조합지분의 양도·양수에 관한 약정으로써 바로 효력이 생긴다(대판 2009. 3. 12, 2006다28454).

221 **공동이행 방식의 공동수급체에 관한 설명 중 옳지 않은 것을 모두 고른 것은? (다툼이 있는 경우 판례에 의함)** 〈2017년 변호사시험〉

ㄱ. 위 수급체의 구성원들이 상인인 경우 구성원들은 연대하여 도급인에게 하자보수를 이행할 의무가 있다.
ㄴ. 위 수급체의 채권자가 구성원 중 1인만을 가압류채무자로 한 가압류명령으로써 위 수급체의 재산에 가압류집행을 할 수는 없다.
ㄷ. 위 수급체가 공사를 시행함으로 인하여 도급인에 대하여 가지는 채권은 그 구성원들에게 합유적으로 귀속하는 것이어서, 비록 위 수급체와 도급인 사이에 위 수급체가 아닌 개별 구성원으로 하여금 지분비율에 따라 직접 도급인에 대하여 공사대금을 청구할 수 있도록 하는 약정을 한 경우에도, 도급인에 대하여 가지는 채권이 위 수급체 구성원 각자에게 지분비율에 따라 구분하여 귀속될 수는 없다.
ㄹ. 위 수급체의 구성원 중 1인이 그 출자의무를 불이행한 경우, 특별한 사정이 없는 한 출자의무의 불이행을 이유로 그 구성원에 대한 이익분배를 거부할 수 있다.

① ㄷ ② ㄴ, ㄹ ③ ㄷ, ㄹ ④ ㄴ, ㄷ, ㄹ ⑤ ㄱ, ㄴ, ㄷ, ㄹ

해설

ㄱ. (○) : 공동수급체의 구성원들이 상인인 경우 공사도급계약에 따라 도급인에게 하자보수를 이행할 의무는 구성원 전원의 상행위에 의하여 부담한 채무로서 공동수급체의 구성원들은 연대하여 도급인에게 하자보수를 이행할 의무가 있다(대판 2015. 3. 26, 2012다25432; 상법 제57조 제1항).

ㄴ. (○) : 민법상 조합에서 조합의 채권자가 조합재산에 대하여 강제집행을 하려면 조합원 전원에 대한 집행권원을 필요로 하고, 조합재산에 대한 강제집행의 보전을 위한 가압류의 경우에도 마찬가지로 조합원 전원에 대한 가압류명령이 있어야 하므로, 조합원 중 1인만을 가압류채무자로 한 가압류명령으로써 조합재산에 가압류집행을 할 수는 없다(대판 2015. 10. 29, 2012다21560).

ㄷ. (×) : 공동이행방식의 공동수급체는 기본적으로 민법상 조합의 성질을 가지는 것이므로, 공동수급체가 공사를 시행함으로 인하여 도급인에 대하여 가지는 채권은 원칙적으로 공동수급체 구성원에게 합유적으로 귀속하는 것이어서 특별한 사정이 없는 한 구성원 중 1인이 임의로 도급인에 대하여 출자지분 비율에 따른 급부를 청구할 수 없고, 구성원 중 1인에 대한 채권으로써 그 구성원 개인을 집행채무자로 하여 공동수급체의 도급인에 대한 채권에 대하여 강제집행을 할 수 없다. 그러나 공동이행방식의 공동수급체와 도급인이 공사도급계약에서 발생한 채권과 관련하여 공동수급체가 아닌 개별 구성원으로 하여금 지분비율에 따라 직접 도급인에 대하여 권리를 취득하게 하는 약정을 하는 경우와 같이 공사도급계약의 내용에 따라서는 공사도급계약과 관련하여 도급인에 대하여 가지는 채권이 공동수급체 구성원 각자에게 지분비율에 따라 구분하여 귀속될 수도 있고, 위와 같은 약정은 명시적으로는 물론 묵시적으로도 이루어질 수 있다(대판 2012. 5. 17, 2009다105406 전원합의체).

ㄹ. (×) : 건설공동수급체는 기본적으로 민법상 조합의 성질을 가지는 것인데, 건설공동수급체의 구성원인 조

정답 221. ③

합원이 그 출자의무를 불이행하였더라도 그 조합원을 조합에서 제명하지 않는 한 건설공동수급체는 조합원에 대한 출자금채권과 그 연체이자채권, 그 밖의 손해배상채권으로 조합원의 이익분배청구권과 직접 상계할 수 있을 뿐이고, 조합계약에서 출자의무의 이행과 이익분배를 직접 연계시키는 특약을 두지 않는 한 출자의무의 불이행을 이유로 이익분배 자체를 거부할 수는 없다(대판 2006. 8. 25, 2005다16959).

222 **甲, 乙, 丙은 각각 1억 원씩 출자하여 A사업체를 운영하는 「민법」상 조합계약을 체결하였다. 아래 사항들에 대해 조합계약에서 별도의 특약이 없음을 전제로 할 때, 이에 관한 설명 중 옳지 않은 것은? (각 지문은 독립적이며, 다툼이 있는 경우 판례에 의함)** 〈2018년 변호사시험〉

① A사업체가 구입한 부동산에 대하여 甲, 乙, 丙의 명의로 각 지분에 관하여 공유등기를 하였다면 A사업체가 甲, 乙, 丙에게 각 지분에 대하여 명의신탁한 것으로 보아야 한다.

② A사업체에 업무집행자를 두지 않은 경우, 甲과 乙이 A사업체의 명의로 B회사와 매매계약을 체결하였더라도 그 매매계약은 A사업체에 효력이 발생한다.

③ 조합계약으로 업무집행자를 정하지 아니한 경우에는 甲과 乙의 찬성으로 甲을 업무집행자로 선임할 수 있다.

④ A사업체의 업무집행자가 甲으로 정해져 있는 경우에 乙의 임의탈퇴는 甲에 대한 의사표시만으로 효력이 발생한다.

⑤ 甲이 사망한 경우, 甲은 조합을 당연히 탈퇴한 것으로 되고 조합원의 지위가 甲의 상속인에게 승계되지 않는다.

해설

① (○) : 조합체가 합유등기를 하지 아니하고 그 대신 조합원들 명의로 각 지분에 관하여 공유등기를 하였다면, 이는 그 조합체가 조합원들에게 각 지분에 관하여 명의신탁한 것으로 보아야 한다(대판 2002. 6. 14, 2000다30622).

② (○) 대판 2010 4. 29, 2007다18911; 민법 제706조 제2항. 조합의 업무집행은 조합원의 과반수로써 결정한다. 업무집행자 수인인 때에는 그 과반수로써 결정한다.

③ (○) 민법 제706조 제1항. 조합계약으로 업무집행자를 정하지 아니한 경우에는 조합원의 3분의 2 이상의 찬성으로써 이를 선임한다.

④ (×) : 민법상 조합에 있어서 조합원은 임의로 탈퇴할 수 있고 그 탈퇴는 다른 조합원 전원에 대한 의사표시로 하여야 하나 조합계약에서 탈퇴의사의 표시 방식을 따로 정하는 특약은 유효하다(대판 1997. 9. 9, 96다16986).

⑤ (○) : 조합에 있어서 조합원의 1인이 사망한 때에는 민법 제717조에 의하여 그 조합관계로부터 당연히 탈퇴하고 특히 조합계약에서 사망한 조합원의 지위를 그 상속인이 승계하기로 약정한 바 없다면 사망한 조합원의 지위는 상속인에게 승계되지 아니한다(대판 1987. 6. 23, 86다카2951).

223 **甲과 乙 2인은 인공지능 관련 사업을 동업하기로 하는 「민법」상 조합계약을 체결하였다. 개인적인 사정으로 인해 乙이 조합을 탈퇴하게 되었다. 이에 관한 설명 중 옳은 것을 모두 고른 것은? (다툼이 있는 경우 판례에 의함)** 〈2024년 변호사시험〉

정답 222. ④ 223. ③

ㄱ. 조합원의 임의 탈퇴는 조합계약에 관한 일종의 해지로서 다른 조합원에 대한 의사표시로써 하여야 하는데, 그 의사표시는 묵시적으로도 할 수 있다.
ㄴ. 乙이 탈퇴함으로써 조합관계가 종료되고 그 결과 조합은 당연히 해산 또는 청산된다.
ㄷ. 甲과 乙의 합유에 속한 조합재산은 乙의 탈퇴 후 甲의 단독소유에 속한다.
ㄹ. 乙은 甲에 대해 탈퇴로 인한 조합재산의 계산을 요구할 수 있으며 그 계산은 乙의 탈퇴 당시의 조합재산 상태에 의하여야 한다.
ㅁ. 乙의 지분을 계산할 때 지분을 계산하는 방법에 관해서 별도 약정이 있다는 등 특별한 사정이 없는 한 조합재산의 상태를 증명할 책임은 甲에게 있다.

① ㄱ, ㄴ ② ㄱ, ㄴ, ㄷ ③ ㄱ, ㄷ, ㄹ ④ ㄷ, ㄹ, ㅁ ⑤ ㄴ, ㄷ, ㄹ, ㅁ

해 설

ㄱ. (○) : 조합원의 임의 탈퇴는 조합계약에 관한 일종의 해지로서 다른 조합원에 대한 의사표시로써 하여야 하나, 그 의사표시가 반드시 명시적이어야 하는 것은 아니고 묵시적으로도 할 수 있으며, 임의 탈퇴의 의사표시가 있는지 여부는 법률행위 해석의 일반 원칙에 따라 판단하여야 한다(대판 2017. 7. 18, 2015다30206, 30213).
ㄴ. (×), ㄷ. (○), ㄹ. (○), ㅁ. (×) : 탈퇴한 조합원과 다른 조합원 간의 계산은 탈퇴 당시의 조합재산 상태에 의하여 한다(민법 제719조 제1항). **2인으로 구성된 조합에서 한 사람이 탈퇴**하면 **조합관계는 종료되나** 특별한 사정이 없는 한 조합은 **해산이나 청산이 되지 않고**, 다만 조합원의 합유에 속한 **조합재산은 남은 조합원의 단독소유에 속하여 탈퇴 조합원과 남은 조합원 사이에는 탈퇴로 인한 계산을 해야 한다**. 탈퇴한 조합원은 탈퇴 당시의 조합재산을 계산한 결과 **조합의 재산상태가 적자가 아닌 경우에 지분을 환급받을 수 있다**. 따라서 탈퇴 조합원의 지분을 계산할 때 지분을 계산하는 방법에 관해서 별도 약정이 있다는 등 특별한 사정이 없는 한 **지분의 환급을 주장하는 사람**에게 조합재산의 상태를 증명할 책임이 있다(대판 2021. 7. 29, 2019다207851).

224 **甲, 乙, 丙은 자금을 출자하여 스포츠 센터를 경영하기로 하는 동업계약을 체결하면서, 甲을 업무집행자로 정하고 그 계약의 존속기간이나 손익분배 등의 세부적 사항은 정하지 않았다. 다음 설명 중 옳지 않은 것을 모두 고른 것은? (다툼이 있는 경우에는 판례에 의함)**

〈2007년 사법시험〉

ㄱ. 甲이 아직 자신의 출자의무를 이행하지 않은 상태에서 乙에게 출자의무의 이행을 청구한 경우, 乙은 甲을 상대로 동시이행의 항변권을 행사할 수 있다.
ㄴ. 乙이 자신의 출자의무를 전혀 이행하지 않은 경우, 甲과 丙은 합의하여 乙을 제명하거나 각자가 스스로 탈퇴할 수는 있지만, 그 동업계약을 해제하여 원상회복을 청구할 수는 없다.
ㄷ. 만약 甲만이 이익분배를 받기로 약정했다면 그 동업계약은 조합계약이라고 볼 수 없다.
ㄹ. 출자와 이익분배에 관한 특약이 없는 이상, 甲은 아직 출자의무를 이행하지 않은 乙에게 이익분배를 거절할 수 없을 뿐 아니라, 乙에 대한 조합의 출자금채권과 乙의 이익분배청구권을 상계할 수도 없다.
ㅁ. 甲이 권한을 넘는 행위를 하여 조합자금을 모두 상실한 경우, 甲에 대해 乙과 丙은 조합관계를 벗어나 개인의 지위에서 손해배상을 청구할 수도 있다.

정답 224. ⑤

① ㄱ, ㄴ ② ㄱ, ㅁ ③ ㄴ, ㄷ ④ ㄷ, ㄹ ⑤ ㄱ, ㄹ, ㅁ

해설

ㄱ. (×) : 조합계약은 일반 쌍무·유상계약으로 보기는 어렵기 때문에 업무집행조합원이나 이미 출자의무를 이행한 조합원이 출자를 청구하는 경우에, 다른 조합원이 아직 출자를 하지 아니하였음을 이유로 동시이행의 항변권을 행사할 수는 없다(제536조 참조).

ㄴ. (○) : 동업계약과 같은 조합계약에 있어서는 조합의 해산청구를 하거나 조합으로부터 탈퇴를 하거나 또는 다른 조합원을 제명할 수 있을 뿐이지 일반계약에 있어서처럼 조합계약을 해제하고 상대방에게 그로 인한 원상회복의 의무를 부담지울 수는 없다(대판 1994. 5. 13, 94다7157).

ㄷ. (○) : 조합관계가 있다고 하려면 서로 출자하여 공동사업을 경영할 것을 약정하여야 하며, 영리사업을 목적으로 하면서 당사자 중의 일부만이 이익을 분배받고 다른 자는 전혀 이익분배를 받지 않는 경우에는 조합관계라고 할 수 없다(대판 2000. 7. 7, 98다44666).

ㄹ. (×) : 건설공동수급체는 기본적으로 민법상 조합의 성질을 가지는 것인데, 건설공동수급체의 구성원인 조합원이 그 출자의무를 불이행하였더라도 그 조합원을 조합에서 제명하지 않는 한 건설공동수급체는 조합원에 대한 출자금채권과 그 연체이자채권, 그 밖의 손해배상채권으로 조합원의 이익분배청구권과 직접 상계할 수 있을 뿐이고, 조합계약에서 출자의무의 이행과 이익분배를 직접 연계시키는 특약을 두지 않는 한 출자의무의 불이행을 이유로 이익분배 자체를 거부할 수는 없다(대판 2006. 8. 25, 2005다16959).

ㅁ. (×) : 일부 조합원이 동업계약에 따라 동업자금을 출자하였는데 업무집행 조합원이 본연의 임무에 위배되거나 혹은 권한을 넘어선 행위를 자행함으로써 끝내 동업체의 동업 목적을 달성할 수 없게끔 만들고, 조합원이 출자한 동업자금을 모두 허비한 경우에 그로 인하여 손해를 입은 주체는 동업자금을 상실하여 버린 조합, 즉 조합원들로 구성된 동업체라 할 것이고, 이로 인하여 결과적으로 동업자금을 출자한 조합원에게 손해가 발생하였다 하더라도 이는 조합과 무관하게 개인으로서 입은 손해가 아니고, 조합체를 구성하는 조합원의 지위에서 입은 손해에 지나지 아니하는 것이므로, 결국 피해자인 조합원으로서는 조합관계를 벗어난 개인의 지위에서 그 손해의 배상을 구할 수는 없다(대판 1999. 6. 8, 98다60484).

보충지문

225 조합은 2인 이상이 상호출자하여 공동사업을 경영할 것을 약정함으로써 그 효력이 생기고, 출자는 금전 기타 재산 또는 노무로 할 수도 있다. 〈2015년 법무사〉

해설 민법 제703조 참조

226-1 조합계약에서 출자의무의 이행과 이익분배를 직접 연결시키는 특약을 두지 않은 경우, 조합은 출자의무를 이행하지 않은 조합원의 이익분배 자체를 거부할 수 없다. 〈2021년 공인노무사〉

226-2 조합인 공동수급체의 구성원이 출자의무를 이행하지 않더라도 공동수급체는 원칙적으로 출자의무의 불이행을 이유로 이익분배 자체를 거부할 수 없고, 그 구성원에게 지급할 이익분배금에서 출자금이나 그 연체이자를 당연히 공제할 수도 없다. 〈2023년 변호사시험〉

정답 225. (○) 226-1. (○) 226-2. (○)

226-3 민법상 조합에 해당하는 공동수급체에 대한 구성원의 이익분배청구권과 구성원에 대한 공동수급체의 출자금채권이 상계적상에 있으면 상계에 관한 민법 규정에 따라 두 채권을 대등액에서 상계할 수 있다. 〈2023년 법원행시〉

해설 [1] 당사자들이 공동이행방식의 공동수급체를 구성하여 도급인으로부터 공사를 수급받는 경우 공동수급체는 원칙적으로 민법상 조합에 해당한다. 건설공동수급체 구성원은 공동수급체에 출자의무를 지는 반면 공동수급체에 대한 이익분배청구권을 가지는데, 이익분배청구권과 출자의무는 별개의 권리·의무이다. 따라서 공동수급체의 구성원이 출자의무를 이행하지 않더라도, 공동수급체가 출자의무의 불이행을 이유로 이익분배 자체를 거부할 수도 없고, 그 구성원에게 지급할 이익분배금에서 출자금이나 그 연체이자를 당연히 공제할 수도 없다. 다만 구성원에 대한 공동수급체의 출자금 채권과 공동수급체에 대한 구성원의 이익분배청구권이 상계적상에 있으면 상계에 관한 민법 규정에 따라 두 채권을 대등액에서 상계할 수 있을 따름이다. [2] 공동수급체의 구성원들 사이에 '출자의무와 이익분배를 직접 연계시키는 특약'을 하는 것도 계약자유의 원칙상 허용된다. 따라서 구성원들이 출자의무를 먼저 이행한 경우에 한하여 이익분배를 받을 수 있다고 약정하거나 출자의무의 불이행 정도에 따라 이익분배금을 전부 또는 일부 삭감하기로 약정할 수도 있다. 나아가 금전을 출자하기로 한 구성원이 출자를 지연하는 경우 그 구성원이 지급받을 이익분배금에서 출자금과 그 연체이자를 '공제'하기로 하는 약정을 할 수도 있다. 이러한 약정이 있으면 공동수급체는 그 특약에 따라 출자의무를 불이행한 구성원에 대한 이익분배를 거부하거나 구성원에게 지급할 이익분배금에서 출자금과 그 연체이자를 공제할 수 있다. 이러한 '공제'는 특별한 약정이 없는 한 당사자 쌍방의 채권이 서로 상계적상에 있는지 여부와 관계없이 가능하고 별도의 의사표시도 필요하지 않다. 이 점에서 상계적상에 있는 채권을 가진 채권자가 별도로 의사표시를 하여야 하는 상계(민법 제493조 제1항)와는 구별된다. 물론 상계의 경우에도 쌍방의 채무가 상계적상에 이르면 별도의 의사표시 없이도 상계된 것으로 한다는 특약을 할 수 있다. 그러나 공제 약정이 있으면 별도의 의사표시 없이도 당연히 공제되는 것이 원칙이다(대판 2018. 1. 24, 2015다69990).

227 조합은 스스로 소송당사자가 될 수 없다. 〈2011년 법무사〉

해설 민법상 조합은 권리능력이 없고, 따라서 당사자능력이 없다(대판 1991. 6. 25, 88다카6358 참조).

228 甲이 동업계약(조합계약)에 의하여 토지의 소유권을 투자하기로 하였으나 아직 조합원의 합유로 하는 등기가 경료되지 않은 경우, 甲은 조합원이 아닌 제3자가 점유할 권원 없이 위 토지를 점유하고 있다면, 甲은 소유권에 기하여 제3자에게 위 토지의 반환을 청구할 수 있다. 〈2006년 사법시험〉

해설 부동산의 소유자가 동업계약(조합계약)에 의하여 부동산의 소유권을 투자하기로 하였으나 아직 그의 소유로 등기가 되어 있고 조합원의 합유로 등기되어 있지 않다면, 그와 조합 사이에 채권적인 권리의무가 발생하여 그로 하여금 조합에 대하여 그 소유권을 이전할 의무 내지 그 사용을 인용할 의무가 있다고 할 수는 있지만, 그 동업계약을 이유로 조합계약 당사자 아닌 사람에 대한 관계에서 그 부동산이 조합원의 합유에 속한다고 할 근거는 없으므로, 조합원이 아닌 제3자에 대하여는 여전히 소유자로서 그 소유권을 행사할 수 있다(대판 2002. 6. 14, 2000다30622).

229 조합의 업무집행으로 부담하게 된 채무는 전 조합원에게 합유적으로 귀속한다. 〈2011년 법무사〉

해설 민법 제704조 참조

정답 226-3. (O) 227. (O) 228. (O) 229. (O)

230-1 특별한 사정이 없는 한 조합원 중 1인은 임의로 조합의 채무자에 대하여 출자지분의 비율에 따른 급부를 청구할 수 있다. 〈2004년 사법시험〉

230-2 조합원 중 1인의 채권자가 그 조합원 개인을 집행채무자로 하여 조합의 채권에 대하여 강제집행을 하는 경우, 집행채무자가 된 1인의 조합원을 제외한 나머지 조합원 전원의 동의가 있어야만 제3자이의의 소를 제기하여 그 강제집행의 불허를 구할 수 있다. 〈2019년 법원행시〉

해설 조합의 채권은 조합원 전원에게 합유적으로 귀속하는 것이어서, 특별한 사정이 없는 한 조합원 중 1인이 임의로 조합의 채무자에 대하여 출자지분의 비율에 따른 급부를 청구할 수 없는 것이므로, 조합원 중 1인의 채권자가 그 조합원 개인을 집행채무자로 하여 조합의 채권에 대하여 강제집행하는 경우, 다른 조합원으로서는 보존행위로서 제3자이의의 소를 제기하여 그 강제집행의 불허를 구할 수 있다(대판 1997. 8. 26, 97다4401).

231 공동이행방식의 공동수급체와 도급인 사이에서 공동수급체의 개별 구성원으로 하여금 공사대금채권에 관하여 지분비율에 따라 직접 도급인에 대하여 권리를 취득하게 하는 약정이 이루어진 경우, 일부 구성원이 그 공사대금채권에 관한 자신의 지분 비율을 넘어서 수행하였다면 도급인에 대한 공사대금채권은 실제의 공사비율에 따라 그 구성원에게 귀속한다. 〈2018년 법원행시〉

해설 공동이행방식의 공동수급체와 도급인 사이의 공사도급계약에서 공동수급체의 개별 구성원으로 하여금 공사대금채권에 관하여 지분비율에 따라 직접 도급인에 대하여 권리를 취득하게 하는 약정이 이루어진 경우, 공사도급계약 자체에서 개별 구성원의 실제 공사 수행 여부나 정도를 지분비율에 의한 공사대금채권 취득의 조건으로 약정하거나 일부 구성원의 공사 미이행을 이유로 공동수급체로부터 탈퇴·제명하도록 하여 그 구성원으로서의 자격이 아예 상실되는 것으로 약정하는 등의 특별한 사정이 없는 한, 개별 구성원들은 실제 공사를 누가 어느 정도 수행하였는지에 상관없이 도급인에 대한 관계에서 공사대금채권 중 각자의 지분비율에 해당하는 부분을 취득하고, 공사도급계약의 이행에 있어서의 실질적 기여비율에 따른 공사대금의 최종적 귀속 여부는 도급인과는 무관한 공동수급체 구성원들 내부의 정산문제일 뿐이라고 할 것이다. 따라서 공동이행방식의 공동수급체와 도급인 사이에서 공동수급체의 개별 구성원으로 하여금 공사대금채권에 관하여 지분비율에 따라 직접 도급인에 대하여 권리를 취득하게 하는 약정이 이루어진 경우에 있어서는 일부 구성원만이 실제로 공사를 수행하거나 일부 구성원이 그 공사대금채권에 관한 자신의 지분비율을 넘어서 수행하였다고 하더라도 이를 이유로 도급인에 대한 공사대금채권 자체가 그 실제의 공사비율에 따라 그에게 귀속한다고 할 수는 없다(대판 2013. 2. 28, 2012다107532).

232-1 2인이 동업하는 조합의 조합원 1인이 다른 조합원의 동의 없이 한 조합채권의 양도행위는 무효이다. 〈2019년 공인노무사〉

232-2 조합이 해산되고 청산이 종료할 때까지 일부 조합원이 다른 조합원들의 동의를 얻지 않고 조합재산인 채권을 타인에게 양도한 행위는 무효이다. 〈2004년 사법시험〉

해설 조합이 해산된 경우에도 청산절차를 거쳐 조합재산을 조합원에게 분배하지 아니하는 한 조합재산은 계속하여 조합원의 합유이고 청산이 종료할 때까지 조합은 존속하는바, 일부 조합원이 다른 조합원들의 동의를 얻지 아니한 채 조합재산인 채권을 타인에게 양도한 행위는 무효라고 할 것이다(대판 1992. 10. 9, 92다28075).

정답 230-1. (×) 230-2. (×) 231. (×) 232-1. (○) 232-2. (○)

233 민법상 조합인 공동수급체가 경쟁입찰에 참가하였다가 다른 경쟁업체가 낙찰자로 선정된 경우, 그 공동수급체의 구성원 중 1인이 그 낙찰자 선정이 무효임을 주장하며 무효확인의 소를 제기하는 것은 그 공동수급체가 경쟁입찰과 관련하여 갖는 법적 지위 내지 법률상 보호받는 이익이 침해될 우려가 있어 그 현상을 유지하기 위하여 하는 소송행위이므로 이는 합유재산의 보존행위에 해당한다. 〈2016년 법무사〉

해설 민법상 조합인 공동수급체가 경쟁입찰에 참가하였다가 다른 경쟁업체가 낙찰자로 선정된 경우, 그 공동수급체의 구성원 중 1인이 그 낙찰자 선정이 무효임을 주장하며 무효확인의 소를 제기하는 것은 그 공동수급체가 경쟁입찰과 관련하여 갖는 법적 지위 내지 법률상 보호받는 이익이 침해될 우려가 있어 그 현상을 유지하기 위하여 하는 소송행위이므로 이는 합유재산의 보존행위에 해당한다(대판 2013. 11. 28, 2011다80449).

234 조합계약으로 업무집행자를 정하지 아니한 경우에는 조합원의 3분의 2 이상의 찬성으로써 이를 선임하고, 업무집행자인 조합원은 정당한 사유 없이 사임하지 못하며, 다른 조합원의 일치가 아니면 해임하지 못한다. 〈2018년 법무사〉

해설 민법 제706조 제1항, 민법 제708조 참조

235 업무집행자가 수인인 경우 그 조합의 통상사무는 각 업무집행자가 전행할 수 있다. 〈2020년 공인노무사〉

해설 민법 제706조 제3항 참조

236 조합의 통상사무는 각 조합원 또는 업무집행자가 전행할 수 있으나, 그 사무의 완료 전에 다른 조합원 또는 다른 업무집행자의 이의가 있는 때에는 즉시 중지하여야 한다. 〈2015년 법무사〉

해설 조합의 통상사무는 각 조합원 또는 업무집행자가 전행할 수 있으나, 그 사무의 완료 전에 다른 조합원 또는 다른 업무집행자의 이의가 있는 때에는 즉시 중지하여야 한다(제706조).

237 조합재산의 처분 및 변경에 관한 행위는 다른 특별한 사정이 없는 한 조합의 특별사무에 해당하는 업무집행이므로, 업무집행조합원이 수인인 경우에 원칙적으로 그들의 과반수로써 결정한다. 〈2004년 사법시험, 2019년 법원행시〉

해설 조합재산의 처분·변경에 관한 행위는 다른 특별한 사정이 없는 한 조합의 특별사무에 해당하는 업무집행이며, 업무집행조합원이 수인 있는 경우에는 조합의 통상사무의 범위에 속하지 아니하는 특별사무에 관한 업무집행은 민법 제706조 제2항에 따라 원칙적으로 업무집행조합원의 과반수로써 결정한다(대판 2000. 10. 10, 2000다28506) ☞ 제272조와 제706조의 충돌과 관련하여 판례는 제706조를 우선시키는 입장이다.

238 당사자가 손익분배의 비율을 정하지 아니한 때에는 균등한 것으로 추정하고, 이익 또는 손실에 대하여 분배의 비율을 정한 때에는 그 비율은 이익과 손실에 공통된 것으로 추정한다. 〈2015년 법무사〉

해설 당사자가 손익분배의 비율을 정하지 아니한 때에는 균등한 것으로 추정하는 것이 아니라 각 조합원의 출자가액에 비례하여 이를 정한다(제711조 제1항). 뒷부분은 타당하다.

정답 233. (○) 234. (○) 235. (○) 236. (○) 237. (○) 238. (×)

239 조합의 채권자는 그 조합원 전원을 상대로 하여 채권액 전액에 관한 이행의 소를 제기하고, 그 판결에 의하여 조합재산에 대하여 강제집행을 할 수 있다. 〈2011년 법무사〉

해설 조합자체는 권리의무의 주체가 되지 못하므로 조합채무는 조합원 전원이 공동으로 책임을 짐과 동시에 각 조합원이 그의 개인재산을 가지고도 책임을 진다(무한책임). 양자의 책임은 병존적이다. 따라서 조합의 채권자는 그 조합원 전원을 상대로 하여 채권액 전액에 관한 이행의 소를 제기하고, 그 판결에 의하여 조합재산에 대하여 강제집행을 할 수 있다.

240 조합의 채권자는 원칙적으로 각 조합원에게 조합채무 전부의 이행을 청구할 수 있다. 〈2011년 법무사〉

해설 조합채권자는 그 채권발생 당시에 조합원의 손실부담의 비율을 알지 못한 때에는 각 조합원에게 균분하여 그 권리를 행사할 수 있다(제712조).

241 전체로서의 조합재산에 대한 조합원 지분에 대해서는 압류할 수 있으나, 조합재산을 구성하는 개개의 재산에 대한 합유지분에 대해서는 압류 기타 강제집행을 할 수 없다. 〈2019년 법원행시〉

해설 민법 제714조는 "조합원의 지분에 대한 압류는 그 조합원의 장래의 이익배당 및 지분의 반환을 받을 권리에 대하여 효력이 있다."고 규정하여 조합원의 지분에 대한 압류를 허용하고 있으나, 여기에서의 조합원의 지분이란 전체로서의 조합재산에 대한 조합원 지분을 의미하는 것이고, 이와 달리 조합재산을 구성하는 개개의 재산에 대한 합유지분에 대하여는 압류 기타 강제집행의 대상으로 삼을 수 없다(대결 2007. 11. 30, 자 2005마1130).

242 조합원의 지분에 대한 압류는 그 조합원의 장래의 이익배당 및 지분의 반환을 받을 권리에 대하여 효력이 있을 뿐이고 지분 그 자체에 대한 강제집행은 허용되지 않는다. 〈2008년 공인노무사〉

해설 조합원의 지분에 대한 압류는 그 조합원의 장래의 이익배당 및 지분의 반환을 받을 권리에 대하여 효력이 있다(제714조). ☞ 지분 그 자체에 대한 강제집행을 허용하지 아니하여 조합재산을 보호하기 위함이다.

243 조합에 대한 채무자는 그 채무와 조합원에 대한 채권으로 상계할 수 없고, 조합원 중 1인에 대한 채권을 가진 채권자도 위와 같은 채권을 그 조합과의 매매계약에 따른 잔대금 채무와 서로 대등액에서 상계할 수는 없다. 〈2019년 법원행시〉

해설 조합에 대한 채무자는 그 채무와 조합원에 대한 채권으로 상계할 수는 없는 것이므로(민법 제715조), 조합으로부터 부동산을 매수하여 잔대금 채무를 지고 있는 자가 조합원 중의 1인에 대하여 개인 채권을 가지고 있다고 하더라도 그 채권과 조합과의 매매계약으로 인한 잔대금 채무를 서로 대등액에서 상계할 수는 없다(대판 1998. 3. 13, 97다6919).

244 조합계약으로 조합의 존속기간을 정하지 아니하거나 조합원의 종신까지 존속할 것을 정한 경우에는 각 조합원은 언제든지 탈퇴할 수 있으나, 조합의 존속기간을 정한 때에는 기간만료 전에는 탈퇴할 수 없다. 〈2016년 법원행시〉

해설 제716조 제2항. ☞ 부득이한 사유가 있으면 탈퇴할 수 있다.

정답 239. (O) 240. (×) 241. (O) 242. (O) 243. (O) 244. (×)

245 **조합원이 출자의무를 이행하지 않는 것은 민법 제718조 제1항에서 정한 조합원을 제명할 정당한 사유에 해당한다고 할 것인바, 그와 같은 출자의무의 불이행을 이유로 조합원을 제명함에 있어 출자의무의 이행을 지체하고 있는 당해 조합원에게 다시 상당한 기간을 정하여 출자의무의 이행을 최고하여야 하는 것은 아니다.** 〈2022년 법원행시〉

해 설 대판 1997. 7. 25, 96다29816.

246-1 **2인 조합에서 조합원 1인이 탈퇴하면 조합관계가 종료되고, 특별한 사정이 없는 한 조합원들은 청산 절차를 거쳐 잔여재산을 분배받는다.** 〈2018년 법무사〉

246-2 **조합은 2인 이상의 조합원의 존속을 전제로 하는 것이므로, 2인 조합에서 조합원 1인이 탈퇴하면 그 조합은 해산되고, 청산절차가 진행된다.** 〈2016년 법원행시〉

해 설 2인으로 된 조합관계에 있어 그 중 1인이 탈퇴하면 조합관계는 종료되나 특별한 사정이 없는 한 조합은 해산되지 아니하고 따라서 청산이 뒤따르지 아니하며, 다만 조합원의 합유에 속한 조합재산은 남은 조합원의 단독소유에 속하여 탈퇴자와 남은 자 사이에는 탈퇴로 인한 계산을 하는데 불과하다(대판 1972. 12. 12, 72다1651).

247 **2인 조합에서 조합원 A가 약정에 따른 출자금을 출자한 후, 당사자 간의 불화대립으로 곧바로 동업관계가 결렬되어 그 후 A가 동업관계에서 전적으로 배제된 채 나머지 조합원에 의하여 당초의 업무가 처리되어 온 경우, A는 부득이한 사유가 있음을 이유로 조합 해산청구를 할 수 있고, 탈퇴로 인한 계산으로서 자기가 출자한 금원의 반환을 구할 수도 있다.** 〈2018년 법무사〉

해 설 동업자 중 1인이 약정에 따른 출자금을 출자한 후 당사자 간의 불화대립으로 곧바로 동업관계가 결렬되어 그 이후 위 출자의무를 이행한 조합원이 동업관계에서 전적으로 배제된 채 나머지 조합원에 의하여 당초의 업무가 처리되어 온 경우, 부득이한 사유로 인한 해산청구가 가능하며 출자의무를 이행한 조합원은 탈퇴로 인한 계산으로서 자기가 출자한 금원의 반환을 구할 수도 있다(대판 1999. 3. 12, 98다54458).

248 **조합의 잔무로서 처리할 일이 없고 잔여재산의 분배만이 남아 있을 때에는, 따로 청산절차를 밟을 필요가 없이 각 조합원은 자신의 잔여재산 분배비율의 범위 내에서 그 분배비율을 초과하여 잔여재산을 보유하고 있는 조합원에 대하여 바로 잔여재산의 분배를 청구할 수 있다.** 〈2004년 사법시험〉

해 설 조합관계에 있어서는 일반적으로 조합계약에서 정한 사유의 발생, 조합원 전원의 합의, 조합의 목적인 사업의 성공 또는 성공 불능, 해산청구 등에 의하여 조합관계가 종료되고, 조합관계가 종료된 경우 당사자 사이에 별도의 약정이 없는 이상, 청산절차를 밟는 것이 통례로서 조합원들에게 분배할 잔여재산과 그 가액은 청산절차가 종료된 때에 확정되는 것이므로 원칙적으로 청산절차가 종료되지 아니한 상태에서 잔여재산의 분배를 청구할 수는 없는 것이지만, 조합의 잔무로서 처리할 일이 없고, 다만 잔여재산의 분배만이 남아 있을 때에는 따로 청산절차를 밟을 필요가 없이 각 조합원은 자신의 잔여재산분배비율의 범위 내에서 그 분배비율을 초과하여 잔여재산을 보유하고 있는 조합원에 대하여 바로 잔여재산의 분배를 청구할 수 있다(대판 1998. 12. 8, 97다31472).

정 답 245. (○) 246-1. (×) 246-2. (×) 247. (○) 248. (○)

249 2인으로 구성된 「민법」상 조합에서 조합원 1인이 자신의 불법행위로 인하여 조합에 대하여 손해배상책임을 지게 되고 그로 인하여 조합관계가 종료되어 조합재산의 분배라는 청산절차만이 남게 된 경우 다른 조합원은 조합에 손해를 가한 조합원을 상대로 불법행위에 따른 손해배상채권액 중 자신의 출자가액 비율에 의한 몫에 해당하는 돈을 청구하는 형식으로 조합관계의 종료로 인한 잔여재산의 분배를 청구할 수 있다. 〈2022년 변호사시험〉

해설 [1] 조합계약으로 조합원 중 일부 또는 제3자를 업무집행자로 정하지 않은 경우에는 모든 조합원이 원칙적으로 업무집행권을 가진다. 업무를 집행하는 조합원은 조합계약의 내용에 따라 선량한 관리자의 주의로써 조합사무를 처리하여야 한다(민법 제707조, 제681조). [2] 2인으로 구성된 조합의 조합원 중 1인이 선량한 관리자의 주의의무 위반 또는 불법행위 등으로 인하여 조합에 대하여 손해배상책임을 지게 되고 또한 그로 인하여 조합 관계마저 그 목적 달성이 불가능하게 되어 종료되고 달리 조합의 잔여업무가 남아 있지 않은 상황에서 조합재산의 분배라는 청산절차만이 남게 된 경우에, 다른 조합원은 조합에 손해를 가한 조합원을 상대로 선량한 관리자의 주의의무 위반 또는 불법행위에 따른 손해배상채권액 중 자신의 출자가액 비율에 의한 몫에 해당하는 돈을 청구하는 형식으로 조합관계의 종료로 인한 잔여재산의 분배를 청구할 수 있다(대판 2018. 8. 30, 2016다46338, 46345).

제13절 화 해

250 민법상 화해계약에 관한 설명으로 옳지 않은 것은? (다툼이 있는 경우에는 판례에 의함) 〈2012년 변리사〉

① 당사자는 착오를 이유로 화해계약을 취소하지 못하지만, 화해당사자의 자격 또는 화해의 목적인 분쟁 이외의 사항에 착오가 있는 때에는 취소할 수 있다.
② 상대방의 사기로 인하여 화해의 목적인 분쟁에 관한 사항을 착오하여 화해계약을 체결한 경우, 사기를 이유로 계약을 취소할 수 있다.
③ 의사의 치료행위 직후 환자가 사망하여 의사의 치료행위상의 과실이 있었음을 전제로 의사가 환자의 유족에게 거액의 손해배상금을 지급하기로 합의하였으나 그 후 환자의 사망원인이 의사의 치료행위와는 전혀 무관한 것으로 밝혀진 경우, 착오를 이유로 화해계약을 취소할 수 있다.
④ 교통사고 피해자 본인이 가해자와 손해배상에 관하여 합의한 경우, 그 화해의 효력은 특별한 사정이 없는 한 피해자의 부모들이 가지는 위자료청구권에 미친다.
⑤ 화해계약이 성립되면 특별한 사정이 없는 한 종전의 법률관계가 어떠하였느냐를 묻지 않고 화해계약에 의하여 새로운 법률관계가 생긴다.

해설

① (○) : 민법 제733조(화해의 효력과 착오) 참조

② (○) : 민법 제733조의 규정에 의하면, 화해계약은 화해당사자의 자격 또는 화해의 목적인 분쟁 이외의 사항에 착오가 있는 경우를 제외하고는 착오를 이유로 취소하지 못하지만, 화해계약이 사기로 인하여 이루어진 경우에는 화해의 목적인 분쟁에 관한 사항에 착오가 있는 때에도 민법 제110조에 따라 이를 취소할 수 있다(대판 2008. 9. 11, 2008다15278).

③ (○) : 대판 2001. 10. 12, 2001다49326 참조

정답 249. (○) 250. ④

④ (×) : 교통사고의 경우, 피해자 본인과는 별도로 그의 부모들도 그 사고로 말미암아 그들이 입은 정신적 손해에 대하여 고유의 위자료청구권을 가진다 할 것이므로, 피해자 본인이 합의금을 수령하고 가해자측과 나머지 손해배상청구권을 포기하기로 하는 등의 약정을 맺었다 하더라도 특별한 사정이 없는 한 위 포기 등 약정의 효력이 당연히 고유의 손해배상청구권을 가지는 그의 부모들에게까지 미친다고는 할 수 없다(대판 2000. 9. 2, 2000다3 654 등).
⑤ (○) : 화해의 창설적 효력을 말한다(제732조) 참조

보충지문

251-1 화해는 당사자가 서로 양보하여 성립하는 유상 · 쌍무계약이다.

251-2 화해는 낙성 · 불요식계약이므로 당사자의 의사의 합치만으로 성립한다.

해 설 제731조. ☞ 낙성·불요식계약이므로 화해조서 등 문서의 작성은 요구되지 않는다.

252 당사자들이 분쟁을 인식하지 못한 상태에서 일방 당사자가 이행해야 할 채무액에 관하여 협의하였다거나 일방 당사자의 채무이행에 대해 상대방 당사자가 이의를 제기하지 않았다는 사정만으로는 묵시적 화해계약이 성립하였다고 보기 어렵다. 〈2022년 법원행시〉

해 설 화해계약이 성립하기 위해서는 분쟁이 된 법률관계에 관하여 당사자 쌍방이 서로 양보함으로써 분쟁을 끝내기로 하는 의사의 합치가 있어야 하는데, 화해계약이 성립한 이후에는 그 목적이 된 사항에 관하여 나중에 다시 이행을 구하는 등으로 다툴 수 없는 것이 원칙이므로, 당사자가 한 행위나 의사표시의 해석을 통하여 묵시적으로 그와 같은 의사의 합치가 있었다고 인정하기 위해서는 그 당시의 여러 사정을 종합적으로 참작하여 이를 엄격하게 해석하여야 한다. 따라서 당사자들이 분쟁을 인식하지 못한 상태에서 일방 당사자가 이행해야 할 채무액에 관하여 협의하였다거나 일방 당사자의 채무이행에 대해 상대방 당사자가 이의를 제기하지 않았다는 사정만으로는 묵시적 화해계약이 성립하였다고 보기 어렵다(대판 2021. 9. 9, 2016다203933).

253 화해의 당사자는 처분능력이나 권한을 보유해야 한다.

해 설 당사자의 양보는 다툼이 있는 법률관계에 대한 처분의 결과이므로 이에 대한 처분능력은 당연히 있어야 한다.

254 성질상 당사자가 임의로 처분할 수 없는 법률관계는 화해계약의 대상이 될 수 없다. 〈2019년 공인노무사〉

해 설 친생자관계의 존부확인과 같이 현행 가사소송법상의 가류 가사소송사건에 해당하는 청구는 성질상 당사자가 임의로 처분할 수 없는 사항을 대상으로 하는 것으로서 이에 관하여 조정이나 재판상 화해가 성립되더라도 효력이 있을 수 없다(대판 1999. 10. 8, 98므1698).

255 인지청구권의 포기여부나 선량한 풍속 기타 사회질서에 반하는 법률관계는 화해의 대상이 되지 못한다.

정답 251-1. (○) 251-2. (○) 252. (○) 253. (○) 254. (○) 255. (○)

해 설 인지청구권은 본인의 일신 전속적인 신분관계상의 권리로서 포기할 수 없고 포기하였다 하더라도 그 효력이 발생할 수 없는 것이므로 비록 인지청구권을 포기하기로 하는 화해가 재판상 이루어지고 그것이 화해 조항에 표시되었다 할지라도 동 화해는 그 효력이 없다(대판 1987. 1. 20, 85므70).

256 채권자와 채무자간의 잔존채무액의 계산행위는 특별한 사정이 없는 한 화해계약이 아니다.

〈2019년 공인노무사〉

해 설 채권자와 채무자간의 잔존채무액의 계산행위는 다른 특별한 사정이 없는 한 채무자가 채권자에게 지급할 채무액을 새로이 확정하는 채권자와 채무자간의 화해계약이라고는 볼 수 없다(대판 1984. 3. 13, 83다358).

257-1 화해계약의 착오가 분쟁의 대상인 법률관계 그 자체에 관한 것인 때에는 취소할 수 없다.

257-2 화해당사자의 자격에 관한 착오가 있는 경우에는 이를 이유로 취소하지 못한다.

〈2019년 공인노무사〉

해 설 화해계약은 착오를 이유로 하여 취소하지 못한다. 그러나 화해당사자의 자격 또는 화해의 목적인 분쟁 이외의 사항에 착오가 있는 때에는 그러하지 아니하다(제733조).

258-1 화해의 목적인 분쟁 이외의 사항에 착오가 있는 때에는 착오를 이유로 화해계약을 취소할 수 있다. 〈2015년 공인노무사〉

258-2 민법상의 화해계약을 체결한 경우 당사자는 착오를 이유로 취소하지 못하고, 다만 화해 당사자의 자격 또는 화해의 목적인 분쟁 이외의 사항에 착오가 있는 때에 한하여 이를 취소할 수 있으며, 여기서 「화해의 목적인 분쟁 이외의 사항」이란 분쟁의 대상이 아니라 분쟁의 전제 또는 기초가 된 사항으로서, 쌍방 당사자가 예정한 것이어서 상호 양보의 내용으로 되지 않고 다툼이 없는 사실로 양해된 사항을 말한다. 〈2009년 법원행시〉

해 설 대판 1997. 4. 11, 95다48414 참조

259 화해계약은 특별한 사정이 없는 한, 당사자 일방이 양보한 권리가 소멸되고 상대방이 화해로 인하여 그 권리를 취득하는 효력이 있다. 〈2019년 공인노무사〉

해 설 민법 제732조 참조

260 화해 당시에 예측할 수 없었던 후속손해에 대해서는 그 배상을 부정하는 것이 판례의 태도이다.

해 설 합의서에 「민·형사상 일체의 소송을 제기하지 않겠다」는 조항을 넣어 합의하였다 하더라도 합의서 작성당시 피해자가 전연 예상할 수 없었던 후유증 발생으로 영구불구자가 된 경우에는 그와 같은 경우의 손해배상청구권까지를 포기하는 취지로 합의한 것이라고는 볼 수 없다(대판 1970. 8. 31, 70다1284).

261 민법상의 화해가 아닌 재판상 화해에 대해서는 그것이 조서로 작성되면 확정판결과 동일한 효력이 있다.

해 설 민사소송법 제220조(화해, 청구의 포기·인낙조서의 효력) 참조

정답 256. (○) 257-1. (○) 257-2. (×) 258-1. (○) 258-2. (○) 259. (○) 260. (×) 261. (○)

제3장 사무관리

1 **A와 C 사이에 아무런 법적 의무관계가 없음에도 A의 수임인 B가 위임의 내용에 따라 C의 집을 수리하였다. 이에 관한 설명으로 틀린 것은?** 〈2000년 변리사〉

① A와 C간에 사무관리가 성립하기 위하여는 A가 C를 위하여 사무를 처리한다는 관리의사가 있어야 한다는 것이 판례의 입장이다.
② A가 C의 의사를 알았을 때에는, B로 하여금 그 의사에 적합하게 집 수리를 하도록 해야 한다.
③ B가 집을 수리하다가 과실없이 다친 경우, B는 A에게 손해배상을 청구할 수 있으며 A는 C에 대하여 그 전액을 구상할 수 있다.
④ 집을 수리한 것이 C의 의사에 합치한다면, A는 C에게 유익비를 상환청구할 수 있다.
⑤ 집을 수리한 것이 C의 의사에 합치하지 않는다면, A는 C에게 현존이익의 한도에서 유익비의 상환을 청구할 수 있다.

해설

①(○) : 통설과 판례는 주관설이다(제734조 참조).
②(○) : 사무관리는 본인의 의사에 적합하게 함을 원칙으로 한다(제734조 제2항).
③(×) : B가 집을 수리하다가 과실 없이 다친 경우, B는 A에게 제688조 3항에 의해 손해배상을 청구할 수 있으며 A는 C에 대하여 그 전액을 구상할 수 있는게 아니라 현존이익범위 내라고 하여야 한다. 즉 제740조에 반한다. 전액이 아닌 현존이익범위 내이다.
④(○) : 민법 제739조 제1항 참조
⑤(○) : 민법 제739조 제3항 참조

2 **사무관리에 관한 설명으로 옳은 것은? (다툼이 있으면 판례에 따름)** 〈2016년 변리사〉

① 사무관리의 성립요건인 '타인을 위하여 사무를 처리하려는 의사'는 관리자 자신의 이익을 도모하려는 의사와 병존할 수 없다.
② 甲이 乙과의 계약에 따라 丙의 사무를 처리한 경우에 원칙적으로 甲과 丙 사이에서는 사무관리가 성립하지 않는다.
③ 사무관리자가 본인의 의사에 반하여 사무를 관리한 때에는 본인에 대하여 비용의 상환을 청구할 수 없다.
④ 사무관리자는 본인에 대하여 비용의 상환을 청구할 수 있는 외에 사무관리에 의하여 결과적으로 사실상 이익을 얻은 다른 제3자에 대하여 직접 부당이득반환을 청구할 수도 있다.
⑤ 사무관리 관계의 종료를 위해서는 본인이 명시적으로 관리자에게 그 목적인 사무를 스스로 직접 관리하겠다는 의사표시를 하여야 한다.

정답 1. ③ 2. ②

해 설

① (×) : 사무관리의 성립요건인 '타인을 위하여 사무를 처리하려는 의사'(주관설)는 관리자 자신의 이익을 도모하려는 의사와 병존할 수 있는 것이다(대판 2013. 6. 27, 2011다17106).

② (○) : 사무관리는 법률상 계약상의무가 없어야 하는데, 甲이 乙과의 계약에 따라 丙의 사무를 처리한 경우에 원칙적으로 甲과 丙 사이에서는 사무관리가 성립하지 않는다(대판 2013. 9. 26, 2012다43539).

③ (×) : 사무관리자가 본인의 의사에 반하여 사무를 관리한 때에는 본인에 대하여 비용의 상환을 청구할 수 없는 것이 아니라 본인의 현존이익의 한도에서 청구할 수 있다(제739조 제3항).

④ (×) : 사무관리자는 본인에 대하여 비용의 상환을 청구할 수 있는 외에 사무관리에 의하여 결과적으로 사실상 이익을 얻은 다른 제3자에 대하여는 직접 부당이득반환을 청구할 수 없다(대판 2013. 6. 27, 2011다11706).

⑤ (×) : 사무관리는 의사표시를 요소로 하는 법률행위가 아니므로 본인이 사무관리의 목적이었던 사무를 본인이 직접 관리하려면 사무관리자에게 그 관리를 종료하여 줄 것을 내용으로 하는 의사표시를 하여야 하는 것이 아니고 본인 자신이 직접 관리하겠다는 의사가 외부적으로 명백히 표현된 경우에는 사무관리는 그 이상 성립할 수 없다(대판 1975. 4. 8, 75다254).

3 사무관리에 관한 설명으로 옳지 않은 것은? (다툼이 있으면 판례에 따름) 〈2017년 변리사〉

① 사무처리의 긴급성 등으로 국가의 사무에 대하여 사인의 개입이 정당화되는 경우, 사인은 국가의 사무를 처리하면서 지출한 필요비를 청구할 수 있으나 유익비의 상환을 청구할 수는 없다.

② 관리인이 본인에게 인도할 금전을 자기를 위하여 소비한 때에는 소비한 날 이후의 이자뿐만 아니라 그에 따른 손해까지 배상하여야 한다.

③ 관리자가 타인의 명예에 대한 급박한 위해를 면하게 하기 위하여 그 사무를 관리한 경우, 그의 경과실로 인하여 본인에게 손해가 발생하여도 그에 따른 손해배상책임을 지지 않는다.

④ 관리자가 사무관리를 함에 있어서 과실 없이 손해를 받은 때에는 본인의 현존이익의 한도에서 그 손해의 보상을 청구할 수 있다.

⑤ 타인을 위하여 사무를 처리하는 의사는 관리자 자신의 이익을 위한 의사와 병존할 수 있다.

해 설

① (×) : 타인의 사무가 국가의 사무인 경우, 원칙적으로 사인이 법령상 근거 없이 국가의 사무를 수행할 수 없다는 점을 고려하면, 사인이 처리한 국가의 사무가 사인이 국가를 대신하여 처리할 수 있는 성질의 것으로서, 사무 처리의 긴급성 등 국가의 사무에 대한 사인의 개입이 정당화되는 경우에 한하여 사무관리가 성립하고, 사인은 그 범위 내에서 국가에 대하여 국가의 사무를 처리하면서 지출된 필요비 내지 유익비의 상환을 청구할 수 있다(대판 2014. 12. 11, 2012다15602).

② (○) : 민법 제738조에 의하여 준용되는 제685조 참조

③ (○) : 민법 제735조. 긴급사무관리의 경우 관리자는 고의나 중대한 과실이 없으면 손해배상책임이 없다.

④ (○) : 민법 제740조(민법 제688조 제3항과 비교할 것!).

⑤ (○) : '타인을 위하여 사무를 처리하는 의사'는 관리자 자신의 이익을 위한 의사와 병존할 수 있고, 반드시 외부적으로 표시될 필요가 없으며, 사무를 관리할 당시에 확정되어 있을 필요가 없다(대판 2013. 8. 22, 2031다30882).

정답 3. ①

4 사무관리에 관한 설명으로 옳은 것을 모두 고른 것은? (다툼이 있으면 판례에 따름)

〈2019년 변리사〉

ㄱ. 관리자가 사무관리를 함에 있어서 과실 없이 손해를 받은 경우, 본인에게 그 손해 전부의 보상을 청구할 수 있다.
ㄴ. 관리자는 본인의 청구가 있는 때에 사무처리의 상황을 보고하여야 하며, 사무처리가 종료된 때에는 지체 없이 그 전말을 보고하여야 한다.
ㄷ. 타인을 위하여 사무를 처리하는 의사는 관리자 자신의 이익을 위한 의사와 병존할 수 있고, 반드시 외부적으로 표시될 필요가 없으며, 사무를 관리할 당시에 확정되어 있을 필요도 없다.
ㄹ. 제3자와의 약정에 따라 타인의 사무를 처리한 경우에도 그 타인과의 관계에서는 의무 없이 타인의 사무를 처리한 것이므로, 그 타인과의 관계에서 원칙적으로 사무관리가 성립한다.

① ㄱ, ㄴ ② ㄴ, ㄷ ③ ㄷ, ㄹ ④ ㄱ, ㄴ, ㄹ ⑤ ㄱ, ㄷ, ㄹ

해 설

ㄱ. (×) : 민법 제740조. 현존이익 한도로 제한된다. ☞ 민법 제688조 제3항과 반드시 비교해야 한다. 즉 위임의 경우는 '전부' 청구할 수 있다.
ㄴ. (○) : 민법 제738조에 의하여 준용되는 민법 제683조 참조
ㄷ. (○) : '타인을 위하여 사무를 처리하는 의사'는 관리자 자신의 이익을 위한 의사와 병존할 수 있고, 반드시 외부적으로 표시될 필요가 없으며, 사무를 관리할 당시에 확정되어 있을 필요가 없다(대판 2013. 8. 22, 2013다30882).
ㄹ. (×) : 의무 없이 타인의 사무를 처리한 자는 그 타인에 대하여 민법상 사무관리 규정에 따라 비용상환 등을 청구할 수 있으나, 제3자와의 약정에 따라 타인의 사무를 처리한 경우에는 의무 없이 타인의 사무를 처리한 것이 아니므로 이는 원칙적으로 그 타인과의 관계에서는 사무관리가 된다고 볼 수 없다(대판 2013. 9. 26, 2012다43539).

5 사무관리에 관한 설명으로 옳은 것은? (다툼이 있으면 판례에 따름) 〈2024년 변리사〉

① 관리자가 사무의 적절한 관리를 함에 있어 과실없이 손해를 받은 때에는 본인에 대하여 그 손해 전액의 보상을 청구할 수 있다.
② 관리자가 본인을 위하여 본인의 의사에 부합하게 사무를 관리하면서 유익비를 지출한 경우, 현존이익 한도에서 그 상환을 청구할 수 있다.
③ 상대방과의 약정에 따라 제3자의 사무를 관리한 경우, 그 관리자와 제3자 사이에서는 원칙적으로 사무관리가 성립된다.
④ 관리자에게 타인을 위해 사무를 처리하는 의사와 관리자 자신의 이익을 위한 의사가 모두 있는 경우에는 사무관리가 성립할 수 없다.
⑤ 관리자가 타인의 신체에 대한 급박한 위해를 면하게 하기 위하여 그 사무를 관리한 경우, 그의 경과실로 인해 발생한 본인의 손해를 배상할 책임이 없다.

정답 4. ② 5. ⑤

해 설

① (×) : 관리자가 사무관리를 함에 있어서 과실없이 손해를 받은 때에는 본인의 현존이익의 한도에서 그 손해의 보상을 청구할 수 있다(민법 제740조). ☞ 위임의 경우에는 민법 제688조 제3항에 따라 전액의 배상을 청구할 수 있다는 점과 구별하여야 할 것이다.

② (×) : 관리자가 본인을 위하여 필요비 또는 유익비를 지출한 때에는 본인에 대하여 그 상환을 청구할 수 있다(민법 제739조 제1항). 관리자가 본인의 의사에 반하여 관리한 때에는 본인의 현존이익의 한도에서 상환을 청구할 수 있다(민법 제739조 제3항). 지문은 "본인의 의사에 부합하게" 관리한 경우이므로 현존이익의 한도로 제한되지 않는다.

③ (×) : 의무 없이 타인의 사무를 처리한 자는 그 타인에 대하여 민법상 사무관리 규정에 따라 비용상환 등을 청구할 수 있으나, 제3자와의 약정에 따라 타인의 사무를 처리한 경우에는 의무 없이 타인의 사무를 처리한 것이 아니므로 이는 원칙적으로 그 타인과의 관계에서는 사무관리가 된다고 볼 수 없다(대판 2013. 9. 26, 2012다43539).

④ (×) : 사무관리가 성립하기 위하여는 우선 그 사무가 타인의 사무이고 타인을 위하여 사무를 처리하는 의사, 즉 관리의 사실상의 이익을 타인에게 귀속시키려는 의사가 있어야 하며, 나아가 그 사무의 처리가 본인에게 불리하거나 본인의 의사에 반한다는 것이 명백하지 아니할 것을 요한다. 여기에서 '타인을 위하여 사무를 처리하는 의사'는 관리자 자신의 이익을 위한 의사와 병존할 수 있고, 반드시 외부적으로 표시될 필요가 없으며, 사무를 관리할 당시에 확정되어 있을 필요가 없다(대판 2013. 8. 22, 2013다30882).

⑤ (○) : 관리자가 타인의 생명, 신체, 명예 또는 재산에 대한 급박한 위해를 면하게 하기 위하여 그 사무를 관리한 때에는 고의나 중대한 과실이 없으면 이로 인한 손해를 배상할 책임이 없다(민법 제735조).

6　사무관리에 관한 설명 중 옳은 것은? (다툼이 있는 경우 판례에 의함) 〈2017년 변호사시험〉

① 사인이 처리한 국가의 사무가 사인이 국가를 대신하여 처리할 수 있는 것으로서 사무처리의 긴급성 등 국가의 사무에 대한 사인의 개입이 정당화되는 경우라도, 사인이 법령상 근거 없이 국가의 사무를 수행할 수 없다는 점을 고려하면, 사인은 국가에 대하여 국가의 사무를 처리하면서 지출한 비용의 상환을 청구할 수 없다.

② 甲이 乙과의 약정에 따라 丙의 사무를 처리한 경우 甲의 사무처리행위는 원칙적으로 丙과의 관계에서 사무관리가 된다.

③ 甲회사가 계약상 의무 없이 乙회사를 위하여 경비사무를 처리한 경우 乙회사에게 이에 따른 비용상환을 청구할 수 있고, 乙회사와의 계약에 의해 경비사무를 담당할 의무가 있었던 丙회사에게도 비용 상당의 부당이득반환을 청구할 수 있다.

④ 甲이 乙에 대한 자신의 채권을 보전하기 위하여 乙이 다른 상속인 丙과 공동으로 상속받은 부동산에 관하여 공동상속등기를 대위신청하여 그 등기가 행하여진 경우, 특별한 사정이 없는 한 甲은 자신의 채무자가 아닌 丙에게 사무관리에 기하여 그 등기에 소요된 비용의 상환을 청구할 수 없다.

⑤ 직업에 의하여 유상으로 타인을 위하여 일하는 甲이 향후 계약이 체결될 것을 예정하여 그 직업의 범위 내에서 乙을 위한 행위를 하였으나 그 후 계약이 체결되지 아니함에 따라 타인을 위한 사무를 관리한 것으로 인정되는 경우, 甲이 다른 사람을 고용하지 않고 직접 사무를 처리하였다면 甲은 乙에게 통상의 보수에 상응하는 금액을 필요비 내지 유익비로 청구할 수 있다.

해 설

① (×) : 타인의 사무가 국가의 사무인 경우, 원칙적으로 사인이 법령상 근거 없이 국가의 사무를 수행할 수 없다는 점을 고려하면, 사인이 처리한 국가의 사무가 사인이 국가를 대신하여 처리할 수 있는 성질의 것으로서,

정답 6. ⑤

사무 처리의 긴급성 등 국가의 사무에 대한 사인의 개입이 정당화되는 경우에 한하여 사무관리가 성립하고, 사인은 그 범위 내에서 국가에 대하여 국가의 사무를 처리하면서 지출된 필요비 내지 유익비의 상환을 청구할 수 있다(대판 2014. 12. 11, 2012다15602).

② (×) : 제3자와의 약정에 따라 타인의 사무를 처리한 경우에는 의무 없이 타인의 사무를 처리한 것이 아니므로 이는 원칙적으로 그 타인과의 관계에서는 사무관리가 된다고 볼 수 없다(대판 2013. 9. 26, 2012다43359).

③ (×) : 계약상 급부가 계약 상대방뿐 아니라 제3자에게 이익이 된 경우에 급부를 한 계약당사자는 계약 상대방에 대하여 계약상 반대급부를 청구할 수 있는 이외에 제3자에 대하여 직접 부당이득반환청구를 할 수는 없다고 보아야 하고, 이러한 법리는 급부가 사무관리에 의하여 이루어진 경우에도 마찬가지이다. 따라서 의무 없이 타인을 위하여 사무를 관리한 자는 타인에 대하여 민법상 사무관리 규정에 따라 비용상환 등을 청구할 수 있는 외에 사무관리에 의하여 결과적으로 사실상 이익을 얻은 다른 제3자에 대하여 직접 부당이득반환을 청구할 수는 없다(대판 2013. 6. 27, 2011다17106).

④ (×) : 채권자가 자신의 채권을 보전하기 위하여 채무자가 다른 상속인과 공동으로 상속받은 부동산에 관하여 위와 같이 공동상속등기를 대위신청하여 그 등기가 행하여지는 것과 같이 채권자에 의한 채무자 권리의 대위행사의 직접적인 내용이 제3자의 법적 지위를 보전·유지하는 것이 되는 경우에는, 채권자는 자신의 채무자가 아닌 제3자에 대하여도 다른 특별한 사정이 없는 한 사무관리에 기하여 그 등기에 소요된 비용의 상환을 청구할 수 있다고 할 것이다. 이와 같은 경우에 채권자가 채권자대위권에 관한 민법 제404조 제1항에서 정하는 대로 '자기의 채권을 보전하기 위하여' 채무자의 권리를 행사한다는 점은 그것만으로 그 권리 행사의 결과로 행하여지는 위와 같은 공동상속등기에 의한 이익을 공동상속인들에게 귀속시킨다는 채권자의 통상적·일반적 의사를 부인할 만한 사정이 되지 못하는 것이다(대판 2013. 8. 22, 2013다30882).

⑤ (○) : 직업 또는 영업에 의하여 유상으로 타인을 위하여 일하는 사람이 향후 계약이 체결될 것을 예정하여 그 직업 또는 영업의 범위 내에서 타인을 위한 행위를 하였으나 그 후 계약이 체결되지 아니함에 따라 타인을 위한 사무를 관리한 것으로 인정되는 경우에 그 관리자가 사무관리를 위하여 다른 사람을 고용하였을 경우 지급하는 보수는 사무관리 비용으로 취급되어 본인에게 반환을 구할 수 있는 것과 마찬가지로, 다른 사람을 고용하지 않고 자신이 직접 사무를 처리한 것도 통상의 보수 상당의 재산적 가치를 가지는 관리자의 용역이 제공된 것으로서 사무관리 의사에 기한 자율적 재산희생으로서의 비용이 지출된 것이라 할 수 있으므로 그 통상의 보수에 상응하는 금액을 필요비 내지 유익비로 청구할 수 있다(대판 2010. 1. 14, 2007다55477).

7 甲은 이웃에 사는 乙이 해외여행을 간 사이에 폭우가 내려 乙의 담장이 무너지려는 것을 보고 건축업자인 丙과 위 담장이 무너지지 않도록 보강공사 도급계약을 체결하였고, 丙은 위 보강공사를 완료하였다. 이에 관한 설명 중 옳지 않은 것은? (각 지문은 독립적이며, 다툼이 있는 경우 판례에 의함)

〈2019년 변호사시험〉

① 甲과 乙 사이에 사무관리가 성립하기 위해서는 甲에게 乙을 위하여 사무를 처리한다는 관리의사가 있어야 한다.

② 丙과 乙 사이에는 계약관계가 존재하지 않으므로 丙은 乙을 상대로 위 담장의 보강공사로 인하여 증가한 이득액에 대하여 부당이득반환청구를 할 수 있다.

③ 丙은 甲에게 도급계약에 기하여 위 공사비의 지급을 청구할 수 있다.

④ 甲과 乙 사이에 사무관리가 성립하는 경우에는 甲은 乙을 상대로 丙에게 지급한 공사비를 비용으로 청구할 수 있다.

⑤ 甲과 乙 사이에 사무관리가 성립하는 경우에는 甲은 乙에게 丙에 대한 위 도급계약상의 채무를 자기에 갈음하여 변제할 것을 청구할 수 있다.

정답 7. ②

해 설

① (○) : 사무관리라 함은 의무 없이 타인을 위하여 그의 사무를 처리하는 행위를 말하는 것이므로, 만약 그 사무가 타인의 사무가 아니라거나 또는 사무를 처리한 자에게 타인을 위하여 처리한다는 관리의사가 없는 경우에는 사무관리가 성립될 수 없다(대판 1995. 9. 15, 94다59943).

② (×) : 계약상 급부가 계약의 상대방뿐만 아니라 제3자의 이익으로 된 경우에 급부를 한 계약당사자가 계약 상대방에 대하여 계약상의 반대급부를 청구할 수 있는 이외에 그 제3자에 대하여 직접 부당이득반환청구를 할 수 있다고 보면, 자기 책임하에 체결된 계약에 따른 위험부담을 제3자에게 전가시키는 것이 되어 계약법의 기본원리에 반하는 결과를 초래할 뿐만 아니라, 채권자인 계약당사자가 채무자인 계약 상대방의 일반채권자에 비하여 우대받는 결과가 되어 일반채권자의 이익을 해치게 되고, 수익자인 제3자가 계약 상대방에 대하여 가지는 항변권 등을 침해하게 되어 부당하므로, 위와 같은 경우 계약상 급부를 한 계약당사자는 이익의 귀속 주체인 제3자에 대하여 직접 부당이득반환을 청구할 수는 없다(대판 2010. 6. 24, 2010다9269).

③ (○) : 민법 제664조(도급의 의의) 도급은 당사자 일방이 어느 일을 완성할 것을 약정하고 상대방이 그 일의 결과에 대하여 보수를 지급할 것을 약정함으로써 그 효력이 생긴다.

④ (○) : 민법 제739조 제1항(관리자의 비용상환청구권) 관리자가 본인을 위하여 필요비 또는 유익비를 지출한 때에는 본인에 대하여 그 상환을 청구할 수 있다.

⑤ (○) : 민법 제739조 제2항(관리자의 비용상환청구권) 관리자가 본인을 위하여 필요 또는 유익한 채무를 부담한 때에는 제688조 제2항(수임인의 대변제청구권)의 규정을 준용한다.

8 甲은 이웃에 사는 乙의 가족이 여름휴가를 간 사이에 폭풍우로 乙의 가옥이 붕괴될 위험에 놓이자 붕괴방지작업을 하였다. 이와 관련하여 사무관리로서의 법적 판단으로 옳은 것은?

〈2000년 사법시험〉

① 판례에 따르면 甲 자신만이 작업의 사실상 이익을 얻으려 한 경우에도 사무관리가 성립한다.

② 甲이 작업중에 부주의로 부상을 입은 경우에도 그 치료비를 乙에게 청구할 수 있다.

③ 가옥이 붕괴될 위험이 급박하였던 경우에는, 甲이 작업중에 사소한 부주의로 乙의 가구를 훼손하였어도 이에 대한 손해배상은 하지 않아도 된다.

④ 甲이 붕괴방지작업을 직접 하는 것은 허용되나, 작업을 위하여 타인과 법률행위를 하는 것은 乙의 동의 없이는 허용되지 않는다.

⑤ 甲은 乙에게 작업과 관련하여 지출한 필요비는 상환청구를 할 수 있으나, 유익비는 상환청구할 수 없다.

해 설

① (×) : 통설과 판례는 주관설이다. 즉 타인을 위하는 의사요구설이다.

② (×) : 민법 제740조에 반한다. 즉 그 치료비 전부가 아닌 본인의 현존이익의 한도이며, 또한 '부주의'가 아닌 '과실 없이' 손해가 생긴 경우이다.

③ (○) : 민법 제735조. 긴급사무관리

④ (×) : 사무관리에서 사무에는 법률행위도 포함된다. 따라서 부당하다. 다만 대리로 한 경우에는 무권대리가 될 것이다(다수설).

⑤ (×) : 관리자가 본인을 위하여 필요비 또는 유익비를 지출한 때에는 본인에 대하여 그 상환을 청구할 수 있다(제739조 제1항). 사례문제이기는 하나 일반조항을 묻는 수준이다.

정답 8. ③

보충지문

9 관리자가 관리를 개시한 때에는 지체없이 본인에게 통지하여야 하지만, 본인이 이미 이를 안 때에는 그러하지 아니하다. 〈2015년 공인노무사〉

해설 민법 제736조 참조

10 사무관리가 성립하기 위하여는 우선 그 사무가 타인의 사무이고 타인을 위하여 사무를 처리하는 의사가 있어야 하며, 나아가 그 사무의 처리가 본인에게 불리하거나 본인의 의사에 반한다는 것이 명백하지 아니할 것을 요한다. 〈2020년 법원행시〉

해설 사무관리가 성립하기 위하여는 우선 그 사무가 타인의 사무이고 타인을 위하여 사무를 처리하는 의사, 즉 관리의 사실상의 이익을 타인에게 귀속시키려는 의사가 있어야 하며, 나아가 그 사무의 처리가 본인에게 불리하거나 본인의 의사에 반한다는 것이 명백하지 아니할 것을 요한다(대판 2013. 8. 22, 2013다30882).

정답 9. (○) 10. (○)

부당이득

1 **부당이득에 관한 다음 기술 중 옳은 것은? (다툼이 있는 경우에는 판례에 의함)** 〈2005년 변리사〉

① 도박 빚을 담보하기 위하여 저당권설정등기를 하여 준 경우에는 그 등기 원인이 불법이므로 그 말소를 청구할 수 없다.

② 채무자가 착오로 인하여 그 채무의 이행기가 도래하기 전에 변제를 한 경우에는 그 급부의 반환을 청구할 수 있다.

③ 불법의 원인에 기하여 어떠한 물건을 양도하고 또한 이를 인도한 경우에 급여자는 수익자에 대하여 부당이득을 이유로 하여서는 그 물건의 반환을 청구할 수 없지만 그 양도는 무효이므로 급여자가 계속 보유하는 소유권으로부터 나오는 소유물반환청구권에 기하여서는 반환을 청구할 수 있다.

④ 민법 제742조의 비채변제는 지급자가 채무 없음을 알면서도 지급한 경우라고 하더라도 그 변제가 자기의 자유로운 의사에 반하여 이루어진 때에는 그 반환을 청구할 수 있다.

⑤ 여러 사람이 공동으로 법률상 원인없이 타인의 재산을 사용한 경우의 부당이득반환채무는 특별한 사정이 없는 한 연대채무이다.

해 설

① (×) : 불법원인급여에 있어서 그 반환을 금지하는 '급여'는 재산상 가치가 있는 종국적인 것이어야 하고, 그것이 종속적인 것에 불과하여 수령자가 그 이익을 향수하려면 경매신청을 하는 것과 같이 별도의 조치를 취하여야 하는 것은 이에 해당하지 않는다고 판시하였다(대판 1994. 12. 22, 93다55234).

② (×) : 그 급부의 반환은 청구할 수 없고, 예외적으로 채무자가 착오로 인하여 변제한 경우에는 이로 인하여 얻은 이익(중간이자)을 반환하여야 한다(제743조).

③ (×) : 불법원인에 기하여 급여를 한 사람은 그 원인행위가 무효라 하여 상대방에게 부당이득반환청구를 할 수 없음은 물론 급여한 물건의 소유권은 여전히 자기에게 있다고 하여 소유권에 기한 반환청구도 할 수 없고, 따라서 물건의 소유권은 급여를 받은 상대방에게 귀속한다고 판시하였다(대판 1979. 11. 13, 79다483 전원합의체).

④ (○) : 판례는 채무 없음을 알고 있었다고 하더라도 변제를 강제당한 경우나 변제거절로 인한 사실상의 손해를 피하기 위하여 부득이 변제하게 된 경우 등 그 변제가 자기의 자유로운 의사에 반하여 이루어진 것으로 볼 수 있는 사정이 있는 때에는 지급자가 그 반환청구권을 상실하지 않는다고 한다(대판 1988. 2. 9, 87다432).

⑤ (×) : 연대채무가 아닌 불가분채무라고 이해한다(대판 1981. 8. 20, 80다2587).

2 **부당이득반환에 관한 설명으로 옳은 것은? (다툼이 있는 경우 판례에 의함)** 〈2006년 변리사〉

① 甲은 乙을 농지소유자로 믿고 乙로부터 그 농지를 매수하여 경작하였다. 甲은 그 동안 자신이 그 농지를 점유·경작함으로써 얻은 이득을, 그 농지의 진정한 소유자인 丙에게 부당이득으로 반환할 의무를 진다.

② 건물임대차계약이 종료하였으나 임대인 乙로부터 임대보증금을 반환받지 못한 甲은 계약종료일로부터 1개월 후 임차건물에서 사무실 집기와 비품을 반출·철거하였고, 그 후로는 임차건물을 전혀

정답 1. ④ 2. ②

사용하지 않고 잠궈 두었다. 甲은 사무실 집기 등을 반출한 날로부터 1개월 후 그 건물의 열쇠를 乙에게 교부하였다. 甲은 집기 등을 반출한 날부터는 임대료, 유지관리비 등을 乙에게 부당이득으로 반환할 의무가 없다.

③ 甲은 乙 소유의 토지 위에 건물을 무단으로 건축하고, 丙에게 임대하고 있었다. 그런데 丙은 임대차약정기간이 도래하기 전에 사정이 있다고 하면서 다른 곳으로 이사를 갔고, 甲은 다른 임차인을 구할 수 없어서 그 건물을 비워두고 있다. 甲은 토지의 차임에 상당하는 금액을 乙에게 부당이득으로 반환하지 않아도 된다.

④ 임차인 甲은 임대인 乙의 동의 없이 乙이 소유하는 건물의 창호공사를 丙에게 도급하였다. 丙은 약정기간 내에 위 공사를 완료하였고, 이로 인하여 그 건물의 가치가 5천만원 상당 증가하였다. 만약 丙이 공사대금을 전혀 지급받지 못하였다면, 丙은 乙에게 위 공사로 인한 건물가치의 증가분 5천만원의 반환을 부당이득으로 청구할 수 있다.

⑤ 甲은 2005년 2월 1일 乙과 명의신탁약정을 맺고, 같은 해 2월 10일 乙은 이에 따라 乙 자신이 매수인이 되어서 그러한 사실을 알지 못하는 丙과 丙 소유의 토지를 매수하는 계약을 체결하였고, 같은 날 乙 명의로 그 토지의 소유권이전등기를 마쳤다. 이 경우 乙은 甲에게 부동산 그 자체를 부당이득으로서 반환하여야 한다.

해 설

①(×) : 민법 제201조 제1항에 의하면 선의의 점유자는 점유물의 과실을 취득한다고 규정하고 있는바, 건물을 사용함으로써 얻는 이득은 그 건물의 과실에 준하는 것이므로, 선의의 점유자는 비록 법률상 원인 없이 타인의 건물을 점유·사용하고 이로 말미암아 그에게 손해를 입혔다고 하더라도 그 점유·사용으로 인한 이득을 반환할 의무는 없다(대판 1996. 1. 26, 95다44290).

②(○) : 판례는 실질적 이익설을 취한다. 따라서 임차인이 임대차계약 종료 이후에도 동시이행의 항변권을 행사하는 방법으로 목적물의 반환을 거부하기 위하여 임차건물 부분을 계속 점유하기는 하였으나 이를 본래의 임대차계약상의 목적에 따라 사용·수익하지 아니하여 실질적인 이득을 얻은 바 없는 경우에는 그로 인하여 임대인에게 손해가 발생하였다 하더라도 임차인의 부당이득반환의무는 성립되지 아니한다고 판시하였다(대판 2003. 4. 11, 2002다59481).

③(×) : 타인 소유의 토지 위에 권한 없이 건물을 소유하고 있는 자는 그 자체로써 특별한 사정이 없는 한 법률상 원인 없이 타인의 재산으로 인하여 토지의 차임에 상당하는 이익을 얻고 이로 인하여 타인에게 동액 상당의 손해를 주고 있다고 보아야 한다(대판 1998. 5. 8, 98다2389).

④(×) : 판례는 소위 '전용물소권'을 부정함이 원칙이다. 계약상의 급부가 계약의 상대방뿐만 아니라 제3자의 이익으로 된 경우에 급부를 한 계약당사자가 계약 상대방에 대하여 계약상의 반대급부를 청구할 수 있는 이외에 그 제3자에 대하여 직접 부당이득반환청구를 할 수 있다고 보면, 자기 책임하에 체결된 계약에 따른 위험부담을 제3자에게 전가시키는 것이 되어 계약법의 기본원리에 반하는 결과를 초래하기 때문이라 한다(대판 2002. 8. 23, 99다66564, 66571).

⑤(×) : 丙이 선의인 경우 계약명의신탁은, 명의신탁자와 명의수탁자 사이의 명의신탁약정의 무효에도 불구하고 그 명의수탁자는 당해 부동산의 완전한 소유권을 취득하게 되고, 다만 명의수탁자는 명의신탁자에 대하여 부당이득반환의무를 부담하게 될 뿐이라 할 것인데, 그 계약명의신탁약정이 부동산실권리자명의등기에관한법률 시행 후인 경우에는 명의신탁자는 애초부터 당해 부동산의 소유권을 취득할 수 없었으므로 위 명의신탁약정의 무효로 인하여 명의신탁자가 입은 손해는 당해 부동산 자체가 아니라 명의수탁자에게 제공한 매수자금이라 할 것이고, 따라서 명의수탁자는 당해 부동산 자체가 아니라 명의신탁자로부터 제공받은 매수자금을 부당이득하였다고 할 것이다(대판 2005. 1. 28, 2002다66922).

3 **다음 중 부당이득반환청구권의 성립이 인정될 수 없는 사례는? (다툼이 있는 경우에는 판례에 의함)** 〈2007년 변리사〉

① 지입계약이 종료된 후 지입회사가 계속 지입차량의 소유명의를 보유하고 있는 동안에 지입차주가 지입회사의 운송사업 등록명의를 이용하여 지입차량을 계속 운행하여 사업을 영위함으로써 지입료 상당의 이익을 얻은 경우

② 경락인이 경매절차를 통하여 부동산을 경락받아 대금을 완납하고 그 앞으로 소유권이전등기를 마쳤으나, 그 후 경매절차의 기초가 된 채무자 명의의 소유권이전등기가 원인무효의 등기여서 경매부동산의 소유권을 취득하지 못하게 된 경우

③ 전부명령이 확정되어 집행채권자가 전부명령에 따라 전부받은 채권 중 실제로 금전을 추심한 후 그 집행권원인 집행증서의 기초가 된 법률행위 중 전부 또는 일부에 무효사유가 있는 것으로 판명된 경우

④ 허위의 주장으로 법원을 기망하여 실체의 권리관계와 다른 내용의 확정판결을 얻은 후 그 판결에 기하여 강제집행을 하여 채권을 취득한 경우

⑤ 우선변제권이 있는 임금채권자가 경매절차의 개시 전에 경매 목적 부동산을 가압류하고 배당표가 확정되기 전까지 그 가압류의 청구채권이 우선변제권이 있는 임금채권임을 소명하였음에도 경매법원이 임금채권자에게 우선배당을 하지 아니한 채 배당표를 작성하여 확정하고, 그 배당표에 따라 다른 채권자에게 배당을 한 경우

해 설

① (○) : 지입차주가 얻은 위와 같은 이익은 부당이득으로서 지입회사에게 반환하여야 한다(대판 2003. 11. 28, 2003다37136).

② (○) : 경락인이 강제경매절차를 통하여 부동산을 경락받아 대금을 완납하고 그 앞으로 소유권이전등기까지 마쳤으나, 그 후 강제경매절차의 기초가 된 채무자 명의의 소유권이전등기가 원인무효의 등기이어서 경매 부동산에 대한 소유권을 취득하지 못하게 된 경우, 이와 같은 강제경매는 무효라고 할 것이므로 경락인은 경매 채권자에게 경매대금 중 그가 배당받은 금액에 대하여 일반 부당이득의 법리에 따라 반환을 청구할 수 있고, 민법 제578조 제1항, 제2항에 따른 경매의 채무자나 채권자의 담보책임은 인정될 여지가 없다(대판 2004. 6. 24, 2003다59259).

③ (○) : 전부명령이 확정된 후 그 집행권원인 집행증서의 기초가 된 법률행위 중 전부 또는 일부에 무효사유가 있는 것으로 판명된 경우에는 그 무효 부분에 관하여는 집행채권자가 부당이득을 한 셈이 되므로, 그 집행채권자는 집행채무자에게, 위 전부명령에 따라 전부받은 채권 중 실제로 추심한 금전 부분에 관하여는 그 상당액을 반환하여야 하고, 추심하지 아니한 나머지 부분에 관하여는 그 채권 자체를 양도하는 방법에 의하여 반환하여야 한다(대판 2005. 4. 15, 2004다70024).

④ (×) : 확정판결이 취소되지 아니한 이상 위 확정판결에 기한 강제집행으로 취득한 채권을 법률상 원인 없는 이득이라고 하여 반환을 구하는 것은 위 확정판결의 기판력에 저촉되어 허용될 수 없다(대판 2001. 11. 13, 99다32905).

⑤ (○) : 근로기준법상 우선변제권이 있는 임금채권자가 경매절차개시 전에 경매 목적 부동산을 가압류하고 배당표가 확정되기 전까지 그 가압류의 청구채권이 우선변제권 있는 임금채권임을 소명하였음에도 경매법원이 임금채권자에게 우선배당을 하지 아니한 채 후순위 채권자에게 배당하는 것으로 배당표를 작성하고 그 배당표가 그대로 확정된 경우에는 배당을 받아야 할 자가 배당을 받지 못하고 배당을 받지 못할 자가 배당을 받은 것으로서 배당에 관하여 이의를 한 여부 또는 형식상 배당절차가 확정되었는가의 여부에 관계없이 배당을 받지 못한 임금채권자는 배당을 받은 후순위 채권자를 상대로 부당이득반환청구권을 갖는다(대판 2004. 7. 22, 2002다52312).

정답 3. ④

4 甲의 乙에 대한 부당이득반환청구가 허용되는 경우는? (다툼이 있는 경우에는 판례에 의함)

〈2009년 변리사〉

① 甲의 금전을 횡령한 A가 그 돈으로 이런 사실을 알 수 없는 그의 채권자 乙에게 변제하였다. 이 경우 甲의 乙에 대한 부당이득(횡령금액) 반환청구

② 甲이 거래은행인 乙은행을 통하여 인터넷뱅킹으로 거래처인 A의 乙은행 구좌에 이체한다는 것이 甲의 실수로 거래관계가 전혀 없는 B의 乙은행 구좌에 이체되었다. 이 경우 甲의 乙은행에 대한 부당이득(이체금액) 반환청구

③ 성매매업소를 경영하는 甲이 乙을 성을 파는 자로 모집·고용하면서 선불금을 주었으나, 얼마못가 乙이 업소에서 근무를 할 수 없게 되었다. 이 경우 甲의 乙에 대한 부당이득(선불금액) 반환청구

④ 甲이 공장을 매수할 당시 매도인의 전기요금체납사실을 알지 못하였는데, 乙 전력회사가 전기공급을 해 주지 않으므로 이를 공급받기 위하여 부득이 인수하지도 않은 매도인의 체납전기요금을 그 반환청구권을 유보하고 변제하였다. 이 경우 甲의 乙에 대한 부당이득(전기요금액) 반환청구

⑤ 甲이 A에게 토지를 임대하였으나, A가 甲의 동의를 받지 않고 乙에게 토지를 전대하였지만 아직 甲이 임대차계약을 해지하지 않은 상태이다. 이 경우 甲의 乙에 대한 부당이득(토지임료 상당액) 반환청구

해 설

① (×) : 채무자가 횡령한 금원으로 자신의 채권자에 대한 채무를 변제하는 경우 채권자가 그 변제를 수령함에 있어 악의 또는 중대한 과실이 있는 경우에는 채권자의 금전취득은 피해자에 대한 관계에 있어서 법률상 원인을 결여한 것으로 봄이 상당하나, 채권자가 그 변제를 수령함에 있어 단순한 과실이 있는 경우에는 그 변제는 유효하고 채권자의 금전취득이 피해자에 대한 관계에 있어서 법률상 원인을 결여한 것이라고 할 수 없다(대판 2003. 6. 13, 2003다8862).

② (×) : 송금의뢰인이 수취인의 예금구좌에 계좌이체를 한 때에는, 송금의뢰인과 수취인 사이에 계좌이체의 원인인 법률관계가 존재하는지 여부에 관계없이 수취인과 수취은행 사이에는 계좌이체금액 상당의 예금계약이 성립하고, 수취인이 수취은행에 대하여 위 금액 상당의 예금채권을 취득한다. 이때, 송금의뢰인과 수취인 사이에 계좌이체의 원인이 되는 법률관계가 존재하지 않음에도 불구하고, 계좌이체에 의하여 수취인이 계좌이체금액 상당의 예금채권을 취득한 경우에는, 송금의뢰인은 수취인에 대하여 위 금액 상당의 부당이득반환청구권을 가지게 되지만, 수취은행은 이익을 얻은 것이 없으므로 수취은행에 대하여는 부당이득반환청구권을 취득하지 아니한다(대판 2007. 11. 29, 2007다51239).

③ (×) : 윤락행위 및 그것을 유인·강요하는 행위는 선량한 풍속 기타 사회질서에 위반되므로, 윤락행위를 할 자를 고용·모집하거나 그 직업을 소개·알선한 자가 윤락행위를 할 자를 고용·모집함에 있어 성매매의 유인·강요의 수단으로 이용되는 선불금 등 명목으로 제공한 금품이나 그 밖의 재산상 이익 등은 불법원인급여에 해당하여 그 반환을 청구할 수 없다(대판 2004. 9. 3, 2004다27488, 27495).

④ (○) : 甲이 공장을 매수할 당시 매도인인 乙의 전기요금 체납사실을 알지 못하였는데, 丙이 전기공급을 해주지 아니하므로 이를 공급받기 위하여 부득이 인수하지도 아니한 乙의 체납 전기요금채무를 그 반환청구권을 유보하고 변제하였다면 매수 당시부터 그 체납사실을 알면서도 이를 매수한 경우와 달리 민법 제742조의 비채변제에 해당하지 않는다(대판 1992. 2. 14, 91다17917).

⑤ (×) : 임차인이 임대인의 동의를 받지 않고 제3자에게 임차권을 양도하거나 전대하는 등의 방법으로 임차물을 사용·수익하게 하더라도, 임대인이 이를 이유로 임대차계약을 해지하거나 그 밖의 다른 사유로 임대차계약이 적법하게 종료되지 않는 한 임대인은 임차인에 대하여 여전히 차임청구권을 가지므로, 임대차계약이 존속

정답 4. ④

하는 한도 내에서는 제3자에게 불법점유를 이유로 한 차임 상당 손해배상청구나 부당이득반환청구를 할 수 없다(대판 2008. 2. 28, 2006다10323).

5 **부당이득에 관한 설명으로 옳지 않은 것은? (다툼이 있는 경우에는 판례에 의함)** 〈2010년 변리사〉

① 부당이득에서의 이득이란 적극적 재산의 증가뿐만 아니라 소극적으로 당연히 발생하였어야 할 재산의 감소를 면하는 것도 포함된다.

② 임대차계약 종료 후 보증금반환에 대한 동시이행의 항변권의 행사방법으로서 임대차건물을 계속 점유한 경우, 임차인이 본래의 목적으로 사용·수익하지 못하여 실질적인 이득이 없다고 하더라도 부당이득반환의무를 진다.

③ 건물 이외의 공작물의 소유를 목적으로 하는 토지전차인이 전대차가 적법하게 해지된 이후에도 그 토지 위에 권한 없이 공작물을 소유하고 있다면, 전차인은 토지소유자의 차임 상당의 손해액에 대해 부당이득반환의무를 진다.

④ 부동산의 공유자 중 1인이 다른 공유자의 동의 없이 그 부동산을 타인에게 임대하였다면 이로 인한 수익 중 자신의 지분을 초과하는 부분에 대하여는 부당이득으로 인한 반환의무를 진다.

⑤ 사업양도법인의 청산사무 종결 전에 발생한 세금을 사업양수법인이 납부한 경우 사업양도법인의 세금액 상당의 부당이득반환의무를 진다.

해설

① (○) : 법률상 원인 없이 타인의 재산 또는 노무로 인하여 이익을 얻고 그로 인하여 타인에게 손해를 가하는 이른바 부당이득은 그 수익의 방법에 제한이 없음은 물론, 그 수익에 있어서도 그 어떠한 사실에 의하여 재산이 적극적으로 증가하는 재산의 적극적 증가나 그 어떠한 사실의 발생으로 당연히 발생하였을 손실을 보지 않게 되는 재산의 소극적 증가를 가리지 않는다(대판 1996. 11. 22, 96다34009 등).

② (×) : 임차인이 임대차계약 종료 이후에도 동시이행의 항변권을 행사하는 방법으로 목적물의 반환을 거부하기 위하여 임차건물부분을 계속 점유하기는 하였으나 이를 본래의 임대차계약상의 목적에 따라 사용·수익하지 아니하여 실질적인 이득을 얻은 바 없는 경우에는 그로 인하여 임대인에게 손해가 발생하였다 하더라도 임차인의 부당이득반환의무는 성립되지 않는다(대판 2008. 4. 10, 2007다76986 등).

③ (○) : 타인 소유의 토지 위에 권한 없이 건물을 소유하고 있는 자는 그 자체로서 특별한 사정이 없는 한 법률상 원인 없이 타인의 재산으로 토지의 차임에 상당하는 이익을 얻고 그로 인하여 타인에게 동액 상당의 손해를 주고 있다고 보아야 하는데, 건물 이외의 공작물의 소유를 목적으로 한 토지전대차의 경우에도 이와 마찬가지다(대판 2007. 8. 23, 2007다21856, 21863).

④ (○) : 부동산의 공유자 중 1인이 타 공유자의 동의 없이 그 부동산을 타에 임대하였다면 이로 인한 수익 중 자신의 지분을 초과하는 부분에 대하여는 법률상 원인 없이 취득한 부당이득이 되어 이를 반환할 의무가 있다(대판 1995. 7. 14, 94다15318).

⑤ (○) : 법인에 대한 청산종결등기가 경료되었다고 하더라도 청산사무가 종결되지 않는 한 그 범위 내에서는 청산법인으로서 존속한다고 볼 것이어서, 청산사무 종결 전에 발생한 인정상여소득에 대한 사업양도인의 납세의무는 여전히 존속되고 있다고 할 것이고, 사업양수인의 세금납부에 의하여 사업양도인이 원래 부담하여야 할 조세채무의 발생이 확정적으로 소멸된 이상 사업양도인은 동 금액 상당에 대한 부당이득반환의무를 진다(대판 2003. 2. 11, 99다66427, 73371).

정답 5. ②

6 **부당이득에 관한 다음 설명 중 옳은 것은? (다툼이 있는 경우에는 판례에 의함)** 〈2011년 변리사〉

① 계약상 급부가 계약의 상대방뿐만 아니라 제3자의 이익으로 된 경우, 급부를 한 계약당사자는 제3자에 대하여 직접 부당이득반환을 청구할 수 있다.

② '부동산실권리자명의 등기에 관한 법률' 시행 후에 계약명의신탁이 이루어진 경우 명의수탁자는 명의신탁자에게 당해 부동산 자체를 부당이득으로 반환하여야 한다.

③ 배당요구가 필요한 배당요구채권자가 실체법상 우선변제청구권이 있는 경우에는, 비록 적법한 배당요구를 하지 아니하여 배당에서 제외되었다 하더라도, 배당받은 후순위채권자를 상대로 부당이득반환을 청구할 수 있다.

④ 부당이득반환청구가 금지되는 사유로서 불법의 원인이라 함은 그 원인되는 행위가 선량한 풍속 기타 사회질서에 위반하는 경우를 말하는 것으로서, 법률의 금지에 위반하는 경우라 할지라도 그것이 선량한 풍속 기타 사회질서에 위반하지 않는 경우에는 이에 해당하지 않는다.

⑤ 저당권자가 물상대위권을 행사하지 아니하여 우선변제권을 상실한 경우, 다른 채권자가 그 보상금 또는 이에 관한 변제공탁금으로부터 이득을 얻었다면 저당권자는 부당이득반환을 청구할 수 있다.

해 설

① (×) : 계약상의 급부가 계약의 상대방뿐만 아니라 제3자의 이익으로 된 경우에 급부를 한 계약당사자가 계약 상대방에 대하여 계약상의 반대급부를 청구할 수 있는 이외에 그 제3자에 대하여 직접 부당이득반환청구를 할 수 있다고 보면, 자기 책임 하에 체결된 계약에 따른 위험부담을 제3자에게 전가시키는 것이 되어 계약법의 기본원리에 반하는 결과를 초래할 뿐만 아니라, 채권자인 계약당사자가 채무자인 계약 상대방의 일반채권자에 비하여 우대받는 결과가 되어 일반채권자의 이익을 해치게 되고, 수익자인 제3자가 계약 상대방에 대하여 가지는 항변권 등을 침해하게 되어 부당하므로, 위와 같은 경우 계약상의 급부를 한 계약당사자는 이익의 귀속 주체인 제3자에 대하여 직접 부당이득반환을 청구할 수는 없다고 보아야 한다(대판 2002. 8. 23, 99다66564,66571 ; 대판 2010. 3. 11, 2009다98706).

② (×) : 계약명의신탁약정이 위 법 시행 후인 경우에는 명의신탁자는 애초부터 당해 부동산의 소유권을 취득할 수 없었으므로 위 명의신탁약정의 무효로 인하여 명의신탁자가 입은 손해는 당해 부동산 자체가 아니라 명의수탁자에게 제공한 매수자금이라 할 것이고, 따라서 명의수탁자는 당해 부동산 자체가 아니라 명의신탁자로부터 제공받은 매수자금을 부당이득하였다고 할 것이다(대판 2005. 1. 28, 2002다66922 등).

③ (×) : 민사집행법 제88조 제1항(구 민사소송법 제605조 제1항)에서 규정하는 배당요구가 필요한 배당요구채권자(집행력 있는 정본을 가진 채권자, 경매개시결정이 등기된 뒤에 가압류를 한 채권자, 민법·상법 그 밖의 법률에 의하여 우선변제청구권이 있는 채권자)는, 압류의 효력발생 전에 등기한 가압류채권자·경락으로 인하여 소멸하는 저당권자 및 전세권자로서 압류의 효력발생 전에 등기한 자 등 당연히 배당을 받을 수 있는 채권자(민사집행법 제148조 제4호)의 경우와는 달리, 배당요구의 종기까지 배당요구를 한 경우에 한하여 비로소 배당을 받을 수 있고, 적법한 배당요구를 하지 아니한 경우에는 비록 실체법상 우선변제청구권이 있다 하더라도 매각(경락)대금으로부터 배당을 받을 수는 없을 것이므로, 이러한 배당요구채권자가 적법한 배당요구를 하지 아니하여 그를 배당에서 제외하는 것으로 배당표가 작성·확정되고 그 확정된 배당표에 따라 배당이 실시되었다면 그가 적법한 배당요구를 한 경우에 배당받을 수 있었던 금액 상당의 금원이 후순위 채권자에게 배당되었다고 하여 이를 법률상 원인이 없는 것이라고 할 수 없다(대판 2002. 1. 22, 2001다70702 ; 대판 2008. 12. 24, 2008다65242 등).

④ (○) : 부당이득반환청구가 금지되는 사유로서 불법의 원인이라 함은 그 원인되는 행위가 선량한 풍속 기타 사회질서에 위반하는 경우를 말하는 것으로서, 법률의 금지에 위반하는 경우라 할지라도 그것이 선량한 풍속 기타사회질서에 위반하지 않는 경우에는 이에 해당하지 않는다(대판 2003. 11. 27, 2003다41722 ; 대판 2001. 5. 29, 2001다1782 등).

정 답 6. ④

⑤ (×) : 민법 제370조, 제342조 단서가 저당권자는 물상대위권을 행사하기 위하여 저당권설정자가 받을 금전 기타 물건의 지급 또는 인도 전에 압류하여야 한다고 규정한 것은 물상대위의 목적인 채권의 특정성을 유지하여 그 효력을 보전함과 동시에 제3자에게 불측의 손해를 입히지 않으려는 데에 그 취지가 있다. 따라서 저당목적물의 변형물인 금전 기타 물건에 대하여 이미 제3자가 압류하여 그 금전 또는 물건이 특정된 이상 저당권자가 스스로 이를 압류하지 않고서도 물상대위권을 행사하여 일반채권자보다 우선변제를 받을 수 있으나, 그 행사방법은 민사집행법 제273조에 의하여 담보권의 존재를 증명하는 서류를 집행법원에 제출하여 채권압류 및 전부명령을 신청하는 것이거나 민사집행법 제247조 제1항에 의하여 배당요구를 하는 것이므로, 이러한 물상대위권의 행사에 나아가지 아니한 채 단지 수용대상토지에 대하여 담보물권의 등기가 된 것만으로는 그 보상금으로부터 우선변제를 받을 수 없다. 그렇다면 저당권자가 물상대위권의 행사에 나아가지 아니하여 우선변제권을 상실한 이상, 다른 채권자가 그 보상금 또는 이에 관한 변제공탁금으로부터 이득을 얻었다고 하더라도 저당권자는 이를 부당이득으로서 반환 청구할 수 없다(대판 2010. 10. 28, 2010다46756 ; 대판 2002. 10. 11, 2002다31337).

7 **부당이득에 관한 설명으로 옳은 것은? (다툼이 있는 경우에는 판례에 의함)** 〈2014년 변리사〉

① 甲이 乙에게서 횡령한 금전을 자신의 친구 丙에게 무상으로 증여한 경우, 丙이 이를 수령하면서 그 금전이 횡령한 것이라는 사실에 대하여 악의 또는 중대한 과실이 없으면 丙의 금전취득은 乙에 대한 관계에서 법률상 원인이 있다고 하여야 한다.

② 계약의 일방당사자 甲이 그 상대방 乙의 지시로 乙과 또 다른 법률관계에 있는 丙에게 직접 급부한 경우, 급부의 원인이 된 甲과 乙간의 계약이 적법하게 취소되면 甲은 丙에게 부당이득반환을 청구할 수 있다.

③ 특별한 사정이 없으면, 불법의 원인으로 乙에게 재산을 급여한 甲은 그 불법의 원인에 가공한 乙의 불법행위를 이유로 그 재산의 급여로 인하여 발생한 자신의 손해를 배상할 것을 乙에게 청구할 수 있다.

④ 경매신청기입등기 전에 등기된 근저당권자 甲이 배당요구를 해태하여 후순위 저당권자 乙에게 甲이 배당받을 수 있었던 금액이 배당된 경우, 甲은 乙에게 부당이득반환을 청구할 수 없다.

⑤ 甲이 그의 과실로 채무 없음을 알지 못하고 乙에게 채무를 변제한 경우, 甲은 그 반환을 청구하지 못한다.

해 설

① (○) : 부당이득제도는 이득자의 재산상 이득이 법률상 원인을 결여하는 경우에 공평·정의의 이념에 근거하여 이득자에게 반환의무를 부담시키는 것인데, 채무자가 피해자에게서 횡령한 금전을 자신의 채권자에 대한 채무변제에 사용하는 경우 채권자가 변제를 수령하면서 그 금전이 횡령한 것이라는 사실에 대하여 악의 또는 중대한 과실이 없는 한 채권자의 금전취득은 피해자에 대한 관계에서 법률상 원인이 있는 것으로 봄이 타당하며, 이와 같은 법리는 채무자가 횡령한 돈을 제3자에게 증여한 경우에도 마찬가지라고 보아야 한다(대판 2012. 1. 12, 2011다74246 등).

② (×) : 계약의 일방당사자 甲이 그 상대방 乙의 지시로 乙과 또 다른 법률관계에 있는 丙에게 직접 급부한 경우, 급부의 원인이 된 甲과 乙간의 계약이 적법하게 취소되면 甲은 丙에게 부당이득반환을 청구할 수 없다(대판 2003. 12. 26, 2001다46730).

③ (×) : 특별한 사정이 없으면, 불법의 원인으로 乙에게 재산을 급여한 甲은 그 불법의 원인에 가공한 乙의 불법행위를 이유로 그 재산의 급여로 인하여 발생한 자신의 손해를 배상할 것을 乙에게 청구할 수 없다(대판 2013. 8. 22, 2013다35412).

정답 7. ①

④ (×) : 경매신청기입등기 전에 등기된 근저당권자는 경락으로 인하여 그 권리가 소멸하는 대신 별도로 배당요구를 하지 않더라도 그 순위에 따라 경락대금에서 우선변제를 받을 수 있어 당연히 배당요구를 한 것과 같은 효력이 있으므로, 그러한 근저당권자가 배당요구를 하지 아니하였다 하여도 배당에서 제외하여서는 아니 되고, 확정된 배당표에 의하여 배당을 실시하는 것은 실체법상의 권리를 확정하는 것이 아니므로 배당을 받아야 할 자가 배당을 받지 못하고 배당을 받지 못할 자가 배당을 받은 경우에는 배당에 관하여 이의를 한 여부 또는 형식상 배당절차가 확정되었는가의 여부에 관계없이 배당을 받지 못한 우선채권자에게 부당이득반환청구권이 있다(대판 2006. 9. 28, 2004다68427).

⑤ (×) : 악의의 비채변제는 채무없음을 알고 변제한 경우이지 이처럼 甲이 그의 과실로 채무 없음을 알지 못하고 乙에게 채무를 변제한 경우는 포함되지 않는다. 따라서 甲은 그 반환을 청구할 수 있다(대판 1998. 11. 13, 97다58453).

8 **甲은 乙에 대해 금전채권을 가지고 있다. 이에 관한 설명으로 옳지 않은 것은? (다툼이 있으면 판례에 따름)** 〈2015년 변리사〉

① 乙이 변제기가 되지 않았음을 모르고 甲에게 변제한 경우, 乙은 甲에게 그로 인한 이익의 반환을 청구할 수 있다.

② 乙이 보관하던 丙 소유의 동산을 乙의 소유로 잘못 알고 甲이 강제경매에 의해 매각대금을 배당받은 경우, 丙은 甲을 상대로 부당이득반환을 청구할 수 있다.

③ 丙이 자신의 채무라고 오인하여 甲에게 변제한 경우, 丙은 특별한 사정이 없는 한 甲에게 부당이득반환을 청구할 수 있다.

④ 甲이 乙의 토지에 저당권을 설정 받은 후 그 토지가 수용되었고, 甲이 물상대위권 행사로 乙의 수용보상금을 압류하기 전에 乙이 수령한 경우, 甲은 乙에게 부당이득반환을 청구할 수 없다.

⑤ 甲이 자신의 물건을 乙에게 매도하고 乙이 그 물건을 丙에게 전매하였고, 丙이 乙의 지시에 따라 甲에게 직접 매매대금을 지급하였지만 甲과 乙사이의 계약이 무효인 경우, 丙은 甲에게 부당이득반환을 청구할 수 없다.

해 설

① (○) : 민법 제743조. 기한전의 변제시 중간이자의 반환문제이다. 즉 乙이 변제기가 되지 않았음을 모르고 甲에게 변제한 경우, 乙은 甲에게 그로 인한 이익(=중간이자 또는 중간이익)의 반환을 청구할 수 있다.

② (○) : 채무자 이외의 자의 소유에 속하는 동산을 경매한 경우에도 경매절차에서 그 동산을 경락받아 경락대금을 납부하고 이를 인도받은 경락인은 특별한 사정이 없는 한 소유권을 선의취득 한다고 할 것이지만, 그 동산의 매득금은 채무자의 것이 아니어서 채권자가 이를 배당 받았다고 하더라도 채권은 소멸하지 않고 계속 존속한다고 할 것이므로, 배당을 받은 채권자는 이로 인하여 법률상 원인 없는 이득을 얻고 소유자는 경매에 의하여 소유권을 상실하는 손해를 입게 되었다고 할 것이니, 그 동산의 소유자는 배당을 받은 채권자에 대하여 부당이득으로서 배당받은 금원의 반환을 청구할 수 있다(대판 1998. 3. 27, 97다32680).

③ (○) : 채무자가 아닌 제3자가 타인의 채무를 자기의 채무로 잘못 알고 자기 채무의 이행으로서 변제한 경우, 특별한 사정이 없는 한 원고는 피고들을 상대로 부당이득 반환을 청구할 수 있다(민법 제745조 제1항 참조)(대판 2014. 11. 13, 2009다67351).

④ (×) : 저당권자가 금전 또는 물건의 인도청구권을 압류하기 전에 저당물의 소유자가 그 인도청구권에 기하여 금전 등을 수령한 경우 저당권자는 더 이상 물상대위권을 행사할 수 없게 된다. 이 경우 저당권자는 저당권의 채권최고액 범위 내에서 저당목적물의 교환가치를 지배하고 있다가 저당권을 상실하는 손해를 입게 되는

정답 8. ④

반면에, 저당목적물의 소유자는 저당권의 채권최고액 범위 내에서 저당권자에게 저당목적물의 교환가치를 양보하여야 할 지위에 있다가 마치 그러한 저당권의 부담이 없었던 것과 같은 상태에서의 대가를 취득하게 되는 것이므로, 그 수령한 금액 가운데 저당권의 채권최고액을 한도로 하는 피담보채권액의 범위 내에서는 이득을 얻게 된다. 이와 같은 이익을 소유권자에게 종국적으로 귀속시키는 것은 저당권자에 대한 관계에서 공평의 관념에 위배되어 법률상 원인이 없다고 봄이 상당하므로, 저당목적물 소유자는 저당권자에게 이를 부당이득으로 반환할 의무가 있다(대판 2009. 5. 14, 2008다17656).

⑤ (○) : 甲(건설회사)이 자신의 물건을 乙에게 (통으로)매도하고 乙이 그 물건을 丙(등)에게 전매(분양)하였고, 丙이 乙의 지시에 따라 甲에게 직접 매매대금(일부)을 지급하였지만 甲과 乙사이의 계약이 무효인 경우(또는 乙과 丙의 계약이 해제된 경우), 丙은 甲에게 부당이득반환을 청구할 수 없다(대판 2011. 11. 10, 2011다48568).

9 **甲男은 乙女와 부첩(夫妾)관계를 맺고, 그 대가로 자신이 소유하는 주택을 乙에게 증여하여 乙 앞으로 소유권이전등기를 해주었다. 현재 乙은 위 주택에서 거주하고 있다. 다음 보기 중 옳은 설명을 모두 고른 것은? (다툼이 있으면 판례에 따름)** 〈2018년 변리사〉

ㄱ. 甲과 乙의 증여계약은 무효이다.
ㄴ. 甲은 乙명의의 이전등기의 말소를 청구할 수 있다.
ㄷ. 甲은 乙을 상대로 주택의 명도를 청구할 수 없다.
ㄹ. 만약 乙이 丙에게 주택을 양도하고 이전등기를 해준 경우 甲은 丙명의의 이전등기의 말소를 청구할 수 없다.

① ㄱ, ㄴ ② ㄱ, ㄷ ③ ㄴ, ㄹ ④ ㄱ, ㄷ, ㄹ ⑤ ㄴ, ㄷ, ㄹ

해 설

ㄱ. (○) : 민법 제103조(반사회질서의 법률행위). 선량한 풍속 기타 사회질서에 위반한 사항을 내용으로 하는 법률행위는 무효로 한다.

ㄴ. (×), ㄷ. (○), ㄹ. (○) : 민법 제746조는 단지 부당이득제도만을 제한하는 것이 아니라 동법 제103조와 함께 사법의 기본이념으로서, 결국 사회적 타당성이 없는 행위를 한 사람은 스스로 불법한 행위를 주장하여 복구를 그 형식여하에 불구하고 소구할 수 없다는 이상을 표현한 것이므로, 급여를 한 사람은 그 원인행위가 법률상 무효라 하여 상대방에게 부당이득반환청구를 할 수 없음은 물론 급여한 물건의 소유권은 여전히 자기에게 있다고 하여 소유권에 기한 반환청구도 할 수 없고 따라서 급여한 물건의 소유권은 급여를 받은 상대방에게 귀속된다(대판 1979. 11. 13, 79다483 전원합의체). ☞ ㄹ : 주택의 소유권이 乙에게 반사적으로 귀속하므로, 乙로부터 승계취득한 丙도 유효하게 소유권을 취득한다.

10 **부당이득에 관한 설명으로 옳지 않은 것은? (다툼이 있으면 판례에 따름)** 〈2023년 변리사〉

① 쌍무계약에서 당사자 쌍방의 귀책사유 없이 일방의 채무가 후발적으로 불능이 된 경우, 상대방은 이미 이행한 급부에 대하여 부당이득반환을 청구할 수 있다.
② 집행력 있는 정본을 가진 채권자가 배당요구의 종기까지 적법한 배당요구를 하지 않아 배당에서 제외된 경우, 배당금을 수령한 다른 채권자를 상대로 부당이득반환청구를 할 수 없다.
③ 과세관청이 3자간 등기명의신탁에 따라 해당 부동산의 공부상 소유자가 된 명의수탁자에게 재산세

정답 9. ④ 10. ③

부과처분을 하여 명의수탁자가 재산세를 납부한 경우, 그는 명의신탁자나 그 상속인을 상대로 재산세 상당액에 대한 부당이득반환청구를 할 수 있다.

④ 임차인이 임대차계약 종료 후 임대차건물을 계속 점유하였으나, 본래의 임대차계약상의 목적에 따라 사용·수익하지 아니하여 실질적인 이득을 얻은 바가 없는 경우, 임차인은 차임 상당의 부당이득반환의무를 부담하지 않는다.

⑤ 송금의뢰인과 수취인 사이에 계좌이체의 원인이 되는 법률관계가 존재하지 않는데도 송금의뢰인의 착오송금으로 인해 수취인이 계좌이체금액에 해당하는 예금채권을 취득한 경우, 송금의뢰인이 수취인에 대하여 부당이득반환청구권을 갖는다.

해 설

① (○) : 매매(또는 경매포함)목적물이 당사자 쌍방의 귀책사유 없이 이행불능에 이르러 매매계약이 종료되었다면, 위험부담의 법리에 따라 매도인은 이미 지급받은 계약금을 반환하여야 하고 매수인은 목적물을 점유·사용함으로써 취득한 임료 상당의 부당이득을 반환할 의무가 있다(대판 2009. 5. 28, 2008다98655,98662).

② (○) : 배당받을 권리 있는 채권자가 자신이 배당받을 몫을 받지 못하고 그로 말미암아 권리 없는 다른 채권자가 그 몫을 배당받은 경우에는 배당이의 여부 또는 배당표의 확정 여부와 관계없이 배당받을 수 있었던 채권자가 배당금을 수령한 다른 채권자를 상대로 부당이득반환청구를 할 수 있다. 다만 집행력 있는 정본을 가진 채권자 등은 배당요구의 종기까지 배당요구를 한 경우에 한하여 비로소 배당을 받을 수 있고, 적법한 배당요구를 하지 않은 경우에는 매각대금으로부터 배당을 받을 수는 없다. 이러한 채권자가 적법한 배당요구를 하지 않아 배당에서 제외되는 것으로 배당표가 작성되어 배당이 실시되었다면, 그가 적법한 배당요구를 한 경우에 배당받을 수 있었던 금액에 해당하는 돈이 다른 채권자에게 배당되었다고 해서 법률상 원인이 없는 것이라고 할 수 없다(대판 2020. 10. 15, 2017다216523). ☞ 집행력 있는 정본을 가진 채권자, 경매개시결정이 등기된 뒤에 가압류를 한 채권자, 민법·상법, 그 밖의 법률에 따라 우선변제청구권이 있는 채권자는 배당요구의 종기까지 배당요구를 한 경우에 한하여 비로소 배당을 받을 수 있는 배당요구채권자이다(민사집행법 제88조 제1항, 제148조 제2호).

③ (×) : 과세관청이 3자간 등기명의신탁에 따라 해당 부동산의 공부상 소유자가 된 명의수탁자에게 재산세 부과처분을 하고 이에 따라 명의수탁자가 재산세를 납부하였더라도 명의수탁자가 명의신탁자 또는 그 상속인을 상대로 재산세 상당의 금액에 대한 부당이득반환청구권을 가진다고 보기는 어렵다(대판 2020. 11. 26, 2019다298222, 298239).

④ (○) : 법률상의 원인 없이 이득하였음을 이유로 한 부당이득의 반환에 있어 **이득이라** 함은 실질적인 이익을 의미하므로, 임차인이 임대차계약관계가 소멸된 이후에 임차건물 부분을 계속 점유하기는 하였으나 이를 본래의 임대차계약상의 목적에 따라 사용·수익하지 아니하여 실질적인 이득을 얻은 바 없는 **경우에는, 그로 인하여** 임대인에게 손해가 발생하였다고 하더라도 **임차인의 부당이득반환의무는** 성립하지 아니하는 것이고, 이는 임차인의 사정으로 인하여 임차건물 부분을 사용·**수익을 하지** 못하였거나 임차인이 자신의 시설물을 반출하지 아니하였다고 하더라도 마찬가지이다(대판 1998. 7. 10, 98다8554).

⑤ (○) : 송금의뢰인과 수취인 사이에 계좌이체의 원인이 되는 법률관계가 존재하지 않음에도 불구하고, 계좌이체에 의하여 수취인이 계좌이체금액 상당의 예금채권을 취득한 경우에는, 송금의뢰인은 **수취인에 대하여** 위 금액 상당의 부당이득반환청구권을 가지게 되지만, 수취은행은 이익을 얻은 것이 없으므로 **수취은행에 대하여는** 부당이득반환청구권을 행사할 수 없다(대판 2007. 11. 29, 2007다51239 ; 대판 2010. 11. 11, 2010다41263,41270).

11 **甲의 乙에 대한 부당이득반환청구가 인정되는 경우(○)와 부정되는 경우(×)를 올바르게 짝지은 것은? (다툼이 있는 경우에는 판례에 의함)** 〈2014년 변호사시험〉

ㄱ. 乙 소유의 토지를 시효취득한 甲이 그 사실을 알지 못하는 乙에 의하여 그 토지에 설정된 丙 명의의 근저당권을 제거하기 위하여 乙의 丙에 대한 피담보채무를 변제한 경우, 甲은 이를 이유로 乙에 대하여 변제액 상당의 부당이득반환을 청구할 수 있다.
ㄴ. 丙의 채권자 甲이 丙 소유의 토지를 가압류한 상태에서 丙이 그 토지를 乙에게 양도하였고, 그 토지가 수용되어 乙이 수용보상금 전액을 지급받은 경우, 甲은 가압류의 효력을 근거로 乙에 대하여 부당이득반환을 청구할 수 없다.
ㄷ. 乙의 화물차량 운전자 丙이 乙 소유의 화물차량을 운전하면서 乙의 지정 주유소가 아닌 다른 주유소를 운영하는 甲과 유류공급계약을 체결한 후 유류를 공급받아 乙의 화물운송사업에 사용하였으나 甲에게 유류대금을 결제하지 않은 경우, 甲은 丙의 유류 사용으로 인한 이익을 얻은 乙을 상대로 유류대금 상당의 부당이득반환을 청구할 수 있다.

① ㄱ(×), ㄴ(○), ㄷ(×) ② ㄱ(×), ㄴ(○), ㄷ(○) ③ ㄱ(×), ㄴ(×), ㄷ(○)
④ ㄱ(○), ㄴ(○), ㄷ(×) ⑤ ㄱ(○), ㄴ(×), ㄷ(×)

해 설

㉠ (×) : 취득시효의 제3원칙과 유사한 사안이다. 즉 "시효취득자가 원소유자에 의하여 그 토지에 설정된 근저당권의 피담보채무를 변제하는 것은 시효취득자가 용인하여야 할 그 토지상의 부담을 제거하여 완전한 소유권을 확보하기 위한 것으로서 그 자신의 이익을 위한 행위라 할 것이니, 위 변제액 상당에 대하여 원소유자에게 대위변제를 이유로 구상권을 행사하거나 부당이득을 이유로 그 반환청구권을 행사할 수는 없다."(대판 2006. 5. 12, 2005다75910).

㉡ (○) : 위 사안처럼 가압류가 설정되어 있는 경우는, 저당권이 설정되어 있는 담보물권과는 달리 목적물의 교환가치를 지배하는 권리가 아니고, 담보물권의 경우에 인정되는 물상대위의 법리가 여기에 적용된다고 볼 수도 없다. 그러므로 토지에 대하여 가압류가 집행된 후에 제3자가 그 토지의 소유권을 취득함으로써 가압류의 처분금지효력을 받고 있던 중 그 토지가 공익사업법에 따라 수용됨으로 인하여 기존 가압류의 효력이 소멸되는 한편 제3취득자인 토지소유자는 위 가압류의 부담에서 벗어나 토지수용보상금을 온전히 지급받게 되었다고 하더라도, 이는 위 법에 따른 토지 수용의 효과일 뿐이지 이를 두고 법률상 원인 없는 부당이득이라고 할 것은 아니다(대판 2009. 9. 10, 2006다61536, 61543).

㉢ (×) : 부당이득에서 전용물소권과 관련한 판례이다. 즉 "계약상 급부가 계약의 상대방뿐만 아니라 제3자의 이익으로 된 경우에 급부를 한 계약당사자가 계약 상대방에 대하여 계약상의 반대급부를 청구할 수 있는 이외에 그 제3자에 대하여 직접 부당이득반환청구를 할 수 있다고 보면, 자기 책임하에 체결된 계약에 따른 위험부담을 제3자에게 전가시키는 것이 되어 계약법의 기본원리에 반하는 결과를 초래할 뿐만 아니라, 채권자인 계약당사자가 채무자인 계약 상대방의 일반채권자에 비하여 우대받는 결과가 되어 일반채권자의 이익을 해치게 되고, 수익자인 제3자가 계약 상대방에 대하여 가지는 항변권 등을 침해하게 되어 부당하므로, 위와 같은 경우 계약상 급부를 한 계약당사자는 이익의 귀속 주체인 제3자에 대하여 직접 부당이득반환을 청구할 수는 없다(대판 2010. 6. 24, 2010다9269).

정답 11. ①

12 **불법원인급여에 관한 설명 중 옳은 것(○)과 옳지 않은 것(×)을 올바르게 조합한 것은? (다툼이 있는 경우 판례에 의함)** 〈2016년 변호사시험〉

ㄱ. 도박자금 채무의 담보를 위하여 근저당권설정등기를 마친 경우, 근저당권설정자는 근저당권설정등기의 말소를 청구할 수 있다.
ㄴ. 불법의 원인으로 소유권을 이전한 경우에 급여자는 부당이득을 이유로 하여 그 반환을 청구할 수는 없으나 특별한 사정이 없는 한 소유권에 기한 반환청구는 가능하다.
ㄷ. 급여자와 수익자의 불법성을 비교하여 수익자의 불법성이 급여자의 그것에 비하여 현저히 큰 경우에는 급여자는 수익자에 대하여 이익의 반환을 청구할 수 있다.
ㄹ. 불법원인급여가 성립한 경우, 수익자가 그 불법의 원인에 가공하였다면 특별한 사정이 없는 한 급여자는 수익자의 불법행위를 이유로 그 재산의 급여로 말미암아 발생한 자신의 손해의 배상을 구할 수 있다.

① ㄱ(×), ㄴ(×), ㄷ(○), ㄹ(×)
② ㄱ(×), ㄴ(○), ㄷ(×), ㄹ(○)
③ ㄱ(×), ㄴ(○), ㄷ(○), ㄹ(○)
④ ㄱ(○), ㄴ(×), ㄷ(×), ㄹ(○)
⑤ ㄱ(○), ㄴ(×), ㄷ(○), ㄹ(×)

해 설
ㄱ. (○) : 불법원인급여에서 급여는 종국적 급여를 말하고 일시적 급여는 포함되지 않는다. 따라서 도박자금 채무의 담보를 위하여 근저당권설정등기를 마친 경우, 근저당권설정자는 근저당권설정등기의 말소를 청구할 수 있는 것이다(대판 1995. 8. 11, 94다54108).
ㄴ. (×) : 불법의 원인으로 소유권을 이전한 경우에 급여자는 부당이득을 이유로 하여 그 반환을 청구할 수 없고 또한 소유권에 기한 반환청구도 역시 불가능하다고 함이 통설과 판례이다(대판 1979. 11. 13, 79다483 전원합의체).
ㄷ. (○) : 급여자와 수익자의 불법성을 비교하여 수익자의 불법성이 급여자의 그것에 비하여 현저히 큰 경우에는 급여자는 수익자에 대하여 이익의 반환을 청구할 수 있다(대판 1999. 9. 17, 98도2036).
ㄹ. (×) : 불법원인급여가 성립한 경우, 수익자가 그 불법의 원인에 가공하였다면 특별한 사정이 없는 한 급여자는 수익자의 불법행위를 이유로 그 재산의 급여로 말미암아 발생한 자신의 손해의 배상을 구할 수 없다(대판 2013. 8. 22, 2013다35412).

보충지문

13 **부당이득 반환의무는 수익자에게 고의 또는 과실이 있는 경우에만 인정된다.** 〈2017년 공인노무사〉

해 설 불법행위와 달리 부당이득에서는 수익자의 고의 또는 과실이 요구되지 아니한다(민법 제741조와 제750조 비교).

14-1 **당사자 일방이 자신의 의사에 따라 일정한 급부를 한 다음 급부가 법률상 원인 없음을 이유로 반환을 청구하는 이른바 급부부당이득의 경우에는 부당이득반환 청구의 상대방이 이익을 보유할 정당한 권원이 있다는 점을 증명할 책임이 있다.** 〈2018년 법원행시〉

정답 12. ⑤ 13. (×) 14-1. (×)

14-2 타인의 재산권 등을 침해하여 이익을 얻었음을 이유로 부당이득반환을 구하는 이른바 침해부당이득의 경우에는 부당이득반환 청구의 상대방이 이익을 보유할 정당한 권원이 있다는 점을 증명할 책임이 있다. 〈2018년 법원행시〉

해설 민법 제741조는 "법률상 원인 없이 타인의 재산 또는 노무로 인하여 이익을 얻고 이로 인하여 타인에게 손해를 가한 자는 그 이익을 반환하여야 한다."라고 정하고 있다. 당사자 일방이 자신의 의사에 따라 일정한 급부를 한 다음 급부가 법률상 원인 없음을 이유로 반환을 청구하는 이른바 급부부당이득의 경우에는 법률상 원인이 없다는 점에 대한 증명책임은 부당이득반환을 주장하는 사람에게 있다. 이 경우 부당이득의 반환을 구하는 자는 급부행위의 원인이 된 사실의 존재와 함께 그 사유가 무효, 취소, 해제 등으로 소멸되어 법률상 원인이 없게 되었음을 주장·증명하여야 하고, 급부행위의 원인이 될 만한 사유가 처음부터 없었음을 이유로 하는 이른바 착오 송금과 같은 경우에는 착오로 송금하였다는 점 등을 주장·증명하여야 한다. 이는 타인의 재산권 등을 침해하여 이익을 얻었음을 이유로 부당이득반환을 구하는 이른바 침해부당이득의 경우에는 부당이득반환 청구의 상대방이 이익을 보유할 정당한 권원이 있다는 점을 증명할 책임이 있는 것과 구별된다(대판 2018. 1. 24, 2017다37324).

15-1 소유권과 같은 물권의 취득뿐만 아니라 채권의 취득도 이득에 해당한다. 〈2017년 공인노무사〉

15-2 법률상 원인 없이 제3자에 대한 채권을 취득하였으나 아직 그 채권을 현실적으로 추심하지 못한 경우, 손실자는 채권의 이득자에 대하여 그 채권 가액에 해당하는 금전의 반환을 구할 수 없다. 〈2012년 공인노무사〉

해설 [1] 법률상 원인 없이 타인의 재산 또는 노무로 인하여 이익을 얻고 이로 인하여 타인에게 손해를 가하는 이른바 부당이득은 그 수익의 방법에 제한이 없음은 물론, 그 수익에 있어서도 그 어떠한 사실에 의하여 재산이 적극적으로 증가하는 재산의 적극적 증가나 그 어떠한 사실의 발생으로 당연히 발생하였을 손실을 보지 않게 되는 재산의 소극적 증가를 가리지 않는 것으로, 채권도 물권과 같이 재산권의 하나이므로 그 취득도 당연히 이득이 되고 수익이 된다. [2] 부당이득이 성립되는 경우 그 부당이득의 반환은 법률상 원인 없이 이득한 것을 반환하여 원상으로 회복하는 것을 말하므로, 법률상 원인 없이 제3자에 대한 채권을 취득한 경우, 만약 채권의 이득자가 이미 그 채권을 변제받은 때에는 그 변제받은 금액이 이득이 되어 이를 반환하여야 할 것이나, 아직 그 채권을 현실적으로 추심하지 못한 경우에는 손실자는 채권의 이득자에 대하여 그 채권의 반환을 구하여야 하고 그 채권 가액에 해당하는 금전의 반환을 구할 수는 없으며, 이는 결국 부당이득한 채권의 양도와 그 채권 양도의 통지를 그 채권의 채무자에게 하여 줄 것을 청구하는 형태가 된다(대판 1995. 12. 5, 95다22061).

16 임대차계약 종료 후 임차인이 동시이행의 항변권을 행사하여 임차건물을 사용·수익한 경우, 임대인은 임차인에 대하여 부당이득반환을 청구할 수 없다. 〈2012년 공인노무사〉

해설 임대차계약의 종료에 의하여 발생된 임차인의 임차목적물 반환의무와 임대인의 연체차임을 공제한 나머지 보증금의 반환의무는 동시이행의 관계에 있는 것이므로, 임대차계약 종료 후에도 임차인이 동시이행의 항변권을 행사하여 임차건물을 계속 점유하여 온 것이라면 임차인의 그 건물에 대한 점유는 불법점유라고 할 수는 없으나, 그로 인하여 이득이 있다면 이는 부당이득으로서 반환하여야 하는 것은 당연하다(대판 1992. 4. 14, 91다45202, 45219). 다만 임차인이 임대차계약 종료 이후에도 임차건물부분을 계속 점유하기는 하였으나 이를 사용, 수익하지 아니하여 실질적인 이득을 얻은 바 없는 경우에는 그로 인하여 임대인에게 손해가 발생하였다 하더라도 임차인의 부당이득 반환의무는 성립될 여지가 없다는 점을 주의할 것이다(대판 1990. 12. 21, 90다카24076).

정답 14-2. (○) 15-1. (○) 15-2. (○) 16. (×)

17 **정당한 권원 없이 타인의 토지 일부분 위에 시설물을 설치·소유함으로써 토지소유자가 나머지 토지까지 사용할 수 없게 된 경우, 토지소유자는 토지 전체에 대하여 임대료 상당의 부당이득반환을 청구할 수 없다.** 〈2012년 공인노무사〉

해 설 정당한 권원 없이 타인의 토지 일부분 위에 시설물을 설치·소유함으로써 토지소유자가 나머지 토지까지 사용할 수 없게 된 경우, 토지소유자는 토지 전체에 대하여 임대료 상당의 부당이득반환을 청구할 수 있다(대판 2006. 4. 13, 2005다14083 등).

18 **매수인이 토지에 관한 소유권이전등기를 경료받지 아니하였음에도 그 토지를 인도받아 점유·사용하였다면, 그 부동산의 점유·사용이익은 부당이득에 해당한다.** 〈2006년 사법시험〉

해 설 토지의 매수인이 아직 소유권이전등기를 마치지 않았더라도 매매계약의 이행으로 토지를 인도받은 때에는 매매계약의 효력으로서 이를 점유·사용할 권리가 있으므로, 매도인이 매수인에 대하여 그 점유·사용을 법률상 원인이 없는 이익이라고 하여 부당이득반환청구를 할 수는 없다(대판 2016. 7. 7, 2014다2662).

19 **확정판결 이후 그 내용에 반하는 다른 확정판결이 있더라도 최초 확정판결이 취소되지 않는 한 최초 확정판결에 기한 강제집행으로 교부받은 금전이 부당이득이라고 할 수는 없다.** 〈2016년 변리사〉

해 설 소송당사자가 허위의 주장으로 법원을 기망하고 상대방의 권리를 해할 의사로 상대방의 소송관여를 방해하는 등 부정한 방법으로 실체의 권리관계와 다른 내용의 확정판결을 취득하여 그 판결에 기하여 강제집행을 하는 것은 정의에 반하고 사회생활상 도저히 용인될 수 없는 것이어서 권리남용에 해당한다고 할 것이지만, 위 확정판결에 대한 재심의 소가 각하되어 확정되는 등으로 위 확정판결이 취소되지 아니한 이상 위 확정판결에 기한 강제집행으로 취득한 채권을 법률상 원인 없는 이득이라고 하여 반환을 구하는 것은 위 확정판결의 기판력에 저촉되어 허용될 수 없다(대판 2001. 11. 13, 99다32905).

20 **甲소유의 토지에 대한 사용권한 없이 미등기 건물을 신축한 乙로부터 그 건물을 丙이 매수하여, 이전등기를 넘겨받지 않았으나 그것에 대하여 사실상의 처분권을 갖고 있는 경우, 乙은 특별한 사정이 없는 한 甲에게 건물 부지부분에 관한 차임에 상당하는 부당이득반환의무를 부담한다.** 〈2018년 변리사〉

해 설 타인 소유의 토지 위에 권한 없이 건물을 소유하는 자는 그 자체로써 건물 부지가 된 토지를 점유하고 있는 것이므로 특별한 사정이 없는 한 법률상 원인 없이 타인의 재산으로 인하여 토지의 차임에 상당하는 이익을 얻고 이로 인하여 타인에게 동액 상당의 손해를 주고 있다고 할 것이고, 이는 건물 소유자가 미등기건물의 원시취득자로서 그 건물에 관하여 사실상의 처분권을 보유하게 된 양수인이 따로 존재하는 경우에도 다르지 아니하다(대판 2011. 7. 14, 2009다76522,76539).

[참고최신판례] 사회통념상 건물은 그 부지를 떠나서는 존재할 수 없으므로 건물의 부지가 된 토지는 그 건물의 소유자가 점유하는 것으로 볼 것이고, 이 경우 건물의 소유자가 현실적으로 건물이나 그 부지를 점거하고 있지 아니하고 있더라도 건물의 소유를 위하여 그 부지를 점유한다고 보아야 한다. 타인 소유의 토지 위에 권원 없이 건물을 소유하는 자는 그 자체로써 건물 부지가 된 토지를 점유하고 있는 것이므로 특별한 사정이 없는 한 법률상 원인 없이 타인의 재산으로 인하여 토지의 차임에 상당하는 이익을 얻고 이로 인하

정 답 17. (×) 18. (×) 19. (○) 20. (○)

여 타인에게 동액 상당의 손해를 주고 있다고 할 것이고, 이는 건물 소유자가 미등기건물의 원시취득자이고 그 건물에 관하여 사실상의 처분권을 보유하게 된 양수인이 따로 존재하는 경우에도 다르지 아니하므로, **미등기건물의 원시취득자는 토지 소유자에 대하여 부당이득반환의무를 진다**. 한편 **미등기건물을 양수하여 건물에 관한 사실상의 처분권을 보유하게 됨으로써 그 양수인이 건물 부지 역시 아울러 점유하고 있다고 볼 수 있는 경우에는 미등기건물에 관한 사실상의 처분권자도 건물 부지의 점유·사용에 따른 부당이득반환의무를 부담한다**. 이러한 경우 **미등기건물의 원시취득자와 사실상의 처분권자**가 토지 소유자에 대하여 부담하는 부당이득반환의무는 동일한 경제적 목적을 가진 채무로서 **부진정연대채무 관계에 있다**고 볼 것이다 (대판 2022. 9. 29, 2018다243133, 243140).

21 **구분소유자 중 일부가 정당한 권원 없이 집합건물의 복도, 계단 등과 같은 공용부분을 배타적으로 점유·사용함으로써 이익을 얻고, 그로 인하여 다른 구분소유자들이 해당 공용부분을 사용할 수 없게 되었다면, 공용부분을 무단점유한 구분소유자는 특별한 사정이 없는 한 해당 공용부분을 점유·사용함으로써 얻은 이익을 부당이득으로 반환할 의무가 있다. 해당 공용부분이 구조상 이를 별개 용도로 사용하거나 다른 목적으로 임대할 수 있는 대상이 아니더라도, 무단점유로 인하여 다른 구분소유자들이 해당 공용부분을 사용·수익할 권리가 침해되었고 이는 그 자체로 민법 제741조에서 정한 손해로 볼 수 있다.** 〈2021년 법원행시〉

해 설 대판 2020. 5. 21, 2017다220744 전원합의체 참조

22 **부동산을 점유·사용함으로써 받은 이익은 특별한 사정이 없는 한 임료 상당액이라 할 것이므로, 매수인이 점포를 인도받아 그 용도대로 사용하였다면 매수인은 임료 상당의 이익을 받았다고 할 것이고, 점포영업이 적자였다고 하더라도 사용으로 인한 이익은 발생한다고 보아야 한다.** 〈2013년 법무사〉

해 설 부동산을 점유·사용함으로써 받은 이익은 특별한 사정이 없는 한 임료 상당액이라 할 것이므로, 매수인이 부동산을 인도받아 그 용도대로 사용한 경우 매수인은 임료 상당의 이익을 받았다고 할 것이고, 가사 그 부동산을 사용하여 영위한 영업이 전체적으로 적자였다고 하더라도 사용으로 인한 이익 자체를 부정할 수는 없다(대판 1997. 12. 9, 96다47586).

23 **수급인이 건물의 공유자 중 1인과 도급계약을 체결하여 이에 관한 수리를 완료한 경우 도급인이 아닌 다른 공유자에 대하여는 직접 부당이득반환청구를 할 수 없다.** 〈2016년 사법시험〉

해 설 계약상의 급부가 계약의 상대방뿐만 아니라 제3자의 이익으로 된 경우에 급부를 한 계약당사자가 계약상대방에 대하여 계약상의 반대급부를 청구할 수 있는 이외에 그 제3자에 대하여 직접 부당이득반환청구를 할 수 있다고 보면, 자기 책임하에 체결된 계약에 따른 위험부담을 제3자에게 전가시키는 것이 되어 계약법의 기본원리에 반하는 결과를 초래하게 되기 때문이다(대판 2002. 8. 23, 99다66564).

정답 21. (O) 22. (O) 23. (O)

24 **채무자가 계약상 채무를 이행하지 않았다고 하더라도 채권자는 여전히 해당 계약에서 정한 채권을 보유하고 있다. 그러므로 특별한 사정이 없는 한 채무자가 그 채무를 이행하지 않고 있다고 하여 채무자가 법률상 원인 없이 이득을 얻었다고 할 수는 없다. 이는 그 채권이 시효로 소멸하였다 하더라도 마찬가지이다.** 〈2018년 법무사, 2019년 법원행시〉

해설 어떠한 계약상의 채무를 채무자가 이행하지 않았다고 하더라도 채권자는 여전히 해당 계약에서 정한 채권을 보유하고 있으므로, 특별한 사정이 없는 한 채무자가 채무를 이행하지 않고 있다고 하여 채무자가 법률상 원인 없이 이득을 얻었다고 할 수는 없고, 설령 채권이 시효로 소멸하게 되었다 하더라도 달리 볼 수 없다(대판 2018. 2. 28, 2016다45779).

25 **甲과 乙 사이에 상계계약이 체결된 경우, 甲의 채권이 불성립되어 乙의 채무면제가 무효가 되었음에도 甲이 乙에 대한 채무를 이행하지 않고 있는 것은 법률상 원인 없이 이득을 얻은 것이 된다.** 〈2007년 사법시험〉

해설 상계계약은 상호의 채무를 면제시키는 것을 내용으로 하는 계약으로서 일방의 채권이 불성립 또는 무효이어서 그 면제가 무효가 되면 타방의 채무면제도 당연히 무효가 되어 그 채권은 여전히 존재하는 것이므로, 단순히 그 채무를 이행하지 않고 있다는 점만으로 법률상 원인 없이 이득을 얻었다 할 수 없는 것이고, 가사 그 채권이 시효로 소멸하게 되었다 하더라도 달리 볼 것은 아니다(대판 2005. 4. 28, 2005다3113).

26 **甲이 토지의 소유자인 乙로부터 토지 매도에 관한 대리권을 위임받지 않았음에도 대리인이라고 사칭한 丙과 乙 소유의 토지를 매수하기로 하는 매매계약을 체결하였고, 이에 기하여 甲은 乙 명의의 계좌로 매매대금을 송금하였다. 乙에게서 미리 통장과 도장을 교부 받아 소지하고 있던 丙이 위 돈을 송금당일 전액 인출한 경우, 乙이 실질적으로 그 이익의 귀속자가 되었다고 보기 어렵다면 甲은 乙을 상대로 부당이득반환청구를 할 수 없다.** 〈2015년 사법시험〉

해설 甲이 송금한 돈이 丙의 계좌로 입금되었다고 하더라도, 그로 인하여 丙이 위 돈 상당을 이득하였다고 하기 위해서는 丙이 이를 사실상 지배할 수 있는 상태에까지 이르러 실질적인 이득자가 되었다고 볼 만한 사정이 인정되어야 할 것인데, 甲의 송금 경위 및 丁이 이를 인출한 경위 등에 비추어 볼 때 丙이 위 돈을 송금 받아 실질적으로 이익의 귀속자가 되었다고 보기 어렵다고 하며, 甲의 부당이득반환청구를 인용한 원심판결에는 부당이득에 관한 법리오해의 위법이 있다고 한 사례(대판 2011. 9. 8, 2010다37325).

27 **甲은 채무자 乙을 상대로 대여금 1억 원을 즉시 반환하라고 독촉하였다. 다급해진 乙은 丙을 기망하여 3,000만 원을 편취한 뒤 이를 甲에 대한 위 채무의 변제에 사용하였다. 甲은 乙로부터 지급 받은 돈이 편취된 것이라는 사실을 알지 못하였으나, 이를 모른 데 경과실이 있었다. 이 경우 丙은 甲을 상대로 부당이득반환청구를 할 수 없다.** 〈2015년 사법시험〉

해설 부당이득제도는 이득자의 재산상 이득이 법률상 원인을 결여하는 경우에 공평·정의의 이념에 근거하여 이득자에게 그 반환의무를 부담시키는 것인데, 채무자가 피해자로부터 편취한 금전을 자신의 채권자에 대한 채무변제에 사용하는 경우 채권자가 그 변제를 수령함에 있어 그 금전이 편취된 것이라는 사실에 대하여 악의 또는 중대한 과실이 없는 한 채권자의 금전취득은 피해자에 대한 관계에서 법률상 원인이 있는 것으로 봄이 상당하며, 이와 같은 법리는 채무자가 편취한 금원을 자신의 채권자에 대한 채무변제에 직접 사용하지 아니하

정답 24. (○) 25. (×) 26. (○) 27. (○)

고 자신의 채권자의 다른 채권자에 대한 채무를 대신 변제하는 데 사용한 경우에도 마찬가지이다(대판 2008. 3. 13, 2006다53733, 53740).

28-1 비채변제에 있어 변제자가 채무 없음을 알았다는 점에 대한 증명책임은 반환을 청구하는 측에 있다. 〈2011년 공인노무사〉

28-2 비채변제를 원인으로 부당이득금반환을 청구하는 자는 채무가 존재하지 아니한 사실과 그 채무가 존재하지 아니함을 알지 못하고 지급하였음을 주장·입증하여야 한다. 〈2004년 사법시험〉

해설 비채변제를 원인으로 부당이득금 반환을 청구하는 자가 채무가 존재하지 아니한 사실만 주장입증하면 족한 것이고 그 채무가 존재하지 아니함을 알지 못하고 지급하였음을 주장 입증할 책임은 없다(대판 1962. 6. 28, 4294민상1453). ☞ 비채변제에 있어 변제자가 채무 없음을 알았다는 점에 대한 증명책임은 반환을 청구하는 측에 있는 것이 아니라 수령자에게 있다는 것이 통설과 판례이다.

29 채무 없는 자가 착오로 변제한 경우에 그 변제가 도의관념에 적합한 때에는 그 반환을 청구하지 못한다. 〈2017년 공인노무사〉

해설 민법 제744조(도의관념에 적합한 비채변제) 참조

30 채무자 아닌 자가 착오로 인하여 타인의 채무를 변제한 경우에 채권자가 선의로 증서를 훼손하거나 담보를 포기하거나 시효로 인하여 그 채권을 잃은 때에는 변제자는 그 반환을 청구하지 못하고, 채무자에 대하여 구상권을 행사할 수도 없다. 〈2005년 법무사〉

해설 채무자 아닌 자가 착오로 인하여 타인의 채무를 변제한 경우에 채권자가 선의로 증서를 훼멸하거나 담보를 포기하거나 시효로 인하여 그 채권을 잃은 때에는 변제자는 그 반환을 청구하지 못하는데(제745조 제1항), 이러한 경우 변제자는 채무자에 대하여 구상권을 행사할 수 있다(제745조 제2항).

31 채무자 아닌 제3자가 타인의 채무라는 사실을 알면서 변제하였고 그것이 채무자의 의사에 반하지 않는 경우, 제3자는 채권자에게 부당이득반환을 청구할 수 있다. 〈2011년 공인노무사〉

해설 채무자 아닌 제3자가 타인의 채무라는 사실을 알면서 변제하였고 그것이 채무자의 의사에 반하지 않는 경우, 그 변제는 유효한 것이기 때문에 제3자는 채권자에게 부당이득반환을 청구할 수 없다(제469조).

32 법률행위가 강행규정에 위반하여 무효인 경우에는 언제나 불법원인급여에 해당한다. 〈2015년 공인노무사〉

해설 법률행위가 강행규정에 위반하여 무효인 경우, 언제나 불법원인급여에 해당하는 것은 아니다. 즉 불법원인급여에서 불법은 제103조 불법을 말하기 때문에 선량한 풍속과 관련된 것이 아닌 강행규정(예 : 국토계획이용에 관한 법률, 담배사업법 등)은 이에 포함되지 않는다(대판 2008. 10. 9, 2007도2511).

33 어업권의 임대차를 금지하는 구 수산업법 규정을 위반하여 어업권을 임대한 어업권자는 임차인이 어장을 점유·사용함으로써 얻은 이익을 부당이득으로 반환청구할 수 있다. 〈2016년 변리사〉

정답 28-1. (×) 28-2. (×) 29. (○) 30. (×) 31. (×) 32. (×) 33. (○)

해설 구 수산업법(2007. 4. 11. 법률 제8377호로 전부 개정되기 전의 것) 제33조가 어업권의 임대차를 금지하고 있는 취지 등에 비추어 보면, 위 규정에 위반하는 행위가 무효라고 하더라도 그것이 선량한 풍속 기타 사회질서에 반하는 행위라고 볼 수는 없다. 따라서 어업권의 임대차를 내용으로 하는 임대차계약이 구 수산업법 제33조에 위반되어 무효라고 하더라도 그것이 부당이득의 반환이 배제되는 '불법의 원인'에 해당하는 것으로 볼 수는 없으므로, 어업권을 임대한 어업권자로서는 그 임대차계약에 기해 임차인에게 한 급부로 인하여 임차인이 얻은 이익, 즉 임차인이 양식어장(어업권)을 점유·사용함으로써 얻은 이익을 부당이득으로 반환을 구할 수 있다(대판 2010. 12. 9, 2010다57626,57633).

34-1 불법원인급여로 인해 반환을 청구하지 못하는 이익은 종국적인 것임을 요하지 않는다. 〈2019년 공인노무사〉

34-2 도박에 쓸 것을 알면서 빌려준 금전을 담보하기 위하여 저당권을 설정한 사람은 저당권설정등기의 말소를 청구할 수 있다. 〈2020년 감정평가사〉

34-3 甲은 乙이 운영하는 도박장에서 도박을 하던 중 도박자금이 부족해지자 乙로부터 1억 원을 차용하면서 그 차용금 채무의 담보 목적으로 甲 소유 X 토지에 관하여 乙 앞으로 근저당권설정등기를 마쳐주었다. 이 경우, 甲은 乙을 상대로 위 등기의 말소를 청구할 수 있다. 〈2022년 변호사시험〉

해설 [1] 민법 제746조에서 불법의 원인으로 인하여 급여함으로써 그 반환을 청구하지 못하는 이익은 종국적인 것을 말한다. [2] 도박자금으로 금원을 대여함으로 인하여 발생한 채권을 담보하기 위한 근저당권설정등기가 경료되었을 뿐인 경우와 같이 수령자가 그 이익을 향수하려면 경매신청을 하는 등 별도의 조치를 취하여야 하는 경우에는, 그 불법원인급여로 인한 이익이 종국적인 것이 아니므로 등기설정자는 무효인 근저당권설정등기의 말소를 구할 수 있다(대판 1995. 8. 11, 94다54108).

35 불법원인급여 후 급부를 이행받은 자가 급부의 원인행위와 별도의 약정으로 급부 그 자체 또는 그에 갈음한 대가물의 반환을 특약하는 경우, 그 반환약정 자체가 사회질서에 반하여 무효가 되지 않는 한 유효하고, 이때 그 특약이 유효가 됨으로 인하여 이익을 얻는 급부자가 그 반환약정이 사회질서에 반하지 않는다는 점을 증명하여야 한다. 〈2013년 변호사시험〉

해설 불법원인급여 후 급부를 이행받은 자가 급부의 원인행위와 **별도의 약정**으로 급부 그 자체 또는 그에 갈음한 대가물의 반환을 특약하는 것은 불법원인급여를 한 자가 그 부당이득의 반환을 청구하는 경우와는 달리 그 반환약정 자체가 사회질서에 반하여 무효가 되지 않는 한 유효하다. 여기서 반환약정 자체의 무효 여부는 반환약정 그 자체의 목적뿐만 아니라 당초의 불법원인급여가 이루어진 경위, 쌍방당사자의 불법성의 정도, 반환약정의 체결과정 등 민법 제103조 위반 여부를 판단하기 위한 제반 요소를 종합적으로 고려하여 결정하여야 하고, 한편 반환약정이 사회질서에 반하여 무효라는 점은 **수익자**가 이를 입증하여야 한다(대판 2010. 5. 7, 2009다12580).

36 수익자가 그 받은 목적물을 반환할 수 없는 때에는 그 가액을 반환해야 한다. 〈2007년 법무사〉

해설 민법 제747조 제1항 참조

정답 34-1. (×) 34-2. (○) 34-3. (○) 35. (×) 36. (○)

37 **수익자가 원물을 처분하여 원물을 반환할 수 없는 경우에는 가액반환이 인정되며, 그 가액산정은 특별한 사정이 없는 한 반환청구 당시의 현재 시가를 기준으로 한다.** 〈2010년 공인노무사〉

해 설 일반적으로 수익자가 법률상 원인 없이 이득한 재산을 처분함으로 인하여 원물반환이 불가능한 경우에 있어서 반환하여야 할 가액은 특별한 사정이 없는 한 그 처분 당시의 대가이나, 이 경우에 수익자가 그 법률상 원인 없는 이득을 얻기 위하여 지출한 비용은 수익자가 반환하여야 할 이득의 범위에서 공제되어야 한다(대판 1995. 5. 12, 94다25551).

38 **수익자가 법률상 원인 없이 이득한 재산을 처분함으로 인하여 원물반환이 불가능한 경우에 반환하여야 할 가액을 산정할 때에는 법률상 원인 없는 이득을 얻기 위하여 지출한 비용을 공제하여야 하므로, 무권리자가 타인 소유의 부동산을 제3자에게 처분하였다가 선의의 제3자 보호규정에 의하여 부동산을 반환하지 못하고 처분의 대가로 수령한 매각대금을 반환하여야 하는 경우, 자신의 처분행위로 인하여 발생한 양도소득세 기타 비용은 반환하여야 할 이득에서 공제할 수 있다.** 〈2016년 법무사〉

해 설 무권리자가 타인의 권리를 제3자에게 처분하였으나 선의의 제3자 보호규정에 의하여 원래 권리자가 권리를 상실하는 경우, 권리자는 무권리자를 상대로 제3자에게서 처분의 대가로 수령한 것을 이른바 침해부당이득으로 보아 반환청구할 수 있다. 한편 수익자가 법률상 원인 없이 이득한 재산을 처분함으로 인하여 원물반환이 불가능한 경우에 반환하여야 할 가액을 산정할 때에는 법률상 원인 없는 이득을 얻기 위하여 지출한 비용은 수익자가 반환하여야 할 이득의 범위에서 공제되어야 할 것이나, 타인 소유의 부동산을 처분하여 매각대금을 수령한 경우, 수익자는 그러한 처분행위가 없었다면 부동산 자체를 반환하였어야 할 지위에 있던 사람이므로 자신의 처분행위로 인하여 발생한 양도소득세 기타 비용은 수익자가 이익 취득과 관련하여 지출한 비용에 해당한다고 할 수 없어 이를 반환하여야 할 이득에서 공제할 것은 아니다(대판 2011. 6. 10, 2010다40239).

39 **법률상 원인 없이 타인의 부동산을 점유·경작한 자는 그가 선의인 경우 민법 제748조 제1항에 따라 이익이 현존하는 한도에서 점유·경작으로 인한 이득을 반환할 의무가 있다.** 〈2011년 법무사〉

해 설 민법 제201조 제1항에 의하면 선의의 점유자는 점유물의 과실을 취득한다고 규정하고 있고, 토지를 점유·경작하므로 얻는 이득은 그 토지로 인한 과실에 준하는 것이니, 비록 법률상 원인 없이 타인의 토지를 점유·경작함으로써 타인에게 손해를 입혔다고 할지라도 선의의 점유자는 그 점유·경작으로 인한 이득을 그 타인에게 반환할 의무는 없다(대판 1996. 1. 26, 95다44290 등).

40 **甲이 乙에게 부동산을 매도하고 목적물을 인도하지 않은 상태에서 乙로부터 중도금까지 받았으나 매매계약이 처음부터 무효였다면, 甲은 선의였더라도 乙로부터 받은 금전에 받은 날로부터 이자를 가산하여 반환하여야 한다.** 〈2018년 변리사〉

해 설 매매계약이 무효인 때의 매도인의 매매대금 반환 의무는 성질상 부당이득 반환 의무로서 그 반환 범위에 관하여는 민법 제748조가 적용된다 할 것이고, 명문의 규정이 없는 이상 그에 관한 특칙인 민법 제548조 제2항이 당연히 유추적용 또는 준용된다고 할 수 없다(토지거래허가를 받지 못해 매매계약이 무효로 된 사안에서, 민법 제548조 제2항을 준용하여 매도인은 매매대금을 받은 날로부터의 이자를 가산하여 지급하여야 한다는 매수인의 주장을 배척한 사례)(대판 1997. 9. 26, 96다54997).

정답 37. (×) 38. (×) 39. (×) 40. (×)

41 **악의의 수익자는 민법 제748조 제2항에 따라 받은 이익에 이자를 붙여 반환하여야 하며, 위 이자의 이행지체로 인한 지연손해금도 지급하여야 한다.** 〈2011년 법무사〉

해 설 악의수익자가 반환하여야 할 범위는 민법 제748조 제2항에 따라 정하여지는 결과 그는 받은 이익에 이자를 붙여 반환하여야 하며, 위 이자의 이행지체로 인한 지연손해금도 지급하여야 한다(대판 2003. 11. 14, 2001다61869).

42-1 **부당이득반환의무자가 악의의 수익자라는 점에 대하여는 이를 주장하는 측에서 입증책임을 진다. 또한 여기서 '악의'라고 함은, 민법 제749조 제2항에서 악의로 의제되는 경우 등은 별론으로 하고, 자신의 이익 보유가 법률상 원인 없는 것임을 인식하는 것을 말하고, 그 이익의 보유를 법률상 원인이 없는 것이 되도록 하는 사정, 즉 부당이득반환의무의 발생요건에 해당하는 사실이 있음을 인식하는 것만으로는 부족하다.** 〈2016년 법무사, 2019년 법무사〉

42-2 **계약명의신탁에서 명의수탁자가 수령한 매수자금이 명의신탁약정에 기하여 지급되었다는 사실을 알았다고 하여도 그 명의신탁약정이 「부동산 실권리자명의 등기에 관한 법률」 제4조 제1항에 의하여 무효임을 알았다는 등의 사정이 부가되지 아니하는 한 명의수탁자가 「민법」 제748조 제2항에 의한 악의의 수익자라고 단정할 수 없다.** 〈2016년 사법시험, 2019년 법무사〉

해 설 부당이득반환의무자가 악의의 수익자라는 점에 대하여는 이를 주장하는 측에서 입증책임을 진다. 여기서 '악의'라고 함은, 민법 제749조 제2항에서 악의로 의제되는 경우 등은 별론으로 하고, 자신의 이익 보유가 법률상 원인 없는 것임을 인식하는 것을 말하고, 그 이익의 보유를 법률상 원인이 없는 것이 되도록 하는 사정, 즉 부당이득반환의무의 발생요건에 해당하는 사실이 있음을 인식하는 것만으로는 부족하다. 따라서 계약명의신탁에서 명의수탁자가 수령한 매수자금이 명의신탁약정에 기하여 지급되었다는 사실을 알았다고 하여도 그 명의신탁약정이 부동산 실권리자명의 등기에 관한 법률 제4조 제1항에 의하여 무효임을 알았다는 등의 사정이 부가되지 아니하는 한 명의수탁자가 그 금전의 보유에 관하여 법률상 원인 없음을 알았다고 쉽사리 말할 수 없다(대판 2010. 1. 28, 2009다24187).

43 **매매계약이 무효로 되는 때에는 매도인이 악의의 수익자인 경우 특별한 사정이 없는 한 매도인은 반환할 매매대금에 대하여 민법이 정한 연 5%의 법정이율에 의한 이자를 붙여 반환하여야 한다. 그리고 이는 매도인의 매매대금반환의무와 매수인의 소유권이전등기 말소등기절차 이행의무가 동시이행 관계에 있는 경우에도 마찬가지이다.** 〈2018년 법무사〉

해 설 계약무효의 경우 각 당사자가 상대방에 대하여 부담하는 반환의무는 성질상 부당이득반환의무로서 악의의 수익자는 그 받은 이익에 법정이자를 붙여 반환하여야 하므로(민법 제748조 제2항), 매매계약이 무효로 되는 때에는 매도인이 악의의 수익자인 경우 특별한 사정이 없는 한 매도인은 반환할 매매대금에 대하여 민법이 정한 연 5%의 법정이율에 의한 이자를 붙여 반환하여야 한다. 그리고 위와 같은 법정이자의 지급은 부당이득반환의 성질을 가지는 것이지 반환의무의 이행지체로 인한 손해배상이 아니므로, 매도인의 매매대금 반환의무와 매수인의 소유권이전등기말소등기절차 이행의무가 동시이행의 관계에 있는지 여부와는 관계가 없다(대판 2017. 3. 9, 2016다47478).

정 답 41. (○) 42-1. (○) 42-2. (○) 43. (○)

44 **수익자가 이익을 받은 후 법률상 원인 없음을 안 때에는 그 때부터 악의의 수익자로서 이익반환의 책임이 있다.** 〈2015년 변호사시험〉

해설 수익자가 이익을 받은 후 법률상 원인없음을 안 때에는 그 때부터 악의의 수익자로서 이익반환의 책임이 있다(제749조 제1항).

45 **선의의 수익자가 패소한 때에는 그 소를 제기한 때부터 악의의 수익자로 본다.** 〈2010년 공인노무사〉

해설 민법 제749조 제2항 참조

46 **부당이득반환청구권과 불법행위로 인한 손해배상청구권 중 어느 하나에 관한 소를 제기하여 승소 확정판결을 받았으나 채권의 만족을 얻지 못한 경우 나머지 청구권에 관한 소를 제기할 수 있으나, 손해배상청구의 소를 먼저 제기하는 바람에 과실상계에 기한 책임 제한에 따라 그 승소액이 제한된 경우 인정받지 못한 부분에 대한 부당이득반환청구권의 행사는 허용되지 않음이 원칙이다.** 〈2014년 사법시험〉

해설 부당이득반환청구권과 불법행위로 인한 손해배상청구권은 서로 실체법상 별개의 청구권으로 존재하고 그 각 청구권에 기초하여 이행을 구하는 소는 소송법적으로도 소송물을 달리하므로, 채권자로서는 어느 하나의 청구권에 관한 소를 제기하여 승소 확정판결을 받았다고 하더라도 아직 채권의 만족을 얻지 못한 경우에는 다른 나머지 청구권에 관한 이행판결을 얻기 위하여 그에 관한 이행의 소를 제기할 수 있다. 그리고 채권자가 먼저 부당이득반환청구의 소를 제기하였을 경우 특별한 사정이 없는 한 손해 전부에 대하여 승소판결을 얻을 수 있었을 것임에도 우연히 손해배상청구의 소를 먼저 제기하는 바람에 과실상계 또는 공평의 원칙에 기한 책임제한 등의 법리에 따라 그 승소액이 제한되었다고 하여 그로써 제한된 금액에 대한 부당이득반환청구권의 행사가 허용되지 않는 것도 아니다(대판 2013. 9. 13, 2013다45457).

정답 44. (○) 45. (○) 46. (×)

불법행위

Ⅰ. 일반불법행위

1 **불법행위에 관한 설명으로 옳은 것은? (다툼이 있는 경우에는 판례에 의함)** 〈2014년 변리사〉

① 甲의 횡령으로 乙에게 손해가 발생하였으나 乙에게도 손해의 발생에 과실이 있는 때에는 손해배상의 책임과 그 금액을 정함에 이를 참작하여야 한다.

② 초상권을 부당하게 침해한 경우에도 그 침해가 공개된 장소에서 이루어진 때에는 불법행위가 성립하지 않는다.

③ 부작위로 인한 불법행위는 객관적 작위의무와 그 존재에 대한 불법행위자의 인식 및 작위의무에 위반한 부작위를 성립요건으로 한다.

④ 甲과 명의신탁약정을 맺은 乙이 X부동산의 소유자 丙과 매매계약을 체결하였고 甲과 乙사이에 명의신탁약정이 있다는 사실을 알았던 丙이 乙의 이름으로 X부동산의 소유권이전등기를 마친 후 乙이 X부동산을 丁에게 처분한 경우, 이는 丙의 소유권 침해행위로서 불법행위이다.

⑤ 일반 소비자는 고도의 기술이 집약되어 대량으로 생산되는 제품의 하자를 원인으로 제조업자에게 민법상 불법행위책임을 묻기 위하여는 구체적인 하자 및 하자와 발생한 손해 사이의 상당 인과관계를 증명하여야 한다.

해 설

①(×) : 불법행위로 인한 손해의 발생 또는 확대에 관하여 피해자에게도 과실이 있는 때에는 가해자의 손해배상의 범위를 정함에 있어 당연히 이를 참작하여야 하고, 가해행위가 사기, 횡령, 배임 등의 영득행위인 경우 등 과실상계를 인정하게 되면 가해자로 하여금 불법행위로 인한 이익을 최종적으로 보유하게 하여 공평의 이념이나 신의칙에 반하는 결과를 가져오는 경우에만 예외적으로 과실상계가 허용되지 않는다(대판 2013. 9. 26, 2012다1146, 1153 전원합의체).

②(×) : 초상권을 부당하게 침해한 경우, 설령 그 침해가 공개된 장소에서 이루어진 때에도 불법행위가 성립한다(대판 2013. 6. 27, 2010다31628).

③(×) : 부작위로 인한 불법행위가 성립하려면 작위의무가 전제되어야 하지만, 작위의무가 객관적으로 인정되는 이상 의무자가 의무의 존재를 인식하지 못하였더라도 불법행위 성립에는 영향이 없다. 이는 고지의무 위반에 의하여 불법행위가 성립하는 경우에도 마찬가지이므로 당사자의 부주의 또는 착오 등으로 고지의무가 있다는 것을 인식하지 못하였다고 하여 위법성이 부정될 수 있는 것은 아니다(대판 2012. 4. 26, 2010다8709).

④(○) : 악의 계약명의신탁에서 수탁자의 처분행위가 불법행위가 성립되면서도 손해가 발생하지 않았다고 본 사례이다(대판 2013. 9. 12, 2010다95185). 즉 명의신탁자와 명의수탁자가 이른바 계약명의신탁 약정을 맺고 매매계약을 체결한 소유자도 명의신탁자와 명의수탁자 사이의 명의신탁약정을 알면서 그 매매계약에 따라 명의수탁자 앞으로 당해 부동산의 소유권이전등기를 마친 경우 부동산 실권리자명의 등기에 관한 법률 제4조 제2항 본문에 의하여 명의수탁자 명의의 소유권이전등기는 무효이므로, 당해 부동산의 소유권은 매매계약을 체결

정답 1. ④

한 소유자에게 그대로 남아 있게 되고, 명의수탁자가 자신의 명의로 소유권이전등기를 마친 부동산을 제3자에게 처분하면 이는 매도인의 소유권 침해행위로서 불법행위가 된다(대판 2013. 9. 12, 2010다95185).

⑤ (×) : 현대불법행위책임에서 입증책임의 완화 문제이다. 즉 "고도의 기술이 집약되어 대량으로 생산되는 제품에 성능 미달 등의 하자가 있어 피해를 입었다는 이유로 제조업자 측에게 민법상 불법행위책임으로 손해배상을 청구하는 경우에, 일반 소비자로서는 제품에 구체적으로 어떠한 하자가 존재하였는지, 발생한 손해가 하자로 인한 것인지를 과학적·기술적으로 증명한다는 것은 지극히 어렵다. 따라서 소비자 측으로서는 제품이 통상적으로 지녀야 할 품질이나 요구되는 성능 또는 효능을 갖추지 못하였다는 등 일응 제품에 하자가 있었던 것으로 추단할 수 있는 사실과 제품이 정상적인 용법에 따라 사용되었음에도 손해가 발생하였다는 사실을 증명하면, 제조업자 측에서 손해가 제품의 하자가 아닌 다른 원인으로 발생한 것임을 증명하지 못하는 이상, 제품에 하자가 존재하고 하자로 말미암아 손해가 발생하였다고 추정하여 손해배상책임을 지울 수 있도록 증명책임을 완화하는 것이 손해의 공평·타당한 부담을 지도 원리로 하는 손해배상제도의 이상에 맞다."(대판 2013. 9. 26, 2011다88870).

2 **만 17세로서 고등학교 3학년생인 甲은 길을 가던 乙과 언쟁을 벌이다 그를 때려 중상을 입혔다. 다음 설명 중 옳지 않은 것은? (다툼이 있는 경우에는 판례에 의함)** 〈2005년 사법시험〉

① 일반적으로 불법행위책임을 인정하기 위해 요구되는 가해자의 책임변식능력은 과실상계를 하기 위해 요구되는 피해자의 사리변식능력보다 고도의 주의능력이다.

② 甲에게 불법행위책임이 인정될 때, 甲이 그 배상으로 인하여 생계에 중대한 영향을 미치게 될 사정이 있는 경우, 법원은 甲의 주장이 없더라도 이를 참작하여 손해배상액을 감액할 수 있다.

③ 乙이 먼저 싸움을 유발하는 등 손해발생이나 확대에 기여한 잘못이 인정된다면 법원은 당사자의 주장이 없더라도 이를 참작하여야 한다.

④ 甲에게 책임능력이 인정되는 경우에도 그 부모에게 甲에 대한 감독의무위반의 과실이 있고 그 감독의무위반과 손해발생 사이에 상당인과관계가 있다면, 갑의 부모는 민법 제750조의 일반불법행위책임을 부담하게 된다.

⑤ 乙의 체질적 소인으로 손해가 확대되었음이 밝혀진 경우, 법원은 이를 참작하여 손해배상액을 감액할 수 있다.

해설

① (○) : 과실상계의 과실은 약한 부주의로써 불법행위의 성립요건으로 과실의 차이점을 묻는 것으로 타당하다.

② (×) : 제765조 배상액의 감경은 감액청구가 있어야 한다. 그리고 고의(싸움)나 중대한 과실은 제외된다.

③ (○) : 과실상계는 직권고려사항이다(제763조, 제396조).

④ (○) : 대판 1994. 2. 8, 93다13605 참조

⑤ (○) : 대판 2000. 1. 21, 98다50586 참조

정답 2. ②

보충지문

3 **부작위로 인한 불법행위가 성립하려면 작위의무가 전제되어야 하지만, 작위의무가 객관적으로 인정되는 이상 의무자가 의무의 존재를 인식하지 못하였더라도 불법행위 성립에는 영향이 없다.** 〈2015년 법무사, 2019년 법무사〉

해 설 대판 2012. 4. 26, 2010다8709 참조

4 **법인의 사회적 명성, 신용을 훼손하는 행위도 불법행위가 될 수 있다.** 〈2018년 법무사〉

해 설 법인의 목적사업 수행에 영향을 미칠 정도로 법인의 사회적 명성, 신용을 훼손하여 법인의 사회적 평가가 침해된 경우에는 그 법인에 대하여 불법행위를 구성한다(대판 1996. 6. 28, 96다12696).

5 **민법 제751조 제1항은 불법행위로 인한 재산 이외의 손해에 대한 배상책임을 규정하고 있고, 재산 이외의 손해는 정신상 고통만을 의미하는 것이 아니라 그 외에 수량적으로 산정할 수는 없으나 사회통념상 금전평가가 가능한 무형의 손해도 포함하므로, 법인의 명예나 신용을 훼손한 자는 그 법인에게 재산 이외의 손해에 대하여도 배상할 책임이 있다.** 〈2019년 법무사〉

해 설 대판 2008. 10. 9, 2006다53146 참조

6 **토지의 소유자라 하더라도 토양오염물질을 토양에 누출·유출하거나 투기·방치함으로써 토양오염을 유발하였음에도 오염토양을 정화하지 않은 상태에서 그 오염토양이 포함된 토지를 거래에 제공함으로써 유통되게 하거나, 토지에 폐기물을 불법으로 매립하였음에도 이를 처리하지 않은 상태에서 그 해당 토지를 거래에 제공하는 등으로 유통되게 하였다면, 다른 특별한 사정이 없는 한 이는 거래 상대방 및 위 토지를 전전 취득한 현재의 토지 소유자에 대한 위법행위로서 불법행위가 성립할 수 있다.** 〈2019년 법무사〉

해 설 대판 2016. 5. 19, 2009다66549 전원합의체 참조

7 **남녀고용평등과 일·가정 양립 지원에 관한 법률(2017. 11. 28. 법률 제15109호로 개정되기 전의 것) 제14조 제2항은 사업주가 직장 내 성희롱과 관련하여 피해를 입은 근로자 또는 성희롱 피해 발생을 주장하는 근로자(이하 '피해근로자 등'이라 한다)에게 해고나 그 밖의 불리한 조치를 하여서는 안 된다고 규정하고 있을 뿐이다. 따라서 사업주가 피해근로자 등인 A가 아니라 그에게 도움을 준 동료 근로자 B에게 불리한 조치를 한 경우, 그 불리한 조치의 상대방(B)도 아닌 A가 직접 사업주에게 민법 제750조에 따라 불법행위책임을 물을 수는 없다.** 〈2018년 법무사〉

해 설 남녀고용평등과 일·가정 양립 지원에 관한 법률 제14조 제2항은 사업주가 직장 내 성희롱과 관련하여 피해를 입은 근로자 또는 성희롱 피해 발생을 주장하는 근로자(이하 '피해근로자 등'이라 한다)에게 해고나 그 밖의 불리한 조치를 하여서는 안 된다고 규정하고 있을 뿐이다. 따라서 사업주가 피해근로자 등이 아니라 그에게 도움을 준 동료 근로자에게 불리한 조치를 한 경우에 남녀고용평등법 제14조 제2항을 직접 위반하였다고 보

정답 3. (○) 4. (○) 5. (○) 6. (○) 7. (×)

기는 어렵다. 그러나 사업주가 피해근로자 등을 가까이에서 도와준 동료 근로자에게 불리한 조치를 한 경우에 그 조치의 내용이 부당하고 그로 말미암아 피해근로자 등에게 정신적 고통을 입혔다면, 피해근로자 등은 불리한 조치의 직접 상대방이 아니더라도 사업주에게 민법 제750조에 따라 불법행위책임을 물을 수 있다(대판 2017. 12. 22, 2016다202947).

8 **미성년자도 책임능력이 있으면 불법행위로 인한 손해배상책임을 진다.** 〈2012년 법무사〉

해 설 민법 제753조, 민법 제755조 참조

Ⅱ. 특수불법행위

9 **공동불법행위에 관한 기술로 틀린 것은? (다툼이 있는 경우에는 판례에 의함)** 〈2004년 변리사〉

① 피해자에게 손해배상을 한 공동불법행위자의 다른 공동불법행위자에 대한 구상권은 그 구상권을 취득한 이후에 피해자의 그 다른 공동불법행위자에 대한 손해배상채권이 시효로 소멸되었다고 하더라도 이미 취득한 구상권의 소멸시효는 별도로 진행된다.

② 공동불법행위에 있어 방조라 함은 불법행위를 용이하게 하는 직접, 간접의 모든 행위를 가리키는 것으로서 형법과 달리 손해의 전보를 목적으로 하여 과실을 원칙적으로 고의와 동일시하는 민법의 해석으로서는 과실에 의한 방조도 가능하다고 할 것이며, 이 경우의 과실의 내용은 불법행위에 도움을 주지 않아야 할 주의의무가 있음을 전제로 하여 이 의무에 위반하는 것을 말한다.

③ 협의의 공동불법행위의 성립요건으로 가해자들 사이에 공모 내지 의사의 공통이나 공동의 인식은 필요없고, 객관적으로 보아 그 행위가 손해발생에 대하여 공통의 원인이 되었다고 인정되는 경우면 충분하다.

④ 공동불법행위자는 채권자에 대한 관계에서는 연대책임(부진정연대채무)을 지되, 공동불법행위자들 내부관계에서는 일정한 부담 부분이 있고, 이 부담부분은 공동불법행위자의 과실의 정도에 따라 정하여지는 것으로서 공동불법행위자 중 1인이 자기의 부담부분 이상을 변제하여 공동의면책을 얻게 하였을 때에는 다른 공동불법행위자에게 그 부담부분의 비율에 따라 구상권을 행사할 수 있다.

⑤ 공동불법행위책임에 있어서 가해자 중 1인이 다른 가해자에 비하여 불법행위에 가공한 정도가 경미한 경우, 피해자에 대한 관계에서 그 가해자의 공평한 손해부담의 원칙상 책임 범위를 제한하여 인정할 수 있다.

해 설

① (○) : [1] 피해자에게 손해배상을 한 공동불법행위자의 다른 공동불법행위자에 대한 구상권은 피해자의 다른 공동불법행위자에 대한 손해배상채권과는 그 발생 원인과 법적 성질을 달리하는 별개의 독립한 권리이므로, 공동불법행위자가 다른 공동불법행위자에 대한 구상권을 취득한 이후에 피해자의 그 다른 공동불법행위자에 대한 손해배상채권이 시효로 소멸되었다고 하여 그러한 사정만으로 이미 취득한 구상권이 소멸된다고 할 수 없다. [2] 공동불법행위자의 다른 공동불법행위자에 대한 구상권의 소멸시효는 그 구상권이 발생한 시점, 즉 구상권자가 공동면책행위를 한 때로부터 기산하여야 할 것이고, 그 기간도 일반 채권과 같이 10년으로 보아야 한다(대판 1996. 3. 26, 96다3791).

정답 8. (○) 9. ⑤

② (○) : 판례는 형사책임에서와는 달리 과실에 기한 방조도 공동불법행위의 성립을 인정한다(대판 2000. 4. 11, 99다41749).

③ (○) : 다수설과 판례는 공동의 의미에 관하여 이른바 '객관적 공동설'을 취한다(대판 1998. 11. 1, 098다20059).

④ (○) : 공동불법행위책임을 부담하는 가해자간 부진정연대채무를 부담한다고 하면서도 그 과실비율에 따른 부담부분을 인정하여 구상권을 인정한다(대판 2002. 9. 14, 2000다68712).

⑤ (×) : 판례는 공동불법행위의 책임과 관련하여, 손해배상책임의 범위는 피해자에 대한 관계에서 가해자들 전원의 행위를 전체적으로 함께 평가하여 정하여야 하고, 가해자 중 1인이 다른 가해자에 비하여 불법행위에 가공한 정도가 경미하다고 하더라도 그 가해자의 책임범위를 위와 같이 정하여진 손해배상액의 일부로 제한하여 인정할 수 없다고 한다(대판 2001. 9. 7, 99다70365).

10 **甲은 乙로부터 X건물을 매수하여 거주하고 있다. 그런데 그 건물의 베란다 외벽의 일부가 떨어져 나가 마침 건물 밑을 지나가던 행인 丙이 부상당하였다. 그 원인은 乙로부터 건축공사를 도급받은 丁이 부실시공을 함으로써 베란다 외벽에 결함이 발생하였기 때문이었다. 甲과 乙 모두 그 결함의 존재에 관하여 선의·무과실이었다. 이 경우의 법률관계에 관한 다음의 설명 중 옳은 것은?** 〈2007년 변리사〉

① 甲은 공작물의 소유자로서 丙에 대하여 불법행위책임을 지지만, 동시에 점유자이므로 손해의발생을 방지하기에 필요한 주의를 하였다는 것을 증명함으로써 이를 면할 수 있다.

② 乙은 丁의 부실시공이 乙의 지시에 기인한 것이었다고 하는 사실이 없는 한 丙에 대하여 불법행위책임을 지지 않는다.

③ 丁은 丙에 대하여 불법행위책임을 지지만, 이 책임은 완성된 건물을 乙에게 인도한 날로부터 3년이 경과하면 소멸한다.

④ 甲과 丁은 별개의 이유에 기하여 丙에 대하여 불법행위책임을 지지만, 丙은 甲과 丁에 대하여 각각 손해액의 2분의 1을 넘어서 청구할 수 없다.

⑤ 甲이 丙에게 손해를 배상한 경우 甲은 乙에 대하여 지급액 전액의 배상을 청구할 수 있지만, 甲과 丁 사이에는 계약관계가 없고 丁의 불법행위는 丙에 대한 것이지 甲에 대한 것이 아니므로 甲은 丁에 대하여 그 지급액을 구상할 수 없다.

해 설

① (×) : 甲은 공작물의 소유자로서 丙에 대하여 불법행위책임을 지며, 동시에 점유자이기는 하나 무과실책임을 부담하고 면책이 되지 않는다(제758조). 따라서 손해발생 방지하기 위하여 필요한 주의를 하였다는 것을 증명하였다고 하여도 책임을 부담한다.

② (○) : 도급인은 원칙적으로 도급과 관련된 불법행위에 대하여 중대한 과실이 없는 한 책임을 지지 부담하지 않는다. 따라서 도급인 乙은 수급인 丁의 부실시공이 乙의 지시에 기인한 것이었다고 하는 사실이 없는 한 丙에 대하여 불법행위책임을 지지 않는다(제757조 전문).

③ (×) : 丁이 부실시공으로 인하여 丙에 대하여 부담하는 책임은 불법행위책임이지 수급인의 담보책임이 아니다. 따라서 丁의 책임은 완성된 건물을 乙에게 인도한 날로부터 3년이 경과하면 소멸하는 것이 아니라, 손해발생과 가해자를 안 날로부터 3년이 경과하면 소멸하는 것이다(제766조 제1항).

④ (×) : 甲과 丁은 별개의 이유에 기하여 丙에 대하여 불법행위책임을 지며 그 책임은 부진정연대채무로 해석되기 때문에 전손해에 대하여 책임을 부담한다. 따라서 丙은 甲과 丁에 대하여 각각 손해액의 2분의 1을 넘어서

정답 10. ②

청구할 수 없다는 것은 부당하다.

⑤ (×) : 매수인 甲이 매도인 乙에게 하자 확대손해 책임을 묻기 위해서는 매도인에게 귀책사유가 있어야 한다(대판 1997. 5. 7, 96다39455). 그런데 문제에서 甲과 乙은 선의, 무과실이므로 甲은 乙에게 책임을 물을 수 없다. 반면에 甲이 丙에게 손해를 배상한 경우 甲은 丁에 대하여 지급액을 구상할 수 있다(제758조 제3항).

11 **불법행위의 성립에 관한 설명 중 옳은 것은? (다툼이 있는 경우에는 판례에 의함)** 〈2009년 변리사〉

① 매매나 교환계약의 당사자가 목적물의 시가를 묵비하거나 허위로 높은 가액을 시가라고 고지하는 행위는 원칙적으로 불법행위에 해당한다.

② HD-TV의 제조상 결함으로 TV화면이 나오지 않는 경우, TV제조업자는 소비자에게 제조물책임법에 따른 손해배상의무를 부담한다.

③ 甲과 乙이 교통사고를 일으켜 丙에게 피해를 입힌 경우, 甲과 乙의 행위가 공동불법행위가 되려면 甲과 乙간에 공모 또는 적어도 공통의 인식이 있어야 한다.

④ 언론·출판을 통해 사실을 적시함으로써 타인의 명예를 훼손하였다는 이유로 손해배상을 청구하는 경우, 적시된 사실의 허위성에 대한 증명책임은 원고에게 있다.

⑤ 피용자의 불법행위가 외관상 사무집행의 범위 내에 속하는 것으로 보이는 경우, 피용자의 행위가 사무집행에 해당하지 않음을 피해자 자신이 알았을 때에도 사용자책임을 물을 수 있다.

해설

① (×) : 당사자 일방이 알고 있는 정보를 상대방에게 사실대로 고지하여야 할 신의칙상의 주의의무가 인정된다고 볼 만한 특별한 사정이 없는 한, 당사자가 목적물의 시가를 묵비하여 상대방에게 고지하지 아니하거나 또는 시가보다 높은 또는 낮은 가액을 시가라고 고지하였다 하더라도 상대방의 의사결정에 불법적인 간섭을 하였다고 볼 수 없으므로 불법행위가 성립한다고 볼 수 없다(대판 2006. 11. 23, 2004다62955).

② (×) : 제조물에 상품적합성이 결여되어 제조물 그 자체에 발생한 손해는 제조물책임의 적용대상이 아니므로 하자담보책임으로서 그 배상을 구하여야 한다(대판 2000. 7. 28, 98다35525 등).

③ (×) : 공동불법행위의 성립에는 공동불법행위자 상호간에 공모 및 의사의 공통이나 공동의 인식이 필요하지 아니하고 객관적으로 각 행위에 관련공동성이 있으면 족하다(대판 2000. 9. 29, 2000다13900 등).

④ (○) : 언론·출판을 통해 사실을 적시함으로써 타인의 명예를 훼손한 경우, 원고가 청구원인으로 그 적시된 사실이 허위사실이거나 허위평가라고 주장하며 손해배상을 구하는 때에는 그 허위성에 대한 입증책임은 원고에게 있고, 다만 피고가 그 적시된 사실이 진실한 사실로서 오로지 공공의 이익에 관한 것이므로 위법성이 없다고 항변할 경우 그 위법성을 조각시키는 사유에 대한 증명책임은 피고에게 있다(대판 2008. 1. 24, 2005다58823).

⑤ (×) : 피용자의 불법행위가 외관상 사무집행의 범위 내에 속하는 것으로 보이는 경우에도 피용자의 행위가 사용자나 사용자에 갈음하여 그 사무를 감독하는 자의 사무집행행위에 해당하지 않음을 피해자 자신이 알았거나 또는 중대한 과실로 알지 못한 경우에는 사용자 또는 사용자에 갈음하여 그 사무를 감독하는 자에 대하여 사용자책임을 물을 수 없다(대판 2007. 9. 20, 2004다43886 등).

12 **사용자책임에 관한 설명 중 옳은 것은? (다툼이 있는 경우에는 판례에 의함)** 〈2011년 변리사〉

① 다단계판매원 甲은, 비록 다단계판매업자 乙의 지휘·감독을 받으면서 乙의 업무를 직접 또는 간접으로 수행한다고 하더라도, 乙과의 관계에서 민법 제756조 (사용자의 배상책임)에 규정한 피용자에 해당하지는 않는다.

정답 11. ④ 12. ③

② 피용자가 퇴직하였다면, 비록 그 후 사용자의 실질적인 지휘·감독 아래에 있었다고 볼 수 있는 특별한 사정이 있다고 하더라도 사용자에게 사용자책임을 물을 수는 없다.

③ 피용자의 불법행위에 기한 손해배상채무가 시효로 소멸하더라도 그것에 의해 사용자책임에 기한 손해배상채무가 소멸하는 것은 아니다.

④ 동업관계에 있는 자들이 동업자 중 1인에게 그 업무집행을 위임하여 그로 하여금 처리하도록 한 경우에도 사용자책임의 문제가 발생하는 경우는 없다.

⑤ 도급인이 수급인에 대하여 특정한 행위를 지휘하거나 특정한 사업을 도급시키는 경우와 같은 노무도급의 경우라 하더라도 도급인은 사용자로서의 배상책임이 없다.

해 설

① (×) : 다단계판매업의 영업방법 및 다단계판매업자와 다단계판매원 사이의 관계에 비추어 볼 때, 다단계판매원이 다단계판매업자의 상품 또는 용역을 소비자에게 판매하고 하위판매원의 모집 및 후원활동을 하는 것은 실질적으로 다단계판매업자의 관리 아래 그 업무를 위탁받아 행하는 것으로 볼 수 있고, 다단계판매업자도 재화 등의 판매에 의한 이익의 귀속주체가 되므로, 다단계판매원은 다단계판매업자의 지휘·감독을 받으면서 다단계판매업자의 업무를 직접 또는 간접으로 수행하는 자로서 다단계판매업자와의 관계에서 민법 제756조에 규정한 피용자에 해당한다(대판 2008. 11. 27, 2008다56118).

② (×) : 사용자책임은 타인을 사용하여 어느 사무에 종사하게 한 자로 하여금 피용자가 그 사무집행에 관하여 제3자에게 가한 손해를 배상하게 하는 것으로서, 사용자책임이 성립하려면 사용자와 불법행위자 사이에 사용관계, 즉 사용자가 불법행위자인 피용자를 실질적으로 지휘·감독하는 관계에 있어야 하므로, 피용자가 퇴직한 뒤에는 퇴직에도 불구하고 사용자의 실질적인 지휘·감독 아래에 있었다고 볼 수 있는 특별한 사정이 없다면 그의 행위에 대하여 원칙적으로 종전의 사용자에게 사용자책임을 물을 수 없다(대판 2001. 9. 4, 2000다26128).

[보충지문] 특별한 사정이 없다면 퇴직 이후 피용자의 행위에 대하여 종전의 사용자에게 사용자책임을 물을 수 없다(○). 〈2017년 공인노무사〉

③ (○) : 사용자와 피용자는 각각 민법 제756조와 제750조에 의해 책임을 지는데, 이는 각자 독자적 책임이므로 부진정연대채무이다(대판 1992. 6. 23, 91다33070 전원합의체 ; 대판 2006. 2. 9, 2005다28426 참조). 그런데 부진정연대채무자 상호간에 있어서 채권의 목적을 달성시키는 변제와 같은 사유는 채무자 전원에 대하여 절대적 효력을 발생하지만, 그 밖의 사유는 상대적 효력을 발생하는 데에 그치는 것이다(대판 2006. 1. 27, 2005다19378). 따라서 연대채무에 있어서 소멸시효의 절대적 효력에 관한 민법 제421조의 규정은 부진정연대채무에 대하여는 그 적용이 없다(대판 1997. 12. 23, 97다42830).

④ (×) : 동업으로 합동법무사사무소를 경영하는 법무사 상호간에 업무집행을 위임하여 그 법무사 중 1인이 다른 법무사의 명의로 업무집행을 한 경우, 명의자인 법무사는 실제 업무를 처리한 법무사를 지휘·감독할 사용자 관계에 있다고 볼 수 있다고 한다(대판 2006. 3. 10, 2005다65562).

⑤ (×) : 도급인의 책임이 인정되는 제757조의 경우에는 수급인의 수급사무의 처리에 대하여 도급인의 구체적인 지시·감독권이 없어야 한다. 만약 도급인이 수급인에게 지시·감독권이 있다면 제756조의 사용자책임이 도급인에게 인정될 수 있다(판례). 판례는 감독(제756조 책임긍정)과 감리(제756조 책임부정)를 비교한다. 따라서 도급인이 수급인에 대하여 특정한 행위를 지휘하거나 특정한 사업을 도급시키는 경우와 같은 이른바 노무도급의 경우에는 비록 도급인이라고 하더라도 사용자로서의 배상책임이 있다(대판 2005. 11. 10, 2004다37676 등).

13 **사용자책임에 관한 설명으로 옳은 것은? (다툼이 있는 경우에는 판례에 의함)** 〈2014년 변리사〉

① 피용자의 행위가 외관상 사무집행의 범위에 속하는 것으로 보이면 피해자가 그의 중대한 과실로 피용자의 행위가 사용자의 사무집행행위에 해당하지 않음을 알지 못한 때에도 사용자책임이 성립한다.
② 어떤 사업에 관하여 명의사용을 허락받은 자가 그 사업에 관하여 고의로 다른 사람에게 손해를 가한 경우, 이는 명의사용자의 고유사업이므로 명의대여자는 손해배상책임이 없다.
③ 업무수행과 관련한 피용자의 불법행위로 사용자가 직접 손해를 입은 경우, 특별한 사정이 없으면 사용자는 발생한 손해 전부의 배상을 피용자에게 청구할 수 있다.
④ 피용자가 제3자와 공동불법행위로 피해자에게 손해를 가한 경우, 피용자와 제3자는 부진정연대관계에 있으나 사용자와 제3자는 그렇지 않다.
⑤ 책임무능력자의 가해행위에 관하여 그 대리감독자의 불법행위가 성립하는 경우, 피해자는 대리감독자의 사용자에게도 사용자책임을 물을 수 있다.

해설

① (×) : 피용자의 행위가 외관상 사무집행의 범위에 속하는 것으로 보이면 피해자가 그의 중대한 과실로 피용자의 행위가 사용자의 사무집행행위에 해당하지 않음을 알지 못한 때에는 사용자책임이 부정된다(대판 2007. 4. 12, 2006다21354).

② (×) : 명의대여자도 사용자책임이 인정된다(대판 2001. 6. 1, 2001다28476).

③ (×) : 일반적으로 사용자가 피용자의 업무수행과 관련하여 행하여진 불법행위로 인하여 직접 손해를 입었거나 그 피해자인 제3자에게 사용자로서의 손해배상책임을 부담한 결과로 손해를 입게 된 경우에 있어서, 사용자는 그 사업의 성격과 규모, 시설의 현황, 피용자의 업무내용과 근로조건 및 근무태도, 가해행위의 발생원인과 성격, 가해행위의 예방이나 손실의 분산에 관한 사용자의 배려의 정도, 기타 제반 사정에 비추어 손해의 공평한 분담이라는 견지에서 신의칙상 상당하다고 인정되는 한도 내에서만 피용자에 대하여 손해배상을 청구하거나 그 구상권을 행사할 수 있다(대판 1996. 4. 9. 95다52611).

④ (×) : 피용자가 제3자와 공동불법행위로 피해자에게 손해를 가한 경우, 피용자와 제3자는 부진정연대관계에 있으나 사용자와 제3자도 역시 부진정연대관계에 있다(대판 1995. 7. 14, 94다19600).

⑤ (○) : 책임무능력자(초등학교 1학년생)의 대리감독자(담임교사)에게 민법 제755조 제2항에 의한 배상책임이 있다고 하여 위 대리감독자의 사용자 또는 사용자에 갈음한 감독자(위 학교를 설립 경영하는 지방자치단체)에게 당연히 민법 제756조에 의한 사용자책임이 있다고 볼 수는 없으며, 책임무능력자의 가해행위에 관하여 그 대리감독자에게 고의 또는 과실이 인정됨으로써 별도로 불법행위의 일반 요건을 충족한 때에만 위 대리감독자의 사용자 또는 사용자에 갈음한 감독자는 민법 제756조의 사용자책임을 지게 된다(대판 1981. 8. 11, 81다298).

14 **공동불법행위에 관한 설명으로 옳지 않은 것은? (다툼이 있으면 판례에 따름)** 〈2015년 변리사〉

① 피해자가 공동불법행위자 중 1인에게 손해배상을 청구한 경우, 그에 따른 시효중단 효과는 다른 공동불법행위자에게도 미친다.
② 피해자가 공동불법행위자 중 1인에 대하여 손해배상에 관한 권리를 포기하거나 채무를 면제하는 의사표시를 하였다 하더라도 다른 불법행위자에 대하여 그 효력이 미치지 않는다.
③ 가해자 甲이 다른 가해자 乙에 비하여 불법행위에 가공한 정도가 경미하더라도 피해자 丙에 대한 관계에서 甲의 책임범위를 손해배상의 일부로 제한할 수 없다.
④ 불법행위를 방지할 작위의무 있는 사람이 그것을 방지하여야 할 제반조치를 취하지 아니하는 부

정답 13. ⑤ 14. ①

작위로 인하여 불법행위자의 실행행위를 용이하게 하는 경우, 공동불법행위책임을 질 수 있다.
⑤ 공동불법행위자 1인이 공동면책행위를 한 경우, 다른 공동불법행위자에 대한 구상권은 공동면책행위를 한 날로부터 10년이 지나면 소멸시효가 완성된다.

해설

① (×) : 부진정연대채무에서 절대효는 변제·대물변제·공탁·상계 등이며, 기타는 상대적 효력밖에 없다. 따라서 피해자가 공동불법행위자 중 1인에게 손해배상을 청구한 경우, 그에 따른 시효중단 효과는 다른 공동불법행위자에게도 미치지 않는다(대판 2011. 4. 14, 2010다91886).
② (○) : 마찬가지로 부진정연대채무의 절대효 문제이다. 따라서 피해자가 공동불법행위자 중 1인에 대하여 손해배상에 관한 권리를 포기하거나 채무를 면제하는 의사표시를 하였다 하더라도 다른 불법행위자에 대하여 그 효력이 미치지 않는다(대판 1980. 7. 22, 79다1107).
③ (○) : 공동불법행위의 가해자는 피해자를 보호하기 위하여 부진정연대채무를 부담하는 것으로 보기 때문에 가해자 甲이 다른 가해자 乙에 비하여 불법행위에 가공한 정도가 경미하더라도 피해자 丙에 대한 관계에서 甲의 책임범위를 손해배상의 일부로 제한할 수 없다(대판 2007. 6. 14, 2005다32999).
④ (○) : 공동불법행위는 방조에 의하여도 성립되는데(제760조 제3항), 불법행위를 방지할 작위의무 있는 사람이 그것을 방지하여야 할 제반조치를 취하지 아니하는 부작위로 인하여 불법행위자의 실행행위를 용이하게 하는 경우, 공동불법행위책임을 질 수 있다(대판 2012. 4. 26, 2020다8709).
⑤ (○) : 공동불법행위자 1인이 공동면책행위를 한 경우, 다른 공동불법행위자에 대한 구상권은 공동면책행위를 한 날로부터 10년이 지나면 소멸시효가 완성된다(대판 1996. 3. 26, 96다3791).

15 **甲과 乙은 과실에 의한 공동불법행위자로서 丙에게 5천만원의 손해를 입혔다. 이 손해의 발생에 丙의 과실은 30%로 평가되었고, 甲과 乙사이의 과실비율은 7:3이었다. 이에 관한 설명으로 옳지 않은 것은? (다툼이 있으면 판례에 따름)** 〈2017년 변리사〉

① 甲과 乙은 丙에 대하여 3천 5백만원의 손해배상채무를 부담한다.
② 甲이 丙에 대한 대여금채권을 자동채권으로 하여 2천만원을 상계한 경우, 乙은 丙에 대하여 4백 5십만원의 손해배상채무를 부담하게 된다.
③ 甲이 丙에게 손해배상채무를 전액 배상한 경우, 甲의 乙에 대한 구상채권의 소멸시효는 10년으로 완성되고, 그 기산점은 甲이 현실로 丙에게 손해배상금을 지급한 때이다.
④ 甲이 丙에게 1천만원을 배상한 경우, 甲은 乙에 대하여 구상할 수 없다.
⑤ 甲의 보증인 丁이 丙에 대하여 손해배상채무를 변제한 경우, 丁은 乙에게 乙의 부담부분에 한하여 구상권을 행사할 수 있다.

해설

① (○) : 민법 제763조에 의하여 준용되는 제396조에 따라 과실상계를 해야 한다. 5,000만 원X(1-30/100) = 3,500만원
② (×) : 부진정연대채무자 중 1인이 자신의 채권자에 대한 반대채권으로 상계를 한 경우에도 채권은 변제, 대물변제, 또는 공탁이 행하여진 경우와 동일하게 현실적으로 만족을 얻어 그 목적을 달성하는 것이므로, 그 상계로 인한 채무소멸의 효력은 소멸한 채무 전액에 관하여 다른 부진정연대채무자에 대하여도 미친다(대판 2010. 9. 16, 2008다97218 전원합의체). 따라서 乙은 丙에 대하여 1,500만 원(3,500만 원 − 2,000만 원)의 채무를 부담하게 된다. ☞ 과실비율이 7:3이라고 해서 乙이 남은 채무 1,500만 원 중 450만 원(1,500만 원X3/10)만 부담하면 된

정답 15. ②

다고 혼동하지 말 것이다. 과실비율과 상관없이 丙에 대하여는 남은 채무 1,500만 원을 전부 변제할 의무가 있는 것이다.
③ (○) : 구상권은 그 소멸시효에 관하여 법률에 따로 정한 바가 없으므로 일반원칙으로 돌아가 일반채권과 같이 그 소멸시효는 10년으로 완성된다고 해석함이 상당하고 그 기산점은 구상권이 발생한 시점, 즉 구상권자가 현실로 피해자에게 지급한 때이다(대판 1994. 1. 11, 93다32958).
④ (○) : 공동불법행위자는 채권자에 대한 관계에서는 연대책임(부진정연대채무)을 지되, 공동불법행위자들 내부관계에서는 일정한 부담 부분이 있고, 이 부담 부분은 공동불법행위자의 과실의 정도에 따라 정하여지는 것으로서 공동불법행위자 중 1인이 자기의 부담 부분 이상을 변제하여 공동의 면책을 얻게 하였을 때에는 다른 공동불법행위자에게 그 부담 부분의 비율에 따라 구상권을 행사할 수 있다(대판 2002. 9. 24, 2000다69712).
☞ 甲의 부담부분은 2,450만 원(3,500만 원X70/100)이므로, 이를 넘지 않은 변제를 한 경우에는 구상할 수 없다.
⑤ (○) : 어느 공동불법행위자를 위하여 보증인이 된 사람이 피보증인을 위하여 손해배상채무를 변제한 경우, 그 보증인은 피보증인이 아닌 다른 공동불법행위자에 대하여 그 부담 부분에 한하여 구상권을 행사할 수 있다(대판 2008. 7. 24, 2007다37530).

16 **사용자책임에 관한 설명으로 옳지 않은 것은? (다툼이 있으면 판례에 따름)** 〈2018년 변리사〉

① 피용자의 불법행위에 기한 손해배상채무가 시효로 인해 소멸하더라도, 그것에 의해 사용자책임에 기한 손해배상채무까지 소멸하는 것은 아니다.
② 도급인이 수급인에 대하여 특정한 행위를 지휘하는 등의 노무도급의 경우에 도급인은 수급인의 불법행위에 대해 사용자책임을 질 수 있다.
③ 지입차량의 차주가 고용한 운전자의 과실로 인한 불법행위로 인해 타인에게 손해가 발생한 경우, 그 운전자의 불법행위에 대해 지입회사는 사용자책임을 질 수 있다.
④ 피용자가 제3자와의 공동불법행위로 피해자에게 손해를 입힌 경우, 사용자가 피용자의 부담부분을 초과하여 피해자에게 손해를 배상하면 사용자는 제3자에게 그 초과부분에 대해 구상권을 행사할 수 있다.
⑤ 피용자와 제3자와의 공동불법행위로 인해 손해를 입은 피해자에게 사용자가 채권을 가지고 있으나 사용자가 상계할 수 있음에도 상계하지 않는 경우, 제3자는 사용자의 부담부분 범위 내에서 사용자의 채권을 가지고 피해자에게 상계할 수 있다.

해설

① (○) : 부진정연대채무에 서는 채무자 1인에 대한 이행청구 또는 채무자 1인이 행한 채무의 승인 등 소멸시효의 중단사유나 시효이익의 포기가 다른 채무자에게 효력을 미치지 아니한다(대판 2011. 4. 14, 2010다91886).
② (○) : 도급인이 수급인에 대하여 특정한 행위를 지휘하거나 특정한 사업을 도급시키는 경우와 같은 이른바 노무 도급의 경우에 있어서는 도급인이라고 하더라도 민법 제756조가 규정하고 있는 사용자책임의 요건으로서의 사용관계가 인정된다(대판 1998. 6. 26, 97다58170).
③ (○) : 지입차량의 차주 또는 그가 고용한 운전자의 과실로 타인에게 손해를 가한 경우에는 지입회사는 명의대여자로서 제3자에 대하여 지입차량이 자기의 사업에 속하는 것을 표시하였을 뿐 아니라, 객관적으로 지입차주를 지휘·감독하는 사용자의 지위에 있다 할 것이므로 이러한 불법행위에 대하여는 그 사용자책임을 부담한다고 할 것이다(대판 2000. 10. 13, 2000다20069).
④ (○) : 피용자와 제3자가 공동불법행위로 피해자에게 손해를 가하여 그 손해배상채무를 부담하는 경우에 피용자와 제3자는 공동불법행위자로서 서로 부진정연대관계에 있고, 한편 사용자의 손해배상책임은 피용자의 배

정답 16. ⑤

상책임에 대한 대체적 책임이어서 사용자도 제3자와 부진정연대관계에 있다고 보아야 할 것이므로, 사용자가 피용자와 제3자의 책임비율에 의하여 정해진 피용자의 부담부분을 초과하여 피해자에게 손해를 배상한 경우에는 사용자는 제3자에 대하여도 구상권을 행사할 수 있으며, 그 구상의 범위는 제3자의 부담부분에 국한된다고 보는 것이 타당하다(대판 1992. 6. 23, 91다33070 전원합의체).

⑤ (×) : 부진정연대채무에 있어서 부진정연대채무자 1인이 한 상계가 다른 부진정연대채무자에 대한 관계에 있어서도 공동면책의 효력 내지 절대적 효력이 있는 것인지는 별론으로 하더라도, 부진정연대채무자 사이에는 고유의 의미에 있어서의 부담부분이 존재하지 아니하므로 위와 같은 고유의 의미의 부담부분의 존재를 전제로 하는 민법 제418조 제2항은 부진정연대채무에는 적용되지 아니하는 것으로 봄이 상당하고, 따라서 부진정연대채무에 있어서는 한 부진정연대채무자가 채권자에 대하여 상계할 채권을 가지고 있음에도 상계를 하지 않고 있다 하더라도 다른 부진정연대채무자가 그 채권을 가지고 상계를 할 수는 없는 것으로 보아야 한다(대판 1994. 5. 27, 39다21521).

17 **공동불법행위에 관한 설명으로 옳지 않은 것은? (다툼이 있으면 판례에 따름)** 〈2019년 변리사〉

① 수인이 공동의 불법행위로 타인에게 손해를 가한 때에는 연대하여 그 손해를 배상할 책임이 있다.
② 공동불법행위가 성립하기 위해서는 행위자 사이에 의사의 공통이나 행위공동의 인식은 필요하지 않다.
③ 공동불법행위자 중 1인의 변제는 변제된 금액의 한도 내에서 다른 공동불법행위자를 위하여 공동면책의 효력이 있다.
④ 가해자불명의 공동불법행위의 경우, 개별 행위자가 자기의 행위와 손해발생 사이에 인과관계가 없음을 증명하면 불법행위책임을 면한다.
⑤ 공동불법행위자 중 1인인 甲의 손해배상채무가 시효로 소멸한 후에, 다른 공동불법행위자 乙이 피해자에게 자기의 부담부분을 넘는 손해를 배상하였더라도 乙은 甲에게 구상권을 행사할 수 없다.

해 설

① (○) : 민법 제760조 제1항 참조

② (○) : 공동불법행위가 성립하려면 행위자 사이에 의사의 공통이나 행위공동의 인식이 필요한 것은 아니지만 객관적으로 보아 피해자에 대한 권리침해가 공동으로 행하여지고 그 행위가 손해발생에 대하여 공통의 원인이 되었다고 인정되는 경우라야 한다(대판 1989. 5. 23, 87다카2723). ☞ 판례는 이른바 객관적 공동설의 입장이다.

③ (○) : [1] 공동불법행위자 중 1인의 변제는 변제금액의 한도 내에서 다른 공동 불법행위자를 위하여 공동면책의 효력이 있다. [2] 공동불법행위자 중 1인에 대한 면제는 다른 공동 불법행위자에 대하여 효력이 미치지 아니한다(대판 1982. 4. 27, 80다2555).

④ (○) : 민법 제760조 제2항은 여러 사람의 행위가 경합하여 손해가 생긴 경우 중 같은 조 제1항에서 말하는 공동의 불법행위로 보기에 부족할 때, 입증책임을 덜어줌으로써 피해자를 보호하려는 입법정책상의 고려에 따라 각각의 행위와 손해 발생 사이의 인과관계를 법률상 추정한 것이므로, 이러한 경우 개별 행위자가 자기의 행위와 손해 발생 사이에 인과관계가 존재하지 아니함을 증명하면 면책되고, 손해의 일부가 자신의 행위에서 비롯된 것이 아님을 증명하면 배상책임이 그 범위로 감축된다(대판 2008. 4. 10, 2007다76306).

⑤ (×) : 공동불법행위자의 다른 공동불법행위자에 대한 구상권은 피해자의 다른 공동불법행위자에 대한 손해배상채권과는 그 발생 원인 및 성질을 달리하는 별개의 권리이고, 연대채무에 있어서 소멸시효의 절대적 효력에 관한 민법 제421조의 규정은 공동불법행위자 상호간의 부진정연대채무에 대하여는 그 적용이 없으므로, 공동불법행위자 중 1인의 손해배상채무가 시효로 소멸한 후에 다른 공동불법행위자 1인이 피해자에게 자기의 부

정답 17. ⑤

담 부분을 넘는 손해를 배상하였을 경우에도, 그 공동불법행위자는 다른 공동불법행위자에게 구상권을 행사할 수 있다(대판 1997. 12. 23, 97다42830).

18 **甲은 친구 乙이 운전하는 차량에 호의로 동승하여 귀가하던 중 신호를 무시하고 운전하던 丙의 차량과 충돌하는 사고로 부상을 당하였다. 이 사고로 인한 甲의 손해액은 1,000만 원, 乙과 丙의 과실비율은 2:8로 확정되었다. 이에 관한 설명으로 옳지 않은 것은? (단, 자동차손해배상 보장법은 고려하지 않으며, 다툼이 있으면 판례에 따름)** 〈2021년 변리사〉

① 甲의 손해에 대하여 乙, 丙은 부진정연대책임을 진다.
② 甲의 호의동승으로 인해 乙의 책임이 제한되는 경우, 이는 丙에게도 인정된다.
③ 甲이 乙의 난폭운전으로 사고발생의 위험성이 상당할 정도로 우려된다는 것을 인식한 경우, 甲에게 안전운전을 촉구할 주의의무가 인정된다.
④ 甲의 호의동승에 따른 책임제한이 30%로 인정되고 丙이 甲에게 600만 원을 변제한 경우, 丙은 乙에게 40만 원을 구상할 수 있다.
⑤ 丙이 甲에게 손해 전부를 배상하고 乙에 대한 구상권을 취득한 후 甲의 乙에 대한 손해배상채권이 시효로 소멸한 경우, 丙은 乙에게 더 이상 구상권을 행사할 수 없다.

해설

① (○), ② (○) : 2인 이상의 공동불법행위로 인하여 호의동승한 사람이 피해를 입은 경우, 공동불법행위자 상호 간의 내부관계에서는 일정한 부담 부분이 있으나 피해자에 대한 관계에서는 부진정연대책임을 지므로, 동승자가 입은 손해에 대한 배상액을 산정할 때에는 먼저 호의동승으로 인한 감액 비율을 참작하여 공동불법행위자들이 동승자에 대하여 배상하여야 할 수액을 정하여야 한다. 따라서 위 법리에 비추어 살펴보면, 이 사건에서 망인 甲의 사망과 관련한 공동불법행위자들인 乙과 丙이 부담할 손해배상액을 산정함에 있어서도 먼저 망인 甲의 호의동승으로 인한 감액 비율을 고려하여 두 사람이 甲의 상속인 A에 대한 관계에서 연대하여 부담하여야 할 손해액을 산정하여야 하고, 그 당연한 귀결로서 위와 같은 책임제한은 동승 차량 운전자인 乙뿐만 아니라 상대방 차량 운전자인 丙 및 그 보험자에게도 적용된다 할 것이다. 그럼에도 불구하고 원심은 위와 같이 호의동승으로 인한 책임제한이 乙에게만 적용된다고 판단하였는바, 이는 공동불법행위에 있어 호의동승의 책임제한과 관련한 법리를 오해하여 판단을 그르친 것이다(대판 2014. 3. 27, 2012다87263).

③ (○) : 차량의 운전자가 현저하게 난폭운전을 한다거나 그 밖의 사유로 인하여 사고 발생의 위험성이 상당한 정도로 우려된다는 것을 동승자가 인식할 수 있었다는 등의 특별한 사정이 없는 한, 단순한 차량의 동승자에게는 운전자에게 안전운행을 촉구할 주의의무가 있다고 할 수 없다(대판 1996. 4. 9, 95다43181).

④ (○) : 공동불법행위자 중 1인이 자기의 부담 부분 이상을 변제하여 공동의 면책을 얻게하였을 때에는 다른 공동불법행위자에게 그 부담 부분의 비율에 따라 구상권을 행사할 수 있다(대판 2005. 7. 8, 2005다8125). ☞ 위 ①, ②의 해설과 같이 먼저 호의동승으로 인한 감액 비율(30%)을 참작하면 乙과 丙이 甲에 대하여 배상하여야 할 수액은 700만 원이고, 과실비율은 2:8 이므로 乙과 丙의 내부적 부담부분은 각각 140만 원, 560만 원이 된다. 따라서 丙이 600만 원을 변제하면 乙에게 40만 원을 구상할 수 있다(초과출재필요설).

⑤ (×) : 피해자에게 손해배상을 한 공동불법행위자의 다른 공동불법행위자에 대한 구상권은 피해자의 다른 공동불법행위자에 대한 손해배상채권과는 그 발생 원인과 법적 성질을 달리하는 별개의 독립한 권리이므로, 공동불법행위자가 다른 공동불법행위자에 대한 구상권을 취득한 이후에 피해자의 그 다른 공동불법행위자에 대한 손해배상채권이 시효로 소멸되었다고 하여 그러한 사정만으로 이미 취득한 구상권이 소멸된다고 할 수 없다(대판 1996. 3. 26, 96다3791).

정답 18. ⑤

> **[동지판례]** 공동불법행위자 중 1인의 손해배상채무가 시효로 소멸한 후에 다른 공동불법행위자 1인이 피해자에게 자기의 부담 부분을 넘는 손해를 배상하였을 경우에도, 그 공동불법행위자는 다른 공동불법행위자에게 구상권을 행사할 수 있다(대판 1997. 12. 23, 97다42830).

19 **甲과 乙이 과실에 의한 공동불법행위로 丙에게 손해를 가하였는데, 丙이 입은 손해액은 3,000만 원이다. 甲과 乙의 부담부분의 비율은 2 : 1이고, 甲과 乙에 대한 丙의 과실비율은 20%이며, 丁은 甲의 사용자로서 사용자책임을 부담한다. 다음 설명 중 옳지 않은 것은? (다툼이 있는 경우에는 판례에 의함)** 〈2012년 변호사시험〉

① 甲이 丙에 대한 1,000만 원의 대여금채권으로 丙의 손해배상채권과 상계하였다면, 乙도 그 한도에서 손해배상책임을 면한다.
② 만약 甲은 고의로, 乙은 과실로 위 불법행위를 행하였다면, 甲이 과실상계를 주장하지 못하는 경우라도 乙은 과실상계를 주장할 수 있다.
③ 丙의 甲에 대한 소송에서 丙의 과실이 일정한 비율로 인정되었다면, 별소로 제기된 丙의 乙에 대한 소송에서 법원은 丙의 과실비율을 달리 인정할 수 없다.
④ 丙에게 2,400만 원을 변제한 丁은 乙에 대하여 800만 원을 구상할 수 있다.
⑤ 丙에게 1,200만 원을 변제한 丁은 乙에 대하여 구상할 수 없다.

해 설

① (○) : 부진정연대채무에서도 상계의 절대적 효력을 인정하는 최근 전원합의체 판례내용이다(대판 2010. 9. 16, 2008다97218 전원합의체).
② (○) : 피해자의 부주의를 이용하여 고의로 불법행위를 저지른 자가 바로 그 피해자의 부주의를 이유로 자신의 책임을 감하여 달라고 주장하는 것은 허용될 수 없으나, 이는 그러한 사유가 있는 자에게 과실상계의 주장을 허용하는 것이 신의칙에 반하기 때문이므로, 불법행위자 중의 일부에게 그러한 사유가 있다고 하여 그러한 사유가 없는 다른 불법행위자까지도 과실상계의 주장을 할 수 없다고 해석할 것은 아니다(대판 2007. 6. 14, 2005다32999).
③ (×) : 공동불법행위에서 가해자와 피해자간의 과실상계는 개별적으로 하는 것이 아니라, 그들 전원에 대한 과실로 전체적으로 평가하여야 한다(대판 2007. 6. 14, 2005다32999 등). 다만 공동불법행위자에 대한 손해배상청구를 별개의 소로 진행한 경우 과실상계비율이나 손해액을 달리 인정할 수도 있다는 것이 판례이다(대판 2001. 2. 9, 2000다602270).
④ (○) : 부진정연대채무자가 변제한 후 다른 채무자에게 구상권을 행사하기 위하여는 자기의 (과실부분에 상응하여 정해진) 부담부분이상을 변제하여야 한다(대판 1997. 12. 12, 96다50896). 위 사안의 경우 丙의 과실이 20%이므로 과실상계를 하면 甲과 乙은 2,400만원을 배상할 책임을 지며 양자는 부진정연대의 관계에 있다. 이때 내부적 부담부분은 가해자인 甲과 乙의 과실비율에 따라 각각 1천6백만원과 8백만원이 된다. 따라서 丁은 乙에 대하여 乙의 부담부분인 8백만원에 대해 구상할 수 있다.
⑤ (○) : 위 ④번에서처럼 자기의 부담부분이상을 변제한 경우에 구상권이 생기기 때문에 丙에게 1,200만 원을 변제한 丁은 乙에 대하여 구상할 수 없게 된다(대판 1992. 6. 23, 91다33070 전원합의체).

정답 19. ③

20 **甲 회사는 근로자 파견회사 乙과의 근로자 파견계약에 따라 丙을 파견 받아 丙에게 甲 회사의 자동차 운전을 맡겼는데, 丙이 업무수행 중 丁을 호의로 동승시키고 운전하다가 丙과 戊의 과실로 戊가 운전하던 자동차와 충돌하여 丁과 戊가 부상당하였다. 다음 설명 중 옳은 것을 모두 고른 것은? (다툼이 있는 경우에는 판례에 의함)** 〈2014년 변호사시험〉

ㄱ. 丙이 甲의 구체적인 지시·감독을 받아 업무를 수행한 경우, 乙이 丙의 선발 및 일반적 지휘, 감독 상의 주의를 다하였더라도, 乙은 위 교통사고로 인한 丁과 戊의 손해에 대하여 사용자책임을 면하지 못한다.
ㄴ. 특별한 사정이 없는 한, 丁이 사고 차량에 단순히 호의로 동승하였다는 사실은 丁에 대해 손해배상액의 감경사유로 삼을 수 없다.
ㄷ. 甲과 丙이 공동으로 丁에게 손해배상책임을 지는 경우, 丁이 丙의 손해배상채무를 면제하였다면, 甲 역시 그 한도에서 채무를 면한다.
ㄹ. 丙의 운전을 방해한 丁이 丙과 戊모두를 상대로 손해배상청구소송을 제기한 경우, 丁의 과실비율이 丙과 戊에 대하여 서로 다르다면 손해액의 산정에서 과실상계 역시 丙과 戊에 대하여 개별적으로 평가하여야 함이 원칙이다.

① ㄱ ② ㄴ ③ ㄱ, ㄹ ④ ㄴ, ㄷ ⑤ ㄷ, ㄹ

해설

㉠(×) : 파견근로자보호등에관한법률에 의한 근로자 파견은 파견사업주가 근로자를 고용한 후 그 고용관계를 유지하면서 사용사업주와 사이에 체결한 근로자 파견계약에 따라 사용사업주에게 근로자를 파견하여 근로를 제공하게 하는 것으로서, 파견근로자는 사용사업주의 사업장에서 그의 지시·감독을 받아 근로를 제공하기는 하지만 사용사업주와의 사이에는 고용관계가 존재하지 아니하는 반면, 파견사업주는 파견근로자의 근로계약상의 사용자로서 파견근로자에게 임금지급의무를 부담할 뿐만 아니라, 파견근로자가 사용사업자에게 근로를 제공함에 있어서 사용사업자가 행사하는 구체적인 업무상의 지휘·명령권을 제외한 파견근로자에 대한 파견명령권과 징계권 등 근로계약에 기한 모든 권한을 행사할 수 있으므로 파견근로자를 일반적으로 지휘·감독해야 할 지위에 있게 되고, 따라서 파견사업주와 파견근로자 사이에는 민법 제756조의 사용관계가 인정되어 파견사업주는 파견근로자의 파견업무에 관련한 불법행위에 대하여 파견근로자의 사용자로서의 책임을 져야 하지만, 파견근로자가 사용사업주의 구체적인 지시·감독을 받아 사용사업주의 업무를 행하던 중에 불법행위를 한 경우에 파견사업주가 파견근로자의 선발 및 일반적 지휘·감독권의 행사에 있어서 주의를 다하였다고 인정되는 때에는 면책된다고 할 것이다(대판 2003. 10. 9, 2001다24655).

[보충지문1] 근로자파견계약에 따라 파견된 근로자가 사용사업주의 구체적인 지시·감독을 받아 사용사업주의 업무를 행하던 중에 불법행위를 한 경우에는 파견사업주는 원칙적으로 사용자책임을 면한다(×). 〈2020년 법원행시〉

[보충지문2] 파견근로자의 파견업무에 관련한 불법행위에 대하여 파견사업주는 특별한 사정이 없는 한 사용자의 배상책임을 부담한다(○). 〈2020년 공인노무사〉

㉡(○) : 차량의 운행자가 아무런 대가를 받지 아니하고 동승자의 편의와 이익을 위하여 동승을 허락하고 동승자도 그 자신의 편의와 이익을 위하여 그 제공을 받은 경우 그 운행 목적, 동승자와 운행자의 인적관계, 그가 차에 동승한 경위, 특히 동승을 요구한 목적과 적극성 등 여러 사정에 비추어 가해자에게 일반 교통사고와 동일

정답 20. ②

한 책임을 지우는 것이 신의법칙이나 형평의 원칙으로 보아 매우 불합리하다고 인정될 때에는 그 배상액을 경감할 수 있으나, 사고 차량에 단순히 호의로 동승하였다는 사실만 가지고 바로 이를 배상액 경감사유로 삼을 수 있는 것은 아니다(대판 1999. 2. 9, 98다53141).

㉢ (×) : 수인이 공동의 불법행위로 타인에게 손해를 가한 때에는 부진정 연대채무로 이해함이 통설과 판례이다. 이런 부진정연대채무에서는 채권의 목적을 달성시키는 변제·대물변제·공탁·상계는 절대적 효력이 발생하지만 그 밖의 사유는 상대적효력에 불과하다. 특히 피해자가 채무자 중의 1인에 대하여 손해배상에 관한 권리를 포기하거나 채무를 면제하는 의사표시를 한 경우에는 상대적 효력만이 있다(대판 2006. 1. 27, 2005다19378). 따라서 丁이 부진정연대채무자 중 1인인 丙에게 손해배상채무를 '면제'하였더라도 다른 부진정연대채무자 甲에게는 그 효력이 미치지 않는다.

㉣ (×) : 공동불법행위책임은 가해자 각 개인의 행위에 대하여 개별적으로 그로 인한 손해를 구하는 것이 아니라 가해자들이 공동으로 가한 불법행위에 대하여 책임을 추궁하는 것이므로, 법원이 피해자의 과실을 들어 과실상계를 하는 경우에는 피해자의 공동불법행위자 각인에 대한 과실비율이 서로 다르더라도 피해자의 과실을 공동불법행위자 각인에 대한 과실로 개별적으로 평가할 것이 아니고 그들 전원에 대한 과실로서 전체적으로 평가하여야 한다(대판 2011. 7. 28, 2010다76368).

21 **불법행위에 관한 설명 중 옳지 않은 것은? (다툼이 있는 경우 판례에 의함)** 〈2015년 변호사시험〉

① 사용자가 피용자와 제3자의 책임비율에 의하여 정해진 피용자의 부담부분을 초과하여 피해자에게 손해를 배상한 경우, 사용자는 제3자에 대하여도 구상권을 행사할 수 있으나 그 구상의 범위는 제3자의 부담부분에 국한된다.

② 화재가 공작물 자체의 설치·보존상의 하자에 의하여 직접 발생한 경우, 간접점유자인 건물의 소유자는 직접점유자가 손해방지에 필요한 주의를 해태하지 아니한 경우에 한하여 공작물책임을 지게 된다.

③ 2인 이상의 공동불법행위로 인하여 호의동승한 사람이 피해를 입은 경우, 동승자가 입은 손해에 대한 배상액을 산정할 때에는 먼저 호의동승으로 인한 감액비율을 참작하여 공동불법행위자들이 동승자에 대하여 배상하여야 할 수액을 정하여야 한다.

④ 일반적으로 타인의 불법행위 등에 의하여 재산권이 침해된 경우에 재산적 손해의 배상만으로 회복할 수 없는 정신적 손해가 발생하였다면, 가해자가 그러한 사정을 알았을 경우에 한하여 그 손해에 대한 위자료를 청구할 수 있다.

⑤ 사람이 갖는 명예에 관한 권리의 침해에 대하여는 사전예방적 구제수단으로 침해행위의 정지·방지 등의 금지청구권이 인정될 수 있다.

해 설

① (○) : 사용자가 피용자와 제3자의 책임비율에 의하여 정해진 피용자의 부담부분을 초과하여 피해자에게 손해를 배상한 경우, 사용자는 제3자에 대하여도 구상권을 행사할 수 있으나 그 구상의 범위는 제3자의 부담부분에 국한된다(대판 2006. 2. 9, 2005다28426).

② (○) : 화재가 공작물 자체의 설치·보존상의 하자에 의하여 직접 발생한 경우, 간접점유자인 건물의 소유자는 직접점유자가 손해방지에 필요한 주의를 해태하지 아니한 경우에 한하여 공작물책임을 지게 된다(대판 2013. 3. 28, 2010다71318 등).

③ (○) : 2인 이상의 공동불법행위로 인하여 호의동승한 사람이 피해를 입은 경우, 동승자가 입은 손해에 대한 배상액을 산정할 때에는 먼저 '호의동승으로 인한 감액비율을 참작'하여 공동불법행위자들이 동승자에 대하여

정답 21. ④

배상하여야 할 수액을 정하여야 한다(대판 2014. 3. 27, 2012다87263).
④ (×) : 특별사정에 의한 손해배상은 제763조에서 제393조가 준용되기 때문에, 가해자가 그러한 사정을 '알았거나 알 수 있는 경우', 그 손해에 대한 위자료를 청구할 수 있다(대판 2004. 3. 18, 2001다82507).
⑤ (○) : 인격권보호를 위하여 물권적 청구권의 확대적용문제이다. 즉 사람이 갖는 명예에 관한 권리의 침해에 대하여는 사전(예방적) 구제수단으로 침해행위의 정지·방지 등의 금지 청구권이 인정될 수 있다(대판 1996. 4. 12, 93다40614).

22 공동불법행위에 관한 설명 중 옳지 않은 것은? (다툼이 있는 경우 판례에 의함)

〈2017년 변호사시험〉

① 공동불법행위자 중에 피해자의 부주의를 이용하여 고의로 불법행위를 행한 자가 있는 경우에는 모든 불법행위자가 과실상계의 주장을 할 수 없다.
② 피해자가 공동불법행위자 중의 일부만을 상대로 손해배상을 청구하는 경우, 과실상계를 함에 있어 피해자에 대한 공동불법행위자 전원의 과실과 피해자의 공동불법행위자 전원에 대한 과실을 전체적으로 평가하여야 하고, 공동불법행위자 간의 과실의 경중이나 구상권행사의 가능 여부 등은 고려할 필요가 없다.
③ 피해자가 공동불법행위자별로 별개의 소를 제기하여 소송을 진행하는 경우, 피해자가 공동불법행위자들 중 일부를 상대로 한 전소(前訴)에서 승소한 금액을 전부 지급받았다고 하더라도 그 금액이 나머지 공동불법행위자에 대한 후소(後訴)에서 산정된 손해액에 미치지 못한다면 후소(後訴)의 피고는 그 차액을 피해자에게 지급할 의무가 있다.
④ 공동불법행위자 중 1인에 대하여 구상의무를 부담하는 다른 공동불법행위자가 수인(數人)인 경우, 구상권자인 공동불법행위자가 과실이 없어 내부적인 부담 부분이 전혀 없다면 그에 대한 수인(數人)의 구상의무 사이의 관계는 부진정연대관계이다.
⑤ 공동불법행위자 중 1인의 손해배상채무가 시효로 소멸한 후에 다른 공동불법행위자 1인이 피해자에게 자기의 부담 부분을 넘는 손해를 배상하였을 경우, 그 공동불법행위자는 손해배상채무가 시효로 소멸한 다른 공동불법행위자에게 구상권을 행사할 수 있다.

해 설

① (×) : 피해자의 부주의를 이용하여 고의로 불법행위를 저지른 자가 바로 그 피해자의 부주의를 이유로 자신의 책임을 감하여 달라고 주장하는 것은 허용될 수 없으나, 이는 그러한 사유가 있는 자에게 과실상계의 주장을 허용하는 것이 신의칙에 반하기 때문이므로, 불법행위자 중 일부에게 그러한 사유가 있다고 하여 그러한 사유가 없는 다른 불법행위자까지도 과실상계의 주장을 할 수 없다고 해석할 것은 아니다(대판 2016. 4. 12, 2013다13137).
② (○) : 피해자가 공동불법행위자 중의 일부만을 상대로 손해배상을 청구하는 경우에도 과실상계를 함에 있어 참작하여야 할 쌍방의 과실은 피해자에 대한 공동불법행위자 전원의 과실과 피해자의 공동불법행위자 전원에 대한 과실을 전체적으로 평가하여야 하고 공동불법행위자 간의 과실의 경중이나 구상권행사의 가능 여부 등은 고려할 여지가 없다(대판 1991. 5. 10, 90다14423).
③ (○) : 피해자가 공동불법행위자들을 모두 피고로 삼아 한꺼번에 손해배상청구의 소를 제기한 경우와 달리 공동불법행위자별로 별개의 소를 제기하여 소송을 진행하는 경우에는 각 소송에서 제출된 증거가 서로 다르고 이에 따라 교통사고의 경위와 피해자의 손해액산정의 기초가 되는 사실이 달리 인정됨으로 인하여 과실상계비율과 손해액도 서로 달리 인정될 수 있는 것이므로, 피해자가 공동불법행위자들 중 일부를 상대로 한 전소에서 승소한 금액을 전부 지급받았다고 하더라도 그 금액이 나머지 공동불법행위자에 대한 후소에서 산정된 손해액

정답 22. ①

에 미치지 못 한다면 후소의 피고는 그 차액을 피해자에게 지급할 의무가 있다(대판 2001. 2. 9, 2000다60227).

④ (○) : 공동불법행위자 중 1인에 대하여 구상의무를 부담하는 다른 공동불법행위자가 수인인 경우에는 특별한 사정이 없는 이상 그들의 구상권자에 대한 채무는 각자의 부담 부분에 따른 분할채무로 봄이 상당하지만, 구상권자인 공동불법행위자측에 과실이 없는 경우, 즉 내부적인 부담 부분이 전혀 없는 경우에는 이와 달리 그에 대한 수인의 구상의무 사이의 관계를 부진정연대관계로 봄이 상당하다(대판 2005. 10. 13, 2003다24147).

⑤ (○) : 공동불법행위자의 다른 공동불법행위자에 대한 구상권은 피해자의 다른 공동불법행위자에 대한 손해배상채권과는 그 발생 원인 및 성질을 달리하는 별개의 권리이고, 연대채무에 있어서 소멸시효의 절대적 효력에 관한 민법 제421조의 규정은 공동불법행위자 상호간의 부진정연대채무에 대하여는 그 적용이 없으므로, 공동불법행위자 중 1인의 손해배상채무가 시효로 소멸한 후에 다른 공동불법행위자 1인이 피해자에게 자기의 부담 부분을 넘는 손해를 배상하였을 경우에도, 그 공동불법행위자는 다른 공동불법행위자에게 구상권을 행사할 수 있다(대판 1997. 12. 23, 97다42830).

23 불법행위에 관한 설명 중 옳지 않은 것은? (다툼이 있는 경우 판례에 의함) 〈2022년 변호사시험〉

① 사립고등학교 교사로 근무하던 피해자가 불법행위로 사망한 경우, 「사립학교법」과 「국가공무원법」의 관계규정을 위반하여 영리를 목적으로 한 업무에 종사하여 얻은 소득은 위법 소득에 해당하여 불법행위로 인한 일실수익의 기초로 삼을 수 없다.

② 乙이 甲 소유의 토지에 관한 등기관계서류를 위조하여 乙 앞으로 원인무효의 소유권이전등기를 마치고 다시 이를 丙에게 매도하여 丙 앞으로 소유권이전등기가 마쳐진 후, 甲이 丙을 상대로 말소등기청구소송을 제기하여 승소판결이 확정된 경우, 乙의 불법행위로 인하여 丙이 입은 손해는 무효인 소유권이전등기를 유효한 등기로 믿고 위 토지를 매수하기 위하여 乙에게 지급하였던 매매대금이다.

③ 금전을 대여한 채권자가 고의 또는 과실로 「이자제한법」을 위반하여 최고이자율을 초과하는 이자를 받아 채무자에게 손해를 입힌 경우, 특별한 사정이 없는 한 불법행위가 성립한다.

④ 불법행위로 훼손된 건물이 너무 낡아 수리를 통하여 원상으로 회복시키는데 소요되는 수리비가 건물의 교환가치를 초과하더라도 수리가 가능하다면, 가해자는 피해자에게 수리비 상당액을 배상해야 한다.

⑤ 공동불법행위자 중 1인에 대하여 구상의무를 부담하는 다른 공동불법행위자가 수인인 경우에는 특별한 사정이 없는 이상 그들의 구상권자에 대한 채무는 각자의 부담부분에 따른 분할채무로 보는 것이 타당하지만, 구상권자인 공동불법행위자 측에 과실이 없어서 내부적인 부담부분이 전혀 없다면 이와 달리 그에 대한 수인의 구상의무를 부진정연대관계로 보는 것이 타당하다.

해 설

① (○) : 사립고등학교 교사로 근무하고 있던 피해자가 사망 당시 유흥업소의 밴드원으로 전속출연하여 급료를 받고 있었다 하더라도 사립학교법과 국가공무원법의 관계규정에 의하면 사립학교 교원은 영리를 목적으로 한 업무에 종사하여서는 아니된다고 할 것이므로 피해자가 받은 위 급료는 위법소득에 해당하여 불법행위로 인한 일실수익의 기초로 삼을 수 없다(대판 1992. 10. 27, 92다34582).

② (○) : 타인 소유의 토지에 관하여 매도증서, 위임장 등 등기관계서류를 위조하여 원인무효의 소유권이전등기를 경료하고 다시 이를 다른 사람에게 매도하여 순차로 소유권이전등기가 경료된 후에 토지의 진정한 소유자가 최종 매수인을 상대로 말소등기청구소송을 제기하여 그 소유자 승소의 판결이 확정된 경우 위 불법행위로 인

정답 23. ④

하여 최종 매수인이 입은 손해는 무효의 소유권이전등기를 유효한 등기로 믿고 위 토지를 매수하기 위하여 출연한 금액, 즉 매매대금으로서 이는 기존이익의 상실인 적극적 손해에 해당하고, 최종 매수인은 처음부터 위 토지의 소유권을 취득하지 못한 것이어서 위 말소등기를 명하는 판결의 확정으로 비로소 위 토지의 소유권을 상실한 것이 아니므로 위 토지의 소유권상실이 그 손해가 될 수는 없다(대판 1992. 6. 23, 91다33070 전원합의체).

[비교지문(2013년 사법시험 변형)] 乙의 담보책임을 이유로 丙이 乙에 대하여 청구할 수 있는 손해배상액은 매매대금이 아니라, 이행불능 당시 그 토지의 시가를 기준으로 산정한다.

(○) : 타인의 권리를 매매한 자가 권리이전을 할 수 없게 된 때에는 매도인은 선의의 매수인에 대하여 불능 당시의 시가를 표준으로 그 계약이 완전히 이행된 것과 동일한 경제적 이익을 배상할 의무가 있다(대판 1967. 5. 18, 66다2618 전원합의체판결). ☞ 여기서 "불능 당시"는 패소판결 확정시를 말한다. [참고 판례] 부동산을 매수하고 소유권이전등기까지 넘겨받았지만 진정한 소유자가 제기한 등기말소청구소송에서 매도인과 매수인 앞으로 된 소유권이전등기의 말소를 명한 판결이 확정됨으로써 매도인의 소유권이전의무가 이행불능된 경우, 그 손해배상액 산정의 기준시점은 위 판결이 확정된 때이다(대판 1993. 4. 9, 92다25946).

③ (○) : 금전을 대여한 채권자가 고의 또는 과실로 이자제한법을 위반하여 최고이자율을 초과하는 이자를 받아 채무자에게 손해를 입힌 경우에는 특별한 사정이 없는 한 민법 제750조에 따라 불법행위가 성립한다고 보아야 한다. 최고이자율을 초과하여 지급된 이자는 이자제한법 제2조 제4항에 따라 원본에 충당되므로, 이와 같이 충당하여 원본이 소멸하고도 남아 있는 초과 지급액은 이자제한법 위반 행위로 인한 손해라고 볼 수 있다. 부당이득반환청구권과 불법행위로 인한 손해배상청구권은 서로 별개의 청구권으로서, 제한 초과이자에 대하여 부당이득반환청구권이 있다고 해서 그것만으로 불법행위의 성립이 방해되지 않는다. 나아가 채권자와 공동으로 위와 같은 이자제한법 위반 행위를 하였거나 이에 가담한 사람도 민법 제760조에 따라 연대하여 손해를 배상할 책임이 있다(대판 2021. 2. 25, 2020다230239).

④ (×) : 불법행위 등으로 인하여 건물이 훼손된 경우, 수리가 가능하다면 그 수리비가 통상의 손해이며, 훼손 당시 그 건물이 이미 내용연수가 다 된 낡은 건물이어서 원상으로 회복시키는 데 소요되는 수리비가 건물의 교환가치를 초과하는 경우에는 형평의 원칙상 그 손해액은 그 건물의 교환가치 범위 내로 제한되어야 할 것이고, 또한 수리로 인하여 훼손 전보다 건물의 교환가치가 증가하는 경우에는 그 수리비에서 교환가치 증가분을 공제한 금액이 그 손해이다(대판 2004. 2. 27, 2002다39456).

⑤ (○) : 공동불법행위자 중 1인에 대하여 구상의무를 부담하는 다른 공동불법행위자가 수인인 경우에는 특별한 사정이 없는 이상 그들의 구상권자에 대한 채무는 이를 부진정연대채무로 보아야 할 근거는 없으며, 오히려 다수 당사자 사이의 분할채무의 원칙이 적용되어 각자의 부담 부분에 따른 분할채무로 봄이 상당하다(대판 2002. 9. 27, 2002다15917). 다만 구상권자인 공동불법행위자 측에 과실이 없는 경우, 즉 내부적인 부담부분이 전혀 없는 경우에는 이와 달리 그에 대한 수인의 구상의무 사이의 관계를 부진정연대관계로 봄이 상당하다(대판 2012. 3. 15, 2011다52727; 대판 2005. 10. 13, 2003다24147).

24 의사의 설명의무에 관한 설명 중 옳지 않은 것을 모두 고른 것은? (다툼이 있는 경우 판례에 의함)

〈2024년 변호사시험〉

ㄱ. 의사가 수술 등에 대한 환자의 승낙을 얻기 위한 설명의무는 그 의료행위에 따르는 후유증이나 부작용 등의 위험 발생 가능성이 희소하다는 사정만으로 면제될 수 없으며, 그 후유증이나 부작용이 당해 치료행위에 전형적으로 발생하는 위험이거나 회복할 수 없는 중대한 것인 경우에는 그 발생 가능성의 희소성에도 불구하고 설명의 대상이 된다.

ㄴ. 의사의 설명의무 위반에 대한 증명책임은 특별한 사정이 없는 한 환자 측에 있다.

정답 24. ④

ㄷ. 의사의 설명의무는 의료행위가 행해질 때까지 적절한 시간적 여유를 두고 이행되어야 한다.
ㄹ. 환자가 미성년자로 의사결정능력이 있다 하더라도 자신의 신체에 위험을 가하는 의료행위에 관한 자기결정권까지 가진다고 보기는 어려우므로 원칙적으로 의사는 미성년자인 환자에 대해서는 의료행위에 관하여 설명할 의무를 부담하지 아니한다.

① ㄱ, ㄴ ② ㄱ, ㄷ ③ ㄴ, ㄷ ④ ㄴ, ㄹ ⑤ ㄷ, ㄹ

해 설

ㄱ. (○) : 일반적으로 의사는 환자에게 수술 등 침습을 가하는 과정 및 그 후에 나쁜 결과 발생의 개연성이 있는 의료행위를 하는 경우 또는 사망 등의 중대한 결과 발생이 예측되는 의료행위를 하는 경우에 있어서 응급환자의 경우나 그 밖에 특단의 사정이 없는 한 진료계약상의 의무 내지 침습 등에 대한 승낙을 얻기 위한 전제로서 당해 환자나 그 법정대리인에게 질병의 증상, 치료방법의 내용 및 필요성, 발생이 예상되는 위험 등에 관하여 당시의 의료수준에 비추어 상당하다고 생각되는 사항을 설명하여 당해 환자가 그 필요성이나 위험성을 충분히 비교해 보고 그 의료행위를 받을 것인가의 여부를 선택할 수 있도록 할 의무가 있고, 의사의 설명의무는 그 의료행위에 따르는 후유증이나 부작용 등의 위험 발생 가능성이 희소하다는 사정만으로 면제될 수 없으며, 그 후유증이나 부작용이 당해 치료행위에 전형적으로 발생하는 위험이거나 회복할 수 없는 중대한 것인 경우에는 그 발생가능성의 희소성에도 불구하고 설명의 대상이 된다(대판 2007. 5. 31, 2005다5867).

ㄴ. (×) : 설명의무는 침습적인 의료행위로 나아가는 과정에서 의사에게 필수적으로 요구되는 절차상의 조치로서, 그 의무의 중대성에 비추어 의사로서는 적어도 환자에게 설명한 내용을 문서화하여 이를 보존할 직무수행상의 필요가 있다고 보일 뿐 아니라, 응급의료에 관한 법률 제9조, 같은 법 시행규칙 제3조 및 [서식] 1에 의하면, 통상적인 의료행위에 비해 오히려 긴급을 요하는 응급의료의 경우에도 의료행위의 필요성, 의료행위의 내용, 의료행위의 위험성 등을 설명하고 이를 문서화한 서면에 동의를 받을 법적 의무가 의료종사자에게 부과되어 있는 점, 의사가 그러한 문서에 의해 설명의무의 이행을 입증하기는 매우 용이한 반면 환자측에서 설명의무가 이행되지 않았음을 입증하기는 성질상 극히 어려운 점 등에 비추어, 특별한 사정이 없는 한 의사측에 설명의무를 이행한 데 대한 증명책임이 있다고 해석하는 것이 손해의 공평·타당한 부담을 그 지도원리로 하는 손해배상제도의 이상 및 법체계의 통일적 해석의 요구에 부합한다(대판 2007. 5. 31, 2005다5867).

ㄷ. (○) : 의사는 응급환자의 경우나 그 밖에 특별한 사정이 없는 한 환자에게 수술 등 인체에 위험을 가하는 의료행위를 할 경우 그에 대한 승낙을 얻기 위한 전제로서 환자에게 질병의 증상, 치료방법의 내용 및 필요성, 발생이 예상되는 생명, 신체에 대한 위험과 부작용 등에 관하여 당시의 의료수준에 비추어 환자가 의사결정을 함에 있어 중요하다고 생각되는 사항을 구체적으로 설명하여 환자로 하여금 수술 등의 의료행위에 응할 것인지 스스로 결정할 기회를 가지도록 할 의무가 있다. **이와 같은 의사의 설명의무는 의료행위가 행해질 때까지 적절한 시간적 여유를 두고 이행되어야 한다**. 환자가 의료행위에 응할 것인지를 합리적으로 결정할 수 있기 위해서는 그 의료행위의 필요성과 위험성 등을 환자 스스로 숙고하고 필요하다면 가족 등 주변 사람과 상의하고 결정할 시간적 여유가 환자에게 주어져야 하기 때문이다. 의사가 환자에게 의사를 결정함에 충분한 시간을 주지 않고 의료행위에 관한 설명을 한 다음 곧바로 의료행위로 나아간다면 이는 환자가 의료행위에 응할 것인지 선택할 기회를 침해한 것으로서 의사의 설명의무가 이행되었다고 볼 수 없다. 이때 적절한 시간적 여유를 두고 설명의무를 이행하였는지는 의료행위의 내용과 방법, 그 의료행위의 위험성과 긴급성의 정도, 의료행위 전 환자의 상태 등 여러 가지 사정을 종합하여 개별적·구체적으로 판단하여야 한다(대판 2022. 1. 27, 2021다265010).

ㄹ. (×) : 의료법 및 관계 법령들의 취지에 비추어 보면, 환자가 미성년자라도 의사결정능력이 있는 이상 자신의 신체에 위험을 가하는 의료행위에 관한 자기결정권을 가질 수 있으므로 **원칙적으로** 의사는 **미성년자인 환**

자에 대해서 의료행위에 관하여 설명할 의무를 부담한다. 그러나 미성년자인 환자는 친권자나 법정대리인의 보호 아래 병원에 방문하여 의사의 설명을 듣고 의료행위를 선택·승낙하는 상황이 많을 것인데, 이 경우 의사의 설명은 친권자나 법정대리인에게 이루어지고 미성년자인 환자는 설명 상황에 같이 있으면서 그 내용을 듣거나 친권자나 법정대리인으로부터 의료행위에 관한 구체적인 설명을 전해 들음으로써 의료행위를 수용하는 것이 일반적이다. 아직 정신적이나 신체적으로 성숙하지 않은 미성년자에게는 언제나 의사가 직접 의료행위를 설명하고 선택하도록 하는 것보다는 이처럼 미성년자와 유대관계가 있는 친권자나 법정대리인을 통하여 설명이 전달되어 수용하게 하는 것이 미성년자의 복리를 위해서 더 바람직할 수 있다. 따라서 **의사가 미성년자인 환자의 친권자나 법정대리인에게 의료행위에 관하여 설명하였다면**, 그러한 설명이 친권자나 법정대리인을 통하여 미성년자인 환자에게 전달됨으로써 **의사는 미성년자인 환자에 대한 설명의무를 이행하였다고 볼 수 있다.** 다만 친권자나 법정대리인에게 설명하더라도 미성년자에게 전달되지 않아 의료행위 결정과 시행에 미성년자의 의사가 배제될 것이 명백한 경우나 미성년자인 환자가 의료행위에 대하여 적극적으로 거부 의사를 보이는 경우처럼 **의사가 미성년자인 환자에게 직접 의료행위에 관하여 설명하고 승낙을 받을 필요가 있는 특별한 사정이 있으면** 의사는 친권자나 법정대리인에 대한 설명만으로 설명의무를 다하였다고 볼 수는 없고, 미성년자인 환자에게 직접 의료행위를 설명하여야 한다. 이와 같이 의사가 미성년자인 환자에게 직접 설명의무를 부담하는 경우 의사는 미성년자인 환자의 나이, 미성년자인 환자가 자신의 질병에 대하여 갖고 있는 이해 정도에 맞추어 설명을 하여야 한다(대판 2023. 3. 9, 2020다218925).

25 **개인택시 운전자 乙은 손님 甲을 태우고 가다가 丙 회사의 운전자 丁이 업무상 운행하던 자동차가 중앙선을 침범하여 마주 달려오는 것을 피하려다 교통사고를 야기하였다. 이로 인하여 甲은 5,000만원의 손해를 입었다. 아래의 '가'와 '나'의 경우에 관한 설명 중 옳지 않은 것은?**

〈2007년 사법시험〉

> '가' : 乙과 丁의 과실비율은 각각 30%와 70%인 것으로 판명되었다.
> '나' : 丙은 甲에게 3,000만원의 손해배상금을 지급하면서, "甲은 丙에게 그 외에는 민·형사상의 책임을 묻지 않는다."라고 약정하였다.

① 주관적 공동설에 의하면 '가'의 경우, 甲은 乙에게 1,500만원, 丁에게 3,500만원의 배상을 청구할 수 있다.
② 판례에 의하면, 乙과 丁은 甲에 대하여 공동불법행위가 성립하여 부진정연대채무를 부담한다.
③ 甲은 乙에 대하여 자동차손해배상보장법에 의한 책임을 묻고, 물적 손해에 대해서는 청구권경합설에 의하면 불법행위책임이나 채무불이행책임을 선택적으로 물을 수 있다.
④ 판례에 의하면 '나'의 경우(채무면제), 乙과 丁은 甲에 대하여 손해배상액에 관한 합의의 효력을 주장할 수 없으므로, 2,000만원에 대한 부진정연대채무를 부담한다.
⑤ 丙이 배상 사실을 乙에게 사후통지를 하지 않아 乙이 甲에게 선의로 이중으로 변제한 경우, 판례에 의하면 乙은 丙에 대하여 자기의 면책행위가 유효함을 주장할 수 있다.

해설

① (○) : 주관적 공동설에 따르면 과실에 의한 공동불법행위책임이 인정되지 않고, 책임주의원리에 따라 乙과 丁은 각각 과실의 비율에 따른 손해배상의 책임을 분담하게 된다(분할채무).
② (○) : 객관적 공동설이 판례이다(대판 1999. 2. 26, 98다52469).

정답 25. ⑤

③ (○) : 자동차손해배상보장법은 민법의 특별법으로서 타인이 사상한 경우에만 적용되고, 물적 손해에 대하여는 민법이 적용된다.
④ (○) : 부진정연대채무에서 청구권포기나 채무면제에 관한 규정은 상대적 효력만이 있을 뿐이다(대판 1980. 7. 22, 79다50896). 여기서 유의할 점은 상계나 상계계약은 절대적 효력을 인정한다는 것이다.
⑤ (×) : 판례는 연대채무에 있어 통지의무에 관한 규정(제426조)이 부진정연대채무에는 유추적용되지 아니한다고 한다. 이와 같이 출연분담에 관한 주관적인 밀접한 연관관계가 없고 단지 채권만족이라는 목적만을 공통으로 하고 있는 부진정 연대채무에 있어서는 그 변제에 관하여 채무자 상호간에 통지의무 관계를 인정할 수 없고, 변제로 인한 공동면책이 있는 경우에 있어서는 채무자 상호간에 어떤 대내적인 특별관계에서 또는 형평의 관점에서 손해를 분담하는 관계가 있게 되는데 불과하다고 할 것이므로, 부진정 연대채무에 해당하는 공동불법행위로 인한 손해배상채무에 있어서도 채무자 상호간에 구상요건으로서의 통지에 관한 민법의 위 규정을 유추 적용할 수는 없다(대판 1998. 6. 26, 98다5777). 따라서 변제의 일반원칙에 따라 丙이 변제한 것이 유효하고, 손해배상채권이 이미 소멸한 이후에 제2의 변제를 한 乙은 丙에게 면책행위의 유효를 주장할 수 없다.

26 **다음 사례에 관하여 옳지 않은 설명을 한 사람을 모두 고른 것은? (다툼이 있는 경우에는 판례에 의함)** 〈2014년 사법시험 변형〉

〈사 례〉

甲은 乙 소유의 X 주택 2층을 乙로부터 임차한 후 乙의 승낙 하에 직장 동료인 丙과 함께 거주하여 왔다. 丙은 어느 날 위 2층에서 잠을 자다가 벽 안에 설치된 연통에서 새어 나와 방 안으로 스며든 연탄가스에 중독되어 사망하였다. 조사 결과 丙은 이 사건 사고 약 1주일 전에 이 사건과 동일한 원인으로 연탄가스를 마신 적이 있음에도, 乙에게 이러한 사실을 알리거나 연통의 수리를 요구하는 등의 안전조치를 취하지 아니하였음이 밝혀졌다.

〈설 명〉

도윤 : 乙은 손해의 발생을 방지하기에 필요한 주의를 다하였다는 것을 증명하여도 丙의 사망으로 인한 손해에 대하여 공작물 소유자로서의 책임을 면할 수 없다.
유리 : 공작물 점유자인 甲이 손해의 방지에 필요한 주의를 다하였더라도 甲은 1차적으로 丙의 유족들에게 손해를 배상하여야 한다.
정희 : 만약 丙에게 공작물에 관해 보존상의 과실이 있었다면 그것은 과실상계의 사유가 될 뿐이다.

① 유리　② 도윤　③ 유리, 정희　④ 유리, 도윤, 정희　⑤ 정희

해 설
〈도윤〉 (○) : 공작물 등의 소유자책임은 위험책임으로 무과실책임이다(제758조).
〈유리〉 (×) : 공작물 점유자의 책임은 중간책임이다. 따라서 공작물 점유자인 甲이 손해의 방지에 필요한 주의를 다하였다면 甲이 아니라 소유자인 乙이 丙의 유족들에게 손해를 배상하여야 한다(제758조).
〈정희〉 (○) : 공작물의 설치 또는 보존의 하자로 인하여 타인에게 손해를 가한 때에는 제1차적으로 공작물의 점유자가 손해를 배상할 책임이 있고 공작물의 소유자는 점유자가 손해의 방지에 필요한 주의를 해태하지 아니한 때에 비로소 제2차적으로 손해를 배상할 책임이 있는 것이지만, 공작물의 임차인인 직접점유자나 그와 같

정답 26. ①

은 지위에 있는 것으로 볼 수 있는 사람이 공작물의 설치 또는 보존의 하자로 인하여 손해를 입은 경우에는 소유자가 그 손해를 배상할 책임이 있는 것이고, 이 경우에 공작물의 보존에 관하여 피해자에게 과실이 있다고 하더라도 과실상계의 사유가 될 뿐이다(대판 1993. 11. 9, 93다40560).

보충지문

27 사용자책임이 성립하려면 사용자가 피용자를 실질적으로 지휘·감독하는 관계에 있어야 한다. 〈2017년 공인노무사〉

해설 민법 제756조의 사용자책임이 성립하려면 사용자가 불법행위자인 피용자를 실질적으로 지휘·감독하는 관계에 있어야 하므로, 피용자가 퇴직한 뒤에는 퇴직에도 불구하고 사용자의 실질적인 지휘·감독 아래에 있었다고 볼 수 있는 특별한 사정이 없다면 그의 행위에 대하여 원칙적으로 종전의 사용자에게 사용자책임을 물을 수 없다(대판 2001. 9. 4, 2000다26128).

28 고용관계가 아닌 위임의 경우에도 위임인과 수임인 사이에 지휘·감독관계가 있고 수임인의 불법행위가 외형상 객관적으로 위임인의 사무집행에 관련된 경우 위임인은 수임인의 불법행위에 대하여 사용자책임을 진다. 〈2023년 법원행시〉

해설 불법행위에 있어 사용자책임이 성립하려면 사용자와 불법행위자 사이에 사용관계 즉 사용자가 불법행위자를 실질적으로 지휘·감독하는 관계가 있어야 하는 것으로, 위임의 경우에도 위임인과 수임인 사이에 지휘·감독관계가 있고 수임인의 불법행위가 외형상 객관적으로 위임인의 사무집행에 관련된 경우 위임인은 수임인의 불법행위에 대하여 사용자책임을 진다(대판 1998. 4. 28, 96다25500).

29 甲은 乙로부터 건물신축공사를 도급받아 X 건물을 완공하였는데, 乙이 甲의 공사에 대하여 그 공정을 조정하고 시공의 정도가 설계도대로 시행되고 있는지를 점검하는 정도의 감리적 감독은 乙이 甲의 불법행위에 대하여 사용자책임을 지기 위하여 필요한 요건인 '구체적이고 직접적인 지시, 감독'에 포함되지 않는다. 〈2016년 변호사시험〉

해설 사용자 및 피용자관계 인정의 기초가 되는 도급인의 수급인에 대한 지휘감독은 건설공사의 경우에는 현장에서 구체적인 공사의 운영 및 시행을 직접 지시. 지도하고 감시. 독려함으로써 시공 자체를 관리함을 말하며, 단순히 공사의 운영 및 시공의 정도가 설계도 또는 시방서대로 시행되고 있는가를 확인하여 공정을 감독하는 데에 불과한 이른바 감리는 여기에 해당하지 않는다고 할 것이므로 도급인이 수급인의 공사에 대하여 감리적인 감독을 함에 지나지 않을 때에는 양자의 관계를 사용자 및 피용자의 관계와 같이 볼 수 없다(대판 1988. 6. 14, 88다카102).

30 사용자책임의 요건으로서의 '피용자'에 해당하기 위하여는 사용자와의 사이에 유효한 고용관계가 존재하는 것이 요구되지 않으며, 사실상 다른 사람의 지휘·감독 아래 그 의사에 따라 그의 사업을 집행하는 관계로써 족하다. 〈2009년 사법시험〉

해설 민법 제756조 소정의 사용자와 피용자의 관계는 반드시 유효한 고용관계가 있는 경우에 한하는 것이

정답 27. (○) 28. (○) 29. (○) 30. (○)

아니고, 사실상 어떤 사람이 다른 사람을 위하여 그 지휘·감독 아래 그 의사에 따라 사무를 집행하는 관계에 있으면 족한 것이며, 타인에게 위탁하여 계속적으로 사무를 처리하여 온 경우 객관적으로 보아 그 타인의 행위가 위탁자의 지휘·감독의 범위 내에 속한다고 보이는 경우 그 타인은 민법 제756조에 규정한 피용자에 해당한다(대판 1998. 8. 21, 97다13702).

31 **민법 제756조가 규정하고 있는 사용자책임의 요건으로서의 사용자의 사무라 함은 법률적·계속적인 것에 한하지 아니하고 사실적·일시적 사무라도 무방하다.** 〈2013년 법무사〉

해 설 대판 1989. 10. 10, 89다카2278 참조

32 **피용자가 고의에 기하여 다른 사람에게 가해행위를 한 경우에도 그 행위가 외형적, 객관적으로 사용자의 사무집행행위와 관련된 것일 때에는 사용자책임이 성립한다.** 〈2017년 법원행시〉

해 설 피용자가 고의에 기하여 다른 사람에게 가해행위를 한 경우, 그 행위가 피용자의 사무집행 그 자체는 아니라 하더라도 사용자의 사업과 시간적, 장소적으로 근접하고, 피용자의 사무의 전부 또는 일부를 수행하는 과정에서 이루어지거나 가해행위의 동기가 업무처리와 관련된 것일 경우에는 외형적, 객관적으로 사용자의 사무집행행위와 관련된 것이라고 보아 사용자책임이 성립한다(대판 2009. 2. 26, 2008다89712).

33 **택시회사의 운전기사가 택시의 승객을 태우고 운행 중 차속에서 승객을 상대로 성범죄를 저지른 경우, 택시회사는 사용자로서 위 운전기사가 한 행위에 대한 손해배상책임이 있다고 보아야 한다.** 〈2019년 법무사〉

해 설 사용자의 배상책임을 규정한 민법 제756조 소정의 '그 사무집행에 관하여'라 함은 사용자의 사업집행 자체 또는 이에 필요한 행위뿐만 아니라 이와 관련된 것이라고 일반적으로 보여지는 행위는 설사 그것이 피용자의 이익을 도모하기 위한 경우라도 이에 포함된다고 보아야 할 것이므로 택시회사의 운전수가 택시의 승객을 태우고 운행중 차속에서 부녀를 강간한 경우 위 회사는 사용자로서 손해배상책임이 있다(대판 1991. 1. 11, 대판 1991. 1. 11, 90다8954).

34 **타인에게 어떤 사업에 관하여 자기의 명의를 사용할 것을 허용한 자는 명의사용을 허용받은 사람이 업무수행을 함에 있어 고의 또는 과실로 다른 사람에게 손해를 끼쳤다면 민법 제756조에 의하여 그 손해를 배상할 책임이 있지만, 명의를 빌린 자의 피용자의 사무집행에 관한 가해행위에 대하여는 사용자책임을 지지 않는다.** 〈2020년 법원행시〉

해 설 타인에게 어떤 사업에 관하여 자기의 명의를 사용할 것을 허용한 경우에 그 사업이 내부관계에 있어서는 타인의 사업이고 명의자의 고용인이 아니라 하더라도 외부에 대한 관계에 있어서는 그 사업이 명의자의 사업이고 또 그 타인은 명의자의 종업원임을 표명한 것과 다름이 없으므로, 명의사용을 허용받은 사람이 업무수행을 함에 있어 고의 또는 과실로 다른 사람에게 손해를 끼쳤다면 명의사용을 허용한 사람은 민법 제756조에 의하여 그 손해를 배상할 책임이 있고, 또한 명의를 대여한 자는 객관적·규범적으로 보아 명의차용자 또는 그의 피용자가 불법행위로 인해 타인에게 손해를 입게 하지 않도록 지휘·감독해야 할 의무와 책임을 부담하고 있다(대판 2003. 7. 25, 2003다9049).

정답 31. (○) 32. (○) 33. (○) 34. (×)

35 **명의대여관계의 경우, 사용자책임의 요건으로서의 사용관계가 있느냐 여부는 실제적으로 지휘·감독을 하였느냐의 여부에 관계없이 객관적·규범적으로 보아 사용자가 그 불법행위자를 지휘·감독해야 할 지위에 있었느냐의 여부를 기준으로 결정하여야 한다.** 〈2011년 법무사〉

해설 타인에게 어떤 사업에 관하여 자기의 명의를 사용할 것을 허용한 경우에 그 사업이 내부관계에 있어서는 타인의 사업이고 명의자의 고용인이 아니라 하더라도 외부에 대한 관계에 있어서는 그 사업이 명의자의 사업이고 또 그 타인은 명의자의 종업원임을 표명한 것과 다름이 없으므로, 명의사용을 허용받은 사람이 업무수행을 함에 있어 고의 또는 과실로 다른 사람에게 손해를 끼쳤다면 명의사용을 허용한 사람은 민법 제756조에 의하여 그 손해를 배상할 책임이 있다고 할 것이고, 명의대여관계의 경우 민법 제756조가 규정하고 있는 사용자책임의 요건으로서의 사용관계가 있느냐 여부는 실제적으로 지휘·감독을 하였느냐의 여부에 관계없이 객관적·규범적으로 보아 사용자가 그 불법행위자를 지휘·감독해야 할 지위에 있었느냐의 여부를 기준으로 결정하여야 할 것이다(대판 2005. 2. 25, 2003다36133 등).

36 **사용자의 면책사유에 관하여는 사용자측에서 입증책임을 진다.** 〈2011년 법무사〉

해설 사용자책임은 중간책임으로서 민법 제756조 제1항 및 제2항의 책임에 있어서 사용자나 그에 갈음하여 사무를 감독하는 자는 그 피용자의 선임과 사무감독에 상당한 주의를 하였거나 상당한 주의를 하여도 손해가 있을 경우에는 손해배상의 책임이 없으나, 이러한 사정은 사용자 등이 주장입증을 하여야 한다(대판 1998. 5. 15, 97다58538).

37-1 **도급인이 수급인에 대하여 특정한 행위를 지휘한 경우 도급인에게는 사용자로서의 배상책임이 없다.** 〈2017년 공인노무사〉

37-2 **도급인과 수급인 사이에는 일반적으로 지휘·감독의 관계가 없으므로, 도급인은 수급인이나 그의 피용자의 불법행위에 대하여 사용자로서의 배상책임이 없지만, 노무도급의 경우에는 비록 도급인이라도 사용자로서의 배상책임이 있다.** 〈2019년 법무사〉

해설 일반적으로 도급인과 수급인 사이에는 지휘·감독의 관계가 없으므로 도급인은 수급인이나 수급인의 피용자의 불법행위에 대하여 사용자로서의 배상책임이 없는 것이지만, 도급인이 수급인에 대하여 특정한 행위를 지휘하거나 특정한 사업을 도급시키는 경우와 같은 이른바 노무도급의 경우에는 비록 도급인이라고 하더라도 사용자로서의 배상책임이 있다(대판 2005. 11. 10, 2004다37676).

38 **사용자가 피해자에게 손해배상을 한 경우 피용자에 대하여 구상권을 행사할 수 있고, 이러한 구상권은 신의칙에 의하여 제한할 수 있으나, 피용자가 사용자의 부주의를 이용하여 저지른 고의의 불법행위에 대하여는 신의칙상 피용자의 책임제한 주장을 허용할 수 없다.** 〈2017년 법원행시〉

해설 사용자의 감독이 소홀한 틈을 이용하여 고의로 불법행위를 저지른 피용자가 바로 그 사용자의 부주의를 이유로 자신의 책임의 감액을 주장하는 것은 신의칙상 허용될 수 없고, 사용자와 피용자가 명의대여자와 명의차용자의 관계에 있다고 하더라도 마찬가지이다(대판 2009. 11. 26, 2009다59350).

39 **공작물의 점유가 간접점유인 경우에는 직접점유자와 간접점유자가 공동책임을 진다.** 〈2006년 공인노무사〉

정답 35. (○) 36. (○) 37-1. (×) 37-2. (○) 38. (○) 39. (×)

해 설 제758조의 공작물책임은 직접점유자가 1차적 책임을 지고, 2차적으로 소유자(간접점유자)가 책임을 진다(대판 1975. 3. 25, 73다1077). 따라서 부진정연대채무가 될 수 없다. 참고로 어떤 물건에 대한 직접점유자, 간접점유자가 있는 경우, 그에 대한 점유사용으로 인한 부당이득반환의무는 부진정연대채무로 이해한다(대판 2012. 9. 27, 2011다76747).

40 **공작물 설치·보존상 하자로 인한 사고는 공작물 설치·보존상 하자만 손해발생 원인이 되는 경우만을 말하는 것이 아니다. 공작물의 설치·보존상 하자가 사고의 공동원인 중 하나가 되는 이상 사고로 인한 손해는 공작물의 설치·보존상 하자로 생긴 것이라고 보아야 한다. 그리고 화재가 공작물 설치 또는 보존상 하자가 아닌 다른 원인으로 발생하였거나 화재 발생원인이 밝혀지지 않은 경우에도, 공작물 설치 또는 보존상 하자로 인하여 화재가 확산되어 손해가 발생하였다면 공작물 설치 또는 보존상 하자는 화재사고의 공동원인의 하나가 되었다고 볼 수 있다.** 〈2018년 법무사〉

해 설 공작물의 설치 또는 보존상의 하자로 인한 사고는 공작물의 설치 또는 보존상의 하자만이 손해발생의 원인이 되는 경우만을 말하는 것이 아니고, 공작물의 설치 또는 보존상의 하자가 사고의 공동원인의 하나가 되는 이상 사고로 인한 손해는 공작물의 설치 또는 보존상의 하자에 의하여 발생한 것이라고 보아야 한다. 그리고 화재가 공작물의 설치 또는 보존상의 하자가 아닌 다른 원인으로 발생하였거나 화재의 발생 원인이 밝혀지지 않은 경우에도 공작물의 설치 또는 보존상의 하자로 인하여 화재가 확산되어 손해가 발생하였다면 공작물의 설치 또는 보존상의 하자는 화재사고의 공동원인의 하나가 되었다고 볼 수 있다(대판 2015. 2. 12, 2013다61602).

41 **민법 제758조는 공작물 설치·보존의 하자로 인하여 타인에게 손해를 가한 경우 그 점유자 또는 소유자에게 일반불법행위와 달리 이른바 위험책임의 법리에 따라 책임을 가중시킨 규정일 뿐이고, 그 공작물 시공자가 그 시공상 고의·과실로 인하여 피해자에게 손해를 가한 경우 민법 제750조에 따라 손해배상책임을 부담하는 것을 배제하는 규정은 아니다.** 〈2018년 법무사〉

해 설 민법 제758조는 공작물의 설치·보존의 하자로 인하여 타인에게 손해를 가한 경우 그 점유자 또는 소유자에게 일반 불법행위와 달리 이른바 위험책임의 법리에 따라 책임을 가중시킨 규정일 뿐이고, 그 공작물 시공자가 그 시공상의 고의·과실로 인하여 피해자에게 가한 손해를 민법 제750조에 의하여 직접 책임을 부담하게 되는 것을 배제하는 취지의 규정은 아니다(대판 1996. 11. 22, 96다39219).

42 **공작물의 통상의 용법에 따르지 아니한 이례적인 행동의 결과로 사고가 발생한 경우에도, 공작물의 설치·보존자에게 그러한 사고까지 대비하여야 할 방호조치 의무가 있다.**

〈2006년 공인노무사〉

해 설 민법 제758조 제1항에 규정된 공작물의 설치·보존상의 하자라 함은 공작물이 그 용도에 따라 통상 갖추어야 할 안전성을 갖추지 못한 상태에 있음을 말하는 것으로서, 이와 같은 안전성의 구비 여부를 판단함에 있어서는 당해 공작물의 설치·보존자가 그 공작물의 위험성에 비례하여 사회통념상 일반적으로 요구되는 정도의 방호조치 의무를 다하였는지의 여부를 기준으로 삼아야 할 것이고, 따라서 공작물에서 발생한 사고라도 그것이 공작물의 통상의 용법에 따르지 아니한 이례적인 행동의 결과 발생한 사고라면, 특별한 사정이 없는 한 공작물의 설치·보존자에게 그러한 사고에까지 대비하여야 할 방호조치 의무가 있다고 할 수는 없다(대판 1998. 1. 23, 97다25118).

정답 40. (○) 41. (○) 42. (×)

43 **수인이 공동의 불법행위로 타인에게 손해를 가한 때에는 연대하여 그 손해를 배상할 책임이 있으나, 공동 아닌 수인의 행위 중 어느 자의 행위가 그 손해를 가한 것인지를 알 수 없는 때에는 균분하여 손해를 배상할 책임이 있다.** 〈2015년 법무사〉

해설 수인이 공동의 불법행위로 타인에게 손해를 가한 때에는 연대(부진정연대)하여 그 손해를 배상할 책임이 있으나, 공동 아닌 수인의 행위 중 어느 자의 행위가 그 손해를 가한 것인지를 알 수 없는 때에도 연대(=부진정연대)하여 손해를 배상할 책임이 있다(제760조).

44 **다수의 의사가 의료행위에 관여하였으나 누구의 과실에 의하여 의료사고가 발생한 것인지 분명하게 특정할 수 없는 경우에는 의료행위에 관여한 의사들 모두에 대하여 공동불법행위책임을 물을 수 있다.** 〈2007년 공인노무사〉

해설 다수의 의사가 의료행위에 관여한 경우 그 중 누구의 과실에 의하여 의료사고가 발생한 것인지 분명하게 특정할 수 없는 때에는 일련의 의료행위에 관여한 의사들 모두에 대하여 민법 제760조 제2항에 따라 공동불법행위책임을 물을 수 있다고 봄이 상당하다(대판 2005. 9. 30, 2004다52576).

45 **동시에 또는 거의 같은 시기에 건축된 가해건물들이 피해건물에 대하여 전체적으로 수인한도를 초과하는 일조권 침해의 결과를 야기한 경우, 각 가해건물들이 함께 피해건물의 소유자 등이 종래 향유하던 일조를 침해하게 된다는 점을 예견할 수 있었다면, 특별한 사정이 없는 한, 각 가해건물의 건축자 등은 일조권 침해로 피해건물의 소유자 등이 입은 손해 전부에 대하여 공동불법행위자로서의 책임을 부담한다.** 〈2013년 사법시험〉

해설 수인이 공동하여 타인에게 손해를 가하는 민법 제760조의 공동불법행위에 있어서는 행위자 상호간의 공모는 물론 공동의 인식을 필요로 하지 아니하고, 다만 객관적으로 그 공동행위가 관련 공동되어 있으면 족하며 그 관련 공동성 있는 행위에 의하여 손해가 발생함으로써 이의 배상책임을 지는 공동불법행위가 성립하는 것이므로, 동시에 또는 거의 같은 시기에 건축된 가해 건물들이 피해 건물에 대하여 전체적으로 수인한도를 초과하는 일조침해의 결과를 야기한 경우, 각 가해 건물들이 함께 피해 건물의 소유자 등이 종래 향유하던 일조를 침해하게 된다는 점을 예견할 수 있었다면 특별한 사정이 없는 한 각 가해 건물의 건축자 등은 일조 침해로 피해 건물의 소유자 등이 입은 손해 전부에 대하여 공동불법행위자로서의 책임을 부담한다고 봄이 상당하다(대판 2006. 1. 26, 2005다47014).

46 **환자가 수혈로 인하여 에이즈에 감염된 경우 대한적십자사의 혈액관리상의 주의의무위반으로 인한 에이즈 감염행위와 의사의 수혈 시 설명의무위반으로 인한 환자의 자기결정권침해행위는 공동불법행위를 구성한다.** 〈2019년 변호사시험〉

해설 에이즈 바이러스에 감염된 혈액을 환자가 수혈받음으로써 에이즈에 감염될 위험을 배제할 의무 및 그와 같은 결과를 회피할 의무를 다하지 아니하여 감염된 혈액을 수혈받은 환자로 하여금 에이즈 바이러스 감염이라는 치명적인 건강 침해를 입게 한 대한적십자사의 과실 및 위법행위는 신체상해 자체에 대한 것인 데 비하여, 수혈로 인한 에이즈 바이러스 감염 위험 등의 설명의무를 다하지 아니한 의사들의 과실 및 위법행위는 신체상해의 결과 발생 여부를 묻지 아니하는 수혈 여부와 수혈 혈액에 대한 환자의 자기결정권이라는 인격권의 침해에 대한 것이므로, 대한적십자사와 의사의 양 행위가 경합하여 단일한 결과를 발생시킨 것이 아니고 각 행위의 결과 발생을 구별할 수 있으니, 이와 같은 경우에는 공동불법행위가 성립한다고 할 수 없다(대판 1998. 2. 13, 96다7854).

정답 43. (×) 44. (○) 45. (○) 46. (×)

47 **공인노무사 甲에게 고용된 乙이 제3자의 부당해고 구제와 관련된 서류를 노동위원회에 제출하려 가던 중 본인의 과실로 교통사고를 일으켜 丙에게 중상을 입혔다. 다음 설명 중 옳은 것은? 다툼이 있는 경우에는 판례에 의함)** 〈2011년 공인노무사〉

① 丙에게 과실이 있더라도 법원은 손해배상액을 산정할 때 이를 참작하지 않을 수 있다.
② 甲이 丙에게 손해배상을 한 경우, 甲은 특별한 사정이 없는 한 乙에게 그 금액을 구상할 수 없다.
③ 丙의 직계비속이 입은 정신적 손해에 대하여는 甲은 배상책임을 부담할 여지가 없다.
④ 甲이 丙에게 사용자책임을 부담하므로, 丙은 乙에게 불법행위를 이유로 손해배상을 청구할 수 없다.
⑤ 만약 제3자 丁과 乙의 과실로 교통사고가 발생한 경우, 甲이 乙의 책임비율 이상을 丙에게 게 배상하였다면 丁의 부담부분 범위 내에서 그 초과분에 대한 구상권을 丁에게 행사할 수 있다.

해 설

① (×) : 丙(채권자)에게 과실이 있다면 법원은 손해배상액을 산정할 때 이를 참작하여야 한다(제396조, 제763조의 과실상계 직권주의고려).
② (×) : 甲이 丙에게 손해배상을 한 경우, 甲은 특별한 사정이 없는 한 乙에게 그 금액을 구상할 수 있다(제756조 제3항).
③ (×) : 丙의 직계비속이 입은 정신적 손해에 대하여는 甲은 배상책임을 부담할 수 있다(제750조, 제751조).
☞ 제752조는 예시적 규정이므로 사망이 아니라 중상인 경우에도 제750조, 제751조에 의하여 정신적 손해배상청구권이 인정될 수 있다.
④ (×) : 甲이 丙에게 사용자책임을 부담한다고 하더라도, 丙은 乙에게 불법행위를 이유로 손해배상을 청구할 수 있으며, 그 책임은 부진정연대채무이다(통설과 판례).
⑤ (○) : 대판 1992. 6. 23, 91다33070 전원합의체 참조

48 **미성년자 甲이 법정대리인의 동의 없이 자동차회사 乙에 고용되어 근로를 제공하던 중 乙의 권유에 따라 乙이 생산한 자동차를 구입하였다. 甲은 그 자동차를 시승도 하지 않은 채 곧바로 丙에게 매도하였는데, 丙이 이를 사용하던 중 브레이크의 제조상 결함으로 부상을 입게 되었다. 다음 설명 중 옳은 것은? (다툼이 있는 경우에는 판례에 의함)** 〈2011년 공인노무사〉

① 甲은 제조물책임법상 丙의 신체손해에 대하여 배상책임이 있다.
② 과실 없이 브레이크의 결함을 모르고 매수한 丙은 甲에게 그 결함에 대하여 하자담보책임을 물을 수 있다.
③ 甲의 법정대리인이 甲을 대리하여 근로계약을 체결하지 않았으므로, 甲과 乙 사이의 근로계약은 무효이다.
④ 丙이 乙의 귀책사유를 증명하지 못하면, 자신의 신체손해에 대하여 乙에게 배상책임을 물을 수 없다.
⑤ 만약 甲이 법정대리인의 동의를 얻어 乙과 근로계약을 체결하였다면, 법정대리인의 동의 없이 자동차를 매수하였더라도 甲은 그 매매계약을 취소할 수 없다.

해 설

① (×) : 제조물책임법상 확대손해의 배상책임자는 매도인 甲이 아니라 제조자 乙이다.
② (○) : 담보책임은 무과실책임으로서, 과실 없이 브레이크의 결함을 모르고 매수함 丙은 甲에게 그 결함에 대

정답 47. ⑤ 48. ②

하여 하자담보책임을 물을 수 있다(제580조).

③ (×) : 甲의 법정대리인이 甲을 대리하여 근로계약을 체결할 수 없으며, 법정대리인의 동의가 없다면 甲과 乙 사이의 근로계약은 취소사유로 보아야 한다.

④ (×) : 제조물책임법은 무과실책임을 채택하고 있기 때문에 丙이 乙의 귀책사유를 증명하지 못한다고 하더라도, 자신의 신체손해에 대하여 乙에게 배상책임을 물을 수 있다. 물론 물건의 결함이 있어야 한다.

⑤ (×) : 근로계약과 자동차매매계약은 별개이기 때문에 각각 동의를 얻어야 한다. 법정대리인의 동의 없이 자동차를 매수한 경우 甲은 그 매매계약을 취소할 수 있다(제5조).

Ⅲ. 불법행위의 효과

49 **불법행위에 관한 설명으로 옳지 않은 것은? (다툼이 있는 경우에는 판례에 의함)** 〈2012년 변리사〉

① 다수의 의사가 의료행위에 관여한 경우 그 중 누구의 과실에 의하여 의료사고가 발생한 것인지 분명하게 특정할 수 없는 때에는 일련의 의료행위에 관여한 의사들 모두에 대하여 공동불법행위책임을 물을 수 있다.

② 건물의 축조의 하자로 인하여 임차인이 연탄가스중독으로 사망한 경우, 건물소유자인 임대인이 공작물책임을 진다.

③ 도급인이 수급인의 일의 진행 및 방법에 관하여 구체적인 지휘·감독권을 유보하고 공사시행에 관하여 구체적으로 지휘·감독을 한 경우, 도급인은 수급인이나 수급인의 피용자가 불법행위로 제3자에게 가한 손해에 대하여 사용자책임을 진다.

④ 사람은 죽음을 피할 수 없으나 장례비는 손해배상의 대상이 될 수 있다.

⑤ 불법행위에 관하여 피해자가 그의 과실로 이익을 받은 경우, 손해배상액을 산정할 때에는 손익상계를 한 다음 과실상계를 하여야 한다.

해 설

① (○) : 대판 2005. 9. 30, 2004다52576 참조

② (○) : 이 판결의 특징은 제758조에 의하여 점유자가 소유자에게 손해배상을 청구했다는 점이다. 즉 '임차인이 연탄까스로 중독사망한 사고에 있어 부엌벽면에 환기용 개구부가 설치되지 않은 축조상의 하자로 인하여 발생하였다 하여 임대인에게 건물소유자로서 공작물설치보존의 하자로 인한 손해배상책임을 인정한 것'이다(대판 1993. 11. 9, 93다40560 등).

③ (○) : 노무도급의 법률관계이다. 즉 "도급인이 수급인의 일의 진행 및 방법에 관하여 구체적인 지휘감독권을 유보하고 공사의 시행에 관하여 구체적으로 지휘감독을 한 경우에는 도급인과 수급인의 관계는 실질적으로 사용자와 피용자의 관계와 다를 바가 없기 때문에 수급인이나 수급인의 피용자의 불법행위로 인하여 제3자에게 가한 손해에 대하여 도급인은 민법 제756조 소정의 사용자 책임을 부담한다."(대판 1998. 6. 26, 97다58170).

④ (○) : 장례비도 손해배상의 대상이 된다(대판 1966. 10. 11, 66다1456 등).

⑤ (×) : 과실상계를 한 다음 손익상계를 하여야 한다(대판 2010. 2. 25, 2009다87621 등).

정답 49. ⑤

50 **불법행위에 관한 설명으로 옳지 않은 것은? (다툼이 있으면 판례에 따름)** 〈2020년 변리사〉

① 공작물 보존의 하자로 인하여 타인에게 손해를 가한 경우, 그 점유자는 손해의 방지에 필요한 주의를 해태하지 아니한 때에도 소유자와 연대하여 손해를 배상할 책임이 있다.

② 수급인이 도급받은 일에 관하여 제3자에게 손해를 가한 경우, 도급인에게 도급 또는 지시에 관하여 중대한 과실이 있는 때에는 도급인은 제3자에게 손해를 배상할 책임이 있다.

③ 책임능력 있는 미성년자의 불법행위로 인하여 손해가 발생한 경우, 그 발생된 손해가 당해 미성년자의 감독의무자의 의무위반과 상당인과관계가 있을 때에는 감독의무자는 일반 불법행위자로서 손해배상책임이 있다.

④ 타인의 불법행위로 생명을 잃은 피해자의 직계비속의 배우자는 경험칙상 그 직계비속에 비견할 정신적 고통을 받는다 할 것이므로 그에 대한 위자료를 청구할 수 있다.

⑤ 타인의 명예를 훼손한 자에 대하여 법원은 사죄광고를 명할 수 없다.

해 설

① (×) : 민법 제758조에 따라 공작물의 설치 또는 보존의 하자로 인하여 타인에게 가한 손해를 배상할 책임은 제1차적으로 공작물을 직접적·구체적으로 지배하면서 사실상 점유관리하는 공작물의 점유자에게 있고, 공작물의 점유자가 손해의 방지에 필요한 주의를 해태하지 아니하였음을 입증함으로써 면책될 때에 제2차적으로 공작물의 소유자가 손해를 배상할 책임을 지게 된다(대판 1993. 1. 12, 92다23551).

② (○) : 민법 제757조 참조

③ (○) : 미성년자가 책임능력이 있어 그 스스로 불법행위책임을 지는 경우에도 그 손해가 당해 미성년자의 감독의무자의 의무위반과 상당인과관계가 있으면 감독의무자는 일반불법행위자로서 손해배상책임이 있고 이 경우에 그러한 감독의무위반사실 및 손해발생과의 상당인과관계의 존재는 이를 주장하는 자가 입증하여야 한다(대판 1994. 2. 8, 93다13605).

④ (○) : 민법 제752조에 규정된 친족이외의 친족도 그 정신적 고통에 관한 입증을 함으로써 위자료를 청구할 수 있는 바 타인의 불법행위로 생명을 잃은 피해자의 직계비속의 배우자는 경험칙상 그 직계비속에 비견할 정신적 고통을 받는다 할 것이므로 그에 대한 위자료를 청구할 수 있다(대판 1978. 1. 17, 77다1942).

⑤ (○) : 민법 제764조가 사죄광고를 포함하는 취지라면 그에 의한 기본권제한에 있어서 그 선택된 수단이 목적에 적합하지 않을 뿐만 아니라 그 정도 또한 과잉하여 비례의 원칙이 정한 한계를 벗어난 것으로 헌법 제37조 제2항에 의하여 정당화될 수 없는 것으로서 헌법 제19조에 위반되는 동시에 헌법상 보장되는 인격권의 침해에 이르게 된다(헌재 1991. 4. 1, 89헌마160). ☞ 민법 제764조의 '명예회복에 적당한 처분'에 사죄광고는 포함되지 않는다.

51 **불법행위에 관한 설명으로 옳지 않은 것은? (다툼이 있으면 판례에 따름)** 〈2023년 변리사〉

① 공동불법행위자들 중에 고의로 불법행위를 행한 자가 있는 경우, 모든 공동불법행위자가 과실상계의 주장을 할 수 없다.

② 위법행위 시점과 손해의 발생 시점에 시간적 간격이 있는 경우, 불법행위로 인한 재산상 손해에 대한 배상책임이 성립하는 시기는 손해의 발생 시점이다.

③ 금전을 대여한 채권자가 고의 또는 과실로 이자제한법을 위반하여 최고이자율을 초과하는 이자를 받아 채무자에게 손해를 입힌 경우, 특별한 사정이 없는 한 불법행위가 성립한다.

④ 민법 제756조(사용자의 배상책임)의 사용관계는 실제로 지휘·감독하고 있는지 여부에 의하여 결정되는 것이 아니라 객관적으로 지휘·감독을 하여야 할 관계에 있는지 여부에 따라 결정된다.

정 답 50. ① 51. ①

⑤ 불법행위로 인한 손해배상채무는 특별한 사정이 없는 한 채무 성립과 동시에 지연손해금이 발생한다.

해설

① (×) : (i) 공동불법행위책임은 가해자 각 개인의 행위에 대하여 개별적으로 그로 인한 손해를 구하는 것이 아니라 가해자들이 공동으로 가한 불법행위에 대하여 그 책임을 추궁하는 것이므로, 법원이 피해자의 과실을 들어 과실상계를 함에 있어서는 피해자의 공동불법행위자 각인에 대한 과실비율이 서로 다르더라도 피해자의 과실을 공동불법행위자 각인에 대한 과실로 개별적으로 평가할 것이 아니고 그들 전원에 대한 과실로 전체적으로 평가하여야 하나, 이는 과실상계를 위한 피해자의 과실을 평가함에 있어서 공동불법행위자 전원에 대한 과실로 전체적으로 평가하여야 한다는 것이지, 공동불법행위자 중에 고의로 불법행위를 행한 자가 있는 경우에는 피해자에게 과실이 없는 것으로 보아야 한다거나 모든 불법행위자가 과실상계의 주장을 할 수 없게 된다는 의미는 아니다(대판 2010. 2. 11, 2009다68408). (ii) 피해자의 부주의를 이용하여 고의로 불법행위를 저지른 사람이 바로 피해자의 부주의를 이유로 자신의 책임을 줄여 달라고 주장하는 것은 허용될 수 없다. 그러나 이는 그러한 사유가 있는 자에게 과실상계의 주장을 허용하는 것이 신의칙에 반하기 때문이므로, 불법행위자 중의 일부에게 그러한 사유가 있다고 하여 그러한 사유가 없는 다른 불법행위자까지도 과실상계의 주장을 할 수 없다고 해석할 것은 아니다. 또한 중개보조원이 업무상 행위로 거래당사자인 피해자에게 고의로 불법행위를 저지른 경우라고 하더라도, 중개보조원을 고용하였을 뿐 이러한 불법행위에 가담하지 않은 개업공인중개사에게 책임을 묻고 있는 피해자에게 과실이 있다면, 법원은 과실상계의 법리에 따라 손해배상의 책임과 그 금액을 정하는 데 이를 참작하여야 한다(대판 2018. 2. 13, 2015다242429).

② (○) : 불법행위로 인한 손해배상책임은 원칙적으로 위법행위 시에 성립하지만, 위법행위 시점과 손해 발생 시점 사이에 시간적 간격이 있는 경우에는 손해가 발생한 때에 성립한다. 손해란 위법한 가해행위로 인하여 발생한 재산상의 불이익, 즉 그 위법행위가 없었더라면 존재하였을 재산상태와 그 위법행위가 있은 후의 재산상태의 차이를 말한다. 또한 손해의 발생 시점이란 이러한 손해가 현실적으로 발생한 시점을 의미하는데, 현실적으로 손해가 발생하였는지 여부는 사회통념에 비추어 객관적이고 합리적으로 판단하여야 한다(대판 2018. 9. 28, 2015다69853).

③ (○) : 금전을 대여한 채권자가 고의 또는 과실로 이자제한법을 위반하여 최고이자율을 초과하는 이자를 받아 채무자에게 손해를 입힌 경우에는 특별한 사정이 없는 한 민법 제750조에 따라 불법행위가 성립한다고 보아야 한다. 최고이자율을 초과하여 지급된 이자는 이자제한법 제2조 제4항에 따라 원본에 충당되므로, 이와 같이 충당하여 원본이 소멸하고도 남아 있는 초과 지급액은 이자제한법 위반 행위로 인한 손해라고 볼 수 있다. 부당이득반환청구권과 불법행위로 인한 손해배상청구권은 서로 별개의 청구권으로서, 제한 초과이자에 대하여 부당이득반환청구권이 있다고 해서 그것만으로 불법행위의 성립이 방해되지 않는다. 나아가 채권자와 공동으로 위와 같은 이자제한법 위반 행위를 하였거나 이에 가담한 사람도 민법 제760조에 따라 연대하여 손해를 배상할 책임이 있다(대판 2021. 2. 25, 2020다230239).

④ (○) : 민법 제756조의 사용자와 피용자의 관계는 반드시 유효한 고용관계가 있는 경우에 한하는 것이 아니고, 사실상 어떤 사람이 다른 사람을 위하여 그 지휘·감독 아래 그 의사에 따라 사무를 집행하는 관계가 있으면 인정된다. 또한 타인에게 위탁하여 계속적으로 사무를 처리하여 온 경우 객관적으로 보아 그 타인의 행위가 위탁자의 지휘·감독의 범위 내에 속한다고 보이는 경우 그 타인은 민법 제756조에 규정한 피용자에 해당한다. 민법 제756조의 사용관계에 있어서 실질적인 지휘·감독 관계는 실제로 지휘·감독하고 있느냐의 여부에 의하여 결정되는 것이 아니라 **객관적으로 지휘·감독을 하여야 할 관계에 있느냐의 여부**에 따라 결정된다(대판 2022. 2. 11, 2021다283834).

⑤ (○) : 불법행위로 인한 손해배상채무에 대하여는 별도의 이행 최고가 없더라도 채무성립과 동시에 지연손해금이 발생하는 것이 원칙이다. 다만 불법행위시와 변론종결시 사이에 장기간의 세월이 경과함으로써 위자료

산정의 기준되는 변론종결시의 국민소득수준이나 통화가치 등의 사정이 불법행위시에 비하여 상당한 정도로 변동한 결과 그에 따라 이를 반영하는 위자료 액수 또한 현저한 증액이 불가피한 경우에는, 예외적으로 불법행위로 인한 위자료 배상채무의 지연손해금은 위자료 산정의 기준시인 사실심 변론종결 당일부터 발생한다고 보아야 한다(대판 2012. 3. 29, 2011다38325).

52 불법행위에 관한 설명으로 옳은 것은? (다툼이 있으면 판례에 따름) 〈2024년 변리사〉

① 공동불법행위자 甲과 乙중 甲의 손해배상채무가 시효로 소멸한 후에 乙이 피해자에게 자기의 부담부분을 넘는 손해를 배상한 경우, 乙은 甲을 상대로 구상권을 행사할 수 없다.
② 자신의 과실에 의해 초래된 급박한 위난을 피하기 위해 부득이 타인에게 손해를 가한 자는 그 손해에 대한 배상책임을 지지 않는다.
③ 공작물의 설치·보존의 하자로 인해 타인에게 입힌 손해에 대하여 점유자가 면책된 경우, 그 공작물의 소유자는 과실이 없어도 배상책임을 진다.
④ 피용자와 제3자가 공동불법행위에 따른 손해배상채무를 부담하는 경우, 사용자가 피용자와 제3자의 책임비율에 의해 정해진 부담부분을 초과하여 피해자에게 배상하더라도 제3자에 대하여 구상권을 행사할 수 없다.
⑤ 불법행위로 인하여 건물이 훼손되어 사용 및 수리가 불가능한 경우, 손해배상액의 기준이 되는 건물의 시가에는 원칙적으로 건물의 철거비용이 포함된다.

해설

①(×) : 공동불법행위자 중 1인의 손해배상채무가 시효로 소멸한 후 다른 공동불법행위자가 피해자에게 자기 부담 부분을 넘는 손해를 배상했을 경우, 손해를 배상한 공동불법행위자는 손해배상채무가 시효 소멸한 다른 공동불법행위자에게 구상권을 행사할 수 있는지 여부(적극) : 공동불법행위자 중 1인의 손해배상채무가 시효로 소멸한 후에 다른 공동불법행위자 1인이 피해자에게 자기의 부담 부분을 넘는 손해를 배상하였을 경우에도, 그 공동불법행위자는 다른 공동불법행위자에게 구상권을 행사할 수 있다(대판 1997. 12. 23, 97다42830).

②(×) : 민법 제761조 제2항 소정의 "급박한 위난"에는 가해자의 고의나 과실에 의하여 조성된 위난은 포함되지 아니한다(대법원 1981. 3. 24. 선고 80다1592).

③(○) : 공작물의 설치 또는 보존의 하자로 인하여 타인에게 손해를 가한 때에는 공작물점유자가 손해를 배상할 책임이 있다. 그러나 점유자가 손해의 방지에 필요한 주의를 해태하지 아니한 때에는 그 소유자가 손해를 배상할 책임이 있다(민법 제758조 제1항). ☞ 점유자책임은 1차적 책임이며 중간책임이고, 소유자책임은 2차적 책임이며 무과실책임이다.

④(×) : 피용자와 제3자가 공동불법행위로 피해자에게 손해를 가하여 그 손해배상채무를 부담하는 경우에 피용자와 제3자는 공동불법행위자로서 서로 부진정연대관계에 있고, 한편 사용자의 손해배상책임은 피용자의 배상책임에 대한 대체적 책임이어서 사용자도 제3자와 부진정연대관계에 있다고 보아야 할 것이므로, 사용자가 피용자와 제3자의 책임비율에 의하여 정해진 피용자의 부담 부분을 초과하여 피해자에게 손해를 배상한 경우에는 사용자는 제3자에 대하여도 구상권을 행사할 수 있다(대판 2006. 2. 9, 2005다28426).

⑤(×) : 불법행위로 인하여 건물이 훼손된 경우 그 손해는 수리가 가능하다면 그 수리비, 수리가 불가능하다면 그 교환가치(시가)가 통상의 손해이고, 사용 및 수리가 불가능한 경우 통상 불법행위로 인한 손해배상액의 기준이 되는 건물의 시가에는 건물의 철거비용은 포함되지 않는다(대판 1995. 7. 28, 94다19129).

정답 52. ③

53 **甲 회사의 상품판매 대리인 乙이 자신의 채권자 丙으로부터 채무독촉에 시달리자, 2010. 8. 5.평소 거래하던 판매업자 丁에게 甲 회사의 상품을 시가의 반값에 판매하는 매매계약을 甲의 이름으로 체결하고, 2010. 8. 10. 판매대금 4억원 중 2억 원을 선불로 받은 후 丙에 대한 자신의 채무를 변제하는 데에 사용하였다. 이러한 사실을 알게 된 甲 회사의 대표이사 戊는 乙을 추궁하여 2010. 10. 20. 乙로부터 2억 원을 받아 1억원은 甲 회사의 계좌에 입금하고 나머지 1억 원은 개인용도로 소비하였다. 다음 설명 중 옳은 것을 모두 고른 것은? (다툼이 있는 경우에는 판례에 의함)** 〈2014년 변호사시험〉

ㄱ. 乙이 자신의 이익을 위하여 시가의 반값에 매각하는 배임적 사정을 丁이 알면서 위 매매계약을 체결하였다면, 丁은 甲에 대하여 위 매매목적물의 인도를 청구할 수 없다.
ㄴ. 丙이 乙의 채무변제가 횡령한 금전에 의한 것임을 알면서 변제받은 경우, 甲은 丙을 상대로 직접 부당이득에 의한 금전반환을 청구할 수 없다.
ㄷ. 2013. 11. 20. 戊의 횡령사실이 밝혀져 戊가 해임됨과 동시에 새로운 대표이사가 선임되고, 같은 해 12. 23. 甲 회사가 戊를 상대로 불법행위에 기한 손해배상청구소송을 제기 한 경우, 위 불법행위가 있었음으로 안 날로부터 3년이 경과하여 소멸시효가 완성되었다는 戊의 항변은 허용되지 않는다.

① ㄱ ② ㄴ ③ ㄱ, ㄴ ④ ㄱ, ㄷ ⑤ ㄱ, ㄴ, ㄷ

해 설

㉠ (○) : 대리권 남용이론이다. 다수설과 판례는 제107조 단서를 유추적용하여 대리권남용에 대하여 상대방이 알았거나 알 수 있을 경우에는 그 법률행위를 무효로 한다. 즉 진의 아닌 의사표시가 대리인에 의하여 이루어지고 대리인의 진의가 본인의 이익이나 의사에 반하여 자기 또는 제3자의 이익을 위한 배임적인 것임을 상대방이 알았거나 알 수 있었을 경우에는 민법 제107조 제1항 단서의 유추해석상 대리인의 행위에 대하여 본인은 책임을 지지 않는다(대판 2011. 12. 22, 2011다64669).
㉡ (×) : 채무자가 피해자로부터 횡령한 금전을 그대로 채권자에 대한 채무변제에 사용하는 경우, 채권자가 그 변제를 수령함에 있어 악의 또는 중대한 과실이 있는 경우에는 채권자의 금전 취득은 피해자에 대한 관계에 있어서 법률상 원인을 결여한 것으로 봄이 상당하나, 채권자가 그 변제를 수령함에 있어 단순히 과실이 있는 경우에는 그 변제는 유효하고 채권자의 금전취득이 피해자에 대한 관계에 있어서 법률상 원인을 결여한 것이라고 할 수 없다(대판 2003. 6. 13, 2003다8862). 따라서 채권자 丙이 악의이므로 판례에 따르면 피해자 甲에 대한 관계에서 부당이득이 된다.
㉢ (○) : 불법행위에 기한 소멸시효의 기산점의 경우, 불법행위가 있었음으로 안 날로부터 3년을 따질 때 법인의 경우 대표자가 안 날부터 기산될 것이나, 법인의 대표자가 법인에 대해 불법행위를 한 경우에는 법인의 이익을 정당하게 행사할 다른 임원 등을 기준으로 하여야 한다. 따라서 戊가 해임됨과 동시에 새로운 대표이사가 선임된 2013. 11. 20.이 제766조 제1항의 피해자가 '손해 및 가해자를 안 날'이 되기 때문에 아직 3년이 경과되지 않아 소멸시효가 완성되지 않았다고 보아야 한다(대판 2012. 7. 12, 2012다20475).

정답 53. ④

54 **甲은 공인중개사인 乙의 중개보조원으로 일하면서 고객인 丙의 인감증명서와 도장을 업무상 자신이 보유하고 있음을 기화로 허위의 임대차계약을 체결하였고, 이를 통해 6,000만 원을 취득하여 丙에게 동액 상당의 손해를 입혔는데, 乙은 甲의 불법행위에 가담하지 않았다. 丙은 甲과 乙에 대해서 각각 일반불법행위책임과 사용자책임을 근거로 6,000만 원의 손해배상을 청구하였다. 이에 대하여 피해자 丙에게도 주의의무를 다하지 않은 과실이 인정되었고 과실비율은 50%였다. 이에 관한 설명 중 옳은 것은? (다툼이 있는 경우 판례에 의함)** 〈2019년 변호사시험〉

① 甲은 丙의 손해배상청구에 대하여 과실상계를 주장할 수 있다.
② 乙은 丙의 손해배상청구에 대하여 과실상계를 주장할 수 없다.
③ 丙이 乙의 손해배상채무 전부를 면제한 경우 甲은 丙에 대하여 3,000만 원의 손해배상책임을 부담한다.
④ 乙은 丙에 대하여 가지는 별도의 물품대금채권 2,000만 원으로 丙의 위 손해배상채권을 상계할 수 있다.
⑤ 甲이 丙에 대하여 2,000만 원을 변제한 경우 乙은 丙에 대하여 3,000만 원의 손해배상책임을 부담한다.

해 설

①(×) : 손해배상 청구소송에서 피해자에게 과실이 인정되면 법원은 손해배상의 책임 및 그 금액을 정함에 있어서 이를 참작하여야 하며, 배상의무자가 피해자의 과실에 관하여 주장하지 않는 경우에도 소송자료에 의하여 과실이 인정되는 경우에는 이를 법원이 직권으로 심리·판단하여야 할 것이지만, 피해자의 부주의를 이용하여 고의로 불법행위를 저지른 자가 바로 그 피해자의 부주의를 이유로 자신의 책임을 감하여 달라고 주장하는 것은 허용될 수 없다(대판 2000. 1. 21,99다50538).

②(×) : 피해자의 부주의를 이용하여 고의로 불법행위를 저지른 사람이 바로 피해자의 부주의를 이유로 자신의 책임을 줄여 달라고 주장하는 것은 허용될 수 없다. 그러나 이는 그러한 사유가 있는 자에게 과실상계의 주장을 허용하는 것이 신의칙에 반하기 때문이므로, 불법행위자 중의 일부에게 그러한 사유가 있다고 하여 그러한 사유가 없는 다른 불법행위자까지도 과실상계의 주장을 할 수 없다고 해석할 것은 아니다. 또한 중개보조원이 업무상 행위로 거래당사자인 피해자에게 고의로 불법행위를 저지른 경우라고 하더라도, 중개보조원을 고용하였을 뿐 이러한 불법행위에 가담하지 않은 개업공인중개사에게 책임을 묻고 있는 피해자에게 과실이 있다면, 법원은 과실상계의 법리에 따라 손해배상의 책임과 그 금액을 정하는 데 이를 참작하여야 한다. 따라서 과실에 의한 불법행위자인 중개보조원이 고의에 의한 불법행위자와 공동불법행위책임을 부담하는 경우 중개보조원의 손해배상액을 정할 때에는 피해자의 과실을 참작하여 과실상계를 할 수 있고, 중개보조원을 고용한 개업공인중개사의 손해배상금액을 정할 때에는 개업공인중개사가 중개보조원의 사용자일 뿐 불법행위에 관여하지는 않았다는 등의 개별적인 사정까지 고려하여 중개보조원보다 가볍게 책임을 제한할 수도 있다(대판 2018. 2. 13, 2015다242429).

> **[동지판례]** 사용자가 피용자의 과실에 의한 불법행위로 인한 사용자책임을 부담하는 경우와 마찬가지로 피용자의 고의에 의한 불법행위로 인하여 사용자책임을 부담하는 경우에도 피해자에게 그 손해의 발생과 확대에 기여한 과실이 있다면 사용자책임의 범위를 정함에 있어서 이러한 피해자의 과실을 고려하여 그 책임을 제한할 수 있다(대판 2002. 12. 26, 2000다56952).

③(×) : 공동불법행위로 인한 손해배상책임은 소위 부진정연대채무관계에 있는 것이므로 그중의 한 채무자에 대한 채무면제는 민법 제419조가 적용되지 아니하여 다른 채무자에게는 그 효력이 미치지 아니하며 공동불법

정답 54. ⑤

행위자 중 1인의 구상권행사에 대하여 다른 공동불법행위자는 자기의 채무가 면제되었음을 이유로 그 구상을 거절할 수 없다(대판 1980. 7. 22, 79다1107).

④ (×) : 민법 제756조에 의한 사용자의 손해배상책임은 피용자의 배상책임에 대한 대체적 책임이고, 같은 조 제1항에서 사용자가 피용자의 선임 및 그 사무감독에 상당한 주의를 한 때 또는 상당한 주의를 하여도 손해가 있을 경우에는 책임을 면할 수 있도록 규정함으로써 사용자책임에서 사용자의 과실은 직접의 가해행위가 아닌 피용자의 선임·감독에 관련된 것으로 해석되는 점에 비추어 볼 때, 피용자의 고의의 불법행위로 인하여 사용자책임이 성립하는 경우에 민법 제496조의 적용을 배제하여야 할 이유가 없으므로 사용자책임이 성립하는 경우 사용자는 자신의 고의의 불법행위가 아니라는 이유로 민법 제496조의 적용을 면할 수는 없다(대판 2006. 10. 26, 2004다63019). ☞ 지문 ②와 ④는 혼동하기 쉬우므로 잘 비교하여 정리해야 할 것이다.

⑤ (○) : 금액이 다른 채무가 서로 부진정연대 관계에 있을 때 다액채무자가 일부 변제를 하는 경우 변제로 인하여 먼저 소멸하는 부분은 당사자의 의사와 채무 전액의 지급을 확실히 확보하려는 부진정연대채무 제도의 취지에 비추어 볼 때 다액채무자가 단독으로 채무를 부담하는 부분으로 보아야 한다. 이러한 법리는 사용자의 손해배상액이 피해자의 과실을 참작하여 과실상계를 한 결과 타인에게 직접 손해를 가한 피용자 자신의 손해배상액과 달라졌는데 다액채무자인 피용자가 손해배상액의 일부를 변제한 경우에 적용되고, 공동불법행위자들의 피해자에 대한 과실비율이 달라 손해배상액이 달라졌는데 다액채무자인 공동불법행위자가 손해배상액의 일부를 변제한 경우에도 적용된다. 또한 중개보조원을 고용한 개업공인중개사의 공인중개사법 제30조 제1항에 따른 손해배상액이 과실상계를 한 결과 거래당사자에게 직접 손해를 가한 중개보조원 자신의 손해배상액과 달라졌는데 다액채무자인 중개보조원이 손해배상액의 일부를 변제한 경우에도 마찬가지이다(대판 2018. 3. 22, 2012다74236 전원합의체). → 이와 달리 사용자책임 또는 공동불법행위책임이 문제 되는 사안에서 다액채무자가 손해배상액의 일부를 변제하는 경우 소액채무자의 과실비율에 상응하는 만큼 소액채무자와 공동으로 채무를 부담하는 부분에서도 변제된 것으로 보아야 한다고 판시한 대판 1994. 2. 22, 93다53696 등은 이 판결의 견해에 배치되는 범위 내에서 이를 변경하기로 한다.

55 **불법행위에 관한 설명 중 옳은 것은? (각 지문은 독립적이며, 다툼이 있는 경우 판례에 의함)**

〈2023년 변호사시험〉

① 甲이 위법하게 乙의 점유를 침탈하여 乙의 유치권이 소멸한 경우, 乙이 甲에게 불법행위로 인한 손해배상 청구를 하려면 점유를 침탈당한 날부터 1년 이내에 손해배상을 구하는 소를 제기해야 한다.

② 일반 공중의 통행에 공용된 도로의 소유자 아닌 甲이 乙의 통행을 방해하여 불법행위가 성립한 경우, 乙은 甲에게 손해배상 청구를 할 수 있으나 장래에 생길 방해를 예방하기 위하여 통행방해 행위 금지를 청구할 수는 없다.

③ 근로자의 불법행위로 인해 사용자의 근로자에 대한 손해배상채권이 발생한 상태에서 영업양도에 수반하는 근로계약의 인수가 이루어지고 위 근로자도 이에 대해 동의하더라도 불법행위로 인한 손해배상채권을 인수 대상에 포함하기로 하는 특약이 없는 한 이 채권은 영업양수인에게 이전되지 않는다.

④ 불법행위의 성립요건으로서 위법성은 문제가 되는 행위마다 개별적·상대적으로 판단하여야 하는 것은 아니고, 관련 행위 전체를 일체로 보아 판단하여 결정해야 한다.

⑤ 책임능력 있는 미성년 자녀가 제3자에게 불법행위 책임을 지게 된 경우, 그 부모 중 비양육자의 면접교섭권에 관한 규정은 제3자와의 관계에서 손해배상책임의 근거가 되는 감독의무를 부과하는 규정이라고 할 수 없다.

정답 55. ⑤

해 설

① (×) : 민법 제204조에 따르면, 점유자가 점유의 침탈을 당한 때에는 그 물건의 반환 및 손해의 배상을 청구할 수 있고(제1항), 위 청구권은 점유를 침탈당한 날부터 1년 내에 행사하여야 하며(제3항), 여기서 말하는 1년의 행사기간은 제척기간으로서 소를 제기하여야 하는 기간을 말한다. 그런데 민법 제204조 제3항은 **본권 침해로 발생한** 손해배상청구권의 행사에는 적용되지 않으므로 점유를 침탈당한 자가 **본권인 유치권 소멸에 따른 손해배상청구권을 행사하는 때**에는 **민법 제204조 제3항이 적용되지 아니하고, 점유를 침탈당한 날부터 1년 내에 행사할 것을 요하지 않는다**(대판 2021. 8. 19, 2021다213866).

② (×) : [1] 불특정 다수인인 일반 공중의 통행에 공용된 도로, 즉 공로를 통행하고자 하는 자는 그 도로에 관하여 다른 사람이 가지는 권리 등을 침해한다는 등의 특별한 사정이 없는 한, 일상생활상 필요한 범위 내에서 다른 사람들과 같은 방법으로 그 도로를 통행할 자유가 있고, **제3자가 특정인에 대하여만 그 도로의 통행을 방해함으로써** 일상생활에 지장을 받게 하는 등의 방법으로 **특정인의 통행의 자유를 침해하였다**면 **민법상 불법행위에 해당**하며, 침해를 받은 자로서는 **방해의 배제나 장래에 생길 방해를 예방하기 위하여 통행방해 행위의 금지를 소구**할 수 있다. [2] 어떤 토지가 개설경위를 불문하고 일반 공중의 통행에 공용되는 도로, 즉 공로가 되면 그 부지의 소유권 행사는 제약을 받게 되며, 이는 소유자가 수인하여야 하는 재산권의 사회적 제약에 해당한다. 따라서 **공로 부지의 소유자가 이를 점유·관리하는 지방자치단체를 상대로 공로로 제공된 도로의 철거, 점유 이전 또는 통행금지를 청구**하는 것은 법질서상 원칙적으로 허용될 수 없는 **'권리남용'**이라고 보아야 한다(대판 2021. 3. 11, 2020다229239)(대판 2021. 10. 14, 2021다242154).

③ (×) : 계약인수가 이루어지면 계약관계에서 이미 발생한 채권·채무도 이를 인수 대상에서 배제하기로 하는 특약이 있는 등 특별한 사정이 없는 한 인수인에게 이전된다. 계약인수는 개별 채권·채무의 이전을 목적으로 하는 것이 아니라 다수의 채권·채무를 포함한 계약당사자로서의 지위의 포괄적 이전을 목적으로 하는 것으로서 계약당사자 3인의 관여에 의해 비로소 효력을 발생하는 반면, 개별 채권의 양도는 채권양도인과 양수인 2인만의 관여로 성립하고 효력을 발생하는 등 양자가 법적인 성질과 요건을 달리하므로, 채무자 보호를 위해 개별 채권양도에서 요구되는 대항요건은 계약인수에서는 별도로 요구되지 않는다. 그리고 이러한 법리는 상법상 영업양도에 수반된 계약인수에 대해서도 마찬가지로 적용된다(대판 2020. 12. 10, 2020다245958). ☞ 甲 주식회사가 乙 주식회사와 항공권 발권대행 사업 부문에 관한 영업양도계약을 체결하면서 丙을 포함한 근로자에 대한 사용자로서의 모든 권리의무를 乙 회사에 이전하기로 하였고, 이에 따라 乙 회사와 丙이 甲 회사에서와 동일한 근로조건으로 연봉근로계약서를 작성하였는데, 위 영업양도가 있기 전에 丙이 甲 회사의 항공권 구매대행 업무를 담당하면서 甲 회사의 고객 등이 송금한 돈을 개인 용도로 사용하였고, 이에 乙 회사가 甲 회사의 丙에 대한 손해배상채권을 승계취득하였다고 주장하며 丙을 상대로 손해배상을 구한 사안에서, 영업양도에 수반된 근로계약의 인수 대상에 丙과의 근로계약이 포함되었고, 잔류당사자인 丙이 영업양도를 인식하고 甲 회사에서 퇴사한 이후 乙 회사와 종전 근로계약상 근로조건과 동일한 조건으로 근로계약을 체결하면서 근로계약기간을 종전 근로계약상 근로기간으로 소급하여 작성하는 방법으로 근로계약의 인수를 승낙하였으므로, 인수인인 乙 회사에 사용자지위가 이전될 뿐만 아니라 근로계약관계를 기초로 하여 이미 발생한 위 손해배상채권도 이를 인수 대상에서 배제하기로 하는 특약이 있는 등 특별한 사정이 없는 한 乙 회사에 이전되고, 개별 채권양도에 관한 대항요건을 별도로 갖출 필요는 없으므로, 乙 회사는 영업양도에 수반된 근로계약 인수의 효과로서 위 손해배상채권을 취득하였다고 볼 여지가 있는데도, 이와 달리 본 원심판단에 법리오해 등의 잘못이 있다고 한 사례

④ (×) : 민법 제750조는 "고의 또는 과실로 인한 위법행위로 타인에게 손해를 가한 자는 그 손해를 배상할 책임이 있다."라고 정하고 있다. 위법행위는 불법행위의 핵심적인 성립요건으로서, **법률을 위반한 경우에 한정되지 않고** 전체 법질서의 관점에서 사회통념상 위법하다고 판단되는 경우도 포함할 수 있는 탄력적인 개념이다. 불법행위의 성립요건으로서 위법성은 관련 행위 전체를 일체로 보아 판단하여 결정해야만 하는 것은 아니고, **문제가 되는 행위마다 개별적·상대적으로 판단**하여야 한다. 소유권을 비롯한 절대권을 침해한 경우뿐만 아니라 법률상 보호할 가치가 있는 이익을 침해하는 경우에도 침해행위의 양태, 피침해이익의 성질과 그 정도에 비추

어 그 위법성이 인정되면 불법행위가 성립할 수 있다(대판 2021. 6. 30, 2019다268061).

⑤ (○) : 미성년자가 책임능력이 있어 스스로 불법행위책임을 지는 경우에도 그 손해가 미성년자의 감독의무자의 의무 위반과 상당인과관계가 있으면 감독의무자는 민법 제750조에 따라 일반불법행위자로서 손해배상책임이 있다. 이 경우 그러한 감독의무 위반사실과 손해 발생과의 상당인과관계는 이를 주장하는 자가 증명하여야 한다. 미성년 자녀를 양육하며 친권을 행사하는 부모는 자녀를 경제적으로 부양하고 보호하며 교양할 법적인 의무가 있다(민법 제913조). 부모와 함께 살면서 경제적으로 부모에게 의존하는 미성년자는 부모의 전면적인 보호·감독 아래 있으므로, 그 부모는 미성년자가 타인에게 불법행위를 하지 않고 정상적으로 학교 및 사회생활을 하도록 일반적, 일상적으로 지도와 조언을 할 보호·감독의무를 부담한다. 따라서 그러한 부모는 미성년자의 감독의무자로서 위에서 본 것처럼 미성년자의 불법행위에 대하여 손해배상책임을 질 수 있다. 그런데 이혼으로 인하여 부모 중 1명이 친권자 및 양육자로 지정된 경우 그렇지 않은 부모(이하 '비양육친'이라 한다)에게는 자녀에 대한 친권과 양육권이 없어 자녀의 보호·교양에 관한 민법 제913조 등 친권에 관한 규정이 적용될 수 없다. 비양육친은 자녀와 상호 면접교섭할 수 있는 권리가 있지만(민법 제837조의2 제1항), 이러한 **면접교섭 제도는** 이혼 후에도 자녀가 부모와 친밀한 관계를 유지하여 정서적으로 안정되고 원만한 인격발달을 이룰 수 있도록 함으로써 자녀의 복리를 실현하는 것을 목적으로 하고, **제3자와의 관계에서 손해배상책임의 근거가 되는 감독의무를 부과하는 규정이라고 할 수 없다.** 비양육친은 이혼 후에도 자녀의 양육비용을 분담할 의무가 있지만, 이것만으로 비양육친이 일반적, 일상적으로 자녀를 지도하고 조언하는 등 보호·감독할 의무를 진다고 할 수 없다. 이처럼 **비양육친이 미성년자의 부모라는 사정만으로 미성년 자녀에 대하여 감독의무를 부담한다고 볼 수 없다.** 다만 비양육친도 부모로서 자녀와 면접교섭을 하거나 양육친과의 협의를 통하여 자녀 양육에 관여할 가능성이 있는 점을 고려하면, ① 자녀의 나이와 평소 행실, 불법행위의 성질과 태양, 비양육친과 자녀 사이의 면접교섭의 정도와 빈도, 양육 환경, 비양육친의 양육에 대한 개입 정도 등에 비추어 비양육친이 자녀에 대하여 실질적으로 일반적이고 일상적인 지도, 조언을 함으로써 공동 양육자에 준하여 자녀를 보호·감독하고 있었거나, ② 그러한 정도에는 이르지 않더라도 면접교섭 등을 통해 자녀의 불법행위를 구체적으로 예견할 수 있었던 상황에서 자녀가 불법행위를 하지 않도록 부모로서 직접 지도, 조언을 하거나 양육친에게 알리는 등의 조치를 취하지 않은 경우 등과 같이 **비양육친의 감독의무를 인정할 수 있는 특별한 사정이 있는 경우**에는, 비양육친도 감독의무 위반으로 인한 손해배상책임을 질 수 있다(대판 2022. 4. 14, 2020다240021).

56 **보행신호에 따라 횡단보도를 건너던 甲은 신호를 무시하고 진행한 乙의 승용차와 충돌하여 허리를 다쳤다. 이에 관한 설명 중 옳은 것은? (다툼이 있는 경우에는 판례에 의함)** 〈2013년 사법시험 변형〉

① 甲의 장래 치료비나 개호비의 배상을 일시금으로 청구한 경우, 법원이 제반사정을 고려하여 정기금배상을 명할 수 없다.

② 甲이 사망하지 않았으므로 甲의 부모나 자녀는 원칙적으로 정신적 손해의 배상을 청구할 수 없다.

③ 甲이 위 사고 후에 후유장애를 갖게 된 경우, 종전과 같은 직장에서 계속 근무하더라도, 당해 직장이 피해자의 잔존 가동능력의 정상적 한계에 알맞은 사정이 나타나지 않는 한, 치료비·위자료 외에 재산적 손해가 없다고 단정할 수 없다.

④ 甲에게 재산상 손해의 발생이 인정되더라도 입증곤란 등의 이유로 그 손해액의 확정이 불가능한 경우, 법원은 그 부분의 청구를 기각하여야 하며, 이러한 사정을 위자료의 증액 사유로 참작하여서는 안 된다.

⑤ 甲이 위 사고 당시 실직상태였다면 그의 일실이익은 일반노동임금을 기준으로 산정하여야 하고, 甲이 특정한 기능이나 자격을 가지고 있어서 그에 상응하는 소득을 얻을 상당한 개연성이 있다는 이유로 그에 따라 산정할 수는 없다.

정답 56. ③

해 설

① (×) : 정기금지급을 명할 것인가의 여부는 법원의 자유재량에 속하고, 따라서 피해자가 손해의 배상을 일시금으로 청구하였다 하더라도 법원은 이를 정기금으로 지급할 것을 명할 수 있다(대판 1994. 1. 25, 93다45826).

② (×) : 생명침해의 경우가 아니고 상해를 입은 경우라 하더라도, 상해의 정도에 따라서는 상해를 입은 자의 부모, 배우자, 자녀도 그 정신상 고통에 대한 위자료를 청구할 권리가 있다(대판 1967. 9. 29, 67다1656 등).

③ (○) : 일실이익배상과 관련하여 차액설이 아닌 평가설을 말한다. 타인의 불법행위로 인하여 상해를 입은 피해자에게 신체장애가 생긴 경우에 그 피해자는 그 신체장애 정도에 상응하는 가동능력을 상실했다고 봄이 경험칙에 합치되고, 피해자가 종전과 같은 직종에 종사하면서 종전과 다름없는 수입을 얻고 있다고 하더라도 당해 직장이 피해자의 잔존 가동능력의 정상적 한계에 알맞은 것이었다는 사정까지 나타나지 않는 한, 피해자의 신체훼손에도 불구하고 바로 피해자가 재산상 아무런 손해를 입지 않았다고 단정할 수는 없다(대판 1993. 7. 27, 92다15031 등).

④ (×) : 재산상 손해의 발생이 인정되는데도 입증곤란 등의 이유로 그 손해액의 확정이 불가능하여 그 배상을 받을 수 없는 경우에 이러한 사정을 위자료의 증액사유로 참작할 수 있다고 할 것이나 재산상 손해액의 확정이 가능함에도 불구하고 편의한 방법으로 위자료의 명목 아래 사실상 손해의 전보를 꾀하는 것과 같은 일은 허용되어서는 안 될 일이다(대판 1984. 11. 13, 84다카722).

⑤ (×) : 불법행위로 인하여 사망하거나 신체상의 장해를 입은 사람이 장래 얻을 수 있는 수입의 상실액은 원칙적으로 그 불법행위로 인하여 손해가 발생할 당시에 그 피해자가 종사하고 있었던 직업의 소득을 기준으로 하여 산정하여야 하고, 피해자가 사고 당시 일정한 직업상 소득이 없는 사람이라면 그 수입상실액은 보통사람이면 누구나 종사하여 얻을 수 있는 일반노동임금을 기준으로 하되, 특정한 기능이나 자격 또는 경력을 가지고 있어서 장차 그에 대응한 소득을 얻을 수 있는 상당한 개연성이 인정되는 경우에 한하여 그 통계소득을 기준으로 산정할 수 있다(대판 2004. 2. 2, 2003다6873 등).

57 **불법행위로 인한 손해배상청구권의 소멸시효에 관한 설명 중 옳은 것(○)과 옳지 않은 것(×)을 올바르게 조합한 것은? (다툼이 있는 경우 판례에 의함)** 〈2015년 사법시험〉

ㄱ. 일조방해로 인하여 건물 등의 소유자 내지 실질적 처분권자가 피해자에 대하여 건물등의 전부 또는 일부에 대한 철거의무를 부담하는 경우, 이러한 철거의무를 계속적으로 이행하지 않는 부작위는 새로운 불법행위가 되고 그 손해는 날마다 새로운 불법행위에 기하여 발생하는 것이므로 피해자가 그 각 손해를 안 때로부터 각 별로 소멸시효가 진행된다.

ㄴ. 민법 제766조 제1항의 '손해 및 가해자를 안 날'이란 피해자나 그 법정대리인이 손해 및 가해자를 인식한 날을 의미하며, 그 인식은 손해발생의 추정이나 의문만으로 충분하다.

ㄷ. 甲은 서류를 위조하여 乙 소유의 X부동산에 관하여 甲 명의의 소유권이전등기를 한 후 丙에게 매도하여 소유권이전등기를 마쳐주었다. 이후 乙이 丙을 상대로 소유권이전 등기말소청구의 소를 제기하였으나 등기부 취득시효가 완성되었다는 이유로 패소하여 그 판결이 확정되었다면, 乙의 甲에 대한 손해배상청구권의 소멸시효 기산점은 丙의 취득시효 완성시가 아니라 乙의 패소판결 확정시이다.

ㄹ. 불법행위 당시에는 전혀 예견할 수 없었던 새로운 손해가 발생하였다거나 예상 외로 손해가 확대된 경우에는 그러한 사유가 판명된 때로부터 소멸시효기간이 진행된다.

ㅁ. 불법행위의 피해자가 미성년자로 행위능력이 제한된 자인 경우 특별한 사정이 없는 한 그 미성년자가 손해 및 가해자를 알아야 불법행위로 인한 손해배상청구권의 단기소멸시효가 진행된다.

정답 57. ③

ㅂ. 법인의 대표자가 그 법인에 대하여 불법행위를 한 경우에는 법인은 대표자의 불법행위와 동시에 손해 및 가해자를 알았다고 할 것이므로, 그 날로부터 불법행위로 인한 손해배상청구권의 단기소멸시효가 진행된다.

① ㄱ(○), ㄴ(○), ㄷ(×), ㄹ(×), ㅁ(○), ㅂ(×)
② ㄱ(○), ㄴ(○), ㄷ(○), ㄹ(×), ㅁ(○), ㅂ(○)
③ ㄱ(○), ㄴ(×), ㄷ(○), ㄹ(○), ㅁ(×), ㅂ(×)
④ ㄱ(○), ㄴ(×), ㄷ(○), ㄹ(×), ㅁ(×), ㅂ(○)
⑤ ㄱ(×), ㄴ(×), ㄷ(×), ㄹ(○), ㅁ(○), ㅂ(○)

해 설

ㄱ. (○) : 일반적으로 위법한 건축행위에 의하여 건물 등이 준공되거나 외부골조공사가 완료되면 그 건축행위에 따른 일영의 증가는 더 이상 발생하지 않게 되고 해당 토지의 소유자는 그 시점에 이러한 일조방해행위로 인하여 현재 또는 장래에 발생가능한 재산상 손해나 정신적 손해 등을 예견할 수 있다고 할 것이므로, 이러한 손해배상청구권에 관한 민법 제766조 제1항 소정의 소멸시효는 원칙적으로 그 때부터 진행한다. 다만, 위와 같은 일조방해로 인하여 건물 등의 소유자 내지 실질적 처분권자가 피해자에 대하여 건물 등의 전부 또는 일부에 대한 철거의무를 부담하는 경우가 있다면, 이러한 철거의무를 계속적으로 이행하지 않는 부작위는 새로운 불법행위가 되고 그 손해는 날마다 새로운 불법행위에 기하여 발생하는 것이므로 피해자가 그 각 손해를 안 때로부터 각별로 소멸시효가 진행한다(대판 2008. 4. 17, 2006다35865 전원합의체).

[보충지문] 위법한 일조방해로 인한 재산상의 손해는 특별한 사정이 없는 한 가해건물이 완성될 때 일회적으로 발생한다고 볼 수 있으나, 정신적 손해는 가해건물이 존속하는 동안 날마다 계속 발생하므로, 그 위자료 청구권의 소멸시효는 특별한 사정이 없는 한 가해건물이 피해 부동산의 일조를 방해하는 상태로 존속하면 날마다 개별적으로 진행한다. 〈2013년 사법시험〉
(×) : 위 판례에 따르면 정신적 손해도 재산적 손해처럼 가해건물이 완성될 때 일회적으로 발생한다.

ㄴ. (×), ㄹ. (○) : 불법행위로 인한 손해배상청구권은 피해자나 그 법정대리인이 그 손해 및 가해자를 안 날부터 3년간 행사하지 아니하면 시효로 인하여 소멸하는 것인바, 여기에서 '손해를 안 날'이라 함은 피해자나 그 법정대리인이 손해를 현실적이고도 구체적으로 인식하는 것을 뜻하고 손해발생의 추정이나 의문만으로는 충분하지 않으며, 통상의 경우 상해의 피해자는 상해를 입었을 때 그 손해를 알았다고 볼 수가 있지만, 그 후 후유증 등으로 인하여 불법행위 당시에는 전혀 예견할 수 없었던 새로운 손해가 발생하였다거나 예상 외로 손해가 확대된 경우에는 그러한 사유가 판명된 때에 새로이 발생 또는 확대된 손해를 알았다고 보아야 하고, 이와 같이 새로이 발생 또는 확대된 손해 부분에 대하여는 그러한 사유가 판명된 때로부터 시효소멸기간이 진행된다(대판 2010. 4. 29, 2009다99105).

ㄷ. (○) : 가해행위와 이로 인한 현실적인 손해의 발생 사이에 시간적 간격이 있는 불법행위에 기한 손해배상채권의 경우, 소멸시효의 기산점이 되는 '불법행위를 한 날'의 의미는 단지 관념적이고 부동적인 상태에서 잠재적으로만 존재하고 있는 손해가 그 후 현실화되었다고 볼 수 있는 때, 즉 손해의 결과발생이 현실적인 것으로 되었다고 할 수 있을 때로 보아야 할 것인바(대판 1990. 1. 12, 88다카25168 등 참조), 무권리자가 위법한 방법으로 그의 명의로 부동산에 관한 소유권보존등기나 소유권이전등기를 마친 다음 제3자에게 이를 매도하여 제3자 명의로 소유권이전등기를 마쳐준 경우 제3자가 소유자의 등기말소 청구에 대하여 시효취득을 주장하는 때에는 제3자 명의의 등기의 말소 여부는 소송 등의 결과에 따라 결정되는 특별한 사정이 있으므로, 소유자의 소유권

상실이라는 손해는 소송 등의 결과가 나오기까지는 관념적이고 부동적인 상태에서 잠재적으로만 존재하고 있을 뿐 아직 현실화되었다고 볼 수 없고, 소유자가 제3자를 상대로 제기한 등기말소 청구 소송이 패소 확정될 때에 그 손해의 결과발생이 현실화된다고 볼 것이며, 그 등기말소 청구 소송에서 제3자의 등기부 시효취득이 인정된 결과 소유자가 패소하였다고 하더라도 그 등기부 취득시효 완성 당시에 이미 손해가 현실화되었다고 볼 것은 아니다(대판 2008. 6. 12, 2007다36445).

ㅁ. (×) : 불법행위의 피해자가 미성년자로 행위능력이 제한된 자인 경우에는 다른 특별한 사정이 없는 한 그 법정대리인이 손해 및 가해자를 알아야 민법 제766조 제1항의 소멸시효가 진행한다고 할 것이다(대판 2010. 2. 11, 2009다79897).

ㅂ. (×) : 불법행위로 인한 손해배상청구권의 단기소멸시효 기산점은 '손해 및 가해자를 안 날'부터 진행되며, 법인의 경우에 손해 및 가해자를 안 날은 통상 대표자가 이를 안 날을 뜻한다. 그렇지만 법인 대표자가 법인에 대하여 불법행위를 한 경우에는, 법인과 대표자의 이익은 상반되므로 법인 대표자가 그로 인한 손해배상청구권을 행사하리라고 기대하기 어려울 뿐만 아니라 일반적으로 대표권도 부인된다고 할 것이어서, 법인 대표자가 손해 및 가해자를 아는 것만으로는 부족하다. 따라서 위 경우에는 적어도 법인의 이익을 정당하게 보전할 권한을 가진 다른 대표자, 임원 또는 사원이나 직원 등이 손해배상청구권을 행사할 수 있을 정도로 이를 안 때에 비로소 단기소멸시효가 진행하고, 만약 임원 등이 법인 대표자와 공동불법행위를 한 경우에는 그 임원 등을 배제하고 단기소멸시효 기산점을 판단하여야 한다(대판 2012. 7. 12, 2012다20475 등).

보충지문

58 불법행위로 인한 재산상 손해액은 불법행위시를 기준으로 산정한다. 〈2012년 법무사〉

해 설 불법행위로 인한 손해는 불법행위시를 기준으로 산정함이 원칙이다(대판 2011. 7. 28, 2010다76368).

59 불법행위로 인하여 건물이 훼손된 경우, 수리가 가능하다면 그 수리비가 통상의 손해라 할 것이고, 수리로 인하여 훼손 전보다 건물의 교환가치가 증가한 경우에도 역시 통상의 손해는 수리비 전체이며, 수리비에서 교환가치 증가분을 공제한 금액이라고 할 것은 아니다. 〈2006년 사법시험〉

해 설 불법행위 등으로 인하여 건물이 훼손된 경우, 수리가 가능하다면 그 수리비가 통상의 손해이며, 훼손 당시 그 건물이 이미 내용연수가 다 된 낡은 건물이어서 원상으로 회복시키는 데 소요되는 수리비가 건물의 교환가치를 초과하는 경우에는 형평의 원칙상 그 손해액은 그 건물의 교환가치 범위 내로 제한되어야 할 것이고, 또한 수리로 인하여 훼손 전보다 건물의 교환가치가 증가하는 경우에는 그 수리비에서 교환가치 증가분을 공제한 금액이 그 손해이다(대판 2004. 2. 27, 2002다39456).

60 불법행위로 영업용 선박이나 자동차 등이 전부 멸실된 경우, 휴업손해도 통상의 손해로 보아 물건의 교환가치와는 별도로 배상되어야 한다. 〈2009년 변리사〉

해 설 불법행위로 인하여 영업용 물건(자동차 등)이 **전부 파손**된 경우에 있어서 이를 대체할 다른 물건을 마련하기 위하여 필요한 합리적인 기간 동안 그 물건을 이용하여 영업을 하지 못함으로 인하여 발생한 영업손실 상당의 휴업손해는 그에 대한 증명이 가능한 한 통상의 손해로서 그 교환가치와는 별도로 배상하여야 하고, 이는 영업용 물건이 **일부 손괴된 경우** 수리를 위하여 필요한 합리적인 기간 동안의 휴업손해와 마찬가지라고 보아야 할 것이다(대판 2004. 3. 18, 2001다82507 전원합의체).

정답 58. (○) 59. (×) 60. (○)

61 **일반육체노동을 하는 사람의 가동연한은 특별한 사정이 없는 한 경험칙상 만 65세로 보아야 한다.** 〈2021년 공인노무사〉

해설 대법원은 1989. 12. 26. 선고한 88다카16867 전원합의체 판결(이하 '종전 전원합의체 판결'이라 한다)에서 일반육체노동을 하는 사람 또는 육체노동을 주로 생계활동으로 하는 사람(이하 '육체노동'이라 한다)의 가동연한을 경험칙상 만 55세라고 본 기존 견해를 폐기하였다. 그 후부터 현재에 이르기까지 육체노동의 가동연한을 경험칙상 만 60세로 보아야 한다는 견해를 유지하여 왔다. 그런데 우리나라의 사회적·경제적 구조와 생활 여건이 급속하게 향상·발전하고 법제도가 정비·개선됨에 따라 종전 전원합의체 판결 당시 위 경험칙의 기초가 되었던 제반 사정들이 현저히 변하였기 때문에 위와 같은 견해는 더 이상 유지하기 어렵게 되었다. 이제는 특별한 사정이 없는 한 만 60세를 넘어 만 65세까지도 가동할 수 있다고 보는 것이 경험칙에 합당하다(대판 2019. 2. 21, 2018다248909).

62 **불법행위에 의하여 재산권이 침해된 경우, 특별한 사정이 없는 한 그 재산적 손해의 배상에 의하여 정신적 고통도 회복된다고 볼 수 있다.** 〈2019년 공인노무사〉

해설 일반적으로 계약상 채무불이행으로 인하여 재산적 손해가 발생한 경우, 그로 인하여 계약 당사자가 받은 정신적인 고통은 재산적 손해에 대한 배상이 이루어짐으로써 회복된다고 보아야 할 것이므로, 재산적 손해의 배상만으로는 회복될 수 없는 정신적 고통을 입었다는 특별한 사정이 있고, 상대방이 이와 같은 사정을 알았거나 알 수 있었을 경우에 한하여 정신적 고통에 대한 위자료를 인정할 수 있다(대판 2004. 11. 12, 2002다53865).

63 **사고로 인하여 상해를 입은 경우 이를 이유로 한 피해자 본인의 손해배상청구권과 피해자의 근친자들의 위자료청구권은 그 발생원인이 같으므로 피해자의 손해배상청구권이 시효로 소멸하면 근친자들의 위자료청구권도 소멸한다.** 〈2014년 사법시험〉

해설 생명침해의 불법행위로 인한 피해자 본인의 위자료 청구권과 민법 제752조에 의한 배우자 등 유족의 정신적 피해로 인한 그 고유의 위자료 청구권은 별개이므로 소멸시효 완성 여부도 각각 그 권리를 행사한 때를 기준으로 판단하여야 한다(대판 2013. 8. 22, 2013다200568).

64 **변호사강제주의를 택하지 않고 있는 우리나라 법제 아래에서는 손해배상청구의 원인된 불법행위 자체와 변호사비용 사이에 상당인과관계가 있음을 인정할 수 없으므로 변호사 비용을 그 불법행위 자체로 인한 손해배상채권에 포함시킬 수는 없다.** 〈2012년 법무사〉

해설 대판 1978. 8. 22, 78다672 참조

65 **불법행위로 인한 손해배상채무에 대하여는 원칙적으로 별도의 이행 최고가 없더라도 공평의 관념에 비추어 불법행위로 그 채무가 성립함과 동시에 지연손해금이 발생하는 것이 원칙이다.** 〈2018년 법무사〉

해설 불법행위로 인한 손해배상채무에 대하여는 별도의 이행 최고가 없더라도 채무성립과 동시에 지연손해금이 발생하는 것이 원칙이다(대판 2012. 3. 29, 2011다38325).

정답 61. (○) 62. (○) 63. (×) 64. (○) 65. (○)

66 **불법행위에 있어 위법행위 시점과 손해발생 시점 사이에 시간적 간격이 있는 경우에 불법행위로 인한 손해배상청구권의 지연손해금은 손해발생 시점을 기산일로 하여 발생한다.**

〈2018년 법무사〉

해 설 불법행위에서 위법행위 시점과 손해발생 시점 사이에 시간적 간격이 있는 경우에 불법행위로 인한 손해배상청구권의 지연손해금은 손해발생 시점을 기산일로 하여 발생한다(대판 2011. 7. 28, 2010다76368).

67 **당사자들 사이에 다른 특약이 있으면 금전배상 이외의 방법으로 손해를 배상할 수 있다.**

〈2011년 사법시험〉

해 설 당사자들 사이에 다른 특약이 있으면 금전배상 이외의 방법으로 손해를 배상할 수 있다(제763조, 제394조).

68 **과실상계에 있어서의 과실은 가해자의 과실과 달리 사회통념이나 신의성실의 원칙에 따라 공동생활에 있어 요구되는 약한 의미의 부주의를 가리키는 것이므로, 그러한 과실 내용 및 비율을 그대로 공동불법행위자로서의 과실내용 및 비율로 삼을 수는 없다.** 〈2015년 법무사〉

해 설 대판 2005. 7. 8, 2005다8125 참조

69 **명예훼손의 경우, 법원은 피해자의 청구가 없더라도 직권으로 명예회복에 적합한 처분을 명할 수 있다.** 〈2018년 공인노무사〉

해 설 제764조. '피해자의 청구에 의하여' 할 수 있다.

70 **명예훼손의 경우 법원은 손해배상과 함께 또는 손해배상에 갈음하여 신문지상에 사죄광고를 명할 수 있다.** 〈2007년 공인노무사〉

해 설 명예훼손의 경우 법원은 신문지상에 사죄광고를 명할 수 없다. 즉 명예회복의 적당한 처분에 사죄광고를 포함시키는 것은 양심의 자유를 침해하는 것으로 위헌으로 보았다(헌재 1991. 4. 1, 89헌마160).

71 **법인은 명예를 훼손당하여도 정신적 고통을 느낄 수 없으므로 이로 인한 위자료를 청구할 수는 없다.** 〈2014년 사법시험〉

해 설 불법행위로 인하여 법인의 명예와 신용이 침해되어 그 법인의 목적사업수행이 영향을 입은 경우와 같이 법인의 사회적 평가가 침해된 경우에는 불법행위를 이유로 침해를 한 자에게 재산상 손해는 물론 위자료의 청구도 할 수 있다(대판 1980. 2. 26, 79다2138,2139).

72 **불법행위를 원인으로 한 손해배상에 있어서는 채무불이행을 원인으로 한 경우와는 달리, 그 손해가 고의 또는 중대한 과실에 의한 것이 아니고 그 배상으로 인하여 배상자의 생계에 중대한 영향을 미치게 될 경우에는 배상의무자의 청구에 의하여 법원이 배상액을 감경할 수 있다.**

〈2011년 사법시험〉

해 설 불법행위를 원인으로 한 손해배상에 있어서는 채무불이행을 원인으로 한 경우와는 달리, 그 손해가

정답 66. (○) 67. (○) 68. (○) 69. (×) 70. (×) 71. (×) 72. (○)

고의 또는 중대한 과실에 의한 것이 아니고 그 배상으로 인하여 배상자의 생계에 중대한 영향을 미치게 될 경우에는 배상의무자의 청구에 의하여 법원이 배상액을 감경할 수 있다(제765조).

73 **가해자가 피해자의 토지를 계속하여 불법점거하는 경우, 피해자가 토지의 소유권을 상실하지 아니하는 한 이로 인한 피해자의 손해배상청구권의 소멸시효기간은 나날이 발생한 새로운 각 손해를 안 날부터 별개로 진행한다.** 〈2014년 사법시험〉

해설 불법행위가 계속적으로 행하여지는 결과 손해도 역시 계속적으로 발생하는 경우에는 특별한 사정이 없는 한 그 손해는 날마다 새로운 불법행위에 기하여 발생하는 손해로서 민법 제766조 제1항을 적용함에 있어서 그 각 손해를 안 때로부터 각별로 소멸시효가 진행된다고 보아야 한다(대판 2008. 4. 17, 2006다35865 전원합의체).

74 **불법행위로 인한 손해배상청구권의 단기소멸시효에 있어서 손해를 안 것이라 함은 손해발생 사실을 안 것을 말하는 것으로 그 손해가 위법행위로 인하여 발생한 것까지도 알았음을 요하는 것은 아니며, 이 같은 손해를 안 시기에 관한 입증책임은 시효의 이익을 주장하는 자에게 있다.** 〈2012년 법원행시〉

해설 민법 제766조 제1항은 불법행위로 인한 손해배상청구권은 피해자나 그 법정대리인이 그 손해 및 가해자를 안 날부터 3년간 이를 행사하지 아니하면 시효로 소멸한다고 규정하고 있다. 여기서 '손해 및 가해자를 안 날'이란 피해자나 그 법정대리인이 손해 및 가해자를 현실적이고도 구체적으로 인식한 날을 의미하며, 그 인식은 손해발생의 추정이나 의문만으로는 충분하지 않고, 손해의 발생사실뿐만 아니라 가해행위가 불법행위를 구성한다는 사실, 즉 불법행위의 요건사실에 대한 인식으로서 위법한 가해행위의 존재, 손해의 발생 및 가해행위와 손해 사이의 인과관계 등이 있다는 사실까지 안 날을 뜻한다. 그리고 피해자 등이 언제 불법행위의 요건사실을 현실적이고도 구체적으로 인식한 것으로 볼 것인지는 개별 사건의 여러 객관적 사정을 참작하고 손해배상청구가 사실상 가능하게 된 상황을 고려하여 합리적으로 인정하여야 하고, 손해를 안 시기에 대한 증명책임은 소멸시효 완성으로 인한 이익을 주장하는 자에게 있다(대판 2013. 7. 12, 2006다17539).

75 **가해행위와 이로 인한 현실적인 손해의 발생 사이에 시간적 간격이 있는 불법행위에 기한 손해배상채권에 있어서 소멸시효의 기산점이 되는 불법행위를 안 날이라 함은 관념적이고 부동적인 상태에서 잠재하고 있던 손해에 대한 인식이 있는 날을 의미한다.** 〈2014년 사법시험〉

해설 가해행위와 이로 인한 현실적인 손해의 발생 사이에 시간적 간격이 있는 불법행위에 기한 손해배상채권에 있어서 소멸시효의 기산점이 되는 불법행위를 안 날이라 함은 단지 관념적이고 부동적인 상태에서 잠재하고 있던 손해에 대한 인식이 있었다는 정도만으로는 부족하고 그러한 손해가 그 후 현실화된 것을 안 날을 의미한다(대판 2001. 1. 19, 2000다11836).

76 **민법 제766조 제2항이 규정하고 있는 '불법행위를 한 날로부터 10년'의 기간은 소멸시효기간에 해당한다.** 〈2003년 법원행시〉

해설 불법행위에 기한 손해배상청구권의 행사기간 중 장기인 '불법행위 한 날로부터 10년'의 법적성질에 관하여 학설은 제척기간이라고 하는 데 반하여, 판례는 이를 소멸시효기간이라고 한다(대판 1996. 12. 19, 94다22927).

정답 73. (○) 74. (×) 75. (×) 76. (○)

77 **불법행위로 인한 손해배상채권에 있어서 민법 제766조 제2항에 의한 소멸시효의 기산점이 되는 '불법행위를 한 날'이란 가해행위가 있었던 날이 아니라 현실적으로 손해의 결과가 발생한 날을 의미한다.** 〈2006년 사법시험〉

해설 불법행위에 기한 손해배상채권에 있어서 민법 제766조 제2항에 의한 소멸시효의 기산점이 되는 '불법행위를 한 날'이란 가해행위가 있었던 날이 아니라 현실적으로 손해의 결과가 발생한 날을 의미하지만, 그 손해의 결과발생이 현실적인 것으로 되었다면 그 소멸시효는 피해자가 손해의 결과발생을 알았거나 예상할 수 있는가 여부에 관계없이 가해행위로 인한 손해가 현실적인 것으로 되었다고 볼 수 있는 때로부터 진행한다(대판 2005. 5. 13, 2004다71881).

78 **미성년자가 성폭력을 당한 경우에 이로 인한 손해배상청구권의 소멸시효는 그가 성년이 될 때까지는 진행되지 아니한다.** 〈2023년 공인노무사〉

해설 미성년자가 성폭력, 성추행, 성희롱, 그 밖의 성적(性的) 침해를 당한 경우에 이로 인한 손해배상청구권의 소멸시효는 그가 성년이 될 때까지는 진행되지 아니한다(민법 제766조 제3항).

정답 77. (○) 78. (○)

류 호 권

약 력 고려대학교 법과대학 법학과 졸업
(전) 법무경영평생교육원 민법전임
(전) 합격의 법학원 민법전임
(현) 변리사스쿨 민법전임

저 서 포인트 민법 (고시계사 刊)
포인트 민법 요약서(고시계사 刊)
변리사 시험대비『객관식 민법』(고시계사 刊)
변리사 시험대비『포인트 민법 OX지문집』(고시계사 刊)

Point 객관식 민 법

초 판 발 행 2012년 7월 5일
전면개정판발행 2013년 7월 10일
전면개정판발행 2014년 7월 14일
전면개정판발행 2015년 7월 3일
전면개정판발행 2016년 6월 10일
전면개정판발행 2017년 6월 20일
전면개정판발행 2018년 8월 5일
전면개정판발행 2019년 6월 18일
전면개정판발행 2020년 8월 5일
전면개정판발행 2021년 7월 12일
전면개정판발행 2022년 6월 20일
전면개정판발행 2023년 7월 13일
전면개정판발행 2024년 7월 3일

편 저 **류호권**
발 행 인 **정상훈**
디 자 인 **신아름**
발 행 처 **고시계사**

서울특별시 관악구 봉천로 472
코업레지던스 B1층 102호

대 표 817-2400 팩 스 817-8998
考試界·고시계사·미디어북 817-0418~9
www.gosi-law.com
E-mail : goshigye@chollian.net

정가 49,000원 ISBN 978-89-5822-642-0 93360